刑事法学的当代展开

（上）

中国人民大学刑事法律科学研究中心组织编写

中国检察出版社

图书在版编目（CIP）数据

刑事法学的当代展开/中国人民大学刑事法律科学研究中心组织编写．—北京：中国检察出版社，2007.12

ISBN 978-7-80185-855-9

Ⅰ．刑…　Ⅱ．中…　Ⅲ．刑法—法学—中国—文集
Ⅳ．D924.01-53

中国版本图书馆 CIP 数据核字（2007）第 183682 号

刑事法学的当代展开

中国人民大学刑事法律科学研究中心组织编写

出 版 人：袁其国
出版发行：中国检察出版社
社　　址：北京市石景山区鲁谷西路 5 号（100040）
网　　址：中国检察出版社（www.zgjccbs.com）
电子邮箱：zgjccbs@vip.sina.com
电　　话：（010）68650027（编辑）　68650015（发行）　68650029（邮购）
经　　销：新华书店
印　　刷：三河市燕山印刷有限公司
开　　本：720mm×960mm　16 开
印　　张：102.25 印张
字　　数：1827 千字
版　　次：2008年1月第一版　2008年1月第一次印刷
书　　号：ISBN 978-7-80185-855-9/D·1831
定　　价：180.00 元（上下册）

前言

法治社会的形成是一个渐进的、积累的过程，这一过程既是法治文化之锻造过程，亦是法治传统之积淀过程。举当今法治发达国家例，其无不经历上百年乃至几百年的“进化”，方有今日法治之昌明，其中不乏血与火的浸染与辉映。中国社会萌发建设法治国家梦想不过百年，而真正之实践于今不过三十载。如今中国已经成为法制基本完备的国家，然而，形成完全意义上的法治社会还需要经历一个相当长的时期。从一个具有几千年“人治”历史的社会向法治社会转型，需要几代人为之奋斗，而我们今天对未来美好前景的展望，又无不是在前人历经筑起的地基上去添砖加瓦。回顾老一辈法律工作者的业绩，弘扬他们兢兢业业、孜孜矻矻的精神，是我们今天继续创建法治社会一项不可或缺的工作，因为他们所建立的法制基业是我们建设法治社会的宝贵财富，而他们始终不渝为之奋斗的目标也融入到我们今天和未来的事业追求之中，共同推动中国社会不断地且不可逆转地朝着社会主义法治国家前进。

2008 年将迎来我国当代刑事法学泰斗高铭暄、王作富教授两位先生联袂执教五十五周年。作为新中国培养出的第一批刑法专业人才，在半个多世纪里，他们为中国的刑事法制建设事业作出了卓越的贡献，培养了一大批社会主义法治建设的骨干力量，是当之无愧的中国刑法学的缔造者之一，是老一代法学家的优秀代表，更是伴随新中国成长起来的第一代学者中的典范。他们身上所凝结的老一辈法学家的执著进取、无私奉献的精神，是中国今日法制建设成就的动力所在，更是后进法学工作者获得精神营养的源泉！

刑事法制的文明是法治的基本特征之一。我们今天在刑事法制领域所取得的成就，与高铭暄、王作富、马克昌、何鹏、高格、杨春洗、储槐植、伍柳村、苏惠渔等老一辈刑法学家的贡献是分不开的。他们在合理借鉴前苏联刑法学的基础上，结合中国实际，缔造了中国刑法学的基本体系和学说。这一体系和学说已经成为指导当今刑事司法实践的基本理论，在惩治犯罪、保障人权中发挥重要作用。多年来，高铭暄、王作富两位先生一直积极参与国家立法的起草工作，高铭暄教授更是自始至终参与1979年刑法典起草的全过程。两位先生为中国刑法立法工作作出的贡献，在刑法学界无出其右者。两位先生为我国刑事司法事业进步也倾注了心血，自恢复法制以来，他们积极参与各项重大刑法司法解释起草中的咨询工作，对诸多重大司法改革的出台献计献策。两位先生在我国刑事法制建设事业中的贡献，使他们得到了刑事立法、司法界同仁的高度赞誉。

刑法学是法学学科中起步最早并最先进入比较完备状态的学科，这与高铭暄、王作富两位先生的突出贡献是分不开的，因而他们在刑法学界有“泰山北斗”之称。两位先生建国伊始，即在中国人民大学开始学习法律，并很快成为我国刑法学研究的骨干力量。作为新中国自己培养的第一批刑法学者，他们肩负了创建中国刑法学的历史任务。尽管他们经历了“法律虚无主义”盛行的年代，但是他们始终坚忍不拔，将建设法制作为持之以恒的奋斗理想。正是经过不断积累和塑造，在1978年恢复法制短短几年里，他们和其他刑法学界同仁一道编纂了第一批刑法学教科书，形成了具有中国社会主义特色的刑法理论。恢复法制后的三十年，是他们学术青春重新绽放的三十年。三十年间，两位先生笔耕不辍，为中国刑法学的发展积累了丰富而弥珍的学术财富。

在当今法学界，高铭暄、王作富两位先生被公认为是培养法学名家的典范。如今一些享誉海内外的中青年学者，无不是从学习他们的刑法理论开始法学研究生涯的。恢复法制三十年来，高铭暄、王作富两位先生培养了一大批优秀的刑法学者和刑法立法、司法的专家型人才，如赵秉志、陈兴良、姜伟、周振想、张军、黄京平、胡云腾、张智辉、李希慧、冯军等，他们已经成为刑法学界的领军人物或者司法机关的专家型领导。两位先生始终热情鼓励后进学者的创新精神，正是在他们的不断感召下，刑法学研究始终充满着活力和朝气，一代又一代刑法学人脱颖而出，成为我国刑法学未来发展的中坚力量。

作为中国人民大学法学院第一代法学工作者，高铭暄、王作富两位先生参与创造并见证着中国人民大学法学研究和法学教育事业的进步和辉煌。正是在老一代法学工作者的不懈努力下，中国人民大学法学院始终名列国内前茅，在国际上崭露头角。在半个多世纪的时光里，两位先生无怨无悔地耕耘在三尺讲台上，将他们的青春和希望倾注在法学教育上。今天，两位先生老骥伏枥，仍亲临讲台，如此风范令后辈景仰。

为大力弘扬老一代法学家严谨的治学之风、赤诚的奉献精神，中国人民大学刑事法律科学研究中心特组织编写了这部名为《刑事法学的当代展开》的论文集。以此作为后进刑法学人的一份微薄礼物献给两位先生，以表达大家最崇高的敬意和最诚挚的祝福，同时也作为一份收藏，来纪念我国法制恢复三十年，并衷心地祝福祖国的法治大业繁荣昌盛！

中国人民大学刑事法律科学研究中心

2007. 10

目　录

第二编　犯　罪　论

第三编　刑事责任和刑罚论

第四编 罪刑各论

第五编 刑法立法

第六编　刑事政策学、犯罪学和刑事执行法学

第七编 国际刑法、外国刑法、比较刑法和区际刑法

第一编　刑事法的价值、方法与原则

突破与突围：刑法学前沿报告

陈兴良*

刑法学是法学的二级学科，属于部门法学。在法学各学科中，刑法学相对而言是一个学科体系较为完善、学术基础较为扎实的一个学科。对于我国刑法学的学术前沿进行描述与评价，既要在法学的整体学术氛围之中关注刑法学的学术发展，又不可避免地追溯到近些年来刑法学的学术积累。在本文中，笔者试图以前沿报告的文体形式，以点带面，刻画出我国刑法学作为法学的一个传统学科在当前所面临的挑战，并提出我国刑法学的突破与突围的命题。

一、刑法方法论的反思

任何一门学科都存在一个方法论问题，方法论的科学化程度直接决定了一个学科知识的科学化程度。同时，方法论的转换也必然引起一个学科知识的转型。相对于其他学科而言，法学的方法论问题是一个经常被关注的问题。德国著名的法学家拉德布鲁赫曾经就方法论与学科的关系作过以下阐述："就像因自我观察而受折磨的人多数是病人一样，有理由去为本身的方法论费心忙碌的科学，也常常成为病态的科学；健康的人和健康的科学并不如此操心去知晓自身。"① 从这段话中，我们可以引申出以下三层含义：（1）一门学科的科学性问题，主要取决于方法论，因而对该学科的科学性考问就成为对方法论的探究。（2）病态的科学与健康的科学的区分，实则是指幼稚与成熟的区分。按照拉德布鲁赫的观点，越是幼稚的学科，越为该学科的方法论所困扰。（3）显然，在拉德布鲁赫看来，法学就是这样一门幼稚的学科，因而法学方法论仍然是一个未解的问题。作为法学的二级学科，刑法学同样存在着

---

* 北京大学法学院教授，博士生导师。

① 参见［德］拉德布鲁赫：《法学导论》，米健、朱林译，中国大百科全书出版社1997年版，第169页。

对方法论的这种关注。在我国法学界，除法理学将法学方法以及法律方法作为其研究的一个领域以外，在部门法学中，刑法学是对方法论问题最为关注的一个学科。

刑法学界对于刑法方法论的重视，是近几年才开始的。究其原委，是由于刑法学科发展到一定程度，不从方法论上进行反思，则难以突破传统刑法学的桎梏。围绕着刑法方法论问题，2004 年 11 月 26 日至 27 日北京大学法学院在深圳举办了全国首届中青年刑法学者专题研讨会，主题就是刑法方法论。与会的有 40 多位学者，从各自的角度对刑法方法论进行了探讨。这次专题研讨会的文集《刑法方法论》（梁根林主编，北京大学出版社 2006 年版），汇集了本次研讨会的主要论文。在 2005 年，《法学研究》发表了两篇关于刑法方法论的论文：一篇是笔者的“刑法教义学方法论”（载《法学研究》2005 年第 2 期）；另一篇是笔者的同事、北京大学法学院王世洲教授的“刑法方法理论的若干基本问题”（载《法学研究》2005 年第 5 期）。此外，云南大学法学院曾粤兴教授根据同名博士论文修订而成的《刑法学方法的一般理论》（人民出版社 2005 年版）也是我国学者在刑法方法论领域取得的重要研究成果。笔者主编的《刑法方法论研究》（清华大学出版社 2006 年版）一书，组织北大法学院刑法专业的博士研究生，采取专题研究的方式对刑法方法论问题进行了较为深入地探讨。以上这些科研成果，表明了我国刑法学界对刑法方法问题的关注，对于提升我国刑法理论研究具有重大意义。

在刑法方法论研究中，涉及法教义学的概念，由此引申出刑法教义学的概念。法教义学或称为法律教义学，也有的学者称为法律信条学。这是一个在我国法学界并不多见的术语，常见于大陆法系的法学著作之中。德国学者拉伦茨把法学直接等同于法教义学，当然是在狭义上的法学即法规范学的意义上作如是界定。尽管拉伦茨本人并未对法教义学明确地下定义，他还是引用有关学者的观点，对法教义学这个词加以解释。例如拉伦茨引用迈尔·科丁的以下论述：法教义学可以用来描述一种——以形成某些内容确定的概念，对原则作进一步的填补，以及指明个别或多数规范与这些基本概念及原则的关系为其主要任务的——活动。透过这种活动发现的语句，其之所以为教条，因为它们也有法律所拥有的——在特定实证法之教义学范围内不复可质疑的权威性。教义学一语意味着：认识程序必须受到于此范围内不可再质疑的——法律规定的拘束。[①] 由此可见，法教义学是以实证法，即实在法规范为

① ［德］卡尔·拉伦茨：《法学方法论》，陈爱娥译，商务印书馆 2003 年版，第 107—108 页。

研究客体，以通过法律语句阐述法律意蕴为使命的一种法律技术方法。德国学者考夫曼明确地将法教义学与法哲学加以区分，指出：法哲学并非法学，更非法律教义学。据康德的观点，教义学是“对自身能力未先予批评的纯粹理性的独断过程”，教义学者从某些未加检验就被当做真实的、先予的前提出发，法律教义学者不问法究竟是什么，法律知识在何种范围中，以何种方法存在。这不是指法律教义学必然诱使无批判，但即便它是在批判，如对法律规范进行批判性审视，也总是在系统内部论证，并不触及现存的体制。在法律教义学的定式里，这种态度完全正确。只是当它把法哲学和法律理论的非教义学（超教义学）思维方式，当做不必要、纯理论，甚至非科学的东西加以拒绝时，危险便显示出来。[①] 根据这一界定，法教义学与法哲学首先是在研究客体上存在区分的，法教义学研究的是表现为部门法的实在法规范，而法哲学则是研究法的本体论与认识论，当然也包括方法论。而且，法教义学所持的是一种价值中立的立场，它以假定法规范是正确的为前提。法哲学则总是一种价值批判，它是超越实在法的，由此决定了法教义学与法哲学在方法论上的区别。

在正确地界定法教义学的基础上，我们可以发现，法教义学与方法论问题是具有密切联系的，并且决定了方法的性质与形式。刑法教义学也是如此。例如，王世洲教授讨论了刑法方法和刑法教义学的关系。认为刑法教义学使用的主要是体系性的研究方法与问题性研究方法。[②] 当然，王世洲教授在这里讨论的是研究方法，而我们更关注的是在刑法教义学框架中的法律适用方法。因为刑法教义学是为刑法适用提供某种法律规则，因而它是以刑法适用为中心而展开的。在刑法适用中涉及大陆法系通行的司法三段论，即大前提是法律规定，小前提是案件事实，结论是有罪还是无罪。刑法教义学就是以司法三段论为逻辑基础展开的。因而必然涉及寻找法律、认定事实以及从法律规范到案件事实的逻辑推理这三个法律适用的环节，由此确定在刑法教义学中的以下三种方法：

（一）刑法解释方法

刑法适用首先需要确定大前提：相应的刑法规范是否存在，因而这里就有一个找法的问题。找法，又称为法律发现，这是一个对法律进行解释的过程，主要采用的是刑法解释方法。任何法律都需要解释，因而都存在如何正

---

① ［德］阿图尔·考夫曼、温弗里德·哈斯默尔主编：《当代法哲学和法律理论导读》，郑永流译，法律出版社2002年版，第4页。

② 参见梁根林主编：《刑法方法论》，北京大学出版社2006年版，第51页。

确地掌握法律解释方法的问题。那么，刑法解释与其他部门法的解释在方法上存在差别吗？换言之，刑法解释是否具有不同于其他部门法解释的特殊性呢？这个问题涉及刑法的性质，尤其与罪刑法定原则有关。刑法作为公法，涉及对公民的生杀予夺。某一行为一旦认定为犯罪，就会受到法律的严厉惩罚。因此，在任何法治国家，刑罚权，包括立法权与司法权，都是受到刑法严格限制的，因而罪刑法定原则是法治社会刑法的内在生命。基于罪刑法定原则，对刑法应当严格解释。这里的严格解释当然是与自由解释相对应的。例如禁止入罪的类推解释，对不利于被告人的扩张解释应当持一种谨慎的态度等。可以说，在刑法方法中，刑法解释方法是研究的重点。中国刑法学研究会曾经将刑法解释问题研究当做2003年年会的主题之一，其中包含了对刑法解释方法的研究。[①] 在刑法解释方法的研究中，从语义解释方法到逻辑解释方法以及目的解释方法都有所论及。尤其值得注意的是关于各种解释方法的位阶关系问题。刑法解释方法通常可以分为四种：语义解释、逻辑解释、历史解释和体系解释。那么，这四种解释方法是可以随意选用呢还是存在一种内在的顺序关系？对于这个问题，以往在理论上语焉不详。笔者个人以为，应当承认各种解释方法之间存在一定的位阶关系，但这种位阶关系又不是固定不变的，尤其不能将位阶关系直接等同于顺序关系。在某些情况下，这种刑法解释方法之间的位阶关系如果得不到遵守，可能会影响解释结论的合理性。在一般情况下，语义解释是具有优先性的，通过语义解释可以正确地确定某一法律规范的含义，就不再需要采用其他刑法解释方法。但如果历史解释对某一法律规范的含义在解释结论上不同于语义解释的，则历史解释应当优于语义解释。

（二）事实认定方法

事实认定的方法，主要有确认方法与推定方法。确认是指在现有证据下对某一事实的认定，因此，确认方法在案件事实的认定中是广泛采用的一种方法。在某种意义上来说，确认是在一定证据基础之上，根据经验法则对某一案件事实的肯定性判断。推定是根据已经确认的事实，按照一定的经验法则和逻辑规则，推断另一事实的存在。确认是需要证据证明的，而推定则不需要证据证明，因而是对案件事实的一种特殊的证明方法。在我国刑法学界，对推定方法的研究还是很不够的，但离开推定方法，对于行为人的主观构成要素的证明是极为困难的。例如主观上的明知、非法占有的目的等。只有通

① 参见赵秉志、张军主编：《刑法解释问题研究》，中国人民公安大学出版社2003年版。

过对案件事实的推定，才能提高司法机关认定案件事实的能力。

（三）演绎方法

从法律规定这一大前提出发，经过案件事实这个小前提，最终得出结论，这个过程就是法律规定与案件事实的耦合过程。在这一耦合过程中，存在一个从法之一般到案件之个别的逻辑演绎过程。在刑法适用中，通过这种演绎方法，确保刑法规定的犯罪得到正确的认定，因而它是实现罪刑法定原则的重要逻辑工具。罪刑法定原则不仅是一个理论的问题，这一理论的实现还有赖于一定的司法技术。而从刑法规定之一般到案件事实之个别的逻辑演绎方法，就是这种司法技术之一，应当引起我们的充分重视。

二、社会危害性理论的清理

我国刑法学的理论是从前苏联引入的，而社会危害性理论是前苏联刑法学的遗产之一，至今它仍在我国刑法学上占据着统治地位。如何对社会危害性理论进行进一步的清理，关系到我国刑法学的发展前景，关系到我国刑法学理论品格的塑造，因而是一个我国刑法学的学术前沿问题。

社会危害性理论与犯罪概念有着密切关系，因为社会危害性是犯罪的本质特征。这是关于社会危害性的一个基本理论命题。这种以社会危害性为本质特征的犯罪概念，就被称为是犯罪的实质概念。犯罪的实质概念起源于《苏俄刑法典》，1922 年的《苏俄刑法典》第 6 条就是一个典型的犯罪的实质概念。及至 1960 年的《苏俄刑法典》，犯罪的实质概念演化为犯罪的混合概念。犯罪的混合概念被认为是犯罪的实质特征与形式特征相统一的犯罪概念。这里的犯罪的实质特征，指的是社会危害性；犯罪的形式特征，指的是刑事违法性。我国刑法中的犯罪概念也被认为是犯罪的混合概念。在我国刑法学界，犯罪的混合概念受到充分的肯定，认为形式的犯罪概念单纯强调犯罪的法律属性，只能满足形式的法治国限制司法权的要求，其产生是大陆法系特定历史背景的产物；混合的犯罪概念既强调犯罪的法律属性以限制法官的定罪权，又重视犯罪的社会属性来限制立法者的制罪权，满足了我国当前建设形式法治优先、兼顾实质法治的刑事法治国既限制司法权又限制立法权的要求，是可取的。因而，这些学者积极提供犯罪的混合概念。① 这种观点通过倡导犯罪的混合概念，还是表现出对于社会危害性理论的一种流连。在这种倡导犯罪的混合概念的理论中，将社会危害性看做是对立法权的限制，立法者

① 参见苏彩霞、刘志伟：“混合的犯罪概念之提倡——兼与陈兴良教授商榷”，载《法学》2006 年第 3 期，第 85 页。

只有将具有社会危害性的行为规定为犯罪，由此体现实质法治国的性质。在司法中，社会危害性通过犯罪概念中的但书规定，只有对那些犯罪情节显著轻微、危害不大的行为的出罪功能，因此并不会与刑事违法性发生矛盾，由此体现形式法治国的性质。这样一种叙述，当然是想对社会危害性有所限制的，并且从逻辑上似乎也是说得通的。但这一观点的致命缺陷是没有正确认识法定的犯罪概念的功能。我们所讨论的犯罪的形式概念与实质概念、混合概念，都是指犯罪的法定概念而非一般意义上的犯罪概念。犯罪的法定概念是指刑法典中所规定的犯罪概念，从1810年的《法国刑法典》开始，大陆法系各国刑法中都有关于犯罪概念的规定。犯罪的形式概念，是从罪刑法定主义中引申出来的，意图限制司法权。正如意大利学者所言："犯罪"（reato）是"刑事违法"的同义词。它意味着违反了刑法规范，即违反了以刑法典为"重罪"和"轻罪"规定的主刑为制裁措施的法律规范。这个以法定制裁措施为基础的犯罪概念，尽管是一个形式概念，但这个概念可以从形式上将犯罪行为与其他违法行为明确地区别开来，因而是保障正确适用刑法的首要条件。[①] 如果在刑法中不是采用这样一种犯罪的形式概念，而是采用犯罪的实质概念，则犯罪的法定概念之限制刑罚权、贯彻罪刑法定原则的功能就会荡然无存。那么，犯罪的形式与实质相统一的混合概念是否能取犯罪的形式概念与犯罪的实质概念两者之所长，而成为一个科学概念呢？这种设想是虚幻的，因为犯罪的形式特征与犯罪的实质特征之间始终存在着一种紧张关系。在犯罪的混合概念中，犯罪的实质内容往往压倒犯罪的形式特征，成为犯罪的决定性因素。更为重要的是，犯罪的法定概念并不必然承担揭示犯罪的社会政治内容的使命，它的功能仅仅在于为司法机关认定犯罪提供规范标准。因此，犯罪的法定概念的功能是规范性的而非实质性的，与之相对应的是犯罪之形式概念而非犯罪的实质概念。

在犯罪的法定概念中是否应当包括社会危害性内容的讨论，还涉及犯罪概念中的数量要素的问题。我国刑法第13条关于犯罪概念的但书规定："犯罪情节显著轻微、危害不大的，不认为是犯罪。"这一规定，对于划分我国刑法中的罪与非罪的界限具有重要意义，被我国刑法学者认为是犯罪的数量要素。[②] 应该说，这是我国刑法从苏俄刑法引入的一种立法例，并非我国独创。然而，这种犯罪的数量要素与大陆法系、英美法系中的犯罪概念无数量要素

---

① 参见［意］杜里奥·帕多瓦尼：《意大利刑法学原理》（注译版），陈忠林译评，中国人民大学出版社2004年版，第68页。

② 参见储槐植："我国刑法中犯罪概念的定量因素"，载《法学研究》1988年第2期。

的立法例之间存在明显区别。由于但书规定是以“危害不大”作为非罪根据的，因而在社会危害性的讨论中就涉及社会危害性的出罪功能，对此我国刑法学者的充分肯定，由此提出“善待社会危害性”的命题。[①] 应当指出，这种观点是从出罪的意义上肯定社会危害性观念的，因而与在入罪的意义上肯定社会危害性观念的观点是完全不同的。但问题在于：这种出罪功能是否只能由社会危害观念承担？在大陆法系的刑法理论中并不存在社会危害性观念，但其出罪功能是通过实质的违法性和可罚的违法性等观念完成的。实质的违法概念是德国著名刑法学家李斯特所首倡的，认为实质违法是指危害社会的（反社会的）行为。[②] 由于实质违法是在形式违法之后判断并且以形式违法为逻辑前提的，因而实质违法不可能具有入罪功能而只能具有出罪功能。至于可罚的违法性概念则是日本刑法学家倡导的，是指某犯罪应该被科以刑罚的违法性，即值得处罚程度的违法性，是只处理那些从全体法秩序的观点承认违法性的情形中在量上具有一定程度以上的严重性、在质上予以刑罚制裁是适当的情形。因此，在刑法上认为有违法性的行为，即使在民法等其他的法律部门中也是违法的。但是，相反，在民法等其他的法律部门中认为是违法的行为并非在刑法中也当然是违法的。可以称这种意义中的刑法上的违法性为可罚的违法性。[③] 通过实质的违法性和可罚的违法性理论，并将之纳入犯罪构成体系中，这样可以较好地解决出罪问题。就此而言，社会危害性理论的出罪功能并非其存在的正当根据。而且，由于我国刑法中犯罪概念的数量要素的存在，对犯罪情节显著轻微、危害不大的行为不以犯罪论处，并不意味着对这一行为不予任何处罚，而是予以治安处罚，甚至予以劳动教养，由此形成所谓的三级制裁体系。但在这三级制裁体系中，劳动教养的处罚甚至比刑罚在有些情况下还重，由此导致两者之间的不协调。

社会危害性是我国刑法理论中政治和意识形态最为强烈的一个概念。在我国刑法的法治化过程中，社会危害性理论受到批判是其必然的命运。早在1998年，李海东博士就对社会危害性理论进行了尖锐地抨击，指出：社会危害性被理解为犯罪的实质，即认定一个行为是否构成犯罪的根本标准。“社会危害性”这类对犯罪规范外的实质定义的致命弱点在于，在这个基础上建立

① 参见储槐植、张永红：“善待社会危害性观念——从我国刑法第13条但书规定说起”，载《法学研究》2002年第3期。

② 参见［德］李斯特著，施密特修订：《德国刑法教科书》（修订译本），徐久生译，法律出版社2006年版，第200页。

③ 参见［日］大冢仁：《刑法概说（总论）》（第三版），冯军译，中国人民大学出版社2003年版，第313—314页。

起来的犯罪体系完全依赖于行为的规范属性，因而，它又从本质上放弃了犯罪的实质概念。如果我们宣称犯罪的本质在于行为的社会危害性，显然，危害社会的并不都是犯罪，那么区别犯罪与其他危害社会行为的唯一标准就不可避免地只能决定于刑法是否禁止这个行为，也就是行为的形式违法性。这种所谓实质认识由此也就成了一种文字游戏般的东西，其实质变成了由法律形式所决定的，因此也就是形式犯罪而已。如果要处罚一个行为，社会危害性说就可以在任何时候为此提供超越法律规范的根据，因此，它是犯罪的本质，在需要的情况下是可以决定规范形式的。社会危害说不仅通过其“犯罪本质”的外衣为突破罪刑法定原则的刑罚处罚提供一种貌似具有刑法色彩的理论根据，而且也在实践中对于国家法治起着反作用。[①] 这一批评可以说是一针见血的。在1997年刑法修订以后，由于刑法废除了类推、确立了罪刑法定原则，罪刑法定原则所倡导的形式理性与社会危害性理论所具有的实质理性之间的紧张关系得以凸显。我国学者敏锐地揭示了罪刑法定与社会危害性之间的冲突，并以我国刑法第13条关于犯罪概念的规定为例，认为在一个定义中同时使用社会危害性和刑事违法性这样两个互相冲突、排斥的两个标准；势必影响罪刑法定原则在犯罪定义中的完全体现，使犯罪这个基本定义乃至整个刑法典的科学性大打折扣。[②] 如果对社会危害性与刑事违法性在决定罪与非罪的界限中的作用不分轩轾，确实会混淆罪与非罪的界限，这是一个不容忽视的问题，也是社会危害性理论带来的消极作用。在《法学研究》2000年第1期，笔者发表了《社会危害性理论——一个反思性检讨》一文，对社会危害性理论进行了言辞激烈的全面批判，甚至提出要将社会危害性逐出注释刑法学领域。这一观点受到一些学者的批评，并由此引发了关于社会危害性理论的一场深入的讨论，为社会危害性理论进行辩护的学者也不在少数。例如，有的学者认为，长期以来，社会危害性理论在我国刑法学中处于中心地位，并在司法实践中发挥着重要作用。但是，随着罪刑法定原则在新刑法中的刑事立法化，社会危害性理论的地位受到了质疑。论者认为，我国刑法中的犯罪概念正是因为规定了社会危害性理论才更显其合理性；社会危害性理论不但不与罪刑法定原则相冲突，反而体现出与罪刑法定相一致的价值立场，因而主张我国刑法理论应当继续以社会危害性为中心。[③] 笔者认为，围绕社会

---

① 参见李海东：《刑法原理入门〈犯罪论基础〉》，法律出版社1998年版，第7—8页。

② 参见樊文：“罪刑法定与社会危害性的冲突——兼析新刑法第13条关于犯罪的概念”，载《法律科学》1998年第1期。

③ 参见刘艳红：“社会危害性理论之辩正”，载《中国法学》2002年第2期。

危害性理论所展开的讨论对于我国刑法理论的拨乱反正是极为重要的，对社会危害性理论的深入辨析关系到我国刑法学理论的发展方向和价值取向。在《中国法学》2006 年第 4 期笔者又发表了《社会危害性理论——进一步的批判性清理》一文。在本文中笔者指出了在社会危害性理论讨论中存在的非历史主义倾向，这是一个重大的方法论问题。社会危害性的概念来自于前苏联，其实质是阶级危害性。从法的阶级性到刑法的阶级性再到犯罪的阶级危害性，由此得出以社会危害性为本质的犯罪的实质概念，如同一条红线一样贯穿于苏联刑法学，由此形成以社会危害性为中心的苏联刑法学。我国刑法学是苏联刑法学的翻版，社会危害性理论也一脉相承地成为我国刑法学的中心。因此，对于社会危害性，我们不能仅就这一概念本身进行逻辑的解析，而应将其置于整个苏联法学理论，尤其是刑法学理论形成的社会背景当中进行某种历史的还原，由此揭示社会危害性理论本身的积淀的意识形态的蕴涵。唯有如此，我们才能深刻地理解社会危害性之于犯罪、之于刑法的意义。就此而言，在我国目前关于社会危害性理论的讨论中存在着十分严重的非历史主义的方法论，它极大地妨碍了对社会危害性的政治本质的认识。

关于社会危害性可能还会争论下去，这是一个永远的话题。社会危害性的讨论过程就是我国刑法学理论的去魅过程——去意识形态之魅，从而使我国刑法学走上一条健康的发展道路。

三、犯罪论体系的建构

犯罪论体系，在我国刑法理论中称为犯罪构成体系。犯罪论体系直接关系到刑法理论的科学性，因而是刑法学中最为重要的问题。我国刑法学是从前苏联引进的，因而我国的犯罪构成体系也来自苏俄刑法学，这就是犯罪客体、犯罪客观方面、犯罪主体、犯罪主观方面的四要件体系，笔者称之为耦合式的犯罪构成体系。随着我国刑事立法与刑事司法的发展，四要件的犯罪构成体系越来越多地受到我国刑法学家的质疑。从 20 世纪 80 年代中期开始，我国就围绕着犯罪构成体系问题进行了第一轮讨论，指出了各种完善犯罪构成体系的观点，但这一努力基本上失败了。问题在于，在这一轮的犯罪构成体系的讨论中，基本上是以犯罪构成要件的增删为特征的，而没有涉及犯罪构成要件之间的逻辑关系。因此，这种对犯罪构成体系的发展完善的论述，无异于是在玩弄一种文字游戏。在这种情况下，四要件的犯罪构成体系并没有被撼动，仍然被各种刑法教科书所采纳与推崇。从 21 世纪初开始，随着以德、日为代表的大陆法系的犯罪论体系在我国的传播，又引发了新一轮的犯罪构成体系的讨论。例如 2002 年 10 月在西安举行的刑法学年会上，犯罪构成与犯罪成立基本理论就是首要议题之一，收到近百篇论文，大会对这一议题进行了颇有成效的讨论，并出版了《犯罪构成与犯罪成立基本理论研究》（陈明华等主编，中国政法大学出版社2003年版）一书。此外，数家法学刊物都以专题或者笔谈的形式对犯罪构成体系问题进行了集中研讨。例如《法商研究》2003年第3期关于犯罪构成理论的笔谈，《环球法律评论》2003年秋季号“不断走近犯罪构成理论”的主题研讨，《政法论坛》2003年第6期关于犯罪构成理论的专题研讨等。2006年11月，北京大学法学院举行了全国中青年刑法学者专题研讨会，主题是犯罪论体系，并邀请国际著名的德国刑法学家罗克辛教授出席并作了题为“德国犯罪原理的发展与现代趋势”的主题报告。

犯罪构成也同样是笔者所感兴趣的理论问题之一。在2001年笔者出版了《本体刑法学》（商务印书馆2001年版）一书，在书中笔者建构了罪体—罪责的犯罪论体系。2003年笔者又出版了《规范刑法学》（中国政法大学出版社2003年版）一书，结合我国的刑法规定，将罪体—罪责的犯罪论体系发展成为罪体—罪责—罪量的犯罪论体系，在犯罪论体系的创新上进行了某种尝试。在2003年笔者还主编了《刑法学》（复旦大学出版社）一书，该书在我国的刑法教科书中首次直接引入大陆法系的构成要件该当性、违法性、有责性的犯罪论体系。在该书的序言中笔者指出：犯罪论体系是整个犯罪论的核心。目前，我国刑法教科书通行的是来自前苏联的、以闭合式四大要件（犯罪客体、犯罪客观方面、犯罪主体、犯罪主观方面）为内容的犯罪构成体系。这种犯罪构成体系自有其简便易懂的优点，但是也存在着内在逻辑上的某些缺陷，受到刑法理论界越来越多的批评和质疑。随着大陆法系递进式犯罪构成体系和英美法系双层次的犯罪构成体系引入我国，在犯罪构成理论上的研究日益深入。尤其是大陆法系递进式的犯罪构成体系，反映了定罪的逻辑过程，也使得被告人获得了较多的辩解机会，具有理论上的优越性。在这种情况下，我们在刑法教科书中首次直接采用了大陆法系的递进式的犯罪构成体系。[①] 此外，笔者在2005年还主编了《犯罪论体系研究》（清华大学出版社2005年版）一书，该书对犯罪论体系从方法论到内容进行了系统的反思，从而推进了对犯罪构成体系的理论思考的深度与广度。

笔者以为，这一轮的犯罪构成体系讨论与上一轮相比，具有重大进展，这种进展主要表现在以下两个方面：这就是破与立。从破的方面来说，更为深刻地揭露了四要件的犯罪构成体系存在的逻辑缺陷。四要件的犯罪构成体

① 参见陈兴良主编：《刑法学》，复旦大学出版社2003年版，第1页。

系存在的最大问题是平面化闭合式，缺乏层次性，因而各个犯罪构成要件之间不存在逻辑上的位阶关系。正如我国学者指出：以前苏联及我国为代表的犯罪构成体系，由犯罪客体、犯罪客观方面、犯罪主体、犯罪主观方面构成。上述四个构成要件之间是一种共存关系，一有俱有，一无俱无，只有四个要件全部具备了，才说得上是齐备犯罪构成的要件。由于这种构成要件之间具有封闭性、自我完结式逻辑结构，因而称之为“闭合式”的犯罪构成体系。[①] 只有从各个犯罪构成要件之间的逻辑关系着手，才能揭示四要件的犯罪构成体系的逻辑缺陷。从立的方面来说，我国刑法学界也呈现出各种不同的价值取向，既有通过对四要件的犯罪构成体系的反思，提出犯罪构成体系重构主张的观点，也有直接引入大陆法系递进式的犯罪构成体系的努力。无论如何，这种在犯罪论体系上进行大胆的理论探索的勇气是值得肯定的。犯罪构成理论是苏俄刑法学在我国刑法学中的最后一个堡垒，如何突破并突围，直接关系到我国刑法学的发展方向。笔者在 2006 年提出了“刑法知识的去苏俄化”的命题。[②] 其中就包括了应当在犯罪构成理论中彻底清算苏俄刑法学的影响。尽管在我国刑法学界也还存在“我国犯罪构成体系不必重构”的观点[③]，但主张重构我国犯罪构成体系的呼声则越来越高。在这种情况下，我们更应当通过学术努力完成这种犯罪构成理论的转型。

经过二十多年的发展，我国刑法学的知识积累已经达到某种临界状态，刑法知识的变革与转型即将来临。

① 参见陈兴良、周光权：《刑法学的现代展开》，中国人民大学出版社 2006 年版，第 85—86 页。

② 参见陈兴良：“刑法知识的去苏俄化”，载《政法论坛》2006 年第 5 期。

③ 参见黎宏：“我国犯罪构成体系不必重构”，载《法学研究》2006 年第 1 期。

关于中国刑法理论研究方向的思考

刘守芬[*] 韩永初[**]

自从20世纪70年代末中国社会的发展进入新的转折点算起，我国刑法理论研究的道路也已经走过四分之一世纪了。当回首这一时期我国刑法理论所取得的成就时，有些学者认为刑法学研究已经到头了；另有一些学者认为我国刑法学研究仍然是幼稚的。我们认为，必须承认经过二十多年的努力，我国刑法学研究确实已经取得了很大的成就，但是同时也面临着研究的“瓶颈”问题。如果认为这种“瓶颈”是永远不能突破的，那么我们可以说中国刑法理论研究已经到头了；但是，如果认为这种瓶颈是可以经过改变研究模式而得以突破的，那么即使我们不承认中国刑法理论研究是幼稚的，我们也不能武断地认为中国刑法理论研究已经到头了，最起码也应当承认中国刑法理论研究还有一段较长的路要走，甚至是一段很长的路要走。

就我国目前的刑法学研究状况来看，我们认为：一是反思与批判的风气仍然不够浓厚；二是不无例外地受到整个社会的浮躁情绪感染，没有形成对刑法基本问题长期关注的局面，但“跟风”和急功近利的弊端却随处可见。基于此，离我们在刑法基本理论问题上取得突破性成果和使我们的理论研究对知识的增长有大的贡献尚有较大差距。虽然，近年来刑法学界的有些学者正在努力试图改变目前的这种状况，并且也取得了一些成就，但是，仍然没有突破我国刑法理论研究的瓶颈。

当然，在如何突破我国刑法理论研究的瓶颈问题上没有统一的标准答案，我们在这里并不试图给出一个标准模式，而只是提出我们的一点不成熟的看法供同仁们参考而已。这是因为面对复杂的人类实践，任何一种整齐划一的理论都会显得捉襟见肘。这一点不但适用于我国刑法理论研究中的各种理论，

* 北京大学法学院教授，博士生导师。
** 法学博士，吉林大学理论法学研究中心博士后研究人员；新疆大学法学院副教授。

同样也适用于西方的刑法理论。因为就刑法研究的客观局面来看，根本就不存在一个统一的中国的刑法理论，也根本不存在一个铁板一块的西方刑法理论。由于文章的篇幅有限以及探究中国刑法理论研究的方向问题需要刑法学界同仁们的共同努力，本文只是就这一问题谈一下我们的看法。文章主要从以下几个方面探究中国刑法理论的研究方向问题：一、立足于现实生活，当心定义的陷阱；二、立足于中国现实，当心西方经验的陷阱；三、立足于生活的逻辑，当心理论逻辑的陷阱；四、立足于学科交叉与融合的现实，当心学科专业化的陷阱。本文之所以把中国刑法理论研究的方向问题集中于上述四个方面，并不是因为刑法理论研究中的其他问题就不重要，而是因为只有首先在刑法学研究中注意上述四个方面的问题，我们才能突破我国刑法理论研究的瓶颈问题。

一、立足于现实生活，当心定义的陷阱

若要使我国刑法理论研究突破“瓶颈”问题，我们必须立足于现实生活，当心定义的陷阱。定义的陷阱主要表现在两个方面：一个方面是，在使用定义时缺乏限定，致使定义所指不明确。众所周知，精准的定义和恰当的分类是我们做学术研究和清晰传达思想的前提。许多时候理论上的纷争都是由概念不清、限定不准或分类标准不明确引起的。为了达到思想和学术交流的目的，我们必须对所使用的概念做出明确的限定，避免犯偷换概念或概念不清的错误。造成定义所指不明确的主要原因是：在使用概念时缺乏对概念适用范围的限定或追求概念的内涵的全面性和普适性。另一个方面是，用概念生硬地框定现实，以期用概念来解决问题。众所周知，语言的表现力是十分有限的，而现实世界是多样的。面临多样的世界，如果生硬地用有限的语言去裁剪现实是根本解决不了问题的。

首先，我们分析概念界限不明确带来的理论纷争。在这方面我们以关于犯罪的本质的争论为例。我国关于犯罪本质的争论在一定程度上就是由于对社会危害性概念缺乏界定引起的。我国传统的社会危害性概念在使用上缺乏界定的原因是：一方面，我国1979年刑法规定了类推，这样，在适用类推时所使用的社会危害性概念显然不是在适用非类推时所使用的社会危害性概念。在依刑法明文规定定罪量刑时，在理想的情况下，所使用的社会危害性概念既具有合法性的形式，也具有实质的合理性，此时，社会危害性概念是合法性形式与合理性内容相统一的概念。但是，在罪刑法定原则的前提下，在刑事司法中废除了类推原则，即使是在依刑法明文规定定罪量刑时，社会危害性概念既具有合法性的形式也包含有合理性内容，但归根结底这时的社会危

害性概念只能是具有合法性形式的概念。这种社会危害性概念可以被称为刑事司法上的社会危害性概念。相反，从刑事立法的角度来看，在立法之前根本不存在法律形式，也就不可能存在形式合法性与内容合理性相统一的社会危害性概念。在刑事立法之前，只能存在具有实质合理性的社会危害性概念。我们只能从应然的角度来谈论社会危害性，即什么样的社会危害性应该受到刑法的规制。因此，社会危害性的概念应该被具体分为刑事立法上的社会危害性概念和刑事司法上的社会危害性概念。因此，我们在使用社会危害性这一概念时，必须对它做出明确限定，即明确指出我们使用的到底是刑事立法上的社会危害性概念还是刑事司法上的社会危害性概念。这样，就可以避免许多无谓的争论。

其次，我们分析追求概念的外延的包容性和概念的普适性而造成理论纷争。在这方面，典型例子是关于犯罪的概念应该是形式的，还是实质的，抑或是形式与实质相综合的争论。犯罪的形式概念，只规定了犯罪的形式违法性，认为犯罪是违反刑法的行为。犯罪的实质概念，只规定了犯罪的实质的社会危害性，认为犯罪是具有严重社会危害性的行为。犯罪的形式与实质相结合的综合概念，既包含了犯罪的形式也包含了它的实质内容，认为犯罪是具有严重社会危害性的违反刑法的行为。如果不考虑这三个定义的实用性，似乎犯罪的综合定义是最好的，因为它最全面。但是一旦考虑到它们的实用性，我们会发现最全面的定义只是一种关于犯罪的理想定义而已，在解决现实问题时，它的作用是十分有限的。在法律没有规定罪刑法定原则的情况下，我们所需要的只是犯罪的实质概念。只要认为一个行为具有严重的社会危害性应该受到刑法处罚，这种行为就是犯罪。根本不用考虑它是否在形式上违反刑法的问题。在法律规定了罪刑法定原则的情况下，我们所需要的只是犯罪的形式概念。一个行为只要违反了刑法，原则上就是犯罪行为。只是在个别情况下，有些在立法时是具有严重社会危害性的行为，由于情况的变迁，后来变成了不具有社会危害性的行为。为了保障人权，对于只具有形式违法性而不具有实质违法的行为，可以不作为犯罪处理。这时我们才会用到犯罪的实质概念。

因此，我们给事物下定义是为了解决现实问题，而不是为下定义而下定义。特别是在运用定义的时候，当我们发现定义与其所定义的事物发生矛盾时，我们首先应该反思定义是否存在问题，而不是用定义去裁剪现实。

二、立足于中国现实，当心西方经验的陷阱

随着我国社会全面改革开放的日益深入，中国与世界的交往日益频繁起

来。人们充分认识到了参与国际交流和吸取西方经验的必要性。客观地说，我国刑法理论研究的许多成绩的取得是与对外学术交流和学习西方经验密不可分的。如果没有与西方刑法学界的交流，我们在这里也不可能谈论中国现实与西方经验的问题。但是在吸收西方经验时，我们必须立足于中国的现实，认真审视西方的经验，并当心西方经验的陷阱。

西方发达国家在自己的发展历程中取得了许多适合于它们自己国情的宝贵经验，但是这些经验未必适合于现今的中国国情。其中一个典型的例子就是死刑废除的问题。关于死刑的存废问题，在我国刑法学界存在很大的争论。主张废除死刑的论者的主要理由是：（一）死刑违反了“社会契约”；（二）死刑是残酷的、不人道的刑罚；（三）死刑和禁止杀人的法律是自相矛盾的；（四）死刑没有威慑效果；（五）死刑有悖于教育刑；（六）死刑既不能安抚被害人一方的精神创伤，也不能弥补其经济上所遭受的经济损失；（七）死刑一旦发生误判，就会冤杀无辜；（八）死刑没有层次性和可分性；（九）死刑往往是社会进步的拦路石；（十）死刑违反了宪法保障公民生命权利的规定。[①] 死刑保留论的主要理由是：（一）死刑的存在本身就证明死刑是不可或缺的；（二）死刑不违背社会契约和法律的本质；（三）死刑具有最大的威慑力，并且具有强大的阻吓犯罪的效果；（四）死刑是实现社会正义的必然要求；（五）死刑是避免私刑的重要手段；（六）误判难纠和不可分性不能成为废除死刑的理由；（七）死刑是消除不可改悔罪犯的最佳手段；（八）死刑不是残酷的刑罚，并不违宪；（九）废除死刑有违民意；（十）死刑是清除反动势力，维护社会进步的重要工具。[②] 如果抽象地看上面的理由，以及某些国家废除死刑的成功经验和另有一些国家仍然保留死刑，还有一些国家先废除了死刑后来恢复了死刑的情况，我们可以说死刑主存论和死刑主废论都有一定的支持例证和理由。但是，我们在探讨一个国家是否应该废除死刑的时候，必须从这个国家的具体国情出发，而不是从理论到理论的争论。例如，死刑是避免私刑的重要手段。在一个仍然保留死刑并且绝大多数人对死刑持肯定态度的国家，如果废除死刑的话，就很可能出现私刑的情况。但是，在一个已经废除死刑并且绝大多数人对死刑持否定态度的国家，出现私刑的可能就比较小。另外，我们在讨论死刑存废时经常把社会上绝大多数人的意见作为能否废除死刑的证据。这种方法具有一定的道理，但是也存在一定的弊端。多数人的观点并不能完全代表被害人的观点。如果调查的对象是被害人

① 参见胡云腾：《死刑通论》，中国政法大学出版社 1995 年版，第 145 页以下。

② 同上书，第 156 页以下。

的话，即使在已经废除死刑的国家，支持废除死刑的比率也不会像非被害人的那么高。在不同社会中的人，甚至同一社会中的不同人对生命的价值也会有不同的看法，在决定保留或废除死刑的时候也必须考虑这些因素。

更为重要的是，我们必须从犯罪的本质的角度来探讨问题。我们可以笼统地认为犯罪是具有社会危害的或侵害法益的应受刑罚处罚的行为。甚至可以说“犯罪是孤立的个人反对统治关系的斗争”和“蔑视社会秩序的最明显最极端的表现”。总体看来，这种表达方式并没有错。但是我们缺乏对犯罪到底侵犯了什么的详细分析。其实，犯罪的社会危害性主要表现为它给犯罪的直接被害人带来的危害、给社会秩序的安宁带来的危害和侦查、起诉、审判和刑罚执行所需的成本。无论是给社会秩序的安宁带来的危害还是给侦查、起诉、审判和刑罚执行所需的成本，都是因犯罪给直接被害人带来的危害所造成的。一个国家花费侦查、起诉、审判和刑罚执行的成本，就是为了维护犯罪被害人的利益和社会的安宁。所以，一个国家在确定刑罚的时候必须考虑犯罪被害人对刑罚轻重的感受，特别是在犯罪给犯罪被害人的生命和重大财产利益造成损失的情况下。联系到我国目前的情况，立即废除死刑是不符合我国犯罪被害人的利益的。刑罚只是解决社会问题的最后手段，这种手段只是一种权宜之计。除了经验、传统和当事各方的可接受性外，我们无法找到更为恰当的理由来说明，某种犯罪行为就等于徒刑或死刑。

另外，从刑罚目的的角度来看，目前在中国废除死刑也是不可行的。这是因为如果离开具体的国情和具体犯罪，我们无法论证某一刑罚目的的合理性。根据我国目前的国情，无论我们如何论证报应和威慑作为刑罚目的的不合理性或不人道性，但是，追求正义和威慑犯罪仍然是我国目前刑罚的重要目标。

综上，我们认为尽管废除死刑有成功的西方经验，但立足于我国具体的国情，在目前不宜废除死刑。至于如何限制死刑却是不容忽视的现实问题（在本文中暂不作讨论）。

在西方的经验与中国现实的问题上，还有一个重要的问题值得讨论。这就是犯罪构成的建构问题。我们知道，在犯罪成立条件问题上，有以中国和俄罗斯为代表的犯罪构成理论、以英美为代表的双层次犯罪构成理论和大陆法系的犯罪成立理论。目前在我国刑法理论界存在着对我国犯罪构成理论批判并主张借鉴大陆法系犯罪构成理论改造我国犯罪构成理论的观点。我们并不反对对我国的犯罪构成理论进行批判性研究，但是认为从我国犯罪构成理论自身的结构和它在具体司法实践中的运用并没有存在那么多的问题。这种犯罪构成理论虽说是因半个世纪前的革命而从外国引进，但运行至今应当说基本上适合我国的国情。相反，大陆法系的犯罪成立理论中也存在着诸多难以解决的结构性问题，并不像有的学者所认为的那么完善。[①] 尽管如此，大陆法系的犯罪成立理论基本上不影响大陆法系在司法实践中正确的适用法律。因此，一个国家现存犯罪成立模式，只是该国根据本国的国情和特定的历史条件而做出的一种选择，我们很难说哪一种模式是先进的哪一种模式是落后的。对一个国家来说，最为重要的是它所选择的模式能否解决它所面临的问题。在判断一种模式是否适合一个国家的时候，我们应该做的，并不是首先设计出一个所谓标准的理想模式作为评价各种模式的标准，而是从一个国家的国情出发，确立一个在该国的特定时空中可能达到的最佳状态作为评价标准。

三、立足于生活的逻辑，当心理论逻辑的陷阱

理论对于生活是十分重要的，它是生活的指导。当我们从事一项事业的时候，如果有一种正确的理论作为指导，我们就会非常顺利地完成。然而，我们一旦选错了指导我们事业的理论，我们的事业就可能遭受失败。在现实生活中，我们的许多理论就像盲人摸象一样，只反映了生活现实的一个方面，却忽视了生活的其他方面。我们在此无意批评“片面的深刻”，只是想指出生活是多面的，我们不能用抽象的理论来裁剪事实，而是要用生活自身的逻辑来解决生活中的问题。我们的理论在生活中没有解决问题，首先需要检讨的是理论本身，而不是生活本身。在生活逻辑与理论逻辑的关系问题上，我们将以确立罪数的标准和犯罪未遂与犯罪中止的区别标准争论为例阐明我们的观点。

确定罪数判断标准问题是刑法理论中的一个重要并且争议颇多的问题。关于依据什么来判断罪数，主要存在以下几种观点：第一，行为标准说。该说认为判断犯罪是一罪还是数罪应该以行为的个数为标准。行为人实施一个行为的，是一罪；实施了数个行为的是数罪。第二，法益标准说。该说认为犯罪的本质是对法益的侵害，不侵害法益的行为就不可能构成犯罪，所以判断罪数是一罪还是数罪应该以侵害法益或者犯罪的结果的个数为标准。侵害一个法益或发生一个结果的，是一罪；侵害数个法益或发生数个结果的，是数罪。第三，犯意标准说。该说认为，犯罪是行为人主观上犯罪意思的外部表现，行为只是行为人犯罪意思或主观恶性的表征，所以判断罪数是一罪还

① 参见韩永初：“论大陆法系犯罪论体系之嬗变”，即将发表于《河北法学》2007 年第 2 期。

是数罪应以犯罪意思为标准。第四，构成要件标准说。该说认为，犯罪首先以构成要件符合性为标准才能成立，行为不具备构成要件符合性就不可能构成犯罪，所以判断罪数是一罪还是数罪只能以构成要件为标准。在构成要件的评价中，一次符合构成要件的行为是一罪；数次符合构成要件的行为是数罪。[①] 在现实生活中有些不典型案例，无论采用以上哪种标准都无法对其加以正确分类。例如，一人一次开枪打死两个人。如果根据行为标准说，它就是一个犯罪，但又与标准的一个犯罪有着明显的不同。如果根据法益标准说，它就是两个犯罪，但是又与标准的两个犯罪不同。如果根据犯意标准说，如果行为人以一次开枪杀两个人的意思而实施的行为就是一罪，如果行为人以一次开枪杀一个人的意思，结果杀死两人的话，那也只能成立一个犯罪。但是，无论是把这种情况判断为两罪还是一罪，都不同于典型的一罪或两罪。如果根据构成要件标准说，我们也很难武断地把这种情况判断为一罪或是两罪。因为这种情况既不是典型的充足一次构成要件，也不是典型的充足两次构成要件。在这种情况下，任何一种试图用一种单一的标准来解决问题的办法都是徒劳的。这种做法只会造成削足适履的结果。面对这样的情况，我们只能本着解决问题的态度，不是试图用哪一种已经确立的标准理论去硬套现实，而是面对现实找出一种人们相对能够接受的处理办法。

例如，判断犯罪未遂与犯罪中止的标准在理论上可以说是表达得十分清楚的问题，但是，当面临非典型的具体案例时，理论却面临着困难。根据标准的定义，犯罪未遂，是指行为人已经着手实施犯罪，由于其意志以外的原因或障碍，而使犯罪者未达到既遂形态的情况；犯罪中止，是指在犯罪构成中，行为人自动放弃犯罪或自动有效地防止犯罪结果发生，而未完成犯罪的一种犯罪停止形态。在理论上区分犯罪未遂与犯罪中止的标准之一，就是行为人的停止犯罪行为是否由于其意志以外的原因而停止犯罪。但是在判断以下两个案件是犯罪未遂还是犯罪中止时却存在争议。案件一，犯罪分子试图对某女实施强奸，却发现某女处在来月经期间，而放弃了对其的强奸行为；案件二，犯罪分子试图对某人实施抢劫，却发现被抢劫者是自己的熟人，而放弃了对其的抢劫。在上述两个案件中，行为人的停止犯罪行为到底是出于意志以外的原因还是出于意志以内的原因是存在争论的。判断行为人是出于意志以内的原因而停止犯罪的观点，认为行为人在这些情况下如果要继续实施犯罪的话，他们仍然可以完成犯罪。而判断行为人是出于意志以外的原因

① 参见高铭暄、马克昌主编：《刑法学》，北京大学出版社、高等教育出版社 2000 年版，第 186 页以下。

而停止犯罪的观点，认为行为人实施犯罪的主观意志的内容就是对没有处于月经期间的妇女强奸和对陌生人进行抢劫，因此被害妇女的来月经和被抢劫人是熟人都是行为人意志以外的原因。两种解释方法都是有其合理性的，那么，我们究竟应该采取哪种观点呢？我们认为采用上述哪种观点并不影响问题的解决。如果认为上述行为是犯罪未遂的话，可以在量刑时比照典型的未遂犯从轻处罚；如果认为是犯罪中止的话，可以在量刑时比照典型的中止犯从重处罚。

四、立足于学科交叉与融合的现实，当心学科专业化的陷阱

随着社会的发展，知识增长和更新的速度越来越快。要成为一个学科的专家，一个人必须倾其毕生经历。这样，学科的专业化是整个自然科学和社会科学发展的必然趋势。但是，学科专业化也存在巨大的弊端。因为无论是自然界还是人类社会本身都是一个整体，我们的每一个学科都是对自然界或人类社会的某一个片面进行的研究。这种研究只是抓住了自然界或人类社会的一个片面，而忽视了它与整体的联系。这种倾向在我国的社会科学领域特别是法学领域表现得尤为突出。不但法学与其他社会科学之间缺乏必要的有效的沟通，而且在部门法学与法理学之间也缺乏有效的沟通，甚至这种情况也存在于相关的部门法学科之间。基于这种学科之间缺乏有效交流的情况，针对刑法学的具体情况，储槐植教授曾提出，从刑法之外研究刑法；在刑法之上研究刑法；在刑法之中研究刑法。[①] 这种看法是非常有见地的。如果刑法研究仅仅局限于在刑法之中研究刑法的阶段，那么我们的研究就很难取得较大的成就。我们必须跨入从刑法之外和在刑法之上研究刑法的阶段。只有拓宽刑法的研究领域才能突破我国刑法学研究的“瓶颈”，提高刑法学的整体研究水平。[②]

① 参见储槐植：《刑事一体化》，法律出版社 2004 年版，第 226 页。

② 近年来在北京大学法学院、中国人民大学法学院都先后召开过多学科交叉研究的学术研讨会以促进刑法理论研究水平的提升是值得倡导的。

民国时期朝阳刑法学人刑法思想述要

——谨以此文敬献高铭暄教授、王作富教授八十华诞

韩玉胜[*] 沈玉忠[**]

引 言

在清末变法与西学东进的影响下，中国传统法律文化开始近现代化。“各法之中，尤以刑法为切要”，以刑法文化为重要特征的中华法系的近代化转型肇始于近代刑法典的创制。1911 年《大清新刑律》的正式颁布，标志着中国刑法近现代化的发端；同时，它也为民国时期的刑事立法奠定了基础。中华民国自 1911 年成立起，经历了三个时期，即南京临时政府时期、北洋政府时期和国民党时期。民国不同时期的立法机关对刑法进行不同程度和规模的制定和修改。刑事立法的需要与发展推动了中国近现代刑法学的生成与发展，反之，刑法学的发展与走向成熟，也推动了刑事立法的完善，从而形成了刑法典的创制与完善及近现代刑法学发展形成互动良好格局。在这刑事立法与刑法理论研究的二元互动下，民国时期产生了一批著名刑法学家，如王宠惠、居正、赵琛、王觐、郗朝俊、陈瑾昆、张知本、蔡枢衡、瞿同祖等。其中，居正①、王觐②、陈

---

* 中国人民大学法学院教授，博士生导师；兼任中国监狱学会副会长。主要从事刑事法学的教学与研究。

** 南京审计学院讲师；中国人民大学法院刑法专业博士研究生。主要从事刑事法学的教学与研究。

① 居正（1876—1951），字觉生，号梅川，湖北广济人。1905 年留学日本法政大学，同年人同盟会。南京临时政府成立后，任内务部次长。1928 年南京国民政府成立后，历任国民党中央执行委员会常务委员、司法院院长，兼任中华民国法学会理事长，监察院委员等职。1936 年任朝阳大学（学院）董事会董事长，并在 1945 年至 1946 年主持校政。主要著作有《为甚么要重建中华法系》。

② 王觐（1890—1981），字漱苹，湖南浏阳人，早年留学日本明治大学学习法律。师从于主观主义和目的刑论的大师牧野英一博士。学成归国后，历任清华大学、北京大学、河北大学教授兼系主任，1929 年至 1937 年任朝阳大学教务长。主要著作有《中华刑法论》、《刑法分则》等，先后发表法学论文若干篇，如《预谋杀人果应处惟一的死刑乎?》、《我对于刑法修正案初稿一个总括的批评》等。

瑾昆[①]、张知本[②]、赵琛[③]先后任教于朝阳大学，他们在朝阳大学的言传身教著述立学，为朝阳大学赢得“无朝（朝阳）不成院（法院）”的美誉作出了巨大贡献。值得一提的是，尽管有些朝阳学者不是刑法专家，但在刑法方面著述绝不逊色。胡长清[④]，作为民国时期著名民法专家，他移译了日本学者冈田朝太郎著述的《日本刑法改正案评论》、《刑法总论》，另外，先后撰文介绍外国刑事立法，如《德国刑法一九二七年草案正文》、《意大利刑法改正草案》、《读意大利新刑法》等，为当时了解国外刑事立法趋向提供了较为详尽的素材。夏勤[⑤]，著名刑事诉讼法专家，在朝阳大学执教期间，先后编写《刑法学总论、分论》、《刑事诉讼法论》、《刑事政策学习》等教材。

1949年人民政府接管朝阳大学，建立了中国政法大学。1950年2月，中国政法大学与华北大学合并成立中国人民大学，历经近四十春秋朝阳大学走到了历史的尽头。尽管，她是一所私立的法科大学，但她为传播现代法律文化、培养法学人才，作出了重大贡献，被世人称为“北有朝阳，南有东吴”、“无朝（朝阳）不成院（法院）”。尽管朝阳大学已渐渐远离于人们的视野，但是，她在中国法学教育、法学思想传播方面留下了深深印迹。作为朝阳大学刑法学人的刑法思想，是20世纪中国刑法学的重要部分，他们为中国刑法学的初创作出了巨大的贡献。回顾历史，我们应当对民国时期朝阳大学的刑法学研究成果应予以应有的重视和全面评价，而不应当漠视甚至淡忘这一段

---

① 陈瑾昆（1887—1959），湖南常德人。1908—1917年留学日本，毕业于日本东京帝国大学法律系。归国后曾任北洋政府奉天省高等审判所推事和庭长、修订法律馆纂修、大理院推事、最高法院院长。1933年曾任国民党政府司法官。1919—1938年间，任北京大学、朝阳大学等校教授，并在1935年主持朝阳大学北平校政。主要著述有《刑法总则讲义》、《刑事诉讼法通义》等。

② 张知本（1881—1976），号怀九，湖北省江陵人。1904年以公费赴日本留学，初入宏文书院，后转入法政大学攻法律。辛亥首义后，初任武昌军政府政事部副部长，司法部成立后任部长。1936—1940年，张知本出任北平朝阳学院院长。主要著述有《宪法论》、《宪政要论》等专著。

③ 赵琛（1899—1969），字韵逸，浙江东阳人。中学毕业后留学日本，入明治大学学习法律。1924年归国，历任安徽大学、复旦大学和政治大学教授，并受聘在朝阳大学任教。赵琛为民国时期著名法学家，涉猎广泛，在刑法学、监狱学、行政法学、保险法学等方面均有很深的造诣。除了《少年犯罪之刑事政策》外，赵琛的其他重要法学著作还包括《刑法分则实用》、《中国刑法总论》、《新刑法原理》、《刑法总则讲义》、《刑法总则》、《监狱学》等。

④ 胡长清（1900—1988），曾用名胡次威，四川万县人。1923年北京朝阳大学专门部法律科毕业，1926年入日本东京明治大学高等专攻科（专攻刑法）毕业。1927年至1946年间先后在朝阳大学等校任民法、刑法教授，主要讲授民法。刑法方面的著作有《中国刑法总论》等，并发表刑法论文多篇，如《假释制度比较论》、《保安处分与刑罚》等。

⑤ 夏勤（1892—1950），原名夏惟勤，字敬民，一字竞民，泰州人。早年留学东京帝国大学专政刑法。回国后，任京师地方检察厅检察官，后历任高等审判厅庭长、大理院推事、总检察厅检察官、首席检察官。他在国民党政府任高级法官期间，曾任朝阳大学教务长、董事、副院长、代院长等职。

历史，否则，我们时下刑法学研究可能重复前人业已研究过的问题，甚至是研究已经形成共识的问题。为了避免“对中国刑法学自己的历史的无知”①，也为缅怀朝阳刑法学人，我们有必要对朝阳刑法学人的刑法思想进行必要的梳理。

一、朝阳刑法学人刑法思想的概览

（一）刑法宏观方面的研究

刑法宏观方面的研究主要围绕刑法、刑法学的概念、刑法的进化（沿革）、刑法的学派、刑法之效力、法源、解释等内容展开的。

1. 刑法学者的历史使命

作为法学中一门显学，赵琛指出，刑法学有三大任务：一是教育的任务，一方面为法律伦理研究，以理解刑法学内容，另一方面为实际技术研究，以发现犯罪事实真相；二是科学的任务，又有研究犯罪原因犯罪学与刑罚原因刑罚学之别；三是政策的任务，即注意防压犯罪之政策，尤其是对刑罚与保安处分制度应予以充分研究，评论立法得失，指示立法方针，从而完成刑事政策任务。② 为此，王觐指出了刑法研习的重要性，“刑法关系于人民权利者，至重且大，习之不精，则用之不宏，不宏，则不适，不适，则影响于民权者，欧西学者，所谓司法杀人（Justizmond）者。”③ 而在陈瑾昆看来，作为刑法学者，重要使命“仍在对于已成法律，本其已定目的，以为精确之认识与系统之阐明”。

深谙刑法学的王觐对刑法学者的使命作出了深刻的剖析，“学者，自复杂现象之中，取共同点，发见共通之要素，以得秩序的知识为目的者也”。因此，“以理想的刑法，评判刑法使是非者，自不在刑法学范围之内”，研究现行刑法，“指摘其缺点，为立法者异日修改刑法之资料，固研究刑法学者所应有之责任，不过非刑法学之主要目的而异”。④ 相比较，现今有些学者动则批评刑法不足，主张刑法修改，对此，王觐先生为我们提供一个刑法学者应有态度：维护刑法尊严。正如张明楷教授所指出，“法律并不是嘲笑的对象”，而是法学研究的对象；法律不应受裁判，而应是裁判的对象。“法律必须被信

① 参见梁根林、何慧新：“二十世纪的中国刑法学”，载《中外法学》1999 年第 2 期。

② 参见赵琛：“刑法学之任务及其辅助科学之教育”，载《法学杂志》（1934 年 1 月 1 日）第 7 卷第 2 期。

③ 参见王觐著：《中华刑法论》序，姚建龙勘校，中国方正出版社 2004 年版。

④ 参见王觐著：《中华刑法论》，姚建龙勘校，中国方正出版社 2004 年版，第 5 页。

仰，否则它将形同虚设”，既然信仰法律，就不能随意批判法律，不要随意主张修改法律，而应对法律进行合理的解释，将“不理想”的法律条文解释为理想的法律规定。[①]

2. 刑法学研究方法论

陈瑾昆在分析刑法各流派后，指出：“现时刑法学，有新旧二派学派之争，其中各出有名将，各筑有坚，已成持久战，而有两不相下之势”，进而他提出了自己的研究方法：“故自刑法立法言之，固不能偏于一端，应同时注意于一国民族固有之伦理思想与社会现象，以期制立于一国民族最能适应而最能调和之法律；自刑法学言之，亦不可囿于一派，应同时注意于一般科学方法应有止分析研究与实证讨论，以期创设于一国法典最为精当最为实用之法理。”[②]

刑事法学研究不能脱离整个法律制度体系，尤其是了解现行宪法精神对于刑事法学研究至关重要。为此，赵琛指出：“研究刑事法学者，自应理解宪法精神，而研究宪法者，亦不可不涉猎刑事法之内容，从事法学理论与事务问题之研究者，固无论矣，凡国民之关心宪政者，亦有明了宪法与刑事法关系之必要也。”同时，赵琛也敏锐地注意到刑法国际化趋势，他指出：刑法国际化的问题，已有三种之倾向：一为刑法之比较法学的研究，比较法学的使命在于，一方面，比较各国法律制度与学说，取长补短，“以供本国立法上司法上之参考资料”；另一方面，评论各国法律得失，从而树立“最善法制之楷模”，适应世界法律统一的需求，“实现法律社会化、法律国际化”；二为刑法原则之国际的统一，为求镇压犯罪，世界刑法典虽不可一蹴而就，不妨先求“一般原则之统一，如缓刑、假释、未遂、共犯、累犯、故意、过失等问题”；三为国际刑事法庭之设置[③]，有助于发挥刑法的“平和作用”。总之，刑法国际化的趋势为刑法学研究拓展了新思路和新空间。

3. 刑法的基本语义

关于刑法有两层含义：一是形式意义之刑法，亦称狭义之刑法，乃指一国刑法典。二是实质意义之刑法，亦称广义之刑法。民国时期学者有两种不同学说：一则是刑法为规定犯罪与刑罚的法律；二则是刑法规定实体刑罚权之法律。所谓刑罚权是指：“国家对于犯罪科处刑罚权之权，又分为实体刑罚权与形式刑罚权，自实体以规定刑罚权之发生者，则为刑法；自形式以规定

① 参见张明楷著：《刑法格言的展开》，法律出版社2003年版，第3页。

② 参见陈瑾昆著：《刑法总则讲义》“绪论”，吴允锋勘校，中国方正出版社2004年版。

③ 参见赵琛：“刑法之国际化的倾向”，载《中华法学杂志》（1931年6月1日）第2卷第6期。

刑罚权之实施者，则为刑事诉讼法。”陈瑾昆则采纳第一说：“谓刑法为规定犯罪与刑罚之法律，乃着眼于刑法之客观关系；谓刑法为规定实体刑罚权之法律，乃着眼于刑法之客观关系。故二说实属内容相同，而尤以第一说为足以表明刑法之本质。”[①] 相对于陈瑾昆较为模糊的态度，王觐则态度明确，他认为，规定罪刑之法曰刑法或者刑律，“刑法者，对于犯罪行为，附与刑罚法律的效果之法规也”。而古往今来，“东西各国刑法，对于罪刑性质，未能辩明，往往有偏而不全之弊，即以清律而论，多定刑而不定罪，现行刑法以罪为刑之条件，以刑为罪之法律后果，比之旧律，严格命名，必称之罪刑法，始为臻当”。[②] 刑罚，作为国家对犯罪人适用的最为严厉的强制措施，是以犯罪成立为前提的，即无犯罪无刑罚。随着刑法学发展，刑事责任作为刑法的范畴，成为连接犯罪与刑罚的纽带。因此，刑法成了规定犯罪、刑事责任、刑罚的法律。或许有人不解：刑法是规定犯罪与刑罚的法律，这么浅显的定义值得探究吗？事实不尽如此。民国各时期的刑法典脱胎于《大清新刑律》，虽稍作调整，但基本的原则与精神仍然未变。作为一部现代意义上的刑法典，《大清新刑律》虽经颁布但未实际施行，现代刑法理念并没有在中国社会中生成，而传统的司法制度长期影响着中国的司法实践，旧有多定刑不定罪的司法模式，使得对犯罪研究被偏废，而刑法成为仅仅规定国家刑罚权的法律。可见，在当时语境下，王觐对刑法正确定义，为“刑法正名”，对于刑法学的研究提供了前提性的注脚。

4. 刑法谦抑性

王觐认为，法可以分为禁令法与制裁法。禁令法是指为保护人类社会的生活利益，维护社会秩序，而规定人们必须禁止或命令为一定行为的法规；制裁法是指人们违反禁令法规，侵害法规所保护生活利益，应得不利益的效果的法规。在他看来，刑法为制裁法，是以禁令法规为基础，确保禁令法规的服从。同时，他认为，“（刑法）对于禁令法规第一次所保护之利益，更负第二次保护之任务”。可见，王觐的这一认识正确地确定了刑法在法律体系中的地位，这对于扭转中国传统法律文化重刑轻民、刑法功能泛化，实现刑罚谦抑性具有重要的积极意义。针对刑法的秩序保障机能与自由保障机能的争议，王觐认为，社会由个人组织而成，离开个人，无社会可言，因此，个人与社会有密切关系，因而有利害冲突，“刑法以剥夺个人自由最小限度为限，并于维持团体生存必要范围内，罚及犯人，以调和其冲突”。因此，偏重于社

① 参见陈瑾昆著：《刑法总则讲义》，吴允锋勘校，中国方正出版社 2004 年版，第 7 页。

② 参见王觐著：《中华刑法论》，姚建龙勘校，中国方正出版社 2004 年版，第 49 页。

会的社会本位论与偏重于个人的个人本位论都不符合社会进化的趋势。陈瑾昆极为赞同英国学者梅因的观点："半开化国家，民法少而刑法多，开化国家，民法多而刑法少"，因此，主张一国刑法，"要应力避苛繁"，并认为当时的刑法有"屋上架屋"之嫌。可见，陈瑾昆已经敏锐地洞察到刑法随着社会文明进步而逐渐显现出谦抑性、经济性与最后手段性。

5. 罪刑法定原则

1911年《大清新刑律》在总则中首次确立了罪刑法定原则，民国各时期刑法典继续加以明确规定。罪刑法定主义在对罪刑擅断主义批判基础上发展，在陈瑾昆看来，罪刑法定主义与罪刑擅断主义得失比较在于：一则依据罪刑法定主义判断罪刑，符合司法与立法分立本旨，而依罪刑擅断主义，则审判官可以任意拟断罪刑，不啻于审判官有制定法律的权利；二则依罪刑法定主义，人民非依法律不得处罚，其权利有所保障，而依罪刑擅断主义，则官吏可以依照自己意见处罚，人民权利随时可能被蹂躏；三则依罪刑法定主义，使人民获知什么是犯罪行为，将受何种刑罚制裁，从而有所儆戒，而依罪刑擅断主义，则不教而诛，人民随时均可"身受刑辟"；四则依罪刑法定主义，裁判有所准据，可以收到统一公平之效，而罪刑擅断，则裁判者可以任意出入人罪。罪刑法定主义用意何在？赵琛有自己的看法：一是禁止司法者任意创设犯罪与刑罚，以免司法干预立法；二是"在法律明文与民共信，人民有所适从，当知趋避"；三是禁止比附援引"恣意出入，以免同罪异罚，而有枉法滥刑之弊端"。针对新派学者反对罪刑法定主义，德国、俄罗斯等国纷纷破弃罪刑法定主义的立法实践，赵琛予以坚决的回击，他认为，在当时国家知识程度与法治观念落后于他人，正需提倡法治之时，如果不顾国情，盲目遵从新制，恐怕重新陷于罪刑擅断黑暗之中。因此，他主张"在刑法于犯罪采绝对法定主义，而于刑罚则采相对法定主义……以求法治与人治之调剂耳"。[①]王觐在对罪刑法定主义与擅断主义得失作出评价后，他认为，擅断主义能"合乎变迁无穷之社会情况"司法官员素质高，则"哀矜平反，易收预防犯罪之效"，但用人不当，则枉法裁判、出入人罪。而罪刑法定主义规定明显，人民可以"煌煌大法以资遵守"，审判官也不能枉法裁判而无擅断主义的弊端，"惟是律无正条，不得加人以罚"，因此，常有漏网之鱼。可见，"擅断主义，有审判专横之弊；法定主义有不能应情科刑之缺点"，[②]因此，应采二者之长而去其短弊，应采用相对的罪刑法定主义，即"罪与刑以明文预为之规定，

① 参见赵琛编著，司法院法官训练所主编：《刑法总则》，商务印书馆1944年版，第1—2页。

② 参见王觐著：《中华刑法论》，姚建龙勘校，中国方正出版社2004年版，第37页。

在一定范围以后，犹应使司法者有解释裁量之可能”。

6. 刑法解释论

“法律贵乎明”，刑法作为法律之一，有必要解释，但是解释刑法时必须慎重，否则有违背罪刑法定本旨。如何进行刑法解释呢？其一，应区分法律与立法者意思。一定形式所表示意思，有公的性质，有拘束国民效力，为法律，否则为立法者意思，在王觐看来，“解释法律，系指推考法律内容与法律范围而言，不包括解释立法者私人的意思也”。陈瑾昆则认为，解释刑法应“只在就刑法条文探求立法者之真意，即国家之意思”，“解释者惟求表示上之意思，不得求表示外之意思”。“立法者之意思，与起草者之意思无与，故如立法会议之记事录，立法机关之理由书，虽亦为解释时之重要参考，要不能直认为立法者意思也。”赵琛则认为，刑法解释的对象为成文法本身，而非刑法以外之习惯法或习惯，也非法律明文以外立法者意思，刑法解释的任务在于：“探究表现于刑法条文上之立法者意思，以资实际之适用。”① 其二，解释刑法应考虑当时社会客观情况。王觐认为，“法令以社会现象为对象，是则解释法文，必须考察制定法律当时之社会状态，尤不可不与解释当时之思想相合。”② 在陈瑾昆看来，法律为国家之意思，“国家意思，固应与时代思潮及社会现状相适用，解释法律时，固应于不背国家意思之范围”。其三，不能混淆刑法解释与刑事政策，应注重学理解释。陈瑾昆指出：“至于治刑法解释学者，尤应如前述，特加一注意，即不能将刑事政策与刑法解释，混为一谈。……应用学理以解释条文则可，牵强条文以附会学说不可。”③

类推解释采用与否坚持罪刑法定原则的试金石。赵琛认为，类推解释“无异擅断，未免与罪刑法定之原则相矛盾，故难认许也”。绝对法定主义者认为，类推解释，等于创设刑罚法规，与“不依成文法则不能处罚”本旨不相容。王觐认为，刑罚的目的在于“求社会与犯人双方得其平”，民事法规的适用“为原告被告昭大公”，民事规则可用类推解释，而独刑罚法规严格限制，令人百思不得其解，何况“类推解释与扩张解释，徒形式上之区别”。因此，他主张类推解释，如果不超出伦理所许容之范围，若善为运用，确能随犯罪进步，社会发展，收措置得宜之效，“又何必狃于十九世纪之旧思想而不能理解之进化乎。”④ 可见，王觐虽然倡导类推解释，但在有前提的情况下适

① 参见赵琛著：《新刑法原理》，中华书局 1930 年版，第 64 页。

② 参见王觐著：《中华刑法论》，姚建龙勘校，中国方正出版社 2004 年版，第 41 页。

③ 参见陈瑾昆著：《刑法总则讲义》“绪论”，吴允锋勘校，中国方正出版社 2004 年版。

④ 参见王觐著：《中华刑法论》，姚建龙勘校，中国方正出版社 2004 年版，第 49 页。

用，即不超出伦理所容许范围。

(二) 犯罪论研究

1. 犯罪定义的阐述

对于犯罪定义历来存在着争议，赵琛认为，现代意义上犯罪分为四种情形：一是实质上犯罪，是指“对于社会秩序之侵害行为”；二是形式上犯罪，是指“法律上认为犯罪之行为”；三是广义犯罪，是“以法律上处罚原因之行为”；四是狭义犯罪，是指刑法所列举，以刑罚为制裁的有责违法的行为。王觐认为，广义犯罪为刑事政策学研究对象，狭义犯罪为刑法解释学的解释对象，即犯罪为“任责能力人有故意或过失而为刑罚法令中所列举之违法行为”。

2. 关于法人犯罪问题

法人能否同自然人一样成为犯罪的主体呢？学者有不同的看法。赵琛认为，从刑事政策立场出发，有必要承认法人犯罪：一则随着社会经济事业的发展，法人事业发达，法人活动范围既广又繁复，因其违法行为所生之惨害必将激增，这是毋庸讳言的。二则法人与自然人同足以对社会生危害之行为，“倘一则处罚，一不处罚，宁能维持社会安宁秩序耶！”三则从国家为预防犯罪起见，也有处罚法人的必要。陈瑾昆则设计出法人犯罪法律制度，即在普通法中不能认定法人有犯罪能力，但在特别刑法中规定法人应就董事或者其他职员及使用人的犯罪行为负刑事责任。法人负刑事责任应具有以下两个要件：(1) 客观要件，即法人行为以一般见解认为是法人所为；(2) 主观要件，即行为人系以法人之意思所为。法人处罚时不问行为人责任，应以处罚法人为原则，科处法人与行为人两罚责任为例外。

(三) 刑事责任论与刑罚论

1. 刑事责任论

围绕对犯罪科处刑罚根据，旧派与新派各有主张：旧派取客观主义，新派采主观主义。王觐则认为，民事责任本质在于损害赔偿，以填补因不法行为所生的损害，恢复社会正义为目的；刑事责任的作用在于损害预防，对于有损害发生之危险者加以排除，防患于未然，借以维持社会正义。因此，民事责任的成立以客观实害存在为前提，不问其故意过失；而刑事责任以主观恶性为科刑标准，以故意为要件，过失不罚为原则，应罚者为例外。可见，王觐是站在主观主义的立场上论及刑事责任。赵琛则认为，因某种行为惹起外界一定结果，为责任成立的前提条件，结果由负有规范义务者所惹起时，行为人具有刑法上责任。其中，外界结果为刑事责任的前提，义务之违反为刑事责任之实体，前者为客观责任，后者为主观责任，“主观的责任与客观的责任相辅，成为刑事责任之内容，缺一即有不可。”① 由此可知，赵琛是从主客观相统一原则基础上来分析刑事责任的。陈瑾昆则认为，在分析道义责任论与社会责任论之后，认为民刑事责任基础应同一视之，即责任范围固然应着重社会利益，但责任本质归于人类之自由意思，心智健全者了解其行为的性质，仍然决意为之，行为人应完全负民、刑事责任。

2. 刑罚权之根据

国家对犯罪人行使刑罚权的正当根据，存在着消极说与积极说之争。赵琛则指出，刑罚权的根据存在契约说、纯正正义说、社会必要说、折中说，并作出评价：“按社会契约说，涉于抽象的理论，纯正正义说，偏于哲学的思考，社会必要说，置重于实证的观察，而折中说则出于中庸之态度，均有其相当之真理。”王觐通过比较上述学说后，认为刑罚权“不外国家主权之一作用，维持国家生存，刑罚权自由必要”，因此，必要说是恰当的。

3. 刑罚本质、目的与基准

刑罚本质，即刑罚权成立的根据，历来存在着绝对主义、相对主义与折中主义。陈瑾昆采用法律学的方法分析认为，“刑罚系对于犯罪之反应即反动，即谓犯罪为法律事实即原因刑罚为法律效果即结果”，因此，刑罚的本质“应从法律的报应主义即正义主义，以犯罪为违反理性之行为，刑罚为根据理性之报应”。但“刑罚于实际上或理论上，应注重社会之防卫及犯人之改善”，因此，在他看来，折中说是恰当的。

围绕刑罚目的是什么，也存在绝对主义或报应主义、相对主义或防卫主义，折中主义或浑成主义三种观点。赵琛则持折中的教育刑论，认为，“刑罚之目的观，除顾及社会利益之目的外，更有刑罚本身之价值……吾辈应以理性的批判，观察刑罚之理想，刑罚之理性的认识不外为文化价值之实现，理想的刑罚，自有其绝对的文化价值，故其目的，亦必至纯至高”，即“教化改善犯人以防止犯罪之复发，斯足为刑罚惟一之最高目的耳”。陈瑾昆认为，应从国家、犯人、社会、被害人四个方面来分析，不可侧重一个方面，作为防卫社会工具和维护并促进文化之工具，刑罚“首应注重法律正当之适用；同时亦应留意一般文化上应有之正义之观念，而被害人方面之影响及感情，亦不可完全蔑视不顾”。因此，在陈瑾昆看来，良好的刑罚既能满足报应主义及正义的要求，又能满足目的刑主义及预防主义的条件，具体来说，满足报应主义及正义的要求，刑罚应具有下列特性：（1）刑罚法定性，即刑罚“须由

① 参见赵琛著：《新刑法原理》，中华书局1930年版，第172页。

法律明确指定之，更须就法律正当适用之，前者为罪刑法定主义，后者为罪刑适当主义”；（2）刑罚个人性，即刑罚“必止于犯人之一身”；（3）刑罚人道性，即刑罚“必合于人道”；（4）刑罚平等性，即刑罚应完全平等；（5）刑罚伸缩性，即刑罚“应酌定一定范围，使审判官有自由裁量之余地”；（6）刑罚感化性，即刑罚“须使犯人有改恶迁善之功能”；（7）刑罚个别性，即刑罚“务使得按犯人个别处置，即能罪当其情，刑当其罪”；（8）刑罚分割性，即刑罚“务使得以分割”；（9）刑罚交换性，即刑罚“务使得以互换，使得按犯情适当处断”；（10）刑罚回复性，即刑罚“务使能回复原状，一科刑判决有失当时，尚有救济之途”。同时，为满足目的刑主义以及预防主义的要求，刑罚应具有以下特性：（1）刑罚警戒性，即刑罚“须有刺激社会功用，足以使公众知所警戒”；（2）刑罚快慰性，即刑罚“须有满足社会功用，使公众称快”；（3）刑罚抚慰性，即刑罚“须有慰抚被害人之功能”；（4）刑罚经济性，即刑罚“不但感化犯人精神，并须养成其能力，使将来有谋生之路”；（5）刑罚劳动性，刑罚“务使犯人去其闲惰之恶习强制使服一定劳役，一面为之成劳动之习惯，一面为之积蓄谋生之资料”。①

刑罚权基准，即关于刑罚量定应以何者为准则，赵琛指出：“刑法理论之进化，已能本能冲动的应报主义，趋向于社会防卫的目的主义，复由一般预防主义，倾向于特别预防主义，至客观主义主观主义之争，亦以前者让步于后者。”

4. 死刑的存废问题

死刑的存废历来为学者争议的焦点。居正在分析犯罪是“整个社会之病态，而不是个人之罪过”的基础上，认为，刑罚制裁绝不能仅以报复为目的，而应当以教育感化为主，进而提出了废除死刑的主张。他认为死刑的运用存在以下弊端：（1）“刑罚贵在感化”，死刑堵塞了犯罪者自新的道路；（2）刑罚“不在有威吓性而在于延续性”，“就事实论，死刑之行久矣，而可当刑之重罪，方层出不穷。回视实行废止死刑诸国，犯罪之数，未闻有加”；（3）“死刑无伸缩”，既有失公平性，又势必导致犯死罪者穷凶极恶，无所顾及；（4）“刑罚不能保无过误，一旦执行死刑，虽明知冤滥，无由救济”。针对民国时期日趋严重的重刑主义倾向，王觐则认为，重刑并非预防犯罪的良策，指出：“不于刑法以外求种种预防犯罪之方法，独恃死刑为消灭犯罪之工具，正所谓不揣其本，而齐其末”。对于死刑存废之争，王觐认为，刑罚是一种恶

① 参见陈瑾昆著：《刑法总则讲义》，吴允锋勘校，中国方正出版社2004年版，第281—282页。

报，从预防世人犯罪角度，死刑有存在合理理由，而从特别预防角度出发，则死刑没有必要留存。在王觐看来，死刑是否废止，不是一个理论问题，而“须根据一国国情而断定”。赵琛则认为，“现代文化社会，死刑威吓效力之薄弱，已为多数学者所公认，且隔离犯人之方法，以无期徒刑与不定期刑为之代者亦已不少。自学历言，废止之说固优于存留，自法理言，废止之势颇具效力之事实，堪值注意。换言之，在事实上，死刑尽可慎用或废止，而在法典上，于总则刑名之中，不妨规定，以防犯罪特重，资性独恶，改善无望者，因无死刑之适用，遂得幸免于永久淘汰之列，故宁备而不用，以防万一，至将来趋势，人文日进，自必达于一律废止死刑之倾向，可无疑也。”① 可见，赵琛对死刑“慎用”、“备而不用”的刑法思想时至今日还有重要的参考价值。

5. 刑罚与保安处分的界分

1928年中华民国刑法于刑法中特设保安处分一章，刑罚与保安处分并立，希望以此能充分地收到防卫社会、预防犯罪的效果。陈瑾昆认为，“保安处分乃与刑罚为刑事政策上之双翼”，缺一不可。在陈瑾昆看来，刑罚与保安处分，“有相辅而行之功能。即对于反社会行为，如系为有责任能力者所谓，则或以为犯罪而以制裁之。如系为无责任能力者或限制责任能力者所为，则或单独保安处分而全讲预防之策，或一面仍以为犯罪而施以刑罚以收制裁之效，一面亦施保安处分以讲预防之策。”② 关于刑罚与保安处分之异同，新旧学派各执一词，王觐认为新派主张为适当，不认可保安处分与刑罚有区别之论，只是认为保安处分对象有时与刑罚不同，有时对于同一对象，处分方法有所不同而异。在肯定当时保安处分规定后，王觐认为，保安处分的运用应注意以下几点：（一）刑法规定应受保安处分宣告的人，以受刑罚宣告或不罚宣告为限；（二）保安处分宣告应以一定期限为限；（三）是否对施之保安处分之必要，应以行为人人身危险性为标准，危险性大，犯罪情节轻微，应付保安处分；反之，危险性轻微，犯罪情节重大不得为保安处分之宣告。

二、对朝阳刑法学人刑法思想的评价

民国时期是我国刑法学的初创时期，加上时势动荡，国家政治不稳定，这决定了当时刑法学者的刑法思想有其独特的特点，这可以从朝阳刑法学者的刑法思想得到具体的印证。作为当时有影响的刑法学者，他们的著述以及

① 参见赵琛著：《新刑法原理》，中华书局1930年版，第350—351页。

② 参见陈瑾昆著：《刑法总则讲义》，吴允锋勘校，中国方正出版社2004年版，第228页。

在著述中体现出的刑法思想为我们了解那个特定时期的刑法发展提供了素材。具体来说，以王觐、陈瑾昆、赵琛等为代表的朝阳刑法学者的刑法思想具有以下特点：

朝阳刑法学者在著述时，大量引述了德、日、意等刑法学家（如李斯特、牧野英一、龙勃罗梭等）19 世纪至 20 世纪初刑法学著述与观点，从而向我们展示了当时德、日等大陆法系国家刑法学以及我国刑法学研究水平。当时东吴大学主要引进的英美法学学者刑法思想，从而形成朝阳大学以大陆法系法律制度研究为特色，东吴大学以英美法系法律制度研究为见长，从而形成“北有朝阳，南有东吴”相互辉映的法学研究格局。但是，这使得当时的刑法学研究带有明显的移植刑法的特性，对西方主要大陆法系德国、日本等国的刑法学，不加分析和批判，只是盲目地加以照搬和移植，与中国现实社会距离相差较远，缺乏独立的学术品格，并没有发挥出指导和引领司法实践的功能。这些可以从朝阳刑法学者在著述中得到印证：大篇幅地引证外国刑法学者的刑法观点与思想，而自己的观点与思想几乎没有或者寥寥数语。对此，当时一些具有独立学术品格的刑法学者提出了严厉的批评，蔡枢衡先生认为，民国时期中国刑法学是“洋化”的刑法学，帝国主义的刑法思想都可以发现于当时的中国刑法学界，但却趋于低劣化和简单化——理论上和事实上都不是原装货，中国刑法之次殖民性却须眉毕现。①

以现代观点来观察朝阳刑法学者的刑法思想，仍然具有先进之处，如刑法学者使命、刑法学研究方法、相对罪刑法定思想、法人犯罪、死刑存废、刑事责任与刑罚等，仍然值得借鉴与吸收。但是，我们也发现，民国时期刑法学者的刑法思想很零散，不具有系统性、连贯性。这也可以从当时刑法学者的著述带有明显的注释刑法学的特点加以印证。但是，有些朝阳学者在著述时也尽量摆脱注释刑法的窠臼，尽量赋予刑法批判精神。正如赵琛在《新刑法原理》初序所言：“夫法律所以表彰时代之精神，实文化现象之反映，法与时转则治，治与世宜则有功。”“针对当时国家法学之衰微，作者依据支配现代法学思想的新理想主义，为观察新刑法为基点，务求其法理精神，随着社会之进步，而为适应之变化。本书含有理论的批判色彩，而不同于机械的偏枯的文理解释。”这可能就是赵琛的刑法学著作与其他同类著作的最大区别。②

民国时期所处的 20 世纪上半叶，正是世界范围内国家本位主义、社会连带主义甚至是法西斯主义思潮盛行的时期，罪刑法定主义、客观主义、报应

① 参见蔡枢衡：《刑法学》序言第 3 版，独立出版社 1947 年版，第 72、73 页。

② 参见何勤华：“中国近代刑法学的诞生与成长”，载《现代法学》2004 年第 2 期。

刑主义刑法思想受到抑制，主观主义、类推解释主义、目的刑主义等刑法思想大行其道。因此，身处其中的民国时期的中国刑法学不可避免地受到上述哲学思潮和刑法学术品格的影响，如主张相对罪刑主义，倡导类推解释与扩张解释则是一明显例证，这也与朝阳刑法学者的学术背景有关。王觐、陈瑾昆、赵琛等都先后留学日本，深受大陆法系刑法思想的影响。王觐师从于主观主义大师牧野英一。作为主观主义和目的刑主义的大师，牧野英一认为，立基于国家与个人的对立为前提的19世纪的自由主义、法治国的基础上，作为限制国家机能的罪刑法定主义，虽然应当维护，但在文化国的基础上，个人与国家是调和的，刑法还必须积极地促进国家实现教育刑的理念。罪刑法定主义虽然说不应当放弃，但其内容必须由抑制机能到文化国的促进机能。相对于王觐的相对罪刑法定主义，与同为一师的蔡枢衡则主张完全取消刑法中的罪刑法定原则，要求在刑法中规定准许根据法律意识或法理认定罪刑的条文，在解释论上肯定了扩张解释与类推解释，使刑法随时保持其本质即担当其维护社会秩序的使命，因此，在他看来："罪刑法定主义的历史使命已经完成了，刑法解释从严之原则已经成了历史的陈迹。法律意识之刑法的法源性，原是20世纪刑法的特征，依据法律意识认定罪刑——采用扩张解释和类推解释，正是刑法之时代的使命。"[①] 1764年，贝卡利亚在《论犯罪与刑罚》中推出罪刑法定主义思想后，罪刑法定理念与思想得到了广泛传播，各国纷纷在其刑法典中确立了罪刑法定原则，罪刑法定原则在保护公民权利自由以及对犯罪人权利自由保障方面具有积极作用。但是，随着社会的变迁，世界各国的政治、经济、文化和社会状况都发生了深刻的变化，罪刑法定原则也面临着严峻的挑战：经济生活的变迁以及基于成文法局限所导致一般正义与个别正义难以两全、不可避免的滞后性，因此，固执于绝对罪刑法定原则已不合时宜，相对罪刑法定原则成为各国刑法改革的主要方向。相对罪刑法定原则是一种较为灵活的原则，是对传统的绝对罪刑法定原则的修正。其主要内容包括：其一，在定罪根据上，允许有条件地适用类推和严格限制的扩大解释；其二，在刑法的渊源上，允许习惯法成为刑法的间接渊源；其三，在刑法的溯及力上，允许采用从旧兼从轻的原则，作为刑法溯及既往的例外；其四，在刑罚的种类上，允许采用相对的不定期刑。[②] 王觐在分析罪刑法定主义与擅断主义利弊以后，采纳相对罪刑法定主义，在现在看来，具有一定的前瞻性和先进性。但是，王觐将法官自由裁量权与罪刑擅断混为一谈，应值

① 参见蔡枢衡：《刑法学》，独立出版社1947年版，第20页。

② 参见赵秉志主编：《刑法基础理论探索》，法律出版社2003年版，第368页。

得推敲与商榷。尤其是，王觐站在主观主义责任论基础上，认为类推解释与扩张解释只有形式上的区别而无实质的不同，因而主张提倡刑事类推解释，这严重冲击了罪刑法定主义的阵脚，为国民党政府大搞一党专政一人独裁，任意出入人罪，打击进步思想大开方便之门。

结　语

我们现在重新审视民国时期朝阳刑法学者的著述与思想观点，不难发现七八十年前所争论的诸多刑法基本问题，如死刑存废问题，直至今天还在进行雷同式的争论，我们同样感觉到当时刑事立法司法以及刑法理论研究的发展水平。尽管我们无意用民国时期朝阳学者刑法思想来贬损当代中国刑法研究的滞后性，但至少可以让我们感觉到保持学术发展延续的重要性。正如中国台湾学者柯耀程教授在其著作《变动中刑法思想》序言中所言："……刑法学理的完整性，是透过长期来每一位学者奉献心力，所建构起来的，每个人都只是其中的一分子，或者更露骨地说，每一个人在其中，都只是如沙粒一般微不足道的一分子而已，如果没有先人的思想传承，如何能有后人自以为傲的所谓'精辟见解'？没有前人一点一滴的观念累积，何来刑法思想的丰硕成果，而为后人所用？刑法学理的发展没有国界也没有时间间隙，是一项绵绵不断的思想传承。"我国著名刑法学者陈兴良教授在《刑法的启蒙》一书题记中也有同样的感言："文化，包括法律文化的承续性，是一个不争的事实。任何一种文化，都不是突如其来的，而是在先前文化的基础上演化而来的。没有深厚的文化底蕴，就不可能有真正的学术研究，这始终是我的一种信念。"尽管朝阳大学已成为尘封档案，但朝阳刑法学者积极探索刑法真谛以及其睿智刑法思想值得我们去学习与传承，正如人大法学院名誉院长曾宪义所言："可以说朝阳大学为中国人民大学法律系的建立和发展奠定了良好的基础。""朝阳大学为人民政府接管而宣告结束，但在新中国创办的人大法学院又获得了新生。"

中国刑法学的想象力与前景

周光权*

在法学界普遍缺乏自省习惯，法学类成果从表面上看蔚为大观但创新明显不足的今天，邓正来教授关于“中国法学向何处去”的追问，恰逢其时地开出了一剂治病良药。邓教授以法理学为思考素材所提出的中国法学研究缺乏未能为评价、批判和指引中国法制发展提供作为理论判准和方向的“中国法律理想图景”等问题，① 在刑法学领域同样存在。

要细致梳理中国刑法学发展中的各种问题，需要相当多的精力，更需要我们的学者有自我批评的勇气。限于篇幅，在本文中，我不会过于详细地分析当下中国的刑法学研究现状。我想重点讨论的问题是：要整体地、大幅度地推动中国刑法学研究，我们只是心无旁骛地学习别人，只要求刑法学者有基本的学术功底，显然是不够的。学者如果缺乏自省能力，缺乏想象力，如果不构筑中国的研究范式，刑法学研究的前景堪忧，整个学科发展就谈不上有太好的前途。刑法学的发展和学者的主体性反思能力和学术想象力直接相关。

一、中国刑法学的研究现状

20 多年来中国刑法学者工作热情空前高涨，学术产出“收成”很好，这是任何人都不能否认的事实。但整体上欣欣向荣的研究状况之下，存在一些隐忧。

迄今为止的刑法学研究状况，从总体上看，可以分为四类：

（一）保持现状型研究

这是目前占多数的学者所从事的工作。保持现状意味着：（1）研究者从

* 清华大学法学院教授，法学博士。

① 邓正来：“中国法学向何处去”（下），载《政法论坛》2005 年第 3 期。

总体上认同苏联刑法学理论的合理性，认为对于犯罪是否成立的形式判断重于实质判断，有时将形式和实质的问题搅和在一起，对于犯罪论体系，基本坚持目前通行的四大构成要件说。（2）回避对某些关键性问题（例如刑法基本立场、共犯论、未遂论）的深入研究。即使有少数研究，也大多用所谓的折中说进行搪塞，例如不少学者总是喜欢这样的提法：中国刑法要坚持主客观相统一；刑法学要吸收主观主义和客观主义立场的合理性，不能有所偏废；共犯独立性和共犯从属性必须统一；未遂犯反映了主观的危险也反映了客观的危险，等等。殊不知，不疼不痒的折中说不解决任何问题，更何况有的问题根本不可能进行折中，在犯罪论部分，根据折中说在很多时候都完全无法处理案件。（3）习惯于从应然的角度站在立法论的立场进行刑法学研究，主要兴趣在于批评现行立法并提出自己的立法建议，基本不追求或者没有能力建构精巧的刑法解释学。（4）在现有基本理论框架的束缚之下，难以进行必要的创新。

（二）精巧解释型研究

从事这种研究的学者在很多方面接受或者默认了目前流行的刑法学理论在犯罪构成要件理论，但在细节上对于该理论提出一些修补的意见，并结合德日刑法学理论，改造现有中国刑法学理论的不足，在解释方法上追求精巧化，以期弥补目前中国刑法学的不足。目前从事这类研究的学者为数不多，但有逐步增多的趋势。从总体上看，这类研究的基本特征是：（1）对刑法立场进行定位，并强调刑法客观主义的合理性，坚持法益侵害说。同时，为了将这些理论与目前的中国刑法学对接，认为我们刑法学中的“社会危害性”概念和法益侵害概念是一个意思。（2）坚持目前的四个构成要件学说，但对其进行必要的修正，例如不再将犯罪客体作为构成要件的内容；对于期待可能性、违法性认识等在中国犯罪构成要件体系中原本难以包容的问题，放在犯罪主观方面加以讨论。（3）在解释方法上，尽量平衡各种关系，对常见的侵犯财产罪、侵犯人身罪的解释，比较和借鉴德日刑法学的立场，使得解释结论更为合理。

（三）推倒重来型研究

现有的四大构成要件理论属于平面综合型犯罪论体系，根据这种理论，对于行为是否构成犯罪的认定会带来很多不合理的结论，使得司法人员陷入不需要进行推理的简单思维中。于是，部分学者对于我国刑法学中最为基础的问题即犯罪构成要件问题提出了新的看法，从整体上否定目前的犯罪构成四要件说。由于犯罪构成问题在刑法学中的核心地位，对犯罪构成问题进行颠覆性讨论，必然导致整个刑法学的面貌改变。推倒重来型研究在 21 世纪初开始出现。这类研究的基本特色是彻底告别苏联传统，全面引进德日刑法学理论，尤其是大陆法系的递进式犯罪成立理论。对此，陈兴良教授指出，对犯罪构成体系可以进行多种尝试性的建构，而不能将某一种模式视为金科玉律。我国犯罪构成体系自有其简便易懂的优点，但是，它自身也存在着内在逻辑上的某些缺陷，受到刑法理论界越来越多的批评和质疑。我国刑法关于犯罪成立条件的规定，与大陆法系国家刑法的规定之间并无多大差别。而在犯罪构成理论体系上却存在天壤之别，由此可见，犯罪论体系完全是一个理论建构的问题。在现行刑法的框架下，直接采用大陆法系的犯罪成立理论体系，不存在法律制度上的障碍。在20世纪30、40年代国民党统治时期的中国，刑法学关于犯罪成立的理论，大多以大陆法系的递进式结构为模型建立，刑法学教授和初学刑法学的人对于接受这样的理论，都并不存在思维上的障碍。由于中国法律总体上可以被归到大陆法系的范畴，或者说我们与大陆法系的理念和制度具有某种亲缘性，以大陆法系的犯罪论体系为基础，建构中国刑法学中的犯罪成立理论，并非没有可能。当然，将大陆法系的犯罪论体系引入中国，不是简单地照搬德、日刑法学理论，还有一个融合、考虑中国实际的问题。[①]

(四) 哲学探索型研究

对刑法学进行哲学探索型研究，是多少有些中国特色的现象。在国外，有哲学大家研究刑法问题的情况，例如康德、黑格尔、边沁对刑法问题的精彩剖析；也有法哲学、法理学研究者同时研究刑法问题的先例，例如拉德布鲁赫、考夫曼就是如此。但是，国外刑法学者借用哲学理论研究刑法问题，尤其是犯罪论问题的例子，并不多见。[②] 中国有少数学者在20世纪80年代末开始从哲学的角度对刑法问题进行探索，对理性主义、实证主义与刑法思想的关系，刑法人性基础以及刑法的价值构造等问题进行深入讨论。

刑法哲学研究曾经饱受批评，一般认为其结论比较空泛，对司法实务缺乏实际的指导价值。笔者以为：哲学思考对于中国刑法学，仍然是十分必要的。一方面，中国刑法学规范发展的历史太短，刑法学者自身的创新能力有限，必须借助于其他学科包括哲学学科的资源提升自己的思考能力和研究深度；另一方面，刑法思想史研究已经表明：在一个法学学科的学术传统中，如果有比较好的实证思考习惯，要拒绝法哲学思考或许相对容易一些。李斯

① 陈兴良主编，周光权副主编：《刑法学》，复旦大学出版社2003年版。

② 在刑法学上，很容易借用哲学理论如报应论、功利理论来分析刑罚正当根据等问题。但是，借用哲学理论来分析犯罪论，并不是一件容易的事情。

特刑法理论的出发点是自然实证主义的方法和科学概念，他是第一位把实证方法引入刑法领域的法学家。“实证的‘一般法律学说’之外，他拒绝任何形式的法哲学”。[①] 现在看来，即使有实证主义的支撑，李斯特的尝试也基本上是失败的。那么，在缺乏实证分析传统的中国刑法学界，坚持对刑法问题进行哲学思考，就显然是有意义的。

在上述四种研究中，“保持现状型”研究误用和滥用折中说，理论研究在关键时刻得出不负责任的结论，这是最难以让人满意的。所以，未来中国刑法学研究的重要使命之一就是“必须坚定不移地反对折中说!”此外，“保持现状型研究”大大抑制了学者的想象力和创造力，其不合理性是显而易见的。“精巧解释型研究”明显彰显了刑法学者追求创新的努力，但是，在维持现有构成要件理论的前提下，能否进行必要的创新，在多大程度上可以创新，能否彻底坚持刑法客观主义，有效保护法益，并不是没有疑问。“推倒重来型研究”面临如何使德日刑法学理论和中国实际相融合的困境。“哲学探索型研究”有时难以回答刑法研究和哲学思考如何有效对接，如何避免哲学和刑法学“两张皮”的问题。

所以，当下的中国刑法学，的确面临“进退两难”的窘境。退，就是守住苏联传统，但苏联刑法学所走过的几十年业已证明：从苏联刑法中根本无法提炼、发展出精深的、影响世界刑法发展的范畴，更不用说建构足以回应社会需求的刑法学理论体系。苏联刑法学本身改造于德、日刑法学理论，由于改造过程无章法可循，颇有些慌不择路的意味，对很多问题并没有仔细权衡。所以，在今天，以苏联刑法学为蓝本搭建起来的俄罗斯刑法学自然也前景暗淡，路越走越窄。进，就是提出自己的一整套独特的刑法学理论，克服研究范式的危机，就是要超越德日刑法学传统。在这里，蕴涵着两个极其关键的问题：一是要把德日刑法学中合理的成分梳理清楚。德国刑法学在几个世纪里都受意大利刑法学的影响，直到19世纪中期以后才逐渐探索出一条适合自己国家法治状况的系统理论，20世纪之后成为全世界影响力最为广泛的刑法学理论，100多个国家的犯罪论体系直接以德国刑法学为模本进行建构。今天，说德国是世界刑法学的中心毫不过分；讲德国的刑法观点，实质上就是讨论刑法学上的通常看法。所以，告别德国刑法学，如何可能？又在多大程度上可能？德日理论中哪些的确是合理的，具有跨文化意义的？这些都是我们在未来相当长时期内必须直面的问题。另一方面，在建立刑法学的中国

① ［德］格尔德·克莱因海尔、扬·施罗德主编：《九百年来德意志及欧洲法学家》，许兰译，法律出版社2005年版。

研究范式时，我们不可避免地要学德日（即使我们在内心上多少有些不情愿），同时也需要考虑中国的实际情况，并在个别地方超越德日刑法学。

二、制约中国刑法学再发展的因素

中国刑法学在未来要有比较好的前途，面临着很多现实的困难。如果不克服这些困难，我们就无法期许刑法学研究水平的整体提高。

（一）缺乏学科自信，基本理论框架未定型

中国刑法学规范发展的时间太短，其显得幼稚就毫不足奇。其实，任何一个学科都必须至少规范地发展100年以上，才能说自己有了一个比较好的基础，有了进一步发展的本钱。

以犯罪成立理论为例，“在贝林、李斯特的理论提出来之前，文献上追溯到最早的体系雏形，出现在1840年，德国刑法学 Luden 已经根据行为、违法性和罪责讨论犯罪的归责，换句话说，古典犯罪体系的酝酿期至少长达半个世纪，如果把 Luden 以前，个别用行为、不法或者归责（Zurechnung）说明犯罪概念的学说算上，则超过一个世纪”。[①] 德国刑法学在20世纪初提出第一个系统的犯罪成立理论，经过将近100年时间，学者们又先后提出新古典犯罪成立理论、目的论综合体系、目的理性体系、实质的犯罪论体系等理论，这充分说明，某一领域的学术研究要取得长足发展，没有足够的时间积累，是完全不可能的。

中国刑法学过去学苏俄，今天学德日，过段时间又学英美，没有自己的范畴和命题，更谈不上独立的研究范式，朝三暮四，缺乏学科起码的自信，基本理论框架没有定型化，在这种背景下，刑法学就不会有什么前途。

中国刑法学的规范化研究，从20世纪80年代初算起，到现在为止，只有1/4世纪的时间，远远谈不上成熟，如果以人的成长期做类比，属于婴幼儿阶段。最近20年来，刑法学上似乎总是有一些热点问题轮番登场，大致包括犯罪构成、改革开放与刑法打击的关系、刑法修改、法人犯罪、死刑等。但是，学术上的热点升温快，退热更快。在某一热点尚未完全冷却之时，马上就被新的热点所取代。这种刑法学热点的研究可能会给学术的表面繁荣增添一些佐证，但并没有为刑法学发展带来真正的营养。未来刑法学的发展不需要这种所谓的热点研究，而需要学者们花大气力对一些基础性问题进行系统的、反复的论争，寻找对话的平台，而不是自创话语系统，自说自话。

① 许玉秀：《当代刑法思潮》，中国民主法制出版社2005年版。

（二）缺乏实务和理论之间的相互理解

一个学科，必须和实务沟通，而不是相互抵触，相互防范。理论认为实务部门不理解自己，实务上认为理论是空想，这样的互不信任对于法学发展肯定不利。在当前的刑法学研究中，的确存在理论和实务脱节的现象，理论界有必要对此进行反思。所以，沟通的渠道和沟通的理论都需要进一步建立。

（三）缺乏自省能力和包容心态

一个学科，必须有足够的自省能力和包容心态。对中国刑法学现状的反思，应当成为我们这个时代刑法学研究的基本特征。刑法学中没有唯一正确的理论，更不能扛着苏联刑法学的虎皮作大旗，“挟天子以令诸侯”的时代在刑法学研究领域不应当再存在。刑法学的自省，一方面是对苏联刑法学消极影响的清除，对它所体现出来的刑法问题“意识形态化”倾向的清算。另一方面是对过去20年来所进行的不符合学术规范的所谓刑法学研究加以反思。自省能力和包容心态是一个事物的两面，在自省的同时，要对明显不同的刑法学观点的合理性分别进行考察，能够容纳不同意见的存在。

（四）缺乏问题意识和难题意识

一个学科的健康发展，依靠学者们在问题意识的指引下，找准和围绕核心问题进行讨论，而非回避难题。在“难题意识”的指导下，进行必要的创新，以提出新的范畴和新的命题，刑法学科的发展才会有希望。刑法学者的问题意识，对于学科发展至关重要。但是，目前的刑法学研究者明显缺乏问题意识，许多学者并没有能力去讨论与当下的生活世界相关的刑法问题；至于“难题意识”就更是无从谈起。问题意识、难题意识的缺乏，导致中国刑法学永远无法找到理想的法律发展图景。

上述四个方面的缺乏，归结起来就是刑法学研究中“想象力”的缺乏。一个学科的研究者如果具有充分的想象力，就绝对不会缺乏足够的学科自信，就一定会具有自省能力和包容心态，学者自然就具有难题意识，理论与实务的沟通就不会变得特别困难。想象力的缺乏，使得我们对德日刑法学中所反复讨论的很多问题毫无感觉，有的学者自然会提出这样的借口：中国与德、日社会状况不同，所以，有的问题在德、日需要讨论，在中国不是问题，所以没有必要讨论那些问题。这当然是一个很好的搪塞理由。但是否存在更深层次的问题：我们的学者因为缺乏想象力，从而缺乏创新能力，刑法学难以像德国那样严密地展开，所以我们总是习惯于回避很多关键问题，从而无法建立新的研究范式。

三、中国刑法学的前景

（一）确立中国刑法学的研究范式

任何一个学科的发展，都必须建立在提出并论证某些基石性范畴和关键性命题之上，它们是一个学科可能的“理想图景”的反映，相关的研究范式才能由此确立。学者们真正的贡献也恰恰体现在有无能力提出这些范畴、命题并进行范式转换上。在政治哲学和社会学领域，学科的良性发展是有目共睹的，这与相关学者的创造性贡献有关。洛克的“主权原则”、韦伯的“形式理性与实质理性”以及“合法性”观念、涂尔干的“集体表象”、“有机团结”、卢梭的“公意”、曼海姆的“意识形态”、福柯的“知识决定权力”、马克思的“经济基础决定上层建筑”等，都是相关学科中的支配性符号，成为政治哲学和社会学得以立足的基础，也成为推动学科发展的基本素材，研究范式的不断转换也就在情理之中。

中国刑法学的研究范式总是和一些支配性符号（范畴和命题）联系在一起。在刑法学领域，过去的学者在提出基石范畴和关键性命题方面所作创造性的贡献也是难以抹杀的。费尔巴哈的“心理强制说”、龙勃罗梭的“天生犯罪人论”、菲利的“犯罪饱和论”、雅科布斯的“规范有效性”等，都是今天的刑法学发展必须依靠的重要资源。这些学者并不仅仅是提出了口号，他们还对与这些范畴和命题有关的刑法学理论进行了详尽论证，实现了研究范式的创新。今天的中国刑法学者的贡献又在哪里？这是很长时期内我们都必须反思的问题。

邓正来教授正确地指出：中国法学之所以无力引领中国法制发展，实在是因为它们都受一种“现代化范式”的支配，而这种范式不仅间接地为中国法制发展提供了一幅“西方理想法律图景”，而且还使中国法学论者意识不到他们所提供的不是中国自己的“法律理想图景”。因此，刑法学的中国范式和中国独特的社会秩序（理想图景）直接相关，而和是否可以直接借用德日刑法学改造中国刑法学关系相对较为间接。中国刑法学当下面对的社会秩序场景主要不是法益受到侵害得不到保护的问题，而是人们的规范意识缺乏，共同体对规范的认同感较低，规范有效性、同一性完全被漠视。在这种前提下，要讨论法益侵害，在笔者看来，实在是操之过急。所以，围绕规范同一性、有效性的维持这一命题建构中国刑法学的基本范式，并非没有可能。

目前通行的理论认为，刑罚目的乃至刑法的机能是预防行为人乃至一般人将来的犯罪行动（预防方法、特别预防），这是一种消极的预防理论，将刑罚的预防功能视为对于可能发生的犯罪行为的预防。与之相对的是积极的一般预防，即预防不是预防现实的或者潜在的犯罪人以后的犯罪，而是稳定社会的规范，维持社会规范的同一性。刑罚的预防功能成为对于破坏规范稳定性、同一性的预防，即“规范防卫的预防”。这样，刑罚的正当化根据不是报应，刑罚的目的在于维持社会的规范同一性，以确保公众对于规范的信赖，促进刑法的公众认同。

刑罚理论从消极预防转变为积极预防，必然带来犯罪论的变化，即从目前的重视法益保护转向对规范有效性的维护。传统上将法益保护作为不言自明、无须论证的前提看待，把法益作为判定刑事立法妥当与否、解释结论是否合理的标准。但是，这种观念在今天正遭受质疑。事实上，法益概念含糊不清、没有限定，其性质难以确定，何种法益重要也难以取舍。法益保护原则有时会带来多余的刑事立法，也不可能使刑事立法正当化。刑法的正当化是由当时社会中占支配地位的原则以及确保当时社会同一性的规范所决定的。所以，在刑法学中占据核心地位的，不是法益侵害和法益保护，而是规范违反和对规范有效性、同一性的维持。[①] 以此为出发点，进行刑法学研究的范式转换，可能会得出有意义的结论。

（二）规范地、成体系地展开研究

刑法学者必须具备足够的想象力来建构中国刑法学的基本理论框架，这是未来刑法学发展的首要任务。在此基础上，刑法学的想象力具体表现为可以从不同侧面甚至站在正、反两面的立场，通过转换视角的方法思考同一个刑法问题的能力。例如，对于（不可罚的）不能犯，如果都当做未遂犯处理，究竟会带来好处，又会产生哪些消极问题？不区分不能犯与未遂犯，甚至取消不能犯的概念，在宏观上和哪一种国家观、法律观相符合？和刑法客观主义之间是否会产生抵触？类似做法会对司法观念和司法惯性产生哪些影响？进而会对社会治理产生何种影响？而对不能犯和未遂犯区别的研究，仅仅停留在抽象思辨层面还不行，还必须结合实际发生的各种疑难案件进行分析，而不是有意无意地回避许多司法难题。

在这里需要特别强调的是：中国刑法学比较习惯于“单向度”的思维，认为对于很多刑法问题就只有一种处理方案，而且存在唯一正确的解决方法。这种思维定式显然会抑制刑法学研究的活力和想象力。实际上，思考对某一行为在刑法上如何定性问题的反面，人们往往会获得对事物的最好洞察。就像研究社会问题的人，在讨论乞丐现象时，必须研究富人，必须研究大肆挥

① 陈兴良、周光权：《刑法学的现代展开》，中国人民大学出版社2006年版。

霍者。在分析某种行为是否成立犯罪，以及和其他犯罪的界限时，需要考虑赞成论者的见解，还要考虑到反对者可能怎么说；要思考刑法处理方法的优点，也要看到刑法介入的危害以及其他法律处理方法的态度；要考虑刑法的独立性，也要考虑刑法与其他社会治理方法的衔接。

规范地、成体系地研究刑法学，必须在犯罪论、刑罚论、罪刑各论等多个层面同时展开。每一个学者都必须在刑法基本立场确立的情况下，按照前后一贯的解释立场处理刑法问题，而不是想当然地、就事论事地对个别问题进行解释。目前，为数不少的刑法学者连自己的观点也前后矛盾，分析 A 案件时用主观主义立场，分析 B 案件时用客观主义立场，对于其中的抵牾之处不加深究，这样的研究方法对于推进刑法学的深入发展没有好处。

(三) 找准研究突破口

在笔者看来，即或是不同的刑法学者，只要他是严肃的、充满想象力的人，他都可以比较容易地寻找到自己感兴趣的研究突破口。这种突破口可能是他人完全没有研究的问题，或者前人已有研究，但完全可以提出新的解释话语系统的问题。按照我自己的研究兴趣，我认为刑法学中的突破口宏观上看包括两方面。(1) 传统刑法学问题。犯罪论、刑罚论中有很多根本性问题，我们言之甚少。例如，犯罪的本质是法益侵害，还是对规范同一性的破坏？刑法的本质是保护法益还是确保规范不受侵犯？刑罚的目的是保卫社会还是预防犯罪，如果是预防犯罪，是积极的一般预防重要还是消极的一般预防重要？对这些问题反复进行研讨和争论，对于寻找中国刑法学的突破口至关重要。对于一些传统的刑法学范畴，还必须进行深层次的研究，例如对于构成要件的观念，实行行为，客观归责与因果关系，构成要件与共犯的关系等，必须将其置身于现代法治背景下观察。另外，对于传统刑法学的研究，我们有时需要有根本性的思路调整，这对于我们找到研究突破口也很重要。例如，对很多刑法学问题的思考，需要做与生活常识相反的规范判断，对未遂和中止关系的判断、共犯的成立范围以及共犯的未完成形态等问题的分析，仅仅从生活常识出发，有时会得出错误的结论。刑法理论要从生活中提炼，但是高于生活，刑法与常理、伦理之间有关联，但是也应当保持距离；笔者主张必须重视“规范共同体内部的公众”对于刑法规范的认同，但绝对不是说在任何时候都要无条件地迁就部分民众的朴素认识。(2) 刑法的思想史体系研究。波斯纳曾经说过：“法律是所有专业中最有历史取向的学科，更坦率地说，是最向后看的、最‘依赖于往昔’的学科。它尊崇传统、先例、谱系、仪式、习俗、古老的实践、古老的文本、古代的术语、成熟、智慧、资历、老人政治以及被视为重新发现历史之方法的解释”。[①] 法律要尊崇传统，法学研究必须尊重前人的思想。而对刑法理论从思想史体系的角度独辟蹊径地加以研究，是一直被我们忽略的工作。现在的刑法学者必须要清楚我们过去的同行已经做了哪些工作，对于哪些公认的学术贡献，我们没有能力也没有必要加以否定，更没有必要浪费精力，去从事低水平重复的研究。所以，对于中国刑法学来说，进一步细致地从知识社会学的角度整理“学术档案”，对刑法思想史体系进行研究是必要的。这种研究，许多刑法学者可能都不屑一顾，认为这只不过是以前就进行过的“刑法史”研究。刑法史研究以前的确取得了一些成果，但是它只是迄今为止也还比较表面化的法制史研究中刑法方向的删节版，很不令人满意。中国刑法学研究必须“浸泡在文献中”，但又不会被文献所束缚，这样我们才能找准一面镜子，照一照中国刑法学目前的面貌，范式转换才有可能，未来的刑法学研究也才能谈得上有前途。

（四）提升中国学者的主体性反思意识和学术想象力

要提升中国刑法学的整体水平，研究者尤其是一流的学者就不能仅仅将自己置于工匠的地位，而必须站在主体性地位充满想象力地进行创造性思考，而不是在德日刑法学强势话语的推动下，被社会秩序的变化牵着鼻子走。这就是本文最为关键的问题。

在笔者看来，刑法学上的主体性思考与以下四个问题有关：（1）主体性思考必须以摸清中国社会转型和法秩序建构的真问题为前提。中国当下社会中犯罪的总趋势是什么？目前的中国社会和建国之初究竟存在何种差别，这种差别在多大程度会带来刑法观念的变化？对付这些犯罪用苏联刑法学者所开出的药方，在当下社会究竟有什么问题？我们如何才能清除苏联刑法学的消极影响？刑法学如果不确立基本立场、不固定基本理论构架究竟会带来哪些问题？对于类似问题的回答，我们不能期待外国学者来完成，而只有靠我们自己。这正是我们的刑法学者可以充分地发挥作用的场所。（2）主体性思考的自觉性、经常性决定了学者的想象力。我们呼唤更多充满想象力的刑法学者出现，但如果学者缺乏研究问题的主体性意识，学术想象力就是一句空话。主体性思考不是要拒绝吸收德日刑法学的最新理论，而是说我们不要沦为它们的刑法理论的传声筒，不要成为“二道贩子”，不要成为德日刑法学的中国“总代理”，而是要寻找这些理论和中国当下的社会秩序、法秩序的契合点，这样的比较研究才真正具有价值，而不是目前的“牛和马比”之类的纯

① ［美］理查德·A. 波斯纳：《法律理论的前沿》，武欣、凌斌译，中国政法大学出版社 2003 年版。

粹形式化的比较。(3) 强调刑法学者的主体性思考，就必须有宽容心态，期待、容忍那些可能偏激甚至是看起来不那么正确的理论。在转型社会期，新的社会问题、新类型犯罪层出不穷，刑法理论必须回应社会的需要，因此，某一种刑法理论，只要其能够讲得通，也是提供了一种思考的途径，也是一种研究范式转换上的探索，值得肯定。所以，大胆假设，小心求证在今天仍然不过时。(4) 主体性思考意味着学者必须告别纯粹刑法解释“工匠”的角色定位。要求刑法学者进行主体性思考，就意味着在实际的研究工作中，必须保证抽象思考、宏观思考和具体解释相结合，使得刑法学者不至于成为单纯的技术专家。具有主体性思考能力和学术想象力的刑法学者，肯定是一流学者。笔者的基本看法是：对于具有主体性研究自觉性和足够学术想象力的一流学者、刑法学大家，可遇而不可求，他们只能“养成”，而绝对不是培养、训练出来的，不是现代学术制度“规训”的产物。应当说，刑法解释学的专门训练、大量的常规研究对于主体性研究意识的形成都是必不可少的。但除此之外，研究者本人的社会责任感、忧患意识、足够的非法学知识（例如政治哲学、社会学、人类学）储备、开阔的学术视野、浓厚的学术兴趣、敏捷的思维、异乎寻常的判断力甚至敏锐的直觉，都是成为具备主体性反思能力的一流刑法学者所必不可少的条件。对于一般水准的刑法学者，则可以通过培养“促成”，即通过现在的硕士、博士课程反复向学生讲授刑法解释方法，经过3—5年的时间，他们中的一些人就可以被造就为刑法解释学方面的合格的“技术专家”。但如果完全依靠这些“工匠”，中国刑法学研究水准要得到真正的、整体性的提高，或许有些困难。所以，希望仍然只能寄托在具有主体性反思能力和研究意识的少数学者身上，只有充满想象力的一流学者多了，他们对于范式转换尽心凿力，中国刑法学的发展才会有前途。

当代刑法价值理念及其借鉴

游　伟*

20世纪世界刑法改革运动以来，出现了诸多对世界各国刑事政策改革和刑法发展都具有重大影响和实际推动的刑法价值理念。可以这么说，刑法理念是刑法改革和司法发展的先声，而实际的改革则是理念推动实践的重要成果。虽然，在同样的刑法价值理念推动下，各国刑法改革的模式及其进程也会不尽相同，但殊途同归，先进的理念始终代表着一种发展的方向、趋势，我们的刑事立法和司法政策，同样必须随先进的潮流而动，应当结合本国的国情，渐行推进，将先进的理念和制度设计融入其中，真正体现作为社会主义法治国家对人类优秀的政治文明成果的积极吸收乃至贡献和发展。

一、犯罪的相对性理念

"犯罪相对性"，是指同一性质的行为不仅在不同的时代和环境下其违法的性质是相对的，而且即使在同一社会的同一历史时期，其性质也不是绝对确定、一成不变的。犯罪相对性观念的出现，是刑法谦抑思想的内在要求，同时也是人民权利意识增强的必然反映。犯罪的相对性观念，是非犯罪化思想中最富生命力的价值理念。

犯罪的相对性，是由于对犯罪的评价标准本身的相对性所决定的。所谓"犯罪"，就其本质而言，是具有社会危害性或者法益侵害性的行为。而无论是"社会危害性"还是"法益侵害性"，都是一个没有绝对确定衡量标准的概念，人们只能根据"比例"原则对它做出相对的判断。可以这么说，只要人们对"危害性"或者"侵害性"的程度无法予以具体量化，"相对性"就永远是犯罪的一个特性。另外，随着社会条件、环境的变化，犯罪的判断依

* 上海市第一中级人民法院副院长，高级法官；华东政法大学司法研究中心主任，犯罪与刑事政策研究所所长；上海财经大学法学院教授。

据本身也具有一定的变动性。从发展的观点上看，社会的一切现象在发生变化，作为建立在经济基础之上的刑法观，同其他社会现象一样，也不是一成不变的，而是同样不断演进、发展和发生变化的。马克思就曾明确指出："随着经济基础的变更，全部庞大的上层建筑也或慢或快地发生着变革。"① "一切，不管其内容如何，都可以看作一系列不同的发展阶段，它们以一个否定另一个的方式彼此联系着。"② 刑法也只有随着时代的发展，不断地吐故纳新，才能保持其自身与社会现实的适应性。同时，刑法观的变化、发展，也必然带来对犯罪认识判断的变化，作为犯罪判断依据的"社会危害性"，是一个价值评判的综合性概念，它与人们的价值观和伦理道德观有着紧密的联系。然而，随着时代的发展，社会现实环境的改变，人们的价值取向和伦理道德标准也会有渐进式的变化，这意味着，对某一（类）行为是否具有社会危害性和危害性程度的大小的认识和评价，并不是一成不变的。同一性质的行为，过去认为具有严重的社会危害性，而被刑法规定为犯罪，而现在则可能会被认为危害性不大或者并不具有社会危害性，不应作为犯罪认定；反之亦然。比如我们对待通奸、同性恋行为态度的转变，就呈现了这样的特点。

犯罪的相对性，也是由现代社会中的各种利害关系互相交错的特征所决定的。现代社会，社会关系日益复杂，需要刑法保护的法益也愈显复杂、多样。在这种情况下，刑法所保护的法益往往不是单一的，而具有了兼容性。这样，对某种利益予以法律保护，特别是予以刑事法律的保护，应当兼顾与此相关的社会、团体或者个人的利益。如果只考虑被保护的法益，而忽视由此可能带来的对其他方面法益的限制，也会对社会经济的整体发展与和谐发展带来不利。事实上，刑法一方面要对被侵害法益和被害人予以保护，另一方面，又要考虑对犯罪人或者被告人利益予以保护，这是刑法的两个互相矛盾的侧面。③ 典型的例子是关于现代交通工具的使用，因其本身具有极大的危险性，但又是现代社会生活所不可或缺的，因此，当使用这一现代交通工具的人造成了他人伤亡后果时，对行为人是否需要追究刑事责任的考量，就必须要对这一行为本身潜在的"利"和与其所造成的"害"之间的关系进行权衡和选择。

犯罪的相对性，还是由犯罪功能具有"双重性"的特点所决定的。在通常的观念中，犯罪就是邪恶的同义词。人们一提及犯罪，就把它同被害人的

---

① 《马克思恩格斯选集》（第2卷），第803页。

② 《马克思恩格斯选集》（第1卷），第329页。

③ 全理其："刑法增设新罪的基本原则"，载《法学研究》第18卷第5期，第73页。

受侵害和社会秩序遭受破坏相联系。这种带着强烈直觉感情色彩的犯罪观，虽然朴素和直观，但也难免缺乏应有的分析和理性，这往往无助于对犯罪原因的全面认识，也不利于采取有效的犯罪预防的综合措施。持这样的犯罪观，易于使人们在对待犯罪的态度上片面地强调打击，并可能导致过度重刑化倾向。事实上，犯罪的发生，除了对社会有害的消极面外，同样存在客观上的某些积极功能。马克思就曾指出，"罪犯生产罪行，如果我们仔细考察一下最后这个生产部门（指犯罪）同整个社会的关系，那就可以摆脱许多偏见。……犯罪使财产的手段不断翻新，从而也使保护财产的手段日益更新，这就像罢工推动机器的发明一样，促进了生产。……罪犯生产印象，有时是首先有教益的印象，有时是悲惨的印象，看情况而定；而且在唤起公众的道德感和审美感这个意义上也提供一种服务。……因此，他就推动了生产力。"[①] 法国社会学家迪尔凯姆也认为，犯罪对道德意识的进化和集体情感具有促进作用。他认为，"要使道德意识能够向前发展，就必须使个人的独创精神能够实现。然而，要让意欲超越自己时代的理想主义者的独创精神表现出来，也得让落后于自己时代的犯罪的独创精神能够实现。这两者相互依存，缺一不可。不仅如此，犯罪除了具有这种间接的效用外，它本身对于道德意识的进化也起着有益的作用。它不仅要求为必要的改革开辟广阔的道路，而且在某些情况下，它还为必要的改革直接做了准备。哪里有犯罪，哪里的集体情感就处于为新的形成所必要的可塑状态。不仅如此，犯罪有时还为预先决定集体情感应采取什么做出过贡献"。[②] 一般认为，在社会比较稳定的时期，犯罪的危害功能居于主要地位；而在社会变革时期，犯罪的促进功能则较能得到表现。这是因为，在社会急剧变动的状态下，人们的价值观念、道德标准也处于剧烈的转变之中，刑法作为特定时代的产物，必然会落后于时代的要求，这是刑法本身的稳定性所决定的。这时的一些代表先进价值观念的所谓"犯罪行为"，事实上就起着推动刑法修改的作用。我国有学者认为，当社会体制或者价值规范落后于社会变革的时候，作为违反这种社会体制或者价值规范的所谓"犯罪"，往往成为要求社会变革的先兆，以其独特的形式影响社会的发展，最终引起犯罪观念的变化，并将自身从法律规范意义上的犯罪桎梏中解脱出来，完成从罪到非罪的历史性飞跃。[③] 此外，现实生活中还存在大量处

① 《马克思恩格斯全集》（第26卷），第415—416页。

② E. 迪尔凯姆著：《社会学方法的准则》，商务印书馆1995年版，第88页。

③ 高铭暄、陈兴良："挑战与机遇：面对市场经济的刑法学研究"，载《中国法学》1993年第6期，第24页。

于模糊状态的行为，如民事侵权行为与财产犯罪、行政违法行为与犯罪行为等，在许多情况下，它们之间都没有明晰的区分界限，行为性质处于一种相对不确定的状态。这一方面是由于经济活动本身的变动不居所致，另一方面，也由于“经济活动的合法与非法、罪与非罪的界限之确定具有很强的政策性。如果界限过死，那么可能造成在遏制经济违法犯罪活动的同时，也遏制了商品经济参与者积极性的结果；如果界限过宽，那么在刺激商品经济参与者积极性的同时，必将刺激违法犯罪活动从而损害国民经济”。[①] 对于这类处于边际状态的行为，基于刑法的谦抑原则，通常应当予以非犯罪化的处置，而不应当为治所谓的“乱”而过度动用刑罚。

犯罪的相对性理念，从根本上来说，就是要求立法者对随着时代的变迁、环境的变化而在刑法中没有存在必要的所谓“犯罪行为”，应当及时地予以除罪化，以体现刑法应有的人文品性。同时，也要求司法机关尤其是法院在具体个案的裁决中，立意高远，注重前瞻，特别慎重地行使刑法权力，从贯彻有利于被告的原则出发，去体现刑事司法的民主性和促进社会发展的正向功能。

二、刑法的不完整性理念

刑法的不完整性，是指刑法规范的内容和刑法规范效力范围的有限性和不全面性。它是人们对刑法功能作用认识的一种价值判断。

刑法的不完整性，是由刑法规范本身的概括性特征所决定的。大家知道，刑法作为强制法，一经制定就必须保持相对的稳定性，不能朝令夕改，否则会使人们无所适从。早在古希腊时期，亚里士多德就已经指出：“轻易地改变法律，另制新法的作风，实为一种削弱法律根本性的方法。”[②] “如果轻易地对这种或那种法律作这样或那样的废改，民众守法的习性必然削弱，而法律的威信也就跟着削弱了。”[③] 刑法因其直接关涉对公民权利的限制或者剥夺，对它的稳定性的要求应该更其突出。刑法的这一特征，决定了刑法不可能针对个别性行为去制定规范，它必须对纷繁复杂的社会关系进行一定的抽象，舍弃个别社会关系的特殊性，而表现同类社会关系的共性，并且可以对不特定的一般人多次反复地适用。正如卢梭所言：“法律的对象永远是普遍的，我的意思是指法律只考虑共同体臣民以及的抽象的行为，而绝不考虑个别的人

---

① 杨敦先等主编：《经济犯罪学》，中国检察出版社1991年版，第33页。

② 转引自刁荣华主编：《中西法律思想论集》，汉林出版社1984年版，第165页。

③ 转引自武树臣：“亚里士多德法治思想探讨”，载《法学》1985年第5期，第44页。

以及个别的行为。”[①] 刑法调整对象的普遍性，决定了刑法规范本身具有一定的概括性。然而，现实中的个体行为又都有其各自的特殊性，这样，必然存在着一些溢出刑法规范视野的“另类”行为，甚至它们也存在着一定的社会危害性或者危险性。

刑法的不完整性也是由刑法调整对象具有较大的变动性所决定的。法律虽有预见功能，对一些未来可能出现的危害行为事先在条文中做出了规定。然而，这种“预见”是基于现实状况分析和借鉴他国经验基础上做出的推断预测，因此，在一定程度上，可以说仍然是针对过去的规范。但是，现实状况总处于变动之中，转型社会则表现得更为明显。特别是将大量的经济犯罪纳入刑法典中，面临的情况将更为复杂。意大利刑法学家菲利指出：“法律总是具有一定程度的粗糙和不足，因为它必须在基于过去的同时着眼未来，否则就不能预见未来可能发生的全部情况。现代社会变化之疾、之大，使刑法即使经常修改也赶不上它的速度。”[②]

刑法的不完整性还是由于刑法的补充性特征所决定的。国家维护社会秩序和人们权利的法律手段具有多样性和选择性，刑法只是其中的一种，但是刑法本身具有局限性，因为作为刑法的效果就是对罪犯适用刑罚，刑罚的严厉性决定了刑法的适用只能针对严重的危害社会的行为。然而，在现实中，一般违法行为与犯罪行为之间的界限并非绝对确定，这就决定了对这些边界行为，刑法不能优先适用。我国民法学者王利明认为，尽管刑法调整的社会关系的范围是极为广泛的，然而，刑法只有在侵权法的配合下，才能有效地调整社会关系。对现实中大量的侵权损害行为，如果不能依据侵权法很好地解决侵权纠纷，则不仅有可能导致许多侵权行为最终酿成犯罪，危及社会秩序的稳定，而且也使大量的侵权行为的受害人因难以寻求侵权赔偿的救济，而要求对加害人实施刑法制裁，从而有可能使本不应由刑法调整的关系归入刑法调整。[③] 也就是说，只有当侵权法不能有效地解决侵权纠纷时，才允许刑法的介入，刑法具有第二手段的性质，它是作为补充其他法律规范的不足才使用的。我国刑法学者张明楷从刑法与部门法的关系角度分析认为，刑法并不是与一般部门法平行的部门法，在法律体系中它处于保障法的地位，具有补充性。[④]

---

① ［法］卢梭著：《社会契约论》，商务印书馆 1980 年版，第 50 页。

② ［意］恩里科·菲利著：《犯罪社会学》，中国人民公安大学出版社 1990 年版，第 125 页。

③ 王利明著：《侵权行为法归责原理》，中国政法大学出版社 1992 年版，第 7—8 页。

④ 张明楷：“刑法在法律体系中的地位”，载《法学研究》1994 年第 6 期。

刑法的不完整性也是由犯罪原因的复杂性所决定的。现代犯罪学的研究表明，犯罪现象的发生是多种原因综合的结果。既然犯罪的原因是多重的，就意味着预防犯罪的措施也应该是多种多样的，刑法只是社会控制手段之一，对危害社会行为的控制，必须综合包括刑法在内的所有社会控制措施，单靠刑法是不可能达到目的的。相对而言，在多种控制措施中，刑法只能说是居于次要的辅助地位。法国学者安塞尔指出，在打击犯罪方面，"刑法不是唯一的，甚至也不是主要的对付犯罪的工具。首先应当对'预防'予以极大的注意，通过'预防'抵制诱发犯罪的因素，其中包括个人的因素，即'特殊预防'和社会机体的因素亦即'一般预防'。其中，还应超越刑罚的范围，对犯罪形势和冲突形势，同时也动用民法的、行政法的、社会法的以及教育、卫生、社会福利组织等方法。"① 树立刑法在防护社会、抗制犯罪中的辅助性工具观念，对树立正确的刑法观具有重要的意义，它一方面有助于消除人们对刑法过分迷信的心理；另一方面，也引导人们对其他社会控制手段的重视。

刑法的不完整性还由于现实中存在某些由特定因素激发的不具稳定性和常态性的危害行为所致。这类行为有时是短期内生存的，有时则会在较长的阶段内存在。另外，这类行为不仅具有不稳定性、普遍性，而且参与人数众多，如赌博、吸毒之类行为即是。这类行为的出现主要是由特定的社会因素所致，基于现代刑法人权保障的观念及刑法的谦抑性原则，刑法对这类行为的存在应有一定的容忍度，如轻率介入，显然超出一般人的心理承受能力。因为刑法首先要得到人们的理解和尊重，它的规范功能才能得以正常发挥，"法律的效力是以它所引起的爱戴和尊重为转移的"②，"没有民情的权威就不可能建立自由的权威，而没有信仰也不可能养成民情"，③"民情是法律的保障和使自由持久的保证"。④ 因此，对这类行为动辄使用刑法，刑法的作用必然会由于其不当动用而受到限制。我国有学者认为，对特定时期由于特定原因而激发的不具常态性、稳定性的危害行为，应当首先致力于消除激发危害行为的特定原因，综合动用刑法以外的其他法律手段予以调控。刑法事实上不可能将所有应予刑罚制裁的不法行为都毫无遗漏地加以规范。追求刑法典

---

① 马克·安塞尔："从社会防护运动角度看西方国家刑事政策的新发展"，载《中外法学》1989年第2期，第60页。

② 罗伯斯庇尔："革命法制和审判——关于死刑"，载《西方法律思想史资料选编》，北京大学出版社1983年版，第341页。

③ 托克维尔著：《论美国的民主》，董里良译，商务印书馆1991年版，第14页。

④ 托克维尔著：《论美国的民主》，董里良译，商务印书馆1991年版，第49页。

规范内容的完整性只能是一种乌托邦式的幻想。[①] 对这类行为一般不应入罪化，这既是刑法谦抑性所要求，也是刑法功能正常发挥的使然。

刑法不完整性理念，实质上指的就是刑法作为社会控制手段之一的作用的有限制性观念，也就是刑法应当慎重介入社会生活的观念。我们认为，对刑法“不完整”部分的领域，原则上应予以非犯罪化。在这方面，刑法让出一部分空间，并不是面对违法犯罪行为的退让，而是体现社会整体的进步，是刑法对社会应有的也是起码的宽容，是刑法对其他社会控制手段的尊重，也是社会承担应有责任的表现。有了这样一种宽容，国家才能更从容、有效地调节对秩序的追求与对人民自由权利保障之间的平衡关系，以使人们有更充足的自由空间去发挥聪明才智和创造才能。

三、刑法的经济性理念

刑法经济性，是指国家在动用刑法手段调控社会关系时，必须以最小量的投入，获得最大化的刑法效益。经济思想是基于人们对社会资源有限性的认识而形成的，人们认为，经济活动应遵循价值规律，合理配置社会资源，以取得最大的经济效益，它所涉及的是社会资源的投入与取得的成果之间的比例关系问题。非犯罪化现象出现的一个重要原因，就是西方国家为了解决监狱人满为患，司法机关疲于应付大量轻微刑案，而对大案要案却缺乏足够的人力、物力和财力的困境而采取的一种措施。因此，非犯罪化运动作为增进司法效率的一种方式，其中蕴涵着刑法的经济思想。

刑法经济性首先表现出人们对刑法资源有限性的充分认识。刑法资源如同其他社会资源一样，都不是取之不尽用之不竭的，它是由特定历史时期国家所能够投入的人力、物力和财力资源所组成的。在社会财富有限的前提下，能够分配用于司法活动的份额同样十分有限。不仅刑事立法本身并非一本万利，需要一定物质成本的支出，而且刑事司法的运作，特别是作为犯罪惩罚手段的刑罚运用，更需要一定的物质支撑，改造犯罪所需的设施的维护，同样离不开一定的物质条件。与此相对应，“罪犯们什么也没有付出，而另一方面，社会却为他们支付生活费，纳税人也增加了一项新的负担。因此，更增加了社会因犯罪受到的侵害。”[②] 虽然刑罚的适用可能会产生一定积极的社会效益，诸如改造了犯罪人，控制着社会上潜在犯罪人的犯罪倾向现实化。但是，这一效益却常常难以测定，也无法获得实证。这样，人们在回头重新审

① 梁根林：“论犯罪化及其限制”，载《中外法学》1998 年第 3 期，第 56 页。

② 加洛法罗著：《犯罪学》，中国大百科全书出版社 1996 年版，第 9 页。

视刑事立法和司法活动的成效时，会发现“刑法是一回事，而打击犯罪者的必要措施又是一回事”。[①] 因此，经济地动用刑法资源和以最小的刑罚成本去求取最大化的刑罚效果，便成了人们的一种理性追求。

需要指出的是，强调为惩罚犯罪而动用刑法需要付出昂贵的代价，只是刑法经济性思想中的一方面内容。非犯罪化蕴涵的刑法经济思想还包含另一方面的内容，那就是，它并不是仅仅意味着为节省资源而扩大死刑的适用范围。从一定意义上说，死刑是经济的，但死刑同时又是最昂贵的，因为生命（这里主要指犯罪所可能创造的社会价值）是无价的。因此，刑法的经济观还包括对刑罚量的大小与罪的轻重及其与其可能给犯罪人的影响大小之间比例关系的思考。从这一角度上看，刑法经济思想又具有防止刑罚滥用的功能。

刑法经济性中的“经济”，是指以最小的刑罚成本求取最大的刑罚效益之意。所谓“最小的刑罚成本”，是适用刑罚的量必须以足以抗制犯罪为限。因为刑罚的目的就在于预防犯罪，如果超过这个限度即为刑罚过剩，过剩的刑罚的存在根据就非常值得怀疑。因为“刑罚超过必要限度就是对犯罪人的残酷，刑罚达不到必要限度则是对保护的公众的残酷，也是对已遭受的痛苦的浪费”。从这一意义上说，“最小的刑罚成本”或者说刑法经济性理念包含了最轻刑罚的含义。刑罚虽是能够有效预防（消除、减少）对行为人之外的其他人的威胁方法，但“刑法应主要禁止那些危害他人的危险性和严重性超过执行法律的损害的行为”，[②] 对其他一些危害行为，“如果行为的非刑事控制方法的净收益等于或大于刑事控制方法的净收益，那么，应采用非刑事方式。”[③] 这是非刑事措施得以存在并且有效运用的基础。

四、刑法的最后手段性理念

刑法的最后手段性，是刑法谦抑原则的应有之义，是人们在权利意识增强背景下对作为社会调控手段的刑法特征深刻认识的结果。刑法是法律制裁体系中最严厉的制裁手段，虽然它是保护社会权利最得力的工具，但它也常常是可能侵犯个人权利最严重的手段。因此，它对社会生活的介入必须严加控制，不能“优先”适用。

从刑法本身的特征上看，现代刑法应以维护社会秩序、社会利益和公民个人权利为存在根据，正如法国刑法学家斯瓦叶指出：“在我们的社会里，现

① 加洛法罗著：《犯罪学》，中国大百科全书出版社 1996 年版，第 9 页。

② 贝勒斯著：《法律的原则》，张文显等译，中国大百科全书出版社 1996 年版，第 352 页。

③ 贝勒斯著：《法律的原则》，张文显等译，中国大百科全书出版社 1996 年版，第 358 页。

代刑法致力于协调对社会秩序的维护和对个人自由的保护。”[1] 然而，作为刑法效果的刑罚，其本身的严厉性决定了它不具有普遍适用性，它只能作为国家防卫社会、保护权利的最后一道防线而使用，采用其他的手段能够抗制危害行为时应避免刑法的使用。因为，“把刑法当作特效药考虑的立场，是很简单但却是危险的，刑法决不是万能的”。[2] 这不仅是因为动用刑罚后所造成的后果无法弥补，同时也是因为万一刑法的使用达不到预期目的，国家便失去了采用其他手段予以补救的机会。西方刑法学者在总结他们刑法适用的经验教训时就曾指出：“我们最大的社会政治失败之一，就是对当代诸多问题表现得无能或不愿采取有效的非刑事处理方式来解决。例如，酒精与药品滥用行为，通常在刑事司法制度中加以规定，主要是别的制度对此没有规定。如果说这种行为是处于罪与非罪之间的行为是合适的话，那么，刑事制裁就不应如此广泛适用，那些构成社会事务合法目的的许多行为，并不符合应受谴责与应受指控行为的范围，因而似乎不适于以刑事方式来处理。”[3]

法律调控手段的相互配合性也决定了刑法只能作为最后手段来使用。在众多的法律调控手段中，刑法不仅不是国家对社会秩序和个人自由的关系被告调控的唯一手段，而且，相对于民法、经济法、行政法来说，它反而应当处于辅助的地位。之所以如此，从根本上来说，是由于在现代社会中，人民权利观念的增强，公民个人的权利和利益越来越受到社会的重视，在一个利害交织且相互间界限模糊难辨的社会背景下，刑法的重要性就显得相对次要，特别是在涉及私权的领域更是如此。日本学者浅田和茂指出，在经济领域，“特别是关于权利、利益、债权等，基本上是属于私的自治的原则，或者是契约自由的原则。只有在民事制裁、行政制裁都不能充分对法益予以保护时，才轮到刑法出场。”[4] 我国学者也认为：“只有在侵权行为法与行政处罚法不足以抗制犯罪的情况下，才能用刑法抗制。正是在这个意义上，刑法表现出其谦抑性，这就是其补充性。刑法的补充性并不是指在抗制犯罪上居于次要地位。而是指相对于侵权行为与行政处罚法而言，刑法是抗制犯罪的最后

---

① 中山研一等主编：《经济刑法入门》，成文堂 1994 年版，第 179 页。转引自全理其：“刑法增设新罪的基本原则”，载《法学研究》第 18 卷第 5 期，第 71 页。

② 中山研一等主编：《经济刑法入门》，成文堂 1994 年版，第 179 页。转引自全理其：“刑法增设新罪的基本原则”，载《法学研究》第 18 卷第 5 期，第 71 页。

③ 胡萨克著：《刑法哲学》，中国人民公安大学出版社 1994 年版，第 4 页。

④ 浅田和茂：《电子计算机犯罪和刑法》，三省堂 1990 年版，第 56 页。转引自全理其：“刑法增设新罪的基本原则”，载《法学研究》第 18 卷第 5 期，第 71 页。

手段。”[①]

刑法的最后手段性，还与刑法自身的局限性相关。首先，刑法在抗制犯罪上的作用是有限的，“自称为一种能够消除所有犯罪因素的简便并且有效的救治措施的刑罚，只不过是一种徒有虚名的万灵药”。[②] 现代犯罪学的研究表明，犯罪是多种原因综合形成的结果，犯罪原因的复杂性，说明预防、控制犯罪的手段也应该是多样的，这也从一个侧面说明了期望仅凭刑法就能预防、控制犯罪想法的虚幻性。其次，刑法手段本身也具有负功能。如果说犯罪具有如前所述的某些促进生产力发展、促进道德意识净化的正功能的话，那么，刑法同样也具有促进犯罪改进犯罪手段的负面效应。这一点，在国家集权观念愈加发达的社会，就会显示得更加明显。因为，国家的集权观念越发达，公民的权利意识就越淡漠，对犯罪的反应也会变得越迟钝。当一个国家的法律没有真正根植于社情民意基础之上时，法律便难以适用，犯罪也就会不断泛滥。

刑法的最后手段性，意味着刑法应当把原属于民法、经济法调整的领域重新回归给它们，慎重地设定自己的调控范围和必要边界，并随着社会环境的变化，从其他法律手段能够调解矛盾、解决纠纷的领域中尽快地收缩回来，也就是及时地对这类行为实行法律（立法）或者事实（司法）上的除罪化。

五、刑法的非道德化理念

刑法的非道德化，是指把与一定的宗教、伦理、道德有关的条文从刑法中予以删除。刑法的非道德化是非犯罪思想中最显著的特征，世界各国刑法除罪化的对象，绝大部分都涉及伦理、道德的领域。自从刑法世俗化以来，一些有关宗教、伦理、道德领域内的行为就不再被作为犯罪去“常规”的处置了。可以说，刑法退出伦理、道德领域，特别是涉及个人（私人）伦理、道德的领域，正是当代刑法发展的趋势。

刑法的调控范围虽然相当广泛，但这并不意味着刑法对社会生活的全面控制，更不意味着刑法对社会做全面的干预。刑法对社会生活的介入，只应限于维持社会生存、发展所必需的最小的限度之内。

刑法的非道德化是由伦理道德行为本身的特点所决定的。首先，伦理、道德、宗教涉及的范围非常广泛，参与的人数也常常众多，刑法介入其中，难以得到真正的实施。因为立法者在决定刑法介入某一生活领域时，必然要

① 陈兴良：“刑法谦抑的价值蕴含”，载《现代法学》1996 年第 3 期，第 22 页。

② 恩里科·菲利著：《犯罪社会学》，中国人民公安大学出版社 1990 年版，第 68 页。

考虑其介入之后的社会认同和支持程度，而宗教、伦理、道德领域，恰好缺乏刑法介入的社会生活基础。其次，宗教、伦理、道德领域的行为，没有明确的界限标准，刑法介入这一领域，可能导致刑法干预范围的扩张，直接导致刑罚的滥用。另外，宗教、伦理、道德领域的行为，各有其相关的调整规范，只要行为没有危及社会最基本的价值观念和最基本的秩序要求，刑法的介入就缺乏了正当性。正因为如此，“法律有意划地自限，对某些范围内的人类行为的道德规范不予支持，因为它感到法律制度的负荷已经太重，无法承担那项工作，而且由于它的干预，所造成的恶果会比它所能防止的还要众多。譬如，在美国的一些州，已婚者的通奸被视为一种犯罪，但那种法律实际上已经没有人加以援引，因而使法律的尊严受损。……法律对个人道德行为的节制不应超过‘维持公共秩序’以及‘保障公民不受侵害与侵犯’的必要程度，换句话说，某些范围内的道德，最好留给个人的良心去斟酌”。①

刑法的非道德化与刑法的伦理品性是两个不同的概念。刑法的非道德化主要是指刑法对涉及宗教、伦理、道德领域内的行为［特别是涉及个人（私人）伦理、道德方面的行为］，随着社会的发展，不断让出空间，即不断对相关此类的行为进行除罪化。伦理品性，则是指隐藏于事物内部的经过长期的民族文化心理积淀的，关于事物善、恶、美、丑的基本价值观念；而刑法的伦理品性，是刑法所应具有的人性、人道的内在德性和道德品格，它涉及的是刑法涉足、介入某一（类）行为的正当性问题。如对“杀人行为”，我们会说刑法介入其中是符合正义的，因为“不许杀人”是人人应该遵守的道德准则，它是人类为了自身的生存对人类共同体所提出的最低要求，刑罚介入其中，符合其只限于维护社会最基本价值和最基本秩序的目的要求。如果刑法没有这一方面的伦理品性，我们很难说适用刑罚的正当依据，也很难说杀人与杀死其他动物究竟有什么差别。由此可见，刑法的伦理品性所指的正义性，实际上也就是人类社会共同的基本的伦理道德观念。正如贝卡利亚所言：“即使严酷的刑罚的确不是在直接与公共福利及预防犯罪的宗旨相对抗，而只是徒劳无功而已，在这种情况下，它也不但违背开明理性所萌发的善良美德，这种理性往往支配幸福的人们，而是一群陷于怯懦的残忍循环之中的奴隶，同时，严酷的刑法也违背了公正和社会契约的本质。”② “无论谁一旦看到，对打死一只山鸡、杀死一个人或者仿造一份重要文件的行为同样适用死刑，将不再对这些罪刑作任何区分，首先情感就这样遭到破坏。这种情感是无数

① Dennis Lloyd 著：《法律的理念》，张茂柏译，台湾联经出版事业公司 1984 年版，第 132 页。

② 贝卡利亚著：《论犯罪与刑罚》，中国大百科全书出版社 1993 年版，第 11 页。

世纪和鲜血的成果，它们极为艰难地、缓慢地在人类心灵中形成。”①

由此我们可以发现，刑法的非道德化与刑法的伦理品性有两大明显的区别：其一，刑法的非道德化是一个发展的概念，它主要指刑法不断地退出随着社会的发展而使刑法没有必要介入的宗教、伦理、道德行为的领域；刑法的伦理品性是一个稳定性很强的概念，是刑法的永恒话题，主要指刑法存在的正当依据（对自然犯、刑事犯，相对于行政犯，只要相关法律对某类行为一经规定，便具有了伦理的属性，不具备这一属性，相关法律的规定也就失去了它存在的正当依据），或者说是处罚的根基问题。其二，刑法的非道德化具有表象性，它是可为人们直接感知的，具体来说，就是外化为已排除犯罪性的某一（类）宗教、伦理、道德行为；刑法的伦理品性则具有内在性，它是一个民族经过长期的心理积淀形成的基本伦理、道德观念，是内在的，无法为人们所直接感知的。

① 贝卡利亚著：《论犯罪与刑罚》，中国大百科全书出版社1993年版，第65页。

面对各种新型犯罪的刑法

[德]哈塞默尔* 著 冯 军** 译

一、状况

大约自20世纪70年代起（而并非是通过2001年9月11日的事件才引起的[①]），在德国以及在整个西欧，刑法都有了很大的发展——在此，笔者不谈美国的情况。这种发展既涉及实体刑法[②]，也涉及刑事诉讼法[③]，其特点是刑事政策的强化[④]，而刑事政策的强化绝对没有违背公众的意志，而是得到公民的各种正面期待和赞同。就像笔者认为的一样，明显可以在刑事政策的各种背景中来解释这些发展[⑤]。这些解释表明，刑法和刑事政策中的各种发展是巨大的和稳固的。因此，如何明确地划定这些发展的界限，是难以分析性地确定、预测性地断言和规范性地保障的[⑥]。

1. 实体刑法

自20世纪70年代开始，在德国以及各种类似的刑法秩序中，通过引入各种新的构成要件（例如：环境刑法、经济刑法），通过强化各种刑罚威吓（例如：麻醉剂刑法、行业犯罪），进行了实体刑法中的各种改革。

在方法上，立法者现在极其强调地和普遍地运用了一种早就被引入的众

---

* 德国法兰克福大学刑事科学和法哲学研究所教授；联邦宪法法院副院长；第二大法庭庭长。

** 中国人民大学法学院教授。

① 9月11日（以及它在政治、社会和法方面的后果）无疑强化和加速了这些发展，但是，就像在各种事件（第一部分）中能够看出并且在对各种事件的解释（第二部分）中能够理解的一样，这些发展起源于更早和更深的层面。

② 即一、1。

③ 后述一、2。

④ 后述一、3。

⑤ 后述二。

⑥ 后述三。

所周知的手段：各种抽象危险犯[①]。这种犯罪形式使刑法很容易地运用于司法实践：与各种侵害犯的构成要件相反，即与传统的核心刑法的犯罪类型相反，各种抽象危险犯的构成要件放弃了各种构成要件性前提条件的一部分；各种抽象危险犯的构成要件没有描述犯罪结果，因此，也不要求在犯罪行为与损害之间存在因果联系，而是满足于描述一种抽象危险的犯罪行为（例如：传统上是用欺骗、认识错误、财产处分和损害来描述诈骗的[②]，但是，关于补助金诈骗，则用发表不正确的声明来描述[③]）。采用这种方式，刑事立法者就使法官容易判定各种构成要件上重要的事实；同时，刑事立法者就使刑事辩护工作变得困难：同样用各种可罚性前提条件的数量来减少刑事辩护的各种出发点。

此外，立法者还从各种既被普遍地又被模糊地表述的法益中寻找出路（例如：把大众的健康视为麻醉剂刑法的法益，把资本市场的功能发挥视为经济刑法的法益，或者像在刑法典第261条规定的洗钱罪中一样，把合法的财政体制和经济体制的稳定性和纯洁性视为法益[④]）；采用这种方式，立法者就减少了从方法上对各种构成要件的扩大进行批评的机会；法益使一种刑罚威吓变得正当，但是，现在所有可能的东西都能够变成法益[⑤]。刑法的不法就变得不清楚了，丧失了其规范的（并且也是道德的）轮廓。因为一种风险业务的失败而导致的背任，就完全不同于由一伙好斗者所实施的危险的身体伤害，人们完全也能够在相应的刑事诉讼中观察到这一点[⑥]。

2. 刑事诉讼法

在形式刑法的领域中，也能够发现一种类似的发展。在此，法律的变革特别涉及两个领域：被害人更强烈的参加（也以牺牲被告人的程序权利为代

---

① 基本内容，参见罗克辛著：《刑法总论Ⅰ》（第3版），1997年版，第10章，页边码第119以下（C. Roxin, Strafrecht AT Ⅰ, 3. Aufl. 1997, §10, Rn. 119 ff）。详细的研究，参见金德霍依尔：《作为犯罪的危险》，1989年版，第225页以下（U. Kindhäuser, Gefährdung als Straftat, 1989, S. 225ff.）。

② 德国刑法第264条。

③ 德国刑法第263条。

④ 参见福格勒撰，“洗钱——一个在欧洲范围和谐的犯罪构成?”，载《全体刑法科学杂志》第109卷（1997年），第350页（J. Vogel, Geldwäsche—ein europaweit harmonisierter Straftatbestand ä, in: ZStW 109（1997）. S. 350）；波特克撰：“反洗钱规范的目的论与效率”，载《经济、税收和刑法杂志》1995年，第124页（W. Bottke, Teleologie und Effektivität der Normen gegen Geldwäsche, in: wistra 1995, S. 124）。

⑤ 参见洛姆斯刑法典注释，哈塞默尔撰，第1条前注（1995年），页边码265以下（NK StGB—Hassemer. Vor §1（1995），Rn. 265ff）。

⑥ 这表现在一种现代的方法上，即提前用各种约定来结束各种具有复杂的犯罪非难的刑事诉讼；对此，参见一、2。

价）和强化各种控制手段，特别在调查程序中是如此，但是，这也发生在其后的程序中，确切地说，直到下一个程序都会运用各种控制手段，例如，根据刑事诉讼法第81条g的规定，储存“遗传性指纹”[①]。在法院的实务中，作为非正式的手段，还使用着“交易”（Deal），即以参与者约定结束程序这种方式，牺牲传统的形式，来降低刑事司法活动的成本，加快刑事司法活动的进行[②]。

一方面，在一般的刑事政策讨论中，被害人扮演着越来越重要的角色；另一方面，被害人的参与权和恢复物质上损害的机会在刑事诉讼法上都得到了很好的改善。在刑事政策的讨论中，为了有利于那些符合有效地保护被害人必要性的权衡和论证，被告人（或者更一般地说：公民）被边缘化了。这种讨论是倾向于犯罪化的。“帮助（被错误地社会化的）犯罪人”这种理念，已经被“针对犯罪保护无辜的被害人”这种理念所取代[③]。

自20世纪70年代以来，刑事诉讼法的改革集中在调查程序上。改革的“传统”对象诸如主要审判（Hauptverhandlung），调查拘禁或者刑事辩护则处于视野的边缘。恐怖主义和全球化是有力的理由，它们持续地提供了刑事诉讼法上的控制需要，并且，还总是如此。其理由可以简单地表述为，面对各种严重的新形式的威胁，法治国家也必须而且正因为如此才必须保护自己的效率，自己也必须使用那些犯罪攻击者所使用的手段。这首先是指各个调查机关要超越界限地进行紧密合作，要为了预防危险和查明犯罪而投入技术手段。

所谓“各种超越界限的联系”，不仅涉及超越国境的界限，而且涉及超越各种不同的国家调查机关之间的界限。例如，欧洲宪法条约草案规定了“欧洲的拘禁命令”[④]，并且规定要建立欧洲有效的与犯罪作斗争的机构。这些发展也涉及扩大刑法控制和制裁。人们还在讨论要把情报部门和警察的知识结

---

① 仅参见布洛德尔森、安斯林格尔、洛尔夫著：《DNA分析和刑事程序》，2003年（K. Brodersen/K. Anslinger/B. Rolf, DNA-Analyse und Strafverfahren, 2003）；另参见拉考著：《DNA同一性判定法及其问题》，2001年（P. Rackow, Das DNA-Identitätsfeststellungsgesetz und Probleme, 2001）。

② 关于这方面的最新文献有BGH（GrS）NJW 2005, 1440，就放弃使用法律手段达成约定（zur Vereinbarung eines Rechtsmittelverzichts）。进而有G. Widmaier, Die Urteilsabsprache im Strafprozess-ein Zukunftsmodellä，载NJW 2005, S. 1985ff.；E. Weälau, Absprachen in Strafverfahren，载ZStW 116（2004），S. 150ff. 关于交易的批判，有B. Schünemann, Die Absprachen in Strafverfahren，载Festschrift für Peter Rieä, 2002, S. 525ff.；R. Hamm, Von der Unmäglichkeit, Informelles zu formalisieren-das Dilemma der Urteilsabsprachen，载Festschrift für Lutz Meyer-Goäner, 2001, S. 33 ff。

③ 详见W. Hassemer / J. P. Reemtsma, Verbrechensopfer, 2002。

④ 对此，参见联邦宪法法院最近在2005年7月18日作出的判决，2 BvR 2236/04。

合起来。

扩大刑事程序中的调查权限，特别连累到两个传统的刑法干预界限：把犯罪嫌疑作为刑法干预的前提条件和原则上公开对被告人的刑法调查。

由于一些相应的信息技术可以运用到隐蔽的程序之中，就在技术上具有了各种可能性，即可以进行声学的和光学的空间监视，可以进行电话监听，可以进行长期的和系统的警察观察，可以投入所信任的人或者进行屏光追踪；而那些知道自己被监视的人，也可以让这种监视落空。这样，各种隐形发挥作用的干预方式，就补充和打破了各种传统的刑法调查手段模式（例如，身体检查、搜查或者没收）。这会影响到被告人的各种辩护可能性[①]，如果被告人在调查结束之后才获知这些干预却不能对此有所准备的话。并且，这对刑法调查程序的“氛围”也有一些消极的后果[②]。

实体刑法的前置化[③]，就贬低了犯罪嫌疑在刑事诉讼法中作为干预界限的价值。“各种先行调查”都是试图及时地（也就是说，在危险变成现实之前）查明某一危险的领域。那些——其本人完全不受怀疑的——参与交流的人，也会被监视和被公开，就被强制地纳入刑事调查之中（被监听电话、被屏光追踪、被警察观察、被秘密调查）。由此，立法者就还把——也是不受怀疑的——“陪伴者”也纳入到新形式的刑事调查之中：刑事程序的控制网就同时变得宽广和稠密。

3. 刑事政策

上述各种发展当然受到了批判，并且主要是受到了部分刑事辩护人和刑法科学工作者的批判。但是，这些发展仍然得到了一种广泛的赞同和支持，这些赞同和支持在存在激烈争论的内部安全这一领域是极不寻常的。这对国家的地位和基本权利的地位都具有一些后果：

国家不再像在我们法文化的古典宪法传统中那样主要是作为利维坦而出现的，也就是说，在古典的宪法传统中，国家主要是作为公民安全的保证人

① 例如，这里可以宣布根据刑事诉讼法第136条Ⅰ2的规定通知被告人，而只有这种通知才使得沉默权得以形成。对此，参见N. Bosch著：“从宪法法和刑事诉讼角度看无人须自证己罪的原则”(Aspekte des nemo-tenetur-Prinzips aus verfassungsrechtlicher und strafprozessualer Sicht)(1998)，S. 240。

② 文献将各种秘密的调查与宗教法庭程序的诉讼模式相提并论。例如，G. Fezer, Anmerkung zu BGH 5 StR 680/94，载NStZ 1996，S. 290；R. Derksen, Anmerkung zu BGH GSSt. 1/96，载JR 1997，S. 168；SK stop-Wohlers，§163a，Rn. 41。对此，也参见Cesare Beccaria在über Verbrechen und Strafe, Kap. XV（1764）中的阐述，他使人注意到，秘密是暴政的最强硬的盾牌。因此，特别是在那些宪法受到削弱的国家里，会对人进行秘密控告和采取秘密行动。

③ 上述一、1。

而出现的，同时是作为公民权利的威胁者而出现的，针对国家有力的干预，人们把基本权利作为防御权提了出来，但是现在，国家更是这样一种机构，即它无例外地站在公民一边发挥着作用，针对外来的威胁而保障着公民的安全。国家从根本上转换了它的角色，从自由的威胁者变成了安全的保证人①。安全与自由之间传统的紧张关系，在经验中表现为针对犯罪而增加安全，如果应该通过警察法和刑法来组织维护安全的活动的话，就随之要限制公民的自由，这种紧张关系现在不再存在了。

绝对支配性的理念是预防②。今天，人们期待于刑法的主要是有效地保护法益和针对犯罪而提供安全③，更少是保护受到威胁的各种基本权利；在70年代，人们还完全是另一种看法。关于存在或者甚至引入“敌人刑法”的讨论（根据笔者的估计，这种讨论无非是以刑法的界限为中心的④），就是在证明：国家——根据其公民的同意——总是对抗各种威胁状况的有力工具。

4. 法治国家的重构

人们必须追问的是，如果这些发展损害了欧洲自由宪法的传统的话，它们甚至就会导致法治国的重构吗？笔者没能看到一种重构——无论如何，只要人们不是过于狭窄地使用“法治国”这一概念，并且不是用过多的前提条件来丰富“法治国”这一概念，就不会产生重构。

在实体刑法的领域里，尤其是在刑事诉讼法的领域里，笔者更容易想到“重构”这一名称。在其中总是涉及一些新发展，甚至是一些基本构想的重新定位⑤。

---

① 参见 W. Hassemer, “Der Staat wird zum Vater”, 载同一作者, Freiheitliches Strafrecht, S. 268. 详见 H. -H. Kühne, Bürgerfreiheit und Verbrecherfreiheit. Der Staat zwischen Leviathan und Nachtwächter, 2003。

② 对此，详见 B. Haffke, Vom Rechtstaat zum Sicherheitsstaat, 载 KJ 2005, S. 17 ff。

③ 参见 W. Frisch, Sicherheit durch Strafrechtä, 载 G. Duttge 等（编）, Gedächtnisschrift für Ellen Schlüchter, 2002, S. 669 ff。

④ 这一讨论涉及笔者波恩的同事根特·雅科布斯的一些论文，并以刑法的“现代”形式为对象，这一刑法的“现代”形式要严厉地对各种严重的威胁（例如，恐怖主义或者由全球化所形成的规范侵蚀）作出反应，宪法、刑法和刑事诉讼法中所规定的各种传统性保障仅仅提供给“公民”，而不提供给“敌人”。参见诸如 G. Jakobs, Kriminalisierung im Vorfeld einer Rechtsgutsverletzung, 载 ZStW 97 (1985), S. 751ff.；同一作者, Das Selbstverständnis der Strafrechtswissenschaft vor der Herausforderung der Gegenwart (Kommentar), 载 Eser, Albin 等（编）, Die deutsche Strafrechtswissenschaft vor der Jahrtausendwende, Rückbesinnung und Ausblick, 2000, S. 47 ff.；同一作者, Bürgerstrafrecht und Feindstrafrecht, 载 HRR Strafrecht 3/2004, S. 88 ff. （www. hrr-strafrecht. de）。笔者下面会立即谈到这一点。

⑤ 参见 W. Naucke, Schwerpunktverlagerungen im Strafrecht, 载 KritV 1993, S. 135ff. 以及同一作者, Das Zerfasern des Strafrechts, 载 Althoff, Martina 等（编）, Zwischen Anomie und Inszenierung, Baden-Baden 2004, S. 42。

实体刑法的所有领域并非被限制为以日常犯罪为对象的传统的核心刑法，而是与各种令人注意的现实的威胁相对抗。把抽象危险犯广泛地纳入实体刑法的所有领域，或者使法益概念退化为模糊不清的和抽象的东西，就不仅一般地改变了刑事诉讼的氛围，而且，一方面，改变了刑事辩护和犯罪证明的各种稳固的实践条件；另一方面，改变了对泛滥的犯罪化所进行的批判。在每一种令人愤慨的状态中，都会把刑法作为解决社会问题的神奇武器，并且会完全无限地信赖这种神奇武器的功效，但是，这种刑法观并不适用于我们关于实体刑法的传统所描绘的画面，在我们关于实体刑法的传统构想中表明的是“断片刑法”[①]或者“作为最后手段的刑法”[②]。

一部刑事诉讼法，当它实际采用那些恰恰从信息技术中产生的各种现代的、有效的和有影响力的干预手段时，却因为它对完全不受怀疑的人发生作用而不可能再以犯罪怀疑这一正当化的命题为基础时，或者当一个调查程序不是在例外情况中而是在通常情况中都是背着当事人而进行时，就完全会产生一个问题，即我们是否不得不开始重新设计刑事诉讼法的基础和各种制度。此外，警察、刑罚追究者和秘密人员不会人为地装傻，因此他们会互相交换数据，面对这种幼稚的确信，数据保护法上关于目的约束和数据分离的要求就完全变得苍白了，但是，这一点同样不能否定刑事诉讼法和警察法上的各种保障所具有的生命力。这是否已经是一种“重构”，虽然可以被论证，但是也可以被怀疑。

与法治国的纲领相关联，笔者看到法治国的基础和结构在数量上承受着更重的负担，但在质量上是稳固的。一种等于是对刑事诉讼法的犯罪怀疑的构造和实践进行侵犯的宪法变更，笔者还看不出来，即使刑事诉讼法所承受的各种负担无疑总是法治国所承受的负担。但是，我们的宪法的威望并没有受到限制或者甚至受到损害。知情的公众和法院，总是注意并且批判各种对公民自由的限制。关于宪法和宪法现实性的公开论辩——在所有我所列举的方向转变中——都没有丧失关于自由和安全的各种选择的背景和后果的洞察。现在，我们仍然是在开诚布公地谈话，只要如此，我们就还能够互相理性地争辩我们想走的路。

但是笔者有两个忧虑，一个是关于公开对安全和自由进行辩论的忧虑，另一个是关于这种公开辩论可能带来的结果的忧虑。

一些掩饰我们宪法的基本定位所依赖的紧张关系的尝试，以及模糊民主

---

① W. Naucke, Einführung in die Grundlagen des Strafrechts, 10. Aufl. 2002, §2 Ⅱ2 b.

② P. -A. Albrecht, Kriminologie, 2. Aufl. 2002, §29 Ⅰ.

所需要的即使是令人心痛的透明性和清晰性的尝试也使笔者产生了忧虑。谁不承认提供安全可能会牺牲自由，谁将其长远的政治目标隐藏在一种悠闲的和谐主义之中，并且把所有的东西都装入同一条小船上，谁就是给民主的公开性帮倒忙[①]。政治辩术是不花钱的，但是存在一条可论证的正派性的界线，或者存在一条至少可分析的远见性的界线，在这条界线上政治的宣传者必须受到追问，他为什么在作出选择时要为了一种短期的和不肯定的结果却将可以依赖认真性和透明性所取得的成就孤注一掷，而这种成就正是我们的公民社会经过长期努力才取得的。

一些现实的发展也使笔者产生了忧虑，乍一看这些发展是完全无准备的，但是仔细地看这些发展具有共同性，即它们过早地丧失了法治国的耐心，它们坚持迅速地、在万不得已时不顾一切地解决问题。作为许多例子中的一些例子，笔者想举出的是所谓对刑讯的讨论[②]和对“公民刑法”与“敌人刑法”进行的区分[③]。这两者都是极端地选择了预防的产物。

谁愿意给国家提供各种刑讯手段，以便国家能够在紧急时刻有效地对付各种重要法益所面临的威胁，谁就是短期地和随机地进行了判断，谁就忽视了他的这种选择将长期地导致国家干预界限的丧失，而没有这种界限他自己也不想生活在国家之中。他逃避了眼前的痛苦，但是在用法治国的未来冒险[④]。

我们具有人权保障的刑法是从悠久的刑法传统和宪法中产生的，谁把我们的刑法相对地称为“公民刑法”，并将“公民刑法”与“敌人刑法”相对比，认为在“敌人刑法”中不再存在绝大部分的从悠久的刑法传统和宪法中产生的人权保障，因为“敌人”没有争得这些人权保障，因为“敌人”不是犯了错误而是一般危险的，谁就是过早地放弃了每一法的核心梦想，并给强者的任意提供了法的空间。法的梦想是，给在这里的所有人提供一个和平的空间（即使——并且恰恰是因为——按照经验他们绝对并非都是并且总是和平的），要把他们都作为公民并且作为人格体来对待，而不在他们的人类尊严

---

① 详见 W. Hassemer, Zum Spannungsverhältnis von Freiheit und Sicherheit, 载 Vorgänge, Heft 3, 2002, S. 10ff。

② 是由关于警察局副局长 Daschner 的所谓法兰克福事件引起的。对此，参见 LG Frankfurt NJW 2005, 692. 关于这一状况，下述三、3 也会从另一方面来审视。

③ 对此，上述二、3 已有论述。

④ 对刑讯逼供争论进行的批判，参见 F. Saliger, Absolutes im Strafprozess? über das Folterverbot, seine Verletzung und die Folgen seiner Verletzung, 载 ZStW 116 (2004), S. 35 ff.；基础性和进一步的探讨，参见 J. Ph. Reemtsma, Folter im Rechtsstaatä, 2005, passim。

的不可侵犯性上进行任何区别。没有这种梦想，就不存在法。谁——无论出于何种理由——被从由法所保护的公民的数量中剔除了，他就并没有被置于“敌人刑法”之中，而是远离了法。“敌人刑法”实际上会是法治国的重构：面对风险恐惧、控制需要和预防利益而投降[①]。

二、解释

在理论上把这些发展归结为一点，当然是困难的。

人们也许可以一般地说，在所有这些发展的背后都是在针对威胁性背离而强化控制需要。预防和安全是纲领，与规范地构造它相比，更能经验地构造它，它让人更多地联想到“防御”而不是“攻击”。对正义的渴慕，要让位于对安全的希望。“以自由换安全”，这在我们那里变成了一句——当然是被批判地运用的——口号，并且，一些被高度评价的公民权利，例如，数据保护和隐私保护丧失了其效力和确信力的大部分。

如果人们追问一下这些发展的背景，那么回答当然就变得更成问题。但是存在一些科学上的解释，这些解释——无论如何对笔者而言——会使事物更易于理解。

1. 规范侵蚀

在不久之前，德国的法社会学家注意、分析、哀叹和解释了“社会规范的侵蚀”[②]。所指的是，各种规范的期待明显地在减少，正是它们理所当然地构造和保护着我们的日常生活。这些期待就是规范，这些规范并不需要专门说明其理由，并且也未说明其理由，这些规范是理所当然地存在着的，因此，人们仿佛能够盲目地信赖这些规范。

这些侵蚀的理由，可能是由于移民所带来的其他规范的、文化的和社会的模式，或者是强化了亚文化的和选择性的行为模式。这种侵蚀的例子，有逐渐增多的和没有限制的青少年的暴力行为，或者攻击他人的权利范围，而这些攻击在传统上是被禁止的，例如，攻击确定的电视播放，这些电视播放以其关于无羞耻性、无团结性、自恋、屈辱和裸露的消息引起了公众的极大

---

① 在这一意义上对敌人刑法这一命题进行的批判，也见 L. Schulz, Die deutsche Strafrechtswissenschaft vor der Jahrtausendwende, 载 ZStW 112（2000）, S. 653 ff.（659ff.）; B. Schünemann, Die deutsche Strafrechtswissenschaft nach der Jahrtausendwende, 载 GA 2001, S. 205ff.（210ff.）; H. Prantl, Diabolische Potenz. Ein neues fatales Denken: Das Feindstrafrecht-ein Kulturbruch, 载 Süddeutsche Zeitung vom 5./6. März 2005, S. 17 以及 D. Sauer, Das Strafrecht und die Feinde der offenen Gesellschaft, 载 NJW 2005, S. 1703ff。

② 在这方面，法社会学协会尤其作了大量工作，参见 Frommel/Gessner（编），Normenerosion（1996; Schriften der Vereinigung für Rechtssoziologie, Band 22）。

兴趣。这种侵蚀不仅导致了确定的具体规范模式的麻钝，而这些具体规范模式指导着日常生活或者使日常生活更容易进行（例如，礼貌或者保密），并且导致了可以信赖的规范性结构的衰退：我们的日常生活变得更少是可以期待的，并因此变得更加复杂和更加困难。

社会规范的这种侵蚀，有时就要求国家去计划替换或者支持那些正在消失的或者变得淡薄的规范。这种尝试遇到了各种特别的困难。例如，在我们那里，针对各种并非犯罪的令公众厌恶的行为方式，根据“零容忍”理念开始了这种尝试，但是这种尝试在很大程度上失败了，因为不可能用形式化的国家规范来完全代替那些经过考验的和理所当然的社会规范。

2. 风险社会

另一种对笔者而言明白易懂的解释思路是“风险社会”的理念[①]。有关的表述是在复杂的现代社会中——在最终决定内部安全政策的公民的感觉中——存在着大量的风险，这些风险具有非常特殊的威胁性质：国内的和国际的恐怖主义、货币的不安全、环境灾难、儿童和青少年的暴力行为、失业、不可避免的社会滑坡、老年人的贫困、侵略性移民、毒品泛滥。

这些风险支配着我们关于安全和自由的辩论。可以用两种极其混合的性质来表示这些风险：一方面，如果它们变成现实的话，它们就会发挥绝对可怕的灾难性效果；另一方面，人们越来越确信这些风险是无法控制的，人们不可能针对这些风险采取任何理性的行动。结果就是一种破坏性的方向迷失：针对扰乱和危险而产生了不断增长的但是盲目的防御意愿，以及产生了紧迫的需要，即至少要控制那些人们还能够控制的或者人们相信能够控制的问题和状况。此时，观察者所获得的印象是，采取一些今天能满足公民控制需要的措施就是进行了控制，而不是只有控制的结果才是最重要的——这是一种极为荒谬的和刑事政策上使人担心的境况，在这种境况中把通过刑法和警察法进行的犯罪控制作为纯粹的安慰剂来接受，完全不取决于控制的有效性[②]。

---

① 这可以追溯到社会学家 Ulrich Beck 和他的著作 Risikogesellschaft, Auf dem Weg in eine andere Moderne, 1986，这已经在德国的刑法理论中被广为接受了。

② 使人们注意到控制需要的这种独立性的也有 J. Kaube 的著作 Freiheit gegen Sicherheitä 在公共场所安装摄像头，摄像头越安越多，但成效甚微，载 Frankfurter Allgemeine Sonntagszeitung v. 2. 10. 2005, S. 74. 他的结论是：“现在的公民似乎不反对自己的自由被限制，如果关系到他的安全的话。人们也可以说：公民愿意牺牲自由，而不会因此获得实际上比技术性承诺更多的东西。”对这种非理性的交易，人们仅仅能够作出这样一种理性的解释，即在现在的社会感觉中，投入干预替代了干预的有效性，或者使干预的有效性处于次要地位。关于刑事政策讨论中所见的非理性与理性的关系，详见笔者的著作 Theorie und Soziologie des Verbrechens. Ansätze zu einer praxisorientierten Rechtsgutslehre, 1973/1980, S. 192ff., 244ff.；关于刑事政策的讨论和关于规范的社会的相互理解，参见同一著作 S. 25ff., 151ff., 221ff.。

可以用这些想法来清楚地说明对有效预防的强烈愿望和广泛的安全需要，但是，同时也可以清楚地看到其基础是何等脆弱。

3. 方向迷失

一言以蔽之：普遍存在着一种规范性方向迷失。

像每一种生物一样，每一个人都需要安全，满足安全需要无疑是自由的和自我决定的生活的前提，显而易见的是再也无法从容并且肯定地满足这种需要了。在 2001 年 9 月 11 日之后，特别是在马德里和伦敦的爆炸事件之后，在与外国人的关系中所表现出的各种结构性变化，在我们那里以及在法国，居民已经在伊斯兰文化和伊斯兰教文化的角色中（“禁止戴头巾”）感到这种结构性变化，就证明了我们在规范性定位上存在各种基本问题①。

居民不再相信自己，他们在很大程度上可能是被迷惑的，并且已经被迷惑了。不是各种风险所形成的现实威胁，而是“感受”到的威胁，即公民对这些风险的主观恐惧（这在其原因中、在其规模上以及在其后果中绝不是同一回事）决定（并且在一种开放的民主中也必须决定）内部安全政策的各种方针，因此，“定位”在今天就是讨论安全和自由的核心的关键词。

三、预测

当然，与作出一种普适性的解释相比，更困难的是预测明天或者后天能够将所指出的那些发展控制在何种方向上。因此，笔者不想在抽象的层面作出一种这样的预测，而是想使人们注意到一些对讨论刑法干预的界限而言可能具有意义的领域和重点②。

事先要说明的是，在强化刑法的时代，刑法干预的可能的界限具有怎样的效力③。在法律的立场上划定干预的界限，乃是制定法。关于不允许在刑事程序中进行干预和必须在何处结束这些干预的决定，是——在各种法的相互关联中——一种规范。因此，要追问的是，在今天如何能够审慎地制定这种限制干预的规范并使其得以稳定。

1. 效力

在自然法的时代，因为人们既确信存在超法律的法也确信这种超法律的法是可认识的，所以就能够很容易地回答对刑法干预进行的各种限制的效力

① 关于禁止师生在中小学校和课堂上戴头巾的各种宪法的前提条件，联邦宪法法院在基本法的框架内作出了判决，参见 Bverf G. E. 108，282。

② 下述三、2。

③ 即见下述三、1。

问题，并且会坚定地作出回答：如果刑法触及自然法所确定的各种界限，那么，某一超越这些界限的干预就明显是违反自然法的，并且可能是无效的。这是因为自然法曾经被理解为处于实证法之上的法系统，是实证法的准绳。

在我们的法文化中，自然法的时代已经过去了①。有一些法哲学家和刑法学家不想完全否定存在一种自然法，但是，据笔者所知没有任何人声称自然法的法原则是可以明确认识的并能够运用于事案。无论如何，在具体的法政策和司法的实践中，人们不再能够没有怀疑地相信这些自然法的规范。

尽管如此，笔者仍然确信的是，在实证法的彼岸——也在实证宪法的彼岸——存在一些法上意义重大的准则，人们可以用这些准则来衡量或者至少是来判断实证法。一部宪法——更不要说是像刑法典这样的“普通”法律——根本不是一独块巨石。宪法毋宁是一个（也在其效力的视点来看）复杂的和由不同部分组合起来的体系。因此，我们在基本法第 79 条第 3 款中看出了一些所谓“永久的”价值，即使修宪也不能涉及这些价值：尊重人的尊严、共同体的民主本质、国家的联邦结构。德国的宪法学说也认识到存在“违反本质的宪法”这一形态，并因此知道不能赋予所有的宪法规范以同样的效力，各种宪法规范也具有不同的效力。

因此，笔者也要为一种看法辩护，即在所有的社会中都存在一种诸如“法文化”的东西，它并非与实证法是同一的，而是存在于实证法之前，并且对法而言具有重要意义。属于它的有诸如宪法的各种前提条件，在法律中并没有对这些前提条件进行特别的表述，但是这些前提条件对法律的有效性或者继续有效是重要的②，例如，公民原则上信赖存在稳定的、平衡的和公正的司法即是。在一个社会的某个特定历史时刻被人们认为是理所当然的那些东西，例如，禁止惩罚无辜者、禁止蓄奴，或者要求国家根据平等性和符合比例性来使公民承担责任也是如此。

这种“法律文化”虽然是未被表述的，但却并非如此也就是无效果的。它也并非是不可更改的，而是处在一种经常的变迁之中。此外，它并不包含任何准确的指示，而更是一些一般的和长期的训示。尽管如此，它对法在这个社会的存续而言仍然具有生命攸关的意义。笔者举一些例子：

法典中的各种法规范是大体上可以没有问题地运用到实际的现实之中，

① 对此，详见 W. Hassemer, Naturrecht im Verfassungsrecht，载 Festschrift für Stefan Trechsel, 2002, S. 135 ff。

② 这里暗示的是前联邦宪法法院法官 Ernst-Wolfgang Bäckenfärde 提出的一个有名的思想之中，根据他的想法，法治国并不能自己产生出它赖以生存的各种前提条件。

还是存在法实施的巨大的或许甚至是体系的漏洞，这两者之间是有区别的。这两种情况，在书面的法中与各种一致的实证规范相关，但是在实践的法中与各种完全不同的法秩序相关。法实现的失败（这绝不是罕见的）就意味着法的失败。例如，某一国家体系中的腐败关系是众所周知并且基本上被接受的还是并非如此，就具有重要意义。司法机关和立法者在居民心中的形象也是如此，它对公民对法秩序的信赖具有重要影响，作为公民信赖的结果，它也对契约的安全和法的安全或者法顺从这些极其重要的事情具有重要影响。一个清醒的和独立的新闻界是一个保证人，是对包括最高法院在内的国家权力进行有效控制的前提。那些我们从关塔那摩的存在中曾经不得不并且现在仍然必须获知的各种具有根本意义的和广泛的经验，对某些社会的法文化而言将具有久远的意义（此外，这些经验也可能影响这些法文化的现实的性质和内容）。

2. 内容

如果注意到法文化从长期来看是会发生变化的，那么人们就完全能够——无论如何对西欧的法秩序而言——提到一些刑法干预的界限，这些界限在这个时代的这些地方是法文化上极其稳固的。例如，笔者可以提到的是，禁止刑事程序中的刑讯，或者禁止为了阻止"更大的"损害[①]（在耶酥受难记中凯法斯提出的论据[②]）而使用刑法的手段"牺牲"无辜者。如果笔者没有完全看错的话，那么在今天的西欧这些禁止就属于法秩序中"不可处分的东西"[③]，属于法秩序的不可侵犯的核心构成，也就是说，属于支配性的法文化。这指的是，即使在紧急时刻，即就像笔者在此已经列举[④]并且试图解释[⑤]的一样，即使在面临各种风险和危险的巨大逼迫时，也不允许侵害或者哪怕只是怀疑这些确定无疑的东西。这些确定不移的东西如同法的"禁忌"一样。例如，根据我们至今尚无争议的宪法学说，在任何情形下，人的尊严（基本法第1条第1款第1句）都是"不可侵犯的"。争论并不涉及这一基本原则本

---

① 对此，参见关于新的空中安全法的讨论，例如，W. Mitsch，"Luftsicherheitsgesetz"——die Antwort des Rechts auf den"11. September 2001"，载 JR 2005，S. 274 ff.；B. Schlink，An der Grenze des Rechts，载 Der Spiegel Heft 3/2005，S. 34ff；M. Pawlik，Zum Abschuss frei，载 FAZ v. 19. Juli 2004，S. 29；R. Merkel，Die Zeit v. 08. Juli 2004，S. 33。

② Johannes-Evangelium 18，14："一个人为整个民族而死"，是一件好事。

③ 基础性文献，参见 W. Hassemer，Unverfügbares im Strafprozess，载 Festschrift für Werner Maihofer，1988，S. 183ff。

④ 参见一。

⑤ 参见二。

身，就像目前在诸如有关安乐死[1]或者关于克隆人[2]的讨论中所表明的那样，争论毋宁是触及这样一个问题：尊严原则延伸到多大的范围[3]。

3. 未来

在此，观察一下联邦德国目前的各种讨论，人们就能够很好地看出，"法文化"的一些标准虽然可能是强有力的，但是这些标准并非以自然法的确实性和稳固性而发挥作用。现在，有人想把禁止刑讯这一原则相对化（在笔者看来就是：废除）[4]——例如，有人认为，如果一个被拘禁的炸弹安放者可信地威胁说他将炸毁整座城市，但除此之外不再供出任何情况，或者如果一个被捉住的绑架者不透露面临死亡威胁的被害人被关在何处，那么就可以对他们进行刑讯[5]。在这些事例中，对那些定位于预防的共同观念以及定位于被害人的刑法思想而言，很难理解为什么要因为考虑诸如禁止刑讯的原则而拿无辜的被害人的生命来冒险[6]。

笔者的看法是，确立刑法干预的这些不可处分的界限，在今天是极其困难的，但是，必须确立并且必须尊重这些界限：只要对这些禁令进行了某种相对化，这些禁令就被毁坏了，因此就毁坏了我们的生活所依赖的法文化。但是，前提是人们能够确信地指出：一种根据局势而固定的、定位于预防的、集中于被害人的和强化控制的思想，也必须重视那些只有长时间才能确立的界限。这一点在今天是否能够成功，笔者不知道。

① 例如，参见 R. Ingelfinger, Tätungsverbot und Sterbehilfe，载 ZfL 2005, S. 38 ff.；H. Holzhauer, Von Verfassungswegen: Straffreiheit für die passive Sterbehilfe，载 ZRP 2004, S. 41 ff. 关于这一题目，详见 F. Saliger, Sterbehilfe ohne Strafrecht，载 KritV 2000, S. 382ff。

② 参见 L. Wittek / C. Erich, Straf-und verfassungsrechtliche Gedanken zum Verbot des Klonens von Menschen，载 MedR 2003, S. 258ff.；E. Denninger, Embryo und Grundgesetz-Schutz des Lebens und der Menschenwürde vor Nidation und Geburt, S. 191ff。

③ E.-W. Bäckenfärde, Menschenwürde als normatives Prinzip，载 JZ 2003, S. 809ff。

④ 这一讨论的引起者，是海德堡的法学者 Winfried Brugger. 参见 W. Brugger, Darf der Staat ausnahmsweise foltern?，载 Der Staat 1996, S. 67 ff.；同一作者：Vom unbedingten Verbot der Folter zum bedingten Recht auf Folter?，载 JZ 2000, S. 165 ff. 追随他的，例如，有 V. Erb, Nothilfe durch Folter，载 Jura 2005, S. 24 ff.；H. Gätz, Das Urteil gegen Daschner im Lichte der Werteordnung des Grundgesetzes，载 NJW 2005, S. 953ff.；R. D. Herzberg, Folter und Menschenwürde，载 JZ 2005, S. 321ff.；Lackner / Kühl-Kühl, StGB, 25. Aufl. 2004, § 32, Rn. 17a。

⑤ 关于这种"定时炸弹倒计时场景"的复杂性，N. Luhmann 已经从社会学的视野详细地表明了看法，参见 N. Luhmann, "Gibt es in unserer Gesellschaft noch unverzichtbare Normen?", 1993。

⑥ 对此，在上述一、4 中已从另一视角进行了说明。

敌人刑法：一个初步的清理

刘仁文[*]

1999年10月，在柏林的一个名为“千年之交的刑法”研讨会上，德国著名法学家雅科布斯（Jakobs）提出了“敌人刑法”的概念，主张对于那些持续性地、原则性地威胁或破坏社会秩序者和根本性的偏离者，应把他当做一个敌人来对待。[①] 随着2001年9月11日在美国发生震惊全球的恐怖事件以来，该理论受到国际上一些刑法学者的青睐，当然也引起一些争议。[②] 在我国，虽然总的来说对该理论还颇感陌生，[③] 但也有个别学者在其论著中频繁提及“敌人刑法”，并表示了肯定的态度。

“敌人刑法”到底何意？它的基本主张能站得住脚吗？我国刑法学界应如何回应这样一种学说？这是本文写作的初衷。

一、“敌人刑法”的基本主张

按照雅科布斯对“敌人刑法”的最初构想，它由以下几点组成：首先，对敌人要突破“比例性原则”，施加更严厉的惩罚；其次，要废除或限制一般被刑事指控者所享有的“正当程序”权利；再次，即便行为还没有对法律所保护的利益造成真正的危险，刑法也要提前介入，将其犯罪化。“这样的‘敌人刑法’将是什么样子呢？我们不难想象它将具有以下特征：1. 对敌人要适用严厉的惩罚，包括酷刑和死刑，即便在通常的案件中这样做不具有正当性；

---

* 中国社科院法学所研究员，法学博士，经济学博士后，刑法室副主任。

① 参见［西班牙］Francisco Munoz Conde, An International Criminal Law for Enemies? International Conference on Sino—Canadian Criminal Theories, November 2006。

② 参见（台湾）曾淑瑜：“评雅科布斯的‘敌人刑法’”，载《中加刑法理论国际研讨会论文集》2006年11月。

③ 在一次刑法理论国际研讨会上，对德国刑法颇有研究的王世洲教授坦率地告诉我：他对现在大家谈论的“敌人刑法”到底准确含义是什么，还不清楚。

2. 废除‘正当程序’的权利将意味着‘承认通过酷刑取得的证据的效力和违反日内瓦公约的传统原则来处置犯人’；3. ‘将对法益没有真正危险的行为犯罪化’将意味着对那些通常情况下可以被视为‘言论自由’的简单表示作为犯罪行为来处理，如通过在报纸上发表文章或在大学作演讲等形式来表示对伊斯兰原教旨主义的激进观点或共产主义的同情或亲切。”①

后来，雅科布斯在公开发表的“市民刑法与敌人刑法”一文中，对“敌人刑法”理论作了进一步的展开，其要点包括：②

1. 敌人刑法的法哲学思想可以从卢梭、费希特、霍布斯、康德等人的著作中找到支持，其中卢梭、费希特认为犯罪的人违背了社会契约，不再是市民而是敌人；霍布斯、康德则原则上保留犯罪人的市民地位，但将那些根本性的背离者称为“敌人”。

2. “市民刑法”与“敌人刑法”代表了两种理念：前者认为行为人是具有人格之人，刑罚意味着对其行为的否定，此种情形下，只有当行为人的行为已经表现于外部世界时，方才加以回应，其回应的目的在于将社会的规范结构予以确立；后者认为行为人是无人格期待的危险源，刑罚意味着对社会的保安，此种情形下，当行为人（敌人）的行为还处于预备阶段时就予以堵截，堵截的目的在于消除其危险。

3. 与实体刑法相同，对敌人适用的刑事诉讼程序也更为严格，如封锁他与外界的联系，包括剥夺受拘禁者与其辩护人接触的可能性，以避免他人生命、身体或自由的危险；在被告未察觉的状况下予以监视，以及对于通讯的监控，秘密调查，卧底警探的使用等。

4. 一个清晰明确的敌人刑法，比起在整个刑法中，四处混淆着敌人刑法的规定，从法治国的角度观之，要更少危险。

二、“敌人刑法”有可能将刑法研究引入歧途

“敌人刑法”一经提出，就在国际上产生重大影响，其主要原因是继

---

① Francisco Munoz Conde, An International Criminal Law for Enemies? International Conference on Sino—Canadian Criminal Theories, November 2006. 另一位美国学者也对雅氏的“敌人刑法”作了类似的解读：1. 推进“阴谋”刑事责任化；2. 不论行为实施还处在如何早期的阶段，被告人都要承担全部惩罚；3. 从偏重对犯罪的惩罚变为预防，尤其是对有组织犯罪；4. 减少程序保障。参见［美］George P. Fletcher, The Grammar of Criminal Law, American, European and International, New York: Oxford University Press, 2006, p. 230 footnote 138。

② 参见［德］雅科布斯：“市民刑法与敌人刑法”，徐育安译，载（台湾）许玉秀主编：《刑事法之基础与界限》，台北学林出版公司2003年版。

2001年纽约的“9·11”事件之后，又相继发生2004年3月11日的马德里大爆炸、2005年7月7日的伦敦大爆炸等一系列恐怖事件，使全世界都感受到了恐怖主义的威胁，“敌人刑法”因应了人们对恐怖分子的憎恨，于是以“防卫社会”为价值取向、以行为人为基础的刑法理念受到欢迎，而以保障人权为价值取向、以行为为基础的刑法理念遭到挑战。[①]

不过，在笔者看来，“敌人刑法”的始作俑者虽然有一定的学术贡献（如刑法不可简单地平等对待一切犯罪人，而应针对不同类型的犯罪人采取相应的“规范”措施，这对传统刑法应是一种深化），但总的来说，其立论存在固有的硬伤，是一种有可能将刑法研究引入歧途的学说，值得高度重视和警惕。下面，笔者将分三个方面对“敌人刑法”作一简单清理，旨在说明：1.“敌人刑法”潜藏着巨大的危险；2.“敌人刑法”的基本主张站不住脚；3.“敌人刑法”的可取之处可以在现行理论框架内得到吸纳。

（一）“敌人刑法”潜藏的危险

危险之一：“敌人”的概念不明确。哪些人是“敌人”？应以何标准判断其是否是“敌人”，从而把他从法秩序之共同体中排除出去？雅科布斯认为，一个犯罪人，如果就其态度、或就其牟利以作为维生之职业、或就其参与犯罪组织等角度而言，“可被设想为是持续性地要违背法律”，则这种犯罪人是原则性、恒常性的否定法律者，就是“敌人”。由于德国宪法规定只要是人就应该享有基本人权保障，所以雅氏辩称敌人不是人，不在受保障之列，但“德意志联邦共和国的立法者是绝对不会赞同雅科布斯教授对他们立的法作出这种解释的”。[②]另需要指出的是，雅科布斯的“敌人刑法”并不专指恐怖主义犯罪，而是包括恐怖主义、经济犯罪、有组织犯罪、性犯罪以及其他危险犯罪。[③]如此一来，“敌人刑法”就无法像他所想象的那样“清晰明确”，因为“敌人”说到底是一个带有强烈意识形态色彩的政治术语，在刑法面前应只有一个“犯罪人”的概念（包括犯罪嫌疑人、被告人、犯人等在不同刑事诉讼阶段的不同称谓），而各式各样的“敌人”只能以“犯罪人”的身份进入刑法体系（连同犯了罪的人民内部成员甚至“朋友”）。以恐怖主义为例，刑法要惩罚的是他们的行为（包括预备行为），因为不管其政治意图如何地

---

① 参见（台湾）曾淑瑜：“评雅科布斯的‘敌人刑法’”，载《中加刑法理论国际研讨会论文集》2006年11月。

② 参见（台湾）黄经纶：“对抗‘敌人刑法’——浅析雅科布斯的敌人刑法与德国法下客观法秩序维持之冲突性”，载《刑事法杂志》第48卷第5期。

③ 参见（台湾）林立：“由雅科布斯‘仇敌刑法’之概念反省刑法‘规范论’传统对抵抗国家暴力问题的局限性”，载《政大法学评论》第81期，2004年10月。

"正当"，针对公众的杀戮和伤害行为均为刑法所不容，但若以"敌人"论之，则"有理说不清"，因为"一国之恐怖主义，乃另一国之自由斗士"（one state's terrorism is another state's freedom fighter），"对某些人来说是恐怖主义，对另一些人来说却是英雄主义"（what is terrorism to some is heroism to others）。

危险之二：有可能成为镇压异己的工具。综观历史，多少专制政府假"敌人"之名，滥用刑法来迫害所谓的"政治犯"。纳粹政府时期，希特勒正是利用法学家卡尔·施密特（Carl Schmitt）的"敌人刑法"为理论基础，发展出一套与正常公民不同的法律体系，用来镇压共产党等进步力量，以及消灭犹太人等劣等民族。正因此，有学者指出："敌人刑法"将使专制政府占据有利地位，一旦异议人士从事反抗活动，立即祭出"敌人刑法"，以铲除之，如此一来，"敌人刑法"就变成巩固专制政权、消灭反对者之最佳利器。[①] 还有学者认为："敌人刑法虽然可以实现刑罚体系内的正义，却会破坏更为重要的体系间的正义，因为现在基本的法认知是把人当人看，而不是像敌人刑法主张的那样。"[②] 雅科布斯特别强调规范的不可破坏性，尽管他也注意到"规范关系必须能够在大体上与社会的形构彼此相互配合适应"，但我们仍然有理由反问：对于那些不合理甚至反动的"规范"，破坏者就一定是敌人吗？在这里，谁是人民的敌人，谁是人民的朋友，不是很清楚吗？

危险之三：容易使刑法失去可操作性。对于刑法来说，最精确的思想应当是能付之于实践的、可操作的，而"敌人刑法"恰恰是一种模棱两可、混淆了政治与法律的学说。从雅科布斯的有关论述来看，他不仅将"敌人"置于一个难以具体界定的语境，而且还多处使用了对敌人可以"通过战争来进行犯罪追诉"的表述，但进一步看，他这里的"战争"又包括了对犯罪嫌疑人实施通讯监察、使用卧底警察等措施。笔者不知道这与雅氏的法哲学家思维是否有一定的关系，换句话说，如果从一个刑事法学者的角度，笔者宁愿将他所说的"敌人"、"战争"对换成"某些特殊类型的犯罪与犯罪人"、"对某些特殊类型的犯罪与犯罪人所采取的特殊侦查措施"，这样不仅更符合刑事立法的常规用语和思路，而且也有利于在"同一个屋檐下"既做到区别对待又捍卫犯罪人的基本人权等核心价值。"敌人刑法"如何操作，这是一个其支

① 参见（台湾）曾淑瑜："评雅科布斯的'敌人刑法'"，载《中加刑法理论国际研讨会论文集》2006年11月。

② 参见（台湾）黄经纶："对抗'敌人刑法'——浅析雅科布斯的敌人刑法与德国法下客观法秩序维持之冲突性"，载《刑事法杂志》第48卷第5期。

持者也承认迄今为止还没有得到解决的问题。①

危险之四：将使国家懈怠对犯罪深层次原因的反思。敌人刑法的提出很大原因是为了强化规范论以及基于规范论完整一致性的论述而演绎出来的理论，而规范论满足于形式性、内容空洞的“法”概念，却不愿意进入社会学或经验的领域去讨论“为什么会有人反抗体制”，最后难免陷入形而上学的泥潭。② 确实，“敌人”之所以对抗社会，有其复杂的原因，如财富分配不公、民族与宗教矛盾等，国家理应采取积极措施来改良制度、加强沟通与妥协，若动辄通过“敌人刑法”来自保，则非治本之策。

（二）“敌人刑法”的基本主张站不住脚

首先，雅科布斯从卢梭等人的著作中找到对“敌人刑法”的支持，这作何解释？笔者认为，卢梭等人的思想虽然总的来讲代表了当时的先进思潮，但也不排除他们在某些问题上的认识失误，特别是其中的某些观点落后于当今时代的要求，如卢梭、费希特都是支持死刑的，若将他们的话奉为圭臬，则无法解释当今西方国家废除死刑的趋势。再者，对于这些先哲著作的解读，也并不是每个读者都能得出相同的结论的。如卢梭，一直以来在大多数中国学人眼中，他是18世纪启蒙运动最卓越的代表人物，但罗素在《西方哲学史》中却指出“希特勒是卢梭的一个结果”，认为卢梭是现代极权主义的思想源头。更何况卢梭、费希特其实是将所有的犯罪人称为“敌人”的，这与雅科布斯将刑法分为“市民刑法”与“敌人刑法”有着根本的不同。而霍布斯所说的“敌人”其实是指“反叛者”或称“内乱者”，这与我们一般意义上的“敌人”并无多大不同，也不会引起歧义。至于康德，连雅科布斯自己都承认，其著作中也能找到与自己关于“敌人”的说法相抵触的地方。③

当然，也许在这个问题上最值得我们注意的还是前面提到的卡尔·施密特（Carl Schmitt），他的“敌人刑法”经过希特勒的实践，其结果是多么地可怕。

其次，雅氏声称，“敌人刑法”在实体法上代表了一种与“市民刑法”

---

① 参见何庆仁：“刑法的沟通意义”，载陈兴良主编：《刑事法评论》第18卷，北京大学出版社2006年版。

② 参见（台湾）林立：“由雅科布斯‘仇敌刑法’之概念反省刑法‘规范论’传统对抵抗国家暴力问题的局限性”，载《政大法学评论》第81期，2004年10月，以及（台湾）黄经纶：“对抗‘敌人刑法’——浅析雅科布斯的敌人刑法与德国法下客观法秩序维持之冲突性”，载《刑事法杂志》第48卷第5期。

③ 参见［德］雅科布斯：“市民刑法与敌人刑法”，徐育安译，载（台湾）许玉秀主编：《刑事法之基础与界限》，台北学林出版公司2003年版。

不同的理念，在程序法上也更为严格，但这里的最大问题仍然是如何来认定“敌人”，因为如果“敌人”难以认定甚至认定错误，则此种“二分法”无异于“有罪推定”。正如德国的另一位学者所指出：“如果我们承认‘敌人刑法’，我们就必须同时承认作为文字游戏另一头的‘朋友刑法’…… 这是一种武断的划分法，是一种荒唐的建构。”① 美国的弗莱舍教授也申明，他难以接受“敌人刑法”这样一种立场，“我不解的是，雅科布斯非但不去谴责和消除这种学说，反而去发展它。”② 还需指出的是，雅氏论及的一些敌人刑法理念其实在市民刑法的框架内也能容纳，有的甚至已经容纳进去，如对紧急的危险可以运用正当防卫、紧急避险等原理来解决。可见，雅氏为了强调敌人刑法与市民刑法的分野，人为地缩小了现行市民刑法的视野。

再次，雅氏认为，一个清晰明确的敌人刑法，比起在整个刑法中四处混淆着敌人刑法的规定要更少危险，但综观“敌人刑法”的有关论述，我们看不出任何的“清晰明确”。至于他说整个刑法中四处混淆着敌人刑法的规定，笔者的理解他是指在一部刑法中混合了刑罚的“否定”与“保安”等内容，在一部刑事诉讼法中包含了一般侦查措施和特殊侦查措施等内容，但这在笔者看来既是必要的，也不是危险的。因为任何一部刑法都得兼顾行为和行为人，兼顾惩罚与预防，而任何一部刑事诉讼法也都会在一般规则之外有特殊规则，只不过在具体规定时，程度不同、侧重点有所不同罢了。

（三）不用“敌人刑法”也可以解决“敌人刑法”所关心的问题

“敌人刑法”所关心的一些问题，完全可以通过拓展现有刑法理论与实务来解决，而不必借助“敌人刑法”这样一条充满歧义而危险的道路，兹举两例：

1. 对全球化下日益严重的国际犯罪如何作出反应？这确实是当今国际社会面临的挑战，需要想出办法来保护全球的安全。雅科布斯认为，对恐怖分子的制裁是在抗制具有危险性的敌人，因而需要纳入“敌人刑法”。但正如有的西方学者所指出：“如果基地组织等进攻别的国家，他们将遭到‘军事上的反应’，那是《联合国宪章》下的合法自卫，此时所需遵循的是与战争、人道主义法等有关的国际法准则。”③ 也就是说，对恐怖分子发动战争只需遵循战

---

① 参见［德］Gerhard Strate, Justice and Terrorism. In www. strate. net/e/publications/justice。

② George P. Fletcher, The Grammar of Criminal Law, 230, Fn. 138.

③ Francisco Munoz Conde, An International Criminal Law for Enemies? International Conference on Sino—Canadian Criminal Theories, November 2006.

争的游戏规则，如日内瓦公约关于战时保护平民等的规定。[①] 通过战争将恐怖分子抓捕后，再适用刑法和刑事诉讼法来追究其刑事责任，此时则要遵循法治的原则。值得注意的是，随着国际刑事法院这样一个永久性的国际刑事追诉机构的建立，国际社会在惩罚与预防严重的国际犯罪方面迈开了崭新的步伐，虽然它自己没有军队，也没有警察，因而在抓捕犯罪嫌疑人方面还需借助联合国的维和部队等军事力量，有时甚至不排除通过战争手段来抓捕犯罪嫌疑人，但它的刑事理念却一点都没有贴上"敌人刑法"的标签；相反，在"罪刑法定"、"无罪推定"、"被告人的权益保障"、"被害人和证人的保护与救济"等方面走在了时代的前列，而且创立国际刑事法院的《罗马规约》也没有给死刑留下适用的余地，这反映了国际社会的理性态度。因此，笔者认为，对国际犯罪可以循着国内法、国际刑事协作以及国际刑事法院互相配合和补充的方向，继续探求更有效的解决之道。

2. 笔者同意雅科布斯教授的一个观点，那就是"齐头式的等同处理"确实会"忽略掉一些重要的差异"，但问题是：我们为何不在一部刑法（刑事诉讼法）里来显示这些差异，而非要用"敌人刑法"来另起炉灶呢？事实上，现代刑法中越来越增加"保安处分"的内容，这就是考虑到传统刑法立足"行为"的不足，而更多地立足"行为人"，"保安处分"与"刑罚"相比，主要的不是惩罚，而是预防。尽管如此，保安处分还是要遵循法治的一般原则，如保安措施要以犯罪行为为前提。当然，刑罚与保安处分又不是截然可以分开的，有时同一个案子、同一个行为人，可能两者的内容都包括，如西方有的国家现在有这样的做法：对一个杀人的犯罪分子，先立足"报应"判他20年监禁，再"立足"保安判他不定期的监禁，也就是说，先执行20年，然后根据对他的人身危险性的评估来决定何时释放。反观我国，在量刑时并没有做如此区分，而是将犯罪行为的严重程度和犯罪人的主观恶性糅在一起来给定刑罚量。对此，是可以进一步完善的。再如，现代刑法对某些严重的犯罪提前犯罪化，处理预备犯、阴谋犯，还有的将参加某一组织行为予以犯罪化，如组织、领导、参加恐怖组织罪，这是考虑到这些犯罪如还等到实行行为开始再处理将给社会带来极大的危害，所以没有作出"齐头式的处理"。还有，我们现在对某些严重犯罪在刑事诉讼上也规定了一些特殊的对策，如在法定条件下依照法定程序可以采取窃听、卧底等侦查措施，这也是在平衡人权保障和社会防卫之间作出的妥协，但无论如何，它们不能突破法治的底

① 虽然恐怖分子在发起战争时并不会遵守这样的规定，但作为反击的国家，却必须遵守。

线。还有，现代各国在基本的刑法典之外，出现越来越多的特别刑法和附属刑法，如反恐怖主义法、反毒品法、经济犯罪防治法、性犯罪防治法、有组织犯罪防治法等，就这些犯罪进行单独立法，并规定一些相应的程序措施，这正是针对特殊的“危险源”，在法治的一般原则和核心价值的前提之下，分而治之的办法。但对待他们，并不是要像对待“敌人”那样残酷无情，只不过针对各自的特殊机理对症下药而已。

（四）我国应对“敌人刑法”说“不”

近年来，国内有少数学者在引进“敌人刑法”时表现出了很大的兴趣和认同，甚至作出了新的发展。曾经留学德国的冯军教授即是一例，且听他说：“一些人出于自己的政治理想而大规模地杀害无辜的平民，一些人纯粹为了满足自己无底的欲望而有组织地杀人、抢劫和强奸，一些人身为高官在享受着厚禄的同时利用职权疯狂地敛财。这些人的行为证明，他们原则性地破坏了社会的实在法规范，他们根本不是社会的成员，而是社会的敌人……敌人不应该在现实社会中享有人类尊严，也不拥有现实社会所保障的基本人权。”①这是多么熟悉而又可怕的声音啊！

不幸的是，这种声音竟得到有的人的呼应：“敌人刑法可防患战争于未然，对于一直梦想着和平的人类来说，这其实是相当理性和现实的选择……（敌人刑法被人们接受）是迟早的，因为主要的是思想，剩下的都只是技术问题而已。”②

通过上述论者对敌人的列举，我们也许可以进一步意识到“敌人”概念被滥用的可能：连“敛财”的贪官都能被归入“敌人”之类，因而对于学界广泛认可的废除非暴力犯罪的死刑也提出质疑，认为根据犯罪类型来决定死刑存废的主张是不科学的，而应根据犯罪人是否是敌人来决定是否保留死刑。这种结论实在是有点令人惊讶。

至于说到“敌人刑法”可防患战争于未然，笔者更是不敢苟同。在“敌人刑法”的论者看来，“敌人”不是人，不在受保障之列，“用宽容和人道对待敌人是这个社会不应享受的奢侈”。果真如此吗？以恐怖主义为例，你如果不深挖其产生的政治、经济、文化、宗教等背景，而只是满足于不断地去消灭，几乎注定是不可能迎来持久的和平的。

“敌人刑法”之所以在我国能引起一些人的共鸣，笔者想与我国刑法中的

---

① 参见冯军：“死刑、犯罪人与敌人”，载《中外法学》2005年第5期。

② 参见何庆仁：“刑法的沟通意义”，载陈兴良主编：《刑事法评论》第18卷，北京大学出版社2006年版。

"敌人"字眼以及刑事政策中的"敌我矛盾与人民内部矛盾"的提法有一定关系，因而不妨在这里作一考察。

在我国的刑法中，确实出现过"敌人"的字眼，如第110条在规定"间谍罪"时，使用了"为敌人指示轰击目标的"提法；第112条"资敌罪"使用的是"战时供给敌人武器装备、军用物资资敌的"；第423条"投降罪"使用的是"在战场上贪生怕死，自动放下武器投降敌人的"和"投降后为敌人效劳的"，但这是否意味着我们存在"敌人刑法"的内容呢？答案是否定的。因为这里的"敌人"含义明确，无论是包含在"危害国家安全罪"一章里的"间谍罪"和"资敌罪"，还是包含在"军人违反职责罪"一章里的"投降罪"，"敌人"都是指战争中的敌对方。在这里，"敌我"是分明的，战争被用来对付敌人，而刑法则用来对付帮助敌人、资助敌人和投降敌人的犯罪人。在刑法规范面前，并没有将这些人视为"敌人"，他们的身份和其他犯罪人一样，受到同等的对待，定罪量刑和刑事追诉均与其他犯罪适用相同的程序。可见，我国刑法中出现的几处"敌人"字眼，只是某几种犯罪的罪状描述所需，"敌人刑法"的"敌人"则是犯罪主体，二者有根本的不同。

值得指出的是，我国1997年新刑法将原来的"反革命罪"改为"危害国家安全罪"，也从一个侧面彰显了我国刑法与"敌人刑法"说"不"的意旨，因为"反革命"作为一个政治术语，更容易让人联想起"敌人"，而"危害国家安全"作为一个法律术语，则更多地侧重于犯罪行为本身。

再来看"敌我矛盾与人民内部矛盾"：该学说最初是由毛泽东在1957年提出来的，当时法制尚不健全，许多人还没有从"阶级斗争"的思维中走出来，认为："好人不闹事，闹事没好人"，"凡是与政府闹事的就是敌我矛盾"，为缩小打击面，毛泽东发表了著名的《关于正确处理人民内部矛盾的问题》，提出对大量的人民内部矛盾不能用处理敌我矛盾的办法去处理。可见，"敌我矛盾与人民内部矛盾"的提法初衷是为了缩小打击面。遗憾的是，由于我们当时连刑法、刑事诉讼法都没有，更由于毛泽东本人"左"的错误，以致后来将许多本应属于人民内部矛盾的问题划归敌我矛盾。[①] 到"文化大革命"，两类矛盾学说更是被林彪、"四人帮"恶为利用，奉为"无产阶级专政下继续革命"的理论基石。学术界有人对此反思道：为什么两类不同性质矛盾学说会出现"理论与历史的背反"？其原因之一就在于该学说过于抽象，如

---

① 据公安部原副部长俞雷回忆："1958年，全国逮捕了上百万人，有不少属于人民内部矛盾的问题被作为反革命或刑事犯罪处理了。这还不包括其他手段抓的，如社办劳教，是由人民公社办的。"参见俞雷："正确区分和处理两类不同性质矛盾的典范"，载《中共党史研究》2002年第4期。

区分香花与毒草的六条标准，过于笼统，这就为混淆两类不同矛盾铺下了路基。①

今天我们该如何看待两类矛盾学说呢？笔者同意如下学者的思路："毛泽东的人民内部矛盾学说可以分为两个部分：正确区分两类矛盾和正确处理人民内部矛盾。前者在依法治国的今天已经为法所取代，后者就其基本精神来说，对于我们今天处理多方面复杂的社会矛盾仍有指导意义。人民内部矛盾作为广大民众比较熟悉的术语，用来表征新时期各种社会冲突和矛盾的基本性质，还是恰当的，是可以沿用的。"② 换成"法言法语"，笔者想就是：不管"敌我矛盾"还是"人民内部矛盾"，一切按照法律办，构成什么罪就是什么罪，该判什么刑就判什么刑；但从刑事政策角度看，保留"人民内部矛盾"的提法，在处理像群体性事件这样的社会冲突时，有时可能能起到"出罪"的积极作用。

结　语

"谁是我们的敌人，谁是我们的朋友？"如果说"这个问题是革命的首要问题"，那么对于和平年代而言，也许我们就应当这样发问：谁是犯罪人，谁是无辜者？这个问题是（刑事）法治的首要问题。

在刑法、刑事诉讼法面前，没有身份，只有角色；没有敌人和朋友之分，只有犯罪人和非犯罪人之分。唯有从同一个屋檐下出发，对不同的犯罪和犯罪人的区分才有意义，才不至于带来任意的混淆和对法治的威胁，这是本文临近结尾时作者想再次强调的一个观点，或者说想表达的一种感受。

① 参见谢维营：《哲学的魅力：思想探索的快乐》，上海人民出版社2006年版，第259—260页。

② 参见张奎良："关于两类矛盾问题的沉思"，载《求是学刊》2004年第2期。

原由、方法与代价：中国传统社会犯罪控制的几个问题

翟中东*

中国传统社会是一个高度重视犯罪控制的社会，其犯罪控制措施之全面、深入、细密恐怕是世界上独一无二的。

一、为什么中国传统社会高度重视犯罪控制

根据东西方比较研究成果，东西方区别始于国家形成之初。在西方，国家是在突破氏族血缘纽带基础上形成的。恩格斯在他的《家庭、私有制和国家的起源》著作中曾经指出："国家与氏族不同的地方，第一点就是它按照地区划分它的国民。由血缘关系形成和保持下去的旧的氏族公社，正如我们已经看到的，已经很不够了，这多半是因为它们是以氏族成员与一定地区的联系为前提的，而这种联系早已不复存在。地区依然，但人们已经是流动的了。……但是我们已经看到，当它在雅典和罗马能够代替按血族来组织的旧办法以前，曾经需要进行多么顽强而长久的斗争。"而在东方中国，国家是带有浓厚的血缘关系形成的。张光直在他著名的《美术、神话与祭祀》中阐述中国历史发展的特殊途径时曾说："三代王朝即为姒姓、子姓和姬姓三支氏族所创，王朝的兴亡实际上就成了众多氏族并存的政治疆场上各个氏族命运的盛衰。以血缘纽带维系其成员的社会集团左右着政治权力，这就是中国古代国家显著的特征。"由于西方国家"国"与"家"相分离，而东方中国"国"与"家"结合在一起，这样，在东方中国，无论统治阶级中的最高统治者，还是一般成员，在政治上都有家族上的背景，家族是其最可靠、最有力的政治支持者与维护者。由于有家族力量的支持，统治阶级中的最高统治者及成

* 中央司法警官学院教授，法学博士；《中国监狱学刊》副主编。2001 年毕业于中国人民大学刑法专业。

员不仅能够利用国家的权力，争取、维护自己与家族既得的利益，而且有永远维护这种利益分配格局的愿望。秦始皇的永保其及子孙地位的妄想并非仅为他一人所有。这样，中国社会历代王朝无不将维护社会秩序奉为社会发展的第一价值目标，甚至是国家工作的唯一目标。东西方社会的国家价值观有很大的不同，西方强调正义的地位，东方则突出秩序的重要。

由社会的秩序价值目标在国家工作中的畸形膨胀，作为维护社会秩序的基本工具目标——犯罪控制目标也高高隆起，受到了高度的重视。

二、中国传统社会如何控制犯罪

虽然中国古代也有性“恶”与性“善”说，但是，无论性恶论，还是性善说，与人格分析都没有关系。性“恶”论只是为严刑峻法提供了理由。《韩非子·心度》云：“夫民之性，喜其乱而不亲其法。……严刑，则民亲其法”。晋朝的刘颂称：“今为徒者，类性元恶不轨之族也”，“不刑，则罪无所禁也”。（刑法志）性“善”论为人的教化寻找了根据。《孟子·告子上》云：“恻隐之心，人皆有之；羞恶之心，人皆有之；恭敬之心，人皆有之；是非之心，人皆有之。”由于中国古代社会的犯罪控制思维没有具体的人，没有类型化的人，因而中国古代社会的犯罪控制集中于引发行为人犯罪外在因素与关系的控制上。所谓“性相近，习相远”，“近朱者赤，近墨者黑”包含有治理引发行为人犯罪外在因素与关系的内容。

如何控制引发人犯罪的外在因素与关系？

三、通过构建礼制而完成对引发行为人犯罪的外在因素与关系的基本控制

古籍说，“礼事起于燧皇，礼名起于黄帝”。[①]（标题疏）这表明礼最初是原始社会祭神祈福的仪式。由于礼与神有联系，具有精神威慑与感知作用，夏将礼列为国事。礼的规范化始于西周。周公姬旦基于维护君权与父权的需要，制定了周礼。周礼涉及的范围非常广泛，包括国家典章制度，以及吉、凶、军、宾、嘉五礼的礼仪和制度。其解决的问题是规范人的行为准则问题。关于制礼的本意，荀子曾作过很好的解释：“礼者，贵贱有等，长幼有差，贫富轻重皆有称。”[②]（富国）由于中国社会是个宗法社会，周礼的提出不仅具有政治基础，而且具有社会基础，因而周礼得到了社会的认同，日渐发育成

① 礼记。

② 荀子。

长，并最终成为中国古代社会的基本制度。

关于礼的价值，研究中国古代史的学者多有高论，表述也不尽相同，然而，公认的观点是“礼”将与人生活非常密切的关系予以了规制，将人的行为纳入一个固定的轨道。我们可以通过贾谊在《新书》中的一段话去体会礼的价值。贾谊认为施政应当：“道德仁义，非礼不成；教训正俗，非礼不备；力争辩诉，非礼不决；君臣上下，父子兄弟，非礼不定；宦学事师，非礼不亲；班朝治事，莅官行法，非礼威严不行；祷祠祭祀，供给鬼神，非礼不诚不庄。”由于礼制涵盖了人与国家、人与父母、人与夫妻、人与亲友、人与乡里的关系，及于人的婚姻、养育、居住、农桑、生老病死，将人情事理纳入在“君君臣臣，父父子子”的框架，所以，在中国古代社会，礼制将每个人内心以外的世界高度有序化。按照礼制的逻辑，礼制的世界是一个“天秩”①的世界，对于每一个来到现实中国的人而言，礼制下的一切都是天经地义的。子产曾经这样说：“夫礼天之经也，地之义也，民之行也。天地之经，而民实则之。”② 因而，礼制世界没有刺激人实施犯罪行为的因素，人们也没有实施犯罪行为的理由。

（一）推行一元文化，控制人的思想

推行一元文化的实践始于秦代。在秦以前，中国文化的自由开放程度很高，什么问题都可以谈，什么问题都可以想，什么问题都可学。可以说“有为”，也可以说“无为”。人们可以讲“经世致用”，也可以不讲“经世致用”。诸子百家，自由争鸣，各显其长。诸子百家足以跟世界上任何国家、地区的大思想家、大学者相比。然而自秦始皇嬴政建立中央集权的大帝国，“普施明法，经纬天下，永为仪则”后，他欲将江山永传万世，于是寻求“天下无异意”的“安宁之术”。由于诸子之书能够激发人思想，所以他将取缔百家作为控制社会的主要措施。于是有了历史上的焚书坑儒。焚书是第一步。“吾前收天下书不中用者尽去之”，“非博士官所职，天下敢有藏《诗》《书》百家语者，悉以守尉杂烧之，有敢偶语《诗》《书》者，弃市，以古非今者，族，吏见之不举者与同罪，令下三十日不烧，黥为城旦”。坑儒是第二步。“诸生在咸阳者，吾使人廉问，或为妖言以乱黔首”，所谓“妖言以乱黔首”，不过是“侯生卢生相与谋曰：‘始皇为人，天性刚戾自用，起诸侯，并天下，意得欲从，以为自古莫及己。专任狱吏，狱吏得亲幸。博士虽七十人，特备员弗用。丞相诸大臣皆受成事，以辨于上。上乐以刑杀为威，天下畏罪持禄，

---

① “天秩”一词源于《尚书》。《尚书》云：“天秩有礼，五服五章哉。”

② 左传。

莫敢尽忠。上不闻过而日骄，下慑伏漫欺以取容。秦法，不得兼方，不验，辄死。然候星气者三百人，皆良士，畏忌讳谀，不敢端言其过。天下之事无小大皆决于上，上至以衡石量书，日夜有呈，不中呈，不得休息，贪于权势至如此，未可为求仙药'"。秦始皇从各地弄来，"欲以兴太平"、"欲练以求奇药"的"文学方术士"，是旁观者清，害怕祸及自身，并无攻击当局政策，谋反叛逆的恶意，只是窃窃私语，落荒而逃，却被暴君定为"今乃诽谤我，以重吾不德也"的大罪。结果"乃自除犯禁者四百六十余人，皆坑之咸阳，使天下知之，以惩后"[①]（秦始皇本纪）。秦后，虽然黄老思想有过短暂的兴盛，但是随武帝对儒学的重视，儒学一跃而成为正统之学。董仲舒提出的"唯天子受命于天，天下受命于天子"主张使武帝认识到儒学的价值，遂推行"罢黜百家，独尊儒家"的政策。从此儒学进入了历史发展的新阶段。两汉出现的以董仲舒和刘歆等为代表的今古文经学以及谶纬之学，魏晋出现的王弼等人以老庄思想解释儒经的玄学，宋明出现的兼取佛道思想的朱程派与陆王派的理学，清朝出现的使用古文经学家训诂方法对经学的研究，都是儒学在不同时代不同政治时期的发展。儒学的独尊也促使中国的"礼"文化由一家之文化倾向而转变为全社会的文化倾向，使其制度化与世俗化。从重法到尊儒的转向是中国社会发生的一次很大的文化转向，然而，这次中国文化的大转向仅是由法家独尊转为儒家独尊，而非由一元文化回归至多元文化。

多元文化的存在不仅能够相互传导知识、唤起人们的感情，而且可以促使他人思考问题。而这对实施专制是不利的，因而中国社会历代王朝非常重视压制其他文化，并通过尊奉儒说构造绝对的一元文化。一元文化不仅予专制统治以独有的，亦是全面的文化支持，更重要的是框定了人们的思维模式，从而进一步巩固现存的社会因素与关系的不变性，提高了对社会的控制度，当然也就提高了对犯罪的控制度。

（二）设立户籍制、什伍编制与缘坐制，控制人的行动

户籍制在中国源远流长。《周礼·秋官》云："司民掌登万民之数，自生齿以下皆书于版。"由于户籍制不仅可以控制人口情况，稳定秩序，而且可以服务于征税，因而春秋时各诸侯国纷纷建立户籍制，即"书社制"。"书社制"的主要内容是：百姓25家为1社，"书于户口，书于版图"。秦代不仅有户籍登记制，而且出现"更籍"制，即迁居需要地方官变更登记。汉代时，户籍至少三年一造，开始推行"案户比民"，即县、道官吏要亲自验查户口并

① 史记。

登记。隋唐时出现“输籍定样”制，开始根据人丁年龄分别立籍。明代时户籍制不断完善，出现户贴制，即政府将户贴“以字号编为勘合，用半印钤记，籍藏于部，贴给于民，令有司点闸比对，有不合者发充军，官吏隐瞒者处斩”[①]（卷19）。

什伍编制始于商鞅变法。商鞅为了强化对民众控制，将民户按五家为比，十家为联，五人为伍，十人为联的制度编制起来。由于这种制度在控制百姓行为方面具有显著的功能，因而此后历朝都使用这种制度控制民众。秦汉魏晋时这种制度被称为“乡里制”。西汉时，“乡里居民十里为一亭，亭有长；十亭一乡，乡有三老、啬夫和游徼。三老掌教化，啬夫职听讼、收赋税，游徼循禁贼盗”[②]（卷47·民政）。东汉时，“里有里魁，民有什伍，善恶以告”，“里魁掌一里百家，什主十家，以相检察，民有善事恶事以告监官”[③]（卷20·职官）。北魏实行三长制，唐朝实行乡保制，宋朝实行都保制，明清实行保甲制。在清朝，“城乡十户立一牌头，十牌立一甲头，十甲立一保长，给印牌一张，备数姓名丁数，出则证明所往，入则稽其所来。”[④]（卷158·户部）

由于编制什伍的目的是要被编制者善恶以告：脱漏户口，自占年龄不实，逃离本土不承担田租赋役，属于恶，同伍者事前未加阻止，事后未行告发之责，要连坐，包赔逃户的田租徭役。[⑤]［p. 302］因而统治者往往在规定什伍制基础上规定缘坐制。例如，唐朝有关法律规定：“诸户以百户为里，五里为乡，四家为邻，五家为保，每里置正一人。”[⑥]（卷3·食货）在乡保制基础上规定有诸如缘坐流制度：“同伍保内在家有犯，知而不纠者，死罪，徒一年；流罪，杖一百；徒罪，杖七十。”

根据历史学家的研究，缘坐制是秦文公二十岁设立的。[⑦]［p. 149］所谓“文公二十年，法初有三族之罪。”[⑧]（秦始皇本纪）公元前七世纪，梁国建立了被称为“伍”的邻保制度，如果一家犯法后逃亡，那么同“伍”的五家都要连坐被杀。到了公元前四世纪，商鞅在秦国建立了“什伍”邻保制度，规定：“令民为什伍，而相收司连坐。不告奸者腰斩，告奸者与斩敌同赏，匿奸

① 万历．明会典。

② 西汉会要。

③ 东汉会要。

④ 大清会典事例。

⑤ 江立华等：《中国流民史》，安徽人民出版社2001年版。

⑥ 通典。

⑦ ［日］西田太一郎：《中国刑法史研究》，段秋关译，北京大学出版社1985年版。

⑧ 史记。

者与降敌同罚。”[1]（商君列传）汉时虽刘邦删除秦代繁苛的律令，但是保留了“夷三族”的刑罚。三国魏时“三族”刑有所扩大，对当时党锢案中的党人的父子、兄弟、门生、故吏，凡居官者皆免官禁锢，株连范围由三族扩大到五族。[2]［p. 154］之后，各朝各代都规定有缘坐制。

在社会控制制度中，户籍制、什伍编制与缘坐制可谓“政治恶”的极品。这主要体现在以下两点：其一，由于推行缘坐制，每个人不仅要受到官府的监督，而且要受到乡邻的监督控制，特别要受到亲人的监督控制，从而剥夺了每个人的私生活权利，使每个人的私生活空间被人窥视；其二，根据缘坐制，一个犯罪人犯罪不仅本人要对自己的犯罪行为负责，而且其亲属也要对其行为负责，从而大大看到刑事责难范围。然而此“两恶”又是超强的犯罪控制功能：因为推行缘坐制，每个人都要对他人的行为“负责”，特别是要对亲人的行为“负责”，否则自己要接受惩罚。每个人是自己利益的最坚定的捍卫者，在监督他人行为与自己利益受损害两个利益选择中，正常人的选择是前者，通过监督他人，包括“管他人的事”与“告密”，以保证自己的利益不受损害，因而，缘坐制生育有“告密”与“管别人事”两个儿子；缘坐制不仅将欲犯者个人的财产、生命、肉体健康置于违反规范的成本范围，而且将妻子、儿子、父母、兄弟姐妹等亲人的财产、生命、肉体健康置于违反规范的成本范围，从经济学的观点看，缘坐制大大提高意欲违反规范者的成本。

这里需要作两点解释：

其一，上述三种措施是中国古代社会控制犯罪的基本措施。除了上述三种措施，我国古代社会还采取诸如通过严厉打击共同犯罪，特别是造意犯，控制可能正在形成的犯罪氛围等措施弥补可能存在的犯罪控制漏洞。《唐律·名例》规定：“诸共犯罪者，以造意为首。”

其二，上述三种控制犯罪的基本措施都以非常残酷的刑罚为依托，从而使上述犯罪控制措施染有了强制性色彩。中国古代刑罚之残酷不仅体现在文本上，更体现在实践上。文本上的刑罚，不要说旧五刑，即使新五刑也很酷烈，而实践中刑罚更残酷。以死刑为例，根据各朝法律规定，死刑无非是绞、斩、凌迟，但实际执行中，不仅有杖毙、活烹，还有炮烙、抽肋、拉杀、剥皮等做法。野史曾对明初死刑适用作下面记载：“国初重辟，凌迟处死外，有刷洗，裸置铁床，沃以沸汤，以铁刷刷去皮肉；有枭令，以钩钩背悬之；有称竿，缚置竿末，悬石称之；有抽肠，亦挂架上，以钩入谷道（按：肛门），

① 史记。

② ［日］西田太一郎：《中国刑法史研究》，段秋关译，北京大学出版社 1985 年版。

钩肠出，却放彼端石，尸起肠出。”①［pp. 31－32］礼制本讲教化，但西汉后礼法结合，形成了所谓出礼入刑的制度。由于刑罚残酷，从而使作为控制社会的基本手段礼制具有了力度非常大的强制性。礼制强制化，其他措施自从于礼制。何况缘坐制本来就很残酷。

在我国古代社会围绕“建立与维护安定的社会秩序”这个国家根本目标，实际就是保护“家天下”这种利益分配格局目标，形成了以基本措施为主干，以辅助措施为补充的犯罪控制体制。该体制不仅包括制度控制的内容，而且包括文化控制的内容；不仅对民众进行行为控制，而且对民众进行思想控制。如果借用布迪厄的“场域”话语，我们可以这么说，中国古代社会的犯罪控制体制构建了一个具有强大控制犯罪功能的场域：其一，该场域具有普适性的行为规范功能。生活在这一空间下，每个人，无论求学、求职、娶妻生子，还是接人待物，抑或祭祀、拜神，都须遵守“君臣，父子”之礼。其二，该场域具有强大的行为调整功能。当一个人遵守“礼”，社会就会接纳他，认同他的成绩，并可能让他分享统治者的利益，甚至允许其进入统治阶级；当一个人不遵守“礼”，社会就不接纳他，这种不接纳不仅使违反礼制者要接受法律严厉的制裁，董仲舒开春秋决狱之首端后，礼制入法，礼法结合，使违礼者也要受到刑罚惩处，而且要受到其亲属的惩处，这种惩处包括亲属的责备与家法惩罚。其三，该场域具有全方位的文化塑造功能。在中国古代社会，不仅正规教育内容主要是以礼为核心，而且在祭祀活动、交往、出行、言语，乃至建筑设施都体现礼的文化，从而使生活在古代中国的人深深浸染于礼文化中。按照布迪厄的说法，这种文化实践会使生活在这种文化中的每个人的心智图式深深反映礼文化的社会结构，从而使生活在这种文化下的每个人自觉不自觉地按照“君臣父子”的等级关系行动，并去评价别人的行动、要求别人。这种心智图式正是礼文化所塑造出的所谓“集体无意识”。

（三）中国传统社会控制犯罪实践的代价

应当说，中国社会在控制犯罪行为上相当有力。明末夏允彝曾经记载这样一个故事：有一天晚上，五个人在一起喝酒。一人趁酒胆骂了魏忠贤几句，另四个人劝他不要乱说。他想反正自己的话不会被特务听见，就说：“魏忠贤虽然凶狠，但也剥不了我的皮。我怕什么？”谁料这话还是让东厂特务知道了。他们抓了这五个人，将骂魏阉者剥了皮。② 这个故事从一个角度反映出中国古代社会对违反法律行为监督的有力性。然而，实践中国古代社会控制犯

① 金良年：《酷刑与中国社会》，浙江人民出版社 1991 年版。

② http：//www2. booksea. com/zxzj/zx/x//xinsheng/006. htm.

罪的规制的代价也是巨大的。这种代价可以概括为以下三点：

第一，严重阻碍社会经济的发展。由于古人突出对引发人犯罪的外在因素的控制，因而特别强调礼制的作用、地位，以求通过礼制规范世俗生活。由于礼制具有社会基础，同时由于符合统治者根本利益，统治者不仅排斥礼制文化外的文化，营造礼制文化独断发展的空间，而且以严刑酷罚做后盾保障礼的不可侵犯性，因而礼制构成传统中国社会的结构骨架。虽然中国社会自秦汉后，又有隋、唐、宋、明、清等王朝，但由于中国社会结构没有变化，礼制至尊的地位没有受到丝毫影响，所谓“天不变，道亦不变”，因而，中国社会也就没有什么变化，呈停滞态，甚至某些方面在以后倒退了。北宋神宗时国内贸易总额曾经达到三亿两千万贯，合六亿四千万石米的价值，如按当时人口平均每人每年购买商品折合米九至十一石。然而，这一贸易水平后来各朝代鲜有达到者。又以铁生产为例。我国明代永乐初年铁产量曾经达到9700吨，远高于当时欧洲产铁最大国家俄罗斯2400吨的水平，但到清朝铁产量大幅下降。康熙于公元1675年还谕令：“闻开矿之事，甚无益地方，嗣后有请开采者，悉不准行。”① 由于礼制旨在维护一种恒定的有利于现行统治者的秩序，因而礼制势必压制社会中一切变化的因素。虽然我国早在明代就有了比较高的造船技术，郑和的宝船长44丈，阔18丈，曾经到达过红海海口和东非海岸，然而由于整个社会对探险与商业往来等创新性行为压制，因而这种造船技术并未用来探险或者商业往来，乃至后来萎缩。在清代，为防止可能的不安定因素，朝廷干脆限定建船规模，沿海渔船只许用单桅，梁头不得超过一丈，出洋贸易的海船仅许使用双桅，梁头不得超过一丈八尺，载重不超过500石。由于商业是任何一个社会中最不稳定的因素，是最具有要求发展性的因素，因而这里以商业在我国的发展说明礼制对社会发展的阻滞。可以说，古代中国的商业总是寻找一个机会求得发展，从昔日繁荣的长安城到丝绸之路，从开封古钱币到山西票号，都可以看见中国古代商人的影子，但是，由于发展商业要冲击礼制，所以礼制的维护者要遏制商业发展。商业发展势必冲击礼制，且不说商文化对礼文化的最终否定，仅从表象看，发展商业就会冲击礼制。礼制要求“衣服有制、宫室有度、蓄产人徒有数，舟车甲器有禁……虽有贤才美体，无其爵不敢服其服；虽有富家多赀，无其禄不敢用其财”。② （服制）而商业的发展使那些靠财力发达的人，“馆舍布于州

① 金观涛、刘青峰：《兴盛与危机——论中国封建社会的超稳定结构》，第六章，http：//www2. booksea. com/zxzj/zx/x//xinsheng/006. htm。

② 春秋繁露。

郡，田亩连于方国；身无半通青纶之命，而窃三辰龙章之服；不为编户一伍之长，而有千室名邑之役；荣乐过于封君，势力侔于守令。”①（理乱）关于礼制的维护者对商业的遏制之法，范忠信曾经以“困”与“辱”两字概括。所谓“困”指对商人实行经济打击。历代王朝用以“困”商的方式有三种：其一，官营禁榷。任何工商业，只要有利可图，国家就收归官营，禁止民营。商鞅变法实行“壹山泽”，汉武帝时实行盐铁官营，此后历朝不断扩大官营范围。其二，重征商税。其三，不断改变币制。所谓“辱”指对商人进行政治上的打击。“辱”商的方式也有三种：其一，直接视经商为犯罪，实施制裁。其二，不许商人做官。汉初就规定有“贾人不得名田为吏，犯者以律论”。唐《选举令》规定：“身与同居大功以上亲自执工商，家专其业者不得仕。”其三，从服饰上进行侮辱。汉律明定：“贾人勿得衣锦秀……乘骑马。”明太祖曾经下诏：“农民之家许穿细纱绢布，商贾之家止穿绢布。”等。②［pp. 297－298］礼法对商业的遏制除上述措施，还有文化上的贬损。孔子曾经说：“君子喻于义，小人喻于利。”而孟子也说“何必曰利，惟有仁义而已矣”。二圣给商人贴了“小人”的文化标签，从而使商人无论在政治生活，还是文化生活不可能入流。上述措施交错使用，使得商业在古代中国不能发展。

第二，造成周期性的社会大动荡。虽然历朝统治者都将社会安定视为其在位的基本政治目标，以维护其及家族利益，并荫及子孙，但从历史看，每隔200年、300年中国社会就会发生一次强烈的最后导致改朝换代的社会大地震：政治上整个国家机器瘫痪，经济上整个体系全面崩溃，整个社会彻底失序。以追求社会高度一致的秩序为开始，以造成社会彻底失序为结束。“地震”后的社会：其一，人口锐减。以三国时为例，公元157年东汉人口达到5，600多万人，大动乱后的公元260—280年魏、蜀、吴三国人口总数才达760万人，不及原来的1/7，仅曹操破徐州一次坑杀江淮难民就达数万人。又以隋唐为例，隋时人口近5，000万人，900万户居民，唐初全国只有200多万户，到贞观年也仅达到300多万户。③其二，发达地区被毁。金观涛、刘青峰曾经作过社会动乱与发达地区被毁坏的研究。在他们的《兴盛与危机——论中国封建社会的超稳定结构》一书中指出：虽然动乱对不同地区都有一定损害，但是越是繁荣富庶的地区，在动乱中破坏得越严重。以宋代开封为例，

① 仲长统·昌言。

② 范忠信：《中国法律传统的基本精神》，山东人民出版社2001年版。

③ 金观涛、刘青峰：《兴盛与危机——论中国封建社会的超稳定结构》，第六章，http：//www2. booksea. com/zxzj/zx/x//xinsheng/006. htm。

开封在北宋极盛时期，人口曾经达到过百万，城池方圆达到193平方公里，但经过大动乱后，到公元1330年，开封人口只有9万人，城池只有8.5平方公里。唐代扬州市曾经是“雄富冠天下”的重要商业城市，然而动乱后扬州市仅余18户居民。又以蚕丝发展为例，在唐前，中国的蚕丝业的中心在黄河下游山东省一带，但经过唐末的动乱，蚕丝业遭受到严重的摧残，从此一蹶不振。[①] 其三，生产技术积累过程被打断，资本主义经济因素的发展萌芽被摧残。由于每一次农民起义都是革命，都要造成重大的动乱，都要全面性地推倒重建，因而，也便打断了生产技术积累过程，摧残资本主义经济因素的发展萌芽。为什么中国社会每隔200年、300年就会出现社会动乱？代价论的解释是动乱是社会极端稳定的代价。无组织力量理论认为，任何一个定型的社会结构都会滋生出无组织力量。所谓无组织力量是指在一个社会结构中在维系自身稳定的调节过程中所释放出来的对原有结构起瓦解作用，其本身又不代表新结构的那种力量。在中国古代社会，官僚机构膨胀与腐化，是政治结构中的无组织力量；土地兼并，导致自耕农丧失土地而变成流民，是经济结构中的无组织力量；朝廷道德败坏，纲纪废弛，小人官场得志，理想主义儒生退避林泉，百姓怨声载道，为意识形态中的无组织力量。当无组织力量达到一定程度，社会就进入动乱。[②] 冲突论的解释是由于社会内生能量稳定时期不能得到排泄，即稳定时期因为犯罪少，社会压力没有排解，一旦社会失序，人们的不满情绪便来一次总爆发，从而产生极大的破坏力。

第三，危害国人人格健康。关于中国人的性格，无论国人还是洋人虽不乏赞美之词，如梁漱溟在谈到中国人个性时认为中国人有“勤俭”、“爱讲礼貌”[③]［pp24－26］的好品格。美国传教士亚瑟·史密斯认为中国人具有“节俭持家”、“勤劳刻苦”、“讲究礼貌”、“能忍且韧”的性格，[④]（目录）但也不乏损贬之句。不仅如此，我们所看到的损贬之词往往多于赞美之句。梁漱溟在《中国文化要义》中认为中国人具有“自私自利”、“知足自得”、“守旧”、“马虎”、“残忍”、“圆熟老到”的性格特征。亚瑟·史密斯经过22年的观察在他的《中国人的性格》一书中认为中国人具有“顺而不从”、“思绪含混”、“因循守旧”、“缺乏同情”、“相互猜忌”、“缺乏诚信”、“多元信仰”

---

① 金观涛、刘青峰：《兴盛与危机——论中国封建社会的超稳定结构》，第六章，http：//www2.booksea.com/zxzj/zx/x//xinsheng/006.htm。

② 见前注。

③ 梁漱溟：《中国文化要义》，路明书店1949年版。

④ ［美］史密斯：《中国人的性格》，乐爱华译，学苑出版社1998年版。

等特征。这里，本文以沙莲香教授《中国民族性（一）》一书[①]中所介绍的70余位中外人士，包括美国的罗斯、杜威，德国的韦伯，日本的渡边秀方，中国的梁启超、陈独秀、孙本文、钱穆、杜维民，对中国人性格评价为基本素材，检索了"保守"、"缺乏诚信"、"两面性"、"奴性"、"缺乏同情心"、"圆滑"为核心的词语，包括这些词的同义词、近义词，如"言而无信"、"奴才主义"、"因循守旧"、"没有创造性"、"安命不争"、"虚伪"、"狡诈"、"不诚实"，发现上述人士谈到中国人时，大多认为中国人存在"保守"、"缺乏诚信"、"两面性"、"奴性"、"缺乏同情心"、"圆滑"等性格特征。虽然上述人士的看法不能充分反映中国人的性格特征，甚至不完全正确，但至少揭示了中国人的某一方面性格，或者性格的某一方面，具有一定的客观性。性格评价具有文化性，从不同的文化背景下评价，结论不同。以"不诚实"为例，在一个高度肯定诚实的文化中，诚实为美德，而在一个认同"不诚实"的文化中，"不诚实"是"聪明"的行为。由于性格评价具有文化性，因而性格评价要从一定文化立场上进行。从现代文化的立场看，上述所列性格特征，即"保守"、"缺乏诚信"、"两面性"、"奴性"、"缺乏同情心"、"圆滑"都不具有积极价值。从实践看，中国人的上述性格特征确实有害于中国社会的现代化："保守"不利于技术创新、生产创新、文化创新等；"缺乏诚信"不利于信用文化建设与培育；"两面性"有害于人与人的坦诚相处；"奴性"导致民族缺乏阳刚之气；"缺乏同情心"损减社会的人性化；"圆滑"损减社会正气。正因为如此，在当代中国才有了"国民性改造"这一提法。评价了国民性格后，随后出现了这么一个问题：是什么因素导致中国国民具有了"保守"、"缺乏诚信"、"两面性"、"奴性"、"缺乏同情心"、"圆滑"这些性格特征？答案是中国古代社会所建构的犯罪控制场。如果使用因果关系方法做一简单分析，我们可以看到，中国人的保守性格与推行、维护"礼制"有关系，与推行一元文化有关；而中国人性格中的"缺乏诚信"、"两面性"、"奴性"、"缺乏同情心"、"圆滑"与缘坐制、严刑峻法有关。关于中国人性格与严刑峻法存在关系的观点，金良年先生也持有类似的看法。金良年先生在他的《酷刑与中国社会》一书中认为，中国古代社会的严刑峻法扭曲了中国人的人性，这种被扭曲的人性主要体现在中国人能够"委曲求全"；有的中国人甘为"冷漠的看客"，即缺乏血性；中国人做事"亦主亦奴"三方面。"委曲求全"表现在忍受暴力，随意放弃个人权利。"冷漠的看客"表现在对

① 沙莲香：《中国民族性（一）》，中国人民出版社1989年版。

他人所受的酷罚采取一种事不关己的冷漠态度。“亦主亦奴”指一方面人们对于强权逆来顺从，委曲求全，自甘于屈辱卑贱而不自知，另一方面，一朝得势，就会以贵凌贱，以强凌弱，加倍压迫自己的同胞。[1]［pp. 227－239］

结　语

虽然犯罪控制是维护社会秩序的基本方法，但是，历史表明仅通过控制犯罪维护社会秩序是远远不够的，仅依靠控制犯罪维护社会秩序不能保证社会的长治久安。不仅如此，仅依靠犯罪控制维护社会秩序会遏制社会的进步。社会秩序的维护要依靠犯罪控制，但更要依靠社会的发展，并通过保障的社会发展、促进社会的发展最终保障社会的有序。

① 金良年：《酷刑与中国社会》，浙江人民出版社 1991 年版。

刑法规范的二重性概论

刘志远*

刑法规范的二重性，是指刑法规范既是面向裁判者的裁判规范，又是面向一般人的行为规范，即刑法规范同时兼具裁判规范和行为规范两重属性。作为裁判规范，刑法规范为裁判者的裁判活动提供行为模式；作为行为规范，刑法规范又为社会大众的活动提供行为模式。这就是刑法规范的二重性。刑法规范的二重性对于刑法理论研究和刑事司法实践具有重要的指导意义。事实上，刑法理论研究和刑事司法实践中出现的一些问题或争论，往往都与对刑法规范二重性及其相互关系的认识相关联。因此，深入研究刑法规范二重性的存在及其相互关系具有重要的理论价值和实践意义。

一、刑法规范二重性之存在

（一）刑法规范是一种彻底的裁判规范

在现代社会，任何法律都具有可诉性，都能够作为裁判依据的标准。从这个角度上来说，任何法律都是裁判规范。即使是作为基本法的宪法规范，从理论上讲，也是可以直接适用于诉讼活动之中而成为裁判规范的。自然，刑法规范也是一种裁判规范。不仅如此，与其他法律规范相比，刑法规范的裁判规范性是最强的，是一种彻底的裁判规范。刑法规范之所以是一种彻底的裁判规范，根源于以下三个因素：

1. 刑法规范是一种有关刑事责任的规范。刑事责任是指行为人对违反刑事法律义务的行为（犯罪）所引起的刑事法律后果即刑罚的一种作为应有的承担标准、体现国家对行为人否定评价的刑事实体性义务。尽管它是一种应该由行为人承担的义务，但是这种义务不可能由行为人自动完成，因为刑事责任的法律后果是刑罚，刑罚是由国家审判机关对犯罪分子依法适用的剥夺

* 最高人民检察院刑事申诉检察厅刑事赔偿办公室主任，检察员，法学博士。

或限制其某种权益的最严厉的法律强制方法。行为人的行为是否构成犯罪、是否因此而需要承担刑事责任、是否需要判处刑罚、判处何种刑罚、判处多重的刑罚，都只能由国家的审判机关确定。其他任何机关，包括行为人自己、被害人乃至其他国家机关，都无权确定行为人的刑事责任，都无权决定行为人应接受的刑罚。总之，只有审判机关即裁判者才有这种权力，然而，裁判者的刑罚权并非是任意行使的，而必须严格依照法律进行。这种法律就是刑法规范。刑法规范的直接目的正是为裁判者提供裁判标准，其全部的直接任务就是为裁判者提供裁判行为模式，而不是直接为普通社会大众提供行为模式，更不是为犯罪人与被害人之间私了提供行为模式。可见，所有的刑法规范直接规定的都是裁判者的行为模式，正是在这个意义上说，刑法规范是一种彻底的裁判规范。刑法规范的裁判规范性之彻底，还表现在刑法规范是裁判者定罪处刑的唯一依据，裁判者不能在刑法规范之外从事裁判活动，而只能严格依照刑法规范定罪处刑。对于刑法规范没有规定的，裁判者不能直接依据刑法原则或其他标准对被告人定罪处刑。

2. 刑法规范是一种保障性的规范。刑法规范具有保障其他规范实施的功能。立法者一般是在已有其他规范而该规范又不足以控制有害行为发生时，才制定相关的刑法规范保障其实施，因此，有关社会大众的行为模式往往已经在其他规范体系中有了直接表述，刑法规范无须对社会大众的行为模式做出直接规定，而只要将该行为规范蕴藏于其内部就行了，社会大众可以从处罚条件中窥知、察觉行为规范。因此，刑法规范在形式上只要一心一意地规定裁判者的行为模式就行了。

3. 刑法规范是一种处于罪刑法定原则守护之下的规范。罪刑法定原则要求无法无罪、无法无刑，禁止法外定罪、法外用刑，从而使刑法规范成为不可替代的定罪处刑标准，成为约束裁判者的规则。正因如此，刑法规范的裁判规范性经历了一个伴随着罪刑法定原则的确立、推行而不断增强的过程。在古代社会和近代社会，刑法规范的裁判规范性是非常微弱的。法外用刑是正当的行为，定罪处刑的标准不仅有刑法规范、法律，还有独立于刑法规范的礼、义、人情世故，也就是说，指导刑事裁判活动的不仅仅是刑法规范。更为严重的是，罪刑擅断、任意出入人罪乃是司空见惯的现象。总之，在那个时候，裁判者并不真正受刑法规范的约束，刑法规范只是恐吓、震慑社会大众的工具，即只是霸权性的行为规范，而不是制权性的裁判规范。刑法规范的裁判规范性在那时候气若游丝。只有在罪刑法定原则真正确立后，刑法规范的裁判规范性才焕然一新，获得强大的生命力。具体而言，罪刑法定原则中的禁止类推原则和排斥习惯法原则，将裁判者的定罪权牢牢禁锢在现有的刑法规范体系之内，禁止绝对不定期刑原则将裁判者的量刑权控制在一个相对确定的范围之内，而明确性原则则是为了防止裁判者悄悄逾越刑法规范的藩篱而存在的。总之，罪刑法定原则为裁判者严格遵循刑法规范提供了制度设计，以约束、规范裁判者的裁判行为①，从而使刑法规范的裁判规范性得到张扬。反过来，刑法规范的裁判规范性的倡导也为罪刑法定原则提供了支持，使罪刑法定原则在刑法规范的本性上找到了立足之点和正当根据。因此，在我们刚刚开始奉行罪刑法定原则的今天，倡导刑法规范的裁判规范性、以裁判规范性分析刑法规范的有关问题具有特别重要的现实意义。

（二）刑法规范同时也是一种行为规范

从上面分析可以看出，刑法规范具有彻底的裁判规范性，那么，它是否同时具有行为规范性呢？也就是说，刑法规范是否同时还是社会大众的行为规范呢②？对此，西方刑法理论界曾经进行过激烈的争论，聚讼纷纭，大致可以分为否定论和肯定论两种观点。

否定论的代表人物，当首推德国刑法学家宾丁。宾丁在其代表作《规范及其违反》一书第一卷《规范及其同刑罚法规的关系》中对此作了详细论述。他认为，犯人与其说是由于其行为违反了刑罚法规（即我们所说的刑法规范）而受罚，倒不如说是由于与刑罚法规前句中的规定相一致才受到处罚。因此，犯罪人所犯之法，在概念上、原则上甚至时间上，必然在规定判决方法的法律（刑罚法规）之前便已存在。可见，按照宾丁的说法，行为规范并不存在于刑罚法规即刑法规范之中，而是存在于刑法规范之外。刑罚法规即刑法规范不具有行为规范的性质，而且认为二者之间不存在联系。

宾丁的规范学说提出之后，便遭到了一些学者的批判。希伯尔·弗兰克等认为，宾丁从刑罚法规之外的法律中所发现的规范，实际上可以从刑罚法规中察知。希伯尔认为，对于规范来说，必须指出的是，犯罪者正是由于实行了符合刑罚法规的构成要件的行为，因而才侵害了刑罚法规，这是因为：刑罚法规通过对符合构成要件的行为使用刑罚，进行威吓，来禁止实施符合于构成要件的行为，即宣布其具有违法性，这样，规范说的基础便消失了。因为，规范说的基础是，犯罪人尽管没有侵犯刑罚法规，但是侵犯了某种法

① 参见刘凤科、王斌："法律规范性与犯罪构成"，载《西南民族学院学报》（哲社版）2000年第11期。

② 这种社会大众的行为规范，西方刑法学界简称为行为规范。当然，裁判也是一种行为，因此，裁判规范也是裁判者的行为规范。但是，为了论述上的方便，本文还是按照西方的通行说法，将行为规范界定为社会大众的行为规范，而不包括裁判者的裁判行为规范，即专指与裁判规范相对应的行为规范。

律规范，这明显是属于犯罪的本质，说这种规范必须在刑罚法规之外寻找，这是一种诡辩。实际上，刑罚法规自身，通过构成要件和刑罚相结合，已经包含了命令和禁止，换言之，它包括犯罪者所侵犯的规范[①]，也就是说，刑罚法规中已经包含了行为规范。这种批判在德日刑法学界有极大的影响。

德国学者 M.E. 迈耶也同样否认刑罚法规（刑法规范）是行为规范。迈耶认为，刑罚法规只是对于国家机关具有意义，而一般公民对其则完全不知。因此，他认为，支配人们日常生活的是“文化规范”（kulturnormen），即宗教、道德、风俗、习惯、买卖规则、职业规则等决定人们行为的命令及禁止。人们的行为正是由这样一种规范所支配，而非受法规范所支配。因此，没有文化规范上的要求，例如业务上的义务时，行为人便不能被科处刑罚。但是，对法规范即刑法规范的不知则不能成为免除刑罚的理由。法规范对于公民的作用是直接体现为保障作用的，而非体现为行为规范。保障作用体现在国家承认其对公民的一定义务和限制，并为保护这种义务和限制而设立一定国家权力的约定。对于国家机关具有意义的法规范是根据法官的判决而实现的，并依据这种判决间接地对国民起规范作用。违反义务的行为即是侵犯他人的财产、利益等被法规范所承认的利益，而不得为这种侵害的命令，是通过文化规范传达给国民，恢复利益及惩治侵害的命令则是通过法规范传达给法官的。法规范的机能不过是制造法益，为保护法益提供保障而已。法规范的这种规范机能并非基于法规范的法律性质，而是由于法规范自身与文化规范相一致的缘故。当法规范所生之义务与文化规范所生之义务一致时，公民便不会有被自己所不知道的法规范处罚的情况。法规范是通过不法效果（即处罚）而同违反文化规范的行为相连接的。在民族的幼年期，宗教、道德和法混杂不分，文化规范和法规范本身就是一体，此二者的一致性在人类社会愈往现在发展便表现得愈明显。在两者一致的时候，法规范的具有义务性的约束力固然有理由，但在法解释及适用时也不得不考虑文化规范。法官如果不懂文化，则什么是“干净的女人”或如何评价“侮辱性”的表现，恐怕难以作出准确的法律说明[②]。可见，在迈耶看来，法规范即刑法规范也不是行为规范，行为规范存在于法规范制定以前的文化规范之中。尽管迈耶和宾丁一样，都否认刑法规范（刑罚法规、法规范）具有行为规范的性质，但是他承认行为规范与刑法规范之间存在联系。

M.E. 迈耶的这种观点遭到了许多学者的批判。如那格拉说：“M.E. 迈

① ［日］木村龟二编：《刑法学入门》，第62页。

② 参见马克昌主编：《近代西方刑法学说史略》，中国检察出版社1996年版，第230页。

耶将违法性作为违反国家所承认的文化规范，文化规范是告诫国民、规定义务、明确义务的规范。法规范仅是法官有用的工具，是能够根据文化将个别已经形成的义务收入自己的指令中的东西而已。国家的任务也只不过是将文化上的义务变为法的义务。这样，法律上的义务便仅仅是文化上的义务中被选择出来的东西，其结果便会产生法的实质内容也不过是被借用的财产而已的误解。但是法本身并非像迈耶所言，处于文化的绝对从属地位，倒不如反过来说，法自身也是一个重要的文化要因，也是文化的共同创造者，法对国民赋予法所固有的义务。当然，立法机关也会考虑使生活秩序化的理念。在形成法律内容时，也要顾及其他生活领域（宗教、道德、习俗等），这样法律上的义务便有其独立性，尽管其在内容上与文化上的义务有一致性，但也有尖锐对立的可能"[①]。麦兹格认为，命令、禁止是由刑罚法规所规定的，即刑罚法规（刑法规范）本身就包含着行为规范[②]。

笔者基本同意麦兹格的这种观点，认为刑法规范本身就包含着行为规范，刑法规范同时具有行为规范的性质，这是因为：

第一，任何规范都不仅仅只是表现为命令或禁止，而往往是和后果相联系的。同样的命令和禁止，和不同的后果联系起来，就表现为不同的行为规范。例如，同样是不许诈骗的禁止，如果是和道德谴责的后果联系起来，就是道德规范；和行政处罚的后果联系起来，就是行政法规范；而一旦与刑罚后果联系起来，就是刑法规范。因此，不能因为在刑法条文存在之前，就有相同的命令或禁止，就认为行为规范存在于刑法规范之外、刑法规范不是行为规范，而仅仅只是规定一种特殊法律后果即刑罚的裁判规范。

第二，在现代社会，包括刑法规范在内的所有法律规范，都是立法者所公开发出的声音，裁判者与社会大众生活在同一个世界里，而不是生活在两个声音隔绝的不同空间，因此，说给裁判者的"话"，同样也能为社会大众所听到，并转化为自己的行为指南，事实上，这也正是立法者所希望的。换而言之，立法者也正是以裁判规范的形式传递着行为规范的信息，以此规范社会大众的行为，从而建立统治阶级所希望的社会秩序。

第三，在有些刑法规范制定之前，文化规范、其他法律规范中并不存在相应的命令或禁止，这时，如果认为刑法规范不是行为规范，那么行为规范又在哪里呢？在没有行为规范指引的前提下，怎么可能存在违法呢？怎么能够对行为人进行处罚呢？因此，承认刑法规范也是行为规范，这是刑罚处罚

① 参见马克昌主编：《近代西方刑法学说史略》，中国检察出版社 1996 年版，第 231 页。
② 参见马克昌主编：《近代西方刑法学说史略》，中国检察出版社 1996 年版，第 235 页。

正当性的必然要求。

第四，如果不承认刑法规范具有行为规范性，则无法解释刑法中的许多问题。如无法解释刑法规范为什么一般不能具有溯及力的原则。根据罪刑法定原则，刑法规范原则上不具有溯及力。为什么原则上不能具有溯及力呢？就是因为刑法规范中的行为规范是内在于刑法规范自身的。它与刑法规范中的裁判规范具有相同的生命开始期和结束期。在行为当时没有刑法规范，就意味着没有相应的行为规范做指引，因此，行为人就不需要负相关的刑事责任。虽然也有命令、义务规范，但那是属于其他法律规范的行为规范，而不是属于刑法规范中的行为规范。如果刑法规范的行为规范是外在于刑法规范，是在刑法规范诞生之前就已存在了，那么，在刑法规范制定、颁布前，就应该认定行为人当时就有相应的行为规范做指引，那么就可以根据事后制定的刑法规范予以处罚。然而，这显然是不符合事实的，也与罪刑法定原则相抵触的。从这个意义上说，刑法规范中的行为规范也必然是内在于刑法规范自身的，即刑法规范本身就包含着行为规范，即具有行为规范性。否则无法解释刑法规范只能实行从旧兼从轻的原则，即一般不能具有溯及力。

总之，刑法规范既具有裁判规范性，同时又具有行为规范性。

二、刑法规范二重性之关系

（一）裁判规范和行为规范的区别

1. 表现方式不同

由于刑法规范是直接规定刑事责任的规范，其直接任务是告诉裁判者如何追究行为人的刑事责任，即直接为裁判者提供行为模式，因此，刑法规范是以裁判规范的面目出现的，裁判规范是刑法规范的表现形式，裁判规范性是刑法规范的正面属性。分析刑法规范的结构、种类、语态表述等现象方面的问题，都必须从刑法规范的裁判规范性着手。为社会大众提供的行为模式仅仅只是以反面的形式规定在刑法规范之中，也就是说，行为规范包含于刑法规范内部。比如，非法行医罪的构成要件是不具有医师执业资格的人非法行医，情节严重。从这个构成要件中，人们可以推论、察觉出“不具有医师执业资格的人不得行医”的行为规范。可见，行为规范并不是表面化地规定在条文之中，而是蕴藏在条文里面，是刑法规范的背面属性。正因为行为规范性是背面的、非现象的东西，因此，分析刑事违法性认识、刑法规范的效力等问题，就应当从行为规范性着手。

2. 指引的对象不同

任何规范都以不同方式规定某种行为模式，指出人们应当做什么，可以做什么，不能做什么，以引导人们的行为。作为刑法规范的两个方面，裁判规范和行为规范同样具有对人们的行为进行指引的功能，但是，二者指引的对象是不一样的：裁判规范指引的是裁判者的裁判行为，即告诉裁判者应当对什么样的行为定什么样的罪，对什么样的行为应当处以什么样的刑罚，对什么情节应当从重或从轻、减轻或者免除处罚，对什么样的行为可以从重或者从轻、减轻或者免除处罚。总之，裁判规范的任务是对裁判者的裁判行为进行指引。行为规范则指引社会大众的行为，它告诉社会大众应当做什么、不应当做什么，即发出一定的命令或者禁止指示，以指引社会大众的行为。当然，对裁判者的指引也是一种行为指引，所以，从本质上而言，裁判规范也是一种行为规范，但在刑法理论中，将行为规范作为裁判规范的对立面，因而只是特指对社会大众行为的指引。

3. 侧重的社会功能不同

裁判规范规制的是裁判者的裁判行为，主要是为了防止司法权的滥用，因此，它的主要功能是保障人权。行为规范规制的是社会大众的行为，主要是指引社会大众不要做出不利于社会秩序的行为，因此，它的主要功能是保护社会。当然，它们也同时具有相对应的另一种功能，但侧重点不一样。

4. 承载的价值不同

裁判规范指引的是裁判者的行为，约束的是作为国家权力之一的刑罚权，因此，它所承载的主要是合法性价值，即为处罚一定的行为提供权力的合法性根据，并为这种权力设定合理的边界；行为规范指引的是社会大众的行为，它所承载的主要是合理性价值。即要求刑法规范尽量不要与主流价值观指导下的文化规范相冲突，不要强人所难，这就是行为规范所承载的合理性价值。

5. 与生效前的行为关系不同

作为裁判规范，刑法规范指引的是裁判行为，因此，只要该刑法规范生效了，裁判者就获得了处罚某一危害行为的权力，所以，不论该危害行为是在生效前实施的，还是在生效以后实施的，只要该行为尚未处理完毕，就可以适用该刑法规范处理，因此，从裁判规范的角度看，刑法规范可以具有追溯既往的效力。然而从行为规范的角度来看，结论就不一样了：由于行为已经实施完毕了，因此，后来生效的刑法规范就不可能对此前发生的该行为发挥实际的指引作用。因此，从行为规范看，刑法规范就不应该具有追溯既往的效力。

6. 对刑事违法性认识的要求不同

从裁判规范的角度来看，只要某一行为与犯罪的构成要件部分符合就可以认定为具有刑事违法性，就可以作为犯罪定罪处罚，而不论行为人是否认识到刑法规范对该行为是禁止的。然而，从行为规范的角度来看，只有行为人知道自己的行为被刑法规范所禁止，但仍然实施，才能认为行为人故意违反了刑法规范，才能作为犯罪定罪处罚。因为所谓的行为规范，实际上就是一种命令或禁止的指示，如果被命令者或被禁止者不知道命令或禁止的内容，就不可能按照该命令或禁止的要求行事，就不存在对它的故意违反，因此也就不可能构成犯罪。

（二）裁判规范和行为规范的联系

1. 二者之间存在前因与后果的关系

行为规范与裁判规范之间存在前因与后果的关系，即只有行为人违反了行为规范，裁判规范才有启动的可能。行为人违反行为规范是前因行为，而裁判者启动裁判规范是后果行为。

行为规范与裁判规范之所以存在前因后果关系，是因为只有行为人违反了行为规范，行为人主观上才具有了罪过，客观上才具有行为及对社会利益的损害，因此，才可能符合裁判规范的假定部分，因此，裁判规范才有启动的可能。如果行为人没有违反行为规范，裁判规范也没有发动的必要。因为行为人没有违反行为规范，那么，行为规范所守护的社会利益就没有被损害，自然也就无须启动裁判规范，以纠正行为人对行为规范的违反。

2. 二者之间存在手段与目的的关系

就社会保护方面而言，在裁判规范和行为规范之间，行为规范是目的，而裁判规范是手段。立法者通过行为规范指引社会大众应该干什么、不应该干什么、可以干什么，从而维护社会秩序，保护国家、集体和个人的利益。然而，在存在利益冲突的社会，规范的这种指引并非总是有效的。违反行为规范的行为经常发生，行为人往往从中受益，这对其他人也会产生诱惑、暗示。因此，必须对这种行为予以惩罚。裁判规范就肩负着这种重任。它通过指引裁判者对什么样的行为应当认定为犯罪、对什么样的犯罪应该给予什么样的处罚，给社会大众提供一个价目表，从而使社会大众明确违反行为规范是无益的。对于那些不相信裁判规范而违反行为规范者，裁判规范则要求裁判者实际地给予他们惩罚，以确证自身的存在，从而保护行为规范免受侵犯，保全社会利益。

当然，在人权保障方面，裁判规范也有自己独立的价值。裁判规范通过规定处罚的条件、处罚的种类和轻重，限制裁判者任意处罚他人，从而保障个人的自由和权利不被侵犯。从这个意义上看，裁判规范自身也是目的。

论刑事法的历史分析

时延安*

历史分析方法，向来为刑事法学研究所提倡，在诸多经典教材的绪言中都会提及①。然而，如何利用这一方法进行分析，如何以之为利器来论证刑事法学具体问题研究结论的正当性，在现有研究中却属于薄弱环节②。进入21世纪以来，在关于死刑控制、和谐社会与刑事法制、刑事和解、宽严相济的刑事政策等问题的研究中，很多学者在研究中，自觉或者不自觉地将研究的视野延伸到古代刑法史，以此来说明或者阐释古代先哲的刑法思想或者制度设计对今天的启示③，或者探讨今天的刑事司法制度的历史传承关系④，这样的研究即体现着历史分析方法的运用。不过，这些研究中存在的问题仍值得思考，这就是：无论是思想，还是制度，都存在特定的社会背景中，仅仅是以表述或者设计的相似性来说明观念或制度上的传承关系，显然犯了传统学术所批判的“附会”的毛病。的确，所谓中国刑事法制现代化的过程，基本是向西看的过程，但是，即便在今天法律移植仍受到一定范围的质疑，自上而下的法制化经常会碰撞以中国国情和文化特殊为借口的礁石，因此，自觉

* 中国人民大学法学院副教授，法学博士。

① 例如高铭暄、马克昌著：《刑法学》，北京大学出版社、高等教育出版社2007年版，第6页；张明楷著：《刑法学》，法律出版社2003年版，第17页；赵秉志主编：《刑法学新教程》，中国人民大学出版社2001年版，第9页。

② 高铭暄先生在中国当代刑法学史料整理与研究方面作出的贡献为人称道。高先生编著的《中华人民共和国刑法的孕育与诞生（一个工作人员的札记）》由法律出版社出版（1981年第一版）；1998年，高先生与赵秉志教授合编的《新中国刑法立法文献资料总览》由中国人民公安大学出版社出版；1999年，高先生与赵秉志教授编著的《新中国刑法学研究历程》由中国方正出版社出版。这些文献对于研究中国当代刑法和刑法学的发展历程具有重要的价值。

③ 比如，关于死刑制度发展史中我国古代的慎刑思想，以及诸如“存留养亲”和“监候”、“秋审”、“朝审”这些制度在程序上限制死刑的意义。

④ 比如，关于刑事法制如何贯彻“和谐社会”理念中，探讨我国古代儒家思想对今天的积极意义；关于刑事和解的探讨中，研究中国古代、近代以及现代刑事和解的实践对现今刑事和解的影响。

地回溯中国古代乃至近、现代刑事法制的脉络及思想与社会背景，对于今天刑事法制的继续建设，显然仍是十分重要的。所以，在提倡历史分析的同时，提升这一研究方法的技术水平同样是十分重要的。本文要探讨的是：历史分析的正当性，历史分析如何进行以及对中国古代、近代和现代刑事法制进行历史分析的方法运用问题。

一、历史法学派与历史分析：居于基本方法地位的历史分析法

历史分析方法，在中国当代刑法学处于基本方法地位，与（逻辑）分析的方法、理论联系实际的方法、比较的方法并列。何以促使其获得这样一种地位？以我国刑法学的发展看，应是历史唯物主义这一哲学方法论的体现①。然而，从法学学科的知识传承看，历史分析取得这一地位，似乎更应追溯到历史法学派那里，尽管马克思曾经无情批判过这一在 19 世纪曾一度占上风的法学流派。②

作为历史法学派的首要原则，它认为法律是发现的，而不是制定的；这就是说，它是一种关注现代法律中传统因素的理论③，进而反对全然不顾传统这一因素并且相信只凭法律理性的努力便能够虚构出法律的做法。历史法学

---

① 与老一辈学者在刑法学研究中自觉运用辩证和历史唯物主义进行分析不同，一些后进学者在方法论的运用是不自觉和混乱的，这固然与学术训练有关，同时也是缺少学术研究的主体意识所致。这在对待德、日等国家刑法学的借鉴和学习中表现得尤为突出。许玉秀教授曾撰文分析了德国刑法学者的方法论根基问题（见许玉秀著：《当代刑法思潮》，中国民主法制出版社 2005 年版，第 118 页以下），从中比较清晰地看出德国刑法者所自觉运用的哲学方法论。而在研究德国刑法学及其东亚翻版日本刑法学时，能够去挖掘这些学者理论背后的方法论并对其理论进行反向解构的尝试，在我国目前的刑法学研究中几乎是看不到的。冯军教授在介绍雅科布斯的刑法理论时（见冯军译：“与‘古典欧洲’刑法的决裂：处于机能主义和‘古典欧洲’原则思想之间的刑法”，载高铭暄、赵秉志主编：《刑法论丛（第 1 卷）》，法律出版社 1998 年版，第 232 页以下，另见雅科布斯著：《行为责任刑法——机能性描述》，冯军译，中国政法大学出版社 1997 年版），使我们注意到这位德国学者的方法论是卢曼的机能主义（或译功能主义，Funktionalismus，见考夫曼和哈塞默尔主编：《当代法哲学和法律理论导论》，郑永流译，法律出版社 2002 年版，第 122 页）的影响；然而，何为机能主义？其学说如何？雅科布斯教授如何将之用诸自己的刑法理论，从罗克辛著、王世洲译的《德国刑法学总论》（法律出版社 2005 年版）和考夫曼和哈塞默尔主编、郑永流译的《当代法哲学和法律理论导论》能看到一鳞半爪外，则几乎无所追溯了。

② 马克思在《黑格尔法学者批判》中曾经说，“有个学派以昨天的卑鄙行为来说明今天的卑鄙行为是合法的，有个学派把农奴反抗鞭子——只要鞭子是陈旧的、祖传的、历史的鞭子——的每一声呐喊都宣布为叛乱；正像以色列上帝对他的奴仆摩西一样，历史对这一学派也只是显示了自己的后背 [a posteriori]，因此，这个历史法学派本身如果不是德国历史的杜撰，那就是它杜撰了德国历史。”见中共中央马克思恩格斯列宁斯大林著作编译局：《马克思恩格斯选集》（第一卷），人民出版社 1996 年第二版，第 3 页。

③ ［美］罗斯科·庞德著：《法律史解释》，邓正来译，中国法制出版社 2002 年版，第 23 页。

派的代表人物萨维尼在他那本经典的小册子《论立法与法学的当代使命》中阐述了这一学派的基本观点：法不是理性的产物，而是在历史中取支配作用的"民族精神"（Volksgeist）之化身，他否认存在一种不变的，适于所有民族的共同之法，因为每一民族有自己独特的个性，自己独特的"民族之魂"①；"民族的共同意识乃是法律的特定居所"②；"法律首先产生于习俗和人民的信仰，其次乃假手于法学——职是之故，法律完全是由沉潜于内、默无言声而孜孜矻矻的伟力，而非法律制定者的专断意志所孕就的。"③ 萨维尼过于强调习惯法的作用和地位，而且还以习惯法的重要性为由，坚决反对编纂统一民法典，由此显现历史学派政治态度上的保守主义倾向。④ 黑格尔也曾批评历史法学派的说法"不仅是侮辱，而且还含有荒谬的想法"。⑤

历史法学派是作为古典自然法学派的对立面而产生的：古典自然法学派认为，法律的基本原则是无处不在，无时不同的；而历史法学派却认为法律制度具有显著的民族特征。博登海默认为，"古典自然法——基本上作为一种革命的理论——面向未来，而历史法学——作为一种反对革命的理论——则面向过去。"⑥ 如是以观，历史法学对于法制进步而言，表现出一种反动的倾向；而"如果法律效力的建立主要是遵循'民族精神'而否认政治的形成和调控作用，这种观点可能不具有说服力"。⑦ 然而，对于法学研究而言，关注人类行为规则形成背后的特定社会因素，无疑是十分重要的。古典自然法也好，还是今天对自然法思想仍有偏好的学者也好，都有过于理想化的倾向，因为个人的理性表达能否实现并不决定于个人意志，而个人理性能在多大程

---

① ［德］阿图尔·考夫曼、温弗里德·哈斯默尔主编：《当代法哲学和法律理论导论》，郑永流译，法律出版社2002年版，第89页。

② ［德］弗里德里希·卡尔·冯·萨维尼著：《论立法与法学的当代使命》，许章润译，中国法制出版社2001年版，第9页。

③ ［德］弗里德里希·卡尔·冯·萨维尼著：《论立法与法学的当代使命》，许章润译，中国法制出版社2001年版，第11页。

④ 吕世伦主编：《西方法律思潮源流论》，中国人民公安大学出版社1993年版，第56页。

⑤ 黑格尔著：《法哲学原理》，商务印书馆1961年版，第220—221页。（黑格尔说："人们通常替习惯法辩解，说它是充满活力的。但是这种活力，即规定和主体的同一，还不是事物的本质。法必须通过思维而被知道，它必须自身是一个体系，也只有这样它才能在文明民族中发生效力。否认各民族具有立法的使命，这不仅是侮辱，而且还含有荒谬的想法，认为个别的人并不具有这种才干来把无数现行法律编成一个前后一贯的体系。其实，体系化，即提高到普遍物，正是我们时代无限迫切的要求。"）

⑥ ［美］E. 博登海默著：《法理学——法哲学及其方法》，邓正来、姬敬武译，华夏出版社1987年版，第84页。

⑦ ［德］伯恩·魏德士著：《法理学》，丁小春、吴越译，法律出版社2003年版，第208页。

度上去缔造或者改变一个社会规则的主体部分，确实值得怀疑；更何况，即便认同法律基本原则无处不在，那么对于它们载体仍需要认识，就像透明的空气也是以物质形式出现的。历史法学派遭到的无情批判，丝毫没有掩盖这一学派的历史贡献，它促使研究者对法律进行必要的历史分析，以揭示法律背后的政治、经济和文化因素。

庞德在比较分析法学派和历史法学派曾指出，两个学派尽管围绕法律性质、立法性质以及法律权威的基础等方面进行论战，但是，这些问题从终极的角度来看，它们对稳定与变化——一般安全与人类个体生活——之间的协调问题具有影响。① 法律制度总要随着社会的发展而发展，而如何发展，如何保证其合理的发展方向？仅仅靠理性是无法实现的，需要进行全面的经验观察和历史分析。不能了解历史，也就不能真的了解现在，更难以准确地把握未来。进行历史与现今的比较，可以发现得失，为今后的选择提供参考物。当然，仅仅作现象的比较是远远不够的，重要的是要进行全面的解构，比较不同制度模型中的常量与变量：常量就是某一制度存在中的稳定力量，变量则引起某一制度延续中的变动力量；稳定力量往往和传统连接起来，而变动力量则与权力者的价值选择相联系。

马克思说“极为相似的事情，但在不同的历史环境中出现就引起了完全不同的结果。如果把这些发展过程中的每一个都分别加以研究，然后再把它们加以比较，我们就会容易地找到理解这些现象的钥匙”。② 这提醒我们，对于法律制度的纵向性比较研究的重要性。就中国 1978 年恢复法制以来近 30 年的发展为例，在经历由计划经济—有商品的计划经济—有计划的商品经济—商品经济（市场经济）的几个跨越后，在理解一些具体法制制度，乃至某些行为的合法性方面，其结论在不同阶段会有不同的答案。在这个过程中，“（政治 + 经济）v. 法律”的过程中，后者始终处于被决定的地位，不仅表现在立法上，也同样表现在司法上。对于如此变化的解读，如果不立足于历史

① ［美］罗斯科·庞德著：《法律史解释》，邓正来译，中国法制出版社 2002 年版，第 3 页。他说：“在 19 世纪的时候，分析法学派与历史法学派就法律性质的问题（亦即人们究竟是应当将法律制度中的传统部分［the traditional element］还是应当将法律制度中的命令成分［the imperative element］视做法律类型的问题），就与立法性质相关的问题（亦即法律究竟是由法官和法学家发现的还是由有意识的立法者所制定的问题），而且还就与法律权威性之基础相关的问题（亦即权威在于理性和科学还是在于命令和主权者意志的问题），展开了诸多重大的论战。但是，上述问题的全部意义却都在于它们对规则与自由裁量权之间的调适或协调问题具有影响，或者从终极的角度来看，它们对稳定与变化——一般安全与人类个体生活——之间的协调问题具有影响。因此，这些问题既是法理学的哲学问题，也是法律中最具争议的实际问题。”

② 《马克思恩格斯选集》（第 3 卷），第 453 页。

研究的话，很难准确发现法律制度演变的动力来源。如此历史研究，也被描述为对法制制度的政治经济学分析。我们应该看到，法律制度得以形成、运作背后的权力博弈，如此可以更为清晰地看待法律制度的运作过程中的权力运作。[①]

在今天看来，历史法学派早已是明日黄花，历史分析只是法学方法论之一种[②]，然而，历史法学派提出一些观点对于如今的刑事法学研究仍有积极借鉴意义，正像伯尔曼所说："历史主义是过去的回归，历史性则注重社会文化，包括法律文化在内从过去到未来的连贯性。用一位杰出的当代历史学家的话就是说，'传统是死者的活的信仰，传统主义则是生者的死的信仰'。"[③]这一意义集中体现在，要对当代法制所根植的社会传统和文化进行分析。历史法学派认为，现行法与其产生历史以及时代的社会、经济、精神、文化和政治的潮流紧密相连。任何法律制度都是其共同文化不可分割的组成部分。它同样也对共同文化的历史产生着作用。[④] 中国全面接受西方的时间只有100多年的历史，即便在今天，南橘北枳之类的水土不服现象仍大量存在。民间纠纷的解决（包括可能已经构成犯罪的）在很大程度上并没有通过法制的途径解决[⑤]，这可以提醒我们，中国传统社会解决纠纷的方式仍旧顽强的存在着。如果缺少对当今社会调整模式的历史性解剖，一些根源性的问题很难被真正发现，而现代法治建设可能就是做了"一锅夹生饭"。

二、刑事法的历史分析与历史解释

对中国当代刑事法进行历史分析，并非去发现所谓的"民族精神"，而是寻找刑事法律制度得以形成的脉络，以及在法制演进中的政治、经济和文化

---

① 历史法学和社会法学的共同点是最多的，即都是以社会（现实的社会或历史的社会）中的法为研究对象；所采用的方法都是社会的实证方法。参见吕世伦主编：《西方法律思潮源流论》，中国人民公安大学出版社1993年版，第48页。

② 吕世伦主编：《西方法律思潮源流论》，中国人民公安大学出版社1993年版，第61页。

③ ［美］哈罗德·J. 伯尔曼："法律的历史基础"，范学进译，载《学习与探索》2006年第5期。

④ ［德］伯恩·魏德士著：《法理学》，丁小春、吴越译，法律出版社2003年版，第208页。

⑤ 江西省乐平市个别乡镇中人身伤害、盗窃、重婚三类案件"私了"率达70%（参见张容、徐卫华："不能忽视农村犯罪私了现象"，载《法制日报》2001年3月29日）；山东创纪律师事务所在2003年的一项调查显示，农村中通过私了解决的案件占农村刑事案件的25%（参见宋振远："乡村社会犯罪'私了'现象调查"，载《小康》2004年第1期，第69页）。在山西某些地方，农村违法犯罪案件中，先期"私了"而后进人司法程序的，占全部案件的13%（参见王宇晓："农村犯罪'私了'现象严重"，载《山西日报》2001年4月20日第8版）。

因素。这种研究当然不是简单的、“流水账”般地去罗列法律形式的变化，而是要挖掘制度背后的权力运作关系：主体选择、对象以及相互的影响。实现这一目的的历史分析研究，则应考虑三个方法的综合运用：

1. 历史比较研究，即纵向对历史与现今的相似制度进行比较研究。这种研究方法主要是形式意义上的，或者说，主要是文本形式的比较。在现有的研究，比较新法、旧法之间差异，往往利用这种方式来进行。这种方法是历史分析中比较基本的方法，也是目前对刑事法进行历史分析最为常见的。在1997年新刑法颁布后，最初阶段的研究很大集中在新、旧法的比较上。在司法解释的研究方面，以历史的视角来考察现行司法解释的适用范围，则可以比较清楚地把握新的司法解释所规范的内容。当然，这种比较研究，如果只停留在文字表述，就显得过于简单而直白了，因而即便是文本研究，也要从文本的形成、形式以及辅助文献中去挖掘文本背后的含义。就刑法而言，如果只是比较某个条文在新法、旧法中的不同，即是一种“知其然，不知其所以然”的研究态度；重要的是，要解析新法作出修改的根据是什么。文本研究，也是要挖掘更深层次的东西，而不是停留在表面玩弄文字游戏。透过文本看到文本背后的东西，对于更好地解读文本具有积极意义，同时又可以比较清晰地检讨新、旧更替所引起的社会调整范围的变化和伸缩。

2. 历史的社会研究，即对刑事法的某一制度的历史形态所存在的社会背景进行研究。康德认为，关于“自然的”，也就是说正当法（richtiges Recht）的普适性问题，它的每一个答案都只对特定的社会状态，只对特定的时代和特定的民族才能有效适用。[①] 一项制度的形成、发展乃至衰落，一般来说，是特定社会政治、经济状况在法律层面的反映，因而对刑事法进行历史的社会研究，一方面可以认识其以为基础的社会现实如何，从而分析权力运作中的作用与反作用状况；另一方面，与当下社会现实进行比较，以分析现行制度应当如何产生以及走向。这里可以举刑事和解的例子：刑事和解可以看做是中国土生土长的恢复性司法；关于恢复性司法，Braithwaite在总结其悲观一面中曾经提到，恢复性司法的实践依赖于在文化上不符合工业社会的社区类型[②]。这一悲观的提示，同样在刑事和解中存在，对于比较稳定的社区（包括农村）内部发生的纠纷，以刑事和解的方式来解决比较妥当，而对于处于流

---

① ［德］G. 拉德布鲁赫著：《法哲学》，王朴译，法律出版社2005年版，第18页。

② John Braithewaite, “Restorative Justice: Assessing Optimistic and Pessimistic Accounts”, 25 Crime & Just. 79 - 102, “Restorative justice practices rely on a kind of community that is culturally inappropriate to industrialized societies”.

动状态的人员之间或者与处于稳定状态社区发生的纠纷，以其来解决问题值得怀疑，因为加害人与受害人之间缺少人际的信赖基础，加害人如果免予刑事追究，其是否能够受到必要的社会监督也是疑问。从现有研究中，很容易使人感到，现在所谓的刑事和解是中国古代调解制度或者“和合”文化的复兴①，然而，中国古代社会基层组织结构是封闭的，并以宗法制度作为维系的基础，而当代社会则是工业社会，其标志之一是人获得流动的自由。② 刑事和解用诸“熟人社会”无可厚非，而用诸“陌生人社会”则似乎力有不逮。当然，这里并不是说，刑事和解应当被放弃，而是说，要看到在当今社会中其具有明显的局限性。

3. 历史的价值研究，即对不同历史时期的刑事法所体现的价值以及当时立法者（统治者）在制定、修改刑事法所进行的价值选择予以分析。特定主体有其特定的价值，而这又受到时代和环境的影响。即便诸特定主体都提倡同样的价值，但是其具体内容却也可能不同。所谓正义、自由、平等、秩序，实际上仍指向一种状态，而这种状态仅仅靠一个“空核”的概念是无法为人所知的，只有大致地描述出一种模型，这种状态才可能真正为人所知。法的价值也是如此，当今每个社会、文化类型都在标榜正义、自由、平等和秩序，但是每个社会所标榜和塑造的正义、自由、平等和秩序又是多么的不同。看到这一点，在价值分析上就不能只停留在观念上，停留在那个“空核”层面；而要深入进去，去看特定主体在空核里究竟填充了什么样的东西。空核之下的东西，才是特定主体真正追求的价值本身。③ 进行历史的价值研究，即是要分析制度创设者（有时也包括实践者）所秉持的价值如何，以及他们在具体的价值语言中“填充”了什么样的具体指标。目前关于“宽严相济刑事政策”的研究，使人很容易想到孔夫子所赞颂的“宽猛相济”④，但是，两者虽然在提法上有相似之处，其所体现的价值绝对是不同的，很难想象孔夫子在说这段话时有人权保障的考量，而我们在解读“宽严相济刑事政策”之

① 例如，樊崇义、陈惊天：“和合思想与刑事和解制度的构建”，载黄京平、甄贞主编：《和谐社会语境下的刑事和解学术研讨会文集》，中国人民大学刑事法律科学研究中心印，2006 年 7 月 23 日，第 79—93 页。

② 其实，在改革开放之前，乃至在改革开放早期，人的流动性也是缺乏的，社会成员大多数被固定一个狭小的单位中，这样的小单位就是一个“熟人社会”。这样的社会模型和当下的社会结构显然是极为不同的。

③ 参见拙文：“建构与解构：一种多维分析框架的确立（提纲）”，载时延安著：《中国区际刑事管辖权冲突及其解决研究》，中国人民公安大学出版社 2005 年版，第 253 页。

④ 孔子曾经赞誉春秋时期郑国的相国子产，“宽以济猛，猛以济宽，政是以和”。《左传·昭公二十年》。

“宽”的一面时，必须赋予其人权保障的光环。

对刑事法进行历史分析，不可忽视刑事法历史解释的重要性。萨维尼对法学发展的一大贡献表现在法学方法论领域，他总结当时法律方法讨论的情况，提出解释的四个“基本要素”，即语法要素、逻辑要素、历史要素和体系化要素，其中历史要素是指“法律与颁布时的现实状态的相关性”。[①] 魏德士认为，历史解释（historishe Auslegung）力图从法律规定产生时的上下文中确定规范要求的内容和规范目的，应着眼于规范产生时发挥共同作用的各种情况和影响因素，具体包括：（1）历史—社会的上下文，即导致立法的社会利益、冲突状况和目的观；（2）思想史和信条史的上下文，即必须注意酝酿和表达立法时所处的概念史和信条史的初始状态；（3）立法者的调整意志，即要查明立法的政策上的意图和调控目标，其决定着立法过程的表达以及法政策的贯彻。[②] 进行历史解释的原因在于：（1）准确的规范调整目的的产生历史常常能够给出较文义解释和体系地位更加可靠的答案；（2）历史解释可以作为限制解释和法律续造的工具；（3）历史解释最终证明是具有决定性意义的方法可靠性的标准，即只有对产生历史和历史的规范目的进行解释，才能使客观规定的要求内容具有可能的清晰性。[③] 实际上，历史解释和其他法律解释方法一样，都是力求获得具有说服力的解释结论，以确保法律适用的正当性；在这一目的的实现上，比较文义解释和体系解释而言，它确实能够准确地体会法律创制时立法者的意图。当然需要争论的是，解释法律时，是否一定受立法者原初意思的限制；不过，无论怎样，通过历史解释来阐明法律的妥当（而不是真正）含义，总是有着不可替代的工具价值。

4. 对中国刑事法制发展不同阶段进行历史研究的基本态度。

历史分析，显然不是简单地回顾过去，或者如历史法学派所主张的延续或继承以所谓“民族精神”为内核的法，而是在相同之中发现不同，在不同之中体会相同。对于中国刑事法进行历史研究，主要目的在于以下三个方面：(1) 对历史出现的制度和今天相同和类似的制度进行比较，在分析其形式因素的异同过程中，去研究前者对后者形成的历史意义。比如，中国古代的监候制度对死缓制度产生的影响，从现有资料看，似乎没有明显的影响痕迹；

---

① 引自［德］伯恩·魏德士著：《法理学》，丁小春、吴越译，法律出版社2003年版，第313页。

② ［德］伯恩·魏德士著：《法理学》，丁小春、吴越译，法律出版社2003年版，第340—341页。

③ ［德］伯恩·魏德士著：《法理学》，丁小春、吴越译，法律出版社2003年版，第344页。

不过，如果从原初的思想脉络上，是否可以找到旧制度对新制度的“提醒”作用，则有兴趣的人可以继续挖掘。再如，民国时期已经采用的保安处分制度，对于建国后劳动教养制度的产生是否有“提醒”作用呢？如果抛弃意识形态因素，而仅仅从技术或者形式层面看，后者未必是凭空想象出来，多少会受到某种“启迪”的，当然笔者现在没有充分的证据。（2）探求历史出现的法律思想和实践对现今法制的影响。在“以德治国”提出的时候，已经能够看到通过局部复兴儒家思想来治理国家的考量。“和谐社会”的提出，也促使研究者从中国古代传统治国思想中去寻找适合现今中国社会管理的思路。就现今中国而言，中国已经实现经济和社会模式的跨越，但是文化是否也同步实现了跨越呢？这是一个很大的理论问题，本文无法给出回答。不过，在今天的法制实践中，仍能够看到传统法制潜移默化的影响。比如死刑复核制度即是如此：这一制度严格地讲，并非是一种司法活动，而采取的是一种司法性的行政模式，如果与中国古代的复奏制度相联系，可以看出二者之间具有一定血缘关系。（3）从历史研究，来确证现行刑事法制度的合理性。通过中外比较研究得出现行某种制度落后的结论，如果通过历史研究可能发现其存在具有较强的合理性；通过历史研究所给出政治、经济和文化上根据，至少可以说明现行制度存在仍是一种具有合理性的延续。任何制度不可能凭空创建出来，不考虑社会公众积习与心理的制度创设也势必难逃被虚置的命运。当然，如此研究并非迁就现行制度的弊端，而在分析其所以然的合理性的前提下，去探讨促进其良性改革的落足点和拓展面。

时下探讨刑事法的历史分析问题，自然而然要上溯到不同历史时期进行研究。以今天的眼光衡量，则可分为四个阶段：（1）《大清新刑律》颁布之前；（2）《大清新刑律》颁布至1949年中华人民共和国成立之前；（3）建国后至1980年刑法、刑事诉讼法（以下简称“两法”）施行之前；（4）“两法”施行后至今。对于不同历史阶段，进行历史研究的态度应有所不同，而关注点也有很大差别。

王觐先生在《中华刑法论》中提到：“清律以往，已成陈迹，固无品评之必要。”① 如此态度似乎有点武断。对此，韩忠谟先生的观点更为中肯，他说；“儒家礼刑一致之说，于政治意义固然已成陈迹，然自私生活关系观之，所谓

① 王觐著：《中华刑法论》，姚建龙勘校，中国方正出版社2005年版，第30页，原文是“清律以往，已成陈迹，固无品评之必要。现行刑法，编制尚新，学理上多不一贯，且范围狭隘，有不能应犯人人格犯罪情状，收运用适宜效果之虞，虽曰视前者历代相缘不合时变之法典，大有进步，然其不能顺现代时势之要求，达预防犯罪之目的也，则犹不足以令吾人之惬于心！”

礼义廉耻云者，仍不失为道德之至高准绳，文化之结晶，立国之大本，现时之刑事制度，终不出其范围，盖法律与道德虽非一致，然亦非可完全分离，尤以刑法所保护之对象为公序良俗，无处不与国民道德及伦理观念密切相关，因此，刑法所定之犯罪内容，及其刑度轻重，吾人欲明其义蕴准据之所在，仍非就中国固有道德观念，参合印证，无由窥其全貌”。[①] 对于中国古代刑事法[②]的研究而言，需要研究的主要是，传统治国思想对于今天刑事法制的影响，以及如何继续其积极意义，清除其消极意义。其中，对于法家思想研究具有积极的理论价值。[③] 韩非子曾经说，“明仁义爱惠之不足用，而严刑重罚之可以治国也”。[④] 商鞅则说，“故行刑重其轻者，轻者不生，则重者无从至矣，此谓治之于其治也。行刑重其重者，轻其轻者，轻者不止，则重者无从止矣，此谓治之于其乱也。故重轻，则刑去事成，国强；重重而轻轻，则刑至而事生，国削。”[⑤] 如此观念，可以作为1983年“严打”后泛滥的重刑主义很好的理论注脚。当然，当时的决策者是否受到法家的影响，则很难考证了。

民国时期的刑事法制已经开始与西方国家接轨，并进入所谓的现代阶段。从制度的形式层面，我们能够看到比较鲜明的现代特色，但是，从实际运作是否依照这些现代的制度来转动的，则是研究需要解决的。对这一问题的分析回答，实际上也在回答另外一个更为基础的问题：自上而下推行的法制现代化运动，在另外一个与西方完全不同的传统社会里，能否成功？如何成功？取得成功需要的时间？作为中华民国法统延续者的中国台湾地区，现在已基本实现了法治现代化，但是，它又是什么时候完成这一历史任务的？是在什么样的社会背景下实现的？这些问题都是我们在建立社会主义法治国家中需要进行研究的问题。对于刑事法研究而言，民国时期的刑事法制对今天的借鉴意义，是值得思考的课题。

建国后到恢复法制建设之前的时期，是一个很难用法制（更不用说法治）

---

① 韩忠谟著：《刑法原理》，中国政法大学出版社2002年版，第42—43页。

② 虽然从历史分期上看，1840—1911年民国成立属于近代史，但是从刑事法发展看，这一阶段仍属于古代部分，因为此时刑事法并没有明显近代特色。

③ 汉武以后，儒家学说取得“大一统”地位，不过法家思想并没有销声匿迹，此后在治国方面有“外儒内法”之看待。“文革”时期，在“批林批孔”时，曾掀起研究法家的潮流。这段思潮上的演变，对于当时乃至后来社会控制手段上的变化，是否有所影响，值得去认真玩味。

④ 《韩非子·奸劫弑臣》，转引自瞿同祖著：《中国法律与中国社会》，中华书局2003年版，第327页。

⑤ 《商君书·说民》，转引自瞿同祖著：《中国法律与中国社会》，中华书局2003年版，第328页。

来加以概括的时期，这并不是说治理国家没有成文的规则，而是说，这个时期的治理没有严格依照法制的基本规则来办，最高立法机关制定的法律极为有限，所谓的司法活动更多是按照政策、原则办事。但是，对于这段时期的刑事法及政策，对于今天而言，具有十分重要的意义。这一阶段的观念和实践，与今天的观念和实践有着千丝万缕的联系，因为权力构成特征与今天并没有发生本质的改变，虽然其运行规则发生了变化，但是在权力决策机制上仍具有继承性。令人遗憾的是，这一时期虽然离我们如此的近，但是从感觉上却是如此的远，以至于当时的刑事权力活动如何，我们茫然无知。

结　语

我们生活在历史的今天里，有意、无意的忘记过去，并不能改变我们现今生产、生活的历史决定性，我们可以通过理性去塑造未来，但却只能以近乎谦卑的心态来看待历史并研究它。尊重历史，不仅是一种科学的研究态度，也是维护我们对固有文化保持良好记忆和认同的基础。

刑法的美学视角

韩瑞丽*

只有通过美这扇清晨的大门，你才能进入认识的大地。德国哲学家、美学家席勒（F. Schiller）如是说。当然，这并不意味着只有美，才能通达对真理的认识。席勒是在强调美对于认识的重要意义。“法律这样一种复杂的社会现象所暗含的所谓无意识的‘隐秘秩序’（verborgene Ordnung），有时也必须通过美‘这扇清晨的大门’才能被人们所知觉和认识。”①

一、美与美学

（一）关于美

美是事物的形象性。对同一事物我们可以采取不同的角度，从而获得关于这一事物的不同理解。美学大师朱光潜先生说：“一切事物都有几种看法。你说一件事物是美的或是丑的，这也只是一种看法。换一个看法，你说它是真的或是假的；再换一种看法，你说它是善的或是恶的。同是一件事物，看法有多种，所看出来的现象也就有多种。”② 美，呈现为直觉形象。“从学术严格性的角度，用‘审美态度’来指对事物形象性的观赏，最适合这个词的性质。”③

美是和感觉相联系的。这里所说的感觉并不只是直观的、非理性的，而是和人、人的生命、人的生活密切相关的感觉。一般来说，具有这样特点的感觉主要包括感知、体验、想象、情感和理解。人们是通过感觉器官来对具体的感性对象进行审美的，其所发生的关系，主要的就不是理智上的认识、意志上的行为，而是感情上的喜爱与否和满足与否。也就是说，对具体事物

---

* 法学博士，北京大学法学博士后科研流动站研究人员。

① 舒国滢：《在法律的边缘》，中国法制出版社2000年版，第56页。

② 朱光潜：《谈美》，广西师范大学出版社2004年版，第1页。

③ 张法：《美学导论》（第2版），中国人民大学出版社2004年版，第51页。

形象的把握，是通过人们的感受，表现为一种情感活动。①

情感是审美中最为活跃的因素。“它一方面构成了其他各种心理因素产生的诱因，另一方面又是它们进一步发展的动力，同时，它还作为一种弥漫性因素伴随于审美活动的全过程，从而使整个审美活动都显示出明显的情感色彩。”② 与一般的情感活动相比，审美情感具有其特殊性。“简单地说，日常生活中的情感具有更多的个人色彩，而审美情感则具有更为显著的社会性和理性特征。”③ 前苏联心理学家彼得罗夫斯基曾经指出，情感作为人在活动中对于客观事物所持的态度和体验，总是“需要的主体与对他有意义的客体的关系在他头脑中的反应”④，这表明情感本身是一种价值体验，凡是能够满足人们的主观需要的对象，主体就会对其做出肯定的情绪体验；反之，就会产生否定性的情绪体验。与日常的情感不同，审美情感需要经过超越性的反思和判断，因而具有更多的理性因素和社会色彩。⑤

（二）关于美学

美学，作为一门独立的学科，是在近代形成的。⑥ 其对应的英文是 Aesthetics，对应的德语是 Aesthetik，这两个词源于希腊文，词根含义为“感觉”、“感兴趣”、“感性的”。因此，美学又被称为感性学、感觉学或知觉学科。感性认识和情感经验的规律性是美学研究的中心。⑦

简言之，美学就是关于审美活动的学科。审美活动具有两个最明显的特征：

1. 审美是一种“反思判断力”。审美虽然是一种感性的直观行为，但离不开理性因素的参与。这是因为，审美“不同于一般的感性行为，它不仅要形成关于对象的感性形象，而且要超越性地把握对象的意义，并在此基础上作为具有普遍性的审美判断和评价”。⑧

在感性的直观活动中如何才能容纳理性的因素？对此，以往的美学史上曾经出现过两种相互对立的观点。一种是机械唯物主义者的观点，认为审美

---

① 参见《蒋孔阳全集》（第3卷），安徽教育出版社2000年版，第15页。

② 朱立元主编：《美学》（修订版），高等教育出版社2006年版，第289页。

③ 朱立元主编：《美学》（修订版），高等教育出版社2006年版，第291页。

④ 转引自朱立元主编：《美学》（修订版），高等教育出版社2006年版，第291页。

⑤ 参见朱立元主编：《美学》（修订版），高等教育出版社2006年版，第291页。

⑥ 美学界公认，美学作为一门独立学科的形成应当是1750年，以德国哲学家鲍姆加通（Baumgarten，1714—1762）《美学》一书的问世为标志。

⑦ 参见朱良志：《中国美学十五讲》，北京大学出版社2006年版，引言；［英］里德：《艺术的真谛》，王柯平译，辽宁人民出版社1987年版，第7页；周宪：《美学是什么》，北京大学出版社2002年版，第13页。

⑧ 朱立元主编：《美学》（修订版），高等教育出版社2006年版，第291页。

就是一种认识活动，这就把审美等同于一般的科学认识活动，从而忽略了审美活动的感性特征和直观本质；另一种则是直觉主义的观点，认为审美活动是一种非理性的直觉，与理性因素无缘，这显然又忽略了审美的认识功能，与艺术实践和审美欣赏的历史明显不相符合。而实际上，审美之所以既能够保持自己的认识功能，又不违背感性活动的一般规律，关键在于理性因素在审美和科学认识活动中的参与方式存在着区别。

康德对理性判断力（认识）和反思判断力所作的区分就令人信服地回答了上述难题。所谓“反思判断力”，不像理性判断力那样从普遍性的概念、规律出发去判断特殊事实，而是从特殊的事物和感受出发去寻找普遍。显然，这才是感性审美中理性的活动规律。正是由于反思判断力的这个特点，决定了理性在审美活动中是与其他心理要素和谐无间地交织在一起。①

关于审美中的理性因素，黑格尔也有过精辟的论述。黑格尔指出，审美活动是一种“充满敏感的观照”。“‘敏感’一方面涉及存在的直接的外在的方面，另一方面也涉及存在的内在本质。充满敏感的观照并不能把这两个方面区别开来，而是把对立的方面包括在一个方面里面，在感性直接观照里同时了解到本质和概念。”② 在这里，黑格尔辩证地解决了审美活动中感性和理性的关系问题。在他看来，审美作为感性的观照或直观行为，与一般感性行为的不同之处，在于它把感性形象和理性内涵辩证地统一在一起了。

2. 审美倡导“对话关系”和终极关怀。一般说来，对话意味着平等关系上的沟通和理解，即不存在一方支配和宰制另一方的局面。在审美活动中，主体能够从对象上“直观自身”，体验、感受、认同、领悟到与自身存在息息相关的精神、意义或价值意蕴，从而产生共鸣，形成交流、对话的局面。

终极关怀是对话关系的进一步发展和升华，需要主体忘我的投入或整体的生命承担。在价值问题上，“几乎所有正面价值的赞扬、美化都逻辑地派给了审美”③，审美是对人生存的真相、对人生存的终极价值的呼唤、寻求和探索。审美观照，作为一种哲学观照，从价值角度看，是一个终极价值域。终极价值的思考和形而上的关切是审美的旨趣所在。

诚然，强调理性的力量，要求以理节情、以理驭情是理性主义一个极为普遍的特点。然关注人的生存，要求人性的完整自由亦越来越为人们所关注。美

---

① 参见朱立元主编：《美学》（修订版），高等教育出版社 2006 年版，第 292 页。

② ［德］黑格尔：《美学》（第 1 卷），朱光潜译，商务印书馆 1979 年版，第 167 页。

③ http：//www. studa. net/meixue/070106/15483239—2. html，参见曹顺庆、吴兴明：“正在消失的乌托邦——论美学视野的解体与文学理论的自主性”一文。

学的发展使在理论上长期处于遮蔽状态的人的感性问题——感受、情感、体验、想象、沟通、理解等被逐渐彰显出来。同时，“审美活动是人类的一种基本实践活动，它渗透在人类的各种实践活动中，人类对世界的改造总是按照美的规律在进行，无论是在物质生产领域，还是在精神生产领域。正因为如此，美在人类的世界里处处都有，美学研究也因此而能够进入各种领域。”①

（三）美学与刑法学

当代科学的发展，常常使某一门学科有一种超越自己原有视野去拓宽研究领域的趋势。英国著名学者哈罗德·奥斯本（Harold Osborne）曾指出：“任何知识部门对于美学都有强烈的相关性”②。

德国著名法哲学家、刑法学家拉德布鲁赫（Gustav Radbruch）在其《法哲学》（1932年德文版）一书中主张通过文学创作和艺术作品来认识法律的本质，并且要求建立一门法美学。1938年《论刑法的优雅》是其代表作之一。③ 在我国，虽然法理学界关于法美学的研究已经形成了一定的理论成果④，但还鲜有学者对刑法展开美学意义上的研究。⑤

从感性认识（感受和情感）切入，展开刑法学研究的美学进路，旨在通

① 王旭晓：《美学通论》，首都师范大学出版社2000年版，第12页。

② 转引自叶朗：《现代美学体系》，北京大学出版社1999年版，第24页。

③ 参见［德］古斯塔夫·拉德布鲁赫：《法律智慧警句集》，舒国滢译，中国法制出版社2001年版，著者简介部分。《论刑法的优雅》（1950年第2版增订）一书尚未见到有中文译本，在此也呼吁拉德布鲁赫教授的这部刑法学著作能够早日引起我国刑法学者的关注和译介。

④ 近年来，作为广义意义上的“感性学”（如社会学、文化学、心理学、现象学、文学、语言学等）对于法学理性主义、权利话语的“消解”和冲和作用，也日趋显现。如北京大学的苏力先生近年来关于“法律与文学”的研究就是这种理论趋向的拓荒者之一。“法美学”的出现和研究进展，从一定程度上说，亦是这种趋势的彰显。从我国“法美学”的研究现状看，中国政法大学的舒国滢先生、中国人民大学的吕世伦先生先后提出了要创建一门“法美学”的理论主张，并各自形成了一定的理论研究成果。舒国滢先生于2000年6月出版了《在法律的边缘》，吕世伦先生于2004年7月主编出版了《法的真善美——法美学初探》。同时，吉林大学的姚建宗先生在2000年7月发表了“法治的审美旨趣与美学意境”一文，也是我国用美学方法探求法学研究意义的较早开创者之一。另外邓少岭博士、李庚香博士等学者也陆续以博士论文或著述的形式加入到法美学的研究行列中。

⑤ 值得关注的是，我国美学界陈炎、李有祥先生1994年出版了《美学与社会犯罪》一书，谈及到审美与犯罪在社会学、心理学、哲学意义上的联系。2004年6月中国政法大学马兰花女士以“论中国刑法的美学意境”作为研究选题（指导教师为曲新久先生），并通过了硕士论文学术答辩。后来，马兰花女士将该论文中的内容进行了重新的梳理和充实，分别以“刑法的美学性质”、“中国古代刑法审美意境之探析”为题发表在《青海民族学院学报》2006年第1期、《青海师专学报》2006年第6期上。同时，在刑事诉讼法领域，西南政法大学庞林先生在2003年第3期的《新余高专学报》上，发表了“美学视野中的刑事诉讼”一文。以上两位作者的文章虽然从研究进路看，并非美学的研究进路，仅是简要论及到刑事法领域中的一些审美现象，但从学术原创的角度而言，却是令人珍惜的。另外，还有匿名专家在个别场合提及“早在上个世纪，德国的黑巴特等人就运用美学探讨了刑法问题，由于其结论的娱乐意义大于科学意义，该研究也是有始无终”。但从笔者目前掌握的资料看，尚未见到相关论述。在此，亦期待该专家能就此观点及时给予学术上的补漏和指点，谨致谢忱。

过直观的认识来发现刑事法律内在的美的秩序，探求这种秩序形成的审美动因，并为刑法的构建提供某种可以参照的美学标准和原则。还可以说，它使人们可以把研究目光、想象力和理解力投向被观察的对象之上，不仅继续探寻对象物之“真”、“善”，而且希望感受其内含之“美”。

（四）审美之维是刑法的重要组成部分

作为一个开放的研究系统，刑法学不但要研究刑法之真、刑法之善，还要研究刑法之美。“法通过形式、结构、风格和仪式来表达和表现自己”[①]，作为法之善、法之真由此而得以与法之美相通。美学的研究旨趣之一在于阐释矛盾和反题，作为价值冲突表现激烈的刑法领域，与审美有着天然的亲近。

拉德布鲁赫认为，法在根本上蕴藏着某种“戏剧化的冲突”（Der dzamatische Konflikt），内在地包含有一个多样态的反题，如事实和价值、实然和应然、实在法和自然法、正统法和革命法、自由和秩序、正义和公平、法和宽容之间的对立性。[②] 犯罪，作为最为复杂的社会现象之一，通过犯罪人的“自由意志”表现为对他人人身、财产甚至生命的侵犯、对公共法秩序的破坏或个人反对国家的“孤立的斗争”。相应地，刑罚作为最严厉的法律制裁手段，通过国家的“强制意志”表现出对犯罪人财产、自由甚至生命的否定和剥夺。因此，刑法与自由、生死等重大人生命题相关，关乎人“存在状态”的大悲大痛。以犯罪、刑事责任和刑罚为重要情节，通过刑事立法、司法裁量和刑事执行等国家法的形象的交替上场，将这种“戏剧化的冲突”推向高潮，直至落幕。人权保障与社会保护、刑罚个别化与罪刑均衡、罪与罚、自由与囹圄、生与死、教育与报应、矫正与惩罚、法意与人情、罪孽与宽恕、残酷与仁慈、冤苦与正义……刑法几乎涵盖了所有的人性冲突和价值对立矛盾。这种冲突矛盾间的痛苦抉择和无穷张力本身就蕴涵着强烈的审美意蕴。

二、作为刑法理论的一种反思视角

诚然，刑法学有自己作为学科的内在根据，但任何学科都是开放性的，是自律性和他律性的产物，是“内在的”和“外在的”研究合力的结果。刑法学的自律性，即刑法学的专业性。这种研究方法关注“刑法是什么而不是

---

① See Desmond Manderson, Songs Without Music: Aesthetic Dimension of Law and Justice, University of California Press, p. 190.

② 参见舒国滢：《在法律的边缘》，中国法制出版社 2000 年版，第 57 页。

什么”，旨在揭示刑法作为部门法自身的基本问题、场域和学术规范，并由此将刑法与其他学科区别开来，主要通过一种“内在的”视角研究——注释刑法学、规范刑法学等理论形式展开。同时也应当看到，“法学知识具有专业性，因而或多或少地疏离了人文社会科学的知识背景。为此，应当打通法学与人文社会科学之间的学术樊篱，使法学知识获得更多的人文性与思想性。对于刑法知识来说，也是如此。”[①] 而且“刑法是一种复杂的社会现象，它是人类精神生活的一个点，它与其他社会现象之间存在着某种相关性”。[②] 因此，我们在强调刑法自律性的同时，不能忽视把刑法置于特定的历史境域中，从人类的、历史的、社会的、经济的、文化的、哲学的、伦理的、心理的、现象的、政策的、逻辑的、语言的等诸视角对刑法进行全面地、多方位地考察。这就是所谓的刑法学的他律性。刑法学的他律性强调刑法学作为社会学科分支，与其他学科存在着密切互动关系，而揭示这种互动关系正是跨刑法来考察刑法自身的重要途径。

美学是一种典型的人文学科反思方式。一般而言，自然科学研究追求对客观事物属性规律的精确掌握，因此，采用观察、归纳、实验的模式，执著于冷静的、理智的、客观的态度，排斥主观精神和情感的渗入，是自然科学研究的基本方式。社会科学研究的目标也是发现和掌握社会现象的内在本质规律，因而和自然科学有同样的要求，即力求判断的客观性和公正性，最忌主观的参与和情感的介入。美学视角则不同，一方面，它关注微观现实生活，要求主体的卷入、参与；另一方面，它强调受众情感的重要性，倡导在社会中释放边缘群体、弱势群体的声音，使他们的诉求在社会的政治、法律、文化的框架内得以与主流话语相抗衡。从这个意义上说，美学与其说是研究，不如说是反思；审美与其说是主体以理性的态度对社会现象进行分析、研究、归纳、概括，不如说是要求主体站在当时的境域中，亲自去“看”、体验、感悟、追问、对话、解释、建构等。质言之，审美视角强调主体的“亲历感”和一种整体的生命承担。

作为一种外在的研究视角，美学的这种感性进路、小型叙事、质疑解构、微观分析等认识事物的方式对于见长理性思辨、宏大叙事、强调确定性原则和传统范畴的刑法理论研究来说，无疑具有强烈的互补和借鉴意义。

---

① 陈兴良：《法外说法》，法律出版社 2004 年版，第 54 页。

② 陈兴良：《刑法的价值构造》（第 2 版），中国人民大学出版社 2006 年版，出版说明。

三、提出“刑法的形象”和“刑法的情感”

美学视野，还可以将刑法学的研究引入一个新的场地：

（一）刑法的形象

形象一词，自古有之。在《尚书》、《周礼》中“形象”的基本意思是人之相貌，物之形状。[①] 到了今天，形象已被理解为“人们在一定条件下对他人或事物由其内在特点所决定的外在表现的总体印象和评价”[②] 或“人们所持有的关于某一对象的信念、观念与印象”[③]。刑法，作为一种制度设计，同样存在着知识性、功利性和形象性三种属性。刑法的形象，一方面，是指符合刑法的精神、价值、理念或理想要求的感性表象；另一方面，表现为刑法文本带给受众的心理感受、情感体验、心理效果等统一体。

“形象本质上是人对真善美的追求”[④]。美是事物的形象性，作为内含着“美”的刑法，其形象性既有自由展开自己的向度，又与刑法的功利性同处一物。刑法的形象性如何脱离其功利性而展开自己，呈给受众，是对刑法进行审美观照的又一意义。长期以来，刑法给人的印象常与“刀把子”、狰狞、打击、冷漠、法不容情等词语联系在一起。但这不是刑法的现代形象，或者说，这样的一种形象不是刑法的本来面目。现代意义的法治只不过是人类关怀自己的一种方式，法治关怀也就是对人自身的尊严和生存的关怀。对刑法文本和刑法现象进行审美观照，旨在通由法律践行者的“妙手仁心”和刑事法治“旁观者”的“冲和静观”，秀出“刚柔相济”[⑤] 的现代刑法形象。

（二）刑法的情感

“情”是刑法的应有之义。陈兴良先生曾指出：“片面将法与情绝缘，那不是对法的无知，就是对法的曲解。其实法是最有情的，法条与法理是建立在对情——一种对社会关系的最为和谐与圆满状态的描述与概括之上的，是

---

① 《尚书·诰命》疏注中，言及殷王武丁梦见天帝送给他一个助手，于是回忆梦中之所见，令百工“刻其形象”，“使百官以所梦之形象”去民间寻找。《周礼·天官·司会注》在解释地契版图时，明确写到“图，土地形象，田地广狭”；“土地之图，有其形象，即是民之田地广狭多少，皆在图也。”参见秦启文、周永康：《形象学导论》，社会科学文献出版社 2004 年版，（张西明）序。

② 秦启文、周永康：《形象学导论》，社会科学文献出版社 2004 年版，（张西明）序。

③ 转引自秦启文、周永康：《形象学导论》，社会科学文献出版社 2004 年版，第 3 页。

④ 秦启文、周永康：《形象学导论》，社会科学文献出版社 2004 年版，第 15 页。

⑤ “刚柔相济”现代刑法形象的提法受梁根林先生“刚柔相济”刑事政策思想的启发，谨致谢忱。

情的载体与结晶。”[①]

情感是人的一种非常普通的心理现象。人们在感受、认识、对待面临的各种事物和现象时，往往会对某一些对象感到满意、喜悦、爱恋，对另一些对象感到反感、厌恶、愤恨，这就是情感的具体表现。在这里，刑法的情感，一方面是指刑法文本中意蕴的情感基础或情感特征，另一方面主要体现为刑法受众的感受、态度和行为选择等。以情感为核心的审美观照，要求我们不但要人性地看待人，人性地看待法，还要人性地对待法。如同我们要平等而仁爱地尊重和对待他人一样，对于刑法，我们也要进行这样的反思：我们是在拿怎样的态度来对待刑法——怀疑、功利？还是信赖、认同？也就是说，要关注刑法文本自身的“尊严与品格”，即文本的自主性问题。

在美学视野中，刑法的形象和刑法的情感是互为涵摄、共同展开的。因此，如果说，在刑法学研究中，通过观察与剖析恶，能使我们更加向往与信仰善，那么通过感知与发现丑，则会让我们更加追求和通向美。

(三) 关注“刑法受众”与“刑法文本”的关系范畴

定罪与量刑是一个过程，是文本表达与受众接受相互作用，即互动的过程。在这个互动过程中，表达和接受只是相对的，且主要围绕“刑法受众”与“刑法文本”这一关系范畴展开。

一方面，按照传统社会理论，受众就是指“大众”。[②] 现代文化研究学派则强调受众与大众的差别：受众不是绝对被动的，而是具有一定的主动性和选择能力，他们能够按照自己的意愿解读文本，并建构意义。[③] 基于此立意，刑法受众，即刑法文本的接受者（读者），它可以涵盖司法主体、法学（批评）家、刑事被告人、被害人或其他社会公众等。“刑法受众”这一提法，一方面旨在突出刑法文本这一重要的概念范畴，另一方面则基于美学视角轻主体重边缘的立场：非站在司法主体一方唯马首是瞻，而是站在受众视角看待问题，关注刑法现象中人们的心理、情感、态度等如何影响其行为选择以及相互之间的互动、对话、交流与沟通等。

以刑法公正问题为例。一般来说，对于诸如美、善、公平、正义等

---

① 陈兴良：《法外说法》，法律出版社2004年版，第33页。

② 美国社会学代表人物布卢默从广泛的社会生活变化特征的角度，将受众这一新型集合体的形成，视为现代社会各种因素相互作用的结果，并称之为“大众”（mass），以与此前的“群体”(group)、“群集”（crowd）和有政治自觉意识的“公众”（public）区别开来。参见［美］丹尼斯·麦奎尔：《受众分析》，刘燕南、李颖、杨振荣译，中国人民大学出版社2006年版，第1页。

③ 参见［美］丹尼斯·麦奎尔：《受众分析》，刘燕南、李颖、杨振荣译，中国人民大学出版社2006年版，第1页以下。

"理念"问题，存在着形而上和形而下两种运思模式。形而上方法，侧重对本质问题进行探讨，认为只有把握了事物的本质，才能够把握形形色色、各不相同的现象。如在法学研究领域，对于社会正义之类的宏大叙事持续地引起着学人的关注。在这种自上而下的认识方式下，人们试图在更为抽象的水平上来理解、把握和定义"正义"。应当承认，抽象程度的高低，表明着每一历史时代的人们的认识所能达到的水平和境界。但同时也要看到，这种力图找出普遍原则作为正义内容唯一追求的现象，容易使人走进"正义的丛林"而忽视微观、弱势、边缘、受众、感受、个别化或生活事实本身。而形而下方法，则正好相反。它侧重以事物本身、具体的现象、生活事实以及人们的感受、情感体验等作为切入点。美学形而下的思考方式提示我们：除了在抽象的水平上理解公正的含义之外，还要尝试从受众的直观感受角度来考察刑法公正问题。对受众而言，公正在于公正感。公正感问题应成为刑法理论关注的重要课题。因为受众的公正感制约和影响着公正的实现和评价，如公正共识的达成、公正原则的贯彻与实现以及对刑法不公正采取的接受方式；刑法受众公正感的提高有利于促进理性和宽容的社会态度和社会行为，以及对刑法文本产生信赖、忠诚、认同等情感。当前，司法实践部门已开始认识到司法受众的"公正感"对于社会正义实现的重要意义，作为应具前瞻性的理论研究而言，对此问题应当给予及时的回应和关注。

另一方面，文本是达意传情的手段，主要为着意和情。从这个意义上讲，定罪与量刑活动不过是使刑法文本的"达意传情能够适切的一种努力"[①]。强调文本观念，必然包含文本的接受心理。这样一来，就把受众与文本这一关系范畴紧密地联系在了一起。除受众之间的对话关系外，受众的接受心理或曰文本的接受效应，亦应当成为刑法哲学关注的范畴。

此外，还可以说，文本是一种精神产品。"它（精神产品）对于人的主体需求就不是像物质产品那样，呈现为一种物质对象，而是表现为一种精神价值。"[②] 对于精神产品，人的精神需求往往不是单线抛出的，而是全面辐射的。[③] 因此，刑法文本不是一个单元的价值载体，而是一个负载着以

① 张春泉：《论接受心理与修辞表达》，中国社会科学出版社 2007 年版，前言。

② 朱立元：《接受美学导论》，安徽教育出版社 2004 年版，第 323 页。

③ 这是因为人的文化心理结构是一个多层次多侧面的有机复合系统，这个结构系统中，历史的、知识的、道德的、宗教的、政治的、哲学的、文艺的……各种文化心理是交互叠合渗透的，而不是壁垒分明、界限清楚的。由这个文化心理结构产生的对精神产品需求，也必然是多方面交叉重叠的，而不是单一的。参见朱立元：《接受美学导论》，安徽教育出版社 2004 年版，第 324 页。

"自由、秩序、正义、功利四大法律精神（价值）"①为中心的多元价值的复合系统。在这个多元价值的复合系统中，值得注意的地方有两个：一方面，"价值关系的建立，是一个动态的发展过程"——不同价值的对立统一的运动过程，在这个动态过程中，要注意体现和实现刑法受众之间、受众与文本之间的双向交流活动；另一方面，效应是价值的实现，文本的接受效应"则是某一阶段具体的价值关系的最终建立，是文本价值在接受者身上实现的静态成果"。这种"静态的"文本效应，是否要以实现多元价值为目标，则是又一个值得深思的问题。

① 曲新久：《刑法的精神与范畴》（修订版），中国政法大学出版社2003年版，前言。

在刑法精确化思维的延长线上
——论应当重视刑法论证问题之研究

陈　航*

一、关于刑法精确化问题的思考

（一）刑法的特殊性质要求刑法学成为最精确的法学

作为规定犯罪及其刑事责任的法律规范，刑法的特有性质已被人们有所揭示①。在其诸多特性中，“制裁手段的严厉性”尤为引人注目。针对这一特性，德国著名刑法学家耶林曾对其有过“双刃剑”的经典之喻。的确，“刑法运用得当，就是一把惩罚的利剑，可以给犯罪者应有的制裁；刑法运用不当，就可能成为一把伤及无辜的屠刀，使人们成为公共权力的受害者”。② 为了谨防因刑法运用不当所导致的“国家与个人两受其害”这一恶果，一方面，要求刑法必须被严谨、精确的制定，要求把明确性原则视为罪刑法定原则中至为重要的一项派生内容③。可见，“任何部门法理论都没有像刑法理论这样强调法律的明确性”；④ 另一方面，要求刑法的适用活动必须在严谨、精确的刑法思维支配下完成。显然，欲满足上述两个方面的要求，就必须不断完善刑法科学，使之成为最精确的法律科学。“因为刑法学是研究和构造刑法领

* 兰州大学法学院副教授，法学博士，硕士生导师。

① 日本学者平野龙一将之总体概括为“谦抑性”并认为具体包括补充性、不完整性及完善性等。见［日］平野龙一编：《现代法 II——现代法与刑罚》，岩波书店 1965 年版，第 21—22 页。转引自张明楷编著：《刑法学（教学参考书）》，法律出版社 1999 年版，第 17 页。在国内，有学者认为应包括：公法性、强行性、实体性、实证性、司法性、广泛性、严厉性、保障性及谦抑性。见张小虎著：《刑法的基本概念》，北京大学出版社 2004 年版，第 51—55 页。

② 张智辉著：《刑法理性论》，北京大学出版社 2006 年版，第 32 页。

③ 有鉴于此，德国基本法第 103 条第 2 款干脆将“罪刑法定原则”称之为“明确性原则”。见劳东燕：“罪刑法定的明确性困境及其出路”，载《法学研究》2004 年第 6 期。

④ 张明楷著：《刑法学》，法律出版社 2003 年版，第 62 页。

域的思维方式的，刑法的条文及其刑法典不过是这种思维方式的结晶，甚至司法判决也是自觉不自觉地运用这种或者那种思维方式所得出的结论。"[①]可以说，正是"刑法的本身的性质，要求刑法学应当是最精确的法律科学"。[②]

1. 要求刑法学最具"精确性"，其实质在于最大限度地排斥罪刑擅断

刑法学属于规范学，是关于罪刑关系及其法律规范的系统化、理论化的知识体系。因此，刑法学的"精确性"应指词语、表达与其含义（物）之间的关系问题。在语言学上，"精确"意味着词物之间具有精密、准确的对应关系。不过，"没有脱离语境的所谓'精确的'词。正如维持根斯坦雄辩地指出的，将一个扫帚称之为一个与扫帚头相匹配的木棍，或将国际象棋棋盘称之为多少黑方格与多少白方格的组合，可能在一定意义上对说话者是更'精确'，但在另一个意义层面上对理解者则是更为含混。这里的关键是如何理解'精确'，说话的目的是什么。"[③] 如何理解刑法学的"精确性"呢？迄今为止尚无现成答案，只能在刑法学的特定语境下，循着其研究目的加以探讨。我们认为，对刑法学的"精确性"，显然不能像自然科学的精确性那样去理解。因为，作为规范科学的刑法学，其研究对象有别于自然科学。前者针对的是人的行为和与之相关的规范理由、意义及目的；后者指向的是那些严格的、可以观察的文件及其原因、规律性。对后者，可以而且应当要求做出精确的描述与说明，对前者，则只能通过解释、价值判断等方法加以把握。再者，"法律的解释并非真理的判断，而是价值的判断，不能被事实证伪，难以被实践检验。"[④] 因此，"以可检验性、客观性、确定性这种眼光，去打量关于人及由人组成的社会的知识，它们均是非科学的。"[⑤] 众所周知，人们现在所称的刑法学，是指作为法学部门之一的近代以来的刑法学。它是在启蒙思想家刑法思想的基础上，由刑事古典学派所开创的。[⑥] 应当认为，近代刑法学的创立是人类刑法学术发展的历史性转折，是对封建专制刑法思想的一种反动和

---

① ［德］克劳斯·罗克辛著：《德国刑法学总论》（第1卷），王世洲译，法律出版社2005年版，"译者序"。

② ［德］克劳斯·罗克辛著：《德国刑法学总论》（第1卷），王世洲译，法律出版社2005年版，"译者序"。

③ 苏力："解释的难题：对几种法律文本解释方法的追问"，载梁治平编：《法律解释问题》，法律出版社1998年版，第38—39页。

④ 张明楷著：《刑法学》（第2版），法律出版社2003年版，"第二版前言"。

⑤ 郑永流："安身立命，法学赖何？——法学的'科学性'及自主性散论"，载刘士国主编：《法解释的基本问题》，山东人民出版社2003年版，第364页。

⑥ 见马克昌主编：《近代西方法学说史略》，中国检察出版社2004年版，第43页。

清算。封建刑法的干涉性、恣意性、身份性和残酷性是其突出特征，为从根本上对之予以否定，就必须论证主权在民和尊重人权，就必须致力于排斥罪行擅断，限制国家刑法权的滥用，最大限度地实现刑法的谦抑性。今天，"罪刑法定主义作为刑法的大原则，在刑法学上占有不可动摇的地位。"① "而罪刑法定主义的核心被认为是限制法官的恣意、保障公民的人权。"② 可见，在民主法治语境下的刑法学研究，其最为鲜明的特色就在于：弘扬人权保障观念，并以之指导刑事立法，促进刑事司法，繁荣刑法学教育，丰富刑法学研究。正是出于对刑法性质及其研究目的的上述考虑，刑法学的"精确性"有必要被实质性地理解为能"最大限度地排斥罪行擅断"这一属性。一则，既然对规范科学本身就不能精确地描述，那么，对其所谓"精确性"的要求就更不能直观把握了，只能实质性地界定；二则，既然对刑法学提出"精确性"的要求是为了实现刑法学的目的，那么从实质上讲，越是有助于实现这一目的的刑法学理论，就越具有"精确性"。而要在刑事立法、司法实践中确实、充分地保障人权，就必须最大限度地排斥罪刑擅断。这本是一个问题的两个方面。本文之所以把对刑法学"精确性"问题的定位置于后一方面，是因为刑法学研究的是罪刑关系，其不是泛泛谈论保障人权，而是关注以"最大限度地排斥罪刑擅断"这一特定方式保障人权。

2. 欲使刑法学走向"精确化"，就必须加强刑法方法（技术）的研究与开发③

诚如德国学者柏伊梅所言，理论和方法相互依存，一种理论如果不能从方法论层面上检验，就是一种没有用处的理论，离开方法的理论，则永远只能是一种不结果实的理论。④ 刑法学属于实践性极强的学科，它的真正价值在于运用实践，合理解决刑事立法、司法实践中存在的问题。然而，作为一门系统化、理论化的知识体系，刑法学形成的知识产品首先是一种"初级产品"，它主要表现为各种刑法原理、原则。这些刑法理论对树立人的刑法观

---

① ［日］大野义真著：《罪刑法定主义》，世界思想社 1982 年版，第 9 页。转引自马克昌著：《比较刑法原理》，武汉大学出版社 2002 年版，第 57 页。

② 马克昌著：《比较刑法原理》，武汉大学出版社 2002 年版，第 59 页。

③ 本文在此之所以强调"刑法方法（技术）"这种表述，是因为，"'技术'（echnique）与'方法'（method）在一定的情况下可视为同义，所指的就是从事某种活动的专门方法"（张志铭著：《法律解释操作分析》，中国政法大学出版社 1999 年版，第 70 页）。此外，考虑到"方法"一词过于宽泛，有学者甚至认为与其将法律解释、利益衡量、法律论证等称之为"法律方法，还不如用法律技术"概括更为适当（参见胡玉鸿："方法、技术与法学方法论"，载《法学论坛》2003 年第 1 期，第 101—104 页）。

④ 陈金钊："追问法律方法论学科的意义"，载《法学论坛》2003 年第 1 期，第 94—96 页。

念，提高人们对罪刑的认识，改善刑法思维结构，无疑起着基础性的作用。但是，它对实践的作用方式毕竟只是间接的、宏观的，只有借助可操作的刑法方法（即通过一定的刑法技术）这些理论才能转换成现实的法律力量，产生规范层面的实际意义。如果我们承认，“科学只有通过技术才能转化为社会生产力，法律制度也必须通过法律技术才能转换成现实的法律秩序”，[①] 那就应当说：“法学不仅是科学，还是一门指引人们的行为的手册，是一门技术，”[②] 同时也更有理由认为，“刑法学，它是一个实践理性，是一个技术科学。”[③] 因此，对上述初级产品还必须进行洋加工，这就是刑法学从抽象理论向具体操作的转换问题，也就是刑法学理论产品进一步方法化、技术化的问题。刑法方法（技术）与法律方法既有联系又有区别。“简单地讲，法律方法是由法律发现、法律推理、法律解释、漏洞补充、法律论证、价值衡量所构成的一个完整的方法体系”。[④] 固然，刑法方法（技术）被分解成刑法解释、价值衡量、刑法推理、刑法论证等方法，但是，“在罪刑法定原则制约下的刑法，像法律漏洞补充这样的法律方法一般是不能采用的。即使是广泛适用的法律解释方法，也要求严格解释，禁止类推解释等，对此必须予以充分关注。”[⑤] 另外，更为重要的是，即便同样采用“文义解释”、“目的解释”，表面看来刑法学与其他部门法似乎没什么区别，但不仅该解释涉及的对象大不相同，即便“词语”相同，解释的结论也许不尽一致。比如，像“婚姻”、“占有”等词语，刑法学的解释与民法学就不见得相同。因此，不能用法律方法的泛泛研究简单代替对刑法方法（技术）的专门研究。当然，这仅是问题的一个方面。需要特别指出的是，刑法方法作为一种技术，它必须体现为一种相对固化、相对宏观的具体规则，它应当成为约束恣意的有效工具。这才是刑法学知识产品进一步技术化的难点之所在。为此，有必要梳理各刑法方法之间的内在关系。

---

① 周世中：“法律技术与法科学生实践能力的培养”，载《法制与社会发展》2006 年第 1 期，第 146 页。

② 周永坤：“法学的学科定位与法学方法”，载《法学论坛》2003 年第 1 期，第 96—99 页。

③ 齐文远教授在“违法性认识的概念”讨论中的主题发言。载陈忠林主编：《违法性认识》，北京大学出版社 2006 年版，第 13 页。

④ 李秀群：“司法中的价值衡量”，载陈金钊、谢晖主编：《法律方法》（第 4 卷），山东大学出版社 2005 年版，第 416 页。

⑤ 陈兴良：“刑法学义学方法论”，载梁根林主编：《刑法方法论》（第 11 版），北京大学出版社 2006 年版，第 4 页。

3. 刑法学迈向“精确化”的技术保障在于刑法论证

在各种主要的刑法方法（技术）中，刑法解释、价值衡量的使命是旨在寻找刑法推理的大前提，刑法推理的任务是从大前提与小前提的逻辑关系中形成结论。就寻找大前提的方法而论，刑法解释无疑是使用最为频繁，也最为重要的方法，但是，由于诸多复杂的原因，“只要解释法律就可能会产生多解的结果，会呈现出多种可能的意义。”[①] 价值衡量对法律解释具有重要的补充作用，不过，“一方面作为价值衡量前提的‘价值’具有多元性的特征，另一方面，‘衡量’行为也是一个主观性的活动，容易带有价值判断人的感情色彩，衡量结果很容易失去公允性。”[②] 就刑法推理来说，大前提与小前提的逻辑关系究竟是什么，能否从大前提和小前提的逻辑关系中推出特定的结论，也难免存在不同的判断。问题是，面对上述种种不确定和诸多选择，法律意义上的决断必须具有唯一性，而且该决断还必须是确定的、不是任意的。这就要求在“是什么”的基础上进一步追问“为什么”。换言之，“在每一种方法使用的背后，都有一项论证的要求”。[③] 承载这一使命的刑法方法就是刑法论证。可以说，刑法论证在为其他刑法方法“保驾护航”，由它为最终确定刑法问题的答案提供最后一道防线。因此，它是刑法学迈向“精确化”的终局性技术保障。

（二）研究刑法论证问题是全面回应刑法立法、司法、教学及科研等环节诸多现实问题的当务之急

1. 刑法论证问题的研究水平，深度制约着刑法立法质量的提高

尽管从司法的层面上讲，“法律不是嘲笑的对象”，[④] 因为，作为裁制的准则，它本身不应同时被裁判。但如果着眼于刑法立法的科学性和权威性则确有必要强调“刑法典应追求垂范久远”。[⑤] 毋庸讳言，由于种种复杂的原因，1997 刑法典与“垂范久远”的企盼相距甚远。因此，从其颁布伊始，来自学界及实务部门的批评之声便蜂拥鹊起。与此相应，立法机关近十年来对之进行的增删亦显得频仍不断。即便如此，社会各界、刑法学者还在针对各

---

① 陈金钊等著：《法律解释学》，中国政法大学出版社 2006 年版，第 15 页。

② 李秀群：“司法中的价值衡量”，载陈金钊、谢晖主编：《法律方法》（第 4 卷），山东大学出版社 2005 年版，第 421 页。

③ 侯学勇：“法律论证的原则”，载陈金钊、谢晖主编：《法律方法》（第 5 卷），山东大学出版社 2006 年版，第 365 页。

④ 张明楷著：《刑法格言的展开》，法律出版社 1999 年版，第 3 页。

⑤ 范忠信：“刑法典应追求垂范久远——论修订后《刑法》的局限和缺陷”，载《法学》1997 年第 10 期。

种新情况、新问题难以止歇地提出种种立法建言。考虑到“我们中国刑法学二十多年来，几乎就是刑事立法学”,[①] 即便出于惯性依然，也可以预见，这种旨在完善刑法的努力长期持续而不致改变。显出，对于立法决策者而言，对各种立法建言究竟如何处断，无疑取决于各种方案论证程度的评判，而对各种刑法立法建言的论证评判，必须借助于刑法论证本身的研究成果。如果对“如何进行刑法论证”这一问题本来就缺乏明确认识，那么，就很难保证其对各种刑法立法建言有一个确实可靠的评判。因此，可以认为刑法论证问题的研究水平深度制约着刑法立法质量的提高。

2. 刑法论证理论的研究状况与日趋强化刑事判决说理的司法需求极不相称

曾几何时，人类的司法制度不仅认为法官判决只是在行使权力、根本无须说理，而且在一些国家，法官泄露判案理由还要受到严厉处罚。[②] 可是，随着制度文明的不断演进，“判决必须说明理由这一原则今天是极为牢固地树立了。”[③] 的确，在倡行民主法治的当今世界，人们已认识到，从根本上讲，“法官之所以有资格裁决输赢，是因为他们能够提供判决理由”。[④] 因此，严格说来，“一个没有审判理由的裁定不能算是司法裁定”。[⑤] 然而，由于相当复杂的原因，[⑥] 在我国的司法实践中，“裁判文书千案一面，缺乏认真断理，看不出判决结果的形成过程，缺乏认真说服力，严重影响了公正司法的形象。”[⑦] 一些学者进而将我国司法裁判文书的总体状况概括为：“只有‘判决’而没有‘判决理由’”。[⑧] 因此，“增强判决书的说理性”被最高司法机关确定为法院改革的其中一项重要目标。[⑨] 应当强调指出，这是一项极具战略眼光的改革举措。因为，“随着中国社会发展，一方面社会关于说理的基本共识会加

---

① 张明楷教授在“学者的使命”主题讨论会上的发言。载陈兴良主编：《法治的使命》，法律出版社 2001 年版，第 451 页。

② 参见龙宗智：“刑事判决应加强判决理由”，载《现代法学》1999 年第 2 期，第 35—41 页。

③ ［法］勒内·达维德著：《当代主要法律体系》，漆竹生译，1984 年版，第 132 页。

④ 方流芳：“罗伊判例中的法律解释问题”，载梁治平编：《法律解释问题》，法律出版社 1998 年版，第 273 页。

⑤ 方流芳：“罗伊判例中的法律解释问题”，载梁治平编：《法律解释问题》，法律出版社 1998 年版，第 274 页。

⑥ 参见苏力：“判决书的背后”，载信春鹰编：《公法》（第 3 卷），法律出版社 2001 年版，第 178—204 页。

⑦ 最高人民法院院长肖扬语。转引自王洪：《司法判决与法律推理》，时事出版社 2002 年版，第 17 页。

⑧ 高升：“论判决书应详述判决理由”，载《当代法学》2002 年第 6 期，第 86—88 页。又见唐仲清：“判决书制作应确定判决理由的法律地位”，载《现代法学》1999 年第 1 期，第 88 页。

⑨ 参见最高人民法院：“人民法院五年改革纲要”，载《中华人民共和国最高人民法院公报》1999 年第 6 期。

强，而另一方面社会在许多具体问题上的分歧又会增多。在这种发展中，强化法官司法判决的论证无论如何都是必要的，在这个意义上，可以说是一种时代的要求。”[①] 那么，如何增强判决书的说理性呢？固然，这牵扯到方方面面的问题，但强化论证意识、提高论证水平，无疑是首当其冲的关键性措施。因为，判决说理的实质就在于为其结论的正当性进行充分论证，“而狭义上的法律论证一般是指司法裁判过程中法官、律师或当事人等就案件事实与法律进行论辩，追求合理裁判结论的思维过程”。[②] 一句话，“判决结论的正当性要以法律论证为保证”。[③] 问题是，欲强化人们对刑事判决的论证意识，并继而提高刑事判决的论证水平，不可缺少一个前提条件：对刑法论证问题展开深入研究。但截至目前，只有极个别刑法学者初步触及这一课题，[④] 就问题本身的实质成果而言，则几近空白。显然，这与刑事司法实践的需求反差甚大，亟待改观。

3. 深化刑法学教学改革不能缺少刑法论证方法研究的理论支持

在不断深化高校教学改革，大力推进素质教育的今天，面对日趋激烈的人才竞争态势，市场经济已对法科学生提出了更高的要求，即不仅要有扎实的法学专业知识，而且要有很强的实践能力。换言之，作为未来的“法律人”（lawyer，Jurist），要经由学习法律，获得法律知识、法律思维及解决争议三个方面的能力。[⑤] 但是，“在我国，以往的法学教育通常是一种知识的灌输，而应用这些理论知识于司法实践之中的技能，只能在学生工作以后的办案活动中逐步地‘历练’，它并不属于法学教育的内容，现在看来，这种观念与做法是非常片面和落后的，已难以适应当今社会对法律人才能力和素质的要求。”[⑥] 因此，法学教育不应当仅以传授某些凝固的知识为其要务，应当强调以能力、素质，特别是法律思维的培养为其宗旨，要训练学生“像法律人那

---

① 苏力：“判决书的背后”，载信春鹰编：《公法》（第3卷），法律出版社2001年版，第202页。

② 焦宝干著：《法律论证导论》，山东大学出版社2006年版，第72页。

③ 陈兴良：“刑法学义学方法论”，载梁根林主编：《刑法方法论》，北京大学出版社2006年版，第42页。

④ 就笔者目前已掌握的资料看，刑法学界尚只有陈兴良教授在“刑法学义学方法论”一文的第六部分以“刑法论证方法论”为题予以论述，但篇幅极为有限。此文载《法学研究》2005年第2期，同时被收录于“全国中青年刑法学者专题研讨会文集”《刑法方法论》中。在后一版本中，保留了对三个刑案判决论证问题的分析。见梁根林主编：《刑法方法论》，北京大学出版社2006年版，第1—42页。

⑤ 参见王泽鉴著：《法律思维与民法实例》，中国政法大学出版社2001年版，第1页。

⑥ 顾海波：“论‘法律技术’教育”，载《当今法学》2003年第3期，第32—34页。

样思考”(Thinking Like a Lawyer)，使之富有独特的法律思维。既然如此，就刑法学的教学改革方向来说，自然也不例外。那么，如何在刑法学的教学活动中培养良好的刑法思维呢？显然，其重心在于培养学生对刑法问题提出解决方案并予以充分论证、说服“听众”的能力。因为，法律思维的核心是法律语言，“法律语言的核心问题是如何说服人，即建构法律的说理性”。[①] 可是，在对刑法论证理论研究尚如此匮乏的今天，拿什么奉献给你，我们的法科莘莘学子?

4. 繁荣刑法学研究需进一步规范刑法论证活动，构筑刑法问题的论证、交流平台

在我国1979刑法颁行后，刑法学就率先打破近二十多年的沉寂，在各部门法学中一马当先，引领我国法学研究跨步前行。时至今日，就国内法学研究而论，无疑属于发展最为成熟的其中一个学科，一直位居前列。然而，且不要说“法学幼稚”的嘲讽仍言犹在耳，令人汗颜，即便“直到今天，中国法学的不尽人意，依然是一个事实”。[②] 于是在中国法学界整体反思“什么是你的贡献”[③] 这一大背景下，刑法学者们也强烈地意识到，“当前我国刑法学研究虽然一片繁荣景象，但繁荣背后潜伏着危机，主要问题在于理性自觉的匮乏与主体意识的失落，因而理论研究往往停留在低水平的重复上，刑法研究的热点如同过眼云烟，只有观点的泛滥而没有理论的积淀。”[④] 针对学界曾出现的“刑法学的研究已往到头，没有什么新的东西了”这一浅面认识，有学者就明确指出：“刑法理论的发展远未到头，在有的地方，我们也许还未入门；有的地方之所以有到头的感觉可能是因为，我们根本就还没有意识到，这是一个存在的问题。中国有许多出色的刑法学者，但中国刑法理论却面临着观念上、方法上和内容上多方面的重建”。[⑤] 的确，如果说“犯罪构成理论被认为是刑法理论王冠上的宝石，是刑法理论水平的重要标志”，[⑥] 那么，不

---

① 葛洪义：“法律方法与法律思维中的语言问题”，载葛洪义主编：《法律方法与法律思维》(第2辑)，中国政法大学出版社2003年版，第7页。

② 谢晖：“部门法法哲学的长成逻辑——兼论‘部门法学’的学理化问题”，载《文史哲》2002年第1期，第142—146页。

③ 苏力著：《法治及其本土资源》，中国政法大学出版社1996年版，“自序”。

④ 陈兴良：“科学性与人文性——刑法学研究的价值目标”，载《政治与法律》1995年第1期，第1页。

⑤ 李海东著：《刑法原理入门〈犯罪论基础〉》，法律出版社1998年版，“我们这个时代的人与刑法理论——代自序”，第17页。

⑥ 陈兴良主编：《犯罪论体系研究》，清华大学出版社2005年版，“犯罪构成：法与理之间的对应于紧张关系”(代序)。

难得知，其成熟程度对于刑法学而言具有的象征意义。然而，即使在这样一个基础性问题上，刑法学界也已面临一场日趋激烈的学术论辩，即是维持并完善前苏联的犯罪构成体系还是直接移植德日犯罪论体系？其他问题上的重构之争因此可见一斑。有鉴于我国刑法学的发展完善过程，其实质是不断借鉴、学习域外先进刑法理论的过程，而“将外国的刑法理论不断选择地引入我国现行的刑法当中，会导致我国的刑法学理论增加矛盾与冲突，从而不得不变更刑法学理论的内容”。[①] 因此，刑法学研究任重而道远。刑法学研究本质上，属于一种论证活动。长期以来，尽管刑法学研究者都在程度不同地从事着刑法论证实践，从人数之众，发表作品数量之多，可以说有目共睹。但是，由于对各种论证思想及论证方法本身缺乏应有的梳理与反思，尤其是缺乏从刑法论证理论方面进行的分析，因此，研究者论题的设定、结论的提出有时过于随心所欲；要么无视已有的学术共识随意创造概念，诱发毫无价值的争议；要么仅以自己的价值取向为当然的逻辑前提，甚至不经论证就排斥其他的价值判断；要么对同一问题随意改变立场，或偏离预设的逻辑前程；要么混淆及事实判断与价值分析，或者误将立法技术问题作为价值判断加以讨论……凡此种种，不一而足。其结果，导致了不少重复雷同、自说自语、研究失范及无的放矢现象的存在。只有对刑法论证本身进行必要的检讨，只有充分注重刑法论证理论的研究，才能把我们自发的论证活动变成自觉的、理性论证过程，唯有如此，也才能确实规范刑法论证活动、构筑刑法问题的论证、交流平台，促进刑法学研究的真正繁荣。

总之，如果可以承认，法理思考对法律解释问题的基础性研究并不足以替代刑法思考对刑法解释自己的专门研究，那么，同样有理由认为，法理思考对法律论争问题的基础性研究也不能替代刑法思考对刑法论证问题的专门研究，相反，正是由于刑法论证问题蕴涵的学理价值及实践意义，我们不能不说，“如何正确地进行论证，确实是一个重大问题。”[②] 而梳理并探讨如何进行刑法论证，正是“刑法论证方法研究”这一课题的目标之所在。

二、研究刑法论证问题的基本思路

“刑法论证问题研究”属于部门法方法论性质的课题。如果说“‘方法’是一种认识事物的技术或者手段，而‘方法论’则是对‘方法’原理上的说

① 张明楷：“刑法学研究的十关系论”，载《政法论坛》2006 年第 2 期。

② 陈兴良：“刑法学义学方法论”，载梁根林主编：《刑法方法论》，北京大学出版社 2006 年版，第 38 页。

明，它重在解决研究活动所应遵循的基本经验与操作规范。"[①] "部门法学独立的一个标志，就是其方法的独特性。部门法学中的解释'合法性'问题或'方法论'问题，就是要解读和探求部门法学独立于其他法学的'方法论'根据。"[②] 那么，刑法论证问题的独特性何在呢？就其研究对象而言，它应被锁定在刑法问题上；从逻辑关系上来看，它可被进一步分解成两个不同层面的问题：刑法论证理论与刑法论证方法。关于"刑法问题"的含义，出于限缩研究范围的需要，有必要参照民法学者的做法将之与"刑法学问题"加以区分，即刑法问题的讨论，最终落脚于刑法规则的设计及其实际操作运用上。[③] 因为，"在法制的基础上为我们这个社会更有效、更准确、更科学地贯彻罪刑法定原则、保护每一位公民的利益、控制犯罪和刑事立法的改进和完善提供质量准确并可以实际操作的理论基础和根据，才是我们的原未完成的家庭作业，才是我们以科学的精神应予认真完成的本分工作。"[④] 当然，鉴于对"刑法问题"的讨论范围相当广泛，有必要将关注重点进一步限定在争论相对激烈的问题上。

关于刑法论证理论，应当强调指出，它属于法律论证理论的下位理论。因此，对法律论证理论的认识势必影响到人们对刑法论证理论的基本态度。关于"法律论证"，可以有广、狭义的不同理解。狭义的是指关于司法裁决之证立的理论，广义的是指一切关于法律问题之决定的论证。尽管法理学由于受阿列克西及菲特丽丝等学者观点的影响，一般也是在狭义上讨论法律论证问题，但刑法学者主张，对法律论证应作广义理解。[⑤] 理由不难推理：中国固然需要精良的法官，要求增强判决书的说理性，但更为迫切的需要是形成一个立足于共同的法律学问体系并以它的权威性为背景的专业性团体——法律职业共同体。因为，法官只是这个团体的一分子，只有借助这个传统理念和

---

① 胡玉鸿著：《法学方法论导论》，山东大学出版社2002年版，第96页。

② 谢晖："部门法法哲学的长成逻辑——兼论'部门法学'的学理化问题"，载《文史哲》2002年第1期，第142—149页。

③ 有民法学者认为，应当区分民法问题与民法学问题。前者的讨论最终都要落脚在民法规则的设计上，后者则无限制。可以说只要讨论的对象与民法有关，就都是民法学问题，比如，中国民法学的发展源流如何？继受特点怎样？会有什么样的学术转向等，就属后者而非前者。参见王轶："民法价值判断问题的实体论证规则——以中国民法学的学术实践为背景"，载《中国社会科学》2004年第6期，第104页。笔者的上述划分即受此启发。

④ 李海东著：《刑法原理入门〈犯罪论基础〉》，法律出版社1998年版，"我们这个时代的人与刑法理论——代自序"，第15—16页。

⑤ 见陈兴良："刑法学义学方法论"，载梁根林主编：《刑法方法论》，北京大学出版社2006年版，第38页。

思维方式建立的共同体，一方面，才能通过集体的力量抵制外界的非正当干扰，实现法律系统的独立与自治；另一方面，也才能在法律界内部形成一种互相约束的局面，并以固有的认识论模式去抑制个别人的恣意。[①]“法律论证适用于多种场合，如立法、司法适用与司法决定、法学教育和法学研究等”。[②]作为一种事关法律问题之决断的论理活动，它们显然具有共同性。在这些共同的基础性问题尚未充分研讨之前，就径直研究司法裁决之证立理论，对当代中国法学而言，视野过于狭小，也显得为时尚早。有鉴于此，我们对“刑法论证”问题若从狭义上把握，不应仅仅局限于刑事司法裁决的证立。可以说，不论刑法学界还是实务部门，只要进行着刑法问题的论证实践，就值得从刑法论证理论的角度予以关注。

关于刑法论证方法，有必要说明的是，首先，作为基于某种目标而进行活动的正确规则、方式或手段，[③]方法可以被分成不同层次。“能够完全自主的方法，绝大部分是不单单与某一学科相连的方法，它们有数量方法、分析方法、综合方法（系统方法）、实验方法、理解方法、解释方法、思辨方法等，这些是原方法。它们可以运用不同学科。”[④]因此，当这些方法或多或少地被用来论证刑法问题时，当然属于刑法论证方法。不过，这并非刑法论证研究的重心所在。其次，相对于其他刑法方法（如刑法解释等），“刑法论证”本身就是一种具有保障性的刑法“方法”，在这个意义上，“刑法论证”可以和“刑法论证方法”互用，共同致力于“如何进行刑法论证”这一实质问题的说明。因此，对刑法论证问题必须予以足够的关注。之所以特别强调刑法论证“方法”，旨在对刑法论证问题的基础理论和方法有所界分，并将研究重心置于后者之上。因为，一则，就刑法论证问题的基础理论而言，需要更多地借助于法律论证理论的基本原理。在这里，如同刑法解释理论与法律解释理论的关系一样，除了因刑法问题的特殊性而突出“严格”要求之外，并不存在特别不同的地方。二则，刑法论证之所以有别于其他法律论证，就在于其因特定的论证对象所限，只能是运用特定的刑法原理，从刑法学的特定立场上进行论证。应当说，梳理刑法论证实践中广泛运用的各种特定论证

① 见季卫东：“法律职业的定位——日本改造权力结构的实践”，载《中国社会科学》1994年第2期。

② 焦宝干著：《法律论证导论》，山东大学出版社2006年版，第71页。

③ 见李承贵：《20世纪中国人文社会社会科学方法问题》，湖南教育出版社2001年版，第1—10页。

④ 郑永流：“法学方法抑或法律方法?”，载戚渊等著：《法律论证与法学方法》，山东大学出版社2005年版，第37页。

方法或技术，并以刑法论证理论为分析工具对之进行评判，从而为规范刑法论证活动寻求理论支持，才是刑法论证方法研究的独特性之所在。

基于上述认识，进行刑法论证问题的研究，首先，应借助法律论证原理并结合刑法问题的特殊性质，对刑法论证问题的分析工具——“刑法论证之基础理论”予以研析；其次，应重点对刑法论证实践中广泛运用的多种论证方法予以分类、梳理；最后，应当运用刑法论证理论，对刑法论证问题进行评判，并就规范刑法论证活动、构筑刑法问题的论证、交流平台提供建设性的意见。

论刑法基本原则的概念与确定

许发民*

一、刑法基本原则的概念

刑法的基本原则问题在刑事立法、司法和理论中都是一个重大的带有根本性的问题。

对于刑法的基本原则的研究，我国理论界早在20世纪50年代中期就开始了。当时对刑法的基本原则的理解是：我国刑法的基本原则，就是中华人民共和国刑法中的犯罪、刑罚、犯罪与刑罚的关系等方面的概念、制度赖以确立的原则。这些原则贯注着各个部门法所共有的社会主义民主主义的精神、人道主义的精神和法制精神，保障公民的人身权利，对犯罪的准确惩罚和对犯罪的彻底消灭。据此，提出的刑法的基本原则主要为：无罪不罚原则、罪刑相适应原则、改造罪犯成为新人原则、社会主义人道主义原则、法制原则和个人负责原则等。① 这些研究囿于当时的历史条件，虽说还不算很深入，但对于刑法的基本原则作为一个基本理论范畴在我国刑法学中的确立，无疑具有积极作用，对此，应予以充分地肯定。

1979年我国首部刑法典颁行后，刑法的基本原则得到了理论界的充分关注，以至成为一个研究中的热题。但是，由于刑法中对于刑法的基本原则并没有作出明确的规定，未实现刑法的基本原则的立法化，而刑法的基本原则的概念科学厘定，又是对之展开进一步深入研究的前提，于是人们纷纷发表见解，由此形成观点争鸣。

从当时已公开发表的著述中可以看出，关于我国刑法的基本原则的歧见，

---

* 湖北省人民检察院副检察长；武汉大学法学院教授，博士生导师，法学博士、博士后。

① 参见高铭暄主编：《新中国刑法学研究综述（1949—1985）》，河南人民出版社1986年版，第45—46页。

主要可概括为以下四种：

第一种观点认为，我国刑法的基本原则，就是我国刑法中的犯罪与刑事责任、刑罚的种类和具体运用、罪名的分类、分则的体系等问题据以确定的原则。它体现着刑法的指导思想和制定依据。①

第二种观点认为，我国刑法的基本原则，是指我国刑法所特有的、贯穿全部刑法和刑事司法工作的准则，是我国刑法指导思想和制定根据的具体化。②

第三种观点则认为，我国刑法的基本原则，是指刑法本身所固有的、贯穿刑法始终并在适用刑法时必须严格遵守的、具有全局性、根本性意义的原则。这些原则的总和即作为一个整体，必须全面地反映出我国刑法最基本的性质、特点和正确地体现我国刑法的基本精神。③

不同于以上三种观点，还有一种观点则认为，我国刑法的基本原则，就是调整刑法中的报应与功利关系的基本准则。④ 论者指出，作为刑法的基本原则，从动态上分析，不仅贯穿于刑事法律活动的立法、定罪、量刑与行刑这四个阶段，而且还应该揭示刑事法律活动的一般规律。因此不能认为贯穿刑事法律活动四个阶段的就是刑法的基本原则。刑法是调整犯罪与刑罚的关系的法律规范，在犯罪与刑罚的关系中，存在着报应与功利的关系问题。在我国社会主义刑法中，报应因素与功利因素是统一的，两者是手段与目的之间的关系。1979 年刑法第 2 条的规定对此有明显的体现。刑法的基本原则就是以调整犯罪与刑罚的关系为己任的。因此，确切地说，刑法的基本原则就是调整刑法中的报应与功利的关系的基本原则。⑤

分析以上四种观点，可以看出，第一种观点过于具体，疏于抽象和概括，不合概念的要求。第四种观点独树一帜，从所认为的刑法是调整犯罪与刑罚关系的法律规范的观点立论，对刑法的基本原则进行了颇具特色的界说。但显而易见，论者对刑法内容和刑法学研究对象的把握，与我国通行的刑法理论不尽相同，公认的刑事责任范畴未为论者所承认和接受。此外，在后来的著述中也

---

① 参见杨春洗等著：《刑法总论》，北京大学出版社 1981 年版，第 24 页。

② 参见高铭暄主编：《刑法学》，法律出版社 1981 年版，第 37—38 页；王作富主编：《中国刑法适用》，中国人民公安大学出版社 1987 年版，第 19 页。

③ 参见何秉松："试论我国刑法的基本原则"，载《河北法学》1985 年第 6 期，第 12 页。

④ 参见高铭暄主编：《刑法学原则》（第一卷），中国人民大学出版社 1993 年版，第 163 页。

⑤ 参见高铭暄主编：《刑法学原理》（第一卷），中国人民大学出版社 1993 年版，第 161—163 页。

并未彻底坚守该观点，因而论及刑法的基本原则时又放弃了所持概念。[①] 第二种、第三种观点，似无实质性分歧，但争点也非常清楚。前者强调刑法的基本原则必须是为刑法这个部门法所特有的原则，而后者似未作此强调。

1997 年我国修订的刑法典即现行刑法分三条分别规定了三项刑法基本原则，但对刑法的基本原则的认识仍未形成共识。关于刑法的基本原则的概念的歧见，目前主要有以下三种观点：

第一种观点认为，刑法基本原则的概念，应当有一个狭义的概念和一个广义的概念。狭义的概念要求刑法的基本原则必须是法律上明文规定的原则，广义的概念则不必具备这个法律特征。一般说来，凡法律上已明文规定刑法原则的国家，主要应采取狭义的概念。其中所谓法律，包括刑法和宪法，因为有的国家如日本的罪刑法定原则只是在宪法上规定的，也有的国家则是将宪法原则同时也作为刑法的基本原则。而广义的概念，一般适用于法律上没有明文规定刑法基本原则的国家或者广泛地适用于任何国家，以供理论研究使用。鉴于我国刑法的基本原则已由 1997 年刑法所明文规定，因而应当采用狭义的概念。借此，认为我国刑法的基本原则的概念为，“我国法律明文规定的，在制定和适用刑法的过程中必须严格遵守的、刑法所固有的，全局性和根本性的准则。”[②] 至于广义的刑法基本原则则是指“在制定和适用刑法的过程中必须严格遵守的、刑法所固有的全局性和根本性的准则”。[③] 论者强调指出，在讲到我国刑法基本原则时，一般应当使用狭义的概念。如果使用广义的概念，应加以说明。有的论著在讲到我国刑法基本原则时，除了法定的三个原则外，还加上作者本人提出的其他原则，这是不妥当的，容易造成混乱。[④]

第二种观点认为，刑法的基本原则是法治的基本原则在刑法中的具体表现，是各个部门法都必须遵循的共同准则在刑法中的特殊体现；同时，刑法的基本原则与法治的基本原则、各部门法必须遵循的共同准则又有明显的区别。可见刑法的基本原则具有自身的特征。一般来说，刑法的基本原则应是刑法所特有的原则，而不是各个部门法所共有的原则，不过，在特殊情况下，即使是所有法律的共同准则，立法者也可能基于某种原因将其规定为刑法的

① 参见陈兴良著：《刑法适用总论》（上卷），法律出版社 1999 年版，第 1 页；陈兴良著：《本体刑法学》，商务印书馆 2001 年版，第 87 页。

② 何秉松主编：《刑法教科书》（上卷），中国法制出版社 2000 年版，第 50 页。

③ 何秉松主编：《刑法教科书》（上卷），中国法制出版社 2000 年版，第 50 页。

④ 何秉松主编：《刑法教科书》（上卷），中国法制出版社 2000 年版，第 51 页。

基本原则。据此，认为所谓刑法的基本原则，“是指刑法本身所具有的，贯穿于刑法始终，必须得到普遍遵循的具有全局性、根本性的准则。”①

第三种观点认为，刑法的基本原则，“是指贯穿全部刑法规范、具有指导和制约全部刑事立法和刑事司法意义的，并体现我国刑事法制的基本性质与基本精神的准则。”②

分析以上三种观点，可以看出，其共识是主要的，即均主张刑法的基本原则是带有根本性、全局性并贯彻刑法始终、体现刑法基本精神的准则。这无疑是正确的。应该指出，刑法的基本原则并不等同于刑法的原则，刑法中有许多原则，而非根本性的、局部性的原则虽说不可不谓刑法的原则，但却难称之为刑法的基本原则。有的著述认为，刑法原则也称为刑法基本原则，③即将二者等同看待，但并未提出任何论证理由，难以令人信服。刑法的基本原则是刑法的灵魂所在、精神所系，由此决定只有那些具有全局性的指导作用的原则，才能恰如其分地称为刑法的基本原则。我国目前刑法学界在这方面的通见确为洞识，应予以维护。

三种观点的不同认识具体表现为：第一种观点主张只有法定的刑法基本原则，才可称之为我国刑法的基本原则。第二种观点提出作为部门法刑法的基本原则应是刑法所特有的原则，以便有别于其他部门法律的原则和所有法律共有的原则。但鉴于我国刑法的规定，亦不否认立法上有所例外。第三种观点是目前的通说，没有强调刑法的基本原则必须为刑法明确规定以及为刑法所特有这两点。我们认为，以上三种观点都有一定道理。但同时认为研究刑法的基本原则，从应然视角上讲，当然不能为实定法律所限，也不能不考虑刑法的特点，然而也不能一点不顾及一国的立法实际和法律文化传统，因此支持通说观点。

综上，我们认为，所谓刑法的基本原则，是指贯穿全部刑法规范始终、具有指导和制约全部刑事立法和刑事司法、体现我国刑事法制基本精神，并必须得到普遍遵循的准则。

刑法的基本原则，是刑法的价值取向所在，是刑法的基本性质、基本特点和基本思想的集中体现，凝结与承载着一国刑法制度的精髓和法律文化的品格，对刑事立法和刑事司法乃至刑法理论的发展都产生着深刻巨大的影响。

---

① 张明楷著：《刑法学》（第2版），法律出版社2003年版，第47页。

② 赵秉志主编：《新刑法教程》，中国人民大学出版社1997年版，第46页；另参见高铭暄主编：《刑法学》（上编），中国法制出版社1999年版，第26页。

③ 参见陈兴良：《本体刑法学》，商务印书馆2001年版，第87页。

认真研究、深入解读和全面领会刑法的基本原则，具有重大的实践价值和理论意义。

此外，由刑法的基本原则的性质和地位所决定，在刑法典中明文规定刑法的基本原则，既可行也必要，又具有积极的作用。我国修订刑法明文规定了三条刑法的基本原则，这确是我国刑事立法的一大进步。

其实，不管刑法典是否做出明文规定，各国刑法都有其基本原则。就我国刑法而言，刑法的基本原则实际上比刑法的指导思想和任务都更为实在、内容也更加具体，因此能够通过立法加以明确。从国际社会考察，明确规定刑法的基本原则也有成例可资借鉴。在刑法中明文规定刑法的基本原则，会促进立法者对刑法基本性质、基本精神和价值取向的认真总结、研究、概括和科学表述，并在立法中加以贯彻、执行；帮助司法实务者对刑法的深透理解与正确适用；推动理论工作者注意对刑法的基本原则真谛的阐明及科学性上的检讨，有助于提高刑事立法水平、改进刑事司法效果和繁荣理论研究。对于我国修订的刑法有多种议论，但一致认为将刑法的基本原则立法化，尤其是实现了罪刑法定原则的立法化，确是最明显的进步和最值得称道的成就，具有重大的现实意义和深远的历史意义。

二、刑法基本原则的确定

由于对刑法的基本原则的概念存在不同的界说和表述，学界关于确定刑法的基本原则的标准也存在着争议。在修订的刑法颁行之前，主要分歧意见为三种[①]：

第一种观点认为，解决刑法的基本原则问题应当遵循以下两个标准。即其一，这些原则必须是刑法所特有的，而不是和其他部门法所共有的；其二，这些原则必须是贯穿于全部刑法的，而非局部性的具体原则。

第二种观点认为，确定刑法的基本原则，应当把握以下三个标准。即第一，是刑法体系所具有的、在刑法中带有根本性的重大问题；第二，在刑法中有专条规定、是刑法中不少局部性的原则和制度所共同体现的；第三，执行刑法须臾不可忽视的重要准则。并且在表述上应以简练、准确、完整为标准。

第三种观点认为，确立刑法的基本原则，必须同时具备如下三个标准。即首先，它必须是刑法本身所固有的并在适用刑法时必须严格遵守的原则。

① 参见高铭暄主编：《新中国刑法学研究综述（1949—1985）》，河南人民出版社1986年版，第46—47页。

其次，它必须是贯穿刑法始终的，具有全局性的、根本性意义的原则。最后，这些原则的总和，作为一个整体，必须正确地、全面地反映出我国刑法最基本的性质和正确体现我国刑法的基本精神。

分析以上三种观点，可以看出，第二种观点疏漏较为明显，毋庸多论。剩下两种观点像在概念问题上的争鸣一样，共识是主要的，即均不同程度地强调作为刑法的基本原则，必须是带有全局性、根本性的原则，而且这些原则必须贯穿于刑法的始终，是刑法的制定、适用都必须遵循的准则。分歧则在于作为刑法的基本原则是否还必须同时具备（满足）为刑法所特有这一特征（标准）。通说持肯定说，并强调指出作为刑法的基本原则的“这些原则必须是刑法所特有的，而不是各个法的部门所共有的。因此，像国家主权原则、社会主义法制原则、法律面前人人平等原则等，是法的一般原则，就不宜列为刑法的基本原则”。[①] 不同认识即否定说则主张，确定刑法的基本原则不需要具备这个标准。理由有二[②]：第一，从逻辑上分析，法制的一般原则与各部门法的指导原则，是一般与特殊、抽象与具体的关系，法制一般原则指导和制约各部门法的基本原则的确立，部门法基本原则则具体体现法制的一般原则，二者相互依存、密切关联。如果离开了各部门法基本原则的具体体现，法制一般原则就难免空泛无用。譬如，法律面前人人平等这一社会主义法制的基本原则，如果不能作为各个部门法的基本原则而得到切实的体现的话，就会落空。第二，从其他部门法关于基本原则的规定来看，刑事诉讼法和民事诉讼法中规定的“以事实为根据，以法律为准绳。对于一切公民，在适用法律上一律平等，在法律面前，不允许有任何特权”等原则，以及民法通则中的“当事人在民事活动中的地位平等”的基本原则，都是我国社会主义法制一般原则或者这些一般原则在各部门法中的具体体现。借此，刑法也不宜完全排斥把法制的一般原则作为其基本原则。并认为，这也不是说要将法制一般原则原样照搬作为刑法的基本原则。如法律面前人人平等的法制一般原则作为刑法基本原则时，应具体化为刑法面前人人平等的原则。

修订的刑法颁行后，上述争论得到了延续，但通说发生了改变，还产生了另一种新见解。由此形成四种主要歧见。

现在的通说认为，确定刑法的基本原则要符合两个标准：一是必须贯穿全部刑法规范、具有指导和制约全部刑事立法和刑事司法的意义。二是必须体现我国刑事法制的基本精神，这就是坚持法治，摒弃人治；坚持平等，反

① 参见高铭暄主编：《刑法学》，法律出版社1982年版，第38页。

② 参见赵秉志主编：《刑法新探索》，群众出版社1993年版，第602页。

对特权；讲求公正，反对徇私舞弊。只有符合该精神的原则，才能成为刑法的基本原则。[①] 通说观点显然是根据修订刑法进行了修正，以便与立法实际相适应。

第二种观点坚持认为，确定刑法的基本原则的标准，不需要必须是刑法所特有的原则这种认识，仍然主张三个标准。即必须是贯穿全部刑法规范；必须具有指导和制约全部刑事立法和刑事司法的意义；必须体现我国刑事法制的基本性质和基本精神。修订刑法关于刑法的基本原则的规定应用该观点加以解释。

第三种观点认为，确定刑法的基本原则的标准有三，但与旧通说的主张有相近之处。即：第一，应是刑法所特有的而不是各个部门法所共有的。不过，在特殊情况下，即使是所有法律的共同准则，立法者也可能基于某种原因将其规定为刑法的基本原则。例如，由于有法不依、执法不严、违法不究的现象在我国还存在甚至比较严重，因此尽管我国宪法规定，任何组织或个人"都必须遵守宪法和法律"，"都不得有超越宪法和法律的特权"，"中华人民共和国公民在法律面前一律平等"，即使刑法没有规定平等适用刑法原则，在刑法面前人人平等也是不言而喻的。然而修订刑法仍然将平等适用刑法规定为刑法的基本原则。第二，必须是贯穿于刑法始终，具有全局性、根本性的准则。第三，必须是刑法的制定、解释与适用都必须遵循的准则。[②]

第四种观点认为，确立我国刑法的基本原则有两个标准：一，它是我国法律明文规定的、制定和适用刑法都必须严格遵守的准则；二，它是刑法所固有的、全局性和根本性的准则。

可以看出，以上前三种观点表述不同、存在一定程度的微妙的差异，但并无实质性区别。第四种观点有独特之处，但似乎不很妥切。道理其实很简单，无论刑法有无规定，刑法的基本原则都是客观存在的。在修订的刑法未颁行之前，刑法的基本原则的确定与刑法有无对其作出规定是两码事，不可同日而语。当然依据刑法有无规定为标准，将刑法的基本原则划分为法定的与非法定的两种类型则是完全可能的。由此可见，我国学界主流观点实际对确定刑法的基本原则的标准已基本上达成了共识。我们认为这种共识观点是科学、可行的，故从通说。

由于在确定刑法的基本原则的标准问题上，存在不同的理解和认识，在

---

① 参见高铭暄、马克昌主编：《刑法学》（上编），中国法制出版社 1999 年版，第 26—27 页。

② 参见张明楷著：《刑法学》（第二版），法律出版社 2003 年版，第 47—48 页、第 69 页。

修订刑法颁行前，许多原则都曾被提出作为刑法的基本原则；约有①：(1) 国家主权原则；(2) 法制原则（法律面前人人平等原则，民主原则）；(3) 罪刑法定原则（罪刑法定为基础，以严格控制的类推为补充的原则，罪刑基本法定原则）；(4) 罪刑相适应原则（罪刑基本相适应原则）；(5) 刑罚轻重必须依法、适时的原则；(6) 个人负责原则（罪及个人、不株连无辜原则，罪责自负、反对株连原则，有罪原则，犯罪者个人负责原则）；(7) 社会主义人道主义原则（革命人道主义原则）；(8) 惩罚与教育改造相结合原则（改造罪犯成为新人原则，惩办与宽大相结合原则，惩罚与改造相结合原则）；(9) 区分两类不同性质的犯罪的原则（严格区分不同性质犯罪的原则）；(10) 主观与客观相一致的原则（主客观相一致的刑事责任原则，主观罪过和客观危害相一致的原则）。其中，较为独特的主张是，认为刑法的基本原则只有两条，此即罪刑法定原则和罪刑相适应原则，其余都不是②。多数学者提出的基本相同的原则则为：(1) 罪刑法定原则。(2) 罪刑相适应原则。(3) 罪责自负、反对株连的原则。(4) 惩罚与教育相结合的原则。(5) 主客观相一致的刑事责任原则。(6) 社会主义人道主义原则。

分析上述见解，我们认为多数人的看法是较为中肯的，因为比如像国家主权原则只适宜作为刑事管辖权的原则；刑罚适时原则是刑事诉讼法的原则；区分两类不同性质矛盾的犯罪原则，是不适当地把政治标准运用于解决刑法问题，即使有历史的合理性，现在已不合时宜了。因而都不能作为刑法的基本原则。至于社会主义人道主义原则，我们认为宜作为刑罚领域的原则，提升为刑法的原则并不妥帖，因而不能赞同。

修订的刑法规定了三项刑法的基本原则，但是否刑法的基本原则只有明文规定的这三项原则呢？根据前文所确认的确定刑法的基本原则的标准，显然不是。我们认为刑法明文规定的三条原则毋庸置疑地应当是刑法的基本原则，除此之外主客观相统一原则、罪责自负原则、惩罚与教育相结合原则，虽在修订的刑法中缺乏明文规定，但是由于符合了确定刑法的基本原则的标准，也应为我国刑法的基本原则。同时，考虑到我国刑法明文规定的毕竟是三项基本原则，因而将主客观相统一、罪责自负、惩罚与教育相结合三项原则称之为“非法定的刑法基本原则”，以示区别。

---

① 参见高铭暄主编：《新中国刑法学研究综述（1949—1985）》，河南人民出版社 1986 年版，第 47—48 页。

② 参见高铭暄主编：《刑法学原理》（第一卷），中国人民大学出版社 1993 年版，第 164 页。

善解罪刑法定

储槐植*

罪刑法定是刑事领域的一柄金光闪闪的宝剑。读之适当或者不当，关系到用之适当或者不当，效果差异甚大。

一、罪刑法定两种功能的和谐

功能，事物可能发挥的作用。事物功能的发挥不能脱离其周围环境（生态）。罪刑法定原则的功能与社会背景密切相关。目前通行的观点认为罪刑法定原则只有一种，功能即限制国家司法权的任意发动以收人权保障之功效。诚然，罪刑法定原则在其产生和形成历史阶段——前现代法治社会，其功能价值确实是限制国家司法权的滥用。这是基于当时的社会背景：社会由压迫与被压迫、剥削与被剥削两大对抗阶级构成，公众与国家对立。刑法是国家手中随时随意可动用的压制公众犯上作乱的工具，罪刑擅断、司法专横是封建刑法的基本特征。罪刑法定是先进社会势力反抗封建专制提出的政治诉求的重要组成部分。但是罪刑法定原则定型以后即在现代法治国家，其功能价值则变为兼具惩罚犯罪和保障人权双重功能。这也是由社会背景决定的。现代已经不存在压迫与被压迫、剥削与被剥削阶级对抗社会结构，政治文明和人权意识日益昌盛，政府职能由管治型走向服务型，国民在需求改善生存环境、提高生活质量和抵御重大灾害（自然的和人为的）等根本利益方面日益依赖政府。和平与发展是当代世界的共同主题，国家与国民的亲和度日益提升是不可逆转的大趋势。成文刑法在实质上已经成为国家与国民在刑事领域的社会契约。契约的基本要义是当事双方平等的权利义务关系：国民不触犯刑律就有不受惩罚的权利，国家则承担不得启用刑法的义务；国民一旦触犯刑律，国家就取得适用刑法的权利，国民则应承担刑事责任的义务。罪刑法

* 北京大学法学院教授，博士生导师。

定便成为刑事领域中国家和国民共同遵守的办事规程和行动准则。与此同时，罪刑法定现在也是一种技术，即国家自觉地用来作为惩治犯罪的技术。犹如游戏规则，规则起初是外加于游戏的，久而久之，规则与游戏融为一体，无规则的游戏已不能称之为游戏，而是胡闹。有人说“没有罪刑法定原则照样可以惩罚犯罪而且效率更高”，据此否定罪刑法定原则的惩罚犯罪保护社会的功能。这纯属臆想。在当今时代，刑法与罪刑法定原则已形影不离自觉融为一体而不可分（尽管在不同情景中两者可能各有不同评论视角）。当今已不存在没有罪刑法定原则的刑法立法，根本不是当初历史阶段由社会进步势力将罪刑法定原则强加给政府那样的局面。在当代，罪刑法定原则与其载体刑法立法在功能上相等同。罪刑法定原则的两种相辅相成的功能价值：限制国家刑罚权任意发动的前提下为国家行使刑罚权确立合法性根据。罪刑法定是现代国家追究犯罪的基本方式。认识罪刑法定两种功能的和谐，意义重大。

二、罪刑法定与刑法适用的和谐

这里的刑法适用仅指刑法适用解释，包括司法解释以及司法官在刑法适用过程中对刑法所作的解释（理解）。当前有两个问题特别需要讨论：

（一）刑法适用解释立场（或称解释目标）问题。区别为两种：主观解释以寻找法律原义为目标，利于人权保障；客观解释以适应现实需要为目标，利于社会保护。纯主观论或者纯客观论，被公认为不可取。客观论为主并辅以主观论，主观论为主并辅以客观论，这两种解释立场均为折中方式，但侧重不同。当前刑法界似乎形成了以“客观论为主、辅以主观论”为主流的局面。笔者认为依据我国国情，应以主观论为主而辅以客观论。有人认为，当今大陆法系德国和日本（与我国刑法有历史渊源关系）均以客观论为主（诚然也有不同声音），应当为我国借鉴。只要考察一下社会背景，结论就会不同。德日刑法适用解释以客观论为主流，至少有三项条件：一是罪刑法定深入人心；二是形成了高水平的法律职业共同体；三是轻型刑罚结构。无可否认，我国当前不具备这些条件。客观解释论之实质是无视法律原义，甚至可以说是不承认有法律原义。无视法律原义就等于无视罪刑法定。在我国推行罪刑法定不久但远没有达到深入人心的社会背景下，在实践中（当然主要是遇到解释有异见而不易将个案与法条对号入座的疑难案件时）无视罪刑法定原则是格外有害的。再者，客观论着眼于现实需要，而所谓“现实需要”在尚未形成高水平的法律职业共同体的背景下则很可能难以达成共识，各有各的需要。客观解释的结果，多半是入罪。我国重刑结构下，一旦入罪有误，危害不浅，甚至无法补救。总之，为了解决几个疑难案件而有损罪刑法定原则，实在得不偿失。所以，客观论为主目前我国应当缓行。主观解释论为主有利于坚持罪刑法定原则。在法网不严密的刑法结构中，对全部非严重暴力犯罪案件采主观解释论，其结果多半为出罪，这与宽严相济刑事政策的宽缓精神大体近似。对严重暴力罪案“辅以客观解释论”使其入罪，符合社会大众的根本利益，也体现宽严相济的严惩一面。总之，刑法适用和刑法理论不能背离刑法基本宗旨公平正义，也不能脱离特定社会背景，应当与时代和国情相和合。

（二）消解罪刑法定机械化（或称僵化）问题。由于我国历史和现实的复杂原因，罪刑法定原则在法律上的明定只有短短10年时间，践行罪刑法定原则需要国家领导层的关注以及法学界和司法实务界的共同努力。当前有两种倾向应予注意：明里或暗里、自觉或不自觉抵制罪刑法定；僵化罪刑法定原则——将罪刑法定与自由裁量（刑法适用）对立起来。后一种倾向因其似是而非更易于唬人，因而更值得警惕。前些年，两个农民因失火烧毁山林100多亩，被法院判处缓刑并责令种树以补过。社会议论纷纷，有叫好的，也有非议的。又如，对某些未成年人犯罪案件，检察官出于保护青少年权益之目的，根据犯罪情节（轻微）和认罪态度（较好）从而作出暂缓起诉决定，也因所谓“缺乏法律依据”而被叫停。如此等等。非议和叫停，依据的一种国外通行说法是，法律没有规定的则国家公职人员一概不可作为云云。“这个说法”的合理性的背景条件是，法制相当完备，社会成熟平稳，旨在限制公权力任意扩张致使侵犯公民合法权益。但并不绝对，它不堵死为求更大公正裁决个案以利于对私权的维护。犹如不溯及既往这一刑法基本规则，旨在制止从重（处罚）溯及，但并不堵死从轻溯及。如果将“这个说法”视为一个规则、原则，那么规则原则也总会有例外。何况在法制尚欠完备、社会处于转型期，“这个说法”则会产生扼杀实践中创新活力的负面作用。司法实践中，作出法律没有明文规定的裁决，具有某种创新性试验。创新试验往往是良好立法的前期客观基础。这在社会转型期尤其需要。笔者猜想“这个说法”可能是担心创新带出腐败。此动机也不无是处。但须分清这是两回事，腐败需要防治，据以设置附加限制措施，而创新举措则应加以扶持。至于实践中的一些做法是否为创新，应当相信社会自有公论，实践本身能够证明。

我们不能用外国的绳索捆住中国人的手脚。这里还要进而讨论一个问题，罪刑法定原则是否束缚司法官的自由裁量？应当明确，罪刑法定原则的基本出发点是阻止国家刑罚权的任意发动，借以保障国民自由生活不受非法干扰。上面提及，当代罪刑法定是国家与国民在刑事领域的社会契约，但同时也须承认，国家本身是有组织、实力强大的整体，是强者。而国民是众多个体的总称，国民就个体而言相对于国家则是弱者。在当代，强者体恤弱者是政治文明、精神文明的应有之义。因此，可以逻辑推知“不伤及无辜，不重罚轻罪”是罪刑法定原则的底线。司法官的活动不能超越这条底线，这就是束缚。但底线之外仍有很多空间——司法能动机制存在的根据。“不伤及无辜”与有罪不罚（指不受刑罚处罚）并不矛盾，刑法第37条可以得到说明。“不重罚轻罪”与轻罚重罪也不冲突，刑法总则和分则诸多从轻和减轻处罚条款可以得知，刑事诉讼法也有相当规定予以反映。罪刑法定与司法官自由裁量功能互补，罪刑法定并未堵塞司法裁量空间，甚至可以认为罪刑法定本身就要求司法裁量。司法能动机制（司法官的自由裁量）是使得罪刑法定得以实现法律效果与社会效果“双优”的方法和过程。

从旧兼从轻原则适用若干问题研究

王政勋*

我国旧刑法第9条、新刑法第12条均规定了从旧兼从轻原则，之后颁布的单行刑法和所有的刑法修正案也都采用了从旧兼从轻原则。新刑法生效前后，最高人民法院先后于1997年9月25日、1997年12月23日发布了两个司法解释，即《关于适用刑法时间效力规定若干问题的解释》、《关于适用刑法第十二条几个问题的解释》，最高人民检察院于1998年12月2日作出了《关于对跨越修订刑法施行日期的继续犯罪、连续犯罪以及其他同种数罪应如何具体适用刑法问题的批复》，对相关疑点作了进一步的界定。理论界对于如何适用从旧兼从轻原则，也进行了颇有价值的探讨。这对于准确适用刑法第12条的规定，贯彻罪刑法定原则，都具有重要意义。但是，无论是司法解释还是理论论述，也还存在着一些不够准确、不够细致之处，对于实践中到底应如何准确适用从旧兼从轻原则，需要进一步的分析和论证。

一、新旧法的轻重比较

刑法第12条规定了从旧兼从轻原则，其中的“从轻”指“如果本法不认为是犯罪或者处刑较轻的，适用本法”。在这种情况下，新法具有溯及既往的效力。该规定不但适用于新刑法，也适用于后来颁布的单行刑法和刑法修正案。

（一）“不认为是犯罪”的理解

某种行为如果根据旧法的规定构成犯罪，根据新法的规定不构成犯罪，或者根据新法的规定构成犯罪，根据旧法的规定不构成犯罪，则不必进行刑罚轻重的比较即可根据新法或者旧法的规定认定其无罪；如果旧法、新法都认为是犯罪，则应当进行刑罚轻重的比较，并适用“处刑较轻”之法律。所

* 北京大学法学院博士研究生；西北政法学院教授，硕士研究生导师。

以，适用从旧兼从轻原则时首先遇到的问题，就是旧法规定为犯罪的行为在新法中是否被规定为犯罪，或者旧法中未被规定为犯罪的行为在新法中是否被规定为犯罪？

一般而言，该问题不难解决，对于根据旧法规定不构成犯罪而新法实现了犯罪化的行为，如新刑法中证券犯罪、计算机犯罪等，其设立导致了犯罪圈的扩大，当然应当根据旧法的规定处理；对于旧法中规定为犯罪而新法已经实现非犯罪化的行为，如伪造计划供应票证罪等，其废除导致了犯罪圈的缩小，应当根据新法的规定处理。但是，由于立法技术上的原因，新法对有关行为到底是否实现了犯罪化或非犯罪化，还是应当进行细致的分析才能确定。以下问题需要注意：

1. 新法在一般条款之外设立特殊条款。旧法已经规定了一般条款，新法在保留一般条款的同时，将一些特殊情况规定为独立的犯罪。该种情况并不是对非犯罪行为实现了犯罪化，仅仅只是立法时采用了法条竞合技术。根据旧法，新法所增设的这些行为也应承担刑事责任。一般而言，这种情况没有导致犯罪圈的扩大。例如旧刑法规定了玩忽职守罪，新刑法在规定了玩忽职守罪的同时，又规定了失职致使在押人员脱逃罪等 9 种特殊的玩忽职守犯罪。初看起来，这 9 种行为中大多数在旧刑法中好像没有被规定为犯罪，但事实上，根据旧刑法的规定，它们都已经构成了玩忽职守罪，换言之，旧刑法中的玩忽职守罪和新刑法中的玩忽职守罪内涵并不相同。如果这些行为发生在新刑法生效之前，不能认为可以直接根据旧刑法的规定对其做无罪处理，仍然应当根据新旧刑法的相关规定进行“处刑轻重”的比较。

需要注意的是，新法所设置的特殊条款中虽然大部分行为根据旧法也构成一般条款所规定的犯罪，但也可能有一部分行为根据旧法不构成犯罪，如特殊盗窃罪中情节较为严重但财产损失未达到“数额较大”程度的情况就是如此。这样的行为应根据旧法处理。

2. 新法在旧法已有的特殊条款之上设立一般条款。旧法只将某一类行为中的一些特殊行为规定为犯罪，并未规定一般条款；新法在规定这些特殊条款的同时，还规定了一般条款。如旧刑法只规定了徇私枉法罪等特殊犯罪，新刑法在设立了徇私枉法罪等特殊犯罪的同时还在第 397 条第 2 款规定了一般的徇私枉法行为；新刑法只规定了一些特殊的国有单位工作人员玩忽职守、滥用职权、徇私枉法的犯罪，如签订、履行合同失职被骗罪，妨害清算罪，违法发放贷款罪，非法经营同类业务罪，为亲友非法牟利罪，违法向关系人发放贷款罪，徇私舞弊造成破产亏损罪等。1999 年 12 月 25 日通过的《中华人民共和国刑法修正案》则在刑法第 168 条增设了国有单位工作人员玩忽职守、滥用职权、徇私舞弊犯罪的一般条款（同时废除了徇私舞弊造成破产亏损罪）。一般条款的设立扩大了犯罪圈，对于旧法未规定为犯罪的行为，新法的一般条款不具有溯及力；对于旧法的特殊条款已经规定为犯罪的行为，则应当进行新旧法处刑轻重的比较。

3. 新法废除了旧法的一般条款，设立了一些特殊条款。这种情况在我国新刑法中最典型的是废除了旧刑法中的流氓罪，增设了寻衅滋事、聚众斗殴、聚众淫乱、强制猥亵、侮辱妇女等犯罪。在这种情况下，犯罪圈有所缩小，新法中的特别犯罪根据旧法的规定一般都构成犯罪，但旧法中为一般条款所涵盖的行为有的根据新法的规定则未必构成犯罪，如强制猥亵14岁以上男性少年的行为，根据新刑法的规定不构成犯罪，但在旧刑法中，这种行为成立流氓罪。在这种情况下，根据新法、旧法的规定都构成犯罪的，应当进行新旧法的轻重比较以确定新法是否有溯及力；新法未将其规定为犯罪的，应根据从旧兼从轻原则，依照新法的规定对其不按犯罪处理。

4. 某种行为根据旧法属于甲罪，根据新法则属于乙罪。甲罪和乙罪在旧法、新法中均有规定，但新法对甲罪、乙罪的犯罪构成进行了调整，使原来属于甲罪的行为在新法中属于乙罪。典型的如2001年12月29日的《中华人民共和国刑法修正案（三）》在投毒罪中增加了投放放射性物质、传染病病原体的行为，事实上，该种行为在原来的规定中包含在以危险方法危害公共安全罪中，修正案的规定并没有扩大犯罪圈，因此在刑法溯及力问题上应进行新旧法的轻重比较。

（二）"处刑较轻"的理解

如果某种行为根据新旧法的规定都构成犯罪，适用从旧兼从轻原则时应当进行新旧法的轻重比较，如果新法"处刑较轻"，新法就具有溯及力。如何理解新法"处刑较轻"？对于该问题，我国理论界有人曾认为是指实际判处的刑法较轻，即论罪该判轻刑的，就适用刑法（指1979年旧刑法），论罪该判重刑的，就不适用刑法。[①] 新刑法生效后，仍然有学者支持该种观点，认为司法机关在适用法律时，应分别根据新旧刑法的规定对某犯罪行为进行预断，得出准判决式的结论后，将所得结果进行刑罚轻重的比较，择其轻者最终适用之。[②] 但通说认为，"法条中的'处刑较轻'，是就同一种犯罪行为，《刑法》与行为时的法律、法令所规定的法定刑的轻重相比较而言的。……因此

① 高铭暄：《新中国刑法学研究综述》，河南人民出版社1987年版，第75—76页。

② 石金平："溯及力问题中刑罚轻重比较之标准"，载《人民司法》1999年第7期。

在比较处刑轻重时，应当根据法定刑的不同情况进行比较。"① 该种观点得到了司法解释的支持。1997 年 12 月 23 日，最高人民法院《关于适用刑法第十二条几个问题的解释》第 1 条认为，"刑法第十二条规定的'处刑较轻'，是指刑法对某种犯罪规定的刑罚即法定刑比修订前刑法轻。"

通说的观点和多数国家的立场一致。德国、日本、法国、俄罗斯等刑法中，都是根据新旧法法定刑的轻重进行比较的。但意大利则采用第一种观点。意大利学者认为，"选择也不应该有抽象的标准，不然，在多数情况下根本无法确定哪一个是有利于被告的法律（如新法在降低原有法定最低刑的同时又提高了法定最高刑），或者得不出肯定的结论（尽管在一般情况下将重罪转化为轻罪的法律有利于被告，但也有可能出现相反的情况；因为轻罪一般都既可以由故意也可以由过失构成，而重罪一般只能由故意构成）。总而言之，只有将各种法律适用于具体案件，并对犯罪人应承担的具体后果进行综合比较后，才能得出正确的结论。"②

笔者认为，如果说在大陆法系国家因为采用了重罪、轻罪和违警罪的划分而使法定刑的比较还具有一定合理性的话，在我国采用通说的观点并不合理，只有对可能判处的刑罚即处断刑进行轻重比较，才能得出正确的结论。换言之，所谓新法"处刑较轻"，是指对某种行为，根据新法的规定所判处的刑罚比根据旧法的规定所判处的刑罚轻。理由如下：

1. 这样做不违反罪刑法定原则的要求，也不违反从旧兼从轻的原则。无论是根据罪刑法定原则还是根据从旧兼从轻原则，都无法得出"处罚较轻"是指法定刑较轻的结论。

2. 对刑法第 12 条的语义分析。我国 1928 年刑法规定从旧兼从轻原则时表述方式是："犯罪时法律之刑较轻者适用较轻之刑。"根据该规定，对新旧法的轻重比较只限于对法定刑的轻重比较。1935 年刑法则规定，"裁判前之法律有利于行为人者适用最有利于行为人之法律"，该规定和 1928 年刑法的规定有明显差别。根据该规定，"所谓有利与否，其足资比较之范围，甚为广泛，刑罚之轻重，固无论矣。此外即如违法阻却原因之有无，责任能力之存否，责任条件之范围如何，累犯之条件及加重之程度如何，时效完成与否，告诉乃论与否等等，凡足为有利与否之比较者，均为应注意之点。"③ 可见在该种情况下，应当对新旧法律的规定做综合比较，只有分别根据新旧法律得

① 高铭暄：《刑法学原理》（第一卷），中国人民大学出版社 1993 年版，第 346 页。

② ［意］杜里奥·帕多瓦尼：《意大利刑法学原理》，法律出版社 1998 年版，第 37 页。

③ 韩忠谟：《刑法原理》，（台）雨利美术印刷有限公司 1981 年版，第 527 页。

出量刑结果后，才能得出孰轻孰重的结论。1935 年刑法的规定更为合理。我国 1979 年刑法第 9 条、1997 年刑法第 12 条在规定从旧兼从轻原则时均使用了“处刑较轻”的表述，这和 1935 年刑法的规定含义相同，而和 1928 年刑法的规定有显著差异。这里的“处刑”显然指根据新法的规定应当判处的刑罚，而不是指新法规定的法定刑，否则完全可以采用 1928 年刑法的表述方式，即“如果本法不认为是犯罪或者法定刑较轻的，适用本法”。所以从刑法条文的用语看，应当根据可能判处的刑罚比较新旧法的轻重。

3. 仅仅只对法定刑进行比较，通常无法得出孰轻孰重的结论。虽然前引司法解释规定“法定刑较轻是指法定最高刑较轻；如果法定最高刑相同，则指法定最低刑较轻”。“如果刑法规定的某一犯罪只有一个法定刑幅度，法定最高刑或者最低刑是指该法定刑幅度的最高刑或者最低刑；如果刑法规定的某一犯罪有两个以上的法定刑幅度，法定最高刑或者最低刑是指具体犯罪行为应当适用的法定刑幅度的最高刑或者最低刑”，但事实上还存在着许多难以对法定刑轻重进行比较的情况，例如：

（1）新法既提高了法定最高刑，又降低了法定最低刑的；或者提高了法定最低刑，同时降低了法定最高刑的。对于前一种情况，法国理论界认为这种情况应该看做新法的规定重于旧法的规定，因为新法使犯罪人面临比他实施犯罪之时所适用的法律更为严厉的处罚。[①] 但这种理由并不充分，如果行为的危害性仅仅只达到该罪的起刑点，新法显然比旧法更轻，适用旧法对被告人不利。对于后一种情况，也无法确定新旧法的规定哪一个“较轻”。

（2）新法对犯罪构成设立了更为宽松的成立条件，或者降低了对该种犯罪的证明要求，从而使犯罪圈有所扩大，但同时降低了法定刑；或者相反，新法对犯罪构成设立了更为严格的成立条件，或者提高了对该种犯罪的证明要求，从而使犯罪圈有所缩小，但同时提高了法定刑。这种情况下应该认为哪一个的法定刑更轻？

（3）关于附加刑，财产刑和资格刑之间，罚金和没收财产之间，比例罚金制和定额罚金制之间，“应当判处罚金”和“可以判单处罚金”、“并处没收财产”和“可以并处没收财产”之间，均难以进行轻重比较。一般看来，没收财产比罚金刑更重一些，但巨额罚金多比没收部分财产重，甚至比没收全部财产重，因为罚金刑可以剥夺犯罪人未来的财产，执行罚金刑时不必考虑犯罪人所负的正当债务，也不必给犯罪人个人及其所扶养的人保留必须的

① ［法］卡斯东·斯特法尼：《法国刑法总论精义》，中国政法大学出版社 1998 年版，第 164 页。

生活费用；没收财产只限于剥夺犯罪人当时的财产，还必须给犯罪人及其扶养的人保留必需的生活费用，对于犯罪人所负的正当债务，还“应当偿还”。“应当判处”好像比“可以判处”重，但实际判处的数额多少则未必如此。此外，如果新法降低了法定刑中的主刑但增加或提高了附加刑，或者废除、降低了附加刑但提高了主刑的，也无法进行法定刑轻重的判断。

（4）新法总则规定了更为严厉的处罚原则，分则却规定了更轻的法定刑；或者总则规定了更为宽松的处罚原则，但分则却规定了更高的法定刑的。如新刑法总则中扩大了对累犯的处罚范围，分则中降低了组织卖淫罪的法定刑，如果某组织卖淫罪的行为人是累犯，该如何处理？再如新刑法将自首并有重大立功表现规定为应当减轻处罚的规定，提高了对走私、贩卖、运输、制造毒品罪的法定刑，如果某贩卖毒品的犯罪人自首并有重大立功表现，又该如何处理？①

（5）上述几种情况如果同时出现两种以上的，又该如何处理？

如果不进行法定刑的比较，而是对实际判处的刑罚即处断刑进行比较，则上述问题均不会出现。

在对所判处的刑罚进行比较时，应遵循以下步骤：（1）先根据旧法的全部规定，确定对该行为所判处的刑罚；（2）再根据新法的全部规定，确定对该行为所判处的刑罚；（3）经过轻重比较后，确定是否适用新法；（4）裁判文书作出最终判决时引用的法律条文，是最后决定适用的较轻法律的条文。但是在判决理由部分，应当对上述比较的过程予以阐述，其间当然也会涉及对未最终适用的法律的条文的引用。

（三）空白刑法的时间效力

空白刑法在各国刑法中都有体现。在我国刑法中，空白刑法表现为两种情形：（1）在同一法律的其他条款规定补充规范。我国刑法学中的“引证罪状”即属于此。（2）补充规范被放在阶位较低的法律、法规和规章中，如我国刑法第330条的“违反传染病防治法的规定”，将犯罪构成要件规定在基本法律以外的法律中，第133条的“违反交通运输法规”，将犯罪构成要件的内容交给法律、法规去规定；第331条传染病菌种、毒种扩散罪中的“违反国

① 不能既适用新法中较轻的规定，又同时适用旧法中较轻的规定。如果这样做了，既不是适用旧法，也不是适用新法，而是适用一种由法官自行选择组合的“混合法”，一种由法官自行创立的“法”。这是刑法理论上的通说。参见韩忠谟：《刑法原理》，（台）雨利美术印刷有限公司1981年版，第527页；陈忠林：《关于刑法时间效力的几个问题》，1998年刑法学年会论文；阮方民：“从旧兼从轻：刑法适用的‘准据法原则’”，载《法学研究》1999年第6期；林维、王明达：“论从旧兼从轻原则的适用”，载《法商研究》2001年第1期。

务院卫生行政管理部门的有关规定”，将犯罪构成要件的内容交给行政规章去规定等。

空白刑法中，基本的刑法条款未发生变化，但补充规范却发生变更时，会产生刑法的时间效力特别是其中的刑法溯及力问题。例如，某种行为以前在补充规范中没有被禁止，后来被补充规范禁止了，或者补充规范原来禁止某种行为，后来该补充规范被修正，新的补充规范不再禁止这种行为。在这种情况下，应该如何适用法律呢？理论界对此有两种不同的观点：一种观点认为，仍然应当适用从旧兼从轻原则。另一种观点则认为，这种情况属于限时法，应该适用限时法的原则。如团藤重光、福田平、木村龟二等认为，补充法规是决定构成要件的法规，仅仅只引起了构成要件该当事实的变更，并非可罚性的变更，因此是限时法。对于补充法规变更前的行为，即使根据变更后的法律处罚较轻，仍然应根据变更前的法律对其进行处罚。① 在日本的刑法实务中，这两种观点都曾得到判例的支持。②

关于第一种情况，如刑法第 115 条第 2 款在规定过失投毒罪、过失以危险方法危害公共安全罪时采用了引证罪状的方式，规定“过失犯前款罪的，处……”2001 年 12 月 29 日的《中华人民共和国刑法修正案（三）》对该条第一款进行了修改，导致第二款的内容被无形修正。被无形修正的条款和以前的规定在语言文字上没有发生任何变化，但实质内容已经变更，成为新的规定。在此情况下适用从旧兼从轻原则，不会产生任何疑义。

在第二种情况中，补充法规变更后，新的补充法律是否具有溯及力呢？笔者认为，对此仍然应该根据从旧兼从轻原则处理。一个国家的法律体系结成了一个整体，刑法和其他部门法密切相关。在空白刑法中，如果补充规范由法律规定，由于制定者都是最高立法机关，空白规范和刑法具有同等的效力；如果补充规范由行政法规或规章规定，事实上是由最高立法机关认可了行政机关的规范性法律文件的刑法意义，或者意味着立法机关授权行政机关对刑法规范加以补充。因此，补充规范是刑法的正式渊源之一，它和成文刑法典一样规定了相关的犯罪构成要件，对于认定犯罪具有非常重要的意义。从这个意义上讲，补充规范在修改后应该和刑法典一样，适用从旧兼从轻原则。

如果不适用从旧兼从轻原则，则和国民的预测可能性原理相违背。空白刑法所涉及的，多数是特定人员在特定行业或特定活动中可能实施的特定犯罪。这些人员对本行业的法律、法规一般都比较熟悉，他们是根据这些法律

① ［日］野村稔：《刑法总论》，法律出版社 2001 年版，第 61 页。

② ［日］木村龟二：《刑法学词典》，上海翻译出版公司 1991 年版，第 79—80 页。

来规范自己的行为的；同时，这些法律也是刑法的补充规范。当他们实施行为时，只可能遵守当时已经生效的法律，而不可能遵守尚未生效或尚未颁布的法律，他们也无法知晓或预测行为后所颁布的法律，即使已经了解了尚未生效的法律，由于该法律还没有对他们予以保护，不能要求他们遵守该法律的规定；即使他们能够正确预测以后颁布的法律，也不能要求他们遵守当时还未出台的法律的规定。对于公民来说，仅仅根据刑法的字面规定并不能确定哪些行为是刑法所禁止的，必须通过补充规范对刑法条文的补充，才使其行为具有了法律根据。换言之，刑法规范和补充规范共同成为公民实施行为的意思决定规范，也同时成为司法机关的裁判规范。如果在补充规范被修改后不适用从旧兼从轻原则，显然违背了预测可能性的要求。

这种情况也不属于限时法。将这种情况认定为限时法时，如果新法和旧法相同或新法较重，处理结果当然没有什么不同，但当新法规定较轻时，新法仍然没有溯及力。这是不合理的。空白刑法并不是限时法，空白刑法中的补充规范在其颁布时并不是针对“特定时期”的特定社会形势，而是针对常态的社会状况制定的。补充规范在颁布时没有规定生效期间，立法者在制定该补充规范时没有以明示或暗示的方式规定该法律只在特定时期生效。当限时法的生效期限届满后，该法律自然失效，社会上不再存在该限时法所调整的社会关系，因此限时法在失效后不会被新的法律所取代；对于空白刑法而言，当社会形势发生变化、补充规范被修正后，原来的社会关系仍然存在，规范这些社会关系的新的法律取代了原来的法律。所以不能将空白刑法解释为限时法。在空白刑法中，当适用新的补充规范对被告人有利时，说明由于社会形势的变化，国家已经没有相应的利益需要用刑法加以保护，或者该种行为的社会危害性已经没有以前那样严重了，对其适用旧的重法没有必要。因此，新的空白刑法如果是轻法，具有溯及既往的效力。

（四）有权解释的时间效力

在我国，有权解释包括立法解释和司法解释。关于有权解释的时间效力，有三种不同的观点。第一种观点认为，有权解释仅仅是对法律条文含义的阐明，没有创造新的法律规范，所以没有独立的时间效力，它和被解释的条文同时生效。当有权解释颁布后，对于发生在解释之前的行为也应适用，换言之，有权解释具有溯及既往的效力。[①] “两高”2001年12月7日《关于适用刑事司法解释时间效力问题的规定》采纳了该种观点。第二种观点认为，有

① 游伟、鲁义珍：“刑事司法解释探讨”，载《法学研究》1994年第6期；张军、姜伟、朗胜、陈兴良：《刑法纵横谈》，法律出版社2003年版，第81页。

权解释仍然应该适用从旧兼从轻原则。无论在新的解释颁布前有无涉及刑法同样内容的解释，新的解释原则上都不具有溯及既往的效力，除非是适用新的解释对被告人更加有利。[①] 第三种观点认为，“法律解释只能进行有利于行为人的溯及适用，不得做不利于行为人的溯及既往”。[②]

上述三种观点均有利有弊。第一种观点从理论上看是正确的。作为刑法解释，不管是有权解释还是学理解释，本来只应限于对刑法条文含义的阐明，并不能创造新的刑法规范。在有权解释出台之前，法官、律师、检察官以及学者等都已经在对刑法进行解释，后来出台的有权解释从内容上看多只是对这些学理解释或法官适用解释的总结，这些解释结论早已在实践中得到适用，因此确认有权解释和被解释的法律同时生效，不会发生案件处理结果不一致的情况。有权解释仍然是一种法律解释，应该遵循法律解释的原则和方法，只要遵循了这些原则和方法，解释结论就不会超出法律条文应有之义的范围，公民对解释结论就具有预测可能性——换言之，公民应该且能够根据刑法的规定得出这样的解释结论。例如，2003 年 1 月 8 日最高人民法院关于奸淫幼女罪的司法解释出台之前，理论界早已形成了通说，认为行为人必须明知对方是幼女，实务中也是这样来处理案件的。根据刑法条文的规定，也能够得出这样的结论，公民应当知道刑法关于奸淫幼女行为主观方面的规定。所以，第一种观点并不违背罪刑法定原则。

问题是理论和实践之间总存在着差距。我国的有权解释有时会超出罪刑法定原则所允许的解释方法，进行类推解释，甚至超越司法解释的权限，通过司法解释扩大刑法的适用范围，这样的解释结论并不蕴涵在法律条文之中，如果赋予这样的解释结论——实际上是新创立的刑法规范——以溯及既往的效力，当然违背了罪刑法定原则和公民预测可能性的要求，是明显的“不教而诛”。这也是理论界为什么对第一种观点颇有微词的原因。

第二种观点是针对我国有权解释中大量存在的越权甚至违法的现象而提出来的，在我国目前的情况下，如果采用这种观点，当然可以更好地保障人权。但这种观点在理论上难以自圆其说，在实务中也无法得到执行。前文已经指出，有权解释在出台之前，实务中根据学理解释对很多案件的处理事实上符合后来出台的有权解释的规定，即使不承认有权解释具有溯及力，法官

---

① 赵秉志、杨丹：“论刑事立法解释的效力问题”，载赵秉志、张军：《中国刑法学年会文集(2003 年度)》(第一卷)，《刑法解释问题研究》，中国人民公安大学出版社 2003 年版，第 371 页以下；刘宪权：《刑事司法解释时间效力规定评析》同上书，第 676 页以下。

② 钊作俊：《刑法效力范围比较研究》，人民法院出版社 2004 年版，第 132 页。

也完全可以辩称是在根据内容相同的学理解释，或者根据自己作出的内容相同的法官适用解释来处理案件的，因此否认有权解释具有完全的溯及力不会产生任何实际的效果。这种观点将有权解释和被解释的法律并列，赋予有权解释以独立存在的价值，错误地界定了法律解释的性质，混淆了法律条文和解释结论的界限——事实上，解释结论仅仅是对法律条文含义的阐明，并且应当根据解释结论是否准确体现了法律的本来含义来判断其是否正确。另一方面，该种观点也过分强调了有权解释和学理解释的区别——这种观点只提出有权解释是否适用于以前的案件时应遵循从旧兼从轻原则，而没有也无法指出某种学理解释提出后是否适用于发生在该学理解释提出之前的案件。事实上，学理解释和有权解释和法律条文的关系相同，它们都不具有独立的意义，两者都应该遵循和罪刑法定原则不冲突的解释原则和解释方法，都不能创立新的罪刑规范。在是否可以适用于以前的案件这一问题上，学理解释和有权解释并无不同。

第三种观点认识到了前两种观点的缺陷，试图提出一种能兼顾理论和实践的折中观点，立意无疑值得肯定，但其结论却难以得到贯彻，如扩大解释和当然解释的界限，就是一个众说纷纭的问题，同一个解释结论，有人可能认为是扩大解释，有人可能认为不属于扩大解释。如果采用该种观点，不同的法官将对同一个司法解释的时间效力作出不同的理解，从而破坏法制的统一性，甚至可能会给法官在案件中上下其手、出入人罪提供理论根据。该说错误地将扩大解释当成是违反罪刑法定原则的解释方法，事实上，罪刑法定原则本不排斥扩大解释，只要解释结论在公民预测可能性的范围之内，扩大解释就是允许的。[①] 这种观点和第二种观点一样，也有混淆法律条文和有权解释、过去强调有权解释和学理解释的区别的嫌疑，因此适用该种观点也不会产生实际效果——法官完全可以辩解是根据以扩大解释方式作出的学理解释或不利于被告的学理解释作出判决的。这种观点还隐含着一个观点，即司法解释通过一定方法来扩大犯罪圈、在法律含义的范围之外扩大或加重对犯罪的惩处、作出不利于行为人的解释是合理的，只要这样的解释结论采用从旧兼从轻原则即可。这样的观点显然难以成立。

在上述三种观点中，笔者同意第一种观点，即有权解释的时间效力和被解释的法律条文相同，在新的解释出台后处理发生在解释出台前的行为时，不管适用有权解释有利于被告人还是不利于被告人，该有权解释都具有法律

① 张明楷：《刑法分则的解释原理》，中国人民大学出版社 2004 年版，第 16 页以下。

约束力。

对于第二种、第三种观点所疑忌的司法解释越权创立新的刑法规范的现象，笔者认为，这不是从旧兼从轻原则所能解决的问题，相反，试图以从旧兼从轻原则解决该问题的做法还将导致对这种行为的合法性的承认。这种现象违反了罪刑法定原则的要求，违反了我国的立法体制，是一种违宪行为，本来就是不正常的、无效的行为，应当彻底予以纠正，而不能无可奈何地试图通过使其在时间效力上适用从旧兼从轻原则来将其纳入法治轨道。应当采取的做法是：（1）制作司法解释的主体改变重保护功能、轻保障功能的观念，在制作司法解释时严格遵守宪法、立法法的规定；（2）制作司法解释时严格遵守符合罪刑法定原则要求的解释原则和解释方法；（3）建立越权司法解释的撤销机制，一旦司法解释超越权限，由全国人大常委会予以撤销，被撤销的司法解释自始即不具有法律约束力。

如果对同一法条先后颁布了两个有权解释，情况则较为复杂。"两高"2001年12月7日《关于适用刑事司法解释时间效力问题的规定》第3条规定，"对于新的司法解释实施前发生的行为，行为时已有相关司法解释，依照行为时的司法解释办理，但适用新的司法解释对犯罪嫌疑人、被告人有利的，适用新的司法解释"。笔者认为，根据上述原理，对于新旧解释中未涉及具体数额的内容，仍然不存在从旧兼从轻原则的问题，新的解释对解释发布之前的案件具有法律约束力；但对于涉及具体数额的内容，则应该从实际出发，适用从旧兼从轻原则。

二、存在中间法时从旧兼从轻原则的适用

由于立法活动的经常进行，有时可能出现这样的情况，即行为时存在着一部法律（第一部法律，前法），立法机关对该法律予以修正（第二部法律，中间法）后时间不长，再次修正了这一法律（第三部法律，后法）。在后法生效后才处理前法生效期间的行为时，是适用前法、后法，抑或是适用中间法？是否应当对三部法律进行轻重比较？

对于该问题，理论界有三种不同的观点。（1）适用从旧兼从轻原则，但不考虑中间法的规定，通过对前法和后法的轻重比较，确定所适用的法律。[①]（2）适用从旧兼从轻原则，应当考虑中间法的规定，通过对前法、中间法和后法的轻重比较确定所适用的法律。[②]（3）如果在中间法适用期间投案自首

---

① 张明楷：《刑法学》，法律出版社2003年版，第87页。

② 陈兴良：《规范刑法学》，中国政法大学出版社2003年版，第41页。

的，适用中间法的规定，否则仅就新旧法进行轻重比较并选择所适用的法律。该种观点内部，有人认为，前法、后法将该行为规定为犯罪，中间法将该行为规定为无罪的，可直接适用中间法；如果三部法均将其规定为犯罪但中间法最轻，则要看其是否有自首表现。在中间法适用期间自首的，适用中间法的规定，如果没有自首，则不适用最轻的中间法。因为“我国刑法中有自首的规定，行为人犯了罪，在法律对你最有利的时候你不去向政府自首，结果现在出现了新的法律加重了刑罚，就不能选在中间的对被告人最有利的法律，这是由于行为人自己的行为错过了最有利的刑法适用，行为人的社会危害、行为人的主观恶性、社会对行为人的行为评价都不同了，所以应当由行为人自己来承担相应的不利后果。……犯罪人有责任、有义务向政府自首坦白罪行争取宽大处理，但是你自己想蒙混过关，所以你要承担相对不利的后果”。[①] 也有人认为，即使中间法将该种行为作了非犯罪化处理，仍然要视行为人在中间法生效期间是否自首来考虑，如果自首的，适用无罪的中间法，否则就应当排除中间法的适用。[②] 由于第三种观点带有官方背景，实务界多采其说，该种观点几乎取得了有权解释的地位。

上述三种观点中，第二种观点是合理的。从比较法的角度看，该说和绝大多数国家的共同做法一致。外国法一般认为当存在中间法时，仍应适用最轻的法律。德国刑法第 2 条第 3 款对该问题作了明确规定：“如果行为终了时有效的法律在判决之前被变更，则适用最轻的法律。”通行的观点认为，当中间法处罚更轻时，“应适用在行为之后和裁判之前有效之法律（中间时段法）。不考虑较轻的中间时段法或中间时段的不处罚性，将会违反必须适用对行为人有利的最轻之法律的要求。”[③] 日本理论界认为，行为时法和裁判时法之间还存在中间法时，各自都规定有轻重不同的刑罚时，对于该中间时法，也适用刑法第 6 条的规定，即适用处罚最轻的法律。[④] 在俄罗斯，理论界对该问题的争论非常激烈，但通行的看法认为，“如果在实施行为与作出判决之间刑事法律不止一次被修订，应该适用对犯罪人最有利的法律，包括‘中间’法律。否则，对犯罪人的刑罚就不仅如同公正原则所要求的那样取决于犯罪的性质和社会危害性的程度、实施犯罪的情节和犯罪人的个人身份，而且还有赖于

① 张军、姜伟、朗胜、陈兴良：《刑法纵横谈》，法律出版社 2003 年版，第 77 页以下。

② 《刑事审判参考》2001 年第 10 期。

③ ［德］耶赛克：《德国刑法教科书》，中国法制出版社 2001 年版，第 174 页。

④ ［日］大谷实：《刑法总论》，法律出版社 2003 年版，第 53 页；木村龟二：《刑法学词典》，上海翻译出版公司 1991 年版，第 91 页。

犯罪人何时被追究刑事责任或何时作出判决。”[①] 我国民国期间判例即采该种立场，中国台湾地区刑法理论也采纳该种观点。[②]

第一种观点和第三种观点不符合从旧兼从轻原则的要求。从旧原则既是法的安定性的要求，又是国民预测可能性的要求，从轻原则和罪刑法定原则的根本宗旨是一致的。根据从轻原则，案件发现得越晚，对行为人越可能产生有利的法律后果。一般情况下，适用从旧兼从轻原则时仅仅只进行新法和旧法的轻重比较，但当存在中间法时，则必须进行三部法律的轻重比较。否则将会出现这样的情况，即如果在中间法生效期间发现了案件，将适用最轻的中间法，如果案件在后法生效后才被发现，则要适用较重的前法或者后法。这样将使案件发现的早晚成为适用不同刑罚的根据，案件发现得越晚，对行为人越不利。事实上，案件什么时候被发现取决于很多因素，甚至包括侦查机关是否懈怠渎职等，案件较晚才被发现和行为人的人身危险性、行为的社会危害性没有关系。将案件较晚被发现作为适用重法的根据，明显和从轻原则相冲突，也不符合罪刑相当原则的要求，甚至会因为侦查机关的懈怠而使行为人承担更重的法律责任，并且导致对刑法面前人人平等原则的违反。

第三种观点将是否自首作为适用较轻的中间法的前提条件，事实上将会导致对未自首的人从重处罚甚至加重处罚。在我国，自首是法定的从宽处罚的理由，但不自首并不是从重甚至加重处罚的根据。自首意味着行为人终止了因其犯罪行为而形成的危害社会的状态，自行减少了对社会的危害；自首是犯罪人犯罪后有悔罪或自新之心的开始，说明行为人已经初步具备了接受改造、重新做人的前提条件，说明行为人的人身危险性比较小，比较容易接受改造。所以，自首后从宽处罚是罪责刑相当原则的必然要求。自首从宽给已经实施了犯罪行为的人指出了一条改过自新之路，可以促使犯罪人自动投案；自首可以节省司法机关侦查、审理案件的人力、物力，自首犯比较容易接受改造，也减少了执行刑罚的难度，从而实现刑罚的效益。因此，自首从宽是国家对犯罪人的一种奖励措施。发现犯罪、侦查案件是公安机关的责任，自动投案却并不是犯罪人的义务。自首使得犯罪行为的社会危害性和犯罪人

---

① ［俄］库兹涅佐娃、佳日科娃：《俄罗斯刑法教程（总论）》（上卷），中国法制出版社 2002 年版，第 112 页。

② 1940 年最高法院上字第 964 号判决称，“行为后法律有变更者，应将行为时之法律与中间法及裁判时之法律一律比较适用最有利于行为人之法律，刑法第二条第一项规定甚明，本件原判决只将行为时在暂行新刑律与裁判时之刑法比较，而将中间之旧刑法置诸不问，殊属错误”。参见韩忠谟：《刑法原理》，（台）雨利美术印刷有限公司 1981 年版，第 531、526 页；高仰止：《刑法总则之理论与实用》，（台）五南图书出版公司 1986 年版，第 84 页。

的人身危险性降低，但不自首并未使犯罪的社会危害性和犯罪人的人身危险性增加，对于不自首的犯罪分子，只能判处正常的刑罚，而不能对其从重甚至加重处罚，正如同中止犯罪的应当减轻或免除处罚，但未中止的则不能对其从重、加重处罚一样。“犯罪人有责任、有义务向政府自首坦白罪行”的说法无端减轻了侦查机关的责任，给犯罪人增加了额外的义务，是基于极端的国家主义立场提出的观点。该种观点违背了量刑情节的基本原理——对犯罪人从重处罚，只能是由于某情节的存在使其行为的社会危害性或人身危险性显著增加，而不是案件中不存在某种从宽情节——因此该说没有科学的理论根据和法理根据。该说也没有必要的法律根据。刑法并没有把不自首规定为从重甚至加重情节，根据刑法原理，即使犯罪后态度恶劣，拒不认罪，也只能酌情从重处罚，对于仅仅没有自首的行为人怎么可以从重甚至加重处罚呢？至于即使中间法对行为作了非犯罪化处理时仍然应当以行为人是否自首来确定是否适用中间法的观点，更是无法成立。在中间法生效期间既然行为已经不构成犯罪，行为人谈得上什么自首？自首只能在行为已经构成犯罪之后才能发生呀！这种观点事实上将是否“自首”作为了犯罪成立与否的标准，明显违反了犯罪构成理论，也违背了刑法应当兼顾保护功能和保障功能的基本原理。

中间法较前法和后法为轻，包括两种情况。一是由立法者的失误造成的，如新刑法在规定玩忽职守罪的主体时遗漏了国有单位工作人员，导致对这类人员的渎职行为无法追究刑事责任。新刑法刚颁布时该条文就饱受诟病。[①] 另一种情况是社会形势突然发生了巨大变化，导致立法者不得不修改法律。如新刑法颁布之前，我国刑法规定了套汇罪，在制定新刑法时我国正在进行外汇管理体制改革，套汇行为的社会危害性大幅度降低，因此在新刑法中取消了套汇罪。但不久发生了东南亚金融风暴，骗购外汇行为大肆泛滥，给国家利益造成了严重损害，这样立法者不得不通过单行刑法的方式将套汇行为中的骗购外汇行为规定为犯罪，从而使骗购外汇行为经历了一个“犯罪—非犯罪—犯罪”的发展过程。在第一种情况下，立法者即使存在失误，它所制定出来的无论在何种意义上也仍然是法律，应当得到全社会的遵守和执行。根据宪政原则的要求，立法者的错误只能由立法者自己来纠正，司法机关无权拒绝它所认为的错误的法律。即使立法者后来改变了这一错误的法律，该法律在当时也是具有法律效力的，司法机关仍然应当执行该法律。正如同封建

① 王松苗：“完善立法乃实践强音——来自‘刑法实施问题座谈会’上的呼声”，载《人民检察》1998 年第 2 期；侯国云：《新刑法疑难问题解析与适用》，中国检察出版社 1998 年版，第 381—384 页。

时代“君主无戏言”一样，在当代法治社会，“立法者无戏言”。在存在三部法律的情况下排除中间法的适用，实际上是由司法机关否定中间法的效力，这显然超出了司法机关的职权，和宪政原则是相冲突的。当然，适用中间法可能会使一些犯罪行为得不到追究，但不能为了追究个别犯罪而破坏宪政原则，也不能由司法机关将立法者造成失误的责任转嫁给公民个人。退一步说，立法者的类似失误一般只限于一些较轻的犯罪，而且该失误一般情况下很快就会得到纠正，对于这些行为即使不追究刑事责任，也不会对国家、社会和人民利益造成多大的损害；但如果公然违背宪政原则，造成的损失则是难以估量的。在第二种情况下，一般是前法较重，中间法最轻，后法由于社会形势的巨大变化而最重。在后法生效后处理发生在前法生效期间的行为时如果只进行前法和后法的比较，实际上忽略了在前法被修正时的社会现实，而将后来发生的社会形势的巨大变化作为处理以前行为的根据，这是不合情理的。

综上所述，对于存在中间法的情况，在适用从旧兼从轻原则时，如果三部法律的规定一致，适用前法；如果不一致，应当对三部法律进行轻重比较，并适用对行为人最有利的法律——包括中间法在内。

论刑法的法官解释

聂洪勇*

一、刑法的法官解释的界定

刑法的法官解释是指法官在应用刑法规定解决具体案件时，对刑法的理解、分析和说明。

可以说没有法官对刑法的解释，就没有刑法的适用。法官对刑法的解释权源于法官的刑事审判权。刑事法官对刑法的解释是行使审判权的体现。

法官在个案中对刑法的解释是有权解释还是无权解释？这要从我国的法律解释体制以及法律解释的分类进行分析。全国人大常委会1981年颁布的《关于加强法律解释工作的决议》确立了我国的法律解释体制，即凡关于法律、法令条文本身需要进一步明确界限或作出补充规定的，由全国人民代表大会常务委员会进行解释或用法令加以规定；凡属于法院审判工作中具体应用法律、法令的问题，由最高人民法院进行解释；凡属于检察院检察工作中具体应用法律、法令的问题，由最高人民检察院进行解释。最高人民法院和最高人民检察院的解释如果有原则性的分歧，报请全国人民代表大会常务委员会解释或决定；不属于审判和检察机关工作中的其他法律、法令如何具体应用的问题，由国务院及主管部门进行解释；凡属于地方性法规条文本身需要进一步明确法律界限或作补充规定的，由制定法规的省、自治区、直辖市人民代表大会常务委员会进行解释和作出规定；凡属于地方性法规如何具体应用的问题，省、自治区、直辖市人民政府主管部门进行解释。根据上述规定，通常把我国现行法律解释体制分为立法解释、司法解释和行政解释三种。我国法学界一般根据法律解释效力的不同，把法律解释分为正式解释和非正式解释。正式解释又称有权解释、法定解释和有效解释，指的是特定的国家

* 最高人民法院高级法官，法学博士，博士后。

机关按照宪法和法律赋予的权限，对有关法律规范进行的具有法律效力的解释。正式解释包括立法解释、司法解释和行政解释。非正式解释又称为无权解释或者无效解释，是指未经授权的机关、社会团体、学术机构以及公民对法律规范作出的没有法律约束力的解释。这种学理上的分类是建立在我国现行的法律解释体制基础之上的。建立在现行法律解释体制基础上的这种学理上的分类存在着明显的弊端，那就是这种分类把法官解释排除在正式解释的分类之外。按照现行法律解释体制，法官在个案中对刑法的解释无疑属于无权解释。因为立法并未规定法官是法律解释的主体。有权进行刑法解释的机关只有全国人大常委会、最高人民检察院以及最高人民法院，除此之外，任何机关、团体和个人都不能对刑法作出有权解释。从法律解释的性质而言，全国人大常委会的立法解释以及“两高”的司法解释都具有普遍的约束力，是立法或准立法性质的解释，在司法实践中，要正确的处理案件，往往需要对这种解释再次进行解释，以使抽象的解释能够适用于具体的案件。从法律解释的目的而言，任何法律解释归根结底都是为了能够使法律正确适用于具体的案件，任何法律解释最终都只能通过法官对法律的适用才能发挥作用。从法律的适用对象而言，其关心的往往不是抽象的立法解释或者司法解释，而是法官在裁决案件时对即将适用的法律的解释，即法律的个案解释。个案解释虽不具有普遍的法律效力，但对于当事者而言，却是至关重要的，个案解释与当事人的利益休戚相关，它涉及当事人的财产、自由甚至生命等重大权利。从实用主义的角度而言，只有通过法官对法律的解释才能使静态的法律变为动态的法律，纸上的法律变为现实的法律，抽象的正义转化为具体的正义。法官对法律的解释往往直接以裁判的方式体现出来，成为具有国家强制执行力的法律文书，从这个意义上讲，法官的法律解释不仅是一种有权解释，而且是一种可以产生直接影响的有权解释。我们甚至可以说，没有法官解释就没有法律适用，任何法律解释都是围绕法官最后的法律适用而展开的。法官适用法律的过程就是法律解释的过程。对于法官解释的作用，无论大陆法系国家还是英美法系国家已达成共识，都认识到没有法官解释就没有法律适用。只是在如何解释的问题上存在争议。[①] 我国的刑事司法过程中，法官对刑法的解释大量存在。从形式上看，法官的解释虽然不是现行刑法解释体制中的正式的有权解释，但从实质意义而言，法官的刑法解释是一种非常重要的有权解释。法官对刑法的解释权并非源于法律的专门授权，而是源于法律

① 参见李荣：“西方法官解释的历史与学派之争”，载《环球法律评论》2007年第4期，第17页。

授予法院、法官的审判权。

刑法的法官解释的含义应如何界定是一个有争议的问题。刑法的法官解释是对刑法规范含义的阐明，还是属于刑法的适用？任何刑事裁判都包含着法官对刑法条款的理解，而这种理解实际上也是一种解释，即裁判文书中以判决理由的形式体现出来的对刑法的解释。刑法解释和刑法适用是性质不同的法律活动，但我们可以说不存在不包含刑法解释的刑法适用。刑法解释也可以从不同的意义上予以界定。狭义的刑法解释是指探求作为文本的成文刑法的法律意义；广义的刑法解释则可认为属于刑法的适用，使规范与事实进入对应关系从而形成结论。[①] 笔者认为，法官在刑事司法中对刑法规范含义的分析、说明不仅属于刑法的适用而且属于刑法的解释。法官在面对具体的刑事案件时，对于罪与非罪的解释、此罪与彼罪的解释、重罪与轻罪的解释等都属于刑法的解释。前述问题涉及对一般的犯罪以及具体的犯罪构成的解释。法官的刑法解释是指法官在刑事司法过程中，按照一定的标准和规则，根据法定权限和程序，对与个案有关的刑法规范所作的说明与选择。法官的刑法解释只对特定的具体的个案有效，不具有普遍的法律效力，它是刑事审判活动不可或缺的一个重要组成部分。

二、刑法的法官解释的必要

刑法解释的必要源于刑事司法的需要。法官解释既是法官的权力，也是其应有的职能技术。法官在面对具体的刑事个案时，一方面，必须根据个案事实去探求适用于该事实的刑法规范；另一方面，必须根据刑法规范去分析认定事实，分析认定事实的前提必须对相关的刑法规范作出解释。行为人的行为是否构成犯罪、构成何罪必然包含着法官对犯罪以及犯罪构成的解释，法官事实上必然进行着法律解释。法官要把案件判下去，首先必须对法律作出解释。法官对刑法的解释权既是一种权力，也是一种职责的要求。法官为了完成自己的工作，必须对每一个案件要适用的法律作出解释。

刑事法官刑法解释的另一个需要是由解释对象即刑法规范本身的性质所决定的。刑法本身的局限性就是刑法解释的根源。刑法本身的模糊性是由诸多因素形成的，立法者本身的局限性、对象的难以辨认以及法律语言的高度概括性等因素都可能使立法者试图通过法律要表达的意思含混不清，疑问多端。无论立法者如何理性和睿智，都不可能洞察立法所要解决的一切问题，

① 参见张明楷："刑法理念与刑法解释"，载《法学杂志》2004年第4期，第11页。

也不可能基于语言文字的确定性和形式逻辑的完备性而使法律规范的表述完美无缺。"一切新法律，虽然是以最大的技巧写成的，并且是经过深思熟虑的审议才通过的，但是在它们的意义通过一系列特殊的讨论和审断被取消和肯定以前，都被认为有点含混不清和模棱两可。除了事物的复杂性和人的官能缺陷所造成的含糊以外，人们相互传达思想的媒介也增加了新的障碍。语汇的用途是用以表达思想的。因此语言的清楚明确，不仅要求明确形成的思想，而且必须用完全符合这种思想的明确词汇来表达。但是没有一种语言是如此丰富，以致能为每一种复杂的思想提供词汇和成语，或者如此确切，以致不会包括许多含糊表达不同思想的词汇和成语。因此必然发生这样的现象：不管事物本身可能有多么精确的区别，也不管这种区别被认为多么正确，由于用以表达的词汇不正确，就有可能使它们的定义不正确。这种不可避免的不正确的程度大小，将视结实的事物的复杂性和新奇情况而定。"① 如我国语言文字中大量存在的同义词、近义词、多义词、反义词等就会给立法带来很大的困难。文字含义的重叠交叉、立法者对文字的理解以及使用文字的技巧等都可能导致立法的笼统与模糊。由于立法所使用的概念的高度概括性和模糊性，作为立法活动产物的法律文本，自然也不可避免地具有概括性、开放性、模糊性和不确定性，刑法规范不可能无须任何解释而与个案事实形成恰当的对应关系。法官在适用刑法处理个案时，亦不可能直接在刑法规范和案件事实之间找出简单的一一对应关系。刑法立法的意图只有通过法官对刑法规范的正确理解、解释和适用才能表现出来，刑法解释不可避免。现行刑法中大量存在的作为定罪情节的"数额较大"、"情节严重"以及作为量刑情节的"数额巨大"、"情节严重"、"情节特别严重"、"足以造成严重后果"等都需要法官在具体的个案中予以解释和判断。

在司法实践中，即使刑法规范看似很明确，法律上的进一步解释与说明也必不可少。如刑法规定："已满16周岁的人犯罪，应当负刑事责任。"这一条文在适用时就需要作进一步的解释。在适用时必然会遇到如何确定行为人的年龄是否已满16周岁的问题。已满16周岁，是以16周岁生日的当天为准，还是以16周岁生日的第二天为准？是以过了午夜零时为准，还是以出生时记载的时间为准？如果对这一问题不作出解释，势必造成司法实践的混乱。法官在刑事司法中需要在抽象与具体、模糊与明确、法律规范与法律适用之间搭载一座桥梁，以实现刑事立法的目的。正如中国台湾学者蔡墩铭所指出的，

① ［美］汉密尔顿、杰伊、麦迪逊著：《联邦党人文集》，商务印书馆1995年版，第182页。

刑法解释不啻予刑法以生命，无解释则刑法等于死亡，毫不发生作用。刑法解释是联结刑法立法和刑事司法的桥梁，是实现一般正义与个别正义的钥匙。

三、刑法的法官解释的特点

刑法的法官解释是刑事法官在办理具体的刑事案件中对刑法规定所作出的解释。法官对刑法的解释具有如下特点：1. 解释效力的特定性。法官对刑法的解释仅仅对特定的个案具有法律效力，不同于立法、司法解释并非针对个案所作出的具有普遍约束力的准立法性质的规范解释。法官对刑法的解释属于法律适用活动，也正因为如此，有人把法官在司法中对法律的解释称之为个案解释、法律适用性解释。2. 解释的判断性。法官对法律的解释不仅要阐明刑法规范的含义，而且必须对所面对的案件事实进行判断，确定案件所要适用的法律，法律适用意味着在具体的个案中实现法定的价值判断，而价值判断则需要通过法律解释来体现，法律解释就是对这种价值判断的判断。3. 解释的稳定性与灵活性。法律必须稳定，但又不能静止不变。法律秩序必须稳定而同时又必须灵活。刑法的法官解释也是如此，一方面必须保持刑法立法的稳定，不能频繁立法，频繁修改；另一方面，这种立法的稳定性又必须通过法官的解释赋予刑事立法以生命力，保持一定的张力，必须在稳定与变化之间进行平衡。4. 解释的确定性与不确定性。通常是对于同一刑法条文往往有多种解释，解释的结果具有非唯一性，但最后适用于具体案件的往往又必须确定一种解释，解释适用的结果又具有唯一性。5. 解释的价值衡量性。法官在解释刑法时价值趋向不同，所站的立场不同，所作出的解释自然也大相径庭。刑法解释的过程是一种价值选择的过程，如果站在维护社会稳定、维护社会公共利益的立场，可能作出的解释对被告人不利，而如果站在保障人权的角度，则可能作出有利于被告人的解释。刑法解释是价值判断与价值选择，而刑事裁判则是这种价值判断与选择的结果。有时，法官甚至必须在互相冲突的法律价值以及其他社会价值之间进行平衡和取舍，得出最公平合理的结论。法律解释无法回避法律的价值冲突和平衡，在解释的选择过程中必须考虑多种因素，追求最公平合理的结果。

四、刑法的法官解释的原则

法官对刑法的解释必须遵循一定的原则，以防止法官解释刑法所可能产生的风险。法官对刑法解释所可能产生的风险有以下几种情况：1. 裁判不公。法官对法律的解释过程是一个充分发挥法官主观能动性的过程，会受到诸多因素如社会、历史、伦理、知识、经历、生活背景、性格、情绪、偏好以及外界因素诸如领导的关注、新闻媒体的介入、公众的容忍度等的影响。法律条文由采用不同思维模式以及不同法律解释理论的解释者来解释，其结果必然是大不相同。同样的刑法条文，同样的案件，不同的法官可能会作出不同的解释。这种解释的结果将直接决定当事人的命运。这种由于审判法官的不同而产生的截然不同的判决，对当事人而言是不公平的。这种不公平会极大地影响当事人对司法的信任，影响刑法所追求的社会正义的实现。古典刑事学派反对法官对法律解释的一个理由就是因为法官解释存在着一定的危险。如贝卡利亚曾经指出，"'法律的精神需要探询'，再没有比这更危险的公理了。采纳这一公理，等于放弃了堤坝，让位给汹涌的歧见。……法律的精神可能会取决于一个法官的逻辑推理是否良好，对法律的领会如何；取决于他感情的冲动；取决于被告人的软弱程度；取决于法官与被侵害者间的关系；取决于一切足以使事物的面目在人民波动的心中改变的、细微的因素。所以，我们可以看到，公民的命运经常因法庭的更换而变化。不幸者的生活和自由成为荒谬推理的牺牲品，或者成为某个法官情绪冲动的牺牲品。因为法官把从自己头脑中一系列混杂概念中得出的谬误结论奉为合法的解释。我们还可以看到，相同的罪行在同一法庭上，由于时间不同而受到不同的惩罚。原因是人们得到的不是持久稳定的而是飘忽不定的法律解释。"① 虽然这种看法不可避免地带有很大的局限性，但对于法官解释所可能产生的危险却不无道理，不过这种担心在我国目前的司法体制下应该要轻微得多。因为法官、法院、司法都是相对独立，合议庭、审委会等审判组织实际上在行使着审判权，法官个人并没有这种罪刑擅断的权力和空间。但由于法官对法律的理解不同，由不同的法院审理可能会出现不同的结果的情况却是一个不争的现实。2. 影响刑事法治的统一。不同的法官对同样的刑法规范的理解并不相同，这种不同的理解可能会产生不同的裁判，影响刑法的统一实施。但这种风险也不用过多担心，刑事法治的统一只是相对的，事实上完全的整齐划一不仅不可能，而且也没有必要。如对于同样的盗窃罪，各地对数额标准的理解与掌握就不统一。这种不统一为司法解释所明确认可。最高人民法院、最高人民检察院、公安部在1998年3月26日发布的《关于盗窃罪数额认定标准问题的规定》中规定："各省、自治区、直辖市高级人民法院、人民检察院、公安厅（局），可以根据本地区经济发展状况，并考虑社会治安状况，在上述数额幅度内，共同研究确定本地区执行的盗窃罪'数额较大'、'数额巨大'、'数额特别巨

① ［意］贝卡利亚：《论犯罪与刑罚》，黄风译，中国大百科全书出版社1993年版，第9页。

大'的具体数额标准，并分别报最高人民法院、最高人民检察院、公安部备案。"最高人民法院作出的《关于审理抢夺刑事案件具体应用法律若干问题的解释》中关于抢夺罪的数额标准也有类似的规定。

为了防止法官在解释法律时所可能产生的风险，必须确立一定的解释原则以规范法官对刑法的解释。如前所述，我国并不是实行三权分立的国家，司法权并不独立，法官审判案件时并不能随心所欲的解释法律，且其对法律的解释要受到合议庭、审委会以及不同层级的领导的监督，法官个人对案件虽有自己的解释，但这最终要取决于法官所在的审判组织或者单位的认同。如果合议庭、刑事审判庭、审委会不认同或不全部认定法官对法律的解释，则法官对法律的解释可能被修正或者被否定。因此，与其说对法律作出解释的是法官个人，不如说是一个司法单位。从裁判文书的表述方式即可见一斑。我国裁判文书的表述方式是："本院认为……"这就说明对法律解释的最终决定权是一个集体，而不是审判案件的法官。审判体制对法官的法律解释是一个很大的制约。法官对法律的解释还要受制于成文法所确定的一系列原则的制约。如要受制于罪刑法定、刑法面前人人平等、罪责刑相适应等原则的制约。笔者认为，法官对刑法的解释应遵循以下几个原则：

1. 合法原则。法律的解释尤其是涉及公民财产、自由以及生命的刑法的解释不应是无法可依、无章可循。法治国家的一切法律活动包括法律解释必须合法。我们是成文法国家，法官在解释法律时不仅不能创造法律，反而要受到成文法的制约。法官在解释法律时，不能违背上位法如宪法，不能违背法律业已确立的无争议的刑法原则和刑法的规定。不能违背刑法规定的一系列原则如罪刑法定原则、罪刑相适应原则等原则。刑法的解释应遵守法律的规定，符合法治的精神，不得违背法律的规定作出扩大、限制或改变法律规范含义的解释，法官在进行刑法解释时不得任意扩大犯罪构成，不能以解释的方式增加罪名及加重法定刑，不能侵入刑法立法领域，以解释的方式变相立法。

2. 符合立法目的原则。立法目的是刑事立法所要实现的目的。立法目的反映了立法的原因。把某种行为犯罪化以及具体的犯罪构成，立法者应该最清楚，因而在对刑法作出解释时，应探求立法目的。立法目的不同于立法原意。立法的目的在于对人们的行为予以规范，以保持社会秩序的稳定有序。然而，社会是在不断地发展变化的，立法所要达到的目的可能不会有变化，而立法原意则会随着社会经济的发展而变化，符合立法目的原则可以赋予法官以一定的自由裁量权，允许法官在不同的社会经济条件下对同样的法律条文的含义作出不同的解释，从而达到法不变而仍可实现立法目的的目标。从法律解释的实践来看，有些法律解释虽然超越了立法原意，但并没有违背立法的目的。如对于侵犯著作权犯罪中的“复制发行”的解释，在互联网尚未应用之前，立法原意是指印刷、人工发行，而在互联网时代，则解释为通过信息网络向公众传播他人文字作品、音乐、电影、电视、录像作品、计算机软件及其他作品的行为，这种解释可能超出了立法的原意，但并没有违反立法的目的。对于立法目的的探求途径，最直接的方法是向立法者求证，间接的方法是通过查阅立法史资料探寻立法的目的。

3. 公平正义的原则。只有满足公平正义准则的法律解释，才能使法律无限向正义推进。法律解释的过程是法官从纷繁复杂的刑法条文背后，达致正义的过程，是法官对法正义的理解与实践过程。法官在解释刑法时应服从法律的基本价值——正义和良知，应本着对法律的诚挚的理解来解释法律。心中常存正义的标尺，才可能作出公正的解释，不至于出现恣意和擅断。法官解释法律要忠于自己的良知，保持中立的立场，要有易位思考的精神，设身处地的为当事各方考虑。不能总是考虑一方的利益，忽视另一方的利益。只有坚持公平正义的原则，恪守中立的立场，在解释刑法时，才不会偏激，才能克服个人的偏见。只有不偏激、不偏见才能作出不偏颇的解释。

4. 价值平衡原则。刑法解释的过程实际上也是法官作出刑法价值选择的过程，在面对多种解释，法官应该作出怎样的选择？是罪与非罪、此罪与彼罪、重罪还是轻罪？追求实质正义还是形式正义？这是时时要面对的一个问题。法官对刑法的解释就是要在一般预防与特殊预防、惩罚犯罪与保障人权、被告人与被害人合法权益的保护等不同的价值考量中作出价值选择，进行价值平衡。法官在进行价值衡量时，必须考虑社会主流的价值、道德、社会效果、公共政策、社会舆论、诉讼成本、司法救济权等因素，使正义的实现最大化。

5. 整体解释原则。一部法律是一个有内在逻辑联系的系统的整体，刑法的总则与分则，罪与非罪，此罪与彼罪之间都有某种关联。刑法的解释不是一个孤立的行为，不能仅仅望文生义，断章取义，应把某一个法条放到整部刑法典中进行解释，从彼此的相互关联中进行比较，力求解释的合理、协调。同时对刑法的解释不能违背整个法律体系，并服从由高到低以及个体服从一般的原则。刑法的解释要保证整部刑法典的和谐统一，不能破坏整部刑法典的协调。

6. 合理性原则。一般而言，合法的也是合理的，但也不完全重合。但解释的是否合理也可以作为评价法律解释质量高低的一个参考标准。合理性原则是一个综合性的原则，其内容包含法律、道德、情感诸因素在内，判断自由裁量是否合理，主要是看法官自由裁量的过程中是否考虑了包括法定与酌定情节在内的相关因素，考虑法官对法律的理解、经验乃至个性、情感等问题是否符合社会通行的价值观。法官要做到合理自由裁量，必须正确选择裁判依据的法律条文并明确法律条文的意思，把握立法目的、法的原则和有关的刑事政策，才能作出合理的解释。

论刑法学理解释的权力作用机制

林 维*

一、状况

一般认为刑法学理解释是国家宣传机构、社会组织、教学科研单位或者个别学者、专家和法律工作者，从理论上、学术上对刑法规定含义进行阐明的活动，或者是对刑法规定含义进行阐明的结论，① 在整个刑法解释体制中，学理解释似乎是一个体制外或者边缘性的存在，对它的讨论尤其少见。② 事实上，刑法学理解释已经脱离了我们所想象的，知识成为力量，从而在刑事法律实践过程中发挥着具体而现实的权力作用。本文从权力角度对此略加讨论，希望能够加深对刑法学理解释的研究。

二、作为权力影响手段的权威说服

刑法学理解释被认为是一个无权解释，即并没有法律的拘束力，仅具有学理的参考价值。同有权解释不同，刑法学理解释一般是个体性的解释，虽然通常认为刑法学理解释的主体也包括一定的学术机构，但这样的实践极其少见，整体上仍然是个体的学者在理论上对刑法所做的解释，而有权解释无一例外是机构性解释。

权力作为一个意向性的概念，它潜藏在主体之间的关系之中，可以将权力理解为在社会关系中某些人对他人产生预期效果的能力，即权力是令预期效果产生的能力，是可以占有未来利益的手段。将刑法学理解释也纳入到刑

---

* 中国青年政治学院法律系主任，教授，法学博士。

① 例如李希慧：《刑法解释论》，中国人民公安大学出版社 1995 年版，第 227 页。关于刑法学理解释的对象等内容，有关讨论可以参考赵秉志、苗晓亮："刑法学理解释的基本问题"，载赵秉志、张军主编：《刑法解释问题研究》，中国人民公安大学出版社 2003 年版，第 273 页。

② 例如，即便是在以刑法解释为主题的 2003 年度刑法学年会上，专题讨论刑法学理解释的也只有一篇论文，参见前引①赵秉志、张军书。

法解释的权力分析之中，正是因为它同样或多或少地具有影响刑事立法、司法的能力。

刑法学理解释的基础既然在于其理论性和学术性，那么其权力的来源同样需要从这一方面去寻找。权力影响的形式和策略是极其复杂的，“一切可以想象的个人品质和一切可以想象的环境组合，都可能使他有条件在给定情况下强行实现他的意志”，① 这就说明存在着多种多样的基础，在此基础上某人可以对他人行使权力，这种基础包括对声望的考虑、说服、操纵、责任感、习惯、性爱和个人魅力，以及对肉体上或经济上惩罚的恐惧。因此，一般地我们将其分为：武力、操纵、说服。所谓的说服，即如果A向B提出论据、呼吁或劝告，B根据自己的价值观和目标独立地估量其内容之后，接受A的意见作为自己行为的依据，那么A就已经成功地说服了B。② 由于B接受A的论点并不是因为惩罚、奖励或者义务的约束，而且B完全可以反对A的论点，因而通常不被视为权力的典型形式。因为通常人们认为说服的平等主义秩序与等级的权威主义秩序总是相对立的，事实上，说服在形式上也的确缺乏权力关系的非对称性，而更像一种互惠的交谈。但是说服代表了一种影响的手段，尤其是不同的说服手段所凭借的资源完全不同，影响的程度也完全不同，对于一些利用了当时社会中有重要影响力的资源的人而言，尤其是当说服的手段同其他一些强制性的权力交往而相互利用的场合，说服带有了一定的强制性。因此，向其他权力形式一样，说服依赖于分配不均的资源，而声誉也是说服的资源。占有卓越的知识和技能，地位高，受他人爱戴，都可能成为行使权力的基础。

刑法学理解释当然是希望被有权机关所接受，这是每一个解释行为的潜在目的。这种接受—被接受的关系建立在很复杂的基础之上，其核心的结构就是知识和技能的社会权力的存在，对象服从权威的指令是出于信任权威有卓越的才能或专门知识，去决定何种行动最好地赋予对象的利益与目标。虽然有人认为说服不同于权威，因为成功的说服所涉及的对象是基于独立评价说服者的信息而对其内容的接受，权威所涉及的对象是基于其来源而不是其内容而对指令的遵从③。但是，对象接受某一结论并非盲从，他同样经过精心的判断，权威地位也并非一下子形成的，而是依赖于长久以来其结论的可信服性、可利用性。在知识的接受—被接受关系中权威地位的形成，即使不是

① Weber, Economy and Society, Volume One, p. 53.

② ［美］丹尼斯·朗：《权力论》，陆震纶等译，中国社会科学出版社2001年版，第37页。

③ 同注②，第61页。

全部也主要地依赖于其结论，而不是单纯的来源，两者是互为因果的。

三、刑法学理解释的权威说服性

作为刑法学理解释，要取得其实践意义，必然要回到权力机构之中，希望能在具体个案中被采纳，或者能够转化成为一种规范，所谓为立法机关或者司法机关献计献策也是很多学者的任务之一，直接参与刑事立法、司法更是学者所重视的职责之一。[①] 其通过权威说服性发挥其权力效应的基础在于：

首先，社会分工造成了专业分化，尤其在法学从政治学等学科中独立之后，各法学学科之间也具有了越来越独立的倾向，形成了各自的专业槽，这种专业的无限度区分使得知识越来越精确细致，每一个体所熟悉的知识领域越来越小，甚至在每一部门法中也会区分出不同的研究专长，从而形成不同的权威，并促成了即便是权威之间也要发生的知识依赖。从法治的内在思路看，法治本身要求法律具有最高的权威，要求一个完美无缺的法律文本，也就要求有一个独立中立的法律科层能够对法律含义进行阐明，这一内在逻辑要求法律复杂化、技术化、专业化和职业化，要求法律科层的扩张和霸权。自由主义国家中存在着一套独立的法律准则，一种专业化的法律机构体系，一种明确表述的法律理论传统即具有自己相对独立的观点、利益和理想的法律职业集团。法治就因此“以职业的自治性为特征，一个由本身活动、特权和训练所确定的特殊集团即法律职业集团，操纵了规则、充实着法律机构和参与法律争讼的实践”。[②]

事实上，从我国刑法学理解释的发展中也可以看到这一更趋精细的趋势。从出版物上看[③]，在建国初期，主要的讨论围绕如何“镇压反革命”、有关

---

① 例如高铭暄教授自1954年至1979年间，自始至终参加起草了新中国第一部刑法典的工作，在1988年至1997年间，作为刑法专家又应邀参加了1997年刑法典的修改工作。在1980年其参加了中国立法机关指定单行刑法的起草研讨工作，自1980年起多次应邀参与最高司法机关制定刑事司法解释研讨咨询工作，参见肖中华：“高铭暄教授”，载赵秉志主编：《刑法评论》（第1卷），法律出版社2002年版。又如王作富教授自1978年起，开始参加我国刑法典的起草工作，1988年担任刑法总则修改组组长。20世纪90年代以来，应邀参加反贪污贿赂法的起草工作，多次应全国人大常委会法制工作委员会邀请参加对《关于严惩卖淫嫖娼的决定》等一系列单行刑事法律草案以及专门问题的研讨，并自1990年起，多次应最高司法机关邀请参加司法解释创制中的研究工作，参见田宏杰：“王作富教授”，载赵秉志主编：《刑法评论》（第2卷），法律出版社2003年版。

② ［美］昂格尔：《现代社会中的法律》，吴玉章等译，中国政法大学出版社1994年版，第47页。

③ 相应的资料汇编可以参看高铭暄主编：《新中国刑法学研究综述（1949—1985）》，河南人民出版社1986年版。

"三反五反"的政策法令、惩治贪污等问题进行政策性解说，刑法学理解释往往集中在一些较为宏观的问题上，例如犯罪的本质、刑法的阶级性、犯罪的基本特征等。1954年以后，才逐渐开始了对有关法律条文的资料汇编、研究，伴随着对肃反问题、对敌斗争路线和政策等问题的思考，但几乎没有对某一特定问题进行系统地思考。1979年之后，随着刑法典的颁布，开始对某一具体的专业问题进行资料汇编、研究工作，例如滥用职权违法犯罪资料汇编等，但是大多数仍然集中在一般性问题或者总类的笼统叙述。这一阶段的学术论著和论文也同样具有这一特点，少有专题性研究论著。相应专题性论文都是在1980年以后开始陆续发表，对总则和分则的一些特定问题进行了越来越深入的阐释。进入20世纪90年代以来，专题学术论著越来越多、研究问题越来越细、使用话语越来越多样化。这一趋势同刑法规范的体系化相结合而更加明显，刑事立法、司法人员也迫切需要学术的指导，进入理论的思维范式之中，使用学术话语来统一论证自己的行为，强化自身行为的正当性。

其次，在一个日益技术化的社会中，法律的复杂化、技术化、专业化和职业化使其不断扩张成为主宰人们生活的规范体系，并且在将生活格式化后成为人们生活的本身。与此同时，法律越来越依赖解释，法律越来越抽象因而与人们的日常生活和语言之间发生了间隔，当我们讨论数罪并罚、结果加重犯、连续犯、继续犯、持续犯等概念的时候，日常生活的知识已经远远不足，完全脱节，"专门词语和专门手段开始产生影响，使人意识到法律机构已与公众疏离，法律本身作为一系列条规和准则以及其付诸实施的复杂程序，成了一个专业阶层的行业"。① 一切均有赖于权威人物的解释、例证和还原，而这些权威人物必然具备一定的学科上的知识认证、评估能力。

再次，基于刑法知识的分工以及刑法知识同生活的隔离效应所产生的权威依赖，仅仅是刑法学理解释产生说服作用的前提，称其为权力的根本原因还在于正式权力产生了对权威阐释的需求。在一个更多的强调刑事立法、司法的合理性、合法性的社会中，需要培养人们对政治运作管理的自觉服从，培养人们对刑事规范的忠诚感，而论证政治上的合法性包含着其理论合理性的论证，这样一种论证需要一定的知识体系的支撑。包含立法者、司法者在内的统治者需要这一知识体系为其提供正确的规范体系，同时也需要他们来说明某一规范体系的实质合法性。因而一个国王经常可以轻而易举地使法学家成为自己政权的有用工具，而同时民主政府也有利于加强法学家的政治权

---

① ［美］M. 泰格、M. 利伟：《法律与资本主义的兴起》，纪琨译，学林出版社1996年版，第149—159页。

力，这就是韦伯所谓的优越作用。[①] 在具体司法体制中，刑事判决书说理理由的进一步论证强化，刑事案件本身的复杂性加大，都要求司法人员必须对刑法规范的适用具有人们能够认同的中立和公正，此时使用其他权力形式例如武力、强制，或者使用以往的政治、政策术语，不加分析径直做出判断，既不可能也不合适，不符合时代的精神，也并不经济实用，刑法学理知识的权威成为最佳选择。从掌权者的观点看，如果要求少花资源，少冒引起权力对象敌对或反对的危险，则说服是最可靠的权力形式之一。[②] 知识所形成的权威为正式权力所用，两者互为因果的结合造就了权力—知识的正向结构。

反过来，刑法学理解释主体同样需要以自己的解释结论为有权机构所采纳以证明并且维持、发展自己的权威地位。双方的需要—被需要说明了知识就是权力或者知识—权力关系的形成，知识发挥权威说服的影响力而构成一种权力，也只有在与权力的互动中才能发生。在这一关系中，知识被作为一种需求、一种工具、一种待选择的对象而存在，因而总是处于被动状态之中。之所以认为刑法学理解释并不是典型意义上的权力，就是因为它没有拘束力或者强制执行力。权威说服的综合性和强度极其有限，完全取决于权力机构对其意见的自由接受。而刑法学理解释的影响力只有在其结论为有权机关所采纳时，才转化为真正的规范。

四、刑法学理解释的权力说服途径

“无权解释”这一称谓仅仅从强制拘束力的角度理解刑法学理解释，但并未注意到它的潜在影响，而且这种潜在影响或者说服的方式和途径多种多样。

有的刑法学理解释通过直接参与刑事立法或者通过对刑事立法施加影响而加以体现，这是刑法学理解释发挥权威影响的最有效途径。例如费尔巴哈在 1806 年至 1813 年担任法典编纂委员会委员，从而起草了费尔巴哈刑法典草案，根据这一草案，1813 年完成了巴伐利亚王国刑法典，后者对 1851 年普鲁士刑法典以及 1871 年德国刑法典都有重要影响；又如菲利在 1919 年被司法大臣任命为意大利刑法修正委员会委员，1920 年提出了意大利刑法典草案，该草案充分体现了刑事社会学派的理论，排斥了刑罚的概念，提出“制裁”概念，并以犯罪危险性为制裁根据，排除了责任概念，因而被人称为没有责任和刑罚的刑法典。

现代德国刑法典的修订过程更加反映了学者在刑事立法中的巨大作用。

① ［法］托克维尔：《论美国的民主》（上卷），董果良译，商务印书馆 1997 年版，第 305 页。
② ［美］丹尼斯·朗：《权力论》，陆震纶等译，中国社会科学出版社 2001 年版，第 39 页。

德国法学家大会在1906年柏林会议上将对1871年的帝国刑法典的修订形容为是一件紧迫的任务。同年，以冯·李斯特—克鲁森1894年至1899年主编的《当代刑事立法比较论述》手册为基础，从比较法角度开始了预备性工作，1909年，由专家委员会准备的德国刑法典预备草案出版。1911年，另一选择草案随之出版，该草案为科尔、利廉泰、李斯特、戈德斯密特教授执笔。两年后，由司法部在1911年任命组成的刑法修订综合委员会提交了一个草案。弗兰克、希普尔、科尔合作完成了该1913年草案。该草案提出了在缓刑监护官员监督和指导下的针对未成年违法者的保护性羁押措施。1952年修订工作又重新开始。在1954年至1959年间，刑法修订综合委员会完成了一个全新的刑法典草案，在同联邦共和国政府的一个委员会经过漫长和审慎的讨论之后，其最终版本被称之为1962年草案而出版。该草案准备工作的第一部分作为"关于刑法修订的材料"而出版，其中包含有由该委员会任命的刑法学教授的专家意见以及比较法方面的全部规定。进一步的修订工作中新的基本理念来源于刑法典的选择性草案，该草案系由一批刑法学教授作为独立成果而提交的。选择性草案的总则部分在1966年交付出版，分则的大部分条款在随后至1971年的期间中出版。[①] 在此过程中，学者草案在每一步骤中都起到了基础性作用，他们对刑法价值观的一些基本判断以及对一些刑法制度的见解都充分地反映在刑法典草案中。

日本的情形同样如此，由于刑法之类的基本法律，对市民的生活影响巨大，其制作需要有高度的经验和学识，因此为了专门审议、调查这种法律的制定和修改，法务省在其内部专门成立了法制审议会，其委员是从法律学者、司法实务界人士、经济及新闻行业等方面挑选出来的人组成。目前法制审议会中的19名委员有7名法律学者，9名其他方面的学者，而实务人员仅仅包括东京地方高等法院院长、东京高等检察院副检察长和律师代表3名。法制审议会下属机构中，刑事法分会委员18名，其中有法律学者10人。[②] 1974年刑法改正草案通过之后，日本律师联合会和日本刑法研究会对其又进行了强烈的批判，认为国家主义、保安主义色彩浓厚，没有考虑日本宪法的价值观转换等，这些批判导致该草案经过二十多年仍然未被国会通过。[③] 无论是修订

---

① Dietrich Oehler, "Introduction: the Revision of the Penal Code", in The American Journal of Comparative Law, Vol. 24.

② ［日］大谷实："日本最近的刑事立法"，黎宏译，载赵秉志主编：《刑法评论》（第6卷），法律出版社2005年版。

③ 张明楷："译者序"，载张明楷译：《日本刑法典》，法律出版社1998年版，第5页。

工作还是反对通过的过程中，学者的观点、意见都起到了主要作用。

在我国，从1979年刑法典到1997年刑法典的制定过程中，刑法学理解释的重要性不断加大，虽然很难具体地认定某一规范系由学者独立做出，学者意见也往往融合了各界的意见，但是学者意见乃至学者独立草案的出现，都说明刑法学理观点获得了更多的重视①。事实上，尤其对于一些崭新的立法领域和前所未有的疑难问题，权威性的法学著作和法律学说通常具有特殊的价值，法学家们渊博的知识、严密的分析论证，求实的学术态度和经过反复比较研究得出的成熟结论，具有较强的科学性和说服力，他们能够帮助立法者想办法、拿主意，能够启发立法者的思路和激发他们的灵感，使立法获得一个坚实的理论基础和学术界的支持。② 表现在机构设置上，立法事务中政策团体的发展速度令人惊异，今天全国人大与学术机构和法律专家之间的联系比任何政府机关都要紧密，大多数专门委员会都从外部正式任命了专家和顾问，这些人作为不投票的委员而参加各种委员会会议，这些顾问在指定的领域内无论在政治上还是在技术上都起着顾问咨询作用，他们在调查、研究、新法的起草和其他领域内都监督着由相关专业委员会起草的各种计划。全国人大的法律起草者们经常在学术界相互争论的观点中摇摆，而行政机关的法律起草者即使有这种行为的话，其数量也是非常之少。很多立法建议在向公众和学术圈子公布之前一般都经过了圈内顾问们事先的详细审查，审查方式有时极不正规，如通过电话讨论、备忘录交流或者一个简短的会议，大多数圈内的顾问都擅长于对法案的修订提供有益的信息，真正的法律起草者也常常从他们那里受益。法制工作委员会起草的立法计划大多也是在学术机构中完成的，学者和专家们的外部审查已经成为法制工作委员会和各专门委员会的法律草案审查中的一个必要环节。除了此类顾问以外，同时还有来自各行

① 例如，关于罪刑法定原则，学者长期以来对这一原则的论证对于其在刑法中的明确规定起到了一定的推动作用，虽然主要原因仍然在于整个社会政治、经济的发展所导致的价值观转换。立法伊始，该原则被表述为“法律没有明文规定的，不得定罪处罚”，但是在场的全国人大常委会领导同志不满意，认为还应该包含法律已经做出规定的，必须依照法律规定办的意思。常委会的领导同志说：“今天下班以后再请教一些专家学者看这样行不行。”法工委工作人员就分头给一些专家学者，例如高铭暄、王作富、储槐植、陈兴良等人打电话问了一下，他们大多说还行，也有的说没有必要，参见张军等：《刑法纵横谈》，法律出版社2003年版，第5页。无论采纳与否，这一具体事例说明立法工作至少在一定意义上已经初步摆脱了领导意志的至上性，而倾向于寻求学者的支持和理解以增加其权威性。

② 封立霞：《法典编纂论——一个比较法的视角》，清华大学出版社2002年版，第308页。

各业的专家作为法律和政策顾问而为全国人大服务。[①]

学者草案在不同领域的不断提出，说明学者越来越意识到自己存在的独立价值，也意识到学理观点对于正式权力运作的重要意义，表明了学者想更多地影响立法以便将自己的主张确立为官方正式观点的企图。越来越多的人发现，全国人大是一个进行政策博弈，影响政策形成的场所，因而更加积极地参加到了立法工作中来。尤其在1979年刑法修订过程中，来自不同院校的专家学者组成了起草班子，成为法律草案的基本建设者。

有的刑法学理解释则是通过参与刑事司法而实现说服效果。在刑事司法解释的制定过程中，通常都会征求学者、专家的意见，最高人民检察院1996年3月15日专门聘请了15位著名法学家作为其研究室的专家顾问。最高人民检察院2006年5月10日《司法解释工作规定》第13条规定，司法解释意见稿必要时可以征求其他有关部门及专家意见，对于重大、疑难、复杂的问题，应当召开由有关部门和专家参加的论证会进行论证，必要时可以向社会公开征求意见。同时，现有的很多刑事司法解释都是在理论上对法律规定的含义进行了一定时间地探讨后才制定发布的，这些解释不可能不从刑法学理解释中吸收成果。

另外，越来越多的专家、学者以各种不同的方式（例如兼职、挂职甚至担任专职的司法部门领导）直接参与、领导司法实践，从而使案件处理渲染了更多的学术色彩，使刑法学理解释渗透到个案实践之中。司法人员素质的整体提高（相关人员的学理知识是一个重要指标）也意味着刑法学理解释的吸收达到了一定标准，从而为刑法学理解释在实践中的应用奠定了人事背景。

当然，刑法学理解释更为普遍的是通过一般的理论灌输、教育途径发挥其作用，这一作用更为潜移默化，但也更为深远。在遇到疑难问题时，司法人员往往会转向一些学术论著尤其是刑法学教材寻找解释的理由和结论。他们或者从这些理论作品中寻找直接的解释结论，也可能只是想从那些著作中寻找能够论证自己直觉性结论的论据，但是有的时候他们会发现那些学说可能并不支持或者证实自己原来的看法时，可能也会对这一问题进行更为深入

---

① 孙哲：《全国人大制度研究》，何俊志等译，法律出版社2004年版，第281—283页。例如以物权法为例，自2005年7月10日至8月20日，人民群众通过网络、信件提出意见11543件；26个省（区、市）和15个较大市的人大常委会、47个中央有关部门、16个大公司、22个法学教学研究机构和法学专家等提出了意见。法律委员会、法制工作委员会召开三个座谈会，听取部分全国人大代表、常委委员、省（区、市）人大常委会、中央有关部门和法学专家的意见，参见2005年10月19日全国人大法律委员会《关于中华人民共和国物权法草案修改情况的汇报》。显然法学专家的意见起到了重要作用。

的思考甚至相应改变自己的结论。这是刑法学理解释发挥说服作用的典型过程。

五、刑法学理解释的权力影响要素

在上述过程中，构成刑法学理解释主体权威性的各种要素将集中起来，统一而复杂地发挥作用。可以将这些要素区分为解释者本人的权威性要素以及解释者同正式权力之间的距离。[①] 前者例如解释者的学术地位、所担任的学术职务、职称、学历以及影响度，这是知识产生权力的典型，用来测量刑法学理解释作为知识本身可能的正确性程度以决定知识的权威性。甚至也可以包括学者对媒体的运用程度，因为传播工具的无所不在使得受众不得不经受着大量的说服。后者是指其在司法领域中的影响力，例如是否成为司法考试的出题人员、[②] 解释者同有权解释机关和解释者的关系或距离、是否担任某一咨询委员会的顾问、是否属于人大代表或者人民法院的特邀咨询员等，[③] 是否同权力机关保持一种良好的沟通渠道，能够便利地将自己的观点和意见向权力机关灌输，这是权力产生知识的典型表现，用来测量刑法学理解释为正式权力机关采纳的可能程度以决定知识的权威性。因此，在司法机关对特定人员的意见采取了特殊的处理方式场合，这一权威性的测度就会显著提高。例如2000年12月29日最高人民法院《关于人民法院办理全国人大代表来信暂行规定》规定，收到全国人大代表直接递交的或者上级法院转交的全国人大代表的来信，以及全国人大代表来访反映的问题，要统一由人大代表联络处（室）分别进行登记。对全国人大代表的来信，联络处（室）要及时提出拟办意见，报领导审批。一般事项报办公厅（室）领导审批，重大事项呈报院领导审批。对来信所反映的问题，要根据其内容转本院有关部门或交由有关法院办理。涉及诉讼案件的问题，对正在审理的，交由正在审理的法院办理；

---

① 在古罗马，答复的权威性是建立在法学家的个人威望之上的，在这个时代，法学家总是属于罗马的上层，因此他仅仅满足于指出，他认为这是真的和正确的，参见［德］H. 科殷：《法哲学》，林荣远译，华夏出版社2002年版，第199页。即便在这里，我们也不应忘记“罗马的上层”这一补充的含义。

② 由于司法资格考试属于一种官方考试，因而指定参考教材上的答案可能在很大程度上成为司法人员的“指定”答案，因此这一教材的说服力量远比其他教材要大的多。

③ 例如最高人民法院《特邀咨询员工作条例》规定，特邀咨询员职责为：对人民法院贯彻执行党的路线、方针、政策和党中央、全国人大常委会有关重大工作部署的落实情况，提出咨询意见；对人民法院依法公正审理案件和执行工作提出意见；对人民法院有关队伍建设、审理重大疑难案件、起草司法解释等工作提供咨询意见；反映或者转递人民群众对人民法院和审判人员在司法活动中，不依法办案、影响司法公正的意见。

对已审结的，交由判决生效的法院办理；对正在执行的，交由负责执行的法院办理。下级法院收到全国人大代表来信反映上级人民法院或其他法院审理的案件，应及时转有关法院办理。交办应以书面形式。最高人民法院直接发函交给中级人民法院、基层人民法院办理的，应同时抄送高级人民法院。对在规定期限内未能报告办理结果的，应及时催办。催办可采取书面形式，也可电话催办或现场督办。经两次催办，承办法院未作报告的，可直接电话通报给承办法院院长或主管副院长予以督办。通过这样的程序，具有学者身份的人大代表的意见或解释，受到了更多的重视，审判人员可能更容易接受或者更畏惧其所作的解释，无论接受与否，都必须有一番详细的说明。因此，仅仅强调刑法学理解释内容的正确性是不够的，因为即便是同样的解释结论，人们所测度的权威性以及因此带来的说服效果也迥然不同。

影响刑法学理解释的作用甚至还包括接受对象即有权机关及其人员的层级，而不仅仅取决于解释者的地位。一般而言，基层司法机关对于知名学者、专家的刑法学理解释存在着较之高级别的司法机关相对较强的信赖，因为与对立双方和他们的支持者的社会地位相比，第三方的社会地位越高，其行为越容易表现出更大的权威性，[①] 在此，权威性的优越性演变成为知识的优越性。

在众多选择性的刑法学理解释中，司法人员面对的实际上也是一个竞争性的市场，选择的依据也必须要从司法权的运作角度进行考察，即如何能够更为充分地论证其判决的合理性和合法性，从而维持其裁判权。有的学者认为，司法工作人员接受何种学理解释，与其所受教育的渊源、个人的价值取向等因素不无关系。例如中国人民大学法律系毕业的司法人员，一般会接受中国人民大学法律系刑法专家、教授、学者所作的学理解释，而中国政法大学毕业的司法人员往往会以中国政法大学刑法专家、教授、学者所作的学理解释为圭臬，可以说，教育渊源在司法工作人员选择刑法学理解释时起着重大的作用。[②] 事实上，教育渊源可能会对司法人员接受某一学理解释产生作用，但教育渊源仅仅为某一种学理解释提供了一种灌输、渗透的前提，学生在司法工作中是否真正加以接受仍然要考虑到解释者的权威、解释者同正式权力之间的关系，因为判决并非是给昔日的老师看，而是要给上级法院进行

---

① ［美］唐·布莱克：《社会学视野中的司法》，郭星华等译，法律出版社 2002 年版，第 12 页。

② 参见李希慧：《刑法解释论》，中国人民公安大学出版社 1995 年版，第 232 页。教育领域的话语权延伸到了司法领域，当然作为一个变量，其相互关系极其微妙。但是不管如何，虽然缺乏实证的数据，其中接受的程度似乎还谈不上“一般”的程度。

复审的。由于刑法学理解释并无拘束力，因而其影响或者说服机制是一个极难实证考察的过程，但是在一般意义上，刑法学理解释的权威影响是无法否认的。

作为刑法学理解释，其最终的作用应当是回到实践并对实践产生影响，同任何理论一样，它的根本命运也在于至少要在一定程度上改变世界。对法学，除了它的实际任务（促进刑法的适用及续造）以外，不能要求它追求一种与此无关之纯理论的目标，法学最终的任务要协助法的发展，因此，假使法学不能获取知识，以促进对现行法、法律问题及其解决可能性的理解，则其对法律实践的贡献亦将极端有限。[①] 但是，刑法学理解释影响作用的发挥，其本身还需要具备一定条件。

首先，学理解释本身应当具有内在逻辑，前后一致的价值观，使得实务人员能够通过把握具体的解释结论，明了其中的内在线索，进而掌握解释者的价值判断，并据此在其他问题上进行类似的运用。一个解释者不能在解释逻辑或者价值观上发生无原则地前后变化，使得其解释结论在精神上相互矛盾，从而失去一般性的指导价值。

其次，刑法学理解释应当更为精致，不应当泛泛而论。例如，对于某一犯罪的具体客体、具体概念，不同的学术观点可能会有巨大的差异，有时可能是为了差异而制造差异，因而形成了数量广泛的某一犯罪的具体概念及其客体构成，但这些分歧往往没有实质意义。某一差异或分歧，必须要能够说明在一个具体应用案件中会发生怎样的结论差别，才能够证明这种差异或者分歧的真实性，否则仅仅是一种虚假的歧义。因而学理解释结论必须实质化，并且更为详尽明确，更深刻地阐明解释的理由，否则仅仅变成一种判断而不是论证，其说服力就大受影响。

最后，刑法学理解释应当加强其实践性。刑法学理解释的根本目的就是要解决实践问题，因此它首先要同刑法实践建立紧密联系，必须深入到司法实践中，通过案例的广泛收集和分析，从中抽象出一般性问题加以解决，解释者必须对规范的实践情形具有清楚了解，对于其中的疑难问题有准确的归纳。脱离实践会使解释结论失去针对性。刑法学理解释虽然并非必然发生在刑法的实现过程之中，但是它必须回到刑法的实现过程之中。因而学理解释必须比以往更充分地关注案例，通过案例来实现自己的实践使命。刑法学理解释的空间及其作用，在司法文书改革背景下，将会得到进一步的扩大。因

① ［德］Karl Larenz：《法学方法论》，陈爱娥译，五南图书出版公司 1996 年版，第 131 页。

为随着司法文书进一步倾向于对判决结论及其理由进行论证分析，司法人员将不得不提高自己的理论水平，并且作为一条捷径，同时也是不得不从学理解释中寻找可以为己所用的论据和论点，因为没有判决理由将被认为是司法专横的表现。这样一种隐性援引体系又可能反过来刺激学术权威的重新排位，学理解释被援引率的高低成为衡量解释者权威性高低的重要标准。

正式权力机关也充分地意识到学理解释的重要作用。例如最高人民法院建立特邀咨询员制度的根本目的就是要充分发挥法学理论家的优势，为我国的司法实践提供有力的理论支撑，因为它认识到，要做好最高人民法院的工作，不仅要依靠法官自身的力量，而且要依靠社会各方面的力量，特别是依赖法学界的重要力量，充分利用法学理论资源，努力探索司法实践与法律理论相结合的新路。这一制度的设立就是要从理论知识中寻求对权力的支撑。司法系统对调查研究工作的重视，也将有助于刑法学理解释在司法过程中的渗透。例如最高人民法院考虑到“我国的法制建设还不够完善，一些问题尚未从法理上阐述清楚，一些法律适用问题尚处在探索阶段，一些司法改革设想还缺乏必要的理论支持和制度保障。这些都需要我们对司法制度进行总体把握，对各项探索进行系统总结，对法院工作进行深入研究，从理论高度理清工作思路，解疑释惑，指导具体的司法实践。”① 因此，最高人民法院提出要大力加强调查研究，坚持有效转化科研成果，为司法决策提供理论和实践依据服务，及时将调研成果转化为完善法律的立法建议，规范行政行为的司法建议以及指导审判的司法解释等规范性文件。② 在这一过程中，刑法学理解释会大量地进入调研工作中去，成为下一步有权解释的重要参考依据。

---

① 曹建明：“努力开创人民法院调研工作新局面”，载《人民法院报》2004年1月7日。

② 沈德咏：“牢固树立司法为民思想，大力加强调查研究工作”，载《人民法院报》2004年1月7日。

刑法司法解释省际冲突问题研究

陈志军[*]

刑法的严厉性（涉及对公民自由乃至生命权利的剥夺）和最后性（秩序的最后一道法律防线）特征，决定刑法司法解释在我国的法律解释体制中占有十分重要的地位，具有不少有别于其他法律解释类型的特殊性。数十年来，我国进行刑法司法解释的实践在贯彻刑法立法精神，打击犯罪、保护人民方面作出了巨大的贡献，但也存在不少有待改进之处，刑法司法解释的省际冲突就是其中之一。刑法司法解释的省际冲突在我国早已客观存在但一直未受到应有的重视，值得进行深入的研究。本文拟对这一问题进行研讨，首先刑法司法解释省际冲突的表现形式进行分析，进而探讨其法律影响和成因，最后提出这一问题的解决方案。希望对丰富刑法解释理论研究和推进刑法司法解释工作的科学化有所裨益。

一、刑法司法解释省际冲突的表现形式

根据第五届全国人大常委会第 19 次会议 1981 年 6 月 10 日通过了《关于加强法律解释工作的决议》确立了我国现行的刑法司法解释体制：凡属于法院审判工作中具体应用法律、法令的问题，由最高人民法院进行解释；凡属于检察院检察工作中具体应用法律、法令的问题，由最高人民检察院进行解释；最高人民法院和最高人民检察院的解释如果有原则性的分歧，报请全国人民代表大会常务委员会解释或决定。根据这一规定，我国享有刑法司法解释权的主体只有最高司法机关（最高人民法院和最高人民检察院），地方司法机关没有刑法解释权。除台、港、澳外，我国内地目前包括 31 个省、自治区和直辖市，尽管作为刑法司法解释对象的刑法立法是统一的（“民族自治地方

[*] 中国人民公安大学法律系刑法教研室副教授，法学博士。

的变通和补充”除外），但由于各种原因的影响，使得各省级司法机关①在解释刑法的时候，对同一问题作出了不同的解释，出现了刑法司法解释性文件的省际冲突。尽管在应然的层面而言，地方性刑法司法解释性文件的合理性存在很大的争议，但省级司法机关制发的刑法司法解释文件在我国的司法实践中客观地存在，从实然的角度而言，这些刑法司法解释性文件的空间效力问题仍值得研究。刑法司法解释的省际冲突，是指由于各省级（包括自治区、直辖市）司法机关对同一刑法问题作出了不同的解释，而在具有跨省际因素的刑事案件中出现的，对该案件应当适用哪一省的解释的矛盾。刑法司法解释的省际冲突表现为文本冲突和个案冲突两个层面：文本冲突是抽象的，是规范性文件的“纸面”冲突；而个案冲突是具体的，是具体案件中应当适用哪一规范性文件来处理的“实际”冲突。文本冲突是个案冲突的规范根源，个案冲突是文本冲突的具体展开。

（一）刑法司法解释省际冲突的文本表现

从我国的立法及实践来看，省级司法机关制定的可能存在冲突的刑法司法解释性文件包括以下两种类型：

1. 基于最高司法机关授权的刑法司法解释性文件之间的省际冲突

在我国“两高”发布刑法司法解释的实践中，在涉及定罪量刑的数额、数量问题时，往往只规定一个相对确定的幅度，授权省级司法机关在此幅度内确定一个具体适用的标准。比如1998年3月26日最高人民法院、最高人民检察院、公安部发布的《关于盗窃罪数额认定标准问题的规定》先规定：个人盗窃公私财物“数额较大”，以500元至2000元为起点；个人盗窃公私财物“数额巨大”，以5000元至2万元为起点；个人盗窃公私财物“数额特别巨大”，以3万元至10万元为起点。进而规定：“各省、自治区、直辖市高级人民法院、人民检察院、公安厅（局），可以根据本地区经济发展状况，并考虑社会治安状况，在上述数额幅度内，共同研究确定本地区执行的盗窃罪‘数额较大’、‘数额巨大’、‘数额特别巨大’的具体标准，并分别报最高人民法院、最高人民检察院、公安部备案。”根据这一授权，各省级司法机关分别确定了各自执行的数额标准。如1998年6月22日北京市高级人民法院、北京市人民检察院、北京市公安局发布《关于八种侵犯财产犯罪数额认定标准的通知》规定了北京市的盗窃罪数额标准：数额较大为1000元以

① 地方司法机关发布刑法司法解释性文件其实并不限于省级司法机关，其他级别的地方司法机关也存在这种现象。但本文仅以具有典型意义的省级司法机关发布的刑法司法解释性文件作为研究对象。

上；数额巨大为1万元以上；数额特别巨大为6万元以上。1998年7月9日上海市高级人民法院、上海市人民检察院、上海市公安局、上海市司法局发布《关于本市办理盗窃犯罪案件若干问题的意见》规定了上海市的盗窃罪数额标准：2000元以上的，为“数额较大”；2万元以上的，为“数额巨大”；10万元以上的，为“数额特别巨大”。省级司法机关所作的此类授权性司法解释由来已久，如1984年11月2日最高人民法院、最高人民检察院发布的《关于当前办理盗窃案件中具体应用法律的若干问题的解答》和1985年7月18日最高人民法院、最高人民检察院发布的《关于当前办理经济犯罪案件中具体应用法律的若干问题的解答》中就有这类授权性规定，各省以此为依据制定了各自的具体标准。现行有效的此类带有授权性条款的刑法司法解释还有：1998年5月9日发布的《最高人民法院关于审理挪用公款案件具体应用法律若干问题的解释》；1998年12月11日发布的《最高人民法院关于审理非法出版物刑事案件具体应用法律若干问题的解释》；2000年5月12日发布的《最高人民法院关于敲诈勒索罪数额认定标准问题的规定》；2000年11月5日公布的《最高人民法院关于审理交通肇事刑事案件具体应用法律若干问题的解释》；2000年11月22日发布的《最高人民法院关于审理破坏森林资源刑事案件具体应用法律若干问题的解释》；2001年1月21日最高人民法院印发的《全国法院审理金融犯罪案件工作座谈会纪要》；2000年11月15日发布的《最高人民法院关于审理交通肇事刑事案件具体应用法律若干问题的解释》；2002年7月16日发布的《最高人民法院关于审理抢夺刑事案件具体应用法律若干问题的解释》；2003年5月29日发布的《最高人民法院关于审理非法采矿、破坏性采矿刑事案件具体应用法律若干问题的解释》；等等。这类带有授权条款的司法解释考虑到各地经济发展水平的不平衡等实际情况的差异性之初衷是值得肯定的，但各省、市、自治区在同一种犯罪定罪量刑标准上的差异无疑会带来一些问题。各省、自治区、直辖市司法机关制定的授权性司法解释显然只能适用于各省、市、自治区，但对于一些跨地区性犯罪来说，就出现了空间效力的冲突问题。

2. 其他刑法司法解释性文件的省际冲突

除了前述基于“两高”授权的刑法司法解释性文件外，省级司法机关往往还制定了其他一些刑法司法解释性文件，这其中大多是就“两高”尚无司法解释的问题作出规定。例如我国刑法中存在大量的“情节严重”、“后果严重”、“致使公共财产、国家和人民利益遭受重大损失”等有待具体化的定罪量刑标准。最高人民法院不太可能在刑法制定后立即就这些问题发布统一的司法解释。在“两高”尚未对这些问题作出具体的解释之前，省级司法机关往往就会先行制定了一个适用于本省、市、自治区的标准，这也会导致同一犯罪在不同的省、市、自治区存在不同的认定标准的局面。以上说的是正常情况下出现的刑法司法解释性文件的省际冲突，如果省级司法机关制定有违刑法或者“两高”司法解释的解释性文件的，自然也会导致刑法司法解释性文件的省际冲突。

（二）刑法司法解释省际冲突的个案表现

各省、市、自治区司法机关发布的刑法司法解释性文件如果在具体犯罪的定罪量刑标准上存在差异，就会导致规范冲突。但这种冲突还只停留在理论层面，只有在具体的刑事案件中才能导致现实的规范性文件适用冲突。刑法司法解释性文件的省际冲突在个案中主要表现为以下三种情形：

1. A 省的人在 B 省实施犯罪

比如 A 省和 B 省关于盗窃罪的定罪量刑标准不同（起刑点分别为 2000 元和 1000 元），如果 A 省的人甲在 B 省偷了他人 1500 元钱，行为当时并未被发现，回到 A 省后，因其他犯罪被逮捕后供认了前述行为，是刑罚执行完毕再交回 B 省司法机关追究盗窃罪的刑事责任，还是一并处理？如果一并处理，应适用 A 省还是 B 省的数额标准对其盗窃行为进行处理？

2. 某被告人的行为跨两个以上省级行政区

具体包括两种情况：（1）同一犯罪行为跨越两个以上的省级行政区。被告人甲在 A 省实施网上诈骗，B 省的被害人乙受骗将 1500 元存入其指定的账户，① 甲的行为是否构成诈骗罪？适用 A 省和 B 省的标准就会得出完全相反的结论。（2）尚未追究的应累计计算的数次犯罪行为发生在不同的省级行政区。如被告人甲在 A 省盗窃了一次，在 B 省盗窃了一次，在追究时，究竟应当适用哪省的数额标准？

3. 跨省的共同犯罪

在一些共同犯罪案件中，被告人来自不同的省份或者犯罪行为发生在不同的省份，省级刑法司法解释性文件的前述冲突也会给这类案件的处理带来问题。

二、刑法司法解释省际冲突的法律影响

刑法司法解释性文件的省际冲突，会给具体刑事案件的定罪量刑带来全

① 假定 A 省诈骗罪的起刑数额为 2000 元，B 省的起刑数额为 1000 元。

面的影响。具体表现在以下三个方面：

(一) 对罪与非罪的影响

由于同一犯罪的追诉标准的差异，可能导致某一案件在A省级行政区已经达到最低的追诉标准而足以构成犯罪，而在B省级行政区却尚未达到最低的追诉标准，只能以一般违法行为处理。以盗窃罪为例，最高司法机关规定的最低追诉标准幅度是500—2000元，最低的省级行政区是500元，最高的省级行政区则是2000元，差别还是比较悬殊的。对这些案件适用不同省级司法机关的司法解释性文件会得出罪与非罪的不同结论。

(二) 对此罪与彼罪的影响

如果对作为此罪与彼罪区分界限的某一犯罪构成要件作出不同的解释，就会对此罪与彼罪的界限区分产生影响。比如，对某类主体是否属于国家工作人员作出不同的解释,[①] 就会影响受贿罪与公司、企业人员受贿罪、贪污罪与职务侵占罪等犯罪的界限。如果不同的省级行政区的司法机关在事关此罪彼罪区分的要件上的解释上存在冲突，就影响某些案件此罪还是彼罪的认定。

(三) 对量刑的影响

刑法司法解释的省际冲突往往还会对量刑的轻重带来重大的影响。主要表现在：一是如果这种冲突影响了此罪与彼罪的区分，就会因对两罪法定刑设置差别悬殊而给量刑轻重带来影响；二是在同一犯罪内部，犯罪数额的不同往往是设置轻重不同的法定刑幅度的重要依据，数额较大、数额巨大还是数额特别巨大就会适用轻重悬殊的刑罚，由于刑法司法解释省际冲突的存在，同一犯罪数额在某省可能属于“数额巨大”，而在另外一省可能属于“数额特别巨大”，适用不同省级行政区的标准，这就会对量刑产生重大影响。

三、刑法司法解释省际冲突的原因探析

省际刑法司法解释性文件发生冲突有其深刻的原因，主要原因在于：

(一) 刑法司法解释权的分散行使

在我国的司法实践中，尽管法律只明确赋予了最高司法机关以刑法司法解释权，但包括省级司法机关在内的地方司法机关客观上都或多或少地发布过一些刑法司法解释性文件，所以尽管作为解释对象的刑法立法是统一的，但由于解释权的分散行使不同造成了这种地区差异，31个省、自治区、直辖市很难作出一致的解释。

① 客观上讲，最高司法机关是无法就刑法第93条第2款中的“其他依照法律从事公务的人员”这一模糊的术语作出一个非常明确的解释的。

（二）最高司法机关基于各地实际情况的差异对省级司法机关的授权

省级司法机关发布的刑法司法解释性文件并非都没有根据，比如最高司法机关在某些司法解释性中的授权性条款，如关于盗窃罪等犯罪数额认定标准的规定。最高司法机关的这种授权性就是考虑到我国幅员辽阔，各地实际情况差异较大而作出的。作出授权的根据有二：一是经济发展水平的不平衡，定罪量刑的数额标准要和经济发展水平的高低成正比关系；二是社会治安形势的差异，定罪量刑的数额标准要和社会治安形势的好坏成反比关系。

（三）最高司法机关未能及时行使司法解释权

尽管我国刑法立法基本上贯彻了罪刑法定主义的明确性原则，但也存在不少概括性的规定，比如"情节严重"、"数额较大"、"后果严重"等，最高司法机关往往也没有及时地针对这些问题作出司法解释，但在司法实践中有关的案件却已发生，迫切需要拿出具体的处理标准，以便在法定的诉讼时限内对案件作出处理。但最高司法机关制定司法解释往往需要进行一定的程序和步骤，只有在充分调研和论证的基础上才能制定发布出来，可见最高司法机关行使司法解释权往往具有一定的滞后性。如果最高司法机关的司法解释没有作出规定的话，为了使在本地区已经比较多见的此类案件有一个统一的定罪量刑标准，省级司法机关往往就会自行制定发布一个适用于本地区的刑法司法解释性文件。最高司法机关对刑法中某些比较模糊的问题未能及时作出司法解释，使得一些省级司法机关不得不自行发布一个司法解释性文件，这就难免造成刑法司法解释性文件的省际冲突。这类司法解释性文件的制定和发布固然没有明确的法律依据，但与违背刑法立法原意的越权解释相比还是有一定区别的，在一定意义上有其合理性的一面。

（四）省级司法机关制定刑法司法解释性文件的活动缺乏制度限制

目前，我国省级司法机关制定刑法司法解释性文件的活动已经非常普遍，但此类活动缺乏必要的制度制约。在这种情况下，出现一些违背立法原意的越权解释也就在所难免了。这类解释是没有法律依据的，但在司法实践中却实实在在地在发挥效力，这就难免造成省际刑法司法解释性文件的冲突。

四、刑法司法解释省际冲突的解决

（一）解决方案的种类

省际刑法司法解释性文件冲突在我国已经现实存在，但对这一问题缺少理论研究。其解决方案无非三种：

1. 属人规则。[①] 即不论行为人的犯罪行为在哪一省、自治区、直辖市实施，都以其户籍所在地或居所地的省、市、自治区的省级司法机关的刑法司法解释为准。属人规则的优点在于，由于我国实行户籍制度，户籍一般与公民的工作、生活密切相关，而且公民的户籍所在地具有唯一性，易于司法的简便。这种规则的弊端在于，由于市场经济的发展，全国性大市场的逐步形成，人口的跨省、自治区、直辖市流动非常频繁，许多人长期在非户籍地工作、生活，除了没有户口之外，与所在地的人在其他方面已经没有什么区别。对这些人实施的犯罪行为还适用其户籍地的标准显然是不合适的。

2. 属地规则。即不论行为人的户籍在哪，犯罪行为发生在哪一个省、自治区和直辖市就适用该地的标准。对犯罪行为尤其是涉及犯罪数额的犯罪而言，其社会危害性确实和当地的经济发展水平有着直接的关系，在经济落后地区盗窃1万元钱对被害人生产和生活的影响一般就要比在经济发达地区盗窃相同数额的影响大，因而对其处以轻重不同的刑罚也并不违背罪责刑相适应原则。对犯罪的社会危害性的认识不能脱离具体的周围环境，因而采用属地规则来解决这一问题有其较大的合理性。但属地规则也有其局限性，如果犯罪行为具有省际性，牵涉到几个省、自治区、直辖市时，到底适用何地的标准也成为了问题。

3. 有利于被告人规则。即在对案件有管辖权的数个省级行政区的不同追诉标准中，选择最有利于被告人的标准适用之。这一规则确实体现了刑法的人权保障功能，但有忽视刑法秩序保护功能的不足。

（二）现实的解决方案

将长期处于社会主义初级阶段是我国的基本国情，各地区经济发展不平衡是社会主义初级阶段的重要特征之一，我们的法律也不能脱离这个实际，因而授权性司法解释在某种意义上仍有其合理性的一面。因而，省际刑法司法解释性文件的冲突仍将在较长的时期内存在。[②] 合理地处理授权性解释带来的省际刑法司法解释文件冲突具有现实的意义，笔者认为，应当参照刑事诉讼法上的地域管辖规定来解决这一问题，即刑事案件由哪个法院管辖的，就适用法院所在省、市、自治区的标准。因为：第一，从刑事诉讼的逻辑顺序而言，是先确定管辖法院，然后才谈得上适用法律对被告人定罪量刑的问题。一省的法院肯定不能适用外省司法机关发布的司法解释性文件对案件进行处

① 这与刑法空间效力中属人原则不同，这不涉及国家主权问题，只是一国内部不同地区之间在刑法司法解释性文件在空间效力界限上的划分原则。

② 笔者只是在实然的层面务实地对已经现实存在的这种问题的解决方案进行研讨。

理，而只能适用本省的标准。第二，如果分别处理也不利于诉讼的经济性原则。如果对跨省盗窃的犯罪人先在一省以盗窃罪定罪量刑后再移送另外一省再以盗窃罪进行定罪处刑，最后进行并罚，不但诉讼成本太高，而且也不符合刑法上的罪数理论。即使所犯的是不同的罪名（如故意伤害和盗窃），在对故意伤害行为进行处理后再移送另外的省区对其盗窃行为进行处理，也明显不符合诉讼经济原则。笔者所主张的具体处理原则如下：

1. 原则上适用属地规则

《刑事诉讼法》第24条规定："刑事案件由犯罪地的人民法院管辖。"根据1998年6月29日最高人民法院《关于执行〈中华人民共和国刑事诉讼法〉若干问题的解释》第2条的规定："犯罪地是指犯罪行为发生地。以非法占有为目的的财产犯罪，犯罪地包括犯罪行为发生地和犯罪分子实际取得财产的犯罪结果发生地。"这就是说，对省际刑法司法解释性文件的冲突，原则上应当适用犯罪地标准。在司法实践中，经常会遇到犯罪人在几个人民法院的辖区内实施犯罪行为的案件，因而在跨省犯罪中就可能出现几个犯罪地的法院都有管辖权的复杂情况。为此，《刑事诉讼法》第25条规定："几个同级人民法院都有权管辖的案件，由最初受理的人民法院审判。在必要的时候，可以移送主要犯罪地的人民法院审判。"根据这一原则，先解决刑事诉讼上的属地管辖问题，确定管辖法院后，就适用该法院所在省、自治区、直辖市的标准。

2. 以属人规则为补充

《刑事诉讼法》第24条后段规定："如果由被告人居住地的人民法院审判更为适宜的，可以由被告人居住地的人民法院管辖。"这里所说的被告人居住地，包括被告人的户籍所在地、居所地。所谓"更为适宜"，要根据案件和被告人的具体情况来决定，如案件发生在两个地区交界的地方，犯罪地的管辖境界不明确，致使犯罪地的管辖法院难以确定的；被告人在居住地民愤很大，当地群众强烈要求在其居住地审判的；等等。

（三）长远的解决方案

笔者认为，刑法司法解释省际冲突的根本解决方案是：

1. 统一各省、自治区和直辖市适用的定罪量刑标准，搞"一刀切"，最高司法机关不再授权省级司法机关根据各自经济发展水平和社会治安形式确定不同的标准。这样做利大于弊。主要理由在于：

（1）考虑各地实际情况差异的情况的宗旨并未彻底贯彻。我国其他许多与经济发展水平密切相关的刑法司法解释并未规定这类授权性条款，如2001年4月9日最高人民法院、最高人民检察院发布的《关于办理生产、销售伪劣商品刑事案件具体应用法律若干问题的解释》；2000年6月16日最高人民法院发布的《关于审理破坏土地资源刑事案件具体应用法律若干问题的解释》；等等。

（2）军事司法系统和铁路司法系统适用统一的数额标准，没有考虑到地区差异，也没有什么不妥。根据我国的司法体制，在最高司法机关之下，除了普通的法院和检察院外，还包括军队司法机关和铁路运输司法机关这两类特殊的司法机关。[①] 军事司法系统和铁路司法系统的最大特点就是分布于全国各地，经济发展水平与社会治安形势同样差异很大，为什么却能适用统一的定罪量刑标准。如1999年2月4日最高人民法院、最高人民检察院、公安部发布的《关于铁路运输过程中盗窃罪数额认定标准的规定》，规定铁路运输司法系统统一适用的盗窃罪数额认定标准为：个人盗窃公私财物"数额较大"，以1000元为起点；个人盗窃公私财物"数额巨大"，以1万元为起点；个人盗窃公私财物"数额特别巨大"，以6万元为起点。

2. 最高司法机关及时地行使司法解释权，为司法实践提供统一的定罪量刑标准，实现有章可依，不给地方司法机关制定此种解释的空间。

3. 严格限制省级司法机关制定刑法司法解释性文件的权力，严格防止其制定违背立法原意的刑法司法解释性文件。

① 海事法院只管辖海商案件，不管辖刑事案件。

司法意义刑法目的存在论*

曾明生**

一、"司法意义刑法目的存否"问题的提出

刑法目的是一个关涉刑法根基性的命题。中外刑法学界对此颇有争议。两大法系刑法理论中均有不同认识。较为典型的是，日本刑法理论认为，刑法目的是刑法的法的目的和理念，包括刑法的正义理念、法的安定性理念及公共福利理念。① 由此很难说它否定了司法者适用刑法时的目的（司法意义的刑法目的），或许只可说它没有足够认真地对待这种意义上的目的。美国学者Henry Melvin Hart 曾从宪法、立法者、警察、检察官和法官等不同视角对刑法目的进行探究。Hart 的见解涵括了司法意义的刑法目的。②然而我国刑法理论通说认为，刑法目的是指国家通过制定刑法所期望达到的效果，③也是刑法制

---

* Ontology 是哲学的核心领域，它被汉译为"存在论"、"实体论"、"本体论"、"万有论"、"存有论"、"有根论"、"是论"、"是态论"等。其中，存在论即关于"存在"的理论，也被认为是关于存在是什么以及存在如何存在的理论。参见 http：//baike. baidu. com/view/756116. htm。不过，德国哲学家马丁·海德格尔强调"存在"和"存在者"的严格区分，而且"存在"是与"存在者"紧密相依的范畴。因此也可以认为，"存在论"是关于"存在和存在者"的理论。本文只试图研讨存在者（司法意义的刑法目的）的存在，而不是研讨存在者的全部。也可以说，本文题目意指"论司法意义刑法目的的存在"。但是采用现在的题目，主要基于两个考虑：一是存在论是与虚无论相对而言的；二是在汉语措辞上似乎更为顺当些。

** 中国人民大学法学院刑法学博士研究生；江西省社会科学院法学所研究人员。

① 参见［日］木村龟二主编：《刑法学词典》，顾肖荣等译校，上海翻译出版公司 1991 年版，第 8—9 页。

② See Henry Melvin Hart, The Aims of the Criminal Law, Law and Contemporary Problems (1958) 23: pp. 401 - 441.

③ 参见齐文远主编：《刑法学》，法律出版社 1999 年版，第 9—13 页；另见李晓明主编：《刑法学》（上），法律出版社 2000 年版，第 153—154 页；另见侯国云主编：《中国刑法学》，中国检察出版社 2003 年版，第 10 页。

定的目的（立法目的）。[①] 但是笔者认为，刑法目的是一个多层级的目的综合或者总和，它包括立法意义刑法目的（立法者制定刑法时的目的或立法目的）和司法意义刑法目的（司法者适用刑法时的目的或司法目的）等的总和，[②]亦即，包括（整体而言）立法者的刑法目的和（整体而言）司法者的刑法目的。[③]最近也有学者认为刑法目的包括立法目的和司法目的，认为立法目的决定并制约着司法目的，司法目的从属于立法目的。正是立法目的集中代表了刑法目的，所以许多场合往往将立法目的等同于法律目的。而且该学者在文章中只分析了刑法的立法目的，认为其文章中的“刑法目的”实际上是指“刑法立法目的”。[④]由此可见，学界虽有人涉及司法意义刑法目的，但尚有待进一步深入研究，而且有待受到足够的关注。因此，对于司法意义刑法目的究竟是否存在这一预设性问题仍有必要作进一步的研讨，对司法意义刑法目的虚无论进行反思，也希望由此能够抛砖引玉。

二、司法意义刑法目的虚无论及其缺陷

司法意义刑法目的虚无论，是否定司法意义刑法目的作为刑法目的组成部分的各种理论，或者它认为司法意义刑法目的是一种虚幻的假命题。这种虚无论在国内外有各种各样的表现形态。如前所言，在我国学界一般认为，刑法目的是制定刑法的目的（立法目的）。但是这种认识将刑法目的等同于刑法的立法目的，忽视了立法目的与司法目的之间的差异。依据这种理论的逻辑，从表面上看，只要遵从刑法的立法目的就是遵从了刑法目的，由此无所谓存在立法目的与司法目的不一致的问题。而且，似乎刑法只是由刑法典、单行刑法和附属刑法组成，[⑤]因此刑法目的就是制定“刑法典、单行刑法和附属刑法”时的目的。但是刑事司法解释又被称为“副法”，[⑥]也常在刑事判决

---

① 参见杨春洗、杨敦先主编：《中国刑法论》（第二版），北京大学出版社 1998 年版，第 10 页；另见陈广君、刘海涛主编：《新刑法释论》，中国书籍出版社 1997 年版，第 2 页；另见严军兴、周立权、程万高主编：《新刑法通释》，光明日报出版社 1997 年版，第 3 页。

② 参见拙文：《刑法目的本体论》，硕士学位论文，中国社会科学院研究生院图书馆博士硕士论文库 2004 年，第 50 页。当然，其中应当排除异化了的立法目的和司法目的。

③ 参见拙文：“宪法发展与刑法目的的生成”，载《法学杂志》2004 年第 3 期。

④ 参见牛忠志：“刑法目的新论”，载《云南大学学报》（法学版）2006 年第 5 期。

⑤ 参见高铭暄、马克昌主编：《刑法学》，北京大学出版社、高等教育出版社 2000 年版，第 9 页。刑法修正案是刑法典的一部分。

⑥ 参见刘艳红：“观念误区与适用障碍：新刑法施行以来司法解释总置评”，载《中外法学》2002 年第 5 期。有学者认为，我国最高司法机关制作的一些规范性文件实际上是司法法，具有立法的性质。参见陈兴良：《本体刑法学》，商务印书馆 2001 年版，第 31 页。

中被援引，如此使之成为刑法的有机组成部分，也是“实际上的刑法”的一种典型形态[1]。然而制定司法解释时的目的难道是立法目的吗？答案是否定的。因为司法解释的主体是国家最高司法机关，所以其依法制定司法解释时的目的应属于司法目的的范畴。从应然角度讲，异化了的目的（包括准立法目的）应排除出刑法目的之外。事实上司法目的与立法目的有时不一致是客观存在的，也是不可避免的。如果说承认立法目的与司法目的的差异会纵容司法恣意并威胁法治事业的话，[2]那是因噎废食。因为承认司法目的的个性是一回事，而防止司法目的的异化是另一回事。防止司法目的的异化是值得深入探究的重大课题。

在西方较为典型的刑法目的虚无论是一系列的法律盲目演进理论。它们至少可溯及18世纪英国亚当·斯密、大卫·休谟与亚当·福格森等思想家“反唯理主义”的洞见，经由19世纪历史学派的发展至20世纪以降又演化出不同的理论分支（如有限理性主义和后现代主义等）。[3] 这些理论声称法律是盲目演变与进化的，因此否定了整体意义的刑法目的，也自然否定了整体意义上的司法目的。法律盲目演进的各种理论形态虽然揭示了法律发展的盲目特性，但是大都难以摆脱目的理性或大或小的影响，由于彻底（或者近于彻底地）否弃人类理性的设计，只能使其理论夸大非理性、偶然性和不确定性，因此走向片面和极端的理论泥潭。与此相关联，如果认为“司法意义刑法目的是一种虚幻的假命题”，那么这种认识也就难以正视司法意义刑法目的的存在，也违背了实事求是的科学精神。

---

① 有调查表明，最高人民法院的司法解释以及上级法院就某一案件公布的若干意见等，在一些法官看来就是立法，就是法律条文。参见强世功、赵晓力：“双重结构化下的法律解释——对8名中国法官的调查”，载梁治平编：《法律解释问题》，法律出版社1998年版，第231页。

② 有学者认为，法官如果对制定法目的或各种实体价值采取任意的态度，无限制地依靠司法直觉和司法能动主义，就会在法律解释适用中陷入对目的——评价解释论点的误用，这必然严重破坏法治。参见张志铭：《法律解释操作分析》，中国政法大学出版社1998年版，第196页。类似观点，另见陈金钊：“目的解释方法及其意义”，载《法律科学》2004年第5期。国外学者的类似观点，see Brian Z. Tamanaha, Law as a means to an end : threat to the rule of law, Cambridge University Press, 2006, pp. 1 - 254。笔者认为，对目的论有滥用目的理性之可能并危及法治事业这一点，值得时刻保持警醒。但是鉴于目的论在法律实践与法律哲学中的运用不可能消弭，因此，如何更好地完善目的理论的研究以及有利于法治建设仍然可能是今后值得努力的一个重大课题。参见拙文：“西方法哲学中的目的论初探”，载《江西社会科学》2007年第1期。

③ 参见笔者即将发表的专著：《刑法目的论》。

三、司法意义刑法目的的存在论及其主要依据

司法意义的刑法目的是在适用刑法的过程中，司法者积极追求刑法的某些特定机能和刑法价值，期望达到的理想结果；也包括某些司法者力求在目的上与立法意义刑法目的的高度一致的愿望。从上述司法意义刑法目的的虚无论的缺陷可知，对于司法意义的刑法目的是值得认真对待的。这就要求以正视它的存在为前提。司法意义刑法目的的存在依据主要表现在以下几个方面，笔者拟从理论（哲学、法学、语义学、法律解释学）与实践等视角和层面进行探究。

（一）哲学依据

唯物辩证法用普遍联系和发展变化的观点看世界。刑事立法者制定刑法时的目的与司法者适用刑法时的目的是相互联系的，而且司法者的司法目的通常是对刑事立法者立法目的的继承和发展。此外，司法者在回溯立法目的的过程中难免会有思维上的局限性、非至上性，当然还有认识上的主观能动性，这就必然导致立法目的与司法目的之间的差异，从而反映出司法者适用刑法时的目的具有独特的个性。所以，事物的联系和发展，人思维的至上性和非至上性、矛盾的共性与个性、人的主观能动性等共同构成了由立法阶段立法意义刑法目的向司法阶段司法意义刑法目的演化的哲学基础。

（二）法学根据

立法者与司法者的追求不可能完全一致。此处先从理论上探讨。关于实践方面的述论，将在下文实践根据中论及，而且后文也把与此相关的法律解释学的依据单列出来重点讨论。

英国学者曾说，“我们的刑法是在许多世纪里发展起来的，而那些曾经塑造刑法的人和那些曾经将刑法付诸实施的人的目的无疑是多种多样和各不相同的。”①我国也有学者在论述法的价值冲突时，明确指出并详细地分析了司法与立法的价值冲突及其致因。② 又有学者主张，刑法立法不能封闭司法活动，要通过司法适用的过程来实现刑法的社会功能即刑法的活法化。③这些认识表明了立法者与司法者在价值追求上存在着差异。不过，我国也有学者认为，“司法活动是实现立法内容的活动，其目的与立法目的相一致”。但他在该文

① ［英］J. C. 史密斯、B. 霍根：《英国刑法》，法律出版社 2000 年版，第 3 页。

② 参见卓泽渊：《法的价值总论》，人民出版社 2001 年版，第 132—140 页。

③ 宗建文：《刑法机制研究》，中国方正出版社 2000 年版，内容提要。

中并没有对立法目的与司法目的一致程度展开论述。[①]在笔者看来，刑法的立法目的与司法目的只可能实现高度一致。例如，单位犯罪立法目的和司法目的之间在内容上是交叉重合的关系。[②] 并且至少可反问：不同司法者价值追求上的某种不一致和不同立法者价值取向上的不一致，难道也能绝对吻合吗?显然不可能。因此，从应然角度来说，刑事立法目的与司法目的应当一致，但事实上至多是根本上的一致。我国刑法中第一、二条目的性条款（上位目的）和刑法三大基本原则（原则性目的）为刑事立法目的与司法目的达到较高程度的一致提供了根本保证。

（三）语义学依据

有的学者认为，文字是抽象的，是为人们所反复运用的，但作为法律文字的含义却是相对准确的，而且在不同时代、不同国度、不同立法者那里承担了不同的法律意义，读者为避免误读就必须借助于立法目的的引导。[③]还有学者在强调立法的明确性时指出，在法律规定中使用日常语言的，应当符合日常用法；对借用日常语言而赋予特定含义或特定的“法言法语”，应当有清楚的解释、界定，避免使人“望文生义”之后产生误解，或者使人“丈二和尚摸不着头脑”。[④]然而，尽管可以做这些力所能及的努力以把握作者（立法者）的原意(意图及原始含义)，但是，根据英国学者杰弗里·N. 利奇的研究表明，意义可以分成七种类型。[⑤]同时，人类语义认知存在局限性，而通过各种释义能将人类意识空前地统一到分毫不差的想法，只是一种终极的永远无法实现的理想而已。[⑥] 还有，作者的目的意图与文本含义重合与否及程度，又是学者们争论纷纭的问题。对此，学界大致有部分确定说、完全确定说和完全不确定说。[⑦]国外学者还指出，阅读是一种读者的活动，任何两个读者在阅读文本时的反应机制都不可能绝对相同，都会将自己的因素带进阅读中来。[⑧]我国学者也认为，对成文

---

① 参见张明楷：《刑法学》(上)，法律出版社 1997 年版，第 22 页。

② 请参阅笔者即将发表的论文：《从刑法目的视角对单位犯罪若干问题的研讨》。

③ 黎建飞：《立法学》，重庆出版社 1992 年版，第 31 页。

④ 张骐：“法律实施的概念、评价标准及影响因素分析”，载《法律科学》1999 年第 1 期。

⑤ 七种类型的意义是：理性意义、内涵意义、社会意义、情感意义、反映意义、搭配意义和主题意义。参见［英］杰弗里·N. 利奇：《语义学》，李瑞华等译，上海外语教育出版社 1987 年版，第 33 页。当然，与法律文本有关的主要是内涵意义、社会意义、反映意义、搭配意义等。

⑥ 韩宝育：《语言与人的意义世界》，中国社会科学出版社 2002 年版，第 91—95 页、第 264 页。

⑦ 参见殷鼎：《理解的命运》，三联书店 1988 年版，第 73—78 页。

⑧ 转引自苏力：“解释的难题：对几种法律文本解释方法的追问”，载《中国社会科学》1997 年第 4 期。

法的理解是一个充满可能性的世界。[①]至此，有理由认为，“法官理解的法律往往和立法者所预想的大不相同。而且，更为重要的是，在法官的知识、经验不同时，他们对法律规范所使用的语词含义的理解更是差异很大”。[②]这些差异有时又恰恰是读者不同的价值判断、价值选择的结果。这正如一位学者所说，“并不是（人们从文本中）看到的东西不同，而是他看到而讨厌的东西正是我也看到却喜爱的东西”。[③]由上可知，欲使司法者在任何时候、任何场合都能准确无误地理解立法者的文字几无可能。因此，试图通过表面文字进而明了立法者的所有立法意图（尤其是分支目的）的想法属于自不量力。可见，从语义学角度也能发现司法者难于等同于立法者价值判断的有力论据。

（四）*法律解释学根据*

法律解释理论是一个众说纷纭的关涉历史与现实如何结合的话题。法律解释的过程往往是一个价值判断、价值选择的过程。因此，为了找寻司法者的具体价值追求，不妨从不同解释论的理论根据所隐含的解释者价值取向以及司法者释读立法者的立法意图的视角进行考察。

1. 不同解释论的价值取向及其对目的认识的影响

主观解释论是风行于19世纪西欧大陆的法律解释目标学说。主观解释论者认为，任何对法律的解释是对立法者在立法时表达的立法原意的理解，亦即找出立法原意。这种法律解释的主张以立法原意为认识目标，企图达到立法者的主观状态。[④]主观说遭受了“立法者的意图纯属虚构”、“过分拘泥于立

---

① 参见殷鼎：《理解的命运》，三联书店1988年版，第49—99页。

② 周光权：《刑法诸问题的新表述》，中国法制出版社1999年版，第312页。

③ 转引自斯坦利·E. 费什：“文本在读者中：感受文体学”，载王逢振等编：《最新西方文论选》，漓江出版社1993年版，第75页。

④ 陈兴良：《本体刑法学》，商务印书馆2001年版，第23页。为统一语境的需要，值得说明的是，关于立法原意，有学者认为，起码有两种情况：一是立法者的原意，二是法条字里行间的原意。陈金钊：“法律解释的意义及其对法治理论的影响”，载《法律科学》1999年第2期。但笔者认为，我国刑法学界目前大致有三种理解：立法意图说、原始含义说和文本意义说。在主观说那里，“既然是企图达到立法者的主观状态”，则上述观点唯有立法意图说、原始含义说符合主观说所指的“立法者的原意”。而文本意义说所指立法者的原意已经是非此即彼，实质是转换为客观说角度的“文本原意”罢了。立法意图说——刑事立法原意，就是表现于具体的刑法条文之中的立法者的意图。赵秉志：《刑法总论问题研究》，中国法制出版社1996年版，第109页。原始含义说——立法原意，在此主要指条文的本来含义，对其主要应从中文的字义解释或文理解释角度把握。屈学武：“刑法解释论评析”，载《法律应用研究》（第2卷），中国法制出版社2002年版；另见王平：“论我国刑法解释的有效性”，载《法律科学》1994年第2期；另见卢勤忠：“刑事法律解释的若干问题思考”，载《中国刑法学年会文集》（2003）（第一卷），中国人民公安大学出版社，第113页。文本意义说——法律解释离不开法律文本自身所释放的意义。而这种意义一般情况下就是立法原意。吴丙新：“刑法解释的基本思想及主体”，载《现代法学》2001年第3期。

法原意和忽视公平价值和保护机能”等主要批判。[①]但学者们对旧主观说加以修正之后形成了新的主观说，即现代主观说。[②] 然而（新的）主观说仍然遭到一些人的批判。[③] 在价值取向上，新主观说由继承旧主观说对安全价值及保障机能的强调，发展到不再过于探求立法者立法时心理学意义上的意思，而是尽量扩展法律规范的意义内容，体现了该说对公平价值及保护机能的兼顾。[④]

客观解释论是19世纪末兴起并逐渐成为颇具影响力的法律解释目标学说。客观解释论者指出，法律并非死文字，而是具有生命的、随时空因素的变化而变化的行为规范。法律只有在适应社会需要的情况下才能保持活力。激进的客观解释论者认为，所谓立法意图只是一个纯属虚构的概念。从否定立法意图开始，法官对立法的解释逐渐演变成法官造法。[⑤]客观解释理论遭受的批判主要有：客观说强调刑法解释要体现法律的公平价值和保护机能，但是否认立法原意的存在，会导致刑法解释的过于随意，从而使法律的安全价值和保障机能随之丧失。[⑥]然而，该说又从批判中进行了修正，发展为刑法领域新的客观解释论。[⑦]可见，客观说由逐渐抛弃仅侧重公平价值及保护机能的激进客观说，发展到既强调公平价值及保护机能，又兼顾（刑法规范——文本）安全价值及人权保障机能的新的客观说。

折中说，又称综合解释论，是主观说与客观说走向调和的产物。德国的启示说（Andeutungs theorie）即是此类。[⑧]但在我国刑法学界，折中说又发展为主观为主说（主观说为主、客观说为辅）和客观为主说（客观说为主、主观说为辅）。主观为主说论者认为，在任何时候，刑法解释都要首先考虑到揭示立法原意，只有在绝对必要的情况下，才可以超越立法原意。[⑨]客观为主说论者认为，刑法解释应以客观解释为基础，只有当客观解释的结论荒谬时，

---

① 参见李希慧：《刑法解释论》，中国人民公安大学出版社1995年版，第79—80页。

② 转引自苗生明：《定罪机制导论》，中国方正出版社2000年版，第171页。我们一般说的主观说已经是新的主观说。

③ 参见周光权：《刑法诸问题的新表述》，中国法制出版社1999年版，第304、306页。

④ 参见苗生明：《定罪机制导论》，中国方正出版社2000年版，第171页。

⑤ 转引自陈兴良：《本体刑法学》，商务印书馆2001年版，第24页。

⑥ 参见李希慧：《刑法解释论》，中国人民公安大学出版社1995年版，第79—80页。

⑦ 参见周光权：《刑法诸问题的新表述》，中国法制出版社1999年版，第319—320页；另见吴丙新：“刑法解释的基本思想及主体”，载《现代法学》2001年第3期。

⑧ 参见赵秉志主编：《外国刑法原理》，中国人民大学出版社2000年版，第9页。

⑨ 参见李希慧：《刑法解释论》，中国人民公安大学出版社1995年版，第81—82页。中国台湾学者林山田先生则主张以时间因素区分主次的折中理论。转引自李希慧书，第79—80页。

才应采取主观解释。[①]但折中说仍然遭受了一些学者的批判。[②]在价值取向上，主观为主折中说采取了以（立法原意——立法意图或原始含义）安全价值及人权保障机能优先，兼顾公平价值及保护机能的立场；客观为主的折中说则恰好相反，既强调刑法的公平价值和保护机能，又兼顾刑法的（立法原意——立法意图或原始含义）安全价值和保障机能。

从上述不同解释论相互博弈的变化态势能够发现，它们的价值取向逐步趋同，这表明相互兼顾已是基本共识，但是不可忽视其间仍有侧重。即使持同一解释论的数个司法者也可能因语义理解上的差异以及其他原因等生成各自不同的（小）目的，更何况持不同解释论的司法者呢？他们因解释论本身价值理念及方法论的偏重或迥异而导致目的认识上的分歧，也是理所当然了。这说明司法解释者是有价值立场的，而且不同解释者的立场也可能不同，进而不同立场也可能涉及不同的目的追求，其侧重点多表现为对何者优先所作出的某种价值选择。也可以说，解释者选择了不同的解释论就意味着选择了不同的目的追求。

2. 司法者释读立法目的的程度分析

司法者在法律解释中的价值追求往往是与立法目的发生关联的。从目的层面考量，“立法目的与司法目的是否完全一致”这个问题，主要涉及了对“立法者与司法者的意图和价值观是否存在差别”的回答。而后一问题又关涉了立法者目的意图及价值观本身存否的论争。肯定立法意图的观点，俯首可拾。主观解释论者和主观为主说论者的主张即是例证。然而，来自否定论者的攻击主要是，激进的客观解释论者认为，所谓立法意图只是一个纯属虚构的概念。[③]有学者认为，立法者的意图极其含混。[④]也有学者称，在什么意义上我们可以说，立法者分享了共同的意图？[⑤]笔者认为，在最广义上可以考虑立法意图是所有立法者个体意图的总和，因此立法者意图是极其含混的。但意图含混不等于没有意图。而且，也应当注意强势选择的规律，无论立法意图多么含混，对其中目的性条款和原则性目的等都不可否认。因为它们同时又是刑法中具有法律效力的部分。至少这些意图是立法者应当分享的。其实，

① 张明楷：《刑法的基础观念》，中国检察出版社 1995 年版，第 216 页。

② 参见房清侠等著：《刑法理论问题专题研究》，中国人民公安大学出版社 2003 年版，第 209—210 页。

③ 转引自陈兴良：《本体刑法学》，商务印书馆 2001 年版，第 24 页。

④ 周光权：《刑法诸问题的新表述》，中国法制出版社 1999 年版，第 304 页。

⑤ 苏力：“解释的难题：对几种法律文本解释方法的追问”，载《中国社会科学》1997 年第 4 期。

一定的立法机构以一定的程序通过立法，虽然立法者个体之间意志有差异，但以过半数或三分之二以上多数通过，亦即每一（基本或完全）赞成的个体以表决的形式承认法案的整体的、普遍性效力；弃权的表决者已放弃权利但默认接受义务；反对者的意志虽没有获得多数承认，但反对者仍应接受义务，这是社会契约的基本要求。[①] 特别是集体意志也是一种整合性意志，通常是由能被表决者普遍理解的法案文字所体现的意志而构成。[②]因为参与立法的表决者个体并非都是法律专家，而且法律公布的意义也是面向普通公民，所以这种整合意志的意图也可能是整合性的意图。从这个意义上讲，集体意图（立法意图）不是个体意图的简单相加，而是集体意志的抽象。因此，虽然立法意图通常是含混的，但从前述两种意义上看，都不能从根本上否认立法意图存在的基本事实。

接下来将不得不直面的另一个问题是："在什么意义上我们能说法律文本的意图是立法者的意图，而不是我们希望立法者具有的意图呢？"苏力教授的回答是：即使假定一个立法机关是一个立法者，有一个统一的意图，但很多法律是由众多作者逐渐完成的，这许许多多作者并不生活在同一社会或时代，所面临的问题也都不同，因此也不分享共同的目标或价值。当他们（指法律实施者——引者注）在实施法律的时候，他们所追求的又是谁的原意？或者，到底有没有原意？也许这个原意不过是今天实施法律者对这个为人们所争议的文本的一个构造！司法中的所谓"解释"，就其根本来看不是一个解释的问题，而是一个判断问题。司法的根本目的并不在于搞清楚文字的含义是什么，而在于判定什么样的决定是比较好的，是社会可以接受的。[③]美国学者波斯纳也曾指出，在多大程度上法官是在解释法律而不是创造法律甚至在搞政治？[④]

---

① 这种契约是一种特殊性质的社会契约。

② 这与司法解释者应当以普通含义为底线，不能超出国民的预测可能性这一要求。参见张明楷："刑法中的普通用语与规范用语"，载陈泽宪主编：《刑事法前沿》（第一卷），中国人民公安大学出版社2004年版，第74页。

③ 苏力："解释的难题：对几种法律文本解释方法的追问"，载《中国社会科学》1997年第4期。也有学者认为，如果采取一种务实的态度看待司法，那么它最直接的目的便是为发生利益冲突的双方解决争端。汪建成、孙远："论司法的权威与权威的司法"，载《法学评论》2001年第4期。

④ 参见［美］波斯纳：《法理学问题》，苏力译，中国政法大学出版社1994年版，第29页。在英美法系国家，法官解释时，为了避免出现荒谬的结果，法官可以根据立法意图改变法律用词的字面含义，或加入一些可以认为是立法意图中必须暗含的意义，或者省略字面含义的某些内容。这就是英美法系解释中的"黄金规则"。转引自宗建文：《刑法机制研究》，中国方正出版社2000年版，第161页。有论者认为，"立法意图不是立法者在创制法律时的意图，而是法律文件中客观体现出来的意图，这种意图是动态的，是可以为解释者合理地附加上去的"。参见郭华成：《法律解释比较研究》，中国人民大学出版社1993年版，第204页。

因此，若退一步说，立法者目的意图不存在，则司法者目的意图的个性独立也就显而易见。若进一步讲，前者存在，则立法者与司法者目的意图能完全一致吗？我们只需想象这幅图景：持不同解释论的数个司法者之价值取向的差异与多个立法者价值追求的差异完全重合！显然，这样的假说是令人难以置信的，甚至是荒谬的。这里笔者的理解是，立法意图存在但并不能得出立法目的与司法目的必然完全一致的结论。

其实，从法律解释的正面角度我国学者也有过关于上述两者不可能完全一致的论述。有学者认为，法律解释是连接立法意图与司法目的的纽带。如果说立法（立法者）意图是起点，司法（法官）目的是终点，那么法律解释是连接两端的中间环节。如果说立法意图是一种理想状态，那么司法目的则为一种现实状态。一般来说，立法意图与司法目的是统一的，但不能排除它们之间有时互不协调。[①]还有学者指出，根据罪刑法定原则，司法机关必须严格执行刑法。立法论上的价值选择也应当是司法论上的价值选择，立法论上的法益保护目的当然也是司法论上的目的。但是罪刑法定原则要求采取成文法主义，司法论上只能根据立法者所使用的文字来斟酌立法论上的价值选择。但刑法用语具有边缘模糊、多义性、言不尽意等特点，这便需要解释。即根据用语的客观含义常常可能得出多种不同结论，在这种情况下，必须通过价值判断、寻找符合刑法目的的结论。从事实上看，也绝不是只要立法论上采取了法益保护的立场，解释论上就自然而然地是法益保护的立场。解释论包括对构成要件的解释论，但由于刑法条文简短，在构成要件中并没有规定法益，故完全可能出现在解释上违背法益保护目的的现象。再者，如果立法上以法益侵害说为指导，而在解释论上以规范违反说为指导，必然架空立法目的与精神。[②]

综上可见，在适用刑法时，在追求一定的实体正义中，不同司法者所持的解释论可能存有差异，因而也可能反映了不同的目的追求。而且这些目的追求又无法与立法者目的完全重合。因此，司法目的充其量只能与刑事立法目的的一部分（根本上）保持一致，另一（小）部分是司法者对立法目的的误读或属于自己的理解和判断，实际上这（小）部分已经不同于先前的立法目的。由是，在解释论上也能找出司法目的个性化的依据。

（五）实践根据

立法（和立法解释）与司法解释的冲突反映了立法者与司法者之间价值

① 张文显主编：《法理学》，法律出版社 1997 年版，第 375、378 页。

② 张明楷：《法益初论》，中国政法大学出版社 2000 年版，第 337—338 页。

观念的冲突。有学者指出，从司法实践来看，立法解释与司法解释的冲突（含司法观念的冲突）时有发生。[①]而且立法与司法解释也可能发生冲突。譬如最高人民法院《关于审理单位犯罪案件具体应用法律有关问题的解释》（法释［1999］14 号）的目的性条款规定，“为依法惩治单位犯罪活动……解释如下”，其中“惩治”是对现行刑法第 1 条目的性条款“惩罚犯罪”中的“惩罚”的突破与发展。因为“惩治”除了“惩罚”的含义外，还注重“犯罪治理”，注重“惩罚”的法律效果和社会效果，符合刑罚预防犯罪的目的以及刑法保障人权的时代要求等，这是一种善意的不一致。[②]由此可知，立法目的与司法目的在实践中存在冲突的实例。当然，还值得指出的是，司法者异化了的目的尽管明显不同于立法目的，但不应将之划入司法目的的范畴。[③]即使排除了司法者的异化目的，善意突破立法目的或者善意不及立法目的的司法目的的实例，也依然存在。[④]因此，既应当排除异化目的，又应当肯定司法目的的个性。

综上所述，司法目的的个性化特征不容抹杀。如若将之附属于立法目的并置之不理，或者干脆不将之视为刑法目的的组成部分并且不予深入关注，显然是一种畸形的刑法理论。

四、余论：司法意义刑法目的的内容

通过上述讨论基本上可以认为，司法意义刑法目的是存在的，而且需要认真对待这种意义上的刑法目的。但是它究竟包括哪些具体内容以及如何处理目的异化等问题，笔者另文探究。大致的思路是：司法意义刑法目的应是排除目的异化（包括准立法者目的）之外的部分。司法者的目的与立法者目

---

① 参见胡祥勇、孙昌军：“论刑法司法解释与刑法立法解释之冲突”，载《中国刑法学年会文集》（2003）第一卷，中国人民公安大学出版社，第 525—526 页。

② 善意是相对恶意而言，这里善意的不一致，是指允许在特定情形下司法目的无恶意地突破立法目的的界限，或者作出无恶意的不及处理。然而恶意突破或者恶意不及者，无例外可言，属于目的异化的范畴。

③ 正如有学者指出，2002 年 2 月 25 日高检要求以公司、企业人员受贿罪批捕、起诉“黑哨”足球裁判的通知，是将无罪的行为规定为以犯罪论处，这是违背立法原意的司法解释。参见赵秉志、陈志军：“论越权刑法解释”，载《中国刑法学年会文集》（2003）第一卷，中国人民公安大学出版社，第 183—184 页。这是属于恶意突破立法目的的情形，应当作出救济处理。对于其他违背立法原意的司法解释的具体表现形式（如将有罪的行为规定不以犯罪论处、改变此罪与彼罪的界限、改变法定刑设置、改变刑罚适用制度等）是否属于目的异化的情形，需要具体分析，区别对待。

④ 2006 年“昌吉回族自治州检察院最终放弃对乌铁中院涉嫌单位受贿犯罪的起诉一案”就是“善意不及”的例子。参见潘莹：“新疆乌铁中院原院长获刑十五年”，载 http：//www. spp. gov. cn/site2006/2007—03—28/0002713056. html。

的类似，都有上、中、下位目的之分。而且，刑法目的异化是相对“有限的刑法目的论”而言的。“有限的刑法目的论”强调正确地、有节制地运用目的理性，防止理性的滥用。除了强调在目的思维上的有限理性（即承认人们的目的难以达致完全统一）外，同时也强调目的在生成和运用上的有限性（反对目的异化）。目的异化的基准的确定，与目的生成根基有关。从根本上说，目的生成应当经受社会规律的检验。背离宪法、背离民意等社会条件以及背离刑法的作用机制等情形都属于刑法目的异化的表现。目的异化需要进行救济。这种救济是对目的资格进行否定性评价，是人类自我评价、自我纠错和自我完善的重要方式。

论限时法

——以刑法为例

黄明儒*

限时法是一种特殊法，一般只在一定时期内实施，在刑法领域，我国目前还没有严格意义上的限时法，仅仅在刑法第 12 条对刑法的时效作了原则性规定："中华人民共和国成立以后本法施行以前的行为，如果当时的法律不认为是犯罪的，适用当时的法律；如果当时的法律认为是犯罪的，依照本法总则第四章第八节的规定应当追诉的，按照当时的法律追究刑事责任，但是如果本法不认为是犯罪或者处刑较轻的，适用本法。"日本刑法第 6 条"犯罪后的法律使得刑罚有所不同时，适用处罚较轻的法律"的规定也与之类似。根据这一规定，单纯从形式上看，凡因犯罪后的法令而使得刑罚被废止的，应该一律做出免予刑事追究的决定。"可是，基于一时的情况或者为一定时期所制定的法令有很多，这种法令由于一时的情况消灭或一定期间的过去就被废止。如果根据上述原则，对废止前的违法行为不能处罚。因此，这种法令中对尽管在废止后，是否也不能处罚有效期间中的违法行为就成为问题，这就是所谓限时法的问题。"特别是在行政法规中，按照一时需要而制定，经过一段时间以后而被废止这种频繁修改废止的法令很多，而这种法令有些是作为刑事法律规范本身出现的，有些是作为空白刑罚规范的补充规范出现的，因而刑法规范中就存在很多被作为限时法的情况。作为限时法的刑法如果发生变更，涉及对行为应如何适用法律的问题，是否适用刑法第 12 条第 1 款，是否应该与其他法律规范相区别而特别对待的问题。

* 法学博士，湘潭大学法学院教授，博士生导师。主要从事刑法学研究与教学。

一、限时法的概念与学说

所谓限时法，是指为适应一时的或特殊的事情，而在一定时期，禁止为某一行为或命令为某一行为的刑罚法规；当该一时的或特殊的事情已消灭或变更，认为无再加以处罚必要而予废止，或因指定施行有效之期间已终了而失效以后，对于在该法规有效期间中的违反行为，仍可适用该法规作为处罚的根据。具有此种“追及效”性质的法规，即为限时法或称“一时的刑法”。[①] 如德国刑法第2条第4款规定：“只适用于特定时期的法律，即使该法律在审判时已经失效，但仍可适用于在有效期间实施的行为。法律另有规定的除外。”意大利刑法第2条第4款规定，如果涉及的是非常的或者临时的法律，不适用该条规定的不溯及既往、适用有利于行为人的法律等原则。[②] 上述两国刑法规定的限时法，就是指法律明文规定其适用期间的限时法。

关于限时法主要有以下几种学说：1. 最广义说，认为不论法律是否规定有特定的期间为该法律的有效期间，只要该法律是为适应一定的情事而颁行的，即为限时法。如经济统制法规就属于限时法，因为只要有一时的危险存在，即有加以应付之必要，所以统制法规并无预定有效期间。[③] 批评此说者以为所谓一时是相对的，很难予以分别何者为一时或非一时，故以“一时”来定义，态度未免暧昧不确实。[④] 2. 广义说，认为除有一定有效期间的法律为限时法外，为适应一时的情事的法律也属限时法。主此说者认为法律废止后，不得加以处罚。但如为立法者法律见解的变更，仍得加以处罚。[⑤] 如1950年4月11日日本东京高等法院判决，认为当时修订物价统制令第11条第2项将处罚范围缩小，将非以营利为目的的行为人除外不罚，因此其只是立法者法律

---

① ［日］木村龟二主编：《刑法学词典》，顾肖荣、郑树周等译，上海翻译出版公司1991年版，第93页。

② 意大利刑法典第2条（刑事法律的衔接）共分5款，具体规定如下：“任何人不得因根据行为实施时的法律不构成犯罪的行为而受到处罚。任何人不得因根据以后的法律不构成犯罪的行为而受到处罚；如果已经被定罪判罚，则终止刑罚的执行和有关的刑事后果。如果行为实施时的法律与后来的法律不同，适用其规定对罪犯较为有利的法律，除非已经宣告了不可撤销的判决。如果涉及的是非常的或者临时的法律，不适用以上各款的规定。本条中的规定也适用于法令失效和未获批准的情况以及法令经修订而转换成法律的情况。”（参见《意大利刑法典》，黄风译，中国政法大学出版社1998年版，第5页）

③ 见［日］定冢道雄：“限时法”，载日本法学会编：《刑事法讲座》（第一卷），有斐阁1952年版，第65页。

④ 见［日］福田平：《行政刑法》，有斐阁1978年版，第48页。

⑤ 见［日］福田平：《行政刑法》，有斐阁1978年版，第48页；［日］定冢道雄：“限时法”，载日本法学会编：《刑事法讲座》（第一卷），有斐阁1952年版，第66页。

见解的变更，并非法律变更，不属于限时法变更的问题，故变更前的行为仍不得免其处罚，即采此见解。[①] 3. 狭义说，认为制定法律之初，则预定法律的有效期间，或事后依法律定有效期间者，均为限时法。出于临时需要而制定，没有确定废止时期，而处于早晚要废止命运的法令，即没有确定期限的法令，则为临时法。因战争或其他事变制定的法规，大多属于临时法。即有确定存续期间的法律为限时法，无实施存续期间的为临时法。[②] 所以临时法要与限时法区别考虑，“对临时法，不认可其失效之后的适用；而限时法并不限于从一开始就有期限规定的法令，在事后因其他法律而附加规定了期限的情况，以及被委任决定填充空白刑法的空白规范的机关事先决定该规范的效力期限的情况，也属限时法。如果没有关于追及效力的规定，则虽然是限时法，也不认可其失效之后的适用。”[③] 其理由是，对于已被废止的法律，不管其是否具有一时的效力，都作为其已经失去了效力；即便是在限时法的效力期限已经过去之后，对期限内的行为使用法律，那不是对法律的解释而是对法律秩序的修正，即便是具有延迟诉讼免除刑罚这一效果，但因为给法律生活带来恶果而不应该被允许；或者仅仅限于没有特别规定，效力期限过去之后的废止法律的适用，在刑法第12条的解释上是不被允许的。

如果从是根据法律的明文规定还是根据法律的实质来判断是否为限时法，这些学说则表现为两种相对立的主张：1. 形式说，认为凡没有规定一定有效期的法规不属于限时法，其失效之后即不可适用；即便是规定了一定有效期间的法规，只要其自身没有所谓溯及效力的规定，也不应该认可其失效之后的适用。由于刑法典对限时法未加以规定，因而在立法技术上，有必要对个别的行政刑法规范明定为限时法规。此种主张求之于立法上明确规定这种解决方式固无不当，但是现行法有很多是以告示（行政命令）方式来支配国民生活，如要求个别的以明文形式规定其为限时法，对于限时法制将无法运用。如经济刑法的统制机能将无法发挥，经济法规将遭全面的破坏，是其困难之所在。[④] 1935年的德国刑法草案，即明文规定在一定期间有效的法律，于其废止或变更后，仍得处罚其废止或变更前的行为。2. 实质说，认为限时法无须以明文规定其为限时法规的必要，从法律的实质来探讨，即可得知其是否

① 见［日］松尾浩也：“限时法”，载日本《ジユリスト》别册28号《行政判例百选》，第87页。

② 见［日］小野清一郎：“临时法与限时法”，载日本《民商法杂志》第10卷3号，第175页。

③ ［日］八木胖：“行政刑法”，载日本法学会编：《刑事法讲座》（第一卷），有斐阁1952年版，第102页。

④ 见［日］定冢道雄：《日本经济刑法概论》，日本评论社1943年版，第105页。

为限时法，无须在形式上规定其有效期间。因法律虽无预定其有效期间，如依超法规的理论，仍可解决问题。所谓超法规的理论，是指如将经济统制法规的目的，从社会通念、时代精神具体地予以观察，即以自由法论或社会法论作为方法论的理论。[①] 批评者认为若委诸法官个别地予以判断，不免混乱法律的适用，故处理限时法问题，应以明文规定为限。[②] 1950 年 10 月 11 日日本最高法院的判决认为，处理一时异常状况的法规，且此种异常状况消灭而恢复常态时，迟早将遭废止的命运，此种法规即具有限时法性质。[③] 即采实质说。

形式说没有考虑事物的实质，只是试图从形式上、概念上进行法律处置。如果根据这种学说，出于某种原因成为附加一定效力的法律，以及出于何种原因在法律上规定其有溯及效力，是否承认其仍然适用就存在问题。

对形式的限时法失效后仍然承认其效力的见解，其理由是，行为人故意使对自己的处罚拖延至规定了一定时效的法律失效之后，从而使得诉讼徒然无果，在法律失效的同时自己也得以免除处罚；在该法律临近失效之时，即便是实施违反该法律的行为也没有受到处罚之虞，就出现无视法律的情形，进而法律的权威也会丧失，因此，必须基于国家法律的权威性考虑限时法的特别效力而强制性地实施。但以此作为认定限时法的根据，只仅仅考虑了法律权威性这一点形式上的根据。如果把这种考虑方法更进一步，为了保持法律的权威性，那就必须认可所有法律对其有效期间之内的违反行为在失效之后仍然适用，限时法也就失去了存在意义，刑法第 12 条的规定也丧失了其合理性。

因此，必须从实体性上考察限时法失效后仍然适用的根据，但这并不是无视刑事政策的要求。从实体性上看，事物的性质是与那种刑事政策的要求相合一的，法律失效的场合也有两种情况：其一，对一直以来法律规定给予刑罚的行为，国家不再承认其具有犯罪性。即行为实施当时是作为犯罪来处理的，而在法律失效之后，而不作为反社会性、犯罪性的情况来考虑，这种情况下，刑法第 12 条的规定得以适用。其二，即使是在法律失效之后，行为的反社会性、犯罪性依然存在。即实行之中的行为在其法律失效之后依然作为犯罪来考虑，仅仅意味着该行为不能再被处罚。在这种情况之下，基于刑

---

① ［日］牧野英一："限时法问题与新判例"，载日本《理论刑法与实践刑法》（刑法研究第 14 卷），有斐阁 1952 年版，第 260 页。

② ［日］佐伯千仞：《刑法讲义（总论）》，弘文堂 1944 年版，第 106 页。

③ ［日］日本最判昭和 25 年 10 月 11 日刑集 4 卷，第 1972 页。

法第12条规定的精神，该规定在适用上就受到限制，即行为时法在失效之后仍能适用。所谓限时法就包含在后者的情况之中。也就是说，考虑到刑法第12条规定的合理性基础与限时法的实体性根据，一般情况下，国家对行为犯罪性的看法改变可以预定，但在所谓限时法的情况下，国家对法律失效后有关行为的犯罪性的看法并没有改变。

综上，应该根据法规的目的与实质，而不是根据法规的形式，来探讨其失效之后是否还存在适用的合理性。重要的在于是否有“立法者的法律性见解的改变”，或者“国家的法律性见解的改变”。[①] 据此判断是否是限时法，从而决定其失效后能否继续适用。

因此，刑法第12条的一般性规定在运用上，仅仅限于有设置该规定的实体性理由的场合，在限时法的情况下则不适用，在明确规定了失效后适用的所谓溯及效力的场合也不具有该种效力。在考察哪种特殊规定的合理性实体根据之时，不限于有明文规定的场合，对实体上与之属于相同情形的场合，必须做出相同解释，这种规定并非例外规定，而是注意性规定。尽管缺乏明确规定的形式，但在现实中，立法者完全没有遗漏则是难以期待的，对于哪种情况作形式上的反对论是概念性的，并不具有合理性。

而如果从实体性上考察，法令失效之后的刑罚法规的效力问题就不仅仅是限于限时法的问题。一方面，不限于限时法，而是所有法律在失效之后还有必须适用的场合。在这种场合，即使在形式上并不是限时法的法律，在废止该法律的同时，能够规定在废止后对其实施期间的行为，也适用那种罚则。当然，这并不是说在立法上可以自由地做出那种规定，而是应当从事物的性质上考虑到其现实上理所当然的可能性。另一方面，在形式上，作为所谓限时法而被规定的法规，也有并不一定能够经常承认失效之后适用的场合。在这种场合，即使是立法者预先做出了限时法规定的场合，立法者也可以后来修正该法规，而删除限时法规定，对此同样应该从实体上考虑，探讨其适用与否的妥当措施。

二、委任行政规范与法律变更

作为空白刑法之补充规范的委任行政规范虽不具有法律之形式，且无刑法之实质内涵，但与空白刑法相结合，即成为空白构成要件的禁止内容，而足以影响可罚性的范围，故这种补充空白构成要件的委任行政规范若有变更，

① ［日］八木胖：“行政刑法”，载日本法学会编：《刑事法讲座》（第一卷），有斐阁1952年版，第104页。

则关系到刑法第12条第1款的适用问题。对此，也有两种不同主张。

一是肯定这种委任行政规范与法律有相同效力，其变更的效果与法律变更的效果相同。认为“所谓法律有变更，尚包括填补规范之变更，也即当作禁止内容之法律、行政规章或行政命令之变更，也属法律有变更”。[①] 详言之，即“所谓法律有变更，只须实质上该刑罚法律中所规定之犯罪构成要件有所变更即属之，似无仅限于该刑罚法律本身（整个刑罚法律）直接在形式上有变更（包含废止、失效或修正）始为法律有变更之必要。盖所谓某一刑罚法律之修改，即系该法律本身条文之修改，也即系条文所规定犯罪构成要件之变更。条文所规定关于犯罪构成要件在文字上有修改（形式上修改），固应谓为法律之变更；即条文所规定之文字虽未变动，而填补该条文（空白刑罚法规）中所规定犯罪构成要件之法令（填补空白刑罚法规空白之法令，无论为同一法令或同等阶段之法令抑系下位阶段之法令，均无所异）。如有变更，而足以影响该法规所规定之犯罪构成要件者，由于通说认定空白刑罚法规之犯罪类型与一般法规（非空白刑罚法规）之犯罪类刑应作相同处理之故，却不能谓非法律之变更。”[②]

二是否定委任行政规范的变更与法律变更发生相同的效力，认为委任行政规范与法律的效力不同，其补充行为因其并非立法机关制定的法律，为事实问题，而非法律问题。该委任行政规范的补充行为，与盗窃罪中他人财物的判定相同，属刑罚法规以外的犯罪构成要素。因此，委任行政规范的存在与否，属具体的犯罪构成要件充足与否而宣告是否无罪的问题，即为事实问题，并非刑罚法令的变更或废止问题。如潘恩培认为：“所谓变更之法律，当然以刑罚法律为限。故如事实变更（例如伪造通用货币后，该种货币又已废止），及刑罚法律外之法令变更（例如刑法第二七条局外中立命令内容之变更，又如同法第一九二条预防传染病之命令变更），均不属条文所谓法律变更之范围（关于法令变更有反对说）。”[③] 陈朴生也如是主张：“称法律有变更，系指刑法之变更而言。其所变更者，为普通刑法，抑特别刑法，则非所问。至刑法以外法令之变更，虽有影响刑法之解释……应认为事实之变更，并非本条所谓法律之变更，自不生比较适用之问题。”[④] 日本学者定冢道雄的主张

① 林山田：《刑法通论》（上），台湾台大法学院图书部2000年版，第89页。

② 洪福增：《刑法判例研究》，台湾汉林出版社1992年版，第8页。

③ 潘恩培：《刑法实用总则》（上卷），台湾司法院法官训练所讲义版第4页背面。转引自洪福增：《刑法判例研究》，台湾汉林出版社1992年版，第8页。

④ 陈朴生：《刑法总论》，台湾正中书局1969年版，第23页。

类似："如就日本物价统制令而言，个别统制命令的变更、废止，对统制价额的概念并无影响。虽然法律规定'超过统制额而受领货款'与'超过若干元受领货款'的构成要件相似。但两者的表现形式不同，而价格统制令的规定形式属前者。因此纵使个别行政命令变更、废止，对价格统制令而言，不但并未变更，且仍属有效存在。"① 中国台湾地区学者蔡墩铭、韩忠谟也持相同主张。②

日本判例对委任行政规范是否具有与法律同样的变更效力，主张也并不一致。在统制经济初期，日本大审院对违反临时限制马匹移动法事件，认为由于补充空白刑罚法规内容的委任命令已有变更，而不具备构成要件，适合于刑之废止的情形，而宣告免诉。③ 其后由于战时事态紧张，大审院在违反国家总动员法案中认为省令的改废，也适用行为时法。④ 最高法院在违反大藏省果实贩卖价格统制命令案中，也认为大藏省 1947 年 10 月 27 日的告示将果实价格统制令予以废止，并非直接废止刑罚法规。况且物价统制令第 50 条也规定："旧令之罚则在本令施行后，仍对在本令施行前之行为发生效力。"因此，指定价格告示的变更、废止，不发生刑之废止的效果。⑤ 而在私运货物到奄美大岛中，最高法院认为该岛在审判时已不被视为外国领土，上述行为的可罚

---

① ［日］定冢道雄："限时法"，载日本法学会编：《刑事法讲座》（第一卷），有斐阁昭和 27 年版，第 53 页。

② 如蔡墩铭认为："所谓法律变更，乃指刑罚法律而言，并以依中央法规标准法第 2 条之规定制定公布者为限，此观宪法第 170 条、第 8 条第 1 项、刑法第 1 条之规定甚明。行政命令纵科认为具有法律同等之效力，但因其并无刑罚之规定，究难解为刑罚法规，故如事实变更及刑罚法律外之法令变更，均不属于本条视为法律变更范围之内（51 台非七六），又刑罚法规存在，仅其补充规范变更或消灭时，不能视为法律之变更，充其量为违法之变更，故对于刑罚法规本身，不生影响。从而事实变更时，其效力仅及于以后之行为，以前之行为仍得依法处罚。"（蔡墩铭：《刑法总论》，台湾三民书局 2000 年版，第 64 页）韩忠谟认为："空白刑罚法规之变更，应分别其变更是否由事实状态有所变更而为决定，详言之，凡空白刑罚法规，非由于事实状态之有变更而变更者，其变更即与一般刑罚法令变更无殊，自应受刑法第二条规定之适用，反是空白刑罚法规之变更，由于某种事实状态有变更，致法定之犯罪构成事实，将来不能发生者，则此等变更仍不外事实变更之一种，在变更前，已经成立之犯罪，并不因之而生影响。"（韩忠谟：《刑法原理》，中国政法大学出版社 2002 年版，第 354 页注 3。）

③ 即被告违反《临时限制马匹移动法》事件，依有关该法的规定，即陆军、农林省令一号，为准备马匹的征用，马匹买卖业主，非经马匹饲养所在地乡镇长的许可，不得移动马匹。而被告竟于昭和 13 年 6 月 17 日及 18 日将马匹迁移，同年 7 月 8 日，陆军、农林省令解除被告区域内马匹迁移的限制。被告被原审判处 20 元罚金，检察长提起非常上诉。大审院认为委任命令已废止被告行为之处罚，与刑事诉讼法所谓刑罚废止相当，而作出免诉判决。（见［日］日本大审院 1938 年 10 月 29 日刑集第 17 卷，第 853 页）

④ ［日］日本大审院 1941 年 5 月 20 日刑集第 20 卷，第 310 页。

⑤ ［日］日本最判 1950 年 10 月 11 日刑集第 4 卷，第 1972 页。

性业已丧失，应属刑事诉讼法第337条第2款所谓犯罪后法令已废止其刑罚的情形。[①] 但在道路交通取缔法违反案中，法院采取了相反的做法，认为本案中被告行为并无犯罪后刑罚已废止而应免诉的情形。[②]

就前述判例来看，作为空白刑法补充规范的委任行政规范，如法律无特别规定，对其变更，法院均认为属法律变更而做出免诉判决，如有特别规定，则认为并非法律的变更，而做出有罪判决。

但中国台湾地区判例的态度则与之相反，而认为委任行政规范为事实并非法律。如中国台湾地区1960年台上字1093号判决认为“行政院”关于将管制物品种类及数额的变更，是行政上适应当时情形所为犯罪构成事实上的变更，与犯罪构成要件不同，并非刑罚法律有变更，不能作为废止刑罚的根据。1962年台上字159号判决、1962年台非字76号判决也认为所谓法律的变更，是就刑罚法律而言，并以依“中央法规标准法”第2条的规定制定公布为限，而行政法令纵可认为具有法律的同等效力，但因其并无刑罚规定，而不能解为刑罚法律，因此如事实变更及刑罚法律外的法令变更，均不属刑法所谓法律变更范围。[③]

三、限时法变更之效力

从上述理论与判决可知，对没有明文规定适用期间的限时刑法发生法律变更后，是否仍须对行为人科以刑罚，存在正反两说：一是肯定说，此说为形式的限时法说所主张，认为法律虽然失效，仍有处罚必要。如果认为因委任行政规范发生变更、废止而对违反者免予追究刑事责任，就会导致对同种、

---

① 该案事实为：甲与乙、丙等企图自九州岛私运货物往北纬30度以南之南西诸岛奄美大岛，并欲自该处私运货物至本国。送于1949年7月20日左右，未获得海关之许可，将脱谷机、锄、缝纫机、袜子、海菜、木材、碎冰机、杨梅水等货物装入船内，自熊本县八代港开航，于同月23日抵达奄美大岛，将上述货物搬上该岛之野见山海岸陆上。同月30日左右，未得海关之许可，自奄美大岛将赤糖运回，于8月1日左右，抵达福冈县大川等，企图秘密输入。当甲等为上述犯行时，依据旧关税法，奄美大岛曾视为外国，其后，在本案继续审理中，由于政令之修正，自同年12月25日以后，奄美大岛重新被视为本国之地域。（见平场安治：“限时法”，载《日本刑法判例评释选集》，洪福增译，台湾汉林出版社1977年版，第34页）

② 本案案情为：被告用第2种原动机付自转车后座载运他人，违反依道路交通取缔法施行令第41条发布的旧新泻县道路交通取缔规则第8条的限制。但是上述取缔规则于昭和33年全面修改，依修改后的第9条，第2种原动机车已不为取缔对象。但交通取缔法施行令第72条规定，行为当时规定具有可罚性的，法令变更后仍得加以处罚。道路交通取缔法及施行令虽为新道路交通法所废止，但是新道路交通法附则第14条仍规定新法施行前的行为，仍依前例处罚。（见［日］日本最判1962年4月4日刑集第16卷，第345页）

③ 见刘钦铭：“论限时之行政刑法”，载台湾《军法专刊》第26卷第7期。

同质的罪做出不同的判决，而显失公平。并可能导致违法者利用这种委任行政规范的频变所产生的不受刑罚处罚结果，而无视法律的存在为不法行为，逃脱刑罚的制裁，但其反社会性并不因为行政刑法规范的废止而消失，其违反的可罚价值并未改变，又若不予处罚，不利于维护法律的权威性。[①] 二是否定说，此说认为刑法之所以不处罚失效后的行为，是因为立法认为其反社会性已不存在，如认为其反社会性依然存在，则显然刑法第12条的规定为无意义。就维持法律权威性而言，刑法既已认为无处罚必要，便是承认所废止法律失其权威性。若认为失效法律仍有权威性，刑法的规定同样失其意义。[②] 因此法律如无特别规定，例外地排除刑法第12条的适用，则从刑法解释及刑事政策的考虑乃属不当，且有违罪刑法定主义。故限时法的有效期间经过后，如无明文规定，应不再适用。或者认为限时法既为适应一时情事，而课国民以义务，若此情事消灭，其行为的反社会性即已消灭，而无处罚必要。[③] 也有学者从否定这种法律的限时性而一概否认其溯及效力。如日本学者福田平认为："任何法律到废止时为止，都是一时的法律，但一时概念本身也是极为模糊的，而不可能严格区分适应一时情况的法律与并非适应一时情况的法律，因此，根据是否适应一时情况这种模糊的、不确定的标准，确立限时法的概念，并且承认作为与罪刑法定主义相联系的原则的刑法第6条的例外，是不正当的。其次，作为动机说[④]基础的法律见解的变更与事实关系的变化，并不是相互排斥、相互独立发生的，而是相互关联的，二者的区别只是相对的，因此，该学说不仅严重损害法的安定性，而且在所谓事实关系变化的场合，没有特别规定却承认刑法第6条的例外，这是违反罪刑法定原则的。"[⑤] 我国学者张明楷也赞同这种观点，认为"任何法律都不可能永久适用，任何法律都是适应立法时的情况而制定的，如果认为适应一时情况而制定的法律是限时法，则任何法律都是限时法，于是任何法律都有溯及力，这违反了罪刑法定原则。因此，在一项法律的有效期经过之后，对在有效期内实施的行为，

① 见［日］木村龟二：《刑法总论》，有斐阁1959年版，第36页。

② 见［日］八木胖："行政刑法"，载日本法学会编：《刑事法讲座》（第一卷），有斐阁1952年版，第103页。

③ 见［日］美浓部达吉：《行政刑法概论》，劲草书房1949年版，第209页。

④ 持动机说的学者认为，对这种没有明文规定适用时间的限时行政刑法，是否具有溯及力要视情况而定，由于国家关于该违反行为的可罚性的法律见解因变更（即后来认为该法律规定的行为不具有可罚性）而废止该法律时，该法律就没有溯及力，由于单纯事实关系的变化或者某种状态的消失而废止该法律时，该法律就具有溯及力。

⑤ ［日］福田平：《行政刑法》，有斐阁1978年版，第62页。

只要法律没有明文规定在有效期经过之后仍然处罚，就不能处罚该行为”。[①]

总的看来，学术界肯定说较占优势，不过并非依形式的限时法说的立场而主张肯定说，而是基于实质说的立场主张肯定说，一部分学者则主张必须有明文规定，才可以溯及法律变更前的责任。

即使认为所谓法律变更是就刑罚法律而言的见解正确，委任行政规范是否就不属于刑罚法律，也不无疑问。所谓刑罚法律，应包括其构成要件在内，非仅指刑而已。如无构成要件存在，自不成为刑罚法律。因此，必须将补充法规与空白规范结合在一起，才为完全法规，否则该法规永无适用的可能，该补充法规既为立法者所授权，实质上即为法律。若仍认其为事实，非法律，在逻辑上则存在矛盾。因为法院判决通常须先认定事实（具体行为），再适用法律，然后得出结论。如无法律作抽象依据，即无法得出结论。但如认为委任行政规范为事实，显然地是以事实为大前提，又以事实为小前提，已无法导出结论。所以委任行政规范应为刑罚法律，而非事实。同时，认为“补充规范之变更为违法之变更，对刑罚不生影响”[②] 的观点，我们认为也不正确，就刑法第 12 条第 1 款而言，因法律变更而免其刑罚追究，是国民对违法价值观念发生变化之故，对变更后的行为，已没有为矫正其变更前行为施以刑罚的必要。因此，就刑法第 12 条第 1 款的立法精神而言，违法价值观的改变，应属法律变更。

至于将委任行政规范视为犯罪构成事实而非犯罪构成要件，而犯罪构成事实乃事实问题，犯罪构成要件乃法律问题，即认为委任行政规范是一种具体的犯罪构成事实的见解，也不妥当。因为委任行政规范本来就是空白刑法的补充规范，当然为一种法规，而非行为人行为的组成。立法者既委任行政机关制定补充规范，即是承认其与立法机关制定的法律效力相同，否则现行法制，即有违宪之嫌。同时也有违罪刑法定的精神。因此，将委任行政规范当成事实的观点显然不妥。

至于限时刑法的补充规范变更后应否处罚的问题，有学者主张不能将刑罚的变更与构成要件的变更区别讨论，构成要件的变更通常使刑罚产生变更，“不能因为限时法概念的引入，就承认作为与罪刑法定主义相联系的从旧兼从轻原则的例外。”[③] 我们认为，如果只是空白刑法的补充规范发生变更，仍应适用行为时之补充规范。其理由主要有：一是空白刑法一般均是规定的行政

① 张明楷：“行政刑法辨析”，载《中国社会科学》1995 年第 3 期，第 94—117 页。

② 蔡墩铭：《刑法总论》，台湾三民书局 2000 年版，第 64 页。

③ 见［日］福田平：《行政刑法》，有斐阁 1978 年版，第 62 页。

犯，而行政犯与刑事犯本质上的差异，在于其伦理性要弱于刑事犯，其所维护的伦理，也往往因其伦理具有隐藏性，不为国民意识所及。而这种隐藏性的伦理，即使委任行政规范变更，也仍不发生变更的问题。其非难性并未丧失，当然不得免其刑罚。而刑事犯所规定的伦理性的丧失通常要经过较长期间，国民往往在法律变更前就对该伦理已发生信念动摇，在变更后免其处罚自然合理合法。二是空白刑法的补充规范一般都会因为行政管理目的的需要而变动比较频繁，如认为因其变更即可免其刑罚，就难以达到限时法所预期效果。因此，限时刑法的补充规范变更，从刑法规范的立法本质及其精神来看，仍应予以适用。基此，既可以解决理论上的困难，又可避免刑罚权操纵于行政机关的弊端，否则行政机关即可借变更委任行政规范之机免除行为人的刑罚。

第二编 犯 罪 论

略论社会危害性与刑事违法性犯罪特征

欧阳涛*

犯罪不是从有人类就有的，而是社会发展到一定历史阶段产生了阶级、阶级斗争以后才出现的一种社会现象。马克思、恩格斯指出：“犯罪——孤立的个人及对统治关系的斗争，和法一样，也不是随心所欲地产生的。相反地，犯罪和现行的统治都产生于相同的条件。”① 掌握政权的统治阶级为了维护其统治秩序和利益，就通过立法规定反对现行统治关系的行为为犯罪。所以，犯罪是危害统治关系，侵害统治阶级利益的行为。不危害统治阶级关系、不侵害统治阶级利益的行为，统治阶级的刑法不会规定为犯罪。在我们中华人民共和国人民民主专政的社会主义国家里，“一切犯罪行为都是侵害我们国家和人民的利益的，都是侵犯我们国家正在发展中的社会主义社会关系的，它不单纯是犯罪者同被害者个人间的矛盾问题，而且是同国家和人民的利益相矛盾的，是同社会主义社会关系相矛盾的。”② 我国刑法是以马克思主义、毛泽东思想和邓小平理论为指导，根据我国的实际情况，参照外国的立法经验，1979 年刑法给犯罪规定了一个实质与形式相统一的定义。1997 年刑法对此定义的基本内容没有大的变化，只是在文字上作了某些修改。1997 年刑法第 13 条规定：“一切危害国家主权、领土完整和安全，分裂国家、颠覆人民民主专政的政权和推翻社会主义制度，破坏社会秩序和经济秩序，侵犯国有财产或者劳动群众集体所有的财产，侵犯公民私人所有的财产，侵犯公民的人身权利、民主权利和其他权利，以及其他危害社会的行为，依照法律应当受刑罚处罚的都是犯罪，但是情节显著轻微危害不大的，不认为是犯罪。”这一犯罪定义，表明了我国刑法的阶级性和社会主义法治原则，既是从犯罪的阶级实

* 中国法学会刑法学研究会顾问；董必武法学思想研究会理事。

① 《马克思恩格斯全集》（第 3 卷），第 379 页。

② 《董必武法学文集》，法律出版社 2001 年版，第 404 页。

质和法律形式的统一给犯罪下的定义，又是我国在司法实践中认定犯罪和区分罪与非罪界限的基本依据。

根据这一犯罪定义，我国刑法规定的犯罪必须具有社会危害性、刑事违法性和应受刑罚处罚这三个本质特征，才能构成犯罪，否则，就不构成犯罪。但该文仅将社会危害性和刑事违法性两个本质特征及其两者的关系分别论述如下：

一、社会危害性

我国刑法规定的犯罪，不是一般意义上的行为，而是具有社会危害性的行为。行为具有社会危害性，既是犯罪的根据，又是犯罪最本质和具有决定意义的特征。所谓社会危害性，是指对我国社会主义社会关系的危害，也就是对我们人民民主专政的社会主义国家和人民利益的危害。根据我国刑法第13条规定，这种社会危害性可以概括为以下五个方面：一是危害国家主权、领土完整和安全，分裂国家、颠覆人民民主专政的政权和推翻社会主义制度；二是破坏社会秩序和经济秩序；三是侵犯国有财产或者劳动群众集体所有的财产，侵犯公民私人所有的财产；四是侵犯公民的人身权利、民主权利和其他权利；五是其他危害社会的行为。只要行为人的行为危害上述五个方面的任何一种社会关系，都是对我国社会主义社会关系的侵犯，都会在不同程度上危害社会主义革命和社会主义建设事业的顺利进行。如果行为人的行为不具有社会危害性，就不能认为是犯罪。但是，尽管行为人的行为具有一定事实上的社会危害性，但根据刑法第13条的但书规定，情节显著轻微危害不大的，也不认为是犯罪。

犯罪的社会危害性，包括实际造成的损害和有可能造成某种损害的两个方面：第一个方面，我国刑法分则规定的绝大多数犯罪，都是对我国社会中的社会关系造成的实际危害，如走私普通货物、物品；走私武器、弹药；伪造货币；逃汇；贷款诈骗；故意杀人；绑架；抢劫；组织、领导、参加黑社会性质组织；贪污；受贿；滥用职权等。第二个方面，有的犯罪的社会危害性，只是对我国社会中的社会关系有可能造成某种损害的危险。如刑法第22条规定的犯罪预备，它的危害性就在于为实施某种具体犯罪而准备工具、制造条件，使犯罪易于得逞；又如刑法第332条的妨害国家卫生检疫罪，它的危害是：引起检疫传染病的传播，或者有引起检疫传染病传播严重危险的。在上述两个条文中都没有发生预期的损害结果，但它们都对某种社会关系造成某种损害的危险，因而同样具有社会危害性。所以，为了更好地理解和把握社会危害性，必须注意以下几点：

（一）社会危害性不是固定不变的，而是发展变化的。某种行为在一定社会形势下是有社会危害性的，因而被刑事法律规定为犯罪，但当一定的社会形势发生了变化，则丧失其社会危害性，而刑事法律就不再规定为犯罪。例如，科技人员利用业余时间为其他单位或者乡镇企业提供技术服务领取一定报酬的行为，在计划经济时期，是严格禁止的，是具有社会危害性的行为。十一届三中全会以后，这种行为的社会危害性在一段时间内也不甚明确，有的被视为贪污，有的被视为受贿。如沈阳市工程师赵恒东贪污案，武汉市工程师韩庆生受贿案。当时都认为具有社会危害性，都被定为有罪。后来随着社会形势的变化，才把上述案件纠正了，平反了。认为他们的行为，不仅不具有社会危害性，不能定为犯罪，而且对这样的行为应当提倡、鼓励并加以保护。同时，中共中央《关于科学技术体制改革的决定》中也明确规定，科学技术人员在完成本职工作和不侵犯本单位的技术权益、经济利益的前提下，可以业余从事技术工作和咨询服务，收入归己。这是因为科技人员利用业余时间为其他单位或者乡镇企业提供技术服务，有利于发展社会主义社会的生产力，促进生产和经济的发展，对社会、对集体、对国家都有利，这是合法行为，不具有社会危害性，应当予以鼓励和保护。又如 1997 年刑法第 221 条规定的损害商业信誉、商品声誉罪；第 222 条规定的虚假广告罪等，在计划经济时期，这类行为的社会危害性都比较小，刑事法律都没有作为犯罪予以规定。但是，在社会主义市场经济条件下，行为人的行为破坏了社会主义市场经济秩序，从而具有社会危害性而被规定为犯罪。从上述可以看出，社会危害性不是固定不变的，它是随着社会形势的发展而发展变化的。所以，我们对社会危害性的判断，绝不能脱离其所处的社会形势。只有紧密地结合当时的社会形势，才能做出准确的判断。

（二）社会危害性的有无和大小，必须全面、深入细致的分析研究，才能得出正确的结论。我们的司法工作人员，对任何一个案件，不仅要全面、深入细致研究社会危害性的有和无，而且要全面、深入细致地研究社会危害性是大还是小。这是因为社会危害性不是由某一种因素决定的，而是由多种因素决定的。在决定社会危害性的因素中，既有客观因素，又有主观因素，既有造成危害的结果，又有尚未造成危害的结果。上述这两种情况，其危害的程度是不同的。如同样是杀人，由于行为人杀人的动机、目的不同，其危害程度也就不一样，出于图财杀人的与出于义愤杀人的死亡结果尽管一样，但它们的危害程度就不一样。也就是说，出于图财杀人的比出于义愤杀人的危害性要大。又如正当防卫是针对不法侵害行为实施的一种正当、合法的行为，它不仅对社会没有危害性，反而对社会是有益的，为法律所保护和提倡。如果正当防卫明显超过必要限度造成重大损害的，就具有社会危害性，应当负刑事责任，但是应当减轻或者免除处罚。可是对正在进行行凶、杀人、抢劫、强奸、绑架以及其他严重危及人身安全的暴力犯罪，采取防卫行为，造成不法侵害人死亡的，就不具有社会危害性。列宁说："正像在有些杀人案件中，很难断定那种杀人是完全正当的甚至是必要的（例如必要的自卫）。"[①] 这就明确告诉我们，同是杀人行为，有的是有害的杀人，有的是正当防卫的杀人。正当防卫的杀人不是对社会有害，而是对社会有利，而必须对其保护和鼓励，紧急避险同正当防卫一样，不仅不具有社会危害性，也是对国家有利的行为。在共同犯罪中，对主犯要从重，从犯要从轻，胁从犯比从犯还要从轻。这是因为它们在共同犯罪中所处的地位不同，其社会危害性的大与小也不同所决定的。

从以上可以看出，对社会危害性的有与无、大与小，必须对行为人的客观因素和主观因素进行全面、深入细致的分析研究，才能得出社会危害性的有与无、大与小的正确结论。否则就会影响案件的正确处理，致使国家和人民受到不应有的损害。

（三）某一行为是否具有社会危害性，还应以邓小平同志在南方谈话中提出的"三个有利于"为标准，即在判断某一行为是否具有社会危害性时，"应该主要看是否有利于发展社会主义社会的生产力，是否有利于增强社会主义国有的综合国力，是否有利于提高人民的生活水平。"[②] 如果某一行为符合"三个有利于"的标准，就不仅不具有社会危害性，而且应当提倡和鼓励；如果某一行为有碍于发展社会主义社会生产力，有碍于增加社会主义国家综合国力，有碍于人民群众生活水平的提高，而其行为就具有社会危害性。当然，我们说以"三个有利于"的标准来判断某一行为是否具有社会危害性，这仅仅是从宏观上而言的。要认定某一行为是否具有社会危害性，还必须看这一行为是否具有刑法违法性的特征。如果某一行为既具有社会危害性，又具有刑事违法性，这一行为就构成犯罪。

二、刑事违法性

犯罪不仅是危害社会的行为，而且是触犯刑事法律的行为。在我国，什么行为是犯罪，只能由国家最高权力机关以法律的形式予以规定，其他任何组织或者个人都无权规定什么行为是犯罪。行为人的行为，无论其社会危害

① 《列宁全集》（第31卷），第50页。
② 《邓小平文选》（第3卷），第372页。

的严重程度如何，只要我国刑法没有明文规定，就不能认为是犯罪。从而刑事违法性与社会危害性一样，都是我国犯罪的本质特征。1997年修订的刑法，从完善我国社会主义法治，保障人权的需要出发。在刑法第3条明文规定了“罪刑法定原则”，即“法律明文规定为犯罪行为的，依照法律定罪处刑；法律没有明文规定为犯罪行为，不是定罪处刑。”这一原则在我国刑法中得到了较为全面、系统的体现。

刑事违法性，是指违反刑法规范的要求。例如，我国刑法第232条规定：“故意杀人的，处死刑、无期徒刑或者十年以上有期徒刑：情节较轻的，处三年以上十年以下有期徒刑”。其中禁止非法故意杀人，就是刑法规范。所以，故意杀人的行为，就是违反该条禁止非法故意杀人的刑法规范。

刑事违法性，是犯罪的法律特征，因为犯罪与违法是一个很复杂的问题。总的来说，犯罪必定违法，而违法不一定都是犯罪。这是因为在违法中有违反刑法、民法、婚姻法、经济法、行政法等行为，都是叫违法，都具有社会危害性。但是，在违反上述法律中，只有违反刑法的行为，才能构成犯罪。所以，刑事违法性，是犯罪行为区别于其他违法行为的另一个本质特征。也就是说，行为人的行为如果没有违反刑法，就不构成犯罪。在我们人民民主专政和社会主义国家里，既不能把一般违法行为当做犯罪来处理，也不能把犯罪当做一般违法行为来处理。我们之所以强调刑事违法性这一本质特征，就是要求我们的司法机关在认定某一行为犯罪时，必须以我国的刑法为准绳，而绝不能按其他法律来认定犯罪。这里的违反刑法，是指广义的刑法，既指1997年修改的《中华人民共和国刑法》，也指其他单行刑事法律和全国人大常委会对刑法修改和补充等决定。

一般违法行为和刑事违法行为一样，都要承担相应的法律责任。如违反民事法规的行为，要承担民事责任；违反经济法的行为，要承担负责赔偿损失或者罚款的处罚；违反行政法规的行为，要受到行政处罚或者行政处分，而违反刑法的犯罪行为，则要受到刑罚处罚。这是违反刑法的犯罪行为同其他违法行为的重要区别。所以，我们司法机关在查办任何一个案件时，就一定要正确区分犯罪行为与一般违法行为，才能准确地惩罚犯罪，有效地保护人民。如果把犯罪行为当做一般违法行为来处理，就会放纵罪犯，破坏社会主义法制，如果把一般的违法行为当做犯罪行为来处理，就会扩大打击面，冤枉了好人，侵犯了人权，不仅是十分错误的，而且是我们社会主义法制绝对不能允许的。

在我们国家里，刑事违法性的认定，是以主观与客观相统一的原则来认定的。如果某一行为在客观上是违反刑法，而行为人不具有责任能力或者没有故意或没有过失，那就不具刑事违法性。例如，一个未满14周岁的少年儿童（幼女），不论实施任何一种危害行为，造成什么危害结果，都不能给他（她）定罪。这是因为他（她）们还处于人生的幼年时期，身心发育尚不成熟，还没有具备必要的辨别是非善恶的能力，而他（她）们对自己行为的性质和法律后果是无知的。尽管他（她）实施某种危害社会的行为，但主要是幼稚无知的表现，只能对他（她）们加强教育，不宜追究其刑事责任。精神病人在不能辨认和控制自己行为的时候造成危害结果的，也不负刑事责任，但要责令他的家属或者监护人严加看管和医疗。还有我国刑法第16条规定："行为人的行为在客观上虽然造成了损害结果，但是不是出于故意或过失，而是由于不能抗拒或者不能预见的原因所引起的，不是犯罪"，也就不具有刑事违法性。所以，要认定一个人的行为违反刑法构成犯罪，不仅要求证明行为人在客观上实施了危害社会的行为，还要查明他在主观上有故意或者过失，即这种行为是在其主观心理活动支配下实施的。如果行为人的行为不具有故意或者过失，行为人就不构成犯罪，也就不具有刑事违法性。

综上所述，由于我国刑法坚持主客观相统一的原则。对刑事违法性的认定，我们是以主客观相统一来认定的。如果行为人的行为虽然在客观上是违反刑法的，但是行为人不具有责任能力或者在主观上不是出于故意或过失，那就不存在刑事违法性。也就是说，只有行为人的行为在客观上是违反刑法的，而且行为人具有责任能力或在主观上具有故意或过失，才能认定行为人的行为具有刑事违法性才能给他定罪，追究其刑事责任。

三、社会危害性与刑事违法性的关系

社会危害性和刑事违法性是犯罪行为的两个本质特征。这两个特征是相互依存、相互作用、相互制约的统一整体。社会危害性是刑事违法性的基础，而刑事违法性则是社会危害性的法律表现。这就是说，没有社会危害性，就没有刑事违法性。也就不可能有犯罪。只有社会危害性达到违反刑事法律的程度，才能认定为犯罪。在我们的刑事司法实践中，只有坚持社会危害性和刑事违法性的统一，才是正确区分罪与非罪的界限，实现依法治国方略，贯彻社会主义法制原则和司法公正的重要保证。否则，就会混淆罪与非罪的界限，不是放纵犯罪，就是冤枉好人，侵犯人权，破坏社会主义法制。

我国刑法学者在讨论社会危害性和刑事违法性的关系时，大家都一致认为社会危害性和刑事违法性这两个本质特征，是密切不可分割有机统一的整体。社会危害性和刑事违法性的统一，不仅有助于刑事司法机关依法同犯罪

作斗争，而且更有助于克服以言代法，以权代法等不依法办案的错误现象。这种现象从本质上说，就是把个人的意志、权力和利益，凌驾于党和人民的意志、权力和利益之上，这是对社会主义法制的破坏，对公民权力的侵犯，必须坚决予以纠正。

社会危害性和刑事违法性的统一，既是认定犯罪的统一法律标准，也是罪刑法定原则的基本要求。刑事司法工作者应当从这个高度严格执行刑法，依照刑法的规定定罪判刑，以维护我国社会主义法制的统一。一般来讲，只要行为人的行为具有社会危害性和刑事违法性，就是犯罪。但是，在某些特殊情况下，也可能有的行为人的行为虽然在形式上符合社会危害性和刑事违法性的特征，但是由于情节显著轻微危害不大的，也不构成犯罪的情况，这就是我国刑法第 13 条最后一句关于但书的规定，即“但是情节显著轻微危害不大的，不认为是犯罪。”

如何理解“情节显著轻微危害不大”呢？我们认为，情节与危害是不可分割的统一整体。在司法实践中，既不可能存在情节显著轻微而危害很大的情况，也不可能存在危害很大而情节显著轻微的情况。所以，行为的情节严重程度和社会危害性的大小，在区分罪与非罪时起着决定性的作用。

“情节显著轻微”指的是行为人的行为由于情节显著轻微，危害不大，不构成犯罪。“情节显著轻微”和刑法第 37 条规定的“情节轻微”的含义是不同的。该条规定：“对于犯罪情节轻微不需要判处刑罚的，可以免予刑事处罚，但是可以根据案件的不同情况，予以训诫或者责令具结悔过、赔礼道歉、赔偿损失，或者由主管部门予以行政处罚或者行政处分。”这就是说“情节轻微”是构成犯罪，只不过不需要判处刑罚而已。

“情节显著轻微”与“情节较轻”也不同。“情节较轻”指的是行为人的行为不仅构成犯罪，而且应追究刑事责任，只不过是由于“情节轻微”判处的刑罚要相对轻一些。如刑法第 110 条规定的间谍罪，“情节较轻的，处三年以上十年以下有期徒刑”，而不是“情节轻微”的就应“处十年以上有期徒刑或者无期徒刑。”

“危害不大”是指行为人的行为给社会造成了危害，但危害小。如某人偶尔实施小量的盗窃行为或某人实施轻微的打架斗殴行为等。

“不认为是犯罪”是指行为人的行为情节显著轻微危害不大，不构成犯罪。这比过去刑法草案中写法“不以犯罪论处”就明确多了。所以，不认为是犯罪这种表述方法，不仅科学、准确，而且正确地区分了罪与非罪的界限。

总之，社会危害性与刑事违法性是相互联系、密不可分的整体。社会危害性是刑事违法性的前提和基础，而刑事违法性则是社会危害性的法律表现和法律结果。正由于两者存在这样的关系，所以它们都是犯罪的本质特征。正确认识和理解这两个本质特征，对于认定犯罪、惩罚犯罪，保护人民，巩固人民民主专政，促进社会和谐，为夺取全面建设小康社会的新胜利有着极为重要的作用。

双重的犯罪含义与两级的犯罪论体系

张明楷*

根据刑法第13条的规定，依照法律应当受刑罚处罚的危害社会的行为，就是犯罪。对刑法第13条进行文理解释，可以认为犯罪具有两个特征：一是社会危害性，二是依照法律应当受刑罚处罚性。我国刑法理论的传统观点，将犯罪的基本特征概括为社会危害性、刑事违法性与应受刑罚处罚性。三特征说也可谓文理解释的结论，但其出发点仅限于揭示犯罪的特征，而没有考虑犯罪概念对于建构犯罪论体系的作用。三特征说认为，犯罪的基本特征不同于犯罪构成，而其中的"刑事违法性"实际上是指行为符合犯罪构成。所以，三特征说也没有处理好犯罪特征与犯罪成立条件的关系。

要考虑犯罪概念对建构犯罪论体系的作用，就必须从论理上作实质的考察。显然，从实质的观点进行考察，只有具备以下两个条件，才能认定为犯罪：其一，发生了值得科处刑罚的法益侵害事实（法益侵害性），此即客观违法性；其二，能够就法益侵害事实对行为人进行非难（非难可能性），此即主观有责性。①

"虽然从形式上，刑法上的违法性，是指对刑法规范（评价规范）的违反，但是，由于违法性是刑法规范做出否定评价的事态的属性、评价，故其内容便由刑法的目的来决定。将什么行为作为禁止对象，是由以什么为目的而禁止来决定的。在此意义上说，对实质违法性概念、违法性的实质的理解，由来于对刑法的任务或目的的理解。"② 刑法的目的与任务是保护法益，所以刑法禁止侵犯法益的行为与结果。换言之，刑法只能将侵害或者威胁了法益的行为规定为犯罪。而且，由于其他法律也以一定的手段履行着保护法益的

---

* 清华大学法学院教授，博士生导师。

① 参见［日］前田雅英：《刑法总论讲义》（第4版），东京大学出版会2006年版，第36页以下。

② ［日］山口厚：《刑法总论》（补订版），有斐阁2005年版，第92页以下。

任务，刑法只能将值得科处刑罚的侵犯法益的行为规定为犯罪。这种法益侵害性，就是实质的违法性。刑法第 13 条所称的社会危害性，就是指行为对法益的侵犯性，即刑法第 13 条所列举的行为对国家法益、公共法益、集体法益以及公民法益的侵犯性。

我国传统刑法理论认为，只有一定的人在故意或者过失心理支配下实施的危害社会的行为，才具有社会危害性。这样理解也未尝不可。但是，本文基于客观的违法性论的立场，主张仅从客观上理解社会危害性或实质的违法性。因为刑法禁止侵犯法益的行为，所以，即使行为人主观上没有故意与过失，侵犯法益的行为也是被刑法所禁止的，不能认为刑法允许精神病患者杀人，也不能认为刑法允许不满 14 周岁的人抢劫。况且，认为客观上侵犯法益的行为不具有社会危害性，也不符合事实。例如，甲在没有故意与过失的情况下，将国家绝密泄露给境外敌对组织的，无疑具有社会危害性。再如，乙在没有故意与过失的情况下，导致他人死亡的，肯定具有社会危害性。刑法不处罚这种行为，不是因为该行为没有社会危害性，而是因为行为人不具有非难可能性。

仅有客观违法行为，还不足以当犯罪处理。根据国民可以接受的观点，只有在可以就客观违法行为对行为人进行非难时，才能将这种行为规定为（认定为）犯罪。或者说，只有当能够将客观违法行为及其结果归责于行为人时，才能认定该行为成立犯罪。这既是刑法的人权保障机能决定的，也是刑罚的性质与目的决定的。国民的自由以其具有预测可能性为前提。如果不管国民在行为时如何小心谨慎，只要发生法益侵害结果就受到刑罚处罚，那么，国民就没有任何自由。换言之，只有当国民在具有实施其他行为的可能性的同时，故意或者过失造成了法益侵害（危险）结果，才能以犯罪论处。这一要求从主观方面保障了国民的预测可能性，进而保障了国民的自由。刑法的手段主要是刑罚，犯罪是适合科处刑罚的行为，不管是将刑罚的正当化根据理解为报应，还是将刑罚的正当化根据理解为一般预防与特别预防，都以行为人具有非难可能性为前提。所以，非难可能性（主观有责性）是犯罪的另一特征。

主观有责性的特征同样具有法律根据。根据刑法第 13 条的规定，客观违法行为（危害社会的行为）只有“依照法律应当受刑罚处罚”时，才是犯罪。例如，根据刑法第 14 条、第 15 条和第 16 条的规定，只有当行为人出于故意或者过失，而且处于可能抗拒的状态时（具有期待可能性），才能受刑罚处罚。换言之，不具有故意与过失的客观违法行为，依照法律是不应受刑罚处罚的，因而不是犯罪。再如，根据刑法第 18 条的规定，只有当行为人具有责任能力时，其行为才可能受刑罚处罚。所以，从刑法第 13 条“依照法律应当受刑罚处罚”以及相关条文的规定中，也可以将“主观有责性”解释为犯罪的特征。

犯罪的违法性与有责性，正好与刑法的法益保护机能和人权保障机能相对应。但是，在实行依法治国的时代，值得科处刑罚的行为，必须限于刑法明文规定的行为。司法工作人员不能离开刑法的规定认定行为的违法性与有责性。刑法将违法且有责的行为类型化，何种行为违法、具备何种主观要素时才有责，需要根据刑法的规定（犯罪构成要件）判断。在此意义上说，犯罪是符合构成要件的违法且有责的行为。

“犯罪”（“罪”）概念具有双重含义。一般来说，犯罪是指具备了成立犯罪的全部条件的行为，即犯罪是具备客观违法性与主观有责性的行为。但是，犯罪的本质是法益侵害，在此意义上说，只要是侵犯了法益的行为，就具备了犯罪的本质。而行为是否侵犯法益，只需要进行客观的判断。例如，已满 16 周岁的人杀人，与未满 14 周岁的人杀人，在侵害了他人生命这一点上没有任何区别。只是出于刑事政策等方面的理由，对后者不以犯罪论处而已。所以，在一些场合，“犯罪”、“罪”是指具备了犯罪的客观构成要件的违法行为。例如，刑法第 115 条第 1 款规定：“放火、决水、爆炸以及投放毒害性、放射性、传染病病原体等物质或者以其他危险方法致人重伤、死亡或者使公私财产遭受重大损失的，处十年以上有期徒刑、无期徒刑或者死刑。”第 2 款规定：“过失犯前款罪的，处三年以上七年以下有期徒刑；情节较轻的，处三年以下有期徒刑或者拘役。”显然，第 2 款的“前款罪”，仅指客观上符合第 1 款规定的客观要件及其性质的行为（实施了引起火灾、水灾等行为并造成了致人重伤、死亡或者致使公私财产遭受重大损失的结果，且具有危害公共安全的性质）；而不要求行为人像第 1 款那样出于故意。如果说，“罪”是指完全符合犯罪构成所有要件的行为，那么，就无法理解刑法第 115 条第 2 款。换言之，倘若说“罪”是指完全符合犯罪构成主客观要件的行为，那么，只能将刑法第 115 条第 2 款理解为：“过失犯前款故意犯罪致人重伤、死亡或者使公私财产遭受重大损失的，处三年以上七年以下有期徒刑。”这显然是不合适的。再如，刑法第 20 条第 3 款规定：“对正在进行行凶、杀人、抢劫、强奸、绑架以及其他严重危及人身安全的暴力犯罪，采取防卫行为，造成不法侵害人伤亡的，不属于防卫过当，不负刑事责任。”由于正当行为不能向不正当行为让步，所以，对于没有达到法定年龄、没有责任能力的人的不法侵害，在必要时也可以进行正当防卫，因此，上述条款中的“暴力犯罪”并不限于达到法定年龄、具有责任能力的人的暴力犯罪，对于不满 14 周岁的人实施的杀人、抢劫、强奸等严重危害人身安全的行为，可以进行正当防卫。这也表明，没有达到法定年龄的人的杀人、抢劫、强奸等行为，属于刑法第20条规定的暴力“犯罪”。

在德国、日本等国，学者们常常将犯罪的本质与违法性的实质作为同一问题讨论。例如，有的学者在“违法性论”中讨论法益侵害说与规范违反说；[①] 有的学者在讨论“犯罪的实质”时，介绍法益侵害说与规范违反说。[②] 这能够佐证，违法性的实质就是犯罪的本质，因而表明，具有客观违法性即是一种意义上的犯罪。

大体而言，德国、日本等国采取了构成要件符合性、违法性、有责性的犯罪成立理论体系（或犯罪论体系）。一般认为，构成要件是指刑罚法规规定的犯罪类型。违法性，是指行为违反法律，即行为为法律所禁止、行为为法律所不允许。由于构成要件是违法类型，所以，第二阶段的违法性判断，实际上成为是否存在违法性阻却事由的判断。有责性是指非难可能性，即能够就符合构成要件的违法行为对行为人进行非难、谴责。“虽然区分了第一阶段的构成要件符合性的判断与第二阶段的违法性阻却事由存否的判断，但两个阶段都是违法性的判断。所以，可以从大的方面将实质的刑法的评价区分违法性判断与有责性判断。换言之，犯罪论体系的支柱，是不法与责任两个范畴。”[③] 其中，不法是一种意义上的犯罪，同时具备不法与责任则是另一种意义上的犯罪。

总之，“犯罪”有双重含义：一是具备客观违法性意义上的犯罪；二是同时具备客观违法性与主观有责性意义上的犯罪。

在我国，“犯罪构成”实际上是指犯罪成立条件。我国刑法理论，在犯罪概念之后论述犯罪构成，认为犯罪构成由四个方面组成：犯罪客体、犯罪客观方面、犯罪主体与犯罪主观方面；在论述了犯罪构成之后，再讨论正当防卫、紧急避险等排除犯罪的事由以及犯罪形态、共同犯罪与罪数。

但是，将犯罪客体作为构成要件并不合适。（1）犯罪客体实际上是保护客体，即刑法所保护的法益。从另一角度说，犯罪客体本身是被侵犯的法益，但要确定某种行为是否侵犯了法益以及侵犯了什么法益，并不是由犯罪客体本身来解决；从法律上说，要通过客观构成要件反映出来；从现实上说，要通过符合客观构成要件的事实反映出来。将犯罪客体作为要件可能只是起单

---

① ［日］前田雅英：《刑法总论讲义》（第4版），东京大学出版会2007年版，第48页以下。

② ［日］木村光江：《刑法》，东京大学出版会1997年版，第21页。

③ ［日］井田良：《刑法总论的理论构造》，成文堂2005年版，第1页。

纯的评价作用，但将一个没有要素的要件交由法官评价，会有损犯罪构成的罪刑法定主义机能；如果认为犯罪客体是事实要素，则与客观构成要件相重复。[①]（2）犯罪客体与犯罪构成的其他要件并不处于同一层次，犯罪客体是被反映、被说明的现象，而客观构成要件说明行为侵犯的是何种法益以及侵犯程度；不仅如此，法益实际上对确定犯罪构成要件的内容具有决定性意义，将法益作为犯罪概念的内容而不作为构成要件，有利于以犯罪本质为指导解释刑法规定的构成要件。（3）主张犯罪客体不是要件，并不会给犯罪定性带来困难。一个犯罪行为侵犯了什么法益，是由客观构成要件以及符合客观构成要件的事实决定的。同样，区分此罪与彼罪，关键在于分析犯罪主客观方面的特征。如果离开主客观方面的特征，仅仅凭借犯罪客体认定犯罪性质，难以甚至不可能达到目的。（4）我国传统刑法理论关于犯罪客体是构成要件的观点来自于苏联，但是，其一，苏联刑法学者中也有人（如特拉伊宁）反对这种观点。[②] 其二，苏联刑法理论之所以认为犯罪客体是构成要件，是因为“每一个犯罪行为，无论它表现为作为或不作为，永远是侵犯一定的客体的行为。不侵犯任何东西的犯罪行为，实际上是不存在的。”[③] 但是，任何犯罪都侵犯法益，并不等于法益本身是构成要件。例如，任何犯罪都违反刑法，但刑法本身并不是犯罪构成要件。可见，将犯罪客体作为构成要件，有偷换概念之嫌。其三，特拉伊宁本人在论述犯罪构成因素时，分别论述了“表明犯罪客体的构成因素”、“表明犯罪客观方面的构成因素”、“表明犯罪主体的构成因素”、“表明犯罪主观方面的构成因素”，他虽然论述了各种表明客观方面、主体与主观方面的因素，但他的确没有论述哪些因素是表明犯罪客体的构成因素，只是说明了犯罪客体的含义与作用。这正好说明，表明犯罪客体的因素来自其他构成要件，而不是其本身。其四，苏联刑法理论将犯罪客体纳入犯罪构成之中后，使犯罪构成要件丧失了实质意义而成为单纯的形式要件，正当防卫、紧急避险也被当做符合犯罪构成的行为。为了使这种行为无罪，又在犯罪构成之外以其没有社会危害性为由否认其犯罪性，于是，犯罪构成丧失了认定犯罪的法律标准的机能。[④]

---

① 因为结果表明了行为对法益的侵害、危险表明了行为对法益的威胁，行为概念本身也表明对法益的危险。

② 参见中国人民大学刑法教研室编译：《苏维埃刑法论文选译》（第 2 辑），中国人民大学出版社 1956 年版，第 18 页。

③ ［苏］A. H. 特拉伊宁：《犯罪构成的一般学说》，薛秉忠等译，中国人民大学出版社 1958 年版，第 101 页。

④ 参见张明楷：《法益初论》（修订版），中国政法大学出版社 2003 年版，第 249 页以下。

正是基于上述理由，笔者曾采取了三要件说，即认为犯罪构成由犯罪客观要件、犯罪主体要件与犯罪主观要件组成。[①] 本文进一步主张两阶层的犯罪论体系的合理性，即认为犯罪构成由客观（违法）构成要件与主观（责任）构成要件组成；客观构成要件是表明行为具有法益侵害性的要件，因而可以称为违法构成要件，其中讨论违法性阻却事由；主观构成要件是表明行为具有非难可能性的要件，因而可以称为责任构成要件，其中讨论有责性阻却事由。

如前所述，从实质上说，犯罪是具有法益侵害性（客观违法性）与主观有责性（非难可能性）的行为，与之相适应，作为犯罪的成立条件，就必须有表明法益侵害性的构成要件与表明非难可能性的构成要件。

行为是否侵犯法益，不以行为人是否具有非难可能性为前提。如前所述，13 周岁的人杀人，也是没有合法根据地剥夺了他人的生命，他人的生命不会因为行为人只有 13 周岁而不受刑法保护，所以，应当肯定 13 周岁的人没有合法根据的杀人行为，具有违法性（法益侵害性）。之所以不以犯罪论处，是因为其缺乏有责性。采取两阶层的犯罪论体系，有利于坚持客观违法性论，即符合客观构成要件的行为，就是具有违法性的行为。

任何犯罪论体系都必须处理好客观要素（违法要素）与主观要素（责任要素）的关系。(1)“客观”与“主观”不是从实践结构上作的区分，而是从违法性与有责性意义上作的区分，即表明客观违法性的要件属于客观构成要件，表明主观有责性的要件属于主观构成要件。(2) 故意的成立要求行为人对符合客观构成要件的事实具有认识，但不要求对属于主观构成要件的心理事实具有认识（例如，不可能要求行为人认识到“自己已经明知自己的行为会发生危害社会的结果”）。行为主体的特殊身份实际上是故意的成立所必须认识的要素。例如，行为人没有认识到自己是严重性病患者时，不可能成立传播性病罪；有合理根据认为自己取得了医生执业资格的人，不可能成立非法行医罪。既然如此，就不能因为行为主体中有一个“主”字，就将主体的特殊身份归入主观方面。更为重要的是，身份基本上是说明客观违法性的，[②] 例如，国家工作人员单独犯罪或与他人共同犯罪时，才可能侵犯职务行为的公正性、职务行为的无报酬性。而主体的年龄与责任能力，只是说明非难可能性，是有责性的要素。基于上述两个方面的考虑，传统体系中的主体

① 参见张明楷：《刑法学》(第 2 版)，法律出版社 2003 年版，第 119 页以下。

② 我国刑法中是否存在说明非难可能性的责任身份，也是值得研究的问题。但是，即使承认责任身份，也不能据此否定违法身份。

要件的内容应当分解到客观构成要件与主观构成要件中去，即主体本身与特殊身份，应归入客观构成要件；法定年龄与责任能力应归入主观构成要件。(3) 认定犯罪必须从客观到主观，而不能相反；违法性（法益侵害性）不是由故意、过失决定的，而是由结果、行为等客观要素决定；主观要素是为了解决主观归责的问题，即在客观地决定了行为性质及其结果后，判断能否将行为及结果归咎于行为人，这便是故意、过失等主观要素所要解决的问题。由此看来，“犯罪并不是像水在化学上由氢气与氧气组成一样意义的由几个要素组成。”① 所谓的“主客观相统一”，并不是只要具有主观要素与客观要素即可，而是要以客观要素为基础考察主观要素。所以，必须先讨论行为的客观违法性，后考察行为人的主观有责性。采取两阶层犯罪论体系，正好符合认定犯罪的路径。

犯罪构成理论必须研究成立犯罪的一般条件，同时也要考察与犯罪具有某些相似之处（暂时符合构成要件），而又排除犯罪的事由。犯罪论不可能考察一切无罪事由，不可能将吃饭、散步之类的问题列入其中，但当某种行为与犯罪行为具有相似之处，可能被司法机关认定为犯罪，而事实上并不构成犯罪时，刑法理论也必须讨论。唯有如此，才能进一步说明犯罪的成立条件。显然，如果一个行为完全符合犯罪的全部成立条件，就不可能排除犯罪的成立；所以，现实表明，孤立地观察，一个行为的某个方面与犯罪的某个侧面相似而事实上无罪时，才可能存在（才需要讨论）排除犯罪的事由。事实上，司法机关在对犯罪构成的某一要件符合性进行判断时，总是同时考虑排除犯罪的事由；而非待所有构成要件符合性判断结束后，再考虑排除犯罪的事由。例如，在可能存在正当防卫情形的案件中，对故意伤害罪的客观要件符合性与正当防卫的判断几乎是同时的，而不是待认定了行为具有伤害罪的故意后，更不是在确认了故意伤害罪的形态后，再判断行为是否正当防卫。对主观构成要件符合性与有责性阻却事由的判断，也是同时进行的。既然如此，犯罪构成的客观要件与违法性可以一体化，即客观构成要件是违法性的存在根据，只要行为符合客观构成要件，就具有违法性（法益侵害性），并在客观构成要件中讨论违法性阻却事由；犯罪构成的主观要件与有责性可以一体化，即主观构成要件说明行为人的非难可能性，并在主观构成要件中讨论有责性阻却事由。

由于客观构成要件符合性是违法性的存在根据，而非纯粹的法律形式，

① ［日］平野龙一：《刑法总论 I》，有斐阁 1972 年版，第 87 页。

故在与违法性阻却事由相关联的意义上，构成要件符合性与违法性既不是原则与例外的关系，也不是积极的客观构成要件与消极的客观构成要件的关系，而是部分（孤立）判断与整体判断、暂时判断与最终判断的关系。（1）客观构成要件所描述的事实不是价值中立的事实。因为刑法是将值得科处刑罚的法益侵害行为类型化为客观构成要件的，反过来说，具备客观构成要件符合性的行为，就具有违法性。如果认为客观构成要件只是纯粹的法律形式，那么，必然导致在构成要件外就违法性进行伦理的判断，可能导致实质上不值得科处刑罚的行为也被科处刑罚。客观构成要件符合性的判断，并非只是事实判断，同时也含有价值判断。“描述”与“评价”是相互依赖的，成文刑法所使用的文字本身不只是具有记述功能，而且具有情感功能。[①] 客观“构成要件的建立以法律中使用的动词（杀人、强制、偷盗等）为基础。”[②] 不同的动词会表达不同的评价：“窝藏”与“保管”、“包庇”与“保护”、“奸淫”和“做爱”等，显然分别显示了对行为的不同评价。客观构成要件的建立同样需要使用名词与形容词，而这些用语都会直接或间接表达对行为的评价。即使文字只具有描述的功能，其描述的内容、方式等也会显示出不同的评价。换言之，即便是一些中性词，当它处于特定语境时，也会具有评价功能。即使采取事实与价值二分法，相对于犯罪事实，客观构成要件也是非现实的价值世界。相对于构成事实，客观构成要件是一个概念形成过程，其中必然存在评价过程。（2）从客观构成要件是违法性的存在根据出发，在区分客观构成要件符合性与违法性的基础上，认为符合客观构成要件的行为原则上具有违法性，只是在例外情况下（具有正当化事由时）阻却违法性的观点（原则与例外的观点），只不过是一种单纯的说明形式，并不具有实体性的意义。原则与例外的关系，意味着大部分符合客观构成要件的行为具有违法性，少数符合客观构成要件的行为不具有违法性，于是，客观构成要件有时具有实质的意义，有时仅具有形式化的意义。这是难以被接受的。如果说作为犯罪要素的违法性只是例外地排除不违法的行为，那么，就没有考虑违法性程度的意义。（3）本文也不采取消极的客观构成要件理论。即本文不认为客观构成要件是积极的客观构成要件，正当防卫等违法性阻却事由是消极的客观构成要件。因为构成要件要素与正当化事由的条件难以简单地互换，两种符合性的判断标准、方法与原则存在重大差异。缺乏构成要件要素的行为，原本就

① 参见［日］碧海纯一：《新版法哲学概论》（全订第2版补正版），弘文堂2000年版，第87页。

② ［德］李斯特著，施密特修订：《德国刑法教科书》（修订译本），徐久生译，法律出版社2006年版，第206页。

没有侵犯刑法所保护的法益，故在刑法上不具有重要性；可正当化事由原本是损害法益的行为，它之所以合法，是因为经过法益衡量具有值得肯定的价值。将二者混为一谈，无异于将打死一只苍蝇（缺乏构成要件符合性）与正当防卫中的杀人行为（按照消极的构成要件要素理论也属于不符合消极的构成要件的行为）相提并论。此外，不符合构成要件的行为不一定是法秩序允许的行为。如盗用行为虽然不符合构成要件，但仍然是民法上的侵权行为，可以进行正当防卫；而正当防卫等阻却违法性的行为是法秩序所允许的行为，对之不得主张正当防卫。（4）正当防卫、紧急避险等行为不是所谓形式上符合客观构成要件，实质上没有法益侵害性的行为，而是孤立地或者暂时地判断具有客观构成要件符合性，但整体地、最终地判断不具有客观构成要件符合性，因而不具有违法性的行为。当行为人实施正当防卫等行为致人伤亡时，如果不考虑其保护了更为优越或者同等法益的一面，可能认为其符合杀人罪、伤害罪的客观构成要件。但这种结论是片面的、暂时的。如果考虑其保护了更为优越或者同等法益的一面，则应最终从整体上认为正当防卫等行为不符合杀人罪、伤害罪的客观构成要件。由于客观构成要件具有法益侵害性的实质内容，而正当防卫等行为保护了更为优越的法益，所以，正当防卫等行为也不具备客观构成要件的实质。那些暂时符合客观构成要件，也没有保护更为优越或者同等法益的行为，则最终符合客观构成要件，因而具有违法性。概言之，暂时符合客观构成要件的行为，因为没有保护更为优越或者同等法益，也是最终符合客观构成要件的行为；暂时符合客观构成要件的行为，因为保护了更为优越或者同等法益，最终不是符合客观构成要件的行为。

在实行罪刑法定主义的时代，什么行为违法、什么行为有责，都必须具有法律根据。具有违法性的行为可以被类型化为客观构成要件，对有责性的要求也可以被类型化为主观构成要件。故意、过失就是类型化的主观构成要件要素。所以，认定有责性必须具备的条件宜归入主观构成要件。另外，我国刑法第 14 条与第 15 条采取了实质的故意、过失概念。所以，应当认为故意、过失是表明非难可能性的两种责任形式。由于主观构成要件为有责性奠定基础、提供根据，所以，只有表明非难可能性的要素，才能成为主观构成要件要素。由于责任能力、责任年龄、违法性认识的可能性与期待可能性，都是消极判断，换言之，可以将这不具有这些要素的情形，归入有责性阻却事由。

明确区分违法性阻却事由与有责性阻却事由，有利于在刑事政策上得出不同结论。例如，正当防卫属于违法性阻却事由，因而肯定其合法性，甚至肯定正当防卫是个人权利；而故意杀人的行为主体只有 13 周岁，是有责性阻却事由，其行为依然侵犯了人的生命，不具有合法性，更不能肯定其为权利。[①] 随着保安处分的发展，对于实施了符合客观构成要件的违法行为人，即使其缺乏有责性，也可能施以保安处分；但对于没有实施违法行为的人，绝对不能施以保安处分。所以，区分违法性阻却事由与有责性阻却事由，是完全必要的。采取两阶层犯罪论体系，有利于满足这一需要。

采取两阶层的犯罪论体系，可以使“犯罪”概念保持相对性，从而解决许多实际问题。符合客观构成要件的违法行为，是一种意义上的“犯罪”；在此前提下符合主观构成要件的行为，是真正意义上的犯罪。据此，刑法第20条第3款所规定的作为特殊防卫对象的“暴力犯罪”，是指符合客观构成要件的行为。对于盗窃财物的精神病患者，应适用刑法第64条关于“犯罪分子违法所得的一切财物，应当予以追缴或者责令退赔”的规定。[②] 特别要说明的是，采取两阶层的犯罪论体系，有利于解决共同犯罪问题。刑法第25条第1款明文规定，共同犯罪的行为主体必须是“二人以上”。在通常情况下，“二人以上”都是达到法定年龄、具有责任能力的人，因而“二人以上”都承担责任。但是，“犯罪”具有不同的含义，故“共同犯罪”也可能具有不同含义。事实上，存在着“二人以上”均承担责任的共同犯罪和“二人以上”中仅有一部分人承担责任的共同犯罪。换言之，现实中存在没有达到法定年龄的人与达到法定年龄的人共同故意实施符合客观构成要件的违法行为的现象。[③] 在这种情况下，虽然没有达到法定年龄的人具有责任阻却事由，但仍应认定其与达到法定年龄的人所实施的犯罪为共同犯罪。例如，13周岁的人与16周岁的人，共同轮奸妇女的，应认定为强奸罪的共同犯罪，对16周岁的人应适用轮奸的法定刑。再如，13周岁的人与16周岁的共同抢劫他人财物的，应作为共同犯罪处理，进而合理地处罚16周岁的人（如主犯、从犯）。如果采取传统的犯罪论体系，就会认为，共同犯罪的成立要求“二人以上”都必须达到法定年龄、具有责任能力，但产生了难以解决的问题。例如，15周岁的甲谎报年龄而被“正式”录用为司法工作人员，在办案过程中，甲与不具有司法工作人员身份的联防队员乙共同使用暴力逼取证人证言。在这种情况下，只有认定甲与乙构成共同犯罪，才能将乙认定为暴力取证罪的共犯。当

---

① 如果认为刑法与刑法理论不必过问犯罪以外的现象，那么，区分违法阻却事由与责任阻却事由或许没有多大的意义；但事实上并非如此。

② 当然，维持传统的犯罪构成体系，也大体可以承认犯罪概念的相对性，但在身份犯的场合难以承认犯罪概念的相对性。

③ 没有达到法定年龄的人，完全可能具有刑法上的犯罪故意。

然，甲因为存在责任阻却事由，不能对其以犯罪论处。倘若否认甲与乙构成共同犯罪，则不能追究乙的责任。这显然不合适。如若承认存在行为人具有故意但没有责任能力的现象，也应得出相同结论。例如，达到了法定年龄的A与B共同故意实施伤害行为，但A没有责任能力。对此，应认定A与B构成故意伤害的共同犯罪，即使不能查明谁的行为造成了重伤结果或者查明A的行为造成了伤害结果，B也应对该伤害结果负责。如若按照传统观点否认A与B成立故意伤害的共同犯罪，则难以处理本案。基于同样的理由，如果A与不具有期待可能性（或不具有违法性认识可能性）的B共同故意实施符合甲罪客观要件的违法行为，应认定A与B成立甲罪的共犯，只不过因为B具备有责性阻却事由，而不能对其定罪量刑。

犯罪论体系的经济性应当体现在两个方面：一方面，避免理论本身的繁杂与重复；另一方面，司法机关遵循犯罪论体系认定犯罪时，不致浪费司法资源。如果将犯罪分为故意的作为犯、故意的不作为犯、过失的作为犯、过失的不作为犯，在故意犯罪之下，再分别研究既遂的条件与未遂的条件、共同犯罪等，或许是符合逻辑的，但不具有经济性。如果将构成要件分为积极的构成要件与消极的构成要件，进一步将消极的犯罪构成分为消极的犯罪客体、消极的犯罪客观要件、消极的犯罪主体、消极的主观要件、消极的情节要件等来讨论，也会导致犯罪论体系的复杂化。

基于以上理由，本文主张犯罪论采取以下体系：犯罪概念→犯罪构成（犯罪成立条件）→客观（违法）构成要件（客观构成要件与违法性概述、客观构成要件符合性、违法性阻却事由）→主观（责任）构成要件（主观构成要件与有责性概述，主观构成要件符合性，有责性阻却事由）→犯罪的特殊形态→共同犯罪→罪数。

刑法上的犯罪概念若干问题探讨

孟庆华*

一、形式犯罪概念、实质犯罪概念与混合犯罪概念问题

（一）形式犯罪概念、实质犯罪概念与混合犯罪概念的基本含义

犯罪的形式概念，是指从犯罪的法律特征上描述犯罪而形成的犯罪概念，也就是将犯罪表述为是触犯刑律，具有刑事违法性的行为。犯罪的形式概念源于罪刑法定原则，可以说是从罪刑法定原则引申出来的犯罪概念。① 犯罪的形式概念的优点是通过对刑事法的解释来防止恣意的人权侵害，较好地维护了形式意义上的罪刑法定原则，而不会仅仅因为行为现实地存在较高的社会危害性、处罚必要性，就从实质的角度出发，对行为给予刑罚处罚。所以，犯罪具有刑事违法性的观念被有的西方国家刑法所特别强调。② 立法上最早从形式上对犯罪概念进行规定的，当推1810年《法国刑法典》第1条："法律以违警刑所处罚之犯罪，称违警罪。法律以惩治刑所处罚之犯罪，称轻罪。法律以身体刑或名誉刑所处罚之犯罪，称重罪。"这种形式犯罪的定义是有其历史原因的：（1）启蒙思想家对于犯罪的认识对犯罪的法律概念有重要影响。霍布斯、孟德斯鸠等启蒙思想家认为只有行为才能构成犯罪，犯罪是行为，是违反法律的行为，反对思想定罪。（2）资产阶级革命后，新兴资产阶级提出了"罪刑法定"的口号，认为行为是否构成犯罪只能以行为是否违反刑法为依据，刑事违法性是每一具体犯罪行为的共项，作为所有犯罪行为的抽象犯罪概念，也必然认为犯罪是违反刑法的行为。（3）19世纪后期，刑事实证学派兴起，提出了犯罪的实质概念。然而，资产阶级的特性决定了其

---

* 河北大学政法学院教授，法学博士；中国人民大学法学院博士后。

① 陈兴良著：《本体刑法学》，商务印书馆2001年版，第139—140页。

② 陈兴良主编：《刑法学》，复旦大学出版社2003年版，第34页。

不愿在刑法典中揭示犯罪的实质；而刑事实证学派走向了强调犯罪的社会危害性，却抛弃了犯罪的刑事违法性刑事特征的极端，结果为纳粹主义所利用。所以，“二战”后资本主义国家修订刑法典时仍坚持了犯罪的形式概念。①

犯罪的实质概念，是从犯罪的社会内容上描述犯罪而形成的犯罪概念，也就是将犯罪表述为具有社会危害性的行为。犯罪的实质概念不满足于对犯罪的法律界定，而力图揭示隐藏在法律背后的社会政治内容。②“一般来说，犯罪的实质概念更为合理。犯罪的实质概念的意义在于：它为刑法划出了一条法制国家的根本性界限——行为不是因为单纯地违反了刑法规范，而在于它侵害了刑法所要保护的实质内容，所以才受到刑罚处罚。这里的刑法所保护的实质内容，就是刑法理论上所说的法益，即法律所保护的共同生活利益。”③ 实质犯罪概念的引入是适应当时社会发展需要的：（1）可以限制刑事立法权。刑法以剥夺公民的生命、财产和自由为制裁手段，立法上必须严谨而科学，贝卡利亚认为衡量犯罪的真正标尺是“犯罪对社会的危害”，包括对国家利益的侵犯、对个人利益的侵犯和对社会利益的侵犯。（2）是实现刑事司法个案正义的需要。法律的普遍正义固然应当维护，但是刑事司法的个案正义也是重要的，对于那些具备刑事违法性但不具备严重社会危害性的行为就不必处罚。④

犯罪的混合概念，是指犯罪的实质概念和形式概念合二为一，既指出犯罪的本质特征，又指出犯罪的法律特征的概念。⑤“在刑法规范的框架内，犯罪的形式界定与实质界定并不是冲突的。两者可以共存于犯罪概念的同一理论体系中：犯罪的形式界定具有犯罪的表层意义；犯罪的实质界定具有犯罪的深层意义。形式与实质仅是对犯罪认知的两个视角，犯罪的客观实体依然是统一的，从而犯罪的理论形态必然是整合的。”⑥ 但有学者对混合犯罪概念持否定态度：“混合概念虽然集各家之长，避各家之短，但又犯了一个新的错误——逻辑上的混乱，不分层次，导致立法者和司法者角色的混同。立法者和司法者所站立场是不同的，看待问题的角度也不同，二者所负的任务更是不同，前者解决为何将某些行为归为犯罪，后者解决依法律的规定一行为是否为犯罪。而混合概念既规定形式概念，又规定实质概念，它是要解决立法

① 李雯：“关于犯罪概念的思考”，载《法律教育网》。

② 陈兴良著：《本体刑法学》，商务印书馆 2001 年版，第 142 页。

③ 陈兴良主编：《刑法学》，复旦大学出版社 2003 年版，第 34 页。

④ 李雯：“关于犯罪概念的思考”，载《法律教育网》。

⑤ 高铭暄主编：《新编中国刑法学》（上册），中国人民大学出版社 1998 年版，第 64 页。

⑥ 张小虎：“犯罪概念形式与实质的理论建构”，载《现代法学》2005 年第 3 期。

问题还是要解决司法问题？如果是解决立法问题，立法者要到何处寻找已经具有刑事违法性的行为，然后把它规定为犯罪？如果是要解决司法问题，是否意味着司法者面对某一完全符合犯罪构成的全部法定要件的行为时，还要另行考察该行为是否具有社会危害性？如果司法者认为该行为不具有社会危害性，是否可以据此认为该行为不构成犯罪呢？如果判定该行为不为罪，那么又如何体现罪刑法定原则呢？”① 笔者不赞同此种观点的看法。实际上，犯罪概念中的立法问题与司法问题并非是相互对立、相互矛盾的。依笔者所见，混合犯罪概念企图是将立法问题与司法问题统一起来解决的一种方式，当然，首先是解决立法问题，其次才是司法问题。而通常情况下解决了犯罪概念的立法问题，犯罪概念的司法问题也就会迎刃而解。其关键理由在于：司法者判定某种行为是否具有社会危害性，必须以立法者在立法中所确定的具有刑事违法性的社会危害性行为为准。

（二）刑法第13条规定的混合犯罪概念问题

刑法第13条规定：“一切危害国家主权、领土完整和安全，分裂国家、颠覆人民民主专政的政权和推翻社会主义制度，破坏社会秩序和经济秩序，侵犯国有财产或者劳动群众集体所有的财产，侵犯公民私人所有的财产，侵犯公民的人身权利、民主权利和其他权利，以及其他危害社会的行为，依照法律应当受刑罚处罚的，都是犯罪，但是情节显著轻微危害不大的，不认为是犯罪。”很明显，这是一个混合的犯罪概念。对此，有学者给予充分肯定，认为“现行犯罪概念兼采社会危害性与刑事违法性这两个要件，克服了单纯的犯罪的形式概念或实质概念的局限性，吸取了两者的合理可取之处。这一犯罪概念既能限制刑事立法权，又能明确刑事司法的界限，实现刑事司法的个案正义，同时能充分发挥其行为指导功能与预防犯罪功能，因而是目前最科学的犯罪概念。”②

但是，也有学者认为，在我国刑法确定罪刑法定原则的情形下，形式特征与实质特征相统一使得刑法第13条和第3条不协调。刑法第3条规定：“法律明文规定为犯罪行为的，依照法律定罪处罚；法律没有明文规定为犯罪行为的，不得定罪处罚。”显然，该规定明显强调刑事违法性具有评判和决定是否构成犯罪的功能，但刑法第13条规定的犯罪定义中使用了“危害社会”和“危害不大”的字样，强调了社会危害程度大小对罪与非罪的决定意义。可见，刑法规定中就同时存在“社会危害性”标准和“刑事违法性”标准。

---

① 周恒阳、郝守才：“浅议犯罪的概念”，载《平顶山师专学报》2004年第1期。

② 李立众、柯塞龙：“为现行犯罪概念辩护”，载《法律科学》1999年第2期。

一个定义中同时使用互相冲突、排斥的两个标准来界定犯罪，势必影响罪刑法定原则在犯罪概念中完全彻底的体现，使犯罪这个基本概念乃至整个刑法典的科学性大打折扣。[①]

笔者不赞同此种观点，因为该观点混淆了刑法第13条和第3条的基本功能。刑法第3条规定的罪刑法定原则，是“贯穿于全部刑法，确定犯罪与刑罚及其相互关系的基本准则”[②]，其主旨是反对罪刑擅断，限制司法权的滥用，有利于保障人权，更明确地说，罪刑法定原则不是定罪原则；而刑法第3条的基本功能则是界定罪与非罪，即从整体上将犯罪行为与非犯罪行为两者区别开来，或者说刑法第3条的规定就是一个定罪原则。如果说刑法第13条和第3条两条有联系，也应当认为是一种逻辑范围上的关系：在罪刑法定原则所确定的所有犯罪行为的范围内来界定某一种行为是否构成犯罪行为。如果依据刑法第13条规定，某一种行为被界定为有社会危害性而应构成犯罪行为，但依据刑法第3条罪刑法定原则规定，被界定为有社会危害性而应构成的犯罪行为不在法律规定的范围内，则该犯罪行为就不能予以定罪量刑。

二、社会危害性是否属于认定犯罪的标准问题

在刑法学界，关于社会危害性是否属于认定犯罪的标准问题，主要有肯定与否定两种认识观点：

（1）肯定说，认为犯罪概念中绝对不能没有社会危害性的内容，我们必须坚持严重的社会危害性是犯罪的本质特征这一理念。因为没有社会危害性这一内容的犯罪概念是形式主义的犯罪概念，这是我们长期反对的。更为重要的是，社会危害性对刑事立法和刑事司法都具有极其重要的意义。从刑事立法上讲，某种行为被规定为犯罪或者不被规定为犯罪，都取决于行为社会危害性的有无和大小。从刑事司法上讲，并非只要行为符合了刑法分则条文文字的要求就一律按犯罪处理。例如，刑法第170条规定：“伪造货币的，处……”仅从本条的字面上讲，只要实施了伪造货币的行为，不管伪造货币的面额或者币量多少，都可构成犯罪，但最高人民法院的司法解释明确指出伪造货币罪的构成必须是行为人伪造的货币达到一定的面额或者币量。这种解释的根据就是行为社会危害性的程度。离开了社会危害性，许多立法现象和司法操作就得不到合理的说明。[③]

---

① 郑金火：“犯罪概念的梳理与评价”，载《中国刑事法杂志》2004年第5期。

② 孙国祥主编：《刑法学》，科学出版社2002年版，第17页。

③ 乐欣：“犯罪概念中不能排除社会危害性”，载《检察日报》2004年5月9日。

（2）否定说，认为刑法第 13 条规定的定义中不存在社会危害性标准。[①]因为认定犯罪必须遵循罪刑法定原则，刑事违法性是认定犯罪的唯一标准。即根据和体现社会危害性的犯罪构成要件来认定犯罪。这与 1979 年刑法存在类推制度下犯罪认定标准有根本的区别，社会危害性的功能也发生了极大的变迁。在当时立法状况下，社会危害性凌驾于刑事违法性之上，犯罪圈的最终划定由非规范标准（社会危害性标准）来决定。在 1997 年刑法废止类推制度并确立罪刑法定原则的情况下，如果仍然把社会危害性作为定罪的标准是无视刑事立法和刑事司法不同研究角度的区别，是方法论上的偏差。[②]

笔者认为，在以上社会危害性是否属于认定犯罪标准的两种观点中，肯定说单纯将社会危害性作为认定犯罪的标准，而否定说则认为，不是社会危害性而是刑事违法性是认定犯罪的唯一标准，这两种观点都带有片面性与不完整性，应当将两者有机结合起来。理由主要在于：

（1）犯罪概念对司法者和行为人而言都具有判断罪与非罪的功能。犯罪概念要能告诉人们什么行为是犯罪，什么行为不是犯罪，从而使人们清楚可以做什么，不可以做什么；什么应当做，什么不应当做，对人们的行为具有指导功能。形式概念虽然指出违反刑法应受刑罚处罚行为是犯罪，但什么行为是违反刑法的行为，形式概念并没有告诉我们。只有把社会危害性加入到犯罪概念之中，此问题才能得以解决。同时，社会危害性这一犯罪的“自然和社会性质”的引入，告诉了人们犯罪的本质是严重的社会危害性，使人们在行为时能主动对照一下自己的行为是否具有严重的社会危害性，是否会受到刑罚的处罚，能够在一定程度上起到预防犯罪的功能。这也是形式概念所无法达到的。[③]

（2）“社会危害性与刑法违法性是辩证统一的关系。一方面，没有社会危害性就没有刑法违法性；另一方面，社会危害性如果不与刑法违法性结合在一起，就无所谓犯罪的社会危害性，即社会危害性也不能脱离刑法违法性而独立存在。进一步而论，犯罪的社会危害性与刑法违法性之间表现为内容与形式、征表与被征表的关系，两者互为表里，相互依存。社会危害性与刑法违法性都是作为犯罪的特征而存在的，之所以社会危害性与刑法违法性都是

---

① 储槐植、张永红：“善待社会危害性观念——从我国刑法第 13 条但书说起”，载《法学研究》2002 年第 3 期。

② 王晓辉：“试论社会危害性的矛盾结构及其功能性蕴涵”，载《中南财经政法大学研究生学报》2003 年第 2 期。

③ 陈乐雪：“社会危害性与犯罪概念”，载《安徽农业大学学报》2004 年第 3 期。

犯罪的特征，就是因为两者都不能单独从根本上来界定犯罪，尽管认定犯罪的唯一根据是刑法违法性，但是，刑法违法性本身只是严重的社会危害性在刑法的征表而已，或者说，严重的社会危害性是实质上的犯罪，刑法违法性是形式上的犯罪。实质犯罪与刑事犯罪之间是内容与形式的关系。”①

三、应受刑罚惩罚性是否属于犯罪的基本特征问题

在刑法学界，关于应受刑罚惩罚性是否属于犯罪的基本特征问题，主要有肯定与否定两种认识观点：

（1）肯定说，认为应受刑罚处罚性是犯罪的一个基本特征，在我国也有法律上的根据。我国刑法第 13 条犯罪的概念中规定：“……以及其他危害社会的行为，依照法律应当受刑罚处罚的，都是犯罪。”这即明确揭示了应当受刑罚处罚性是犯罪不可或缺的特征。《中华人民共和国治安管理处罚条例》第 2 条规定：“扰乱社会秩序，妨害公共安全，侵犯公民人身权利，侵犯公私财产，依照《中华人民共和国刑法》的规定构成犯罪的，依法追究刑事责任；尚不够刑事处罚，应当给予治安管理处罚的，依照本条例处罚。”进一步指出尚不够刑事处罚，应当给予治安管理处罚的不是犯罪，而是违反治安管理行为。用语的含义是：够刑事处罚，应当给予刑罚处罚的，才认为是犯罪。由此可见，应否受刑罚处罚是区别犯罪与一般违法行为的又一重要特征。②

（2）否定说，认为应受刑罚惩罚性不应是犯罪的基本特征之一，主要有以下论据：一方面，应受刑罚处罚性与刑事违法性是一个问题的两个方面，因为应受刑罚处罚的行为必然是刑事违法行为，而刑事违法行为也必然是应受刑罚处罚的行为，故此不需要进行重复性的表述；另一方面，就立法而言，应受刑罚惩罚性是立法机关权衡某种行为应否作为犯罪处理的衡定标准，只有当立法者认为某一危害社会的行为需要动用刑罚禁止时，才可能将其规定为犯罪，故应受刑罚处罚性是限制社会危害性程度的一个概念，将其作为犯罪的独立特征不利于完整地理解犯罪概念。③“犯罪的基本特征是犯罪本身所固有的属性，它能够揭示犯罪行为与非犯罪行为的区别，解决的是行为是否属于犯罪的问题，换言之，是解决行为的定性问题。而应受刑罚惩罚性是行为构成犯罪之后所要承担的法律后果，它是解决了行为定性之后的另一个问

---

① 聂立泽：“社会危害性与刑事违法性及其关系论”，载《中山大学学报》（社会科学版）2003 年第 2 期。

② 刘德法主编：《刑法学》，郑州大学出版社 2004 年版，第 86 页。

③ 李晓明主编：《中国刑法基本原理》，法律出版社 2005 年版，第 172—173 页。

题，而不是行为定性本身的问题。"[①] "不是应罚性制约犯罪，而是严重的社会危害性决定行为构成犯罪，从而决定行为应受刑罚处罚；从刑法分则对犯罪的规定来看，也不便说应罚性是犯罪的基本特征；在犯罪定义中将应罚性列为犯罪的一个基本特征，在逻辑上犯了循环定义的错误。"[②]

在上述应受刑罚惩罚性是否属于犯罪基本特征的两种观点中，笔者赞同第一种观点肯定说的看法，其主要理由是：

(1) 否定应受刑罚惩罚性属于犯罪基本特征的观点之一是，认为"它是解决了行为定性之后的另一个问题，而不是行为定性本身的问题。"笔者认为，此种认识观点并不妥当。因为应受刑罚惩罚性是社会危害性和刑事违法性两个特征"从逻辑到事实的自然延伸"[③]，它"将犯罪与刑罚这两种社会现象联系起来，也就是从一个现象与另一个现象的联系中来阐明这个现象的特性。这个特征表明，如果一个行为不应当受刑罚处罚，也就意味着它不是犯罪。"[④] "刑罚是对犯罪行为社会危害性程度的一种评价"[⑤]，"刑罚是严厉的制裁方法，它不仅可以剥夺人的自由、财产，甚至可以剥夺人的生命，因而只有对严重危害社会和违反刑法规范的行为，才可能评价为应受刑罚处罚。不需要给予应受刑罚处罚评价的行为，不可能是犯罪。"[⑥] "实际上，应受惩罚性是从犯罪的法律后果来补充说明什么是犯罪的。在刑事立法上，只有统治阶级认为某种行为需要动用刑罚对其实施者加以制裁时，才会在刑法上将其规定为犯罪。在刑事司法中，只有某种危害行为达到应受刑罚处罚时，才能被认定为犯罪，是否应受刑罚处罚，也是犯罪与一般违法行为的重要区别。"[⑦] 所有这些论点表明，应受刑罚惩罚性是解决行为定性过程中不可或缺的组成部分，而且它还起着最终的决定性作用。此点是从是否受到刑罚惩罚性所得结论，即受到刑罚惩罚性的行为必定是犯罪行为，而未受到刑罚惩罚性的行为则必定不是犯罪行为。

(2) 无论从立法还是从司法角度看，将应受刑罚惩罚性作为犯罪的基本特征之一都具有积极意义。从刑事立法角度来考察，犯罪的应受刑罚惩罚性具有完全独立的地位，立法者首先考虑的是行为的应受刑罚惩罚性，即应当

---

① 侯国云著：《刑法总论探索》，中国人民公安大学出版社 2004 年版，第 88 页。

② 马克昌主编：《犯罪通论》，武汉大学出版社 1999 年版，第 16—18 页。

③ 汪力、高飞主编：《刑法总论》，重庆大学出版社 2002 年版，第 36 页。

④ 高铭暄主编：《新编中国刑法学》（上册），中国人民大学出版社 1998 年版，第 70 页。

⑤ 苏惠渔主编：《刑法学》，法律出版社 2001 年版，第 63 页。

⑥ 刘德法主编：《刑法学》，郑州大学出版社 2004 年版，第 85—86 页。

⑦ 孙国祥主编：《刑法学》，科学出版社 2002 年版，第 41 页。

用刑罚对某一严重危害社会的行为进行制裁，然后再考虑如何对其予以犯罪化，即赋予其刑事违法性的特征。从刑事司法角度看，确立犯罪应受刑罚惩罚性的特征，可以明确犯罪应承担的法律后果。因此，应受刑罚惩罚性应成为犯罪的基本特征之一。①

四、犯罪概念中是否存在定量因素问题

在刑法学界，关于犯罪概念中是否存在定量因素问题，主要有肯定与否定两种认识观点：

(1) 肯定说，认为犯罪概念的定量因素是我国刑法的创新。② 我国刑法中犯罪概念的定量因素具体体现在刑法总则规定的犯罪的一般概念和刑法分则规定的诸多具体犯罪的概念之中。例如，刑法总则第 13 条在概括规定犯罪的一般概念之后，接下去的“但书”规定：“情节显著轻微，危害不大的，不认为是犯罪。”“但书”的这一规定是对刑法分则诸多具体犯罪构成数量要件（直接规定的和实际内含的）的概括。其正面意思是社会危害大到一定程度的才是犯罪。“但书”把定量因素明确地引进到犯罪的一般概念之中。分则的许多具体犯罪构成都含有定量因素。③ 犯罪概念定量因素存在的基本依据是：“任何质量都表现为一定的数量，没有数量也就没有质量。零度以下的冰、零度以上的水和 100 度以上的汽，三者的化学成分同为 H_2O，但它们的形态和物理性能差别很大。犯罪和需要劳动教养的罪错以及违反治安管理的行为，三者都具有社会危害性，但是它们的社会性质和国家评价却不一样，其根据便是社会危害程度的大小不同，即数量差异。量变引起质变。”④

(2) 否定说，认为关于水态的例证并不能证明犯罪的社会危害程度上的量变引起质变规律，而恰恰从反面证明了犯罪、需要劳动教养的罪错以及违反治安管理的行为三者之间并没有质的区别，只有量的差异。冰、水和水蒸气之间无论其形态与物理性质有多大差别，他们的本质是一样的。社会危害性是犯罪的本质之一，与民事违法等一般违法行为的区别不在于社会危害性程度的不同，后者只具有个体危害性，并不具有社会危害性，更不存在其社会危害性达到一定程度构成犯罪的问题。从质变和量变规律看，社会危害程度是在社会危害性这一质的基础上的量，只能说明犯罪的严重程度，而不能

---

① 李文燕、杨忠民主编：《刑法学》，中国人民公安大学出版社 2005 年版，第 45 页。

② 储槐植：“论我国刑法中犯罪概念的定量因素”，载《法学研究》1988 年第 2 期。

③ 储槐植、汪永乐：“再论我国刑法中犯罪概念的定量因素”，载《法学研究》2000 年第 2 期。

④ 储槐植：“论我国刑法中犯罪概念中的定量因素”，载《法学研究》1988 年第 2 期。

说明罪与非罪的问题。突破社会危害性的量，引起质的变化，即属于非社会危害性的范围，社会危害性的质变应发生在社会危害性这一质的范围之外。①

在上述犯罪概念中是否存在定量因素的两种认识观点中，笔者赞同第一种观点肯定说的看法，即犯罪概念中存在定量因素。其主要理由是：

（1）在刑法分则条款中，诸如偷税罪、盗窃罪、诈骗罪、抢夺罪、贪污罪、受贿罪、挪用公款罪等罪，都属于以一定数额作为犯罪构成要件的数额犯，显然是存在定量因素的。例如，盗窃罪成立的定量因素，根据最高人民法院1998年3月10日《关于审理盗窃案件具体应用法律若干问题的解释》中规定，以500元至2000元作为构成盗窃罪的数额较大标准，北京市确定的盗窃罪数额较大标准是1000元。在审理盗窃犯罪案件中，如果行为人盗窃数额达不到数额较大标准，则不能被定为盗窃罪，除非具备“多次盗窃”（在一年内入户盗窃或者在公共场所扒窃3次以上）。据报道，2004年12月19日，刘某涉嫌盗窃罪一案移交检方，公安机关提交的起诉意见书称，犯罪嫌疑人刘某3次在超市盗窃，总金额1000元，刚好达到盗窃罪的起刑标准。北京海淀区检察院主诉检察官郝胡兰审查发现，公安机关所提供的鉴定结论是用“四舍五入”的方法计算每件被盗物品的，而如果按照每一被盗物品的实际价值计算，盗窃总金额应为999.56元。发现问题后，检察机关两次将此案退回公安机关补充侦查，但鉴定部门均未能提供按“四舍五入法”计算的法定依据。为此，检察官认定该份证据无效，遂将案件退回公安机关。②

（2）在法律条文中写明“情节严重的”、“情节特别恶劣的”或“造成严重后果的”才应受刑罚制裁的罪。例如第129条的“丢失枪支不报罪”、第139条的“消防责任事故罪”、第216条的“假冒专利罪”等。这类罪实质上多数是内含定量限制的罪，占刑法分则罪刑条款的半数以上。③刑法第129条规定的丢失枪支不报罪，在客观上要求行为人丢失枪支不及时报告的行为必须造成严重后果；否则，仅仅有丢失枪支不及时报告的行为但尚未造成严重后果的，就不能构成犯罪。丢失枪支不报罪中的“造成严重后果”，主要表现为：丢失的枪支被犯罪分子用于犯罪活动，丢失的枪支被他人捡拾而发生伤亡后果的，由于丢失枪支而未完成有关任务的④，或者因丢失枪支而造成了工

① 李居全：“也论我国刑法中犯罪概念中的定量因素”，载《法律科学》2001年第1期。

② “差四角钱，盗窃罪不能成立”，载《新京报》12月21日。

③ 储槐植、汪永乐：“再论我国刑法中犯罪概念的定量因素”，载《法学研究》2000年第2期。

④ 李文燕、杨忠民主编：《刑法学》，中国人民公安大学出版社2005年版，第295页。

作上的重大损失等。①

五、犯罪概念与犯罪构成的关系问题

在刑法学界，关于犯罪概念与犯罪构成的关系问题，主要有如下两种表述观点：

（1）犯罪概念与犯罪构成是抽象与具体的关系。犯罪概念作为对各种犯罪现象的本质特征和法律特征的科学抽象与概括，它本身并不能直接解决司法实践中所必需的认定犯罪的具体标准问题，它所具有的认定犯罪的原则作用和作为整个刑法制度及刑法理论的基础作用，必须通过犯罪构成才能具体实现。离开犯罪构成，犯罪概念就成了空洞和抽象的东西。换言之，犯罪概念说明犯罪行为是具有社会危害性、刑事违法性和应受刑罚惩罚性的行为；而依靠犯罪构成，就可以具体的构成要件为标准，来判断哪些行为是具有社会危害性、刑事违法性和应受刑罚惩罚性的犯罪行为。犯罪概念和犯罪构成既相互联系又相互区别，相辅相成，共同为正确地认定犯罪服务。②

（2）犯罪构成和犯罪概念是现象和本质的关系。犯罪概念揭示了犯罪的本质特征，是对犯罪这一社会现象的抽象概括。而犯罪这一社会现象是由犯罪构成要件组合而成的，是通过犯罪构成表现的。因而可以说，犯罪概念是对本质的概括，而犯罪构成是对现象的分析。本质即是通过对由犯罪各要件有机组成的犯罪现象的分析研究得来的，同时又是通过犯罪各构成要件体现的。③

笔者认为，上述两种犯罪概念与犯罪构成关系的观点，虽然在刑法学界已成为通说，但细究起来却有所不妥：

（1）犯罪概念与犯罪构成两者功能显然有所不同：犯罪概念的功能是从行为的社会、政治本质上，从整体上回答什么是犯罪、犯罪有哪些基本属性（特征），从而使我们得以从原则上把犯罪行为与其他行为加以区别；而犯罪构成的功能则是要回答：犯罪是怎样成立的，构成犯罪需要具备哪些法定的具体条件，它所要解决的是构成犯罪的规格和标准问题。④

（2）犯罪概念有社会危害性、刑事违法性和应受刑罚惩罚性三个特征；而犯罪构成则有犯罪客体、犯罪客观方面、犯罪主体与犯罪主观方面四个要

---

① 刘德法主编：《刑法学》，郑州大学出版社 2004 年版，第 468 页。

② 高铭暄主编：《新编中国刑法学》（上册），中国人民大学出版社 1998 年版，第 89 页。

③ 马涛："论犯罪概念和犯罪构成的关系"，载《沈阳教育学院学报》1999 年第 3 期。

④ 高铭暄主编：《新编中国刑法学》（上册），中国人民大学出版社 1998 年版，第 89 页。

件，有学者认为犯罪构成有主客观统一、社会危害性与法定性三个特征[①]，因此犯罪概念与犯罪构成两者的关系不能用抽象与具体、本质和现象的关系来表述。

① 陈兴良、李汝川主编：《刑法总论》，当代世界出版社1999年版，第51—52页。

论实质违法性的判定

徐 岱*

犯罪论体系的完善是一项庞大的系统工程，犯罪概念和法益理论这一基础性问题，仍是这一系统工程中没有得到统一、精确阐释的问题，对其的立论只能是由小及大，本文所提及之小是指对违法性的判定，而对违法性的判定离不开对犯罪本质的认识。犯罪的本质又源于犯罪概念的理性定位，犯罪的理性定位又始于行为。对人的行为的判定，我们一直在践行着无行为无犯罪，无犯罪无刑罚的刑法格言，同时也维护着罪刑法定原则所设立的秩序界限，质言，就是在对行为进行入罪与出罪的判定上徘徊。随着刑法的人权保障、刑法谦抑性、轻刑化等刑事法治文明的发展，无罪推定式的行为判定模式即出罪式的判定模式更加凸显，这要依仗对违法性的判定。违法性的判定包括两个方面的内容，一是违法性的形式判定，二是违法性的实质判定。对于前者，因罪刑法定原则的倡行，超越实定法而对行为加以刑法的否定性评价的少之又少，对于后者，因涉及罪刑法定原则的精神和理念，如何确定实质的判定标准是犯罪论中的难题，莫衷一是，可见违法性的实质判定是认定行为是否构成犯罪的关键。大陆法系国家刑法理论多趋于从阻却违法事由的法定性做消极性的判断，阻却违法性事由存在则该当于构成要件的行为适法，阻却违法性事由不存在则该当于构成要件的行为违法，虽是消极性的判定，但却是犯罪成立的选择性要件；我国犯罪构成体系中有犯罪客体这一构成要件，但在违法性的实质判定上所起到的作用却是静止的，正当防卫、紧急避险却作为构成要件体系外的排除犯罪事由而存在。在大陆法系犯罪论体系中它们是属于阻却违法事由还是阻却责任事由，是有争议的。如何排解争议，使正当防卫等事由发挥最大的出罪价值，进而达到对实质违法性的正确判定，可以说是完善我国犯罪论体系较为理想的切入点。

---

* 法学博士，吉林大学法学院教授，博士生导师。

一、各种犯罪概念中的犯罪本质的历史沿革

概念是指反映对象的特有属性的思维形式。[①] 人们通过实践，从对象的许多属性中，抽出特有属性概括而成，是对事物属性的一种理性认识。犯罪的概念是犯罪论的基石，是所有犯罪的共有属性，是犯罪构成的抽象化，大陆法系国家自有刑法学流派起，硝烟战火就没有停止过，近一百年来犯罪概念的发展可分为三个时期，即古典学派、新古典学派及目的行为论。大体而言，存在两种主要的观点：一是犯罪的形式概念，二是犯罪的实质概念。

自有刑法学派以来，由于对行为的认定发生歧义，出现了各种不同的犯罪概念的对立。其中，古典学派以自然科学作为其考察因果的基础来构筑其理论体系，并坚守犯罪的形式概念。依古典学派的犯罪论，行为一旦被认定存在时，就应依构成要件该当性、违法性和有责性的次序，对该行为予以犯罪性的判定，其犯罪概念注重法律要件之客观与形式性，因此其对于犯罪所为的判断，坚持严守法律的规定，尽量避免做哲学上的判断、心理学上的认定或社会学的评价，借以确保法律之安定性。“通常所说的犯罪往往是法律规定为犯罪的行为，它被称为形式意义上的犯罪（形式犯）”[②] 该学派恪守法律性规定的用意无可厚非，但因其过分注重对犯罪行为的法律形式的判定，则产生了对其所做的犯罪判断是否可达到正当性认定的目的的疑问，进而新古典学派粉墨登场。

20世纪初，在哲学领域出现了新康德学派的认识主义和价值论哲学，导致传统的犯罪概念面临重大修正。首先，学者站在价值与理想的立场观察刑法的本质，认为刑法上的价值与作为被价值评判对象的经验事实本身，在概念上应当予以区别。但依价值观点而提出的犯罪概念在大体上仍不失古典学派的色彩，被称为新古典学派。新古典学派将古典学派主张的构成要件要素仅属于叙述且与价值无关的命题修正为在构成要件要素中有所谓的规范要素的存在；在违法性方面，违法不仅是对法律规范形式的违反，而系对实质之法益的侵害。这种实质的观察方法，使不法被认为是依侵害不同的法益或虽属同一法益但因侵害程度不同而加以区别。若没有引起法益侵害，构成要件该当性固无违法性可言，或其所引起的法益侵害微不足道，则可以站在可罚

① 《辞海》，上海辞书出版社1989年版，第1488页。

② ［日］大谷实：《刑事政策学》，黎宏译，法律出版社2000年版，第23页。

的违法性立场，对行为予以不同的处理。[①]

目的行为论的犯罪理论认为，构成要件应包括一切行为的要素，致使本来属于责任要素的故意被认为构成要件要素，使有责性的内容只私下含有规范意义的非难可能性与违法意识而已。在违法性方面，目的行为论认为法律不应禁止一切法益侵害的行为，而只应对逾越社会生活秩序的法益侵害，才有禁止的必要。所以在考察违法性时，不仅考虑对法益所造成的侵害或威胁，同时对行为人所使用的侵害法益的方法，亦应考虑在内，因而强调行为无价值，至于结果无价值只处于次要的意义。另外，由于故意影响着违法性是否存在及强弱程度，所以故意一方面是构成要件要素，另一方面是违法性要素，由此，故意这一要素使构成要件该当性与违法性的关系逐步加强，进而导致二者的结合，形成二元式的犯罪成立理论。二元式的犯罪成立理论所主张的犯罪概念侧重于对犯罪本质的揭示。

古典学派、新古典学派及目的行为论在揭示犯罪概念时侧重点有所区别，但它们都在试图阐明一个共同的话题，即犯罪概念作为犯罪这一社会现象特质的反映，应当着重解决两个问题，一是什么行为是犯罪，二是刑法为什么将这些行为规定为犯罪。第一问题揭示的是犯罪的形式特征，第二个问题揭示的是犯罪的实质特征[②]。所以，科学合理的犯罪概念应体现为形式与实质特征的最佳结合，即我们常说的犯罪综合概念或统一概念。犯罪概念的形式特征常常与刑事违法性联系在一起，实质特征则因犯罪论发展的不同阶段或不同的国家而表现为权利侵害说、法益侵害说、义务违法说、规范违反说及社会危害性说。社会危害性说是我国刑法学界关于犯罪本质的通说观点，“行为的严重社会危害性是犯罪的本质特征”，[③] 与大陆法系国家的相关论点相同，旨在揭示犯罪的本质，起到异曲同工之妙。以此审视前述关于犯罪概念的各种学说，可以发现，古典学派的犯罪概念囿于形式性而导致对实定法的绝对、机械的适用，不利于对人权的保护而为多数人不采，目的行为论是在二元式的犯罪成立前提下得出的关于犯罪的实质概念，结论可取，但二元式的犯罪

---

① 构成要件该当性是相同的，但若其程度有所区别，即使符合犯罪构成要件所规定的结果，因其属于轻微犯罪，基于微罪不举的原理，在侦查阶段时应予以不起诉的处分，这相当于我国刑法第13条的但书内容；在裁判立足于可罚的违法性立场，以为法益侵害轻微，虽符合构成要件仍属于不可罚的行为，可做无罪处理。

② 虽然有学者认定犯罪概念所要解决的还包括第三个问题，即应当将哪些行为规定为犯罪，但这是从犯罪学角度对犯罪概念应然性界定的结果，刑法学的犯罪概念无论是形式性特征还是实质性特征，都是在刑事立法的框架下实然性界定的结果，不宜强调实定法的应然性。

③ 马克昌主编：《犯罪通论》，武汉大学出版社1999年版，第19页。

论结构模糊了构成要件该当性与违法性的关系，没有得到认同。其后在融合的潮流中，皆具有客观主义色彩的古典学派、新古典学派及目的行为论者在走向借鉴和融合，典型表现是混合犯罪概念的提倡。

从犯罪概念发展的过程中，可以得出如下结论：一是犯罪概念与犯罪构成及犯罪成立体系应体现为里外印证的关系，犯罪概念是基石，犯罪构成体系必须对其加以具体体现。二是犯罪概念本身不是孤立发展的，是在犯罪构成体系逐步完善的过程中得以发展和演进的。无论是古典学派还是目的行为论在阐释犯罪的概念时无不将其与对犯罪成立的判定标准紧密联系起来，前者倡导三元式的犯罪成立体系，后者倡导二元式的犯罪成立体系。二元式是指将犯罪成立要件中的构成要件该当性和违法性结合成一个构成要件的犯罪理论，其犯罪成立要件只须构成要件违法性（即构成要件该当性与违法性结合在一起），与有责性二者，犯罪即可成立。在一定范围内说，二元式犯罪构成理论有一定的合理性，在某些犯罪如过失犯罪、不纯正不作为犯罪，其本身欠缺独立的构成要件，如不考虑其所违反的注意义务或作为义务，则无法判断其构成要件该当性，而注意义务和作为义务都属于违法性层面的内容，在这个意义上说，违法性与构成要件该当性并不都是如古典学派所倡导的构成要件该当性乃纯客观的、中性的、无评价意义的因素，也包含有价值评价的因素，即与违法性结合在一起。这一观点被大陆法系主流刑法理论所接受，使递进式的犯罪成立体系，即构成要件该当性、违法性和有责性的判定模式成为当下犯罪成立的标准，且强调构成要件该当性、违法性和有责性三者呈现各自的独立性。

犯罪本质在很大程度上是通过犯罪概念体现出来的，而犯罪构成体系又是犯罪概念的具体化，这就要求犯罪构成体系不仅仅要反映犯罪的形式特征，而且必须反映犯罪的本质特征，尤为重要的是，犯罪的本质特征应通过犯罪构成体系中的某一构成要件这一载体体现出来，犯罪本质在学理上有权利侵害说、法益侵害说、义务违法说、规范违反说及社会危害性说等不同的称谓，这些不同的表述在大陆法系犯罪成立体系中外化为违法性，在我国犯罪构成体系中外化为犯罪客体。违法性和犯罪客体成为犯罪本质的实定法载体。

二、实质违法性的确认

按照美国学者 George. P. Fletcher 的分析，法律的产生有两种模式，一是规则（大陆法），二是范例（普通法），前者体现为立法对规则界限的规则和词句进行工作，后者通过识别犯罪的核心形象并且处罚它来进行工作。但两者有交叉，“那些以范例进行思考的人必须含蓄地求助于规则。同时，那些试图探讨各种规则用语含义的人，又要回过来求助于在实施所讨论的犯罪中所形成的对基本的违法行为的共同形象”。[1] 作为以规则形式建构的法律体系，违法行为的特征是规则给行为贴上错误的标签，犯罪成为“法律禁止的恶”，如此，实施违法行为的本质就从对一名被害人的侵害这种范例转向否定国家权威了。违法性是犯罪的表征，即强调的是行为与法律规则的对抗和抵制，在有规则存在的前提下，任何时候违反该规则都是错误的，这代表了行为和刑法规则之间在逻辑上的不协调。但这不意味着犯罪的全部，特别是无法包含为什么违反规则本身就是错误的解说。对这问题的解说正是关于犯罪的本质问题的回答。

（一）大陆法系刑法违法性的实质判定

犯罪行为是由行为人实施的，但对违法性的判定应着重从客观上对行为加以评价，这就要求将犯罪与犯罪人相区别的，应将犯罪放在不同的问题中加以剖析和阐释，可以看出，犯罪的本质问题与抽象犯罪有关，而对某个人所实施的具体侵害行为的判定则是与具体的犯罪人有关的。前者则更多地与下列概念联系在一起，如违法行为、违法性、实施违法行为、犯罪、犯罪现象、危害行为；后者则更多地与下列概念联系在一起，如归责、归罪、责任、应负责任、罪责、应当受到谴责性、罪过[2]。所以前者要解决的就是违法性的判定问题。

违法包括两方面内容，实质违法性与形式违法性。关于形式违法性和实质违法性有不同的表述，以行为是否单纯违反实定法作为认定违法性的有无的标准，称为形式违法性，认定违法性的有无除在于行为与法规的关系之外，还应涉及对行为本身内容的评价，称为实质违法性。就形式方面予以观察，凡违反刑法规定，称为违法，即形式违法性论，就实质方面予以观察，凡侵害一定法益，称为违法，即实质违法。一般采取以为违反刑法规定又侵害一定法益之情形。也有学者认为，“犯罪系不法行为之一种，不法行为中所包含之不法之性质，即所谓违法。就形式上而言，违法即违反法律所命令或所禁之准则，或单谓之法定准则之违反。就实质而言，违法即对于法律上所保护法益之攻击也。违反法定准则之行为，必致侵害法益。侵害法益之，亦必与法定准则相违反。故无论从形式上的，或从实质的说明，均足以违法之意义。

① George . P. Fletcher:《刑法的基本概念》，王世洲主译，中国政法大学出版社 2004 年版，第 101 页。

② George . P. Fletcher:《刑法的基本概念》，王世洲主译，中国政法大学出版社 2004 年版，第 96—97 页。

然总不如从两方面说明之为得当耳”[①]。高仰止主张目的行为论的违法性论，认为违法之意义，复可从形式的违法与实质的违法，予以剖析。违法之形式意义，乃谓法律上禁令与命令之违反，亦即行为具备刑法各本条构成要件该当性，则已具有形式的违法性，形式意义的违法，尚不能谓为违法性之内容，予以完全之说明，故对违法性的决定，宜从实质之观点加以认定。唯判定违法之际，除应考虑法益之侵害外，应另依社会生活之常轨，法律秩序之精神与目的，参酌而认定之，不可偏废一端。

违法性的确认与两个因素有关，一是与构成要件的关系，二是与法律规范的关系。学者对违法性与构成要件的关系认为不一，有的主张构成要件是违法性的征表或认识事由，可称为征表说；有的认为构成要件是违法性存在的事由，可称为存在事由说；有的认为如构成要件含有评价规范性因素，则构成要件是违法性存在的事由，否则，构成要件则是违法性的认识事由，可称为折中说。存在事由说强调行为一旦符合构成要件该当性，则同时具备违法性，从另一角度承认了构成要件含有一切违法要素。这一结论有悖于大陆法系国家犯罪成立的三层次递进式的判定模式，将违法性完全融会到构成要件该当性中，使违法性本身丧失了独立的评价价值。这一观点不足取。事实上构成要件并不一定包含一切违法要素，即使有时构成要件含有规范要素，也不能把符合构成要件行为都视为违法性行为，将构成要件视为违法性的认识事由的征表说正是抓住了这一关系，认为行为该当于构成要件时，可推定行为的违法性，但这只是初步的推定，若构成要件该当性行为缺少违法要素，或存在阻却违法事由，则前一推定被推翻，结论是该行为虽该当于构成要件而不违法。折中说同样存在承认构成要件等同于违法性之虞，亦不足取。其实，无论哪一种主张，必须遵循二者自身的特质，即构成要件的法定性、类型性、定型性与基础性，违法性的被认定性及被推定性。从积极的意义上说，构成要件该当性可以说是违法性类型，即形式违法性的类型，从消极的意义上说，若存在阻却事由，对构成要件该当性的判定止于客观而无须进入有责性的认定。而消极意义判定即是一种实质的判定。所以违法性的本质着重于对法益是否造成侵害或存在侵害威胁。

（二）我国犯罪构成体系中的违法性的实质判定

行为违法性的实质在于对法益的侵害，法益被表述得不尽一致，有时被称为社会认可的有价值的生命利益，有时被表述为“法律价值”或“法律利

① 蔡墩铭：《刑法总则争议问题研究》，五南图书出版公司2001年版，第131页。

益”，有时被称为“刑法保护的对有秩序的共同生活所必需的价值、制度和状态”，法益概念提供了一种立法者和法律适用者在制定和解释各种体例条文时都必须引用的评价准则，法益原则使国家刑事权力的界限问题明显化了，并且能够引导出一种理性的方法。为什么侵害同一法益的行为会受到不同的处罚，如盗窃和抢夺，法益的损害是相同的，各种对法益侵害的行为都必须在考虑其具体行为样式的情况下受到刑罚处罚。

“法益概念最大的价值是使国家对每一个形式上违反国家刑法规范行为的惩罚权变成不是理所当然的，而是必须予以证明的。一个行为即使形式上违反了刑法规范并具备了刑法规定的犯罪构成，如果不能证明它实际上侵犯了法益，它就不具有实质的违法性，因而就不是犯罪，国家不得予以处罚”。[①] 用法益概念和理论来衡量我国的犯罪构成理论中关于犯罪本质的认定，归位于犯罪客体概念范畴的使用，犯罪客体是指刑法所保护的，为犯罪行为所侵害或有侵害威胁的利益、权利、秩序或制度。质言，法益侵害和犯罪客体所要阐释和证明的问题是相同的，即都在回答犯罪的本质是什么，主权国家为什么对某一行为予以刑法上的否定性评价，只不过前者是学理的探究，后者是实定法的明确性规定。

综观犯罪客体在我国犯罪构成体系中的地位及对违法性的实质判定所起到的价值，有些问题亟待解决：第一，犯罪客体体现在犯罪构成要件中是否合适；第二，犯罪客体的内容应是什么；第三，犯罪客体的功能如何定位。第一问题的答案是，在目前情况下，犯罪客体有存在的必要，不能将其从犯罪构成体系中剔除，原因在于是犯罪概念与犯罪构成及犯罪成立体系应体现为里外印证的关系，犯罪概念是基石，犯罪构成体系必须对其加以具体体现，这一具体体现就是通过犯罪客体完成的，即犯罪客体是对犯罪本质的正面的积极的反映，但其内容应修正。我国犯罪构成中的犯罪客体归结为社会关系说，最终演变成权利说，但权利说范围过窄，应以利益说为内容，这一点在我国刑法典已有所体现。刑法第13条和刑法第2条都体现了利益价值，刑法分则各章章名也体现的是一种利益。犯罪客体的内容确定为利益后，其机能也就显现出来，即成为刑法分则划分体系的重要依据。第三个问题的答案是犯罪客体是构成要件的基础，成为刑法解释的重要工具，同时是刑事立法的重要依据，是刑法分则体系的编排依据。第三个问题的答案正是促使我们反思犯罪客体对判定实质性违法充足与否的动因所在。前述的犯罪客体的功能是从静态的、外在的方面的描述，没能揭示犯罪客体与实质性违法的关系，

① 李海东：《刑法原理入门（犯罪论基础）》，法律出版社1998年版，第16页。

而对实质性违法的判定恰恰是解决行为人刑事责任有无、大小的关键一环。这不是犯罪客体本身的不足，而是其无法承载或完成对其自身加以证明的任务。一般来说，犯罪客体是对犯罪本质或实质违法性的回答，在我国犯罪论体系中，犯罪的本质表述为社会危害性，行为符合构成要件即可以推定行为具有社会危害性，这是对行为实质违法性的正面评价，但正面评价却是因推定而得出的结论，显有不足，补足的路途是从实质违法性的另一个评价侧面着手，即社会危害性的消极侧面的评价，即将阻却实质违法的事由如正当防卫、紧急避险作为衡量行为不违法的消极侧面的评价标准。

三、实质性违法判定的双重标准的建构

（一）大陆法系刑法中的实质性违法的判定标准

一切法律都是以保护社会的利益或价值为己任，违法行为必对法律所保护的社会利益或价值有所侵害，而刑法所要保护的社会利益通过法律规范的方式明定出来，在罪刑法定原则框定下，不应仅仅看到行为违反法律规范的一面，更应看到行为在本质上系侵害社会利益或价值的行为。一种行为若仅在表面上形式上违反法律，但实质上并未侵害到法益，则不能认定为真正的违法行为；一种行为一方面侵害了法益，但在另一方面又在保护法益，则是否认定行为的违法性，则有待判断；一种行为不仅在表面上而且在实质上具有违法性，则应予以刑法上的否定性评价。刑法对前两种行为的认定，基于消极阻却事由的存在，而排除其违法性，对后一行为的认定，因不存在消极的阻却违法事由而具有违法性。可见，违法的本质在于行为侵害了法益或侵害不严重，而阻却事由恰恰阻断了行为对法益的侵害而使行为与违法性相分离，无须进入刑法评价的视域。大陆法系刑法理论虽没能将犯罪本质外化为具体的、必要的构成条件，并不意味着其对犯罪成立的无意义，相反却在实定法的框架内，树立了对犯罪本质即实质违法性的双重判定标准：一是以构成要件该当性即为违法性类型，推定行为具有法益侵害性；二是存在阻却性事由时，推定无效。如此，“基于犯罪构成要件符合性的法益侵害或威胁的犯罪实质评价，表现出客观主义的严谨，在犯罪的限定中凸显刑法的人权保障机能；而基于主观恶性、人身危险性所表现出的危害显著轻微而做出的严重危害性（犯罪实质）的否定评价，折射出客观主义主导下的主观主义的灵活，在犯罪收缩中彰显刑法的人权保障机能”。[①]

① 张小虎：《犯罪论的比较与构建》，北京大学出版社 2006 年版，第 408 页。

大陆法系犯罪成立理论是将阻却事由归属于违法性，且是作为消极性的评价因素而存在的，就会出现这样的局面：构成要件该当性行为因具有违法要素而在原则上被认为违法行为，但并非最终一定受到违法性评价，若有特别情势的存在，应将被认为构成要件该当违法的行为推翻，阻却违法否定违法，特别情势是因刑法不仅仅有命令规范和禁止规范，还有容许规范的存在，即法定的否定行为为犯罪行为的事由，如为维护社会秩序而依法令、命令的行为，为实现社会公平而行使业务的行为，为保护正当利益而行使正当防卫或紧急避险的行为。基于这些特别情势，本来具有反价值的违法行为，却被认为阻却违法，原因在于阻却违法事由本身所具有的价值。如何衡量这一价值，在大陆法系国家刑法理论中存在社会相当性说、优越法益保护说及目的说。

社会相当性说主张违法性的实质在于行为违背社会生活常轨，社会对任何行为有一定的忍耐限度，如没有超过这一限度则无认为违法性存在的必要。否则，存在违法性。该说从法秩序的整体精神出发，并重于行为有价值和结果有价值，无论行为无（反）价值或结果无（反）价值，都可能构成违法，即关注行为的样态，也注重结果对法益的侵害。但缺点在于判定标准过于抽象而难以适用。

优越法益保护说主张违法性的实质在于法益侵害，即破坏了刑法所保护的法益。虽然刑法通过“社会政策的最后手段”——刑罚保护法益，而所保护的法益具有辅助性的特点，[①] 但应从法益冲突的角度来解释阻却违法事由的立论基础。该说主张如为保护较大利益而侵害较小法益或价值相当法益，是符合刑法所保护的目的，如为保护自己的生命而杀死侵害者（正当防卫），为灭火而夺取他人的灭火器（紧急避险），获得被害人的同意而损坏其财物（经被害人承诺的行为）。该说只注重结果无价值而忽视行为无价值。

目的说认为违法性的实质在于违背国家为社会共同生活所设定的目的，“对于行为的实体内容进行认定时，必须以国家规定的产生于经验的共同生活目的为依据。如果一个行为表明是实现国家规定共同生活目的的适当的方法，那么，虽然该行为符合构成要件的适当性，但也不违法的，”[②] 但国家社会生活共同目的是一个相当抽象的概念，无法衡定行为的正当性，没能得到认同，

① 因为刑法仅仅保护法益的一个部分，同时刑法对这个部分的保护也并不问题一般性的，这也是人们所说的刑法的“零碎”性质。参见［德］克劳斯·罗克辛：《德国刑法学总论》（第1卷），法律出版社2005年版，第23页。

② ［德］李斯特：《德国刑法教书》，徐久生译，法律出版社2000年版，第214页。

我国台湾地区学者蔡墩铭教授在论证该问题时虽列举了违法阻却事由学说的目的说，但认为“刑法所列举之各种阻却违法事由，均可依社会相当性或优越利益保护之观点予以说明。从而社会相当性或优越利益之保护，皆不失为阻却违法事由之原理，故无论于阻却违法事由存在之认定，或对于阻却违法事由认其为过当，不能不以此为根据。”①

正当防卫与紧急避险在刑事责任发展的各个不同阶段上，都是重要的主旋律。这两个思想早期是作为免责条件出现的，但是在历史发展的过程中，又产生了正当化的请求，要么作为最初的免责功能的补充，要么作为其替代物。正当防卫和紧急避险是基于正当性不为罪，还是基于正当性不可罚是有过争议的，但无论持何种观点，正当化事由作为衡定实质性违法的一个标准已发挥不可替代的作用。大陆法系刑法理论的阻却违法事由除正当防卫和紧急避险外，一般还包括依命令行为、业务上正当行为等。为最大限度地发挥阻却违法事由的出罪功能，刑法上的阻却事由不仅有法规上的明确列举，另有超法规的阻却事由，前者见于法律的明文规定，后者虽未见于法律的明确规定，但应与法规上的阻却事由同样对待，一般包括经承诺的行为、自救行为、自损行为和器官移植行为。

（二）我国实质性违法判定的双重标准的建构

违法性的判定首先是形式的判定，因法定构成要件的存在，这自不待言，重要的是违法性的实质判定。针对我国犯罪构成体系的现状，本文主张在保留犯罪客体的前提下，将正当防卫和紧急避险两种正当化事由提升到与犯罪客体并列的地位，由此形成立足于客观主义前提定带有主观主义色彩的双重的实质性违法判定的格局：一是积极侧面的判定，行为符合危害行为的三个特质即可推定为行为的实质违法性，二是消极侧面的判定，正当化事由的存在则阻却行为的实质违法性。②

同时，扩大法定的正当化事由的范围，尽可能将现有的超法规阻却事由上升为法律的明确规定，在维护罪刑法定原则的法定性、明确性和确定性特质的基础上，以达基于具体情由而灵活适用刑法的目的。其中以被害人承诺和自救行为上升为法律明文规定的正当化事由为例。

被害人承诺是由法谚“承诺不成立不法”发展而来的，其之所以能阻却

---

① 蔡墩铭：《刑法精义》，翰庐图书出版有限公司 2002 年版，第 187—189 页。

② 按照我国现有的犯罪论体系，正当防卫和紧急避险不是犯罪构成条件而是作为犯罪构成要件以外的排除犯罪性事由，本文不赞成将其作为排除犯罪性事由，需要加以重新审视，暂且称之为“正当性事由”。

违法，原因在于承诺者对刑法所保护的法益具有处分权，经其承诺法律对其的保护无效，而使侵害行为因欠缺违法性要素而无法进入刑法的评价范围。但承诺者对刑法所保护的法益的处分权是有限定的，超过这一限定刑法自然介入，如经被害人同意的杀人行为在意大利刑法中成立独立的罪名即同意杀人罪，在我国虽少女同意与行为人发生性关系，但同意或承诺无效，行为人仍要承担强奸罪的刑事责任。所以，被害人承诺若由超法规事由上升为法定正当化事由，必须有限定严格的成立条件，如主体条件、主观条件、时间条件及限制条件等。[①]

不依法的保护手段而采取犯罪构成要件该当的方法以保全或实现权利或回复被害之行为，称为自救行为。[②] 自救行为在学理上虽与正当防卫、紧急避险同属正当化事由，但我国立法却付诸阙如，将其视为立法的漏洞不如认为是立法者的有意回避，因立法者担心过多的私权利的救济会侵扰公权力的运用。从违法性的判定采实质性违法理论角度看，自救行为若仍以超法规的正当化事由的身份作为判定实质违法的标准，有违背罪刑法定原则之嫌。所以上策是将其法定化，但为防止民众轻视法律秩序、法律有奖励暴力之嫌，必须对自救行为的成立条件予以严格限制，即限于不可能或无时间要求公权力的救济，如不立即采取权利保全的措施，必产生无法弥补的损害，限定条件应细化。

我国犯罪论体系的完善不是一蹴而就的事情，在立足于本土化的观念资源、立法资源和适用模式的基础上，借鉴大陆法系相关刑法理论是明智之举。实质违法性的判定是大陆法系和我国犯罪论中都必须解决的问题，触及我国犯罪论体系完善的冰山之角，还有一系列问题需要解决。

---

① 参见徐岱、凌萍萍："被害人承诺之刑法评价"，载《吉林大学社会科学学报》2004 年第 6 期，第 109—112 页的相关论述。

② 蔡墩铭：《刑法总则争议问题研究》，五南图书出版公司 2001 年版，第 131 页。

社会危害性理论的理性评价

王利宾*

在中国刑法学中，社会危害性理论处于核心的地位。按照这一理论，犯罪的社会危害性不仅是犯罪论，而且是整个刑法学体系的基石，有关犯罪与刑罚的一切问题都应从犯罪的社会危害性方面来解释。[①] 这种观点曾经是我国刑法界的通说。但近些年来，这一理论受到了激烈的批判和质疑，既有人倡导削弱其地位，也有人主张在注释刑法学中对其彻底清理。这些不同的见解直接涉及我国刑事立法、司法和行刑理论的发展方向，所以有必要对社会危害性理论进行再审视，以确立其应有地位。

从法学研究的角度看，刑法的动态运作一般要经历三个阶段：制刑、量刑和行刑。我们认为，按照刑法发生领域的不同，其指导理论具有根本性的变化。

一、制刑阶段

由于 1997 年刑法明确规定了罪刑法定原则，所以我们称谓的制刑阶段就是成文刑法成型前的制定阶段。在这一阶段中，立法者的任务是为整个社会确立能保证社会有序运转的成文刑事法律。由于没有可以依托的成文刑法，所以罪刑法定原则在这一阶段并不能发挥作用。立法者所要思考的问题是：根据什么标准对哪些社会关系犯罪化；根据什么标准对哪些社会关系非犯罪化。在这方面，社会危害性理论和刑罚谦抑原则是确定对哪些社会关系犯罪化或非犯罪化的量标，而其中社会危害性理论更具有决定性的意义。无论是马克思所言的犯罪是“孤立的个人反对统治关系的斗争”，抑或是大陆法系所

---

* 河南公安高等专科学校讲师；中国人民大学刑法学博士生。

① 曾宪信：“建立具有中国特色刑法学科体系的设想”，载《中南政法学院学报》1986 年第 1 期。

称的对社会共同体利益的侵犯，其上升为刑法调整的高度都是因为这些行为具有最严重的社会危害性，采用其他法律制裁手段无法达到目的。首先，刑法谦抑原则发挥工具性功能，审查可能犯罪化的行为是否可采用其他法律调整。若采用其他法律能达到应有目的，就说明该行为没有犯罪化的必要，没有最严重的社会危害性。其次，刑法谦抑原则审查行为犯罪化是否具有必要性。如果从维持社会的见地去看缺乏处罚的必要性，就必须重新审查行为的犯罪化问题。但必须引起足够重视的问题是，刑法谦抑原则永远不能突破社会危害性理论划定的界限，这一理论也只有在社会危害性理论的前提下和基础上才有生存的价值。比如，刑法理论素有无被害人犯罪和自己是被害人犯罪的见解，前者如赌博、堕胎，后者如毒品犯罪。对这些行为而言，基于个人权利的立场，从刑法谦抑的角度看的确可能进行非犯罪化处理。但整体看来，这两类犯罪对社会善良风俗的危害极为重大，且犯罪化的打击效果明显，所以在大部分国家的刑法中都有明确的规定。

社会危害性理论在刑法的制定过程中发挥着决定性的作用，但其不规范的思维视角同样缺点突出。首先，社会危害性并非严谨的法律用语，本身具有强烈的道德评价意味，随之而来的必然是道德规范的过量刑法化，一些国家刑法中设立通奸罪、见危不救罪就是这方面的典型表现。其次，社会危害性本身具有易变性，在某一时期和某些社会主体看来社会危害性极大的行为可能在极短的时期被另一些人所颠覆。尤其在社会的各个转型期更可能如此。我国 1997 年刑法出台后修正案层出不穷就是最好的明证。再次，立法的主体是国家，这就决定了在刑法成文化过程中社会危害性评价的主体也是国家。而国家在评价过程中与社会中主流的见解并非一定完全一致，在秩序维持和人权保障之间，国家可能会无意识地偏重对国家和社会秩序的维护，而弱化对个人利益危害的保护。最后，社会危害性理论的终极目的与其说是非犯罪化倒不如说是犯罪化，而社会危害性本身又不是一个相对确定的成分，这就导致了许多上升为刑法的条款形同具文，这种情形不但凸显出社会危害性评价的模糊性和立法的不严谨，在现实生活中也损害了国家的公信力和法律的权威。如我国现行刑法第 258 条规定了重婚罪，实践中的适用却是少之又少。面对现实生活中频发的重婚案件，第 258 条打击无力，显得极为茫然和脆弱。对于此种情况，我们的确可以找出许多客观原因，但在刑法调整是否具有必要性的评价上的失误应当是最不能忽视的原因。

社会危害性理论在立法方面的上述缺陷是不争的事实，但我们没有充分的理由否定它在此阶段的决定性作用。因为立法者在面对纷繁芜杂的社会生活时，容易发生价值评判上的偏差，这或者是客观事物使然，或者更多是立法技术上的问题。我们相信，在制刑阶段上只要能胸怀正义，平衡秩序维持和人权保护的关系，充分发挥刑罚谦抑原则的制约功能，改善刑法立法技术，社会危害性理论的导向性评价作用会日益成熟和加强。但这种理论在司法阶段究竟出于何种地位，应当是引起我们深思的问题。

二、司法阶段

刑法成文化后的内容和实施状况是注释刑法学关注的重点。由于其鲜明的应用性价值，注释刑法学与其说是研究静态的法律条文，倒不如说是研究刑法的动态适用。那么，在注释刑法学中社会危害性理论处于何种地位呢?我们可以分别从其与定罪和量刑的关系着手进行具体分析。

（一）社会危害性理论与定罪

社会危害性是传统的刑法理论关于犯罪本质特征的一种通行的解说。然而，随着1997年刑法中罪刑法定基本原则的出现，此一理论饱受诟病。如我国学者李海东指出："对于犯罪本质做社会危害性说的认识，无论它受到怎样言辞至极的赞扬与称颂，社会危害性并不具有基本的规范质量，更不具有规范性。它只是对于犯罪的政治的或者社会道义的否定评价。这一评价当然不能说是错的，问题在于它不具有实体的刑法意义。当然没有人会宣称所有危害社会的行为都是犯罪和都应处罚。但是，如果要处罚一个行为，社会危害性说就可以在任何时候为此提供超越法律规范的根据，因为，它是犯罪的本质，在需要的情况下是可以决定规范形式的。社会危害说不仅通过其犯罪本质的外衣为突破罪刑法定原则的刑法处罚提供一种貌似具有刑法色彩的理论根据，而且也在实践中对于国家法治起着反作用。"① 我国著名刑法学家陈兴良也以德国社会学家马克斯·韦伯的形式理性与实质理性理论为分析工具，指出了犯罪社会危害性与刑事违法性之间的冲突，并明确提出"基于刑事法治的理念，理性地审视社会危害性理论，在注释刑法学中应当坚守形式理性，否定社会危害性理论。"②

我们认为，以上学者的批评不无道理。在刑事立法阶段社会危害性理论居于支配性的地位，但在刑法已经成文化后，社会危害性理论的作用必须弱化，其阵地必须缩小，其地位必须被刑事违法性所取代。之所以提出如上见解不仅因为社会危害性理论强烈的政治性、超规范性、不明确性、易变性、

① 参见李海东：《刑法原理入门（犯罪论基础）》，法律出版社1998年版，第8页。

② 参见陈兴良："社会危害性理论：一个反思性检讨"，载《法学研究》2000年第1期，第3页。

缺乏实体性，更因为刑事违法性与之相比具有巨大的进步性。首先，刑事违法性符合罪刑法定原则的主旨思想。罪刑法定原则作为刑法的一项基本原则，主要是针对罪刑擅断提出的。无论人们如何为社会危害性理论的正统地位辩护，都不能无视该原则强烈的入罪化色彩和定性分析的困难。罪刑法定原则要求指导理论为犯罪和刑罚提供确定性的标准，而这些只有刑事违法性才能真正做得到。其次，刑事违法性更能凸显刑法的人权保障功能。对民众而言，看得见的正义才是真正的正义。在与国家和社会进行抗衡的过程中，公民是真正的弱者。在此意义上，可把握的刑法是公民权利的保障书。假若国家动辄以危害社会为借口打压公民的权利，公民就会陷入一种求诉无门的孤立境地。

其实，无论从理论的角度还是从实践的角度，刑事违法性理论都能从整体上取代社会危害性理论的应有地位。在犯罪概念上，有学者为解决社会危害性和刑事危害性的冲突，主张对其进行分解，形成立法概念和司法概念。立法上的犯罪概念指具有严重的社会危害性、应当由刑法规定为犯罪、适用刑罚予以处罚的行为；司法上的犯罪概念指符合刑法规定的构成要件、应当适用刑罚予以处罚的行为。① 我们认为，这样认识犯罪概念既不准确也无必要。我国传统的混合概念模式并无不当，整体的犯罪概念必须包容犯罪的全部特征。犯罪的社会危害性和刑事违法性作为犯罪特征是客观的存在，这是任何人都不能抹杀的事实。问题的实质不是我们是否承认这一事实，而在于在不同的阶段中如何恰当地评价它们所处的地位。我们从刑法第 13 条“但书”之前的内容可以清楚地发现不是“一切……以及其他危害社会的行为”就是犯罪。只有当这些行为“依照法律应当受刑罚处罚”时，他们才是犯罪。从此可见，与社会危害性相比，新刑法最为关注的是刑事违法性内容。在犯罪构成问题上，我们可以最清楚地看到刑事违法性存在的重大意义。对犯罪的认定本质上是一种定性的分析，考量一种行为是否构成犯罪，唯一的根据就是看它是否与刑法规定的犯罪构成相合，犯罪是行为测算的公式，行为是被测算的对象。当被社会危害性评价过的类型性行为上升为刑法规定的犯罪以后，这种类型性的行为就开始摆脱社会危害性的束缚，形成了可以独立存在的刑事违法有责类型——犯罪构成。司法人员在认定犯罪是否成立时，不是看行为是否罪大恶极，是否社会危害性极大，他们只能看这种行为是否具有刑事违法性，更具体地说，是否符合犯罪构成（因为我国的犯罪成立结构

① 参见王世洲：“中国刑法理论中犯罪概念的结构和功能”，载《法学研究》1998 年第 5 期，第 123 页。

与大陆法系和英美法系不同，从组成结构模式上可以形象地称之为“齐合填充”式的犯罪构成理论体系。[①] 这种体系模式要求构成要件的同时性和横向联系性。简洁地说就是凡符合犯罪构成或刑事违法的行为就是犯罪行为。)

刑事违法性对行为犯、举动犯、结果犯和危险犯认定的作用显而易见，有争议的是情节犯问题。这种犯罪在现行日本刑法典里几乎没有，在德国刑法典里不占多数。但在中国刑法典中，属于情节犯的犯罪具有相当的比例。情节犯除了像其他犯罪类型一样具备必要要件外，还特别要求必须具备“情节严重”或者“情节恶劣”这项特征。

于是有学者认为，在这种犯罪的成立上，情节严重、情节恶劣的评价就是绝对的社会危害性评价问题，很难说刑事违法性能够发挥作用。

我们认为，这种见解并不准确。首先，在情节犯的成立上，所谓的情节严重或恶劣仍然没有超越犯罪构成的框架，对情节的描述根本上就是对犯罪四要件的描述，这些情节可以最后归结到客体、客观方面、主体和主观方面中。其次，假若说一定要承认社会危害性的存在意义，那也必须首先承认刑事违法性整体的决定性作用。也就是说，这里社会危害性所评价的情节严重或者恶劣的行为应当属于已被刑事违法性类型化的行为。[②] 很明显，比较而言，社会危害性明显居于低层次的地位，不可与刑事违法性同日而语。

(二) 社会危害性与量刑

在确定行为符合犯罪构成，成立犯罪后，接之而来的是刑罚确定问题。对犯罪人而言，刑罚一般是犯罪的理所当然的结果。所以，在此意义上刑罚存在的法律事实根据与犯罪成立的条件相统一，两者存在根据的问题就是刑事责任存在根据的问题。刑事责任的法律事实根据在于行为具备犯罪构成或实施了犯罪行为，[③] 这是我国刑法界的通说。这一命题不但证明了刑罚存在的根据，同时也深刻地表明在司法阶段刑罚的有无问题本质上不是社会危害性理论所能解决的问题，这一切都必须且只能借助于刑事违法性理论才能对行为进行评价。除依照刑法第19条、第20条、第21条、第22条、第27条、第28条、第37条、第67条、第68条、第164条的规定，如果行为人具有免除处罚的情节，人民法院可以或者应当对犯罪人予以免刑外，对绝大部分犯罪来说，确定刑罚大小仍然是必须解决的大问题。

我国刑法第61条规定：对犯罪分子决定刑罚的时候，应当根据犯罪的事

① 参见赵秉志：《比较刑法暨国际刑法专论》，法律出版社2004年版，第4页。

② 参见赵秉志：《比较刑法暨国际刑法专论》，法律出版社2004年版，第4页。

③ 参见高铭暄：《刑法专论》（上），高等教育出版社2002年版，第483页。

实、犯罪的性质、情节和对于社会的危害程度，依照本法的有关规定判处。本条是我们解决刑罚大小的主要法律依据。其中，所谓犯罪的性质，实际上指犯罪所触犯的具体罪名；犯罪的情节指犯罪人罪前、罪中、罪后的系列影响刑罚轻重的主客观情状。法条的这种排列顺序鲜明地表现了立法者的主导思想，即首先强调刑法规定的犯罪构成的决定性意义，其次强调法定情节对刑种选择、量刑幅度的巨大影响，再次关注犯罪人的其他事实因素和社会形势等对刑罚数量关系的作用。于此我们可以发现立法者的良苦用心：不是不关注社会危害性，只是社会危害性的过于抽象和极难把握，必须使其严格受制于刑事违法性，如此，才可赋予其应有之地位。

（三）行刑阶段

行刑是刑罚运作的最后一个阶段，对犯罪而言，一般都要经历行刑的过程，除非该种犯罪没有行刑的必要。行刑是刑罚目的能否实现的关键的一环，行刑的效果和状态在很大程度上反映着刑法立法和司法的科学性，行刑阶段的重要性和关键性与此可见一斑。在刑法学中，不同的刑罚目的决定着不同的行刑政策，决定着不同的行刑指导理论，也决定着不同的行刑效果。随着世界人权运动的高涨和刑法人权保障意识的增强，无论人们在刑罚是否具有报应和一般预防的目的上如何争论不休，但在刑罚目的主要是特殊预防这一点上几乎没有任何争议。既然刑罚的主要目的是特殊预防，我们就必须把人身危险性作为行刑阶段的指导性理论，并且有必要重新审视在此阶段中的社会危害性理论。在行刑阶段中我们从来不忽视社会危害性和刑事违法性理论的存在意义，但是需要客观地看待它。总体而言，社会危害性理论强调刑法秩序维持的功能，带有强烈的报应色彩；刑事违法性理论具有极强的规范性，着重刑法人权保护的意义，强调刑罚适用时必须有罪刑法定原则的确证；与前两者不同，人身危险性理论更关注犯罪人教育改造的可适应程度，理应作为行刑阶段的标准。因为无论是立法还是司法，最后都要归结到教育改造犯罪人，落实到犯罪人复归社会问题上。而在此方面，人身危险性功能突出。它不像社会危害性和刑事违法性那样仅仅定格在已经发生过的行为上，而是把关注的重心放在行为人上，放在犯罪人将来如何克服人格障碍，不再发生此类行为上。所以，我们完全可以说：强调人身危险性在行刑中的基础和导向作用较之其他更具有说服力。

总之，我国社会危害性理论的整体地位必须再审视。针对不同的法律运作阶段确定各有侧重的指导理论才是实事求是的态度，也唯有如此，才能发挥刑法的应有作用，保证刑法任务的完成。

重构我国犯罪构成理论所面临的基本课题*

付立庆**

一、重构论所面临的说服对手：维持论与改良论

（一）重构论：一个新的学术增长点

对于犯罪成立条件和犯罪论体系的研讨，近年来一直是我国刑法学界持续关注的问题，尽管总体说来，现在的观点与十年前相比“突破不大”（刘生荣博士语①），但是，这种持续的关注似乎还在升温之中，并且由个人的主张演变为群体的实践，由个人的主张上升为学术的争论，由个人的主张上升为借助国际学术界的力量。俯瞰这些对于犯罪构成理论的热烈探讨，似乎感觉到一股重构我国犯罪构成理论的磅礴气势引领着这种讨论的走向。这种重构论认为我国现有的犯罪构成理论存在根本性的问题，这些问题源自我国现有的犯罪构成理论本身，局部的修修补补是无济于事的，必须对于现有的理论体系进行重构，而重构的标本固然有多种选择，德日的阶层式犯罪论体系则是较为理想的选择。主张此说的人虽然至今为数不算众多，但是影响却越来越大，陈兴良教授、周光权教授等可以被看做是重构论的典型代表（比如陈兴良教授主编、周光权教授副主编的《刑法学》，复旦大学出版社，2003 年版，就直接采纳了德日的构成要件该当性—违法性—有责性的犯罪论体系）。一时间，重构我国现有的犯罪构成理论似乎成为刑法总论之中最为时髦的话题，并且，也和死刑问题（特别是死刑复核权的收回以及收回之后的“善后问题”）、刑事政策（特别是所谓“宽严相济”的刑事司法政策）问题等一

* 本文为笔者主持的司法部2006 年度国家法治与法学理论研究项目立项课题之“重构我国的犯罪构成理论——比较研究与路径选择”（项目编号 06SFB3011）的阶段性成果之一。

** 中国人民大学法学院讲师，法学博士。

① 见刘生荣博士在“犯罪论体系的整体性反思”中的发言，载陈兴良主编：《刑事法评论》（第14 卷），中国政法大学出版社 2004 年版，第 89 页。

起，成为学术研究中的一个增长点，为带动刑法理论研究的繁荣开展，起到了相当的作用。

(二) 重构论所面临的说服对手：维持论与改良论

然而重构论不是建立在白纸之上的，它自然面临着来自其他主张的挑战。就是说，主张在当代中国重构现有的犯罪构成理论，必然面对着对于其他不同观点的说服。对于我国目前所沿用的、源自前苏联的、被称为平面耦合式的四要件犯罪成立理论应该采取何种立场，概括说来，在重构论之外，学术界目前主要还存在以下两种倾向。

1. 维持论。在对待我国现有的四要件犯罪论体系问题上，相当多学者主张维持现状。例如，有的学者认为“中国的四要件平行模式有其存在的深厚的理论基础和实践生命力，从目前来看，还是很难推翻的。所谓二要件说、三要件说、五要件说等不同主张大多只是对四要件及其具体要素的不同组合而已”① 等。

以上维持论，概括起来，就是认为现有的犯罪构成理论在理论上比较全面，在实际中没啥问题，因此维持现状即可。主张此说的人数众多，倒也不必专门找出代表人物来，只是近年来，维持说受到了来自于改良说和重构说的有力挑战，正逐渐丧失强大的影响力，这也是必须承认的事实。

2. 改良说。认为我国现有的犯罪构成理论存在一定的问题，但是这些问题并不是实质性、根本性的，可以通过一些局部的调整来加以改进，从而“我国犯罪构成理论不必重构”。

所谓的改良说，也就是对于现在的犯罪成立理论进行修修补补。而就改良的具体方案来说，又或多或少存在一定的区别。主张改良说的大有人在，而清华大学黎宏教授新近的论文②则可以说是改良说的最新代表。

对于以上两种倾向的破除与否，将从另一个方向上决定着重构论能否稳妥立足。

二、重构论对于维持论的说服方向——“两头轻”现象及其破除

(一) 维持论所存在的“两头轻”现象

在重构论者看来，以上维持论是最为不可取的。而且在本文看来，之所以会认为我国现有的犯罪成立理论“在理论上比较全面，在实践中没啥问题”，是因为我们在相关的研究中总体上存在着“两头轻”的现象。第一头

① 参见屈学武：《刑法总论》，社会科学文献出版社 2004 年版，绪言。

② 黎宏：“我国犯罪构成体系不必重构”，载《法学研究》2006 年第 1 期。

"轻"，是理论上的，我们缺乏（尽管不是没有）对于德日犯罪论体系（以及其他的犯罪论体系）的细致关注，特别是缺乏对于相应的对照文本（比如德日的犯罪论体系）与评价文本（这里指我国的犯罪成立理论）之间的细致和全面的比较研究，由于"没有比较就没有鉴别"或者"比较不充分"就"鉴别不充分"，所以才会笼而统之地认为我们现有的四要件理论"理论上比较全面"。第二头"轻"，是实践上的，是指我们在研究中过多地停顿于以四要件为模型而提炼出来的"教学案例"，而缺乏对于现实生活之中的真实案例在现有的犯罪成立理论之中的结论妥当性与否的追问，特别是缺乏对于同样的或者类似的案例在不同的犯罪成立理论体系中的不同结论的足够关注，只是大概其地自满于"在实践中没啥问题"。正是这样的"两头轻"现象的存在，蒙蔽了大批维持论者的眼睛。

（二）说服维持论所面临的课题

认可了维持论存在着"两头轻"现象，也就明确了重构论在此问题上的说服方向：从理论和实践"两头"对于维持论予以夹击——"两头轻"现象得到破除，也就完成了说服维持论者放弃维持现有犯罪成立理论之主张的说服责任。具体说来，这里的说服责任可能包括：在理论上，第一，需要细致地关注被说服文本本身，明确、鲜明地勾勒现有的四要件体系在理论上所存在的问题；第二，就对照文本来说，需要准确勾勒德日的阶层体系较之四要件体系的优势所在（以上两个方向的任务完成，也就驳斥了认为四要件体系"在理论上比较全面"的主张）。在实践上，深入关注本国的以及德日的具体判例，特别是深入关注类似判例在不同的犯罪论体系中的实体异同的细致对比，对于这方面的跟进研究也将驳斥认为四要件体系"在实践上没啥问题"的主张。以上两个方面的解决，将是重构论对于维持说的主要说服课题，明确了这一点，也就明确了努力的方向。

三、重构论对于改良论的说服——需要的是迎难而上

（一）对于改良论的说服难度：大于对维持论的说服

就说服难度来说，重构论对于改良论的说服要难于对维持论的说服。这不难理解，改良论一开始就是以"温和的论理"形象出现的（其也认可现行的四要件体系存在一定的问题而只是提出了比较保守的、在现行的体系框架之内的"改良"方案），因此似乎更有"亲和力"和迷惑性。所以，即便是对于维持论者来说，接受改良论也比接受重构论来得容易——毕竟不需要那么伤筋动骨。也正因为如此，重构论者要彻底说服改良论者，就要剥除其迷惑性的外表，这无疑增加了说服的难度。

而且，现实说来，从“背景”上来看，也可以从另一个侧面上佐证对改良论的说服难度。在目前的改良论和重构论中，观察其代表人物，会发现一个十分有趣的现象。主张改良论（=重构否定论=渐进论）的代表论者，竟然具有着多年的留学日本的经历，而主张重构论的，则可能并不具备学术背景上的相应经历，相反却是某种意义上的“苏联刑法学的再传弟子”（陈兴良教授语）。这样的一种现象至少说明以下两点：第一，就目前看来，对于现有的犯罪成立理论采取的立场与论者的学术背景①并不必然相关（甚至是反向相关），这至少说明，采取何种立场基本上还是论理主义的，而非本位主义的，就是说，不是拿背景和立场说话的，而是力求说理的，不是“屁股指挥脑袋”的。换言之，立场主要是取决于看待问题的进路，而非论者旧有的知识结构本身。由此，这样的争论也就可能在更广阔的意义上被赋予理性的成分。第二，留日多年的学者主张对于我国现有的犯罪论体系只需作出改良式调整而“不必重构”，这样的现状同时也告诉我们，一方面现有的重构论在具体的问题切入上可能还存在不足（比如过于宏大叙事而缺乏对于具体问题的足够关注）从而给了反对者以可乘之机；另一方面，在我国现有的研究现状面前，主张重构我国现有的犯罪论体系（即重构论对于维持论特别是改良论的“说服”）还面临着相当大的阻力，任重道远。

（二）对于改良论的说服课题：决定成败的关键所在

实际上，前述改良论者也是在批判维持论的基调之上展开己说的，维持论者也可谓是改良论和重构论共同的说服对象。正因为改良论的解决方案更为折中、温和，具有一定的“亲和力”，也就具有了相应的迷惑性，因此决定了重构论者在说服维持论者接受重构论而非倒向改良论亦非固守己见时的说服难度。对于重构论者来说，其对于维持论者的说服固然只要是破除了前述的“两头轻”现象即可，而其在与改良论者的争论之中能否说服对方，则更具有实质性的意义——这不仅决定着改良论者能否放弃“改良”而投身“革命”，也决定着维持论者能否接受重构（革命）而非委身改良。

重构论者的代表人物陈兴良教授已经从对于社会危害性的系统反思和对于我国刑法学理论的知识演变的角度对于重构我国的犯罪成立理论作了有力的论证②，但是，总体说来，重构论的主张可能仍存在得之宏大失之细致的进

① 并不完全等于知识背景。

② 陈兴良：“社会危害性理论：一个反思性检讨”，载《法学研究》2000年第1期；《社会危害性理论：进一步的批判性清理》，未刊稿，以及“转型与变革：刑法学的一种知识论的考察”，载陈兴良、周光权著：《刑法学的现代展开》，中国人民大学出版社2006年版，代跋。

路上的不足。由此看来，重构论者对于改良论者的说服任务主要包括：1. 剖析改良论者的不彻底性，指明中国犯罪构成体系的根本出路在于破除这一体系本身；2. 全面、清晰揭露德日阶层体系较之四要件体系（改良论也是在接受四要件体系之下的“修补”）的优势所在，从正面主张借鉴构成要件该当性—违法性—有责性的阶层式犯罪论体系并且框定此种主张的诸多意义；以上两点是基础性的，而以下两点则是更为实质性的，即 3. 辨明改良论与重构论在具体方案上的区别与关联，明确从改良论到重构论的到达路径；4. 正面回答改良论者对于重构论者的批评。以上 4 个问题的解决与否，将决定重构论在对论争对象（特别是改良论者）的说服过程中能否站稳脚跟。

四、重构论的实现途径：激进的重构还是保守的重构？——兼评所谓的并存说

笔者在几年前与梁根林教授合作的论文中，从对社会危害性理论的检讨和反思切入，已经表达了重构我国犯罪成立理论的基本立场。[①] 时至今日，笔者的立场更加明确，那就是，我国的犯罪成立理论应当重构。这里所说的“应当”而不是“必须”，与我国刑法典中“应当”与“必须”的区分在意义上是基本对应的。具体说来，本文主张我国现有的犯罪成立理论需要重构，立场是鲜明的，口气是坚决的，而态度则是劝诱的，而非强制性的。

尽管笔者坚定地主张对于我国现有的犯罪成立理论采取重构论的立场，但是，这里还有一个是激进的重构还是保守的重构的问题。这两种不同的重构论的具体区别表现在，激进的重构论在理论上（理念上）主张重构的同时在实践（指作为理论研究载体的学术实践）上身体力行（如前所述，陈兴良教授主编的复旦大学出版社出版的《刑法学》中的犯罪构成体系即径直采用了大陆法系的三阶层体系）；而保守的重构论则“尽管十分称许重构中国犯罪论体系的主张；尽管对挑战刑法学传统体例的做法备感慰然”，但是“从实际出发，从绝大多数务实性读者的研习需求”出发，迁就于著作的体例与内容更需要兼容于国家司法考试的刑法学教学大纲及当今司法实践中通行的定罪法等，在教材编写的时候还是采纳了通行的犯罪成立体系。保守的重构论者并且认为，如果说对专攻刑法学的硕士研究生宜于采用更加新型的犯罪论体系重构刑法学的话，对法律硕士研究生，或许宜当缓一缓：待一定时间和历史检验之后；待重构的新兴犯罪论体系相对完备并普世一些之后，再转而采

① 梁根林、付立庆：“刑事领域违法性的冲突及其救济——以社会危害性理论的检讨与反思为切入”，载陈兴良主编：《刑事法评论》（第 10 卷），中国政法大学出版社 2002 年版，第 56 页以下。

取该一新型犯罪论体系，可能于他们更加相宜。[1] 保守的重构论可能还会以另外的表述方式表现出来，认为一方面引进德日的体系确属必要，另一方面又认为也应该允许我国当下的犯罪构成理论的发展，所谓多管齐下，百花齐放，在竞争和比较之中实现优胜劣汰。这样的保守的重构论，也可以称为并存论。[2]

笔者承认在教科书中直接引入德日的犯罪论体系存在着与我国现有的刑法知识系统的对接问题，因此也对上述保守式的重构论者的功利性的现实做法予以理解。但是，本文却认为，一方面由于我国现有的犯罪构成体系毕竟与德日体系存在某种程度上的亲缘关系从而也并非在知识话语上完全对立，因此即便是在面向实务型的读者的教科书中直接采纳德日体系对于他们的理解和把握也并无太大障碍；另一方面，“取法乎上，得乎其中”，如果我们总是迁就于实务读者能够接受消化我们的理论而畏首畏尾（实则就是理论上肯定实践中放弃），那么我国犯罪成立理论的真正脱胎换骨在可预测的时间内就只能停顿于抽象的理论演说。实践需要理论的引导，而这种引导，尽管令之接受起来可能尚需时日，但是，理论先行是必要的，如果理论自身已然屈从实践畏首畏尾，那么，实践自身只能在老路上依旧爬行。[3] 这样看来，激进的重构是更为彻底的立场，是我们在进行理论主张的时候，所赞赏和宣扬的一种态度。

五、余论：重构我国犯罪构成理论的理念支撑

（一）社会的转型与对犯罪的反应——从有效到合理

为什么要重构我国现有的犯罪构成理论？对此，对于维持论、改良论的说服等课题，总体上都是技术性的，是比较“形而下”的，在此之外，要主张重构我国现有的犯罪构成理论，还必须面对如下的“形而上”的课题，那就是，这种重构论的主张具有怎样的理念支撑？在笔者看来，对于这一问题的回答，必须放在社会的转型与对犯罪的反应方式的变化之中进行考察。

“犯罪论”是刑法总论的核心部分。刑法总论中的所谓犯罪论，也就是对

---

① 参见屈学武：《刑法总论》，社会科学文献出版社2004年版，绪言。

② 李立众博士在其学位论文（《犯罪成立理论研究》，清华大学2004年博士论文）之中即持这样的观点。

③ 但是，无论是激进的重构论还是保守的重构论，在不满于现有的犯罪成立理论而主张在理论上加以“重构”这一点上，是一致的。其区别或许仅仅在于论者的教科书的写作方式。但是，这只是一个面对现实的具体途径选择问题，而在对于现在的四要件的犯罪成立理论的“基本立场”层面上，激进和保守的重构论并没有本质的区别。

各论中的各种各样的犯罪类型所共通的犯罪的一般成立要件予以体系的论述，以明确相应行为是否属于值得科处刑罚的行为。可以说，刑法中的犯罪论体系就是一国的国家权力借助于刑法理论的概括而对于犯罪的规范反应体系。简而言之，犯罪论体系本身也就是一种对于犯罪的反应体系。果真如此，采用什么样的犯罪论体系，也就决定着我们对于犯罪采取什么样的反应方式。我国目前的平面四要件的犯罪论体系，是一种封闭式的注重定罪规格的体系，这一体系本身，加之我们现有的超然于犯罪构成理论的社会危害性理论和“具有中国特色”的刑法第3条“罪刑法定主义”的“双面规定”，共同效忠于刑法的有效打击犯罪，就对于刑法机能的发挥来说，是单纯地指向于社会保护（法益保护）的。而与此相对，较之我国现有的体系而言，德日的三阶层式的犯罪论体系更能实现刑法的自由保障和法益保护的机能的协调发挥。目前，我国社会正面临着从政治社会到市民社会、从人治社会到法治社会的重大转型，与此转型相适应，刑法机能的全面发挥、公民个人的自由保障机能的强调也都被推上前台。自然，任何一个现代国家都不可能听凭犯罪现象的蔓延而无所作为，但是文明国家与欠文明国家在对待犯罪问题上的主要区别或许在于，文明国家更为注重追求对于犯罪控制和反应的合理性（所谓“合理地组织对犯罪的反应”）而非有效性。社会的转型也要求我们对于犯罪的反应方式（从而相应的犯罪论体系）适应这样的转型，做到“与时俱进”。换言之，建设社会主义法治国家，建立社会主义和谐社会，都要求我们对于犯罪的反应方式由有效性的追求转向对合理性的探究。时髦一点说，这也是保障人权的宪法原则的要求，是社会主义和谐社会的体现。

（二）理论的继承与中国的特色——要创新，也要继承

要寻找重构我国现有犯罪构成理论的理念支撑，可能还需要面对一个课题，那就是，对于现有的理论体系推倒重来，完全“照搬”德日的理论，这其中“创新”与“继承”的关系怎样？

何秉松教授早在1986年就提出了“建立有中国特色的犯罪论体系”的理论宣言。而20年间，不满足于现状的刑法学界的有识之士们也从未停止对于犯罪构成理论新体系的探索，并且，也取得了一定的成果。这其中，张文教授等的人格刑法的体系（在定罪阶段不仅要考虑客观的危害行为，也要考虑行为人的人格）[①] 和陈兴良教授的罪体—罪责（后发展为罪体—罪责—罪量）

① 张文、刘艳红、甘怡群：《人格刑法导论》，法律出版社2005年版。

的体系[①]等可谓是有中国特色的犯罪论新体系的代表（对于以上两种体系的评价需要另外专文[②]）。但是，在犯罪论体系的问题上，我们真的需要更多的"中国特色"吗？或者说，我们需要什么意义上的"中国特色"？

主张在犯罪论的体系上要展示中国特色的理由，就笔者看来，台面上的理由可以说是"中国有中国的国情"，即强调所谓的"本土资源"，而未必愿意摆上台面的一层理由，就是中国这样一个泱泱大国，如果什么都学别人，只怕是面上无光。可是，尽管我们"地大物博、人口众多"、"整体上仍然属于发展中国家"等国情也属实情，但是不管怎么说，在21世纪全球化的世界、在我们追求创建社会主义法治国家和社会主义和谐社会的时代，在世界上的法治发达国家面前，我们更应该强调我们与其的"共性"而非"个性"，特别是在关乎犯罪的成立与否从而关系国民的形象名誉乃至身家性命的犯罪论体系建构上，强调与其他法治发达国家的共同之处是更为必要的。特别是我国属于大陆法系国家，并且自近代以来也与日本等国存在着刑事立法和刑法理论研究上的诸多渊源，强调这种共性也就是更有历史基础的。理论创新是必要的，但是，创新不是凭空而来的，创新不能忽视对于人类优秀的文明成果的学习与吸收。因此，要创新，先继承。而且在笔者看来，主张对于德日的阶层式的犯罪论体系的"继承"，不但是对于他国优秀文明成果的"为我所用"，在现时段来说，也是一种论证的策略。简单地说，这种策略的进路在于，不是强调"道不同，不与谋"，而是追求"取乎上，得乎中"——力倡引入三阶层式的犯罪论体系，这样，即便固有的三阶层方案未必得到完全接受，那么，至少阶层式的思考本身、违法与责任的概念区分等[③]这些，在对于三阶层体系的宣扬之中，会得到重视和强调——而这些，在笔者看来，也是在犯罪论体系上追求理论创新时所应坚持的基本前提。

① 罪体—罪责的体系参见陈兴良：《本体刑法学》（商务印书馆2001年版），罪体—罪责—罪量的体系，参见陈兴良：《陈兴良刑法学教科书之规范刑法学》，中国政法大学出版社2003年版。

② 笔者对于人格刑法体系的评价，可见付立庆：《法治的声音》，中国人民公安大学出版社2006年版，第29页以下。

③ 在这些问题上，实际上笔者与前述黎宏教授等改良论者的主张是非常接近的。

罪与非罪之疑罪的犯罪构成考察

段启俊*

罪与非罪之疑罪是指在刑事诉讼中，因事实不清、证据不足而导致对犯罪嫌疑人、被告人是否实施犯罪行为或者实施的行为是否构成犯罪难以作出正确判断的情形。为什么会难以作出正确判断呢？究其实质是用犯罪构成去进行理论与实践方面的考察，行为人的行为还不能完全符合某一犯罪的构成要件。为避免从理论到理论、空对空的考察，本文先推出一个笔者作为辩护律师亲自承办的典型疑罪案例（强奸案）。

[案情简介]：一审法院认定，2005 年 9 月 17 日中午，被告人阳前伟带着其 9 岁女儿阳小欢同县民族中学校长李移来，老师严良清及女儿严素雯等人到县城绿洲大道“菜根楼”饭店吃中饭。阳前伟与严良清同饮了 1 瓶 52°的邵阳大曲酒。约下午 2 时 30 分，阳前伟与李移来、严良清一同租的士回校。阳前伟及李移来护送已醉酒的严良清回家，接着阳前伟打电话联系医务室的袁医生为严良清输液解酒，此后阳前伟带女儿阳小欢回到自己家中。大约下午 4 时 30 分阳小欢去刘让文老师家玩，被告人阳前伟在自家卧室里休息。不久，阳前伟听到有人在敲门喊“老师”，便打开房门，见该班女生伍艳翠独自一人来请假，阳前伟便产生奸淫伍艳翠的邪念。即关上房门，一手拉着伍的左手，一手攀着伍的肩，把伍拉至里屋卧室，将伍推倒在床上横躺着，强行脱下伍的裤子，对伍实施强奸。在实施强奸过程中，伍反抗，并喊“老师，别这样”，因房外前后过往人较多，加上伍声音较大，阳前伟怕事情败露，便用枕头捂住伍艳翠的嘴鼻，继续对伍实施强奸。约 10 分钟后，阳前伟发现伍艳翠已死亡，停止了强奸行为。而后，阳前伟将伍的尸体藏于床下，用烤火箱和毛巾毯遮挡床沿。当日下午 4 时 50 分左右，李移来到阳前伟房外喊阳前伟去县政协参加篮球赛。篮球赛结束后，阳前伟同陈子玉、刘志勇老师到县人民

* 湖南大学法学院副教授，硕士生导师，法学博士。

医院看望该班因阑尾炎动手术的学生陈丽玲。次日凌晨2时许，阳等人才回到学校。阳到家后见女儿已熟睡，即将伍的尸体从床下拖出，扛着尸体从民族中学二栋和一栋教学楼经过三层楼教工宿舍的后面，爬上学校后山顶，将尸体抛于周围都是树木的山路中间，将死者伍艳翠尸体摆放头朝山上，脚朝山下，大腿掰开，膝盖弯曲的姿势，伪造成强奸杀人的现场。同年9月27日，伍艳翠的尸体被发现。经法医尸检鉴定，死者死亡原因为窒息死亡的可能性大，系他杀。一审法院于2006年11月以强奸罪判处被告人死刑，缓期二年执行。

而被告人认为，自己根本没有实施强奸杀人的行为，所作的有罪供述是公安刑讯逼供的结果。辩护人认为，本案的有罪证据不足，无罪证据充足，应依据疑罪从无的原则宣告被告人无罪。

一、犯罪客体的考察

（一）理论上的考察

按照通说的说法，犯罪客体是指我国刑法所保护的、为犯罪行为所侵害的社会关系。[①] 一个刑事案件发生了，犯罪行为必然侵犯了为我国刑法所保护的某一社会关系，而不管该行为人是谁，该行为是如何实施的。因此，只要有证据表明发生了刑事案件，不管案件事实是否查清、证据是否确实充分，也就是说，不管该案是否属于疑罪案件，它必然存在着对客体的侵犯。

但罪与非罪之疑罪案件中的犯罪客体有它的特殊性。尽管有很多案件不存在客体之疑，但还是有部分案件存在着客体之疑。当证据表明指控的犯罪行为确已发生，只是作案人是否是犯罪嫌疑人、被告人，证据不足时，犯罪对客体的侵犯就是确定的、不持疑义的。当证据只是表明刑事案件发生了，而具体是什么性质的案件难以确定，作案人是谁也存在证据不足的情况时，疑罪对客体的侵犯就存在着疑义。当案件争议不是别的，而是直指是否构成对犯罪客体的侵犯时，罪与非罪之疑罪案件对客体的侵犯也当然地存在着疑义。

当然，实践中出现的犯罪侵犯的客体到底是什么的争论，如侵犯的是何种客体，是简单客体还是复杂客体，侵犯的哪个是主要客体哪个是次要客体哪个是随机客体等，如果争论不是因为事实不清、证据不足引起的，而是人们对问题的不同认识所致，那么，该争论就不是我们讨论的疑罪问题的争论。

---

① 高铭暄、马克昌主编：《刑法学》（第2版），北京大学出版社、高等教育出版社2005年版，第55页。

值得注意的是，如果发生的案件还不能被称之为刑事案件，而只是治安案件或者是一般违法案件，虽然行为也侵犯了社会关系，但由于侵犯的不是为我国刑法所保护的社会关系，而是为行政法、民商法等所保护的社会关系，就不能将其纳入到刑法来调整，也就不存在考察其犯罪客体的问题。

(二) 司法实践中的考察

以上述强奸案为例。我们知道，强奸罪侵犯的客体是女性的性自由权利和幼女的身心健康权利。由于本案不涉及幼女，故本案涉嫌侵犯的客体是女性的性自由权利。如何证明本案被告人的行为涉嫌侵犯了被害人的性自由权利呢？则必须用相应的证据说话。但从本案的证据来看，虽有被告人的交代实施了强奸，但没有被害人性自由权利被侵犯的直接证据，如没有被害人的陈述，没有检查被害人的处女膜是否破裂，是否被奸入，是否留有被告人的精液，在“强奸”现场没有被害人遭强奸而反抗的痕迹，没有被害人的遗留物（如头发、阴毛、排泄物等），亦无证人证实强奸犯罪事实。因而，认定本案被告人侵犯了被害人的性自由权利亦即侵犯本罪客体的证据明显不足。

又如，侵犯商业秘密罪的客体是商业秘密的专用权。如果某些信息已为大家所知悉，不具有秘密性质，或者权利人没有采取保密措施而使他人通过正常渠道了解到该信息，就不属于商业秘密的范围。例如，世纪软件公司等涉嫌侵犯商业秘密罪一案的最大争议就在于是否侵犯了本罪的客体——商业秘密的专用权。一审法院认为，没有足够的证据证明“数据结构”系被害人的商业秘密，也就谈不上侵犯被害人商业秘密专用权的问题，起诉指控侵犯商业秘密的事实不清、证据不足，被告人的行为不构成侵犯商业秘密罪。检察院抗诉后，二审法院驳回抗诉，维持了原判。①

二、犯罪客观方面的考察

(一) 理论上的考察

犯罪客观方面是指刑法所规定的、说明行为对刑法所保护的社会关系造成侵害的客观外在事实特征，具体表现为危害行为、危害结果，以及行为的时间、地点、方法（手段）、对象等要素。② 对犯罪客观方面的考察，主要考察是否存在刑法所规定的危害行为，是否存在刑法所规定的危害结果，危害行为与危害结果之间是否存在因果关系。对于某些犯罪，特定的时间、地点、

① 案例参见苏凌、王新环著：《无罪案件研究》，中国检察出版社 2006 年版，第 340—360 页。

② 参见高铭暄、马克昌主编：《刑法学》（第 2 版），北京大学出版社、高等教育出版社 2005 年版，第 64—65 页。

方法（手段）、对象等是构成犯罪客观方面的必备要素。

而对于罪与非罪之疑罪案件而言，对客观方面的考察是一个重点。首先，要考察现有证据能否证明存在危害行为，如果在是否存在危害行为这一点上还存有争议的话，那么，该案在客观方面就存在合理怀疑。如果该危害行为在刑法上属于何种性质还存有争议的话，该案在客观方面也存在合理怀疑。其次，要考察该疑罪案件是否有危害结果，是否属于法定的结果犯，危害行为与危害结果之间是否存在刑法上的因果关系。如果危害结果还没有足够的证据予以证实，危害行为与危害结果之间也没有足够的证据证明其存在刑法上的因果关系，那么，该案在客观方面也存在合理怀疑。再次，还要考察该疑罪案件在构成要件上是否有时间、地点、方法（手段）、对象等必备要素的规定。如果有，则必须审查该疑罪案件中这些特定的必备要素的证据是否符合事实清楚、证据确实充分的证明要求。如果达不到证明要求，则说明该案在客观方面存在着合理怀疑。

（二）司法实践中的考察

现对上述强奸案例进行客观方面的考察。本案存在着危害行为，也存在着危害结果。现在的问题是，本案的危害行为是什么？危害结果是什么？危害行为与危害结果之间是否存在着刑法上的因果关系？本案要求的特定的时间、地点、方法（手段）、对象等要素是否真正具备？

从一审判决的主文来看，本案的危害行为是被告人的强奸并致人死亡的行为，危害结果是被害人被强奸致死，被告人作案的时间、地点、方法（手段）、对象等要素都已具备。然而，如前所述，本案犯罪行为所侵犯的客体还处于事实不清、证据不足的状况。相应地，本案客观方面的强奸并致人死亡的行为就不应当是事实清楚、证据确实充分。

1. 强奸行为的证据不足

本案强奸行为除了被告人在2005年10月23—24日这两天（被刑讯逼供）作过有罪供述以及未经法庭质证的录像资料之外，没有其他直接证据证实上诉人实施了强奸行为。而就算是被告人的有罪供述也充斥着矛盾。如没有证据证明伍艳翠在案发当天下午4:30左右到阳前伟房间请假。就假定伍艳翠当时来请假，阳前伟供述自己一只手拉着她的左手，另一只手攀着她的肩，把她带至里屋，弄到床上，却没有什么反抗，也不合情理。这对于一个只是来请假的毫无发生性关系意念的女学生而言，面对老师这种突如其来的越轨行径，本能的反应应该是惊恐万分，大声尖叫而逃离房间才对，绝不会出现半推半就的局面。如果出现半推半就的局面，也就意味着伍艳翠对于发生性关系基本是持配合的态度，而这不至于出现强奸致人死亡的后果。阳前伟还供述，伍艳翠被捂死后，一方面说自己吓傻了，一方面又能够不慌不忙地帮她穿上短裤；有时供述还帮她穿了鞋子，有时又讲没有帮她穿鞋子……所有这些，说明一点，阳前伟的有罪供述充斥着矛盾，不具有可信度。更何况，这一充斥着矛盾的有罪供述也被他后来的无罪辩解所否定。

2. 被告人因强奸而致死被害人的证据不足

具体表现在：

第一，被害人的死因不明。(1) 法医学鉴定结论不科学，没有排除死亡的其他可能性，因而不可信。该死亡原因的鉴定结论违反了鉴定结论必须来源于检验所见的鉴定原则。从检验所见中可知，法医没有检验出任何窒息死亡的证据，却得出了窒息死亡的可能性大的结论；虽排除了常见毒物中毒死亡的可能性，却未排除非常见毒物中毒死亡的可能性；虽排除枪弹、棍棒等机械性暴力致颅脑损伤死亡的可能性，却未排除其他钝器、锐器致死的可能性。显然，这样一份法医学鉴定只能表明伍艳翠的死因不明。(2) 枕头、枕巾作为指控阳前伟强奸致人死亡的直接物证，却检不出伍艳翠的唾液及其他反抗、搏斗的痕迹，反倒成了死因不明的有力证据（合议庭也当庭裁定，枕头、枕巾对于指控犯罪，没有什么意义）。(3) 在案发现场尚未发现被害人的任何物品，没有发现任何强奸的直接证据。这也是死因不明的重要表现。(4) 没有任何目击证人能够证明伍艳翠死于阳前伟家。(5) 伍艳翠尸体腐败的不同状况，说明还有其他死亡可能性未被发现与揭示。(6) 案发后调查收集到的其他可疑线索，也说明还存在死亡的其他可能性。

第二，从本案的具体情况看，认定伍艳翠是被枕头捂死的结论不能成立。(1) 用枕头捂头部，并非不能呼吸，只是呼吸困难。(2) 既然认定伍艳翠在床上一开始就有反抗，那么当阳前伟用枕头捂住其头部时，合乎逻辑的结论应该是伍艳翠反抗更加激烈，而供述中没有这样的表现与记录。(3) 阳前伟实施强奸的话，注意力在伍的下半身，对用枕头捂伍艳翠不放在心上。因而，只要伍艳翠反抗，枕头就捂不住伍艳翠，更捂不死伍艳翠。(4) 伍艳翠是一名在校中学生，在没有证据证明她不是处女以前，我们应推定她是处女。既然是处女，面对没有经过调情期的粗暴地强行奸入的行为，伍艳翠应该会疼痛难忍，且通常会发生“流血事件”，但案件材料中没有这样的问话，也没有这样的供述。就算没有出现“流血事件”，由于疼痛难忍，本能的反应也会强烈地反抗，在这样一种情况下，只要阳前伟不是积极追求或者放任死亡结果的发生，该枕头、枕巾就不可能在过失的主观心态下捂死伍艳翠。

3. 认定作案时间是2005年9月17日下午4:30左右不能成立

(1) 无视阳前伟的有罪供述的作案时间均为下午3点多钟而不是4:30。

不能因为起诉意见书认定作案时间是当天下午4:30左右不能成立而不顾阳前伟的有罪供述，想怎么认定就怎么认定。要知道，起诉书认定作案时间依据的还是原来的那些证据，而证据本身不能表明作案时间是4:30左右。

(2) 这一认定与阳小欢在家看完电视连续剧《黄手帕》(时间为下午4:32分)后才离开房间形成不合理冲突。

(3) 这一认定与李移来4:50左右来叫阳前伟去县政协打篮球形成不合理冲突。

(4) 这一认定与学生肖丹、陶李梅、龙妹(同寝室的同学)证实上完第6节课(下午4:15)回到寝室就不见伍艳翠了，形成不合理冲突。既然上完第6节课回到寝室就不见伍艳翠了，说明伍艳翠至少在下午4:15就已离开了寝室，那么她离开寝室来到阳前伟家需要至少17分钟这么长的时间吗？答案是否定的。因为学校总共才那么大，两三分钟就到了。伍艳翠在长达17分钟之久的4:15—4:32之间，到底在学校的什么地方？为什么没有人见到她的踪影？

(5) 没有任何证据证明伍艳翠在当天下午4:30左右到阳前伟家里请假。如果连案发的前提条件——伍艳翠在当天下午4:30左右到阳前伟家里请假都不存在或者都不能证实，那么又怎么能得出结论——伍艳翠被强奸、死在阳前伟家里呢？又怎么能得出作案时间是在当天下午4:30左右呢？

4. 认定转移尸体的时间为9月18日凌晨2时许不能成立

《县人民医院麻醉记录》表明，陈丽玲手术后回病房时间是凌晨2:10，陈丽玲回到病房后，陪护的同学才到医院休息室叫醒正在休息的阳前伟。阳前伟然后回到病房看望了陈丽玲，处理了相关事宜之后，才开始往学校赶，这样计算下来，阳前伟到家的时间约为凌晨3时许，因而，认定转移尸体的时间为9月18日凌晨2时许不能成立。

5. 转移尸体的供述不合常理，不符合医学科学

阳前伟供述自己把尸体扛在肩上，让尸体俯卧在肩上，双手抱住她的脚在自己的胸前。然而，这样一个扛尸的动作对本案而言是不可能做到的。因为这不符合医学科学，它没有考虑到尸僵的形成与特征。也就是说，这样一个扛尸动作不是真实发生的动作，而是阳前伟按着扛活人的思路想象出来的动作。

医学科学告诉我们：人死后全身肌肉经过一段时间的松弛，便逐渐强直变硬，将尸体固定成一定姿势，称为尸僵。尸僵通常在死亡1—3小时出现，死后6—8小时波及全身，10—12小时发展到高峰，3—5天缓解消失。结合本案指控，转移尸体的时间约为9月18日凌晨3时许，这样算来，转移尸体

时，伍艳翠死亡时间已超过10小时，也就是说，尸体已全身僵硬，被害人原来是什么姿势就是什么姿势，这个时候扛尸就不可能像扛着一个大活人那样地扛着。但阳前伟作了像扛大活人一样的有罪供述，显而易见，这一有罪供述不可信。

阳前伟还供述，他扛着尸体一口气走了三四十分钟的山路，送上了山。这一有罪供述不合常理，不具有可信度。阳前伟是个高度近视的教师，在晚上，在崎岖不平、陡峭的山路上行走，即使不带、不扛任何东西，也难以一口气走三四十分钟（经法院到现场勘察，正常人白天从“第一现场”行走到“第二现场”也需要40分钟），更何况还担惊受怕地扛着一具全身僵硬的尸体，居然不但不摔跤，还如履平地般地轻松，让人不能置信。

6. 供述第二现场的情况不合常理，不合逻辑

阳前伟供述，自己把尸体转移到山上时，尸体怎么摆放，外衣、裤脱下放在什么地方，又是如何地把她的短裤脱下，乳罩是如何被弄掉挂钩、丢在尸体的什么位置，以及扎头发的橡皮筋弄下来抛在什么位置都记得清清楚楚，实施上述动作时，如同职业杀手，显得从容自如，仿佛不是在摆弄尸体，而是在摆弄艺术品一般，让人不可思议。更何况，如前所述，既然是全身尸僵，死者的双腿是叉开且弯曲的，那么阳前伟在不撕破她的短裤的前提条件下，是脱不下她的短裤的。还有，被告人有什么必要在犯罪的第二现场把被害人扎头发的橡皮筋弄下来加以抛弃呢？这对伪造现场有什么帮助呢？

作为正常的考察而言，危害行为与危害结果之间的因果关系应当进行考察。但由于本案被告人的危害行为与危害结果均处于不能证实的状态，因而，也就无从考察被告人的危害行为与被害人的死亡结果是否存在因果关系。

总之，本案的证据尚不足以证实被告人实施了强奸（致人死亡）犯罪客观方面的行为。

三、犯罪主体的考察

（一）理论上的考察

犯罪主体是指实施危害社会的行为、依法应当承担刑事责任的自然人和单位。[①] 任何犯罪都有主体，即都有犯罪行为的实施者。有论者提出，确定犯罪主体（犯罪嫌疑人）应具备的证据条件是：“首先，应有证据证明犯罪事实已经发生并需要追究刑事责任；再就是对于排查出来的嫌疑对象，应有证据

① 王作富主编：《刑法》（第2版），中国人民大学出版社2004年版，第67页。

证明其在案发时间到过或接触过犯罪现场，具有刑事责任能力，具备具体案件中的一些证据条件如赃物、现场遗留物、作案工具或知情条件等。”① 应该说，前一个条件是确定行为人是犯罪主体的前提条件，后一个条件概括起来就是要有证据证明行为人就是犯罪行为的实施者。

但是，对于罪与非罪之疑罪案件而言，由于欠缺相关证据，导致犯罪主体往往不具有确定性，即还没有足够的证据证明犯罪行为的实施者就是本案的犯罪嫌疑人、被告人。这种没有足够的证据证明主要表现在，没有或者欠缺犯罪行为就是犯罪嫌疑人本人实施的直接证据；在主体是否达到追究刑事责任的起点年龄问题上不足以认定其已达到追究刑事责任的起点年龄；在主体是否满 18 周岁问题上不足以认定其已满 18 周岁；在主体是否具备刑事责任能力问题上不足以认定其具备刑事责任能力等。如果经反复排查后仍出现这种情况，那么，说明该案件在主体的认定上存在重大缺陷，该案件就一定是罪与非罪之疑罪案件。出现这种情况，往往与刑讯逼供等非法取证以及取证不及时等因素有关。实践中出现的作有罪判决后，真正的凶手被抓获或者被害人死而复活，导致最终宣告被告人无罪的案件，就是适例。

当然，在罪与非罪之疑罪案件中，如果行为人完全符合犯罪主体的构成要件，这时候的疑罪案件就应当从犯罪构成的其他要件中去寻求突破。

（二）司法实践中的考察

同样以上述强奸案为例。认定阳前伟是本案的犯罪嫌疑人、被告人存在着明显的证据不足。一审认定的主要证据实际上只有被告人自己的供述，与被告人供述似乎可以相互印证的现场指认笔录、县公安局出具的法医学鉴定书以及录像资料。其中，被告人供述随后即被本人的无罪辩解所否认。而现场指认因尸体被发现后围观、议论者较多，公安机关亦在阳前伟所在的民族中学为收集线索而召开过案情通报会，公开过案情（阳前伟也参加了），不具有足够的可信度。至于法医鉴定将死亡原因确定为“窒息”，只是一种可能性的推断，不能排除其他可能的死因。录像资料则因未在一审开庭时出示与质证，依法不能作为定案的根据。本案还欠缺阳前伟具有作案时间的证据。

所以，本案在犯罪主体方面存在着重大缺陷，现有证据不能证明犯罪嫌疑人、被告人就是阳前伟。

① 刘梅湘：“犯罪嫌疑人的确认”，载法苑精萃编辑委员会编：《中国刑法学精萃》（2004 年卷），高等教育出版社 2004 年版，第 263 页。

四、犯罪主观方面的考察

（一）理论上的考察

犯罪主观方面是指犯罪主体对自己的行为及其危害社会的结果所抱的心理态度。它包括罪过（即犯罪的故意或者过失）以及犯罪的目的和动机这几个要素。罪与非罪之疑罪案件在主观方面也完全可能存在合理怀疑。如直接故意犯罪就要求有行为人主观明知是犯罪行为而为之和主观追求犯罪结果的发生的证据支持；又如间接故意犯罪就要求有行为人主观明知是犯罪行为而为之和主观放任犯罪结果的发生的证据支持；过于自信的过失犯罪要求有行为人应当预见到自己的行为可能发生危害社会的结果，但轻信能够避免的证据支持；疏忽大意的过失犯罪要求有行为人应当预见到自己的行为可能发生危害社会的结果，但因为疏忽大意而没有预见的证据支持。缺乏相应的证据支持，就表明犯罪主观方面存在合理怀疑。对于某些将犯罪的目的和动机作为构成犯罪的必备要素的疑罪案件，则要求有足够的证据证明行为人具备构成该罪的目的和动机。如果不能，则该案在犯罪主观方面存在合理怀疑。

（二）司法实践中的考察

先对上述强奸案进行考察。强奸罪的主观方面是直接故意，并且具有违背妇女意志强行与之发生性交的故意内容。一审认定，阳前伟听到有人在敲门喊“老师”，便打开房门，见该班女生伍艳翠独自一人来请假，即产生奸淫伍艳翠的邪念。以此证明阳前伟具有强奸的直接故意。可证据在哪呢？除了被告人的有罪供述外，难以再找到第二种证据。但不管刑讯逼供是否能够认定，被告人的翻供与无罪辩解已使本案主观方面的孤证都不能成立，至少处于风雨飘摇之中了。因而，本案在主观方面也存在着合理怀疑。

然后对过失犯罪进行案例考察。实践中，过失犯罪的疑罪案件是比较少见的，但并非没有，所以，还是有必要加以考察。

[陈某失火案]：起诉书指控：被告人陈某于某日早晨8时许，推着自家木车，带着斧头到本村林场砍小树枝，以作芸豆架杆。在本村林场小南峪，陈某砍倒一些小树枝后，嫌少，又拿起斧头到西马道找合适的小树枝。在西马道峪口北一平台处，陈某坐下来休息，并用火柴点燃了一支烟，抽完后随意往干草地上一捻，便返回了小南峪。陈某的这一行为致林场失火，失火面积达41亩。陈某见失火后，心里害怕，藏于林中，不敢去救火，直到中午1时许趁无人之际才下山返回家中。上述事实有证人证言、书证、物证在卷证实，被告人亦有供述，足以认定陈某构成失火罪。辩护人则以调查所得证据提出被告人没有到过西马道峪口北一平台处吸烟、不构成失火罪的辩护观点，

但没有得到一审法院的采纳，一审判处陈某犯失火罪有期徒刑5年。上诉后，二审法院认为，一审判决陈某犯失火罪的事实不清、证据不足，遂裁定：撤销原判，发回重审。发回重审后，公诉机关撤回起诉，侦查机关撤销案件。①

笔者认为，陈某之所以被起诉、判刑，主要是因为陈某曾作过有罪供述，指认过失火现场，并有害怕的行为表现。之所以最终作撤销案件处理，是因为真正的着火点不是陈某供述的地点，律师调查的证人证实陈某在失火前没有去过西马道峪口北一平台处，更没有在那里吸过烟。本案是一起既有有罪证据又有无罪证据的疑罪案件。而从主观方面来看，本案如果构成犯罪的话应属于疏忽大意的过失犯罪，但起诉书及判决书认定的陈某吸完烟后往干草地上一捻的行为，并不能证明陈某有疏忽大意的过失，相反，"捻"的行为倒可以证明陈某这样做是为了防止失火，因而，也不能成立过于自信的过失。既然如此，本案在主观方面就存在着合理怀疑。加上本案客观方面的事实不清、证据不足，案件最终作撤销案件处理是正确的。

综上所述，罪与非罪之疑罪完全可以用犯罪构成去考察。只要犯罪构成中的任意一个构成要件存在合理怀疑，该案就不属于事实清楚、证据确实充分的犯罪案件，就应当按照疑罪来认定和处理。②

① 案例参见曹炳增著：《无罪辩护——十起辩护成功案例及诉讼程序的理性思考》，中国人民公安大学出版社2004年版，第92—96页。

② 需要说明的是，涉嫌共同犯罪的罪与非罪之疑也完全可以用共同犯罪的犯罪构成去考察。限于篇幅，本文没有考察，但可以参照单个人涉嫌的罪与非罪之疑进行犯罪构成的考察。

犯罪客体要件存废若干问题的思辨

庄 劲*

否认犯罪客体是犯罪构成要件的学说（否定说），已提出了二十余年，逐渐形成与通说对峙的局面。同时，否定说也分化成两大阵营：其一是积极的否认说，认为应当将传统学说所理解的犯罪客体彻底逐出犯罪构成，仅保留其余三要件即可；其二是消极的否定说，一方面虽否认犯罪客体是犯罪的构成要件，但另一方面又认为犯罪客体具有构成要件的解释机能，其他构成要件应当以客体作为核心来确定。否定说之所以得到迅速的传播，因其论据具有简明、朴素的特点，易为人直观地接受。但是，如果仔细审视其论证过程，我们就不难发现，其论据大有值得推敲的地方。本文拟对否定说的主要论据作一个问题式的整理，进而对其论证提出商榷，为通说的立场辩护。

一、犯罪客体是否会导致循环定义

否定说认为，通说将犯罪客体定义为“刑法所保护的而为犯罪行为侵犯的社会关系”，由于这个定义中已经包含了“犯罪”，这意味着成立犯罪是存在犯罪客体的前提；而如果犯罪客体是犯罪的构成要件，这意味着存在犯罪客体才是成立犯罪的前提。所以，这是先用犯罪来定义犯罪客体，再用犯罪客体来定义犯罪，是一种循环定义。①

诚然，这是通说关于犯罪客体的定义瑕疵，但这不是犯罪客体的定义独有的问题，其他构成要件的定义也存在类似的错误。如通说认为，犯罪主体是“具备刑事责任能力、实施犯罪行为并且依法应负刑事责任的自然人或单位”。在这个定义中，犯罪主体也是以犯罪的成立为前提，同时犯罪主体也是公认的构成要件。是否也可据此认为犯罪主体不是构成要件呢？

* 刑法学博士，中山大学法学院讲师。

① 肖中华：《犯罪构成及其关系论》，中国人民大学出版社 2000 年版，第 168 页。

其实，一个概念的定义存在瑕疵，与其理论地位并无必然的关系，因为定义是可以修正、完善的。只要对犯罪客体的定义稍作修正，上述缺陷即可克服。如果认为犯罪客体是犯罪的构成要件，犯罪客体应当是成立犯罪的前提，是一种在犯罪发生之前就存在的客观实在，那么其定义中就应当尽可能避免“犯罪”、“侵犯”之类的字样。所以，犯罪客体的定义可以修正为：“刑法所保护的社会关系”，这便可以避免循环定义的问题。

二、犯罪客体是否仅属于犯罪概念的范畴

否定说往往不是要否定犯罪客体整个概念，而是要否定犯罪客体的构成要件地位。他们认为，犯罪客体应属于犯罪概念的范畴，不应属于犯罪构成的范畴。[①] 因为，犯罪客体的功能是揭示犯罪的本质特征，但这不是犯罪构成要件要承担的功能，而应是犯罪概念的功能，所以犯罪客体应当在犯罪概念之中研究。[②] 可见，否定论者的逻辑是：“犯罪客体揭示犯罪本质——犯罪客体应属于犯罪概念——犯罪客体不属于犯罪构成。”这个推理要得以成立，取决于这样两个前提：其一，犯罪构成要件不承担揭示犯罪本质的功能；其二，凡是属于犯罪概念的要素，都不能成为犯罪构成的要素。然而，事实并非如此。

首先，要揭示犯罪本质，必须依赖于犯罪构成的全体要件。一般认为，犯罪的本质是社会危害性，而社会危害性应是主观与客观的统一，既包括客观危害又包含主观恶性。但是，什么是客观危害，什么是主观恶性，这依然是非常抽象的概念，要进一步说明其中的内涵，必须依赖于更为具体的主客观因素。所以，学理认为需要依赖犯罪客体来揭示犯罪本质。但是，犯罪客体只是一个法律所保护的社会关系，仅有社会关系本身不足以说明具有社会危害性，还必须存在侵犯社会关系的行为。因此，要揭示犯罪本质，还必须依靠客观要件。然而，仅有客体与客观要件，充其量只能揭示社会危害性中的客观危害，不能揭示主观恶性。显然，没有行为能力的精神病人，或者意外事件中的肇事者，都不可能具有主观恶性。因此，要揭示主观恶性，还必须依赖主体要件和主观要件。可见，犯罪构成的各方面要件，是分别从主客观的不同方面揭示犯罪的本质，脱离了犯罪构成的各要件，犯罪本质只能是一个空洞无物的概念。如果否定说的逻辑是成立的话，由于所有构成要件都

① 张文：“犯罪构成初探”，载《北京大学学报》1984年第5期。

② 张明楷：《犯罪论原理》，武汉大学出版社1991年版；陈兴良：“犯罪构成的体系性思考”，载《法制与社会发展》2000年第3期。

有揭示犯罪本质的功能，都属于犯罪的范畴，这是否意味着所有的构成要件都不应属于犯罪构成的范畴呢？

其次，犯罪概念和犯罪构成本是一体化的关系。有人可能会说，若认为所有的构成要件都有揭示犯罪本质的功能，就会将犯罪概念和犯罪构成的概念混为一谈了。其实，犯罪概念和犯罪客体本来就是一体化的关系，二者的区别仅仅在于，前者是后者的抽象概括，后者是前者的具体展开。根据逻辑学原理，要判断某一对象是否属于一个概念，只能根据这一概念的定义，据此，要判断一行为是否属于犯罪，只能根据犯罪的定义。但是，刑法学认为，要判断一个行为是否成立犯罪，其唯一依据是犯罪构成。那么，这一理论是否违反逻辑学原理呢？其实，只要认识到犯罪的概念和犯罪构成要件是一体化的关系，问题就迎刃而解了。由于犯罪构成要件是犯罪定义的具体展开，当我们运用构成要件来判断犯罪时，其实就是运用犯罪的定义来判断犯罪。在大陆法系理论中，犯罪的概念就是直接由犯罪构成的要素来定义的，认为犯罪是“符合构成要件的违法的有责的并且具有可罚性的行为”，而其中“符合构成要件”、“违反”、“有责”、“具有可罚性”，即为其犯罪构成中的要素。我国刑法学表面上虽然将犯罪概念和犯罪构成要件分立，但抽象的犯罪概念必须依赖具体的犯罪构成来解释。既然犯罪概念和犯罪构成是从抽象到具体的一体化的关系，各构成要件当然属于犯罪概念的范畴。

所以，虽然犯罪客体具有揭示犯罪本质的机能，但无法因此推断犯罪客体不属于犯罪构成，因为犯罪构成各要件本来就是为揭示犯罪本质而存在的。

三、犯罪客体是否没有法律根据

既然要奉行罪刑法定，所有的犯罪构成要件都必须有刑法上的根据，但在大部分的罪状中，刑法对客体往往语焉不详，于是，否定说提出了猛烈的诘难。他们认为，刑法除了对类犯罪客体有所表明外，对决定具体行为具体性质的所谓直接客体并没有直接明确规定；[①] 大多数罪的客体都是理论家概括出来的，不具有立法上的根据。[②]

但是，刑法条文没有明文规定的东西，是否即为刑法条文排斥的内容呢？这似乎不符合刑法解释学原理。根据刑法解释学，犯罪构成源于条文，但又超越于条文，因为犯罪构成不是刑法条文的照搬，而是对刑法条文解释的产

---

① 唐世月：“犯罪客体不应作为犯罪构成要件”，载《法学杂志》1998 年第 6 期。

② 王仲兴：“反思与重构：犯罪客体新论”，载《中山大学学报》（社会科学版）2003 年第 2 期。

物。“要明确构成要件的内容，就必须进行解释”。[①] 刑法典必须以语言作为载体，但是由于语言天然的局限性，刑法条文总是无法将包罗万象的犯罪样态巨细无遗地予以归纳，要使刑法典能够适用于所有的案件，就必须对条文加以解释。“每一个法规范均须进行解释，即使‘表达清楚的条文’也需要解释，这是因为法条所具有的法学意义，可能与通常的理解有所不同。”[②] 如果认为只有刑法条文规定的才能成为犯罪构成的内容，那么很多现行普遍承认的犯罪构成理论都是缺少法律根据的。例如，刑法典没有明文规定不作为犯的作为义务的来源，也没有明文规定过失犯罪中注意义务的来源，但这些都是公认的构成要件的内容。“在法律没有谈到表明具体犯罪构成客体的因素时，应该用解释法律的方法加以补充，特别要利用其他更为一般的规范中关于客体的规定。”[③] 例如，我们可以从刑法第 232 条“故意杀人”的“人”，推断本罪的客体是人的生命权；可以从刑法第 189 条的“违反票据法规定的票据”，推断本罪的客体是票据管理秩序。

有人可能会反驳，大部分的罪状都没有明示客体，说明这种现象是立法者在制定法律时刻意为之，暗示犯罪客体不是构成要件。诚然，立法者是故意不在条文中规定犯罪客体，但这并非刻意排斥客体要件，而是为了应大众化的语言习惯而已。刑法不仅是裁判规范，用以指导司法官裁判，刑法同时是行为规范，通过刑罚的规定指导国民的行为。因此，刑法需要以国民通晓的表达方式来表述，而客体作为法律保护的社会关系，总是比较抽象的，直接将客体在刑法条文中予以表述，国民未必都能明白，不能充分发挥刑法作为行为规范的机能。例如，刑法可以将故意伤害罪表述为“故意侵犯他人的健康权”，但未必所有民众都能充分理解什么叫做“健康权”，还是以“故意伤害他人身体”的表述更为通俗。但是，我们不能因为刑法为了服从通俗的表达习惯，就否认犯罪客体的法定性。事实上，犯罪构成理论中的很多概念，也是刑法中没有明文规定的，如刑法典本身没有“犯罪构成”的概念，我们是否会因此否定犯罪构成的法定性呢？

四、犯罪客体是否与其他构成要件不协调

有否定论者提出，通说认为犯罪构成要件是一种事实特征，而犯罪客体

---

① ［日］大谷实：《刑法总论》，黎宏译，法律出版社 2003 年版，第 102 页。

② ［德］汉斯·海因里希·耶赛克、托马斯·魏根特：《德国刑法教科书》，徐久生译，中国法制出版社 2001 年版，第 190 页。

③ ［前苏联］A. H. 特拉伊宁：《犯罪构成的一般学说》，中国人民大学出版社 1953 年版，第 104 页。

由于其内涵是一种社会关系，不可能是直观、具体的事实特征，这和通说对犯罪构成的属性是矛盾的。[①] 也有人认为，由于其他的犯罪构成要件都是具体而实在的事实特征，唯独犯罪客体是应当归属于犯罪概念的抽象范畴，使得犯罪构成在结构上是不协调的。[②]

诚然，犯罪客体作为一种社会关系，属于一种规范的要素，比之于犯罪构成中的人、财物、毒品、弹药等记述的要素，是要相对抽象的。但是，如果犯罪客体是规范的要素就否定其是犯罪构成的一员，则是一种严重的理论倒退。德、日刑法理论早已发现，构成要件的要素可以区分为记述的要素和规范的要素。所谓记述的要素，是指构成要件中仅凭法官的解释、认识活动即可确定的要素，如“杀人的”中的“人”和“杀”的行为，根据大致的事实认识活动就能认定，属于记述的要素。德国著名刑法学者贝林格(E. Beling)首先提出了系统的犯罪构成要件理论，他认为构成要件是“犯罪类型的轮廓”，只包括客观的、记述的要素，而不包含主观的、规范的要素。但是，贝林格的理论后来受到了挑战，因为构成要件中有些要素，是不可能仅凭法官的认识活动就能够把握的。例如，财产犯罪中“他人的财产”中的“他人的”，这是一个关于所有权的判断，必须从规范的角度加以把握。于是，另一著名学者迈耶（M. E. Mayer）发现了“规范的要素”的概念，认为罪状中存在规范的要素。后来，构成要件理论的集大成者麦兹格(E. Mezger)明确提出，构成要件不仅包括客观的、记述的要素，而且包括主观的、规范的要素。所谓规范的要素，是指需要法官有规范的、评价的活动才能把握的构成要件要素。规范的要素可以分为两种：一种是法的规范要素，如构成要件中物的他人性、狩猎权、监护人、公务员等概念，必须联系法的评价才能把握；另一种是文化的规范要素，如构成要件中猥亵、损害财产等概念，必须采用伦理的、社会的、经济的或者一般的文化性评价才能把握。[③] 如今，麦兹格的见解，已经成为德、日刑法理论中的通说。[④] 事实上，在我国刑法对犯罪的规定中，也不乏规范的构成要素。如重婚罪中“有配偶”中的“配偶”，本身就是婚姻法上的规范要素；作为犯罪主体的“国家工作人员”、“单位”、“军人”等概念，都是规范的要素。犯罪客体作为一种法律保护的社会关系，也

---

① 唐世月：“犯罪客体不应作为犯罪构成要件”，载《法学杂志》1998 年第 6 期。

② 王仲兴：“反思与重构：犯罪客体新论”，载《中山大学学报》（社会科学版）2003 年第 2 期。

③ ［日］木村亀二：《刑法学词典》，顾肖荣等译，上海翻译出版公司 1991 年版，第 124 页以下。

④ ［日］大冢仁：《犯罪论的基本问题》，冯军译，中国政法大学出版社 1993 年版，第 52 页。

是犯罪构成当中的规范要素。规范要素和记述要素的共存，不是一个纯粹理论推导的结果，而是一个普遍存在的立法现象。否定论者认为犯罪构成的要素都应当是可以测定的、具体的事物，否认规范的要素的存在，其对犯罪构成的认识还停留在贝林格的时代。

那么，如何理解犯罪构成是一种客观事实特征呢？这里的客观事实特征，其实并非如否定论者理解的那样——仅仅承认犯罪构成中的记述要素，而应当理解为——犯罪构成的要素必须是客观的实在，能够为法官认知和把握。至于这种认知和把握是事实上的认识活动，还是规范上的认识活动，则在所不问。规范的要素，如所有权、国家工作人员的身份等，都是客观存在的，能够为法官联系一定的事实和法律规定而把握的，因而都属于客观的事实特征。

五、剔除犯罪客体是否不影响对行为定性

剔除客体要件的一个重要理由，是认为在判断行为是否构成犯罪时，只需要考察客观、主体、主观三要件即可，根本不需要客体要件。要证明上述论断的正确性，就必须证明：（1）实现犯罪构成的功能，根本不需要客体要件，或者（2）虽然犯罪客体能够实现犯罪构成的功能，但其他的构成要件完全可以替代客体的功能。所以，引出以下两个问题：

（一）客体要件能否实现犯罪构成的功能

犯罪构成的重要目的，就是要准确地界定出各种犯罪行为。就此而言，犯罪构成需要承担两方面的机能：其一是描述性机能，能够准确地描述犯罪行为的主、客观特征；其二是评价性机能，能够说明该行为侵犯了法律保护的价值与利益。描述性机能告诉人们这个行为是什么样的，评价性机能告诉人们这个行为是恶的——具有危害性。没有描述性机能，就无从明确犯罪行为的主客观特征，国民就不知道什么行为是禁止的，法官也不知道什么行为是可罚的。但是，仅有描述性的机能是不足够的，在一个民主法治的国家中，法律不仅要告诉国民什么行为可罚，而且要告诉人民行为为什么可罚，因此犯罪构成还必须具有“显示这个行为是恶的”之机能。若然排斥评价性机能，犯罪构成只能告诉我们可罚行为的主客观样态，却不能告诉我们行为是否有害，但如果连行为是否是恶的都反映不出来，犯罪构成凭什么成为决定行为犯罪性的唯一根据呢？可见，犯罪构成的描述性机能和评价性机能是不可偏废的。

显然，在传统的犯罪构成理论中，犯罪的客观、主体和主观要件承担描述性机能，犯罪的客体要件承担评价性机能。正因为行为侵犯了法律保护的社会关系，

行为具有社会危害性，所以行为是恶的，是可罚的。没有了客体要件，我们就不知道行为是否具有危害性，就不可能充分地判断行为是否构成犯罪。

（二）犯罪客体是否可以替代

即使客体要件能够承担犯罪构成的评价性功能，但如果这个功能可以为其他构成要件所承担，客体在犯罪构成中依然是个可有可无的东西。很多否定论者往往是从这个方面着手论证的。

1. 犯罪对象能否替代犯罪客体

有一种相当有影响力的观点认为，犯罪对象可以代替犯罪客体的功能。因为，犯罪要侵犯一定的社会关系，其首要前提必须是犯罪行为与犯罪对象发生接触或联系。因此，只要把握了犯罪对象的变化，就可以把握社会关系的变化。[①] 若再在犯罪对象之外，试图再用一个表示社会关系的犯罪客体，不过是画蛇添足。

诚然，犯罪必须通过影响犯罪对象来侵犯客体。然而，这只能说明犯罪对象的变化是犯罪客体被侵犯的必要条件，但不能说明前者是后者的充分条件。因为，犯罪对象作为犯罪行为影响的人或物，只能说明犯罪行为引起的物理变化，而犯罪客体是一种社会关系，仅仅从物理变化是不可能充分推断、把握社会关系的存在与变化的。例如，我将一块名贵手表砸烂了，根据被砸烂的手表能否推断所有权被侵犯呢？回答是否定的。如果手表不是我的，毁坏行为可能侵犯了他人的所有权；如果手表是我的，行为没有侵犯任何所有权。可见，仅仅从犯罪对象自身是不能完全把握犯罪客体的存在与变化的。有人可能反驳，故意毁坏财物罪的犯罪对象不是“财物”，而是“他人的财物”，这样从犯罪对象本身就能说明犯罪客体了。但是，“他人的财物”中的“他人的”是什么意思呢？这其实还是“他人享有所有权的”的意思。这意味着，要对毁坏行为定性，还是需要关于所有权的判断，还是离不开犯罪客体。

犯罪客体作为一种社会关系，它总是一种人与物、人与人之间的联系，而犯罪对象虽能够反映出行为所影响的人与物，但是不能反映出人与物、人与人之间的联系。例如，甲、乙各出 1 万元合资购买一手提电脑由甲保管，后甲骗乙说电脑丢失，将该电脑独吞。甲构成侵占罪无疑，但甲的犯罪数额如何认定呢？若仅从犯罪对象出发，甲侵占了一台价值 2 万元的手提电脑，其犯罪数额就是 2 万元。但由于该电脑是甲、乙合资购买的，认定甲完全侵占了 2 万元的财物，是不公正的。这时需要运用民法上关于共有的观念，对

① 杨兴培：《犯罪构成原论》，法律出版社 2004 年版，第 101 页。

电脑的所有权进行划分，由于甲、乙在电脑上各享有一半的所有权，因而甲的行为仅侵犯了乙 1 万元所有权，犯罪数额为 1 万元。在这个案例中，仅仅依赖犯罪对象来认定犯罪数额，是不可能得出公正的结论的，因为仅仅从犯罪对象——手提电脑本身，无法反映出甲、乙对犯罪对象的共有关系。

否定论者认为可以从犯罪对象的变化把握犯罪客体被侵犯，其实是误将经验上的或然判断代替理论上的必然判断。诚然，从经验的角度来看，犯罪对象的某种变化往往很可能意味着犯罪客体遭受侵犯，如人被杀死很可能意味着生命权被侵犯，财物毁损很可能意味着所有权被侵犯。但是，这仅仅是在经验上推断犯罪客体"可能"被侵犯，并非"一定"遭受侵犯。如果被杀死的人是正在实施抢劫的歹徒，如果毁损财物是政府工作人员的依法拆迁的行为，则根本不存在犯罪客体。犯罪构成是判断一切行为是否构成犯罪的唯一根据，符合犯罪构成是行为构成犯罪的必要且充分之条件，它必须准确无误地告诉人们行为"一定"构成犯罪，而不是"可能"。试想，如果仅仅凭借简单的人与物就能够说明一切社会关系，民法学还有必要在人与物之外，"画蛇添足"地发展出物权、人身权这些概念吗？

2. 客观要件能否替代客体要件

有否定论者认为，犯罪客体和犯罪客观方面在反映行为的社会危害性上是一致的，只不过犯罪客体是从社会评价方面来描述，而犯罪客观方面是从行为的具体过程方面来描述，因而犯罪客观要件和主体、主观要件共同作用，就可以完成原来四要件系统的功能。①

这种见解不适当地扩大了客观要件的机能。客观要件只具有描述性的机能，其作用在于告诉人们犯罪行为的客观样态，但是其不具有评价性的机能，单纯依靠客观要件不可能判断行为是否具有危害性的。上述见解的错误，其实源于对通说的误读。根据通说，客观要件是刑法规定的，说明行为对刑法所保护的社会关系造成侵害的客观外在事实特征，包括危害行为、危害结果，以及行为的时间、地点、方法、对象。既然这样，似乎客观要件和客体要件一样，都可以说明行为的危害性。但必须注意，通说认为犯罪构成的四要件有排列顺序的，客体要件列于客观要件之前。换言之，通说在讨论客观要件时，是以客体要件的成立作为前提的。在确定了客体的前提下，客观要件当然可以"说明行为对刑法所保护的社会关系造成侵害"，包括"危害行为"和"危害结果"。但是，如果剔除了客体要件，这时的客观要件能否"说明行

① 张文、孙仕柱："从系统论看犯罪客体"，载《中外法学》1996 年第 1 期，第 17 页。

为对刑法所保护的社会关系造成侵害”呢，能否证明该行为是“危害行为”，其造成的结果是“危害结果”呢？

回答当然是否定的。诚然，凭借客观要件也可以在经验上“可能”地推断行为造成了客观危害。但是，这只是“可能”的推断，不能“必然”地说明行为造成了危害。如窃取财物的行为，可能是侵犯他人所有权的行为，但也可能窃回自己被盗的财物，属于自救行为，不具有危害性。① 客观要件只能反映出行为的客观形态和对外界造成的物理影响，也可以在一定程度上推定行为可能造成的社会意义，但是不能完整地反映出行为的社会意义，不能充分地说明行为的社会危害性。要充分判断一个行为是否是危害行为，不可能孤立地观察该行为，而必须联系行为造成或可能造成的结果及其社会意义。如果该行为造成或可能造成危害结果，该行为便具有危害性；反之，则不具有危害性。换言之，正是行为结果的危害性，决定了行为的危害性。

那么，危害结果又是如何判断的呢？关于危害结果的判断，其实包含两方面：其一是事实判断，即判断是否发生构成要件所规定的结果事实，如故意杀人罪中人是否死了，盗窃罪中事主的财物是否失去。其二是价值判断，即该结果事实是否危害社会，如人之死亡或财物的损失是否对社会有危害。即使出现了构成要件规定的结果事实，该结果也未必是危害社会的，对其危害性还必须进行独立的判断。即使发生人的死亡、财物受损这些事实结果，仍不能确定其就是危害结果，因为在正当防卫、紧急避险等场合，这些结果被视为有益社会的。那么，如何判断某一结果是否危害社会呢？其依据是犯罪客体。如果该结果是侵犯刑法所保护的社会关系而产生的，则具有危害性；如果该结果并非侵犯刑法所保护的社会关系而产生的，则不具有危害性。如为了防止火势蔓延而拆毁他人的房屋，因为拆毁该房屋可以保护更多的财产甚至生命，该房屋在火灾当时不属于法律保护的财产，房屋被毁不属于危害结果，拆屋行为因而不属于危害行为。可见，正是犯罪客体的存在决定了结果的危害性，从而决定了行为的危害性。如果剔除了犯罪客体，结果的危害性就无从判断，进而行为的危害性也就无从判断。

3. 主观要件替代客体要件

否定说中也有人认为，可以通过主观要件来替代客体要件。他们认为，主观罪过的内容决定了行为的指向，进而决定了行为侵犯的客体，② 所以，主

① 黎宏：“我国犯罪构成体系不必重构”，载《法学研究》2006 年第 1 期。

② 杨兴培：《犯罪构成原论》，法律出版社 2004 年版，第 103 页。

观要件已决定了行为的危害性，不需要客观要件来判断。[①]

从行为产生的事理逻辑来看，总是先有主观心态，进而产生行为，进而侵犯客体，确实是主观罪过决定了犯罪客体。但是，犯罪构成的运用，是行为实施完毕之后对行为的评判，其逻辑依据不是事理发生的先后顺序，而是司法工作人员事后判断案件时的思维顺序。这时的逻辑关系，不是主观决定客体，而是客体决定主观的内容。

从我国刑法关于犯罪故意、犯罪过失的定义，便可得知犯罪客体对主观的决定意义。刑法第14条规定，“明知自己的行为会发生危害社会的结果，并且希望或者放任这种结果发生，因而构成犯罪的，是故意犯罪。”刑法第15条规定，“应当预见自己的行为可能发生危害社会的结果，因为疏忽大意而没有预见，或者已经预见而轻信能够避免，以致发生这种结果的，是过失犯罪。”这里，刑法关于犯罪故意和犯罪过失的定义，都是以“危害社会的结果”为内容的，所谓故意或者过失，都是对危害结果的心理态度。如前所述，危害结果的判断，必须依赖于犯罪客体，因而主观要件的判断也必须依据犯罪客体。以犯罪故意为例，既然犯罪故意以希望或放任某种危害结果为内容，是否成立犯罪故意，不仅要考虑行为人是否有对某种事实结果的认识与容认，还要考虑行为人是否有对侵犯某种客体的认识与容认。所以，假想防卫最多构成过失犯罪。假想防卫人是故意将他人杀死的，何以不构成故意犯罪呢？因为假想防卫人误认为客观存在不法侵害而实施“正当防卫”，误以为其造成的结果是正当的结果，虽具有杀人的故意，但不具有造成“危害”结果的故意，因而不成立犯罪故意。可见，由于罪过总是以危害结果作为认识与意志的内容，而危害结果的判断又依赖于犯罪客体，因而要判断罪过的成立，就必须先确定犯罪客体。

六、客体是否只是构成要件的解释根据

消极的否定论认为，犯罪客体不是犯罪构成的要件，但另一方面又认为犯罪客体具有构成要件的解释机能，其他构成要件应当以客体作为核心来确定。[②] 这种明显带有折中主义味道的立场，同样值得商榷。

首先，这种见解会破坏犯罪构成的统一定罪机能。理论上一致认为，犯罪构成是认定行为构成犯罪的唯一根据，此即犯罪构成的统一定罪机能。若认为犯罪客体不是犯罪构成的内容，同时又对犯罪构成的解释有着根本性的

① 李静：“再论犯罪客体——对传统犯罪客体理论的质疑”，载《山东法学》1992年第2期。

② 张明楷：《法益初论》，法律出版社2003年版，第216页。

指导作用，这意味着犯罪构成在认定行为是否构成犯罪时，是不能自足的，还必须依赖犯罪构成之外的概念——犯罪客体。如此，犯罪构成作为认定犯罪的唯一依据的功能，则会被瓦解。犯罪的认定系统便会分裂为二元的体系：其一是作为被解释、指导的犯罪构成；其二是作为指导、解释根据的犯罪客体。于是，犯罪构成就不再是认定犯罪的唯一根据了。

其二，承认犯罪客体对其他要件的解释性机能，其实并不妨碍其构成要件的地位。消极否定说认为犯罪客体对其他要件具有解释性的机能，因而认为犯罪客体必须超出其他构成要件的理论地位。但犯罪构成作为一个有机系统，其构成要件之间具有相互解释、限制的机能，其实很正常。例如，由于客观要件对主观要件有规制的机能，客观要件对主观要件也有解释的作用。犯罪故意的认识和意志因素，必须以危害行为与危害结果为内容。但我们不能因此认为客观要件不能与主观要件并列，进而将其驱逐出犯罪构成体系。同样，承认客体要件对主观、客观要件的解释机能，同样也不妨碍前者与后者并列成为犯罪构成的要素。

其三，消极的否定说在实质上和现行犯罪构成理论并没有区别。因为，既然认为犯罪客体对犯罪构成有解释的机能，那么在解释犯罪构成之前，就必须查清楚犯罪构成要保护的客体是什么，进而在该客体指导下，对客观要件、主体要件、主观要件的符合性进行解释。这样，在认定一个犯罪之前，还是必须考虑四方面的要素：作为解释根据的客体，以及被解释的客观要件、主体要件、主观要件。如此的思路，其实和当前通说并没有实质的区别。

其四，在大陆法系的理论中，其实也是将犯罪客体视为犯罪构成体系的内容。大陆法系刑法理论中，行为必须符合构成要件、具有违法性和有责性才能构成犯罪。对违法性的理解中，存在法益侵害说和规范违反说的对立。前者认为犯罪侵犯的是法益，后者认为犯罪侵犯的是伦理规范。其法益或伦理规范的概念，很大程度上相当于我们犯罪客体的概念。换言之，大陆法系的刑法理论，其违法性的判断相当于我们犯罪客体的判断，由于违法性是犯罪构成的要素，因而犯罪客体同样是大陆法系犯罪构成中不可或缺的要素。在德国刑法学中，甚至有学者提出，法益就是构成要件的要素。如在耶赛克和魏根特的《德国刑法教科书》中，明确提出“构成要件的要素有法益、行为客体、行为人、行为和结果。通过将这些构成要素结合成构成要件，立法者使得规范命令简洁明了。”①

① ［德］汉斯·海因里希·耶赛克、托马斯·魏根特：《德国刑法教科书》，徐久生译，中国法制出版社2001年版，第314页。

论定量因素在我国刑法中的存在根据

冯殿美* 杜 娟**

引 言

在我国刑法中，“犯罪”行为从观念到制度都包含两层要求：一是行为有危害社会的性质；二是行为危害社会的性质达到了一定的严重程度。前者是质的要求，后者是量的要求，质与量的规定性共同制约着犯罪的成立。这种构成犯罪的行为的定量因素很多时候被理解为“中国特色”，其实这种观点是不准确的，可以说刑法立法中的定量因素是我国特色，但从广义的刑事法包括司法来看，犯罪的定量因素却是各国认定犯罪过程中都要考虑的问题。区别在于我们国家直接将定量因素规定于立法中，就是我们通常所说的“立法定性+定量”模式。而外国通常是刑事立法只含定性因素，而将定量因素的考量委诸司法者在司法过程中实现，即“立法定性+司法定量”模式。

一、我国定量因素研究现状

（一）定量因素的存废之争

我国刑法立法定性又定量的方式在理论界引起了争议，观点大概的有以下三种：一是认为“犯罪概念的定量因素是我国刑法的创新”，“把犯罪同其他反社会行为区分开，不只是一个技术问题，更是一个具有重大价值的原则问题”。[①] 在分析了犯罪概念中定量因素的正面效应和负面效应后，论者认为“分则第三章破坏社会主义市场经济秩序罪中的多数犯罪可以采用‘立法定性又定量’的模式；除分则第三章中某些经济犯罪以外的其他罪，包括盗窃罪、

* 山东大学法学院教授，博士生导师；刑事法学研究所主任。

** 山东大学法学院刑法学硕士。

① 储槐植：“论我国刑法中犯罪概念的定量因素”，载《法学研究》1988年第2期。

诈骗罪和抢夺罪等传统的财产犯罪在内，均应采用‘立法定性、司法定量’的模式；为了与分则的规定相对应，总则第13条中作为犯罪一般概念之定量因素的‘但书’仍可保留。”[①] 二是针对第一种见解，提出了针锋相对的观点：“从理论上看，犯罪概念中的定量因素缺乏科学根据”；“从实践上看，犯罪概念中的定量因素有弊无利”；“犯罪概念中的定量因素是法制不够发达的表现”。[②] 可见该观点对定量因素持完全否定的态度。另一种否定论者给出的理由是“通过立法一次性地将犯罪概念的定性因素和定量因素明确起来，事实上是不可能的，以这种期望来进行刑法立法是思维的误区。这种情形必然导致立法者负担太重（使尽浑身解数，终觉难以全面、准确地订立法律条款）。刑法分则的罪状设计是定性认识，主要考虑不放纵犯罪，司法活动才考虑不枉。现在的情况是二者倒置，由于立法上目标设定超越立法能力，在立法时就考虑不枉（以定量因素来界定案件），造成了刑法运作机制不顺。”[③] 尽管论述的角度不同，但这两种观点的结论都是否定立法中的定量因素，代之以“立法定性，司法定量”模式。三是主张“从立法论来说，应该删除各罪在犯罪成立上的情节，将其统一作为司法问题，由司法机关自行解决，而刑法只保留总则之情节性宣言或规定，以与我国的法体系相适应。”[④] 该论者其实基本上也是否定定量因素的，只不过考虑到整个法体系的安排，而作出了将定量因素保存在总则中的妥协。[⑤]

（二）各观点评析

上述三种观点各具特色，第一种立足于现行立法，为定量因素的合理性作辩护，得到最多支持，但其中的一些辩护理由却值得商榷。例如，“适应我国社会治安三级制裁体系——刑罚、劳动教养和治安处罚——的结构要求”是定量因素的正面效应之一。但劳动教养本身就是极具争议的话题，其各方面的缺陷和对法治的破坏被人们广泛而深入地讨论，废除劳动教养的呼声越来越高。在这里我们不讨论劳动教养的存废之争，但笔者认为以维护这样一

---

① 储槐植、汪永乐：“再论我国刑法中犯罪概念的定量因素”，载《法学研究》2000年第2期。

② 李居全：“也论我国刑法中犯罪概念的定量因素——与储槐植教授和汪永乐博士商榷”，载《法律科学》2001年第1期。

③ 宗建文：《刑法机制研究》，中国方正出版社2000年版，第66—67页。

④ 李洁：“中日涉罪之轻微行为处理模式比较研究”，载《法律科学》2002年第4期。

⑤ 李洁教授在后来的论著中，对该问题有更详尽的分析，观点也稍有所变化。她以比较法的视角分析了中日刑法中犯罪行为的规定模式后，得出结论：在整个法体系的设定过程中，刑事犯罪与一般违法之界限，应该以行为性质而不是行为程度进行划分，也就是刑法对犯罪的规定应该只包含定性因素。

个备受诟病的制度作为定量因素的正面效应而为其辩护，是不恰当的，至少是缺乏说服力的。第二种观点最具批判性，不可否认其提出的定量因素的缺陷及对刑法机制运行造成妨碍的问题是现实而中肯的，但是否就可以据此完全否定我国刑法中的定量因素？恐怕问题没有这么简单。因为犯罪的定量因素已经不仅仅是一种立法模式问题，它分布于刑法理论的各个角落，甚至已经深入人们对犯罪理解的观念层面。如果现在摒弃定量因素，从理论上讲也许行得通，因为对立法者、学者来说将纸面上的法律进行修改达到我们理想的状态并不是难事，甚至造就一部最完善的刑法典也是可以的，但问题是法律不仅仅是存在于纸面上的法律，它还存在于我们生活的秩序中，存在于普通人的大脑中、观念中。这些存在于无形的法律不是说改就改的，因为它的形成也不是朝夕之间。只考虑对现行法律的完善而不顾它赖以生存的环境和土壤，只会是一相情愿式地拔苗助长。如果现在将我们的刑法改为"立法定性+司法定量"的模式那只会造成新的混乱和问题。第三种观点的鲜明特点是论者看到了我国刑法中定量因素的存在不是一个孤立的刑法立法问题，而是整个法秩序的安排使然，这无疑在认识上更进了一步。但其提出的取消分则条款中的定量因素的观点，在笔者看来仍有急于求成之嫌。

二、定量因素在刑法立法中的必然存在

（一）刑法研究方法的反思——定量因素研究的前提

在对上述三种比较典型的观点进行简单分析之后，笔者发现很多时候我们研究问题的基本立场和逻辑顺序出现了问题。首先，我们研究刑法的目的是什么？研究者的基本立场是什么？我们认为不仅仅是批判和否定，而是使之走向完善和进步。如果仅仅是找问题然后简单否定，那是很容易的事情，因为我们的刑法的确还有很多缺陷和不足。但如果不是对有问题的事物连根拔掉，而是尽量地修改和完善恐怕是更难做到的。但后者恰恰是一种对法制更为负责任的态度。

其次，研究问题的逻辑顺序。任何一个概念、一个制度都不是孤立的，也不是偶然出现的，必定有其产生、发展的条件和背景。对它的研究也应该从这些条件和背景开始，这是存在论或者说本体论的问题；其次才是对它的利弊的分析，这是价值论的问题；最后才是择善而从的问题，涉及存废、修改、完善等方面。但现有的对定量因素的研究却大多不是遵循这样一种思路，而是直接从它的利弊谈起，认为利大于弊就该存在，弊大于利就该废除。忽略了最为重要的存在论问题，即定量因素存在的根据是什么，这样无论得出何种结论都是苍白无力的。正如有的学者所说的"理论的研究既不能脱离现

实对理论的要求，也不能忽视现存理论体系的产生与发展过程以及其与社会发展与理论发展状况的相契合性。在不了解理论的产生背景、发展过程与社会的发展过程以及其间的关系的情况下，对一种理论体系的评判无论是赞同还是怀疑都难免不够中肯。于是对现有的理论体系，不论是我国现有的通论的体系，还是学者提出要求借鉴的外国体系，都有必要进行理论体系之产生背景、发展历程（包括发展变化的动因）、现实状态等方面的梳理以及只是考古学等方面的研究，从而求得对现存理论体系的全面了解与把握。这是使理论脚踏实地的必要前提，而上述研究在我国还不是很充分，也是一个值得注意的现实。"①

（二）定量因素在我国刑法中的存在根据

定量因素伴随中国刑法几十年的发展历程，跨越从1979刑法到1997刑法的变迁，今天依然在我们的犯罪认定方面发挥着作用，对其进行全方位的研究，以探求其在中国刑法中安身立命之根本自然十分重要。本文受篇幅所限，仅从刑法理论框架内及整个部门法体系的安排等方面来探讨这个问题。

1. 犯罪概念中定量因素的存在根据

在刑法理论框架内寻找定量因素的存在根据，我们从犯罪概念开始。犯罪概念有形式的犯罪概念和实质的犯罪概念之分。"犯罪的形式概念是从犯罪的法律特征上描述犯罪而形成的犯罪概念，也就是将犯罪表述为触犯刑律，具有刑事违法性的行为。"② 犯罪的形式概念所关注的是行为的刑事违法性，是否违反刑事法律是区分罪与非罪的唯一标准。"犯罪的实质概念是从犯罪的社会内容上描述犯罪而形成的犯罪概念，也就是将犯罪表述为具有社会危害性的行为。"③ 犯罪的实质概念突破了法律的形式来理解犯罪，其所关注的是隐藏在法律背后的犯罪的社会政治内容。

大陆法系国家多采形式的犯罪观念，例如1810年《法国刑法典》第1条规定"法律以违警刑所处罚之犯罪，称违警罪。法律以惩治刑处罚之犯罪，称轻罪。法律以身体刑或名誉刑处罚之犯罪，称重罪。"这是最早出现在刑法典中的形式化的犯罪概念，随后大陆法系国家刑法典纷纷效仿。犯罪的形式概念具有实体的法律内容，为认定犯罪提供了严格的法律标准，可以防止刑法权的肆意发动，保证刑法的正确实施。正是从这个意义上可以说犯罪的形式概念直接源于罪刑法定原则，是从罪刑法定中引申出来的犯罪概念。

① 王志远：《犯罪成立理论原理——前序性研究》，中国方正出版社2005年版，第11页。

② 陈兴良：《本体刑法学》，商务印书馆2001年版，第140页。

③ 同上书，第142页。

但是这种形式的犯罪概念受到了社会主义国家的批判。以前苏联为代表的社会主义国家都采取了实质的犯罪概念，甚至可以说是犯罪的政治概念，即强调犯罪的阶级性。马克思、恩格斯指出："犯罪——孤立的个人反对统治关系的斗争，和法一样，也不是随心所欲地产生的。相反的，犯罪和现行的统治都产生于相同的条件。"① 长期以来马、恩对犯罪的这一表述被奉为经典，在此基础上苏联学者进一步提出以社会危害性为中心的犯罪的实质概念，并将之引入刑法典。如1922年《苏俄刑法典》第6条规定："威胁苏维埃制度基础及工农政权在向共产主义制度过渡时期所建立的法律秩序的一切作为或不作为，都被认为是犯罪。"② 这种犯罪的阶级观念以阶级内容取代犯罪的法律形式，把犯罪与刑罚等刑法的基本概念驱逐出犯罪概念，其实是法律虚无主义的表现。因为犯罪没有了任何可以明确的标准，刑法分则对具体犯罪的规定在犯罪的阶级概念面前显得毫无意义。

从20世纪30年代末开始，苏联刑法学界对犯罪阶级概念的认识有所转变，很多人意识到法律虚无主义的危害，而开始寻求犯罪的形式概念与实质概念的统一，并逐渐体现于立法之中。如1960年《苏俄刑法典》第7条被认为是犯罪的形式概念与实质概念相统一的典型立法例："凡刑事法律所规定的侵害苏维埃的社会制度、政治和经济体系，侵害社会主义所有制，侵害公民的人身权利和自由、政治权利和自由、劳动权利和自由、财产权利和自由及其他权利和自由的危害行为，都认为是犯罪。"③ 在这种所谓的混合的犯罪概念中，占主导地位的仍然是犯罪的社会危害性，实质概念仍然是决定犯罪的终极标准，形式概念只是社会危害性的法律表现，处于消极被动的地位。

我国刑法显然继受了苏俄刑法中犯罪的混合概念，1979年刑法第10条规定："一切危害国家主权和领土完整，危害无产阶级专政制度，破坏社会主义革命和社会主义建设，破坏社会秩序，侵犯全民所有的财产或者劳动群众集体所有的财产，侵犯公民私人所有的合法财产，侵犯公民的人身权利、民主权利和其他权利，以及其他危害社会的行为，依照法律应当受刑法处罚的，都是犯罪，但是情节显著轻微危害不大的，不认为是犯罪。" 1997刑法稍作改动后仍然沿用了这个概念。这一概念被认为"把相当程度的社会危害性这一犯罪的实质特征，与刑事违法性和应受刑罚处罚性这一法律特征结合起来。"④

---

① 《马克思、恩格斯全集》（第3卷），人民出版社1957年版，第379页。
② 转引自陈兴良：《本体刑法学》，商务印书馆2001年版，第146页。
③ 转引自陈兴良：《本体刑法学》，商务印书馆2001年版，第147页。
④ 高铭暄主编：《刑法学原理》（第一卷），中国人民大学出版社2005年版，第382页。

而在社会危害性、刑事违法性与应受刑罚处罚性三个特征中，社会危害性被认为是“犯罪的第一个具有决定意义的特征，是犯罪的实质内容。”[①] 这种以社会危害性为核心的犯罪概念不可回避地遇到这样的问题：犯罪是对社会的危害行为，可危害社会的行为不一定就是犯罪。社会危害性仍然是一个不具有法律规范性的概念，一般的不构成犯罪的反社会行为，甚至不道德的行为都可以说具有社会危害性，那么犯罪的社会危害性与这些非罪行为的社会危害性如何区分？因此可以说社会危害性对于立法和司法界定犯罪来说没有什么价值。这就需要进一步追寻犯罪的社会危害性的特质，即不同于一般危害行为的特别之处。这种追寻无外乎两个方面：质与量，任何事物都是质与量的统一体。质是一事物成为它本身并区别于他事物的内部规定性。量是事物的规模、大小、程度等可以用数量表示的外部规定性。质和量的统一称为“度”，度就是事物保持自己质和量的限度、幅度、范围，而区别他事物的界限。因此研究事物之间的区别应从这两方面入手。

首先从质的方面，一般的危害行为与犯罪行为都危害正常的社会秩序，与国家所倡导和大多数人认同的观念、行为相悖。它们的社会危害性的质的区别在哪里？这个问题似乎很难回答。因为如果是好与坏、美与丑、犯罪与行善这样完全相对或相反的事物，我们似乎很容易精确地说出它们的区别。但如果是近似的事物，如一般违法行为和犯罪，它们在发展方向、趋势、对社会的影响或后果这些我们用来评判事物性质的标准方面却是重合，至少是近似的。甚至有些行为之所以构成犯罪仅仅是因为立法者的意思，也就是法律这样规定了，所以它就是犯罪，这又回到了形式的犯罪概念。但是从量的方面我们却很容易找出相似事物之间的区别，因为即使最相近的事物只要不是完全相同，就必然有差异，这种差异通常是以量的形式表现出来的。如盗窃100元与盗窃101元，我们仍可以说后者比前者严重，这种比较就是量的区分的结果。因此我们可以说一般危害行为与犯罪行为的危害性的区别就是程度不同，即量上有所差异。回到犯罪概念的讨论中，正是由于寻求质差的绝望性，人们才把标示犯罪社会危害性的希望寄托于量的限定上。于是，犯罪的社会危害性前就缀上了“极端的”、“严重的”、“相当程度的”、“一定程度的”等表示量素的修饰语。

从上面的分析，我们看出，实质犯罪概念的存在必然要伴随着量的限定，以此来区分于一般危害的非罪行为。形式的犯罪概念就不会有这样的要求，

① 高铭暄主编：《刑法学原理》（第一卷），中国人民大学出版社2005年版，第382页。

因为它只能严格以法律规定的要件去判断行为是否构成犯罪，不需要寻求任何法律之外的说明和解释。[①] 这应该是我国犯罪概念立法定性又定量模式的根源所在，是一种实质犯罪概念的必然产物。尽管犯罪的混合概念受到了质疑和批判，形式概念与实质概念的真正统一也很困难，[②] 但只要“社会危害性”存在于刑法概念中，就没有剔除定量因素的理由。

2. 犯罪构成中定量因素存在的根据

定量因素存在根据之二在于犯罪构成理论。下面我们试图从我国犯罪构成的特点方面寻求定量因素存在的理由。

首先，犯罪构成在我国刑法中是立法问题，司法者是犯罪构成的局外人。也就是说以犯罪构成来框定犯罪完全是立法的任务，司法者只要适用立法规定出来的具体的犯罪构成要件来认定犯罪。而犯罪构成又是认定犯罪的唯一根据，因此它的任务不仅要标明构成犯罪的行为的性质要件，还要标明行为的程度要件，即立法定性又定量。因为根据犯罪概念，犯罪不仅有质的要求还有量的要求。而在德日的刑法中，犯罪构成的体系中包括了构成要件该当性、违法性、有责性三个层次。立法的任务仅仅是规定可能构成犯罪的行为的实事要件，违法与有责的评价则留待司法者去认定。关于行为程度的问题也就是定量问题一般是在违法性的认定过程中以实质违法性、可罚的违法性等理论来解决的。这种立法与司法分工合作的犯罪构成体系必然决定立法不必要对行为的定量因素有所规定，而只要表述行为的性质，即立法只定性即可。

其次，我国的犯罪构成对行为是“综合性的一次性评价”，[③] 而且是事实评价与法律评价合一。犯罪构成的体系性思路是：犯罪是一个整体，根据犯罪行为的各个方面应该具备什么样的条件才可以评价为犯罪，把其肢解为四部分：主体、主观方面、客体、客观方面。这种划分的结果是四要件相互依存，共同决定着犯罪的成立与否，任何一个要件在犯罪认定过程中都不具有独立意义，每个要件的存在均以其他要件的存在为前提。并且四要件是实事评价与法律评价的唯一载体，他们的共生性决定他们是共同载体。因此作为

---

① 冯亚东：《理性主义与刑法模式》，中国政法大学出版社 1999 年版，第 6—7 页。

② 所谓形式与实质的统一其本质仍然是以实质为准，但刑法的罪刑法定原则要求的却是形式合理性，两者必然存在矛盾。正如韦伯所说“法逻辑的抽象的形式主义和通过法来满足实质要求的需要之间存在无法避免的矛盾。”所谓两者的统一，必然要放弃形式合理性，这与现代罪刑法定原则是格格不入的。

③ 李洁：“三大法系犯罪构成论体系性特征比较研究”，载陈兴良主编：《刑事法评论》（第 2 卷）。

犯罪构成的一个要件，不仅要说明行为在这个方面的外部实事性特征，还要能够说明行为在该方面应该具有的价值评价特征。任何一个要件都是实事评价与价值评价的结合，因为没有各个要件的价值评价，整个犯罪行为的价值评价都无以为存。

这种一次性、综合性的评价决定了犯罪构成的四要件必须同时分担社会危害性这一犯罪本质特征的表现。比如，犯罪的故意、过失，不仅仅是行为人行为时的心理状态的客观描述，它同时也表明了这种心理状态是可谴责的，是行为人主观恶性的表现。再如，犯罪客体，也不仅仅是行为指向的客体，而是刑法所保护并为犯罪行为所侵害的社会关系，在这里甚至事实评价的因素已经完全被价值评价所掩盖。在刑法分则中，罪状就不仅仅是对具体犯罪构成的事实作类型化的表述，同时还承担着体现社会危害性的价值评判功能，而犯罪的社会危害性又是有量的限制的，立法者就不能仅仅着眼于具体构成要件所反映的社会危害性，而且同时关注社会危害性的具体程度大小，也即在立法的过程中就必须将征表危害性程度的定量因素赋予各个构成要件。

比较一下德日犯罪构成理论在这方面的特点，与我国犯罪构成相对应，可以将其归纳为“分层次多次评价体系”。在德日刑法中，行为自始至终都是一个整体，而没有被分解。犯罪构成是在对这个整体的不同意义的把握上来划分犯罪成立条件的，每一个要件的评价对象都是行为整体，只是评价角度不同而已。构成要件符合性的评价，是仅框定行为的外部特征，发挥奠定具体犯罪“轮廓”与“模型”的功能，是事实评价，也是抽象的评价；违法性评价，是从行为的法律、社会意义对其进一步限定，是法律评价，这种评价仍具有一般性；三是有责性评价，从刑法公正与功利角度对行为人的责任提出要求，是归责可能性评价，是对具体人的行为的具体评价。可见，在德日的犯罪构成对行为是三次层层递进的评价完成的，而且行为的事实评价与价值评价是分离的，于不同的层次内实现。在立法的范围内，只须完成第一层次的事实评价，刑法分则的基本罪状只是对具体犯罪构成要件的事实作出类型化的表述，行为的定量因素作为违法性评价的内容不在立法所考虑范围之内，这点上文已经论述，此处不赘。

3. 我国部门法体系安排中刑法定量因素的存在根据

从我国整个法律体系的建构上看，刑法是与民法、行政法、经济法等并列的部门法，都是处于宪法之下的子法。但从功能上看，刑法却不同于一般的部门法，它保障宪法与其他部门法的实施，在整个法体系中处于保障法的地位。刑法没有自己特定的调整领域，但它的调整范围是十分广泛的，几乎涵盖了所有部门法领域。刑法所调整的行为与其他部门法调整的行为在性质上有重合，程度上有差异。上文已经分析犯罪行为与一般的危害行为主要是在社会危害性上有程度的差别，因此当一个行为危害性轻微时，根据其性质由民法、经济法或行政法调整，而一旦行为恶劣，危害性严重才会进入刑法的调控范围。如偷税行为一般是违反税法的行为，适用行政处罚，但刑法第201条规定，如果采取伪造、变造、隐匿、擅自销毁账簿、记账凭证，在账簿上多列支出或者不列、少列收入，或者进行虚假的纳税申报的手段，不交或少交税款达到应纳税总额的10%以上，并且偷税额在1万元以上时，就构成偷税罪。在这种情况下，行为因手段和数额达到刑法的要求就出于税法而入于刑法，行政违法就转化为了刑事违法。当然并不是所有的违法行为都会可以转化为刑事违法行为，还有相当数量的民事违法行为、经济违法行为、行政违法行为，无论情节多么恶劣、后果多么严重都不会构成犯罪。如不按期履行借贷合同的行为就属于此类。①

刑法在法体系中保障法的地位使其表现出补充性、严厉性的特征。补充性是指，只有当一般部门法不足以抑制某种危害行为时才能适用刑法；国家、社会和个人利益首先是由各个部门法分门别类予以保护，只有在部门法不能充分保护合法权益的时候，才由刑法出面进行保护，刑法规范的调整具有最后性。严厉性是指，刑法的法律后果刑罚是整个法体系中最严厉的制裁方法，通常剥夺的是行为人的财产、自由、政治权利甚至生命等最为宝贵的权利。与刑法的补充性与严厉性相适应，刑法所规制的行为也必须是社会危害性严重的行为，必须有一个量的要求，也就是犯罪行为的定量因素。

刑法保障法的地位也决定了刑法调控行为与一般违法行为在程度上所必需的衔接性。这样就在行为性质的评价上保证犯罪是最严重的违法行为，刑罚是最严厉的惩罚这样一种观念。确认行为的恶劣与否不仅与行为的性质相关，而且与行为的程度有关。对行为的评价，不仅是从行为的自然性质，而且还要考虑到其对社会成员的价值，而这种作为价值事实的行为性质，就难以与行为所造成的后果完全脱离关系，相同自然属性的行为，由于其程度不同，情节不同，作为对其可能做出的评价也就会不同，这是一种从实质上考虑问题的观点，也是一种与事实的量的变化引起质的变化的辩证唯物主义的观点相一致的。②

从以上的分析我们看出，我国犯罪定量因素的存在不仅仅是刑法制度的设计，而是整个法体系的安排使然。而外国刑法中，犯罪只有定性的规定也

① 参见李洁：《论罪刑法定的实现》，清华大学出版社2006年版，第158页。

② 参见李洁：《论罪刑法定的实现》，清华大学出版社2006年版，第158页。

是与整个法体系的设置有关。比如日本，不强调犯罪与违法的实质差别，而只是以违反何种规范来区分行为性质。无论在何种类别的法律中，只要是以刑罚予以处罚的，均为犯罪，其他的则为行政违法或民事违法等一般违法行为。一种行为若为行政违法，就不再是民事违法或刑事违法，也就是刑事违法行为与一般违法行为在类型、性质等方面不会存在重合或交叉。不存在某行为在轻微的时候是一般违法，严重的时候是犯罪的情况。只要法律已经规定为一般违法的行为，无论情节多么恶劣、后果多么严重也不会构成犯罪。在这种法体系中，一般违法行为与犯罪行为的区别是十分明确的，在立法上也就只需要考虑行为类型即可，而不需要考虑行为的程度，作为立法表现，就是各种犯罪在立法上只规定行为类型而不规定行为程度。

4. 中华法文化传统中刑法定量因素的存在根据

另外，许发民教授还从法文化传统方面分析了东西方犯罪概念区别的原因。在他看来："定性因素和定量因素统合的犯罪界定，是我国法不治众传统社会心理和我国隆礼轻法的治世经验的反映，表明立法者要把有限的司法力量用以集中对付严重的社会危害行为的战略思想意图"。[①] 但是在笔者看来，对定量因素的青睐，其实也是我国传统文化思想中对事物"本"、"真"孜孜追求的表现，力图寻找事物内在的本来面貌。"真善美"的价值体系中，"真"可以理解为事物的客观存在性，它本来应该是只具有本体论的意义，但我们却把它与"善、美"这样的价值诉求并列，并位于这二者之前，说明在我们的价值观里，"真"是第一位的。在古代诸法合体，以刑为主的法秩序中，寻找"蛛丝马迹"，"明察秋毫"查出事实真相就是司法者的第一要务。这种对"真"的信仰依然影响到我们现在的法秩序，表现在：重实体，轻程序；事实真实高于法律真实；犯罪实质概念高于法律概念。总之就是实质的合理性是第一位的，形式合理性是第二位的，前者具有终极意义。在刑法中犯罪就不能仅仅是个形式的概念，如果说"犯罪行为就是违反刑法的行为"，在一般人看来会认为这等于什么也没有说，因为在他们看来"违反刑法"这个外部形式特征根本不足以说明犯罪的"本"和"真"。笔者想这番不成熟的认识也许也能有助于我们从文化思想的方面揭示我国刑法规定的犯罪定量因素存在的原因。

结　语

定量因素的存在不仅仅是一个刑法规定问题，而是刑法理论和相关制度、

① 许发民：《刑法的社会学分析》，法律出版社 2003 年版，第 134 页。

整个法体系设置、传统思想等因素综合作用的结果。在现存的犯罪概念、犯罪构成以及部门法之间的关系没有调整之前，定量因素的存在就具有必然性。当然，必然性不等于完全的合理性，定量因素所面临的理论与实践困境也是有目共睹的，例如：客观的定量因素使一些罪的主观罪过认定成为难题；[①] 立法中定量因素的模糊性带来司法操作的随意及司法解释的层出不穷[②]等。因此本文的目的并不是为定量因素进行辩护，而在于明确在现行刑法结构中定量因素必然存在，那么现实的做法就是去弊存利，进一步完善这种立法定性又定量的模式。而这又涉及立法和司法两方面的问题。首先，刑事立法要准确评估行为性质及严重程度，恰当评价其可罚性，合理制定定量因素，既体现刑法的谦抑性，又实现刑法结构的"严而不厉"。其次，还需要发挥司法者主要是法官的主观能动性，在定量因素的适用方面充分发挥自由裁量权，将法条中的定量因素真正落实于现实案件的处理中，真正实现定罪量刑的科学化和合理化。这两方面的工作是中国刑法在以后很长的一段时间里都需要认真思考和解决的问题。

① 如刑法第 397 条规定的滥用职权罪，该罪客观要件包括以下两个方面：一、滥用职权行为；二、致使公共财产、国家和人民利益遭受重大损失的结果。构成此罪，行为人显然要明知自己的行为超越职权或不正当行使职权，但对造成重大损失的结果往往有不同的心态，可能是故意也可能是过失，这样就难以统一认定该罪罪过形式。存在类似问题的还有许多条文。

② 李洁："中日涉罪之轻微行为处理模式比较研究"，载《法律科学 》2002 年第 4 期。

刑法上的结果新探

王仲兴*

刑法上的结果（含后果，下同）是事关刑法基本理论的重大问题，对于刑事立法和司法实践有很大的影响。但是，理论界对它们的研究还不够深入。例如，人们对刑法上的因果关系甚为关注，却往往忽视了刑法上的结果自身，这就妨碍了对刑法上因果关系的进一步讨论。当前，在刑法上结果的理论上存在着内涵概念不正确、外延界定不分明、法律术语不统一、研究视野不开阔等缺陷。就此，本文从不同的角度作些探索，期望能引起同行们的重视。

一、刑法上的结果的内涵

在故意杀人案件中，只要犯罪主体实施了故意杀人行为，即使被害人没有死亡，甚至没有受到任何伤害，也不影响故意杀人罪的成立，只不过依死亡结果是否发生而分为既遂和未遂情况。这已成为理论界和司法界的共识。它表明，在有些犯罪中，刑法上的结果并不是构成犯罪的必备要件。但是，在危害结果（或犯罪结果）是犯罪构成的必要要件还是选择要件的问题上，我国刑法学界却有不同的意见。如果深入研究这个怪现象，我们可以发现，不同意见产生的根源，来自于对刑法上的结果内涵的错误理解。

危害结果（或犯罪结果）是刑法上结果的主要部分。为我国刑法学界绝大多数人所接受的通行概念是：危害行为（或犯罪行为）给法律所保护的客体即社会主义社会关系造成的某种损害。不同的论著在词语及其顺序上略有差别，但其基本内容相同。这一概念也是持不同意见者公认的基础。

主张危害结果（或犯罪结果）是犯罪构成必要要件者认为：既然危害结果（或犯罪结果）是对法律所保护的客体即社会主义社会关系造成的损害，而任何犯罪都必定侵害社会主义社会关系；犯罪成立而社会主义社会关系不

* 中山大学法学院教授。

遭到侵犯的情况是不可想象的。因此，危害结果（或犯罪结果）是一切犯罪都必须具备的要件，即必要要件。[①] 上述推理似乎严密，却是纯理论性的，与实际情况不相符合。

主张危害结果（或犯罪结果）是犯罪构成选择要件者，一方面正视客观存在的事实，即危害结果（或犯罪结果）不可能是一切犯罪构成必备的要件；另一方面又恪守危害结果（或犯罪结果）的传统概念，把思路束缚在社会关系侵害的圈子里。他们的结论符合实际情况，而理论依据却露出破绽，不能自圆其说。

理论与实践的矛盾以及理论自身的矛盾，使争论者双方陷于困惑。在这种情况下，有些人将危害结果（或犯罪结果）分为广义的和狭义的两个概念，试图以此来解决难题，摆脱困境。广义的概念是指由被告人的危害行为所引起的一切对社会（或客体）的损害。它包括危害行为的直接结果和间接结果、属于犯罪构成要件的结果和不属于犯罪构成要件的结果、有形的结果和无形的结果等。广义的危害结果（或犯罪结果）是任何犯罪都有的。狭义的概念是指作为犯罪构成要件的结果，通常也就是对直接客体所造成的损害[②]。上述理论虽有所发展，但只不过是从一个侧面提出了刑法上结果的外延分类问题，仍然没有正确地揭示刑法上结果的内涵。

上述争论者和修正者的推理或结论纵然千差万别，但其基本概念的内涵却是共同的，即刑法上的结果是给客体即社会关系造成的损害。这是一个谬误的命题，是造成刑法上的结果理论混乱的根源。在笔者看来，刑法上的结果只能是给对象即行为指向的具体的物和具体的人造成的损害。这才是刑法上的结果的内涵。

刑法上的客体和刑法上的对象互为表里，联系密切，但它们毕竟是两个不同的概念，分属不同的领域。刑法上的结果到底是给客体造成的损害，还是给对象造成的损害，这绝非书斋中的咬文嚼字，而是关系到能否正确反映客观事实的问题。

断言刑法上的结果是给对象造成的损害，有什么根据呢？

首先是法律根据。法律对刑法上的结果的规定，是以给对象造成的损害为标志的。其中，最典型的是如下一些用语，例如“死亡”、“重伤”、“伤残”、“检疫传染病的传播”以及财物的损失数额（见关于走私、贪污、贿赂

① 高铭暄、王作富主编：《新中国刑法的理论与实践》，河北人民出版社1988年版，第192页。

② 王作富主编：《中国刑法适用》，中国人民公安大学出版社1987年版，第78页；樊风林主编：《犯罪构成论》，法律出版社1987年版，第53页。

罪的单行法规）等，都是给具体物和具体人造成的损害。除此，法律也使用了许多高度概括的用语。即使如此，它们还是指给具体物和具体人造成的损害。这可以从有权解释中得到验证。对于在分则或相当于分则条文中有关结果的概括术语，有权解释都尽可能使之具体化。这类情况的数量很大。例如，刑法典第185条（笔者批注：即现行刑法典第397条）玩忽职守罪中规定的结果是“致使国家或者人民利益遭受严重损失”。对此，司法解释把它具体化为：死亡1人以上；或者重伤3人以上；或者直接经济损失5万元以上；除上述情况外，其他情节恶劣，使工作生产受到重大损失；造成严重政治影响的。可见，刑法上的结果损害的只能是具体物和具体人。至于总则中高度概括的术语，它是对分则内容的概括或抽象，其基本内容还是指给具体物和具体人造成的损害，其文字表述形式不可能也没有必要具体化。

其次是实践根据。刑法上的结果是造成某种损害。损害包括损坏（如人死了、人伤了、财物毁坏等）和侵犯（如财物的被抢、被夺、被骗、被盗等）两种情况。在社会现实中，特别是司法实践中，刑法上的结果呈现出来的只能是直观外在的具体情状。人们首先接触的是具体的事实，不可能也没必要跨越具体事实，直接接触到对社会关系的损害。例如，某人偷窃了电线，人们首先看到的只能是电线丢失这种具体情状，不可能立即判断是侵犯了什么样的社会关系，如公共安全、财产所有权以及其他的社会关系。

再次是理论根据。从犯罪构成理论的作用来看，其目的是使定罪科学化、规范化、标准化，以利于法律的制定和实施。因此，犯罪构成诸要件，特别是属于犯罪客观方面的结果要件，应当是具体事实。同样，从量刑的基本理论来看，其他量刑情节特别是后果情节，也应当是具体事实。在笔者看来，具体的行为给具体物和具体人造成的损害，其情状也势必是具体的。这样给刑法上的结果下定义，符合由具体到具体再到具体的逻辑思维，也符合犯罪构成理论和量刑理论的宗旨。如果按照传统概念的思路下定义，则是具体行为给抽象的社会关系造成的损害，其情状势必是抽象的。这不符合对犯罪构成要件和其他量刑情节的要求。

最后是世界各国的约定俗成。世界各国的刑事法律及其实践同我国一样，都认为刑法上的结果是指行为给具体物和具体人造成的损害。例如，我国刑法典第3条第三款（笔者批注：即现行刑法典第6条第三款）规定：“犯罪的行为或者结果有一项发生在中华人民共和国领域内的，就认为是在中华人民共和国领域内犯罪。”类似这样有关刑法的空间效力的条款，在世界各国刑事法规中都有规定。这里的“结果”与“行为”一样，都是直观外在的，即给具体物和具体人造成的损害。如果认为是给社会关系造成的损害，则不符合多数国家的习惯，使他们难以理解和接受；而且，在一个条文中并列的行为和结果，前者具体，后者抽象，这也是不协调的。此外，除我国等少数国家外，其他大多数国家的刑法理论都认为：刑法上的结果是指行为给具体物和具体人造成的损害。

为什么持传统观点者不能正确地理解刑法上的结果的内涵呢?

笔者想，至少是他们在研究危害结果（或犯罪结果）时，将犯罪概念与犯罪构成混淆了。不同定义中客体与对象两字之差，反映了犯罪概念与犯罪构成两种范畴之别。犯罪概念是从高层次的本质属性揭示了犯罪的阶级性和基本内容；犯罪构成是从低层次的结构系统揭示了犯罪的内部组成部分与组合。给社会关系造成的损害属于前者范畴；给具体物和具体人造成的损害属于后者范畴。危害结果（或犯罪结果）是犯罪构成客观方面的具体要件，它的任务是与其他要件有机组合，确定是否犯罪以及犯了什么罪；至于揭示犯罪的本质属性，则是犯罪构成整体确立之后，由犯罪概念去完成。可见，在研究刑法上的结果时，既要看到犯罪概念与犯罪构成的联系，也应当看到二者之间的区别。犯罪概念是犯罪构成的基础，犯罪构成是犯罪概念的具体化；但二者不能相互取代。

从根本上讲，对某个概念的内涵的理解错误，是由于没有从实际出发，没有正确地反映客观事物。可以说，只有行为对具体物和具体人造成损害时，才存在刑法上的结果。也可以说，从本质上看，危害结果（或犯罪结果）是对社会关系的损害；但是，不能够说，凡是损害了社会关系，就都给具体物和具体人造成损害，即都有危害结果（或犯罪结果）的存在。因为按照通行的观点来看，犯罪客体是必要要件，犯罪对象是选择要件。在司法实践中，一个犯罪构成可以缺少结果这个要件，即没有给具体物和具体人造成损害；但是，任何一个犯罪构成都具备犯罪客体，即都损害了一定的社会关系。

强调刑法上的结果是给对象而不是给客体造成的损害，是否有必要呢?正确的基本概念是构成正确的理论体系的基础，是产生正确结论的前提。基本概念的错误，会造成失之毫厘，谬之千里的恶果。由于传统观点的影响，已经使刑法理论出现了失调脱节的情况。例如，对危害结果（或犯罪结果）持选择要件观点的理论本身出现了矛盾；持必要要件观点的理论与实践发生了矛盾，而且与犯罪中止、未遂、既遂理论也不协调。此外，也使犯罪概念与犯罪构成相混淆。尤其突出的是，从苏联特拉依宁的论著到现在的苏联刑法教科书，从我国权威的教材到其他论著，一方面坚持传统观点，另一方面所列举的绝大多数事例，却是给具体物和具体人造成的损害。作者们不自觉地进行了自我否定，使理论上出现自己没有意识到的混乱。因此，当前亟须正视现实，正本清源，统一到正确、准确的概念上来。

二、刑法上的结构的分类

刑法上的结构是个多层次、多侧面的复合体。仅仅揭示它的内涵，而忽略它的外延，即仅仅从整体或者某个主要方面来说明这个复杂的事物，都是不尽科学的。因此，我们应当在正确的内涵概念的基础上，从不同的角度，以不同的标准，对刑法上的结果进行科学的分类和命名。

首先是法律上的分类。在我国的刑事法律中，属于结果范畴的法律术语很多。以刑法典为例，可以将它们分为三大类。

第一类的特点是直接使用"结果"或"后果"的词语。它们在字面上有明显的标志。例如，"犯罪结果"、"危害结果"、"损害结果"等，以上集中在总则；"严重后果"、"后果特别严重"等，以上集中在分则。

第二类的特点是列举"结果"或"后果"的具体表现形式。例如，"重伤"、"死亡"、"损失"、"检疫传染病的传播"等。它们基本上集中在分则。

第三类的特点是采用在内容上与"结果"或"后果"相关的法律术语。其中可分为三种类型：

其一，省略"结果"或"后果"词语，以"危害"取代。例如，第 17、18 条（笔者批注：即现行刑法典第 20、21 条）的"造成不应有的危害的"，其中显然是省略"结果"或"后果"。又例如，第 10 条（笔者批注：即现行刑法典第 13 条）的"情节显著轻微危害不大的"，第 103 条（笔者批注：即现行刑法典第 113 条）的"对国家和人民危害特别严重，情节特别恶劣的"等，其中"危害"的主要内容是"危害结果"或"严重后果"。

其二，省略"结果"或"后果"词语，以情节囊括。"情节"一词分为两种情况：第一种是与"结果"或"后果"之间有着严格的界限，如上段所引的第 10、103 条（笔者批注：即现行刑法典第 13、113 条）的规定。在此，"情节"与"危害"并列，危害结果或后果不包括情节之内。第二种是与"结果"或"后果"并无严格的区别，"情节"之中包含"结果"或"后果"。此种情况居多。如刑法分则中的"情节较轻"、"情节严重"、"情节特别严重"、"情节恶劣"、"情节特别恶劣"等。

其三，省略"结果"或"后果"词语，以"罪恶"包含。第 95、96 条的"罪恶重大"，就含有"结果"或"后果"的内容。

其次是词语上的分类。在法律条文和理论著述中，出现过"结果"和"后果"两个原生词。结果和后果有什么联系和区别，这是首先需要解决的问题。

什么是结果?《辞海》解释为:“产生另一现象的现象是原因,由原因引起的另一现象是结果。”这属于哲学范畴的定义。这种解释最接近于事物的本质,能够最准确地反映事物的特征,流传深远,影响广泛,为绝大多数刑法论著所公认并采用。但它比较抽象,因此近年来一些论著作了新的尝试,以属加种差的定义来解释:“一般意义上的结果是指,由于某种物质或自然、社会现象的产生而使某种客观事物发生的一种变化”①。除此,还有一些别的解释,如《现代汉语词典》解释为:“在一定阶段,事物发展所达到的最后状态。”

什么是后果?对此,词语方面的解释很少。《现代汉语词典》解释为:“最后的结果(多用在坏的方面)”。

总的来看,结果和后果的词语含义似无严格的界定,而且往往互为解释。如上段引用的解释,是用结果来定义后果,即后果是一种结果。相反,在另一些论著中,则用后果来定义结果。即结果是一种后果。例如,“通常意义上的结果,是指由于某种现象引起了客观世界的变化而产生的后果。”② 看来,结果和后果的区别仅仅在词性上,“结果”是中性词;“后果”则是贬义词,多用于坏的方面。

在我国刑事法律中,“结果”和“后果”有什么联系和区别,尚无有权解释作依据。但是,根据条文的内容推理,二者是有差别的。“结果”集中在总则,它的外延窄,即指给犯罪对象造成的直接损害,如故意杀人罪中的被害人死亡。“后果”集中在分则,它的外延宽,除直接损害外,还包括间接损害(如被害人死亡后,其配偶悲痛自杀,子女成为孤儿等)。在我国刑法理论中,尚有不同的看法,即“结果”包含直接损害和间接损害以及其他各种类型的损害,绝大多数论著都是以“结果”作为基本词汇的;此外,还有些论著以“后果”专指间接损失的情况,把它列入量刑的酌定情节之中。可见,在外延界定上目前至少有三种意见:一种是“结果”指直接损失,“后果”指直接损失和间接损失;一种是“结果”指直接损失,“后果”指间接损失;一种是“结果”既指直接损失,也指间接损失,“后果”专指间接损失。

笔者赞成第三种意见,即以“结果”作为基本词汇,本文的标题就表明了这种意向。因为“结果”是中性词,“后果”基本上是贬义词。采用中性词更为科学和客观,而且适用范围广阔,加倾向性的词冠可表示褒贬(如意外事件中的无罪过的损害结果),加限制性的词冠可表示宽窄(如下文的危害

① 见注②之二,第52—53页。

② 高铭暄主编:《中国刑法学》,中国人民大学出版社1989年版,第100页。

结果与犯罪结果之分)。而贬义词的适用范围有限,至少不能包括无罪过的结果在内。此外,尽管刑法典对这两个词的使用有外延宽窄的倾向,但仍然是以“结果”为基本词汇的,这可从它集中在总则而“后果”集中在分则得到证实。由于二者在词语上没有其他的明显区别,所以很大程度上取决于约定俗成。考虑到第三种看法实际上已为理论界和司法界的绝大多数人所理解和采用。因此,现行的法律术语也应作相应修改,以“结果”取代分则中的“后果”。

最后是理论上的分类。理论上的分类是以法律规定和基本词语为基础的,其中着重探讨结果及后果的衍生词,即以结果为词根并加以各种词冠的复合词,再依据不同的内容和范围予以分类。

1. 刑法上的结果。这是一个基本词汇,是囊括在刑法上有意义的结果与后果及衍生词的总括词。与一般意义上的结果不同之处有两点:一是它是刑法上的行为给具体物和具体人造成的损害;二是法定性,即只能是由刑事法律规定的,并在刑法上有意义的结果。所谓在刑法上有意义,是指与刑事责任的有无、大小相关。

2. 从有无罪过的角度划分,可以分为无罪过的结果和有罪过的结果。

无罪过的结果在立法上称为“损害结果”,见之与刑法典第13条(笔者批注:即现行刑法典第16条)。该条文规定的是意外事件,即对于既不是出于故意,也不是出于过失而造成损害的,不认为是犯罪。以此推理,对于正当防卫(当然不包括防卫过当)和紧急避险(当然不包括避险过当)以及其他无罪过行为造成损害的,都不认为是犯罪,因此,对所造成的损害,也应称为“损害结果”。

有罪过的结果是指出于犯罪故意或过失而造成的损害。其名称依据范围和内容的不同而不同,但可以统称为危害结果。

3. 从外延的宽窄来划分,有罪过的结果可以分为犯罪结果、危害后果和危害结果三种。

犯罪结果,又称为直接结果,是指犯罪行为给其所指向的具体物和具体人所造成的直接损害。

危害后果,可简称为后果,又称为间接结果,是指犯罪行为给具体物和具体人所造成的间接损害。

危害结果是有罪过的结果的统称,它包括上述的犯罪结果(直接结果)和危害后果(间接后果)。

4. 从其基本作用上来划分,可分为定罪结果和量刑结果。

定罪结果,又称要件结果,是指构成某种犯罪所必须具备的结果。这类犯罪叫做结果犯。定罪结果是质和量的统一；在质上必须是对具体的物和人造成的实际损害；在量上必须达到特定的程度，例如玩忽职守罪的直接损失至少要达到五万元。定罪结果中的主要成分是犯罪结果即直接结果；但也可由危害后果即间接结果构成，如重大责任事故罪除直接损害外，也可根据间接损失定罪。犯罪结果即直接结果不一定是定罪结果即要件结果。如故意杀人案件的被害人死亡结果是犯罪结果，却不是定罪结果。

量刑结果是指在定罪的前提下对量刑的轻重以及免刑起作用的结果。从广义上看，定罪结果也是量刑结果，它具有定罪和量刑的双重作用。可以说，一切有罪过的结果即危害结果都是量刑结果。从狭义上看，量刑结果是定罪结果之外的其他危害结果。

5. 从种类的单复来划分，可分为简单结果和复杂结果。

简单结果是指所造成的结果属于一个种类。复杂结果是指所造成的结果是两个以上的种类。故意杀死一人或者多人，结果只是一种——人的死亡。这属于简单结果。抢劫案件中把人打成重伤，并抢走财物，所造成的结果分属两个不同的种类。这属于复杂结果。这两种结果既可来自法律的规定，即设想的；也可以来自实际发生的情况，即现实的。

6. 从个数的单复来划分，可分为单一结果和复数结果。

单一结果是指只产生了一个结果。复数结果是指产生了两个以上的结果。一个故意杀人案件杀死了一个人，称为单一结果；杀死了两个以上的人，称为复数结果。

7. 从结果的性状来划分，可分为有形结果和无形结果。

有形结果，又称物质性结果，是指有形的可以具体测量的结果。如人的死伤、财物的损失等。它是刑法上的结果的基本成分。

无形结果，又称非物质性结果或精神性结果，是指无形的不能具体测量，但可以估量的结果。如玩忽职守罪中的“严重政治影响”。

8. 从设想与现实的角度来划分，可分为法定结果、目的结果和实际结果。

法定结果，又称立法结果，是指在法律上确定的结果。它来自法律上的明文规定；也来自有权解释的具体规定；甚至来自对法律的文理或逻辑解释，但必须是普遍承认的。一句话，它们都是以法律的规定为根据的。

目的结果是指行为人通过某种行为而期望达到的结果。它属于犯罪主观方面的范畴。

实际结果，又称司法结果，是指行为人实施某种行为后而造成的实际损害。

在一个具体的案件中，上述三种结果有时是一致的，有时是不一致的。

这涉及刑法上的错误，犯罪的既遂、预备、未遂和中止等问题。

9. 既遂结果与非既遂结果。

既遂结果是指构成犯罪既遂状态所必须具备的结果。如故意杀人罪的死亡结果。既遂的标准不一定都是法定的，如现在对强奸妇女罪的既遂标准就依赖于约定俗成。

非既遂结果是指既遂结果以外的其他危害结果。如故意杀人罪中的将被害人刺成重伤而未死亡情况，重伤害就是非既遂结果。

三、刑法上的结果的地位和作用

在我国刑法理论中，对刑法上的结果的地位和作用的探讨，仅仅限于刑事司法的范围，却忽略了对它在刑事立法中的地位和作用的研究，这不能不说是个缺陷。

刑法上的行为和结果在立法和司法中的地位是不同的。在刑事立法中，刑法上的结果居于核心地位；在刑事司法中，刑法上的行为居于核心地位，而刑法上的结果则退居次要地位。它们的作用也随着地位的变化而不同。

1. 在立法中的地位和作用

为什么说刑法上的结果在立法中居于核心地位?

首先，从刑事法律的制定过程来看，一种行为能不能构成犯罪？构成什么犯罪？应当处以什么样的刑种和刑罚幅度？其基本依据是社会危害性的有无和大小。从立法角度来看，危害结果是社会危害性的具体表现，社会危害性是对危害结果的概括和抽象。二者互为表里。有犯意而没有实施相应的行为，固然不能构成犯罪；在一定意志下支配的行为没有产生危害结果的必然性或可能性，也不能构成犯罪。之所以规定某种行为为犯罪，就是因为罪过和行为的统一会产生危害结果。因此，从根本上看，决定社会危害性的是危害结果，而不是其他因素；其他因素只起前提的作用。

其次，从刑事法律规定的模式来看，它是以犯罪既遂即完整的犯罪构成为基础的。也就是说，立法者以在罪过和行为前提下必然产生某种危害结果为法律规范的基本模式。刑法总则，特别是分则中的绝大部分条文反映了这个特点。其他条文则是在这种基本模式基础上的补充。例如，规定了刑法上的其他结果——损害结果等；规定了无既遂结果的犯罪形态——犯罪预备、未遂、中止等。

法律规范是一种设想，还不是已经发生了的事实。但这种设想，包括某种行为产生某种危害结果的设想，具有必然性和现实的，符合客观规律。其中的绝大部分已为大量的事实，甚至被千百年的实践所证实。某种行为必然产生某种结果，不仅为立法者、司法者和学者所公认，而且也为广大群众，甚至犯罪分子所公认。绝大部分的法律规范就是对这些已经为实践证实得到公认的事实的认可。

最后，刑法上的结果是制定许多重要的法律规范的依据，是确定其他要件的根据。

其一，在犯罪主观方面是确定罪过的有无、内容和种类的基本依据。刑法典第11、12、13条（笔者批注：即现行刑法典第14、15、16条）就是适例。

犯罪的故意在认识因素上必须是“明知自己的行为会发生危害社会的结果”，在意志因素上则是“希望或放任这种结果发生”。所谓犯罪目的表现为一种强烈的意志，即通过实施犯罪行为达到某种犯罪结果的追求或希望。至于犯罪的过失就更为典型。一方面在认识因素上，行为人“应当预见自己的行为可能发生危害社会的结果，因为疏忽大意而没有预见，或者已经预见而轻信能够避免”；另一方面，在现实中已经实际发生了严重的结果。此外，刑法中的意外事件也离不开刑法上的结果。一是损害结果在客观上已经造成，二是在认识因素上，“不是出于故意或过失，而是由于不能抗拒或者不能预见的原因所引起的。”由上可见，尽管刑法上的结果是由人的行为所造成的，但是确定罪过的有无、内容和种类的依据，只能是刑法上的结果。

其二，犯罪主体也离不开刑法上的结果。

从刑法典第15条（笔者批注：即现行刑法典第18条）的规定来看，精神病人的刑事责任是与“造成危害结果”有关的。除此以外，其他规定犯罪主体的条文没有再涉及刑法上的结果。在此，刑法上的结果隐藏在深层。犯罪主体问题的核心是刑事责任能力问题。责任年龄的划分、对其他无责任能力或限制责任能力的人确定，都是围绕这个核心而规定的。所谓刑事责任就是辨认或控制自己行为的能力，是犯罪主观方面要件在主体上的体现，如前文所述，其基本成分就是对自己行为必然或可能引起危害结果的认识和控制。

其三，犯罪的预备、未遂、中止和既遂与刑法上的结果有着更为直接的关系。

在规定犯罪未遂的条文中有“未得逞”。所谓未得逞，在近年的刑法理论中是指未完成某一犯罪构成的全部要件。尽管这一定义尚须推敲，却比传统定义准确得多。不过，毋庸讳言，对于绝大部分未遂的犯罪来说，未得逞仍然是指未发生特定的结果。在规定犯罪中止的条文中，有“自动有效地防止犯罪结果发生”一语。这是构成中止犯的必要条件之一。这里的“犯罪结果”，也就是上述的特定结果。

更为明显的是，犯罪预备、未遂、中止和既遂在刑事责任方面的轻重之别，也是以刑法上的结果为基本依据的。如果从一般的情况而不是以个别情况来看，由于犯罪预备尚未着手实行犯罪，处于预备阶段，既遂状态的结果就无从谈起，因而比未遂轻；由于犯罪未遂已着手实行犯罪，只不过因为意志之外的原因而未造成既遂状态的结果，因而比预备重比既遂轻；由于犯罪既遂实现了既遂状态的结果，因而要负最重的刑事责任。犯罪中止的情况比较特殊，把主观方面的心理状态作为最重要的条件，但同样离不开刑法上的结果，因为它包括了未造成任何结果前的中止，也包括了特定结果发生前的中止。

可见，刑法上的结果的有无、远近对这几种犯罪形态及其刑事责任的确定，有着举足轻重的作用。

除上述三类条文外，还有不少条文的内容也是以刑法上的结果为依据的，在此不再赘述。

2. 在司法中的地位和作用

在司法中居于核心地位的是行为。这个命题是正确的。但是，通行的理论是把行为与思想比较后得出的结论，而没有将行为与结果进行比较，这是不足之处。从刑法的任务与刑罚的目的和功能来看，对那些犯罪分子固然应予惩罚，更重要的是借此起到举一反三的示范作用，警戒社会上的不稳定分子，教育和动员广大群众同犯罪作斗争，以预防犯罪，减少犯罪。为了更好地维护社会秩序，保护人民的利益，刑事司法绝不能被动地为已经发生的案件撰写历史，而应当主动地为今天和未来的理想境界创造条件；绝不能等到危害结果发生才定罪处罚，而必须使社会的损失减少到最低限度。为此，对定罪及量刑的规定及实施需要有一个提前量。也就是说，必须把在立法过程中以内在的危害结果核心，转为在司法过程中以外在的危害行为为核心。因此，刑法不仅惩罚已经造成特定结果的犯罪，也惩罚那些没有造成特定结果的犯罪。在刑事法律中，结果犯是少数，往往是限于社会危害性较小的犯罪，行为犯是多数，往往是社会危害较大的犯罪。

由上可见，在刑事司法中刑法上的结果只能退居到次要的地位。例如，本文第一部分已经论述过，由于危害结果只是一部分犯罪构成必须具备的要件，因此，它是选择要件。但是，这并不意味它是微不足道的。相反，它仍然潜在地起着重大的作用。例如，在确定犯罪的本质、其他犯罪构成要件和各种犯罪形态方面，特别是在量刑方面，它所起的作用是不可低估的。

突发性犯罪的主观罪过分析

——兼议直接故意与间接故意之区别

刘　隽*

一、案情重诉与理论争点

1999年8月25日中午，34岁的颜某被丈夫打后，一怒之下于当天下午4时多，带着自己6岁的儿子来到离家三四公里的一座桥上，紧抱儿子，纵身跳下河去。幸被当地一位村民及时救起。从鬼门关回来的颜某以为自己没事了，但是该年9月，颜某涉嫌故意杀人罪被公安机关立案，浙江省温岭市法院对该案进行审理并作出判决："检察机关指控颜某故意杀人（未遂）罪成立，依法判处颜某有期徒刑三年，缓刑四年。"① 然而，本案的审理结束，却带给笔者一系列思考，本案中颜某的行为是否构成犯罪，如果构成犯罪，颜某在犯罪行为中所持的罪过形态究竟是直接故意还是间接故意？

首先，颜某的行为在犯罪分类中应该属于突发性犯罪。刑法理论通说认为，突发性犯罪是指，"在瞬间情绪冲动下，不计后果地实施危害行为，放任危害结果发生的情况。"②"突发性犯罪，不计后果，放任严重结果的发生。"③ 顾名思义，突发性犯罪指的是由于情绪激动、或外界的引诱教唆、或行为人潜意识凸显而引发的突然、没有预谋的犯罪。突发性犯罪人实施犯罪时表现在主观心态上的罪过就是突发性故意，"是指犯罪人实施犯罪的意图产生于瞬

---

* 中国人民大学法学院刑法学博士研究生。

① 本案转引自宋昕："浅析犯罪直接故意与间接故意的区别"，载《北京人民警察学院学报》2001年第4期，第31页。

② 张明楷著：《刑法学》（第二版），法律出版社2003年版，第223页。

③ 高铭暄、马克昌主编：《刑法学》，中国法制出版社1999年版，第209页。

间并被立即实行。"[①] 刑法理论通常认为，突发性犯罪属于间接故意犯罪的表现形式之一，突发性故意属于间接故意。理由是："突发性犯罪，不计后果，放任严重结果的发生。例如，一些青少年临时起意，动辄行凶，不计后果，捅人一刀即扬长而去并致人死亡的案件就属于这种情况。这种案件里，行为人对用刀扎人必致人伤害是明知的和追求的，属于直接故意的范畴；对于其行为致人死亡的结果而言，他虽然预见到可能性，但持的却不是希望其发生的态度，而是放任其发生的态度，这样，对于其行为造成他人死亡的结果而言，其认识特征是明知其可能性，其意志因素是放任结果的发生，这完全符合犯罪间接故意的构成。"

其次，刑法理论通说又认为，间接故意犯罪是不存在犯罪停止形态的。原因在于："从主观方面分析：放任心理由其所包含的客观结局的多样性和不固定性所决定，根本谈不上对完成特定犯罪的追求，也就谈不到这种追求的实现与否。而犯罪的预备、未遂和中止形态的行为人，原本都存在着实施和完成特定犯罪的犯罪意志与追求心理。之所以在未完成犯罪时停止下来，对犯罪的预备形态和未遂形态而言是因为受到行为人意志以外原因的阻止，对犯罪中止形态而言是因为行为人自动放弃了原先的完成特定犯罪的意图。可见，间接故意犯罪主观上的放任心理是不符合未完成形态的主观特征的。从客观方面考察：犯罪未完成形态在客观方面表现为，行为人开始犯罪的预备行为或者着手犯罪实行行为之后，由于行为人犯罪意志以外原因的阻止或者行为人自动放弃犯罪意志，而使犯罪停止在未完成的形态下。间接故意犯罪由其主观'放任'心理的支配，而在客观方面不可能存在未完成特定犯罪的状态，因为客观上出现的此种状态或彼种结局都是符合其放任心理的，因而这种案件里应以行为的实际结局决定定罪问题。这样，间接故意犯罪也就没有了犯罪未完成形态存在的余地。"[②] 由此可以推知突发性犯罪也是不存在犯罪停止形态的。

那么，上诉案例中，判决认定颜某成立故意杀人（未遂）无疑给刑法理论通说制造了一个矛盾。突发性犯罪属于间接故意犯罪，间接故意犯罪又是怎么具有停止形态的？笔者认为，有必要将突发性犯罪与突发性故意，间接故意与直接故意犯罪的理论重新进行梳理，以求解决上诉矛盾。

---

① ［俄］斯库拉托夫等主编：《俄罗斯联邦刑法典释义》（上册），黄道秀译，中国政法大学出版社2000年版，第213页。

② 高铭暄、马克昌主编：《刑法学》，中国法制出版社1999年版，第260页。

二、突发性犯罪与突发性故意

何谓突发性犯罪？何谓突发性故意？突发性犯罪的特征是什么？突发性故意的特征是什么？正确回答上述设问是解决矛盾的第一步。

突发性犯罪，在刑法学领域的犯罪分类体系中一般不具有重要意义。国内外刑法教科书中一般对这种犯罪类型少有论述。在犯罪学教科书中同样如此，仅是在论述青少年犯罪的特征时一般认为青少年犯罪具有突发性的特点。笔者认为，所谓突发性犯罪，是指行为人由于情绪激动，产生犯罪决意后，理性暂时处于失控状态，立即实施危害行为并构成犯罪的一种犯罪类型。又称非预谋犯罪、激情犯罪。而与之相对应的犯罪类型则是预谋犯罪。

突发性犯罪具有以下特征：1. 犯意的强烈、不可抑止性。即犯意产生后，行为人有立即将之实施的冲动。这种冲动极为强烈，不可抑止。有论著认为突发性犯罪的特点是犯意的突发性①，笔者认为，其实所有的犯罪故意在形成决意时都在一瞬间产生。只不过在预谋犯罪的犯罪决意的产生与行为的实施之前，不论时间长短，都有一个相当的时间过程。在该过程中，行为人经过反复的心理斗争，最终还是决定实施犯罪行为。同时在法定的犯罪行为实施之前，行为人有足够的时间进行预谋策划，更易于为了实施犯罪而准备工具，创造条件，制造种种假象以便实施犯罪行为后能够逃避法律惩处。更易于达到犯罪目的，完成犯罪行为，也更易于逃避法律制裁。而突发性犯罪在犯罪决意形成后，由于犯罪时的情绪极为强烈，情绪失控，所以立即实施了犯罪行为。在理智控制行为的程度上，突发性犯罪较预谋犯罪为弱。2. 行为的突发性。即犯罪人在产生犯罪决意后，立即实施犯罪行为。行为的突发性是预谋犯罪与突发性犯罪区别的关键。具体表现为，预谋犯罪的犯罪决意与行为的实施之间存在一个时间段，而突发性犯罪则表现为一个时间点，决意产生，行为马上实施。由于犯意深藏于行为人的内心之中，不通过对危害行为进行分析，很难确证行为人的犯意。所以判断是否是突发性的行为，需要通过行为人在实施犯罪行为前后的表现进行。例如，醉酒后对素不相识的人行凶，酒醒后后悔不已；在抢劫女性时突然实施强奸行为；受到攻击时怒不可遏，实施过激行为等。3. 行为的投入性。即犯罪人在实施犯罪行为时常投入全部心力，外部表现为行为时极为卖力，不顾后果。行为的投入性是由于行为人犯意的强烈性所决定的。所以突发性犯罪在实践中所导致的危害后果极为严

① 参见陈建华、何玲龙："青少年突发性犯罪分析"，载《青少年犯罪问题》1995 年第 4 期，第 10 页。

重，仅就危害后果而言，往往超过同类型的预谋犯罪（同类型是指相同罪名的犯罪）。

突发性故意，又称临时故意、简单故意、非预谋故意。是与预谋故意相对应的犯罪故意类型。“是指行为人因当场遭受刺激，突然决意犯罪并立即实施危害行为。在突发故意的场合，故意形成的时间极为短暂。预谋故意，则是指行为人事前经过深思熟虑后决意实施犯罪行为，或者决意犯罪后又经过反复谋划始实施犯罪行为。”① 通常认为，预谋故意较之突发性故意在主观罪过上具有更为严重的可责难性。理由是，预谋故意是行为人对于犯罪对象、犯罪手段、犯罪方法、犯罪时间、地点有着充分认识的基础上在意志心理中又经过了反复的、长期的衡量、选择、策划并决意实施的主观罪过。行为人最终决意实施犯罪行为是受其意志高度支配的产物，是在理性支配下进行的选择。行为人实施犯罪行为时，相对意志自由的程度较高。

而突发性故意是行为人在强烈的情绪、情感冲击下不理智地实施的犯罪行为，犯罪行为是一种感性的、情绪冲动下不受理性控制的产物。行为人实施犯罪行为时，相对意志自由的程度较低。

中外立法史上也不乏区分突发性故意与预谋故意作为处罚依据的立法例。“早在中国古代，就已将故意杀人分为谋杀与故杀等形式，谋杀要受到更重的惩罚。外国立法例上也有类似区分，如 1810 年《法国刑法典》第 295 条规定：‘故意杀人者，称故杀’；第 296 条规定：‘预谋杀人或袭杀人者，称谋杀’，在处罚上二者有区别。”②

突发性故意具有以下特征：1. 认识因素上，行为人对于自己所实施的危害行为及其后果的性质认识得并不充分，具有不确定、模糊性的特点。即在一瞬间的强烈情感爆发的冲击下，行为人并没有充分认识到自己所实施的行为及其结果的社会危害性，而仅仅持一种不确切、模糊的认识。原因是情感的剧烈爆发让行为人暂时蒙蔽了理智。就理智暂时蒙蔽这一点上，突发性故意的认识因素与生理醉酒时的认识因素极为相似，所不同的是理智蒙蔽的原因有所不同。2. 意志因素上，由于行为人认识因素上存在模糊、不确定的特点，从而决定了行为人犯罪的决意也处于一种模糊、不清晰的状态。而这种状态的原因又都是由于行为人受到强烈的情感冲击，一定程度的丧失理智所导致。实践中的突发性犯罪的种种情况也印证了这一点。例如，行为人实施完犯罪后方始感到后悔，这是其情绪冷静后理智战胜情感的表现，也印证了

① 赵秉志主编：《外国刑法原理（大陆法系）》，中国人民大学出版社 2000 年版，第 161 页。

② 贾宇：“犯罪故意类型新论”，载《法律科学》2002 年第 3 期，第 56 页。

行为人在实施危害行为是心理状态极不稳定、不理智、不清晰、不确定，呈模糊状态的表现。又如，公安机关讯问突发性犯罪的犯罪嫌疑人时，问：你当时到底是想杀死他还是想伤他？回答往往是：我也不清楚，当时完全麻木了。在受到讯问时往往连对犯罪原因都不能完全回忆，甚至对为什么实施犯罪行为时自己也觉得不可理解，对犯罪后果也估计不足，事情发生后表现得十分后悔。

三、直接故意与间接故意

刑法第 14 条明文规定："明知自己的行为会发生危害社会的结果，并且希望或者放任危害结果发生的，因而构成犯罪的，是故意犯罪。"以法条为依据，刑法理论将犯罪的故意又区分为两种类型，即直接故意与间接故意。通说认为，"犯罪的直接故意是指行为人明知自己的行为必然或者可能发生危害社会的结果，并且希望这种危害结果发生的心理态度。"[①]"犯罪的间接故意，是指行为人明知自己的行为可能发生危害社会的结果，并且放任这种结果发生的心理态度。"通说认为，直接故意与间接故意的区别体现在三个方面。首先是在认识因素上，犯罪的直接故意既可以是行为人明知自己的行为必然发生危害结果，也可以是明知其行为可能发生危害结果。而间接故意只能是行为人明知自己的行为可能发生危害结果。其次是在意志因素上，直接故意是希望即积极追求危害结果的发生，间接故意对危害结果的发生则持放任的心理态度，而"放任"就是对结果的发生与否采取听之任之、满不在乎、无所谓的态度，不发生结果他不懊悔，发生结果也不违背他的本意。此外，特定危害结果的发生与否，对这两种故意及其支配下的行为定罪的意义也不相同，对直接故意来说，危害结果发生与否不影响定罪，而只是区分以结果为既遂要件的犯罪既遂与未遂形态的标志；对间接故意而言，仅有行为而无危害结果时，尚不能认定行为人构成此种犯罪（包括其未遂形态），只有发生了特定危害结果才能认定构成特定犯罪。[②] 此外，通说认为间接故意的特征决定了间接故意犯罪不存在犯罪的停止形态。

值得注意的是，近来有不少学者对通说的观点提出了挑战。例如，有论者认为，间接故意的本质特征在于意志因素，而不在于其他因素，其根本特点在于放任意志，行为人认识到某种危害结果必然发生，而放任其发生的，

---

① 高铭暄、马克昌主编：《刑法学》，中国法制出版社 1999 年版，第 207 页。

② 直接故意与间接故意的区别参见高铭暄、马克昌主编：《刑法学》，中国法制出版社 1999 年版，第 209—210 页。

仍然属于间接故意。[①] 有论者提出，间接故意犯罪没有成立犯罪预备的可能，因为间接故意犯罪无犯罪目的，不可能为实现犯罪或顺利完成犯罪而进行事先准备；但是，间接故意犯罪存在行为完成但结果尚未发生阶段的未遂与中止形态。[②] 也有论者认为，间接故意有认识因素，因而存在犯罪的未完成形态，“在荷兰、挪威、德、奥等国法律的解释中，都认为间接故意有未遂罪，而意大利刑法则以为没有。这种不同，是由于解释故意有主观说和客观说。从主观说方面看，间接故意是行为者可视为无可无不可的，结果本非其犯罪的希望，不过结果之自然发生，自然没有未遂的状态。但是从客观说方面看，有认识就有未遂，间接故意之有认识，是和直接故意相同的，所以也有未遂。[③] 有论者指出，间接故意有目的，因而存在犯罪的未完成形态”，例如，有些学者主张，间接故意犯罪并非一概有犯罪目的和未遂，在实施非违法犯罪的行为而放任某种危害结果发生的场合，间接故意犯罪无犯罪目的也无未遂；在实施某种违法犯罪行为而放任另一危害结果发生的场合，间接故意犯罪有犯罪目的也有未遂，行为人实施危害行为所放任的结果，就是间接故意的犯罪目的，如果该目的未能实现，就是间接故意犯罪的未遂。例如行为人实施犯罪行为时本来放任被害人的死亡，只是由于抢救及时才未死亡，就应认定行为人构成间接故意杀人的犯罪未遂。[④]

笔者认为，正确回答直接故意与间接故意的区别以及间接故意是否存在犯罪未完成形态的关键就在于弄清刑法理论区分直接故意与间接故意的目的何在。笔者认为，直接故意犯罪由于行为人持希望危害、追求结果发生的心理态度，在客观行为上就表现为积极主动、想方设法、排除障碍地努力实现犯罪目的，完成犯罪结果。而间接故意由于行为人持放任结果发生的心理态度，在客观行为上表现为听之任之、不管不顾、听任犯罪结果发生。因此，直接故意支配下的犯罪行为及其危害结果的社会危害性、行为人的人身危险性都要大于间接故意。有论者认为并不一定如此，理由是，有一些直接故意犯罪，如行为人为完成某一犯罪目的而放任另一个危害结果发生的间接故意犯罪的社会危害性就要大于直接故意犯罪。笔者认为，上述观点实际上是将

① 参见邵纬国：“论间接故意的本质及其犯罪构成特点”，载《吉林师范学院学报》1999 年第 4 期，第 24—26 页。

② 参见赵辉：“论间接故意犯罪的未完成形态”，载《电子科技大学学报社科版》2005 年第 1 期，第 71—75 页。

③ 参见许鹏飞：《比较刑法纲要》，商务印书馆 1936 年版，第 130、136 页。转引自陈兴良著：《刑法适用总论》，法律出版社 1999 年版，第 390 页。

④ 陈兴良著：《刑法适用总论》，法律出版社 1999 年版，第 391 页。

一个直接故意犯罪与一个间接故意犯罪所共同造成的社会危害性与一个直接故意犯罪的社会危害性相比较而得出的结论。所以这种反驳是站不住脚的。那么，根据上述目的论的解释方法所得出的结论来对直接故意与间接故意进行剖析，笔者认为：

1. 直接故意与间接故意的区别。首先，在认识因素上，间接故意表现为行为人对行为所造成的结果是否发生并不确定。理由是，如果行为人明知自己的行为必然能够造成某种危害结果，在实施与不实施两可的意志自由的状态下，仍然决意实施该危害行为，那么行为人在实施该行为时，行为人在意志因素上虽然有可能不是希望危害行为所导致的危害结果发生，却也绝不可能是放任该种危害结果的发生。根据放任的语义学含义，放任是指“听其自然，不加干涉”①，同意事物向着不同的方向发展。即放任这种心理产生的主观前提条件是，行为人认识到一种事物在发展过程中，可能出现数种（两种以上）不同的结局，行为人无法预测事物的发展走向。放任罪过就表明行为人无法确定自己的行为是否一定造成危害结果，仅是知道其可能性。如果既承认行为人在认识因素上表现为明知自己的行为必然发生某种危害结果，仍然实施了该种行为，那在意志因素持的却是放任该种危害结果发生的心理态度，就会自相矛盾，意志因素与认识因素之间出现了无法衔接的逻辑错误。而直接故意则既可以表现为明知自己的行为必然造成危害社会的结果，也可以表现为明知自己的行为可能造成危害社会的结果。

其次，在意志因素上，间接故意表现为行为人对行为所造成的结果发生与否的听之任之、不管不顾，即放任危害结果的发生。放任心理体现于外在行为上表现为一种消极的、不作为的身体动静。例如，甲为了杀害妻子，往她的饭里下毒，他认识到其妻子可能会喂给孩子吃，为了实现杀妻的目的，放任孩子的死亡。在该案件中，投毒行为是以一种积极的作为方式进行的，似乎间接故意的实行行为表现为积极的作为方式。但是我们必须注意的是，投毒行为实际上是在杀妻这一意志支配下实施的行为，对于孩子的死亡结果，甲是不愿意看到的，在这一点上，投毒行为对于孩子死亡这一结果来说，仅是一种引起作为义务的先行行为。即甲认识到自己的先行行为（投毒）有可能导致孩子死亡，他有能力阻止该种危害结果的发生，但他却以消极的不作为方式未阻止该结果的发生。而直接故意表现为行为人对于危害结果的追求、希望或者容忍其发生的心理态度。对于危害结果的追求与希望在主观上另外

① 参见《现代汉语辞典》，商务印书馆 1980 年版，第 306 页。

的表现就是具有犯罪目的，客观表现为行为人为了实现犯罪目的，在犯罪目的的支配下，就会千方百计地实施犯罪行为。所以，不论时间长短，行为人在犯罪目的的支配下准备实施犯罪行为及实施犯罪行为就会呈现一个受意志支配的过程形态，有步骤、有计划地完成犯罪，一步步地实现犯罪目的。值得注意的是实践中有一种情况，行为人在意志因素上并非希望危害结果的发生，但是为了达到某一目的（与危害结果无关的目的），明知自己实施某一行为必然导致某一危害结果发生，在为了实现自己的目的的情况下实施了危害行为容忍了另一危害结果的发生，也应属于犯罪的直接故意。民间老话“舍不得孩子套不着狼”就是这种心理的写照。这种心理态度实际反映出行为人在实施某一行为时，规律性的必然导致数个结果，既有其希望、追求发生的结果，也有其不希望，甚至是害怕、拒绝发生的结果。行为人在反复的心理斗争中，权衡利弊，最后下定决心，将不希望，甚至是害怕、拒绝发生的结果作为一种牺牲品与欲实现的结果一起陪葬。由于行为人明知行为必然导致危害结果的发生，并以积极、主动的作为方式实施了危害行为，虽然心理上并不愿意看到结果的发生，但这种危害结果的发生仍然是由行为直接的原因力而导致的。是行为人在不得已下作出的选择，是在权衡利弊后作出的犯罪决意，仍然应属于直接故意。

根据以上分析，笔者认为通说的观点是正确的，直接故意与间接故意的区别不仅体现于意志因素上，在认识因素上也有不同。间接故意可以通过危害结果的原因行为是否是消极的不作为方式来予以认定。此外，直接故意的意志因素不仅可以表现为希望，也可以表现为容忍。

2. 故意犯罪停止形态存在的空间。笔者认为，故意犯罪停止形态仅存在于积极的追求、希望危害结果发生，具有犯罪目的的故意犯罪之中。理由是，顾名思义，故意犯罪停止形态是在犯罪行为实行过程之中，彻底地停止下来形成一种静止状态的情况。那么，首先故意犯罪的停止形态必须发生在一定的时间过程之中。过程一词有狭义与广义之分，广义的过程泛指一切事物发展运动的经过，特点是具有时间性，过程无论长短，都要经历一定的时间；狭义的过程仅指在人的主观意志支配下受人的行为的原因力驱动下的事物发展、运动的经过，特点是不仅具有时间性，还具有意志性、可控性，受人的主观目的所支配。故意犯罪停止形态中所指的过程显然指的是狭义的过程，因为刑法是规范，刑法机能在于规范人的行为，如果某一犯罪的过程是自然的过程，人的意志并不左右该犯罪的发展，此时刑法规范对于这个过程不起任何作用，刑法需要规范的过程是高度受行为人意志支配的犯罪过程，而不是一切犯罪过程。

那么，在何种犯罪中意志支配下的行为在犯罪过程中起推动、决定作用，此时，意志决定了行为，行为又决定了犯罪过程。显然只能是故意犯罪，只能是直接故意犯罪，只能是直接故意犯罪中追求、希望的心理态度才能无时无刻地支配行为实施犯罪，形成一个动态的发展过程。在这种心理态度支配下，行为由一系列的举动所组成，一系列的举动又支配着犯罪活动向行为人所希望达成的犯罪目标前进，犯罪过程受行为人意志支配的程度较高。而其他犯罪过程由于都是不希望犯罪结果的发生，犯罪行为不是一种目的性极强的行为，行为人并不想控制犯罪进程，所以犯罪过程呈自然的发展状态，只有当法定的危害结果发生时，才能反推造成危害结果发生的原因力的危害行为。

所以，笔者认为，通说的观点是正确的，认定间接故意犯罪必须有危害结果的发生为前提。间接故意犯罪不存在犯罪停止形态。

结论：突发性故意属直接故意

根据通说的观点，结合笔者上述分析，笔者认为通说的观点至少存在以下两大理论矛盾，无法自圆其说。首先，通说认为突发性犯罪中的行为人在实施行为时持的是直接故意的心理态度，而对危害结果的发生又是放任的，持间接故意的心理态度。但是，直接故意是指行为人希望通过实施危害行为以达到犯罪目的，实现犯罪结果。怎么可能有既积极地追求危害行为的实施，同时又不希望行为所导致的结果发生的情况呢？（与容忍意志不同，突发性故意并没有另一个行为目的，即突发性故意的追求意志就是发生法定的危害结果）其次，通说认为突发性犯罪属于间接故意，而故意犯罪是不存在犯罪停止形态的，同时又是只有当犯罪结果发生以后才能认定行为人具有间接故意的罪过心理的。但是，实践中不少案例表明突发性犯罪存在中止与未遂的犯罪形态，并非一定要法定的犯罪结果发生以后才能认定突发性犯罪。

笔者认为，突发性犯罪的罪过心理，即突发性故意不属于间接故意，而是直接故意。

首先，突发性故意最为显著的特征在于行为人对于危害行为及其结果在认识上的模糊性。这种模糊性的原因在于，行为人在犯罪前受突然爆发的情感所左右，无法理性地控制情绪，无法清晰地认识到自己行为及结果的社会性质、法律性质。而这种认识的模糊性又决定了行为人实施犯罪行为的决意也是模糊状态，这种模糊状态并不是说行为人的犯罪决意不坚决，而是指行为人并不十分清楚自己决意实施的行为可能造成的危害结果的社会危害性。

行为人在认识因素及意志因素上的模糊性的根本原因就在于剧烈的情感冲击一时蒙蔽了理智。需要注意的是，这种模糊认识与模糊意志并不代表行为人是在放任危害结果的发生，仅能说明行为人在实施危害行为时的违法性意识较弱，不是一种经过深思熟虑后的犯罪行为，不一定意料到了犯罪结果的严重程度。但毫无疑问，行为人是在追求危害结果的发生以满足自己一时的情绪平复。与一般的直接故意不同的是，突发性故意行为人更侧重于追求行为实施时的快感以平复情绪，而一般的直接故意则侧重于通过实行行为的实施实现犯罪目的，完成犯罪结果的满足，对于危害行为本身则一般不持追求态度，甚至有可能是反感的（如迫不得已地杀人），当然也并不绝对（如强奸行为）。

其次，突发性故意支配下的犯罪行为有没有可能形成一个犯罪过程。笔者认为，虽然突发性犯罪的特征是瞬时起意，行为突发。但这只能说明行为人在决意实施犯罪与实施犯罪行为之间的阶段呈一个时间点，不呈时间段，说明行为人决意犯罪后就立即实施了犯罪行为。那么，这就说明突发性犯罪不可能存在犯罪预备阶段的停止形态，即不存在犯罪预备与犯罪预备阶段的犯罪中止。但是，行为突发并不代表行为突然发生后立即结束，不代表法定的犯罪结果立即产生。实际上，在犯罪行为实行阶段以及实行阶段终了但法定的犯罪结果并未发生之前，在这两个过程之中，由于突发性故意的行为人所实施的行为是受行为人的意志所支配的（是一种情绪化的支配，而其他直接故意犯罪则更理性化），犯罪行为完全有可能呈未遂或中止形态。如甲醉酒后与路人乙一言不合发生殴斗，他顺手拿起一把菜刀，砍向乙的颈部，当鲜血四溅时，他立即清醒，马上将伤者送往医院，因抢救及时，乙保住了性命。笔者认为，该案件定故意杀人（中止）更为恰当，而不是故意伤害罪。即突发性故意并不完全以法定结果的发生来认定行为的性质。突发性故意并不是间接故意，放任的心理决定的行为必然是消极的、不主动的、以不作为的方式导致了危害结果的发生，而不是积极促使危害结果发生。所以间接故意心理必须以危害结果的发生来反推危害行为。突发性故意是在一种情绪冲动下理性被蒙蔽的状态下实施的，仍然受行为人意志所支配的（与一般直接故意相比，突发性故意的意志支配程度相对较低），一种以积极的、主动的以作为方式实施危害行为并导致危害结果发生的罪过心理。此时，结果的发生完全受行为的原因力所支配，而行为的发展又是受行为人意志支配的（理性程度低）。所以，在行为实施过程中以及行为实施终了结果尚未发生之前，刑法规范对于突发性犯罪的进程是有效的。突发性犯罪存在着两个阶段的未遂与中止形态。

故意构成要件与过失构成要件

——以被允许的危险为契机

[日] 佐久间修*

一、被允许的危险与侵害结果

刑法以处罚故意犯为原则，以处罚过失犯为例外（第38条第1款）。故意犯的构成要件与过失犯的构成要件在刑法上属于完全不同的犯罪类型，但就同一侵害结果，这两种构成要件相互交错的情形也并不少见。具体而言，伴有死伤结果的被允许的危险通常属于是否构成过失犯的问题，但在社会生活中反复、持续某种具有重大危险的行为之时，根据犯罪人的具体意识内容，毋宁说，有时候也会具备故意犯的主观性要件。本文以已经为学说所普遍接受的“被允许的危险的法理”为素材，结合对危险驾驶致人死伤罪的简单考察，试图解读故意构成要件与过失构成要件之间的关系。

所谓被允许的危险的法理，原本是为了应对“二战”后高速交通工具的迅速普及、处理各种化学物质的企业的不断涌现而提出。[①] 也就是，在现实社会生活中，不可能全面禁止此类活动，即便此类行为的危险性与侵害结果有关，也有必要在一定范围之内免除其刑事责任。被允许的危险这一观念简单明快，加之其理论定位与射程范围尚不太明确，尽管学说多认为其属于过失

* 日本大阪大学法学研究科教授。

① 关于其沿革，条田公穗：“《被允许的危险》之学说史考察（一）（二）——特别是围绕德国与我国之理论——”，载《名城法学》第61号（1974年），第100页以下，第63号（1975年），第184页以下；条田公穗：“就被允许的危险之理论的一点考察”，载《刑法杂志》第27卷第2号（1986年），第293页以下；松宫孝明：《刑事过失论之研究》（补正版），成文堂2004年版，第1页以下等。

犯的正当化事由,[①] 反对说则对此提出了疑问:针对具体事案,作为判断标准并不明确,而且,实际上侵害了他人的生命、身体之时,若允许包括所发生的结果在内的整个行为,这是否意味着“只要遵守交通规则,连杀人也可以被允许”呢?[②]

二、被允许的危险中的故意、过失

然而,被允许的危险之法理着眼于该行为的社会有用性,在客观上存在高度的危险之时,也首先否定其作为故意犯的罪责。因而,对于实际发生的侵害结果,在仍存在成立过失犯的之可能性这一意义上而言,其旨趣并不是立即容忍“(故意的)杀人”,只是因“遵守交通规则”而至多阻却过失犯的违法性。相反,对于因无视社会生活中的行为准则,由此危险行为所产生的侵害结果,则回到最初的原则,也有可能成立故意犯。例如,使得患者的生命面临危险的治疗行为作为正当的业务行为,一律被允许,即便有医疗失误,也仅限于承担过失犯的罪责。但是,某种实验性治疗,例如,相当于偏离了医学准则的人体试验,对此也可以追究伤害致死罪或杀人罪的罪责。[③] 同样,尽管汽车事故一般被视为过失犯,但若是因无视交通准则的暴走驾驶以及其他危险驾驶行为所引起的死伤事故,则该当于故意犯的构成要件。

由此可见,被允许的危险的法理位于故意构成要件与过失构成要件相互交错的领域。2001 年新设的危险驾驶致人死伤罪同时具备基于暴走或伤害的故意的致人死伤罪(故意构成要件)、业务过失致人死伤罪这两种性质,因而该罪内涵着理论上饶有兴致的问题。[④] 并且,在因违法性阻却事由的错误而否定故意责任之后,在论及是否成立过失犯之时,也会出现故意构成要件与过

① 例如,大冢仁:《刑法概说(总论)》(第 3 版增补版),有斐阁 2005 年版,第 339 页;大谷实:《刑法讲义总论》,成文堂 2000 年新版,第 292 页;前田雅英:《刑法总论讲义》(第 4 版),东京大学出版会 2006 年版,第 281、366 页等认为,被允许的危险属于过失犯中的违法阻却事由。

② 西田典之:《刑法总论》,弘文堂 2006 年版,第 128 页指出,只要遵守了限速等交通规则,就可以压死他人,当然并非如此。另外,掘内捷三:《刑法总论》(第 2 版),有斐阁 2004 年版,第 179 页;内田文昭:“‘被允许的危险’法理之反思”,载《研修》第 525 号,1992 年,第 7、10、16 页也认为,是被允许的危险而不是被允许的实际损害。

③ 就人体试验的概念,参照甲斐克则:《被实验者保护与刑法》,成文堂 2005 年版,第 38 页以下。对此学说上存在两种观点,一是作为被害人的承诺而认定阻却违法性,二是认为偏离了医疗水准的治疗性试验也属于“被允许的危险”(大谷实:《医疗行为与法》,弘文堂 1990 年新版,第 212—213 页)。

④ 围绕危险驾驶致死伤罪的性质,学说间尖锐对立,但从该罪位于“第 27 章 伤害之罪”之下而言,该罪含有一定的故意犯要素,这一点不可否认。

失构成要件之间的交错。[①]

下文探讨被允许的危险的含义，并对两种构成要件的机能作若干考察。

三、社会相当性与被允许的危险

(一) 被允许的危险与行为无价值

由于行为人遵守一般准则这一"行为有价值"，扬弃了成立故意犯所必需的"行为无价值"，即便危险行为客观上产生了有害结果，被允许的危险之法理仍属于否定故意犯成立的理论根据。从此意义上说，被允许的危险之法理正属于以行为无价值为依据的限制处罚权的限定法理。[②] 若对业务活动所产生的风险、由此可得到的社会利益进行比较，立足于结果无价值，也并非不可能说明此法理。[③] 然而，结果无价值论完全从客观的立场对比遵守社会生活中的准则与有害结果的发生，正如上述，对此存在疑问：是否是只要遵守了交通规则，"杀人也被允许"呢?[④] 另外，若将被允许的危险之法理与个别事案中的利益衡量论等同看待，对犯罪人而言，则缺少对可罚性行为的预测可能性，这一批判意见也不容忽视。理由在于，若对业务活动的危险性与社会性利害得失进行事后评价，并由此最终决定"被允许的危险"的范围，那么，当事人事先无法知晓合法行为的限度，进而会不当限制国民的自由活动。[⑤]

另一方面，按照行为无价值论的观点，即便是犯罪人认识到客观性危险仍选择实施该行为，若遵守社会生活准则，就基本上缺少故意犯的行为无价值。因此，在遵循现行法所要求的程度之时，至少在并不构成故意犯这一限度之内，赋予国民预测可能性。当然，就各具体侵害结果而言，着眼于残存的结果无价值，仍可追究过失犯之罪责。一直以来，被允许的危险的法理直

① 有关正当化事情的错误的处理，参照川端博：《正当化事情的错误》，成文堂1988年版，第1页以下；佐久间修：《刑法中的事实的错误》，成文堂1987年版，第161页以下等。

② 林干人：《刑法总论》，东京大学出版会2000年版，第35—36页。

③ 德国也曾一度比较处于危殆化的法益与有可能发生的侵害结果的程度（vgl. Miricka, Die Formen der Strafschuld und ihre gesetzliche Regelung, 1903, S. 140ff）。另外，参照小林宪太郎："被允许的危险"，载《立教法学》第69号，2005年，第51页注（7）。即使在我国，西田典之教授就指出，为保全更大的具体性利益而实施该行为之时，即便具有具体性预见可能性，仍可阻却过失犯的违法性，也就是，从结果无价值论的角度将被允许的危险定位于实质性违法性阻却事由（西田典之：《刑法总论》，弘文堂2006年版，第246页）。

④ 不容忽视的是，持此观点的学者中，也有学者在理论上对故意构成要件与过失构成要件不作区别。

⑤ 另外，由于在这种客观性利益衡量论中，所谓法益侵害说多立足于旧过失论，因而要用属于违法论的被允许的危险的法理来限定过失责任，这在理论上也很困难。

至此阶段起到了限定过失犯成立范围的功能。为此，德国以及我国的学说认为，被允许的危险之法理不属于故意犯中的一般性正当化事由，完全是过失构成要件的解释问题。[①] 也就是，有别于社会相当性的“被允许的危险”之法理只有在过失犯领域才具有作为独立的正当化事由的意义。[②]

（二）被允许的危险与法律上的作为义务

但是，若以所谓行为主义为前提，被允许的危险之法理就不应仅仅止于过失犯的正当化事由。正如上述，首先，类型性地否定社会生活中的危险行为具有构成要件该当性，其结果就是，在另外探讨是否构成过失犯之时，认真分析犯罪人的不注意与所造成结果的重大性，重新评价是否具有过失犯的构成要件该当性。既然过失犯属于“开放的构成要件”，就需要裁判官予以补充，为此，司法实务部门采取积累各个具体案件的个别性判断的方法而试图谋求刑罚法规的明确性。[③] 过去也并非没有学说尝试将被允许的危险之法理予以具体化。例如，宾丁就曾将刑法上引为问题的危险行为、以此行为为必要的社会性关系这二者结合在一起，并在此基础上指出，若该行为在法律意义上不可缺少，则有可能允许对等程度的危险。[④] 也就是，“为履行法律义务的必要性危险、对于法律上许可的行为的不可避免的危险，这些原则上是正当的”。在此观点看来，就承担现行法上的“应招义务”的医师而言，在与其职务相伴而生的类型性危险转化为现实之时，就可将通常可以预见的整个行为与结果视为合法。与此相反，对于缺乏社会性意义的暴走行为、危险的体育运动，能为刑法所允许的范围则要相对狭窄。这一点也与被允许的危险之法理所内在的利益衡量说这一侧面相符合。

但此后的各种学说从违反客观性注意义务这一点探究过失的本质，随着这种过失理论的发展，被允许的危险之法理也逐渐被认为是限定注意义务范围的违法性阻却事由。另外，与犯人的不注意的行为处于表里一体之关系的

① 德国的多数说认为，被允许的危险的法理阻却构成要件该当性。

② 正如前述，我国一直以来多认为属于过失犯的正当化事由。例如，平野龙一：《刑法总论Ⅰ》，有斐阁1972年版，第198—199页；庄子邦雄：《刑法总论》（第3版），青林书院1996年版，第219—220页；荒川雅行：“刑事过失犯的现代性课题（二）——以违法阻却论为中心”，载《法与政治》第38卷第1号，第13页以下。

③ 就过失犯中的注意义务的内容，参照拙文：“过失犯中的刑罚法规的明确性——论构成要件性过失与行政取缔法规之间的关系”，载森本益之等编：《刑事法学的潮流与展望——大野真义先生古稀祝贺》，世界思想社2000年版，第194页以下。作为最近的文献，参照古川伸彦：“过失犯中注意义务的内容（一）~（四·完）”，载《法学协会杂志》第123卷第8—12号，2006年。

④ Binding, Die Normen und ihre übertretung. Eine Untersuchung über die rechtmässige Handlung und die Arten des Delikts, 4. Bd. Die Fahrlässigkeit, 1919, S. 440ff.

被允许的危险作为具有社会相当性的特殊情形，完全从行为无价值论的角度予以说明，可以说，利益衡量说的要素会遭到轻视。然而，先行于个别事案中的过失判断，将被允许的危险之法理作为故意犯的构成要件该当性阻却事由而加以探究的意义仍然并未丧失。换言之，即使是现行法上相当于故意犯的法益的危殆化，利益衡量型中的被允许的危险也不难成为刑法所允许的论据。这是因为，若仅仅比较衡量该行为的社会性功效与所发生的结果，遵守社会生活中的准则这一点并非一定是正当化的前提条件。尽管如此，就缺少社会性功效的行为而言，立足于利益衡量说，也应对被允许的危险的范围予以限定。对于前述宾丁的观点，应从此角度重新理解。例如，伴随“有意识地违反法律，基本无益且不需要的行为”的危险就超过了定型性地被允许的危险的范围，而有可能相当于故意犯的构成要件。[①]

四、不被允许的危险与故意构成要件

（一）定型性危险与故意行为的正当化

在我国，围绕被允许的危险之法理，有学者指出，“以社会中存在的众多危险为前提，即便付出一定的牺牲，仍应优先考虑科学技术的进步等社会整体利益，（被允许的危险之法理）无非就是这样一种价值判断”。[②] 在此意义上，该法理至多只是提示一般性的思考方法与正当化的框架，而并非确定符合个别具体情况的被允许的危险行为的范围。正如本文开头所谈到的那样，一般性、抽象性层面上的“被允许的危险”并非允许“剥夺个别具体的生命”，并且，各论者对此法理的运用也是便宜行事，其结果就是，“将数种不同层面的功能与主张掺杂其中”。[③] 然而，理论发展到今天，被允许的危险在理论上的意义在于，通过信赖的原则等将注意义务的内容予以具体化。不可忽视的是，其前提在于，在加害人遵守了一定的行为准则之时，即便因社会生活中的危险行为而引发了侵害结果，仍可立足于定型性观点，基本排斥故意犯的成立可能性。

上述说明对于交通事故中的案犯具有何种意义呢？首先，各个汽车驾驶人员对驾驶汽车伴有造成人身事故的危险性这一点存在认识、容认，但对具

① Vgl. Binding, a. a. O., S. 432ff. 另外参照小林宪太郎：“被允许的危险”，载《立教法学》第69号，2005年，第50页。

② 前田雅英：“被允许的危险”，载中山研一等编：《现代刑法讲座》（第3卷），成文堂1979年版，第29页。

③ 前田雅英：“被允许的危险”，载中山研一等编：《现代刑法讲座》（第3卷），成文堂1979年版，第26页。

体的侵害结果并无预见。但刑法并不以针对个别客体的故意作为必要条件，即便其预见仅限于抽象性范围，若对可能危及步行者存在预见，则至少能认定存在不确定的故意。此时，在被允许的危险的框架之内，行为本身所具有的定型性社会相当性即可阻却故意犯的构成要件该当性。反之，对于不为社会生活所允许的危险驾驶行为，则成立故意犯。

（二）暴行、伤害的故意与危险驾驶致人死伤罪

以前曾有这样一个判例：某驾驶员酩酊大醉之后无证驾驶，尽管已处于不能正常驾驶的状态，黑夜驾驶前照灯已经损坏难以辨认前方情况的汽车，驶入欣赏“盂兰盆会舞”后漫步回家的人群中，结果造成多人死伤，对此，最高裁判所判定仅构成重过失致人死伤罪。① 其后的下级裁判所的不少判例对于在公道上行驶之时，为超越前方车辆，明知有相撞的危险，仍变道行驶的行为，多认定存在未必的故意。② 另外，某人处于骚扰对方来车的目的，突然向右方转动方向盘，结果与前方来车相撞，造成对方死亡，对此，有判例判定构成基于暴行的故意的伤害致死罪。③ 在两车就要相撞之际，尽管具有避免相撞的意思，但有意打方向盘将车开入对方来车的前面，在这种情况下，作为被害人的对方来车的驾驶员很有可能因事出突然惊慌失措而发生意料之外的碰撞，从而伤及对方，只要这种可能性很大，则不仅具有暴行的故意，甚至能认定存在未必的伤害故意。④ 由此可见，战后初期的最高裁判所判例以及随后的下级裁判所判例的变迁可以反映出是考虑到了当时的道路状况，以及针对违反交通规则的危险行为的社会一般评价。

笔者以为，不仅是具有未必的杀人犯意的场合，那种无视交通规则的危险驾驶对于社会也是有害无益。在此意义上，可以说此类行为并不属于定型性地被允许的危险的范畴。毋宁说，此类行为是以能威胁人身安全的危险道具为工具的一种有形力的行使，对此应评价为具有未必的暴行、伤害故意。也就是，危险驾驶致人死伤罪的构成要件是着眼于偏离社会生活中的一般规则的驾驶行为所具有的“不被允许的危险”，作为伤害（致死）罪的特别类型而重新建构而成，已很难说本罪是业务过失致人死伤罪的加重类型。若认

---

① 最决昭和29年（1954年）4月1日裁判集刑94号49页。相反，对于在无照明的情况下酒后驾车驶入有很多行人的场所的类似案件，广岛高判昭和36年（1961年）8月25日高刑14卷5号333页判定存在暴行罪的未必的故意。

② 高松地判昭和38年（1963年）4月9日判时335号49页等。

③ 东京高判昭和38年（1963年）7月4日东京高等裁判所（刑事）判决时报14卷7号109页。

④ 参照东京高判昭和37年（1962年）11月6日东京高等裁判所（刑事）判决时报13卷11号2页。

为本罪属于一种结果加重犯，则只能从《道路交通法》上的处罚罚则中探寻其基本犯。但是，在直接审视汽车驾驶所内在的高度危险之时，在所谓危险驾驶行为之中，已经包含了利用“用法上的凶器”的人身犯罪这一要素。正是在此意义上，刑法典将本罪条文与具有暴行、伤害之故意的犯罪类型并列规定在一起。

五、危险驾驶的故意与违法的人体试验

（一）危险驾驶致人死伤罪中含义的认识

从上面的论述可以发现，近年来，被允许的危险之法理在客观上否定危险行为的故意犯性之后，被看做过失犯的正当化事由。另外，在缺少能排斥故意犯的构成要件该当性的前提条件之时，往往转化为以汽车为凶器的暴行、伤害罪。[①] 因为，违反交通规则的暴走驾驶与无谋（鲁莽）驾驶等行为并不能将该行为所内在的定型性危险予以正当化，毋宁可评价为基于未必的故意的违法侵害。对于利用汽车所实施的犯罪行为以及无谋驾驶所伴有的加害行为，过去曾有判例认为，这与被允许的危险毫无关系，进而肯定具有故意犯的构成要件该当性与违法性。在此意义上，若行为人认识到自己是在法条所列举的几种情形下驾驶汽车，危险驾驶的故意就应相当于暴行、伤害的故意。危险驾驶致人死伤罪的规定中，除了“受酒精或药物的影响”、“难以控制其行进的高速度”驾驶（第208条之2第2款）等之外，还含有“其他特别靠近行人或车辆”或者“尤其无视信号灯”等不少需要做规范性评价的要素。然而，既然危险驾驶本身属于“不被允许的危险”，那么，刑事裁判之时，就没有必要就行为人对于行为当时自己不仅属于醉酒驾驶或暴走驾驶，且因此而造成自己驾驶能力下降是否存在认识详细进行举证、认定，同样，就该行为是否具有对第三者造成危害的高度危险性这一点也是如此。[②]

法条中所列举的各种危险驾驶行为本来就是作为行为人严重违反交通规则的典型例子，而将定型性地内含高度危险的情况予以明文化。因此，在此限度之内，既然至少能认定具有暴行、伤害的故意，则无须在此基础之上，再仔细探究事故发生当时的危险性程度。危险驾驶致人死伤罪中的危险驾驶

① 最高裁判所曾判定汽车并不属于“用法上的凶器”［最判昭和47年（1972年）3月14日刑集26卷2号187页］，但这是有关凶器准备集合罪中的“凶器”的问题，其旨趣并非在于认为汽车不属于犯罪工具。

② 但为了限制危险驾驶行为的范围，也有学说认为，必须具有能招致致人死伤这一结果的“高度的危险性”。

(广义) 故意只要是行为人对在上述情形下驾驶存在认识、容认即可，这就相当于规范性构成要件要素中的含义的认识。① 换言之，既然行为人的驾驶行为不为社会生活所允许，只要行为人方面并未就消除该危险性采取特别的措施，对于起因于该危险驾驶的死伤结果，行为人就无法免除罪责。② 在此意义上，对于法条所明文规定的“难以正常驾驶的状态”（第208条之2第1款）或者“重大交通危险”（第208条之2第2款）的要素，也不应认为追诉机关负有超出通常的构成要件要素的证明责任。若非如此，则会严重损害到鉴于当时的交通状况而设置新的犯罪构成要件要素这一立法意图。

（二）危险的医疗行为与故意犯的构成要件该当性

下面谈一谈医疗行为。现行法明文规定了医师、医疗辅助人员的应召义务。③ 就其法律性质，尽管各学说之间相互对立，④ 但当然不能将医疗行为与汽车驾驶行为同等对待。⑤ 二者均属于对人身具有高度危险的行为，对于并未达到最低限度的医疗水准的侵袭，至少应承担过失犯的刑事责任。然而，就前述应召义务而言，在强行要求医疗相关人员接受患者之时，医疗行为所内含的危险就应相当于“为履行法定义务的必要性危险（宾丁）”。在此意义上，有别于作为单纯的营业活动或娱乐活动的汽车驾驶行为，在刑法上应赋予不同的意义。⑥ 具体而言，即使是并未达到医疗水准的医师有失误，作为一种被允许的危险，基于治疗的目的与行为整体的社会相当性，其行为仍然并不具有故意犯的构成要件该当性。一直以来认为医疗失误属于过失犯的问题，

---

① 既然危险驾驶本身含有规范性构成要件要素，作为危险驾驶的故意，只要对难以正常驾驶这一事实存在认识即可（西田典之：《刑法各论》（第3版），弘文堂2005年版，第48页）。

② 与此相反，要求对难以正常驾驶予以证明的观点则完全是着眼于结果发生的危险性。然而，社会生活中所一般允许的驾驶行为本身作为“被允许的危险”，可以定型性地免除故意犯罪责，应该说，该观点忽视了这一点。

③ 例如，《医师法》第19条、《牙科医师法》第19条第1款、《药剂师法》第21条等。

④ 多认为医疗行业的垄断制度等是应召义务的理由、根据。就违反诊疗义务是否构成不真正不作为犯，多认为若尚处于拒绝诊疗的阶段，并不属于刑事处罚的对象。详细论述参照中森喜彦：“医师违反诊疗接受义务与刑事责任”，载《法学论丛》第91卷第1号（1972年），第1页以下；金泽文雄：“医师的应召义务与刑事责任”，载《法律时报》第47卷第10号（1975年），第36页以下。

⑤ 甚至有观点认为，既然治疗行为能维持、促进人的生命、健康，则与“伤害”的概念并不相符。但通说认为，只要对人的身体实施了某种侵袭，就该当于伤害罪的构成要件（治疗行为伤害说），但认可基于患者的自我决定权的违法性阻却（大冢仁：《刑法概说（总论）》（第3版增补版），有斐阁2005年版，第404—405页；福田平：《全订刑法总论》（第4版），有斐阁2004年版，第175页）。

⑥ 金泽文雄：“医师的应召义务与刑事责任”，载《法律时报》第47卷第10号（1975年），第41页认为，在医师明明认识、容认到患者的死亡（危险）仍故意拒绝诊疗的场合，也并非马上构成故意的不真正不作为犯，在缺少保障人的作为义务违反或与作为犯并不具有等价值性之时，至多只能作为过失犯予以处罚。这里也出现了故意构成要件与过失构成要件之间的交错。

其理由也正在于此。相反，与暴走驾驶、危险驾驶一样，并不属于治疗行为的人体试验等在刑法上属于针对人身的违法侵袭，仍存在成立故意犯的余地。①

另外，在社会生活中，对于医师实施的试验性治疗与驾驶员的恶意驾驶行为，一般给予不同评价，其根据就在于存在被害人（患者、被试验人）的同意。当然，也并不是说，只要存在被害人的承诺，就当然可以阻却故意犯的构成要件该当性。② 然而，由于现行刑法仅处罚同意杀人罪，对于征得被试验人同意的试验性治疗，至少在伤害罪的限度之内，应否定具有故意犯的构成要件该当性。其时，至多只是有可能成立过失犯，假使试验性治疗造成了死伤结果，也只能是适用基于医疗失误的业务过失致人死伤罪。但是，对于剥夺生命或者造成重大身体障碍等情况，这些法益（生命、身体重大障碍）并未交由被试验人自由处分，即便是出于医学研究的目的，由于已经超越被允许的危险的范围，应认定具有故意犯的构成要件该当性。③ 对于试验性治疗，若属于诸如并未对被试验人做出充分的说明等违反社会规则的违法人体试验，则更是如此。

六、构成要件性故意、过失与责任故意、过失

（一）假想防卫中的故意与过失

在假想防卫等违法性阻却事由的错误中，尽管具有故意犯的构成要件该当性与违法性，仍作为缺少对违法事实的认识、容认，而按照事实的错误得以否定故意责任。因而有别于构成要件性故意与违法故意，应另外探讨是否成立过失犯，但批判意见认为，其时，在构成要件性阶段以及违法性阶段属于故意犯，而在责任的阶段却转化为过失犯，这并不合理。④ 还有批判意见认

① 其理由在于，具体而言，对于通过手术切开身体或切除不良部位等行为，以及因注射或服药等而产生的医疗性侵袭，只要认为此类行为侵害到了属于客观性法益的生命、身体，就不得不说此类行为符合伤害罪的构成要件。

② 参照佐久间修：《最尖端法律领域的刑事规制——医疗·经济·IT社会与刑法》，立花书房2003年版，第102页以下。

③ 甲斐克则也持相同观点，他认为，在超出被试验人的处分权之时，可成立同意杀人罪（甲斐克则：《保护被试验人与刑法》，成文堂2005年版，第59页）。相反，有些并未得到患者的同意、承诺的治疗行为也可例外地被正当化（专断治疗行为）。例如，孩子父母出于宗教上的理由而拒绝向孩子输血，医师无视该父母的意思，通过紧急手术而救助了孩子的生命。

④ 例如，有批判意见认为，这是对一直以来的过失概念的重大改变，无外乎是对过失的拟制（福田平：《违法性的错误》，1960年版，第246—247页；川端博：《正当化事情的错误》，成文堂1988年版，第24—25页）。

为，通过否定责任故意而追溯性地否定业已存在的故意犯的构成要件该当性及其违法性，这种“回标现象”会否定构成要件性故意的类别功能。① 所谓事实的错误说或者独自的错误说对此作了如下解释：在行为人对违法事实缺少认识这一点上，构成要件性事实的错误与正当化事由的错误之间并无决定性差异，在这两种情形下，均可否定行为人的反规范性人格态度，因此可以找出故意犯与过失犯在违法、责任大小上的差异，而在构成要件该当性与违法性之中，含有相当于过失的要素。②

但是，构成要件故意以及违法故意之中含有过失犯的构成要件该当性与违法性这一解释过于“技巧”。而且，由于将故意犯与过失犯之间的差异还原为单纯的量上的差异，也不能为定型说所接受。③ 这是因为，尽管反规范性人格态度这一要素通用于故意犯与过失犯，但肯定由构成要件性故意（违法故意）与责任过失所组合而成的过失类型这一态度也与在构成要件阶段区别故意犯与过失犯这一定型说的出发点不能调和。另外，在构成要件该当性以及违法性阶段，对犯罪事实的积极性认识、容认形成故意的内涵，与此相反，过失的内涵毋宁说是基于缺少这种认识之时的不注意（疏忽大意）的态度。并且一般认为，故意犯的可罚性以包含未遂犯在内的行为本身的展望性评价为依据，而过失犯的可罚性则属于从已经发生的侵害结果回溯探究这种回顾性评价。因此，若从这种认定论上的差异来说明作为第一性责任的故意内容以及作为第二性责任的过失内容，那么，存在围绕故意构成要件与过失构成要件的关系的复线性思考，这在理论上也是有可能的。

（二）试验性治疗中的故意与过失

对于构成要件阶段的相当于故意犯的危险行为还另外可以追究作为过失犯的责任，这一理论构造也适合于被允许的危险这一框架之内的试验性治疗。这是因为，对定型性地伴有未必的故意的危险治疗行为而言，尽管在故意犯领域相当于正当行为，但在过失犯领域，也会出现可作为医疗失误而追究行为人刑事责任的情形。具体而言，在该治疗行为相当于被允许的危险之时，首先在否定故意犯的构成要件该当性的基础之上，从个别的侵害结果开始追溯，根据是否遵守了包含信赖原则在内的行为准则，探讨是否成立过失犯。

① 参照川端博：《刑法总论讲义》（第2版），成文堂2006年版，第380—381页；川端博：《正当化事情的错误》，成文堂1988年版，第25页。

② 参照大冢仁：《刑法概说（总论）》（第3版增补版），有斐阁2005年版，第377、454页；植松正等编：《现代刑法论争》，劲草书房1983年版，第230页（曾根威彦观点）。

③ 参照佐久间修：《刑法讲义总论》，成文堂1997年版，第276—278页以下；佐久间修：《刑法中的事实错误》，成文堂1987年版，第438页以下。

在这种情况下，作为所谓的“遵守条件这一框架之下的被允许的危险”，[①] 利用定型性意义上的“被允许的危险”所引导出的信赖原则，其核心在于，对个别事例中的具体因果过程作评价的违法判断。在此意义上可以说，信赖原则本身无非是违法评价中的一种类型，是对加害方与被害方之间的注意义务程度进行比较衡量。

另外，对于治疗行为，可以想见会有这样一种观点，即以发生人身事故的概率很低为由，否定故意犯的构成要件该当性。然而，即便只有10%的致死概率，若是出于杀人的目的让患者服用毒药，仍应成立杀人未遂罪；相反，即便是只有10%的成功概率的危险手术，在相当于被允许的危险之时，就不会属于故意犯，甚至有时候还会并不成立业务过失致死罪。因此，故意犯与过失犯之间的区别并非仅由结果发生的概率所左右。倒不如说，诸如违法的人体试验那样，属于并未达到客观医疗水准的处置，在主观上并不希望出现合法结果之时，即便是鲜有危险性的行为，仍可构成故意犯。[②] 在此意义上，基于对客观性事实的认识的志向性要素（容认），这属于区分故意犯与过失犯的分水岭，形成作为伴随于各个行为的行为推动力的故意的实质。换言之，由于故意内部包含着行为人的价值衡量态度，当危险实际演变为侵害结果之时，对于缺少社会性价值的危险行为，就可认定其属于出于故意的犯罪行为。

结　语

（一）故意与过失的实际意义

综上所述，本文以危险驾驶致人死伤罪以及违法人体试验为素材，谈到了被允许的危险与故意构成要件、过失构成要件之间的关系。正如本文开头所提到的那样，刑法典上的犯罪是以处罚故意犯为原则以处罚过失犯为例外。而且，在侵害同一法益之时，过失犯的法定刑要较故意犯明显减轻，判断某一行为究竟属于故意犯还是过失犯，这是刑法评价的出发点。不少情况下，乍看上去虽属于故意行为，最终却作为过失犯予以处罚。这种情况限于实现了社会生活所允许的汽车驾驶、治疗行为所伴有的定型性危险之时，由于被允许的危险可以排除构成要件该当性，基于信赖原则等可以个别确定应予以正当化的过失犯的范围。然而，相当于故意犯的危险行为转化为过失犯的过

---

① 正田满三郎：“故意犯的成立与危险（14·完）——特别是论与行为违法之间的关联”，载《判例时报》1696号（2000年），第26页。

② 事实上，即便已征得被试验人的同意，若违法的试验性治疗实际造成了死伤结果，只要没有诸如紧急避险等特别的正当化事由，就可追究其作为故意犯的罪责。

程一直以来并不明确。将构成要件要素以及违法要素限于客观性事实的立场好不容易在责任阶段才将故意犯与过失犯区别开来，因而在责任阶段之前，二者间的差异并非问题。[①] 但事实上，若不能明确究竟属于故意构成要件还是属于过失构成要件，则无法确定以此为基础的违法与责任的质与量。

另外，作为行为人实施犯罪行为的契机，之所以以对犯罪事实的认识、容认为必要，就在于是以作为犯罪行为原动力的故意概念为前提。[②] 然而，正如立足于责任主义论或责任主义的视点所主张的那样，支配、操纵所有犯罪行为的目的意思与行为支配并非所有犯罪的成立的必然性要件。所谓同时性控制的要求也与针对就原因自由行为的责任原则缓和说的批判相通，即便是针对行为人的个别性责任判断，若在犯罪行为的开始之时能认定具有责任能力，包括其后其责任能力逐渐下降的情形在内，一般认为，也并不会降低对行为人的责任谴责。有关过失犯的成立与否，不少情况下要在时间上向前追溯，须判定有无相当于实行行为的注意义务违反。由此也表明，就故意犯以及过失犯而言，也并非绝对要求基于故意或过失的同时性控制。

（二）认定论上的构成要件与实体论上的构成要件

最后要说明的是，探究故意构成要件与过失构成要件之间的差异，这并非是要将故意犯与过失犯的质的差异还原于单纯的量的差异。甚至有部分学说提出，被允许的危险的实现及其认识可能性这种可罚性要素不限于过失犯，即使故意犯也要求这一点，因而没有必要特意设置故意犯、过失犯这种体系范畴。[③] 但是，即便在属于实质性评价的违法性、责任这一层面，可以将故意与过失转换为量上的差异，但在有关构成要件这种定型性事实认定的层面，仍必须以法条上的故意犯、过失犯的类别作为探讨的前提。

再将目光转向最近的立法动向。在事实认定的层面，作为限制适用危险驾驶致人死伤罪的结果，着眼于汽车驾驶本身的危险性，也出现了设置新的犯罪构成要件的动向。其背景在于，虽不属于前述危险驾驶行为，但驾驶人在开车途中使用移动电话、专心摆弄车载音响，因这种性质恶劣的走神驾驶

---

① 反对说所重视的犯罪动机仅仅只是确定行为方向的要素（正田满三郎：“故意犯的成立与危险（14·完）——特别是论与行为违法之间的关联”，载《判例时报》1696号（2000年），第25页）。

② 参照佐久间修：“实行行为与故意的概念——以过早的结果发生为素材”，载《法曹时报》第57卷第12号（2005年），第20页以下。

③ 例如，小林宪太郎：“被允许的危险”，载《立教法学》第69号（2005年），第60页认为，过失犯意味着刑法可罚性的下限，而故意犯仅仅只是因行为人的反规范性态度或者法敌对态度而予以加重的类型。

而造成行人多人死伤，这种象征汽车驾驶行为的危险性的重大人身事故不断增加。这种行为属于定型性地被允许的危险的框架之内，一般只是考虑是否成立过失罪，但今后有必要将其与一般过失行为区别开来。将汽车事故所特有的危险性予以类型化的态度与被允许的危险之法理当初所指向的限定处罚权的方向正好相反。但是，若这种立法要求属于重视日常生活中的身边的危险的必然结果，那么，在与一般生活道路相隔离的高速公路的场合，往往是由驾驶人接受了一定的危险或者存在被害人的推定性承诺而构成，毋宁说还应扩大正当化的范围。

（王昭武译）

论事实错误的分类

刘明祥*

一、事实错误的分类方式

事实错误种类繁多，从不同的角度，用不同的标准可以作不同的归类。这对于进一步揭示事实错误的实质，正确认识不同的事实错误对犯罪与刑事责任的影响，具有十分重要的意义。

（一）依据错误产生原因的不同，可以把事实错误分为认识上的事实错误和行为上的事实错误。认识上的事实错误是指行为人对客观事实产生了不正确的认识，并在这种认识的指导下实施某种行为，导致认识的事实与现实所发生的犯罪客观事实不符。如误把野兽当做人予以枪杀就是适例。所谓行为上的事实错误，则是指行为人对侵害对象和所采用的犯罪工具及手段，均未产生错误认识，但是，由于某种原因，导致行为发生偏差（打击错误），使预想外的危害结果发生。例如，行为人对准某甲射击，意图杀死甲，但由于枪法不准，误击中某乙。对事实错误作这种分类，可以帮助我们从总体上找出事实错误产生的原因，以便实行区别对待。

（二）依据错误所涉及的事实内容的不同，可以将事实错误分为构成要件错误与正当化事由前提事实错误。① 这是德日等大陆法系国家刑法理论界一种常见的分类形式。其中，构成要件的错误，是指行为人行为时对属于法定构成要件的事实情况产生了错误认识。而正当化事由前提事实的错误，则是指对使行为正当化的事由或阻却违法事由的前提事实发生误认的情形。例如，本来无不法侵害的事实存在，而行为人误认为存在，并实行所谓“正当防卫”

---

* 中国人民大学法学院副院长，教授，博士生导师；中国人民大学刑事法律科学研究中心执行主任。

① 参见许玉秀、王玉钰：“从‘所知所犯’论不法事实与罪责事实的区分”，载林山田等合著：《刑法七十年之回顾与展望纪念文集（一）》，元照出版社 2001 年版，第 179—185 页。

的“假想防卫”，就属于这种类型的错误。与构成要件错误不同的是，正当化事由前提事实错误不是对构成要件事实本身有不正确认识，而是对决定行为是否合法的前提条件的事实（如是否有不法侵害发生等）有误解。对事实错误作这样的分类，有助于我们正确掌握这两类事实错误的不同特点，这也就为我们恰当处理这两类案件奠定了基础。

应当指出，在大陆法系国家刑法理论界，许多学者认为构成要件错误与事实错误具有相同含义。但也有不少学者认为，事实错误的外延大于构成要件错误，它是构成要件错误与正当化事由前提事实错误的总称。[①] 另有学者认为，关于正当化事由前提事实错误，也属于构成要件错误，只不过是一种消极的构成要件（或容许性构成要件）错误。[②] 由于我国大陆的刑法理论与大陆法系国家的刑法理论存在差异，过去，我们的刑法学中，一般不用“构成要件错误”、“正当化事由前提事实错误”（或“阻却违法事由前提事实错误”）的概念。但也有少数学者仿照大陆法系国家的上述分类，用“犯罪构成事实错误”的概念取代“构成要件错误”，用“排除行为社会危害性事实的认识错误”（或“排除犯罪性事实的认识错误”）、“行为性质错误”等概念取代“正当化事由（或阻却违法事由）前提事实错误”。[③] 另外，中外刑法理论界对这后一种类型的错误是否属于事实错误，仍有较大争议。笔者将在下文作进一步的阐述，在此不赘述。

（三）依据错误是否发生在同一构成要件范围内，可以将事实错误分为同一构成要件内的错误和不同构成要件间的错误。这是德日等大陆法系国家刑法理论界对事实错误所作的一种重要分类。例如，意图杀甲，开枪射击，但因子弹打偏，误杀某乙。又如，意图杀丙，开枪射击，未打中丙，但毁坏了丙的贵重财物。前者为同一构成要件内的错误，后者是不同构成要件间的错误。最早作这种分类的是日本学者牧野英一，他将其命名为“具体性事实错误”、“抽象性事实错误”。由于“具体性”、“抽象性”的含义不明确，后来的学者就将其改称同一构成要件内的错误和不同构成要件间的错误。[④] 但直到

---

① 参见［日］大冢仁著：《犯罪论的基本问题》，冯军译，中国政法大学出版社 1993 年版，第 64 页。

② 参见［日］佐久间修著：《刑法中的事实错误》，成文堂 1987 年版，第 71 页。

③ 参见何秉松、于齐生：“论刑法上的错误”，载《政法论坛》（中国政法大学学报）1994 年第 4 期。

④ 参见［日］大冢仁著：《犯罪论的基本问题》，冯军译，中国政法大学出版社 1993 年版，第 64 页。

今天，仍有许多学者沿用“具体的事实错误”和“抽象的事实错误”的提法。[①] 不过，在我国，有些学者认为这种分类并无实际意义，因而不足取。[②] 我国大陆刑法学界过去一般不采取这种分类形式。但近年来，也有学者改变了观念，在自己的论著中采用这种分类形式。[③]

（四）依据错误所涉及的侵害对象的不同，可以将事实错误分为对象错误、打击错误和因果关系错误。[④] 这是日本等国刑法理论上所采用的对事实错误进行分类的最基本的方法。我国也有少数学者直接采用这种分类形式。[⑤] 对象错误是行为人在行为时弄错了侵害对象；打击错误则并未弄错侵害对象，只是在实施行为的过程中行为发生了偏差，对其他对象造成了侵害结果；因果关系错误则既未弄错侵害对象，也未出现与预想的结果不一致的结果，只是引起结果发生的因果经过与行为人所预想的不一致。[⑥] 应当指出，在日本等国刑法理论界，由于对象错误、打击错误、因果关系错误与同一构成要件内的事实错误（或具体的事实错误）、不同构成要件间的错误（或抽象的事实错误）是采取不同的标准所作的区分，因此存在交叉关系。这也是学者们在论述同一构成要件内的错误和不同构成要件间的错误时，往往要就对象错误、打击错误等作进一步阐述的原因所在。只不过，在不同构成要件间的错误的场合，因果关系错误不会发生，因而没有讨论的余地。

（五）依据错误是发生在实行行为时还是发生在实行行为后，可以把事实错误分为事前错误与事后错误两种类型。[⑦] 所谓事前错误，是指着手实行时行为人认识的事实与客观存在的事实不一致的情形。如行为人意图杀甲，误把甲的同胞兄弟当做甲杀害，这种对象错误就是典型的事前错误。所谓事后错误，是指着手实行时行为人对行为对象等事实的认识并未发生错误，只是在实行行为后，行为的发展方向与其事先的预想发生偏差，或者与其事先预料的因果经过不一致。例如，意图杀丙，对丙开枪射击，未击中丙，却杀死了藏在暗处的丁。又如，行为人意图将被害人抛入水中淹死，但实际上是抛投入水前头撞在岩石上致死。前者为打击错误，后者属于因果关系错误，都是事后错误的适例。理论上作这样的分类，有助于我们正确区分对象错误与打

---

① 参见［日］西田典之著：《刑法总论》，弘文堂2006年版，第204—205页。

② 参见高铭暄等编：《中国刑法词典》，学林出版社1989年版，第224页。

③ 参见张明楷著：《刑法学（第二版）》，法律出版社2003年版，第229—233页。

④ 日本刑法理论上称之为客体错误、方法错误和因果关系错误。

⑤ 参见张明楷著：《刑法学（第二版）》，法律出版社2003年版，第230页。

⑥ 参见［日］川端博著：《刑法讲义总论Ⅰ》，成文堂1995年版，第242页。

⑦ 参见［日］山中敬一著：《刑法总论Ⅰ》，成文堂1999年版，第304页。

击错误。

（六）依据错误是否影响故意之成立，可以分为影响故意成立的事实错误和不影响故意成立的事实错误。[①] 其中影响故意成立的事实错误，是指行为人认识的事实与发生的客观事实不符合，并影响到其对构成犯罪事实的认识，因而阻却犯罪故意的情形。这大多表现为本有犯罪事实存在，而行为人误以为不存在。学者们根据此种错误是以有为无，所以称之为消极的错误，并认为虽然可以阻却犯罪故意，但如果行为人发生错误的原因是由于他主观上的过失，则不免除过失的罪责。不影响故意成立的事实错误，是指行为人主观上存在犯罪意图，但由于认识上的错误或者行为上的错误，致使发生的客观事实与行为人主观预想的事实不一致的情形。例如，意图杀甲，误把乙当做甲杀害；意图杀甲，对甲开枪射击，未击中甲却误杀了乙。在此之中，由于行为人有犯罪意图，并在这种意图的支配下实施了危害行为，故意犯罪已经成立。至于犯罪过程中发生了错误，那只是有可能影响犯罪的形态，即是属于犯罪既遂，还是犯罪未遂。对事实错误作上述分类，有助于我们理解事实错误对行为人主观罪过的影响，以便于正确处理好事实错误与犯罪故意的关系。

顺便指出，在美国有一种与上述相似的分类形式，是以错误是否影响犯罪意图及罪责为标准，把事实错误分为可以免罪的事实错误、可以减罪的事实错误、不能辩护的事实错误和加重罪责的事实错误四种。[②] 其中，可以免罪的事实错误，是指某些只有具备法律特别要求的心理态度才能构成的犯罪，如盗窃必须要有“占有他人财物”的心理态度，要是行为人发生事实错误，把他人财物误认为是自己的财物拿走，就可以作为免罪的辩护理由。可以减罪的事实错误，是指虽不能作为免罪辩护的理由，但可以作为降低处罚等级情节的事实错误。不能辩护的事实错误，包括两种情形：一是不影响犯罪意图的事实错误。如意图杀A，结果错把A的兄弟杀死。这里面虽有事实错误，但并没有改变谋杀罪的心理要件。所以，不能减免罪责。二是事实错误实际上影响犯罪心理，但由于是绝对责任罪，所以，也不能减免罪责。加重罪责的事实错误，是指不发生事实错误就不成立犯罪，或者成立较轻的罪，发生了事实错误反而成立犯罪或成立较重之罪的情形。例如，某男和某女在跳舞的过程中，某女突然晕倒在其怀里，他误认为该女是因醉酒而暂时昏了过去，便趁机予以奸淫。其实，奸淫时该女已经死亡（突发心脏病而死）。但由于行

① 参见韩忠谟著：《刑法原理》，中国政法大学出版社2002年版，第159页。

② 参见储槐植著：《美国刑法》（第2版），北京大学出版社1996年版，第97—100页。

为人误认其还活着，所以构成强奸（未遂）罪。如果他没有产生这种事实错误，其行为的性质则为“奸尸”，按美国有些州的法律根本不为犯罪；有些州虽然规定“奸尸”为犯罪，但处刑轻于强奸罪。美国刑法学者对事实错误所作的上述分类，虽然很有特色，但并不为其他国家刑法学者所重视。

（七）依据错误的具体表现形式的不同，事实错误可以分为客体错误、对象错误、手段错误、行为性质错误、打击错误、因果关系错误等若干种。我国刑法学者在论述事实错误时，大都采取这种分类形式。不过，在具体做法上有些不同，即有三分法、四分法、五分法及六分法之不同分法。三分法中，又大体有三种不同分法：一是分为对象错误、行为认识错误（行为性质和手段认识错误）和因果关系错误；[①] 二是分为对象错误、手段错误和打击错误；[②] 三是分为对象错误、手段错误和因果关系错误。[③] 四分法中，则主要有六种分法：一是分为客体错误、对象错误、行为认识错误（行为性质和手段认识错误）和因果关系错误；[④] 二是分为对象错误、手段错误、行为性质错误和因果关系错误；[⑤] 三是分为行为认识错误（行为性质和手段认识错误）、对象错误、危害结果错误和因果关系错误；[⑥] 四是分为对象错误（或行为客体错误）、手段错误、打击错误和因果关系错误；[⑦] 五是分为手段错误、对象错误、行为对象的特点认识错误和因果关系错误。[⑧] 六是分为客体错误、对象错误、手段错误和因果关系错误。[⑨] 五分法最常见的一种是把事实错误分为客体错误、对象错误、行为实际性质错误、工具错误（或手段错误）和因果关系错误五种。[⑩] 六分法则主要有二种不同分法：一是把事实错误分为客体错误、对象错误、行为实际性质错误、手段错误、打击错误、因果关系错误；[⑪] 二是把事实错误分为客体错误、对象错误、手段错误、结果错误、因果关系错误和

① 参见何秉松主编：《刑法教程》，法律出版社1987年版，第92—93页。

② 参见刘志正主编：《刑法教程》，南京大学出版社1987年版，第131—132页。

③ 参见樊凤林主编：《犯罪构成论》，法律出版社1987年版，第123—125页。

④ 参见高铭暄主编：《中国刑法学》，中国人民大学出版社1989年版，第141—143页。

⑤ 参见李文燕编：《中国刑法学》，中国人民公安大学出版社1998年版，第156—157页。

⑥ 参见张明楷著：《犯罪论原理》，武汉大学出版社1991年版，第305—308页。

⑦ 参见陈兴良著：《陈兴良刑法学教科书之规范刑法学》，中国政法大学出版社2003年版，第93—94页。

⑧ 参见甘雨沛等主编：《犯罪与刑罚新论》，北京大学出版社1991年版，第226—230页。

⑨ 参见马克昌主编：《刑法学》，高等教育出版社2003年版，第113—114页。

⑩ 参见高铭暄主编：《刑法专论（第二版）》，高等教育出版社2006年版，第254—255页。

⑪ 参见刘艳红主编：《刑法学总论（第二版）》，北京大学出版社2006年版，第137—139页。

主体错误六种。[①] 应该指出，日本等国一些刑法学者也采用上述分类办法，不过，没有我们分得细，并且在此种分类上的分歧也不大，只有二分法与三分法之争，即有的学者把事实错误分为客体错误、方法错误[②]和因果关系错误三种，另有学者则认为因果关系错误不属错误论所要研究的问题，不能作为事实错误的一种。[③]

（八）依据错误与我国犯罪构成理论的关系，可以将事实错误分为犯罪客体的错误、犯罪客观方面的错误和犯罪主体的错误。[④] 根据我国传统的犯罪构成理论，犯罪的成立应当具备犯罪客体、犯罪客观方面、犯罪主体和犯罪主观方面四个要件。由于错误属于故意的反面问题，作为犯罪主观方面要件的故意与过失也就不可能成为事实错误的类型。而行为人对犯罪客体、犯罪客观方面和犯罪主体方面的要件都有可能发生认识错误的问题。具体而言，犯罪客体的错误，就是行为人对自己行为侵犯的社会关系（或法益）的主观认识与实际情况不符；犯罪客观方面的错误，就是行为人对行为对象、行为的手段、行为的结果、行为的特定时空条件等犯罪客观方面内容的主观认识与实际情况不符；犯罪主体的错误，则是行为人对犯罪构成的主体状况的主观认识与实际情况不符。

另外，我国台湾地区流行的是大陆法系国家的刑法理论，也有学者依据错误与大陆法系的构成要件理论的关系，将构成要件错误分为有关行为主体的错误、有关行为本身的错误、有关行为客体的错误与有关因果历程的错误（即因果关系错误）四种类型。[⑤]

二、事实错误分类的争议焦点

综观以上各种不同分类方式，认为对象错误是事实错误的一种类型，可以说在中外刑法学界已形成共识。分歧的焦点主要在以下几方面：

第一，行为性质错误（或正当化事由前提事实的错误）是否属于事实错误？如前所述，在中外刑法理论界，对此有较大争议。有的认为是事实错误（或构成要件错误），也有的认为是法律错误（或违法性错误），还有的认为

① 参见时春明著：《刑法上错误的理论与实践》，兰州大学出版社1989年版，第69—77页。

② 这里的客体错误与我国刑法学中的对象错误相似，方法错误与我国刑法学中的打击错误同义。

③ 参见［日］内藤谦著：《刑法讲义总论》（下）Ⅰ，有斐阁1991年版，第901、951页。

④ 参见何秉松主编：《刑法教科书》（上卷），中国法制出版社2000年版，第332—336页。

⑤ 参见林山田著：《刑法通论》（上册）（增订八版），台大法学院图书部经销2003年版，第355页。

是一种有别于构成要件错误与禁止错误的独立的错误类型。[①] 我国的通说认为，行为性质错误是事实错误的一种类型。但也有极少数学者由于受大陆法系国家刑法理论的影响，把刑法中的错误分为“犯罪构成事实的认识错误”与“行为社会危害性的认识错误”两类，并将“排除行为社会危害性事实的认识错误”（即行为性质错误）纳入行为社会危害性的认识错误的范围之中，实质上也就是将这种错误视为违法性错误（或法律错误）。[②] 笔者认为，在德日等大陆法系国家，之所以出现这种争论，是由于学者们采用新的错误论，把传统的事实错误与法律错误改为构成要件错误与禁止的错误这种分类而引起的。因为按照大陆法系国家流行的三阶层犯罪成立理论，犯罪的成立要具备构成要件该当性、违法性和有责性三个条件。而正当化事由（或违法阻却事由）是违法性阶段要研究的问题，如果把错误分为构成要件错误与禁止的错误两类，那么，有关正当化事由前提事实的错误，就不是与构成要件相关的事实错误，不能纳入构成要件错误之中，这正是一些学者将这种错误作为禁止的错误（违法性错误）看待的一个重要原因。但由于这种错误毕竟是对事实的误认，才导致行为人对自己行为的违法性作出错误判断的，与一般的违法性错误仅仅只是对行为的法律评价发生错误还是有很大差别，因此，一些学者将这种错误界定为是与构成要件错误、禁止的错误相并列的独立的错误类型。然而，这又违反了形式逻辑的分类规则，出现了分类标准不同一的问题。

在笔者看来，如果采取传统的事实错误与法律错误的分类，把行为性质错误（或正当化事由前提事实的错误）纳入事实错误的范围，则不会出现这样的问题。并且“将错误区分为事实错误与法律错误在逻辑推论的过程上没有垂直分类（即构成要件错误与禁止错误的分类——笔者注）的瑕疵，而且具有法律效果上的实益，即事实错误用一套方式解决、法律错误用一套方式解决，不会产生垂直分类中分类与效果没有关联性的问题。就此而言，水平的错误分类（即事实错误与法律错误的分类——笔者注）才是比较正确而有效的区分方法。”[③] 因为采用传统的分类方法，事实错误就是有关行为的事实情况的认识错误，法律错误则是对行为的事实情况有正确认识，仅仅只是对行为在法律评价上有错误认识。这样来区分两者既简单明了，又能很自然地

---

① 参见刘明祥著：《刑法中错误论》（第二版），中国检察出版社 2004 年版，第 114—115 页。

② 参见阮齐林：“论刑法中的认识错误”，载《法学研究》1996 年第 1 期。

③ 参见许玉秀、王玉钰：“从‘所知所犯’论不法事实与罪责事实的区分”，载林山田等合著：《刑法七十年之回顾与展望纪念文集（一）》，元照出版社 2001 年版，第 179—185 页。

得出行为性质错误是事实错误而不是法律错误的正确结论，不会引起一些不必要的争论。

第二，主体错误是否属于事实错误？所谓主体错误，是指行为人对自己是否具有特殊主体身份产生了不正确的认识。即本来自己是有特定身份的特殊主体，却误认为无此特定身份；本来自己无特定身份，但误认为有特定身份。[①] 要回答上述问题，首先必须弄清主体身份是否属于犯罪故意的认识内容。因为，刑法上研究事实错误的主要目的，就在于确定行为人在有事实错误的情况下，对现实发生的危害结果而言是否阻却故意。如果某种因素本来就不是故意的认识内容，那就意味着对这种因素即使有认识错误，也不妨碍犯罪故意的成立，当然，就不属于事实错误的范畴。至于特殊主体身份是否应作为犯罪故意的认识内容，国内外学者有不同意见。日本等大陆法系国家学者一般认为，故意的成立必须对符合构成要件的客观事实有认识，而行为主体、行为客体、行为、因果关系、结果、行为状况等，都是构成要件的客观事实，所以，都是必须认识的内容。而“对行为主体的认识实际上成为问题的是特殊身份的情形”。[②] 我国刑法学界，既有学者提出“主体身份不应成为故意犯罪的认识内容”，[③] 也有学者认为，行为人的特殊身份是某些犯罪故意必须认识的内容。[④] 笔者过去认为，由于我国刑法第14条规定“明知自己的行为会发生危害社会的结果”是成立犯罪故意应予认识的全部内容，这里面并未包括对主体身份的认识，所以，特殊主体的身份并不是故意的认识内容，从而也就没有必要把主体错误视为一种事实错误。现在看来，这种认识具有片面性。因为在有些情况下，行为人对自己具有的特殊主体身份缺乏认识，将导致其对“自己的行为会发生危害社会的结果”不明知，从而影响犯罪故意的成立。例如，我国刑法第360条规定的传播性病罪，主体必须是严重性病患者，如果行为人不知道自己患有严重性病即不知道自己有这种特殊身份，实施卖淫或嫖娼行为，即便是传染性病给他人了，也由于行为人不知道自己的行为会造成此种危害结果，而不具有此罪的故意，不能构成此罪。由此可见，有必要将主体错误纳入事实错误的范畴。

第三，客体错误（或犯罪客体错误）是否属于事实错误的一种？客体错

① 参见张明楷著：《刑法学》（上），法律出版社1997年版，第360页。

② 参见［日］山中敬一著：《刑法总论Ⅰ》，成文堂1999年版，第284页。

③ 参见陈兴良著：《刑法哲学》（修订三版），中国政法大学出版社2004年版，第167页。

④ 参见张明楷著：《刑法学》（第二版），法律出版社2003年版，第219页。

误是指行为人认识的犯罪客体与实际侵害的犯罪客体不相一致。[①] 这也是与犯罪故意的认识内容密切相关的问题。原苏联刑法学者一般认为，犯罪客体是故意的认识内容。[②] 我国刑法学者也认为，犯罪客体在一定程度上决定某一行为是否会发生危害社会的结果或者发生何种危害结果，因而是故意犯罪的认识内容。[③] 既然如此，当行为人主观上对犯罪客体产生错误认识时，就可能影响犯罪故意的成立，所以，也应该作为事实错误看待。至于是单独作为事实错误的一种，还是与对象错误合在一起，理论上有不同看法。[④] 在德、日刑法理论中，一般只有客体错误（没有对象错误）的概念，但实际上在此之中包含的是我们所讲的对象错误的内容。我国刑法学论著在关于事实错误的论述中，大多只单列了对象错误（未另列客体错误），但事实上在所述内容中则包含了客体错误。这是因为我们的通说认为，犯罪客体与犯罪对象虽然是不同的概念，但二者有十分紧密的联系，一般说来，犯罪客体总是通过一定的犯罪对象表现它的存在的。又由于客体错误是行为人对说明犯罪客体的事实有认识错误，而说明客体的客观事实一般是犯罪对象（或行为客体），所以，要把客体错误与对象错误区别开来，是一件十分困难的事。正如有的论者所述，"由于犯罪客体需要通过抽象思维才能认识而不能为行为人所直接感知，更由于犯罪客体必须通过理论上的研究才能作出科学的概括而极少从刑法上直接看到它的规定，因此，犯罪客体错误就成为刑法错误中最复杂的问题。我们现在只能在理论上抽象地肯定它的存在而无法作进一步的论述。"[⑤] 尽管如此，笔者还是认为，为了保证我国刑法理论体系的内在和谐与统一，使我们的错误理论与犯罪构成理论衔接起来，有必要把客体错误单独作为事实错误的一种。

第四，打击错误是否属于事实错误？所谓打击错误，又称打击失误（或打击偏差）、行为偏差（或行为差误）、方法错误，是指行为人对自己意欲侵害的某一对象实施侵害行为，由于失误而导致其实际侵害的对象与其意欲侵害的对象不一致的情形。在我国刑法学界，有人认为，"这种情况与行为人主

---

① 中国刑法学中的犯罪客体，是指刑法所保护而被犯罪行为所侵犯的社会关系（或法益）。

② 参见［苏］A. H. 特拉伊宁著：《犯罪构成的一般学说》，中国人民大学出版社1958年版，第165页。

③ 参见陈兴良著：《刑法哲学》（修订三版），中国政法大学出版社2004年版，第167页。

④ 单独作为事实错误的一种的，参见高铭暄主编：《刑法专论》（第二版），高等教育出版社2006年版，第254页。与对象错误合一的，参见陈兴良著：《刑法适用总论》（上卷），法律出版社，第143页。

⑤ 参见何秉松主编：《刑法教科书》（上卷），中国法制出版社2000年版，第336页。

观认识错误无关，纯属客观行为的失误或行为误差，因此，不属刑法上错误的范围。”① 另有人认为，打击错误实际上是行为人对因果关系的发展方向发生错误，因此，是因果关系错误的一种表现形式，而不是一种单独的事实错误。还有人认为，打击错误是一种与对象错误、因果关系错误等相并列的独立的错误类型。② 总体而言，在我国，打击错误并未受到应有的重视，许多刑法教科书都将其排除在错误论的范围之外。但在日本、德国等大陆法系国家刑法理论中，打击错误（通称为方法错误）被视为事实错误的核心内容，由此展开了各种各样的理论学说。事实上，“认识错误并不限于行为人主观上发生了错误，而是包括行为人的认识与客观实际不相符合的一切情况。在打击错误的情况下，行为人的认识（对甲射击）与客观情况（乙死亡）就是不一致的，应当放在认识错误中研究。”③ 另外，打击错误与因果关系错误有轻重差别。一般来说，因果关系错误仅仅只是因果关系的发展进程与行为人所预想的不一致，而实际侵害的对象与其意欲侵害的对象是同一的。“但在打击偏差的情况下，只是行为发生偏差，致使本欲发生在此一客体上的侵害结果转移到彼一客体上，没有发生因果关系本身的认识错误。”④ 如果撇开具体侵害对象而论，在许多打击错误的场合，行为人认识因果经过与实际发生的因果经过是一致的（并无认识错误）。

第五，因果关系错误是否属于事实错误？有人认为，故意的成立以认识行为之结果为必要，至于行为与结果之间的因果经过并不是成立故意所必须认识的内容。当行为人认识的因果经过与实际发生的不相一致时，应研究其结果之发生，是否在相当因果关系范围内，以判断行为人应否对现实发生的具体结果负故意责任，也就是说，因果关系错误是因果关系论所要研究的问题，而不属于错误论的范畴。⑤ 但是，从犯罪构成理论而言，凡是结果犯，行为人不仅要对结果有认识，更须认识行为与结果之间的因果关系，也就是对自己的行为与结果的发生有何种联系，以及由于自己的行为会发生什么样的结果，都必须认识。以故意杀人罪为例，行为人除了要认识某人死亡的结果之外，尤其要认识到该人的死亡是由于自己的行为所引起的，才谈得上有杀人的故意。再说，因果关系与因果关系错误是二个不同范畴的问题，前者属

① 参见何秉松主编：《刑法教科书》（上卷），中国法制出版社2000年版，第336页。

② 参见黄明儒主编：《刑法学》，湖南人民出版社2003年版，第134页。

③ 参见张明楷著：《刑法学》（第二版），法律出版社2003年版，第231页。

④ 参见陈兴良著：《陈兴良刑法学教科书之规范刑法学》，中国政法大学出版社2003年版，第94页。

⑤ 转引自刘明祥著：《刑法中错误论》（第二版），中国检察出版社2004年版，第187页。

于犯罪客观方面所要研究的问题，后者则是犯罪主观方面即故意论所包含的内容。一般来说，在弄清了行为人的行为与危害结果之间具有因果关系之后，还只是为行为人负刑事责任提供了客观基础，至于行为人对该结果是负故意责任、过失责任，还是不负刑事责任，则是主观方面所要进一步研究的问题。因此，应当把因果关系错误作为一种重要的事实错误来看待。

第六，采取何种分类方式更为科学合理？明确了事实错误的具体种类之后，还必须考虑采用何种方式对事实错误进行归类才具有科学合理性。不按一定的理论体系进行归类，而采取杂乱列举的方式排列，明显是不可取的。既然错误论是故意论的反面问题，研究错误论就应当以犯罪论理论为指导，不同的犯罪论体系就会有不同的错误分类形式。在德日等大陆法系国家，学者们对事实错误的分类大多兼顾了其犯罪论体系，这一点是值得我们学习和借鉴的。我国也有学者意识到了这一点。如前所述，我国有的学者借鉴大陆法系国家有关错误的分类形式，结合我国的犯罪论体系，提出将刑法中的错误分为“犯罪构成事实错误”与“违法性错误”两大类，同时又以我国四要件的犯罪构成理论为根据，把“犯罪构成事实错误”分为“犯罪客体的错误”、“客观方面的错误”、“主体的错误”等几种。[①] 应当肯定，这种分类与我国通行的犯罪构成理论体系基本上是一致的。但是，其“犯罪构成事实错误”的提法存在缺陷。虽然大陆法系国家刑法学中有“构成要件事实错误”的概念，但这里的“构成要件”只是犯罪成立的条件之一，并且主要是犯罪的客观要件，犯罪的主观要件则是被“有责性”这一犯罪成立的条件所包容的，而我国的“犯罪构成”与犯罪成立具有相同含义，既包括客观方面的要件，也包含主观方面的内容，那么，“犯罪构成事实”是否包含主观方面的事实呢？将主观方面的故意与过失也纳入“犯罪构成事实错误”的范围显然不合适，而将其排除在外似乎又与我们四要件的犯罪构成理论有矛盾。因此，笔者认为，不宜采用“犯罪构成事实错误”的提法，还是采用“事实错误”的概念为佳。

① 参见何秉松主编：《刑法教科书》（上卷），中国法制出版社 2000 年版，第 330—336 页。

打击错误研究

向朝阳[*]　汪　洋[**]

打击错误是刑事法律实践中常见的一种法律现象，一直以来学界对于其的内涵、性质以及处理都存在不同的观点。繁多的观点学说造成了两方面的困扰：第一，诸多观点彼此之间存在矛盾，而且同一观点在对打击错误的性质和处理的认识上也存在冲突；第二，过于繁杂的学说造成打击错误自身无法形成一个完整统一的体系，给司法实践带来困扰。本文试图对打击错误的基本问题提出新的认识，希望对打击错误的研究有所裨益。

一、打击错误的含义与特征

打击错误，指行为人意欲侵害某特定对象并对其实施了侵害行为，在实行行为实施过程中对意欲侵害的对象有正确的认识，由于其他主客观方面的原因导致实际侵害对象与预期侵害对象在刑法意义上不一致的犯罪形态。如甲某欲杀害乙某，由于打击时行为发生偏离而杀害了丙某，甲某的主观认识和客观实际不相一致。在司法实践中大量存在与此案性质相同的一类犯罪形态，对此，也有著述称其为行为误差。

普遍认为打击错误具有以下特征：第一，行为人基于直接故意对意图侵害的对象实施加害行为。即行为人对其行为应当侵害谁有明确的认识，在主观上具有明确的故意侵害的对象，单纯的过失行为不构成打击错误。第二，行为人的加害行为给其意图以外的对象造成了损害结果。亦即实际侵害的对象与行为人意图侵害乃至行为所指向的对象不一致。第三，行为人对意图以外的对象造成的损害在主观上既不持希望的态度也不持放任的态度。第四，行为

* 四川大学法学院教授，刑法教研室主任；中国刑法学研究会理事；四川省刑法学研究会副会长。

** 四川大学法律适用研究中心助理研究员，硕士。

人对意图以外的对象造成损害是由于行为误差引起的。

二、打击错误的理论归属问题

打击错误究竟属于什么性质的错误？对此，我们认为主要解决两个基本的问题：一是打击错误究竟是行为人主观上的认识错误还是客观行为错误，二是打击错误是一种独立的错误类型还是归属于其他错误类型。

（一）刑法上的错误是否以认识错误为限

首先，在讨论打击错误究竟是行为人主观上的认识错误还是客观行为错误之前我们有必要再认识一下刑法中的错误的内涵是什么，即是说刑法中的错误是否以认识错误为限，是否包含了行为错误。关于这一点我国刑法理论界是有争议的，对此主要有两种观点：一种观点认为刑法中的错误是行为人在法律上或事实上的认识错误，或者行为人对法律与事实的认识错误，认为刑法中的错误应当以认识错误为限。“如果某种偏差与认识无关，该种偏差就不是认识错误，当然也就不是刑法上错误。”① 其理由如下：刑法中的错误的主要任务是解决错误在何种程度上阻却故意以及由此产生的刑事责任问题，其本质是对犯罪构成理论中行为人主观故意的反向研究。而行为错误是由于客观条件的制约引起行为人认识与现实不一致，客观因素是造成行为错误的根本原因，我国有的学者提出：在刑法上，能够造成主观认识的事实与实际发生的事实不相一致的原因有很多，并不仅仅是行为人认识上的错误，其他的，例如在未遂罪中，因被害人的反抗或第三人的阻止、自然力的阻碍、客观上对行为人精神上的威胁等，都可以成为认识与现实不一致的原因。如果要说“方法的错误”属于一种认识上的错误，那么，一切未遂犯罪也都应当属于认识上的错误了，所以，仅仅用“不一致”来表述认识错误是不准确的，显然范围过宽。② 另一种观点认为刑法中的错误并不以认识错误为限，而应该包括行为错误，其理由如下：第一，在哲学上“错误是与客观规律相违背的认识和行动”。行动上的错误是与客观规律相背离的行动。把错误限于认识错误加以界定，将实践错误排除在外是关于错误的不完整的定义。第二，打击错误是由于行为失误才导致实际侵害对象与意欲侵害对象不一致，行为人对实际造成的危害结果应不应该负刑事责任，以及是负什么样的刑事责任应该从错误论的角度加以研究，否则，就找不到处理这类案件的科学的理论根据。认为本质上打击错误属于行为错误。第三，把刑法中错误定义的落脚点放在

① 张翔飞、汪海军：“论刑法上的错误”，载《宁波大学学报》（人文社科版）第9卷第4期。

② 简明：“硕士论文”，载《论刑法上的错误》，武汉大学出版社1985年版，第21页。

认识与现实"不一致"这一点上，不仅能够准确地揭示错误现象的实质，而且也不会造成不适当地扩大刑法中错误范围的不良后果。① 我们认为，刑法中的错误应以认识错误为限，而不应包括行为错误。第一，对刑法中的错误范畴的研究不能脱离错误论的本质功能，研究错误的根本目的应是更深刻地揭示行为人的主观认识。如果仅为了在错误论的体系下研究行为错误而扩大行为人主观认识和客观实际不一致的范围，不仅对错误论的研究贡献不大而且还容易造成体系上的混乱。第二，不论是否将刑法中的错误划分为认识错误和行为错误两类都不能扩大行为错误的边界范围。行为错误应是由除行为人主观认识以外的原因造成行为人危害行为的错误，这种原因完全是由客观条件引起的，比如自然力作用、第三者行为等，扩大行为错误的范围容易与认识错误相混淆，将二者准确的界定更有利于分析行为人主观恶性和认定行为人的刑事责任。第三，西方刑法学者将错误定义为行为人主观认识与现实发生的事实不一致也并非是将纯粹客观因素引起的行为错误纳入错误论的研究范畴，主要从行为人犯罪意思的实现的角度来认定错误的，因为客观条件的制约引起行为错误（比如自然力的作用）不能判定行为人的犯罪意思的内容，不具有刑法上的意义，自然不是错误研究的范围。第四，有学者以打击错误应纳入错误论的研究范围为由而要求刑法上的错误应该包括行为错误，实际上打击错误与纯客观因素引起的行为错误不能完全等同，因为引起打击错误的因素实际上不仅包括客观因素而且也包括了行为人主观上的认识错误，这种主观上的认识错误是具有刑法上的评价价值的，会对行为人的刑事责任产生影响的，这点与纯客观因素引起的行为错误不同。所以我们认为刑法中的错误应仅以认识错误为限。

（二）打击错误究竟是行为人主观上的认识错误还是纯客观行为错误

学界也有不同的观点，目前主要有三种学说：肯定说、否定说和折中说。肯定说认为，在打击错误的场合行为人意图侵害对象与实际侵害的不一致，虽然行为人对其所选择的侵害对象及行为手段而言，其主观认识并未发生错误，但是行为人对客观条件和实际结果的发生是存在主观认识上的错误的，所以认为打击错误属于认识错误。"但是对其为何种类型的认识错误则有不同意见：因果关系错误；对象错误；独立错误，将打击错误与对象错误、手段错误，或与对象辨识错误、因果关系错误并列为一种独立的认识错误。"② 否定说，认为打击错误不是认识错误，因为"打击错误乃'行为之失误'或'行

① 刘明祥：《刑法中的错误论》，中国检察出版社 2004 年版，第 32 页。

② 邓斌："行为差误简论"，载《吉林公安高等专科学校学报》2004 年第 3 期。

为实行之失误'，致使实际侵害的对象与行为人意图侵害的对象不一致。"[①]行为人并未对其所选择的侵害对象和行为手段发生错误的认识，所以应当把打击错误排除在对事实认识错误的范围之外。折中说认为打击错误部分属于认识错误，部分不属于刑法中的认识错误。并认为在行为人预见范围内的打击错误属于因果关系转移而形成的认识错误外，其他形式的打击错误由于行为人对结果均有认识，故不属于刑法上认识错误的范围。[②] 因为刑法中错误论的研究主要在于确定行为人的主观方面，即考虑其对非预见结果的发生有无罪过、何种罪过。刑法中的错误总是与认识因素紧密相关，打击错误也不例外。实际上这种观点是将打击错误再划分为两个各自独立的类别，一部分属于刑法上的错误，另一部分不属于刑法上的错误。

对上述观点做出分析后，我们认为打击错误既属于认识错误又属于行为错误，具有双重属性。主要基于以下理由：第一，打击错误是由于行为人行为上的误差引起主观预期与实际结果的不一致，导致这种误差的原因有两方面：其一客观条件的制约，客观上存在比如自然力、第三者介入等行为人主观上无法控制和认识的因素，这些因素的介入会导致行为人的侵害行为偏离行为人预期。其二主观条件的影响，行为人主观上对导致非预期结果的客观不利因素（比如自身行为能力的认识、行为场合的认识等）存在不准确的认识，从而未能对行为做出相应调整，变更行为方式和时空或者放弃犯罪行为的实施。这种认识上的错误具有相当的刑法上的价值，不能忽视。无论从结果预见还是原因认识的角度打击错误都存在认识上的错误。第二，如果将打击错误仅定性为行为错误而不分析认识错误就不能有效地通过分析行为人的主观罪过来确定行为人的刑事责任，如果仅限于认识错误就不能对打击错误的行为特征做出准确的解释，不能对行为人实行行为的过程有正确的认定，也会影响对行为人的刑事责任的认定。第三，任何行为尤其是犯罪行为都脱离不了行为人的主观意识和实践活动，忽视对任何一方面的研究都对准确认识行为的性质和结果不利。打击错误兼具两方面的属性，但不能因此将打击错误划分为各自独立的两类，因为在一般的打击错误中，主客观上的因素只是各自程度上的不同，行为上的偏差并不是单纯的任何一方面的因素，意外事件的情形只是打击错误的特殊情况。

综上，我们认为，刑法中的错误仅限于认识错误，行为错误不属于错误论研究范畴。打击错误本质上具有双重属性即既属于认识错误又属于行为错

---

① （台）林山田："论错误"，载《军法专刊》1970年第12期。

② 甘雨沛主编：《犯罪与刑罚新论》，北京大学出版社1991年版，第233页。

误，因而打击错误在性质上也属于认识错误，所以打击错误当然属于刑法中的错误的研究范畴。虽然打击错误不完全被错误论所包含，但是并不影响将打击错误纳入错误论范畴进行研究。

（三）打击错误是一种独立的错误类型还是归属于其他错误类型

我国刑法理论界有学者的观点是将打击错误排除在错误论的研究范畴的，因而也就不属于事实错误的范围了。有学者主张错误论包括了行为错误，而打击错误当然地属于错误论的范围，也属于事实错误。然而我们认为，打击错误不仅属于认识错误而且还属于事实错误，是刑法事实错误的一种类型。狭义的事实错误是指关于构成要件客观事实的错误，即行为人认识的事实与实际发生的符合构成要件的客观事实不一致。广义的事实错误除了包括狭义的事实错误以外，还包含关于违法性的事实的错误。无论是广义说还是狭义说，从其内涵来看当然地包含了打击错误的范畴，对此刑法理论界并无争议。事实错误的分类有多种形式，比如三分法（对象错误、打击错误、因果关系错误）[①]、六分法（客体错误、对象错误、手段错误、结果错误、因果关系错误和主体错误）[②] 等，我国刑法学界通常是将打击错误排除在分类之外的而大陆法系国家刑法理论对此通常包含了打击错误。我们认为应该包括打击错误。然而，对于打击错误是否是一种独立类型，国内外刑法学界均有争议，比如在德国刑法理论上，事实错误主要分为三种类型：（1）客体错误（对象错误）；（2）方法错误（打击错误）[③]；（3）因果关系错误。对这三种类型的错误，又都是以故意为中心而展开论述的。其中，关于客体错误与方法错误是否阻却故意以及是否有必要区别对待便是事实错误问题争论的焦点。

我们认为，打击错误应当作为事实错误中的一种独立类型加以研究，主要基于以下理由：第一，打击错误同对象错误和因果关系错误在表现形式和边界范围上都有区别，不论从理论上还是实践上都有必要。首先，打击错误与对象错误在错误发生的时间不同。虽然，二者的结果都是实际侵害的对象和行为人预期的对象不一致，但是打击错误犯罪形态下行为人对对象错误的侵害是发生在行为实施过程中，对实际侵害的对象持过失的犯罪心理。对象错误犯罪形态下行为人对实际侵害的对象的错误认识发生在侵害行为实施前，反映在各自刑事责任的承担上是有区别的。其次，打击错误和因果关系错误之间区别很明显。因果关系错误犯罪形态下，行为人对实际侵害结果并未发

---

① 樊凤林主编：《犯罪构成论》，法律出版社 1987 年版，第 123 页。

② 时春明：《刑法上错误的理论与实践》，兰州大学出版社 1989 年版，第 69 页。

③ 一般在大陆法系国家的刑法理论中称打击错误为方法错误。

生错误认识，而打击错误的实际侵害结果和主观认识是不一致的。第二，打击错误不仅是一种独立的事实错误，而且是一种重要的事实错误，是刑法理论上研究事实错误的重点和焦点。因为打击错误与其他类型的错误在特征上存在许多相似之处，所以使很多学者认为没有区别对待的必要。正是因为打击错误的内在复杂性和理论上的多重属性，使之成为各种事实错误学说的基础和错误理论的试金石，所以将打击错误作为一种独立的事实错误加以深入研究显得尤其必要了。第三，打击错误在司法实践的处理与其他错误类型是有区别的，对于在打击错误场合行为成立构成的一罪还是实质的一罪是有分歧的，区别对待打击错误便于在实践中做出处理时避免与其他类型的处理方法相混淆。

三、打击错误的处理

（一）打击错误的处理基本原则

打击错误的处理问题是我们研究打击错误的归宿。对打击错误的性质研究旨在为了在实践中更好地处理在打击错误犯罪形态下行为人的刑事责任承担的问题。我们认为，对打击错误的处理应坚持以下刑法基本原则：首先，应当坚持主客观相统一的原则。在打击错误的场合，行为人的主观认识和客观实际结果都呈现多样性和复杂性，处理此问题的各种学说都应当考察客观实际的结果以及此结果是否与行为人主观认识相符合或者是否超出了行为人的主观认识范畴。如果单纯倾向主观认识或者客观事实都会造成我们在处理打击错误的场合陷入主观归罪或者客观归罪的结果。坚持主客观相统一的原则，必须以犯罪构成为根据。即当行为人认识的事实与实际发生的事实在构成要件上不符时，就可以肯定主客观两方面是不统一的，行为人对现实发生的事实就不应当承担故意责任；反之，如果行为人认识的事实与实际发生的事实虽然不一致，但在法律规定的犯罪构成要件上是相同的。比如：行为人欲打断甲的左脚，而事实上打断了甲的右脚。主观认识与客观事实确实有差别，然而从法律上看，行为人欲伤害甲的身体，而事实上伤害了甲的身体，该场合其主客观在构成要件上是完全一致的，应当认为其主客观方面相统一。其次，应当坚持罪刑法定主义原则。对打击错误处理的研究实质是对打击错误阻却故意范围的研究，有的学说对该范围放得过宽，造成放纵罪犯的结果；另有的学说又对该范围限制得太过于窄，不仅造成不适当地扩大了故意的范围，加重了行为人的刑事责任，而且在一定意义上违背了现代刑法的轻型思想和人权保护主义。所以大多数国家是采用了一种比较折中的办法，以法律规定的具体犯罪的构成要件，作为认定行为人认识的事实与现实发生的事实是否相符合的标准，并对构成要件做了适当宽泛的解释，在一定程度上与罪刑法定的思想相吻合。

（二）打击错误的处理方法

对于打击错误的处理，在实践中大体分为两种情形：一是同一构成要件内的打击错误，即行为人认识的事实与实际发生的事实在构成要件上相同；二是不同构成要件间的打击错误，即行为人认识的事实与实际发生的事实在构成要件上的不同。对于不同构成要件间的打击错误（又称为抽象打击错误）的处理在大陆法系国家刑法学界形成了抽象符合说、法定符合说、具体符合说和可罚的符合说。抽象打击错误的处理在理论界并没有多大分歧，认为对实际发生的结果阻却故意的成立，在行为人主观上有过失并且刑法处罚过失犯的情况下成立过失犯，与所预见事实的未遂犯形成想象竞合犯。对同一构成要件内的打击错误的处理问题是研究打击错误所要重点解决的问题，也是学者们争论最为激烈的问题。目前在学界主要存在法定符合说（抽象的法定符合说）与具体符合说（具体的法定符合说）两种尖锐对立的学说。我国对于同一构成要件内的打击错误的刑责认定在理论界主要有以下四种模式：其一，构成符合说，主张行为人应对实际侵害结果承担故意犯罪既遂的责任；[①]其二，数责任说，认为行为人对预期的危害结果成立犯罪未遂，对实际侵害结果在有过失的情况下构成过失罪，具有间接故意时，则构成间接故意犯罪，对二者应合并论罪。[②]比如甲明知向乙开枪可能射中丙仍然射击，结果击中了丙，甲应负直接故意杀人（乙）未遂和间接故意杀人（丙）的责任，二者构成想象竞合关系，依一重罪处；其三，认为行为人对实际侵害结果构成过失罪，对预期的危害结果则成立犯罪未遂，二者属于想象竞合关系，应从一重处断；[③]其四，主张行为人对预期的危害结果成立犯罪未遂，对实际侵害结果有过失时构成过失罪，没有过失的不负刑事责任。如果对预期的危害结果和实际的侵害结果而言都构成犯罪，那就属于想象数罪，应按从一重处断。[④]第一种观点是相当于大陆法系的法定符合说的观点，因预期的结果与实际发生的结果同属一犯罪构成，故不阻却故意，成立故意犯罪既遂。我们认为这种学说不仅对行为人的主观恶性认定不明确，违背责任主义的原则，而且在司法实践中会造成罪刑不均的情形。第二种观点基本属于具体符合说，但是该

① 赵秉志：《全国刑法硕士论文荟萃》，中国人民公安大学出版社 1989 年版，第 293 页。

② 杨春洗：《刑法总论》，北京大学出版社 1981 年版，第 166 页。

③ 樊凤林：《犯罪构成论》，法律出版社 1987 年版，第 126 页。

④ 高铭暄：《中国刑法词典》，学林出版社 1989 年版，第 227 页。

说认为行为人对意图以外的危害结果主观上为间接故意的场合，也是打击错误的处理范围，我们认为不妥。在前文已明确论述了将此种情形排除在打击错误的范围之内，因为错误论的研究目的是要看其是否阻却故意，行为人对于实际发生的危害结果持间接故意的心理态度，对危害结果也是持放任的态度，也就根本不属于行为人主观认识与客观事实不一致的内容，也就不属于打击错误的场合。第三种观点也有只考虑到行为人有预见的义务而忽略了预见的可能，如果行为人有可能预见而没预见固然是过失，如果根本无法预见则应该是意外，所以我们认为应该将这种意外事件下的行为偏差的情形包含在打击错误的范围内。第四种主张较为合理，我们认为刑法所保护的也应是具体的人的生命权。如果上升到广泛意义上的人的生命权是对此罪所保护客体的泛化，即是说行为人具有杀某人的故意就是具有杀一般人的故意，那么行为人的打击错误也就不存在。故意与过失是行为人对犯罪结果发生所持的不同态度，前者是追求或放任结果的发生，后者是排斥结果的发生，这对范畴突出地体现了行为人主观恶性的大小。但是，无论是故意还是过失都要以行为人主观意志内容为事实基础，行为人主观认识的内容也是确定具体的，在行为人故意杀害甲却因为行为误差杀害了乙的场合，行为人的杀人的故意是对某一特定对象的杀害的故意而并非“杀一般人”。在打击错误的场合行为人对预期结果存在主观故意因行为误差而未遂，对实际结果存在过失的心理事实或意外事件不存在过失。当然，持具体的符合说在司法实践中也会造成罪刑过轻，放纵了犯罪的事实，所以我们需要对具体符合说提出了修正。

处理打击错误犯罪形态应当遵循刑法的基本理论和基本原则，同时也应当符合司法实践的客观需要。我们认为，对于打击错误的处理总体上应遵循具体符合说，但应当修正。在同性质同对象的场合行为人意图外造成的损害结果不阻却故意，在异性质或异对象的场合则阻却故意，具体内容为：在不同构成要件之间，行为人对意图以外造成的危害结果成立过失罪，行为人主观上没有过失的，不构成犯罪，同时行为人对预期对象造成侵害构成故意未遂罪，二者属于想象竞合关系，依一重罪处。在同一构成要件内，行为人对意图以外的对象造成的危害结果成立过失罪，无过失的不构成犯罪，行为人对预期对象构成故意未遂罪，二者属于想象竞合关系，依一重罪处；在某些同性质同对象的场合，不阻却故意。特别提出，第一，对于同一对象不同构成要件之间的打击错误场合，比如，行为人意图砸坏甲的贵重物品，因行为误差而砸死了甲，则行为人意图对砸坏甲的贵重物品，造成了致使物品损毁的危险性，构成故意毁坏财物罪未遂，行为人对因行为误差砸死了甲存在过失，构成过失致人死亡罪，二者属于想象竞合，从一重罪处。第二，对于不同对象同一构成要件内的场合，比如，行为人意图杀害甲却实际上杀害了乙，行为人意图杀害甲并实施了杀害行为构成了故意杀人未遂罪，因过失造成乙的死亡构成过失致人死亡罪，二者属于想象竞合关系，从一重罪处。第三，对于同一对象同一构成要件内的场合，比如，行为人欲击伤甲的左眼却实际上击伤了甲的右眼，在笔者看来，此情形不阻却故意，行为人构成故意伤害既遂罪。又如，行为人欲砸坏甲的珍贵饰品却砸坏了甲的贵重电器，在这种场合下，二者属于对甲的财产所有权的侵害，也同属于一个构成要件，行为人构成故意毁坏财物罪。

我们认为，修正的具体符合说具有以下几方面合理性：首先，行为人对预期对象存在主观故意，对意图以外的第三者存在过失或意外，而实际上行为人对意图以外的对象造成了危害结果。行为人对于预期对象存有主观故意，客观上没有实际的危害结果但是具有危险性（造成危害结果的可能性），成立故意未遂罪，对于意图以外的对象存在过失的构成过失的，属于意外的不够成犯罪。基于犯罪本质二元论的立场，即犯罪的本质是主观恶性和客观危害的统一，按修正的具体符合说能够符合主客观相统一原则。行为人主观上存在一个故意，造成事实上的危险性，成立一个故意未遂罪。符合罪刑法定主义原则。修正的具体符合说遵循了刑法的基本原则。其次，修正的具体符合说对于司法实践中判决文书对具体对象的认定和罪刑均衡问题都能给予很好的解决。同时，赋予法官有限的自由裁量权也很好地避免了司法判决不统一的不合理现象。最后，修正的具体符合说修正了严格的具体符合说对所有具体的事实错误都将阻却故意的成立的不合理现象。对于有学者认为的造成罪刑过轻的状况我们认为，一方面刑法理论是对司法实践和司法现象的有效总结和归纳，而不是一味地迎合解释成文法，一味迎合成文法只是本末倒置。另一方面，在我国轻纵罪犯的问题一般不会发生。因为按照我国刑法第二十二条第二款的规定，对未遂犯只是可以比照既遂犯从轻或者减轻处罚（并不是应当从轻或者减轻处罚），这就意味着我们可能根据案件的具体情况，对未遂犯处与既遂犯同样的刑罚。这样，也就不会出现对犯罪分子处刑过轻的不合理现象。

（三）打击错误与期待可能性

我们讨论打击错误与期待可能性错误的关系，主要是讨论在特定情形下即既存在打击错误又有期待可能性的场合对行为人刑事责任的影响问题，即是说行为人在某些打击错误发生的场合会因为是否具有期待可能性以及期待可能性的程度不同而承担不同的刑事责任。当然，期待可能性在犯罪论和责任论中的地位以及与犯罪构成体系的重构方面还有许多有待深入探讨之处，但刑事责任理论从心理责任论向规范责任论的转化过程中引入期待可能性理论是必要的。期待可能性正是借助于行为之际的行为人内部和外部情形的结合，生动地解释犯罪发生的原因，进而说明行为选择的可能性及其大小，完整地反映行为人的责任。对我们重新认识行为人在特定情形下的刑事责任是必要的。

期待可能性理论起源于19世纪末德国的“癖马案”，此案引起了大陆法系国家德国理论界的关注和研究，最后被德国和日本刑法学界所接受，后又逐渐被其他国家所接受。所谓期待可能性是指依据行为之际的现实情形，能够期待行为人不实施犯罪行为而实施适法行为；反之，则为期待不可能性。我国有学者认为期待可能性是“行为人有能力且有条件依法选择合法行为而达可能性，如果行为时具有选择合法行为的可能性，为有期待可能性，如果行为时没有选择合法行为的可能性，为无期待可能性”。[①] 期待可能性论在大陆法系现代刑事责任论，即规范责任论中，是一个核心性的概念。该说认为责任要素应该包括心理要素（故意、过失）、责任能力和期待可能性三个要素。换言之，为了给予责任非难，仅具有责任能力和故意或过失的心理要素并不够，还须能够期待行为人在附随情状下实施其他适法行为，只有在这种场合，才能考虑责任非难。它实际上是人类固有的怜悯之心和“法律不强人所难”法谚的展现，“是想对在强大的国家规范面前喘息不已的国民脆弱的人性倾注刑法的同情之泪的理论”，[②] 体现了法律的人文谅解与宽容。关于期待可能性的判断标准有三种学说：行为人标准说、平均人标准说和国家（法律）标准说。[③] 有的学者主张以行为人标准为主，以平均人标准和国家标准为辅，有的学者主张以国家标准为主，以行为人标准和平均人标准为辅。不论对这三种学说如何组合和建构，都不能忽视行为人行为时的具体情形。我国目前虽然在司法实践中对期待可能性有一些间接的运用，也产生了良好的效果，在立法上也对某些特定情形下行为人的刑事责任承担有一些规定，但是根本上还未在司法和理论上真正注入期待可能性理论。错误论是讨论行为人主观认识与客观事实不一致时是否阻却行为人主观故意的问题，是对行为人心理要素的反向研究，也就是说仍是从心理要素的角度研究行为人的刑事责任。在打击错误的场合，特别是在某些特殊情形下，仅仅讨论行为人的心理要素对行为人的刑事责任的影响是不够的，所以我们试图融入期待可能性来综合

---

① 姜伟：“期待可能性理论评说”，载《法律科学》2000年第1期。

② ［日］大冢仁：《刑法论集》，有斐阁1978年版，第240页。

③ 侯国云：《刑法总论探索》，中国人民公安大学出版社2004年版，第267页。

分析行为人的刑事责任问题。下面就两个特殊的打击错误场合的责任认定做出分析。

第一，在正当防卫或紧急避险的场合，行为人虽然主观上具有侵害的故意而且客观上也可能造成了损害的结果，但是在我国刑法上规定行为人在这种情形下并不承担刑事责任。在我国影响刑事责任的主要因素是心理因素和责任能力，而对于上述特定环境下的行为人刑事责任的认定在理论上并不具有相当的说服力，我们通过期待可能性理论对其进行分析。比如，乙某因为私人恩怨试图对甲某进行报复，乙某用凶器乘甲某不备欲刺死甲某，甲某无法躲避情急之下操起身边一水果刀进行抵挡和反击，结果乙某一闪，甲某刺中一旁的丙某，致使丙某当场死亡。在此案例中，我国现行司法实践对其的处理是甲某对乙某构成正当防卫而不构成故意杀人未遂罪，对丙某的死亡构成过失致人死亡罪，可以根据犯罪情形酌情处理。在理论上对其的解释是，甲某在主观上具有杀害乙某的故意和造成丙某死亡的过失，客观上实施了刺杀的行为因为行为差误而使实际结果与主观认识不一致，对乙某构成故意杀人未遂罪，对丙某构成过失致人死亡罪，在法律上行为人对乙某的反击属于正当防卫，不构成犯罪，所以最终甲某只对丙某构成过失致人死亡罪。笔者认为这种处理有待斟酌：首先，从心理因素上看，甲某对乙某的确具有杀人的故意，客观上也实施了主观支配的具体的行为，只是这种心理和行为的产生是在乙某首先对其进行非法暴力侵害并严重危及到甲某的生命安全时产生的，属于正当防卫，法律上不要求甲某承担刑事责任。在笔者看来，法律之所以在这种情形下不要求甲某对其正当防卫行为承担刑事责任，是因为在遭受危害生命安全的侵害的紧急情形下，一般人出于趋利避害、趋生避死的本能，必然做出相应的反击。“法律不强人所难”，所以在这种情形下，不能够期待行为人做出合法行为（放弃反抗）的可能性，即是说从法律上不具有期待可能性，行为人就不必为此行为受到法律的谴责从而承担刑事责任。同样，丙某的死亡是由于行为人反击行为的偏差引起的，在笔者看来，虽然有或多或少的过失，但不至于构成犯罪，至少不应承担刑事责任。因为造成丙某死亡的行为是甲某的反击行为偏差引起的，而甲某的反击行为是在生命安全受到乙某侵害时的本能反应。如果在法律上要期望甲某不做出造成丙某死亡的行为，就必然要求甲某在生命安全受到乙某侵害的紧急情形下放弃反抗或者做出十分精确的反击。事实上，这种要求和期望完全超出了平常人在这种紧急情形下心理和生理上做出反应的能力，是法律对这种情形下的人的强人所难，不具有期待可能性。所以，我们认为这种情形下的打击错误应当同行为人欲杀害甲而实际杀害了乙，对乙构成过失致人死亡罪的情形区别开来，即是说应当排除甲某在紧急情形下对丙某死亡的刑事责任。

第二，在胁从犯的场合，行为人为了避免对自己不利的后果而实施犯罪行为。我国刑法规定行为人对其行为构成犯罪，只是应当根据犯罪情形减除或免除处罚，但是当行为人生命受到严重威胁而被迫行使法律所禁止的行为时，行为人是否应当承担刑事责任呢？我们认为，在行为人生命受到严重威胁，不可能期望行为人做出合法行为时行为人不应当对其行为承担刑事责任。比如，丁某用枪威逼甲某杀害乙某，若不从便杀死甲某，甲某射杀时出现行为偏差而杀死了丁某的同伙丙某。在此种情形下，甲某是否对丙某的死亡构成犯罪呢？我们认为，在甲某生命安全受到严重威胁的情形下出于人的本能甲某只能做出法律所禁止的行为，法律不能期待在这种情形下甲某放弃生命而不行使法律所禁止的行为，甲某在此紧急情形下不具有期待可能性，故甲某不应对丙某的死遭受法律的谴责，从而承担刑事责任。如果此案中，丁某要求甲某杀死乙某，如若不从明天就送甲某“上路”，在这种情形下，甲某于当天就杀死了乙某，我们认为，甲某应当负刑事责任。因为此情形并非甲某生命安全受到立即侵害的紧急情形，甲某有放弃行使违法行为的可能性，在法律上具有期待甲某行使合法行为的可能性，所以应当承担刑事责任。

当然，因不存在或减低了期待可能性而责任被阻却或减少的场合时，行为者的规范意识虽然正常，但是，因为行为者所处于的外部情况异常而不能做到合法行为，从而不得不实施违法行为，所以作为其前提，该异常的外部情况影响了行为者的心理、意志这一点是必要的。在此意义上，行为者必须认识到该异常的外部情况的存在（主观性的责任阻却以及减少的因素）。因此，虽然存在着期待可能性欠缺或减低的情况，但行为者并没有认识到这点（期待可能性的消极性的错误），那么基于不存在期待可能性的责任阻却便不能得到承认。与此相对，本来不存在欠缺期待可能性的情况，而行为者误信其存在的场合下（期待可能性的积极性的错误），对于他在该具体情况下所实施的行为里的期待可能性便欠缺了或减少了，因而可以认为责任也被阻却或减少了。①

当然，行为人对其期待可能性发生消极性的认识错误时一般不阻却故意，但在紧急避险的场合，应当认为不成立犯罪；行为人对其期待可能性发生积

① ［日］野村稔著：《刑法总论》，何力译，法律出版社2001年版，第320页。

极性的认识错误时一般酌情减轻行为人的刑事责任。①

综上，我们认为，在打击错误场合有可能因为行为人在紧急情形下做出合法行为不具有期待可能性，从而免除行为人对故意和过失均不承担刑事责任。将期待可能性引入打击错误的处理这其实是补充了刑事责任的内容，使法律更具人性化。

① 马克昌：《比较刑法原理——外国刑法总论》，武汉大学出版社2002年版，第509页。

假想防卫的界限分析

王剑波*

引　言

我国现行刑法第20条第1款规定："为了使国家、公共利益、本人或者他人的人身、财产和其他权利免受正在进行的不法侵害，而采取的制止不法侵害的行为，对不法侵害人造成损害的，属于正当防卫，不负刑事责任。"根据这一规定，我们可以看出，正当防卫的实施，必须要以存在不法侵害为前提条件。但是，在实际生活中确实存在着这么一种情况：实际上并不存在不法侵害，但行为人由于认识上的错误，误认为有不法侵害存在，因而实施了所谓的"正当防卫"，以致造成他人无辜的损害。这种情况由于缺乏真实的正当防卫的前提条件，故不能成立正当防卫，这在刑法理论上被称为"假想防卫"。

假想防卫是行为人基于事实认识错误而实施的严重危害社会的行为，对假想防卫行为作出正确的认定具有重大的理论与现实意义。本文首先介绍了假想防卫概念与特征；其次，界定了假想防卫的存在范围；再次，分析了假想防卫的刑事责任；复次，探讨了一件值得思考的案例；最后，简单归纳出本文的结论。

一、假想防卫的概念与特征

所谓假想防卫，指行为人把实际上并非不法侵害或并不存在不法侵害的情况误认为是不法侵害，并实行所谓的"正当防卫"，造成并未实行不法侵害的人的损害的情形。据此，假想防卫应当具有以下三个特征：

* 中国人民大学法学院刑法学博士研究生。

（一）行为人假想了不法侵害的存在

行为人假想了不法侵害的存在，这是假想防卫成立的前提条件。也就是说，实际上并不存在不法侵害，行为人却因种种原因而误认为不法侵害存在。这是一种对事实的认识错误，也是假想防卫不同于正当防卫和其他防卫错误的关键所在。因为，无论是正当防卫还是其他防卫错误（包括防卫时间错误、防卫对象错误以及防卫限度错误）都是在不法侵害确实存在的条件下所发生的，只是有些防卫行为正当合法，有些防卫行为不当违法而已。

假想不法侵害的存在主要有如下两种表现形式：一是假想侵害的存在。即客观上并没有侵害行为的存在，行为人却对于侵害事实的有无存在着认识上的错误，误以为有侵害行为存在，因而采取了所谓的防卫行为，造成了无辜他人的伤害。例如，妇女赵某在深夜下班后，路过一段无灯的街道，见一男青年杨某从对面走来，赵某误认为杨某是强奸犯，以为杨某将要对自己实施奸淫行为，于是，在杨某走到赵某身边之时，赵某用所带的发簪猛刺杨某的头部，致杨某身受重伤。二是假想不法侵害的存在。即行为人虽面临着某种行为的侵害，但该种侵害行为是合法实施的，而行为人却将这一合法侵害行为误认为是不法侵害行为，因而采取了所谓的防卫行为，造成了无辜他人的伤害。例如，便衣警察王某正在和女通缉犯张某搏斗，在即将抓获张某之际，路人李某却误认为王某是流氓分子，遂出手对王某进行攻击，并致王某受伤，且使女通缉犯张某逃脱。

（二）行为人主观上具有防卫的意图

假想防卫的成立是否要求行为人在主观上具有防卫的意图？我国刑法学界对这一问题并未形成一致意见，学者间众说纷纭，莫衷一是，有肯定说与否定说之争。肯定说认为，防卫意图不仅是决定正当防卫是否成立的主观要件，而且也是假想防卫成立的必备要件。主要理由是：这种防卫意图来源于行为人主观上的错误认识，如果他明知无不法侵害存在，也就不会产生防卫意图，假想防卫也就不会发生。如果行为人一方面假想不法侵害已经到来；另一方面却不是出于防卫意图进行反击，而是意图加害对方，以致严重危害结果发生，对此不能视为假想防卫，而应该作为一种故意犯罪看待。另外，在双方互殴的过程中，时常发生误伤劝架者或者其他无辜第三者的情形，表面上似乎是假想防卫。但实际上由于双方都有加害对方的意图，而不是基于防卫意图进行反击，而只能作为对象错误或打击错误看待。[①] 否定说认为，假

① 参见刘明祥："论假想防卫"，载《武汉大学学报》（哲学社会科学版）1996 年第 1 期。

想防卫的成立不要求行为人在主观上具有防卫的意图。主要理由是：认为防卫人必须要有对不法侵害的正确认识，这是产生防卫意图的前提条件。在假想防卫的情况下，从形式上看似乎也是出于正当防卫的动机，其主观心理状态和正当防卫似乎无任何区别，但这只是事物的现象而非本质。假想防卫和正当防卫行为人在主观上似乎都有防卫意图，却有真假之分。假想防卫的意图是基于行为人对事实的认识错误而发生的，因而是假的，法律对其做出了否定评价；正当防卫的防卫意图是基于行为人对不法侵害的正确认识而发生的，因此是真的，法律对其做出了肯定评价。①

本文认为，否定说的观点是值得商榷的，行为人主观上具有防卫的意图，应是假想防卫成立的主观条件。主要理由是：第一，所谓防卫意图，是指行为人认为不法侵害正在进行，为了保护合法权益，而决意进行反击以制止这种不法侵害的心理态度。如果不具有防卫意图，那就意味着行为人不是为了保护合法权益、制止不法侵害而进行反击，当然也就谈不上是假想防卫，而是一种直接故意犯罪。实际上，假想防卫与正当防卫都必须具有防卫意图，这一点是共同的，二者的不同在于防卫意图产生的根据。正当防卫的防卫意图是行为人根据其对正在进行的不法侵害的正确认识所产生的，而假想防卫的防卫意图则是行为人根据其误想的不法侵害所产生的，这也正是假想防卫者在主观上可能存在犯罪过失的原因所在。第二，否定说将假想防卫人对不法侵害的认识错误与本人防卫意图不加区分，认为假想防卫中不法侵害的存在是假的，由此产生的防卫意图也是假的；同时认为法律对这种防卫意图作了否定评价，故防卫意图也是假的，不存在的。不要说法律对假想防卫未必都作否定评价，如因意外事件的假想防卫，即使法律作了否定评价，也不能否定评价对象本身的存在。应当说在假想防卫中也是存在防卫意图的，只是这种防卫意图是不应当产生的，是基于一种错误的认识产生的，因而假想防卫人对防卫意图及行为的产生或者有过失，或者没有罪过。同时，如果认为假想防卫不以防卫人的防卫意图为条件，那么，就无法把假想防卫与明知对方是合法行为（如正当防卫）而仍进行“反击”的故意侵害行为相区别了。

（三）行为人实施了所谓的防卫行为

行为人实施了所谓的防卫行为，这是假想防卫成立的客观条件。也就是说，行为人必须是基于对事实的认识错误而误认为有不法侵害存在，进而在主观上形成了对“不法侵害”实施防卫的意图，并在这一防卫意图的支配下

① 参见陈兴良著：《正当防卫论》，中国人民大学出版社1987年版，第188页。

实施了所谓的防卫行为，才能构成假想防卫。如果行为人只是误认为有不法侵害存在，或者在主观上进一步地产生了防卫意图，但并没有在这一防卫意图支配下更进一步地实施所谓的防卫行为，那么，这就不可能构成假想防卫。

但是，值得注意的是，对于假想防卫行为是否必须要导致不应有的损害结果的发生才能构成假想防卫，学者们见解不一，也有肯定说与否定说之争。肯定说认为，行为人误认他人的行为是不法侵害行为，并做出错误的"反击"，从而导致不应有的危害结果的发生。这是假想防卫具有社会危害性，行为人一般应当负刑事责任的关键所在。如果行为人虽然误认为不法侵害存在，并实施了相应的"防卫"行为，但并未对他人合法权益造成实际损害，则假想防卫不能成立，刑事责任也无从谈起。[①] 否定说则认为，一般而言，假想防卫行为会导致不应有的损害结果的发生，但这一损害结果是否达到严重程度，是否构成犯罪，与假想防卫的成立并无直接关系。[②]

本文认为，假想防卫的成立，必须以造成一定的危害后果，达到足以负刑事责任的程度为前提。主要理由是：假想防卫的主观罪过形式只能是过失而不能是故意，而根据我国刑法理论通说，过失行为只有在客观上造成了严重的危害社会后果的，才应负刑事责任。因此，假想防卫的成立，必须以造成严重的危害社会后果为前提。当然，作为意外事件的假想防卫不需要负刑事责任，但也要求以造成一定的损害结果为前提。如果假想的防卫没有造成任何后果，既不需要刑罚处罚也不需要治安处罚又不需要民事赔偿，论以假想防卫也无实际意义。

二、假想防卫的存在范围界定

（一）国外关于假想防卫存在范围的界定

在大陆法系刑法理论中，假想防卫的存在范围有广义和狭义之分。狭义的假想防卫，是指本不存在紧急不法的侵害，但是误以为存在，并对误以为存在的事实实施了相当的防卫行为的场合。广义的假想防卫，除包含狭义的假想防卫之外，还包括两种情形：一是误想防卫过当，即本没有紧急不法的侵害却误以为有，对于该种误信的事实实施了不相当的防卫行为的场合；二是防卫限度错误，即存在紧急不法的侵害，但是在防卫行为方面，本是为了实施防卫而实施相当的行为，但是由于错误而实施了不相当（超过了相当性

① 参见刘明祥："论假想防卫"，载《武汉大学学报》（哲学社会科学版）1996年第1期。

② 参见彭卫东著：《正当防卫论》，武汉大学出版社2001年版，第121页。

的程度）的行为的场合。[①]

在前苏联刑法学者中也有对假想防卫作广义解释的学者。如苏联刑法学家伏·特卡钦科认为，假想防卫可以分为四种：一是防卫人把不违法却不正常的行为错误地认为是有社会危害性的不法侵害，因而对其实行的假想防卫；二是对于事实上已经停止不法侵害的人实行的假想防卫；三是针对被防卫人误认为侵害者的人实行的假想防卫，虽然这个人事实上并没有参与防卫人臆想中的侵害；四是防卫人对受害人造成明显超过与实际的不法侵害相适应的损害所允许的限度的假想防卫。[②] 特卡钦科所列举的第一种假想防卫实际上是一般狭义的假想防卫；第二种情况就是通常所说的防卫时间的错误即防卫不适时；第三种情况实质上是所谓防卫对象的错误；第四种情况就是防卫限度的错误，也就是说，特卡钦科实际上是把防卫时间的错误、防卫对象的错误、防卫限度的错误等都包含在假想的防卫之中。这也是一种广义的假想防卫概念。

（二）国内关于假想防卫存在范围的论争

在国内，关于假想防卫的存在范围，刑法理论上说法不一，学者们见仁见智，也都有各自独到的见解。但从总体上看，对于假想防卫存在范围的界定依然是狭义说与广义说之争。

1. 狭义说

持狭义说的学者，一般从正当防卫成立的条件出发来界定假想防卫的存在范围，但因其对假想防卫的上位概念即防卫错误范围的认定有所不同，其观点又有些许差异：

有学者认为，正当防卫成立的客观条件可以分为两类：一是前提条件，包括正当防卫的起因条件、正当防卫的客体条件、正当防卫的时间条件；二是限度条件，即正当防卫的必要限度。因缺乏正当防卫的前提条件而造成不应有的危害的行为，可以称之为防卫不当；因缺乏正当防卫的限度条件而造成不应有的危害的行为，可以称之为防卫过当。在此基础上，该学者把防卫不当的范围等同于防卫错误的范围，认为防卫错误具有三种形式：一是对不法侵害的认识错误而导致的假想防卫；二是对不法侵害人的认识错误而导致防卫第三者；三是对不法侵害正在进行的认识错误而导致的防卫不适时。[③]

① 参见［日］大谷实著：《刑法总论》，黎宏译，法律出版社2003年版，第221页。

② 参见［苏］伏·特卡钦科："想象的防卫"，载《电大法学》1983年（试刊）第3期；转引自陈兴良著：《正当防卫论》，中国人民大学出版社1987年版，第190页。

③ 参见陈兴良著：《正当防卫论》，中国人民大学出版社1987年版，第187—190页。

另有学者认为，防卫错误是行为人对正当防卫成立的客观条件的认识错误，即本来不具备正当防卫的某个客观条件，正当防卫不能成立，其行为具有社会危害性，但行为人误以为具备正当防卫的客观条件，其行为是对社会有益的正当防卫行为。因此，防卫错误的实质是行为人对其行为性质的认识错误。在此基础上，该学者认为防卫错误的表现形式有四种：一是对正当防卫的起因——不法侵害的认识错误，即实际上不存在不法侵害，而行为人误以为存在，并对此进行了所谓正当防卫，这就是假想防卫；二是对正当防卫的对象——不法侵害人的认识错误，就是在防卫过程中，误把第三者当做不法侵害人加以“反击”，对第三者造成了损害，这就是防卫第三者，即防卫对象的错误；三是对防卫时间的认识错误，即把尚未到来或已经过去的不法侵害误认为是正在进行的不法侵害，并对之进行防卫，这就是防卫的不适时，即防卫时间的错误；四是对正当防卫的必要限度的认识错误，即把超过必要限度的防卫行为误认为是在必要限度内的，这就是防卫限度的错误。①

综上所述，持狭义说的学者虽然在论述方法上有所不同，观点也有些许差异，但他们都认为作为假想防卫上位概念的防卫错误，其内涵和外延明显大于假想防卫，假想防卫只是防卫错误的表现形式之一。

2. 广义说

持广义说的学者，亦从防卫错误出发来认定假想防卫的存在范围，但其论证方法明显不同：

有学者认为，根据假想防卫行为人认识错误的内容不同，假想防卫可以分为三类：一是防卫起因的错误，可称为对事的假想防卫，是指事实上根本没有不法侵害行为存在，行为人误认为有不法侵害行为，而对“侵害人”实行了“防卫”。二是防卫时限的错误，可称为对时的假想防卫，是指不法侵害尚未开始或已结束，但行为人误认为不法侵害正在进行，而对侵害人实行了防卫。三是防卫对象的错误，可称为对人的假想防卫，是指事实上确已发生正在进行的不法侵害，行为人在防卫的过程中，误将未参与不法侵害的人认为是“侵害人”，而对其实行了“防卫”。②

另有学者认为，根据假想防卫人的假想前提的不同，可以把假想防卫分成以下几种：一是无侵害前提的假想防卫。即在客观上并没有侵害行为的存在，假想防卫人对于侵害事实的有无，却存在认识上的错误，误以为有侵害

① 参见刘明祥著：《刑法中错误论》，中国检察出版社1996年版，第101页。

② 参见姜伟著：《正当防卫》，法律出版社1988年版，第112、113页；高铭暄主编：《刑法学原理》（第2卷），中国人民大学出版社1993年版，第227页。

行为的存在，因而采取了“正当防卫”的行为，造成了他人的无辜伤害。二是无不法侵害前提的假想防卫。即假想防卫人把外表上似乎是正在进行的不法侵害，但实际上是行使正当防卫或其他排除社会危害性的行为，误认为是正在进行的不法侵害，因而采取了“正当防卫”的行为。三是对象错误的假想防卫。即客观上虽然受到了不法侵害，但防卫人对不法侵害人发生认识上的错误，弄错了对象，而对无辜的第三者实行“正当防卫”行为。①

综上所述，持广义说的学者虽然论证方法不同，但他们都将防卫对象的错误、防卫时间的错误、防卫限度的错误纳入了假想防卫的存在范围。

（三）本文关于假想防卫存在范围的立场

如前文所述，持广义说的学者主张将防卫对象的错误、防卫时间的错误、防卫限度的错误都纳入了假想防卫的存在范围。对此，我国有学者提出批评。例如，有学者提出，假想防卫是在根本没有不法侵害的情况下存在的，而在防卫第三者、防卫不适时、防卫过当中发生的防卫错误则往往发生在正当防卫过程中。如果把假想防卫等同于防卫错误，就会不适当地扩大假想防卫的范围，造成概念上的混乱。② 另有学者则更明确地指出，假想防卫的本质是假想不法侵害存在而实行所谓防卫行为，而防卫时间错误、防卫对象错误和防卫限度错误都是以不法侵害客观地存在，而不是假想的存在为条件的，并且都是在实行正当防卫过程中出现的事实错误，如果不适当地扩大假想防卫的范围，就会出现概念混乱的弊端。③

本文认为，持广义说的中外学者事实上并没有混淆防卫错误中的几种情形，相反，他们都对防卫错误做出了细致的区分，只是他们在一定程度上将防卫错误等同于假想防卫而已。即狭义上的假想防卫实质上是假想侵害，并予以防卫；而广义上的假想防卫实际上既包含假想侵害，又包含防卫不适时、防卫第三者以及防卫限度错误。因此，在笔者看来，广义说与狭义说的争论仅仅在于表述方法不同而已。但是，狭义说对假想防卫的表述更加精练，含义更加明晰，不易引起混乱；且其严格区分几种防卫错误，易于建立一个完整的概念体系，故本文认为狭义说更具有合理性。

三、假想防卫的刑事责任分析

行为人基于对事实的认识错误而实施的假想防卫行为，往往会造成严重

---

① 参见马克昌主编：《犯罪通论》，武汉大学出版社 1999 年版，第 726 页。

② 参见陈兴良著：《正当防卫论》，中国人民大学出版社 1987 年版，第 190 页。

③ 参见刘明祥著：《刑法中错误论》，中国检察出版社 1996 年版，第 105 页。

的社会危害后果。对这一严重危害后果，假想防卫人是否需要承担刑事责任，应当承担什么样的刑事责任？对此，中外刑法学者众说纷纭，主张不一。

（一）国外关于假想防卫刑事责任的认定

在大陆法系刑法理论中，对假想防卫行为是否应当承担刑事责任的认定，依行为人对不法侵害的认识错误是否可以避免而有所不同：其一，如果行为人对不法侵害的认识错误是可以避免的，一般应负刑事责任。至于是负故意的责任，还是负过失的责任，学者之间又有分歧。有学者认为，假想防卫，作为事实的错误或者独自的错误阻却故意，对其错误有过失时，成立过失犯；有学者则认为，在假想防卫中，行为人的意思也指向着惹起构成要件的结果，面临所谓规范的问题，作为违法性的错误不阻却故意。其二，如果行为人对不法侵害的认识错误是不可避免的，则不负刑事责任。但具体理由又有所不同。有认为是阻却了违法性的，有认为是阻却了责任的，有认为属于意外事件的，还有的认为属于正当防卫而不负刑事责任。[①]

（二）国内关于假想防卫刑事责任的论争

关于假想防卫行为是否应当承担刑事责任，应当承担什么样的刑事责任？在我国刑法学界主要存在着以下几种不同观点：第一种观点认为，在假想防卫构成犯罪的情形下，应按故意犯罪处理；第二种观点认为，假想防卫是不具有罪过的行为，不应负刑事责任；[②] 第三种观点认为，假想防卫可能负过失责任（只能是疏忽大意的过失），也可能不负刑事责任，个别情况下，还可能负故意责任（只能是间接故意）；[③] 第四种观点认为，假想防卫不可能构成故意犯罪，但可能构成过失犯罪，也可能属于意外事件不负刑事责任；[④] 第五种观点认为，假想防卫是由于行为人对自己行为的实际性质产生了认识错误。所以，应该按照事实错误的原则进行处理：如果应当预见而未预见的，按照过失犯罪追究刑事责任；如果依照当时的情况行为人不可能预见的，依照意外事件处理。[⑤] 从本质上说，第四种观点与第五种观点基本上是一致的，这两种观点也是目前我国刑法学界对此问题的通行主张。

（三）本文关于假想防卫刑事责任的立场

综观上述中外刑法学者的诸观点，我们可以看出，在假想防卫行为是否

---

① 参见［日］大谷实著：《刑法总论》，黎宏译，法律出版社 2003 年版，第 221、222 页；马克昌著：《比较刑法原理——外国刑法学总论》，武汉大学出版社 2002 年版，第 369、370 页。

② 参见朱音："假想防卫刑事责任探析"，载《法学》1982 年第 1 期。

③ 参见姜伟著：《正当防卫》，法律出版社 1988 年版，第 114、115 页。

④ 参见马克昌主编：《犯罪通论》，武汉大学出版社 1999 年版，第 727 页。

⑤ 参见高铭暄主编：《刑法专论》（第二版），高等教育出版社 2006 年版，第 429 页。

应当承担刑事责任这一问题上，大陆法系国家与我国所持观点基本相同，即都认为在假想防卫行为造成严重危害后果的情况下，是否应当追究假想防卫人的刑事责任，应当依行为人对不法侵害的认识错误是否可以避免而有所不同：如果行为人对不法侵害的认识错误是可以避免的，一般应负刑事责任；如果行为人对不法侵害的认识错误是不可避免的，则不负刑事责任。在假想防卫人应当承担何种刑事责任问题上，我国通行的观点主张假想防卫只能构成过失犯罪；而在大陆法系国家，认为假想防卫不阻却违法，但阻却责任故意，如果行为人具有过失，则成立过失犯罪，这是没有争议的观点。①

本文赞同我国与大陆法系国家通行的主张，认为假想防卫只能构成过失犯罪，或者属于意外事件不负刑事责任，而不能构成故意犯罪。主要理由如下：

第一，假想防卫不可能构成故意犯罪。我国现行刑法第 11 条规定："明知自己的行为会发生危害社会的结果，并且希望或者放任这种结果发生，因而构成犯罪的，是故意犯罪。"从这一规定可以看出，无论是直接故意还是间接故意，两者都以明知自己的行为会发生危害社会的结果为前提，尽管明知的程度可能有所不同。而假想防卫行为虽然是故意的行为，但这种故意是建立在对客观事实错误认识基础上的，自以为是在对不法侵害实行正当防卫。行为人不仅没有认识到其行为会发生危害社会的后果，而且认为自己的行为是合法正当的。因此，假想防卫的故意只具有心理学上的意义，不具有刑法上的意义，不能把它和犯罪故意混为一谈。

第二，在假想防卫的情况下，如果行为人主观上存在过失，应以过失犯罪论处。因为假想防卫者对没有实行不法侵害的人造成了损害，这虽然是由行为人主观上的认识错误所造成的，但在多数情况下，只要行为人稍加注意，就可弄清不法侵害是否确实存在，并避免错误及危害结果的发生，所以，其主观上存在犯罪的过失，一般应以过失犯罪论处。具体来说，包括以下两种情形：其一，多数假想防卫人在当时的具体情况下，应当认识到并不存在不法侵害，但却因为疏忽大意而没有认识到，致其行为发生了危害社会的结果；其二，也有一些假想防卫人已经认识到自己所面临的可能不是不法侵害行为，但在过于自信的心理下轻信自己的行为会符合正当防卫的条件而不会发生危害社会的结果，但其判断却并不可靠，仍然导致了危害结果的发生。不过，应该注意的是，我国刑法第 12 条第 2 款规定："过失犯罪，法律有规定的才

① 参见张明楷著：《外国刑法纲要》，清华大学出版社 1999 年版，第 167 页。

负刑事责任。”按照这一规定，在假想防卫中，由于过失而造成危害结果的，只有刑法分则明文规定处罚此种过失行为时，才能要行为人承担过失犯罪的刑事责任。否则，即使由于过失造成了一定的危害结果，也不应负刑事责任。

第三，我国现行刑法第16条规定：“行为在客观上虽然造成了损害结果，但是不是出于故意或者过失，而是由于不能抗拒或者不能预见的原因所引起的，不是犯罪。”由此，在假想防卫的某些情况下，假想防卫人不是出于故意或者过失，而是由于主客观因素的限制，根本不可能预见到不法侵害是否存在。那么，因此而造成损害后果的，是意外事件，假想防卫人不负刑事责任。

四、一件值得思考的案例——对假想防卫的再防卫

（一）案情简介

某市一位便衣民警带领联防人员夜间巡逻，见一辆三轮卡车停在路旁，因车上无人，便上前查看。正在查看时，被远处的该车司机发现，误认为有人偷车，立即找了几个人手持铁棍赶到现场，结果司机先将民警打伤，民警则误认司机为歹徒而开枪将司机打死。[①]

（二）案件处理的争议

对于此案件，有学者认为，虽然双方都误认为自己面临不法侵害的威胁，但一方先动手，他方后动手，先动手的一方属于假想防卫，后动手的一方则应当以正当防卫论，或视其行为认定是防卫过当。[②] 对此，有学者提出批评，认为不能以动手的先后来确定谁是假想防卫和正当防卫。因为先动手者并不一定就是不法侵害的实行者。实际上，双方都误解了对方行为的性质，以为对方是在实行不法侵害，并都出于防卫意图进行“反击”，都完全符合假想防卫的特征，应该以假想防卫论处。[③]

（三）本文的立场——对假想防卫可以再防卫

事实上，上述案例提出了这样一个问题：对假想防卫能否实行正当防卫？上述第一种观点可以认为是肯定说，认为对假想防卫可以实行正当防卫；第二种观点可以认为是否定说，认为对假想防卫再行防卫实质上也是假想防卫。本文认为，否定说的观点是值得研究的。要回答上述问题，关键是我们要对假想防卫的性质做出分析。如前文所述，假想防卫不可能构成故意犯罪，只能构成过失犯罪或意外事件。那么，弄清楚对过失犯罪或意外事件能否正当

---

① 参见朱音：“假想防卫刑事责任探析”，载《法学》1982年第1期。

② 参见王者香：“析假想防卫”，载《法学》1984年第8期。

③ 参见刘明祥：“论假想防卫”，载《武汉大学学报》（哲学社会科学版）1996年第1期。

防卫就可以圆满地回答上述问题。根据我国刑法学界通行的观点，对过失犯罪或意外事件是可以实施正当防卫的。[①] 因此，对假想防卫可以实行正当防卫。具体到上述案件中，司机打伤民警的行为是假想防卫；民警击伤司机的行为则是防卫过当。

结　论

综合上述对假想防卫的论述，可以得出如下结论：

第一，在我国刑法中，假想防卫，是指行为人把实际上并非不法侵害或并不存在不法侵害的情况误认为是不法侵害，并实行所谓的正当防卫，造成并未实行不法侵害的人的损害的情形。

第二，假想防卫具有以下三个特征：一是行为人假想了不法侵害的存在；二是行为人主观上具有防卫的意图；三是行为人实施了所谓的防卫行为。

第三，假想防卫是一种与防卫时间错误、防卫对象错误、防卫限度错误并存的防卫错误形态。

第四，假想防卫只能构成过失犯罪，或者属于意外事件不负刑事责任，而不能构成故意犯罪。

第五，假想防卫本身是一种不法侵害，对假想防卫行为当然可以实施再防卫。

---

① 参见陈兴良著：《正当防卫论》，中国人民大学出版社1987年版，第79—82页；马克昌主编：《犯罪通论》，武汉大学出版社1999年版，第720页。

有关紧急避险的法律性质的相关问题

[日] 奥村正雄*

一、问题之所在

刑法第37条规定了紧急避险，也就是，为了避免针对自己或他人的生命、身体等的急迫的危难（即我国刑法第21条所谓“正在发生的危险”。——译者注），只要满足法益均衡以及补充性的要件，对于侵害与危害的发生毫无关系的第三者的法益的行为“不处罚”，即该行为不可罚。基于对紧急避险的法律性质的不同理解，针对其不可罚的根据，学界观点对立，至今仍存争议。有别于正当防卫，紧急避险处于“正对正”的关系，是为了避免现在的危险而将侵害转嫁给与危害的发生毫无关系的第三者。“甘受命运的安排”这原本是社会生活中的原则之一，可通说却认为该转嫁行为属于合法行为，因而通说观点也是饱受批判。称紧急避险为事关违法、责任之本质的法律“小宇宙”（缩影），其原因正在于此。

应该说，我国迄今就紧急避险的法律性质的相关研究不无局限于理论层面的倾向。但后文所要详述的平成8年（1996年）6月26日的东京地方裁判所有关“受强迫的行为与紧急避险成立与否”这一问题的判决，则开启了新的思路。该问题的要点在于，行为人为其他人所强迫，被威胁说，若不听话就要对其本人或其近亲属的生命等施加危害，行为人不得已只有遵命实施强盗罪、杀人罪，那么，行为人的该行为是否可以作为为了避免现在的危难而不得已实施的行为而可以不予处罚呢？司法实务界迫切需要解决此问题。以此为契机，批判观点指出，受害人不得对被强迫人的行为实施正当防卫，这并不合理，因而紧急避险的不处罚的根据再度引起关注，有关紧急避险的法律性质的研究也更带有实践性意义。

---

* 日本同志社大学司法研究科教授。

下面想以近期被大力提倡的有力观点为中心，对有关紧急避险的法律性质的几点议论，做点批判性探讨。

二、与正当防卫之间的关系

1. 紧急避险与正当防卫同属紧急行为，二者在这一点具有共同点，并且，学说一般也是基于这一共同点而探究二者之间的关系。[①] 然而，有关二者的不处罚根据，下述两种立场的理由理应并不一定相同：立足于结果无价值一元论，以法益衡量（优越性利益的保护）作为违法性阻却原理的立场；在法益衡量的基础上，还同时考虑法益侵害行为的社会相当性的违法二元论的立场。按照前者的观点，以法益衡量为根据相对比较容易说明紧急避险与正当防卫。[②] 具体而言，在正当防卫的情形下，基于“急迫不正的侵害”这一前提要件，相对于“不正侵害”者而言，被侵害者的利益具有绝对的优越性，在防卫行为所必要的限度之内，可以否认“不正侵害”者的法益；就紧急避险而言，以满足保全法益与侵害法益之间的“害的均衡”这一要件为前提，可以阻却违法性。

那么，在违法二元论看来，紧急避险与正当防卫之间处于什么关系呢？该观点认为，正当防卫的正当化的根据在于法确证的原理，也就是，针对急迫不正的侵害，被侵害者并无回避侵害的义务，相反，具有反击的权利，进而可以对法不允许违法行为、法秩序井然存在这一点予以确证。然而，就紧急避险而言，以“不正”对“正”这一对立关系为前提的法确证原理并不妥当。但是，无论是紧急避险还是正当防卫，二者在下面这一点上是相同的：均处于法益侵害的危险正在迫近，并没有时间等待国家机关按照法定程序来保全法益、预防或恢复法益侵害这基本不可能或明显困难这一状况之下，为了保护值得保护的正当个人法益，而例外地允许通过私人救济（行使个人力量）来保全法益，以求实现法秩序的恢复、维持这种“法的自我保全”。[③] 应

---

① 参见川端博：《刑法总论讲义》，成文堂 1995 年版，第 318 页以下；川端博：《正当防卫权的再生》，成文堂 1998 年版，第 67 页以下；井田良：“论紧急避险的本质”，载大谷实等编：《宫泽浩一先生古稀祝贺论文集第二卷　刑法理论的现代性展开》，成文堂 2000 年版，第 274 页；井田良：“紧急避险的理论”，载《现代刑事法》第 12 号（2000 年），第 100 页以下；桥爪隆：“不正侵害的先行情况与正当防卫的界限”，载《现代刑事法》第 2 卷第 1 号（2000 年），第 28 页。

② 参见前田雅英：《刑法总论讲义》（第 3 版），东京大学出版会 1998 年版，第 225、255 页；山口厚：《刑法总论》，有斐阁 2001 年版，第 103、127 页。

③ 参见团藤重光：《刑法纲要总论》（第 3 版），创文社 1990 年版，第 232 页；大谷实：《刑法讲义总论》，成文堂 2004 年新版，第 293 页。从其内容旨趣来看，避难（避险）行为人与防卫行为人应分别以“避难的意思”、“防卫的意思”为必须要件。

该说，与具有明确的权利性的正当防卫相比，紧急避险的权利性相对要弱，但法以保全法益与侵害法益之间的均衡为要件，从社会相互连带的观点对法益价值加以排序，[①] 通过要求“小”法益的被害人保持忍受而维护“大”法益，进而宣告是在力求维持社会秩序、法秩序。

2. 其次，在要件方面，正当防卫与紧急避险之间具有不少相同之处，例如，在法益侵害的“急迫”与“现在”这种紧急性要件具有实质上的同一性，还有保全法益的类似性，[②] 在防卫行为与避难行为的相当性这一点上也具有共同性，除此之外的其他方面则并不相同。正当防卫不以补充性、严格的法益衡量为要件，是因为攻击者的行为属于“不正”行为，应就此归责。相反，紧急避险之所以以补充性、严格的法益均衡为要件，其理由在于：刑法作为行为规范对规范的对象科以回避危难的回避义务，但在正遭遇现在的危险而无法回避或者非常难以回避的场合，并不要求该对象忍受危难彻底放弃，为了保护值得保护的正当个人利益，在严格的要件之下，认可不得不侵害与危难毫无关系的第三者的法益而转嫁危难的行为，同时也认可对第三者的本值得保护的正当利益的侵害，从社会相互连带的角度，要求被转嫁危难的第三者忍受侵害。

3. 有关紧急避险与正当防卫，有观点认为，后者属于权利，而前者是为了回避正在发生的危难而引发危难，是针对并无责任的他人的妨碍行为，并非权利的行使，而是一种放任行为。[③] 法的旨趣的确在于，在紧急避险的场合，在通过转嫁行为而保全了自己或者第三者的法益之时，消极性地认可此类行为，其权利性很弱。然而，在紧急避险的场合，只要发生法益冲突这一问题而引起了法益侵害，就不可能是放任行为，只能是要么合法要么违法。[④]

---

① 有观点认为，作为紧急避险的“社会化”现象，法认可价值排序，为了保护较高价值而牺牲较低价值的紧急避险属于一种“秩序保全行为”（川端博：《刑法总论讲义》，成文堂 1995 年版，第 321 页）。

② 正当防卫规定的是广泛的“权利”，而紧急避险则是具体列举“生命、身体、自由或者财产”。这属于限定列举还是举例列举，对此尚存争议。旧刑法第 75 条第 1 款所规定的危险对象为“自己或者亲属的身体”，在刑法的修改过程中，逐步将“生命”、“自由”、“财产”也纳入保全对象，从此修改经过也可看出，既然紧急避险的旨趣在于，为了回避针对这些保全法益的现在的危难而不得已将侵害转嫁至第三者的法益，就应该认为是限定列举。另外，鉴于今天尤其重视基于个人尊严观点的名誉保护，名誉也应纳入危难的对象。

③ 参见宫本英脩：《刑法大纲》，弘文堂 1935 年版，第 101 页；藤木英雄：《刑法讲义总论》，弘文堂 1975 年版，第 178 页等。

④ 川端博：《刑法总论讲义》，成文堂 1995 年版，第 356 页；阿部纯二：“紧急避险”，载《刑法讲座第二卷行为 · 违法》，有斐阁 1963 年版，第 153 页；山中敬一：《刑法总论 I》，成文堂 1999 年版，第 482 页等认为，刑法上并不承认放任行为这一观念。

既然刑法第37条第1款规定"不处罚"紧急避险行为而允许实施避险行为，那么，尽管与正当防卫的积极性权利性相比属于消极性，但仍应该说，紧急避险也属于权利。

三、紧急避险的法律性质

（一）违法性阻却事由说与二分说

1. 有关紧急避险的不可罚的根据，当今通说认为是违法性阻却事由。相反，主张属于责任阻却事由的观点[①]也曾很有影响。现在，责任阻却事由一元说限于少数说，[②] 主要是违法阻却事由与责任阻却事由这种二分说，二分说与通说之间激烈对立。

通说的根据在于：现行法认可为保护"他人"法益的紧急避险、规定了法益衡量这一要件。对此，责任阻却说与二分说分别提出了批判。责任阻却说认为，由于紧急避险行为是将现在的危难转嫁给与此毫无关系的第三者，不能对此予以正当化，也不能要求与危难毫无关系的第三者承担忍受义务；二分说认为，若按照通说的观点，紧急避险属于合法行为，那么，被侵害者也可采取紧急避险来对抗，无疑是法放弃对处于纠葛状态的价值进行判断，这并不妥当。[③] 正如后述，正是意识到上述批判意见，也有观点开始认为，紧急避险属于可罚性违法性阻却的对象。

2. 责任阻却事由说认为，紧急避险属于违法行为，对此可以正当防卫来对抗，但由于避难行为人缺少实施合法行为的期待可能性，因而应成为责任阻却的对象。对于责任阻却事由一元说，不仅是通说，二分说也提出了诸多批判。批判意见可列举如下：①基于优越性利益原则，理应将牺牲他人的"小"法益而保全"大"法益的行为予以正当化；②以法益均衡作为要件属于违法性的问题，在以期待可能性作为要件之时理应不需要法益均衡这一要件，而第37条就法益均衡认为，只有在保全法益与侵害法益具有等价值之时才认定为紧急避险，若将紧急避险理解为是责任阻却事由，这其间显然存在矛盾；③对于"为了他人"的紧急避险，能否说没有期待可能性，这不无疑

---

① 参见泷川幸辰：《犯罪论序说》（改订版），有斐阁1947年版，第111页；植松正：《刑法概论Ⅰ总论》（再订版），劲草书房1977年版，第208页。

② 参见日高义博："紧急避险的本质"，载植松正等编：《现代刑法论争Ⅰ》，劲草书房1983年版，第144页以下。

③ 例如，有学者指出，二者均属于合法行为，理论上与放任行为说并无多大差异（森下忠：《紧急避险之研究》，有斐阁1960年版，第232页）。另见井田良："论紧急避险的本质"，载大谷实等编：《宫泽浩一先生古稀祝贺论文集第二卷　刑法理论的现代性展开》，成文堂2000年版，第281页。

问；④按照责任阻却事由说的观点，避难行为是违法行为，因而总是能对此实施正当防卫，但在侵害法益小于保全法益之时，被转嫁侵害者总是能以正当防卫对抗侵害者，这有违将保全较大法益的行为予以正当化这一旨趣（例如，遭受火灾者为了逃生，不得已正要损坏邻居的围墙之时，被邻居以正当防卫制止）；⑤若避难行为仅仅属于责任阻却的对象，只要采取共犯从属性说中的限制从属性说，加担此行为者（例如，帮助为躲避火灾而损坏邻居围墙的行为）也应作为共犯予以处罚；⑥以他人的不法行为为原因而实施的紧急避险在民法上并不承担损害赔偿的责任并不违法，可按照责任阻却说的观点，却成了刑法上的违法行为。

如上所述，责任阻却事由一元说遭到猛烈批判，对于上述批判也鲜有反驳的余地，因而作为学说不再具有影响。但就③而言，二分说也提出此问题，且通说将③作为违法性阻却的理由之一，对此还是有可能进行反驳的。因为在此情况下，不能一概否定期待可能性。例如，车站工作人员为了避免货车与停在车轨上的满载乘客的旅客列车相撞这种惨案的发生，通过切换轨道而将暴走的货车转到其他轨道，但牺牲了一名正在货车上工作的装卸工的生命，在此类情况下，即便不是为了自己或亲属的利益，其动机仍在于从危难之中挽救他人的法益，仍然并不具有期待可能性。因此，③的批判并不一定具有说服力。

3. 二元说影响日益扩大，该说正是考虑到了责任阻却事由说在理论性、实质性问题，以及对于应予以保护的第三者，法认可对其的危害转嫁，且要求其忍受此转嫁，社会一般观点对此颇有抵触。二分说有各种具体形式，大致可以分为以违法性阻却为原则的立场、以责任阻却为原则的立场。后者（1）以责任阻却为原则，但在相互对立的法益之间存在明显差异之时，则认为是超法规的违法性阻却事由，是一种责任阻却型二分说。[①] 此说也受到了与对责任阻却事由说相同的批判。后者认为基于法益均衡的要件，为保护大的法益而实施的避难行为属于正当行为，这一点与通说并无不同，但该说可进一步区分为：（2）在法益同价值之时，认为属于责任阻却的违法阻却二分说A；[②]（3）在生命对生命、身体对身体之时，认为属于责任阻却的违法阻却二

---

① 参见森下忠：《紧急避险之研究》，有斐阁1960年版，第228页；森下忠："紧急避险的法律性质"，载中义胜编：《论争刑法》，世界思想社1976年版，第70页以下。

② 参见中山研一：《刑法总论》，成文堂1982年版，第269页；中义胜：《讲述犯罪总论》，有斐阁1980年版，第142页；米田泰邦："紧急避险中相当性研究"，载《司法研究报告书》第19辑第2号（1960年），第29页；内藤谦：《刑法讲义总论》（中），有斐阁1986年版，第424页等。

分说B;[①]（4）在法益同价值之时，认为属于可罚性责任阻却的可罚性违法阻却、可罚性责任阻却二分说;[②]（5）将紧急避险分为两种情形，即将危难转嫁给并未处于危难状态的被侵害者的第一类型、被侵害者也遭遇到危难的第二类型，认为在第二类型的法益同价值的场合以及第一类型的保全法益“明显优越于”侵害法益的场合，则认定违法性阻却，相反，在第一类型的法益同价值的场合，以行为人与遭遇危难者之间具有亲属关系等特别关系为前提，认定责任阻却。[③]

对于（1）说的批判在于，即便是法益等价值的场合，基于社会整体观点，仍存在根据社会相当性而许可该行为，认为其阻却违法性的余地;[④] 并且，在责任阻却这一点上，与责任阻却事由说存在同样的问题[⑤]。对于（2）的批判在于，“生命对生命”并不能以法益衡量来区分优劣，属于法益同价值的情形，保全法益与侵害法益之间的差额为零，因而并没有破坏法律秩序，并不违法。[⑥] 当然，“身体对身体”存在程度上的差异，可以对保全法益与侵害法益进行比较。

（4）说与（5）说正是在克服上述二说的问题的基础上提出，引人注目。按照（4）说的观点，若避难行为人存在优越的利益，则避难行为被正当化；相反，在利益同价值的场合，则无优越性利益不被正当化，但可减少法律上的非难可能性，从而阻却可罚性责任。但是，只要立足于规范性责任论，“在利益冲突状态之下，行为人的不法或者责任显著降低，在从可罚性责任与处罚的必要性乃至处罚的均衡性的关系上看待个人的责任之时，由于法秩序不能完全期待该个人停止违法行为，因而在认定犯罪不成立，或者免除或减轻其刑罚更为合适之时，则减少或者并不存在可罚性非难可能性”，[⑦] 只要该理论的意义在于这一点，那无疑也正是论者自身试图定位于正当的期待可能性的内容，为此，在非难可能性的减少带动期待可能性的减少这一点上，是否与以不具有期待可能性来处理的责任阻却说具有相同问题呢？对此存在疑问。

---

① 参见木村龟二著、阿部纯二增补：《刑法总论》（增补版），有斐阁1980年版，第142页；阿部纯二：“紧急避险”，载《刑法讲座第二卷 行为·违法》，有斐阁1963年版，第146页；阿部纯二：“紧急避免”，载《刑法基本讲座第三卷 违法论/责任论》，法学书院1994年版，第90页等。

② 参见山中敬一：《刑法总论Ⅰ》，成文堂1999年版，第486页。

③ 参见井田良：“论紧急避险的本质”，载大谷实等编：《宫泽浩一先生古稀祝贺论文集第二卷 刑法理论的现代性展开》，成文堂2000年版，第281页。

④ 参见大谷实：《刑法讲义总论》，成文堂2004年新版，第316页。

⑤ 参见曾根威彦：《刑法的重要问题（总论）》，成文堂1993年版，第80页。

⑥ 参见川端博：《刑法总论讲义》，成文堂1995年版，第356页。

⑦ 山中敬一：《刑法总论Ⅱ》，成文堂1999年版，第557页。

另外，正如后文所述，（5）说是与德国刑法中第34条的正当化紧急避险与第35条的免责性紧急避险的区别以及攻击性紧急避险与防御性紧急避险的区别相对应，根据前者的区别将后者的区别区分为上述两种类型，而试图肯定违法性阻却与责任阻却的紧急避险，尽管该说理论上比较复杂，但作为第37条第1款的限定解释原理而引人注目。但问题在于，这种解释是否有可能？从罪刑法定主义的视点来看又是否并无异议呢？确实，从刑法的裁判规范性的角度来看，违法性阻却事由是为了对均试图保护自己的利益的行为人之间的利害关系进行调整。为此，在此限度之内，在违法性阻却事由成为针对规范的对象人的行为规范性这一侧面上，限制解释这在理论上是有可能的。但是，德国刑法第34条限定于"显著的法益优越"以及"在具有亲属关系等特别关系的场合"的根据这从日本刑法第37条第1款中难以找到，并且，正如后述，也难以将包括（5）说在内的二分说纳入第37条第1款的限定解释。

4. 正如上述，有关紧急避险的法律性质，存在各种各样的观点。的确，在形式论上，有关实体上的根据，刑法第37条仅仅规定"不处罚"，并未规定作一元性理解还是二元性理解，既可以解释为违法阻却事由，也可以解释为责任阻却事由，还可以作二元性解释。[①] 另外，从现行规定的沿革来看，现行刑法将危难对象从旧刑法中的紧急避险规定（第75条第1款）中的"亲属"扩大至"他人"，在改正讨论的过程中，不同于作为明确的权利行为的正当防卫，并非一定是将紧急避险当做正当的权利行为，而且，当时的瑞士刑法草案等将不具有期待可能性作为紧急避险的根据，[②] 因而对责任阻却事由说、二分说相对有利。

但是，立法当局并没有像德国刑法那样分别规定正当化紧急避险与免责性紧急避险，而是统一规定在一个条文之中。而且，还引入了旧刑法的紧急避险规定（第75条第1款）所没有的"保全法益"与"侵害法益"之间的均衡要件。并且，是以满足与责任判断毫无关系的法益均衡要件作为前提而规定"不可罚"。在犯罪论上，期待可能性是在满足构成要件该当性、违法性，以及故意、过失、责任能力、违法性意识等责任要素的基础之上，再看是否有可能期待其采取合法行为这种例外的超法规性的责任阻却事由。然而，

① 米田泰邦："紧急避险中相当性研究"，载《司法研究报告书》第19辑第2号（1960年），第44页。

② 立法沿革、改正讨论参照米田泰邦："紧急避险中相当性研究"，载《司法研究报告书》第19辑第2号（1960年），第91页以下；松宫孝明："论日本刑法第37条的紧急避险规定"，载《立命馆法学》第262号（1998年），第1038页以下；村井敏雄："紧急避险的历史与课题"，载《现代刑事法》第69号（2004年），第29页以下。

刑法第37条第1款将为保护"他人"的利益的紧急避险与为保护"自己"利益的紧急避险并列规定，是作为原则加以规定，而非例外性规定，而但书规定的过剩防卫是基于违法性减少、责任减少而将其作为刑罚任意性减轻的对象，因此，不能对二者做相同理解。另外，还有学者指出，认为是在同一法条中规定了效果并不相同的犯罪阻却事由这一观点在解释论上难以解释。[①] 这是因为，从并未规定免责性紧急避险的刑法第37条的用语来看，二者之间的区别并不明确，存在只能是根据理论解释来补充说明违法性阻却的场合与责任阻却的场合这一难题。从刑法的行为规范性来看，这很成问题。为此，要想采取二分说，只能是日本刑法也分别规定正当化紧急避险与免责性紧急避险。

那么，能否将紧急避险作为违法性阻却事由而作一元论的解释呢？在探讨此问题之前，有必要首先看看有关违法性阻却的一般原理的"法益衡量"的研究。

1. 法益衡量与利益衡量

紧急避险以"发生的损害不超过意欲避免的损害"为要件，这是适用了作为违法性阻却原理的"法益衡量"这一观点。

然而，有关违法性阻却的一般原理，最近存在①法益衡量说与②利益衡量说之间的对立，且后者的影响日益扩大。[②] 法益衡量说认为违法性的实质在于对法益的侵害或危险，并以此为基础认为，在法益相互冲突之时，牺牲价值较小的法益以拯救价值较大的利益是违法阻却的一般原理，这是以法益的抽象性比较衡量作为基准。与此相反，利益衡量说是以对法益的具体性比较衡量为基准，也就是，明确相互冲突的法益在具体性状况下的要保护性，判断保全法益是否具有较侵害法益更优越的要保护性。违法性判断是一种实质性判断，有必要对此作出个别具体的判断，因而利益衡量说基本上是妥当的，应适于解释紧急避险。为此，似乎不应将利益衡量的判断对象限于保全法益、侵害法益各自的"保护价值"以及侵害程度。[③]

---

① 参见山口厚：《问题探究刑法总论》，有斐阁1998年版，第94页；岛田聪一郎："利用合法行为的违法行为"，载《立教法学》第55号（2000年），第27页。

② 参见内藤谦：《刑法讲义总论（中）》，有斐阁1986年版，第313页；山中敬一：《刑法总论Ⅱ》，成文堂1999年版，第487页；小名木明宏："对紧急避险中的利益衡量与相当性的一点考察"，载《法学研究》第67卷第6号（1994年），第26页等。

③ 山口厚教授认为应作如此限定（参见山口厚：《问题探究刑法总论》，有斐阁1998年版，第98页）。而井田良教授则批判此观点过于狭窄，提出在进行补充性判断之际，"退避所伴有的行为人的负担"等也应成为考虑对象（参见井田良："论紧急避险的本质"，载大谷实等编：《宫泽浩一先生古稀祝贺论文集第二卷　刑法理论的现代性展开》，成文堂2000年版，第278页注解（5））。

尽管如此，考虑极其复杂各种各样的要素这也存在问题，将防止犯罪等的一般性利益侵害本身也纳入考虑范围（在后面所要谈到的“被强迫的紧急避险”这一问题中，存在此种观点），这并不合适。[①] 归根结底，在进行利益衡量之际，应对下述因素作实质性、具体性判断：相互冲突的法益在具体状况之下的保全法益的要保护性、侵害的危险性，有关补充性的退避可能性、有关法益侵害的许可性的各种结果（无）价值要素以及行为（无）价值要素。法益同价值的场合也是如此。因此，在法益同价值的场合，违法性一元论并不具体衡量利益状况，有可能仅出于抽象性地捕捉法益的对立这一立场做出结论，应该说这种批判并不贴切。[②]

2. 利益衡量与被救助者的意思

法益衡量或者利益衡量均必须客观进行，其时，若被救助者对侵害表示同意，那么，如何处理该意思呢？也就是，被救助者的意思对判断紧急避险的违法性阻却会产生何种影响呢？

针对这一问题，存在两种相互对立的学说。第一种学说认为，与被救助者的意思无关，即便有违该意思，仍有可能成立紧急避险。[③] 对此，第二种学说提出了以下批判：其一，在被救助者放弃该法益之际，该法益则丧失了保护价值，因而在存在同意的场合，这并非紧急避险，应依据被害人的同意的法理阻却违法性；其二，即便在被救助者基于自由意思意欲处分法益的场合，紧急避险会妨碍到这一点。这样，第二种学说的结论为并不认可违反被救助人意思的紧急避险。[④]

二说之所以产生对立，其原因在于对紧急避险的法律性质理解不一。第二种学说基于优越性利益说，其基本考虑在于，就被救助者的法益而言，在

① 参见山口厚：《问题探究刑法总论》，有斐阁 1998 年版，第 97—98 页。

② 参见井田良：“论紧急避险的本质”，载大谷实等编：《宫泽浩一先生古稀祝贺论文集第二卷刑法理论的现代性展开》，成文堂 2000 年版，第 274 页。

③ 参见大冢仁：《刑法概说（总论）》，有斐阁 1997 年第 3 版，第 386 页；大谷实：《刑法讲义总论》，成文堂 2004 年新版，第 310 页；内藤谦：《刑法讲义总论（中）》，有斐阁 1986 年版，第 429 页；野村稔：《刑法总论》（补订版），成文堂 1998 年版，第 246 页等。

④ 参见町野朔：《患者的自己决定权与法》，东京大学出版会 1986 年版，第 165 页；山口厚：《问题探究刑法总论》，有斐阁 1998 年版，第 100 页；林干人：《刑法总论》，东京大学出版会 2000 年版，第 217 页；山中敬一：《刑法总论Ⅱ》，成文堂 1999 年版，第 493 页；武藤真朗：“正当防卫、紧急避险中的被救助者的意思”，载《佐佐木史朗先生喜寿祝贺：刑事法的理论与实践》，第一法规 2002 年版，第 85 页以下。

被救助者本人放弃之时，缺少要保护性，因而对此加以保护不合情理。[①] 反之，第一种学说的起因在于，不单进行优越性利益判断，还重视法的自我保全这一紧急避险的性质。

对于此问题，笔者认为应作如下考虑。首先，若被救助者就自己可以处分的法益事先拒绝救助，且在实施紧急避险之前这一点已经很明确，则该法益缺少要保护性，丧失了法益均衡这一前提性要件，对此并不能实施紧急避险。那么，若被救助者想借此机会处分法益，而事后判明救助行为违反了此意思，对此应如何处理呢？从结果上看，这种情况是保护了并不具有要保护性的法益，而有侵害具有要保护性的第三者的法益之虞。有别于正当防卫，法确证的原理并不合适，从法的自我保全的观点来看，紧急避险是在行为当时行为人认识到他人正要遭受现在的危险，出于救助该法益的意思而实施避难行为，若立足于此观点，即便事后得以判明该避难行为有违被救助者的意思，也应认定具有成立紧急避险的可能性。例如，即便是某希望自杀者放弃了自己的生命，由于刑法第202条（“参与自杀以及同意杀人”）规定与本人的意思无关，应将人的生命作为保护对象，因此，其法益价值并未丧失，仍有可能成立紧急避险。还有，就擅断性治疗行为而言，在患者的生命处于危险状态之时，只要医师实施的是医疗上适当的治疗行为，即便违反了患者的意思，医师实施的救命行为仍应被正当化。若认为此行为违反，则对此可实施正当防卫，这显然并不妥当。因此，笔者认为第一种学说的解决方法更为合适。

四、紧急避险的类型

（一）攻击性紧急避险与防御性紧急避险

1. 在探讨是否成立作为违法性阻却事由的紧急避险之时，将其分为两种类型分别探讨的观点的影响日益扩大。第一种类型是指通常意义上的紧急避险，也就是，处于被现在的危难侵害的危险之下的法益主体或者第三者将危难转嫁给与危难原因毫无关系的他人；第二种类型是无论是保全法益的主体还是被转嫁危难者均是危难根源。但问题在于，分为这两种类型对紧急避险的成立与否有无影响？

---

① 内藤谦教授基于结果无价值一元论的立场认为，之所以不必考虑被救助者的意思，其根据在于应客观地判断违法性（参见内藤谦：《刑法讲义总论（中）》，有斐阁1986年版，第429页）。然而，结果无价值一元论的立场也认为，正如被害人同意的那样，在该同意否定法益的要保护性这一点上，考虑法益主体的主观情况与违法性的客观判断之间并不矛盾。

2. 受当今德国通说的影响，现在将第一种类型称为攻击性紧急避险，将第二种类型称为防御性紧急避险，认可二者在成立要件上存在差异的紧急避险论很有影响。[①] 在此观点看来，就攻击性紧急避险而言，考虑到被转嫁毫无来由的侵害的被侵害者的利益，只有在保全法益属于“明显优越”的场合，才从社会连带的视点要求被侵害人忍受侵害，进而阻却违法性。法益权衡的“明显优越的法益”这一要求是模仿了德国刑法第 34 条。然而，既然引入了要求忍受侵害的“社会连带”这一观念，又为何将其限定于“法益明显优越”的场合呢？[②] 笔者认为这一批判是有道理的。这是因为，“明显”这一标准的判断本身尚显暧昧，并且，在法益权衡这一要件之外再附加“明显优越”这一要件，其合理性根据并不明确。有别于德国刑法，我国刑法第 37 条并未规定“明显优越的法益”这一要件，这也似乎超出了解释论的范畴。

另外，在防御性紧急避险的场合，基于被侵害者属于危险源这一事实，侵害法益的保护价值相对减少，法益权衡的判断要件也相应缓和，而认定阻却违法性。对于并不构成正当防卫要件的“急迫不正的侵害”的危险源，防御性紧急避险的问题在于解决下述三种类型，并以此作为紧急避险的对象：①缺乏行为性的场合。②并非“不正”的场合。③缺少急迫性的场合。但可以将①作为对物防卫的问题来加以解决。

分为上述二种类型虽便于探讨紧急避险成立与否，但将“明显优越的法益”纳入刑法第 37 条这并无合理的根据，从对第 37 条的解释中显然无法导出从两种类型之间的差异来找出成立要件上的差异的必然性，有鉴于此，作上述区别并无多大实质性意义。

（二）防御性紧急避险的类型

1. 出于论述上的方便，下面看看相当于防御性紧急避险这一类型的案件。正如“卡内阿德斯的木板”这一事例所反映的那样，该类型的典型情形为保全法益与侵害法益同时遭遇危难。

第一种情形是英国 1884 年的 Dudley Stephens 事件。在该案中，载有 4 名船员的船舶遭遇暴风雨，且粮食已全部吃光，最终为了活命而牺牲其中身体很弱的一名少年将其吃掉，在这一“米丽雷特号事件”的判决中，其问题在

① 参见吉田宣之：《违法性的本质与行为无价值》，成文堂 1992 年版，第 102 页以下；吉田宣之：“防御性紧急避险的再探讨”，载《西原春夫先生古稀祝贺论文集第一卷》，成文堂 1998 年版，第 311 页以下；小田直树：“紧急避险与个人的自律”，载《刑法杂志》第 34 卷第 3 号（1995 年），第 1 页以下。

② 参见山口厚：《问题探究刑法总论》，有斐阁 1998 年版，第 103 页。

于，就谋杀罪是否认定成立紧急避险。裁判所的态度为，对于剥夺他人生命的案件不得认可紧急避险的抗辩。其根据在于，第一，并无牺牲他人的生命以维持其他人生命的必然性，处于自己应甘愿忍受牺牲的状态；第二，即便认可牺牲，可究竟应牺牲谁，其判断也并不明确。因此，裁判所认为，在这种案件中，大家均遭遇危难，存在剥夺他人的生命以维持自己生命的诱惑，这并非不能理解，但应准确地进行法律判断，且应纯化其行为来进行判断，从而判处几名被告人死刑。但其后强调生命的尊严与对于处于极限状态之下的人的同情心这之间的纠葛冲突，由死刑减为6个月的拘禁，从而通过减刑而解决了此问题。由此可见，英国的判例以生命的绝对不可侵犯为由，对杀害他人的紧急避险的认定采取了消极的态度。① 但在1987年的Herald Enterprise事件中，因船舶事故而行将掉入海中淹死的十几名乘客试图通过绳梯爬到安全的避难场所，某一青年因寒冷与恐慌而浑身颤抖在梯子上动弹不得，被告人为了自己等的生命而指使在该青年旁边的某人将其推入海中，最终其他人得救而该青年被淹死在海中。该案便出现了是否构成紧急避险这一问题。负责处理此案的检察官认为，被告人不仅仅是为了保全自己的生命也是为了保全他人的生命而实施的行为才导致杀害，结果并未起诉。虽不能说英国的判例就此打开了对谋杀罪也可认定成立紧急避险这一大门，但该案对今后的判例动向会造成何种影响，值得关注。在英国刑法理论界有观点认为，将这种情形予以正当化，这是通过明显侵害个人的自律性（individual autonomy）的行为，在道德上、政策上重视避险行为所保全的权利而轻慢被侵害者的权利，虽然如此，但在各人的自律性不被保护，有必要做出牺牲的场合，基于为了达到将整体的恶害抑制在最小限度这一目的的社会福利、社会连带的原理，仍应作为紧急避险将该行为予以正当化。②

2. 第二种情形是下面这种情况。例如，A与B正在一道进行攀岩，B滑落下来，由于二者的身体均靠一根缆绳支撑，已无法承受B的体重，为此，A割断了缆绳，致使B坠落而死。在这种情形下，危险源在于B，A是对危险源实施避险行为，无论是否割断绳索，B均难逃丧身的命运。③

上述二种情形均是“生命对生命”这种法益等价值的情况，第一种情形

① Howe [1987] AC 417. 作为普通法上的原理，英国的紧急避险分为正当化紧急避险与免责性紧急避险而分别认定。

② A. Ashworth, Principles of Criminal Law 4thed.,（Oxford U. P., 2003）pp. 152－153.

③ 对此，瑞士一般认为，在作为危险源的B难以避免死亡结果的情形下，若非割断缆绳则不能保全A的生命，则A的行为应被正当化。Smith, op. cit., p. 79.

是为了挽救多数人的生命而牺牲少数人的生命，第二种情形是一对一的生命。对于这种处于极限状态之下的人们通过牺牲某人而得以避险的场合，在二分说看来，均肯定其违法性而成为阻却责任的对象。其根本之处存在生命的自己目的性与个人的自律性这种观点。[①] 另外，在狭义理解自律性，将其理解为"针对生命或者身体的紧要部分的自己决定权的利益"这一立场看来，[②] 生命、身体的紧要部分是人格的不可或缺的要素，不能为了他人而无来由地被牺牲，强调生命、身体的绝对优越性。但是，这种解释适合于不允许将针对人格的重大侵害予以正当化的德国刑法第 34 条，但并不适合于日本刑法第 37 条。[③]

在违法阻却一元说看来，第一种情形通过生命的量上的衡量、[④] 第二种类型通过法益衡量均不能认定存在优越，[⑤] 因而保全法益与侵害法益之间的减差为零，可以分别认定阻却违法性。尽管侵害了生命、身体这种个人的自律性，但那种基于社会连带的原理而不得不牺牲，为了将整体的侵害抑制在最小限度的避险行为应当被正当化。

（三）攻击性紧急避险

1. 攻击性紧急避险是为了挽救已遭遇危难的保全法益，而将危难转嫁至并未处于危难之下的侵害法益，这种情况应当如何认定呢？例如，①行将饿死者盗得他人院子里的苹果而免予饿死；②医师为了挽救患者的生命，作为唯一的救命手段，未经同意而从健康的第三者身上摘除器官进行移植或者为给患者输血而强行抽血。在此种类型之下，被侵害者的生命具有完全的要保护性。针对行为人利益的危难属于"命运之安排"，原则上必须自己承受。

对此，前述二分说中的第（5）种观点认为，在①这种保全法益"明显优越于"侵害法益的场合，可以认定阻却违法性；而在②"生命对生命"、"身

---

① 参见木村龟二著、阿部纯二增补：《刑法总论》（增补版），有斐阁 1980 年版，第 269 页；阿部纯二："紧急避免"，载《刑法基本讲座第三卷 违法论/责任论》，法学书院 1994 年版，第 97 页以下；桥田久："论生命危险共同体"，载《产大法学》第 30 卷第 3·4 号（1997 年），第 107 页以下。

② 参见内藤谦：《刑法讲义总论（中）》，有斐阁 1986 年版，第 419 页；小名木明宏："对紧急避险中的利益衡量与相当性的一点考察"，载《法学研究》第 67 卷第 6 号（1994 年），第 32 页。

③ 参见井田良："论紧急避险的本质"，载大谷实等编：《宫泽浩一先生古稀祝贺论文集第二卷 刑法理论的现代性展开》，成文堂 2000 年版，第 290 页。

④ 前田雅英教授认为，"为了挽救多数人的生命，别无他法而牺牲少数人的生命之时，尽管对此可施以伦理谴责，但应该说并未达到必须处罚这一程度的违法性"（前田雅英：《刑法总论讲义》，东京大学出版会 1998 年第 3 版，第 256 页）。

⑤ 川端博教授认为，"由于侵害利益与保全利益之间的减差为零，因而并不存在秩序破坏，避险行为并不违法"（川端博：《刑法总论讲义》，成文堂 1995 年版，第 356 页）。

体对身体”这种法益等价值的场合，并不存在“明显优越的法益”，只能因成为基于期待不可能性的责任阻却的对象才得以不处罚，而且，即便是这种场合，也应限于行为人与遭遇危难的人之间具有亲属关系等特别关系之时。[①] 的确，在②这种情形下，认为只要满足补充性的要件即可以侵害这种绝对性地具有要保护性的第三者的法益，这当然不被允许。但问题在于，从第 37 条第 1 款的文字中有没有可能得出这种限定解释？论者认为，由于现行的紧急避险的规定作为立法论过于宽泛，只有二分说才能给出合理的限定解释，违法性阻却事由在发挥调整各人之间利害关系的功能这一点上，针对规范的受领人的行动准则告知功能则只能受到一定的限制，因此，这种限定解释并不违反罪刑法定主义。但对于此观点，有三点疑问：第一，正如前述，在并不具有免责性紧急避险规定的现行刑法规定之下，难以做出这种解释；第二，该观点限于“明显优越的法益”的场合才成为违法阻却的对象，但既然现行规定以法益权衡为要件出于社会连带的观点要求被侵害者忍受侵害，那么便难以要求达到“明显优越的法益”这一程度，换言之，即便是法益等价值的场合，只要能保全其他等价值的法益，便没有理由否定侵害转嫁行为的正当化；第三，要求行为者与遭遇危难者之间具有亲属关系等特别关系，这也并不妥当，正如前面提到的列车工作人员事例所明确的那样，没有理由排斥针对完全毫无关系的他人的避险行为。

2. 那么，应该如何解决第二种类型呢？从法的自我保全这一观点来看，不应仅仅从法益冲突状况之下的保全优越利益的观点来认可转嫁侵害，还必须存在以“不得已”为要件的作为避险行为的相当性这一补充性，并且，除了这种形式性要件之外，还必须具有避险行为的社会相当性。

违法论的诸多领域常使用“社会相当性”这一概念，但经常被批判为概念内容暧昧难堪使用。就紧急避险而言，批判意见认为，只是为了否定紧急避险之时才拿出此概念；[②] 若加上此要件，那么，违反被侵害者的意思而侵害其法益的行为应该并不具有社会相当性，完全应该是“不相当”[③]。“社会相当性”本身的确只是抽象的概念，并不能由此导出具体的标准。但以此为理由便认为违法论并不需要“社会相当性”，这是错误的。在判断为了妥善维持

① 参见井田良：“论紧急避险的本质”，载大谷实等编：《宫泽浩一先生古稀祝贺论文集第二卷刑法理论的现代性展开》，成文堂 2000 年版，第 279 页。

② 参见山口厚：《问题探究刑法总论》，有斐阁 1998 年版，第 112 页。

③ 参见井田良：“论紧急避险的本质”，载大谷实等编：《宫泽浩一先生古稀祝贺论文集第二卷刑法理论的现代性展开》，成文堂 2000 年版，第 289 页。

历史性形成的法秩序，某行为是否可以被允许之际，仍有必要存在“社会相当性”原理。

在此虽无法详尽论述，但可以说，“社会相当性”是涉及整个违法性阻却事由的违法性阻却的一般原理，其内容必须针对违法性阻却事由的各个类型而决定。就紧急避险而言，为了保全遭遇现时危难的自己或者他人的法益，以满足法益权衡、补充性等要件为前提，例外地允许针对第三者的侵害转嫁行为，因此，那仅仅只是在作为行为规范的规范受领对象的人虽原本具有避开危难的义务，但不可能或者非常困难之时才被允许，为此，要求处于此处境的通常人也会实施侵害转嫁行为。

另外，还有观点认为“相当性”是对于构成补充性要件内容的“法益冲突”状态的存在与否的判断，显示补充性的内在性制约。① 例如，身穿昂贵服装者在下雨之时抢夺穿着破衣烂衫的穷人的雨伞，对此，该观点认为，在缺少相当性的场合，“并无应被转嫁的法益”，并不存在法益冲突，因而否定成立紧急避险，然而，即便是在这种事例中，也有可能并不能否定存在“法益冲突”，且认定具有补充性要件，因此，将相当性定位于补充性要件的内在制约原理，对此不无疑问。②

无论是雨伞事例还是前述器官移植事例或者强制抽血事例，即使满足了紧急避险的形式性要件，还必须经过该避险行为是否具有社会相当性这一筛选，也就是，判断处于该处境之下的通常人是否也会同样实施此避险行为，若通常不会实施此类避险行为，便应否定紧急避险可阻却违法性。并且，也不能因不具有期待可能性而认定责任阻却。然而，尽管通常人采取这种避险行为缺少社会相当性，但若该行为人采取此避险行为并不具有期待可能性之时，则仍存在阻却责任的余地。

五、自招危难

1. 所谓自招危难，是指避险行为人出于故意或者过失产生针对自己或者他人法益的现在（正在发生）的危难，为了保全处于侵害危险之下的法益而侵害其他法益。问题在于，这种场合是否也有可能成立紧急避险。现在已没有学说完全否定自招危难成立紧急避险的可能性，但问题是只有具有何种条件才会成立？

对此，主要存在以下五种学说：（a）由于是因自己的有责行为才招致紧

① 参见松宫孝明：《刑法总论讲义》（第3版），成文堂2004年版，第148页。

② 参见山口厚：《问题探究刑法总论》，有斐阁1998年版，第113页。

急状态，因而不为法律所允许，原则上并不成立紧急避险，只有在危难属于远远超过责任程度的重大危难之时，才通过考虑法益权衡、补充性而肯定紧急避险，这称为现在危难说；[①]（b）作为“不得已所实施的行为”的内容，比照“补充性”原则、其他相关事项，对采取这种避险行为是否相当做出判断，以探讨是否成立紧急避险，这称为相当性说；[②]（c）整体把握自招行为与紧急行为，从作为紧急避险是否具有社会相当性这一视角探讨是否成立紧急避险，这称为一般法理援引说；[③]（d）根据判断因招致紧急避险状态是否减少招致者的保全法益的保护价值来探讨是否成立紧急避险，这称为法益衡量说；[④]（e）虽肯定避险行为之时的紧急避险，但对此前的因招致行为而引发的避险行为所造成的法益侵害这一连串的过程加以考察，从而肯定犯罪成立，也就是展开所谓“原因违法行为”理论。[⑤]

由此可见，有关自招危难情况下紧急避险成立与否的标准，学说之间存在对立。但对上述各说均不乏批判意见：现在危难说将紧急避险定位于责任阻却；相当性说仅仅是适用了紧急避险的要件，而对如何解决问题完全没有给出标准；一般法理援引说仅仅是说明有无社会相当性，并非直接地解答；衡量说没有明确给出根据，以说明为何自招危难会减少保全法益的保护价值。另外，就最近影响日益扩大的“原因违法行为”理论，对其理论结构，批判意见也不少。

2.“原因违法行为”理论是将“原因自由行为”的法理运用至违法论领域。该理论也适合于自招防卫。但“原因自由行为”是结果行为违法，而“原因违法行为”是结果行为合法，二者在结构上并不相同。根据该法理，可将紧急避险的情形分为自招行为与避险行为，若考察避难行为之时，只要满足紧急避险的要件，便只能肯定紧急避险；由于制造契机的原因行为即自招行为属于违法行为，若对此前的因招致行为而引发的避险行为所造成的法益侵害这一连串的过程加以考察，却可以肯定犯罪成立，此观点在理论界颇受

---

① 参见庄子邦雄：《刑法总论》，青林书院 1981 年版，第 242 页；内田文昭：《刑法Ⅰ（总论）》，青林书院 1986 年改订版，第 198 页；西原春夫：《刑法总论》（上卷）（改订版），成文堂 1994 年版，第 251 页。

② 参见佐伯千仞：《刑法讲义（总论）》（四订版），有斐阁 1981 年版，第 208 页；中山研一：《刑法总论》，成文堂 1982 年版，第 278 页。

③ 参见福田平：《刑法总论》，有斐阁 1976 年新版，第 124 页；大冢仁：《刑法概说（总论）》（第 3 版），有斐阁 1997 年版，第 348 页；大谷实：《刑法讲义总论》，成文堂 2004 年新版，第 321 页。

④ 参见内藤谦：《刑法讲义总论（中）》，有斐阁 1986 年版，第 435 页。

⑤ 参见平野龙一：《刑法总论Ⅱ》，有斐阁 1975 年版，第 235 页；山口厚：“论自招危难”，载《香川达夫博士古稀祝贺　刑事法学的课题与展望》，成文堂 1996 年版，第 199 页以下。

注目。但针对此说，存在以下批判意见：第一，避险行为是以自招行为为前提，难以隔离二者分别评价；[①] 第二，在创造出正当的避险行为这种结果价值这一点上，自招行为难道不应该也具有结果价值而被正当化吗？也就是，因成立紧急避险而阻却违法性的结果在于，惹起了合法的行为，可为何要将其评价为违法呢？[②] 第三，由于作为处罚根据的危难招致行为并非犯罪的实行行为，而只是“预备行为”，因而难以认定招致行为与最终的法益侵害之间成立犯罪。

“原因违法行为”理论是试图作为一种利用避险行为的间接正犯来认定自招行为的违法性，但正如第一点批判意见所指出的那样，避险行为是以自招行为作为前提，因而难以仅仅认定避难行为为合法行为。相反，正如第二点批判意见所指出的那样，按照结果无价值论的理论，若避险行为创造出了结果价值，难道不应该将导致此结果价值的自招行为也予以正当化吗？对此批判意见，该说论者进行了反驳。例如，A 造成 B 的右脚重伤，结果，不得不通过医师 C 的“合法手术”而切除 B 的右脚，在这种事例中，A 显然应对 B 丧失右脚这一伤害结果承担罪责，因而即便惹起了合法的行为，有时候仍属于违法行为。[③] 然而，在这种情况之下，之所以 A 必须就 B 丧失右脚这一伤害结果承担罪责，难道不是仅仅因为这属于利用合法行为的间接正犯的情形吗？例如，某人打算给孕妇堕胎，但导致孕妇面临生命危险，而让医师实施了业务堕胎行为，这种情况的确成立利用医师的紧急避险行为的间接正犯。但在切除右脚的案例中，医师并不一定会实施紧急避险行为，笔者认为难以构成此类间接正犯。毋宁说，这属于应作为利用合法行为的间接正犯来加以解决的问题。另外，针对第三点批判意见，该说论者也提出了驳论：有别于自招防卫，在自招危险的场合，危难招致行为之后所实施的行为是危难招致者本人的行为，这属于必须避免自己所引发的急迫的危难而不得不实施的行为，因而可肯定行为与结果之间存在相当因果关系或者客观性归属关系。[④] 在

① 参见大谷实：《刑法讲义总论》，成文堂 2004 年新版，第 307 页；川端博：《刑法总论讲义》，成文堂 1995 年版，第 338 页。

② 参见山本辉之：“针对自招行为的正当防卫”，载《上智法学》第 27 卷第 2 号（1984 年），第 202 页；前田雅英：《刑法的基础理论》，有斐阁 1993 年版，第 206 页；山本雅子：“自招危难 · 避险目的 · 假想过剩避险的处理”，载《现代刑事法》第 69 号（2004 年），第 58 页。

③ 参见山口厚：“论自招危难”，载《香川达夫博士古稀祝贺　刑事法学的课题与展望》，成文堂 1996 年版，第 208 页以下。

④ 参见山口厚：“论自招危难”，载《香川达夫博士古稀祝贺　刑事法学的课题与展望》，成文堂 1996 年版，第 210 页。

自招危难的场合，由于难以想象自招行为与避险行为之间会介入被侵害者的故意行为等情况，这一驳论不无道理。

3. 行为人因故意或过失而自己招致危难，为了避免发生此危难，行为人实施了避免行为，对此，有关自招危难的相关判例基本上采取消极态度，认为并不构成紧急避险，但并未对自招危难是否构成紧急避险提出判断标准。[①]

大审院大正 13 年（1924 年）12 月 12 日刑集 3 卷 867 页是其典型判例。大致案情如下：被告人驾车出于疏忽没有减速而行将擦到货车的右侧，此时，少年 A 突然从货车后面跑出，马上就要撞倒少年 A，为了避让少年 A，被告人转动方向盘而撞倒了正在行走之中的 A 的祖母 B，对此，大审院判例认为，“刑法第 37 条规定了作为紧急避险而不科以刑罚责任的行为，若是立足于公平正义的观念，而认可侵害他人的正当利益以保全自己利益的行为，那么，在该危难是因行为人自己的有责行为而招致之时，若非比照社会一般观念不得已而实施不可认可该避险行为的场合，则不得适用于此”，从而否定成立紧急避险。也就是，对于现在的危难因行为人的有责行为所招致，按照社会一般观念不能认可该避险行为的场合，大审院对此作出了不能认定成立紧急避险的判断。

对于因自己的过失行为而创造出针对 A 的危难状况，为了挽救 A 的生命所实施的避险行为，本判决认定并不阻却违法性。对于这种“生命对生命”的法益等价值的事例，“原因违法行为”理论的解决方法应在于，为了救助 A 的生命而实施的避险行为所导致的 B 的死亡这种转嫁本身作为紧急避险应被正当化，但过失的自招行为具有违法性，因而并不构成紧急避险。但是，对于上述判例应该理解为，只要因自己的过失行为而创造出针对 A 的生命的危险状况，形成了危险源，对于为避免危险而惹起 B 死亡这一转嫁行为，裁判所原本就认为这种为挽救 A 的生命所实施的避险行为并不阻却违法性。如此一来，自招行为与 A 生命的保全行为不可分离，也不会出现认可后者具有正当性的理论。

在自招行为创造出危难状况而奠定犯罪的实行行为性的场合，对于为避免由此所引发的危难而实施的避险行为，虽有可能认定危难引发者之外的其他人构成紧急避险，但一般难以认定危难引发者本人构成紧急避险。当然，例如，虽故意招致了危难，但由于遭遇到超出预想的危难，在逃跑之时仅仅只是损坏了邻居家的围墙，对此并不能认定构成损坏器物罪。由此可见，由

① 有关判例的动向，参照大冢仁等编：《大解说刑法第 2 卷》（第 2 卷，第 2 版），青林书院 1999 年版，第 451 页以下。

于自招危难也有可能满足紧急避险的要件，对于是否成立紧急避险，应该个别地具体地整体把握自招行为与避险行为，从社会相当性的视点来观察，判断通常人是否会采取相同的态度。

六、被强迫的紧急避险

1. 对于被强迫的紧急避险而言，例如，女儿遭绑架，绑架者以其女儿为人质要挟父亲抢劫银行，该父亲不得已抢劫了银行，问题在于，行为人是受他人强迫而实施了构成要件该当行为，对此能否作为紧急避险认定其行为合法呢？对此也曾有若干判例，① 但对是否构成紧急避险做出实质性判断，并在理论上认定存在此可能的则是有关奥姆真理教事件的东京地裁平成8年（1996年）6月26日（判例时报1578号39页）的判决，尤其引人注目。

该案简要案情如下：被告人双手被铐上手铐，被监禁在与外界隔绝的奥姆真理教的设施之内，教团代表敦促被告人杀害被害者，被告人想到若遵从教团的意思，则有可能被释放，于是答应且实际杀害了被害人。对于被告人的行为，律师主张应构成紧急避险，或者即便不能构成紧急避险，也并无实施合法行为的期待可能性。对此，裁判所认为，①存在针对被告人的身体的现在的危难；②在"生命对生命"的场合，有必要作严格解释，而在本案中，尚无针对被告人的生命的现在的危难，其遭到杀害的危险也并不大；③是出于解脱身体拘禁状态的目的而产生的杀害意思，因而具有避险的意思；④在当时的情况下，不可能依靠自己个人的力量获救，也不可能与外部取得联系从而得到政府机构的救助，为了解脱身体遭受拘禁的状态，除了杀害被害人之外别无他法，因而能认定具有补充性；⑤在被告人自己的生命也处于可能遭受侵害的状态之下，为了避免针对自己身体的现在的危难而实施了杀人行为，这在法条上也有可能被认可，因而可认定具有避险行为的相当性；但是，⑥在身体的自由对生命这一点上，有失均衡，因此，判例判定构成过剩避险。并且，就期待可能性这一点，判例认为，"基于期待可能性理论的责任阻却，应在严格的要件之下予以认定，诸如从客观上看该行为是在心理上无法抵御的强制状态之下才实施，只有限于这种极限事态才阻却责任"，从而判定，无

① 例如，①东京高判昭和23年（1948年）10月16日高刑集1·追录18页；②最判昭和24年（1949年）10月13日刑集3卷10号1655页；③东京高判昭和53年（1978年）8月8日东京高刑时报29卷8号153页。①是针对为了维护较小法益而损害较大法益的案件，判例对此认为应作为缺少期待可能性来处理，从而发回原审；②③是针对生命、身体的现在的危难，判例认为没有满足补充性要件。

论是以行为人为标准还是以一般通常人为标准，均“能认定有期待其不实施杀害被害人的行为之可能”（最终判处被告人三年惩役，缓期五年执行）。

可以说，本判决虽认为在“生命对生命”这种紧急避险的场合，有必要进行严格解释，但在满足危难的现在性、补充性、避险行为的相当性、具有避险意思等要件的条件之下，对于被强迫的紧急避险，揭示了理论上仍有构成紧急避险的可能性。并且，有关被强迫的紧急避险，较作为期待可能性的责任阻却事由来处理，该判决是优先作为违法性阻却事由的问题来解决，这一点也值得关注。

2. 然而，学说一直以来多将被强迫的紧急避险作为是否具有合法行为的期待可能性的问题来处理。[①] 就紧急避险的法律性质采取违法性阻却一元说者也不例外。其理由在于，仅仅是处于背后的强迫行为者通过利用被强迫者而实现自己的犯罪行为，被转嫁侵害的被侵害者并无理由忍受侵害行为，可以通过对此实施正当防卫以加以对抗，只要作为被强迫者受到心理性强制而不具有实施合法行为的期待可能性从而属于责任阻却的对象来处理即可。

由此可见，违法性阻却一元说对于此问题也多是作为责任阻却事由来处理。另外，还有学者提出了下述理由：被强迫者是遵从强迫者的意思而“加担了不法”的工具，被转嫁侵害的被侵害者并无社会连带义务，因而并不构成正当化的紧急避险。[②] 该观点也颇受关注，其核心在于，有别于紧急避险，强迫者对于被强迫者所实现的犯罪具有可罚性，被强迫者是加担于强迫者的不法行为的工具。对此，批判意见认为，这是试图在保全法益的保护价值的框架之内把握针对背后的强迫者的抑制犯罪的观念，这一观念不应通过处罚被强迫者而是应该通过处罚强迫者来实现。[③] 正如前述，此观点还存在将抑制犯罪这种一般性利益带入利益衡量之中这一问题。并且，因为客观上、形式上“加担了不法”所以违法这一理论有要求在法共同体中甘愿忍受针对自己

---

① 另外，非行为说认为，由于并不具有作为行为要件的有意性，这属于物理性强制之下的举动，并非刑法上的行为（参照青柳文雄：《刑法通论Ⅰ总论》，泉文堂1965年版，第76页；板仓宏：《刑法》，有斐阁1988年版，第102页）。然而，即便是在物理性强制之下所实施，但仍是基于被强迫人的意思决定的行为，仍具有有意性，另外还有基于心理性强制的情形，因而该说不妥。

② 参见桥田久：“被强制行为的法律性质（1）、（二完）”，载《法学论丛》第131卷1号（1992年），第90页以下、第131卷4号（1993年），第91页以下；桥田久：“论避险行为的相当性”，载《产大法学》第37卷4号（2004年），第62页以下。

③ 参见山口厚：《问题探究刑法总论》，有斐阁1998年版，第110页。

的危难、一律否定转嫁给毫无关系的第三者，从而一般否定紧急避险之虞。[①]这是因为，即便是被强迫者不能为了保全法益而采取其他回避危难的行为而只能顺从强迫行为的场合，在“加担了不法行为”这一点上并无区别。被强迫者在多大程度上参与了强迫行为，应将这一问题还原至补充性的问题。

近年，在违法性阻却说中也开始有学者主张，即便是被强迫的紧急避险，只要满足紧急避险的要件，仍应作为违法性阻却而构成紧急避险。[②] 这是因为，在紧急避险的成立要件之中，如果满足了作为关键要件的补充性要件，就没有理由否定构成紧急避险。该观点认为，针对被强迫者所实施的侵害转嫁行为，被侵害者可以通过紧急避险来对抗。然而，对于被侵害者应甘愿忍受被强迫者的侵害转嫁行为这一点，一般很有抵触。为此，在以违法性阻却说为基本的立场之中，认为应肯定针对被强迫行为的正当防卫的观点也开始抬头。[③] 在此观点看来，被强迫者的行为具有一般违法性，因而可对此实施正当防卫。对于紧急避险肯定说，该观点作出了以下批判：肯定基于防御性紧急避险的对抗这就是承认针对合法行为的对抗，概念上含有矛盾；[④] 即便可以对抗，也难以构成紧急避险；[⑤] 若不成立正当防卫，强迫者则可以通过强迫他人以惹起犯罪，这是不当地有利于强迫者[⑥]。例如，在前面的事例中，女人沦为人质，父亲为了保护女儿的生命而听从强迫袭击了银行，在这种场合，由于银行为了保护财产而采取行为这会失于害之均衡，进而不被允许；父亲被要求强奸绑架犯的仇人某女，那么，该女似乎只能是甘受针对自己贞操的侵

① 山口厚：《问题探究刑法总论》，有斐阁 1998 年版，第 111 页；岛田聪一郎：“利用合法行为的违法行为”，载《立教法学》第 55 号（2000 年），第 30 页等也是同样旨趣。另见松宫孝明：《刑法总论讲义》（第 3 版），成文堂 2004 年版，第 150 页。

② 参见林干人：《刑法的现代课题》，有斐阁 1991 年版，第 112 页；山口厚：《问题探究刑法总论》，有斐阁 1998 年版，第 109 页；大谷实：《刑法讲义总论》，成文堂 2004 年新版，第 319 页；奥村正雄：“被强迫的紧急避险”，载《清河法学》第 6 卷第 2 号（1999 年）第 165 页。另外，井田良教授基于二分说的立场也认为，在存在“明显优越的法益”的场合，也可认定被强迫的紧急避险阻却违法性（井田良：“论紧急避险的本质”，载大谷实等编：《宫泽浩一先生古稀祝贺论文集第二卷 刑法理论的现代性展开》，成文堂 2000 年版，第 292 页）。

③ 参见曾根威彦：“紧急避险的本质”，载植松正等编著：《现代刑法论争 I》，劲草书房 1983 年版，第 139 页以下；林干人：《刑法总论》，东京大学出版会 2000 年版，第 215 页；生田胜义：《行为原理与刑事违法论》，信山社 2002 年版，第 283 页以下；松宫孝明：《刑法总论讲义》（第 3 版），成文堂 2004 年版，第 144 页以下；松原芳博：“紧急避险论”，载《法学教室》第 269 号（2003 年），第 96 页以下。

④ 参见米田泰邦：“紧急避险中相当性研究”，载《司法研究报告书》第 19 辑第 2 号（1960 年），第 36 页。

⑤ 参见松宫孝明：《刑法总论讲义》（第 3 版），成文堂 2004 年版，第 150 页。

⑥ 参见松宫孝明：《刑法总论讲义》（第 3 版），成文堂 2004 年版，第 150 页。

害。诚如批判意见所言，在上述场合，看上去是缺少法益均衡，针对被强迫者似乎不能实施紧急避险；而且，作为正当防卫要件之一的“不正（非法）”并不一定要求具有可罚的违法性。但是，认为避险行为尽管没有可罚的违法性，但具有一般性违法性，因而对此可以通过正当防卫来对抗，这种观点无疑有完全无视紧急避险的法律意义之虞。

那么，应如何应对上述批判呢？所谓被强迫的紧急避险，是由针对被侵害者的由强迫者所实施的违法侵害行为以及由被强迫者所实施的合法的侵害转嫁行为复合而成。就强迫行为的评价而言，若强迫者是完全将被强迫者作为工具而利用支配其行为，以实现其本身的犯罪目的，则强迫者应成立利用合法行为的间接正犯。[①] 应该说，被侵害者通过正当防卫的对抗只可能是针对作为正犯的强迫者，而不能是针对作为强迫者的被害者的实施了合法避险行为的被强迫者。只要对强迫者可以实施正当防卫，则不会不当地利于强迫者。对被侵害者而言，被强迫者属于与防御性紧急避险同样类型的危险源，可以说是现在的危难。为此，处理此问题的方法在于，被侵害者可以对被强迫者实施紧急避险来对抗，或者在缺少法益权衡（均衡）的场合构成过剩防卫，或者（在不知道对方是受到强迫这一事实的场合）构成假想防卫。在缺少法益权衡（均衡）的场合，若被侵害者的利益属于较小的利益，作为法律秩序，只能是要求被侵害者忍受侵害转嫁。针对被强迫者的合法的避险行为的被侵害者的反击要构成合法行为，这应限于法益等价值的场合，由于任何一方法益均应受到法律的保护，作为法秩序来说，只能是将上述行为均认定为合法行为。笔者以为，这并不存在所谓概念上的矛盾。

结　语

以上针对紧急避险的几个问题，作了一定的考察。通说是基于违法性阻却事由一元说的紧急避险论，通说也承受着尖锐的批判。二分说的理论结构虽有值得关注的地方，但疑问也不少，最终还是只能维持通说的解决方法。

与此相反，认为应肯定被转嫁者通过正当防卫以对抗紧急避险的观点影响也很大。在此，以违法性阻却为基本立场的学说中，也有观点通过区分可罚性违法性、一般性违法性，而主张紧急避险具有一般性违法性。对此观点存有疑问，但由于此问题事关违法性的本质，仍有进一步探究之必要。就被

---

① 对强迫行为的评价，即究竟应将强迫行为评价为利用合法行为的间接正犯还是教唆犯，参见奥村正雄：“被强迫的紧急避险”，载《清河法学》第6卷第2号（1999年）第171页以下；岛田聪一郎：“利用合法行为的违法行为”，载《立教法学》第55号（2000年），第21页以下。

强迫的紧急避险而言，有关作为背后者的强迫者行为的评价，值得探讨的问题还很多，例如，根据被强迫的行为可以区分为通常的情形与自主犯、身份犯的情形而出现的利用合法行为的违法行为的问题，还有与共犯的从属形式的关系问题，这些都是需要进一步探讨的课题。

（王昭武译）

紧急避险：对物防卫性质问题上不应动摇的立场

陈 璇*

各国的刑事立法几乎无一例外地规定，正当防卫以“不法侵害”的发生作为成立的必备要件。然而，能否将动物的侵害也视为不法侵害从而对之实施正当防卫呢？对于无主动物的自发侵害，刑法学界没有争议地认为，这属于尚未涉足法律调整领域的单纯自然现象，无所谓违法还是合法，因此也就没有必要讨论对其进行反击的行为是否成立正当防卫；对于动物在人的驱使下所进行的侵害，刑法理论也毫无异议地承认，这时的动物只不过是人为了实施不法侵害而利用的工具，所以对动物的损害在实质上就是对人的不法侵害行为的反击，理应成立正当防卫。但是除此之外，对于国家所有的珍稀野生动物以及其他由人饲养和管理的动物独立引起的侵害予以反击的行为，能否认定为正当防卫？这就是所谓对物防卫（Sachwehr）的问题。它涉及对违法性本质的理解，关乎正当防卫和紧急避险之间的界限，还牵扯到保持理论的一致性与妥善处理具体个案之间的协调，成为长期以来纷争不断的一个问题。

一、中外刑法理论关于对物防卫性质的学说论争

（一）德、日学者的观点梳理

对动物能否实施正当防卫，关键在于动物的侵袭是否属于不法侵害，而这就离不开对违法性本质的探讨。

围绕违法性本质的问题，在德、日等大陆法系刑法学说史上曾经出现过客观违法性论与主观违法性论的对垒。由德国学者阿道夫·默克尔（Adolf

* 武汉大学法学院2006级刑法专业博士研究生。

Merkel）首倡的主观违法性论将法看做对行为人施加的命令规范，只有能够理解这种命令并按照命令作出意思决定之人的行为，才谈得上是否违法的问题。于是，由无责任能力人、自然现象以及动物造成的损害就不能被评价为违法的行为，因而也就没有对之实施正当防卫的余地。与此相对，以梅茨格尔（Mezeger）等人为代表的客观违法性论则提出，法不仅是意思决定规范（Bestimmungsnorm），同时也是评价规范（Bewertungsnorm），而且“没有评价规范之法，根本无从考虑决定规范之法，评价规范之法系决定规范之理论前提。”① 所以，只要是客观地违反了评价规范的就具有违法性，至于说行为主体是否具备认识和遵守命令的能力，则应当留待有责性阶段的决定规范来主观地加以认定。这样一来，在违法性的判断上，“对于动物或无生命之物所造成之侵害，法秩序同样地亦对之表示否定……若自然现象与维护一定状态之法秩序二者发生冲突时，即构成违法。”② 对物的正当防卫也就顺理成章地得到了肯定。可见，在对物防卫问题上的观点分歧最初是源于主观违法性论与客观违法性论这两种立场的对立。在这之后，凭借着大陆法系犯罪论体系对违法与有责这两大领域之区分的坚持，倚仗着德、日学者对客观判断应优先于主观评价之观念的信奉，客观违法性论在学说之争中迅速赢得了优势地位，并最终登上了大陆法系刑法理论通说的宝座，而主观违法性论则渐渐呈现出日薄西山的颓势。但是，学者们在对物防卫问题上的纷争却并没有随着主、客观违法性学说之间论战硝烟的散去而归于平息。相反，在客观违法性论的立场之下，随着以结果无价值论为基石的传统客观违法性说，与以行为无价值论为核心的修正客观违法性论之争的全面展开，围绕对物防卫行为究竟如何定性的问题，理论界出现了以下三种观点：

1. 紧急避险说：坚持“只有人的行为才是违法评价对象”的见解

这种观点认为，有主动物的自发侵害不能被评价为违法行为，对之进行的反击只能成立紧急避险，而不是正当防卫。

在德国，紧急避险说是通行的理论，这是因为：首先在理论上，学者们普遍认为违法性判断的对象只能限于人的行为。正如李斯特（List）所言：“‘合法’或‘违法’的价值判断只涉及人的行为。将动物的攻击成为法律评价的对象，为法律本质所不承认。”③ 其次在立法上，《德国民法典》第228

① 余振华：《刑法违法性理论》，台湾元照出版公司2001年版，第22页。

② 余振华：《刑法违法性理论》，台湾元照出版公司2001年版，第17页。

③ ［德］弗兰茨·冯·李斯特：《德国刑法教科书》，徐久生译，法律出版社2006年版，第222页。

条为紧急避险提供了明确的规范支持。该条第1款规定："出于使自己或他人避免急迫危险的目的，而损坏或毁灭引起此急迫危险的他人之物者，如其损坏或毁灭系出于防止危险所必要的，而造成的损害又不逾越避免危险的程度者，其行为不认为违法，不负损害赔偿责任。"德国学者将这种直接针对作为危险源的他人财物进行反击的正当行为称为"防御性紧急避险"（Defensiver Notstand）[①]。于是，对物防卫就明确地被排除在正当防卫的领域之外，而隶属于紧急避险的统辖范围之中。

在日本，尽管法律条文并没有就对物防卫的性质问题作出正面规定，但是这并不妨碍紧急避险说成为刑法学界和司法判例广泛认同的通说[②]，而且其核心依据也不外乎是认为："即使站在客观的违法性论的立场上，违法的东西也应该限于人的行为。"[③]

2. 正当防卫说：以公平观念为支撑的观点

持该学说的学者提出，动物的侵害也具有违法的性质，所以对它同样也能够实施正当防卫。

正当防卫说是在日本刑法理论中兴起的一种颇具影响力的学说，它的关键论据在于：如果按照通说的见解，对人的侵害可以实施条件较为宽松的正当防卫，对动物的袭击却只能进行成立条件甚为严格的紧急避险，那就会出现对人的保护反而不及对物的保护这样一种显失公正的现象，因此有必要承认对物防卫也属于正当防卫。"此种符合正义理念之思考，或可视为对物防卫肯定说实质理论根据之核心！"[④] 正当防卫说的这一论据是如此的具有说服力，它不但赢得了牧野英一、佐伯千仞、川端博以及前田雅英等众多著名学者的赞同，还使原本坚持对物防卫紧急避险说的大冢仁先生也转而加入到正当防卫说的阵营中来[⑤]。在这样一种公平解决实际问题的理念指引下，学者们纷纷为正当防卫说寻找各种理论支持和法律依据。有人说，动物的侵袭虽然不能说是违法的行为，但也属于一种被法律所否定的"客观违法状态"，所以也可

① 参见［德］梅迪库斯：《德国民法总论》，邵建东译，法律出版社2001年版，第130页；［德］汉斯·海因里希·耶赛克、托马斯·魏根特：《德国刑法教科书（总论）》，徐久生译，中国法制出版社2001年版，第427页。

② 参见［日］川端博：《刑法总论二十五讲》，余振华译，中国政法大学出版社2003年版，第188—190页。

③ ［日］大冢仁：《刑法概说（总论）》，冯军译，中国人民大学出版社2003年版，第326页。

④ ［日］川端博：《刑法总论二十五讲》，余振华译，中国政法大学出版社2003年版，第185页。

⑤ 参见［日］大冢仁：《刑法概说（总论）》，冯军译，中国人民大学出版社2003年版，第306、326页。

以视其为不法侵害；有人认为，所谓不法侵害就是人们没有义务去忍受的侵害，动物的袭击当属此列；有人主张，正当防卫中所说的不法并不是作为犯罪成立条件之一并与构成要件行为紧密相连的违法性，而是指“一般法观点”中的违法性，因此它的评价对象除了人的行为之外也包括自然现象和动物的行为；有人指出，民法规定动物的所有人或占有人必须对动物导致的损害承担民事赔偿责任，这就足以说明物的侵害具有违法性①。

值得注意的是，对物防卫问题上的紧急避险说和正当防卫说这两派观点，在理论建构上是分别与违法性论中的行为无价值论与结果无价值论密切相连的。具体来说，行为无价值论是“将违法性的本质求诸行为的规范违反性的见解，也称人的违法观。”② 它强调，不仅法益侵害的结果，而且行为的方式以及行为人的意图和目的等内容也是决定违法性的根据③。就像行为无价值论的开创者韦尔策尔（Welzel）所说的那样：“行为只有在作为一定行为人的所为（Werk）时才是违法的。……不法是关系着行为人的‘人的’行为的不法”④。于是，违法性的判断就与人的行为须臾不可分离，而动物的侵害便理所当然地被驱逐出违法评价的视野之外。与此相反，结果无价值论则是“将违法性的本质求诸侵害法益的结果的见解，也称物的违法性”⑤。它认为只有法益侵害结果这样的客观要素才是违法性判断的内容，在违法性阶段没有任何主观要素存在的余地⑥。既然违法性中只存在客观的要素，那么“只要和评价规范相矛盾，侵害或者威胁法益，作为违法判断的对象，人的行为就不用说了，也包括自然现象或者动物的行为之类的‘违法状态’在内。”⑦

3. 准正当防卫说：试图进行调和与折中的学说

该说认为，对物防卫行为严格地说不属于正当防卫，但是应当比照正当防卫的法律规定来予以处理，从而成立准正当防卫。

日本学者大谷实是主张这一观点的代表性学者之一。他认为，紧急避险

① 参见马克昌：《比较刑法原理》，武汉大学出版社 2002 年版，第 341—342 页。

② ［日］大谷实：《刑法总论》，黎宏译，法律出版社 2003 年版，第 181—182 页。

③ 所以，行为无价值论者所理解的客观违法只是在违法判断基准上的客观性，而绝非判断对象上的客观性。相反，行为人的目的、故意和过失都是违法性判断中不可或缺的主观要素。因为这种观点对传统的客观违法性论进行了修正，所以被称为“修正的客观违法性论”或“新客观违法性论”。

④ 转引自［日］大冢仁：《犯罪论的基本问题》，冯军译，中国政法大学出版社 1993 年版，第 132 页。

⑤ ［日］大谷实：《刑法总论》，黎宏译，法律出版社 2003 年版，第 181 页。

⑥ 因此，结果无价值论者所理解的客观违法性是指违法判断对象上的客观性。由于它忠实继承了原本意义上的客观违法性学说，所以被称为“传统的客观违法性论”。

⑦ ［日］曾根威彦：《刑法学基础》，黎宏译，法律出版社 2005 年版，第 99 页。

说和正当防卫说都有着无法克服的缺陷：紧急避险说能够坚持违法性的判断对象只限于人的行为，但它又的确会导致对人和对物之间的不均衡现象；正当防卫说有利于妥当地解决实际问题，然而它又不适当地将违法评价的对象扩及于自然现象和动物的行为。有鉴于此，应当一方面承认只有人的行为才有违法的可能，所以对物防卫并不是正当防卫；但另一方面为了避免不公正的现象出现，“只要符合正当防卫的其他要件，就应当比照正当防卫来处理。”① 大谷实先生同时指出，准正当防卫说可以在日本民法中找到其根据。《日本民法典》第720条在规定正当防卫的行为人对防卫行为导致的损害不负赔偿责任之后，又于第2款规定：“前款规定，准用于为避免他人物产生的紧急危难而毁损其物情形。”所以，“在和民法的规定相统一的意义上，将对物防卫比照正当防卫来处理也是妥当的。”②

（二）我国学者的见解

由于犯罪论体系上的差异，我国刑法理论并没有像德、日等国那样将对物防卫的问题置于宏观的违法性论中进行研讨。不过，我国刑法学界的通说一直认为，对于有主动物自发产生的侵害进行反击的行为不是正当防卫，而只能成立紧急避险，因为动物的侵袭谈不上是不法侵害③。但是近年来，在对大陆法系刑法理论进行介绍与研究的过程中，也有学者提出了与通说不一致的观点④。例如，马克昌先生支持准正当防卫说，他写道：“在非出于人的故意或过失动物侵害他人的法益时，通说主张实行紧急避险，确有如大谷实等指出的对人、对物不平衡的情况，对此采用大谷实的准正当防卫的见解，不失为解决问题的办法。”⑤ 黎宏先生则赞同正当防卫说，他在著作中曾明确表示：“从主张结果无价值的本书的立场来看，对物防卫当然应当允许。”⑥

① ［日］大谷实：《刑法总论》，黎宏译，法律出版社2003年版，第212页。

② ［日］大谷实：《刑法总论》，黎宏译，法律出版社2003年版，第212页。

③ 参见高铭暄、马克昌主编：《刑法学》，北京大学出版社、高等教育出版社2000年版，第135、140页；张明楷：《刑法学》，法律出版社2003年版，第260页；陈兴良：《正当防卫论》，中国人民大学出版社1987年版，第121页；刘明祥：《紧急避险研究》，中国政法大学出版社1998年版，第125—127页。

④ 以下所援引的论述虽然都是我国学者在介绍和评论日本刑法理论时所提出的观点，但鉴于中、日两国刑法关于正当防卫基本成立条件的规定大致相同，所以这些学者的论述可以理解为代表了他们对我国刑法中对物防卫问题的看法。

⑤ 马克昌：《比较刑法原理》，武汉大学出版社2002年版，第343页。

⑥ 黎宏：《日本刑法精义》，中国检察出版社2004年版，第127页。

二、对物防卫在性质上属于紧急避险的系统论证

笔者认为，有主动物的自发袭击不是不法侵害，所以对物防卫属于为避免他人之物引发的危险而不得已损害该财产的紧急避险。理由有如下五点：

1. 从法的本质来看，“不法”的判断对象只能限于人的行为

以国家统一的立法和司法形式表现出来的公力救济早已取代了人类社会原始状态下的私力救济。但不可否认的是，“在特殊的情况，公权力的救济可能缓不济急，法律乃在一定的要件之下例外地容许权利人的自力救济”①，于是以正当防卫为代表的紧急行为便随之获得了合法的地位。不过，法律的监控并没有在这些例外的自力救济中缺位，它为紧急状态下维护权利的行为所设置的种种限制就是为了防止它们逾越法律秩序所允许的界限。这种限制在正当防卫中表现为，既然“正当防卫人是替刑法维持规范秩序”②，那么只有对那些在法律看来是不被允许的事实才能进行合法的反击。

因此，什么才是能够对之实行正当防卫的侵害事实，这必须以法律的判断和评价为准绳。在西方法律思想史上，对于法律本质的问题，无论是古典自然法学者所认为的法是社会成员公意的体现，还是分析实证主义法学派的创始人奥斯丁所说的“任何一种实在法都是由特定的主权者对其统治下的某个人或某些人制定的”③，或是像社会学法学的代表人物庞德所言法是社会控制的首要工具④，抑或是马克思主义所主张的法是由统治阶级利益所决定的意志的表现，无不体现出这样一个根本性的认识：就法的起源来看，法律孕育和诞生于人类社会的发展历程之中；就法的目的来看，法是为了调整社会中人与人之间的关系；从法的功能发挥而言，法律只能作用于作为社会成员的人，只能对人的行为加以评价和规范。“无规范的社会与无社会的规范同样是不可想象的。社会是由人组成的。我们不是与动物和自然现象组成一个社会。因此，只有人的行为才是法律评价的对象，而自然现象、状态、动物的行为方式无论如何也不能成为法律评价的对象。”⑤

可以说，这个问题是主张对物防卫可以成立正当防卫之观点的“阿喀琉

---

① 王泽鉴：《民法总则》，中国政法大学出版社2001年版，第562页。

② 许玉秀：《当代刑法思潮》，中国民主法制出版社2005年版，第44页。

③ 转引自［美］E. 博登海默：《法理学：法律哲学与法律方法》，邓正来译，中国政法大学出版社1999年版，第119页。

④ 参见张宏生、谷春德主编：《西方法律思想史》，北京大学出版社2000年版，第368页。

⑤ ［德］弗兰茨·冯·李斯特：《德国刑法教科书》，徐久生译，法律出版社2006年版，第200页。

斯之踝"。尽管自然现象等也能够给法益造成人们所不愿意看到的损害结果，但是法律的评价毕竟不同于人们单纯基于一般情感所做的好坏判断，它是为进一步规范和调整人们的行为而服务的。假如离开了最终的命令和禁止，法律的评价也就没有任何单独存在的意义。例如，对于暴风骤雨给厂矿农田造成的破坏，法律既然无从控制和规范，自然也就没有必要对它进行善恶优劣的评价，更不用去谈论这一现象究竟是合法的还是违法的了。于是乎，在违法行为之外又生造出一个所谓"违法状态"的观点，纯属是为了将对物防卫纳入正当防卫范畴之内的牵强之词；而像大冢仁那样主张正当防卫中的"不法"是与犯罪论中之违法性有别的"一般法观念中的不法"，则更是显得苍白无力，因为日本刑法理论的通说认为犯罪论中的违法性本来就是立足于整体法秩序的一般性问题①，试问除此之外哪里还有一个什么"一般法观念中的不法"呢？事实上，有不少在内心对正当防卫说情有独钟的学者正是觉察到了这一难以逾越的理论障碍，所以才万般无奈、迂回辗转地搬出了一个"准正当防卫"的概念。

主观违法性论尽管由于它与三阶层犯罪论体系之间的凿枘而在德、日刑法理论中日渐式微，但是它所倡导的只有人的行为才可能违法的观点却表现出顽强的生命力，并旋即借助修正的客观违法性论的崛起而站稳了脚跟。不仅如此，取判断基准上的客观性而弃判断对象上之客观性的修正客观违法性论，逐渐取代了传统的客观违法性学说而成为现今德、日理论的通说②。那种认为与人之行为无关的自然现象和动物侵害也能构成违法的观点早已是明日黄花了。这也从反面证明，"不法的判断对象只能限于人的行为"，这是一个既无法回避又难以撼动的命题。

2. 民法中关于无过失责任的规定不能成为动物之侵害具有违法性的依据

日本著名刑法学者牧野英一就曾认为，日本民法明确规定了动物所有者或占有者须为动物的侵害承担民事责任，这就说明动物的侵袭也可以看成是不正的侵害③。我国《民法通则》第127条也规定："饲养的动物造成他人侵害的，动物饲养人或者管理人应当承担民事责任。"我国民法理论的通说认为

---

① 参见马克昌：《比较刑法原理》，武汉大学出版社2002年版，第302页；［日］小野清一郎：《犯罪构成要件理论》，王泰译，中国人民公安大学出版社2004年版，第36页。

② 参见周冶平："客观违法性与主观的违法要素"，载刁荣华主编：《法律演进与适用》，台湾汉林出版社1977年版，第159—160页；张明楷：《外国刑法纲要》，清华大学出版社1999年版，第140页。

③ 参见［日］大冢仁：《刑法概说（总论）》，冯军译，中国人民大学出版社2003年版，第326页。

该条所规定的动物致人损害民事责任属于无过失责任原则的体现。那么，这是否意味着动物的侵害也具有违法的性质，因而也属于正当防卫中的“不法侵害”呢？笔者的回答是否定的，理由有二：

首先，无过失责任原则所针对的行为本身并不具有违法性。

无过失责任意味着不论行为人主观上有无过错，只要其行为或他所管理的人和物与损害结果之间具有因果关系，他就应当承担民事责任。高速运输工具的经营、核能设施的利用、化工原料的制造以及商品的制造和销售等活动是促进经济发展、增加社会福祉所不可或缺的推动力，因此，尽管伴随它们而来的往往是可能造成严重事故的危险，但法律在权衡利弊之后仍然选择了将它们予以合法化。不过，鉴于这些高危险活动一旦发生事故则后果不堪设想，而且被害人常常无力证明行为人在主观上的过错，所以基于社会公正和利益平衡的考虑，作为对传统过错责任的匡正和补充，无过失责任便应运而生。可见，“危险责任（即无过失责任——引者注）的基本思想，不是对不法行为的制裁。民用航空器的经营，原子能设施的占有，商品的制造销售等，虽具危险性，乃现代社会必要的经济活动，法所允许，无不法之可言，不得以之作为违法性判断的客体，原则上不得对之主张侵害除去或侵害防止请求权。危险责任的基本思想在于不幸损害的合理分配，乃基于分配正义的理念。”①

正如行为人以动物作为实施侵害的工具时，正当防卫所指向的不法侵害并非动物自身的举动，而是它背后的操纵者的行为一样，如果主张对有主动物的自发侵袭也能够正当防卫，那就只能将动物饲养人或者管理人对动物的占有视为违法行为。但根据上述无过失责任原则的理论和一般社会观念，这无论如何都是不能成立的。

其次，无过失责任的实质与正当防卫所蕴涵的一般预防精神并不一致。

设置正当防卫制度的意义，不仅在于实现对法益进行充分、及时的保护，同时也在于以明确赋予公民防卫权的方式来威慑和遏制各种不法行为。德国学者罗克辛（Roxin）指出：“立法者在允许个人采取各种必要的防卫性保护的同时，还追求一种一般预防的目的”，“1962 年草案的第 37 条，现在基本上已经转入现行法中了，在其理由书中指出‘这种正当防卫权’，‘也以有效的方式阻遏了一般人不敢去做不法的事’。……各种攻击遭到紧急防卫这一

① 王泽鉴：《侵权行为法》（第一册），中国政法大学出版社 2001 年版，第 16 页。

点，不仅表明侵犯法秩序是有风险的，而且因此进一步稳定了法秩序。”[①] 用我国学者的话说，正当防卫“有利于有效震慑犯罪分子，从而减少犯罪行为”，它“对潜在犯罪人和不法侵害都是一种有效的威慑，使其不敢轻举妄动，从而有效地遏制其犯罪欲念，达到预防和减少犯罪的目的。”[②]

正当防卫与带有制裁、教育职能的传统侵权责任在一般预防的功能发挥上是相通的。所以，需要承担损害赔偿责任的行为在符合其他条件的情况下的确可以成立正当防卫中的“不法侵害”。然而，以弥补传统归责原则之缺陷为己任的无过失责任原则，恰好就缺少了这种作为沟通侵权责任与正当防卫之间桥梁的一般预防职能。无过失责任原则所针对的行为本身不具有任何的违法性和反社会性。这一归责原则的确立，其目的并不是要对不正当的行为实施制裁和威吓，而是在事故频发、危险增多的现代社会对不幸损害进行合理的分配。“因而无过失责任不具有制裁不法行为并预防不法行为发生的作用，已失去了法律责任所固有的含义”[③]，它“实际上是对侵权责任的教育、制裁等职能的否定。”[④] 可见，适用无过失责任原则的行为并不适于成为正当防卫所针对的不法侵害。

3. 将对物防卫定性为紧急避险，并不会出现不均衡的现象

持正当防卫说的学者在论证自己的观点时，无不亮出该说的“王牌”：如果说对物防卫不是正当防卫，那就意味着对人尽可大胆放心地进行正当防卫，而对物却只能小心谨慎地去实施紧急避险，这是一种显失公正的结论。笔者对这样的说法并不以为然。

第一，将对物防卫定性为紧急避险而非正当防卫，这是由法律规范自身能够发挥作用的客观范围所决定的。比方说，现代刑法理论一致认为刑事责任的承担主体只能是人，对动物、物品以及自然现象都不能定罪量刑。对此，没有人会指责说：“同样是对合法权益造成了损害，为什么对人就能施加刑罚，而对物却反而不可以呢，这难道不是一种对人与对物之间的不公平现象吗?”因为随着社会的发展，人们已经认识到，“让动物、植物、物品及自然现象承担刑事责任，不仅毫无意义，而且会给社会造成危害。……对物进行处罚，既不能收到报应的效果，也不能达到防卫社会的目的。”[⑤] 同样的道理，

---

① ［德］克劳斯·罗克辛：《德国刑法学总论》（第1卷），王世洲译，法律出版社2005年版，第425页。

② 高铭暄、马克昌主编：《刑法学》，北京大学出版社、高等教育出版社2000年版，第131页。

③ 马骏驹、余延满：《民法原论》（下），法律出版社1998年版，第1014—1015页。

④ 王利明：《侵权行为法归责原则研究》，中国政法大学出版社2003年版，第132页。

⑤ 张明楷：《刑法学》，法律出版社2003年版，第383页。

笔者之所以坚持认为不能把对物防卫看成是正当防卫，就是因为对于动物以及各种自然现象的侵害，法律从实现其调整目的的角度出发没有必要，也不可能予以过问和评价，对这些事实进行反击和防范无论如何都谈不上是具有特定法律含义的“正对不正”的正当防卫。有主动物的自发侵害本无违法与合法之说，它不过是游离于法律作用范围之外的一种客观危险状态罢了，只是由于对之反击的行为涉及民法中的物权，所以才由紧急避险制度出面进行规范。可见，假如以“对人能正当防卫而对物却不能的结论不均衡”作为支持正当防卫说的理由，这就如同将“对人能判刑而对物却不能的现象不公平”作为主张物也是刑事责任承担之主体的观点一样荒谬可笑。

第二，就实际的情况来看，紧急避险说也没有不符合社会公平观念之处，更不会忽视对合法权益的保护。

首先，假如动物的侵害危及了人的生命安全和身体健康，那么只要是在必要的范围内，无论将它打伤还是击毙，都不可能超过紧急避险的限度。因为有主动物作为一种财产权利，它在任何情况下都无法与人的生命健康权相对抗。

其次，如果动物之侵害所威胁的是财产利益，那么对反击行为的使用进行限制也是理所当然的。在当今这个各种危险源急剧增多而生活空间又相对拥挤的时代，人们合法利益之间的冲突和摩擦也会不可避免地增加。如果人们不能以宽容和理性的态度去对待这种现象，那么我们的社会就会被无休止的反击和防卫所充斥。当某一主体的财产权益对他人的财产权益造成威胁与损害时，我们不应将它与犯罪以及其他不法行为相提并论。如果能够实施驱赶等其他排除危险的措施，就应当尽量避免对动物造成损害。即使在不得已的情况下针对动物进行防御，也应当有所节制，从而最大限度地实现相冲突的两种合法利益之间的平衡与协调。实际上，正当防卫制度发展到今天，它也绝不意味着行为人可以对不法侵害人毫无顾虑地恣意反击。日本学者指出，即便是站在“正”的立场上的反击者，也并非只要是为了反击就可以不择手段，应当在保护自己或他人权利所必要的范围之内，尽可能地选择侵害、威胁利益较小的手段。[①] 德国刑法理论的通说也认为：“如果被攻击的利益和侵害人的侵害或危险之间的关系明显失衡，此等情况下的防卫是不被允许的。”[②] 因此，绝对不考虑利益平衡以及社会相当性观念的正当防卫与欠缺法益权衡

① 参见［日］大谷实：《刑法总论》，黎宏译，法律出版社2003年版，第214页。

② ［德］汉斯·海因里希·耶赛克、托马斯·魏根特：《德国刑法教科书（总论）》，徐久生译，中国法制出版社2001年版，第418页。

和补充性原则的紧急避险一样，都是不可能现实存在的。持正当防卫说的学者实际上是忽略了正当防卫本身所应具有的限制性条件，从而人为地夸大了正当防卫与紧急避险在处理对物防卫案件时的差异。对此，罗克辛（Roxin）教授提出："在面对自然人的攻击中，那种毫无限制的防卫权力所具有的不公正，只能在认定的法保护利益中，通过限制紧急防卫，而不是通过把紧急防卫的规定扩展到动物的攻击，来加以排除。"①

再次，千钧一发的危急时刻往往不容行为人去仔细辨别动物的侵害究竟是其自发引起还是由于人的唆使导致，这并不能成为将对物防卫界定为正当防卫的理由。西田典之教授支持正当防卫说，其论据之一就是，物的侵害"究竟是否是因主人的故意或过失而造成，要让防卫者作出正确判断，这并非易事。"② 但是，行为人对动物侵害的具体性质能否认识以及认识的情况如何，这应当由正当化事由的错误理论来加以解决，而绝不能使客观上本不属于不法侵害的动物侵袭变为违法。如果行为人在形势危急、无从辨别的情况下，将物的自发侵害误认为是不法侵害而实施了超过紧急避险限度的反击，那就应当以意外事件型的假想防卫来免除行为人的责任。因此，并不存在对行为人提出过高要求的不合理现象。

4. 我国的刑事立法明确昭示了对物防卫不属于正当防卫

我国刑法第20条第1款规定，正当防卫是"对不法侵害人造成损害的"行为。这就旗帜鲜明地将正当防卫中不法侵害的实施主体限制在了"人"的范围之中。所以，"认为对动物的侵袭本身可以实行正当防卫的观点，与我国刑法的规定不符"③。

5. 所谓"准正当防卫"的概念并不符合法律解释学的原理

根据我国现行法律的规定，如果要承认准正当防卫说，那就只能采取类推适用的方法，但这是无法自圆其说的。

在我国，不论是《民法通则》还是刑法典，都没有类似于日本民法第

---

① ［德］克劳斯·罗克辛：《德国刑法学总论》（第1卷），王世洲译，法律出版社2005年版，第426—427页。

② ［日］西田典之：《日本刑法总论》，刘明祥、王昭武译，中国人民大学出版社2007年版，第121页。

③ 刘明祥：《紧急避险研究》，中国政法大学出版社1998年版，第126页。

720 条关于对物防卫的准用性规定①。如果也要采用准正当防卫说的话，那就只能求助于类推适用的解释方法。所谓类推适用，“系就法律未规定之事项，比附援引与其性质相类似之规定，以为适用。”② 进行类推适用的前提条件是法律对某一事项存在不应有的漏洞或者空白。也就是说，由于立法者的疏忽，出现了法律按照其目的本来应当作出规定但实际上却并没有规定的现象。然而，在对物防卫的问题上，我国现行法律虽然没有明确的规定，但是通过体系性解释我们完全可以把握立法者对该问题的态度。首先，如前所述，我国刑法第 20 条第 1 款明确规定正当防卫的对象只能是“不法侵害人”，这就说明物的自发袭击不属于本条所规定的“不法侵害”，对物防卫不在正当防卫的范畴之内。其次，刑法第 21 条对紧急避险的规定并没有将避险对象限定为第三人的合法权益，这就意味着我国的紧急避险包含了《德国民法典》第 228 条和第 904 条分别规定的“防御性紧急避险”和“攻击性紧急避险”③。所以，直接针对引起危难发生的他人之物实施的损害行为完全有成立紧急避险

① 笔者认为，即使是立足于日本法律的规定，准正当防卫说也大有可质疑之处。因为日本民法第 720 条第 2 款只是说明对物防卫的法律效果与正当防卫一样是“不负损害赔偿责任”，但它并不意味着应当把对物防卫的行为性质和构成条件也比照正当防卫来加以确定。从法律解释学的原理来看，日本民法第 720 条第 2 款规定，为避免他人之物产生的紧急危难而毁损其物的情形准用第 1 款关于正当防卫的规定，这属于典型的“法律拟制”。按照德国学者的理论，“法学上的拟制是：有意地将明知为不同者，等同视之”，“立法者并非主张，T2 事实上与 T1 相同，或事实上为 T1 的一种事例，毋宁乃是规定，对 T2 应赋予与 T1 相同的法效果。”（［德］卡尔·拉伦茨：《法学方法论》，陈爱娥译，商务印书馆 2004 年版，第 142 页）具体而言，直接对产生危险的他人之物予以反击的行为，本来并不符合正当防卫的成立条件，但是第 720 条第 2 款仍然赋予它和正当防卫一样的法律效果——行为人对其造成的损害不负赔偿责任。换言之，第 1 款和第 2 款都有着各自独立的构成条件和行为属性，它们只不过是共用一个法律效果而已。所以对物防卫自身的合法性成立条件是什么，这只能在它本来所属的紧急避险中求得。只有在确认对物防卫已经成立紧急避险的情况下，才能在法律效果上对它比照正当防卫来予以处理。《日本民法典》之所以要在第 720 条设置这样一款拟制性规定，一则是基于法律经济性的考虑，避免重复规定；二则既然行为人毁损他人之物的行为符合紧急避险的要件，足以阻却违法，而且危险又是由该物所引起的，那么在处理上就不应当与正当防卫有所区别。然而，持准正当防卫说的学者提出对物防卫应比照法律关于正当防卫的规定，就是希望能够使对物防卫在行为构成上与限制条件较为宽松的正当防卫相一致，从而避免他们所认为的对人对物不均衡的现象。殊不知，这样的论证明显与法律拟制的原理和精神相悖。

② 杨仁寿：《法学方法论》，中国政法大学出版社 1999 年版，第 146 页。

③ 由此可见，我国刑法理论通说关于“紧急避险针对对象是第三者合法权益。……紧急避险行为所指向的对象，不是危险的来源，而是第三者的合法权益”（高铭暄、马克昌主编：《刑法学》，北京大学出版社、高等教育出版社 2000 年版，第 141 页）的说法是值得商榷的。事实上，紧急避险的实质在于“正对正”，所以只要是在急迫危难之下为保全合法权益而不得已损害了另一合法权益，就有认定为紧急避险的可能。至于说避险行为所损害的究竟是第三者的法益，还是作为危险来源的某种权益，这只涉及民事责任的承担问题，但丝毫不能影响紧急避险的成立。

的可能。由此可见，我国法律是倾向于将对物防卫界定为紧急避险的，在这个问题上并不存在立法上不应有的漏洞，所以也就没有类推适用正当防卫之规定的余地。诚如我国台湾学者郭君勋所言："既已充足紧急避难之要件，自得考虑其能否成立紧急避难，而无须提出不明确之准正当防卫之观念。盖超法规的违法阻却事由，只有法定违法性阻却事由不存在时，始成为问题者。"①

小　结

综观德、日刑法学说的发展史，对物防卫问题中出现的分歧，从理论渊源的角度来看，是由来于违法性本质理论上的意见对立；就司法实践的角度而言，它又与是适用正当防卫还是适用紧急避险更为公平妥当的问题休戚相关。正当防卫说难以摆脱它在违法判断对象问题上所遇到的困境，而准正当防卫说则无法在法律解释学中自圆其说。相反，适用紧急避险的理论既不会出现对物防卫上的不公正现象，又坚持了只有人的行为才能构成违法的观念，同时也得到了民、刑两大部门法的规范支持。

① 郭君勋：《案例刑法总论》，台湾三民书局1988年版，第234页。

共谋共同正犯论

[日] 西田典之*

一、共同正犯的共犯性

1. 一般认为，在对刑法第60条进行解释时，检讨共同正犯是否只存在于行为人实施了该当于构成要件的行为的场合，即行为人分担了刑法第43条所记述的实行行为的一部分的场合，最为重要的是，应该根据共同正犯实施一部行为，却要承担全部责任这一点出发。原因在于，正是因为“实施一部行为承担全部责任”是刑法第60条的法意，所以也应该是对该条进行解释的指针。

例如，甲乙二人共谋杀人，同时对丙开枪，只有甲的子弹命中了丙，导致丙死亡，此时，将乙作为故意杀人既遂的共同正犯看待，可以说毫无异议。不过，如果认为共同正犯只不过是单独正犯的复合体，乙就应该仅仅承担杀人未遂的罪责。的确，乙在上述场合实施了杀人的实行行为，但是乙所实施的行为奠定的是杀人未遂的罪责基础，无法合理地说明乙对于甲的行为所导致的结果承担罪责。

作为对于上述疑问其中的一种解答，小野清一郎博士的见解是，根据刑法第60条，行为人对于与自己的行为没有因果关系的结果也要承担责任，在这个意义上，刑法第60条是构成要件的修正形式（新订刑法讲义总论206页)。不过，根据刑法的自己责任原则，应该说，将共同正犯的责任作为一种法定责任的见解是不妥当的。一般认为，在前述设例的场合，乙承担杀人既遂罪责的根据不是乙所实施的实行行为这一点，而是只能在由于乙与甲的共谋强化了甲的杀意，促进了甲的杀害行为，导致了丙的死亡结果这种心理的因果性这一点上寻找。就这一点看，共同正犯的刑事责任的构造，基本上与

* 东京大学法学院教授。

以他人行为为媒介扩张自己行为因果性的范围的教唆犯或帮助犯是同一的构造，在这个意义上，应该认为共同正犯与单独正犯不同，是“共犯”的一种形态。而且，一般认为，正是由于这个原因，刑法典也是在“共犯”这一章中规定的共同正犯。

2. 根据以上分析，共同正犯的成立要件存在着对立，即是以行为人分担实行行为的一部分为成立共同正犯的必要，还是肯定共谋共同正犯，也可以认为，共同正犯的成立要件，只不过是存在着，在确认犯罪关系人至少作为“共犯”是可罚的之后，哪些关系人应该受到处罚的问题。换言之，该问题不是指，为何共同正犯要被作为“正犯”承担全部责任，即所谓的处罚根据的问题，而仅仅是指，哪些行为人应该被认定为共同“正犯”处罚，即所谓的共同正犯性的基准问题。而且，如前所述，既然行为人分担实行行为的一部分这一要件很难成为共同正犯特征之一的“实施一部行为承担全部责任”的全部根据，实行行为的分担是共同正犯的成立要件这一见解（共谋共同正犯否定论），也仅仅主张了一种，在对刑法第60条进行解释时的有可能的共同正犯性的标准。

根据以上分析，以下，笔者将在全文中始终围绕共同正犯性的基准问题，检讨至今为止有关共同正犯的学说。

二、共同正犯的标准

形式的实行共同正犯论

所谓形式的实行共同正犯论，如前所述，是指在行为人实施了该当于构成要件的行为这个意义上，行为人分担一部分实行行为对于共同正犯的成立是必要的见解。形式的实行共同正犯论的最为重要的优点在于，能够明确地区别共同正犯、教唆犯、帮助犯。并且，由于形式的实行共同正犯论，是在行为人实施的行为发生了犯罪的结果，即在这种因果关系上寻找共犯的处罚根据，使得形式的共犯论认为，实行行为是具有使结果发生的具体危险性的行为是给予实行行为并未直接导致结果发生的正犯以共同正犯这种重的处罚的根据，可以说，在这一点上，形式的实行共同正犯论指出了基本正确的方向。不过，一般认为，形式的实行共同正犯论的问题点是，无法涵括现代社会中的共犯现象所具有的多样性，无法充分地认定具备共同“正犯”当罚性的相关责任人。

例如，如果犯罪是有组织的、集团的进行的，在背后计划组织、命令实施犯罪的人，即使本人不参加犯罪的实行行为，可以说，由于该者对犯罪的实现而言是具有重要作用的人，也是完全值得以“正犯”处罚的。不过，因为教唆犯的处罚是准照正犯的，所以也存在这种所谓的黑幕重罚论认为以“正犯”处罚背后计划组织、命令实施犯罪的人并不具有重要性的反论。不过，因为刑法规定了对帮助犯的刑的必要的减轻，所以这个问题实际上越来越重要。而且，在相关责任人虽然没有在形式上分担实行行为，但是在犯罪的准备阶段或者其他阶段，对于犯罪的实现分担了重要作用的场合，对该相关责任人仅仅以帮助犯处罚是不合理的。例如，甲乙共谋通过放火诈骗保险金，甲分担对乙宅放火的行为，而乙分担请求保险金赔付的行为，在上述场合，一般认为，认定甲成立放火的正犯与诈骗的帮助犯，乙成立诈骗的正犯与放火的帮助犯，仍然是存在疑问的。

根据上述分析，一般认为，形式的实行共同正犯论在共犯处罚的具体正当性这一点上，不得不说仍然是不充分的。那么，能否肯定共谋共同正犯的存在呢？大致上共谋共同正犯作为“共犯”是否是可罚的，这一点不存在问题，唯一需要考虑的问题是，在以共犯的可罚性为前提的基础上，哪些人值得以共同“正犯”处以重罚，比起共犯形式区别的明确性，可以说优先考虑处罚的具体正确性也是可以接受的。

而且，可以预计对于共谋共同正犯肯定说，除了认为共谋行为是否值得以共同“正犯”处罚以外，还存在批判认为，有导致“过分依赖”以共犯人的供述为媒介来肯定共同正犯的危险与侦查，即导致偏重共犯人供述的倾向。但是，即便对于共谋共同正犯以教唆犯、帮助犯进行处罚，相反的“正犯者的供述”也是被作为证据对待的，既然如此，就应该认为上述批判是证据法上的问题，不是共谋共同正犯特有的问题点。

1. 共同意思主体说

所谓共同意思主体说，可以说是指，由于两人以上的异心别体共谋实施了可以由个人实施的一定犯罪，从而形成了以超个人的社会实在形式存在的共同意思主体，共同意思主体的组成人员中的一部分成员实施的实行行为被作为共同意思主体的实行行为看待，因此共同意思主体的全体组成人员属于共同正犯的见解。不过，该理论的首创者草野豹一郎博士的理论所想要解决的问题，比起奠定共谋共同正犯理论的基础而言，更为重要的是想要说明共同意思主体的一部分主体如果没有实施实行行为也不能成立共犯的未遂，据此，一般认为，草野博士的理论是立足于否定牧野英一博士所主张的实行行为独立性说这一点上的。原因在于，草野博士认为，在教唆犯与被教唆的实行犯之间也形成共同意思主体（参见刑法改正上的重要问题第 264 页以下）。

上述共同意思主体说，如同已经被指出的，只要其采取以共同意思主体为犯罪主体，共同意思主体的组成人员承担整体刑事责任的见解，该见解就仍然根据的是团体责任、转嫁责任，从个人责任的观点来看，应该说是不妥当的。而且，一般认为，仅仅以行为人参与到共谋中作为成立共同正犯的根据，在这一点上存在疑问。不管根据怎样的共谋概念，充其量共谋概念的内容也不过是意思的联络罢了，如果以行为人参与到共谋中作为成立共同正犯的根据，就会将所有的共犯者都作为共同正犯看待，导致到达主观的统一正犯理论。不过，现在所主张的共同意思主体说是在共同意思主体的组成人员的内部，根据其在犯罪中作用的重要性，将共同正犯区分为教唆犯、帮助犯。不过，这种修正了的共同意思主体说，仍然不是能够提供共同正犯的标准的理论，应该说只不过意味着作为共犯的一般理论，仅仅说明了共犯为什么对他人行为产生的结果承担罪责。

2. 实质的实行共同正犯论

1）所谓实质的实行共同正犯论，可以说是指，在维持共同正犯是实行行为的一部分分担者这种形式说的前提之下，通过将实行行为的概念规范化、实质化，在奠定共谋共同正犯基础的同时，限定共谋共同正犯成立范围的见解。

例如，所谓共同正犯，有认为因为存在复数以上的人共同支配全体的构成要件的行为的场合，极限地看，即便本人不实施任何行为，也能够通过支配他人的行为达到犯罪既遂，也能够成立共同正犯的平场说（刑法总论讲义155页以下）；有认为在两人以上的行为人达成实施犯罪的合意的场合，实行者的行动受合意拘束，在这个意义上，由于共犯人的行为具有了作为其他共犯人道具的作用，因此能够说在共同正犯的行为人之间具有类似于间接正犯的利用关系的藤木说（可罚的违法性理论334页以下）；有认为，所谓正犯是指实现了该当于基本构成要件的事实的人，根据这一前提，在可以说行为人使实行人按照自己的思想行动，行为人本人就成为了犯罪实现的主体的场合，以行为人本人也是该当于基本构成要件的事实的共同实现者为理由，就能够成立共同正犯的团藤说（最决昭和57·7·16刑集36卷6号698页）；有认为行为人通过在一定的社会关系上所具有的压倒性优越地位，虽然还没有达到剥夺受命者自由的程度，但是能够使受命者处于与上述程度相同的心理性拘束的状况，在这种场合，从规范的观点看，共谋者也显示出了共同实行的事实，因此可以将共谋者作为优越支配共同正犯看待的大冢说（犯罪论的基本问题340页以下）等。

以上诸说，在结果上看，可以说是意图以意思支配行为的理论为媒介规范化实行概念，将一定的共谋者作为共同实行者即共同正犯看待。不过，如同前述批判所指出的一样，如果共谋者真正地支配了实行行为人，可以说实行行为人不过是道具，共谋者是间接正犯。因此，上述诸说终究只是类似于间接正犯的理论构成。上述结论，根据诸说的论者对于共谋共同正犯实行的着手时期不采共谋时说，或者不能采用共谋时说就一目了然了。在上述学说中，实行行为的概念奠定了共谋者成立未遂犯的基础，在这个意义上，必须放弃实行行为概念的规范化意义，可以说上述学说的实质是，在共谋者给予了实行者强有力心理支配力，对于犯罪结果的发生具有了可以比照实行行为的重要作用时，肯定共谋者的共同正犯性的见解。

并且，如同中野次雄教授指出过的那样（警察研究 56 卷 1 号 81 页），一般认为，根据上述行为支配理论，即便能够肯定支配型的共谋共同正犯，对于奠定各相关责任人对等地分担在犯罪实现中的作用——这种分担型的共谋共同正犯的基础仍然是困难的。在分担型的共谋共同正犯中，共谋者虽然不分担实行行为，但是对于犯罪的实现而言发挥了等于实行行为那样重要的作用，应该认为这奠定了其共同正犯性的基础。

2）综合考虑以上两点，所谓实质的实行共同正犯论，总之归总的见解是，在能够认定共谋者在犯罪实现中的作用，可以和实行分担的作用相提并论，或者发挥了与其类似的重要作用的场合，肯定共谋行为的共同正犯性。在这个意义上，也许将该见解称为准实行共同正犯论更为妥当。

对于上述见解，有批判认为，首先，根据实质的实行共同正犯论，共同正犯与教唆犯、帮助犯之间的区别不明确。的确，将实质的实行共同正犯论与形式的实行共同正犯论相比较，可以说上述批判是正确的。不过，笔者认为，关于该批判，如果根据共谋者与实行者的主从关系、共谋者在谋议中具有的作用、在犯罪的准备阶段共谋者所具有的作用的重要性等下位基准来判断，具体的类型化共同正犯与教唆犯、帮助犯是可能的，但是即便根据上述基准能够区别共同正犯与教唆犯、帮助犯，在该学说中仍然存在的疑问是，如前所述，如果以能够确认共犯的可罚性作为认定成立共谋共同正犯的前提，认定共谋共同正犯的成立就应该从实质的判断共谋行为是否与实行行为对于犯罪实现的作用相当，让位于共犯处罚的具体的妥当性。

第二个批判是，根据上述见解，在现实中对于犯罪仅仅具有帮助作用的人，将要被升格为共同正犯给予重罚。对于该批判，可以说，根据如前所述的具体的下位基准判断共谋者是否具有等同于实行行为的重要作用、是否有助于犯罪事实（是否有支配关系、作用分担关系），通过上述判断可以区别仅仅对犯罪具有帮助作用的人与共同正犯间的关系，能够回避上述批判。不过，重要的是，在诉讼法上有必要确保上述区别。原因在于，如果考虑到刑法规定对从犯予以刑的必要的减轻，共同正犯与从犯之间的区别就不仅仅是量刑的根据，正是由于犯罪行为是“该当于犯罪的事实”，必须认为，在起诉状以及判决书中明示共谋行为是否分担了奠定成立共同正犯基础要件的类似于实行行为的重要作用是必要的。

众所周知，裁判所在关于练马事件的判决中（最大判昭和 33 年 5 月 28 日刑集 12 卷 8 号 1718 页）认为：“为了肯定共谋共同正犯的成立，必须认定有两人以上的行为人，为了实施特定的犯罪，在共同的意思下成为一体，相互利用他人行为，进行了将各自的意思付诸实施的犯罪内容的谋议，在谋议的基础上实行犯罪的事实”，“只要能够认定行为人有在上述条件下参加共谋的事实”，即便没有进行实行行为的共谋者也能够成立共同正犯。该判决同时也认为有必要严格地证明共谋行为应该构成犯罪的事实，在这一点上该判决具有划时代的意义。另外一方面，在判决中，对于共谋的认定，仅仅是认为：“根据前示的成立共谋共同正犯的要件，如果明确存在符合上述要件的事实，就足以认定成立共谋共同正犯，不需要进一步地对于谋议实施犯罪的日期、场所或者详细的内容、实施犯行的方法、分担各人的行为在犯罪中的作用等进行具体的认定。”

不过，该练马事件的判决，仅仅是就有关谋议的案件肯定了成立共同正犯，应该说根据该判决仅仅以行为人实施了共谋这种奠定共犯性基础的事实为由，直接认定行为人成立共同正犯并不妥当。不过，根据该判决，判决以行为人“互相利用他人的行为，进行了将各自的意思付诸实施的犯罪内容的谋议”作为成立共谋共同正犯的要件，也许是由于聚焦于谋议内容的主观方面的原因所以以行为人参与谋议奠定了其共同正犯性的基础。不过，即便如此，行为人的共同的正犯性的基础也是以参与谋议人的积极态度为前提的，应该说这种积极性的判断，在省略进行对每个单独的参与人在谋议中所具体发挥的作用这一点上的认定，是无法作出的。关于这一点，在最决昭和 57 年 7 月 16 日刑集 36 卷 6 号 695 页对于走私大麻的案件认定成立共谋共同正犯的判决中认为，在认定了共谋者的意思内容对于在犯罪实行过程中所具有的具体作用的基础上，就“足以认定构成谋议”，该判决的结论与本文所主张的一样，以行为人对于犯罪实现所具有的重要作用作为奠定其共同正犯性基础的同时，对于具有重要作用的事实的认定也是必要的。判决所显示的这种方向上的变化，值得引起注意。

三、判例理论的检讨

如同松本时夫法官所指出过的那样（刑法的基本判例 64 页以下），可以说现在的判例，的确是根据是实现自己的犯意还是对他人的犯意予以支持，这种主观的标准来判断是否成立共谋共同正犯。这种主观的标准体现在前述练马案件的判决中，判决过分强调了“进行了将各自的意思付诸实施的犯罪内容的谋议”，可以说是一种主观的正犯论。事实上，在下级审的判例中，连实行行为的分担也不过是共同实行意思、正犯意思的一种判断材料，因此，以至于出现了，在抢劫杀人未遂案件中，以分担财物夺取行为的人欠缺积极实现犯罪的意欲为理由认定行为人成立帮助犯的判决（福冈地判昭和 59 年 8 月 30 日判时 115 号 182 页）。不过，练马案件的判决认为，即便没有分担实行行为的共谋者在一定限度内也有可能成立共同正犯，一般并不认为练马案件的判决是意图否定在有实行行为分担的场合成立共同正犯。不过，如果通过继续强调实现自己的犯罪意思这种主观要素所具有的意欲的、心情的一面，达到福冈地裁判决的理论也是有充分可能的。

关于上述判例见解的基础，一般认为，判决是考虑到，从形式政策的因素或者量刑因素的观点来看，罪责轻者应该已经在共犯形式的阶段作为从犯看待了。因此，判决是根据行为人对于犯罪实现的事实的参与度的不同来肯定从犯的成立，没有考虑行为人是否有分担实行行为的事实。不过，既然究竟是共同正犯还是从犯的区别不仅是量刑的根据，这种区别就不应该仅仅停留在以具体的量刑为前提的客观类型的判断上。现在判例的理论，是意图通过考虑实现自己的犯罪意思，这种以主观因素为媒介的多样性要素来判断共同正犯的成立，一般认为，过于考虑主观因素有损于共同正犯与从犯的区别的明确性。

（刘　隽　译）

日本判例认定“共谋共同正犯”的根据

毕英达*

日本判例所确立的“只要共谋者中的一人实施了所共谋的犯罪实行行为，那么即使没有亲自着手实施该犯罪实行行为的其他共谋者，也应当成立共同正犯”的这一“共谋共同正犯论”，一直是日本刑法学界所最为关注的问题之一；但是，关于共谋共同正犯的认定根据，也许是由于“共谋共同正犯论”一问世便引起了日本刑法学界激烈论争的缘故，不论是旧刑法下的大审院时期，还是现行刑法下的大审院时期和最高裁判所时期，都发生了不同程度的变化。本文拟就日本判例认定共谋共同正犯的根据作一概括考察，以冀对我国刑法学界有所裨益。

一、旧刑法下大审院时期的认定根据

日本旧刑法第104条规定：“二人以上皆犯罪者系正犯，应当对其分别科刑。”在该规定下，最初大审院并未承认共谋共同正犯。如大审院于明治24年4月29日判决道：“即使与犯罪共谋的，亦不得对其科以正犯之刑。”①

但是，此后大审院则逐渐开始承认共谋共同正犯。如大审院于明治29年3月3日判决道：参加共谋的本身则为犯罪的实行行为，即“只要数人共谋，其中任何共谋者所实施的行为均为共谋者一体的行为。”② 对于该判决，可以看出：其承认共谋共同正犯的根据似在于各共谋者在实施犯罪的实行行为前因共谋而形成了一体（以下笔者将该根据称为“共谋一体论”）。此外，值得提及的是：该判决被日本刑法学界认为是日本判例中最早承认共谋共同正犯的判决。③

* 国务院法制办公室政法司二处处长；日本北海道大学法学博士。

① 参见《大审院刑事判决录》明治24年4至9月第45页。

② 参见《大审院刑事判决录》第2辑第3卷第10页。

③ 参见下村康正著：《共谋共同正犯与共犯理论》，昭和51年版，第48页。

而后，关于共谋共同正犯，大审院又相继依“共谋一体论”作出了若干判决。如大审院于明治30年5月6日判决道：共谋杀人的，只要其中一人实施了该罪的实行行为，那么，未着手实行的其他共谋者就应负与该实行者一样的罪责；[①] 又如大审院于明治35年6月10日判决道：共谋诬告的，只要其中一人实施了该诬告行为，那么其他共谋者就应对该诬告行为负责；[②] 再如大审院于明治40年9月3日判决道：共谋伪造公文证明的，鉴于该犯罪的实行行为属共谋者一体的行为，只要其中一人实施了该犯罪的实行行为，那么即使尚未着手实行的其他共谋者也应负与该实行者一样的罪责。[③]

此外，值得注意的是：在这一时期，虽然上述大审院的一些判决依“共谋一体论”将共谋者认定为共同正犯，但在下级裁判所中却存在着将共谋者认定为从犯的判例。如长岐控诉院判决道：对于就犯罪方法进行策划的共谋者，应当将其认定为从犯。[④]

以上，概观了日本旧刑法下大审院时期的判例认定共谋共同正犯的根据。从该概观中，可以看出：尽管日本的大审院或者地方裁判所在该时期尚未彻底承认共谋共同正犯，但大审院在该时期是依“共谋一体论”作为其认定共谋共同正犯根据的。

二、现行刑法下大审院时期的认定根据

日本现行刑法第60条规定：“二人以上共同实行犯罪的，皆为正犯。”在这一规定下，关于共谋共同正犯的认定根据，最初大审院是在沿用上述旧刑法下所形成的“共谋一体论”的同时，还将“共谋一体论”与其他认定根据并用，进一步肯定了共谋共同正犯的成立。

如大审院于明治43年5月19日判决道：“在共同犯罪中，虽然有的共犯者没有参加实施犯罪的实行行为，但只要其与该犯罪存在共谋的事实，即为共谋者一体的行为。因此，当其中一人实施了该犯罪的实行行为时，亦不能免除其他未实行者对该实行行为应负的责任。”[⑤] 可见，该判决认定共谋共同正犯论的根据与上述旧刑法下大审院时期的判例所依据的“共谋一体论”并没有任何的变化。

---

① 参见《大审院刑事判决录》第3辑第5卷第7页。

② 参见《法律新闻》第94号第26页。

③ 参见《法律新闻》第449号第8页。

④ 参见《大审院刑事判决录》第5辑第6卷第1页。

⑤ 参见《大审院刑事判决录》第16辑第888页。

又如大审院于明治44年10月6日判决道："当数人共谋犯罪且对该犯罪实施的方法进行策划后商定由其中一人担当执行实行任务时，鉴于该担当者实施的犯罪是基于共同的犯意而为自己及其他共谋者所为，以及其他共谋者是通过该担当者来实现自己犯罪意图的，彼此间是符合刑法第60条二人以共同实行犯罪这一规定的。"① 对于该判决，可以看出：与以往认定共谋共同正犯的判决所依据的认定根据不同，其认定共谋共同正犯的根据似在于实行者依共同犯意的实行和共谋者对实行者的使役，即成立共谋共同正犯除需实行者基于共同的犯意而实行外，还需其他并未实行的共谋者对该实行者具有使役行为（以下笔者将该根据称为"使役论"）。

此外，值得注意的是：在大正3年至大正7年间的大审院的判例中，仍存在着否定共谋共同正犯的判决。如大审院于大正3年6月19日判决道：即使参与了盗窃谋议的，但只要其未对盗窃的实行行为或者与该实行行为密切相关且必要的行为进行加工，则不构成共同正犯；② 又如大审院于大正7年12月21日判决道：对只参与了盗窃的谋议而并未实施该盗窃的实行行为或者对与该实行行为密切相关且必要的行为进行加工的，应当认定为从犯。③

总之，至此大审院是依"共谋一体论"或者"使役论"来认定共谋共同正犯的。但是，大审院不仅没有明确行为者间仅存在共谋为什么不能成立共谋共同正犯的原因，而且也没有明确共谋与加工的区别。尽管如此，似仍可以看出：随着"使役论"的登场，大审院关于非智能犯的共谋共同正犯的认定，则呈现出一种否定采用旧刑法下所形成的"共谋一体论"的倾向。

而后，大审院除主要依上述两种根据认定共谋共同正犯外，还依其他根据认定共谋共同正犯。首先，关于依"共谋一体论"和"使役论"的判例，如大审院于昭和3年6月28日判决道：只要共谋者中的一人犯罪未遂，那么不论其他共谋者是否着手实行该犯罪行为，就应构成该未遂罪的共同正犯；④ 又如大审院于昭和11年6月18日判决道：即使四人经顺次共谋后让其中一人实施了该罪的实行行为，那么所有参与共谋的，就均应负共同正犯之责。⑤ 可见，就上述两个判决而言，前者是根据"共谋一体论"作出的；后者是根据"使役论"作出的。其次，关于依其他根据的判例，如大审院于昭和11年5

① 参见《大审院刑事判决录》第17辑第1622页。

② 参见《大审院刑事判决录》第20辑第1260页。

③ 参见《法律新闻》第1522号第21页。

④ 参见《法律评论》第17卷（刑法）第271页。

⑤ 参见《大审院刑事判例集》第15卷第805页。

月29日判决道：关于直接实行，即使在只有共谋者中的一人实行该行为时，但只要其他共谋者为借该人之手来实现其自己意思的，那么其他共谋者也应负共同正犯的罪责。[①] 对于该判决，可以看出：其认定共谋共同正犯的根据似在于“借他人之手来实现其自己的意思”（以下笔者将该根据称为“借用论”）。

此外，值得言及的是：该时期的昭和11年5月28日大审院刑事联合部判决和昭和15年3月7日大审院刑事部判决。因为：前者被日本刑法学界称为现行刑法下大审院宣布全面承认共谋共同正犯的判决；[②] 后者是大审院最早揭示“共谋”含义的判决。

首先，关于昭和11年5月28日大审院刑事联合部判决，即大审院刑事联合部判决道：“共同正犯的本质在于似一心同体的二人以上者通过相互依存、相互援助以共同实现各自的犯意来实施特定的犯罪。让共同者对既成事实承担全部责任的理由即在于此。至于共同实现的手段，并非必须一致，即不论共同者均亲自着手实行犯罪，还是经共谋后仅有一部分人担当实施具体的犯罪，尽管其形式不同，但两者在齐心协力发挥作用这一点上，其价值是相同的。因此，原则上在上述两种情况下，均应构成共同正犯关系。”[③]

其次，关于昭和15年3月7日大审院刑事部判决，即大审院刑事部判决道：“所称共同正犯主观要件的共谋，是指二人以上者协议决定的事实。因此，只要行为者参与了其他行为者就行贿所为的协议决定，就应负行贿罪的共同正犯之责。”[④]

以上，概观了日本现行刑法下大审院时期的判例认定共谋共同正犯论的根据。从该概观中，不难看出：日本的大审院在该时期除依旧刑法下所形成的“共谋一体论”作为其认定共谋共同正犯的根据外，还依“使役论”、“借用论”作为其认定共谋共同正犯的根据。

三、现行刑法下最高裁判所时期的认定根据

最高裁判所从其设立之初，便采取了肯定共谋共同正犯的态度。如最高裁判所于昭和22年12月1日判决道：被告人虽然仅实施了让其同伙参加犯罪的实行行为并为其同伙实施该犯罪作了向导，但因其与其他犯罪实行者间存

① 参见《大审院刑事判例集》第15卷第740页。

② 参见下村康正著：《共谋共同正犯与共犯理论》，昭和51年版，第45页。

③ 参见《大审院刑事判例集》第15卷第715页。

④ 参见《大审院刑事判例集》第19卷第78页。

在着共谋关系，所以应负共同正犯之责。[①] 可见，该判决是依“共谋一体论”来作为其认定根据的。

而后，迄今为止最高裁判所两易其认定共谋共同正犯的根据。首先，最高裁判所在其第一小法庭的判决中揭示了与“共谋一体论”不同的认定根据，即针对数人共同实施抢劫罪时的判决方法，最高裁判所第一小法庭于昭和23年1月15日判决道：“共同正犯者之所以被作为共同正犯处罚，是因为共犯者在共同意思下结为一体并通过相互利用他人的行为来向实现自己的意思转移。因此，判决书上只要明确了共谋的事实，即使对共犯者所为实行行为的分工未作特殊认定，亦不失为属于认定了犯罪事实的判决。”[②] 对于该判决，可以看出：其认定根据虽是以“共谋一体论”为前提的，但也强调了共犯者相互利用他人行为这一点。从这种意义而言，该认定根据与以往大审院所依的认定共谋共同正犯的根据有所不同（以下笔者将该根据称为“利用论”）。

其次，最高裁判所于昭和33年5月28日在关于练马案件的判决中又揭示了与上述最高裁判所昭和23年1月15日判决所依的认定根据不同的认定根据，即最高裁判所于昭和33年5月28日判决道：“成立共谋共同正犯，需要认定二人以上者为实施特定的犯罪形成了在共同意思下结成一体而相互利用他人的行为，并将各自的意思向实行转移为内容的谋议和据此实行了犯罪的事实。因此，在上述关系中只要认定了参加共谋的事实，即使没有直接参与实行行为的共谋者，在将他人的行为作为自己的手段而为犯罪的意义上，就刑事责任而言与其他直接参与实行行为的共谋者并不存在差异。可见，在这一关系中共谋者是否直接参与了实行行为以及具体分工如何和所起的作用大小，是难以左右共犯所应负的刑事责任的。”[③] 对于该判决，可以看出：其认定共谋共同正犯根据似在于“将他人的行为作为自己的手段而为犯罪”（以下笔者将该根据称为“手段论”）。

自该判决后，关于共谋共同正犯的认定，最高裁判所虽未推出新的认定共谋共同正犯的根据，但下级裁判所中却存在着依其他根据来认定共谋共同正犯的。如，针对“被告人虽接到企图从泰国走私大麻的甲让其担当走私实行者的委托，并且自己也有希望弄到大麻的欲望，但考虑到自己正在缓刑执行中，则拒绝了甲的要求。不过，被告人却将此事告知了其朋友乙，并希望得到乙的帮助。而后，被告人将乙介绍给了甲，并在与甲商定事成后分给其

① 参见《最高裁判所裁判集（刑事）》第1号第155页。

② 参见《最高裁判所刑事判例集》第2卷第8页。

③ 参见《最高裁判所刑事判例集》第12卷第8号第1718页。

一些大麻的前提下，为甲提供了部分资金”一案，某二审裁判所判决道：“被告人虽然以自己正在执行缓刑为由拒绝了甲让其担当实行者的委托，但却让乙承诺了实施从泰国走私大麻的行为。被告人并在这一前提下，在将乙介绍给甲的同时与甲商定事成后分给其一些大麻以及向甲提供了部分资金。因此，被告人所为已不属仅停留在使本案犯行易于实施的帮助行为，应当将被告人认定为本案犯行的共谋者。因此，将被告人认定为正犯的原判决并无不妥。”① 从该判决看，其将被告人认定为共谋共同正犯的根据似在于“让乙承诺了实施从泰国走私大麻的行为”，即被告人对乙进行了“使役”。但是，应当注意的是：本判决对使役所揭示的含义与此前考察过的“使役论”中的使役的含义是不同的，即本判决是在共谋意义上理解使役的，换言之，在本案中被告人如果不实施这样的使役行为，则意味着就不存在共谋，因而也就难以成立共同正犯；与此不同，此前考察过的依“使役论”所作出的判决是在共谋意义之上理解使役的。为了与此前考察过的“使役论”相区别，以下将本判决所依的使役这一根据称为“共谋使役论”。

又如关于杀人罪，大阪地方裁判所于昭和 43 年 1 月 19 日判决道：“被告人 E 不仅在被告人 A 等谋议杀害甲时在场，而且在其明知 A 等杀害甲的意图后，又向被告人 H 转达了被告人 F 的让他们作为实行者留在店铺的指示和对他们进行了鼓励。虽然被告人 E 实施了上述行为，但并没有证据能证明其就杀害甲发表任何言论；况且，尽管被告人 E 知道杀害甲的计划，但其不仅不是杀害甲的主谋者，而且也未积极推进杀害甲的计划的实施。诚然，本案中让 H、I 充当实行行为者的指示对于杀害甲的实行是重要的，但被告人 E 只不过是将被告人 A 等的指示转达给 H、I 而已，因而其所起的作用并不那么重要。……鉴于以上事实，并考虑到被告人 E 在这起杀害甲的案件中的各种行为，难以将被告人 E 认定为以被告人 A 为首的杀害甲的共谋者的一员，应当将其认定为帮助。……综上事实：虽 L 在谋议时的发言和因依与其他行为者的待机行为促进了上述共谋者的犯意形成或者该犯意的实施，但据此不仅难以认定其为共谋杀害甲的主谋者，而且也难以认定其具有与被告人 A 等共谋者起同样的特别重要作用的事实。因此，被告人 L 不应负本案共谋者的责任。”② 对于该判决，可以看出：其认定共谋共同正犯根据似在于未实施实行行为者在整个犯罪过程中具有起“特别重要作用的事实”。但是，需要注意的是：本判决是将该根据即起“特别重要作用的事实”作为共谋来理解的；换

① 参见《最高裁判所刑事判例集》第 36 卷第 709 页。

② 参见《判例时刊》第 221 号第 236 页。

言之，如果未实施实行行为者没有起“特别重要作用的事实”，就不能将其认定为共谋者，因而也就不能成立共谋共同正犯（以下笔者将该根据称为“共谋作用论”）。

再如，关于共谋的成立，东京高等裁判所于昭和52年6月30日判决道：“共谋共同正犯的共谋，是指在使将来参与实行行为的共同者负共同正犯责任的关系上，共同者为实施特定的犯罪而形成的以在共同意思下结为一体、相互利用他人的行为和将各自的意思向实行行为转移为内容的谋议。因此，成立共谋，仅认定行为者间存在意思联络或者共同犯行的认识还不够，还需既认定拟实施特定犯罪的共同者的意思是否依指示、命令、提案等方式向其他共同者进行了明示，又需认定其他共同者是否了解、赞同这一指示、命令、提案等。”① 可见，该判决虽然引用了上述练马判决的根据，但又试图将共谋限定为行为者间的相互了解“指示、命令、提案等”。诚然，从以未实施实行行为者是否实施了“指示、命令、提案等”作为认定共谋共同正犯的根据来看，该判决认定共谋共同正犯的根据与上述“共谋使役论”基本相同；但是，从以未实施实行行为者如果了解了“指示、命令、提案等”就应当将其认定为共谋共同正犯的意义而言，该判决所揭示的认定共谋共同正犯的根据与上述“共谋使役论”还是不同的（以下笔者将该根据称为“了解论”）。

此外，长崎地方裁判所佐世保支部于昭和60年11月6日判决道：“在参加特定犯罪的共同谋议者未直接参与实行行为的情形下，为使该谋议者作为共谋共同正犯负正犯之责，除需依该谋议的结果各当事者间形成相互利用对方这一实质利用关系外，从自该犯罪的计划准备阶段至最终的实行阶段的整个犯罪的实行过程看，还需未分担实行行为的谋议者作为该犯罪实行者对等或者对等以上的行为主体对犯罪进行加工且起到了可与实行行为者的行为同等的重要作用，或者实质上将其他实行行为者的行为作为自己的手段加以支配或者利用。”② 可见，根据该判决，让未实施实行行为者负共谋共同正犯之责，除需该未实施实行行为者与实行行为者间存在共谋外，还需其符合下列条件之一：一是在整个犯罪实行的过程中作为与实行者对等或者对等以上的行为主体对犯罪进行加工且与实行行为起同样的重要作用；二是将实行行为者的行为作为自己的手段加以支配或者利用。诚然，前者的条件似可理解为与上述大阪地方裁判所昭和43年1月19日判决中所揭示的“共谋作用论”相同；但是，从本判决将分担重要作用作为共谋意义之上的条件来理解这一

① 参见《判例时报》第886号第104页。

② 参见《判例时刊》第623号第217页。

点看，与上述大阪地方裁判所昭和43年1月19日判决所依的认定共谋共同正犯根据还是不同的（以下笔者将这一根据称为“作用论”）。

最后，应当提及的是：在该时期，判例虽然存在着上述关于认定共谋共同正犯的根据；但是，最近的判例则呈现出一种因非犯罪实行者欠缺“正犯意思”而将其认定为帮助犯的倾向。对于这一倾向，日本刑法学界认为：判例强化了认定共谋共同正犯的主观方面；[①] 不过，笔者认为：判例主要是拟从行为者的主观方面来限定共谋共同正犯的成立。

以上，概观了日本现行刑法下最高裁判所时期的判例认定共谋共同正犯的根据。从该概观中，不难看出：除日本的最高裁判所依旧刑法下大审院时期所形成的“共谋一体论”以及“利用论”、“手段论”作为其认定共谋共同正犯的根据外，下级裁判所还依“共谋使役论”、“共谋作用论”、“了解论”、“作用论”作为其认定共谋共同正犯的根据。

四、简评

以上，概观了日本旧刑法下大审院时期以来日本判例认定共谋共同正犯的根据。从该概观中，可以看出：日本判例自现行刑法下的大审院时期以来，是以多种根据来认定共谋共同正犯的；并且，依这些根据与共谋的关系可以将其归纳为以下三种类型：

一是仅以共谋为要件的根据。即依这种类型的根据，只要未实施实行行为者与实行行为者间存在着共谋，就应当将其以共同正犯处罚，如“共谋一体论”、“利用论”、“手段论”和“借用论”等。

二是不仅以共谋为要件的根据。即依这种类型的根据，要使未实施实行行为者负共同正犯之责，除需其与实行行为者间存在着共谋外，还需其对实行行为者进行使役等，如“使役论”、“作用论”等。

三是以对共谋本身加以限定为要件的根据。即依这种类型的根据，如果未实施实行行为者不实施某种程度的行为，就谈不上其与实行行为者间存在着共谋，进而也就不能将其以共同正犯处罚，如“共谋使役论”、“共谋作用论”、“了解论”等。

然而，笔者认为：上述任何一种类型的根据，都难免令人产生不同程度的疑问。首先，就第一种类型的根据而言，难免令人产生共谋这一事实是否应仅限于共同正犯的疑问；换言之，共谋这一事实是共同正犯所特有的，还

① 参见《判例时刊》第560号第71页。

是所有共犯所共有的。

其次，就第二种类型的根据中的“使役论”而言，难免令人产生对使役他人者仅作为共同正犯予以处罚是否妥当的疑问；况且，基于这一根据的判例，并未能明确地揭示出使役的含义。此外，就该种类型根据中的“作用论”而言，难免令人产生对其中的“与实行行为者等价评价”这一要件究竟以什么标准来加以判断的疑问。

再次，就第三种类型的根据而言，难免令人产生果真能将共谋像判例所主张的那样加以限定的疑问。退一步讲，即使能将共谋限定到像判例所主张的那样，那么除难免令人产生对第一种类型的根据所产生的同样疑问外，还难免令人产生对“共谋使役论”和“了解论”中所称的对实施了指示、命令、提案者仅作为共同正犯予以处罚是否妥当的疑问；并且，就“共谋作用论”而言，势必产生与“作用论”相同的疑问；就“了解论”而言，还会令人产生对仅了解到指示、命令、提案者也以共同正犯论是否合适的疑问。

共同正犯成立与责任的本质

甘添贵*

一、前言

中国台湾地区“刑法”第28条规定，二人以上共同实施犯罪之行为者，皆为正犯。共同正犯，是相对于单独正犯而言。单独正犯，是由行为人一个人单独实施犯罪的行为，即足成罪；而共同正犯，则须由二人以上共同实施犯罪的行为，始能成立。不过，所谓“共同实施犯罪的行为”，究竟是共同实施一定的犯罪或者是共同实施一定的行为？换言之，所谓“共同”，究竟是指“犯罪的共同”或者是“行为的共同”，学说历年来迭有争议。此项争议，运用于实际案例时，可能会有重大的差异。例如，甲、乙二人商量杀丙，各刺丙一刀，而将丙杀死，就此情形，无论是共同实施一定的犯罪或者是共同实施一定的行为，在结论上并无差别。但是，如果甲、乙二人商量各刺丙一刀，甲是以杀人意思，乙是以伤害意思实施时，如将共同实施犯罪的行为，解为共同实施一定的犯罪，因甲所成立的是杀人罪，乙所成立的是伤害罪，甲、乙二人即无法成立共同正犯。反之，如将共同实施犯罪的行为，解为共同实施一定的行为，因甲、乙二人均有实施以刀刺丙的行为，则甲、乙二人仍得成立共同正犯。

再者，共同正犯成立时，共同正犯的责任是“皆为正犯”。所谓“皆为正犯”，译成白话，就是“大家都是正犯”。问题是，什么是“大家都是正犯”？共同实施犯罪的两个以上的行为人，大家都是正犯时，是仅就自己成立正犯的行为负责？或者是就他人成立正犯的行为也要一起负责？在现代刑事责任理论要求个人责任的原则下，如果就他人成立正犯的行为也要一起负责，是否与个人责任的原则相抵触？实际上所负的是否为一种团体责任或连带责任？

* 台湾辅仁大学法律学院教授。

凡此均有加以深入讨论的必要。

以下分别就共同正犯成立的本质以及共同正犯责任的本质，略为说明如次：

二、共同正犯成立的本质

共同正犯，是因二人以上具有“共同”的关系，始能成立。如果没有“共同”的关系，则只能分别成立单独正犯。学说上，将共同正犯的共同关系，解为共同实施一定的犯罪者，称为“犯罪共同说”；将共同正犯的共同关系，解为共同实施一定的行为者，称为“行为共同说”。在共同正犯成立的本质上，犯罪共同说与行为共同说的主张，一直处于对立的状态。兹分述如次：

（一）犯罪共同说与行为共同说的适用范围

犯罪共同说与行为共同说理论的争议，只是有关共同正犯本质的争议？或者还包含教唆犯与帮助犯本质的争议在内？学说亦有争论。

各国有关正犯与共犯的刑事立法，有两种不同的立法例，有采“单一正犯概念”者，亦有采“非单一正犯概念”者。单一正犯概念，因将所有参与犯罪实现的人，均作为正犯处理，自无上述的争论存在，挪威、意大利、奥地利等国采此立法例。非单一正犯概念，则将所有参与犯罪实现的人，依其参与的形态，分为正犯与共犯两种类型加以处罚，始有上述的争论出现。德国及日本，均属于非单一正犯概念的立法例。

在非单一正犯概念的立法例之下，为区别正犯与共犯的概念，又有所谓“扩张正犯概念”与“限制正犯概念”两种不同的理论。扩张正犯概念，认为对构成要件结果的实现给予任何条件者，皆是正犯。在这个概念之下，正犯的概念甚广，共犯也是属于正犯的一种，只是刑法为缩小处罚的范围，乃另设共犯的概念，借以减轻处罚。在扩张正犯概念之下，不论正犯或共犯，对构成要件结果的实现，均共同给予条件，亦即对构成要件结果的实现，均具有共同关系。此项共同关系，究系犯罪的共同关系或者是行为的共同关系，即可能会有见解的差异。所以，犯罪共同说与行为共同说理论的争议，不只是有关共同正犯本质的争议，同时也是教唆犯与帮助犯本质的争议。

至限制正犯概念，则认为由行为人自己亲自实现犯罪构成要件者，才是正犯。共犯，并未亲自实现犯罪构成要件，自非正犯，本不在处罚之列，但因共犯的行为，往往促成或助长犯罪的实现，刑法为扩大刑罚的范围，乃另设共犯的概念，借以扩大处罚。所以，在限制正犯概念之下，二人以上共同实现犯罪构成要件时，因对构成要件结果的实现，具有共同关系，此项共同关系，究系犯罪的共同关系或者是行为的共同关系，即会出现见解上的差异。

至教唆犯与帮助犯，只是促成或助长犯罪的实现，实与正犯具有本质上的差异，其对构成要件结果的实现，并未与正犯立于共同的关系，即无所谓犯罪共同或行为共同的争议问题。

中国台湾地区“刑法”总则第四章原名为“共犯”，内容包含共同正犯、教唆犯与从犯在内。嗣于“修正草案”增订直接正犯及间接正犯之规定，认为原章名“共犯”已无法涵盖全部内容，乃将章名修正为“正犯与共犯”，则其所谓正犯，是指“单独正犯”与“共同正犯”而言。至所谓共犯，则是指教唆犯及帮助犯而言。可见“修正草案”已认为正犯与共犯具有本质上的差异，两者在概念上不宜混为一谈。自历来学界通说、司法实务以及“修正草案”内容加以观察，“刑法”对于正犯系采限制正犯概念，应无疑义。所以，犯罪共同说与行为共同说理论的争议，只是有关共同正犯本质的争议，而与教唆犯与帮助犯本质的争议无关。

（二）犯罪共同说的内涵

1. 完全犯罪共同说

犯罪共同说的理论，源起于客观犯罪理论，特别重视犯罪的定型性，而以特定犯罪的存在为前提，认为共同正犯，必须是数人共同实施特定的犯罪，始能成立。所谓特定的犯罪，不但犯罪须特定，且罪名亦须同一，此种主张，称为完全犯罪共同说或严格犯罪共同说，虽有批评其带有早期客观犯罪理论的结果责任思想者，但是一般均认为数人须基于同一故意而共同实施为必要①，并不认其为结果责任，所以又称为“犯意共同说”。

不过，依此说的主张，共同正犯的成立范围，可能会有过分狭隘之虞。例如，甲以杀人意思，乙以伤害意思，共同殴打丙；或者甲以强盗意思，乙以窃盗意思，取得丙财物的情形，因其犯意不同，所成立的罪名也不同，即无法成立共同正犯是。

2. 部分犯罪共同说

部分犯罪共同说，认为数人所共同实施的犯罪，纵然不属于相同的构成要件，但是在不同的构成要件之间，如具有同质重合的关系时，则在同质重合的限度内，仍得成立共同正犯②。如前所举例，甲以杀人意思，乙以伤害意思，共同殴打丙；或者甲以强盗意思，乙以窃盗意思，取得丙财物的情形，因杀人与伤害的构成要件，强盗与窃盗的构成要件，在伤害或窃盗的限度内

① 金泽文雄：“犯罪共同说と行为共同说——行为共同说の立场から”，载中义胜编：《论争刑法》，世界思想社1978年第3期，第177页。

② 团藤重光：《刑法纲要总论》，1990年版，第389页以下。

具有同质重合的关系，所以仍得成立伤害罪或窃盗罪的共同正犯是。

部分犯罪共同说，基本上仍在犯罪共同说的理论框架内，但可适度缓和完全犯罪共同说的缺陷，所以曾一度蔚为日本学界的通说。

(三) 行为共同说的内涵

1. 主观的行为共同说

行为共同说，初始为主观犯罪理论的学者所提倡及支持，认为行为乃是犯人恶性的表现，而共同正犯则是数人借由共同行为而各自表现其恶性以企图实现其各自的犯罪。详言之，行为人因借由他人的协力，更易有效达成自己的目的，乃借行为的共同，相互以他人的行为作为自己行为的延长而组成自己的行为，其因此而生的全部结果，自应归属于各人承担①。不过，此所谓行为的共同，是指自然行为的共同，亦即前构成要件的或前法律的事实的共同，所以此说又称为“事实共同说”。

2. 客观的行为共同说

第二次世界大战以后，因时代与环境丕变，人权保障的思想抬头，纯粹主观犯罪理论日渐式微，学者改从客观犯罪理论的立场，重新理解行为共同说，认为犯罪不能离开构成要件而为思考，所谓行为的共同，并不是指自然行为的共同，而是指构成要件实行行为的共同。所以，行为共同说，乃是以行为或因果过程的共同为前提，实现各自犯罪的实行行为的共同②。

依客观的行为共同说，共同正犯，乃是与他人共同实现自己的犯罪，亦即数人因实行行为的共同而实现各自本身的犯罪。所以，共同正犯，既不必限于同一犯罪，亦不以共通的犯罪意思存在为必要，只要与他人的行为具有协力关系而该当于构成要件，即为已足；至于他人的行为是否该当同一构成要件，甚或不该当任何构成要件，亦具有实行行为的共同或利用的意义③。最近更有学说认为，犯罪行为只要有一部分的共同，也可以成立共同正犯，而有将共同正犯作为单独犯延长的强烈倾向④。

不过，依行为共同说的主张，共同正犯，既不必有共同的犯罪意思，亦不须具有罪名的同一性，其与单独犯间，除具有行为共同的特征外，实无何差别；既无差别，则如何适用“一部行为全部责任”的法理，恐有说理上的

① 金泽文雄，前揭文，第171页，陈子平：“共同正犯之本质”，载《刑法学之理想与探索》(第一卷刑法总论)，学林出版社2002年版，第408页。

② 山中敬一：《刑法总论Ⅱ》，成文堂1999年版，第784页。

③ 金泽文雄，前揭文，第172页；陈子平，前揭文，第408页。

④ 曾根威彦：《刑法重要问题（总论)》，成文堂平成6年版，第298页。

困难。且依行为共同说，肯定片面共同正犯与过失共同正犯，是否过分扩大共同正犯的处罚范围，亦不能令人无疑。

（四）犯罪共同说与行为共同说适用上的差异

犯罪共同说与行为共同说，因对于共同正犯的共同关系，分别作不同的诠释，在适用上即会呈现许多不同的面貌，尤其是二个以上的行为人各怀鬼胎时，究应如何处理？即会出现不同的结论。兹仅就实现不同的犯罪与主观意思的内容两点，稍为阐述如次：

1. 实现不同的犯罪

犯罪共同说与行为共同说在适用上的差异，主要表现在各人意图实现不同的犯罪而共同加功的场合，亦即各人所成立的罪名产生分歧的场合。兹分以下两种情形略为析述之[①]：

（1）罪质相同时

行为人各以不同的犯意而共同加功，其所成立的犯罪具有相同的罪质时，得否成立共同正犯？例如，甲以杀人的意思，乙以伤害的意思，共同对丙开枪，乙的子弹擦伤丙的手臂，甲的子弹命中丙的心脏，致丙当场毙命。甲、乙各应负何罪责？

①行为共同说

依行为共同说，甲、乙二人因共同对丙开枪，有行为的共同，甲的杀人与乙的伤害得成立共同正犯，甲固得因乙共同的伤害行为，而论以杀人既遂，乙亦得因甲的杀人行为，而论以伤害致死。

②犯罪共同说

依完全犯罪共同说，则有两种不同主张，有认其得成立共同正犯者，亦有认其不成立共同正犯者。

前者，为维持罪名的同一性，故不承认有不同犯罪间的共同正犯；但两罪间如罪质相同时，因着眼于共同实行的事实，认为得承认其成立重罪的共同正犯；仅有犯轻罪意思的行为人，则科以轻罪的刑罚。依此见解，不具杀意的乙与有杀意的甲，因成立杀人罪的共同正犯，其所成立的罪名（杀人）与科刑基础的罪名（伤害）间，即有不一致的问题存在，而造成罪刑分离的现象，实有未当。

后者，为贯彻罪名的同一性，甲与乙既无实现同一犯罪的意思，自不能成立共同正犯，亦即甲与乙均为单独犯，甲仅针对自己的行为，成立杀人既

① 曾根威彦，前揭书，第300—303页。

遂罪，乙亦仅针对自己的行为，成立伤害既遂罪，而不得论以伤害致死罪。依此见解，甲与乙共同实行犯罪的事实，全然加以漠视，亦不能免予批评。

依部分犯罪共同说，因杀人罪与伤害罪的构成要件在伤害的限度内具有同质重合的关系，甲与乙得成立伤害罪的共同正犯。但因甲具有杀意，已超过构成要件同质重合的限度，应成立杀人罪的单独犯。此点与行为共同说的结论虽颇为接近，但行为共同说对于超过构成要件同质重合的杀人部分，仍认其成立共同正犯，甲、乙双方分别得因对方的共同行为，而分别论究各自的杀人既遂罪与伤害致死罪。至部分犯罪共同说，对于超过构成要件同质重合限度的部分，则不得成立共同正犯，甲仅就自己该部分的行为，单独成立杀人罪。所以，在处理的结论上，犯罪共同说或行为共同说，似无不同；但是如果丙的死亡，是由仅具伤害犯意的乙开枪所造成，具有杀人犯意的甲，虽开枪但未命中丙的要害，则依行为共同说，甲仍得论以杀人既遂，乙得论以伤害致死；而依部分犯罪共同说，仅在伤害罪限度内，甲、乙成立共同正犯，但甲杀人行为部分，则仅得论以杀人未遂。两说在处理上，仍有差异。

(2) 罪质不同时

行为人各以不同的犯意而共同加功，其所成立犯罪的罪质不同时，得否成立共同正犯？例如，甲以强盗的意思，乙以强制性交的意思，共同对丙女施暴，甲将丙女打成重伤，两人均未达目的。甲、乙各应负何罪责？

①行为共同说

依行为共同说，甲、乙二人在暴行的限度内，有行为的一部共同，甲的强盗致重伤与乙的强制性交致重伤得成立共同正犯。

②犯罪共同说

依完全犯罪共同说，甲、乙二人所成立的犯罪，一则为强盗致重伤罪；一则为强制性交未遂罪，不具罪名的同一性，不能成立共同正犯。

至部分犯罪共同说，亦有两种不同主张，有认其得成立共同正犯者，亦有认其不成立共同正犯者。前者认为强盗罪及强制性交罪，在暴行的限度内具有同质重合的关系，与行为共同说获得相同结论。后者则认为强盗罪及强制性交罪，并不具有同质重合的关系，与完全犯罪共同说获得相同结论。

不过，强盗罪为财产犯罪，其强暴行为属于强取财物的手段；强制性交罪为侵害性自由的犯罪，其强暴行为属于强制性交的手段，两罪的罪质完全不同，应认其不成立共同正犯，较为妥适。

2. 主观意思的内容

犯罪共同说与行为共同说在适用上的另一重要差异，则表现在共同正犯成立要件的主观意思内容。一般认为，共同正犯的成立，须具备：(1) 主观要件，须有共同实施的意思；(2) 客观要件，须有共同实施的事实。在客观要件方面，两说的主张，其主要见解上之差异，已如前述；但是在主观要件方面，两说对于共同实施意思的内涵，则有明显的差别。

(1) 犯罪共同说

依犯罪共同说，所谓共同实施的意思，又称共同加功的意思，是指二人以上的行为人有共同实施某特定犯罪的意思，亦即二人以上的行为人，于实施某特定犯罪时，彼此认识对方的行为，并有互为利用或补充的意思。既须有互为利用或补充的意思，所以，行为人双方须有意思的联络为必要，亦即所谓共同实施犯罪之意思，不但须有故意，且须存在于各行为人之间，如仅存在于一方时，则无法成立共同正犯，无所谓过失共同正犯或片面共同正犯的概念。有共同实施之意思，不必在行为人之间有直接谋议的事实；如透过第三者居间联系，而各行为人均具有实施某特定犯罪的认识时，亦属之。

(2) 行为共同说

依行为共同说，共同加功意思的内容，是指行为人将自己的行为与他人的行为因果的结合而惹起犯罪的事实预见或预见可能性。此项共同加功的意思，并非意思的相互联络，所以不须有实现犯罪的明确及现实的意思，亦无须存在于各行为人之间，纵仅存在于一方时，亦得成立共同正犯，承认有所谓过失共同正犯或片面共同正犯的概念[①]。

(五) 中国台湾地区“刑法”有关共同正犯成立的本质

中国台湾地区“刑法”第28条规定的所谓“共同实施犯罪的行为”，究竟是指共同实施一定的犯罪或者是共同实施一定的行为？换言之，所谓“共同”，究竟是指“犯罪的共同”或者是“行为的共同”？如综观历年实务见解，可由以下三点得知，“刑法”是采完全犯罪共同说的主张。

1. 明白采犯罪共同说的主张

台湾地区“最高法院”的判例有明白采犯罪共同说的主张者，例如，“最高法院”19年上字第1846号判例“‘刑法’上之伤害人致死罪为结果犯，如多数人下手殴打，本有犯意之联络，即属共同正犯，对于共犯间之实施行为，既互相利用，就伤害之结果，自应同负责任。设使行为者间缺乏此种联络之意思，则纵属同时为加害行为，亦只应就其所实施之部分各任其责，不得概依共犯之例处断。”此号判例，强调共同正犯间须有“犯意之联络”，与犯罪共同说的主张相合；且明示缺乏此种联络的意思，则“纵属同时为加害行为，

① 山中敬一，前揭书，第790页。

亦只应就其所实施的部分各任其责”，则明显排除行为共同说的主张。

又如“最高法院”1941年上字第2132号判例“共同正犯，必须有意思之联络，如实施犯罪时，一方意在杀人，一方意在伤害，即不能以其同时在场而令实施伤害者，亦负共同杀人责任。”此号判例，对于各人意图实现不同的犯罪而共同加功的情形，否认其成立共同正犯。此等见解，亦与完全犯罪共同说的主张不谋而合，而与行为共同说的主张截然不同。

2. 明示主观上须有意思的联络

中国台湾地区实务判例历年来对于共同正犯的主观要件，均认为须有意思的联络，始能成立。例如，“最高法院”1939年上字第3242号判例“共同正犯之要件，不仅以有共同行为为已足，尚须有共同犯意之联络。‘刑法’对于无责任能力者之行为，既定为不罚，则其加功于他人之犯罪行为，亦应以其欠缺意思要件，认为无犯意之联络，而不算入于共同正犯之数。”他如，1929年上字第673号、1937年渝上字第1744号、1941年上字第870号、1945年上字第862号、1963年台上字第910号判例等均是。此等判例所示见解，均与犯罪共同说的主张相符，而与行为共同说的看法不同。

3. 否定过失共同正犯的概念

中国台湾地区实务判例历年来均否定有所谓过失共同正犯的概念。例如，“最高法院”1955年台上字第242号判例“‘刑法’第28条之共同正犯，以二人以上实施犯罪行为，有共同故意为要件，若二人以上同有过失行为，纵于其行为皆应负责，亦无适用该条之余地。”又如1938年附字第934号判例“‘刑法’第28条之共同正犯，以实施犯罪行为者有共同故意为必要，若二人以上共犯过失罪，纵应就其过失行为共同负责，并无适用该条之余地。”此等见解，明白否定过失共同正犯的概念，均与犯罪共同说的主张相符，而与行为共同说的看法有别。

如前所述，依行为共同说的主张，共同正犯，既不必有共同的犯罪意思，亦不须具有罪名的同一性，其与单独犯间，除具有行为共同的特征外，实无何差别；既无差别，则如何适用“一部行为全部责任”的法理，恐有说理上的困难。至完全犯罪共同说的主张，可能会使共同正犯的成立范围有过分狭隘之虞。所以，应以部分犯罪共同说的主张，较为妥适。中国台湾地区司法实务向采完全犯罪共同说，倘能酌采部分犯罪共同说的主张，稍为放宽共同正犯的成立范围，当更能使理论与实际兼筹并顾。

三、共同正犯责任的本质

共同正犯成立时，其在“刑法”上应负的责任，法文规定为“皆为正犯”。在现代刑事责任理论要求个人责任的原则下，所谓“皆为正犯”的内涵，是指行为人仅就自己成立正犯的行为负责？或者是就他人成立正犯的行为也要一起负责？如就他人成立正犯的行为也要一起负责，是否与个人责任的原则相抵触？实际上所负的是否为一种团体责任或连带责任？实有加以究明的必要。

（一）个人责任的原理

所谓个人责任，是指行为人只对于自己所为个人行为的犯罪负责，对于他人所为行为的犯罪不负责任。责任原则，是近代刑法的根本原理，通常均以“无责任，则无刑罚”，借以标示其内涵。责任原则，蕴涵有以下两个含义，即所谓主观责任与个人责任。所谓主观责任，是指行为人须具有责任能力及故意或过失时，始能对于行为人加以非难①。所谓个人责任，则如上述，是指行为人所实施的个人行为，始能对于行为人加以非难。

中世纪的封建时代以及近世初头的专制国家时代，刑事责任着重于结果责任与团体责任，只论客观法益侵害的结果，且往往将与行为人间具有亲友或近邻关系者，使其承担犯人的责任，即所谓连坐或缘坐的封建制度。近代刑法，则强调责任原则，摒弃结果责任与团体责任的思想。所以，主观责任与个人责任，可以说是近代刑法的一大特色。

基于个人责任的原理，行为人对于与自己行为无关系的他人的犯罪，毋庸承担其责任。不过，在各国现行法上，仍有部分规定，虽非行为人自己的行为，但如与自己行为有关系的他人的犯罪，仍使其承担一定的责任。例如，从犯成立的要件，必须正犯有着手实施犯罪的实行行为，且其行为达于可罚的程度，始能构成②；亦即从犯的帮助行为本身并非实行行为，必须透过正犯的实行行为，始能获得其可罚性。如果就个人责任的原理加以狭义解释，则共犯从属性的思想，势必予以否定③。所以，责任原则，虽是近代刑法的根本原理，如果检视近代各国刑法的规定，是否已完全贯彻责任原则的原理，实不无疑问存在。

（二）个人责任与共同责任的纠葛

个人责任之用语，如着眼于自己与他人间的区别，可分为个人行为责任与他人行为责任，前述有关个人责任原理的说明，即就此种含义而言。不过，刑法分则或其他特别刑罚法规中所规定的必要共犯，其中所谓聚合犯，或称

---

① 主观责任，通常须行为人具有责任能力及故意或过失为必要，不过，故意或过失在犯罪体系上的地位，因学说见解不同，有责任要素说、构成要件要素说以及构成要件及责任要素说等。如将故意或过失认为是构成要件的要素，而非责任的要素时，则所谓主观责任，须行为人具有责任能力及违法性的认识，始能对于行为人加以非难。

② “最高法院”1931 年上字第 792 号、1971 年台上字 2159 号判例等参照。

③ 西原春夫：“共同正犯における犯罪の実行”，载齐藤金作博士还历祝贺：《现代共犯理论》，有斐阁昭和 39 年版，第 125 页。

多众犯或集团犯的规定，在构成要件上，本即预定有多数人的共同行为存在为必要，“刑法”鉴于多众聚合，不但行为态样可能不同，且其轻重亦有差异，乃按首谋者及下手实施者等参与行为的态样或程度予以类型化，并分别规定各种轻重不等的刑罚。所以，因有必要共犯规定的存在，倘着重于参与犯罪的人数而言，个人责任一语，也可分为个人责任与共同责任两种。

所谓共同责任，是指行为人不仅对于自己所为个人行为的犯罪负责，对于他人所为行为的犯罪亦共同负责。此处所谓共同责任，虽亦可称为团体责任或连带责任，但与近代以前所谓的团体责任，含义完全不同。近代以前所谓的团体责任，着重于团体成员中的血缘、亲族或友情等人的因素，亦即因人与人的结合而共同负责任。此处所谓共同责任，除人与人的结合外，则着眼于团体成员中人的行为，亦即因行为与行为的结合而共同负责任。

此种共同责任，是否与个人责任的原理相抵触？例如，内乱罪属于集团犯，通常均由多数人协同实施，其参与者中，有居于指导统率地位者，亦有因群众心理而冲动附和者，故中国台湾地区“刑法”就其所扮演的任务，分首谋与非首谋，分别予以处罚。其中，首谋者并不以亲临现场指挥为必要，纵亲临现场，亦不必有以强暴胁迫着手实行内乱的行为。首谋者虽因其担当的角色，而较非首谋者赋予更重的责任，不过，首谋者如未以强暴胁迫着手实行内乱的行为，其首谋行为，并非内乱罪构成要件的实行行为，何以仍得成立内乱罪？其成立内乱罪所负的责任，究系个人责任或者是共同或团体责任？即不无疑义。学说上，有认为刑事责任，只要包含个人责任的原理在内为已足，纵非纯粹的个人责任，仍与责任原则不相抵触者①。但是亦有认为此种情形，实为个人责任原理的例外，而属于共同或团体责任者②。

（三）“一部行为全部责任”的法理

共同正犯的成立类型，得分为不真正共同正犯与真正共同正犯两类。所谓不真正共同正犯，是指各共同行为人其各自本身的行为，均已完全实现犯罪构成要件，亦即各共同行为人对于特定犯罪，一齐合力实施实现犯罪构成要件的行为。例如，甲、乙二人一齐动粗抢夺丙的财物，且均已抢夺到手；或甲、乙二人合力挥刀杀丙，均各刺中丙的要害致死等情形是。在此情形，设刑法上并无共同正犯的规定存在，甲、乙二人仍得各依单独正犯加以处罚。所以，有否共同正犯的规定，对于行为人的责任，并无任何影响。

① 夏目文雄：“共谋共同正犯の个人责任の原理”，载西原春夫、藤木英雄、森下忠编：《刑法学3（总论の重要问题）》，有斐阁双书，第136页。

② 西原春夫，前揭文，第126页。

所谓真正共同正犯，则指各共同行为人因共同协力的行为，始实现犯罪构成要件，其各自本身的行为，或仅止于未遂，或根本不成立犯罪。换言之，各共同行为人系各别分担一部分或其中某一阶段的行为，始实现犯罪构成要件。例如，甲、乙二人商议强盗，甲动手施暴，乙下手强取财物；或甲、乙、丙三人共谋杀丁，先由甲电话邀出，乙自后抱住，再由丙持刀刺杀等情形是。在此情形，因有共同正犯的规定存在，始能由各共同行为人就其共同行为所发生的结果全部负其责任。所以，由此共同正犯规定的存在所导出的责任原理，就是所谓"一部行为全部责任"的原理①。

申言之，所谓"一部行为全部责任"，是指各共同行为人各别分担实行行为的一部分或其中某一阶段的行为，而实现犯罪构成要件时，应各自负担其因共同行为所发生的全部责任。刑法所以于总则设共同正犯的规定，即针对此种真正共同正犯的情形，始有其立法上的意义。

（四）"一部行为全部责任"的理论基础

各共同行为人各别分担实行行为的一部分或其中某一阶段的行为，而实现犯罪构成要件时，何以应各自负担其因共同行为所发生的全部责任？亦即"一部行为全部责任"的理论基础何在？

依限制正犯概念，须由行为人自己亲自实现犯罪构成要件者，才是正犯。各共同行为人各别分担实行行为的一部分，此一部分，如分别加以观察，或不成立犯罪，或仅止于未遂，或成立他罪。例如，前所举例，甲、乙、丙三人共谋杀丁，先由甲电话邀出，乙自后抱住，再由丙持刀刺杀的情形，甲以电话邀丁外出的行为，并未成立任何犯罪；乙自后将丁抱住的行为，可能成立强制罪或剥夺行动自由罪；只有丙持刀刺杀的行为，始能成立杀人既遂罪。既然如此，为何甲、乙二人须与丙共同负杀人既遂的罪责？

1. 形式根据

首先，就"一部行为全部责任"的形式根据而言，得自中国台湾地区"刑法"第28条规定加以观察。中国台湾地区"刑法"第28条规定，二人以上共同实施犯罪之行为者，皆为正犯。依此规定，得为如下的诠释：

（1）共同正犯为正犯的一种，正犯所须要具备的成立要素，共同正犯亦须要具备。而正犯一定要有实行行为，始能成立，所以共同正犯亦须要有实行行为的存在。

（2）共同正犯的实行行为，并不是指各共同行为人个人个别的实行行为，

① 夏目文雄，前揭文，第136—137页。

而是指共同正犯整体共同的实行行为。

(3) 法文上所谓二人以上共同实施犯罪之行为，已将“二人以上”整体作为一个行为的主体，此“二人以上”的行为主体，并非一加一等于二等算数的总和，换言之，此“二人以上”的行为主体，并非物理地存在，而是具有法律上意义的人的结合，此种结合已超越自然人的概念，而属于超个人的社会存在的现象。至于此“二人以上”的内部关系，无论是任务的分配或行为的分担等，都不影响共同正犯的成立，所谓皆为正犯，即指此种意义而言[①]。因此，甲、乙、丙三人共谋杀丁，无论是甲的电话邀约、乙的自后抱住或者是丙的持刀刺杀，均属于甲、乙、丙三人整体的一个行为主体所实施的共同的实行行为，自应负担其因共同的实行行为所发生的全部责任。

2. 实质原理

其次，就“一部行为全部责任”的实质原理而论，其持主观行为共同说者，认为行为乃是犯人恶性的表现，行为人因借由他人的协力，更易有效达成自己的目的，乃借行为的共同，相互以他人的行为作为自己行为的延长而组成自己的行为，其因此而生的全部结果，自应归属于各人承担。因此，所谓“一部行为”，不以实行行为之一部分为限，纵系实行行为以外之行为，亦得成立共同正犯。在此立场下，共同正犯与狭义共犯间，实难有区别之可能[②]。

客观行为共同说[③]，则认为各行为人因共同的实行行为，在行为的因果过程中，造成物理的或心理的影响，各自借他人的行为加以利用或补充而实现犯罪。所以，为成立共同正犯，各行为人的行为至少须有一部分属于实行行为。在共同实行的意思范围内，纵仅分担实行行为的一部分，因其以他人的行为为利用或补充，仍可形成全体的实行行为，故得因分担实行行为的一部分而负全体行为的责任[④]。

依行为共同说的前述说法，除自己行为外，纵属于他人的行为，亦承担其责任，实际上并未贯彻个人责任的原理。

犯罪共同说则认为各行为人在主观上因相互有意思的联络，彼此认识对方的行为，并有互为利用或补充的意思。所以，纵仅分担实行行为的一部分，但既在共同意思的范围内，仍应就其全体负其责任。换言之，“一部行为全部

① 西原春夫，前揭文，第130—131页。

② 下村康正：《共谋共同正犯と共犯理论》，学阳书房1975年版，第29—32页。

③ 行为共同说的论者，说法亦各有不同。此处所云客观行为共同说的见解，系以山中敬一教授的见解为准。参照山中敬一，前揭书，第790—791页。

④ 山中敬一，前揭书，第790—791页。

责任”的实质根据，并不在于共同为实行行为的事实，而在于为该实行行为的共同实行的意思。各共同行为人，因具有共同实行的意思，在一个犯罪的遂行过程中，认识自己的角色，将他人的行为作为自己的行为，相互利用与补充，而实现犯罪。不过，犯罪共同说仅以故意的共同，作为共同正犯实行行为性的基础，实无异仅以故意决定犯罪的成否，而以主观意思的不法作为处罚的对象，自有欠妥当①。而且，如果贯彻个人责任的原理，各行为人应仅就其个人的实行行为负责，不能仅以有意思的联络为理由，即令其就他人所实施的行为负责②。所以，犯罪共同说，仅以共同实行的意思，亦即意思的联络，作为“一部行为全部责任”的实质根据，在说理上仍显不够充分。

刑法的规范目的，主要在于保护法益的安全，行为人因其行为对于法益造成侵害或危险时，始有加以处罚的必要。在单独正犯的情形，因行为人主观的意思及客观的行为，与法益侵害或危险间具有直接的心理及物理因果性，始视其为正犯而加以处罚。在共同正犯的情形，各共同行为人间在主观上因具有意思的联络，彼此互相提供、强化或促进行为的动机，而形成一个同心一体的共同意思的主体，对于法益的侵害或危险，具有直接的心理因果性；在客观上，各共同行为人分别分担实行行为的一部分或其中某一阶段的行为，彼此将他人的行为视为自己的行为，并相互利用与补充，以致造成法益侵害或危险，亦具有直接的物理因果性。所以，共同正犯的犯罪结构，已整体地形成一个犯罪共同体，各共同行为人自应就共同体内各人所实施的行为一起负责。所谓“一部行为全部责任”，在本质上实为一种共同责任，或称团体责任或连带责任。

不过，仍须澄清的是，此处所谓共同责任或团体责任或连带责任，除人与人的结合外，尚须行为与行为的结合，与近代以前所谓的团体责任，纯属于人与人结合的情形不同。再者，此处所谓共同责任或团体责任或连带责任，亦与个人责任的原则不相抵触。盖各共同行为人在主观上互有意思联络，已有将他人行为视为自己行为一部分的意思，且在客观上对于他人的行为加以利用或补充，实质上即属于自己的行为，各共同行为人仍系对于自己的行为负责，并非对于他人的行为负责。例如，甲、乙共谋杀丙，乙扭住丙的手臂，甲持刀刺杀的情形，乙扭住丙的手臂，虽只是分担实施行为的一部分，但在乙的主观意思上，已将甲持刀刺杀丙的行为视为自己的行为，乙仍系就其自己杀丙的意思及杀丙的行为负其责任，并非就甲的行为代其负责。

---

① 石井彻哉：“共同正犯に关する一考察——共同意思主体说の检讨——”，载《西原春夫先生古稀祝贺论文集》（第2卷），成文堂1998年版，第375—376页。

② 西原春夫，前揭文，第133页。

实行犯与正犯：一种概念上的考察

叶良芳*

“概念乃是解决法律问题所必需和必不可少的工具。没有限定严格的专门概念，我们便不能清楚地和理性地思考法律问题。没有概念，我们便无法将我们对法律的思考传达给他人。如果我们试图完全否弃概念，那么整个法律大厦就将化为灰烬。”① 概念法学，就是以概念为核心而建立起来的一种严密的法学体系。基于概念在整个规范法学中隆而重之的地位，因而，对概念进行研究就绝不是无关痛痒的。在刑法理论中，实行犯是共同犯罪中一个非常重要的概念，故有必要对其含义加以剖析。

一、实行犯概念的提出

实行犯这一概念是随着人们对共同犯罪认识的不断深化而逐步得以产生的。人类社会最初规定的违法犯罪行为，均是具体的、单独的形态，因而没有必要专门创造一个词汇来表明直接实施犯罪的人。后来，逐渐认识到单独犯罪与多数人犯罪的区别，但也只有群犯罪、共犯罪的概念，且只限于在具体的个罪中表述。“违者”、“行者”、“犯罪者”等概念足以满足表述的需要，尚不存在实行犯这一概念的土壤。在中国古代，唐律是封建社会法律的集大成者。在共同犯罪的分类方面，在相当于刑法总则的《名例》篇中已有“共犯罪者”、“造意者”、“随从者”等概括、抽象的概念，但“教令者”、“共谋者”及“行者”等概念仍是具体的，只在相当于刑法分则的各篇规定的具体个罪中使用。如《唐律·贼盗》（第298条）：“诸共谋强盗，临时不行，而行者窃盗，共谋者受分，造意者为窃盗首，余并为窃盗从；若不受分，造意

* 法学博士，浙江大学光华法学院讲师，博士后。主要从事刑事法学研究。

① ［美］E. 博登海默：《法理学：法律哲学与法律方法》，邓正来译，中国政法大学出版社1999年版，第486—487页。

者为窃盗从，余并笞五十。”这里的“行者”，显指直接实施犯罪行为的人，已相当接近实行犯的概念，但尚难以完全等同。在中世纪罗马法复兴运动中，意大利的罗马法学家对罗马法进行了注释，并将所研究的成果运用于刑法研究中。他们从犯罪构成要件的解释着手，开始区分正犯（实行犯）与共犯的概念，[①] 并为1532年德国《加洛林纳刑法典》所采用。该法典第177条规定：“明知系犯罪行为而帮助犯罪行为者，则无论用何方式，均应受刑事处分，其处分按行为者减轻之。”这里的“行为者”，已基本接近现代意义上的实行犯，但其规定仍较为隐含、片面。在刑事立法上第一次明确、正面规定实行犯概念的是1810年《法国刑法典》。该法典第59条规定：“重罪或轻罪之从犯，应处以与正犯相同之刑；但法律另有规定者，不在此限。”该条规定虽然未对正犯概念作出界定，但毕竟是在刑事立法上最早运用正犯、从犯这两个概念来涵指一切共同犯罪人，因而具有开拓性的意义。之后，1871年《德国刑法典》、1907年《日本刑法典》相继沿用了这一概念，并使这一概念推广至几乎所有的大陆法系国家。1919年《苏俄刑法指导原则》在规定共同犯罪时，也沿习了德国刑法的三分法，将共同犯罪人分为实行犯、教唆犯和帮助犯三类。1958年《苏俄和各加盟共和国刑事立法纲要》还增加了组织犯这一共犯类型，并为1960年《苏俄刑法典》及其他社会主义国家所采用。综上，实行犯是为了区分共同犯罪中犯罪行为的实行者与犯罪行为的加功者之地位与分量的需要而创设的一个概念，其原意应是指直接实行犯罪行为的人。后来，德国刑法学界又创造出间接正犯这一概念，以与教唆犯相区分。

“实行犯”这一概念，其对应语在法文中是“Auteur materiel”，在德文中是“Täterschaft”，在日文中是“正犯”，在俄文中是“Исполнителъ”。有论者认为，正犯，本系我国古代之法律用语，指的是触犯正条的犯罪人。这里的正条，即刑法中罪形式条文。此后，日本人将德国中Täterschaft一词译为正犯。我国清末颁布的《大清新刑律》复将具有资产阶级刑法意义上的正犯一词引入国内。[②] 中国古代是否已有正犯这一概念，尚有待考证。[③] 但是，《大清新刑律》中的“正犯”一词，倒确实是我国学者直接引用日本刑法典中的

---

① 参见蔡墩铭：《唐律与近世刑事立法之比较研究》，台北汉苑出版社1968年版，第200页。

② 参见陈家林：《共同正犯研究》，武汉大学出版社2004年版，第1页。

③ 据学者研究，汉律中还没有“正犯”（共同犯罪人中直接参加实施犯罪行为的罪犯）这一名称。“正犯”这一用语，在清《大清律例·刑律》中始见，“谋反大逆”附条例云：“其有人本愚，妄书词狂悖，或希图诓骗财物，兴立邪教，尚未传徒惑众，及编造邪说，未煽惑人心，并奸徒怀挟私嫌，将谋逆重情，捏造匿名揭帖，冀图诬陷，比照反逆及谋叛定罪之案正犯，照律办理……”参见张晋藩等：《中国刑法史新论》，人民法院出版社1992年版，第336页。

日文汉字所致。

我国现行刑法典中并无实行犯这一概念，但理论界一直对其进行研究。一般认为，正犯即实行犯，二者只是翻译用语的问题，并无实质上的区别，“仅是一种事物的两个不同称谓而已”①。但也有论者提出不同的观点，认为正犯和实行犯这两个概念存在差异。正犯是相对于共犯而言的，是在参加犯罪形态的属概念基础上进行划分的种概念，两者互不分离。实行行为则与危害行为之间是属种关系，与非实行行为之间是相对应的关系，非实行行为是指刑法总则条文加以规定的构成要件行为，既包括狭义共犯，又包括组织行为和预备行为。正犯和实行犯虽然具有一定的相同点，但它们各自对应的对象之间却是绝不能等同起来的。如同一个组织行为，从行为论角度衡量显然属于非实行行为，但在正犯和共犯领域却属于正犯之行为。因此，它们所指向的外延是不尽相同的。在理论上不存在将正犯与实行犯统一起来的必然性，两者都具有各自的范畴、存在的价值和意义，故不宜互为替代。② 这一观点存在以下缺陷：一是认为正犯和实行犯各自对应的对象不能等同，并没有充分的理论根据。正犯对应的概念是共犯，实行犯亦是为了区分其他共犯而创设的概念，其对应的概念何尝不也是共犯呢？二是将正犯与实行行为相比较，犯了比较对象属性不同的错误。实行犯与实行行为，二者虽然关系密切，但显然是两个独立的概念，因而，以实行行为代替实行犯，并与正犯作比较，得出的结论必然不正确。三是组织行为属于正犯之行为，也不完全确切。在德、日刑法规定中，事实上并没有组织行为这一概念。实务上为了打击实施组织行为的犯罪人，将其视为正犯；理论上有的学者则创设了共谋共同正犯和无形共同正犯的概念，将这类犯罪人纳入正犯的范畴，以为实务寻找根据。但这种做法并无立法的依据，理论上也有不少反对意见。③

笔者认为，实行犯与正犯这两个概念的内涵和外延基本上是相同的，可以互相替代。这一点，可以从新中国成立后的刑事立法史中看出来。1950 年《中华人民共和国刑法大纲草案》将共同犯罪人分为正犯、组织犯、教唆犯与帮助犯四类；1954 年《中华人民共和国刑法指导原则草案》（初稿）则改为

---

① 林维：《间接正犯研究》，中国政法大学出版社 1998 年版，第 37 页。

② 参见朴宗根：《正犯论》，吉林大学博士学位论文 2001 年印，第 26 页。

③ 如日本刑法学者大冢仁就不赞成承认共谋共同正犯的立场，认为承认共谋共同正犯，无非是对在共谋者中可能潜在于实际上担当了实行行为的人的背后的更大人物，赋予其作为正犯的可罚性。但是，只要这种人物仅仅停留于单纯的共谋者，就不能认为是“共同实行了犯罪的人”，而应根据其共谋的性质，追究其作为教唆犯或者从犯的责任。参见大冢仁：《刑法概说（总论）》，冯军译，中国人民大学出版社 2003 年版，第 261 页。

组织犯、实行犯、教唆犯与帮助犯；1957 年《中华人民共和国刑法草案》（初稿）即第 22 稿，又将共同犯罪人分为正犯、教唆犯与帮助犯。第 22 稿删除了组织犯的规定，主要是考虑到在总则中规定组织犯，容易扩大组织犯的范围，倒不如只在分则的有关条文中对其规定较重的法定刑，这样既能使组织犯受到相应的处罚，又能避免扩大组织犯的范围。[①] 因此，虽然取消了组织犯这一共犯人分类，但并未将其纳入其他共犯之中，因而也未扩大正犯、教唆犯与帮助犯的范畴。那么，在草案中为什么用"正犯"一词，而不用"实行犯"呢？对此，立法者解释说：因为"实行犯"这一名称不科学，实际上不但实行犯去实行犯罪，其他共犯也是实行犯罪的，而用了"实行犯"这一名词就意味着其他的共犯好像坐在那里什么都不干，这与实际情况是不符的。同时正犯是共犯中的主体，是共同犯罪中对犯罪起决定作用的人，因此用"正犯"更能表现他在共犯中的作用。[②] 可见，立法者之所以选用"正犯"这一名词而不选用"实行犯"这一名词，主要是基于选用哪个名词更能准确地表达所要概括的犯罪形态的考虑，并非因为二者各自犯罪形态的范围有何不同。事实上，立法者的担忧是不必要的，因为法律术语均有其特定的、与一般生活用语不同的含义。即使选用"实行犯"一词，也不会造成"认为其他共犯不实施犯罪"的误解，但这一立法情况反而可以佐证实行犯与正犯指的均是同一个对象。当然，二者的细微区别还是有的。正犯，按有的学者解释，顾名思义，是指真正的犯罪人。[③] 由此反推，"正"应是指"真正"之义。正犯是真正的犯罪人，其他共犯则不是真正的犯罪人。依照"共犯附属性的原则"，共犯的责任依实行犯行为的性质和情况决定，实行犯以外的共犯的行为，没有独立的意义。换句话说，只有当实行犯实施了犯罪，其他共犯才负刑事责任，如果实行犯的行为是犯罪未遂，他们就只对犯罪未遂负责；如果实行犯因自动中止而免除处罚，他们也免除处罚。因此，实行犯被称为正犯，其他共犯被称为从犯。[④] 共犯罪的犯罪行为是由实行犯实施完成的，教唆犯的教唆行为以及从犯的辅助行为都不直接作用于共犯罪所直接侵犯的客体，因而不能引起客体的被否定，只有实行犯实施的犯罪行为直接作用于共犯罪所侵犯的客体，才是引起客体被否定的直接原因。因此，共犯罪中的实行犯被

---

① 参见高铭暄：《中华人民共和国刑法的孕育和诞生》，法律出版社 1981 年版，第 51 页。

② 参见李琪："有关草拟中华人民共和国刑法草案（初稿）的若干问题"，载《我国刑法立法资料汇编》，北京政法学院刑法教研室 1980 年印行，第 124 页。

③ 参见许玉秀：《刑法的问题与对策》（修订再版），台北成阳印刷股份有限公司 2000 年版，第 4 页。

④ 参见高铭暄：《中华人民共和国刑法的孕育和诞生》，法律出版社 1981 年版，第 49 页。

称为正犯，依主从论时，则称为主犯。正犯寓义是其居于首位，以区别于其他共犯的界限。[①] 可见，正犯更侧重于直接引起犯罪结果的主要犯罪人之义，因而与不直接引起犯罪结果的次要犯罪人——从犯或共犯并列更宜；而实行犯中的“实行”，与组织犯中的“组织”、教唆犯中的“教唆”、帮助犯中的“帮助”一样，显然指的是一种行为类型或方式，因而实行犯与组织犯、教唆犯、帮助犯并列更为适当。此外，如前所述，在国外刑事立法中，实行犯一般不包括组织行为，而正犯，基于立法所限，在有的刑法解释学上则还包括组织行为。当然，这种细小的差别主要是就国外刑事立法而言的，从我国刑法理论来看，二者所指的对象并不存在任何差别。

笔者还发现一个有趣的现象：在翻译德、日等刑法典、刑法著作时，学者们基本使用正犯这一概念；而在翻译前苏联及俄罗斯等国的刑法典及刑法著作时，学者们则更倾向于使用实行犯这一概念（也有的译为“执行犯”）。当前，在我国刑法理论界，既有使用实行犯这一用语的，也有使用正犯这一用语的。由于我国刑法理论界对共同犯罪人的分类，在采用分工分类法时，是采用前苏联的四分法，即将共同犯罪人分为实行犯、组织犯、教唆犯和帮助犯四类。因而，笔者倾向于采用“实行犯”这一用语。

二、实行犯概念的界定

在给实行犯这一概念作出界定之前，首先应当明确：实行犯是指一种犯罪形态，还是指一种犯罪行为人？

关于这个问题，从现有的学者给实行犯所下的定义来看，主要有三种不同的观点：第一种观点认为，实行犯指的是一种犯罪行为人。如认为“正犯是自己实施了全部构成要件要素之人”；[②]“实施了实行行为者是正犯”；[③]“直接实施犯罪的人，即实际完成刑法典分则规定的作为某一犯罪要件的行为的人，是实行犯”。[④] 第二种观点认为，实行犯指的是一种犯罪形态。如认为“所谓正犯（Täterschaft），指行为人自己充足构成要件要素之场合。换言之，自己实现刑法分则中记述的‘实施……的’之构成要件的全部要素的，是正

① 参见宁汉林、魏克家：《大陆法系刑法学说的形成与发展》，中国政法大学出版社 2001 年版，第 136 页。

② ［德］汉斯·海因里希·耶赛克、托马斯·魏根特：《德国刑法教科书（总论）》，徐久生译，中国法制出版社 2001 年版，第 775 页。

③ ［日］大冢仁：《犯罪论的基本问题》，冯军译，中国政法大学出版社 1993 年版，第 72 页。

④ ［俄］斯库拉托夫、列别捷夫主编：《俄罗斯联邦刑法典释义》（上册），中国政法大学出版社 2000 年版，第 77—78 页。

犯者（Täter)”;[①] “所谓实行犯，是自己直接实行犯罪构成客观要件的行为，或者利用他人作为工具实行犯罪行为”;[②] “所谓正犯，是指实施刑法分则所规定的具体犯罪构成客观方面行为（一般称之为实行行为）的犯罪形态”。[③] 第三种观点认为，实行犯既指一种犯罪形态，也指一种犯罪行为人。如认为“正犯，又称实行犯，指直接实施犯罪构成客观要件的行为，或者利用他人作为工具实行犯罪行为的人。”[④]

上述观点的分歧，与实行犯这一术语本身的用语不无关系。在汉语中，“实行犯”中的“犯”，既可以理解为“犯罪”，又可以理解为“罪犯”或“犯罪人”，因此，从字面上看，似乎将实行犯理解为犯罪或者犯罪人，均是可行的。另外，从各国刑事立法的规定来看，有的是将其规定在“行为”的名目之下，如德国；有的则是规定在“共同犯罪人的种类”的名目之下，如俄罗斯联邦。根据前者立法规定，似应理解为一种犯罪形态；根据后者立法规定，则理解为一种犯罪人更为妥适。还有，绝大多数国家刑事立法在给实行犯下定义时，均不是完整的定义。如1907年《日本刑法典》第60条规定：“二人以上共同实行犯罪的，都是正犯。”该定义的子项没有明确，即“的”字后面到底是“行为”还是“行为人”，并不清楚，由此留下不同解释的空间。非但如此，这一定义，从逻辑学上看，是不可逆推的判断，是不周延的。即我们可以说，任何二人以上共同实行犯罪的，均是正犯；但不能反过来说，任何正犯都必须是二人以上共同实行犯罪的。在这种情况下，对实行犯的理解，见仁见智，观点纷呈，也就不足为怪了。当然，也有的立法在给实行犯下定义时明确指出其是一种犯罪行为人，如我国《大清新刑律》第29条规定：“二人以上共同实施犯罪之行为者，皆为正犯。”此处的“者”，就只能作“人”理解，但这仍然不能完全消除理论上的不同理解。

事实上，从刑法理论研究的角度，无论将实行犯理解为一种犯罪人类型，还是犯罪类型，均是有益的，也是必要的。在刑法学界，对刑法学研究的对象曾存在激烈的争议。刑事古典学派认为，刑法学研究的重点是行为，应受处罚的是行为。刑事近代学派则认为，应受处罚的不是行为，而是行为人，将研究的重点放在行为人的人身危险性上。[⑤] “二战”以后，两派观点出现了

---

① ［日］山中敬一：《刑法总论Ⅱ》，成文堂1999年版，第734页。

② 马克昌主编：《犯罪通论》（第3版），武汉大学出版社1999年版，第544—545页。

③ 陈家林：《共同正犯研究》，武汉大学出版社2004年版，第26页。

④ 马克昌、杨春洗、吕继贵主编：《刑法学全书》，上海科学技术文献出版社1993年版，第652页。

⑤ 参见马克昌：《比较刑法原理：外国刑法学总论》，武汉大学出版社2002年版，第22页以下。

融合的趋势。新古典学派吸收了刑事近代学派中的合理因素，既重视对行为的研究，也重视对犯罪人的研究。法谚云："应受惩罚的是行为，而惩罚的是行为人。""应受惩罚的是行为"是指定罪对象只能是行为，其评价的核心是社会危害性，刑事责任之所以能够产生，就在于行为的社会危害性达到了犯罪的程度。"惩罚的是行为人"是指适用刑罚的对象是犯罪人，犯罪人是刑罚的承担者，其评价的核心是人身危险性，适用刑罚的目的在于预防犯罪人再次犯罪。[①] 同样，研究实行犯这一概念，主要是解决对其如何适用刑事责任问题。刑事责任存在的根据，是行为的社会危害性。为此，不能不研究实行犯的行为构成特征，这是作为犯罪形态意义上的实行犯应有的内容；同时，当认定某一行为成为实行犯这一犯罪形态时，还必须将刑事责任落实到实施这一犯罪形态的犯罪人身上，这是作为犯罪人意义上的实行犯必备的成分。其实，在刑法中，对任何一种犯罪形态，既要研究其犯罪构成特征，也要研究其行为人特征，这完全取决于研究的角度和需要。刑法分则中具体个罪（有时还包括群犯罪、聚众犯罪）的条文规定，通常是表明行为的客观特征，而没有指出谁是行为的实施者。行为的实施者是无名的"谁……"。刑法分则绝大多数条款对犯罪的描述往往都是以无名的"谁……"开始的。因此，刑法分则条款的规定既可理解为一种犯罪行为，也可理解为实施这种犯罪行为的人。如"故意杀人的，处……"。对"故意杀人的"，既可将其理解为一种犯罪形态——"故意杀人罪"，是一种犯罪行为类型；也可将其理解为一种犯罪行为人——"故意杀人者"，是一种行为人类型。这样，在研究此类犯罪的构成要件时，即确定刑事责任的有无时，应作第一种理解；在确定如何将此类犯罪的法定刑附着于行为人身上时，即将刑事责任现实化时，应作第二种理解。因此，笔者倾向于上述第三种观点，即将实行犯理解为既是一种犯罪类型，也是一种犯罪人类型。

那么，作为一种犯罪形态的实行犯，是一种单独犯罪形态，还是一种共同犯罪形态呢？

关于这个问题，可以从实行犯这一概念产生的过程来加以分析。最初人们是为了区分直接实施犯罪行为者与对犯罪直接实施者进行加功者，而创设了实行犯的概念；后来，为了区分利用他人作为犯罪工具实施犯罪的情形与教唆犯的区别，又创设了间接实行犯的概念；最后，还增设了单独实行犯的概念。如1976年《德意志联邦共和国刑法典》第25条规定："(1) 自任犯罪

① 参见曲新久：《刑法的精神与范畴》，中国政法大学出版社2000年版，第213页。

行为之实行，或假手他人以实行者，依正犯处罚之。（2）数人共同实施犯罪的，均依正犯论处（共同正犯）。”该条规定的实行犯是最广义的实行犯概念，它实际涵括了一般意义上的单独实行犯、间接实行犯和共同实行犯，即刑法分则条文所规定的犯罪形态以及共同犯罪形态中的实行犯一并囊括在内。德意志联邦共和国这一立法具有典型性。其他国家的刑事立法中，实行犯的概念亦是广义的，既包括共同实行犯，也包括单独实行犯。大陆法系国家如此，英美法系国家也是如此。因此，在这些国家中，实行犯既包括单独犯罪形态，也包括共同犯罪形态。但在前苏联、俄罗斯、中国等国家的刑事立法中，实行犯是在共同犯罪中明文规定或者隐性内含的一个概念，是在共犯这一母概念之下的一个子概念。因此，实行犯应当指的是一种共同犯罪形态，而非单独犯罪形态。同一个概念，却有两种不同的内涵，究其原因，乃在于对共同犯罪立法的指导思想不同。考之大陆法系及英美法系各国刑事立法，大多没有共同犯罪的一般性概念规定。一种犯罪行为，只要符合刑法分则规定的构成要件，即可追究行为人的刑事责任。至于行为主体是单数，还是复数，则在所不问。因此，立法的重点在于如何把一种犯罪行为纳入刑法分则的规定中，司法的关键在于判断一种行为是否是实行行为。当然，当行为主体为复数时，如果各主体之间存在意思联络、行为协力等情形，则属于共同犯罪，共同行为中的他人行为应当被视为本人的行为之一部分。因而，其立法或理论上亦有共同犯罪的内容。但其侧重点仍在于如何将（单一）行为人的行为解释为符合分则规定的实行行为或者对实行行为有助功的行为，而不在于对各犯罪人如何区别对待。换言之，单数行为人和复数行为人，只要其行为符合刑法分则的实行行为的规定，均可作为实行犯处理，二者在责任上并无任何不同。而在立法上规定共同犯罪概念的国家中，既要关注危害行为是否对实行行为有作用力，能否被纳入刑法分则的规定中，又要关注行为主体是否与他人相互沟通，是否为复数。因为，复数行为人互相沟通结为一体共同实施犯罪，其危害性较单个主体实施犯罪要严重得多，故在立法上要区别对待。鉴于此，实行犯应当是指一种共同犯罪形态，即与他人处在共犯关系之下的犯罪形态。其上位概念是共同犯罪，其并列概念是组织犯、教唆犯、帮助犯。

最后，在给实行犯下定义之前，不能不对下面这个问题作出回答：实行犯的本质特征是什么？亦即实行犯与教唆犯、帮助犯等共犯的区别标准是什么？这个问题关系到对实行犯这个概念最终作出界定。关于实行犯与共犯的区别，在刑法理论学说史上，先后有客观说、主观说和目的行为支配说三种不同的主张：（1）客观说。该说认为，由于从事构成要件该当行为的实行，在客观上与构成要件加功行为的唆使行为或支持行为有所区别，故应在行为的客观层面上区分实行犯与共犯。客观说又有形式客观说与实质客观说之分。形式客观说系以不法构成要件对于犯罪行为的描述为基础，纯就构成要件该当行为的形式客观面来区别实行犯与共犯，亦即是固守不法构成要件在形式客观上所描述的文义，而不顾及行为人的主观意思及其行为对于整个犯罪的作用分量，只要是不法构成要件所掌握的行为主体，即属实行犯，至于其他对于犯罪的完成只有因果上的贡献者，则为共犯。易言之，实行犯是指自己实行一部分或全部构成要件该当行为之人；共犯则指经由一个预备行为或支持行为，而参与他人实现不法构成要件之人。[①] 实质说以行为在客观上的危险性或在因果关系上的分量，作为区别实行犯与共犯的标准。[②] （2）主观说。该说以因果关系理论中的条件说为基础，认为全部的条件作为原因都是等价的，所以，从因果关系的见解出发，对正犯和共犯的区别进行客观的区别是不可能的，只能从行为人的意思中来寻求区别的基础。主观说又有故意说和目的说之分。故意说认为，以正犯者的意思而实施行为时即为正犯；以加功于他人行为的意思时即为共犯。目的说（又称利益说）认为，为了自己的目的或利益而实施行为时为正犯；为了他人的目的或利益而实施行为时为共犯。[③]（3）犯罪事实支配说。该说认为，犯罪构成要件是客观行为与主观犯罪的结合体。判断实行犯与共犯的区别，亦应与判断犯罪一样，既考察行为人的客观行为，又考察行为人的主观心态，二者兼顾，不能偏废。首先将犯罪事实支配（Tatherrschaft）一词导入刑法基本概念中的，是德国刑法学者黑格勒（Hegler），后威尔泽尔（Welzel）透过其目的行为论及所谓现代行为人概念赋予犯罪事实支配理论实质内容，再经马拉哈（Maurach）发展，使犯罪事实支配理论具有更多的客观色彩。这一理论的集大成者是罗克辛（Roxin）。他以二元正犯理论为基础，对犯罪事实支配理论详加探讨，并将之发展到极致。依其见解，正犯系具体犯罪事实的核心角色，是对犯罪事实之发生、历程及结果具有支配之人，共犯则为犯罪事实之边缘角色。边缘角色附丽于核心角色，故共犯仅是伴随正犯而存在。核心角色系由犯罪事实支配要素、特别义务之侵害及亲手实施建构而成。对于故意犯而言，犯罪事实支配主要由三主要支柱建构而成：一是行为支配。主要系针对亲手且具目的性之构成要

---

① Beling：Die Lehre vom Verbrechen，1906，S. 408；v. Hippel：Deutsches Strafrecht，Bd. Ⅱ，1930，S. 454.

② Jescheck/Weigend，AT. S. 648；Samson in：SK StGB，Vor §25 Rn. 8.

③ 参见［日］木村龟二主编：《刑法学词典》，顾肖荣等译，上海翻译出版公司 1991 年版，第 323 页。

件实现而言。任何犯罪行为的实现，必然有行为支配存在，特别在判断参与者仅有一人时，更为明显；如有数人时，则对实现构成要件之人，必定有行为支配存在。二是意思支配。主要系作为认定间接正犯之标准，亦即如参与者具有纵向的前后关系存在时，对幕后者的参与形态，必须透过意思支配基准来认定。凡事实情状系借由强制、错误、利用优势知识及组织形态机制所为者，幕后之人即具有意思支配而成立间接正犯。三是功能性支配。主要系为认定共同正犯之犯罪事实支配之共同性，亦即多数参与者间，具有对待的横向参与关系，如功能性支配确立，则所有参与者，皆为共同正犯。①

上述观点的纷呈，表明区分实行犯与正犯之不易。这既与刑事立法有关，也与方法论有关。从刑事立法上看，如果实行犯被赋予确定其他共犯定罪与量刑的双重功能时（如大陆法系国家），则对一些从形式上看非构成要件行为，但从实质上看其社会危害性较实行犯为重的行为（如组织行为）或基本相同的行为（如现场帮助行为），必然千方百计解释为实行犯；从方法论上看，由于形式客观说存在一定的局限性，故往往从实质的层面寻找解释的路径，而这又往往矫枉过正，陷入迷宫。

笔者认为，我国刑法理论应当采用形式客观说。首先，从我国刑法的规定来看，实行犯与主犯并不具有一一对应关系，两者功能也各自不同：前者具有确定其他共犯犯罪性质的功能；后者具有确定共犯刑事责任的功能。但两者功能均是单一的。另外，与实行犯并列的组织犯概念分离了一部分性质严重的犯罪行为。因此，区分实行犯与主犯，就不像大陆法系国家那样负荷重重，从而无须在区分组织行为、现场帮助行为与共犯行为之间煞费苦心。形式客观说在其法律解释中存在的缺陷，在我们的法律体系之内，则并不存在，故完全可以为我所用。其次，从方法论上来说，形式标准由于其明确具体，因而有很强的可操作性；实质标准由于抽象概括，需要司法主体较高的法律素质才能适用，相比之下，可操作性差。任何一个法律制度的构建，不能脱离这个国家的基本国情、国民素质及法律传统。正如当今许多国家已经全面废除死刑，但在我国由于特定的物质文明和精神文明所决定，全面废除死刑尚难以提上议事日程，限制死刑才是当前努力的目标。② 形式客观说坚持构成要件的定型性，强调在客观上亲自实现构成要件该当行为人，恒属正犯，

① Roxin, aaO., S. 527ff.

② 关于限制死刑的详细讨论，可参见赵秉志："论中国非暴力犯罪死刑的逐步废止"，载《政法论坛》2005年第1期，第92—99页；钊作俊：《死刑限制论》，武汉大学出版社2001年版；赵秉志主编：《中国废止死刑之路探索》，中国人民公安大学出版社2004年版。

始终以客观行为的本身特征作为实行犯与共犯的区分点。这一标准易于掌握、易于执行，与我国当前的法律状况极为契合。第三，从本质特征来看，实行犯与教唆犯、帮助犯的区别，主要并不在于行为人的主观方面，而在于行为的客观方面。因为实行犯的犯意与教唆犯、帮助犯的犯意在共同犯罪中是互相沟通和联络的，彼此融为一体，较难区分；而实行犯的行为均在刑法分则中规定，教唆、帮助行为则在总则中规定，各自的行为是独自实施的，彼此界限分明。主客观相统一的构成要件说，在认定是否构成实行犯时，自然是应当坚持的标准。但是，在区别实行犯与共犯时，这一标准则显得过于概括。形式客观说也不是不讲实行犯的成立不需要主观方面的要件，而只是强调实行犯与共犯的区别重在客观方面，主观方面则作为辅助标准而已。主客观相统一的标准认为，主观上出于实行的意思，客观上实施实行行为的，为实行犯；主观上出于非实行的意思，客观上实施非实行行为的，为非实行犯。但是否存在一种主观上出于实行的意思，客观上却实施非实行行为，或者主观上出于非实行的意思，客观上却实施实行行为的情况存在呢？如果没有，则在界分实行犯与非实行犯时，则没有必要考虑主观方面的差异。事实上，行为与意思是相伴的，没有脱离实行意思的实行行为，也没有脱离实行行为的实行意思。实行犯如此，教唆犯、帮助犯亦如此。因此，从客观方面考察，即足以对实行犯与共犯加以区分。

另外，基于语词数量的限定性、信息传递的简洁性、立法规定的特殊性等原因，同一个语词，往往在不同的语境中被赋予不同的含义。如“共犯”，即可指共同犯罪形态，也可指共同犯罪人；既可作任意的共犯和必要的共犯等最广义的理解，也可作共同实行犯、教唆犯、帮助犯等广义理解，还可作教唆犯、帮助犯等狭义理解，甚至作帮助犯最狭义理解。这往往取决于各国立法规定、表述交流需要等因素而定。又如“既遂犯”一词，一般是指具备了刑法分则规定的某种故意犯罪的基本构成要件的一种情形，是直接故意犯罪的一种停止形态（完成形态），与预备犯、未遂犯、中止犯等未完成的停止形态相并列。但是，在有的语境中，其又被用来指充足了刑法分则规定的所有犯罪的基本构成要件的情况，而不管其是否是故意犯罪，还是过失犯罪。易言之，除直接故意犯罪外，过失犯罪、间接故意犯罪也有既遂形态。同样，如上所述，实行犯一词，也可作广、狭两义理解。广义的实行犯，是指刑法分则规定的一切犯罪的单独实行犯以及共同实行犯而言。狭义的实行犯，则指处在共同犯罪形态下的一种实行犯。对单独实行犯，一般是在故意犯罪或者过失犯罪等领域研究，没有必要将其置于共犯论中。对共同实行犯，由于其是规定在共同犯罪中，理论上一般又在共同犯罪部分对其进行研究。基于此，对实行犯一般应采狭义说。

综上所述，笔者拟对实行犯作如下界定：所谓实行犯，是指直接实行或者利用他人为工具实行刑法分则规定的构成要件行为的一种共同犯罪形态或者共同犯罪人。①

① 需要说明的是，这一定义主要是从法解释论、法适用论的角度进行的，即如何对实行犯下一个形式的定义问题。从立法论的角度，则无疑应对实行犯下一个实质的定义。至于实行犯的实质定义，笔者认为应当采用上述实质客观说中的危险性说，即实行犯，是指对法益具有直接侵害危险的一种共犯形态或者共同犯罪人。

教唆犯着手新论

——兼及《刑法》第29条第2款规定的废除

钱叶六*

一、"着手"判定的一般标准

着手作为区别犯罪未遂与犯罪预备的特定概念，最先被1796年法国法律明确规定，其后，各国法律纷纷仿效，在规定犯罪未遂概念时，均将"实行的着手"作为犯罪未遂成立的不可或缺的条件。① 对于预备犯原则上不罚，仅于非常例外的情况才予处罚的德日等国家来说，犯罪行为是否已经着手实行，则攸关该行为是否成立犯罪以及是否具有可罚性的问题。而对预备犯原则上予以处罚但同时处罚轻于犯罪未遂的立法例如中国刑法来说，着手是区分处罚原则不同的两种犯罪形态的标志。因此，"什么是实行的着手、该如何认定等问题就成为未遂论中最重要的问题"，② 并直接关乎行为人的刑事责任轻重乃至犯罪成立与否、可罚性有无的重要理论和实践问题。

（一）刑法学界关于"着手"标准的理论纷争

什么是实行的着手及其具体认定标准问题，理论上学说林立，歧见纷呈，主要有主观说、客观说和折中说等见解。

---

* 南京财经大学法学院讲师；中国人民大学刑事法律科学研究中心博士生。主要研究方向为刑法学。

① 最先采用"实行的着手"概念作为区分犯罪未遂与预备的基准，是法国1796年法律，随后着手概念被导入1810年《法国刑法典》、1851年《普鲁士刑法典》、1871年《德国刑法典》。[日]野村稔著：《未遂犯の研究》，成文堂1984年版。

② 黎宏著：《日本刑法精义》，中国检察出版社2004年版，第189页。

1. 主观说

主观说是新派的观点，基于行为人、主观主义的立场，以行为人的反社会性格作为处罚的对象，故行为人的反社会性格或法的敌对意思通过外部行为表现出来时，就是实行的着手，宫本英修称之为犯意之飞跃表动。

2. 客观说

客观说是旧派的观点，其中又有形式客观说和实质客观说之分，介述如下：

（1）形式客观说。形式客观说以构成要件为基准，从形式的观点把握实行的着手。日本学者中持形式客观说的学者有小野清一郎、团藤重光、植松正等，如小野清一郎认为，犯罪的实行是符合犯罪构成要件的行为，“着手”即是该符合构成要件行为的开始，或多少实行了一部分。[①] 在这种见解之下，行为只要形式上符合构成要件，就可以认定为未遂犯，因而这种观点将未遂犯理解为抽象危险犯。我国刑法通说亦持此一见解，“所谓着手实行犯罪，是指行为人已经开始实施刑法分则规范里具体犯罪构成要件的犯罪行为，如故意杀人罪中的杀害行为，抢劫罪中侵犯人身的行为和劫取财物的行为等。[②]

（2）实质客观说。此说以法益侵害说的立场，从实质的观点把握实行的着手时期，即着眼于形式的实行行为所内含的实质内容，认为在发生侵害法益的具体、紧迫的危险的时候，就是实行的着手。代表性见解认为，之所以处罚未遂犯，是因为该行为存在发生结果的具体危险。这种危险，不是行为人的性格（主观）的危险，而是行为所具有的侵害法益的客观危险。未遂犯不是抽象危险犯，而是具体危险犯。该危险是紧迫的，它就是将未遂和预备相区别的实质性理由。[③] 我国著名刑法学者张明楷教授在着手的认定上就持实质客观说的见解：“犯罪的本质侵犯法益，故没有侵犯法益的行为不可能构成犯罪，当然也不可能称其为实行行为。不仅如此，即使某种行为具有侵害法益的危险，但这种危险性非常微小时，刑法也不可能将其规定为犯罪的实行行为；另一方面，刑法处罚犯罪预备的行为，而预备行为也具有法益侵害的危险。因此，实行行为只能是具有侵害法益的紧迫危险性的行为；行为开始实施这种行为时才是实行的着手。”[④]

---

① ［日］小野清一郎著：《犯罪构成要件理论》，中国人民公安大学出版社 2004 年版，第 125 页。

② 高铭暄、马克昌主编：《刑法学》（上编），中国法制出版社 1999 年版，第269—273 页；高铭暄主编：《刑法专论》，高等教育出版社 2002 年版，第 309 页。

③ ［日］平野龙一：《刑法总论 II》，有斐阁 1975 年版，第 313 页，转引自黎宏著：《日本刑法精义》，中国检察出版社 2004 年版，第 190 页。

④ 张明楷：《刑法学》（第二版），法律出版社 2003 年版，第 293 页。

3. 折中说

折中说综合了主观说和客观说的见解，主张考量行为人的整体计划，当法益侵害或法益危险存在时即为实行的着手。其中又有主观的折中说和客观的折中说。如持主观的折中说的学者认为，对法益有直接侵害的危险性的行为，已明显地显现出行为人的犯意之时即为实行的着手。主观的折中说仍然是将客观行为作为犯罪意思的征表来考量的，即犯罪意思明显地表现出来时才是着手，但犯罪意思只有在行为具有侵害法益的危险性时才表现出来。客观的折中说则以客观说为基础，认为根据行为人的行为计划，已对于该当构成要件的保护客体存有直接性的紧迫或具体危险时，即为行为的着手。①

（二）笔者见解

那么，在“着手”问题的认定上，上述何种见解为妥当呢？主观说与现代刑法是行为而非“行为人刑法”的基础相违背。在强调罪刑法定主义的刑法理论中，犯罪的本质在于侵犯法益，犯罪的物质本体是包含主观要素与客观要素的“危害行为”，而不是行为背后的“行为人”，对未遂犯的处罚基准在于应坚持法益侵害的基本立场。实践中，如果根据主观说，可能会导致着手时期认定的提前，从而有侵犯人权之虞。因为在主观说视野中，预备行为和实行行为的本质并无不同，都是行为人危险性的征表和发现。主观的折中说同主观说一样，也是立足于注重行为人的反社会性的立场，具有不可取性。客观的折中说，有无侵害法益的危险，应当根据犯罪人的预定犯罪计划判断，而不是根据行为本身所具有的危险来判断。即使已经有侵害法益的现实的具体危险，也仍然要根据犯罪计划来判断行为是否已经着手，这样势必会导致实行着手认定时期的后延。因此，下述结论值得商榷：甲将乙女拖入车内之时，已有强奸之故意，但依甲之计划，尚须到达郊外进行强奸，从而将乙女拖进车内时，对性自由之法益尚未有直接、现实侵害之危险，仅有间接之危险性，亦尚不具备未遂犯成立之实质要件（法益侵害之现实危险性），故不成立未遂犯。② 在笔者看来，行为人基于强奸罪的主观故意，将乙女拖入车内时，甲的行为已经符合刑法分则规定的犯罪构成的客观要件行为，而且，甲在将乙女拖入车内时就控制了乙女的人身自由，乙女的性权利就已经面临直接侵害的现实危险，故而将乙女拖入车内的行为即为强奸罪的着手，而无须考虑甲的具体强奸犯罪计划。

应当说，形式客观说基于从开始实施犯罪构成中的客观要件行为的立场

① ［日］野村稔：《刑法总论》，全理其、何力译，法律出版社2001年版，第333—334页。

② 陈子平：《刑法总论》，元照出版公司2006年版，第16页。

来考虑着手问题，同罪刑法定主义的基本精神是一致的，但是，其存在着不可克服的缺陷：其一，存在不明确之处，实践中难以操作。由于犯罪构成是规范层面的概念，是对一类型犯罪的概括规定，具有抽象性和概括性。而社会中的犯罪现象往往表现出纷繁复杂的特点，即使是同一种犯罪也是形态各异，行为方式各不相同，诸如就杀人行为而言，可以表现为枪杀、用刀砍杀、毒杀等形态，其中的不同杀人方式又可表现出不同的行为过程，如以刀杀为例，行为人准备刀具、尾随被害人、拔刀、举刀砍、杀害被害人；如以枪杀为例，行为人掏枪、用枪瞄准被害人、扣动扳机等。那么，究竟在什么阶段上可以看做这些杀人实行行为的开始呢？在形式上就很难确定，因此，以这种形式的判断基准来区分未遂和预备，实际上是不可能的。[①] 其二，按照形式说的观点，也会使着手提前。例如，刑法第 279 条规定的保险诈骗罪的客观要件的行为之一是"制造保险事故，骗取保险金"。按照前述形式着手说的观点，行为人是先制造保险事故，后实施诈骗行为的，那么开始制造保险事故的行为即是保险诈骗罪的着手。事实上，只有向保险公司骗取保险金的行为才是着手。相反地，在有些情况下，形式的客观说又可能使着手推迟。如根据该说，"杀人实行着手是扣动枪支的扳机之时，仅瞄准还不是着手；盗窃的实行着手是手伸向财物之时，甚至是开始转移他人财物时，仅接近财物或者仅物色财物之时还不是盗窃的着手。这确实使未遂范围过于狭窄。"[②]

基于形式客观说有着诸多的缺陷，实质客观说提出，犯罪的本质在于侵犯法益，实行着手的认定必须坚持法益侵害为基准，"实行行为只能是具有侵害法益的紧迫危险性的行为，行为人开始实施这种行为时就是着手。或者说，侵害法益的危害性达到紧迫程度时，就是实行行为的着手。"[③] 例如，刑法第 243 条规定的诬告陷害罪的客观要件行为是"捏造犯罪事实诬告陷害他人"，即行为人先捏造事实，后向司法机关告发。一般认为，行为人如果只是捏造犯罪事实，虽形式上符合犯罪构成的客观要件行为，但并不因此认定为诬告陷害的着手。只有开始向司法机关告发时，才能认定为着手。其中缘由就是因为捏造事实的行为虽是构成要件行为的一部分，但此时尚未直接对法益具有侵害的紧迫、现实的危险，实际上捏造犯罪事实的行为至多算是诬告陷害罪的预备行为。

---

① ［日］大谷实：《刑法总论》，黎宏译，法律出版社 2003 年版，第 276 页。

② ［日］平野龙一：《刑法总论 II》，有斐阁 1975 年版，第 313 页。转引自张明楷：《刑法的基本立场》，法律出版社 2003 年版，第 219 页。

③ 张明楷：《刑法学》（第二版），法律出版社 2003 年版，第 291—292 页。

基于以上分析，笔者以为，实质客观说是妥当的，亦即实行的着手是指开始实施刑法分则类型性规定的具有法益侵害的现实危险的行为。当然，确定行为有危险之后，还要确定构成何罪的着手问题，这时就当考虑行为人的主观意思。因为着手是具体犯罪的着手，而犯罪是主客观要件的有机统一，作为犯罪发展过程中的一个环节实行的"着手"，其本身具备成立某种犯罪所需要的主客观特征。不考虑行为人的主观要素，往往是很难确定"着手"究竟属于何种性质行为的着手。诸如开始非法制造枪支的行为，如果不考虑行为人的主观要素，就难以判定该行为的性质。在行为人的目的是为了杀人或抢劫银行的情况下，该制造枪支的行为就不具有对他人的生命或者财产具有现实、紧迫的危险性，还不能说是杀人或抢劫的实行行为的一部分，因此也就不能看成是杀人的"着手"。当然，在行为人的目的就是非法制造枪支的情形下，可以说开始制造枪支的行为就是对枪支管制制度的直接侵犯，因而属于非法制造枪支罪的实行行为的一部分。所以，在判断某种行为究竟具有侵害何种具体法益的危险时，必须考虑行为人的主观内容，但超出故意内容以外的因素，如考虑行为人的主观恶性、犯罪计划等，则不必要考虑也不应当考虑。①

二、教唆犯的着手之学说及其评析

（一）教唆犯着手学说之概览

关于教唆犯的着手，因学者们所持的刑法理论立场不同，对教唆犯是否有着手问题以及具体认定存在着分歧，兹介述如下：

1. 共犯从属性说：正犯实行行为的开始为教唆犯的着手

共犯从属性说是旧派的观点，主要基于客观主义的立场，认为共犯（教唆犯、从犯）的犯罪性和可罚性从属于正犯的犯罪性和可罚性。为了共犯成立犯罪，至少需要正犯已着手于犯罪的实行，正犯者没有实施犯罪行为，共犯的犯罪性和可罚性也就不能成立。基于此，只有当正犯开始着手犯罪的实行时才是教唆犯的着手。对于被教唆人没有实施教唆的罪的场合，因缺乏正犯的实行行为，教唆者尚不能成立犯罪，自然无从谈起教唆犯的着手。

2. 共犯独立性说：教唆行为的开始为教唆犯的着手

共犯独立性说是新派的观点，主要基于主观主义的立场，认为犯罪乃行为人恶性的征表，由于共犯行为（教唆行为、帮助行为）亦是侵害法益意欲

① 张明楷：《刑法学》，法律出版社 1997 年版，第 254 页。

的征表，其本身是一种独立的实行行为，而非从属于正犯的实行行为。有鉴于此，因此，即使被教唆的人没有实行犯罪，教唆犯亦能成立。教唆犯的着手以教唆行为的开始为标准，而不以教唆的人着手实行犯罪为必要条件。

3. 教唆犯二重性说：教唆行为的开始为教唆犯的着手

根据我国刑法关于教唆犯的规定，我国学者提出了教唆犯是独立性和从属性的有机统一的二重性的见解，这也是目前我国理论界占主导地位的观点。该说认为，就教唆犯与被教唆人的关系来看，教唆犯处于相对从属的地位，教唆犯具有相对的从属性；同时，教唆犯的教唆行为本身具有严重的社会危害性，它使得教唆犯与被教唆者之间产生联系，同时使得教唆犯的人身危险性和社会危害性暴露于世，因而教唆犯在共同犯罪中又处于相对独立的地位，具有相对独立性。根据这种相对独立性，教唆犯实施了教唆他人犯罪的行为，无论被教唆者是否接受教唆并实施犯罪，教唆犯的教唆行为本身都构成犯罪。可见，教唆犯具有从属性和相对独立性相统一的二重性。① 基于二重性的原理，认为教唆犯的着手不以被教唆的人着手犯罪为转移，只要教唆犯故意以言辞或者其他方式进行教唆，就应视为教唆犯已经着手进行犯罪，简言之，应以开始实行教唆行为为其犯罪的着手。②

由上，在教唆犯的“着手”问题上，从属性说主张的是以正犯开始着手实行所教唆的罪为着手的标准，而独立性说则主张教唆犯开始实施教唆行为为着手，可见，两学说在着手的问题上是根本独立、非此即彼，不可调和的，于是二重性说最终无奈地倒向独立性说一边，终究也就陷入关注犯罪人的反社会性或犯罪意思的主观主义的理论窠臼，使着手过于提前，恐有刑罚扩张之嫌。

对于教唆犯的二重性理论，张明楷教授持批判的态度，“不难看出，共犯从属性说和独立性说，不论就基本观点而言还是就理论基础而言，都是非此即彼、完全对立的，无论如何也看不出二者都可以调和、折中，以行走方向作比喻，从属性说如同走向东方，而独立性说如同走向西方，一个人或者一辆车，不可能同时既向东方行走或行使，又向西方行走或行使。……然而，这种二重性说的理论是自相矛盾的，事实上也不存在这样的理论主张与立法

① 伍柳村：“试论教唆犯的二重性”，载《法学研究》1987 年第 3 期。

② 高铭暄主编：《刑法专论》，高等教育出版社 2002 年版，第 331 页；陈兴良著：《刑法适用总论》，法律出版社 1999 年版，第 518 页；赵秉志著：《犯罪未遂的理论与实践》，中国人民大学出版社 1987 年版，第 217 页；魏东著：《教唆犯研究》，中国人民公安大学出版社 2002 年版，第 240 页。

体例。总之，教唆犯二重性说以及共犯二重性说不可思议，不宜提倡!”① 犯罪的本质在于行为人的行为侵犯法益（刑法所保护的客体），因而现代刑法的目的是保护法益。申言之，刑法之所以惩治犯罪，乃是因为犯罪侵犯了法益，而不是因为犯罪人有危险性格。这是我国刑法在坚持主客观相统一原则的前提下倾向于客观主义立场的必然逻辑结论。在这种刑事立法体例之下，以主观主义刑法思想为根基，关注行为人反社会性格或恶性的独立性说自当无生根发芽的土壤环境。那么，我国刑法在教唆犯的立法上，是不是坚持了共犯从属性的立场呢？回答是否定的。因为从刑法第 29 条第 2 款的规定来看，即使被教唆人没有犯被教唆的罪，对于教唆犯也应定罪处罚，换言之，教唆犯的成立不以被教唆人实行犯罪为前提，这显然不是共犯从属性的立场。有鉴于此，张明楷教授认为，从立法论上而言，教唆犯应采取从属性说，但从解释上论，“我国刑法所规定的教唆犯，既不是可以用独立性说明的，也不是从属性可以说明的，更不是二重性可以说明的。于我国现行的刑事立法体例之下，在独立性说、从属性说与二重性说问题上展开争论，并不能深化教唆犯的理论也不能解决有关教唆犯的规定在司法实践中的问题。我们没有必要牵强地套用共犯从属性说与共犯独立性的概念。”② 可见，教唆犯独立性说、从属性说以及二重性说均不能说明我国刑法中的教唆犯现象，因而教唆犯的着手问题的解决只能另辟蹊径。笔者以为，运用实行行为理论和共同犯罪的基本原理就可以妥善地解决教唆犯的着手问题。

（二）教唆犯的着手：立足于现行中国刑法规定的实然分析

我国刑法理论上根据被教唆人是否犯了被教唆的罪，即教唆者与被教唆者是否具有共犯关系，将教唆犯划分共犯教唆犯与独立教唆犯（亦称非共犯的教唆犯）两类。③ 因此，教唆犯的着手标准的问题应立足于共犯教唆犯和非共犯教唆犯两个视角进行分析。

1. 共犯教唆犯的着手：正犯实行行为的开始

在教唆犯与被教唆人成立共犯的场合，究竟是以教唆犯的教唆行为的开

① 张明楷著：《刑法的基本立场》，中国法制出版社 2002 年版，第 305—319 页。

② 张明楷著：《刑法学》（第二版），法律出版社 2003 年版，第 323—324 页。

③ 赵秉志主编：《新刑法教程》，中国人民大学出版社 1997 年版，第 219—220 页。吴振兴教授则根据被教唆人是否实施了被教唆的犯罪行为，教唆犯与被教唆人是否具有共犯关系，将教唆犯分为一般教唆犯和特殊教唆犯。所谓一般教唆犯，是指共同犯罪中的教唆犯。所谓特殊教唆犯，是指独立存在的教唆犯。参见吴振兴著：《论教唆犯》，吉林人民出版社 1986 年版，第 96—118 页。马克昌教授亦称非共犯场合的教唆犯为特殊教唆犯。参见马克昌主编：《犯罪通论》，武汉大学出版社 1999 年版，第 596 页。

始为教唆犯的着手还是以被教唆人（正犯）的实行行为的开始为教唆犯的着手呢？笔者认为，解决此一问题的关键在于教唆行为是否属于所教唆的犯罪的实行行为？对此，笔者持否定态度，理由如下：

第一，将教唆行为视做教唆犯的着手之见解有动摇刑法实行行为理论根基之危险。"着手"作为刑法上特有的概念，是指实行为行为的起点或者开始。或者说"着手后的行为才是实行行为"，故着手与实行行为在某种意义上可谓一个问题的两个方面，理解了实行行为，就理解了着手。反之亦然。[①]通说认为，实行行为是由分则条文明文规定的，其犯罪性是显而易见的。[②]犯罪实行行为的着手，是指行为人已经开始实施刑法分则规范里具体犯罪构成要件中的犯罪行为。[③]这实际上就肯定了实行行为只能是刑法分则规定的某一犯罪构成客观要件的行为，而教唆行为只是总则规定的、对正犯实行行为进行加功的行为，对此，马克昌教授作了较为精辟的分析，"其实，正犯的实行行为是符合刑法分则规定的实行行为，共犯的'实行行为'是符合刑法总则规定的各种被修正的构成要件的教唆行为、帮助行为，是对正犯实行行为的加担行为。所以实在说来，共犯的行为不能说是实行行为。"[④]教唆行为的内容是教唆他人（正犯）实行分则条文规定的某种犯罪，其本人并未直接实施犯罪，亦即教唆犯的教唆行为并非刑法分则规定的某种具体犯罪构成的客观要件的行为，所以，"教唆行为本身不是，也不可能是刑法意义上的实行犯罪的行为"[⑤]。而"着手"是实行行为的着手，从这个意义上说，通说一方面主张实行行为的着手是实施了刑法分则规定的犯罪构成要件的行为（而教唆行为并非为刑法分则条文定型性规定的犯罪构成的客观行为）；另一方面又基于共犯二重性的立场主张教唆犯的着手应以教唆犯开始实施教唆行为为标准，其间不仅存在着致命的矛盾，而且此一见解有动摇刑法实行行为理论根基之危险。

第二，将教唆行为视做教唆犯的着手有混淆实行行为与预备行为之嫌。犯罪的本质侵犯法益，故没有侵犯法益的行为不可能构成犯罪，当然也不可能称其为实行行为。不仅如此，即使某种行为具有侵害法益的危险，但这种危险性非常微小时，刑法也不可能将其规定为犯罪的实行行为。另一方面，

① 张明楷：《刑法的基本立场》，法律出版社 2003 年版，第 208 页。
② 高铭暄主编：《刑法专论》，高等教育出版社 2002 年版，第 342 页。
③ 高铭暄主编：《刑法专论》，高等教育出版社 2002 年版，第 309 页。
④ 马克昌：《比较刑法原理——外国刑法学总论》，武汉大学出版社 2002 年版，第 629 页。
⑤ 姜伟：《犯罪形态论》，法律出版社 1994 年版，第 144 页。

刑法处罚犯罪预备的行为，而预备行为也具有法益侵害的危险。因此，实行行为只能是具有侵害法益的紧迫危险性的行为；行为开始实施这种行为时才是实行的着手。[①] 由此，实行行为不仅是刑法分则规定的某种犯罪构成的客观要件的行为，而且还具有侵害法益的紧迫（现实）危险性的特性，这一点为我国诸多学者所肯定，如黎宏教授认为："所谓实行的着手，就是开始实施行为人所追求的、具有引起某种犯罪构成结果的现实危险的行为。在这里，首先强调着手是具有实现犯罪构成结果的现实危险的行为。"[②] 张亚平博士也指出，应当对构成要件意义上的实行行为从实质上进行限定，将构成要件中规定的实行行为限定为具有法益侵害现实危险性的行为，以社会相当性的观念将不具有法益侵害现实危险性的行为排除于实行行为之外。[③] 但就教唆犯的教唆行为而言，其对法益侵害的危险性程度显然不如正犯的实行行为对法益侵害的紧迫性和现实性。例如，教唆他人杀人与自己着手实施杀人的行为，两者在对法益侵害的紧迫性上显然是不可同日而语的。实际上，教唆行为只有同被教唆犯实施的犯罪行为结合在一起时，才会对法益产生紧迫或现实的危险，可以这样说：相对于正犯的实行行为，教唆行为在侵害性上具有间接性、依附性和不现实性，离开正犯的实行行为，教唆行为永远不会对法益造成现实的、紧迫的危险，至于侵害法益的现实结果的不会发生就自不用说了。在笔者看来，只有正犯着手实行教唆犯所教唆的犯罪的客观要件的行为，才可以说整个共同犯罪（包括教唆犯）开始进入着手实行状态。至于教唆犯实施的教唆行为乃至于正犯为实施教唆犯所教唆罪的准备犯罪工具、制造条件的行为[④]都只能按预备犯来处理。

第三，将教唆行为视做教唆犯的着手有悖于共同犯罪的基本原理和罪责刑相适应原则。小野清一郎曾指出，"区分教唆行为、帮助行为与实行行为，是近代刑法的一个文化性收获。"[⑤] 刑法分则中的条文中的犯罪构成所包含的只是正犯行为，而不包括属于非实行行为的教唆行为。就法律性质而言，非实行行为相对于实行行为来说，具有从属性的特征，非实行行为是依据实行

① 张明楷：《刑法学》（第二版），法律出版社 2003 年版，第 293 页。

② 黎宏："论未遂犯的成立要件"，载《云南大学学报》（法学版）2004 年第 2 期。

③ 张亚平："实行行为观念之提倡"，载《海南大学学报》（人文社会科学版）2007 年第 1 期。

④ 比如说甲教唆乙杀丙，乙表示同意。之后，乙为了顺利达到杀丙的目的，准备了尖刀、麻袋等工具，并多次暗地里跟踪丙，以摸清丙的生活规律、伺机下手，在笔者看来，乙所实施的准备杀人工具、跟踪丙的行为尚只是杀人的预备行为，而非杀人犯罪行为的着手。

⑤ ［日］小野清一郎：《刑法概论》，法文社 1956 年版，第 419 页。转引自张忠国："教唆犯未遂形态之探析"，载《石油大学学报》（社会科学版）2004 年第 4 期。

行为而对犯罪构成要件的行为所做的法定修正，其本身不可能是实行行为。但是，基于共犯独立性和二重性的立场，教唆犯的教唆行为亦为实行行为，果真如此，会出现以下两种不合理的结论：其一，在成立共犯教唆的场合，教唆犯的教唆行为和被教唆犯的实行行为也就都成了实行行为，这样两者均构成共同实行犯。如果不考虑教唆者实施教唆后又共同参与实行犯罪的特殊情形，这个结论实际上取消了教唆犯罪的场合存在的实行行为和非实行行为的区分，这显与我国共同犯罪的基本理论不符。其二，假设甲教唆乙杀丙，乙持枪前往丙的单位时，因形迹可疑被民警讯问，乙如实交代全部犯罪事实，乙的行为属于杀人预备，而甲的行为属于故意杀人未遂，则显然有悖于罪责刑相适应的原则。

基于以上分析，笔者以为，在教唆者与被教唆者构成共同犯罪的场合，教唆犯的着手的认定应以正犯的犯罪行为是否开始着手为准，正犯着手犯罪的实行，教唆犯的着手才得以成立，进而可以进一步得出结论，教唆犯的未遂成立于以下场合：正犯已开始实施教唆犯所教唆之罪的实行行为，并基于教唆犯意志以外的原因而未能完成犯罪。①

2. 非共犯教唆犯的场合：着手实行之不存在

如前所述，教唆犯的教唆行为并非符合刑法规定的类型性犯罪构成要件的客观行为，因而教唆行为的开始不可能是实行的着手，因而共犯的教唆犯的场合，教唆犯的着手是以正犯开始实行所教唆的罪为标准。由此，《刑法》第 29 条第 2 款规定的非共犯教唆犯的场合，亦即在被教唆人没有实施犯被教唆的罪的情况下，因教唆犯的教唆行为尚停留在“制造犯罪人”的阶段，而未开始实行刑法分则规定的具有法益侵害的紧迫危险的行为，故而，也就无所谓实行的着手问题。简言之，在非共犯教唆犯的场合，无所谓教唆犯着手成立的余地。

需要提出质疑的是，学界有不少学者认为，《刑法》第 29 条第 2 款规定的情形属于教唆未遂，其理由在于：其一，教唆犯以开始实行教唆行为其犯罪的着手，在被教唆的人没有犯被教唆罪的情况下，教唆犯由于其意志以外的原因而未得逞，符合我国刑法规定的犯罪未遂的特征。② 其二，刑法对于这

① 这里所言的教唆犯意志以外的原因主要是指以下两种场合：一是被教唆者已经着手实行犯罪，但由于意志以外的原因而未能犯罪，当然这里的意志以外的原因不包括教唆犯所采取的有效中止行为；二是被教唆者在犯罪过程中自动放弃或者自动有效地放弃犯罪结果发生的场合。

② 赵秉志：《犯罪未遂的理论与实践》，中国人民大学出版社 1987 年版，第 215—216 页。魏东教授亦持同样之见解，具体可参见魏东：《教唆犯研究》，中国人民公安大学出版社，第 240 页。

种情况下的教唆犯罪明示和强调要从轻或者减轻处罚的，与刑法未遂犯处罚的规定相同，可见立法者把这种情况下的教唆犯视为未遂犯。[①] 此外，赵教授在其主编的《犯罪总论问题探索》一书里更为详尽地分析了教唆未遂存在的具体场合：在教唆犯罪中，实行犯完成其教唆的犯罪才是教唆犯的犯罪既遂。教唆犯的犯罪未遂有时可以表现为未实行终了的未遂，如在较长时间的教唆过程中被他人制止而未能将教唆行为实行完毕，以及教唆犯尚未完成教唆即遭被教唆人拒绝。教唆犯的未遂更多地表现为实行终了的未遂，大致有以下数种情况：(1) 教唆行为实行完毕后遭被教唆人拒绝；(2) 被教唆人接受教唆产生犯意后，又自动放弃犯罪，也未进行犯罪预备；(3) 被教唆人产生犯意并进行犯罪预备，在预备阶段又自动中止犯罪，或被制止而构成犯罪预备；(4) 被教唆人在着手实行犯罪后犯罪未遂或者自动中止犯罪。[②] 在笔者看来，论者之所以得出结论，还是缘于论者过于考虑教唆行为的反社会性，将教唆行为视做实行行为，从而混淆了教唆行为与实行行为的概念。实际上，只要承认“着手是实行行为的着手，实行行为至少是刑法分则规定的犯罪构成要件的客观行为”[③]，就不会得出非共犯中的教唆犯存在着手和未遂问题，关于这一点，前文已有详细论及，在此不作赘述。

那么究竟如何看待《刑法》第 29 条第 2 款规定的教唆犯呢？笔者以为，既然我国刑法明确规定对于被教唆人没有犯被教唆的罪的场合予以处罚，当然就在价值判断上肯定了教唆行为的反社会性和对法益的侵害性，这就肯定了教唆犯的成立不以被教唆者实行犯罪为前提，因此，无视我国现行刑法的规定主张其不构成犯罪的见解就有破坏刑事法治之虞了。接下来的问题就是，刑法第 29 条第 2 款规定的教唆犯的犯罪形态又如何呢？[④] 在笔者看来，预备说是正确的。其一，教唆犯并非是通过自己的行为达到侵害法益和实现犯罪的目的，而是通过被教唆犯的行为来沟通自身行为与危害结果之间的因果关系。为了实现犯罪的目的，教唆犯必定要选择合适的教唆对象和教唆行为方式，以便使对方产生犯意，进而推动犯罪的发展。显而易见，这种选择合适对象的行为同行为人为了犯罪寻找犯罪同伴或者说勾结犯罪同伙，两者在本质上并无二致。而这种教唆行为的方式的选择及教唆行为本身实质上是促进

① 转引自马克昌主编：《犯罪通论》，武汉大学出版社 1999 年版，第 596 页。

② 赵秉志主编：《犯罪总论问题探索》，法律出版社 2004 年版，第 452—453 页。

③ 高铭暄主编：《刑法专论》，高等教育出版社 2002 年版，第 309—342 页。

④ 对此，理论上意见不一，主要有：(1) 预备说；(2) 未遂说；(3) 特殊教唆犯说。详见马克昌主编：《犯罪通论》，武汉大学出版社 1999 年版，第 596 页。

被教唆人产生犯意，以进一步着手实行所教唆之罪。可见，这种教唆对象的选择、教唆行为的实施就是为了共同犯罪而制造条件的行为，正是犯罪预备的一种表现形式。其二，成立未遂的必要条件之一就在于已经着手实行刑法分则条文类型性规定的某种犯罪构成且具有法益侵害的现实危险的客观行为，但是，共犯中的教唆行为本身在我国也并没有成为刑法分则规定的犯罪构成要件的行为；另一方面，仅有教唆行为，而没有正犯的实行犯罪的行为，怎么也不会对法益产生现实的危险。可见，在被教唆者没有实行犯罪的情况下（即使被教唆人为着手犯罪准备了工具或者制造了条件），犯罪行为还是处于着手实行犯罪以前的准备行为。从这个意义上说，在被教唆人没有犯教唆的罪的场合，如果要论及其犯罪形态问题，至多也只能是其所教唆之罪的犯罪预备而已。

当然，对于那些比较严重犯罪的独立教唆行为，如以预备犯处理可能会轻纵犯罪，达不到保护法益的目的。刑法可以考虑单独将这类教唆行为予以实行行为化，使之成为独立的罪名。实际上，我国刑法分则已有将一些教唆他人实施特定的严重犯罪行为规定为独立犯罪的情形，诸如刑法第 103 条第 2 款（煽动分裂国家罪）、第 105 条第 2 款（煽动颠覆国家政权罪）、第 278 条（煽动分裂国家罪）、第 395 条第 1 款（引诱卖淫罪）、第 395 条第 2 款（引诱幼女卖淫罪）等，即是适例。考虑到这类具有教唆煽动性质的犯罪的严重危害性及其犯罪行为的特殊性质，法律将之规定举动犯，只要行为人着手实行犯罪教唆、煽动就构成犯罪的既遂。[①]

三、刑法第 29 条第 2 款的规定应予废除

我国刑法第 29 条第 2 款规定：“如果被教唆的人没有犯被教唆的罪，对于教唆犯，可以从轻或者减轻处罚。”一般认为，所谓“被教唆的人没有犯被教唆的罪”是指以下几种情形：（1）被教唆人拒绝了教唆人的教唆；（2）被教唆人虽然当时接受了教唆犯的教唆，但实际上没有进行任何犯罪活动；（3）被教唆的人当时允诺实施教唆犯所教唆的罪，但实际上实施的是其他犯罪；[②]（4）教唆犯对被教唆人进行教唆时，但教唆人已有实施所教唆罪的决意，即教唆犯的教唆行为与被教唆人实施的犯罪之间没有因果

① 高铭暄主编：《刑法专论》，高等教育出版社 2002 年版，第 294—295 页。

② 根据犯罪共同说，被教唆人实施之罪与教唆犯所教唆之罪虽然不同，但如两者有重合关系的情况，则仍成立共同犯罪关系，而不适用于本款的规定。如甲教唆乙盗窃，但乙在盗窃过程中为了抗拒抓捕而使用了暴力而转化为抢劫罪，甲与乙在盗窃罪的范围内成立共犯。

关系。

对于上述几种情形，刑法明确规定应予处罚，这在价值判断上就肯定了其的反规范性和社会危害性的存在，这或许就是大多刑法学者承认我国刑法中的教唆犯具有独立性的原因吧。至于其处罚的问题，考虑到教唆行为没有造成实际危害结果，或者造成了危害结果，但与教唆犯的教唆行为没有因果关系，所以刑法规定："可以从轻或者减轻处罚。"[①] 而所谓"可以从轻或者减轻处罚"，是指可以从轻或者减轻处罚，亦可以不从轻或者减轻处罚，其实不论是否从轻或者减轻处罚，对于非共犯教唆的场合予以处罚是唯一的选择了。但是，在上述几种情形下，是否都有处罚必要呢？即使需要处罚时，是否需要作出"从轻或者减轻处罚"这一特别规定吗？笔者颇感疑问。

第一，犯罪的本质在于侵犯法益，刑法的目的是保护法益，惩罚犯罪因为犯罪侵犯了法益，而不是仅仅因为犯罪人所具有的反社会的危险性。对于上述第一种情形、第二种情形的轻微之罪的教唆行为，根本上不可能侵犯法益或使法益遭受威胁，例如甲教唆乙去丙家偷取2000元，乙未置可否，表示违法乱纪的事情不干，或者乙当时应允，但后来反悔未去盗窃。甲这种教唆行为在多大程度上有动用刑罚的必要呢？"刑罚这种制裁具有强制力，由于它同药效大的药物一样伴有副作用，判断以什么作为刑法的对象时，必须慎重考察对某种行为是否有必要动用刑罚来抑止。这就是所谓"刑法的谦抑性、补充性"。[②] 根据刑法谦抑性的原则，对于被教唆人未犯教唆之罪的场合，如果教唆的罪质和情节本身不具有严重性，教唆者的人身危险性也不大的话，完全可以用刑法第13条中的"但书"规定将之出罪，以实现刑法保障人权的目的。

第二，如前所述，在被教唆犯未犯教唆之罪的场合，由于这一行为尚不具有直接侵害法益的紧迫危险，且从本质上来看，只是教唆者为了实现自己的犯罪目的而制造"犯罪人"的预备行为，对于这种预备行为，即便达到需要惩罚的程度，也只需适用"可以比照既遂犯从轻、减轻或者免除处罚"的原则。从这一点来看，既然刑法已有关于预备犯的处罚规定，又何必再作"从轻或减轻处罚"的规定呢？看来此举纯属"画蛇添足"，是立法资源的一种浪费。因而，从完善立法的角度来说，废除刑法第29条第2款的规定，乃

① 马克昌主编：《犯罪通论》，武汉大学出版社1999年版，第564页。

② ［日］西田典之：《日本刑法总论》，刘明祥、王昭武译，中国人民大学出版社2007年版，第23页。

是明智、科学之举。

最后想说明的是，在现行刑法未作任何修改的情况下，基于罪刑法定原则的精神和刑法规范的有效性、应遵从性，对于非共犯的教唆犯，亦即被教唆人未犯所教唆之罪场合下的教唆犯，应按照“可以从轻或者减轻”处罚的规定予以处理。

网络共同犯罪认定中的疑难问题及解决思路

张俊霞*

一、关于网络共同犯罪故意的认定

在网络共同犯罪的三个成立要件中，最核心的要件当属主观要件，即共同的犯罪故意。这是成立网络共同犯罪最基本的条件，它决定着其他两个要件尤其是共同犯罪行为的成立。

根据刑法理论的通说观点，成立共同犯罪故意，共同犯罪人之间必须存在意思联络（或者称为意思疏通）。所谓意思联络，是共同犯罪行为人双方在犯罪意思上互相沟通和联系。[①] 意思联络的最大特点在于各共同犯罪人通过相互之间的交流和沟通，不仅使每个独立的犯罪故意连成一体，形成统一的共同犯罪故意，而且也使每个独立的、分散的犯罪行为结为统一的共同犯罪行为整体。意思联络就好像黏合剂将一个个独立的犯罪行为人、独立的犯罪故意、独立的犯罪行为紧紧地黏合在一起，从而使其具有了更加强大的破坏力和巨大的社会危害性。在共同犯罪人的意思联络这一黏合剂中存在的主要成分是：首先，各共同犯罪人在认识上必须“明知”。这是意思联络存在的前提和基础。至于明知的内容：（1）明知自己行为是一种共同犯罪行为。即不仅明知自己的行为是危害社会的行为，并且明知不只自己一个人在实施犯罪，而是和他人共同实施。至于行为的性质是违法还是犯罪，是何种罪名等具体情况则不做要求。（2）明知自己和他人共同实施的犯罪行为将会引起的后果。即行为人已经预见到共同犯罪行为与共同犯罪结果的因果关系。当然，这里

---

* 浙江警察学院法律系，教授，三级警监；中国计量学院法学院硕士研究生导师。

① 参见高铭暄、马克昌主编：《刑法学》，北京大学出版社、高等教育出版社 2005 年版，第 176 页。

也只要求有个大概的认识，只要知道共同犯罪行为将会造成什么样的危害结果即可。至于结果的细节则不做要求。(3) 对组织犯、教唆犯、帮助犯来说，还必须明知被组织者、被教唆者和被帮助者的年龄、能力、身份等基本情况，否则不构成共同犯罪。至于其他共同犯罪人之间，如实行犯与实行犯之间、帮助犯与帮助犯之间等则不需要对相互的身份情况有明确的认识。其次，各共同犯罪人在意志上，对共同犯罪将会引起的某种危害后果持希望或放任的心理态度。第三，各共同犯罪人之间存在一定的沟通和联系。沟通和联系的方式多种多样，既可以是传统的语言、文字、身体动作，也可以是网络空间中的各种信息交流；既可以是明确的，也可以是模糊的；既可以是具体的，也可以是概括的。但不管是采取哪种联系方式，共同犯罪故意中的意思联络必须具有双向性，即只能是双方之间或多方之间的沟通和交流，如果不具有意思联络的双方性，则不能成立共同犯罪。

在网络共同犯罪中，各个参加者大多通过网络进行信息交流，比如犯罪行为的组织者利用电子公告牌或者在聊天室发布犯罪信息或计划，与意图参加犯罪的行为人达成犯罪合意。由于网络的虚拟性、隐蔽性，各共同犯罪人对方的年龄、能力、身份等真实情况往往并不了解。在意思联络上呈现出复杂性和多样性的特征，也给网络共同犯罪的认定带来了一定的困难。主要有以下问题：

(一) 行为人对其他参与共同犯罪行为人年龄、能力等基本情况缺乏了解时，能否成立共同犯罪

在共同犯罪人的意思联络中，对组织者、帮助者、教唆者来说，应当对相对一方的年龄、能力等有关身份的基本情况有一定的了解。但在网络共同犯罪中，这一点却很难做到。比如已经达到法定刑事责任年龄、具有刑事责任能力的人在缺乏认识的前提下，与没有达到法定年龄、不具有刑事责任能力的人共同实施犯罪。如已满 16 周岁且具有完全刑事责任能力的人与不满 16 周岁或不具有完全刑事责任能力的人实施非法侵入计算机信息系统罪、破坏计算机信息系统罪、利用网络进行盗窃、诈骗等犯罪。或者已满 14 周岁不满 16 周岁的人在缺乏认识的情况下与不满 14 周岁的人共同实施刑法第 17 条第 2 款规定之罪的。在这种情况下，双方之间对对方情况不了解或者不十分了解，最起码对对方的实际年龄、真实的认识和判断能力等基本情况缺乏了解。双方只是知道所实施的是某一种危害社会的行为，并且知道是在和他人一起共同实施。至于这个“他人”姓甚名谁、何方人士、是男是女、多大年龄等都不清楚。对这种情况该如何处理？是否成立共同犯罪？

比如，被告人冯某，男，24 岁，某银行工作人员。1998 年 8 月 10 日，在

上网时与刘某在某网站聊天室相遇，冯某在聊天时得知刘某电脑技术高超，便与刘某商议共同盗窃该银行资金。冯某将自己利用职务之便得到的银行储蓄系统密码告知刘某，刘某利用该密码，利用自家的联网电脑进入该银行系统，按照冯某的授意将一笔30万元的资金窃出，后案发。经查，刘某为某中学初中学生，作案时不满16周岁。主犯冯某供述在实施犯罪之前，自己根本不了解也无意了解刘某的实际年龄和真实身份，只要能够按照他的要求去实施并完成犯罪就行。那么对此案应如何定罪量刑？冯某是教唆犯还是间接实行犯？在此情形下共同犯罪是否能够成立？

对此，有两种不同的观点。一种观点认为这种情况属于对象错误，即使对方并不构成犯罪，行为人亦可成立共同犯罪。[①] 我们认为这种观点是不正确的。因为，所谓对象错误，是指行为人对犯罪行为侵害的对象在主观上所产生的与客观实际不一致的情况。比如误把张三当成李四，误把男性当做女性、误把人当成动物或误把动物当做人加以侵害等。总之，是对行为对象产生的错误认识。而我们所讨论的则是网络共同犯罪人，即共同犯罪主体之间的认识问题。犯罪主体和犯罪对象是两个完全不同的概念，不能混为一谈。因此，该种论点在理论上是站不住脚的。另一种观点认为，在共同犯罪成立的主观要件中，明知的内容并不强调行为人对其他行为人身份特征的认识，这一认识内容的有无并不影响犯罪的实施，它不是犯罪实施的必要因素，不需要认识。……只要达成了意思联络，就足以表明共同故意的形成。只是由于部分行为人对犯罪主体要件中相关要素认识的缺乏，其行为已不是犯罪行为，不能与完全刑事责任能力人构成共同犯罪。此情形属于没有同案犯的共同犯罪，在处理上对完全刑事责任能力人应当按照共同犯罪来处理，对无刑事责任能力者应当不作为犯罪处理。[②] 该种观点中也有两点值得商榷。其一，论者将行为人对其他行为人身份特征的认识从共同犯罪故意的明知内容中剔除出去是不恰当的。在前面笔者已有论述，在共同犯罪故意中，不需要所有的犯罪人之间明知对方的身份特征，但在领导者、教唆者、帮助者与实行者之间则必须具有这样的明知；虽然不需要对所有的情况都要了解，但对对方的年龄、认识能力等对成立犯罪至关重要的基本情况要明知。否则将因为缺乏犯罪的主体条件而不能成立共同犯罪。其二，该种观点的论者将这种情况界定为“没有同案犯的共同犯罪”，对完全刑事责任能力人按照共同犯罪来处理，对无刑事责任能力者不作为犯罪处理。虽然提法很新颖，但因为与法、与理不

① 参见赵秉志、张新平：“试论网络共同犯罪”，载《政法论坛》2005年第2期。

② 参见刘守芬、丁鹏：“网络共同犯罪之我见”，载《法律科学》2005年第5期。

符而不能成立。

笔者认为，根据我国现有共同犯罪的立法规定和传统的共同犯罪理论，教唆犯的对象必须是达到刑事责任年龄、具有刑事责任能力的人。而间接实行犯的对象是没有达到法定年龄，或者还不具备刑事责任能力的人。教唆犯的故意是明知被教唆者是已经达到法定年龄具有刑事责任能力的人而故意教唆他人产生犯罪意图并进而实施犯罪，这时教唆犯和实行犯之间可以成立共同犯罪。间接实行犯罪在主观上则必须明知被利用者没有达到刑事责任年龄或没有刑事责任能力而故意加以利用，希望通过被利用者的行为达到自己的犯罪目的，由于被利用者没有自己的判断能力，因此不能对自己的行为负责，所以，间接实行犯和被利用者间不成立共同犯罪。在网络空间中，由于时空的间隔性和身份的隐蔽性，双方互相的了解很多情况下是概括的、模糊的和片面的。行为人也清楚地知道，除非见面，否则对对方的年龄、能力等情况是不可能知道真情的。在主观上行为人也不想知道这些，不管年龄多大、能力如何只要不影响实施犯罪即可。因此，我们认为在这种情况下行为人相互之间对有关年龄、身份等基本情况，所持的是一种放任的心态。对方有可能达到法定刑事责任年龄、有可能具有刑事责任能力，但为了实施犯罪，对此放任不管。因此，对该种情况的处理应当是：如果实际上均达到法定年龄、具有相应的刑事责任能力，符合共同犯罪的成立条件的，应当按照共同犯罪处理；如果只有一人达到该罪的法定刑事责任年龄、具有相应的刑事责任能力，其他人都不符合犯罪主体条件的，不构成共同犯罪，只对符合条件的行为人按个人犯罪处理。就上述案例而言，冯某和刘某不能成立共同犯罪。只能对冯某按贪污罪单独追究刑事责任，对刘某则不予刑事追究。

（二）行为人不知对方的实际身份时，身份犯与非身份犯之间犯共同身份罪的，能否成立共同犯罪

比如国家工作人员与非国家工作人员利用计算机网络实施贪污、挪用公款等犯罪行为。对此，也存在两种不同的看法。一种看法是，认为在此情形下双方没有形成意思联络，无法成立共同犯罪，只能根据各自触犯的罪名追究相应的刑事责任。[①] 另一种看法则认为，问题的实质并不在于意思联络本身，而在于犯罪主体中身份与行为之间的关系。根据共犯与身份关系的一般原理，非身份者不能单独实施身份犯，但实施共同身份犯则完全可能。因此，非身份者不仅能够成为身份犯的帮助犯、教唆犯，也可以成为身份犯的共同

① 参见赵秉志、张新平："试论网络共同犯罪"，载《政法论坛》2005 年第 2 期。

实行犯。因此，这种情况成立共同犯罪是毫无疑问的。①

笔者认为，在这种情况下是否认定为共同的身份犯罪，关键应考察以下两点：一是实行犯的身份是否符合身份犯的要求。比如对利用网络进行贪污的，实行犯必须是具有国家工作人员身份的人；二是教唆犯、帮助犯等其他犯罪行为人对实行犯的身份是否了解。如果明知实行犯是国家工作人员，当然构成共同贪污罪；如果是大致了解，知道可能是，也可能不是但仍与其一起实施该种犯罪的，属于间接故意，也构成共同身份犯罪；如果确实不了解对方的身份，或者了解对方确实不具有特定的身份，则不构成共同的身份犯罪。

(三) 片面实行犯是否构成共同犯罪

在共同犯罪理论中，片面共犯向来都是一个存在重大分歧的学术问题。所谓片面共犯，是指参与同一犯罪的人中，一方认识到自己是在和他人共同实施犯罪，而另一方没有认识到他人和自己共同实施犯罪的情形。也就是说尽管在客观上犯罪结果是由大家共同的犯罪行为造成的，但行为人在主观上并没有相互的意思沟通和联系，一方存在共同犯罪故意，另一方没有共同犯罪故意的情况。对片面共犯的处理，中外刑法理论都有争论。总的来说存在着成立共同犯罪和不成立共同犯罪两种不同的观点。在肯定片面共犯成立共同犯罪的观点中，又分为几种不同看法，有的承认片面帮助犯、片面教唆犯和片面实行犯；有的承认片面帮助犯和片面教唆犯；而有的只承认片面帮助犯。②

笔者认为，在现实世界中，的确只能存在片面的帮助犯，片面教唆犯和片面实行犯一般不可能发生。但在网络世界中，因为网络犯罪的基本形式表现为计算机程序或指令的输入，在共同犯罪的过程中，不同的计算机程序和指令对犯罪结果的出现都至关重要，而且很难区分哪些是实行行为，哪些是帮助行为，因此情况就有所不同。片面帮助犯和片面实行犯都有可能会发生。比如行为人单独攻击某网站，其他人在对方不知的情况下，出于协力的意思也加入到对该网站的攻击行为当中。对于后来加入到网络攻击行为中去的行为人，就属于片面的实行犯。将片面实行犯应当根据其在共同犯罪中所起的作用处罚，按从犯论处应该是比较妥当的。

① 参见刘守芬、丁鹏："网络共同犯罪之我见"，载《法律科学》2005 年第 5 期。

② 参见高铭暄、马克昌主编：《刑法学》，北京大学出版社、高等教育出版社 2005 年版，第 178 页。

二、关于网络单位犯罪问题

网络犯罪如前所述，在总体上可分为两大类，即以计算机网络为目标的纯正的网络犯罪和以计算机网络为工具的非纯正网络犯罪。前者指的是我国刑法第285条和第286条所规定非法侵入计算机信息系统罪和破坏计算机信息系统罪。后者是指刑法第287条所规定的利用计算机实施盗窃、金融诈骗、贪污、挪用公款、窃取国家秘密等其他犯罪的情形。从法律规定的处罚形式来看，前两种犯罪的犯罪主体只能由自然人构成，单位不能单独构成，但单位可以和自然人构成该罪的共同犯罪。对于后一类非纯正计算机网络犯罪，有些犯罪既可以由自然人构成，也可以由单位构成；有些犯罪只能由单位构成。从目前实际发生的网络共同犯罪案件情况来看，在犯罪主体的组成形式上有以下三种情况：纯粹由自然人共同实施；纯粹由单位共同实施；自然人和单位共同实施。在认定单位参与的网络共同犯罪时，有以下两个问题需要解决：一是单位在什么情况下构成共同犯罪；二是单位网络犯罪与网络共同犯罪的区分。

例如：李某成立了一个"七洲下载"网站，并委托梁某从其他网站上下载淫秽电影上传至网站服务器，并支付给梁报酬。同时，李某又同其兄弟和父亲共4人作为股东，共同注册成立上海七洲网络信息有限公司，并将"七洲下载"网站纳入到公司的业务范围，由李某担任公司总经理，全面负责公司事务。为进一步牟利，这家网站开始实行注册会员收费制，商定股东按所持股份比例分配公司利润。李某先后招募梁某、卢某、孙某等人到公司下载部工作，并以其兄弟李某某将其手机号码注册等方式付费后，由梁某、卢某、孙某从其他收费网站及卫星电视成人频道下载、采集、编辑淫秽电影264部，将151部上传至网站的服务器，在网站开设"午夜剧场"、"超级会员黄金通道"淫秽电影专区，供会员下载观看。通过手机会员注册、在线银行会员注册等方式收取会员费。注册会员共计13万余人，直至2004年7月12日案发。①

对于本案是单位犯罪还是一般共同犯罪，在处理时产生了分歧。一种意见认为，本案属于单位犯罪。理由是：第一，本案是由"上海七洲网络信息有限公司"所实施的，而该公司是犯罪嫌疑人李某和其兄弟、父亲共同出资依法成立的，并且具有相对独立性的；第二，该公司实施的是利用互联网制

① 案例来源：黄泽林，《网络犯罪的刑法适用》，重庆出版社2005年版，第332页。

作、贩卖、传播淫秽电子信息的犯罪行为，根据我国刑法第366条之规定，本罪可以由单位构成。因此完全符合单位犯罪的构成条件，应以单位犯罪论处。另一种意见认为，该案不构成单位犯罪，应以普通共同犯罪论处。理由是：第一，该案虽然表面上看是由"上海七洲网络信息有限公司"实施，但实际上该公司只是李某和其亲属为牟取非法利益，实施违法犯罪行为而成立的，而且事实也的确如此。第二，判断是否单位犯罪，不能机械地理解其成立条件，而应当从实质上去把握。上海七洲网络信息有限公司一经成立，就将用来专门下载黄色淫秽电影的"七洲下载"网站纳入到公司的业务范围，就充分证明注册公司是假，而以公司为幌子制作、传播淫秽信息牟取非法利益才是其真实目的之所在。

上述两种不同的观点，实际上是对单位犯罪构成要件的理解不同所致。那么单位犯罪的法定成立条件是什么，到底应作何理解，在什么情况下成立我国刑法中的单位犯罪？单位犯罪与共同犯罪的界限是什么？在对该案作出正确的认定之前，我们有必要对此作一简要的了解。

我国刑法第30条规定："公司、企业、事业单位、机关、团体实施的危害社会的行为，法律规定为单位犯罪的，应当负刑事责任。"据此，刑法学界的通说观点认为：所谓单位犯罪，是指公司、企业、事业单位、机关、团体为本单位谋取非法利益，经单位集体研究决定或由负责人决定，由单位直接责任人员具体实施的犯罪。① 单位犯罪具有以下特点：

首先，单位犯罪是由依法成立的公司、企业、事业单位、机关、团体作为一个整体犯罪，而不是单位各个成员的单个犯罪之和。

其次，单位犯罪是经单位集体研究决定或者由负责人员决定，并由直接责任人员具体实施的。

再次，单位犯罪一般是出于为单位谋取非法利益，并以单位的名义实施。

由此可见，单位犯罪与共同犯罪在理论上的区别主要表现在：

第一，犯罪主体不同。单位犯罪时只有一个主体，即单位本身。而共同犯罪的犯罪主体必须是两个以上，不管是两个以上的自然人，还是两个以上的单位，抑或是两个以上的自然人和单位。

第二，犯罪主观方面不同。单位犯罪在主观上代表的是单位整体的意志，并以单位的名义实施，犯罪所得归单位所有。而共同犯罪在主观方面则是表现为两个以上的犯罪人共同的犯罪故意，他们每个人都只代表自己的意识和

① 参见张明楷：《刑法学》（上），法律出版社1997年版，第184页。

意志，是为自己在参战，而非为其他人或单位的利益而参与犯罪。

第三，犯罪性质不同。单位犯罪可以是故意犯罪，也可以是过失犯罪，但必须是法律明文规定可以由单位构成的犯罪，才能由单位构成。而共同犯罪只能是故意犯罪，共同过失或故意和过失的混合均不能成立共同犯罪。

刑事责任承担方式不同。对单位犯罪的处罚，一般实行双罚制，即对于单位犯罪，原则上除了追究单位整体的刑事责任外，还要追究单位主管人员和直接责任人员的刑事责任，但在追究主管人员和直接责任人员的刑事责任时，一般都处以比自然人犯罪较轻的刑罚。共同犯罪则是根据各共同犯罪人在共同犯罪中所起的作用进行处罚。

网络共同犯罪与单位利用网络实施的犯罪，在司法实践中界限的区分上，应重点掌握以下两点：第一，该单位是否为依法成立的公司、企业、事业单位、机关、团体等单位。如果是非法成立的组织实施网络犯罪的，属于一般网络共同犯罪，不是单位犯罪。第二，是否以该单位的名义，代表该单位的整体利益。虽然以单位名义实施，但实际上是为了单位内部某一部分人的局部利益实施的，则属于共同犯罪。第三，实施的是否为法定可以由单位构成的犯罪。如果其他条件都符合，但该罪按照法律规定只能由自然人构成，不能由单位构成的，不能定单位犯罪，符合共同犯罪条件的按共同犯罪处理，不符合共同犯罪条件的，根据罪刑法定原则的要求，不予追究刑事责任。

根据以上分析，对于上述案例笔者认为，首先，“上海七洲网络信息有限公司”有可能是李某和其兄弟、父亲共同成立的以实施违法犯罪行为，牟取非法利益为目的组织，但它毕竟是以合法的形式正式注册成立的，符合单位犯罪主体“必须是依法成立的公司、企业……”的条件要求。其次，李氏父子四人虽都属于独立的个体，但将“七洲下载”网站纳入到公司的业务范围，利用网络大肆进行淫秽电子信息的制作、贩卖、传播，则是其共同的意志。整个犯罪活动都是以公司的名义进行的，犯罪所得的非法利益也归整个公司所有。最后，对该罪以单位犯罪追究刑事责任，符合罪刑法定原则的要求。因此，笔者认为，对该案应当以单位利用互联网传播电子信息罪追究公司及相关行为人的刑事责任，而不应当以网络共同犯罪论处。

据前所述，在网络共同犯罪中，单位作为共同犯罪主体参与犯罪时，所实施的必须是现行刑法规定可以由单位构成的犯罪，否则不成立共同犯罪。但在司法实践中，却经常会发生由单位作为一个整体实施的根据刑法只能由自然人完成的那些犯罪。也就是说，在单位犯罪的成立条件中，除了不属于法定单位犯罪以外，其他的条件均符合。在这种情况下，该如何处理？是突破现行刑法的规定直接定单位犯罪，还是勉强定共同犯罪，或者是不定罪？

例如，1997年北京江民新技术公司在其产品“KV300 + +　杀毒盘中加入“逻辑炸弹”事件就反映出这一问题。该公司为打击某BBS（即中国毒岛论坛）所提供的，针对该公司的“KV300”软件的盗版工具“MK300V4”的活动，而在其产品“KV300 + +”网上升级版中加入“主动逻辑锁”。如果有人利用“中国毒岛论坛”所提供的钥匙盘制作程序“MK300V4”来制作盗版的“KV300 + +”版钥匙盘，将会出现硬盘被锁，数据丢失，计算机不能从软盘或硬盘引导，有物理损坏的现象。对于此种非法设置“逻辑锁”的行为，江民公司的本意是保护本公司的知识产权，出发点当然无可厚非，但却遭到了广大网民的强烈不满。1997年9月8日，北京市公安局认定江民公司的行为触犯了《中华人民共和国计算机信息系统保护条例》，属于故意输入有害计算机数据，威胁计算机系统安全的违法行为，并给予江民公司3000元的罚款处罚。

对于该案最终给予江民公司只有3000元的罚款处罚，显然是考虑到没有造成严重的危害后果。如果行为已经造成了严重危害后果的，应当如何处理？根据我国现有刑法的规定，破坏计算机信息系统罪，只能由自然人构成，而本案实际上是由单位实施的。那么，对其能否按照共同犯罪论处？笔者认为，这样也不妥当，有违罪刑法定原则的要求，与共同犯罪的法律规定不相符合；那么只能有第三条路可走，即对该种行为即使造成严重后果，也不定罪，只能追究行政违法责任而不能追究刑事责任。显而易见，这既不利于对该类犯罪行为的惩治与打击，也不利于计算机信息系统安全的保护。

正确的做法是，适应现代社会网络犯罪的现实情况，及时调整和完善刑法的规定，适当拓展单位犯罪的法定范围，也与其他网络行政法律法规相协调。

关于网络聚合性犯罪的性质及其认定。

网络聚合性犯罪或叫聚合性网络犯罪，作为网络共同犯罪中一种新形式，它是随着BBS（电子公告栏）、MSN、腾讯QQ、聊天室等网络交流工具的普遍应用而逐渐发展起来的。是指先有一名或者几名行为人在电子公告栏或聊天室等网络聊天工具上提出犯罪计划或倡议，然后由众多具有相同犯罪意图的人自愿参加，一起集体行动实施某种犯罪的网络犯罪形式。

这种犯罪形式与传统刑法中的犯罪集团不同：

第一，内部没有组织结构，没有明显的首要分子；第二，行为人没有明确的分工，不存在指挥者、领导者、帮助者等；第三，成员不固定；第四，没有稳定性，不具有犯罪集团为了实施某种犯罪而成立的特性。

与我国刑法中的聚众犯罪相似但也不完全相同：

首先，在犯罪人数上，虽然和聚众犯罪一样人数众多，但与现实中发生的聚众犯罪相比，由互联网的广域性所决定，无论从人员组成还是范围大小看，都具有明显的不特定性。

其次，在共同犯罪行为上，由于缺乏主观上完整的意思联络和交流，使犯罪行为整体显得不够明确。

最后，在主观方面，缺乏完整的犯罪意思联络和沟通。

我国刑法中的聚众犯罪，从罪名上来说共有13个罪名，但这些犯罪在性质上并不相同，被分为两大类：一类是共同犯罪的聚众犯罪，法律规定既处罚首要分子，也处罚积极参加者，首要分子和积极参加者构成共同犯罪，普通参加的“众人”不作犯罪处理，不追究刑事责任。如聚众扰乱公共场所秩序罪。另一类是非共同犯罪的聚众犯罪，法律规定对此类犯罪只处罚实施聚众行为的首要分子，当首要分子为一个人时，就不是共同犯罪。当然，如果首要分子为二人以上时，则成立共同犯罪。当聚众犯罪属于共同犯罪时，他和其他共同犯罪形式一样，也必须符合共同犯罪成立的条件：二人以上；共同犯罪故意；共同犯罪行为。而网络聚合性犯罪虽然在犯罪人数上可能达到众多的程度，甚至可以达到几百人或几千人。但犯罪人之间并没有完整的犯罪意思联络，首次提出犯罪计划和犯罪倡议的行为人与以后参加犯罪的其他行为人之间，并没有形成双向的意思沟通。[①] 只能说在接受犯罪倡议或犯罪计划的部分犯罪人之间存在一定的犯罪意思交流，比如甲、乙、丙三人在网络上看到相关的犯罪信息后，见面或在网上商议、讨论是否参加犯罪，选择何种犯罪方式以及进行自由组合等。也可能有部分行为人在实施犯罪的过程中集体中止犯罪行为。

对网络聚合性行为的司法认定：

首先，关于罪与非罪的认定。

也就是说，网络聚合性行为在什么条件下构成犯罪，在什么条件下不构成犯罪。即罪与非罪的界限划分问题。笔者认为，根据我国现有刑法的规定，判断网络聚众性行为是否符合犯罪的条件应当考虑以下几个方面的因素：1. 行为的内容。主要看倡议者或创造条件者提议实施或准备实施的行为属于什么性质。是否属于我国刑法分则中某种犯罪行为，如非法侵入计算机信息

① 有的学者认为，“在这种集体形式的犯罪中……犯罪人之间只有单项的意思沟通”。参见皮勇：“论网络聚众性犯罪即起刑事立法”，载《人民检察》2004年第2期。本人认为此说法不妥，沟通必须是而且也只能是双向互相的意思交流和沟通，如果是单向沟通，也只能是“只沟不通”。要么是双向沟通，要么就没有沟通。

系统、破坏计算机信息系统等针对计算机网络的犯罪行为和以计算机网络为工具实施其他犯罪的行为，比如网络盗窃、网络诈骗等。如果是现在网上流行的“快闪族”（Flash Mob）网络游戏娱乐活动，[①] 则不能认定为犯罪。

行为的程度。根据该行为的性质，还要进一步考察行为的实施程度。因为对有些犯罪来讲，如果仅有犯罪行为尚未达到一定的程度的，不能构成犯罪的既遂。而对网络犯罪来讲，一般情况下，仅实施了一定的犯罪预备行为尚未着手实施犯罪的实行行为就因意志以外的原因被迫停止的，因为距离完成犯罪的时间较远，没有造成现实的危害，因此不认为是犯罪。

倡议者在主观上有没有犯罪的故意。由于此类行为的明显特征就是首先由一个人或几个人在网络上发出倡议或拿出一定的计划，在此基础上才会有众多的人响应并加入进来。所以，最初的倡议者其主观方面的因素对构成共同犯罪至关重要。如果倡议者没有教唆或者帮助他人实施某种犯罪的主观故意，只是由于其他人的理解错误而误入歧途，进而实施了某种犯罪的，对倡议者来说不构成犯罪。

其次，关于是否共同犯罪的认定。

网络聚合性行为在构成犯罪的基础上是否还构成共同犯罪？对这一问题不能一概而论，应具体情况具体分析。

根据我国现有刑事立法的规定和传统的刑法理论，判断是否构成共同犯罪，关键因素之一在于主观上是否具有共同的犯罪故意。判断共同的犯罪故意的主要标准，则看行为人之间是否具有“犯罪意思联络”。这里的联络，当然是指双向互动的意思沟通。如果在事实上没有形成这种联络和沟通，就属于“片面共犯”，不能成立共同犯罪。据此，网络聚合性犯罪行为，由于倡议者与接受者并不具备这种双向的意思联络和沟通，因此不能成立共同犯罪。如果构成犯罪的，单独处理。

笔者认为，依据现有刑法规定和传统的刑法理论，这种情况下不能成立共同犯罪。因为行为人仅参与了犯罪预备阶段的谋划，对自己的行为可能会帮助或教唆他人实施犯罪只有不确定的和模糊的认识，因为缺乏完整的交流和沟通，对方是否接受其提出的倡议和创造的条件，完全是由自己本人决定的。倡议者的行为并未起到决定性的作用，与其他人的行为之间并不存在必然的因果联系。按照美国刑法的规定，这种情况下成立“共谋共犯”，属于共

① 是一群有相同见解的人，利用先进的网络技术在无领袖下组成集会。他们行动迅速、整齐划一。可以用来抗议美国政府出兵伊拉克，也可以为保护本国文化拒食一个月麦当劳。当然也可以用来进行某一种犯罪。

同犯罪的一种，但我国刑法并没有次中规定，按照罪刑法定原则的要求，只能按照无罪处理。当然，由众多人参加的网络聚合性犯罪具有严重的社会危害性，一旦形成将会给国家和社会的安宁带来极大的威胁。如果实施的是危害国家安全的犯罪、恐怖类犯罪、邪教类犯罪等性质严重的刑事犯罪，后果将不堪设想。因此，必须运用法律手段对此予以严厉打击，以有效遏制此类犯罪的发展和蔓延。

网络聚合性犯罪需要打击和遏制，但现有刑法存在严重障碍。矛盾应如何解决？有学者提出解决方案："突破刑法主流理论关于共同犯罪的观点。共同犯罪的意思联络不仅包括双向意思联络，也应包括单向意思沟通，允许成立片面帮助犯、片面教唆犯。共同犯罪不仅包括实施了共同犯罪行为的共同犯罪，也包括共谋共同犯罪。"①

笔者对此设计在内容上表示同意，但不同意将其建立在刑法理论的突破上。根据罪刑法定原则的要求，定罪和量刑应当严格按照刑法的明文规定，法无明文规定的不定罪，法无明文规定不处罚。刑法理论作为学理解释，不具有法律效力。正确的做法应当是对现有共同犯罪立法作适当的调整和完善，最起码也要由全国人大常委会作出立法解释或由最高人民法院作出司法解释，以适应打击合成出诸如网络聚合性犯罪等网络共同犯罪的现实需要。

① 见皮勇："论聚众性网络犯罪及其刑事立法"，载《人民检察》2004年第2期。

刑法罪数论之行为个数与竞合体系

林钰雄*

（五）

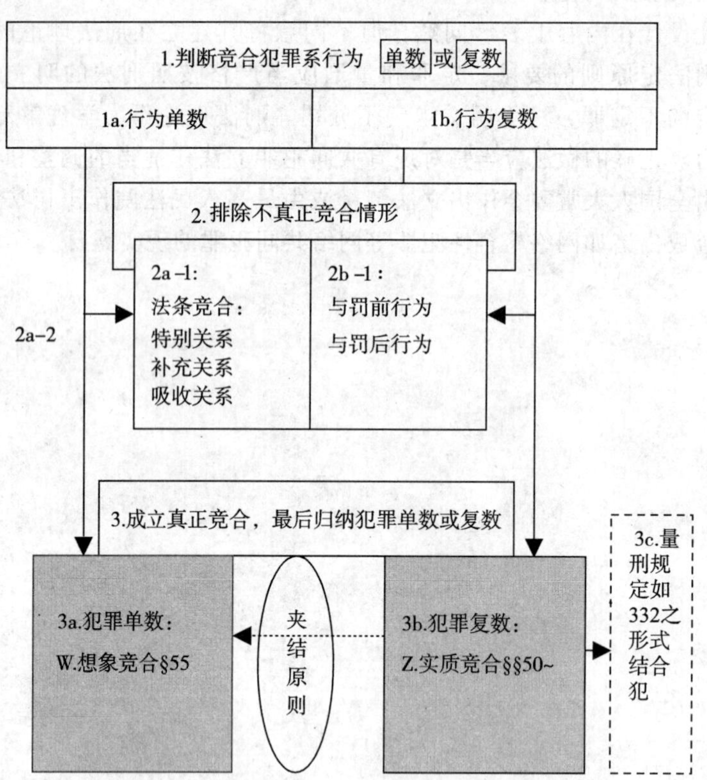

图 1a　犯罪竞合之审查体系表

* 台湾大学法律学院副教授。

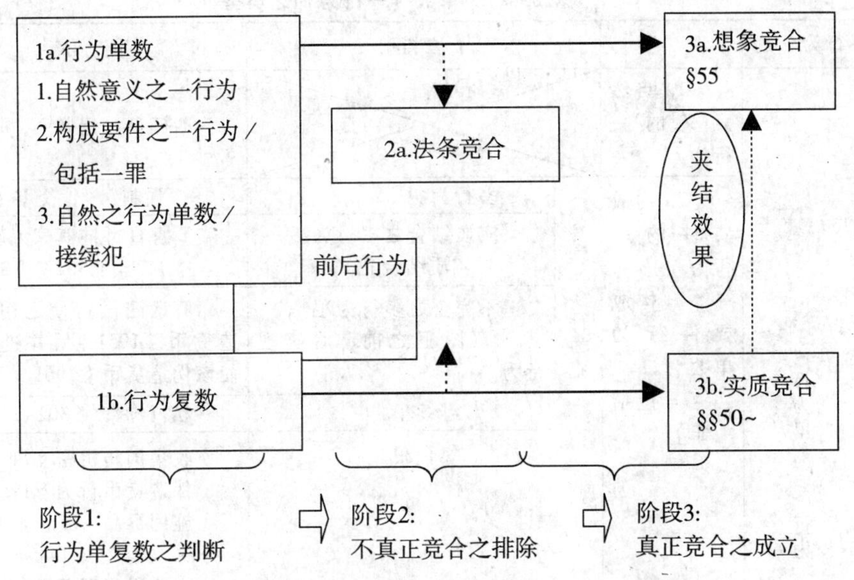

图 1b　犯罪竞合之审查体系表

表 1　行为数与罪数之关系

行为数	罪数	成立类型	说明
一行为	一罪	单纯一罪	不发生竞合问题
		法条竞合	不真正竞合
	数罪	想象竞合	真正竞合
数行为	一罪	与罚前、后行为	不真正竞合
	数罪	实质竞合/数罪并罚	真正竞合

表2　行为单数（一行为）之类型

<table>
<tr><th>行为个数</th><th>类　型</th><th colspan="2">下位类型</th><th>例　示</th></tr>
<tr><td rowspan="9">行为单数=一行为</td><td>1. 自然意义的一行为</td><td colspan="2"></td><td>T打O一巴掌</td></tr>
<tr><td rowspan="6">2. 构成要件的一行为
=构成要件行为单数
=包括一罪</td><td rowspan="3">（各种）多行为犯</td><td>多行为犯</td><td>“强制”“性交” §221</td></tr>
<tr><td>实质结合之多行为犯（实质结合犯）</td><td>T掳O并向其家人勒赎 §347 = §302 + §346</td></tr>
<tr><td>不完全之多行为犯
意图犯之前、后实现行为</td><td>T意图供行使之用而伪造货币§195I，后并进而行使该伪造货币§196I</td></tr>
<tr><td colspan="2">继续犯</td><td>私行拘禁 §302</td></tr>
<tr><td colspan="2">集合犯</td><td>收集国防机密§111I
伪造货币行为§195I
施用毒品：毒危§10
买票贿选 §144
常业犯（已废除）</td></tr>
<tr><td colspan="2">构成要件之等价选择行为</td><td>公务员先要求、后期约、再收受贿赂§§121，122</td></tr>
<tr><td rowspan="2">3. 自然的行为单数
/= 接续犯</td><td colspan="2">反复性的构成要件实现（反复接续犯）</td><td>T连殴打5拳伤害O
T到O宅连偷数物</td></tr>
<tr><td colspan="2">相续性的构成要件实现（相续接续犯）</td><td>T多次下毒致毒死O
T接连数天终于拆毁O宅 §353I</td></tr>
<tr><td>行为复数</td><td colspan="4">即数行为。扣除行为单数后即为行为复数，在审查上并无独立判断之必要</td></tr>
</table>

前　言*

问题概述

现今的刑法体系大致上分为犯罪论与刑罚论两大部分，竞合论是两者之间的桥梁。这座桥梁的根本任务，也就是竞合论的目的，在于对行为人的所

* 本文原名《行为数与竞合论》，初稿发表于2006年出版之《新修正刑法论文集》，第231页以下。随后略经增修文字，并增列附录（下文陆）之一则台湾实例的解析“跨连新旧法之施用毒品行为——兼论行为单数与集合犯、接续犯概念之比较”，载《台湾本土法学》2006年第84期，第141页以下。附带说明：以下图表及内文所援引之条文，若未特别标明，皆指自2006年7月1日起施行之台湾地区新“刑法”条文，条文内容可于下列网址检索取得：http：/law. moj. gov. tw/fl. asp。

有犯行，作出充分而不过度、不重复的评价。然而，这个竞合论的“帝王条款”，知易行难。尽管现今刑法体系至少已历经数世纪的演进与淬炼，但建构完美的竞合论，犹如圣经旧约所载的人类盖巴别塔的故事一样，几可确定是不可能的任务。人间没有完美的竞合论，我们至多仅能求得体系相对清晰、结果尚称合理的解决之道而已。

举个简单的交通罚锾例子：在高速公路上超速，请问要怎么处罚才能符合“充分而不过度、不重复”的要求？更具体地说，测速照相取缔，在空间上要间隔多远，时间上要间隔多久才算适当？我们不能让一个驾驶人超速被测一次以后就取得飙车的豁免权，以免纵容违法行为，但若100公尺以内测速取缔两次，又似乎过严。中国台湾地区交通取缔实务有所谓的“66规则”，也就是间隔6分钟或6公里内的超速只罚一次，但如果你一定要追问：为什么刚好是6，而不是4、5、7或8？应付这种问题会让人词穷，最多只能说，总是要找出一个相对合理的解决之道：这也正是刑法竞合论的实况。更何况上开“66规则”还有例外——并不适用在新完工通车的雪山隧道。12.9公里长的雪山隧道沿途设有6架测速照相机，如果一路飙车过隧道，6张罚单是累加计算，相当于“数罪并罚”中最严苛的规则，而且该隧道甫通车时宣导的是：超速1公里即开罚，没有一般超速10公里内不罚的宽限值。套过来说，基于法益特殊保护的需求（隧道超速行车的特别危险性），执法者借由调整竞合规则，来提高处罚的密度。

为何竞合论如此复杂？上开超速案例指出其中的第一个困难，也就是适当规范评价的标准难觅；世上恐怕并不存在任何先验的客观基准，以供对照与衡量；我们必须本于刑法体系，以目的性思考来克服困难。更复杂的是，竞合论并不是单纯的实体法问题，而是带有动态的程序面向；简言之，造成诉讼法上不合理结果的竞合论，就不是合理的竞合论。这种掺杂诉讼法的目的性思考，长期以来影响了竞合论的发展，例如，中国台湾地区新“刑法”就因此而废除了备受诟病的牵连犯与连续犯①；又如学说上反对将形式结合犯

① 如废除牵连犯之立法理由，即援引日本先例表示：“日本……将牵连犯之规定予以删除，改正刑法草案说明书之要旨，认为‘在构成牵连犯之数罪中，作为手段之行为罪与结果罪间，具有相当时间之间隔，倘将其中一方之既判力及于他者，并不适当……’。”其中，既判力及于他部的疑虑，正是动态的程序观察。同此，废除连续犯之立法理由，也强调“然本法规定连续犯以来，实务上之见解对于本条‘同一罪名’之认定过宽，所谓‘概括犯意’，经常可连绵数年之久，且在采证上多趋于宽松，每每在起诉之后，最后事实审判决之前，对继续犯同一罪名之罪者，均适用连续犯之规定论处，不无鼓励犯罪之嫌，亦使国家刑罚权之行使发生不合理之现象”。

纳入行为单数的关键理由，多少也和诉讼法面向的既判力问题有关[①]。

另一个徒增竞合论困扰的理由，在于欠缺共同的语言。犹如巴别塔的启示，上帝阻止人类建造通天巨塔的手段是让人类使用不同的语言，以致无法沟通。这似乎说中了中国台湾地区竞合论的命运，也是本文拟加着墨之处。在此，仅以下列新刑法的立法理由为例：

至连续犯之规定废除后，对于部分习惯犯，例如窃盗、吸毒等犯罪，是否会因适用数罪并罚而使刑罚过重产生不合理之现象一节，在实务运用上应可参考德、日等国之经验，委由学界及实务以补充解释之方式，发展接续犯之概念，对于合乎"接续犯"或"包括的一罪"之情形，认为构成单一之犯罪，以限缩数罪并罚之范围，用以解决上述问题。

在实务界近一年来为因应新刑法所举办的各式各样座谈会中，上开立法理由屡被援引。基本问题是，什么是"包括一罪"？什么是"接续犯"？两者的关系为何？两者各自和已经废除的"连续犯"及仍然保留的"数罪并罚"，又处于何种关系？

由于竞合论本来就是学说与实务共同关注的焦点，是以，评论新刑法竞合论的文献，犹如雨后春笋[②]。不过，如果只看名词术语，会令人眼花缭乱，因为我们同时还看到诸如"自然意义之一行为"、"构成要件之行为单数"、"自然之行为单数"等用语，也会看到诸如"包括一罪就是集合犯"或"接续犯属于包括一罪"等说法。甚至于，即便只谈接续犯，也有"遂行接续犯 v. 进展接续犯"、"反复性构成要件实现 v. 相续性构成要件实现"，乃至于

---

① 关于形式结合犯不宜列为一行为或一罪的诉讼法上理由，仅参阅林钰雄：《新刑法总则》2006年版，第554页。陈志辉："牵连犯与连续犯废除后之犯罪竞合问题——从行为单数与行为复数谈起"，载《月旦法学杂志》2005年7月第122期，第16页；杨云骅："结合犯与案件同一性判断"，载《台湾本土法学》2005年9月第74期，第147页以下。

② 仅例示本文参考援引的几则文献：甘添贵：《罪数理论之研究》2006年版；林山田：《刑法通论》（下）（增补9版），2005年版，第257页以下；林钰雄："新刑法总则与新同一案件——从刑法废除牵连犯、连续犯论诉讼法上同一案件概念之建构"，载《月旦法学杂志》2005年7月第122期，第27页以下；纪俊干："刑法废除牵连犯、连续犯规定后，程序法上同一案件处理，如何因应"（上）（下），载《司法周刊》2006年6月第1289/1290期；张淳淙："从刑法修正论行为之罪数——牵连犯、连续犯及常业犯废除后之实务因应"，载《司法周刊》2006年5月第1286期（司法文选别册）；许玉秀："一罪与数罪的理论与实践（一）至（七）"，连载于《台湾本土法学》第78/79/80/81/82/83/84期，第147/191/121/141/159/89/107页以下；黄惠婷："牵连犯与连续犯废除后罪数认定之基准"，载《月旦法学教室》2006年1月第39期，第90页以下；靳宗立："牵连犯与连续犯废除后罪数判断与科刑处断之因应"，载《月旦法学教室》2005年11月第37期，第88页以下。

德文教科书基本见解，例示如：Haft，Strafrecht AT，9. Aufl.，2004，S. 273ff.；Roxin，Strafrecht，AT II，2003，§33/1ff.；Wessels/Beulke，Strafrecht AT，34. Aufl.，2004，Rn. 750ff。

"接续犯 v. 渐进犯"等不同分类。本文的用意即在于"异中求同",尝试沟通不同的说法,并向读者说明竞合论的整合之道。

一、基本立场

相较于竞合论的复杂程度,本文篇幅不可能话说从头。在此先交代一些基本立场。

(一)首先,在竞合论中,应区别行为数(一行为或数行为)与罪数(一罪或数罪)。如图表 2 所示,一行为可能触犯一罪,也可能触犯数罪,同理,数行为经评价后,可能仅论以一罪,也可能论以数罪。仅以想象竞合为例,中国台湾地区"立法"定义是"一行为"触犯"数罪名"("刑法"第 55 条),显然是区别行为数与罪数,而且行为数应先于罪数的审查。

(二)其次,上开区别的审查顺序,也是竞合论的第一个步骤,便是行为数的判断,这点犹如铁轨的转辙器。如图表 1 所示①,经判定为一行为或数行为之后,竞合关系从此各奔前程,一行为不可能实质竞合,数行为不可能想象竞合。简言之,竞合论的审查顺序分为三个阶段:

1. 判断行为单复数,审查路线自此分道扬镳;

2. 排除不真正竞合,亦即一行为情形要继续检验有无法条竞合,数行为情形要继续检验有无与罚前、后行为;

3. 成立真正竞合,亦即一行为若无法条竞合情形,就是想象竞合;数行为情形若无与罚前、后行为,就是实质竞合,应依数罪并罚规则处理("刑法"第 50 条以下)。

(三)再者,行为数的判断,在此采三分说②,如图表 3 所示,分为三种由简而繁的基本类型:

自然意义的一行为;

构成要件的一行为(=构成要件的行为单数);

---

① ※ 图表 1 乃简表,详图及说明请参阅林钰雄,注 2 书,第 538 页以下。从行为单、复数出发来处理竞合论,已经是中国台湾地区文献极为普遍的见解,例示如:林山田,注 3 书,第 262 页以下;高金桂:"数罪并罚之修正与检讨",载《月旦法学杂志》2003 年 1 月第 92 期,第 49、56 页以下;柯耀程:《刑法总则释义——修正法篇》(下),第 17、59 页以下;纪俊干,注 3 文;许玉秀:"一罪与数罪之分界——自然的行为概念",载《台湾本土法学》2003 年 5 月第 46 期,第 84 页以下;陈志辉,注 2 文,第 10 页以下;黄常仁:《刑法总论》(增修合订版),2001 年版,第 241 页以下;黄惠婷,注 3 文,第 90 页以下;苏俊雄:《刑法总论 III》,2000 年初版,第 18 页以下。

② Vgl. Roxin, a. a. O., § 33/17ff.。同此基本分类:陈志辉,注 2 文,第 9 页以下;黄惠婷,注 3 文,第 90 页以下。其余名异实同的分类,详见下文参。

自然的行为单数。

其中，类型1是行为个数的基本单位；类型2包含多行为犯、继续犯、集合犯等下位类型，本文结论认为此相当于上开新“刑法立法”理由所称的“包括一罪”（下文参、一）；类型3包含反复实施及相续实施两种下位类型，本文结论认为此即上开新“刑法立法”理由所称的“接续犯”（下文参、二）。这些结论将可从其下位类型的归纳获得证实，而从下位类型着手，也正是中国台湾地区竞合论的整合之道。

二、判断行为数之三分说

自然意义的一行为

自然意义的一行为（Eine Handlung Im Natürlichen Sinne），是从身体自然动作来观察的一行为，可以简称为一个自然的身体动作，精确地说，这是指：行为人出于一个行为决意而实现了一个意思活动者，例如T打O一巴掌，这是很典型的一行为，通常并非争议所在[①]。说得白话些，这本来就是一行为，怎么看都是一行为。

自然意义一行为，构成所有行为单数的“基石”，可以说是行为单数的最小基本单位，不能再予切割，因此，在刑法评价上恒属一行为，不问侵害法益的种类，也不问侵害法益的多寡，这点和下述的自然的行为单数/接续犯有别，应予注意。反之，自然意义的数行为，在刑法评价上可能是数行为，但也可能是一行为，如下述的构成要件之一行为/包括一罪，或如自然的行为单数/接续犯，就是由数个自然意义的一行为所组成。

我们可以拿乐高积木来打个比喻。自然意义的一行为，可以说就相当于单块（片）的塑胶积木，也是玩积木的最小单位，我们可以拿“五十块”积木去拼成“一栋”房子作品，每一块积木犹如各个自然意义的一行为，而拼成的“一栋”房子作品，犹如经过法律评价而视为一个整体的一行为。

---

① 不过，所有竞合论的概念，必定都有边界案例，如95年度台上字第2977号判决之案例所示：“上诉人驾车未熄火停在路旁，忽遭警盘查，该车从后退时起算，回转四分之三圈后停止改向前时为止，前后约六秒钟；另该车前行时起至方××（按：被撞死的警员）落地时为止，前后亦六秒钟等情，有原审历次勘验笔录可按，显见上诉人自倒车时起，至被害人方××跌落为止，前后仅十二秒钟，时间甚短，且系一贯动作，应认上诉人倒车及更改前行均系一个妨害公务单一犯意之接续行为……”。亦即，针对这个处于自然意义一行为与接续犯的边界案例，台湾地区“最高法院”认为此乃接续犯之一行为，但如此认定前提应该是自然意义上的数行为（数个自然的身体动作），否则也毋庸借助接续犯的概念了。

三、构成要件一行为/包括一罪

（一）意义

构成要件的一行为，法律术语又称构成要件的行为单数（tatbestandliche Handlungseinheit），其下位类型众多且重要，其实这就相当于新"刑法"立法理由所称的包括一罪（下述参、一）。构成要件的一行为，顾名思义，是指透过对系争构成要件的解释而来的一行为，也可以说是立法者在"刑法分则"各犯罪构成要件规定中所预设的一行为。亦即虽系争构成要件该当行为，在概念上、事实上是数个个别的自然行为或意思活动，但立法者却将其订定、融合或拟制成为一个独立构成要件行为者，因此，在法律上将其评价为一行为[①]。例如，概念上、事实上是"强制＋性交"数行为举止的强制性交罪（"刑法"第221条第一项），"立法者"已经借由该罪的构成要件规定，把这些个别行为加总起来当成是一个独立的构成要件行为。构成要件一行为的判断，关键当然在于对"刑法分则"各个构成要件的"解释"。回到前述积木比喻，一栋房子作品虽然是由五十块积木所拼成，但是我们还是把它理解为"一件"东西。

（二）类型

检讨构成要件一行为的焦点，集中在其下位类型，经常被提到的如多行为犯（又称复行为犯，含双行为犯在内）、结合犯、继续犯、集合犯等。此外，学说另外提到意图犯、构成要件的等价选择等类型，而中国台湾地区实务还特别倚重吸收犯的概念。以下简略检讨之。

1. 继续犯

继续犯是状态犯的相对概念。在状态犯，构成要件不法内涵的非难重点仅在于招致违法状态（如伤害罪）；反之，在继续犯，招致违法状态的行为，以及维持违法状态的行为，都是非难的重点所在[②]，因此应被整体评价为一个继续行为。如常举例的私行拘禁、侵入住宅或参加犯罪组织等罪，在中国台

---

① 如87年度台上字第317号判决即在常业犯脉络正确指出："……常业犯，则指以犯罪为日常之职业、赖以为生而言，其本质乃多数行为之集合或一定行为之反复实施，在'立法'上予以拟制，定为一罪。"

② Vgl. Wessels/Beulke, a. a. O., Rn. 31ff.；林钰雄，注2书，第97页。

湾地区更具实务意义的是毒品或枪炮案件的“持有”及“寄藏”[1] 行为。

一般而言，继续犯属于构成要件一行为，并无争议；此外，哪些属于继续犯，大致上也有共识，窃占罪算是例外。由于窃占行为具有持续性，维持窃占违法状态的行为，同样也应该是该罪的非难重点，而且行为人的意思可以决定窃占违法状态的久暂，这些都完全符合继续犯的典型特征，学理上应纳入继续犯。但中国台湾地区实务[2]可能受到即成犯说法的影响，再加上窃占罪与性质上属于状态犯的窃盗罪列于同一法条，因此，遂误以为窃占罪不是继续犯，这往往导致窃占行为还在继续当中，但追诉权却已经罹于时效的不合理现象。然而，避免这种不合理现象，正是刑法上承认继续犯的理由之一。

2.（广义的）多行为犯

多行为犯，又称复行为犯，概念上当然包含双行为犯在内。顾名思义，这就是指“刑法分则”的构成要件行为，已经预定了数个不同种类行为在内的犯罪类型（如前述的“强制”“性交”罪），行为人必须该当所有预定的行为，才能论以该罪的既遂犯；既然立法者已经白纸黑字写下来了，多行为犯可说是最为典型的构成要件之一行为。

至于在此脉络常举的实质结合犯，其实，本质上就是多行为犯，暂且称为实质结合之多行为犯。例如，掳人勒赎罪（“刑法”第三四七条）就是立法者把私行拘禁罪（“刑法”第三〇二条）与恐吓取财罪（“刑法”第三四六条）结合后的独立构成要件[3]，既然已经成为一个新的、独立的构成要件类型（此点与形式结合犯有别），先掳人后勒赎，“刑法”上遂将其整体评价为一个掳人勒赎行为。

还有一种比较特殊的多行为犯，学说上称为不完全的多行为犯（unvollkommen mehraktige Delikte）[4]，典型的事例，便是意图犯为了实现其犯罪意图的前、后行为，例如行为人意图供行使之用而先伪造货币（“刑法”第一九五条第一项），后并进而使用该伪造货币（“刑法”第一九六条第一项），在

---

① “持有”是继续行为，并无疑义，实务近例如95年度台上字第3250号判决。此外，实务亦认为“寄藏”是继续行为，故犯罪之完结须继续至寄藏行为终了时为止，近例如94年度台上字第7255号、95年度台上字第2440号、95年度台上字第3385号、95年度台上字第3625号等判决。稍值得一提的是，87年度台上字第1568号判例针对“收受”被诱人罪（§243）表示：“所谓‘收受’系指对于他人所诱出之人，予以收受，置于自己实力支配之下而言。故在被诱人未脱离犯罪者实力支配前，仍应认为在犯罪行为继续中，即为继续犯……”

② 如66年度台上字第3118号判例、82年度台上字第4377号及92年度台非字第96号等判决。批评仅参阅，林山田，注3书（上），页245。

③ 请参阅93年度台上字第5730号、95年度台上字第217号判决。

④ Vgl. Haft, a. a. O., S. 280；陈志辉，注2文，第13页称此为意图犯。

本则案例，因为前伪造行为的不法内涵已经预计了后行使行为，因此，基于同一意图而来的“前”伪造行为与“后”行使行为，遂整体评价为构成要件的一行为。

特别注意这里的“审查顺序”（图表1参照）：由于在第一阶段的“行为数”审查时，评价结果是一行为，所以才会进入第二阶段的“不真正竞合”（在此即法条竞合）的审查，也就是说，伪造行为与行使行为到底如何竞合的问题，是第二阶段的问题。中国台湾地区实务的竞合论，比较欠缺审查顺序的观念，因此，往往跳过行为单复数问题，直接去探讨到底是伪造吸收行使或行使吸收伪造的法条竞合问题，顺序上值得商榷；但其前提显然也是认为：意图犯的前伪造与后行使行为，均属于一行为，否则并无讨论法条竞合的余地，这点结论与本文相同。

3. 集合犯

由于中国台湾地区新“刑法”一举废除了连续犯与常业犯，因此，可能承接某些反复违犯类型的集合犯，成了竞合论的“当红炸子鸡”。现今，在集合犯底下讨论的类型或事例，除了已经废除的常业犯以外，几乎都具有高度的实务价值，尤其是施用毒品和贿选这两大类常见案例。

抽象地说，集合犯系指，“立法者”在系争构成要件所描述、所预设的该当行为，本身就具有不断反复实施的特性，所以，反复实施行为，虽然在自然意义上是数个行为，但法律上被总括地当成或拟制为一个构成要件的集合行为。

关于集合犯，有两个特别值得探讨的问题：一是集合犯的体系定位，例如集合犯和构成要件一行为/包括一罪的关系，以及集合犯和自然的行为单数/接续犯之区别，此点容后说明。二是集合犯的具体犯罪类型，亦即，到底哪些刑法分则（含特别刑法）上的犯罪应归纳为集合犯？这点颇为重要，因为一来，如果集合犯过于包山包海，已经废除的连续犯或常业犯，可能就此借尸还魂，这会违背新刑法的初衷；二来，反面言之，假使认定过于狭隘，反复同种类行为皆被评价为数罪而予并罚，不但可能造成过度评价的结果，而且会一并带来诉讼法上难以克服的证明问题。

为了避免过犹不及，集合犯的判断，必须大力借助法律解释，来界定哪些刑法分则的构成要件行为，属于立法者所预定的集合行为。在此，出发点是系争构成要件文字描述的通常语意，也就是文义解释；在文义解释答案不明确时，则需更进一步解释系争规定的规范目的，并参酌实际生活上犯罪的典型实施形态来综合判断。

据此，从文义即可得知是集合犯者，除了已经废除的“常业”行为[①]以外，还包含构成要件所描述的“收集”行为（如“刑法”第一九六条第一项“收集”伪造通用货币罪）；其他尚可从语意推论者，如“凌虐”行为（“刑法”第一二六条、第二八六条）、损害他人信用的散布流言行为（“刑法”第三一三条）。从文义无法立即得知，但参酌实际生活经验的违犯形态，系争构成要件通常是多次反复实施而非单一行为来违犯者，只要论以单一集合行为即足以充分反应该罪的不法与罪责内涵，就可列入构成要件一行为的集合犯来处理，包括成为一罪。例如，伪造货币行为（“刑法”第一九五条第一项），由于伪造器械原料的成本颇高，犯罪利得要高于成本，衡诸实情，当然就是反复印伪钞；所以，行为人就算被查获在一个月内共印了五百张千元伪钞，还是仅构成一个伪造通用货币的集合行为。但是，这种论以一行为的理由，则未必存在于同属伪造罪名的伪造文书行为，应予明辨[②]。基于类似的道理，只买一张票不会当选，犯罪目的不可能实现，所以，同次选举同一候选人反复实施的买票行为，仅构成一个贿选的集合行为（“刑法”第一四四条）[③]；此外，成瘾是吸毒的特性，在一定期间内反复施用毒品的行为，仅计为一次施用毒品的集合行为[④]。

---

① 如1927年上字第1925号判例及前述1987年台上字第317号判决。

② 林钰雄，注2书，第558页。由此可知，把伪造犯概括列入集合犯的归类（甘添贵，注3书，第63页以下），似有检讨之必要。

③ 实务见解就此在连续犯、接续犯说法左右摆荡，忽略集合行为的性质，详细评析请参阅：许玉秀，注3文（五），第161页以下。按：本文发表后之最新实务见解，已采集合犯之说法，例示96年度台上字第3064号判决：“学理上所称之集合犯，系一种构成要件类型，亦即立法者针对特定刑罚规范之构成要件，已预设其本身系持续实行之复次行为，具备反复、延续之行为特征，将之总括或拟制成一个构成要件之‘集合犯’行为；此种犯罪，以反复实行为典型、常态之行为方式，具侵害法益之同一性，因刑法评价上为构成要件之行为单数，因而仅包括的成立一罪。其与接续犯之不同，在于接续犯所适用之构成要件行为文义本身并不具反复实行之特质，非属立法规范所定之构成要件类型，于时间及空间之紧密关联性上，亦较之集合犯为严格。是除集合犯外，每一种构成要件行为皆得以接续犯方式为之，因此集合犯亦有喻之为‘法定接续犯’者。此与修正前连续犯系指行为人在主观上基于一个概括之犯意，而反复实行客观上可以独立成罪之同一罪名之行为者，均尚属有间。公职人员选举罢免法第九十条之一第一项所定之对有投票权人交付贿赂或不正利益罪之贿选行为，乃行为人基于足以让候选人当选票数之贿选目的，反复向多数人交付贿赂或其他不正利益，约定不行使投票权或为一定行使；是对有投票权人交付贿赂或其他不正利益之犯行，于构成要件类型上，本质上已具备反复、延续之行为特征，其持续多次对有投票权人交付贿赂或其他不正利益即为此类犯罪之典型或常态，于刑法评价上自应仅成立集合犯一罪。”

④ 跨连新旧“法”的施用毒品行为之评价，结合了新“刑法”两大困难问题（新旧“法”比较+竞合论），乃实务各级座谈会近来为因应新“刑法”施行所提出讨论的热门问题。

4. 其他

以上所示的构成要件一行为类型，仅属基本类型，并未穷尽可能形态。几个常见讨论的下位类型还包括①：

(1) 构成要件的等价选择行为。这是指，立法者在同一构成要件当中，列举了多种形态的违犯行为方式，该当其中任何一种者即具构成要件该当性。例如"藏匿犯人或使之隐避"（"刑法"第一六四条），如果放纵人犯让他搭计程车脱逃，并安排他到旅馆投宿，虽然先使之隐避后又使之藏匿，但实现的仅是一个构成要件行为（参阅下文参、一）。更典型的是具有高低阶行为关系的"要求、期约或收受"贿赂（"刑法"第一二一条、第一二二条），行为人先"要求"、后"期约"、再"收受"贿赂者，仅构成一次贿赂行为②。再如，妨害秘密罪的"窥视、窃听"（"刑法"第三一五条之一），既偷看又偷听他人非公开活动者，实现的也仅是一个构成要件行为。

(2) 习惯犯。此外，本文前言所示的新"刑法立法"理由，在罪数认定脉络中提到"习惯犯"的用语，并以窃盗、吸毒为例。这段话实在是狗尾续貂。严格来讲，习惯犯不是"刑法""犯罪论"的用语，也不是"竞合论"中独立的类型，中国台湾地区"刑法"也仅在"刑罚论"的脉络中，把"有犯罪之习惯"当成施以强制工作之保安处分的要件（"刑法"第九十条）。此外，就所举事例而言，多次反复吸毒已经因为前述的集合犯，而包括地认定为一个构成要件的集合行为，硬要归纳的话，就仅能把习惯犯塞入集合犯的下位类型。然而，把习惯犯（或类似用语的常习犯）的说法引进来，不但多此一举，反而衍生疑义，试问：以窃盗惯行为例，在新"刑法"同时废除连续犯与常业窃盗罪之后，要根据哪一条"现行法"规定而成立仅论一罪的窃盗习惯犯？其实，在窃盗脉络应该讨论的，是下述四的接续犯问题，但这和

---

① 除以下例示者外，其余有些明显不合理的类型，就不再一一讨论。例如，所谓"职业犯"的说法（姑且不论其定位及其与集合犯、包括一罪的关系），就太过概括，不然，职业杀手杀人无数的"职业行为"，难道可以列入一行为？还有，不知职业犯与目前"刑法"已经废除的常业犯，概念上要如何区分？

② 92 年度台上字第 6991 号判决："……行求、期约、交付行为，固属阶段行为，然行贿者非必兼有该三阶段行为，倘不经行求、期约阶段，而径行交付者，行贿者成立何罪，应视受贿者与行贿者间有无不行使投票权或为一定行使之意思合致为断；如行贿者与受贿者有意思合致，行贿者应成立交付贿赂罪，无此意思合致或被拒绝时，成立行求贿赂罪。"

这个事例也点出了一个"刑法"的体系问题：哪些是在犯罪阶层的"构成要件该当性"就处理的问题，哪些到"竞合论"才处理？有些文献并未将此等"构成要件之等价选择"列入竞合论中的一行为或一罪类型，可能原因在于，先前检验构成要件该当性时便认为此仅构成一个/一次贿赂行为，也不生形式上该当数次贿赂罪的竞合问题。

有无窃盗“习惯”根本无关。

(3) 吸收犯。针对中国台湾地区实务向来特别钟爱的吸收犯，在此仅略述一二。吸收犯的说法，似乎是个终结竞合论的神奇大熔炉，反正最后结论想要论以一罪又找不出其他理由的，就统统丢到吸收犯去解决，这造成了中国台湾地区所称吸收犯内涵歧异且类型过于包山包海的根本弊病，也让人难以理出其共同的元素[①]。撇开这点不谈，就竞合论的体系与审查顺序而言，所称吸收犯，其实不是第一阶段判断行为单复数的基准，反而比较是第二阶段审查的法条竞合之类型。就行为个数判断来看，以前述典型的伪造有价证券与行使行为为例，这种意图犯的前、后实现行为，已经可归纳入不完全之多行为犯类型的构成要件一行为，因此，也毋庸借助吸收犯的概念来判断行为单复数；再如，先期约后收受贿赂的行为，也已因构成要件的等价选择而列入构成要件之一行为，在此借用吸收犯的概念亦无助益。

(4) 形式结合犯。以犯“强盗罪”而“故意杀人”的强盗结合犯为例（“刑法”第三三二条），法条形式上虽然结合了两个不同的构成要件，但却没有自己的构成要件，这点和前述的实质结合犯截然不同。因此，判断是否构成所称形式结合犯，最后还是要回溯到被结合的各该构成要件来个别处理，在此例就是分别回到强盗罪与杀人罪的构成要件检验。不管基于实体法或诉讼法的理由，形式结合犯只是一种加重量刑的法律效果规定，并在此范围内排除了数罪并罚的相对优惠规定，但却无关行为单复数的认定。简言之，形式结合犯还是行为复数[②]。

四、自然的行为单数/接续犯

(一) 意义

如果数个自然的身体动作，“立法者”并未将其拟制、预定成为一个构成要件行为的情形，在法律上有没有可能终究还是评价为“一行为”？这个问题原有争议，但就结论而言，肯定的答案已经非常明确，关此，只要想想同一行为人对同一被害人接连殴打数拳的例子即可得知，每拳个别来看都该当伤害罪，但几乎没有人怀疑这最后应评价为“一个”伤害行为。此即学说上所称自然的行为单数（natürliche Handlungseinheit），一般指行为人出于单一犯罪意思，实施数个同种类的行为，个别举动之间具有紧密的时间与空间的关系，

① 关于实务所承认的各种吸收及批评：林山田，注3书，第332页以下。

② 同此见解：陈志辉，注2文，第16页；不同见解如：林山田，注3书，第266页。类此争议还包含已废除的牵连犯、连续犯，仅参阅林钰雄，注2书，第547页之说明。

且自客观上、第三人角度观察亦可辨别出行为之间的相关性。其实，这也就是中国台湾地区法律通称的接续犯。在中国台湾地区废除连续犯与常业犯之后，针对反复多次实施但仍论以一罪的情形，除了前述构成要件一行为中的集合犯以外，就属接续犯概念最为重要。

由以上说明亦可得知，自然的行为单数/接续犯的概念和集合犯有别。简单地说，我们之所以把集合犯的数个动作当成一个行为，是来自于立法规范本身的拟制和预设，如前述的收集犯行本来就预定反复实施的收集行为，而反复实施才是典型的、常态的行为方式；反之，自然的行为单数/接续犯，立法者就此并没有任何预设的立场，譬如伤害罪，打人一拳和打人数拳也都是生活经验上的违犯常态，我们之所以把打人数拳当成是“一个”伤害行为，并非来自于系争构成要件的立法要求，而是基于竞合论的目的性考量，因为若硬是拆成数行为而论以数罪，不但过于矫揉造作很不自然，徒增实务不必要的负担（谁会去计算或记得一共打了几拳?），而且容易造成过度评价的结果。中国台湾地区文献因而把集合犯比喻成“法定接续犯”①，直接点出“立法者”有无预设立场的区分关键所在，可以说是颇为传神。

（二）类型

具体而言，自然的行为单数/接续犯，包含两种下位类型②：

1. 反复实施的一行为/反复接续犯

反复性的构成要件实现（iterative Tatbestandsverwirklichung）之一行为，或称反复接续犯，指行为人以数个相类似、紧接的个别举动，一再实现同一构成要件者。此等情形，行为人的多数动作皆是加剧对同一法益的侵害，虽然因此而提高了在不法与罪责的“量”，但仍同“质”，故成立此种法律评价的单一行为，诸如接连打数拳、连赏数耳光、数个动作搜刮财物，都是一行为。

承认这种类型的接续犯，早已是共识，但在连续犯与常业犯废除之后，未来个案争议将会集中在到底时空如何紧密的反复行为，可以列入此一类型。例如，从新店到淡水捷运线上共窃取十个不同被害人的钱财，结论上应可纳入此种接续犯，这应该就是前言所示新“刑法立法”理由提到的多次窃盗行为仍论以接续犯之单一犯罪的情形，不过显然无关所谓习惯犯的问题；当然，如果时空距离拉得更远，个案判断必定会有模糊地带，不过无论如何，绝对

① 许玉秀，注4文，第97页及注3文（五），第161页；陈志辉，注2文，第15页。

② Roxin, a. a. O., § 33/32ff.；陈志辉，注2文，第17页以下。

不能再重蹈实务旧例连续犯的覆辙[①]。另外要强调的是，在窃盗这种侵害财产法益的犯罪类型，法益持有人的数量并不是判断行为数的标准，前例也不会因为钱财属于不同被害人而就成立数行为[②]，这点和生命及性自主决定等高度个人专属法益有别（参照下述3）。

2. 相续实施的一行为/相续接续犯

相续性的构成要件实现（sukzessive Tatbestandsverwirklichung）之一行为，或称相续接续犯，指行为人历经先后不同的行为阶段，最后终于达到实现犯罪结果的目的者；亦即，行为人基于单一决意，以一步接一步地“量”之提升方式，最后实现构成要件者，讽刺一点说，就是“有志竟成”。杀人是典型事例，不管是先打再砍及至被害人死亡，或是利用多次机会接连慢性下毒直到被害人毒发身亡，都仅构成一次的杀人行为。此外，中国台湾地区近例也曾明白指出，接连好几天拆毁一栋他人厂房的举动，构成一个毁损建筑物行为，乃接续犯[③]，其实就是属于此类。附带说明，和反复接续犯比较，相续接续犯在时间紧密性的要求上较为松散，因此，从预备行为到最后既遂，纵使费时较久，通常也不影响行为单数的判断，以慢性毒药杀人是典型的例子。

3. 高度个人专属性法益之排除

应予注意，尤其是针对反复实施类型，若所侵害者乃不同人间的高度个人专属性法益时，反复实施的数个同种类的行为之间，纵使时空紧接，也不能成立自然的行为单数/接续犯。据此，即便同时同地杀害不同人，或性侵害不同人，都不能论以一行为，而是数行为。

关此，闻名事例当属喧腾一时的“陆女落海案”，驾驶舢板载运偷渡女子的行为人，为逃避海巡署追缉而将十三名大陆女子推落海，其中七人死亡。原审认为“多数动作，既同时、同地、同次实施，无从分别先后”，故论以

---

① 离谱事例，如93年度台上字第1091号判决案例所示，被告两次伪造文书犯行相隔达5年之久，但原审竟然还说这是“时间紧接”的连续犯！

② Roxin, a. a. O., §33/36f.；林钰雄，注2书，第563页；陈志辉，注2文，第19页；黄惠婷，注3文，第96页。

③ 94年度台上字第2512号判决：“……原判决事实认定上诉人系基于毁坏房屋之故意，遂行本件毁坏建筑物之犯行，而拆毁其附表编号二所示之‘L’形厂房建筑物全部等情，如若无误，似意指上诉人原即意在拆毁系争建筑物，则其为完成毁坏系争建筑物之目的，自九十年一月底、二月初起，至同年二月十九日下午二时止之数个毁坏建筑物举动，似系基于毁坏系争建筑物单一决意之数个举动的接续施行，应为接续犯，原判决认系基于概括犯意之连续犯，有适用法则不当之违法。”

“想象竞合犯，从一重之杀人既遂罪处断”，最高法院维持原审见解[①]。然而此一结论颇值商榷，因为论以想象竞合犯的前提是“行为单数（一行为）”，而系争多个杀人动作，却不属于任何一种的行为单数类型，毫无疑问不是自然意义的一行为，也不是构成要件的一行为/包括一罪，而唯一可能列入考虑的“自然的行为单数/接续犯”，由于涉及不同人的高度个人专属之生命法益，因此也不能成立这种一行为；本案结论应是行为复数，这总共是十三个杀人行为（有既遂、有未遂），最后应该依照数罪并罚而非想象竞合来处理。

（三）三分说之对话与整合

铺陈本文所采三分说对行为单复数判断的基准之后，接下来要处理的是，到底这种见解和现行实务及其他学说，有无或有何不同。中国台湾地区百家争鸣的竞合论，必须对话和整合，这是本文写作的基本用意和立场。而且，依照笔者的乐观观察，整合的可能性是存在的，学说上只要调整共通用语，实务上只要稍加转换角度，异中求同之后，就不难建立对话的基础。甚至于，中国台湾地区实务近年来有些裁判，已经为此整合与对话铺路。以下仅挑选几个议题来投石问路，首先交代包括一罪（含集合犯）以及接续犯的用语及定位，接下来检讨本文的行为三分说和其他学说分类的异同。

1. 包括一罪即构成要件一行为

中国台湾地区部分学说、实务及新“刑法立法”理由提到的包括一罪[②]，堪称所有“刑法”用语中，迄今为止说法最为分歧者。提到这个名词，一般

① 93 年度台上字第 4429 号判决：“……一行为而触犯六个杀人既遂罪、七个杀人未遂罪名，系属想象竞合犯，应从一重之杀人既遂罪处断。……‘刑法’第五十五条前段，所谓一行为而触犯数罪名，固不以单一动作，触犯数罪名为限，如基于同一犯意，由多数动作合为一个行为，而触犯数罪名者，亦包括在内。但所谓多数动作，必须同时、同地、同次实施，无从分别先后者，始克相当。若对于另一犯罪，系临时起意，而行为不止一个，或基于概括之犯意，而行为又先后可分时，即非想象竞合犯范围，应分别依数罪并罚或连续犯处断。上诉人等基于同一杀人之不确定犯意，而或喝令大陆女子自行跳海，或推拉其下海，或急驶舢板促其落海，即由多数动作合为一个行为，而触犯六个杀人既遂、七个杀人未遂罪名。其多数动作，既同时、同地、同次实施，无从分别先后，原判决以想象竞合犯，从一重之杀人既遂罪处断，其适用法则仍无违误。”

实务上开见解，可能是受到 20 年度上字第 160 号判例的影响：“既系于同时同地杀害某等三人，而又不能证明其分别起意，依‘刑法’第七十四条之规定（按：§55），应从一个杀人罪处断。”

② 关此，文献颇多，仅例示最具代表性的甘添贵教授之著作。其最近集大成之作乃注 3 书（第 50 页以下）；先前已发表之作如“罪数理论之研究（二）——包括一罪”，载《军法专刊》1992 年 11 月第 38 卷第 11 期，第 12 页以下；此外，《刑法总论讲义》，1992 年再版（第 247 页以下），亦有相关说明。唯上开文献就包括一罪之见解先后并不一致，与其他文献的包括一罪看法亦不一致。另可参照余震华：《刑法深思 · 深思刑法》，2005 年版，第 186 页以下。陈子平：《刑法总论》（下），2006 年版，第 260 页以下。

质疑包括一罪说法者众多，仅例示许玉秀，注 3 文（一），第 148 页以下。

的印象总是以为，这牵涉到德国和日本竞合论的本质差异，仅能从一而终。本文则认为，终结包括一罪争论最好的方式，就是将其植入前述构成要件之一行为（构成要件的行为单数）的明确内涵。

想要理解这个结论，最好的方式是从“下位类型”开始分析。包括一罪说法至少有几十种，还有各种广义、狭义说法之分。然而，具体而言，曾被提及或讨论的包括一罪下位类型（各家说法有别，始终未建立基本共识），诸如继续犯、集合犯、多行为犯或结合犯等，以及可以纳入集合犯下位类型的常业犯、收集犯、伪造犯、散布犯、贩卖犯实际上无非就是本文前述所称构成要件一行为的范畴；此外，文献所举狭义包括一罪的“构成要件上之包括”的事例（即要求、期约后收受贿赂）[①]，也正是本文前述构成要件等价选择之一行为，同样也是构成要件一行为的下位类型。在此，可以说，所称的“包括”一罪，指涉的就是“立法的包括”，亦即，立法者在刑法分则各罪规定中所事先拟制、预定而“包括”成一罪来评价的类型。如此实质意义的理解，便和前述构成要件一行为完全重叠。这也不是本文的创见，中国台湾地区文献就曾以前述“藏匿犯人又使之隐避”的例子（构成要件的等价选择行为），指出从这个日本学者所举的包括一罪事例，可以看出这和构成要件一罪是相同的概念[②]。

还有疑问的是接续犯的归类。使用“包括一罪”用语者，对于“接续犯”是否属于其下位类型或如何归类，尚有争论。这点和德文文献上对于自然的行为单数，是否纳入（广义的）构成要件一行为或法（律）意义一行为的争论，其实是遥相呼应，也就是下文所称二分说与三分说的差异。其实说来说去，并没有本质上的差异；不过，如前所述，由于构成要件一行为/包括一罪的共同特性，在于“立法者”于系争“刑法分则”构成要件规定中事先的拟制和预设，但这点特性并不存在于自然的行为单数/接续犯，因此，包含本文在内的普遍看法，还是认为两者应行区分，概念上比较清晰。

最后值得一提的是，岛内亦有学说主张，扣除接续犯之后，集合犯是包括一罪的唯一类型[③]。果真如此，那么只要集合犯的用语，再加上自成一格的接续犯即可，包括一罪根本就是徒增困扰的多余概念。更何况如此一来，试问多行为犯（含前述双行为犯、实质结合犯及不完全多行为犯等）、继续犯、构成要件的等价选择行为等，在法律上论以一行为的理论基础何在？是否有

① 陈子平，同前注，第 261 页以下。

② 许玉秀，注 3 文（六），第 94 页。

③ 甘添贵，注 3 书，第 63 页：“包括一罪……实仅有集合犯与接续犯两种。”

更适当的名词来概括称谓这些一行为?

2. 接续犯即自然的行为单数

自然的行为单数,内涵与类型已如前述。本文认为这就是岛内学说与实务惯称的接续犯,如此一来,本文主张的行为三分说,和实务惯用的概念内涵,已经可以搭起沟通的桥梁,这点,从其下位类型(反复性实施的一行为、相续性实施的一行为)来看,最为清楚。

首先,自然的行为单数当中的反复性实施行为,向来就是岛内学说与实务所指称的最为典型之接续犯,本来就不是问题所在。可以说,把自然的行为单数等同于接续犯的说法,最大的障碍在于相续性实施行为的类型是否属于接续犯。但从前述台湾地区“最高法院”94 年度台上字第二五一二号判决(接连数天拆毁一栋“L”形厂房)即可得知,实务亦将相续性构成要件实现之一行为认知为接续犯,此类实例还包含数夜接连挖掘地道以求脱逃、接连数度前往被害人家索取钱财等[①];此外,慢性下毒杀人的案例也几无争议。既然如此,自然的行为单数和接续犯概念,其实已经无从也毋庸区别了。由于“自然的行为单数”是中国台湾地区相对陌生的名词,“接续犯”则是岛内沿用甚久的概念,如果能够取得“旧瓶新装”的共识,接续犯的术语似乎比中文语意较为艰涩的“自然的行为单数”更胜一筹,如此也可以避免其与“自然意义之一行为”的概念混淆。

其次,如果直接回归概念内涵与下位类型,不要“以词害义”,可以发现中国台湾地区对接续犯的共识已经逐渐成形。可以用下面几个例证说明:例如,甘添贵教授[②]便将接续犯的形态区分为“遂行接续犯”与“进展接续犯”,无论就定义或举例而言,遂行接续犯就是本文指称的“反复接续犯”,进展接续犯即为“相续接续犯”。再如,与本文同采行为三分说的陈志辉教授,亦是直接认为,接续犯包括“反复性”与“相续性”实施构成要件行为两种类型,其实与自然的行为单数概念难以强行区别[③]。此外,同采行为三分说的黄惠婷教授[④],提到自然的行为单数有“接续犯”及“渐进犯”两种下位类型,但这其实只是译名用语的差异,前者乃由“die iterative Tatbestandsverwirklichung”翻译而来,即本文与陈志辉文所称的“反复性构成要件实现/反复

① 31 年度非字第 11 号判例、53 年度台上字第 1543 号判例。上开判例虽有继续动作之用语,但并不是指继续犯而言。

② 甘添贵,注 3 书,第 70 页以下。但其认为多次举动施以凌虐行为,乃“进展接续犯”,本文则认为此乃构成要件一行为之集合犯(同本文见解者,如陈志辉,注 2 文,第 14 页)。

③ 陈志辉,注 2 文,第 16 页以下。

④ 黄惠婷,注 3 文,第 94 页以下。

接续犯”，后者乃由“die sukzessive Tatbestandsverwirklichung”翻译而来，即本文与陈志辉文所称的“相续性构成要件实现/相续接续犯”。如前所述，既然连实务都已经明白承认了相续接续犯的类型，似无必要再新创一个渐进犯的说法；至于黄惠婷文将集合犯归纳为第三种成立自然的行为单数之类型，但集合犯是来自于立法者的拟制，应属构成要件一行为之下位类型，理由已如前述。

最后要指出的是，中国台湾地区学说关于接续犯的定义，本来就有分歧，其中有些看法应予调整。例如将“利用同一机会”，乃至于“在同一场所”列为接续犯要件的说法，显然无法涵涉已经被共通承认的相续接续犯的类型[①]，这点，只要看看在一个月内接连利用多次机会于不同场所对同一被害人下毒，及致其死亡的典型案例，即可得知。

简言之，本文认为整合之路的结论是：本于行为三分说，应将中国台湾地区所称接续犯的内涵予以旧瓶新装，植入自然的行为单数之概念，如此便可以用接续犯的名词取代自然的行为单数。

3. 行为三分说与二分说及其他分类

除了本文所示的行为三分说以外，文献上另外一种常见的分类是行为二分说，简言之，就是区分为“1. 自然意义的一行为（die Handlung im natürlichen Sinn / Natürliche Handlung）与 2. 法意义的一行为（die Handlung im juristischen Sinn / Rechtliche Handlungs-einheit）”两大类，在法意义的一行为底下，再区分为“2.1 构成要件的行为单数；2.2 自然的行为单数及 2.3 连续行为（die fortgesetzte Handlung）”三下位类型[②]。其中，连续犯在中国台湾地区已经“立法”废除，在德国经实务一度承认后又被事实上废除[③]，已经可以剔除，剩下的就是本文所采的三种主要类型，至于要不要把后两类合称为“法意义的一行为（或法的行为单数或广义的构成要件一行为）”，这实在不是什么有趣或真正的问题，因此，这种二分说实质上等同于本文所提的三分说，其实是一样的分类标准。

此外，林山田教授[④]虽然也采三分说，但分类的称谓是“1. 单纯的行为单数；2. 自然的行为单数及 3. 法的行为单数”。其中，所称单纯的行为单数，观其意义与案例，实同于本文及一般所称的自然意义之一行为；所称自然的

---

① 旧文献相关定义之检讨：许玉秀：“不能未遂与接续犯”，载《台湾本土法学》2000 年 3 月第 8 期，第 128 页以下；陈志辉，注 2 文，第 17 页以下。

② Vgl. Haft, AT, S. 279ff.; Wessels/Beulke, AT, Rn. 758ff.

③ 关此，请参阅林钰雄，注 2 书，第 600 页以下；陈志辉，注 2 文，第 20 页。

④ 林山田，注 3 书，第 264 页以下。

者说，一旦触犯数罪名者，都算是实质竞合，皆使用相同的数罪并罚规则。

到底采何者为宜，可以说是“刑法”竞合论中相当古典的立法论争议。由于竞合论本来就相当困难，因此，在中国台湾地区这种继受区别原则的“立法例国家”，学者[①]寻求立法论的其他出路，赞同看起来比较简单的单一刑罚原则，这是完全可以理解的事。但要注意几点：

一来，这是“立法论”而非“解释论”的主张，单一刑罚原则完全不能用来解释现行的中国台湾地区“刑法”，而中国台湾地区通说与实务也仅以区别原则来解释运用，就结论言，这是正确的做法。甚至于，从比较法的角度来看，单一刑罚原则也未必是所谓的未来趋势，以欧盟主导、并在2000年定稿的《欧盟刑事法典（草案）》（Corpus Juris 2000；简称CJ）[②] 为例，其犯罪竞合条款就区别了一行为触犯数罪名（的想象竞合）与数行为触犯数罪名（的实质竞合）两种情形之处罚（Art. 17I, II CJ），换言之，明白采行了区分原则。

二来，即便未来改采单一刑罚原则，运用起来也不会比现行的区别原则简单多少；单一刑罚原则不是竞合论的救世主，前言所提到的竞合论之困境，同样还是存在，充其量主要就是少了想象竞合犯这一种类型而已，其他问题仍在，尤其是一罪与数罪的区别（两者处罚轻重有别），但这不正是问题及困难所在？甚至于，在行为人形式上触犯数构成要件的情形，最后到底是论以一罪或数罪，也就是相当于区别原则底下所称真正与不真正竞合的区别难题，本质上一样存在。

三来，纵使改为单一刑罚原则，结论也未必比较合理。这主要是指，以一行为触犯数罪名的想象竞合，和以数行为触犯数罪名的实质竞合，两者处罚的法定刑相同。说得白话些，行为人以一次撞车行为过失致三个人死亡，和先后分别三次过失行为共撞死三个人，就法定刑度言是等量齐观的。就此，赞同单一刑罚原则者，可能有两种主张：一是认为这两种情形一样是撞死三个人，本来就毋庸区别，关此，容后再予说明。二是认为这两种情形虽然应该区别，但区别的任务只要交给法官在量刑时进行个案权衡即可；本文则认为这不过是朝三暮四的处理方法，把问题丢给个案法官，不会因此让竞合论更简单或清楚，此外，对于法官恣意的疑虑，正是立法论上主张区别原则并

---

① 黄荣坚：《基础刑法学（下）》，第454页以下，2003年。

② 当时欧盟共有15个成员国，参与制定该法典者，来自于英美法系、欧陆法系及混合法系等各种不同刑法传统的国家。关于CJ立法过程及法条说明之专书：Delmas-Marty（CJ专家小组之召集人），Corpus Juris der strafrechtlichen Regelungen zum Schutz der finanziellen Interessen der Europäischen Union, 1998。

反对单一刑罚原则的理由之一。

（二）想象竞合之加重其刑

其实，就立法论言，本文认为与其改采单一刑罚原则废除想象竞合犯，不如直指问题核心，即在区别原则的前提下，重新检讨想象竞合犯的处罚刑度，一言以蔽之，就是质疑现行法底下，想象竞合犯仅“从一重处断”的合理性。

关此，有不同的认知。想象竞合犯的特性是以一行为而触犯数罪名（含侵害数法益），采行单一刑罚原则的立法例，看重的是行为人“触犯数罪名”的结果不法，因此将其视同实质竞合来处断，结论就是数罪并罚，立法上对此并未创设刑罚优惠，但法官仍有可能在个案中透过量刑予以区别。反之，采行区别原则的某些立法例，如中国台湾地区“刑法”与德国刑法，着眼于行为人仅以“一行为”违犯的行为不法，因此仅从一重的罪名来处断，以避免一行为受两处罚的疑虑。换言之，前者担心评价不足，后者担心重复或过度的评价，各有立场，但也各有所偏。

由于刑事的不法内涵系由行为非价与结果非价所共同组成，因此，无论是只问结果数不管行为数的看法，或者是相反观点，同样都有难以自圆其说、过犹不及的盲点。用“放火以杀人”这种典型的想象竞合犯为例，单一刑罚原则是视同行为人分别犯了放火与杀人两罪来数罪并罚，显然忽略了本案中的放火行为就是杀人行为，也就是实行行为只有一个且完全重叠；反之，依照中国台湾地区及某些区别原则的立法例，由于是一行为所触犯①，因此结论就是仅从一重的杀人罪来处断，放火部分的非价完全被吸纳到杀人部分，如此一来，行为不法固然没有被重复评价，但因不论放火只论杀人结果，（广义的）结果不法却没有被充分评价。

到底如何处理才能在想象竞合犯的类型中，达成“充分但不重复、不过度评价”的竞合论基本任务？一言以蔽之，就是在区别原则的前提底下，创设一种“刑度低于数罪并罚，但可能高于仅从一重处断”的中间调和类型。这点，并非无例可循，如前所述的《欧盟刑事法典》，采行的便是这种立法例，以有期徒刑为例，在“一行为”触犯数罪名的想象竞合情形，处罚的上限是重罪法定刑的一点五倍（也就是加重其刑至二分之一），并非仅从一重处断而已；反之，若是“数行为”触犯数罪名的实质竞合情形，处罚的上限是重罪法定刑的二倍；此外，以上两类上限都有一个额外限制，就是不能超过

① 在“数行为”触犯“数罪”的牵连犯，仅以存在牵连关系为由就仅从一重处断，当然更不合理。新“刑法”予以废除，结论值得赞同。

所犯所有罪名的累积总刑度，这是想当然的合理限制。如此一来，“一行为触犯一罪”（单纯一罪）、“一行为触犯数罪”（想象竞合）与“数行为触犯数罪”（实质竞合）三种处罚皆有所别，既区分行为也区分罪数，兼顾行为不法与结果不法的综合评价，可以说是相当彻底且比较合理的区别原则。中国台湾地区当初修改新“刑法”的竞合论时，仅以德、日的区别原则为蓝本，完全没有考虑过（或许也根本不知道）欧盟刑法揭示的新竞合论观点，也未正视为何触犯数罪名却仅从一重处断的质疑，以致欠缺一种可资调节罪刑的中间类型，可说是美中不足之处①。

结　语

“刑法”竞合论是重要而困难的议题。难上加难的是歧异的分类用语。本文从竞合论的出发点，即行为单复数之判断着手，结论认为，可以大致分为自然意义的一行为（一个自然的身体动作）、构成要件的一行为（立法者在“刑法分则”构成要件当中所预定、拟制的一行为）及接续犯（接连的数动作从生活经验来看应整体评价的一行为）。第一类是行为数的基本单位。第二类包含各种多行为犯（含双行为犯、实质结合犯、不完全之多行为犯）、继续犯、集合犯（含收集犯、已废除的常业犯，其他实务常见事例如伪造货币行为、施毒行为、买票行为）、构成要件之等价选择行为，但不包括形式结合犯；本文一再说明，构成要件的一行为，相当于新“刑法”立法理由提到的包括一罪。第三类包含反复性接续犯及相续性接续犯；此类一行为的译名是自然的行为单数，但接续犯的用语似乎更为传神与简洁。

直接从下位类型着手，并比较各种说法，异中求同之后，本文认为，中国台湾地区主流的观点，并无太大的歧义，中国台湾地区纷乱的竞合论，仍有整合的可能。最后，本文从立法论检讨认为，单一刑罚原则并无助于解决中国台湾地区竞合问题，但想象竞合论“从一重处断”的法律效果，仍有检讨空间。

六、附录：跨连新旧法之施用毒品行为

（一）案例与问题概述

二〇〇六年七月十日，T因在U宅施用一级毒品海洛因被查获，且T吗

① 其实，这种缺憾并不仅止于此处所提的想象竞合问题而已。譬如，许玉秀大法官（注3文（一），第150页）检讨新“刑法”竞合论时即曾指出：“特别是在连续犯和常业犯同时废除的情况下，会发生缺少一个中间类型调和罪刑的情况。”类此，陈志辉教授（注2文，第20页以下）亦以简讯诈财等例，建议比照德国刑法的加重诈欺规定（§263III StGB）作为中间调和类型。

啡检测结果亦呈阳性反应。检察官据U之证词及T之自白认定，T在同年六月间于U宅共施用三次（下称A段犯罪），七月被查获前亦曾在U宅施用一次，亦即七月一日至十日间施用二次（下称B段犯罪），故检察官起诉T接连施用毒品五次。

试问T上开五次施用行为竞合关系，最后应如何论罪？

案例所示有两大问题，其一是施用毒品行为之定性，亦即，T接连五次施用毒品行为，到底各次施用行为之间的竞合关系为何，最后应论以一罪或数罪，这取决于施用毒品行为在“刑法”竞合论上的定位。具体而言，五次吸食之间到底是连续犯（已经删除之旧“刑法”第五十六条）、接续犯或集合犯？

其二是连结新旧法比较，应进而解决者，乃案例中五次施用毒品行为的论罪科刑，是否涉及新旧法比较的问题，若是，应如何处理？简言之，新“刑法”于二〇〇六年七月一日起正式施行。由于罪刑法定原则与从轻原则之故（“刑法”第一条、第二条第一项），如果新“刑法”涉及犯罪成立的法律要件或法律效果的变更，则应比较新旧法，结论应采取对行为人最有利的轻法；但若仅涉及判例或法律见解之变更，则不生新旧法比较之问题。

（二）实务见解

1. 立法理由

新“刑法”删除连续犯之立法理由曾谓：“……四、至连续犯之规定废除后，对于部分习惯犯，例如窃盗、吸毒等犯罪，是否会因适用数罪并罚而使刑罚过重产生不合理之现象一节，在实务运用上应可参考德、日等国之经验，委由学界及实务以补充解释之方式，发展接续犯之概念，对于合乎‘接续犯’或‘包括的一罪’之情形，认为构成单一之犯罪，以限缩数罪并罚之范围，用以解决上述问题。”

上开立法理由屡被援用，但也屡被批评[①]。

2. “最高法院”

“最高法院”并未针对上开案例具体情形表示意见。但针对二〇〇六年（下同）七月一日起施行之新“刑法”的相关疑义，尤其是“刑法”总则各新法条与从轻原则的关系，“最高法院”于同年五月二十三日作成第八次“刑事庭会议”，其中，就连续犯部分决议如下：“五、（四）、连续数行为而犯同一之罪名，均在新法施行前者，新法施行后，应依新法第二条第一项之规定，

① 撇开习惯犯并非“刑法”犯罪论的用语不谈，所称窃盗惯行，在新“刑法”同时废除连续犯与常业窃盗罪（旧§322）之后，不知要根据哪一条规定成立仅论一罪的窃盗习惯犯？这令人纳闷。此外，从下述（三）的“高等法院”座谈会第41号决议亦可得知，实务家同样纳闷，不知何所适从。

适用最有利于行为人之法律。部分之数行为，发生在新法施行前者，新法施行后，该部分适用最有利于行为人之法律。若其中部分之一行为或数行为，发生在新法施行后者，该部分不能论以连续犯。”

据此，“假使”认为T的五次施用毒品行为在定性上属于连续犯，可以归纳以下三个情形的结论：

(1) 设若五次行为皆在七月一日前为之，论以最有利于行为人的旧法连续犯。

(2) 若五次行为皆在七月一日后为之，则不能论以连续犯。

(3) 若五次行为跨连新旧法，如案例所示情形，则应以七月一日为分界点，之前三次论以连续犯，之后二次则不能论以连续犯。

上开3点结论基于施用毒品为旧法所称连续犯的“假设”，本于“最高法院”最新决议而揣摩。但这未解决几个基本疑义：

一是这个“假设”正确吗？

二是纵使正确，试问情形2所称不能论以“连续犯”，那么究竟五次施用行为是一罪或数罪？亦即，是以实质竞合（指“刑法”第五十条以下之数罪并罚）来论处？抑有论以一罪的解决之道？情形3后段亦同。

三是在情形3，试问之前三次所论的连续犯，与后来二次的非连续犯之间，亦即六月间的A段与七月间的B段犯罪之间，到底又是何等关系？也是实质竞合吗？

(三)“高等法院”座谈会

二〇〇六年五月举办的中国台湾地区“高等法院”暨所属法院因应新修正“刑法”施行座谈会，其中数号提案与上开问题有关。

如针对情形2表示，几号相关提案决议如下：

· 第35号决议：“某甲自新‘刑法’施行后之（民国，下同）九十五年七月一日起至同年十月三十一日止，先后施用第一级毒品海洛因共七次，法院应就具体个案依行为人之犯意及行为外观，如时间之差距等情状审酌予以论以一罪或数罪。”

· 第36号决议：“……A……自九十五年八月上旬起至九十五年十二月十日止，多次施用第一级毒品海洛因，嗣于九十五年十二月十一日下午二时许，在台北市南京东路、中山北路口，为警查获，并扣得海洛因一包。若A就公诉人起诉事实坦承不讳，且查获当日所采尿液经送鉴定确有吗啡反应，依照新法规定，A究为接续犯一罪或数罪，应就具体个案而为审酌认定。”

· 第41号决议：“‘包括一罪’之内容，依学说意见除接续犯外，尚有集合犯、复行为犯之型态，故新法废除连续犯之废除理由中所指‘包括一罪’

之范围应以实务见解补充解释方式，适度充实包括一罪之概念，窃盗之惯犯仍应以数罪并罚处理，但对偏执习惯性之窃盗犯是否为包括一罪，宜参酌'刑法'第五十六条修正理由就具体个案妥为审酌。至于使用毒品犯行，宜依个案具体情形分别论之。"

针对情形3，第17号提案决议表示："对于施用毒品等之习惯性犯罪行为，于旧法时期发生并完成之行为，依裁判时之新法第二条第一项，适用有利于行为人之法律；于修正后发生并完成之犯罪，则依新法处理。前后两者，再就'刑法'第五十一条之适用，依新法第二条第一项比较结果，适用旧法有关数罪并罚之规定处理。"

若结合上开共4号提案可知，在案例所示情形（即情形3），"高等法院"可能本于实务旧例，将前三次施用毒品行为（A段犯罪）依旧法而论以一个连续犯[①]，并认为这是较有利于行为人之轻法。后二次施用毒品行为（B段犯罪）虽是个案认定，但参酌其地点相同及时间紧接，可能论以一罪（但尚未讲清楚是包括一罪、接续一罪或集合犯）。而前后两段施用毒品行为（即A段与B段犯罪之关系），则论以数罪并罚；由于新"刑法"数罪并罚定应执行刑的规定也加重了（"刑法"第五十一条），因此，所应适用的数罪并罚是指旧"刑法"规定。就刑度言，施用一级毒品海洛因的法定本刑最重为五年有期徒刑（"毒品危害防制条例"第十条第一项），依连续犯加重其刑至二分之一后，T的前三次施用毒品犯行（A段犯罪）最重本刑为七年六个月有期徒刑；至于T的后二次施用行为（B段犯罪），计为一次，法定最重本刑为五年有期徒刑。故依数罪并罚规定，法官应分别就A、B两段犯罪为宣告刑后，再于所宣告最重刑之上、加总刑之下定出一应执行刑（"刑法"第五十一条第五款之限制加重原则）。

简言之，由于前后两段分别认定的结果，行为人最后是被论以两罪，最高的"可能"刑罚是本刑的两倍半（前A段的一点五倍，加上后B段的一倍）。以下将此种解决方式，简称为"分两段并罚说"。

（四）"高等法院检察署"座谈会

同于二〇〇六年五月举办的中国台湾地区"高等法院检察署"因应新"刑法"修正法律问题座谈会，其中亦有数号提案与上开问题有关。针对上开情形2即纯属新"刑法"期间的接连施用毒品行为，如第10号提案，案例事实为甲自同年七月二日起至八月十日止，每间隔三日在某住处施用海洛因共十二次，提问是一罪或数罪。第8号提案后段情形类似，第9号提案亦类似，

① 实务近例如94年度台上字第1084号判决。

但前后两次施用中间被警查获一次，情形较为特殊。原提案机关分列的甲说、乙说等，有认为应论以数罪而并罚者，有认为应论一罪者，后者理由又有包括一罪、接续犯与集合犯等不同说法。

针对上开情形3，讨论内容虽有提及，但提案则未直接处理。“法务部刑事法律问题审查小组”初步结论认为，施毒成习情形无论新旧法皆应论以集合犯，而非将前后两段行为割裂，亦不能将前段论为连续犯、后段论为集合犯，两段行为亦不能论以数罪并罚。

七、本文见解

（一）施用毒品行为之定性

1. 竞合论之审查顺序

撇开新旧法问题不论，就数次施用毒品行为应如何论罪，首先应回到“刑法”竞合论的基本审查结构来思考。简言之，竞合论的审查顺序分为三个阶段（参见上文图表1）：（1）判断行为单复数，审查路线自此分道扬镳。（2）排除不真正竞合，亦即，行为单数情形要继续检验有无法条竞合；行为复数情形要继续检验有无与罚前后行为。（3）成立真正竞合，亦即，行为单数若无法条竞合情形，就是想象竞合（§55）；行为复数情形若无与罚前后行为，就是实质竞合，应依数罪并罚规则处理。

行为单数与行为复数之区别（参见上文图表3），乃整个竞合论的出发点，犹如铁道的转辙器，单数路线与复数路线自此各奔前程。此阶段审查时，只须判断是否属行为单数即可，若非判断结果行为单数，就必是行为复数，因此，行为单数有哪些类型，正是竞合论的第一关。在此先将要点总结如下：

（1）犯罪竞合判断，应先判断行为单数或行为复数，自此分道扬镳。

（2）行为单数或行为复数，是先判断行为单数；答案否定时（当行为被判定为不属于任何一种行为单数类型时），就是行为复数。

（3）行为单数类型，包含以下数种（※ 图表2参照）：

a. 自然意义的一行为。

b. 构成要件的行为单数。

c. 自然的行为单数。

2. 施用毒品之集合犯[①]

依照行为单数的三分说（参照上文2），其类型包括：1. 自然意义的一行

① 行为单复数之判定，请参阅上文贰之说明，以下仅略述其要。

为；2. 构成要件的行为单数/即包括一罪及 3. 自然的行为单数/即接续犯。系争案例多次施用毒品行为，明显不属于自然意义的一行为，可以省略不谈。

构成要件的行为单数，或称构成要件的一行为，中国台湾地区学说与实务亦有以包括一罪来泛称者（上文参、一参照）。一言以蔽之，就是立法者在“刑法分则”各犯罪构成要件规定中所预设的一行为。亦即，虽系争构成要件该当行为，在概念上、事实上是数个各别的自然行为或意思活动，但立法者却将其订定、融合或拟制成为一个独立构成要件行为者。构成要件行为单数的类型颇多，诸如多行为犯、实质结合犯、集合犯、继续犯等（参见上文图表 3）。

本案可能列入考虑的，是其中的集合犯，亦即，立法者在系争构成要件所描述、所预设的该当行为，本身就具有不断反复实施的特性，所以，反复实施行为被总括地当成或拟制为一个构成要件的集合行为。反过来说，这些行为如果被分别评价为数罪并罚，会有重复评价、刑度超过罪责与不法内涵的疑虑。至于如何判定系争行为是否为集合行为？犹如构成要件行为单数的一贯判断，关键在于对“刑法分则”各个构成要件的“解释”，其中有些是从文义即可清楚得知者（如“收集”行为），有些是借助系争犯罪构成要件的规范目的与日常生活经验的典型违犯形态来确认，典型者如伪造货币行为，行为人一个月内努力不懈共印了一千张伪钞，还是仅构成一个伪造通用货币行为。又如，买票要买到数量够才可能当选，所以虽然候选人买一张票就足以构成贿选罪（“刑法”第一四四条），但在同次选举中反复实施买票的候选人，仅构成一个贿选行为。同理，基于吸毒成瘾的道理，“施用”毒品虽然一次施用就已经足以该当系争构成要件，但接连反复数次施用毒品者，应仅评价为一个施用毒品行为。

至于多次施用毒品行为，有无可能评价为自然的行为单数/接续犯？在此有两种下位类型（上文 2、三、（二）参照）：一是反复性的构成要件实现/反复接续犯，二是相续性的构成要件实现/相续接续犯，前者可能与本案有关，指行为人以数个相类似且紧接的个别举动，一再实现同一构成要件者而言，此等情形，行为人的多数动作皆是加剧对同一法益的侵害，虽然因此而提高了在不法与罪责的“量”，但仍同“质”，故成立此种法律评价的单一行为。

自然的行为单数/接续犯，与集合犯的关系为何，如何区别？颇难回答，就结论言，集合犯是指法定构成要件当中，已经包含了反复实施行为的特性，如伪造货币的反复印制行为，换言之，多次重复的举止才是该罪违犯的“常态”与“典型”。相较之下，一般所称的自然行为单数/接续犯，如连殴数拳之例，系争法定构成要件可以单次行为违犯、可以接续方式重复违犯，两种违犯都是伤害罪违犯的“常态”和“典型”，法定构成要件对此是中性的，并没有任何预设的立场①。以此脉络来理解施用毒品行为，应认为，施用毒品的特性就是会上瘾（也因此才有戒治毒瘾的问题），是以，反复成习的施用才是构成要件违犯的典型与常态，单一次的施毒行为毋宁说是例外，因此，其性质上应列入前述的（构成要件的行为单数之）集合犯，而非（自然的行为单数之）接续犯②。

（二）新旧法之比较？法律变更？法律见解变更？

1. 案例之处理

行为后需法律有变更，才有比较新旧法的必要；变更后新法比旧法更有利于行为人者，结论才会适用新法③。然而，施用毒品的集合行为，新旧法皆然，亦即，在旧法时本来就应如此认为，在新法施行后更是如此，换言之，这里并无法律的变更可言，因此本来就无新旧法的比较问题。据此，案例所示跨连新旧法的施用毒品的集合行为，在新法施行后被查获追诉者，就应直接认定为一个施用毒品的集合行为，不生新旧法比较及从轻原则问题。

2. 对分两段并罚说之批评

台湾地区“高等法院”座谈会及部分实务提案见解，之所以认为有新旧法比较问题，无非是旧法时许多实务见解将接连反复施用毒品的行为，以连续犯来论罪科刑。既然连续犯已经被新法废除，因此，就产生了所谓的法律变更，所以才会讨论新旧法比较的问题，进而衍生出所谓分两段（前段成立

① “所谓的接续犯，只能就个案做确认，而不是依条文做确认”，载黄荣坚：《刑法问题与利益思考》，1995 年版，第 467 页。

② 按：本文发表后，同见解之中国台湾地区实务新例，例示如 96 年度台上字第 1802 号判决：“‘刑事法’若干犯行之行为态样，本质上原具有反复、延续实行之特征，立法时既予特别概括犯意，在密切接近一定时地持续实行之复次行为，倘依社会通念，于客观上认为符合一个反复、延续性之行为观念者，于‘刑法’评价上，即应成立一罪。本件第一审判决以‘毒品危害防制条例’所规定之施用第一级毒品犯行，因鉴于施用毒品者，大多具有‘成瘾性’，为贯彻社会防制毒品之期盼，对施用毒品者，有施以‘断瘾’之必要，乃就施用毒品行为，先为生理治疗及心理复健之保安处遇，因而以令入勒戒处所观察、勒戒方式，戒除其身瘾，若仍无法戒除，有继续施用毒品之倾向，再令入戒治处所施以强制戒治，以戒除其心瘾，倘上开保安处遇犹无法收其遮断毒瘾之实效，方以刑罚追诉处罚，此为‘毒品危害防制条例’第二十、二十三条所明定，足见施用第一级或第二级毒品罪，本即预定其因成瘾而有反复实行施用毒品之性质，于‘刑法’评价上，即得以集合犯论以一罪。”

③ 关于新“刑法总则”各条修正与从轻原则之适用关系，乃新近实务的迫切及热门问题，讨论详见吕潮泽：“‘刑法’修正前后新旧法之比较适用”，载《司法周刊》2006 年 5 月第 1287 期（司法文选别册），第 1 页以下；柯耀程：“法例”，载中国台湾地区“刑事法学会”主编：《二〇〇五年“刑法总则”修正之介绍与评析》，2005 年版，第 86 页以下。许玉秀：“罪刑法定原则的构成要件保障功能（上）——第十六次修正‘刑法’检讨系统（第一、二、二八至三一条）”，载《月旦法学杂志》2005 年第 123 期，第 9 页以下。

连续犯、后段成立集合犯或接续犯或包括一罪）成立数罪并罚的说法。

但上开“分两段并罚说”说法有数点可议之处，简评如下：

(1) 将错就错。实务部分旧例认为数次反复施用毒品行为，纵使时空紧密亦论以连续犯，这或许是当初未考虑到集合犯之构成要件特性的误解，建立在这种基础之上的认知，自然也难正确。

(2) 法律见解变更。到底持续反复施用毒品行为，属于何种犯罪类型，除了涉及具体个案中的事实认定（如时空间隔因素）以外，基本上是解释法律的法律见解问题，纵使实务未来改弦易辙，改为采纳集合犯的见解，这也仅是“法律见解”变更，而非“法律”变更。但法律见解（含判例）变更并不生新旧法比较与从轻原则适用的问题①。

(3) 自相矛盾。如果未来要认定施用毒品成习者的反复施用行为属集合犯，为什么在二○○六年七月一日以前所数次施用的就刚好不是集合犯？施用毒品相关认定与处罚规定根本未经修法，答案只有可能“是集合犯”或“不是集合犯”两种，无论如何不可能是“七月一日以前不是，以后才是”这种自相矛盾且毫无法理可言的答案。

(4) 从重原则。纵使认为有新旧法及从轻问题，最后结果无论如何也是采取对行为人有利的轻法。但“分两段并罚说”对行为人而言却是加重不利，不但前段采取连续犯见解比采取集合犯见解更为不利（加重其刑至1/2），后段与前段又是数罪并罚，等于是加重再加重。

八、结论

总结而言，本案适用结果如下：

（一）就施用毒品的定性而言：基于施毒成瘾的常例，反复成习施用毒品者，通常属于构成要件的集合行为，即一般所称集合犯，持续多次施用亦仅属构成要件的行为单数，法定构成要件的处罚，解释上已经预设、考虑到这种持续反复施用的常态情形，无论新旧“法”皆然。故行为人 T 虽然在二○○六年六七月间跨连新旧“法”共施用五次毒品，仍计为一次构成要件的施用毒品行为。

（二）就新旧“法”的比较而言：既然认定施用毒品是集合犯，相关施用毒品的法律要件与法律效果，以及集合犯的概念，在此次新“刑法”并未修正，法律并无变更，本来不生新旧“法”比较及从轻原则问题。此外，纵

① Vgl. nur Wessels/Beulke, Strafrecht AT, 34. Aufl., 2004, Rn. 51.

使实务见解将接连施用行为从连续犯说改采集合犯说，最多也是实务的法律见解变更，而非法律变更，同样不生新旧“法”比较及从轻原则问题。

（三）案例所示情形，依照目前实务座谈会相关见解推衍出来的“分两段并罚说”，见解将会自相矛盾，且结论又是对行为人最为不利，无论是其推论或结果，皆难赞同[①]。

① 按：本附录之文章发表后，台湾地区“最高法院检察署”有予援引此文并进而就个案提起非常上诉者，如96年度之台非字第56号、台非字第133号及台非字第208号等判决之非常上诉理由；但“最高法院”上开判决就跨连新旧法之施用毒品相关问题，并未正面回应。

罪数、数罪及并罚根据研讨

屈学武*

一、罪数、数罪与非典型数罪

罪数与数罪是一对虽有联系却有重大区别的概念。显而易见的是：一般意义的“数罪”，乃指单个人实施的典型数罪，① 即一人以数个故意、数个行为触犯了数个刑法分则罪名所构成的两个以上的刑事犯罪。由是，无论从理论上讲还是从法律规定上看，此类“数罪”理所当然地与刑法上的“并罚”互为因果、前后相随。惟其如此，就刑法总则的一般规定看，我国刑法上的数罪并罚制度可以说就是建立在此“典型数罪”的理论基石之上。

“罪数”的字面含义却不是针对既定的数个犯罪事实或现状而言，而是依照有关法律规定或基本法理，对行为所触犯的犯罪的“个（次）数”的系统清点和梳理。② 因而严格意义讲，罪数，乃指有关方面根据刑法规定及其解释论，通过刑事立法或司法程序对行为所触犯的刑事犯罪的个（次）数所做的法律确认或司法认定。广义看，刑法学界就特定行为所致犯罪个数或次数的学理厘定，本质上也属“罪数”论问题。

“罪数”与刑法上的“并罚”并无当然联系。这是因为，有关罪数的法定、认定或探究结果，无外乎典型一罪、典型数罪与非典型数罪三种情况。而前文已述，数罪并罚乃典型数罪的当然后果；典型一罪，则因其仅仅一罪而不发生并罚问题；非典型数罪则介乎于上述两种后果之间。起码就现阶段中国刑法学者们的主张以及现行刑法规定看，非典型数罪都呈现出或无须并

---

* 中国社会科学院法学研究所研究员，刑法研究室主任；中国社会科学院研究生院教授，博士生导师。

① 就一般意义看，这里之“单个人”包括自然人与法人非法人单位。

② 严格意义的罪数既含犯罪的“个数”，又含犯罪的“次数”。本文无意讨论犯罪次数对并罚的意义，因而本文所指罪数，仅指犯罪的个数，一般不含犯罪次数，有特别说明时例外。

罚、或可并罚或该并罚这样多种学理主张及规定。由此可见，有关非典型数罪理论，最具刑罚适用性者莫过于以下两大命题：其一，非典型数罪情况下，是否需要一概而论地实行数罪并罚；其二，假如答案是否定的，则“应当”或“可以”实行“并罚的根据”是什么。据此题意，本文拟以下述争议较大的非典型数罪形态及其他罪数认定实情为本文之出发点，[①]但研讨重点还归结在针对此类特殊罪数的并罚根据考辨及其处罚原则考量上。

二、我国刑法关于特定“处断一罪”的范式反映及学理争议

刑法学理上的处断一罪，乃非典型罪数形态之一。一般认为，非典型罪数形态包括实质一罪、法定一罪和处断一罪三大类别。其中，处断一罪又称科刑一罪、裁判一罪。指行为人基于某一概括故意，所实施的一行为或数行为，原本触犯了数个犯罪事实，但在刑罚处断上，又以一罪论处的犯罪形态。由此定义可见，与“实质一罪”不一样的是，“处断一罪”的场合，实质上已经符合数罪的特征；与“法定一罪”也不一样的是，在实质上已经符合数罪特征的情况下，“法定一罪”者乃刑事“立法”上将其数罪设定成了“一罪”；“处断一罪”则不然，一般而言，它不是刑事立法上将此“数罪”规制为“一罪”，而是刑法责令司法上将此数罪“处断”成一罪；[②]抑或，在法无明文规定的场合，司法上得根据上述“处断一罪”的学理诠释，将此类行为按照“一罪”科刑，不实行数罪并罚。

一般认为，处断一罪包括连续犯、牵连犯和吸收犯等。其中，无论是刑法学界还是司法实践中，对将连续犯、吸收犯科刑为一罪，争议并不大。问题的焦点集中在对牵连犯的科刑，也当处断为一罪还是应根据其“实质数罪”之法律性质，对其实行数罪并罚。

一般认为，牵连犯是指犯罪人在某一概括故意支配下，为追求某一犯罪目的而实施某种犯罪，但其实施犯罪的方法行为或结果行为又触犯了其他法条所规定的不同罪名的情况。当然，迄今为止，牵连犯这一学理称谓仍未明确规制于我国现行刑法之中，因而，严格意义上看，牵连犯这一概念应属法学概念而非法律概念。然而，这一现状并不影响符合上述牵连犯特征的罪刑

① 一般认为，非典型数罪形态包括实质一罪、法定一罪和处断一罪三大类。其中，由于实质一罪与法定一罪事实上仅为“一罪”，因而其不发生数罪并罚问题。这样，在非典型罪数形态中，唯有对“处断一罪”（特别是其中的牵连犯）应否并罚争议较大。

② 例如日本刑法典第54条、中国台湾地区“刑法”第55条就分别规定：“一个行为同时触犯两个以上的罪名，或者作为犯罪的手段或者结果的行为触犯其他罪名的，按照其最重的刑罚处断”；“犯一罪，而其方法或结果之行为，犯他罪名者，从一重处断”。

规范在我国现行刑法分则上的不同范式反映。包括：（1）从一重处断规定。如现行刑法分则第399条第3款的规定即是。（2）从一重从重处断规定。如现行刑法第171条本是对出售、购买假币罪的规定。其第3款又规定，“伪造货币并出售或者运输伪造的货币的，依照本法第170条的规定定罪从重处罚”。此类从重，实质是双重从重。（3）将牵连犯设置为情节加重犯，即刑罚加重事由。亦有学者将此种立法例称为“从一重加重处罚”,[①] 如刑法第205条第2款就是将又虚开增值税专用发票，又把以此发票骗取国家税款的行为设定成虚开增值税专用发票罪的情节加重犯——刑法本条第2款因而对其设置了比之第一量刑单位更重的处断刑。（4）分则上明确规定按照某种特定犯罪定罪处罚。而据两种犯罪的法定刑看，该被依照的犯罪与其所触犯的其他罪名之间，并无明显的法定刑轻重之分。例如现行刑法分则第196条第4款规定，“盗窃信用卡并使用的，依照本法第264条的规定定罪处罚”。（5）对“科刑一罪”的相反规定——即立法上明文规定对某些牵连犯罪依照数罪并罚的原则“并罚”。如中国现行刑法第157条第2款、第198条第2款的规定即是。（6）不做明文规定。总体看，我国刑法分则关于牵连犯的罚则设置并不多——尚有大量可发生手段行为与目的行为相牵连、原因行为与结果行为相牵连的犯罪情节，在我国刑法总则、分则中均无体现。有学者据此将牵连犯分类为法内牵连犯与法外牵连犯。认为在我国刑法分则中有其罚则反映的牵连犯规定，即以上前五种规定应属法内牵连犯；而未做明文规定者应属法外牵连犯。[②] 综上可见，首先，我国刑法分则对牵连犯采用了灵活多样的罚则规制：既有按传统规范，将其设置为处断一罪者；又有关于科刑一罪之例外的数罪并罚规定；还有双重从重规定、情节加重犯罪规定、明示被依照之罪，等。

按照通说观点，处断一罪的场合，科刑一罪为原则、数罪并罚为例外。但综观我国刑法分则关于牵连犯的上述五种立法例可见，我国刑法分则关于牵连犯的规定，实已大大突破上述通说观点之法例模式。而在刑法理论界，关于立法上应对实质为数罪的牵连犯实行一律并罚，或以并罚为原则、科刑一罪为例外的学术之声愈来愈大；而针对我国现行刑法呈现的对牵连犯的其他多种立法例的批评之声更是不绝于耳。归结起来，我国刑法学界关于牵连犯的罚则主张如下：（1）一律并罚说。主要理由是既然牵连犯在性质上属于实质数罪，就应当根据“有罪必定”及其“罚当其罪”的原则，对被牵连的所有犯罪实行数罪并罚，方能“有效增强刑法的评价、引导功能，强化对未

① 参见郭毅：“牵连犯处罚原则探析”，载《法学》1999年第8期，第41页。

② 参见牛克干：“法外牵连犯处断原则的困惑及解决”，载《人民司法》2002年第10期。

然犯罪的震慑力，更好地实现一般预防，并最终实现刑法的终极目标。”[①] 还有学者认为，“牵连犯既然是异质的数罪，则其行为社会危害程度、行为人主观恶性等方面都比单纯的一罪要重。因此，只有对牵连犯罪采用数罪并罚原则，才符合罪刑相适应原则的要求”；同时，“对牵连犯实行数罪并罚，有利于刑罚目的的实现”。并且，对牵连犯实行数罪并罚，也是“刑法内容协调性原则的必然要求”，这样还可防止“在判决效力、追诉时效、溯及力、犯罪地的确定、减刑等诸多问题上产生不便”。[②]（2）一律从一重处断说。主要理由是，从理论上看，牵连犯虽然构成实质数罪，但与典型数罪相比，由于其行为之间存在牵连关系，其蔑视法律规范和社会利益的主观恶性小，社会危害性程度不大，因此应对其从一重处断。[③] 还有学者明确指出：“无刑法规定性和不实行并罚性，应是牵连犯的本质特征”。[④]（3）从一重处断、从一重从重处断、从一重加重处断择用说。主要理由是：传统的从一重处断原则建立在确认牵连犯的社会危害性较小的理论基础之上，实际情况却是，牵连犯罪的社会危害性并不一概而论地低于可并罚数罪。它们与可并罚数罪的主要区别还在“数罪的犯罪目的之间是否存在最终的一致性，而不在于数罪的危害性总和孰大孰小”，因此宜对其适用多种处断原则。[⑤]（4）以从一重从重处断为基础，以并罚原则为补充说。主要理由是，对牵连犯唯有如此适用刑罚，才能有效实现报应论与预防论相统一的刑罚目的。认为对牵连犯的处罚，按报应论应实行“从一重罪从重处罚原则”，按预防论应实行“有限并罚”。所谓有限并罚，是指在实行从一重罪从重处罚的同时，假如数罪中之轻罪“要求对犯罪人处以重罪所没有的没收财产、罚金、剥夺政治权利等附加刑时，实行并罚”。[⑥]（5）废弃牵连犯理论，将原有的牵连犯所包含的犯罪现象，分别按想象竞合犯、吸收犯或数罪处理。例如将其中的方法行为与目的行为相牵连纳入想象竞合犯之中；而将其结果行为与原因行为相牵连纳入吸收犯之列，等。[⑦] 认为这样可以避免不必要的理论争议，又可避免将如此众多的类型化的数罪处断为一罪。

---

① 向朝阳、莫晓宇：“牵连犯定罪量刑之价值定位与模式选择”，载《中国刑事法杂志》2000 年第 3 期。

② 参见郝守才：“论牵连犯的价值取向”，载《中州学刊》2002 年第 5 期，第 182 页。

③ 参见林准主编：《中国刑法教程》（修订本），人民法院出版社 1994 年版，第 191 页。

④ 刘宪权：“我国刑法理论上的牵连犯问题研究”，载《政法论坛》2001 年第 1 期，第 57 页。

⑤ 参见郭毅：“牵连犯处罚原则探析”，载《法学》1999 年第 8 期，第 42 页。

⑥ 王奎、洪辉：“牵连犯的概念与惩罚原则分析”，载《当代法学》2002 年第 3 期，第 77 页。

⑦ 参见张明楷：《犯罪论原理》，武汉大学出版社 1991 年版，第 442—444 页。

三、关于牵连数罪"并罚"及其处罚根据的法理评析

上述多种学理主张，个个见仁见智，应当说都有其合理性的一面。归结起来看，上述学者中，有的侧重强调牵连犯确为实质数罪，进而从"有罪必定"推论出了"有罪必罚"，因而应一律实行数罪并罚；有的侧重强调行为所导致的社会危害性大小，并以此作为佐论对牵连犯不应实行数罪并罚而应科刑为一罪的理由；还有的以牵连犯的社会危害性大小并不一定大于或小于"典型数罪"为据，因而得出对牵连犯的处罚原则也应随之多样，以便法官根据个案情况，灵活掌握和适用。还有的根据报应论与预防论相结合的刑罚目的，得出了在"从一重从重处罚"为处罚原则的前提下，有限适用数罪并罚的处断原则。

就笔者而言，在罪数问题上，笔者也无一例外地认可牵连犯确为非典型性的实质数罪。然而，众所周知，同样是非典型数罪，对连续犯、吸收犯之科刑为一罪，刑法学界大多持认可态度，可见，在非典型数罪情况下，数罪未必一概并罚——这已成为我国刑法典和刑事法理共许的立场。由此可见，对牵连犯究竟应当一律并罚、有条件的并罚，还是应从一重处断、从一重从重处断？抑或备置多种方式择用？要讨论和回答此一设问，首先需要解决以下两大问题：一是实行并罚或其他处断原则的根据；二是对不同处罚原则所导致的法律后果轻重之衡定。

这当中，要回答对牵连犯究竟应当实行还是不实行数罪并罚的正当化根据问题，归根结底是要回答有关牵连犯的处断原则之设置或掌握的根据问题。对此，持各类不同主张者，已经提出了多项立论根据。诸如上文提及的"罪刑法定说"、"有罪必定、罚当其罪"说、"社会危害性大小说"、"刑罚同一说"、"刑法面前人人平等说"、"罪责刑相适应说"等。

对此，笔者较为赞同以"罪责刑相适应说"作为该一处断原则的法律与法理根据。这里，需先行说明的是：这里之根据，并非一般意义的国家得以发动刑罚权的正当化根据。我们知道，对国家刑罚权的根据，从中世纪的欧洲到当今中国社会，统治者、学者、法官们分别提出了多桩理由，如从神意报应论到康德的道义报应论再到黑格尔的法律报应论；从边沁的功利主义到刑事社会学派的目的刑主义，直到今天多数学者认同的、我国刑法所采取的相对主义与绝对主义的并合等。但本文认为，对牵连犯的处断原则之设置或掌握的根据，与国家刑罚权的正当化根据是两个虽有联系却又本质不同的概念：后者所要回答的是国家设定刑罚权的基本理由，所要解决的核心问题是国家"为什么"有权惩罚犯罪的问题；前者则须回答国家在已经享有刑罚权的前提下，"怎样罚"特定犯罪。二者的联系则在于：关于"怎样罚"的讨

论也是有其边界的——此一边界正在于人们通过法律形式对国家刑罚权的限制，包括宪法限制、刑法限制等，当然，怎样罚最终也是要受制于国家发动刑罚权的根据、目的及其刑罚权的大小的。

回过头来看，我们之所以不那么赞同罪刑法定说，是因为如上所述，在非典型数罪情况下，数罪未必一概并罚（例如学界几乎都认可对连续犯不必并罚）。这就表明，问题的关键并不在于牵连犯定罪几何的问题——学界几乎都认可其为实质数罪。症结在于：都属非典型的实质数罪情况下，学者们对哪些情况下应予并罚、哪些情况不必并罚有争议。这就表明，问题焦点不在该不该定罪或该不该用刑上，而在在已经定罪的情况下，该“怎样”用刑的问题上。

而刑法三大原则中，由贝卡利亚发起、费尔巴哈正式确立的罪刑法定原则的核心在于：无法无罪、无罚无刑。从字面含义看，罪刑法定原则是就什么情况下不能定罪、什么情况下不能用刑的原则规定；而从“字里”即反向看，该原则同时含有什么情况下能定罪、什么情况下能用刑的规定。可见，罪刑法定原则的本质在于借此把住“入罪”关和“入刑”关，以防止司法工作人员恣意入人于罪，或在无罚则抑或违法罚则情况下，无罚用刑。表明罪刑法定原则的主要机能是限制刑事司法权的滥用，因而该一原则所要操控的核心问题，不是司法上对已然定罪者该“怎样”用刑的问题，而是对未予定罪者“该不该定罪”或对有罪者“该不该用刑”的问题。

当然，一般认为，在犯罪规范、刑罚规范已于事前确立，事后如对符合该犯罪与刑罚规范的行为不定罪或不依法量刑的话，也是有违罪刑法定原则的。但此一问题，实质仍属“入罪”与否的问题，亦即仍属有关“限制”司法权限的问题。而牵连犯所涉及者根本不是该不该定罪与判刑的问题；而是在已经构成犯罪的情况下，“如何处罚”的问题。因而以“应否定罪和处罚”为其核心内容的罪刑法定原则，与牵连犯之该当并罚与否，看来干系不大。因而它难以成为对牵连犯应当实行数罪并罚的正当化根据。

其次，应当如何评价“有罪必定、罚当其罪”说？有学者认为，既然承认行为已经构成实质数罪，则当“有罪必定”。有罪必定是指“在行为人数行为中，凡独立地符合某种罪的犯罪构成，就应当将该行为单独予以定罪量刑”。罚当其罪“则从”如何“罚的角度探讨了犯罪行为与刑罚处罚之间动态平衡的互动关系，这种互动关系是以刑罚对犯罪行为的亦步亦趋、互为因果为特征的”。[①] 由此可见，此一“有罪必定、罚当其罪”的实质含义不仅是

① 向朝阳、莫晓宇：“牵连犯定罪量刑之价值定位与模式选择”，载《中国刑事法杂志》2000年第3期。

有罪必定，还是“有罪必罚”。

——对此推导，我们并不以为然。原因是：根据我国刑法的规定，即便有罪必定，即行为即便构成犯罪，也未必有罪“必”罚。特别是，根据上述推导，有关“罪与罚”的因果关系是“以刑罚对犯罪行为的亦步亦趋、互为因果为特征的”。可见，“有罪必罚”论者所指的“罚”限指“刑罚”，而非包括其他行政处罚手段在内的广义的处罚。然而，问题的症结正在于：根据我国刑法的规定，犯罪行为不是与刑罚，而是与刑事责任“亦步亦趋、互为因果”的。质言之，刑事责任并不必然=刑罚。虽然，“定罪判刑”确实是我国刑法法定的承担刑事责任的主要方式，但除此之外，对已然犯罪者，我国刑法还设置了“非刑罚处理方式”、[①]“单纯的有罪免罚方式”，[②]等等。

当然，这仅仅是从我国现行刑法的实然规定来佐论之。从理论上看，也有学者试图引用贝卡利亚在《犯罪与刑罚》中说过的“即使是最小的恶果，一旦成了确定的，就总令人心悸”[③]这样一段话来论证“有罪必罚”的应然性。我们认为，“有罪当罚”的道理当然不错，这本来就是作为“行为责任论”的刑事古典学派的鼻祖贝卡利亚的当然立场。贝卡利亚因而论证道：“有人认为，犯罪时所怀有的意图是衡量犯罪的真正标尺，看来他们错了。因为，这种标尺所依据的只是对客观对象的一时印象和头脑中的事先意会，而这些东西随着思想、欲望和环境的迅速发展，在大家和每个人身上都各不相同。”[④]由此可见，贝卡利亚虽然承认个人具有意志自由，但又认为衡量犯罪以至刑罚轻重的标尺只能是社会危害性的大小，“因为，罪孽的轻重取决于叵测的内心堕落的程度，除了借助启迪之外，凡脱胎人是不可能了解它的，因而怎么能以此作为惩罚犯罪的依据呢？”[⑤] 某种意义上，可以说，正是基于这种纯客观主义的立场，贝卡利亚非常强调刑罚的确定性和必定性。这一唯客观危害的责任论立场，在当时（以致当今）确实不无历史进步意义。尽管不久，作为刑事法上的旧派，它立即遭到了新派——刑事社会学派基于主观主义、行为人主义立场的全盘抵牾。

从辩证的和合精神出发，笔者较为信奉从主客观相结合的角度去确认罪

① 见《中华人民共和国刑法》第37条所规制的多种非刑罚处理方式。

② 所谓单纯的有罪免罚方式，是指按照刑法的规定，除了有罪判决宣告外，司法上不给其他任何处分的刑事责任承担方式。我国刑法第10条、第19—22条、第24条、第27—28条、第67—68条、第390条等都作了有关可以或者应当免除处罚的规定。

③ ［意］贝卡利亚：《论犯罪与刑罚》，黄风译，中国大百科全书出版社，第59页。

④ ［意］贝卡利亚：《论犯罪与刑罚》，黄风译，中国大百科全书出版社，第67页。

⑤ ［意］贝卡利亚：《论犯罪与刑罚》，黄风译，中国大百科全书出版社，第68页。

恶的大与小及刑罚的轻重。这是因为行为责任论固然有利于刑罚报应功能的实现，却可能偏废了刑罚的一般预防功能；行为人责任论恰恰相反，从人身危险性角度去考量罪刑的轻重固然有利于社会防卫，却可能侵蚀人权。因而基于主客观相结合的立场去考量刑罚，也就可以得出应然立场上的关于“有罪当罚”并不必然等同于“有罪必罚”的结论。即从主客观相结合的立场看，某些犯罪情节确属轻微，即犯罪较轻，行为人主观恶性较小的，至少从应然角度讲，刑法不是不“可以”免其刑罚。因而以“有罪必罚”说来推论对牵连数罪应一律并罚，此一论据，不免有失千差万别的犯情、案情与结论之间的前后不周延。

再次，上述“社会危害性大小说”的主要理论根据，大抵等同于上述“有罪必罚”说。意即牵连犯既然实施了数个犯罪行为，其社会危害性理所当然地要大于单纯一罪，既如此，根据一罪一罚的原则，对社会危害性更大的行为，惩罚也当越重，因而应当实行数罪并罚。这里问题的症结仍然在于：刑罚的轻重是否仅仅取决于客观危害行为的严重与否，对此，前文已述，我们并不赞同纯粹地根据客观危害的大小考量刑罚，而应结合当事人的主观恶性及其人身危险性现状综合考量。一般而言，我们不得不承认，牵连犯的场合，行为人多是出于一个概括故意实施多个有其牵连关系的犯罪行为的，如此，与基于多个不同故意而实施多个犯罪行为的典型数罪行为人相比，前者在主观恶性、人身危险性上讲，一般情况下会轻于后者。有鉴于此，以“社会危害性大小说”，也不能得出对实施了有所牵连关系的行为，一概必须实行数罪并罚的结论来。

最后，上述“刑罚同一说”的观点，我们也是不能认同的。其基本法理同于上文所述。因为按照论者的观点，假如对牵连犯按“从一重处断”，则附加刑的问题不好解决，结果可能导致不同的牵连犯罪实际上按同一罪定罪量刑；或对相同的牵连犯罪又按不同的罪名处罚，从而影响到刑罚的同一性、公正性、严肃性。① 有的学者进而认为这样会导致轻纵犯罪分子的恶劣影响。这里，我们想要说的是：其一，当今社会所奉行的并非完全的罪刑等价主义或罪刑相适应原则，而是罪责刑相适应原则，因而即便所犯罪行及其危害后果完全相同，根据主观恶性及其人身危险性的不同，对同种之罪，在法定刑甚而处断刑范围内有其不同的宣告刑也是正常的。简言之，同罪未必都同罚。而况，牵连犯的场合，本罪与牵连出的犯罪之间关系错综复杂，从而导致即便是相同的牵连犯，其罪行深重程度未必相同，因而其未必当同罚。换言之，

① 包健、于英君：“试论牵连犯定罪量刑的价值取向”，载《法学》1998 年第 4 期。

同罪同罚即便看来确有形式上的公平性，却未必具有实质上的公平与合理性。

更何况，“并罚”的刑罚后果还未必一定重于不并罚的、其他若干种“一罪处断”方式。简单地说，根据我国现有刑事立法例上所采取的“从一重从重处断”法与“从一重加重处断”法，就可能发生刑罚裁量后果高于数罪并罚结果的情况。例如：

某海关工作人员M因受贿15万元而放纵走私分子走私货物数千万元，如对其实行数罪并罚，根据有关量刑标准，M每一罪最高刑均为有期徒刑，并罚后也只能是20年以下有期徒刑；而如按其中重罪——受贿罪从一重处断，则其刑罚量可达无期徒刑。[①] 值得注意的是，这里还仅仅是按“从一重从重处罚”模式所推论出的刑罚大小比较；如果按“从一重加重处罚”模式处罚，其刑罚量和刑种的变化可能更大、涉及的罪种也可能更多。由此可见，一方面，“数罪并罚”未必一概会罚出更重的刑种或刑期从而导致轻纵罪犯的结果；另一方面，即便因其未予“并罚”而致判处相对轻缓的刑种或刑期，其刑罚效应也未必会低于重刑主义思想指导下的苛刑峻罚。因为，根据罪责刑相适应原则，如果对某一牵连犯罪人判处相对“并罚”更轻的刑罚，就能有效实现矫治罪犯及罪刑等价的刑罚理性追求的话，则无须并罚。这样做，还同时符合刑法谦抑性原则之精义。因而，所谓未对牵连犯实行一律并罚，无异于轻纵罪犯的说法也是不科学的。

四、牵连数罪应否“并罚”及其处断根据研讨

基于上述种种分析，我们比较赞同以现行刑法第5条所规定的罪责刑相适应原则，作为我们讨论应否对牵连犯罪行为实行数罪并罚或其他处断原则的根据。这是因为，与罪刑法定原则和刑法平等原则相比，唯有本项原则才是真正针对量刑基本原则的规定，即唯有它才具有实实在在地调节与操控司法裁量和平衡刑罚的功能。

需要特别强调的是：罪责刑相适应原则中的“刑”并非“刑罚”的简称，而是指行为人因违反了法定刑事义务并且应受谴责，法律上因而强制行为人承负的“刑事负担”。这一负担的内容物除“刑罚”之外，还应包括对犯罪分子的非刑罚处理、单纯的有罪免罚宣告、移送外交途径处理，等等。

归总起来看，正是罪责刑相适应原则本身涵定的功能效用，决定了我们宜以该一原则作为牵连数罪应否“并罚”及其他处断方式的根据。我们知道，

---

① 参见牛克干：“法外牵连犯处断原则的困惑及解决”，载《人民司法》2002年第10期，第13页。

罪责刑相适应原则，又称罪刑均衡原则。从沿革上看，罪责刑相适应原则经历了从古至今的由同害复仇、同态复仇、罪刑等价、罪责刑相适应原则的长期演化轨迹。可见，脱胎于同态复仇的罪刑均衡，在由康德主倡的外在态势的同一、走向黑格尔主张的刑罚与犯罪的内在价值的同一，即人们通常所说的罪刑等价以后，而今又迈上了高于罪刑等价主义的全新境地。在此境地，刑罚的理性诉求不仅仅是报应，更是矫治罪犯、预防犯罪。

其实，以贝卡利亚为代表的刑事古典学派，也曾力倡罪刑均衡。贝卡利亚还为此拟定了一个量定罪刑等价的罪刑阶梯。其基本标准是以行为在客观上所导致的社会危害性的大小衡定刑罚的轻重。然而，刑事实证学派却以全然不同的视角，重新诠释了罪刑均衡的目的及其均衡标准。刑事实证学派认为社会人的意志并不自由，因而行为人犯罪的本源还在于社会各类人文、自然、地理环境及行为人先天具有的病理身心等。有鉴于此，刑事社会学派认为，刑罚的主旨应在社会防卫亦即一般预防。与此相适应，刑事实证学派也将其关注的视点由“行为”转移到了“行为人”，即由行为的社会危害性转移到了行为人的人身危险性上。在此基础上，刑事实证学派有关罪刑均衡的标准也不再是行为所导致的社会危害性的大小，而是行为人的人身危险性的大小。基于此，在刑事实证学派那里，刑罚不再斤斤计较“罪—刑”的因果报应及其“罪—果”的等价，而是将均衡的视角移到了以最大限度地缩小、杜绝行为人再犯的目标上。为了达到这个目的，对人身危险性大的罪犯，应当相对重判；反之，人身危险性小的罪犯应当相对轻判。这就是刑事实证学派的罪刑均衡。而这种均衡，由于其主要目的还在于社会防卫，因而相对于行为人本身而言，显而易见，很可能有罪刑不等价、不公正的成分。即其行为人所犯罪行的社会危害后果虽然很轻，但其主观危险性相对较大，可能威胁到社会的平安，这种情况下，为了社会防卫之计，仍会对行为人判处较重的刑罚。可见，如果说单纯的“罪与果”的罪刑均衡、更多地立足于功利于被害人并报应行为人的立场的话；“罪与行为人”的均衡，则可以说更多地立足于功利于社会并相对轻忽行为人个人权利的立场之上。有鉴于此，择取不同的学说基础，实质为报应主义与功利主义的刑罚均衡观之争。

在当代中国社会，我们较赞成我国刑法学者陈兴良教授的罪刑均衡观，认为我们“既不能排斥报应追求不公正的功利；也不能否定功利追求无价值的报应”。[①] 从理论上讲，我们认为，只要在设定罪刑均衡的过程之中比例尺

① 陈兴良：《刑法适用总论》（上），法律出版社 1999 年版，第 56—57 页。

度把握得当，我们完全可能将二者有机地统一起来，使“功利”成为相对公正的功利；使“报应”成为有其价值的报应。

此一应然立场，应当说已经通过我国现行刑法典第5条的规定大致回应了出来。根据我国刑法第5条的规定，“刑罚的轻重，应当与犯罪分子所犯罪行和承担的刑事责任相适应”。这就是说，刑罚的轻重，并不仅仅根据所犯罪行的轻重而定，还要依据其应予承负的刑事责任（即其可责性）酌定，当年的罪刑相适应（罪刑等价）原则因而进一步演化而成今天的罪责刑相适应原则。

由此可见，罪责刑相适应原则的机能与效用，恰恰在于指导和规范有关人员等在刑事立法、司法、行刑过程中，应兼而根据行为所导致的社会危害性以及人身危险性的大小来综合衡定刑罚的轻重比例。惟其如此，我们才说，唯有此一原则可用作我们确立牵连数罪是否应当并罚的根据，同时用作我国刑事立法、司法上怎样设置、适用牵连犯（或其他非典型数罪）处断原则的考量依据。

就刑事法理角度看，一般而言，社会危害性应相对于“行为”而言；人身危险性则是相对于“行为人”而言。社会危害性的大小，主要取决于犯罪的性质、程度、危害后果及社会影响的大小等。人身危险性，则主要从行为人实施犯罪行为的内在动因、犯罪目的、人格特征、主观恶习、恶性、癖性等诸方面考虑。由于二者视点的不同，为了有利于罪责刑相适应原则的实现，我国刑法除第5条规定外，刑法总则中还设立了对各类犯罪人和不同犯罪情节的处罚原则，如对未成年人犯罪的从轻、减轻规定；对各类不同共同犯罪人的责任设定；对未遂犯、中止犯、自首、坦白的处罚规定等。此外，我国刑法还采取了相对不确定刑的立法体例，这也为法官适用刑罚设置了在一定上下限范围内上下界浮的自由裁量空间。

基于上述缘由，根据罪责刑相适应原则，我们认为，鉴于牵连犯所牵连罪种的多样性、犯罪性质的复杂性及其主观罪过性质、情节和不同犯罪人之间人身危险性的较大差异性，刑法对牵连犯的处断设置也宜于多样，以供法官根据不同情节裁量刑罚。例如可通过对刑法总则的补充规定或司法解释形式，统一规定对牵连犯（包括手段行为与目的行为相牵连；原因行为与结果行为相牵连者）的罚则。如可根据所牵连的数罪的犯罪性质、主观罪过及其人身危险性状况，酌情规定分别按“从一重处断”原则、“从一重从重处断”原则或“数罪并罚”的方式处理。但刑法（分则或分则性规范）有特别规定的除外。这样，法官适用时，原则上应依刑法总则规定对号入座，分则有特别规定时则依分则规定。

最后，我们想要说的是，按照辩证唯物主义的法律观，人们并不是随心所欲地创造法律，而是经由一定的物质经济条件造就出一定的法权关系，亦即“社会存在”——才是真正的法律塑模者。有鉴于此，既然牵连犯所反映出的罪质、情节、行为人的主观恶性、人身危险性乃至社会危害性的确千差万别，罪行轻重因而各各殊异，立法和司法上又何以不能根据罪责刑相适应原则，在多种处断原则及其法定刑范围内对各类牵连犯按不同处罚方式或罚则科以不同刑罚呢？

我国刑法中结果加重犯新探

吴振兴*

我国刑法中的结果加重犯情况比较复杂。虽然大多包含在发生重伤或者死亡的条款中，但并非所有的规定“致人重伤、死亡”的条款都是结果加重犯，其加重结果也不是仅限于发生重伤或者死亡的场合。而且由于对结果加重犯的概念、构成特征和罪过形式等问题的不同理解，究竟哪些条款属于结果加重犯，哪些条款不属于结果加重犯，也存在较大问题。

为了便于研讨，这里拟结合具体罪名将我国刑法中规定的结果加重犯进行分类，然后对每类中的不同情况分别加以分析。与此同时，对于那些疑似而实非的也作为一类加以研析，以利于结果加重犯与情节加重犯的界定。基于此，笔者认为我国刑法规定的结果加重犯可分为三类，即人身伤亡类、财产损失类和特定指标类。除此而外，疑是而实非的规定暂名为“似是而非类”，也分几种情况，放在本节最后进行探讨性研究。

一、人身伤亡类

我国刑法属于这类的结果加重犯，不仅表述上不一致，而且反映了法律规格要求上的一定差别。其中包括：“致人重伤、死亡的”，如刑法第236条第2款第5项强奸罪的加重犯；对人体健康造成严重危害的，如刑法第141条的生产、销售假药罪；造成他人重残、死亡的，如刑法第445条的战时拒不救治伤病军人罪；致使特定对象死亡或者杀害特定对象的，如刑法第239条第1款绑架罪的加重犯等。特别需要说明的是，人身伤亡类的结果加重犯，其重伤与死亡的特定结果，大多是规定了同一罪刑阶梯，少数规定了不同的罪刑阶梯。为此，根据我国刑法的相应规定，笔者在人身伤亡类的结果加重犯中又进一步细化，分为同一罪刑阶梯的人身伤亡类结果加重犯、不同罪行

* 武汉大学刑事法研究中心学术委员会主任、教授、博士生导师，法学博士。

阶梯的人身伤亡类结果加重犯和单项指标的人身伤亡类结果加重犯。

（一）同一罪行阶梯的人身伤亡类

我国刑法中同一罪行阶梯的人身伤亡类的结果加重犯，为数较多，也较繁杂。这里拟列举具有一定代表性的，并且理论研究中歧义较大的或者容易产生歧义的，略予分析，也许从中可窥一斑。

1. 刑法第236条的强奸罪

刑法第236条的强奸罪的基本犯，是处三年以上十年以下有期徒刑，而其中第2款第5项则规定，强奸“致使被害人重伤、死亡的”，处十年以上有期徒刑、无期徒刑或者死刑。很明显这是关于强奸罪的结果加重犯的规定。

进一步分析，这一规定实际上存在两个问题：一是强奸致人重伤是不是结果加重犯？二是强奸致人死亡是不是结果加重犯？对于这个问题国内学术界有两种意见：主张结果加重犯中加重结果的罪过形式不包含故意者认为，因强奸而过失地使被害人受重伤的情况属于结果加重犯，强奸而又故意重伤被害人的，按强奸罪与伤害罪处罚。反之，主张加重结果的罪过形式既有过失又有故意者认为，强奸致人重伤不管是故意的还是过失的，均为结果加重犯。对于第二个问题，国内学术界普遍认为，因强奸而过失致人死亡的是结果加重犯，强奸而又故意杀人的则不是结果加重犯。既然不是结果加重犯，对于这种情况应作何分析和处理呢？多数认为应按照强奸罪和故意杀人罪合并处罚；也有的认为属于强奸罪和故意杀人罪的牵连犯。

这里先谈强奸致人重伤，按照前面所引的“二高一部”的司法解释，强奸致人重伤，单指因强奸妇女、奸淫幼女导致被害人身受重伤的情况。强奸犯出于报复、灭口等动机，在实施强奸的过程中故意伤害被害人的，不在此列。但是，如前所述因强奸导致被害人身受重伤中，并不排除强奸犯为使被害人难于反抗，甚至不能反抗，以便奸淫，而施加暴力故意伤害被害人这种情况。所以，在排除了强奸犯出于报复、灭口等动机，故意伤害被害人这种情况后，可以认为强奸致人重伤是结果加重犯。其中不仅包括因强奸过失致人重伤，而且包括强奸犯为强奸而故意伤害被害人。

至于“强奸致人死亡”情形就不同了。强奸犯为了达到奸淫的目的，可以通过对被害妇女施加暴力，故意伤害的办法，以使其难于反抗，甚至不敢反抗或不能反抗。却很少通过杀死被害妇女的办法达到奸淫目的。所以，“强奸致人死亡”可以包括过失致人死亡，但通常不包括故意杀人。强奸而又故意杀害被害妇女的，一般可按强奸罪和故意杀人罪实行并罚。

2. 刑法第234条的故意伤害罪

我国刑法第234条故意伤害罪的基本犯，是处三年以下有期徒刑、拘役或者管制；致人重伤的结果加重犯，是处三年以上十年以下有期徒刑；“致人死亡或者以特别残忍手段致人重伤造成严重残疾”的特别结果加重犯，是处十年以上有期徒刑、无期徒刑或者死刑。

关于故意伤害致人死亡是结果加重犯，对此我国学术界没有歧义。而对故意伤害致人重伤则大多认为不是结果加重犯，但论证的理由却不尽一致，有的认为故意伤害致人重伤的，既包括故意，也包括过失，所以不是结果加重犯；也有的认为故意重伤属于独立犯罪，是结果犯；还有的认为故意伤害无论是致人轻伤还是重伤，都是成立故意伤害罪的必备要件，因此是结果犯。笔者认为，从我国刑法的条文表述情况看，故意伤害罪分三个层次，即一般伤害、重伤害和伤害致死。三个层次分述于两款中，第1款为一般伤害；第2款为重伤害和伤害致死。据此可以说第1款为故意伤害罪的基本犯，重伤害和伤害致死（包括以特别残忍手段致人重残）均应视为一般伤害的加重构成。如果结果加重犯的加重结果包括故意，那么，故意伤害致人重伤理应看做结果加重犯，当然，倘若认为故意重伤是独立犯罪则又另当别论。

这里需要进一步说明的是，与1979年刑法相比，1997年刑法中的故意伤害罪的特别结果加重犯不仅包括致人死亡，还包括以特别残忍手段致人重伤造成严重残疾。这是对我国司法实践经验的科学总结，不仅必要，而且符合犯罪实际情况，有利于惩处严重的人身犯罪。本来，重残是可以包括在重伤之中的，是重伤中的严重情况。但是实践中确有一些案例，犯罪人内心极度疯狂，砍去被害人的四肢，挖掉被害人的双眼，让被害人活受罪。似此，倘若按重伤害处理最多只能判犯罪人十年有期徒刑，显有轻纵犯罪分子之虞，也难平民愤。因此，把重残作为一种特定的结果，加上“以特别残忍的手段”，二者结合起来作为与“致人死亡”相并列的故意伤害的特别结果加重犯实属必须。

此外，1997年刑法还有以造成特定对象重残、死亡为一般加重结果的，如前述刑法第445条的战时拒不救治伤病军人罪，其基本犯为五年以下有期徒刑或者拘役；造成伤病军人重残、死亡或者有其他严重情节的，处五年以上十年以下有期徒刑，是该罪的结果加重犯或情节加重犯。

3. 刑法第141条的生产、销售假药罪

根据我国刑法第141条生产、销售假药罪的规定，生产、销售假药，足以严重危害人体健康的，处三年以下有期徒刑或者拘役，并处或者单处销售金额百分之五十以上二倍以下罚金，这是该罪的危险犯；对人体健康造成严重危害的，处三年以上十年以下有期徒刑，并处销售金额百分之五十以上二倍以下罚金，这是该罪的结果加重犯；致人死亡或者对人体健康造成特别严重危害的，处十年以上有期徒刑、无期徒刑或者死刑，并处销售金额百分之五十以上二倍以下罚金或者没收财产，这是该罪的特别结果加重犯。这里有三点需要说明：

第一，这里的“对人体健康造成严重危害”，显然非属“足以”而是已经实际发生。根据最高人民法院和最高人民检察院 2001 年 3 月《关于办理生产、销售伪劣商品刑事案件具体应用法律若干问题的解释》中第 3 条的规定，这里的“对人体健康造成严重危害”包括造成轻伤。换句话说在我国刑法人身伤亡类的结果加重犯中，其加重结果并非仅限于重伤、重残或者致人死亡，对于特定犯罪即便对人体健康造成轻伤，也可以成立结果加重犯，这是必须说明的一点。

第二，该罪的基本犯是危险犯而非结果犯。这样就产生了一个问题，基本犯为举动犯、行为犯或者危险犯，在此基础上发生了严重后果，从而法律上规定加重其刑的情形是不是结果加重犯？笔者认为，结果加重犯的公式是：基本犯 + 加重结果 = 基本犯的结果加重犯，其中基本犯罪并不特别要求必须是结果犯，只要已经具备了某一具体犯罪的全部要件即可，因此基本犯可以是结果犯，也可以是举动犯、行为犯或者危险犯。

第三，“对人体健康造成严重危害”，是生产、销售假药罪的结果加重犯的加重结果，但对其他犯罪来说却未必都是一种加重结果。如根据刑法第 142 条生产、销售劣药罪的规定，生产、销售劣药对人体健康造成严重危害的，处三年以上十年以下有期徒刑，并处销售金额百分之五十以上二倍以下罚金，后果特别严重的，处十年以上有期徒刑或者无期徒刑，并处销售金额百分之五十以上二倍以下罚金或者没收财产。在该罪中“对人体健康造成严重危害”，仅是其基本犯的基本结果，绝非加重结果。

类似的犯罪还有刑法第 143 条的生产、销售不符合卫生标准的食品罪；第 144 条的生产、销售有毒、有害食品罪；第 334 条的非法采集、供应血液、制作、供应血液制品罪；第 336 条第 1 款的非法行医罪；第 136 条第 2 款的非法进行节育手术罪，等等。

（二）不同罪刑阶梯的人身伤亡类

不同罪刑阶梯的人身伤亡类结果加重犯，是指已经符合一个具体构成的犯罪行为，因发生了致人重伤或者致人死亡的不同加重结果，法律规定了不同的罪刑阶梯。例如，刑法第 238 条规定的非法拘禁罪，其基本犯是处三年以下有期徒刑、拘役、管制或者剥夺政治权利；而致人重伤的，是处三年以上十年以下有期徒刑；致人死亡的，处十年以上有期徒刑。如果是使用暴力致人伤残、死亡，根据该条第 2 款后段的规定，分别依照故意伤害罪和故意杀人罪定罪处罚，成了转化犯而非结果加重犯。非法拘禁而又过失地致人重伤、死亡的是结果加重犯。对此国内学术界没有异议。非法拘禁中的致人死亡不包括故意杀人，对此也没有异议。至于非法拘禁致人重伤中包不包括故意，则略有分歧。有的认为不包括故意；有的认为包括故意，但是不是结果加重犯，应看是不是实施基本罪的暴力行为造成的。非法拘禁罪中的行为属于单一行为，不以实施了暴力行为为要件。只要犯了非法拘禁罪，又故意伤害被拘禁人，那就是实施了非法拘禁行为与故意伤害行为两个行为，应以非法拘禁罪和故意伤害罪实行并罚。

（三）单项指标的人身伤亡类

我国刑法中人身伤亡类的结果加重犯，有一种情况即加重结果只规定了重伤或者致人死亡或者杀害特定对象。这里选择两个有一定争议的犯罪加以分析。

1. 刑法第 239 条的绑架罪

刑法第 239 条第 1 款规定的绑架罪，其基本犯是处十年以上有期徒刑或者无期徒刑，而致使被绑架人死亡或者杀害被绑架人的，处死刑，是该罪的结果加重犯。在这里，致使被绑架人死亡，无疑是过失致人死亡；而杀害被绑架人，明显是为了杀人灭口、逃避法律制裁，属于故意杀人。但该条并未规定对此种情况应当实行数罪并罚。这可以说明我国刑法中的人身伤害类的结果加重犯，其加重结果的罪过形式，不但包括过失，也包括故意。然而笔者并不认为该条立法是成功的，因为即使是抢劫罪，劫后杀人（即为了杀人灭口、逃避法律制裁而故意杀人）亦应按照抢劫罪和故意杀人罪两个罪进行数罪并罚，不应视为抢劫罪的结果加重犯，因其杀人行为已非属手段行为，是抢劫故意无法包容的杀人故意。而绑架罪中故意杀害被害人，却只作为是绑架罪的结果加重犯处理，在法理上显为不适。

我国刑法中单项指标的人身伤害类的结果加重犯（包括特别结果加重犯），除了绑架罪，还有刑法第 234 条故意伤害罪中致人重伤的规定；刑法第 336 条第 1 款非法行医罪中致就诊人死亡的规定；刑法第 336 条第 2 款非法进行节育手术罪中致就诊人死亡的规定；刑法第 443 条虐待部署罪中致人死亡的规定，等等。需要说明的是，非法行医罪和非法进行节育手术罪中的单项指标是该罪的特别结果加重犯的特别加重结果。

2. 刑法第 133 条的交通肇事罪

我国刑法第 133 条的交通肇事罪有前段、中段和后段三段规定。其前段规定是本罪的基本犯；中段规定是本罪的加重犯；后段规定是本罪的特别加重犯。

我国学术界普遍认为，交通肇事罪属于过失犯罪，以致人重伤、死亡或者造成财产的重大损失等严重后果为构成该罪的结果要件，因此是结果犯，不是结果加重犯。笔者赞成这个结论性意见，但在犯罪故意内部结构中认识因素的认识内容上持“二要件说”，由此出发认为交通肇事罪不是单纯的过失犯罪，而是混合罪过犯罪，即对危害结果是过失，而对其违反交通运输管理法规的行为则是故意的，主观上是混合罪过。

交通肇事罪的中段规定包括两种情况：一是交通肇事后逃逸；二是有其他特别恶劣情节的。后者属于情节加重犯应无疑义。对于前者即交通肇事后逃逸应如何看待？交通肇事后的逃逸行为，是指交通肇事行为已完全符合其基本犯的构成要件，在此基础上实施了为逃避法律追究而逃离事故现场的行为。这种行为乍看起来似乎可以看做特定指标类的结果加重犯，但仔细推敲其逃逸行为本身并不是一种结果，只是一种情节。法律上把这种情节与其他特别恶劣的情节相并列，是为了特别强调和突出对逃逸行为的惩处力度，以利于一般预防。因此交通肇事后逃逸也应视为该罪的情节加重犯，是一种特定指标的情节加重犯。

交通肇事罪的后段规定单指逃逸致人死亡，属于该罪的特别结果加重犯。这里的致人死亡是属于人身伤亡类的单项指标的结果加重犯（同样包括特别结果加重犯），就像故意伤害罪中的特别结果加重犯中必须同时具备“以特别残忍手段”和“致人重残”两个要素一样，本罪的特别结果加重犯也必须同时具备“因逃逸”和“致人死亡”两个要素。至于这里的“致人死亡”除了过失而外，包不包括间接故意，学术界是有争议的。最高人民法院法释(2000) 33号《关于审理交通肇事刑事案件具体应用法律若干问题的解释》中，把肇事后直接逃离肇事现场致被害人无法得到救助而死亡与肇事后将被害人带离现场后隐匿或遗弃，致使被害人无法得到救助而死亡区别开来，前者按本罪的特别结果加重犯处罚，后者按故意杀人罪处罚。这并未违背立法原意，有一定的科学性。但仍未从根本上解决学术界的前述争议。笔者从结果加重犯的加重结果“兼合故意说”出发，认为“因逃逸致人死亡的”，应包括间接故意。至于法定最高刑仅为十五年有期徒刑的问题，是立法技术问题，并非结果加重犯理论本身的问题。

二、财产损失类

比起人身伤亡类的结果加重犯，财产损失类的结果加重犯数量要少一些，而且其中有一部分是与人身伤亡类并列规定于同一刑法条款中，如刑法第115条的放火罪、决水罪、爆炸罪、投放危险物质罪等；也有的表述为“造成重大损失”或者“造成特别重大损失”，如刑法第186条第1款的违法向关系人发放贷款罪和刑法第187条的用账外客户资金非法拆借、发放贷款罪；还有的是专指某种特定财产的损失，如刑法第404条的徇私舞弊不征、少征税款罪中“损失”，专指国家税收的损失。笔者将这些财产损失类的加重犯所以看做结果加重犯，是因其具有规范性、明确性和单一性的特点，符合结果加重犯对加重结果的要求。

下面对财产损失类的结果加重犯的前述三种情形，作以简要论析：

（一）刑法第115条的放火等罪

我国1997年刑法与1979年刑法一样，对于放火罪、决水罪、爆炸罪、投放危险物质罪、以危险方法危害公共安全罪采用并列性罪名的立法形式，而且其基本犯与结果加重犯均分作前后两个法条。1979年刑法中分别是第105条和第106条，1997年刑法中分别是第114条和第115条。

我国学术界多数同志从加重结果的罪过形式只含过失，不含故意出发，认为第115条中的“致人重伤、死亡”既包括故意，也包括过失，与结果加重犯的特征不符，所以不是结果加重犯。还有的同志虽然认为加重结果的罪过形式有过失也有故意，但同样认为第115条不是结果加重犯，其理由是第115条虽然为加重构成，但属于独立条款。第114条是一般罪，第115条是严重放火罪、决水罪、爆炸罪、投放危险物质罪，致人重伤、死亡等严重结果是犯罪构成必备要件，因此是结果犯而不是结果加重犯。对此笔者实难苟同。以放火罪为例，学术界普遍认为，我国刑法中只规定了放火罪，并无一般放火罪与严重放火罪之分。而且是不是结果加重犯并非决定于是否独立条款。日本刑法中的强奸致伤、致死罪是独立的一条，但仍为结果加重犯，因其基本犯罪是强奸罪。我国刑法中其他结果加重犯虽然不是独立的一条，但大多为独立的一款。因此，只要承认加重结果的罪过形式包括故意，加上这条中对危害结果的具体形态作了明确规定，理应逻辑地得出的结论是：第115条是结果加重犯。需要说明的是，该条中与“致人重伤、死亡”并列规定的“使公私财产遭受重大损失”，也是加重结果，不应列入严重情节之列。

（二）刑法第186条第1款的违法向关系人发放贷款罪

根据刑法第186条第1款的规定，违法向关系人发放贷款或者发放担保贷款的条件优于其他借款人同类贷款的条件，造成较大损失的，处五年以下有期徒刑或者拘役，并处1万元以上10万元以下罚金，这是违法向关系人发放贷款罪的基本犯；造成重大损失的，处五年以上有期徒刑，并处2万元以上20万元以下罚金，这是违法向关系人发放贷款罪的加重犯。在这里，“造成重大损失”显然是指贷款未得收回或者未及时收回，造成了重大损失，因此应当属于财产损失，其加重犯应当视为财产损失类的结果加重犯。

这里需要说明的是，同样是发放贷款造成重大损失，但对违法向关系人发放贷款罪来说，是加重结果，而对刑法第 186 条第 2 款违法发放贷款罪来说，却是该罪基本犯的基本结果。对于后者，只有“造成特别重大损失的”，才是该罪的结果加重犯。这是因为违法向关系人发放贷款比起向关系人以外的其他人发放贷款的违法危害程度更高。至于同条异款中同样使用“造成重大损失”的字样，但有的规定为某罪基本犯的基本结果，有的规定为加重犯的加重结果，这种立法方式是否适当，还有待于进一步探讨。

（三）刑法第 404 条的徇私舞弊不征、少征税款罪

根据刑法第 404 条的徇私舞弊不征、少征税款罪，徇私舞弊不征或者少征应征税款，致使国家税收遭受重大损失的，处五年以下有期徒刑或者拘役，这是该罪的基本犯；造成特别重大损失的，处五年以上有期徒刑，这是该罪的加重犯。这里的“造成特别重大损失”，显然是指给国家税收造成特别重大的损失。这种损失归根结底也是一种国家财产的损失，顺理成章其加重犯自然应当视为财产损失类的结果加重犯。由于该种财产损失特定化为国家税收的损失，所以该罪的加重结果理应看做特定的财产损失类的结果加重犯。

三、特定指标类

特定指标类的结果加重犯，是指结果加重犯的加重结果是特定物。它不同于人身伤亡类的结果加重犯，因为人身伤亡类的结果加重犯的加重结果是重伤、死亡或者其他对人体健康的危害；它也不同于财产损失类的结果加重犯，因为财产损失类的结果加重犯的加重结果是笼统的公私财产或者金钱。而特定指标类的结果加重犯的加重结果是具有规范性和特定性的物，如航空器、珍贵文物等。所以将其列为与人身伤亡类和财产损失类相并列的第三类结果加重犯。

（一）刑法第 121 条的劫持航空器罪

根据刑法第 121 条的规定，以暴力、胁迫或者其他方法劫持航空器的，处十年以上有期徒刑或者无期徒刑，这是劫持航空器罪的基本犯；致人重伤、死亡或者使航空器遭受严重破坏的，处死刑，这是劫持航空器罪的加重犯。该罪中的加重结果包括致人重伤、死亡和使航空器遭到严重破坏，前者是人身伤亡类结果加重犯的加重结果，后者是特定化的财产即航空器遭到严重破坏的结果，应属特定指标类结果加重犯的加重结果。换句话说，劫持航空器罪的结果加重犯具有双项择一性。

应当说明的是，劫持航空器罪中的致使航空器遭到严重破坏，当然包括

致使航空器坠毁，但并非只限于坠毁，还包括致使航空器的关键设施、重要设备遭到严重破坏。航空器是价值高昂的财产，使航空器遭受严重破坏，等同于给公私财产造成巨大损失，因此将其列为致人重伤、死亡之后与致人重伤、死亡相并列的加重结果是必要的。但其加重犯是绝对确定的法定刑——死刑，如此立法是否适当，还值得进一步探讨。

（二）刑法第328条的盗掘古文化遗址、古墓葬罪

根据刑法第328条的盗掘古文化遗址、古墓葬罪的规定，盗掘具有历史、艺术、科学价值的古文化遗址、古墓葬的，处三年以上十年以下有期徒刑，并处罚金，这是该罪的基本犯；盗掘古文化遗址、古墓葬，并造成珍贵文物严重破坏的，处十年以上有期徒刑、无期徒刑或者死刑，并处罚金或者没收财产，这是该罪的加重犯。珍贵文物是祖国的文化遗产，具有特定的价值，有的甚至是无价之宝，属于国家的特有财产。珍贵文物作为国家的特有财产，同样具有规范性、明确性和特定性，因此在本罪中造成珍贵文物严重破坏的，应当视为一种结果加重犯，而且是单项指标类的结果加重犯。这里需要说明的问题有三点：

1. 盗掘古文化遗址、古墓葬罪的基本犯是行为犯，不是结果犯。就像本罪为危险犯，发生了加重结果，仍为结果加重犯一样；本罪为行为犯的，发生了加重结果，也应当属于结果加重犯。换句话说是否成立结果加重犯，不以基本犯是否是结果犯为转移，关键在于加重要素是情节、数额还是特定结果。

2. “造成珍贵文物严重破坏”主观上是否只能是故意？学术界有人认为，破坏珍贵文物通常是故意的，对此笔者并无异议。但是“造成珍贵文物严重破坏”是否可以是过失的呢？在笔者看来，本罪中“造成珍贵文物严重破坏”既可以是故意，也可以是过失的。否则盗掘古文化遗址、古墓葬，并过失造成珍贵文物严重破坏，不就排除在本罪的结果加重犯之外了吗？

3. 盗掘古文化遗址、古墓葬，并造成珍贵文物严重破坏的，是本罪与故意损毁珍贵文物罪或过失损毁珍贵文物罪的法条竞合，应按照特别法优于普通法的原则，按盗掘古文化遗址、古墓葬罪的结果加重犯处罚。

四、似是而非类

这一类实际上并不是结果加重犯的类型，但它具有疑似而实非的特点。为了便于区别结果加重犯与情节加重犯，笔者将其列在结果加重犯的类型之后，并选择了具有一定代表性的几种犯罪简要地加以探讨。

（一）刑法第219条的侵犯商业秘密罪

根据刑法第219条侵犯商业秘密罪的规定，侵犯商业秘密给商业秘密的

权利人造成重大损失的，处三年以下有期徒刑或者拘役，并处或者单处罚金，这是该罪的基本犯；造成特别严重后果的，处三年以上七年以下有期徒刑，并处罚金，这是该罪的加重犯。

那么，该罪的加重犯是结果加重犯还是情节加重犯呢？乍一看，似乎是结果加重犯，因其有“后果”的字眼儿。然而认真分析一下，却觉得这里的“特别严重后果”面很广，既包括物质性的损失，也包括非物质性的损失。就物质性损失来说，其表现形式多种多样，如权利人所失数额或侵权人所得数额；权利人的直接损失和间接损失；受侵害的权利人的数量，等等。就非物质性损失来说，包括权利人名誉和信誉的损失；市场竞争优势的减少或者丧失，等等。总之，侵犯商业秘密罪的加重犯从提法上虽然缀有“后果”二字，但不具有结果加重犯的规范性、明确性和特定性特点，不是单一指标，而是综合指标，因此似是结果加重犯，实为情节加重犯。

这种似是而实非的结果加重犯，在1997年刑法中为数很多，可谓不胜枚举。生产、销售伪劣商品犯罪中的多数犯罪，都是以“后果特别严重”为其加重要素的。最高人民法院和最高人民检察院在前述《关于办理生产、销售伪劣商品刑事案件具体应用法律若干问题的解释》中，在将“后果特别严重”解释为造成的轻伤、重伤或死亡的人数的同时，无不附随“其他特别严重后果”。这是有道理的。比如生产、销售不符合卫生标准的食品，致使某驻华使馆的多人食后轻伤，该国为此提出抗议，并断绝了对我国食品原料的进口。如果发生这种情况，似应视为“其他特别严重后果”。

当然，并非所有的以“后果严重”或者“后果特别严重”的加重犯都不是结果加重犯。笔者的意见是，不应以“后果”这一字眼为准，而应以是否具有后果的规范性、明确性和特定性为准，来判定究竟是结果加重犯还是情节加重犯。

（二）刑法第167条的签订、履行合同失职被骗罪

根据刑法第167条签订、履行合同失职被骗罪的规定，国有公司、企业、事业单位直接负责的主管人员，在签订、履行合同过程中，因严重不负责任被诈骗，致使国家利益遭受重大损失的，处三年以下有期徒刑或者拘役，这是该罪的基本犯；致使国家利益遭受特别重大损失的，处三年以上七年以下有期徒州，这是该罪的加重犯。这里国家利益的损失，给人直观的感觉是经济损失。1979年刑法实行期间，国内学术界有的同志提出，致使国家或者公民利益遭受严重损失，因而加重其刑的属于结果加重犯，原因恐怕即于此。笔者认为，该罪中国家利益的损失多为经济损失，但并不仅限于经济损失，比如国有公司、企业专利权的损失、名牌产品市场占有率的减少或者丧失，等等。总之，以国家利益遭受重大损失或者特别重大损失为加重要素的，貌似特定

化，实质上仍然是综合指标，具有概括性、灵活性、多样性的特点，所以看做情节加重犯较之视为结果加重犯更为适当。

（三）刑法第 421 条的战时违抗命令罪

根据刑法第 421 条战时违抗命令罪的规定，战时违抗命令，对作战造成危害的，处三年以上十年以下有期徒刑，这是该罪的基本犯；致使战斗、战役遭受重大损失的，处十年以上有期徒刑、无期徒刑或者死刑，这是该罪的加重犯。在军职罪这一章中，以“致使战斗、战役遭受重大损失”为加重要素的犯罪，还有第 422 条的隐瞒、谎报军情罪；拒传、假传军令罪；第 424 条的战时临阵脱逃罪；第 428 条的违令作战消极罪。“致使战斗、战役遭受重大损失”这一加重要素，也具有一定的貌似明确化、特定化的特点，实则含义广泛，如使部队遭受重大伤亡，使大批敌人逃跑得逞，严重干扰了战略部署，破坏了本次战役的全局，等等。由于在实际上它不具有结果加重犯加重结果应有的特定性、明确性和单一性的特点，所以应当看做情节加重犯。

综上所述，我国刑法中的结果加重犯确实比较繁杂，有令人身临迷阵之感。有的同一条款中，致人重伤是具体构成的必要要件，属于结果犯；而致人死亡则为加重结果，属于结果加重犯，如刑法第 443 条的虐待部属罪。有的条款中并列提到的致人重伤、死亡，有的情况下是结果加重犯；有的情况下则要本罪与故意杀人罪数罪并罚，如刑法第 236 条的强奸罪。有的条款中，关于加重构成的提法貌似结果加重犯的加重结果，实为情节加重犯的加重情节，如一些以“造成严重后果”为要素的加重犯。如此等等，不一而足。这就的的确确需要具体分析，区别对待，下一番剥去表象、去伪存真的工夫。笼而统之，概而观之，“一刀切”，均为不当。

情节加重犯基本问题研究

王志祥*

根据加重因素类型的不同，我国刑法中的加重犯可以分为情节加重犯、结果加重犯、数额加重犯、对象加重犯、手段加重犯、时间加重犯、地点加重犯以及行为加重犯。所谓情节加重犯，是指行为人之行为已经构成基本犯罪，且其犯罪情节严重程度符合了作为加重构成的定罪情节的要求，而由刑法规定了加重的法定刑的犯罪形态。① 我国1997年刑法（以下简称刑法）的许多条文都规定了情节加重犯。近年来，学界对于情节加重犯已进行了较为深入的研讨，但在对情节加重犯基本问题的认识上仍然存在较大分歧。本文拟就围绕情节加重犯基本问题的理解所引发的争议谈些个人看法，以就教于同仁。

一、情节加重犯的构造

情节加重犯从内部结构上看，由两个部分即基本犯罪和加重情节组成。情节加重犯的成立以基本犯的成立为前提；没有基本犯，就没有情节加重犯。这体现出情节加重犯对基本犯的依赖性。对于基本犯的性质，我国刑法并未予以严格限制。具体而言，从既遂形态的构成要件要素是否包括结果要素的角度看，基本犯既可以是结果犯，也可以是行为犯，前者如刑法第133条规定的交通肇事罪，后者如刑法第125条第1款规定的非法制造、买卖、运输、邮寄、储存枪支、弹药、爆炸物罪；从罪过形式看，基本犯既可以是故意犯，也可以是过失犯，前者如刑法第174条规定的擅自设立金融机构罪，后者如刑法第135条规定的重大劳动安全事故罪；从既遂犯罪构成的定量因素的类型看，基本犯既可以是情节犯，也可以是数额犯，还可以是不包含定量因素

* 法学博士，北京师范大学刑事法律科学研究院教授，研究方向为中国刑法与比较刑法。

① 参见卢宇蓉著：《加重构成犯罪研究》，中国人民公安大学出版社2004年版，第117页。

的犯罪，前者如刑法第 213 条规定的假冒注册商标罪，数额犯如刑法第 274 条规定的敲诈勒索罪，后者如刑法第 202 条规定的抗税罪。

加重情节是超出基本犯的构成要件的范围并使得情节加重犯具有区别于基本犯的罪质、使罪责得以加重的情节，是一种包含诸多因素、决定刑罚加重的综合指标。加重情节是情节加重犯与基本犯的犯罪构成相区别的标志，是某一存在情节加重犯与基本犯之分的犯罪的罪质呈现一定层次性变化的根据。因此，虽然加重情节不像情节犯的情节那样具有影响罪质有无的功能，但是，它能够影响罪质的轻重。有的论者认为，情节加重犯以基本犯为基础，其加重不能否定基本犯的罪质。一定的加重情节要受基本犯罪质的制约，只能是在基本犯罪质之内的加重其罪责的主观和客观的事实因素。凡超出基本犯的罪质范围，则该情节构成其他犯罪，这时要解决的是犯罪的单复数问题，而不是情节加重犯的问题。[①] 这种观点似是而非。罪质与罪责是高度统一的，一定的罪质是与一定的罪责相对应的。罪责的加重反过来说明罪质发生了趋重的变化，否则罪责的加重便没有充足的根据。

我国刑法所使用的表述加重情节的术语既包括“情节严重”，也包括“情节特别严重（恶劣）”。立法者之所以作出这种区别对待，主要是基于两个考虑：一是某些犯罪的基本犯属于情节犯，即基本犯的既遂形态的犯罪构成中包含有“情节严重”的要求，这样，情节加重犯的既遂形态的犯罪构成中当然就包含有“情节特别严重”的要求；二是某些犯罪的基本犯虽然不属于情节犯，但是其法定刑较重，可以将情节严重的情形包容在其犯罪构成中予以评价，因此便强调以“情节特别严重”为适用情节加重犯的犯罪构成的条件。

二、情节加重犯的范围

对于加重情节的立法表述形式是否仅限于带有“情节”字样的规定，理论上还有不同意见。这涉及对情节加重犯范围的理解问题，不能不引起重视。有的学者提出，加重情节是一个包含诸多因素的综合指标，其范围较广，如犯罪手段、犯罪次数、犯罪时间、犯罪地点、犯罪数额、犯罪动机、犯罪对象、犯罪主体等。在刑法分则中，加重情节可能表达为“在公共场所当众奸淫妇女”、“二人以上轮奸”、“拐卖妇女、儿童三人以上的”等此类的具体情

① 参见田银行：“强奸罪的一般情形还是要从重处罚的轮奸的认定：这是个关涉自由甚至生命的大问题”，载 http：//www. law-lib. com/lw/lw_ view. asp？ no =3005（访问时间：2007 年6 月15 日）。

节，也可能以“情节严重、情节恶劣、其他严重情节”等抽象词语来表述。[①]有的学者认为，在我国刑法中，除结果加重犯以外，情节加重犯有以下三类：第一类是具体情节加重犯，即刑法明文规定以特定的具体犯罪情节作为加重刑罚根据的情节加重犯。这类情节加重犯中，作为其加重刑罚根据的行为情节主要包括行为手段、行为对象、行为地点、行为时间、侵害法益的次数、行为在共同犯罪中的作用。第二类是抽象情节加重犯，即以抽象的情节要求作为加重刑罚根据的情节加重犯。其特点是，作为加重刑罚根据的情节要求具有概括性、抽象性，而不是以具体的单一情节作为加重刑罚的根据。第三类是结合加重犯，即在犯罪过程中又犯其他罪被作为加重刑罚根据的情节加重犯。例如，绑架过程中“杀害被绑架人的”，拐卖妇女、儿童中“诱骗、强迫被拐卖的妇女卖淫”以及“奸淫被拐卖的妇女的”，即属于结合加重犯。结合加重犯将某一犯罪作为另一犯罪的加重法定刑的加重情节，两罪的结合并不成立独立的第三罪。[②]

笔者认为，从有利于加重犯既遂形态的研究和认定出发，将情节加重犯的加重情节限定为概括性、综合性的情节，是可取的。与加重结果、加重数额、加重时间、加重地点等加重犯的加重因素相比，加重情节并非一种单一地反映罪质和罪责加重的指标，而是一种综合性的指标。从广义上说，加重结果等具体的加重因素也属于加重情节，而且在具体的加重因素没有在加重犯的构成中明确加以规定，而只是代之以概括性的抽象情节规定时，从逻辑上讲，抽象情节的具体表现就包含了具体的加重因素。[③] 但是，在综合性的加重情节的内容被具体化以前，很难将加重情节归入犯罪构成的四个基本要件中的某一个要件之中。另外，即便加重情节的内容被予以具体化，也很难说加重情节就一定属于犯罪构成中的四个基本要件中的某一个要件，因为加重情节既可能表现为一种单一的具体加重因素，也可能是两种以上的具体加重因素综合评价的产物。因此，无论在立法层面还是在司法层面，都很难把加重情节归入犯罪构成的四个基本要件中的某一个要件之中。

认为加重情节的类型既包括具体的加重情节也包括抽象的加重情节的人一般将结果加重犯作为与情节加重犯相并列的概念对待。比如，有的论者就

---

① 参见钱叶六、钱格祥：“情节加重犯基本问题探究”，载《宁夏大学学报》（人文社会科学版）2005年第6期，第48页。

② 参见刘之雄著：《犯罪既遂论》，中国人民公安大学出版社2003年版，第152—153页。

③ 当然，当某种具体的加重因素与综合性的情节在加重犯的犯罪构成中被并列地予以规定时，在解释综合性情节的具体内容时，就只能将该明确规定的具体加重因素排除在综合性情节的表现形式之外。

明确指出，实际上可以认为我国刑法中只规定了两种加重犯，即结果加重犯和情节加重犯，所谓的地点加重犯、时间加重犯、数额加重犯和对象加重犯等都是情节加重犯的具体表现形式。[①] 问题是，既然将结果加重犯从情节加重犯的概念中剥离出来，那么，其他以具体的加重因素所成立的加重犯为何就不能从情节加重犯的范围中剥离出来而作为独立的加重犯类型予以对待？上述主张加重情节不限于综合性的抽象情节的论者还提出了结合加重犯的概念。所谓的结合加重犯实质上是把某一犯罪作为另一种犯罪的法定刑升格的事由；将这种事由也作为加重情节理解，是否合适，不无疑问，因为通常所理解的加重情节是一种不单独成立犯罪的、反映犯罪行为社会危害程度的综合指标。实际上，所谓的结合加重犯的现象实际上是罪数形态复杂化的反映，因此，将这种现象纳入罪数论加以研究，才是一种可取的选择。我国刑法理论一般把这种现象以包容犯的概念[②]予以概括，并认为包容犯属于罪数形态。

三、情节加重犯的加重情节的性质

关于加重情节的性质，理论上还有很大的争议。这种争议主要是围绕加重情节是属于定罪情节还是量刑情节而展开的。对此，存在以下几种观点：第一种观点根据情节在定罪中的作用，将定罪情节分为四类，即作为基本犯成立要件的定罪情节、作为情节加重犯成立要件的定罪情节、作为结果加重犯成立要件的定罪情节以及作为数额加重犯成立要件的定罪情节。[③] 这种观点显然将加重情节视为定罪情节。[④] 第二种观点认为加重情节属于量刑情节。如有的学者指出，减轻或加重情节不属于构成要件，而仅仅属于法定刑升格的条件。[⑤] 其理由是：刑法分则将情节作为区分同一犯罪中重罪与轻罪的标准时，该情节当然不是构成要件。[⑥] 有的学者认为，影响行为罪轻罪重的情节是行为在构成犯罪之后考虑的因素，与其说影响行为罪轻罪重的情节是定罪情

---

① 参见严然：“情节加重犯若干问题研究”，载《福建公安高等专科学校学报》2006 年第 3 期。

② 参见邓定远：“我国刑法中的包容犯问题探讨”，载《华南农业大学学报》2006 年第 2 期。不过，也有的学者主张将这种现象称为“合并犯”。参见孙国祥：“合并犯综论”，载《江海学刊》2004 年第 2 期。

③ 参见王晨：“定罪情节探析”，载《中国法学》1992 年第 1 期。

④ 关于将加重情节视为定罪情节的观点，还可参见金泽刚著：《犯罪既遂的理论与实践》，人民法院出版社 2001 年版，第 143—144 页；赵廷光：“论我国刑法中的情节”，载《法商研究》1995 年第 1 期；卢宇蓉著：《加重构成犯罪研究》，中国人民公安大学出版社 2004 年版，第 130—131 页。

⑤ 参见张明楷著：《刑法分则的解释原理》，中国人民大学出版社 2004 年版，第 234—239 页。

⑥ 参见张明楷著：《刑法学》（第 2 版），法律出版社 2003 年版，第 141 页。

节，还不如说它是量刑情节更为恰当一些。[①] 还有的学者指出，情节犯的情节只关系到行为的有罪性，它是区分罪与非罪的情节。情节加重犯的情节不是概括性定罪情节。作为定罪情节的那些概括性因素决定着某一行为能否成立犯罪，这就表明它属于犯罪构成要件。[②] 该学者实际上也认为情节加重犯之情节不属于定罪情节而属于量刑情节。还有的论者指出，认为情节加重犯的情节不是量刑情节而是定罪情节的观点存在问题：定罪情节应该是犯罪构成事实，其对定罪起着重要作用，有其才能构成犯罪，缺少则不成为犯罪，情节犯的情节就是如此。而情节加重犯的情节则并非如此；即使不具有加重情节，犯罪仍然是成立的。[③] 第三种观点认为，在情节加重犯的场合，因加重情节的具备，一方面构成某罪的加重犯；另一方面法定刑也因此在基本刑的基础上得以升格。因此，情节加重犯之所谓的加重不仅仅是罪质的加重，同时也是刑罚的加重。情节加重犯的加重情节是定罪情节（加重犯之构成要件）与量刑情节（加重刑之适用条件）的统一。[④]

笔者认为，定罪情节，简单地说，就是影响犯罪成立的情节；加重情节是否属于定罪情节，关键取决于是对基本犯而言还是对情节加重犯而言。针对基本犯而言，加重情节当然不是定罪情节，但针对情节加重犯而言，就不能断然认为其不是定罪情节。在我国刑法中，同一性质的犯罪，往往基于其罪质被分割为不同的层次，相应地存在多个犯罪构成形式。由于影响法定刑升格的情节的存在，某一犯罪有了基本犯与情节加重犯之分；前者的犯罪构成是普通的犯罪构成，即基本构成，而后者的犯罪构成是加重的犯罪构成，即社会危害性较大的构成。影响法定刑升格的情节当然不是普通的犯罪构成的要件，但确实是加重的犯罪构成的要件，因而当然就应当被认为是构成要件。这其中的道理并不复杂：既然普通的犯罪构成必须具备的要件属于构成要件，加重的犯罪构成必须具备的要件也同样是构成要件。

以情节加重犯为例。按照上述持第二种观点的学者的看法，情节加重犯的成立不要求具备加重罪质的情节。这种看法如果只是针对基本犯而言，当然是说得通的，但再将情节加重犯考虑进来，就难以立足了，因为在情节加重犯的场合，缺少了加重罪质的情节，便会影响到犯罪的成立。这样一来，

① 参见王充："定罪情节若干问题研究"，载《法学评论》2000 年第 6 期。

② 参见刘艳红："情节犯新论"，载《现代法学》2002 年第 5 期。

③ 参见严然："情节加重犯若干问题研究"，载《福建公安高等专科学校学报》2006 年第 3 期。

④ 参见钱叶六、钱格祥："情节加重犯基本问题探究"，载《宁夏大学学报》（人文社会科学版）2005 年第 6 期。

既然加重罪质的情节是否具备对情节加重犯形态的成立确实有影响，那么，将其排除在情节加重犯的构成要件之外，就没有多少根据了。只不过这样的构成要件起到的是区分重罪与轻罪的作用，而没有起到区分罪与非罪的作用。

持上述第二种观点的学者之所以将情节加重犯的加重情节排除在定罪情节的范围之外，一个很重要的原因是其对定罪情节的功能作了狭隘的理解，即似乎只有具备区分罪与非罪意义的情节才属于定罪情节。据此，既然加重情节不具有区分罪与非罪的意义，其当然便不属于定罪情节。但是，在某一犯罪存在基本犯与情节加重犯之分的情况下，犯罪成立并不仅限于基本犯的成立，情节加重犯的成立同样属于犯罪成立。既然加重情节的具备与否对于情节加重犯的成立有决定意义，其当然便属于定罪情节，否则，便意味着将基本犯当做了该犯罪的全部。

上述第三种观点以加重情节是加重犯之构成要件为由将加重情节视为定罪情节，这是值得肯定的，但该观点又以其是加重刑的适用条件为由将其视为量刑情节，则是违背禁止重复评价原则的。这一原则禁止将一个在定罪时发挥作用的情节在量刑时再度发挥其作用，否则，就是对一个情节的重复评价。另外，定罪情节属于犯罪构成要件的范围，而量刑情节则是犯罪构成要件以外的情节，其存在与否对于犯罪的成立没有影响，而仅仅是在某种行为已经成立犯罪的前提下在量刑时应当予以考虑的各种事实情况。将加重情节既视为定罪情节又当做量刑情节，意味着加重情节既属于犯罪构成要件，也属于犯罪构成要件以外的事实情况，这显然是自相矛盾的。

四、情节加重犯的既遂与未遂的区分

关于情节加重犯是否存在既遂与未遂的区分，刑法理论中还存在不同的意见。一种意见认为，情节加重犯的既遂是指犯罪行为具备了加重犯犯罪构成的全部要件。情节加重犯的结构是基本犯+加重情节要件，其既遂形态固然主要取决于加重情节要件，但对此要件是否具备往往离不开对基本犯危害行为的评价。这样一来，认定情节加重犯的犯罪形态要以基本犯的犯罪形态为基准。当基本犯未遂时，同样可以成立情节加重犯，只不过是情节加重犯的未遂形态。[①] 另一种意见则认为，加重情节是标志犯罪行为危害程度的与犯罪有关的主客观各种因素的综合指标，而且加重情节的有无也是决定情节加重犯是否成立的要件，因此，与结果加重犯在既遂、未遂问题上一样，情节加重

① 参见金泽刚著:《犯罪既遂的理论与实践》，人民法院出版社2001年版，第175页。

犯也应只有是否构成之分，而没有既遂与未遂之别。具备了加重情节，就构成情节加重犯而且完备其构成要件，适用加重的刑罚幅度，不再有犯罪既遂与未遂的区分；不具备加重情节，就不构成情节加重犯而只构成基本犯，根据基本犯的犯罪构成去确定有无既遂与未遂之分以及是既遂还是未遂的问题。[①]

笔者认为，情节加重犯具有区别于基本犯的独立的构成要件即加重情节，因此，情节加重犯也便具有区别于基本犯的独立的既遂形态。这样，判断情节加重犯既遂与否，便不能适用与基本犯相同的判断标准。但是，这并不意味着完全脱离基本犯的既遂与否的评价就能够对情节加重犯的既遂予以正确的认定。应当看到，情节加重犯的成立以基本犯的成立为前提，而基本犯的既、未遂本身就属于基本犯的成立形态。因此，如果无视基本犯的既、未遂而在加重情节的要件具备时就认定情节加重犯既遂的成立，就意味着情节加重犯既遂这种成立形态与作为其前提的基本犯的成立形态没有任何关系。这是否合适，确实有进一步思考的余地。

上述第二种意见排除情节加重犯存在未遂的最重要的理由是，加重情节的具备既是情节加重犯的成立标志，也是情节加重犯既遂的犯罪构成要件全部具备的标志。这实际上把加重情节的具备完全等同于既遂的全部构成要件的具备。但是，犯罪的成立状态既包括犯罪既遂，也包括犯罪未遂等犯罪的未完成形态。加重情节的具备只是情节加重犯成立的标志，而对于其是否既遂，则取决于在加重情节具备的情况下情节加重犯既遂形态的其他所有构成要件是否也具备。而既然情节加重犯在内部结构上由基本犯罪行为和加重情节两个部分组成，那么，判断情节加重犯既遂的标准自然就只能是：只有基本犯既遂的构成要件完全具备而且加重情节具备，才能成立情节加重犯的既遂。在具备加重情节而由于犯罪分子意志以外的原因未能完全具备基本犯的构成要件时，则成立情节加重犯的未遂。

就犯罪构成的类型而言，情节加重犯的犯罪构成属于加重的犯罪构成。加重的犯罪构成与未遂犯的修正的犯罪构成存在交叉关系，并不相互排斥。在刑法理论中，普通的犯罪构成与派生的犯罪构成是根据行为的社会危害性程度而作的划分，而基本的犯罪构成与修正的犯罪构成则是根据犯罪构成所依赖的犯罪形态是否典型而作的划分。这两种划分是依据不同的标准所作的平行的、彼此并不排斥的划分，并不存在必然的对应关系。不能把普通的犯罪构成等同于基本的犯罪构成，而把派生的犯罪构成等同于修正的犯罪构成。

---

① 参见赵秉志主编：《犯罪停止形态适用中的疑难问题研究》，吉林人民出版社 2001 年版，第 205 页。

实际上，普通的犯罪构成既可以是基本的犯罪构成，也可以是修正的犯罪构成；同样，作为派生的犯罪构成类型的加重犯罪构成和减轻犯罪构成既可以是基本的犯罪构成，也可以是修正的犯罪构成。

而中国刑法理论之所以在加重犯有无未遂的问题上纠缠不清，其重要原因就在于“混淆了派生的犯罪构成（包括加重构成和减轻构成）和修正的犯罪构成，将它们视为相对应的概念。”[①] 比如，有的学者明确指出：“犯罪未遂是刑法规定的一种特殊的犯罪形态，是针对某种犯罪的基本犯罪而言的未完成的犯罪形态，也是对刑法分则规定的标准形态的犯罪的一种修正，并不包括犯罪的减轻构成或者加重构成。”[②] “在刑法理论上，犯罪既遂和未遂的区分，只适用于基本构成的犯罪，而不能适用于加重构成的犯罪。”[③]

上述论述明显存在自相矛盾的地方：刑法分则规定的标准形态的犯罪构成既包括普通的犯罪构成（基本犯的犯罪构成），也包括减轻的犯罪构成或者加重的犯罪构成（派生犯的犯罪构成）。普通的犯罪构成与减轻的犯罪构成或者加重的犯罪构成都属于标准的犯罪构成，为何犯罪未遂只能修正前者而不能修正后者？既然根据行为的社会危害性程度对犯罪有基本犯与派生犯之分，那么认为未遂犯只能适用于基本犯而不能适用于派生犯，岂不是把基本犯当做某一犯罪的全部吗？其实，正如有的学者所指出的，加重犯和减轻犯作为相对独立的犯罪形态，同样存在犯罪停止形态问题，且其犯罪形态同样要受刑法总则对于犯罪形态的规定的制约。[④]

此外，承认情节加重犯存在未遂形态，有利于贯彻罪责刑相适应原则。与加重情节具备且基本犯既遂的情形相比，加重情节具备而基本犯未遂的情形的社会危害性明显小一些，因此在量刑上应有所区别。或许否定情节加重犯存在未遂的学者会提出，将基本犯未遂作为对后一种情形量刑时酌量从轻的情节，同样可以实现量刑上的区别对待。这种观点固然能够为贯彻罪责刑相适应原则提供一定的理论根据，但是，由于酌量从轻情节对量刑的影响被限定在加重法定刑的幅度以内，这种区分所能够起到的作用便是非常有限的，更何况所谓的基本犯的未遂还仅仅是一种酌情考虑的情节。相反，如果肯定情节加重犯存在未遂形态，便不仅可以对加重情节具备而基本犯未遂的情形在加重法定刑的幅度内进行从宽处罚（即从轻处罚），还可以根据具体情况突破这一幅度予以从宽处罚（即减轻处罚）。

---

① 米传勇：“法治视域下抢劫罪之既遂与未遂”，载《山东公安专科学校学报》2003 年第 6 期。

② 姜伟著：《犯罪形态通论》，法律出版社 1994 年版，第 379—380 页。

③ 高格著：《定罪与量刑》（下卷），中国方正出版社 1999 年版，第 699—700 页。

④ 参见金泽刚著：《犯罪既遂的理论与实践》，人民法院出版社 2001 年版，第 148 页。

论刑法中的推定犯

初炳东*

在我国现行刑法条文中，存在着一种特殊的犯罪类型，这种类型的犯罪，无论是在司法实践中还是在刑法理论的理解上，争议颇多。笔者将这种犯罪类型定义为“推定犯”或“立法推定的犯罪”，并在本文中作初步的探讨，以期学术界对其作深入研究。

一、推定犯的概念和相关立法条文

（一）推定与法律拟制的概念及区别

所谓推定，乃指由法律规定或者由法院按照经验法则，从已知的前提事实推断未知的结果事实存在，并允许当事人举证推翻的一种证据法则。[①] 适用推定必须首先确认基础事实，又须有推断事实，因而推定是沟通二者关系的法律桥梁。推定应许可当事人提出反证推翻，因而与证明责任紧密相连；反之，如果不允许以反证加以推翻，则非真正的推定。

法律拟制是立法者法律观点的表现方式之一，它是根据实际需要，把一种事实看做另一种事实，使其与另一种事实发生同一的法律效果。推定与法律拟制是不同的。推定的事实往往符合事实客观真相，而拟制则反其道而行之。法律拟制又可称为确定性的推定（不可反驳的推定），即不允许被告人提出反驳证据，也不允许执法人员作出其他判断，这实际上是一种必须执行的法律规定，本身不涉及基础事实和推定事实之间的推理，其性质是“特别规定”，而不是推定。[②]

属于法律拟制的条文主要有：

---

* 烟台大学法学院教授，刑法教研室主任，硕士生导师。

① 樊崇义主编：《证据法学》（第3版），法律出版社2003年版，第338页。

② 樊崇义主编：《证据法学》（第3版），法律出版社2003年版，第341—343页。

1. 刑法第 263 条第 2 款："携带凶器抢夺的，依照本法第二百六十三条的规定定罪处罚。"

2. 刑法第 269 条："犯盗窃、诈骗、抢夺罪，为窝藏赃物、抗拒抓捕或者毁灭罪证而当场使用暴力或者以暴力相威胁的，依照本法第二百六十三条的规定定罪处罚。"

3. 刑法第 289 条："聚众'打砸抢'，……毁坏或者抢走公私财物的，除判令退赔外，对首要分子，依照本法第二百六十三条的规定定罪处罚。"本条中，毁坏公私财物的，对首要分子，以抢劫罪定罪处罚，即为法律拟制。

以上刑法条文，把一种犯罪事实看做另一种事实，使其与另一种犯罪事实发生同一的法律效果，并且不允许被告人提出反驳证据，也不允许执法人员作出其他判断，故属于法律拟制，而非法律推定。

（二）推定犯的概念

所谓推定犯，即立法推定的犯罪，是指严格地从证据或犯罪构成理论角度看，并不完全符合某一犯罪的构成要件，但在被告人提不出反证予以推翻的情况下，刑法明文规定以该罪定罪处罚的犯罪形态。

（三）推定犯的立法条文

本文认为，在我国现行刑法中，属于推定犯的条文主要有以下几条：

1. 刑法第 155 条第（二）项："在内海、领海、界河、界湖运输、收购、贩卖国家禁止进出口物品的，或者运输、收购、贩卖国家限制进出口货物、物品，数额较大，没有合法证明的。"推定为走私罪。

2. 刑法第 236 条第二款："奸淫不满十四周岁的幼女的，以强奸论，从重处罚。"奸淫幼女的，推定为强奸罪。

3. 刑法第 238 条第二款：犯非法拘禁罪，"使用暴力致人伤残、死亡的，依照本法第二百三十四条、第二百三十二条的规定定罪处罚。"即犯非法拘禁罪使用暴力致人伤残的推定为故意伤害罪，使用暴力致人死亡的推定为故意杀人罪。

4. 刑法第 247 条："司法工作人员对犯罪嫌疑人、被告人实行刑讯逼供或者使用暴力逼取证人证言的，处三年以下有期徒刑或者拘役。致人伤残、死亡的，依照本法第二百三十四条、第二百三十二条的规定定罪从重处罚。"在本条中，犯刑讯逼供罪、暴力取证罪致人伤残、死亡的，推定为故意伤害罪、故意杀人罪并且从重处罚。

5. 刑法第 248 条："监狱、拘留所、看守所等监管机构的监管人员对被监管人进行殴打或者体罚虐待，情节严重的，处三年以下有期徒刑或者拘役；情节特别严重的，处三年以上十年以下有期徒刑。致人伤残、死亡的，依照本法第二百三十四条、第二百三十二条的规定定罪从重处罚。”在本条中，犯殴打、体罚虐待被监管人罪致人伤残、死亡的，推定为故意伤害罪、故意杀人罪并且从重处罚。

6. 刑法第289条：“聚众‘打砸抢’，致人伤残、死亡的，依照本法第二百三十四条、第二百三十二条的规定定罪处罚。”本条中，聚众“打砸抢”，致人伤残、死亡的，推定为故意伤害罪、故意杀人罪。

7. 刑法第292条：“聚众斗殴，致人重伤、死亡的，依照本法第二百三十四条、第二百三十二条的规定定罪处罚。”本条中，犯聚众斗殴罪，致人重伤、死亡的，推定为故意伤害罪、故意杀人罪。

8. 刑法第333条第二款规定：有组织他人卖血、强迫他人卖血行为，“对他人造成伤害的，依照本法第二百三十四的规定定罪处罚”。即推定为故意伤害罪。

9. 刑法第395条第一款：“国家工作人员的财产或者支出明显超过合法收入，差额巨大的，可以责令说明来源。本人不能说明其来源是合法的，差额部分以非法所得论，处五年以下有期徒刑或者拘役，财产的差额部分予以追缴。”巨额财产来源不明罪，是典型的立法上的推定的犯罪。

以上刑法条文之所以看做是推定犯，是因为在这些条文中被告人应承担相应的提出反证的证明责任，在被告人提不出反证予以推翻的情况下，刑法明文规定以立法所推定的犯罪定罪处罚。

(四) 推定犯与转化犯

我国刑法教材中，经常出现“转化犯”这一术语。关于转化犯概念的表述不尽相同，如有学者认为：“转化犯是指行为人出于一犯罪故意，行为实施过程中发生性质转化而改变罪名的犯罪形态。例如，(1) 我国《刑法》第269条规定，在实行盗窃、诈骗、抢夺过程中，为‘窝藏赃物、抗拒抓捕或者毁灭罪证而当场使用暴力或者以暴力相威胁的’，依照抢劫罪处罚；(2) 第247条规定，司法工作人员对人犯实行刑讯逼供，‘致人伤残、死亡的’，依照故意伤害罪、故意杀人罪从重处罚”①。另有学者认为：“转化犯是指行为人在实施某一较轻的犯罪时，由于连带的行为又触犯了另一较重的犯罪，因而法律规定以较重的犯罪论处的情形。转化犯这一概念是我国刑法理论的独创，类似转化犯的法律现象在以往刑法理论中称为追并犯。”②

可见，理论界一般认为，转化犯是指行为人在实施某一较轻的犯罪时，

① 杨春洗、杨敦先主编：《中国刑法论》(第2版)，北京大学出版社2001年版，第112页。
② 陈兴良著：《本体刑法学》，商务印书馆2001年版，第600页。

由于发生了法定的结果，从而转化为另一个较重的犯罪论处的情形。转化犯只是一种通俗的、粗线条的理解，它并没有明确回答行为人的主观故意内容是否必须随着犯罪性质的转化而改变，它也没有回答控方是否要证明其具备转化后的犯罪故意定罪才能转化的问题。因而，转化犯的概念在定罪上是一个不精确的甚至于有些混乱的概念。因此，像刑法第 247 条这样的条文应抛弃转化犯的概念理解，而适用法律拟制或是法律推定问题。

总之，转化犯这一中国特色的概念在定罪上是有问题的，它不应独立存在，应在法律拟制或法律推定之间作出选择。

二、推定犯的分类

对推定犯进行分类，是为了更好地理解推定犯的性质。本文从如下角度进行分类：

（一）从罪的有无角度可分为：

1. 从无罪到有罪的推定犯。例如，刑法第 155 条第（二）项："在内海、领海、界河、界湖运输、收购、贩卖国家禁止进出口物品的，或者运输、收购、贩卖国家限制进出口货物、物品，数额较大，没有合法证明的。"推定为走私罪。再如，刑法第 395 条第一款规定的巨额财产来源不明罪。这些犯罪，如果立法不这样推定，就不构成犯罪。

2. 从轻罪到重罪的推定犯。如刑法第 238 条、第 247 条、第 248 条、第 292 条都属于从较轻的犯罪推定为故意伤害罪、故意杀人罪这些严重的重罪。

（二）从推定的内容角度可分为：

1. 此行为推定为彼行为的行为推定犯。例如，刑法第 155 条第（二）项，将在内海、领海、界河、界湖运输、收购、贩卖国家禁止进出口物品的，或者运输、收购、贩卖国家限制进出口货物、物品，数额较大，没有合法证明的行为，推定为走私罪的行为。

2. 将此罪的故意推定为彼罪的故意的罪过推定犯（犯罪心态的推定犯）。例如，上述将非法拘禁罪使用暴力致人伤残的推定为具有故意伤害罪的故意，使用暴力致人死亡的推定为具有故意杀人罪的故意；将刑讯逼供、暴力取证罪致人伤残、死亡的，推定为具有故意伤害罪、故意杀人罪的故意，并且从重处罚。

（三）从是否明确规定被告人负有证明责任的角度可分为：

1. 法律明确规定被告人负有证明责任的推定犯。即刑法条文明确规定被告人负有证明责任的推定犯。如刑法第 155 条第（二）项推定的走私罪、刑法第 395 条第一款规定的巨额财产来源不明罪。这些刑法条文都明确规定了被告人负有不可推卸的证明责任。

2. 事实上允许被告人提出反证的推定犯。即刑法条文没有明确规定被告人负有证明责任的，但是如果被告人提出反证，对推定的犯罪作了否定性证明，则不成立推定的犯罪的推定犯。如2003年1月17日《最高人民法院关于行为人不明知是不满十四周岁的幼女，双方自愿发生性关系是否构成强奸罪问题的批复》中指出："行为人明知是不满十四周岁的幼女而与其发生性关系，不论幼女是否自愿，均应依照刑法第二百三十六条第二款的规定，以强奸罪定罪处罚；行为人确实不知对方是不满十四周岁的幼女，双方自愿发生性关系，未造成严重后果，情节显著轻微的，不认为是犯罪。"这里，谁来承担提出证据证明"行为人确实不知对方是不满十四周岁的幼女，双方自愿发生性关系"的证明责任呢？显然，刑法条文和司法解释均没有规定这个证明责任由公诉机关来承担（公诉机关不承担证明被告人无罪的责任），换句话说，应由被告人负责承担"行为人确实不知道对方是不满十四周岁的幼女，双方自愿发生性关系"的证明责任。如果被告人提不出证明"自己确实不知道对方是不满十四周岁的幼女，且双方是自愿的"证据，则推定为强奸罪，从重处罚。该司法解释，实际上默认了"奸淫不满十四周岁的幼女的，以强奸论"属于推定犯。与此相类似，刑法第238条、第247条、第248条、第292条规定的犯刑讯逼供等罪致人伤残、死亡的，以故意伤害罪、故意杀人罪定罪并且从重处罚等条文，也应作为推定犯处理。

三、对"事实上允许被告人提出反证的推定犯"的理解（以刑讯逼供罪"致人伤残、死亡的"为例）

对犯刑讯逼供罪"致人伤残、死亡的，依照本法第234条、第232条的规定定罪从重处罚"如何理解，存在着很大的不同，可以归纳为三种观点：

（一）第一种观点认为，此处所谓"致人伤残、死亡"，仅限于行为人对犯罪嫌疑人、被告人实施刑讯逼供出于故意导致伤残、死亡的情形，而不包括刑讯逼供行为过失地造成犯罪嫌疑人、被告人伤残、死亡的情形。如果是过失地造成犯罪嫌疑人、被告人伤残、死亡的，这种情形构成想象竞合犯，行为人的行为同时符合刑讯逼供罪与过失致人死亡罪（或故意伤害罪的加重犯）两个犯罪构成，按照想象竞合犯的处断原则应从一重罪即"过失致人死亡罪"（或故意伤害罪的加重犯条款）定罪量刑。[①] 另有观点认为，刑法第

① 王作富主编：《刑法分则实务研究》（上），中国方正出版社2001年版，第998—999页。

247 条笼统地规定刑讯逼供"致人伤残、死亡的"，应以故意伤害罪、故意杀人罪定罪并且从重处罚，未明确致人伤残、死亡的罪过是立法的疏漏。认为刑讯逼供过失致人伤残、死亡的情形客观存在，应当对此设立单独条款作为刑讯逼供罪的结果加重犯规定，并设置一个量刑幅度。主张立法应对这一缺陷加以弥补。①

（二）第二种观点认为，刑讯逼供"致人伤残、死亡的，依照本法第 234 条、第 232 条的规定定罪从重处罚"的规定，属于刑法条文中的法律拟制（特别规定）而不是注意规定。注意规定是在刑法已有相关规定的前提下，提示司法人员注意，以免司法人员忽略的规定；注意规定的设置，并没有改变相关规定的内容，只是对相关内容的重申；即使没有注意规定，也存在相应的法律适用根据（即按相关规定处理）。法律拟制则不同，其特点是导致将原本不同的行为按照相同的行为处理。法律拟制是特别规定，其特别之处在于：即使某种行为原本不符合刑法的相关规定，但在刑法明文规定的特殊条件下也必须按相关规定论处。刑法第 238 条、第 247 条、第 248 条、第 292 条、第 333 条的规定属于特别规定，因为上述条文规定之罪，不仅具有多发性，而且具有严重性，而刑法对这些犯罪规定的法定刑却较轻（如刑讯逼供罪的最高刑为三年有期徒刑）；为了有效地保护公民的人身权利，为了避免对侵犯人身权利的犯罪处罚过轻，对行为人实施刑讯逼供行为致他人伤残的，即使没有伤害的故意也应认定为故意伤害罪；即使没有杀人的故意，致人死亡的也应认定为故意杀人罪。②

（三）第三种观点（本文的观点）认为，刑讯逼供"致人伤残、死亡的，依照本法第 234 条、第 232 条的规定定罪从重处罚"的规定，属于刑法条文中的推定犯，即立法推定的犯罪。这些条文并没有明确规定公诉机关负有证明被告人具有伤害或者杀人的故意的证明责任，这实际上就免除了公诉机关证明被告人具有伤害或者杀人的故意的证明责任，因此犯刑讯逼供等罪只要客观上"致人伤残、死亡的"，就应"依照本法第 234 条、第 232 条的规定定罪从重处罚"，但是，如果行为人自己提出了证明自己没有伤害或者杀人的故意的证据，从而使其行为不符合故意伤害罪或故意杀人罪的构成要件时，则不应认定为故意伤害罪或故意杀人罪，而只定为刑讯逼供罪；如果是过失地

---

① 肖中华：《侵犯公民人身权利罪》，中国人民公安大学出版社 1998 年版，第 304—305 页。

② 张明楷："故意伤害罪探疑"，载《中国法学》2001 年第 3 期，第 129 页。另见张明楷："刑法中的注意规定与法律拟制及其运用分析"，载《刑事司法指南》，法律出版社（总第 15 集），第 76—89 页。

造成犯罪嫌疑人、被告人伤残、死亡的，这种情形构成想象竞合犯，行为人的行为同时符合刑讯逼供罪与过失致人死亡罪（或故意伤害罪的加重犯）两个犯罪构成，按照想象竞合犯的处断原则应从一重罪即“过失致人死亡罪”（或故意伤害罪的加重犯条款）定罪量刑。

本文认为，上述第一种观点把刑讯逼供“致人伤残、死亡的，依照本法第234条、第232条的规定定罪从重处罚”的规定，看做刑法条文中的注意规定（提示规定）而不是特别规定，从而认为此处所谓“致人伤残、死亡”，仅限于行为人对犯罪嫌疑人、被告人实施刑讯逼供出于故意导致伤残、死亡的情形，而不包括刑讯逼供行为过失地造成犯罪嫌疑人、被告人伤残、死亡的情形。这种观点从形式上看，是贯彻我国刑法主客观相统一的定罪原则，但是，由于行为人会绝对否认自己存在伤害或者杀人的故意，坚决声称自己仅有逼供的故意，并且由于行为人原先多为公安部门及检察院、法院工作人员，具有一定的串供、毁灭证据和抗侦查的能力，因此，在这种情况下，让公诉机关提供确实充分的证据证明行为人具有伤害或者杀人的故意，是不可能的或者说是不现实的。实际上，直到现在，笔者还没有从报纸、电视、杂志等媒体上发现一起刑讯逼供“致人伤残、死亡的，依照本法第234条、第232条的规定定罪从重处罚”的判例。所以，尽管第一种观点符合我国刑法一贯的主客观相统一的定罪原则，但是该观点导致刑讯逼供“致人伤残、死亡的，依照本法第234条、第232条的规定定罪从重处罚”的立法规定，变成了一纸空文。因而，该观点不符合立法的本意，是不可取的。

上述第二种观点认为，刑讯逼供“致人伤残、死亡的，依照本法第二百三十四条、第二百三十二条的规定定罪从重处罚”的规定，属于刑法条文中的法律拟制（特别规定）而不是注意规定。因而主张，为了有效地保护公民的人身权利，为了避免对侵犯人身权利的犯罪处罚过轻，对行为人实施刑讯逼供行为致他人伤残的，即使没有伤害、杀人的故意也应认定为故意伤害罪、故意杀人罪。本文认为这种观点较好地理解了刑法立法的精神，基本上是可取的。但是，如果行为人确实自己提出了证明自己没有伤害或者杀人的故意的证据，而且这些证据公诉机关没有相应的证据予以驳倒的情况下，硬要将行为人认定为故意伤害罪、故意杀人罪并且从重处罚，则明显违背了我国刑法一贯的主客观相统一的定罪原则，因而这种观点也是不可取的。

综上所述，把刑讯逼供“致人伤残、死亡的，依照本法第234条、第232条的规定定罪从重处罚”的规定，看做刑法条文中的可反驳的推定犯，即立法推定的犯罪，只要行为人自己提不出证明自己没有伤害或者杀人的故意的证据，就一律认定为故意伤害罪、故意杀人罪并且从重处罚。如果行为人自己提出了证明自己没有伤害或者杀人的故意的证据，从而使其行为不符合故意伤害罪或故意杀人罪的构成要件时，则不应认定为故意伤害罪或故意杀人罪。这种观点既符合刑法立法的精神，又不违背主客观相统一的定罪原则，是较为折中的、理想的解释。

四、推定犯的证明责任

一般地说，刑事诉讼中，对被告人的罪行做出确凿无疑的证明的责任总是由控诉一方来承担，被告人不承担证明自己无罪的证明责任。但在推定犯中，立法赋予双方均承担相应的证明责任。

（一）公诉机关的证明责任

公诉机关要承担证明案件客观事实的证明责任，并且要证明到事实清楚、证据确实充分的程度。例如，在刑法第395条第一款规定的巨额财产来源不明案件中，公诉机关要承担证明“国家工作人员的财产或者支出明显超过合法收入，差额巨大”的客观事实的证明责任，并且要证明到事实清楚、证据确实充分的程度；再如，在刑讯逼供案件中，公诉机关要承担证明行为人存在“刑讯逼供”、“致人伤残、死亡”并且“刑讯逼供”与“致人伤残、死亡”具有刑法上的因果关系的客观事实的证明责任，并且要证明到事实清楚、证据确实充分的程度。

（二）犯罪嫌疑人、被告人的证明责任

1. 在刑法条文明确规定被告人负有证明责任的推定犯中，犯罪嫌疑人、被告人承担法定的证明责任。如刑法第155条第（二）项推定的走私罪，在内海、领海、界河、界湖运输、收购、贩卖国家禁止进出口物品的，或者运输、收购、贩卖国家限制进出口货物、物品，数额较大的被告人，要承担提供合法证明的责任，没有合法证明的，就推定为走私罪。再如，刑法第395条第一款规定的巨额财产来源不明罪，被告人要承担说明其来源是合法的证明责任。

2. 在刑法条文没有明确规定被告人负有证明责任，但事实上允许被告人提出反证的推定犯中，犯罪嫌疑人、被告人承担一定的证明责任。如在刑法第238条、第247条、第248条、第292条规定的犯刑讯逼供等罪致人伤残、死亡的，推定为故意伤害罪、故意杀人罪等推定犯中，被告人自己承担提出证据证明自己没有伤害或者杀人的故意的证明责任。如果行为人确实自己提出了证明自己没有伤害或者杀人的故意的证据，而且这些证据公诉机关没有相应的证据予以驳倒的情况下，不能将行为人认定为故意伤害罪、故意杀人罪。再如，刑法第236条第二款：“奸淫不满十四周岁的幼女的，以强奸论，

从重处罚。”公诉机关只承担证明“被告人奸淫不满十四周岁的幼女的”证明责任，但是，被告人负责承担“自己确实不知道对方是不满十四周岁的幼女，且双方是自愿的”证明责任。

（三）证明程度

从证明程度上看，公诉机关对于自己的证明范围，要证明到事实清楚、证据确实充分的程度。被告人的证明程度同公诉机关相比，要小得多，只要达到“优势证据标准”（亦称盖然性占优势标准）即可，即只需要使法官相信他所要证明的事实具有存在的很大的可能性（合理性）就够了。也就是说，对于被告人提出的证据，公诉机关没有相应的证据予以驳倒的情况下，推定犯就不成立。

五、英美刑事法中的推定犯

英国刑事法中，存在着较多的推定犯。例如，根据1883年爆炸物品法，被告人在可疑的条件下有意识地拥有或控制任何爆炸物品时，必须能够证明其行为是合法的，否则就会构成重罪，应处以十四年的监禁刑罚。再如，根据1916年的反贪污法第2条，在根据1906年的反贪污法而提起的对贪污行为的控诉中，有关的报酬应被看做是因贪污而获取的，除非其反面能够得到证明。①

另外，在英国普通法中，还存在着推定的杀人恶意（目的）：“在谋杀案中，……如果一个人……攻击他人，意图杀人或意图实施严重的身体伤害，且被攻击者死亡，该行为就是谋杀，理由是，如果攻击者意图实施严重的身体伤害，就符合所要求的恶意预谋。”② 在英美刑事法中，还存在着重罪做谋杀罪（felony-murder）。英国普通法重罪做谋杀规则是，一个人在实行或者着手实行一项重罪的过程中引起了他人死亡的，无论对死亡结果出于故意还是非故意，均定为谋杀罪。重罪做谋杀罪，实际上属于“推定谋杀”（constructive murder）。英国已经在1957年《杀人罪法》中废除了重罪做谋杀规则。美国是当今世界上保留“重罪做谋杀”这一类型的谋杀罪的唯一国家。重罪——谋杀规则的长处在于不放纵致人死亡的重罪犯，其问题在于“推定谋杀”有客观归罪之嫌。目前，美国多数司法辖区都接受重罪做谋杀规则，但是附加一些限制条件。这说明了美国司法制度的明显的特点是偏重客观实害

---

① ［英］塞西尔·特纳著：《肯尼刑法原理》，王国庆等译，华夏出版社1989年版，第510页。

② ［英］塞西尔·特纳著：《肯尼刑法原理》，王国庆等译，华夏出版社1989年版，第177页。

的功利主义。[①]

对英美刑事法中存在着较多的推定犯这一现象，我们应如何评价呢？笔者认为，英美刑事法中偏重客观实害的功利主义的做法，基本上是可取的，但又应该加以必要的限制，不应在“客观归罪”的道路上走得太远，以免严重地背离“主客观相统一”的定罪原则而完全陷入“严格责任（绝对责任)”。

我国刑法借鉴英美刑事法的做法，规定少量的推定犯，以解决某些不易查清的案件，应该是适当的，并不会严重地背离“主客观相统一”的定罪原则。

六、我国推定犯的立法理由和目的

(一) 降低公诉机关的证明标准，公平地分配举证责任

推定犯是这样一些犯罪：如果立法不推定为犯罪，让公诉机关证明到犯罪事实清楚、证据确实充分的程度，是不可能的或者说太难了。因此，许多有罪者将逃脱制裁。特别是，当与争议事实有关的证据材料完全处于一方当事人的控制之下时，由对方当事人来承担举证责任显然是不合理的，这就需要举证责任倒置或转移。[②]《牛津法律大辞典》称：“在某些情况下，法律规定某些特定行为可由一定事实（如占有毒品）推定有罪，并赋予被告人申辩无罪的义务。”[③] 像国家工作人员巨额财产来源不明，在检察机关没有足够证据证明是贪污、受贿或其他犯罪所得时，让其本人承担证明责任，说明其财产来源是合法的，否则推定为巨额财产来源不明罪，这样就达到了立法的目的。

(二) 运用心理强制理论，发挥立法的一般预防作用

德国著名刑法学家费尔巴哈提出了以罪刑法定主义为基础的心理强制说，主张国家制定出明确的刑法，用法律明文规定什么是犯罪和犯罪要受什么样的刑罚处罚，就会使一般人在犯罪之际不得不考虑自己的行为会招致什么样的刑罚处罚，从而使有关犯罪与刑罚的法律规定本身就能对一般人产生警戒和心理强制作用，阻止人们进行犯罪活动。费尔巴哈的理论属于立法威吓论[④]。刑法第 247 条、第 248 条规定的“致人伤残、死亡的刑讯逼供、暴力取

---

① 储槐植：《美国刑法》（第 2 版），北京大学出版社 1996 年版，第 183—192 页。

② 赵钢、刘海峰：“试论证据法上的推定”，载《法律科学》1998 年第 1 期，第 93—94 页。

③ 翁晓斌、龙宗智：“罪错推定与举证责任倒置”，载《人民检察》1999 年第 4 期，第 8 页。

④ 陈兴良：《刑法的启蒙》，法律出版社 1998 年版，第 108—114 页。

证、殴打、体罚虐待被监管人等罪，依照本法第 234 条、第 232 条的规定定罪从重处罚”的规定，以明确无疑的立法方式发出了最为严厉的威吓和警告：不要犯刑讯逼供、暴力取证、殴打、体罚虐待被监管人等罪，如果犯了这些罪，也要注意千万不能造成“伤残、死亡”的后果，否则，如果犯刑讯逼供等罪致人伤残、死亡的，一律推定为故意伤害罪、故意杀人罪并且从重处罚。这就对司法工作人员等产生一定的心理强制作用，使他们在犯刑讯逼供、暴力取证、殴打、体罚虐待被监管人等罪时，有所节制，尽量避免“致人伤残、死亡”的后果。因而，就实现了刑法的立法威吓和一般预防作用。

（三）在两种当事人之间的权利保护上寻找平衡

一般来说，像刑讯逼供、暴力取证、殴打、体罚虐待被监管人等罪，其被害人原来就属于刑事犯罪嫌疑人、被告人、证人、被监管人等，这些人在刑事诉讼中处于弱势地位，法律对他们的诉讼权利应该重点加以保护。而刑讯逼供、暴力取证、殴打、体罚虐待被监管人等罪的行为人，虽然现在处于犯罪嫌疑人、被告人的地位，但他们原先属于公、检、法、监狱等司法、执法人员，具有一定的串供、毁灭证据和抗侦查的能力，具有一定的社会地位和关系网，因此在诉讼中处于一定的优势地位。立法是保护那些刑讯逼供、暴力取证、殴打、体罚虐待被监管人等罪的行为人（现在沦为刑事诉讼的犯罪嫌疑人、被告人）的利益呢，还是保护那些被刑讯逼供、暴力取证、殴打、体罚虐待的犯罪嫌疑人、被告人（现在沦为刑事诉讼的被害人）的利益呢？显然立法要重点保护后者的利益，以便在两种当事人之间的权利保护上寻找平衡。

（四）缩短刑事程序正义与实体正义的距离，兼顾效率和公平

刑事诉讼中，究竟是程序正义优先还是实体正义优先，是个很难解决的问题。“无论在任何国家，每当法庭需要确定某一案件事实时，无非采取两种方法：要么通过获取实际证据，要么采取较容易的然而也是不精确的方法，即依靠先验的推定。”其实，“通过运用证据而得出结论与通过推定而得出结论这两种之间的区别仅仅是一种程度上的区别。”① 推定犯，通过转移公诉机关的证明责任等方式，加快了办案的时间，缩短了刑事程序正义与实体正义的距离，兼顾效率和公平。

① ［英］塞西尔·特纳著：《肯尼刑法原理》，王国庆等译，华夏出版社 1989 年版，第 485—486 页。

七、结论和建议

（一）结论

综上所述，我国刑法中实际存在着一定数量的推定犯，将推定犯这一概念引入我国刑法领域是必要的、有价值的。

（二）建议

目前，对刑法第238条、第247条、第248条、第292条、第289条、第292条、第333条等条文中“致人伤残、死亡的”，以故意伤害罪、故意杀人罪定罪处罚的规定，理解很不一致，实践中做法极不统一，建议由立法机关（全国人民代表大会常务委员会）或最高人民法院、最高人民检察院按照本文阐明的观点做出解释，明确公诉机关和被告人各自承担的证明责任。

论“出罪”

夏 勇*

在我国刑法学界，“出罪”概念于最近一个时期悄然成为学者们不时使用的关键词之一。什么是“出罪”？应当怎样理解和使用这一概念？它与相应实践问题的关联如何？本文尝试做一辨析和评断。

一、“出罪”与无罪

通常在两种意义上使用“出罪”概念：其一，不构成犯罪。例如，“侵犯商业秘密罪出罪与入罪的界限已十分明显，犯罪圈内的侵犯行为应具有以下犯罪特征……”。[①] 这里的“出罪”显然是指犯罪圈外不成立犯罪的情况，“出罪与入罪的界限”即指罪与非罪的界限。其二，把有罪归为无罪。例如，“司法上的非犯罪化，即对于立法上规定的犯罪，在司法运作中通过各种方法不作为犯罪处理。”[②] 这里的“非犯罪化”即“出罪”，就是把构成犯罪的行为归为无罪。可见，“出罪”概念两种意义的一致性在于：它们都是司法上得出的无罪结论。二者的差异性在于：前一种意义是不构成犯罪而无罪，后一种意义是构成犯罪不定罪而无罪。

前一种“出罪”的情况本来就不在“犯罪圈内”，严格说来并非“出罪”。不在其内，何以出之？不过是“不归罪”罢了。使用“出罪”概念不仅没有包含司法定罪或重或轻取向上的任何实际价值，反而容易导致误解，故在这样的场合不宜使用“出罪”概念。只有后一种“出罪”所指的情况才与其本来语义相匹配，使司法者定罪时将属于“犯罪圈内”的有罪情况放在圈外处理。这种“出罪”明确反映了司法定罪上的轻缓取向，是与刑法谦抑

---

* 中南财经政法大学法学院教授。

① 涂学华：“试论侵犯商业秘密行为入罪与出罪的界限”，载《江汉大学学报》（社会科学版）2006 年第 3 期。

② 储槐植、张永红：“刑法第 13 条但书的价值蕴涵”，载《江苏警官学院学报》2003 年第 2 期。

潮流相呼应的一种主张。正是由于这种符合语义的“出罪”主张有着先进潮流的背景，使得人们能够接受。尤其在“刑事和解”或“恢复性司法”等成为热门之际，“出罪”主张更能得到垂青——“刑事和解制度是一个对犯罪行为予以实质上的出罪化机制”。[①] 那么，我国的司法定罪究竟能否在有罪归为无罪的意义上“出罪”呢？笔者认为，对这个问题无法笼统回答，需要在实体法与程序法上分而论之。

应当承认，我国刑事诉讼法中是存在“出罪”依据的。刑事诉讼法第142条第1款规定：“犯罪嫌疑人有本法第十五条规定情形之一的，人民检察院应当作出不起诉决定。”该法第15条规定的6项情形中，至少有3项为构成犯罪而不追究刑事责任的情形：“……（二）犯罪已过追诉时效期限的；（三）经特赦令免除刑罚的……（五）犯罪嫌疑人、被告人死亡的；……”刑事诉讼法第130条也规定“在侦查过程中，发现不应对犯罪嫌疑人追究刑事责任的，应当撤销案件”；第142条第2款规定：“对于犯罪情节轻微，依照刑法规定不需要判处刑罚或者免除刑罚的，人民检察院可以作出不起诉决定。”在这些情况下，前提都是有罪，处理都是无罪。应当注意的是，这种把有罪归为无罪的情况与认定无罪的情况有所不同。刑事诉讼法没有任何条文规定把有罪归为无罪的情况称为“无罪”；相反，第15条规定的都是“不追究刑事责任”的情形，“不追究刑事责任”意味着因犯罪产生了刑事责任而不追究，这与刑法中关于精神病人、正当防卫、紧急避险等条文中的“不负刑事责任”的规定有着本质的不同，这些情况根本不产生刑事责任。同时，刑事诉讼法第142条的“不起诉”、第130条的“撤销案件”都是对终止刑事追究程序的规定。因此，把有罪归为“无罪”与本不构成犯罪的“无罪”相比，它只是在无犯罪记录意义上的“无罪”，是刑事诉讼程序对某些实体上有罪情况的处理机制及结论。当然，把有罪归为无罪，毕竟没有给行为人留下犯罪记录，在这个意义上，的确是“出罪”。正如许多学者所指出的那样，这种“出罪”可以通过“刑事和解”来实现，从而使罪行轻微或者有情可原的行为人免戴了犯罪的“标签”，有利于他们改过自新、弥补损失、回归社会，同时也可以满足被害人得到补偿和抚慰、原谅加害人的需求，还可以节约司法成本，改善司法理念，促进社会和谐。

然而，我国实体刑法中并不存在“出罪”依据。相反的观点认为刑法第13条有“出罪功能”，例如，“行为人出于集邮的爱好，将一邮件上邮票剪

---

① 参见莫晓宇：“和谐社会视野下的中国刑事和解机制之构建”，载赵秉志主编：《和谐社会的刑事法治》（上卷），中国人民公安大学出版社2006年版，第484页。

下，然后将此邮件隐匿，而该邮件并无特别重要性，亦未造成其他危害。显然，上述情况已完全符合私自开拆、隐匿、毁弃邮件、电报罪的构成要件，按照我国的犯罪构成理论，应认定为犯罪并应受刑罚处罚。然而实践中此类行为绝不可能被定罪，甚至连治安管理处罚的标准也够不上，至多给予纪律处分。这时，便需注意但书的作用了。尽管上述行为已经符合该罪构成要件，但因其情节显著轻微危害不大，因此不认为是犯罪。这就将原本要认定为犯罪的行为排除出去，我们称之为出罪功能。"① 在论者看来，刑法第13条规定的"但书"起到了把已经构成犯罪的有罪情况归为无罪的作用，然而，作者忽视了一个问题：上述隐匿邮件行为果真"已完全符合私自开拆、隐匿、毁弃邮件、电报罪的构成要件"了吗？这种情况是否确实"应认定为犯罪并应受刑罚处罚"呢？回答是否定的。论者的错误来自于自己设定的一个并不正确的前提——认为私自开拆、隐匿、毁弃邮件、电报罪的构成要件是不包含所谓"定量因素"的。按照论者的统计，"我国刑法分则尚有不足三分之一的犯罪不含定量因素。"因为这些罪名条文中没有关于定量因素的明文表述。占了三分之二的含有定量因素的那些罪名条文或者"直接地规定了数量限制"，或者在法律条文中写明"情节严重的"、"情节特别恶劣的"、"造成严重后果的"等等。也就是说，分则罪名条文中没有直接规定某个因素，就等于该罪犯罪构成中没有这个因素。所以，刑法第235条"邮政工作人员私自开拆、隐匿、毁弃邮件、电报的"要件描述中既无数额，也无情节，更无后果，这些因素当然不是该罪的构成要件。然而照此逻辑无法解释：分则罪名条文也多未明文规定主体和主观方面，为什么它们倒是犯罪构成的要件呢？不要忘记，"总则与分则的关系，是抽象与具体、一般与个别、普遍性与特殊性的关系。总则对分则具有指导和制约作用，脱离总则的一般原理、原则，分则回成为无本之木，难以科学地规定和区分各种不同的犯罪及其处罚；没有科学的分则的规定，总则规定的原理、原则也难以实现。"② "因此，要掌握具体犯罪的全部构成要件，必须通过刑法理论的分析，并且把罪状的规定与刑法总则以及其他法律、法规的有关规定结合起来。"③ 根据这样的原则和方法，刑法总则第13条规定的犯罪概念是对全部罪名的概括，作为犯罪概念整体一部分的"但书"也是全部犯罪的一个定量底线。只不过在刑法分则中，超过

---

① 储槐植、张永红："善待社会危害性观念——从我国刑法第13条但书说起"，载《法学研究》2002年第3期。

② 高铭暄、马克昌主编：《刑法学》（下编），中国法制出版社1999年版，第565页。

③ 高铭暄、马克昌主编：《刑法学》（下编），中国法制出版社1999年版，第573页。

2/3 罪名的犯罪构成做了超出定量底线的立法设置，要求进一步达到一定的数额、或具有严重的情节、或发生具体的危险、或造成严重的后果才能构成犯罪，这些情况下，“但书”规定的“情节显著轻微危害不大”就不具有构成要件的意义，而数额、情节、危险、后果等因素成为构成要件，正因为如此，才有了定罪意义上的数额犯、情节犯、危险犯、结果犯等。进一步看，这些罪名中的定量底线已经由“但书”的一般性规定变成了数额、情节、危险、后果等特殊性规定。另一些不足 1/3 罪名的犯罪构成没有设置这些特殊的因素，表明其底线仍然服从“但书”的一般性规定，对显著轻微的情节加以排除，就成为这些犯罪的一个消极的构成要件。① 因此，刑法第 235 条邮政工作人员私自开拆、隐匿、毁弃邮件、电报罪的犯罪构成标准中未作特殊表述，恰恰证明它服从一般性规定，并不缺乏定量因素，这个定量因素就是排除显著轻微的情节之消极要件，据此，上述实例中的私拆、隐匿邮件的行为并没有完全符合该罪要件，不应认定为犯罪。可见，“但书”在这里的功能不是把有罪归为无罪的“出罪”，而是作为一个要件衡量并影响着案件事实是有罪还是无罪。如果把“但书”排斥于这些犯罪构成之外，那么既不符合“但书”对于这些犯罪的成立所不可缺少的实际作用，也动摇了我国犯罪构成对于定罪的重要地位和理论逻辑。

可见，同样是无罪，却在刑事诉讼法与刑法的意义上有所不同。刑事诉讼法上把有罪归为无罪，是谓“出罪”；刑法的无罪结论只因“非罪”——刑法规定的犯罪构成是罪与非罪界限的具体标准，所谓“非罪”，是严格按照实体标准得出的纯粹实体的结论。在“非罪”的意义上理解“无罪”，“无罪”就是一个实体法概念。但是，“无罪”还可以是一个程序法概念，它表示：在按照实体刑法标准衡量案件事实应当得出“有罪”结论的前提下，根据刑事诉讼法的规定不将其作为“有罪”处理。

二、“出罪”与定罪

刑法学原理告诉我们：“行为人实施了犯罪行为，这是具备了负刑事责任的基础，所以，这也就是他应当负刑事责任或者应当被追究刑事责任的开始时间”，“本来行为人的行为已构成犯罪，应负刑事责任和应受刑罚处罚，但是由于存在法律规定的实际阻却追究行为人刑事责任的事实，因而使刑事责

① 消极的构成要件在我国犯罪构成中是存在的，如精神病就是一个需要加以排除的消极要件。由于“但书”表述的要件是情节，相关犯罪亦为情节犯。也就是说，我国刑法中的情节犯实际上有两种：分则性情节犯与总则性情节犯。

任归于消灭，即行为人不应再负刑事责任。这也是客观上原本存在刑事责任的一种解决和处理方式。例如，经特赦予以释放的犯罪人，已超过追诉时效期限的犯罪人，以及已死亡的犯罪人，其刑事责任都已基于一定的事实而消灭即终结，国家司法机关不能再予以刑事追究。”① 赦免、时效等都是实体刑法规定的内容，都是把有罪归为无罪的情况，定罪时适用这些规定，难道不是实体“出罪”吗？“出罪”前提是有罪，有罪前提是定罪，“出罪”非定罪。赦免和时效的内容都与定罪无关，是否为“出罪”规定呢？

一般说来，“赦免，是国家对于犯罪分子宣告免予追诉或者免除执行刑罚的全部或者部分的法律制度。”② 这里包含了“对于犯罪分子宣告免予追诉”的“出罪”内容，但是，不能由此笼统得出结论说赦免是一种“出罪”制度。不要忘记，赦免有两种：大赦与特赦。“出罪”仅限于大赦，“对宣布大赦的犯罪，不再认为是犯罪”。除了大赦还有“免除执行刑罚”的特赦——“只赦其刑，不赦其罪”。根据现行宪法的规定和赦免实践，我国只有特赦而无大赦。③ 可见，我国刑法中的赦免并非把有罪归为无罪的“出罪”制度。如上所述，只是我国刑事诉讼法规定，对于“经特赦令免除刑罚的”，人民检察院“应当作出不起诉决定”或者公安机关“应当撤销案件”。显然，我国的赦免制度虽然由刑法和刑事诉讼法同时规定，但它只是一个刑事诉讼意义上的“出罪”制度。我国刑法规定的赦免制度并不影响定罪，它既没有改变定罪标准，也没有增加或减少定罪标准，更没有涉及把有罪归为无罪的定罪活动及过程，当然就不存在“出罪”问题。只有刑事诉讼法以刑法规定的赦免制度为前提，要求在此前提下放弃追究刑事责任，使那些经公安机关或者检察机关根据刑法规定的犯罪构成初步判断有罪的行为不能最终得到司法审判的有罪确认，在事实上成为了无罪的结论，从而实现了从有罪判断转为无罪处理决断的“出罪”过程。

诚然，我国刑法规定了时效这一把有罪归为无罪的“出罪”制度。但是，从理论上考察，这种在刑事诉讼法上也有规定的“出罪”制度更具有程序意

① 高铭暄、马克昌主编：《刑法学》（上编），中国法制出版社1999年版，第393、395页。

② 赵秉志主编：《刑法新教程》，中国人民大学出版社2001年版，第429页。

③ 参见赵秉志主编：《刑法新教程》，中国人民大学出版社2001年版，第429—430页。

义，或者说，“出罪”制度的重心表现在程序方面。[①] 具体言之，刑法在这里只规定“出罪”的标准和条件，刑事诉讼法才真正实现“出罪”。“出罪”是把有罪处理为无罪，这种“处理”是由刑事诉讼法加以规定并在诉讼程序中实施完成的。刑法的规定不过是为刑事诉讼法的规定服务的。或者说，时效作为“出罪”制度既涉及处理程序也涉及处理标准，各国刑法在传统上习惯于将其分别规定在程序法与实体法之中，但从理论上分析其实质，“出罪”这样一种“处理”措施主要是程序问题。因为，刑法的核心任务是规定罪刑标准，就罪而言，它是要规定犯罪成立的标准，根据刑法规定的犯罪构成及其要件，与其相符合的案件事实就成立犯罪，反之不成立犯罪。“时效，是指经过一定的期限，对犯罪不得追诉或者对所判刑罚不得执行的一项制度。”[②] 这项制度的前提是有罪，这个有罪的前提正是刑法要解决的问题。刑法之所以规定“对犯罪不得追诉”的“出罪”情形，主要着眼于“追诉期限”，总则第 87 条、第 88 条和第 89 条都是围绕“追诉期限”展开的。虽然“对犯罪不得追诉”直接体现的是归于无罪的“出罪”，但从三个条文总的表述倾向来看，通过“追诉期限”强调的是有罪的一面，即在期限之内都可以定罪。也就是说，“时效”这个概念本身就意味着已经成立的犯罪受到司法追究（在时间上）的有效性。刑法在根本上是规定何种情况为有罪之法而不是规定何种情况为非罪之法。按照近代以来的理念，刑法应当是限制国家刑罚权保障个人人权的契约，但这不等于刑法本身的任务是规定非罪。恰恰相反，刑法作为一种对国家权力的限制，它就是要规定哪些有限的情况是犯罪，没有明文规定为犯罪的无限广阔空间都是非罪，都是国家不可动用刑罚的领域。“只有法律才能为犯罪规定刑罚。……超越法律限度的刑罚就不再是一种正义的刑罚。”[③] 这样才能对应性地体现出公民极为广泛的个人权利，“这是在规则未加规定的一切事情上能按照我自己的意志去做的自由”。[④] 只要承认刑法是规定犯罪而不是非罪，也就不能不承认刑法规定时效与刑事诉讼法规定时效的倾向性或者功能并不完全一致，而是各有蕴涵，服从于各自的任务需要。尽

---

① 据介绍，“关于时效的‘法本质’问题，德国刑法理论上有三种不同的观点：第一种强调实体法观点，第二种强调程序法观点，而第三种认为具有‘混有的’法制度特征。”（参见马克昌著：《比较刑法原理：外国刑法学总论》，武汉大学出版社 2002 年版，第 949 页。）笔者的倾向是：从问题的交叉性和法律规定的实际情况来看，同意第三种观点；从问题的实质性归宿或者重心来看，同意第二种观点；无论如何，不同意第一种观点。

② 赵秉志主编：《刑法新教程》，中国人民大学出版社 2001 年版，第 425 页。

③ ［意］贝卡利亚：《论犯罪与刑罚》，黄风译，中国大百科全书出版社 1993 年版，第 11 页。

④ ［英］洛克：《政府论》（下篇），商务印书馆 1964 年版，第 16 页。

管在操作上是一体化的，刑法与刑事诉讼法并不能截然分开，但意义却要一分为二：刑事诉讼着眼于“出罪”的取向和范围，刑法着眼于不能“出罪”的取向和范围。当然，从二者的联系上看，时效制度是二者结合影响定罪的一个“出罪”制度，刑法规定的这个制度本身也并不是要提供定罪标准，而主要是为刑事诉讼定罪活动中的“出罪”提供必要的前提。

不过，我国刑法的确存在把有罪归为无罪的实体“出罪”规定——“战时缓刑”。刑法第449条规定：“在战时，对被判处三年以下有期徒刑没有现实危险宣告缓刑的犯罪军人，允许其戴罪立功，确有立功表现时，可以撤销原判刑罚，不以犯罪论处。”这不仅是一个“出罪”规定，而且是一个纯粹实体性而非程序性的规定。但这只是极为特殊的情况，即便加上时效制度，刑法上的“出罪”规定也只算得一种特例。在绝大多数情况下，刑法并没有规定把有罪归为无罪的“出罪”。更为重要的是，刑法规定的“出罪”特例属于立法安排，要求司法者在定罪时只能在特例规定的明确范围内并严格根据特例规定的具体条件“出罪”，这就同时告诉司法者不能在特例之外的刑法范围去考虑和实施把有罪归为无罪的“出罪”。因此，刑法并没有为司法者的定罪活动提供一个能够自由裁量的“出罪”空间，而这恰恰是鼓吹实体刑法能够“出罪”的学者们所推崇的。① 在这个意义上也可以说，定罪活动过程中对我国实体刑法的应用并不存在（通过司法自由裁量实现的）任何把有罪归为无罪的“出罪”，“出罪”完全是一个刑事诉讼的概念。

此外，有学者认为“对于告诉才处理的犯罪，经过刑事和解机制，对行为人不再追究刑事责任，即事实上的完全出罪化”，② 也是一种似是而非的观点。这种观点模糊了告诉才处理案件与自诉案件的区别：告诉才处理案件由实体刑法规定，自诉案件由刑事诉讼法规定；自诉案件包括三种类型，告诉才处理的案件只是其一；自诉案件强调程序上没有“自诉”不能实际追究刑事责任，前提是实体上构成犯罪，告诉才处理案件的“告诉”虽然也表明程序上为“自诉”，但强调的是没有“告诉”就不构成犯罪，因为“告诉”这一事实本身反映了被害人对危害行为的不可忍受，表明危害行为引起危害结果的严重程度足以使行为人受到刑事处罚，即“告诉”实际上是影响社会危害性程度而为犯罪成立不可缺少的一个要件。总之，告诉才处理案件中的

① 参见储槐植、张永红：“善待社会危害性观念——从我国刑法第13条但书说起”，载《法学研究》2002年第3期。

② 莫晓宇：“和谐社会视野下的中国刑事和解机制之构建”，载赵秉志主编：《和谐社会的刑事法治》（上卷），中国人民公安大学出版社2006年版，第485页。

“告诉”是一个实体性的定罪标准，自诉案件中的“自诉”是一个程序性的定罪活动。不符合定罪标准属于不构成犯罪，符合定罪标准而放弃追究才是“出罪”。因此，虽然刑法上告诉才处理案件在刑事诉讼法上也是一种自诉案件，但一身兼而任，“告诉”与“自诉”的性质和意义并不相同，故在使用上也应当注意其间的微妙差别——可以说自诉案件经过刑事和解可以“出罪”，却不宜说告诉才处理案件经过刑事和解可以“出罪”。

三、“出罪”与入罪

有学者提出：“罪刑法定原则只是限制法官对法无明文规定的行为入罪，但并不限制法官对法有明文规定的行为出罪。……因此，如果法律虽然将某一行为规定为犯罪，但在某一案件中，该行为并无实质上的法益侵害性，对这一行为不认定为犯罪，这并不违反罪刑法定原则。”[①] 论者以罪刑法定原则支持“出罪”是针对以罪刑法定原则否定“出罪”的观点。刑法第3条对罪刑法定原则的规定是：“法律明文规定为犯罪行为的，依照法律定罪处刑；法律没有明文规定为犯罪行为的，不得定罪处刑。”刑法学界对后半段的理解是一致的，即与“法无明文不为罪，法无明文不处罚”这一罪刑法定原则的经典表述相符合，但对如何理解前半段有分歧。有学者认为，前半段与后半段相对，可区分为“积极的罪刑法定原则”和“消极的罪刑法定原则”，二者有着不同的价值蕴涵和取向。积极的罪刑法定原则要求，对于法律明文规定为犯罪的，必须定罪处刑，“不得违反刑法的规定，任意出入于无罪，宽纵罪犯。”[②] 可见，“积极的罪刑法定原则”没有给任何意义上的司法“出罪”留下空间。

我国刑法规定的罪刑法定原则是否包括“积极的罪刑法定原则”呢？主张“出罪”的学者大都做了肯定回答，虽然他们并不赞成这个“积极”原则本身。认为“积极的罪刑法定原则”的确是“立法本意”。[③] “大多数国家都规定了所谓消极的罪刑法定，只有我国规定了所谓积极的罪刑法定。……我国关于罪刑法定的积极规定恰恰是对该原则的不准确理解。”[④] “我国《刑法》第3条从正反两个方面规定罪刑法定原则，不是对罪刑法定原则的合理表达。”[⑤] 还有学者考察了1997年刑法修订出台的取向碰撞和博弈过程，认为刑

① 陈兴良：“入罪与出罪：罪刑法定司法化的双重考察”，载《法学》2002年第12期。

② 参见何秉松主编：《刑法教科书》，中国法制出版社2000年版，第63—69页。

③ 参见陈兴良：“入罪与出罪：罪刑法定司法化的双重考察”，载《法学》2002年第12期。

④ 陈兴良：“面向二十一世纪的刑事司法理念”，载《当代法学》2005年第3期。

⑤ 周少华：“罪刑法定与刑法机能之关系”，载《法学研究》2005年第3期。

法第3条前半段是“被曲解的罪刑法定——积极的罪刑法定”，这种“中国特色的所谓罪刑法定因为立法表述的缺陷而存在机能的障碍——刑法第3条前半段所具有的封闭性和刚性，使得罪刑法定原则本身所应有的出罪正当化解释机能无法得到充分的发挥”。[①] 显然，这些学者都是在实然的角度承认我国刑法中“积极的罪刑法定原则”的存在，并在应然的角度批评和否定“积极的罪刑法定原则”。有学者继而提出“回归罪刑法定的经典含义，就应当删除刑法第3条前半段的规定”，这在逻辑上保持了应然角度的一致性，但“应有的出罪正当化解释机能”毕竟不是现有的或者已有的，恰恰证明了刑法第3条现行规定是没有司法“出罪”空间的。也有学者在批评“积极的罪刑法定原则”时并不提出改变方案，却鼓吹“罪刑法定的限制是对入罪的限制，而不是对出罪的限制”，[②] 这种实然与应然角度不明的说法很容易给实践带来误导。既然承认刑法规定了“积极的罪刑法定原则”，如果在不修改立法的情况下提倡司法可以突破其要求而“出罪”，那么刑法中罪刑法定原则规定本身都不能得到尊重和坚持，刑法及其罪刑法定原则还有什么权威性和严肃性可言呢？如果连罪刑法定原则的规定都可以由司法加以废弃，那么刑法中还有什么规定能够保证不会被废弃？

罪刑法定是关于罪与刑的原则，但这个原则本身并非罪与刑。当问题变成刑法中罪刑法定原则的规定要不要得到执行时，便无法指望罪刑法定原则本身来解决了。解决这个问题的原则只能是法制原则。我国社会主义法制原则的核心是“依法办事”，表现在法律实施方面是“有法必依”。按照这一要求，刑事司法既要执行刑法第3条的后半段，也要执行其前半段。笔者始终认为，在有着几千年封建历史、经过长期人治社会、深受“文革”无法无天动乱之害的中国，最缺乏的是规则意识和规则权威，故当前及整个社会主义初级阶段的法制建设最首要的任务就是要培育规则意识，确立规则权威。同任何事物一样，法律制度也不是完美无缺的，如果把法律中的瑕疵称为“恶法”，则“恶法亦法”，仍要执行。如果说“恶法非法”，谁来判断？是司法者自己，还是学者、领导、传媒？这种判断是否会成为随意性的借口？主张司法“出罪”的学者也表示“担忧是有一定道理的，由于我国法官素质还不高，司法腐败还大量存在，如果允许司法机关在法有明文规定的情况下，对某一行为不作为犯罪处理，就有可能造成对刑事法治的破坏。考虑到这一点，

① 付立庆：“善待罪刑法定——以我国刑法第三条之检讨为切入点”，载《法学评论》2005年第3期。

② 参见陈兴良：“面向二十一世纪的刑事司法理念”，载《当代法学》2005年第3期。

在目前，我们还是应当更多地强调形式合理性，但也应给法官的自由裁量留下一定的余地。"[①] 问题是，谁来把握"余地"的大小呢？现代法律是民主和代议制的结果，废弃法律只能通过正式的立法程序。姑且不论见仁见智的"恶法"判断难说孰是孰非，关键是司法者自己决定哪些法律要执行和哪些法律不执行的做法本身已经淡化了规则意识，破坏了规则权威。法律制度的缺陷可以通过立法改善，以司法终止法律制度则得不偿失。法律制度是一种整体性的规则运作系统，规则的实际有效性是法制的内在生命。"恶法"修改之前固然由于执行而产生"恶果"，但不执行法律所带来的整体之恶远远大于执行"恶法"之恶。再说，法律的欠缺都由司法弥补，等于终结了立法的任务。总之，这里能够得出的结论是：刑法规定了"积极的罪刑法定原则"，就应当根据法制原则执行这个原则而不能在司法中"出罪"。

其实，"积极的罪行法定原则"与不能在实体法上"出罪"之间并没有必然联系。那些认为通过立法程序删除刑法第3条前半段就能为实体"出罪"扫清障碍的观点，实际隐含着对普遍只在刑法中规定"消极的罪刑法定原则"的西方国家的误读——似乎有"经典"之称的"消极的罪刑法定原则"对实体"出罪"敞开着大门。事实并非如此。20世纪70年代以来在西方兴起的刑事和解或刑事调解、恢复性司法、非犯罪化、辩诉交易等举措，即使法官在实体上不直接定罪，都至少要求以加害人认罪求得被害人原谅并得到检察官或法官确认作为前提，而且，一般都会跟随减轻处罚、刑罚替代措施、缓刑、赔偿等法律后果。[②] 被作为西方最早实行刑事和解样板的加拿大案例中，"在两个男人承认了22起财产损失的犯罪之后，他们的缓刑官员及一名门诺教中心委员会成员说服了法庭命令加害人与所有的被害人会面，以确定每名被害人究竟遭受了多少损失。在门诺派教会的支持下，加害人完成了这些任务，随后他们被法庭判处缓刑并向每名被害人赔偿损失……"[③] 也有学者以安乐死案件来说明国外在"消极罪刑法定原则"下重罪也可以"出罪"，例如英国的一名女患者颈部以下瘫痪，痛苦不堪想结束生命却又无力自杀，欲请

① 陈兴良："入罪与出罪：罪刑法定司法化的双重考察"，载《法学》2002年第12期。

② 参见吕清："刑事调节在欧洲的复兴与发展"，载《中国人民公安大学学报》（社会科学版）2006年第5期；段明学："法国自由起诉裁量权的发展与启示"，载《人民检察》2006年第7期；施鹏鹏："法国刑事和解程序及其借鉴意义"，载《社会科学辑刊》2006年第6期；郑承华、张胜玲："西方刑事和解制度的理论与实践"，载《法制与社会》2006年第3期；马跃著：《美国刑事司法制度》，中国政法大学出版社2004年版，第288—299页。

③ 马静华、罗宁："西方刑事和解制度考略"，载《福建公安高等专科学校学报》2006年第1期。

丈夫帮助拔掉氧气却又顾虑连累其犯罪，英国刑法规定帮助他人自杀构成可判处最高14年监禁的谋杀罪，于是为争取网开一面，先后向地方法院、高等法院、上议院诉讼，均被驳回，但最终获得了欧洲人权法庭的支持。[①] 该案看起来似乎是司法超越了实体立法而“出罪”，其实这种超越与西方的法律体制和判例法传统有关，具有违宪或者人权问题审查权的最高法院或终审法院才能实行这种超越，超越而形成的判例实际上具有立法功能，故在本质上还不是司法超越。即便如此，这种超越也十分慎重，就连具有英国最高法院地位的上议院都没有轻举妄动。其实，西方国家存在的争取安乐死合法化的努力甚或运动本身已经表明法官不能通过“出罪”的办法绕开现有的实体刑法规定。西方的法官们在“消极的罪刑法定原则”的背景下，并没有在实体刑法上出罪，对于情有可原的安乐死，至多减轻杀人的罪责而未敢认定其无罪，彰显了“有法必依”的法制精神，也可见实体“出罪”并非“消极罪刑法定原则”的逻辑结论，而是法制原则的要求。

有学者指出，主张积极与消极双向罪刑法定原则的观点“将刑法的机能与罪刑法定原则的机能混为一谈”，“刑法机能是保护机能与保障机能的统一”，而罪刑法定原则是“价值偏一的选择”，反映刑法的人权本位，这就是强调通过限制国家刑罚权，促进刑法保障机能的实现。[②] 笔者赞同这个观点。因为，罪刑法定原则从确立到传播并最终成为世界范围内一项最重要的刑法基本原则，其唯一的理由就是反对罪刑擅断主义、保障人权。正是由于罪刑法定原则使刑法反对政治国家过度干预市民社会的刑法保障机能得以实现，使其能够与刑法保障机能相对抗并达到大体平衡的最重要的屏障，所以罪刑法定原则只能是消极的，不能是积极的。事实上，罪刑法定原则只是为了限制国家刑罚权的过度施行，绝不是因为国家刑罚机器怠于刑罚权的施行。[③] 区分罪刑法定原则机能与刑法机能的论者还正确指出：刑法的双向机能有赖于消极与积极两方面的规范作用，“仅依靠刑法消极的规范作用，并不能彻底实现刑法对社会的保护；社会保护功能之实现，还有赖于刑罚的实际动用。……对于危害人类共同生活秩序的犯罪来说，国家采取的是‘违法必究’、‘有罪必罚’的立场，因此，国家刑罚权的动用不是消极被动的，而是

① 参见储槐植、张永红：“刑法第13条但书的价值蕴涵”，载《江苏警官学院学报》2003年第2期。

② 参见周少华：“罪刑法定与刑法机能之关系”，载《法学研究》2005年第3期。

③ 参见石磊：“论刑事和解的实体法基础”，载赵秉志主编：《和谐社会的刑事法治》（上卷），中国人民公安大学出版社2006年版，第497页。

积极主动的。在没有犯罪行为发生时，刑罚权处于'高度战备状态'，发挥着警戒未然之罪的功能，而当有犯罪行为发生时，它就会'重拳出击'，显示其惩罚已然之罪的力量。"① 按照论者的观点，刑法第3条的"积极"规定根本不属于罪刑法定的内容，却属于刑法机能的一个方面，因此，即便为了罪刑法定原则的"偏一"性把刑法第3条前半段去掉，也不等于把刑法的一个机能去掉了。根据刑法应有的双向机能，刑法既要发挥"消极"的规范作用以实现人权保障，也要发挥"积极"的规范作用以实现社会保护，二者不可"偏一"，这就决定了司法者在适用实体刑法时既不能超越刑法而"入罪"，也不能超越刑法而"出罪"。西方经典的罪刑法定原则虽然明确限制司法在立法之外"入罪"，却没有表白过不限制司法在立法之外"出罪"，相反，连论者也承认罪刑法定原则诞生之时西方恰恰是"完全取消司法裁量"，而正如前述，后来被允许的司法"出罪"也不过是以定罪或认罪为前提的一种程序性措施，那么，凭什么断言罪刑法定原则"从不限制出罪"呢？

不要忘了，罪刑法定原则是一个实体刑法原则，它要求司法者在适用实体罪刑标准时不得超越刑法规定，尽管它本身重在强调司法者不得法外"入罪"，但并不否定法制原则所要求的司法者既不能对不符合刑法规定的行为而确认其有罪，也不能对符合刑法规定的行为而确认其无罪。可以说，罪刑法定原则与法制原则的这种内在一致性决定了实体刑法不允许"出罪"。罪刑法定原则不同于法制原则的独特品格在于它强调国家刑罚权的收缩取向，一方面表现为不给法外"入罪"留下任何余地；另一方面表现为宽容地允许对某些实体上确认有罪的人在程序上"出罪"。只有在这个意义上，才能说实体性的罪刑法定原则"不限制"程序性的"出罪"，但不能说"不限制"实体性的"出罪"，恰恰相反，即使把刑法第3条前半段去掉，刑法的保护机能仍然要求司法者"违法必究"，不得"出罪"。"出罪"来自于我国古代，所谓"出入人罪"——"中国旧制称审判官吏判无罪者有罪、轻罪者重罪为'入罪'，判有罪者无罪、重罪者轻罪为'出罪'，合称'出入人罪'。"② 就是在封建社会，"出入人罪"也是受到贬抑的。其实，只要有公开的成文刑法，就会有保护与保障两个方面的机能，就会有"一断于法"的要求，只是在专制社会里，保障的方面处于极为次要微弱地位，法律权威也难以贯彻到底，有法必依从"入罪"（如莫须有）与"出罪"（如刑不上大夫）两个方面难以落

① 周少华："罪刑法定与刑法机能之关系"，载《法学研究》2005年第3期。

② 夏征农主编：《辞海》（1999年版缩印本），世纪出版集团、上海辞书出版社2002年版，第225页。

实，不同的是，近代通过罪刑法定原则把人权保障上升为本位，通过法制原则限制不按实体刑法标准"出入人罪"的做法。正因为如此，笔者也同意，保留刑法第3条前半段有着淡化罪刑法定应有取向的副作用，取消的建议是有价值的。只不过取消了这个规定，并不意味着打开了实体"出罪"的大门。明确这个道理，就是要求司法者坚持作为定罪标准的犯罪构成，严格以其衡量案件事实，不能把符合犯罪构成的事实说成犯罪不成立。程序上能够"出罪"的前提永远是实体上的有罪。

四、"出罪"与疑罪

有学者担心："在'中国特色'的罪刑法定原则下，司法者很容易对那些处在罪与非罪边缘的危害行为，向'犯罪'的方向进行解释，而这是不符合罪刑法定原则的精神实质的。"① 这个说法让笔者感到疑惑。所谓"中国特色"的罪刑法定原则，就是刑法第3条的前半段，它的确不符合经典的罪刑法定原则，但是，"中国特色"的"积极的罪刑法定原则"对于司法者来说，不过就是不允许把符合刑法规定的有罪事实说成无罪，何以能够促使司法者对"那些处在罪与非罪边缘的危害行为，向'犯罪'的方向进行解释"呢？要澄清这个问题，需要首先明确什么是"处在罪与非罪边缘的危害行为"。

司法者判断某个行为事实是罪还是非罪的活动为定罪。司法定罪是判断行为事实是否符合刑法规定的犯罪构成标准的过程。按照刑事立法的明确性要求，犯罪构成标准应当是具体清晰的，那么，以此衡量案件事实，只能有两种结论：或者是符合标准而有罪，或者是不符合标准而无罪。然而，立法的明确性永远是相对的，绝对清晰的界限不存在，画一条线可分出左右，但这条线再细也有宽度，宽度之内的空间就是亦此亦彼，实际上是既非左亦非右，罪与非罪之间的界限也不例外，也有这样一个"处在罪与非罪边缘"的两不是领域，这就是所谓"疑罪"的情况。例如，"婚内强奸"的事实是否构成强奸罪？这个疑问实际上是强奸罪是否包括"婚内强奸"的情况，即"疑罪"是因实体刑法标准的模糊性导致的。对于"疑罪"，现代刑法都实行"从无"的原则。"疑罪从无"原则是"出罪"原则还是"入罪"原则？当然是"入罪"原则。因为，"出罪"是把有罪归为无罪，前提是犯罪成立，而"疑罪"则是犯罪成立与否尚未作出判断的情况，所谓"从无"是在"疑罪"情况下的判断原则，是指"疑罪"不构成犯罪，要求司法者对"疑罪"事实

① 周少华："罪刑法定与刑法机能之关系"，载《法学研究》2005年第3期。

"不入罪"的"疑罪从无"原则，显然是解决"入罪"取向的原则。进一步看，这一原则在价值上与罪刑法定原则一致，都是从"消极"的方面尽可能限缩国家刑罚权以最大限度地保障人权，是罪刑法定原则在定罪操作上的具体体现。据此，违背"疑罪从无"原则才会"不符合罪刑法定原则的精神实质"，而违背"疑罪从无"原则的表现只能是"疑罪从有"。现在来看，刑法第3条前半段是要求"不出罪"，既不意味着"入罪"，也不意味着"疑罪从有"，怎么能说它对"处在罪与非罪边缘的危害行为"（疑罪），起到了"向'犯罪'的方向进行解释"（入罪解释）的作用呢？这只能说明论者不能把自己提出的罪刑法定原则机能与刑法机能的区分坚持到底。

定罪时还可能出现另一种意义上的"疑罪"：定罪时涉及的刑法标准并不存在疑义，但案件事实存在模糊之处。例如，强奸案件中的所谓"半推半就"，就表明该罪成立所要求的"违背妇女意志"这一事实存在模糊性。在关键事实都未搞清楚的情况下，也应当实行"疑罪从无"，不能"入罪"。但是，这里的"疑罪"不是实体刑法上的"疑罪"，而是诉讼程序上的"疑罪"。此时，实体刑法标准并不存疑，存疑的仅仅是构成犯罪所要求的事实无法得到证明，而案件事实能否得到证明显然是诉讼问题，且这里的诉讼问题也并非"出罪"。[①] 这里的"从无"实际上是根据证明标准得出的"不能证明"结论——既不能证明这个事实的存在，也不能证明这个事实的不存在，这就是所谓的"疑罪"。在严格意义上，它只能算存疑事实。基于存疑事实不"入罪"，虽然也体现了有利于被告人的精神，但与罪刑法定原则无关。因此，实体上的"疑罪从无"与程序上的"疑罪从无"有所区别。进一步分析，实体上的"疑罪"必须"从无"，而程序上的"疑罪"可以"从无"，也可以"从轻"。"疑罪从轻"发生在这样的场合：虽然甲罪名（例如强奸罪）所需要的事实存疑（例如到底是强奸未遂还是猥亵）而不能认定该罪名，但是可以证明的一部分事实（例如猥亵）恰恰符合乙罪名（例如强制猥亵、侮辱妇女罪）所需要的事实，由于可以证明的事实被甲罪名所需要的事实所包含，故乙罪名轻于甲罪名，在不能证明该事实的确符合较重的甲罪名（例如强奸罪）构成标准但至少能证明存在较轻的乙罪名（例如强制猥亵妇女）所要求的事实时，应当实行"疑罪从轻"的原则。可见，无论哪一种"疑罪"的司法认定原则，都与"出罪"无关。

---

① 刑事诉讼法第162条规定了3种审判结论：认定有罪；认定无罪；"证据不足，不能认定被告人有罪的，应当作出证据不足、指控的犯罪不能成立的无罪判决。"显然，第3种情况属于事实存疑，与前两种情况不同，既不能证明有罪，也不能证明无罪。

第三编　刑事责任和刑罚论

关于刑事责任的几个问题

齐文远*

一、刑事责任的概念与特征

（一）刑事责任的概念

刑事责任是我国刑法中广泛使用的一个概念。仅在1997年修订的《刑法》中就有14个条文22处提到了“刑事责任”。在附属刑法条款中刑事责任这一术语则更为常见。之所以会如此，是因为刑法中有关犯罪和刑罚的规定，都是围绕“是否追究刑事责任”以及“如何追究刑事责任”而展开的。因此，刑事责任应当被视为刑法中的一个基本范畴。

在中外刑法理论中，对刑事责任主要是从两种意义上来理解的。一是从责任主义的角度，将其视为成立犯罪的条件；二是将刑事责任理解为犯罪的法律后果。前者是德国、日本等大陆法系国家中刑法学界的理解，如前所述，在德国、日本等大陆法系国家的犯罪论体系中，责任或有责性是犯罪成立的基本条件之一。这种见解对我国刑法理论体系的构建并非没有影响，我国大多数刑法教科书都将作为犯罪主体要件要素的行为人辨认、控制自己行为的能力称作刑事责任能力就是一个明显的例证。不过，由于我国刑法理论所构建的犯罪构成体系与大陆法系中的构成要件体系差别甚大，故虽然在学术上对如何定义刑事责任还存在着较大的争论，但我国刑事立法与刑法理论主要还是在上述第二种意义上来使用刑事责任这一概念的。①

不过，正如前面所指出的，我国刑法理论界在如何具体定义刑事责任这

---

* 中南财经政法大学法学院教授。

① 参见1997年修订的《刑法》总则中有关刑事责任的规定；《中国大百科全书法学》，第668页；《法学词典》（增订版），上海辞书出版社1985年版，第289页；高铭暄、马克昌主编：《刑法学》，中国法制出版社1999年版，第379—382页；张明楷著：《刑法学》（第二版），法律出版社2003年版，第379页。

一问题上还意见不一。

法律责任说认为“刑事责任是国家司法机关依照法律规定，根据犯罪行为以及其他能说明犯罪的社会危害性的事实，强制犯罪人负担的法律责任”。法律后果说认为刑事责任是“依照刑事法律规定，行为人实施刑事法律禁止的行为所必须承担的法律后果”。否定评价说（责难说、谴责说）认为“刑事责任是指犯罪人因实施刑法禁止的行为而应承担的、代表国家的司法机关依照刑事法律对其犯罪行为及其本人的否定性评价和谴责”。刑事义务说认为刑事责任是“犯罪人因其犯罪行为根据刑法规定向国家承担的、体现着国家最强烈的否定评价的惩罚义务”。刑事负担说认为“刑事责任是国家为维持自身的生存条件，在清算触犯刑律的行为时，运用国家暴力，强迫行为人承受的刑事上的负担”。①

笔者认为，上述各种观点从不同的方面和角度揭示了刑事责任的特征和主要内容，因而都不乏有值得肯定之处；但从表述的科学性来看也都有不同程度的缺陷。法律责任说正确地揭示了刑事责任对犯罪行为的依赖性及其强制性，但对法律责任或者责任本身没有作出解释。法律后果说正确地揭示了刑事责任与犯罪行为及与刑事法律之间的联系等特征，不足之处在于没有将刑事责任与同样属于犯罪行为之法律后果的刑罚区别开。否定评价说全面地从犯罪人和国家两个方面来界定刑事责任的概念，正确地将犯罪行为与犯罪人联系在一起来揭示刑事责任的内容，其不足之处在于忽略了刑事责任本身与其内容的区别，且“否定评价”的提法过于笼统，没有与承受刑罚惩罚或者其他相应处理联系起来。刑事义务说正确阐明了犯罪人有承担国家确定的刑罚的义务，从而揭示了刑事责任所反映的犯罪人与国家之间的特殊关系，但我国刑法并非是将刑罚惩罚规定为刑事责任的唯一实现方式，因此将刑事责任归结为惩罚义务与我国刑法的规定不相符合，而且这种表述也不够确切。刑事负担说正确阐明了刑事责任产生的根据，揭示了刑事责任的强制性特点，确切地表明了刑事责任的性质，不足之处是对刑事责任的内涵阐述得还不够充分。由此可见，深入研究刑事责任问题并科学地界定刑事责任这一概念，仍然是我们的一项重要课题。

在仔细分析我国刑法中含有刑事责任术语的条款表述并参考上述关于刑事责任定义的各种见解的基础上，笔者认为，刑事责任应被定义为犯罪人因刑事法律的规定而应当为自己实施的犯罪行为所承受的，代表国家的司法机

① 上引各种观点，见赵秉志主编：《刑法争议问题研究》，河南人民出版社 1996 年版，第 539—542 页。

关以刑事处罚、非刑罚的处理或者单纯宣告有罪的方式对其行为进行否定评价的负担。

(二) 刑事责任的特征

具体而言，刑事责任具有如下特征：

1. 刑事责任是刑事法律规定的一种应当承受的负担。“责任”一词有两种含义，积极意义上的责任是指分内应做的事；消极意义上的责任则是指由于没有做好分内的事因而应当负担的过失。[①] 刑事责任属于消极意义上的一种责任，本身具有某种负担之意。刑法条文在使用“刑事责任”一词时，也主要是同“负”、“不负”连用的，如《刑法》第 17 条第 1 款规定：“已满十六周岁的人犯罪，应当负刑事责任”；《刑法》第 18 条第 1 款规定：“精神病人在不能辨认或者不能控制自己行为的时候造成危害结果，经法定程序确认的，不负刑事责任……”这里的“负”即承担、承受的意思，作为承受、承担的宾语（客体）的刑事责任，自然就具有负担的含义。在刑事司法实践中，刑事责任最终也总是表现为犯罪人承受对自己不利的某种负担，例如一定时期内人身自由的限制或剥夺、一定数量财产的征收或者一定政治权利的褫夺等等。此外，刑事责任是刑法规定的一种负担。刑法既规定了犯罪，同时规定了构成犯罪应当承担的刑事责任，如《刑法》第 14 条第 2 款规定：“故意犯罪，应当负刑事责任。”故对犯罪行为，必须依照刑法的规定追究相应的刑事责任，并且必须依据刑事诉讼法规定的程序来追究。最后，刑事责任还是一种应当承受的负担，即这种责任产生于实际承担之前，换言之，事实上是否追究了犯罪人的刑事责任并不影响其存在。

2. 刑事责任因犯罪行为而产生。即是说，犯罪人实施的犯罪行为是刑事责任产生的原因，没有犯罪行为，就不存在刑事责任问题。需要指出的是，这里所说的犯罪行为，不只是犯罪客观方面要素的行为，而是从犯罪构成意义上讲主客观要件相统一的行为。具体而言，犯罪行为是指具有刑事责任能力的人或单位，出于故意或过失的心理态度实施的侵犯刑法所保护的社会关系并为刑法规定为犯罪的行为。因此，对不符合犯罪构成的行为，不能以任何理由要求行为人承担刑事责任。

3. 刑事责任以刑事处罚、非刑罚方法的处理或单纯宣告行为有罪为内容。与其他法律责任不同，刑事责任是承受刑事处罚、非刑罚方法处理或者单纯宣告行为构成了犯罪的一种负担。换言之，承担刑事处罚、受非刑罚方法处

① 参见《现代汉语词典》(增补版)，商务印书馆 2002 年版，第 1574 页。

理与单纯宣告有罪是负刑事责任的三种表现形式。从我国刑法规定来看，刑事处罚包括自由刑（管制、拘役、有期徒刑和无期徒刑）、财产刑（罚金与没收财产）、资格刑（剥夺政治权利和驱逐出境）以及生命刑（死刑）；非刑罚处理方法包括训诫、责令具结悔过、责令赔礼道歉等。至于单纯宣告有罪，则是指司法实践中人民法院在依法宣告被告人的行为构成犯罪后裁量对其免予刑事处罚同时又没有对其适用非刑罚处理方法的情况。由于人民法院的有罪宣告本身就具有从法律上做出否定评价与谴责的意思，所以尽管犯罪人在这种场合既没有受到刑罚的处罚，也没有受到非刑罚方法的处理，但仍被视为承担了刑事责任。总之，刑事处罚、非刑罚方法的处理与单纯宣告有罪的判决都意味着对犯罪行为的否定评价和对犯罪人的谴责，三者在性质上没有区别，只是程度不同而已。

4. 刑事责任只能由犯罪者本人承担。罪责自负、反对株连是现代刑法所确立的追究刑事责任的一项重要原则，因此，刑事责任只能由犯罪者即实施犯罪行为者承担，没有参与犯罪的人，即便与犯罪者有这样那样的关系，也不发生负刑事责任的问题。根据我国刑法的规定，犯罪者包括实施犯罪行为的自然人和单位，故刑事责任只能由犯罪的自然人与犯罪单位承担，绝不允许株连其他无辜的自然人或单位，也不能让犯罪者以外的人或单位代为承担。

5. 刑事责任由代表国家的司法机关强制犯罪者承担。刑事责任是犯罪者向国家承担的责任，所反映的不仅仅是犯罪人与被害人之间的关系，而是并且主要是犯罪者与国家之间的关系，因此这种责任具有强制性，表现在：一方面刑事责任是直接借助于国家强制力（人民法院、人民检察院、公安机关、监狱等）来迫使犯罪人承担的责任；另一方面刑事责任的承担也一般不以被害人的意志为转移，即除为数不多的几种亲告罪外，被害人是否要求犯罪人承担刑事责任不是追究刑事责任的必要条件。

以上是刑事责任的主要特征。把握住这些特征，有助于进一步理解刑事责任的概念，从而将刑事责任同其他法律责任区别开。

二、刑事责任的地位和功能

（一）刑事责任的地位

1. 刑事责任在刑法中的地位

从我国刑法的规定来看，刑事责任占有重要的地位。这首先表现在修订的《刑法》中共有 14 个条文 22 处提到了刑事责任，其中在总则里就有 12 个条文 20 次使用刑事责任这一术语。其次，刑法总则第 2 章还将犯罪和刑事责任作为其第 1 节的标题。最后应当指出的是，在《刑法》第 5 条中，刑事责任被提到与罪行（犯罪行为）和刑罚并列的地位。这一切都表明刑事责任在我国刑法中具有基本范畴的意义和不可替代的地位。

但是也应当承认，刑事责任的重要地位在我国刑法中还没有得到充分的反映，或者说刑事责任目前在刑法中的实际地位与其重要意义还不相称。表现在：其一，刑法对刑事责任还没有像对犯罪和刑罚那样予以专门的规定；其二，从刑法总则各章的标题及其排列来分析，还是给人以宏观上按照刑法—犯罪（及刑事责任）—刑罚这样一个框架加以规定的印象，实际上在刑法中刑事责任受重视的程度也远不如刑罚；其三，从对刑法分则条文用语的微观分析中，也可以发现有些地方使用追究刑事责任或者负刑事责任的表述更恰当但却用了别的不甚准确的表述，如根据《刑法》第347条第1款“走私、贩卖、运输、制造毒品，无论数量多少，都应当追究刑事责任，予以刑罚处罚”的规定，该条第7款规定的“对多次走私、贩卖、运输、制造毒品，未经处理的，毒品数量累计计算”中的“未经处理”本应用“未被追究刑事责任”或者“未负刑事责任”的表述来取代，但却使用了目前这一既与本条第1款不协调同时容易导致这样或那样误解的表述。由上述可见，如何全面贯彻落实刑事责任在刑法中的应有地位仍然是需要立法机关引起重视的一个重要问题。

2. 刑事责任在刑法理论上的地位

在20世纪80年代我国编写的刑法教材中，刑事责任问题还很少被提及。80年代中期，有些学者开始对刑事责任进行探讨并发表研究成果。进入90年代后，刑事责任问题逐渐引起我国刑法理论界的重视，越来越多的人将刑事责任作为自己的研究课题。随着研究的深入，相继出版了多种研究刑事责任的著作，一些教科书也开始在其内容中设置专门论述刑事责任的章节。至此，刑事责任问题在我国刑法学科中的重要性得到确认。但是，从已经出版的有关成果来看，我国学者之间对刑事责任在刑法理论体系中的具体地位，认识还不一致。概括而言，主要有三种不同观点：

（1）基础理论说。该说认为刑事责任在价值功能上具有基础理论的意义，犯罪论、刑罚论和罪刑各论不过是刑事责任理论的具体化。因此在体系上应赋予刑事责任作为刑法学基本原理的地位并将其置于犯罪论之前。例如，有学者在其论述刑事责任的专著中明确指出：“刑事责任理论所揭示的是刑法的基本原理，它的具体内容应当由犯罪论、刑罚论和罪刑各论来丰富。因此在体系上不能把刑事责任论作为犯罪之后果和刑罚之先导而插入犯罪论与刑罚论之间的部分，而应当作为刑法学的基础理论置于犯罪论之前，并作为刑法的基本原理来把握。"[①] 此外，也有刑法教材将刑事责任的基本内容作为一节置于刑法学绪论部分"刑法的性质和任务"一章中，先于犯罪论部分的各章节来讨论。[②]

（2）罪、责平行说。此说认为，刑事责任是与犯罪相对应并具有直接联系的概念。犯罪是刑事责任的前提，刑事责任是犯罪的法律后果，刑罚虽然是实现刑事责任的基本方式，但不是唯一的实现方式，非刑罚处理方法以及单纯宣告有罪的方法也是实现刑事责任的具体方式，即刑罚、非刑罚处理方法与单纯宣告有罪，同是刑事责任的下位概念。因此，不能将刑罚与犯罪和刑事责任这两个基本范畴相提并论，而应按照犯罪论—刑事责任论的思路来建立刑法学体系，这样才能理顺犯罪、刑事责任与刑罚的关系，才能准确反映刑事责任在刑法理论中的应有地位。[③] 实际上，持这种见解的学者不仅在其专门论述刑事责任的著作中阐述了这一主张，而且还在其所著的教科书中具体贯穿了这一思想。[④]

（3）罪、责、刑平行说。这一学说认为犯罪、刑事责任和刑罚是各自独立而又互相联系的三个范畴，其中的刑事责任是介于犯罪与刑罚之间的纽带。刑事责任以犯罪为其前提，属于犯罪的法律后果，而其本身又是刑罚的前提，刑罚系实现刑事责任的基本方式。因此，应当按照犯罪论—刑事责任论—刑罚论的框架来构建刑法学的体系。这一观点是我国刑法理论界的通说，目前国内多数刑法教材都是按照这一学说来安排相关章节，即将刑事责任作为一章而置于犯罪论内容之后，刑罚论内容之前。

笔者认为，上述基础理论说从如何正确制定刑事立法的层面即刑事责任的观念层面讲有一定的道理，但从解释刑法的角度即刑事责任的现实层面看则存在问题。因为这种见解将刑事责任看做高于犯罪和刑罚之上的范畴，实际上是把刑事责任等同于刑法，而这既不符合我国刑法关于刑事责任的规定，在逻辑上也具有将刑法的概念偷换成刑事责任法的概念之嫌，显然不妥。罪、责平行说认为刑罚与非刑罚的处理方法等是刑事责任的下位概念，主张以刑事责任论取代刑罚论，从逻辑上讲不存在问题，但与对刑罚比对刑事责任更重视的我国现行《刑法》总则体系距离过大；而且在刑法学中刑罚理论的内

① 见张志辉著：《刑事责任通论》，警官教育出版社1995年版，第15页。

② 参见胡新主编：《新编刑法学》（总论），中国政法大学出版社1990年版，第27页以下。

③ 参见张明楷著：《刑事责任论》，中国政法大学出版社1992年版，第149页以下。

④ 例如张明楷教授在其所著的由法律出版社1997年出版的《刑法学》总论部分中，就是采用的刑法论—犯罪论—刑事责任论的体系。

容丰富，占有很大篇幅，非刑罚处理方法的内容单薄，所占篇幅甚小，为了使二者处于同等地位而以刑事责任论取代刑罚论，理由也未必充分。罪、责、刑平行说认为刑事责任是连接犯罪与刑罚的纽带，三者各自独立又互相联系，因而主张建立犯罪论—刑事责任论—刑罚论的体系，基本上符合现行刑法的规定。如前所述，《刑法》总则第 2 章第 1 节的标题是“犯罪与刑事责任”，即将犯罪与刑事责任并列，而其第 3 章标题为刑罚，第 4 章标题为刑罚的具体运用，按照犯罪论—刑事责任论—刑罚论的框架建构刑法学总论的体系，正是这些规定的反映。所以从现行《刑法》的结构体例看，罪、责、刑平行说要比前两种观点更可取一些。

另外，从理论上讲，刑事责任与犯罪和刑罚分别有着直接而密切的关系，是连接犯罪与刑罚的重要纽带。这一点也应当成为确立刑事责任在刑法理论中的地位时必须考虑的因素。从刑事责任与犯罪的关系看，二者是紧密联系的因果环节。犯罪是刑事责任产生的直接原因，没有犯罪就不可能有刑事责任，刑事责任是犯罪的必然法律后果，只要存在着犯罪，就不能不产生刑事责任。这体现了犯罪与刑事责任之间质的关系；同时各种犯罪的社会危害程度不同，犯罪人承担的刑事责任程度也就不同。一般而言，罪重刑事责任就重，罪轻刑事责任则轻。这从量上反映了犯罪与刑事责任之间的密切关系。而从刑事责任与刑罚的关系看，二者既有明显区别同时又具有密切的关系。区别主要表现在：第一，刑事责任是一种法律责任，刑罚则是一种强制方法；第二，刑事责任以犯罪人应当承受刑事处罚、非刑罚方法的处理和单纯的有罪宣告为内容，刑罚则以实际剥夺犯罪人一定的权益（权利和利益）为内容；第三，刑事责任因实施犯罪而产生，刑罚则随法院的定罪判刑决定宣告生效而出现。二者之间的密切关系表现在：其一，刑事责任的存在是适用刑罚的直接前提，无刑事责任则不能适用刑罚；其二，刑事责任的大小直接决定刑罚的重轻，刑事责任大的，刑罚必然重，刑事责任小的，刑罚必然轻；其三，刑事责任主要通过刑罚来实现，非刑罚处理方法等虽然也是刑事责任的实现方式，但由于在司法实践中适用很少而只能被视为次要的实现方式，刑罚与刑事责任的联系则是普遍的。基于上述理由，笔者认为通说主张的采用罪、责、刑平行说来构建我国刑法总论体系的见解是恰当的。

（二）刑事责任的功能

刑事责任的功能，是指刑事责任在制定刑法和惩治犯罪中所起的积极作用。对刑事责任的功能，可以从刑事立法和刑事司法两个方面来加以考察：

1. 就刑事立法方面看，刑事责任是衡量对行为是否规定为犯罪和如何配置刑罚的依据。换言之，立法者是依据自己的刑事责任观念来制定刑法，确定犯罪的范围和刑罚的配置的。犯罪是危害社会的行为，但不是任何危害社会的行为都被规定为犯罪，而只有那些严重危害社会、立法者认为需要追究刑事责任的行为，才会在刑法上被规定为犯罪，如果立法者认为某种行为对社会的危害算不上严重，不需要追究刑事责任的，也就不会在所制定的刑法中将其包括在内。同时立法者对犯罪行为配置什么样的刑罚，也是由其刑事责任观决定的，认为刑事责任重的，就配置重的刑罚，认为刑事责任轻的，则规定轻的刑罚。另外，立法者认为属于影响刑事责任的事项的，一般也会在法律上将其规定为从轻、减轻处罚或免除处罚的情节或者从重处罚的情节。由上述可见，刑事责任在刑法制定时起到重要的指导作用。

2. 从司法方面讲，刑事责任是审判机关决定是否适用刑罚和如何适用刑罚的标准。这可以从两方面来加以说明：第一，刑事责任是决定适用刑罚的必要前提。某人有刑事责任，才可能对其适用刑罚，没有刑事责任存在，就不能适用刑罚。第二，刑事责任的大小是判处刑罚重轻的标准。对此，《刑法》第5条作了明确的规定。按照这一规定，刑事责任小的，刑罚就轻，刑事责任大的，刑罚则重。据此，在对犯罪人判处刑罚时，不仅应考虑犯罪行为的严重程度，而且还必须考虑影响刑事责任轻重的情节。犯罪人具有可以或者应当从轻追究刑事责任或者免予追究刑事责任情节的，审判部门要对其依法从轻、减轻刑罚处罚或者免除刑罚处罚；犯罪人具有从重追究刑事责任情节的，则应对其从重处罚。总之，对犯罪人是否判处刑罚以及判处什么刑罚，一般说来都取决于行为人的刑事责任。

三、刑事责任的发展阶段与实现方式

（一）刑事责任的发展阶段

我国刑法学界一般认为，刑事责任的最终实现，需要经历一个过程。但对这一过程究竟包括几个阶段以及如何确定每一阶段的起始时间，刑法理论上则意见不一。在笔者看来，对这一过程可以分为如下三个阶段：

1. 刑事责任的产生阶段

这一阶段始于犯罪行为实施之时，终于公安、司法机关立案之日。如前所述，实际中的危害行为与刑法规定的犯罪构成相符合是应当追究行为人刑事责任的唯一根据，因此，行为人实施的行为符合犯罪构成或者说成立犯罪之时，就是行为人的刑事责任产生之日。应当注意的是，由于不同犯罪的结构与形态的复杂性，所以具体刑事责任的产生时间也互不相同。就故意犯罪来讲，行为人开始实施犯罪预备行为时，一般而言刑事责任即告产生；但如果某一犯罪的预备行为本身尚不足以成立犯罪，则刑事责任产生于行为人着手实行犯罪之时。对于过失犯罪来说，成立犯罪所要求的结果发生时，刑事责任才能产生。在这一阶段，行为人的刑事责任已经客观存在，只是由于某些原因，司法机关还没有进行追究其刑事责任的活动。其中的原因可能是由于犯罪尚没有被发现；或者是属于告诉才处理的犯罪而被害人没有告诉的等。如果司法机关在长时间内没有开始追究刑事责任的活动，则行为人的刑事责任就可能消灭（参见《刑法》第 87 条），从而也就不存在刑事责任的下一阶段。在刑事责任的产生阶段中，可能出现行为人自首或者立功等情况，这些会影响其刑事责任的程度。

需要指出的是，我国刑法理论上有一种见解认为，行为人的刑事责任始于人民法院对其作出有罪判决之时，理由是刑事责任系犯罪的法律后果，故只能由犯罪人来承担，而在人民法院作出有罪判决之前，很难说行为人就是犯罪人，因而也就不能要求其承担刑事责任。他们提出，刑事责任的起始必须同时具备两个条件：一是被告人被查获且证据确凿，其犯罪事实昭然若揭；二是人民法院依法作出有罪判决，行为人的犯罪事实最终被证实。笔者认为，这种观点值得商榷。首先，刑事责任作为犯罪的法律后果，只能是随着犯罪的成立而产生的，所以行为人实施犯罪行为的同时，客观上就自然产生了刑事责任，人民法院的有罪判决，只是对这种业已客观存在的刑事责任进行追究，而不是刑事责任产生的条件；否则，只能得出被人民法院追究的犯罪人有刑事责任而没有被追究的犯罪人不存在刑事责任的荒谬结论。其次，行为人犯罪后，司法机关对其追究刑事责任，这本身就表明刑事责任客观上已经存在，如果行为人根本没有刑事责任，司法机关对其进行追究岂不是无中生有？再次，从我国刑法的规定来看，刑事责任的开始也总是同犯罪的实施联系在一起的。例如，《刑法》第 17 条第 1 款规定："已满十六周岁的人犯罪，应当负刑事责任"，而应当负刑事责任是以实际存在刑事责任为前提的，所以这一规定表明只要实施了犯罪，客观上即产生刑事责任；《刑法》第 17 条第 2 款、第 18 条第 2 款以下的规定，也都表达了这一刑事责任始于犯罪的实施的思想。最后，从我国刑法关于追诉时效的规定来分析，也应当认为刑事责任始于实施犯罪之时。追诉时效，是指对犯罪人追究刑事责任的有限期间。根据刑法的规定，犯罪经过一定的期间不再追诉，也即不再追究刑事责任，这也说明行为人实施犯罪时即产生了刑事责任；否则，就不可能发生不再追诉的问题。

综上所述，认为主张刑事责任始于人民法院作出有罪判决之时的见解是不恰当的。而之所以会出现这样的认识，是因为没有将应然层面的刑事责任与实然（现实）层面的刑事责任区别开来。实际上，刑事责任产生阶段讨论的是应当负刑事责任的问题，是从应然层面来论证刑事责任的客观属性的。至于实然层面的刑事责任即刑事责任的现实化，则是刑事责任实现过程中后面的阶段所要解决的一个问题。

2. 刑事责任的确认阶段

刑事责任的确认阶段（即刑事诉讼阶段）自公安、司法机关立案侦查时起，到人民法院作出的有罪判决生效时止。这一阶段的任务是：确认行为人是否实施了犯罪行为，应否承担刑事责任以及（在得出肯定结论的情况下）确定行为人应负何种程度的刑事责任和以什么方式实现其刑事责任。因此，这是刑事责任实现过程中非常重要的一个阶段。为了保证这一阶段的工作能够恰当并有效地开展，国家立法机关通过制定刑事诉讼法而规定了必要的程序，公安、司法机关必须严格依照这些程序来操作，才能正确完成确认刑事责任的任务。如前所言，这一阶段始于立案，立案是指公安、司法机关对于报案、控告、举报、自首等方面的材料，依照管辖范围进行审查，以判明是否确有犯罪事实存在和应否追究刑事责任，并依法决定是否作为刑事案件进行侦查或审判的一种诉讼活动。自公安、司法机关立案侦查时起，指的是对属公安机关管辖范围的案件，从公安机关立案侦查时起，对由人民检察院管辖范围的案件，从检察机关立案侦查时起，对由人民法院依法直接受理的案件，从人民法院受理时起。公安、检察机关在立案以后进行侦查时，必须客观、公正，实事求是，严禁刑讯逼供和以其他非法方法收集证据。收集证据必须全面，犯罪嫌疑人有罪或者无罪、罪重或者罪轻的证据材料都应收集、调取；在侦查过程中，讯问犯罪嫌疑人、询问证人或者勘验、检查、搜查等活动，都必须符合法律的规定，以保证侦查工作的正当性。

对侦查终结的案件，需要提起公诉的，一律由人民检察院审查决定。人民检察院必须根据《刑事诉讼法》第137条的规定查明：（1）犯罪事实、情节是否清楚，证据是否确实、充分，犯罪性质和罪名的认定是否正确；（2）有无遗漏罪行和其他应当追究刑事责任的人；（3）是否属于不应当追究刑事责任的；（4）有无附带民事诉讼；（5）侦查活动是否合法。经过审查，如果认为犯罪事实已经查清，证据确实、充分，需要追究刑事责任的，检察机关应当作出提起公诉的决定；如果认为不构成犯罪或者有其他法定不起诉情形的，人民检察院应当或者可以作出不起诉的决定。

审判机关对起诉到人民法院的案件进行审查后，认为符合开庭审判条件的，应当决定开庭审判。在审判中需要解决的问题是：（1）行为人的行为是否构成犯罪？应否负刑事责任？（2）对构成犯罪需要追究刑事责任的，应综合考虑各种有关情节，确定行为人应负何种程度的刑事责任？（3）如何实现刑事责任？即应判处刑罚还是适用非刑罚处理方法或者是仅仅宣告行为人的行为是犯罪而对其免予刑罚处罚？对需要判处刑罚的，则应确定判处何种刑罚及判处多重的刑罚。这些事项的确定，都必须以事实为根据，以刑法的规定为准绳。

上述立案侦查、起诉、审判三个方面的刑事诉讼活动，就大多数犯罪而言是刑事责任确认阶段不可缺少的内容。只有经过这些诉讼活动，刑事责任才能得到确认和实现。

3. 刑事责任的实现阶段

一般而言，刑事责任的实现阶段自人民法院的有罪判决生效时起，到判决所确定的刑罚和非刑罚的刑事制裁措施等执行完毕时为止。由于刑事责任的实现是整个刑事责任问题的结局和归宿，故如果没有刑事责任的实现阶段，则刑法规定刑事责任及司法机关代表国家依法追究刑事责任的活动都将失去意义。所以，刑事责任的产生与刑事责任的确认，都不过是为了使刑事责任得以实现。刑事责任的实现具体包括以下几种情况：（1）判处刑罚（含仅判处主刑、仅判处附加刑或同时判处主刑及附加刑）的，刑罚被执行完毕；（2）宣告缓刑或者决定予以假释的，犯罪人在缓刑或假释考验期内没有再犯新罪、没有发现漏罪、没有违反监督管理规定；（3）仅给予非刑罚的刑事制裁措施的，该制裁措施执行完毕；（4）仅以作出有罪宣告的方式追究刑事责任的，该有罪宣告的判决发生法律效力。

在刑事责任的实现阶段，可能出现刑事责任变更的情况，主要包括以下几种：（1）死刑缓期执行二年期满后减为无期徒刑或者有期徒刑；（2）管制、拘役、有期徒刑和无期徒刑的减刑；（3）由于特赦而免除部分或者全部刑罚的执行；（4）由于遭遇不能抗拒的灾祸以致缴纳罚金确有困难时罚金刑的减免。需要指出的是，这里的刑事责任变更不是改变原来确定的刑事责任的性质，而是根据行为人的人身危险性的变化等情况，对其刑事责任的程度予以变更，从而使罪责刑相适应原则在刑事责任实现阶段得到更好的体现。

与刑事责任的实现密切相关的一个概念是刑事责任的终结。对刑事责任的终结，理论上存在两种不同的理解。第一种观点认为，刑事责任的终结包括两种情况：一是因刑事责任的实现而终结，终结时间由于刑事责任实现的方式不同而不同。以刑罚为实现方式的，终结时间为刑罚执行完毕或赦免之时；以非刑罚处理方法为实现方式的，终结时间为非刑罚处理方法执行完毕之时；以单纯宣告有罪而免予刑罚处罚为实现方式的，终结时间为人民法院作出的有罪判决发生法律效力之时。二是因刑事责任的消灭而终结。刑事责任的消灭是指行为人的行为原本构成犯罪，但在实现刑事责任之前，由于某种法定的原因，使司法机关不能再追究刑事责任。从实际情况看，引起刑事责任消灭的原因主要是：（1）犯罪人在被追究刑事责任前死亡的；（2）犯罪已过追诉时效期限的；（3）告诉才处理的犯罪，没有告诉或者撤回告诉的。在上述场合，刑事责任的终结时间就是上述情况出现之时。第二种观点认为，刑事责任的终结仅指刑事责任的实现，而刑事责任的消灭是没有追究行为人的刑事责任，二者的性质与效果完全不同，因此不能将刑事责任的消灭也视为刑事责任终结的表现，否则就是将两种不同性质、效果的情况混为一谈了。[①] 我们认为，两种观点的分歧实际上在于对刑事责任终结的含义理解不同，前者所称的刑事责任终结，既包括现实的刑事责任的终结，也包括应然层面的刑事责任的终结，而后者所说的仅仅是指现实的刑事责任的终结。如前所述，对刑事责任既可以从实然层面理解，也可以从应然层面来把握，因此刑事责任可以因其实现而终结，也可以因其消灭而终结。例如，犯罪在未过追诉时效时，犯罪人的刑事责任时刻都处于可以追究之中，但如果已过追诉时效，则对行为人不能再予以追究，这一事实本身也就表明了行为人的刑事责任已经终结。不过，上述第二种观点对于我们把握刑事责任终结的各种原因之间的不同点，还是具有启发意义的。

（二）刑事责任的解决方式

刑事责任的解决，指对业已产生的刑事责任给予处理，使刑事责任得以终结。对于刑事责任的解决方式，我国刑法学界一般是概括为定罪判刑、定罪免刑、消灭处理和转移处理四种。[②] 这种归纳准确地把握住刑事责任解决方式的具体范围，但是似乎尚够精细。笔者认为，实际上在这四种刑事责任的解决方式中，前两种属于刑事责任的实现方式，后两种属于刑事责任的其他解决方式，而刑事责任的实现方式与刑事责任的其他解决方式在性质与法律后果上都是不同的，前者是依法已经现实追究了行为人的刑事责任，完全实现了刑事责任的内容；后者是不允许或者不能追究行为人的刑事责任，因而实际上没有完全实现刑事责任的追究。所以，对两种类型的刑事责任解决方式不应罗列在一起，而应区分开来加以讨论。

---

① 参见张明楷：《刑法学》（上），法律出版社 1997 年版，第 390 页。

② 参见高铭暄、马克昌主编：《刑法学》（上编），中国法制出版社 1999 年版，第 394—395 页；高铭暄、马克昌主编：《刑法学》（第三版），北京大学出版社、高等教育出版社 2007 年版，第 234—235 页；赵秉志主编：《刑法新教程》，中国人民大学出版社 2001 年版，第 303—304 页。

论现代刑罚目的理论的种类与中国刑法理论的选择

王世洲*

中国1997年刑法颁布之后，大规模的刑事立法修改工作基本告一段落，历史为中国刑法理论界提供了一个全面反思基本理论状况的大好时机。刑罚目的理论作为现代刑法理论中的重要范畴，提供了使用国家刑罚惩罚犯罪的合理性根据，说明了对犯罪加以惩罚的意义。笔者认为，在理清刑罚目的的理论基础上，确定中国刑法理论的选择，对于反思与发展中国的刑法理论是有重要意义的。

一、中国刑罚目的的理论地位与功能性反思

现代刑法理论一般都同意，刑罚目的是指国家运用刑罚所希望达到的目的。国家运用刑罚是为了履行和完成宪法赋予国家的保护社会和个人的任务，因此，在刑罚目的意义上所说的目的，指的是刑罚对社会和个人的影响效果。从国家这个刑罚行使者的角度来看，这种影响效果表现为两个方面：一方面是鼓励性的，也称积极性的目的，其含义是国家通过刑罚的运用在社会中鼓励产生某种效果；另一方面是阻碍性的，也称消极性目的，其含义是通过刑罚的运用在社会中阻挡某种状态的发生。无论是鼓励性或者阻碍性的目的(或者积极性和消极性的目的)，只要是属于国家通过刑法选择的刑罚目的，就都是国家希望达到的目的。

---

* 北京大学法学院教授。本文是笔者2002年夏天参加中德学者短期合作交流项目的成果之一。笔者特别感谢德国马克斯·普朗克外国与国际刑法研究所的图书馆馆长Josef Kuerzinger教授，该所亚洲项目官员Thomas Richter博士，以及香港律政司刑事检控专员江乐士资深大律师（I. Grenville Cross SC）和副刑事检控专员李定国资深大律师（John R. Reading SC）为本文的研究提供的各方面支持。本文原文发表在《法学研究》2003年第3期，2006年10月获得“第二届全国法学教材与科研成果奖”科研成果类三等奖。

刑罚目的理论是现代刑法理论的重要组成部分，中国刑法理论中更有观点认为："刑罚目的在刑罚论中起着核心的作用"①。笔者认为，这种说法并不言过其实。刑罚作为一种通过强制剥夺或者限制受刑罚者特定权益而使人感到痛苦的方法，只有通过对包括制定、判处和执行等各种方式加以运用，才能对社会和个人发生影响。无论是刑罚的本质还是刑罚的功能，都只有在实际运用中，才能表现出自己的存在和价值。不谈运用的刑罚，就仅仅具有观念上或者纯理论的作用，而对实际生活不会有任何实际意义。在中国刑法理论中存在激烈争论的关于刑罚本质和功能的争论②，说到底，还是刑罚目的的选择问题，虽然本质论者实际上是将自己所要讨论的对象——刑罚目的，放在自己设定的讨论前提——刑罚的本质之中去了。因此，当本质论者反对在刑罚目的中选择特定的刑罚结果，例如惩罚或者报应的时候，他其实是在主张并承认刑罚本质的前提下，也就是已经采纳该种刑罚效果即特定刑罚目的的前提下，继续问题的讨论的。功能论者详细分析了刑罚的运用可能对社会和个人产生的影响的方方面面，但是，只要这些刑罚功能是通过刑罚的运用一定会对社会和个人发生影响的，并且该种观点认为，这些功能应当（更好地）通过并且只能通过刑罚的运用才能发挥作用，那么，功能论者其实就是在为刑罚目的的选择进行准备工作。不过，如果问题仅仅停留在刑罚功能的描述上，而不能将刑罚的这些功能与刑罚目的相联系，使之成为国家运用刑罚的指针，那么，这种功能性的研究就仅仅具有犯罪学甚至法社会学的意义，而不具有什么刑法学的意义，特别是不直接具有什么刑事司法实践价值。从现代刑法学的角度上看，问题归根结底都会是，我们应当如何确定中国刑法的刑罚目的以及中国刑法中的刑罚目的是否恰当——还是刑罚目的的选择问题。

在刑法学理论中，刑罚目的理论不仅会直接在刑罚论中影响刑罚体系、种类，乃至量刑和执行等方方面面的工作③，而且会对犯罪论的结构和内容产生重大影响。例如，在选择绝对报应的情况下，在犯罪论中重视的就是犯人"做了什么"，贯彻的是客观责任，行为人主观上的罪过状况对于刑事责任的成立要素来说并不是绝对重要的，而客观上的损害状况才是刑事责任的基本根据；在选择绝对的预防观点的情况下，在犯罪论中首先强调的就会是人对

---

① 参见齐文远主编（司法部法学教材编辑部编审）：《刑法学》，法律出版社 1999 年版，第 267 页。

② 关于刑罚本质讨论的综述，参见马克昌主编：《刑罚通论》，武汉大学出版社 1995 年版，第 27 页以下，特别是第 39 页以下。在这个理论方向上，还存在着刑罚属性与刑罚目的的讨论，例如，参见高铭暄主编：《刑法学原理》（第三卷），中国人民大学出版社 1994 年版，第 59 页。

③ 刑罚目的的选择对刑罚理论各方面的影响，在中国刑法理论中已经有许多相当透彻的论述，例如，参见前引①，齐文远书，第 265 页以下。

社会的“危险状态”，“应受惩罚的不是行为，而是行为者”，甚至可能产生在刑法上使用“危险状态”来代替“被禁止的一定行为”的犯罪构成要件这样极端的做法。在现代刑法理论中，刑罚目的的理论已经相当广泛地用来作为证明刑事司法制度合理性的基础。中国刑法学理论虽然还没有直接明确地使用刑罚目的的理论作为自己的理论出发点，但是，在当前中国刑法理论的犯罪概念中，就已经明确地将“应受刑罚惩罚性”作为自己的基本特征之一。在中国刑法的社会危害性理论中，社会危害性是与社会对特定行为进行惩罚，尤其是采用刑罚这种最严厉的手段进行惩罚的愿望相联系的。也就是说，如果不是因为社会危害性还承担着其他的理论功能，社会危害性和应受刑罚惩罚性本来就是同一的。人们完全可以说，认为某种行为具有社会危害性，就是认为对这种行为进行刑罚惩罚是正当合理的；反过来说也是正确的：只要对某种行为适用刑罚被证明是正当合理的，那么这种行为就是具有社会危害性的犯罪行为。因此，刑罚使用的正当合理性对于犯罪成立的正当合理性，的确有着重要的基础作用，而对犯罪适用刑罚的正当合理性，也的确与刑罚目的的选择紧密相关。从这个意义上说，刑罚目的也应当处于刑法学核心理论的地位上。

但是，中国刑法理论在刑罚目的这个重要理论范畴上的研究状况并不令人满意。[①] 在理论研究中提出了惩罚说、改造说、预防说、双重目的说、三目的说、预防和消灭犯罪说、根本目的和直接目的说等许多观点[②]，不仅在应然的角度上难以恰当地证明自身的合理性[③]，而且从已然的角度上也不符合已经发展了的中国刑法的立法和司法实际。对于当前比较流行的将预防犯罪作为中国刑法理论选择的刑罚目的[④]，其论证的方法和得出的结果，都有值得认真反思的地方。

首先应当反思的是，我们为什么要研究刑罚目的？或者说，我们应当如何认识刑罚目的在刑法理论中的功能？现代刑法理论一般都同意，刑罚目的要解决的主要是刑罚的合理性根据问题[⑤]或者是刑罚为什么存在的问题[⑥]。刑

---

① “我国刑法学界对刑罚目的问题的认识还是相当混乱的。”参见前引高铭暄书，第 57 页。

② 关于这些观点的总结，参见高铭暄主编：《新中国刑法学研究综述》，河南人民出版社 1986 年版，第 408 页以下。

③ 中国刑法理论对这些观点也做了许多透彻的评述，例如，参见前引马克昌书，第 59 页以下。

④ 例如，参见杨春洗、杨敦先主编：《中国刑法论》（第二版），北京大学出版社 1998 年版，第 201 页。但是关于刑罚应不应当以消灭犯罪为目的的问题，仍然存在着比较大的争论。

⑤ 参见［德］Hans - Heinrich Jescheck/Thomas Weigend，Lehrbuch des Strafrechts，AT，Duncker & Humblot/Berlin，1996，S. 66。

⑥ 参见陈忠林著：《意大利刑法纲要》，中国人民大学出版社 1999 年版，第 262 页以下；《意大利刑法学原理》，法律出版社 1998 年版，第 342 页。

法是根据宪法规定的保护社会和个人这个任务制定的，宪法规定的任务使刑法本身的存在获得了合理性根据。中国1997年刑法第1条就明确地规定了中国刑法是“根据宪法”制定的。然而，宪法赋予刑法的任务并不能自然而然地使刑罚本身具有合理性，刑罚应当以什么方式发挥作用，才能正义合理地实现刑法的任务这一点，即刑罚本身的合理性问题，是需要专门证明的。在刑法理论中，这个证明刑罚本身合理性的问题，一直是由刑罚目的的理论来完成的。在现代刑法理论中，虽然也存在着对刑罚本质①和刑罚功能②的研究，并且，刑罚本质和功能的研究对刑罚目的的说明并不是一点意义都没有，但是，从这两个命题在刑法理论中承担的任务和所要发挥的功能上说，刑罚本质主要解决刑罚是否应当具有惩罚性，尤其是痛苦性的问题③，刑罚功能主要解决刑罚的特征问题④。这两个命题的主要理论功能，在过去，主要是为了解决取消残酷的刑罚和解决不同自由刑种类的统一问题；在今天，主要是为了划清刑罚与保安处分这两种对付犯罪的手段之间的界限问题；在将来，还承担在刑罚和保安处分之外发展出将赔偿作为第三条刑罚道路⑤的论证任务。不是从刑罚目的而是仅仅从刑罚本质和功能方面所进行的说明，并没有解决刑罚的合理性根据问题。⑥

其次应当反思的是，我们应当如何确立刑罚目的？因为刑罚的运用是一种国家的行为，刑罚目的的理论功能是为了证明这种由国家针对犯罪运用的

---

① 例如，参见前引Jescheck/Weigend书，第65页；前引陈忠林：《意大利刑法纲要》，第262页。

② 例如，参见［法］卡斯东·斯特法尼等著：《法国刑法总论精义》，罗结珍译，中国政法大学出版社1998年版，第416页以下。

③ 例如，“毫无疑义，揭示刑罚的内在属性，首推惩罚性。我们说要使刑罚发挥惩治犯罪的作用，就是通过刑罚对犯罪分子造成一定的痛苦……”见前引高铭暄书，第28页。“刑罚总是进行否定性评价，并且在这一点上还总是具有一种使人痛苦的特征”，见前引Jescheck/ Weigend书，第65页。

④ 例如，“刑罚，作为对犯罪人施行的制裁，具备特定的功能。这些特定功能本身即可以说明刑罚的特征。”见注②罗结珍译著，第416页以下。

⑤ 参见［德］Claus Roxin，Strafrecht，Allgemeiner Teil，Band 1，C. H. Beck’s Verlagsbuchhandlung，1997，S. 67 ff。

⑥ 如果不是从静态，而是从动态上（即国家运用刑罚的意义上）考察，那么，中国刑法理论中关于刑罚的本质和功能的讨论就大致相当于传统的刑罚目的中关于报应和预防之争的翻版。但是，从动态的角度通过本质和功能来说明刑罚的目的，在理论上不仅使本质和功能原本应当承担的理论功能受到干扰和扭曲，而且使对刑罚目的的研究难以目标明确地深入进行。这样，将加重中国刑法理论在刑罚目的问题上认识混乱的局面。

刑罚本身的合理性问题，因此，刑罚目的不可能通过刑罚权和刑法的任务[①]得到合理的证明。刑罚当然是只能由国家制定并且实施，但是国家掌握的这种权力及其运用本身并不当然能够说明刑罚的合理性根据。在刑罚目的的证明上如果采纳这种“有权就有理”的观点和方法，不仅在理论上容易造成混乱，而且在实践中必然产生不尊重法律和滥用刑罚的结果。中国刑法理论目前虽然没有直接主张运用刑罚权来证明刑罚目的的观点，但是，在刑罚理论的核心部分对刑罚权问题的过分偏爱所产生的“间接论证”效果[②]，却是值得反思的。运用刑罚权和刑法任务这种国家理论的方法来论证刑罚目的的合理性，即通过证明国家权力的合理性来达到证明国家行使权力的手段所具有的合理性，在阶级对抗的状态下，尤其是在无产阶级国家建立和巩固时期，针对敌对阶级的阶级性破坏活动，具有很强的说服力[③]。这种以阶级斗争为社会历史背景的论证方法所产生的弊病，首先或者主要是被那个年代执法者所具有的高涨革命热情和政治觉悟，以及当时实施的（准）军事共产主义和计划经济的社会制度所压制。但是，在非阶级对抗年代中，在社会成员共同面对法律以公民相称的历史时代，尤其是在商品经济的社会制度下，继续这种阶级斗争年代的论证方法，且不论其结论的可靠性如何，其中在客观上也很容易同时产生为“权大于法”，“罚不当罪”提供某种理论支持的效果，从而导致完全背离刑罚目的所应当承担的理论功能的结果。

最后应当反思的是，如何完整地表达刑罚目的？中国刑法理论界当前比较流行的将预防犯罪作为刑罚目的的选择，基本上否认了惩罚或者报应是中国刑罚中的刑罚目的。暂且不说这种完全排斥惩罚或者报应观点的纯粹的预防理论在理论上本来具有的局限性[④]，也不说在预防之外必须使用本质和功能来说明本来可以由刑罚目的完成的理论任务是多么烦琐和混乱，就是在这种叠床架屋式的理论框架下，目前比较流行的预防理论也没有能够完整地完成刑罚目的应当承担的理论功能——为国家刑罚存在的正义合理性提供可靠的

① 笔者认为，在中国刑法理论相当流行的把刑罚目的分为根本目的和直接目的的做法中，根本目的就是刑法的任务。把刑法的任务当成是刑罚的（根本）目的，在论证刑罚的正当合理性中产生的不合理问题，与这里对刑罚权问题的反思基本一致。另外，中国的刑法理论已经开始意识到“刑罚的目的和刑法的任务有没有区别的问题”，见前引齐文远书，第269页。

② 目前中国刑法中涉及刑罚目的的主要理论著作，几乎全部都以相当大的篇幅来说明和论证刑罚权及其运用的合理性。

③ 例如，列宁在谈到死刑时指出：“任何一个革命政府不用死刑是不行的，全部问题仅在于该政府用死刑这个武器来对付哪一个阶级。”引自《列宁全集》（第37卷·第2版），人民出版社1986年版，第175—176页。

④ 关于预防理论在理论上的局限性，将在下文中做详细的分析。

证明。这一点至少表现在两个方面：一是没有为作为预防观点主要内容的一般预防和特殊预防之间的关系提供清晰确定的说明。目前在中国流行的刑法理论基本上是使用对立统一律来说明这个关系，“既要考虑到特殊预防，又要考虑到一般预防，二者不可偏废”[①]。在这个理论框架下，没有惩罚或者报应因素的参与，特殊预防的考虑其实是没有界限的；一般预防因为具有独立的意义，本身也是没有限制性的[②]。这样，让两个都没有自我限制功能的因素相互约束对方，其理论上的混乱和在实践中产生的弊病自不待言，从法律原则上说，这种毫无确定性的辩证论，从根本上就是违反“刑罚法定”[③]这个刑法的基本原则的。二是完全没有对刑罚目的与刑罚的本质及功能的关系作出任何说明。目前中国流行的刑法理论在刑罚目的之前，普遍论证了刑罚的本质及功能，但是，这种论述既没有明确指出其理论功能[④]，也没有明确指出刑罚本质及功能与刑罚目的的联系，从而使整个中国刑法的刑罚绪论部分[⑤]处于互不关联或者相互矛盾的状态之中。互不关联，是因为中国刑法理论普遍主张“刑罚功能不同于刑罚目的”[⑥]；互相矛盾，是因为有关观点或者很难说明在刑罚共存的惩罚属性和教育属性中[⑦]，为什么一种属性能够成为目的而另一种属性不能成为目的？或者很难说明在刑罚运用中实现的（积极）功能中，其首要功能——剥夺功能或者惩罚功能如何能够体现预防目的。

笔者认为，面对刑罚目的的选择这个刑法理论的基础性课题，中国刑法理论需要理清自己的思路，才能为中国的刑法发展提供更有说服力的理论基础。在探讨这个课题的研究价值，特别是探讨刑罚目的的确立途径和完整科学的表述方式时，先理清现代刑罚目的理论的种类，对中国刑法做出自己的选择，是有帮助的。

二、现代刑罚目的理论的种类

在现代刑法理论中，关于刑罚目的的理论主要有绝对理论、相对理论和

---

① 例如，见前引齐文远书，第265页。

② 关于预防理论的理论缺陷，在下文中还要详细探讨。

③ 在“罪刑法定”这个原则中，笔者在这里特别强调刑罚需要法定，而其理论前提就是刑罚的思想也必须是确定的。

④ 这种论述在客观上的确具有笔者在上文中提到的“间接论证”刑罚目的的功能，但是，这些论述也的确没有说明自己明确的理论功能是什么。

⑤ 也称刑罚概述或者概说，甚至刑罚观念，其实本来就是刑罚目的的那一部分内容。

⑥ 例如，前引杨春洗、杨敦先书，第194页。在中国刑法理论的有关著述中，都仅仅提到两者的不同，而没有提到两者的实质性联系。

⑦ 例如，参见前引高铭暄书，第27页以下。

综合理论。

（一）绝对理论

绝对理论也称报应理论、正义理论或者赎罪理论，主张“通过使罪犯承担痛苦的方法，使行为人由于自己的行为而加于自身的罪责，在正义的方式下得到报复、弥补和赎罪”①。在这种理论中，“绝对”的意思是指，刑罚不是在追求任何社会效果中考虑自身的意义，对这种理论来说，刑罚的意义就其本身来说就已经独立、完整地说明了②。严格地说，绝对理论的理论任务并不是为刑罚提供什么目的，而是为刑罚提供一个合理性的根据。但是，在现代刑法理论中，也正是因为绝对理论否定刑罚目的的态度，从而使这个理论在刑罚目的的理论中占有重要的位置。

绝对理论的集大成者是著名的德国哲学家和思想家康德和黑格尔。

康德是首先明确提出刑罚绝对理论的法思想家。他运用自己在哲学上创设的“绝对命令”（Kategorischer Imperativ）的观念，说明刑罚是“一种与所有的目的性考虑无关的由正义提供的手段”，认为“法官判处的刑罚……从来不可能仅仅作为要求另一种善行的手段而对罪犯本身或者对市民社会适用，在任何时候，刑罚都必须是因为这个罪犯破坏了法律而对他适用……”③ 根据康德的观点，刑罚只能出于纯粹刑罚的缘故而加以适用，无论国家的或者个人的使用目的都不能与此相联系。康德在刑罚的绝对性上是相当彻底的，他提出的著名的“岛屿理论”就是例证。他说：“甚至，如果这个市民社会的全体成员都同意解散（例如在一个岛上居住的居民决定，大家分手并散居到世界各地去），那么，也必须先将监狱中的谋杀犯处死，从而使每个人直接感受到，他的行为价值是什么，并且，血债是不能由不会坚决要求这种惩罚的大众来承担的。”④

康德提出刑罚的绝对理论，目的是将报应和正义的思想作为现行法律中不可违背的基础，并且以此来针锋相对地反对各种功利主义的观念。在康德的思想中，报应思想和正义的思想是紧密地联系在一起的：刑罚对犯罪的报应是正义的，正义要求刑罚对犯罪进行报应。在康德所处的时代，欧洲正在走出黑暗的中世纪，原始的以眼还眼、以牙还牙的同态复仇原则，在社会观

① 前引 Roxin 书，S. 41。

② 绝对理论的说法来自拉丁语 absolutus，在拉丁语中，绝对就是独立的，木身已经是完整的意思。参见谢大任主编：《拉丁语汉语词典》，商务印书馆 1988 年版，该词条。

③ 康德：《道德形而上学》（1797 年），第 453 页，德文原文转引自前引 Jescheck/Weigend 书，S. 70。

④ 转引自前引 Roxin 书，S. 42。

念中仍然有着强大的影响力，私人报仇、家族私斗的做法仍然可以被看成是正当的。康德提出的报应思想，得到了复仇思想的支持；他的正义思想，满足了欧洲现代国家形成过程中以刑罚完全取代私刑的历史发展潮流。他的主张在当时是有利于将对罪行复仇的权利，由私人手中转移到一种根据正式规则处理的、中立的，并因此以实现社会和平为己任的现代司法制度的历史性要求的。

黑格尔通过法哲学的研究，运用辩证的方法来论证刑罚的正义性。他将犯罪看成是对法的否定，将刑罚看成是对这种否定之否定，即作为“对犯罪的扬弃”，如果没有后一种否定，“犯罪就会是有价值的”。[①] 同时，黑格尔认为应当将刑罚作为“对法的重建”来理解，因为法秩序表现的是“普遍意志”（Allgemeinen Willen），而罪犯在其损害法的行为中表现的是“特殊意志”（Besondere Wille），应当通过刑罚来加以否定，通过这种方式使“普遍意志”和“特殊意志”重新获得统一，从而使法秩序得以重建。[②] 黑格尔明确承认，“对犯罪的扬弃，在对侵犯的侵犯这个概念范围内，是重新报复。”[③]

在刑罚是对犯罪的报应这一点上，黑格尔与康德是一致的。同样一致的还有，黑格尔不承认诸如威慑和改正这样的预防目标是刑罚的目的。用他的话说，“这是这种刑罚方式的根据，就像人们举起棍子打狗，并且人将不是按照人自身的荣誉和自由被对待，而是像一条狗一样被处理的。”黑格尔与康德不同之处，首先在于他将实践中无法实行的同态复仇原则，替代为通过犯罪和刑罚之间价值弥补的思想。由于他用等价报应论取代了康德的等量报应论，对绝对理论的发展作出了重要贡献，并从而使报应理论得以至少在德国贯彻了150年。

绝对理论从法哲学方面为刑罚理论所作的贡献在于，刑罚不再被认为是满足对个人报复的需求的，而是为实现正义服务的，因为，刑罚是恶（国家使用故意造成痛苦的方法）对恶（犯罪人造成的痛苦）的报复；同时，在需要使用刑罚的时候，总是只能以正义的方式进行。[④] 绝对理论从刑法信条学（Strafrechtsdogmatik）方面为刑罚理论所作的贡献在于，为刑罚提供了一个限度原则（Massprinzip）。绝对理论主张的报应，虽然在社会心理方面能够给人

---

① 转引自前引 Roxin 书，S. 42。

② 参见前引 Jescheck/Weigend，S. 71。

③ 黑格尔：《法哲学原理》，第 101 节，德文原文转引自前引 Roxin 书，S. 42。

④ 康德在《实践理性批判》中说：“在各种刑罚中，只要是作为刑罚存在的，就必须首先是正义的。”德文原文转引自 Heinz Koriath，Ueber Vereinigungstheorien als Rechtfertigung staatlicher Strafe，Jura 1995 Heft 12，S. 626。

以深刻印象的力量，但是，这种力量并不是没有界限的。无论是康德还是黑格尔，在主张报应的时候，都没有离开“正义”的基本要求。“正义”的观念要求刑罚与罪责的程度应当相适应，它在任何情况下都禁止采用对很小的过错适用强烈的处罚的方法，来以儆效尤，因为这里的“绝对”的思想，是反对使用刑罚来追求其他目的的。因此，绝对理论及其中包含的报应思想，就为国家的刑罚力规定了一种比过去宽容的、能够维护个人自由的功能性界限。在现代刑法中，绝对理论因此也被称为正义性报应理论，以区别于其他的报应思想和理论。

在刑法理论中对绝对理论的批评主要集中在以下几个方面[①]：

第一，不考虑社会目的的刑罚是不符合刑法的任务的。现代刑法理论普遍同意，刑法的任务在于支持对法益的保护。如果刑罚不能将为刑法的任务服务作为自身的目的，那么，它就要丧失自己在社会中出现和存在的合理性根据。康德和黑格尔维护的“正义”观念是先验的、难以界定和实现的；他们主张的对这种（由犯罪造成的）痛苦，通过附加那种（由承担刑罚带来的）痛苦来使罪行得以消除或者罪责得以弥补的思想，只有在宗教信仰的观念上才是可以理解的。国家作为一种人所建立的公共机构，不能也无法通过刑罚来实现那种形而上学的正义思想。自从政教分离之后，国家也不能再要求人们承担忠于某种宗教观念的义务。总之，不考虑社会目的的刑罚从此就丧失了自身存在的价值。

第二，使人遭受痛苦的做法经常是没有社会意义的。在绝对理论下的刑罚是根据附加痛苦的原则来执行的。在这样的理论指导下，犯罪行为的社会和心理原因难以为人们所认识，刑罚也不能达到消除经常是犯罪行为实施原因的心理上的社会化损害的效果，因此，不能成为合适的与犯罪作斗争的手段。在绝对理论“以恶除恶”观念的限制下，不仅刑罚执行部分难以纳入刑罚理论的视野，而且刑罚执行的理论和实践都难以得到发展。

第三，绝对理论的其他改良说法并不能支持这个理论的发展。最典型的例子是“赎罪”这种说法。在这里如果仅仅将“赎罪”作为“报应”的另一个词来理解，就会形成同义反复的局面。同时，尽管赎罪经常意味着行为人在内心中，将刑罚作为正义的罪责弥补而加以接受，从而通过心灵上的反省而使自己改过自新，并且通过这样一种赎罪使自己重新获得人格性和社会性的纯洁，但是，这样一种以人格心灵的自主方式显示出来的赎罪方式并不是

① 参见前引 Roxin 书，S. 42 ff。

强制性的，这样的惩罚不是报复，而更像是一种帮助。这样的说法并不能为报复性刑罚的正当化提供支持，绝对理论下的刑罚仍然保留其“合乎道德的恐怖”特征。

（二）相对理论

相对理论也称预防理论，其基本意思是主张为了使将来没有犯罪发生而对犯罪进行惩罚。相对理论不同于绝对理论，认为刑罚不能以自身为目的。在这种理论中，“相对”的意思是指，刑罚应当与防止犯罪的目的相联系。[①]

预防理论的观点可以一直追溯到刑法思想的起源时期。例如，柏拉图就主张：“聪明人不会因为触犯了戒律而进行惩罚，而是要由此使戒律不再被违背……”[②] 在孟德斯鸠、伏尔泰、贝卡利亚、边沁等这些欧洲启蒙运动时期的伟大思想先驱者的言论和著作中，都提到了将预防作为刑罚目的的意义[③]，虽然，预防犯罪作为刑罚目的的思想在当时受到了报应思想的压制。这些思想先驱们的主张，主要是为了通过反对刑罚威慑思想的恶性使用，倡导新的社会、政治、法律观念。从刑法理论发展的历史角度看，“相对刑罚理论集人道的、社会的、理性的和实用主义的思想于一身。”[④]

从刑法基本原理的角度对相对理论作出重要贡献的，首推德国著名刑法学家费尔巴哈和李斯特，虽然，在他们之前，已经有一些学者在理论和实践中发展了预防理论。[⑤]

李斯特对相对理论的贡献主要表现在他发展了特殊预防的概念。根据他提出的概念，特殊预防具有三重形式的内涵：通过对行为人的监禁来保护一般公众免受其侵害，通过对行为人适用刑罚来威慑其不得实施其他犯罪行为，通过对行为人的矫正来防止其再犯罪。根据这个概念，李斯特提出了根据行为人的种类对犯罪行为人区别对待的刑罚方法：对既无法遏制又无法矫正的惯犯进行无害化处理，对单纯的偶犯进行威慑，对可以矫正罪犯加以矫正。[⑥] 李斯特提出的特别预防的第三种形式：矫正，也称为重新社会化或者社会化，

---

① 相对理论的说法来自拉丁语 Referre，在拉丁语中，相对就是有联系、有关系的意思。参见谢大任主编：《拉丁语汉语词典》，商务印书馆 1988 年版，该词条。

② 转引自前引 Roxin 书，S. 45。

③ 详见前引 Jescheck/Weigend 书，S. 72。

④ 前引 Jescheck/Weigend 书，S. 71。

⑤ 例如，贝卡利亚在《论犯罪与刑罚》中，就借助社会契约论提出了以预防为导向的刑法改革方案，边沁也借助“功利主义”提出了非常理性的刑事政策。另外，德国学者施蒂贝尔创立的特殊预防的理论，通过克莱因和格罗尔曼的努力，在 1794 年的普鲁士法律大典中得到采纳，详见前引 Jescheck/Weigend 书，S. 72。

⑥ 参见前引 Roxin 书，S. 45 ff。

在刑法学和刑罚理论上都具有十分重大的意义，是区分其预防理论与过去的预防理论的重要标志，并已经成为当代预防理论的核心内容。李斯特奠定的特殊预防理论，对德国和世界的刑法改革都发挥了巨大的影响[①]。

由李斯特倡导而发展起来的以重新社会化为核心的特殊预防理论，从法社会学方面对刑罚理论的贡献主要在于，这个理论出色地证明了刑法的任务是公正的，即特殊预防仅仅对保护个人和社会负有义务，同时，这个理论提出了帮助行为人的思想，就是说，刑罚不是要将罪犯赶出社会并在他身上打上耻辱的烙印，而是要帮助他与社会重新融为一体。这就使体现社会化原则的这个要求比其他各种理论更要公正。这个理论对刑罚基本理论的贡献在于丰富了刑罚的执行种类与方法。由于特殊预防的要求，在刑罚执行中就需要建立各种适应社会化的训练和帮助项目，从而使对刑罚进行结构性改革成为可能，并且避免了报应原则在实践中的无效果。[②]

对特殊预防理论的批评和怀疑重要的有以下几点：

第一，特殊预防理论没有为刑罚提供一种限制原则。这被认为是这个理论最严重的缺陷所在。与报应理论不同，根据预防理论的结果就会是，允许将一个罪犯关押到其已经重新社会化为止。这不仅会导致引入不定期刑的判决，而且会导致在轻微的违法行为表现为一种深刻的人格障碍症状时，就对其施加长年的监禁刑。如果证明一个人具有严重的犯罪危险性，那么，根据这个理论，在不需要证明行为人已经实施了具体犯罪行为的情况下，也应当考虑某种（重新）社会化的处理方法。这样做，不仅远远超过了报应理论所允许的对人权侵犯的范围，而且也将超过法治国家允许的范围。

第二，特别预防理论不考虑这样的问题：国家到底根据什么权利，可以对一个成年人进行教育和处理？[③] 绝对理论的主张者康德和黑格尔都认为，这样做是违反人的尊严的行为。在制定法和司法实践中，德国基本法第1条第1款禁止在涉及不可侵犯的一个成年人的人格核心部分这个范围内进行强制性教育。德国宪法法院也曾经指出："国家……没有'矫正'它的国民这个任务。"[④] 在反对特别预防观念的主张中，出于治疗和教育目的的不定期刑罚和

---

① 例如，德国在20世纪70年代之前进行的刑法改革，在刑法思想和刑事政策上，从某种意义上说，基本上就是围绕着如何采纳李斯特观点的程度进行的。参见拙作："联邦德国刑法改革研究"，载《外国法译评》1997年第2期。

② 参见前引 Roxin 书，S. 46 ff。

③ 刑罚的本质和刑罚的合法化是有区别的。详见前引 Jescheck/Weigend 书，S. 65 ff。

④ 《德国宪法法院判例集》（第22卷），第219页。

强制性处置首当其冲。[①]

第三，特别预防对于如何处理不需要重新社会化的行为人，没有提出相应的有效办法。这种问题不仅出现在对过失罪犯和偶犯实施的轻微犯罪行为上，而且出现在那些实施了严重犯罪行为，但是不存在再犯危险的情况中，因为那些行为是在一种不可能再发生的冲突情景中实施的，或者行为人在其他情节下是不可能重新实施自己的行为的。如何能够从特殊预防的观点出发，不对这样的罪犯判处刑罚或者判处较轻的刑罚呢？

第四，特殊预防的理论虽然以防止累犯为直接的目的，但是，迄今尚未在广泛的基础上发展出成功的对罪犯的社会化方案。面对报应理论关于刑罚的目的就是其自身而与各种“后果”无关的状况，人们感到，特殊预防的目标设定虽然在理论上被认为是正确的，但是，在长期没有可靠的实践方案的情况下，也会变得毫无意义。实践中存在的在重新社会化计划道路上的困难，促使人们对基本理论本身进行反思。

费尔巴哈对相对理论的贡献主要是提出了一般预防的概念。根据一般预防的理论，刑罚的目的既不是报复，也不是对行为人的影响，而是对一般公众的影响，通过刑罚的威胁和执行，公众应当掌握法律的禁止性规定并且避免违反这些规定。因此，这种理论是以预防犯罪为目标的，因此属于预防和相对的理论，并且，因为这种理论主张，刑罚不应当特别地作用于被判刑人，而应当一般地作用于一般公众，所以，人们称之为一般预防的理论。

费尔巴哈的一般预防理论是从他发展出来的所谓的“心理强制说”中推导出来的。他将潜在犯罪人的心灵，设想成一个要和不进行犯罪的动机相互激烈斗争的战场，同时认为，人们必须通过对刑罚威胁的权衡，在犹豫不定的灵魂中呼唤不进行犯罪的情感，使反对实施犯罪的努力获得优势，并且用这种方法对行为的放弃产生一种“心理上的强制”。在费尔巴哈的教科书中，有一段相当准确的对这个理性和决定论方案的概述：“所有的违法在心灵上都有其心理发生的根据，在这个心理范围内，无论人们对实施行为有兴趣还是无兴趣，都同样地推动着人们对行为的追求能力。但是，当人们知道自己的行为必然会产生一种痛苦，并且，这种痛苦要比与对行为不满意的推动力相适应的无兴趣更强烈，那么，这种心灵上的推动力就能够被这种认识所取消。”[②] 费尔巴哈对犯罪心理的这种认识，得到了现代心理学的支持。例如，

---

① 1975年以来，以反对重新社会化和主张复归报应理论为主要内容的“新古典主义”，在美国和北欧国家中获得了影响，从而导致不定期刑和强制性处置项目的被放弃。详见前引 Roxin 书，S. 47。

② 转引自前引 Roxin 书，S. 49。

弗罗依德就认为，“人类刑罚秩序的基础之一”存在于一般预防的必要性之中：“如果有人成功地使被抑制的愿望得到满足，那么，在全体社会成员中就一定会激起同样的愿望；为了抑制这种诱惑，就必须将这种实际上是羡慕的心理，在冒险的萌芽阶段就予以消除……”①

除了从法心理学方面对刑罚理论的进步作出了贡献之外，费尔巴哈在刑罚目的理论中的贡献主要表现在：通过建立一般预防的理论，从而在刑法理论中第一次区分了特殊预防和一般预防；通过将一般预防与刑罚威慑联系起来，从而将启蒙时期以来的刑罚理论发展到了一个新的高度；通过将刑罚理论与康德的伦理学相连接的尝试，使刑罚威慑理论与以边沁、贝卡利亚为代表的刑罚功利理论形成泾渭分明的两个理论体系。②

一般预防的理论对后来的刑罚理论影响很大。经过刑法学者几代人的努力，一般预防从其消极方面和积极方面得到了很大的发展。③

消极的一般预防，也称否定性一般预防，其基本思想内涵是使用威慑的概念来遏制其他人实施类似的犯罪行为。根据费尔巴哈的观点，今天刑法学界一般认为，在有犯罪倾向的人中间，只有一部分人会对着手实施一个行为有这么多的考虑，从而使自己适合于被“威慑”。对于这些人来说，不是刑罚威胁的严厉性发挥了威慑的作用，而是被抓住的风险程度对其发挥了威慑作用。消极性一般预防的理论因此支持了社会政策方面的这个结论：更大的一般预防的效果，不是像社会公众想象并一直反复要求的那样，可以通过增强刑罚威胁的严厉程度来实现，而只能通过加强刑事追究（例如，通过加强和改善警察的教育）才可能真正具有。

积极的一般预防，也称肯定性一般预防，“反映在一般地维护和加强一般公众对法律秩序的存在能力和贯彻能力的忠诚上。”根据这种理论，刑罚的任务是：“在法律共同体中证明法律秩序的牢不可破，并且由此加强人民的法律忠诚感。”准确地说，积极的一般预防包含了三个通过刑罚产生相互作用的目标和作用：一是学习效果，即通过刑事司法活动支持公民“学会法律忠诚”；二是忠诚效果，即使公民看得见法律的贯彻执行而产生的效果；三是满足效果，即通过对违法行为的惩罚使公民的法律意识得到抚慰，使他们与违法行

① 转引自前引 Roxin 书，S. 50。

② 详见前引 Jescheck/Weigend 书，S. 72。

③ 这个发展仍然还在进行，目前令人瞩目的是在积极性一般预防的影响下，向所谓的“理想化报复理论”，或者黑格尔意义上的绝对理论的发展。参见雅科布斯著：《行为、责任、刑法——机能性描述》，冯军译，中国政法大学出版社 1997 年版，第 101 页以下。

为人之间的冲突被看做是已经了结。最后提到的这个“满足效果”，今天经常在“一体性预防”这个术语下，作为国家刑罚的正当化根据被考虑。①

一般预防理论的思想出发点清楚易懂，它以阻遏犯罪为目标，与报应理论追求形而上学的维护正义的说法完全不同。同时，一般预防的理论并不完全排斥特别预防的观点。因为用预防犯罪的观点看来，如果刑罚仅仅是对已经犯有刑事罪行的人发挥作用的话，这个理论就是不充分的。这个理论追求的立即广泛地预防犯罪的目标，从社会政策方面看也具有重要的价值。

一般预防的理论与特殊预防的理论相比，具有三个明显的优点。首先，它可以毫不牵强地说明，在行为人没有再犯危险的情况下，也不允许完全放弃刑罚，如果犯罪行为没有给行为人留下什么法律后果，就容易激起其他人进行模仿的兴趣。其次，一般预防的理论不主张使用不明确的和法治国所怀疑的危险性评价，来代替对行为的明确描述；相反，为了鼓励公民在内心中产生一种对特定的行为保持距离的动机，就要求在法律中对行为保持尽可能准确的明确性。最后，一般预防的理论虽然建立在社会心理的假设上，但是与特殊预防不同，在实践中很少受到批驳。尽管反对的意见认为，各种犯罪行为的产生就证明了一般预防的无效，但是，人们认为，一般预防的有效性表现在，尽管有各种犯罪行为，人们中的大多数仍然保持了自己的法律忠诚感。虽然，应当在什么程度上把这种忠诚归因于一般预防的消极方面和积极方面，还难以从经验上说清楚或者用证据确切地加以证明。但是，刑罚在其中所具有的重要意义，是社会都承认的。

一般预防的理论在理论和实践上仍然存在一些严重的问题。

首先，一般预防的理论与特殊预防的理论一样，并没有包含刑罚的限度。这样，至少对于消极一般预防来说，就总是存在着将刑罚转变为国家恐怖的危险。从历史上看，那种更严厉的刑罚就具有更大的威慑作用的思想，尽管极可能是不正确的，却经常是造成“无节制”刑罚的原因。

其次，一般预防比起特殊预防来说，更容易受到现代人权和法学理论反对为了预防犯罪的目的而侵犯人的尊严这种意见的批评。至少在重新社会化的情况下，本来应当得到帮助的被判刑人，根据一般预防的理由，得到的刑罚却仅仅是为了使其承受负担，并且是为了预防其他人犯罪的缘故。这样做的正当化根据，恰恰是一般预防理论本身不能提供的。

最后，一般预防的理论还分担了报应理论的缺陷，不能为刑罚执行提供

① 参见前引 Roxin 书，S. 50 ff。

鼓励。虽然一般预防的各种表现形式都有这样的问题，但是，消极的一般预防表现得特别突出。在总是适用于一般大众而不是行为人的范围内，以"对公民单纯的威慑"（费尔巴哈语）为目标的刑罚执行，与其说是遏制再犯，不如说是促进再犯，从而使它对与犯罪所进行的斗争所造成的损害就要大于益处了。①

（三）综合理论

综合理论是指处在绝对理论和相对理论之间，试图采纳两种理论的优点和排斥两种理论的缺点，从而实现最佳理论组合的各种理论的总称。

在思想观念上相当对立的绝对理论和相对理论之间，如何调和出综合理论，一直是令人怀疑的。在各种理论的提倡者都主张自己不能为其他观点所包含时，怎么可能将不同观点糅合在一起？"两件撕破了的衣服是不可能缝成一件让国家穿的衣服的"。人们一直担心，这样的综合理论是否不过是一种表面化的、形式上的妥协，甚至"会将原来理论中的缺点相加在一起"②。但是，从刑法理论发展的历史看，"综合理论是长期政治和学术斗争的产物"③，尽管在各种刑罚理论体系中都可能存在着一些不协调之处，并且各种综合理论对刑罚目的的设定和解释都一直在受着人们的批评，但是，简要地考察一下这些理论，对于中国刑法理论作出自己的选择，应当是有帮助的。

在刑法理论上比较有影响的综合理论有以下几种：

第一，混合式综合理论④。

这种理论指出，绝对理论和相对理论要回答的问题并不一致，报应论关心的问题是"国家的刑事惩罚是否正义"，而预防论关心的问题是"使用国家的刑事惩罚希望达到什么目的"。这两种理论的缺陷在于：绝对理论抹杀了刑罚与法律条文的联系，相对理论没有认识到，在目的的符合性和正义之间的确存在着某种联系。因此，不能说报应理论仅仅是指向过去，而预防理论仅仅是指向将来的。各种根据报应判处的刑罚都有一种预防的效果，根据预防判处的刑罚因为只能在犯罪发生之后并且因为犯罪而发生，因此正好是与报应理论相一致的。

这种理论反对使用目的的正当性来证明手段的正当性，而是主张应当把刑罚定义为"一种施加于个人违反规范义务行为之上的痛苦"。在这个定义的

① 参见前引 Roxin 书，S. 53。

② 参见前引 Heinz Koriath 文，S. 625 ff。

③ 参见前引 Jescheck/Weigend 书，S. 76。

④ 这种理论的代表人物主要是默克尔（A. Merkel），参见前引 Heinz Koriath 文，S. 625 ff。

基础上，可以解决两种理论在刑罚的对象（即行为[①]）、原因（违反规范的义务[②]）和性质（与痛苦一起的否定性价值评价[③]）各方面的争议，从而在法律实践中实现统一两种理论的运用。这种理论通过运用法人类学的方法，认为刑罚是作为一种“反作用力”，作为“在社会自我保护的机构中社会性权力确认的一种形式”引进的。不过，国家刑罚的不同之处在于保留了权衡制度，以抑制任意或者超过限度的报应行为，并且应当在最小限度地造成人类利益损害的条件下最大限度地实现自己的目的。

这种理论认为：不可能通过一个或者几个目的的说明来完成对于刑罚目的的说明，例如，特殊的刑罚目的就可以适用于：“行为作为一种被谴责的标记；已经被犯罪扰乱了的安宁；对犯罪已经侵入的法律领域提供的补偿；防止任意方式的报复和防止对和平的扰乱；在受害人本人内心使犯罪损害效果无效，以及在各种考虑的利益前，有助于保持和可能提高对犯罪实施的注意……市民状况的改善，特别是使犯罪不能造成危害……”[④] 混合式综合理论将绝对理论和相对理论的观点相互融合，对刑罚的正当性问题作出了自己的解释。

第二，并列式综合理论[⑤]。

这种理论认为：“自康德和费尔巴哈以来的德国学者的毛病在于片面地强调个别刑罚目的，而同时忽略了其他的观点。”在刑法的历史上，总是有不同的刑罚目的，根据力的平行四边形的方式发挥作用。“刑法从来没有绝对地为一个目的服务过。在刑法中，报复、威吓、补偿总是相互联系在一起的，在现代的自由刑中还应当加上改正的目的。”因为社会中存在着各种不同利益的冲突，刑罚必须具有为许多目的服务的功能，才能满足社会上不同利益的要求。

并列式综合理论认为，报应、一般预防和特殊预防都是基本的理论要素。在这个理论中，报应原则不包含“绝对确定的刑罚尺度”，正义的报应是根据一种“犯罪和刑罚之间的比例关系”产生的。一般预防理论以一种类似享乐主义的考虑为前提，是在一种心理作用中形成了刑罚意图而达到目的的，因此，一般预防就包含了“可能导致最严厉刑罚的倾向性”，并且，由于刑罚的

---

① 这是直接针对“报应理论仅仅是指向过去，而预防理论仅仅是指向将来”这种说法提出来的。根据刑罚适用的对象是行为这个说法，一方面符合报应理论认为刑罚指向过去发生的行为的观点，另一方面符合预防理论要求警戒后人的观点。

② 这个要点符合报应理论要求惩罚的观点，也符合预防理论防卫目的的观点。

③ 这一点与前面两点相联系，说明刑罚支持着由行为损害的法律条文和义务。

④ 参见前引 Heinz Koriath 文，S. 628。

⑤ 这种理论的代表人物主要是海波尔（R. v. Hippel），参见前引 Heinz Koriath 文，S. 628 ff。

过分严厉，这种刑罚具有的使人不满和变得野蛮的作用将损害威慑的目的，从而使一般预防造成了损失。“因此，一般预防的功能就决定性地取决于刑法保护的可靠性，由此，轻缓而更能可靠地保证实施的刑罚，就比严厉而不可靠的刑罚具有更大的预防效力。”不过，在行为人对现实的好处的评价高于将来的痛苦的比较中，例如对出自宗教信仰、爱国信念、博爱情怀或者政治狂热而实施的行为，惩罚毫无疑问是没有预防效力的。这个理论认为特殊预防仍然具有“完全基础的富有启迪性的意义”，因为特殊预防的概念推动了对国家刑罚的意义和界限的基本理论性的反思，“这将导致改善现有的手段和方法和实现新的手段和方法”。然而，一种更可靠的刑罚尺度原则并没有包含在特别预防的概念中，人们无法预测刑罚的效力对再犯犯罪的预防。

在对理论要素进行分析之后，这种理论发展出了一个模式，将刑罚的目的区分为不变的目的和可变的目的。不变的目的适用于报应和一般预防；特殊预防的目的（包括矫正、威慑和无害化）是可变的目的。在不变的刑罚目的内部，报应原则起着“基本性的调节作用的意义”，一般预防与适当的报应刑罚融为一体。在不变目的和可变目的之间的关系上，适用两个规则。第一，一种特定的行为是否需要一种惩罚来威胁的问题，将根据不变的刑罚目的来决定。第二，在通过报应和预防开启的裁量范围之内，特殊预防才发挥其作用。作为标准，这里适用的也是最大—最小规则：适用最少的刑罚痛苦，尽可能地阻遏违法行为的再犯。也就是说，高于报应和一般预防决定的刑罚量，被认为是不正当的；但是，在相反的情况中，在报应和一般预防要求一种更重的刑罚作为对个人的预防，根据不变目的优先于可变目的的规则，可以推断出，应当适用不变目的的刑罚框架，也就是说，必须给予更重的刑罚。并列式综合理论将报应、一般预防和特殊预防的观点并列，对刑罚的目的问题作出了自己的解释。

第三，分阶段综合理论[1]。

这种理论认为，报应和预防的观点都不能作为刑罚的一般基础。报应完全不能用来证明刑罚的必要性，因为，“在事实上是以其为前提的”，并且，这个前提只能通过超感觉的假设才能被证实，这种超感觉的假设仅仅在宗教的世界观中才能得到人们的同意，同时，报应所根据的意志自由和因果原则与这种假设和不确定的世界观也是不相一致的。预防的观点也难以说明，在特殊预防的情况下，对个人的“治疗”过程应当持续多长时间，并且，在给

① 这种理论的代表人物主要是罗克信（C. Roxin），参见前引 Heinz Koriath 文，S. 630 ff。

予的惩罚超过正义报应范围的情况下，如何证明国家权力对个人进行的这种“教育”的合理性？另外，对于一般预防来说，因为为了威慑，刑罚就必须像戏剧那样扣人心弦，从而使得一般预防“完全具有一般的导向国家恐怖的倾向”。如果不加区别和选择地将这些理论放在一起，因此产生的综合理论就可能是结合了各种理论的缺点，甚至是将各种理论中的缺点加以放大。

这种理论主张分阶段地确立刑罚的目的，因为刑法的制度性应用本身就是一个程序性过程。这种理论认为，刑法的制度性适用可以分为三个阶段，即法律规定、司法程序和刑罚执行。这种理论主张，法律规定和司法程序应当按照一般预防的目的来安排，刑罚执行则应当服从个别预防的目的，这样，就把报应原则排除出可能的刑罚目的的组群。分阶段综合理论将不同的刑罚目的置于不同的刑法制度性阶段，为刑罚划出了阶段性追寻目标。

第四，分问题综合理论①。

这种观点认为，将一种制度性实践的复杂特征，用一种并且只用一种原则来说明的努力，只会造成混乱。在刑罚的目的方面，应当根据不同的问题作出不同的回答。根据这种观点，刑罚的目的中应当回答的问题主要有：国家刑罚的一般合理性基础是什么？谁应当受刑罚惩罚？应当给予多严厉的刑罚处罚？

对于国家刑罚的合理性基础这个问题，这种理论认为，预防理论可以很好地解决这个问题，因为刑罚的规定是社会为了阻遏特定行为而规定的，同时，报应理论也不过时，因为报应理论说明，只有破坏法律的人才能受到刑罚惩罚。

对于谁应当受到刑罚惩罚这个问题，这种理论认为不能单独运用预防理论来说明，因为根据预防的要求，必须同时考虑刑罚对第三人心理的影响，这样就很难排除为了增大刑罚的作用力而惩罚其他人（例如行为人的家属）的合理性，从而使威慑通过法定的刑罚而产生的积极作用，会被专横的刑罚制度所产生的痛苦所抵消。这种理论主张应当通过正义报应理论对预防原则进行限制，保证只有行为人，而不是其他什么人，来承担刑罚的惩罚。

对于应当给予多严厉的刑罚处罚这个问题，这种理论特别反对根据特殊预防的目的来决定刑罚的说法，因为这样就意味着对正义原则和罪刑比例相适应原则的限制和排除，同时，以特殊预防作为决定刑罚轻重的目的也意味着放弃预防所有还没有破坏法律的人，因此就削弱了一般预防的作用。这个

① 这种理论的代表人物主要是哈特（H. L. A. Hart），参见前引 Heinz Koriath 文，S. 631。

理论主张重视犯罪与刑罚之间的比例关系，但是同时主张，刑罚的预防效力并不直接成比例地取决于其严厉程度，因为刑事程序本身的存在，尽管其结果可能是十分轻微的惩罚，就已经足以展示威慑的效力了。

第五，以报应为基础的综合理论。

这种理论是在对康德的报应理论进行重新反思和深入研究的基础上产生的。这种理论认为，康德的报应理论是针对预防理论提出来的。人具有独特的尊严和人格，不能将人等同于物，即使是违法的人也不是一个物品，不能把人像物品一样使用来证明法律制度的合理性，更不能将人作为一个物品来使用以促进对法律的忠诚。另外，针对康德主张的绝对命令与刑罚的关系问题，这种理论认为，康德将国家对刑罚的命令建立在社会契约的基础之上，也就是说，康德运用了社会契约理论为国家刑罚提供了合理性基础。但是，康德是坚持报应观点的。在康德那里，报应的含义有三点：一是刑罚是根据报应提出来的；二是报应意味着排除惩罚行为人以外的人；三是报应意味着同态复仇[①]。在报应的基础上，康德并没有完全排除预防的内容，康德指出，"（行为人）必须事先就处在应受刑罚的位置，在此之前还可以考虑，从这个刑罚中可以找出一些对他自己或者其同乡有用的东西"。总之，这种理论认为，以报应为基础的综合理论是以对人的基本权利进行绝对保障的考虑为基础的。

第六，以预防为基础的综合理论。

这种理论主张将报应的思想完全排除出作为刑罚目的的理论，因为刑罚作为一种国家的强制性干涉和被判刑人承受的负担，不存在独立于法律安排的目的之外的"本质"。刑罚虽然具有使人遭受痛苦和具有"社会—道德谴责"的功能，但是，立法者规定的刑罚不是仅仅要求被判刑人"泡满刑期"和接受痛苦，而是为了要在重新社会化的意义上，避免将来的犯罪。然而，这种理论保留了报应理论中的一个要素，将罪责原则作为设定刑罚界限的手段，主张：刑罚是为特殊预防和一般预防服务的；刑罚在其严厉程度上是由罪责的程度限制的，并且只要特殊预防的需要认为必要并且一般预防的最低要求不予反对，就允许低于其程度。

应当注意的是，综合理论的发展，并不总是仅仅在学术方向上进行的，事实上，在刑事立法和刑事司法的实践中，人们也在不断地创造与实践着综合理论。综合理论不仅仅是一个理论问题，而且也是一个实践的问题，可以说，刑事法律实践，包括刑事立法和刑事司法，为各种综合理论提供了实践

① 虽然人们普遍认为，康德关于同态复仇的观点是不能自圆其说的。

的场所。德国刑法典是立法上的一个典型的例子。该法第 46 条第 1 款规定，行为人的罪责是量刑的基础，主要反映的是报应的观点；第 2 款规定，要考虑刑罚对行为人将来的社会生活产生的影响，基本反映的是特殊预防的观点；第 47 条第 1 款又规定，“维护法秩序”属于合法的量刑考虑，基本反映了一般预防的观点。德国的司法实践也直接反映了自己对刑罚目的理论复杂组合的认识。德国联邦宪法法院的态度典型地说明了这一点：“德国宪法法院不断地重复研究国家刑罚的意义和目的，原则上不采纳在学术意义上代表的刑罚理论的立场……作为刑法一般任务来表示的是保护社会共同生活的基本价值。罪责弥补、预防、行为人的重新社会化，赎罪和对已实施不法的报复，将作为适当的刑罚惩罚的各个方面来表示。”[①] 如果从历史发展的观点来看，人们的确可以观察到，德国联邦最高法院的态度也是不断地作出调整，在一个时期特别强调这个观点，在另一个时期特别强调那个观点。例如，在早期的德国帝国法院的判决中指出，“……决定性的是……处于第一位的赎罪的需要，刑罚的报应目的，然后可能还有威慑的目的。其他的刑罚目的，矫正和保障的目的，与之相比退到次要的地位上”[②]。这个态度与上面提到的后来德国宪法法院的态度，在着重点上已经有了明显的不同。

实践中的综合理论根据的是一种正确的认识：报应理论和任何一种预防理论都不能单独正确地在事实上确定刑罚的内容和界限。但是，各种综合理论应当防止简单地将罪责弥补、特殊预防和一般预防作为刑罚目的放在一起，从而在实践中产生将各种观点的缺点相加这样有害的结果，包括要防止产生在不同刑罚目标之间无原则的混合和摇摆，从而使作为社会满足手段的刑罚不能形成完整的方案。因此，实践中的综合理论虽然不代表理论中的某一种观点，但是，任何综合性实践却是必须以理论性观点为基础的。

三、中国刑法理论对刑罚目的的选择

综观现代刑罚目的的这些理论研究的基本成果，人们可以看出，现代刑罚目的的理论仍然是围绕着对报应、特殊预防和一般预防的选择进行的。目前的刑法科学研究，仍然还没有发展出真正新的可供选择的刑罚目的[③]。在刑法理论

---

① 《德国宪法法院判例集》(第 45 卷)，第 187 页、第 253 页以下。

② 《帝国法院刑事案件判例集》(第 58 卷)，第 109 页。

③ 目前对刑法中的保安处分和赔偿问题，也是在这三个刑罚目的理论方向上加以研究和说明的。关于人权理论的说法，是作为刑法的任务被理解的。关于犯罪与刑罚规定和选择的经济分析，基本上是为了说明对某种刑罚目的理论的选择服务的。

研究和司法实践中，人们还是以这三种目的的含义、相互关系以及组合形式为重点，提出自己的观点和做出自己的选择。至少从实践的观点看来，人们已经同意，报应和预防不是不可调和的矛盾体[①]；从理论的角度看，人们主要关心的是如何克服这两种观点内在的缺陷，发扬其各自的优势，而不是相反。

目前比较流行的中国刑法理论对于刑罚目的的态度，有以下两个基本特点：

第一，基本上否认惩罚是中国刑罚目的，主张预防犯罪是中国刑罚的目的。[②] 也可以说，中国刑法中的刑罚目的理论基本上是排斥报应理论的观点的。

第二，对刑罚目的的说明采取了分层次论述的方法。例如，把刑罚目的分为根本目的和直接目的的说明，认为“根本目的决定制约着直接目的；直接目的服从并服务于根本目的，是实现根本目的的必要条件”[③]；或者分别从刑罚的功能和刑罚的目的方面所作的说明，认为“刑罚功能与刑罚目的之间存在着手段的客观效果与希望达到的目的的关系”。[④]

中国刑法理论否认惩罚是中国刑罚的目的从而基本排斥报应理论的观点，虽然有避免将刑罚的属性混同刑罚的目的，防止通过追求对行为人造成痛苦的方法来遏制犯罪的考虑，但是，这种观点也同时在理论和实践中造成了一些难以解释的不协调。其中最重要的是，排斥报应理论就使得刑罚目的理论难以吸收报应理论的精华部分——限度原则。尽管中国刑法理论在刑法的基本原则中强调“罪刑相适应原则”[⑤]，但是，由于在中国刑法理论中，规定“犯罪是刑罚的前提，刑罚是犯罪的法律后果。犯罪的概念包含刑罚的要求”[⑥]，在中国的刑法典第61条中规定，量刑“应当根据犯罪的事实、犯罪的性质、情节和对于社会的危害程度”进行，理论中的犯罪与刑罚之间的关系和实践中刑罚的司法适用，仍然都具有很强烈的报应色彩。从长远看，由于理论的不完善所造成的理论与实际的脱节，必然使理论丧失自身应有的基础性指导作用，使刑事法律实践抛弃理论的保障性约束而自行其是。笔者认为，

---

① 参见前引 Jescheck/Weigend 书，S. 69。

② 例如，参见前引杨春洗、杨敦先书，第201页。但是关于刑罚应不应当以消灭犯罪为目的的问题，仍然存在着比较大的争论。

③ 参见刘守芬主编：《刑法学概论》，北京大学出版社2000年版，第180—181页。

④ 参见前引杨春洗、杨敦先书，第194页。

⑤ 这个原则已经规定在中国刑法典第5条之中。

⑥ 参见前引刘守芬书，第36页。笔者强调，这种说法是目前中国刑法学的标准提法。类似的说法还可以在许多刑法学教科书和著作中见到。

中国刑法理论排斥报应理论的问题，主要是因为没有对报应理论给予全面科学的认识和没有消除对报应概念的误解。

另外，中国刑法理论对刑罚目的采取分层次说明的思路本身是可取的。但是，将刑罚目的分为根本目的和直接目的加以说明的方法，混淆了刑法的任务与刑罚目的的关系[①]；用刑罚的功能和刑罚的目的相区别的方法来说明刑罚目的的方法，在概念上也混淆了对象与目的的关系[②]。问题在于应当从什么层次上来分析刑罚的目的。

面对纷繁复杂的刑罚目的理论，中国刑法理论应当做出怎样的选择？的确，“（法律中）所有具体规定均必须放到历史上不断发展的法律制度中去理解。”[③] 对于历史上形成的这些理论观点，中国刑法理论应当“取其精华，去其糟粕”。

（一）中国刑法理论对绝对理论应当采取的态度

中国刑法理论在选择绝对理论时，当然应当抛弃酷刑和肉刑那些过时的等量报应的做法，但是，在绝对理论中包含的限度原则和根据罪责对行为人适用刑罚的原则，则是应当加以吸取的。因此，不加分析地完全排斥绝对理论是不正确的。

绝对理论的观点，产生于启蒙时代，在面对一方面要反对“朕即国家”的封建观念，另一方面要建立统一的现代国家的历史任务时，努力将刑罚的正义性建立在至高无上的思想观念——“绝对命令”之上，为刑罚创立了一个至少在形式上是公正的和至少在逻辑上无法颠覆的独立地位，并因此为对犯罪的追究提供了一个神圣的基础。虽然人们后来因为主张绝对理论的个别思想家支持死刑和同意使用例如去势这样的肉体刑，批评报应刑“散发出残暴的味道”[④]，但是，绝对理论中包含的合理内核——从限制原则中产生的根据罪责对行为人适用刑罚，却已经基本上为现代刑法的各种刑罚目的理论所共同接受。

在分析绝对理论的时候，有必要正确理解报应的含义，以避免产生不必要的误解。

报应、报仇、同态复仇是三个有联系又有区别的概念。这三个词产生于

---

① 这个关系可以概括为对刑罚目的的追求是为实现刑法任务服务的。

② 根据一般的理解，刑罚的实施一定会产生一定的客观效果，当这种客观效果作为被追求的对象时，这就是目的。“目的是行为人通过实施行为所希望达到的结果。”

③ 参见［德］汉斯·海因里希·耶赛克、托马斯·魏根特著：《德国刑法教科书（总论）》，徐久生译，中国法制出版社2001年版，第3页。

④ 尼采语，转引自前引Heinz Koriath文，S. 633。

不同时代、不同文化和在不同的领域中发挥作用，都是指一种原始的自然情感。然而，这三个概念在道德和法律，尤其是刑法意义上，有着根本的区别。

报仇作为一种强烈的情感倾向，一般是个人对个人进行的。报仇的道德地位很复杂。一方面，报仇的本能就其本身来说并不是无耻下流的[①]，“用法律的眼光看来，报仇比人们遭受的不法要正义”[②]，但是另一方面，在过分使用的情况下，报仇被普遍认为是卑鄙的。同时，受害人出自心理上容易理解的理由，经常会具有一种倾向，使自己的反应比行为人的行为更为激烈。因此，在作为原始自然情感的报仇中，存在着暴力升级的可能性。对于报仇需要限制，没有限制的报仇会使社会受到威胁。

同态复仇与报仇不同，同态复仇已经成为从本能的反应（报仇）向有组织的惩罚（报应）发展过程中的一种形式[③]。从法律上说，“以眼还眼，以牙还牙”这种同态复仇中所包含的最重要的价值，就是其内在的限制性原则，这种对报仇的限制是维持社会存在和发展所必要的，因此，同态复仇抑制了在报仇中可能表现的暴力升级的合理性。

报应原来的基本含义是干了好事的人应当得到报答，干了坏事的人应当受到惩罚。与报仇和同态复仇不同，报应所要求的希望惩罚实施了不法行为人的愿望，是与一种确定的安全利益相联系的。在刑法中，这种安全利益是公认的所有利益中最重要的利益，因为这种安全利益是个人和社会的生存所绝对需要的。与报仇发生在两个人之间不同，报应是一种三方的关系，并且，由于报答或者惩罚是由第三方给予的，因此至少在观念上，这个第三方是处在高于其他两方的位置上的。由于这些特点，报应根据其交换性的而不是分配性的形式，取得了也许是最古老的正义形式。

报应作为人类的一种情感表现本身是否合理的问题，通常被归之于人类的本能。不过，对于这种法人类学上的回答不能加以简单化的理解，人们不能因为本能这种心理性倾向就将报应与报仇加以混同；同时，也不能仅仅因为报仇和报应在情感上不过是“粗野”和“文明”之分，就拒绝承认报应与同态复仇和报仇的区别。在人类文明的发展历史中，报应作为国家刑罚的基础，曾经并且继续在发挥着为国家性惩罚实践提供合理性基础的作用。例如，

① 亚里士多德，转引自前引 Heinz Koriath 文，S. 634。那种对攻击和侵犯麻木不仁和怯弱的态度，作为奴颜婢膝的品质被认为是不道德和应当受到谴责的。

② 参见前引 Heinz Koriath 文，第 634 页。

③ 参见 Th. Geiger，Vorstudien zu einer Soziologie des Rechts，4. Aufl. 1987，S. 85 – 128，转引自前引 Heinz Koriath 文，第 634 页。

以正义性报应为基础支持的死刑制度，在适用范围上，就大大小于以预防为基础支持的死刑制度。

值得注意的是，在现代刑罚理论中无条件支持报应理论的观点已经极其罕见。那种“痛恨罪犯在道德上是正确的”，“将罪犯看成是应当用社会的脚后跟碾死的有害虫子”[①] 的严格意义上的康德主义，在现代刑法理论中基本上仅仅具有历史性观点的意义。在现代刑罚理论中，存在着许多对报应理论加以改造的努力。这主要有：将刑罚发挥的作用与刑法的任务相联系，即将报应的思想与为社会安全利益服务相联系，使得报应具有一种功能性作用，从而挑战传统认为的报应仅仅面对过去的观点；将报应中所要求的正义观念与法律规定联系在一起[②]，从而挑战传统报应观点以纯粹自然主义的方式说明不法和惩罚之间的关系是因果关系而不是归责关系的观点；将报应与保持社会道德的平衡相联系，从而建立犯罪是罪犯对社会的欠债，而刑罚是罪犯对社会的还债的理论，并得出罪犯（通过服刑）还债之后应当得到社会的尊重的观点[③]；等等[④]。在这些改造工作中，最激进的方法就是将报应思想中的精华——限度原则和罪责原则抽取出来与预防思想结合，同时抛弃了报应思想，例如上述以预防为基础的综合理论。但是，这样经过改造之后的思想到底还算不算包含了报应的思想，是值得讨论的。

（二）中国刑法理论对相对理论应当采取的态度

中国刑法理论在选择相对理论的观点时，当然应当考虑到刑罚的目的与刑法的任务之间的关系。相对理论以保卫社会为己任，赋予了刑罚以新的生

---

① 参见 James Fitzjames Stephen，A History of the Criminal Law of England 81（1883），转引自 Joshua Dressler，Understanding Criminal Law，3rd Edition，Lexis Publishing，2001，p. 17。

② 报应理论完全排除国家政治理论来说明刑罚的正义性，虽然使自己的理论因此成为一种唯心主义（说得好听一点是理想主义）的先验论，无法为人们通过经验所把握，并且是以现代国家制度所不得包含的宗教为基础的，但是，这个理论角度因此也为避免现代法学一直担心的“通过法律造成的不法”这个问题的解决提供了一个重要的思路。这个理论观点和研究角度一直影响到现在，刑罚的正义性基础或者说是合理性基础一直是现代刑罚理论的重要课题。人们从历史，尤其是纳粹统治的历史中认识到，“法律中的不法”首先是政治上的原因造成的，因此，这个问题首先要采取政治的手段才有可能解决，但是，刑法理论，尤其是刑罚理论在这个问题上就无所作为了吗?!

③ 这种观点也称为保护性报应理论，参见前引 Joshua Dressler 书，pp. 17－18。

④ 在本文正文中没有提到的其他理论中，例如恢复社会公正的理论（参见黄道秀等译，何秉松审订：《俄罗斯联邦刑法典》，中国法制出版社 1996 年版，第 43 条第 2 款），为受害人报仇理论（victim vindication），表达式理论（expressive theory），要么是因为在内容上与已经提到的理论基本相似，要么是因为那些理论已经具有综合相对理论的因素了。例如，表达式理论主张刑罚是表达了社会对犯罪的谴责，是为维护社会的凝聚力服务的，这就已经包含了功利的含义。参见前引 Joshua Dressler 书，pp. 18－19。

命，尤其是特殊预防的观点，以对罪犯的重新社会化为自己的基本理论任务，充满了人道主义精神；相对理论追求的阻遏犯罪再次发生的目的，符合社会对国家刑罚的要求，因此，相对理论可能为刑罚的正当合理化提供根据。

笔者认为，总的来说，相对理论在以下四个方面的特点是中国刑法理论应当选择的：

第一，通过刑罚来阻遏具体行为人重新犯罪，保护社会免受其侵害，这个特点被称做消极的特殊预防；

第二，通过刑罚对具体行为人进行积极的教育，使之重新社会化，从而达到阻止其重新犯罪的目的，这个特点被称做积极的特殊预防；

第三，通过对具体行为人适用刑罚，从而阻遏其他人实施相类似的行为，这个特点被称为消极的一般预防；

第四，通过对具体行为人适用刑罚，达到维护一般大众的法律意识的目的，这个特点被称为积极的一般预防。

但是也应当清醒地看到，相对理论具有的弱点——本身并没有包含刑罚的限度。因此，如果对此不加以重视的话，至少在一般预防的意义上，就存在着将刑罚转变为国家恐怖的危险。在现代人权观念的影响下，如何淡化相对理论把人作为实现某种目的的工具，也一直是刑法学工作者所必须注意的。不加分析地完全接受相对理论至少在理论上是有缺陷的。

（三）中国刑法理论对刑罚目的理论应当做出的选择

通过上述考察，人们可以比较容易地同意，现代刑罚的目的理论已经不可能仅仅采纳绝对理论或者相对理论中的单一观点，来作为自身的全部内容。现代刑罚目的的理论一定是要走综合理论的道路。现代综合理论的发展状况也表明，各种理论要素在一定的结构中是有可能互相弥补、互相支持，从而为特定社会背景条件下的刑罚目的提供有说服力的理论基础。为了避免在综合过程中使各种理论的缺点相加的弊病，明确各种理论要素在刑罚目的结构中的相应位置是十分重要的。

在中国刑法理论对刑罚目的做出选择的时候，首先应当注意，由于刑罚总是由国家根据保护社会的任务在刑法中制定的，因此，关于刑罚目的的综合理论一般应当以预防原则为基础。这个结论的唯一例外，也许会因为在中国刑法中仍然存在死刑和应当对死刑具有的严格限制态度，而采取正义性报应原则。[①] 另外还应当注意到，在刑罚内部，对刑罚目的的选择很明显也会影

① 关于中国死刑制度的合理性根据的讨论，笔者已经撰写了论文《关于中国死刑制度的反思》并即将发表，有兴趣的读者可以予以关注。

响到刑种的设置和刑罚的执行。例如，美国得克萨斯州在过于强烈的报应思想指导下，规定了很多死刑条款，而没有规定无期徒刑这个刑种；中国刑法根据积极教育、改造罪犯的思想，在刑种中规定了管制刑，在刑罚的执行制度中规定了缓刑、自首和立功、减刑和假释制度，根据严厉打击严重危害社会的犯罪的思想，在刑种中规定了死刑，在刑罚的执行制度中规定了累犯、严重暴力性犯罪不得假释等制度。因此，刑罚目的的选择应当考虑到刑种的因素。

完整地说，刑罚的制度性适用应当是通过三个阶段进行的：法律规定、司法程序、刑罚执行，也可以说，刑罚的目的在刑罚制度性适用的各个阶段都应当体现出来。然而，刑罚目的很难在刑罚制度性适用的各个阶段都同样地得到表现和贯彻。通常的情况是，一般预防的思想会更多地在法律规定中得到贯彻，特殊预防和报应的观点会比较明显地在司法程序中得到体现，而特殊预防的原则会在刑罚执行过程中更多地得到强调。刑罚目的在制度性发展过程各个阶段中的这些特点，对于刑罚目的的选择是有重要意义的。[①]

笔者因此认为，中国刑法理论选择的刑罚目的理论，应当是分刑种分阶段以预防为基础的综合理论。

分刑种分阶段设定刑罚目的的综合理论，其实是两个综合理论的结合。一是在刑种方面，在死刑中基本体现正义性报应理论[②]和在其他刑种中基本体现预防理论的综合。二是在刑罚的制度性适用阶段方面，在法律规定中主要体现一般预防的思想，在司法程序中更多地体现特殊预防和报应的观点，在刑罚执行中特别体现特殊预防的原则的综合。

死刑具有的报应功能是很明显的，尤其是死刑立即执行的判决，完全不具有矫正行为人从而达到重新社会化的目的内容。在中国特定的社会、文化、宗教、历史背景下，对于罪行极其严重已经不能为社会所容忍的罪犯，国家不得不对这些人适用死刑。同时，根据死刑的极端性，死刑必须严格加以限

① 刑罚目的在刑罚的制度性发展的不同过程中可能具有的不同特点，已经为中国学者从各个角度注意到了。例如，参见田文昌著：《刑罚目的论》，中国政法大学出版社 1987 年版，第 88 页以下；邱兴隆、许章润著：《刑法学》，中国政法大学出版社 1999 年版，第 104 页以下；前引高铭暄书，第 58 页以下。笔者在这里还要强调，现代刑法理论一般同意，各种刑罚目的也是不可能在一个司法判决中全部表现出来的，例如，参见 I Grenville Cross，SC & Patrick WS Cheung，Sentencing in Hong Kong 3rd，Butterworths 2000，p. 52 ff。

② 这里说的死刑首先是死刑立即执行的情况。对于死刑缓期两年执行的制度，贯彻的是特殊预防理论。在这个基础上，就能够产生一般预防的效果，笔者主张，作为死刑理论基础的一般预防，应当仅仅限制在这个范围之内。详细的说明见前引提到的《关于中国死刑制度的反思》。

制。根据一般公认的国际标准，死刑只应当对危及他人生命的罪犯适用。[①] 这种对危及他人生命的罪犯适用死刑的制度，反映的只能是报应的思想。当然，在中国刑法中，为了限制死刑的适用，创设了死刑缓期执行制度。被判处死缓的罪犯，如果在缓期执行期间，没有故意犯罪的，就可以将死刑判决减为无期徒刑；有重大立功表现的，还可以减为15年以上20年以下有期徒刑。这样，在死刑缓期两年执行的制度中，就可以贯彻特殊预防的理论。不过在这里，特殊预防的理论是以正义性报应为前提的，是对报应理论的进一步限制。另外，在这个基础上建立的死刑立即执行制度和死刑缓期执行制度本身，就已经能够产生一般预防的效果。作为死刑制度理论基础的一般预防，应当仅仅限制在这个范围之内。[②] 对于死刑以外的其他刑种来说，基本上贯彻的是预防理论的观点，也就是"教育和改造"（中国刑法典第46条）。在死刑以外的其他刑种中采取预防理论，当然必须吸收报应理论中所具有的限度原则和罪责原则；其中的一般预防效果是不应当特别考虑的，通过罪刑相适应和教育改造考虑之后对行为人进行的正义惩罚，就已经足以使人民感受到法律的正义性并保持对法律的忠诚，同时使社会上潜在的罪犯感受到法律的威慑力。这种客观存在的影响对于一般预防就已经足够了。因此，分刑种综合理论能够比较妥善地解决不同刑种之间在报应和预防理论上难以相容的矛盾。

分阶段综合理论根据刑罚的制度性运用本身就是一个程序性过程，将这个过程分为三个阶段来确定刑罚目的。也可以说，在刑罚的程序性发展过程中的不同阶段，追寻的是不同的目的。

在法律规定这个刑罚确立阶段，立法者通过法律的制定，威胁对特定的行为适用刑罚，从而表明自己在法律上是反对这种行为的，这种行为是不应当在事实上出现的。在这个阶段，立法者通过制定刑罚威胁规范来表明自己的价值评价，说明为该行为所损害或者危害的，就是法律所保护的法益。但是，刑罚威胁规范为法益保护服务的目的，只有在以影响人的行为为目的的情况下才能实现。刑罚威胁规范通过两种途径来实现对人的行为的影响：一是通过宣布刑罚痛苦的威胁来作为犯罪行为的代价以发挥阻遏效力，即通过

① 例如，在联合国经社理事会1984年5月25日通过的《关于保护面对死刑的人的权利的保障措施》第1条规定，"在没有废除死刑的国家，只有最严重的罪行可判处死刑，但应理解为死刑的犯罪只限于对蓄意而结果为害命或其他极端严重的罪行。"董云虎、刘武萍编著：《世界人权约法总览》，四川人民出版社1990年版，第1141页。

② 笔者强调，以正义性报应理论作为中国死刑制度的合理性基础，才能够最严格地达到限制死刑的目的。如果以其他理论，例如一般预防理论作为中国死刑制度的理论基础，只能导致扩大死刑适用范围的结果，并且这种结果很难说是与"严格限制死刑"的政策相一致的。

阻遏性或者消极性一般预防的作用；二是通过刑罚威胁规范表明，国家将使用刑罚来实现对法益的保护，由此号召社会公众保持对法律制度及国家实施法律制度的能力的信任，即通过鼓励性或者积极性一般预防的作用[①]。在法律规定这个阶段，刑罚威胁规范还不能通过特殊预防、罪责弥补等目的的设定，来达到保护法益的目的，因为刑罚威胁规范在这个阶段仅仅是用刑罚对将来发生的犯罪行为进行威慑，对已经发生的犯罪行为是不可能再加以阻止的。此外，刑罚威胁规范也不能对犯罪行为的单独个人起作用，因为具体罪犯只能在犯罪行为已经实施之后才会出现，也只有在那时才会出现能够加以报应的罪责。[②]

在司法程序这个刑罚适用阶段，是解决对已经实施的危害社会的行为适用刑罚应当追寻什么目的的问题。根据目前中国刑法的规定和有关的刑法理论安排，除了死刑立即执行根据的是报应原则之外，中国刑法贯彻的是具有强烈报应和一般预防色彩的特殊预防的目的。[③] 在这个阶段，中国刑法第 61 条规定："对于犯罪分子决定刑罚的时候，应当根据犯罪的事实、犯罪的性质、情节和对于社会的危害程度，依照本法的有关规定判处。" 第 5 条规定："刑罚的轻重，应当与犯罪分子所犯罪行和承担的刑事责任相适应。" 目前的中国刑法理论一般认为，"犯罪人的罪行（包括主客观方面）是其承担刑事责任的前提，刑罚则是行为人负刑事责任的法律后果"。[④] 这就是说，刑罚的程度是根据客观方面的危害程度和主观方面的罪责程度来确定的，"犯多大的罪，就应判多重的刑，重罪应重判，轻罪轻判"，"必须使罪与刑相称，罚当其罪"。[⑤] 这个阶段中的中国刑罚目的，具有很强的报应色彩：一方面，刑罚的判处不得超过或者低于罪犯所实施的罪行程度，即不得重罪轻判或者轻罪重判；另一方面，刑法规定本身和中国刑法理论都没有明确提出将刑罚对行

---

① 由于积极性一般预防概念的引入，笔者因此认为"在我国，人民群众，包括被害人，只是预防犯罪的主体，而决不是预防犯罪的对象（见前引杨春洗、杨敦先书，第 204 页）"这样的观点，是值得商榷的。

② 根据这些理由，笔者认为，中国刑法理论中提出的在刑法制定阶段应当贯彻特殊预防（见前引马克昌书，第 66 页）或者报应（见陈兴良：《本体刑法学》，商务印书馆 2001 年版，第 652 页）的观点，是值得商榷的。

③ 在有法律规定的情况下，司法程序阶段应当追寻什么刑罚目的的问题，不应当过于理想主义地离开法律的规定。对立法的科学性的批评，当然需要以对刑罚目的选择科学性的批评为基础。但是，人们一般会同意，这是另外一个问题。

④ 参见前引刘守芬书，第 14 页。

⑤ 参见全国人大常委会法制工作委员会刑法室编著，胡康生、李福成主编：《中华人民共和国刑法释义》，法律出版社 1997 年版，第 7 页。

为人将来生活的影响，作为量刑时应当考虑的因素。[①] 在这个阶段，目前中国刑法的规定和理论安排都首先强调的是运用刑罚来弥补罪行，在实践中，对罪犯监禁时间的长短比例是人民法院考虑的重要问题之一[②]，通过量刑，尤其是判处重刑，来威慑潜在的犯罪分子不敢进行违法犯罪活动，同时鼓励社会一般公众对法律的忠诚，是人民法院遵循的“依法从重从快打击犯罪”政策的重要内容。在这个对犯罪进行报应的前提下，法律还规定了从轻、减轻和免除处罚的各种情节[③]，体现了特殊预防的思想。

在刑罚执行这个阶段，中国的刑罚目的很明显地优先贯彻特殊预防，尤其是积极的特殊预防的思想。中国监狱法第3条对监狱任务的规定是：“监狱对罪犯实行惩罚和改造相结合、教育和劳动相结合的原则，将罪犯改造成为守法公民”[④]；第4条更具体地规定：“监狱对罪犯应当依法监管，根据改造罪犯的需要，组织罪犯从事生产劳动，对罪犯进行思想教育、文化教育、技术教育。”中国的刑罚执行以积极特殊预防，将罪犯重新社会化为自身的基本任务，是很清楚的。对于“依法监管”这样消极特殊预防的内容，在中国刑法理论中，无论从法律条文还是思想内容上看，都是不能孤立理解的。将罪犯加以监禁，使之在司法判决决定的期间内不能对社会造成危害，是从刑罚执行的结果上来看的。在这个范围内，在刑罚执行期间所产生的对一般社会公众保护这个消极特殊预防的效果，也就成为刑罚的目的。在中国的刑罚执行，并不特意地追求一般预防的效果，法律禁止使用侮辱罪犯人格和伤害罪犯身体的方法来执行刑罚（中国监狱法第7条）。但是，监狱执行机关通过向社会公众展示对教育改造罪犯成果，的确也能够起到鼓励一般公众遵守法律的积极预防作用。

---

① 在中国刑法理论中的确主张，量刑时可以“考虑犯罪人犯罪前的表现与犯罪后的态度、初犯、偶犯等”因素，但是，这些因素都是作为“酌定情节”来考虑的，是由人民法院“在刑罚裁量时应当灵活掌握酌情适用的”。参见前引刘守芬书，第216页。

② 例如，至少自1986年以来，判处5年以上有期徒刑罪犯的比例，就成为最高人民法院向全国人民代表大会提交的工作报告的重要内容，也是后来定期公布的中国司法统计数字的重要内容。

③ 关于从轻、减轻处罚的一般性规定见中国刑法典第62条和第63条。关于从轻、减轻和免除处罚的具体情节在中国刑法的总则和分则部分都有许多具体的规定。但是，在中国刑法理论中，正当化和免责问题是散见在总则和分则的各个部分的。参见拙作，The Problem of Justification and Excuse in the Chinese Criminal Law – A Commentary from A Chinese Viewpoint，Rechtfertigung und Entschuldigung IV，Ostasiatiosch – deutsches Strafrechtskolloquium Tokio 1993，Beitraege und Materialien aus dem Max – Planck – Institut fuer auslaendisches und internationales Strafrecht Freiburg，Band S. 48.

④ 根据中国监狱法第2条的规定，监狱法不适用于被判处死刑立即执行的罪犯，但是适用于被判处死缓的罪犯。

（四）中国刑法理论对刑罚目的新选择的意义

笔者主张分刑种分阶段以预防为基础的综合理论作为刑罚目的的理论，即主张在刑种方面贯彻在死刑中基本体现正义性报应理论和在其他刑种中基本体现预防理论的综合，以及在刑罚的制度性运用阶段方面，在法律规定中主要体现一般预防的思想，在司法程序中更多地体现特殊预防和报应的观点，在刑罚执行中特别体现特殊预防的原则的综合，具有以下理论与实践的意义：

第一，这个刑罚目的理论的选择，特别强调对刑罚自身合理性根据的探讨，因此能够比较理想地满足刑罚目的为国家刑罚的正当合理性提供根据的理论任务。这个理论针对不同刑种和刑罚不同运用阶段的特点来安排具体刑罚目的的做法，符合现代刑法理论在刑罚目的理论领域的一般发展状况。"以预防为基础的综合理论"的提法，又形成了这个理论的整体特征，从而能够实现从宏观到微观全面证明中国的国家刑罚的正当合理性的理论任务。

第二，这个刑罚目的理论的选择所依据的理论要素，是在比较完整地总结现代刑罚目的的各种理论的基础上抽象出来的。这包括：绝对理论中包含的限度原则和罪责原则；相对理论中包含的阻遏具体行为人重新犯罪（消极的特殊预防），对具体行为人重新社会化（积极的特殊预防），阻遏其他人实施犯罪行为（消极的一般预防），维护一般大众对法律意识的忠诚（积极的一般预防）；综合理论中包含的有分析有针对性地重组刑罚目的理论的思想。这个刑罚目的的理论，既不盲目地排斥报应的观点，也不盲目地接受预防的观点，而是在有秩序地综合基础上，结构分明地将这些理论要素组合在一起，形成新的理论基础。

第三，这个刑罚目的理论的选择，完整地表述了中国刑法理论应当选择的刑罚目的，全面说明了中国刑罚在形成、适用、执行全过程中各个阶段对遏制犯罪所具有的特殊价值。笔者承认，刑罚目的的选择作为一种国家和社会对特定刑罚的价值选择，可能由于社会各方面条件的变化而发生变化。例如，死刑的废除或者赔偿在刑罚中的引入，在符合社会要求的情况下都是可能发生的，由此将可能影响刑罚目的的选择。然而，笔者主张的分刑种分阶段以预防为基础的综合理论，能够为刑罚目的的研究和发展提供了一个比较完整的框架。在这个理论框架中，中国刑法理论可以进一步科学地探讨诸如是否应当以及如何在司法程序的刑罚目的中，减少报应的色彩这样的问题。

第四，这个刑罚目的理论的选择，将有助于中国刑罚理论的整合。刑罚本质、刑罚功能乃至刑罚权问题的理论论述，将遵循各自的理论功能，在中国刑法的理论结构中得到自身的发展并发挥各自的作用。这就是：刑罚本质将以刑罚所具有的消极评价的内容，特别是令受刑罚者痛苦的特征为主要研究对象，刑罚功能将以刑罚的特征表现为主要研究对象。刑罚本质和功能的理论功能主要是说明刑罚与其他法律惩罚方法的界限，其次也可以为刑罚目的的研究提供辅助性的支持。刑罚本质与功能和刑罚目的之间在理论功能方面既有分工又有配合的理论框架，将使目前中国刑罚理论绪论部分研究的混乱局面有望得到理顺。

第五，这个刑罚目的理论的选择，虽然主要具有基础理论的作用，但是，这个理论的状况对实践的影响也是十分明显的。通过对特定刑种和特定阶段设定的特定刑罚目的，将有利于中国刑事司法制度在符合时代要求的条件下，在立法、司法和执行各个阶段对死刑、自由刑、罚金刑、资格刑等各种刑罚，目标明确地得到制定、适用和执行，从而在符合现代法制的基础上，大大提高刑罚对犯罪的遏制效力，同时能够有效地平抑人们对刑法可能抱有的不合理的过高希望。

第六，这个刑罚目的理论的选择，不仅可以为中国的刑罚理论提供一个可靠的基础，而且可以为中国的犯罪理论的发展提供一个有指导意义的条件。在刑罚目的中对报应、预防的理性规定，必然影响到在犯罪论部分对有关罪行成立条件在主观和客观方面状况的规定性。可以说，正当合理的刑罚目的的选择，将有利于中国刑法在刑罚理论和犯罪理论的全面发展。

刑法科学在自己的长期发展过程中，为我们提供了绝对理论、相对理论和综合理论的各种观点和原则。但是，由于时代的发展和社会的进步，完全采纳这些过去产生的理论或者在其基础上进行拼凑式的整合，都很难在今天的社会中获得其应有的说服力。现代刑罚目的的理论，只能在吸取过去各种理论中所包含的有价值的理论要素的基础上重构。笔者认为，中国刑法的刑罚目的理论，采纳分刑种分阶段以预防为基础的综合理论，在不同刑种和不同刑罚制度性阶段中，对报应、预防等各种理论要素做出有层次、有重点的安排，是符合时代发展和社会进步对中国刑法任务的要求的。中国刑法理论界在这个基础上，将有可能进行时代的新探索。

死刑与无期徒刑的选择标准

[日] 川崎一夫*

一、序说

死刑与无期徒刑的选择存在合理的标准吗？这个问题是量刑论上的一个重要问题。发现两种刑罚之间的合理标准究竟是否存在可能性？这一疑问是因为死刑是生命刑，在人们的思想里反复的认为死刑是绝对无法废止的刑罚。在死刑未被废止，现在在刑罚中仍然保留着死刑的日本，确定死刑与无期徒刑的选择的合理标准，无论是在司法实务中还是在理论领域中都是必须认真探求的课题。

为了明确死刑与无期徒刑的选择标准，可以考虑采取通过检讨二审判决逆转了原审宣判无期徒刑，改判死刑的案件，分析整理在判决中所体现出来的主要的量刑要因的方法。根据上述方法所进行的分析整理，能够明确对判决认定最终的刑种并非无期徒刑而是死刑起主要作用的量刑因素。最近(1991年)，东京第二律师协会所发表的《死刑判决量刑标准的考察》，就是很好地采用了这种方法的研究。在该文中，附录了作为资料的“最近的死刑判决一览”，该资料具有很高的研究价值①。在本文中，笔者将以该研究已经分析明确的量刑要素为基础，根据已经公开发表的拙著《体系的量刑论》②

---

* 创价大学法学部教授。

① 东京第二律师协会刑法改正对策特别委员会死刑问题研究小委员会发表了“死刑判决量刑标准的考察”，载《自由与正义》第42卷10号55页（1991年）。该文采用了上述方法。该文是非常珍贵的研究，作为资料的研究价值也很高。在本文中，也根据必要参照了该文中的内容。在本文以下的引文中，引用该文时简称“东京第二律师协会·前引”。

② 参照拙著：《体系的量刑论》（1991年）。以下引用该文时简称“川崎·前引书”。

的立场，考察有关死刑与无期徒刑的选择标准[①]。

在体系的量刑论中进行体系性的思考是指，为了达到最终的量刑刑量，应该区别量刑过程中的刑罚范围—责任范围—预防阶段这三个过程，依据上述顺序来进行量刑作业的思考方法。在法定的刑罚范围内进行的量刑作业，意味着仅仅是法官单独进行的量刑作业。量刑被限定在立法者法定的刑罚范围内进行，在这个意义上，意味着立法者也在广泛的意义上参与了量刑[②]。因此，笔者认为，在量刑的领域，也必须追问立法者保留死刑制度的意义。

其次，法官对于具体的行为人，必须在考虑“量刑责任”的构成要素的基础上决定行为人的责任范围。法官在决定行为人的责任范围时，具体的量刑要素必须参照量刑责任的各构成要素进行评价。所谓量刑责任是指，在量刑领域中应该考虑的责任，属于应该处于量刑基础地位上的责任概念。必须区别量刑责任与作为犯罪成立要件之一的责任概念[③]。量刑责任具有一定的责任范围。量刑责任的责任范围意味着，量刑责任是具有一定伸缩性的责任，以此为前提，量刑责任是具有封闭的上限与下限空间的责任。责任范围处于法定刑罚规定的范围内，根据行为人的量刑责任来决定对行为人的刑罚。在能够认定行为人应该该当于死刑与无期徒刑两种量刑责任的场合，由于无论选择死刑或者无期徒刑都不会失去责任刑的性格，正因为这样就必须慎重地进行死刑或者是无期徒刑的选择。

进而，应该在法定的责任范围内根据预防判断决定对被告人所应该宣判的最终刑期[④]。在上述场合，超越法定责任范围的刑种与刑量的选择，从责任主义的观点来看是被禁止的。所谓责任主义，是指“无责任就无刑罚”的原则，但是，该原则不仅以存在科以刑罚的前提责任为必要，还要求根据责任处以刑罚。只要以刑罚与责任的相应性这种责任主义的原则为基础，在进行刑罚的选择时，不仅超过法定责任范围的上限，下限的超过也是禁止的。关

---

① 有关死刑适用标准的研究，明确采用了量刑体系的考察方法、量刑要素的分析与判断方法的重要论文之一是，西原春夫：“考察死刑制度——以永山判决为契机”，载《教室38号》（1983年）。该文不仅考察了死刑适用的标准，也可以认为该文是对于整体的量刑论进行了体系性说明的最初的论考。在这个意义上，该论文所具有的意义对于量刑论整体而言也是重大的。

② 在量刑的领域，立法者与法官之间的“分工协同作业原则”也发挥着作用。关于该作用，参照川崎·前引书16页以下。Bruns，Strafzumessungsrecht，2. Aufl. 1974，S. 70.；Zipf，Die Strafzumessung，1977，S. 4。

③ “量刑责任”这一用语，在日本刑法理论中尚未成为一般用语，但是为了检讨量刑要素究竟是关系到责任的因素还是关系到预防的因素，量刑责任是必要的概念。在德国，“量刑责任”这一用语经常被使用到。

④ 参照川崎·前引书第157页以下。

于法定刑上下限范围的禁止，在认定行为人仅仅具有相当于死刑责任的刑罚的场合，必须追问根据预防的观点是否可以宣判无期徒刑。此外，还存在尽管行为人不应该被判处相当于死刑责任的刑罚，是否有可能以一些任意的理由宣判行为人死刑的这种严重的问题。

在保留死刑的制度中，本来必须明确死刑的适用标准。不过，死刑的适用标准，可以说在判决中也未必是明确的[①]。成为问题的是，能否以上述不明确性为理由立即主张废止死刑。

二、在日本的死刑判决中所出现的量刑事实

在开始对死刑的适用标准进行体系论的考察之前，了解在日本的死刑判决中所出现的量刑事实是必要的。在这里，所谓的“量刑事实”是指，在具体的场合进行量刑活动所需要的具有责任要素与预防要素的全体或者一部分基础事实[②]。为了顺利地进行量刑活动，必须在一定的量刑情节的范围内明确量刑事实。所谓量刑情节，是指能够作为抽象出量刑事实的基础的情节。应该在何种程度的范围内限定量刑情节抽象出量刑事实？这个问题是理论上的重要问题，不过，在实际的诉讼过程中只需要考虑对相关的案情进行限定这种“轻微的限定”就足够了[③]。

法官具体的量刑活动，必须以弄清具体的量刑事实为出发点。在明确了具体案件中的量刑事实以后，要对量刑事实进行是有关于责任的事实还是有关于预防的事实的分类。前者可以称之为“责任要素”，后者能够称之为“预防要素”。但是，必须注意，同一量刑事实有可能既是责任要素又是预防要素。在死刑判决中，明确应该受到重视的与能够认定的责任要素与预防要素，可以被理解为法官进行具体量刑活动的出发点。

那么，前述东京第二律师协会对于死刑判决的分析，是意图明确在各判决中出现的，为了顺利进行量刑活动的，成为了量刑基础的量刑事实的研究。在该研究中，以昭和五十八年7月的最高裁判所关于永山案的判决为首，直

① 参照东京第二律师协会·前引第55页以及第65页。

② 该解释使用了Zipf的用语。Zipf，a. a.. O. S. 63.，“量刑事实”这一概念是相当于Bruns所谓“现实的量刑事由”的概念。Bruns，a. a. O. S. 357. 可以认为在日本，“量刑事实”这一概念与一般被称之为“量刑事由”的概念没有什么区别。

③ 参照川崎·前引书第212页。也有见解认为，在量刑论中所设定的固有的行为概念就是意图狭窄的限定量刑情节的范围。不过，一般认为通过该限定不可能合理的量刑，由于具体的场合不同反而有导致不合理量刑的可能性。因此，笔者在本文中对量刑情节的限定做出了上述的理解。在德国，有见解主张，以诉讼法上的行为概念为基础，对量刑情节进行轻微的限定。

到平成三年在各审级的裁判所所宣判的死刑案件（共73件）；以及该判决前后裁判所将死刑判决变更为无期徒刑判决的案件（共5件），在合计78件的案件中，通过该律师协会的律师等人取得了判决书的45件案件作为考察对象[①]。在该研究中，不仅收录了作为研究资料的“最近的死刑判决案件一览表[②]”以及各判决的“分析[③]”，并且也登载了“附表（主要量刑要素的案件附一览表[④]）”，该研究对于了解死刑案件以及无期徒刑案件的量刑事实是有益的研究。不过，在本文中，未必有必要根据该研究详细介绍在各判决中出现的各个要素，因此，笔者只想根据该研究的分析进行某种程度的概括说明、介绍死刑判决中的主要量刑事实、对于这些量刑事实进行若干的考察[⑤]。

该研究是将死刑案件的特征区分为“与犯罪行为相关的事实”与“与被告人相关的事实”进行整理分析的。作为与犯罪行为相关的事实，能够抽象出该当于罪种、死亡人数、死亡者的性别、动机、计划性、杀害方法以及犯罪工具的各有关事实；作为与被告人相关的事实，被重视的是该当于犯行时的年龄、性别、前科、履历、有无精神鉴定的事实。被判决死刑案件的主要的罪种，以抢劫杀人与单纯杀人为首，也存在于其他如诱拐、强奸、强制猥亵等罪种之中。根据“附表（主要量刑要素的案件附一览表）”，重点罪种抢劫杀人与单纯杀人在死刑判决中的比例基本相同。对于该比例的意义，该研究理解为“说明了判决对于抢劫杀人有‘刑罚缓和化倾向’（加腾检察官·法务研究67集4号9页以下）[⑥]”。其实，也可以说这种比例意味着对于单纯杀人的刑罚的重罚化。根据该研究的分析，在二审判决改变了原审的死刑判决，最终确定判决为无期徒刑的7件案件中，8名被告人的罪种是，单纯杀人6人，抢劫杀人2人，虽然是重点罪种抢劫杀人与单纯杀人，但一般认为不需要将这种现象解释为意味着对单纯杀人的重罚化。

由于犯罪侵害所导致的“死亡人数”，被认为是区别死刑与无期徒刑的一个重要的量刑事实。前述附表，指出了在不同的罪种中各案件的死亡人数以及男女的区别，是着眼于上述量刑事实的重要性。根据前述附表的分析，大部分的场合各案件的死亡人数是1到4名，其中也存在8名、13名、18名这种死亡人数较多的案件。该研究认为：“一般认为，有关死亡人数在死刑判决

① 东京第二律师协会·前引第55页。

② 东京第二律师协会·前引第138—139页。

③ 东京第二律师协会·前引第13—67页。

④ 东京第二律师协会·前引第58—59页。

⑤ 东京第二律师协会·前引第56页以下。

⑥ 东京第二律师协会·前引第56页。

中的意义是，'在杀害复数的被害人的场合，原则上判处死刑，这大体上是一般的被承认了的量刑法则'（见加藤前引28页）"，但是，上述量刑法则，"也许在检察官请求裁判所判决死刑的案件的范围内具有相应的妥当性，但是，反而言之不能认为'在仅杀害一个人的场合应判处无期徒刑'，作为区别死刑与无期徒刑界限的标准，仅仅以死亡人数进行判断是不充分的[①]"。毫无疑问，在这里所谓的"在杀害复数的被害人的场合判处死刑"以及"在杀害一个人的场合判处无期徒刑"量刑法则，不是能够在所有的场合进行形式性适用的绝对的量刑法则。不过，能够认为上述量刑法则在量刑责任的评价上是正确的"行规"。在这个意义上，比起认为上述量刑法则属于"量刑常规"的见解来说，能够认为采用"常规的责任范围标准"这一概念对于合理的量刑是必要的[②]。在考虑预防判断以决定最终刑量的前一阶段，即在决定被告人的责任范围时，比较与平衡类似案件之间的量刑责任的评价，这一见解存在于常规的责任范围标准这一概念的基础之中。量刑责任，不能只根据结果的重大性来决定，但是，由于结果的重大性是量刑责任的重要构成要素，所以"在杀害复数的被害人的场合判处死刑"以及"在杀害一个人的场合判处无期徒刑"这一标准，应该说是在决定被告人责任范围时应该考虑的标准。此外，一般认为，在预设常规的责任范围标准时，上述标准具有某种程度的重要意义。

该研究指出，死亡被害人的性别属于量刑事实。总的来看，无法得出男女人数在死刑判决中有显著的差别。作为一种量刑事实，也许比起死亡被害人的男女比例而言，必须更为重视的是被害人的年龄因素，可是，该研究，没有对该因素进行整理与分析。

该研究指出，有关死刑或者无期徒刑判决中的动机，以财产目的为主的案件占了大多数。其中，赎金目的、保险费目的的案件相当多，该研究分析认为："表示判决特别重视上述目的[③]"。除了财产目的以外，性目的的案件也较多，性目的的案件包括有强奸目的、猥亵目的、男女关系的清算目的。

---

① 东京第二律师协会·前引第56页。此外，在该研究的61页，著者认为"一般性的大略而言，在抢劫杀人的场合如果被害人是两人以上，裁判所会判决行为人死刑，如果被害人是一个人，要根据具体的情节区别判决死刑或者无期徒刑。那么，在被害人是一人的场合，能够区别死刑或者无期徒刑的量刑情节有哪些呢"。

② 川崎·前引书第262页，在该研究中，所采用的概念是"常规的责任范围标准"。笔者认为，这一概念有助于量刑的控制管理。据说在德国（西德）判例正不断地努力缩小上述常规的责任范围标准的范围。Vgl. Zipf，a. a. O. S. 82。

③ 东京第二律师协会·前引第56页。

也有其他如政治目的的案件被判处死刑。

一般认为，行为的计划性是促使裁判所适用死刑的要因。在现实中，也经常能够发现在死刑判决中作为选择死刑的理由举出了被告人是有计划性地实施犯罪的场合。不过，也不能认为因为是不具有计划性的偶发案件就没有被适用死刑的可能。该研究根据在仅仅因偶发案件触犯刑法的11人中只有3人被判处无期徒刑这一事实，认为："可以说仅仅因为是单纯的偶发案件，对于免除死刑的判决而言是不充分的[①]"。犯行计划的内容，是决定责任范围的重要量刑要因是不变的，但是在预设常规的责任范围标准时，不能简单地采用"计划案件是死刑，偶发案件是无期徒刑"这一量刑标准。

杀害方法乃至犯罪工具的使用等也是在决定责任范围时必须考虑的重要量刑事实。该研究分析指出，在杀害方法中，绞杀的方法占了三分之一，随后是刺杀的方法较多。此外研究还指出："在所使用的犯罪工具中，刀具、枪、炸弹等约占三分之一。由于行为人使用了如此危险的犯罪工具被判处无期徒刑的案件不多。[②]"

一般认为，"使用危险的犯罪工具判处死刑"这一标准，与"杀害复数的被害人的场合判处死刑"这一标准相结合适用时，在相当程度上是可以预测判决可能适用死刑的。在"使用危险的犯罪工具判处死刑"这一标准，与"有计划的案件判处死刑"这一标准相结合适用的场合，预测判决适用死刑的命中率增大。对于具有"杀害是有计划的，在准备了危险的犯罪工具，使用危险的犯罪工具杀害了复数的被害人"特征的案件，一般认为，应该将具有上述特征的案件评价为量刑责任极为重大，并且预防的必要性也极高。不过，在该研究中并没有明确地指出上述见解。

其次，该研究对于"与被告人相关的死刑判决理由"也进行了整理与分析。该研究考察了与被告人相关的，即被告人实施犯行时的年龄、成长经历、精神鉴定、前科、矫正可能性、悔改的表现共6个项目的死刑判决理由。关于被告人实施犯行时的年龄，研究指出年龄过20岁、年龄过30岁、年龄过40岁是死刑判决的重心，十几岁以及年过50岁的案件仅仅有若干的存在。根据该研究的分析，特别是在判决十几岁的被告人死刑的案件中，被告人所实施的犯行都是抢劫杀人，并且死亡的被害人达到了4名，此外，在年过50岁的5件案件中，有两件属于被告人在无期徒刑的假释过程中实施犯罪的案件，

① 东京第二律师协会·前引第56页。
② 东京第二律师协会·前引第56页。

一件属于被告人在缓刑中实施犯罪的案件①。

根据该研究的分析，死刑案件中的被告人的性别几乎都是男性，被告人是女性的案件有两件，但是都存在男性的共犯人②。

作为与被告人相关的死刑判决理由，成长经历是重要的量刑要因，但是，一般认为，关于成长经历的评价方法存在着困难。该评价方法的困难度，根据在成长经历成为死刑判决问题点的案件中出现了逆转判决也可以略知一二。在该研究中，也介绍了几个成长经历成为了死刑判决问题点的判例③。根据该研究的介绍，在撤销原审的死刑判决，二审宣判为无期徒刑的判决中，有判例重视的是由于“生存艰难”等原因对于行为人的精神发展以及人格形成产生了很大影响。相对地，也存在原审判决以“恶劣的环境”是行为人形成爆发性异常人格的原因之一为理由进行了无期徒刑的宣判，但在上诉审判决中改判为死刑的案件，此外，也有案件尽管在判决中对于行为人的“艰难的成长经历”有所提及，但仍然判处了行为人的死刑。另外，也存在并不提及作为量刑事实的行为人特殊的成长经历，直接宣判被告人死刑的案件。

从该研究的上述分析结果来看，一般认为，对于成长经历、特别是艰难的成长经历的评价方法存在困难是显而易见的。作为原则性的评价方法，能够认为，艰难的成长经历在责任评价的领域有减轻刑罚的作用，在预防判断的领域有加重刑罚的作用。将同一的量刑要因同时作为责任评价与预防判断的对象，因为能够认识到这种评价存在评价方向上的二律背反性，能够认为正是因为二律背反性导致了这种评价上的困难④。

在该研究中，提及了行为人精神鉴定的有无在死刑判决中的作用。研究指出无论在哪一个审级的裁判所，有相当多的案件不对行为人进行精神鉴定，

① 东京第二律师协会·前引第57页。

② 东京第二律师协会·前引第57页。

③ 参照东京第二律师协会·前引第57页以下。

④ 西原·前引第86页以下，对于永山判决，该文认为：“在本案中最难的问题是，应该如何评价被告人的成长经历，换言之环境的要因应怎样评价。……在本案中，被告人的成长经历的确有应该同情之处，笔者认为一般而言成长经历具有减少有责性的要因的资格。不过，由于成长经历与违法性之间不具有特别大的相关关系，应该认为还无法导致裁判所对死刑减轻一等判决。”在此基础上，该文进一步认为：“从形式政策的观点来看，可以将量刑的基础区分为犯行前的情况与犯行后的情况，前者作为一种决定有责性的要因，在进行量刑作业时，虽然在形式上是重复判断，但是在实质上是单独判断。例如，对于犯罪的动机这一同一的要因，从有责性的观点来看，能够认定该要因没有减轻责任的作用，但是也没有反复犯罪的可能性，此时根据形式政策的观点来看，该要因既有可能能够起减轻刑罚的作用，也有可能导致相反的结果。”该文的上述论述，明确指出了同一的量刑要因在责任领域与预防领域进行评价时产生了二律背反性。另外的分析，参照川崎·前引书第97页。

在研究中建议指出："裁判所在宣告死刑判决的场合，应该对被告人进行必要的精神鉴定。[①]"在进行重视刑罚的责任相应性的量刑作业时，如果决心慎重地科处死刑，可以认为进行必要的精神鉴定这一建议具有重要的意义。

在该研究中，列举并分析了"判决虽然提及被告人存在精神障碍或者异常性格（精神病质），仍然宣判死刑的案件"[②]。根据该研究的列举，在被判处死刑的判例中所提及的精神障碍或者异常性格（精神病质）有以下一些。1. 具有某种危险性格的人；2. 智商极低；3. 精神发展迟滞；4. 在性格上有显著偏执的精神病质（分裂病质、缺乏情感）；5. 轻度的慢性兴奋剂中毒；6. 轻视他人生命的犯罪凶恶性与罪恶感的缺乏等性格的偏向；7. 冲动性格型精神病质；8. 具有自我中心的激情倾向的精神素质偏执；9. 智商介于普通领域与精神薄弱之间；10. 有可能是兴奋剂中毒的复发现象；11. 爆发性性格的异常人格者、精神迟滞；12. 以意志薄弱性、爆发性、自我显示性为特征的性格异常；13. 缺少情感、意志薄弱型的人格障碍者、精神病质者，等等。

上述程度的精神障碍、异常性格、性格偏执不足以使责任减少，反而被认为有强化预防的必要性。判决根据其他的要因判断行为人具有相当于死刑的量刑责任，只要在考虑行为人的上述性格特征时无法使责任减少，就无法否定有适用死刑的余地。

根据与预防必要性之间的关系，在进行死刑的判决时，被告人的前科、矫正可能性以及悔改的表现是必须考虑的问题。该研究指出，在一般认为在死刑判决的量刑要因中重视了同种前科的5件案件中，有3件案件是行为人在无期徒刑假释过程中又实施触犯原罪名的行为的案件。一般认为在上述案件中，判决认为对于被告人预防的必要性高。存在行为人有确定的杀意、有计划地实施杀人行为这样的要因时，如果行为人又有余罪或者同种前科，一般认为有较多的判决适用死刑。这是由于，在责任与预防这两者的领域上，对于余罪或者前科的评价朝刑罚加重的方向前进。不过，该报告指出，无法得出存在"在行为人有确定的杀意，又有曾经类似杀人未遂等前科或者余罪的场合，应判处死刑"这种明确的标准[③]。此外，该研究还指出，尽管被告人不存在超过判处罚金刑的前科存在，仍然受到了死刑判决的案件也不少[④]。

被告人是否具有矫正可能性的判断由于具体情况的不同也许存在困难。

---

① 东京第二律师协会·前引第60页。

② 东京第二律师协会·前引第60页。

③ 东京第二律师协会·前引第61页。

④ 东京第二律师协会·前引第60页。

该研究介绍了在判决中涉及了矫正可能性的案件，研究指出，存在由于审级的不同对于矫正可能性的判断完全相反的案件。被告人矫正可能性的判断，在涉及应该判处死刑还是无期徒刑的场合，必须进行预测判断，即对于被告人科以无期徒刑是否能够矫正。在上述意义上，行为人被判断为有矫正的可能性时，只要认为，在决定被告人的责任范围时，允许进行死刑与无期徒刑的选择是适当的，判决就应该回避对被告人适用死刑。该研究对于“在认定有改善可能性的同时适用死刑的见解”提出了疑问①。

由于在科以被告人死刑时必须尽可能的慎重，该研究所提出的上述疑问，必须理解为是应当的疑问。不过，在保留了死刑，认可存在相当于死刑的责任的法制度之下，一般认为也不能仅仅主张以能够认定被告人有改善可能性甚至就不能科以死刑了。被告人被认定为在量刑责任上仅仅具有相当于死刑的责任，无法进入相当于无期徒刑责任的责任范围，在这样的案件中，只要还保留有死刑，科以死刑本身并没有违反要求刑罚的责任相应性的责任主义的理念。不过，如果死刑被废止，相当于死刑的责任在法律上是不被认可的，就会导致“在认定有改善可能性的同时适用死刑的见解”变得不具有意义了。

仍然是根据与预防之间的关系，行为人悔改的表现也是必须重视的量刑要因。对于行为人的事实的否认或者事实的主张，能够认为判决的倾向是将其同视为被告人不具有悔改的表现。该研究列举了这样的案件，研究指出在其中的一件案件中，在发回重审的上诉审判决中判决确定被告人无罪，研究认为“考虑到误判的可能性等原因，不能不说，将无罪的主张作为不具有悔改的表现是很有疑问的②”。悔改的表现不存在仅仅应该在预防的领域中考虑，认为“行为人实施了重大的犯罪却没有改悔的表现”的非难，应该不属于加重行为人的行为责任的因素。也应该纯化量刑责任中的行为责任③。

三、法定刑罚范围内的死刑与无期徒刑

裁判官的实际量刑活动，在具体的案件中，大致是以了解作为量刑基础的量刑事实为出发点的。为了达到最终的刑量，这种量刑活动必须经过一定逻辑性的量刑过程。笔者认为，可以将此处的一定逻辑性的过程称之为“量

---

① 东京第二律师协会·前引第60页。上述疑问是针对福冈高判昭和59·3·14判时1128号页：“以人的人格改善可能性为判断的对象，确定该判断的标准是极为困难的，舍弃犯行的罪质与犯罪动机以及其他的量刑事实，仅仅以被告人具有人格的改善可能性，就认为不能适用极刑，也仍然是不妥当的”而提出的。

② 东京第二律师协会·前引第60页。

③ 参照川崎·前引书第92页以下。

刑体系"。应该将量刑体系区分为：①刑罚范围；②责任范围；以及③预防这三个过程。一般认为，为了达到最终判决的刑量是合适的刑量的目的，根据上述顺序通过上述过程进行量刑，是必要的逻辑过程[①]。

西原教授将量刑体系区分为：①根据责任进行的量定；②根据刑事政策的观点进行的量定（以下将西原教授的该见解称为"量定二分说"）。西原教授认为，依据责任进行的量定中的"责任"是由违法性的大小与有责性的大小所决定的[②]。该"责任"相当于本文的用语中的量刑责任，一般认为，"有责性"意味着作为犯罪成立要件之一的责任或者有责性。此外，在刑事政策的观点中占据了重要位置的是犯罪预防，一般认为，与一般的量刑论一样，量定二分说也肯定了量刑的前提必须是在法定的刑罚范围内。因此，能够认为西原教授所采取的量定二分说与本文所采用的量刑体系大致上是相同的。因此，一般认为，在进行对死刑与无期徒刑的选择标准的考察时，首先有必要了解死刑与无期徒刑的法定的刑罚范围。

所谓法定的刑罚范围，意味着裁判官在量刑时必须遵守的法定的裁量界限。构成法定的刑罚范围的主要要件，当然是法定刑。在分则中所规定的个罪的法定刑不是采用确定的表现形式时，必须根据总则的规定决定确定具体的刑罚范围。在具体的场合，对被告人有适用可能的刑罚范围，是以确定了被告人的行为具有构成要件该当性而明确的。在不具有加重或者减轻的量刑情节以前的刑罚范围被称之为一般的刑罚范围，在具有加重或者减轻的量刑情节以后受到变更的刑罚范围叫做特别的刑罚范围。在本文中，笔者想对刑罚范围作上述程度的说明[③]。

刑法第 81 条规定，对于诱致外患罪，"勾结外国对日本发动武力攻击的人，处死刑"，一般认为，在该规定中，死刑被规定为确定的法定刑，但是，如果将这种确定的法定刑理解为根据具体的场合是允许酌量减轻的，就并非全面地排除了裁判官的量刑裁量。因此，意味着裁判官在量刑时必须遵守的法定的裁量界限即法定刑罚范围，在规定了确定的死刑的场合，也不能说法定的绝对确定要判处死刑。即便在能够肯定诱致外患罪的构成要件该当性的

---

① Jescheck 认为，应该将量刑过程区分为：①刑罚目的决定过程；②量刑事实确定过程；③量刑考虑论定过程。Jescheck，Lehrbuch des Strafrechts，Allgemeiner Teil，3. Auflage，S. 701 ff. 相对的，Zipf 认为，应将量刑过程区分为：①责任范围探查阶段；②责任范围认定阶段；③预防判断阶段。Zipf，a. a. O. 2 S. 6. 本文的体系基本上是根据 Zipf 的量刑体系。此外，在日本的相关论述中，必须注意西原教授的量刑体系。关于西原教授的量刑体系，参照本文中的相关引述。

② 西原·前引第 86 页。

③ 有关"刑罚范围"的概念，参照川崎·前引书第 40 页。

场合，裁判官也需要判断是否应该适用死刑。只要根据上述见解，就能够说本条与将死刑作为选择刑规定的场合没有区别。

对于某种行为法定刑规定的是死刑，这就意味着立法者认为某种行为中存在着相当于死刑的责任。也许对于废除死刑论者而言，不能认可有“相当于死刑的责任的行为存在”，但是在死刑未被废除仍然保留的法制度之下，是无法否定相当于死刑的责任的存在在法定刑罚的范围内占有一席之地的。法定的刑罚范围，表明了法秩序的内在价值观。该价值观，在民主主义国家中，必须反映国民的价值观，必须与国民的价值观保持一致。今天，基于民主主义的理念使得罪刑法定主义的原则受到尊重，因此能够充分地理解在仍然保留死刑的法制度之下，法定的刑罚范围内仍然存在相当于死刑的责任。

民主主义国家的审判，必须是依据国民的意思作出的审判，裁判官应该尊重国民的意思进行审判。对于裁判官的要求是，尊重依据国民的意思而制定的法律，尊重融入了法律之中的国民价值观。对于法律规定了死刑的犯罪，裁判官必须根据相当于死刑的责任是对被告人判处刑罚的最高点，这一责任评价尺度，进行量刑活动。上述见解，只要根据罪刑法定主义基于民主主义的理念是应该得到尊重的原则，就是理所当然的见解。将来，根据国民的意思，死刑被予以废除时，相应地，裁判官的责任评价尺度也必须改变。不过，在死刑被废除之前，是无法否定需要使用相当于死刑的责任为刑事责任的最高点这样的责任评价尺度的。

裁判官所使用的责任评价尺度，并非是根据裁判官主观的世界观而形成的尺度。必须根据内在于法秩序的价值观形成。对此，前引的《死刑判决量刑标准的考察》一文中的感想是：“我国的死刑判决，正持续地朝着递减化的方向前进，但是正如存在着的不少逆转判决中所说明的那样，死刑判决仍然存在不得不受裁判官个人价值观所左右的一面，可以说，由于没有确切的死刑适用标准，对于受到死刑判决的被告人而言的不公平性继续存在着。[①]”上述感想也是大多数人的想法。裁判官的价值观，首先，必须通过由法秩序内在的价值观而形成的责任评价尺度予以客观化；其次，如后所述，通过考虑常规的责任范围标准予以客观化；再次，在决定了被告人的责任范围以后，必须在责任范围内部考虑对于被告人的预防判断，通过预防判断防止主观化，使得裁判官的价值观客观化。裁判官所使用的责任评价尺度是根据法秩序内在的价值观形成的，这是寻求死刑适用客观标准的出发点。

① 东京第二律师协会·前引第55页。

有研究认为，日本不存在类似于美国那样严重的量刑不统一的问题[1]。所谓量刑不统一，是指同种同程度的类似案件的宣告刑不统一，但是，量刑不统一这一概念也可以理解为，包括对同一案件由于审级不同，所导致的量刑不统一。即便日本不存在严重的量刑不统一的问题，只要对于死刑的适用存在着量刑不统一，或者只要死刑适用的标准未被明确化，就不得不说，问题是，仅仅在有关死刑的量刑上严重的问题是存在着的。在类似案件中，死刑适用标准的不明确性、由于审级的不同导致逆转判决的存在，属于量刑论上最重要的问题。

法定的刑罚范围表示了在具体的场合裁判官能够认定被告人的责任范围的界限。在被告人的刑事责任被认定为构成死刑、无期徒刑、有期徒刑等法定刑罚时，被告人的责任范围必须在法定的界限内确定。

四、责任范围的认定与死刑

量刑必须根据责任进行。在这里所谓的责任，未必与犯罪成立要件之一的责任同义，而是意味着能够成为量刑基础的量刑责任。量刑责任，是能够在法定刑罚的范围内确定具体行为者的刑量界限的责任。量刑责任，应该被理解为，具有一种不能超过其上限或者下限量定刑罚的“范围”。在这个意义上，笔者想使用“责任范围”这一语言来表现量刑责任中的责任[2]。责任范围这一概念应该被理解为根据上限与下限能够确定被告人在一定界限内的刑罚幅度。

为了能够认定被告人应该被判处死刑这一最终的刑种，作为前提，责任范围必须包括相当于死刑的责任。能够将责任范围包括相当于死刑的责任区分为三种场合。第一，责任范围仅仅包括死刑的场合；第二，责任范围同时包括死刑与无期徒刑的场合；第三，责任范围包括死刑、无期徒刑、有期徒刑的场合。如果裁判官认定了被告人的刑事责任处于上述责任范围内，就必须对是否适用死刑进行判断。

在认定责任范围时，不能导入预防判断。只要打算将责任主义贯彻始终，就必须在确定了责任范围之后，在该法定责任的范围内考虑预防目的。西原教授认为，在区分“根据责任进行的量定”与“根据刑事政策的观点进行的量定”的基础之上，“通过根据责任进行的量定后，宣告刑的种类与刑量变得

---

① 铃木义男・冈上雅美：《美利坚合众国的量刑委员会制度及其合宪性》，ジュリスト986号76页（1991年）。

② 参照川崎・前引书第83页以下。

相当明确了，但是，仅仅进行这样的量定还无法最终地决定对行为人的刑罚。此外，根据刑事政策的观点进行量定是必要的[①]。”这种量定二分说，至少在意图区别责任与预防进行量定的这一层次上，与本文的立场是相同的。

在不导入预防判断的前提下，必须以纯粹的行为责任为基础决定责任范围[②]。为了纯化行为责任，原则上，要将行为人人格的构成要素放在预防判断的领域进行判断，例外的，仅有必要在责任领域考虑与行为人相关的奠定了具体违法行为特征的要素。因此，相当于死刑的责任也必须以行为责任为基础进行认定。不经过责任范围的认定直接根据预防判断作出被告人该当于死刑的判断，是应该被禁止的。在认定被告人的责任范围时，预防判断的排除是重要的课题。应该认为，至少在无法认定被告人的行为责任具有相当于死刑的责任时，是不能宣告死刑的。

必须将量刑责任的构成要素区分为行为构成要素与结果构成要素。在这里所谓的行为构成要素，意味着可能有非难行为者的行为要素存在。能够使构成要件实现的行为者所实施的犯罪行为要素，不一定是被严格的涵括于构成要件内的行为要素，也包括在构成要件外存在的行为要素。德国刑法第46条第2项所规定的量刑指南中列举了以下行为要素：“行为人的动机或者目的，行为人在行为中所表示出来的心情以及在行为时促使行为实施的意志，义务违反的程度，行为实行的种类[③]”等，属于构成要件外的行为要素，在日本改正刑法草案第48条第2项所规定的刑罚适用指南中列举的“犯罪的动机，犯罪的方法”等，也属于构成要件外的行为要素。此外，根据最高裁判所对于永山案件的判决，对于死刑选择的标准，判决列举了“犯行的罪质，犯行的动机，在犯罪的行为方式上特别是杀害的手段方法的执拗性、残虐性”。判决的上述列举指出的是构成要件外的行为要素。

对于量刑责任的结果构成要素，也必须认为，不仅包括严格的属于构成要件内的结果要素，其中也包括在构成要件外存在的结果要素。在德国刑法典的量刑指南中，列举了“应该归责于行为的效果”，日本的改正刑法草案，在刑罚适用指南中列举了“结果以及社会的影响”，据此可以明确，在量刑责任的结果构成要素中也包括构成要件外的结果。此外，在最高裁判所关于永山案件的判决中，也列举了“结果的重大性特别是被杀害的被害人人数，遗

① 西原·前引第86页。

② Vgl · Schaffstein, Schuldbegriff und Strafzumessung nach den Strafrechtsreformgestzen, Gallas - Festchr. , 1973, S. 108.

③ 东京第二律师协会·前引。

属的被害感情，社会的影响”，在判例中表示出了与刑法规范中的量刑规范有相同的理解。

量刑责任必须在对该当于量刑责任构成要素的要因进行评价的基础上予以判断。如果根据上述判断，在法定的责任范围内无法认定被告人至少具有相当于死刑的量刑责任的场合，死刑的选择是被禁止的。不过，即便能够认定被告人的责任范围达到了相当于死刑的领域，也不能立即选择死刑。根据预防的观点，以也能够认定被告人的责任范围涉及无期徒刑的领域，还存在能够回避死刑适用的余地。

在进行死刑与无期徒刑的选择时，必须将责任范围区分为下列三种场合：第一，责任范围被限定在相当于死刑的范围的场合；第二，责任范围涉及相当于死刑以及无期徒刑的范围的场合；第三，责任范围被限定于相当于无期徒刑的范围的场合。在第一种场合必须选择死刑，在第三种场合必须选择无期徒刑。在第二种场合，能否选择无期徒刑应该根据预防判断进行判断。

五、犯罪预防判断与死刑以及无期徒刑的选择

通过对被告人进行量刑责任的评价，在能够认定被告人的责任范围横跨死刑与无期徒刑的范围的场合。死刑或是无期徒刑的选择要依据预防判断进行。不过，在被告人的责任范围不包括无期徒刑，罪行在根本的意义上相当于死刑时，根据预防判断超越责任范围的下限选择无期徒刑，是与责任主义的原则想抵触的。在保留死刑的现行法制下，不能不做上述的理解。“范围”只要以界限作为其含义，原则上，无论上限下限都是封闭的。在废除了死刑的法制之下，由于不存在相当于死刑的责任了，责任范围的上限仅仅到无期徒刑为止。只要坚持责任主义，死就应该以相当于死刑的责任范围不存在为前提而主张死刑废除论。不过，遗憾的是在日本尚未废除死刑，仍然保留着死刑。因此，在决定被告人的责任范围时，仍然必须考虑存在相当于死刑的责任。

可是，在被告人的责任范围横跨从死刑到无期徒刑的范围的场合，并不一定必须选择无期徒刑。在上述场合，现行法上是没有规定裁判官有选择无期徒刑的义务的，即便对于宣告死刑的要求是“慎重”，也不能认为这导致了在依据预防判断时无期徒刑是唯一的选择项。在能够认为存在有妨碍被告人再社会化的要因、不能期待有教育与改善的效果、有必要将被告人从社会上永久隔离的场合，死刑的选择也是有可能存在的。根据现行刑法对于无期徒刑的规定，“经过10年以后，可以通过向行政机关申请，许可假释”（刑法第28条），因此可以认为不选择无期徒刑选择死刑的判断也是依据于预防判断

作出的。不过，如果不存在例如上述有必要将被告人从社会上永久隔离的场合等特别理由，例如裁判官考虑到舆论的动向选择死刑，即便的确是在责任范围内作出的选择也不能说是正确的选择。在进行死刑还是无期徒刑的选择时，应该考虑的预防判断的适用标准是，原则上必须考虑预防判断的机能是回避选择死刑促进无期徒刑的适用。在这个意义上，一般认为，对于死刑的宣判必须“慎重”是当然的要求。

其次，在裁判官决定被告人的责任范围仅仅相当于死刑的范围的场合，责任范围的决定本身必须慎重。在法定责任的范围内进行预防判断，只要以这种责任主义为基础，就不仅禁止超过责任上限的原则对于责任范围的判断起作用，除了对未成年人量刑的场合等特殊的场合以外，也不能认为超过责任下限进行判断是允许的。因此，将责任范围限定于死刑的决定，必须尽可能的慎重。在以量刑责任的判断为基础决定被告人的责任范围时，必须注意正确评价有关该当于量刑责任的每个构成要素的事实。

裁判官应该决定被告人的责任范围仅仅相当于死刑的范围，还是相当于从死刑到无期徒刑的范围，这种选择实际上非常困难。在保留死刑的制度之下，刑事责任的评价尺度是以存在相当于死刑的责任为前提的，但是，选择被告人仅仅具有相当于死刑的责任，这一决定并不具有容易作出的精确度。与其说是因为评价尺度的精确度不高，不如说在很多场合上述决定的作出是困难的。因此，如果不是被告人的责任范围相当于死刑的决定对任何人而言，是都能得到同意的场合，就不应该作出这样的决定。

在裁判官决定被告人的责任范围仅仅相当于死刑的范围的场合，即便考虑预防判断，不用提及有禁止超过责任上限的原则，因为预防判断不具有朝责任的上限方向加重的机能，成为问题的只不过是预防判断能否具有超过责任的下限朝无期徒刑的方向减轻的机能。刑罚必须具有责任相应性，应该积极的、严格的解释这种责任主义的原则，如果这样严格的解释责任主义，一般认为，是不能超越责任的下限宣判无期徒刑的。不过，根据在能够回避宣判死刑时尽量回避死刑宣告的这一基本态度，上述责任主义的严格解释没有得到支持。

尽管裁判官决定了被告人的责任范围仅仅相当于死刑的范围，也存在应该超越其下限宣判无期徒刑的情形的场合，但是，即便存在上述场合，也必须说这种场合是极为例外的场合。原因在于，虽然能够认为上述情形的存在是与预防判断的观点相结合而产生的，但一般认为上述情形存在的基础是，在死刑保留的法制之下，应该说死刑回避主义这种政策的考虑起了作用。

六、量刑论与死刑存废论

在有关死刑存废的争议中，产生了各种各样的观点。有重视死刑的存在意义，认为应该保留死刑的积极保留论，有认为死刑的存在是一种必要的恶的消极保留论或者叫废除死刑时间尚早论，有不认为死刑有存在的意义，应该立刻废除死刑的立刻废除论等，存在以上种种的主张。死刑是以生命的剥夺为内容的终极刑罚，因此一般认为，因为上述对立的主张，反映的是各主张在生命伦理观、宪法观、对于犯罪以及裁判的见解上的不同，所以很难调解。不过，根据量刑论的立场来看几乎不存在有关死刑存废的争议。一般认为，量刑论具有应该以死刑保留为前提而进行论述的性格，大概这是在量刑论中不存在死刑存废争议的理由。不过，一般认为，根据量刑论中内在的理由展开有关死刑存废的争议也是有可能的。

死刑制度以承认存在相当于死刑的责任为前提。假设不承认存在相当于死刑的责任，死刑制度是无法存在的。相当于死刑的责任是否存在是根据国民的意思决定的。只要以量刑是在法定刑内决定被告人的责任范围为出发点，为了保留死刑，在制定法定刑时，国民意思的代表人即立法者必须认可存在大致相当于死刑的刑事责任。只要立法者在制定刑法时根据国民的意思将死刑规定为刑罚，国民就认可了存在相当于死刑的责任。在保留了死刑的现行法制之下，当然能够认为国民的意思是认可了存在相当于死刑的责任。不过，在对将来是否应该废除死刑进行争议时，追问现在国民对于国民的刑事责任的看法也是重要的。当然，即便国民认可了存在相当于死刑的刑事责任，根据责任以外的观点，特别是刑事政策的观点展开是否应该废除死刑的争议也是有可能的。

无需多言，只要在现行个罪的法定刑中包括了死刑的场合，是允许裁判官宣判死刑的。不过，假设导致死刑宣判的量刑过程缺少明确性，或者这种不明确性很难完全地消除，尽管存在上述情形，裁判官仍然确定并执行了不具有回复可能性的死刑判决，无法禁止人们对于裁判官的上述死刑判决产生疑问。量刑过程的不明确性是因为，第一，责任范围的决定不得不依据未必称得上明确的刑事责任尺度。刑事责任尺度的不明确性是由于责任评价受到不同时代的国民意思的影响而必然产生的。随着价值观越来越多元化，刑事责任尺度的不明确性也随之增大。第二，量刑过程的不明确性是由于不能消除由于裁判官的不同所导致的量刑判断的差别。由于量刑判断基本上是委托给裁判官个人裁量的，谋求在裁判官之间的统一判断标准与判断方法是困难的。这种统一化的结局是不得不依靠判断标准与判断方法的法定化，但是，达到完全的消除裁判官判断差别程度的法定化是困难的。如果不能完全消除上述量刑过程中的不明确性，不仅会对在具体的个案中的死刑宣判正确性产生疑问，进而也会对死刑制度的保留产生疑问。量刑过程的不明确性，在死刑以外的刑罚中也会发生，但是对于不具有回复可能性的最重刑罚，即死刑才特别的成为问题。

七、最近最高裁判所所判决的死刑案件

接下来，笔者想给诸位介绍，近来对于死刑与无期徒刑的选择标准作出了判示的最高裁判所的判决，并且，笔者想对相关判决进行若干的考察。该判决是对光市母子杀害案件所作出的判决[①]。在本文中，为了方便考察相关判决，必须详细的介绍案件事实概要以及判决的要旨，因此，笔者希望诸位允许本文的冗长。此外，本文中的相关介绍根据的是最高裁判所所作出的相关判决。

事实概要

在实施本案犯罪行为时刚满18岁的少年被告人，在平成十一年4月14日的白天，伪称是检查水管的水管工，进入到山口县光市内的一处公寓内，意图强奸时年23岁的主妇（以下称“被害人”），由于被害人的激烈抵抗，被告人杀害被害人后对被害人实施了奸淫行为，随后，被告人又杀害了当时正不停哭泣的时年只有11个月大的被害人的长女（以下称“被害儿”），在实施完杀人行为以后，被告人还在该公寓窃取了正由被害人保管的钱包一个，即所谓的杀人、强奸致人死亡、盗窃案件。

根据刑事诉讼法第411条第2款，本判决以量刑不当为理由驳回了原判决，根据刑事诉讼法第413条，本判决需要将本案发回到原裁判所重审，因此，以下，本判决将主要着眼于量刑问题对本案的事实概要进行说明。

第一审判决（山口地判平成14·3·22）对于检察官判处死刑的请求，认为应该充分地检讨，检察官考虑到本案的罪质、被告人任性而为的简单动机、残忍冷酷的犯行的行为方式、结果的重大性、遗属强烈的被害感情、严重的社会影响，所以认为被告人的罪责极为重大，因此，检察官对于有选择死刑可能的被告人，选择了死刑的诉求，第一审判决认为，由于被告人的杀人行为不是有计划实施的、没有杀人或者伤害的前科、在实施犯行的当时被

① 最高裁判所第三小法庭判决，案件编号是平成十四年（あ）第730号。判决日是平成十八年6月20日。参考文献：判例时报1213号第89页，判例时报1941号第38页。

告人还是一个18岁刚过30天的少年，其心理尚未成熟是明显的、被告人的家庭环境不佳以及正在产生反省之情，很难说通过矫正教育被告人没有改善更正的可能性，与近来的裁判例相比较、综合的考虑少年法的立法原则等因素，根据罪刑均衡与一般预防的观点看，不能认为判处极刑是必须的，第一审判决认为，对被告人判处无期徒刑，通过矫正使其赎罪是合适的。

对于第一审判决，检察官提出了控诉，但是在上诉审判决中（广岛高判平成14·3·14）维持了第一审判决的量刑判断，驳回了检察官的控诉。对于上诉审的判决，检察官主张：上诉审判决违反了最高裁判所关于永山案件的判决（最高裁判所第二小法庭判昭和58·7·8刑集37·6·609）以及该案件以后维持死刑的判决的精神，量刑不当，并提出了控诉。本判决接受了检察官的控诉，以量刑不当为理由驳回了原判决，将本案发回到原裁判所重审。

本判决的要旨

（1）死刑是最为严厉的刑罚，应该慎重判处死刑是毫无疑问的。不过，如同判决（最高裁昭和五十六年（あ）第1505号同五十八年7月8日第二小法庭判决·刑集37卷6号609页）所认为的那样，在保留了死刑制度的现行法制之下，一并考察犯行的罪质、动机、犯罪的行为方式特别是杀害的手段方法的执著性与残酷性、遗属的被害情感、社会的影响、犯人的年龄、前科、犯行后的情况等种种情形，如果被告人的罪责实在重大，无论是根据罪刑均衡的观点还是根据一般预防的观点，都能认定必须判处极刑，就必须认为只能选择死刑。

就本案的案件事实来看，被告人想即便采取强奸的手段也要进行性行为，并准备好了布条与毛巾，然后，被告人通过寻找主妇白天一个人在家的公寓而找到了被害人，他冒充检查排水管的作业人员进入到室内，并趁机从背后抱住了被害人，对于被害人惊恐万分而导致的尖叫、手脚激烈的进行挣扎等激烈的抵抗，被告人为了奸淫被害人决意将其杀害，被告人用双手紧紧地掐住被害人的颈部杀害了被害人，为了防止被害人万一有生还的可能性，被告人用布条紧紧地绑住了被害人的两手腕，又用布条塞住被害人的鼻子和嘴的部位，通过实施上述等行为，被告人胆大包天地完成了奸淫行为。并且，被告人在实施上述犯行时，不仅没有将被害儿想要抱住被害人正大声哭泣的情况放在心上，反而在上述犯行实施完毕后，害怕他人通过哭声发现犯行，而产生了杀意，被告人将被害人粗暴地扔到地板上，然后用携带的毛巾缠住一边哭泣一边想要靠近母亲遗体的被害儿的脖子，勒杀了被害儿。为了达到强奸的目的杀害被害人后实施奸淫，并且连可怜的幼儿也杀害，被告人所实施的各犯行的罪质是极其恶劣的罪质，剥夺了两名珍贵的生命的这一犯罪结果也是极为重大的。在被告人实施各犯行的动机以及原因上，没有任何可以酌情考虑的情况，在强奸与杀人的强烈犯意支配之下，接连的践踏没有任何错误的被害人们的生命与尊严，不得不说这样的犯行是冷酷、残虐、非人的行为。再者，被告人在杀害了被害人们后，将被害儿的尸体藏到壁橱中的小橱柜内，将被害人的尸体藏在壁橱内，意图延迟他人发现犯行，被告人还窃取了被害人的钱包，通过检讨被告人所实施的上述等的行为，说明被告人实施犯行后的表现也不好。此外，对于遗属们极为强烈的被害感情，被告人完全没有想要谢罪的举措。也不能忽视，在白天，非常普通的家庭的母子在本身不存在任何过错的情况下在自己家中被残酷杀害的案件给社会带来了巨大的冲击。综合考虑以上各点，由于被告人的罪责非常重大，并且没有特别应该酌量减轻的事由，不能不说选择判处死刑是唯一的选择。

（2）在本判决中，在检讨有关有无特别应该酌量减轻的事由时，就在上诉审判决以及第一审判决中所指出的应该酌量减轻的事由中，杀害被害人是在没有计划性的情况下进行的这一点而言，本判决指出，的确，虽然被告人是围绕着强奸的意图准备相应的计划的，但是事前被告人并没有预备杀害被害人，不能否定被告人只是为了应对遭到被害人强烈抵抗以及被害儿大声哭泣的事态而形成的杀意。如果将本案中被告人的计划性与从最开始就计划杀害被害人的场合相对比，其非难的程度是有差异的。不过，被告人计划进行强奸这种凶恶犯罪，在实行强奸行为时，为了压制反抗并防止被发现犯行决意杀害被害人们，接连的实施了杀人行为，达成了被告人种种的犯罪目的，因此，毫无疑问不能认为各杀人行为是偶发的事件，被告人是清醒的实施上述行为以达到目的是明确的。这样来看，本案中杀害行为的不具有计划性这一事实，应该说对于将其评价为能够相当于回避死刑的特别有利的酌量减轻情节是不充足的。

此外，上诉审判决以及第一审判决认为，能够看出被告人产生了相应的反省之情，并且被告人在犯罪时是18岁30天的少年，不能认为被告人的犯罪倾向是显著的，被告人的成长环境有应该同情之处，不能否认其成长的环境对于被告人的性格、行为倾向具有影响，即便在所进行的青少年审判程序中所进行的社会调查的结果上，也没有否定被告人通过矫正教育的可塑性，因此，上诉审判决以及第一审判决根据上述理由指出，被告人有通过矫正教育改善更生的可能性，认为应该将这种可能性作为回避判处死刑的事由。不过，根据记录，被告人除了在侦查初期，承认了基本的犯罪事实以外，一直到包括了青少年审判程序阶段的上诉审判决，仅就被告人的语言行动、态度来看，认定被告人认识到本案罪行的严重性并能够深刻反省是困难的，在上诉审判决中，也将被告人的反省程度评价为不够充分。即便就被告人的成长环境来看，根据其生母在被告人的中学时代自杀了，其后生父与年轻的外国女性再婚，在本案发生约3个月前，被告人的同父异母弟弟出生等的事实，虽然不能否定被告人的成长环境存在境遇不佳乃至不稳定的一面，但是被告人也能够受到高等教育，不能认为被告人的成长环境到了特别恶劣的程度。另外，虽然无法认定被告人在本案以前存在前科与非行经历，但是被告人在计划强奸非常单纯的陌生少妇后，在实施上述计划的过程中，完全没有犹豫的相继杀害了两名被害人，在完成实施上述凶恶的犯行后，被告人又窃取了被害人的钱包，接着又实施了将被害人尸体藏入壁橱等的犯罪痕迹的隐匿工作，随后逃走，被告人还将所窃取的钱包内的地区振兴券向朋友炫耀，并使用钱包内的钱购入游戏卡等，根据被告人的上述行为，必须认为被告人具有不可轻视的犯罪倾向。

因此，总而言之，在本案中，可以说值得酌量减轻的事由归根结底是因为，被告人在实施犯罪行为时是一个刚满18岁的少年，由于具有可塑性，所以不能否定被告人有改善更生的可能性。而且，根据少年法第51条的规定(根据平成十二年法律第142号修订前的法律)，对于在实施犯罪行为时未满18周岁的少年不科以死刑，根据该规定的要旨，在判断是否对被告人选择死刑时，应该对被告人在实施犯罪行为时是一个刚满18岁的少年这一事实进行相应的考虑，但是不能认为该事实是应该决定回避宣判死刑的事实，应该认为，该事实仅仅是应该在与本案犯罪行为的罪质、动机、样态、结果的重大性以及遗属的被害感情等 事实进行对比以及综合判断的基础上应该考虑的其中一个事实而已。

根据以上分析，在上诉审判决以及一审判决中所陈述的应该予以酌量减轻的事由，无论是单独的分析，还是综合的分析，都无法认为上述事由作为不选择对被告人宣判死刑的事由具有充分的理由，不得不说，仅仅根据上述审判决中的理由，维持不选择死刑的量刑判断是困难的。

(3) 因此，上诉审判决错误地评价了量刑时应该考虑的事实，其结果是判决没有认真审理有关是否存在足以构成回避死刑选择的特别应该酌情减轻的事由，就维持了第一审判决对被告人判处无期徒刑的量刑，可以认为，该量刑明显不当，不撤销该判决明显的违反了正义原则。

评　释

(1) 关于本判决量刑的判断方法

本判决，①根据量刑事由说明了被告人是值得被判处死刑的，同时②对有无应该回避判决死刑的酌量减轻事由进行了判断，认为不存在上述酌量减轻事由。

关于第①点，在第一审判决中，所使用到的判断方法是，既认为被告人的刑事责任极为重大，也认为必须充分地检讨应对被告人判处死刑的结论，即兼顾判断法，通过使用这种兼顾判断法，判决没有认定被告人值得被判处死刑。上述审判决也认为第一审判决量刑的“判断方法是正确的”。本判决与第一审判决以及上诉审判决的不同之处在于，将酌量减轻事由撇开，在检讨酌量减轻事由以前先行判断被告人量刑责任的程度，并根据上述判断方法作出了被告人的刑事责任相当于死刑的量刑判断。最高裁判所在与本案一样被告人都是少年的永山案件中（最高裁判所第二小法庭判昭和 58·7·8 刑集 37·6·609），所使用的量刑判断方法是，虽然认识到量刑的重要性，但并不一定要先行的进行量刑，即使用了兼顾判断法，判决并不认为被告人具有该当于死刑的刑事责任，仅仅是列举了对被告人而言不利的案情。如果认为量刑的基本原理在于责任的相应性，首先有必要明确的是被告人刑事责任的程度。本判决关于量刑的判断方法是先行的确定被告人的刑事责任程度然后考虑对被告人判处死刑是否充分，也是一种兼顾的判断方法，可以认为，在量刑责任与预防判断之间认定相当于死刑的刑事责任是量刑论上正确的判断方法。不过，这种判断方法并不是本判决最先采用的，曾经最高裁判所第二小法庭在平成 11·12·10（判时 1701·166）作出的判决中采用过该判断方法。因此，就判断方法这一点而言，本判决只不过是沿袭了先例。

（2）量刑因素

本判决认为，关于死刑判决的量刑因素，“在保留了死刑制度的现行法制之下，应一并考察犯行的罪质，犯行的动机，在犯罪的行为方式上特别是杀害手段方法的执拗性、残虐性，在结果的重大性上特别是被杀害的被害人人数，遗属的被害感情，社会的影响，犯人的年龄，前科，犯行实施后的表现等各种情况”。上述认识，曾经是最高裁判所在永山判决中判示的见解。究竟量刑因素是对加重量刑起作用，还是对减轻量刑起作用，虽然不一定都能得到普遍性的说明，但原则上，量刑因素是各自起加减作用的。

所谓“犯行的罪质”，意味着被告人所实施的犯行性质的恶劣程度。本判决在论及有关该量刑因素即作为本案被告人量刑事由之一的该被告人所实施的连续犯行时，将其评价为“各犯行的罪质十分恶劣”。在本案中，该量刑因素被认为起了加重量刑的作用，但是，由于案件的不同也能够认为存在作为减轻的量刑因素的场合，因此，“犯行的罪质”是起加减作用的量刑因素。

所谓“犯行的动机”，意味着被告人实施犯行的目的或者意图。本判决在论及有关该量刑因素即作为被告人量刑事由之一的强奸目的、防止犯行被发现的目的时，认为“被告人各犯行的动机……毫无可酌情减轻之处”，据此，可以清楚本判决是将犯行的动机作为起加减作用的量刑因素来理解的。

所谓“犯罪的行为方式”，意味着犯行的手段方法。毫无疑问，如果犯罪行为方式的执拗性、残酷性、冷酷性增加量刑就加重。如果犯罪行为方式的执拗性、残酷性、冷酷性减少量刑就减轻。因此，犯罪的行为方式也能够作为起加减作用的量刑因素看待。犯罪行为方式的残虐性应该结合考虑被害人的过错与年龄等因素来决定。

所谓“结果”，应该解释为，不仅包括构成要件内的结果也包括构成要件外的结果。作为量刑因素前者比如说有“被害人的人数”，后者比如说有“遗属的被害感情”以及“社会的影响”。一般认为被害人人数的增加或者减少对量刑起加重或者减轻的作用，因此，被害人人数也是起加减作用的量刑因素。此外，一般认为遗属的被害感情以及社会影响由于具体场合的不同，也能够考虑其起减轻量刑的作用，因此，也可以认为遗属的被害感情以及社会影响也是起加减作用的量刑因素。

所谓“犯罪人的年龄”，作为量刑要因，形式上指的是生理年龄，但实质上指的是精神的成熟度与理解度、可塑性等要因。一般而言犯罪人的生理年龄越大量刑越重，生理年龄越小量刑越轻。此外，一般认为，就实质的年龄来看，被告人越增长精神的成熟度与理解度量刑越重，精神的成熟度与理解度越低量刑就越轻。就可塑性来看，一般认为，可塑性高时要减轻量刑，可塑性低时要加重量刑。犯人的年龄是起加减作用的量刑因素。

所谓“前科”，是指犯罪经历，能够将其区分为同种前科与异种前科。一般而言前科被认为有加重量刑的作用。一般认为，同种前科作为加重的量刑因素受到特别重视。在大的范围上，将“犯罪的倾向”作为量刑因素也是被允许的。

所谓“犯行后的表现”，意味着构成要件的结果发生后，被告人的态度。其中包括了被告人在犯行现场实施完犯罪行为后的态度与被告人离开犯行现场后的态度。犯行后的表现是起加减作用的量刑因素。

作为其他的量刑因素，可以举出“犯意的顽强性”。所谓犯意的顽强性，意味着被告人无论遇到什么情况都不放弃犯罪，对犯行的执著程度。本判决使用了“顽强的犯意”这一词语，但是并没有说明其含义。不过，按照此处所阐释的含义理解本判决中的“顽强的犯意”是可以的。一般认为，犯意的强弱影响量刑的加重或者减轻，因此，犯意的顽强性是起加减作用的量刑因素。

所谓"犯行的计划性"，是指犯罪行为实施前行为人的态度，应该属于量刑因素。但是，本判决，在前述所列举的量刑因素中没有包括该因素。因为本判决是在与量刑事由的关系上，将该量刑因素作为应该酌量减轻的事由进行检讨的，所以判决的意思是，并不是认为"犯行的计划性"不属于量刑要素，并不是没有列举该要素。"成长环境"这一量刑要素同样如此。

(3) 在本判决中的加重量刑事由

接下来，在进行量刑判断时，以量刑因素为标准针对具体的量刑事由进行判断是必要的。在进行量刑判断时，量刑判断的第一步是，根据对量刑起加重作用的事由（以下简称"加重的量刑事由"）判断被告人是否具有相当于死刑的刑事责任。换言之，如同前述的兼顾判断法所使用的步骤一样。第二步是，考虑有无减轻的量刑事由（应该酌量减轻的量刑事由），以判断能否修正原判断，这种判断方法是必要的。

本判决对于被告人该当于"犯行的罪质"的量刑事由，作出了如下论述："被告人想即便采取强奸的手段也要进行性行为，并准备好了布条与毛巾，然后，被告人通过寻找主妇白天一个人在家的公寓而找到了被害人，他冒充检查排水管的作业人员进入到室内，并趁机从背后抱住了被害人，对于被害人惊恐万分而导致的尖叫、手脚激烈的进行挣扎等激烈的抵抗，被告人为了奸淫被害人决意将其杀害，被告人用双手紧紧地掐住被害人的颈部杀害了被害人，为了防止被害人万一有生还的可能性，被告人用布条紧紧地绑住了被害人的两手腕，又用布条塞住被害人的鼻子和嘴的部位，通过实施上述等行为，被告人胆大包天地完成了奸淫行为。并且，被告人在实施上述犯行时，不仅没有将被害儿想要抱住被害人正大声哭泣的情况放在心上，反而在上述犯行实施完毕后，害怕他人通过哭声发现犯行，而产生了杀意，被告人将被害人粗暴地扔到地板上，然后用携带的毛巾缠住一边哭泣一边想要靠近母亲遗体的被害儿的脖子，勒杀了被害儿。为了达到强奸的目的杀害被害人后实施奸淫，并且连可怜的幼儿也杀害，被告人所实施的各犯行的罪质是极其恶劣的罪质。"

本判决对于属于"构成要件内的结果"的被害人人数作出的结论是"剥夺了两名珍贵的生命的这一犯罪结果也是极为重大的"。判决重视被害人人数是两名，将其作为加重的量刑事由是明确的。不过，毫无疑问，这并非是指判决的意思是如果被害人的人数是一名，被告人就不具有该当于死刑的刑事责任。

此外，本判决对于属于"构成要件外的结果"的遗属的被害感情所作出的结论是："对于遗属们极为强烈的被害感情，被告人完全没有想要谢罪的举措”，判决是将遗属的被害感情作为了加重的量刑事由看待。而且，本判决对于案件对社会的影响，所作出的结论是“也不能忽视，在白天，非常普通的家庭的母子在本身不存在任何过错的情况下在自己家中被残酷杀害的案件给社会带来了巨大的冲击”，可见，判决也是将其作为了加重的量刑事由。

本判决对于该当于“犯行的动机”的量刑事由所作出的结论是：“被告人想即便采取强奸的手段也要进行性行为”，“被告人为了奸淫被害人决意将其杀害”，“害怕他人通过哭声发现犯行”，判决以“在被告人实施各犯行的动机上……没有任何可以酌情考虑的情况”为理由，将本案犯行的动机理解为加重的量刑事由。

本判决对于该当于“犯罪的行为方式”的量刑事由，进行了如下论述：“被告人准备好了布条与毛巾，然后，通过寻找主妇白天一个人在家的公寓找到了被害人，他冒充检查排水管的作业人员进入到室内，并趁机从背后抱住了被害人……被告人用双手紧紧地掐住被害人的颈部杀害了被害人，为了防止被害人有万一生还的可能性，被告人用布条紧紧地绑住了被害人的两手腕，又用布条塞住被害人的鼻子和嘴的部位，通过实施上述等的行为，被告人胆大包天地完成了奸淫行为。……被告人将被害人粗暴地扔到地板上，然后用携带的毛巾缠住一边哭泣一边想要靠近母亲遗体的被害儿的脖子，勒杀了被害儿”，判决以“接连的践踏没有任何错误的被害人们的生命与尊严，不得不说这样的犯行是冷酷、残虐、非人的行为”为理由，将本案犯罪的行为方式理解为加重的量刑事由。

本判决对于该当于“犯行后的表现”的量刑事由，进行了如下论述：“被告人在杀害了被害人们后，将被害儿的尸体藏到壁橱中的小橱柜内，将被害人的尸体藏在壁橱内，意图延迟他人发现犯行，被告人还窃取了被害人的钱包，通过检讨被告人所实施的上述等的行为，说明被告人实施犯行后的表现也不好”，据此可以认为，判决是将被告人在犯行现场实施完犯罪行为后的表现作为了加重的量刑事由。相对地，判决对于被告人离开犯罪现场后所表现的“反省的感情”，是将其作为了是否能够作为减轻的量刑事由的检讨对象。

本判决对于“犯行的计划性”等犯行前的情况，也是将其作为了是否能够作为减轻的量刑事由的检讨对象。

可是，本判决在对被告人作出相当于死刑的量刑判断时，没有论及被告人主要的加重量刑事由，仅仅是认为：“综合以上诸点，被告人的罪责极为重大，只要被告人不具有特别应该酌量减轻的事由，就不得不认为只能选择死刑”。一般认为，在量刑时，除了根据犯罪的性质，综合评价各量刑事由以外，作为被害人一方的事由，被害人人数与年龄、被害人的过错等事由也是受到重视的量刑事由。正是由于被害人人数，在一直以来的判例的量刑判断中都是受到重视的量刑要素①，可以说在本案中被害人的人数是复数在相当程度上给本案的死刑判决带来了影响。不过，考虑到本案其他的量刑事由，即使本案的被害人是单数，也无法断言不能判决被告人死刑。当然，上述结论是以假设的情形为基础进行的探讨，因此，必须慎重地看待以上结论。此外，由于在被一般认为与本判决的判断方法相同的前述最高裁判所第二小法庭的判决（平成11·12·10）中，判决在被害人为单数的场合作出了死刑判断，因此，被害人的单复数不是区分死刑与无期徒刑的绝对标准，应该在综合的评价该当与量刑要因的其他量刑事由的基础上进行死刑与无期徒刑的判断。并且，一般认为，遗属强烈的被害情感在何种程度上影响了判决对于死刑还是无期徒刑的判断不一定明晰，其中所包含的影响力很微妙。

（4）本判决对于在第一审以及上诉审判决中所论及的被告人减轻的量刑事由的检讨

本判决在引用第一审以及上诉审判决对被告人作出无期徒刑的选择时所指出的量刑事由："杀害被害人是在没有计划性的情况下进行的这一点"，"能够看出被告人产生了相应的反省之情，并且被告人在犯罪时是18岁30天的少年，不能认为被告人的犯罪倾向是显著的，被告人的成长环境有应该同情之处，不能否认其成长的环境对于被告人的性格、行为倾向具有影响，即便在所进行的青少年审判程序中所进行的社会调查的结果上，也没有否定被告人通过矫正教育的可塑性，因此，上诉审判决以及第一审判决根据上述理由指出，被告人有通过矫正教育改善更生的可能性，认为应该将这种可能性作为回避判处死刑的事由"的基础上，对于上述有关应该酌量减轻的事由加以了检讨。

本判决对于杀害被害人是在没有计划性的情况下进行的这一点，检讨认为："如果将本案中被告人的计划性与从最开始就计划杀害被害人的场合相对比，其非难的程度是有差异的。不过，被告人计划进行强奸这种凶恶犯罪，在实行强奸行为时，为了压制反抗并防止被发现犯行决意杀害被害人，接连地实施了杀人行为，达成了被告人种种的犯罪目的，因此，毫无疑问不能认为各杀人行为是偶发的事件，被告人清醒的实施上述行为以达到目的是明确

① 东京第二律师协会死刑问题研究小委员会："死刑判决量刑标准的考察"，载《自由与正义》42卷10号55页以下；前田雅英：《死刑与无期徒刑的界限——最高裁判所所判决的5件有关案件的意义（上）》，判例评论506号162页以下；前田雅英：《死刑与无期徒刑的界限——最高裁判所所判决的5件有关案件的意义（下）》，判例评论507号33页以下。

的。这样来看，本案中杀害行为不具有计划性这一事实，应该说对于将其评价为能够相当于回避死刑的特别有利的酌量减轻情节是不充足的。”据此，计划性这一量刑要素是起加减作用的量刑要素，在犯行是有计划实施的场合对加重量刑起作用，在犯行是无计划的场合对减轻量刑起作用，上述判断作为一般的结论是被认可的。就该当于上述量刑要素的本案中的量刑事由来看，全部犯行中的一部分犯行是事前就有所计划，另一部分犯行是事前没有计划的在现场进行是清楚的。在上述场合，产生了是否能够区别事前没有计划的行为与事前有计划的行为以便作为减轻的量刑事由进行判断的问题。事前没有计划的行为并非是偶然发生的，而是与事前存在计划的行为的完成存在关联的场合，例如，在被告人为了完成事前存在计划的行为而实施排除障碍的行为等，事前没有计划的行为与事前存在计划的行为存在关联性或者利用关系的场合，未必能够将上述不存在计划的行为作为减轻的量刑事由考虑。着眼于这一点，本判决认为“被告人计划进行强奸这种凶恶犯罪，在实行强奸行为时，为了压制反抗并防止被发现犯行决意杀害被害人们，接连的实施了杀人行为，达成了被告人种种的犯罪目的，因此，毫无疑问不能认为各杀人行为是偶发的事件，被告人是清醒的实施上述行为以达到目的是明确的。这样来看，本案中杀害行为的不具有计划性这一事实，应该说对于将其评价为能够相当于回避死刑的特别有利的酌量减轻情节是不充足的”。本判决有正当的理由能够支持上述判断。

本判决对于该当于“犯行后的表现”因素的本案量刑因素，是将其以离开犯行现场后的“反省之情”这一表达方式作为检讨对象的。虽说称之为反省之情，与“犯行后的表现”这一表达方式应该只是程度上的问题。如果被告人没有深刻地表现出与所犯之罪相应的反省之情，就不能将其作为能够回避死刑判决的减轻的量刑事由。着眼于这一点，本判决认为：“根据记录，被告人除了在侦查初期，承认了基本的犯罪事实以外，一直到包括了青少年审判程序阶段的上诉审判决，仅就被告人的语言行动、态度来看，认定被告人认识到本案罪刑的严重性并能够深刻反省是困难的，在上诉审判决中，也将被告人的反省程度评价为不够充分”。为了能够将被告人的反省之情判断为减轻的量刑事由，本判决的判断是要求被告人的反省之情达到了“与罪的严重性相应的深刻内省”程度，这一判断是正确的。

本判决对于该当于“成长环境”因素的本案量刑因素，认为：“根据其生母在被告人的中学时代自杀了，其后生父与年轻的外国女性再婚，在本案发生约 3 个月前，被告人的同父异母弟弟出生等的事实，虽然不能否定被告人的成长环境存在境遇不佳乃至不稳定的一面，但是被告人也能够受到高等教育，不能认为被告人的成长环境到了特别恶劣的程度”，没有将其认定为减轻的量刑事由。在判决的判断中成为问题的是，是否存在在人格形成过程中能够决定被告人实施犯行，这种程度的“特别恶劣的”成长环境，但是在本判决的判断中，没有认定存在“特别恶劣的”成长环境。一般认为，在成长环境“特别恶劣的”场合，因此而导致人格形成的扭曲、使行为人在规范的判断上无法决定正确的方向。如果被告人是在还没有达到上述程度的成长环境中成长的，是不能够将其作为减轻的量刑事由看待的。据此，上述见解也支持了本判决的判断。

本判决对于该当于“犯人的年龄”因素的本案量刑事由，在认定，被告人在实施犯行的当时只是一名刚满 18 岁的少年，因为其具有可塑性所以改善更生的可能性是不能够被否定的，上述事实是“值得体谅的事实”的基础上，本判决认为：“不能认为该事实是应该决定回避宣判死刑的事实，应该认为，该事实仅仅是应该在与本案犯罪行为的罪质、动机、样态、结果的重大性以及遗属的被害感情等事实进行对比以及综合判断的基础上应该考虑的其中一个事实而已”，判决没有将被告人的年龄因素作为减轻的量刑事由考虑。

少年法在有关“死刑与无期徒刑的缓和”即第 51 条第 1 项中（根据平成十二年法律第 142 号修订前的法律），规定了：“对于犯罪时不满 18 周岁者，应该判处死刑时，科以无期徒刑。”上述规定所根据的是禁止对实施犯行时未满 18 周岁的少年宣判死刑的原则，并非是对于犯行时已满 18 周岁的少年禁止宣告死刑。本案的被告人在实施犯行时处于可以被判处死刑的年龄标准以上，对该者宣告死刑不具有法律上的障碍。问题是，在犯行时，被告人是仅仅超过年龄标准 30 天的人。从实质的观点来斟酌这一事实，是否应该将这一事实作为减轻的量刑事由看待呢？

一般认为，在少年法中，规定死刑缓和的理由有二。即，作为法律上的理由，有见解认为，犯行时未满 18 周岁的少年精神上是不成熟的，不能认为犯行时未满 18 周岁的少年与 18 岁以上的人一样具有完全的责任能力，因此，将未满 18 周岁的少年准照限定责任能力人对待[①]；作为刑事政策的理由，有见解认为，对于犯行时未满 18 周岁的人，因为其具有可塑性故能够期待其改善更生，所以应该回避死刑判决。本判决认为，在与刑事政策理由的关系上，考虑被告人犯行时的年龄，将该事实与本案其他的量刑事由进行对比，进行综合的判断，不能认为被告人的年龄因素是能够决定回避死刑判决的事由。

① 参照团藤重光：《刑法纲要总论 · 改订版增补》，第 559 页。

不过，在本判决中，没有提及有关被告人年龄的法律理由。刑法在有关刑事责任年龄即第41条中，规定了“不处罚未满14周岁者实施的行为”，将刑事责任年龄区分为不满14周岁与14周岁以上，前者是无责任能力者，后者是责任能力者（包括限定责任能力者），以上述标准对于刑事责任年龄进行了形式的区分，因此，也可以认为，在少年法上第51条第1项的规定也是将死刑判决的责任年龄区分为不满18周岁与18周岁以上，采取前者是限定责任能力者，后者是责任能力者的标准，从而进行了形式的认定。因此，根据本案被告人在实施犯行时的年龄判断，不能将其作为限定责任能力人看待，因此，即便本判决没有论及有关被告人年龄的法律理由，应该说其中也是不存在任何问题的。

(5) 罪刑均衡与一般预防

本判决认为：“被告人所实施犯行的罪责极为重大，并且无论是根据罪刑均衡的观点还是根据一般预防的观点都不得不判处极刑，在被告人被认定为属于上述情形的场合，除了选择判处死刑外没有更好的选择。”所谓罪刑均衡，意味着对被告人施以与之罪责相适用之刑。一般认为，“罪责”意味着被告人在该当于量刑因素的量刑事由的基础上被决定的责任。上述“罪责”与犯罪成立论上的“责任”未必同义。也可以将上述所谓的“罪责”称之为量刑责任。所谓“无论是根据罪刑均衡的观点”，是指即使不考虑一般预防的观点，仅考虑量刑责任进行量刑也能够认定被告人有值得判处极刑的量刑责任。

相对的，所谓“还是根据一般预防的观点”则意味着，根据使一般人远离犯罪的观点，但是，只要一般预防的观点不以对被告人施以与其罪责相适应之刑为前提，仅仅考虑一般预防很有可能导致使犯罪防止成为空想，因此，应该认为，“一般预防的观点”是从属于“罪刑均衡的观点”的。本判决并没有对两种观点之间的关系进行分析，但是由于判决指出：“综合考虑以上各点，由于被告人的罪责非常重大，并且没有特别应该酌量减轻的事由，不能不说选择判处死刑是唯一的选择”，因此，一般认为，判决认可了“一般预防的观点”是从属于“罪刑均衡的观点”的。

可是，关于一般预防，如果严格地分析，能够认为其具有两种不同的含义。即立法上的一般预防与司法上的一般预防。所谓立法上的一般预防，意味着，通过制定法律规定犯罪与刑罚，使一般人不实施犯罪行为。立法上的一般预防是指，以在现实中未实施犯罪的普通的一般人为对象，通过法律所预告的刑罚的威慑力效果期望防止犯罪发生的预防机制，因此，又将这种所谓的立法上的一般预防称之为“普通的一般预防”。相对地，所谓司法上的一般预防，则意味着，通过裁判所的裁判对被告人宣告一定之刑，通过宣告刑的威慑力效果使一般人远离犯罪。由于司法上的一般预防意味着通过对具体的被告人宣告一定之刑以进行一般的预防，所以又将这种一般预防称之为“特殊的一般预防”[①]。必须区别的理解特殊的一般预防与特殊预防的概念。

在本判决中所论述的“一般预防的观点”，是根据特殊的一般预防观点进行的，这一点是明确的。特殊的一般预防的观点是指，应该在最小限度的必要性上考虑法秩序的防卫的观点。在这里，所谓“法秩序的防卫”，意味着通过适用保持了罪刑均衡的刑罚对被告人进行制裁，维持与强化国民对于法的忠实[②]。允许裁判官根据“法秩序的均衡”论进行量刑应该被限制在司法的机能存在重大危险，并且国民的法感情有必要无条件地进行法秩序防卫的场合。超过上述限度，过分重视特殊的一般预防，会导致不公正处罚被告人的反效果，应该被禁止。不过，过轻的量刑，也有可能引起法秩序的涣散。在本判决中，判决认为与被告人罪责相适应的刑罚是死刑刑罚，因此，在本判决中考虑特殊的一般预防问题，是过于敏感了，没有必要。但是，在判决认定与被告人罪责相适应的刑罚是无期徒刑的场合，必须注意尽量不强调特殊的一般预防的观点而导致选择死刑。总而言之，在本判决中所进行的量刑，由于让我们明确了最高裁判所有关死刑与无期徒刑的选择的量刑方法与量刑标准，因此本判决对于进行死刑与无期徒刑的选择是一个重要的参考是毫无疑问的。

结　语

死刑与其他刑罚不同，一旦执行就绝对没有回复的可能性，在这个意义上，死刑是残酷的刑罚。因此，死刑的宣告必须慎重。因为死刑与无期徒刑的区别是重大的，所以在宣判死刑时，合理的说明量刑过程是必要的。不过，考察有关死刑与无期徒刑的选择标准却未必容易。

虽说死刑适用的标准未必明确。但一般而言，死刑废止论是以即便能够明确化死刑的适用标准，仍然应该在制度上废除死刑这样的意思而展开论述的。但是，在死刑的适用标准未必能够明确化的现状之下，有必要对死刑制度的保留进行更深入地探讨。

（刘隽译）

① 有关“特别的一般预防”的概念，请参照川崎一夫：《体系的量刑论》，第164页以下。

② 参照川崎·前引书第170页。

论生命权视野中的生命刑

朱本欣*

一、生命刑是对生命权的侵犯吗

生命刑，也即死刑，是以剥夺犯罪人生命为内容的刑罚方法。因其带来生命的丧失，所以也叫生命刑。①

作为一种古老的刑罚，死刑曾长期占据了刑罚体系的中心地位。然而自从1764年贝卡利亚率先提出，“在一个组织优良的社会里，死刑是否真的有益和公正？人们可以凭借怎样的权利来杀死自己的同类呢?”世界范围内长达200余年的死刑存废之争便经久不息。

在200余年的争论中，正如西原春夫所言，“问题可以说已经提出殆尽了。所剩下的只是关于存续或废除的法律信念而已。”② 故笔者并不打算就已经被反复讨论的死刑是否公正、是否有效、是否经济、是否会误判等问题作一番附和，而仅欲从死刑与生命权、死刑与生命观念的角度，谈一点自己的想法。

从生命权的角度看死刑，最突出的问题是：死刑是对生命权的侵犯吗?

(一) 实在法的角度

一种看法认为，死刑不是对生命权的侵犯。不仅如此，该论者还认为，废除死刑将使更多的百姓死于罪犯之手，不利于保护大多数人的生命权。如美国专栏作家丹尼斯·普瑞格（Dennis Prager）对死刑废除论提出的两点批判中重要的一点③即为，“如果我们过去没有对谋杀犯执行死刑，将有多得多的

---

* 北京交通大学法律系讲师，法学博士。

① 为求表述之合乎习惯，本文除标题外，一般仍称之为死刑。

② 转引自［日］长井圆：“围绕舆论与误判的死刑存废论”，张弘译，载《外国法译评》1999年第2期，第17页。

③ 另一点理由是认为，几乎没有一项重要的社会利益不导致无辜者的死亡，正如高速公路之存在。

无辜者已经死去。废除主义者使他自己和真诚而易受骗的公众相信，死刑政策威胁无辜者的生命而废除死刑则不威胁无辜者的生命。这完全是不真实的。"① 持此观点的另外一部分学者则从权利丧失理论出发认为死刑不是对生命权的侵犯。著名的死刑留存论者海格（Haag）认为，生命的神圣性是指每一个人的生命对每一他人都是神圣的。仅仅宣告人的生命的神圣性与不可侵犯性是不够的。生命的神圣性还必须以使那些侵犯无辜者生命权的人丧失生命相威吓得到保障。至于对剥夺犯罪者生命权与法律保护生命权之间的冲突，他说，"每个人，谋杀者也不次于被害人，拥有不可侵犯的生命权。法律因此不能剥夺任何人的生命"是"站在高翘板上胡说"。"谋杀者通过对他的惩罚认识到，他的伙伴们已经发现他不值得活着，这是因为他实施了谋杀行为，他被从活着的共同体中开除。这种降格是他自己招致的。通过其谋杀行为，谋杀者已经是如此的自己失掉人性以致他不能保持在生者之间。社会承认他的自我降格就是执行必要的刑罚。"② 死刑保留论者大卫·安德森（David Anderson）也表达了类似的看法："一个滥用自由或权利的人伤害或甚至杀害了他人，即将他自己置于人权保护之外并且可以被惩罚。因此，'生命权'不是无条件的适用于一切环境下的一切人。一些规则和原则的例外仍然存在。"③ 日本学者内田文昭关于"无缘无故杀了人的人，按理说是不能主张生存权利的"的说法，在对犯罪人生命权的否定上，也别无二致。

与死刑留存论者提出的，死刑不是对生命权的侵犯，相反，它是对生命权的保护针锋相对，死刑废除论者们坚定地认为，死刑本身即为对生命权的一种侵犯。如美国死刑废除论者们往往认为死刑是对该国宪法关于人人皆有生命权规定的违背。

客观地说，笔者也坚定地认为，死刑应当或早或晚被废除。本文写作之前，笔者亦认为，死刑本身即为对生命权的一种侵犯，并试图以此为立足点论证死刑废除之应然与必然。然经过大量的翻阅资料和思考，我不得不十分沮丧地承认，若从实在法上权利理解生命权，这一结论难以得出。

首先，主张死刑是对生命权的侵犯的首要论据为，国家无权杀人。死刑废除论之首倡者贝卡利亚即以这样的推理过程来论证国家无权杀人：

大前提：国家的一切权力都来源于个人对自己自然权利的割舍；

小前提：生命是个人绝对不可转让的权力，当然也不会转让给国家；

---

① http://www.townhall.com/columnists/dennisprager/dp20030617.shtml.

② http://www.pbs.org/wgbh/pages/frontline/angel/procon/haagarticle.html.

③ http://w1.155.telia.com/~u15525046/document.htm.

结论：国家无权剥夺任何人的生命。

不仅如此，贝卡利亚进一步论述："体现公共意志的法律憎恶并惩罚谋杀行为，而自己却在做这种事情；它阻止公民去做杀人犯，却安排一个公共的杀人犯。我认为这是一种荒谬的现象。"① 现代死刑废除论者大多继承了这一论调。

然而，遗憾的是，贝氏的论述也并非足以成立。这里姑且不论社会契约论之虚无性，单就国家刑罚权的来源本身看，也难以验证国家不具有死刑权。

包括死刑权在内的刑罚权是国家统治权的组成部分，是一种国家权力，具有公的性质。根据马克思主义的观点，"刑法不外是社会对付违反它的生存条件（不管这是些什么样的条件）的行为的一种自卫手段。"② 刑罚权的根据并不在于神权、契约，也不在于功利与社会防卫，而在于最强大、在经济上占统治地位的阶级借助于政治上的统治地位，获得了这种镇压和剥削被压迫阶级的手段。当然，刑罚权也不是统治者的恣意横行，它取决于一定的物质生产方式和需要。因此，"国家将杀人作为一种惩罚的权力（如果存在这样的一种权力的话）既不是一种'自然的'也不是一种基本的权力，而是一种人为的或者极其偶然的与派生的权力。"③ 国家是否有死刑权，完全取决于这种如此严厉的惩罚在相应的物质条件（经济基础）下它是否是必需的。在法律上，国家是否拥有这一权力，取决于该国宪法对刑罚权的限制。因此，国家是否有死刑权，只有联系具体的经济基础及其决定下的宪法规定，才对于解决实际问题具有切实的意义。离开了具体的经济文化环境，抽象地谈国家是否拥有死刑权，无非是一种空谈。

其次，并非一切剥夺权利的行为都是对权利的侵犯。所谓侵犯，强调的是行为的不正当性与违法性。而作为行使国家刑罚权对权利的剥夺，由于其正义性，与侵犯合法权益的犯罪之间，具有质的区别。基于此，我们所言之对基本权利的侵犯仅指非法剥夺他人合法权益而不能包括作为刑罚或其他司法手段的剥夺权益，一如我们不能说自由刑是对公民人身自由权利的侵犯、财产刑是对公民财产权的侵犯一样。

至于认为死刑与禁止杀人相矛盾，则是一种偷换概念的诡辩。国家禁止杀人，是禁止作为犯罪行为的杀人行为，而非一切杀人行为。如正当防卫中

---

① ［意］贝卡利亚：《论犯罪与刑罚》，黄风译，中国大百科全书出版社 1993 年版，第 49 页。

② 《马克思恩格斯全集》（第 8 卷），人民出版社 1961 年版，第 579 页。

③ ［美］雨果·亚当·比多："生命权与杀人权"，载邱兴隆主编：《比较刑法——死刑专号》，中国检察出版社 2001 年版，第 142 页。

的杀人，不仅不是法律禁止的，反而是法律所鼓励的行为。死刑尽管从表面看，也是一种杀人，但并非作为犯罪行为的杀人行为。将国家禁止杀人这一禁令中的“作为犯罪行为的杀人”偷换成“一切杀人行为”，以证明死刑也是对生命权的侵犯，在逻辑上是不能成立的。

作为实在权利的生命权不得不承受种种限制，尽管从自然权利的角度看，它未必是合适的。正如死刑废除论者批评死刑留存论者认为杀人者无权主张生命权与“同害报复”和康德的绝对报应刑是根本相同的思想①。然在刑罚权以国家权力的形式对犯罪人生命权予以剥夺时，基于实在权利对国家权力的依赖性，我们也不能因此说它无权。因为，毕竟国家是否有权做某事与国家做某事是否是正确的，这是两个完全不同的问题。就如比多所言，“国家有权力杀人，虽然当国家行使这一权力时，它几乎不是在做正确的事”。②

（二）自然法的角度

与实在法强调法定权利实然状况相应，自然法强调基本人权的应然状态。

从应然层面上说，生命权作为人之最基本、最重要的权利，属于不可剥夺的权利。该不可剥夺性，并非来源于天赋人权或者生命是上帝赐予的只能由上帝收回等唯心主义观念，而是因为，“市民社会的成员，就是政治社会的前提和基础”。③ 每一个自然人自其出生起，就成为了社会的一分子，其为社会之组成作出了最基本的贡献，从而具有其自在价值。基于该不可撤回的贡献，其亦应享有最基本的权利——生命权。也正是在这个意义上，正如潘恩所言，“每个人都是社会的一个股东，从而有权支取股本”。④

因此，从自然法的角度而言，国家基于国家权力所享有的刑罚权（死刑权），是一种对生命权的侵犯。从法理上看，“我们设定权利，对主体来说，是为了能让其自由地做一些事情，而对权利的义务者（别人和国家）来说，是为了不让他们做一些事情。但是，国家在这里却可以合法剥夺人的生命而不叫做侵犯人的生命权，国家也可以允许别人剥夺一些主体的生命而不叫做侵犯生命权，则国家这种‘必要的恶’究竟有无限度呢？我认为，至少人的生命应该成为国家权力的一个限度，生命权的设定，因此才有意义。退一万步而言，即使在国家权力积极剥夺人的生命（死刑）或消极的不禁止人剥夺

① ［日］长井圆：“死刑存废论的抵达点——关于死刑的正当根据”，载《外国法译评》1999年第1期，第18页。

② ［美］雨果·亚当·比多：“生命权与杀人权”，载邱兴隆主编：《比较刑法——死刑专号》，中国检察出版社2001年版，第141页。

③ 《马克思恩格斯全集》（第1卷），人民出版社1956年版，第436页。

④ ［英］潘恩：《潘恩选集》，马清槐等译，商务印书馆1981年版，第143页。

他人的生命（堕胎和安乐死）时，我们应该坦然承认，这些行为侵犯了人的生命权，而不是以法律的貌似严密的措辞来为制度开脱责任。”①

从自然法的层面来说，死刑是对生命权的违背，与近代国家人权法在此问题上的认识也是一致的。虽然从历史的眼光看，国家人权法在死刑与生命权的关系认识上也存在一个不断调整的过程。

《世界人权宣言》并不认为死刑是对生命权的违背。由于《宣言》中并没有关于死刑的文字，我们只能从相关资料中推测《宣言》在此问题上所持立场。而在联合国世界人权宣言第二次会议之前，人权委员会秘书处的建议稿中关于生命权的条款建议稿写道，“每个人享有生命权。这一权利只有在假借规定有死刑的犯罪的普通法被确定有罪的情况下才能被否认。”这也就是承认死刑为生命权的唯一例外。对此，1980 年联合国秘书处的一份报告给予了确认，认为联合国世界人权宣言在关于死刑问题上保持了“中立”。②

而《公民权利和政治权利国际公约》则希望废除死刑，虽然没有形成任何理由认为生命权要求废除死刑。该公约依然对死刑与生命权作了并行的规定。其在“人人有固有的生命权。这个权利应受法律保护。不得任意剥夺任何人的生命”之后，紧接着规定，“在未废除死刑的国家，判处死刑只能是作为对最严重的罪行的惩罚，判处应按照犯罪时有效并且不违反本公约规定和防止及惩治灭绝种族罪公约的法律。这种刑罚，非经合格法庭最后判决，不得执行。”

历史上人权议定书首次暗示生命权在一定方式上与死刑相抵触的是 1971 年 11 月联合国通过的第 2857 号决议。该决议规定：“……为了全面的保障世界人权宣言第 3 条规定的生命权，从在一切国家废除死刑的愿望的观点出发，主要追求的目标是逐步限制规定有死刑的犯罪的数目。”

标志着国际人权法对生命权与死刑关系的认识发生根本转变的，是 1989 年 12 月 15 日联合国大会通过的《公民权利和政治权利国际公约》第二任择议定书。该议定书指出，废除死刑有助于提高人的尊严和促使人权的持续发展，深信废除死刑的所有措施应被视为是人类在享受生命权方面的巨大进步。要求各缔约国在其管辖范围内，任何人不得判处死刑，每一缔约国应采取一切必要措施废除死刑。尽管在联合国 189 个成员国中，对于这个附加协议，到现在为止也仅有 60 个国家批准，另有 8 个国家签署，但该议定书本身却足以表明国际人权法在此问题上的态度。

---

① 徐显明主编：《人权研究》，山东人民出版社 2002 年版，第 133 页。

② UN Doc. A/CONF. 87/9， §5.

存在的问题是，死刑留存论者提出诘难："强加一定的重新解释于一个国际文献，并且否认我们所了解的文献本身对于死刑的中立观点，这在道德和智力上是否可以接受?"① 对此，我们的解释是，事物总是发展变化的。国际人权法也随着20世纪后半期人道主义思想的广泛传播和人权保障活动的普遍发展改变了原有的立场，这也并不是一个意外。

这一点从近年来有关废除死刑的区域性议定书批准和签署的情况可以得到证明。截至2007年4月1日，已有8个美洲国家批准、1个美洲国家签署《美洲人权公约关于废除死刑的议定书》、45个欧洲国家批准、1个欧洲国家签署《欧洲保护人权和基本自由公约第六议定书》。此外，对于《欧洲保护人权和基本自由公约第十三议定书》，也已有37个欧洲国家批准，另有7个欧洲国家已经签署此项议定书。

二、生命刑与生命权保护观念

从前面的分析可以得出的结论是，从实在法上权利的角度看，实际上死刑的存废并不因为其对生命权的维护或侵犯。从功利的角度看，对具有严重人身危险性的罪犯处以死刑，客观上将导致一般社会公众生命权受到侵害的危险降低。从这个意义上，死刑留存论者所说的死刑之存在是对社会大多数人生命权的一种保护，也未必完全没有道理。问题是：这种以牺牲少部分人的手段来保护大多数人的方法，是否就是正确的呢？若从生命权保护的角度出发，这个问题也可以换成：死刑与指导生命权保护的生命观念是一致的吗?

这里实际上涉及的已经不纯粹是一个刑法的问题，而是一个生命观念的问题。但正如日本尾后贯庄太郎在神奈川大学法学部创建时所言，"未必是死刑的问题，所有的刑罚问题都是世界观问题、哲学方面的立场问题。"② 因此，在死刑的抵达点究竟应当是存或废问题上，笔者认为，汗牛充栋的死刑论著在死刑的节俭性、公正性、威慑性等问题上纠缠不休，并不能令人信服死刑存或废之应然性，毋宁将视线凝聚于文明时代我们应对生命所持观念和世界观上。

生命伦理学关于生命观念，主要有生命神圣论、生命质量论和生命价值论。

（一）生命神圣论

生命神圣论是一种古老的伦理观念。我国古代传统的伦理观念认为"人

---

① http://w1.155.telia.com/~u15525046/document.htm.

② ［日］长井圆："死刑存废论的抵达点——关于死刑的正当根据"，载《外国法译评》1999年第1期，第15页。

命至重，有贵千金”。古希腊的毕达哥拉斯则提出“生命是神圣的，我们不能结束自己和别人的生命”。而历代基督教和天主教主张“谁杀死自己就是对上帝的犯罪”。佛教则认为宇宙中存在的各种生命现象都是生命之法的安排，也是生命之法的体现，任何生命都潜藏着佛的生命种子，并可以通过修行变革自身的生命状态。所以，所有生命都是宝贵的，都应该加以尊重，而不应随意杀生。

现代生命神圣论者则从强调任何人类生命，无论其形式、状态或所处阶段，都应得到确认、珍爱和尊重的角度认识生命。他们将生命神圣具体化为以下几点：1. 对人种的存在和完整性给予充分的考虑。这里强调的是人类至少主要类似于现在，在尘世中的继续存在；2. 对家族存在与完整性的尊重；3. 肉体生命的完整性。核心的是，个人应当被允许活着并享受他的伙伴们所给予的保护；4. 一个人应当被允许作出明显关乎其个人命运的选择，不受他人精神或情绪的操纵所妨碍；5. 个人肉体的完整性。个人的身体，包括其器官，不受侵犯。[①]

生命神圣论充分强调了生命的神圣性，把生命置于绝对不可侵犯的地位。应该说，它立足于个体生命价值的认识，维护自然人的生命权利，有助于捍卫人类生命的尊严，对于我们在现代法制中强调生命权的法律保护也能提供强有力的伦理基础（当然，对于古代生命神圣论中的一些陈腐观念应予摒弃，如不允许对生命体作任何改进或修补的主张实际是不利于生命价值之实现的）。

（二）生命质量论

生命质量论是以人的自然素质优劣高低来衡量其生命存在对自身、他人及社会的价值的一种学说，主张以生命质量的优劣来确定生命存在有无必要。生命的质量主要取决于个体的身体、智力状态、人际交往在社会和伦理上的相互作用等方面。

生命质量论认为，医务人员的目标应是给患者提供最大程度的愉悦，并最大限度地减少患者的痛苦，提高其生命的质量，只要是有助于实现这一目标的行为就是善的和道德的。由于对不符合生命质量标准的人进行治疗不能给其增添快乐和幸福，无助于减少其痛苦，因此放弃或不予治疗的行为是善的。这在伦理上体现了功利主义的思想。

生命质量论的出现使得人类对生命的态度由繁衍和维系生存的低层次过

① http：//imc. gsm. com/demos/dddemo/consult/sanctity. htm.

渡到提高生命质量的高层次上来，为人们在认识和处理生命问题提供了重要的理论依据，可以作为一定情况下是否延长、维持或结束生命的依据，如对缺陷新生儿的处理等。但从该论出发，健康状况恶劣的人，包括晚期癌症病人、严重残疾的人、植物人、智商低于20的人等，其生命质量都被认为已经足够低到不应该维持的水平，应予终止。如此理解，虽能为社会减轻压力，却足以让活着的人们心寒。

（三）生命价值论

生命价值论认为，人的生命价值在于能进行创造性的劳动，改造生活环境。并认为，生命价值包括两个方面：一是生命的内在价值，即由生命质量所决定的生命的自我价值；另一则是生命的外在价值，即某一生命对他人、对社会的意义，也就是社会价值。

生命价值论主张以生命的价值来衡量生命存在的意义，强调生命对他人、对社会、对人类的贡献。然而，从理论上讲，人的生命都是无价的，以外在的价值标准去衡量一个人的生命价值，有失公平与公正。因此，学者主张，“只能从生命的内在本质去理解”生命价值，“在生命价值领域，生命的价值只能体现在生命的质量上，而不能以任何其他的价值标准去衡量”。[①] 注重个体的工具性价值，而忽视了其存在目的性价值的生命价值论在此意义上，不能不说有把个人当做为他人和社会服务的工具的嫌疑。

前述各种生命观念中，我们的选择只能是以生命神圣论为基础，以生命价值论、生命质量论为补充的统一论。因为，从根本上说，生命存在与生命质量是对立统一的：生命存在是表现形式，而生命质量是内涵。不存在无生命质量的生命体，也不存在无生命形式的生命质量。生命神圣是生命价值和生命质量的前提和归宿；生命神圣在于生命的价值。对生命神圣性的敬畏是捍卫生命质量和价值的内在动因，否则，仅仅以质量和价值来衡量人的生命，有可能把人降低到一般动物的水平，甚至会导致不可想象的后果。生命价值和生命质量是生命神圣的补充。在坚持生命神圣的基础上，不断地提高生命质量，执著地追求生命价值，是现代生命伦理道德的核心。而在此统一论中，生命神圣论必须是我们牢牢把握的前提，尽管在某种程度上，由于种种原因，它或有乌托邦之嫌。但“人权的目标如同自然法的目标一样，是尚未实现的一种承诺，是一种反对现在的不确定性。……当人权失去了乌托邦的目标时，

① 徐宗良等：《生命伦理学理论与实践探索》，上海人民出版社2002年版，第47页。

人权也就终结了”。①

人本主义认为，人永远只能是目的而非手段。这也是我们强调生命神圣最为核心的体现。以人作为达到任何目的的手段的做法和论调，都是对人本身即为目的这一原则的违背和对神圣生命的漠视。

在这种层面上说，现存死刑存废论中的相当一部分论证都是以人为工具的功利主义论调②。

不用说死刑留存论者关于死刑是防止私刑的必要手段，死刑具有最大的威慑力，死刑是彻底剥夺再犯能力的必要之刑，不可避免的错杀与滥用是死刑之利的必要代价等论据明显是以功利论为基础的立论。即使是死刑废除论者，其立论也往往难逃功利主义的窠臼。早期的死刑废除论者，无论是贝卡利亚还是边沁，其主张废除死刑，无不出于一种两害相权取其轻的选择。其论证基本是：在死刑之外还存在着一种较小的恶，它的代价小于死刑，但对于犯罪的一般预防和特殊预防的效果和作用却不小于，甚或大于死刑。这种较小的恶就是终身监禁。故从总体上来看，死刑较终身监禁，代价大而收益小，为不必要的刑罚，应当废除。贝卡利亚反复强调死刑是不必要的，③ 而边沁晚年立足于死刑是“浪费”之刑呼吁废除之④，论证方法和体现的价值观上，不能不说也都是功利主义的。

以人为工具的功利主义世界观所导致的后果是，死刑留存论者与死刑废除论者各自基于自己的认识，去理解死刑的效益性、死刑的公正性以及死刑对生命权的保护等问题，得出完全相反且彼此均无法说服对方的结论。

只有以人本主义为世界观，以生命至上为原则，才能得出一个具有确定性的结论，那就是死刑的废除。

---

① ［美］科斯塔斯·杜兹纳：《人权的终结》，郭春发译，江苏人民出版社 2002 年版，第 408 页。

② 功利主义者认为，人们之所以这样行为而不那样行为，纯粹是由于人的趋乐避苦的天性使然，对快乐的追求是人的一切行为的潜在指导者。这种快乐主义的人生观构成了功利主义理论大厦的基石。体现在对人权的保护上，“功利主义的突出特点是：认为集体福利不过是个人福利的总和。只要符合最大多数人的最大幸福的原则”，“几乎任何事物都可以在集体的名义下成为好事。多数人，在自由和平等投票的基础上可以要求个人的死亡，如果认为这样做对社会是好的话。”［［美］D. 福塞希：《人权的政治哲学》；沈宗灵、黄枬森主编：《西方人权学说》（下），第 60 页］

③ 参见［意］贝卡利亚：《论犯罪与刑罚》，黄风译，中国大百科全书出版社 1993 年版，第 45—51 页。

④ 参见杰里米·边沁：“死刑及其考察”、“论死刑——杰里米·边沁致他的法国同胞”，邱兴隆译，载邱兴隆主编：《比较刑法——死刑专号》，中国检察出版社 2001 年版，第 101—137 页；邱兴隆：“边沁的功利主义死刑观”，载《外国法学研究》1987 年第 1 期。

尽管我们前文认为，从实在法意义的生命权保护，无法推导出死刑的存在是对生命权的侵犯，但也并非意味着国家依该权力行使死刑权就符合现代人本主义世界观。正如比多所言，“尽管人的生命的神圣性与生命权截然不同，但它们有着一种共同的联结。各自表达了这样一种观点，即对人的生命持一种工具性的看法是错误的。”①

国家死刑权的行使，从刑罚的目的来看，无非是特殊预防与一般预防。而无论是对特殊预防或一般预防目的的实现，若以人的生命的剥夺作为代价，究其实质，难说不是对人的生命持一种工具性的看法。

依据以生命至上为基本原则的人本主义主张废除死刑，与当代方兴未艾的人道主义思潮也是相一致的。与世界文明发展的脚步并行的是，人道主义也日益深入人心。“人道主义是一种以人为中心和目的，关于人性、人的价值和尊严、人的现实生活和幸福、人的解放的学说。”② 它是一种以人为中心的人本主义世界观。刑法的人道性，立足于人性。而人性的基本要求则是指人类出于良知而在其行为中表现出的善良与仁爱的态度与做法，即把任何一个人都作为人来看待。体现在刑罚的设置上，即在于刑法不得剥夺人之不可剥夺的基本权利。正如前文所论述的那样，人作为人类社会的一分子，其自出生就因其参与组成人类社会这一基本的贡献而享有作为人之最基本的权利，生命权即为人最基本、最重要的权利。故从人道的观念，任何人，无论是一般社会成员抑或是犯罪人，其最基本的权利——生命权不应被剥夺。

如此可能存在的责难是，人道是否以牺牲正义为代价？然而，正义也是一个发展的概念。在同态复仇的时代，人们认为以眼还眼、以牙还牙是正义；而在等价报应的时代，则强调罪与刑在价值上的等同；在强调罪刑均衡的今天，正义并不在于刑种与罪之间权益性质的一致性而在于是否重罪重罚，轻罪轻罚。在今天，对杀人者在综合评价行为的社会危害性后给予相应轻重的自由刑而非死刑，也并不是有失正义的裁判。当然，人们对正义理解的不断发展变化也与人类随着人道主义观念的渐入人心而日益宽容有关。

三、生命至上观念培育与死刑废除之渐进

目前，我国学界对于死刑的废除，应该说普遍还是比较理性的，但也有少数人主张，现在越来越多的国家加入了废除死刑的行列，而且步伐是

---

① Hugo Adam Bedau, Death is Different: Studies in Morality, Law and Politics of Capital Punishment, Northeastern University Press, 1987, p. 10.

② 陈兴良：《刑法理念导读》，法律出版社2003年版，第221页。

越来越快，死刑的废除并不需要通过一个缓慢的过程，并以世界上实际存在短时间内完全废除死刑的国家为例证明其合理性：土库曼斯坦在1994、1995、1996年每年要执行100多个死刑，是世界上执行死刑最多的国家之一，1997年的刑法仍然规定了17个死刑罪名，1999年土库曼斯坦的总统宣布暂停一切死刑的执行，然后以总统命令的方式，宣布废除所有犯罪的死刑。在该国死刑废除的实现就没有经过一个缓慢的发展过程，而是直接跳跃式的。更有激进者宣称，“给我一个开明的政治家，我将一夜之间废除死刑”。

死刑由于其不人道性，应从人类刑罚体系中废除并且终将被废除，对此笔者也坚信不疑。然而，在从数千年个人观念泯灭的封建社会直接过渡，欠缺人道主义与基于个人基本权利认识的生命至上观念的我国，对于死刑这一曾经长期占据核心地位的刑种，直接废除存在现实可能性吗？

日本学者正田满三郎指出：“死刑作为理念是应当废除的。然而抽象地论述死刑是保留还是废除，没有多大意义。关键在于重视历史的社会的现实，根据该社会的现状、文化水平的高下等决定之。”①

从物质文明程度上来说，中国尚是一个发展中国家。虽然我国正在全面建设小康社会，但距离这个目标尚有一段相当长的距离。而社会对生命价值的认识与社会物质条件——经济发展水平之间存在正相关的关系。在经济学领域，对生命价值的理解甚至就是指“平均人”在一生中所能创造的社会财富的经济价值。尽管在生命伦理学、法学等领域，对生命的价值不能限于经济学的理解，但该计量方法体现出的社会对生命价值的衡量与经济发展水平之间的正相关关系却是不容忽视的。在生产力极不发达的原始社会，由于物质的匮乏，战俘被认为是无价值的，因而往往被杀死；而在生产力稍有发展的奴隶社会，人们发现战俘尚可创造财富，于是战俘的生命被认为是有价值的，不再被杀掉。在现代各国在死亡损害赔偿金数额上的巨大差异，在一定意义上也折射出不同经济发展水平状况下人们对生命价值大小认识上的差异。在我国目前物质条件相对落后的情况下，社会对生命价值的理解同样也保持在一个与之相对应的较低水平上。生命价值较低水平的认识，直接的后果是：从犯罪预防的角度看，从肉体上消灭罪行严重且具有再犯可能性的犯罪人就被认为是比花费大量的人力、物力、财力防范犯罪成本小得多的合理选择。因此，我们说，较低的物质发展水平决定了死刑的完全废除在我国目前不具

① 转引自马克昌：《比较刑法原理》，武汉大学出版社2002年版，第844页。

有现实可能性。

另一方面，任何法律的更新其实质或根本应是法律观念上的彻底更新。[①]一定的立法，都是一定文化观念的反映；反之，文化观念对立法的支持也将维护立法的权威并使得其在实践中被自觉有效地拥护和执行。如此方能在立法与文化观念之间形成良性互动。或许正是基于此，日本在考虑是否在立法上废除死刑时，十分强调对国民情感的考虑。

受较低程度的物质文明发展水平决定，足以导致死刑被废除的精神文明程度在我国目前也难以认为已经达到——尤其是其中占主导的人道主义思想和生命至上的观念。

人道主义强调将任何人都作为人来看待，包括犯罪人在内。在此基础上的生命至上观念认为，一切人的生命都是有价值的，它“比整个地球都贵重”，即使是犯罪人。正如日本教授熊仓武所言，“即使是被告人的生命在‘生命是宝贵的’这一点上按理说没有什么不同的，另外，它在‘比整个地球都贵重’这一点上也不应该有存在差异的理由。当然，被告人因其所犯的罪行，在合理的限度内通过妥当种类的刑罚，如在某种程度上拘束其自由，或是蒙受财产性负担，是免不了的。这种对抗性的制裁是不言而喻的。然而，尽管是以国家权力的名义，永远地否定了被告人的生命，直接地而且是现实地剥夺被告人的人性，这一点已经背叛了自我抑制刑罚权的现代市民国家所负的历史性、政治性的责任义务，越出了刑罚权的妥当性根据、刑罚权的合理性界限恰恰不过是……对国家公权力的滥用而已。”“国家并不是把因被告人玩忽职守而造成的结果，在牺牲被告人生命上来挽回，而恰是应当亲自完成防止值得判死刑的这种犯罪的历史性、政治性责任义务的。唯有这样的结果，才真正产生出、孕育出包括被告人在内的国民对于生命的觉醒，对于生命尊严的认识和树立尊重生命的理念。”[②]

应该说，在中国几千年的生死文化中，崇尚生命的观念并非完全不存在。据马王堆汉墓出土的医书《十问》记载，尧曾经问舜，天下万物孰最贵？舜答曰：“生。”尧舜之间的这个问答应该说代表了整个中华民族的共同信念；《易传》所载“天地之大德曰生”，也是说生命是天地给予人类的最高恩惠，应格外珍惜。成书于战国时期的我国第一部中医理论专著《黄帝内经》

---

① 参见李晓明：“罪刑法定原则的确立与刑法观念的变革”，载 http：//www. pp369. com/by/zflw/xflw/29. htm。

② ［日］熊仓武：《死刑是刑罚吗》季刊社会改良 11 卷 2 号，第 14—16 页。转引自［日］长井圆：“死刑存废论的抵达点”，载《外国法译评》1999 年第 1 期，第 16 页。

明确提出："天覆地载，万物悉备，莫贵于人"；我国隋唐时期最伟大的医药学家孙思邈亦在《千金方》序言中写道："人命至重，有贵千金，一方济之，德逾于此。"如此种种，不胜枚举。然这种朴素的生命神圣观却不可能将死刑引向消亡的归宿。在中国几千年家国天下的封建历史中，这种生命神圣的观念与我们今天基于对个人基本权利的尊重所强调的生命至上具有质的区别。中国传统价值观念强调的是个人对群体的责任感和义务感，其出发点是整体主义而非个体主义的。在这种整体价值观念下，对生命神圣的颂扬并不必然导致对个体生命价值的高度评价。恰恰相反，在个人生命与集体利益冲突的场合，个体利益，包括生命均被认为是可以牺牲的，或者认为是应当作出牺牲的。

这种观念在今天的社会依然存在，虽然它或许会表现得羞答答一些。如曾经沸沸扬扬的姚丽案①即明显反映了社会上普遍存在的个体生命与集体财产冲突下，对公民个体生命的漠视。虽然后经法院判决认定姚丽胜诉，但此案中建行对姚丽"未与歹徒搏斗"即为严重渎职的认识，以及此后对姚丽申请行政复议的驳回，却表明了将职工不惜牺牲生命保卫国家财产上升为一种职责的做法。这种做法体现出其对国家财产与公民个人生命价值倾向上，毫不掩饰地选择了前者。

作这样选择的，决不仅仅是姚丽案。轰动一时的开县井喷案，同样也体现了我国个人生命至上观念的匮乏。

从具体个案得出的结论或许是感性的。从可得统计数据来看，人文精神或者对人生命价值强烈的人文关怀也远没有成为社会的主流意识。1995年，中国社科院法学研究所与国家有关统计部门合作，曾专门就死刑问题所作的问卷调查结果显示，在接受调查的5006人中，有95%以上支持死刑。其中，在1021名大学文化程度以及113名大学以上文化程度的被调查对象中，各仅有0.69%和0.88%主张废除死刑。② 而在2003年1月新浪网评论死刑存废问题总数超过4600条的帖子中，据不完全统计，其中约有75.8%主张坚决保留

① 姚丽案的基本情况是：姚丽是大庆建行某储蓄所的一名普通职员。1999年7月9日12时许，姚丽及其他3名女职员正在吃午饭时，突然来了2人抢劫。抢劫犯手持一把5—6磅重的铁锤威胁姚丽等如若报警就整死她们。面临生命危险的情况下，她们仍按了报警器开关。但警讯未能传出。打电话报警，电话也未通。歹徒将姚丽办公桌中的13568.46元和孙海波办公桌中的30190元抢走。当歹徒威胁姚丽打开保险柜时，姚丽骗歹徒说其中没有钱使其中的25万元安然无恙。歹徒逃离现场后，姚丽又打110报了警。后，银行以其"未与歹徒搏斗"而认为其严重渎职，对其开除公职、开除党籍。

② 参见胡云腾著：《存与废——死刑基本理论研究》，中国检察出版社2000年版，第342—345页。

死刑，而支持废除死刑者则仅约13.6%（另约10.6%为中间派，认为须视中国发展情况决定死刑存废）。[①]

鉴于在我国立足于公民基本权利层面的生命至上观念的缺乏，笔者以为，培育生命至上观念，对于死刑之废除，具有深远意义。相应地，刑法所能做的，首要的便是对非故意侵犯生命的犯罪所配置的死刑予以废除[②]，以引导民众生命至上的观念。只有如此，方能完备死刑废除的观念基础。

① 曲新久："推动废除死刑：刑法学者的责任"，载《法学》2003年第4期，第43页。

② 对于故意杀人犯罪以外的其他罪行废除死刑，既符合国际人权法的死刑适用标准，也能获得包括死刑留存论者在内的最广泛的社会支持。关于这一点，笔者将另行撰文论述。

公众认同、政治抉择与死刑控制

梁根林*

一、废除还是保留死刑，这是一个问题

自1764年贝卡利亚发表《论犯罪与刑罚》一书，对死刑的正当性、合法性和有效性提出诘问并倡导限制、废除死刑以来，死刑即成为近现代刑事政策和刑事法理论研究中最具争论性的问题。[①]在人道意识觉醒、人性尊严成为人类社会普适价值的现代法治文明社会，本质上难以割舍其残酷性和不人道性的死刑制度，更成为从政治家、立法者、司法者到专家学者乃至社会公众普遍关注的一个公共话题。旷日持久的死刑存废之争，在丰富刑事政策内涵、唤醒人类对死刑制度的理性思考的同时，极大地推动了各国限制和废除死刑的步伐。进入20世纪80年代以后，限制、废除死刑的运动进入了一个全面发展的新阶段，而成为一股席卷全球的刑事政策运动与刑罚改革潮流。[②]

自20世纪50年代起，我国曾经长期坚持"保留死刑，坚持少杀，严禁错杀"的基本死刑政策。20世纪80年代以后，为了遏制社会转型时期相对恶化的犯罪态势，我国最高决策者作出了"依法从重从快严厉打击严重刑事犯罪"的重大决策，我国刑事立法扩大了死刑罪名种类，刑事司法增加了死刑适用数量，刑事政策与刑事法实践客观上背离了基本死刑政策。尽管这样一种死刑立法和死刑司法受到了许多职业法律人的质疑和批评，但却得到了社会公众的广泛认同和舆论的普遍支持。与职业法律人形成的限制并最终废除死刑的"精英共识"截然不同的是，舆论和网络世界的"大众话语"中却是"杀声震天"，不仅"杀人偿命"被视为天经地义，而且"杀鸡儆猴"亦被当

* 北京大学法学院教授，法学博士。

① [意] 贝卡利亚：《论犯罪与刑罚》，黄风译，中国大百科全书出版社1995年版，第45页。

② Amnesty International Website Against the Death Penalty Abolitionist and Retentionist Countries. See-http：//www. web. amnesty. org/rmp/dplibrary .

做理所当然。在一而再、再而三的“严打”斗争已经实质性地突破了我国基本死刑政策、背离了限制和废除死刑的国际潮流的话语背景下，公众对我国死刑的适用仍然意犹未尽，普遍希望进一步加大“严打”力度、扩大死刑的适用范围与数量，甚至认为现行的死刑执行方式过于人道，应当恢复诸如凌迟、腰斩、车裂等酷刑，以儆效尤。

在刑法万能主义、重刑主义传统根深蒂固的中国本土社会，这种“大众话语”无疑真切地反映了死刑在我国现阶段所获得的广泛而坚实的公众认同，表达了社会公众普遍期望通过严刑峻法特别是重用死刑来打击和控制犯罪的“主流民意”。自古以来，正是这种主流民意对死刑的这种广泛认同甚至顶礼膜拜，在相当程度上赋予了死刑制度以道德与法理上的正当性。在限制与废除死刑已经成为不可逆转的世界潮流的当今世界，我国最高决策部门、立法与司法当局迫于严峻犯罪态势的客观压力，顺应与利用这种主流民意的主观诉求，通过一而再、再而三地发动运动式的“严打”斗争，不断地突破既定死刑政策与死刑法律的限制，“从重从快”地适用死刑，致使我国刑法规定可以适用死刑的罪名从1979年刑法的28个急剧跃升至68个，死刑的判决与执行则从个别与例外情况下的选择演变为经常性甚至日常性的司法实践，我国当之无愧地被公认为世界上适用死刑绝对数量和适用比率最高的国家之一。然而，一波又一波的运动式的“严打”，换来的却不是我们热切期望的路不拾遗、夜不闭户的太平盛世，而是犯罪量与刑罚量螺旋式地交替上升、刑罚投入几近极限而刑罚功能却急剧下降的罪刑结构性矛盾和刑法基础性危机。[①]

为了摆脱这种罪刑结构性矛盾、克服刑法基础性危机，我国学者不断呼吁理性地认识死刑的报应和威慑作用，并基于现实主义和相对合理主义的政策考虑，主张顺应和跟进限制和废除死刑的国际潮流，严格控制我国死刑的适用。但是，即使是这样一种本质上仍属相对保守主义的死刑控制论仍然面临着来自于公众舆论的强烈质疑和反对。迄今为止，法学界要求严格控制死刑的理性呼吁一直淹没在公众舆论与主流民意“不杀不足以平民愤”的蛊惑与噪动之中，而未能得到最高决策机构以及立法、司法部门的应有的倾听与尊重。另一方面，不可否认，我国学者关于限制和废除死刑的学术建言，亦不同程度地存在脱离具体国情、民情与犯罪态势、立足于抽象的刑罚人道、轻缓、文明的立场和所谓死刑不具特别威慑效果的理论预设而立论的倾向；或者一相情愿地将死刑问题狭隘地理解为一个单纯的法律问题，而没有关注

① 早在十年前，储槐植先生就提出了我国刑法可能面临罪刑结构性矛盾和刑法基础性危机的问题。（参见储槐植：“论刑法学若干重大问题”，载《北京大学学报》1993年第3期）

到死刑问题在根本上是一个政治选择问题，没有以刑事政策或者刑事政治为切入点，对作为死刑制度正当性和道义性基础的公众认同、集体意识的特性以及政治决策者对公众认同与集体意识应有的理性反应进行科学的分析，因而也就难以理性地引导民意并说服政治决策者作出合乎理性与具有远见的政治抉择。

基于以上考虑，笔者拟从集体意识对死刑的公众认同、大国领袖的政治远见与政治责任这两个基本的方面，对集体意识本身的两面性以及大国领袖的政治抉择如何尊重与引导集体意识进行分析与论证。在笔者看来，只有在科学分析集体意识对死刑的公众认同、合理期待政治领袖的政治抉择的基础上，学界对我国死刑控制的路径选择和制度建构提出的具体建言，才能逐步获得社会公众与政治领袖的理解与认同，减少控制死刑的社会心理障碍和政治阻力。

二、死刑的公众认同——集体意识对死刑正当性和合法性的支撑

自人类社会产生死刑制度以来，死刑之所以获得广泛的公众认同，首先就在于死刑通过对最极端犯罪的道义报应满足了深藏于集体意识中的正义情感。而集体意识、正义情感对死刑的广泛的公众认同，又使死刑制度获得了凛然于所有的功利性追求之上的正当性和合法性。在许多人看来，即使死刑不具有威慑效果，只要基于道义责任而公正地适用，满足了集体意识中的正义情感，获得了广泛的公众认同，就具有存在的正当性和合法性。因此，如何认识与解构集体意识以及集体意识对死刑的公众认同，应当成为我们评价死刑制度、决定其命运和走向必须解决的前置性的问题。

英国哲人休谟早就断言："政府只建立在民意之上，这个原则既适用于最自由和最得民心的政府，也应用于最专制和最黩武的政府。"① 因为，民意中的"人类感情不仅为政治思想提供动机，而且还确定政治判断中必须使用的价值尺度"。② 然而对民意、集体意识进行科学的社会学分析，则首推法国社会学大师涂尔干。涂尔干明确指出："社会成员平均具有的信仰和感情的总和，构成了他们自身明确的生活体系，我们可以称之为集体意识或共同意识。"③ 如果一种行为触犯了强烈而又明确的集体意识，那么这种行为就是犯

① 转引自［英］格雷厄姆·沃拉斯：《政治中的人性》，朱曾汶译，商务印书馆1995年版，第133页。

② 同注①，第122页。

③ ［法］涂尔干：《社会分工论》，渠东译，三联书店2000年版，第42页。

罪。犯罪在本质上是由对立于强烈而明确的共同意识的行为而构成的，或者说犯罪就是一种触犯某些强有力的集体感情的行为。[①] 而惩罚的真正作用则在于“通过维护一种充满活力的共同意识来极力维持社会的凝聚力”，[②] “明确而又强烈的共同意识才真正是刑法的基础所在”。[③] 这一论断得到了后世学者的普遍认同。在法国，斯特法尼教授明确指出：“现代立法者既要追求道德的目的，又要追求实用的目的。……道德目的是与刑罚的‘报应性质’相联系的。受到危害的社会迫使犯罪人承受某种痛苦，以作为对社会本身所受痛苦的补偿。人们对犯罪的愤恨也影响与引导着社会对犯罪所作的这种反应。这种愤恨对于社会的正义是不可缺少的，长期以来。社会始终在尽力维护这种健康的愤恨情感。”[④] 他进一步说：“公众舆论还强烈要求惩罚作恶者。现今，民众怀有的不安全感所引起的集体心理状态的一种典型表现便是要求惩办犯罪。在这种情况下，社会的正义就在于，将社会所受到的损害与行为人的道德上的罪过相比较，并依次对刑罚作出裁量。”[⑤] 在英国，早在1729年，巴特勒主教在《愤恨之训诫》一文中就把对罪犯科处的刑罚视为“审慎的愤慨的自然的表达”，并坚持对非正义表示愤慨的重要性在于：它是“维系社会的纽带之一”。[⑥] 约翰·密尔也指出：“使我们认为不正义的行为得到惩罚，总会给我们带来快感，并与我们的公平感一拍即合。”[⑦] 1960年，莱恩霍德·尼布尔则断言，完全缺乏愤恨情绪意味着“缺乏社会智性和道德活力”。[⑧] 1965年，J. 范伯格在《刑罚的表达功能》一文中进一步强调“刑罚是表达愤慨与怨恨态度以及否定与谴责评价的传统手段”。[⑨] 在日本，西原春夫教授则更为明确地将他所理解的集体意识即国民的欲求“置于促使刑法制定的各种要素的基础之上”，强调“处在离制定刑法比较近的地位和原动力的，是国民的欲

---

① ［法］涂尔干：《社会分工论》，渠东译，三联书店2000年版，第43、67、113页。

② 同注①，第70页。

③ 同注①，第113页。

④ ［法］卡斯东·斯特法尼等：《法国刑法总论精义》，罗结珍译，中国政法大学出版社1998年版，第29页。

⑤ 同注④，第29页。

⑥ 转引自［美］H. C. A. 哈特：《惩罚与责任》，王勇等译，华夏出版社1989年版，第228页。

⑦ John , Stuart Mill. “Utilitarianism” Utilitarianism and other essays, ed. Alan Ryan, Harmondsworth, Penguin, 1987, p. 321.

⑧ Reinhold , Nei buhr. “Moral Man and Immoral Society” Charles Scribner's Sons , New York , 1960, p. 249.

⑨ 转引自［美］H. C. A. 哈特：《惩罚与责任》，王勇等译，华夏出版社1989年版，第228页。

求"，认定"民众的声音就是神的声音"、"国民个人的欲求中含有直观上的正确成分"，"在制定刑法时必须考虑的是国民的欲求。当看到要求制定刑法的国民的欲求已产生时，立法者就必须制定刑法。反之，不顾国民并没有要求制定刑法而制定刑法，这就不正确了"。①

由此可见，集体意识是将孤立的个人组织与团结起来组成市民社会的内在纽带，而正义感又深藏于人民内心深处。刑事政策与刑法制度要想得到公众的认同、理解、尊重与支持，就必须反映公众的呼声与要求，满足人民的正义感。刑事政策与刑法制度应当是集体意识、国民欲求、民众意愿和公共意志的一面镜子。如果集体意识仍然强烈要求以道义责任为基础对犯罪给予公正的报应，并且只有死刑才能够满足公众对最极端犯罪的道义报应的正义情感时，就应当顺应民众的这种公共意志与普遍诉求，而对最极端的犯罪适用死刑。集体意识中表现出来的公众强烈要求惩罚犯罪以及支持死刑报复犯罪的正义情感，能够为刑事政策与死刑制度的设计提供某种程度的正当性和合法性。一个与公众普遍的正义情感、共同意识、集体良知背道而驰的刑事政策与刑法制度必然会为公众所唾弃。

那么，人类社会发展至当今时代，人类的正义观念与价值标准是否已经实现了对报应的超越呢？公众的集体意识是否仍然要求以道义责任为基础给予犯罪以公正的报应呢？对最极端的犯罪以道义责任为基础适用死刑是否能够实现这种公正的报应呢？对这些关系刑事政策选择与死刑制度命运的观念基础问题，必须结合集体意识的演进以及死刑制度的机能予以分析与回答。

19 世纪英国著名刑法史学家詹姆斯·斯蒂芬（James Stephen）曾经指出："报复情感之于刑法与性欲之于婚姻具有同样重要的关系，对罪犯处以刑罚是普遍冲动的合法发泄方式。"② 人类学与伦理学的研究亦表明，报复或复仇是人类对加害于己的行为的一种近乎本能的反应方式，对于恶害给予道义报应则是人类根深蒂固的一种正义情感，它存在于迄今为止的一切社会文化形态中。"无数的传说和研究都证明，地球上所有人种都在其发展的某一阶段依靠以血复仇制度。在人类原始社会里实行了几千年的以血复仇制度，也有过初期、盛期和终期之分。以血复仇制度的终结，便是作为国家刑罚制度的死刑

① ［日］西原春夫：《刑法的根基与哲学》，顾肖荣等译，三联书店上海分店 1991 年版，第 86—87 页。

② Sanford , H. Kadish. Encyclopedia of Crime and Justice, The Free Press, 1983, p. 518.

的产生。"[①] "死刑是往古的以血还血、同态复仇习惯的表现。"[②] 死刑制度作为以血复仇制度的替代物，剥夺了被害人及其所在的民族对加害者的无节制的血腥复仇和杀戮的权利，但是，由国家代表被害人对犯罪人进行的杀人却仍然是以复仇为内在冲动、以公正报应为价值追求的。

随着社会的发展与文明的进步，人类的复仇欲望不断地趋于理性化，对犯罪的报复不断地受到节制。报应观念不断地超越绝对而原始的血族复仇、同态复仇、康德所宣称的等量复仇而趋向等价复仇；报应主义观念亦由绝对化趋向相对化，甚至发生了正当性危机；道义报应与正义情感的满足不再是自在自为地正确的刑罚根据，教育改善罪犯、防卫社会等功利主义追求日益构成对报应主义的超越乃至否定，而成为国家启动刑罚权、追究犯罪人刑事责任的更为重要的原动力。但是，必须承认，现阶段公众的集体意识仍然要求对严重犯罪给予公正的报复与道义的报应，人类文明与价值体系还没有完全实现对报应的超越，在现阶段公众的正义观念中，公正的报复与道义报应仍然是国家和社会必须对犯罪作出的正义的反应方式。同时，人类社会也还没有完全摆脱因国家权力异化而可能侵害公民权利的危险，因而只有以道义责任为基础，根据罪犯所犯罪行及其罪责程度进行公正报复，才能防止国家脱离罪行本身而基于纯粹功利主义的考虑而任意适用刑罚。

因此，西原春夫教授指出："刑法原来是人普遍对他人的行动感到一定程度的'岂有此理'的愤怒时就必须对他人科以刑罚。……刑罚这一制度就是从这种人的愤怒和因此而产生的复仇心理出发，然后以禁止复仇，并由国家来代行复仇这种形式发展起来的。现在，刑法的刑事政策目的性要予以强调，也确实应该重视，但在其深处仍然没有失去作为缓和复仇心理手段的本质。如果国家对一般民众的愤怒置之不理，民众就有可能通过复仇和私刑对犯罪者采取严厉制裁。这种世人暴力会导致更厉害的私人暴力，从而陷入无法收拾的混乱之中，这种可能性直到今天还存在。"[③] "在禁止私下复仇的现代社会，复仇的欲求就是采取对犯人进行处罚的欲求、行使国家刑罚权的欲求、从而制定刑法的欲求。……虽然在将来看来，这种报应情感和复仇没有提高社会生活的合理性，因而可以认为它们是一种野蛮，但是，不管人类如何向前发展，只要还是人类，就不可能丢弃这种欲求。既然不能丢弃，国家为了

① ［英］梅因：《古代法》，沈景一译，商务印书馆1959年版，第219页。

② 《马克思恩格斯全集》（第8卷），第352页。

③ ［日］西原春夫：《刑法的根基与哲学》，顾肖荣等译，三联书店上海分店1991年版，第108页。

防止复仇而扩大受害面，就要禁止复仇。作为其代价，国家必须采取使被害人及其亲朋好友的报应情感得到一定的满足或缓和的措施。这就成为刑罚制度存在的根据之一，在制定刑法时，这种处罚犯人的欲求是作为原动力而起作用的。"[①] 而美国学者伯恩斯（Walter Burns）教授在与死刑废除论者进行交锋时则情绪激昂地指出："罪犯必须为他们的罪行付出生命的代价。我们认为，我们——罪犯罪行的幸存者——可以合理地要求这种补偿，因为我们也是罪犯罪行的受害者。通过惩罚罪犯，我们证明了世世代代、不分国界约束人类行为的法律的存在。对国家而言，对罪犯愤怒并公开地、正式地以适当方式表达这种愤怒，在道德上是正当的，而表达这种愤怒则可以要求对最严重的罪犯执行死刑。反对死刑的现代自由主义者不理解这一点。愤怒出自人类本性：它可以解释人类行为的动机；愤怒承认只有人类才具有道德能力，并因此而彰显人类尊严；愤怒与正义相联系，如果有人被抢劫、强奸或谋杀，而人类却不感到愤怒，则意味着道德共同体将不复存在，因为人类不关心自己以外的任何其他人。愤怒是人类关怀的一种表达方式，而社会需要人类相互关怀。没有愤怒及其伴随的道德义愤，就没有道德共同体。"[②] 伯恩斯这一情绪激昂的论述，无疑集中反映了美国公民要求继续保留和适用死刑的主流民意，说明了道义报应与公正报复在美国人的集体意识中的根深蒂固的存在。

在集体意识仍然要求以道义报应为基础对于犯罪给予公正的报应的特定文化语境中，死刑制度能够满足集体意识中的道义报应与正义情感，从而获得广泛的公众认同。对于死刑制度的这种道义报应机能，美国最高法院曾经予以精辟的分析。1972 年，最高法院在"Furman v. Georgia"一案中虽然以 5:4 的微弱多数表决结果裁定死刑属于美国宪法第 8 修正案所禁止的"残酷与非常的刑罚"，但附加了许多条件，即只有当刑罚相对于罪行过于严厉、刑罚本身是武断的、刑罚冒犯了社会正义感或者所判处的刑罚并不比相对轻微的刑罚更有效时，这个刑罚才是"残酷和非常的刑罚"。[③] 这些附加条件也为后来最高法院重新确认死刑合乎宪法并进一步阐述死刑的道义报应机能埋下了伏笔。1976 年，在确认死刑并不当然构成违宪的"Gregg v. Georgia"案的裁决中，美国最高法院又指出："死刑被认为服务于两种基本的社会目标：报应

① ［日］西原春夫：《刑法的根基与哲学》，顾肖荣等译，三联书店上海分店 1991 年版，第 84—85 页。

② Walter, Burns. "The Morality of Anger", in Punishment and the Death Penalty, ed. Robert M. Blaird, 1995, p. 151.

③ Furman v. Georgia, 408, U. S. 238 (1972).

与威慑潜在犯罪人实施致命犯罪。在一定意义上说，死刑就是社会对特定犯罪行为的道德义愤的一种表达。这一功能可能对许多人没有吸引力，但在一个秩序良好的社会里，依赖法律程序而非依赖自我救助为自己的错误辩护是对公民的基本要求。报复的本能是人性的组成部分，在实施刑事司法的过程中引导这种本能对于促进法治社会的稳定发挥着重要作用。当人民开始认为组织起来的社会不愿或者无力对罪犯实施应得的惩罚时，就会播种下无政府主义、私力救济、私自司法和私刑的种子。报应虽然不再是刑法的主要目标，但它既不是刑法禁止的目标，也非与我们对人性尊严的尊重不协调。在极端凶恶犯罪案件中以死刑为适当刑罚的决定，其实只是表达了这样一种公众信念，这种公众信念认为特定犯罪对人性尊严构成如此严重的冒犯以至只有死刑才能成为对其唯一适当的反应方式。"① 最高法院在同一判例中还引述丹宁勋爵在英国皇家死刑委员会上的演讲指出："刑罚是社会对恶行表达其谴责的一种方式，并且是为了维系对法律的尊重。必须使对严重犯罪科处的刑罚充分反映绝大多数公民感受到的危害。考虑刑罚的诸如威慑、改造、预防或者任何其他目标是错误的。事实是有些犯罪是如此的残暴，社会必须给予足够的惩罚，因为作恶者应受这样的惩罚，而不论其是否具有威慑性。"② 可见，在美国最高法院看来，民众的道德义愤与报复情感无疑构成了死刑正当性的重要依据。根据盖洛普民意测验，美国最高法院在 1976 年裁定死刑不是"残酷而废除的刑罚"的时候，美国民众支持对被裁定犯谋杀罪的罪犯判处死刑的比例超过了 65%。二十多年来，尽管主张废除死刑的人士不断地进行宣传与斗争，但死刑在美国刑法制度中的地位则始终未见动摇，对谋杀罪适用死刑的支持率一度曾经上升到 80%，目前仍然维持了 65% 以上的高支持率。民众对谋杀罪适用死刑的高支持率即广泛的公众认同，无疑为司法当局重用死刑提供了正当性资源。③

可见，在集体意识仍然要求对极端犯罪适用死刑予以公正的报应的情况下，刑事政策与刑罚制度是否满足公众的这种报应情感，是否对极端犯罪适用死刑给予公正的报应，是刑事政策与刑罚制度能否获得公众认同并获得正当性与合法性的基本前提。因此，日本刑事政策学者大谷实教授指出："为维护社会秩序，满足社会的报复情感，维持国民对法律的信赖便显得极为重要。

---

① Gregg v. Georgia, 428, U. S. 153 (1976).

② lord, Denning. "Royal Commission on Capital Punishment", Minutes of Evidence, Dec. 1, 1949, p. 207.

③ Source: Gallup Poll Release, 2/24/2000.

国民的一般法律信念中，只要对于一定的穷凶极恶的犯人应当科处死刑的观念还存在，在刑事政策上便必须对其予以重视。现代死刑的刑事政策上的意义，恰好就在于此，因为，有关死刑存废的问题，应根据该社会中的国民的一般感觉或法律信念来论。”如果“当死刑冲击一般人的情感，使其感到残忍时，便应当废除死刑”。[①]

三、集体意识的“两张脸”——死刑的公众认同的两面性解构

集体意识对死刑的广泛认同虽然为死刑制度提供了正当性和合法性资源，但是集体意识特别是以民愤、民意、舆论、正义感等表现出来的公共意志，往往又是交织着理智与情感、意识与潜意识、理性与非理性、正义与非正义的矛盾统一体，具有相当的情绪性、非理性化与不可捉摸性，甚至可能陷于歇斯底里和集体无意识的状态。

对于集体意识与正义情感的这种两面性或者两张脸，德国思想大师马克斯·韦伯早就有着清醒的认识并保持着相当的警惕。韦伯指出：“经验证明，除非‘正义感’在客观或主观利益此类‘实用因素’的坚定指引下发挥作用，否则，它是很不稳定的。我们现在还不难看到，正义感容易波动，并且，除了极少数一般性和纯形式的公理以外，很难表达。至少就我们目前所知而言，各国不同的法律制度不可能从‘正义感’中推演而出。‘正义感’具有明显的感情色彩，因而不足以保持规范的稳定性。可以说，它是导致非理性判决的诸因素之一。只有在这一基础上，我们才能够研究‘民众’态度的范围。”[②] 英国学者格雷厄姆·沃拉斯同样认为，人往往是在本能和感情的刺激下作出心理和行为反应的，“大多数人的大多数政治见解并非是受经验检验的推理的结果，而是习惯所确定的无意识或半无意识推理的结果。”[③] 西原春夫教授虽然主张将人的欲求“置于促使刑法制定的各种要素的基础之上”，但是，西原春夫又特别指出：“在构成国民的欲求之基础的国民个人的欲求中也沉淀着一些并非正确的成分，其中，最具有特色的是片面的观点乃至情绪的反应。”[④] 在宗教、种族、意识形态等的影响下，集体意识的片面性、情绪性、非理性甚至会走向极端，致使社会公众陷入集体无意识的狂热和亢奋之中。

---

① ［日］大谷实：《刑事政策学》，黎宏译，法律出版社2000年版，第113页。

② ［德］马克斯·韦伯：《论经济与社会中的法律》，张乃根译，中国大百科全书出版社1998年版，第71页。

③ ［英］格雷厄姆·沃拉斯：《政治中的人性》，朱曾汶译，商务印书馆1996年版，第66页。

④ ［日］西原春夫：《刑法的根基与哲学》，顾肖荣等译，三联书店上海分店1991年版，第87页。

建构在这种集体意识基础上的人类死刑制度史，在相当程度上因而也是一部由人类集体意识中歇斯底里的狂躁、复仇、发泄等情绪性、集体性反应支配的历史，是一部充斥着血腥和残虐、以残害生命价值、贬抑人性尊严为特征的恐怖的历史。法国剧作家布鲁诺曾经一针见血地指出："从死刑的沿革来看，要求死刑的呼声不是来自追求正义的欲望，而是来自要求发泄压抑的冲动的深层心理。死刑只是发泄集团的罪恶感和不安的安全阀。……死刑不是也不可能是理性的司法手段，而是充满残虐性的非理性主义的表现。……死刑根植于理性之光尚未照耀的古代和心理的深层。……死刑的历史是无辜流淌鲜血的故事，它是与正义或者人民福祉没有共同之处的、要以制度化的形式使共同社会中难以忍受的紧张感得以爆发的、杀人妄想体系的历史，是社会对个人施以各种暴力的历史，这种暴力虽然往往冠有高尚的概念，但它实际上不外是集体的罪恶感和整个社会的焦虑的爆发。它最终是理性被误用的历史，是把赤裸裸的杀人伪装成公正但理性往往被迫卖身的故事。"① 布鲁诺认为，死刑的本质就是活人祭祀，而"活人祭祀的真正价值在于它的社会心理作用，这就是打开发散个人不安和罪责及共同社会普遍的不快感的安全阀的作用"。② "死刑并不是标志人类进化的饰物，倒不如说，它是横行于某一社会内部的不自由的指标，它也是恫吓个人迫使其趋于大势和忍气吞声的社会压力的指标，它最终标志着充满于个人和社会的抑郁的攻击性、仇恨、罪恶感与焦虑的程度。"③ 不可否认，布鲁诺以剧作家特有的激情以及对历史、社会心理的深刻洞察，对死刑的罪恶进行了矫枉过正、言过其实、激情有余、理智不足的鞭挞，但正是从这种偏颇而又极端的控诉中，我们发现了集体意识以及以满足公众正义报应情感为诉求的死刑制度可能具有的非正义性与非理性，而这往往是以客观冷静、理智与理性、逻辑严谨著称的法学家难以企及的。

民众的集体意识与正义情感不仅具有非理性、情绪性，而且往往变动不居、起伏不定，往往一个孤立的突发的恶性犯罪案件就能在很大程度上改变公众对待死刑的态度。林山田教授曾经指出："每当由于司法错误而错杀无辜的案件发生时，废止死刑的论调就高耸入云；相反地，每当社会接二连三地发生惨不忍睹的重大刑案后，社会大众对于罪犯的厌恶程度大为增高，每个

① ［法］布鲁诺·赖德尔：《死刑的文化史》，郭二民译，三联书店1992年版，第182—183页。
② 同注①，第49页。
③ 同注①，第184页。

人主观上的报应需求也跟着大幅度上升，因此，存置死刑的论调就大行其道。”[①] 在法国，1969 年进行的一项民意调查显示，赞成废除死刑的受访者一度达到58%，其中35 岁以下的年轻人赞成废除死刑的比例更高达64%，但在1971 年连续发生两起杀害出租车司机、警察队长案件后，民意调查显示赞成保留死刑的受访者比例立即从此前的33% 上升到了 53%。[②] 在德国，1996 年公众赞成恢复死刑的比例只有35%，但在发生两三起针对儿童的性虐待与谋杀案件后，公众对待该类犯罪的态度即刻发生重大变化，支持死刑的比例一度曾直线上升至60%。[③] 这种易波动性使得以满足民众的正义情感与集体意识为意旨的死刑制度蕴涵着相当的危险性，经由所谓民众审判、舆论审判或者民愤审判而导致死刑适用的随意性、主观性与不确定性大大增加，从而破坏了道义报应的正义性。显然，国家的刑事政策与刑法制度如果完全尾随这种波动性极大的集体意识亦步亦趋，将难以摆脱被动性与不可捉摸性。

集体意识本身是一种非物质的存在，需要运用适当的方法通过适当的媒介才能予以发现和把握。迄今为止，发现集体意识的最直接和最常用的方法往往是进行民意测验，但民意测验结论本身的信度与效度又不可避免地受到各种可控或者不可控的主客观因素的影响。特别是民意调查者本身对调查议题的或多或少的立场预设以及问卷调查表的设计技巧，往往可能对被调查者的回答产生直接的影响，从而影响民意测验的结论。在许多国家，每当议会或者总统选举进行得如火如荼之际，参与选举的各个政党、政治势力或者事实上受不同政党、政治势力控制和操纵的媒体往往会就选民的支持倾向以及选战中争辩的热门话题进行所谓的民意调查。一般说来，对立阵营的民意调查的结论往往会呈现较大差异，甚至会截然不同，这是屁股指挥脑袋、立场决定结论的最好例证。死刑问题具有高度的伦理和政治敏感性，更可能成为政客们为拉拢选票而竭力炒作的一个公共话题。因此，关于死刑的民调结论的信度事实上不能不受到调查者预设立场的影响。另一方面，对于死刑民调问卷的设计技巧对于民调结论的效度的影响，美国学者 Hugo Adam Bedau 经分析后指出：“虽然媒体往往报道说占压倒多数的美国民众支持死刑，但是，仔细研究公众态度后就会发现，如果被定罪的谋杀犯被判处不得假释的终身

---

① 林山田：《刑罚学》，中国台湾地区商务印书馆 1975 年版，第 172 页。

② ［法］罗贝尔·巴丹戴尔：《为废除死刑而战》，罗结珍、赵海峰译，法律出版社 2003 年版，第 6—7 页。

③ Hans－Jürgen , Kerner，“Public Opinion on Death Penalty in Germany”，Allensbach Yearbook of Demoscopy，1999. p. 119.

监禁并强令其作出某种形式的金钱赔偿，则绝大多数美国人就会转而反对死刑。例如，在加利福尼亚州，一项调查显示，在1990年有82%的民众原则上赞成死刑，但是当被问到如果让其在死刑与终身监禁加赔偿之间进行选择时，则只有26%的人继续支持死刑。民众对待死刑的态度的类似变化在许多其他州也得到证实。"① 可见，民意调查的结论虽然在相当程度上反映了集体意识对某个特定公共议题的公众态度或公众认同，但民意调查结论反映公共意志、公众态度或公众认同的信度与效度本身受制于各种可控或者不可控的因素，民调结论本身并非自在自为的真实和客观，因而民调结论充其量只能作为刑事政策决策与刑事立法设计的诸多参考因素之一。就此而论，以集体意识对死刑的广泛的公众认同为死刑存在的正当性和合法性的基础，本身又是相当危险和不可靠的。

另一方面，体现公众认同的死刑在满足集体意识中的道义报应诉求、实现刑罚正义的同时，也可能反过来误导集体意识，毒害社会心理。基于报复嗜血心理的死刑，是潜藏在人类心灵深处的阴暗的"以眼还眼，以牙还牙"、"杀人偿命"的原始复仇心理的制度化表现，死刑给被害人或其遗族带来了表面上的、空洞的、虚无缥缈的情感满足，而不可能真正补偿被害人已经受到的伤害、抚慰被害人或其遗族的心灵。执行死刑对罪犯而言也许意味着赎罪，但同时也是一了百了，而留给被害人或其遗族乃至全社会的却是无法抹杀的永远的痛。死刑不仅无形中会培育一个对他人生命麻木不仁的死亡文化，纵容社会不去反省深层结构中导致犯罪的基本矛盾，更容易误导公众以为死刑的执行即意味着正义的恢复，从而陷入"恶恶相报"的恶性循环。"严酷的刑罚造成了这样一种局面：罪犯所面临的恶果越大，也就越敢于规避刑罚。为了摆脱对一次罪行的刑罚，人们会犯下更多的罪行。刑罚最残酷的国家和年代，往往就是行为最血腥、最不人道的国家和年代。因为支配着立法者双手的残暴精神，恰恰也操纵着杀人者和刺客们的双手。"② "死刑的执行将树立社会心理学上的坏的例子，且将比促进暴力行为还助长公众的残忍意识。"③ 人类死刑制度的兴衰与变迁史已经一再证明，国家崇尚暴力、迷恋死刑的时期往往也是作为国民的罪犯嗜血成性、暴力犯罪横行、普通国民生命安全缺

---

① Hugo, Adam Bedau. The Case Against The Death Penalty, http://archive. aclu. org/library/case_ against_ death. html.

② [法] 孟德斯鸠：《论法的精神》（上），张雁深译，商务印书馆1963年版，第88—89页。

③ [德] 汉斯·海因里希·耶塞克等：《德国刑法教科书》，徐久生译，中国法制出版社2001年版，第914页。

乏有效保障的时期。死刑不是医治犯罪这种社会顽症的神丹妙药。一个健康、文明、进步、理性的社会需要的不是这种恶恶相报、恶性循环的报复性司法以及相应的视生命为草芥的死刑文化，而是以尊重人性尊严与生命价值为文化基础的致力于教育改善罪犯、防卫社会以及赔偿损失、治愈冤仇、医治创痛、恢复秩序、有助于社会整合与团结的刑事政策和社会政策。

因此，笔者虽然主张刑事政策与刑法制度应当洞察、尊重、顺应与反映作为一种公共意志的集体意识，符合所处语境的民众的正义情感的要求，但是，由于集体意识的价值根基并不能赋予其自身“绝对正确”的属性，集体意识也不是真正的具有终极意义的理性，刑事政策的决策与刑法制度的设计因而又不能不对集体意识及其正义情感的不可避免的情绪性、非理性和不可捉摸性保持高度的警惕。国家的死刑政策与死刑制度如果不加分析、不加甄别地迎合、复制集体意识与正义感，必然蕴涵着陷于非理性甚至疯狂的巨大风险。

四、死刑的政治抉择——什么是政治领袖应有的贡献

集体意识、正义情感的两面性，虽然使奠基于集体意识、正义情感的刑事政策选择与刑罚制度设计蕴涵着巨大的危险性，但同时也蕴藏着刑事政策的决策者与刑法制度的设计者引导集体意识理性发展的重要契机。具有政治远见、肩负政治责任的政治领袖应当因势利导，运用自己的政治智慧和政治权威科学而理性地引导民意。

德国基本法的制定者在尊重民意的同时超越民意而废除死刑，向我们具体展示了政治领袖如何承担其政治责任、理性地引导民意、合理而有效地组织对犯罪的反应的成功范例。1949 年德国制定基本法时，尽管民众支持死刑的呼声很高，但是基本法之父（母）鉴于在纳粹的法西斯主义和国家战争机器的蛊惑之下，整个日耳曼民族曾经陷入集体疯狂和集体无意识状态，对人类实施了空前绝后、令人发指的国家暴行，因而力排众议，在基本法第 1 条明确规定“人性尊严不可侵犯”，并且基于这一不可篡改的绝对宪法原则，在基本法第 16 条规定废除死刑。而德国废除死刑的实践证明，公众的正义情感与集体意识是可以被理智与理性地引导和改变的。在基本法废除死刑后的第 2 年即 1950 年，调查发现的公众支持死刑的比例为 55%，反对死刑的比例为 30%，另有 15% 的人没有表示意见。而到了 1983 年，赞成死刑的比例则降至 24%，反对死刑的比例则上升至 59%，另有 17% 的人没有表示意见。20 世纪 90 年代以后，随着两德的统一而带来的犯罪态势的相对恶化，公众对待死刑的态度才出现了某种程度的逆转，支持死刑的人数有所上升，但也只是上升

到35%，反对死刑的比例仍然占45%，另有20%的人没有表示意见。[①]

其实，不仅在德国，在其他废除死刑的国家，在政府和议会推动立法废除死刑之初，亦大多面临着公众强烈的反对意见，有的国家民众至今仍然强烈要求恢复死刑。法国于1981年正式废除死刑，其废除死刑的过程可谓一波三折，反反复复，前后经历了近30年。然而，在废除死刑后很长一段时间，法国多数民众仍然继续支持死刑，只是到了2001年，一项民意测验才显示不足50%的民众希望恢复死刑。在英国，政府于1965年推动国会废除对谋杀罪适用死刑时，也面临着强大的反对舆论。当年举行的三次全国性的民意测验均显示，反对废除死刑的比例高达65%，只有20%的人赞成废除死刑。即使在废除死刑的次年即1966年，仍然有高达85%的民众支持对谋杀罪适用死刑。在舆论压力之下，1990年英国议会曾经就是否恢复对谋杀罪适用死刑进行表决，结果法案以289票反对、257票赞成未能获得通过。[②] 1995年进行的一项民意测验显示，仍然有60%的民众支持恢复对谋杀罪适用死刑，而英国议会却于1998年彻底废除了国事罪中的死刑，从而实现了法律上完全废除死刑的目标。在废除死刑的其他欧洲国家，多个民意调查同样显示，相当数量的民众仍然强烈支持死刑，荷兰于1996年进行的一项民意测验显示，52%的人支持死刑，在意大利，仍然有一半左右的民众希望恢复死刑。[③] 尽管如此，欧洲各国的政治家们仍然不懈地致力于推动全面废止死刑，欧洲委员会部长理事会不仅于1982年通过了《欧洲保护人权和基本自由公约第六议定书》，要求签署议定书的国家承诺在和平时期废除死刑，但可以对战争或者面临战争时期的犯罪保留死刑，更于2002年通过了《欧洲保护人权和基本自由公约第十三议定书》，要求所有签署议定书的国家无条件地彻底废除所有死刑，包括战争时期的死刑。[④] 随着近两年欧盟的扩大以及废止死刑作为加入欧盟的先决条件的设定，欧洲在人类历史上已经实现了全洲范围内的废止死刑。

既然死刑在民众之中仍然有如此强大的支持度，主流民意仍然要求适用死刑以实现道义报应，政治领袖特别是作为民意代表的议员大人们为什么胆

---

① Hans - Jürgen, Kerner. "Public Opinion on Death Penalty in Germany", Allensbach Yearbook of Demoscopy, 1999. p. 119.

② 参见［美］H. C. A. 哈特：《惩罚与责任》，王勇等译，华夏出版社1989年版，第241页。

③ Source：Joshua, Micah Marshall (American Prospect). Death in Venice, New Republic, July 31, 2000. See also from：David , Anderson . The Death Penalty - a Defence, http：//w1. 155. telia. com/ ~ u15509119.

④ "The United Nations and Crime Prevention", Seeking Security and Justice for all, United Nations , New York, 1996, p. 71.

敢假借引导民意而公然“违背”主流民意，逆“流”而进，不仅不恢复死刑，而且还推动签署了废除死刑的国际公约，在欧洲全面废除了死刑？难道这些政客与议员先生们就不怕被选民唾弃吗？在一个标榜一切权力来自人民、政府与议会都必须对选民负责的民主社会，乍看起来，这似乎是一种令人困惑的政治与法律现象。

笔者认为，由集体意识的两面性、易波动性所决定，集体意识不可能成为终极意义上的理性的公共意志，刑事政策与刑法制度不可能是公众朴素的集体意识或者个别意志的直观、本能和直接的反映。刑事政策决策与刑法制度设计在尊重与反映集体意识的同时，又必须使集体意识与死刑制度保持必要的“距离”，并在集体意识与死刑制度之间进行“过滤”。法国哲学家利科曾经指出，义愤的发泄以及基于报复的公正并非真正意义上的公正，而只是一种道德的公正，从根本上讲，这种道德公正没有在社会游戏的各个对立面之间确定距离，亦即没有在冒犯者强加的最初痛苦和惩罚实施的补加痛苦之间确定。义愤欠缺的是报复与公正之间关系的明确划分，而公正的法则则要求任何人都不能被允许对自己实行公正，为了确定报复与公正之间的距离，必须有一个第三者充当两个行动（罪与罚）和两个施动者（冒犯者和惩罚者）之间的正确距离的担保者。只有确定了报复与公正之间的距离，才能完成作为道德的公正向作为制度的公正的过渡，也才能通过第三者制度的中介与仲裁角色切断公正与报复之间的联系。[①] 可见，通过适当的权力架构和制度设计，可以使死刑政策的决策与单纯的义愤发泄保持一定的距离，从而实现对道德的公正的超越而趋向制度的公正。

其次，议会民主制就具有一种使集体意识与公共政策、法律制度保持适当“距离”，并对集体意识进行“过滤”、阻隔集体意识直接渗透制度设计的功能，从而有助于超越道德的公正而实现制度的公正。

“代议政体的实质在于依靠相当一大批人民的定期更新的同意；所需要的同意的程度可以从单纯接受既成事实到宣布多数公民作出的、政府必须予以解释和服从地积极决定。”[②] 公众的同意是议会民主或代议制政府运作的前提。但是，议会民主制或者代议制毕竟不同于通过全民公决、公民投票等群众民主、直接民主的方式直接决定公共政策性议题的议事方式。“群众民主在国家政治方面的因素，最首当其冲的是感情的因素在政治中占强大优势的可能

① 参见［法］保尔·利科：《利科北大讲演录》，北京大学出版社2002年版，第1—6页。

② ［英］格雷厄姆·沃拉斯：《政治中的人性》，朱曾汶译，商务印书馆1996年版，第130页。

性……群众总是处于现实的纯粹感情和非理性的影响之下。”① 而议会民主制或代议制则是一种既体现人民主权原则又与公众意志保持适当距离的政治制度设计，具有阻隔集体意识对政治决策与制度设计直接渗透的过滤机能。虽然代议制体制的合法性与正当性来自于民意代表性，代议制体制下议会的立法行动和政府的公共行政应当反映民意的要求，但是民意本身并不具有终极意义的真理性，民意亦不具有价值判断上的“绝对正确”。公共决策如果完全尾随民意而随波逐流，并不必然表明公共政策的正当性与合法性，却必然反映议会和代议制政府下国家公共权威的丧失、政府执政能力的弱化和政治领袖责任的懈怠。当年英国废除死刑时，针对科里顿勋爵根据民意测验显示的反对废除死刑的主流民意而断言废除死刑的法案“不是我们人民的愿望的民主反映”，英国上下两院特别重申了这样一条原则，即“议员不是只有发言权而无表决权的代表，而是全权代表，引导公众舆论是上议院的职责”。② 也就是说，议员不是选民的代言人，而是选民的代理人，议员不应当被动地根据选民的意愿或者授权进行投票，而应当根据自己的理性判断，真正代表选民的利益而进行决策。如果完全尾随民意决定死刑等公共政策，看似是某种人民主权的体现，实为制度设计本身的严重倒退。③

再次，议会民主制下公共政策决策与法律制度设计过程的博弈性质，决定了政策决策和制度设计的结果不可能是对某种集体意识的自动和直观的复制，而必然是参与决策的各方力量、利益、意志、诉求相互博弈后达成一致、妥协或者平衡的产物。政治与外交一样本质上都是一种妥协的艺术。作为国家主权的刑罚权的行使及相关刑事政策的决策与刑法制度的设计，更是冲突着的各种利益与意志之间进行博弈达成一致、妥协或者平衡的结果。拉德布鲁赫对刑罚权的行使与刑法制度设计面临着的这种利益、意志与价值的冲突曾经作过经典的分析：“自从有刑法存在，国家代替受害人施行报复时开始，国家就承担着双重责任：国家在采取任何行为时，不仅要为社会利益反对犯罪者，也要保护犯罪人不受受害人的报复。现在刑法同样不只反对犯罪人，也保护犯罪人，它的目的不仅在于设立国家刑罚权力，同时也要限制这一权力，它不只是可罚性的缘由，也是它的界限，因此表现出悖论性：刑法不仅

① ［德］马克斯·韦伯：《经济与社会》（下），林容远译，商务印书馆 1997 年版，第 810—811 页。

② 参见［美］H. C. A. 哈特：《惩罚与责任》，王勇等译，华夏出版社 1989 年版，第 241—242 页。

③ 二木：“民意否决的背后是政府的失职”，载人民网 2003 年 3 月 22 日。

要面对犯罪人保护国家，也要面对国家保护犯罪人，不单面对犯罪人，也要面对检察官保护市民，成为公民反对司法专横和错误的大宪章。”① 而西原春夫在论证刑法的根基与哲学时，在剖析国民个人的欲求的片面性和情绪性的基础上，同样论证了刑法制度设计应当妥善予以博弈和平衡的相互冲突的利益与意志。西原先生一方面指出不同的国民具有不同的欲求：“国民中每个个人的欲求并非直接与制定刑法相联系，因为第一，如果不是这样来考虑，可以想象，国民中间存在着具有各种各样不同欲求的人，究竟谁的欲求宜在刑法中得到表现，就不得而知了。第二，是否应制定刑法以及应当制定什么样的刑法？在作出决定时，就必须具备高度的法律知识和缜密的政策观念，应当考虑到国民个人的赤裸裸的欲求中是缺乏这一前提的。”② 另一方面，又指出国民个人其实也具有不同的欲求：“为了把情绪性的反应引入合理欲求的轨道，首先就必须克服反应的片面性。人们如果正确了解人之所以犯罪的动机，而且也了解滥用刑罚权的可怕性，他们也会作出各种各样的情绪性的反应，并综合平衡，最终肯定会使当初的激情性的反应缓和下来。这种在观念上已被修正过的个人的欲求才是真正的国民的欲求。”③ 在西原先生看来，刑法是由高度政治化、组织化的社会即国家制定的，刑法无疑应当以要求制定刑法的人的欲求为基础，但作为刑法制定基础的欲求必须是超越个人欲求的作为一种抽象化的观念的国民欲求，立法者最终只能站在平均的国民立场上，在平衡了各种相关的利益、意识与愿望后来推测国民的真正欲求。国家在制定刑法时，作为其直接基础的是“当平均的国民就不良行为的状况及为此而制定刑法的意义有了正确的认识时所抱有的欲求”。④ 这种“国民的欲求是一种抽象化的观念。立法者最终只能站在平均的国民立场上来推测这种欲求。刑法应当在其与国民的欲求的关系上回忆起近代刑法学的精神，即刑法是国民自主规范的成果，应当重新考虑把制定刑法的基础与国民的欲求联系起来，而且还应当重新认识到国民的欲求的基础中有人的赤裸裸的欲求在活动”。⑤

可见，包括刑事立法在内的公共决策和立法活动必然是各个相关的利益主体错综复杂的利益、意志、愿望和诉求协调、妥协、平衡的产物，而实在不可能也不应当是某一方面的公众利益、意志或者公众的某一方面的意识与

① ［德］拉德布鲁赫：《法学导论》，米健等译，中国大百科全书出版社1997年版，第96页。

② ［日］西原春夫：《刑法的根基与哲学》，顾肖荣等译，三联书店上海分店1991年版，第85页。

③ 同上，第87页。

④ 同上，第112—113页。

⑤ 同上，第93页。

愿望的简单确认或者复制。政治领袖进行公共决策和立法活动时固然应当体察、尊重、代表和顺应民意，但这绝不意味着政治领袖可以盲目地迎合、附和、迁就民意或者简单地复制民意。在死刑这样一个公共政策问题上，政治领袖的重大政治责任在于根据对集体意识的民粹性、非理性、情绪性、保守性、乡土性乃至非正义性的辩证与科学地解构与分析，运用政治智慧和权力艺术，理智地引导普通民众以强国盛世的成熟与理智的国民心态，科学地认识犯罪规律与犯罪原因，对犯罪作出理性而平和的社会心理反应。而代议制权力架构下的间接民主制度亦为政治领袖承担这一重大政治责任提供了制度保障。

值得注意并高度警惕的是，尽管25年的改革开放使我国的物质文明程度大大提高，但由于文化观念、思想意识、价值标准的不可避免的滞后性，我国民众中与现代化法治国家相适应的国民心态显然尚未形成，集体意识中的民粹主义在相当程度上已经构成了我国推进法治进程、建设社会文明、走向现代社会的社会心理障碍。我们应当清醒地意识到对国民心态和集体意识进行引导和改造的必要性，应当及时启动死刑启蒙教育，就基本犯罪规律、罪刑互动规律、刑罚趋轻、走向人道、文明的历史规律、我国基本国情以及刑罚改革的世界潮流、死刑的非正义和残酷、野蛮的本质等问题进行系统、全面和深入的公民教育，剔除国民心态与集体意识中广泛存在的暴政观念和嗜血性格，正确地认识和期待死刑满足道义报应、震慑犯罪的作用，形成健康、文明与理性的死刑观。

死刑启蒙教育既是公民教育的有机组成部分，更应当是一场重要的思想解放运动。通过死刑启蒙教育，应当完成对国民心态和集体意识的科学主义、理性主义和人道主义的改造，培育国民的自由信仰、独立思考、科学分析与理性反应的思维方式，形成尊重生命价值、维护人性尊严的生命文化和人文精神。这是政治领袖的政治责任，当然也是法律职业共同体义不容辞的义务。只有真正培育出健康、文明、理智、成熟的国民心态和集体意识，才能减少政治领袖进行刑罚改革、严格控制乃至最终废除死刑的社会心理阻力，为提高我国刑罚的人道、文明和理性化程度、推进国家民主、法治进程创造宽容、和谐的社会心理氛围。

以善解民意为基础，政治领袖对死刑问题的科学决策应当是一种“理性的实践”和“实践的理性”。

作为一种理性的实践，政治领袖决策过程对民情、民意的体察、尊重、代表和顺应，绝不能导致对体现普遍意志和国家理性的法律的否定，也不能替代职业法官客观、中立的事实认定和理性、科学的法律推理以及以此为基础的独立、公正的司法裁判。如前所述，政治领袖应当把握犯罪规律，掌握科学真知，展示政治远见，承担历史责任，正确判断国情，树立管治信心，体认国际现实，顺应改革潮流，以开放的心态和世界的眼光解决中国的犯罪问题，根据现代刑事政策合理而有效地组织对犯罪的反应的反犯罪斗争目标，对死刑的本质、机能、作用、历史和命运形成科学认识和合理期待，对死刑的存废和适用作出科学的决策。

作为一种实践的理性，政治领袖对死刑存废和适用的科学决策又应当充分考虑当代中国的具体国情和现实犯罪态势、可控的国民心态和集体意识特别是死刑的公众认同以及实际的社会控制能力等对死刑存废与适用的现实制约，在不放松犯罪控制、不影响法益保护与治安维持的前提下，以较少的社会成本与社会震荡，循序渐进地推进死刑制度的改革乃至死刑的最终废止。死刑问题在根本上与其说是一个法律问题，不如说是一个政治问题，一个具有政治、经济、宗教、文化、伦理道德和社会价值观念等多元性制约的政治选择问题。死刑的存废和走向，主要不取决于死刑本身的善或恶或者有无威慑力，而主要取决于集体意识对死刑的公众认同特别是政治领袖面对集体意识对死刑的公众认同进行的政治选择。而制约政治领袖作出正确的政治选择的多元性因素，既有可控的，也有不可控的。政治领袖只能在可控的范围内，利用其政治权威理性与理智地引导主流民意，并对死刑的存废和适用作出科学的政治决策。

基于这种理性的实践与实践的理性，笔者认为，死刑仍然是我国当前用以惩治极端凶恶的犯罪、满足国民集体意识中的报应情感、实现社会正义的必不可少的制裁手段。全面废除死刑在我国可以预见的将来尚不可能提上政治领袖的政治决策与立法机关的议事日程。但是，我国政治领袖应当而且可能展示其远见卓识、政治智慧和管治信心，立足于我国法治化的实际进程和当下的具体国情和打击犯罪的实际需要，及时作出果敢而稳妥的决策，彻底扭转我国最近二十多年来实际出现的刑罚过于苛厉化、死刑适用扩大化的反法治现象，极其严格地控制死刑适用的范围，大幅度地缩减死刑适用的数量，并进行一切可能与必要的制度设计，以防止和避免死刑适用可能发生的错误，推动我国的死刑文化观念、死刑刑事政策、死刑立法设计与死刑司法适用顺应和跟进限制与废止死刑的国际潮流，为刑罚的趋轻和人道乃至人类的文明与进步作出中华民族应有的历史贡献。我国政治领袖的这一政治抉择，不仅将从根本上决定我国死刑控制的路径选择与制度建构，主导我国死刑制度的走向和命运，而且必然会最终决定中国死刑制度的寿终正寝。

死刑控制的司法方法论

刘树德[*]

立法技术是追求法典理性和科学的表现。不完美的法律，有些可以通过高超的司法技术（包括法律解释）来加以弥补，但有些缺陷远非司法能够解决，而只会使司法处于困惑或者二难之中。正确的方法，是成事的重要保障，死刑的实体法控制也是如此。因此，确有必要从方法论的角度来探讨死刑的实体法控制。

一、死刑研究现状总体缺失方法论研究

近期以来，围绕死刑复核权统一回收最高人民法院的决策出台及具体实施，刑法学界的死刑研究又一次达至高潮。这不仅体现在有关死刑问题的学术会议召开过多次,[①] 也体现在有关死刑问题的学术论文大量出现,[②] 更体现在有关死刑问题的学术专著较多地出版。[③] 这些研究在促进高层对于死刑政策的理性认识、提升社会公众对于死刑功能的合理定位、引导实务部门对于死刑立法与司法的科学完善、深化学术界对于死刑问题的深入系统研究等方面无疑具有积极的意义。但从方法论的角度综合观察近段时期死刑研究的现状，除极少数论文涉及死刑控制方法以及某些学术著作偶尔涉足此问题之外，尚未发现从总体上探讨死刑控制方法问题的较为系统深入的成果。

“方法”的原意是沿着正确的道路运动，引申为为了实现一定的目的，必须按照一定的顺序而采取的步骤。[④] 工欲善其事，必先利其器。我们谈死刑控

---

* 最高人民法院研究室，法官，法学博士。

① 参见赵秉志主编：《中国废止死刑之路探索》，中国人民公安大学出版社 2004 年版。

② 参见陈兴良、胡云腾主编：《死刑问题研究》，中国人民公安大学出版社 2004 年版。

③ 参见钊作俊：《死刑适用论》，人民法院出版社 2003 年版；陈兴良：《死刑备忘录》，武汉大学出版社 2006 年版；刘树德：《死刑片论》，人民法院出版社 2007 年版等。

④ 参见严平：《走向解释学的真理——伽达默尔哲学述评》，东方出版社 1998 年版，第 18 页。

制，无疑要“沿着正确的道路运动”，并寻找到正确的方法。

在现代汉语的一般意义上说，方法和方法论是两个不同的概念。方法一般是指解决问题的门路、程序等。方法论则具有两个含义：一是关于认识世界、改造世界的根本方法；二是在一个具体学科上所采用的研究方式、方法的综合。① 可以说，方法论始终是一个与各学科的生存相关联的元问题，因而存在各学科的方法论研究，例如经济学方法论、伦理学方法论、社会学方法论、法学方法论等。这样，刑法学方法论又是法学方法论下位的问题。

按照中国台湾地区学者的观点，法学方法论主要研究解释方法和裁判方法。解释方法论研究在于保证对法规范的正确理解，而裁判方法论研究的意义就在于保证裁判结论的正当性。② 而我国大陆学者则认为，应当区分法学方法与法律方法，法学方法即法学研究方法，关注的核心是何谓正确之法这一法哲学的第一个基本命题；法律方法是应用法律的方法，其中狭义上的法律方法的内容为法律解释，广义上的法律方法则包括法律推理方法等。③ 就刑法方法而言，其实主要在三个领域中被使用：一是在立法中使用的刑法方法。人们使用一定方法的目的是制定具体的刑法规范，以便调整尚未得到法律规范的领域。二是在司法中使用的刑法方法。人们使用一定方法的目的是运用已经制定出来的具体的刑法规范。三是在法学教育中使用的刑法方法。④ 立足于此，刑法学方法论主要就是对这些刑法方法作系统而又深入地研究。我们此处是从方法论的角度对死刑的实体法控制方法之一即司法方法（立法方法，另文论述）进行探讨。

二、死刑控制的司法方法

立法是抽象的，同时法律可能还因立法理性的不足而存在或多或少的不足与缺陷。面对此种立法，司法也并非只能带着镣铐跳舞，而是可以通过不同的解释方法来克服不足和弥补漏洞。就死刑的控制而言，除了上述通过采

① 参见中国社会科学院语言研究所词典编辑室编：《现代汉语词典》（修订本），商务印书馆1998年版，第353页。

② 参见杨仁寿：《法学方法论》，中国政法大学出版社1999年版，第17页。

③ 参见郑永流主编：《法哲学与法社会学论丛》（六），中国政法大学出版社2003年版，第24页以下。不过，也有学者认为，法律方法包括以下各种方法：法律发现、法律推理、法律解释、漏洞补充、法律论证、价值衡量。参见陈金钊、谢晖主编：《法律方法》（第2卷），山东人民出版社2003年版，第152页以下。

④ 参见王世洲：“关于刑法方法理论的思考”，载梁根林主编：《刑法方法论》，北京大学出版社2006年版，第48页。

纳立法方法来实现立法控制之外，还可以通过一系列的司法方法来实现司法控制。

（一）司法中采取严格解释的方法适用死刑规范

按照中国台湾地区学者的观点，就方法论的观点而言，适用法律的重点，是在落于法律认识活动之上，更有一项实践上的问题，如何将一件生活中的犯罪事实透过一种法律规则的评价标准，加以推断，使产生一定的法律效果始能符合法治国家的原则？换句话说，审判者如何确认具有定型性的生活行为事实，而对此寻找出具体妥当的标准法则，公平公正地去确定其应该产生的法律效果？这些课题，也就是法律逻辑在审判实务应用上的问题。[①] 按此理解，司法即适用法律的三阶段过程分别应运用以下不同方法：确定大前提（法官找法）阶段的解释方法；确定小前提（定型案件事实）阶段的确认方法和推定方法；得出结论阶段的演绎方法。

刑事司法不是简单地、单向度地寻找刑法规范（确定大前提）、形成案件事实（确定小前提）、形成结论的三阶段过程，而是一个“目光不断往返于规范与事实”之间并呈现出“诠释学循环”的过程，[②] 是一种逐步进行的，从事实的领域探索前进至类型的领域，以及从类型的领域探索前进至事实的领域的过程，是一种在素材中对类型的再认识，以及在类型中对素材的再认识的过程，是一个类型唤醒事实，事实唤醒类型的相互“呼唤”过程，是一个类型让素材说话、素材令类型发言的相互“启发”的过程。例如，判断行为人携带盐酸或者训练有素的动物进行抢夺，是否可适用刑法第267条第2款“携带凶器抢夺的，以抢劫罪定罪处罚”，就需要在刑法类型与生活事实之间不断进行“诠释学循环”后方能得出合适的结论。[③]

既然如同德国学者考夫曼指出的，“法律适用清楚的概念的情形，而且真正的清楚，不需要解释，也根本不能解释的只有数字概念（18岁）。所有其他的概念都是有扩张可能的，而且也常常需要解释”，[④] 那么，刑事司法就总是离不开各种解释方法。不同法系和不同国家的刑法学及刑事司法实践，都研究、发展出了各自的解释方法。各种方法都还是有利有弊，万无一失和有利无弊的单一方法还没有找到。在德国现代刑法学中，人们承认的解释方法

① 参见苏俊雄：《刑法推理方法及案例研究》，台北台湾大学1999年版，第11—12页。

② 参见［德］卡尔—拉伦兹：《法学方法论》，陈爱娥译，台湾五南图书出版公司1996年版，第98页。

③ 参见杜宇：“再论刑法上之‘类型化’思维”，载梁根林主编：《刑法方法论》，北京大学出版社2006年版，第136—137页。

④ 参见［德］考夫曼：《法律哲学》，刘幸义等译，法律出版社2004年版，第94—95页。

主要有：文法解释或者文字解释、系统解释、历史解释、目的性解释、合宪性解释、比较性解释。[①] 我国刑法通说认为，刑法解释从方法上[②]可分为文理解释[③]和论理解释两大类，只是对论理解释的具体类型如扩张解释、限制解释或限缩解释、当然解释、反面解释或反对、系统解释、沿革解释或历史解释、补正解释、比较解释、目的解释、合宪解释等有不同的取舍。[④]

司法作为一种有目的的活动，上述各种不同的解释方法的采用自然也就要受到此种目的的制约，进而呈现出某种位阶的关系。当然，不同学者对各种解释方法所处的位阶有不同的认识。有学者认为，各种解释方法的位阶关系基本上是固定的，解释者不能任意进行选择，具体是：文义解释→逻辑解释→体系解释→历史解释→比较解释→目的论解释。[⑤] 有学者认为，符合刑法文本特性、罪刑法定原则与刑法解释目标要求的刑法解释方法与顺序，应当是文义解释—体系解释—历史解释—目的解释—合宪解释。[⑥] 有学者立足于现代刑事政策的视角指出，受法律字面意思限制的符合目的的解释，是目前利最大弊最小的解释方法，应作为刑法解释的首要方法。[⑦] 同时，这些不同的解释方法面对不同的解释文本也会存在某些差别。以民法文本为参照系，刑法文本在调整对象和调整范围、在法律体系中居于“第二次法”的法律地位、限权 power 法的法律属性（民法是确权 right 法）、奉行罪刑法定根本准则（民

① 参见梁根林主编：《刑法方法论》，北京大学出版社 2006 年版，第 58—59 页。

② 刑法解释方法是建立在法理学和民法学的法律解释方法基础上的，但关于刑法解释方法的分类，我国刑法学者没有完全照搬法理学者或民法学者的做法。参见倪业群：“刑法解释方法的分类及其位阶关系”，载陈兴良主编：《刑法方法论研究》，清华大学出版社 2006 年版，第 176—177 页。

③ 我国有学者认为，文理解释方法又包括词义解释、语法解释、语义解释、语用解释、认知语言解释等多种方法。文理解释应遵循一般文本解释的原则，即语篇原则，也称之为解释论循环原则，是指词语的意义必须在句子中把握，句子的意义必须在文本的整体中来把握，而文本的整体意义则必须通过对组成文本的个别句子、词语的准确理解而得到把握。解释者必须往返穿梭于部分和整体之间，最终达到对法律概念、法律规范和法律精神的准确理解。参见王政勋：“刑法文理解释方法”，载陈兴良主编：《刑法方法论研究》，清华大学出版社 2006 年版，第 60 页。

④ 但也有学者认为，这些论理解释实质上都是文理解释。参见王政勋：“刑法文理解释方法”，载陈兴良主编：《刑法方法论研究》，清华大学出版社 2006 年版，第 57 页以下。

⑤ 参见倪业群：“刑法解释方法的分类及其位阶关系”，载陈兴良主编：《刑法方法论研究》，清华大学出版社 2006 年版，第 186—187 页。

⑥ 参见梁根林：“罪刑法定视域中的刑法解释论”，载梁根林主编：《刑法方法论》，北京大学出版社 2006 年版，第 161 页。

⑦ 参见周折：“刑法目的解释方法论”，载陈兴良主编：《刑法方法论研究》，清华大学出版社 2006 年版，第 122 页；德国耶林曾指出，法律解释应受目的律支配，解释者必须首先了解法律的目的何在，并以此为出发点解释法律，法律的目的应是解释法律的最高准则（转引陈金钊：《法律解释的哲理》，山东人民出版社 1999 年版，第 104 页）。

法奉行诚实信用原则）等方面具有明显的特点，① 因此，两者使用的解释方法也会不同，即使是使用同一种方法，也会存在适用领域或者受到限制程度等方面的差别。例如，类推解释方法在民法和刑法就存在差别，现代刑法因遵循罪刑法定原则，原则上禁止类推解释，特别是禁止不利于被告人的类推解释，而在民法中则不受如此严格的限制。法律漏洞补充在民法中使用较多，而在刑法中很少适用，最多允许有利于被告人的漏洞补充。② 例如，针对立法者没有对真正军警进行的抢劫作出规定而形成的“漏洞”，有学者认为，此处可将“冒充”解释为“冒名”和“充当”，这样，真正军警进行的抢劫也可解释在“冒充军警进行抢劫”③。有学者认为，根据罪刑法定原则，禁止将此种情形解释为在“冒充”。同时根据犯罪学的调查和研究，真正军警在和平时期进行抢劫的情况，在一个法治社会中是不容易发生的，即使发生了，也不可能依靠提高刑罚的严厉性来加以遏制。④ 有学者认为，刑法未将军警人员抢劫规定为加重情形属于法外漏洞，司法者不可以像针对法内漏洞一样通过适当的重构性解释活动予以填补，换言之，在此种法律有疑问的情况下只能做出有利于被告人的解释。⑤

此外，各种解释方法的采用也会受到不同法律解释论或者学说的影响。法律解释论关于法律解释的目标存在主观解释论和客观解释论、形式解释论和实质解释论的学说之争，在此基础上又出现折中的学说。在日本，近来出现形式犯罪论与实质犯罪论的学派论争。形式的犯罪论主张，“在构成要件的解释上，在进行处罚的必要性或合理性的实质判断之前，应当从具有通常的判断能力的一般人是否能够得出该中介论的角度出发，进行形式的判断”。⑥ 实质的犯罪论主张，对刑法中的犯罪构成要件的判断不可避免地含有实质的内容在内，即某种行为是否构成犯罪应从处罚的必要性和合理性的角度进行判断。对刑罚法规和构成要件的解释应该从处罚必要性和合理性的实质角度

---

① 参见梁根林：“罪刑法定视域中的刑法解释论”，载梁根林主编：《刑法方法论》，北京大学出版社 2006 年版，第 146—149 页。

② 参见陈兴良：“刑法教义方法论”，载梁根林主编：《刑法方法论》，北京大学出版社 2006 年版，第 1 页。

③ 参见张明楷：《刑法分则的解释原理》，中国人民大学出版社 2004 年版，第 238 页以下。

④ 参见王世洲：“关于刑法方法理论的思考”，载梁根林主编：《刑法方法论》，北京大学出版社 2006 年版，第 61—62 页。

⑤ 参见梁根林：“罪刑法定视域中的刑法解释论”，载梁根林主编：《刑法方法论》，北京大学出版社 2006 年版，第 175—176 页。

⑥ 参见［日］大谷实：《刑法总论》，黎宏译，法律出版社 2003 年版，第 73 页。

进行。[1] 我国也存在不同主张，有学者认为，根据当代罪刑法定对刑法适用的形式合理性与实质合理性的双重诉求，法官在适用解释刑法文本时，一方面应当尊重和忠实于立法者通过刑法文本表达出的立法当时的标准原意，使刑法适用解释的结果满足形式合理性的最低限度的要求。就此而论，形式解释论与主观的解释论应当是当代刑法解释论的基本立场。另一方面，在确保罪刑法定所保障的法律后果的可预测性、公民的法自由与法安全的前提下，也不排斥在必要与个别情况下，基于实质合理性的考虑，而对刑法文本及其语词含义进行实质解释或者客观解释。[2] 有学者提倡，应由实质的犯罪论上升到实质的刑法立场，并提倡与之相适应的实质的刑法解释论作为刑法方法论的基本路径。[3] "从解释学的角度而言，对刑法规定的犯罪过程，不能仅从形式上解释，而应从实质上把握"。[4] 例如，如何理解刑法第 17 条第 2 款中的"故意杀人"、"故意伤害致人重伤或者死亡"，是采取形式解释论的立场还是实质解释论的立场，自然会得出不同的结论。

最后，各种解释方法的采用自然也要受到能动的法官主体的影响。一方面，"法官只能在立法者通过法律文字预先规定的规则框架内进行解释。法官要受法律规定的价值决定约束，只能在法律的委托下完成将规范性的价值决定加以具体化的任务。解释并不是在一种超凡脱俗的干净基础上开始的，而总是从一种'先于法条存在的理解'出发的，因此，法官个人的价值想象和偏见在解释中能够发生影响"。[5] 另一方面，"犯罪定义的制定者和适用者往往倾向于放大犯罪定义对定义对象的否定评价，倾向于用更严厉的社会反应施加于评价对象，简单说，对酷刑重法的偏好是犯罪定义主体的天然本能，任何人只要发现自己处在定义者（包括适用者）位置上，都很可能如此"。[6] 这样，法官在解释活动中处理好克制此种本能与发挥"个人的价值想象和偏

---

① 参见［日］前田雅英：《刑法的基础——总论》，有斐阁 1993 年版，第 84—89 页。

② 参见梁根林："罪刑法定视域中的刑法适用解释"，载《中国法学》2004 年第 3 期。需指出的是，论者将形式解释论与主观解释论、实质解释论与客观解释论并列，是否合适，值得研究。其实，两者的划分标准是有别的，主观解释与客观解释主要立足于解释的依据是立法时的意图还是现时的客观目的需要，形式解释与实质解释主要立足于解释的使命是实现形式正义（或者追求形式理性）还是实质正义（或者实质理性）。

③ 参见刘艳红："正义、路径与方法"，载梁根林主编：《刑法方法论》，北京大学出版社 2006 年版，第 83—84 页。

④ 参见张明楷：《刑法格言的展开》，法律出版社 1999 年版，第 115 页。

⑤ 参见梁根林主编：《刑法方法论》，北京大学出版社 2006 年版，第 59—60 页。

⑥ 参见白建军："犯罪定义学的理论方法与实证刑法学"，载梁根林主编：《刑法方法论》，北京大学出版社 2006 年版，第 250 页。

见”的影响二者之间关系就显得尤其重要。难怪菲利曾指出，“如果没有好的法官来实施，最有学术价值和崇高的法典也不会产生多大的效果。但是，如果有好的法官来实施，即使法典或法令不太完善也不要紧”。[①]

立足于控制死刑的目的，死刑规范的适用中首先要采用严格解释的方法。当然，此处“严格解释”是立足于不利于被告人的情形而言的，正如法国学者指出的，“如果说司法者有义务严格解释‘不利于被告的规定’，也就是说，有义务严格解释那些确定什么是犯罪与相应刑罚的规定，但是并没有任何障碍阻止司法者对那些‘有利于被告的规定’做出宽松与扩展的解释”。[②]“刑法中的词义表明了允许的解释与不允许的类推之间的界限，这一事实并不意味着，解释在任何情况下均可达到词义界限的最宽点。犯罪构成要件的表述往往比立法者所设想的适用范围要宽些，在此等情况下，法律解释者的任务是通过‘目的论的缩减’对一些概念作符合目的的限制性解释，使得法律意志受到尊重”。[③] 尤其是死刑条款的解释与适用更应如此。例如，刑法第50条的“故意犯罪”解释为“严重的故意犯罪”[④]、第115条“其他危险方法”解释为相当于具有“放火、决水、爆炸、投放危险物质”危害公共安全程度的行为[⑤]、第239条“杀害被绑架人”解释为杀死被绑架人的结果情节而不是解释为杀被绑架人的行为情节[⑥]、第264条“盗窃金融机构”限制解释为“盗窃金融机构的经营资金、有价证券和客户的资金等，如储户的存款、债券、其他款物、企业的结算资金、股票，不包括盗窃金融机构的办公用品、交通工具等财物的行为”（最高人民法院《关于审理盗窃案件具体应用法律若干问

---

① 参见［意］恩里科·菲利：《犯罪社会学》，郭建安译，中国人民公安大学出版社1999年版，第120页。当然，还得考虑到法官背后的体制，没有好的制度和体制，好法官也难有作为或更大的作为。

② 参见［法］卡斯东·斯特法尼等：《法国刑法总论精义》，罗结珍译，中国政法大学出版社1998年版，第143页。

③ 参见［德］汉斯·海因里希·耶塞克等：《德国刑法教科书》，徐久生译，中国法制出版社2001年版，第198页。

④ 学界和实务界存在不同的观点：一是故意犯罪法定故意说。该说认为故意犯罪就是《刑法》第14条规定的犯罪，至于故意犯罪性质如何，是直接故意犯罪还是间接故意犯罪，故意犯罪是否完成，均在所不问。参见赵秉志主编：《刑法总论问题探索》，法律出版社2003年版，第156—157页。二是故意犯罪限制说。该说认为，这里的“故意犯罪”应当是指比较严重的故意犯罪。参见马克昌：“论死刑缓期执行”，载《中国法学》1999年第2期，第115页。

⑤ 参见刘树德：《死刑片论》，人民法院出版社2007年版，第137页以下。

⑥ 参见刘树德：《绑架罪案解》，法律出版社2003年版，第176页。

题的解释》第8条“盗窃金融机构，数额特别巨大”)，等等，[①] 均直接有利于实现死刑控制的目的。当然，“在法律有疑问的情况下……法院并不能因此而免予适用法律，法院也无义务一定要采取‘有利于犯罪人的限制解释’。如同在法律的规定不甚明确的情况下一样，司法者应当首先借助于一般的解释方法（预备性工作、传统与理性材料），从中找到法律真正意义”。[②] 对于有争议的死刑条款的适用，也应如此，司法者不能脱离立法的目的和罪刑法定原则的约束而去限制死刑的适用。

（二）司法中建立健全保障死刑条款适用相对统一的机制

立法的模糊性不可避免，甚至在一定程度上乃立法者出于现代社会的治理方式的必需而有意造成，因此，单纯借助于立法技术来提升明确性和一致性是不足的，而同时需要司法来保障和促进明确性与一致性。而具体的司法是一种个体的活动，每位法官在具体解释和适用具有模糊性的刑法条款时，难免做出不一致的结论。就死刑条款的适用而言，同样存在这样的局面。在我国“金字塔式”法院体制下，为了统一实现死刑控制的目的，我们有必要建立保障法律适用相对统一的机制，使得具体法官在适用死刑条款时能得出基本一致的解释结论。

实现一国法制统一是最高法院的重要司法功能之一。[③] 但是，各国最高法院实现此种功能的机制是不同的。英美法系国家主要采取判例拘束的方式，即通过判例制度及其遵循先例的司法习惯来实现法制统一。换言之，最高法院通过审判权行使来强化统一法制的司法性功能，是以一种立基于个案的完备程序制度和技术作为前提的，具体包括：（1）存在一个合理的案件筛选机制，以使进入最高法院审判视野的案件一般都是具有重大的法律意义；（2）存在一种严格的职能分工，以使最高法院可以集中裁判那些具有重大法律意义的案件；（3）存在一种使最高法院具有事实上的普遍约束力的基本原

① 我国学者认为，法官完全可以在不超越法定量刑幅度的情况下，根据现代刑事政策的法治原则和人道精神，对故意杀人罪作出不同于立法意图的目的解释，严格根据行为方式和案件具体情况区别量刑，只对实施某些情节严重的故意杀人行为的行为人适用死刑。对于一般情节的杀人，应排除死刑的适用，并按照从轻到重的顺序考虑具体量刑。参见周折：“刑法目的解释方法论”，载陈兴良主编：《刑法方法论研究》，清华大学出版社2006年版，第144页。显然，上述观点也是严格解释的立场，意在减少故意杀人罪适用死刑的可能。

② 参见［法］卡斯东·斯特法尼等：《法国刑法总论精义》，罗结珍译，中国政法大学出版社1998年版，第140页。

③ 依照我国宪法的规定，维护法制统一是所有国家机构的责任，由最高法院所拥有的权力性质所决定，其承担的只是统一法律适用的责任份额。傅郁林：“论最高法院的职能”，载《中外法学》2003年第5期。

则，以保证法律适用的统一性；（4）存在一种严格的法律职业者遴选制度，以使最高法院的法官无论在学养、谨慎还是在责任心以及对社会的远见卓识上，都足以确保其对具有法律意义的案件的裁判既合于法律又不违背正义，以使整个法律职业群体都具备较高的专业素质，能够熟练掌握各种区别技术、涵摄技术等程序技术。[①]

大陆法系国家最高法院则采用不同的机制来保证法律适用的统一。从2000年11月11—13日欧洲议会和波兰最高法院在华沙联合主办的欧洲最高法院院长会议第十六届大会主题“最高法院在保证法律统一解释中的作用”所反映的情况来看，主要包括以下形式：一是审前阶段采取的相关措施，包括：（1）非官方措施，如最高法院召集下级法院的会议，组织研讨会、座谈会，进行专题培训和建立培训中心等措施来统一法官的理论认识；（2）抽象司法解释，最高法院行使司法解释权，制定某些关于法律问题的决定，从而在案件审理前建立统一的法律解释（此更多被采取苏联模式的东欧地区采用）；（3）案件咨询的预防性解释。最高法院不再像在抽象司法解释中扮演立法的延伸机构，而是作为一个审判个案的法院就咨询它的具体案件的法律适用作出解释，此种解释或具有约束力（波兰、爱尔兰）或者不具有约束力（法国）。二是审判阶段的相关制度，包括：（1）消除解释差异性的制度，如德国最高法院选择那些与主流解释不同的判决或者下级法院就同一问题产生分歧的判决，通过具体个案就法律问题作出统一解释。（2）保证解释一致性的制度，最高法院一旦通过判决或者其他方式就某些法律问题作出确定性解释后，下级法院应受其约束。三是审判后阶段的相关制度。大陆法系许多国家尽管基于三权分立原则和先例难以适应世情变化等方面的考虑，拒绝英美法系的判例制度，但也开始引进并创造自己的判例制度来保证适用法律的前后一致性。正如日本学者指出，“大陆虽然确实没有先例拘束的原则，但实际上，无论是法国还是德国，下级法院都遵从上级法院的判例，否则，下级法院作出的判决就必然在上级审时被撤销”；[②] 德国学者也指出，“在大陆上，制定法的优先地位和把判决看做技术性的自动制作的谬见正在衰退，人们确信制定法不过是一种可以广泛解释的概括性的基本观点的表现，并且确信法

① 肖仕卫：“最高法院司法解释的逻辑及影响——兼论司法解释的功能与合法性问题”，载左卫民等：《最高法院研究》，法律出版社2004年版，第342—343页。

② 转引张骐：“判例法的比较研究——兼论中国建立判例法的意义、制度基础与操作”，载《比较法研究》2002年第4期。

院实务以持续的判例形态成为一种独立的法源”。[1] 在德国，“在1990—1995年，联邦宪法法院的判决中引用判例的比例是97.02%；1992—1995年联邦财政税务法院公布的判决中有99.29%引用先例……”[2] 并建立了背离判例报告制度，即“当法院要背离判例另行判决时，必须向上级法院报告”。在俄罗斯，判例的地位和作用以及判例与法的发展的关系在人们的认识中变化较大，表现为由被彻底否定到获得肯定，由作用的“地下”状态走向“公开”的过程；很多学者并认为，只有法院能够依据宪法、法律和公认的人权观念创造判例法规范的条件下，俄罗斯法才能发展到较高的阶段，因此，国家立法应当明确授权法院在自己的判决中正式援引俄罗斯联邦最高法院就具体案件的判决来理解和说明法律，作为做出判决的法律根据。[3] 在中国台湾地区，裁判一经被确定为是判例后，则对各级法院均具有法律拘束力，法官必须遵照判例判案，即使有确有理由之异议，也必须经过“变更判例会议”实施。[4]

就我国而言，最高人民法院同样建立了一些机制来保障辖区法律适用的相对统一。各法院内部也存在一些措施来保障院内法官适用法律的相对统一，例如审判长联席会议制度，案件层层审批制度，等等。目前保证法律适用统一性的机制是以司法解释为主的多元方式，即主要通过制定司法解释及设定司法解释在整体司法实践中的普遍约束力的方式来实现法制统一，同时也广泛采用以非个案形式影响下级法院审判活动的方式来促进适用法律的统一，具体包括：（1）最高人民法院将国家政策具体运用到司法领域形成司法政策来影响。司法政策是最高人民法院根据国家的政策，结合法院工作实际制定的工作方针、工作重点及一个时期的审判工作方向，是国家政策在司法领域的具体体现。例如，1951年9月，政务院发布《关于检查婚姻法执法情况的指示》，同年11月，最高人民法院、司法部发布了《关于检查司法干部思想作风及对干涉婚姻自由杀害妇女的犯罪行为开展群众性司法斗争的指示》；最高人民法院在党的十五届四中全会和中央经济工作会议召开后发布《关于充分发挥审判职能作用为经济发展提供司法保障和法律服务的意见》。（2）最高人民法院制定“政策性解释”规范性文件来影响。例如，1956年10月17日最高人民法院发布了《各级人民法院民事案件审判程序总结》和《各级人民

---

① 转引张骐：“判例法的比较研究——兼论中国建立判例法的意义、制度基础与操作”，载《比较法研究》2002年第4期。

② 参见陈卫东、李训虎：“先例判决制度判例制度司法改革”，载《法律适用》2003年第1—2期。

③ 参见杨亚非：“判例与俄罗斯法的发展”，载《法制与社会发展研究》2000年第1期。

④ 参见杨鹏慧：“论对中国台湾地区判例制度的借鉴”，载《政治与法律》2000年第2期。

法院刑事案件审判程序总结》。(3) 最高人民法院利用针对个案的"批复"、"函"来影响，例如，2000 年 9 月 28 日最高人民法院通过了《关于审理单位犯罪案件对其直接负责的主管人员和其他直接责任人员是否区分主犯、从犯问题的批复》。(4) 最高人民法院通过制定脱离具体案件的全面、系统、抽象的司法解释来影响，例如，1998 年 6 月 29 日最高人民法院通过了《关于执行〈中华人民共和国刑事诉讼法〉若干问题的解释》。[①] 最高人民法院的司法解释权来源于全国人大的授权。除了全国人大及其常委会行使最高立法权和最高监督权撤销最高人民法院的司法解释外，最高人民法院司法解释具有普遍适用性和强制性，下级法院在审判中必须执行，适用时应当在司法文书中援引。(5) 最高人民法院通过院领导讲话来影响，例如 2003 年 8 月 23 日肖扬院长在全国高级法院院长座谈会上发表的《全面落实司法为民的思想和要求，扎扎实实为人民群众办实事》。(6) 最高人民法院通过公布会议纪要来影响，例如 1999 年 6 月 7 日最高人民法院、最高人民检察院、公安部印发了《办理骗汇、逃汇犯罪案件联席会议纪要》。此外，下列方式也起到确保适用法律的统一的作用：一是审判监督程序，即主动或被动地对地方各级法院或专门法院已经生效的判决提起再审；二是通过审级，即对上诉到最高人民法院的案件进行审理，通过上诉案件的审理对下级法院的审判进行监督；三是通过指定管辖，即对某些不适宜由原具有管辖权的法院审判的案件，指定由其认为适宜审判的法院管辖。值得关注的是，最高人民法院在《人民法院第二个五年改革纲要》中提出要建立案例指导制度。显然，此种制度的正式确立，必将进一步发挥典型案例在促进适用法律统一方面的积极功能。

当然，在现行立法体制下，我国最高人民法院保障法制统一不具有终局性，国家法制的统一最终有待于立法机关自身法律本身的科学性和《立法法》规定的审查机制作用的充分发挥。最高人民法院通过以制定司法解释为主的多元机制作用的发挥，明显促进了法制的统一。但是，因受现行司法体制、地方保护主义、法官自身主观因素等多种原因的影响，最高人民法院在促进

① 1997 年最高人民法院发布了《关于司法解释工作的若干规定》将司法解释的形式规定为"解释、规定、批复"。"解释"是指应用某一法律或者对某一类案件、某一类问题如何适用法律所做的规定，例如 2001 年 5 月 16 日最高人民法院通过了《关于审理非法制造、买卖、运输枪支、弹药、爆炸物等刑事案件具体应用法律若干问题的解释》；"规定"是指对审判工作提出的规范、意见，例如 2000 年 12 月 19 日最高人民法院通过了《关于适用财产刑若干问题的规定》；"批复"是对于高级法院、解放军军事法院就审判工作中具体应用法律问题的请示所做的答复，例如 2000 年 7 月 27 日最高人民法院通过了《关于如何理解刑法第二百七十二条规定的"挪用本单位资金归个人使用或者借贷给他人"问题的批复》。

法制统一，例如“同案同判”方面尚有改善的余地。这些机制的建立健全，自然也有利于保障死刑条款适用的统一，进而实现死刑司法控制的目的。随着死刑复核权统一回收最高人民法院改革的到位，最高人民法院更有条件通过上述各种不同的机制来提高死刑案件处理的质量和保障死刑条款适用的相对统一。近期，最高人民法院通过院领导有关死刑刑事政策的讲话、制定有关死刑复核的司法解释、联合其他司法机关发布有关保障死刑案件质量的规范性文件、召开有关刑事审判会议、公布典型案例（3个暴力犯罪案例和5个毒品犯罪案例）等方式，以促进全国法院在贯彻中央死刑刑事政策和适用现行刑法死刑条款方面的统一性和准确性。

死刑裁量情节适用中的特殊问题

马松建*

死刑裁量情节，是指影响死刑司法适用的量刑情节，正确理解与适用死刑裁量情节，对于死刑的司法控制意义重大。在司法实践中，对于死刑裁量情节的适用还存在种种错误的认识与做法，尤其是诸如民愤、被害人过错、被害人谅解等能否以及如何影响死刑的司法适用等，存在较大的分歧，故需要进行专门探讨。

一、民愤与死刑适用

民愤，顾名思义是指民众对有罪恶的人的愤慨、憎恨的情感。在刑法意义上讨论的民愤，则是指与案件无利害关系的社会群体，对罪犯以情感成分所表现出来的愤恨情绪。在司法实践中，民愤通常作为一个重要的酌定量刑情节考虑，与死刑的适用关系极为密切。无论是公诉人的公诉意见，还是法院的刑事判决，都可以不时见到诸如“不杀不足以平民愤”，“危害严重、民愤极大”之类的字眼，足见民愤对量刑，尤其是对死刑裁量具有重要的影响。

在理论上，关于民愤应否影响死刑适用，是否应当作为酌定量刑情节，存在肯定说与否定说的对立。其中肯定说的具体主张又不尽相同，具体有“死刑适用平息民愤说”与“死刑立即执行与死缓适用依据说”之别。前者认为，死刑适用应当遵循必需原则，即死刑只能在预防犯罪或平息民愤所必需的前提下适用，并认为这一原则可以从两个方面来理解：其一，为了预防犯罪或平息民愤所必需，现阶段还不能废除死刑；其二，只能在预防犯罪或平息民愤所必需的前提下适用死刑。① 显然，论者在这里将平息民愤与刑罚适用之预防犯罪的目的作同等看待，即都视为死刑适用的目的，认为民愤能够

* 郑州大学法学院教授，法学博士。

① 参见马克昌主编：《刑罚通论》，武汉大学出版社1999年版，第429页。

直接左右死刑的适用。后者主张民愤作为酌定情节影响量刑，认为可以根据民愤的大小区分死刑立即执行与死刑缓期二年执行的判处。[①] 否定说认为，民愤不能作为影响量刑的因素，并从民愤的概念、现实社会条件论述了民愤的不合理性。[②]

众所周知，所谓酌定量刑情节是指能够反映行为的社会危害性程度和行为人的人身危险性大小、而法律又未明文加以具体规定的影响量刑的主客观事实情况。据此，如果某一事实情况与行为的社会危害性程度以及行为人的人身危险性大小无关，就不能将其归入酌定量刑情节的范畴。那么，所谓民愤是否反映了行为的社会危害性程度或者行为人的人身危险性大小呢？回答显然是否定的。民愤只不过是社会民众对已经发生的犯罪以及犯罪人的愤恨情感，是一种大众情绪，自身并不能反映行为的社会危害性程度，因为行为的社会危害性程度通常由以下主客观事实情况所决定：一是行为侵犯的客体，即行为侵犯了何种社会关系；二是行为的手段、后果以及时间、地点；三是行为的个人情况以及主观因素。另一方面，人身危险性又称再犯可能性，其表征包括犯罪人的个人情况、犯罪实施情况以及犯罪前后的表现等。可见，民愤也无法反映行为人的人身危险性。因此，从酌定量刑情节的概念来看，民愤不能视为酌定量刑情节的表现形式。

既然民愤并非酌定量刑情节，那么在死刑的司法适用过程中，是否应当考虑民愤呢？有论者认为，民愤与犯罪人自身或者犯罪行为无关，不是量刑情节，而只能成为影响量刑的外在因素；[③] 也有论者认为，民愤可能在某种程度上表征行为的社会危害性，但无法展示行为人的人身危险性，民愤不能左右刑事司法的实体处理，即不能直接对处理结果产生影响。[④] 一般而言，刑罚的轻重必须与行为的社会危害性程度与行为人的人身危险性大小相适应，只有当行为的社会危害性极其严重、人身危害性极大时，才可以依法适用死刑。反之，如果某一事实情况并不能表征行为的社会危害性或者行为人的人身危险性或者与之无关，便不能影响刑罚裁量。而上述前种观点一方面主张民愤与犯罪人自身或者犯罪行为无关，一方面又认为能影响量刑，似有矛盾之嫌。而后种观点则与之相反，一方面认为民愤可能在某种程度上表征行为的社会危害性，另一方面却又认为不能左右刑事司法的实体处理，也无法自圆其说。

① 参见陈兴良主编：《案例刑法教程》（上卷），中国政法大学出版社 1994 年版，第 527 页。

② 参见马克昌主编：《刑罚通论》，武汉大学出版社 1999 年版，第 365—367 页。

③ 参见胡学相：《量刑的基本理论研究》，武汉大学出版社 1999 年版，第 166 页。

④ 参见邓斌："民愤、传媒与刑事司法"，载《云南大学学报》（法学版）2002 年第 1 期。

因为只要认为民愤表征行为的社会危害性，就应当对量刑产生影响，即直接对案件的处理结果产生影响。

从我国立法与司法实践来看，民愤确实曾被立法者与司法者所重视，甚至将其作为死刑适用的依据。1983 年 9 月 2 日，全国人大常委会《关于迅速审判严重危害社会治安的犯罪分子的程序的决定》规定，"对杀人、强奸、抢劫、爆炸和其他严重危害公共安全应当判处死刑的犯罪分子，主要犯罪事实清楚、证据确凿、民愤极大的，应当迅速及时审判。" 1984 年 6 月 15 日，最高人民法院、最高人民检察院、公安部《关于当前办理集团犯罪案件中具体应用法律的若干问题的解答》指出，"对于犯罪集团的首要分子和其他主犯，一般共同犯罪中的重大案件的主犯，应依法从重严惩，其中罪行特别严重、不杀不足以平民愤的，应依法判处死刑。"可见在立法和司法上，民愤不仅影响刑事诉讼期间，而且还与死刑的适用密切相关。尽管在理论上关于民愤是否属于量刑情节存在不同认识，而在司法实践中民愤对死刑适用存在重大的影响却是不争的事实。例如张某交通肇事、故意伤害案。此案中，身为警察的被告人张某，酒后驾车逆行，造成一人死亡。为逃避法律责任又在汽车拖挂着另一被害人的情况下继续行使，致其重伤造成严重残疾。法院经审理认为，被告人张某的行为已分别构成交通肇事罪和故意伤害罪，且手段特别残忍，社会影响极坏，不杀不足以平民愤，从而判处被告人张某死刑立即执行。[①] 一般而言，民愤作为一个以情感成分表现出来的公众舆论，其大小反映了人们对犯罪否定评价的严厉态度，蕴涵着人们要求惩罚犯罪以求恢复价值秩序的心理平衡愿望的强度。从一定角度讲，民愤是否得到平息，既是社会公平实现程度的一个尺度，也是刑罚目的实现程度的一个标志，是衡量审判工作法律效果与社会效果是否统一的综合指标，因此对于那些动机恶劣、手段残忍的罪大恶极的犯罪分子予以严惩以正国法既是顺乎民心符合民意的正义之举，也是严肃执法公正司法的逻辑结果。[②]

然而，由于民愤自身存在着无法克服的缺陷，在刑罚裁量的过程中，尤其在决定是否适用死刑时，如果受制于民愤，势必矫枉过正，不利于死刑的司法控制。主要理由如下：

一是民愤并不必然代表正义。就民愤形成的自然过程而言，民愤可以认为是表征着一种追求正义的冲动。"正义感容易波动，并且，除了极少数一般性和纯正性的公理以外，很难表达。至少就我们目前所知而言，各国不同的

① 参见马松建：《死刑司法控制研究》，法律出版社 2006 年版，第 263—265 页。

② 参见高压锅："审判别理会'民愤'"，载《法律与生活》2001 年第 11 期。

法律制度不可能从‘正义感’中推演出。‘正义感’具有明显的感情色彩，因而不足以保持规范的稳定性。可以说，它是导致非理性判决的诸多因素之一。只有在这一基础上，我们才能够研究‘民众’态度的范围。”[①] 民愤的形成还渗入了道德观、价值观、伦理观以及法律观的因素，它同时反映了社会流行的一般价值观。当这种价值观与社会文明进程是统一的，是促进人类向理性判断发展的，这种民愤对判决的影响效应就是正面的，就能促进司法公正；反之，如果这种价值观是不符合人类理性的，而仅仅代表狂热、报复、歧视、偏见、仇恨，那么它对判决的影响效应就是负面的，会扭曲司法公正。可见，民愤并不必然代表正义，它只是案件发生地区社会民众价值观的体现。[②] 民愤是指公众对犯罪的愤怒，而作为愤怒这一情绪化的情感，必然带有嬗变性的弊端，而且就一般情况而言，在愤怒的情绪下行事通常被认为是不理智的举动，并因此带来不良后果，而在情绪平稳后也会心生后悔。这种嬗变性在另一方面也表明了民愤与正义之间的联系并不具有必然性。

二是民愤具有模糊性。虽然刑法意义上的民愤，是特指与案件无利害关系的社会群体对犯罪所表现出来的愤恨情绪，但具体对民愤者的范围进行判断，依然存在极大的困难。固然被害人或者犯罪人的亲朋好友不能归入民愤者的范畴，但诸如存在老乡、校友等关系者是否可以视为民愤者，耳闻目睹犯罪行为者以及案发地的民众等是否可以视为民愤者便不易下结论；民愤的有无以及大小的判断没有统一的标准，在实践中难以把握。因为就同一个案件来说，在不同的时间、地点以及不同的社会民众其反映并不一致。民愤的有无以及大小，与民愤者的自身利益密切相关，人们各自的职业、性别、民族、宗教信仰、文化程度、社会背景、财产状况等方面存在很大的差别，由此决定了人们在利益要求上的不一致性，这就使得人们在思想感情以及认识事物的立场、观点、方法和能力不可能是相同的。[③] 不同的利益集团对同一案件判决结果的要求也不一样，所以，常常会有两种根本对立的民意或者民愤，就死刑的适用而言，就存在主杀与主赦的对立。例如徐某故意杀人案。此案中，被告人徐某因家庭矛盾将其妻子杀害，并分尸灭迹，后又畏罪潜逃。一审判决前后，有近200名科技界人士以及人大代表上书法院，鉴于徐某为中国纺织行业、为地方轻纺科技事业作出过的突出贡献，请求枪下留人。而与此同时，新浪网就徐某是否应当判处死刑作了网上调查，在被调查的12847

① 参见马克斯·韦伯：《论经济与社会中的法律》，中国大百科全书出版社1998年版，第71页。

② 参见熊洪文：“‘民愤’对刑事审判的影响”，载《人民检察》2004年第4期。

③ 参见马克昌主编：《刑罚通论》，武汉大学出版社1999年版，第366页。

人中有 9754 人（占 75.77%）认为徐某罪行严重，该判死刑。法院经审理后认为，徐某故意杀人社会影响恶劣，情节特别严重，已不足以从轻处罚。以故意杀人罪判处徐某死刑，剥夺政治权利终身。[①] 在这种情况下，判断民意的具体内容或者民愤的有无就存在很大的问题。同时，何谓民愤“极大”或者民愤“较小”，如果按照民愤者的人数来判断民愤的大小，是按照表达方式如签名请愿书的人数、抽样调查还是网上调查等也存在疑问。

三是民愤有时具有虚假性。在现实生活中，有些被害人、被告人及其亲朋好友，为了实现其不正当要求，采取各种手段、动员一切可利用的力量，人为制造“民愤极大”或者湮灭民愤，向司法机关施加压力的做法司空见惯。例如被害人或者被告人亲属花钱雇上成百上千人围坐司法机关，或者以金钱诱使其在请愿书上签名。如果法官对此不明真相，就会想当然地认为这也反映了群众呼声，也是民愤或者民意，如果在刑罚的裁量时予以考虑，其所作出的判决便受到金钱等法外因素的干扰或者左右，显失正当性。

四是民愤容易被误导。众所周知，民愤带有浓厚的感情色彩，很容易被煽动和误导，因此，如果大众传媒引导不当，或者有意往非正常方向引导，表现出来的民愤就失去了本来面目。大众传媒对重大刑事案件的报道，通常采取边叙边议的方式，进行所谓的“媒体审判”，即媒体本身会对案件的定罪量刑形成一个判断。信息化的当今社会，大众传播在形成优势意见和多数意见方面具有无可比拟的影响。因此，一种意见一旦被大众传媒所传播，就被赋予了公开性、显著性和权威性，从而对受众形成心理压力，即使大众传媒的并不是多数人的意见而是少数人的意见，人们也往往会把它当做多数人的意见来看待。[②] 实践经验表明，大众媒体对一个案件的判断最后也往往成了社会公众对案件的判断。如果大众媒体所做出的判断不正确，受此影响的社会公众形成了所谓的“民愤”，而一旦被误导了的所谓“民愤”对法官造成了影响，在心目中形成了对被告人不利的评价，自然就会倾向于对其判处较重的刑罚，在死刑与无期徒刑、死刑立即执行与死刑缓期两年执行之间，倾向于死刑或者死刑立即执行的适用。

由于民愤存在上述诸多缺陷与不足，在刑罚裁量、死刑适用过程中应当排除民愤的影响，否则难以实现刑罚公正性与目的性。但是，任何司法活动都不是在真空中进行的，在任何体制下，司法活动都会引起民意的关注，而民意又会对作为血肉之躯、情感动物的每一个法官产生影响，要想杜绝民意

① 参见马松建：《死刑司法控制研究》，法律出版社 2006 年版，第 265 页。

② 参见郑兴东：《受众心理与传媒引导》，新华出版社 1999 年版，第 183 页。

对司法活动的影响是不可能的。问题是如何正确地对待认识民意、对待民意，正确处理作为社会公意的法律与个别案件审判引发的民意之间的关系，而更为重要的问题是如何正确适用法律，如何公正司法。答案只能是，司法活动应该严格遵循作为社会公意的法律，而不能听命于民意或者舆论，不能为舆论所左右。[①] 鉴于死刑的适用更容易受到民愤或者民意的影响的实际情况，这就要求更应当注意依法裁量。坚持死刑适用法定性原则，在对民愤作出正确分析与鉴别的基础上，对那些不符合案件实际的情绪化的"民愤"，无论其多么强烈，舆论压力有多大，也不能对之迁就而适用死刑。因此，在民愤与死刑的适用上，应当坚持理性而克服冲动，严格依照法律而不是所谓民愤来适用死刑，否则势必会导致错杀和滥杀。"对各个犯罪应该怎样处罚，不能用思想来解决，而必需由法律来规定。"[②] 如果审判机关为了平息民愤、迎合社会公众的心理而适用死刑，虽然在表面上实现了执法的社会效果，但从长远来看，会使社会公众对司法的权威性和严肃性产生怀疑，进而动摇对法律的信仰。而法律的信仰一旦缺失，后果将不堪设想，因为"法律必需被信仰，否则它将形同虚设"。[③]

二、被害人过错与死刑适用

被害人过错是指刑事被害人对引发犯罪存在过错。详言之，刑事被害人以其行为或者其他一些主体性过错因素促成犯罪人对犯罪目标的选择、犯罪行为的引发与实施，即这种被害人由于自己的过错行为对犯罪行为和犯罪后果的产生存在着客观的影响作用。

关于被害人过错的刑法意义，在国外刑法理论上主要存在"被害人过错分担说"与"犯罪人应受谴责性降低说"。前者认为，一些犯罪行为发生之前犯罪人与被害人的相互作用排除了将不法行为完全归咎于犯罪人，在这些案件中，犯罪行为部分应归责于被害人，即主张被害人过错导致被害人应分担责任；[④] 后者认为，被害人在罪行发生之前的行为，不论其是否应受到谴责，只要该行为推动了犯罪人的暴力反应，那么犯罪人的应受谴责性就会得到适

① 参见卢建平："死刑适用与民意"，载《刑法评论》（第8卷），法律出版社2005年版，第89页。

② ［德］G. W. F. 黑格尔著：《法哲学原理》，范杨、张企泰译，商务印书馆1961年版，第99页。

③ ［美］哈罗德·J. 伯尔曼著：《法律与宗教》，梁治平译，三联书店1991年版，第15页。

④ Tatjana H · rnle, Distribution of Punishment: The Role of a Victim's Perspective, Buffalo Criminal Law Review, 1999.

当的降低，只是降低的幅度大小的不同，即主张被害人过错导致犯罪人的应受谴责性降低。[①]

我国刑法理论认为，被害人过错是酌定从轻处罚的量刑情节。就死刑的裁量而言，作为死刑适用的消极酌定情节，在死刑的裁量时应当给予充分考虑。例如王某杀人案。此案中，被告人王某故意非法剥夺他人生命，且手段凶残，情节特别严重，依法应当严惩。但由于被害人董某无故打伤被告人王某之父，又找到王某家，对引发本案有一定过错，且被告人王某作案后能投案自首，故法院依法从轻判处被告人王某死刑缓期二年执行。[②] 尤其在故意杀人、故意伤害等重大犯罪案件中，常常有被害人过错的存在，是最具有典型意义的有被害人的犯罪，但在司法实践中，是否考虑以及如何考虑这种酌定从轻的量刑情节，做法差异极大。被害人过错这种酌定从轻的量刑情节，在死刑裁量中没有得到应有的重视或者很少考虑的现象颇为普遍，是死刑适用率居高不下的另一个重要的因素。究其原因，不外乎如下几点：其一，酌定从轻情节，不是法律规定应当或可以从轻处罚的情节，不从轻不违法。其二，故意杀人等犯罪一向是打击重点，对被告人酌定从轻处罚不符合“严打”精神。其三，故意杀人等致被害人死亡的案件，多为被害人亲属关注，以酌定从轻情节为由而不判处被告人死刑，不仅说服不了被害人亲属，有的还会引起被害人亲属闹事。显然，这些看法和做法无疑具有片面性，不符合法律规定：第一，很多导致被害人死亡的故意杀人等案件，对被告人依法可以不判处死刑。根据《刑法》第 48 条规定，死刑只适用于罪行极其严重的犯罪分子。可见，立法对死刑的适用是极其严格的。是否属于“罪行极其严重”，应根据案件的各种可能影响量刑的诸多情节综合考虑，而不能简单地以犯罪所造成的危害结果认定。因此，仅仅因为犯罪造成的严重危害后果而一律排除酌定从轻情节是违背立法原意的。第二，故意杀人等造成被害人死亡的案件并非完全都是“严打”对象。“严打”的对象一般是指故意严重危害社会秩序，对社会治安造成严重危害的蓄意杀人、抢劫、拐卖妇女儿童等犯罪，而对于因婚姻、家庭等民事纠纷引发的犯罪案件，即使造成一定的严重后果，一般也不作为“严打”的对象。被害人有过错的案件，大多属于这一类案件。第三，实践中确有一些被害人亲属因法院没有判处被告人死刑而想不通，不断上访，有的甚至闹事。对此应在具体处理具体案件时做细致扎实的工作，

① Martin Wasik, Crime Seriousness and the Offender - Victim Relationship in Sentence, in Fundamentals of Sentencing Theory, Oxford: Clarendon Press1998, p. 119.

② 参见马松建：《死刑司法控制研究》，法律出版社 2006 年版，第 265—266 页。

不可简单地迁就被害人亲属要求一判了之。总之，即使是死刑案件，也要考虑被害人有无过错等酌定从轻情节，不能视之可有可无。当然在适用刑罚时，要结合案件具体情况，结合被害人过错的大小、被告人行为的危害后果等情节综合考虑。对于被害人对引发犯罪有严重过错的，即使必需判处死刑，也可以不判立即执行。①

被害人过错这种酌定从轻的量刑情节，在死刑裁量没有得到应有的重视或者故意不予考虑的现象，这是极不正常的现象，与严格限制死刑政策的要求相左。为了最大限度地减少死刑的适用，应当充分发挥被害人过错对死刑裁量的影响，而且在死刑裁量时考虑被害人过错也是量刑公正原则的必然要求。在一些杀人、伤害案件中，犯罪行为的发生是矛盾激化的结果，被害人具有明显或者重大过错，其被害后果中也就必然包含了其过错行为所造成的部分。如因被害人的言语或者行为的过分刺激，当场激于义愤或者在双方的争斗过程中而致的杀人、伤害案。不能否认，在这种情况下被害人之所以“被害”是其继续激化矛盾的结果，但能否因此而认为被害人因其过错应分担部分责任呢？笔者认为，前述所谓的“被害人过错分担说”说法有失妥当性。且不说在杀人既遂或者故意伤害致死的场合，承担责任的主体已不复存在，更是由于刑事责任是特指犯罪人对国家所负担的责任，而这种特殊的责任不可能在犯罪人和被害人之间进行分配。“犯罪人应受谴责性降低说”认为因被害人过错导致犯罪人的应受谴责性降低的主张则存在明显的合理性，反映了量刑的公正性。量刑必须做到综合平衡，既与犯罪的社会危害性相适应，又要与犯罪分子的人身危险性相适应，而被害人过错的具体状况为我们考察被告人的主观恶性和人身危险性的大小提供了重要依据。在一些故意杀人和故意伤害案件中，犯罪行为正是针对被害人的过错而发动，通过对被害人过错的分析，可以看出犯罪分子的是非观念、道德标准以及自我约束能力的强弱，从而了解其存在对伤害威胁程度大小，进而提高衡量案件社会危害性的精确度，这对于从深层次上公正量刑是很有益处的。②

那么在死刑裁量中应如何认识和把握被害人过错呢？一方面，不同的被害人过错对死刑适用的意义各不相同。根据被害人过错的性质或者程度，过错可以分为罪错、重大过错和一般过错。罪错是指被害人实施了故意犯罪行为，并由此引起了行为人针对被害人重大犯罪的发生，导致其被杀害或者被

① 最高人民法院刑事审判第一庭、第二庭编：《刑事审判案例》，法律出版社 2000 年版，第 97—98 页。

② 参见史卫忠：“论被害人过错对故意杀人罪量刑的影响”，载《山东法学》1995 年第 2 期。

伤害的结果，防卫过当或者具有防卫性质的行为中被害人被杀害或者重伤的多数就属于这种情况；重大过错是指被害人的行为严重违背了有关法律和社会公德，可能引起他人的犯意甚至当场对之实施杀害或者伤害等犯罪行为；一般过错是指被害人一般地违背了法律或者社会公序良俗道德规范，即虽然有一定的过错但从社会普通人的标准看根本不可能导致他人对之实施杀人或者伤害等犯罪行为，这种过错属于一般的过失或者在客观上可以原谅的行为。由于三种被害人过错的性质、程度存在明显的不同，对引发杀人、伤害等犯罪的作用大小也不相同，相应地，对死刑裁量的影响也存在差别。在罪错的情况下，对于属于法定从宽情节的罪错，如针对不法侵害实施的过当防卫行为，根据刑法第20条第2款的规定，应当减轻或者免除处罚，显然绝对排除了死刑的适用；对于不属于法定从宽情节的罪错，原则上也应排除死刑的适用。例如蒋某故意杀人案就是适例。据1979年10月20日《人民日报》报道，新疆某兵团女青年蒋某，因被人造谣“作风问题”，因而受到严重伤害，多次向组织请求处理侵害者，以保护自己的人格名誉。在负责处理的工作组又偏袒、支持对方，无法捍卫自己的人格名誉的情况下，蒋某忍无可忍用步枪先后将诽谤者三人杀死。一审蒋某被判处死刑，终审被判处有期徒刑15年。本案中，蒋某在遭受诽谤、迫害并告诉无门的情况下，实施故意杀人行为，后果极其严重，但考虑到被害人存在严重过错（罪错），从而排除了死刑的适用，予以减轻判处有期徒刑。在重大过错的情况下，一般应当排除立即执行的适用，而一般过错，则通常对死刑适用不发生影响。另一方面，应根据被害人和被告人的平时表现判断过错的有无及程度。正确把握被害人过错对量刑的影响，还必须结合被害人和被告人的生活环境进行考量。一般来说，过错的产生与走上犯罪道路不是一蹴而就的，而是有一个从量变到质变的发展过程，其主观心理具有前后的联系性。在故意杀人、故意伤害等案件中，被害人过错的出现、被告人杀人、伤害动机的形成过程，在一定程度上反映了各自的社会心理素质、法制观念以及个人倾向等主观特征和主观危险程度。一般而言，被害人平时表现较差的，发生“过错”情况的可能性就越大，其程度也会较重，对犯罪发生的影响力也就较大；而被告人平时表现较差的，则因缺乏正常的抑制能力和是非观念，极易对他人的“过错”产生强烈的报复心理，从而导致犯罪的发生。因此，在判断被害人是否存在过错以及过错对量刑影响时，必须综合考虑被害人与被告人双方的情况。

由于被害人过错在一定程度反映了行为的社会危害性和行为人的人身危险性程度的降低，如果在死刑裁量时给予充分的重视，不仅对于刑罚个别化原则的贯彻、刑罚目的的实现都具有重要的意义，而且对于遏制“唯后果论”

而发动死刑的错误做法也有积极的作用。因为在“唯后果论”者看来，就故意杀人罪而言，只要发生了他人死亡的结果，并且是有意而为之，如果不存在任何法定从宽的情节，就应当适用死刑立即执行，完全不需要考虑被害人是否存在过错、过错的程度如何、对犯罪发生的影响力大小以及被告人对该过错刺激反应的强烈程度等酌定情节。被害人过错作为对死刑裁量具有重要影响的酌定量刑情节，由于受诸多因素影响与制约，其限制死刑的作用远远未能得到充分发挥，对此不少论者主张应当借鉴外国立法，将被害人过错作为法定量刑情节在立法上予以规定。如被害人存在严重过错的义愤杀人，虽然在理论上通常认为属于情节较轻的故意杀人，但实际上，真正按照情节较轻的故意杀人罪来处理则是少数情况。而在不属于情节较轻的故意杀人罪中，如果由于被害人的过错而导致义愤杀人的，则刑法中并无规定，它也不是一个从轻处罚的法定情节。为了减少和限制故意杀人罪的死刑适用，在立法上有必要将被害人有过错这一酌定从轻情节法定化。① 把被害人过错作为法定量刑情节予以立法化，无疑是一种彻底的解决途径，但从我国的立法传统看，是否能够实现则存在一定困难。欣慰的是，最高司法机关已经注意到这个问题的重要性，并在有关的准司法解释中有所体现。②

三、被害方的态度与死刑适用

被害方是指刑事被害人及其亲属，被害方态度即被害方对犯罪人被适用刑罚的态度。就死刑的适用来说，包括两种不同情况：一是对犯罪人有利，即要求从宽不适用死刑的态度；二是对犯罪人不利，即要求从严适用死刑的态度。关于被害方态度是否影响死刑适用，不仅在实践中有不同的做法，而且理论上也存在不同的认识。胡云腾教授就被害方不同态度对死刑适用的影响举了两个典型案例：案例所在地是同一个省，犯罪人所犯的罪行都是故意杀人罪，犯罪人和被害人都是亲戚关系。其中第一个案例的犯罪分子在打架过程中，杀死了一个人，按照限制死刑的刑事政策和该案的具体情节，该罪

---

① 参见陈兴良：“被害人有过错的故意杀人罪的死刑裁量研究”，载《当代法学》2004 年第 2 期。

② 最高人民法院《全国法院维护农村稳定刑事审判工作座谈会纪要》（法〔1999〕217 号）关于故意杀人案件死刑的适用指出，“要准确把握故意杀人犯罪适用死刑的标准。对故意杀人犯罪是否判处死刑，不仅要看是否造成了被害人死亡结果，还要综合考虑案件的全部情况。对于因婚姻家庭、邻里纠纷等民间矛盾激化引发的故意杀人犯罪，适用死刑一定要十分慎重，应当与发生在社会上的严重危害社会治安的其他故意杀人犯罪案件有所区别。对于被害人一方有明显过错或矛盾激化负有直接责任，或者被告人有法定从轻处罚情节的，一般不应判处死刑立即执行。”

犯的罪行尚不属于情节极其严重者，依法可以不判处死刑，该省高级法院开始并不赞成对被告人判处死刑立即执行。但是，由于被害人的亲属和所在村子的老百姓不满意，坚决要求判处被告人死刑，并且不断到法院门前聚众闹事，最后，该法院还是判处了被告人死刑。另一个案例的被告人在家庭纠纷中，杀死了自己的妻子和岳母。根据我国刑法的规定，这种杀死两人的犯罪，应当属于罪行极其严重的，判处死刑没有什么错误。但是，被告人的岳父（也就是两被害人的父亲和丈夫）到法院坚决要求不判处被告人死刑。他的理由是，被告人的一个 10 岁的孩子，已经失去了母亲，不能再没有父亲。最后，山东省高级人民法院同意了被告人的岳父的意见，没有判处被告人死刑立即执行，而是判处死刑缓期执行。而在我国的司法实践中，对于可以判处死刑、也可以不判处死刑的案件，由于被害方的态度和影响死刑的案件，并不是个别现象。胡云腾教授对这种做法并不赞同，认为定罪量刑主要应当以案件的事实和法律为根据，不能为其他社会组织和公民的态度所左右，因为这不但会影响司法独立，而且会使法院的司法行为受到公民情绪的干扰，从而使法院的司法行为误入非理性的轨道。①

从本质来看，被害方态度与民意或者民愤不同，后者是指被害方之外的与案件没有利害关系的社会公众对某一犯罪的态度。如前所述，从酌定量刑情节的概念来看，民愤不属于酌定量刑情节的表现形式，而且由于民意或者民愤并不必然代表正义以及具有模糊性、可能的虚假性、易被误导等特点，故在死刑的裁量时不应考虑民意或者民愤，即民意或者民愤不应当影响死刑的适用。那么，被害方的态度是否应当影响死刑的适用呢？从量刑原则的要求考察，刑罚轻重的根据是犯罪行为的社会危害性程度以及行为人的人身危险性大小，亦即凡是反映犯罪行为社会危害性程度或者行为人的人身危险性大小的因素，都可以对量刑造成影响，只要法律没有将其立法化，都属于酌定量刑情节。具体到被害人态度是否能够影响死刑的适用，当然也应作相同的理解，即只要被害人的态度在某种程度上反映了犯罪行为社会危害性或者行为人的人身危险性大小，在死刑裁量时就应当考虑，否则就不应当影响死刑的适用。由于被害方的态度，无论是对犯罪有利或是不利，都与行为人的人身危险性无关，那么只能考察被害方态度是否反映犯罪行为的社会危害性的程度，如果能得出肯定的结论，被害方的态度就属于量刑情节，自然能够影响死刑适用。

---

① 参见胡云腾："关于死刑在中国司法实践中的裁量"，载《中英量刑问题比较研究》，中国政法大学出版社 2001 年版，第 128—129 页。

刑法理论通说认为，所谓犯罪的社会危害性是指行为对刑法所保护的社会关系造成或可能造成这样或那样损害的特性。在社会主义社会，由于人民当家做主，国家和人民的利益是完全一致的，故犯罪的社会危害性，也就是指犯罪对国家和人民利益的危害性，犯罪的本质就在于它危害了国家和人民的利益，危害了社会主义社会。[①] 刑法理论通说根据我国社会的性质，将犯罪作用的对象抽象概括为整个社会，因而社会危害性就表现为犯罪对整个社会的侵害。这样在社会危害性的概念中，作为遭受犯罪行为直接侵犯的具体被害人却没有得到应有的重视，或者说被有意疏忽了，这不能不说是一个遗憾。实际上，作为社会危害性具体作用的被害人及其亲属，正是犯罪行为的直接受害者，亲身体会到犯罪侵害的感受，如果在严重犯罪发生之后，由于某种因素的影响而对犯罪人在一定程度上给予了谅解，而要求司法机关对犯罪分子不适用死刑，那么应当如何看待这种对犯罪人有利的态度呢？

应当承认，在有被害人的犯罪中，犯罪首先侵害的是被害人的利益，犯罪的社会危害性也首先表现为对被害人造成的直接侵害，并因此对被害人亲属造成损害，而被害方对犯罪人的谅解缓和了社会矛盾，犯罪的社会危害性也因此在某种程度上得到了减小。易言之，这种被害方谅解在实质上反映了犯罪社会危害性程度的变化，应视为酌定从宽的量刑情节，在死刑裁量时应当予以考虑，在法律许可的范围内，原则上应排除死刑的适用。否则，不仅无法保障被害方利益的实现，而且也是影响构建和谐社会的一个极为不利的消极因素。例如梁某、单某抢劫杀人案。梁某、单某以到外地要账为名，租用被害人刘某的出租车。当车行至郊外一偏僻处时，梁某借口让被害人刘某停车，二人同时向被害人开枪将其杀害，并抢走出租车卖往外地。在本案中，梁某、单某虽然都是主犯，但在犯罪中各自所起到的实际作用大小还是存在区别的，虽然无法认定被害人头部的致命伤是哪一个被告所为，但梁某提议买枪抢劫出租车，并积极联系、出资购买枪支的事实被法庭认定；更为重要的是，鉴于被害人刘某家庭的特殊情况（父母年事已高且身体状况不好、妻子没有工作、还有两个学前幼子），单某及其亲属表示愿意给付被害人足够补偿，被害方对单某予以谅解并多次请求法庭不要判处单某死刑。对被害人的谅解，一审法院不予理会，并以抢劫罪判处二被告人死刑立即执行，二审维持原判并核准执行。被害方得知单某被执行死刑的消息，情绪非常激动，并为此多次上访。

① 参见高铭暄、马克昌主编：《刑法学》，北京大学出版社、高等教育出版社 2000 年版，第 47 页。

被害方谅解的产生，通常是由于被告人及其亲属的某种积极行为抚慰了被害方的情感所致，主要是采取经济补偿的方式。“（刑事被害人）在由于犯罪而受到侵害的场合，对加害人的责任追究可以从刑事责任和民事责任两个方面进行，但在追究刑事责任的场合，由于国家独占刑事诉讼，便有在刑事诉讼中不能反映被害人的意思及被害感情的时候。另一方面，在追究民事责任时，以被害人向加害人请求损害赔偿的方式进行，但由于存在加害人无力赔偿的情形，该制度的效果便没有充分发挥出来，特别是在造成重大的人身侵害的情况下，损害赔偿制度几乎不起作用。这样，犯罪被害人在遭受由于犯罪而造成的重大损害的不幸，但（国家）不能采取恢复被害感情及对被害人进行法律保护措施的话，便会招致被害人及市民对包括刑事司法在内的法秩序的不信任感。进而削弱刑法的规制机能。”① 且不论根据我国现行刑法的规定，刑事损害赔偿仅限于犯罪行为而使被害人遭受的经济损失，② 即便这种有限的刑事损害赔偿在判决生效后也往往无法得到实现；反之，如果被告人及其亲属主动自愿补偿被害方，最大限度地满足被害方以后的生活成长需要，以最终以此取得被害方的谅解，这不仅不存在执行上的困难，而且对被害方、国家和社会无疑都有相当的益处，难道如此还不足以表征犯罪行为给社会政策的危害在程度上有所减轻吗？更何况，被告人对被害方的积极补偿行动，同时又反映了其悔罪的态度，昭示着其人身危险性的减小。由此可见，被害方基于被告人及其亲属的积极补偿而产生的谅解，应当作为酌定从宽情节掌握，对死刑的限制适用产生积极的影响。至于有论者认为这种做法可能会导致法院的司法行为受到公民情绪的干扰，从而呈现出司法的非理性化的批评，虽然表面上不无道理，但由于指向过于宽泛化，也不符合被害方谅解的实际情况。因为被害方谅解是基于犯罪后一定的客观事实而产生的，并且这种客观事实反映了犯罪社会危害性程度的减轻或者行为人的人身危险性的减小，审判机关根据被害方在谅解的基础上对犯罪人从宽处罚的请求，应当充分给予重视，依照死刑裁量的公正性原则，尽量避免死刑的适用，以保障被害方权益的实现。因此，死刑适用重视被害方谅解，并不能认为是司法活动完全受制于一般社会公众情绪的表现。

---

① ［日］大谷实：《刑事政策学》，黎宏译，法律出版社2000年版，第309页。

② 2000年12月4日最高人民法院《关于刑事附带民事诉讼范围问题的规定》第1条规定，“因人身权利受到犯罪侵犯而遭受物质损失或者财物被犯罪分子毁坏而遭受物质损失的，可以提起附带民事诉讼。对于被害人因犯罪行为遭受精神损失而提起附带民事诉讼的，人民法院不予受理。”第2条规定，“被害人因犯罪行为遭受的物质损失，是指被害人因犯罪行为已经遭受的实际损失和必然遭受的损失。”第3条规定，“被告人已经赔偿被害人物质损失的，人民法院可以作为量刑情节予以考虑。”

一些国家如德国、美国以及加拿大等，在刑事诉讼中存在着所谓的“和解模式”，即当犯罪人和刑事被害人之间就损害赔偿达成和解时，应将这一情况在量刑时予以考虑。我国的司法实践也存在类似的做法，虽然损害赔偿范围限于物质损失，但被告人及其亲属自愿的超范围补偿至少在客观上进一步缓解了犯罪对被害方造成的实际危害，并因此得到被害方的宽恕和谅解。对于被害方意见的重视以及在刑罚适用中的体现，也是近年国际社会开展的被害人保护运动的一个重要组成部分。近年来，国际社会不仅对于被告人权利加以关注，对于被害人的权利同样给予重视，如在推行的“恢复性司法”措施中，就非常注重犯罪人对于被害人的赔偿以及道歉。这种做法在死刑裁量中也应当加以借鉴，即充分尊重被害方的谅解以及据此表达的要求从宽处罚犯罪人的要求，如果被告人及亲属愿意足额补偿被害方，并能够真诚悔罪，而被害方愿意对其宽容和谅解，就可以考虑不适用死刑。

需要注意的是，如前所述，被害方态度包括两种不同情况，能够对死刑适用发生影响的，仅限于在被害方谅解基础上，要求从宽不适用死刑的态度。至于要求从严适用死刑的态度，由于是受到犯罪侵犯的自然情绪化反映，与犯罪行为社会危害性程度或者行为人的人身危险性大小并无关系，故不应当影响死刑的适用。但在我国刑事审判实践中，尤其是涉及杀人案件，司法机关往往受到来自被害人亲属的巨大压力。在我国传统文化中“复仇”观念与“杀人偿命”观念互相作用影响下，被害人亲属总是对法院施加压力，法院也不得不正视这种压力，不得不为化解这种压力而做大量法律之外的工作。在某些情况下，由于顶不住这种压力，或者为减少不必要的麻烦，干脆对被告人判处死刑，使法院得以解脱。这或许正是中国目前在故意杀人罪中大量适用死刑的真正原因之一。[①] 从限制死刑司法适用的角度考量，这种不妥当的做法亟待改变。

① 参见陈兴良：“被害人有过错的故意杀人罪的死刑裁量研究”，载《当代法学》2004 年第 2 期。

中国当前死刑制度改革的现状和展望

赵秉志*

中国是当今世界上保留并实际适用死刑制度的国家之一。随着限制、减少乃至废止死刑日益成为当今世界各国保障人权的重要举措，在中国，不论是刑事法理论界还是实务界，乃至社会各界，都十分关注中国死刑制度的具体适用，并积极探讨死刑制度的改革完善。了解和把握当前中国社会各界关于死刑制度适用及其改革的有关见解与实践，有利于促进中国死刑制度的进步和完善。

一、中国当前死刑制度改革的背景

（一）中国死刑制度改革的社会背景

随着经济改革开放的不断深入，中国现阶段社会经济不断发展，综合国力持续增强，文化事业繁荣进步，人民群众的权利意识和法治观念也不断加强。虽然在经济和社会发展中，各种犯罪现象仍然出现，在某些时期甚至形势比较严峻，但是，从总体上看，当今中国社会稳定，经济稳步发展，人民群众安居乐业，刑事案件尤其是严重暴力犯罪案件维持在一个比较稳定的水平，社会治安形势较为乐观，绝大部分民众的安全感较强。[①] 在这样的情况下，人民群众要求司法机关扩大适用死刑的要求并不是很强烈。

当然，大多数普通民众对全面、彻底废止死刑的理论主张持否定态度，认同和支持保留死刑的立法政策。[②] 而且，人民群众非常关注司法机关对死刑

---

* 北京师范大学刑事法律科学研究院暨法学院院长，教授，法学博士，博士生导师；中国法学会刑法学研究会会长；国际刑法学协会中国分会常务副主席。

① 参见“肖扬：死刑案件必须做到‘杀者不疑、疑者不杀’”，载新华网 http：//news.xinhuanet.com/legal/2007－06/08/content_ 6217789.htm#。登录时间为2007年6月9日9时。

② 参见高铭暄、马克昌主编：《刑法学》（第二版），北京大学出版社、高等教育出版社2005年版，第254页。

的适用问题，对已经出现的某些错误适用死刑的情形会给予一定的批评，要求司法机关正确适用死刑。比较典型的例子之一就是民众对云南杜培武案件的关注。[①] 即便对某些严重刑事犯罪的行为人，如果犯罪人存在确实值得原谅的因素，民众也普遍持宽容态度，认为应尽量不适用死刑。例如，不少网民对讨薪不成而故意杀人的王斌余就有相当的同情。[②] 而对于同一案件有多人被判处死刑，尤其是判处死刑立即执行的情形，若该犯罪不是比较典型的有组织犯罪或者被害人仅为一人，民众就会认为这样适用死刑并不是很妥当。例如，对于辽宁省袁宝璟案件中4名被告人都被判处死刑（其中一人被判处死刑缓期执行）的情况，很多人都认为此案中刑罚的适用过于严苛。[③] 而且，在司法机关适用死刑时，民众也很看重证据问题，认为死刑案件不应当存在证据方面的瑕疵；对于存在证据瑕疵的死刑案件，普通民众就认为适用死刑不妥当。

总之，在当今中国，社会和经济不断繁荣发展，治安状况较好，民众的权利意识和法治观念日益强化。在这样情况下，民众对死刑的认识不断趋于理性，对司法机关依法正确适用死刑的要求也越来越高，使得中国死刑制度的改革完善逐步具备了必要的社会基础。

（二）中国死刑制度改革的政治背景

对于中国经济和社会发展的实际状况，以及民众权利意识和法治观念不断增强的现实情形，国家领导层做出了准确的判断，并在国家的政治决策和

① 昆明市公安局戒毒所原民警杜培武，因被怀疑是枪杀昆明市公安局干警王晓湘（杜的妻子）和石林县公安局副局长王俊波的凶手，于1999年2月被昆明市中级人民法院以故意杀人罪判处死刑。杜培武上诉至云南省高级人民法院，后被改判死刑缓期二年执行。2000年6月17日，昆明警方破获了一个震惊全国的杀人劫车特大团伙案，其中一位犯罪人杨天勇供认曾杀死王晓湘和王俊波。杜培武的冤情终于被洗清。参见王达人、曾粤兴著：《正义的诉求：美国辛普森案和中国杜培武案的比较》，法律出版社2003年版，第10页。

② 2005年5月11日，宁夏回族自治区农民工王斌余因讨薪未果，将包工头的四名亲友杀死。同年6月29日，宁夏回族自治区石嘴山市中级人民法院判处王斌余死刑立即执行。该案件在社会上引起很大反响。参见“农民工王斌余讨薪未果杀死人”，载搜狐新闻中心 http：//news. sohu. com/s2005/rwwby. shtml。登录时间2007年6月9日9时。

③ 袁宝璟因炒期货受损与刘汉发生矛盾，后和袁宝琦雇凶枪杀刘汉（未遂）。所雇凶手汪兴为图钱财对袁敲诈、恐吓，袁宝璟因而与袁宝琦共同谋划杀害汪兴。袁宝琦遂指使袁宝福、袁宝森共同杀害汪兴。辽宁省辽阳市中级人民法院审理此案，判处袁宝璟、袁宝琦、袁宝森死刑立即执行，剥夺政治权利终身；判处袁宝福死刑缓期二年执行，剥夺政治权利终身。辽宁省高级人民法院作出维持上述判决的终审裁定，并依法签发了死刑执行命令。2006年3月17日袁宝璟等三名犯罪人被执行死刑。载新浪新闻网 http：//news. sina. com. cn/c/2006－03－17/15478465651s. shtml。登录时间2007年6月9日9时。

立法活动中予以充分的体现。中国1997年新刑法典确立了罪刑法定、适用刑法人人平等、罪责刑相适应等三大基本原则，标志着中国刑事法治取得了重大进步，在刑事法治的领域里为保障人权提供了坚实的法律依据。不仅如此，2004年3月，中国宪法明确规定“国家尊重和保障人权”，使人权保障上升到了宪政的高度。2006年10月召开的中共十六届六中全会确立了构建社会主义和谐社会的政治构想，并提出要贯彻宽严相济的刑事司法政策。

结合上述重大政治决策，根据中国长期以来所坚持的“保留死刑，严格控制死刑”之死刑政策，第十届全国人民代表大会常务委员会第二十四次会议通过了《关于修改〈中华人民共和国人民法院组织法〉的决定》，对人民法院组织法第13条作出修改，规定死刑核准权由最高人民法院统一行使。最高人民法院则在2006年12月28日发布了《关于统一行使死刑案件核准权有关问题的决定》，宣布自2007年1月1日起全面回收死刑复核权，从刑事诉讼程序角度对死刑制度做出了一次重大改革。该项改革受到了刑事法理论界和实务界，以及社会各界的积极肯定和热情赞扬。① 总之，从保障人权的角度出发，根据前述的国家政治决策对死刑制度进行必要的改革完善，是中国构建和谐社会过程中亟须进行的重大任务。这对于构建社会主义和谐社会，实施依法治国的方略，具有十分重要的意义。

（三）中国死刑制度改革的国际背景

限制与废止死刑，已被联合国诸多国际公约、欧洲人权公约、美洲人权公约等国际法律文件所认可，为限制或者废止死刑确立了国际法依据，使得这些公约或者条约的成员国在限制或者废止死刑方面承担了相应的法律义务。而且，世界上相当多的国家已经废止死刑，有不少国家在事实上废止死刑，并向国际社会公开承诺不适用死刑，保留死刑并适用死刑的国家已是相对少数，且严格限制死刑的适用。② 显然，越来越多的国家逐步废止死刑，以及这些国家在废止死刑后正常或者基本正常的社会秩序，给死刑废止理论提供了相当有力的佐证，也充分说明，限制、减少乃至废止死刑已经成为全球性的

---

① 参见赵秉志：“中国现阶段死刑制度改革的难点及对策”，载《中国法学》2007年第2期。

② 截至2007年6月，世界上已有90个国家与地区在法律上明确废除所有罪行的死刑，9个国家与地区废除了普通犯罪的死刑（军事犯罪或者战时犯罪除外），至少42个国家与地区在实践中事实上废除了死刑（过去10年内没有执行过死刑、并且确信不再执行死刑或者已经向国际社会承诺不再执行死刑），但还有49个国家与地区在法律上对一般犯罪规定有死刑。See Roger Hood，Development in the Status and Use of Capital Punishment in the World Today，GLOBAL SURVEY ON DEATH PENALTY REFORM：Launch Seminar of Sino－EU project on Moving the Debate Forward on the Death penalty in China，Beijing 20－21 June 2007。

刑事法治潮流。虽然我们不能仅以死刑存废作为判断一个国家文明进步与否的标准，但是，严格限制并努力减少死刑的适用，却无疑是促进该国家人权事业进步所不可或缺的重要方面。

自1949年新中国建立以来，尤其是改革开放推行二十多年来，中国在人权事业方面有很大的进步。截至2004年4月底，中国政府签署或者加入的人权类国际公约共有19部，其中，经全国人大常委会批准生效的有17部，正在研究批准的有2部。[①] 在这些人权国际公约中，有多部与限制或者废止死刑的问题紧密相关，如《公民权利和政治权利国际公约》、《禁止酷刑和其他残忍、不人道或有辱人格的待遇或处罚公约》等。中国有义务将已经签署批准的国际人权公约的有关内容在国内法律中做出全面的规定，也应加紧研究并积极创造条件早日批准所签署的人权领域最为重要的《公民权利和政治权利国际公约》等。而促进中国死刑制度的改革，无疑是中国顺应上述国际潮流、履行相关国际法律义务所必需的基本举措。

二、中国当前死刑制度的立法改革

从削减死刑适用、控制死刑的角度来看，死刑制度的立法改革具有根本性的作用。中国国家立法机关近年来在此方面作出了相应的努力。

（一）1997年刑法典对死刑制度的改进

1997年修订刑法典之前，在中国各种刑法规范中可处死刑的具体犯罪达72种之多。中国国家立法机关在1997年3月修订刑法典时，在刑法典总则中对死刑适用采取了非常谨慎的态度，有意识地限制与减少死刑的适用。如进一步限制了死刑适用的条件，删除对未成年人可适用死缓的规定、放宽了死缓减为无期徒刑或者有期徒刑的条件。经过国家立法机关的努力调整，同1979年刑法典相比，虽然1997年3月通过的现行刑法典对死刑罪名没有显著

① 这17个国际人权公约具体是：《经济、社会、文化权利国际公约》、《公民权利和政治权利国际公约》、《禁止并惩治种族隔离罪行国际公约》、《消除对妇女一切形式歧视公约》、《消除一切形式种族歧视国际公约》、《关于难民地位的公约》、《关于难民地位的议定书》、《禁止酷刑和其他残忍、不人道或有辱人格的待遇或处罚公约》、《儿童权利公约》、《男女工人同工同酬公约》、《1949年8月12日日内瓦四公约》及其两个《附加议定书》、《关于战俘待遇之日内瓦公约》、《关于战时保护平民之日内瓦公约》、《就业政策公约》、《禁止和立即行动消除最有害的童工形式公约》、《儿童权利公约关于儿童卷入武装冲突的任择议定书》、《儿童权利公约关于买卖儿童、儿童卖淫和儿童色情制品问题的任择议定书》、《反对体育领域种族隔离国际公约》。中国政府已经签署但尚未批准生效的2部人权公约，即：《公民权利和政治权利国际公约》、《儿童权利公约关于儿童卷入武装冲突的任择议定书》。

上述资料引自中华人民共和国外交部网站 http://www.fmprc.gov.cn/chn/wjb/zzjg/tyfls/default.htm。

的削减，但数量仍有所减少，死刑罪名减至68种，分布在刑法典分则除渎职罪之外的其他九章犯罪中。不过，客观而言，现行刑法典在死刑控制方面仍有很大的改进空间。因为总则中严格控制死刑的整体思路与分则中过多规定死刑罪名的实际死刑立法之间，依然存在较为紧张的矛盾关系。[①]

（二）刑法修正案对死刑制度的改进

自1997年刑法典颁布施行后的十年间，中国全国人大常委会对刑法典又进行了一系列的补充和修正，制定颁布了六个刑法修正案，一部单行刑法，九件刑法立法解释。其中，单行刑法和立法解释对具体罪名的死刑问题没有任何涉及。而在六个刑法修正案中，仅刑法修正案（三）涉及死刑立法。其中，第1条、第2条将原来刑法典第114条、第115条所规定的投毒罪修改为"投放危险物质罪"，仍适用第114条、第115条所规定的法定刑，因而没有增加死刑罪名，而第5条对刑法典第125条第2款的非法买卖、运输核材料罪作出修改，将行为对象从原来的"核材料"修改为"毒害性、放射性、传染病病原体等危险物质"，并增加了"制造、储存"行为；对刑法典第127条"盗窃、抢夺枪支、弹药、爆炸物罪"和"抢劫枪支、弹药、爆炸物罪"也作出修正，补充规定"危险物质"的犯罪对象，实际上新增设了"盗窃、抢夺危险物质罪"和"抢劫危险物质罪"。刑法典对这三种犯罪都配置有死刑。刑法典第125条第2款规定的犯罪适用该条第1款的法定刑，该条第1款本身就配置有死刑，因而没有增加死刑罪名。关于对第127条行为对象的补充，客观来看，"危险物质"在危害公共安全的性质上与枪支、弹药、爆炸物比较接近。针对该物质所实施的上述盗窃、抢夺以及抢劫行为，其社会危害性程度与"盗窃、抢夺枪支、弹药、爆炸物罪"、"抢劫枪支、弹药、爆炸物罪"相当，在某些情况下甚至比后者还要严重，因而对情节严重的盗窃、抢夺危险物质罪和抢劫危险物质罪规定死刑，应该说是合理的。

所以，从总体上来看，中国国家立法机关在1997年10月1日现行刑法典实行之后所作的修正和补充，贯彻了"严格控制死刑、减少死刑适用"的政策，反映出其在刑事立法中不扩张死刑罪名的立法态度，对当今死刑制度的改革有着潜在的促进作用。

（三）其他立法活动对死刑制度的改进

全国人大常委会在其他立法活动中也表明了对死刑制度立法改革的基本

① 2006年2月25日，北京师范大学刑事法律科学研究院与纽约大学法学院、美国律师协会在北京友谊宾馆召开了"关注中国死刑改革"的学术座谈会。高铭暄教授在此次会议上所作的发言中提出了该观点，得到了学者们的广泛关注和认同。

态度。2006 年 4 月 29 日，全国人大常委会正式批准已于 2005 年 11 月 14 日签署的《中华人民共和国和西班牙王国引渡条约》。该批准活动意味着正式承认该条约中关于引渡请求方不判处被引渡人死刑或者不执行死刑的量刑承诺。另外，值得注意的是，中国与法国于 2007 年 3 月 20 日在巴黎正式签署的《中华人民共和国和法兰西共和国引渡条约》同样也约定，任何与死刑有关的案件将不会适用于该引渡条约。根据全国人大常委会已经批准中西引渡条约的前例，可以预见，全国人大常委会同样也会批准中法引渡条约。由此可见，中国在与引渡有关的死刑适用问题上采取了很灵活的态度，而全国人大常委会以立法形式予以肯定，在一定程度上表明了其严格控制死刑适用的态度。

三、中国当前死刑制度的司法改革

作为死刑制度改革的一个方面，死刑制度的司法改革具有重要意义。根据“保留死刑，但严格控制死刑”的政策，最高司法机关近年来在司法领域中积极开展和实施死刑制度的司法改革，对死刑制度的诸多问题予以积极的探索，取得了显著的效果。如前所述，死刑复核权收归最高人民法院统一行使，即是其中的重大进展。这里对此问题侧重从实体法的角度予以考察。

（一）积极贯彻与死刑适用有关的新的刑事政策

如前所述，对于死刑，中国确立了“保留死刑，严格控制死刑”的政策。该政策对于中国司法机关在刑事司法活动中减少死刑适用有着重要的指导意义。但是，从宏观层面看，中国司法机关对处理刑事案件所持的基本态度和所贯彻的刑事政策也深刻地影响着死刑的具体适用情况。虽然中国 1979 年刑法典第 1 条即明确规定了“惩办与宽大相结合的刑事政策”，但由于中国于 1983 年之后对严重刑事犯罪实行“从重从快严厉打击”的“严打”活动，惩办与宽大相结合的刑事政策受到了冲击，加上有些地方司法机关和某些司法人员对“严打”政策有错误理解，将“严打”等同于多判、重判，甚至多杀，以致重刑主义一度泛滥，随意扩大“严打”的对象范围，既没有收到大幅度减少犯罪，尤其是减少暴力犯罪的预期效果，又导致死刑适用标准降低，数量增加，严重地侵犯了犯罪嫌疑人、被告人和犯罪人的合法权益。

这种情形受到了中国司法界尤其是最高司法机关的高度重视。近年来，中国最高司法机关在司法解释或者相关的规定中又逐渐强调办案时要坚持“惩办与宽大相结合的刑事政策”。① 随着时代的发展，“惩办与宽大相结合的

① 例如，最高人民法院、最高人民检察院、公安部 1999 年 3 月 16 日发布的《办理骗汇、逃汇犯罪案件联席会议纪要》明确要求司法工作人员在办案中“坚持‘惩办与宽大相结合’的政策”。

刑事政策”开始逐步地发展为“宽严相济的刑事政策”。对此，2006 年 10 月在北京召开的中国共产党十六届六中全会所通过的《关于构建社会主义和谐社会的决定》也明确指出，要在刑事司法活动中贯彻宽严相济的刑事司法政策。中国最高人民检察院于 2006 年 12 月 28 日通过并发布的《关于在检察工作中贯彻宽严相济刑事司法政策的若干意见》，专门对检察机关贯彻宽严相济的刑事司法政策的问题作了规定。2007 年 3 月，在第十届全国人民代表大会第五次会议上，中国最高人民法院院长肖扬和最高人民检察院检察长贾春旺都对宽严相济的刑事司法政策作了进一步的阐述和强调。上述文件或者报告主张，宽严相济的刑事司法政策没有彻底否定“严打”政策，但将“严打”纳入了“宽严相济的刑事司法政策”之中，并且认为，“严打”政策符合宽严相济刑事司法政策的精神，“宽严相济”中的“严”就是指要“严厉打击严重刑事犯罪”。上述认识在一定程度上有利于祛除一味强调“严打”政策的各种弊端，防止在打击严重刑事犯罪活动中强化死刑的适用，在死刑适用的指导思想方面有所进步。但是，需要特别指出的是，关于“严打”政策与“宽严相济的刑事司法政策”的关系，中国刑法理论界有不同的认识，一种较有代表性的观点认为，“严打”毕竟是特殊时期的特殊手段，只能是回应社会治安形势严峻、某些严重犯罪居高不下之形势的权宜之计，因而“严打”政策不应长期存在，更不应纳入基本刑事政策，相反，应该逐步演变和过渡为宽严相济的刑事政策，而且，“严打”方针的贯彻不应动摇和影响当前中国最高司法机关确保适用死刑质量、严格控制死刑数量、统一死刑适用标准之努力。①

（二）统一死刑适用标准

中国现行刑法典第 48 条第 1 款对死刑适用的标准予以规定，而刑法典分则也对具体罪名的死刑以及相应犯罪情节做出了规定。不过，不管是国家立法机关还是最高司法机关，都没有对刑法典第 48 条规定的死刑适用标准以及刑法典分则中所规定的具体死刑罪名的死刑适用条件做出明确和全面的解释。但是，最高司法机关在此方面还是做出了不少的探索和努力，以求严格和统一掌握死刑立即执行案件的标准，确保死刑只适用于极少数罪行极其严重的

① 参见赵秉志：“对‘严打’中几个法律关系的思考”，载《人民检察》2001 年第 1 期；赵喜臣：“‘严打’整治斗争理论与实践研讨会综述”，载《法学杂志》2002 年第 4 期；陈兴良：“宽严相济刑事政策研究”，载《法学杂志》2006 年第 1、2 期；黄京平：“宽严相济刑事政策的时代含义及实现方式”，载《法学杂志》2006 年第 4 期；马克昌：“宽严相济刑事政策刍议”，载《人民检察》2006 年第 10 期。

犯罪分子。

对于死刑适用的标准，最高人民法院院长肖扬在一次讲话中指出，所谓“罪行极其严重”，是指犯罪性质极其严重，犯罪手段、犯罪后果等情节极其严重，被告人的主观恶性极深，人身危险性极大。犯罪人的罪行是否极其严重，要综合考虑上述主客观因素，严格予以认定。[①] 这里关于死刑适用标准的阐述，其实就是对刑法典第48条所做的较为详细的解释，与刑法理论界关于死刑标准的论述也比较接近。[②] 虽然肖扬首席大法官的上述阐述并不具有法律效力，但是，对于刑事司法人员尤其是刑事法官正确适用死刑、控制死刑的适用，当具有重要的指导意义。

对于具体死刑罪名的死刑适用标准，中国最高司法机关在司法解释和相关文件中有所涉及。例如，最高人民法院于1999年10月27日发布的《全国法院维护农村稳定刑事审判工作座谈会纪要》对故意伤害罪适用死刑的具体标准作出要求，即主张故意伤害致人死亡，手段特别残忍，情节特别恶劣的，才可以判处死刑。再如，最高人民法院在2000年4月4日发布的《全国法院审理毒品犯罪案件工作座谈会纪要》中，就毒品犯罪分子的死刑适用问题作了详细的规定。又如，对于盗窃、抢夺枪支、弹药、爆炸物罪的死刑适用标准问题，最高人民法院2001年5月15日公布的《关于审理非法制造、买卖、运输枪支、弹药、爆炸物等刑事案件具体应用法律若干问题的解释》第4条第2款，对刑法典第127条第1款规定的“情节严重”作了详细的规定。因此，虽然最高司法机关对全部死刑罪名的死刑适用标准尚没有作出全面、统一的规定，但是，可以肯定，最高司法机关在此方面已经有诸多探索。这些当然也属于最高司法机关积极开展的死刑制度司法改革的重要内容。

（三）扩大死刑缓期执行制度的适用

中国现行刑法典第48条第1款后半段规定，对于应当判处死刑的犯罪分子，如果不是必须立即执行的，可以判处死刑同时宣告缓期二年执行。这就是中国独创的死刑缓期执行制度。理论上认为，死刑缓期执行是中国刑法典规定的死刑的执行方式之一，从执行制度上体现出对死刑限制的精神。[③]

在司法实践中，最高司法机关也非常重视死刑缓期执行制度既严厉惩治

---

① 参见“肖扬院长在全国法院刑事审判高级法官培训班上作重要讲话”，载《人民法院报》2006年10月14日第1版。

② 关于理论界对死刑适用标准的论述，请参见高铭暄：“中国死刑的立法控制”，载赵秉志主编：《刑法评论》（第8卷），法律出版社2005年版，第3页。

③ 参见高铭暄、马克昌主编：《刑法学》，北京大学出版社、高等教育出版社2000年版，第248页。

犯罪又有效减少死刑立即执行的作用，在具体司法解释中巧妙而灵活地采用了“一般不应判处死刑立即执行”、“一般应予从轻处罚，可不判处死刑立即执行”、“应慎重适用死刑立即执行”等措辞，意即对那些“罪行极其严重，但不是必须立即执行”的犯罪人可在适用死刑的基础上缓期执行。例如，前述最高人民法院于1999年10月27日发布的《全国法院维护农村稳定刑事审判工作座谈会纪要》对故意杀人罪适用死刑问题作了比较明确的阐述，规定对几种特定情况下的故意杀人罪可以不判处死刑立即执行。

而且，针对各地司法机关对死刑缓期执行制度适用不平衡，适用数量较少的情况，最高司法机关非常注重充分运用死刑缓期执行制度，强调总结归纳对犯罪人适用死刑缓期执行的一般情况，研究针对各种具体类型犯罪适用死刑缓期执行的具体条件。① 例如，对于暴力犯罪，如果不是社会危害极其严重，犯罪手段极其残忍的，主张应慎重适用死刑，即尽量不适用死刑立即执行；对于因贫困、愚昧而危害公共安全的犯罪人，也主张应慎重适用死刑。再如，对于非暴力犯罪，如金融诈骗犯罪、贪污贿赂犯罪，指出应慎重适用死刑，对退回财产或有其他法定从宽情节的，则认为应不适用死刑立即执行；对于毒品犯罪案件，对于初犯、偶犯、毒品未实际流入社会的，单纯为了赚取生活费而从事运输的，也认为不宜适用死刑立即执行，而至多可适用死刑缓期执行。又如，对于一案中两名以上被告人可能被判处死刑的，强调应特别慎重，尽量减少适用死刑立即执行，一定要分清主从，对从犯或者作用相对较小的主犯尽量适用死刑缓期执行。可见，在死刑制度之司法改革中，最高司法机关非常重视死刑缓期执行制度的积极作用，对当前各地司法机关适用死刑缓期执行较少的情况持含蓄的批评态度，并积极总结和归纳在司法实践中不适用死刑立即执行而尽量多适用死刑缓期执行的具体犯罪情形。

（四）减少死刑适用数量，提高死刑适用质量

在适用死刑过程中，中国最高司法机关非常重视，并积极贯彻国家在死刑问题上的一贯政策，即“保留死刑，严格控制死刑”和“少杀，慎杀，可杀可不杀的不杀”的政策。在新的形势下，中国最高司法机关不仅逐渐调整处理刑事案件的刑事政策，将“严打”纳入法治的轨道，努力贯彻宽严相济

---

① 参见《最高人民法院院长肖扬在全国法院刑事审判高级法官培训班上的讲话》以及最高人民法院副院长姜兴长在全国法院刑事审判高级法官培训班上所作的报告“以社会主义法治理念为指导，坚持依法审理刑事案件，保证刑事案件尤其是死刑案件的办案质量”，载最高人民法院政治部、刑四庭、刑五庭、国家法官学院组编：《刑事审判法官培训讲义》，第4页、第15页。

的刑事司法政策，防止出现滥用死刑的现象；而且，在死刑制度的适用过程中，为切实贯彻前述死刑政策而对死刑的司法适用提出了更高的要求，即“减少死刑适用数量，提高死刑适用质量，慎重适用死刑”，从而努力促使司法工作人员在死刑适用上转变观念。死刑适用观念的变革在死刑制度的司法改革中有着基础性的积极意义。这一变革能够逐步改变司法工作人员过去具有的依赖死刑等重刑来震慑犯罪的传统理念，促使司法工作人员严格遵守罪刑法定和罪责刑相适应原则。因而最高司法机关所倡导的死刑适用观念的变革，当然也属于中国死刑制度司法改革中的重要内容。

四、中国死刑制度改革的未来展望

中国当前的死刑制度，不管是在立法规定还是在司法适用的层面上，虽然已有上述诸多改革或者改进，但仍存在不少不利于“减少死刑适用数量、提高死刑适用质量”的问题。从国家关于构建社会主义和谐社会的宏伟决策以及保障人权的宪法原则来看，对死刑制度中的上述不足之处进行改革完善，有利于充分地发挥刑法制度包括死刑制度所具有的促进社会进步的积极作用，不断地巩固和促进社会的和谐、稳定与发展。

（一）中国死刑制度立法改革的未来展望

毋庸置疑，在中国现行刑法典中，总则关于死刑适用标准、死刑缓期执行以及死刑缓期执行的法律后果等规定仍有不足之处，分则中的死刑罪名数量还比较多，非暴力犯罪死刑罪名所占比例也较大。这些问题都属于死刑制度改革进程中的重点内容。因此，在未来，建议中国死刑制度的立法改革从如下几个方面考虑：（1）完善死刑适用标准，注意从行为人的主观罪过、客观危害以及人身危险性等方面来规定死刑适用标准，从而使得该标准更为科学；（2）明确规定适用死刑缓期执行的标准，总结归纳司法实践经验，将“不是必须立即执行”的情节尽可能地列举出来，增强该标准的可操作性；（3）完善撤销死刑缓期执行的条件，对如何处理有一般立功表现的死缓犯的问题也作出规定；（4）削减现行刑法典中的死刑罪名，删除对某些具体犯罪（如传授犯罪方法罪）所配置的设而不用、近乎于虚置的死刑法定刑。可考虑分阶段逐步削减死刑罪名，尤其是削减与删除非暴力犯罪的死刑罪名，从而为最终废止死刑创造条件；（5）努力探索死刑之替代措施的健全和完善，针对当前有期徒刑期限过短、对无期徒刑犯罪人实际关押时间仅十余年的实际情况，对废止死刑的罪名可考虑配置期限超过 15 年的有期徒刑，并考虑对那些不适用死刑或者死刑缓期执行的严重犯罪人限制适用减刑或者假释，甚至适用不得减刑和假释的终身监禁刑，为切实减少死刑适用创造必要条件。[①]

（二）中国死刑制度司法改革的未来展望

当前各国的经验证明，死刑制度的司法改革往往会为立法改革提供宝贵的经验和可行的途径。例如，法国在全面废止死刑之前就在司法实践中逐步减少死刑的适用和执行，因而死刑在法国的废除，被认为只是将一种废弃不用的刑罚在法律上排除，[②] 因而死刑在法国废除的阻力较小。在当前情况下，中国死刑制度的司法改革空间仍然很大。从总体上看，中国死刑制度在未来的司法改革可从如下几个方面着手：（1）对非暴力犯罪死刑罪名的死刑尽量不适用，使得这些死刑规定逐步成为虚置的条文，在司法实践中失去适用的机会，从而在事实上废止这些犯罪的死刑。（2）对暴力犯罪的死刑罪名，尽可能重视和扩大死刑缓期执行的适用，以死刑缓期执行来逐步替代死刑立即执行的大部分适用，使得死刑立即执行成为备而不用的制度。（3）对具体犯罪的死刑适用标准进行更为深入的研究，尽可能制定出较为统一的具体犯罪（尤其是判处死刑较多的犯罪）的死刑适用标准，至少将不适用死刑或者适用死刑缓期执行的情形，明确地规定出来。（4）对于严重刑事案件，在减少适用死刑或者扩大适用死刑缓期执行的情况下，根据罪责刑相适应原则，尽可能严格控制减刑、假释的适用，适当延长不适用死刑的犯罪人的羁押期限，与减少死刑适用的情形相协调。（5）完善对具体犯罪适用死刑的证据标准，尽可能对之作出明确的规定，从而有效地保障死刑案件的质量。

① 参见赵秉志：“中国现阶段死刑制度改革的难点及对策”，载《中国法学》2007 年第 2 期。

② 参见陈丽萍：“死刑在法国”，载《人民检察》2007 年第 3 期。

论死刑适用标准

——以司法为视角

周道鸾*

死刑是剥夺犯罪分子生命的最严厉的刑罚方法。刑法规定的死刑适用标准，是司法机关适用死刑的前提。本文根据法律规定，结合司法实践，从构建和谐社会、贯彻人权保障、维护社会稳定的高度，就如何正确理解死刑适用标准，并就故意杀人等刑事案件如何具体掌握死刑适用标准，严格控制死刑适用问题，作一学理性探讨。

一、刑法规定的死刑适用标准

（一）刑法总则规定的死刑适用标准

我国刑法第 48 条第 1 款规定："死刑只适用于罪行极其严重的犯罪分子。"这是法律规定的死刑适用标准，也是适用死刑的前提。作为总则性条款，它对刑法分则死刑罪种的设置和司法实践中死刑的适用具有指导意义和约束作用。即，凡罪行没有达到极其严重的程度，不符合死刑适用标准的，刑法分则对某种犯罪不能设定死刑，司法机关也不得对犯罪分子判处死刑。但何谓"罪行极其严重"，刑法总则并未作进一步规定。从刑法分则条文规定和司法实践经验看，"罪行极其严重"应当是指犯罪行为对国家和人民的利益危害特别严重、犯罪人的人身危险性特别严重。具体包括以下三个方面的内容：

（1）犯罪性质特别严重。衡量某种犯罪行为的社会危害性大小，首先取决于犯罪行为侵犯的客体，即所侵犯的社会关系。侵犯的客体不同，犯罪的性质及其社会危害性的大小也不相同。例如，危害国家安全、危害公

* 国家法官学院教授。

共安全方面的犯罪和故意杀人、抢劫等暴力性犯罪，其社会危害性要远远大于虐待等破坏婚姻家庭和盗窃等一般侵犯财产性犯罪。因此，司法机关在决定对某一具体案件的被告人是否适用死刑时首先要考虑其犯罪性质是否特别严重。

(2) 犯罪行为所造成的后果特别严重。在客观方面，犯罪行为给国家、社会和个人造成的损害大小，是考察犯罪分子的社会危害性是否特别严重的一个重要标准，如犯罪行为造成了多人死亡，使公私财产造成巨大损失，社会经济秩序遭受严重破坏，等等。

(3) 犯罪人的人身危险性特别严重。主要表现在主观恶性很深，对社会充满仇恨，藐视国家法律秩序，有强烈的报复和犯罪欲望，犯罪动机极其卑劣，犯罪手段极其残忍。因此，法律只对严重的故意犯罪适用死刑，对一般故意犯罪和过失犯罪不适用死刑。

应当指出的是，上述三个方面是综合判断行为人实施的犯罪是否达到极其严重程度的标准。它们之间是统一的，不可分割的，只有同时具备，才符合死刑适用的标准，缺少其中任何一个方面，都不符合死刑适用的标准。例如，有的犯罪性质虽然严重，但没有造成极其严重的后果；有的犯罪后果虽然极其严重，但属过失犯罪。从司法实践经验看，即使犯罪性质、犯罪后果都特别严重，但综观全案，如果被告人的主观恶性不是很深，人身危险性不是很大的，也可以考虑不判处死刑立即执行。

(二) 刑法分则规定的死刑适用情节

刑法总则只对死刑适用标准作了原则性的规定，较为具体的则体现在刑法分则条文规定的法定情节之中。例如，在危害国家安全罪中，罪行极其严重，可以判处死刑的，必须是“对国家和人民危害特别严重、情节特别恶劣的”。在强奸犯罪（包括强奸妇女、奸淫幼女）中，罪行极其严重，可以判处死刑的，必须是具有以下情形之一的：强奸妇女、奸淫幼女情节恶劣的；强奸妇女、奸淫幼女多人的；在公共场所当众强奸妇女的；二人以上轮奸的；致使被害人重伤、死亡或者造成其他严重后果的。在破坏社会主义市场经济秩序罪中，罪行极其严重，可以判处死刑的，必须是“致人死亡或者对人体健康造成特别严重危害的”；“数额特别巨大，情节特别严重，给国家利益造成特别重大损失的”，等等。

(三) 最高国家司法机关对死刑适用情节的解释

刑法分则对死刑适用的法定情节虽作了比刑法总则较为具体的规定，但仍然不够具体，司法实践中不便掌握。为此，最高人民法院或者最高人民法院与最高人民检察院通过联合作出司法解释[①]，或者最高人民法院下发“会议纪要”[②] 等形式，对刑法分则有关条文规定的“情节严重”、“其他毒品数量大”、“对人体健康造成特别严重危害”、“走私武器、弹药情节特别严重”等法定情节作出解释或者提出参考意见。

刑法第125条第1款规定：“非法制造、买卖、运输、储存毒害性、放射性、传染病病原体等物质，危害公共安全的”，“处三年以上十年以下有期徒刑；情节严重的，处十年以上有期徒刑、无期徒刑或者死刑”。何谓“情节严重”？法律未作具体规定。为此，最高人民法院和最高人民检察院于2003年9月4日作出了《关于办理非法制造、买卖、运输、储存毒鼠强等禁用剧毒化学品刑事案件具体应用法律若干问题的解释》[③]，规定，非法制造、买卖、运输、储存毒鼠强等禁用剧毒化学品，具有下列情形之一的，属于刑法第125条规定的“情节严重”，处十年以上有期徒刑、无期徒刑或者死刑：非法制造、买卖、运输、储存原粉、原液、制剂500克以上，或者饵料20千克以上的；在非法制造、买卖、运输、储存过程中致3人以上重伤、死亡，或者造成公私财产损失20万元以上的；非法制造、买卖、运输、储存原粉、原药、制剂50克以上不满500克，或者饵料2千克以上不满20千克，并具有其他严重情节的。

刑法第347条第2款第（一）项规定，走私、贩卖、运输、制造鸦片1千克以上、海洛因或者甲基苯丙胺50克以上或者其他毒品数量大的，处十年以上有期徒刑、无期徒刑或者死刑。但何谓“其他毒品数量大的”？法律未作具体规定，司法实践中不好掌握。为此，最高人民法院于2000年6月10日作出了《关于审理毒品案件定罪量刑标准有关问题的解释》[④]，规定，走私、贩卖、运输、制造、非法持有下列毒品，应当认定为刑法第347条第2款第（一）项规定的“其他毒品数量大”：苯丙胺类毒品（甲基苯丙胺除外）100克以上；大麻油5千克、大麻脂10千克、大麻叶及大麻烟150千克以上；可

① 根据法律规定，最高人民法院对审判工作中具体应用法律问题，有权作出解释。这种解释属有权解释，具有法律的拘束力。刑事司法解释，是指最高人民法院根据法律赋予的职权，在刑事审判过程中，对如何具体应用法律问题作出的具有普遍司法效力的解释。司法解释是最高人民法院协调全国法院审判工作的重要形式之一。

② 对人民法院在刑事审判工作中遇到的适用法律方面带有一定普遍性，作出司法解释的条件还不成熟，但又急需解决的问题，经过调查研究，召开刑事审判专业会议讨论，形成共识后，便采用公开下发“会议纪要”的形式，供全国各级法院适用法律时参考。但“会议纪要”不同于司法解释，不具有法律的拘束力。

③ 载《中华人民共和国最高人民法院公报》2003年合订本，第9—10页。

④ 载《中华人民共和国最高人民法院公报》2000年合订本，第119页。

卡因50克以上；吗啡100克以上；度冷丁（杜令丁）250克以上（针剂100mg/支规格的2500支以上，50mg/支规格的5000支以上；片剂25mg/片规格的1万片以上，50mg/片规格的5000片以上）；盐酸二氢埃托啡10毫克以上（针剂或者片剂20ug/支、片规格的500支、片以上）；咖啡因200千克以上；罂粟壳200千克以上；上述毒品以外的其他毒品数量大的。

刑法第141条第1款规定，“生产、销售假药，致人死亡或者对人体健康造成特别严重危害的，处十年以上有期徒刑、无期徒刑或者死刑，并处销售金额百分之五十以上二倍以下罚金或者没收财产”。何谓“对人体健康造成特别严重危害”？最高人民法院、最高人民检察院于2001年4月9日作出的《关于办理生产、销售伪劣商品刑事案件具体应用法律若干问题的解释》[①]规定，生产、销售的假药被使用后，致使人严重残疾、3人以上重伤、10人以上轻伤或者造成其他特别严重后果的，应认定为“对人体健康造成特别严重危害”。

刑法第232条规定，故意杀人的处死刑、无期徒刑或者十年以上有期徒刑，为了正确适用法律，处理好农村常见多发案件，全面掌握刑事政策，维护农村社会稳定，最高人民法院于1999年9月在山东省济南市召开了全国法院维护农村稳定刑事审判工作座谈会。会后，于1999年12月27日下发的《全国法院维护农村稳定刑事审判工作座谈会纪要》（简称《纪要》，下同）[②]，强调“要准确把握故意杀人犯罪适用死刑的标准”。指出，“故意杀人犯罪是否判处死刑，不仅要看是否造成了被害人死亡结果，还要综合考虑案件的全部情况。对于因婚姻家庭、邻里纠纷等民间矛盾激化引发的故意杀人犯罪，适用死刑一定要十分慎重，应当与发生在社会上的严重危害社会治安的其他故意杀人犯罪案件有所区别。对于被害人一方有明显过错或对矛盾激化负有直接责任，或者被告人有法定从轻处罚情节的，一般不应判处死刑立即执行”。

刑法第192条、第194条和第195条对危害特别严重的集资诈骗罪、票据诈骗罪和信用证诈骗罪规定有死刑。为进一步加强人民法院对金融犯罪案件的审判工作，正确理解和适用刑法对金融犯罪的有关规定，最高人民法院于2000年9月在湖南省长沙市召开了全国法院审理金融犯罪案件工作座谈会。2001年1月21日最高人民法院在下发的《全国法院审理金融犯罪案件工作座谈会纪要》中，专门对金融诈骗犯罪死刑的适用提出了要求，指出“金融诈

① 载《中华人民共和国最高人民法院公报》2001年合订本，第85—86页。

② 载《中华人民共和国最高人民法院公报》1999年合订本，第199页。

骗的数额特别巨大不是判处死刑的唯一标准，只有诈骗‘数额特别巨大并且给国家和人民利益造成特别重大损失’的犯罪分子，才能依法选择适用死刑。对于犯罪数额特别巨大，但追缴、退赔后，挽回了损失或者损失不大的，一般不应当判处死刑立即执行；对具有法定从轻、减轻处罚情节的，一般不应当判处死刑。”①

因此，在司法实践中，应当根据刑法总则、刑法分则、司法解释关于死刑适用标准的规定和罪刑相适应的原则，结合具体案情，分析、判断被告人的犯罪行为是否达到了“罪行极其严重”的程度，应否适用死刑（包括死缓）。

二、执行死刑适用标准应当以国家的基本死刑政策为指导

“政策和策略是党的生命”。“保留死刑，严格控制死刑”，是我国现阶段的基本死刑政策。司法机关掌握死刑适用标准应当以国家的基本死刑政策为指导。在现阶段，不废除死刑，但坚持少杀、慎杀，防止错杀，是我们国家根据中国国情采取的对待死刑的一贯政策。早在新中国成立前后，毛泽东同志就对死刑的存废和死刑的适用作了一系列重要论述，指出“杀人要少，但是绝不废除死刑”。② 强调：“凡介在可杀可不杀之间的人一定不要杀，如果杀了就是犯错误。”③ 新中国成立五十多年来，“少杀、慎杀”实际成为限制死刑适用的重要刑事政策。

笔者欣喜地看到，死刑核准权自2007年1月收回最高人民法院统一行使后，最高人民法院、最高人民检察院、公安部、司法部于2007年3月9日联合发布的《关于进一步严格依法办案确保审理死刑案件质量的意见》④ 中，重申了少杀、慎杀的政策，强调：“‘保留死刑，严格控制死刑’是我国的基本死刑政策。实践证明，这一政策是完全正确的，必须继续贯彻执行。要完整、准确地理解和执行‘严打’方针，依法严厉打击严重刑事犯罪，对极少数罪行极其严重的犯罪分子，坚决依法判处死刑。我国现在还不能废除死刑，但应逐步减少适用，凡是可杀可不杀的，一律不杀”。提出，“办理死刑案件，必须根据构建社会主义和谐社会和维护社会稳定的要求，严谨慎审，既要保

① 最高人民法院研究室编：《现行有效常用法律司法解释精编》（上），人民法院出版社2002年版，第265页。

② 《毛泽东选集》（第5卷），人民出版社1991年版，第459页。

③ 《毛泽东选集》（第5卷），人民出版社1991年版，第40页。

④ 载《中华人民共和国最高人民法院公报》2007年第4期，第30页。

证根据证据正确认定案件事实，杜绝冤错案件的发生，又要保证定罪准确，量刑适当，做到少杀、慎杀。”这是自改革开放以来，由中央“两高”、“两部”发布的权威性、规范性的指导文件中，第一次公开、明确提出要逐步减少死刑的适用，“凡是可杀可不杀的，一律不杀”的要求，对今后正确掌握死刑标准，进一步贯彻少杀、慎杀的刑事政策，具有十分重要的意义，必将起到重要的作用。

三、正确掌握死刑适用标准，严格控制死刑的适用

（一）死刑核准权的收回与司法上死刑适用标准的相对统一

众所周知，为了在全国范围内开展严厉打击严重刑事犯罪的斗争，1983年9月2日，第六届全国人民代表大会常务委员会第二次会议通过的《关于修改〈中华人民共和国人民法院组织法〉的决定》规定：“杀人、强奸、抢劫、爆炸以及其他严重危害公共安全和社会治安判处死刑的案件的核准权，最高人民法院在必要的时候，得授权省、自治区、直辖市的高级人民法院行使。”据此，最高人民法院于1983年9月7日发出了《关于授权高级人民法院核准部分死刑案件的通知》，规定上述刑事案件判处死刑的核准权，本院依法授权由各省、自治区、直辖市高级人民法院和解放军军事法院行使。因此，从1983年9月7日起，各高级人民法院和解放军军事法院对上述严重危害公共安全和社会治安判处死刑的案件也有了核准权。部分死刑案件核准权的下放对及时严惩严重刑事犯罪，维护社会治安秩序虽然起了一定作用。但因特定时期的需要而将死刑案件的核准权长期、大范围下放所带来的严重弊端之一，是死刑适用标准不统一。将大部分死刑案件的核准权下放31个高级人民法院和1个解放军军事法院行使，就有32个死刑适用标准。由于各地政治、经济、社会发展水平不同，社会治安状况不一，加上司法理念和认识不一致，特别是受地方的影响和压力，难免造成死刑适用标准不统一。这势必影响死刑案件的质量，有损司法的公平与公正。

2006年10月31日，第十届全国人大常委会第二十四次会议通过的《关于修改〈中华人民共和国人民法院组织法〉的决定》，将该法第13条修改为：“死刑除依法由最高人民法院判决的以外，应当报请最高人民法院核准。”并从2007年1月1日起施行。这是我国政府为构建社会主义和谐社会，落实依法治国基本方略，尊重和保障人权采取的重大举措，是履行国际人权公约的重要方面，有利于维护社会政治稳定，有利于国家法制统一和司法上死刑适用标准的相对统一，有利于从制度上保证死刑裁判的慎重和公正，对于保障在全社会实现公平和正义，巩固人民民主专政的政权，全面建设小康社会，

具有十分重要的意义。

为了帮助下级法院和法官掌握故意杀人等几类严重刑事犯罪案件死刑适用的标准，最高人民法院在公布的《人民法院第二个五年改革纲要（2004—2008）》[①] 中规定："贯彻罪刑相适用原则，制定故意杀人、抢劫、故意伤害、毒品等犯罪适用死刑的指导意见，确保死刑案件的质量。"这将有利于指导法官正确理解和适用法律，以控制死刑的适用。为此，笔者亦想根据刑法总则关于死刑适用的总标准和刑法分则死刑适用的法定情节以及司法实践经验，就上述 4 类刑事案件如何掌握死刑适用标准问题，作一探讨。

（二）关于故意杀人罪死刑适用的标准问题

依照刑法第 232 条的规定，犯故意杀人罪的，处死刑、无期徒刑或者十年以上有期徒刑；情节较轻的，处三年以上十年以下有期徒刑。

故意杀人是严重的犯罪，历来是惩处的重点。因此，在法定刑顺序上，是由重到轻排列，而不是由轻到重排列，对这种犯罪原则上应依法从重惩处。例如，因实施其他犯罪而杀人灭口或者因实施其他犯罪遭反抗而故意杀人的；因谋财、恶意竞争、打击报复等卑劣动机而杀人的；雇凶杀人的；杀人手段特别残忍或者杀人行为使被害人的精神、肉体遭受极大痛苦的；杀人后肢解尸体的；为巩固黑恶势力或者为了黑恶势力的利益而故意杀人的；冒充军警、司法人员杀人或者为了实施违法犯罪行为以及为了逃避法律制裁而杀害军警人员的；明知是未成年人、孕妇、残疾人而故意杀害的，等等，一般可以考虑判处死刑立即执行。

但故意杀人的情况很复杂。根据司法实践经验，对故意杀人犯罪是否判处死刑，不仅要看是否造成了被害人死亡的结果，还要综合考虑案件的全部情况。例如，被告人具有自首、立功、共同犯罪的从犯、胁从犯等法定从轻、减轻处罚情节的，一般不应当判处死刑立即执行。对于具有因恋爱、婚姻、家庭、邻里、劳资、山林、水利、土地等民间纠纷激化而杀人的；被害人一方有明显过错或者对矛盾激化负有直接责任的；基于义愤、大义灭亲或者不堪忍受被害人的虐待、迫害而杀人的；犯罪时刚满 18 周岁、年满 70 周岁、婴幼儿的母亲犯罪后真诚悔罪的；犯罪前表现良好，犯罪后具有如实交代罪行、积极救助被害人等明显悔改表现的；被告人的行为造成被害方的经济损失，案发后，被告方对被害方进行了适当经济赔偿

① 载《中华人民共和国最高人民法院公报》2005 年第 12 期，第 9 页。

的；共同犯罪案件中，被告人被抓获后即坦白全部犯罪事实，其坦白的情况对侦破全案并抓获同案主犯具有重要作用的；虽不属无刑事责任能力或者限制刑事责任能力的人，但存在智力障碍的；共同犯罪案件中，共同犯罪人作用、地位相当，罪责比较分散的；间接故意杀人等可酌定从轻处罚情节的，则应当慎用死刑。

（三）关于抢劫罪死刑适用的标准问题

依照刑法第263条的规定，犯抢劫罪的，处三年以上十年以下有期徒刑，并处罚金；有下列情形之一的，处十年以上有期徒刑、无期徒刑或者死刑，并处罚金或者没收财产：（一）入户抢劫的；（二）在公共交通工具上抢劫的；（三）抢劫银行或者其他金融机构的；（四）多次抢劫或者抢劫数额巨大的；（五）抢劫致人重伤、死亡的；（六）冒充军警人员抢劫的；（七）持枪抢劫的；（八）抢劫军用物资或者抢险、救灾、救济物资的。

抢劫是严重侵犯公民人身权利和财产权利，严重危害社会治安的犯罪，必须依法从严予以惩处；同时应当根据案件的不同情况，区别对待：

第一，刑法第263条规定具有八种情形之一的，量刑幅度为十年以上有期徒刑、无期徒刑或者死刑，跨度很大，法官自由裁量的空间也较大。法定刑的可选择性和法官较大的自由裁量权是一柄双刃剑，运用得当，可以限制和减少死刑的适用；运用失当，也可以扩大死刑的适用。从这个角度讲，也应当注意慎用死刑。

第二，刑法第263条采用的是相对确定的法定刑，起刑点是十年，最高刑是死刑。因此，并不是只要行为人具有八种情形中的某种情形，就可以判处其死刑，还要综合考虑影响量刑的各种因素（包括主观方面、客观方面，当地社会治安状况、对社会的影响等），综合加以分析、判析，看其罪行是否达到极其严重的程度，必须处以极刑。只有在适用十年以上有期徒刑、无期徒刑仍不足以体现罪刑相适应的原则时，才可以选择适用死刑（包括死缓）。

第三，抢劫罪属于侵犯双重客体的犯罪。由于人身权利的价值高于财产权利，如果抢劫行为只造成被害人的财产损失而未危害被害人的生命权和健康权的，则不属于危害后果特别严重，不应对被告人适用死刑。

第四，对于罪行极其严重并具有下列情形的行为人，可以考虑判处死刑立即执行：采用暴力手段实施抢劫，致人死亡或者致人重伤，情节特别恶劣的；抢劫银行或者其他金融机构、军用物资或者抢险、救灾、救济物资，对社会危害特别严重的；其他具有刑法第263条规定的八种情形之一，并造成特别严重的社会危害后果的。

对于具有下列情形的被告人，可以考虑不判处死刑立即执行：多次（三次以上）抢劫，或者抢劫数额特别巨大，但未造成被害人重伤、死亡或者其他特别严重后果的；被劫取的公私财物大部分已追缴或者退赔，且未造成被害人重伤、死亡的，等等。

（四）关于故意伤害罪死刑适用的标准问题

依照刑法第234条第2款的规定，犯故意伤害罪，致人重伤的，处三年以上十年以下有期徒刑；致人死亡或者以特别残忍手段致人重伤造成严重残疾的，处十年以上有期徒刑、无期徒刑或者死刑。这是关于故意伤害他人身体致人重伤或者死亡的处刑规定。

1. 按照本条第2款的规定，故意伤害致人重伤的，一般应当处三年以上十年以下有期徒刑；只有具有致人死亡或者以特别残忍手段致人重伤造成严重残疾的严重后果的，才应当处十年以上有期徒刑、无期徒刑或者死刑。所谓特别残忍手段，是指采取朝人面部泼镪水等方法严重毁人容貌、挖人眼睛、砍掉手脚、剜掉髌骨等特别残忍手段，造成他人严重残疾的行为，不是指一般重伤。"致人重伤造成严重残疾"的标准，参照1996年国家技术监督局颁布的《职工工伤与职业病致残程度鉴定标准》，是指被害人身体器官大部缺损、器官明显畸形、身体器官有中等功能障碍、造成严重并发症等情形之一的。残疾程度可分为一般残疾（十至七级）、严重残疾（六至三级）、特别严重残疾（一至二级），六级以上视为严重残疾。在有关司法解释出台以前，可统一参照工伤鉴定标准确定残疾等级①。

2. 按照本条第2款的规定，故意伤害致人死亡或者以特别残忍手段致人重伤造成严重残疾的，法定最高刑为死刑。司法机关在适用时，一定要严格掌握。首先，故意伤害罪和故意杀人罪虽然法定最高刑都有死刑，但在犯罪性质上是不相同的：一个是损害他人身体健康的犯罪，一个是剥夺他人生命的犯罪。其次，犯罪性质上的这种区别，反映在法定刑的排列上，故意杀人罪所处刑罚是由重到轻排列，故意伤害罪所处刑罚则是由轻到重排列。再次，在法定刑的形式上，采用的是相对确定的法定刑，即处十年以上有期徒刑、无期徒刑或者死刑，而不是绝对确定的法定刑。最后，致人死亡或者致人重伤造成严重残疾的原因和具体情节比较复杂，彼此有时差别很大。最高人民法院指出，故意伤害致人死亡和间接故意杀人，虽然都造成了死亡的后果，但行为人故意的性质和内容都截然不同。不注意区分犯罪的性质和故意的内

① 最高人民法院"全国法院维护农村稳定刑事审判工作座谈会纪要"，载《中华人民共和国最高人民法院公报》1999年合订本，第199页。

容，只要有死亡后果就判处死刑的做法是错误的，在今后的工作中，应当予以纠正。对于故意伤害致人死亡，“只有手段特别残忍，情节特别恶劣的，才可以判处死刑[①]。”同时指出，在司法实践中，并不是只要达到“严重残疾”就可以判处死刑，还要根据致人重伤造成严重残疾的具体情况，综合考虑犯罪情节和危害后果来决定刑罚。强调故意伤害致人重伤造成严重残疾，“只有犯罪手段特别残忍，后果特别严重的，才能考虑适用死刑（包括死刑缓期二年执行)[②]”。

3. 正确理解刑法第234条第2款的立法精神。1979年刑法第134条规定的故意伤害罪的法定最高刑为无期徒刑。1983年全国人大常委会通过的《关于严惩严重危害社会治安的犯罪分子的决定》（简称《决定》）对刑法第134条作了重要补充和修改，规定“故意伤害他人身体，致人重伤或者死亡，情节恶劣的”，可以在刑法规定的最高刑以上处刑，直至判处死刑。司法实践中，由于对“情节恶劣”理解不同，掌握不一，致使适用死刑的面较宽。

1996年在修订1979年刑法时，为了减少死刑的罪种，最高人民法院刑法修改小组和许多学者主张不再保留故意伤害罪的死刑，主要考虑如果故意伤害罪挂死刑，在量刑上就很难与故意杀人罪相区别，势必会扩大死刑的适用范围。所以在全国人大常委会法制工作委员会起草的《中华人民共和国刑法修正案（征求意见稿）》中，曾一度取消了故意伤害罪的死刑。后来，有的部门和学者认为，如果取消故意伤害罪的死刑，当遇到社会上时有发生的用镪水严重毁人容貌、挖掉双眼、砍断手脚等致人重伤造成严重残疾的案件，如果不杀，群众很难接受。立法机关最终采纳了这一意见，因而在刑法第234条第2款作了规定，意图从立法上严格限制故意伤害罪死刑的适用。

（五）关于毒品犯罪死刑适用的标准问题

依照刑法第347条第2款的规定，犯走私、贩卖、运输、制造毒品罪，有下列情形之一的，处十五年有期徒刑、无期徒刑或者死刑，并处没收财产：(1) 走私、贩卖、运输、制造鸦片1000克以上、海洛因或者甲基苯丙胺50克以上或者其他毒品数量大的；(2) 走私、贩卖、运输、制造毒品集团的首要分子；(3) 武装掩护走私、贩卖、运输、制造毒品的；(4) 以暴力抗拒检

① 最高人民法院“全国法院维护农村稳定刑事审判工作座谈会纪要”，载《中华人民共和国最高人民法院公报》1999年合订本，第199页。

② 同注①。

查、拘留、逮捕，情节严重的；（5）参与有组织的国际贩毒活动的。

司法机关在适用本条规定对毒品犯罪分子适用死刑时，应当注意以下几个问题：

1. 正确理解走私、贩卖、制造毒品犯罪适用死刑的毒品数量标准。

判处毒品犯罪分子死刑的毒品数量标准，刑法第347条第2款做了原则性规定。这个规定是人民法院对严重毒品犯罪分子决定量刑的法律依据。鉴于这个规定的量刑幅度很大，从十五年有期徒刑一直到死刑，因此，人民法院在审理这类案件具体量刑的时候，应当深刻理解立法机关和司法机关规范性文件的原意。

（1）走私、贩卖、制造海洛因50克一般不是适用死刑的毒品数量标准。在毒品犯罪严重的地区，有一种观点为，按照刑法规定，凡走私、贩卖、运输、制造海洛因数量达到50克（简称"50克"）的就可以判处死刑，而且强调这个标准不能降低。这种观点笔者不能赞同。尽管在理论上和实践中确实不能排除贩毒50克有杀头的可能，比如海洛因的纯度极高又具有武装掩护、暴力抗法等情节的，等等。但是，将"50克"作为适用死刑的毒品数量的原则标准却存在以下问题：首先，这种理解不符合刑法分则的规定。根据刑法第347条第2款规定，"50克"只是适用"十五年有期徒刑、无期徒刑或者死刑"这一法定刑幅度的起刑点；且该款规定的法定刑在顺序上是由轻到重而不是由重到轻排列，因而可以明显看出，对走私、贩卖、制造毒品50克的行为，立法原意是要优先考虑十五年有期徒刑的适用。而不是轻重倒置，优先考虑死刑的适用。其次，这种理解不符合刑法总则规定的死刑适用的总标准，即"死刑只适用于罪行极其严重的犯罪分子"。显然，走私、贩卖、制造毒品50克在一般情况下不能认定其犯罪行为达到"罪行极其严重"的程度，因而不符合死刑适用标准，司法机关不能对被告人适用死刑。再次，这种认识也有违"少杀、慎杀"的政策精神。在司法实践中，如果将"50克"规定为毒品犯罪适用死刑的数量标准，则死刑适用的绝对数势必大幅度增加，不利于死刑的严格控制。

（2）应当确定毒品犯罪适用死刑的数量标准。长期以来，适用死刑的毒品数量标准全国不统一。即使在一个省内，如云南省，不同中级人民法院之间掌握的标准也不完全统一。总体而言，越是毒品犯罪相对较多的地区，掌握的适用死刑的毒品数量标准相对越高。其次，刑法所规定的法定刑幅度较大，法定刑档次涵括了从有期到无期直至死刑三个轻重迥异的刑种。如果不根据审判实践经验确立各刑种适用的基本尺度（主要是毒品数量的多少），任由法官个人自由裁量，则势必难以保证量刑的相对平衡。为保证司法统一，一方面，各省（自治区、直辖市）对毒品犯罪适用死刑数量标准掌握不宜悬殊过大，而省内不同地区之间则应当尽量适用统一标准；另一方面，由于毒品犯罪的发案数存在明显的较大的地域差异，从各地控制死刑适用的实际需要出发，在毒品犯罪适用死刑数量标准的掌握上存在一定差异，既是难以完全避免的，也是合理的。因此，确定毒品犯罪适用死刑的数量标准，以达到相对统一，是十分必要的。

2. 对毒品犯罪分子适用死刑应当坚持“数量加情节”的原则。

应当指出的是，刑法第347条第2款规定的是可以判处十五年以上有期徒刑直至死刑的单纯毒品数量标准。笔者认为，毒品数量是考虑毒品犯罪适用死刑的重要标准，但不是唯一标准。根据刑法总则第5条规定的罪刑相适应基本原则和第61条规定的量刑一般原则，在决定毒品犯罪分子适用刑罚时，应当综合考虑包括毒品数量在内的一切足以反映行为社会危害性程度和行为人主观恶性程度、人身危险性程度的各种事实、情节，绝不能搞“唯数量”论，否则便难以保证罚当其罪，难以充分发挥刑罚的功效。

“数量加情节”是长期司法实践经验的总结。早在1991年，最高人民法院为贯彻全国人大常委会《关于禁毒的决定》（以下简称《决定》）而下发的《关于十二省、自治区法院审理毒品犯罪案件工作会议纪要》[①] 中，就提出，人民法院对达到《决定》第2条第1款规定的毒品数量标准的严重毒品犯罪分子，在量刑的时候，应当具体案件具体分析，根据犯罪的事实、情节和对社会的危害程度，决定应当判处的刑罚。特别是对于是否判处死刑的案件，既要根据毒品数量的多少，又要考虑犯罪的情节。2000年，最高人民法院为贯彻1999年召开的全国禁毒工作会议而下发的《全国法院审理毒品犯罪案件工作座谈会纪要》[②]，又重申“毒品犯罪数量对毒品犯罪的定罪，特别是量刑具有重要作用。但毒品数量只是依法惩处毒品犯罪的一个重要情节而不是全部情节。因此，执行量刑的数量标准不能简单化。特别是对被告人可能判处死刑的案件，确定刑罚必须综合考虑被告人的犯罪情节、危害后果、主观恶性等多种因素。对于毒品数量刚刚达到实际掌握判处死刑的标准，但综观全案，危害后果不是特别严重，或者被告人的主观恶性不是特别大，或者具有可酌情从轻处罚等情节的，可不判处死刑立即执行”。

---

① 载《中华人民共和国最高人民法院公报》1992年合订本，第22页。
② 载《中华人民共和国最高人民法院公报》2000年合订本，第86页。

3. 关于运输毒品犯罪适用死刑的法定刑标准问题。

根据刑法第247条第2款的规定，运输毒品犯罪与走私、贩卖、制造毒品犯罪适用同一法定刑标准。通过调查，笔者认为，应当将运输毒品罪的处刑标准与走私、贩卖、制造毒品罪区别开来。这是考虑到，首先，单纯的运输毒品行为与走私、贩卖、制造毒品的行为相比较确有其特殊性。按照犯罪行为对社会的危害程度配置法定刑，是制定刑法的基本要求之一。走私、贩卖、制造毒品的行为，或者是毒品犯罪的源头，或者直接导致毒品向社会扩散，而单纯的运输毒品的行为，只是毒品犯罪的中间环节，只是改变了毒品的空间位置，且由于毒品往往在流通环节即被截获，未流入社会，因此，类似情形下，运输毒品对社会的危害程度与走私、贩卖、制造毒品存在一定差异，如果配置以相同的法定刑，有违罪刑相适应的原则。其次，从刑法理论分析，运输毒品原本是走私、贩卖、制造毒品的帮助犯。刑法第27条规定："在共同犯罪中起次要或者辅助作用的，是从犯。对于从犯，应当从轻、减轻处罚或者免除处罚"。由于走私、贩卖、运输、制造毒品的行为，如果由一名犯罪分子孤立进行很难完成，一般都以共同犯罪的形式出现。而运输毒品的行为由于只是毒品犯罪的中间环节，运输毒品的犯罪分子在毒品共同犯罪中只起到次要的或者辅助的作用，按照刑法规定，理应从轻、减轻处罚。再次，宽严相济的刑事司法政策要求对运输毒品的犯罪分子予以区别对待。没有区别就没有政策。实践中，为赚取一定运费而受雇从事运输毒品活动的被告人，多为贫困农民、在劳务市场急于寻找工作的农民工、下岗工人、无业人员等。据不精确统计，这类人员约占全部运输毒品犯罪案件被告人的70%左右。[①]这些人与躲在其背后操控的毒枭相比，他们在整个毒品犯罪锁链中所起作用、所处地位相对轻微，主观恶性明显较小，其所获得的利益根本不可与毒枭相比，但风险相对却要大得多。而且，从某种意义上说，他们不仅是犯罪者，也是贫穷、无知、愚昧的受害者。如果对他们适用与走私、贩卖、制造毒品犯罪分子同样的处刑标准，则势必有悖我们重点打击毒枭的本旨，也难以体现刑罚的公正。最后，运输毒品犯罪案件在整个毒品犯罪案件中占很大比例。据不完全统计，运输毒品案件在全国毒品犯罪案件中约占70%，有的地区更高。据云南省高级人民法院提供的资料，近几年来，云南运输毒品犯罪案件在整个毒品犯罪案件的比例居高不下，每年一般都在80%以上[②]，其中相当

① 周道鸾："毒品犯罪的刑事政策和法律适用——云南毒品犯罪调查"，载《刑法评论》2006年第2卷，第285页。

② 同注①。

一部分是人体藏毒者。如果对运输毒品犯罪分子适用与走私、贩卖、制造毒品的犯罪分子相同的处刑标准，将不利于死刑的控制。

鉴于运输毒品犯罪的上述特殊性，建议立法机关在再次修改刑法或者单立禁毒法时，适当放宽运输毒品犯罪的死刑适用标准，将运输毒品与走私、贩卖、制造毒品的犯罪行为区别开来，以利于实现罪刑一般均衡。在刑法未作修改以前，司法机关在对运输毒品犯罪的量刑标准把握上，主要不应以毒品数量的大小决定刑罚适用的轻重。有证据证明受人指使、雇用运输毒品，又系初犯、偶犯的，即使数量很大，因属从犯，依法也不应当判处死刑立即执行。

强调运输毒品的特殊性，只是说对于那些受雇运输，具有初犯、偶犯情节的被告人不能适用与走私、贩卖、制造毒品的被告人完全相同的量刑标准。但对于运输毒品情节特别严重的，如运输毒品犯罪集团的首要分子，武装掩护运输毒品，暴力抗拒检查或者拒捕，参与有组织的国际毒品犯罪，以运输毒品为业、多次运输毒品，用集装箱运输毒品或者有其他情节特别严重的，则应当与走私、贩卖、制造毒品犯罪适用相同的死刑数量标准。

4. 关于如何掌握毒品犯罪死刑适用标准的问题。

长期的司法实践经验证明，对毒品犯罪必须坚持依法严厉打击的方针，坚持毒品犯罪适用死刑的标准，把打击的锋芒指向那些大毒枭、职业毒犯、惯犯、累犯等主观恶意性大、社会危害性大，以及那些将大量毒品走私入境，大量制毒、贩毒，诱使、强迫多人吸毒，武装押运毒品、暴力拒捕等情节特别严重的毒品犯罪分子，以狠狠打击毒品犯罪分子的嚣张气焰。同时，又必须坚持少杀、慎杀和惩办与宽大相结合的基本刑事政策，做到宽严相济，以最大限度地分化瓦解毒品犯罪分子，遏制毒品犯罪的发展。

根据上述法律规定和政策精神，笔者认为，毒品数量达到或者接近死刑标准，并且具有下列情形之一的，一般可以考虑判处死刑立即执行：（1）毒品数量达到死刑数量标准，没有法定、酌定从轻处罚情节的；（2）毒品数量大大超过死刑数量标准，尽管有酌定从轻处罚情节或者一般立功情节，但不足以从轻处罚的；（3）毒品数量接近死刑标准，具有再犯、累犯、利用或者教唆未成年人走私、贩卖、运输、制造毒品，或者向未成年人出售毒品等法定从重处罚情节的；（4）毒品数量未达到死刑标准，但属毒品犯罪集团首要分子、毒枭、职业毒犯、惯犯的；（5）毒品数量接近死刑标准，具有武装掩护毒品犯罪、暴力抗拒检查或者拒捕、参与有组织的国际毒品犯罪等情节的；（6）毒品数量接近死刑标准，具有多次走私、贩卖、制造毒品，向多人贩卖毒品，在毒品犯罪中诱使、容留多人吸毒等情节的。

毒品数量虽然已达到死刑标准，但具有下列情形之一的，一般可以考虑不判处死刑立即执行：（1）具有法定从轻、减轻处罚情节的；（2）毒品数量刚达到死刑适用标准，但毒品尚未流入市场，造成严重危害后果的；（3）公安机关已查获的毒品数量未达到死刑数量标准，但加上被告人主动坦白交代的毒品数量，达到或者超过死刑数量标准的；（4）对于查获的毒品有证据证明大量掺假，经鉴定查明毒品含量极低，掺假之后毒品数量才达到死刑数量标准的；（5）涉案毒品系刑法和司法解释没有规定定罪量刑数量标准的新类型毒品（如摇头丸、K粉等）的；（6）因特情引诱，毒品数量才达到或者超过死刑数量标准的；（7）共同进行毒品犯罪，毒品数量刚达到死刑数量标准，但难以区分主犯、从犯，各共同犯罪人作用相当或者责任不清的；（8）家庭成员共同实施毒品犯罪，其中罪行相对较轻的；（9）以贩养吸的被告人毒品犯罪数量刚达到死刑数量标准的；（10）受人指使、雇用初次参与毒品犯罪，没有法定或者酌定从重处罚情节的；（11）仅有被告人及其同案犯供述相互印证，没有其他证据佐证的；（12）其他不宜判处死刑立即执行的。

结　语

党的十六届六中全会从全面建设小康社会、加快推进社会主义现代化事业全局出发，作出了构建社会主义和谐社会的重大战略决策。司法机关在构建和谐社会进程中肩负着重大的历史责任。正确理解和掌握死刑适用标准，严格控制死刑的适用，有利于减少社会对立面，化消极因素为积极因素，从而有利于维护社会稳定，有利于社会主义和谐社会的构建。

生命权是公民的基本人权。人死不能再生。我国已签署但尚未经全国人大常委会批准的联合国《公民权利和政治权利国际公约》第六条规定："人人有固有的生命权。这个权利应受法律保护，不得任意剥夺任何人的生命"；"在未废除死刑的国家，判处死刑只能是作为对最严重的罪行的惩罚[①]"。2004年3月14日，第十届全国人民代表大会第二次会议通过的《中华人民共和国宪法修正案》第一次将"国家尊重和保障人权"[②] 写入宪法。"人权入宪"对司法工作具有重要的指导意义。为此，最高人民法院提出，人民法院在审判工作中，要"增强在司法领域保障人权，维护人民群众合法权益的能

---

① 程味秋、［加］杨诚、杨宇冠编：《联合国人权公约和刑事司法文件汇编》，中国法制出版社2000年版，第88页。

② 载《中华人民共和国宪法》，中国民主法制出版社2004年版，第55页。

力”；“各级人民法院要加强对刑事审判内在规律的研究，既增强严厉打击犯罪、维护国家安全和社会稳定的能力，又提高依法保障人权的水平，切实保证无罪的人不受刑事追究”。[①] 正确理解和掌握死刑适用标准，在办理死刑案件过程中依法保障犯罪嫌疑人、被告人的诉讼权利和合法权益，确保死刑案件的质量，对符合死刑适用标准的依法适用死刑，对不符合死刑适用标准的依法不适用死刑，做到打击犯罪与保障人权并重，必将有力促进我国刑事司法领域的人权保障，促进社会的和谐与稳定。

① 参见最高人民法院：“关于增强司法能力、提高司法水平的若干意见”，载《人民法院报》2005年4月5日第2版。

死刑特殊威慑力之辨伪

——以实证分析为视角

张远煌*

一、问题的提出

死刑对遏制严重犯罪具有最强烈的威慑力，一直是国家保留死刑的最主要根据。无论过去还是现在，在各国政府声称保留死刑的理由中，都毫无例外地包含了这一理由。①

从立法者或者司法者角度看，死刑最主要的必要性或功能在于：一方面，为某些严重犯罪（如谋杀）配置死刑，可以凸显这些犯罪的特殊严重性。这种特殊标定作为一种教化力量可以强化社会成员不去实施该类行为的抑制力。一旦废除死刑，就会降低人们对最严重犯罪的理解力，犯罪率就会相应上升。另一方面，通过死刑的执行所产生的现实恐吓效应，可以有效制止或阻吓其他严重暴行。法国内政部长佩雷菲在本国废除死刑前夕的主张，大致可以代表这类官方立场："如果废除了死刑，法国将陷入混乱，恐怕将退回到个人复仇横行的社会中去。"②

自国家产生以来，死刑始终是国家施于社会的最严厉控制手段，一直被视为是国家抗制最严重犯罪的最有效方法。但自1764年犯罪学家基萨里·比

* 北京师范大学法学院与刑事法律科学研究院党委书记；兼任刑科院犯罪学与刑事政策研究所所长，教授，法学博士，博士生导师。

① 如德国国会在1848年、1870年、1919年和1949年历次讨论废除死刑时，都包含着"时势险恶，没有死刑，社会上将激增暴力案件"的辩护理由。参见［德］布鲁诺·赖德尔：《死刑的文化史》，郭二民编译，三联书店1992年版，第174页。在我国也是同样如此。在1997年关于刑法修改草案的说明中，也指出：鉴于中国目前治安形势恶化，经济犯罪严重，尚不能减少死刑。

② 转引自［德］布鲁诺·赖德尔：《死刑的文化史》，郭二民编译，三联书店1992年版，第173页。

卡赖阿第一次提出死刑对国家既无益处也无必要的观点之后，[①] 关于死刑的特殊威慑力连同其他相关问题一直被哲学家、法学家和政治家们谈论不休。在我国，目前有关这一问题的认识和研究在法学领域，尤其是刑事法领域虽然比较热烈，但就其思考的角度和主要论点而言，很大程度上又在重复国外先前已有的成见。

事实上，关于死刑威慑力的问题，源于部门法理论或人权原理的应然性推论，其说服力都是比较苍白无力的，甚至是无的放矢的。因为，死刑威慑力问题首先就不是一个思辨性的问题，而是涉及死刑立法和死刑执行两个层面的实践活动，对于控制严重犯罪的实际效果问题。这一问题不同于“报应”这种深层的人类情感，其本身具有相当程度的可验证性。随着犯罪学实证研究素材的积累，死刑威慑力之检验在今天已具有了相应的事实基础。但问题的关键在于：如何对现有研究结论进行正确地解读；[②] 如何在正确解读的基础上，去伪存真地作出尽可能符合人性的理性判断。这些问题的回答，不仅有助于溯本清源地终结在死刑存在根据问题上，各种漫无边际的无谓之争，而且也有助于认清无论是保留死刑还是限制、废除死刑皆具有其合理性的实质，从而明确国家在推进社会文明语境下应该努力的基本方向。

二、死刑威慑力实证研究结论之展示

死刑威慑力的验证，以美国20世纪60年代以来的系列实证研究最具代表性。[③] 目前所获得的有关重要结论，大致可以归纳如下[④]：

（一）研究涉及的犯罪类型

集中于死刑立法或死刑执行对谋杀犯罪的影响，没有涉及毒品犯罪、经济犯罪和具有政治动机的暴力犯罪。[⑤]

---

① 参见［德］汉斯·约阿希姆·施奈德：《犯罪学》，吴鑫涛、马君玉译，中国人民公安大学出版社1990年版，第982页。

② 在关于死刑存废根据的研究中，目前比较普遍地存在各取所需、缺乏科学分析地引用相关实证研究结论的现象。

③ 其代表性在于：美国是西方国家中保留和适用死刑最多的国家；其犯罪学研究处于国际领先水平。

④ 以下素材，除另有注释外，参见［英］罗吉尔·胡德：《死刑的全球考察》，刘仁文、周振杰译，中国人民公安大学出版社2005年版，第425—474页；前引3，第982页。

⑤ 这种研究的典型性在于：如果死刑对谋杀没有威慑力，则对其他犯罪就更没有威慑力了。因为，相对于杀人犯罪，其他犯罪更是由于社会因素的诱发；同时，对不以剥夺生命为内容的犯罪适用死刑，在道义上也更成问题。

（二）检验的基本方法

1. 比较同一区域死刑废除前后谋杀的发案情况；

2. 比较废除死刑与保留死刑的不同区域谋杀的发生率；

3. 分析死刑实际执行后，同一区域在一定时限内谋杀犯罪数量的下降率。

（三）基本的实证结论

1. 关于死刑立法的威慑力

（1）塞林教授：1977年对在社会组织、人口结构以及经济、社会条件相似的15个州（共分5组，每组的3个州至少有一个州保留着死刑）的调查结论：在1940—1955年期间，这些州的年平均凶杀率与最高法定刑是否为死刑之间不存在联系；

（2）皮特森、拜莱教授：在1980年至1995年间，对6组规定有死刑的州和取消死刑的州的凶杀率的分析表明，这些州的大部分证据证明死刑与威慑假设相反；

（3）拜莱教授：在1987年和1994年，分别对50个州1961年至1971年和1973年至1984年两个时期的杀警行为的分析结论是：没有发现证据可以证实在规定了死刑的州的杀警行为，要少于没有规定死刑的州。也即，死刑规定并不能为警察提供额外的可使其免受被谋杀的保障。

上述材料也印证了美国更早期的舒斯勒教授对1925—1949年间死刑效果的研究结论：没有死刑的州，杀人犯罪率比有死刑的州低；同时，同时期其他国家——加拿大、英国、新西兰、澳大利亚、丹麦、瑞典、挪威、荷兰、意大利和奥地利——的数据也表明，死刑对凶杀率的升降没有什么影响。①

2. 关于死刑执行的威慑力

关于一次死刑的实际执行，是否会减少紧随其后的某段时间内（最长以1个月为统计周期）的凶杀数量，目前多数结论倾向于确认死刑执行具有一定的实际威慑力，但具体结论不尽一致：

（1）厄林奇教授：1975年对美国1935—1969年间凶杀率与死刑执行率之间的关系的研究结论为：执行率越高，凶杀率就越低；在每年犯罪高发期多执行一次死刑，或许平均可以减少7至8宗谋杀案。

（2）莱森教授：1985年对1936—1977年和1934—1986年两个时间段的凶杀数据，重复厄林奇的分析方法得出的结论是：在凶杀率与逮捕率、定罪及定罪后执行的可能性之间存在统计学上的负相关，即随着这些惩罚变量的

① 参见［美］D. 斯坦利·艾兹恩、杜格·A. 蒂默：《犯罪学》，谢正权、邬明安、刘春译，群众出版社1988年版，第519页。

可能性的上升，凶杀率出现下降；同时，其估计的惩罚变量的交换值为：每一次死刑执行可减少 8.5 至 28 宗凶杀案。

(3) 拉宾教授：2002 年对美国 3000 余个县 1977—1996 年的凶杀率与执行率进行的统计分析认为，一次死刑执行至少平均减少 18 次谋杀。

对上述结论提出反证的是：塞林教授 1967 年和 1980 年在对实施死刑的州和已经取消死刑的邻州的凶杀案数量进行比较后认为，已经取消死刑的州的凶杀案要少于实施死刑的州，最早废除死刑的州，其凶杀案数量最低；莱伯特教授 1983 年进行的验证性研究结论是：死刑的执行与谋杀犯罪之间没有直线联系。

(四) 实证结论的刑事政策价值

从方法论上讲，任何有关死刑威慑效果的精细研究，都面临着两个无法跨越的障碍：其一，威慑与心理感应相联系，而对心理感应的强弱，往往因人和因环境而异，难以进行精确统计；其二，更为重要的是，人类至今为止，尚无将死刑威慑力对凶杀犯罪的影响与同时期源于社会因素、个体心理因素及生理因素的影响剥离开来的手段和能力。在这种情况下，从一个角度提出的关于死刑效应的验证结论，往往也可以从另外的角度提出其他的替代解释，从而使人们对死刑威慑效应的有无或者究竟有多大，难以得出很确定的明确结论。正因如此，即使在理论界也有“死刑的威慑力不可能被证明”的观点。①

但是，在刑事政策层面，“死刑威慑力难以被精确证明”这一问题本身并不足以影响是否选择将死刑作为与严重犯罪作斗争的合理手段。人类作为智慧型动物的特性决定了，人们完全可以根据“重罪和轻罪是由于其他与立法者轻而易举写出的、法官一直适用的刑罚根本不同的原因的共同作用而增加和减少”② 的犯罪规律和死刑适用机理的经验性认识，获得有关死刑对预防严重犯罪实际功效的正确推论。现有的各种应用研究，再加上人类与犯罪作斗争的丰富实践，对于人类理性地选择反犯罪手段已经足够，并不需要得到所谓的确切证实的结论后，才能在反犯罪的对策体系中，排除死刑的运用。因为，按照经过理性过滤后的经验行事，原本就是人类最基本、最重要的行为模式。至于死刑无威慑效力或效力极为有限的经验性结论的刑事政策指导意义，则取决于如何看待这种结论的道德和政治观点，而不应是结论本身。如

① ［日］大谷实：《刑事政策学》，黎宏译，法律出版社 2000 年版，第 112 页。

② ［意］恩里科·菲利：《犯罪社会学》，郭建安译，中国人民公安大学出版社 1990 年版，第 60 页。

果以死刑威慑效力的应用研究尚不是十分精确为由，拒绝或漠视现有的研究结论，从科学研究角度看，这是假借自然实验科学之精细研究标准，来衡量社会科学研究结论的不切实际的机械言论，也是值得高度警惕的、具有相当迷惑性的一种当代死刑维护论。如果将关于死刑威慑力的科学证据应用于刑事政策，都要求极其严格的证明标准，实质上是假借“科学”之名，行维护死刑之实。其结果是在原本简单但已被人类弄得十分纷乱的死刑效力问题上乱上加乱，以致使许多不明事理的人无所适从。

三、死刑立法无特殊威慑力之论证

关于死刑立法的威慑力，各类应用研究都一致地证明：死刑的抽象存在并不能产生减少谋杀行为的预期效果。这一结论，由于以下事实得到了进一步补强：其一，在那些已经废除了死刑的国家中，尽管这些国家有大小、强弱之分，也有地域和文化之别，都没有因此发生暴力犯罪暴涨、社会治安难以控制的局面。[①]

既然“关于威慑力或者一般预防效果的价值，现在不是都承认在科学上已经没有什么意义了吗?”[②] 为什么死刑立法对犯罪有特殊威慑力，还是被官方反复强调呢？其原因不在于现有的科学认识不足，而在于人们观念上的误区和政治上的误导。

（一）立法者忘记了一个基本事实：社会并非简单的同类集合体

在立法者看来，犯罪与将要遭受的惩罚是如此确定，每一个正常的社会成员都应当以其最基本的预见，面对死刑的威胁，在死罪面前望而却步。[③] 这种由来已久的习惯性认识，实际上陷入了认识的误区：人类社会是整齐划一的同类集合体。然而，真实的人类却是：“人类的生命如同其他物种的生命一样，永远既有普遍性又具有特殊性，永远既有它的群体表现又有个体表现。”[④] 社会作为一个复杂的大系统，是由在生理结构及心理结构特征方面大不相同

---

① 自1966年开始，废除死刑的国家数量一直在不断增加。截至2007年中期，全世界法律上已经废除死刑的国家和实践中废除死刑的国家已达127个，所占国家比例已达到65%。参见［英］罗杰·胡德：“当今世界死刑的地位与适用问题的发展”，载2007年6月20日至21日北京师范大学刑事法律科学研究院与中英协会联合举办的《中欧死刑项目启动学术座谈会论文集》。

② 参见［日］菊田幸一：《犯罪学》，海沫等译，群众出版社1989年版，第289页。

③ 事实上，我们的教科书传统上也是这样教育那些未来的法律人的。参见高铭暄、马克昌主编：《刑法学》，中国法制出版社1999年版，第408页。

④ ［美］查尔斯·霍顿·利库：《人类本性与社会秩序》，包凡一、王源译，华夏出版社1999年版，第33页。

的、分属各个社会阶层或隶属于不同社会组织的、处于不同生存状态的个体相互结合的产物。社会成员固然有体现该社会基本属性的某些共性特征，但个性始终是标示社会成员真实存在的最基本方面。而立法始终是以社会共性为根基的，其指向只能是过滤掉了具体差异的一般意义上的社会人。这种本质上的对立决定了，有立法就必然有违法，有死罪就必然有人冒犯死罪。在这种意义上，刑法中的死刑规定，在功能上最多只能表征立法者最憎恶的行为类别。除此之外，再难以有其他的功利价值。这正如钟表上的指针，虽具有指示时刻的功能，但却不能影响时刻一样。

人最初作为生物体，经过制度化的以社会期待的行为模式和社会角色为基本内容的社会化过程，才转变为具体的社会存在。但是，“人类并非只是等着接受或安排的被动对象”。“在社会化的过程中，我们每个人都发展出自我认同感，以及独立思考和行动的能力。”① 面对死刑这种制度性安排，人们的认识态度本质上存在重大差别。对那些深受主导意识约束、社会规范内化良好、生存竞争能力强的人群而言，不用说杀人，就是一般的违法也是道德或宗教上的可耻行为。对这类群体而言，借助于死刑威慑告诉他“不要杀人”往往是多余的。而对那些因物质和精神的双重贫困而陷入生存竞争的原始状态中的人，遵守文明规则本身就是一种奢侈品。其是否犯罪、是否杀人，主要取决于个体攻击性的强弱和所处微观环境中有无相应的刺激源。对这类社会本没有尽到救助义务的人群而言，只有当惩罚实际降临到他们身上时，才会唤起其一直处于潜意识状态的社会良知。对自己行为的社会评价后果，缺乏预见甚至麻木或缺乏社会所期待的感应能力，正是他们生存状况的自然体现。也许，对死刑立法的预期威慑有所认识的，只是那些社会化过程基本完成并在社会监督保持良好状态下，能够基本顺应社会期待的人群。但问题在于：这类人即使对死罪在思想上有所认识，但死刑的威慑力也只有在外在诱发或刺激因素尚未超出其心理承受能力时，才会发生作用。否则，触犯死罪或者是一种理性计算后的自觉选择，或者是原始冲动被激发后的自然反应。既然如此，死刑区别于其他刑罚方法的特殊威慑力，就只能存在于立法者不明事理的假想之中了。

（二）立法者和司法者对死刑发挥“威慑效应”的苛刻条件缺乏应有认识

从刺激与反应的互动规律看，要发挥死刑预设的心理威慑力，由抽象的

① 安东尼·吉登斯：《社会学》，刘琛、张建中译，北京大学出版社 2003 年版，第 27 页。

死刑立法转化为实际的死刑执行，必须具有必定性和及时性。但当人们在津津乐道于贝卡利亚关于刑罚的必定性和及时性效率原则的英明论断时，[①] 却往往忽视了保证死刑必定性和及时性的前提条件是十分苛刻的：所有或至少多数为立法悬为死罪的行为，一旦发生都能被及时发现并得到公正处理。然而，这正是人力所难以企及的。

其一，侥幸心理的普遍存在，很大程度上阻断了犯罪与刑罚之间的必然联系。在法的一般观念上，刑罚作为犯罪的应然结果并没有错误，但实际情况却远非如此。由于在实际发生的犯罪、被揭露的犯罪和应受惩罚的犯罪之间，存在着依次锐减的“漏斗效应”，[②] 犯死罪后能逃脱惩罚的侥幸心理在社会各阶层中普遍存在。这种以不会被发现、发现了也能逃脱、被逮住了也能化解的心理确信为基本内容的侥幸心理，之所以成为一种普遍的社会心理现象，是由于：犯罪后客观上存在着大量不被发现的机会。

这种机会或者是犯罪人自己制造的，如计划周详、手段高明，没有留下为“寻迹追踪”所需要的线索和证据；或者是因执法者的局限而形成的，如未能收集到本可以收集的线索或证据，错过了查缉犯罪人的时机等。这种实际发生但未能查获的犯罪，其总体规模要大于已被证实的犯罪，不仅仅是一种经验事实，而是被反复验证过的一条基本统计规律。[③]

即使犯罪后被发现，同样也存在不少不被定罪或不被判处死刑的机会。这除了政治权力干预、成功收买司法人员以及犯罪人在犯罪前就握有能使自己获得从轻处罚的某种法定事由等情形外，更具有一般意义的是：在犯罪追诉程序日益高度程式化的现代法治环境中，实际上犯有死罪但在法律上难以充分证明的情形客观上也在增加。这种具有相当事实基础的侥幸心理，正是犯罪人敢于以死相犯的重要原因，也是将死刑的预设威慑力抵消得丧失殆尽的强大心理力量。因为在这里，对潜在的犯罪人而言，重要的已不是法律中是否规定有死罪，而是犯罪后被发现和被证实的概率。而要提高这种概率，由于受制于犯罪规律和人类认识的局限性，社会即使投入了所有的资源也未必能够明显见效。

其二，从死刑的抽象恫吓到死罪的认定和死刑的执行之间由于存在着重

① ［意］贝卡利亚：《论犯罪与刑罚》，黄风译，中国大百科全书出版社 1996 年版，第 59 页。

② 参见张远煌：《犯罪学原理》，法律出版社 2001 年版，第 263 页。

③ 犯罪黑数大量存在，并且在总的规模上往往超过官方的犯罪统计，是现代犯罪学关于犯罪现象的一个基本认识。这意味着被纳入刑事司法轨道的犯罪数量只是实际发生的犯罪中的少数。仅凭这一点也足以说明试图依靠刑罚尤其是死刑的威慑力来减少犯罪是不明智的。

要的时间差距，使死刑的及时性在制度上成为不可能。除了揭露死刑犯罪所耗费的时间周期外，在现代法治社会中，基于刑罚适用尤其是死刑适用的公正性和人权保障的考虑，犯罪行为的实施与刑事责任现实化之间间隔的时间越来越长。这不仅客观上增加了免除或减轻犯罪人死罪责任的机会，而且也衰竭了死刑可能具有的威慑效力。

（三）政治上的误导强化了依赖死刑的社会心理

死刑“这种暴力虽然往往冠有高尚的概念，但它实际上不外是集体的罪恶感和整个社会的焦虑的爆发”。[①] 尤其是面对社会矛盾或冲突比较突出、犯罪形势比较严峻的时局，死刑作为一种仪式或宣言的载体，具有难以被割舍的政治功能。这就是：它可以凸显国家打击犯罪的决心，从而利于凝聚民心。

一方面，运用死刑与犯罪作斗争，可以表明政府维护治安和保护大众利益的态度是坚决的，措施也是严厉和果断的，并且已经做了该做的；另一方面，通过将罪责完全归咎于犯罪者本人，彻底扫除害群之马，既可以转移公众对真正导致犯罪形势恶化的社会因素（尤其是制度性因素）的注意力，也有利于确立对公众负责的政府形象。此外，对社会而言，也许有时“与死刑相关的不是他人的罪责，而是自身的罪恶感，所以要找替罪羊。若替罪羊本身也有罪责，当然更好。没有罪责，也不碍事。因为牺牲者替共同社会负了责”。[②] 显然，在这种情形下，所涉及的已不是死刑是否真正具有特殊威慑力的问题，而是死刑本身所具有的象征意义。在政治范畴，这样做可能有迫不得已的情形，但它却使盲目信仰死刑威慑力的社会基础越发巩固，则是不争的事实。

四、死刑执行威慑力之辨析

死刑的执行，不同于死刑的抽象立法。作为一种具体的物化力量，就人类的实际观察力而言，目前支持死刑执行在短期内可以在一定程度上减少凶杀数量的证据要优于相关的否定证据。因为，对知晓或获悉对某人执行死刑这一事实的人而言，不可能不产生一定的“应引以为戒”的心理影响。具体地讲，死刑执行的辐射效应可以基于如下事实而成立：死罪的正确认定与死刑的及时执行，能够在一定时间内使一定范围的旁听传闻者现实地认识到国家对某些严重犯罪行为的最严厉谴责态度，促使他们由此进一步联想到，作为一个那样的犯罪者所直接带来的将是鲜活的生命变成死尸的结局。这种心

① ［德］布鲁诺·赖德尔：《死刑的文化史》，郭二民编译，三联书店 1992 年版，第 183 页。
② ［德］布鲁诺·赖德尔：《死刑的文化史》，郭二民编译，三联书店 1992 年版。

理感应有利于相关的第三者，基于对死刑的本能畏惧而在短时间内抑制自己实施类似犯罪行为的意念。

但是，从科学的犯罪原因论和人道的刑事政策角度看，即使接受死刑的执行短期内可以减少凶杀数量这一事实，因其对犯罪的实际控制意义极小，代价又过于高昂，因而至少不应被作为遏制严重犯罪的常规手段加以考虑。

（一）死刑的执行最多只能产生暂时推迟其他凶杀行为发生的效果

从死刑的作用机理看，其威慑力是建立在人类惧怕可感知的死亡这一心理基础之上的。死刑的执行由于将法律规定的抽象死刑现实化了，有助于提醒或强化人们不可以犯死罪的心理。但这种效果在性质上只能是短期的和暂时性的。不仅随着时间的推移，要牢记“前车之鉴”是需要被经常教导的，而且针对个案的死刑执行，对人类的攻击本性以及诱发这种本性的众多外在因素不能产生丝毫的限制或削弱作用。因此，虽然死刑的执行在短期内可以产生暂时推迟其他凶杀行为发生的效果，但从中长期来看，并不能实质性地减少凶杀。而这种短期正面效果，实际上也从反面证明了死刑并没有人们所相信的一般阻吓功能。

（二）凶杀犯罪发生的真实原因决定了死刑执行的威慑效应十分微弱

即使政府为了维护死刑的这种短期威慑效果，不断地大量执行死刑（这在现代法治社会显然是不可能的），也难以收到稳定的减少严重犯罪的效果。因为死刑的这种威慑效应，除了同样受前述影响死刑立法效应的诸因素的制约外，在现实生活中，更深受以下事实的影响：

1. 凶杀行为往往是由激情冲突所致。这种情况所反映的正是真实的人性：人不仅具有按照社会期待行动的理性（这正是为立法者所看到并强调的），而且其行为很大程度上也受情感和本能所左右。因为，人作为社会性和生物性的统一体，后者也决定着我们的能力、性情、可教育程度以及我们与生俱来的可以称之为模糊的心理倾向的东西。[①] 这决定了，在多数情况下，犯罪人对自己的行为可能遭致死亡的惩罚是缺乏足够想象力的。

2. 杀人如同其他犯罪形式一样，是处于不同情境中的个体，解决所面临的激烈冲突的一种方式，具有其自身的功能价值。为维护尊严、发泄私愤而杀人是如此；在实施一项死罪时发现有目击证人或知情人，为了使自己不被告发以及为对抗警察的缉捕而实施的杀人，也是如此。

3. 对于有组织犯罪者，杀人常常是基于内部纪律或排除犯罪障碍的需要。

---

① ［美］查尔斯·霍顿·利库：《人类本性与社会秩序》，包凡一、王源译，华夏出版社 1999 年版，第 7 页。

至于刑法中是否规定有死刑和现实中是否有同类人被执行死刑，都难以成为其决意杀人的阻却因素。因为，既然选择了以犯罪为业，不仅对可能到来的相应惩罚具有心理准备，而且这种杀人行为本身往往正是犯罪者求得自保的一种必要手段。

4. 对于那些因政治或宗教信仰而杀人者，杀人是实践信仰的需要，面对可能的死亡，所表现出的往往是大义凛然、视死如归的心理态度。

5. 对索取报酬的职业杀手而言，犯罪被视为一种冒险。对他们真正有诱惑力的是既完成作业又不被擒获。至于擒获后的死亡，作为冒险失败应付的代价，已在其预计之中。

在所有类似的难以一一列举的情形下，杀人者或者事前对死罪已有认识却自觉为之或不得不为之，或者当时没有认识但事后悔之晚矣！既然有预见也要杀人，无预见也要杀人，杀一儆百的威慑效果又如何能够实质性地或稳定地减少凶恶犯罪的发生？

（三）死刑执行本身还可能产生刺激凶杀行为的效应

从实际运作看，死刑执行是国家安排得最为精细和最为周详的一种合法杀人行为。它在产生短期推迟凶杀行为发生的效果的同时，也往往会产生相应的残酷化效应。“体现公共意志的法律憎恶并惩罚谋杀行为，而自己却在做这种事情；它阻止公民去做杀人犯，却安排了一个公共的杀人犯。”① 这种代表社会的杀人，在向社会成员传递最严厉的警告信息的同时，也蕴涵着刺激社会暴力的可能性。这正是不以人的意志为转移的死刑执行功效上的矛盾律或辩证法。如此一来，相对于对严重犯罪的社会控制而言，死刑执行原本就很微弱的功效，在反犯罪对策的构想上，就更不应当作为减少严重犯罪的必要手段加以选择了。

结　论

基于上述有关死刑威慑力的讨论，可以总结出如下的结论性认识。

第一，死刑威慑力的定位：死刑对严重犯罪具有特殊威慑作用，只是人类添附上去的功能。死刑对遏制严重犯罪具有特殊威慑力，并非死刑存在的固有根据，而只是我们文明人类基于主观臆断自己添加上去的功能。因为，威慑的概念在古代还不为人们所知。早期的祖先们所看到的仅仅是恶行本身，即使无恶意的人甚至物件也可以被拿来代替问罪，因此就不需要什么威慑作

① ［意］贝卡利亚：《论犯罪与刑罚》，黄风译，中国大百科全书出版社1996年版，第49页。

用了。在本来意义上，死刑只因满足人类报应情感的需要而存在。这既是死刑存在的最深刻心理基础，也是死刑存在的最基本社会伦理依据。对此，曾担任过英国上诉法院院长的丹宁爵士，针对当时要求结束对任何犯罪的死刑判决时，所作的回答大体上是符合人类对待死刑的真实态度的："刑罚是社会表现它对不道德行为的谴责方式；而且，为了维护对法律的尊重，对重罪判处刑罚反映了大多数公民对这些罪行的厌恶感。认为刑罚的目的是威慑或改造或预防而不是其他别的东西，这是错误的。实际情况是，一些犯罪非常残暴，以至于社会必须给予适当的刑罚，因为作恶者应受到这种惩罚，不论刑罚是否是一种威慑因素。"①

第二，死刑存在的真正根据：满足人类根深蒂固的复仇欲望。存在于世界各地的古老禁忌中，实际上就有了死刑立法的最初形态："禁忌的体系是要求死刑的呼声的直接前提。"在早期人类的禁忌体系中，最重要的禁忌有两种：一是近亲奸；二是不杀人。② 这两种禁忌正是针对人类的"性本能及以破坏为目的的攻击本能"③ 而设立的。由于违反这两种禁忌的行为，危及了人类的自身繁衍和生存，因而在古代几乎所有地方都将之视为死罪。"在这些禁忌的欲望里，关于乱伦的欲望特别重要。你们知道，人类的社会如何憎恶这种兽欲，而悬为严禁。"④ 在今天，虽然乱伦的欲望最终让位于我们理性设计的、并因天长日久习以为常而认为具有当然合理性的一夫一妻制。⑤ 但是，"杀人者死"的复仇本能，却是人类自身难以泯灭的天性。这决定了，"现代刑法的各种主义也建立在和过去禁忌体系相同的心理基调上。"⑥ "倘使我们把死刑当做'危害团体罪而为的处罚'，那么置罪犯于死地，就是私人或团体报仇所产生的结果。倘使我们把犯罪解释为'危害公众福利的行为'，那么死刑大概可作为扫除害群之马的一种办法。"⑦ 而无论采取何种解释，死刑所真正体现的，始终是个人或社会的最强烈的复仇情感。

---

① ［美］D. 斯坦利·艾兹恩、杜格·A. 蒂默：《犯罪学》，谢正权、邬明安、刘春译，群众出版社 1988 年版，第 510 页。

② ［德］布鲁诺·赖德尔：《死刑的文化史》，郭二民编译，三联书店 1992 年版，第 6—8 页。

③ ［奥］弗罗伊德：《精神分析引论》，高觉夫译，商务印书馆 1984 年版，序第 10 页。

④ ［奥］弗罗伊德：《精神分析引论》，高觉夫译，商务印书馆 1984 年版，第 162 页。

⑤ 人类家庭制度的进步，正是伴随着对人类乱伦本能的制约而实现的：首先是排除了父母和子女之间相互的性交关系；继而对姐妹和兄弟也排除了这种关系。参见恩格斯："家庭、私有制和国家的起源"，载《马克思恩格斯选集》（第 4 卷），中国社会科学出版社 1988 年版，第 33 页。

⑥ ［德］布鲁诺·赖德尔：《死刑的文化史》，郭二民编译，三联书店 1992 年版，第 18 页。

⑦ ［美］约翰·列维斯·齐林：《犯罪学与刑罚学》，查良鉴译，中国政法大学出版社 2003 年版，第 365 页。

从现代角度看，死刑报应观之所以经过人类理性和人道主义观念与实践的长期荡涤，依然具有超越时间和空间范围也不受地域和文化影响的顽强的生命力，[①] 除了死刑深深植根于人类复仇的本性欲望这一根本原因外，也因为死刑与朴素的正义观念相契合，具有难以否认的正当性。作为人类制度化体系的组成部分，死刑本质上是在原始复仇基础上设计出来的一种必要的恶。这种"恶"由于反映了"善有善报、恶有恶报"、"杀人偿命"的深层道德呼唤，非常接近于一种正义的理想，因而具有强大的说服力。既然首创正义定义的古罗马法学家乌尔比安（Ulpian）也说，正义就是使每个人获得其应得的东西的永恒不变的意志，[②] 那么，被害人亲属要求国家判处杀人犯死刑的情感，就成为应当得到尊重的正义诉求；而国家代表社会残暴剥夺他人的生命，也就是对这种正义诉求的必要回应。

第三，死刑存废的实质：人类理性对自身复仇情感的抑制程度。既然死刑来源于人类的本性需要，对于今天已经进化得高度文明的人类而言，也只能在尊重它"符合人类道德情感"的前提下，采取为现代文明可以或更乐于接受的方式进行引导、抑制或缓和，而无法无视它符合人类本性的事实。人类的文明史表明，制度的进步往往是人类理性压制人类本性欲望的结果。作为一个自然的消亡过程，死刑制度的最终命运也将取决于人类自身文化建设对人类本性的压制程度。"因为文化的建设程度有赖于满足本能的牺牲程度，文化的存在有赖于强烈本能要求的不满足（克制、压抑或其他）。"[③] 由此决定了，死刑存废的历史轨迹只能表现为如下的互动过程：现代文明可以在多大程度上承认和满足人类"杀人赔命"的报复倾向。

当人类的文明理性在压抑这种心理冲动时，尚不能取得优势地位，死刑存在的心理基础和伦理根据就会被强调；再辅之以诸如国情特殊及犯罪形势

---

① 在世界范围内，虽然废除死刑的国家在增加，但要求恢复死刑的声音始终存在，并出现废而复用的波动现象，如菲律宾自1976年起的11年间，未处决过死囚，1987年通过的新宪法则废除了死刑，但1994年又恢复了对强奸儿童、贩毒和谋杀等重大罪犯的死刑，并在1999年1月4日执行了一例死刑，参见《人民日报》1999年2月13日。斯里兰卡于2004年11月宣布恢复对实施杀人、强奸和贩毒的犯罪人执行死刑，由于在过去30年中一直没有执行死刑，现在全国没有一个职业刽子手，以至斯里兰卡在全国紧急寻找职业刽子手，参见《法制晚报》2004年12月28日。美国最高法院在1976年之前的九年时间里曾暂停了死刑，但在1977年1月17日枪决了一名杀人犯。参见：http://www.chinanews.com.cn/news/2005/2005—12—02/8/660050.shtml.

② 参见［古罗马］查士丁尼：《法学总论——法学阶梯》，张企泰译，商务印书馆1989年版，第5页。

③ ［德］弗罗伊德：《文化及对文化的不满》，转引自［奥］弗罗伊德：《精神分析引论》，高觉夫译，商务印书馆1984年版，译序第13页。

严峻之类的官方辩解，死刑就更有继续合法地存在下去的充分理由。反之，在文化建设达到了当人们（尤其是政治家）想要将死刑存在的理由体系化都难以办到的程度时，所有反对死刑的观点就会得到无条件的承认。此时，死刑作为对付严重犯罪的必要或有益手段的伪装也将一一被剥去。

最后，应当指出的是，虽然死刑寿终正寝是日益表现出的自然趋势，但其实际的历程如何，则与政府的现实引导密切相关。尤其是直接体现国家反犯罪意志倾向的刑事政策导向，与死刑存废的实际状况更是关系重大。

联合国死刑价值选择与中国死刑政策出路

谢望原*

自从联合国1948年12月10日《世界人权宣言》、1966年12月16日《公民权利和政治权利国际公约》以及1966年12月16日《经济、社会及文化权利国际公约》① 通过并宣布以来，人权问题就越来越成为国际社会关注的一个极其敏感的焦点问题。而刑事司法由于与人权有着“道不清，理还乱”的复杂关系，因而每当言及人权，人们无不想到刑事司法领域的人权保护问题。刑事司法领域中与人权最为纠缠不清的就是死刑问题。我认为，尽管人权应当有一个基本的国际标准，但是一个国家国内法上设计采用何种刑罚方法，仍然应当是一个国家的内部事务。中国是一个具有五千年以上文明史的古国，幅员辽阔，人口众多，民族复杂，东西南北中经济文化发展极不平衡，恐怕在相当长时期内不会废除死刑。但是，中国作为一个联合国的常任理事国，到目前为止我国已经加入20多个有关人权的国际公约，并批准了其中一些十分重要的国际人权公约，无疑有义务遵守联合国的有关国际人权公约规定的人权保护准则。为此，当前认真研究联合国关于死刑的价值选择、了解

---

* 中国人民大学法学院教授，博士生导师；国家重点研究基地中国人民大学刑事法律科学研究中心副主任；区际刑法研究所所长。

① 1948年的《世界人权宣言》、《公民权利和政治权利国际公约》（又称《B公约》于1966年12月16日由联合国大会通过并开放供签署，1976年3月23日起该公约生效，共有53条）以及1966年《经济、社会及文化权利国际公约》（又称《A公约》），被统称为“国际人权宪章”。我国是在1997年10月27日签署《A公约》，并于2001年2月28日决定批准的。2003年6月27日，我国政府正式向联合国提交了履行该公约的首份履约报告。《B公约》规定的应受保护的人权包括：生命权、免予酷刑和不人道待遇的自由、免予奴役和强迫劳动的自由、人身自由和安全权、迁徙自由、公正审判权、法律前的人格权、思想、良心和宗教自由、自由发表意见权、和平集会权、自由结社权、法律前平等，等等权利。2005年9月6日，中共中央政治局常委罗干在北京召开的第22届世界法律大会上表示，中国政府正在积极研究《公民权利和政治权利国际公约》涉及的重大问题，一旦条件成熟就将履行批准公约的法律程序。这是中国最高层就《公民权利和政治权利国际公约》批准问题的第三次郑重表态。

当前世界死刑存废问题、探讨中国死刑政策等问题就十分必要。

一、联合国关于死刑的价值选择

联合国关于死刑的价值选择主要体现在联合国制定的有关死刑的国际法规范文件中。联合国有关死刑的国际公约主要有以下几个：（1）1966 年 12 月 16 日联合国大会通过的《公民权利和政治权利国际公约》（1976 年 3 月 23 日生效，以下简称《B 公约》）；（2）1989 年 12 月 15 日第 44 届联合国大会通过的《旨在废除死刑的公民权利和政治权利国际公约第二任择议定书》（以下简称《第二任择议定书》）；（3）联合国经济与社会理事会于 1984 年 5 月 25 日批准的《关于保护面对死刑的人的权利的保障措施》（又译为《关于保护死刑犯权利的保障措施》，以下简称《保障措施》）；（4）联合国经济与社会理事会第 1989/64 号决议通过的《对保障措施的补充规定》（又译为《保护死刑犯权利的保障措施的执行情况》）；（5）联合国经济与社会理事会第 1989/65 号决议通过的《有效防止和调查法外、任意和即决处决的原则》；（6）联合国经济与社会理事会第 1996/15 号决议通过的《对保障措施的补充规定》。综观联合国前述有关死刑问题的国际法规范文件，可以总结出联合国所倡导的有关死刑的价值选择。

（一）生命权高于一切，严格限制死刑罪种

联合国在《世界人权宣言》第 3 条明确指出："人人有权享有生命、自由和人身安全。"无须赘言，生命权乃是其他一切权利的前提，所谓"皮之不存，毛将焉附"，没有了生命，一切权利将无以寄存。为了凸显生命权的至高无上，联合国《B 公约》第 6 条第 1 款进一步明确规定："人人有固有的生命权。这个权利应受法律保护。不得任意剥夺任何人的生命。"

虽然联合国没有强制要求各国立即废除死刑，事实上很多签署了《B 公约》的国家仍然保留了死刑，但是《B 公约》鼓励缔约国废除死刑并要求严格限制死刑的适用。《B 公约》第 6 条第 2 款中规定："在未废除死刑的国家，判处死刑只能是作为对最严重的罪行的惩罚。"联合国经济与社会理事会关于《保障措施》第 1 条重申："在没有废除死刑的国家，只有最严重的罪行可判处死刑"，并进一步规定："这应理解为最严重的罪行之范围不应超出具有致命的或者其他极其严重之结果的故意犯罪。"何谓"最严重的犯罪"？这仍然是一个在国际社会中尚无统一认识的概念。因为世界各国的历史法文化传统、政治经济制度、宗教信仰、价值观念等很不相同，人们对"最严重的犯罪"的理解就可能出现见仁见智的巨大差别。但是尽管如此，我们还是可以根据《保障措施》之规定，将"最严重的犯罪"理解为——应当是指致人死亡或

者导致其他极其严重后果的故意犯罪这两类。

1. 致人死亡的故意犯罪

所谓“致人死亡的故意犯罪”，应当是指故意直接引起他人死亡的犯罪。最为典型的如故意杀人或者谋杀，毫无疑义应属于“致人死亡的故意犯罪”。但是，“致人死亡的故意犯罪”似乎不仅限于谋杀或故意杀人。例如，在故意伤害、抢劫、绑架等故意犯罪中，由于犯罪人使用暴力手段，而导致被害人死亡的情形，虽然犯罪人可能并不希望发生致人死亡的结果，但仍有可能被认为属于“致人死亡的故意犯罪”，从而被纳入可判处死刑的最严重犯罪的范围。中国刑法的有关规定正是如此。类似的情形还包括：放火、决水、爆炸、投放危险物质、劫持航空器而致人死亡的犯罪，甚至故意生产、销售假药而致人死亡的犯罪，也可以视为“致人死亡的故意犯罪”。而那些诸如被强奸的受害人因羞于见人而自杀等情况，则不属于“致人死亡的故意犯罪”了。

2. 具有其他极其严重后果的故意犯罪

所谓“具有其他极其严重后果的故意犯罪”，则是一个比较含混且易生歧义的概念。但是根据联合国前述国际公约的精神，合理的逻辑解释应当是指：(1) 必须是故意犯罪，不能包括造成极其严重后果的过失犯罪和严格责任犯罪；(2) 必须是结果犯或实害犯，不能包括未发生现实的具体的危害后果的故意犯罪；(3) 必须是犯罪结果与致人死亡的故意犯罪相似的引起了其他极其严重的后果的犯罪。至于什么是“其他极其严重的后果”，国际公约和其他相关国际文件未作进一步的具体解释。在不同的国家、不同的人群，对此可能会有不完全相同的理解和认识。最为严格的解释，是联合国经济与社会理事会秘书长在关于死刑的第六个五年报告《死刑与贯彻〈关于保护面对死刑的人的权利的保障措施〉》中所论述的：“致命的或其他极其严重的后果的含义，倾向于暗示着这样的犯罪应该是危及生命的犯罪。在这个意义上，危及生命是行为的一种极为可能的犯罪。”但是不知何故，当时联合国秘书长的这一解释未被写入正式的国际法律文件。

(二) 保障和尊重人权，严格限制死刑适用或执行对象

为了保障和尊重人权，有效限制死刑适用和执行对象，联合国有关法律文件采取了以下措施：

1. 对未成年人不适用死刑，提倡确定死刑适用上限年龄

《B 公约》第 6 条第 5 款规定：“对十八岁以下的人所犯的罪，不得判处死刑”，即任何人只要其在犯罪时未满 18 岁，便不得被判处死刑。因为未满 18 岁的人，身体发育尚未成熟，认识和控制自己行为的能力不及成年人，可塑性大，易于改造，所以不能判处死刑。《保障措施》第 3 条进一步重申了对

犯罪时未满18岁的人不得判处死刑的原则。此外，联合国经济与社会理事会第1989/64号决议通过的《对保障措施的补充规定》第3条明确提出了“确定不可判处或执行死刑的上限年龄”。这就意味着，联合国主张对达到一定高龄的犯罪人也不得适用或执行死刑。至于这个“不可判处或执行死刑的上限年龄”究竟是什么标准，联合国没有明确规定，各国可以根据自己的国情和具体情况来确定。①

2. 对孕妇或新生婴儿的母亲不执行死刑

《B公约》第6条第5款规定：“对孕妇不得执行死刑。”《保障措施》第3条进一步规定：“对孕妇或新生婴儿的母亲不得执行死刑。”这就意味着，怀孕的妇女或新生婴儿的母亲故意实施了“最严重的犯罪”后虽然不排除死刑适用的可能性，但是即使被判处死刑，也不得予以执行。联合国相关法律文件的此一规定，完全是出于人道主义的考虑。虽然孕妇或者新生婴儿母亲所犯之罪本来罪该处死，但是胎儿或新生婴儿却是无辜的。因此，不能因孕妇或者新生婴儿母亲犯有死罪而累及胎儿或新生婴儿。前述法律文件所说的对孕妇或者新生婴儿母亲不执行死刑，应该理解为绝对不执行死刑，即包括不能待孕妇分娩后或者人工流产后再执行死刑（但值得指出的是，“新生婴儿的母亲”如何界定，联合国的前述法律文件没有明确规定，难免产生歧义）。

3. 对弱智人与精神病患者不适用或不执行死刑

《B公约》对弱智人和精神病患者是否适用死刑没有作出限制性规定，但是《保障措施》第3条规定，对已患精神病者不得执行死刑。联合国经济与社会理事会第1989/64号通过的《对保障措施的补充规定》第3条进一步明确规定：“在量刑或执行阶段停止对弱智人与精神严重不健全者适用死刑。”只是令人遗憾的是，联合国的前述法律文件没有明确界定“弱智人”，这也会引起歧义，即哪些人才是这里所说的不适用死刑的“弱智人”？

（三）关于死刑适用或执行的其他要求

1. 死刑不得溯及既往

现代各国刑法均有重刑不得溯及既往的规定。《B公约》第6条第2款确立了死刑不得溯及既往的原则。该款规定，判处死刑应按照犯罪时有效的法律。根据这一规定，只有按照犯罪时有效的法律规定可以判处死刑的犯罪才有可能适用死刑。如果在犯罪时有效的法律没有规定某一行为可以被判处死

① 2006年3月全国人大会议上，湖南省高级人民法院院长江必新博士建议将我国的死刑适用对象的年龄上限限制在70周岁。此一建议无疑符合联合国第1989/64号决议通过的《对保障措施的补充规定》第3条的精神。

刑，即使犯罪后生效的法律规定可以判处死刑，也不得被判处死刑。

《保障措施》对死刑适用的溯及力问题采用的是从旧兼从轻原则，其第2条规定："只有犯罪时法律有明文规定该罪行应判死刑的情况可判处死刑，应理解为如果在犯罪之后法律有规定可以轻判，该罪犯应予轻判。"根据这一规定，犯罪行为后生效的法律原则上没有溯及力，但如果新法对该种犯罪处刑较轻时，新法有溯及力。这就是所谓"重法不溯及既往"原则。

2. 死刑适用的程序

（1）死刑适用的正当程序

为了防止死刑滥用和错及无辜，《B公约》第6条第2款规定，死刑"这种刑罚，非经合格法庭最后判决，不得执行"。《保障措施》第5条规定："只有在经过法律程序提供确保审判公正的各种可能的保障，至少相当于《公民权利和政治权利国际公约》第14条所载的各项措施，包括任何被怀疑或被控告犯了可判死刑罪的人有权在诉讼过程的每一阶段取得适当法律协助后，才可根据主管法庭的终审执行死刑。"根据这些规定，对罪犯适用死刑必须经过正当的法律程序，且必须是根据终审判决才能执行死刑。

（2）死刑适用的证据标准

《B公约》对死刑适用的证据标准没有作出特别的限制，但是《保障措施》第4条规定："只有在对被告的罪行根据明确和令人信服的证据、对事实没有其他解释余地的情况下，才能判处死刑。"联合国经济与社会理事会第1996/15号决议通过的《对保障措施的补充规定》第2条还规定："同样鼓励成员国通过口译或笔译的方式，保证不能充分理解法庭所使用语言的被告人充分获悉对他的所有指控及在法庭上出示的相关证据的内容。"

（3）死刑犯应当享有赦免权和减刑权

《B公约》第6条第4款专门规定了死刑犯的赦免权和减刑权："任何被判处死刑的人有权要求赦免或减刑。对一切判处死刑的案件均得给予大赦、特赦或减刑。"《保障措施》第7条、第8条进一步规定："任何被判处死刑的人有权寻求赦免或减刑，所有死刑案件均可给予赦免或减刑"；"在上诉或采取其他追诉程序或与赦免或减刑有关的其他程序期间，不得执行死刑。"这些规定授予了被判处死刑的人以请求赦免或者减轻的权利，并且如果国家大赦或特赦，不得将死刑犯排除在外，如果死刑犯符合减刑条件，也应当予以减刑。虽然这些规定没有要求国家对每一请求减免死刑的人都予以减免，但它们对于减少死刑的实际执行具有积极意义。

（4）死刑犯享有上诉权和法律帮助权

《B公约》对死刑犯的上诉权并没有予以规定，但《保障措施》对此却作了明确的规定，其第6条规定："任何被判处死刑的人均有权寻求向拥有更高审判权的法院上诉，并应采取步骤确保这些上诉必须被受理。"这一规定赋予所有被判处死刑的人都有上诉的权利，同时要求国家必须确保上诉得到受理。被判处死刑的人的上诉权在任何情况下均不得剥夺，这为纠正死刑的错误适用提供了充分保障。《保障措施》第5条规定："……任何被怀疑或被控告犯了可判死刑罪的人有权在诉讼过程的每一阶段取得适当法律协助……"此外联合国经济与社会理事会1996/15号决议通过的《对保障措施的补充规定》第3条、第4条指出："号召可能执行死刑的成员国给予充分的时间以便向上级法院提起上诉作准备、完成上诉程序及恩减诉请程序，以有效地适用《关于保护面对死刑的人的权利的保障措施》第5条、第8条"；"同样号召可能执行死刑的成员国保证参与执行决策的官员充分了解所涉囚犯的上诉及恩减诉请的进程。"这些规定既保证了死刑犯可在诉讼的任何一个阶段获得法律协助，又有助于从事实和程序等方面保障死刑的正确适用，从而保障被判刑人的人权。

3. 死刑执行应当人道

无论是西方还是东方，刑罚史上曾经普遍存在极其残忍的死刑执行方法。如明朝为了惩治贪官污吏而使用的"剥皮楦草"、凌迟处死等，西方工业革命后发明的"骨骼粉碎机"等，不一而足。但是，随着人类社会文明的飞速发展以及人权运动的风起云涌，最大限度减少死刑的痛苦早已经成为人权保护的一项基本要求。为此，不仅《保障措施》第9条规定："判处死刑的执行应尽量以引起最少痛苦的方式为之"，联合国经济与社会理事会第1996/15号决议通过的《对保障措施的补充规定》第5条还进一步要求："催促可能执行死刑的成员国适用《囚犯待遇最低限度标准规则》，以将被判处死刑囚犯所受痛苦降至最低，并避免此种痛苦加剧。"

（四）号召成员国逐步废除死刑

联合国1966年通过的《B公约》并没有禁止死刑适用，而是规定了"死刑只适于最严重的犯罪"。但是在联合国1971年的第2857号决议和1977年再一次重申的第32/61号决议中，联合国首次宣称将废除死刑作为一个全球目标，号召成员国"以废除死刑为目的，不断限制可适用死刑的罪名"。[①]

最先响应联合国这一号召的是欧洲的政治家们。1982年12月，欧洲理事会通过了《欧洲人权与基本自由保护公约第6议定书》，并在1983年4月28日供开放签字。该公约第1条提出废除和平时期的死刑，但是第2条却规定

① 参见［英］罗杰尔·胡德著：《死刑的全球考察》，刘仁文等译，中国人民公安大学出版社2005年版，第12—13页。

允许一个国家在战争时期或者在面临战争的紧急威胁时使用死刑。1989 年 12 月，联合国大会通过了《第二任择议定书》，其第 1 条明确规定："在本议定书缔约国管辖范围内，任何人不得被处死刑"；第 2 条还确立一个重要原则："已经废除死刑的国家不得恢复适用死刑"。然而，该议定书正如《欧洲人权与基本自由保护公约第 6 议定书》一样，允许保留战争时期适用死刑。不过《第二任择议定书》明确指出：废除死刑有助于提高人的尊严和促进人权的持续发展，废除死刑的所有措施应被视为是在生命权方面的进步。

1990 年 6 月，美洲国家组织通过了旨在废除死刑的《美洲人权公约议定书》，其第 1 条号召各国废除死刑，但是并没有要求各国从法律上彻底清除死刑。具有重大历史意义的进步是 1994 年欧洲理事会议大会通过了《关于废除死刑的建议》，明确规定彻底废除死刑，不允许在任何特殊情况下保留死刑，也不允许在加入此议定书时提出保留死刑。至今，欧盟成员国已经完全废除死刑，并把废除死刑作为加入欧盟的一个必要条件。①

二、中国死刑政策之出路

"刑罚像一个烧得通红的专门用来烫熨犯罪这件衣物的烙铁，一旦触犯了刑法，势必在其身上留下难以磨灭的痛苦印记。"② 几千年来，刑罚作为对犯罪的一种报应措施，一直被认为天经地义。而死刑，作为对某些严重犯罪的必要反应，在中国也向来被认为无可置疑。然而，当 1764 年贝卡利亚在《论犯罪与刑罚》中首唱废除死刑之高歌后，人们对死刑的合理性便产生了怀疑。关于死刑的残酷与反人道似乎不必过多论及，人们疑虑的乃是：死刑作为最为古老的刑罚方法之一，从诞生至今已历经漫长年月，很难说清死刑到底产生了多大的积极影响，人类担心不可预知的神秘未来，却更加惧怕今天降临的死亡；国家的法律既然把杀人规定为一种严重的罪行，严刑禁止公民和社会组织杀人，为什么自己又要以国家的名义将犯罪人公开杀死？恶恶相报何时了，难道两恶相加便等于正义？

就中国学术界而言，一些刑法学者在经过对死刑的困惑与理性反思之后为中国的死刑政策提出了两条出路：第一，少数学者在历数死刑的种种弊端后主张彻底废除死刑。其中，个别学者主张由国家采取休克疗法，通过立法立即废除死刑。第二，在主张废除死刑的学者中，更多的人是主张采取逐步

① 参见［英］罗杰尔·胡德著：《死刑的全球考察》，刘仁文等译，中国人民公安大学出版社 2005 年版，第 12—15 页。

② 谢望原著：《世纪之交的中国刑法学研究》，中国方正出版社 2000 年版，第 80 页。

废除的办法，即通过一个或长或短的历史过程，首先废除经济犯罪类死刑，然后废除所有非暴力犯罪死刑，最后废除所有犯罪的死刑。其中较有代表性的有胡云腾教授较早提出的“废除死刑的百年梦想”和赵秉志教授提出的“废除死刑的50年设想”。① 到目前，我国关于死刑政策的学术争论依然十分尖锐激烈。这一现象在很大程度上影响了整个社会对待死刑的立场，一方面绝大多数民众坚决反对废除死刑，他们甚至认为中国的死刑不是适用多了，而是少了；另一方面，中国的最高司法机关以及立法机关越来越重视死刑政策，并力求与国际社会的发展趋势协调一致。

笔者认为，就中国的国情民意以及抗制犯罪的需要来看，中国在相当长时期内不可能废除死刑。目前中国死刑政策急需关注的不应该是废除死刑问题，而应该是如何最大限度地减少死刑或者限制死刑。笔者认为我国当前应当采取以下必要措施：

1. 严格限制死刑适用范围

根据联合国《公民权利和政治权利国际公约》等相关国际法律文件要求，及时调整国内刑事立法，将死刑适用限制在“极其严重的罪行”的范围。我国刑法第40条规定：“死刑只适用于罪行极其严重的犯罪分子”。从字面上看，该规定与《公民权利和政治权利国际公约》第6条第1款的规定极其相似。然而，由于我国刑法没有对什么是“极其严重的罪行”作进一步的明确解释，从刑事司法实践角度以及我国刑法分则众多可适用死刑的故意犯罪的具体规定来看，显然比《保障措施》第1条对“最严重的犯罪”解释的范围更宽。我认为，在当前可以把死刑适用限制在三类犯罪上：一是故意实施的极其严重危害国家安全、且产生了极端严重后果的犯罪（包括军职犯罪）；二是针对公民人身故意实施的、且产生了极端严重后果的犯罪；三是国家工作人员故意实施的、且产生了极端严重后果的与职务有关的经济犯罪、贪污、贿赂犯罪，即可借鉴关于取消一般盗窃罪死刑的做法，取消大多数经济犯罪和贪污、贿赂犯罪的死刑。

2. 利用法定刑可选择性减少死刑适用

我国刑法规定的68种可适用死刑的严重故意犯罪的法定刑大多数具有可选择性。其中包括结果或情节加重犯在内，也只有5种严重犯罪在后果或情

① 胡云腾早在20世纪90年代前期完成其《死刑通论》的博士论文时，提出了“100年到150年之内（在中国）可废除死刑”。而赵秉志则主张废除死刑分三步走计划，即：第一，到2020年，依照提出的建设小康社会的要求，要废除非暴力犯罪的死刑（包括一些经济犯罪）；第二，再经过十年至二十年的努力，废除致命性犯罪的死刑；第三，到2050年，争取废除所有犯罪的死刑。

节特别严重时，应当判处死刑。法律赋予司法机关极为重要的自由裁量权。在立法上大幅削减死刑不现实的今天，如果对死刑案件具有管辖权的中、高级人民法院和最高人民法院，能够明智利用法定刑的可选择性，善用该可选择权，必将严格限制并减少死刑的适用。

3. 充分发挥“死缓”制度的减刑功能

“死缓”制度，是我国刑法颇具特色的一项死刑制度，即判处死刑缓期2年执行。它对于限制和减少死刑的最终执行起到了极其重要的缓冲作用。刑法规定，被判处死刑缓期2年执行的犯罪人，在死刑缓期执行期间，如果没有故意犯罪，2年期满以后，减为无期徒刑；如果确有重大立功表现，2年期满后，减为15年以上20年以下有期徒刑；如果故意犯罪，查证属实的，由最高人民法院核准，执行死刑。司法实践中，被判处死缓的犯罪人除极个别外，在2年后几乎都能成功获得减刑而免予处死。因此，在审判最严重的犯罪案件时，如果通过该法定刑的可选择性的严格考量，仍不得不判处死刑的，若没有极其充足的理由必须立即执行的，仍然应当尽量考虑判处死刑同时宣告缓期2年执行，以充分发挥“死缓”制度对于限制和减少死刑执行的特殊功能。

4. 建立和完善赦免制度，减少死刑执行

赦免，既可以是对罪的赦免，也可以是对刑的赦免，还可以是对刑的减轻。事实上，在一些国家或地区，人们常常利用赦免制度的减刑来减少死刑的适用。我国古代就常常用此办法来减少死刑适用。在我国香港地区1993年废除死刑之前，一些死刑犯也常常请求赦免执行死刑而最终获得港督恩准。正是采用了此种刑事政策，香港地区在1966年以后就再也没有执行死刑。可见，完备的赦免制度对于减少死刑的适用与执行具有引人瞩目的重要意义。我国已经加入联合国《公民权利和政治权利国际公约》，而该公约第6条第4款明确规定：“任何被判死刑的人应有权要求赦免和减刑。对一切判处死刑的案件均得给予大赦、特赦或减刑。”作为联合国的成员国，我国有义务在国内法中确立完善的赦免制度，履行自己的国际义务。然而，在我国现行法律制度中，只有特赦的规定。因此，在当前有必要及时完善赦免制度，从而使这一具有悠久中华法文化传统的法律制度在我国新世纪民主与法制建设中发挥更大刑事政策功能。[①]

5. 公布死刑统计数据，接受舆论监督

联合国第1989/64号决议通过的《保护死刑犯权利的保障措施的执行情况》第5条规定："促请会员国如有可能，每年公布许可处以死刑的种类罪行采用死刑的情况，包括判处死刑人数、实际处决人数、被判死刑但尚未执行人数、经上诉后撤销死刑或减刑人数以及给以宽大处理人数，并包括其国内法在何种程度上载入了上文提到的保障措施的情况。"作为联合国的常任理事国，我国至少道义上有义务遵守和执行联合国关于前述死刑适用和执行情况要公开的法律文件。其实，公布死刑判决数和死刑执行数，至少有两点好处：(1) 有利于就死刑对严重犯罪的威吓效果进行全面的实证研究，从而为正确认识死刑的功能和作用提供客观、科学的依据。(2) 使死刑的适用置于整个社会乃至整个世界的监督之下，有利于严格限制和减少死刑。

6. 检察院介入死刑复核，发挥限制死刑功能

从2007年1月1日起，最高人民法院已经收回全部死刑案件的核准权。可以预期，死刑核准权收归最高人民法院后，因为死刑适用和执行将得到更为严格的控制与监督，中国死刑适用与执行的数量将会大幅度下降。现在的问题是：人民检察院是否应该介入人民法院的死刑复核程序？当前存在否定与肯定两派意见。就中国现行法律制度而言，刑事案件实行的是"两审终审"制。由于死刑复核是在两审终审之后进入死刑复核程序，现行刑事诉讼法规定在此阶段只由高级和最高人民法院一方进行（刑事诉讼法第199条、第200条）。因此。在现有法律框架不变的情况下，人民检察院参与死刑复核程序尚无法律依据。但是我认为，由于死刑复核（包括高级人民法院的复核与最高人民法院的核准）乃是一个死刑案件的必经程序，而人民检察院作为我国宪法规定的法律监督机关不参与其间并对死刑复核权的行使进行监督是不科学的。为了解决目前检察机关参与死刑复核存在的法律障碍，建议正在酝酿修改的刑事诉讼法中增加规定这方面内容：死刑案件的复核及核准应当开庭审

① 我国1954年宪法曾经规定了特赦与大赦两种赦免制度。但在以后的历次修订宪法中，均没有设立大赦制度。事实上，我国现行宪法中不设大赦制度实在是一种缺憾。要完善我国赦免制度，关键的一步就是要恢复大赦制度。从世界各国的立法情况来看，关于大赦的立法主要有两种模式：一是将大赦与特赦规定在宪法中，这是绝大多数国家所采取的立法模式。新中国第一部宪法——1954年宪法就采取了这种大赦立法模式。二是不在宪法中规定大赦与特赦制度，而是专门制定赦免法来规范大赦与特赦。考虑到我国的立法传统与世界上大多数国家的立法经验，我们认为我国仍应在宪法中对大赦与特赦作统一规定为宜。就当前情况而言，国家最高立法机关可以考虑以宪法修正案的形式规定大赦，从而弥补我国现行宪法中只有特赦没有大赦的缺憾。

理，检察机关应当出庭参加死刑案件的复核及核准。事实上，联合国1990年8月第8届预防犯罪和罪犯待遇大会上通过的《关于检察官作用的准则》第11条早已规定："检察官应在刑事诉讼、包括提起公诉，和根据法律授权或当地惯例，在调查犯罪、监督调查的合法性。监督法院判决的执行和作为公众利益的代表行使其他职能中发挥积极作用。"该法律文件第20条进一步规定："为了确保诉讼公平而有效，检察官应尽力与警察局、法院、法律界、公共辩护人和政府其他机构进行合作。"该联合国法律文件为我国检察机关参与死刑案件复核提供了国际法依据。

当代美国的死刑制度

唐世月*

美国是一个联邦制国家，在刑事司法制度上有其独特的特点，即：除了美国联邦刑事司法系统外，每个州有其独立的司法系统；除了50个州的司法系统外，还有华盛顿特区司法系统；除了美国本土司法系统外，美国还有海外领地波多黎各群岛和处女岛，它们也有各自的司法系统；刑事司法中普通刑事司法系统与军事刑事司法系统并存。因此，美国事实上有55个相对独立的刑事司法管辖区，或者说美国存在55个刑事法域。在美国没有统一的刑法典，美国55个刑事司法管辖区各自依据自己的刑法和刑事诉讼法对案件进行处理。一般而言，违反州法律的案件由州法院系统审理，违反联邦法律的案件由联邦法院审理。在法院系统设置上各州存在较大差异，而联邦在全国设置了13个巡回上诉法院和94个地区法院。美国最高法院是美国最高司法机关，理论上来说，不服各州最高法院裁决或者不服联邦上诉法院裁决都有机会向美国最高法院请求复审。

由于美国复杂的司法体系，全面将美国55个司法管辖区的死刑状况进行深入细致分析确有一定难度，鉴于美国的司法活动主要以联邦和州为主，因此本文揭示的是美国联邦和州司法管辖区死刑制度中共性的特点。

一、死刑罪行较多，但死刑罪名相对集中

尽管美国受欧洲废除死刑运动的影响，从1846年密歇根州废除了除叛国罪以外所有普通刑事犯罪的死刑之后，美国就开始了废除死刑的运动，最高峰时曾经有24个州废除死刑。但是，有些州废除死刑后又恢复了死刑，经过一百多年的反复，到目前为止，美国真正废除了死刑的只有12个州。在美国55个司法管辖区中，联邦司法管辖区、军事司法管辖区和38个州的司法管辖

* 中共湖南省委党校，湖南行政学院纪检组长，机关党委书记；教授，刑法学博士。

区等一共40个司法管辖区仍然保留了死刑①。

因此，从司法管辖区的比例看，美国仍然有约80%的司法管辖区维持了死刑制度。尽管美国有40个司法管辖区保留了死刑，但是死刑罪名总体上看比较集中。美国联邦刑法集中在《美国法典》第18篇。根据《美国法典》的规定，目前联邦刑法规定的死刑罪名包括谋杀罪和非谋杀罪的犯罪。其中与谋杀罪相关的条款39项，非谋杀罪4项②。这些死刑罪名半数以上都是由于1994年国会通过《暴力犯罪控制和执法法案》后增加的。

与联邦刑法不同，保留死刑的各州除了少数几个州外，基本上将死刑只留给了一级谋杀罪或者严重情节的谋杀罪，且绝大多数州对可以适用死刑的

---

① 具体保留死刑的是：亚拉巴马州、亚利桑那州、阿肯色州、加利福尼亚州、科罗拉多州、康涅狄格州、特拉华州、佛罗里达州、佐治亚州、爱达荷州、伊利诺伊州、印第安纳州、堪萨斯州、肯塔基州、路易斯安那州、马里兰州、密西西比州、密苏里州、蒙大拿州、内布拉斯加州、内华达州、新罕布什尔州、新泽西州、新墨西哥州、纽约州、北卡罗来州、俄亥俄州、俄克拉何马州、俄勒冈州、宾夕法尼亚州、南卡罗来州、南达科他州、田纳西州、得克萨斯州、犹他州、弗吉尼亚州、华盛顿州、怀俄明州。

② 偷渡中犯谋杀罪（8 U. S. C. 1342）、破坏航空器、机动车或者其他易导致死亡发生的工具（18 U. S. C. 32—34）、吸毒驾驶射杀他人（18 U. S. C. 36）、在民用国际机场犯谋杀罪（18 U. S. C. 37）、杀害执法者直系亲属［18 U. S. C. 115（b）（3）］、引起死亡的民事侵权犯罪（18 U. S. C. 241，242，245，247）、谋杀国会议员、重要政府官员或者最高法院大法官（18 U. S. C. 351）、实施爆炸物运输、毁坏政府财物、毁坏外国财物或者美国州际贸易财物犯罪中致人死亡（18 U. S. C. 844d、f、i）、在暴力犯罪或者毒品交易犯罪中使用武器犯下的谋杀罪（18 U. S. C 930）、在联邦政府机构内犯谋杀罪（18 U. S. C. 924i）、灭种罪或者屠杀罪（18 U. S. C. 1091）、一级谋杀罪（18 U. S. C. 1111）、谋杀联邦法官或者执法官员（18 U. S. C. 1114）、谋杀外国官员（18 U. S. C. 1116）、联邦监狱囚犯犯谋杀罪（18 U. S. C. 1118）、谋杀在国外的美国公民（18 U. S. C. 1119）、无期徒刑逃犯犯谋杀罪（18 U. S. C. 1120）、谋杀州或地方执法官员或者其他协助联邦调查的人员；谋杀州矫正机构官员（18 U. S. C. 1121）、绑架（kidnaping）中的谋杀（18 U. S. C. 1201）、劫持人质（hostage-taking）的谋杀（18 U. S. C. 1203）、谋杀法院官员或者陪审员（18 U. S. C. 1503）、出于阻止证人、受害人或者举报人作证的目的进行的谋杀（18 U. S. C. 1512）、为报复证人、受害人或者举报人进行谋杀（18 U. S. C. 1513）、为了杀人邮寄有害物质或者导致了他人死亡（18 U. S. C. 1716）、暗杀或者绑架导致总统或者副总统死亡（18 U. S. C. 1751）、受雇佣谋杀（18 U. S. C. 1958）、在敲诈勒索中犯谋杀罪（18 U. S. C. 1959）、故意引起火车事故导致他人死亡（18 U. S. C. 1992）、涉及谋杀或者绑架的抢劫银行（18 U. S. C. 2113）、涉及劫持汽车的谋杀罪（18 U. S. C. 2119）、涉及强奸或者猥亵儿童的谋杀罪（18 U. S. C. 2245）、涉及对儿童性暴露犯罪的谋杀罪（18 U. S. C. 2251）、撞击海上导航设施实施谋杀罪（18 U. S. C. 2280）、撞击海上平台实施谋杀（18 U. S. C. 2281）、恐怖主义分子谋杀在国外的美国人（18 U. S. C. 2232）、使用大规模杀伤性武器实施的谋杀罪（18 U. S. C. 2232a）、拷打中的谋杀（18 U. S. C. 2340）、与犯罪组织有关联的谋杀或者涉及谋杀联邦、州或者地方执法官员（21 U. S. C. 848）、劫持航空器导致死亡发生（49 U. S. C. 1472，1473）、间谍罪（18 U. S. C. 794）、叛国罪（18 U. S. C. 2381）、贩卖大量毒品（18 U. S. C. 3591）、在涉及犯罪组织案件中，企图、同意或者建议杀害官员、陪审员或者证人，不管这种杀害行为是否实际发生（18 U. S. C. 3591）。

谋杀罪都附加了条件，即要求具有加重情节才能判处死刑①。

观察美国各州刑法与联邦刑法的规定，可以得出的基本结论是，美国并非仅仅对杀人罪才适用死刑，在美国仍然存在对非谋杀罪规定死刑的立法。另外，许多引起死亡的行为本来是在犯其他罪时出现的结果，但是由于美国刑法是将引起死亡的行为都纳入谋杀罪对待，这样一来仅从罪名上看美国死刑似乎比较少。其实，如果我国刑法现在也借鉴美国的立法方法，将现在引起死亡后果且规定了死刑的那些犯罪也作为杀人罪处理，我国死刑罪名也将大大减少②。

二、死刑案件的诉讼程序比较复杂、诉讼成本高昂

美国各个司法管辖区的诉讼程序各有自己的特点，但是总体上看，保留死刑的司法管辖区在死刑案件的诉讼程序上相对于一般案件而言，多采取了

---

① 各州死刑罪名的具体规定是：亚拉巴马州（具有18种加重因素的故意谋杀罪）、亚利桑那州（一级谋杀罪并且至少具有10种加重因素之一种）、阿肯色州（叛国罪；谋杀罪并且至少具有10种加重情节之一种）、加利福尼亚州（具有特殊情节的一级谋杀罪；故意制造火车事故；叛国罪；伪证导致了他人被处死）、科罗拉多州（一级谋杀罪并且至少具有17种加重因素中的一种；叛国罪）、康涅狄格州（具有杀人罪的8种情形的极度严重的重罪）、特拉华州（具有加重因素的一级谋杀罪）、佛罗里达州（一级谋杀罪；重罪谋杀罪；严重的毒品交易罪；严重的性侵犯罪）、佐治亚州（谋杀罪；绑架并有身体伤害或者受害人死亡后进行勒索；劫持航空器；叛国罪）、爱达荷州（有加重因素的一级谋杀罪；加重的绑架罪；导致他人死亡的伪证罪）、伊利诺伊州（有21种加重因素之一的一级谋杀罪）、印第安纳州（具有16种加重情节的谋杀罪）、堪萨斯州（具有8种加重因素的严重谋杀罪）、肯塔基州（具有加重因素的谋杀罪；具有加重因素的绑架罪）、路易斯安那州（一级谋杀罪；有加重因素的对12岁以下幼女的强奸罪；叛国罪）、马里兰州（有预谋的一级谋杀罪或者是在实施重罪过程中提供了死亡的便利条件的一级谋杀罪）、密西西比州（严重的谋杀罪；航空器上的海盗行为）、密苏里州（一级谋杀罪）、蒙大拿州（具有9种加重情节之一的一级谋杀罪；严重的性侵犯罪）、内布拉斯加州（至少具备法定加重情节之一的一级谋杀罪）、内华达州（至少具有15种加重情节之一的一级谋杀罪）、新罕布什尔州（六类严重的谋杀罪）、新泽西州（亲手实施的谋杀；共谋实施的谋杀；应请求实施的谋杀；在恐怖犯罪中实施的谋杀）、新墨西哥州（至少具备法定的7种加重情节之一种的一级谋杀罪）、纽约州（具有13种加重因素之一种的一级谋杀罪）、北卡罗来州（一级谋杀罪）、俄亥俄州（具有10种加重情节之一的加重谋杀罪）、俄克拉何马州（有8种法定加重情节之一的一级谋杀罪）、俄勒冈州（加重的谋杀罪）、宾夕法尼亚州（有18种加重因素的一级谋杀罪）、南卡罗来州（有11种加重情节之一的谋杀罪）、南达科他州（有10种加重情节之一的一级谋杀罪；加重的绑架罪）、田纳西州（具有15种加重情节之一的一级谋杀罪）、得克萨斯州（具有8种加重情节之一的杀人罪）、犹他州（加重的谋杀罪）、弗吉尼亚州（具有13种加重情节之一的一级谋杀罪）、华盛顿州（加重的一级谋杀罪）、怀俄明州（一级谋杀罪）。

② 例如我国刑法规定在绑架中杀害被害人的行为是绑架罪，可以判处死刑。美国联邦刑法上绑架中导致死亡的也可以判处死刑，但是它规定这时候的死亡是谋杀罪。实质上，中美两国刑法针对的都是同一种行为规定的死刑，但是仅从立法技术上看，我国就既对杀人罪规定了死刑，又对绑架罪规定了死刑，而美国就只规定了谋杀罪死刑。

更加严格的程序要求。主要表现在：

（1）死刑案件的起诉由大陪审团裁决。除个别司法管辖区外，死刑案件的起诉由大陪审团裁决。根据美国宪法第五修正案的规定，任何人非经大陪审团的控告，不得被指控犯有死罪。美国的大陪审团（the grand jury）是从选民中随机抽取产生的，一般由23名陪审员组成。指控死刑案件时，检察官必须出庭陈述案件，出示证据，传唤证人。由大陪审团对控方证据进行衡量再裁决是否起诉。如果大陪审团认为提交的案件是真实的，它就会裁决同意起诉。裁决后检察官才能向法院起诉。设立大陪审团裁决制度主要目的是防止死刑案件的滥诉，从源头上严格控制死刑适用。

（2）死刑案件在一审时必须经过两次审理。第一次审理确定犯罪事实是否存在、罪名是否成立，第二次审理确定是否判处死刑。两次审理都必须由陪审团审理，都在同一法院进行。这个陪审团通常称审判陪审团，也是一般人理解的狭义的陪审团。按照美国最高法院规定，不管是在联邦法院还是在州法院审理，死刑案件的陪审团都必须由12人组成。而一般的非死刑案件只要进行一次审理，确定有罪以后法官就可以量刑；一般非死刑案件如果由陪审团审理的话，其陪审团的规模也不是必须由12人组成，有些重罪案件有6个陪审员组成就可以了①。

（3）死刑裁决只能由陪审团作出，法官无权判处死刑。根据美国宪法修正案和美国最高法院的裁决，死刑的量刑权由陪审团行使而不是由法官行使。在确定被告人犯罪成立的条件下，陪审团根据法官的指示，认真衡量加重或者减轻因素，确定被告人是否具备判死刑的条件。陪审团在死刑、不能假释的无期徒刑、无期徒刑和有期徒刑之间选择给被告的刑罚，除个别司法管辖区外，陪审团成员必须意见完全一致才能裁决判处死刑，不实行少数服从多数原则。如果陪审团确定给被告人死刑，就向法官递交死刑建议，由法官宣判死刑。

（4）死刑案件有多轮上诉复核程序。第一轮上诉程序称为直接上诉（Direct Appeal）。首先，在美国联邦和38个有死刑的州司法管辖区，除了南卡罗来州和美国联邦司法管辖区外，其他37个州的法律都规定，如果陪审团确定判处被告人死刑，不管被告人愿意不愿意，该案都自动上诉到州最高法院。南卡罗来州和美国联邦司法管辖区的死刑案件原则上依被告人意志决定是否上诉。

美国法院系统严格区分审判法院和上诉法院的职责。审判法院负责确定

① 参见美国最高法院判例 Williams v. Florida，399 U. S. 78，90 S. Ct. 1893，25 L. Ed. 2d 446 (1970)。

犯罪事实是否存在、罪名是否成立以及给被告人判处刑罚，而上诉法院一般只审查上诉案件的法律适用问题，纠正审判法院的法律错误，对事实部分不予审查。但是，在死刑案件的上诉上却稍有不同，大部分州最高法院或者联邦上诉法院审理死刑上诉案件对定罪和量刑的相关证据都进行重新复核，特别是对死刑适用的相关加重或者减轻因素是否存在、证据是否充分进行复核、与先前类似案件进行比较权衡、对死刑判决是否受到情绪影响、与同等案件比较是否明显不相称等进行核查。联邦上诉法院或者州最高法院对上诉案件由全体法官集体裁决，实行少数服从多数原则。不管定罪还是量刑方面存在问题，案件都可以被推翻发回原审判法院重新处理或者重新审理，重新处理或者重新审理的案件仍然可以再次判处死刑。

州最高法院维持死刑后，被告人还可以向美国最高法院请求调卷复核（Petition for a Writ of Certiorari）。当然，这个程序并不因为被告人提出就必然引起最高法院调卷审查，在这个问题上最高法院享有绝对的自由裁量权，每年最高法院根据复核申请裁定调卷复核的案件不到1%。如果请求被美国最高法院拒绝，案件又回到原审法院。

第一轮上诉、复核结束后一年内，被告人可以向原审法院院长递交请愿（petition）发动又一轮上诉、复核。这轮上诉、复核如果原审是州法院，一般称为State Post Conviction Appeal。原审法院对被告的请愿裁定后，控辩任何一方不服都可以上诉到州最高法院；对州最高法院的裁定不服，还可以以涉及宪法问题向美国最高法院请求调卷审查。

如果美国最高法院拒绝其请求，被告可以向所在地的联邦区法院请求人身保护（a writ of habeas corpus），启动第三轮上诉、复核程序（Post Conviction Appeal）。联邦区法院法官就其请求举行听证以判断有无证据引起案件复核，这个听证一般持续数天，实质上等于开庭审理。败诉一方对联邦区法院的裁决可以向联邦上诉法院上诉，上诉法院一般需要见到证实被告无辜的“确凿无疑和有说服力”的新证据才会受理。受理后，联邦上诉法院由三名法官负责审理，按照少数服从多数表决结果。对三名法官的裁决不服可以要求上诉法院全体法官再次听证，上诉法院全体法官按照少数服从多数原则对听证结果进行表决。对联邦上诉法院全体法官的裁决不得上诉。如果案件不涉及宪法问题，被告不向美国最高法院提出调卷复审要求，那么，上诉法院裁决即是最后裁决。但是，一般被告都会向美国最高法院提出调卷复审要求。这个请求如果被最高法院拒绝或者最高法院复审确定死刑判决，则意味所有司法程序已经穷尽。此时，州检察长向州长或者州的相关机构通报，申请签发含执行日期的死刑执行命令。

在美国，死刑案件上诉复核过程复杂，穷尽所有程序耗时费力，为了缩短死刑的诉讼时间，1996年国会通过、克林顿总统签署了《反恐怖主义与提高死刑效果法（the Anti - Terrorism and Effective Death Penalty Act）》，对上诉和复核各个环节的时间作了严格限制，还有些州对申请联邦人身保护令作了更加严格的限制，但是实际效果并不理想。据统计，美国一个死刑罪犯从判决死刑到最后执行死刑平均要花11年时间，平均耗费500万元以上，个别案件多达几十年，耗费数千万元。

美国死刑诉讼程序尽管复杂，但是仅从制度设计上看，美国复核法院不管事实审理，因此死刑案件只有一次事实审理的机会，而相对于我国死刑改革后规定死刑必须经过中级人民法院一审和高级人民法院开庭二审、最高人民法院复核审来说，在我国死刑案件事实被查明的机会要多于美国。

三、赦免（Clemency）普遍被列为死刑执行前必经程序

在美国，死刑案件穷尽所有司法程序后，被确定执行死刑的犯人可以通过请求宽恕，有免除死刑执行的希望。据美国死刑信息中心统计，从1976年到2005年年底，全美国累计有229名死囚通过请求宽恕被免除死刑执行。在这229名被赦免的死囚中，有179名是伊利诺伊州赦免的，其中在2003年1月11日伊利诺伊州州长George Ryan一次就赦免了167名死囚①。

美国宪法规定，美国总统对联邦司法管辖区的死囚独立行使赦免权。

但是各州宪法规定对死囚的赦免程序以及州长在赦免中的权力、地位却各有不同：有14个州的宪法规定州长独立行使对死囚的赦免权②。有8个州的宪法规定，州长必须得到赦免顾问机构的建议才能赦免死囚③。有10个州的宪法规定，州长要收到赦免机构的建议才能赦免，但是该建议对州长没有约束力，州长可以接受、可以修改也可以拒绝该机构的建议④。有6个州的宪法规定，死囚只能由专门的赦免机构决定赦免，其中：有3个州州长不是该

① 在这次赦免中，有3名死囚被减为可以假释的40年监禁，其他犯人全部被减为不得假释的终生监禁。参见Chicago Tribune，2003年1月12日和1月15日的报道。

② 这些州是：亚拉巴马、加利福尼亚（但是加州规定州长对两次被判重罪的犯人无权赦免，除非该案是由州最高法院至少4名法官联名建议赦免的）、科罗拉多、堪萨斯、肯塔基、新泽西、新墨西哥、纽约、北卡罗来、俄勒冈、南卡罗来、弗吉尼亚、华盛顿、怀俄明。

③ 这8个州是：亚利桑那、特拉华、佛罗里达（佛罗里达州的州长是宽恕机构的成员，但是州长必须得到该机构建议才能赦免死囚）、路易斯安那、蒙大拿、俄克拉何马、宾夕法尼亚、得克萨斯。

④ 具体是阿肯色、伊利诺伊、印第安纳、马里兰、密西西比、密苏里、新罕布什尔、俄亥俄、南达科他、田纳西10个州。

机构成员①；另有3个州的州长必须是专门的赦免机构的成员②。

四、死刑适用的对象范围在逐步缩小

从世界范围看，进入21世纪后，美国是全球少数几个对少年犯和智力缺陷的人判处和执行死刑的国家。被世界人权组织多次点名批评。但是，最近几年在这个问题上有所好转。

其一，美国原来对精神病人适用死刑，1986年6月26日美国法院通过Ford v. Wainwright案宣布对犯精神病的犯人执行死刑违反美国宪法第八修正案，此后美国不再对精神病人执行死刑。

其二，美国原来对智力障碍的人适用死刑，2002年6月20日美国最高法院在Atkins v. Virginia案的判决中才宣布对智力障碍的人执行死刑违反美国宪法第八修正案。从此，美国对智力障碍者不再执行死刑。

其三，在2005年3月1日前，阿肯色州、犹他州和弗吉尼亚州对犯罪时满14岁的人就可以适用死刑；亚拉巴马州、特拉华州、肯塔基州、密西西比州、内华达州、俄克拉何马州等7个州则规定犯罪时满16岁即可适用死刑；佛罗里达州、佐治亚州、新罕布什尔州、北卡罗来州、得克萨斯州5个州规定犯罪时满17岁即可适用死刑。

美国最高法院在1989年Stanford案中曾经判决认为对犯罪时已满16岁的人判处死刑并不违反宪法。2005年3月1日美国最高法院通过Roper v. Simmons案，宣布对犯罪时不满18岁的人判处死刑属于残酷和非正常惩罚，因此为宪法所禁止。至此，美国才在全美将死刑适用的最低年龄统一提高到了18岁。显然，在对待少年犯死刑上，美国的文明远远落后于世界大多数国家。

五、死刑判决和实际执行数相对较少

美国尽管有40个司法管辖区保留死刑，但是相对于美国的刑事案件发案情况和整个司法判决比例，死刑实际上适用并不多。主要表现在：

(1) 法院判决死刑少。以美国联邦调查局公布的暴力犯罪数据为例，2000年到2005年美国共发生暴力犯罪案件（包含谋杀或故意杀人、暴力强奸、抢劫和严重伤害罪）7039107件。其中谋杀案80492件。2000年到2004年，美国至少有70140人被谋杀（仅指谋杀罪的受害人，不包括其他杀人案件被害人）。但是分析美国司法部2000年到2004年的死刑报告并追踪2005

① 这3个州是：康涅狄格、佐治亚、爱达荷。

② 这3个州是：内布拉斯加、内华达、犹他。

年美国死刑变化情况，发现这6年美国投入监狱的死刑犯总人数是942人（2000年232人、2001年163人、2002年159人、2003年144人、2004年125人、2005年119人）。如果考虑到判决滞后因素，将2005年的判决纳入计算为前一年案件的结果，那么，5年暴力犯罪数与6年死刑判决数、5年的谋杀案件数与6年死刑判决数以及5年被谋杀人数与6年被判死刑人数的比例分别是：7473:1，86:1，75:1。

（2）实际执行死刑少。在美国死刑判决到死刑执行，如果要穷尽所有司法程序往往要经过10多年甚至几十年的时间，因此在押死刑犯的数字比较大，而真正被执行的死刑相对比较小。据“美国死刑信息中心”统计数据，美国从1908年到2007年6月30日，累计被执行死刑的人数是15575人，其中1908年到1976年被执行14489人，从1976年恢复死刑到2007年8月31日共执行死刑1095人。截止到2007年1月1日全美国仍然有3350名①在押死刑犯。1977年到2005年全美判处死刑总数为6940件，同期实际执行死刑人数为1004人，同期判决数与执行数的比例约7比1。尤其是从2000年以后美国死刑实际执行数呈现逐年下降趋势。

造成美国死刑实际适用少的原因除了上述提到的法律规定的死刑条件严格、诉讼程序复杂外，还有一个原因就是，死刑往往被作为检察官与辩护律师或者被告人进行辩诉交易的手段，迫使被告人认罪换取不判处死刑，因而在起诉环节很多死罪案件被检察官以较轻的犯罪起诉，这也从源头上减少了法院对死刑的适用。

六、死刑执行方式多样

美国各个司法管辖区死刑执行方式并不统一，目前死刑执行方式就全美看，有5种死刑执行方法并存。它们分别是：

（1）注射。这种方法基本上是对死刑犯采取混合注射法致其死亡，即第一针注射麻醉剂，第二针注射巴夫龙停止呼吸，第三针注射氯化钾使其心脏停止跳动。目前采用注射方法执行死刑的有37个司法管辖区②。据统计从

---

① NAACP Legal Defense Fund, Death Row USA, January 1, 2007.

② 具体包括：亚拉巴马州、亚利桑那州、阿肯色州、加利福尼亚州、科罗拉多州、康涅狄格州、特拉华州、佛罗里达州、佐治亚州、爱达荷州、伊利诺伊州、印第安纳州、堪萨斯州、肯塔基州、路易斯安那州、马里兰州、密西西比州、密苏里州、蒙大拿州、内华达州、新罕布什尔州、新泽西州、新墨西哥州、纽约州、北卡罗来州、俄亥俄州、俄克拉何马州、俄勒冈州、宾夕法尼亚州、南卡罗来州、南达科他州、田纳西州、得克萨斯州、犹他州、弗吉尼亚州、华盛顿州、怀俄明州37个司法管辖区。

1976 年到 2007 年 8 月 31 日，美国执行的 1095 件死刑中，有 926 件是采用注射方法执行的。

（2）电椅。电椅是被认为比绞刑更加人道的方法，在 19 世纪 90 年代开始采用。其具体执行方式是让死囚坐到椅子上，让约 2000 伏特的电流从腿部通过头部电击死亡。据史料记载，1997 年 3 月，佛罗里达州的 Old Sparky 监狱对死囚 Pedro Medina 执行死刑，由于电椅有 74 年之久过于陈旧，执行死刑时，浓烟和火苗从被告头部蹿起近一英尺高。之后有囚犯向法院起诉认为电椅是违反宪法的残酷和非正常惩罚措施。但是，佛罗里达州最高法院在 1997 年的 Jones 案中以 4 比 3 的比例判决认为使用电椅不违反宪法规定。据统计，目前采用此方法执行死刑的有 10 个州[①]。从 1976 年到目前为止，全美国采用电椅执行死刑一共 153 起。最近一次电椅执行死刑发生在 2006 年 7 月 20 日，在弗吉尼亚州的格林威尔矫正中心对罪犯 Brandon Hedrick 执行死刑[②]。

（3）毒气室。毒气室从 1924 年开始首先在内华达州使用。具体执行方法是，在一间密闭的房间内放置一把椅子，椅子下有一桶氰化物，执行时将罪犯绑坐在椅子上，关闭房间后执行人员在房间外拨动一根竿子让氰化钠掉进桶里发生化学反应产生氰气，罪犯吸入氰气后中毒死亡。经观察，采用这种方法执行时，开始阶段罪犯并不失去知觉，有极度惊恐、疼痛和被掐死的表现，然后出现眼球爆裂、皮肤变紫色、口沫溢出，最后才死亡。这种方法目前有亚利桑那州、加利福尼亚州、密苏里州、怀俄明州 4 州作为选择性执行手段采用。据统计，从 1976 年到现在，美国采用毒气方法执行的死刑共 11 起。

（4）绞刑。在 1890 年前，绞刑一直是美国最主要的死刑执行方法，现在仍然在特拉华州[③]、新罕布什尔州、华盛顿州使用。这种方法的具体执行是：在执行前一天将罪犯称重，用一个与其体重相等的沙袋进行试验，确定落下的距离以保证死得快又不至于将头部拉断。如果落的太长罪犯可能会断头，如果太短则会花 45 分钟左右才能死亡。绞索粗约四分之一到四分之三英寸，

① 具体是：亚拉巴马州、阿肯色州、佛罗里达州、伊利诺伊州、肯塔基州、内布拉斯加州、俄克拉何马州、南卡罗来州、田纳西州、弗吉尼亚州 10 个州。

② 据《华盛顿邮报》2006 年 7 月 21 日报道，Hedrick 在 1998 年被判死刑，在经过州最高法院上诉和美国最高法院的上诉程序并且被州长拒绝了赦免后，被告自己选择采取电椅方式执行死刑。死刑执行在晚上 9 点零 2 分开始，约耗时 10 分钟。用来执行的电椅也是有 97 年历史的老旧电椅。详见该报第 2 版 "Murderer Executed by Electric Chair" 报道。

③ 1996 年 1 月 25 日该州绞死罪犯 Billy Bailey，这是美国最近的一次使用绞刑。

活结用腊或者肥皂涂抹以便光滑。执行时蒙住罪犯双眼，套住罪犯脖子，将活结放在左耳后边，打开地板上的活门，罪犯便自由落下，脖子脱臼，最后窒息死亡。

绞刑在目前美国被认为是最少适用（据查，从1976年到现在美国采用绞刑执行的死刑只有3起），也被认为是最不具有人道色彩的死刑执行方法。但是，联邦第9上诉法院在1994年的Campbell v. Wood案件中裁决认为，绞刑并不属于宪法禁止的“残酷和非正常惩罚”范围，法院详细讨论了绞死的发生机制，认为绞死有可能产生快速且无痛苦的死亡。但是，当年在华盛顿州的联邦区法院法官在Rupe v. Wood案中却禁止绞死一名体重达409磅的罪犯，因为法官认为绞死这样重的罪犯有发生尸首分离的可能，而这样执行无异于用斧头斩首或者上断头台，这与宪法第八修正案要求的人的尊严概念是不相称的[①]。

（5）行刑队枪决。美国执行枪决的方法是让罪犯坐在椅子上，用皮带绑住罪犯的腰和头部，医生用听诊器确定罪犯心脏部位并画出圆圈，行刑队由5人组成，站在20英尺外同时向罪犯射击。枪决方法目前作为选择性方法在爱达荷州、俄克拉何马州、犹他州[②]采用。据调查，从1976年到现在，美国采用枪决方法执行的死刑只有2例。

七、死刑错判率仍然较高

根据美国死刑信息中心的统计数据，从1973年到2007年7月底，美国共发生原来被判死刑、后来由于发现无罪证据而被无罪释放的人数达到124人。其中，1973年到1999年平均每年有3.1人被无罪释放，2000年到2007年则平均每年有5人被无罪释放。在保留死刑的38个州中，有25个州都发生了错判死刑的现象。在上述124人中，佛罗里达州无罪释放了22人、伊利诺伊州无罪释放18人，这两个州错判数占各州错判数的比例最高。从年份上看，2003年发生的无罪释放人数最多，达到12起。如此高比例的死刑适用上的错误，已经引起了美国部分民众对美国刑事司法的可靠性的怀疑、越来越多的民众开始质疑美国死刑的正当性[③]。尤其是2006年根据《爱国者法》授权联

---

① 参见John M. Scheb and John M. Scheb，II Criminal Law and Procedure 2005年第5版，第524页。

② 1996年1月26日犹他州按照罪犯John Albert Taylor的选择，对其进行枪决。这是美国最近一次用枪决方法执行死刑。参见http：//deathpenaltyinfo. msu. edu/c/about/methods/firingsquad. htm。

③ 参见Jeffrey L. Kirchmeier，“Dead Innocent：The Death Penalty Abolitionist Search for a Wrongful Execution”，42 Tulsa Law Review 403（2006）。

邦司法部长有权同意将个别州的死刑案件向联邦法院上诉的时间从1年缩短为6个月、有权批准检察官“快速审理”要求的情况下，一些法学专家越来越担心死刑将出现不可避免的错误。加州大学伯克莱分校法学院死刑诊所主任 Elisabeth Semel 教授就批评说，这样的改革“等同于关闭了人们寻求联邦法院审核死刑案件的窗口，加速审理不可避免地失去了纠错机会”[①]。

① 参见 Los Angeles Times，August 14，2007。

精神障碍与死刑

［日］川本哲郎*

有关死刑问题，2006年出现了几点值得关注的动向。首先，对连续拐骗并杀害幼女事件的犯罪人宫崎勤于1月17日宣判死刑。在本案审理过程中，一审曾作了三次精神鉴定，由于其结论各不相同，因而备受关注。① 正如后述，宫崎勤在监禁过程中出现监禁反应，这也是重要问题。其次，6月20日，就光市母子杀害事件，最高裁判所认定判处犯罪行为时年仅18岁的被告人无期懲役的控诉审（二审）量刑不当，并撤销了此判决；② 7月4日，对于广岛女孩杀害事件，作为一审的广岛地方裁判所判处被告人无期懲役，在本案中，因怀疑被告人患有小儿性爱症而得以避免死刑判决；③ 9月15日，判处奥姆真理教案件中作为主谋的元教祖死刑，在本案中，被告人的诉讼能力曾引起争议；④ 9月26日，对于奈良女孩杀害事件，奈良地方裁判所判处被告人死刑，因被告人撤销控诉（上诉），死刑判决最终得以确定，在本案中，被告人也疑患有小儿性爱症，也许是因为该被告人有前科，因而在仅有一名被害人的情况下仍宣判了死刑；⑤ 12月13日，对于浪速姐妹杀害事件，宣判被告人死刑，本案中的被告人因在16岁之时曾用棒球棒打死其母而被收容在中等少年院3年，怀疑其患有广泛性发育障碍⑥。

有必要说明的是，2006年9月法务大臣更迭，前任的法务大臣在一年前就任之时，曾在记者招待会上宣称不会在执行死刑命令书上签字，虽马上收

* 日本京都产业大学法学部教授。

① 最判平成18年（2006年）1月17日判タ1205号129页。就一审判决，参照浅田和茂：《认定具有完全责任能力的事例》，载《ジュリスト》平成9年（1997年）重要判例解说153页。

② 最判平成18年（2006年）6月20日判时1941号38页、判タ1213号89页。

③ 广岛地判平成18年（2006年）7月4日判タ1220号118页。

④ 2006年9月16日《朝日新闻》。

⑤ 2006年9月26日《朝日新闻》。

⑥ 2006年2月2日以及同年12月13日《朝日新闻》。

回了该发言，但在其任期之内并未签署任何死刑执行命令。也许是因为这一点的缘故，尽管年底对 4 名罪犯执行了死刑，但未被执行的死刑确定者（死囚犯）多达近百人。12 月 26 日，对于名张有毒葡萄事件，决定撤销二审判决，其时，被科以死刑的犯人已经是 81 岁高龄的老人。①

另外，在欧美各国中唯一尚保留死刑的美国，自 2006 年 12 月开始也出现了很大变化。2002 年，联邦最高法院认为对精神迟缓（智能障碍）者执行死刑这属于“残酷且异常的刑罚”，2003 年，当时的伊利诺伊州州长宣布对州内所有在押死囚犯 167 人一律减刑。② 并且在 2005 年，联邦最高法院认定对未满 18 周岁者宣判死刑属于违宪行为，③ 从而出现了重新探讨死刑状况的动向，2006 年 12 月，佛罗里达州州长命令暂缓执行死刑。而加利福尼亚州的联邦地方法院认为死刑程序存在问题。前者的原因在于，佛罗里达州规定采取注射方式执行死刑，但因在执行时出现错误，导致实际耗时 30 分钟以上，给受刑者带来莫大痛苦；后者的理由在于，不仅参与执行死刑者在资格与训练方面存在问题，且记录与药物的药量不足，环境也尚未完善。其他的问题还有，以注射方式执行死刑时，为了达到麻醉、麻痹、心脏停止的效果，需要使用三种药物，但若最初使用的药物的麻醉效果不充分，则有可能给受刑者带来毫无意义的痛苦。④

除此之外，正如后述，新泽西州立法委员会于 2007 年 1 月提出劝告，要求废止死刑，联邦最高法院也认可对患有重度精神障碍的死囚执行死刑是否合适展开探讨。而且，马里兰州开始探讨废止死刑，⑤ 北卡罗来州的医师协会禁止医师参与执行死刑，法院为此决定延期执行死刑，议会也开始探讨暂缓执行死刑。

在我国也有部分人主张废止死刑，但遗憾的是并未形成很大声势，在一定时间之内，国会也不会探讨死刑的存废。但几年之后，作为司法制度改革之一的裁判员制度开始实施，对于该制度究竟会促进死刑还是抑制死刑尚存争议，对其趋势也确实难以预测，但无疑是探讨死刑存废问题的大好时机。期待能以欧美各国中尚保留死刑的美国的动向为参考，引起国民的大规模探讨。在此，本文选择对死刑相关问题中的精神障碍与死刑这一问题

① 2006 年 12 月 26 日《朝日新闻》。

② 2003 年 1 月 24 日《朝日新闻》。

③ 2005 年 3 月 3 日《朝日新闻》。

④ The New York Times，2006.12.16；2006 年 12 月 17 日《产经新闻》。

⑤ Washinton Post，2007.1.26.

作些探讨。

一、我国与美国的死刑实际状况

（一）美国

1. 死刑执行的现状

从2006年的数据中可以得知，死刑的执行数量为近10年来最少的53件，在保留死刑的38个州中，有10个州基本停止执行死刑，伊利诺伊州与新泽西州已正式开始探讨暂缓（搁置）执行，另有8个州在对注射执行的是非展开探讨期间暂缓执行死刑。这样，仅有20个州执行死刑，正如表1所表明的那样，在2006年执行死刑的仅有14个州，其中，有8个州只有1件，有5个州有4到5件，但得克萨斯州2006年一年执行了24件，尤显突出。并且，纽约州于2004年判定本州的《死刑法》违宪，而新罕布什尔州没有死囚犯人。舆论调查显示，近20年来，较死刑而言，首先出现多数人赞成代之以“不带假释的无期刑”的情况。另外，美国法曹协会、美国精神科医师协会、美国心理学会也支持对重度精神障碍者废止死刑。

表1　美国各州的死刑执行情况

州名	2005年	2006年	州名	2005年	2006年
得克萨斯州	19	24	蒙大拿州	0	1
俄亥俄州	4	5	内华达州	0	1
北卡罗来州	5	4	南卡罗来州	3	1
佛罗里达州	1	4	田纳西州	0	1
俄克拉何马州	4	4	阿肯色州	1	0
弗吉尼亚州	0	4	科罗拉多州	1	0
亚拉巴马州	4	1	特拉华州	1	0
加利福尼亚州	2	1	佐治亚州	3	0
印第安纳州	5	1	马里兰州	1	0
密西西比州	1	1	密执安州	5	0
合计	2005年、2006年分别为60、53件				

Death Penalty Information Center，The Death Penalty in 2006：Year. End Report，December 2006.

2. 新泽西州的死刑探讨委员会

新泽西州的死刑探讨委员会于2007年1月2日提交了报告书，其结论如下：第一，并没有充分证据证明死刑正当地达到了其目的；第二，死刑的费用高于不带假释的无期刑，但无法准确测算；第三，死刑不适合于现在的“品位”（decency）；[①] 第四，在死刑适用过程中，并未有证据显示助长了不公平的人种偏见；第五，通过废止死刑可以消灭死刑判决不均衡的危险；第六，通过判处少数人死刑所得到的利益并不足以使得误判危险正当化；第七，若创设不带假释的无期刑，对于国民安全而言业已充分，包括杀人案件中的被害人遗属在内，也可取得社会性与刑罚上的利益；第八，应设置充足的基金以确保适当援助杀人案件中的被害人遗属。

概言之，其核心在于，“由于并未能达到判处死刑的目的，因而应废止死刑，而代之以不带假释的无期刑。并且，通过废止死刑所得到的利益应用于被害人”。[②]

3. 针对精神障碍者的死刑

前面曾提到，2002年，联邦最高法院认为对精神迟缓（智能障碍）者执行死刑这属于“残酷且异常的刑罚”，2003年，当时的伊利诺伊州州长以有可能产生冤案为由，宣布对州内所有在押死囚犯167人一律减刑。并且，联邦最高法院在2005年判定针对未满18周岁的人的死刑属于违宪行为。

由此可见，有关死刑问题，以前的焦点集中于针对精神迟缓者与少年犯的死刑以及误判问题，现在主要关心注射执行与精神障碍的问题。以注射方式执行死刑这主要是源于断头台之后的人道主义考虑，但对其实际情况也不乏疑问。后者的观点在于，针对精神迟缓者以及少年犯的考虑也应及于精神障碍者，其内在考虑为，对于作为不能保护自己权利的弱者的精神障碍者，不仅在责任能力与诉讼能力的认定方面，在刑罚的执行阶段也应予以一定照顾。总之，较我国而言，美国在所有方面均更关注程序合法。

（二）日本

1. 死刑执行的现状

我国是在刑事设施之内以绞刑方式执行死刑。被宣判死刑者在执行死刑之前关押于刑事设施之内（刑法第11条）。由法务大臣命令执行死刑，在判

① 美国判例中使用了“evolving standards of decency that mark the progress of a matuaring society”即“显示成熟社会之进步，并处于发展中的‘品位’这一标准”这种表达。

② Death Penalty Information Center, http://www.Deathpenaltyinfo.org; The New York Times, 2007.1.2.

决确定之日起6个月之内必须下达执行命令（刑诉法第475条）。之所以规定在6个月之内必须下达死刑执行命令，是因为宪法第36条明文禁止残酷的刑罚，为了避免让死囚犯长时间不当地承受死亡的恐怖，[①] 但事实上，从死刑判决确定之日到执行为止，平均历时7年。2004年的死刑确定者有66人，[②] 2005年为77人，[③] 2006年年底达到近百人。正如表2所反映的那样，每年的宣判死刑者与执行死刑者并不多。在法务大臣下达执行命令之后，5天之内必须执行（刑诉法第476条）。在刑事设施内的刑场执行死刑（《刑事收容设施·被收容者等处遇法》第178条），在全国的7个拘禁所设有刑场。死刑在检察官等的实际参与之下执行（刑诉法第477条），采取犯人所踩的地板向下坠落这种地下绞架方式。在绞刑之后，应检查尸体，非经过5分钟时间不得解开绞绳（《刑事收容设施·被收容者等处遇法》第179条）。在周日、周六，以及《有关国民假日的法律》所规定的假日，还有1月2日、3日以及自12月29日到31日期间不得执行死刑（《刑事收容设施·被收容者等处遇法》第178条第2款）。在犯人处于心神丧失状态或者女犯人怀孕期间停止执行（刑诉法第479条）。

表2　我国的死刑运行状况

年度	一审宣判死刑人数	执行死刑人数	年度	一审宣判死刑人数	执行死刑人数	年度	一审宣判死刑人数	执行死刑人数
1946	40	11	1966	14	4	1986	5	2
1947	105	12	1967	7	23	1987	6	2
1948	116	33	1968	15	0	1988	10	2
1949	55	33	1969	9	18	1989	2	1
1950	62	31	1970	9	26	1990	2	0
1951	44	24	1971	4	17	1991	3	0
1952	37	18	1972	4	7	1992	5	0
1953	22	24	1973	4	3	1993	7	7
1954	20	30	1974	6	4	1994	3	2

① 参见大谷实：《刑法讲义总论》（追补版），成文堂2004年版，第556页。

② 参见平成十七年（2005年）版《犯罪白皮书》。

③ 参见平成十八年（2006年）版《犯罪白皮书》。

续表

年度	一审宣判死刑人数	执行死刑人数	年度	一审宣判死刑人数	执行死刑人数	年度	一审宣判死刑人数	执行死刑人数
1955	34	32	1975	5	17	1995	11	6
1956	24	11	1976	4	12	1996	1	6
1957	35	39	1977	9	4	1997	3	4
1958	25	7	1978	6	3	1998	7	6
1959	28	30	1979	7	1	1999	8	5
1960	12	39	1980	9	1	2000	14	3
1961	29	6	1981	2	1	2001	10	2
1962	12	26	1982	11	1	2002	18	2
1963	12	12	1983	5	1	2003	13	1
1964	12	0	1984	6	1	2004	14	2
1965	16	4	1985	9	3	2005	13	1

2. 判例的立场

1947 年制定宪法，规定禁止残酷刑罚，针对死刑是否违反此规定而引起争议的案件，最高裁判所认为，保留死刑本身是宪法所预定的内容。① 在宪法看来，“在违反公共福利这一基本原则之时，尽管是有关生命的国民权利，仍可以在立法上予以限制乃至剥夺，这一点是当然可以预见的”，因为宪法第 31 条规定，“尽管是国民个人的尊贵生命，根据法律所规定的适当程序，仍可科以剥夺生命的刑罚”。1983 年，有关永山事件的判决提出了死刑的适用标准，其中列举了需要予以考虑的几种情况：“犯罪行为的性质、动机、状态尤其是杀害手段方法的执著性、残酷性、结果的重大性尤其是被杀害的被害人人数、遗属的受害感情、社会影响、犯罪人的年龄、前科、犯罪之后的情节等。”②

下面对前文所提到的近年来的几个判决稍作说明。第一，对于宫崎勤的判决主要是遵从永山事件判决的标准，并没有多少新的地方，但宫崎勤的拘禁反应今后会如何发展，这倒值得关注。第二，对于光市母子杀害事件，与

① 最判昭和二十三年（1948 年）3 月 12 日刑集 2 卷 3 号 191 页。

② 最判昭和五十八年（1983 年）7 月 8 日刑集 37 卷 6 号 609 页。参见拙文：“死刑的适用标准（永山事件）”，载大谷实编：《判例讲义刑法Ⅰ总论》，悠悠社 2001 年版，第 164 页。

一审、二审均判处无期惩役相反，最高裁判所尤其提到了犯罪人的计划性与可塑性，最终认为，“作为仍不对被告人选择死刑的事由，不能认定其有充分的理由”，并且，媒体还广泛报道了被害人遗属的受害感情的严峻。① 第三，对于广岛女孩杀害事件，之所以并未宣判死刑，主要是因为被害人仅为一人、缺乏计划性、并无前科，因而“以死刑处之，仍存疑念”。② 第四，有关奥姆真理教元教祖的最高裁判所的决定虽认定被告人具有诉讼能力而驳回特别抗告，但律师所委托的7名精神科医师均否定被告人具有诉讼能力，对此媒体也作了报道，即便今后执行死刑也不无问题。③ 第五，在有关奈良女孩杀害事件的判决中，基本上遵照永山事件的标准，认为被告人并无改过自新的意愿，矫正其人格的可能性极低，因而判处了死刑。针对被害人仅有一人这一问题，判决重视幼小女孩受到了性侵害这一点，认为“不能说仅凭被害人的数量就可避免死刑这一点是明确的”。④ 第六，在浪速姐妹杀害事件中，对于被怀疑患有广泛性发育障碍的23岁的被告人，判例基于“具有人格障碍，但具有责任能力”这一精神鉴定，认为“被告人具有强烈的杀人愿望，犯罪倾向也很牢固，非常难以期待其更生（改过自新）”，从而宣判死刑。⑤

在上述各案中，被告人均有广义意义上的精神障碍，今后在执行死刑之时，是否会出现问题呢？对此不无担心。

3. 日本律师联合会与死刑废止议员联盟的提案

日本律师联合会在2002年倡导“制订一段时间之内停止执行死刑的法案”，并提出应具体推进以下几点：第一，改善有关死刑的刑事司法制度；第二，有关死刑存废，提倡在律师会内部广泛探讨并带动全体国民的探讨；第三，实现有关死刑的信息公开；第四，提出取代死刑的最高刑；第五，确立针对犯罪被害人及其遗属的援助、恢复被害与权利等。⑥

国会内超党派地成立的死刑废止议员联盟于2003年制定了《有关创设重无期刑以及设置死刑制度调查会等的法案》，但并未提交国会审议。该法案提出，在创设并不允许假释的长期自由刑的同时，还应在国会设置死刑制度调查会，在该调查会最终提出结论之前的这段时间应停止执行死刑。⑦

---

① 最判平成十八年（2006年）6月20日判时1941号38页、判タ1213号89页。

② 广岛地判平成十八年（2006年）7月4日判タ1220号118页。

③ 参见2006年2月2日、9月16日《朝日新闻》。

④ 参见2006年9月26日《朝日新闻》。

⑤ 参见2006年12月13日《朝日新闻》。

⑥ 参见日本律师联合会编：《要求停止执行死刑》，2005年版，第88页。

⑦ 参见《季刊刑事辩护》第37号，2004年版，第102页以下；龟井静香：《死刑废止论》(2002年)。

（三）国际上的动向

根据 Amnesty International 所提供的数据，在 2006 年 12 月当时，针对所有犯罪均废止死刑的国家有 88 个，仅对一般犯罪废止死刑的国家有 11 个，事实上已废止死刑的国家有 29 个，合计为 128 个国。相反，仍保留死刑的国家有 69 个。死刑的执行方法有斩首、电椅、绞刑、注射、枪杀、扔石头等方式。

决定废止死刑的条约有：①有关市民性以及政治性权利的国际公约第二任择议定书；②有关废除死刑美洲人权条约议定书；③欧洲人权条约第六议定书；④欧洲人权条约第十三议定书。[①]

2001 年的欧洲评议会议员会议针对以观察员身份参加的美国与日本作出了以下决议：①要求美日二国马上停止执行死刑；②在美日二国就废止死刑问题并无重大进展之时，考虑停止二国的观察员资格。[②]

联合国所属的经济社会理事会的人权委员会反复表明了其反对对精神障碍者或智能障碍者（a person suffering from any mental or intellectual disabilities）适用、执行死刑的态度。[③]

Amnesty International 在 2007 年 1 月向我国的法务大臣发出公开信，对 2006 年年底执行 4 人死刑一事再次提出抗议，并同时要求日本废止死刑。具体而言，除提出废止死刑之外，还列举了对死刑判决予以减刑并停止执行、信息公开、在一般社会以及国会展开讨论、改善死刑确定者的待遇，尤其是扩大会见、交通，保障与医疗设施之间的联系。就本文而言，最后的“保障与精神医疗设施之间的联系”这一点尤为重要。

二、精神障碍者的死刑

（一）智能障碍与犯罪

美国的联邦最高法院在 2002 年判定对于精神障碍者（智能障碍者）执行死刑属于“残酷且异常的刑罚”，并作出了违宪判决。该判决基于下述理由，提出不得对 IQ 为 59（轻度精神迟缓）、智能年龄在 9 到 12 岁的被告人科以死刑。第一，作为报应前提的谴责程度很低，达不到抑制犯罪的效果；第二，由于被告人的智能有限，无法充分利用为保障正当适用死刑而作的与律师的

① http：//www. amnesty. or. jp.

② 参见山田利明：“有关死刑制度之存废国际动向与日本”，载《罪与罚》第 40 卷第 1 号（2002 年），第 46 页；石冢伸一：“围绕死刑的新动向”，载《法律时报》第 76 卷第 13 号（2004 年），第 1 页。

③ Commission on Human Rights，Report on the sixty－first session，2005.

沟通、在公审中的证词等规定。联邦最高法院曾在1986年判定针对心神丧失者的死刑属于“残酷且异常的刑罚”。这是因为，对于无法理解意思者判处死刑并无报应的意义，且有违人性。但对于精神迟缓者，联邦最高法院曾在1989年作出了并不违宪的判决。当时仅有一州禁止针对精神迟缓者执行死刑，难言形成了国民的合意，精神迟缓虽属于责任减轻事由，但并不能由此而禁止对所有精神迟缓者判处死刑。但其后禁止对精神迟缓者判处死刑的州有所增加，联邦最高法院也不得不改变观点。

我国也曾发生过相应案件。2007年1月，患有智能障碍的某男子在大阪府将一名3岁的男孩从人行天桥上扔下。① 下面探讨智能障碍与犯罪之间的关联。

（二）智能障碍

《精神保健福利法》将智能障碍视为一种精神障碍。该法第5条规定，“本法所谓‘精神障碍者’，是指精神分裂症、因精神作用物质而造成的中毒或者其依存症、智能障碍、精神病质，以及其他患有精神疾病者”。作为法令用语，曾使用过“精神薄弱”这一用语，因受到相关人员的质疑，认为并不贴切，而自1999年开始改为智能障碍。② 精神医学领域使用精神迟缓（Mental Retardation）这一用语，其含义为“精神的发育停止或发育不全的状态”，其特征为“对于发育期所明确的整体智能水平的贡献能力，例如，认知、语言、运动以及社会能力的障碍”。在21世纪的头几年，普遍承认智能障碍与犯罪之间存在关联，现在，按照精神医疗的诊断标准DSM Ⅲ，将智能障碍分类于精神障碍，认为其与人格障碍一样，可由此减轻刑罚。

有关智能障碍者的责任能力，既有认为属于心神丧失或心神耗弱的，也有认为属于完全责任能力的，还有认为“应个别具体地判断”。③ 但这里要谈的并不是责任能力与诉讼能力，而是受刑能力。受刑能力是指“适于接受刑罚执行的能力”。④ 刑诉法第479条规定，“在接受死刑宣判者处于心神丧失的状态之时，根据法务大臣的命令停止执行”，其意思就在于此。正如后述，对于精神障碍者确实应避免死刑，但在精神迟缓的场合，尽管能认定其具有责任能力与诉讼能力，却并不认可其具有受刑能力，这种情况并不多见。因为

① 参见2007年1月18日《朝日新闻》。

② 参见精神保健福利研究会监修：《精神保健福利法详解》（改订第2版），2002年版，第59页。

③ 参见前田雅英编：《条解刑法》，2002年版，第142页。有关判例，参照川端博、西田典之、原田国男、三浦守编：《裁判例解说刑法》第一卷，2006年版，第376页以下（大岛隆明执笔）。

④ 参见内藤谦：《刑法讲义总论Ⅰ》（下），1991年版，第790页。

精神迟缓与发育障碍比较接近，主要在18岁以前发病。因此，在我国倒不如说，对于智能障碍，重要的在于判定责任能力与诉讼能力，在科处自由刑之时，如何改善其境遇才是当前所面临的课题。

问题在于，如何处理下面这种情况：本不缺乏责任能力与诉讼能力，可在死刑确定之后，在监禁过程中患精神障碍而处于心神丧失、心神耗弱状态。前面谈到，对此问题，刑诉法仅规定了心神丧失的场合，下面想探讨一下其具体运用。

（三）停止执行死刑

正如前述，刑诉法第479条规定，“在接受死刑宣判者处于心神丧失的状态之时，根据法务大臣的命令停止执行”，按照此规定，《执行事务规程》第27条进一步规定，在认定具有停止执行死刑的事由之时，应“立即向法务大臣汇报并听从其指挥”。在心神丧失之时并不执行死刑，这是理所当然的事情，刑诉法的这一规定只是援引了联合国秘书长的《有关死刑的报告书》。也就是，“例如，像日本那样，若被判处死刑者陷入精神异常的状态，其间不得执行死刑”。①

有关心神丧失的含义，多认为是缺少“对于基于谴责自己的违法行为的裁判，自己的生命将被结束的认识能力”，②或者“并无理解死刑作为刑罚的含义的能力”③。

有关停止执行死刑的理由，最具代表性的观点为“对处于心神丧失状态者执行死刑，这不仅没有执行刑罚的意义，也有违实现死刑执行之目的的正义这一理念”。④另外还有观点认为理由在于，“对于自己的生命将要因裁判而丧失这一点缺乏感觉者而言，并无执行刑罚的意义”；⑤“由于在道义上并无受刑能力，对其执行死刑不仅毫无意义，也有违实现死刑执行之目的的正义这一旨趣”。对此基本不存争议。

在美国，继少年与精神迟缓者之后，针对重度精神障碍者的死刑也成为问题。前述1986年的联邦最高法院对判定针对心神丧失者的死刑属于违宪行为，但并未对可决定受刑能力的精神障碍作出定义。对于患有重度精神障碍者的死囚犯人执行死刑是否妥当这一点，联邦最高法院于2007年1月认定可

① 参见内藤谦：《刑法讲义总论Ⅰ》（下），1991年版，第790页。

② 参见青柳幸一：《刑事诉讼法通论下卷》（第五修订版），1976年版，第656页。

③ 参见平野龙一：《刑事诉讼法》，1958年版，第351页。

④ 参见藤永幸治等编：《大解说刑事诉讼法》第7卷，2000年版，第334页（玉冈尚志执笔）。

⑤ 参见松尾浩也监修：《条解刑事诉讼法》（第3版），2003年版，第995页。

以就此予以探讨。控诉法院以受刑者具有认识能力而认定其具有受刑能力，相反，在认定受刑者具有幻觉妄想之时，由于其并不能理解刑罚的内容以及被科以刑罚的理由，那么，执行死刑难道不是并不妥当吗？对此则尚存争议。[①]

在我国，由于仅仅是由检察官及其指挥之下的行刑当局就是否停止执行死刑作出判断，因而有批判意见认为，并不存在担保程序适当的制度性保障。并且，应由刑诉法来规定此程序。[②]

并且，在我国，停止执行刑罚的对象仅限于心神丧失者，那么，如何处理心神耗弱者呢？人格障碍者与智能障碍者又如何呢？对此，应考虑到责任能力与诉讼能力上的差异，值得作为犯罪人处遇问题加以探讨。

2005年成立的《刑事收容设施·被收容人等处遇法》设置了刑事设施视察委员会，也改进了受刑人的不服申诉制度。但在受刑人具有精神障碍的场合，其本人似乎难以就因心神丧失而停止执行死刑这一点提出申诉。刑事设施视察委员会能否完成《精神保健福利法》所规定的精神医疗审查会的作用，这也是一个问题。在精神医疗审查会的场合，入住精神病院的患者可以给外面打电话，随时可以向都道府县以及政令城市管辖之下的精神医疗审查会要求出院。一般程序为，一旦收到此要求，医疗委员与法律专家等学识委员会直接到医院听取主治医师、患者本人的意见，然后由审查会进行审议，并最终作出结论。强制入院并不妥当这种诉求与刑罚的停止执行之间存在很大不同，要求后者也采取上述程序这确实勉为其难，但希望在实际运用过程中，能保障在死刑确定者患有精神障碍之时的人权。

三、死囚犯人的处遇

（一）刑事设施内的精神医疗

众所周知，在我国的刑事设施之内，有不少犯人患有精神障碍。例如，在2007年的新受刑者32789人之中，有2151人属于精神障碍者，其中，智能障碍者287人、精神病质（人格障碍）者125人、神经症者435人、其他为1304人。[③] 国外也是如此，例如，美国于2006年9月公布了大规模调查的结果。根据该调查结果，刑事设施收容者中的半数以上患有精神障碍，在州一级的监狱中每三人中就有一人、在联邦监狱中每四人中就有一人从收容开始

---

① The New York Times，2007. 1. 6.

② 参见小田中聪树等著：《刑事辩护解说Ⅰ刑事诉讼法》，1998年版，第437页（福岛至执笔）。

③ 参见平成十八年（2006年）版《犯罪白皮书》，第122页。

就在接受精神科的治疗。①

（二）针对死刑确定者的精神医疗

2006年制定的《刑事收容设施·被收容者等处遇法》第56条规定了刑事设施之内的保健卫生与医疗原则。也就是，“在刑事设施之内，为了致力于把握被收容者的心身状况，并保持被收容者的健康以及刑事设施内的卫生，参照社会一般的保健卫生以及医疗水准，采取措施切实维持保健卫生与医疗”，在诊疗之时，“在必要之时，收容者可到刑事设施之外的医院或诊疗所就医，不得已之时，还可将被收容者转院至刑事设施之外的医院或诊疗所”（第62条）。这继承了旧《监狱法》第43条有关“移送医院（转院）”的相关规定：“对于患有精神病、传染病等其他疾病，认定在监狱内无法得到适当治疗的患者，根据情况，可将其移送至医院。”由于现在设置了医疗监狱，在当时的监狱内难以得到治疗的精神病、传染病等情况已不再出现。但收容死囚犯人的是拘留所，其医疗体制难言完善。②

我们知道，在死刑确定者当中，也有人患有重度的精神疾病。例如，1951年被确定死刑的山本宏子在死刑确定之后的第三年发病，而停止执行死刑，但未能进行积极的治疗，在1969年因个别恩赦而减刑为无期徒役，在转院到八王子医疗监狱之后，因患有结核病而停止执行刑罚，1978年死于奈良的国立疗养所。③ 还有，1984年被确定死刑的川中铁夫在一审之时被认定属于精神迟缓，仍被宣判死刑。在裁判过程中虽出现幻觉妄想状态，但被认为并非心神丧失而最终被执行死刑。④

1974年的钢琴杀人事件中的犯人大滨松三因本人撤销控诉而于1977年最终确定死刑。由于其本人患有妄想症，其撤销控诉的有效性曾一度引起争议，但东京地方裁判所仍决定有效。律师对此决定曾提出异议申诉，但律师的申诉也被驳回。东京高等裁判所认为，尽管对被告人实施杀人行为之时是否具有责任能力存在一定疑问，但就撤销控诉而言，这属于“在理解自己在防御上的能力，并具有据此行为的能力的状态之下所表明的真实意思”，“并不处于缺少诉讼能力的状态”。就律师的异议申诉，也认为在提请撤销控诉的当

---

① Bureau of Justice Statistics Special Report, Mental Health Problems of Prison and Jail Inmates, 2006 (http://www.ojp.usdoj.gov).

② 参见山本真理：“再问对于死刑的精神科医师”，载《精神神经学杂志》第107卷第7号2005年），第691页以下。

③ 参见村野熏：《战后死囚列传》（增补·改订版），2002年版，第176页以下。

④ 参见佐久间哲：《处以死刑——当代死囚档案》，2005年版，第141页以下。

时，被告人“理解申诉的意义，具有保护自己权利的能力即具有诉讼能力”。[①] 然而，被告人的死刑却在确定之后历经近30年的2006年年底都尚未执行。

侉田严在1966年因强盗杀人而被逮捕，在1980年被确定死刑，本人转而否定指控事实而要求再审，且自1985年左右开始出现异常言行。1991年，其家属要求将其转院到外部的精神病院，提出了人身保护请求，但在第二年被驳回。东京拘留所的主张如下：本所“规模虽小但仍具备综合医院的医疗体制……除了例外情况之外，不得将被收容者移送到外部的医院。就东京拘留所的精神科的治疗而言，配置了2名精神科医师、2名脑外科医师，拥有精神病房以及相当的设备，因而几乎没有将作为患者的被收容人移送到外部医院的例子”。而且，“在外部的医院，难以想象直接与被拘留者进行日常接触的护士拥有如何与具有死刑确定者这一特殊身份者接触的技术……不能指望（外部）医院具有与拘留所同等程度的物理戒备设施，在人员戒备方面也会出现很多障碍。并且，也会给被拘禁者回到东京拘留所之后的治疗带来不便”。

对此，东京地方裁判所认为，要许可移送至外部的医院，以在拘留所内“由于无法期待得到有效的治疗，该疾病有得不到改善或恶化之危险为要件”，尽管被拘禁者的病名为“幻觉妄想状态”，但要认定东京拘留所的“可以给予适当的治疗这一判断属于错误判断，这很困难”，因而上述危险“并不明显”，从而驳回了家属的请求。[②]

由此可见，为了治疗精神障碍而将死刑确定者移送至外部的医院或者收容到医疗监狱这种情况非常罕见，但应加以改善。2002年成立了《心神丧失者等医疗观察法》，现在已开始在专门病房进行治疗，在本法案的审议过程中，在精神病院与监狱之间如何移送这一点曾引起争议。对此，笔者认为应采取更为灵活的方式。今后至少在保安与处遇方面出现问题时，应参照《心神丧失者等医疗观察法》设置专门病房的成果，以改善精神障碍者的治疗为目标。另外，对于受刑者的精神状态，并未由司法机关与第三方机构进行确认，这也是一个问题。这一点与在探讨停止执行死刑时所提出的问题一样，均应该由第三方机构实施公平监察。

另一问题在于，在刑事设施之内患精神障碍且病情恶化之时，精神科医师进行治疗存在伦理上的障碍。也就是，如果治疗奏效病情痊愈，则会被执

---

① 东京高判昭和五十一年（1976年）12月16日、东京高判昭和五十二年（1977年）4月11日判时857号117页。

② 东京地判平成五年（1993年）1月13日判时1454号119页、判夕819号190页。

行死刑，这显然有违医师的伦理。实际上，日本精神神经学会曾在2002年发表了“有关精神科医师参与死刑执行的本学会的态度”这一声明，针对与此问题相并列的“禁止对心神丧失者执行死刑是否妥当”等七个问题指出，“本学会认为，在此讨论取得一定结论之前，精神科医师现在不应参与执行死刑”。[①]

然而，死刑确定者苦于精神疾病却不给予任何治疗，这又是否有违人道呢？于是，有人主张，对于因精神障碍而受刑能力存在问题者，应将死刑自动减轻为终身刑。[②]

将死刑确定者收容在拘禁所本身也并非没有问题。此问题现在几乎没有引起探讨，之所以收容在拘禁所，主要是出于“并非被执行自由刑的受刑者这一消极理由”，同时是从温情的角度出发，对静等死刑执行者“准照相对自由的刑事被告人的处遇”。[③] 但在提出此理由的当时，死囚犯人并不多，等待执行的时间也不像现在那样需要7到8年。随着《刑事收容设施·被收容者等处遇法》的制定，力求完善有关死刑确定者的处遇的规定，应该说这是一种进步，但核心在于“代用监狱问题”，有关考虑到死刑存废问题的“死刑确定者的处遇”，难言进行了充分的探讨，这也是实情。《刑事收容设施·被收容者等处遇法》确实就死刑确定者的处遇作了原则性规定，也就是，“①在确定死刑确定者的处遇之时，应留意使其取得心情上的安定；②对于死刑确定者，有必要之时，应取得民间慈善人士的协助，采取有利于其心情安定的建议、谈话以及其他措施”（第32条），并且，还规定可以通过会面、书信等方式与外界取得联系，力图改善死刑确定者的处遇。[④] 但在精神医疗方面，却存在不少不够之处。如果现阶段还会继续保留死刑，包括程序在内的“拘禁所内的精神医疗的改善”则属于迫切需要解决的课题。

结　语

最后还想在涉及死刑存废论之后，提出今后的课题。

---

① 参见日本精神神经学会：“有关精神科医师参与死刑执行的本学会的态度”，载《精神神经学杂志》第104卷第7号，第642页；中岛直：“针对有关精神科医师参与死刑执行的学会声明”，载《精神神经学杂志》第107卷第7号（2005年），第676页以下。

② 参见中岛直：“针对有关精神科医师参与死刑执行的学会声明”，载《精神神经学杂志》第107卷第7号（2005年），第680页。

③ 参照小野清一郎、朝仓京一：《改订监狱法》，1970年版，第41—42页。

④ 参见名取俊也：“有关刑事收容设施以及被收容者等的处遇的法律之概要”，载《ジュリスト》1319号（2006年），第48页以下。

死刑存废论的论据大致如下。首先，死刑废止论的主张可归纳为以下四点：第一，不能肯定国家具有剥夺犯罪人生命的权利（法哲学的论点）；第二，死刑并无特别的犯罪抑制效果（刑事政策的论点）；第三，死刑属于残酷的刑罚（宪法的论点）；第四，一旦发生误判，不可能得到救济（适正程序的论点）。对此，死刑存续论提出了以下反驳：第一，保留死刑符合国民情感，这从舆论调查中赞成保留死刑者总是过半数这一点即可明确；第二，死刑具有强大的威慑力，具有抑制犯罪的效果；第三，可以完全隔离、排除犯罪人。①

有关死刑的效果这一点并无决定性论据。就误判而言，在完全没有误判可能性的场合，例如池田小学儿童杀伤事件，科以死刑并不存在任何问题。因此，最终归结于国民舆论的支持与人道主义立场之间的对立。② 根据内阁府在 2005 年所作的舆论调查，有 81.4% 的人赞同保留死刑；③ 而且，读卖新闻在 2006 年 12 月开展了“有关裁判员制度的舆论调查”，仍有 80.4% 支持保留死刑。后者就是否赞成“引入不带假释的终身刑”提问之时，有 81.6% 的人表示赞成。④ 然而，欧洲各国在实际废止死刑之前的舆论调查中，也是存续派高于废除派。像日本那样，重视舆论动向，像美国那样，根据“变迁的‘品位’”来决定死刑的存废，这是否过于暧昧呢？事实上，在前述昭和 23 年（1948 年）的最高裁判所判例中，作为补充意见，曾提出“若达到国家文化高度发展，实现了以正义与秩序为基调的和平社会，并不需要为了公共福利而通过死刑的威吓来防止犯罪的这样一个时代，死刑无疑会作为残酷的刑罚而为国民情感所否定”，其后，在平成五年（1993 年）的判决中也作为补充意见提出，但其影响并不大。

日本政府的立场如下，“多数的国民舆论认为对于性质极其恶劣、凶残的犯罪判处死刑那也是不得已，在针对多数人而实施的杀害、诱拐杀害等残忍案件仍未绝迹的状况之下，对于惹起罪责特别重大的残忍犯罪者，对其科以死刑也是迫不得已，废止死刑并不妥当”。⑤ 并且，检察官中也有支持保留死刑的意见。例如，“选择死刑这一判断……应极其慎重……在以这种运用作为

---

① 参见大谷实：《刑法讲义总论》（追补版），成文堂 2004 年版，第 533 页以下。

② 参见拙文：“何为刑罚?”，载《法学セミナ一》第 558 号（2001 年），第 10 页。

③ 《有关基本法律制度的舆论调查》（2004 年 12 月实施）（http：//www8. cao. go. jp/survey/h16/h16 - houseido/index. html）。

④ 2007 年 1 月 16 日《读卖新闻》。

⑤ 参见山田利明：“有关死刑制度之存废国际动向与日本”，载《罪与罚》第 40 卷第 1 号（2002 年），第 47 页。

前提之时，保留死刑这种观点也具有充分的合理性”；[1] “也许是切身体会到了被害人遗属带血的呼吁与痛苦，难以简单地赞同死刑废止论。……为此（无差别大量杀人等）仍需保留死刑制度”[2]。

由此看来，在不久的将来废止死刑的可能性极低，即便如此，或者说正因为如此，即便是一小步，仍应持续不断地努力限定死刑适用。参照美国的死刑动向，首先应对停止对重度精神障碍者执行死刑这一点展开探讨；并且，就少年、智能性障碍、性逸脱、人格障碍、药物依存等事例，也应该从责任能力、诉讼能力、受刑能力的角度重新审视。仅缺少受刑能力的情况并不多见，但只要有一点存在可能性，就应该慎重探讨。另外，刑诉法仅规定对心神丧失者停止执行死刑，那么，心神耗弱者也是否应包括在内呢？这也是值得考虑的问题。

美国正在就对无法理解死刑意义者应避免执行死刑这一问题展开探讨，同时，也很重视正当程序的问题。在我国，针对死刑信息并未充分公开这一点也有不少批判意见，例如，“日本的死刑完全交由法务大臣的自由裁量，并且，由于采取的是秘密行刑主义，也根本无从验证，因而现行程序有违宪法第31条”。

另外，作为程序方面的提议，有人还提出，“在预定或预计宣判死刑的案件的搜查阶段，应采取‘国选辩护人制度’，并应使之制度化”。[3] 参照美国的动向，我国也应该更多地关注如何改善死刑的适用程序。

在我国，在被告人否定犯罪事实的场合，或者被告人提出再审请求或恩赦要求之时，不执行死刑（刑诉法第475条第2款）。在延缓执行（moratorium）期间，执行死刑应限于得到本人同意之时，美国有几个州所实施的这种方法也值得参考。另外，被害人援助问题、替代刑问题也很重要，限于篇幅，留待他述。

在美国，持死刑存续论观点者为了应对针对死刑的批判，也积极赞同改进程序。在体感治安有所恶化的现在，即便难以废止死刑，至少应努力改善制度不完备这一现状。

（王昭武译）

---

① 参见山田利明：“有关死刑制度之存废国际动向与日本”，载《罪与罚》第40卷第1号（2002年），第48页。

② 参见宗像纪夫：“检察官眼中的死刑制度”，载《犯罪心理研究》第2号（1998年），第35—36页。

③ 参见渥美东洋：“应废止日本的现行死刑制度吗?”，载《刑法杂志》第35卷第1号（1995年），第108页。

罪刑关系的反思与重构

——兼谈罚金刑在我国现阶段之适用

冯亚东*

一、存在的问题

实定的法律从来都是近距离服务于生活现实的，按近代依法治国的理念其制定与适用无非是为促进族群共同体的稳定与发展、维护秩序和安全，并切实保障个人的自由与权利。鉴于此，法律总是同现实的国情民意及实际要求紧密关联；脱离国情民意所形成的法律注定仅具静态文本的“死法”意义，并无可能在生活现实中动态地发生“活法”作用。这一现象在我国97刑法（指1997年3月14日全国人大修订颁布的刑法，以下同）所制定的大量经济犯罪及单位犯罪的规定中，得以突出表现。

97刑法在经济领域中设定了近100个罪名（与之大体相对应又有若干单位犯罪），基本上涵盖了社会经济生活的所有领域。而“法在制定之初就注定不会起作用，因为立法者对法律作用寄予过高的希望，而保证有效法律的必要条件，如适当的初步调查、宣传、接受及执行机构的不足，则注定了法律的命运”。① 从8年的司法实际看，恰恰验证了这一点：一方面大多数罪名基本上处于虚设状态没有得到运用，而另一方面现实生活中却又大量存在符合刑法规定的“犯罪”行为，未能“依法”得到处置并有效抑制。如近年来生产销售伪劣食品、假药劣药的“犯罪”的数量、规模及危害都触目惊心，虚报注册资本、虚假出资、抽逃出资的“犯罪”屡见不鲜，而制造销售盗版光碟图书的“犯罪”也不断发生，以及大量存在的由各种形式的“单位”所实施的犯罪，等等。

---

* 西南财经大学法学院教授，博士生导师。

① ［英］罗杰·科特威尔：《法律社会学导论》，潘大松等译，华夏出版社1989年版，第58页。

针对立法与司法严重脱节的尖锐矛盾，我们亟须反思：在制度转型时期，刑事立法的基本指导思想应是什么——在经济领域内是大规模出击还是尽可能保持谦抑？在国家控制社会应当简单、及时、节约、高效的功利目标下，如何分流处置经济领域内大量的越轨违规行为？刑法同行政法规、司法机关同行政机关，究竟该如何分工？对一些只能采用罚金刑处罚的行为（如单位犯罪），能否采用非刑法的方法简化处理？

二、有必要确认“以刑定罪”刑事规律

欲回答上述问题，须从刑法学理论的基本范畴——即犯罪与刑罚各自的基本意域及其关系着手论及。然犯罪的本质究竟为何，刑罚又具体应包括什么？这些最基础的问题长期以来似乎并未得到透彻的解释。我国刑法学通说认为：犯罪是具有社会危害性、刑事违法性和应受刑罚处罚性的行为；而三性中社会危害性又被认为是本质属性，刑事违法性只是一种必要的“形式”（罪刑法定），而应受刑罚处罚性只是一种必然相随的“后果”。但问题在于：对立法来说，是否仅靠宏观抽象而并无明确界限标准的社会危害性就可以完成对犯罪本质的认识及条文规制呢？在法理上已有的共识是：受不同部门法所规制的一般违法行为及犯罪都同样具有社会危害性；刑法仅是诸法之一，既非唯一亦非最优。虽然以社会危害性为标尺可以区分犯罪与合法行为，但“把社会危害性作为犯罪的本质特征，就带来一个极大困惑：本质特征应该是某一事物所特有的性质，但社会危害性并非犯罪所专有，其他违法行为也都具有社会危害性”。①

可以肯定的是，社会危害性的确是行为成立犯罪的前提性条件，但该条件在逻辑上只是必要条件而非充分条件；在具备社会危害性的基础上，一类行为是否应当规制为犯罪还受诸多因素制约。在影响立法设罪的多方面因素中，最具本质意义的是“应受刑罚处罚性”——凡是应当受到“刑罚”处罚的危害行为，均应视为“犯罪”追究刑事责任，反之则应统统划入一般违法行为追究行政或民事责任。于是，对立法设罪来说，考虑危害行为是否应受刑罚的处罚，便成为犯罪与一般违法行为的本质区别和根本界限——“以刑定罪”的刑事规律由此初显端倪。②

一般认为：行为性质的确立应该是依其本身内在的要素而定，但何以在

① 陈兴良：“社会危害性理论”，载《法学研究》2001 年第 1 期。

② 关于犯罪本质和“以刑定罪”刑事规律的哲理基础，参见拙著：《理性主义与刑法模式》，中国政法大学出版社 1999 年版，第 115 页以下。

刑法中（可以扩展到所有法律）对行为性质的判定却须借助行为完成之后的“处罚手段”的因素呢？简单归纳，是由于人类在法律领域对自身行为的认识和界定总是沿着两条思维路径进行的：一是首先对行为自身物理属性的认识——这更多依赖于对行为内在物理要素及其同行为当时物质环境的联系而确定——由此我们可以区分杀人、放火、盗窃、偷税、吸毒等行为样态；二是在此基础上对行为的社会属性的界定——这更多服从于行为之外而为我们控制行为所确定的既定目标和可供操作的有效手段——由此可以将不同领域、不同样态、不同程度、不同主体的行为分门别类归入民事、行政或刑事三大部门法进行调控。

在立法层面，犯罪（主要指经济领域内的制定犯）并非是由不法行为危害量的简单递增即可成立，即行为“犯罪”的性质并不完全取决于行为自身的危害性及其程度（而这显然正是97刑法大规模制造“犯罪”的生活事实基础及理论依据），而是还应考虑规制为“犯罪”后能够运用何种方式处罚、处罚的效果如何等因素；即除考虑行为本身具有严重的社会危害性外，还应权衡行为之主体是否“应受”（必要性）和“能受”（可行性）刑罚的处罚问题——凡不应当或不可能受到有效刑罚手段处罚的行为（或行为人），便不能入罪。

我国刑法第13条但书规定：“情节显著轻微危害不大的，不认为是犯罪。”这种规定，本身只是一种抽象概括而并无具体操作价值的标签式条文；一旦认为无罪即可引用张贴，反之入罪便视为并不符合。那么，司法活动中对“两可”案件究竟应如何判断行为罪与非罪的性质呢？对这一世界性的刑法难题，国外刑法界的一些思路可以借鉴。在英国，由于对危害行为属于何种性质单从危害性方面难以界定，于是形成一种由行为所可能引起何种诉讼程序从而推导行为性质的做法；而需要适用何种程序的标准是——“诉讼可能的结果是否是对于犯罪者的惩罚”。换言之，英国刑法考虑对临界点行为是否入罪的思路，是看行为是否值得动用具有惩罚性的刑罚——凡不值得惩罚的行为便以民事诉讼程序进行处置。①

在我国，司法实践亦同样如此。面对错综复杂、环环相扣的各种不法行

① 参见［英］J. C. 史密斯、B. 霍根：《英国刑法》，李贵方等译，法律出版社2000年版，第20—28页。由于英国“民事诉讼中超过实际损害赔偿的判决同样也是惩罚性的”，故仅依“是否受惩罚”的标准在英国是仍然难以完全厘清民事侵权同犯罪的界限（该书中已注意到这一点）。但英国司法的上述思路却对中国有重大参考价值——在中国，民事责任的承担是采取的等量赔偿方式；至少在是否“超量”惩罚这一点上，能够将民事责任同行政责任、刑事责任区分开来。

为，实在难以在危害量上判断是否构成犯罪；正向的思维无法应对生活，逆向的思维及处置方式自然形成。危害行为总是要给予处理的，考虑到具体案件中行为人承担哪种责任更能获取良好效果，倒过来便能决定该进入哪种程序并由此圈定行为的基本性质；毕竟法律责任最终是由“人”来领受而非“行为”即可承担——行为只是行为人承担责任的依据之一。我们谁也无法断言暴力抗税、暴力阻碍警察执法达到何种程度就构成犯罪——是击一拳、两拳、还是三拳？但我们一旦将目光转向具体的行为人，一种围绕实在生活场景针对“鲜活的人”而有效可行的处置方案便大致形成——因为对任何一种已然行为法律性质的判定，其现实意义全在于对具体当事人可担责任的落实。如此处断，既彰显当代法律宽容谦抑的人文精神，又大大节约社会成本与司法资源。虽然看似考虑了行为之外或之后的责任因素以决断行为性质，然而这种逆向的“以刑定罪”的思维方法，恰恰同立法者以不同调控手段划分三大部门法及行为归属的基本思路不谋而合，蕴涵了人类社群生活中事实与规范、行为与制裁、目的与手段关系中，一种双向互动、相互修正、互为定义的规律性现象。

在本体论上就表象层面观察，犯罪与刑罚各为独立存在的现象；但深层次考量，二者却相互归属、紧密缠绕，无法彼此截然分立。在认识论上，二者各自的含义相互指涉，都只能在以对方为参照系、为前置语境的条件下才可被精确定义——犯罪是应受“刑罚”处罚的行为（无刑无罪），而刑罚是对“犯罪”人所适用的强制方法（无罪无刑）。在方法论上，循上述“关联”的思路方可完整、深刻揭示罪刑关系以及罪与刑各自之事实及价值底蕴。

三、刑罚多样化对犯罪种类及外延的影响

由于刑罚对犯罪的本质具有一种参照和指涉作用，且在罪与刑相互制约的关系中就刑法规范的生成而言刑罚更为根本——即犯罪其实是由刑罚而具体衡定，故刑罚的形态较之于犯罪形态来说在生活世界中便更为稳定可辨。

人类刑罚史由远古时代骇人听闻的各种生命刑，进化到较为温和的摧残身体的肉刑，再发展到更文明更轻缓的自由刑，其递进演变过程同革命或政权更替似乎并无太多的必然联系，而是同一个群体或民族的生存方式及文化观念相依共进的。而犯罪则不然，除了杀人、放火、抢劫等古老的严重罪行外，大多数的所谓“犯罪”都随时代变迁而变异多端。社会的文明和进步带来的是犯罪现象的复杂多样和千变万化，但同时文明和进步带给刑罚的却是单一化和稳定化——从古代刑罚千奇百怪的制裁方式逐步过渡到简单一致的自由刑，形成一种“以不变的刑罚应万变的犯罪”之基本应对格局。犯罪与

刑罚两极分化的大趋势十分生动地展现了人性疯狂扩张的卑劣一面和人性自我意识及自觉控制的另一面。

当代世界范围内刑罚的发展潮流仍然延续着轻缓的历史大趋势——"由自由刑进一步向财产刑（主要指罚金刑）转变"。这种所谓大趋势强烈而广泛地影响着中国的刑法学科理论、刑事立法及刑事司法。但如果冷静考量，中国今天的现实国情却似乎并不具备承载这种趋势的社会条件，即从现实态势中并不能合理推导出"存在向罚金刑转向"的要求。在刑法理论界，学者们多年来为顺应世界潮流而理想化地鼓与呼——从多方面论证对犯罪单处罚金刑的必要性和可行性；并辅以国外的统计数据为证——在西方各国，罚金适用率达宣告刑的60%以上，个别国家高达96%，而在我国却只占百分之几。[①]需注意的是：这种比较分析穿凿附会极不准确——所比较的不同国别的"犯罪"其内涵外延并非大体一致。在西方各国，列入统计数据的犯罪一般都包括"微罪"或"违警罪"——类似于我国的治安处罚行为，若将讳法行为（包括犯罪）作同样外延的比较，则我国的罚金（罚款）适用率也会奇高。在美国大多数州，各种交通违章行为均属犯罪（处以罚金），而在我国除引发严重后果的肇事行为外，统统作为行政违法处理（主要处罚款）。而仅考虑此一项，即可将我国的"罚金"适用率提高几十个百分点——远远会超过所有自由刑的适用率。

在立法上，明显受上述思潮影响而在97刑法中大规模设置"可以单处罚金"的法定刑（多达80余种犯罪），并主要基于能够处以罚金的考虑而大量规定"单位犯罪"。而在司法方面，却呈现同理论和立法背离而行的局面。由于现阶段按照刑法条文及相关司法解释的规定，可以构成"犯罪"的危害行为数量太多，而司法部门在社会转型时期又显然未能做好应对如此庞大数量群"犯罪"的思想和物质准备——被动招架之下又不得不以主要精力应对也呈上升趋势的治安犯罪，故最终被迫只能放弃职守而对大量"经济犯罪"特别是"单位犯罪"视而不见任其发生。

由上述分析可见，无论是在立法层面考虑对危害行为制定何种"相适应"的刑罚（法定刑），还是在司法层面考虑对行为人动用何种具体刑罚（宣告刑），都会直接影响对具体犯罪的种类及外延的框定。中国社会发展到今天的时代，刑罚历经近代一百多年"传统与西制"交互作用的演变，已形成以自由刑为中心的制裁体系——其具体的种类、幅度及适用方法都相对固定下来。

① 参见李希慧主编：《中国刑事立法研究》，人民日报出版社2005年版，第402页以下。

在中国国民心目中“犯罪即等于坐牢而不是赔钱”——较为恶劣的治安环境和普遍低下的个人财产状况决定了并不具备规模化运行罚金刑的观念与实际条件。故此，在刑法规范的创制上，哪些行为值得入罪便主要应受恒定的自由刑手段制约；立法者在全局上制定刑法对所有的犯罪进行“假设”时，其对犯罪模式的量的下限（一般违法行为的量的上限）的界定上，就主要应考虑行为（人）是否“应受自由刑的处罚”。这里基本上存在着一种不同程度的制裁手段对不同程度危害行为大致相适应的参照制约关系：行为本身在点滴增进的危害量上是无关节点的，而恒定的制裁手段在配置量上却是有明确关节点的（自由刑的最低限为拘役一个月）。于是，从立法有效控制、合理配刑的角度，为了求得罪与刑在量上的对等，行为的关节点就只能是参照手段的关节点而确定；凡是适合给以最低限以上自由刑处罚的危害行为，则规定为犯罪，反之则应规定为一般违法行为以罚款或其他方式处置。

对处于一般违法行为与犯罪临界区域的大量危害行为，如果我们能够确立起“以刑定罪”的新观念，并将这里的“刑”简单理解为自由刑——以是否需要剥夺行为人一定期间自由的刑罚去衡量审视“犯罪”，那么在社会危害性的量上界定出的犯罪关节点就会大大升高——只有达到需要被剥夺自由的程度才构成犯罪；而关节点的升高则犯罪的外延就缩小（相应的一般违法行为的外延则扩大），犯罪外延的缩小势必形成刑法制裁锋芒的集中，锋芒的集中则相应带来刑法适用的及时和高效，从而在整个法律控制体系中产生出刑法所独有的“最后的”、“最严厉”制裁和威慑犯罪的最佳社会效应。反之，如果仅仅以是否需要“单处”财产刑的刑罚去界定犯罪，则犯罪的关节点就会降得很低，其外延势必扩大，从而导致刑罚及犯罪的泛化、处理的不及时甚至刑罚的无效，以致大大削弱刑法在人们心目中强烈的威慑效应。

刑罚是对于犯罪的惩罚和对犯罪人的改造与教育——就一种理想状态而言，为了能够对犯罪进行有效遏制和预防，不同的犯罪的确需要适用不同的刑罚；即犯罪人所受到的刑罚应当与其犯罪的性质及危害程度相适应——“刑罚应尽量符合犯罪的本性”。① 但这种“以罪定刑”人性化的思路，只能是在将行为准确认定为犯罪之后才可能想方设法去予以实现；如果尚不清楚什么行为应该规定为犯罪，那么“以罪定刑”终究也无从落实或落而不实（没有落在真实的犯罪上）。刑罚的种类一旦多样化，其相应带来的必然是犯罪种类的多样化和数量的扩大化。刑罚多样化的初衷本来在于同现代社会犯

① ［意］贝卡利亚：《论犯罪与刑罚》，黄风译，中国大百科全书出版社1993年版，第57页。

罪的多元化及犯罪人的多样化主动相适应，以满足人道主义发展及所谓“教育刑”的需要（不同的犯罪人需要不同的惩罚教育方法），殊不料其在适用过程中（立法及司法）受“以刑定罪”的刑事规律潜意识地影响和扭曲，反过来倒会造成以“犯罪”的多样化和扩大化对刑罚多样化的被动相适应。这一点在97刑法关于经济犯罪及单位犯罪的规定中表现得尤为突出—— 一大批本来以民事或行政的制裁手段就足以有效处置的危害行为也都人为升格为犯罪，导致对所谓的犯罪“防不胜防、处不胜处”的尴尬局面。

四、财产刑在长时期内均不应成为我国刑罚的独立责任方式

现阶段不管是立法还是司法，在对制定犯是否入罪的取舍上其理论标准事实上在于是否能够“单处罚金”——即只要危害行为应受罚金的处罚便可确定为犯罪。但问题在于：对“犯罪”单处罚金刑，是否真正具有同自由刑相同或相似的惩罚与教育相结合之功效，是否真能达到刑罚适用所独特追求的特殊预防与一般预防两方面相结合之目的？

应当看到：罚金刑属于财产刑，是一种向国家支付金钱的责任承担方式；而这种责任承担方式在当今时代，同对行政违法行为处以“罚款”并无任何实质性区别。虽然我们可以说两种处罚的法律意义完全不同—— 一为“犯罪”一为“违法”，但这毕竟只是一种形式上的符号性差别；不同的符号如果并不记载不同的实质内容，那么久而久之这种差别自会在人们心目中的符号系统中淡化和消失的。

罪责自负原则是我国刑法公认的基本原则之一，其核心内容在于“谁犯罪谁承担刑事责任”——刑罚仅处罚有罪的个人而绝不允许株连他人。但是，任何以支付财产方式所实现的责任，在理论上和实践中都属于一种可转移、可代偿的责任。这种责任，既可以由共同行为人中的任何一人全额支付（民事共同侵权行为中的连带责任即属此列），也可以由与行为无关的任何第三人代为偿付；只要是合法财产，国家或相对人没有任何理由不予接受——何况对于作为种类物的金钱，其所有权究竟属于何人在技术上也难以识别。鉴于此，耗费国家大量刑事诉讼资源而实现的所谓“罚金”，其实既无必要也无实效，且显然会大量发生违背“罪责自负”基本原则的情况。

我国97刑法中大量规定“单处罚金刑”及“单位犯罪”，明显受西方刑法的所谓“潮流”影响，但显然我们对西方国情有所误读。西方国家之所以在刑法中能够规模化地推行罚金刑，其主要原因在于：

1. 民众温和的犯罪观。西方基督教强调“原罪”观念——人生来有罪而尘世不过是其短暂的赎罪过程，鉴于此，西方主流社会对同“原罪”紧密关

联的凡人“犯罪”，抱有一种相对宽容理解的态度；且现代工商业社会产生出大量的“制定犯”，人人皆难脱其网，行为被称为“犯罪”并不觉得太多难过，以财产责任方式抵罪亦自然合理。在西方法治传统下，法律重在保护个人权利，而对权利的救济当然应该是包括金钱等多种方面。在英美国家，刑法被称为“犯罪法”（Criminal Law）——刑法发端之初就看重的是对纷繁复杂侵犯各种法益的危害行为的归类和界定；而在中国，自古以来则称为“刑法”，看重的是对行为人动刑——凡须动刑的行为均邪恶至极。赔钱与动刑，在中国国民根深蒂固的观念中两者相去甚远。

2. 小政府、大社会的国家管理模式。启蒙以降，西方社会盛行“社会契约说”，将国家权力拟制为公民们的约定和让渡；在美国，形成行政权力深受约束、“有限行政”的传统。受此制约，美国行政机构大为简化，运作方式相对宏观，大量的经济、行政违法行为并无与之对应的行政机关予以具体处置，于此各种纠纷、冲突、越轨行为只得涌入司法程序有待“依法”裁决；而法院既无必要也无可能对之逐一作出“违法”或“犯罪”的区分——对侵犯不同法益之行为大致梳理笼统称其为“犯罪”，再视不同危害量区分罪级（违警罪、轻罪或重罪）科以不同额的罚金或自由刑，自为简单可行的最佳社会控制方案。与行政粗疏简约相呼应，西方刑法的立法模式多属对犯罪单纯的定性分析模式——只规定能够决定行为具体样态的基本条件而不作危害量的界定，因此不太可能也无必要区分危害行为是“一般违法”还是“犯罪”；甚至对许多“制定犯”也不需要考虑有无罪过、何种罪过——实行严格责任原则（简单照搬民法中的无过错责任原则）。对案件当事人来说，似乎也并不存在太大的不公平或非理性的问题——不管最终被确定为应负民事、行政还是刑事责任，都往往不过是同样的“赔钱”。

3. 刑事诉讼程序设置的简易性。在上述国家管理模式下，“犯罪”数量群自然庞大，对司法处置来说便相应要求“简单、方便、迅速”——根本不可能统统进入昂贵、复杂、漫长的侦查、起诉、一审、逐级上诉程序。在美国，只有重罪且在当事人的要求下才会适用陪审团程序，绝大多数的犯罪案件都是通过司法官审理轻微犯罪程序和辩诉交易程序两种简易程序分流处置的；在德国和意大利，针对不同类别、不同程度的犯罪其简易程序各有5种之多。[①] 西方刑法中宽泛的犯罪设定和以罚金为主要处罚方式的实体规定，决定了在程序上只能主要依靠简易方式裁决案件；反之，各种不同形式的简易

① 参见王国枢、项振华：“中外刑事诉讼简易程序及比较”，载《中国法学》1999年第3期。

程序当然也相应能够大规模地负载和应对自由刑以外巨量的罚金等五花八门的处罚方式。于是，法律控制社会所必须追求的大体公正和为实现公正尽可能减少成本的功利路径考虑，便互为兼顾而相得益彰。

五、以严格的身体刑划定犯罪圈

同西方国情相比较，中国至少在相当长时期内必将存在巨大差异且难有改变；上述规模化运行罚金刑的民众观念、国家管理模式、程序性制度设计及其承载制度的社会生活条件，在我国现阶段基本不能具备。在中国历史文化的背景和现阶段国情下，我们只能立足于现实条件考虑中国刑法的立法和司法实际，一步步解决中国的具体问题。

中国古代法律更多是作为维护统治秩序的镇压工具而存在——“法即刑”且“刑起于甲兵”——中国的刑罚体系随着社会基本形态的长期不变而始终保持着重刑的格局；皇权法威与世俗社会同构之下民众长期对“犯罪”抱有强烈的憎恶情绪，重刑主义思想弥漫于整个民族思维之中。几千年中国国民积淀成一种难以动摇的看法——触犯刑律者应“坐牢”而非“赔钱”，即刑罚应当是一种具有专属性的身体责任而非可转移的财产责任。然而，这种思维定式及制度惯性并非就都是消极的，反而为我们提供一种再创造的平台和便利；与其短期内欲改变它枉自嗟叹，不如因势利导利用它化为积极因素。循此思路推导：现阶段凡以金钱能够解决的问题均不应当视为犯罪进入刑法处罚。这不仅仅只是现实刑法制度的务实期求，更是当下民众心理的附和使然。

中国当今处于一种制度转型时期，各种矛盾激烈冲突，犯罪急遽增加，治安状况较差。而管理和控制社会的政治体制并非西方式的“三权分立”——立法、行政、司法之间的制衡关系完全不同于西方；我们所面对的是由历史原因所形成的司法资源严重不足、行政机关繁杂庞大的既定格局。如此态势之下决定了刑法的制裁重点只能放在危害极大急需处理的“自然犯”一方，而对经济领域内大量涌现的不法行为则更多只能依靠行政机关予以分流——凡只需处以罚金的行为（包括单位犯罪），则可统统划归行政领域作为行政违法行为处以罚款或其他。一则行政机关作为专业管理部门更具备专业条件和专门知识，对高度专业化、技术性强的行为性质判定更准确快捷（如证券、商标、专利等领域的违规行为）；二则行政处罚程序简单方便，基本能够符合国家及时有效控制社会的功利目标（考虑由此可能产生的部分不公正问题，现行法律体系中有相应的行政诉讼程序予以救济）；三则我国行政机关类别繁多、资源丰富、队伍庞大而又显事务不足，完全可以更多赋予职责更大程度参与社会具体管理。

刑罚是一种最严厉的惩罚措施，其威慑效力也是客观存在的，但刑罚并非万能药方。一个主权在民而富有人性的社会中刑罚资源是极其昂贵和有限的——对其配置和调整应当是瞻前顾后异常谨慎的；不着边际的适用所谓刑罚导致的不仅仅是对社会资源的浪费，更糟糕的是将刑罚流于形式，使其本来具有的威慑作用耗散殆尽而致对行为的控制趋于无效。现阶段从始终保持刑法作为最后手段的强大威慑力和最大限度节约司法资源的角度考虑，刑法应对社会生活的趋势应当是逐步缩小犯罪外延而非再扩大；假设生活中危害行为的总量不变，相应的行政违法行为的外延扩大，将分流出去的各种危害行为分门别类归进不同领域的行政法规中加以处置（包括所谓的“保安处分”措施）。在刑法领域，对于严重危害社会的“犯罪”行为只能保持一种较为单一的身体刑（自由刑及少量死刑）的格局，财产刑只应作为附加刑使用（刑要科，钱照罚；双管齐下，效果极佳）。只有自由刑这种不可转移、无法代偿的身体责任，才真正能够让行为人以自己的“身体”亲身感受和参与到一种非常痛苦的责任实践过程中去，从而遏制其犯罪欲望并向社会展示一般预防之警示意义。在这里，自由刑始终具有一种“以不变应万变”的功能——任何值得称其为“犯罪”的行为，可预测的法律后果至少都是“坐牢”。

“以刑定罪”——这是一个长期被忽略的真问题，这是一个在西方似乎并不存在而为我们所独有的“中国问题”，对问题的必要思考和试图解答是有现实意义的。在思考和解答中，我们所追求的并非一味通过“严刑峻法”来获得创造动力，而是尽力去考量如何通过吸收本土的法律文化、借鉴外国的成功经验并结合现实国情以充实并真正改善新时期的刑法。“刑罚的规模应该同本国的状况相适应”。[①] 只有充分认识并合理配置同具体国情相适应的刑罚制裁体系，才真正有可能在立法上合理限定现阶段犯罪之模式，才能够在司法运作中对法定之犯罪实行有效遏制，从而切实并富有成效地推动经济发展乃至整个社会的全面发展。

（该稿原文发表于《中国社会科学》2007 年第 5 期，本文有较大删减）

① ［意］贝卡利亚：《论犯罪与刑罚》，黄风译，中国大百科全书出版社 1993 年版，第 44 页。

必并制罚金刑立法探解

韩　轶*

一、导言

罚金是人民法院判处犯罪分子向国家缴纳一定数额金钱的刑罚方法。罚金作为一种附加刑，在我国主要适用于经济犯罪和贪利性犯罪，同时也适用于某些妨害社会管理秩序的犯罪。罚金是我国对单位犯罪主体唯一能够适用的刑种。对于贪利性质的犯罪适用罚金刑，不仅可以起到惩罚遏制与教育的效应，而且还能够剥夺犯罪人再次实施犯罪的经济条件。可见，罚金刑在刑罚目的的实现中扮演了极为重要的角色。

在1979年刑法的修改中，罚金改革是一个热点问题。因为以往罚金刑在司法实践中的适用率极低，这不仅与审判人员的认识上的误区有关，同时也与立法不完善有联系。我国一些学者认为，应该提高罚金刑在我国刑罚体系中的地位，并就罚金刑的适用范围、罚金数额、执行措施等方面提出了修改意见。与1979年刑法相比，现行刑法在分则关于罚金刑的规定上有所改善，例如扩大了罚金刑适用范围，规定了倍比罚金制和限额罚金制等。但在总则关于罚金刑的规定上却未作相应的修改。① 对于我国学者已提出的罚金刑完善的构想，不做重复论述。针对我国罚金刑立法的不周全之处和司法实务中显露的问题，我从实现刑罚目的的角度，以罚金刑中的必并制罚金刑为切入点，提出完善罚金刑的一些建议。

罚金刑是财产刑中适用较广的一种。我国关于改革罚金刑的探讨是从20世纪80年代中期开始的刑法的讨论同时起步的。许多刑法学者对罚金刑作过大量的研究，其中的一些观点已在现行刑法中得到体现。过去主要讨论罚金刑的利

* 中南财经政法大学教授，法学博士。

① 参见陈兴良主编：《刑法疏议》，中国人民公安大学出版社1997年版，第145—146页。

弊存废问题，现在随着罚金刑理论与实践的发展，人们则更关注其适用方式及适用范围问题。笔者拟对我国必并制罚金刑立法的相关问题略陈陋见。

罚金刑的适用方式（又称罚金的运用形态），从世界各国立法例来看，主要有四种类型，即单科罚金制、选科罚金制、并科罚金制、易科罚金制。其中并科罚金制又进一步分为得并制和必并制两种类型。得并制是指在刑法分则条文中规定判处自由刑时同时规定还可以并科罚金刑，是否并科由法官根据具体案件确定。必并制是指在刑法分则条文中明确规定判处自由刑时必须同时科处罚金刑。我国刑法重视并科的规定方式，且我国刑法中罚金的并科制，几乎都是必并制。在刑法修改过程中，有学者认为：1979 年刑法分则规定的罚金并科制，都未作硬性规定，是否并科由执法人员酌情决定。这种并科制度，客观上不利于罚金刑的扩大适用。故建议在刑法分则中，对经济犯罪和财产犯罪应明确规定，必须并科罚金，使罚金刑的适用成为不可避免，以充分发挥罚金刑的作用。这一观点显然为我国刑事立法所采纳。据统计，我国刑法有 1 个罪名采用的是得并制，并处罚金的数额是无限额的；有 114 个罪名采用的是必并制，并处罚金的数额有 64 个罪名是无限额的，有 50 个罪名采用的是限额罚金制和参照罚金制。必并制罚金刑立法使罚金刑的适用成为不可避免，其具有适用的强制性，大幅度地提高了罚金刑的适用率。应当承认，并科制罚金刑作为法定刑的规定方式之一，有其自身的优点。但过分倚重必并制罚金刑使人们对罚金刑本质认识走入了误区，且和国际上的通常做法相左。在刑法中规定有并科罚金刑的国家也不少。但像我国这样将并科罚金作为罚金刑的主要方式的做法并不普遍，而在并科制罚金刑立法中几乎都是必并制的更属罕见。现在不少国家的刑事立法和司法实践对并科制罚金采取谨慎或排斥的态度。如日本可以并科罚金的犯罪只有一种；德国现行刑法规定罚金刑只能以单独科处为原则，只有特殊情况下才可并科罚金；法国所有轻罪、违警罪的罚金刑只能单独科处，只有重罪可以并科罚金；若从实务上看，并科罚金所占的比例就更少，有的国家极少适用并科罚金，有的国家根本不适用并科罚金。而我国罚金刑判例几乎全是必并科适用，必并制罚金刑在大量的适用中不可避免地暴露出了许多缺点。

二、必并制罚金刑的立法之检讨

综观我国的刑法，稍加分析便可发现，我国刑法关于必并制罚金刑的规定，至少存在如下几个问题。

（一）必并制罚金刑的立法配置不当

我国刑法对抢劫、盗窃、抢夺、诈骗等财产性犯罪规定了必并制罚金刑，而对贪污、贿赂犯罪的犯罪行为人没有规定罚金。我国刑法分则第八章贪污贿赂犯罪的规定中，除单位受贿、行贿规定了并处罚金外，在许多条款中，只规定了没收财产，而没有规定并处罚金，虽然没收财产的刑罚强度高于罚金，但除犯罪行为有特别严重的情节，犯罪分子被判处死刑和无期徒刑的，才并处没收财产，其他情况都是可以并处没收财产。这实际上给司法实践留下一个缺口，有可能使许多贪污贿赂犯罪分子逃避经济上的惩罚。并且个人贪污或受贿数额在 5 千元以上不满 5 万元的，既没有规定罚金也没有规定没收财产，这不能不说是立法上的一个缺陷。贪污贿赂犯罪具有职务犯罪和财产犯罪的双重属性，其社会危害性及对国家财产的侵害与盗窃、诈骗、抢夺等犯罪相比有过之而无不及，对这种贪利性犯罪必须在经济上给予严厉惩罚，如并科罚金刑剥夺其金钱，破其所图，灭其所欲，才能有效地遏制贪污和贿赂犯罪。

（二）必并制罚金刑立法容易导致判决虚置

必并制罚金刑立法常使司法活动面临两难选择：要么不并处；要么无金可罚。前者属法官违法，后者则直接导致执行困难，甚至执行不了，导致判决虚置，影响法律的尊严。林山田教授认为："依据犯罪学的研究得知，犯罪人口经济状况较一般普通人口的平均水准为低，故罚金刑常有难执行或未能执行之情事发生。因此，对于这两种情况应事先谋求救济的方法，以求得罚金刑得以圆满地执行。"我国司法实务中，必并制罚金刑立法导致判决虚置的情况在对"贫困犯"的判决中表现得甚为明显。目前在我国发生的盗窃、诈骗、抢劫、抢夺等贪利性犯罪的犯罪行为人不少是无业游民，他们两手空空，根本无可执行的财产，而对他们判处的罚金额根据我国刑法第 53 条的规定又不得减少或免除，这就有可能使人民法院的罚金判决部分成为一纸空文。从国外刑法来看，对盗窃、诈骗、抢劫、抢夺等财产性犯罪规定罚金刑的也不多，如日本、韩国、奥地利等国均未对此类犯罪规定科处罚金刑；有的国家虽然规定对这类犯罪科处罚金刑，但基于维护法院判决权威性和严肃性的考虑，立法规定的是得并制罚金刑，即对被告人是否并科罚金由法官根据具体案情和被告人经济支付能力确定。

（三）必并制罚金刑立法有悖于刑罚止于一身的原则

刑罚止于一身原则亦称为罪责自负原则，其含义是："一人犯罪一人当"，谁犯了罪，就由谁承担刑事责任；只处罚有罪的人，不连累那些与犯罪分子仅有家庭、亲戚、朋友、邻居等关系而并没有犯罪的人。在我国司法实践中，由犯罪人亲朋用其财产为犯罪人缴纳罚金的现象仍普遍存在，特别是未成年人实施盗窃、诈骗、抢劫、抢夺等财产性犯罪的占有一定的比例，而未满 18

周岁的人一般无固定收入，对未成年犯罪人适用必并制罚金刑必定会牵连其无辜的父母或其他监护人。日本有刑法学者认为："罚金可能是受刑者以外的人代为支付，因而刑罚将会失去对犯罪者处分的意义。并且以剥夺一定金钱为内容的罚金刑，从其性质来说，也没有保证受刑者以外的人不支付。因为他人可能代受刑者支付，例如父母代孩子支付罚金。"① 这样做有悖于刑罚止于一身的原则，显然不利于刑罚公正惩罚犯罪有效预防犯罪目的的实现。

（四）必并制罚金刑立法与民事赔偿优先原则相抵触

我国刑法第36条规定："由于犯罪行为而使被害人遭受经济损失的，对犯罪分子除依法给予刑事处罚外，并应根据情况判处赔偿经济损失。承担民事赔偿责任的犯罪分子，同时被判处罚金，其财产不足以全部支付的，或者被判处没收财产的，应当先承担对被害人的民事赔偿责任。"刑法的这一关于刑事活动中民事赔偿优先原则的规定，突破了传统意义上的"先刑后民"的不成文做法，并且将保护受害人的司法思想作了实体上的加深，使民事赔偿的司法手段能够更好地获得体现，有利于刑罚保护法益目的的实现。根据这一规定，"在刑事责任（这里指罚金）与民事责任（赔偿经济损失）竞合且其财产不足以全部支付的情况下，实行民事赔偿优先的原则，显然有利于保护被害人利益。"② 对于那些被判处赔偿受害者的损失执行都很困难的犯罪人适用必并制罚金刑，不仅造成进一步执行罚金的不现实，也不利于被害人财产权利的法律救济。毋庸讳言，我们的许多执法人员已经习惯于传统的执法观念，对于民事赔偿制度考虑的比较少，主要的工作思路是如何用刑律对行为人加以惩罚。目前迫切要求我们的执法者及时调整自己的执法观念，把民事赔偿原则的应用提高到一定的执法高度，而必并制罚金刑立法在一定程度上妨碍了刑事活动中民事赔偿优先原则的贯彻实施。

（五）必并制罚金刑立法可能罚不当罪

罪责刑相适应的原则要求主刑与罚金刑的总和刑罚与犯罪相当，在总和刑罚幅度内主刑轻重与罚金刑轻重应为此长彼消的关系。根据罪责刑相适应的原则，并处罚金时，就应该是自由刑与罚金的总量与责任程度相适应。有学者认为并科罚金，自由刑的量就应比单处自由刑时少。换言之，就是应该设定不附加罚金刑时自由刑的总量，然后将其中一部分换算成罚金刑。若在科处与责任程度相适应的自由刑之后再并科罚金，那就有导致重刑化之虞。并科罚金，特别是对利欲型犯罪普遍适用必并制罚金刑，其理由之一是不让

① ［日］庄子邦雄等编：《刑罚的理论与现实》，岩波书店1972年版，第192页。

② 陈兴良：《刑法哲学》（修订版），中国政法大学出版社1997年版，第441页。

犯罪分子通过犯罪得到经济利益。换言之，并科制罚金是以犯罪取得的非法经济利益为目标，这就会导致罚金刑的异化倾向。以罚金刑的名义剥夺违法所得，大概适用这样的情况：通观犯罪的状况，可以预测行为人可能有若干违法所得，但又不能证明遂科以罚金。可见，如果把这种情况作为适用罚金刑的根据之一，其罚金是否公平就不无疑问。① 再者，刑事司法上罚当其罪的最终实现有赖于宣告刑中主刑和罚金刑的实际执行（出现法定事由的除外），而罚金刑的执行主要取决于犯罪人有无支付能力，在犯罪人无经济能力仅能对其执行主刑的情况下（如"贫困犯"和未成年犯），显然导致罚不当罪。

（六）必并制罚金刑立法使罚金刑预防犯罪的作用大打折扣

一般认为，罚金对于那些贪利性的经济犯罪和财产犯罪，具有较大的个别预防的作用。因为这种犯罪往往以牟利为目的，对这样的犯罪人剥夺一定的财产，使其偷鸡不成蚀把米，这本身就具有教育意义。同时，罚金刑也具有一般预防的作用，那些想要实施贪利性犯罪的人想要通过犯罪手段攫取不义之财，最后却赔了夫人又折兵，因而得不偿失，潜在的犯罪者会因此受到罚金刑的威慑而悬崖勒马。由于必并制罚金刑适用上的"刚性"和适用面的广泛性，司法实务中存在大量的罚金刑没有执行或由他人代为支付执行的情况，同时由于罚金刑不像自由刑那样直接指向行为者的身体，而是指向存在于人身之外的财产，这就难以保证刑罚的效果集中于受刑者本人。还有一些被判处罚金的"贫困犯"因无力支付罚金，但又恐不缴纳罚金而受到其他更严重的刑事处罚，就可能会想方设法，甚至不惜采取盗窃、诈骗等非法手段获取钱财而导致重新犯罪。由上观之，必并制罚金刑的大量适用可能使罚金刑预防犯罪的作用大打折扣。

（七）必并制罚金刑立法与我国对未成年犯罪人重视教育挽救的刑事政策相背离

考虑到未成年人由其生理和心理特点所决定，既有容易被影响、被引诱走上犯罪道路的一面，又有可塑性大、容易接受教育和改造的一面，因此从我国适用刑罚的根本目的出发并针对未成年违法犯罪人的特点，我国刑法在对未成年人犯罪案件的处理上，采取从宽处理的原则，重视对未成年犯罪的教育挽救，对未成年犯罪人适用罚金刑显然与这一刑事政策相背离。日本学者西山富夫说："罚金刑是给受刑人以失去财产为痛苦，以此达到镇压犯罪、预防犯罪之目的的刑罚。因此罚金刑不像自由刑那样具有积极的教化改善功

① 参见马登民、徐安柱：《财产刑研究》，中国检察出版社 1999 年版，第 294 页。

能，而只有消极的镇压作用。”[①] 尤其是罚金刑对未成年犯罪人没有什么影响，有时连惩罚和教育两方面都不能达到。

三、思考与建议

由于必并制罚金刑具有适用的强制性，可以大幅度地提高罚金适用率，因此必并制罚金刑备受我国立法者青睐。一般认为，扩大罚金的主要理由，是罚金刑具有剥夺利欲型犯罪人的再犯能力，抑制其犯罪动机等功能，即强调罚金刑特殊预防功能的特殊意义。罚金刑确实具有这些功能，可是，若在强调这些功能的同时轻视其负面效应，对罚金刑的认识就有片面之虞。实践证明，把罚金刑具有的特殊预防功能作为并科罚金刑大量适用的理由并不充分。“若要重视罚金刑，扩大罚金刑的适用，其作为刑罚的一般性功能，即因罚金刑的适用而产生的剥夺、威吓、改善、补偿等功能应更受重视。因为这些功能是罚金能够成为刑罚方法的标志，重视这些功能，才能增加罚金刑作为刑罚的观念，只有把罚金刑作为本质上与自由刑等其他刑罚方法具有一致性的刑罚，才有普遍、大量适用的可能。正是由于我们对罚金刑的特殊的功能重视有余而对其一般性功能的认识不足，导致了在罚金刑适用范围、适用方式上的片面性。”[②] 这一观点不无道理。如何建立切实可行的，同时兼容公正与效益的罚金刑运行机制，是长期以来各国司法实务与法学界所关注的问题之一。要想使罚金刑走出困境，扬长避短，就必须破除一些传统陈旧观念的禁锢，来寻找解决罚金刑问题的对策。鉴于我国现行刑法关于必并制罚金刑立法的缺陷和其潜伏之若干弊端，我认为，与必并制罚金刑相比较，得并制罚金刑适用方式使罚金刑可以附加适用，同时又较为灵活，赋予了司法人员相当的刑罚裁量权，可以适用于多种案件的具体情况，刑事立法中宜增加得并制罚金刑的规定而相应地减少必并制罚金刑的适用，并规定对未成年犯罪人不得适用罚金刑。为了使罚金刑的正面作用得到充分发挥而抑制其负面效应，在适用对象上，对财产犯罪及一些利欲型犯罪规定罚金刑应当慎重。“虽然在某些情况下，依刑罚剥夺的利益与犯罪行为侵害的利益在形态上相同或相似，有利于刑罚的剥夺功能在实现刑罚目的中的意义，但这不是绝对的。更重要的是，应该追求犯罪的侵害与刑罚的剥夺之间在价值方面的相互接近，这在一般情况下比形态上的相似更为重要。因此，对财产犯等犯罪的处罚，未必非规定并科制罚金刑不可。只为预防目的而适用罚金刑，有可能使罚金

① ［日］宫泽浩一等编：《演习刑事政策》，青林书院新社 1992 年版，第 317 页。

② 李洁：“论中国罚金刑的改革方向”，载《吉林大学社会科学学报》1997 年第 1 期。

刑成为过剩刑罚之虞。”① 因此，即使规定并科罚金制，也应该以“可以并科”为原则，尽量避免“应当并科”的规定。笔者不赞成我国刑法中罚金刑立法广采必并制的做法。必并制罚金表明不论其他主刑轻重都要判处罚金，甚至判处缓刑的都要判处罚金，不论罚金刑是否能够执行都要判处罚金，甚至对“贫困犯”和未成年犯罪人都要判处罚金。必并制罚金刑的适用，应当是发挥罚金刑和其他刑罚并科时的惩罚威慑作用。既要剥夺人身自由又要剥夺财产权利，使其遭受双重惩罚双重否定。立法上设定必并制罚金刑应当考虑犯罪具有罚金刑的可罚性，罚金刑是这类犯罪不可缺的刑罚方法。同时也应从有利于刑罚公正惩罚犯罪和有效预防犯罪目的出发，考虑案件事实上有没有罚金刑适罚的情节，犯罪人的自身情况有没有罚金刑的适罚情节。只有具备这样的条件才应选择必并处，比如涉税犯罪，生产、销售伪劣商品犯罪，重大的毒品犯罪，重大的走私犯罪等。除此，更应该选择得并制罚金刑。必并制罚金刑的规定减少后，必并制罚金刑休现的对于发挥罚金刑功能和保障刑罚目的的实现的有利一面可通过完善罚金刑的随时追缴制和建立罚金的易科制及其他救济措施来弥补。

① 李洁：“论中国罚金刑的改革方向”，载《吉林大学社会科学学报》1997 年第 1 期。

论量刑基准的确定

周长军* 徐 嘎** 韩永初***

在我国，由于长期受“重定罪、轻量刑”及“重刑主义”传统思想的影响，如何实现量刑公正的问题直至近些年来才得到应有的关注。

当前量刑不规范的现象相当严重，而要实现量刑的规范化，量刑基准的确立是其中的关键问题。尽管近年来我国一些基层审判机关已在量刑规范化改革中尝试确立量刑基准，最高人民法院正在酝酿出台的《量刑指导意见》也准备界定量刑基准这一概念，但是无论是理论界还是实务界，对量刑基准的概念与确立方法一直未能达成基本的共识，尚需进一步的研讨与磋商。

为推动量刑规范化改革的健康发展，笔者在深入调研与思考的基础上，就量刑基准的确立问题提出我们的一孔之见，并求教于学界与实务界同人。

一、量刑基准是否存在

司法实践中，多数法官量刑时会在确定罪名后根据罪责大小习惯地或者潜意识地估量出该法定刑范围内的一个基准点，并对该基准点进行调整后，决定最终的宣告刑，该基准点就是量刑基准，也有学者称之为基本刑或基础刑。

量刑基准一词来源于国外。德国学者认为，在往往很宽的刑罚幅度中都存在着一个“切入点”，法官只有从该点出发才能有一个正确的平台进行加减刑量。日本学者指出，量刑基准是法院在刑罚裁量过程中针对每一个抽象个罪所预设的刑罚种类与幅度，之所以在广泛裁判实践中能够使同样案件受到类似宣判，法学家们也能在某种程度上预测出量刑结果，就是因为量刑过程中存在着事实上的量刑基准对量刑活动进行制约和指导。不过，国外学者对量刑基准的

* 山东大学法学院教授，法学博士，博士生导师。

** 山东省淄博市中级人民法院刑一庭法官，法律硕士。

*** 吉林大学理论法学研究中心博士后研究人员；白城师范学院政法系副教授，法学博士。

认识也存在一定的分歧。一些学者认为，量刑基准是指某一犯罪在既遂状态下刑罚自然量的基本标准，是在不考虑任何影响量刑轻重的因素时所应对该罪判处的刑罚量，它表现为一个点而不是一定的幅度。另外一些学者认为，量刑基准是指排除各种法定和酌定情节，对某种仅抽象为一般既遂状态的犯罪所应判处的刑罚，在绝大多数情况下表现为一定的幅度而不是一个点。①

我国对量刑基准问题的研究开始较晚，学者们对于量刑基准是否存在也有不同的观点。持否定说的学者认为，只有刑法为具体犯罪配置的法定刑才是真正的基础刑，在法定刑范围内另设基础刑的做法，不但在理论上难以成立而且没有法律根据。持肯定说的学者则认为，我国刑法规定的法定刑幅度过宽，无论是理论上还是实践中，对罪犯适用从重处罚、从轻处罚都比较难掌握，因此有必要确定一定的刑罚作为量刑之基准。② 当然，目前多数学者认为存在量刑基准。

对于量刑基准是否存在，笔者持肯定意见。主要原因在于：首先，量刑基准事实上存在于经验型法官的潜意识之中，是客观存在的。这只要对那些长期从事刑事审判的经验型法官的量刑思维进行一定的调查，即可得到印证。举例来说，实践中，一个有经验的法官在审理“盗窃 1 万元、赃款追回、犯罪人投案自首”的案件时，往往会自觉或者不自觉地追忆起自己以前审判过或认为其量刑比较合理的“盗窃 1 万元、赃款没有追回、犯罪人没有自首”的判例，并把两个案件相互比较，进而参照以前的判例来调整刑罚量，得到本案的量刑结论。尽管经验型法官的量刑基准意识只是若隐若现地出现于其大脑中，没有公开化并得到司法机关的系统总结，但并不能因此而否定量刑基准的存在。因为倘若不是这些量刑基准在实际发挥着作用的话，司法实践中量刑畸轻畸重早已成为普遍现象。其次，从逻辑上讲，量刑基准的确定也是法官正确量刑所无法绕开的一个环节。正如物理学观察物体的运动必须有一定参照物一样，法官运用量刑情节从重、从轻处罚时，也必须要有量刑参照点。比如，对于刑法第 62 条规定的从重、从轻处罚问题，过去曾有人理解为：从重就是在法定刑幅度内选择较重刑种或者在刑罚中心线以上量刑；从轻就是在法定刑幅度内选择较轻的刑种或者在刑罚中心线以下量刑③。而现在无论理论界还是实务部门都普遍否定了这一观点。多数人认为，依据某量刑

---

① 参见何庆仁：“量刑公正的实体研究”，载《刑事法评论》（第 14 卷），中国政法大学出版社 2004 年版，第 483 页。

② 参见周光权著：《刑罚诸问题的新表述》，中国法制出版社 1999 年版，第 349 页。

③ 参见胡学相著：《量刑基本理论的研究》，武汉大学出版社 1998 年版，第 186 页。

情节从重、从轻处罚的参照点是不具有该情节之前的特定的事实情况，这一参照点肯定不是中心线，也不可能把整个法定刑幅度都作为参照点，这一代表特定事实情况的具体刑罚量，才是量刑基准。最后，量刑基准的存在与否与法定刑之间并不冲突。立法之所以确定法定刑，其目的是为法官量刑设定界限，防止量刑恣意，并且由于我国刑法规定的法定刑幅度一般比较宽，法定刑无法起到基础刑的作用。因此，在法定刑幅度内另行确立量刑基准，法官借助量刑基准在法定刑幅度内决定宣告刑，是法官的量刑技术问题，与法定刑并不存在抵牾。总之，量刑基准的存在是客观的、必要的和毋庸置疑的。

二、量刑基准如何界定

既然量刑基准是量刑的逻辑起点，那么能否合理界定量刑基准将直接关系到整个量刑活动的方向正确与否。

目前多数学者尽管已认同了量刑基准的存在，但仍无法就其概念达成共识。据笔者考察，对于何谓“量刑基准”，目前主要存在两种不同的理解：一种认为，量刑基准就是法官裁量刑罚的基准点；另一种认为，量刑基准的含义类似于“量刑要素”或“量刑情节”，如中国台湾地区学者吴景芳所言，“量刑之基准，乃是法官认定被告有罪之后，裁处宣告刑时所依据的标准。量刑基准之内容，其实即为刑罚目的之展现”。[①]

目前比较有影响的观点认为，量刑基准是对已确定适用一定幅度法定刑的抽象个罪，在不考虑任何量刑情节的情况下仅就其构成事实所应当判处的刑罚量[②]。根据这一定义，量刑基准具有以下特征：首先，量刑基准是一定的刑罚量；其次，量刑基准来源于抽象个罪[③]，该抽象个罪是具体个案中具体个罪[④]的量刑参照；再者，量刑基准对于法官而言，是想象性或观念性的东西，并非一个实际宣告的刑罚，在应然的东西尚未转化为实然之前，不能附加考虑其他具体案件的事实情况。

笔者认为，这种对量刑基准的界定存在较大的问题。本文下面拟从量刑基准的本质出发，对该观点进行批判性分析，进而探寻和明晰量刑基准的应有内涵，重构量刑基准的概念。我们认为，对于量刑基准，应从以下几方面来理解：

---

① 吴景芳：“刑罚与量刑”，载《法律适用》2004年第2期。

② 参见周光权著：《刑罚诸问题的新表述》，中国法制出版社1999年版，第348页。

③ 抽象个罪，是指某一个具有自己名称的法定罪的集合，如杀人罪、抢劫罪等。

④ 具体个罪，是指某一个社会生活中实际发生的、需要司法人员决定惩处的犯罪。

（一）量刑基准应当包含基准刑与基准事实两个方面的内容，而不能简单地把量刑基准视为基准刑，即限定为某一刑罚量，是我们过去对量刑基准认识上的最大误区

笔者认为，量刑基准应当包含两方面内容：一是基准刑，即法官在个案中对犯罪人从重从轻处罚的刑罚参照；二是基准事实，即法官根据具体个案情况从重从轻处罚的事实参照（见图1）。

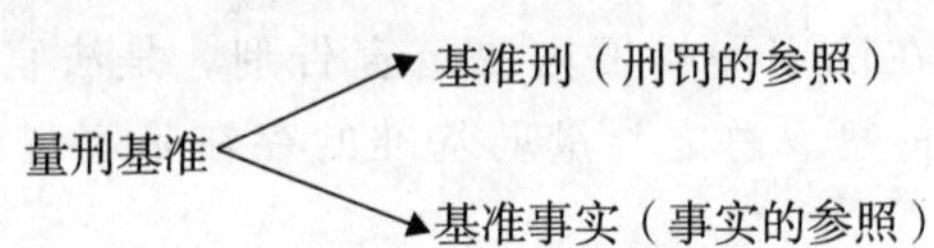

图1　量刑基准之内涵

量刑基准应当包含基准事实，其理由是：

1. 量刑基准是与量刑情节相对的概念，量刑基准存在的价值决定了其必须包含基准事实。由于量刑基准是依据量刑情节从重从轻处罚的参照，既然量刑情节是由事实前提（因为犯罪人具有某情节）与量刑结论（所以对犯罪人从宽或从严量刑）两部分组成，那么，量刑基准也应当包含事实前提（基准事实）与量刑结论（基准刑）两部分内容。正如“皮之不存，毛将焉附”，如果量刑基准没有基准事实，那么量刑情节也将失去其意义。例如，“被告人认罪”是一个酌定从轻情节，依据该情节来参照量刑基准从轻处罚时，如果该量刑基准没有包含“被告人不认罪”这一事实方面的内涵，则不能参照该量刑基准从轻处罚。

2. 量刑是依据抽象罪状与法定刑之间的罪刑关系确定具体个罪罪行与具体刑罚的罪刑关系，在此过程中，包含基准事实的量刑基准可以发挥关键作用。刑法确定的罪刑关系是一种抽象罪状与法定刑幅度之间的宏观一一对应关系，由于每一个抽象罪状都代表着成千上万的具体犯罪事实，每一法定刑幅度也包含着成百上千个具体刑罚，因此，刑法并未给我们确定具体犯罪事实与具体刑罚之间的一一对应关系，具体犯罪事实与具体刑罚之间是一种错综复杂的交叉关系（见图2）。

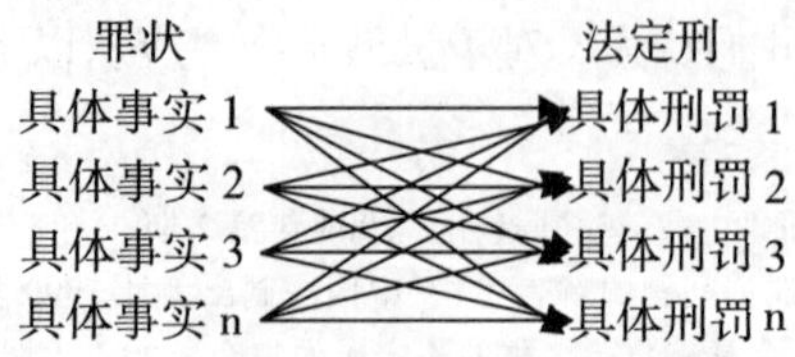

图2　抽象罪状与法定刑幅度的对应关系

如果把某一具体犯罪事实放入抽象罪状与法定刑幅度之间的对应关系中，是无法确定唯一对应的具体刑罚作为宣告刑的。恰恰由于刑法所确立的罪刑关系有此局限性，法官量刑时才必须借助于量刑基准。笔者认为，量刑基准的作用可以用一个形象的比喻来形容：如果按照刑法学大师贝卡利亚先生的设想，分别在个罪法定刑幅度内设立犯罪阶梯（即在一般犯罪人前提下、代表社会危害程度由轻到重的犯罪事实标尺）与刑罚阶梯（代表惩罚严厉程度由轻到重的刑罚量标尺）的话，量刑基准则好比是一个横向标杆，负责联结犯罪阶梯与刑罚阶梯。量刑基准这一标杆，与犯罪阶梯的交叉点即基准事实，与刑罚阶梯的交叉点则是基准刑（见图3）。

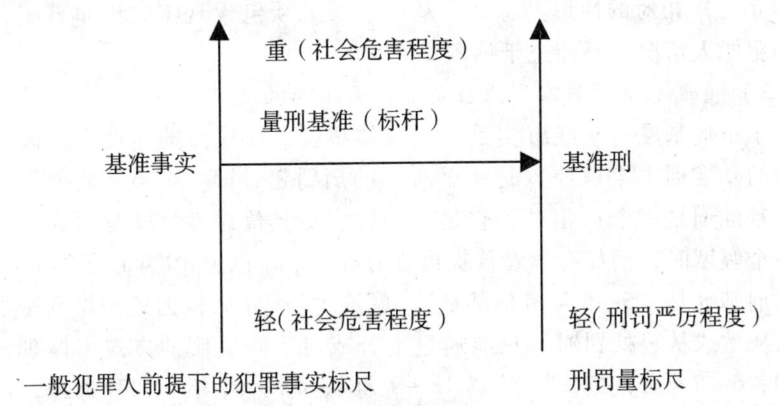

图3　量刑基准之“标杆作用”示意图

根据量刑基准标杆，法官把具体审理的案件事实与基准事实相比较，就可以得出本案中犯罪人罪行的社会危害性是更大还是更小的结论，进而作出应从重还是从轻的判断，而从重从轻处罚的参照，恰恰是基准刑。总之，量刑基准的价值和意义在于，它为立法上的罪刑关系与司法的罪刑关系架起桥梁，确定了量刑基准这一个罪刑关系，就可以寻找到个罪法定刑中所有的罪刑对应关系。

（二）量刑基准之基准事实应当具体化，而不应来源于抽象个罪

量刑基准中的基准事实虽然是虚拟的事实，但并非没有可能在现实生活中发生。如果基准事实过于抽象化、一般化，那么它与刑法规定的罪状就没有质的区别，它所对应的基准刑也必然不是一个具体的刑罚量，而是相对法定刑更为狭小的量刑幅度。这种以抽象个罪确定的量刑基准无法起到上述量刑坐标的作用，因此笔者主张应尽量把基准事实具体化。具体来讲，首先，基准事实应当是一个包含犯罪主体要件、主观要件、客观要件、客体要件的

具体犯罪事实。这一具体犯罪事实并不是任选的，而是根据该法定刑幅度对应的基本犯罪构成或修正犯罪构成的最低要求，选择刚刚达到该构成要件（在故意犯罪中应为既遂）的事实作为基准事实。其次，基准事实不应局限于犯罪事实，还要确定具体的犯罪人情况。原因在于，我国刑法已规定且审判实践中大量存在着与犯罪人特征有关的量刑情节，如“犯罪人坦白”是最高人民法院司法解释所确定的从轻情节，因此法官根据该情节从轻处罚时，量刑基准的基准事实中就应该包含“犯罪人不坦白”这一犯罪事实范围以外的内容。因此，基准事实除了要设定与犯罪事实有关量刑情节（如从犯、犯罪未遂）相对的情形外，还要设定与犯罪人有关量刑情节（如刑事责任能力、自首、立功）相对的情形。总之，基准事实必须包含具体的犯罪事实情况和具体的犯罪人情况，不能过于抽象化。

（三）量刑基准的基准刑应当是点，而不是幅度

由于量刑基准的基准事实是一个具体事实，从应然的角度讲，该基准事实对应的基准刑本来就应该是一个具体的刑罚量，即一个点。此外，相比较而言，基准刑是一个点相对于它是一个幅度更具优越性。这是因为，当基准刑是一个幅度时，例如有学者曾提出强奸罪“3 年以上 10 年以下”法定刑幅度的量刑基准是“5—6 年有期徒刑”，幅度为一年①。根据这一量刑基准，对被告人从重或从轻处罚时，只能通过上升或者下降幅度的方式来体现，从重处罚有“6—7 年”、“7—8 年”、“8—9 年”、“9—10 年”四种选择，从轻处罚只有“4—5 年”、“3—4 年”两种选择，法官的量刑选择比较少，显然不能满足法官所面对的各种复杂案情的需要。相反，当基准刑是一个点时，法官的量刑选择明显增多，量刑变化更为精确。

概言之，笔者主张把基准事实引入量刑基准的概念中，由基准事实和基准刑共同构成量刑基准的内涵。据此，笔者认为，对量刑基准的合理界定应当是：量刑基准是指在不同罪名的不同法定刑幅度中，预先拟定的包含具体犯罪事实与具体犯罪人情况的基准事实与该基准事实对应的基准刑的总称。

三、量刑基准如何确定

从国外实践看，如何合理确定量刑基准是一项艰苦的工作。美国联邦《量刑指南》把所有犯罪分为 43 个犯罪等级，每个具体犯罪都有基本犯罪等级。如一级谋杀的基本犯罪等级为 43 级，是犯罪的最高等级；二级谋杀、故

① 参见郑伟：“法定刑的基准点与量刑的精雕细琢——《美国量刑指南》给我们的启示”，载《人民司法》2003 年第 7 期。

意杀人、过失杀人、共谋或教唆谋杀等杀人罪的基本犯罪等级依次是 33 级、25 级、10 级或者 14 级[①]。这种确立基本犯罪等级的初衷比较类似于大陆法系学者提出的量刑基准理论。但由于对量刑基准的认识仍存在许多争议，大陆法系国家至今未把量刑基准引入司法实践。在日本，量刑基准问题一度成为立法的议题，1931 年的日本刑法修改草案就提出了量刑基准概念，但由于对量刑基准应从广义还是狭义上理解，立法者与法学家的认识并不一致，因此这一议题至今悬而未决[②]。

在缺少可资借鉴的国外经验前提下，我国刑法学者和司法工作者们提出了一些量刑基准的确定方法，但也是众说纷纭，莫衷一是。

（一）我国理论界关于量刑基准确定方法的主张与反思

如何确立量刑基准？我国学者曾提出一些相关的观点，要者如下：

1. 中线论。认为量刑基准应该确定在法定刑幅度内二分之一的中线上，从重处罚就是在中线以上判处刑罚，从轻处罚就是在中线以下判处刑罚。

2. 上线论或者下线论。认为量刑基准应确定在法定刑幅度的最高刑或者最低刑。

3. 形势论。认为量刑基准要根据治安形势的好坏来决定，治安形势好或较好时，可以接近或者重合法定刑的下限；治安形势较差时，要接近甚至重合法定刑的上限[③]。

4. 重心论。认为量刑基准应当对应着该罪的“重心”上，“重心”即最高发案率。可以通过收集同一罪名的大量判例，利用数据统计分析的方法寻找到该罪名的最高发案率所在，最高发案率对应的刑罚，即该罪量刑的基准点[④]。

5. 主要因素论。认为量刑基准是“不具有法律规定的从重处罚或者从轻处罚情节的一般既遂状态下犯罪行为的社会危害程度所对应的刑罚量”，因此确定量刑基准时要以行为人的社会危害性大小这一主要因素作为依据，由于不同犯罪的主要因素稳定性不同，有的罪名量刑基准是固定式量刑基准，如强奸罪的量刑基准可以确定为“5—6 年”；有的则是移动式量刑基准，如盗

① 参见美国量刑委员会编撰：《美国量刑指南》，量刑指南北大翻译组译，曲三强、储槐植、周密校，北京大学出版社 1995 年版，第 44—48 页。

② 参见周光权著：《法定刑研究——罪刑均衡的建构与实现》，中国方正出版社 2000 年版，第 335 页。

③ 参见苏惠渔等著：《量刑与电脑》，百家出版社 1989 年版，第 102 页。

④ 参见郑伟：“法定刑的基准点与量刑的精雕细琢——《美国量刑指南》给我们的启示”，载《人民司法》2003 年第 7 期。

窃罪依据财产数额大小来决定量刑基准变化。至于量刑基准的确定方法，主要依据实证调查方法对一段时期的量刑进行统计分析，寻找具有某种情状的犯罪相对集中在法定刑范围内哪个狭小的量刑数据值之内，把这个较小的范围作为量刑基准①。

6. 危害行为论。与主要因素论在量刑基准概念的认识上基本类似，但其主张确定量刑基准时要"将主要因素限定为危害行为"，要从"把危害行为换算成一定刑罚量"的思路寻找量刑基准，该论也主张通过实证分析法而不是逻辑推理法，依赖大量的审判资料和司法机关的司法运作来最终确定量刑基准②。

笔者认为，中线论、上下线论对量刑基准的研究完全撇开对罪质轻重的分析，思维方式过于简单，结论过于片面，基本不可取。形势论将国家打击犯罪的刑事政策——这一决定量刑结果变化的次要因素作为确定量刑基准的主要依据，也明显不科学。重心论用"确定某一犯罪最高发案率"的方法来寻找量刑基准，看似合理，实则不然，因为"通过收集同一罪名的大量判例……寻找到该罪名的最高发案率"，实质上是该罪在司法实践中实际上判决率最高的量刑结果，但笔者很难理解为什么要将这一量刑结果作为量刑的基准。比如，在盗窃罪"数额较大"的法定刑幅度中，谁能说清盗窃1000元、2000元、3000元……直至近10000元，哪一类罪行的发案率较高？为什么把量刑结果出现率最高的作为量刑基准？事实上，重心论与中线论、上下线论一样，都是在回避了"量刑基准本质是什么"的前提下，盲目确立所谓的量刑基准，将以这种方法找到的刑罚量作为量刑基准，在该刑罚所对应的基准事实方面基本没有什么规律可言。相较之下，主要因素论与危害行为论都是通过确定某一事实为基础寻找量刑基准，有值得肯定的地方，但这两种观点都没有摆脱"量刑基准就是基准刑"的理论束缚，且寄希望于通过抽象个罪来寻找基准刑，对确立量刑基准的基础——基准事实缺乏客观、全面的认识，因此寻找到的基准刑也必然不十分准确。

（二）姜堰、淄川法院量刑基准确立方法的不足

自2003年以来，我国一些地方法院积极尝试量刑规范化改革，江苏省姜堰法院与山东省淄川法院相继制订了《量刑指导规则》或《量刑规范化实施细则》，淄川法院还开发出了量刑电脑辅助软件，在国内产生了较大的反响。

---

① 参见苏惠渔等著：《量刑与电脑》，百家出版社1989年版，第106—109页。

② 参见周光权著：《法定刑研究——罪刑均衡的建构与实现》，中国方正出版社2000年版，第339—346页。

应当说，姜堰法院、淄川法院等重视并勇于在审判实践中引入量刑基准，是一种应当予以大力支持和鼓励的改革举措，但通过深入解读这些量刑规则并与相关法院规则制订者进行交流，笔者发现，这些量刑基准的确立方法也存在着一定的问题，突出表现在如下两方面：

1. 在确立量刑基准的基本原则时，生搬硬套个别学术观点

在与姜堰等江苏各级法院的同志座谈时，笔者了解到，姜堰等法院最初依据中线论确定基准刑后，实践效果并不佳，许多基层法官不能接受这一过高的基准刑。于是，经过一段时间的反思后，又有人提出了目前这种"非数额犯罪的基准刑在中间线略下"的修正中线论，但该基准刑具体应在中线偏下多少，却没有给出具体的标准和理由。事实上，笔者通过考证姜堰法院《量刑意见》分则的内容发现，多数罪名的基准刑是在事先预设一定犯罪事实（类似于基准事实）的情况下依据审判经验给出的刑罚。据此，笔者认为，姜堰法院完全可以自行对其操作得当的量刑基准确立方法进行总结和提炼，而不必机械套用或修正采用中线论等学术观点。特别是对于中线论这一已被刑法学界所普遍否定的观点，如果审判机关不预先充分论证就贸然采用，很可能会导致方向性错误，无论如何修正也难以自圆其说。同样，淄川法院《量刑细则》硬套某些学术观点的迹象也比较明显。淄川法院《量刑细则》总则虽确立了三种量刑基准原则：实证论、中线论、最低刑论，但并没有明确解释哪类罪名用实证论、哪类罪名用中线论、哪类罪名用最低刑论。该《量刑细则》第 12 条规定中线论时仅列举了一个罪名——故意伤害罪，但它把故意伤害致人轻伤"三年以下有期徒刑、拘役或者管制量刑格"的中线定在有期徒刑六个月，其依据是什么？令人费解。尽管该《量刑细则》分则为个罪分别规定了具体的基准刑，但依据的是实证论、中线论还是最低刑论，并没有予以说明。

2. "数额型犯罪以犯罪数额比对相应的法定刑幅度确定量刑基准"的做法与司法实践严重脱节

根据姜堰法院《量刑意见》第 12 条的规定，"数额型犯罪以犯罪数额比对相应的法定刑幅度确定量刑基准"，据此，第 116 条对盗窃罪三年以上十年以下有期徒刑量刑格基准刑的规定是："盗窃公私财物价值 1 万元以上不满 6 万元的，盗窃 1 万元，基准刑为有期徒刑三年。"① 同样，淄川法院对于"被告人为完全责任能力实施一次盗窃价值 10000 元人民币既遂而无其他任何法

① "姜堰市人民法院规范量刑指导意见"，载汤建国主编：《量刑均衡方法》，人民法院出版社 2005 年版，第 42 页。

定、酌定情节"规定的基准刑，也是有期徒刑三年。笔者认为，这种依据主要因素论确定的基准刑，完全忽视了主要因素以外的其他犯罪因素和罪犯因素对量刑的影响，与目前我国的司法实践严重脱节。试想，假如在审判实践中遇到被告人盗窃1万元既遂的情况，在没有法定、酌定情节情况下把基准刑定在最低刑（即有期徒刑三年），被告人认不认罪、退不退赃、交不交罚金都没有从轻余地，那么，我们该如何鼓励被告人去认罪、去退赃、去交纳罚金呢？笔者认为，既然姜堰法院《量刑意见》第26条、淄川法院《量刑细则》第38条分别都规定了一些酌定量刑情节，那么我们就应该在确定基准刑时为酌定量刑情节留出适当的量刑空间。而且实践中，法官在审判中如果真正遇到一个被告人在没有任何法定从宽情节、盗窃财物1万元既遂、赃款没有追回的情况下，如果被告人态度顽劣，既不认罪也不退赔或交纳罚金，法官通常也是不会判处其有期徒刑三年这么轻的刑罚的。

总之，姜堰法院与淄川法院在量刑基准确立问题上存在着类似的缺陷，即采用与量刑的基准事实不相干的某种原则来确定基准刑，以至于基准刑与基准事实不对应的情况较为普遍。

（三）量刑基准确定方法的重构

下面笔者依据前述"基准事实论"的量刑基准概念，以经验型法官的量刑思维为视角，以司法实践中的可操作化为方向，重构量刑基准的确定方法。

笔者认为，确定量刑基准不能盲目地寻找基准刑的位置，而应该先确定量刑基准的基准事实，后寻找基准事实对应的基准刑。只要先确定具体的基准事实，该事实对应的基准刑应该是唯一的；反之，如果先确定具体刑罚作为基准刑，该刑罚对应的事实情节却不是唯一的。例如，假设故意伤害罪三年以上十年以下有期徒刑量刑格的基准刑为三年，那么"故意伤害一人重伤（轻型）、认罪"、"故意伤害一人重伤（较重）、认罪、积极赔偿"、"故意伤害二人重伤、自首、积极赔偿"等大量事实情况都可以对应有期徒刑三年这一刑罚，谁能说清这一基准刑对应的哪个事实作为基准事实呢？

据此，我国刑事审判机关应当依据如下三个步骤确立个罪的量刑基准：

1. 根据个罪法定刑的多少分别确定量刑基准

我国刑法为有些罪名配置了一个法定刑，有些罪名则配置两个或两个以上法定刑。笔者认为，由于基本犯罪构成、加重犯罪构成和减轻犯罪构成的罪状各不相同，不同的法定刑应当有不同的量刑基准。如刑法第234条故意伤害罪，应在三年以下有期徒刑、拘役或者管制、三年以上十年以下有期徒刑、十年以上有期徒刑、无期徒刑或者死刑这三个量刑幅度分别确定量刑基准。此外，对于单一犯罪构成的罪名，如刑法第259条第2款引诱幼女卖淫罪，该量刑幅度只需确定一个量刑基准；对于复杂犯罪构成的罪名，如刑法第335条医疗事故罪规定医务人员由于严重不负责任“造成就诊人死亡的”或者“严重损害就诊人身体健康的”，只要符合其中一个选择性构成要件都构成该罪，因此要依据选择性要件的多寡分别确定量刑基准。

2. 通过拟定事实法确定统一的个罪基准事实

拟定事实法是指在个罪的法定刑幅度内，拟定不具有任何量刑情节的一般犯罪人实施了刚刚达到该法定刑对应犯罪构成要件（在故意犯罪中应为既遂）的犯罪行为，该拟定犯罪人特征与犯罪事实的总和为基准事实。笔者认为，为了保证各地量刑基准的统一，最高人民法院应成立类似于美国量刑委员会的专门机构，负责组织拟定刑法所有罪名的基准事实。所拟定的基准事实应当包括犯罪事实与犯罪人的情况两方面。

拟定的犯罪事实要兼顾犯罪构成要件与犯罪构成要件以外的部分情节。拟定基准事实时，对于犯罪构成要件的事实，必须拟定刚刚达到这一标准的事实为基准事实；对于犯罪构成要件以外的那些事实情节，并不是都要考虑，而是要把能够体现该罪社会危害性大小的那些类型的事实情节，纳入拟定事实的范围（见图4）。例如在拟定故意伤害罪三年以下量刑格的基准事实时，不仅要考虑伤害后果是否达到轻伤标准这一犯罪构成因素，还需要考虑伤害手段、伤害动机等犯罪构成要件以外的事实情节，把危害性最小或者没有危害的情况作为拟定的基准事实。据此，笔者认为故意伤害罪三年以下量刑格的基准事实可以拟定为：未使用作案工具、无特别卑劣的犯罪动机、临时起意、采用拳打脚踢等一般性伤害手段、伤害一人一次、伤害对象为一般人（非老幼妇孕残等特殊保护群体）、导致被害人轻伤（轻型）、无伤残。

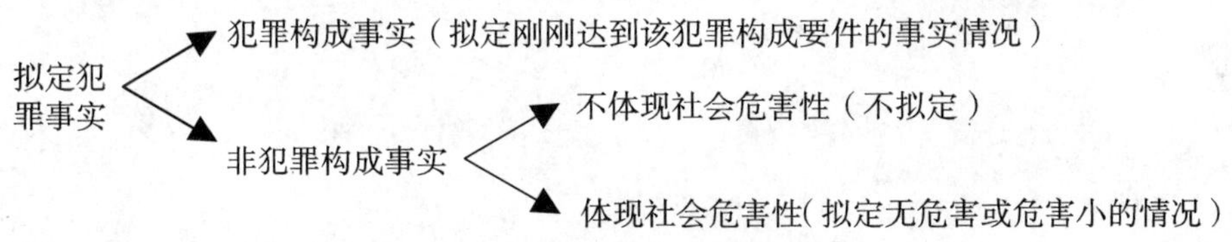

图4　拟定基准事实范围示意图

在犯罪人情况的拟定方面，要拟定犯罪人为一般犯罪人。一般犯罪人是相对于具有某些法定或酌定量刑情节的犯罪人而言的。我们在拟定基准事实时，要假设犯罪人是不具有那些体现社会危害性程度与人身危险性程度的情节或与这些量刑情节相对的情况（如拟定被告人为成年人，以与未成年人相对）。此外，对于不常见的未经过司法总结的酌定情节，我们拟定犯罪人为一般犯罪人，就意味着犯罪人不具有这些不常见的酌定量刑情节（见图5）。

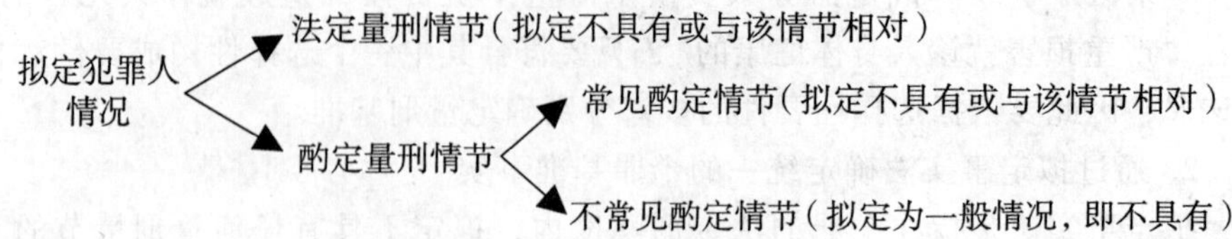

图5　拟定犯罪人范围示意图

3. 在统一基准事实的基础上，允许各地法院确立符合本地区实际的基准刑，上级法院通过量刑平衡机制对各地法院的基准刑实施调控并使之规范化

笔者认为，当最高人民法院公布了所有罪名不同法定刑幅度的基准事实后，基准刑的确立工作应当交由各地中级法院或基层法院来负责。各地法院可以通过实证调研，尽量收集以往与基准事实类似的判例，寻找基准事实在审判实践中量刑的大体位置，并组织当地法官对基准事实进行模拟量刑，寻找法官对基准事实所对应刑罚的基本共识。在实证分析基础上，各地法院可以确定每个罪名的基准刑，并在本地区推行由最高人民法院统一的基准事实和本地法院统一确定的基准刑共同组成的量刑基准。上级法院如发现下级法院所确立的基准刑严重偏离合理的限度，有权予以纠正。笔者相信，由各地法院通过审判实践确立的基准刑，经过司法实践的不断调整与量刑平衡机制的有效调控，最终会达到最佳的状态。

论缓刑的矫正制度

李恩慈[*]

缓刑是一项重要的刑罚裁量和刑罚执行制度，我国刑法规定的缓刑，是指对判处一定刑罚的犯罪分子，在其具备法定条件的情况下，附条件地不执行原判刑罚的一种刑罚运用制度。它包括两种类型：一是一般缓刑；二是战时缓刑，相对一般缓刑而言，战时缓刑又可称为特别缓刑。无论是一般缓刑还是战时缓刑，它们的适用对象都需要具备一定的法定条件，审判机关根据其犯罪情节和悔罪表现，认为适用缓刑确实不存在现实危险的，可以在宣判刑罚的同时宣告缓刑，规定一定的考验期，暂缓其刑罚的执行，若缓刑犯在考验期内没有发生法定撤销缓刑的情形，原判刑罚就不再执行，若缓刑犯在考验期内违反刑法规定的条件，就要撤销缓刑并且要执行原判刑罚。根据刑法的规定，我国刑法理论一般都将缓刑视为刑罚的裁量制度，阐述的是缓刑的适用，而较少论及缓刑的执行，这也是我国刑事立法以及刑法理论的缺陷所在，没有矫正制度的缓刑是不完整的缓刑，应该说，矫正制度是现代缓刑的不可或缺的组成部分。本文拟就缓刑，主要是一般缓刑的矫正制度进行一番探讨，以期对我国缓刑制度的完善能够有所裨益。

一、缓刑矫正制度的历史演变

缓刑是人类社会改革刑罚运用制度的历史产物。现代意义的缓刑制度起源于19世纪中叶的美国和英国。美国马萨诸塞州波士顿市的制鞋匠约翰·奥古斯塔（John Augustus 1785—1859）被认为是世界范围内的缓刑之父。奥古斯塔认为："法律的目的是改造罪犯和预防犯罪，而不是出于复仇动因的恶意惩罚。"[①] 奥古斯塔对缓刑制度的确立有着重要的贡献，他首先使用了缓刑这

* 首都师范大学政法学院教授。

① 刘强编著：《美国社区矫正的理论与实务》，中国人民公安大学出版社2000年版，第46页。

一概念并将其作为非监禁刑罚的替代措施，他创造了对犯罪人进行判刑前调查的做法，探索了有关对缓刑犯进行监督和管理的矫正制度的雏形。奥古斯塔采用保释的方法，将法院欲予判决监禁刑罚的初犯或者罪行较轻的犯人接管下来，帮助他们获得工作、接受教育或安置他们的生活，根据犯罪人的不同情况，救治他们的不良心理，改变他们的行为恶习，同时向法院客观地报告犯罪人的情况。自1841年奥古斯塔开始尝试缓刑起至1859年奥古斯塔逝世，他一共监管了1956名缓刑犯，在这些缓刑犯中，只有一名缓刑犯重新犯罪，其他人都成为了守法的公民。由于奥古斯塔的缓刑实践的成功及影响，1870年美国马萨诸塞州波士顿市率先制定了《缓刑法》，对未成年犯人实行缓刑。1878年美国马萨诸塞州的立法机关颁布了《保护观察法》，将缓刑推及成年犯人，进一步完善了缓刑制度的内容，并确立了缓刑工作人员的专职地位。以后，缓刑制度逐步发展到美国各州，其中许多州首先制定的是未成年人的缓刑法，然后制定的是成年人的缓刑法，1925年美国国会最终通过了联邦缓刑法律，授权联邦法院适用缓刑，至20世纪中期，缓刑制度在美国各州普遍采用。无独有偶，英国缓刑制度与美国缓刑制度的形成有着惊人的相似之处。一般认为，英国的缓刑始于1876年，一名叫德赫福德的印刷工人向英格兰禁酒协会教堂的主席埃利森建议，将该协会的活动扩大到警察法庭，向因酒精致罪的犯罪人提供帮助。这个建议很快被采纳，警察法庭开始任命牧师监护因酒精致罪的缓刑犯，向他们提供帮助，并以慈善之心拯救他们的灵魂，从而使缓刑具有了社区矫正的意义。19世纪末期至20世纪初期，随着人道主义思想和刑罚个别化思想的传播，缓刑制度逐渐受到人们的重视，在美国和英国的影响下，一些国家陆续建立了缓刑制度。二战以后，在联合国有关机构的大力推动下，缓刑制度在世界范围内得到普遍的推广，现代意义的缓刑制度已成为社区矫正的重要组成部分。

二、缓刑矫正制度的基本内容

缓刑制度经各国刑事立法和刑法理论的不断创造和发展，已具有了十分丰富的内容，缓刑制度的基本内容是：

（一）判决前调查

判决前调查，是根据法院的要求，由司法行政机关对于可能判决缓刑的被告人的社会情况，特别是对其适用缓刑是否确实不致再危害社会的情况进行的调查。它是法院决定是否适用缓刑的重要的参考标准。司法机关接受法院的判决前社会调查的邀请后需本着客观、公正、实事求是、讲究实效的原则，进行较为全面的社会调查，在调查的基础上形成的书面文件，称之为判决前调查报告。判决前调查报告的主要内容是对被告人的人身危险性和社会回归性进行调查，为了能够使法官对于被告人是否适用缓刑的判断更为准确和科学，所以，调查报告的形式一般采取格式化测评和叙述性文字相结合的方式，判决前调查既是法院决定是否适用缓刑的重要的参考材料之一，也是社区对于缓刑犯适用矫正制度的基础情况信息。

（二）监管

对缓刑犯的监管在国外一般都由缓刑官担任。缓刑监管的目标主要有三：一是强制缓刑犯遵守缓刑的条件；二是降低缓刑犯对于社区安全可能存在的侵害；三是使缓刑犯形成守法的生活方式。监管既是对缓刑犯的刑罚惩罚，又是对缓刑犯的社会帮助，所以，社区矫正的监管就是将缓刑犯置于社区环境之中，在较为宽松的管理方式下，依法限制他们的一定自由，恢复业已危害的社会关系，同时，要改变他们的人格缺陷，协助他们重返社会。

（三）矫治

矫治在不同的历史时期有着不同的理念。传统的社区矫治观念，源于刑事人类学派的理论，即犯罪行为乃是精神和情感功能的缺陷所致，所以，应该针对犯罪人的动机和思想形成的过程，发现他们犯罪的潜在原因，进行心理咨询和精神治疗，帮助犯罪人克服引起犯罪的冲动。刑事社会学派则认为，犯罪人实施犯罪的主要原因是社会因素，而不是精神病态，所以，只有改变犯罪人的需要，对他们进行技术培训，帮助他们找到工作，才能使他们重新融入社会结构之中。让犯罪人在生活压力和从善动力之下改变他们的行为恶习，在矫正的处遇中实践新的行为方式，就会收到事半功倍的效果，因为这种矫正是基于犯罪人思想认识而不是情感方面的治疗。认识的矫正是普遍的矫正，是在矫正监管之下矫正犯罪人中最普遍的问题。但是，无论何种矫治，转变犯罪人的思想，改变他们的人生态度和价值观念，被认为是社区矫正的核心所在。

三、矫正缓刑犯的社区实践

自2003年7月起，北京、天津、上海、江苏、浙江和山东六省市开始了社区矫正的试点工作。所谓社区矫正，是指对判处非监禁刑罚的罪犯，在判决、裁定或决定的期限内，置于社区环境之中，由专门的国家机关在相关的社会团体和民间组织以及社会志愿者的协助下，矫正其不良心理和行为恶习，防止其再度发生违法犯罪的情形，并促进其顺利回归社会的非监禁刑罚的执行活动。社区矫正的适用对象之一，就是被宣告缓刑的犯罪分子。我们以北京市为例，阐述矫正缓刑犯的社区实践。北京市是率先施行社区矫正的省市之一。目前，北京市的社区矫正正在实行分类管理和分阶段教育的矫正方案。缓刑和管制属于一类适用对象。对缓刑犯实行分类管理和分阶段教育的社区矫正主要表现为以下几个方面：

（一）综合测评

综合测评是从刑法学、心理学、社会学等学科视角，综合评估社区矫正对象的人身危险性（再犯可能性）和社会回归性（转变可能性），为实施一人一案的分类管理和分阶段教育提供客观的依据。为此，北京市司法局和首都师范大学联合研制开发了《北京市社区服刑人员综合状态评估指标体系》。缓刑和管制适用其中的一套测评量表，这套表格包含四张量表，分别是他评量表、自陈量表、自陈量表评分表和评估报告表。测评量表参考了国内外有关指标体系，通过 SPSS 软件对前期样本进行统计学分析，根据平均数、标准差、平均数标准误差值得出不同量表的分类标准。按照分类标准，缓刑犯可以分为 A、B、C 三类人员，并根据他们在综合测评中反映出的情况和问题，有针对性地制定矫正方案。

（二）监督管理

综合测评一般要在社区矫正初期、中期和末期进行三次测评。根据分类标准，变更缓刑人员的类别，调整其矫正措施。A、B、C 三类人员的分类，是对缓刑人员的人身危险性和社会回归性的综合评定，其中 A 类为人身危险性小，再犯可能性小，社会回归性高，转变可能性好的缓刑人员；B 类为人身危险性中，再犯可能性中，社会回归性中，转变可能性一般的缓刑人员；C 类为人身危险性大，再犯可能性大，社会回归性低，转变可能性差的缓刑人员。对三类缓刑人员从报到、走访、个别教育、活动范围、公益劳动等方面分别实施低、中、高三种不同强度的管理。

（三）教育改造

教育改造的原理，是人的主观意识的相对性和人的自我改造的能动性，教育改造的实质是矫正犯罪人的不良人格。人是现实的人，作为主体的人与作为客体的环境的互相作用，构成个人现实生活过程，它深刻影响着主体的生活方式。心理规律表明，人对个体经历的事物会有一定的态度，根据是否符合主观的需要，可能采取肯定态度，也可能采取否定态度，这两种态度的内心体验迥然有异，它们通过认识、情绪和意志活动在主体的反映机构里保存下来、固定下来，构成一定的主体态度体系，并以一定的形式表现在主体的行为之中，构成每个主体的特定行为方式，从而形成行为模式的一贯性与恒定性。人的这种心理的不断积淀，形成稳定的心理结构，人格正是这种心理结构的综合反映。对于犯罪人来说，犯罪人格的形成也是这样一个复杂的心理过程，只不过犯罪人在社会化过程中，由于某种社会原因以及个人原因，其认知、情感和行为的组织结构出现了缺陷而已。其人格缺陷在一定的社会情景中外化为犯罪行为，在犯罪行为结束以后，犯罪人格表现为潜在的意识，并且可能有不良情绪或行为的反复，但它在外力的介入之下具有改造的可能。社区矫正就是在正常的社会环境中再塑人格的过程，是一个特殊的再社会化过程。这种再社会化过程，不仅表现为它的强制性和惩罚性，更体现了它的教育性和引导性，它要求遵循刑罚的目的，将犯罪人视为改造的主体，客观地研究犯罪人的人格形成，并使他们在社区矫正的环境和条件下得到自身的改造。再社会化的途径有两个方面，即社会教化和个体内化。社会教化，就是社区矫正人员和志愿者相互配合，针对每一名服刑人员的犯罪原因、思想状况、社会关系，根据其犯罪事实、犯罪行为、心理特征等具体情况，制定矫正个案，并充分利用社会力量和社区资源，对其进行帮教，以培育其健康向上的人格。个体内化，是指矫正的主体——服刑人员，接受社会教化，并将符合社会需求的思想意识、价值观念、法律规范、思维方式转化为自身稳定的人格特质和行为方式的过程。社区矫正的教育改造，无论是实行个别教育还是集体教育，都要实行分阶段教育。所谓分阶段教育，就是根据社区服刑人员在接受矫正过程中的心理、行为特点和需求变化的规律，结合教育矫正阶段性目标的设定，将教育矫正全程分为初始教育、常规教育和解矫教育三个阶段，并分别设定相应的教育目标，教育内容和教育方式。在社区环境之下，净化缓刑人员的心灵，弥合他们的人格缺陷，才是缓刑的真正意义。

四、完善我国的缓刑矫正制度

社区矫正的实践推动了社区矫正理论的丰富和发展，同时，也发现了社区矫正法律方面存在诸多缺陷，需要对有关法律进行修改和补充。

（一）确立缓刑矫正的执行主体

按照现行的法律规定，缓刑、剥夺政治权利以及管制、假释和暂予监外执行，都由公安机关执行、考察和监督。也就是说，适用社区矫正的5类罪犯的非监禁刑罚的执行者是公安机关。其行刑主体行刑权限均是法律确认和授予的。行刑权是国家刑罚权的一部分，行刑权，也称为刑罚执行权，是指刑罚执行机关根据审判机关作出的已经发生法律效力的刑事判决或者裁定，将刑罚付诸实施的权力。由于刑罚的执行，涉及对罪犯某种权益的限制和剥夺，所以，行刑权的行使主体以及行使的权限和方式，应该由法律直接规定。而法律一旦确认行刑权的主体和内容，行刑主体就不能随意将其权力转让或假手于人。因此，在现行的法律框架下，公安机关要继续履行法律规定的监督管理职能，配合司法行政机关依法加强对矫正对象的监督考察，依法履行有关法律程序。对脱管下落不明的矫正对象进行查找；对违反监督、考察规定的矫正对象，根据具体情况，采取必要的措施；对重新犯罪的矫正对象及时依法处理。司法行政机关则要会同公安机关监督、考察矫正对象，组织协调对矫正对象的教育矫正和帮助工作。但是，这种执行主体和工作主体相分离的行刑模式，只能是过渡性的。为适用社区矫正的需要，就要改革这种刑罚执行权能的分配格局，理顺刑罚执行活动的运行机制：一方面，刑事司法活动内在地分为侦查、起诉、审判和执行四道环节，相应地刑事司法机关由侦查、起诉（控诉）机关、审判机关、执行机关组成，“分工负责、相互制约、相互配合”的原则是现代刑事司法活动的最重要的特征之一，公安机关执行刑罚有违这一基本原则。公安机关担负着打击现行犯罪，维护社会治安的任务，实际上无暇顾及行刑工作，因此，由于疏于管理而使对在社会上服刑罪犯的监督、考察和改造流于形式，这是由于行刑体制而造成的弊端。另一方面，刑罚权是国家基于统治权依法对犯罪人实行刑罚惩罚和改造的权力。刑罚权是刑罚创制权、刑罚裁量权和刑罚行刑权的统一，即刑罚权的内容由制刑权、量刑权和行刑权三部分组成。制刑权属于立法机关，量刑权归于审判机关，而行刑权则应归属于司法行政机关，这才符合法治国家的立法、行政和司法之间的制衡关系。目前，我国监禁刑的执行属于司法行政机关，而社区矫正的非监禁刑罚的执行则属于公安机关，是造成刑罚执行运行机制不畅的主要原因。因此，需要修改刑法、刑事诉讼法及有关规定，将社区矫正的非监禁刑罚执行权授予司法行政机关，以利于司法行政机关统一行使行刑权，理顺刑罚执行的运行机制，充分发挥刑罚执行的功能。

（二）修改补充缓刑的适用条件

缓刑的适用条件，包括形式条件和实质条件两部分。放宽缓刑的形式条件，是扩大社区矫正的范围，缓解监狱压力的主要出路。从我国目前刑事法律规定看，适用缓刑的形式条件应该放宽。按照刑法第72条的规定，适用缓刑的对象是被判处拘役或者3年以下有期徒刑的罪犯。但在司法实践中，被判处3—5年有期徒刑的罪犯占有相当大的比例，5年以下有期徒刑都应属轻刑范围。因此，有必要将缓刑的适用对象修改为“被判处拘役或者5年以下有期徒刑的犯罪分子”，这样就会扩大缓刑的适用范围。同时，适用缓刑的实质条件亦应明确。刑法对适用缓刑规定的实质条件，即确实不致再危害社会。这种规定过于原则和抽象，只能依靠司法人员的推测或判断，由于缺乏可操作的具体科学标准，无形中就妨碍了缓刑制度的适用。因此，有必要借鉴国外的经验，由负责社区矫正的司法工作人员进行判决前的调查，向人民法院提交格式化的判决前的调查报告，为法官正确适用缓刑提供科学客观的依据。

（三）修改补充缓刑的矫正内容

根据刑法第75条的规定，缓刑的执行内容，主要是限制缓刑犯的一定的人身自由，其内容包括：（1）遵守法律、行政法规，服从监督；（2）按照考察机关的规定报告自己的活动情况；（3）遵守考察机关关于会客的规定；（4）离开所居住的市、县或者迁居，应当报经考察机关批准。上述矫正的内容缺乏矫正手段和奖惩措施。因此，缓刑的矫正内容首先要增加公益劳动。公益劳动在国外称为社区服务，它是监禁刑的一种替代措施。劳动是改造人的基本手段，通过劳动可以培养犯罪人自食其力的劳动意识，树立靠诚实劳动生活的信念。劳动作为我国犯罪改造的三大手段之一，在非监禁刑罚中是不可或缺的。它在教育矫正过程中占有十分重要的地位。但劳动是我国宪法赋予公民的基本权利和义务。所以，按照法律保留原则，应通过刑事立法明确规定，适用缓刑的犯罪人应无偿地在一定时间内从事社区内的公益劳动，或者为社区成员提供特殊服务。其次，缓刑的矫正内容，要增加有关奖惩措施，奖惩措施主要包括两个方面：一是对于表现突出的缓刑人员，增加缩短其考验期，提前解除社区矫正的规定；二是对于表现恶劣的缓刑人员，增加可以撤销缓刑的具体情形。对于这方面的修改补充，刑法若难以作出具体规范，可以作原则性的规定，另外制定《社区矫正法》予以具体规定。

（四）修改补充缓刑的矫正种类

缓刑制度经各国刑事立法和刑法理论的不断创造和发展，已经形成三种缓刑类型，即刑的暂缓宣告、刑的暂缓执行和罪的暂缓起诉。我国刑法规定的缓刑制度，属于刑的暂缓执行制度。由于缓刑矫正种类的单一和现有的缓刑执行体制难以保证缓刑的有效执行，所以，我国审判机关对于缓刑的适用相当偏低，据不完全统计，2000年世界主要国家服监禁刑的人数和适用缓刑、假释的人数的情况如下：在加拿大，服刑人员总数为152146人，其中服监禁刑人数为30790人，仅占总数的20.24%；而同期服缓刑、假释的人数为121358人，占总数的79.76%；缓刑、假释人数为监禁人数的近4倍。在澳大利亚，服刑人员总数为76121人，其中服监禁刑人数为17142人，仅占22.52%，服缓刑、假释人数为58979人，占77.48%，缓刑、假释人数为监禁人数的近3.5倍。在新西兰，服刑人员总数为24847人，其中服监禁刑人数为5926人，仅占23.85%，服缓刑、假释人数为18921人，占76.15%，缓刑、假释人数是监禁人数的近3.2倍。在法国，服刑人员总数为187142人，其中服监禁刑人数为52122人，仅占27.37%；服缓刑、假释人数为135020人，占72.63%，缓刑、假释人数是监禁人数的近2.6倍。在美国，服刑人员总数为 6498562 人，其中服监禁刑人数为 1933503 人，仅占 29.75%；服缓刑、假释人数为 4565059 人，占 70.25%；缓刑、假释人数是监禁人数的近 2.4 倍。在英国，服刑人员的总数为 194642 人，其中服监禁刑人数为 87500 人，占 44.95%；服缓刑、假释人数为 107142 人，占 55.05%；缓刑、假释人数是监禁人数的 1.2 倍。在日本，服刑人员的总数为 129260 人，其中服监禁刑人数为 61242 人，占 47.38%；服缓刑、假释人数为 68018 人，占 52.62%；缓刑、假释人数是监禁人数的 1.1 倍。在韩国，服刑人员的总数为 117314 人，其中服监禁刑人数为 63472 人，占 54.10%；服缓刑、假释人数为 53842 人，占 45.9%。在俄罗斯，服刑人员的总数为 1214669 人，其中服监禁刑人数为 671054 人，占 55.25%；服缓刑、假释人数为 543615 人，占 44.75%。从以上统计数字可以看出，在上述 9 个国家中，除俄罗斯、韩国之外，其他 7 个国家的社区矫正人数都超出监禁人数，有的国家的社区矫正人数甚至大大超出在监狱服刑改造的人数。即使在监禁人数人于社区矫正人数的韩国和俄罗斯，其服缓刑、假释人数占总数的比例也比较高，分别达 45.90% 和 44.75%，缓刑、假释人数与监禁人数已很接近。据最高人民法院和司法部监狱管理局统计，我国 2000 年缓刑和假释的适用率分别为 15.85% 和 1.63%。这种情况严重影响了我国社区矫正的规模和发展，因此，扩大缓刑的适用，增加缓刑矫正的种类，是发展社区矫正的当务之急。值得可喜的是，自 2004 年 8 月陕西省宝鸡市陈仓区检察院对一名误入歧途的中学生实行罪的暂缓起诉以来，人民检察院正在尝试罪的暂缓起诉制度。我们有理由相信，在人民法院、人民检察院和司法行政机关的共同努力下，我国的缓刑矫正制度一定会日益走向成熟。

论前科效应的理论基础

于志刚*

基于法经济学来考虑，国家以犯罪必须支付罚金或者监禁这样的形式制订高价从而降低人们对犯罪的需要，但是只是为了维护威慑因素的信用才对人们处以罚金或者监禁。这一刑法经济分析的基本观点却导致一个难解之谜：一个有前科的已决犯将会比一个初犯受到更为严厉的处罚，即使他服完了对其前罪判决的全部刑罚。①

一、前科效应的理论根据

具有前科者再次实施犯罪，将依照刑事立法的通例，导致当然的从重处罚或者说更为严厉的否定性道德与法律评价，此种为世界各国所公认的前科效应，其理论根据是什么呢？

笔者认为，前科效应的理论根据或者说立法初衷，在于给予屡次犯罪的犯罪人及其再次犯罪行为以非难性谴责和否定性评价；前科制度的刑罚价值，在于给予再次犯罪的犯罪人更为严厉的刑罚打击，以补偿前次犯罪之刑罚在量上的欠缺和不足，追求刑罚的特殊预防效应。

前科制度立法设置的初衷和导致后罪从重处罚的理论根据，是犯罪人实施之后罪所反映出的社会危害性与犯罪人本人所具有的人身危险性的结合，但是二者却并不是处于平行的位置，而是以后罪的社会危害性作为基础的，但是犯罪人的人身危险性才是前科制度立法设置的初衷和据以对具有前科者所犯之后罪从重处罚的最终根据。换言之，犯罪行为所反映出的现实的社会危害性和犯罪人所固有的人身危险性，均是刑事立法上设置前科制度并以此为依据对后罪

* 中国政法大学教授，法学博士，博士生导师；北京市顺义区人民检察院副检察长。

① 参见理查德·A. 波斯纳著：《法律的经济分析》，蒋兆康译，中国政法大学出版社 1997 年版，第 302 页。

加以从重处罚的考虑因素。两者是密切联系和相互统一的，缺一不可。

（一）后罪与前罪的犯罪行为之社会危害性并无不同

前科制度的立法设置与对后罪的从重处罚，必须立足于犯罪行为的社会危害性，理由是，对于犯罪人之后罪的刑罚惩治，必须基于现实存在的犯罪，没有后罪之现实的社会危害性，就没有后罪之刑罚的产生与适用，也就无从谈起基于前科而对于后罪的从重处罚问题。同时，犯罪人所具有的相对较大的人身危险性，部分也是由其所实施的后罪之现实危害性所反映出来的。

但是，对后罪之所以从重处罚，其根本依据，却是基于前科所反映出的犯罪人的人身危险性较之初犯而言更大。理由是，单就后罪行为与作为前科的前罪行为之行为本身的社会危害性相比较而言，很难说是前者大于后者，因而后罪本身的社会危害性是固有的，与作为前科的前罪并无实质差异，并不能成为前科从重处罚的根本依据。犯罪人具有的前科身份并不会改变其行为的社会危害性。

笔者认为，社会危害性是行为人主观恶性与行为客观危害的统一。如果行为人实施后罪时的主观恶性大于实施前罪时的主观恶性，那么，我们可以说后罪的社会危害性大于前罪的社会危害性。问题是，行为人实施后罪时的主观恶性是否一定比实施前罪时的主观恶性大呢？笔者认为，主观恶性不同于人身危险性，主观恶性反映的不是行为人一贯的品格，仅是犯罪行为发生时的性格；而人身危险性反映的则是行为人一贯的、一般的性格。这种性格可能与某一具体犯罪行为发生时的性格一致，也可能不一致。因此，具有前科的犯罪人，其人身危险性大并不意味着在实施具体犯罪行为时，其主观恶性也大。因此，后罪行为的社会危害性与前罪并无区别。正如德国早期学者所指出：第二次犯罪与第一次犯罪在性质上是完全相同的，并无任何差异。①

（二）人身危险性是前科制度的立法初衷之一

笔者认为，人身危险性因素是前科制度立法设置的重要考虑因素之一。正如福柯所说：对于重复犯罪，人们的目标不是法律规定的某种行为的责任者，而是犯罪者主体，是显示其怙恶不悛本性的某种意向，渐渐地，不是罪行，而是犯罪倾向成为刑法干预的对象。② 那么，何谓所谓人身危险性呢？较为通行的理论认为，人身危险性又被称为“犯罪人的社会危险状态”或者“社会危险性”，指“刑罚法规中规定某行为为应罚行为，即或是无责任能力

① 参见［意］加罗法洛著：《犯罪学》，耿伟、王新译，中国政法大学出版社1996年版，第290页。

② 参见［法］米歇尔·福柯著：《规训与惩罚》，刘北成、杨远婴译，三联书店1999年版，第111页。

者阻却刑罚，但对此法有规定刑罚的行为有将反复实施的盖然性，亦构成社会危险性。”[①] 它所表明的是“犯罪人主观上的反社会性格或危险倾向”。[②]

笔者认为，犯罪人的人身危险性这一特征是客观存在的，它在多次犯罪之中体现的尤其明显。前科制度存在的重要因素之一，即是人身危险性这一要素。正如有的学者所称，具有前科而再次实施犯罪的原因，在于行为人对“依前犯之裁判科刑，而不知刑法峻严，罪恶可畏者也，此种犯人，多有惯行性，其维持生活，即以犯罪为资本，其被科刑罚，不过被视为营业之租税耳。不惟不感刑罚之威力，且对于国家刑罚权，表侮蔑之意，国家对此恶徒，若科以通常之刑，恐终无惩戒之效……”[③] 换言之，作为前科的事实虽然并不影响行为的直接后果或者危险，但是，重复犯罪招致一种“危害”，即对法律的藐视。换言之，再犯以特别不能令人容忍的方式藐视法律，而这样的藐视本身就是一种恶。[④]

（三）前科所导致的对后罪从重处罚的根据：立足于社会危害性之上的人身危险性

笔者认为，前科制度立法设置的初衷以及由此导致的对后罪从重处罚的理论根据，是立足于后罪犯罪行为之社会危害性基础上的人身危险性。理由是：具有前科之犯罪人的后罪行为所体现出的人身危险性，对于刑罚预期目的形成了实际冲击和造成了负面影响。

具有前科而再次犯罪，客观上导致基于前罪犯罪行为之固有社会危害性而评定的刑罚在量上不足以惩罚和预防犯罪，因此有必要在刑罚的量上作适度增加，以使刑罚之痛苦能够抵消犯罪人通过犯罪所获得之乐，从而实现一般预防尤其是实现对于犯罪人的特殊预防，真正实现罪刑相适应原则，实现刑罚设置的初衷。基于此，作为刑事立法重要制度之一的前科制度，实质上是对犯罪者的人身危险性程度的评定问题，再犯，说明犯罪者的人身危险性或者反社会性的顽固性，缺乏悔悟性，应论重刑。从受过刑罚处罚后再次犯罪的角度审视，具有前科者较之于初犯所体现出的人身危险性更为严重：初犯是在未受刑罚处罚情况下的第一次犯罪，其人身危险性往往因其是不知犯罪与刑罚之因果关系，或者未经刑罚改造而误入歧途显得较为轻微。而具有

① 参见甘雨沛、何鹏：《外国刑法学》，北京大学出版社 1985 年版，第 667 页。

② 参见王勇著：《定罪导论》，中国人民大学出版社 1990 年版，第 83 页。

③ 参见郗朝俊著：《刑法原理》，转引自《刑事实体法学》，群众出版社 1999 年版，第 231 页。

④ 参见［美］安德鲁·冯·赫希著：《已然之罪还是未然之罪》，丘兴隆、胡云腾译，中国检察出版社 2001 年版，第 88 页。

前科者则是在受过刑罚处罚之后再次选择犯罪，足以表明犯罪人对于刑罚的惩罚与改造持根本否定的态度。基于此，笔者认为，前科制度立法设置并由此导致的对后罪从重处罚的出发点，在于前罪之刑罚在量上略显不足，未能迫使犯罪人改过自新和实现特殊预防，未能阻止犯罪人在特定的预期时间内再次犯罪；而其落脚点，则在于给予犯罪人之后罪相对更重的刑罚惩罚，以对经过初次刑罚打击的犯罪人所依然具有的过大的人身危险性予以立法反击，减轻犯罪人对于社会稳定秩序形成冲击的危险状态。对于这一点，正如有的学者所说："有前科而再犯，说明犯罪者并没有从前次的定罪判刑的处罚中汲取教训，理应受到比没有前科的犯罪人较重的处罚。[①]" 而其遭受更重处罚的原因，也就是说，在初次定罪后的重复犯罪可被视为更应受谴责，有的学者认为，是因为犯罪人在遭受以前的惩罚后，其行为受到更强有力的非难后，仍然坚持了后续性行为。[②] 日本学者泷川幸辰对此也持相类似的观点，认为对（具有前科的）累犯和惯犯更重处罚的理由，不是因为其先前的行为尚存一部分未被清偿，而是因为其对犯罪的执著力强，对恶的欲求大。[③]

从另一个角度来分析，犯罪人再次犯罪对于刑罚预期目的的冲击或者说负面影响，在于导致刑罚固有的一般预防与特殊预防效用归于落空，从而反映出其所固有的较大的人身危险性。从特殊预防的角度来讲，犯罪人的再次犯罪，就表明前罪的刑罚在量上不足，不足以对犯罪人起到特殊预防作用，从而导致后罪的发生；从一般预防的角度来讲，犯罪人再次犯罪而形成的对潜在犯罪人的鼓励，属于其人身危险性的一个内在要素。因为"人身危险性并非再犯可能的同义语，除再犯可能之外，人身危险性还包括初犯可能"，"一个人犯了罪，不仅本人具有再犯可能，而且犯罪人作为一种犯罪源，对于其他人也会发生这种罪之感染"。"初犯可能正是这种犯罪的传染性的表现，因此，它应该属于犯罪人的人身危险性的范畴。"[④]

单纯从犯罪人的人格角度来分析，日本学者大冢仁认为，行为人在犯罪后一向不加反省，继续维持原来的人格态度，或者进而向更恶的方面形成其人格时，如果站在纯然的预防主义立场上，对这种行为就必须量定更重的刑罚。但是，在人格刑法学中则不允许这样做。行为人的恶劣人格，如果是实

① 参见马克昌等主编：《刑法学全书》，上海科学技术文献出版社 1993 年版，第 684 页。

② 参见［美］安德鲁·冯·赫希著：《已然之罪还是未然之罪》，丘兴隆、胡云腾译，中国检察出版社 2001 年版，第 87 页。

③ 参见李海东主编：《日本刑事法学者》（上），法律出版社 1995 年版，第 165 页。

④ 参见陈兴良著：《刑法哲学》，中国政法大学出版社 1992 年版，第 136—137 页。

施犯罪行为以前形成的，可以使行为人的责任更重。但是，实施犯罪行为后的人格即使向恶的方面形成，也不能因此而科以更重的刑罚，因为刑罚是针对犯罪人所实施的具体犯罪而施加的，并非是针对犯罪行为后行为人的态度而施加的。预防机能只能在报应原理的范围内加以考虑，不允许超越报应的范围而科以更重的刑罚。当然，实施犯罪行为后行为人向恶的方面的人格行为，如果又作为其他的犯罪表现出来时，其恶的人格形成就加重了该罪的责任，① 也就是说，此时应当对该罪量定更重的刑罚，这也是具有前科者再犯罪应当负相对更重的刑事责任的理由之一。

基于相类似的考虑，美国量刑委员会认为，有以往犯罪行为记录的被告人与初犯相比应受到更大的谴责，因此应处以更重的刑罚。对犯罪行为的普遍威慑意义表明，应该向社会明确宣布：重复犯罪行为伴随其每次重复而必须加重刑罚量。为了避免公共社会免受特定被告人进一步犯罪行为的危害，对累犯和将来犯罪行为的可能性必须给予考虑。②

（四）明确承认前罪刑罚应予独立化补足的立法例

应当特别指出的是，以上关于前科存在之理论根据的论证，是基于世界各国的立法通例而进行的分析，即具有前科者再次实施犯罪而导致量刑时的从重效应。基于这一立法通例而得出的前科刑罚具有双重复合性的论断，如果从另一个角度来加以评判，可能更为直接和明白。

在某些国家，立法直接承认前科事实本身应当导致对于前罪的刑罚补足，即法律明确规定对于具有前科者再次犯罪应当加以刑罚打击，而不是将前罪的刑罚不足部分隐含性地附加在后罪的刑罚之中。换言之，对于前罪刑罚在量上的不足，应当独立化地予以评定，并且应当独立化地予以补足。

具体而言，美国许多州的法令规定，对于已经一再卷入任何种类重罪的人，予以加重惩罚，换言之，对由于相同犯罪而被定罪的两次或者两次以上犯罪的人，应判处更加严峻的刑罚。在此情况下，某一累犯（再次）可能同时面临两种指控：犯有某种特定罪行，又是一贯的违法犯罪分子，这是两个独立分开的重罪，被告人可能根据两种指控被判刑。③

客观地讲，上述立法例对于犯罪人新实施的罪在刑罚的量定上是独立化

---

① 参见李海东主编：《日本刑事法学者》（上），法律出版社 1995 年版，第 317 页。

② 参见美国量刑委员会编撰：《美国量刑指南》，王世洲等译，北京大学出版社 1995 年版，第 332 页。

③ 参见小查尔斯·F. 亨普希尔著：《美国刑事诉讼——司法审判》（第二册），北京政法学院刑事诉讼法教研室 1982 年印行，第 120 页。

进行的，没有受到前科尚未消灭这一情节的影响。而对于犯罪人具有前科而仍然实施犯罪这一情节，虽然判定为前罪的刑罚在量上有所不足而未能有效预防犯罪人再次犯罪，但是对于犯罪人前罪刑罚在量上的补足，却是通过对数次犯罪这一客观事实的谴责性法律评价而完成的，因而对刑罚总量的补足在形式上更为直观和明白。

对此应当注意，为了准确地评定前罪刑罚不足而应当予以补足的那部分刑罚之量，以及独立化地评定后罪的刑罚而不受前科尚未消灭这一客观事实的影响，美国有关州专门规定了独立的审判程序：通常遵循的诉讼程序是，要求被告人分别进行答辩。首先，不仅先前定罪的证据不能提交给审理当前这一指控的陪审团，而且对于一贯犯罪的指控应当保留不动，直到陪审团对此特定罪行作出裁断后再行处理。其次，在对再次犯罪作出定罪量刑裁断之后，法院会允许把先前的定罪与被指控累次犯罪的事实加以联系提出来，对此，采用两个陪审团进行分别审理的方式来处理两个存在牵连的案件。当然，也有的司法管辖区只采用一个陪审团，但是在此种情况下，只有在陪审团对后实施的特定罪行即新罪作出裁断后，才容许将原先定罪而存在前科的证据提出来。但是，在大多数司法管辖区，有关犯罪人先前曾被定罪而存在前科的事实，不能向审判第一个罪行的指控之陪审团表露，例如加利福尼亚州刑法典第 1025 条即存在此种规定。

二、前科效应的经济学分析

对于前科事实所导致的从重处罚的惯例，从刑法经济分析的角度来看，国外学者认为，对于具有前科者再次实施犯罪应当从重处罚，具有以下几个方面的理由：（1）犯罪人更为重视犯罪价值，则其付出的对等价格相应应当抬高。对于具有前科的累犯处以更为严厉的刑罚之惯例，一般只限于刑罚为徒刑的情况，理由是：刑罚的社会目标是预防犯罪，而非为犯罪定价。这一惯例提高了那些因从其过去行为作出而比其他人更重视犯罪价值的人的犯罪价格。如果立法设置的目标是使犯罪量达到最小化，那么就要对那些更重视犯罪价值的再次犯罪者进行更高的收费。① 从另一个角度来分析，对于具有前科者再次实施犯罪的刑罚加重，很可能减少他们在整个犯罪生涯中所犯罪的次数：假设对具有前科者的惩罚是按筹码计算，那么每一次定罪的刑罚都将逐渐加重，如果某一特定罪犯持续重犯某一罪行直到他被判罪的次数达到某

① 参见［美］理查德·A. 波斯纳著：《法律的经济分析》，蒋兆康译，中国政法大学出版社 1997 年版，第 303 页。

种程度，则该罪犯再次被定罪的刑罚将很重。具体而言，如果行为人3次定罪后，第4次定罪将面临着一种很严厉的刑罚，那么这一前景将迫使行为人停止犯罪。[①]（2）刑事处罚的耻辱效应可能随着后续处罚而减少。一般而言，初次犯罪导致的刑罚打击给犯罪人带来的耻辱效应是强烈的，而伴随着遭受刑罚次数的增加，此种与刑罚自然伴生的耻辱效应呈递减状态，因而作为一种补偿，似乎应当在刑罚的量上予以增加。（3）司法错误的可能性减少。具体而言，行为人已经实施前罪的事实使人们可以更为确信其犯有他现在被指控的罪行，如果对此施予重刑，则错误的风险相对较小。而对初犯如果施以重刑，则在出现司法错误的情况下，损失会相对更为严重。（4）刑罚配置更为合理。具有前科者通过其行为已经表明其对犯罪的癖好，那么对其监禁更长时间就比对偶犯监禁更长时间更有希望在相同时期内预防更多的犯罪，因为偶犯的癖好是较难预测的，因而同样的监狱资源就能够“购买”到更大的犯罪量减损。[②]

三、前科效应的规则合理性

作为一项基本的法律原则，“任何人不因同一犯罪再度受罚”（Nemo bis punitur pro eodem delicto；Nemo debet bis puniri par uno delicto）的法律格言深入人心。具体而言，任何人不因同一犯罪受双重刑罚处罚，即对被告人的某一犯罪事实科处刑罚以后，不能再重新以该犯罪事实为根据再度科处刑罚。那么，前科效应是否与这一传统的刑法规则相冲突呢？

英国普通法对于犯罪人的前科问题坚持认为，前科效应是与传统规则相冲突的，因而拒绝承认前科效应而奉行传统原则。因此，虽然前科作为一个再次犯罪量刑时的从重处罚因素，已经为多数国家所接受，但是在英国是行不通的。在英国普通法中，无论一个犯罪者的记录是多么糟糕，他都不应该被处以比他现在犯下的罪行应受的刑罚更重的刑罚，这反映了一个人不能因为一个犯罪而被惩罚两次的重要原则，也就是说，一罪行不应因犯罪者任何以前所犯的罪行而被认为更具有严重性。[③] 坚持这一观点的学者也不在少数：行前的定罪的有无与一位被定罪的罪犯的该当性无关，这个人已经因为其以

---

① 参见［美］罗伯特·考特、托马斯·成伦著：《法和经济学》，张军等译，上海三联书店、上海人民出版社1994年版，第757页。

② 参见［美］理查德·A. 波斯纳著：《法律的经济分析》，蒋兆康译，中国政法大学出版社1997年版，第303页。

③ 参见［英］J·C. 史密斯、B. 霍根著：《英国刑法》，法律出版社2000年版，第13页。

前的定罪而受过惩罚，因此，那些定罪不应该影响因其现在的犯罪而该当的惩罚的量。①

关于这一法律格言，笔者认为，虽然对于同一事实或者情节，在定罪或者量刑上不能作不利于被告人的重复评价，但是应当认识到：对于作为前科的前罪，虽然具有对于后罪的从重量刑效应，但是其理论基础并不是基于对前罪犯罪行为或者犯罪事实的再次否定性评价，而是基于对前罪之刑罚在量上不足的补足，不能被认为是脱离或者游离于前罪之外的重复性再次评价。

在此基础上，笔者赞同对于“任何人不因同一犯罪再度受罚”的法律格言，应当从狭义上加以理解的观点：其一，在某种因素（如行为、结果）已经被评价为一个犯罪的事实根据时，不能再将该因素作为另一个犯罪的事实根据。其二，在某种严重或者恶劣情节已经作为构成要件要素予以评价时，不能再将该情节作为从重量刑的标准。其三，在某种严重情节已经作为法定刑升格的条件予以评价时，不能再将该情节作为在升格的法定刑内从重量刑的根据。如果违反这三个基本要求之一，实际上就会导致同一犯罪受到双重处罚。② 以此为前提，笔者认为：（1）作为前科的前罪，只是作为一次事实被加以评价，而未遭受二次评价；无论前科的实际量刑效应（根据各国立法不同）是体现为从重处罚还是加重处罚，都不是作为量刑情节而被二次使用。在本质上，前科事实对于后罪所起的量刑效应以及其所导致的对后罪的从重处罚，是基于对前罪刑罚不足的判断而作出的，与后罪的事实、情节等因素无关。(2) 应当注意，前科在特定情况下所体现出的定罪效应（笔者将在后面加以研讨），属于对前罪之刑罚在量上不足部分的应得谴责，与处于定罪临界区或者模糊区的后行为之应得否定性评价相加，从而遭受刑罚打击，而不属于作为前科的前罪之犯罪事实被再次定罪，这是必须强调的一点。

令人遗憾的是，有关前科的司法解释违背“任何人不因同一犯罪再度受罚”的法律格言的情况在我国已经出现。1997 年 11 月 4 日，最高人民法院审判委员会第 942 次会议通过的《最高人民法院关于审理盗窃案件具体应用法律若干问题的解释》第 6 条第（三）项规定：“盗窃数额达到‘数额较大’或者‘数额巨大’的起点，并具有下列情形之一的，可以分别认定为‘其他严重情节’或者‘其他特别严重情节’：……4. 累犯；……”这一规定表面上看无甚特别，但是却是通过司法解释的规定而对于前科事实（累犯）作了

① George Fletcher, Rethinking Criminal Law pp. 460 – 466; Richard G. Singer, Just Deserts: Sentencing Based on Equality and Desert? Chap. 5.

② 参见张明楷著：《刑法格言的展开》，法律出版社 1999 年版，第 324 页。

双重的否定性评价。

根据中国现行刑法典第65条的规定，累犯制度的处罚原则是“应当从重处罚”，具体而言，是从重而不是加重，是在某一量刑幅度之内考虑适用较重的刑罚之量，而不是在具有累犯情节之后直接加重，适用更为严重的上一量刑幅度确定刑罚。但是，上述司法解释却突破了这一原则。具体而言，具有“数额较大”或者“数额巨大”情形的盗窃犯，其法定刑罚幅度本来为“处三年以下有期徒刑、拘役或者单处罚金”和“处三年以上十年以下有期徒刑，并处罚金”。但是，如果具有前科事实（累犯）的情节，则属于“其他严重情节”和“其他特别严重情节”，所适用量刑幅度则是相当于“数额巨大”和“数额特别巨大”的量刑幅度，换言之，是“处三年以上十年以下有期徒刑，并处罚金”和“处十年以上有期徒刑或者无期徒刑，并处罚金或者没收财产”。至此，前科事实作为一种加重量刑情节被初次加以否定评价。

但是，前科事实（累犯）本身作为一种“从重”处罚情节，其适用具有法定性。上述司法解释对于累犯已经作为一种结合型加重情节提高了量刑幅度，虽然在实质上已经过重地考虑了累犯的量刑效应，但根据刑法典规定，在适用提高后的量刑幅度时，必然还要再次在该量刑幅度内对累犯作“从重”处罚的考虑，这就毫无疑问再次加重了累犯的刑罚，属于对同一事实的二次否定性评价。也就是说，前科（累犯）的量刑效应由法定的“应当从重处罚”而异化为“在加重的基础上从重处罚”。对于同一行为人的某一量刑情节在司法裁量上作双重的否定性法律评价和刑罚责难，不仅置犯罪人的合法权益于不顾，也背离了立法公正与司法公平的原则，背离了罪责刑相适应的刑法基本原则，并且与“任何人不因同一犯罪再度受罚”的法律格言直接相冲突。

四、前科效应的刑罚构成特点：双重复合性

基于以上分析，笔者认为，具有前科者再次犯罪所遭受的刑罚打击，在刑罚的构成上存在一定的特点，具体而言，刑罚具有双重的复合性。

（一）刑罚在量上的复合性

笔者认为，具有前科者所实施的新罪即后罪之刑罚，在形式上是基于后罪的犯罪行为而独立产生的，然而实际上从刑罚的总量上来分析，却是前罪部分刑罚与后罪刑罚的结合：其一，基于后罪犯罪行为之独立的社会危害性所评定和裁量的刑罚，是具有前科者最终刑罚在量上的主体，也在份额上居于多数。如前所述，由于前后两个犯罪行为的社会危害性并无差异，因而其所遭受的刑罚打击也应当是相同的。因此，单纯由后罪之犯罪行为所导致的

刑罚在量上并无特殊之处，与不具有前科者实施犯罪时所应得到的刑罚打击在量上是相同的。此部分刑罚是犯罪人所遭受的刑罚打击的基础。其二，犯罪人所具有的前科，在立法上导致当然的从重量刑效应。如前所述，此种从重量刑效应并不是对已经遭受刑罚打击的前科事实的再次否定性评价，而是基于事实评估所作出的结论，即给予犯罪人前次犯罪的刑罚在量上略显不足，有必要在本次刑罚评价和裁量时予以补足。也就是说，基于补足原罪刑罚而产生的部分刑罚，在形式上体现为对具有前科者再次犯罪的“从重处罚”效应。此部分刑罚在刑罚构成中居于次要地位，在刑罚总量上也份额较少，属于附加型刑罚，但却是现实存在和不可忽视的。

（二）刑罚在质上的复合性

对于前科事实所给定的定罪效应和量刑效应等刑事负面影响，同时反映了具有前科者再次犯罪所导致的刑罚，在质上也存在复合性。

刑罚的裁量和确定是基于报应与功利相统一的理论，在我国刑法理论界已经被广泛认同。其中，报应是社会公正观念的体现，对刑罚的报应要求就是对刑罚社会公正性的要求，因此，刑罚是否具有报应性决定刑罚是否具有公正性；同时，功利是社会效益观念的体现，对刑罚的功利要求就是对刑罚的效益的要求，因此，刑罚是否功利性决定刑罚是否具有效益性。[①]

笔者认为，具有前科者所实施新罪即后罪所导致的刑罚，在质的构成上同样具有复合性的特点，而且此种复合性特点体现为两个层次的交叉复合：

1. 报应性刑罚与功利性刑罚的复合

具有前科者再次犯罪所导致的刑罚即最终裁量确定的刑罚总量，与所有犯罪导致的刑罚一样，兼具报应性和功利性。其中，报应性刑罚居于主要地位，这是基于刑罚的原始报应特点和根本性质所产生的。但是，应当注意到，对于具有前科者再次犯罪所裁量确定的最终刑罚，存在相当数量的预防性即功利性刑罚，此种功利性刑罚在来源上存在差异。

从刑罚构成上看，此部分功利性刑罚可以拆解还原为两部分：第一部分是基于前罪刑罚在量上略显不足而增补的附加刑罚，换言之，从重量刑效应的产生，本来就是在完成对前罪的刑罚报应的基础上，由于各种因素而对于前罪刑罚的预防性功能和效应估计不足，从而在对前罪裁量预防性即功利性刑罚时在量上略显不足，因而在此给予补足。换言之，基于前科的从重量刑效应所给予的刑罚，全部属于预防性即功利性刑罚。此部分刑罚完全属于源于前罪

① 参见丘兴隆著：《关于惩罚的哲学——刑罚根据论》，法律出版社2000年版，第319页。

的预防性刑罚。第二部分是来源于后罪。众所周知，后罪的刑罚可以分为两部分，一是基于报应刑而产生的刑罚，二是基于预防刑而产生的刑罚。尽管在刑罚的总量上报应性刑罚居于主体位置，但是预防性刑罚是始终存在的。

2. 一般预防刑罚与特殊预防刑罚的复合

根据刑法理论界的通论，刑罚的预防性体现在两个方面，即特殊预防和一般预防，前者是基于预防犯罪人本人再次犯罪而评定的刑罚，后者主要是基于预防受害人、社会公众等其他潜在犯罪人而评定的刑罚。基于此，再细一层剖析，虽然基于从重效应而补足的功利性刑罚（源于前罪），以及对于后罪刑罚裁量中所给予的功利性刑罚，在性质上均属于预防性的功利刑罚而不属于报应性刑罚。但是，二者在性质上还是存在一定的差异：

基于前罪预防性刑罚在量上略显不足而补足的附加刑罚，是基于对犯罪人特殊预防效果的估计不足。理由是：犯罪人在经过刑罚打击之后仍然再次实施犯罪，显然是由于已经给予和执行的刑罚在遏制犯罪人再次犯罪和改造、教育犯罪人悔过自新上未能达到效果，刑罚在量上明显不足，因而借后罪而评定和给予的刑罚，完全是基于对犯罪人本人的特殊预防目的而补足的，在性质上全部属于特殊预防性刑罚。

基于后罪而评定的基础刑罚，虽然在构成上包含着功利性刑罚，但是其中却可以分为两部分，一是针对犯罪人本人的特殊预防性刑罚，二是针对其他人的一般预防性刑罚。

五、前科效应的法律属性：刑罚效果的配套评估体系

前苏联刑法界认为，前科是法定的刑事责任的实现形式之一，属于刑法关系的必然阶段之一。具体而言，前苏联刑法理论界认为，刑事法律关系是刑法理论研究中的一个极其重要的问题，并对刑事法律关系的存续期间进行了长时期的理论研讨和争鸣，这其中的一个关键性、焦点性问题，就是前科期间的法律性质：前科存续期间是否属于刑事法律关系的固有范畴。①

（一）前苏联刑法理论关于前科法律性质的研讨

前苏联多数刑法学者认为，刑事责任的实质是刑法关系，是在以有关机关为代表的国家和实施犯罪行为的行为人之间，由于这些犯罪行为和为对犯罪人实施惩罚和教育影响而根据刑法规范并由此形成的一种具有护法性质的关系。刑法关系是在违反刑法规范的时刻产生的，即这种法律关系在时间上

① 前苏联刑法理论界关于前科法律性质的研讨，参见［苏］Л. В. 巴格里—沙赫马托夫著：《刑事责任与刑罚》，韦政强等译，法律出版社1984年版，第22—81页。

与犯罪的开始正相吻合，并一直延续到被判刑人的前科消灭或者被撤销时止。换言之，刑法关系的存在期间，是从犯罪时起到前科消灭或者撤销为止的整个期间。因此，前苏联刑法学者 B. Г. 斯米尔诺夫认为，刑法关系主体的其中一方是被判刑人，包括法院对其作出并发生法律效力的有罪判决的人或者具有前科的人。

既然刑法关系是刑事责任的实质，所以查明刑事责任的起始时刻、持续时间长短和结束时刻，就同刑法关系的产生、经过时间和终结有不可分割的关系。前苏联刑法理论对此存在经久不息的争论，其中在刑法关系的终结时间的争议之中就涉及前科问题。具体而言，存在两种针锋相对的意见：一种意见认为，刑事责任的终结时间，是刑罚执行完毕。例如，H. C. 列伊基娜认为，刑事责任从实施犯罪的时候产生，并因刑满而结束。但实现刑事责任的过程是从追究刑事责任时开始，经过判刑阶段，以执行刑罚而告终。以此种观点推论，前科问题并不属于刑法关系的范畴。另一种观点认为，刑事责任的终结时间，是前科消灭之日。例如，B. И. 库尔良茨基提出，刑事责任的起止时限是实施犯罪行为的时刻，这时罪犯就产生了上述的义务和权利，刑法关系正是从这一时刻开始形成的。刑事责任因前科的消灭或者被撤销，有时因刑满（当刑满与前科期限完结吻合时）而结束。再如，H. И. 扎罗德尼科夫教授认为，在前科期间，犯罪人仍然负有刑事责任。因此，判处刑罚和执行刑罚带来的不良后果也是刑事责任的内容，这些后果表现为一系列的法律限制：限制选择居住地点和工作地点；必须通报正式文件记载过的过去被判刑情况；若属重新犯罪，则根据再犯要件认定这是比较严重的罪行，在某些情况下确认犯罪人是特别危险的累犯，等等。

在确立前科期间也属于刑事责任实现的具体形式的前提下，H. H. 波良斯基教授和 И. B. 帕夫洛夫教授认为，从被判刑人服刑时起（在不要求服刑的情况下，则从判刑时起）到前科消灭或者撤销时止，刑法关系持续存在。这种刑法关系是在以被判刑人及有前科的人为一方，另一方为负责对这些人的行为及劳动态度进行检查或者行政监督的国家机关。在此期间内，行政法律关系就是刑法关系的间接表现形式，但是，应当强调指出的是，刑法关系并没有停止存在，它们不会变成行政法律关系，而是通过行政法律关系来实施刑法规范对有前科的人所规定的那些法律限制。在这种法律关系中，双方在前科期间内相互间的权利和义务仍然是在刑法规范的基础上产生的，只不过作为适用刑罚的法律结果之一，这些刑法规范要受行政法律法规的调整而已。因此，行政法律关系可能是，并且有时也确实是实现刑法关系的一种形式。H. A. 斯特鲁奇科夫也认为，刑法关系存在的时间是从犯罪时起到前科消灭或者撤销时止。但是他对这个问题的看法与众不同。他认为从大部分内容来看，刑法关系实际上具有刑事诉讼法律关系和劳动改造法律关系的形式……但是，在既没有刑事诉讼法律关系、又没有劳动改造法律关系的前科期间内，也存在刑法关系。

在经过长时间的争鸣之后，前苏联多数刑法学者认为，关于刑事责任的结束时限，可以断定，它与受刑罚人前科消灭或者被撤销的时间一致。某人刑满以后还有前科，说明他对国家和社会还负有刑事责任，因此，从犯罪刑满到前科消灭或者被撤销的这个时期是刑事责任的独立阶段。既然有前科的人和有关国家机关之间的关系受刑事立法规范的调整，那么此种关系就属于实体刑法关系。而且就其内容来看，这种关系也与刑法关系完全一致（例如，在解决其情节严重或者其情节影响刑罚方法的性质和执行刑罚的程序的特别危险的累犯、重犯、惯犯的问题时就是这样）。因此，没有撤销前科就意味着即使刑满以后判决仍然有效，可见，在罪犯刑满释放以后，刑事责任继续存在，即表现为刑法上的前科。

基于以上分析，前苏联刑法理论的通说认为，刑事责任可以分为五个阶段：第一阶段，刑事追究的实际威胁和查明犯罪；第二阶段，追究刑事责任；第三阶段，审理刑事案件和确定刑事责任的种类；第四阶段，执行法院判处的刑事责任的种类；第五阶段，前科期限（判刑和服刑的法律后果）。而在第五阶段即最后阶段，刑事责任或者通过行政法律关系的形式来实现，或者以刑事法律关系的形式而存在，这时双方（服刑期满但是有前科的人和由有关行政机关所代表的国家）尽管拥有相互的权利和义务，但是这些权利和义务暂时还不能实现，或者只能部分地实现。

（二）关于前科效应法律性质的理论评判

关于前科存续期间的法律性质，日本刑法学者认为，前科在法律性质上可以归结于“刑罚的后遗效果”，因为，“即使刑罚由于执行终了或者执行免除及其他一定理由而消灭，但刑罚的后遗效果仍然存在，亦即仍有以前受过一定刑罚处罚的事实，在该人就公务员或其他一定职业的场合（例如律师、医生等），被论及公职选举的选举权与被选举权的场合，以其他一定资格为必要的场合，它往往成为欠缺资格事由。到什么时候都认这一事实，不利于促进受过刑罚处罚的人的社会复归。”① 我国刑法理论界也有学者支持这一观点。

那么，前科在法律性质上究竟属于“刑事责任的最后阶段”，还是属于

① 参见［日］植松正著：《刑法学概论 I 总论》，劲草书房 1974 年版，第 454—455 页。

“刑罚的后遗效果”呢？对此笔者认为，应当属于法律所确认的“刑罚后遗效果”。具体理由是：对于犯罪人而言，前罪的刑事责任已经通过刑罚评定而全部解决或者实现。

笔者认为，如前所述，刑事责任与刑罚存在着本质性差异，刑罚只是刑事责任的诸多解决方式或者说实现方式之一。在犯罪人在被判处刑罚的情况下，刑事责任通过选择实际量刑并执行刑罚来加以实现，可以说，刑事责任已经具有了法定的解决方式或者说实现方式。因此，一般来讲刑罚的执行完毕，就是刑事责任的终结。

在前科的存续期间内，虽然通过一系列客观考察而对前罪刑罚执行的实际效果进行后续性评价，并因此而保留着对于前罪补足部分刑罚的可能性。但是，前罪的刑事责任已经全部解决，已经根据刑事责任的不同程度而给予了经过评定的、相应的刑罚。至于事后发现刑罚在量上有所不足，则只是表明对于刑罚在量上的实际需要之预测不甚准确，并不是对刑事责任的评估不甚准确。因此，在具有前科者再次犯罪时予以附加补足的刑罚，在性质上只是解决“基于前罪刑事责任所判定的刑罚在量上略有不足”之问题，是对刑罚之补足，而非对于刑事责任之补足。

从另一个角度来分析，对于前罪的刑罚在量上的评估，包括两大部分：一是前罪固有刑事责任导致的刑罚之量；二是预防犯罪人再次犯罪而实际需要的刑罚之量。也就是说，刑罚的构成存在两部分：一是对于原罪固有刑事责任的报应性惩罚；二是基于特殊预防需要而评定的功利性刑罚。如前所述，基于前科事实而补充评定并附加于后罪的额外刑罚，并不是基于原罪固有刑事责任而给予的刑罚，只是在基于特殊预防而评定的功利性刑罚在量上过低，因而，具有前科者再次犯罪时补足的附加刑罚与原罪的刑事责任无关。

（三）前科的法律性质：对前罪刑罚效果的配套评估体系

笔者认为，前科的确切法律性质，只能认定为“对前罪刑罚效果的配套评估体系”，而这正属于前罪刑罚的后遗性效果之一。

之所以作出此种论断，是出于以下几个方面的考虑：其一，刑事责任在刑罚执行完毕之后已经不再存在，前科的存续期间只是对于犯罪人适用刑罚的实际效果或者说改造效果的观察期间。正如美国刑事立法和刑法理论所指出：“有以往犯罪行为记录的被告人与初犯相比应受到更大的谴责，因此应处以更重的刑罚。对犯罪行为的普遍威慑意义表明，应该向社会明确宣布：重复犯罪行为伴随其每次重复而必须加重刑罚量。为了避免公共社会免受特定被告人进一步犯罪行为的危害，对累犯和将来犯罪行为的可能性必须给予考虑。重复犯罪行为是检验对罪犯改造是否成功的一个极为重要的标志。"① 其二，刑法典上对于所有犯罪的法定刑设置，在刑罚的量上是国家立法机关根据司法统计、经验积累等综合手段，而事先预测并加以规定的一个大致幅度。而对于具体犯罪所实际评定并决定交付执行的刑罚，也只是基于案件事实等因素而加以评估确定的，并不一定能够完全对具体的犯罪人起到改造和预防再犯的实际效能，带有较多的预测因素，司法机关并不能肯定这一刑罚必然能够改造犯罪人和实现特殊预防。因此，有必要在刑罚执行完毕之后设立一个配套性的、独立的观察期限，观察刑罚的执行效果和刑罚在量上是否已经足够。这一配套性的事后评估体系，在客观上也是一个司法统计数据库，不仅为个案中的刑罚执行效果提供评价参考数据，从而判断适用于具体犯罪人的刑罚在量上是否有所不足，而且也为国家立法机关整体上评价对于某一罪名的法定刑是否妥当提供长期的实践检验数据，从而为法定刑的合理化调整而提供经验分析的原始数据，这也是经验型立法的重要完善渠道之一。笔者的此种认识存在着现实支持，美国量刑委员会认为，"重复犯罪行为是检验对罪犯改造是否成功的一个极为重要的标志。"② 其三，围绕前科事实所设置的所有对于犯罪人的资格剥夺与权利限制，以及对后罪的定罪量刑可能性负面效应等刑事立法上的规则，完全是以刑罚效果尚未最终确定而建立的一整套评估体系，属于对刑罚改造后果的观察与评价制度。从另一个角度来讲，也是一种预备性的法律反击手段和对策性手段，只是备而不用而已：在民事、行政法律等方面，防止犯罪人借助某些资格或者权利而实施更为严重的犯罪，剥夺犯罪人的一部分再犯能力；在刑事立法方面，对于犯罪人基于已经执行的刑罚未能实现特殊预防而予以反击，不仅补足前罪刑罚在量上的不足，而且对于后罪实施一系列的惩罚性制裁，例如不得适用假释和缓刑等，以防止犯罪人再次适用刑罚的效果依然不佳。其四，前科制度的存在，是以刑罚实际执行为前提的，而前科的消灭，则是以刑罚效果被验证并获得司法机关的认可为前提的。因此，两者全部与刑罚本身存在着密切的联系。

基于以上分析，笔者认为，前科制度在法律性质上属于刑罚的后遗性效果之一，不能将之归属于刑事责任的实现方式。

---

① 参见［美］美国量刑委员会编撰：《美国量刑指南》，王世洲等译，北京大学出版社 1995 年版，第 332 页。

② 参见美国量刑委员会编撰：《美国量刑指南》，王世洲等译，北京大学出版社 1995 年版，第 332 页。

刑事法学的当代展开

（下）

中国人民大学刑事法律科学研究中心组织编写

中国检察出版社

第四编　罪刑各论

“犯前款罪”实考

——兼论引证罪状的立法技术

楼伯坤*

“犯前款罪”是在刑法分则条文中，由于本款没有明确的罪状而引用前面已明确的罪状的一种引文表述。这种表述方法被称为罪状的引用。这被引用的部分属于“引证罪状”。在我国1997年《刑法》中有大量“犯前款罪”的规定。然而，各处“犯前款罪”的规定，其含义并不完全一致，有的甚至差异很大，严重影响了立法的质量和司法的应用。本文从对“犯前款罪”的实证分析出发，剖析现行刑法规范存在的矛盾点，并探求改进立法质量的技术要求。

一、对“犯前款罪”的实证考察

我国1997年刑法对引用前条款的规定有十大类，[①] 本文仅讨论对罪的引用。

（一）“犯前款罪”对罪的引用

我国刑法采用“犯前款罪”的表述来引用前款的“罪”的，[②] 可以细分为以下五种：

1. 援引除主体外的犯罪要素。具体又有两种情况：一种是将一般主体

---

* 浙江工商大学法学院副教授，硕士生导师；中国犯罪学会理事；浙江省刑法学研究会副秘书长；北京师范大学刑事法律科学研究院博士研究生。

① 即罪的引用、行为的引用、主体的引用（如第229条）、对象的引用（如第209条）、情节的引用（如第358条）、方法手段的引用（如第201条）、地点的引用（如第185条）、期限的引用（如第65条）、称谓的引用（如第196条）、处罚的引用（如第104条）十种类型。

② 我国刑法条文对罪刑的设定是以一般自然人单个体、故意犯罪、既遂为标准的。因此，主体、主观方面的变化实际上是犯罪构成要件发生了变化。这里为了分析的方便，将有“犯前款罪”字眼的归到一起。

更换成特殊主体或者增加主体的限定要素，其他要素不变。如刑法第109条第2款规定，掌握国家秘密的国家工作人员犯前款罪（指叛逃罪——笔者注，下同）的，依照前款的规定从重处罚。这一规定改变了犯罪主体要素，将国家工作人员改成掌握国家秘密的国家工作人员，只援引了前款的行为和结果这两个罪状要素。另一种是将自然人主体更换成单位主体，其他要素不变。由于我国对单位犯罪也是采取了世界通行的“双罚制”，[①] 所以在立法表述时采用的基本模式是：“单位犯前款罪的，对单位判处罚金，并对其直接负责的主管人员和其他直接责任人员，……处罚。”当然，这一模式在规范表述时都以“犯前款罪”的面貌出现，但实际引用的内容是有不同的。

这两种情况在我国刑法中体现在38个条文49个罪名里，援引的内容涉及行为、对象、结果（数额）、情节和主观心态等。具体分为以下几种情形：

（1）援引前款的目的、行为和对象。这有刑法第191条第2款规定的单位洗钱罪，第326条第2款规定的单位倒卖文物罪，第391条第2款规定的单位对单位行贿罪，第398条第2款规定的非国家机关工作人员故意泄露国家秘密罪和过失泄露国家秘密罪。

（2）援引前款的目的、行为和数额。这有刑法第164条第2款的单位对公司、企业行贿罪，第175条第2款的单位高利转贷罪。

（3）援引前款的目的、行为和后果。这有刑法第187条第2款的单位用账外客户资金非法拆借、发放贷款罪。

（4）援引前款的行为。这有刑法第174条第3款的单位擅自设立金融机构或者伪造、变造、转让金融机构经营许可证罪，第177条第2款的单位伪造、变造金融票证罪，第319条第2款的单位组织偷越国边境罪，第350条第3款的单位走私制毒物品罪和非法买卖制毒物品罪，第361条第2款的单位的主要负责人组织卖淫罪、强迫卖淫罪、引诱、容留、介绍卖淫罪和引诱幼女卖淫罪。

（5）援引前款的行为和对象。这有刑法第125条第3款的单位非法制造、买卖、运输、邮寄、储存枪支、弹药、爆炸物罪和非法买卖、运输核材料罪，

① 即对单位判处罚金，对直接负责的主管人员和其他直接责任人员处以相应的刑罚。对单位犯罪中有责任的自然人的刑罚设置有三种模式：一是引用前面某一款规定的刑罚，如刑法第125条的“依照第1款的规定处罚”；二是另行规定刑罚，如刑法第159条的“处五年以下有期徒刑或者拘役”；三是规定在基本刑基础上“从重处罚”，如刑法第307条第3款规定，司法工作人员犯前两款罪的，从重处罚。

第 325 条的单位非法向外国人出售、赠送珍贵文物罪，第 355 条的单位非法提供麻醉药品、精神药品罪。

（6）援引前款的行为、对象和情节。这有刑法第 152 条第 3 款的单位走私淫秽物品罪和走私废物罪，第 307 条第 3 款的司法工作人员妨害作证罪和帮助毁灭、伪造证据罪。

（7）援引前款的行为、对象和数额。这有刑法第 153 条第 2 款的单位走私普通货物、物品罪，第 178 条第 3 款的单位伪造、变造有价证券罪，伪造、变造股票、债券罪。

（8）援引前款的行为、对象和后果。这有刑法第 186 条第 3 款的单位违法向关系人发放贷款罪和违法发放贷款罪，第 189 条第 2 款的单位对违法票据承兑贴现、付款、保证罪。

（9）援引前款的行为和结果。这有刑法第 181 条第 2 款的单位编造并传播证券、期货交易虚假信息罪，诱骗投资者买卖证券、期货罪，第 182 条第 2 款的单位操纵证券、期货交易价格罪，第 188 条第 2 款的单位非法出具金融票证罪，第 288 条第 2 款的单位扰乱无线电通讯管理秩序罪，第 337 条第 2 款的单位逃避动植物检疫罪。

（10）援引前款的行为、结果（数额）和情节。这有刑法第 158 条第 2 款的单位虚报注册资本罪，第 159 条第 2 款的单位虚假出资、抽逃出资罪，第 160 条第 2 款的单位欺诈发行股票、债券罪，第 162 条第 2 款的单位妨害清算罪、隐匿或者故意销毁会计凭证、会计账簿、财务会计报告罪，第 176 条第 2 款的单位非法吸收公众存款罪，第 179 条第 2 款的单位擅自发行股票、公司、企业债券罪，第 198 条第 4 款的单位保险诈骗罪。

（11）援引前款的行为和情节。这有刑法第 180 条第 2 款的单位内幕交易、泄露内幕信息罪，第 243 条第 2 款的国家机关工作人员诬告陷害罪，第 281 条第 2 款的单位非法生产、买卖警用装备罪。

（12）援引前款的危险状态。这有刑法第 330 条第 2 款的单位妨害传染病防治罪，第 332 条第 2 款的单位妨害国境卫生检疫罪。

2. 援引除主观要素外的犯罪要素。具体条文包括刑法第 115 条第 2 款规定的过失犯前款（放火罪、决水罪、爆炸罪、投放危险物质罪、以其他危险方法危害公共安全）罪的，援引了前款的行为和后果；第 119 条第 2 款规定的过失犯前款（破坏交通工具、交通设施、电力设备、燃气设备、易燃易爆设备）罪的，援引了前款的行为、对象和后果；第 124 条第 2 款规定的过失犯前款（破坏广播电视设施、公用电信设施）罪的，援引了前款的行为和对象；第 370 条第 2 款规定的过失犯前款（故意提供不合格武器装备、军事设施）罪的，援引了前款行为。

3. 援引除对象外的犯罪要素。这种情况只有一个条文，即刑法第 102 条规定的与境外机构、组织、个人相勾结，犯前款罪（指背叛国家罪）的，依照前款的规定处罚，援引了前款行为和对象。

4. 援引前款全部犯罪要素。它又包括三种类型：

一是在立法规范上援引前款的全部要素与新设的独立犯罪行为实行数罪并罚。援引全部要素的条文具体包括刑法第 120 条第 2 款规定的犯前款罪（指组织、领导和积极参加恐怖活动组织罪）并实施杀人、爆炸、绑架等犯罪的，依照数罪并罚的规定处罚。第 229 条第 2 款规定的前款规定的人员（指承担资产评估、验资、验证、会计、审计、法律服务等职责的中介组织的人员），索取他人财物或者非法收受他人财物，犯前款罪（指提供虚假证明文件罪）的，处刑。第 253 条第 2 款规定的犯前款罪（指私自开拆、隐匿、毁弃邮件、电报罪）而窃取财物的，依照本法第 264 条的规定定罪，并从重处罚。第 294 条第 3 款规定的犯前两款罪（指组织、领导、参加黑社会性质组织罪，入境发展黑社会组织罪）又有其他犯罪行为的，依照数罪并罚的规定处罚。第 310 条规定的犯前款罪（指窝藏、包庇罪），事前通谋的，以共同犯罪论处。第 318 条规定的犯前款罪（指组织他人偷越国边境罪），对被组织人有杀害、伤害、强奸、拐卖等犯罪行为，或者对检查人员有杀害、伤害等犯罪行为的，依照数罪并罚的规定处罚。第 321 条规定的犯前两款罪（指运送他人偷越国边境罪），对被运送人有杀害、伤害、强奸、拐卖等犯罪行为，或者对检查人员有杀害、伤害等犯罪行为的，依照数罪并罚的规定处罚。

二是援引全部要素，或在援引全部要素的基础上调整、补充主观方面的内容，指明新的罪状或者新的处罚幅度。[①] 前者如第 349 条规定的犯前两款罪（指包庇毒品犯罪分子罪，窝藏、转移、隐瞒毒品、毒赃罪），事先通谋的，以走私、贩卖、运输、制造毒品罪的共犯论处。后者如第 168 条规定的国有公司、企业、事业单位的工作人员，徇私舞弊犯前两款罪（指徇私舞弊造成破产、亏损罪）的，从重处罚。

三是直接援引前款罪状，不改变任何要素，指示处罚的途径：如刑法第 246 条规定的犯前款罪（指侮辱罪和诽谤罪），告诉的才处理，但是严重危害

---

① 这种情况也可以被视为是主观方面要素的改变，可与前述“过失犯前款罪”归为一类。但考虑到这类情况不是犯罪构成角度理解的主观要素的变化，仅仅是其中的一部分内容或者形式的变异，在性质上与基本罪没有什么差异。所以笔者认为归入此类比较合理。

社会秩序和国家利益的除外。

5. 援引前款罪的全部构成要件，与后款的加重因素结合构成加重犯。具体包括四种类型：

(1) 结果加重。这有刑法第 234 条第 2 款规定的犯故意伤害罪，致人重伤的，或者致人死亡的或者以特别残忍手段致人重伤造成严重残疾的；第 238 条第 2 款规定的犯非法拘禁罪，致人重伤的，或者致人死亡的；第 260 条规定的犯虐待罪，致使被害人重伤、死亡的。

(2) 情节加重。这有刑法第 237 条规定的聚众或者在公共场所当众犯强制猥亵妇女、侮辱妇女罪；第 151 条第 4 款规定的犯走私武器、弹药、核材料或者伪造的货币、走私国家禁止出口的文物、黄金、白银和其他贵重金属或者国家禁止进出口的珍贵动物及其制品等罪，情节特别严重的。

(3) 时间加重。这有刑法第 425 条规定的战时犯擅离、玩忽军事职守罪；第 432 条规定的战时犯故意泄露军事秘密罪、过失泄露军事秘密罪；第 435 条规定的战时犯逃离部队罪。

(4) 主体和行为加重。即将一般主体改成特殊主体，再增加行为要素作为加重因素。这有刑法第 238 条第 4 款规定的国家机关工作人员利用职权犯非法拘禁罪；第 245 条规定的司法工作人员滥用职权，犯非法搜查罪、非法侵入他人住宅罪；第 397 条规定国家机关工作人员徇私舞弊，犯滥用职权罪、玩忽职守罪。

(二)“犯前款罪”罪状结构形式

从上述分析可以得出如下的结论：在我国现行立法中，“犯前款罪”的结构有四种：(1) 前款是完整的罪，后款援引前款的全部内容，同时，没有改变包括增加新的要素内容。(2) 前款是完整的罪，后款援引前款全部的内容，但在不改变被引用的罪的结构要素的前提下，增加新的要素，形成加重犯形态。(3) 前款是完整的罪，但后款没有全部援引前款的内容，而是改变了前款罪的部分要素。(4) 前款不是完整的罪，只是罪的要素，因此，后款所称援引“前款罪”其实是援引前款的行为等具体要素。

二、“犯前款罪”立法规范与理论的冲突

(一)“犯前款罪”立法的理论要求

“犯前款罪”立法要符合引证罪状的要求。一般认为，引证罪状是指引用

同一法律中的其他条款来说明或确定某一具体犯罪构成的特征。[①] 它是基本罪状的下属概念，是刑法分则中援引其他条文来对具体犯罪构成要件进行的类型化表述。概括而言，引证罪状具有以下特征：（1）在一个条文中有两个或者两个以上的刑罚款项。如果只有一个刑罚款项就不会出现引证的需要和前提。（2）在两个刑罚款项中，一个刑罚款项有独立罪状，另一刑罚款项没有独立的罪状。（3）被他条款引用的条款必须与需要引用的条款处在同一法律文件中。

根据引证罪状的内在属性，[②] 要求在设定立法规范时必须实现以下基本要求：

（1）统一性。在引证罪状中，被援引的罪状必须是本法的规定中可以直接找到的、已经明文规定的罪状。[③] 因此要求在立法上必须在本法中为需要引证的法条打好铺垫，保持立法规范的统一性和规定内容的一致性。

（2）明确性。这是指被引证的罪状的内容必须是明确的，在术语或者内容上是完全可以为其他法律规范比照或者引用的。如果被引证的条款内容不明确，或者它本身也是需要援引其他条款来说明其内容的，或者这个条款的内容根本就不存在，都是不符合要求的。

（3）直接性。引证罪状所实施的援引必须是直接指明援用哪一个条款的什么内容，表明是对整个条文的援引还是对其中某一个或者某几个要素的援引，不能笼统地表述。比如在所援引的条款前有两款规定，那么，在立法规定时必须表明是援引前面的一款还是两款；如果是一款，还必须说明是援引第1款还是第2款。

（二）“犯前款罪”立法规范与理论的矛盾点

我国刑法典有关“犯前款罪”的规定与引证罪状的矛盾冲突，主要表现

---

① 高铭暄主编：《新编中国刑法学》（上册），中国人民大学出版社1998年版，第478页；杨春洗等：《刑法总论》，北京大学出版社1981年版，第68页；欧阳涛主编：《刑法概论》，中国律师函授学院1985年版，第342页；陈兴良主编：《刑法各论的一般原理》，内蒙古大学出版社1992年版，第216页以下；何秉松主编：《刑法教科书》，中国法制出版社1993年版，第511页；马克昌主编：《刑法学全书》，上海科学技术文献出版社1993年版，第241页。

② 有学者把引证罪状的属性归纳为形式上的独立性和内容上的依附性（援引性）。参见刘树德著：《罪状建构论》，中国方正出版社2002年版，第327—328页。

③ 这一要求也可以被看做是引证罪状与叙明罪状的统一性。因为在任何出现引证罪状的场合，都必须要有可被引用的罪状，而在刑法理论上能够满足这一要求的只有叙明罪状。至于空白罪状是否可以，要作具体分析。从统一性角度讲，应当是可以的，但从明确性角度衡量则是不可以的。

在以下三个方面：

1. 要素阶位的冲突。对前述5种类型的分析可见，“（犯）前款罪”的表述，除第（4）、（5）种情况正确外，其余三种均混淆了罪与要素的位阶。因为在法条中，当前款已对罪状作出描述时，后款无非根据三种情形改变了前款罪状的某些要素，从而处以相同或不同的刑罚。换句话说，后款因主体、主观罪过等三种不同情况要素的加入，打破了前款罪的构成要件，引用的前款罪实际上已被分裂为单独的要素，与加入的要素一同组成新的犯罪内容（新罪或新的构成要件）。此时，如果再援用“（犯）前款罪”的表述，实际上是用“罪”与“要素”去结合，这不仅降低了“罪”本身的位阶，更违背了要素与要素结合组成要件从而构成犯罪的逻辑规律。

2. 罪名罪状外延的冲突。根据引证罪状的一般原理，在立法表述中用“犯前款罪”的字眼，表明引用的是前款的罪状。但在刑法典中我们看到的并不都是罪状。如刑法第102条第2款规定，“与境外的机构、组织个人相勾结，犯前款罪的，依照前款的规定处罚”。很明显，这不属于加重结构；同时，它也改变了犯罪对象，增加了“与境外的机构、组织个人相勾结”这一内容后已不再是基本罪。因此，这样的情况只能理解为是援引前款的罪名。即无论是与外国勾结还是与境外的机构、组织个人相勾结，实施危害中华人民共和国的主权、领土完整和安全的行为的，都定背叛国家罪。但这与引证罪状的理论要求是相悖的。

3. 被引证的罪状范围缺乏明确性。这主要表现在规范的形式与规范所要表达的意思之间的不一致。如刑法第124条第2款规定，过失犯前款罪的，处三年以上七年以下有期徒刑；情节较轻的，处三年以下有期徒刑或者拘役。而前款的规定是：“破坏广播电视设施、公用电信设施，危害公共安全的，处三年以上七年以下有期徒刑；造成严重后果的，处七年以上有期徒刑。”很明显，这前款有两个段，前段是基本罪，后段是加重结构。那么，第2款规定的“过失犯前款罪”是指的过失犯前款基本罪还是过失犯前款的加重结构呢？除了过失犯前款（故意）破坏广播电视设施、公用电信设施罪这种矛盾的表述外，它还存在指代不明的问题。也就是说，从条文的文字理解应该是过失犯前款的基本罪，它是完整的罪状结构，能够被称为是“罪”；但从逻辑的角度分析，第2款所援引的应该是前款后半段的加重结构，即造成严重后果的，处七年以上有期徒刑。因为从罪刑均衡的原则出发，过失犯罪的处罚比故意犯罪要轻，如果第2款援引的对象被理解为是前款的基本罪，那么它们的法定刑是一样的，这不是立法的本意。因此，第2款的真实意思只能理解为是过失犯前款加重结构的罪，才处第2款规定的刑罚。

三、完善"犯前款罪"立法的思考

立法是现实社会状况的系统化和理论化的反映，它的活动受制于两个方面：一方面，立法是现实的反映，它由已经出现的犯罪现象决定。立法者的使命更多的是作为自然科学工作者，去认识社会和反映社会现象，而不是随意创造法律。另一方面，立法又受理论的先导，它应当具有一定的前瞻性，与社会发展规律相符合。因此，在理论迅猛发展而立法规范仍需要保持其相对稳定性的时候，冲突的存在是不可避免的。实际上，冲突的形成是历史传统和文化积淀的反映，立法规范表现出来的只是这种历史和文化的意向。要正确协调二者的关系必须结合社会实际来理解立法规范。否则，不管这种规范有多么先进和完善，脱离了它制定的那一刻，都会被认为是滞后的。从引证罪状的立法技术要求看，设置"犯前款罪"应当把握好三个方面：

（1）"犯前款罪"不是约定俗成的概念，它只能按字面解释，不能作扩张解释。"犯前款罪"概念的使用是为了简化文字表达，而不应该导致含义的变化。因此，当立法设置遇到文字简化与含义表达相冲突的时候，必须服从后者。如果仅仅引用前述犯罪构成要件的某一个要素，而不是具有全部构成要件要素的所谓"罪"，那么，就不应当用"犯前款罪"这样的表述。这是立法应该坚持的原则。

（2）在立法时要充分体现援引条文间的确定性和明确性。在犯罪构成理论上，犯罪构成的要件与要素是位阶不同的两个概念。"犯罪构成要件要素是组成犯罪构成这一主客观要件有机整体的最基本元素，犯罪构成要件则是以行为的四个方面为依据由这些元素集合而成的、居于构成要件要素上一层次的单元或集合体。"[①] 换句话说，"犯罪"是"要件"的上位概念；"要素"是"要件"的组合元素，二者间是部分与整体的关系。在援用前款的表述中，我们必须严格区分引用的是"罪"还是犯罪构成"要素"，否则必然导致犯罪构成要件层次紊乱和犯罪构成理论逻辑矛盾。

厘清"犯前款罪"表述是罪状设置明确性与罪刑法定原则的体现。"一项'规则'就是一项有确定的范围和适用的规范，这更多地是一个功能和愿望的问题，而非一个逻辑或形式的问题。"[②] 立法者对具体犯罪的罪状应明白、清晰，尤其对犯罪构成要件。因为它关系到罪与非罪、此罪与彼罪、一罪与数

---

① 肖中华：《犯罪构成论》，中国人民大学博士论文1999年印行，第71—72页。

② 参见［美］诺内特、塞尔兹尼克：《转变中的法律与社会》，中国政法大学出版社1994年版，第67页。

罪的确定与划分。如果条文款项间的过渡或罪状间的引用含混不清、模棱两可或者相互矛盾时，就很难使人们依此行为规范来预测、判断自己行为的性质，司法机关也很难依此规范来进行定罪量刑活动，影响刑法功能的发挥。这还不如没有法律。因为“没有法律的状态比有不确定的法律要好”。①

(3) 对援引的要件或要素需要科学表述。

首先，根据上述对“犯前款罪”的分析，笔者建议将罪的引用中的第(1)至(3)项改为对前款具体要素的引用，即“有前款行为（或主体或罪过等)”。基本理由如下：第一，这是援用“前款”必要性的体现。将“犯前款罪”的表述改为“有前款行为（或主体或罪过等)”，不仅满足了简明、扼要的立法技术要求，而且符合我国暗示式罪名立法模式的需要。第二，这是援用“前款”可行性的实现。由“有前款行为（或主体或罪过等)”表述构成的后款不仅是引证罪状，而且更加具体地证明了前后款项间逻辑上的可引用性。第三，这有助于体现设立“犯前款罪”的真正意义。将“犯前款罪”改为“有前款行为（或主体或罪过等)”结束了罪与要素混用的不合理状态，使两者各自归位，发挥功效，真正实现了前后款项间的过渡。

其次，若引用“前款（项）行为”作数罪的条件的，建议按具体情况进行修正。如对刑法第198条的“有前款第四项、第五项所列行为”，可以作如下表述：“犯前款罪，并有前款第四项、第五项所列行为”。这样既符合立法本意，又满足了数罪并罚的条件。

① 张明楷著：《刑法格言的展开》，法律出版社1999年版，第38页。

恐怖主义犯罪：维护公共秩序与尊重人权的制衡

王秀梅[*]

恐怖主义犯罪不仅严重威胁国家领土完整和安全、破坏合法政府的稳定、破坏国家间友好关系的基础，而且在国与国之间、国家民族或团体之间、世界人民中间播下邪恶和仇恨的种子；国际恐怖主义犯罪是一种严重危害人权，包括人类生命、自由、健康、安全与福祉等主要内容的行为；国际社会在打击恐怖主义犯罪、维护和平与发展及充分保障人权平衡之间正面临着一项严峻的挑战。恐怖主义犯罪是一种侵犯人权的罪行，但打击恐怖主义措施不当所付出的侵犯人权代价有时会比恐怖主义罪行所造成的损失更大，正如2002年10月反恐怖委员会①高级专员 Sergio Vieira de Mello 指出的："最好的、唯一的措施是通过尊重人权，维护社会正义、加强民主和坚持法治原则为首来孤立和打击恐怖主义。"②

一、关于恐怖主义犯罪概念的认识

在打击恐怖主义犯罪过程中，国际社会面临的最棘手问题是恐怖主义犯罪的定义。虽然一些国家刑法中明确规定了恐怖主义犯罪的概念，但从国际社会整体打击恐怖主义犯罪的力度上看，不仅国家间对恐怖主义犯罪的认识不尽相同，国际社会亦缺乏统一的理解。这种局面导致惩治恐怖主义所适用的法律缺乏统一的标准，从而为实践中惩治恐怖主义犯罪设置了种种障碍，如妨碍引渡的执行和普遍管辖权的行使等。

---

* 北京师范大学刑事法律科学研究院教授，法学博士；中国法学会刑法学研究会副秘书长。

① 正如根据《联合国宪章》第七章规定，联合国安理会2001年9月28日通过第1373号决议，决定创建"反恐怖委员会"。

② http：//www. unhchr. ch/terrorism.

（一）恐怖主义犯罪概念认识上的分歧

从现有的国际惩治恐怖主义犯罪的法律文件理解，自1937年《防止和惩治恐怖主义公约》的综合性法律文本，[①] 到随后产生的一系列惩治特定恐怖主义行为的国际公约，直至2002年生效的《制止向恐怖主义提供资助的国际公约》，都只是列举了恐怖主义犯罪的各种行为方式，对恐怖主义犯罪的概念缺乏概括性的界定；区域性的惩治恐怖主义犯罪公约，如1971年《美洲国家组织关于防止和惩治恐怖主义行为的公约》和1977年《制止恐怖主义欧洲公约》亦如此。[②] 2001年10月15日至26日，联合国第六委员会讨论了《关于国际恐怖主义的全面公约草案》，该公约草案第2条规定："1. 本公约所称的犯罪，是指任何人以任何手段非法和故意致使：（1）任何人死亡或重伤；（2）公共或私人财产，包括公用场所、国际或政府设施、公共运输系统、基础设施或环境严重受损，而此种损害造成或可能造成重大经济损失，而且根据行为的性质或背景，其目的是恐吓某一人口，或迫使某国政府或某一国际组织从事或不从事某种行为。"第三世界的国家坚决支持其自己的观点，即恐怖主义的概念不能包括由所谓"自由战士"实施的暴力行为，如为了他们的自决权，个人或团体所进行的奋斗。发展中国家则认为不能通过任何旨在禁止恐怖主义的条约，除非基于历史、经济、社会和政治原因实施的恐怖主义行为同时得到深入地研究和解决。[③]

原国际刑法学协会主席、著名国际刑法学家巴西奥尼教授认为，攻击联合国人员及有关人员的犯罪，劫机及危及国际航空安全的非法行为，侵害航海安全及公海固定平台安全的非法行为，威胁及使用武力侵犯受国际保护人

① 1937年的《防止和惩治恐怖主义公约》由于历史的局限性，仅列举了恐怖主义犯罪的几种行为方式，并没有对恐怖主义犯罪的概念给予概括性的界定。其第1条规定，恐怖行为，即指直接反对一个国家，而其目的和性质是在个别人士、个别团体或公众中制造恐怖的犯罪行为，其中包括故意危害国家元首、执行国家元首特权的人士、其法定继承人或指定继承人，以及他们的配偶，故意危害担任公职或负有公共任务的人士；故意毁灭或损害属于或在另一缔约国管辖下的公共财产或供公用的财产；故意通过危险的造成，来危害生命的行为；制造、获得、扣留或供给武器、军火、爆炸品或毒物，其目的是针对任何国家。

② 1971年《美洲国家组织关于防止和惩治恐怖主义行为的公约》规定："本公约内，绑架、谋杀和对根据国际法有义务给予特别保护的那些人的生命和人身安全进行其他袭击，以及同这些罪行有关的勒索，不论其动机如何，均应视为具有国际意义的罪行。"1977年《制止恐怖主义欧洲公约》则将恐怖主义犯罪按其外延描述为，非法劫持航空器犯罪、危害应受国际保护人员包括外交代表的严重犯罪、绑架、劫持人质的犯罪、适用炸弹、火箭危及人身的犯罪以及企图参与或参与从事这些犯罪的共犯，等等。

③ Antonio Cassese, "International Criminal Law", Oxford University Press Inc. New York, 2003, p. 120.

员，劫持及使用武力侵犯人质行为，均是国际刑事法律规范调整的范围。[①] 另有学者认为，国际恐怖主义犯罪属于一般国际法基本原则同等作用的国际强行法规所调整的行为。[②] 还有学者认为，恐怖主义犯罪，是指恐怖主义分子实施的预谋制造绝望或恐惧的气氛，动摇公民对其政府的信任，从而选择杀害、绑架、暗杀、强盗和爆炸，他们全然不关心法律和道德标准却从这些标准中获得特别豁免，他们确信无辜者的死难可以证明其所坚持事业的正当性。[③] 也有学者认为，恐怖主义已经被界定为，出于强迫国际组织或者危害公众安全以及政府政策目的或不分青红皂白的暴力威胁某地区人口的国际行为。但是，对于某些人民而言，恐怖主义意味着遭受劫持的人质直接或者间接品尝恐怖主义的噩梦；而对于他人而言，恐怖主义则意味着，人们每天与身体、精神和金融障碍争斗的结果。[④] 美国司法部将国际恐怖主义犯罪的概念界定为："在外国政府、组织或者定向的外国民族、机构，或者政府支持下实施的恐怖主义行为，是恐怖主义团体意图推翻某具体政体，调整民族与团体间的不平等或者破坏国际秩序的行为。"[⑤]

笔者认为，关于恐怖主义犯罪概念认识上的分歧源于多种因素：一方面，由于国际社会对恐怖主义的早期认识不能适应日趋变化的国际犯罪现象，而近现代对恐怖主义犯罪的认识则过于集中在具体的行为方式及是否具有政治目的上；另一方面，从恐怖主义犯罪研究的专家学者多数受限于自身文化、历史背景以及本国国情的考虑。此外，由于当代恐怖主义犯罪的行为方式可谓是"层出不穷"，所以界定恐怖主义犯罪的定义也存在诸多的顾虑。一方面，如果定义的外延宽泛则会导致法律条文因缺乏严谨性而存在模糊的界定；另一方面，过于细密的概念界定则使法律条文的制定缺乏前瞻性，特别是随着不断变化的犯罪现象，会因严格遵循罪刑法定而放纵了罪犯。因此，介于笼统与细密之间、政治犯罪与国际犯罪或者普通的严重犯罪之间恰当地界定

---

① M. Cherif Bassiouni, "International Criminal Law Conventions and Their Penal Provisions", Transnational Publishers, Inc. Irvington-on-Hudson, New York. 1997.

② 根据1969年《条约公约法》第53条规定："条约在缔结时与一般国际法强制规律抵触者无效。……一般国际法强制规律是国家之国际社会全体接受并公认不许损抑……"

③ Mark B. Baker, "TERRORISM AND THE INHERENT RIGHT OF SELF-DEFENSE", Bouston Journal of International Law, Autumn, 1987.

④ Michard Allan, "TERRORISM, EXTRADITION & INTERNATIONAL SANCTIONS", "Symposium on Terrorism and Security Aboard International Airlines", Albany Law Journal of Science and Technology, 1993.

⑤ Kenneth W. Abbott, "Symposium: State Sponsored International terrorism: Econimic Sanctions and International Terrorism", 20 Vand J. Transnat1 L. 289 March 1987.

国际恐怖主义犯罪定义的尺度非常难以把握。同时，一些政府、学者以及新闻工作者对恐怖主义犯罪定义的不同演绎，反过来更加重了认识和理解上的混淆性。正是由于缺乏对恐怖主义犯罪定义的一致性认识，国际社会在商讨建立常设国际刑事法院审理严重危害人类和平与安全的犯罪行为时，没有接受前苏联和美国的提议。①

（二）恐怖主义犯罪概念认识上的一致性

尽管国际社会对恐怖主义犯罪在政治、哲学、思想、意识形态、种族、人种、宗教或其他性质的考虑方面，抑或是否是“为了政治目的，而……”等方面的认识存在分歧，但是，一直以来国际社会对恐怖主义犯罪是危害国家间和民族间友好关系及威胁国家领土完整和安全，严重侵犯人权的行为、方法和做法的认识是一致的，而且均认为恐怖主义犯罪是全世界应予谴责的犯罪行为之一。

这一点可从国家惩治恐怖主义犯罪的立法上得到充分的证明。德国是第一个将恐怖主义、基地或者参与犯罪、或者恐怖主义组织视为犯罪的国家，凡支持那些旨在实施谋杀、绑架或者其他针对个人自由的犯罪、或者危害公共安全的个人将被判处10年以下有期徒刑。这种规定的有利之处在于，无须证明犯罪行为人在犯罪中所起的作用。② 美国司法部是惩治恐怖主义犯罪的主要机构，它界定的恐怖主义犯罪定义为：“出于政治目的，由个人或者团体实施的威胁或使用暴力威胁，无论行为是为了支持或者反对已经建立的政府当局，只要行为旨在震惊、惊吓或者胁迫（shock，stun or intimidate）比直接被害人更广泛的某目标团体。”③《俄罗斯联邦刑法》规定的恐怖主义犯罪，是指实施爆炸、纵火或者其他具有造成他人伤亡、巨额财产损失危险或造成其他社会危害后果；危害公共安全，侵犯他人或影响政权机关通过决定以及为达此目的以实施上述行为相威胁的行为。④ 2000年9月1日生效的《阿塞拜疆刑法》规定，如犯下某种行为或威胁犯下这种行为，其结果是造成死亡、

① 苏联总统戈尔巴乔夫于1987年就表示支持建立国际刑事法院，但仅限于对恐怖主义罪行的管辖；美国国会则竭力主张，国际刑事法院管辖的罪行应限于国际恐怖主义和国际毒品贩运方面的罪行。M. Cherif Bassiouni：“The Time Has Come For an International Criminal Court”, at “Indiana International and Comparative Law Review”, Spring, 1991.

② 《德国刑法》第129条（a）规定。Helmut J. Epp，“Terrorism and International Cooperation in Criminal Matter September 11 and the Consequences in International Criminal Law”.

③ Kenneth W. Abbott，“Symposium：State Sponsored International terrorism：Econimic Sanctions and International Terrorism”, 20 Vand J. Transnatl L. 289 March 1987.

④ 参见《俄罗斯联邦刑法》第205条。

身体伤害或对健康的其他伤害，摧毁、破坏财产或造成其他严重后果，这种行为须是预谋的，其意图在于危害公共安全，在民众中制造恐慌或迫使公共机构作出符合恐怖主义者利益或符合威胁犯下这种行为的人的利益的决定。[①]此外，《奥地利刑法典》还特别强调阴谋犯[②]或者基地的帮助犯[③]都是应予严惩的恐怖主义犯罪。

1985年联合国大会一致通过了直接涉及恐怖分子行为的决议，该决议明确地将恐怖主义犯罪视为“所有恐怖主义行为、方法和习惯无论在哪和由谁来实施”的行为。1987年联合国大会在美国和以色列反对情况下仍通过另一个谴责恐怖主义的决议，决议提议制订一个公约以解决“恐怖主义”一词的定义问题。[④]

1998年在创建国际刑事法院的谈判会议期间，国际社会结合学界的理解和认识及现行国际恐怖主义犯罪现象，较为一致地认为，恐怖主义犯罪（crimes of terrorism，又称暴力主义犯罪），是指：（1）从事、组织、赞助、指使、便利、资助、鼓励或容忍针对另一国家个人或财产的暴力行为，其性质是在知名人士、人群、公众或群体的精神上制造恐怖、恐惧和不安全感，无论提出何种政治的、哲学的、意识形态的、种族的、族裔的、宗教的或其他此种性质的考虑和宗旨来为这些行动辩护；（2）《关于制止危害民用航空安全的非法行为的公约》、《关于制止非法劫持航空器的公约》、《关于防止和惩处侵害应受国际保护人员包括外交代表的罪行的公约》、《反对劫持人质国际公约》、《制止危害航海安全的非法行为公约》、《制止危及大陆架固定平台安全非法行为议定书》中规定的行为；（3）利用火器、武器、爆炸物和危险物品作为滥施暴力的手段，造成个人、人群或群体死亡或严重身体伤害或造成重大财产重大损害的罪行。[⑤]

笔者认为，虽然各国刑法根据本国的特点、国情、民情等现实问题制定适用于本国惩治恐怖主义犯罪的立法，但是，大多数国家对惩治恐怖主义犯罪的认识基本上是一致的，即：（1）绝不放纵恐怖主义犯罪，绝不任其滋生

---

① 联合国第56届大会会议秘书长《关于人权与恐怖主义的报告》，2001年7月17日，A/56/190。

② 《奥地利刑法典》第277条。

③ 《奥地利刑法典》第278条。

④ Michard Allan，“TERRORISM，EXTRADITION & INTERNATIONAL SANCTIONS”，Symposium on Terrorism and Security Aboard International Airlines”，Albany Law Journal of Science and Technology，1993.

⑤ 参见设立国际刑事法院筹备委员会1998年3月16日至4月3日《国际刑事法院规约案文第二部分：管辖权、受理和适用的法律》，A/AC. 249/1998/CRP. 8，2 April 1998，第18—19页。

蔓延，严重扰乱国家公共秩序或者国际社会秩序；（2）遵循国际法和法治原则惩治恐怖主义犯罪；（3）无论各国将恐怖主义分子的犯罪行为视为普通犯罪，还是政治犯罪，首先恐怖主义行为构成犯罪，其次应人道地对待恐怖主义分子。

二、惩治恐怖主义犯罪适用的法律规范

惩治恐怖主义犯罪适用的法律直接关乎惩治恐怖主义犯罪的合法性和人权保障的有效性，因而，在国际社会的惩治恐怖主义行动中，适用的法律依据不仅仅是联合国通过的12个惩治恐怖主义犯罪的公约及一系列宣言和措施，还应广泛适用人道主义法、人权法和国际法的一般原则，如此才能做到有力打击恐怖主义犯罪和充分保障人权间的平衡。

（一）惩治恐怖主义犯罪的专门性国际法律规范

联合国安理会第1333（2000）号决议指出，恐怖主义犯罪事件对国际社会的和平与安全造成极大的威胁。由此可见，国际社会聚焦于恐怖主义犯罪的特征是其危害性。[①] 针对不同行为所产生的危害结果，国际社会先后制定的一系列惩治恐怖主义犯罪的公约以及联合国大会和安理会出台的一系列宣言或者措施。联合国惩治恐怖主义犯罪的国际公约包括：（1）1963年9月14日在东京签署的《关于在航空器内的犯罪和其他某些行为的公约》；（2）1970年12月16日在海牙签署的《关于制止非法劫持航空器的公约》；（3）1971年9月23日在蒙特利尔签署的《关于制止危害民用航空安全的非法行为的公约》；（4）1971年9月23日在蒙特利尔签署的《制止在为民用航空服务的机场上的非法暴力行为的议定书》（《蒙特利尔议定书》）；（5）1973年12月14日在纽约签署，1977年2月20日生效的《防止和惩治侵害国际保护人员犯罪的公约》；（6）1979年12月18日在纽约签署，1983年6月3日生效的《反对劫持人质国际公约》；（7）1980年3月3日在维也纳和纽约签署，1987年2月8日生效的《关于核材料的实质保护公约》；（8）1988年3月10日在罗马签署的《制止危及海上航行安全非法行为公约》；（9）1988年3月10日在罗马签署的《制止危及大陆架固定平台安全非法行为议定书》；（10）1991年3月1日在蒙特利尔签署的《关于制作可塑性炸药以便侦测的公约》；（11）1998年1月12日在纽约签署，2001年5月23日生效的《制止恐怖主义

① 联合国第56届大会2001年9月12日会议通过的《谴责美利坚合众国境内的恐怖主义攻击》中指出，将2001年9月11日发生的令人发指的暴行的行凶者、组织者和发起者绳之以法，对援助、支持或包庇之行为的行凶者、组织者和发起者追究刑事责任。

爆炸事件国际公约》；（12）2000年1月10日在纽约签署，2002年4月10日生效的《制止向恐怖主义提供资助的国际公约》。上述公约中1970年的《关于制止非法劫持航空器的公约》事实上已经较为典型地规定了对于恐怖主义犯罪分子不存在任何“安全地带”和“避风港”。①

除此之外，各洲和地区间也制定和通过了一系列区域间或地区间惩治恐怖主义犯罪公约，如1971年《美洲国家组织关于防止和惩治恐怖主义行为的公约》、1977年《惩治恐怖主义的欧洲公约》、1998年《阿拉伯防止恐怖主义协定》、2001年《中亚反恐怖行动纲领》、2002年《美洲国家惩治恐怖主义公约》等。

笔者认为，国际社会惩治恐怖主义犯罪力度之大，一方面，表明国际社会对该罪认识程度的提高；另一方面，体现了国际社会惩治恐怖主义犯罪的决心。但是，这些专门用于防止及惩治恐怖主义犯罪的国际或者区域公约突出地体现了针对某具体犯罪行为方式的惩治措施的目标性以及强调国际合作与区域合作的重要性和方法。② 仅部分公约的个别条款提及惩治恐怖主义犯罪应遵守法治原则、人权和基本自由；遵守国际法，特别是《联合国宪章》、国际人道主义法、国际人权法等。③

（二）惩治恐怖主义犯罪应遵守的人道主义和人权方面的国际法律规范

2003年联合国安理会第1456号决议指出，各国在惩治恐怖主义犯罪中应遵守国际法，特别是国际人道主义法和人权法。④ 国际人道主义法和人权法都是以任何人系独立的个体，有权不受任意处罚和虐待为前提，以保护人们的生命、健康和尊严为其宗旨。国际人道主义法主要是保护武装冲突期间的个人，尤其是那些处于敌方控制之下的个人；而人权法则主要是调整国家与个人之间的关系。⑤

国际人道主义法和人权法在20世纪下半叶得到了迅猛的发展，1949年

① 《关于制止非法劫持航空器的公约》第7条规定：“在其境内发现被指称的罪犯的缔约国，如不将此人引渡，则不论罪行是否在其境内发生，应无例外地将此案件提交其主管当局以便起诉。该当局应按照本国法律以对待任何严重性质的普通罪行案件的同样方式作出决定。”

② 1999年10月18日，西方七国和俄罗斯内务和司法部长以及欧洲委员会的代表共同召开了“八国集团”打击跨国团伙犯罪国际会议。俄罗斯总统普京指出，恐怖主义活动和贩毒、贩卖军火和人口等跨国团伙犯罪是对国际社会的挑战，面对这种挑战，单个国家的力量是不够的，各国应共同努力对付上述恶性犯罪活动。

③ Article 15, “INTER-AMERICAN CONVENTION AGAINST TERRORISM”, 2002.

④ http: //www. unhchr. ch/terrorism.

⑤ Jacob Kellenberger, “International Humanitarian Law and Other Legal Regimes: Interplay in Situations of Violence”, 2003. at http: //www. icrc. org.

的《日内瓦公约》及其附加议定书，有关难民的法律规范成为国际人道主义法的象征；国际社会普遍认为的人权三大宪章——《世界人权宣言》、《公民权利和政治权利国际公约》和《经济、社会、文化权利国际公约》是人权法的基石。两个法律分支的结合所蕴涵的基本原则是基于人道主义和人权的考量，包括以下基本权利：生存权、健康权、禁止奴役、禁止非人道、残酷或侮辱待遇、酷刑、法不溯及既往以及刑事诉讼中赋予的权利。避免参与武装冲突各方的生命、健康和财产遭受重大损失，特别是导致更多无辜的平民成为武装冲突的受害者。而对上述权利的维护则是国家对国际社会政体所承担的义务。

笔者认为，虽然人道主义法和人权法赋予各国一种在任何情况下都必须将上述权利作为“法律利益”予以保护的义务，但国际法委员会指出，一国在任何情况下不得以“紧急状态”为由将本国置于法律之上，强调预防与惩治恐怖主义犯罪必须遵守国际人道主义法和人权法，否则惩治恐怖主义的措施就会转为跨国的武装冲突。[①] 但在惩治恐怖主义犯罪行动中的挑战仍然是如何保证遵守这些权利和法律。[②] 更重要的是国际人道主义法和人权法毕竟是“软法”，其法律效力的切实发挥尚需各缔约国将这些法律规范国内化，即批准国在本国宪法或者刑法中制定相应的规定，使这些法律更能直接约束国家惩治恐怖主义犯罪的行动。我国于1952年签署了1949年的四个《日内瓦公约》，并于1956年和1957年分别批准加入了该公约，成为国际人道主义法的坚决捍卫者。而后，我国政府分别于1997年10月27日签署了《经济、政治、文化权利国际公约》，1998年10月5日签署了《公民权利和政治权利国际公约》，并于2001年2月28日批准了《经济、政治、文化权利国际公约》，从此，我们便有义务遵守国际人道主义法和人权法的基本原则，结合国际反恐公约和我国刑法及其修正案的规定有效打击恐怖主义犯罪。

三、惩治恐怖主义犯罪与尊重人权的制衡

从当前恐怖主义犯罪的多种方式上分析，恐怖主义犯罪的原因多种多样，其中既有政治、经济和文化等方面的因素，也存在种族、民族、宗教、道德和心理等方面的因素，甚至是出于寻求公正待遇而采取的暴力反抗方式，特

---

① Gerald L. Neuman, “Comment, Counter-terrorist Operations and the Rule of Law”, at “European Journal of International Law”, Vol. 15, No. 5, 2004.

② Emanuela-Chiara Gillard, “Raparation for violations of International Humanitarian Law”, 2003. at http://www.icrc.org.

别是国家支持和国家发起的恐怖主义行为,[①] 使惩治恐怖主义和保障人权之间产生的摩擦更为明显。

(一)恐怖主义犯罪严重侵犯人权

从恐怖主义犯罪的行为特征上看，早期恐怖主义犯罪手段较为单一，如暗杀、劫持航空器、绑架、劫持人质等；如今已逐渐发展到危及人类安全的程度，如美国“9·11”恐怖袭击事件。恐怖主义犯罪已经发展为一种有组织并运用现代手段的大规模攻击型犯罪，这些犯罪行为严重威胁世界和平，震撼着人类的良知，其侵害范围从国内、跨国，发展到国际范畴；尤其是经恐怖主义聚居地国家同意或鼓励而实施的某些恐怖主义行为，从训练、资助、支持到为恐怖犯罪分子提供避难场所，甚至国家本身直接成为恐怖主义袭击活动的后盾。[②]

恐怖主义行为严重侵犯人权体现在其行为方式上：(1)恐怖活动是不分青红皂白地针对普通平民的生命、财产、幸福健康而使用暴力或者威胁使用暴力；(2)恐怖行为通常在较长的时间内由有组织的团体来实施；(3)恐怖行为的目的是在社会上制造恐慌情绪，以为达到犯罪目的创造条件；(4)恐怖活动的另一个目的是旨在羞辱其他人……[③] (5)恐怖活动直接针对一国的国家制度或人民;[④] (6)通过从事、组织、赞助、指使、便利、资助、鼓励或容忍的方式，针对另一国家个人或财产的暴力行为；(7)利用火器、武器、爆炸物和危险物品作为滥施暴力的手段，造成个人、人群或群体死亡或严重身体伤害或造成重大财产重大损害的行为。

此外，有的学者指出，国际恐怖主义犯罪有别于其他恐怖主义犯罪，体现在：(1)恐怖行为实施的方式是暗杀、杀人、绑架、敲诈勒索、爆炸、放

---

① 在国家支持和国家发起的恐怖主义行为中，罪犯更容易获得保护伞。Bradley Larschan EXTRADITION, THE POLITICAL OFFENSE EXCEPTION AND TERRORISM: AN VERVIEW THE THREE PRINCIPAL THEORIES OF LAW, Boston University International Law Journal, Summer, 1986.

② 利比亚政府的行为就是最好的事例，正如洛杉矶 Whittier 大学法学院副教授 Michael Bazyler 所指出的：“利比亚所做的不是你们那种典型的战争”，他们使用和训练其他国家人民袭击世界范围内的美国公民。另一个例子是黎巴嫩政府涉及的巴勒斯坦解放组织，黎巴嫩总理在巴勒斯坦解放组织袭击雅典机场时指出，该袭击是“合法和神圣的”。巴勒斯坦解放组织在黎巴嫩境内具有完全的行动自由并允许他们公开招募成员和传播教义。Mark B. Baker, “TERRORISM AND THE INHERENT RIGHT OF SELF-DEFENSE (A CALL TO AMEND RTICLE 51 OF THE UNITED NATIONS CHARTER)” Bouston Journal of International Law, Autumn, 1987.

③ HANS-PETER GASSER, “Acts of terror, ‘terrorism’ and international humanitarian law”, at http: //www. icrc. org, 2002.

④ Helmut J. Epp, “Terrorism and International Cooperation in Criminal Matter September 11 and the Consequences in International Criminal Law”.

火、使人残废或者任何国家法律均认为犯罪的其他行为方式；（2）国际恐怖主义犯罪是出于政治动机，某极端政治团体确信他们理想的价值，通过暴力手段实现其理想，且暴力行为往往针对无辜第三方；（3）国际恐怖主义犯罪超越国边境，选择外国公民为被害人，且将外国领域作为犯罪地点，或者希望通过恐怖行为努力影响外国政府的政策。①

笔者认为，无论是恐怖主义犯罪行为还是国际恐怖主义犯罪行为；无论上述行为是针对知名人士和特定人群，抑或公众及群体；也无论所实施的恐怖行为是基于何种政治的、哲学的、意识形态的、种族的、族裔的、宗教的，还是其他此种性质的原因，恐怖主义行为给公众带来的精神上的恐怖、恐惧和不安全感，身体上的伤害甚至生命权的严重威胁、财产的损失、人格的侮辱等都是对人权的严重侵犯。为此，联合国安理会在2001年通过的第1373（2001）号决议要求各国：（1）打击以不容忍或极端主义为动机的恐怖主义行为；（2）不在另一国家组织、煽动、协助或参加恐怖主义行为，或默许在本国境内犯下这种行为；（3）防止和制止资助恐怖主义行为；本国国民或在本国领土内，以任何手段直接间接和故意提供或筹集资金，意图将这些资金用于恐怖主义行为或知晓资金将用于此种行为；禁止本国国民或本国领土内任何个人和实体直接间接为犯下或企图犯下或协助或参与犯下恐怖主义行为的个人、这种人直接间接拥有或控制的实体以及代表这种人或按其指示行事的个人和实体提供任何资金、金融资产或经济资源或金融或其他有关服务；（4）通过交流情报向其他国家提供预警；（5）国际恐怖主义与跨国有组织犯罪、非法药物、洗钱、非法贩运军火、非法运送核、化学、生物和其他潜在致命材料之间的密切联系；（6）严禁知情地资助、规划和煽动恐怖主义行为。②

（二）恐怖主义分子权利的保障

对于恐怖主义分子的权利保障主要体现在司法保障方面，这也是国际人道主义法和人权法所共同具备的基本精神。同样，国际人道主义法的目的之一就是保护个人的生命、防止和惩处酷刑、确保刑事诉讼过程中个人享受的基本司法权利等。

1. 恐怖主义分子法律身份的确定

当前认定恐怖主义犯罪分子的身份主要有以下几种情况：普通刑事罪犯（ordinary criminal）在刑事司法实践与其他类型犯罪相比差别不大；将“恐怖

① Kenneth W. Abbott," Symposium: State Sponsored International terrorism: Econimic Sanctions and International Terrorism", 20 Vand J. Transnat1 L. 289 March 1987.

② 2001年9月28日联合国安理会第4385次会议通过的第1373（2001）号决议。

主义分子”（terrorist）、“战俘”（prisoner of war）、“敌方战斗人员”（enemy combatant）、“自由战士”（freedom fighter）等。恐怖主义分子法律身份的确定有助于适用相应的法律规范维护其权利。

通常情况下，将恐怖主义犯罪行为人视为普通刑事罪犯，无论适用国际法律规范，还是国家法律规范，在认识上都不会产生较大的分歧。而将“恐怖主义分子”视为出于政治动机实施的犯罪，或者即便不具有政治目的，在国家启动刑事司法程序上存在较大的出入，有的国家将恐怖主义分子移交军事法庭审理，有的国家则仍在普通刑事法庭审理；有的国家明确规定追究恐怖主义分子可以不受追溯时效的限制，[①] 或者在有合理理由怀疑某人实施恐怖主义犯罪便可在无任何根据的情况予以逮捕，不经司法程序无限期地长期羁押。[②]

关于“战俘”，国际人道主义法的一项基本原则是在武装冲突中参战的人，在任何时候都必须将平民与作战人员区分开来。战俘属于战争中最易受攻击的受害者范围。即便恐怖主义分子具有“战俘”的身份，根据 1949 年《关于战俘待遇的日内瓦公约》第 13 条规定：“战俘在任何时候须受人道之待遇。拘留国任何不法行为或不行为可致其看管中之战俘死亡或严重危害其健康者须予禁止，并当视为严重破坏本公约之行为。尤其不得对战俘加以肢体残伤，或供任何医学或科学试验而非为有关战俘之医疗、治牙或住院治疗所应有且为本身利益而施行者。战俘亦应在任何时候受到保护，尤其免致遭受暴行或恫吓及侮辱与公众好奇心的烦扰。对战俘之报复措施应予禁止。”

关于“敌方战斗人员”，通常包括合法的和非法的战斗员两个方面，合法的战斗员会得到战俘的地位并得到《日内瓦第三公约》的保护；相反，非法的战斗员不会得到战俘的地位，而且也不会受到《日内瓦第三公约》的保护，[③] 因而成为人民的“敌人”。关于“敌人”的理论，最早出现在海盗罪的理论中，海盗一直被认为是逐出法外之人，一种“违反人类的罪行者”。依照国际法，海盗行为使海盗丧失他本国的保护，因而丧失他的国家属性；而且他的船舶或者航空器，虽然过去可能具有悬挂某一国家旗帜航行的权利，也丧失了这种权利。国际法上的海盗行为是一种“国际罪行”；海盗被认为是一

---

① Article 809, Uniting and Strengthening America by Providing Appropriate Tools Required to ntercept and Obstruct Terrorism Act (“USA Patriot Act”).

② Article 41, UK Terrorism Act 2000.

③ William J. Haynes, “Enemy Combatants”, at http: //www. cfr. org/publication. php? id =5312.

切国家的敌人，他可以被“落入其管辖权的任何国家”加以法办。[①] 根据《美洲国家反恐公约》的规定，缔约国应否认非法敌方战斗人员的难民和庇护权。[②]

关于“自由战士”，1977年的《日内瓦公约》第一附加议定书第44条第3款解决了“自由战士”的称谓问题，即为了促进对平民居民的保护不受敌对行动的影响，战斗员在从事攻击或攻击前军事准备行动时，应使自己与平民居民相区别。然而，由于认识到在武装冲突中有一些情况使武装战斗员因敌对行动的性质而不能与平民居民相区别，因而该战斗员应保留其作为战斗员的身份，但在这种情况下，该战斗员须：（1）在每次军事上交火期间；（2）在从事其所参加的发动攻击前的部署时为敌人所看得见的期间；公开携带武器。符合本款要求的行为，不应视为第37条第1款第3项的意义内的背信弃义行为。

笔者认为，无论恐怖主义分子被确定为何种身份，根据国际人道主义法和人权法的规定，上述人员仍属于自然人，仍享有人身、荣誉、家庭权利、宗教信仰与仪式、风俗与习惯，并在一切情形下均应得到尊重。尤其是妇女，更应受特别保护，以免其荣誉受辱，防止强奸、强迫为娼或任何形式的非礼之侵犯。

2. 恐怖主义分子权利的保障

印度代表在联合国第56届大会会议上表示，目前需处理的一个不平衡现象，即不重视恐怖主义个人或团伙的侵权行为的同时，过分强调恐怖分子的人权，忽视受恐怖分子严重侵害的其他人的人权。[③] 事实上，国际社会制定和通过的一系列惩治恐怖主义犯罪的公约，以及各国制定的一系列惩治恐怖主义犯罪的单行法律或者综合法律，都是为了充分保障恐怖主义犯罪被害人的权利，重视恐怖主义分子严重侵害的其他人的人权最好方式是通过法律手段对恐怖主义分子给予应有的惩罚；相反，由于人们对恐怖主义犯罪的深恶痛绝和其他人类情感因素的交织，在实践中恐怖主义分子几乎享受不到什么基本权利，从而使惩治恐怖主义犯罪又走向另一极端。

根据国际人道主义法和人权法以及《保护人人不受酷刑、残忍、不人道

---

① 詹宁斯·瓦茨修订：《奥本海国家法》（第一卷第二分册），中国大百科全书出版社1998年版，第174页。

② Article 12—13, INTER-AMERICAN CONVENTION AGAINST TERRORISM, 2002.

③ 联合国第56届大会会议秘书长《关于人权与恐怖主义的报告》，2001年7月17日，A/56/190。

或有辱人格待遇或处罚宣言》、《禁止酷刑和其他残忍、不人道或有辱人格的待遇或处罚公约》、《囚犯待遇最低限度标准》和《执法人员行为守则》等国际法律文件以及各国宪法和刑事法的有关规定，恐怖主义分子的基本权利，特别是司法权不仅不应受到侵犯，如任意逮捕、非法羁押或者超期羁押，免受酷刑、不人道和有辱人格待遇的处罚，公正、公开和有效的司法审判权、上诉权等，而且在受到侵犯时还应得到一定的救济，特别是那些错抓错捕无辜者。

在卢旺达国际刑事特设法庭审理的 Juvénal Kajelijeli v. The Prosecutor 一案中，[①] 上诉法庭发现被告人 Juvénal Kajelijeli 在首次出庭之前的最初逮捕和羁押期间，作为犯罪嫌疑人，他的基本权利遭到严重违反，即没有通知他逮捕的原因；在没有逮捕令的情况下，在柏林非法羁押 85 天；没有及时通知他检察官对他的指控；在未出庭之前在柏林被羁押 95 天。为此，上诉法庭根据《公民权利和政治权利国际公约》[②] 及法庭的程序与证据规则决定对一审判决予以矫正，并给予被告人一定的救济。上诉法庭在没有改变被告人的定罪前提下，将一审判处被告人 Juvénal Kajelijeli 2 个无期徒刑和 1 个 15 年有期徒刑的量刑，改判为 45 年有期徒刑。

结　语

法律在危难和情势紧急的时候，才能体现其全部的价值。[③] 即使是在当前恐怖主义分子活动猖獗的时候，更应依法惩治恐怖主义，并充分保障人权。否则，“如果一场战争进行得肆无忌惮，那么谁相信它会有什么正义性呢”?[④] 联合国秘书长也指出：“关于使用军事武力问题。在某些情况下，为了防御恐怖主义袭击，以及其他形式的攻击，使用军事武力可能是必要的，但是，我们应尽量小心地使用这种方法，而且只有在自卫的情况下，或者依照安理会的决议。而且当我们确实使用武力时，我们必须认真在法律范围内使用，——战争国际法，针对平民和超越合法军事目标不成比例使用武力是违反国际人道主义法的行为，而且必须予以抵制。”[⑤]

---

① Juvénal Kajelijeli v. The Prosecutor, Case No. ICTR 98—44A-A.

② 第 9 条第 2 款、第 14 条第 3 款的规定。

③ François Bugnion, “Just wars, wars of aggression and international humanitarian law”, International Review of the Red Cross No. 847, 30—09—2002 pp. 523 - 546.

④ François Bugnion, “Just war, war of aggression and international humanitarian law”, International Review of the Red Cross, 2002 - No. 847, pp. 523 - 546.

⑤ The statement made today before the Commission on Human Rights in Geneva by Secretary-General Kofi Annan: 12/04/2002.

我国不是恐怖主义犯罪的净土，恐怖主义犯罪的活动严重影响构建和谐社会的民主与法治的氛围，与此同时，对恐怖主义犯罪活动惩治措施不当，同样影响了构建和谐社会的法律根基。因此，在严厉打击恐怖主义、维护国家和国际秩序的同时，应注重合理把握与人权保障的平衡度。

略论与交通肇事罪相关的几个问题

李希慧*

交通肇事罪是司法实践中一种较为常发的犯罪，本文拟对与此罪相关的几个问题略作论述。

一、使用非机动车辆肇事能否按照交通肇事罪处理的问题

司法实践中，使用诸如自行车、三轮车、马车等非机动车辆，违反交通运输管理法规，致人重伤、死亡或者使公共财产遭受重大损失的案件时有发生。对于这一类案件能否按交通肇事罪处理，理论上有三种不同的主张：

一种主张认为，此类案件不能定交通肇事罪。因为交通肇事罪是危害公共安全的犯罪，即能够同时造成不特定多数人的死伤，而操纵非机动车辆违反交通运输管理法规，一般只能给特定的个别人造成伤亡或者数量有限的财产损失，并不具有危害公共安全的性质，因此不能构成交通肇事罪，构成其他罪的按其他罪处理。①

另一种主张认为，对于使用自行车、三轮车、兽力车等交通运输工具发生严重事故，造成人身伤亡的，应按交通肇事罪处理，而不宜定过失杀人罪或过失重伤罪。②

第三种观点认为，只有非机动车辆被用来从事交通运输且违章肇事时，才能按交通肇事罪处理，否则，就不能认定为交通肇事罪。③

笔者赞同上述第三种观点。

第一，使用自行车、三轮车、马车等非交通车辆，从事交通运输工作，

---

* 北京师范大学刑事法律科学研究院教授，博士生导师，法学博士；中国法学会刑法学研究会秘书长。

① 转引自高铭暄主编：《中国刑法学》，中国人民大学出版社 1989 年版，第 391 页。

② 参见杨春洗主编：《中国刑法论》，北京大学出版社 1994 年版，第 312 页。

③ 参见苏惠渔主编：《刑法学》，中国政法大学出版社 1994 年版，第 437 页。

行为人也要受交通运输管理法规的制约，不得违反交通运输管理法规。如果行为人在使用非机动车辆的过程中，违反交通运输管理法规，并造成了重大事故，那么，其行为所侵犯的就是公共安全，就符合交通肇事罪的构成要件，定交通肇事罪是合适的。

第二，危害公共安全，不一定要求行为人的行为具有同时造成不特定的多人死伤的力量，更不要求行为人的行为客观上已经造成了多人的死伤，而是只要行为人的行为针对的对象是不特定的人，客观上可能造成的后果是事先不能确定的，就可以说其行为侵犯的是公共安全。上述第一种观点认为非机动车辆违反交通规则，一般只能给特定的个别人造成伤亡或者数量有限的财产损失，因此否认使用非机动车辆违章肇事具有危害公共安全的性质，这实际上是对“危害公共安全”的不正确理解。由这种错误理解而导致的结论当然是不妥的。

第三，使用非机动车辆肇事，并非在任何情况下都侵犯公共安全，在有的情况下，行为人并没有将非机动车辆用于公共交通运输，而是做其他用途，这种情况下造成他人死亡、重伤严重后果的，就不能按交通肇事罪处理。如某青年甲在一面积不大的场地上学骑自行车，而场地上有一 5 岁幼儿在玩耍，该青年应当预见到在这种情况下，以自己很不熟练的水平骑自行车，可能撞倒该幼儿，从而造成该幼儿的伤亡，但由于疏忽大意而没有预见，结果将该幼儿撞成重伤后不治而死。在这一案件中，该青年的行为侵犯的是特定人的健康权利，而不是不特定人的生命健康安全，并且行为也不是发生在公共交通运输过程之中，不存在违反交通运输管理法规的问题，所以，其行为不能构成交通肇事罪，而是过失致人死亡罪。还有一种情况，就是行为人使用了非机动车辆，也有违反交通运输管理法规的行为，同时也造成了他人的死亡或者重伤的后果，但是，他人死亡或者重伤的后果，并不是行为人使用非机动车辆违章而造成的，而是行为人作为行人违章所造成的，在这种情况下，也不能按交通肇事罪处理，而应按过失致人死亡罪或者过失致人重伤罪处理。例如，甲系三轮车车夫，行车至一路口时，红灯亮，甲下车急速推车过马路，在推行过程中，由于未注意观察前面的行人状况，不慎将对面按绿灯过马路的乙撞倒致乙死亡。对本案中甲的行为不能按交通肇事罪处理，而只能按过失致人死亡罪处理。所以，第二种观点认为对使用非机动车辆肇事，造成人身伤亡的案件，一律按交通肇事罪处理，也是不完全正确的。

总之，对使用非机动车辆肇事的案件，既不能一概以过失致人死亡罪、过失致人重伤罪处理，也不能一概以交通肇事罪处理，而是应该具体情况具体分析，做出不同的处理。

二、"因逃逸致人死亡"的理解问题

《刑法》第133条关于交通肇事罪的法定刑规定："因逃逸致人死亡的，处7年以上有期徒刑。"在理解"因逃逸致人死亡"这一规定时，有以下几个问题值得研究：

(一)"因逃逸致人死亡"的对象

"因逃逸致人死亡"是指致谁死亡，刑法理论界存在着争议：

有人认为，因逃逸致人死亡，是指在出现交通事故后，被害人受伤严重但并未死亡，如抢救及时可以挽救生命，但由于行为人不采取积极救护措施，逃离事故现场，致使受害人得不到及时有效的治疗而死亡的情形。[①] 这显然表明，致人死亡是指致同一交通事故中的被害人死亡。

也有人认为，"因逃逸致人死亡"，应限于过失致人死亡，即事实上发生了第二次交通运输事故；已经发生交通事故后，行为人在逃逸过程中又发生交通事故，显然刑法将同种数罪规定了一个法定刑。[②] 这一论述表明，致人死亡是指逃逸引起了第二次交通事故从而造成他人死亡的。

还有人认为，交通肇事后，畏罪驶车逃跑，以致延误抢救时机，引起被害人死亡，或者在仓皇潜逃中又撞死、撞伤他人的，仍应定交通肇事罪，但应从重处罚。[③] 这一论述表明，致人死亡，既可以是致同一交通事故中的被害人死亡，也可以是逃逸时造成第二次交通事故引起他人死亡。

笔者认为，上述第一种观点是可取的，"致人死亡"，应是指同一交通事故的被害人死亡，即交通肇事致他人重伤后予以逃逸使被害人得不到及时抢救而死亡的情况。将"致人死亡"理解为是指致第二次交通事故的被害人死亡，或者理解为既指致同一交通事故中的被害人死亡，也指逃逸时造成第二次交通事故引起他人死亡是不妥的。因为：其一，如果仅将"致人死亡"限制在引起第二次交通肇事致被害人死亡的范围内，那么，第一次交通肇事后因逃逸致被害人死亡，就不能适用"因逃逸致人死亡"的法定刑，这样显然是不妥的。因为立法者专门规定"因逃逸致人死亡"的法定刑旨在促使犯罪人在将他人撞成重伤后积极进行抢救，不进行抢救而逃逸致被害人死亡的，就要受到更重的刑罚处罚。其二，交通肇事后逃逸有可能造成第二次交通事故并致人死亡，但通常情况下并不发生第二次交通事故，更不发生致人死亡

① 参见胡康生、李福成主编：《中华人民共和国刑法释义》，法律出版社1997年版，第152页。

② 参见张明楷著：《刑法学》(下)，法律出版社1997年版，第586页。

③ 参见柴振国、包雯等著：《新刑法理论与实践》，中国物资出版社1997年版，第259页。

的结果，如果《刑法》第133条中的“因逃逸致人死亡”是指因逃逸致第二次交通事故的被害人死亡的话，那这一规定的意义就微不足道了。其三，第二次交通事故是另一个独立的犯罪行为，构成第二个交通肇事罪，应按两个交通肇事罪实行数罪并罚。所谓刑法规定的“逃逸致人死亡”是将同种数罪规定了一个法定刑的说法难以成立。总之，“因逃逸致人死亡”，是指交通肇事造成被害人重伤后而逃逸并引起被害人死亡。最高人民法院2000年11月10日通过的《关于审理交通肇事刑事案件具体应用法律若干问题的解释》采纳了这种主张。该解释第5条规定：“因逃逸致人死亡，是指行为人在交通肇事后为逃避法律追究而逃跑，致使被害人因得不到救助而死亡的情形。”很显然，这里的“因逃逸致人死亡”的对象是第一次交通肇事的被害人。

（二）“因逃逸致人死亡”的适用是否以行为人的交通肇事行为构成基本的交通肇事罪为前提

“因逃逸致人死亡”是一种加重处罚情节，那么，这一加重处罚情节的适用是否以行为人的肇事行为构成基本的交通肇事罪为前提呢？要回答这一问题，首先要搞清楚“交通运输肇事后逃逸”的含义。最高人民法院《关于审理交通肇事刑事案件具体应用法律若干问题的解释》（以下简称《解释》）第3条规定：“‘交通运输肇事后逃逸’，是指行为人具有本解释第二条第一款规定和第二款第（一）至（五）项规定的情形之一，在发生交通事故后，为逃避法律追究而逃跑的行为。”而《解释》第2条第1款所规定的情形和第2款第（一）至（五）项规定的情形都是构成交通肇事罪的情形，这表明，“交通运输肇事后逃逸”是指交通运输肇事已经构成犯罪后逃逸。据此，“逃逸致人死亡”应以行为人的交通肇事行为构成交通肇事罪为前提，如果行为人的交通肇事行为不构成交通肇事罪而逃逸致人死亡的，那就不能适用“逃逸致人死亡”的法定刑，而只能按基本的交通肇事罪处罚。

（三）“因逃逸致人死亡”的罪过问题

“交通运输肇事后逃逸”以行为人知道自己肇事为前提，如果行为人不知道自己已肇事，当然就构不成交通运输肇事后逃逸。“因逃逸致人死亡”，当然也以行为人明知自己已经肇事为前提，但明知自己已经肇事不是“因逃逸致人死亡”罪过所讨论的范围，“因逃逸致人死亡”的罪过所要讨论的是行为人对被害人死亡的态度。关于“因逃逸致人死亡”的罪过形式，理论上有以下几种不同的观点：

第一种观点认为，“因逃逸致人死亡”，只适用于行为人交通肇事后逃跑，因过失致人死亡的情况，不包括故意致人死亡的情况。①

第二种观点认为，因逃逸致人死亡，既包括过失致人死亡，也包括间接故意致人死亡，但不包括直接故意致人死亡。②

第三种观点认为，交通肇事后逃逸致人死亡的犯罪在主观方面是间接故意。③

第四种观点认为，“因逃逸致人死亡”只能适用于由交通肇事转化成的故意犯罪，意味着因逃逸致人死亡的罪过形式只能是故意。④

笔者认为，“逃逸致人死亡”的罪过既可以是过失，包括疏忽大意的过失和过于自信的过失，也可以是故意，包括间接故意和直接故意。从司法实践来看，逃逸致人死亡的情况有以下几种：

一是交通肇事将他人撞伤后，应当预见不及时抢救被害人可能死亡，但行为人自认为被害人的伤势不重，不抢救也不会死亡，从而逃逸，结果造成被害人死亡。这种情况下，行为人的主观心态就是一种疏忽大意的过失。

二是交通肇事将他人撞伤后，行为人已经认识到被害人伤势严重，在对被害人的伤势作了简单的消毒和包扎后，认为被害人不会死亡，于是逃离现场。结果被害人因为没有得到及时有效的治疗而死亡。此种情况下，行为人的主观心态为过于自信的过失。

三是交通肇事将他人撞伤后，行为人明知被害人伤势严重，不及时抢救可能发生死亡的后果，但又认为出事地点车多、人多，他人可能抢救被害人从而使被害人不至于死亡，他人也可能不抢救被害人，最终被害人死亡。于是在没有采取任何措施的情况下逃离现场，事实上也没有任何人抢救被害人，结果被害人死亡。此种情况下，行为人的主观心态是间接故意。

四是交通肇事将他人撞伤后，明知被害人伤势非常严重，出事地点又非常偏僻，如果自己不及时抢救，被害人必然死亡，但为逃避罪责逃离现场，结果导致被害人死亡。此种情况下，行为人的主观心态即是直接故意。

上述第一、二种情况当然属于逃逸致人死亡，但第三种观点认为逃逸致人死亡只能由间接故意构成，第四种观点认为逃逸致人死亡的罪过只能是故意，它们均将这两种情况排除在逃逸致人死亡的情形之外，是不能成立的。

---

① 参见邹楠：“交通肇事逃逸致人死亡论析”，载《法学论坛》2000 年第 4 期。

② 参见苏惠渔主编：《刑法学》，中国政法大学出版社 1997 年版，第 455 页。

③ 参见周振想主编：《中国新刑法释论与罪案》，中国方正出版社 1997 年版，第 667 页。

④ 参见侯国云、白岫云著：《新刑法疑难问题解析与适用》，中国政法大学出版社 1998 年版，第 349 页。

因为对这两种情况如果不按逃逸致人死亡处理，那就只能按一般的交通肇事罪处理，这显然与立法的意图相违背。对于上述第三、四种情况，之所以有人认为它们不属于逃逸致人死亡，是因为他们认为，交通肇事致人伤害后，行为人有义务抢救被害人，但行为人能够抢救而不抢救，从而造成被害人死亡，而且行为人在主观上希望或放任被害人死亡，完全具备了不作为故意杀人罪的特征，成立故意杀人罪。在前面的交通肇事行为构成犯罪的情况下，应按故意杀人罪与交通肇事罪实行并罚。笔者认为，这种观点难以成立。其理由是：第一，交通肇事犯罪后逃逸是犯罪人的本能行为，正如实施故意伤害犯罪以后犯罪人通常会逃离现场一样，既然实施故意伤害罪以后行为人没有抢救被害人的义务，那么，交通肇事犯罪后行为人为什么就有抢救被害人的义务呢？第二，我们所讲的“因逃逸致人死亡”的行为人对被害人死亡的过失、故意，是指行为人实施逃逸行为时的主观心理状态，即已经发生了交通肇事犯罪以后的心理状态，如果根据行为人此时的心理状态是过失还是故意来确定其是否构成不作为的故意杀人罪，必将使司法实践陷入困境。因为行为人逃逸时究竟是过失心态还是故意心态，全凭自己来说，司法人员极难认定。在定罪全凭行为人口供的情形下，行为人即使先行承认其有故意心态，当他得知此种供述会使自己面临更加严厉的处罚后，会立即翻供，从而使司法审判人员的定罪无法进行。第三，从立法意图来讲，刑法规定交通肇事犯罪后“因逃逸致人死亡”最高可判15年有期徒刑，就是要将所有的交通肇事犯罪后仅有逃跑行为的情况一律适用这一法定刑，从而避免理论上的长期争论不休和司法实践中的定性混乱。第四，交通肇事后逃逸致人死亡是交通肇事罪的结果加重犯，这种结果加重犯的基本罪的罪过是过失，而行为人对加重结果的罪过则既可以是故意，也可以是过失。这种看法打破了关于结果加重犯的通行观点，关于结果加重犯的通行观点认为，在结果加重犯的情况下，行为人对基本结果只能是故意，而不能是过失；对加重结果则只能是过失，而不能是故意。这个问题可以进一步研究。

（四）“因逃逸致人死亡”的客观条件

“因逃逸致人死亡”的成立必须具备以下客观条件：第一，行为人实施交通肇事后有逃逸行为。从行为人逃避责任这个角度来讲，逃逸行为是一种积极行为，而从救治被害人的角度来讲，逃逸行为则是一种消极的不作为。所以，逃逸行为应限制在肇事后为逃避责任而逃跑，对被害人不管不问的情况。如果行为人肇事后，不只是消极地对被害人不予救治，而且还为了逃避法律追究，将被害人带离事故现场隐藏或者遗弃，致使被害人无法得到救助而死亡的，则应以故意杀人罪定罪处罚，而不应认定为“逃逸致人死亡”。最高人民法院《解释》第6条对此有明确规定。逃逸可以表现为肇事撞人后车不停息地直接逃跑，也可以是肇事撞人后停车观察后逃跑；可以是驾车逃跑，也可以是弃车逃跑。第二，发生了被害人死亡的结果。第三，逃逸行为与被害人死亡之间具有因果关系。即被害人的死亡是由行为人的逃逸所造成的，也就是说，根据被害人当时的受伤情况和时空条件，如及时抢救是可以不死亡的，但因行为人逃逸而未获及时抢救而死亡。如果被害人在行为人逃逸之前就死亡了，或者有他人及时抢救但被害人仍然死亡，或者没有他人及时抢救但根据被害人当时的伤势即使及时抢救也不能避免死亡的结果，那就不能定"逃逸致人死亡"，而应按"交通运输肇事后逃逸"的规定处罚。所以，在司法实践中，对行为人交通肇事逃逸，且有被害人死亡结果发生的案件，应认真地甄别被害人死亡是在行为人逃逸之前发生的，还是在行为人逃逸之后发生的，是抢救就可以免予一死，还是抢救也不能避免死亡。

三、交通肇事罪司法解释之质疑

最高人民法院《解释》对交通肇事罪的适用问题作出了比较全面的解释，对认定和处罚交通肇事罪无疑具有重要的作用，但是，《解释》却存在着一些值得商榷之处。

（一）关于交通肇事罪的构罪标准

1.《解释》第2条第1款第3项规定："造成公共财产或者他人财产直接损失，负事故全部或者主要责任，无能力赔偿数额在三十万元以上的"，构成犯罪。这一规定将有无能力赔偿经济损失作为是否构成犯罪的标准，是很不妥的。其一，它违背了犯罪的本质特征理论。犯罪的本质特征是行为具有严重的社会危害性，行为的社会危害性是否严重应根据行为本身的危害程度和行为人的人身危险性大小加以判断，也就是说，只有那些能够表明行为的危害程度和行为人人身危险性的各种因素，才能成为评价犯罪是否构成的要素，而交通肇事后有无能力赔偿经济损失，既不能表明行为的危害程度，因为这是经济损失已经造成后的一种状况，同时也不能表明行为人的人身危险性，因为行为人并非不愿赔偿经济损失，而是无能力赔偿经济损失。其二，违背了适用刑法面前人人平等原则。按此标准，有钱人交通肇事造成了重大财产损失赔偿了就无罪，没有钱的人交通肇事造成了重大财产损失无能力赔偿就有罪，这意味着有钱人可以享受特权，这种做法体现的是"金钱万能"的思想，是对刑法公正性的公然破坏。在西方资本主义国家，犯了罪至多也只能用金钱保释，而在我们这样的社会主义国家居然可以用金钱抵罪，真可谓咄咄怪事。其三，这一司法解释超出了司法解释的权限。司法解释只能对刑法规定的含义予以进一步明确，根据《刑法》第133条的规定，交通肇事造成公私财产重大损失的，就构成犯罪，不赔偿构成犯罪，赔偿了同样构成犯罪，这是不能含糊的。将是否赔偿经济损失作为区分交通肇事罪与非罪界限的标准，是司法权对立法权的侵犯，是违背罪刑法定原则的。当然，是否赔偿经济损失虽然不能作为定罪的情节，但可以作为一个量刑的酌定情节。

2.《解释》第2条第2款规定："交通肇事致一人以上重伤，负事故全部责任或者主要责任，并具有下列情形之一的，以交通肇事罪定罪处罚：（一）酒后、吸食毒品后驾驶机动车辆的；（二）无驾驶资格驾驶机动车辆的；（三）明知是安全装置不全或者安全机件失灵的机动车辆而驾驶的；（四）明知是无牌证或者已报废的机动车辆而驾驶的；（五）严重超载驾驶的；（六）为逃避法律追究逃离事故现场的。"上述关于定罪标准的规定也是违背罪刑法定原则的。因为《刑法》第133条的罪状是叙明罪状，对交通肇事罪的构成要件有具体的描述，即"违反交通运输管理法规，因而发生重大事故，致人重伤、死亡或者使公私财产遭受重大损失"，这里的危害结果是明确的，即致人重伤、死亡或者公私财产的重大损失，而不是使用的"情节严重"这样的模糊表述。考虑到在交通肇事中行为人所负的责任不同，有的负全部责任，有的负主要责任，有的负次要责任，司法解释可以根据行为人所负的责任不同，确定不同情况下构成犯罪的重伤、死亡人员的数量标准，但不能将《刑法》第133条没有规定的一些情节纳入构成犯罪的要件之中。这种做法在法条使用"情节严重"这种模糊表述的情况下可以采用，但不能针对《刑法》第133条的规定采用。否则，这种解释就不是针对刑法规定所作的解释，就没有文本上的根据。上述第2款所列举的六种情形就是如此，它既不是对致人重伤的解释，也不是对致人死亡的解释，更不是对公私财产重大损失的解释，因而它是超越刑法规定的越权解释，是对罪刑法定原则的公然违反。另外，从法律评价的角度来讲，"禁止重复评价"是刑法理论上的通说。上述第2条第2款第（一）至（五）项所列举的情形都是违反交通运输管理法规的表现，已经作为构成交通肇事罪的前提条件评价了一次，然后又将其作为交通肇事罪的情节予以评价，显然违反了"禁止重复评价"原则。

（二）关于交通肇事罪共犯的规定

《解释》第5条第2款规定："交通肇事后，单位主管人员、机动车辆所有人、承包人或者乘车人指使肇事后逃逸，致使被害人得不到及时救助而死亡的，以交通肇事罪的共犯论处。"上述规定直接肯定了交通肇事罪的共同犯罪，这无疑是违背罪刑法定原则的。因为《刑法》第25条明确规定："共同犯罪是指二人以上共同故意犯罪。二人以上共同过失犯罪，不以共同犯罪论处；应当负刑事责任的，按照他们所犯的罪分别处罚。”交通肇事罪是一种过失犯罪，这是没有争议的，既然如此，就不存在着构成共同犯罪的余地。退一步讲，即使刑法规定共同犯罪包括共同过失犯罪，第5条第2款所规定的情形也不能成立共同过失犯罪，因为共同过失犯罪的成立必须是二人以上在主观上有共同犯罪过失，客观上有共同过失犯罪行为，而第5条第2款所讲的是交通肇事后，单位主管人员、机动车辆所有人、承包人或者乘车人指使肇事人逃逸，行为人不是指使驾驶人员违反交通运输管理法规肇事，而是指使驾驶人员在肇事后逃逸，这是一种事后行为，与肇事人没有共同的肇事行为，行为人指使逃逸时的心理状态也不是交通肇事的过失，因而与肇事人在主观上也不具有交通肇事的共同过失，所以，不能成立交通肇事罪的共同犯罪。

交通肇事罪若干问题研究

赫兴旺*

根据有关部门的统计，我国因为交通事故每年死亡的人数均在10万人左右，随着交通工具的普及，交通事故的数量肯定会逐年增多，其中因事故肇事而构成犯罪者，也必然会有所增加。预防交通事故的发生，除了从技术方面加强交通工具的安全性、道路的良好保障性外，在交通安全意识的教育方面和交通文化培养方面，政府与民间均应当予以高度重视。与此同时，法律方面关于交通工具的操作规程也应当更加合理、更加严格，完善交通安全管理法律法规体系，对于严重的违法行为，应当予以惩处。

我国刑法典分则第二章第133条规定：违反交通运输管理法规，因而发生重大事故，致人重伤、死亡或者使公私财产遭受重大损失的，处3年以下有期徒刑或者拘役；交通运输肇事后逃逸或者有其他特别恶劣情节的，处3年以上7年以下有期徒刑；因逃逸致人死亡的，处7年以上有期徒刑。如何正确理解该条规定，在理论上和实践中均存在很大的争论，影响了司法机关对此类犯罪行为的惩处。鉴于此，本文对本条规定的内容，从理论与实务的角度予以探讨。

一、罪种分工与交通肇事罪存在的范围

根据刑法典第133条的规定，交通肇事罪的罪状中只简单描述了行为人必须违反交通运输管理法规而发生重大事故。但是，“交通运输管理法规”的范围是否包括水路、陆路、铁路、航空领域，理论上存在争论。有人认为，交通肇事罪的存在范围，只能是水路交通和陆路交通领域，而不包括铁路和

* 中国人民大学刑事法律科学研究中心研究员；中国人民大学法学院副教授。

航空交通领域。[①] 其理由是：刑法典第131条和第132条已经分别规定了重大飞行事故罪和铁路运营安全事故罪，发生在航空运输和铁路运输领域的交通肇事行为应当分别依据该两个犯罪处罚，没有交通肇事罪适用的余地。笔者认为，此种理解是对刑法规定的误读。从立法分工上看，虽然重大飞行事故罪和铁路运营安全事故罪处罚了部分发生在此两个领域的过失犯罪行为，但是并没有穷尽所有发生在该两个领域的肇事行为。因为此两个犯罪所规定的主体是航空人员和铁路职工，只有很小的适用范围，如果非特殊主体实施的发生在此两个领域的交通肇事行为，此两个刑法规范是不能适用的，而仍然应当以交通肇事罪处罚。因此，交通肇事犯罪是可以存在于所有交通运输领域的。

顺便提及，有学者认为，交通肇事罪与重大飞行事故罪和铁路运营安全事故罪的法条之间属于普通法条与特别法条的关系[②]，笔者认为，与其说重大飞行事故罪和铁路运营安全事故罪是交通肇事罪的特别罪，还不如说它们是刑法典第134条所规定的重大责任事故罪的特别罪种。

二、罪状的描述与客观要件的理解

刑法典第133条将交通肇事罪的罪状描述为："违反交通运输管理法规，因而发生重大事故"，其后半段关于"致人重伤、死亡或者使公私财产遭受重大损失"的描述，只是对前面"重大事故"的内容说明和补充，没有独立意义。根据本条所规定的罪状，交通肇事罪的客观方面应当包括两个层次的内容：其一是行为人必须违反了交通运输管理法规；其二是发生了重大事故。

违反交通、运输管理法规是导致重大交通事故的原因，也是构成本罪的前提条件，如果事故发生的时间、空间不适用交通运输管理法规，或者行为人没有违反交通运输管理法规，即使机动交通工具发生了重大事故，也不能构成本罪。因此，查明行为人是否违反了交通运输管理法规，是认定本罪的一个关键。据此，发生在非公共交通领域的交通事故或者虽然发生在公共交通领域，但是行为人所违反的不是交通运输法规时，均不能以交通肇事罪论处。例如：发生在停车场、小的居民小区、企事业单位内部等非公共交通领

① 参见余剑主编：《危害公共安全罪》，法律出版社1999年版，第306页；陈忠林主编：《刑法（分论）》，中国人民大学出版社2003年版，第52页；陈兴良著：《陈兴良刑法学教科书之规范刑法学》，中国政法大学出版社2003年版，第324页；苏惠渔主编：《刑法学》（修订2版），中国政法大学出版社2007年版，第304页。

② 参见张明楷著：《刑法学（第2版）》，法律出版社2003年版，第566页。

域的事故，致人重伤、死亡的，应当以过失致人死亡罪或者过失致人重伤罪论处；运输危险物品的司机违反危险物品的运输规章而发生事故的，就应当以危险物品肇事罪论处；在厂区、车间内驾驶交通工具从事劳动作业而发生事故的，则应当以重大责任事故罪处罚。

重大事故是交通肇事罪成立的另外一个重要标准。在司法实践中，交通事故往往是比较复杂的，导致事故的发生，有的完全是行为人的主观原因，有的还有客观原因，甚至有的被害人也有过错，在认定时需要注意考察全面情况，以确定行为人对事故应负责任的程度。根据刑法典第133条规定，只有交通肇事“发生重大事故，致人重伤、死亡或者使公私财产遭受重大损失的”，才可以定罪处罚。虽有违章行为，但未造成上述严重后果的，不能以本罪论处。根据最高人民法院《关于审理交通肇事刑事案件具体应用法律若干问题的解释》的规定，交通肇事具有下列情形之一的，即属于重大事故：(1) 死亡1人或者重伤3人以上，负事故全部或者主要责任的；(2) 死亡3人以上，负事故同等责任的；(3) 造成公共财产或者他人财产直接损失，负事故全部或者主要责任，无能力赔偿数额在30万元以上的①。

交通肇事致1人以上重伤，负事故全部或者主要责任，并具有下列情形之一的，也应以交通肇事罪定罪处罚：(1) 酒后、吸食毒品后驾驶机动车辆的；(2) 无驾驶资格驾驶机动车辆的；(3) 明知是安全装置不全或者安全机件失灵的机动车辆而驾驶的；(4) 明知是无牌证或者已报废的机动车辆而驾驶的；(5) 严重超载驾驶的；(6) 为逃避法律追究逃离事故现场的。

三、混合罪过与本罪主观方面的认定

我国刑法理论界的通说认为，交通肇事罪的主观方面是过失。过失的内容是针对事故而言，并不是针对行为人的违反交通管理法规行为的心理态度。但是，在非主流刑法理论中，存在一种混合罪过的学说②，即认为某一个犯罪，行为人在主观方面同时存在犯罪的故意和犯罪的过失，而不是单纯的故意或者过失。如滥用职权罪，行为人滥用职权是故意的，对于其行为所造成的后果是过失的，故意针对行为，过失针对结果，故意与过失并存；丢失枪支不报罪，则丢失枪支是过失，不报告是故意，对造成的结果又是过失。据此理论，在交通肇事犯罪中，行为人违反交通管理法规是故意的，对所造成

① 当然，以是否具有赔偿能力来决定犯罪与否，在法律理念上是值得商榷的。

② 参见付立忠著：“试论游离常态的罪过形态：混合罪过”，载《公安大学学报》2002年第1期；张伟：“再论混合罪过”，载《中南民族大学学报》（人文社会科学版）Vol. 23，2003年8月。

的结果是过失的，自然也是混合罪过。

笔者认为，关于罪过的认定，必须严格依照我国刑法的规定进行。根据我国刑法典总则的规定，犯罪的故意和犯罪的过失均是针对行为人对危害结果的态度而不是针对行为的心理状态。在刑法理论中，行为人虽然对自己行为的实施是故意的，但是这种故意往往并不是刑法意义上犯罪的故意，而仅仅是日常生活中的故意。我们所研究的罪过，仅仅是犯罪的主观内容，如果其本身并不是犯罪的主观内容，自然也不能纳入罪过的范畴之内。在交通肇事犯罪中，行为人违反交通管理法规的故意并不是交通肇事犯罪的故意，它只是行为人犯罪过失存在的前提。从总体上考查，本罪的主观方面并不是混合罪过，行为人对于重大事故结果的态度仍然应当界定为犯罪的过失。

在司法实践中，认定交通事故的行为人主观方面是否是犯罪的过失，对于定罪具有重要的意义。如果经过分析，确定行为人在实施自己的行为时对结果的发生已经不是犯罪的过失而是犯罪的故意的，就不能以交通肇事罪定罪处罚，而应当以相关的故意犯罪论处。在此，有两个问题需要特别注意：

（一）行为人主观方面不符合犯罪过失成立的条件的，应当以故意犯罪论处

在司法实践中，对于行为人主观上基于直接故意而利用交通工具实施的犯罪，是比较容易认定的（如利用交通工具实施的杀人犯罪、以危险方法危害公共安全犯罪等），最容易被忽视的是间接故意犯罪与过于自信过失的区分。在刑法理论中，由于间接故意与过于自信的过失非常接近，对二者进行区分也常常是困难的。一般来讲，过于自信的过失是行为人过高估计了自己所凭借的可以阻止结果发生的因素，从而误以为结果可以避免。根据这一标准，在考查行为人在实施自己行为时是否属于过于自信的过失，就必须首先考查其自信是否有根据，即使行为人所凭借的根据并不可靠（这是其主观方面成立犯罪过失的基础），但也必须存在此类根据，而且要求此类根据还必须是客观存在的，不能是行为人主观臆想的。如果行为人在实施其行为时并没有客观的凭借根据，而仅仅是主观臆想结果不会发生，最终导致结果发生的，其主观方面仍然应当认定为间接故意而不能是过于自信的过失。在交通事故案件中，对于根本没有驾驶经验的人员①驾驶交通工具而造成事故的，由于其

① 应当特别注意，此处强调的是有无驾驶经验，并不是有无驾驶执照，即有驾驶执照者有可能没有驾驶经验（如没有经过驾驶学习而购得驾驶执照者），而没有驾驶执照者，也有可能具有较好的驾驶经验（如驾驶执照过期人员、被吊销驾驶执照的人员、汽车修理工等）。

客观上没有能够凭借避免结果发生的依据，其主观方面就不能构成过于自信的过失，对其行为应当按照故意犯罪即以危险方法危害公共安全罪论处。

与此同时，行为人所凭借的根据都是有条件的，在一定条件下，行为人所凭借的根据可能是具有一定可靠性的，而在另外的条件下，同样的根据则可能缺乏任何可靠性，行为人所凭借的根据也荡然无存。这种随环境和条件变化的根据，对判断行为人主观方面的内容是具有重要影响的。即在该根据具有一定可靠性时，行为人主观方面属于过于自信的过失，而在该根据没有任何可靠性时，行为人主观方面就属于间接故意。例如，驾驶交通工具的一般超速行为，行为人尚具有控制结果的不发生的可能性，而行为人以极高的车速在繁忙的城市道路上进行飙车，其控制危害结果不发生的能力就大大下降甚至完全没有，对其行为就不能以交通肇事罪论处，而应当直接以危险方法危害公共安全罪论处①。

（二）注意行为人主观内容的变化

交通肇事罪是过失犯罪，在司法实践中应当特别注意行为人的主观方面的内容在故意与过失之间的转化。具体应当注意如下情况：

1. 行为人在肇事开始时是因为过失，但是在肇事行为的发展过程中，行为人主观上产生了犯罪故意的，对于行为所造成的结果，应当以故意犯罪论处，不能以交通肇事罪定罪处罚。如行为人开车不慎将被害人挂住，在明知车辆挂住被害人的情况下仍然不减速，致被害人重伤、死亡的，就应当以故意伤害罪或者故意杀人罪定罪处罚②。

2. 行为人在肇事开始时是基于过失发生事故，在事故发生后，又另外实施了故意犯罪的，如将被害人杀死、抛弃导致死亡的，应当具体分为两种情况处理：如果肇事行为已经构成了交通肇事罪的，应当以交通肇事罪和后来实施的故意犯罪进行并罚③；如果肇事行为尚未构成犯罪的，直接以行为人后来实施的故意犯罪定罪处罚④。

---

① 前两年北京出现的“二环十三”、“二环八”均应当以危险方法危害公共安全罪定罪处罚，但是令人遗憾的是公安机关只对其予以7天行政拘留的处罚。最近网上流传的浙江宁波两个司机在城市马路上“斗狠”飙车，同样也是以危险方法危害公共安全犯罪。

② 如著名的郑州张金柱案件。

③ 如行为人甲疲劳驾驶卡车将一客车撞翻，当场死亡5人。甲见事故重大，将尚未死亡的2名伤者拉到路上重新碾压致死。

④ 如行为人乙晚上驾驶车辆将睡在乡村公路上的丙碾伤。乙发现后，见丙尚未死亡，周围又没有其他人员，便开车又将丙碾压一遍，致丙死亡。

四、刑事责任的转移与本罪主体的认定

刑法理论的通说认为，我国刑法采取罪责自负的原则，刑事责任完全由实施了犯罪行为的人承担，不能够像民事责任那样可以转移。事实上，尽管刑事责任具有较强的专属性，但是在具体归责时，仍然具有转移的可能性，其专属性应当是在转移以后才实现的。刑事责任的转移是指由某一个人实施的行为而由其他人承担具体刑事责任的情形。刑事责任转移的古罗马法谚称为“仆人过错，主人责任”。该理论的现代实践模式表现为：在故意犯罪中，间接正犯是其例证；在单位犯罪中，单位与自然人的刑事责任的分担也是其产物；在过失犯罪中，此种情况仍然存在。例如我国刑法典第134条规定的强令他人冒险作业罪，就是适例。

根据这一理论，最高人民法院关于交通肇事罪的司法解释中规定：单位主管人员、机动车辆所有人或者机动车辆承包人指使、强令他人违章驾驶造成重大交通事故，致人重伤、死亡或者使公私财物遭受重大损失的，也应以交通肇事罪定罪处罚。如果仅仅根据犯罪构成理论来分析，单位主管人员、机动车辆所有人或者机动车辆承包人的行为并不能直接构成交通肇事罪。因为交通肇事罪的构成条件中不仅要求行为人具有违反交通管理法规的行为，还必须因此而造成重大事故。单位主管人员、机动车辆所有人或者机动车辆承包人指使、强令他人违章驾驶虽然违反了交通运输管理法规，但是并没有直接造成重大事故，即虽然重大事故的发生与其行为之间具有一定的因果联系，但是这种联系并不是必然的，重大事故发生的直接原因仍然是驾车人的非法驾驶行为。在此情况下，单位主管人员、机动车辆所有人或者机动车辆承包人的行为在交通肇事罪的构成中存在欠缺，如果其行为构成交通肇事罪，就必须将其所欠缺的事实予以补进充实，充实的办法就是将驾驶人的行为造成的重大事故结果借用过来。这样，单位主管人员、机动车辆所有人或者机动车辆承包人指使、强令他人违章驾驶不仅违反了交通运输管理法规，也造成了重大事故，具备了交通肇事罪的全部构成条件，才可以构成交通肇事罪①。

那么，驾驶人的行为产生的重大事故结果被他人借用了，其本身是否仍然构成犯罪呢？对此问题必须联系单位主管人员、机动车辆所有人或者机动车辆承包人指使、强令驾驶人违章驾驶的强度进行分析，从而进一步确定双

---

① 当然，对于此类人员构成交通肇事罪的理由，也有使用期待可能性、相当因果关系理论的解释。

方的责任：如果单位主管人员、机动车辆所有人或者机动车辆承包人指使、强令驾驶人违章驾驶的强度极大，则他对重大事故所承担的责任自然也较重，驾驶人在此情况下可以根据期待可能性理论免责[①]；如果单位主管人员、机动车辆所有人或者机动车辆承包人指使、强令驾驶人违章驾驶的强度极微弱，重大事故的发生主要是驾驶人相对主动的违法驾驶行为所致，则驾驶人所应当承担的责任自然也较重，指使、强令者则不应当承担本罪之刑事责任；如果指使、强令者的指使、强令行为与驾驶人的违法驾驶行为对重大事故发生的原因力大致相当，则两者均应当承担本罪的刑事责任。在此情况下，驾驶人之所以仍然应当承担刑事责任，根据在于驾驶人的行为是在其相对意志自由的支配下实施的，具备承担刑事责任的基础。

五、共同过失犯罪与本罪的认定

（一）司法解释的困惑

关于本罪的犯罪主体问题，最高人民法院在司法解释中还规定了一种情况，即交通肇事后，单位主管人员、机动车辆所有人、承包人或者乘车人指使肇事人逃逸，致使被害人因得不到救助而死亡的，以交通肇事罪共犯论处。据此解释，此类人员不仅可以构成交通肇事罪，而且还是驾驶人交通肇事犯罪的共犯。该解释发布后，受到理论界的诸多诟病，其原因是共犯只存在于共同犯罪中，而我国刑法典总则规定的共同犯罪仅仅包括共同故意犯罪，并不包括共同过失犯罪。既然交通肇事罪行为人在主观方面是过失，行为人就没有与他人成立共同犯罪的余地，因此，该解释与我国刑法典关于共同犯罪的规定相悖。但是，也有学者认为，最高人民法院关于共犯的解释不是指的共同故意犯罪，而是指的共同过失犯罪，从而提出了共同过失犯罪的问题。

关于共同过失行为能否成立共同犯罪，是一个争论已久的问题，至今没有明确的结论，大致是客观主义学派坚持共同犯罪成立的犯罪共同说，进而否认过失的共同犯罪；而主观主义学派坚持共同犯罪成立的行为共同说而承认过失的共同犯罪的状态。虽然我国现行刑法对其采取了否定的态度，但是在学术上仍然应当对共同过失犯罪进行深入研究。也有学者建议我国刑法应当规定共同过失犯罪，理由是在行为人共同引起了法益侵害，并且均对法益侵害具有故意或者过失的情况下，各行为人理当对共同引起的法益侵害承担刑事责任[②]。

---

① 在我国刑法理论中，可以视为其行为情节轻微或者显著轻微而减免责任。

② 参见张明楷著："共同过失与共同犯罪"，载《吉林大学社会科学学报》2003 年第 2 期。

有学者认为，我国刑法否定共同过失犯罪是不当的，实践中已有法院判决确认了共同过失犯罪的存在。例如，雷某与孔某两人相约在一阳台上，选中离阳台815米左右处一个树干上的废瓷瓶为目标比赛枪法（共用一支JW-20型半自动步枪）。两人轮流各射击子弹3发，均未打中，但其中一发子弹穿过树林，飞向离阳台100余米附近，将行人龙某打死。虽然不能查明击中被害人的子弹由谁所发，但重庆市九龙区人民法院以及重庆市中级人民法院，均认定两被告人构成过失犯罪，分别判处4年有期徒刑，却又没有适用刑法总则关于共同犯罪的规定①。类似这样的案件与判决，并不少见②。

笔者认为，上文所引用的判决，其实并不是共同过失犯罪问题，法院将两个行为人均判处刑罚，事实上是错误的。该案是由于认定任何一个行为人均不能做到证据确实充分而采取和稀泥的办法随便定罪的典型，依照法治的定罪原则，在此种情况下是不能对任何人进行定罪处罚的。

无论是共同故意犯罪还是共同过失犯罪，均与民法上之共同致险行为具有共通性，其最原始的法律理念也是共同的，归责时也均采用“部分行为、全部责任”的原则。在法律发展史上，民法与刑法的轨迹不同，也导致了该原则在具体运用时的分野：在民法领域，共同致险行为不分故意与过失，仍然采用“部分行为、全部责任”；而在刑法领域，由于人们对刑罚的恶性的发现，责任原则也越来越趋向于严格，对于故意的共同犯罪，仍然采用“部分行为、全部责任”，而对于共同过失犯罪，则对该归责原则予以限制甚至抛弃。

那么应当如何看待最高人民法院的这一解释呢？我们首先看看参与该解释者的解释理由：第一，车辆驾驶人员肇事引发交通事故虽然是过失的，但在交通肇事后的逃逸行为却是故意的。尽管前后在主观方面发生变化，有所不同，但刑法并非因此对故意逃逸的行为单独定罪，而是将“交通肇事后逃逸”以及“因逃逸致人死亡的行为”规定为交通肇事罪的加重处罚情节，按一罪论处。第二，指使者虽未帮助或教唆实施肇事行为，但在明知肇事已发生的情况下，仍指使、教唆肇事人实施逃逸行为。最终，肇事行为与共同逃逸行为造成了被害人死亡的后果，指使者和肇事者对肇事后的逃逸具有共同的故意，故指使者应与肇事者共同对这一后果承担刑事责任，并且只能以交

---

① 最高人民法院中国应用法学研究所编：《人民法院案例选·刑事卷（1992—1996合订本）》，人民法院出版社1997年版，第1页。

② 参见张明楷著：“共同过失与共同犯罪”，载《吉林大学社会科学学报》2003年第2期。

通肇事罪的共犯论处[①]。从该说明来看，最高人民法院之所以如此解释，是基于刑法典关于交通肇事罪处罚的规定。该罪的法定刑中规定：因逃逸致人死亡的，处7年以上有期徒刑。

（二）“因逃逸致人死亡”的理解与定位

1.“因逃逸致人死亡”的含义

根据最高人民法院的解释，“因逃逸致人死亡”，是指行为人在交通肇事后为逃避法律追究而逃跑，致使被害人因得不到救助而死亡的情形。但是，也有学者认为，“因逃逸致人死亡”还应当包括行为人在肇事后的逃逸过程中又致第三人死亡的情形[②]。此种理解属于对法律的误读。因为如果行为人在肇事后的逃逸过程中又发生的行为，是一个全新的行为，如果其本身构成犯罪的，应当独立成罪：假如行为人前面的肇事行为已经构成交通肇事罪，后面的逃逸行为也仍然构成交通肇事罪，则属于交通肇事犯罪的连续犯，应当按照连续犯的处罚原则处理；如果行为人前后的行为是触犯不同罪名的行为，则属于独立的数罪，应当予以并罚。因此“因逃逸致人死亡”的含义应当仅仅限于行为人肇事之后的逃逸行为导致事故的被害人死亡的情形。

2.“因逃逸致人死亡”的理论定性

抛开刑法关于此中规定的情况不谈，仅仅在理论模式中分析，行为人在肇事后是具有救助被害人的义务的，此等义务的性质属于行为人先前行为而产生的。在由于自己的行为导致被害人处于伤亡的危险境地的情况下，行为人应当予以救助。在有能力救助而没有履行此等义务的，应当对发生的结果承担故意不作为犯罪的刑事责任。在1979年刑法没有规定“因逃逸致人死亡”的处罚情节时，实践中对于“因逃逸致人死亡”的情况均是按照故意杀人罪或者故意伤害罪定罪处罚的。因此，“因逃逸致人死亡”行为的本身，在理论模式中是一个严重的故意犯罪。

3. 指使他人逃逸的性质

既然“因逃逸致人死亡”是一种故意犯罪，他人就肯定可以与其构成共同犯罪。在肇事的行为人具有救助义务的情况下，单位主管人员、机动车辆所有人、承包人或者乘车人指使肇事人逃逸，不履行其应当履行的救助义务，致使被害人因得不到救助而死亡的，理应属于肇事人故意不作为犯罪的教唆犯或者帮助犯，成立新的共同犯罪。因此，最高人民法院的解释中所称的

---

① 参见孙军工：“关于审理交通肇事刑事案件具体应用法律若干问题的解释的理解与适用”，载《刑事审判参考》，法律出版社2001年版。

② 参见张明楷：《刑法学》，法律出版社2003年版，第569页。

"共犯"也应当是在此意义上而言的。

4. "因逃逸致人死亡"的立法弊端

尽管在理论模式上，指使他人逃逸的与肇事人可以构成独立的故意犯罪，但是在我国立法实践中，却不当地将这种独立的严重犯罪规定为一种较轻犯罪的处罚情节，导致"蛇吞大象"的吸收关系立法，形成立法上的瑕疵，导致刑事责任在立法上的失衡。

吸收犯是指行为人实施两个以上的犯罪行为，本来构成两个以上的独立犯罪，但是因为这些犯罪之间存在吸收与被吸收的关系，只按照其中一个犯罪定罪处罚，其他犯罪均不再单独论处的情形。吸收犯的吸收关系主要是由法律明确规定的，一般包括两种情况：一是罪与罪之间的吸收关系，即一个犯罪的构成要件被另外一个犯罪的构成要件所包括，被包含的犯罪失去独立意义，仅仅按照吸收其他犯罪构成要件的犯罪定罪处罚。如使用致人轻伤的方法刑讯逼供的，致人轻伤的犯罪就被刑讯逼供罪的构成要件所包含，直接以刑讯逼供罪定罪处罚即可。二是刑与罪之间的吸收，即本来一个独立的犯罪，法律规定在与某种犯罪同时出现时，只作为其他犯罪的一个量刑情节，自己失去独立的定罪量刑意义。如犯拐卖妇女罪又奸淫被拐卖的妇女的，仍然以拐卖妇女罪定罪处罚，强奸罪不再单独定罪处罚，作为拐卖妇女罪可以处死刑的一个情节；犯绑架罪又将被绑架人杀害的，对于其杀人行为也不再单独定罪处罚，仅仅作为绑架罪处死刑的条件①。这些吸收犯的立法，均是在充分照顾行为人刑事责任基础上的简便处理，在立法技术上也是可行的。而刑法典第133条规定的"因逃逸致人死亡"而构成的一个故意重罪却被交通肇事罪这一过失的轻罪的法定刑所吸收，导致"因逃逸致人死亡"的理论模式与立法模式的严重冲突，在立法上又没有做到罪责刑相适应，形成立法瑕疵。

5. 司法解释错误的根由

司法解释将交通肇事后，他人指使肇事人逃逸，致使被害人因得不到救助而死亡的规定以交通肇事罪共犯论处，是混淆了此类行为的理论模式和我国的立法模式。即解释中所称的"共犯"，是仅仅在"逃逸"环节中使用的，在此意义上是能够成立的；而解释又进一步规定以"交通肇事罪的共犯论处"将此共犯移植到交通肇事罪中就产生了错误。因此，最高人民法院的司法解释，并不是创立了"共同过失犯罪"的实践模式，而是基于立法瑕疵而做出

① 参见赫兴旺：《刑法》，中国人民大学出版社2006年版，第105页。

的一个无奈且混乱的规定而已。

6. "因逃逸致人死亡" 的立法重点

从上述的分析来看，"因逃逸致人死亡" 作为交通肇事罪的一个加重处罚情节，其立法的重点在于行为人的义务不履行，亦即只要行为人肇事后能够救助被害人而没有救助，最终导致被害人死亡的，均属于该情节适用的范围之内，至于假设行为人不逃逸实施了救助行为是否能够阻止被害人死亡，则在所不问。例如，甲驾驶汽车在一村口将一农民撞伤，因害怕被围打而驾车逃逸。被害人被村民及时送到医院抢救，但因失血过多仍然于次日死亡。在此种被害人的死亡是确定的、不可避免的情况下，行为人逃逸的，是否仍然适用这一情节呢？回答是肯定的。理由就是本情节的处罚重点是义务的不履行，被害人死亡本身是处于相对次要的地位。

六、允许的危险、信赖原则与本罪的认定

（一）允许的危险

在现代社会生活中，许多领域、工具、行业对人类的物质文明具有至关重要的意义，成为人类生活不可或缺的一部分，但是，人类的这些物质享受本身又反而对自身的生存构成威胁。面对又爱又恨的物质文明，人类既不能舍弃，又要自保，不得已必须允许这些危险状态的存在，但是又通过技术的、道德的、法律的等各种手段，控制危险的发生，将危险降到最低限度。当然，无论如何控制，危险终究是存在的，不能根除的。既然人类社会允许此等危险的存在，对于此等危险所造成的危害结果，就应当认为是必要的牺牲；对于从事此等危险行业、领域人员的过失，也应当予以适当的宽容，不能过分地追究。此即法律理论上允许的危险的含义。允许的危险在刑法领域，表现为对一些业务过失犯罪的法定刑规定得相对较低，或者构成犯罪的基础较高。如我国刑法典第 335 条规定的医疗事故罪，其法定最高刑是 3 年有期徒刑，与普通的过失致人死亡、过失致人重伤的犯罪的法定最高刑就有相当的差距；交通肇事罪一般情节的法定最高刑也是 3 年有期徒刑，而且根据司法解释，成立本罪的条件是较普通的过失致人死亡、致人重伤犯罪的标准为高的。

当然，允许的危险理论在应用上也是有严格要求的，它只对尽到一定注意义务的过失才予以宽容，对于根本不尽注意义务的滥用危险的行为是不能予以宽容的，对于出于故意（包括直接故意和间接故意）而肆意滥用危险的行为，反而应当予以重罚。正是基于此，在认定交通肇事罪时，应当严格把握行为人的主观方面的内容，认真考察其主观上是否具有滥用危险的心理情形，凡是具有滥用危险的，均应当以故意犯罪论处。

（二）信赖原则

与允许的危险理论相关的另一个理论是信赖原则。在现代社会生活中，人们之间的关系越来越复杂，人们在实施自己的行为时，不可能顾及所有其他人的行为，而只是按照确定的社会规范、在确信他人也按照社会规范实施其自身行为的情况下，实施自己的行为。例如，机动车辆的驾驶人之所以能够在高速公路上以每小时120公里的速度行驶，就是基于对行人不能在高速公路上行走的信赖而实施的。假如每一个人均遵守社会规范，他人基于信赖实施的行为就不会产生危害。但是，假如有人不遵守社会规范而实施自己的行为，就让其他人失去了信赖的基础，就会发生危害后果。因此，在危害结果出现时，谁打破了信赖规则，谁就应当承担相应的责任。

刑法中的信赖原则，是指行为人于实施某种危险行为之际，如果可以认为被害人或第三人亦将采取适当之行为，如此种信赖属于相当者，即使行为人所实施的行为导致了结果发生，也不必对其行为的结果负责。当然，在现代刑法理论中，信赖原则同样不能滥用，行为人基于信赖而实施的行为，必须是在尽到注意义务的前提下，才能够免责，否则仍然应当承担责任。例如，机动车辆的驾驶人在高速公路上依据信赖原则以每小时120公里的速度行驶，他人突然横穿高速公路，驾驶人不能回避而导致行人死亡的，驾驶人就应当免责；但是，当驾驶人很早就发现高速公路上有行人活动，在能够减速采取措施防止危害结果发生的情况下，依然按照信赖规则实施自己的行为，就是不能被允许的。

在交通领域，依据信赖原则，行为人在自己遵守交通法规的情况下，可以信赖其他交通参与人也会遵守交通法规，由于其他交通参与人未能遵守交通法规导致危害结果发生的，行为人自然不负交通肇事罪的刑事责任。但是，行为人在没有尽到注意义务的情况下，也同样应当承担刑事责任。最高人民法院的司法解释中特别强调全部责任、主要责任、同等责任等，也均是基于这个理论。

当然，由于我国的汽车时代刚刚来临，交通文化尚未成型，交通参与者并没有遵守信赖原则的习惯，打破信赖规则的行为较为普遍，信赖的基础自然也相对较差，机动交通工具的驾驶人员就负有更大的注意义务，信赖原则的适用风险也相应地较大。

七、危险犯的设立与事故的预防

从我国交通事故的实际情况并结合其他立法例的规定来看，我国现行刑法关于交通肇事罪的规定仅仅是惩罚于事后，缺乏事前预防的功能。因此，我国刑法应当设立惩罚危险驾驶行为的犯罪，以惩罚根本不尽注意义务的鲁莽驾驶行为。如本文上述，对于此类行为，在刑法中可以按照以危险方法危害公共安全罪论处。但是，由于实践中对该罪适用时弹性较大，司法官在运用时顾虑重重，许多危险驾驶的行为并没有得到刑法的制裁。

中国台湾地区在1999年修订“刑法”时，新增加了不能安全驾驶罪，规定服用毒品、麻醉药品、酒类或其他类似之物，不能安全驾驶动力交通工具而驾驶的，处1年以下有期徒刑、拘役或者3万元以下罚金。根据学者的解释，本罪在构成上属于抽象的危险犯，即只要行为人具备不能安全驾驶的状态而驾驶了交通工具，无论驾驶的时间长短、距离远近、是否对他人的生命、健康和财产安全构成实际的威胁，均以犯罪论处①。

德国刑法中采用具体危险与抽象危险相结合的制度，对驾驶不同的交通工具分别作出规定：（1）铁路船运与空运交通危险罪，规定行为人由于饮用酒精饮料或者服用其他麻醉品，或者由于精神上、肉体上之缺陷，在无法安全驾驶火车、缆车、船舶或者航空器之情况下，驾驶此类交通工具，导致他人身体、生命或者贵重物品遭受危险的，处5年以下自由刑或者罚金。（2）道路交通危险罪，规定行为人由于饮用酒精饮料或者服用其他麻醉品，或者由于精神上、肉体上之缺陷，在无法安全驾驶交通工具之情况下，驾驶交通工具参与交通，导致他人身体、生命或者贵重物品遭受危险的，处5年以下自由刑或者罚金。（3）醉酒参与交通罪，规定行为人由于饮用酒精饮料或者服用其他麻醉品，在无法安全驾驶交通工具之情况下，驾驶交通工具的，处1年以下自由刑或者罚金。前两种犯罪是以造成一定的危险威胁为要件，第三种行为则没有造成危险威胁的要求，只要行为人实施该行为，即构成犯罪。因此，前两种犯罪是采用具体危险制，而后一种是采取抽象危险制。

为了惩罚酒后驾驶、飙车驾驶的行为，我国刑法也应当将此类行为予以明确化，采用危险犯的立法模式，以便于司法人员准确地适用。这样，不仅有助于交通文化的健康发展，也有益于革除酒后驾驶、非法飙车的陋习。

① 参见林山田：《刑法各罪论（下）》，2005年修订第5版，第310—311页。

经济犯罪的规范解释刍议

肖中华*

作为实定法意义或者法解释学上的经济犯罪和普通犯罪，在刑法解释基本方法的运用和刑法解释规则的遵循上，不应有所分别。因此，经济犯罪的规范解释，并非独立于刑法解释的特别体系，也不是特别意义的刑法解释。然而，由于经济犯罪具有普遍采用空白罪状形式表达犯罪构成要件的特点，经济犯罪的构成要件的解释往往以非刑事法律法规的规范之解释为前提，或以非刑事法律法规的规范为值得特别考虑的因素，因此，在条文适用和规范解释方面，对经济犯罪应当特别强调刑法的某些价值观念，突出刑法解释规则的某些要求。本文从三个方面对经济犯罪规范解释中应当注意的原则性问题展开论述。①

一、注重刑法价值的独立判断，防止规范解释的从属性

刑法具有补充性，是其他法律的补充法。这意味着，刑法应该是“国家为达其保护法益与维持法秩序的任务时的‘最后手段’。能够不使用刑罚，而以其他手段亦能达到维持社会共同生活秩序及保护社会与个人法益的目的时，则务必放弃刑罚的手段”。② 同时，刑法具有保障性，是其他法律的保障法。这意味着，其他法律在不能充分保护法益时需要刑法的保护，“没有刑法作后盾、作保证，其他部门法往往难以得到彻底贯彻实施。”③ 刑法通过经济犯罪

* 中国人民大学刑事法律科学研究中心教授，博士生导师。

① 由于行政犯与经济犯罪的解释存在相同的值得关注的问题，本文的一些例释，或以行政犯为例。

② 林山田：《刑罚学》，台湾商务印书馆1985年版，第128页。

③ 高铭暄主编：《中国刑法学》，中国人民大学出版社1989年版，第12页。

规范的设置，在整体上，[①] 既反映了刑法对民事、经济、行政法律法规的补充性，也体现了刑法对民事、经济、行政法律法规的保障法地位。甚至可以说，因为经济犯罪规范的构成要件的“犯罪类型”，基本上来源于民事、经济、行政法律法规中的经济不法行为类型，故其经济犯罪规范最为明显地体现了刑法的补充性和保障性，在经济刑法与非刑事法律法规之间架设了一座不同部门法相互衔接的桥梁。

然而，必须注意的是，刑法的补充性并不等于刑法依附于其他法律法规，具有依附性；刑法的保障性也并不等于刑法从属于其他法律法规，具有从属性。刑法作为唯一规制犯罪与刑罚的部门法，具有独立的规制对象和范围，刑法对犯罪行为的设置必然出于相对于其他法律而言的特定的宗旨，具有独立的评价观念和机制。在经济犯罪的规范解释中，务必注重对经济犯罪规范进行刑法价值上的独立判断，否则不仅可能背离刑法的特定目的，而且更易导致刑法独立性的丧失。有鉴于此，经济犯罪的规范解释必须强调：

1. 经济犯罪构成要件的用语即使与非刑事法律法规用语相同，也应进行独立的评价，刑法用语的解释结论未必要与非刑事法律法规用语的解释结论一致。

例如，刑法第 213 条虽然将假冒注册商标罪的客观要件表达为“未经注册商标所有人许可，在同一种商品上使用与其注册商标相同的商标”，但在理论上仍有人认为，在同一种服务商标项目上使用与他人注册的服务商标相同的商标，也是假冒他人注册商标的行为，同样构成假冒注册商标罪。[②] 笔者认为，这样的解释结论，显然是完全受制于《商标法》规定及经济法律解释的结果。考察我国《商标法》的历史可见，我国于 1982 年颁发的《商标法》，只适用于在商品上使用的商标，未将服务商标纳入保护的范围，然而，随着我国商品经济的发展，特别是第三产业的兴起，服务商标越来越多，服务商标的保护越来越显得必要和重要，同时为了与《保护工业产权巴黎公约》的要求相适应，根据 1993 年 2 月 22 日七届全国人大常委会第三十次会议《关于修改〈中华人民共和国商标法〉的决定》，修正后的《商标法》将服务商标纳入《商标法》的保护范围，在第 4 条第 3 款规定：“本法有关商品商标的规定，适用于服务商标”。这一款的规定一直保留至今。这一款规定意味着，在《商标法》上对商品商标的各种保护措施，也同时适用于服务商标；在

① 之所以说“在整体上”，是因为对于客观存在的经济不法行为而言，经济犯罪的规范本身具有片断性，不可能将所有值得非法和谴责的经济不法行为规定为犯罪。

② 参见马克昌主编：《经济犯罪新论》，武汉大学出版社 1998 年版，第 492 页。

《商标法》上对注册商品商标专用权的侵权行为类型，在针对服务商标实施时也属于侵权行为。但是，在笔者看来，刑法上假冒注册商标罪的构成要件，不能脱离刑法规范进行评价、判断——仅仅对刑法第213条进行文义解释便可知，不但服务商标专用权不属于现行刑法保护的法益，而且，刑法也只惩治《商标法》规定的部分侵犯商品商标专用权的行为类型。比如，对于未经商标注册人的许可，在同一种商品上使用与其注册商标近似的商标的，或者在类似商品上使用与其注册商标相同或者近似的商标的，刑法第213条均不适用。

又如，关于刑法第216条假冒专利罪之“假冒他人专利”构成要件的理解，理论界也存在不小的争论。根据《专利法实施细则》的有关规定、司法实践经验，假冒他人专利的行为主要表现为以下几种情况：（1）未经许可，在其制造或者销售的产品、产品的包装上标注他人专利号的；（2）未经许可，在广告或者其他宣传材料中使用他人的专利号，使人将所涉及的技术误认为是他人专利技术的；（3）未经许可，在合同中使用他人的专利号，使人将合同涉及的技术误认为是他人专利技术的；（4）伪造或者变造他人的专利证书、专利文件或者专利申请文件的。最高人民法院、最高人民检察院2004年11月颁发的《关于办理侵犯知识产权刑事案件具体应用法律若干问题的解释》第10条也明确刑法第216条规定的“假冒他人专利”的行为仅限于上述四种情形。但是，有的论著却认为，以欺骗手段在专利局登记，骗取专利权，也是本罪的行为方式之一。[①] 也有学者认为，在专利权已经终止或者被宣告无效后，仍然使用原专利标识或者专利号的行为也构成假冒专利罪。[②] 毫无疑问，上述两种观点均受经济法律层面解释的影响。作为经济违法行为的“假冒专利”行为，将骗取专利权的行为，以及在专利权已经终止或者被宣告无效后仍然使用原专利标识或者专利号的行为包含其中，疑问不是很大。[③] 但是，对假冒专利罪的构成要件的理解，不应完全以经济法律层面的解释为标准。应当认为，在刑法上，假冒专利罪的客观行为是经过“筛选”的，因为假冒专利罪被设置于“侵犯知识产权罪”而非“妨害社会管理秩序罪”之中。这意味着，对刑法规范进行独立评价，我们只能将可能侵犯到行为人之外的其他人（包括自然人与单位）的专利权的行为归结为假冒专利罪的客观行为，如

---

① 参见赵秉志主编：《新刑法全书》，中国人民公安大学出版社1997年版，第801页。

② 参见张明楷：《刑法学》（下），法律出版社1997年版，第674页。

③ 事实上，严格按照《专利法实施细则》第84、85条的规定，“假冒专利”（假冒他人专利）与“冒充专利”（非专利产品冒充专利产品、以非专利方法冒充专利方法）是两种不同的经济违法类型，专利权被宣告无效后继续在制造或者销售的产品上标注专利标记的行为，属于后一类型，规定在第85条。只是在经济法学界，有学者广义地将“冒充专利”也纳入“假冒专利”之中理解。

果不存在专利权的被侵害人，便不可能成立假冒专利罪。然而，以欺骗手段在专利局登记而骗取专利权的行为，以及在专利权已经终止或者被宣告无效后仍然使用原专利标识或者专利号的行为，只是单纯地破坏专利申请、审批和专利权行使制度的行为，没有侵犯到他人（专利权人）的专利权，因而均不能以本罪论处。顺便指出，所有以非专利产品冒充专利产品、以非专利方法冒充专利方法的行为，只要没有冒充他人（专利权人）的专利，就不成立假冒专利罪，构成其他犯罪（如虚假广告罪、诈骗罪或者生产、销售伪劣产品罪等）。

2. 空白罪状下，经济不法行为的刑事责任之承担，虽然以违反非刑事法律法规之规定（一般表现为对构成要件的具体说明）为前提条件，但不以非刑事法律法规中存在刑事责任条款（附属刑法）为必要条件。换言之，经济犯罪的成立，虽然在构成要件的说明上必须借助非刑事法律法规之规定，但根本条件在于刑法的罪刑规范规定，而不依赖于非刑事法律法规具有“追究刑事责任”这样的规定。

上海市曾经处理一起案件：被告人方某为南极星公司的直接负责人，南极星公司和上海呼叫公司签订“合作”协议，租用上海呼叫公司的因特网专线和模拟电话线，并先后在呼叫公司租用的上海声讯信息有限公司机房和呼叫公司机房内设立语言转接平台，非法经营澳大利亚至中国的国际电信来话转接业务。经查，上述期间非法经营国际电信业务通话时间长达820万余分钟，共造成我国电信资费损失人民币1766万余元。2003年年底，被告单位南极星公司和被告人方某作为南极星公司的直接负责人因涉嫌非法经营罪，被起诉至上海市第一中级人民法院。然而，方某的辩护律师却“向最高人民法院叫板”，提出被告单位南极星公司和被告人方某无罪的意见，理由是刑法第225条非法经营罪中“其他严重扰乱市场秩序的非法经营行为”只限于全国人大制定的法律和国务院制定的行政法规规定的“非法经营行为”，而不包括最高人民法院的司法解释。而国务院2000年9月25日第291号令公布实施的《中华人民共和国电信条例》（以下简称《电信条例》）对扰乱电信秩序的行为只规定了行政处罚，而没有刑事处罚。最高人民法院2000年4月28日通过的《关于审理扰乱电信市场管理秩序案件具体应用法律若干问题的解释》不仅早于国务院的《电信条例》，而且其第1条的规定（即：“违反国家规定，采取租用国际专线、私设转接设备或者其他方法，擅自经营国际电信业务或者涉港澳台电信业务进行营利活动，扰乱电信市场管理秩序，情节严重的，依照刑法第二百二十五条第（四）项的规定，以非法经营罪定罪处罚”）直接违反了刑法和刑法所指引的行政法规的规定，是违法无效的。①

笔者认为，检察机关指控被告单位南极星公司和被告人方某成立非法经营罪，不仅不违背罪刑法定原则，而且是体现、贯彻罪刑法定原则“法律明文规定为犯罪行为的，依照法律定罪处刑”之要求的。被告单位南极星公司和被告人方某是否成立非法经营罪，关键在于两点：一是被告单位和被告人的行为在行为时是否已有“国家规定”禁止，此点决定其行为是否该当刑法第225条空白罪状中“违反国家规定”要件；二是被告单位和被告人的行为是否可以按照体系解释的规则解释归入刑法第225条第（四）项“其他严重扰乱市场秩序的非法经营行为”之中，此点决定其行为在类型上是否属于法律明文规定的内容。经过分析，我们可以肯定：第一，《电信条例》是国务院制定的行政法规，其第59条规定擅自经营国际电信业务属于扰乱电信秩序、应当受到处罚的行为。被告单位南极星公司和被告人方某非法经营澳大利亚至中国的国际电信来话转接业务，违反了《电信条例》的规定；又根据刑法第96条的规定，“违反国家规定”包括违反国务院制定的行政法规的规定，故被告单位和被告人的行为该当非法经营罪的“违反国家规定”要件。第二，《电信条例》第7条规定国家对电信业务经营实行许可制度，未取得电信业务经营许可证，任何组织或者个人不得从事电信业务经营活动。这说明擅自经营国际电信业务行为具有“违反国家经营许可制度”这一非法经营罪本质特征。“其他严重扰乱市场秩序的非法经营行为”作为概括性、开放性构成要件，虽然缺乏明确性，但亦属明文规定的要件，完全可以包容擅自经营国际电信业务的行为。因此，检察机关起诉被告单位南极星公司和被告人方某犯有非法经营罪，完全具有刑法上的依据（即刑法第225条）。

笔者认为，案件处理中，辩护律师提出的关于《电信条例》没有对擅自经营国际电信业务行为规定“依法追究刑事责任”因而最高人民法院就不应当将这种行为解释为非法经营罪的观点，实际上是对罪刑法定原则、经济犯罪构成要件解释原理以及刑法司法解释功能的误解：（1）在我国，由于附属刑法规范并不规定罪名和法定刑，即便存在“依法追究刑事责任”的条款，实际上定罪处刑的依据仍在刑法（包括刑法典、单行刑法、刑法修正案），因而所谓“罪刑法定”之“法”，只能是刑法，不包括附属刑法规范。② 一个行

① 参见卢劲松：“向最高法院‘叫板’有没有法律依据”，http：//www.Law—lib.com，2004—4—14，17：41。

② 刑法理论界习惯将附属刑法规范作为刑法的渊源或者广义刑法的内容看待，但可以肯定地说，附属刑法规范实质上缺少规范的“制裁”要素，因而实质上不是刑法的渊源。

为是否构成犯罪，最终只能、也必须按照刑法的规定进行判断；就经济不法行为而言，固然，如果在非刑事法律法规中找不到“违反国家规定”等空白罪状要求的具体内容，便不能对该行为以经济犯罪论处（理由是由于作为前提的非刑事法律法规规定缺失，经济犯罪的构成要件无法充足），但是，当经济不法行为被非刑事法律法规所规制且刑法规范可以包容这种行为类型、只是非刑事法律法规没有设置“依法追究刑事责任”这样的刑事责任条款（附属刑法规范）时，不能借口“法无明文规定”对行为人不以适当的经济犯罪定罪处罚，因为刑法规范本身可以评价这种经济不法行为并当然地设置刑罚。必须强调，“罪刑法定”之“法”仅限于刑法，在事实上是因为我国附属刑法规范不具有实质的刑法性质，在理论上是因为犯罪的“刑事违法性”特征决定的——只有触犯刑法规定的行为，才能被定罪处罚；刑法规定了的、可以评价的行为，即使非刑事法律法规没有设置刑事责任条款，也必须依法（依据刑法）定罪处罚。被告单位南极星公司和被告人方某的行为既被《电信条例》所禁止，也被刑法第225条所包容，如果对其行为不依照刑法第225条定罪处罚，则必然违背罪刑法定原则。（2）由于刑事司法解释仅仅是对刑法规范的解释，因而应当认为，最高人民法院2000年4月28日通过的《关于审理扰乱电信市场管理秩序案件具体应用法律若干问题的解释》仅仅是对刑法第225条的解释，而不涉及对《电信条例》的解释，只要该《解释》方法和规则合理、在结论上将擅自经营国际电信业务行为解释到“其他严重扰乱市场秩序的非法经营行为”之中得当（事实上也是得当的），就不存在所谓违反刑法和相关行政法规规定的问题。又由于刑事司法解释乃依据一定规则对刑法规范所作的解释，其功能是阐明刑法规范的含义，帮助司法人员或公民正确适用或理解刑法规范，而非修正刑法、创制刑法，提供新的刑法依据，因而即便是最高人民法院没有作出有关司法解释，只要有《电信条例》的禁止性规定和刑法有关非法经营罪的规定，司法人员仍然应当将擅自经营国际电信业务行为解释到“其他严重扰乱市场秩序的非法经营行为”之中，对其予以定罪处罚。在上述案件中，我们当然可以说检察机关将刑事司法解释作为指控被告单位和被告人成立非法经营罪的依据，但是，从刑事司法解释依附于刑法规范的性质来说，毋宁说是检察机关依据了具有刑事司法解释的刑法规范。

基于以上分析，考察经济不法行为在刑法和非刑事法律法规中被规制的不同情况，在涉及刑法和非刑事法律法规关于刑事责任相互衔接的问题上，应把握如下准则：（1）非刑事法律法规没有关于某种经济不法行为的具体规定，即使该行为被认为值得处罚（包括刑罚处罚），也不能认为该行为符合经济犯罪的空白罪状中"违反国家规定"等要件的要求；当经济犯罪规范中存在"其他……"之类的开放性构成要件时，该行为不能被解释到开放性构成要件之中。(2) 非刑事法律法规存在关于某种经济不法行为的具体规定，也存在"情节严重构成犯罪的，依法追究刑事责任"之类的条款，而刑法中也存在相应的经济犯罪规范的，对经济不法行为依照刑法的规定定罪处罚。(3) 非刑事法律法规存在关于某种经济不法行为的具体规定，但不存在"情节严重构成犯罪的，依法追究刑事责任"之类的条款，而刑法中却存在相应的经济犯罪规范的，对经济不法行为同样应当依照刑法的规定定罪处罚。(4) 非刑事法律法规存在关于某种经济不法行为的具体规定，也存在"情节严重构成犯罪的，依法追究刑事责任"之类的条款，但刑法中也缺乏相应的经济犯罪规范对这种行为进行评价的，该经济不法行为属于"法没有明文规定为犯罪"的行为，应作无罪处理，因为此时没有与附属刑法规范对应的刑法规范，"依法追究刑事责任"条款没有最终归宿、形同虚设。

3. 经济不法行为的刑事责任之归咎，未必以经济、行政责任的确定为直接依据，而应进行独立评判。换言之，行为人因为经济不法行为而承担经济、行政责任，并不意味着该不法行为的危害性程度增加就必然承担刑事责任。[①]

在许多学者（特别是经济法、行政法学者）看来，行为人只要因为其行为在经济法、行政法的层面上可以被评价为具有经济责任、行政责任，那么只要不法行为的数量、数额或其他情节达到刑法所规定的定罪要求，就应当对行为人予以刑事追究；经济处罚或行政处罚的依据可以直接成为刑事责任的刑事违法性依据。

笔者认为，从刑法与其他部门法、经济犯罪规范与经济法律规范、行政犯与行政法律规范之间的密切关系或者刑法的补充性特征来说，总体上，经济犯罪与经济不法行为、行政犯与行政不法行为在"不法"方面具有同质性，[②] 经济犯罪与行政犯的刑事责任实际上是经济责任、行政责任量变积累到质变的结果。但是，由于经济法、行政法主要追求合目的性，而刑法作为司法法主要追求的是法的安定性，[③] 经济责任、行政责任与刑事责任毕竟性质不同，责任归咎的原则也存在重大区别，因而不能排除行为人具有经济法或行

---

① 这里当然以刑法存在针对该经济不法行为的经济犯罪规范为前提。如果刑法没有相应经济犯罪规范，自然经济不法行为属于"法无明文"的行为。前文对此已作论述，兹不赘言。

② 参见杨解君、周佑勇："行政违法与行政犯罪的相异和衔接关系分析"，载《中国法学》1999年第1期。

③ 参见［日］大冢仁：《刑法概说》（总论），冯军译，中国人民大学出版社2003年版，第20页。

政法层面上的可罚性而缺乏刑法上可罚性的可能。这种例外的情况，主要发生在经济责任、行政责任有赖于推定事实的基础上时。例如，行为人甲驾驶机动车辆在高速公路上正常行驶，因被害人乙违章横穿公路，甲发现后采取刹车措施，但终未能避免将乙冲撞身亡的后果，甲在将乙撞飞后因害怕承担赔偿责任而逃逸，后被高速公路巡警拦截。公安机关交通管理部门依照《中华人民共和国道路交通安全法》第99条的规定对甲进行罚款，并依据《中华人民共和国道路交通事故处理办法》第20条的规定（“当事人逃逸或者故意毁坏、伪造现场、毁灭证据，使交通事故责任无法认定的，应当负全部责任”）作出《道路交通事故责任认定书》，认定甲在交通事故中负全部责任。与此同时，公安机关刑事侦查部门以交通肇事罪立案侦查，对行为人甲采取强制措施，而后检察机关也以交通肇事罪对甲提起了公诉。检察机关的公诉理由是：公安机关已经认定被告人甲在交通事故中负全部责任，而最高人民法院2000年11月10日《关于审理交通肇事刑事案件具体应用法律若干问题的解释》第1条明确指出违反交通运输管理法规发生重大交通事故“在分清事故责任的基础上”对于构成犯罪的，依照刑法第133条的规定定罪处罚；第2条明确交通肇事“死亡一人或者重伤三人以上，负事故全部或者主要责任的”处3年以下有期徒刑或者拘役。那么，检察机关的指控能否成立、法院应否认定甲构成交通肇事罪？笔者认为，对甲不能认定有罪。主要理由是：公安机关交通管理部门认定甲对交通事故负全部责任，是建立在推定事实的基础上的，即因为甲在交通事故发生之后具有逃逸行为，致使交通事故责任无法认定，在此情况下，公安机关交通管理部门只能认定其承担全部的责任。然而，与行政责任可以建立在推定违法事实基础上不同，刑事责任的归咎应当消极地进行，在犯罪事实的确定上应当遵循无罪推定原则。显然，由交通肇事罪中违章行为与交通事故之间的因果关系决定，如果没有证据能够证明交通事故发生之前被告人甲实施了“违反交通运输管理法规”的违章行为，就不能认定甲成立交通肇事罪。检察机关指控以最高人民法院的司法解释为形式依据，但却没有考虑到行政责任与刑事责任归咎的原则差别，因而是存在疑问的。

有人认为，从刑事政策的角度考虑，即便是建立在推定事实基础上的经济、行政责任，也可以延伸推定到刑事责任的确定之中，因为唯有如此才能有效地打击经济法、行政法基于某种事由所要推定的违法行为（如逃逸行为）。但笔者仍然认为，除非刑法对推定具有明文规定（拟制事实），否则，将行政推定事实作为犯罪事实予以认定，有违刑事诉讼证据规则。

二、注重构成要件的实质解释，防止规范解释的形式化

包括经济犯罪构成要件在内的所有构成要件的解释，存在形式解释与实质解释之别。在大陆法系国家，通说关于犯罪的形式概念是：犯罪是指具有构成要件符合性（该当性）、违法性和有责性的行为。关于构成要件与违法性、有责性的关系，存在不同的构成要件理论。其中行为构成要件说主张构成要件与违法性无关，与法的价值判断相分离，构成要件是纯粹形式的、记述的、价值中立的、中性无色的行为类型，不包含主观的、规范的要素；违法类型说认为构成要件本身就是违法的类型，是违法性的妥当根据、实在根据，行为符合构成要件就可以推定行为具有违法性；违法责任类型说则更进一步认为构成要件不仅是违法的类型也是责任的类型或认识根据。显然，在构成要件的解释论上，大陆法系国家学说上必然会存在明显的形式解释论与实质解释论的分野。行为构成要件说在动因上是为了坚持罪刑法定原则、捍卫刑法保障机能，故居于构成要件没有实质内容的形式解释论立场。违法类型说与违法责任类型说则认为构成要件本身具有违法有责任的实质内容。① 我国刑法学界关于构成要件的解释，普遍强调遵从罪刑法定原则，但由于罪刑法定原则在刑法解释中只具有观念性的指引作用而缺乏技术性的指导功能，导致人们对于构成要件的解释究竟是应当进行形式的解释还是实质的解释还没有明显的立场。但是，在长期缺乏人权保障观念和刑事法治基础的背景下，有学者认为应当以形式的违法性（刑事违法性）约束实质的违法性（社会危害性）。学者强调："在刑法中，主要是在刑事司法中，我们经常面临着这种实质合理性与形式合理性的冲突，传统的以社会危害性为中心的刑法观念是以实质合理性为取舍标准的。而罪刑法定所确立的刑事法治原则，却要求将形式合理性置于优先地位。因此，形式合理性是法治社会的公法文化的根本标志。"② 这样的立场无疑是主张刑法的法治就是形式的法治，犯罪构成要件的解释在形式解释与实质解释之间必须选择前者。

笔者认为，从罪刑法定的理念出发，当某种行为具有社会危害性或者被认为具有社会危害性而刑法规范（构成要件）的形式无法将该种行为包含其中时，法律规定的形式应当优先，即对该行为不得定罪处刑。比如，在前些年的足球"黑哨"事件中，裁判收受财物而故意吹"黑哨"的行为激起了广

① 参见张明楷：《刑法的基本立场》，中国法制出版社 2002 年版，第 95—109 页。

② 陈兴良主编：《刑事法评论》（第 4 卷），中国政法大学出版社 1999 年版，主编絮语，Ⅲ—Ⅳ页。

大民众的愤怒，引起了广泛的社会舆论，许多民众甚至司法人员认为这样的行为具有相当严重的社会危害性，但是，由于吹“黑哨”的裁判既不属于国家工作人员，又不属于公司、企业工作人员，因而无论是以受贿罪还是公司、企业人员受贿罪对其定罪处罚都是缺乏刑事违法性依据的，最后，事实上有关司法机关对一些裁判进行刑罚处罚，乃脱离形式法治而以“社会危害性”为标准的、公然违背罪刑法定原则的错误做法。

然而，在笔者看来，由我国犯罪构成体系决定，我国刑法中的构成要件不可能仅仅是形式的构成要件，而应当是包括实质的违法内容。因为在大陆法系国家，即使构成要件不评价犯罪的实质内容，在“违法性”和“有责性”的评价中也包含实质内容，而在我国，构成要件就是犯罪的成立要件，在构成要件之外不可能存在刑事责任的依据，这就注定：如果在构成要件中不进行实质评价，就没有评价实质内容的空间了。罪刑法定原则虽然强调的是犯罪的刑事违法性，但是，刑事违法性绝对不仅仅包括法律规定的形式，而且也包括法益侵害的实质内容。在解释刑法时，通常要解决法律规定的形式与法律规范实质内容之间的矛盾，但坚持罪刑法定原则并不意味着任何时候形式都优于内容；贯彻罪刑法定原则，不能机械地、仅仅从形式上去理解和适用刑法的罪刑规范，而应在形式合理性的范围内，尽量从实质上去理解罪刑规范，以实现实质的合理。

首先，在经济犯罪规范的解释中注重构成要件的实质解释，应当坚持这样的立场：当某种经济不法行为不具有经济犯罪规范所指向的特定的社会危害性而刑法条文的字面又能够将该种行为包含在其中时，规范的实质内容应当优先，对该种行为要从实质上进行理解，而不应从形式上理解，从而对其定罪处刑。以虚开增值税专用发票罪的认定为例，对于“虚开”的内涵，就应当从刑法设立该罪的目的、刑法保护法益的范围这样一个角度进行实质的理解，以正确区分罪与非罪。在刑法中，虚开增值税专用发票罪是一个重罪，法定最高刑为死刑。刑法为什么对“虚开”票据的行为的刑罚规定得如此之重？是因为形式上的“虚开”行为就可以造成很大的社会危害吗？不是，是因为这种犯罪的危害实质上并不在于形式上的“虚开”行为，而关键在于行为人是通过虚开增值税专用发票抵扣税款以达到偷骗国家税款的目的，其主观恶性和可能造成的客观损害，都可以使得其社会危害性程度非常之大。所以，刑法虽然没有明确规定该罪的目的要件，但是偷骗税款的目的应当作为该罪成立的必要条件。实际生活中，有的行为人，特别是单位之间，为了人为地增大销售额，制造虚假繁荣“包装”企业，从而相互虚开增值税专用发票，但主观上不具有偷骗税款的目的。这种“虚开”增值税专用发票的行为，虽然违反了增值税专用发票管理和使用制度，具有一定的社会危害性，但并不具有刑法上实定的、成立虚开增值税专用发票罪意义上的社会危害性，故不能以该罪定罪处罚。因此，从虚开增值税专用发票罪的这一实质特征出发，在司法实务中，应当将非法如实代开增值税专用发票的行为排除在犯罪之外。在新刑法施行后，司法实务中对于非法如实代开增值税专用发票行为是否构成犯罪，产生了巨大争议。有人认为，为他人如实代开发票，实质上也是虚开，代开不过是虚开的一种形式，对于达到定罪标准的，应当以虚开增值税专用发票罪定罪处罚，因为对于代开者来说就是没有实际经营活动；有人则认为，如实代开发票行为只违反了增值税专用发票的独立使用原则，尽管对于代开者来说没有实际经营活动，但取得发票者毕竟存在实际的经营活动，如实代开是“实开”而非“虚开”；还有人认为，对于让他人为自己如实代开者不应定罪，但对于代开者应当定罪处罚。笔者认为，虚开增值税专用发票的行为形式包括代开，但代开未必就是虚开：“虚开”系指内容虚假，“代开”系指形式虚假。如果代开的发票内容本身也虚假（包括根本没有实际经营活动，虚构货物销售额和税额等内容开具发票，以及存在实际经营活动但开具与实际经营活动涉及金额不符的发票两种情况），对代开者和要求他人代开者无疑应当认定为犯罪；但是，如果代开的发票有实际经营活动相对应，则对代开者和要求代开者都不应认定为犯罪，因为从总体上考察，发票的开具是“实开”而非“虚开”。由于存在真实的经营活动，对于国家税收来说，没有也不可能造成税收损失。比如，有的行为人在取得货物后，由于销售方没有开具增值税专用发票，便让与自己无实际货物交易的他人为自己代开与实际货物相对应的进项增值税专用发票，这种行为固然因为开票者与用票者之间没有实际货物交易而具有行政违法性，但却因为用票者与第三方具有实际货物交易而在实质上不具有虚开增值税专用发票罪的刑事违法性。如果以代开行为违反行政法律为由而从形式上一律评价其为刑事违法行为，必然偏离刑事立法设立虚开增值税专用发票罪的宗旨。

其次，当值得处罚的经济不法行为在实质上具有某个刑法规范所禁止的性质、但刑法用语在形式上对其无法予以包含的，亦应当从实质上解释经济犯罪规范。例如，刑法第271条第1款关于职务侵占罪的规定，将行为人把他人财物或本单位财物“非法占为己有”作为要件[①]。有人认为，只有行为人将财物转移归行为人本人所有，才能成立侵占罪或职务侵占罪；如果把财

① 相关条款，如刑法第183条也规定“骗取保险金归自己所有”。

物转移给本人以外的他人所有的，则无法成立该两罪。因为刑法已经明确地规定了“非法占为己有”而不是“非法占有”。依照这种观点，对于公司人员利用职务上的便利将本单位财物转移给朋友，或者代替自己或亲属占有股份的公司偿还债务的，就不能成立犯罪。实践中这样的案件的确也曾被认定为无罪，而被纯粹作为民事案件处理。笔者认为，作这样的解释形式上似乎存在刑法依据，因为刑法对有些取得型财产犯罪规定的是“以非法占有为目的”，比如合同诈骗罪，而不像侵占罪或职务侵占罪条文中那样。但实际上，这样的解释结论是违背罪刑法定的，没有合理性。理由是：和盗窃罪、各种诈骗罪一样，职务侵占罪的主观上都要求具有非法占有（不法所有）的目的，客观上具有非法占有的行为，刑法规定“非法占为己有”，不是为了区分被侵占的财物究竟是给了行为人本人还是他人，而是为了区分罪与非罪、职务侵占罪与挪用资金罪。比如，将本单位的资金转移给本人或他人使用，不具有永久占有的意图，显然不能认定为职务侵占罪，而属于挪用资金罪；将单位的财物单纯地破坏，没有转移给本人或他人，属于故意破坏财物罪，也不能认定为职务侵占罪。但是，只要行为人具有永久性地剥夺单位财产的性质，就具备职务侵占罪的本质特征。本人占有是这样，将财产转移给他人所有也是这样，财产转移给他人时，单位的财产也被剥夺了。从主观故意上看，只要行为人明知自己的行为会侵害单位财产所有权即可，至于最后由谁非法取得，不影响罪过。所以，对“非法占为己有”必须进行合乎目的的、实质性的解释，解释为行为人实际上以财产所有人自居而“非法处分”财产，否则将可能导致刑法惩治犯罪功能的萎缩。

最后，有些经济犯罪规范在形式上可以描述应当由其他刑法规范评价的行为，此时也应从实质上解释规范，以准确地界定此罪与彼罪的界限。例如，给国家造成经济损失的为亲友非法牟利罪，其与贪污罪具有诸多共同特征：其一，两罪的主体具有交叉关系。国有公司、企业、事业单位的工作人员属于国家工作人员，可以成立两种犯罪。其二，两罪均是职务犯罪，行为人利用职务上的便利实施犯罪。其三，两罪均属于贪利性犯罪，均给国家财产或者公共财产造成损失。从司法实践的情况看，最为疑难的问题是，当国有公司、企业、事业单位的工作人员，利用职务便利，以过分高于市场的价格向自己亲友经营管理的单位采购商品，或者以过分低于市场的价格向自己亲友经营管理的单位销售商品，使自己的亲友从中牟取非法利益的，是否只能认定为为亲友非法牟利罪？可否就行为人给国家造成的经济损失或者其亲友牟取的非法利益认定为贪污罪？例如，被告人郝某系某国家事业单位科研开发处处长，具体负责单位“网络改造、办公自动化”工程的招标、评标、监管、验收的组织协调工作。在工作期间，郝某隐瞒了投标人——某技术开发中心的法定代表人为其母亲的情况，使该技术开发中心经评标会的评委确定成为中标人。郝某所在国家事业单位与该技术开发中心签订“网络改造及办公自动化工程建设工程合同书”，工程款为260.89万元。在由郝某负责的工程验收小组对该工程进行了验收，向技术开发中心支付了全部工程款。但工程交付使用后却出现诸多问题，网络管理人员和用户经常投诉，该单位从2000年9月到2002年12月为网络工程的修复共支付各种费用25.6万元，严重影响了该事业单位的正常工作。后经受委托的价格认证中心对该单位网络工程做出价格鉴定，该项工程造价仅为60.8万元。经查，在签订合同时，对于工程造价仅为60万余元的事实，被告人郝某及其母亲已基本清楚，但郝某为了其母亲的利益仍有意掩饰真相，拍板确定合同造价条款。本案中，被告人郝某利用职务上的便利，将本单位的网络改造及办公自动化工程交与自己的母亲所在的中心建设，可以解释为“向自己亲友经营管理的单位采购商品”，但是，该工程造价按照市场最高价格不过60.8万元，被告人郝某的国有单位却为此支付了260.89万元，高出实际造价200万多元，而且因为工程技术质量太差，该国有单位为网络工程的修复还支付各种费用25万余元。对于被告人郝某的行为如何定性，审判过程中存在两种意见：一种意见主张定为亲友非法牟利罪，理由是，郝某作为国有事业单位工作人员，利用职务上的便利，以明显高于市场的价格将本单位的工程暗中发标给自己母亲经营管理的单位，给国家造成直接经济损失225.69万元，完全符合该罪的构成要件。另一种意见主张定贪污罪，理由是，郝某事先明知该工程造价不过60万余元，但仍利用其具体负责招标的职务便利，与其母亲串通，通过虚开造价的方式骗取超出实际价格的200.9万元国有财产，属于变相贪污。

笔者认为，现行刑法中为亲友非法牟利罪所包含的行为，在旧刑法时代，有的是按照贪污罪定罪处罚的，有的则作了无罪处理。原因在于，为亲友非法牟利的行为具体表现形式比较复杂，绝大多数案件中行为人并非直接将公共财物非法占有，尽管行为人以向亲友经营管理的单位高价购买商品或者低价销售商品、或者将盈利业务交给亲友进行经营的手段，使其亲友获取非法利益，有的案件中行为人事后还从其亲友处分得了非法利润，但毕竟行为人没有以窃取、骗取、侵吞等方法获取公共财物，所以一概以贪污罪论处，从犯罪构成的符合性上来说多有不贴切之弊。有鉴于此，新刑法增设了为亲友非法牟利罪，以严密法网，用更为贴切的罪刑规范来惩治那些用贪污罪无法十分恰当地评价的为亲友非法牟利行为。毫无疑问，在形式要件上，为亲友非法牟利罪完全可以包容那些国有公司、企业、事业单位工作人员将公共财物通过亲友及其单位而非法占有的贪污行为，或者说，国有公司、企业、事业单位工作人员利用职务上的便利将公共财物非法占为亲友及其单位所有的贪污行为，在形式上也可以解释为为亲友非法牟利的行为，但是，刑法设立为亲友非法牟利罪之独立罪名后，就应当从实质上进行构成要件的解释，区分国有公司、企业、事业单位工作人员将公共财物通过亲友及其单位而非法占有的贪污罪与为亲友非法牟利罪，应当依次考查以下两点：（1）考察行为人的亲友有无实质性的经营活动。立法之所以设立为亲友非法牟利罪，所要"堵截"的，就是那些无法用贪污罪评价的国有公司、企业、事业单位工作人员的损公肥私行为，那些因为亲友具有实质性的经营活动而非法利益具有经营活动作为客观基础的行为。如果行为人的亲友根本没有经营活动，或者仅仅是为了从行为人处获取公共财产的非法利益而虚设经营活动之形式，那么，行为人实际上就是实施变相贪污了。例如，被告人张某，原系某市某国有机器设备制造厂厂长。2003 年 12 月，该制造厂决定购买次年生产所需钢材原材料，张某为了给其叔父获取非法利益，在本厂领导层会议上，故意隐瞒供货商郑州市某工贸公司为其叔父控股公司的真相，擅自决定从该工贸公司采购钢材原材料。后查明，该批钢材原材料的生产厂家乃本市某钢铁集团，张某对此早已明知，其故意通过工贸公司这一虚设的中间环节，使制造厂为钢材原材料多支出了 320 万元的货款和运费，其叔父在扣除从本市某钢铁集团购进钢材原材料的货款支出和运费后，获得 310 万元的非法利润。对于被告人张某的行为，究竟是按照贪污罪还是为亲友非法牟利罪定罪处罚？存在争论。笔者认为，张某的行为应当以贪污罪论处，因为被告人张某本来可以决定单位从本市就近购买原材料，却故意利用职务上的便利，舍近求远，以其叔父控股的郑州市某工贸公司为虚设的中间环节，为其叔父牟取暴利，实质上是以采购为幌子而行贪污之实。[①] （2）在行为人的亲友具有实质性经营活动的情况下，还必须考查其非法利润的数量是否严重违背市场等价交换规则，过分超出"牟取私利"的界限而变成"非法占有公共财物"。固然，为亲友非法牟利罪中行为人必然要为其亲友牟取私利，而且按照刑法第 166 条的规定，当行为人利用职务上的便利促使所在单位与其亲友经营管理的单位进行商品买卖时，采购价格必须"明显"高于市场价格、销售价格必须"明显"低于市场价格，结果必须是"致使国家利益遭受重大损失"，然而，通过行为人的

① 贪污罪中的"非法占有"，不仅包括非法占为己有，而且也包括非法占为他人或其他单位所有。非法占为他人或其他单位所有，可以实质地解释为行为人以财产所有人自居将财产处分给他人或其他单位。下文关于职务侵占罪的有关实质解释问题将对此进行详述。

职务便利，亲友及其经营管理的单位获取的非法利益，在总体上还是符合价值规律的。如果其所获得非法利润过分背离价值规律，则应认定为借为亲友非法牟利而行利用职务之便为亲友非法占有公共财物之实，应以贪污罪定罪处罚。比如，上述被告人郝某一案中，被告人郝某利用职务上的便利，将本单位的网络改造及办公自动化工程交与自己的母亲所在的中心建设，该工程造价不过60万余元，郝某却与其母亲串通，签订了价额260.89万元的合同，比市场价格高出200万多元、实际造价的3倍以上，显然，这样的"非法利益"已经不再是可以用市场价值规律可以解释的了，对于超出的200.9万元国有财产支出，应当认定为贪污罪。①

三、注重构成要件的体系解释，防止规范解释的片面性

体系解释是指根据刑法规范在整个刑法中的地位，把一项刑法规范或用语作为有机的组成部分放置于更大的系统内进行的，使得刑法规范或用语的含义、意义相协调的解释。对刑法进行体系解释，从形式上讲是文本逻辑的要求，从实质上讲是刑法公平的要求。由于经济犯罪规范数量众多，"罪群"立法（如10个走私犯罪、各种诈骗犯罪）和概括立法（"其他……"）现象较多，法条大小系统庞杂，所以在经济犯罪规范解释中应当特别关注构成要件的体系解释。

首先以金融诈骗罪中未明确规定"以非法占有为目的"的6个罪为例作具体说明。在金融诈骗罪中，共有8个具体的诈骗犯罪，但只有刑法第192条的集资诈骗罪和第193条的贷款诈骗罪分别明确规定了"以非法占有为目的"为构成要件。这样就产生一个问题：其他6个刑法没有明确规定"以非法占有为目的"诈骗犯罪（票据诈骗罪、金融凭证诈骗罪、信用证诈骗罪、有价证券诈骗罪、保险诈骗罪），是否必须以非法占有为目的？刑法理论和实践中存在争论。在司法实践中就有人认为，"按照立法原意"，这6个犯罪不必以非法占有为主观要件，因为刑法有的条文规定"以非法占有为目的"，有的则不规定，表明立法者有意对犯罪构成在主观要件上作出区别对待。有的则持相反意见，认为这6种犯罪也必须以非法占有为目的，刑法条文没有一

① 当然，司法实务中，如何把握好为亲友非法牟利罪中"非法利益"和变相贪污中"非法占有"的尺度，有时是一个难题。比如，行为人利用职务便利向自己亲友经营管理的单位采购商品的价格高出5%、10%属于牟取非法利益，那么高出20%、30%甚至50%呢？是否还属于为亲友非法牟利罪的范畴？如果属于，那么比例应当增加到什么程度才可以以贪污罪评价呢？需要司法人员根据具体情况自由裁量。笔者认为，从实质解释的角度，应当综合考虑实际数额和高出部分所占比例两个方面。

致的规定乃由于立法技术上存在疏忽。2001 年 1 月 21 日最高人民法院印发的《全国法院审理金融犯罪案件工作座谈会纪要》对此提出了明确的意见："金融诈骗犯罪都是以非法占有为目的的犯罪"，从而采纳了肯定说的观点，但是并没有说明法理。由于最高人民法院印发的《会议纪要》并非司法解释、内容没有当然的法律效力，目前在司法实践中有的司法机关仍坚持否定说的立场。笔者认为，从体系解释的角度看，应当肯定任何金融诈骗罪都是以非法占有为目的的犯罪。因为，无论什么特殊诈骗罪，都是诈骗犯罪的一种，都是从旧刑法中的诈骗罪中分离出来的，尽管新旧刑法条文都没有对诈骗罪规定以非法占有为目的，但不论理论上还是实践中对诈骗罪以非法占有为目的，均是普遍予以认可的。事实上，诈骗犯罪也是以非法占有为本质特征的，如果没有非法占有目的，就谈不上"诈骗"。因此，否定某些诈骗犯罪以非法占有为目的，解释结论是不协调的。事实上，从实质解释的角度看，是否具有非法占有的特定目的，也是反映行为社会危害性的决定因素，因而所有诈骗犯罪在主观上必然具有非法占有的目的。

当然，我们必须回答的是，既然诈骗犯罪都是以非法占有为目的的犯罪，那么刑法为何有的明确规定目的要件有的又不明确规定？笔者认为，不能把没有明确规定目的要件的条文看成是立法技术上的疏忽。刑法之所以对不同的诈骗犯罪在目的要件上有的明确规定有的不明确，是有其特别意义的——这种意义不在于是不是以非法占有目的为要件——而在于对"非法占有目的"要件的证明要求上存在差异。笔者认为，对于没有明确以非法占有为目的的诈骗犯罪，通过刑法规定的客观行为本身可以推定行为人主观上的非法占有目的，换言之，控方只要能够证明行为人实施了法定的客观行为，就可以认定行为人主观上具有非法占有的目的。行为人对于自己没有非法占有目的承担举证责任。比如，刑法第 194 条对票据诈骗罪，列举了"明知是伪造、变造的汇票、本票、支票而使用"等 5 种客观行为，控方只要证明行为人主观上明知自己的行为不法而仍实施法定客观行为即可认定非法占有目的的存在。这正如刑法中其他许多非法占有型犯罪（如抢劫、抢夺、盗窃）一样，刑法对这些犯罪并没有明确规定目的要件，但是，以非法占有为目的无疑是这些犯罪的主观要件，只不过控方也只须证明行为人有以暴力、胁迫或者其他方法劫财、公然夺取财物或者秘密窃取财物等客观行为，即可认定其非法占有目的的存在。因为只要行为人实施以暴力、胁迫或者其他方法劫财、公然夺取财物等行为，就有极高的概率推定行为人具有非法占有的目的[①]。比较而言，对于刑法明确规定了"以非法占有为目的"的犯罪，控方的证明责任更大。这是因为，在这些犯罪的认定中，普遍存在罪与非罪、以非法占有为目的的此罪与不以非法占有为目的的彼罪之间的界限。比如，集资诈骗罪，其特点是以集资的形式进行诈骗。如果行为人在集资过程中采取了虚假的方法，但主观上并没有非法占有目的的，就只能构成非法吸收公众存款罪或者欺诈发行股票、债券罪，而不构成集资诈骗罪。在此情形下，是否具有非法占有的目的，就成为区分集资诈骗罪与非法吸收公众存款罪或者欺诈发行股票、债券罪的关键。在贷款诈骗罪的认定中，同样也普遍存在区分贷款诈骗与贷款纠纷之界限的问题。因此，对于刑法明确规定"以非法占有为目的"的诈骗犯罪，控方除了必须查明行为人实施了法定客观行为外，还必须结合案件的具体情况，综合各种案件事实，从经验法则出发，进行司法认定，只要不能完全排除行为人不具有非法占有的可能性，就不能认定诈骗犯罪的成立。

又以刑法第225条第（四）项（修正后的）非法经营罪中"其他严重扰乱市场秩序的非法经营行为"的解释为例。如何合理解释这一行为类型？笔者认为，对于这种概括性、开放性的构成要件，最为重要的是体系解释。遵循同类规则是解释刑法条文中"等"、"其他"术语时必须坚持的体系解释原则。按照同类规则，"其他严重扰乱市场秩序的非法经营行为"，应当符合以下三个条件：（1）该行为是一种经营行为，即是一种以营利为目的的活动。（2）该经营行为属于非法。从刑法第225条前三项的规定来看，非法经营行为均与国家经营许可制度有关。所以，这里的"非法"的特定内涵是违反国家有关经营许可制度的法律、法规。国家关于经营许可制度的审定，往往与经营主体资格、经营条件和经营物品范围有关。（3）该非法经营行为严重扰乱了市场秩序。值得注意的是，最高人民法院、最高人民检察院有关司法解释和一些地方法院的做法，严重违背了同类规则，这是值得反思的：（1）最高人民法院2001年3月29日《关于情节严重的传销或者变相传销行为如何定性问题的批复》，将从事传销或者变相传销扰乱市场秩序情节严重的行为，认定为非法经营罪。（2）最高人民法院、最高人民检察院《关于办理妨害预防、控制突发传染病疫情等灾害的刑事案件具体应用法律若干问题的解释》也规定："违反国家在预防、控制突发传染病疫情等灾害期间有关市场经营、

① 当然，也不能绝对排除行为人不以非法占有为目的的情形，比如，因他人拖欠自己债务而以暴力抢取，行为在客观上符合抢劫罪"类型的外部轮廓"，但因行为人主观上无非法占有目的而不能成立抢劫罪，构成故意伤害罪或者过失致人重伤罪的另当别论。

价格管理规定，哄抬物价、牟取暴利、严重扰乱市场秩序，违法所得数额较大或者有其他严重情节的"，依照非法经营罪从重处罚。笔者认为，传销和哄抬物价，并不必然违反国家有关经营许可制度，所以上述司法解释是违背体系解释规则的、不合理的。

必须指出，最高司法机关针对非法经营罪的司法解释在司法实践中起到了负面的诱导作用，非法经营罪在实践中大有成为"口袋罪"的趋势。比如，对于销售侵权复制品的行为，很多人就认为可以不适用销售侵权复制品罪的条款来评价，对于数额达不到销售侵权复制品罪的起刑点的，可以按照非法经营罪定罪处罚。这种不顾体系解释规则的做法应当引起警惕。

再以受贿罪的共犯问题为例。1988 年全国人大常委会《关于惩治贪污罪贿赂罪的补充规定》第 1 条第 2 款曾规定："与国家工作人员、集体经济组织工作人员或者其他经手、管理公共财物的人员勾结，伙同贪污的，以共犯论处"；第 4 条第 2 款曾规定："与国家工作人员、集体经济组织工作人员或者其他从事公务的人员勾结，伙同受贿的，以共犯论处。"但是，修订后的刑法第 382 条第 3 款对内外勾结的贪污罪的共犯作了明文规定，对于受贿罪则没有保留非国家工作人员的共犯规定。理论界和司法实践中对于非国家工作人员可否构成受贿罪的共犯，产生了争议。有的司法人员就指出，刑法实际上已经取消了内外勾结的受贿罪共犯，修订刑法施行以后，对非国家工作人员勾结国家工作人员，伙同受贿的，不能以受贿罪共犯追究刑事责任。其主要理由是：（1）受贿罪主体是特殊主体，必须由国家工作人员构成，伙同受贿的非国家工作人员不构成受贿罪主体。对于受贿罪主体，权威刑法论著也认为是特殊主体。（2）刑法总则关于共犯规定的适用前提必须是共同犯罪人的行为均符合犯罪构成四要件，缺一不可。特殊主体犯罪，共犯人必须都是特殊主体，非国家工作人员连犯罪的主体资格都不具备，谈不上构成受贿罪的共犯。（3）刑法分则明文规定国家工作人员为受贿罪的主体，直接排除了非国家工作人员成为其主体。女子可以成为强奸罪的教唆共犯和帮助共犯，但强奸罪并非特殊主体的犯罪，因为特殊主体是指犯罪主体的特殊身份，而非指人的性别、生理等身体上的特殊状况。所以，不能以女子可以成为强奸罪共犯的主体为理由来论证非国家工作人员可以成为受贿罪共犯。（4）受贿罪与贪污罪两者侵犯的客体不同。非国家工作人员虽不能利用职务便利构成贪污罪，但是伙同贪污中能勾结国家工作人员完成贪污行为，侵占公共财物的所有权，而在伙同受贿中，非国家工作人员虽然得到了贿赂款，却不能利用职权为他人谋取利益。①

笔者认为，上述否定非国家工作人员可与国家工作人员成立受贿罪共犯的观点，在理论上是完全错误的，在实务中是十分有害的，在解释上是片面的。针对上述错误观点及其理由，有必要予以辨析的是：(1) 刑法理论上和刑事立法中对所有特殊主体犯罪（包括受贿罪）“特殊主体”的界定或规定，仅仅是就单独实行犯罪而言的，而不可能泛指共同犯罪中的所有共犯，对于组织犯、教唆犯、帮助犯等非实行犯，不可能要求特殊主体身份，否则，根本就不发生无身份人与有身份人构成共同犯罪之问题。(2) 刑法总则与分则是一个系统的两个有机组成部分。刑法总则关于共同犯罪的规定，强调共同犯罪的成立必须存在共同犯罪故意和行为，但没有、也不可能要求所有共犯必须具备刑法分则规定的特殊身份才能构成特殊身份犯罪。(3) 特殊主体身份分为自然身份和法定身份、男子作为强奸罪特殊主体身份乃一种自然身份，属于刑法理论之常识。女子可以因其教唆、帮助男子实施强奸行为而成为强奸罪的共犯，这一点完全应当归结为“无身份人教唆、帮助有身份人实施特殊主体犯罪而成为特殊主体犯罪之共犯”的范畴。刑法分则明文规定国家工作人员为受贿罪的主体，只是直接排除了非国家工作人员成为其单独实行犯主体，结合刑法总则规定，恰恰应当肯定非国家工作人员可以因教唆、帮助行为而成为受贿罪的共犯。(4) 受贿罪与贪污罪两者侵犯的客体不同，不足以成为非国家工作人员可以成立贪污罪共犯而不能成立受贿罪共犯的理由。如果说非国家工作人员可以伙同国家工作人员完成贪污行为，侵占公共财物的所有权，那么，也没有理由否定非国家工作人员可以教唆、帮助国家工作人员利用职务上的便利索取他人财物或者非法收受他人财物、为他人谋取利益，与国家工作人员一起共同完成侵犯国家工作人员职务行为不可收买性的行为。否则，解释的结论就是不协调的、有矛盾的和丧失公平的。(5) 刑法仅仅就内外勾结的贪污罪的共犯问题作了规定，并不意味着受贿罪就不存在内外勾结的共犯。应当明确，刑法第 382 条第 3 款的规定是提示性规定，没有强调只有在贪污罪中才存在、而在其他犯罪中就不存在无身份人与有身份人共同犯罪的问题。否则，以此推论，对于刑法分则没有共犯提示性规定的犯罪（即使仅就特殊主体犯罪而言，刑法分则中绝大多数犯罪也都没有共犯提示性规定，如强奸罪、刑讯逼供罪、暴力取证罪、职务侵占罪、挪用公款罪，等等），即使存在事实上的共同犯罪，也都不能认定共同犯罪了。若如

① 王发强：“内外勾结的受贿罪共犯是否已被取消”，载《人民司法》1998 年第 9 期。

此，刑法总则关于共同犯罪的规定还有何意义？或者说，对于个罪共犯的认定，难道均需要分则的相应规定为依据？总之，无论在理论上，还是在实践中，非国家工作人员与国家工作人员可以成立受贿罪共犯，都是应当肯定的。2003 年 11 月 13 日，最高人民法院下发的《全国法院审理经济犯罪案件座谈会工作纪要》指出："根据刑法关于共同犯罪的规定，非国家工作人员与国家工作人员勾结，伙同受贿的，应当以受贿罪的共犯追究刑事责任。"上述《纪要》内容明确了非国家工作人员可以与国家工作人员成立受贿罪的共犯，而且，由于收受财物的客观行为可以由非国家工作人员实行，因而非国家工作人员不仅可以成为受贿罪的教唆犯、帮助犯，还可以与国家工作人员成立受贿罪的共同实行犯。

最后需要强调，在经济犯罪规范的体系解释中，还应当注意，当照应性规定与所照应的条款存在差异时，应以所要照应的条款为标准进行解释。比如，刑法第 163 条第 1、2 款是对公司、企业人员受贿罪的规定，第 3 款是针对国有公司、企业中具有国家工作人员身份的人实施前两款行为应以受贿罪（第 385 条）定罪处罚的规定。然而，刑法第 163 条关于公司、企业人员受贿罪与第 385 条关于受贿罪的表述存在很大差异：前者索贿行为构成犯罪应当以"为他人谋取利益"为要件，而且必须数额较大，但后者对于索贿行为构成犯罪并没有"为他人谋取利益"要件的限制。那么，根据刑法第 163 条第 3 款的规定，国有公司、企业中具有国家工作人员身份的人，索贿成立受贿罪，应当按照第 163 条第 1 款的规定还是按照第 385 条的规定为标准呢？似乎十分困惑。笔者认为，照应性规定只是提醒司法人员注意相关条款的适用，而非改变所要适用罪名的构成要件，因此，国有公司、企业中具有国家工作人员身份的人索贿的，应依刑法第 385 条评价，其成立受贿罪不以"为他人谋取利益"为要件。

金融领域经济犯罪新形态研究

——以近期证券市场涉罪问题为重点

顾肖荣*

近年来，我国金融业发生了历史性的变化，金融在经济社会发展中发挥了重要的支撑和促进作用。与此同时，和金融领域相关的经济犯罪也在迅速上升，其中尤以和证券市场相关的新形态犯罪更为突出，呈现出势头猛、手法新、危害大的特点。

所谓金融领域经济犯罪的新形态（包括近期证券市场涉及的犯罪），是指经济犯罪近几年在金融相关领域所表现出来的新形式、新手法，例如委托理财等。新形态并不等于出现了新罪名，而是这种犯罪活动往往包括了一个或数个老罪名，例如委托理财达到了一定危害程度后，往往包括非法吸收公众存款罪和操纵证券交易价格罪两个罪名。这种新形态的犯罪往往伴随于金融改革和经济发展，具有很强的欺骗性，还在相当范围内流行，因此，具有极大的危害性。

此外，本文不提金融犯罪，而提金融领域的经济犯罪，也是有一定考虑的。因为后者比前者的范围更宽一些。所谓金融犯罪，通常是指围绕着金融机构和金融过程所实施的犯罪。在我国，通常包括刑法分则第三章第四节、第五节的犯罪，即第三章破坏社会主义市场经济秩序罪中的第四节破坏金融管理秩序罪和第五节金融诈骗罪。而所谓金融领域经济犯罪的范围就比较广：它不仅包括刑法分则第三章第四节、第五节的犯罪，而且还可包括部分财产犯罪和部分贪污贿赂犯罪。

从近年来的司法实践看，金融领域经济犯罪的新形态大体有以下几种情况：以委托理财形式出现的非法吸收公众存款罪、集资诈骗罪或操纵证券交

* 上海社会科学院法学研究所所长，研究员，博士生导师。

易价格罪；以代理非上市公司股权并引诱交易形式出现的非法经营罪或职务侵占等犯罪；违规披露重要信息和操纵证券市场；背信运用受托财产罪；围绕银行存贷款业务而实施的各种犯罪，等等。

由于上述各种犯罪往往案情复杂，涉案人员多，持续时间长，资金流向曲折，被害人有时涉及群体，案值和违法金额巨大，所以，罪与非罪、此罪与彼罪界限的认定比较困难。本文仅就实践中已经碰到过的问题作一些概括性的论述，以求教于同行：

一、打着委托理财旗号的犯罪

“委托理财”并不是一个严格意义上的法律概念，而是证券金融行业的一个习惯用语[①]。“委托理财”通常是一个民事法律关系上的用语，泛指委托人将自己拥有所有权或处分权的财产（动产或不动产；现金、证券或其他金融资产）委托给受托人由受托人进行投资管理的活动。近年来，在我国大量出现的“委托理财”仅仅指金融市场上的理财行为[②]，通常不包括其他实物商品或房地产理财行为，例如，商品质押物管理、房地产租赁管理等等。

从目前已发生的案件看，“委托理财”涉及刑事犯罪的，往往与非法吸收公众存款、操纵市场和内幕交易等金融犯罪联系在一起。例如，上海友联管理研究中心有限公司和唐万新等人指使和操纵金新信托、德恒证券、恒信证券、中富证券、大江国投等单位，采取承诺保底和固定收益率等方式，签订大量的委托理财、国债委托理财、资产管理合同，向社会不特定对象（包括上市公司、自然人或其他机构），变相吸收公众存款人民币437.427亿余元，其中未兑付资金金额为人民币167.052亿余元，数额特别巨大，已构成非法吸收公众存款罪。此外，新疆德隆（集团）有限公司和唐万新等人集中资金优势、持股优势，以自己为交易对象，以自买自卖等手段长期操纵股票交易价格，严重扰乱了证券市场交易秩序，其行为均已构成操纵证券交易价格罪[③]。

这类案件往往有以下特点：

（1）从接受“委托理财”的主体看，有证券公司、投资管理公司、信托

---

① 《证券公司客户资产管理业务试行办法》（中国证监会颁布，2004年2月1日起施行）未提“委托理财”，只提“客户资产管理业务”。

② 我国目前金融市场上的理财行为，主要有以下几类：一是基金管理公司所从事的委托资产管理业务；二是证券公司所从事的客户资产管理业务；三是信托投资公司所从事的资金信托管理业务。此外，期货管理公司、企业财务公司、资产管理公司等也会涉及“理财业务”。

③ 参见2006年4月29日武汉市中级人民法院刑事判决书（2006）武刑初字第37号。

投资公司、保险公司和私募资金（有时也以公司名义出现）。从法律上讲，这些机构都没有资格向社会不特定对象吸收存款，但它们却打着“委托理财”的旗号，实际上干着非法吸收公众存款的行动，即出具凭证，承诺在一定期限内还本付息或给以保底收益。其中以私募基金较为常见，它们往往连委托理财的资质也没有（综合类证券公司经过有权机关批准才有理财资质），一旦发生了亏损，又不积极采取措施，私募基金就容易成为案件被告。证券公司（券商）也很容易成为被告：通常因委托理财发生巨额亏损，证券公司营业部门操盘人逃跑或失踪而案发。当事人（原告）往往愿意按民事案件处理，要求追回财产损失，“争财不要人”；如果按刑事案件处理，就有可能追不回财产。按法律规定，券商即使具备“理财”资质，也不得从事非法吸收公众存款业务。但正规基金因委托理财成为被告的就很少见。因为一方面购买基金合同中本身就没有保底条款，不存在违法犯罪的前提；另一方面，国家对证券投资基金有严格的法律监管和信息披露制度，从客观上防止其成为民刑案件的被告。

（2）从委托人的身份看，大多数是自然人和上市公司，当然也包括其他机构，如非上市企业或事业单位等。这些主体难以抵挡高额回报的诱惑，就把大笔财产，甚至一生的积蓄送到这些非法机构的手中。德隆旗下的德恒证券，从2002年底到2004年7月期间，以开展委托理财和资产管理业务为名，以承诺保底和固定收益率的方式（一般是年利12%—15%）向413家单位和772名个人变相吸收资金208亿元，至案发，尚有68亿元客户资金未兑付①。

（3）从委托理财的手法看，主要采取以下三种形式：①国债委托理财；②委托理财；③三方监管协议，即委托理财合同由三方主体（委托方、受托方和监管方）共同签订，一般由证券公司（券商）充当监管方；出资人充当委托方；投资管理公司或投资顾问公司充当受托方。三种形式的共同点是对客户承诺保底收益，一般是年利12%—15%，有时高达22%。一般情况下还采取子母合同形式，即与客户签订的合同分为正式合同和补充协议两份。在正式合同中不体现任何承诺保底收益的文字，以规避监管。另在补充协议中写明承诺保底收益。

（4）从合同的名称看，也是五花八门，各不相同。有委托理财、资产管理、委托投资、合作投资、受托资产管理、信息咨询服务协议、国债托管协

① 参见林华薇：“德隆案庭审纪实”，载《财经》2005年6月13日总第135期。

议等。

从涉罪法律关系看，主要有以下问题值得研究：

（1）受托理财人的主体资格问题。

受托人是否具有从事资产管理业务的资格？对刑事和民事法律关系的认定有极大关系。从刑事法律关系看，重庆中院认定德恒证券有罪；武汉中院认定上海友联有罪，都是以德恒证券和上海友联从未取得过资产管理业务资格为重要理由的。从民事法律看，受托人是否具有从事资产管理业务的资格，直接关系到合同效力的有无问题。一般来讲，有资格的受托人与客户签订的合同应认定为有效；否则就属无效。

（2）怎样才能构成非法吸收公众存款罪？

实践中，并非所有没有资格的受托人的行为都构成非法吸收公众存款罪。实际上也是有的构成该罪；有的不构成该犯罪。

至于没有资格的受托人的行为在什么情况下才能构成非法吸收公众存款罪？这就要看其行为特征是否符合该种犯罪的构成要件了。从委托理财行为来看，作为金融系统推出的委托理财是以受托投资管理形式出现的，但是国务院《非法金融机构和非法金融业务活动取缔办法》（1998 年 7 月）（以下简称《办法》）和相关证券管理规定都明确规定，任何非金融机构不得擅自设立、从事或主要从事吸收或变相吸收公众存款的业务。存款是商业银行接受客户存入的资金，存款人可以随时或按约定支取本金和利息。商业银行是取得商业银行业务资格的金融机构。《办法》第 4 条第 2 款规定："所称非法吸收公众存款，是指未经中国人民银行批准，向社会不特定对象吸收资金，出具凭证，承诺在一定期限内还本付息的活动；所称变相吸收公众存款，是指未经中国人民银行批准，不以吸收公众存款的名义，向社会不特定对象吸收资金，但承诺履行的义务与吸收公众存款性质相同的活动。"德恒证券和上海友联在未取得国家资产管理资格单项审批的情况下，以承诺固定收益和保底为诱饵，向社会不特定对象吸收资金分别至 208 亿元和 437 亿元，符合国务院 1998 年颁发的《办法》第 4 条第 2 款的规定，且达到数额巨大程度，应构成刑法第 167 条之非法吸收公众存款罪。

（3）关于"保底条款"。

所谓"保底条款"，是指承诺给以保底收益或客户本金不受损失。我国《证券投资基金法》第 20 条和《证券法》第 143 条禁止基金管理人和证券公司以任何形式对客户（含基金份额持有人）承诺收益或者承担损失。这是法律规定的强制性条款。根据我国《合同法》第 52 条之规定，违反法律、行政法规强制性规定的合同无效。因此，在基金和证券交易合同或委托代理合同中的保底条款都是无效的。此外，中国证监会颁布并于2004年2月起施行的《证券公司客户资产管理业务施行办法》第41条也规定，证券公司不得向客户作出保证其资产本金不受损失或者取得最低收益的承诺。可见，不管是在基金、证券还是在理财业务中，我国法律及有关规定都有不得设立“保底条款”的硬性规定。在民事案件中，保底条款往往导致合同无效的法律后果；但在刑事案件中，“保底条款”就成了保证还本付息的明证，成为构成非法吸收公众存款罪的不可缺少的一个要件。

二、操纵证券市场和违规披露信息

随着2006年和2007年上半年的“大牛市”以及《刑法修正案（六）》于2006年6月29日的公布实施，操纵证券市场和违规披露信息行为出现了一些新情况：

（一）关于操纵证券市场

近来，有一些人突破刑法第182条中通谋买卖、连续买卖、自买自卖等行为框框，采取了以下一些手法操纵证券市场：一是通过以明显高于市场成交价格的申报价格进行大笔、连续交易，从而快速推高股价，造成涨停，严重影响股票市场的正常供求，扰乱市场交易秩序；[①] 二是不以实际成交为目的，一天中连续大量申报买入或卖出一种或几种股票，在实际成交前却撤回申报。这种手法也会对某些股票股价的涨跌形成巨大的冲击力，从而扰乱整个证券市场的秩序；三是通过不断炒作“欲说还休”或“说不清楚”的信息，操纵某公司股票价格，使其屡屡“涨停板”或“跌停板”。例如，2007年3月13日，杭萧钢构公告披露签下300多亿元的安哥拉大订单，但从2月12日起股价从4.24元开盘后已经连续涨停，3月13日公告后的第三天，竟出现了34%的日换手率。提前获知被走漏的信息在先，消息公开蜂拥出货在后，仅10来个交易日（中间隔了个春节）获利便可超过100%。股价和信息披露配合得天衣无缝，这是纯属偶然还是有人为操纵之嫌？2007年4月4日，中国证监会立案稽查杭萧钢构，股价连续2个跌停，但随即又拉出2个涨停。令很多市场人士叹为观止。从2月到4月的近两个月时间里，公司几乎每隔一天都有澄清公告或其他说明公告，但最终这300亿元的“利好”仍悬在市场上空；期间，该股历经11个涨停+2个跌停+2个涨停，成为中国证券史上的一个“奇迹”。2007年4月27日，中国证监会发出相关文件，认定杭萧

① 参见许超声：“打击非法违规交易决不手软”，载《新民晚报》2007年4月20日。

钢构在“安哥拉天价订单”项目上对外信息披露违规违法，信息披露不及时、不准确、不完善；同时，经证监会调查，在杭萧钢构附件中，有人涉嫌犯罪，证监会已将相关证据和线索移送公安机关，请其依法追究刑事责任。此外，炒作信息操纵股票价格的，还可举出不少例子，例如，某家券商想借壳上市，期间，一家券商可能先后或同时与十多家有合作意向的上市公司进行洽谈。券商每与一家上市公司接洽，该公司股价就会飙升，而往往直到10多家上市公司全部接洽完毕，最终可能谁也没有被选中，但股份却早已飙升得让人看不懂了。① 以上三种操纵手法与刑法第182条第1款第（一）至（三）项所列举的情况不能完全吻合。

第一种操纵手法虽有连续买入的行为，但连续特征并不明显，行为人主要通过明显的高价申报，大量买入，迅速推高股价，来造成涨停；这与传统的通过波段性的连续买卖，逐步推高股价，使其达到预想的高位的手法有所不同。

第二种操纵手法甚为奇特，行为人不以实际成交为目的，一天中连续大量申报买入或卖出一只或几只股票，但在实际成交前却撤回申报，而这时股份已经大受影响，甚至已对市场秩序造成冲击。有人认为，由于在实际成交前撤回申报是交易规则所允许的，因此，就事论事而言，很难认定这种行为属于违法。②

第三种手法更加怪异，行为人不断打擦边球。你说我违规披露信息，我说自己没有：我一有信息就披露，几乎隔天披露，即使受到证监会查处，我也及时披露已被调查的信息，我还不断向投资者提示风险。但不管怎么披露，怎么提示风险，股价还是要涨，我有什么办法！刑法第181条之罪要求制造并传播证券交易虚假信息，而“签下300亿合同大订单”不是虚假信息：只要签下该合同就行了，至于今后是部分履行还是全部履行甚至不履行，那就是另外一回事了。因此，第三种手法与刑法第181条之罪不相符合。总之，前述三种手法都属于新情况，在法律适用上产生了一些不同意见。笔者认为，

---

① 参见蒋娅娅：“说清300亿元就这么难”，载《解放日报》2007年4月13日；徐建华等：“识牛市‘妖股’”，载《扬子晚报》2007年4月11日。

② 参见中国台湾地区证券交易法第155条第一项第一款：“在集中交易市场报价，业经有人承诺接受而不实际成交或不履行交割，足以影响市场秩序者”，对这种行为（违约交割），处7年以下有期徒刑、拘役或并科罚金。有人认为，由于现在大量实施电脑撮合交易，所以这种现象目前已经不存在。实际上，由于交易规则允许在未实际成交前撤单（包括基金也可以撤单），而且实务中实行二级交割[即①券商与交易所（中央结算公司）之间的交割；②券商与投资者（股民）之间的交割]，所以，“违约交割”的现象还是可能发生的。借鉴中国台湾地区证券交易法，对这种行为有刑事处罚之必要。

这三种手法都有严重的社会危害性，也对金融管理秩序造成了大的冲击和扰乱。从“罪刑法定”的原则出发，实际上有相应的刑法条款可以应对：刑法第182条第一款第（四）项规定：“以其他方法操纵证券、期货市场的。”笔者认为，这三种手法都可以归入“其他操纵方法”，从而认定行为人犯有操纵证券市场罪。[①] 这是因为：①经过《刑法修正案（六）》第11条的修订，操纵证券市场罪目前不以“获取不正当利益或者转嫁风险”为要件，不管这是主观目的还是客观后果，刑法都不要求。②这三种行为行为人主观上都有故意，即知道自己行为会引起扰乱证券市场管理秩序的后果（即股价大起大落），却仍然这样做。③这三种行为与操纵证券市场的前三种情况相类似，即制造交投活跃的表象，吸引其他股民和机构盲目跟进，迅速拉升或杀跌股价。所以可归入“以其他方法操纵证券、期货市场”。

对上述三种情况，虽然从构成要件上讲可以适用刑法，但因刑法第182条规定有“情节严重”这一要件，所以，仍有一些前置因素需要考虑：例如，在行政稽查或处理的相关阶段和程序上，行为人是否及时纠正自己的错误，认识态度的好坏也有极大关系。按照法律行政法规、部门规章和交易规则的规定，证券监管机关和一线监管机关可以对行为人的账户采取限制交易、暂停交易、警告等措施，如果行为人一意孤行、不听劝告和警告，屡教不改，或屡纠屡犯，这样，就应对其采用最严厉的刑罚手段。

（二）关于违规披露信息

《刑法修正案（六）》第5条新增了违规披露信息罪，并对原刑法第161条提供虚假财会报告罪的行为主体予以扩大。但在实施中，也有以下问题值得探讨：

(1)《关于经济犯罪案件追诉标准的规定》（以下简称《追诉标准》）[②] 第4条规定，实施了刑法第161条规定之行为，“涉嫌下列情形之一的，应予追诉：①造成股东或者其他人直接经济损失数额在50万元以上的；②致使股票被取消上市资格或者交易被迫停牌的”。这里产生以下疑问：

第一，所谓“交易被迫停牌”，就是根据证券交易所的决定股票暂停交易或暂停上市。“交易被迫停牌”可能出于法定事由，如上市公司不再符合上市条件或进行违法活动等；也可能出于技术性原因，如证券交易所在监管中发现上市证券有异常交易情况，需要调查时，也可决定该证券作技术性暂停交

① 第一种操纵手法也可适用刑法第182条第一款之第（一）项。直接以“连续买卖”（单独或合谋、利用资金优势）定操纵证券市场罪。

② 最高人民检察院、公安部公发［2001］11号。

易。这些都可视为“被迫停牌”。特别在后一种情况下，暂停交易是经常发生的，如果把这种情况都作为构成刑法第 161 条之罪的严重情节，那么，打击面就太宽了。因此，笔者建议，在修订《追诉标准》时，应取消“交易被迫停牌”这一句，不能将其与“情节严重”等同。否则，就混淆了刑事处罚与行政处分的界限，使罪与非罪界限不清。

反过来，有时异常交易非常严重，引发证券市场激烈振荡，严重破坏金融市场管理秩序，在这种情况下，即使只有一次暂停交易（停牌），也可成为构成犯罪之前提。总之，暂停交易一次或数次本身不能成为判断情节是否严重的独立标准。应结合行为后果等情况一并考虑。

第二，50 万元的追诉标准太低。2002 年最高人民法院已就投资者因证券虚假陈述受损而提起民事赔偿之诉时的问题作了专门的司法解释。按此规定，股民可就已受中国证监会立案处罚的虚假陈述案件和受法院判决构成刑法第 161 条之罪的案件提起民事赔偿之诉。多年来，构成虚假陈述犯罪的案件只有数起；绝大部分都是受行政处罚的案件[①]且“股东和其他人的直接经济损失”都在 50 万元以上。涉案人员往往数十人，数百人，乃至上千人。如果严格按《追诉标准》第 4 条①的要求办，这些案件的行为人都要被追究刑事责任，那显然是打击面过大。因此，笔者建议，将 50 万元改为 500 万元，甚至是 1000 万元以上。这样才有可操作性。

（2）罪数问题

类似杭萧钢构那样的案件，究竟应构成一罪还是两罪？如果是一罪，究竟应定哪一个罪？是刑法第 182 条的操纵证券市场罪，还是刑法第 161 条的违规披露信息罪？

从目前媒体已经披露的材料看，中国证监会已经认定杭萧钢构违规违法披露信息；至于涉嫌犯罪并无实体上的具体内容。如果行为人只有违规违法披露信息的行为，而这种行为的确引起了证券市场的激烈振荡。对此应如何定性呢？第一种选择：可以考虑定为刑法第 161 条之罪，但该罪以“严重损害股东或其他人利益，或者有其他严重情节”为前提，因为有连续 10 多个涨停板只有 2 个跌停板，大势又不断向上，所以受严重损失的人不会多。然而这种行为的确引起股市在近二个月时间里的激烈振荡，故可认定具备“其他严重情节”。总之，可以认定构成刑法第 161 条之罪。

第二种选择：即如本文前面分析的那样，认定该行为符合刑法第 182 条

① 据统计，中国证监会在 1994 年至 2002 年 4 月期间，查处涉及虚假陈述类案件有 52 起，作出 93 件处罚决定。参见顾肖荣等著：《证券期货犯罪比较研究》，第 152 页。

第一款第（四）项之特征，构成刑法第182条之操纵证券市场罪。

上述两种认定都有一定道理，但最终应定哪一个罪名呢？如果将两者关系认定为法条竞合关系，就应适用特别法优于普通法的原则，适用刑法第161条的违规披露信息罪（就违规披露信息而言，第161条之罪是特别法；第182条之罪是普通法）最高刑为3年有期徒刑。

如果将两者关系认定为行为触犯数罪名的想象竞合犯，即行为人以一个类似于杭萧钢构的行为既触犯了刑法第161条之罪，又触犯了刑法第182条之罪，这时就应择一重罪而处断之，即应认定为犯有刑法第182条之操纵证券市场罪（因为情节特别严重的第182条之罪最高刑为10年有期徒刑；同样的第161条之罪最高刑为3年有期徒刑，两相比较，以第182条之罪为重）。最高刑为10年有期徒刑。

笔者认为，以后一种认定，即构成想象竞合关系较为适宜。这是因为如果认定为法条竞合关系，两者之间必然具有错杂规定、相互重复的关系。而第161条之罪和第182条之罪并不具备相互包容、错杂规定的典型情况。因此，这类案件宜定操纵证券市场罪。

当然，如果某些案件从证据材料看，违规披露信息和操纵证券市场都可以独立成罪的，那就构成两罪，实行数罪并罚。此外，操纵证券市场往往与证券内幕交易交织在一起，因此，我们也要关注内幕交易能否独立成罪的问题。

三、“老鼠仓”与违规运用资金罪

“老鼠仓”有多种含义，在基金业，通常是指基金经理或实际控制人在运用公有资金（基金资金）拉升某只股票之前，先用个人资金（包括亲朋好友或本人）在低价位买进股票建仓。等到用公有资金将股价拉升到高位后，个人的仓位会率先卖出获利，而机构（公有）和散户的资金可能会因此而套牢。比较典型的例子是，某基金经理的情人以1元多价格买入五粮液认沽权证，不久后在11元以上全部抛出。① 这种行为的危害性不仅在于损人利己；即为自己或小圈子谋取利益，而让机构和散户资金套牢，而且会引起股市不正常地暴跌暴涨。②

对这种行为究竟如何认识，如何处理呢？这既是一个老问题，也是一个

---

① 参见徐建华等：“‘老鼠仓’坏了牛市汤”，载《扬子晚报》2007年4月19日。

② 参见徐建华等：“股市一天蒸发7000亿，疑是老鼠仓引发‘血案’”，载《扬子晚报》2007年4月20日。

新问题。之所以说它是老问题，是因为在本世纪初，吴敬琏等经济学家就揭露过“基金黑幕”，其中也包括“老鼠仓”问题。只不过，当时操纵股市、内幕交易、非法集资、掏空上市公司资金等问题更为突出，“老鼠仓”问题不太显眼而已。现在，随着对操纵股市等问题治理力度的加大，判了不少操纵者的刑，还有不少高官成了证券市场禁入者，情况有了很大好转。在这种背景下，“老鼠仓”问题相对突出起来了。

迄今为止，“老鼠仓”问题的讨论基本集中在如何进行行政处罚，如何收集证据，如何进行事前防范上。但对其如何追究刑事责任，却鲜有提及的。其实，根据《刑法修正案（六）》第5条即刑法第185条之一第2款违规运用资金罪，对建造“老鼠仓”的行为人，是可以追究刑事责任的。

该款规定：“社会保障基金管理机构、住房公积金管理机构等公众资金管理机构，以及保险公司、保险资产管理公司、证券投资基金管理公司，违反国家规定运用资金的，对其直接负责的主管人员和其他直接责任人员，依照前款的规定处罚。”①

该罪的主体包括证券投资基金管理公司。基金经理是基金管理公司下属基金的负责人，属于直接负责的主管人员，符合主体要求。

该罪的行为是“违反国家规定运用资金”。

这里应注意以下几个问题：（1）关于违反国家规定。这里的违反国家规定，是指违反法律和行政法规的规定。我国法律明确规定禁止类似“老鼠仓”的行为，我国证券投资基金法第20条规定：“基金管理人不得有下列行为：……（三）利用基金财产为基金份额持有人以外的第三人牟取利益。”

上述例子中，基金经理的情人就属于“基金份额持有人以外的第三人”，因为她是五粮液认沽权证的持有人。基金经理除了为本基金公司管理的基金份额持有人谋取利益外，不得为第三人牟利。否则就属于“违反国家规定运用资金”。

（2）关于“运用”。这里的“运用”，应包括“使用”、“动用”、“提取”、“动支”等含义。从字面上看，“运用”似乎也应包括“挪用”，但由于刑法第185条已对“挪用资金和挪用公款”做了专门规定，因此，本条的“运用”，似应包含除刑法第185条之外的“挪用”情况，例如某基金的主管经理将本基金的资金30万元借给自己的朋友应急出国留学手续，2个月后归

① 按刑法第185条之一第1款的规定，情节严重的，对单位判处罚金，并对其直接负责的主管人员和其他直接责任人员，处3年以下有期徒刑或者拘役，并处3万元以上30万元以下罚金；情节特别严重的，处3年以上10年以下有期徒刑，并处5万元以上50万元以下罚金。

还了。这种“挪用”行为不构成刑法第 185 条或刑法第 272 条的挪用公款罪或挪用资金罪，但仍应构成刑法第 185 条之一第 2 款的“违规运用资金罪”。此外，这里的“运用”，应包括各种财产处分行为和占有行为。

(3) 关于“资金”。有些文章将刑法第 185 条之一第 2 款之罪称为“违规运用公众资金罪”。笔者认为，这种提法不妥。因为刑法条文在这里明确将资金分成两部分：前半部分是“公众资金”，即社会保障基金管理机构、住房公积金管理机构等公众资金管理机构管理的资金，由于有财政资金加入到社会保障基金和住房公积金当中，所以它们被称为公众资金。而后半部分刑法条文只称之为资金，即保险公司、保险资产管理公司、证券投资基金管理公司管理的资金，这些资金属于投保人和投资人（基金份额持有人），虽然为社会上不特定多数人所持有，有的也通过公募渠道筹集，但由于没有财政资金加入，所以它们不同于公众资金。综上，将本条款笼统称之为“违规运用公众资金罪”并不妥当；而应使用涵盖面更广的“违规运用资金罪”。

(4) 本条款没有“违背受托义务”和“利用职务便利”的要件，这是要特别注意的。

刑法第 185 条之罪以行为人“利用职务上的便利”为要件，即以行为人有职务为前提。没有职务之人或无职务之便可资利用之人是不会成为该罪主体的。

刑法第 185 条之一第 1 款的行为人以“违背受托义务”为要件，而这种义务来源于委托合同或信托合同，不受这些合同约束也就不可能“违背受托义务”。

本条款（即刑法第 185 条之一第 2 款）主体既不受职务之便限制；也不受委托合同或信托合同的约束，只要“违反国家规定”即为足够。也就是说，没有任何职务便利之人员，或不受任何委托合同或信托合同约束的人员都可能成为本罪的主体。

(5) 本罪是单位犯罪。从法条看，本罪的主体是“机构”和“公司”，因此，本罪只能是单位犯罪，不是个人犯罪。这里就产生了以下问题：

①犯罪主体可以是“其他直接责任人员”，也就是说，被追究刑事责任的不一定仅限于基金公司的负责人、基金经理或公司的实际控制人，也可以是一般工作人员，只要他符合“其他直接责任人员”的要求，比如相关的财会人员、策划人员等。

②单位犯罪通常是指以单位的名义实施犯罪为单位谋取利益的行为。建“老鼠仓”是为情人（第三人）或自己谋利，从表象看，似乎与单位犯罪无关。笔者认为，建“老鼠仓”情况比较复杂，市场运作结果可能也有所不同。

有时是“公私兼顾”，基金和“第三人”都赚了钱；有时是“损公肥私”，基金经理投入大笔资金拉升股价，结果自己也被套牢，“老鼠仓”却“船小好掉头”，赚钱先跑了；有时是“公私皆损”，基金和个人都没跑掉，都亏了，当然这种情况比较少。不管是哪种情况，行为人都是利用自己的特别优势，运用大量的客户资金或公众资金，在为个人或小团体谋利，具有严重的社会危害性，应当追究刑事责任。设想一下，如果行为人为了本单位小团体利益而违反国家规定运用资金要构成犯罪；但其中只要夹杂了自己情人或其他第三人利益反而不构成犯罪了，这岂不荒唐！

四、“代理一级半市场股权买卖”引发的涉罪问题

“代理一级半市场股权”，通常是指行为人以代理买卖非上市公司股权为名，先低价买进（有时根本无需买进，行为人只是与上家谈好以低价位买进的意向就行了），然后以该公司股权将要到美国或其他海外市场上市，可获得高额回报为诱饵，鼓动下家（一般投资者）以较高价格购买。行为人从价差中获取利益。[①] 这种现象在我国已相当普遍地存在较长时间了，往往涉案被害人众多，案值巨大，后果严重。在少数情况下，目标公司（非上市公司）的股票后来果然在国内或海外上市，这样，购买“一级半市场股票”和投资者就可赚一笔。但在大多数情况下，目标公司最终大多不能在国内或海外上市，有的经营情况越来越差，甚至还有破产的。这时，购买“一级半市场股票”的投资者就会受损害，甚至遭受巨大的损失，从而引起严重后果。例如有投资者倾家荡产后自杀的；也有集体闹访而引致社会秩序混乱的。

典型的“代理一级半市场股票”行为通常具有以下特征：①目标公司（非上市公司）的股权或股票是真实的，不是子虚乌有的；②行为人所取的投资者的款项中，有一部分或大部分付给“上家”，作了“购股款”；其余部分被行为人占有；③所称“海外上市”，有些纯粹是编造，有些则为事出有因。

有这样一个典型案例[②]：2004 年 8 月，方某等三人注册成立上海方锦投资咨询有限公司（以下简称方锦公司）。2004 年 8 月至 2005 年 4 月，方某等三人先后租赁了两处办公场所，招聘员工进行代理销售股权的业务。在未经中国证监会批准及取得证券经营许可证的情况下，伪造产权经纪资质及产权

① 参见顾肖荣等：“擅自代理非上市公司股权并引诱交易该如何处理”，载《人民检察》2006 年第 12 期，第 29 页。

② 参见顾肖荣等：“擅自代理非上市公司股权并引诱交易该如何处理”，载《人民检察》2006 年 9 月（下），第 29 页。

交易管理办公室的确认回函，并通过陕西省西安市的中介人林某（在逃）等人联系了西安某科技股份有限公司、西安某制药股份有限公司的自然人股东、低价买进大量股权，然后股权将要在美国上市，可获得高额回报为诱饵，鼓动某市市民以较高价格购买，共卖出股权67万股，合计金额达人民币285万余元。方某等人将获取资金的一半按事先约定汇往西安市林某等人，其余资金除部分用于方锦公司开支外，剩余部分由方某等三人私人瓜分。方某个人分得人民币20万元，另二人均分得人民币10万余元。

对此案究竟如何定性，如何处理呢？大体上有以下四种意见：

第一种意见认为，应构成集资诈骗罪。因为行为人具有非法占有的目的，事实上也占有了差价款。并采用了代理股权买卖这种变相发行股票的方法，骗取社会上不特定对象的钱财，侵犯了国家的金融管理秩序，因此，从主观要件和客观要件上都符合集资诈骗罪的特征。

第二种意见认为，应构成普通诈骗罪。因为行为人未经有权机关批准而擅自代理非上市公司股权交易，虚构高额回报，隐瞒事实真相，引诱社会上不特定人员购买，符合诈骗罪的特征。

第三种意见认为，应构成非法经营罪。因为国家对从事证券中介业务采取准入制，即如果要从事非上市公司股权中介业务，必须得到中国证监会的批准。上述行为人所从事的代理股权买卖，属于经纪行为，他们没有取得许可证即进行代理股票转让的行为，应属于刑法所规定的非法经营行为。刑法第225条第一款第（三）项明确规定："未经国家有关主管部门批准，非法经营证券、期货或保险业务的。"

第四种意见认为，这类行为不构成犯罪。其理由为，非上市公司的股权依法可以自由转让，且无须经过证监会批准或许可，行为人代理股权转让，属一般的民事代理行为，不构成非法经营罪。刑法条文（包括刑法第225条的非法经营罪）并没有将代理非上市公司股权交易列入非法经营罪。

这四种不同意见实际上都因在以下一些法律问题上有不同见解而产生：

（1）非上市股权凭证是否属于证券？股东转让非上市公司股权是否属于证券经营行为？

（2）未经中国证监会批准而擅自代理非上市公司股权交易，是合法的民事代理行为还是非法经营行为？

（3）怎样理解刑法第225条中的"违反国家规定"？

（4）如何理解非法经营罪的主观要件？

关于问题（1）就有以下三种观点：

第一种意见认为，非上市公司股权凭证不属于我国证券法上的证券。从证券的一般含义讲，非上市公司股权凭证不属于我国证券法上的证券。从证券的一般含义讲，非上市公司股权凭证应当属于证券，这没有异议。在美国、日本等国家，其证券法列举了30多种证券，范围较广。因此，在美国、日本等国它也是证券法上的证券。但我国证券法规定的证券却比较简单。我国《证券法》第2条第1款规定："在中华人民共和国境内，股票、公司债券和国务院依法认定的其他证券的发行和交易，适用本法。"可见，我国证券法上的证券是指股票、公司债券和国务院依法认定的其他证券。非上市公司股权既不是股票、公司债券也从来没有被国务院依法认定为"其他证券"，因此，它不是我国证券法上的证券。那么，买卖或代理买卖非上市公司股权凭证的行为就不属于"非法经营证券"。法律对非上市公司的股权转让并无特别要求，实践中股东转让非上市公司股权凭证也是一件很简单的事情，无须主管机关批准，只要双方签个合同，然后到工商机关把股东名称变更一下就可以了，不需要什么特别手续。也就是说，非上市公司股权凭证的转让行为不属于必须经过证监会批准而从事的证券行为，因此，代理非上市公司股权转让的行为本身并无违法性可言。

第二种意见认为，非上市公司股权凭证应当属于证券。从一定意义上讲，证券就是权利凭证，其包括商业证券（又称货币证券），如汇票、支票等；财务证券，如提货单、交货单等；资本证券，如股票、债券等。我们通常所说的证券是狭义的证券，即指有价证券中的资本证券，股权凭证当然属于证券。那么，转让非上市公司的股权凭证是否属于"非法经营行为"？则要具体情况具体分析。

第三种意见认为，非上市公司股权凭证虽然其本身不是我国证券法上的证券，但因方某等人一再宣传其可以到国外上市，广大投资者（不特定多数人）也认为其有投资价值而踊跃购买，所以其拥有了公共性和市场性，代理买卖这类证券不同于一般的股权转让，应当经过有权机关批准。方某等人未经有权机关批准未取得许可就从事股权凭证买卖的代理业务，当然属于"非法经营证券行为"。

笔者基本上赞成第三种意见。实际上，股东本人在非特定场所转让公司股权既不是非法转让行为，更不是非法经营行为。我国公司法和证券法都没有限制或禁止股东转让自己在公司的股份。证券法第39条规定："依法公开发行的股票、公司债券及其他证券，应当在依法设立的证券交易所上市交易或者在国务院批准的其他证券交易场所转让。"股东本人转让自己在非上市公司的股权不是公开发行行为（证券法第10条对"公开发行"已明确定义），因此，不受证券法第39条的限制。而方某等3人代理股权买卖，吸引不特定多数人前来购买，这种行为符合证券法第10条第1款第（一）项“向不特定对象发行证券的”特征，构成“公开发行”，理应经过有权机关批准方可进行。方某等三人未经批准没有获得经营许可证就针对不特定多数人代理买卖非上市公司股权，应当属于非法经营。

关于问题（2），未经中国证监会批准而擅自代理非上市公司股权交易，是合法的民事代理行为还是非法经营行为？这个问题仍与第一个问题密切相关。关键在于行为人的代理行为是面向200人以下的不特定对象，人数再少，这种代理行为也是非法经营行为；如果是面向特定对象，只要人数在200人以下（根据证券法第10条第1款第（二）项之规定精神）的，这种代理行为就是合法的民事代理行为。尽管未经中国证监会批准也没有关系。

关于问题（3），即怎样理解刑法第225条中的“违反国家规定”？对中国证监会办公厅（2005）7号函（以下简称7号函）应如何看待？有以下分歧意见：

第一种意见认为，刑法第225条中的“违反国家规定”，是指违反法律和国务院行政法规（刑法第96条有明确规定），因此，不包括证监会办公厅7号函。该函规定：“公司采用以股东转让股权形式向不特定投资者筹集资金，属于变相公开发行股票行为，未经中国证监会核发证券业务许可证而代理非上市公司股权交易的行为，涉嫌构成未经批准并领取证券业务许可证擅自经营证券业务的行为。”也就是说，以中国证监会办公厅7号函为依据认定被告人犯有非法经营罪是缺乏法律根据的。

第二种意见认为，7号函基本上属于国务院行政法规的范畴。因为国务院下面有很多部门，证监会实际上是代表国务院对整个证券市场进行管理和监督的职能部门，有权对涉及证券业务的问题作出解释，而且它的解释应该说是代表了国务院，应当视作是国务院的规定。事实上，国务院的很多规定都是以部委办的名义来颁布的，并不是全部以国务院名义颁布。综上可以认为，违反证监会办公厅7号函就是违反“国家规定”。

笔者基本上赞成第一种观点，即①不能以证监会办公厅7号函为依据认定被告人“违反国家规定”，国家规定只能是法律和行政法规。②7号函至多只能算部门规章。依我国立法法规定，法律行政法规与部门规章是不容混淆的。③这里的“违反国家规定”主要是指违反证券法第10条和第39条中的相关规定，这已经足够。不必再引用7号函。

关于问题（4），如何理解非法经营罪的主观要件？

笔者对此问题有以下看法：

刑法第225条并没有明示该罪主观要件为“以非法占有为目的”或“以

营利为目的”。首先，非法经营罪的主观要件不同于刑法第 192 条的集资诈骗等犯罪，不需要“以非法占有为目的”，行为人主观上意图通过自己的非法经营活动来获取利益（差价），并不想将他人的钱财直接变为自己所有。

其次，非法经营罪的主观要件也不同于刑法第 214 条的侵犯著作权等犯罪，也不是通常的“以营利为目的”。“以营利为目的”的犯罪，一般在刑法理论中被称为“目的犯”，是指刑法分则明文规定某种犯罪必须具有某种犯罪目的，这种目的是该犯罪的特别构成要件。通常来讲，指控犯罪方必须举证证明被告人具有该种“犯罪目的”。从刑法条文看，非法经营罪既没有显示“以营利为目的”，也没有明显“以营利为目的”，可见对其主观要件的证明要求是比较低的。指控方只须证明被告人主观上有故意即足够：即被告人明知自己的行为会带来扰乱市场秩序的后果而仍然实施之，就行了。至于是直接故意还是间接故意，均非所问。

综合对以上四个问题的回答和分析，笔者认为，方某等三人可以构成非法经营罪，但其理由并非因为他们违反了中国证监会办公厅（2005）7 号函，而是因为违反了证券法第 10 条和第 39 条的相关规定，从而符合“违反国家规定”的要件，实施了未经有权机关批准而向社会上不特定多数人代理非上市公司股权买卖活动，构成了非法经营行为。

非法承销证券罪识别与学理解构

顾　雷*

一、非法承销证券罪刑事立法的必要性

证券法律与刑事法律应该是相互对应的关系。如果证券法律已经对某种行为规定为可以追究刑事责任的，在刑事法律中应该有所反映，否则证券法律的规定便成为一纸空文，没有任何实际意义，然而，在目前我国证券法中却存在证券法律和刑事法律不相对应的情况。《证券法》第176条规定："证券公司承销买卖未经核准或者审批擅自发行的证券的，由证券监督管理机构予以取缔，没收违法所得，并处以违法所得一倍以上五倍以下的罚款。对直接负责的主管人员和其他直接责任人员给予警告，并处以3万元以上30万元以下的罚款。构成犯罪的，依法追究刑事责任"。但对于如何追究证券公司承销上述未经国家有关主管机关核准或者批准擅自发行的证券的行为，在1997年《刑法》中找不到与此相对应的条文，即使行为人非法承销数额巨大的擅自发行的证券，造成严重后果而构成犯罪的，也无法追究承销公司代理买卖未经核准或者审批擅自发行证券的行为的刑事责任。因此，有必要对《刑法》进行补充和完善，对非法承销买卖证券犯罪的行为，对于数额巨大或者情节严重的，将这种严重证券违规行为升格为一种新型证券犯罪，纳入刑事法律体系。

正因为立法的疏漏，导致司法实践中对非法承销证券行为以什么罪名追究刑事责任产生不同看法。第一种意见认为，对非法承销证券行为应按照欺诈发行股票、公司债券罪论处。虽然两罪在主观上都想通过非法发行或者代理行为牟取利益，但区别也是明显的，将两者混淆互换是不妥的。

（1）犯罪主体不同：欺诈发行股票、公司债券罪是指上市公司在招股说

* 中国人民大学金融与证券研究所研究员，法学博士，经济学博士后。

明书、认股书、公司、企业债券募集办法中隐瞒重要事实或者编造重大虚假内容，发行股票或者公司、企业债券，数额巨大、后果严重的行为。到目前为止，《刑法》第160条犯罪主体基本上是上市公司，很少有证券公司或者其他金融机构。而非法承销证券罪的主体一般也是证券公司或者其他金融机构，不会是上市公司或者其他普通公司。①

（2）两罪发生的领域不同：欺诈发行股票、公司债券罪显然是发生在股票一级市场的证券犯罪，着眼点是隐瞒重要事实或者编造重大虚假内容的欺诈购买新股或者债券的投资者；而非法承销买卖证券犯罪，着眼点是没有经过国家有关部门批准的证券承销行为，欺骗对象仅限于二级市场中的投资者。

（3）客观方面表现不同：欺诈发行股票、公司、企业债券罪的行为方式必须是在招股说明书、认股书、公司企业债券募集办法中，通过隐瞒重要事实或者编造重大虚假内容等方式发行股票或者公司、企业债券的；而非法承销证券罪的行为模式全然没有如此多的欺诈情节，只是承销未经国家有关主管机关核准或者批准的证券的行为，具体承销行为本身并不存在任何隐瞒重要事实或者重大虚假成分。

（4）两罪犯罪对象不同：欺诈发行股票、公司、企业债券罪的犯罪对象是国家有关主管部门已经核准或者批准发行的股票或者公司、企业债券；而非法承销证券罪的犯罪对象则是国家有关主管部门没有核准或者批准发行的股票或者公司、企业债券。

那么，是否可以用擅自发行股票、公司、企业债券罪替代非法承销证券罪呢？回答是否定的。因为两罪存在本质的区别，在司法实践中不能相互混淆，如两罪发生领域不同，擅自发行股票、公司、企业债券罪是指未经国家有关主管部门批准，擅自发行股票或者公司、企业债券，数额巨大、后果严重的行为，显然，该罪属于一级市场证券犯罪，是违反发行程序和条件的非法发行行为；而非法承销证券罪，其着眼点是直接承销没有经过国家有关部门批准的股票、债券，属于二级市场证券犯罪，是违反交易程序和条件的非法承销行为。另外，两罪的主体条件也不完全相同，擅自发行股票、公司、企业债券罪主体完全是无权发行股票或者公司、企业债券的自然人或者机构，处

---

① 当然，《刑法》第160条规定的主体是上市公司，这种情况也不是绝对的。虽然目前国内尚未有证券公司成为上市公司的，但将来证券公司成为上市公司是必然的趋势。目前，国内证券市场中，已有银行成为上市公司的先例，诸如民生银行、浦发银行、深圳发展银行等都已是挂牌上市的金融机构，将来也不排除证券公司成为上市公司的可能。届时犯罪主体就有可能是不存在不同之处。就目前而言，两罪在犯罪主体上的区别还是很重要的一个方面。

罚对象偏向于无资格的发行人或者机构；而非法承销证券罪的主体多是有资格的正规的承销证券的证券经营机构，承销主体资格本身不存在任何问题，只不过承销了未经核准擅自发行的股票或者债券而已。

显然，两者是不能随便替换的，在司法上将两者相提并论是有害的，不符合罪刑相适用原则。只有设立了非法承销证券罪，才能延续与《证券法》第176条的内在逻辑关系，与《刑法》第179条擅自发行股票、公司、企业债券罪共同组成较为完整的发行与交易领域证券犯罪预防、惩治体系，丰富和完善证券犯罪刑事立法的刑罚体系，理顺《证券法》第176条内在的逻辑关系，协调证券法律和刑事法律在承销擅自发行的证券方面犯罪的法律关系。①

二、非法承销证券罪概念及构成要件

非法承销证券罪，是指证券公司及其他证券经营机构承销未经国家主管部门核准或者审批擅自发行的证券，数额巨大、后果严重或者有其他严重情节的行为。因此，必须搞清楚以下诸多问题。

1. 对“擅自发行的证券”的理解

非法承销证券罪成立的一个前提就是非法承销的证券必须是未经国家有关主管机构的核准或者审批擅自发行的证券，因此，如何认定“擅自发行的证券”就成为构成该罪的一个重要因素。从证券市场实践讲，“擅自发行的证券”应该包括以下几个形式：

（1）尚未向主管机构报请批准，就自作主张发行的证券。《公司法》明确规定：发起人公开募集股份时，必须向证券管理部门递交募股申请，并报送批准设立公司的法律文件、公司章程、发起人姓名或者名称、招股说明书以及承销机构的名称及有关协议等主要法律文件。如果上述法律文件尚未向有关主管部门上报申请，发行人就自作主张发行的证券，应该视为擅自发行的证券。

（2）发行人虽已经申请报批，但未获得最后批准就发行的证券。由于有关法律文件不符合法定发行条件而未获有关主管部门确认和批准，发行人就匆忙发行的证券，此部分证券就属于擅自发行的证券，例如：发起人虽然上报了证券法律规定的法律文件，但其中有的法律文件不全或者不符合要求，

① 证券公司在证券二级市场中进行股票、企业债券、公司债券以及国债的承销业务，故又称承销商，而代理也就是承销的意思，只不过主承销商更多用承销，而分销商用代理，在证券交易市场中，两者含义基本相同，不同的称谓而已。因此，本罪罪名统一以“非法承销证券罪”，简洁易记。

或者出资额、发起人认购股数、股本结构重大缺陷甚至存在虚假出资等问题，有关国家主管机关停止审批，但发行人置若罔闻，继续发行的证券就可以视为“擅自发行的证券”。

(3) 发行人报请审批，有关主管机构也批准了，最后又撤销的。由于在审批后又发行存有不符合法律规定之处，有关主管机构又予以撤销后，发行人视而不见仍然坚持发行的证券，仍然可以视为“擅自发行的证券”。

(4) 发行人报请审批，有关主管机构也核准了，但发行人超越审批单位发行的。由于发行人没有完全按照批准的法律文件发行，擅自超越了批准条件发行的证券，显然，超越了批准文件的范围和条件发行的证券是没有合法授权的，此部分证券当然可以视为“擅自发行的证券”。

2. 非法承销证券罪的主体

从《证券法》第176条规定的情况看，非法承销证券罪的主体应该指有合法承销资格的证券经营机构，属于特殊主体范畴。综合类或者经纪类证券公司具备承销证券的资格，因此，理当成为非法承销证券罪的主体。

当然，非法承销证券罪的主体并不仅仅局限于证券公司，从我国《公司法》和《证券法》有关规定看，能够承销有价证券（包含股票、公司债券、企业债券以及基金等）的机构还包括银行、基金管理公司等其他金融机构，其中，国有银行一直具有承销有价证券的资格，例如国库券、国债以及企业债券等，商业银行近年来也获此资格，与国有银行在承销有价证券方面并无实质差别，成为本罪主体应该不是问题。信托投资公司从1995年以后也被中国人民银行核准获得承销有价证券资格，其承销国库券、国债以及企业债券等也不存在问题，另外，加入WTO后，我国允许外国投资者通过参股中外合作投资基金管理公司或中外证券市场而直接从事A股、B股交易，也有资格从事政府债券和公司债券的承销和代理业务。因此，非法承销证券罪的主体都应该相应包括上述这些机构。

如果不具备承销资格的金融证券经营机构非法承销擅自发行的证券，如何认定？如果只处罚那些具备承销资格的证券经营机构承销擅自发行的证券的行为，而不处罚这些不具备承销资格的证券经营机构或者个人，即越是不具备承销资格的机构承销擅自发行的证券，其社会危害性越大，越是不受法律的约束和惩处，反而越是安全。这显然有违社会公众对法律的要求，也有违证券犯罪的立法初衷，因此，必须对非证券经营机构承销擅自发行的证券的违规行为也动用刑法加以规制和处罚。

对于不具备承销资格的机构非法承销擅自发行的，从犯罪行为上看，不具备承销资格的机构承销擅自发行证券的行为，应该属于非法经营证券业务行为范畴，与《刑法》第225条“非法经营罪”规定的犯罪构成在本质上有相通之处，套用《刑法》第225条“非法经营罪”论处更为合理。

3. 非法承销证券罪的行为构成

目前，我国证券市场证券公司承销股票、公司、企业债券主要有代销、余额包销、定额包销和全额包销四种方式。① 无论哪一种方式，其犯罪行为共同点就是在股票或者公司、企业债券未获得国家有关主管机构合法批准的情况下，证券经营机构就在证券市场上承销买卖这些股票或者公司、企业债券，都不影响本罪的认定。当然，由于承销方式不同，决定非法承销证券的数量，因此，不同的承销方式可能对本罪的量刑产生影响，例如：普通代销与全额包销在最后认定行为人承销证券的数额时会有所不同。普通代销只是行为人按照《承销协议》约定尽力推销股票或者债券，到了承销截止日期，没有代理销售出去的证券将退还发行人，行为人不承担买卖证券的任何风险，只充当一个“机械”的卖券人角色，因此，在最后认定行为人非法承销证券数额时，只能以实际推销或者代理的证券数额，而不能按照发行人原始发行证券的数额，而全额包销则是行为人先将发行人非法发行的证券全部认购下来，然后再向市场投资者推销，显然，在最后认定行为人非法承销证券数额时，应该以其先前认购下来的证券数额，而不能以其实际推销的数额确定。

当然，对于非法承销行为的认定，并非这样简单，根据证券市场实践，以下两种情况应该特别注意。

首先，行为人未等证券核准或者审批而先行承销，在承销期间该证券又获得核准或者审批资格的行为认定。

（1）先行承销未经核准或者审批的证券，尽管承销期间该证券获得核准或者审批，但在承销开始时，该证券尚未获得相应的核准或者审批，当然可

① 在我国证券市场中，（1）代销是指股票或者公司、企业债券的发行人委托承销商通过其营业网点代其销售股票或者公司、企业债券等，承销商与发行人签订《承销协议》，按照《承销协议》约定的代理买卖股票或者公司、企业债券的条件和时间内，尽力推销，到了承销截止日期，股票或者公司、企业债券如果没有按照原定的代理销售的数额全部销售出去，则其余未销售部分退还发行人，承销商从发行人处收取委托承销销售手续费，但不承担任何发行风险。（2）余额包销是指由发行人委托承销商按照已确定的发行额度和发行条件，在约定期限内代理买卖股票或者公司、企业债券，到了截止日期，未销售的余额由承销商用自有资金负责认购。余额包销实际上是代销和包销的结合，先为代理买卖，后则承购包销。（3）定额包销是指承销商承购发行人所发行的部分股票或者公司、企业债券等证券，然后在二级市场上向投资者发售股票或者公司、企业债券等证券。（4）全额包销是指由承销商先将股票或者公司、企业债券等全部或者部分认购下来，并立即向股票或者公司、企业债券的发行人支付全部的认购款项，然后再按照证券市场条件转售给投资者。承销与代理在本罪中是同一含义，并没有本质的区别。

以视为非法承销行为，如果承销后造成严重后果的，可以视为非法承销证券行为，但承销期间该证券毕竟获得了批准，再作为非法承销罪论处有所不妥，不符合该罪的犯罪构成要件，因此，充分考虑到事后已获核准或者审批的情节，可以不作犯罪处理，仅作违规行为予以处罚较为适当。

（2）非法承销未经核准或者审批的证券，在承销期结束后才获得主管机构核准与审批的。虽然在整个承销证券期间，该证券并未获得有关主管机构的核准或者审批，整个承销期间的承销行为应该视为非法承销行为，但是，在承销期结束后最终获得主管机构核准与审批，这种情况再按照非法承销证券罪论处，未免有些苛刻，因此，考虑到该证券最终仍获得有关主管机构的核准或者审批的情节，可以不按照本罪处罚，但应该按照《证券法》相关规定予以行政处罚。

（3）承销的证券，但在承销期后又遭有关主管机关撤销的，这说明发行人实际上没有获得最终通过，此时发行的证券当然不能视为合法发行的证券，仍应视为未经合法批准而擅自发行的证券。因为行为人在承销过程中得知该证券遭遇撤销，行为人仍然置若罔闻，继续承销的，其主观上已经具备了犯罪恶意，承销数额巨大或者造成后果严重的，可以构成非法承销证券罪。

其次，如果非法承销证券不是《刑法》第179条规定的“擅自发行的证券”，承销的是《刑法》第160条规定的“欺诈发行的证券”，这种承销行为又该如何认定?

实际上，这里涉及一个行为人审查义务的认定问题。按照目前我国《证券法》和《股票发行与交易管理暂行条例》中对证券发行审查的规定看，对发行文件实质要件的审查义务显然应该由证券监管机构承担，没有要求证券公司（承销人或者代理人）审查发行人获得核准与批准的法律文件是否存在欺诈成分。行为人只负责审查所承销的证券是否经过国家有关主管部门的审批，没有义务审查所承销的证券是否通过某种诈骗手段获得国家有关部门核准或者批准的，也就是说，承销人（证券公司）没有义务调查发行人是否具有隐瞒事实真相或者编造重大虚假内容的行为，即只需对证券发行文件进行形式要件的审查，而无需对证券发行文件的实质要件进行审查。因此，如果证券经营机构承销了以欺诈手段获准发行的证券，不应以非法承销证券罪论处。当然，此种行为究竟应该构成何种证券犯罪？目前我国刑法尚无明确规定。解决承销欺诈发行的证券的问题，可以有两种思路：一是将此种行为合并为非法承销证券罪，作为非法承销证券罪的一种特别行为方式；二是设立新罪。当然，何去何从还有待于今后进一步研究，限于篇幅和体例原因，在此就不再阐述，留由以后进一步研究。

4. 非法承销证券罪的主观方面

根据刑法故意犯罪理论，在承销未经国家主管部门核准或者审批擅自发行的证券的过程中，如果行为人（承销商）希望或者追求承销未经国家有关主管部门核准或者审批擅自发行的证券的，则属于直接故意。如果行为人在承销未经国家有关主管部门核准或者审批擅自发行的证券时，出于某种特定的目的或者动机，对于所承销的证券是否经过国家合法批准，在主观上采取听之任之，或者放任态度，则属于间接故意。因此，根据证券市场实践看，非法承销证券罪的行为人多具备上述两种主观故意心理。

本罪是否需要设定具备特定的犯罪目的？笔者认为，不宜设定特定的犯罪目的，诸如“为牟取非法利益”，或者“破坏证券交易市场秩序”等，因为行为人承销未经国家有关主管部门核准或者审批擅自发行的证券的行为，其目的可能是为了牟取非法利益，也可能是为了破坏证券交易市场的正常秩序，也可能为完成公司的交易指标或者利润指标，情况比较复杂，不可一概而论。如果在立法上事先设定犯罪目的，无疑对司法认定非法承销证券罪带来不必要的麻烦。

至于行为人主观过失能否构成本罪？在理论界似有不同意见。行为人可能因疏忽大意而没有认真审查国家主管机构核准或者审批发行的法律文件，或者行为人主观上轻信发行人，自以为其所承销买卖的证券在核准或者审批方面不应该存在问题，误以为发行的股票、公司债券是经过国家主管机构核准或者审批过的，对非法发行的犯罪情节并不知情，不存在与发行人事先相互勾结故意犯罪问题，只是疏忽大意产生的错误认识，例如：承销人在承销过程中并不知晓该证券的核准或者批准文件已遭撤销，仍然继续承销直到承销期结束的，显然，承销人主观上并不存在非法承销的犯罪恶意，过失不宜成为非法承销证券罪，作为证券违规行为处罚较为妥当。

三、非法承销证券罪的罪名和罪状设置

1. 罪状的表述

除了非法承销证券罪的行为构成要件外，非法承销未经核准或者批准的证券的行为，还要求非法承销行为造成了严重危害后果，否则，如果非法承销买卖证券的数额很少，或者没有引起社会危害性的非法承销买卖证券行为，没有必要构成犯罪，按照《证券法》第176条作为一般证券违规行为处罚就可以了，因此，“数额巨大”、“后果严重”成为犯罪构成要件之一，在本罪的罪状中加入数额巨大或者后果严重等描述也在情理之中。

2. 法定刑幅度

如前所述，证券经营机构非法承销未经核准或者批准的证券，和《刑法》第179条擅自发行股票或者公司、企业债券罪为相邻犯罪，在社会危害性、犯罪手段、主观恶性等方面存在一定可比性，因此，设置本罪的法定刑时可以比照现行《刑法》第179条的量刑幅度。当然，非法承销证券罪多有单位（法人）参与，应突出对单位犯罪处罚，即对证券经营机构非法承销买卖证券行为进行处罚，对其主要负责人员或者直接的责任人员也进行处罚，贯彻对单位犯罪的“两罚制”原则，同时，彻底改变前文所述现行刑法对法人罚金刑设置的弊端，改由倍比罚金制，增加对法人罚金的可操作性。

处3年以下有期徒刑或者拘役，并处或者单处非法承销资金金额1%以上5%以下的罚金，单位犯本罪的，对单位判处违法所得1倍以上10倍以下罚金，并对其直接负责的主管人员和其他直接责任人员，处3年以下有期徒刑或者拘役。

四、非法承销证券罪司法认定问题

1. 实际承销与准备承销数额在处罚上的差别

在证券市场中，常常出现准备非法承销的数额与实际非法承销的数额不相一致的情况，究竟是按照实际承销的数额，还是按照承销合同上实际确认的代理销售证券的数额认定？从证券市场实践看，可以根据以下不同的情形做出不同的处罚：

第一种情形：在被有关部门发现并制止时，证券公司或者其他经营机构实际已承销完毕，其证券的数额与事先准备承销的数额一致，在这种情况下，实际承销的数额与准备承销的数额应该划为同一认定数额，可按照该数额认定。

第二种情形：证券公司或者其他经营机构正在承销过程中，被有关部门发现并制止，实际承销的数额就等于被查获的数额。在这种情况下，应按实际承销的数额认定为宜，毕竟行为人实际上只承销了被查获的数额。有人认为如果与买方签订承销合同的，虽然尚未最后交割，但合同上的数量反映出行为人的主观恶性，所以应按照承销合同或者协议上的金额认定非法承销的犯罪数额。笔者不赞成这种观点。证券市场实践中，除了全额包销外，凡承销证券的，没有一个证券经营机构不事先签订承销合同的，签订承销合同当然不等于行为人实际承销的数额，虽然合同中的巨大数额在一定程度上反映了行为人的主观恶性，但是，这毕竟不是现实社会危害性。如果以想象中的社会危害性替代现实危害，显然夸大了犯罪行为造成的后果，因此，应以实际承销的数额或者被查获的数额为限，而准备承销合同上的数额可以成为量刑的一个情节考虑。

第三种情形：在被有关部门发现并制止时，证券公司或者其他经营机构还没有来得及做好承销准备，即尚未开始承销证券，在这种情况下，缺乏本罪的犯罪构成要件，不存在犯罪数额问题。当然，在准备过程中，如果存在一些为以后非法承销犯罪做准备的具体行动，可按照预备犯罪论处为宜。

2.“数额巨大”或者“后果严重”标准的把握

非法承销未经核准或者审批擅自发行证券的违规和犯罪之间没有不可逾越的鸿沟。在这种演化为犯罪行为的质变过程，违规行为升格为犯罪行为的前提条件就是非法承销行为必须达到“后果严重”，也是认定非法承销未经核准或者审批擅自发行证券犯罪的一个重要条件。如果没有达到或者超过两大要素，仍应视为证券违规行为，按照《证券法》第176条处罚。

（1）“数额巨大”的标准

由于各地区的经济发展程度不同，对“数额巨大”认同程度也不尽相同，因此，在全国范围内不宜作统一划定，当然，可划定本罪“数额巨大”的最低数额标准，由“两高”颁布司法解释，供各地人民法院在审理非法承销证券罪案件中具体掌握。

需要解释的是，“数额巨大”是否应包括非法承销所直接获得的证券交易手续费？我国审理经济犯罪的司法实践中，将直接获得的经济收益，算作犯罪直接所得认定的也不占少数，因为没有这些非法承销未经核准或者审批擅自发行的证券的行为，这些收益是不可能获得，这些交易手续收益与非法承销证券罪之间是直接因果关系——对应关系，因此，交易手续费应该视为非法承销犯罪的直接经济收益，如果国家将其纳入正常的交易费用而转为国库收入，岂不是等于承认了非法承销的合法性？因此，非法承销直接获得的证券交易手续费应该包括在非法承销犯罪所得之中。

（2）“后果严重”的特别情节

根据证券市场实际，我们初步总结出以下几种情形属于“后果严重”，可以由以下几方面进行把握。

①非法承销未经核准或者审批擅自发行证券的行为，其非法承销的犯罪状态还必须持续一段时期，引发严重的社会后果，诸如给众多投资者造成巨大经济损失，引发受害投资者游行、示威或者闹事等。

②由于非法承销未经核准或者审批擅自发行证券的行为，使得非法承销行为人获得巨大经济利益。这种获得的巨大利益标准，按照目前我国证券市场上投资规模以及参照其他法条，个人初步可考虑为30万元以上，单位可考

虑在50万元以上。

③非法承销未经核准或者审批擅自发行证券的行为，被有关证券监管机关责令停止，或者多次劝阻、批评和处罚后，行为人仍一意孤行，继续非法承销未经核准或者审批擅自发行证券的行为，在证券市场中造成恶劣影响的。

④在境外非法承销未经核准或者审批擅自发行国内证券的行为，造成国外投资者巨大经济损失和恶劣国际影响的，损害我国证券市场整体形象的。

3. 非法承销证券罪认定中数罪问题

非法承销证券罪应该是连续犯，属于裁判上的一罪。我国传统刑法理论认为，连续犯是指行为人出自连续的同一故意，连续实施数个独立成罪的行为，触犯同一罪名的犯罪。[①] 当然，连续犯是一种比较特殊的犯罪形态，必须在理论上搞清楚非法承销证券罪与连续犯的罪刑关系，才能够对数罪并罚以及处罚原则等问题做出准确判断。

（1）非法承销证券行为有连续的同一犯罪故意构成。行为人在主观上的犯意只有一个，无论非法承销证券的行为持续多久，其非法承销证券行为自始至终是一个犯罪故意，不会因为承销时间的持续、承销地点转移而演变为数个犯罪故意或者行为。如果是数个不同的犯罪故意，就不是连续犯了。因此，行为人为了完成非法承销证券的预定犯罪目的，在开始实施犯罪直到犯罪活动结束，始终在一个连续的犯罪故意支配下从事非法承销行为，符合连续犯具有一定的连续犯罪的主观构成要件。

（2）非法承销证券行为有连续实施数个可以独立构成犯罪的行为。在整个承销期内，行为人承销买卖未经国家有关监管部门批准擅自发行的证券，违反我国法律规定禁止买卖未经国家审批的证券的规定进行非法承销活动，非法承销证券行为显然是在一段时间的行为持续，也就是在“股票承销期”内（根据我国证券法律的规定，股票承销期一般为30日到90日之间），行为人隔三差五地进行着非法承销活动（这也是与继续犯最大的区别），不只是一个犯罪行为，是非法承销证券行为在犯罪既遂后相当一段时间内的连续犯罪，是数个独立的非法承销证券的行为，这一特征完全符合“数个可以独立构成犯罪的行为的重要特征”。[②]

（3）非法承销证券行为只触犯同一罪名。连续非法承销证券的行为，真正触犯的只是同一罪名，并不是两个罪名，因此，同一罪名构成了连续犯真实意义。

① 马克昌主编：《犯罪通论》（第3版），武汉大学出版社1999年版，第691页。

② 叶高峰主编：《故意犯罪过程中的犯罪形态论》，河南大学出版社1989年版，第147页。

总之，非法承销证券犯罪是出自连续的同一故意，反复实施间须有连续性的数个独立行为，触犯同一罪名的犯罪行为。从刑法理论上讲，由于其连续犯罪的时间不长，犯罪状态只构成一个犯罪构成，触犯一个罪名，属于连续犯，因此，其罪数类型属于裁判上一罪，依法应该以一罪论处，不实行数罪并罚，即以非法承销证券罪论处，不套用牵连犯或者想象竞合犯从一重处罚，而是在法定刑内根据犯罪行为持续时间的长短，承销数额的大小，以及造成的后果的严重程度等因素，决定对非法承销证券罪的量刑。

4. 非法承销证券罪的共同犯罪问题

（1）证券经营机构与上市公司的共同犯罪

在司法实践中，有些证券经营机构（承销人）与擅自发行股票、公司债券的上市公司（发行人）事先相互勾结，共同策划非法承销或者代理擅自发行的证券，骗取投资者钱财，上市公司先擅自发行股票、公司债券，然后再由证券公司以非法承销手段卖给投资者，赚取巨额利润，两者显然具有共同犯罪故意、目的和行为，应按照非法承销证券罪的共同犯罪论处。

（2）共同犯罪的例外规定

根据证券市场实践和刑法共同犯罪理论，以下几种情况，虽然看起来承销人与发行人有某种共同行为，但是不属于共同犯罪：

①发行人是欺诈发行证券，而承销人并非故意地帮助其承销，承销人与欺诈发行股票、公司债券的发行人事先没有相互勾结，两者之间不存在共同故意，例如：如果发行人采用欺诈手段或者欺骗方式取得发行审批或者核准文件的，并对承销人进行隐瞒，或者向承销商提供虚假的证券发行的核准或者批准文件，骗取承销人信任。承销人以为发行人具有合法的发行审批手续，帮助发行人承销或者代理了证券的。在这种情况下，虽有一定程度上的发行与承销的行为合作，但承销商与发行人之间不存在共同犯罪故意、目的和行为，将两者作为共同犯罪论处，从法理上显得牵强附会。对于发行人应该按照《刑法》第160条欺诈发行股票、公司债券罪论处，而承销人则按照非法承销证券罪论处。

②发行人是擅自发行证券，而承销人并非故意地帮助其承销，承销人只是没有认真审查主管机构核准或者审批发行的法律文件，或者误以为发行的股票、公司债券是经过国家主管机构正式核准或者审批过的。在这种情况下，双方事先没有相互勾结，承销或者代理并不知情，发行人以《刑法》第179条擅自发行股票、公司债券罪论处，承销人显然只能按照证券违规处罚，不能以共同犯罪论处。

③发行人和承销人都是故意犯罪，但在客观上彼此都没有联系，不能成

立共同犯罪。例如：发行人先是欺诈发行或者擅自发行证券，承销人得知后对该证券市场买点十分看好，有利可图，于是，承销人虽有非法承销之嫌，但两者没有形成共同故意，就不属于共同犯罪，而应该对其中的有罪者分别追究刑事责任。

④承销团成员之间没有共同的犯罪故意，虽然组成一个承销团，共同承销或者代理未经有关主管机构核准或者批准的证券，但主承销商隐瞒事实真相，分销商并不知情，两者之间缺乏犯罪故意，分销商以为代销的证券是合法的。根据共同犯罪理论，只有过失是不能认定为共同犯罪的，因此，承销团之间缺乏共同犯罪故意的非法承销行为，是不宜认定为共同犯罪的。

中国反洗钱立法发展：问题与展望

阮方民[*]

从各国反洗钱的实践看，反洗钱一直以来都是在两个层面上进行的，即一方面在刑事立法与刑事司法上，通过修改刑法将洗钱行为确立为犯罪并追究刑事责任；另一方面在行政监管立法与行政执法上，对有可能为洗钱犯罪的"黑钱"提供转移、转换、转让渠道的相关经济领域中的经营主体施加反洗钱义务，促使他们配合执法机关，预防洗钱发生。中国反洗钱立法借鉴了国际社会的成功经验，近十年来也是在打击与预防洗钱犯罪这两个层面上进行的。随着2006年10月31日《中华人民共和国反洗钱法》（以下简称《反洗钱法》）的正式通过颁布，标志着中国反洗钱的行政监管与刑事立法发展到了一个更为完善的程度。笔者试对中国反洗钱立法发展作一简要评价及研讨。

一、中国反洗钱立法发展简要回顾

中国反洗钱刑事与行政立法，在近十多年的时间里经过了一个不断完善的发展过程。

（一）反洗钱刑事立法与行政监管立法的发展轨迹

在刑事立法层面上，将洗钱行为确立为刑事犯罪的立法，首先是从反毒赃洗钱开始的。1990年12月28日，七届全国人大常委会第十七次会议制定通过的《关于禁毒的决定》在第4条第1款规定了"掩饰、隐瞒出售毒品获得财物的非法性质和来源"的行为构成犯罪。其后，八届全国人大第五次会议制定通过的1997年刑法，在第191条正式确立了洗钱罪的罪名。再后，2001年12月29日第九届全国人大常委会第二十五次会议制定通过的《中华人民共和国刑法修正案（三）》，在第7条将"恐怖活动犯罪的违法所得及其

* 浙江大学法学院教授，法学博士。

产生的收益”增列为洗钱罪的上游犯罪，使得1997年刑法中原来规定的走私犯罪、黑社会性质组织犯罪与毒品犯罪的“违法所得及其产生的收益”有了范围上的扩大。最后，第十届全国人大常委会第二十二次会议于2006年6月29日制定通过的《中华人民共和国刑法修正案（六）》在第16条再次将“贪污贿赂犯罪、破坏金融管理秩序犯罪、金融诈骗犯罪的所得及其产生的收益”纳入洗钱罪的上游犯罪范围，使得洗钱罪的上游犯罪范围从最初的包括3个种类的犯罪扩大到现在的7个种类的犯罪。

在行政监管立法层面上，针对最可能为洗钱行为提供服务渠道的金融机构的监管立法，首推“一规两办法”，即2003年1月3日，中国人民银行颁布了《金融机构反洗钱规定》、《人民币大额和可疑支付交易报告管理办法》与《金融机构大额和可疑外汇资金交易报告管理办法》。其后，2006年10月31日，全国人民代表大会常务委员会又通过了《反洗钱法》，使得中国反洗钱的行政监管立法有了法律层级地位更高的规范性依据。

（二）中国反洗钱立法发展的特点

纵观中国反洗钱刑事与行政监管立法的上述发展过程，其具有以下几个特点：

1. 立法形式从最初的层级较低的法律规范，走向层级更高的法律规范。无论是从刑事立法领域中最初的《关于禁毒的决定》中惩治清洗毒赃犯罪，到后来1997年刑法中确立洗钱罪，还是从行政监管立法领域中最初的“一规两办法”要求金融机构履行预防洗钱义务，到后来《反洗钱法》中要求金融机构与非金融机构履行预防洗钱义务，都显现出立法形式从原来较低的层级向层级更高的法律规范发展，从而使反洗钱的刑事立法与行政立法规范具有更高的普适性与强制性效力。

2. 反洗钱的法律调控范围不断扩大，刑事立法与行政监管立法的干预面不断扩张。从刑事立法层面上看，洗钱罪的上游犯罪，从《关于禁毒的决定》只将清洗毒赃行为确立为犯罪，到1997年刑法将毒品犯罪、黑社会性质组织犯罪与走私犯罪等3个种类的犯罪违法所得及其收益纳入洗钱罪的上游犯罪范围，再到《刑法修正案（三）》将恐怖活动犯罪的违法所得及其收益纳入洗钱罪的上游犯罪范围，最后到《刑法修正案（六）》将贪污贿赂犯罪、破坏金融管理秩序犯罪、金融诈骗犯罪等3类犯罪的违法所得及其收益纳入洗钱罪的上游犯罪范围，实际上使得洗钱罪的对象构成范围不断扩大。从行政监管立法层面上看，预防洗钱犯罪的义务，也是从原来“一规两办法”所规定的金融机构扩展到《反洗钱法》所要求的特定的非金融机构，也要履行预防洗钱的义务。

3. 刑事立法的发展完善与行政监管立法的发展完善交替进行，相互推动与促进。刑事立法上的反洗钱具有先导与带动作用，在1997年刑法确立了洗钱罪罪名及《刑法修正案（三）》将恐怖活动犯罪违法所得及其收益纳入洗钱罪上游犯罪范围之后，“一规两办法”对金融机构的预防洗钱义务作了规定。而反洗钱行政监管立法对刑事立法完善也具有推动与促进作用，在“一规两办法”规定之后，《刑法修正案（六）》又对洗钱罪的上游犯罪扩大作了相应的修改。刑事立法与行政监管立法的交互影响，最终归于《反洗钱法》的出台，从而形成了统一的洗钱罪与反洗钱法律概念。

二、反洗钱法律规范与国际反洗钱规则的趋同化与差异化

中国目前初步构建的反洗钱刑事立法与行政监管立法规范，与国际反洗钱规则之间既存在着趋同化，也存在着差异化。注意这些趋同化与差异化，有助于我们更好地研究与适用中国反洗钱法律规范。

（一）中国反洗钱法律规范与国际反洗钱规则的趋同化

1. 在刑事立法层面上，中国刑法中洗钱罪上游犯罪范围的不断扩大，显现了与国际反洗钱规则的趋同化。早在1990年2月，在国际反洗钱领域协调金融系统反洗钱规范的国际金融行动特别工作组就提出了著名的反洗钱《四十项建议》，[①] 在第5项中提出：“各国应当考虑将毒品洗钱犯罪扩展到任何其他的与麻醉品有关联的犯罪；也可以将以所有的严重犯罪为基础的洗钱或者以产生显著数额收益的所有犯罪的洗钱或者上述两类犯罪收益的洗钱，或者以特定的严重犯罪的洗钱予以刑事犯罪化。”[②] 该《四十项建议》在2004年10月22日经修订后重新发表，在第1项中提出：“各国应将洗钱罪归为严重的刑事犯罪，目的在于涵盖最大范围的判定罪行。[③]”[④] 从1990年的《四十项建议》到2004年《四十项建议》的演变，可以清晰地看出国际金融行动特别工作组主张扩大洗钱罪上游犯罪范围的建议思路。中国刑法中洗钱罪的上游

① 国际金融行动特别工作组关于各国金融系统反洗钱的《四十项建议》，最初起草于1990年。1996年，该工作组针对洗钱犯罪类型的新发展对建议文本进行了首次修订。2003年6月20日，该工作组对建议文本进行了第2次修订。2004年10月，该工作组又进行了第3次修订。为论述方便，以下在引用不同时期的建议文本时，均冠以年代，如1990年《四十项建议》、1996年《四十项建议》、2004年《四十项建议》，以示区别。

② 参见拙著：《洗钱犯罪的惩治与预防》，中国检察出版社1998年版，第71—72页。

③ 此处译文中的“判定罪行”，按刑法学界的习惯译法，应为“上游犯罪”，英文是“predicate crime”。引文中仍用“判定罪行”的译法，不做更改，特此说明。

④ 中国人民银行反洗钱局编译：《金融行动特别工作组评估资料汇编》（内部出版），第3页。

犯罪范围从最初的毒品赃钱到1997年刑法中的毒品犯罪、黑社会性质组织犯罪及走私犯罪的赃钱再到现在刑法中又增加的贪污贿赂犯罪、破坏金融管理秩序犯罪、金融诈骗犯罪等7个种类犯罪的赃钱，与国际反洗钱规则提出的洗钱罪上游犯罪范围扩大的要求是趋同的。

2. 在行政监管立法层面上，中国反洗钱立法中要求金融机构与特定的非金融机构必须履行预防洗钱义务，在义务主体范围的扩张与义务内容的相同方面显现了与国际反洗钱规则的趋同化。

(1) 在金融机构履行反洗钱义务的内容上具有趋同化。国际金融行动特别小组于1996年《四十项建议》中要求各国金融机构应当建立识别客户身份、保存客户身份资料与交易记录、提出可疑交易或大额交易报告、制定与完善预防洗钱的内部规章等4项反洗钱制度。[①]这些建议所涉及的制度，在中国的反洗钱法中都得到了充分地体现。如中国《反洗钱法》除在第3条确立了金融机构负有“建立健全客户身份识别制度、客户身份资料和交易记录保存制度、大额交易和可疑交易报告制度”3项反洗钱义务的基本原则外，还在《反洗钱法》第3章专设“金融机构反洗钱义务”，从第15条至第22条8个条文将在第3条中的基本原则具体规定为金融机构预防洗钱的各项制度。金融监管机构依据该4项基本制度对各个金融机构及特定非金融机构是否依法履行了反洗钱义务实施行政监管，并对违法行为予以处罚。从而使中国反洗钱行政监管立法与国际金融领域通行的反洗钱要求是趋同的。

(2) 在要求除金融机构之外的其他非金融机构也负有反洗钱的法律义务上也具有趋同化。按照国际金融行动特别工作组1996年《四十项建议》第9项建议，预防洗钱的义务应当由金融机构扩展至非金融机构的商业或者各种行业企业形式所从事的金融活动。[②]中国《反洗钱法》第3条也明确规定了“按照规定应当履行反洗钱义务的特定非金融机构，应当依法采取预防、监控措施”，并在《反洗钱法》第35条中又作了照应性规定：“应当履行反洗钱义务的特定非金融机构的范围、其履行反洗钱义务和对其监督管理的具体办法，由国务院反洗钱行政主管部门会同国务院有关部门制定。”上述规定不仅表明中国反洗钱立法与相关的国际规范要求趋同，而且也为在国内将预防洗钱的义务扩展至如房地产、典当、拍卖、资产评估等其他非金融机构提供了必要的法律依据。

(二) 中国反洗钱法律规范与国际反洗钱规则的差异化

虽然中国反洗钱法律规范在近年来的发展有了长足的进步，但也不容否

① 参见拙著：《洗钱罪比较研究》，中国人民公安大学出版社2002年版，第360—362页。

② 同上注，第359页。

认，在某些规定上与国际反洗钱规则的要求仍存在着不小的距离。

1. 从刑事立法层面看，中国刑法中洗钱罪的上游犯罪范围仍然不够宽。国际金融行动特别工作组2004年《四十项建议》中第1项对各国刑法洗钱罪的上游犯罪范围确定提出了具体要求，即必须符合以下3种立法情形之一，即：（1）“判定罪行的描述可参照所有犯罪，或参照某种类型严重犯罪或适用于该项判定罪行的监禁刑罚相关的量刑起点（量刑起点法），或参照判定罪行清单，或这些方法的组合。”（2）“在采用量刑起点法的国家，判定罪行至少应包括在本国家法律中属于严重犯罪的所有罪行，或者应包括最高可判处一年以上有期徒刑的罪行；对于那些在法律制度中有最低犯罪起点的国家，判定罪行应包括所有可至少判处六个月以上有期徒刑的罪行。”（3）“无论采用何种方式，每个国家至少应在每一类指定罪行中规定出相关罪行的范畴。”[①]在该《四十项建议》所附的词汇表中特别对“指定罪行”的范围作了清晰的划定，包括“参与有组织的犯罪集团和诈骗行为；恐怖主义，包括恐怖分子筹资；贩卖人口和组织偷渡；性剥削，包括对儿童的性剥削；非法贩运麻醉药品和精神药物；非法军火交易；非法交易赃物和其他货物；贪污受贿；诈骗；伪造货币；假冒和盗版产品；环境犯罪；谋杀、重伤；绑架、非法拘禁和劫持人质；抢劫或盗窃；走私；敲诈；伪造；盗版；内幕交易和市场操纵”。[②]对照上述要求，可以看到，中国刑法中洗钱罪的上游犯罪范围虽然较过去的规定已经有了较大的扩张，但与国际反洗钱规则的要求还有不小的距离。对此，一些参与了反洗钱立法的同志认为，中国刑法中洗钱罪的上游犯罪范围是完全符合国际反洗钱规则要求的：因为，除了刑法第191条规定的7个种类的犯罪构成洗钱罪的上游犯罪之外，“按照我国刑法第三百一十二条的规定，对明知是任何犯罪所得而予以窝藏、转移、收购或者代为销售的，都是犯罪，应当追究刑事责任，只是没有使用洗钱罪的罪名。这样，根据我国刑法规定，对于涉及洗钱方面的犯罪都可以追究刑事责任，只是根据上游犯罪的不同适用不同的条文、罪名，处罚也有所不同”。[③]笔者认为，这种观点提出的在对未列入洗钱罪上游犯罪范围的其他犯罪的违法所得及其收益进行隐瞒、掩饰的行为依法可按普通的赃物犯罪定罪处罚的说法与做法是正确的，但这并不能够弥合中国刑法中反洗钱规范与国际反洗钱规则之间的差异化。由于中国刑

---

① 中国人民银行反洗钱局编译：《金融行动特别工作组评估资料汇编》（内部出版），第3页。

② 同上注，第10页。

③ 安建、冯淑萍、项俊波主编：《〈中华人民共和国反洗钱法〉释义》，人民出版社2006年版，第25页。

法中将隐瞒、掩饰不同犯罪的违法所得及其收益分别确定为洗钱罪与普通赃物犯罪的上游犯罪，导致了司法实务中对同样的清洗犯罪所得及其收益的行为因上游犯罪的性质不同而必须分别定罪处罚。这样的立法规定与司法处理存在的最大问题是，当一个跨国洗钱犯罪案件需要中国与他国司法机关进行司法互助协作时，无法依据国际反洗钱规则进行彼此配合。比如，当中国的普通诈骗犯罪分子将犯罪所得及其非法收益转移到国外时，中国司法机关无法依据国际反洗钱规则寻求他国启动反洗钱刑事程序进行互助合作；同理，当外国的普通诈骗犯罪分子将犯罪所得及其非法收益转移到中国时，外国的司法机关也无法依据国际反洗钱规则寻求中国启动反洗钱刑事程序进行互助合作。

2. 从行政监管立法层面看，中国《反洗钱法》中对非金融机构的其他经营主体施加预防洗钱义务的范围未能符合国际反洗钱规则的明确要求。按照国际金融行动特别工作组 2004 年《四十项建议》中的第 12 项建议要求，金融机构预防洗钱必须履行的“客户身份识别”、“交易记录保存”制度，同样应当适用于特定非金融企业和行业，根据该建议所附的词汇表的解释，其具体包括：赌博业（包括网上赌博）；房地产经纪人；贵金属交易商；珠宝商；律师、公证人和其他独立法律专业人士及会计师；信托公司和企业服务提供商。[①]在这方面，中国如何履行反洗钱国际承诺，对特定非金融机构反洗钱义务作出恰当的立法选择，是一个颇费思量的问题。《反洗钱法》的立法过程中曾经存在着两种不同意见：一种意见认为，金融机构与特定非金融机构在预防和控制洗钱方面的义务基本相同，因此，《反洗钱法》对金融机构和特定非金融机构的义务作适当区分即可；另一种意见则认为，金融机构与特定非金融机构在防范洗钱方面的义务虽然有相同之处，但也存在较大不同，因此，需要在立法中区分两者的法律义务。在第一次提交全国人大常委会审议的《反洗钱法（草案）》中曾经对特定非金融机构的范围作了明确的规定，基本包括了国际金融行动特别工作组《四十项建议》所要求的特定非金融机构的范围，[②]但最终由全国人大常委会通过的《反洗钱法》采取了一种折中的方式，一方面在第 3 条中原则规定了反洗钱义务扩展到特定非金融机构；另一方面又在第 35 条中对特定非金融机构的范围、特定非金融机构履行反洗钱义务的内容以及对特定非金融机构监督管理的具体办法，由国务院反洗钱行政

---

① 中国人民银行反洗钱局编译：《金融行动特别工作组评估资料汇编》（内部出版），第 10 页。

② 安建、冯淑萍、项俊波主编：《〈中华人民共和国反洗钱法〉释义》，人民出版社 2006 年版，第 218—222 页。

主管部门会同国务院有关部门另行制定。根据上述规定，在目前情况下，特定非金融机构的范围、反洗钱义务的内容及行政监管制度等，还是不明确的。

三、中国反洗钱立法中的问题及其解决展望

通过以上对中国反洗钱立法规范与国际反洗钱规则的趋同化与差异化的分析，可以展望的是，未来中国反洗钱立法的发展将可能在以下几个方面有所发展：

（一）刑事立法层面的发展

洗钱罪的上游犯罪范围是否有必要再作进一步的扩大？这是一个需要做深入思考的问题。对照国际金融行动特别工作组2004年《四十项建议》所附词汇表中“指定罪行”的范围，如前所述，中国刑法中洗钱罪的上游犯罪范围与国际反洗钱规则的要求还有不小的距离。对此，一些参与了反洗钱立法的同志认为，中国刑法中洗钱罪的上游犯罪范围是完全符合国际反洗钱规则要求的：因为，除了刑法第191条规定的7个种类的犯罪构成洗钱罪的上游犯罪之外，“按照我国刑法第三百一十二条的规定，对明知是任何犯罪所得而予以窝藏、转移、收购或者代为销售的，都是犯罪，应当追究刑事责任，只是没有使用洗钱罪的罪名。这样，根据我国刑法规定，对于涉及洗钱方面的犯罪都可以追究刑事责任，只是根据上游犯罪的不同适用不同的条文、罪名，处罚也有所不同”。[①]笔者认为，这种观点所提出的对未列入洗钱罪上游犯罪范围的其他犯罪的违法所得及其收益进行隐瞒、掩饰的行为依法可按普通的赃物犯罪定罪处罚因而并没有让行为人逃避法律制裁是正确的，但这并不能够弥合中国刑法中洗钱罪构成与国际反洗钱规则要求之间的差异。由于中国刑法中将隐瞒、掩饰不同犯罪的违法所得及其收益分别确定为洗钱罪与普通赃物犯罪，导致了司法实务中对同样的清洗犯罪所得及其收益的行为因上游犯罪的性质不同而必须分别定罪处罚。这样的立法规定与司法适用存在的最大问题是，当一个跨国洗钱犯罪案件需要中国与他国司法机关进行司法互助协作时，无法依据国际反洗钱法律的程序进行彼此配合。比如，当中国的普通诈骗犯罪分子将犯罪所得及其非法收益转移到国外时，中国司法机关无法依据国际反洗钱法律程序寻求他国启动反洗钱刑事程序进行互助合作；同理，当外国的普通诈骗犯罪分子将犯罪所得及其非法收益转移到中国时，虽然该国的法律规定清洗诈骗犯罪所得及其收益是洗钱犯罪，但该国的司法机关却

① 安建、冯淑萍、项俊波主编：《〈中华人民共和国反洗钱法〉释义》，人民出版社2006年版，第25页。

无法依据国际反洗钱法律程序寻求中国启动反洗钱刑事程序进行互助合作。因此，笔者认为，从有利于国际反洗钱司法互助协作的角度看，进一步扩大洗钱罪的上游犯罪范围是必要的。但是，究竟要扩大到多大的范围，这是需要慎重考虑与研究的，特别是需要司法实践经验的积累。

（二）行政立法层面的发展

特定非金融机构的范围究竟要划到哪些行业与领域？是一步到位地划定还是随着经验的成熟而分期分批地划定？每个行业与领域是否需要有不同的反洗钱义务设定？从履行国际反洗钱承诺的角度看，特定非金融机构的范围应当一步到位地划定，每个行业与领域的反洗钱义务也应当有所差异，以体现各个行业与领域的不同特点。显然，这也需要一定的时间并通过一定的经验积累才能做到。

另外，值得一提的是，对机构或者个人协助犯罪人清洗犯罪所得及其非法收益但数额不大的行为能否按洗钱罪定罪处罚或者按一般的洗钱违法行为处罚规定不明。在国际金融行动特别工作组2004年《四十项建议》所附的《四十项建议基本标准及附加标准》第1条“法律体系”所涉及的“洗钱罪范围”中第1.2中，作了这样的规定：“洗钱罪包括任何直接或间接代表犯罪所得的财产，不论其价值大小”。[①]这是符合国际金融行动特别工作组将洗钱罪定义为严重犯罪的政策思路的。但是，这样的政策要求是否可以适用于中国刑法对洗钱罪的定罪，是值得研究的。

1997年刑法第191条对洗钱行为构成洗钱罪，确实没有明确规定要求“数额较大”才能定罪，但这并不意味着对数额不大的洗钱行为要一律按洗钱罪定罪处罚。因为，根据刑法第13条的规定，“情节显著轻微危害不大”的行为，不认为是犯罪。并且按照中国刑法理论与刑事司法惯例，对经济犯罪一般都认为，数额既是一个定罪条件，也是一个量刑情节。当数额不大属于情节显著轻微时，是不作为犯罪论处的。但是，如果当真对某一个清洗数额不大的犯罪所得及其收益的行为不以犯罪论处时，却又碰到了对该洗钱行为无法按一般的违法行为处罚的困惑。因为，在《反洗钱法》这样一部行政法律中，虽然规定了对金融机构及其金融从业人员不履行预防洗钱义务的行为的法律责任，却没有对单位或者个人出于明知而为他人清洗数额不大的犯罪所得及其收益的行为予以行政处罚的规定。因此，在中国打击洗钱的实践中，可能会碰到一个“两难”问题：如果对清洗数额不大的行为一律定洗钱罪，

① 引自中国人民银行反洗钱局编译：《金融行动特别工作组评估资料汇编》（内部出版），第37页。

显然与刑法第13条的犯罪概念是不符合的；但是如果对此行为不定洗钱罪，又将因法律未设定对洗钱的一般违法行为的行政处罚而可能出现不予任何处罚的情况。笔者认为，唯一可行的办法是对《反洗钱法》作一定的修改完善，增设对不构成犯罪的洗钱行为的行政处罚，从而可以使行政法上处罚的洗钱违法行为与刑法上处罚的洗钱犯罪达到“无缝衔接”，而不应当将清洗数额不大的洗钱行为一律纳入洗钱罪的范围。

（三）反洗钱行政管理体制的发展

反洗钱行政管理体制，在反洗钱法的制定过程中就是一个颇有争议的问题。由于反洗钱义务主体包括了众多的金融机构与特定的非金融机构，而中国人民银行作为国家金融行政主管部门能否跨出金融行业与领域有效地领导与监管全国的反洗钱工作，尤其是那些在业务上不属于中国人民银行监管的特定非金融机构的反洗钱工作，这是一个需要进一步观察的问题。如果实践证明现行的反洗钱行政管理体制不理想，那就有必要创新体制，建立一个具有更高权威的跨行业与领域的独立的反洗钱行政主管部门，以统筹协调与领导监管全国的反洗钱工作。

金融诈骗罪在立法上的若干问题

杜　江*

我国的金融诈骗罪是一类犯罪的总称。1997 年修订的《中华人民共和国刑法》（以下简称《刑法》）第 192 条至第 200 条对这类犯罪作了具体规定。金融诈骗罪共包括八种犯罪，它们是集资诈骗罪（第 192 条）、贷款诈骗罪（第 193 条）、票据诈骗罪（第 194 条第 1 款）、金融凭证诈骗罪（第 194 条第 2 款）、信用证诈骗罪（第 195 条）、信用卡诈骗罪（第 196 条）、有价证券诈骗罪（第 197 条）和保险诈骗罪（第 198 条）。

早在 1995 年，全国人大常委会就通过了《关于惩治破坏金融秩序犯罪的决定》（以下简称《决定》），规定了六种金融诈骗犯罪以及对它们的处罚。[①] 翌年 12 月，最高人民法院通过了《关于审理诈骗案件具体应用法律的若干问题的解释》（以下简称《解释》），对《决定》规定的六种金融诈骗犯罪的处罚又作了进一步的司法解释。[②] 1997 年修订的《刑法》在上述《决定》、《解释》和其他单行法规与司法解释的基础上，增加了两个新的罪名，[③] 以此形成了今天的金融诈骗罪。

本文将根据罪刑法定原则的基本要求，对有关法条进行解读，分析我国金融诈骗罪在立法上所存在的一些问题，同时介绍英国刑事立法对类似我国金融诈骗犯罪的相关规定。

---

* 伦敦大学法学博士；西南大学法学院教授；刑事司法研究中心主任。

① 参见王作富主编：《中国刑法的修改与补充》，中国检察出版社 1997 年版，第 136—142 页。

② 参见刘家琛主编：《刑法分解适用集成》（上卷），人民法院出版社 2000 年版，第 731—751 页。

③ 两个新的罪名是指新增加的有价证券诈骗罪和从原票据诈骗罪中分解出来的金融凭证诈骗罪。

一、我国金融诈骗罪在立法上所存在的问题

罪刑法定原则通常概括为“法无明文规定不为罪，法无明文规定不处罚”[①]，其基本要求表现在三个方面，即法定化、实定化、明确化[②]。那么我国的金融诈骗罪在立法上是否充分体现了罪刑法定原则？下面将就五个内容进行讨论。

（一）关于单位作为犯罪主体的问题

《刑法》第30条规定，单位犯罪是指“公司、企业、事业单位、机关、团体实施的危害社会的行为”。根据法律规定，单位在多数金融诈骗罪中构成犯罪主体。例如，《刑法》第200条专门规定：单位犯第192条（集资诈骗罪）、第194条（票据诈骗罪和金融凭证诈骗罪）、第195条（信用证诈骗罪）规定之罪的，应当负刑事责任。此外，《刑法》第198条也规定了单位实施保险诈骗活动的，应当负刑事责任。

值得注意的是，法律在明文规定单位作为上述五种犯罪主体的同时，并没有表明单位在另三种犯罪中，即贷款诈骗罪（第193条）、信用卡诈骗罪（第196条）和有价证券诈骗罪（第197条），也可以成为犯罪主体。这是否意味着这三种金融诈骗罪的主体只限于自然人，不包括单位，还是意指单位不需要对这些金融诈骗行为负刑事责任？

目前，我国刑法教材和专著对单位是否构成上述三种金融诈骗罪的主体，尽管表述不同，但多数认为不构成。例如，认为贷款诈骗罪的主体只能是一般主体，[③] 信用卡诈骗罪的主体仅限于自然人，[④] 单位不能构成有价证券诈骗罪的犯罪主体，[⑤] 等等。也有人持回避态度，在讲述这三种犯罪构成时，干脆不谈或者省略主体要件部分。

那么，为什么单位不能成为这三种金融诈骗罪的主体，是由于单位没有成为这些犯罪主体的可能性吗？回答应该是否定的。

以贷款诈骗罪为例。从司法实践的实际情况看，单位向银行等金融机构贷款的并不是少数。有学者认为，单位贷款诈骗不仅客观存在，而且占这种犯罪相当大的比例，诈骗贷款数额远高于个人，社会危害性相当严重。这种

---

① 参见高铭暄、马克昌主编：《刑法学》，北京大学出版社2000年版，第26页。

② 参见陈兴良主编：《刑法学》，复旦大学出版社2003年版，第19页。

③ 参见陈立、黄永盛主编：《刑法分论》，厦门大学出版社2002年版，第217页。

④ 参见何秉松主编：《刑法教程》，中国法制出版社1998年版，第502页。

⑤ 参见何鄹、张锡坤：《金融诈骗案例》，经济日报出版社2002年版，第297页。

情况早在修订刑法之前就大量存在，在修订刑法之后，类似情况仍屡见不鲜。[①]

事实上，我国法律对单位实施贷款诈骗犯罪行为是早有规定的。例如中国人民银行1996年6月28日发布的《贷款通则》中的第69条就规定，"借款人采取欺诈手段骗取贷款，构成犯罪的，应当依照《中华人民共和国商业银行法》第八十条等法律规定处以罚款并追究刑事责任"。该法规所称的借款人，"系指从经营贷款业务的中资金融机构取得贷款的法人、其他经济组织、个体工商户和自然人"。[②] 这里的"法人"就是指"单位"。[③]

从法理上讲，法律之间要相互协调，以保证法律制度的完整性。刑法作为专门规定犯罪、刑事责任和刑罚的法律应该与其他部门法保持一致，避免部门法律或法规认为是犯罪，刑法却没有相应规定，出现无法可依的被动局面。同时，更应该注意法律制度整体的统一性，防止内部之间的相互矛盾。

面对现实存在的单位贷款诈骗罪，最高人民法院于2001年1月21日发布了《全国法院审理金融犯罪案件工作座谈会纪要》（以下简称《纪要》），对单位实施贷款诈骗行为作了具体决定。《纪要》陈述，"对于单位实施的贷款诈骗行为，不能以贷款诈骗罪定罪处罚，也不能以贷款诈骗罪追究直接负责的主管人员和其他直接责任人员的刑事责任。但是，在司法实践中，对于单位十分明显地以非法占有为目的，利用签订、履行合同诈骗银行或其他金融机构贷款，符合刑法第二百二十四条规定的合同诈骗罪构成要件的，应当以合同诈骗罪定罪处罚"。[④] 在这里，《纪要》对单位实施贷款诈骗行为的处理作了明确说明，非常重要。不过，问题仍然存在，表现有三：其一是，如何理解"单位十分明显地以非法占有为目的"中的"十分明显"，因为它关系到罪与非罪、此罪与彼罪的问题，标准究竟是什么？其二是，如果不"十分明显"，对单位该如何处置，尤其是对那些"直接负责的主管人员和其他直接责任人员"应该如何处罚？其三是，贷款诈骗罪与合同诈骗罪的刑罚不同。《刑法》第193条对贷款诈骗罪的最低处罚是"5年以下有期徒刑或者拘役，并处2万元以上20万元以下罚金"；第224条对合同诈骗罪的最低处罚是"3年以下有期徒刑或者拘役，并处罚金"。两罪之间的法定刑不仅刑期与罚金不

① 参见王晨：《诈骗犯罪研究》，人民法院出版社2003年版，第102页。

② 1996年中国人民银行《贷款通则》第2条第2款。

③ "单位犯罪，在刑法理论上称为法人犯罪，是一种为单位利益或者以单位名义而实施的特殊犯罪形态。"参见陈兴良主编：《刑法学》，复旦大学出版社2003年版，第222页。

④ 《全国法院审理金融犯罪案件工作座谈会纪要》（2001年1月21日），参见鲜铁可：《金融犯罪定罪量刑案例评析》，中国民主法制出版社2003年版，第454—455页。

同，而且相差甚大。不过，应该肯定，《纪要》至少为司法机关提供了打击单位实施贷款诈骗行为的法律依据。至于没能从根本上解决单位作为贷款诈骗罪主体的问题，估计也是司法权限力所不能及的了。

再以信用卡诈骗罪为例。由于《刑法》第196条没有明确规定单位可以成为该罪的犯罪主体，为此学界出现了两种截然不同的观点：一种观点认为，单位不应成为该罪的主体。因为信用卡存在使用额的限制，单位不必冒此风险去诈骗如此小的数额的财物。单位信用卡都要在指定具体持卡人的情况下使用，所以单位实施信用卡诈骗行为，实际上就是具体持卡人所实施的诈骗行为。[①] 另一种观点则认为，单位应该成为该罪的主体。理由是，信用卡诈骗的数额并非都是小数额的，实际生活中通过恶意透支方式诈骗发卡行大量款项的案件屡屡发生。虽然单位信用卡是由指定的人持有的，并不能说该信用卡就是持卡人个人的。如果持卡人按照单位的意图实施恶意透支等信用卡诈骗行为，无疑应当既处罚自然人，也处罚单位。刑法规定只有自然人才能成为信用卡诈骗罪的主体，不利于对这种犯罪行为的惩治与预防。[②]

其实，在1999年1月5日中国人民银行发布的《银行卡业务管理办法》中就已经明确规定了单位与自然人同样可以成为信用卡诈骗罪的主体。[③]《银行卡业务管理办法》第61条规定："任何单位和个人有下列情形之一的，根据《中华人民共和国刑法》及相关法规进行处理：（一）骗领、冒用信用卡的；（二）伪造、变造银行卡的；（三）恶意透支的；（四）利用银行卡及其机具欺诈银行资金的。"由此可见，单位成为信用卡诈骗罪的主体，是有法律依据的，只不过又是由于法律部门之间缺乏合理协调，导致刑事立法上的又一个纰漏罢了。

笔者相信，我国立法者是不会放纵单位实施任何金融诈骗犯罪行为的。问题在于刑事立法一定要落实"法定化、实定化、明确化"，否则不仅会引起学术界的无意之争，更会造成司法实际工作的混乱，有悖于罪刑法定原则。

（二）关于"以非法占有为目的"的问题

根据我国刑法理论，犯罪目的是行为人意图通过犯罪行为达到的犯罪结果。[④]

---

① 参见王晨：《诈骗犯罪研究》，人民法院出版社2003年版，第224页。

② 同上注。

③ 参见刘家琛主编：《刑法分解适用集成》（上卷），人民法院出版社2000年版，第743—745页。

④ 陈兴良：《当代中国刑法新境域》，中国政法大学出版社2002年版，第616页。

现行《刑法》第192条规定了，“以非法占有为目的，使用诈骗方法非法集资，数额较大的”构成集资诈骗罪。第193条也规定了，“以非法占有为目的，诈骗银行或者其他金融机构的贷款，数额较大的”构成贷款诈骗罪。不难看出，这两个法条都明文规定了“以非法占有为目的”这个主观上的特殊要件。然而，值得注意的是，在其他六种金融诈骗罪中却没有“以非法占有为目的”这个法律规定。这种现象使人们产生一定的困惑，尤其是在相同立法体例的情况下出现不同的文字表达，就更使得人们对法条产生不同的解读。例如：上述第193条的行文是，“有下列情形之一，以非法占有为目的，诈骗银行或者其他金融机构的贷款，数额较大的”是贷款诈骗罪。在这里，立法者使用了“以非法占有为目的”这个法律用语。但以同样行文的第194条、第196条和第198条却没有使用“以非法占有为目的”这个用语，[①] 为什么会出现立法行文相同但用语不统一的情况？这是否意味着那些法条上没有写明“以非法占有为目的”的犯罪就不需要这个主观要件，或许是由于立法上的疏忽，还是另有其他原因？

对此，我国学界主要有两种不同的看法。一种看法认为，凡是法条没有规定以非法占有为目的的，均不宜将主观方面限定为以非法占有为目的。[②] 换句话说，只要刑法没有规定以非法占有为目的，行为人在实施欺诈行为时，即便主观上没有以非法占有为目的的，也可以构成金融诈骗犯罪。另一种看法认为，“对于在法条上未规定以非法占有为目的的金融诈骗罪，并非不要求行为人主观上具有非法占有的目的，而是因为这种欺诈行为本身就足以表明行为人主观上是具有非法占有的目的”。[③] 换言之，在金融诈骗罪中，无论法律条文是否规定了以非法占有为目的，行为人主观上都应具有非法占有的目的，这是因为“金融诈骗罪具有财产犯罪的性质，其主观上具有非法占有的目的是理所当然的”。[④]

笔者认为后一种看法是符合我国刑法内在统一性的。首先应该清楚，金融诈骗罪是从诈骗罪分离出来的，它具有诈骗罪的本质特征。根据我国刑法理论，“诈骗罪，是指以非法占有为目的，用虚构事实或隐瞒真相的欺骗方

---

① 第194条：“有下列情形之一，进行金融票据诈骗活动，数额较大的”构成票据诈骗罪或金融凭证诈骗罪；第196条：“有下列情形之一，进行信用卡诈骗活动，数额较大的”是信用卡诈骗罪；第198条：“有下列情形之一，进行保险诈骗活动，数额较大的”构成保险诈骗罪。

② 参见单长宗主编：《新刑法研究与适用》，人民法院出版社2000年版，第406页。

③ 陈兴良：《当代中国刑法新境域》，中国政法大学出版社2002年版，第617页。

④ 同上注。

法，骗取数额较大的公私财物的行为”。[①] 非法占有目的是构成诈骗罪的必备构成要件。应该说，行为人无论实施何种欺诈手段，骗取何种财物，都是为了实现非法占有公私财物这个最终目的。如果行为人主观上没有非法占有的目的，例如，为了解决家庭经济困难而隐瞒真相，骗取借款后承认借贷关系，并且准备偿还的，就不能认定为诈骗罪。很显然，诈骗罪与欺骗行为的重要区别就在于，前者主观上具有非法占有公私财物的目的，后者主观上则不具有这个目的。显而易见，主观目的的不同，将决定行为是否构成犯罪。所以说，“非法占有目的是一切诈骗犯罪不可或缺的构成特征”，[②] 笔者把这种特征称为当然特征。

现行《刑法》第266条规定，“诈骗公私财物，数额较大的”是诈骗罪。该法条并没有出现“以非法占有为目的”这个规定，但是鉴于诈骗罪的当然特征，“以非法占有为目的”是不言而喻的，所以也就没有必要在法条上再加以明确了。同样，金融诈骗罪也具有诈骗罪的当然特征，无需一一陈述“以非法占有为目的”。如果陈述了，就有画蛇添足之嫌。倘若此处规定，彼处未规定，自然就会造成理解上的混乱。

笔者相信，我国立法者对八种金融诈骗罪并没有厚此薄彼之意，这点可以从2001年最高人民法院的《纪要》中得到证实。该《纪要》明示，“金融诈骗犯罪都是以非法占有为目的的犯罪”。[③] 那么为什么1997年修订《刑法》时，在金融诈骗犯罪中出现了上面谈到的法条表述不统一的问题。有学者解释，“之所以规定集资、贷款诈骗罪以非法占有为目的，其余诈骗罪未作规定，是处于立法技术上的考虑。集资、贷款诈骗罪，与其他非法集资行为（例如，为了资金周转非法集资）、其他非法骗贷行为（例如，为了‘借鸡生蛋’骗取贷款）极为相似，为了与这些行为划清界限，需要将非法占为己有的目的明文加以规定。”[④] 这种解释是不无道理的。不过票据诈骗罪中的签发空头支票与一般民事欺诈行为的签发空头支票也是极为相似的，《刑法》似乎也应该对第194条的票据诈骗罪用“以非法占有为目的”加以规定，然而却没有。看来法条表述不统一的问题，不能不使人怀疑这与立法上的疏漏有一定的关系。

---

① 王作富：《中国刑法研究》，中国人民大学出版社1988年版，第615页。

② 王晨：《诈骗犯罪研究》，人民法院出版社2003年版，第107页。

③ 《全国法院审理金融犯罪案件工作座谈会纪要》（2001年1月21日），参见鲜铁可：《金融犯罪定罪量刑案例评析》，中国民主法制出版社2003年版，第454页。

④ 马克昌：“金融诈骗罪若干问题研究”，载《马克昌文集》，武汉大学出版社2005年版，第226—227页。

（三）关于“数额较大”的问题

在八种金融诈骗罪中，有七种犯罪在法条中规定了“数额较大”。例如，第192条规定，“以非法占有为目的，使用诈骗方法非法集资，数额较大的”为集资诈骗罪。这里的“数额较大”是该罪的定罪标准。用数额作为定罪的标准，或者说以数额的大小来决定犯罪是否成立，应该是我国刑法的一个特点。[①]

需要注意的是，在金融诈骗罪中，数额多少为较大，数额较大的起点是多少，《刑法》对这个十分重要的定罪标准并没有具体规定，也没有任何说明。[②] 过去，通常是参照1996年12月16日最高人民法院的《解释》定罪量刑。根据《解释》，金融诈骗罪中的“数额较大”归纳如下：个人进行贷款诈骗在1万元以上的；个人进行票据诈骗数额在5千元以上的，单位进行票据诈骗数额在10万元以上的；个人进行金融凭证诈骗数额在5千元以上的，单位进行金融凭证诈骗数额在10万元以上的；个人实施信用卡诈骗数额在5千元以上的；个人进行保险诈骗数额在1万元以上的，单位进行保险诈骗数额在5万元以上的。[③] 应该说，《解释》提供的定罪标准是十分重要的，它不仅有助于司法人员的实际工作，也有利于学者对金融诈骗罪的深入研究。不过遗憾的是，在《解释》中找不到关于集资诈骗罪和有价证券诈骗罪“数额较大”的任何司法解释。[④] 换句话说，这两个犯罪的定罪标准既无法律规定，也无司法解释。这的确让“法无明文规定不为罪，法无明文规定不处罚”的罪刑法定原则显得有些尴尬。

直到1997年《刑法》修订4年之后，最高人民检察院与公安部才于2001年4月18日发布了《关于经济犯罪案件追诉标准的规定》（以下简称《规定》），明确了集资诈骗罪和有价证券诈骗罪的追诉标准。虽然《规定》没有用“数额较大”，而是用追诉数额作为定罪标准，但二者的实际效用是相同的。根据《规定》，金融诈骗罪的追诉数额是：个人集资诈骗数额在10万元以上的，单位集资诈骗数额在50万元以上的；个人进行贷款诈骗数额在1万元以上的；个人进行票据诈骗数额在5千元以上的，单位进行票据诈骗数额在10万元以上的；个人进行金融凭证诈骗数额在5千元以上的，单位进行金

① 这与英美法系国家的刑法有明显区别。以英国为例，数额通常是不能作为定罪标准的。

② 这种现象不仅限于金融诈骗罪，在其他一些犯罪中也同样存在。

③ 参见刘家琛主编：《刑法分解适用集成》（上卷），人民法院出版社2000年版，第736—751页。

④ 因为《解释》发布于1996年，在此之后，1997年修订的《刑法》才规定了有价证券诈骗罪。

融凭证诈骗数额在10万元以上的；个人进行信用卡诈骗数额在5千元以上的；个人实施有价证券诈骗数额在5千元以上的；个人进行保险诈骗数额在1万元以上的，单位进行保险诈骗数额在5万元以上的。①

通过对《规定》与《解释》的比较，可以看出，《规定》除了增加集资诈骗罪和有价证券诈骗罪的追诉数额以外，实际上对其他金融诈骗罪的追诉数额规定与1996年最高人民法院《解释》中的“数额较大”的规定是完全相同的。不过，值得注意的是，1996年的《解释》是由最高人民法院发布的，属于司法解释。而2001年的《规定》则是由最高人民检察院与公安部联合发布的，是否也能称为司法解释，笔者表示质疑。很显然，公安部只是政府的一个行政部门，是无权对《刑法》进行解释的。根据1979年《中华人民共和国法院组织法》和有关法律规定，在我国有权进行司法解释的只是最高人民法院和最高人民检察院。②

如果《规定》不能作为司法解释，那就意味着集资诈骗罪和有价证券诈骗罪的定罪标准仍处于既无法律明文规定，又无司法明确解释的状态中。

（四）关于死刑适用的问题

《刑法》第199条规定：“犯本节第一百九十二条、第一百九十四条、第一百九十五条规定之罪，数额特别巨大并且给国家和人民利益造成特别重大损失的，处无期徒刑或者死刑，并处没收财产。”这条规定包括对四种金融诈骗罪的死刑，它们是集资诈骗罪、票据诈骗罪、金融凭证诈骗罪和信用证诈骗罪。2001年最高人民法院的《纪要》又重申了对这些犯罪适用死刑的规定。《纪要》强调，“刑法对危害特别严重的金融诈骗犯罪规定了死刑。人民法院应当运用这一法律武器，有力地打击金融诈骗犯罪。对于罪行极其严重、依法该判死刑的犯罪分子，一定要坚决判处死刑。但需要强调的是，金融诈骗犯罪的数额特别巨大不是判处死刑的惟一标准，只有诈骗‘数额特别巨大并且给国家和人民利益造成特别重大损失’的犯罪分子，才能依法选择适用死刑。”③《纪要》的内容与《刑法》第199条的规定都十分清楚，那就是在适用对上述四种金融诈骗罪的死刑时必须满足两个条件，即“数额特别巨大”、“并且给国家和人民利益造成特别重大损失”。

---

① 《关于经济犯罪案件追诉标准的规定》（2001年4月18日），参见鲜铁可：《金融犯罪定罪量刑案例评析》，中国民主法制出版社2003年版，第467—468页。

② 参见高铭暄、马克昌主编：《刑法学》，北京大学出版社2000年版，第22页。

③ 《全国法院审理金融犯罪案件工作座谈会纪要》（2001年1月21日），参见鲜铁可：《金融犯罪定罪量刑案例评析》，中国民主法制出版社2003年版，第456页。

首先，需要搞清楚什么是“数额特别巨大”。笔者利用现有的资料，根据1996年12月16日最高人民法院的《解释》和2001年4月18日最高人民检察院与公安部的《规定》，将有关定罪量刑的数额集中在一个图表中，对自然人实施八种金融诈骗罪进行比较，① 找出了适用死刑的四种犯罪之“数额特别巨大”的规定。如表所示，四种犯罪适用死刑的数额标准为：集资诈骗罪在100万元以上、票据诈骗罪在10万元以上、金融凭证诈骗罪在10万元以上、信用证诈骗罪在50万元以上。

自然人实施八种金融诈骗罪之定罪量刑数额比较*

量刑情节	数额较大	数额巨大或者有其他严重情节	数额特别巨大或者有其他特别严重情节	数额特别巨大并且给国家和人民利益造成特别重大损失
集资诈骗罪	10万元以上	20万元以上	100万元以上	100万元以上
贷款诈骗罪	1万元以上	5万元以上	20万元以上	——
票据诈骗罪	5千元以上	5万元以上	10万元以上	10万元以上
金融凭证诈骗罪	5千元以上	5万元以上	10万元以上	10万元以上
信用证诈骗罪	——	10万元以上	50万元以上	50万元以上
信用卡诈骗罪	5千元以上	5万元以上	20万元以上	——
有价证券诈骗罪	5千元以上	**	**	——
保险诈骗罪	1万元以上	5万元以上	20万元以上	——
法定刑	5年以下有期徒刑或者拘役	5年以上10年以下有期徒刑	10年以上有期徒刑或者无期徒刑	无期徒刑或者死刑

* 不包括罚金和没收财产刑。

** 不详。

——不适用。

图表统计资料来源于1996年12月16日最高人民法院《解释》和2001年4月18日最高人民检察院与公安部《规定》。②

从表中可以发现一些问题。最突出的就是，票据诈骗罪和金融凭证诈骗罪的“数额特别巨大”都规定在10万元以上，而另两个犯罪，即信用证诈骗

① 由于缺少对单位定罪量刑之数额的法律规定，所以图表没有包括对单位犯罪的量刑比较。

② 参见刘家琛主编：《刑法分解适用集成》（上卷），人民法院出版社2000年版，第731—751页；鲜铁可：《金融犯罪定罪量刑案例评析》，中国民主法制出版社2003年版，第467—468页。

罪和集资诈骗罪，却分别定在50万元以上和100万元以上，四种犯罪的数额相差十分悬殊。为什么票据诈骗罪和金融凭证诈骗罪适用死刑的法定数额要比信用证诈骗罪低5倍，比集资诈骗罪低10倍？是由于票据诈骗罪和金融凭证诈骗罪的犯罪性质要比后两者更加严重，还是由于信用证诈骗罪和集资诈骗罪的作案数额起点通常高于前两者所以应给予“适当考虑”？还是另有其他原因？经过反复思考，笔者始终没有得出满意的答案。此外，八种金融诈骗罪同属在金融领域的欺诈犯罪，它们之间存在许多共性和相同点，是什么原由使得有些犯罪需要死刑，而有些则不需要，其法理依据是什么？显然，这些问题都有待于从刑罚理论进行深入的研究和探讨。

根据法律规定，除了“数额特别巨大”之外，另一个需要满足的条件就是“给国家和人民利益造成特别重大损失”。如果说，通过数额划分的“数额特别巨大”是客观标准的话，那么“给国家和人民利益造成特别重大损失”就应该说是主观标准了，至少应该说主观标准在这里占据主导地位。那么如何界定“给国家和人民利益造成特别重大损失”，其标准是什么？这是一个非常严肃的问题，是性命攸关的大问题，也是防止法官擅断、违背罪刑法定原则的问题。对于这点，相信无论是立法解释，还是司法解释都是人们翘首以待的。

（五）关于法条对犯罪行为规定的问题

现行《刑法》在条文中对八种金融诈骗罪的具体犯罪行为作了比较详细的规定。例如，第193条明列了5种贷款诈骗罪的行为：“（一）编造引进资金、项目等虚假理由的；（二）使用虚假的经济合同的；（三）使用虚假的证明文件的；（四）使用虚假的产权证明作担保或者超出抵押物价值重复担保的；（五）以其他方法诈骗贷款的。”在对犯罪行为的五种表述中，前四种是对具体犯罪行为的陈述，最后一种则是对前四种以外的所有诈骗贷款行为的概括。这种概括是十分必要的，因为立法者在刑法上是无法穷尽所有犯罪行为的（事实上是不可能的，也是不必要的），无疑，这种概括可以避免立法上出现的疏漏。

不过，综观其他金融诈骗罪的法律规定，不难发现有些法律条文是存在问题的。以第198条为例，该法条对保险诈骗罪的行为作了以下五种规定：“（一）投保人故意虚构保险标的，骗取保险金的；（二）投保人、被保险人或者受益人对发生的保险事故编造虚假的原因或者夸大损失的程度，骗取保险金的；（三）投保人、被保险人或者受益人编造未曾发生的保险事故，骗取保险金的；（四）投保人、被保险人故意造成财产损失的保险事故，骗取保险金的；（五）投保人、受益人故意造成被保险人死亡、伤残或者疾病，骗取保险金的。”以上对保险诈骗行为的五种规定，看上去很详尽，但却存在纰漏。很明显，这五种诈骗行为都是以获取保险金为目的的。但事实上，保险诈骗行为远不止骗取保险金这一种，投保人虚构事实或隐瞒真情骗取交纳低额保险费的行为就是一种保险诈骗行为。

值得注意的是，我国目前保险业务与西方国家相比还比较落后，但随着今后市场经济的发展和保险制度的完善，保险金融机构一定会提供更多的服务和保险内容，随之而来的诈骗行为也会应运而生。另外，对再保险诈骗行为也需要引起重视。所谓“再保险”，是指保险公司向再保险公司支付保险费，再保险公司对于合同约定的、可能发生的事故因其发生所造成的损失，向投保的保险公司承担赔偿保险金的商业保险行为。那种对再保险公司实施保险诈骗行为的主体通常是单位，犯罪表现不仅是诈骗数额巨大，而且社会危害性也十分严重。

总之，为了贯彻罪刑法定原则，笔者认为，就目前情况，立法者在法律条文中不宜对诈骗行为规定得过细、过死。为了防患于未然，应该采用上述第193条对犯罪行为的表述方法，以求更有效地防止犯罪分子逃脱法律的制裁。

二、英国刑法对类似我国金融诈骗罪的有关规定

上面讨论了我国金融诈骗罪在立法上存在的五个问题，下面将介绍英国对类似我国金融诈骗罪的有关规定。

首先，需要了解英国的犯罪构成。不同于我国犯罪构成四要件，英国刑法是不存在客体要件的。虽然有主体，但并不是放在犯罪构成要件中讨论。实际上，英国的犯罪构成只包括两个要件，即犯罪的客观要件和犯罪的主观要件。犯罪构成理论要求，犯罪必须具备这两个要件，缺少任何一个要件都不构成犯罪（但有些犯罪除外，不需要主观要件。这种犯罪叫做严格责任犯罪，通常规定在制定法中）。犯罪的客观要件称为“actus reus”，“actus reus”是拉丁语，原意为“犯罪行为”；犯罪的主观要件称为“mens rea”，拉丁语“mens rea”的意思是“犯罪心态”。[①] 需要说明的是，英国刑法借用“actus reus”意指犯罪的客观要件，并非仅限于“犯罪行为”，因为犯罪的客观要件除了犯罪行为，也包括犯罪环境和犯罪结果。

由于英国刑法没有专门设立金融诈骗罪，所以类似我国的金融诈骗犯罪

① Catherine Elliott and Frances Quinn, Criminal Law, London: Pearson Education Ltd., 2004, p. 8.

通常是被放在诈骗罪里的。这种情况不仅是在英国，在英美法系的国家也是同样，甚至包括一些大陆法系的国家也是如此。英国刑法中的诈骗罪是一类犯罪的总称，主要包括制定法《1968 年盗窃罪法》规定的骗取财产罪（第 15 条）、转账欺诈罪（第 15A 条）、骗取金钱利益罪（第 16 条）、伪造账目罪（第 17 条）、法人欺诈罪（第 18 条）、公司董事虚假报告罪（第 19 条）、骗取签立产权书罪（第 20 条），《1978 年盗窃罪法》规定的骗取服务罪（第 1 条）、骗取债务减免罪（第 2 条）、逃避现场付款罪（第 3 条），以及普通法中的欺诈罪。[①] 需要指出的是，英国之所以没有规定金融诈骗罪，是由于刑法规定的某些犯罪已经涵盖了对金融领域实施的诈骗行为。下面主要介绍两种犯罪，即骗取财产罪和骗取金钱利益罪。

（一）骗取财产罪

《1968 年盗窃罪法》第 15 条第 1 款规定，意图永久剥夺他人财产，以欺骗手段不诚实地取得其财产的，为骗取财产罪，[②] 从这个规定中可以看出，构成骗取财产罪需要七个要素，即财产、他人所有、欺骗手段、取得他人财产、不诚实、故意欺骗、意图永久剥夺他人财产。按照犯罪构成的划分，客观要件应该包括财产、他人所有、欺骗手段、取得他人财产；主观要件应该包括不诚实、故意欺骗、意图永久剥夺他人财产。下面将依次介绍这七个要素：

1. 财产

根据《1968 年盗窃罪法》第 3 条，财产包括两种形式的财产。一种是有形财产，如金钱、首饰、衣物、家具、汽车等一切动产和土地、房屋等不动产。另一种是无形财产，如出口配额、股份、版权等。行为人无论骗取的是动产或不动产，有形财产或无形财产都构成骗取财产罪。

2. 他人所有

骗取的财产必须是属于他人的。对于“他人”的理解，不应仅限于财产所有人，也应包括其他依法掌控财产的人。根据《1968 年盗窃罪法》第 5 条第 1 款的规定，所谓他人，是指任何拥有或控制财产，或对财产享有所有权或权益的人。

3. 欺骗手段

欺骗手段，是指通过语言或动作虚构事实或编造谎言诱使受害人信以为真，使其对有关事实或法律产生错误认识从而“自愿”放弃财产权利的欺诈行为。

---

① 由于英国商业欺诈罪与我国金融诈骗罪可比性不大，所以本文将不作介绍。

② Theft Act 1968, s. 15, refer to P. R. Glazebrook, ed., Blackstone's Statutes on Criminal Law 2003—2004, Oxford: Oxford University Press, 2003, p. 157.

4. 取得他人财产

取得他人财产，是指行为人对他人的财产取得所有权、占有权或者控制权。此外，也包括行为人为第三者取得或者使第三者能够取得或者保留财产"权"。[①]"取得"可以表现在行为人诱使受害人给付、卖出或者购买。欺骗手段与取得财产之间必须有因果关系，即欺骗手段是引起受害人"自愿"放弃财产权利的原因。行为人取得财物是否经过受害人的"同意"，是该罪与其他犯罪的本质区别。如果受害人放弃财产权利并非由于行为人的欺骗手段所引起，而是由于恐惧、害怕所引起，应视其情况按抢劫或其他犯罪论处。

值得注意的是，英国刑法对诈骗的数额是没有要求的，即受害人所遭受的损失多少并不影响骗取财产罪的成立。换句话说，法律对行为人骗取财产价值数额是没有要求的，只要行为人实施了诈骗手段，使受害人"自愿"放弃了财产，无论获取财产多少，多至千万英镑，少到1英镑，都构成骗取财产罪。

5. 故意欺骗

该罪主观上必须具有骗取他人财产的故意。行为人必须知道他所陈述的事情是虚假的或者可能是虚假的，主观上持希望欺诈目的得以实现或者对欺诈结果持放任的态度，即直接故意和间接故意。

6. 不诚实

一个人如果明知自己在对他人说谎可谓不诚实，但是根据《1968年盗窃罪法》第2条，有三种情况可以除外：（一）如果行为人相信自己在法律上有权代表自己或者第三者将财产据为己有的；或者（二）如果行为人相信即使他人知道自己把财产据为己有也会同意的；或者（三）如果行为人相信通过正常手段无法找到财产所有人而将财产据为己有的（财产的受托人或私人代表除外）。

7. 意图永久剥夺他人财产

意图永久剥夺他人财产，意指行为人具有永久占有他人财产的目的。所谓永久剥夺，是指长期占有他人的财产。在司法实践中，只要求具有永久剥夺他人财产的目的，至于行为人在实际上是否能够永久地占有其财产，并不影响骗取财产罪的成立。

以上七点是骗取财产罪的构成要素，也是区别于其他犯罪的要点。例如，被告人在商店里虚构事实，伪称自己为儿子过生日曾经订购了一个电脑游戏，

① Ibid., s. 15 (2), p. 157.

特来取货，但付款收据不慎丢失。店员信以为真，将电脑游戏给付了被告人。在此案中，被告人被指控为骗取财产罪，理由是：（一）电脑游戏是一种财产；（二）这种财产属于商店所有；（三）被告人使用了欺诈手段；（四）取得了属于商店所有的电脑游戏；（五）被告人编造谎言，主观上具有诈骗的故意；（六）实施了不诚实的行为；（七）具有永久占有电脑游戏的目的。假如此案中的被告人是用武力威胁使得店员拱手交出电脑游戏，则不应定为骗取财产罪（应定为抢劫罪），因为缺少了上述“欺骗手段”、“故意欺骗”和“不诚实”三个要素。

根据《1968年盗窃罪法》第15条第1款规定，骗取财产罪最高刑期为10年有期徒刑。[①] 需要说明的是，对于有期徒刑，法律通常不规定最低刑期（即无下限），只是规定了最高刑期。所以，法官可以在最高刑期以下自由量刑裁定。以骗取财产罪为例，法官可以根据被告人的情况，依据刑罚原则，对其判处10年、3年、1年，甚至1个月的监禁。

（二）骗取金钱利益罪

根据《1968年盗窃罪法》第16条，骗取金钱利益罪，是指以欺骗手段为自己或他人取得金钱利益的行为。[②] 在该罪中，有一种属于欺诈金融机构的行为，即第16条第2款第2项规定的行为人以欺诈手段获得透支借贷许可，或者获得保险单或年金合约，或者获得对前述内容的优惠待遇。所谓优惠待遇，就透支而言是指降低利率，就保险而言是指降低保险费。

构成该罪，需要具备四个要素：获利、欺骗手段、不诚实、故意欺诈。由于四个要素中的欺骗手段和不诚实与骗取财产罪相同，这里无须赘述，所以只介绍两个要素：

1. 获利

所谓获利，是指获得银行或提供贷款或信贷的金融机构所给予的贷款或信贷服务，或者保险公司或其他金融机构提供的各种保险、年金、储蓄金、养老金、基金等服务而产生的经济利益。欺诈获利，是指通过欺骗手段获得上述利益的。例如，利用银行为客户提供的透支服务，以不诚实手段使用支票担保卡骗取低息利益的。又如，吸烟者在购买人寿保险时伪称自己不吸烟骗取交纳低额保险费的，或者已被吊销驾驶执照但隐瞒事实骗取保险公司为其提供汽车保险业务的。对前一种情况，只要行为人使用了透支服务，即构

① Ibid., p. 157.

② Ibid., p. 158.

成骗取金钱利益罪；对后者，行为人只要获得保险单，即构成骗取金钱利益罪。

2. 故意欺诈

骗取金钱利益罪要求行为人主观上具有希望欺诈目的得以实现或者对欺诈行为持放任的态度，并不要求行为人具有永久剥夺他人财产的目的。

根据《1968 年盗窃罪法》第 16 条第 1 款规定，骗取金钱利益罪最高刑期为 5 年有期徒刑。

结　语

由于我国与英国不仅属于不同的法系，其社会背景也是不同的，所以两国对金融诈骗犯罪在立法上存在差异是不足为奇的，问题在于我们如何去学习和借鉴那些对我国刑事司法制度有益的内容。例如，我国金融诈骗罪是否也能由间接故意构成。我国刑法通说认为，金融诈骗罪作为非法占有他人财物的犯罪，行为人的主观故意只能是直接故意，间接故意不能构成诈骗犯罪。[①] 然而随着近年来诈骗犯罪的多样化和复杂化，尤其是大量的利用经济合同进行诈骗的犯罪出现，国内一些学者已经提出，诈骗犯罪的主观故意并非限于直接故意，间接故意也可以构成诈骗犯罪。[②] 有学者以贷款诈骗罪为例，认为在某种情况下，犯罪的主观方面也可以是间接故意，即明知本人可能没有偿还能力或者超出其偿还能力，而虚构偿还能力，对于到期是否能够偿还采取放任的主观心理态度。[③]

诚然，中英两国刑法对金融诈骗犯罪的认定存在许多不同，但突出的一点应该是诈骗数额的问题。我国刑法是把金融诈骗的数额作为定罪量刑的重要标准之一，强调量变与质变的辩证关系。就定罪而言，数额的大小将决定行为是否构成犯罪。英国刑法则认为，诈骗数额的大小只是在量刑阶段起作用，在犯罪的认定阶段是不起作用的，更不可能决定犯罪是否构成。

笔者认为，哲学上的理论与法律上的实际问题是不能完全等同的。法律对公众昭示的不应该是诈骗多少财物才构成犯罪，而应是诈骗本身就是法律所禁止的犯罪行为。就如同家长教育子女时说，不应该骗人钱；而不是说，不应该骗人太多钱。

---

① 参见王晨：《诈骗罪的定罪与量刑》，人民法院出版社 1999 年版，第 43 页。

② 同上注。

③ 参见陈兴良主编：《经济刑法学》（各论），中国社会科学出版社 1990 年版，第 182 页。引自王晨：《诈骗犯罪研究》，人民法院出版社 2003 年版，第 107 页。

我国侵犯知识产权犯罪的刑法完善

樊凤林* 刘东根**

从1979年刑法规定假冒商标罪到现在，应当说，我国知识产权刑事立法已相对比较完备，尤其是2004年《关于办理侵犯知识产权刑事案件具体应用法律若干问题的解释》（以下简称《解释》）和2007年《关于办理侵犯知识产权刑事案件具体应用法律若干问题的解释（二）》（以下简称《解释二》）对于完善我国侵犯知识产权犯罪的刑事实体法起到了积极的作用。但目前司法实践中的法律适用疑难问题仍然不断出现，许多问题亟待解决，打击假冒商标、盗版和其他涉及知识产权犯罪的刑事执法活动比较被动，侵犯知识产权犯罪打击不力，被害人的合法权益得不到保障仍然是目前存在的突出问题，因而迫切需要对侵犯知识产权犯罪的刑法制度作进一步完善。

一、立法指导思想的缺陷及完善

知识产权在本质上是一种私权，并且是一种绝对的准物权。但知识产权的使用和保护又涉及社会公共利益，如文化技术的传播、国家间的交流与合作、消费者的利益等。尤其在经济全球化的大形势下，知识产权的保护已经不再是单纯的国内法问题，同时也是受国际条约规范的国际法问题。各国将侵犯知识产权的行为纳入刑事惩罚的范围，无不基于两个原因，即保护知识产权人的私权和保护社会公共利益，所不同的是对利益平衡点的选择不同，是偏重于前者还是侧重于后者。美国的刑事理论偏重于前者，认为知识产权是一种个人所拥有的无形财产权，严重侵犯这种权利的行为将给权利所有人造成严重的经济损失。我国侧重于对后者的保护，认为严重侵犯知识产权的行为，不仅侵害到权利所有人的利益，而且更重要的是危害到社会公共利益。

* 中国人民公安大学教授。

** 中国人民公安大学副教授，法学博士。

因此，在我国的刑事立法中，侵犯知识产权犯罪是作为破坏社会主义市场经济秩序罪中的一节，侵犯的客体是社会主义市场经济秩序中的知识产权管理秩序。犯罪客体决定了犯罪的性质，是决定犯罪社会危害性的重要因素，也反映了国家对某种犯罪的基本认识。从理论根基上考察，将侵犯知识产权犯罪作为破坏社会主义市场经济秩序罪的一节，带有明显的社会本位色彩，认为社会法益重于个人法益，这与我国刑法通常的价值取向一致。

价值选择不同，个人权利优先还是经济秩序优先，直接关系到侵犯知识产权犯罪具体制度的设计。如同样的盗版行为，在不同的价值选择中，其社会危害性的认识也存在较大不同。如美国刑法根据权利优先的价值选择，认为盗版行为的社会危害性主要在于对版权所有人私人财产权的侵害，版权所有人因侵权行为而遭受的损失大小是决定版权侵权行为社会危害程度的主要因素，复制、销售侵权作品越多，版权所有人受到的损失也越大。因此，复制、销售的侵权作品数量及零售价值是版权犯罪罪与非罪、重罪与轻罪的数量标准。我国刑法中侵犯著作权犯罪将违法所得数额较大和违法所得数额巨大作为定罪量刑的标准，这体现了从侵权者对社会经济秩序所造成的危害来考虑侵权行为的严重程度。因为，违法所得数额越大，对于社会经济秩序的破坏也就越大。但是，违法所得数额小，对版权所有人造成的损失不一定就小，如侵权人大量复制侵权作品、低价销售时就是如此。结果导致许多盗版侵权人因为违法所得数额小而逃避了刑法甚至法律的制裁，而著作权人却损失惨重。再如，我国刑法中只对著作权人的财产权利作出规定，而不涉及人身权和精神利益。在司法领域，侵犯知识产权犯罪也主要是作为一种危害经济秩序、妨害社会公共利益的犯罪来打击，只有在知识产权侵权行为严重危害了社会公共利益的时候才进行刑法干预。

本文认为，知识产权的本质是一种私权，只不过其保护对象是非物质性的信息，并由此导致其与物质财产权（物权）的一些区别。知识产权与所有权一样都是私的主体所享有的财产权，我们既要看到知识产权与物权的区别，又要重视它们之间的共性。WTO《知识产权协定》在其序言中宣示“知识产权为私权”，以私权名义强调了知识财产私有的法律性质。可以认为，权利的私权性是将知识产权归类于民事权利范畴的基本依据，而私权的神圣性则是对知识产权提供法律保护的基本理念。知识产权虽然是由国家以法律的名义赋予的权利形态，但这种私权形态并不因国家授予而具有公权的特征。按美国学者的说法，创造性活动是权利产生的“源泉”（source），而法律（国家机关的授权活动）是权利产生的“根据”（origin）。此处分析旨在说明，权利取得方式如何并不影响该项权利的基本属性，质言之，知识产权的私权性取决于知识财产私人占有的基本品行，权利的国家授予性并不能说明权利本体的公权意义。尽管知识产权具有很强的公共利益性质，知识产权法律制度也尽可能地实现知识产权人利益与社会整体利益的平衡与协调，但这没有也不应该改变知识产权的本质属性。知识产权的使用在一定程度上关系到社会多数人的利益，但我们不能据此认为多数人的利益高于个人的利益，任何一个公民都应该为了全社会的共同利益而放弃个人私利。①

我国现行刑法将侵犯知识产权罪的犯罪客体定位于社会主义市场经济秩序中的知识产权管理秩序，从深层次的理论上讲，这与认为知识产权是由国家通过法律确认，知识产权的行使涉及公共利益密切相关，而前文已经论述了这些并不能改变知识产权的私权属性。我国刑法从社会本位的立场出发，忽视了知识产权在本质上首先是一种私权，其次才涉及市场秩序的利益。市场经济归根结底是一种交换经济，而交换从法律上说就是权利的互相让渡，每一个知识产权人的具体权利是知识产权管理秩序存在的基础，只有每一个具体权利得到了真正维护和实现，才有可能实现知识产权管理秩序存在的价值。因此，我们必须要转变对知识产权性质和侵犯知识产权犯罪客体的认识，转变立法指导思想，坚持权利优先而不是秩序优先，并据此对我国的侵犯知识产权刑事法律制度作出修改和完善。

二、知识产权保护政策的选择与完善

强保护还是弱保护在政策上如何选择，对于能否有效惩治侵犯知识产权犯罪有着直接的影响。强保护和弱保护是相对而言的一对概念，指的是一国政策、法律对知识产权保护程度的差别。按照法经济学的观点，将是否可以使知识资产生产者的私人成本依靠国家法律正当程序得以回收作为划分二者的标准。强保护的目的在于保证知识资产生产者的私人收益在正常情况下不少于其私人投入，从而提供生产之激励。弱保护则正好与之相反。②

关于一国知识产权保护政策应当实行强保护还是弱保护的争论主要存在于发达国家和发展中国家之间。前者由于在世界范围内占据了知识产权的强势地位，希望通过强保护获取更多的利润；后者由于其在国际贸易中处于不利地位，希望通过弱保护来摆脱技术上的依赖地位，促进民族工业的发展。我国是一个发展中的大国，知识产权的整体水平仍然处于比较低的层次，在

① 吴汉东："关于知识产权私权属性的再认识——兼评：'知识产权公权化'理论"，载人大复印资料民商法学，2006年第4期。

② 刘茂林：《知识产权法的经济分析》，法律出版社1996年版，第83页。

国际贸易中处于弱势地位，因此，有许多人认为我国应当实行弱保护战略以尽快壮大自身的力量，甚至片面地认为，在国内强调知识产权保护是在维护外国人的利益。诚然，弱保护理论在一定范围和时期内适应了社会客观现实和国家主权的需要，为本国经济的发展带来一定的促进作用。但从长远考虑，知识产权的发展最终不能依赖一国的弱保护，而应充分发挥激励创新机制，调动全社会的积极性，从而创造出强大的知识产权经济。我国司法实践中打击侵犯知识产权违法犯罪存在着诸多问题，弱保护意识是造成这些问题的根源之一。例如，弱保护意识降低了社会及司法机关对侵犯知识产权违法犯罪行为社会危害性的认识，也是地方保护主义存在的主要因素。我国地域广阔，各地经济状况发展不平衡，知识产权的发达程度也不同。弱保护理论在国与国的经济交往中用来保护发展中国家的利益，在我国各地、各企业之间的经济交往中，就被用来保护在某一领域知识产权处于弱势地位的利益。侵犯知识产权的违法犯罪行为在一定程度上不仅不会给当地的经济发展带来危害，反而会在表面上增强当地的经济实力，从而得到当地政府的庇护。任由事态如此发展下去，中国知识产权的弱势状况只会继续。另外，中国已经是世界贸易组织的一员，必须要承担《与贸易有关的知识产权协议》中规定的义务，知识产权保护不再是一个单纯的国内法问题，在制定知识产权法律制度时，不仅要从国内利益出发，同时也要考虑国际条约的规定。社会越发展，知识产权的重要性也越高，对知识产权的保护也会越加强，因此，从长远利益看，我国在知识产权保护政策方面应当是强保护，侵犯知识产权犯罪的刑事法律制度和刑事司法应当作出相应的调整。当然，强保护并不意味着刑罚的严厉程度要越来越高，并不意味着要严刑峻法，因为，刑罚手段的使用要受到多种因素的制约。

三、侵犯知识产权犯罪刑法立法的缺陷与完善

我国目前侵犯知识产权犯罪的刑法立法从整体上看应当属于厉而不严的模式，这也是造成侵犯知识产权犯罪打击不力的原因之一。严是指刑事法网严密，厉是指刑罚严厉。厉主要体现于，我国侵犯知识产权犯罪的刑罚与其他国家相比相当严厉。以侵犯著作权犯罪为例，日本刑法的最高法定刑是三年，德国是五年，法国是两年，而中国则是七年。侵犯商标权、专利权犯罪的刑罚规定与侵犯著作权犯罪相似。由此可见，我国侵犯知识产权犯罪的刑罚虽然不能断言是全世界最高的，但是相比许多国家而言都要严厉却是不争的事实。许多国家在知识产权犯罪上都是把握一个“严而不厉”的尺度，即降低刑事追诉标准，扩大刑事追诉的范围，但不适用特别严厉的自由刑刑罚。

我国侵犯知识产权犯罪的刑法立法在刑罚严厉的同时，刑事法网却不甚严密，主要体现在以下几个方面：

（一）规定侵犯著作权罪和销售侵权复制品罪在主观上必须以营利为目的

要求以营利为目的，给惩治侵犯著作权犯罪的刑事法网造成了漏洞。在犯罪构成要件中增加犯罪主观目的要件，无疑减少了侵犯著作权行为成为犯罪的机会，是缩小侵犯著作权犯罪打击圈的刑事政策的反映。但由于作为主观因素的目的徒增公诉机关的证明难度从而导致作恶者逃脱法网概率上升的局面，这是立法技术上的失误。在诉讼活动中，主观要件是控方取证和证明的难点，也使得诉讼成本大大提高，从而增加了打击侵犯著作权犯罪的难度和成本，降低了司法机关打击此类犯罪的积极性。这也使得我国目前许多实际已经构成侵犯著作权犯罪的行为却仅以民事和行政制裁，刑法条文无法发挥其应有的作用，呈现出一种虚置的尴尬局面。正是考虑到这一点，2001 年我国在修改著作权法时，已经将侵犯著作权的民事责任归责原则由过错责任原则改为过错推定原则。这反映了我国在著作权民事立法方面新的价值取向，对侵犯著作权犯罪的刑事立法有着积极的借鉴意义。

以营利为目的作为侵犯著作权犯罪的主观要件，实际上是从侵权人角度进行划分，将犯罪范围限定在经济活动领域内，排除了大量应当受到刑罚处罚的严重侵权行为。从刑法理论上说，犯罪的本质是侵犯合法权益，定罪与量刑从根本上考虑的是行为对合法权益的侵犯程度，在许多情况下，行为严重侵犯了合法权益而行为人可能没有营利的目的，也没有获得利益，同样应构成犯罪。著作权本身包含了财产权和人身权两个相互独立又紧密结合的权利，侵犯著作权犯罪除了营利目的外，还可以是盗窃、诋毁他人名誉或者仅仅是传播，但同样会给权利人造成损害。如 1994 年，美国麻省理工学院学生 David Lamacchia 出于自身爱好，将一些流行的计算机软件放在国际互联网的计算机公告栏系统上，并且邀请使用者自由免费复制，短短六个星期之内就给版权人造成了一百多万美元的经济损失，该行为并非出于追求商业利益和个人经济利益的目的，但同样使权利人的合法权益遭受了巨大损害。再如目前存在的软件著作权侵权行为在以营利为目的的复制和销售行为之外，还有计算机硬件经销商在销售计算机时进行未经授权的软件安装行为（这种预装往往是免费的）和未经授权通过网络擅自将软件上载到网上提供给网络用户的行为。这些行为在主观上一是很难认定为以营利为目的，二是不一定都是以营利为目的，但会给著作权人的利益造成损失却是毫无疑问的。

从其他国家的立法来看，许多国家如日本、法国、意大利等国刑法都没有将“以营利为目的”作为侵犯著作权犯罪的主观要件。美国 1976 年的版权法规定"以获取商业优势或私人营利为目的"的侵犯版权行为，可以构成版权犯罪。在David Lamacchia案件发生后，1997年美国制定了《禁止电子盗窃法案》，专门对付网络上日益疯狂的知识产权犯罪。该法案将非营利性的盗版、发行有版权作品的行为，纳入刑事处罚的范围，但将营利目的的行为和非营利的行为分别量刑。TRIPs协议对于侵犯著作权的犯罪也没有规定要"以营利为目的"。结合前述的理由，我国刑法规定的侵犯著作权罪和销售侵权复制品罪中"以营利为目的"的要件应当取消，只要是未经权利人的许可，就可以认定具备侵犯著作权罪的主观要件。

（二）以违法所得作为某些犯罪的定罪标准，并且规定了较高的起刑点

有关侵犯著作权罪、销售侵权复制品罪的刑法条文和司法解释都将"违法所得数额较大"作为认定犯罪的一个标准。但是，对于什么是违法所得，刑法和司法解释都没有明确规定，过去的司法解释还出现相互矛盾的情况。例如，最高人民检察院1993年12月1日在《关于假冒注册商标犯罪立案标准的规定》中，就把"违法所得数额"解释为"销售收入"。1997年刑法修订后，最高人民法院发布的《关于审理非法出版物刑事案件具体应用法律若干问题的解释》则将"违法所得数额"解释为获利数额。《关于经济犯罪案件追诉标准的规定》、《解释》、《解释二》则回避了"违法所得数额"的具体含义。违法所得数额含义理解的不统一给司法适用带来了许多困难。违法所得数额的认定在司法实践中也是难题。由于侵权人大多不设立会计账簿，其违法所得数额很难查清，刑法规定的"违法所得数额"限制了该罪的适用。并且，侵犯著作权的行为尤其是软件盗版行为往往奉行低价战略，采取"化整为零"的策略销售侵权复制品，以分散被定罪判刑的风险。对于违法所得或者销售金额的取证在司法实践中也十分困难，往往只能查获某一次或者几次的违法所得，而所查获的数额又很难达到定罪的标准，对侵权人只得"以罚代刑"、"屡抓屡放"。因此，我国当前一方面是盗版猖獗的现实，另一方面却是侵犯著作权罪和销售侵权复制品罪判决的案件极少，二者极不相称。有人统计，在盗版产品的生产销售市场上，只有不到1%的侵权犯罪者受到刑事追究，[①] 人民法院判决的侵犯著作权犯罪案件也极少。以北京市法院系统为例，1993年到2003年10年间，共审理著作权纠纷案件2145件，而1998年到2003年的6年间审理的侵犯著作权犯罪案件仅有10件。[②]

在《解释》、《解释二》实施之前，我国侵犯知识产权犯罪定罪标准过高

① "聚焦：加强著作权刑事司法保护"，载《中国新闻出版报》2004年9月8日。

② 同上注。

的问题十分突出。这种过高的追诉标准在一定程度上成为了侵犯知识产权犯罪逃避刑法规制的避风港，正如WTO中国加入工作组在《中国加入工作组报告书》中所言，“一些工作组成员对刑事程序不能被有效地用以打击盗版和假冒行为表示关注。特别是，提起刑事诉讼的现行适用的金额标准非常高，很少能达到。应降低这种金额标准，以便诉讼能够有效震慑以后的盗版和假冒行为。对此，中国代表表示，中国的行政主管机关将建议司法机关作出必要调整，降低金额标准，以解决这些关注。”《解释》适当降低了侵犯知识产权犯罪的定罪量刑标准，在一定程度上解决了以前侵犯知识产权行为定罪率低的难题，如中国各级法院2005年共审结侵犯知识产权犯罪案件505件，判处犯罪分子737人，审结的案件数和判决人数分别比2004年上升31.2%和39.8%。[①] 2005年全国工商行政管理机关一共移送公安机关涉嫌商标犯罪案件是236件，其中有105件是根据新的“两高”的司法解释移送的，如果没有司法解释，这105件无法移送。所以新的司法解释应该说起了很重要的作用。[②]《解释二》明显降低了侵犯著作权罪的数量门槛。[③] 但降低后的定罪量刑标准是否合理仍有讨论的余地。本文认为，知识产权是一种无形的财产权，应当与有形财产予以同等保护，虽然知识产权与传统的财产有一定区别，定罪的数量标准可以比传统的侵犯财产罪要高，但高几十倍（如盗窃罪的定罪标准是500元至2000元，侵犯著作权罪的定罪标准是3万元）是否合理，则值得考虑。

（三）罪名过简、过少

我国目前侵犯知识产权犯罪共有7个罪名，涉及了著作权、商标权、专利权和商业秘密等知识产权的主要领域，比较全面地规定了侵犯知识产权犯罪的刑事责任。但在知识产权形式、范围不断扩展，网络技术飞速前进的时代，侵犯知识产权的违法手段也在不断翻新，我国现有的侵犯知识产权犯罪罪名已不能适应制裁犯罪的需要，罪名过简、过少、罪状含义狭隘、刑事法网不严的问题比较突出。如，在侵犯专利权犯罪方面，我国刑法仅规定了假

---

① 熊选国：“加大知识产权刑事司法保护力度为建设创新型国家营造良好法治环境”，载中国法院网。

② “新闻办就加强知识产权行政执法等情况举行发布会”，载中国网，2006年3月27日。

③ 根据《解释二》，以营利为目的，未经著作权人许可，复制发行其文字作品、音乐、电影、电视、录像作品、计算机软件及其他作品，复制品数量合计在500张（份）以上的，属于刑法第217条规定的“有其他严重情节”；复制品数量在2500张（份）以上的，属于刑法第217条规定的“有其他特别严重情节”。《解释二》规定的以上两个侵犯著作权罪的数量，较之《解释》缩减了一半。《解释》规定的数量标准分别为“1000张（份）以上”和“5000张（份）以上”。

冒专利罪，并且对各种专利权（发明专利、实用新型专利、外观设计专利）未加区分，实际上导致了实践中提高了外观设计和实用新型的保护力度而相对降低了更具有社会意义的发明专利的保护力度。建议将假冒专利罪按照侵犯对象的不同拆分为更具体的罪名，[①] 另外，可以增设侵犯专利申请权的犯罪。我国《专利法》规定了冒充专利行为，相比较于假冒专利行为，其社会危害性不仅与之相当，甚至更高，应当通过修改刑法，设立冒充专利罪。此外，我国对专利权的刑法保护还没有扩大到许诺销售、许诺发行、许诺出租等阶段。在侵犯商标权犯罪方面，我国对于反向假冒商标的行为没有规定为犯罪。反向假冒商标是指未经他人许可，在自己所有的他人生产的商品上使用自己商标的行为。反向假冒商标行为损害了其他商品生产者的合法权益，损害了他人商品声誉，从而扰乱市场竞争秩序。我国在2001年修改后的《商标法》第52条第1款第4项规定了反向假冒商标行为。与此相适应，我国应当在刑法中增设反向假冒商标罪。此外，我国刑法假冒注册商标罪的对象也仅限于商品商标，客观行为仅限于在同一种商品上使用与其注册商标相同的商标的行为。笔者建议将服务商标、证明商标、驰名商标都纳入我国刑法的保护范围；扩大假冒注册商标罪的客观方面，应该将“在同一种商品上使用与注册商标近似的商标、在类似商品上使用与注册商标相同的商标、在类似商品上使用与注册商标近似的商标，情节严重的”行为涵盖进来，才能实现对商标权人的全面保护。还有，我国《反不正当竞争法》第21条第2款规定，对侵犯知名商品特有名称、包装、装潢的权利，“构成犯罪的，依法追究刑事责任”。但根据刑法的哪一条来定罪量刑同样不明确。因此，需要对此设立相应的罪名。

在侵犯著作权罪方面，我国只将直接侵犯著作权的行为规定为犯罪，其他国家和地区除此之外，还将间接侵犯著作权的行为如故意避开或者破坏权利人采取的保护权利的技术措施的行为，故意删除或者改变作品、录音录像制品等的权利管理电子信息的行为，规定为犯罪。这也符合TRIPs协议第61条规定的精神，我国《著作权法》第47条也规定，这些行为构成犯罪的，也应当依法追究刑事责任，但在刑法中缺少相应的规定。我国刑法只将侵犯著作权财产权的行为规定为犯罪，而对侵犯人身权和精神利益的行为一概没有规定为犯罪。著作权具有人身权和财产权二重性质，对于权利人而言二者同等重要，我国刑法只保护了其中的人身权，不完整性是显而易见的。为体现

① 刘学圣：《论知识产权的刑法保护》，北京大学法学院98级硕士研究生学位论文。

对著作权人的全面保护，对于侵犯著作权人发表权、署名权、修改权、保护作品完整权，情节严重的，应追究刑事责任，建议增设侵犯著作权人人格罪。实践中非法出租侵权复制品的行为比较常见，危害也比较严重，但销售与出租是两种不同的行为方式，不能按照销售侵权复制品罪处理，对于非法出租侵权复制品情节严重的行为，建议在刑法中增设非法出租侵权复制品罪。

我国侵犯知识产权犯罪在刑事立法的指导思想、保护政策选择和具体刑法规范方面存在着上述问题，使得我国的知识产权刑法保护力度看似强大，但实际结果却是真正因为侵犯知识产权而被刑事处罚的很少，很多侵权人逃脱了刑事法律的制裁，美、欧、日等国按照WTO工作机制多次向我国提出有关知识产权刑法保护不力的问题。我国知识产权刑法保护的现状可以说是：一方面假冒盗版屡禁不止甚至日益猖獗，严重侵犯了权利人的合法权益，破坏了社会经济秩序；另一方面，能够进入审判程序的刑事案件少之又少，确实存在打击不力的问题，知识产权刑事司法保护的职能和作用远未得以体现和发挥。[①] 虽然我国法院受理侵犯知识产权刑事案件的数量在逐年增加，如1999年至2005年，每年受理的案件数和判决有罪的人数都逐年递增，6年翻了3倍多。但从整体上看，法院已经受理的案件数与此类犯罪的严重程度不成比例，在全部刑事案件中所占比例极小。1998年全国法院受理的侵犯知识产权犯罪案件只有128件，仅占当年全国法院受理各类刑事案件480374件的0.27‰。1999—2005年，侵犯知识产权犯罪案件占全部刑事案件的比例分别为0.32‰、0.44‰、0.50‰、0.65‰、0.63‰、0.59‰和0.73‰，与海量的一般刑事案件相比，知识产权刑事案件的数量和比例实在微乎其微。以上海法院为例，1999年全市法院审理一审侵犯知识产权犯罪案件仅6件，2001年为35件，2003年为48件，2005年为59件。[②] 因此，无论在全国还是某些重点地区，从绝对数量还是从所占比例来看，这类案件都属于少发案件。另外，人民法院审结的侵犯知识产权犯罪案件主要是侵犯注册商标的犯罪，侵犯著作权和知识产权的犯罪案件比较少。如2005年中国各级法院共审结侵犯知识产权犯罪案件505件，判处犯罪分子737人。其中，最多的是假冒注册商标罪，审结213件，判决犯罪分子324人；其次是非法制造、销售非法制造的注册商标标识罪，审结128件，判决犯罪分子214人，[③] 二者占了案件和犯罪

① 最高人民法院：《知识产权刑法保护有关问题的调研报告》。

② 黄祥青："侵犯知识产权犯罪司法认定若干问题探讨"，载中国法院网。

③ 熊选国："加大知识产权刑事司法保护力度为建设创新型国家营造良好法治环境"，载中国法院网。

人总数的70%左右。这虽然比以前的侵犯商标类犯罪占到90%以上的比例要低，但仍然相当高。这主要是因为侵犯商标类案件多涉及驰名商标和著名商标，社会影响面广，且这类案件相对于其他知识产权案件专业性较弱，商标真假相对易于识别。这也反映了侵犯著作权和专利权犯罪在立法、司法方面都存在相当的困境。总之，我国进一步完善侵犯知识产权犯罪的刑法立法是完全必要的，具有重要的理论和实践意义。

故意杀人罪死刑适用若干问题研究

党建军*

《四库全书总目·政书法令目》按语云："刑为盛世所不能废，而亦为盛世所不尚。"死刑亦然。以时下国情论，死刑尚不能废，然亦不可迷信与崇拜，而应视之为控制犯罪、维持社会秩序的最后手段，而用制度保证死刑判决的慎重和公正应成为死刑适用的价值取向。故意杀人罪的死刑适用尤应如此。依此思路，本文对故意杀人罪死刑适用的六个问题做初步探讨。

一、故意杀人罪死刑适用逻辑思路之辨正

故意杀人罪规定在我国刑法分则第四章"侵犯公民人身权利、民主权利罪"之中。刑法第232条规定："故意杀人的，处死刑、无期徒刑或者十年以上有期徒刑；情节较轻的，处三年以上十年以下有期徒刑。"由此，刑法关于故意杀人罪的规定有两个显著特点：

1. 死刑适用的首选性。从法定刑的配置看，与其他犯罪不同，故意杀人罪的规定最具特色，表现为刑种、刑度的排列采用了"降序"模式，即根据刑罚的严厉性由重到轻排列，因而有别于其他犯罪所采用的"升序"模式，即根据刑罚的严厉性由轻到重排列。这一"降序"模式具体表现在：一是于两个法定刑幅度中，先规定较重的刑种、刑度，即"死刑、无期徒刑或十年以上有期徒刑"，再规定较轻的刑度，即"三年以上十年以下有期徒刑"；二是于第一法定刑幅度内，先规定死刑，后规定无期徒刑、十年以上有期徒刑。概而观之，死刑被规定为故意杀人罪刑罚适用的首选。

对此立法例，有学者分析指出，"这种对故意杀人罪犯适用刑罚时首先考

* 最高人民法院刑事审判第四庭审判员；中国人民大学法学院法学博士。

虑死刑的法定刑模式，反映了中国社会里‘杀人者偿命’的观念”。[①] 笔者认为，这一评价是较为中肯的，但同时注意到，这一罪刑配置模式并非为大陆刑法所独有，中国台湾地区刑法中也有极类似的规定。中国台湾地区刑法典第271条就规定：“杀人者处死刑、无期徒刑或者十年以上有期徒刑。”显然，此种同一性实为中国死刑文化之传统使然。从立法层面看，凸显了立法者对死刑控制故意杀人犯罪之功能的认识，颇具代表性地体现了“杀人者死”、“杀人偿命”这一传统文化观念；而从司法层面看，也反映了立法者基于故意杀人罪死刑适用的特殊考虑，对法官适用刑罚的逻辑思路提出了规范，即：对于故意杀人罪，首先要考虑适用重刑，除非情节较轻；其次，对于情节严重的故意杀人行为，首先要考虑适用死刑，除非具有法定的或酌定的从轻处罚情节。

2. 罪状设计上的简约性。从刑法第232条的规定看，我国法律对故意杀人之罪状的描述是非常概括和简约的，此与中国古代和当代世界多数国家的相关法律有很大不同。相比之下，我国刑法第232条对故意杀人的罪状仅有“故意杀人”这一概括性描述，并未根据杀人的动机、杀害的对象、杀人行为的情节等做较为具体的描述和分类。这种罪状模式，虽然赋予法官较大的自由裁量权，却不利于法官之量刑行为的相对统一或均衡。而中国古代和世界多数国家关于杀人犯罪的规定，内容具体，分类细致，处理灵活，操作性强，多根据主观内容、行为情节、杀害对象等情形进行分类，在罪状设计上有较多相似之处，多以杀人的类型规定不同的处罚原则，因而值得我国立法借鉴，且对故意杀人罪之司法也有一定的参考作用。事实上，尽管现行立法罪状设计上过于简约，人民法院在司法实践中逐步概括出故意杀人犯罪的一些具体情形，例如，将“故意杀人”概括为图财害命、报复杀人、义愤杀人、激情杀人、生母溺婴、杀害直系亲属、教唆（雇凶）杀人、受托杀人等案件类型，并分别情况适用不同的刑罚，从而弥补了立法上的不足。

笔者认为，刑事立法的上述两个特点，易使法官形成刑罚适用不慎、故意杀人罪首选适用死刑的司法心理惯性。鉴此，在刑法未作出修改完善之前，为了保证法官合理运用自由裁量权，做到罪责刑相适应，量刑均衡，在司法实践中，可以将故意杀人案件分为“情节较轻”、“情节严重”和“情节极其严重”三种类型把握，量刑时应当分别情况适用不同的刑罚，即：对于情节较轻的故意杀人行为，适用对应的法定刑“三年以上十年以下有期徒刑”；对

① 王世洲：“论中国死刑的保留与限制及其对故意杀人罪的适用”，载《政法论坛》2001年第6期，第61页。

于情节严重的故意杀人行为，适用无期徒刑或者十年以上有期徒刑；对于情节极其严重的故意杀人行为，才应当适用死刑，包括死缓。

另一方面，要坚决摒弃对故意杀人罪首先考虑适用死刑的观念，当然，这里还涉及死刑适用的逻辑思路，即死刑立即执行和缓期二年执行何者要优先考虑的问题。

目前，司法实践中的一般思路是优先考虑适用死刑立即执行，只有在立即执行不具有紧迫性的时候才适用死缓。对此，有学者从完善立法的角度提出，“应当重置立法条文的逻辑构造，将死缓作为适用罪行极其严重的犯罪分子的首要选择和基本方式，而将死刑立即执行作为在具备某些法定条件时的特例。如此，可以充分发挥死缓制度对死刑的限制作用”。[①] 笔者赞同这种观点，但同时认为，在对刑法作出相应修改之前，在司法实践中需要明确这一原则，即要优先考虑适用死缓，而非死刑立即执行。就故意杀人案件[②]而言，死刑适用的逻辑思路要分“三步走”：

第一步，提出“假定”，即对于“罪行极其严重”的犯罪分子，作出适用死缓的假定；

第二步，进行“求证”，即围绕已做假定，查找案件中有无法定的或者酌定的从重处罚情节；如果存在这类情节的，确定是否足以推翻先前假定；

第三步，作出“决断”，即根据第二步，分别两种情况处理：

（一）具有下列情形之一，能够推翻先前假定，又不足以适用无期徒刑以下刑罚的[③]，适用死刑立即执行：1. 具有法定的或酌定的从重处罚情节，但无法定的或者酌定的从宽处罚情节的；2. 具有法定的或酌定的从重处罚情节，同时具有酌定的从轻处罚情节或者法定的“可以”从轻处罚情节，尚不足以从轻处罚的。

（二）无法定的或酌定的从重处罚情节，但具有法定的或者酌定的从宽处罚情节，尚不足以从轻适用无期徒刑以下刑罚的，先前假定成立，适用死缓。

二、故意杀人罪适用死刑立即执行具体情形的把握

在司法实践中，适用死刑的条件“罪行极其严重”较难把握，尤其是故

① 倪爱静：“死刑限制的理性构思——2004年中国法学会刑法学年会专题研讨综述”，载《人民检察》2004年第10期，第41页。

② 这里以故意杀人的既遂为模型。

③ 例如，罪行较轻的，应适用对应的法定刑“三年以上十年以下有期徒刑”；罪行严重的，应判处无期徒刑或者十年以上有期徒刑。

意杀人案件。从立法原因上分析，主要是“罪行极其严重”之条件过于抽象，且刑法第232条对故意杀人之罪状规定得过于简约。笔者认为，故意杀人案件之“罪行极其严重”，可以综合从两方面来考察：一是犯罪行为造成的危害后果极其严重；二是行为人的主观恶性或人身危险性极其严重。对于个案，只有是同时具备这两种情形的行为人，才能适用死刑。因此，在司法实践中，经过综合考察，犯罪行为的客观危害和行为人的主观恶性二者有一没有达到极其严重程度的，不能适用死刑。

具体到故意杀人案件，司法实践中如何把握行为的客观危害和行为人的主观恶性就成了适用死刑的重点和难点。对此，刑法理论上有诸多著述，而最高人民法院逐步通过规范性文件对其中一些问题作了明确，最具代表性的是1999年10月27日最高人民法院《全国法院维护农村稳定刑事审判工作座谈会纪要》（以下简称《农村座谈会纪要》）。客观地评价，《农村座谈会纪要》在刑事司法史上具有里程碑的意义，其主要贡献之一在于以司法文件的形式，明确了故意杀人案件适用死刑应摒弃“唯死亡后果论”、区分因民间矛盾引发的案件与其他案件、被害人的明显过错和责任可以作为酌定情节等原则，一定程度上扭转了故意杀人案件适用死刑的随意性，并促进了理论界和司法实务界对死刑立即执行具体情形的研究和实践。

《农村座谈会纪要》中规定：“对故意杀人犯罪是否判处死刑，不仅要看是否造成了被害人死亡结果，还要综合考虑案件的全部情况。对于因婚姻家庭、邻里纠纷等民间矛盾激化引发的故意杀人犯罪，适用死刑一定要十分慎重，应当与发生在社会上的严重危害社会治安的其他故意杀人犯罪案件有所区别。”结合该规定，笔者认为，故意杀人案件适用死刑中把握“罪行极其严重”这一条件，可以具体考虑以下几方面：一是纠纷或矛盾形成的情况。包括行为人与被害人之间纠纷的形成原因、对矛盾激化应负的责任、各自的过错及其程度；二是杀人的工具、方法、打击部位、次数及其对被害人身体的损害程度等情形；三是行为人处理被害人尸体的情况；四是杀人的动机、预谋等情况；五是杀害的对象、人数等情况；六是行为人在共同杀人犯罪中的地位和作用；等等。

综上，笔者认为，对于故意杀人既遂的案件，在司法实践中，具有下列情形之一的，可以认定为“罪行极其严重”，适用死刑立即执行：1. 出于报复、恶意竞争、图财等卑劣动机而预谋杀人的；2. 实施其他犯罪后为灭口而杀人的；3. 采用焚烧、逐渐肢解等特别残忍手段杀人的；4. 杀害未成年人、孕妇、老人、残疾人的；5. 杀死二人以上的；6. 杀人后碎尸、焚尸的；7. 具有法定从重处罚情节的；8. 暴力犯罪、恐怖犯罪、黑社会性质组织犯罪、恶势力犯罪案件中犯有故意杀人罪的首要分子或骨干人员；9. 共同故意杀人犯罪中起组织、策划作用的首要分子，或者为主杀人且罪行最为严重的主犯；10. 利用被害人的轻信、无知或者设圈套而杀人的；11. 雇凶杀人案件中的雇主或为主杀人者。

三、故意杀人罪适用死缓具体情形的把握

根据刑法第48条“对于应当判处死刑的犯罪分子，如果不是必须立即执行的，可以判处死刑同时宣告缓期二年执行”的规定，适用死缓必须同时具备两个条件：一是“应当判处死刑”。这是区分适用生命刑与非生命刑的法律标准。死刑的立即执行与缓期执行适用的法律标准是相同的，即均适用于“罪行极其严重的犯罪分子”。反之，如果不属于罪行极其严重的犯罪分子，不应当适用死刑，当然包括不适用死缓；二是“不是必须立即执行”。这是区分适用死刑的立即执行与缓期执行的法律标准。高铭暄教授称前一条件为死缓适用的“前提条件”，后一条件为“实质条件”①，这是恰如其分的。

笔者认为，“不是必须立即执行”，是指适用死刑立即执行与犯罪分子所犯罪行和承担的刑事责任不相适应，且不足以判处无期徒刑以下刑罚的情形，包括：（1）所犯罪行在情节、手段、社会危害程度上要比必须立即执行的犯罪分子略轻些；（2）所承担的刑事责任在动机、主观恶性或人身危险性上要比必须立即执行的犯罪分子略轻些。

当然，实践表明，对“不是必须立即执行”作出一般性的界定非常困难，即使作一界定也难以操作。究其原因，一是该条件自身具有高度的概括性，强求下定义勉为其难；二是适用死缓的情形千差万别，较难抽象或概括出一般的特征。笔者认为，当前司法实践迫切需要的是对适用死缓的具体情形加以描述，而抽象的概括似可缓行。因此，对“不是必须立即执行”的具体情形加以列举，是最简便、也最实用的解决方案。其好处至少有两点：

第一，有利于扭转死刑适用实践中首先考虑适用死刑立即执行的倾向。针对这一倾向，有的学者指出，“在当今中国，个别地方和个别法官往往先考虑甚至只考虑适用死刑立即执行，只有当无法适用死刑立即执行时，才退而求其次，考虑适用死缓……这一现状与死缓立制之初衷极不相

① 参见高铭暄：“中国死刑的立法控制”，载赵秉志主编：《死刑制度之现实考察与完善建言》，中国人民公安大学出版社2006年版，第18页。

符，死缓制度的价值和功能在死刑司法中尚未得到切实显现。”① 客观地讲，这一倾向出现的原因是复杂的，但不能否认，其中一个重要因素是刑法没有对“不是必须立即执行”的具体情形作出规定，致使法官在社会治安形势严峻、“民意”处强势等社会氛围中只得更多地选择死刑立即执行。鉴此，在刑法作出相应修改完善之前，通过规范性司法文件等形式明确“不是必须立即执行”的具体情形，法官在死刑适用时就有“章”可循，以至于想用、敢用、能用死缓。

第二，有利于改变死刑适用实践中不能理性对待“民意”的状况。从社会实践的角度看，受“杀人者死”、“杀人偿命”等报应观念的影响，“民意”更多地表现为多杀、重判的主张，这不仅反映在死刑问题的整体立场上，更容易体现在个案处理的态度上。例如，对于故意杀人的既遂犯，如果适用死刑立即执行，社会能够接受。但是，如果因被告人具有法定或者酌定从轻处罚的情节，依法对其适用了死缓，则一般难为“民意”所容。事实上，死缓适用在一定程度上成了带有一定社会风险的司法行为，以至于有的法官宁愿采取宁“左”勿“右”的功利主义态度，不去考虑皆曰可杀的“民意”中与案件事实、证据和法律不甚相符的情绪化因素，仍对应当适用死缓的犯罪人也判了死刑立即执行。欲使法官鼓起理性对待“民意”的法律精神和司法“底气”，对“不是必须立即执行”的情形作出具体的规定，法官无形中就会增强适用死缓的信心和勇气，做到从容吸纳“民意”中的理性成分，对非理性主张敢于说“不”字。

在对“不是必须立即执行”的具体情形加以列举之前，尚需明确一个问题，即量刑需要参酌的事项。

刑法第5条确立了刑罚适用的总原则，即罪责刑相适应原则，规定“刑罚的轻重，应当与犯罪分子所犯罪行和承担的刑事责任相适应”，而刑法第61条则又明确了量刑参酌的事项，要求“对于犯罪分子决定刑罚的时候，应当对犯罪的事实，犯罪的性质、情节和对于社会的危害程度，依照本法的有关规定判处”。据此，我国刑法规定的量刑参酌事项包括：犯罪的事实、犯罪的性质、情节和对于社会的危害程度。与国外刑法相比，这一规定虽然用语精练，但也因过于概括，其实用性、可操作性并不强，容易导致量刑行为的随意性。而国外有的刑法一般规定有量刑参酌的具体事项。例如，韩国刑法第51条规定的参酌事项就包括：（1）犯罪人的年龄、性格品性、智能和环境；

① 钊作俊：“中国死刑制度改革论纲”，载《甘肃政法学院学报》总第79期（2005年3月），第6—7页。

（2）与被害人的关系；（3）犯罪的动机、手段与结果；（4）犯罪后的情况。[①]这种立法例应当为我国所鉴。当然，尽管我国刑法对量刑参酌事项规定得过于简约，这并不影响从理论或实践的角度进行研究和列举，以解决量刑之需。

笔者认为，故意杀人案件适用死缓时需要参酌的事项可以包括：（1）纠纷或矛盾形成的情况，包括行为人与被害人之间纠纷形成的原因、对矛盾的激化应负的责任、所具有的过错及其程度；（2）杀人的工具、方法、打击部位、次数及其他为损害被害人身体所采用的手段等情形；（3）杀人后处理被害人尸体的情况；（4）杀人的动机、预谋等情况；（5）杀害的对象、人数等情况；（6）在共同杀人中的地位和作用；（7）杀人后自首、立功、悔罪及赔偿、抢救被害人等情况；（8）被害人亲属对被告人表示宽宥及其程度等情况；（9）其他法定的或者酌定的量刑情节。

根据上述参酌事项，在司法实践中，目前可从以下两个方面把握“不是必须立即执行”的情形：

（一）应当判处死刑，但具有法定从宽处罚情节的情形

一般而言，对于故意杀人的既遂犯，如果具有法定从重处罚情节（如累犯、教唆不满18周岁的人犯罪）的，应当判处死刑立即执行；如果具有法定从宽处罚情节，但不足以判处无期徒刑以下刑罚的，则可以适用死缓。这些法定从宽处罚情节包括：1. 法定从轻或者减轻处罚情节。包括限制行为能力的精神病人[②]。2. 法定从轻、减轻或者免除处罚情节。包括盲人、聋哑人[③]，从犯[④]，自首[⑤]，立功[⑥]。3. 法定减轻或者免除处罚情节。包括正当防卫过当[⑦]、胁从犯[⑧]、自首并有重大立功[⑨]。4. 法定从轻、减轻处罚情节。是指教唆犯[⑩]。

---

① ［韩］《韩国刑法典及单行刑法》，金永哲译，中国人民大学出版社1996年版，第9—10页。

② 刑法第18条第3款规定，尚未完全丧失辨认或控制自己行为的精神病人犯罪的，应当负刑事责任，但是可以从轻或者减轻处罚。

③ 刑法第19条规定，又聋又哑的人或者盲人犯罪，可以从轻、减轻或者免除处罚。

④ 刑法第27条第2款规定，对于从犯，应当从轻、减轻或者免除处罚。

⑤ 刑法第67条规定，对于自首的犯罪分子，可以从轻或减轻处罚。其中，犯罪较轻的，可以免除处罚。

⑥ 刑法第68条规定，对立功的犯罪分子，可以从轻或减轻处罚。

⑦ 刑法第20条第2款规定，正当防卫明显超过必要限度造成重大损害的，应当负刑事责任，但是应当减轻或者免除处罚。

⑧ 刑法第28条规定，对于被胁迫参加犯罪的，应当按照他的犯罪情节减轻或者免除处罚。

⑨ 刑法第68条规定，犯罪后自首又有重大立功表现的，应当减轻或免除处罚。

⑩ 刑法第29条第2款规定，如果被教唆的人没有犯被教唆的罪，对于教唆犯，可以从轻或减轻处罚。

（二）应当判处死刑，但具有酌定从轻处罚情节的情形

这类酌定情节主要包括以下几种：

1. 犯罪主观方面的情况，包括杀人的动机、犯意产生的时间、预谋情况、杀人后的心理态度及赔偿、抢救被害人的情况等。杀人的动机对于量刑有一定的参考作用，是出于激情、义愤，还是出于报复、奸情、图财去实施杀人行为，很大程度上能够反映行为人的主观恶性，因而直接影响到死缓的适用。再者，杀人故意产生的时间，是事先预谋、还是临时起意，对于死缓的适用也有直接影响。在其他情节相同的情况下，对于临时起意的故意杀人，可以适用死缓。对于间接故意杀人的，一般可以适用死缓。

2. 犯罪客观方面的情况，包括杀人的时间、地点、工具、方法、手段、对象、结果，杀人后对人和物的处理情况等。这些情节直接反映了杀人行为的客观危害及其程度，对于死缓的适用起到关键的作用。例如，在其他情节相同的情况下，杀人后碎尸、抛尸、焚尸或者劫财的，不应适用死缓，而应当适用死刑立即执行。

3. 被害方的情况，包括被害人与行为人之间纠纷形成的原因、对矛盾的激化应负的责任、所具有的过错及其程度、被害方对被告人表示宽宥的情况等。被害方的情况一定程度上反映了行为人所应承担的刑事责任的大小，对于死缓的适用也有重要的参考作用。对于被害人有严重过错或者对矛盾激化负有直接责任，或者被害方予以宽宥并请求从轻发落的，可以适用死缓。

4. 案外有关情况，包括行为人的年龄、健康状况、所抚养赡养人的情况、一贯表现、对国家和社会的贡献等。例如，对于犯罪时已满70周岁的人、审判时患精神病者以及新生儿的母亲或哺乳期的妇女，一般可以适用死缓。

5. 政策方面的考虑，包括基于外交、国防、民族、宗教、侨务等政策的考虑，犯罪人国籍国死刑适用的情况等。例如，对于其国籍国已废除死刑或实际不执行死刑的被告人，一般可以考虑适用死缓。

四、被害人过错对故意杀人罪死刑适用的影响

被害人过错与死刑适用的关系问题，在近几年的理论研究和司法实践中，受到普遍关注。一般认为，被害人过错应当作为一个酌定情节在量刑时参酌。对此问题，《农村座谈会纪要》确立了一项司法原则，即："对于被害人一方有明显过错或对矛盾激化负有直接责任，或者被告人有法定从轻处罚情节的，一般不应判处死刑立即执行。"这一规定对于扭转死刑适用上"唯死亡后果论"的倾向发挥了非常积极的导向作用，一直成为死刑适用实践的一个重要

指导方针。

笔者认为，故意杀人案件对死刑适用有直接影响作用的被害人过错，可以分为两种类型：一是纠纷引起型，主要表现为被害人先有的过错引起与行为人之间的纠纷，从而招致行为人实施了犯罪行为；二是矛盾激化型，主要表现为被害人先有的行为激化了与行为人之间的矛盾，从而招致行为人实施了犯罪行为。

在司法实践中，对待被害人过错对死刑适用的影响作用，需要把握以下几点：

（一）确定被害人确实有过错。所谓“过错”，即过失、错误，实质上是对自己不当行为应负的责任，包括道义上的责任和法律上的责任。在考虑被害人的情况对死刑适用的影响时，首先必须确定被害人确实存在过错，亦即与行为人之间纠纷的形成或矛盾的激化是直接由被害人的不当行为招致或促成的。如果被害人确有过错，需承担相应的责任，也可以相应减轻行为人的刑事责任；相反，如果被害人并无过错，在不具有其他从宽处罚情节的情况下，则不能减轻行为人的刑事责任。

（二）明确被害人过错较为明显或者严重。陈兴良教授将有责任性被害人分为“责任小于加害人的被害人”、“责任与加害人等同的被害人”、“责任大于加害人的被害人”和“负完全责任的被害人”四种类型[①]，这是较为妥当的。在笔者看来，对适用死刑有直接影响作用的应是被害人有较为明显的或者严重的过错。否则，被害人尽管有过错，但不明显或者不严重，在不具有其他从宽处罚情节的情况下，则不足以影响死刑的适用。

（三）确定被害人过错与杀人行为的实施有直接的因果关系，即被害人明显或严重的过错直接导致了与行为人之间纠纷的形成或者使已有矛盾发生激化、恶化，从而合乎常理、逻辑地诱使、促成了行为人的犯罪行为。否则，不能减轻行为人的刑事责任。

综上，对于故意杀人既遂的案件，被害人完全没有过错的，在没有其他从宽处罚情节的情况下，可对行为人适用判处死刑立即执行；反之，被害人具有明显过错，对于纠纷的发生或者矛盾的激化起到了直接的作用，则可以相应减轻行为人的刑事责任，尽管其罪行严重，也可以考虑适用死缓或者其他刑罚。

---

① 参见陈兴良：“被害人有过错的故意杀人罪的死刑裁量研究——从被害与加害的关系切入”，载《当代法学》2004 年 3 月第 18 卷第 2 期（总第 104 期），第 118—119 页。

五、"民意"对故意杀人罪死刑适用的影响

"民意"问题，在司法实践中颇为棘手，主要集中在如何对待"民意"对死刑适用的影响作用。在法律传统上，我国非常重视"民意"包括其表现的"民愤"的作用。毛泽东同志曾说过："犯有血债或其他重大罪行非杀不能平民愤者，应当坚决杀掉，以平民愤而利生产。"[①] 近些年来，如何认识和对待"民意"的问题受到法学理论界和司法实务界的广泛关注，其中关于"民意"内涵、外延和特点的研究，特别是关于"民意"两面性的认识，值得重视。

把握"民意"对故意杀人罪死刑适用的影响作用，需要注意以下几个问题：

（一）客观认识"民意"的两面性。笔者认为，"民意"，包括"民愤"在内，在故意杀人案件中，一般是指公众或者特定群体对被告人应否适用死刑以及为何适用死刑的观点、看法。应当承认，"民意"客观上存在着"两面性"，是植根于中国传统法律文化、特别是传统死刑文化之上的理智与情感、意识与潜意识、理性与非理性的统一体。在没有获悉足够的关于案件的事实、情节、证据及法律规定等信息的情况下，会更多地带上情绪化、非理性、不确定性、易变性的特点。尽管"民意"一般包括要求从轻处罚（包括宣告无罪）的意见和要求从重处罚（包括判处死刑）的意见，但在故意杀人案件中，常见的是要求判处死刑。关于死刑问题的一项调查表明，"在我国，大多数人不同意废除死刑，甚至主张更多地适用死刑、广泛地适用死刑。2002 年 Sohu 网曾作过一个废止死刑的民意调查。根据网上投票结果显示，在这次共16612人参与的民意调查中，支持废除死刑的人数仅占 15.1%。"[②] 这说明，"民意"在很大程度上受到"杀人偿命"报应观念的深刻影响，究其原因，是我国春秋战国时期就有了"以刑去刑"、"以杀止杀"的主张，这种思想源远流长，而且"我国从古至今刑罚都比较重，重刑主义、善恶报应、'杀人偿命'的观念已深入人心"[③]，故至今仍被社会大众普遍接受。当然，对"杀人偿命"的观念也不能一概否定，例如对杀死四名同学的马加爵适用死刑立即执行，大

---

① 毛泽东："关于镇压反革命"，载《毛泽东文集》（第六卷），人民出版社 1999 年版，第 121 页。

② 参见黄振宣："中国废止死刑面临的障碍及对策浅析"，载《南宁师范高等专科学校学报》第 22 卷第 1 期（2005 年 3 月），第 42—43 页。

③ 参见刘明祥："日本死刑制度的现状与我国死刑制度的展望"，载《江海学刊》2004 年第 5 期，第 110 页。

众普遍接受这一判决是合乎理性的。

（二）不能为单纯迎合“民意”而作出违背事实和法律的死刑判决。孟子曰：“左右皆曰可杀，勿听；诸大夫皆曰可杀，勿听；国人皆曰可杀，然后察之；见可杀焉，然后杀之。故曰，国人杀之也。”[①] 这段话至少包含两层意思：第一，“左右”及“诸大夫”皆曰可杀，均可“勿听”，但“国人皆曰可杀”的，则可听之；第二，尽管“国人皆曰可杀”，也应先“察之”，如“见可杀焉”，方可“杀之”。笔者认为，尽管这是孟子在回答梁惠王“吾何以识其不才而舍之”即对官员如何“用之”、“去之”、“杀之”的问题时的答语，其中道出的要善于倾听百姓意见的观点时至今日对于理清对待“民意”问题的思路仍有启发作用。

为了保证死刑判决的慎重和公正，倾听民意、平息民愤须建立在尊重案件事实、依法适用刑罚的基础之上。不尊重民意、漠视民愤的存在是片面的，最终会导致民众失去法律信仰和对判决的公信力；但是夸大民意、过高估计民愤，为了顺从、甚至是屈从民意、民愤，而作出背离案件事实真相和法律的判决，最终是违背广大人民的根本利益的。由于民众很难全面了解案情事实真相，加之某些传媒不顾事实地进行炒作，或者有意渲染案情或任意取舍案情，所以，“民意”也好，“民愤”也罢，毕竟不能代替对案件事实、证据的司法认定，感情更不能取代法律。

（三）理性对待“民意”重判的要求。在司法实践中，对待“民意”重判的要求，要坚持认真倾听、理性对待、实事求是、耐心解释、依法处理的原则。既要重视对被告人不利，但合乎事实和法律的民意，对于确属“不杀不足以平民愤”的犯罪人，要依法判处死刑立即执行；同时，也要重视对被告人有利的民意，尤其是被告人具有法定从宽处罚情节或者被害人有严重过错的案件，即使是“民意”一边倒地要求判处死刑，也应当在法律范围内考虑酌情从轻处罚。总之，要始终保持清醒和冷静的头脑，依法秉公而断案，决不能以牺牲法律的公正性为代价盲从于民意的非理性内容。

六、共同（包括雇凶）杀人案件的死刑适用

共同杀人案件，是指多名犯罪人共同杀死一人或者二人以上的案件，包

---

① 见《孟子·卷二·七》。原文是：（梁惠）王曰：“吾何以识其不才而舍之？”（孟子）曰：“国君进贤，如不得已，将使卑踰尊，疏踰戚，可不慎与？左右皆曰贤，未可也；诸大夫皆曰贤，未可也；国人皆曰贤，然后察之；见贤焉，然后用之。左右皆曰不可，勿听；诸大夫皆曰不可，勿听；国人皆曰不可，然后察之；见不可焉，然后去之。左右皆曰可杀，勿听；诸大夫皆曰可杀，勿听；国人皆曰可杀，然后察之；见可杀焉，然后杀之。故曰，国人杀之也。如此，然后可以为民父母。”

括雇凶杀人案件在内。这里，重点探讨雇凶杀人案件。由于雇凶杀人案件自身的特殊性，尤其是杀死一人的案件，司法实践中各地适用死刑的做法不很一致。对于杀死一人的案件，一般是将雇凶者和杀手都判处死刑，但如果杀手为二人以上的，有的地方甚至出现了判三人、四人以上死刑立即执行的案件。其中的原因多样、复杂，但笔者认为，至少是没有准确认识与把握“杀人偿命”的传统文化内涵。

笔者认为，从一般意义上讲，共同（包括雇凶）杀人案件适用死刑应当把握以下几个原则：

（一）全面解读“杀人偿命”的内涵。在中国人心目中，“杀人偿命”、“杀人者死”的观念根深蒂固，但用历史的眼光看，这是中国人公平观念的一种反映，其价值基础是对“生命同价”的共同认识，符合对“天理”这一中国式自然法语汇的理解。从一般人的心理而言，“杀人偿命，欠债还钱”，是天经地义的。对杀死一人的被告人判处死刑，人们普遍会认为是实现了社会的公平和正义。“杀人偿命”或者“杀人者死”，用现代法律语汇可以解读为“杀死一人的判处一人死刑”，即杀死一人的，需对犯罪人适用死刑立即执行，以抵被害人之性命。当然，当两个或多个犯罪人共同杀死一人且罪行和刑事责任难以区分时，对“杀人偿命”的观念和实践就会构成严峻的挑战。如果判两人死刑，人们尽管有些疑问但毕竟也是能够接受的。如果判处了多人死刑，就会动摇人们内心的“公平秤”，引起质疑。

当我们在对“杀人偿命”的传统观念进行反思的时候，需要冷静、独立思索：一方面，要重视这种观念不利于“少杀”、“慎杀”政策贯彻的一面。为此，要努力扩大死缓的适用，引导社会公众逐步完成观念上的“更新换代”；另一方面，也要充分注意到“杀人偿命”的观念背后所蕴涵的公平观念，以此为借鉴，理清死刑适用问题的思路。

（二）共同杀死一人的案件一般只宜对一名犯罪人适用死刑立即执行。在共同杀人案件中，犯罪人的地位和作用不可能是完全相同的，总有大小、轻重、高低之别，因而其承担的刑事责任也应有所区别。在死刑适用时，对于主犯，可以适用死刑，而对其他共同犯罪人则不能适用死刑；主犯为多人的，适用死刑立即执行的只应是在共同犯罪中地位和作用最重要的或最主要的人，且一般限定为一人。易言之，死刑立即执行只能适用于“罪行极其严重”且不具有可宽恕情节的共同犯罪人，而对于地位和作用稍次的共同犯罪人，可根据其所犯罪行和刑事责任，结合其他具体情节，适用死缓或者其他较轻的刑罚，不能不加区分地对多人判处死刑立即执行。

（三）雇凶杀死一人的案件适用死刑立即执行的一般应为雇凶者或者直接

杀人者。对于有多名犯罪人的案件，适用死刑立即执行的应为雇凶者或者直接杀人者。当然，如果主犯在共同杀人犯罪的地位和作用难以区分的，判处死刑立即执行的最多也应控制在二人以内，对于其他共同犯罪人，可以适用死缓或者其他较轻的刑罚。

（四）共同杀死多人的案件适用死刑立即执行的一般不宜超过被害人的人数。适用死刑立即执行的应当是共同杀人的组织者、领导者、指挥者和直接实施杀人行为并致死人命的人，而对于其他共同犯罪人，可以适用死缓或者其他较轻的刑罚。基于生命同价的普遍认识，一方面，要充分保护被害方的权益，对最重要或最主要的犯罪人要适用死刑立即执行；另一方面，也要防止滥杀、多杀，对于可杀可不杀的一律不杀，适用死刑立即执行的人数原则上不能超过死亡被害人的人数，对其例外情况应限定在最小范围。

“公平交易法”与“刑法”之交错——以诽谤罪为例

——以人文主义法学为视角

张丽卿*

一、前言

事业为追求发展赚取利益，必有许多营业竞争之行为。事业若以不公平的手段竞争，即为“公平交易法”（以下简称“公平法”）所禁止。“公平法”所规范的不公平竞争手段有多种，“禁止妨害他人营业信誉”为其中一种。

事业的信誉，是长期在经济活动上所获得的评价，显现其产品品质、服务提升及价格合理化之努力获得肯定。若因为受不实传言影响，则可能承担不利的后果，并有损公平竞争之精神。

“公平法”第二十二条规定：“事业不得为竞争之目的，而陈述或散布足以损害他人营业信誉之不实情事。”立法理由指出，事业为竞争之目的，而陈述或散布损害他人营业名誉之不实消息，以打击竞争者，属有害交易秩序，故明文禁止之。可见本条规范之目的，在于保护事业之营业信用名誉，禁止借由陈述或散布虚伪不实消息，来打击竞争者，以维持商业竞争之公平。

“公平法”之外，“刑法”的“诽谤罪”与“妨害信用罪”也禁止信誉之诽谤，因此有必要厘清“公平法”与“刑法”之法律适用关系。本文先分析各国相关规定及“公平法”第二十二条之规范内容，再说明“刑法”诽谤罪的相关规定，并澄清“公平法”与“刑法”间之法律竞合关系。

---

* 东海大学法律系教授；台湾大学法学博士；德国慕尼黑大学法学博士；美国傅尔布莱特奖助美国史丹福大学法学院访问学者。

二、禁止营业诽谤之立法例

（一）美国

美国法关于“不公平交易行为”（unfair trade practice）之规范，并非由单一法律体系所架构，而是散见于习惯法与成文法之中，且其发展并非立即继受而来，而是分次、渐进地落实于本土。在美国法肯定商业言论本身易受言论自由之保障下，习惯法上关于“不公平交易行为”之规范，系源自于传统侵权行为法（torts）之演变，仅是侵权行为发展下的特定类型，其救济方法是民事赔偿，故与刑责及行政管制无涉。

美国法对于商誉的保护有二类型。其一，传统侵权行为法中之诽谤（defamation）诉讼，是对他事业为诈欺、欺罔、不诚实之指责；其二，为“贬低”（trade disparagement）类型，乃针对他人之商品或服务，进行品质上的攻击。

对于贬低类型之侵权诉讼，原告需证明：陈述不实、实质恶意、所受之特定损害，因此相较于诽谤诉讼之由被告证明陈述之真实与确信及推定损害，确有其高难度①。

因习惯法之不足或不当（例如，适格之原告、损害之证明等，在多数有争议之竞争行为中，并不易以私人之力量为之），而催生了成文法对于“不公平交易行为”之规范，以建立惩罚性救济及刑事责任之架构。《联邦交易委员会法》（Federal Trade Commission Act，1914，1938）第五条（a）（1），为最早不正竞争法之规范立法。在本规定下，联邦交易委员会主要针对侵害商标及竞争者的诽谤加以制裁，且主要在于强调“不公平”竞争手段之禁止与除去②。故习惯法有关“不正竞争”及《联邦交易委员会法》第五条（a）（1）有关“不公平竞争方法”及“不公平或欺罔之行为或惯行”之规定，为中国台湾地区“公平法”第二十二条之相关立法例。

（二）日本

日本的《不正竞争防止法》规范行为包含营业诽谤、虚伪表示原产地等。学者指出，日本制订本法目的，在于使日本顺利加入巴黎同盟公约组织，其后数次修正亦是因应国际条约，并无意使此该法成为日本经济生活的重要行

---

① 石世豪著：《“公平交易法”》第二十二条，载“行政院”公平交易委员会汇编：《“公平交易法”支柱式研究系列》（二）2004年11月，第324—325页。

② 林腾鹞著：《美国联邦交易委员会之研究》，“行政院”经济建设委员会健全经社法规工作小组，1979年6月，第108页。

为规范，而只是附丽于“工业财产法”，“补充商标法”的不足[①]。

然而，时至今日，日本《不正竞争防止法》已成为彼邦重要之经济生活的重要行为规范，乃属不争之事实。日本《不正竞争防止法》最新修正在平成16年（2004年，于2005年施行），其中相当于中国台湾地区之“公平法”第二十二条者乃第二条第一项第十四款，该规定将“告知或散布危害有竞争关系之他人营业信誉之虚伪事实者”定义为“不正竞争”行为的一种。

惟需注意的是，本款规定之适用上，以具有“竞争关系”之事业所为的损害营业商誉为其规范对象，从而不具有竞争关系的事业所为之商业信誉损害行为，即非本款规范范畴。在实务运用上，本款规定多适用于比较广告及智慧财产侵害之滥发广告函行为[②]。违反本款之法律效果，有侵害制止请求权（同法第三条）、损害赔偿请求权（同法第四条）、信用回复措施（同法第七条）等民事责任。

（三）德国

德国的《不正竞争防止法》（Gesetz gegen den unlauteren Wettbewerbs）于2004年修法前与“公平法”第二十二条相当者，为第十四条第一项[③]。修法后，则规定于定义“不公平行为”的第四条第八款。根据《不正竞争防止法》第四条中第八款前段：“关于竞争对手之商品、服务或事业，或关于事业主或经营成员之事实陈述或散布，且陈述或散布内容之真实性未经证实，因而造成事业经营或事业信用之损害者。”违反者，被害人“得被请求不作为和损害赔偿”（同法第八条及第九条），并删除刑事责任的规定。

对于营业诽谤之刑事责任原本规定于旧法第十五条，该条于2004年删除，立法理由提出，德国“刑法”第一百八十七条已有诽谤的规定，并能适用于法人[④]，致使《不正竞争防止法》无单独适用的余地，因其不具有实务上之重大意义，故将之删除[⑤]。

不过，依照德国《不正竞争防止法》第四条第八款后段规定：“若陈述或

---

① 苏永钦著：“论不正竞争和限制竞争关系——试从德国现行法之观察”（文中引言），载《台大法学论丛》第11卷第1期，第81页。

② 石世豪撰，前揭“公平交易法”第二十二条，第325页。

③ 徐火明著：《“公平交易法”论》、《不正交易法论——不正竞争防止法》，1997年，第87页以下。关于本条之构成要件可参照，Kling/Thomas，Grundkurs Wettbewerbs- und Kartellrecht，2004，§14. Rn. 397ff。

④ Tröndle/Fischer，StGB，52. Aufl.，2004，§187，Rn. 3.

⑤ Regierungsentwurf vom 22. 8. 2003，BR-Drucks. 15/1487，S. 15；auch Vgl. Kling/Thomas，a. a. O.，§1. Rn. 428.

散布者为私下之消息，且发出消息或接受消息者对此有正当利益者，仅于陈述或散布违反真实之事实者，始构成不公平行为。”换言之，本条区分公然或私下陈述或散布场合的情形，且对陈述或散布事实的真实性有不同程度的要求（亦即，公然，应未经证实；私下，则违反真实）。以行为影响的层面区分其构成要件，不但精致而且有其必要，值得作为中国台湾地区的借鉴。

中国台湾地区“公平法”第二十二条仅就“不实情事”之陈述或散布加以规范，而“事实”才有所谓的“不实”与否，因此“公平法”仅规范“事实”的陈述，而不及于“价值”的贬损行为。德国《不正竞争防止法》第四条第七款则把“贬抑或诽谤竞争对手之标志、商品、服务、事业活动或营业关系”也定义为“不公平行为”的一种，换言之，无关事实真伪的“意见”或价值判断，也有可能成为该法规范的对象。此款修正，乃是德国法院实务见解的成文化（修法前以该法第一条规范之①），，中国台湾地区虽尚无相关争议案件，但无关事实真伪的意见或评价，也有可能成为被攻击的对象，自不待言。

（四）小结

各国对营业诽谤之禁止均设有类似规定，惟仍有不同之处。美国法关于“不公平交易行为”之规范，是由习惯法有关“不正竞争”及《联邦交易委员会法》第五条（a）（1）第一项有关“不公平竞争方法”及“不公平或欺罔之行为或惯行”之规定，所建立的惩罚性救济及刑事责任之架构。

此外，中国台湾地区“公平法”第二十二条虽不同于日本，未明文规定须以具有“竞争关系”之事业为营业商誉损害的规范对象，然公平会也都会检验此一要件，不过，实务运用上，似乎没有限制此一要件之必要②。

德国法区分陈述或散布场合的公然或私下，而对陈述或散布事实的真实性有不同程度的要求，且将“贬抑之行为”也定义为不公平行为的一种。中国台湾地区“公平法”仅规范“事实”的陈述，而不及于“价值”的贬损行为。不过，价值判断也有可能成为相关争议案件的对象，此点可供未来执法的参考。

值得注意的是，德国《不正竞争防止法》原有营业诽谤罪（Gesch · ftli-

---

① 德国《不正竞争防止法》第一条规定：“对于为竞争目的，而于营业交易中从事有悖于善良风俗之行为者，得请求其停止作为及赔偿损害。”系采对不正竞争行为概括性规范。Vgl. Kling/Thomas, a. a. O., §1. Rn. 1ff.

② 详见下述：“营业诽谤之禁止”之一、“须为竞争之目的”部分。

che Verleumdung）的规定[①]，2004 年修法时，删除有关刑责的规定。理由是，德国“刑法”已有诽谤罪，无须叠床架屋，重复《不正竞争防止法》规定。

由于中国台湾地区“公平法”所保护的法益，为抽象的竞争秩序与竞争者的商誉；“刑法”的诽谤罪，则为侵害个人法益之罪。“公平法”所规范者，为自然人与事业主体；“刑法”所规范者，则主要为自然人。“公平法”与“刑法”对于诽谤行为各有规范，实有其各自的规范目的与意义。

德国的执法经验虽然不具成效，在中国台湾地区却有不同的风貌。自 1999 年 7 月至 2005 年，约六年时间[②]，各地方法院关于适用“公平法”第二十二条结案之判决就约有五十余件，已发挥相当的威吓功能，因此“公平法”对于营业诽谤罪的规定，不宜轻言废除。

三、公平法营业诽谤之禁止

在掌握德国、日本及美国的相关规定后，接着分析“公平法”中关于营业诽谤禁止之规定。“公平法”第二十二条规定：“事业不得为竞争之目的，而陈述或散布足以损害他人营业信誉之不实情事。”究其内容，必须具备：以竞争目的、为损害事业名誉之行为、诽谤客体涵盖事业以外之营业主管等，并造成损害营业信誉之危险结果。以下就公平交易委员会（以下简称公平会）曾经就具体案例中所认定的构成要件分析如下：

（一）须为竞争之目的

关于名誉信用之保护，“刑法”有妨害名誉及信用罪之规定，民法有第十八条、第一八四条及第一九五条之规定，被害人可以请求除去、防止侵害及损害赔偿。

“公平法”第二十二条的适用前提是，以“基于竞争之目的”而为妨害公平竞争之行为[③]。依“公平法”第四条规定加以判断：“本法所称之竞争，为二以上之事业在市场上以较有利之价格、数量、品质、服务或其他条件，争取交易机会之行为。”且参照德国的实务见解，认为“对于营业信誉受损害者所造成的不利益，应与行为人自己或第三人所追求的竞争利益间，需具备交换关系（Wechselbeziehung）”为前提[④]，即可得知，竞争目的之存在，是适

① 相关的内容可参石世豪：《“公平交易法”》第二十二条，第 326 页；德文文献亦可参阅 Kling/Thomas, a. a. O. Rn. 426 以下。

② 中国台湾地区“公平法”虽实施十三年多，但 1999 年 7 月以前之判决，“司法院”并未收录建置于网站，故无法查阅统计。

③ 刘孔中著：《“公平交易法”》，元照 2003 年版，第 253 页。

④ Baumbach/Hefermehl, Wettbewerbsrecht, 22. Aufl., 2001, §14, Rn. 2.

用本条之前提要件。

至于竞争关系存否的认定，应以行为人意图增进其竞争利益的事业为准，并不以行为人本身或其所属事业为限[①]。立法例上，日本法以“竞争关系”为要件，德国旧法以“竞争目的”为要件，修法后则似采“竞争关系”。“公平法”与德国旧法相同，以“竞争目的”为要件。

至于“竞争关系”与“竞争目的”两者是否意义相同，应加说明。如从文义观察，竞争关系指行为人与受害人间须具有竞争关系，惟若如此解释，上游事业损害竞争同业之下游事业，或关系企业中之控制公司指使其从属公司损害控制公司之竞争同业的营业信誉，是否亦具有竞争关系，颇值商榷。但日本学者认为只要出于“竞争目的”，即属有“竞争关系”[②]，基于此，平行水平间的事业会具有竞争关系，上下游事业之间也应具有竞争关系。

公平会认为：判断事业之行为是否为“竞争之目的”，其前提亦宜以事业间具有“竞争关系”为要件。而所谓“竞争关系”，“公平交易法”第四条规定：二以上之事业在市场上以较有利之价格、数量、品质、服务或其他条件，争取交易机会之行为。由于被检举人与检举人所各提供之产品具有替代可能性，而可认为系属同一市场范围之具有竞争性质产品。因之，被检举人制作、散发系争传单之目的，明显即系为竞争之目的所为[③]。

换言之，公平会的判断，是以概括的、范围较广之“竞争目的”为衡量标准。不过，在“竞争目的”此一要件的认定上，公平法实务仍从客观上存在于行为人与营业信誉受损害者之间的竞争关系出发，再依客观情事推论主观意图[④]。例如，为履行澄清说明义务[⑤]、因主管机关之询问

---

① “行政院”公平交易委员会：《认识“公平交易法”》，2004年9月增订第十版，第371页。

② 赖源河著：《“公平交易法”新论》，2002年版，第394页。

③ 参照，公平会第一五四次委员会议之决议。

④ 石世豪撰：《“公平交易法”》第二十二条，第334页以下；何之迈著：《“公平交易法”实论》，2002年修订版，第318页。

⑤ 例如，美式公司向媒体发布“环美公司以商业恶性竞争散布种种不实谣言，致影响美式商誉”等言论，而被环美公司检举。公平会第一一五次委员会议决议，认为美式公司为证管会核准股票上市之公司，依“中国台湾地区证券交易所股份有限公司对有关上市公司重大讯息之查证暨公开处理程序”第二条、第七条之规定，对有关大众传播媒体报道有足以影响上市公司之有价证券行情者，确有向投资大众公开说明及澄清之义务，故美式公司记者会之目的旨在澄清说明环美公司之指控，并非为竞争之目的，陈述或散布足以损害环美公司营业信誉之不实情事，自与第二十二条规定之要件不符。

而答复或陈述[1]，实务上皆不认为是出于竞争目的所为之陈述。

另外，依刑事实务见解，竞争目的并不以竞争关系为前提，而以被指为违法之事业在主观上是本于竞争目的而为损害之行为即为已足[2]。这种判断与公平会的见解稍有不同。

（二）损害事业名誉之行为

“公平法”第二十二条所规范者，为不实“事实”的陈述或散布，而不及于评论或意见等“价值判断”。事实和价值判断的差别在于，前者有真伪可言。至于与事实真假无关的意见，较难判断，不易举证，不属本条的规范对象[3]。陈述或散布不实消息，为实务上常见之损害事业名誉信用的行为方式。

实务上往往也有以“警告侵权或威胁诉讼”与“公布判决”的方式，损害他事业的名誉。从广义观察，这两项行为亦属陈述或散布不实情事。说明如下：

1. 陈述或散布不实情事

陈述或散布不实消息是指，针对特定之竞争者陈说或传播与真实情况不符合之事实，或虽未指明但可得推知其人，而陈述或散布不实之消息。陈述或散布的方式，不论以口头、书函、广告、传真、警告信等，均可构成陈述或散布不实之行为[4]。例如，宣称竞争对手财务状况发生问题，实际上其财务状况非常健全[5]；或是品质无虞却宣称对人体有所伤害；无侵害专利权，却伪

① 例如，在公平会调查处理过程中，邀集有关机关及业者召开“软式透水管制造方法及市场状况”座谈会。

在座谈会中，经公平会就有关事项请与会代表发言，山坡公司之独家经销商水龙王企业有限公司代表说明，广水公司仿冒并学习山坡公司软式透水管制造方法。广水公司因而检举水龙王公司公开表示其仿冒并学习山坡公司软式透水管制造方法，诋毁其产品为不良品，致其营业信誉受损。公平会认为水龙王公司代表于座谈会中之陈述，纯属对公平会所询事项，就其观察之事实，予以答复，既属答询之性质，已难认其主观上有为竞争之目的而陈述。故公平会于八十二年公诉决字第026号诉愿决定书中做出不处分决定。

② 中国台湾地区“高等法院”九十一年度上易字第一九五九号判决。

③ 不过，德国《不正竞争防止法》第四条第七款则把“贬抑竞争对手之行为”也视为“不公平行为”的一种，将无关事实真伪的意见或价值判断，也成为该法规范的对象。此款修正，乃是德国法院实务见解的成文化。Vgl.，Emmerich，Unlauterer Wettbewerb，6. Aufl.，2002，§9. III，§9. V.

④ 刘孔中著，前揭书，第251页。

⑤ 例如，保你家国际事业公司于报纸刊登销售《瓦斯定时闭关防爆装置控制器》广告，并于广告上表示“为免已倒闭或即将倒闭之不法厂商以假冒防灾设备（含不合格）危害消费大众，特公布下列品牌及厂商：民安牌、远宝牌、祥安牌、七宝牌……”经公平会调查后，于第三一〇次委员会议决议，认为该公司除涉及广告不实外，就广告上声称竞争对手已经倒闭或即将倒闭公司之部分，另已构成损害他人营业信誉之情事。

称侵害其专利[①]。

由于陈述或散布之内容，必须足以损害他人之营业信誉[②]，亦即，足以降低社会对受害人事业之评价，但陈述或散布之内容，若能证明为真实者，即非不实情事，自不构成损害他人营业信誉之行为（参照“刑法”第三一〇条第三项）。所谓“不实情事”，只需违背真实情事即可[③]，而不限于过去或现在之事实，亦不限于具体指摘相对竞争者为必要，只须其指摘之程度已达第三者了解其所指摘为何事业，即可成立。

须特别注意者，陈述或散布等表意行为，属于“宪法”第十一条言论自由所保障的范畴，因此，就此等基本权的限制，须符合“宪法”第二十三条法律保留与比例原则的要求。“公平法”第二十二条虽提供了法律保留的正当基础，但就违法性的判断上，仍须就该个案作比例原则的检验[④]。

2. 警告侵权与威胁诉讼

损害事业名誉信用之另外一种行为，是以“警告侵权或威胁诉讼”的方式为之。诸如商标、专利或著作等权利人，得否将他人侵权行为或涉嫌侵权行为传布于众，需视具体案情而定。

依照公平会的意见，未取得法院判决或有公信力的机构鉴定报告，不得随意发警告函；若专利权人任意发函顾客，谓竞争对手的产品，涉嫌侵害专利[⑤]或警告顾客终止与其交易，不论是否属实，皆属不正竞争行为一种，若以

---

① 例如，合鸣公司认为金欧公司有侵害其所拥有之第117292号新型专利权利，故寄发存证信函，惟其所为与本会以往所处理对竞争对手之交易相对人发警告信函尚属有别，其目的性质上应属专利权行使，并非为竞争之目的。故公平会第四二六次委员会议决议，本案尚难论合鸣公司有为竞争之目的，而陈述或散布不实之情事，致有违反“公平法”第二十二条之规定。

② 例如，文新科技股份有限公司散布“郑重启事”宣传单与产品价格比较表。经公平会第一五四次委员会议决议，辉联公司确为顶尖公司在台之总代理，因此文新公司于系争传单中遽称辉联公司“谎称为顶尖公司总代理”、“不懂计算机”、“继续欺骗客户”等语，即属不实且实难认为系出于善意发表之言论，业已降低社会相关大众或交易相对人对辉联公司之营业上评价，足以损害其之营业信誉。

③ 例如，亿达广告事业有限公司与优龙国际企业股份有限公司制作及散发宣传单指摘竞争对手为“不肖厂商”、“冒名举办”、“心存欺骗”、“以达骗财目的”及“招摇撞骗”等情事，惟查其所指摘事项欠缺事实根据，且亦足以损害他人之营业信誉，公平会第一六七次委员会议决议，认为已违反“公平法”第二十二条规定。

④ 石世豪撰：《“公平交易法”》第二十二条，第333页以下。

⑤ 例如，银谷公司之产品业经鉴定与普司通公司第50944号专利之申请专利范围不相同。然万沣公司仍径行陈述银谷公司之产品为仿冒品，不仅降低其产品品质之社会评价，亦致其交易相对人或可能之交易相对人中止或断绝交易及可能之交易关系，参照公平会（88）公处字第〇二三号处分书的意见，认为其陈述或散布系争不实档之行为系为竞争之目的，且足以损害他人营业信誉，违反“公平法”第二十二条之规定。

此方式达到妨害竞争对手营业信誉，亦有“公平法”第二十二条之适用[①]。

另外，以警告侵权或威胁诉讼的手段，损害事业对手之名誉，是否构成营业诽谤，仍须就主观意图来判定。如行为人明知竞争对手未侵害权益或未能确知竞争对手已侵害权益[②]，却采取警告侵权或威胁诉讼之方式为之，会构成营业诽谤。然若仅专利权之行使[③]，则不构成营业诽谤。

3. 公布判决

恶意指摘竞争对手的行为，也包括公布判决。事业能否就争讼事件于诉讼终结后，将判决内容公诸社会，应视判决是否确定。由于未确定的判决[④]，可能因上诉而有不同的认定，因此公开的方式或范围应有限制。

至于确定的判决，在适度的范围内，应容许公开。例如，以声明启事之方式公布判决，若陈述与事实并无不符，且其并具体揭露“处分书字号”、“处分书主文”及“新闻稿”等重要信息，翔实揭示检举双方之争讼关系，则并无不许公开的理由[⑤]。

（三）诽谤商品、服务或营业主管

商品的声誉和企业体的名誉休戚与共，诽谤商品而足以降低社会对该事

---

① 例如，佑洋行股份有限公司为竞争目的，于所散布之警告信函中指涉他事业为“某不肖商人”，销售商品为“大陆不良退修品”等不实情事，足以损害他事业营业信誉，经公平会第二六八次委员会议决议，认已违反“公平法”第二十二条规定。

② 例如，劲泰股份有限公司向其下游经销商宣称大汉企业社侵害其专利权及著作权而仿冒其产品，并要求该等经销商提供大汉企业社所寄发之产品型录数据，经公平会第一七一次委员会议决议，认为其未能确知大汉企业社侵害其权益，竟事先陈述或散布大汉企业社仿冒其产品情事，并要求提供相关数据，是其应有损害大汉企业社营业信誉之故意。故劲泰公司之行为违反“公平法”第二十二条之规定。

③ 例如，力韵科技股份有限公司未通知信达公司之情形下，径行寄发存证信函予信达公司之交易相对人台电公司，嗣并搜索扣押信达公司二千五百具路灯开关货品，旋即去电及委由专利事务所正式函告台电公司搜索扣押一事，力韵公司此等未践行事先通知程序，径发警告函之行为，经公平会第六〇〇次委员会议决议，认为力韵公司寄发系争存证信函系在主张维护其专利权，尚难称力韵公司系为取得竞争优势之目的所为，故并未合致“公平法”第二十二条规定之构成要件。

④ 例如，元王公司涉嫌仿冒新篙公司专利产品，为台中“地方法院检察署”提起公诉，惟该案因行政诉讼结果尚未确定，而元王公司亦未遭判刑，新篙公司却于“中国台湾地区电玩杂志”上刊登“请注意元王公司彩票机已被新篙公司取缔专利，已起诉，正在判刑中，勿购买仿冒品，以免判刑连累”之警告语句，经公平会第四六四次委员会议决议，认为新篙公司已违反“公平法”第二十二条之规定。

⑤ 例如，聿新生物科技股份有限公司于工商时报刊登半版之声明启事，刊载“五鼎生物技术股份有限公司，因发函指称聿新生物科技股份有限公司之产品侵犯五鼎生物技术股份有限公司之营业诽谤专利权，遭公平会裁定违反‘公平法’，并科处罚锾在案云云”，经公平会第六〇五次委员会议决议，认为声明启事之陈述与事实并无不符，且其并具体揭露“本会处分书字号”、“处分书主文”及“新闻稿”等重要信息，翔实揭示检举双方之争讼关系，故尚难认该声明启事有陈述或散布足以损害他人营业信誉之不实之情事，涉有违反“公平法”第二十二条之规定。

业之评价，该当“公平法”第二十二条之规定。

营业所有人及负责人等之形象，往往和企业之声誉结合，尤其是大企业的主管及所有人，往往因为遭受恶意评论而影响了社会对企业形象的观感。故为竞争之目的，而陈述、散布有关他企业之所有人或主管人身之不实情事①，亦为“公平法”第二十二条所过问。这可以从原来的“‘公平法’施行细则草案”第三十二条看出，依该条，对事业之所有人、负责人、合伙人之人身也予以保护。所以，解释上对事业之所有人、负责人②、合伙人的人格攻击，也属于营业诽谤的范畴。

（四）*足以损害他人营业之信誉*

陈述或散布内容，需足以降低社会大众或交易相对人，对被指摘之营业产生不信任感，造成营业上之损害；亦即，虚伪不实之消息须足以损害竞争者的营业信誉③。至于是否造成损害营业信誉之结果，应斟酌一切情事加以判断，不能只依当事人之主观认知④。亦即，应衡酌交易相对人及潜在交易相对人对于广告内容之客观评价⑤。例如，广告内容对于产品、营业、营业所有人或主管人员等之不当贬损，导致被贬损人之交易相对人及潜在交易相对人，产生严重不信任感，致有拒绝交易或减少交易之可能⑥。

解释上，是否有造成营业上之损害，不以发生实害为必要。换言之，行为虽未造成现实的损害，但已经惹起危险状态即足。所以，只要诽谤行为足以引起被贬损人之交易相对人及潜在交易相对人，产生严重不信任感，致有

---

① 例如，睿杰企业有限公司于1996年发函予台塑公司散布新加坡新商兴利工程股份有限公司的不实情事：台中烟囱主持人A君……被Hopewwll公司革职，A君被革职后于1990年成立CSM公司。然经公平会调查：A君从未受雇于Hopewwll公司，亦未被其革职，且CSM公司成立于1988年并非1990年。经公平会第三二一次委员会议决议，睿杰公司未经查证，以无实际证据之事项，意图散布于众，具体向业主台塑公司指摘前述足以毁损新商兴利公司营业信誉之事项，以遂行其竞争得标之目的，显已违反“公平法”第二十二条规定。

② 例如，达太顾问股份有限公司于其网页上称：“×瑟骗子满市场”、“曾×钊在八十五年间曾参加达太考场的CPIM认证，在考证时，曾×钊即在考场散发以他为师资的CPIM DM，在考场招生，其人品如何，各位自己判断……”难认为系出于善意发表之言论。故公平会第一六三次委员会议决议认为，达太公司对×瑟公司负责人曾×钊之陈述属不实情事，应可认定此业已符合“公平法”第二十二条所称“足以损害他人营业信誉”之构成要件。

③ 刘孔中著，前揭书，第252页。

④ 例如，信义房屋中介股份有限公司检举永庆房屋中介股份有限公司于各大媒体刊播“永庆房屋领先信义房屋一分钟，一分钟帮你配好对”等系列广告，大肆宣传，然信义房屋仅表示系争广告播出后营业收入大幅减少，却未提供具体书面数据佐证该广告对其营业信誉有所贬损，经公平会第六二七次委员会议决议，认为尚难认有违反“公平法”第二十二条规定。

⑤ 何之迈著，前揭书，第318页。

⑥ 参照公平会编撰“比较广告违反‘公平交易法’一览表”，关于第二十二条部分之判断基准。

拒绝交易或减少交易之可能，就已经惹起营业信誉损害之危险状态。这就是学说上所称的“具体危险结果”①。“刑法”实务的判断，大都遵循这个法则②。不过，公平会实务的运作却趋于严格，例如，在第六六七次及第六九七次委员会都认为：因为检举人并未提供广告行为致营业信誉或营业销售状况有遭贬损之具体事证，故依现有事证，被处分人案关广告行为尚无违反“公平交易法”第二十二条之规定。但这是对具体危险结果的误认，宜修正这种严格标准的认定③。

（五）法律效果

违反“公平法”第二十二条的法律责任有三：行政责任（“公平法”第四十一条）、民事责任（同法第三十一条）及刑事责任（同法第三十七条）。

1. 行政责任

行政责任方面，依“公平法”第四十一条规定有：（1）对于违反本法规定之事业，得限期命其停止、改正其行为或采取必要更正措施；（2）并得处新台币五万元以上二千五百万元以下罚锾；（3）逾期仍不停止、改正其行为或未采取必要更正措施者，得继续限期命其停止、改正其行为或采取必要更正措施，并按次连续处新台币十万元以上五千万元以下罚锾，至停止、改正其行为或采取必要更正措施为止三种不同性质之行政处分。

事业如为竞争之目的，陈述或散布足以损害他人营业信誉之不实情事，而对于效能竞争所形成的交易秩序造成危害者，即得科以本条之行政责任。

2. 民事责任

关于民事责任，被害人得依“公平法”第三十条行使侵害除去及防止请求权：“事业违反本法规定，致侵害他人权益者，被害人得请求除去之。有侵害之虞时，得请求防止之。”同“民法”上侵害除去及防止请求权之解释（“民法”第十八条等），行为人无须有故意或过失。损害赔偿请求权的基础，则规定在“公平法”第三十一条：“事业违反本法之规定，致侵害他人权益者，应负损害赔偿责任。”

虽然从本条中并无主观上必须有故意或过失之规定，但并非有意采纳无过失责任的赔偿制度④，这点从不正竞争理论探讨，行为人具故意中伤之不正

---

① 参照张丽卿著：《“刑法”总则理论与运用》，2005年版，第112页。

② 例如，台北“地方法院”88年度自字第642号判决及板桥“地方法院”92年度自字第234号判决。都认为：只要影响一般交易大众对被攻击对象之评价，产生不信任感，致有拒绝交易或减少交易之可能性，即达到足以损害原告之营业信誉结果。

③ 参照，公平会第三七六次委员会议的决议，亦持相近之见解。

④ 从日本立法例观之，亦仅定位于民事责任中之主观要件，包括故意或过失。

竞争行为本该当之，若是过失亦难免其民事责任。此项侵权行为，主要为侵害他人营业信誉，本质为私权之侵害，因此，从“公平法”第二十二条需有故意或过失的主观要件观察，应认为采取过失责任较为恰当[①]。

3. 刑事责任

违反“公平法”第二十二条的刑事责任，规定在同法第三十七条：“违反第二十二条规定者，处行为人二年以下有期徒刑、拘役或科或并科新台币五千万元以下罚金。前项之罪，须告诉乃论。”此即学说上所谓之“附属‘刑法’”，应适用普通“刑法”之规定。“刑法”第十二条：“行为非出于故意或过失者，不罚。过失行为之处罚，以有特别规定者，为限。”关于营业诽谤，“公平法”并未明文规定处罚过失，因此营业诽谤即不可处罚过失[②]，仅以故意为限[③]。

“公平法”第二十二条明文规定的行为主体为“事业”，参照第二条对事业的定义为：公司、独资或合伙之工商行号、同业公会、其他提供商品或服务从事交易之人或团体。虽行政责任及民事责任，被处罚的主体是事业，但在构成要件的认定上，仍以各该事业的负责人为判断标准。此从九十四年之新“行政处罚法”第七条第二项规定：“法人……违反行政法上义务者，其代表人、管理人、其他有代表权之人或实际行为之职员、受雇人或从业人员之故意、过失，推定为该等组织之故意、过失”，即可得知。

刑事制裁只能针对自然人，而无法处罚法人或事业。在事业为独资或合伙的情形，行为主体与责任主体并无二致，较无争议，但在其他情形，“公平法”第三十七条第一项刑事责任的行为主体为何，即有究明之必要。

在公司负责人即为“陈述或散布不实情事”的行为人时，自得以“公平法”第三十七条科以刑事责任，对于事业则依“公平法”第三十八条处以罚金刑[④]。如果陈述或散布不实情事的行为人为事业负责人以外之人，公司负责人如对其有指挥监督权限（例如行为人为该事业之雇员），而且明知系争情事者，亦可依“公平法”第三十七条科以刑事责任。惟行为人如非受事业指挥

---

① 不过，亦有学者从德国《不正竞争防止法》第十四条规定认为，行使权利，受害人无须证明故意或过失，故德国学者认为本条系民法侵权行为中过失原则之例外。因为，以过失侵害他人营业信誉，虽非不可能，实务上应以故意居多，加上主观要件举证上之困难，于探究民事责任时，宜参酌德国学者之解释，并认为系依法律特别规定所创设特殊形态之民事责任，无须证明故意或过失。参照赖源河著：《“公平交易法”新论》，2002 年版，第 393 页。

② 何之迈著，前揭书，修订版，第 318 页。

③ 赖源河著，前揭书，2002 年，第 393 页，亦持相同见解。

④ 例如，中国台湾地区“高等法院”九十一年上易字第一九五九号判决。

监督之人，或虽受事业之指挥监督，但事业负责人并不知情者，由于该行为人非“公平法”第二十二条之规范对象，并不负有法定注意义务，而事业负责人亦无故意过失时，就无法以“公平法”第三十七条的刑事责任相绳，例如，项目经理虽有陈述或散布不实情事，但被告事业（负责人）“毫无所悉，并无积极的认知”，“亦非基于被告公司明示或默示之指示所为”，因而难认被告与被告××公司之行为等价[①]。

四、“刑法”之诽谤罪

（一）诽谤罪

诽谤罪，是指意图散布于众，指摘或传述足以毁损他人名誉之事，或以散布文字或图画之方式犯前项之罪者而言。行为人必须针对特定人或可得推知之人，实行诽谤行为，方构成本罪（“刑法”第三一〇条）。

行为人主观上必须具有诽谤故意与散布于众之意图，认识指摘或传述之事足以损害他人名誉，并决意指摘或传述，即有诽谤故意[②]。此外，本罪为目的犯，除诽谤故意外，尚必须具有散布于众之意图，主观要件方能具备。

诽谤行为是指，指摘或传述足以诽谤他人名誉之事。“他人”包括自然人与法人[③]。指摘，是就某种事实予以揭发；传述，是传述已知或已揭发之事实；其指摘或传述的方法，不问言词或行动，亦不以公然为必要。指摘或传述之事，不问其为真实或虚构，亦不问其为过去、现在或将来，只需足以毁损他人名誉均包含在内。亦即，构成犯罪之行为，皆须指摘、传述足以毁损他人名誉之事，其内容并不以虚构为必要[④]。若行为人针对特定事项，依其个人价值判断而提出主观意见与评论，纵其批评内容足以令被批评者感到不快或影响名誉，仍非诽谤。惟评论内容若有流于情绪性或人身攻击之批评，而有谩骂之用语，则有可能构成公然侮辱罪。

诽谤与公然侮辱，均足以损害他人名誉，但两者有所不同，应加以区分。行为人不摘示事实而公然侮辱特定人或可得推知之人，系属公然侮辱；若行为人指摘传述足以毁损他人名誉之具体事件内容之行为，则为诽谤。例如，公然谩骂某女为娼妓，构成普通侮辱罪。惟若意图散布于众，指摘传述某女

① 参照中国台湾地区“高等法院”九十二年上易字第二三九七号判决：“……与一般私人公司之业务人员无异的项目经理陈述或散布不实情事者”，如被告事业（负责人）“毫无所悉，并无积极的认知”，“亦非基于被告公司明示或默示之指示所为”，“因而难认被告与被告××公司之行为等价”。

② Tröndle/Fischer, StGB, 52. Aufl., 2004, § 187, Rn. 4.

③ Tröndle/Fischer, a. a. O., Rn. 3.

④ 甘添贵：《体系“刑法”各论》（第一卷），2001年版，第428页。

在何处为娼之具体事实，则为诽谤。

另外，诽谤行为若是以散布文字、图画之方法，指摘传述足以毁损他人名誉之事，即成加重诽谤罪（“刑法”第三一〇条第二项）。例如，印发传单、刊登杂志。盖其流传较广，危害较重，故加重其刑至二年以下有期徒刑。有关此点，“公平法”之营业诽谤，不问行为方式是否仅出于言词或以散布文字、图画之方法为之，刑度均为二年。

（二）妨害信用罪

值得注意的是，为了保障“个人社会经济生活之信用安全”，“刑法”第三一三条也规定妨害信用罪（Kreditverleumdung）。故凡散布流言或以诈术损害他人之信用者，构成妨碍信用罪，可处二年以下之有期徒刑。妨碍信用罪，行为主体并无任何限制。主观上，行为人必须对流言或其他不实消息足以损害他人之事实有所认识，并决意为此种行为。其客观不法行为，系指散布流言或使用诈术损害他人之信用。

散布流言是指，传播不实之言于众。至于不实之言系出于故意捏造或幻想推测，均与本罪无关。例如，散布某公司负债累累，行将破产倒闭①，或捏造某店出售食物有伤健康之消息等。称使用诈术是以不正当之方法欺骗他人，使他人信以为真。例如，趁商店休假在他人店门口贴上，停止营业之字条。

妨碍信用罪之成立，是否以他人信用实际受损为必要，有不同的见解，有主张须以他人信用实际受损为必要。亦有认为不以使他人之信用生损害为必要②。不过，本罪系一抽象危险犯③，而非实害犯，故应以后说为当。换言之，本罪具有举动犯的性质，行为人只要实行足以散布损害他人信用之流言行为，或实行足以损害他人信用之诈术行为，即成立本罪之既遂犯。

（三）阻却不罚之事由

由于禁止诽谤规定，剥夺或限制意见表示的自由。为调适此一紧张关系，“刑法”特设第三百一〇条第三项“对于所诽谤之事，能证明其为真实，不罚。但涉及私德而与公共利益无关者，不在此限”。

关于证明所诽谤之事为真，释字第五〇九号解释指出：“言论自由为人民之基本权利，国家应给予最大限度之维护，俾实现自我、沟通意见、追

① 例如，以比较广告表攻击对手公司，财务不完整，毫无组织管理经验、经营不善的多家公司或所剩资金不多即将倒闭等。参照，板桥“地方法院”92年度自字第234号判决之事实，其实也已经构成妨害信用罪。

② 林山田著，前揭书，第271页以下。

③ Tröndle/Fischer, a. a. O., § 186, Rn. 5.

求真理及监督各种政治或社会活动之功能得以发挥。惟为兼顾对个人名誉、隐私及公共利益之保护，法律亦得对言论自由依其传播方式为合理之限制。‘刑法’第三百十条第三项前段以对诽谤之事，能证明其为真实者，不罚，系针对言论内容与事实相符者之保障，并借以限定刑罚权之范围，非谓指摘或传述诽谤事项之行为人，必须自行证明其言论内容确属真实，始能免于刑责。惟行为人虽不能证明言论内容为真实，但依其所提证据资料，认为行为人有相当理由确信其为真实者，即不能以诽谤罪相绳。”明白指出行为人能证明其所为陈述为真实，或有相当理由确信其为真实者，即不能论以诽谤罪①。

前述的不罚事由之外，“刑法”第三百十一条另有法定不罚事由②的规定③，关于“不罚事由”的性质，有认为是阻却违法的事由④，亦有认为系阻却构成要件者⑤。不过，从本条规定的意旨，应认为是“法定阻却违法事由”的规定较宜⑥。

值得注意的是，上述第三百十条第三项及第三百十一条所规定之阻却不罚事由，于判断行为人是否有“公平法”第二十二条、第三十七条为事业竞争之目的，而陈述或散布足以损害他人营业信誉之不实情事时，“刑法”实务运用上，亦采取相同之论断标准⑦。

---

① “刑法”实务上的操作相同，参照八十八年上易字第五八一号判决：“行为人若系出于善意的发表言论，即不构成‘刑法’第三百十条之诽谤罪，至于是否为‘善意’，其判断重点应是在审查言论发表人是否针对与公众利益有关的事项表达意见或作评论，其动机非以毁损被评论人的名誉为唯一目的。”系以善意判断是否得为阻却违法事由之判断。

② 这些事由是：1. 因自卫、自辩或保护合法之利益：行为人为防卫自己，或为自己辩白或为保护合法利益，而发表之言论。例如，因受他人诬告，在公开场合辩白或陈述。2. 公务员因职务而报告：公务员执行职务，就其相关事项，所为之报告。例如，公务员至“立法院”备询就其职务有关之事项，针对立委所为之回答。3. 对于可受公评之事：对于可受公评之事，而为适当之评论，亦为一种阻却违法事由。至于何种事件为可受公评之事，应依事件之性质及以社会公众之关系而定之。4. 对于“中央”及地方之会议或法院或公众之集会之记事，而为适当载述：对于“中央”及地方之会议或法院或公众之集会，均事关社会大众之权益，其事应公诸于众，若对之为适当描述，虽可能诋毁他人名誉，但应可依其情形为阻却违法之事由。

③ 当然，这些特殊的不罚事由，亦适用于“刑法”第三百十三条之妨害信用罪之构成要件。

④ 甘添贵著，前揭书，第431页；林山田著，前揭书，第263页以下。

⑤ 采此说者为吴庚，参照谢庭晃：《妨害名誉之研究》，辅仁大学法律研究所博士论文2005年，第202页。

⑥ 张丽卿：《“刑法”总则理论与运用》，2005年9月，第242页。

⑦ 参照台北“地方法院”93年度自字第15号判决。

五、比较“公平法”营业诽谤罪与“刑法”诽谤罪

在清楚掌握“公平法”与“刑法”禁止损害他人信誉罪之内容后，以下分析该两个法规的不同：

（一）行为主体不同

“刑法”诽谤罪与妨害信用罪之行为主体并无任何限制，任何自然人仅须其具有意思能力及行为能力者，均得成立诽谤罪或妨害信用罪[①]。至于法人则不能成为诽谤罪之主体。民事法采“法人实在说”，认为法人在营业上亦有权利能力、行为能力，但“刑法”上的判断不同。法人执行事务，必须透过法人的机关，法人自己无法为意思表示，所以应以其负责人、执业股东或董事为处罚主体。

“公平法”第二条关于事业之定义为：公司、独资或合伙之工商行号、同业工会、其他提供商品或服务或从事交易之人或团体。故“公平法”第二十二条之责任主体与“刑法”诽谤罪与妨害信用罪之责任主体，明显有所不同。

（二）主观目的不同

“公平法”第二十二条规定，系不得为竞争之目的，而禁止损害他人营业信誉之情事。其主观上，行为人系以竞争之目的，而陈述、散布损害他人名誉之不实情事。

反之，“刑法”第三一三条妨碍信用罪之成立，行为人只要实行散布足以损害他人信用之流言行为，或实行足以损害他人信用之诈术行为，即成立本罪，并不要求与营业信誉有关。而“刑法”第三一〇条规定，诽谤罪成立系意图散布于众而指摘或传述足以毁损他人之名誉，主观上除具有诽谤故意外，尚必须具有散布于众之意图。足见“公平法”与“刑法”对两罪所要求的主观目的并不相同。

（三）诽谤内容不同

“公平法”第二十二条禁止损害他人信誉罪，系以竞争之目的，而陈述或散布足以损害他人营业信誉之不实情事，内容上有陈述者或散布者，有足以损害他人营业信誉之不实情事的限制。

“刑法”第三一〇条之诽谤罪的行为，乃指摘或传述足以诋毁他人名誉之事。指摘或传述之事，可能是虚伪，或纵为真实但与公共利益无关；亦不问其为过去、现在或将来事实，只需足以毁损他人名誉即可成罪；另外，“刑

① 甘添贵著，前揭书，第423页以下。

法”第三一三条之妨害信用行为，亦无目的之要求，其散布内容只要足以损害他人名誉即可。就是否为不实情事，二者在规范上并不相同[①]。

（四）法益保护不同

“公平法”为保护竞争秩序，不允许以诽谤手段侵害竞争对手；“刑法”为保护个人的社会声望，也不许诽谤攻击他人。二者主要的差异在于，“公平法”的保护对象包括抽象的竞争秩序与竞争者的商誉，但“刑法”诽谤罪属于侵害个人法益之罪，所保护者是具体个人的名誉，而不是抽象的竞争秩序。亦即，“公平法”营业诽谤罪所保障的法益比“刑法”的诽谤罪稍广，故发生竞合时，“公平法”有较优先适用的机会。

六、公平法营业诽谤罪与“刑法”诽谤罪之竞合

（一）法条竞合与想象竞合不同

法条竞合与想象竞合的行为，都只有一个，但是这两个竞合现象，并不相同。法条竞合，系对同一构成犯罪事实之行为，同时有数个该当之构成要件，如适用其中最恰当之构成要件，即足以充分评价，其他的构成要件不须再评价而被排除，故处理法条竞合，乃在寻求最恰当的评价方法。换言之，法条竞合，系指一个犯罪行为，因法规之错综关系，在法律上被多次陈述出来[②]，同时有数个符合该犯罪构成要件之法条可以适用，依择一适用之法理，选择主要适用之法律排除不用次要的法律[③]，因其所侵害之法益为一个，本质上为一罪[④]。

法条竞合因此被称为“不纯正的竞合”或“表象的竞合”[⑤]。由于法条竞合在用语上，容易引起误解，因此，德国文献上渐渐有用“法律单一”取代“法条竞合”的情形[⑥]。

想象竞合，实际上所犯的罪是两个或两个以上，亦即，所破坏的法益是两个以上[⑦]，只是在裁判上，被当做一个罪处理。想象竞合，由于一个行为实

① 不过，中国台湾地区刑事审判实务认为，“公平法”营业诽谤罪与“刑法”诽谤罪、妨害信用罪相同，均以内容不实为处罚要件。参照中国台湾地区“高等法院”九十年上易字第三七八四号判决。

② Jakobs, Strafrecht AT, 2. Aufl., 1991, S. 861.

③ Wessels/Beulke, Strafrecht AT, 33. Aufl., 2003, §17, V 1.

④ 张丽卿:《“刑法”总则理论与运用》，第422页以下。

⑤ Haft, Strafrecht AT, 7. Aufl., 1998, S. 265; Jescheck/Weigend, Strafrecht AT, 5. Aufl., 1996, S. 665.

⑥ Haft, a. a. O., S. 265; Jescheck/Weigend, a. a. O., S. 665; Wessels/ Beulke, a. a. O., §17, V 1.

⑦ 不过，“刑法”学者当中，也有人认为，法益的破坏，是决定罪数的标准，例如：甘添贵：“罪数理论之研究（一）”，载《军法专刊》（第38卷第10期），1992年，第13页。

现数个犯罪构成要件，侵害数个法益，致有数个犯罪结果发生，例如，放置一炸弹，导致多人死亡、多人受伤、多家店面毁损。故想象竞合是“纯正的竞合”，本质上为数罪，但“刑法”第五十五条规定以一罪论。

(二)“公平法”与“刑法”形成想象竞合

“公平法”第二十二条规定事业不得为竞争之目的，而陈述或散布足以损害他人营业信誉之不实情事，系为保护事业之正常的公平竞争。“刑法”第三百十条第一项或第二项之诽谤罪，则是为了保护个人在社会上之名誉，避免在不当的言论下，受损害。此二条的立法目的及规范内涵并不相同，虽具有部分构成要件重叠之现象，但前者在于保护事业竞争，其保护法益为事业之商誉；后者则着重于个人名誉之保护，其保护法益系个人的名誉信用。

因此，违反“公平法”第二十二条，应依同法第三十七条第一项之规定处罚，系为了保护事业在市场上从事竞争、交易之公平性、正当性，保护法益为“商业信誉”。而“刑法”第三百十条第一项或第二项之诽谤罪之犯罪系侵害个人名誉法益，与前开“公平法”之犯罪构成要件并非一致，所侵害之法益亦有不同。

被告如系事业为竞争之目的，以一个散布不实情事的行为，同时侵害一个兼有社会法益、个人商业信誉法益，以及个人名誉法益的情形，因同时违反“公平法”第二十二条及“刑法”第三百十条第二项之加重诽谤罪者，系一行为触犯二罪名，应属想象竞合①，应从较重之“公平法”第二十二条论处。

七、个案评析

从上述得知，“公平法”的营业诽谤罪与“刑法”的诽谤罪，虽具有部分构成要件重叠之现象，但各有其不同的立法目的、保护法益及规范内容，以下以四个具体案例（二则有罪、二则无罪）说明两者的法律适用关系。

(一) 最佳女主角瘦身美容（台北“地方法院”88年度自字第642号判决)

1. 案情概述

黄○○为群亨公司董事长，兼任关系企业最佳女主角董事，明知并无证据足资证媚婷峰公司所属之瘦身美容广告代言人董○○、包○○二人曾从事抽脂减重之医疗行为，竟于民国八十八年六月间，在最佳女主角公司假台北

① 然而，中国台湾地区司法实务上，如：台北“地方法院”93年度自字第15号判决认为，因本二条之构成要件属法规之错综关系，致一个犯罪行为，同时有数符合该犯罪构成要件之法条可以适用，应依法规竞合法理，择一适用“公平交易法”之规定论处。这个混淆主要系未分辨该二条所保护的法益所致。

市福华饭店地下二楼举行之“最佳女主角泳装真实见证记者会”中，代表最佳女主角公司答复媒体记者问题，及利用不知情之平面媒体记者当场撰写新闻稿，以对外散布文字之行为，对参加记者会之各媒体记者指摘陈述：“他们内部来的消息给我，他们是在庄雅清家中秘室进行抽脂，我们没有直接证据，那个人不敢出来作证”、“我现在手上没有掌握到直接证据，董○○一次，包○○旧伎重演，我们接获内部消息，希望借记者会由记者直接采访……”、“包○○因这次抽脂还昏死二天，抽得很厉害”等不实情事，使不知情之平面媒体记者将黄○○上揭陈述转载于各大报章、杂志上而对社会大众散布。

黄○○续于接受采访后，指示不知情之最佳女主角公司人员当场缮打“最佳女主角泳装真实见证记者会消息稿”，内容载有“泳装代言人无抽脂健康美的真实见证”、“谣传指出，有某大知名品牌为了宣传效果，以不实之方式使其代言人在短时间内瘦下十数公斤”、“当有人舍弃纯正经营之理念，反而以投机取巧的手段混淆视听、欺瞒大众时，直接受害的不只是消费者，更是整个社会。同业变相的手段，为我们专业人士所不容，更是弃企业良知于不顾”等意指媚婷峰公司以抽脂变相瘦身方式欺瞒大众之文字，并交付在场媒体记者参考而散布。

嗣因媚婷峰公司人员发现各大媒体于当日大幅报道上揭黄○○所陈述之不实情事，并取得上揭记者会消息稿后，以黄○○及最佳女主角公司为被告，提起妨害名誉的诉讼。

2. 问题争点与评析

（1）被告与原告皆属从事于美容瘦身的事业，处于同一水平之竞争关系。

（2）符合竞争目的及陈述之事实。依“‘行政院’公平交易委员会对瘦身美容业消费信息透明化暨不当行销行为处理原则”及“行政院卫生署”颁布之“瘦身美容业管理规范”之规定，瘦身美容之方式并不包括抽脂之医疗行为。被告黄○○在记者会直指董○○、包○○二代言人在媚婷峰公司之负责人家中秘室进行抽脂云云，显系指摘该二代言人及媚婷峰公司共同违反瘦身美容业之规范，假抽脂减重之实而对外诓称系依循媚婷峰公司正常瘦身美容课程之成果，借以欺瞒消费者而创造商机。以上所为显系基于竞争目的所为，因其在记者会陈述及以抽脂变相瘦身方式欺瞒大众之文字，交付在场媒体记者参考散布，符合陈述之事实。

（3）是否有“刑法”第三百十一条第三款“以善意发表言论，而对于可受公评之事，而为适当之评论者”之不罚事由？上述不罚要件指：行为人主观上须基于善意而发表言论，该发表之言论系属可受公评之事项，且需为适当之评论三部分。由于董○○、包○○二人均属媚婷峰公司瘦身美容减肥之代言人，经诸多证人指出，并无被告所谓抽脂减重之事。又该二代言人为澄清事实，联袂前往台北市立仁爱医院等多家医院接受身体检查，并经医院分别开具“全身无抽脂术后之手术疤痕”等诊断证明书影本六纸附卷可凭，所以并无抽脂减重的事证。可知被告言“当有人舍弃纯正经营之理念，反而以投机取巧的手段混淆视听、欺瞒大众时，直接受害的不只是消费者，更是整个社会。同业变相的手段，为我们专业人士所不容，更是弃企业良知于不顾”等语，难谓基于善意而发表言论，而是基于诽谤事业竞争对手的心态，所为之行为，并不符合“刑法”第三百十一条第三款之不罚事由。

(4) 是否足以损害原告之营业信誉？被告黄○○在记者会直指该二代言人在媚婷峰公司之负责人家中秘室进行抽脂云云，显系“指摘该二代言人及媚婷峰公司共同违反瘦身美容业之规范，假抽脂减重之实而对外诓称系依循媚婷峰公司正常瘦身美容课程之成果，借以欺瞒消费者而创造商机”等词，就一般经验认知，此种指摘内容，对其产生贬损之结果，已足以影响一般交易大众对被比较对象之评价，产生不信任感，致有拒绝交易或减少交易之可能性，显足损及该二代言人之名誉及媚婷峰公司之营业信誉。

(5) 综上，被告黄○○及最佳女主角公司指摘陈述，媚婷峰公司以抽脂变相瘦身方式欺瞒大众之文字，并交付在场媒体记者参考而散布，足以毁损董○○、包○○之名誉及媚婷峰公司之营业信誉行为，系犯“刑法”第三百十条第二项加重诽谤罪，并与最佳女主角公司均违反“公平交易法”第二十二条之规定，应分别依同法第三十七条第一项及第三十八条规定处罚。被告系以一行为而触犯上揭二罪，为想象竞合犯，应从一较重之“公平交易法”第三十七条第一项处断。

(二) 皇冠租书比较表（板桥“地方法院”92 年度自字第 234 号判决）

1. 案情概述

曾某为皇冠租书城有限公司（以下称皇冠租书城）之负责人，皇冠租书城与十大书坊，均系从事租书业之连锁加盟体系，彼此具有竞争关系，曾某为了削减由网禄公司所经营的十大书坊之竞争力并增加皇冠租书城之竞争力，于九十一年年初，在皇冠租书城位于台北县永和市保生路二号二十楼之营业处所，自行制作皇冠租书城与十大书坊之优势比较表，其在该优势比较表上以“十×书坊”影射十大书坊，并在“十×书坊”项下记载：“财务不完整，毫无组织管理经验、人员训练不足、流动率高……常向同业或皇冠租书城挖角”、“是经营不善的多家公司或网站合并下的产物……所剩资金不多，故为了再募集资金所以搞出花×馆之类的产物”、“所得奖项皆须付费”、“书籍无专人负责采购……不负责任且失败率高”、“不重视训练及专业指导”、“远程遥控系统只采用国内远程遥控系统，维修品质较差，且速度较慢、较不稳定”、“计算机软件由总部研发服务性、保障性较少，功能亦不多……window版错误百出……因为设计技术有问题……利诱皇冠租书城之前配合的DOS版设计师”、“上海、北京有开店，但那是卡位宣传，只因缺钱为了增资而作准备而已”等语，自九十一年初起至九十二年八月间，连续在皇冠租书城营业地点放置前述优势比较表供不特定人取阅，以及将优势比较表随同皇冠租书城加盟数据邮寄予有意从事租书业加盟之不特定人。案经网禄公司以皇冠租书城之负责人曾某为被告，提起自诉。

2. 问题争点与评析

（1）自诉人与被告处于同一水平之竞争关系，皇冠租书城与自诉人经营之十大书坊均为租书业之连锁加盟体系，均以争取加盟者为营业诉求，因优势比较表上虽仅记载“十×书坊”，惟该优势比较表叙明“为了再募集资金所以搞出花×馆之类的产物”、“现在搞了花×馆或十×on line也没用”等文字，从对照该优势比较表内文特征，足见被告所制作之前开优势比较表乃系针对“十大书坊”所为，故两者具有竞争关系。

（2）符合竞争目的及散布之事实。被告曾某为争取加盟者加盟之交易机会，于皇冠租书城之办公处所放置载有皇冠租书城与十大书坊加盟条件、硬件、软件设备等条件优劣优势比较表，供不特定人取阅，并连同皇冠租书城加盟资料邮寄予不特定有意从事租书加盟业之人，旨在达成凸显皇冠租书城加盟条件优于十大书坊加盟条件之效果，核其所为，系“基于竞争之目的”。且透过前述方式，使不特定之交易相对人或相关大众得以共见共闻其列举皇冠租书城与竞争者十大书坊比较意见之优势比较表，具有传播讯息之效果，自符合“散布”之要件。

（3）是否符合“刑法”第三一〇条第三项之“对诽谤之事，能证明其真实者，不罚”？对诽谤之事，能证明其真实，不罚，系针对言论内容与事实相符之保障，并借以限定刑罚权之范围，故行为虽不能证明言论为真实，但依其提出证据资料，认为行为人有相当理由确信其为真实者，即不能科以诽谤罪之刑责。被告虽辩称：业界知名租书连锁加盟总部共计十一家，除皇冠租书城外，正好十家，优势比较表上“十×”系泛指租书业界其他连锁体系之现象，并非针对“十大书坊”，纵使自诉人自行对号入座，该优势比较表中所载事项亦属事实，并无妨害名誉或违反“公平交易法”之犯行。但依被告曾某所提出之所有证据资料，综合判断后不足以认定其有相当理由确信其为真实，故并未符合本项之不罚事由。

（4）是否足以毁损“十大书坊”之名誉及商业信誉？被告意图将不实之

事散布于众，并基于概括犯意，连续在皇冠租书城前开营业地点放置前述优势比较表供不特定人取阅，以及将优势比较表随同皇冠租书城加盟数据邮寄予有意从事租书业加盟之不特定人，多次散布足以损害“十大书坊”商业信誉之优势比较表，对其产生贬损结果之用语，已足以影响一般交易大众对被比较对象之评价，产生不信任感，致有拒绝交易或减少交易之可能性，已逾越一般社会大众所容许之合理广告用词之范围，故该优势比较表之散布，显足以损害自诉人所营十大书坊之营业信誉。

(5) 综上，被告曾某基于竞争之目的，在文宣上记载对十大书坊产生贬损结果之用语，影响一般交易大众对被比较对象之评价，产生不信任感，致有拒绝交易或减少交易之可能性，已逾越一般社会大众所容许之合理广告用词之范围，该优势比较表之散布，显足以损害自诉人所营十大书坊之营业信誉。故被告曾某系违反“公平交易法”第二十二条之规定，应依同法第三十七条第一项之规定处断及违反“刑法”第三百十条第二项之加重诽谤罪，从较重之“公平交易法”第三十七条第一项处断。

(三) 大黑松小两口牛轧糖（台北“地方法院”93年度自字第15号判决）

1. 案情概述

邱氏鼎公司称“大黑松小两口”产品系自行制造销售，并未委托其他厂商制造，但“宏亚食品股份有限公司”坚称，其所销售之“礼坊”牛轧糖产品与邱氏鼎公司“大黑松小两口”产品系同一厂商制作，且在推销牛轧糖产品时对顾客说：“牛轧糖与大黑松小两口是同一加工厂做的。”邱氏鼎公司认为大黑松小两口牛轧糖的市场占有率约七成左右，已经成为牛轧糖的代名词，在宏亚食品坚持称产品系同一厂商制作，并用黑函指称大黑松小两口财务有危机，濒临倒闭之类似传闻等各项情形下，为澄清事实及维护邱氏鼎公司商誉，将九十二年十二月六日苹果日报新闻报道采访内容制成看板如：“挖墙角”、“冒名宣传”、“借名销售”、“宏亚礼坊假借大黑松小两口商誉”，以显目广告悬挂在“邱氏鼎公司”台北市中正区博爱路九十九号牌楼。并召开记者会，于九十二年十二月十二日之中国台湾地区时报、中时晚报、经济日报各报有陆续报道“宏亚礼坊假借大黑松小两口商誉”情事。

基于上述事实，宏亚食品股份有限公司向法院提起自诉，因为“宏亚食品股份有限公司”坚称，其所销售之“礼坊”牛轧糖产品与邱氏鼎公司“大黑松小两口”产品系同一厂商制作，且未在推销牛轧糖产品时对顾客说：“牛轧糖与大黑松小两口是同一加工厂做的”，故被告所指摘之事皆不实在，显然已使社会大众误以为自诉人进行不实销售，对于自诉人在社会上所保有之人格及声誉地位造成毁坏贬低，被告等涉有“刑法”第三百十条第二项之加重诽谤罪嫌及

“公平交易法”第二十二条、第三十七条之为竞争目的营业诽谤罪嫌。

2. 问题争点与评析

（1）自诉人与被告处于同一水平之竞争关系，亦即，邱氏鼎公司主要系从事食品之制造及加工，与自诉人公司系立于同一竞争地位之事业主体。

（2）是否符合散布情事？本案确有被告将苹果日报新闻报道采访内容制成看板，如：“挖墙角”、“冒名宣传”、“借名销售”、以显目广告悬挂在“邱氏鼎公司”台北市中正区博爱路九十九号牌楼。并召开记者会，于九十二年十二月十二日之中国台湾地区时报、中时晚报、经济日报各报有陆续报道“宏亚礼坊假借大黑松小两口商誉”情事。然是否符合诽谤情事，除行为人在客观上有指摘之事实外，尚须主观上有毁损他人名誉之故意，行为人是否具有故意，须依当时具体情况客观判断之。

（3）是否符合“刑法”第三一〇条第三项之“对诽谤之事，能证明其真实者”及第三一一条第一款之“因自卫、自辩保护合法利益”，不罚？对诽谤之事，能证明其真实，不罚，系针对言论内容与事实相符之保障，并借以限定刑罚权之范围，故行为虽不能证明言论为真实，但依其提出证据资料，认为行为人有相当理由确信其为真实者，即不能科以诽谤罪之刑责（释字第五〇九参照）。且基于权衡公共利益与个人名誉、经济信用保障，避免人民因恐于统治者施以刑罚钳制，或动辄以私权保护为由，极度限缩人民言论自由基本权利，若基于善意，为自辩及保护合法利益，与多数人之公共利益有关，而发表言论、文字者，亦符合第三一一条第一款之因自卫、自辩保护合法利益之不罚事由。此理，于判断行为人是否有“公平法”第二十二条、第三十七条为事业竞争之目的，而陈述或散布足以损害他人营业信誉之不实情事时，亦当采为相同之论断标准。本件足认被告二人确有相当理由足信其等向媒体记者传述、指摘之情节为真，且与邱氏鼎公司商业利益及消费者之公共利益有关，故非基于竞争目的所为，具备两项阻却不罚事由（阻却不罚事由之竞合）。

（4）综上，“公平法”第二十二条、第三十七条关于商业诽谤罪之成立，在行为人主观方面须出于竞争之目的而有陈述或散布之行为，且所陈述或散布者须为足以影响他人营业信誉之内容且为不实情事等要件。由于自诉人公司就其所指被告上开犯行所凭之证据，未达于通常一般之人均不至于有所怀疑而得确信为真实之程度，又无其他积极证据足认被告确有恶意诽谤之情事，故被告无罪。

（四）倒店货的音响喇叭（台北“地方法院”88年度易字第2893号判决）

1. 案情概述

吴〇〇为一专门贩售音响喇叭业者，在民国八十七年六月份《跳蚤市场杂志》中插电篇内刊登广告称："一对环绕喇叭加一支中置喇叭三千九百元美国 Verante，VHT－四一 S 环绕喇叭加上 VHT－四二 C 中置喇叭，高级红木贴皮，保证原装进口，附进口海关税条（外国代理商倒店货），电吴先生：×××××。"

美国奥兰特音响喇叭在国内唯一代理商国友实业有限公司（以下简称国友公司）认为吴〇〇在《跳蚤市场杂志》所刊登的广告内容指出外国代理商倒店货，即指国友公司已经倒店，对于公司的营业信誉造成莫大的伤害，乃向检察官提起告诉。

2. 问题争点与评析

（1）被告与原告处于同一水平之竞争关系。由于吴〇〇为一专门贩售音响喇叭业者，国友公司为代理国外品牌的音响喇叭者，两者所经营之事业均是音响喇叭，当然有竞争关系。

（2）刊登之广告有无符合竞争目的之散布事实？吴〇〇于杂志上刊登广告："一对环绕喇叭加一支中置喇叭三千九百元美国 Verante，VHT－四一 S 环绕喇叭加上 VHT－四二 C 中置喇叭，高级红木贴皮，保证原装进口，附进口海关税条（外国代理商倒店货），电吴先生：×××××。"该刊载行为是希望使消费者认为其所贩售的音响喇叭较为便宜，故是基于竞争目的而刊登广告。且透过前述方式，使不特定之交易相对人或相关大众得以共见共闻，具有传播讯息之效果，亦符合"散布"之要件。

（3）刊登广告之内容有无损害他人商业信誉？由于当前坊间为销售商品，多有于商店外之招牌广告上标明"跳楼大拍卖"、"倒店货，每件只要××元"或"不惜血本大清仓"等字眼，表示贩售商品较一般市价便宜，吸引消费者注意，属广告行销手法之一种。吴〇〇于杂志所刊登的广告内容观之，系在说明该产品之种类及价格，该广告就"外国代理商倒店货"几字以括号表示，因所占篇幅甚小，无特别标示或放大字体，非该广告之重点亦未标明代理商名称，故刊登该广告之目的系为促销商品，并非基于诽谤或损害他人营业信誉之故意而为。若吴〇〇当初刊登广告即为了损害国友公司的商誉，则于广告内容中大可直接表明为"国友公司的倒店货"，或以其他手法使消费者知悉此为国友公司的倒店货。故吴〇〇主观上并无侵害国友公司商誉之故意，仅是以社会大众一般观念下的行销手法刊登该广告。

（4）综上，"公平法"第二十二条、第三十七条关于商业诽谤罪之成立，在行为人主观方面须具有损害他人营业信誉之故意，在客观上须出于竞争之目的而有陈述或散布之行为，且所陈述或散布者须为足以影响他人营业信誉之内容且为不实情事等要件。本案被告纵然有出于竞争目的而刊登该广告，但是主观上并无侵害他人营业信誉之故意，其所刊登之广告内容仅是行销手法，故被告吴〇〇无罪。

（五）综合评释

综观以上四则案例，可以发现二个有罪的案例都符合：1. 具有同一水平之竞争关系；2. 基于竞争目的而为散布不实之讯息；3. 欠缺阻却不罚事由（如：最佳女主角案，未符合对可受公评之事善意发表言论；皇冠租书案，不能证明所为是真实）；4. 达到损害竞争对手营业信誉的结果，故均系以一行为同时触犯"刑法"第三百十条第二项加重诽谤罪与"公平法"第二十二条之规定，上述二罪为想象竞合犯，从较重之"公平法"第二十二条营业诽谤罪论处。

二则无罪的案件，虽然系争双方均系处于同一水平竞争关系，惟就牛轧糖案言，虽具有散布情事，但所为具有符合：1. 能证明所为是真实及 2. 因自卫、自辩保护合法利益，二种阻却不罚之事由，且无法证明行为人传述、指摘的行为，系出于竞争目的所为，故无违反"公平法"第二十二条规定。

倒店货案，虽然认为系争广告出于竞争目的而刊登，但从其广告文字观察，刊登该广告之目的系为促销商品，非基于诽谤或损害他人营业信誉之故意而为，在无法证明行为人主观上有侵害特定竞争对手商誉的故意情形下，尚难径论有违反"公平法"第二十二条规定。

结　语

言论与意见表达的自由，是人民的基本权利。任何权利的行使都有一定的限度，言论自由亦不例外。言论自由侵害他人的名誉，法律必须有相应的处罚规定。现代文明国家如德国、日本及美国对营业诽谤均设有类似之规定，都不允许任意发表言论侵害他人营业信誉。

"公平法"为了保护竞争秩序，不允许以诽谤手段侵害竞争对手；"刑法"为了保护个人的社会声望，也不许诽谤攻击他人。"公平法"的营业诽谤罪与"刑法"的诽谤罪，主要的差异在于，"公平法"的保护对象包括抽象的竞争秩序与竞争者的商誉，但"刑法"的诽谤罪属于侵害个人法益之罪，所保护者是具体个人的名誉，而不是抽象的竞争秩序。

一个诽谤行为可能侵害竞争对手的商誉，也同时侵害竞争对手的名誉。此种想象竞合现象，只论以一罪，依照"公平法"第二十二条处罚。整体而言，"公平法"的适用范围比"刑法"的诽谤罪稍广，如果发生竞合现象，"公平法"也较有优先适用的机会。实务上的运作，可以清楚印证这种优先适用的情形。

网游虚拟财产：刑法保护中的价值冲突和选择

青　锋*

目前，关于虚拟财产的刑法保护问题，大家讨论得比较多，也比较热烈。主要集中于什么是虚拟财产，虚拟财产的本质是什么，虚拟财产应不应当用刑法保护等问题。下面笔者就对这些问题作一些初步的探讨。笔力所限，实难胜任，谬误之处，敬请指正。

一、虚拟财产的概念和特征简析

有的同志认为，随着网络游戏的兴起与风靡，网络"虚拟财产"成了核心内容。所谓网络"虚拟财产"又称为"网财"，在计算机信息业人士看来，最简单也是最术语化的解释是：虚拟财产是0和1组成的二进制的电子信号，通过3D等形式表现为不同的画面形象。一般将其分为两种：一是广义的虚拟财产，即一切存在于特定网络虚拟空间的专属性的虚拟物，包括ID（如QQ账号、电子邮箱）、虚拟货币、虚拟装备等等；二是狭义的网络虚拟财产，特指具备现实交易价值的虚拟财产，只包括那些网络游戏玩家通过支付费用取得，并具有在离线交易市场内通过交易获取现实利益可能性的商品，其典型表现为网络游戏中的虚拟武器装备，游戏金币、Q币、网易泡泡币以及游戏角色ID点数等。①

有的同志认为，网络虚拟财产又称网财，是指游戏中的账号、货号、装备、级别、段位、宠物等网上物资的总称。就目前的情况来看，时下的虚拟财产主要有以下几种情况：一是游戏中的装备，各种参数等；二是具有一定

* 国务院法制办公室政府法制协调司司长。

① 刘守芬、申柳华：《网络犯罪新问题刑事法规制与适用研究》，网络与知识产权刑事法律保护研讨会材料9。

价值属性的虚拟倾向，如网易的泡泡币、腾讯的 QQ 游戏币等，它们可以用来买免费短信、网络游戏消费；三是直接用金钱买来的游戏点数，例如某些公司点卡中的“点”、腾讯的 Q 币；四是游戏或者其他网络服务的账号，如腾讯 QQ 号码等。①

有的同志认为，虚拟财产是指网民、游戏玩家在网络空间中所拥有支配的必须用网络服务器的虚拟存储空间才能存在的财物，具体包括游戏账号、游戏货币、游戏装备、QQ 号码等。②

有的同志认为，所谓虚拟财产，是指游戏商在网络游戏中编制并提供给游戏玩家的能够为游戏角色个人持有和使用的名为武器装备、游戏货币、土地房屋、日用品等电子数据。③

有学者认为，所谓网络虚拟财产，是指以一定的数据、信息、符号存储在网络中的虚拟物，一般表现为网民、游戏玩家在网络游戏中的账号（ID）以及“货币”、“装备”等财产。④

有学者主张，所谓虚拟财产，是指网民、游戏玩家在网络游戏中的账号积累的“货币”、“装备”等财产。这些财产实际上是一组特定形式表现出来的数据。⑤

还有学者认为，所谓虚拟财产，也称虚拟财物，是指必须利用网络服务器的虚拟空间才能为网络使用者所支配、使用的电磁记录。其外化形式主要包括：游戏装备、QQ 号码、电子邮箱账号等。⑥

上面这些认识，都从不同的角度对虚拟财产进行了定义，也揭示出了虚拟财产的许多属性。当然，对此我们还可以进一步探讨。

第一，虚拟财产从其存在的物质形态上讲，就是无形的若干电子数据。不管虚拟财产以什么形式表现出来，它最终的自然物质属性都必然会归结为电子数据。离开电子数据，也就没有什么虚拟财产。因此，我们赞同将虚拟财产的属概念表述为电子数据的主张。

第二，从范围上看，虚拟财产是电子数据，但是，并不是所有电子数据都是虚拟财产，只是一些特定的电子数据才是我们所说的虚拟财产。而这些

---

① 张若平：《虚拟财产的法律属性及刑法保护》，网络与知识产权刑事法律保护研讨会材料 4。

② 赵秉志、阴建峰：《侵犯虚拟财产的刑法规制研究》，网络与知识产权刑事法律保护研讨会材料 6。

③ 侯国云：《让虚拟财产永远待在虚拟世界》，网络与知识产权刑事法律保护研讨会材料 7。

④ 邓佑文、李长江：“虚拟财产的物权保护”，载《社会科学家》2004 年第 2 期。

⑤ 施风芹：“对网络虚拟财产问题的法律思考”，载《河北法学》2004 年第 3 期。

⑥ 钱颖萍、彭霞：“关于网络虚拟财产的法律探讨”，载《云南行政学院学报》2005 年第 5 期。

特定的电子数据是以特定的符号表现出来的，如游戏账号、游戏货币、游戏装备、QQ号码等。因此，我们赞同对虚拟财产用列举的方式来明确其范围。

第三，从虚拟财产的形成看，需要进一步强调和明确的是，它主要是在网络游戏中形成的，并且是为玩游戏而积累的，与游戏紧密相连，因此，讨论虚拟财产可以更加明确地定位于讨论网络游戏中的虚拟财产，而不是泛泛讨论虚拟财产。因为如果讨论的对象不界定清楚，那么就很难取得共识，往往成了各说各的话。

第四，虚拟财产既然是虚拟的，那么它就只能存在于虚拟世界，存在于网络的虚拟空间之中。但是，存在于虚拟空间的虚拟财产，却与现实社会中实实在在的人发生现实的联系，也就是说，网络游戏玩家通过对虚拟财产的占有、使用，使自己获得了精神上的满足或者享受，网络游戏玩家也因此不允许他人“盗窃”自己的虚拟财产而妨碍获得这种精神上的快感。所以，虚拟财产尽管只是一堆特定的电子数据，但是，这些电子数据的背后，却隐藏着现实世界中的种种权利关系，这就是虚拟财产的本质。根据上述的分析，我们可以对虚拟财产作这样一个简单的描述：本文所指的虚拟财产，就是以游戏账号、游戏货币、游戏装备、QQ号码等特定的符号表现出来的并供游戏玩家在网络游戏中所占有、支配、使用的电子数据，它反映着现实世界中的一定的社会关系。

二、虚拟财产刑法保护的必要性：两种对立的主张

这是一个理论上有争议，实际中不一致，立法上需明确的问题。因此很有必要进一步深入探讨。在此问题上主要有肯定和否定两种意见。

以赵秉志、阴建峰为代表的一些教授认为，网络游戏中虚拟财产应当用刑法予以保护。其主要理由：一是随社会经济的纵深推进和计算机技术的迅猛发展，互联网已经成为现代社会生活的重要组成部分，网络游戏也随之成为人们休闲娱乐的主要方式之一。网络游戏及其相关行业已经发展成为一个庞大的产业。作为网络游戏的衍生物，虚拟财产也随之进入人们的视野，并逐渐成为一种时尚。但是，据中国互联网络信息中心调查统计数字显示，“有61%的游戏玩家有过虚拟财产被盗的经历，77%的游戏玩家感到现在的网络环境对其虚拟财产有威胁”。同时，伴随着网络游戏的风靡，盗号现象也开始普遍出现。据不完全调查，醉心于网络游戏的玩家有超过70%的人遭遇过盗号者的侵害，而几乎所有的网络游戏都出现了盗号者。有些地方还已出现了盗号的产业链。盗号者首先采用偷窥、在电脑上安装键盘记录程序，“网络钓鱼”、种植木马程序等方式进行盗号，随后将盗取的游戏账号里的装备和官方

游戏币集中转移到另一个账号上，并将这些账号或装备通过淘宝网、趣网、宝物交易网等网络交易平台予以“销赃”，从而最终实现他们的经济收益。甚至有一些“先收购虚拟物品，再卖给玩家”的虚拟交易公司也应运而生，这更加助长了盗号行为的嚣张蔓延。这些侵犯游戏账号、游戏装备、官方游戏币等虚拟财产的现象日渐盛行，不仅危及日益壮大的网络游戏产业，更是直接损害到广大网络游戏玩家的合法财产权益乃至“精神权益”。以网络游戏“传奇”为例，一个“初学者”若要“修炼”到40级（该游戏的总级别是50级），花费的上网费用和游戏点卡费用共约7000多元，这还不包括占用的大量时间、精力以及“情感”的隐形投入。而一旦游戏账号被盗，玩家倾注的大量财力、时间也就烟消云散。因此，侵犯网络虚拟财产的行为已具有了一定的社会危害性，其中有些甚至已经达到相当严重的程度，很有刑法规制的必要。二是虚拟财产具有价值，符合刑法意义上财产罪的调整对象的特征要求，属于刑法意义上财产罪调整的财产，可以作为财产罪的对象。易言之，虚拟财产具有真实的财产属性，应当以真实财产论。三是世界上很多发达国家和地区，如韩国、日本、瑞士以及中国台湾地区、香港等地区的立法、司法都已经明确承认了“网络虚拟财产”的价值并用刑法加以规制，且已经出现了针对侵犯网络虚拟财产的刑事判决。这些域外经验值得中国内地借鉴。[①]

侯国云等教授则认为，虚拟财产不属于合法财产，不应受到刑法保护。其主要理由：一是虚拟财产没有财产的属性，不应受到保护。按照民法学上的见解，财产应当具有效用、稀缺、流转三种属性。效用性，是指能够满足人的某种需要，具有使用价值和交换价值；稀缺性，是指不能无限量的产生，若像空气、阳光那样取之不尽，就难以成为财产；流转性，是指可以通过交易的方式予以流通。一般来说，具备了这三种基本属性，就应认为是财产。但虚拟财产并不具备这三种属性。首先，虚拟财产在现实世界中没有效用性。“一把虚拟的魔剑在虚拟世界中削铁如泥”这是它在虚拟世界中的效用性，但到现实世界中，不但不能再削铁如泥，而且连它自身都化成了乌有，不可能再有什么效用。甚至也可以说，在虚拟世界中也没有任何效用，因为所谓的“削铁如泥”只不过是事先编制的数据的显现，并不是魔剑自身产生的效用。其次，虚拟财产不具有稀缺性。虚拟财产，就是游戏运营商编制的一组数据，这种数据一旦编制完成，就可以大量复制，因而，它不具有稀缺性。再次，虚拟财产也不具有流转性。从本质、根源上讲，虚拟财产产生于虚拟世界，

① 赵秉志、阴建峰：《侵犯虚拟财产的刑法规制研究》，网络与知识产权刑事法律保护研讨会材料6。

它在现实世界中无法应用（比如虚拟世界的超级武器就无法应用于现实战争），这就决定了它不可能在现实世界中进行流转。虽然目前存在着一些用真实货币购买虚拟武器或者用Q币兑换真币的现象，但这是一种不正常的、应当加以禁止的交易。这种交易改变了网络游戏的初衷，偷换了网络游戏的内涵（网络游戏的初衷是为了娱乐，而不是为了交易），是一种违法的交易。二是虚拟财产没有价值，不应受到保护。虚拟财产不是玩家的劳动创造的。从表面上看，游戏玩家在游戏过程中获得的虚拟财产，的确是他们投入数百甚至数千小时的时间、精力和智力才获得的。但不能否认的是，他们所付出的这些时间、精力和智力，是一种消遣性、娱乐性劳动，是一种不能创造价值的劳动。换言之，他们付出的劳动，目的是为了娱乐，不是为了创造价值，而且他们也确实达到了娱乐的目的，也确实没有创造出价值。他们在游戏过程中获取些武器装备等虚拟财产，是精神上的一种享乐，但没有创造价值，他们即使玩上一百年，获取亿万个武器装备，也未给现实世界增加一分一厘的价值。就像去公园游玩一样，游玩的过程也要耗费体力和时间，如果说这也是一种劳动的话，那只能说这种劳动是一种娱乐、消遣，而没有创造价值。所以，认为游戏玩家在游戏过程中付出了劳动、创造了价值的说法是错误的。三是虚拟财产与真实财产的交易违背价值规律和价值交换规则。四是虚拟货币与真实货币的兑换严重扰乱金融秩序让虚拟货币与人民币直接兑换，就等于又发行了一种与人民币功能相同的新的货币。但这种货币不是由国家发行的，而是由从事网络开发的企业发行的，而且不是由一个企业发行的，而是许多个网络企业都可以无限制的发行。五是虚拟财产与真实财产的交易严重违法。虚拟财产包括Q币和其他虚拟货币的发行和流通，是严重违反《中华人民共和国人民币管理条例》的，而且不只是违反了其中的一条，而是违反了多条。因而国家必须立即禁止虚拟财产与真实财产的兑换。六是虚拟财产是游戏商赚取高额利润的一个圈套。七是保护虚拟财产会给社会带来不可估量的严重后果。会引发更多的虚拟财产盗窃案件，将导致更多的网络企业和游戏商家竞相发行虚拟货币，将导致更多的人员和社会精英加入到玩家行列造成人才的惊人浪费，将严重影响青少年一代的智力开发和健康。综上所述，如果真的承认和保护虚拟财产，整个社会将为此付出巨大的代价，对整个社会将是一场巨大的灾难。如果只看见盗窃虚拟财产行为的危害性而看不见虚拟财产兑换真实财产给整个社会带来的危害性，实在是令人遗憾。如果说盗窃虚拟财产的行为有危害性的话，它也仅仅是危害了一些游戏玩家的利益，而让虚拟财产走进现实世界与人民币兑换，危害的却是整个社会的利益，破坏的是整个国家的经济。[①]

三、虚拟财产刑法保护的实证解读和价值冲突

应当说，上述两种主张都是有道理的。正因为如此，才说明这个问题比较复杂，需要进一步深入探讨。那么究竟应当如何认识和处理这个问题呢？

第一，从实际出发，先看看目前网络游戏发展的现实情况。

据2007年1月23日，中国互联网络信息中心在北京发布的第十九次《中国互联网络发展状况统计报告》显示，截止到2006年12月31日，中国的网民总人数为1.37亿人，与去年同期相比，中国网民总人数一年增加了2600万人，增长率为23.4%。上网计算机数达到了5940万台，与去年同期相比分别增长了20.0%。并且，据美国调研机构Ipsos Insight的调查结果显示，中国网民平均每周在线时间为17.9小时，位居全球首位。据Ipsos Insight数据显示，中国互联网用户平均每周在线17.9小时，日本13.9小时，韩国12.7小时，加拿大12.3小时，美国11.4小时，而墨西哥为9.2小时。

然而，在这些网民中，网络游戏玩家占了相当大一部分，并且他们花在游戏上的时间也相当的长，许多人常常是玩通宵，甚至连续玩几天、十几天的也不在少数。网络玩家的大量涌现和“杰出贡献”，促成了网络游戏市场的迅速壮大。2002年中国网络游戏用户达807.4万人，产值达9.1亿元，比2001年增长了87.6%。同年，网络游戏给电信业务、IT行业、传媒出版等相关行业带来的直接收入达119.3亿元，为网络游戏产值的13.1倍。据新闻出版总署发布的有关调查报告，2004年中国网络游戏市场规模达24.7亿元，同时带动电信服务、IT设备制造等关联行业增长近270亿元，全国付费网络游戏玩家人数已超过2000万。据《2006年度中国游戏产业报告》显示，除了市场规模，网络游戏参与者数量和产业增幅也有了明显上升。我国网络游戏参与者2006年已达到3112万，比2005年增长18.5%。游戏产业为相关行业带来的直接收入达333.2亿元，是网络游戏市场规模的5.1倍。其中为电信行业带来直接收入210.5亿元，为IT行业带来的直接收入达83.3亿元，为出版和媒体行业带来直接收入39.4亿元。

2007年1月第三届中国游戏产业年会上发布的2006年度中国游戏产业报告显示：2006年我国网络游戏市场规模已达到65.4亿元人民币。与2005年相比，我国网络游戏发展增速高达73.5%，大大超过46.3%的增长预期，中

① 侯国云：《让虚拟财产永远待在虚拟世界》，网络与知识产权刑事法律保护研讨会材料7。

国网络游戏市场已经成为国际公认的最大的市场。预计2011年中国网络游戏出版市场销售收入将达到244.3亿元人民币，2006年到2010年的年复合增长率将达到30.2%。随着互联网的不断普及，网络游戏市场还将不断从大中型城市向外扩张。

随着网络游戏的快速扩张，作为网络游戏的核心内容的虚拟财产，也出现了类似现实世界中遭到“侵犯”的情况。正如赵秉志教授所指出，几乎所有的网络游戏都出现了盗号者，大多数游戏玩家有过虚拟财产被盗的经历，有些地方还已出现了盗号的产业链。甚至还出现一些“先收购虚拟物品，再卖给玩家”的虚拟交易公司等。

上述这些情况，从肯定说的观点看，可以作如下的解读：一是玩游戏的人数众多，并且大部分玩家的虚拟财产都“被盗”过，因此，众多的人的问题，也就成了社会问题。社会问题就需要法律关注。二是网络游戏作为产业很赚钱，并且还要带动相关产业赚钱，实在是很重要，因此，法律要保护。否则，全球最大的网络游戏市场这个龙头老大的位置怕是保不住，钱也就赚不了了。三是现实世界的盗窃在网络游戏中出现，“盗窃”虚拟财产使游戏玩家玩得不爽，郁闷，“合法财产权益”、“精神权益”受到侵犯，法律哪有坐视不管的道理呢。当然，同样的事实，从否定说的观点看，完全可以作出截然相反的解读。笔者认为，这些事实情况，说明网络游戏虚拟财产问题需要关注足已，至于用什么方式关注，怎样处理，尚须进一步研究。正如有的同志认为，虚拟财产不是一个法律概念，而是大家在网络、新闻媒体对游戏中道具、装备、账号的俗称。依照中华大词典的解释，虚拟就是设想、虚构的，比如将阿里巴巴故事里山洞中的黄金、珠宝称为虚拟财产应该也比较合适，这些虚拟财产摸不着，偷不走，在现实生活中也不能被交易，所以它们绝对不受现实中法律的保护。如果说游戏中的装备被盗可以追究盗窃虚拟财产的责任，那么游戏中的人物被击毙了是不是也可追究行为人杀死虚拟人物的法律责任?①

第二，网络游戏虚拟财产是否予以刑法保护，背后暗含着巨大的价值观的冲突，确实需要在立法、司法上予以认真考量。我们知道，网络游戏本身只是玩物，并且有很大负面影响。② 2005年9月，国家新闻出版总署音像电子和网络出版管理司副司长寇晓伟介绍：我国网民达1.03亿，其中青少年网民占80%。青少年上网大多以玩游戏和聊天为主，网络成瘾、网络受骗、网

---

① 见王磊：《虚拟财产的法律属性及法律保护》，网络与知识产权刑事法律保护研讨会材料8。

② 据央视国际 www.cctv.com 2005年6月22日14：42报道，北京青少年网络成瘾者达14.8%。

络犯罪等问题日益突出。美籍素质教育专家、华中师范大学特聘教授陶宏开[①]说：据我了解，济南在押的1500名少年犯中，70%是“网瘾”造成的，其他地方的情况也不乐观。不健康的网络游戏玷污了网络，毒害了一代青少年，在“网游致富几人笑”的背后，是“孩童迷途万众伤”的无数家庭的痛苦！有人形象地称网游是“精神鸦片”。这个比喻非常贴切。“网瘾”成为社会问题，已向两头发展，尤其是低龄化趋势明显。不健康的网络游戏和毒品相比，更便宜、更便捷，影响面更广，所以危害更大。[②]

既然网络游戏对青少年的危害很大，那么我们还用刑法来保护这些青少年网络玩家的虚拟财产，以便使他们玩得更好、更舒服、更痛快，岂不是把这种危害进一步加深和扩大了吗？为什么不用刑法来消除网络游戏对青少年的巨大危害呢？所以，刑法应当用来消除社会危害，还是保护虚拟财产以鼓励多玩网络游戏，是保护网络游戏的玩家使他们少受侵害，还是保护他们玩游戏时的精神上的痛快享受，这里就存在着刑法的价值冲突。应当说，在这种情况下的价值取向是明确的。

第三，网络游戏虽然很有市场，已经形成了一个庞大的产业，也很赚钱，但是，这并不能构成刑法必然保护玩家的虚拟财产的充足理由。正如陶宏开教授所指出：我们首先需要讨论的是电脑网络到底是干什么的？中国的网络文化到底向何处去？我们需要怎样引导青少年以及全体中国人民认识并运用电脑和网络。我希望我们可以就这个问题展开全国性的讨论，很多人认为，网络游戏有市场，就是有钱赚，是不是有市场就应该发展呢？我认为我们首先要看这个市场对整个社会的良性发展是利大于弊还是弊大于利，从2004年到现在两年的“健康上网全国行”，大量的事实表明，在中国网络上泛滥成灾的网络游戏，给中国和谐社会的构建造成了严重障碍。我每天面临一批批的因网瘾而辍学，甚至走上犯罪道路的青少年，面临痛苦的、绝望的无数的家长，让我既感到痛苦又感到责任重大。我希望所有从事文化工作的人们，不应只是把经济利益放在第一位，我们更应该把社会责任和社会道义放在更重要的位置。真正创作更健康的、能够引导青少年健康成长的文化，当然也包括网络文化，所以，在北京展开的“文明办网、文明上网”的活动是很有深远意义的。[③]

第四，从域外立法的情况看，刑法是否将虚拟财产作为财产来保护还需

---

① 关于网络游戏的危害，陶宏开教授有比较全面而深刻的论述。

② http：//games. sina. com. cn 2005－09－16 16：17 人民网——人民日报。

③ http：//cuture. people. com. cn/GB/42496/42502/4523965. html.

进一步研究。

瑞士刑法典（2003 年修订）第 143 条规定，根据该条的为使自己或他人非法获利，为自己或他人获取以电子或以类似方式储存或转送的非本人的已经采取特殊保安措施的数据的，即构成非法获取数据罪。此外，瑞士刑法典第 143 条 a 还规定了非法进入数据处理系统罪。该罪是指非因牟利目的未经允许进入他人为防止非法获取而经特殊保安数据处理系统的行为。虽然这是规定在该刑法分则第二章“针对财产的应受刑罚处罚的行为”中的，但是，这显然还无法得出该法典是把虚拟财产作为传统意义上的财产来规定的结论。

中国台湾地区“法务部”的（90）法检决字第 039030 号函释曾把虚拟财产明确认定为财物，认为：“线上游戏之账号角色及宝物资料，均系以电磁记录之方式储存于游戏服务器，游戏账号所有人对于角色及宝物之电磁记录拥有支配权，可任意处分或移转角色及宝物，又上述角色及宝物虽为虚拟，然在现实世界中均有一定之财产价值，玩家可通过网络拍卖或交换，与现实世界之财物并无不同，故线上游戏之账号角色及宝物似无不得作为刑法之盗窃罪或欺诈罪保护客体之理由。”

1997 年 10 月中国台湾地区“立法院”通过刑法修正案，将第 323 条“电能、热能及其他能量，关于本章之罪，以动产论”修正为“电能、热能及其他能量或电磁记录，关于本章之罪，以动产论”。

2003 年，中国台湾地区通过刑法修正案，新增计算机犯罪专章，其中第 358 条规定，无故输入他人账号密码，破解使用计算机之保护措施，或利用计算机系统之漏洞，而侵入他人之计算机或相关设备者，处 3 年以下有期徒刑、拘役或科或并科 10 万元以下罚金。第 359 条规定，无故取得、删除或变更他人计算机或其他相关设备之电磁记录，以致损害于公众或他人者，处以 5 年以下有期徒刑、拘役或科或并科 20 万元以上罚金。对此，中国台湾地区“立法院”的立法说明指出，此条在 1997 年修正时，为规范部分电脑犯罪，增列电磁记录以动产论之规定，使其成为窃盗罪之行为客体。由于中国台湾地区刑法学界及司法实务界一向认为：刑法上所称之窃盗，须符合破坏他人持有，建立自己持有之要件，而电磁记录具有可复制性，此与电能、热能或其他能量经使用后即消耗殆尽之特性不同；且行为人于建立自己持有时，未必会同时破坏他人对该电磁记录之持有，例如，以复制之方式取得他人电磁记录。因此，将电磁记录盗窃纳入盗窃罪章规范，与刑法传统之盗窃罪构成要件有所不同。因为，电磁记录之可复制性，并期使电脑及网络犯罪规范体系更为完整，将此条有关电磁记录部分修正，将窃取电磁记录的行为纳入新增之妨害电脑使用罪一章中规范。由此，中国台湾地区的刑法经历了一个将电磁记录当做动产看待而后作为计算机犯罪处理的转变过程。可见，考虑到虚拟财产评估体系的建立和游戏运营商的责任承担体系建立很难，还需要立法与司法的深入探讨，根据虚拟财产是电磁记录的实质特点，可以忽略虚拟财产的估价问题，直接考虑对电磁记录进行保护。这样的立法不仅回避了虚拟财产是不是财物的争议，还可以直接针对这种行为确立关于电磁记录的单独保护罪名。中国台湾地区的经验值得我们借鉴。[①]

从以上的情况可见，刑法保护的财产与虚拟财产有很大的不同，把虚拟财产作为现实世界中传统的财产并由刑法按财产犯罪来规制，在理论和实践方面都存在问题，因此，应当重新考虑虚拟财产的刑法保护路径问题。

第一，如前所述，虚拟财产的物理性质是一种电子数据（或称电磁记录）。同时，由于这种电子数据传载着种种信息而与现实世界产生联系并具有一定的意义。从这个角度看，作为虚拟财产的电子数据背后，必定有一些体现其本质属性的社会关系。正如马克思在《关于反对盗窃林木法案的辩论》一文中精辟地指出，盗窃林木这一“犯罪行为的实质并不在于侵害了作为某种物质的林木，而在于侵害了林木的国家神经——所有权本身”[②]。由此，我们不能就虚拟财产来谈虚拟财产的刑法保护问题，而应当跳出这个框框，探寻其实质的关系，以解决其刑法保护问题。

第二，盗窃虚拟财产侵犯的是什么社会关系呢？大族激光公司的王磊对盗窃游戏装备作了这样的分析：游戏中的装备到底是什么？游戏装备就是功能软件模块。所有的网络游戏都是一个计算机应用程序，也就是软件，游戏里的各种工具、装备是软件开发人员编写的一段段功能不同的程序，是功能软件模块。游戏软件开发人员将它们称之为飞机、坦克等装备是根据其在游戏中的作用对这些的功能软件用形象的图像、文字标示，类似于我们常用的word软件里的各种工具，如格式刷、放大镜、铅笔、橡皮擦等。在同一种网络游戏中，有大炮装备与没有大炮装备的游戏相比只是同一种游戏软件功能配置的区别，前者使用起来功能更强大，玩家玩得更过瘾。这些功能软件通过有形的载体表现出来就不是虚拟财产，而是无形资产，在法律上表现为权利人拥有的一种权利。权利人游戏运营商可以许可玩家使用游戏软件，玩家必须支付费用，同时获得了游戏软件使用权，他们之间的法律关系是许可使用与被许可使用的关系。所谓装备被盗失去了什么？运营商关掉服务器，谁

① 刘守芬、申柳华：《网络犯罪新问题刑事法规制与适用研究》，网络与知识产权刑事法律保护研讨会材料9。

② 《马克思恩格斯全集》（第1卷），第168页。

也无法使用游戏软件，更别说交易装备了。所谓装备被盗，形式上表现为运营商服务器里玩家账号项下的相关数据丢失，法律上表现为不同的权利人失去了一种权利。当玩家登录后，运营商服务器就对玩家账号项下的这些数据验证，验证通过后，玩家就可以使用这些装备。这些数据与软件许可证中的序列号作用一样，都代表合法使用的权利。我们在探讨这些数据的法律属性时，不能对一组数据孤立地分析，企业的商业秘密可能就是一组数据，法律属性为知识产权；中奖人彩票上的号码被涂掉了就不能行使兑奖权利；服务器账号下的这组数据没了，玩家也就使用不了装备，但数据失去了并不等同于装备失去了，若运营商同意，可随时再次许可玩家使用同样的装备。可见，玩家失去的无非是使用具有该种装备功能软件的权利。认清所谓虚拟财产的本质，盗窃装备行为的法律定性也就迎刃而解。网络世界中所谓的盗窃，其本质是对现实世界中计算机软件的侵犯，侵犯了运营商的发行权与玩家的游戏软件使用权。同理，无论何种形式的外挂、盗 QQ 号的行为侵犯的也都是软件著作权。①

这种分析应当说是一种进步，但是，其观点还可探讨。比如，据其分析，“数据失去了并不等同于装备失去了，若运营商同意，可随时再次许可玩家使用同样的装备。可见，玩家失去的无非是使用具有该种装备功能的软件的权利”。如果是这样的话，那么，盗窃装备对运营商而言，就没有什么意义，因为他的装备已经转让给了玩家，同时他不仅握有许可权，而且有无穷无尽的装备；对游戏玩家而言，则是侵犯了他对游戏软件的使用权。在这种情况下，盗窃装备既然与许可权、开发权、使用权相关，显然就与侵犯著作权的特征不相符合。进一步说，侵犯玩家对游戏的使用权，又该如何用刑法来保护呢？显然，刑法中不存在一个笼统的侵犯使用权或许可权的犯罪，而只能根据其侵犯的主要客体具体化为有针对性的规范。

第三，从文化部、公安部等部门《关于进一步加强网吧及网络游戏管理工作的通知》（以下简称《通知》）看，针对当前网络游戏中的虚拟货币已出现对经济金融秩序产生冲击的趋势，以及由于对网络游戏中虚拟货币所带来的经济利益的追逐而造成一些人特别是青少年沉溺于网络游戏的情况，《通知》规定了对虚拟货币管理的基本制度，明确了中国人民银行的监管职能。《通知》要求严格限制网络游戏经营单位发行虚拟货币的总量以及单个网络游戏消费者的购买额；严格区分虚拟交易和电子商务的实物交易，网络游戏经

① 见王磊：《虚拟财产的法律属性及法律保护》，网络与知识产权刑事法律保护研讨会材料 8。

营单位发行的虚拟货币不能用于购买实物产品，只能用于购买自身提供的网络游戏等虚拟产品和服务；消费者如需将虚拟货币赎回为法定货币，其金额不得超过原购买金额；严禁倒卖虚拟货币。从这个《通知》中，我们至少可以得出两点结论。一是国家对网络游戏中虚拟货币所带来的对经济利益的追逐而造成一些人特别是青少年沉溺于网络游戏的情况，给予了否定的评价；二是对虚拟财产的发行、购买、交易、严禁倒卖等作了规定，违反这些规定，侵犯的就是行政管理秩序。因此我们可以这样说，盗窃虚拟财产等侵犯的主要社会关系之一，是行政管理秩序。

第四，虚拟财产的物理性质是一种承载相关信息的电子数据，所谓盗窃虚拟财产，无非表现为对电子数据的删除、增加、移动、修改等。从更高的层面看，对电子数据的侵害，既危害了行政管理秩序也危害了网络信息系统的安全。当然，如果进一步完善刑事立法，有针对性地规定“盗窃、窃用计算机网络的信息资源罪”或者“窃用他人计算机网络账号罪”、“侵害电子数据罪”等，甚至直接规定“侵害虚拟财产罪”这是再好不过的了。但是，在目前的情况下，如何处理呢？笔者认为，对需要予以刑事处罚的这类行为，可以按照刑法第286条规定的破坏计算机信息系统功能罪处理。该条明确规定，违反国家规定，对计算机信息系统功能进行删除、修改、增加、干扰，造成计算机信息系统不能正常运行，导致严重后果的；违反国家规定，对计算机信息系统中存储、处理或者传输的数据和应用程序进行删除、修改、增加的操作，造成严重后果的，都要追究刑事责任。这些行为尚不构成犯罪的，按照治安处罚法第29条的规定处罚。可见，以现行刑法规定的有关计算机信息系统的犯罪来追究侵犯虚拟财产的行为，是比较符合这种行为的本质特征的。同时，也避免了关于虚拟财产刑法保护问题上的价值冲突，因为虽然针对的是表现为虚拟财产的电子数据，但是，刑法保护的着眼点却是社会管理秩序和计算机信息系统的安全，而不是网络玩家精神上的娱乐。

北京心理咨询中心在贵阳、南京等地采样调查测试后发现，网络游戏已成为青少年上网首选目的，比例在四成以上。长期上网、沉湎于网络游戏的孩子，其智力会受到很大影响，甚至导致智商下降到正常孩子的标准水平线以下。

不分昼夜地坐在电脑前，沉湎于虚拟世界，生活习惯、新陈代谢、生物钟都被破坏了，怎么可能对智力发育有好处呢？因迷恋网络而无心学习、学业不佳已形成恶性循环。最近发生的81名上海大学生因沉迷网络、无法完成学业而被集体退学事件，就是最典型的例子。

另外，国内外的研究表明，青少年长期沉溺于网络中，除头脑发育受影响外，还会导致植物神经紊乱、激素水平失衡，使免疫功能降低，引发紧张性头疼、焦虑，甚至导致死亡。

网络游戏一般以“攻击、战斗、竞争”为主，未成年人长期玩飞车、砍杀、爆破、枪战等游戏，会模糊道德认识，淡化虚拟与现实的差异，误认为通过伤害他人而达到目的的方式是合理的。血腥暴力潜移默化成“合理”。在许多青少年青睐的作战格斗游戏中，两方或多方对垒，以消灭对方为目的，血腥、暴力画面频频出现，这对青少年的价值观、道德观有着潜移默化的负面影响，性情易变得焦虑、冲动，特别是囊中羞涩时，一些自我控制能力差的青少年，就可能不自觉地产生偷、抢、骗的念头。

关于网络游戏的危害，陶宏开教授有比较全面而深刻的论述。他说：通过这两年来的全国行，我越来越感受到青少年网瘾对中国的持续发展不但是一个重大的隐患，而且现在已经在各方面产生了种种的负面影响，当年的网瘾青少年很多已经成人，进入社会，其中有不少甚至走上犯罪道路，给中国社会的建设造成了危害，而且网瘾极大地影响了大学生的学风，我已经去过几十所大学进行调查，接近有三分之一的大学生受到网瘾的影响，其中有一部分已经辍学，甚至进了监狱，让我非常担忧。

我在美国18年的生活工作过程中，所接触的美国朋友家里，很大一部分都是大人先自己运用电脑和网络工作学习或者做研究，孩子们是看着父母用电脑长大的。而在中国却往往是孩子先学会玩网络游戏，而他们的父母60%以上对电脑网络一无所知或知之甚少，难以引导孩子从小健康上网。此外，我在国外，没有看见什么网吧，2002年我回国之前，我在国外没有见过网吧，今年4月中旬，我回美国去纳税的时候，第一次在美国的纽约看见一家网吧，开在中国城，是挂的中文“网吧”两个字，让我感到非常惊讶。当然，网吧本身应该是无可非议的，关键是网吧主要给孩子提供的什么东西，通过我在国内的实际考察，可以说95%以上的网吧中大量的网民是青少年，而这些青少年网民中82%以上主要是玩网络游戏。最近在安徽被炸的两个网吧和河南平顶山失火的一个网吧中，受伤害的大多数都是未成年人。这说明中国的网吧违规经营的现象非常普遍。国外对网络游戏和网吧的管理，有相应的法律法规和分级制度，而在中国还需要改进。更让我感到遗憾的是，在一切向“钱”看的错误思潮影响下，只要能赚钱，网吧老板和网络游戏厂商是不怎么考虑中华民族的前途的。我希望每一个人都能够参与这个讨论，怎么样引导中国网络的科学发展。

电脑网络是20世纪最伟大的发明，把我们人类带进了新时代，也就是信息时代。网络电脑是作为一个先进生产力的代表而出现的，然而让我感到可惜的是在中国它们很大程度上被娱乐化了。本来网络媒体的发展可以给广大青少年带来无限广阔的认知空间，这个认知空间应该是一个健康的环境，然而让我感到遗憾的是中文的不良网站逐年上升，2004 年 6 月中文不良网站有 1.3 万个，但是到了 2005 年 6 月已然增加到 7.4 万多个，增长幅度 460%，其中大量的是赌博网站、暴力网站和色情网站。这一点的确值得我们国家注意。当然最近，北京市展开了"文明办网、文明上网"的活动，我觉得非常好，非常重要，希望全国向北京学习，净化网络，给我们青少年提供一片网络的"蓝天"。一位网友说得非常好，建设健康的网络环境，是每一个媒体工作者、教师、家长和社会共同的责任，每一个青少年也应该负起这个责任，坚决抵制不良的网站和不良的网络文化。我也希望相关部门尽快订立有关的法律法规，能够规范中国网络文化的健康发展。

我认为目前中国网络上的不良信息和不良文化，主要是不健康的网络游戏，这一点对中国青少年的危害最大。其次就是有关色情、暴力和赌博的不良信息，以及未成年人网上聊天所受的不良影响。我希望家长们引导孩子从小正确认识电脑和网络的科学用途，学校也要及时指导学生们健康上网，当然更重要的还是有关管理部门要坚决按照政府的有关法律办事，打击黑网吧，规范所有的网吧，让我们的孩子们有一个健康的网络环境。

我真切希望有关部门和专家学者一起来探讨怎样发展中国的网络和网络文化。我认为我们不应该把网络娱乐化。我认为网络文化的主流应该是包罗万象的，有关政治、经济、科学技术、文化教育、金融商贸等的信息交流，同时还包括网上的远程教育等。网络娱乐应该只是网络文化的一个部分，包括网络影视、网络音乐和网络游戏等，就网络游戏本身而言，有健康的和不健康的。我们给一个网络游戏定位是健康还是不健康，不是哪一个人说了算，也不是哪一个机构说了算，而是靠社会实践来验证。两年来我走遍了 27 个省、直辖市和自治区的 80 多个城市，举办了近千场各种活动，从中央到地方的各种媒体也做了大量的报道，有关网络游戏对中国青少年的负面报道比比皆是，有很多惨痛的教训，很清楚地表明在中国网络上的网络游戏绝大部分是不健康的，它们的确误导了成千上万的青少年，它们破坏了成千上万原本非常幸福、和谐的家庭，所以我希望我们大家一起来探讨这个问题。

我们应该引导青少年去正确的运用电脑和网络，而不应该把电脑网络当做一个先进的玩具，培养所谓"游戏玩家"，误导我们的下一代。新华社的调查表明，青少年因为上网成瘾而走上犯罪道路的比率逐年攀升，像山东、北京等地的青少年罪犯中 70% 以上的是因为上网成瘾而最后走上犯罪道路的。网络游戏在中国已经有十多年了，当年的网瘾少年现在是网瘾青年了，当年的网瘾青年，现在是网瘾成人了，网瘾正在向两端深化，一个是低龄化，最小的有的是三四岁孩子，已经开始着迷网络游戏，不愿意上幼儿园，成天上网玩游戏。另一个是高龄化，有的成年人由于玩网络游戏，致使家庭破碎。我面对这样大量的事实感到的确有必要在全国范围内通过人民网展开一个讨论，题目就是“中国的网络文化到底向何处去”，我希望广大网友、网民积极参与，也希望有关部门、专家、学者来和我们一起探讨，能够拨正中国网络文化发展的方向，给中国青少年一个健康的网络成长环境，让电脑网络真正成为推动中华民族的伟大事业进一步向前发展的最先进的工具（见人民网，2006 年 6 月 23 日 http：//cuture. people. com. cn/GB/42496/42502/4523965. html）。

抢劫杀人案的定罪研究

于同志*

对抢劫杀人案件如何定罪，历来是刑法理论界和司法实践中争议较大的问题。在新刑法第263条将“致人重伤、死亡”作为抢劫罪的从重情形加以规定以后，这一争论依然存在。有的认为应定抢劫罪，有的认为应定故意杀人罪，还有的认为应定抢劫罪和故意杀人罪，实行数罪并罚。为此，2001年5月最高人民法院作出《关于抢劫过程中故意杀人案件如何定罪问题的批复》（以下简称“批复”），指出：“行为人为劫取财物而预谋故意杀人或者在劫取财物过程中，为制服被害人的反抗而故意杀人的，以抢劫罪定罪处罚。对于在实施抢劫后，为杀人灭口、逃避罪责又将被害人杀害的，则应当分别定故意杀人罪和抢劫罪。”但是，实践中由于对以上规定理解不够准确，在某些抢劫杀人案的定性上，仍存在分歧。目前抢劫犯罪的发案率居高不下，其中抢劫杀人案件又占相当比例，因此，关于抢劫杀人案的定罪问题，仍有进一步研究的必要。

一、关于为劫取财物而预谋故意杀人的定罪

根据我国法律规定，定罪的根据是犯罪构成，这里包括两层含义：第一，定罪的法律依据只能是刑法明文规定的犯罪构成，这是由罪刑法定原则决定的；第二，定罪的事实根据只能是刑法所要评价的具体犯罪构成事实，由于犯罪构成事实包括主观要件事实，也包括客观要件事实，因此，定罪应遵循主客观相统一原则，防止出现单方面的主观归罪或客观归罪现象。

故意杀人罪的犯罪构成，在客观方面表现为实施非法剥夺他人生命的行为，在主观方面表现为明知自己的行为是在剥夺他人生命，而希望或者放任他人死亡的危害结果的发生。抢劫罪的犯罪构成，在客观上是使用暴力、胁

* 北京市高级人民法院法官；中国人民大学2007级刑法学专业博士研究生。

迫或者其他方法，强行当场抢走他人财物或迫使他人交出财物的行为，在主观上是积极追求非法占有他人财物的目的。在行为人为劫取财物而预谋故意杀人的情况下，实际上并不存在上述两个独立的犯罪目的、两个独立的犯罪构成。从主观方面看，杀人故意服从并服务于劫取财物的犯罪目的，其意图在于劫财；从客观方面看，杀人行为是劫财行为的暴力手段，劫财行为是目的行为。也就是说，行为人只有一个犯罪故意，即故意用杀人的方法当场占有他人的财物，杀人只是为占有财物创造条件。故“批复”认定，这种情况构成抢劫罪，而不成立故意杀人罪或者两罪并罚。

有学者不同意此观点，主张应定故意杀人罪，认为在这种情况下，就杀人行为本身来看，它主观上已包含有杀死被害人的故意，这种故意正是故意杀人罪构成要件所要求的故意内容，是抢劫罪的故意无法包容的，即杀人的故意已是抢劫的故意派生出的新的故意了。因此，以上杀人的故意与客观上的杀人行为相结合，符合故意杀人罪的构成要件，构成故意杀人罪。行为人杀人后的劫财行为，是故意杀人行为自然的发展结果，已被杀人行为所吸收，故只定故意杀人罪即可。[①] 笔者同意在上述情况下，存在杀人故意，并由于行为人客观上亦实施了杀人行为，因而可以构成故意杀人罪，但是由于行为人主观意图在于劫财，杀人故意附随于劫财故意，因此，故意杀人行为本身并不是独立的，行为人在劫财目的的支配下，该杀人行为只是劫取财物行为的暴力手段而已，在这种情况下，它就是抢劫罪构成要件客观方面本身不可缺少的因素，不能再把它作为独立于抢劫罪的方法行为来评价。如果单纯从行为人的杀人行为出发，而不考虑其主观意图，认为行为人客观上杀死被害人因而构成故意杀人罪，这实际上是一种客观归罪的做法，不符合我国刑法主客观相统一的定罪法则。

我国刑法理论通说认为，在上述情况中，故意杀人只是抢劫罪的暴力手段而已，其目的是劫取财物，故为牵连犯，应以目的行为定性。笔者同意该观点对劫财行为和杀人行为之间关系的定位，但认为这种情形不属于牵连犯。牵连犯是实施某种犯罪而方法行为或结果行为又触犯其他罪名的犯罪形态，如伪造金融票据实施诈骗活动，盗窃邮政包裹将其中的信件毁弃等。牵连犯须由两个以上的独立成罪的行为所构成，而且各行为间彼此不属于同一犯罪的构成要件。如果把杀人行为作为抢劫罪的暴力手段，它就是抢劫罪构成要件客观方面的因素之一，不再具有独立评价的意义，也就无所谓与劫财行为

① 参见金泽刚著：“抢劫杀人案的定性问题”，载《法律适用》2000年第9期。

成立牵连犯的问题了。如果将这种情况按牵连犯处理，还将会面临一个法律适用上的难题，即按照牵连犯的处断原则，除法律另有规定外，按照从一重处断，但从刑法规定的故意杀人罪和抢劫罪的法定刑看，二者中难以区分出孰重孰轻，因此，按照牵连犯的处断原则，将会导致法律适用上的无所适从。有学者不同意这一观点，认为故意杀人罪比抢劫罪重，理由有二：第一，从犯罪行为侵害的客体来看，故意杀人罪侵犯的客体——人的生命价值至高无上，抢劫罪虽然侵犯的是人身权利和财产权利双重客体，但其对人身权利的侵犯不能包括对人的生命的直接剥夺；第二，从刑法总则及分则对这两个罪名的排列来看，杀人罪总是排列在抢劫罪之前，故认为故意杀人罪比抢劫罪重。因此，按照牵连犯的处断原则，对上述情况应以故意杀人罪定罪。[①]

笔者认为，如此理解牵连犯处断原则中的“罪重”和“罪轻”之含义，是不够准确的。这里所说“轻重”，是指法定刑的轻重，即“处刑的轻重”，而非立法评价层面上的“罪之轻重”。处刑的轻重固然取决于立法机关对罪之轻重的评价，但“罪之轻重”并不绝对地对应于“刑之轻重”，人们观念上的两罪可能有轻重之别，但并不必然地意味着在立法上对其处刑一定会区分出高低。如同故意杀人罪与抢劫罪一样，尽管笔者同意上述学者认为的一般意义上故意杀人罪重于抢劫罪，但事实上刑法对二者的处刑并未分出轻重高低。《刑法》第232条规定：“故意杀人的，处死刑、无期徒刑或者十年以上有期徒刑；情节较轻的，处三年以上十年以下有期徒刑。”《刑法》第263条规定：“以暴力、胁迫或者其他方法抢劫公私财物的，处三年以上十年以下有期徒刑，并处罚金；有下列情形之一的，处十年以上有期徒刑、无期徒刑或者死刑，并处罚金或者没收财产……”根据最高人民法院1997年12月31日《关于适用刑法第十二条几个问题的解释》，比较处刑轻重，首先看法定最高刑，如果法定刑相同，则看法定最低刑。如果刑法规定的某一犯罪只有一个法定刑幅度，法定最高刑或者最低刑是指该法定刑幅度的最高刑或者最低刑；如果刑法规定的某一犯罪有两个以上的法定刑幅度，法定最高刑或者最低刑是指具体犯罪行为应当适用的法定刑幅度的最高刑或者最低刑。比较刑法对故意杀人罪和抢劫罪的处刑规定，显而易见，二者难以区分出孰轻孰重。按照牵连犯的从一重处断原则，将无法确定应以哪一个罪来定性。

基于以上分析，笔者认为，对于上述情况，根本没有必要将之作为牵连犯处理，把“故意杀人”作为抢劫罪的手段行为，纳入抢劫罪的犯罪构成要

① 参见金泽刚著：“抢劫杀人案的定性问题”，载《法律适用》2000年第9期。

件即可。事实上，抢劫罪的“暴力”手段完全可以涵盖杀人行为。这样，在上述抢劫杀人案中，故意杀人成为抢劫罪的手段行为，是抢劫罪构成要件客观方面的组成部分，因此，对之理所当然地应以抢劫罪定罪处罚。不过，这里仍有一些问题值得探讨：

1. 劫财行为是否必须在杀人后“当场进行”？刑法学界对抢劫罪的界定，一般为“以非法占有为目的，对公私财产的所有人或管理人，当场使用暴力、胁迫或者其他方法强行劫取财物的行为”。可见，理论界普遍强调抢劫行为发生的“当场性”，即“无论是暴力、胁迫还是其他方法，必须是犯罪分子非法占有财物时当场使用，才能构成抢劫罪”。① 那么，对于故意杀人以期将来占有被害人财物的，就不能以抢劫罪定罪处罚。有学者主张对此应定故意杀人罪和抢劫罪。笔者认为，如果把杀人行为既作为定故意杀人罪的根据，又作为定抢劫罪的根据，对一个行为作两次处罚，这显然违反了对一行为不可重复评价的刑法处断原则。笔者主张对此应区别情况地给予不同处理：如果行为人杀人后实际上并没有占有被害人财物，定故意杀人罪即可；如果杀人后利用被害人无法反抗的条件，非法占有其财物，则应以故意杀人罪和盗窃罪实行数罪并罚。

2. 为劫财而杀人是否可以针对不动产？抢劫罪是以暴力、胁迫或者其他强制方法当场占有财物。行为人为占有他人的不动产，故意杀害不动产的所有人或管理人，即使当场强行进住，也不能像抢劫一般动产那样，当场实现对不动产的完全控制和随意处置，而被害人的继承人却可以较为容易地依靠政府有关部门收回被侵占的不动产，恢复行使财产权利。因此，刑法理论界普遍认为，抢劫罪的对象只能是动产。由于抢劫罪要求财物能被行为人占有、携带、移离，具有当场实现占有的可能性，故为劫财而杀人构成抢劫罪的情况，不适用于不动产。对于为霸占他人的房屋、土地等不动产而实施杀人、伤害行为的，可以定故意伤害罪、故意杀人罪；如果使用其他暴力胁迫、强行入住，霸占他人房屋的，可以定非法侵入他人住宅罪；为霸占他人房屋、土地而毁坏其房屋、土地上的农作物等，则可分别以故意毁坏财物罪或者破坏生产经营罪定罪处罚。

二、关于在抢劫过程中致人死亡的定罪

此类抢劫杀人案与第一种情况的区别主要在于：杀人罪产生于抢劫犯罪

① 高铭暄主编：《刑法学》，北京大学出版社2000年版，第386页。

实施的过程中，而非实施抢劫犯罪前的预谋阶段。对此，定抢劫或者杀人一罪还是抢劫和杀人两罪，我国刑法学界多年来一直没有停止过争论，司法实践对此类案件的处理也不一致。1997 年刑法修改时，为了解决这一问题，将“抢劫中致人重伤、死亡”规定为抢劫罪的结果加重情节，认为在抢劫过程中致人死亡的，以抢劫罪从重处罚。但随之而来的问题是，抢劫致人死亡是否应包括故意杀人，或者说对于行为人在劫取财物过程中，为制服被害人的反抗而故意杀人的，是否可以按抢劫罪的结果加重犯处理。对此，刑法理论界和司法实务界的看法各不相同。①

刑法理论界从结果加重犯的特征出发多认为，抢劫致人死亡不应包括故意杀人，因为除了立法有明确规定以外，结果加重犯的概念应当把直接故意排除在行为人对加重结果所持心理态度之外。持否定论的学者首先以刑法分则对绑架罪、非法拘禁罪、虐待罪等结果加重犯的规定为例进行阐释。《刑法》第 239 条将绑架罪的结果加重犯规定为“致使被绑架人死亡或者杀害被绑架人的”，这里包含了该罪结果加重犯的两种情形，前者对被害人死亡之结果持过失的心理态度，后者对被害人死亡之结果持直接故意的心理态度，该条的规定说明刑法把故意杀人作为“致人死亡”的结果加重犯的规定是十分慎重的。《刑法》第 238 条第 2 款规定了非法拘禁罪的结果加重犯，即致人重伤、死亡的情形，但该条第 3 款同时规定“使用暴力致人伤残、死亡的”以故意伤害罪或故意杀人罪定罪处罚，这也说明第 2 款规定的结果加重犯以行为人对加重结果持过失的心理态度为限。另，《刑法》第 260 条第 2 款把“致使被害人重伤、死亡”规定为虐待罪的结果加重犯，如果行为人对被害人重伤、死亡的结果持故意的心理态度，则构成故意伤害罪或故意杀人罪，等等。这些规定说明，《刑法》第 263 条第（五）项规定的“抢劫致人死亡”，只能特指实施暴力行为过失致人死亡的情况，不能包容故意杀人。此外，持否定论的学者还从外国刑法及理论中寻找依据，认为德国刑法第 251 条规定了抢

① 究其原因，笔者认为根源还在于刑法立法本身。从结果加重犯的本质与客观构成看，结果加重犯的立法创制，不可随意扩张，而必须限定于一定的犯罪类型。结果加重犯之加重结果与基本行为之结果应属于同类法益，因为只有两者在侵害同类法益时，其间的“危险升层关系”才能够顺利建立起来，才能体现出加重结果系基本犯罪行为的升层结果的罪质特征，亦才能从理论上将结果加重犯与由基本犯罪行为导致、超越了基本犯罪的构成但与基本犯结果的侵害法益不同类的更重结果而形成的想象竞合犯划清界限。我国刑法第 263 条对“抢劫致人重伤、死亡”的规定，由于作为重结果的人死亡侵害的法益是人的生命权，而作为基本犯结果的被劫财物侵害的法益主要是财产权，即重结果与基本行为结果的侵害法益不是同类法益，本应属于想象竞合犯的情况，但立法却将其作为结果加重犯看待，由此导致其在实践中遭遇法理上的尴尬和适用法律上的混乱。——详见于同志著：“结果加重犯的认定和处罚”，载《人民司法》2007 年第 3 期（下）。

劫致死的结果加重犯，但其规定是“抢劫轻率致他人死亡的”，这里“轻率”二字就把故意杀人排除在外。日本刑法理论界就此问题争论达数十年，直到现在仍未停止，但也未得出抢劫致人死亡包括故意杀人的定论等。①

那么，对于在抢劫过程中，为制服被害人的反抗而故意杀人的情形，如何定罪处罚呢？该观点认为，这种情况是定抢劫一罪还是定抢劫和杀人两罪，涉及一罪和数罪的区分问题，应严格按照我国刑法一贯坚持的犯罪构成标准说来确定，即依据犯罪构成的个数来判定罪数的单复，凡是具备一个符合法定犯罪构成事实的就是一罪，二个即是二罪。在上述情况中，行为人着手实施抢劫，就符合抢劫罪的构成要件，从而成立抢劫罪。在行为人决意杀死被害人并实施杀人行为后，又符合杀人罪的构成要件，故而成立杀人罪。因此，对这类抢劫杀人案件，应当认定为抢劫罪和故意杀人罪，实行数罪并罚。②

司法实务界则认为，在抢劫致人死亡的案件中，往往存在主观要件难以证明的问题，若只定抢劫一罪，这样的问题就可迎刃而解，审判人员在裁判时就无需充分证明被告人杀人的主观故意，将其暴力手段的实施情况作为量刑情节掌握即可。因此，对于此类案件，不管行为人主观上出于故意还是过失造成被害人死亡，均按抢劫罪的结果加重犯处理。

关于一罪与数罪的区分标准，我国刑法理论界一贯主张按照犯罪构成的个数来把握，只要行为具备一个犯罪构成事实，就构成一罪，并适用与其相符合的法定犯罪构成的条文定罪处刑。在上述抢劫杀人案中，行为人的杀人故意后于抢劫故意产生，并在抢劫行为开始后实施杀人行为，可见在此类案件中，杀人的故意和行为均具有独立于抢劫故意和行为的意义和内容，这和为劫取财物而预谋故意杀人的情形有很大不同。也就是说，在此类抢劫杀人案件中，实际上存在着抢劫罪和故意杀人罪两个犯罪构成事实，因此，根据犯罪构成标准说理论，可成立抢劫罪和故意杀人罪。但是我国刑法理论也一致认为，按照犯罪构成标准说解决一罪和数罪问题时，也存在例外，即刑法有特别规定的，以刑法的特殊规定为准。我国刑法对抢劫罪的行为表现作出了明确规定，并把抢劫致人死亡的，规定为抢劫罪的结果加重犯。根据这些规定，笔者认为，应当将抢劫过程中故意杀人的情形纳入“抢劫致人死亡”中，理由如下：第一，暴力手段是刑法明确规定的抢劫罪的客观构成要件之一。其内涵就是侵犯人身自由权、健康权直至生命权的强暴行为，其外延包括对身体强制、捆绑、殴打、伤害直至杀害的一系列表现形式。因抢劫而过

---

① 参见金泽刚著：“抢劫杀人案的定性问题”，载《法律适用》2000 年第 9 期。

② 参见逄绵温著：“抢劫罪司法认定中若干问题的探讨”，载《法学评论》2002 年第 1 期。

失致人死亡的自是属于“抢劫致人死亡”的情形，对于采用暴力手段排除被害人的反抗而故意杀害被害人的，也应当包含在“抢劫致人死亡”中。只不过在抢劫罪基本构成中的暴力与加重构成中的暴力在程度上应有所区别，即基本构成中其暴力手段仅限于轻伤害，而加重构成中才包含故意杀人的内容。第二，刑法分则有关个罪结果加重犯的规定，其中既有前述过失犯罪的情形，也有故意犯罪的情形，例如《刑法》第133条有关交通肇事罪中“因逃逸致人死亡”的规定，对此虽作为结果加重犯处理，但学界较为一致地认为，行为人对逃逸致人死亡结果的发生持放任心态，并认为在结果加重犯中存在复合罪过的形式。[①] 因此，那种认为抢劫致人死亡因属于抢劫罪的结果加重犯，故排除故意杀人的观点，是不够严谨的。第三，在我国刑法中，由于没有像许多外国刑法那样对以故意杀人为手段的抢劫罪专门规定诸如“强盗杀人罪”之类的结合犯，因而就不能像理解上述外国刑法中规定的“抢劫致人死亡”只能包括过失杀人那样来理解我国刑法中“抢劫致人死亡”的含义。因而以故意杀人作为抢劫财物的手段时，应当认为与过失致人死亡统一包含在抢劫罪的结果加重情节“抢劫致人死亡”之中。第四，从抢劫罪立法的历史发展看，1979年刑法有关抢劫罪的规定较为简单，这直接导致司法实践对此类案件实体处理的不一致，有损法制的统一性和严肃性。有鉴于此，1997年刑法将“抢劫致人重伤、死亡”规定为抢劫罪的结果加重犯，以期统一认识，规范司法。因此，从立法意图看，该规定理应包含故意杀人，这一点也为最高人民法院的“批复”所确认。

据此，《刑法》第263条第（五）项规定的抢劫致人死亡情形，既包括过失致人死亡，也包括故意杀人。对于抢劫过程中，为制服被害人的反抗而故意杀人的，以抢劫罪从重处罚。但是，在这里有几个问题需要明确：

1. 杀人行为是否限于抢劫需要？对此回答应是肯定的。如前所述，当我们把杀人行为作为抢劫犯罪的暴力手段来理解，这就意味着杀人行为服从并服务于劫财行为，杀人故意与抢劫故意有着直接关联性，即实施杀人行为之目的在于制服被害人的反抗以保障抢劫犯罪的顺利进行。只有这样理解，才符合司法解释的精神。如果行为人的故意杀人行为与抢劫罪并无直接关系，不是出于制止被害人反抗以促使抢劫犯罪顺利完成之目的，而是滥杀无辜，恣意妄为，对此，应定抢劫罪和故意杀人罪，实行数罪并罚。

2. 杀人行为是否必须针对抢劫的对象？例如，甲、乙二人预谋抢劫丙，

① 参见储槐植、杨书文：“复合罪过形式探析”，载《法学研究》1999年第1期。

在丙的屋外碰巧遇到等候丙的丁（丁系丙的女友，甲、乙均不认识），因害怕丁妨碍作案而将其杀害，后进入丙的家中实施抢劫，抢得财物数千元。有一种观点认为，在上述情况中，行为人杀害的对象与抢劫的对象不同，这种情况应与针对同一被害人的抢劫杀人案件有所区别，主张应定数罪。[①] 笔者认为，此观点不能成立，因为从刑法对抢劫罪和杀人罪的规定看，是否为同一对象不是其犯罪构成要件的必备内容，也不影响该两罪的成立。只要出于保证抢劫犯罪实施的目的，不管杀害的对象是否为抢劫的对象，均属于“抢劫中致人死亡”，以抢劫罪从重处罚。

3. 如何认定抢劫致死案件中的共犯？所谓共犯，是指二人以上共同故意犯罪。刑法理论认为，成立共犯，需要各犯罪主体之间存在共同的犯罪故意，并具有协同一致的犯罪行为。对于结果加重犯，亦不能例外。这就要求各行为人在主观上应对其共同行为可能产生的加重后果均是明知的，且都持希望或者放任的态度；在客观上以各自的行为共同加工于该加重后果的发生。例如，甲、乙、丙三人预谋抢劫一个体商店，并商议若店主某丁反抗就将其杀死。当甲假装购买香烟时，乙从旁边冲出用一根铁棒将某丁打昏，在甲和丙二人抢拿财物离开时，甲踩到某丁的脸部，某丁发出轻微的叫喊声，乙当即用铁棒连续击打某丁的头部，致其当场死亡。在本案中，甲、乙、丙三人共同成立抢劫罪的结果加重犯。但是，对于行为人超出共同犯罪故意以外的行为，则不以共同犯罪论。即在抢劫案中，行为人超出共同抢劫故意的范围，单独实施杀人行为，由于其他犯罪人对此不明知，缺乏共同故意，就杀人情节不共同成立抢劫罪的结果加重犯。例如，甲和乙在大街上闲逛时，见丙独自一人遂起意抢劫，即采用拳打脚踢等暴力手段劫得丙的手提包，内有人民币100余元。后二人分头逃走，其中乙逃至一小巷时，被追赶而至的丙截住，乙持刀对丙连刺数刀，致使丙因肺部大出血而死亡。在本案中，在抢劫丙的钱物上，甲、乙成立抢劫罪共犯，但对于致丙死亡的结果加重情节，则由乙单独负责。

三、关于实施抢劫后，为杀人灭口、逃避罪责又将被害人杀害的定罪

行为人实施抢劫后，为杀人灭口、逃避罪责又将被害人杀害的，不同前述两种情况，在此情况中，行为人杀人的故意和行为均发生于抢劫犯罪完成之后，虽出于杀人灭口、逃避罪责之目的，但就其主客观内容看，均与抢劫

① 参见高铭暄主编：《刑法专论》（下编），高等教育出版社2002年版，第720页。

犯罪不相关联，更不存在附随于抢劫犯罪的情形。也就是说，相对于抢劫犯罪，此时的杀人行为是一个完全独立的、新的犯罪构成事实，故依法构成故意杀人罪，并与前面的抢劫罪实行数罪并罚。但这里也有几个问题值得关注：

1. 杀人故意是否必须产生于“实施抢劫后”？如果行为人在实施抢劫前就预谋抢劫后杀人灭口，能否定数罪？有人主张应当以抢劫罪和故意杀人罪实行数罪并罚。对此，笔者不能认同。从最高人民法院的“批复”看，杀人故意和行为均应发生在“实施抢劫后”，也就是说，行为人在预谋抢劫和实施抢劫的过程中，均没有产生杀人故意，只是在完成抢劫犯罪后，为了防止被害人阻碍其逃脱或者制止被害人追究等，遂起意杀人灭口。正是因为如此，我们说杀人行为是完全独立于抢劫犯罪的新罪。在实施抢劫前就预谋抢劫后杀人灭口，杀人故意并不独立于抢劫故意，而是抢劫犯罪构成主观要件的一部分，即为了抢劫而杀人，在此主观意图支配下实施的杀人行为，也就不能独立成罪，只是作为抢劫犯罪构成客观要件的内容之一，即一种暴力手段而已，服从并服务于劫财行为，故对此应以抢劫罪论处。

2. 如何理解“实施抢劫后”？有一种观点认为，“实施抢劫后”是指行为人离开抢劫现场之后，如果行为人没有离开抢劫犯罪现场，虽杀人灭口，亦应成立抢劫一罪，而不是抢劫和杀人二罪。笔者认为，这种观点显属片面。对“实施抢劫后”应作扩张性理解：从时间上看，可以是抢劫犯罪实施时或刚实施完不久，也可以是数天、数月后；从地点上看，可以是抢劫犯罪地，也可以是离开抢劫犯罪地的途中，还可以是其他地点，如行为人的住所地等。行为人只要是在实施抢劫犯罪之后，在其行为已构成抢劫罪的情况下，为杀人灭口、逃避罪责而故意杀人，均应以抢劫罪和故意杀人罪实行数罪并罚。

3. 能否适用于转化型抢劫？《刑法》第269条规定：“犯盗窃、诈骗、抢夺罪，为窝藏赃物、抗拒抓捕或者毁灭罪证而当场使用暴力或者以暴力相威胁的，依照本法第二百六十三条的规定定罪处罚。”刑法理论界称之为转化型抢劫罪。在上述情况下，如果行为人为了窝藏赃物、抗拒抓捕或者毁灭罪证而故意杀人，对此能否按转化型抢劫论处，学界有争议。有学者认为，犯盗窃、诈骗、抢夺罪，而当场使用暴力或者以暴力相威胁的，即构成抢劫罪，如果还造成被害人死亡的，则以抢劫罪和故意杀人罪实行数罪并罚。笔者认为，如果这样做，就违背了“一事不二罚”的刑法原理。如前所述，暴力手段是刑法明确规定的抢劫罪的客观构成要件之一，表现为对被害人进行身体强制、捆绑、殴打、伤害直至杀害等。对上述情况如果以抢劫罪论处，就不能再以故意杀人罪重复评价。还有一种观点认为，在此情况中，行为人实施了盗窃等行为后又故意杀人，因此，对之应以盗窃罪等与故意杀人罪实行数罪并罚。笔者认为此观点忽视了该类犯罪的过程转化。我国刑法理论认为，转化型犯罪往往是由性质较轻行为向较重行为的转化，并最终以较重行为定罪处刑。在上述犯罪中，行为人实施了盗窃、诈骗、抢夺行为后，为了窝藏赃物、抗拒抓捕或者毁灭罪证而故意杀人，这时的行为性质发生了变化，由非法占有他人财物的行为转化为故意剥夺他人生命的行为，因此，对此应以故意杀人罪定罪处罚。这一点也为1991年6月《最高人民法院关于盗窃未遂行为人为抗拒逮捕而当场使用暴力可否按抢劫罪处罚问题的电话答复》所确认，即："行为人在盗窃过程中，为强行劫走财物，而当场使用暴力或者以暴力相威胁的，应直接依照刑法第150条的规定，以抢劫罪处罚；为掩盖罪行而杀人灭口的，应定故意杀人罪。"

综上所述，对于抢劫杀人案，应当根据具体案件的犯罪构成事实，并对照刑法及司法解释的规定来确定恰当的罪名，不能不加分析地定一罪或者数罪。鉴于杀人罪过产生的时间及其意图直接影响案件的定性，在实践中，对此应给予足够的重视。

略论毒品犯罪刑罚问题

曾粤兴* 蒋涤非**

作为中国死刑适用的"大户"之一，毒品犯罪的刑罚适用问题历来备受关注。其中毒品犯罪的刑罚配置是否合理、以涉案毒品数量决定刑罚种类的实践是否科学是毒品犯罪刑罚适用问题中最为基本也最为重要的两个问题。因为，前者着眼于立法合理与否，后者则关乎司法公正与否。因此，本文拟从刑法学的基本理论出发，对上述两个问题进行分析，以期通过分析为我国毒品犯罪刑罚问题的解决提供一些有益的思路和素材。

一、毒品犯罪的刑罚配置是否合理

在我国现行《刑法》第6章第7节的立法例中，有关毒品犯罪的主刑配置从死刑到管制，附加刑配置从罚金到没收财产，完全涵盖了目前我国刑罚体系内的所有刑种。① 从观念上看，由于毒品犯罪被定义为一种对社会危害性极大的犯罪，故采用自由刑和罚金刑对毒品犯罪分子进行威慑，并无不妥。其原因在于，一方面，在当代世界刑罚向轻缓方向发展的大潮流影响下，刑罚体系的中心由过去的以死刑、身体刑为中心转变为以自由刑和罚金刑为中心，② 因此，在毒品犯罪的立法规制中设置自由刑和罚金刑可以体现刑罚的轻缓化趋势；另一方面，由于认为毒品犯罪具有牟利性质，因此在附加刑设置上采用了罚金刑，肯定了毒品犯罪所具有的牟利性质，说明通过毒品犯罪所取得的财产性利益的非法性。同时，罚金刑用来对付包括毒品犯罪在内的一

---

* 昆明理工大学法学院教授，法学博士；北京师范大学刑事法律科学研究院博士后研究人员。

** 云南昆明血液中心工作人员，助理馆员，法学硕士。

① 我国《刑法》第57条规定："对于被判处死刑、无期徒刑的犯罪分子，应当剥夺政治权利终身"，由于毒品犯罪的主刑设置中有死刑和无期徒刑，因此该附加刑实际上在毒品犯罪的刑罚设置中也存在。

② 李洁：《论罪刑法定的实现》，清华大学出版社2006年版，第196页。

切具有牟利性质的犯罪，具有能够抑制行为人利欲需求，打消其牟利冲动的功能。与自由刑、罚金刑设置的合理性相比，在上述毒品犯罪的刑罚设置中存在有疑问的是：毒品犯罪是否有必要设置死刑，在判处死刑或无期徒刑的同时，是否还有必要并处没收财产这两个问题。

（一）死刑的设置是否合理

传统的中国社会认为，“杀人偿命，欠债还钱”，这是天经地义、不证自明的道理。随着以保障人权、限制国家刑罚权肆意发动为主要核心的刑事法治理念在我国刑事司法领域内的展开，现在杀人不一定偿命的现象越来越多，刑罚的轻缓化理念逐渐由理论步入实践。然而与这种刑罚轻缓化理念相对应的事实是，无论是立法还是司法，对毒品犯罪这一不以剥夺他人生命为内容的犯罪却仍在大量适用死刑，这种现象具有合理性吗？

一般认为，杀人之所以必须偿命，其原因在于杀人罪所侵害的人的生命权至关重要，生命权与人身权、健康权、财产权等其他个人权利相比，远具有更大的价值，生命权是法律所保护的人的利益中最为重要的一种。特别在法治社会，法治的核心理念就在于保障人权，限制国家权力对公民权利的肆意干涉，因此，在法治社会下，个人权利远重于社会利益（或国家利益）。如有学者就明确指出，“社会”一词本身就是毫无意义的，相反“通过把社会与人等而视之，社会也就变成了某些自称代表社会利益的既得利益群体或个人的人格化体现”。[①] 换言之，社会利益不可能脱离个人权利而独立存在，所谓的社会利益归根结底还是要具体化到个人利益这一点上，社会利益的核心依然是人的利益。因此，在法治社会里，如果必须保留死刑，那么“杀人偿命”的死刑适用从某种程度上讲，必须以尊重生命的价值，尊重个人权利为其核心理念，而不能以保障社会利益为借口滥用死刑，毕竟“尊重个人权利”的底限认为“每一个生命权都是等价的”，“人命关天”，生命无价。这也是启蒙主义刑法理论中提倡“人不是存在的手段，而是存在的目的”的原因所在。然而，如果以这种认识来看待毒品犯罪的死刑适用问题，那么其中的不合理之处会变得明显起来。因为，一般认为，毒品犯罪之所以被立法规定为一种犯罪，是由于毒品犯罪侵害了国家对社会的管理秩序，比如，我国传统的刑法学理论认为，毒品犯罪所侵犯的客体是“国家毒品管理制度”[②] 或“国家

① 邓正来：“社会学法理学中的‘社会神’”，载［美］罗斯科·庞德著：《法律史解释》，邓正来译，中国法制出版社2002年版，第1—75页。

② 参见高铭暄、马克昌主编：《刑法学》，北京大学出版社2000年版，第592页、第594页、第597页。

对毒品的管制”[①]。国家对毒品的管理秩序从价值上判断，其当然地属于社会利益（或国家利益）之一种。然而，正如上面所提到的，无论是社会利益还是国家利益，其具体化还是要归结到个人利益上来，而从毒品犯罪的立法描述来看，毒品犯罪中的11个条文中除《刑法》第353条（引诱、教唆、欺骗他人吸毒罪、强迫他人吸毒罪），第354条（容留他人吸毒罪）在行为构成上有可能是以直接侵害他人身体健康为指向的外，其他毒品犯罪的罪状描述无一是直接指向他人的人身权、健康权或财产权的，更不用说是直接指向他人的生命权。换言之，毒品犯罪对于人的利益（如健康权、财产权）的侵害虽然具有一定的直接性，但对于人的生命权来说则完全没有直接性，仅具有一种应然意义上的间接性，与杀人罪这一直接指向剥夺他人生命为行为构成的犯罪相比，其行为的严重性远不及杀人罪。而对于一种在行为性质上远不及杀人罪的犯罪大量施予死刑，除非我们否认当代中国正在走向一条保障人权的法治化道路，否认《宪法》第33条所规定的“国家尊重和保障人权”规定的合理性，否则对于其中的原因，我们很难找出一种合理的解释。正如有学者指出，“将不同类型的犯罪，无论是以剥夺他人生命为内容的犯罪，还是不以剥夺他人生命为内容的犯罪均规定为死刑罪，传达给受众的信息就是：其一，生命之于人来说，不是最重要的利益，不具有不可替代性，人的生命可以与财产互换，因而生命有价；人的生命可以与某种社会秩序互换，因而人是手段。其二，如果依据立法所传达给国民的这种理念，在社会与国家中，人不是目的，人的生命不具有最高的价值，因而人的生命不要给予特别的尊重，即使侵害人的生命，也不过与侵害财产、扰乱秩序具有相同的否定评价。”[②] 联合国《公民权利与政治权利国际公约》第6条要求受公约约束而又确实需要保留死刑的国家把死刑指向极其严重的罪行，其《关于死刑的第二任择议定书》则直截了当地要求保留死刑的国家只能把死刑用于极其严重的侵犯人身的暴力犯罪。因此，本文认为，在毒品犯罪的刑罚设置中，对毒品犯罪分子施予死刑不具有合理性，应予废除。

① 参见苏惠渔主编：《刑法学》（修订本），中国政法大学出版社1999年版，第789页、第792页。

② 李洁：《论罪刑法定的实现》，清华大学出版社2006年版，第181页。

（二）没收财产问题

《刑法》第34条规定，没收财产是一种附加刑，附加刑可以独立适用。由于我国刑罚立法设置上采用由轻到重的排列顺序，因此从立法例上看，可以认为，没收财产是我国附加刑中最为严重的一种刑罚措施。与罚金刑可以独立适用和附加适用的模式不同，在我国《刑法》的立法例中，对于没收财产的刑罚适用一般是作为死刑和无期徒刑的附加刑，而不存在单处没收财产的刑罚规定。

从刑事责任实现的角度上看，一般认为，"一种刑罚如果是可以独立适用的，意味着它可以作为全部刑事责任的实现方式，……如果一种刑罚只能附加适用，就意味着它只能作为刑事责任的部分实现方式，犯罪人的另外部分的刑事责任必须由其他刑罚实现"。[①] 如果这种观点的正确性已经得到了学界的认同，那么，在《刑法》第347条的刑罚适用中就存在着若干矛盾，诸如，如果行为人已经被判处了有期徒刑或者死刑，在此时还需要适用附加没收财产，那么是不是说，在中国的刑事责任实现形式上，肉体消失（或行为自由的永久剥夺）仍然不能完全承担行为人所产生的刑事责任？特别是在行为人已经从肉体上被消灭，刑事责任的承担主体都已经不存在了的情况下，如果仍要求没收行为人的部分或全部财产，此时刑事责任的承担主体又是谁，是不是在我国，刑事责任的承担主体可以波及行为人的财产继承人，[②] 刑事责任的实现可以以株连形式表现出来？如果只有将死亡和财产的没收结合起来才能完全承担行为人所犯罪行的刑事责任，那么是不是说，在中国，人的生命价值并不重要，生命与财产在法律的天平上是平等的两极？对于以上问题的追问，其原因都在于我国刑罚的立法设置上，在适用无期徒刑和死刑时，同时适用没收财产不具有合理性。

此外，马克思主义的基本原理认为，"人是一切社会关系的总和"，人的身体是承载着一切社会关系的客观实在。因此，一般来说，人的一切社会关系一方面会随着肉体的消灭而消灭，另一方面也会随着行为自由的永久限制

---

① 李洁：《论罪刑法定的实现》，清华大学出版社2006年版，第191页。

② 在此可能会有读者提出，我国《继承法》所保护的财产是指合法财产，犯罪所得的财产是非法财产，法律不予保护，也不能被继承。然而是否一个人只要在身份上被认定为罪犯，其财产当然地也就具有非法性，这还有待研究；而且，在目前的刑事司法实践中，在诸如贪污贿赂、侵犯财产犯罪的非法财产认定上，因为缺乏证据而不能证明财产非法性的案例大量存在，与这种司法实践相对应，对于这种因证据不够而不能认定但其数额又超过正常收入情况的财产，一般被认为是灰色收入，《刑法》第395条巨额财产来源不明罪就是针对这种灰色收入的存在而产生的刑事立法。因此，片面地认为"毒品犯罪分子的财产都是非法财产，可以没收"的观点并不具有说服力。

而被限制，此时，如果仍然对行为人再施予额外的没收财产，首先会使社会大众产生疑惑，马克思所讲的“一切社会关系总和”到底是指什么，难道“人的一切社会关系总和”中并不包括人的经济关系，人的“一切社会关系”与经济关系是分离的？其次，毒品犯罪虽然从行为性质上来说，具有牟利性，但从个罪罪状的描述上看，毒品犯罪的成立并不以取得他人的财产性利益为行为构成的要件，而且其犯罪行为在构成上仅只是直接或间接地侵害了他人的健康权益，换言之，即便站在社会关系可能受损的角度上看，毒品犯罪分子对他人利益的侵害也仅只局限于“一部分财产利益和身体健康权”。然而，当毒品犯罪分子被司法审判时，却要求其用自身所具有的“一切社会关系总和”来偿还其所犯罪行的不利后果，仅从报应的角度来看，这种刑罚的设置也不具有合理性，因为，这种刑罚设置对于“一切社会关系的总和”和“一部分财产利益和身体健康权”之间的平衡问题无法做出妥当的回答。正如有学者所说，“对判处死刑、无期徒刑再附加没收财产，它已经不再是公正性的要求，而是堕落为一种报复”。[①] 再次，正如前文所述，毒品犯罪并不以他人的生命权益为行为指向，其行为性质和行为类型与杀人罪等侵害他人生命权的犯罪相比，并不必然具有更严重的社会危害性。然而，我国《刑法》第232 条（故意杀人罪）在刑罚设置上并没有如第 347 条第 2 款一样规定“处无期徒刑和死刑，并处没收财产”，这样的规定似乎表明我国刑法更注重对社会秩序的保护，这是一种典型的国家本位刑罚观，这种刑罚观与我国当代“罪刑法定、保障人权”的刑罚观明显相悖。因为，在“罪刑法定”的指导下，当代刑罚的主要目的并不在于保障社会秩序，而在于保障人权，限制国家刑罚权力的发动。没收财产这样的刑罚，浸染了浓厚的封建社会动辄没收子民财产“充公”的色彩，在《物权法》保障公民私有合法财产的时代背景下，实在是一个值得反思的刑种。也许有人会说，毒品犯罪行为人的财产来自或者主要来自毒品犯罪，当然应予没收。这是一种似是而非的观点。因为，对包括毒品犯罪在内的一切犯罪之所得，法律规定可以通过追缴赃款、赃物、没收犯罪工具等方式进行，而且，从法理上说，这些措施的采取，应当有充分确凿的证据支撑，仅凭怀疑，就没收行为人的财产，不符合证据法原理。事实上，由于没收财产本身很容易侵犯无辜者财产利益——实质上属于人权组成部分，故该刑种实际执行率不到 10%，基本上是一种失败的刑罚。

综上，本文认为，在毒品犯罪的刑罚设置中，“处无期徒刑或者死刑，并

① 李洁：《论罪刑法定的实现》，清华大学出版社 2006 年版，第 192—193 页。

处没收财产”的规定并不合理，没收财产与无期徒刑（或死刑）同时适用，从理论上看，没有科学根据，应从立法上予以删除。

二、毒品犯罪的刑罚适用

刑罚的适用讲求“罪刑均衡”。罪刑均衡的经典表达是“罪责越重，刑罚越重”，该原则的理论根底在于“犯罪是行为”这一理念，故又被称为行为责任主义或行为刑法。换言之，罪刑均衡原则要求刑罚的轻重程度与行为人的罪责程度相对应，行为人的罪责程度只能通过对行为人行为的分析才能得出，行为之外的因素并不能决定行为人的罪责程度，“罪责轻刑罚重”或“罪责重刑罚轻”都有违罪刑均衡原则。以此原则为考察依据，那么目前毒品犯罪司法实践中以涉案毒品数量决定刑罚的实践就值得仔细研究，因为这种实践至少在两方面影响了刑罚适用的公正性，一是有违罪刑均衡原则；二是有违无罪推定原则。

（一）以量定刑与罪刑均衡

虽然，最高人民法院在《关于印发〈全国法院审理毒品犯罪案件工作座谈会纪要〉的通知》（2000 年 4 月 4 日）中指出“毒品数量只是依法惩处毒品犯罪的一个重要情节而不是全部情节。因此，执行量刑的数量标准不能简单化。特别是对被告人可能判处死刑的案件，确定刑罚必须综合考虑被告人的犯罪情节、危害后果、主观恶性等多种因素”。但在目前的毒品犯罪刑罚实践中，以数量决定刑罚的现象依然相当普遍。比如，广东省高级人民法院、广东省人民检察院、广东省公安厅联合制发的《关于审理新型毒品犯罪案件定罪量刑问题的指导意见》和上海市高级人民法院颁布的《上海法院量刑指南——毒品犯罪》等文件中，对于涉案毒品数量与量刑的关系都作出了明确的规定。这种实践的依据何在，并不明确。

《刑法》第 347 条第 2 款规定“走私、贩卖、运输、制造鸦片 1000 克以上、海洛因或者甲基苯丙胺 50 克以上或者其他毒品数量大的，处 15 年有期徒刑、无期徒刑或者死刑，并处没收财产”，从字面上看，该款在量刑幅度上并没有确定某一特定的毒品数量（段）天然地与某一刑罚准确对应，实践中人为设置一个个数量段与不同规格的刑罚相对应，事实上是变相地将该款解释为“走私、贩卖、运输、制造某一毒品数量段毒品的，应予适用某一对应规格的刑罚”。对于这种刑罚适用现象，有学者指出，这是对该款条文的分解而不是解释，而且还会造成立法上“幅的量刑”与实践操作中“点的量刑”

的矛盾，有违罪刑法定原则。[①] 除了上述这些明显的矛盾以外，这种以量定刑的实践与罪刑均衡原则的内容相比较，将行为人的罪责程度评价简化为一定的涉案毒品数量，在行为之外寻找罪责轻重的因素，也找不到相应的理论根据。

从刑法学的理论体系构造上说，刑法理论在宏观构造上主要由犯罪论和刑罚论两部分组成，犯罪论和刑罚论的分立表明二者在定罪量刑过程具有不同的功能。一般认为，犯罪论主要的关注点在于通过完整的事实评价和价值评价，对纳入刑法视野里的行为进行犯罪成立与否的判断（如大陆刑法理论中的构成要件该当、违法性和有责性判断），进行行为人的罪责程度分析（如犯罪形态、共同犯罪形态分析等），而刑罚论的任务则在于根据犯罪论所提供的分析结论——如罪责程度——对行为人应该施予何种刑罚给予准确的回答。换言之，从刑法理论的宏观构造上看，犯罪论的启动在前，刑罚的回应在后；犯罪论为刑罚论的适用提供依据，刑罚则是犯罪论评价结论的现实化表现。以此为据，则上述通过对涉案毒品的简单判断就决定了对行为人施予何种刑罚的实践，从理论上说，是无视犯罪论对于行为人罪责程度的判断功能，无视犯罪论的分析对于刑罚的前导性作用，将犯罪论与刑罚论判断人为隔离起来的司法实践，不应予以赞同。也许会有读者提出，犯罪论决定行为罪责的理论可能与实践情况不符，因为在我国《刑法》的立法例中，除了情节犯（如破坏选举罪、侵犯通信自由罪）以外，大量存在因“情节严重”、“情节特别严重”而加重刑罚的规定，这些情节传统上都是在刑罚论里讨论和研究的，因此，犯罪论的分析并不能决定行为人罪责的轻重程度，行为人罪责程度的判断也需要刑罚论的分析。然而，对于这样的批判，本文不以为然。以《刑法》第347条为例，该条规定的“处十五年有期徒刑、无期徒刑或者死刑，并处没收财产”的五种情节，无一不是以该罪的构成要件行为为理论原型，对该理论原型所作的限制性规定，如该条规定的“走私、贩卖、运输、制造毒品集团的首要分子”、“参与有组织性的国际贩毒活动的”等情节属于该罪共同犯罪形态的讨论内容；“武装掩护走私、贩卖、运输、制造毒品的”、“以暴力抗拒检查、拘留、逮捕，情节严重的”等情节属于该罪行为加重形态的讨论内容。又如《刑法》第236条（强奸罪）第3款规定的5项量刑情节同样也是在构成要件行为的基础上所进行的限制，如该条所规定的“在公共场所当众强奸妇女”的情节就是对强奸罪的构成要件行为行为场所的特别设

① 昆明市人民检察院毒品犯罪研究课题组：“刍议共同运输毒品犯罪的若干问题”，载《昆明检察》2006年第1期，第23—25页。

定，因为强奸罪的成立不以在“公共场所”为构成要件特征。故，本文认为，即便是量刑情节，在确定量刑情节是否成立时，同样需要以构成要件行为为讨论基础，任何一个量刑情节都是在构成要件行为成立的基础上所作的进一步限制，量刑情节成立与否同样是一个犯罪论的讨论问题。因此，可以说，犯罪论的任务一是解决犯罪成立与否的问题，二是在犯罪成立的基础上，对行为人罪责程度进行分析，而且正是犯罪论所具有的罪责评价功能，才使得犯罪论与刑罚论两大内容发生了联系，罪刑均衡原则也才能在理论发展和司法实践中保持一致。

既然可以肯定行为人的罪责评价只能通过犯罪论的分析才能完成，那么，将一定的涉案毒品数量简化为行为人的罪责水平，这种实践就是一种缺乏理论支持、变相违反罪刑均衡原则的实践。因为这种实践不仅人为地将犯罪论与刑罚论隔离起来，使得刑法学理论的实践价值大为降低；更为重要的是，该种实践变相地将行为人罪责程度的判断过程取消，先以毒品数量确定行为人是否需要施予刑罚，应该施以多重的刑罚，再通过犯罪论的判断对这一量刑结果进行检验（即行为人是否成罪，是否具有罪责），使得司法人员在毒品犯罪的审理过程变为“以毒品数量先确定行为人是死是活，而后再判断行为人是立即死（死刑立即执行）还是稍后死（死缓），是关100天（拘役）还是关1000天（有期徒刑）”的模式，即“先主观量刑，后客观论证”，这种实践根本无法实现罪刑均衡的基本原理，还有悖于司法审判的客观原则，极为不公；而且正是这种实践模式的存在，才使得近年来上报到中级人民法院或地市级人民检察院毒品犯罪案件大量增多。故，本文认为，毒品犯罪的刑罚适用中以数量定刑罚的实践模式有悖于罪刑均衡的原则，应该予以纠正。

（二）以量定刑与有罪推定

毒品犯罪的构罪与毒品犯罪的刑罚虽有联系，但从本体论上看，两者在定罪量刑过程中有先有后，具有区别。即构罪问题与量刑问题在刑法学研究层面上仍应当是分开进行的。然而，在毒品犯罪的刑罚适用过程中，由于以量定刑的实践存在，因此，这种实践不仅影响到了毒品犯罪的刑罚适用，而且影响到了毒品犯罪的定罪阶段，故本文在此部分一并对该问题做出分析。

在毒品犯罪的立法规定中，除《刑法》第348条的非法持有毒品罪外，其他毒品犯罪的立法规定中都不涉及毒品数量与构罪与否的关系判断，即毒品数量在毒品犯罪的定罪量刑过程中，其对于量刑的影响远大于其对于构罪的影响。特别是《刑法》第347条规定，“走私、贩卖、运输、制造毒品的，无论数量多少，都应当追究刑事责任，予以刑事处罚”。从这种基本的立法现状上看，立法者向广大受众所传达出来的一个信息是：毒品的社会危害性极大，禁止任何人非法接触毒品。然而这种立法现状却在很大程度上遭到了司法人员的误解，认为：只要行为人的行为确实涉及一定数量的毒品，那么对于该行为人就值得动用一定规格的刑罚进行处罚，进而确认行为人的行为构成犯罪。如，在目前我国的司法实践中，起诉审查机关在受案后首先关注涉案毒品数量有多少，涉案的行为方式是什么，根据条文及惯例有可能是某罪，可能会被判处某种规格的刑罚，然后再通过对卷宗的审查来证明自己的假设是正确的，如果卷宗中没有这方面的证据，则不停地要求侦查机关补充侦查。换言之，这种以量定刑的思维在实践中甚至超出了刑罚适用的范围，进而对犯罪人是否构罪的判断也产生了影响。这一现象从深层次上看是有罪推定思想的复活，完全印证了“无罪推定原则在实务运作上，经常变成有罪推定”①的经验结论。

对此，本文认为，从产生原因上看，以量定刑的思维模式仅是该现象产生的一种诱因，以量定刑的思维模式只有与一定的司法机制相结合，才会引发“有罪推定”。毕竟，一方面，一个人的行为是否构罪，是否值得动用刑罚处罚需要经过相当的判断过程，这一过程中如果设置有相应的过滤机制和辩论机制，那么，即便以量定刑思维存在，也不可能在司法实践中上演“有罪推定”；另一方面，虽然说以量定刑的影响力可以波及到定罪领域，然而这种波及影响力的强度远没有对刑罚适用领域的影响力强，这样一种较弱的影响力如何在定罪领域被放大成为有罪推定现象，这其中肯定还有一些影响因素的存在，如刑法立法的规定，刑事诉讼过程中的程序设置等。由于从犯罪成立理论上讨论毒品犯罪的定罪已经超出了本文的范围，因此，在此本文仅就刑事诉讼机制上的原因简单进行讨论，以明确以量定刑的刑罚适用思维是如何与诉讼过程中的制度因素相结合，共同产生有罪推定现象的。

我国《刑事诉讼法》第140条规定了补充侦查制度，其中该条第2款规定“人民检察院审查案件，对于需要补充侦查的，可以退回公安机关补充侦查，也可以自行侦查”，第4款规定“对于补充侦查的案件，人民检察院仍然认为证据不足，不符合起诉条件的，可以作出不起诉的决定”。本文认为，正是该条规定的存在，才使得以量定刑的思维模式得以在毒品犯罪的定罪阶段引发“有罪推定”现象：

第一，从刑事侦查学的角度来看，在刑事案件中，涉案证据基本上都集中在犯罪现场，犯罪现场一旦被破坏则侦查人员继续调查以获得新证据的可

① 许玉秀著：《当代刑法思潮》，中国民主法制出版社2005年版，第301页。

能性几乎为零，这也是刑事侦查科学要求犯罪现场调查人员必须在第一时间进入犯罪现场进行调查的原因。[①] 而在我国毒品犯罪的刑事诉讼过程中，在事隔犯罪发生几个月甚至是一年或几年之后起诉机关还可以继续要求侦查机关补充调查新证据，由于“犯罪现场”这一客观调查环境已经不复存在，故该规定事实上是在要求刑事侦查人员执行“不可完成的任务”，甚至可能激发刑讯逼供现象。换言之，这样的刑事侦查实践从根本上说是建立在犯罪嫌疑人持有相当数量的毒品，犯罪当然成立的假设之上，对于保障犯罪嫌疑人的权利相当不利。[②]

第二，起诉机关要求侦查机关继续补充侦查，潜意识里，起诉机关的态度是“找不到证据誓不罢休”，这在《刑事诉讼法》第 140 条第 4 款中“仍然认为证据不足”几字上体现的较为明显，也就是说，起诉机关在证据不足的情况下依然认为犯罪嫌疑人有罪，其原因很大一部分来自于行为人确实非经法定同意与一定数量的毒品产生了接触的事实，因此这种诉讼机制与无罪推定的思想完全相悖。

第三，该制度还会使得侦查人员意识到，即便侦查终结后所得证据不足，但仍可以向检察机关提起起诉，一方面可以利用检察机关审查起诉的时间继续完成侦查活动，另一方面侦查人员也心存侥幸，如认为即便侦查活动有差误，也还有补充侦查的机会可以改正，或者认为如果审查机关没有审查出卷宗中的差误，那么自己侦查活动所带来的不利后果也可以由检察机关承担。

正是基于以上原因，以量定刑的思维与补充侦查制度结合了起来，进而将“先主观量刑，后客观论证”的负面影响力在毒品犯罪的定罪领域放大为“先主观定罪，后客观论证（或侦查）”的有罪推定现象。故本文认为，刑事诉讼制度中所规定的“补充侦查”条款应予以废除，立法者在诉讼制度的设计上应考虑对目前诉讼过程中的侦查活动加入“一次侦查到位”的限制要求，

---

① ［美］理查德·普拉特著：《犯罪现场调查——刑事侦查学指南》，毛泽文译，中国旅游出版社 2005 年版，第 12—23 页。

② 大陆法系刑法理论国家认为，在刑事诉讼过程中，侦查措施所侵害的犯罪嫌疑人受宪法保护的私权领域必须与侦查所需获得信息的重要性成正比，此即刑事侦查的均衡性原则（Grundsatz der Verhaeltnism? ssigkeit）（参见［德］托马斯·魏根特著：《德国刑事诉讼程序》，岳礼玲、温小洁译，中国政法大学出版社 2004 年版，第 78 页）。均衡原则虽是为了限制侦查措施对犯罪嫌疑人基本人权的侵害所产生的诉讼原理，但该原理反过来对于侦查措施没有达到刑事诉讼所要求的侦查强度进行批评也提供了相应的理论工具。诸如在我国目前的毒品犯罪实践中，毒品犯罪嫌疑人在目前的审判实践中被判处死刑或无期徒刑的几率非常大，而马虎的刑事犯罪现场调查工作——如实践中，在大部分毒品犯罪案卷中根本看不到对毒品包裹物（或毒品藏匿物）外观上所残留指纹进行指纹认定的鉴定结论——与犯罪嫌疑人所可能承受的最终刑罚之间并没有产生任何均衡。

如规定“案件的侦查活动只能在某期限范围内完成，不允许侦查机关在提起了审查起诉后对行为人继续进行侦查；审查起诉机关只能对侦查机关所提供的证据进行审查，根据侦查证据作出诉与不诉的决定”，只有这样才能保证“无罪推定”原则在刑事诉讼过程中得到贯彻，也才能断绝毒品犯罪中以量定刑思维模式对毒品犯罪定罪活动的影响。

为非法持有毒品犯罪分子藏匿毒品的行为应如何定性

李 莹*

一、由一直实案例引发的思考

犯罪嫌疑人粟某知道其丈夫扈某把大量毒品放在家中抽屉的三个香烟盒中并在家中吸毒，但对毒品的来源并不清楚且对扈某在家中吸毒也不干涉。在扈某被公安机关抓获后，公安机关又去搜查其住处。粟某为使其丈夫逃避处罚，将扈某放在香烟盒中的毒品海洛因藏匿在身上，并在民警带其上警车的过程中趁机把毒品扔掉，被民警当场发现。经依法鉴定，从粟某身上起获的毒品海洛因重82.3克。经审理，扈某涉嫌非法持有毒品罪。

二、分歧意见

关于粟某行为的定性有五种分歧意见，主要如下：

1. 粟某的行为构成窝藏毒品罪

根据《刑法》第349条之规定，窝藏毒品罪，是指明知是毒品而加以窝藏的行为。该罪的客体是国家司法机关同毒品犯罪作斗争的正常活动。本罪的窝藏是指将犯罪分子的毒品窝藏在自己的住处或者其他隐蔽的场所。粟某在明知其丈夫扈某把毒品放在家中，为了使其丈夫逃避处罚，将毒品藏匿在身上并伺机扔掉的行为符合窝藏毒品罪的构成要件，因此应认定为窝藏毒品罪。司法实践中也有以此罪名作出判决的先例。①

---

* 北京市海淀区人民检察院侦查监督处助理检察员；中国人民大学刑法学硕士。

① 案例参见陈兴良主编：《刑法疑案研究》，法律出版社2002年版，第473页；另见林毅、吴张："窝藏毒品获刑五年"，载《常德晚报》2007年1月23日。

2. 粟某的行为构成非法持有毒品罪

非法持有毒品罪，是指违反国家毒品管理法规，非法持有毒品且数量较大的行为。嫌疑人粟某明知其丈夫将毒品放在家中，其对毒品也具有支配、控制的能力，并且在公安机关抓获其的时候将毒品藏在自己身上，此类行为人事先未先通谋为非法持有毒品的犯罪人窝藏毒品，对行为人应单独按非法持有毒品罪追究刑事责任。[①] 毒品不是赃物，因而这种情况下的窝藏行为不构成窝藏赃物罪，同时，由于所窝藏的毒品不是走私、贩卖、运输、制造毒品的犯罪分子所有的毒品，因而亦不构成窝藏毒品罪，故认定为非法持有毒品罪较适宜。[②] 也有论者发现了如此认定会出现的一个严重问题：非法持有毒品罪的法定刑要轻于走私、贩卖、运输、制造毒品罪。为非法持有毒品的犯罪分子窝藏毒品的定非法持有毒品罪，为走私、贩卖、运输、制造毒品的犯罪分子窝藏毒品的定窝藏毒品罪，前者所受到的刑事处罚反而要重于后者，这显然是不合理的。故提出为解决此困惑，应对窝藏毒品罪的犯罪构成加以修正，明确规定只要明知是毒品而窝藏的，就构成窝藏毒品罪，而不再对窝藏的对象作出限制。[③]

3. 粟某的行为构成窝藏赃物罪

此种观点认为，对窝藏毒品罪中窝藏的犯罪分子，应当限定为走私、贩卖、运输、制造毒品的犯罪分子所有的毒品，因此不能适用窝藏毒品罪。窝藏毒品罪与窝藏赃物罪属特别法条与普通法条的关系，当作为特别法条的窝藏毒品罪不能适用时，应认定为窝藏赃物罪。

4. 粟某的行为构成帮助毁灭证据罪

帮助毁灭证据罪是指帮助当事人毁灭证据，情节严重的行为。粟某扔掉毒品的行为侵犯了帮助毁灭证据罪的客体，即国家司法机关的正常活动。本罪是情节犯，该罪的情节严重一般是指严重妨碍了司法机关的正常诉讼活动，帮助的目的动机特别卑劣，所涉及的是大案要案的证据。而粟某的行为一旦成功，则可能直接导致公安机关查获毒品犯罪嫌疑人行动的失败，使毒品犯罪分子逍遥法外。

5. 粟某的行为不构成犯罪

我国刑法坚持的是罪刑法定原则，坚持法无明文规定不为罪，法无明文

---

① 参见于志刚著：《毒品犯罪及相关犯罪认定处理》，中国方正出版社 1999 年版，第 174 页。

② 参见王作富主编：《刑法分则实务研究》（下）（第二版），中国方正出版社 2003 年版，第 1778—1779 页。

③ 参见陈兴良主编：《刑法疑案研究》，法律出版社 2002 年版，第 473—474 页。

规定不处罚，严格禁止类推适用。对于粟某的行为，现行刑法中没有明确的条文予以规制，通过适用相似条文对其行为定罪，有违罪刑法定原则，因此，应当认定粟某的行为不构成犯罪。

三、评析意见

(一) 粟某的行为不构成窝藏毒品罪

首先，根据刑法理论的通说，窝藏、转移、隐瞒毒品、毒赃罪，是指为走私、贩卖、运输、制造毒品的犯罪分子窝藏、转移、隐瞒毒品或者犯罪所得的财物的行为。[①] 窝藏、转移、隐瞒的对象毒品、毒赃，特指走私、贩卖、运输、制造毒品的犯罪分子的毒品和其犯罪所得的财物。[②] 本罪主观方面为故意，要求行为人明知是走私、贩卖、运输、制造毒品的犯罪分子的毒品、毒赃而故意予以窝藏、转移、隐瞒。否则，不成立本罪。[③]

其次，通过对刑法第 349 条进行文字与逻辑上的解读，刑法第 349 条第 1 款对包庇毒品犯罪分子，已经限定为“走私、贩卖、运输、制造”毒品的犯罪分子，那么，之后的文字“窝藏、转移、隐瞒毒品或者犯罪所得的财物的”的“犯罪分子”前，即使没有写明犯罪分子的具体范围，也应该是指“走私、贩卖、运输、制造”毒品的犯罪分子。此外，该条第三款规定，“犯前两款罪，事先通谋的，以走私、贩卖、运输、制造毒品罪的共犯论处”。根据此款的规定，说明该条第一款对窝藏毒品罪所规定的“为犯罪分子窝藏、转移、隐瞒毒品或者犯罪所得的财物的”中的“犯罪分子”，显然是指“走私、贩卖、运输、制造”毒品的犯罪分子，而不可能是指所有毒品犯罪分子。否则该款就应该写以“毒品犯罪共犯论处”，而不必专门强调四种毒品罪的共犯。

笔者认为，刑法作出这样的规定是考虑到“走私、贩卖、运输、制造”这四类毒品犯罪较其他毒品犯罪社会危害性更大，构成窝藏毒品罪的前提是本犯构成走私、贩卖、运输、制造毒品罪。但在本案中，在扈某家中的 82.3 克毒品海洛因不能认定为是走私、贩卖、运输、制造的情况下，其只能构成非法持有毒品罪，因此粟某为使犯持有毒品罪的犯罪分子逃避处罚而予以窝藏毒品的行为不构成窝藏毒品罪。

---

① 张明楷著：《刑法学》(第二版)，法律出版社 2003 年版，第 878 页。

② 马克昌主编：《刑法学》，高等教育出版社 2003 年版，第 624 页。

③ 高铭暄、马克昌主编：《刑法学》(第二版)，北京大学出版社、高等教育出版社 2005 年第 2 版，第 657 页。

（二）粟某的行为不构成非法持有毒品罪

首先，粟某的行为不符合持有的基本特征。持有（possession）在有些英美法国家也将这种状态称为“事态”（state of affairs），即只要行为人实际控制着某种特定物品，如赃物、毒品等，就构成犯罪。持有型犯罪在英美刑法中是非常普遍的，美国的《模范刑法典》就将持有与作为和不作为并列为犯罪行为的形式。尽管导致持有这种状态或者保持继续持有状态可能包含作为或不作为，但是本质上是既区别于作为又不同于不作为的一种状态，也不属于某种犯罪的延续状态，而只是对特定物品的一种控制状态。持有的成立要求行为人的主观方面必须是行为人明知其持有的物品是赃物、非法物或法律限制流通物等。认定行为人达到持有状态，必须达到以下几点要求：（1）持有毒品罪的持有行为对于毒品的来源并无特殊要求。（2）持有行为的实质特征在于持有人对毒品的实际支配和控制。（3）持有可以是共同持有，也可以是单独持有。（4）持有毒品必须不以进行其他毒品犯罪为目的或作为其他犯罪的延续。（5）持有行为必须有一定的时间段，并非一持有即构成犯罪。[①] 可见，刑法中的持有型犯罪的“持有”，必须达到一定的时间要求，要求对物形成一定的持有状态，并不是说一接触就是持有，而必须达到一定的时间。持有时间既可以作为行为人主观恶性的依据，也可以表现出对法益的侵害程度，但本案中粟某对毒品的实际控制时间过短，不能达到构成持有的时间要求。

其次，此行为不能认定为持有毒品有法律依据。根据1994年12月20日最高人民法院《关于适用〈全国人民代表大会常务委员会关于禁毒的决定〉的若干问题的解释》第三条规定，非法持有毒品罪，是指明知是鸦片、海洛因或者其他毒品，而非法持有且数量较大的行为。“非法”是指违反国家法律和国家主管部门的规定。“持有”是指占有、携有、藏有或者其他方式持有毒品的行为。根据已查获的证据，不能认定非法持有较大数量毒品是为了进行走私、贩卖、运输或者窝藏毒品犯罪的，才构成本罪。如果有证据能够证明非法持有毒品是为了进行走私、贩卖、运输、窝藏毒品犯罪的，则应当定走私、贩卖、运输或者窝藏毒品罪。该条说明，非法持有毒品罪的适用是在走私、贩卖、运输、制造毒品犯罪没有证明的情况下对持有毒品者的毒品犯罪的堵截条款和补充条款，如果从行为人起获的毒品能够证明是为了窝藏毒品，则不能认定为非法持有毒品罪。本案中粟某的窝藏毒品的行为目的明确，且

① 参见王作富主编：《刑法分则实务研究》（下）（第二版），中国方正出版社2003年版，第1774—1775页。

其没有从事任何走私、贩卖毒品等活动，没有适用非法持有毒品罪的可能性。

最后，根据刑法第 348 条之规定，非法持有毒品海洛因 50 克以上，应当判处 7 年以上有期徒刑或者无期徒刑，假如对粟某与本犯扈某同样适用非法持有毒品罪，则明显导致罪刑不相适应。对于认定此行为为非法持有罪的论者提出为解决罪刑不相适应问题的困惑，应对窝藏毒品罪的犯罪构成加以修正，明确规定只要明知是毒品而窝藏的，就构成窝藏毒品罪。此种理解固然具有合理性，但在刑法修改之前，司法官不应以刑法规定的不合理来适用其自认为形式上合理但实质上显然不合理的规定。最好的做法还是考虑行为人的主观恶性与客观行为，并注重案件的处罚必要性，通过对其他法律条文的合理解释达到最好的处罚效果。

（三）粟某的行为不构成帮助毁灭证据罪

本案中，粟某在民警将其控制之前将三盒毒品藏匿在自己身上，并在民警将其控制后将毒品扔掉的行为，主观目的在于帮助其丈夫不受刑罚处罚，其扔毒品的行为可认为属于毁灭证据。但粟某的行为在民警已将其控制的情况下根本不具有成功的可能性，因而属于不能犯。在外国刑法理论中根据行为是否能够造成危害结果发生的危险性区分未遂犯与不能犯，在处罚上有的采用轻于未遂犯的方式，有的采用否认其犯罪且不具备可罚性的方式，有的在法典中不作规定但在实践中否认其可罚性，或者否定其构成犯罪，或者否定对其处罚。根据我国刑法理论，不能犯作为未遂犯的下位概念，区分为对象不能犯与手段不能犯，对不能犯一律认为是犯罪未遂。

帮助毁灭证据罪的构成要求情节严重，属于刑法理论中的“情节犯”。情节犯，是指具体罪刑规范中明确规定以“情节严重”或“情节恶劣”作为犯罪成立条件的犯罪类型。关于情节犯的停止形态问题，也存在一定的争论。有论者认为，情节犯以是否达到“情节严重”或“情节恶劣”为必要条件，因而只有成立与不成立之分，而无未遂、中止、预备之停止形态。但从司法实践看，由于具体案件处罚的必要性不同，有些将情节犯作为犯罪未遂处理的案件，但也有些案件由于行为本身危害性较小未达到“情节严重”或“情节恶劣”之程度而否定其成立犯罪。就本案而言，粟某在民警已将其控制的情况下实施的行为被当场察觉，并没有对司法活动造成任何具有可能性的侵害，结合刑法第 13 条之规定，可认为其毁灭证据的行为情节显著轻微，危害不大，不构成犯罪。

此外，如果将其扔毒品的行为认为是帮助毁灭证据罪的犯罪未遂还会出现一个问题，即对可能作为行为犯既遂评价的窝藏行为不予评价，却仅仅对作为情节犯未遂的帮助毁灭证据行为进行评价，从处罚效果上看显然不当。

（四）粟某的行为应认定为窝藏赃物罪

认定此类行为构成窝藏赃物罪的依据：

1. 窝藏毒品罪与窝藏赃物罪属于包容型法条竞合关系

从犯罪构成上看，两者有以下不同之处：（1）犯罪客体不同。虽然两者都侵犯司法机关的正常活动，但是窝藏毒品罪直接侵犯的是司法机关与毒品犯罪作斗争的正常活动；而普通窝藏罪则直接侵犯的是司法机关与一般刑事犯罪作斗争的正常司法活动。（2）行为对象不同。窝藏毒品罪的对象是特定的，即直接来源于走私、贩卖、运输、制造毒品犯罪的毒品，而窝藏赃物罪的对象的范围广泛得多，包括所有的刑事犯罪所得的赃款、赃物。（3）主观方面不同。虽然两种犯罪的罪过形式都只能是出于故意，但其意识因素不同。构成窝藏毒品犯罪要求行为人必须明知自己窝藏的是他人通过走私、贩卖、运输、制造毒品犯罪所得的毒品，而构成窝藏赃物罪则要求行为人明知自己窝藏的是本犯犯罪所获取的财物。

从法条关系上分析，窝藏、转移赃物罪（第312条）与窝藏、转移毒品、毒赃罪（第349条第1款）之间，包庇罪（第310条）与包庇毒品犯罪分子罪（第349条第1款、第2款）的法条之间，具有包容关系，对此种包容型的法条之间存在普通法条与特别法条的法条竞合关系为多数学者所赞同。[①] 此外，从立法演进看，窝藏、转移、隐瞒毒品、毒赃罪是窝藏赃物罪的一种特殊形式。《在关于禁毒的决定》颁布以前，是将窝藏、转移、隐瞒毒品、毒赃的行为作为窝藏赃物罪处理的，为了严惩窝藏毒品、毒赃的行为，才将其从窝藏赃物罪中分离出来，定为独立的犯罪，并提高了法定刑。[②]

2. 违禁品能够成为窝藏、转移、收购、销售赃物罪之犯罪对象："赃物"

所谓违禁品，是指国家规定不准私自制造、销售、购买、使用、持有、储存、运输的物品。对此，我国刑法学界主要有两种不同观点：第一种观点认为，我国刑法第64条的规定，"犯罪分子违法所得的一切财物，应当予以追缴或者责令退赔；被害人的合法财产，应当及时返还；违禁品和供犯罪所用的本人财物，应当予以没收，没收的财物和罚金，一律上缴国库，不得挪用和自行处理。"这里将违禁品与供犯罪所用的本人财物列在一起，既然供犯罪所用的本人财物不能成为赃物犯罪的对象，那么违禁品也不能成为赃物犯

---

① 参见赵秉志、肖中华："法条竞合的特征及其法条适用原则探讨"，载《刑法分则问题专论》，法律出版社2004年版，第14—16页。

② 参见田兴华、姚桂华："试析几种毒品犯罪与其他犯罪的联系与区别"，载《云南警官学院学报》2003年第4期，第45—46页。

罪的对象。[1] 此外，我国刑法对窝藏、转移、收购销售违禁品的行为大多数规定为独立的犯罪，如制造、贩卖、运输毒品罪，制造、贩卖、传播、复制、出版淫秽物品罪等，因而对违禁品也不再作为赃物对待。因此，违禁品不应属于赃物犯罪的对象。[2] 第二种意见则认为，违禁品也可以成为赃物犯罪的对象。我国法律所规定的违禁品主要有武器、弹药、爆炸品、剧毒物品、麻醉品、放射物品等。对于窝藏、转移、收购、代为销售违禁品的行为，我国刑法有的设有特别的规定，将其列为独立的罪名，如非法持有、私藏枪支、弹药罪，贩卖、运输毒品罪，持有毒品罪，非法买卖、运输枪支、弹药、爆炸品罪等；有的则没有作出明确规定，比如私藏爆炸物等行为。因此，对于窝藏、转移、收购、代为销售违法犯罪所得的违禁品的行为，应当分别对待，即有特别规定的，按特别规定办，例如，窝藏他人盗窃所得枪支弹药的行为，就应定为非法私藏枪支、弹药罪；没有特别规定的，就应定为窝藏、转移、收购、销售赃物罪，例如，窝藏他人盗窃得来的爆炸物的行为，就应以窝藏赃物罪论处。[3]

笔者赞同上述第二种意见，违禁品也能成为窝藏、转移、收购、销售赃物罪的对象。首先，尽管国家法律明确禁止私人制造、买卖、运输、持有、使用、转移或者以其他方式擅自处理违禁品，但这不能成为否定违禁品的财物属性之理由。是否属于违禁品与是否具有财物属性是两个不同层面的问题，不能混为一谈。违禁品本身也具有一定的经济价值，只不过因为法律的特别规定而使违禁品已成为一种特殊的财物。

其次，刑法第 64 条规定只是司法机关处理与犯罪有关物品的方法，并不涉及任何赃物与非赃物的区分问题。违禁品本来就不允许私自持有，那么对于与犯罪相关的违禁品，当然要予以没收。把其与犯罪所用的本人财物放在一起规定，只是因为二者都应没收而不是追缴或返还。赃物是从是否为犯罪行为所得这一角度给物品下定义，而违禁品则是从能否为公民私自持有角度给物品下定义，两个定义不存在相互排斥的关系。赃物的确定与物品是否属于违禁品而应由国家没收之间并没有关系。

再次，违禁品也是证明犯罪的重要物证，为犯罪分子窝藏、转移、收购或者代为销售这些违禁品，对司法机关揭露犯罪的正常活动同样造成妨害，因此没有理由将违禁品排除在赃物犯罪的对象范围之外。如果违禁品不能成

---

① 转引自高铭暄等主编：《中国刑法词典》，学林出版社 1990 年版，第 730 页。

② 参见鲜铁可著：《妨害司法犯罪的定罪与量刑》，人民法院出版社 1999 年版，第 120 页。

③ 参见高铭暄等主编：《中国刑法词典》，学林出版社 1990 年版，第 731 页。

为赃物犯罪的对象，那么对于法律没有特别规定的针对违禁品的窝藏、转移、收购或者代为销售的行为，将出现刑事打击的“真空地带”，这对于赃物犯罪的惩治以及其他犯罪的遏制无疑是极为不利的。无论从罪刑法定原则的要求出发，还是从发挥刑法社会法益保护机能的角度来看，都应当将违禁品纳入赃物犯罪的犯罪对象的范畴。

最后，司法解释确认了涉案违禁品与赃物的种属关系。根据最高人民法院、最高人民检察院、公安部、国家安全部、司法部、全国人大常委会1998年联合发布的《关于刑事诉讼法实施中若干问题的规定》第48条之规定，对于赃款赃物，除依法返还被害人的财物以及依法销毁的违禁品外，必须一律上缴国库。这一解释明确了违禁品作为犯罪对象可以成为赃物，因此使司法实践将违禁品理解为赃物有了法律依据。

3. 法条竞合中的特别法规定不周全可以适用普通法

刑法学理论认为，对于法条竞合的处断，原则上应适用特别法优于普通法，只有在法律另有明文规定的情况下才适用重法优于轻法。但是，刑法理论上对因特别法条的规定不周全导致该特别法条无法适用时应如何处理的问题研究较少。一种观点认为，由于没有法律的明文规定，适用普通法处理法条竞合违背了法条竞合的基本理论，况且适用普通法的前提必须是普通法比特别法规定的处罚更重，在两者不存在差别甚至是比特别法规定更轻的情况下适用普通法于法无据，应当认定为无罪。张明楷教授提出，对于特别法条内容不周全，应区分为不同情况，确立不同的处理原则。（1）当立法者并非为了限制处罚范围，而是因为特别法条的地位等原因导致特别法条内容不周全时，对不合特别法条却符合普通法条的行为，应按普通法条处理。（2）当立法者由于疏漏导致特别法条内容不周全时，对特别法条没有规定的行为仍应按普通法条处理。（3）在立法者为了限制处罚范围而使特别规定不周全时，对不符合特别法条的行为不得依普通法条处理。（4）刑法本身不存在特别法条不周全的现象，但司法解释导致不周全时，在司法解释具有法律效力的情况下，对相关行为可以适用普通法条。①

笔者认为，对特别法条不能适用时转而适用普通法条之规定并不违反罪刑法定原则。在特别法无法适用时适用一般法，既没有超出国民的可预测原则，也避免因刑法规定上的疏漏而放纵犯罪行为，同时，由于特别法条与普通法条在量刑上相近，也可以保证罪刑相适应。如包庇毒品犯罪分子罪与普

① 参见张明楷著：《诈骗罪与金融诈骗罪研究》，清华大学出版社2006年版，第335—339页。

通包庇罪为法条竞合关系，行为人包庇了非法持有毒品犯罪分子，因包庇的是非“走私、贩卖、运输、制造”毒品的犯罪分子，因此不能适用刑法第349条，而定一般的包庇罪，显然不会引起社会上一般民众的不解。

适用普通法处理此类问题于法有据：根据2001年1月21日《全国法院审理金融犯罪案件工作座谈会纪要》的精神，“对于单位实施的贷款诈骗行为，不能以贷款诈骗罪定罪处罚，也不能以贷款诈骗罪追究直接负责的主管人员和其他直接责任人员的刑事责任。但是，在司法实践中，对于单位十分明显地以非法占有为目的，利用签订、履行借款合同诈骗银行或其他金融机构贷款，符合刑法第224条规定的合同诈骗罪构成要件的，应当以合同诈骗罪定罪处罚。”就是说，在特别法条的贷款诈骗罪无法由单位构成的情况下，可以适用普通法条合同诈骗罪处理。

根据刑法第266条诈骗罪规定中“本法另有规定的，依照规定”，金融诈骗罪的法条作为诈骗罪的特别法条，原则上适用各特别法条，而不能适用诈骗罪的法条。然而，此条并不是说为对于涉及金融诈骗的行为都必然适用各具体特别法条，如果适用不了则认为无罪，而是指行为完全符合另有规定的特别法条时才适用特别法条，如果行为由于构成要件上的某些欠缺并不能适用特别法条时仍应适用普通法条。

综上，粟某窝藏了非法持有毒品犯罪分子的毒品，而此毒品可认为属于广义的赃物。因为毒品的来源，无非是买来的、代为保管的或者是偷来的、抢来的，即使毒品是扈某买来的、捡来的，但扈某持有大量毒品本身就是不合法的，由此可以推定出粟某明知本犯扈某非法持有的毒品属于赃物。因此笔者认为，藏匿已构成非法持有毒品罪犯罪分子的毒品的行为应当认定为窝藏赃物罪。

毒品犯罪再犯与累犯竞合时应以累犯论

朱建华*

一、毒品犯罪再犯与累犯的相互关系

“再”，根据《现代汉语词典》的解释，表示又一次。因此，再犯，从最广义上说，可以说是又一次犯罪，这种意义上的再犯，可以包括没有受到刑罚处罚甚至没有受到刑事审判的又一次犯罪，既可以包括在审判前行为人两次以上实施犯罪的情形，当然也包括行为人因犯罪被判刑而在刑满释放或赦免后又实施犯罪的情形。在我国刑法中或者在刑法学里，一般不在这种最广义上使用再犯的概念。我国刑法中共有五处使用了再犯或又犯概念：刑法第65、66条对累犯的规定，使用了“再犯应当判处有期徒刑以上刑罚之罪的”和“在任何时候再犯危害国家安全罪的”，这是在刑罚执行完毕或者赦免以后又实施犯罪时使用这一概念的；另外三个是关于“又犯”的规定，即第71条关于判决宣告以后，刑罚执行完毕以前，被判刑的犯罪分子又犯新罪的数罪并罚的规定中使用“又犯新罪”的表述，在第89条第2款关于追诉时效中断的规定中使用“在追诉期限以内又犯罪”表述，以及在第356条关于毒品犯罪中规定，“因走私、贩卖、运输、制造、非法持有毒品罪被判过刑，又犯本节规定之罪的，从重处罚”。从上述规定可以看出，在我国刑法中，除追诉时效中断的情况外，其他关于再犯或又犯的规定，都是在犯罪人因犯前罪被判刑以后，又重新犯罪时才使用。在刑法理论上，虽然对什么是一般再犯存在着不同的看法，如有人认为一般再犯是指因犯罪而被判处刑罚，在刑满释放后再次实施犯罪的犯罪分子；[①] 也有人认为一般再犯是指受过有期徒刑以上刑

---

* 西南政法大学毒品犯罪研究基地教授，博士生导师。

① 高铭暄：《刑法原理与实务》，高等教育出版社1996年版，第167页。

罚处罚的犯罪分子，刑满释放后又犯罪的犯罪人。[①] 但是，理论上有一点是有共识的，即犯罪人被判处刑罚而在刑罚执行完毕以后再次犯罪时肯定可以称之为再犯。基于以上立场，我们可以在两种意义上使用再犯的概念，一是包括累犯的再犯，或曰广义的再犯；另一是不包括累犯的再犯，或曰狭义的再犯。

对于我国刑法中规定的毒品犯罪方面的再犯，我们可以根据刑法的规定情况及理论上的理解，把毒品犯罪再犯分为特别毒品再犯和一般毒品再犯。所谓特别毒品再犯，是指因犯走私、贩卖、运输、制造毒品罪、非法持有毒品罪被判过刑，又犯刑法分则第 6 章第 7 节所规定的任何一种或多种毒品犯罪的行为。所谓一般毒品再犯：是指因走私、贩卖、运输、制造毒品罪、非法持有毒品罪以外的其他毒品犯罪被判过刑，又犯刑法分则第 6 章第 7 节所规定的任何一种或多种毒品犯罪的行为。需要特别强调的是，在特别毒品再犯和一般毒品再犯中都可以包括毒品累犯的情形。所谓毒品累犯，就是因毒品犯罪被判处有期徒刑以上刑罚，在刑罚执行完毕或者赦免以后 5 年内又犯应当判处有期徒刑以上刑罚的刑法分则第 6 章第 7 节规定的任何毒品类犯罪。

二、毒品犯罪累犯与毒品再犯竞合时的现行处理规定

我国刑法第 65 条第 1 款规定了一般累犯的成立条件："被判处有期徒刑以上刑罚的犯罪分子，刑罚执行完毕或者赦免以后，在五年内再犯应当判处有期徒刑以上刑罚之罪的，是累犯，应当从重处罚，但是过失犯罪除外。"同时根据刑法第 74 条的规定，对于累犯不得适用缓刑；根据刑法第 81 条第 2 款的规定，对累犯不得适用假释[②]。而在刑法分则中，通过第 356 条规定："因走私、贩卖、运输、制造、非法持有毒品罪被判过刑，又犯本节规定之罪的，从重处罚。"即如果因走私、贩卖、运输、制造、非法持有毒品犯罪而被判处过刑罚，又犯刑法分则第 6 章第 7 节规定的跟毒品有关的犯罪，包括走私、贩卖、运输、制造毒品罪、非法持有毒品罪及其他与毒品有关的 12 个罪名的犯罪，都必须从重处罚。

根据上述规定，可能出现毒品犯罪累犯与毒品犯罪再犯之间的竞合，例如，犯罪人在因贩卖毒品罪被判处有期徒刑刑满释放后 5 年内又因贩卖毒品

① 马克昌：《刑法通论》，武汉大学出版社 1995 年版，第 446 页。

② 对于到底是累犯又被判处 10 年以上有期徒刑才不适用假释，还是任何被判处有期徒刑以上刑罚的累犯都不得假释，可能会有不同的解读，囿于本文的主旨，这里不加讨论。目前理论上一般都认为，任何被判处有期徒刑的罪犯，都不得适用假释。

或非法持有毒品或非法种植毒品原植物等犯罪应当被判处有期徒刑以上刑罚，这时，行为人的行为既符合一般累犯的成立条件，即属于被判处有期徒刑以上刑罚的犯罪分子，在刑罚执行完毕以后5年内再犯应当判处有期徒刑以上刑罚之罪。同时又符合刑法分则第356条规定的再犯的构成要件，即因走私、贩卖、运输、制造、非法持有毒品罪被判过刑后又犯刑法分则所规定的与毒品有关的犯罪。对此种情形的犯罪，到底应适用刑法总则关于累犯的规定，还是适用刑法分则关于再犯的规定，抑或是既适用总则关于累犯的规定，又适用分则关于再犯的规定，两次从重?[①] 最高人民法院2000年4月4日《全国法院审理毒品犯罪案件工作座谈会纪要》（以下简称《纪要》）中明确规定："关于同时构成再犯和累犯的被告人适用法律和量刑的问题。对依法同时构成再犯和累犯的被告人，今后一律适用刑法分则第356条规定的再犯条款从重处罚，不再援引刑法关于累犯的条款。"也就是说，对于特殊毒品累犯，也只适用再犯的规定，不适用关于累犯的规定。

但是一般毒品再犯与毒品犯罪累犯的竞合，则不适用再犯的规定，而适用刑法关于累犯的规定。如行为人以前因为非法提供麻醉药品、精神药品罪、容留他人吸毒罪、引诱、教唆、欺骗他人吸毒罪、包庇毒品犯罪分子罪、窝藏、转移、隐瞒毒品、毒赃罪等犯罪，即除走私、贩卖、运输、制造毒品罪和非法持有毒品罪以外的其他犯罪，被判处有期徒刑以上刑罚，在刑罚执行完毕后5年内又犯有关毒品犯罪的，包括走私、贩卖、运输、制造毒品罪、非法持有毒品罪，都不构成毒品犯罪再犯，而应适用累犯的规定进行处罚。

三、对特殊毒品再犯只适用再犯处理的缺陷

最高人民法院的规定显然认为刑法第356条关于前罪是走私、贩卖、运输、制造、非法持有毒品罪被判过刑，又犯与毒品有关的犯罪，从重处罚的规定，取代了刑法总则中关于累犯的规定。笔者认为，最高人民法院的这一认识与规定，存在着值得商榷的地方：

1. 会导致对属于特殊毒品累犯的犯罪人适用缓刑。虽然对上述毒品犯罪的情况，从量刑情节上，适用刑法总则关于累犯的规定，还是适用刑法分则关于再犯的规定，都是法定的从重处罚，因而似乎是无关紧要的。但是，如果结合刑法对累犯的法律后果的规定来看，对具备累犯条件的毒品犯罪是否认定为累犯，对犯罪人的处理则存在着重大差别。根据刑法第74条的规定，

① 张平、谢雄伟："我国特别再犯制度的若干问题研究"，载《法学杂志》2005年第3期，第137页。

累犯不能适用缓刑，而如果对特殊毒品再犯中符合累犯条件的犯罪人只适用特殊毒品再犯的规定而不适用累犯的规定，也就意味着该犯罪人不是累犯，其也不应承担累犯的法律后果，该犯罪人从理论上说是可以适用缓刑的。虽然有人主张在执行最高人民法院规定的同时，对毒品的再犯不适用缓刑[①]。但在不认定其是累犯，不按照累犯的规定进行处理的基础上而确认对其不可以适用缓刑似乎并没有法律上的明确依据。刑法只是规定了对累犯不得适用缓刑，而没有通过第356条规定对再犯也不得适用缓刑。从最高人民法院《纪要》规定的逻辑推理来说，得不出不可以对这种再犯适用缓刑的结论。

2. 会导致对特殊毒品累犯的犯罪人适用假释。对于累犯，刑法明确规定，不得适用假释。而对于特殊毒品犯罪的再犯，则没有这样的规定，因此从原则上说，特殊毒品犯罪再犯人，在其服刑一定期间以后，可以根据刑法总则第81条第1款的规定对其适用假释处理，而不应适用第82条第2款关于对累犯不得予以假释的规定。基于上述的同样理由，按照最高人民法院的《纪要》规定，符合特殊毒品累犯条件的犯罪人不适用累犯的规定，因而顺理成章地也不应承担累犯不得假释的法律后果。

3. 会导致不同情形的毒品犯罪再犯不同的法律后果。如果对特殊毒品犯罪的再犯统统按照再犯处理，一概不适用累犯的规定，其结果会造成对毒品犯罪的其他再犯在适用法律上的不公平，或者说，造成法律适用上的严重失衡。例如，犯罪人前一次犯罪为包庇毒品犯罪分子罪，被判处有期徒刑，或者因引诱、教唆、欺骗、强迫他人吸毒等其他毒品犯罪而被判处有期徒刑，在其刑罚执行完毕后5年以内又犯走私、贩卖、运输、制造、非法持有毒品罪，应当判处有期徒刑以上刑罚的，无疑应当构成累犯。而这时，对其无疑应当根据刑法第65条关于累犯的规定，对其从重处罚，同时，根据刑法第81条第2款的规定，对其不得适用缓刑，在服刑期间不得适用假释。这样就会出现比较严重的法律后果失衡：因犯走私、贩卖、运输、制造、非法持有毒品犯罪而又实施毒品犯罪行为的，可以缓刑、假释，而因其他毒品犯罪又实施与毒品有关的犯罪行为的，却不能适用缓刑、假释。而前者对社会的危害或者对改造的抗拒程度应该是比后者更为严重，却可以受到较轻的法律处理，这显然是不符合罪责刑相适应的要求的。须知，罪刑相适应原则是我国刑法的基本原则之一，是不应违反的。

① 郭毅涛："对毒品再犯不应适用缓刑"，载《检察日报》2003年9月26日第3版。

四、应对特殊毒品再犯中符合累犯条件的按照累犯进行处理

为了解决特殊毒品再犯中符合累犯条件者可以适用假释、缓刑的不合理现象，有论者主张，刑法第356条规定的“是刑法总则之外又在分则中规定的特别累犯，刑法分则中规定的特别累犯，且仅见于刑法分则第六章妨害社会管理秩序罪和第七节毒品犯罪之中，因此，刑法分则中规定的特别累犯实际上就是毒品犯罪累犯”。[①] 笔者认为，这样认识，恐怕难以对立法条文的措辞作出合乎逻辑的说明。因为在刑法总则里，不仅规定了一般累犯，而且规定了特殊累犯。[②] 对毒品犯罪的这种情形并没有在刑法总则关于累犯的这一节中加以规定。如果立法者认为此种情形的毒品再犯也是特别累犯，他至少应在刑法分则的相关条文中加上一句“以累犯论”的表述，而不至于给司法适用留下不同解释及分歧的余地。刑法在356条中只是规定“从重处罚”而没有认定其为累犯或以累犯论[③]，故不能认为是一种特别累犯。

也有论者认为，刑法第356条的规定应当算是特殊规定，优于刑法总则适用[④]。最高人民法院在《纪要》中的规定实际上即是这种观点的反映。笔者认为，如果对特殊毒品再犯和累犯都仅仅规定从重处罚，而无其他规定，那么这样认识是可以成立的。问题在于，刑法同时又规定累犯不得假释、累犯不得适用缓刑。在此情况下，还笼统地说只能依照刑法第356条的规定进行处理，是不适当的。因为刑法总则中对累犯的规定中有一部分内容也是特殊规定，因而不能笼统地说总则关于累犯的规定是一般规定，刑法第356条的规定是特殊规定。

特殊毒品再犯中存在着符合累犯条件的情形，这是毫无疑义的。也就是说，一部分在最高人民法院规定按照再犯处理的毒品犯罪中，既符合特殊毒品再犯的成立条件，也符合累犯的成立条件。其相互之间的关系可用以下图形表示：

---

① 杨新京、张继政：“论毒品犯罪累犯”，载《检察实践》2002年第6期，第51页。

② 即刑法第66条规定的危害国家安全罪累犯：危害国家安全的犯罪分子在刑罚执行完毕或者赦免以后，在任何时候再犯危害国家安全罪的，都以累犯论处。

③ 实际上，特殊毒品再犯在其构成上还有不同于特殊累犯的内容，即它不要求在刑罚执行完毕或者赦免以后再犯毒品类犯罪，刑法只是规定，因走私、贩卖、运输、制造、非法持有毒品罪被判过刑，又犯刑法分则第6章第7节规定的毒品类犯罪，即可构成特殊毒品累犯。因此，从逻辑上说，在因走私、贩卖、运输、制造、非法持有毒品罪被判处刑罚，在刑罚执行中又犯毒品类犯罪的，也可以构成毒品再犯，应当从重处罚。

④ 李海滢：“毒品再犯之我见”，载《当代法学》2002年第2期，第95页。

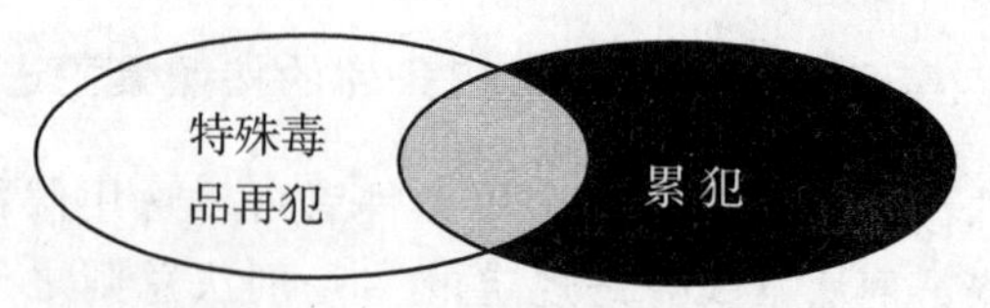

虽然处理法条竞合的基本原则是特别法一般法条优于普通法条，从一般上看，可以认为刑法关于累犯的规定是一般法条，刑法第356条的规定是特别法条。但是，刑法总则中对于累犯不仅规定了要从重处罚，而且还规定了不得假释、不得适用缓刑，相对于这些法条而言，刑法分则第356条的规定又只能是一般法条了。同时，处理法条竞合的另一原则是在特殊情况下的重法条优于轻法条适用[①]。相对于刑法第356条的规定，刑法总则中关于对累犯的特别处理规定，又是重法条，刑法又没有禁止适用的规定。因此，无论从法条的一般与特殊角度区分，还是从法条的轻重角度区分，都不存在对毒品累犯不得适用刑法总则关于累犯规定的理由。

因此，笔者认为，如果因走私、贩卖、运输、制造毒品罪和非法持有毒品罪被判过有期徒刑以上刑罚，在刑罚执行完毕或者赦免以后5年以内，又犯刑法分则第6章第7节规定的犯罪，应当判处有期徒刑以上刑罚，符合累犯的成立条件的，都应当适用刑法总则关于毒品累犯的规定，承担累犯的法律后果，而不适用刑法第356条的规定，避免法律适用之间的极大不平衡，只有在其不符合累犯规定的情况下，才适用刑法第356条的规定。

① 陈忠林：《刑法（总论）》，中国人民大学出版社2003年版，第241—242页。

关于斡旋受贿的几个问题

朱孝清*

八届全国人大五次会议通过的修订刑法除以第385条规定一般受贿这种受贿罪的一般形式外，还以第388条规定了斡旋受贿这种受贿罪的特殊形式。该法条规定："国家工作人员利用本人职权或者地位形成的便利条件，通过其他国家工作人员职务上的行为，为请托人谋取不正当利益，索取请托人财物或者收受请托人财物的，以受贿论处。"由于对该法条中某些问题的理解不一甚至存在严重分歧，影响了该法条的正确适用和案件的正确处理，故很有加以研究的必要。

一、如何理解"利用本人职权或者地位形成的便利条件"

"利用本人职权或者地位形成的便利条件"，是斡旋受贿的客观要件之一。由于行为人"利用本人职权或者地位形成的便利条件"，是为了"通过其他国家工作人员职务上的行为，为请托人谋取不正当利益"，因此，如何理解"利用本人职权或者地位形成的便利条件"的问题，实际上就是如何理解行为人与其他国家工作人员（以下简称"第三人"）职务之间关系的问题。对此，当前主要有以下三种观点：第一种是"制约关系说"，即行为人利用本人职权或者地位形成的对其他国家工作人员的制约关系，包括纵向的制约关系和横向的制约关系。其中纵向制约关系是指上级领导人员对其下级的国家工作人员在职务上的隶属关系；横向制约关系是指不同单位、部门之间、这一国家工作人员与那一国家工作人员之间存在的职务上的制约关系。① 第二种是"制约关系和工作联系说"。即指行为人利用自己的职权或地位形成的对其他国家

---

* 最高人民检察院副检察长，大检察官。

① 参见赵秉志主编：《新刑法全书》，中国人民公安大学出版社1997年版，第1265页。苏惠渔主编：《刑法学》（修订版），中国政法大学出版社1997年版，第876页。

工作人员的制约关系或工作联系，如上下级之间的隶属关系，或单位与单位之间的工作联系。[①] 这种观点与上述第一种观点的相同点是认同“制约关系”，不同点是除“制约关系”外，还包括“工作联系”，显然，其范围要大于前者。第三种是“非制约关系说”，即认为该条与第385条一般受贿的区别之一，是行为人与被利用的国家工作人员之间不存在职务上的制约关系，而一般受贿则存在职务上的制约关系。[②] 至于“非制约关系”究竟是一种什么关系，则又存在多种认识，如有的认为是“平行职务关系”，有的认为是“工作关系”，还有的认为是“影响关系”等。

由于认识存在分歧，以致案件处理各异。例如，某市公安局长受他人之托，给其下属的某县公安局长打招呼，要求对一贩毒案件停止侦查，不予追究。事后，该市局长收受请托人人民币5万元。该市公安局长与县公安局长存在领导与被领导的关系（制约关系中的一种形式），根据“制约关系说”，该市公安局长的行为属于斡旋受贿，应适用刑法第388条；而根据“非制约关系说”，该局长的行为属于一般受贿，应适用刑法第385条。又如某县工商局长受他人之托，要求该县法院某民庭庭长对一合同纠纷案的原告方予以关照，致使本应败诉的原告方胜诉。事后，该工商局长收受请托人人民币10万元。由于该工商局长与该法庭庭长之间既不存在纵向的领导与被领导关系，也不存在横向的制约关系，因此，根据“制约关系说”，该工商局长不构成受贿，而根据“非制约关系说”，该工商局长有可能构成斡旋受贿。

笔者认为，“制约关系说”值得商榷。首先，从刑法第385条与第388条所规定的职务要件的逻辑关系来看。刑法第385条的职务要件是“利用职务上的便利”，而第388条的职务要件是“利用本人职权或者地位形成的便利条件，通过其他国家工作人员职务上的行为”。立法原理告诉我们，这两个法条和两个职务要件之所以要并列地加以规定，是因为二者是并列关系，各自有清晰的边界，而非属种关系或交叉关系，否则，就会出现某些行为既可以适用第385条又可以适用第388条的不正常状况。而第385条的“利用职务上的便利”，最高人民检察院《关于人民检察院直接受理立案侦查案件立案标准的规定》解释：“是指利用本人职务范围内的权力，即自己主管、负责或者承办某项公共事务的职权及其所形成的便利条件。”它在纵向上可以表现为以下两种情形：一种是行为人利用本人职务直接为行贿人谋取利益。如市长某甲

① 郎胜主编：《中华人民共和国刑法释解》，群众出版社1997年版，第515页。

② 陈兴良：《刑法疏议》，中国人民公安大学出版社1997年版，第635页。

应私营企业主某丙的请托，直接决定批其土地20亩，从中收受丙贿赂10万元。另一种是行为人要求与自己职务有制约关系的其他国家工作人员利用职务为行贿人谋取利益。此种情形多是职务高的领导干部，因为职务越高，办事越不需要亲自动手，只要发出指令，他人就会去办。如前述市长某甲指令其下属的一位县长某乙批给私营企业主某丙土地20亩，甲从中收受丙贿赂10万元。显然，在上述两个案例中，市长某甲无论是自己直接批给某丙土地还是指令其下属县长某乙批给某丙土地，都是利用了自己职务上的便利，其收受贿赂10万元的行为都应适用刑法第385条。可见，行为人要求在职务上有制约关系的其他国家工作人员为请托人谋取利益，是第385条一般受贿中"利用职务上的便利"的一种表现形式，它既然已被包含在第385条"利用职务上的便利"的外延之内，就不应再一次将其包含在第388条斡旋受贿的"利用本人职权或者地位形成的便利条件"之内。否则，就会出现要求职务有制约关系的其他国家工作人员为请托人谋取利益的行为，既可适用刑法第385条、又可适用第388条这种违反逻辑关系的结果。其次，从"制约关系"的实质来看，在行为人的职务与第三人的职务存在制约关系的情况下，第三人之所以利用职务之便为请托人谋取利益，其动力之源在于行为人的职务：是行为人的职务指挥、命令、支配、左右的结果，如果第三人不按行为人的要求去做，行为人就可以利用职务给他带来不利的结果。在这里，第三人仅是行为人为他人谋取利益的工具，第三人的职务行为是行为人的职务使然，是行为人职务的自然传递或延伸，因而归根结底是基于行为人的职务。因此，它应当也只能适用刑法第385条，而不应也不能适用第388条。再次，从修订刑法增加第388条的初衷来看。我们知道，刑法第385条与原刑法关于受贿罪的规定完全相同，修订刑法之所以在第385条之外，再以第388条规定斡旋受贿这种受贿罪的特殊形式，是因为现实生活中存在着刑法第385条尚难涵盖、但又必须以刑法调整的情况，从而解决法无明文的问题，其目的是为了严密法网，加大对受贿犯罪的打击力度，把原刑法难以对其实施惩治的斡旋受贿列入刑法惩治范围，从而促进反腐败斗争的深入；同时，修订刑法为了防止打击面不适当地扩大，又把惩处对象限制在"谋取不正当利益"范围之内，而把谋取正当利益的排除在外。行为人与第三人在职务上存在制约关系的案件，在刑法修订前，包括1989年最高人民法院、最高人民检察院（以下简称"两高"）《关于执行〈关于惩治贪污罪贿赂罪的补充规定〉若干问题的解答》对“利用职务上的便利”作适度扩张解释前，[①] 一直都是按受贿罪处理的，从来也不存在什么争议，而在刑法修订以后，如按照“制约关系说”，反而要将其纳入第388条斡旋受贿的范畴，其结果必然是减小了对受贿罪的打击力度，因为在为他人谋利的要件上，第385条一般受贿以“为他人谋取利益”为已足，而第388条斡旋受贿则必须“谋取不正当利益”；在受贿要件上，第385条只要“索取他人财物”即可构成犯罪，而不必“为他人谋取利益”，而第388条则无论“索取”还是“收受”财物，都要为请托人谋取不正当利益，才能构成犯罪。这就会使行为人与第三人的职务存在制约关系这种在刑法修订前本可直接按受贿罪惩处的某些案件，在刑法修订后却无法惩处了。同时，如按“制约关系说”，还会出现越是职务高的领导干部受贿，就越是难以惩处的不正常情况，因为如前所述，领导干部职务越高，办事越是不需要亲自动手，而只要指挥、命令即可。这显然是不符合刑法增设第388条是为了严密法网，加大对贿赂犯罪打击力度这一初衷的。最后，从斡旋受贿与一般受贿在职务要件上的区别来看。“制约关系说”认为，斡旋受贿与一般受贿在职务要件上的区别在于有没有通过第三人的职务行为，没有通过第三人职务行为的是一般受贿，通过第三人职务行为的是斡旋受贿。其实，斡旋受贿与一般受贿在职务要件上的区别在于是“利用职权或者地位形成的便利条件”，还是“利用职务上的便利”，而不在于有没有通过第三人的职务行为。因为斡旋受贿必须通过第三人的职务行为，一般受贿也可以通过第三人的职务行为，那种认为凡通过第三人职务行为的就是斡旋受贿的观点是站不住脚的。

从以上分析可知，“制约关系说”难以成立。至于“制约关系和工作联系说”，由于其中的“制约关系”不能成立，且这种观点把“制约关系”与“工作联系”这两种性质不同的关系予以等量齐观，因而也是站不住脚的。[②]

既然“制约关系说”不能成立，根据逻辑学概念关系的原理，“非制约关

---

① 1989年11月6日“两高”《关于执行〈关于惩治贪污罪贿赂罪的补充规定〉若干问题的解答》第3条第（2）项规定：“受贿罪中‘利用职务上的便利’，是指利用职权或者与职务有关的便利条件，‘职权’是指本人职务范围内的权力，‘与职务有关’，是指虽然不是直接利用职权，但是利用了本人的职权或地位形成的便利条件。”“国家工作人员不是直接利用本人职权，而是利用本人职权或者地位形成的便利条件，通过其他国家工作人员职务上的行为，为请托人谋取利益，而本人从中向请托人索取或者非法收受财物的，应以受贿论处。”

② 这是笔者主张称刑法第388条是“斡旋受贿”而反对称“间接受贿”的原因之一，因为如称“间接受贿”，就容易产生误解：以为凡经过第三人职务行为间接为请托人谋取利益而受贿的就应适用刑法第388条。

系说”就符合了法条原意。但是，“非制约关系说”仅从反面对“制约关系”作了排除，而未能从正面阐明行为人与第三人职务之间究竟是什么关系。由于非制约关系范围广泛，如不加以界定，则有扩大化之虞，故有进一步研究的必要。

笔者认为，斡旋受贿的“利用本人职权或者地位形成的便利条件”有以下四个特点：

1. 职务的非制约性。即行为人与第三人不存在职务上的制约关系，包括纵向的制约关系和横向的制约关系。这种“非制约性”，说明请托人的请托事项不在行为人职务可及的范围，即既不在行为人自己可以直接办理的权限范围，也不在行为人可以纵向指挥、命令，横向左右、要挟第三人利用职务之便办理的权限范围，因而他必须求助于第三人。斡旋受贿职务上非制约性的特点，使斡旋受贿与职务上有制约关系的一般受贿相区别：在有制约关系的一般受贿中，如果第三人不按行为人的要求去为请托人谋取利益，行为人就可利用职务之便给第三人带来不利的结果。而斡旋受贿由于行为人与第三人不存在职务上的制约关系，因而如果第三人不按行为人的要求去为请托人谋取不正当利益，行为人一般难以利用职务之便给第三人带来不利结果。

2. 职务行为的依赖性。即行为人利用自己的职务无法为请托人谋取不正当利益，而必须依赖第三人的职务行为。因此，斡旋受贿的职务要件必须由行为人“利用本人职权或者地位形成的便利条件”与第三人“利用职务上的便利”二者联结而成，只有该二者的紧密结合和共同作用，才能实现权与钱的非法交易。但二者在权钱交易中的作用有别，其中前者仅是实现权钱交易的基础，后者则是实现权钱交易的关键。需要说明的是，在有第三人介入的一般受贿中，行为人为他人谋取利益也要通过第三人的职务行为，但其职务要件是行为人“利用职务上的便利”与第三人“利用职务上的便利”的联结；行为人不是“依赖”第三人的职务，而是“指令”第三人实施职务行为；在权钱交易中起关键作用的是行为人的职务行为，第三人的职务行为仅是行为人职务行为的延伸和行为人用来为他人谋取利益的工具。

3. 第三人意志自由的不完全性。一般受贿中行为人与第三人职务上的制约性，决定了第三人在是否按行为人的要求为请托人谋取利益的问题上没有或基本没有意志自由。而在斡旋受贿中，由于行为人与第三人不存在职务上的制约关系，第三人如果不按行为人的要求为职务行为，一般不会带来不利的结果，因此，第三人在是否按行为人要求为请托人谋取不正当利益的问题上，其意志总体上是比较自由的。但是另一方面，“权”与“威”是密切相连的，有权就有威，职务越高，权力越大，其威势也往往越大，这种因职务而产生的威势就是职务影响力。特别是我国官本位、封建等级特权等思想观念严重，公民对权力一般有敬畏感；部分干部的职务和工作岗位变动快，今天与自己没有隶属关系的领导干部说不准明天就成了顶头上司；加之当前某些职务的权力边界不清，因而职务的影响力就更为明显。行为人向第三人提出为请托人谋取不正当利益的要求，难免会给第三人造成思想压力。第三人就是在这一思想压力的推动下，实施为请托人谋取不正当利益的行为的。因此，从这个角度来说，第三人的意志虽有较大的自由，但不具有完全的自由。也正因为行为人以职务影响力推动了第三人为职务行为，并从中索取或收受财物，刑法才能将其规定为以权钱交易为本质的贿赂罪。

4. 权力的可交换性。即行为人与第三人可利用职务互为对方谋取利益。这是斡旋受贿中的行为人和第三人都具有一定的职务所致。诚然，第三人在利用职务为请托人谋取不正当利益时，不一定就想到有何事需求助于行为人，以实现权力互换，但是，行为人与第三人在客观上具有权力的可交换性。这种权力的交换在双方所在地区（单位、部门）上，既可以是不具有制约关系、纵横结合的地区（单位、部门）之间，如省级法院刑事审判庭与县级法院民事审判庭之间[①]；又可以是不具有制约关系的横向地区（单位、部门）之间，如同一单位内部不具有制约关系的不同部门之间，或不具有制约关系但有工作联系的不同地区、单位之间。在双方职务的级别上，既可以是同级的，也可以是非同级的，只要行为人的职务影响力能够促使或推动第三人为职务行为即可。在权力交换的时间上，既可以是即时的，也可以是预期的。行为人与第三人间这种权力的可交换性，把斡旋受贿与利用亲友关系通过第三人为请托人谋取不正当利益的行为严格区分了开来。因为我国由于封建思想影响，人们往往重人情，轻法制，人情也会给人造成思想压力。第三人在亲友要求其利用职务为请托人谋取不正当利益的情况下，也会受到一定的思想压力，其意志自由也具有不完全性。但是，这种因人情所致的意志自由的不完全性与斡旋受贿因职务影响力所致的意志自由的不完全性，在法律上具有不同的性质。斡旋受贿中行为人与第三人权力的可交换性，为区分这两种不同性质的意志自由的不完全性提供了依据。

上述四个特点缺一不可，其中“职务的非制约性”和“职务行为的依赖性”是斡旋受贿区别于一般受贿的特征；“权力的可交换性”是斡旋受贿区别于利用亲友关系为他人谋取不正当利益从中收受财物这种非罪行为的特征；

① 省级法院与县级法院之间为纵向关系，刑事审判庭与民事审判庭之间为横向关系，故属“纵横结合”的关系。

由行为人职务影响力所致的“第三人意志自由的不完全性”，是斡旋受贿作为贿赂犯罪并承担刑事责任的依据。

通过以上分析，可以对“利用职权或者地位形成的便利条件”作如下解读：首先，“利用职权或者地位形成的便利条件”必须以职务为基础。因为“职权”和“地位”都必须建立在职务之上，离开了职务，“职权”和“地位”都无从谈起[①]；同时，离开了职务，行为人的行为也就不能成为职务犯罪。其次，“利用本人职权或者地位形成的便利条件”，是指利用职权或者地位形成的能对第三人施加职务影响的便利条件，其核心内容是职务影响力。它与一般受贿“利用职务上的便利”的区别在于：(1)“利用职务上的便利”既可行为人自己直接为请托人谋取利益，也可通过第三人为请托人谋取利益，而“利用职权或者地位形成的便利条件”则必须通过第三人才能为请托人谋取利益；(2)“利用职务上的便利”的行为人与第三人存在职务上的制约关系，而“利用职权或者地位形成的便利条件”的行为人与第三人则不存在职务上的制约关系；(3)“利用职务上的便利”所指令的第三人没有或基本没有意志自由，而“利用职权或者地位形成的便利条件”所斡旋的第三人则有较大而又不完全的意志自由；(4)“利用职务上的便利”在权钱交易中起关键作用，而“利用职权或者地位形成的便利条件”在权钱交易中仅起基础性作用而不起关键作用。再次，“利用职权或者地位形成的便利条件”不同于利用亲友关系和利用非职务性地位形成的便利条件[②]，因为“利用职权或者地位形成的便利条件”以职务为基础，而亲友关系以血缘、婚姻、感情、友谊为基础；非职务性地位则以个人的社会名望为基础。

二、如何理解“谋取不正当利益”

“谋取不正当利益”是斡旋受贿的要件之一。对“谋取不正当利益”，有以下问题需要研究：

1. 如何理解“不正当利益”？“两高”《关于在办理受贿犯罪大要案的同时要严肃查处严重行贿犯罪分子的通知》以及最高人民检察院《关于人民检察院直接立案侦查案件立案标准的规定》规定：“‘谋取不正当利益’，是指谋取违反法律、法规、国家政策和国务院各部门规章规定的利益，以及谋取

---

① 某些作家、艺术家虽无职务，但在社会上也享有较高地位，但该“地位”不同于以职务为基础、在刑法第388条中作为斡旋受贿客观要件组成部分的“地位”。

② 非职务性地位是指非因职务原因在社会上所具有的地位，如某些作家、艺术家、劳动模范所具有的地位。

违反法律、法规、国家政策和国务院各部门规章规定的帮助或者方便条件”。据此，“不正当利益”有两种：一种是“违反法律、法规、国家政策和国务院各部门规章规定的利益”，这种利益的特点是利益本身违法，故可称为“实体违法的利益”；一种是“违反法律、法规、国家政策和国务院各部门规章规定的帮助或方便条件”，这里的“帮助或者方便条件”，笔者认为不应是利益本身，而是指为谋取利益所提供的帮助或者方便条件。因为如果指的是利益本身，那就与前一种不正当利益同义反复了。如果这一理解成立的话，那这种不正当利益的特点是利益本身不违法，但谋取利益的程序（手段）违法，故可称为“程序违法的利益”。程序违法的利益之所以被界定为“不正当利益”，一是因为程序与实体密切相关，程序合法是利益正当的重要保证。国家工作人员通过违法程序，使请托人得到本来得不到或不一定能得到的利益，同时，使其他合法竞争者失去了本来可以得到或可能得到的利益，因而其所谋取的利益就具有不正当性。二是因为程序具有独立的价值，它可以使运作和决定的过程具有公正、民主的外观，从而提高实体决定的公信度和可接受性。

2. 行为人是否必须明知所谋取的是不正当利益？如前所说，“不正当利益”分实体违法的利益和程序违法的利益。实体违法的利益由于本身就能表明其不正当性，行为人在接受请托时便可知悉，却仍斡旋第三人去谋取，因而他对利益的不正当性显然明知。程序违法的利益由于利益本身并不违法，其不正当性须由第三人谋取利益的程序（手段）所决定，因而行为人难以从利益本身看出其不正当性，而对第三人究竟是用合法还是违法的程序（手段）谋取该利益，行为人可能知情，也可能不知情。那么，对利益的不正当性不明知的行为人能否构成斡旋受贿犯罪？要回答该问题，就必须搞清斡旋受贿是否以行为人明知所谋取利益的不正当性为条件。

笔者认为，斡旋受贿犯罪必须以行为人明知所谋取利益的不正当性为条件。首先，从主客观相统一原则来看。主客观相统一是刑法学的基本原则，根据该原则，斡旋受贿罪作为故意犯罪，不仅要求行为人通过第三人谋取的利益在客观上的确是不正当利益，而且要求行为人在主观上明知通过第三人谋取的利益是不正当利益。否则，如果行为人主观上不明知，仅凭所谋取利益客观上的不正当性而认为符合了“谋取不正当利益”的要件，那就是客观归罪。其次，从犯罪故意的内容来看。刑法规定的犯罪故意，是以“明知自己的行为会发生危害社会的结果”为前提的，而要行为人明知自己的行为会发生危害社会的结果，就必须明知具体犯罪构成要件的客观要素及其性质。在斡旋受贿中，“谋取不正当利益”既是其构成要件的客观要素之一，又是其危害结果的重要方面，行为人当然应当对其明知。否则，如果行为人只知道谋取的是“利益”而非“不正当利益”，那他对“谋取不正当利益”这一客观要素和危害结果就没有“明知”，因而也就不具有“谋取不正当利益”的故意。再次，从责任主义原则来看。刑法中的责任主义原则，是指行为人对自己在自由意志下所作的选择承担责任。其基本机理是，人在自由意志下，可以选择为合法行为，也可以选择为违法犯罪行为，而行为人却选择了犯罪行为，这说明行为人主观上有罪过（故意或过失），因而必须对自己的选择负责。在行为人不明知所谋取利益的不正当性的情况下，行为人只有为请托人谋取“利益”的故意，而无谋取“不正当利益”的故意，因而行为人只能对谋取利益的意志选择负责，而不能对“不正当利益”的结果承担责任。

以明知所谋取利益的不正当性为条件，是否会使一些行为人谎称自己不明知而逃避法律制裁？回答是否定的。因为“明知”虽然是一种心理状态，但总要通过一定的客观事实表现出来。因此，对行为人是否“明知”的认定，不能以其口供为依据，而应以客观事实为依据。同时，“明知”包括“已知”和“应知”[①]。“已知”是指有证据证明的知道；“应知”是指根据行为人的认知能力和水平等客观事实推定知道。可见，无论是“已知”还是“应知”，所依据的都是客观事实，而客观事实是不以行为人的虚假口供而转移的。

3. 如何认定“谋取不正当利益”？在研究一般受贿罪“为他人谋取利益”要件时，理论界有旧客观要件说、主观要件说、新客观要件说三种观点。旧客观要件说认为，为他人谋取利益是指客观上有为他人谋取利益的行为，而不要求所谋取利益的实现。主观要件说认为，为他人谋取利益只是受贿人的一种心理态度。新客观要件说认为，为他人谋取利益只是受贿人的一种许诺，而不要求客观上有为他人谋取利益的实施行为和结果。新客观要件说的基本理由是受贿罪的直接客体是职务行为的不可收买性，公务人员在非法收受财物之前或者之后许诺“为他人谋取利益”，就在客观上形成了以权换利的约定，同时使人们产生以下认识：公务人员的职务行为是可以收买的，只要给予财物，就可以使公务人员为自己谋取各种利益。这本身就使职务行为的不可收买性受到侵犯[②]。笔者基本同意新客观要件说，认为一般受贿的“为他人谋取利益”是客观要件，它包括承诺、实施、实现三个阶段的行为，只要具有其中任何一个行为，就具备了“为他人谋取利益”的要件，其中“承诺”

① 参见最高人民法院、最高人民检察院 1992 年 12 月 11 日《关于办理盗窃案件具体应用法律的若干问题的解释》第 8 条。

② 张明楷：“论受贿罪的客观要件”，载《中国法学》1995 年第 1 期，第 80 页。

是具备“为他人谋取利益”要件的起点行为①。

那么，在斡旋受贿中，怎样才算具备了“为请托人谋取不正当利益”的要件？如果也像一般受贿那样把“承诺”作为为请托人谋取不正当利益的起点行为，那么，这“承诺”是行为人的承诺还是第三人的承诺？笔者认为，这要分析斡旋受贿与普通受贿职务要件的共性和特殊性。

斡旋受贿和普通受贿在职务要件上的共性在于：它们作为受贿罪中两种不同表现形式的犯罪，侵犯的直接客体都是公职人员职务行为的不可收买性。据此，与普通受贿罪一样，承诺、实施、实现都是“为请托人谋取不正当利益”行为的表现形式，其中“承诺”是认定具备“为请托人谋取不正当利益”要件的起点。

斡旋受贿较之普通受贿在职务要件上的特殊性在于：普通受贿利用的是行为人自己的职务，行为人一旦承诺为他人谋取利益，其职务行为不可收买性就受到了侵犯。同时，只要行为人的承诺不是虚假的，那如按正常方向发展，“为他人谋取利益”就会依次进入“实施”、“实现”阶段。而斡旋受贿则不然，行为人利用自己的职务是无法为请托人谋取不正当利益的，而必须斡旋第三人利用职务，离开了第三人的职务行为，“为请托人谋取不正当利益”就根本不可能实现。因此，如果行为人索取或收受财物后仅承诺为请托人谋取不正当利益，而不实施斡旋行为，其与请托人权钱交易的约定仅初步达成但未真正达成；其职务行为的不可收买性受到了一定的侵害，但未受到实质性的侵害。这一方面是由于行为人具有以职务为基础的职务影响力，请托人也是奔着其职务影响力而来；另一方面，是由于仅凭行为人的“权”尚难以为请托人谋取不正当利益，行为人的“职务行为”也不是能为请托人谋取不正当利益的典型意义上的“职务行为”。只有当行为人接受请托，并实施斡旋第三人的行为，且第三人承诺按行为人的要求为请托人谋取不正当利益后，行为人与请托人权钱交易的约定才真正达成，公务人员职务行为的不可收买性才受到了实质性的侵害。同时，第三人承诺后，如按正常方向发展，“为请托人谋取不正当利益”就会依次进入“实施”、“实现”阶段。因此，斡旋受贿的“为请托人谋取不正当利益”，应当包括行为人对“谋取不正当利

① 笔者观点与新客观要件说也有不同之处：新客观要件说认为，因受贿而进行其他违法犯罪活动构成其他罪的，应当依照数罪并罚的规定处罚。在这里，他已把“为他人谋取利益”中的“实施”、“实现”行为作为了认定其他罪的客观依据，而不作为受贿罪的客观依据。笔者则认为，承诺、实施、实现行为都是为他人谋取利益的表现形式，在因受贿而进行违法犯罪活动构成其他罪的情况下，根据“一事不再罚”的原则，实施、实现行为不能同时作为认定其他罪的客观依据，因而不适用数罪并罚。

益”的承诺行为和斡旋行为，以及第三人对“谋取不正当利益”的承诺、实施、实现行为，其中第三人的承诺，是认定具备“为请托人谋取不正当利益”要件的起点行为。总之，“为请托人谋取不正当利益”的行为始于行为人的承诺，终于不正当利益的实现，但第三人承诺就具备了该要件。因此，当行为人索取或非法收受财物并实施斡旋行为，第三人承诺为请托人谋取不正当利益后，斡旋受贿就构成了既遂。

那么，如果行为人非法索取或收受请托人财物并承诺为其谋取不正当利益，但未实施斡旋行为，或虽实施斡旋行为但遭第三人拒绝的，又当如何处理？笔者认为，根据刑法理论，这种情况由于第三人未作承诺，“为他人谋取不正当利益”这一犯罪构成要件尚未完全具备，因而只能根据案件具体情况，分别作犯罪中止或犯罪未遂处理。

三、对第三人应当如何处理

对斡旋受贿案件中的第三人如何处理，刑法第 388 条未作规定。但是，刑法罪名是一个体系，对触犯了其他罪名的，尽管刑法第 388 条未作直接规定，也应按所触犯的罪名定罪处罚。笔者认为，对其中国家机关工作人员和其他代表国家机关行使职权的人员①，利用职务上的便利为请托人谋取不正当利益，致使公共财产、国家和人民利益遭受重大损失或者造成其他法定危害后果的，应以刑法第九章规定的渎职罪追究刑事责任；对不构成犯罪的，则应追究纪律责任。下面主要研究追究刑事责任问题。

第三人中符合上述情形的人员之所以应以渎职罪追究责任，是因为：

1. 第三人在斡旋受贿案件中处于关键地位，其行为具有较大的社会危害性。在斡旋受贿中，是行为人职务影响力和第三人职务行为的共同作用，使请托人得到不正当利益，从而完成了权与钱的肮脏交易。在这一肮脏交易中，起关键作用的是第三人，如果离开了第三人的职务行为，不正当利益就不可能谋取，权钱交易就不可能实现。在权钱交易的链条中，行为人这一环节本是可以减少的，只是由于请托人与第三人不熟悉或请托人面子不够等原因，才需要行为人介入并予以斡旋。因此，第三人对权钱交易负有重要的责任，

---

① 根据刑法规定，渎职罪的主体是国家机关工作人员。同时，根据 2002 年 12 月 28 日全国人大常委会关于渎职罪主体适用问题的解释，在依照法律、法规规定行使国家行政管理职权的组织中从事公务的人员，或者在受国家机关委托代表国家机关行使职权的组织中从事公务的人员，或者虽未列入国家机关人员编制但在国家机关中从事公务的人员，在代表国家机关行使职权时，均属于渎职罪的主体。但笔者为了叙述方便，下文仍将渎职罪主体简称为“国家机关工作人员”。

其行为具有较大的社会危害性。由于他没有非法取得财物，因而无法追究以非法受财为要件的受贿罪的责任，但这并不影响以其他相应的罪名对其进行追究。

2. 第三人具有负刑事责任的理论基础。在斡旋受贿中，行为人利用职务影响力进行斡旋的行为，使第三人受到思想压力，从而在是否利用职务为请托人谋取不正当利益的问题上，其自由意志受到了影响，但是，这种思想压力毕竟不同于一般受贿。因为在一般受贿中，行为人对第三人具有职务上的指挥、命令等制约关系，第三人对行为人的要求一般难以拒绝，必须服从或屈从。也就是说，第三人在是否按行为人的要求为职务行为的问题上，没有选择的余地，即没有意志自由，因而不具有负刑事责任的理论基础。而斡旋受贿中的行为人和第三人没有职务上的制约关系，第三人对行为人的要求并非不能拒绝，他在是否利用职务为请托人谋取不正当利益上，具有较大的意志自由。在这种情况下，第三人却仍然接受行为人的斡旋，利用职务为请托人谋取不正当利益。根据责任主义原则，他应对自己的意志选择承担责任，这就构成了第三人负刑事责任在主观方面的理论基础。

3. 第三人中造成法定危害后果的国家机关工作人员符合渎职罪的构成要件。首先，第三人实施的是渎职行为。第三人作为国家机关工作人员，理应恪尽职守，全心全意为人民服务。然而，却受他人斡旋，利用职务为请托人谋取不正当利益，即谋取违反法律、法规、国家政策和国务院各部门规章规定的利益，以及谋取违反法律、法规、国家政策和国务院各部门规章规定的帮助或者方便条件，其违背并亵渎职责的性质十分明显。其次，第三人的行为侵犯的是国家机关正常的职能活动。第三人不是代表自己而是代表国家机关进行活动，他们正确履行职责，是国家机关得以正常运转、职能得以实现的重要保证。然而，第三人却亵渎职责，为他人谋取不正当利益，其结果必然侵犯了国家机关正常的职能活动。再次，第三人的心理状态符合渎职罪主观方面的特征。渎职罪的主观方面有的是故意，有的是过失。第三人利用职务为请托人谋取不正当利益时的心理状态一般出于故意，即明知自己的行为会造成危害社会的结果，并且希望或者放任这种结果的发生，故符合渎职罪主观方面的要件。

综上所述，对第三人中致使公共财产、国家和人民利益遭受重大损失或者造成其他法定危害后果的国家机关工作人员，以渎职罪追究责任是适当的。

由于渎职罪是类罪，其具体罪名有 35 个之多，其中既有一般滥用职权罪、玩忽职守罪、徇私滥用职权罪、徇私玩忽职守罪，又有一系列特定机关工作人员在特别行业的渎职罪，而第三人渎职犯罪的分布也往往较广，会涉及多个罪名，因为从理论上说，凡有国家机关的地方，就存在着发生第三人被斡旋进行渎职犯罪的可能。因此，在追究第三人渎职犯罪的刑事责任时，应当根据各具体犯罪的特征，按相符的罪名定罪量刑。同时，由于第三人的行为是在行为人职务影响力的推动下实施的，其意志自由具有不完全性，因而一般可予酌情从轻处罚。

我国刑法贿赂犯罪制度的历史演变与特征之评析

戴玉忠*

自新中国成立以来，我国贿赂犯罪刑法制度，经历了1952年《中华人民共和国惩治贪污条例》①、1979年刑法典、1982年《全国人大常委会关于严惩严重破坏经济的罪犯的决定》、1988年《全国人大常委会关于惩治贪污罪贿赂罪的补充规定》、1995年《全国人大常委会关于惩治违反公司法的犯罪的决定》、1997年修订刑法和刑法修正案等立法过程。可以说，在新中国五十多年的刑法制度发展进程中，贿赂犯罪制度是变化较多、较频繁的一类犯罪。本文试就我国贿赂犯罪刑法制度的历史演变，谈谈我国贿赂犯罪刑法制度的特征。

一、新中国成立初期贿赂犯罪制度的主要特征

从1949年新中国成立到1979年7月我国第一部刑法典的诞生，我国经历了三十年没有刑法典的刑法制度时期。这期间的刑法制度表现形式，主要是单行刑法。1952年4月，中央人民政府制定颁布的《中华人民共和国惩治贪污条例》（以下简称《惩治贪污条例》），对贿赂犯罪作了规定。这是我国第一个关于贿赂犯罪的刑法规范。其主要特征是：

1. 受贿犯罪行为被规定为贪污罪。在《惩治贪污条例》中，受贿犯罪不作为独立的罪名，而是作为贪污罪来规定。《惩治贪污条例》第2条规定："一切国家机关、企业、学校及其附属机构的工作人员，凡侵吞、盗窃、骗取、套取国家财物，强索他人财物，收受贿赂以及其他假公济私违法取利之

* 最高人民检察院检察委员会副部级专职委员、大检察官，中国法学会常务理事、中国刑事诉讼法学研究会副会长、中国人民大学刑事法律科学研究中心主任、教授、博士生导师。

① 《中外反腐败实用全书》，新华出版社1994年版，第748页。

行为，均为贪污罪”。受贿罪和贪污罪都是职务犯罪，受贿罪不作为独立罪名，规定为贪污罪，是这一时期贿赂犯罪刑法规范的一个重要特征。

2. 受贿犯罪主体宽泛。根据《惩治贪污条例》第2条规定，“一切国家机关、企业、学校及其附属机构的工作人员”，都构成受贿犯罪主体。受贿犯罪主体范围比较宽泛，包括了一切机关、企业、学校及其附属机构的工作人员；但是，没有明确规定农村基层组织人员为受贿犯罪主体。

3. 受贿犯罪客观方面没有特别规定。在《惩治贪污条例》中，对受贿犯罪的客观方面，没有明确规定利用职务便利和为他人谋取利益。根据《惩治贪污条例》第2条规定，在犯罪客观方面的要求，是实施了“强索他人财物，收受贿赂”的行为。

4. 受贿犯罪数额标准明确规定。根据《惩治贪污条例》第3条规定，个人受贿不满一千万元（旧币，相当于现在的一千元）的，判处一年以下徒刑、劳役或管制；个人受贿一亿元（旧币，相当于现在的一万元）以上的，判处十年以上有期徒刑或无期徒刑；其情节特别严重的，判处死刑。这个犯罪数额标准，与20世纪80年代初掌握的犯罪数额标准相类似。

5. 行贿罪、介绍贿赂罪比照受贿罪处罚。《惩治贪污条例》第6条规定：“一切向国家工作人员行使贿赂、介绍贿赂者，应按其情节轻重参酌”受贿罪处罚。并规定了行贿罪、介绍贿赂罪行为人，“彻底坦白并对受贿人实行检举者，得判处罚金，免予其刑事处分”。“因被勒索而给予国家工作人员以财物并无违法所得者，不以行贿论。”实践中，行贿罪、介绍贿赂罪一般比受贿罪的处罚要轻，但作为刑法制度，其处刑是可以与受贿罪相当的，是作为重罪来规定的。

6. 胁迫、诱惑他人受贿犯罪从重或加重处罚。《惩治贪污条例》第6条规定：“凡胁迫或诱惑他人收受贿赂者，应从重或加重处罚。”体现了当时严厉打击胁迫、诱惑他人受贿犯罪的刑事政策。

二、1979年刑法典中贿赂犯罪规定的主要特征

1979年7月，我国召开了五届全国人大第二次全体会议。这是我国法制进程中，特别是刑事法律制度建设中，具有划时代意义的一次会议。这次会议，结束了我国建国三十年没有刑法典、刑事诉讼法典的历史；同时，重新制定了人民法院组织法、人民检察院组织法，使我国的刑事司法体制开始了一个新的历史时期。1979年刑法典分为总则、分则，共192条。分则设八章，第八章为渎职罪，贿赂犯罪列渎职罪一章之首，规定在第185条。1979年刑法典中关于贿赂犯罪规定的主要特征是：

1. 受贿犯罪作为独立罪名。如前所述，在《惩治贪污条例》中，受贿犯罪是作为贪污罪来处理的。1979年刑法典把贿赂罪独立设置，而且与贪污罪分别规定在渎职罪和侵犯财产罪两章，明确了贪污罪和受贿罪侵害的主要犯罪客体，分别为公共财物所有权和妨害国家机关的正常活动、国家工作人员职务的廉洁性。

2. 受贿犯罪主体为国家工作人员。根据1979年刑法第185条和第83条的规定，“国家工作人员是指一切国家机关、企业、事业单位和其他依照法律从事公务的人员”。在当时的社会管理和经济体制下，这样的犯罪主体规定，应当是囊括了所有依法从事公务活动的人员，包括农村基层组织人员。

3. 受贿罪客观方面要求利用职务便利。根据1979年刑法第185条规定，国家工作人员利用职务上的便利，收受贿赂的，构成受贿罪。《惩治贪污条例》中的受贿罪，没有明文规定“利用职务上的便利”。1979年刑法增加了“利用职务上的便利”的规定，把那些没有利用职务便利收受财物的行为，排除在受贿犯罪之外，与《惩治贪污条例》的规定比较，这样规定严格界定了受贿罪的范围。

4. 受贿犯罪数额标准没有作规定。1979年刑法典没有规定受贿犯罪数额标准，也没有像刑法第151条规定的盗窃、诈骗、抢夺罪，要达到数额较大，才构成犯罪。当然，按1979年刑法第10条规定，情节显著轻微、危害不大的，不认为是犯罪。没有规定犯罪数额标准，具有较大的灵活性，也有利于保持法律的稳定性。当时司法实践掌握，涉嫌犯罪数额1000元以上的，应当立案侦查。

5. 受贿犯罪最高法定刑为有期徒刑15年。1979年刑法对受贿罪没有规定死刑，分为五年以下和以上两个刑罚规格，一般处五年以下有期徒刑或者拘役；致使国家或者公民利益遭受严重损失的，处五年以上有期徒刑。这表明，在1979年立法时，受贿犯罪没有作为最严重的犯罪，没有对其规定最严厉的刑罚——死刑。

6. 行贿罪、介绍贿赂罪作为轻罪规定。1979年刑法第185条规定，“向国家工作人员行贿或者介绍贿赂的，处3年以下有期徒刑或者拘役”，最高法定刑为三年。这不同于《惩治贪污条例》规定的可以参酌受贿罪判处；也不同于现行刑法规定的，行贿罪最高可以判处无期徒刑。1979年刑法把行贿罪、介绍贿赂罪，是作为轻罪规定的。

三、1982年《关于严惩严重破坏经济的罪犯的决定》中贿赂犯罪规定的主要特征

1982年初，面对严重的经济犯罪形势，中央采取了一系列行动。1982年

1月，中共中央印发了《严厉打击破坏经济犯罪的紧急通知》；1982年2月，《红旗》杂志发表了《领导干部违法要从严处理》的评论员文章，《人民日报》发表了社论：《坚决打击经济领域的犯罪活动》；1982年4月10日，中央政治局召开会议，邓小平同志在会议上指出："我们要有两手，一手就是坚持对外开放和对内搞活经济，一手就是坚持打击经济犯罪活动"[①]；中共中央、国务院于1982年4月13日作出了《关于打击经济领域中严重犯罪活动的决定》。[②] 五届全国人大常委会二十二次会议于1982年3月8日作出《关于严惩严重破坏经济的罪犯的决定》（以下简称《决定》），对受贿犯罪作出了新规定。主要特征是：

1. 受贿犯罪主体进一步明确。《决定》第1条第1项第2款规定："本决定所称国家工作人员，包括在国家各级权力机关、各级行政机关、各级司法机关、军队、国营企业、国家事业机构中工作的人员，以及其他依照法律从事公务的人员。"这一规定，与1979年刑法第83条关于国家工作人员的规定没有实质区别，主要是明确了《决定》在国家工作人员问题上的适用范围，使受贿犯罪主体进一步明确。

2. 增加了索贿罪的规定。《决定》第2条第2项，对刑法第185条的规定作了修改，增加了"国家工作人员索取贿赂"的规定。《决定》修订了1979年刑法受贿犯罪的规定，新增加索贿犯罪的规定，这是《决定》的一个突出特征。索贿是贿赂犯罪中比较严重的一种行为，在犯罪构成条件上与受贿罪是不同的。

3. 受贿罪的法定刑提高到死刑。《决定》第2条第2项规定，索贿、受贿"比照刑法第155条贪污罪论处；情节特别严重的，处无期徒刑或者死刑。"1979年刑法第155条的贪污罪最高法定刑为死刑，第185条的受贿罪最高法定刑为有期徒刑15年。《决定》的规定，实际上是修订了刑法，恢复了50年代初《惩治贪污罪条例》关于贿赂犯罪法定最高刑为死刑的规定，改变了1979年刑法第185条受贿罪最高法定刑15年有期徒刑的规定。

4. 对受贿罪共犯作了规定。根据《决定》第1条第3项规定，国家工作人员、国家工作人员亲属和已离职的国家工作人员，犯包庇、窝藏罪或毁证、伪证罪等罪行，事前与受贿、索贿行为人通谋的，以共同犯罪论处。

① 见中国检察理论研究所编：《邓小平论反腐败斗争》，中国检察出版社1995年版，第173页。
② 见《中外反腐败实用全书》，新华出版社1994年版，第721页。

四、1988 年《补充规定》中贿赂犯罪规定的主要特征

1988 年 1 月 21 日，六届全国人大常委会二十四次会议作出了《关于惩治贪污罪贿赂罪的补充规定》（以下简称《补充规定》），将贪污、贿赂、挪用公款三类犯罪集中在一个“规定”里，改变了 1979 年刑法分则按照犯罪客体进行分类规定的做法。其中，关于贿赂犯罪的规定，主要有以下特征：

1. 受贿犯罪主体作了新表述。1979 年刑法和 1982 年《决定》中的贿赂犯罪主体，为国家工作人员，包括“一切国家机关、企业、事业单位和其他依照法律从事公务的人员”。[①]《补充规定》把受贿犯罪主体规定为“国家工作人员、集体经济组织工作人员或者其他从事公务的人员”。[②] 1979 年刑法第 83 条规定的国家工作人员，包括集体经济组织工作人员、其他依照法律从事公务的人员。《补充规定》的表述，把受贿犯罪主体分为三种身份，把国家工作人员与集体经济组织人员、其他依法从事公务人员并列，改变了 1979 年刑法典的表述方式和国家工作人员的基本含义。

2. 受贿罪客观方面要求为行贿人谋取利益。《补充规定》第 4 条规定：“国家工作人员、集体经济组织工作人员或者其他从事公务的人员，利用职务上的便利，索取他人财物的，或者非法收受他人财物为他人谋取利益的，是受贿罪。”只有行为人实施了为行贿人谋取利益的行为，才构成受贿罪。实践中，收钱不办事的大有人在。《补充规定》这样规定，严格限定了受贿犯罪的范围。收受财物，没有实施为行贿人谋取利益行为的，不构成受贿罪。

3. 受贿罪共犯问题作了明确规定。《补充规定》第 4 条第 2 款规定：“与国家工作人员、集体经济组织工作人员或者其他从事公务的人员勾结，伙同受贿的，以共犯论处。”这样规定，明确了不论是否是国家工作人员，只要与法定受贿犯罪主体相勾结、伙同受贿，就构成受贿罪共犯。这样规定，有利于严厉惩治受贿犯罪。

4. 收受回扣、手续费的以受贿论处。《补充规定》第 4 条第 3 款规定：“国家工作人员、集体经济组织人员或者其他从事公务的人员，在经济交往中，违反国家规定收受各种名义的回扣、手续费，归个人所有的，以受贿论处。”这里的“违反国家规定”，是指违反全国人大及其常委会制定的法律、国务院制定的行政法规和行政措施、发布的决定和命令。《中华人民共和国反不正当竞争法》和国务院办公厅 1986 年发布的《关于严禁在社会经济活动中

① 见 1979 年刑法第 83 条、全国人大常委会《关于严惩严重破坏经济的罪犯的决定》第 1 条。

② 见全国人大常委会《关于惩治贪污罪贿赂罪的补充规定》第 4 条。

牟取非法利益的通知》等，对禁止在经济往来中收受回扣以及各种名义的手续费作了规定。

5. 规定了受贿犯罪数额标准。根据《补充规定》，个人受贿数额不满2000元，情节严重的，处2年以下有期徒刑或者拘役；一般以2000元作为犯罪标准；受贿数额在5万元以上，情节特别严重的，处死刑；受贿数额在1万元以上，使国家利益或者集体利益遭受重大损失的，处无期徒刑或者死刑。以立法的形式明确规定犯罪数额标准，改变了1979年刑法典不规定受贿犯罪数额标准的做法，恢复了1952年《惩治贪污条例》规定数额标准的做法。这样以法律形式明确受贿犯罪数额标准，有利于统一适用法律。

6. 规定了单位索贿、受贿罪。《补充规定》第6条规定："全民所有制企业事业单位、机关、团体，索取、收受他人财物，为他人谋取利益，情节严重的处罚金，并对其直接负责的主管人员和其他直接责任人员，处5年以下有期徒刑或者拘役。"这是第一次以刑法规范的形式，规定单位索贿、受贿犯罪的刑事责任，明确了单位索贿、受贿犯罪的主体范围、客观方面和处罚方式等。

7. 提高了行贿罪最高法定刑。《补充规定》第8条规定，犯行贿罪，情节特别严重的，处无期徒刑。1979年刑法规定的行贿罪，最高法定刑是三年。《补充规定》作这样规定，加大了对行贿犯罪的惩治力度。

8. 规定了巨额财产来源不明罪。《补充规定》第11条规定，国家工作人员的财产或者支出明显超过合法收入，差额巨大的，本人不能说明其来源是合法的，差额部分以非法所得论，处五年以下有期徒刑或者拘役。这是一个新罪名，对财产或者支出明显超过合法收入、差额巨大的国家工作人员，在本人不能说明其来源是合法的情况下，以巨额财产来源不明罪追究刑事责任。有学者称，这是关于准受贿罪的规定。

五、1995年《关于惩治违反公司法的犯罪的决定》中贿赂犯罪规定的主要特征

八届全国人大常委会十二次会议于1995年2月28日作出的《关于惩治违反公司法的犯罪的决定》，对公司人员受贿犯罪作出了新的规定。其主要特征是：

1. 规定了公司人员受贿犯罪的主体。根据《关于惩治违反公司法的犯罪的决定》第9条规定，公司人员受贿罪，犯罪主体为公司董事、监事或者其他职工。即：有限责任公司、股份有限公司的董事、监事和其他职工。

2. 对公司人员受贿罪客观方面作了规定。根据《关于惩治违反公司法的

犯罪的决定》第9条规定，公司人员受贿罪客观方面为利用职务上的便利，索取或者收受贿赂，数额较大。没有明确规定，为行贿人谋取利益。

3. 规定了公司人员受贿罪最高法定刑。《关于惩治违反公司法的犯罪的决定》规定，公司人员受贿罪的最高法定刑为有期徒刑15年。这使企业人员的受贿犯罪在法定刑上，区别于国家工作人员的受贿罪，限定了最高法定刑为有期徒刑15年，取消了原来对公司人员可以判处无期徒刑、死刑的规定。同时，也会出现共同受贿犯罪中，由于犯罪主体不同，处罚不同的情况。

4. 对其他企业职工犯受贿罪适用法律作了规定。根据《关于惩治违反公司法的犯罪的决定》第14条规定，有限责任公司、股份有限公司以外的企业职工，犯受贿罪的，适用公司人员犯罪的规定。

5. 对在公司工作的国家工作人员受贿罪适用法律作了规定。根据《关于惩治违反公司法的犯罪的决定》第12条规定，国家工作人员犯公司人员受贿罪的，适用《关于惩治贪污罪贿赂罪的补充规定》。这表明，在法定刑上，在公司工作的国家工作人员犯受贿罪的，仍可以判处无期徒刑、死刑。这样规定，使同在公司、企业工作的人员犯受贿罪的，由于主体不同，处罚可以不同。这体现了对国家工作人员犯受贿罪从严的政策。

六、1997年修订刑法和刑法修正案中贿赂犯罪规定的主要特征

1997年3月，八届全国人民代表大会第五次会议对刑法作了全面修订。在修订刑法的分则中，单设了"贪污贿赂罪"一章。将企业人员受贿罪，规定在破坏社会主义市场经济秩序罪中的"妨害对公司、企业人员的管理秩序罪"一节里。2006年6月29日，全国人大常委会通过了《刑法修正案(六)》，对企业人员受贿罪的主体范围作出了新规定。这些现行的刑法制度，关于贿赂犯罪的规定，主要特征是：

1. 国家工作人员受贿犯罪主体含义上的变化。修订后刑法第385条规定的受贿罪犯罪主体，仍表述为"国家工作人员"；但在含义上已有变化。1979年刑法第83条和1982年《决定》中的"国家工作人员"，包括"一切国家机关、企业、事业单位和其他依照法律从事公务的人员"；1988年《补充规定》所指的国家工作人员，包括国家机关、国有企业、事业单位人员，不包括集体经济组织人员和其他依法从事公务人员。而1997年修订刑法规定的国家工作人员，按修订刑法第93条第1款的规定，"是指国家机关中从事公务的人员"。这使得"国家工作人员"的范围更小了。按照修订刑法第93条第2款的规定，"国有公司、企业、事业单位、人民团体中从事公务的人员和国家机关、国有公司、企业、事业单位委派到非国有公司、企业、事业单位、社会

团体从事公务的人员，以及其他依照法律从事公务的人员”，“以国家工作人员论”。其中的“其他依照法律从事公务的人员”，全国人大常委会于 2000 年 4 月作出立法解释，明确了村民委员会等村基层组织人员协助人民政府从事行政管理工作的七种情形，“属于刑法第 93 条第 2 款规定的‘其他依照法律从事公务的人员’”。

2. 犯罪数额标准的变化。修订刑法，把一般的受贿犯罪数额标准定在 5000 元；不满 5000 元，情节较重的，处 2 年以下有期徒刑或者拘役。把判处死刑的犯罪数额，规定为 10 万元以上，情节特别严重的。这就较大幅度地提高了 1988 年《补充规定》确定的犯罪数额标准。而 1997 年修订刑法实施以来，司法实践中掌握的受贿犯罪数额标准，在经济较为发达的地区，还要高出相当一个幅度。在死刑适用数额上，实际掌握的数额比法定数额要高很多。

3. 删去了 1988 年《补充规定》中受贿共犯的规定。在 1997 年修订刑法中，没有保留 1988 年《补充规定》中关于“与国家工作人员、集体经济组织人员或者其他从事公务人员勾结，伙同受贿的，以共犯论处”的规定。而 1997 年修订刑法中关于贪污罪的第 382 条，保留了类似的共犯规定。对这一变化的理解，在理论上和实践中，出现了不同的认识。

4. 规定了斡旋受贿罪。修订刑法第 388 条规定，国家工作人员利用本人职权或者地位形成的便利条件，通过其他国家工作人员职务上的行为，为请托人谋取不正当利益，索取请托人财物或者收受请托人财物的，以受贿论处。利用本人职权或者地位形成的便利条件，包括利用上下级之间的隶属关系，利用部门、单位之间的工作关系等，让其他国家工作人员为请托人办事。这里所说的“谋取不正当利益”，是指根据法律和有关政策规定，不应得到的利益。如果为请托人谋取的是正当的利益，不构成本条规定的犯罪。

5. 对向单位行贿犯罪作了规定。修订刑法第 391 条规定，为谋取不正当利益，给予国家机关、国有公司、企业、事业单位、人民团体以财物的，或者在经济往来中，违反国家规定，给予各种名义的回扣、手续费的，处三年以下有期徒刑或者拘役。单位犯前述罪的，对单位判处罚金；对直接负责的主管人员和其他直接责任人员，依照前述规定处罚。

6. 对单位向个人行贿犯罪作了规定。修订刑法第 393 条规定，单位为谋取不正当利益而行贿，或者违反国家规定给予国家工作人员以回扣、手续费，情节严重的，对单位判处罚金，并对其直接负责的主管人员和其他直接责任人员，处五年以下有期徒刑或者拘役。

7. 对企业人员受贿罪作了新规定。在 1995 年《关于惩治违反公司法的犯罪的决定》对公司、企业人员受贿罪规定的基础上，1997 年修订刑法对企业人员受贿罪作了新规定。修订刑法第163条规定，“公司、企业的工作人员利用职务上的便利，索取他人财物或者非法收受他人财物，为他人谋取利益，数额较大的”，构成公司、企业人员受贿罪；数额巨大的，处五年以上有期徒刑；公司、企业的工作人员在经济往来中，违反国家规定，收受各种名义的回扣、手续费，归个人所有的，依照公司、企业人员受贿罪的规定处罚。国有公司、企业中从事公务的人员和国有公司、企业委派到非国有公司、企业从事公务的人员，有前述两类行为的，依照刑法第385条、第386条的规定定罪处罚。2006年6月，全国人大常委会通过的《刑法修正案（六）》第7条，对修订刑法第163条的规定作了修正，在犯罪主体表述上，增加了“其他单位的工作人员”的规定，扩大了犯罪主体范围。

七、我国现行刑法贿赂犯罪制度几个问题的分析

（一）贿赂犯罪刑法制度与惩治贿赂犯罪的需要

党的十六大报告指出：“坚决反对和防止腐败，是全党一项重大政治任务。不坚决惩治腐败，党同人民群众的血肉联系就会受到严重损害，党的执政地位就有丧失的危险，党就有可能走向自我毁灭。”“无数事实告诉我们：腐败是发展的最大障碍。腐败扭曲了竞争，破坏了民主、国家的信誉、政府的合法性、公务员的廉洁性、公认的美德，破坏了公众与政府机构和公务员的关系，加深了穷人与富人之间的鸿沟，激化了社会矛盾，腐败甚至会使国家崩溃或政权更替。”[①] 贿赂犯罪是最严重的腐败问题之一。我们党和国家历来重视反腐败和惩治贿赂犯罪的斗争，并取得了很大成绩。狠抓大要案的查处和加强预防工作，是一个时期以来反贿赂犯罪斗争的工作重点。刑法在反腐败、惩治贿赂犯罪中的作用，虽然不是万能的，但它是很重要的。一方面，从上述贿赂犯罪刑法制度的演变和特征可以看出，国家在不断地调整贿赂犯罪的规定；与其他犯罪规定相比，贿赂犯罪刑法规范的调整，是最频繁的。另一方面，贿赂犯罪又相当严重地存在，犯罪数额大，犯罪主体身份高，在一些领域常常出现“前腐后继”、窝案串案等现象。刑法在遏制贿赂犯罪发展势头方面，作用似乎不是很明显。这就不能不让我们思考，如何发挥刑法规范在惩治、预防、警示贿赂犯罪斗争中的作用。协调、完善贿赂犯罪立法，满足反贿赂斗争需要，是我们应当重视研究的问题。应当注重贿赂犯罪刑法立法与惩治贿赂犯罪实际需要的协调，针对我国贿赂犯罪的严重情况和犯罪

① 陈卫东主编：《腐败控制论》，中国方正出版社2000年版，“前言”第1页。

规律、特点，建构科学的惩治贿赂犯罪刑法规范。

（二）受贿犯罪主体的立法与适用

犯罪主体是犯罪构成的基本要件，是犯罪行为的实施者和应当承担刑事责任的载体。从前述我国贿赂犯罪刑法制度的演变特征可以看出，我国受贿罪的主体在表述上和不同主体的刑事责任上，都有很大的变化。1952 年《惩治贪污条例》的规定是“一切国家机关、企业、学校及其附属机构的工作人员”；1979 年刑法第 83 条的表述是“本法所说的国家工作人员是指一切国家机关、企业、事业单位和其他依照法律从事公务的人员”；1988 年《补充规定》对受贿罪主体的表述是“国家工作人员、集体经济组织工作人员或者其他从事公务的人员”；1995 年《关于惩治违反公司法的犯罪的决定》，对公司、企业人员受贿罪的主体，规定为“公司董事、监事或者职工”；1997 年修订刑法第 93 条，对受贿罪主体“国家工作人员”的界定是：“本法所称国家工作人员，是指国家机关中从事公务的人员”，“国有公司、企业、事业单位、人民团体中从事公务的人员和国家机关、国有公司、企业、事业单位委派到非国有公司、企业、事业单位、社会团体从事公务的人员，以国家工作人员论”，修订刑法第 163 条规定的企业人员受贿罪主体是“公司、企业的工作人员”；2000 年 4 月全国人大常委会关于刑法第 93 条第 2 款的解释，对村民委员会等村基层组织人员协助人民政府从事的七种行政管理工作，规定为属于刑法第 93 条第 2 款规定的“其他依照法律从事公务的人员”；2006 年 6 月的刑法修正案（六），在企业人员受贿罪主体表述上增加了“其他单位的工作人员”，扩大了修订刑法第 163 条规定的受贿罪主体范围。同时，自 1995 年《关于惩治违反公司法的犯罪的决定》设立企业人员受贿罪以来，企业人员受贿罪的最高法定刑是 15 年有期徒刑，而国家工作人员犯受贿罪的最高法定刑是死刑。刑法贿赂犯罪主体规范的演变和立法表述的复杂性以及人们对法律认知程度的差别，造成了现行法律适用的不协调。一是企业改制、企业管理转轨、企业管理人员身份复杂，出现在同一企业实施相同犯罪行为，因主体身份不同，而适用法律不同的问题。二是农村基层组织人员，1979 年刑法作为“国家工作人员”，现行法律缺乏明确界定；2000 年 4 月，全国人大常委会对刑法第 93 条第 2 款所作立法解释，明确 7 种行为属于刑法第 93 条第 2 款规定的“其他依照法律从事公务的人员”，并没有全面解决农村基层组织人员的职务犯罪主体身份归属问题，这对于长期以主体身份划分受贿犯罪种类的做法，无疑是一个缺憾。三是在刑事诉讼职能管辖规定中，以主体身份划定公安机关与检察机关的职务犯罪受案范围，由于一些人的主体身份不明，或主体明确，但由于对管辖规定的认识理解不一致，往往出现公安机关、检察机关都不受理的情况；也有的属于公安机关管辖，而检察机关受理立案的情况。这些问题，影响了受贿案件的查处和法律适用。产生这些问题，法律关于主体规定的变化频繁和法律表述复杂化是一个重要原因。研究从立法上解决这些问题，有利于准确、统一适用法律，有利于贿赂犯罪案件的查处。

（三）受贿犯罪数额标准的规定与适用

刑法对受贿犯罪规定了数额标准，这为统一适用法律和查处案件提供了依据。综观我国刑法分则关于犯罪标准的规定，有数额规定的是少数条款。受贿犯罪数额标准适用上的问题主要表现在：一是从 1988 年《补充规定》到 1997 年修订刑法，十年间犯罪数额标准提高了约一倍多；1997 年修订刑法至今也十年了，随着经济的发展，人们提高数额标准的心理和实际做法已经存在，因此带来了实际做法与立法标准和罪刑法定原则的不协调。二是地区经济发展不平衡，同样的人民币数额，在经济发达地区和欠发达地区的实际价值是有区别的，在人们的心理上也是有区别的，于是带来同一部刑法规定的同样数额的受贿案件，出现差别较大的不同处罚的情况，这与坚持刑法第 4 条规定的“对任何人犯罪，在适用法律上一律平等”的刑法原则，是不协调的。三是法律规定了犯罪数额标准，而实践中又不能严格执行，有的地方实际掌握的追究犯罪的数额标准，甚至高出法定标准几倍、乃至十几倍，这与严格执行刑法第 3 条、第 5 条规定的罪刑法定原则、罪刑相适应原则是不协调的。四是法律应当保持相对稳定，犯罪数额标准一经写到法上，就不能朝令夕改，保持法律稳定与实践中相当一些地方不执行法定数额标准，出现了不协调。1952 年的《惩治贪污条例》规定了贪污、受贿犯罪的定罪、量刑标准；1979 年刑法和 1982 年《决定》没有规定贪污、受贿犯罪数额标准；1988 年《补充规定》规定了贪污、受贿犯罪和量刑的数额标准；1997 年刑法提高了贪污、受贿犯罪的数额标准。这个演变过程，给了我们一些启示，研究和解决刑法制度受贿犯罪数额存在的问题，对科学地建构职务犯罪刑法制度、严格执行法律、准确地惩治犯罪，是有必要和有意义的。

（四）“为他人谋取利益”与受贿罪构成要件

受贿罪是权钱交易型犯罪。“在权钱交易型犯罪中，作为交易一方的买权者即行贿者，与交易另一方的卖权者即受贿者，存在密切的关系。在一般情况下，没有行贿就没有受贿，反之亦然。贿赂的具体原因和情况固然千差万别，然而，都是以某种利益的付出为代价换取受贿者职务上或工作上的帮助。”[①] 传统意义上的受贿，是有权的人被财物买通，而为他人谋利。而实践中，一是某些人收了财物，就没有想为他人办事；二是收了财物，因某种原因，无法为他人办事；三是某些人搞“感情投资”，送财物前后一个时期内，不提及谋取利益之事，相信有所求的时候，自然会受到“关照”。“为他人谋取利益”，才构成受贿罪；而相当一些人认为，收受财物不为他人谋取利益更恶劣。法律规定，前者为受贿罪、后者不是受贿罪，在罪与非罪问题上，使一些人规避法律、逃避制裁有机可乘。

（五）国家机关作为单位受贿犯罪主体的规定与法律适用

1988 年《补充规定》第 6 条对单位受贿罪作了规定。1997 年修订刑法在总则中对单位犯罪作了基本规定，刑法分则第 387 条对单位受贿罪的规定是：“国家机关、国有公司、企业、事业单位、人民团体，索取、非法收受他人财物，为他人谋取利益，情节严重的”，构成单位受贿罪。主要问题，一是法律明文规定“国家机关”作为单位受贿罪主体，在实践中难以落实，有执法不严、违反罪刑法定原则的问题；二是国家机关，包括国家权力机关、行政机关、军事机关、司法机关涉嫌犯罪送上法庭，不仅难度大，也影响这些单位的威信，而这样的单位一旦犯罪，不送上法庭，也有损罪刑法定原则，有损法律权威；三是在单位犯罪中，对单位的处罚是判处罚金，而作为国家机关的资金来源于国库，用国库的钱交罚金给国库，于理不通。国家机关作为单位犯罪主体，在实践中是严格执行法律，还是对个别的国家机关犯罪“网开一面”？这是实践问题，也是对这一法律规定的可行性的考问。

（六）受贿罪共犯立法与适用

1988 年《补充规定》第 4 条第 2 款规定：“与国家工作人员、集体经济组织人员或者其他从事公务的人员勾结，伙同受贿的，以共犯论处。”该规定第 1 条第 2 款，对贪污罪的共犯问题，也作了类似规定。1997 年修订刑法，保留了贪污罪共犯的规定，取消了受贿罪共犯的规定。于是，出现了两种不同的认识，一是认为可以按照刑法总则第 25 条关于共犯的规定，对与国家工作人员勾结、伙同受贿的，认定共犯；另一种意见认为，受贿罪是权钱交易的犯罪，是特殊犯罪主体，对不具有法定主体身份的人，在法律没有特别规定的情况下，不能定共犯；如果法律没有特别规定，可以按照总则关于共犯的规定，认定为共犯，修订刑法第 382 条第 3 款关于贪污罪共犯的规定，就是多此一举；并认为，修订刑法没有保留 1988 年《补充规定》中关于受贿罪

① 李希慧主编：《贪污贿赂罪研究》，知识产权出版社 2004 年版，第 111—112 页。

共犯的规定，不是立法的疏忽，而是立法上认为贪污罪与受贿罪的行为特征不同，受贿罪是权钱交易型犯罪，没有权力的人不构成本罪；贪污是侵财型犯罪，帮助他人实施侵犯公共财物所有权的行为，应当定共犯。立法上的变化和现行法律不作明确规定，带来理解上的分歧和执法上的不协调。立法解释是可以解决这些问题的。

商业贿赂犯罪有关适用法律问题研究

韩耀元*

在办理商业贿赂犯罪案件过程中有一些适用法律问题需要研究，有的需要统一认识，有的需要司法解释明确，有的需要通过修改刑法解决，现择其要者与方家同仁探讨。

一、关于商业贿赂犯罪的范围及管辖问题

（一）关于商业贿赂犯罪的范围问题

商业贿赂犯罪的范围法律上没有明确的界定，刑法关于贿赂犯罪的规定有八种，即公司、企业、其他单位人员受贿罪（刑法第163条），对公司、企业、其他单位人员行贿罪（刑法第164条），受贿罪（刑法第385条），单位受贿罪（刑法第387条），行贿罪（刑法第389条），对单位行贿罪（刑法第391条），介绍贿赂罪（刑法第392条），单位行贿罪（刑法第393条）。我们认为，这八种贿赂犯罪尽管不是专门的商业贿赂犯罪，但商业贿赂犯罪行为都能够按照刑法对这八种贿赂犯罪的规定处理。

（二）关于商业贿赂犯罪的管辖问题

目前商业贿赂犯罪的管辖存在二元化的问题，即按照刑事诉讼法第18条的规定，刑法第163条规定的公司、企业、其他单位人员受贿罪，第164条规定的对公司、企业、其他单位人员行贿罪由公安机关管辖以外，其他商业贿赂犯罪由检察机关管辖。

由于商业贿赂犯罪案件的特殊性，在司法实践查处商业贿赂案件过程中，经常会遇到查处的案件既涉及检察机关管辖的国家工作人员受贿犯罪又涉及公安机关管辖的公司、企业、其他单位人员受贿犯罪。这种案件的复杂性和管辖二元化，在实践中容易引起管辖争议。

---

* 最高人民检察院法律政策研究室副厅级检察员、处长、法学博士。

对于管辖交叉的问题，1998年1月“六部委”《关于刑事诉讼法实施中若干问题的规定》中也有原则规定，即如果涉嫌的主罪属于公安机关管辖，由公安机关为主侦查，检察机关予以配合；如果涉嫌的主罪属于检察机关管辖，由检察机关为主侦查，公安机关予以配合。实践中需要明确的是什么是主罪，以及如果无法区分主、从罪时，是由检察机关为主侦查，还是由公安机关为主侦查？这些问题需要司法解释予以明确，否则将不利于对商业贿赂犯罪案件的有效查处。

二、关于商业贿赂犯罪主体方面的问题

（一）关于公立医疗机构（包括医院、门诊部）医生能否成为受贿罪主体问题

实践中，对于公立医疗机构的管理者，如院长、有关职能部门负责人、科室负责人、采购、会计、出纳等人员，利用职务上的便利，违反国家规定收受各种名义的药品回扣、手续费归个人所有的行为构成受贿罪，没有争议。但对于普通临床医生收受药品回扣的行为是否构成犯罪，分歧较大。一种观点认为，医生的上述行为构成受贿罪。如有的指出：（1）国有医院和其他国有事业单位一样，都是由政府权力分化而来，即使有的单位并无财政拨款，但其初期投入仍是国有资金，从历史的延续性考虑，目前仍应将这些单位的工作看做是公务行为。（2）处方权是医院管理权的延伸，因为医院购什么药由药事委员会决定，但用什么药、用量多少，则由医生决定，医生开处方的行为也是医院管理活动的组成部分[①]。有的指出，医生通过“多开药、开贵药”等方式帮助药商销售药品，实际上等于介入了对药品的管理工作。处方行为既是技术性活动，也是具有管理性质的职务行为，正因为此，行贿的药商才会把触角从行政领导、采购主管人员延伸到具有开处方权的医生身上[②]。

另一种观点认为，医生的上述行为不构成受贿罪。如有的指出：（1）普通的临床医生并不行使国家权力，所以当然不符合受贿罪的构成要件中主体的规定。（2）临床医生开具处方是利用自己的专业知识为病人服务的行为，并不具有“管理”性质，因此处方行为并不属于公务活动范畴，是利用了替病人诊断用药的职业上的便利而非利用职务上的便利，处方权是医生的一种技术权利[③]。有的指出，普通的医生在诊疗活动中提供的是劳务或者说是技术

① 曲新久：“开处方收回扣就是受贿”，载《荆楚网》2004年6月3日。

② 裴显鼎：“严格区分商业贿赂罪与非罪的界限”，载《法制日报》2006年8月30日。

③ 陈兴良：“北大刑法学教授认为医生收取回扣不构成受贿罪”，载人民网2004年5月19日。

性服务。他们的工作职责与具有组织、领导、监督、管理等职责和手中握有药品和器械购销实权的领导者、管理者有本质区别。医生给患者看病、开方治病，是提供技术性服务的一个完整活动，是诊病、治疗活动的必然延伸①。

笔者认为，普通临床医生收受药品回扣的行为能否构成犯罪的问题，这既涉及法律的正确适用，也涉及政策的把握，涉及治理商业贿赂工作的健康开展。从实践反映的情况来看，国有医院的医生收受回扣的情形有两种：第一是积极建议医院购买某种特定药品，并从中收取药商回扣；第二是开处方收取处方药回扣。对于第一种情况，当然应当认定医生积极参与了药品购销管理活动，属于从事公务。对于第二种情况，也应当能够成立受贿罪。理由是：(1) 医院的药品购销行为属于公务行为。(2) 医生开处方行为是医院药品购销活动的重要组成部分。首先，医生处方行为是对药品进行选择的行为，所行使的是药品的选择权。其次，医生开处方行为是对药品的销售行为，所行使的是药品的销售权。再次，医生的处方行为也是药品的采购行为，所行使的是间接的药品采购权。(3) 医生收受药品回扣所利用的不是处方权而是药品购销权。(4) 医生收受药品回扣以受贿定性有明确法律依据。全国人大常委会于2001年2月28日修订通过、2001年12月1日起施行的《中华人民共和国药品管理法》第91条第2款规定："医疗机构的负责人、药品采购人员、医师等有关人员收受药品生产企业、药品经营企业或者其代理人给予的财物或者其他利益的……构成犯罪的，依法追究刑事责任。"该法律修订于刑法修改之后，是刑法有关规定在药品管理领域的具体化。公立医疗机构医生收受药品厂商财物，构成犯罪的，在刑法中相应的罪名只能是受贿罪②。

(二) 关于刑法第163条、第164条规定的"其他单位"的具体范围问题

刑法修正案（六）修改了刑法第163条、第164条的规定，将主体范围扩大到其他单位的工作人员。

笔者认为，"其他单位"的具体范围应当是指公司、企业以外的单位，如由县级以上各级人民政府及其主管部门批准成立并登记或者备案的医疗机构、学校、科研院所、出版社等事业单位，在县级以上人民政府民政部门登记的协会、学会等社会团体，农村村民委员会、城市居民委员会，以及为组织体育赛事、文艺演出或者其他公益性活动而成立的组织、机构等。对于上述单位的工作人员如果利用职务上的便利，索取或者非法收受他人财物，为他人

① 黄太云："办理商业贿赂犯罪案件应当注意区分的几个法律界限"，载《人民检察》2006年6月（下）。

② 朱孝清："也谈医生收受药品回扣的定性"，载《人民检察》2004年第11期。

谋取利益的，或者在经济往来中，利用职务上的便利，违反国家规定，收受各种名义的回扣、手续费，归个人所有的，以及为谋取不正当利益，给予上述单位的工作人员以财物的，应当按照刑法第163条、第164条的规定追究刑事责任。

三、关于商业贿赂犯罪对象方面的适用法律问题

(一) 关于贿赂对象“财物”的具体范围问题

随着社会主义市场经济秩序的建立和发展，商业贿赂犯罪出现了许多新情况，更具隐蔽性、复杂性，权钱交易由“直接”变为“间接”、由“现货”变为“期权”。贿赂手段不断翻新，贿赂的形式和载体由传统的钱、物变得形形色色。如以买卖房屋、汽车等交易形式收受贿赂，收受干股，以开办公司等合作投资名义收受贿赂，以委托请托人投资证券、期货名义收受贿赂，以赌博形式收受贿赂，特定关系人“挂名”领取薪酬收受贿赂等，这些手段和形式的贿赂能否认为属于“财物”，理论和实践均存在不同认识。2007年7月8日，“两高”制定的《关于办理受贿刑事案件适用法律若干问题的意见》，对以交易形式收受贿赂、收受干股、以开办公司等合作投资名义收受贿赂、以委托请托人投资证券、期货或者其他委托理财的名义收受贿赂、以赌博形式收受贿赂、特定关系人“挂名”领取薪酬、由特定关系人收受贿赂、在职为请托人谋利离职后收受财物等问题的罪与非罪的界限作了明确具体规定，实际上是认为这些手段和形式的贿赂属于“财物”。但是随着经济和社会的发展变化，人们的收入途径和消费方式还在不断变化，可供人们支配的利益越来越丰富、复杂，如债权的设立、债务的免除、提供免费旅游、出国学习、晋职晋级、宣传报道等，有的可以用金钱来计量，有的不能完全用金钱来计量，但都可以作为商业贿赂的对象，其危害性与财物贿赂并无本质区别。司法解释可以根据实践的需要，在遵循罪刑法定原则的基础上，将可以用金钱来计量的贿赂对象解释为“财物”，从而对这些商业贿赂依法予以打击，但对那些不能完全用金钱来计量的贿赂对象，则无法通过司法解释将其解释为“财物”，也就无法对这些商业贿赂依法予以打击。为适应反商业贿赂斗争深入开展的需要，刑法有必要将贿赂对象从“财物”扩大到“财物或者其他财产性利益”，这样既可以适应我国现阶段深入反商业贿赂的实际需要，也与《联合国反腐败公约》第15条关于贿赂罪所规定的“不正当好处”的内涵基本一致，有利于实现我国刑法规定与《公约》相关内容的衔接。

（二）关于“性贿赂”能否认定为贿赂对象的问题

“性贿赂”包括行贿人本人为受贿人提供性服务，也包括行贿人通过支付金钱请他人为受贿人提供性服务两种情况。对于前一种情况，不应认定成立行贿罪、受贿罪，一般没有争议。但对后一种情况，有的认为应当认定成立行贿罪、受贿罪，行贿、受贿数额以实际支付的财物数额认定。但笔者认为这后一种情况尽管行贿者支付了金钱且支付的金钱数额可以计算，但对受贿者来说其并没有接受金钱，其接受的只是性服务，得到的是性快乐，与贿赂的权钱交易或者变相的权钱交易并不相同，难以认定成立行贿罪和受贿罪。

四、关于“谋取不正当利益”的认定问题

刑法第389条规定的行贿罪、第391条规定的对单位行贿罪、第393条规定的单位行贿罪、第164条规定的对公司、企业、其他单位人员行贿罪均要求具备“为谋取不正当利益”的要件。

如何认定“谋取不正当利益”，一直是司法实践中查处行贿犯罪案件中反映出的突出问题。什么是“不正当利益”，认识分歧很大。1999年“两高”《关于在办理受贿犯罪大要案的同时要严肃查处行贿犯罪分子的通知》中对“谋取不正当利益”作了规定。根据“两高”《关于在办理受贿犯罪大要案的同时要严肃查处行贿犯罪分子的通知》的规定，“谋取不正当利益”，是指谋取违反法律、法规、国家政策和国务院各部门规章规定的利益，以及谋取违反法律、法规、国家政策和国务院各部门规章规定的帮助或者方便条件。

“谋取不正当利益”包括两种情况：一是谋取违反法律、法规、国家政策和国务院各部门规章规定的利益。“法律”是指全国人大及其常委会通过的各种刑事、民事、行政、经济等法律。“法规”包括行政法规，即以国务院名义制定、颁布的各种规范性文件，以及各省、自治区、直辖市人大及其常委会制定的各种地方性法规。“国家政策”，是指党和政府制定的各项政策、措施，如计划生育政策、环境保护政策、科教兴国政策等；“国务院各部门规章”，是指国务院各部、委以及国务院各专门机构制定、颁布的各种规范性文件。凡是谋取违反上述法律、法规、国家政策和国务院各部门规章规定的利益的，都属于谋取不正当利益。二是谋取违反法律、法规、国家政策和国务院各部门规章规定的帮助或者方便条件。这种情况是指行贿者所要最终获取的利益本身并不违反法律、法规、国家政策和国务院各部门规章的规定，但其要求国家工作人员或者有关单位为其提供的帮助或者方便条件却违反法律、法规、国家政策和国务院各部门规章的规定。如在工程招标投标过程中，尽管投标单位符合投标条件，其希望中标的利益也是正当的，通过正常投标也可能中

标，但是为了中标，通过行贿手段要求招标单位负责人或者有关人员违反规定提供有关投标者不应知道的情况，而使其他竞标者处于不利地位，并因此中标，那么尽管希望中标的利益本身是正当的，但是其要求招标单位负责人或者有关人员损害其他竞标者的利益并违反规定为其提供有关情况，这种提供有关情况的帮助则是不正当的。谋取这种不正当的帮助，即属“谋取不正当利益”。如果国家工作人员或者有关单位提供的帮助或者方便条件并不违反法律、法规、国家政策、国务院各部门规章的规定，那么通过行贿手段要求提供这种帮助或者方便条件的，就不属于谋取不正当利益。

但是实践中“两高”《通知》并不能完全满足办案需要。如为推销产品、提职等，如果产品质量符合标准或者符合提职的条件，很难认定谋取的该利益是正当还是不正当。

笔者认为，为解决实践中“谋取不正当利益”的认定问题，一是可以通过司法解释的形式进一步扩大认定不正当利益的依据的范围，明确规定省级人民政府所在地的市和经国务院批准的较大的市的人大及其常委会制定的地方性法规，以及省级人民政府和省级人民政府所在地的市和经国务院批准的较大的市的人民政府制定的规章，如果与法律、法规、国家政策和国务院各部门规章规定的原则不相冲突，可以作为认定“谋取不正当利益”的依据。二是通过修改刑法取消行贿罪“谋取不正当利益”的要件。取消“谋取不正当利益”的要件，一是适应从源头上治理商业贿赂的需要。行贿与受贿是“对合犯”，为减少受贿犯罪，也有必要严厉打击行贿犯罪，以堵“源”截“流”。二是符合《公约》的相关规定。《公约》关于行贿的规定，突出强调了行贿罪的目的是使有关人员在执行职务时“作为或者不作为”，并无谋取利益的要求。

五、关于商业贿赂犯罪中“经济往来”和“违反国家规定”的认定问题

刑法第385条第2款、第387条第2款、第389条第2款、第391条、第393条、第163条第2款规定的受贿罪、单位受贿罪、行贿罪、对单位行贿罪、单位行贿罪，公司、企业、其他单位人员受贿罪都涉及“经济往来”和“违反国家规定”的问题，在查处此类贿赂犯罪案件中应当正确理解和认定“经济往来”和“违反国家规定”。

（一）关于“经济往来”的界定问题

“经济往来”，是指市场经济主体之间的市场经济活动，不包括国家机关和国家机关工作人员对市场经济主体之间所进行的市场经济活动的监督、管

理活动，如政府行政审批行为，不属于“经济往来”，但国家机关作为市场经济主体与其他市场经济主体进行的市场经济活动，如政府采购则属于“经济往来”。

认定是否属于“经济往来”对于认定是否成立商业贿赂犯罪从而正确适用刑法规定依法惩治商业贿赂犯罪具有重要意义。例如国家机关或者国家机关工作人员在工程项目审批过程中或者在土地审批过程中，索取、收受他人财物，为他人谋取利益的，或者索取他人财物的，或者收受他人财物，为他人谋取利益的，则不属于“经济往来”中的受贿，应当适用刑法第387条第1款或者第385条第1款的规定追究刑事责任。但如果是在设备、办公用品采购过程中，在账外暗中收受各种名义的回扣、手续费的，或者违反国家规定，收受各种名义的回扣、手续费，归个人所有的，则属于“经济往来”的受贿，应当适用刑法第387条第2款或者第385条第2款的规定追究刑事责任。

“经济往来”不仅限于商品购销活动，凡是市场经济主体之间所进行的市场经济活动，如贷款、工程建设、保险、商业服务等活动，都属于“经济往来”。例如国有商业银行在发放贷款过程中，在账外暗中收受各种名义的回扣、手续费的，应当适用刑法第387条第2款的规定以单位受贿罪追究刑事责任。工程建设单位的工作人员在工程建设过程中，违反国家规定，收受各种名义的回扣、手续费归个人所有的，应当适用刑法第163条第2款或者第385条第2款的规定以公司、企业、其他单位人员受贿罪或者受贿罪追究刑事责任。保险公司或者保险公司的工作人员在销售保险过程中，违反国家规定，给予国家机关、国有公司、企业、事业单位、人民团体或者国家工作人员各种名义的回扣、手续费的，应当分别适用刑法第391条、第389条、第393条的规定以对单位行贿罪、行贿罪、单位行贿罪追究刑事责任。技术咨询、资产评估等中介服务机构的工作人员在提供中介服务过程中，违反国家规定，收受各种名义的回扣、手续费归个人所有的，应当适用刑法第163条第2款或者第385条第2款的规定以公司、企业、其他单位人员受贿罪或者受贿罪追究刑事责任。

（二）关于“违反国家规定”的理解问题

根据刑法第96条规定，“本法所称违反国家规定，是指违反全国人民代表大会及其常务委员会制定的法律和决定，国务院制定的行政法规、规定的行政措施、发布的行政决定和命令”。实践中，经国务院批准的国务院有关部门规章能否认定为国务院规定的行政措施、发布的行政决定和命令，违反经国务院批准的国务院有关部门规章规定的，能否认定为“违反国家规定”的依据？对全国人民代表大会及其常务委员会制定的法律和决定，国务院制定的行政法规、规定的行政措施、发布的行政决定和命令有原则规定但没有具体规定，而地方性法规、国务院各部门规章以及省级以下人民政府规章有具体规定，如果该地方性法规、国务院各部门规章以及省级以下人民政府规章的具体规定与全国人民代表大会及其常务委员会制定的法律和决定，国务院制定的行政法规、规定的行政措施、发布的行政决定和命令的原则规定一致，能否作为认定是否“违反国家规定”的依据？笔者认为，刑法第96条关于“违反国家规定”的含义是明确的，目前不能将其作为“违反国家规定”的依据，如果需要作为“违反国家规定”的依据，需要立法解释予以明确。

六、关于“经济往来”中贿赂犯罪的构成要件问题

（一）关于“经济往来”中的受贿犯罪是否要求具备“为他人谋取利益”以及行贿犯罪是否要求具备“为谋取不正当利益”的要件问题

刑法第163条第2款、第385条第2款、第387条第2款、第389条第2款、第391条、第393条、第163条第2款关于受贿罪、单位受贿罪、行贿罪、对单位行贿罪、单位行贿罪的规定，没有要求受贿方“为他人谋取利益”，也没有要求行贿方“为谋取不正当利益”。市场经济主体在经济往来中追求的一般是经济利益的最大化，在经济往来中的贿赂行为是贿赂行为在经济活动领域中的一种特殊形式，与普通的贿赂行为在客观方面表现并不完全一致，并不要求受贿方必须“为他人谋取利益”，或者行贿方必须“为谋取不正当利益”。受贿方和行贿方经济活动完成，双方的利益也就得以实现，在这个意义上受贿方已经为行贿方谋取了利益，行贿方谋取的利益也在一定程度上得以实现，在本质上与普通的贿赂犯罪是一致的。刑法对经济往来中的贿赂犯罪没有规定要求具备“为他人谋取利益”或者“为谋取不正当利益”要件，在办理此类贿赂犯罪案件中也不需要必须查清行为人主观上是否是“为谋取不正当利益”或者在客观上是否“为他人谋取了利益”。

（二）关于“经济往来”中的受贿罪是否要求具备“利用职务上的便利”的要件问题

刑法第385条第2款和第163条第2款关于经济往来中受贿罪和公司、企业人员受贿罪的规定中并没有要求具备“利用职务上的便利”要件，经《刑法修正案（六）修正》后的刑法第163条第2款关于经济往来中的公司、企业、其他单位人员受贿罪的规定要求具备“利用职务上的便利”要件。经济往来中的受贿罪和公司、企业、其他单位人员受贿罪与普通的受贿罪，公司、企业、其他单位人员受贿罪一样，都是对职务行为的违反，无论刑法是否规定了“利用职务上的便利”要件，在实际上都应以“利用职务上的便利”为

构成要件。

如果没有“利用职务上的便利”，受贿行为无法实现，即使客观上存在收受财物行为，也与职务无关，不能认定构成受贿罪。例如国家工作人员和公司、企业、其他单位人员如果没有利用职务上的便利，也即不是代表本单位与其他单位或个人从事经济活动，而是利用自己的时间、知识、技术或者社会关系为其他单位或个人的经济活动提供技术咨询、中介服务，收取合理的手续费、中介费、佣金的，不能适用刑法第385条第2款和第163条第2款的规定以受贿罪或者公司、企业、其他单位人员受贿罪追究刑事责任。

回扣详议

——以商业贿赂罪为视角

赵冬燕[*] 范德月[**]

商业贿赂罪规定在我国刑法第163条和第164条当中。商业贿赂尽管存在于“非公”部门的经济往来中，其实质仍然是以贿赂“枉法相谢”于对方，以谋取个人非法利益。公职贿赂罪中，贿赂的本质在于，它是与国家工作人员的职务有关的、作为不正当报酬的利益。贿赂与国家工作人员的职务具有关联性，与职务行为或者和职务有密切关系的行为之间存在对价关系。公职受贿罪是权钱交易的犯罪。商业受贿罪也同样如此。只不过作为对价之物并不相同，一个是公权，一个是私权。行为人为了在市场竞争中获得交易机会或者竞争优势，往往会选择贿赂的方式来要求交换其想获得的竞争机会或优势；对方为了获取个人非法的经济利益，也会不顾本单位的利益或股东的权益而收受贿赂。因此，能带来额外经济利润的贿赂就成为原本健康的市场竞争体系的蛀虫。这种贿赂形式对公平竞争的市场交易秩序造成冲击，往往造成以假充真、以次充好商品充斥市场，最终将损害带到广大消费者身上。当商业贿赂表现为财物或财产性利益时，其主要形式是各种名义的回扣。有商品生产就有商品交换，有商品交换就会促使商人利用贿赂来获得非法利润，这是商品经济发展的必然规律。特别是在购销关系和供求关系日益复杂、市场经济迅速发展的今天，由买卖双方的当事人亲自办理所有的商务手续，完成一切经营业务，不仅是不可能的，而且是不经济的。这就需要借助代理人提供劳务帮助，以促进购销业务的完成。代理制度为回扣、手续费等贿赂提供了生存的土壤。正如有学者指出，在商品经济高度发展的发达国家里，

---

* 北京市司法局监狱劳教联络处干部，中国人民大学法学博士，中国社会科学院法学研究所博士后研究人员。

** 北京市公安局干部，中国人民公安大学硕士。

经纪人十分活跃，显示出巨大的能量，回扣、佣金之类的经济手段被广泛使用更是不足为奇。回扣能成为国际经济贸易的一个惯例，也绝不是偶然的。[①]

一、回扣的界定

《反不正当竞争法》第 8 条规定，“经营者不得采用财物或者其他手段进行贿赂以销售或者购买商品。在账外暗中给予对方单位或者个人回扣的，以行贿论处；对方单位或者个人在账外暗中收受回扣的以受贿论处”。刑法第 163 条第 2 款也规定，公司、企业或者其他单位的工作人员在经济往来中，利用职务上的便利，违反国家规定，收受各种名义的回扣、手续费，归个人所有的，依照前款的规定处罚。

到底什么是回扣？事实上，在制定《反不正当竞争法》时，国务院对回扣并不是十分清楚，要求财政部专门就回扣问题进行调查，财政部通过我国一些驻外使馆专门了解驻在国对回扣的规定，想解释回扣的含义。回扣的英译词为“kickback”[②]。按照通常的字面含义，就是将款项扣除一部分予以返还。《简明不列颠百科全书》对回扣的解释是：“在收到商品或劳务全部付款后退回其中一部分的款项。”[③]《布莱克法律词典》对回扣的解释是：作为立即付款的现金折扣、扣还；或是在保险合同中订明于保险单的优惠折扣、或是有关合同付款、费用、收费率的折扣或退款，这种折扣或退款并不冲减付款，而是在付清合同订明全部款项后予以返还。上述有关回扣概念的表述值得我们参考。结合我国市场经济中回扣的特点，并为与其他的名目繁多的贿赂形式相区分，笔者认为回扣是指在经济往来中由卖方账外暗中从其货款中以现金、实物或其他方式返还一部分给买方代理人的款项。

二、回扣的性质

对于回扣的性质，学者们持不同的观点。否定说认为，回扣作为谋取非法经济利益的手段，抑制了优胜劣汰的价值规律对产品产、供、销的积极作用，破坏了公平竞争的市场交易秩序，最终将损害转嫁到消费者身上，百害而无一利；肯定说认为，回扣是商品经济发生发展中的必然产物，是搞活经

① 参见杨敦先、曹子丹主编：《改革开放与刑法发展》，中国检察出版社 1993 年版，第 326 页。

② 通常解释为 An illegal, secret payment made in return for a referral which resulted in a transaction or contract。

③ 《简明不列颠百科全书》（第 4 卷），中国大百科全书出版社 1985 年版，第 75 页。

济、促进经济增长的不可或缺的手段。它有利于社会生产力的快速发展，在对外经济往来中有利于更快更好地推销本国商品，对于开拓国际市场具有重要的意义。

上述两种观点都存在着片面性。

根据国外立法以及我国政策、法律的规定，回扣行为有合法性、违法性之分。合法性回扣通常发生在国际贸易中，即单位按惯例接受外方给予的回扣。国务院办公厅在1986年作出过一个规定，即任何单位、个人在国际贸易等活动中，根据国际惯例收取的回扣必须按照财会制度全部列入单位收入，不准归个人所有。在国内的商业活动中，少数领域内回扣也是合法的。例如，为使某些生产经营类事业单位维持日常经营，国家允许其在采购物品的过程中收受一定比例的回扣。单位之间以合同形式规定卖方应给予买方多少回扣，双方都如实入账，依法纳税。例如，1987年国家教委曾发文规定，高校教材允许有9%—12%的折扣，其中5%要返给学生，其余作为业务费用支出。教材折扣便是合法性回扣的一种，在市场经济条件下是完全正常的，是销售中正当的让利行为。又如，在1990年卫生部、财政部、国家物价局联合下发的《卫生部、财政部、国家物价局关于在治理整顿中进一步加强医疗卫生单位财务管理的规定》第6条规定，“单位在各种对外经济活动中收取的回扣以及药品厂批差价的收入要全部入账”。这里的医药回扣也是合法性回扣。而违法性回扣是指行为人在账外暗中收受的意在获取非法经济利益的回扣。本文以下要论述的回扣是违法性回扣。

各国对回扣性质的认识有一个过程。例如，美国《克莱顿法》第2条（b）曾对所有的回扣行为都作出了禁止规定，但是最终发现这种禁止不符合商品经济发展的固有规律，实践中弱点彰显。为解决这种矛盾，美国法院创造了“成本节省原则”（cost savings），任何价格减让只要符合这一原则，即是合法的，并把正当成本节省行为与回扣区别开来。所谓成本节省，实际上是制造成本、销售成本或费用的节省，原因在于因货物的出卖或交付给买受人的方式不同或数量不同而在制造成本、销售成本或费用等方面产生差异，而这种情形被《克莱顿法》第2条（a）允许实施“正当的区别待遇”，这便是“成本节省原则”的法律依据。可以这么说，成本节省原则实际上使商业习惯中的回扣行为合法化而使之成为《克莱顿法》第2条（b）的例外。[①] 当前国际社会也并非一概否定回扣行为，关键看这种回扣行为到底是合法还是

① 参见周家贵：“商业贿赂行为及其法律管制”，载《法律科学》1995年第2期，第53页。

违法的。

回扣、手续费作为商品经济发展的必然产物，最初是经济往来中促成交易的一种手段，从本质上来讲，其意义是积极的。在经济交往中，回扣可以刺激和扩大产品的销售，压缩库存，加速商品流通和资金周转，提高企业资金的使用效益，从而促进商品生产。因此，回扣并非像持否定说学者认为的只具有消极意义，我们应该以历史的、辩证的方法来分析回扣问题。当前，回扣、手续费常常是作为不正当竞争的手段来使用，国家法律、文件是将其作为不正当的市场竞争行为来制裁的。原因在于，当前我国正处于由计划经济体制向市场经济体制转轨的过程中，政企分离的改革出现了计划和市场两种规律的激烈碰撞。国家的行政干预往往导致市场价值规律无法发挥作用，原有大型国有企业习惯了国家的指令分配，“等”、“靠”、“要”的经营管理模式受到新的市场价值规律的冲击，在国有企业改制的进程中各种矛盾空前激烈；新兴的中小型企业在正在发育过程中的市场体制下步履维艰，企业间的横向经济联系尚未完全建立，整个国内市场还未形成一个成型的购销网络体系。大量的新兴企业到处寻找生产要素市场和商品销售市场，在没有成型的购销往来体系可供利用的情况下，为稳定货源、拓展销路，求得生存和发展，一些企业寻求回扣、手续费等手段来进行不正当竞争。可见，违法性回扣有其深刻的社会根源。

三、回扣的特征

其一，回扣是“账外暗中”支付的。回扣款不冲减货款，如果在订明当时冲减货款，就是减价或折扣，不是回扣。这也正是回扣具备违法性的主要原因。

1996年国家工商行政管理局《关于禁止商业贿赂行为的暂行规定》第5条对回扣作了界定，即回扣是指经营者销售商品时在账外暗中以现金、实物或者其他方式退给对方单位或者个人的一定比例的商品价款。这里所说的“账外暗中”，是指未在依法设立的反映其生产经营活动或者行政事业经费收支的财务账上按照财务会计制度规定明确如实记载，包括不记入财务账、转入其他财务账或者做假账等。因此，如果经营者是明示地以现金、实物或其他方式退给对方单位或个人一定比例的商业价款，并且如实入账，那么退回的部分价款就是合法折扣。还需注意的是，“账外暗中”并非是指对外界保密，而是指回扣款在往来账上没有反映出来。行贿方为了促成交易，往往采取多种方式的回扣形式，如安排旅游、提供就业、求学机会、打麻将故意输钱等。这些贿赂形式是明显的，然而只要是没有在往来账中反映出来，就符合"账外暗中"的含义。与回扣"账外暗中"的特征不同，折扣是入账的。《反不正当竞争法》第8条第2款对折扣问题作了明确规定："经营者销售或者购买商品，可以以明示方式给对方折扣，可以给中间人佣金。经营者给对方折扣、给中间人佣金的，必须如实入账。接受折扣、佣金的经营者必须如实入账。"折扣作为一种商业习惯各国法律都予以允许。而且有的国家有专门的立法加以规范，如德国的《折扣法》允许在正常的交易中给予对方不超过成交总额3%的折扣，在国际贸易中最高不超过5%。我国财政部《企业会计通则》规定：企业发生的销售退回、销售折让、销售折扣冲减当期营业收入。可见，账外和暗中是回扣不合法的两个主要判断标准，也是区分非法回扣与合法折扣的关键所在。

其二，回扣是由卖方支付给买方的。也就是说，从最终的结果来看，回扣是由卖方支付给买方，而并非由买方支付给卖方。在我国市场经济发展的初期，产业规模的膨胀往往导致许多商品供过于求。卖方为了推销自己的产品，短期内实现其利润，往往不在产品质量和拓展销售渠道上下功夫，而会千方百计提供各种形式的回扣给买方采购人员。这种交易的完成意味着买方利益的损失，这种损失最终会转嫁到消费者身上，而卖方和买方的采购人员从中获利。

当前有否定回扣是由卖方支付给买方的观点，认为无论是卖方支付给买方还是买方支付给卖方贿赂都是回扣。"回扣的本质属性在于它的不正当竞争性和贿赂性，即给付回扣方为了谋取某种可能由自己取得也可能由他人获得的利益，而采取不正当竞争手段拉拢引诱交易对方中对某一项交易的成交与否有决定性影响的人，在某种意义上说是对交易对方代理人职务行为的一种收买。现实生活中，买方为了购买紧缺物资、信息或劳务，往往给卖方代理人以额外报酬，以谋取相对于其他买方的竞争优势或者其他不正当利益，这同样是一种不正当竞争，会损害'公开、公平、公正'以及诚实信用这一市场竞争的基本原则。这种回扣不但具有明显的贿赂性质，而且会严重损害市场竞争秩序。"[①] 实践中，确实存在着买方"加价"给卖方促成交易的情形。这往往发生在市场经济某些领域中商品供不应求的场合，像稀缺资源（如某一金属资源）的市场销售领域。为了获得某一稀缺的商品，买方可能会提高

① 田鹏辉、单晓华："论商业贿赂罪中的回扣"，载赵秉志主编：《和谐社会的刑事法治》（下卷：商业贿赂犯罪研究），中国人民公安大学出版社2006年版，第1256页。

欲买商品的价格，排斥掉其他的竞买者，从而获得该商品。这种“加价”[1]与“回扣”在贿赂的流向上正好相反，是由买方支付给卖方的。同时，不像“回扣”是由买方支付给卖方，再由卖方支付给买方代理人，“加价”的款项是一次性地由买方支付给卖方的。在完成“加价”买卖之后，其他竞买者的利益受到损害，当然这种损害最终也会转嫁到消费者身上。由此可见，尽管对社会危害性的实质相同，但“回扣”与“加价”在贿赂的流转形式等方面是存在差别的。

笔者认为，否定回扣是由卖方支付给买方的观点是在广义上界定回扣，实际上将回扣的范畴扩大到了贿赂的高度，不利于分清实践中不同形式的贿赂方式，不利于深入分析市场经济中各种行贿受贿形式，从而严密法网，有效惩治各种贿赂犯罪。对贿赂问题的研究应该从微观入手，将不同表现形式的回扣、加价、账外暗中的折扣、佣金等区别分析，找出它们之间的差别，针对不同形式的贿赂有的放矢地采取不同的惩治措施。当前学界主流观点还是认为应对回扣这种具体的贿赂形式严格界定。正如有学者指出，由买方给付卖方或卖方经办人的额外款物应称为附加款物或手续费，而不能称为回扣，因为对买方来讲，这种给付不是“回”而是“出”，不是“扣”而是“加”，是在正常的价款之外的一种附加款支付。[2]“回扣只能由卖方（包括劳务付出方）支付，因卖方是价款的获得者，只有卖方才可能有权从自己获得的价款中拿出一部分返还给买方或买方的代理人，把由买方支付给卖方或卖方经办人的额外款物也归入回扣是不科学的”。[3]

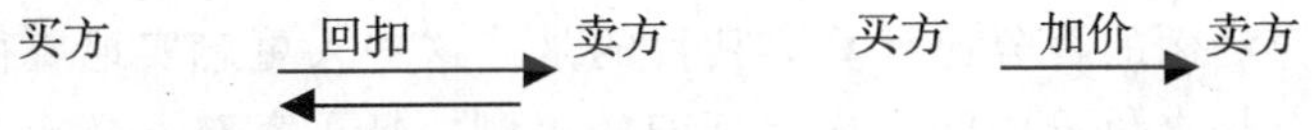

买方 —回扣→ 卖方（←）　　买方 —加价→ 卖方

其三，回扣是支付给买方代理人，而并非是支付给买方单位的。

以商品买卖为例，在众多卖家提供商品时，买方有权决定最终的交易方。买方代理人为获得非法个人利益，往往会违反法律规定，放弃质优价廉的商品，选择质次价高但提供好处给其个人的卖方达成交易。由买方代理人将本单位货款支付给卖方，承诺提供回扣的卖方再将回扣从中返还给买方代理人。由此可见，回扣是在卖方和买方代理人之间进行的。也就是说，回扣只能在

① 理论界存在“顺扣说、逆扣说”的提法，即卖方给买方的款项为顺扣；买方购买紧俏商品时，除支付商品价款外，另付给卖方的一定比例的款项为逆扣。

② 参见刘家琛主编：《新刑法案例解释》，人民法院出版社1997年版，第1234页。

③ 陈兴良主编：《刑事法判解》（第3卷），法律出版社2000年版，第44页。

存在代理关系的经济往来活动中才可能存在。如果不存在代理关系，在交易价格磋商的过程中，直接在价款上减价或者作折扣即可，没有必要支付回扣。只有在代理人（如采购人员）代理本企业进行交易时，代理人违反对企业的忠实义务，最终将本企业的部分购货款装入自己腰包，才会发生回扣问题。美国《克莱顿法》也规定，接受回扣的必须是买卖一方当事人，即接受回扣的是作为其代理人、代表人或受其控制的经纪人。

有学者认为，回扣的收受方可能是公民个人，也可能是法人单位。当买者为单位时，回扣的直接收受者可能是买方单位或法人代表或其他直接负责的主管人员，更多的可能是直接经办人员，但归根结底是买方收受的。个人作为买方单位的直接收受者，说明回扣有可能据为己有，存在一定的危险性。[①] 笔者认为，单位作为回扣的收受主体在实践中是存在的，但这种情况只能发生在国有单位中。非国有单位本身是没有收受回扣的可能的。例如国有医院为了给单位职工谋福利，在采购医药器材和药品的过程中收受回扣，建立回扣小金库，而大批采购质次价高的药品和器材。而这种情形不能发生在私营医院中。这是由所有制的性质决定的。

其四，回扣不是支付给中间人的，否则是佣金。

根据《辞海》对佣金的解释，“佣金亦称‘中佣’或‘行佣’。中间人介绍买卖所取得的收入。如资本主义国家和旧中国的经纪人、代理商等，在介绍买卖成交时，从中取得的收入，均称佣金”。[②]《布莱克法律词典》对佣金的解释是：佣金，是代理人、售货人、遗嘱执行人、受托管理人、破产企业产业管理人、代理商、经纪人或受委托人的酬劳，这种酬劳的数额以交易额或为委托人谋利额的百分比计算，其目的是使这些人更忠实地履行职责。由此可见，佣金是支付给中间人或代理商的报酬；是买卖双方都能支付的。笔者认为，佣金是买卖双方或者一方因居间人或者经纪人为交易双方达成交易而向居间人或者经纪人支付的报酬。佣金与回扣的区别在于：首先，佣金是支付给经纪人或居间人的，而回扣则是付给交易相对人。其次，佣金是以明示的方式公开支付的，这种明示的方式可以双方合同形式约定，也可以其他协议明示。给佣金的一方要如实入账，收受佣金的一方也要如实入账。回扣是暗中给付的，不在合同、发票等中明确表示出来。再次，佣金是履行居间合同的形式，是支付给中间人的正当的劳务报酬；支付回扣目的是利用交易相对人职务上的便利来获取交易机会，并非因交易相对人付出了劳动。最后，

① 参见杨敦先、曹子丹主编：《改革开放与刑法发展》，中国检察出版社 1993 年版，第 332 页。

② 《辞海》（缩印本），第 233 页。

佣金不仅要规定于合同中，而且要按正规程序出具票据、记入会计账目，缴纳税收；回扣既不入正规的财务账，也不纳税，属“黑色收入”，全部落个人腰包，逃避国家税收的监管。因此，佣金与回扣存在根本的差异，佣金对于沟通产销、促进经济发展是有益的。实践中，要仔细辨别合法佣金与商业贿赂的界限。佣金是否在“账外暗中”给予或收受是判断佣金合法与否的标准。

在经济活动中还有许多以“好处费”、“辛苦费”、“介绍费”、“活动费”等作为酬劳的款项，我们称之为手续费。手续费是经济往来中买卖双方或中间人、代理商获得的佣金、回扣以外的报酬。手续费的存在在一定程度上会促进经济的发展。当市场供不应求时，买方为获得稀缺商品会采取手续费的形式给予卖方价格上的补贴；或者在供过于求时，由卖方支付一部分手续费给买方作为获得交易机会的酬劳。但是手续费的合法性要求“明示”和“入账”。许多商家为促成交易往往翻新花样，以“手续费”等各种名义的贿赂打“擦边球”，以获得非法利润。

此外，经济活动中支付的款项是否违反公平竞争原则、破坏公平公正的市场竞争秩序，也是认定该款项合法与否的重要标准。例如，在旅游行业中，不少旅游定点商场与旅行社订立书面协议或口头协议，协议的主要内容是：旅行社组织旅行团到商场购物，商场按旅行团游客人数付给旅行社“人头费”（不管游客购物与否）和“停车费”，有的协议还规定，游客如有购物，商场按成交额的5%—30%支付给旅行社。同时，旅行社还赠送陪同旅行团的导游一些礼品和现金。定点商场支付上述费用的目的是为了谋取一定的利益，亦即增加交易机会。而旅行社和导游、司机在人头费、停车费等的引诱下，利用工作之便，将游客带到商场，使商场大大增加了销售商品的机会。这里，“人头费”、“停车费”看似旅行社作为中间人而收受的合法手续费，实际为商业贿赂的表现形式之一。它不仅利用不正当利益引诱支配导游服务，而且为了取得按游客购物金额比例的“分成”，不少导游与商家勾结，利用“吹嘘”的手段促使游客购买该商家商品，不仅侵犯了消费者知情权，而且因“人头费”、“停车费”而增加的商品销售成本最终总是通过提高商品价格由消费者承受。这种行为符合《反不正当竞争法》规定的商业贿赂的一般特征。国家工商行政管理局关于旅行社或导游人员接受商场支付的“人头费”、“停车费”等费用定性处理问题的答复指出，“《反不正当竞争法》第8条禁止经营者为销售或购买商品而采用财物或其他手段进行贿赂的行为，其实质是禁止经营者以不正当的利益引诱交易。经营者无论将这种利诱给予交易对方单位或个人，还是给予与交易行为密切相关的其他人，也不论给予或收受这种利益是否入账，只要这种利诱行为以争取交易为目的，且影响了其他竞争者开展质量、价格、服务等方面的公平竞争，就构成《反不正当竞争法》第8条禁止的商业贿赂"。因此，商场为吸引旅行社和导游人员组织旅行团到商场购物，按旅行团人数以"人头费"、"停车费"等名义或按游客购物成交额的一定比例给付旅行社或导游人员一定的财物，属于以不正当利益争取交易，给予方和收受方均违反了《反不正当竞争法》第8条的规定，构成商业贿赂。

综上所述，法律条文中的回扣、手续费也好，实践当中名目繁多的"交际费"、"活动费"、"邀请费"、"困难补助费"、"奖励费"也好，往往披着合法性的外衣，实为贿赂的各种表现形式。因此，刑法第163条第2款中的"回扣、手续费"只是对实践当中使用频繁、危害性较大的贿赂形式的列举。在判断某一手段是否具备贿赂的本质时，要根据商业受贿罪的特征来认真核对。去伪存真，认真辨别合法回扣、折扣、佣金、手续费等与违法贿赂的性质，对于罪与非罪的认定具有重要意义。

查办商业贿赂案件应注意的几个问题

李文峰*

中央纪委第六次全体会议和国务院第四次廉政工作会议都将治理商业贿赂作为今年反腐倡廉的一项重要任务。检察机关作为反腐败的一支重要力量，在查办商业贿赂案件中承担着重要职责，既要对涉及国家工作人员或国有单位的商业贿赂案件立案侦查，又要对涉嫌商业贿赂犯罪的嫌疑人批准或决定逮捕、审查起诉。笔者就检察机关在查办商业贿赂案件过程中涉及的几个法律问题谈些个人看法，以期对司法实践有所帮助。

一、关于商业贿赂案件的管辖

我国刑法涉及商业贿赂的罪名共有八个：第三章第 163 条规定的公司、企业人员受贿罪和第 164 条规定的对公司、企业人员行贿罪；第八章第 385 条至第 393 条规定的受贿罪、单位受贿罪、行贿罪、对单位行贿罪、介绍贿赂罪、单位行贿罪。根据刑事诉讼法第 18 条的规定，前两个罪名由公安机关立案侦查，后六个罪名由检察机关立案侦查。

检察机关查办商业贿赂案件，首先需要确定的就是案件是否属于检察机关管辖。而确定管辖的重要依据之一，就是受贿的行为人是国家工作人员还是公司、企业人员，对于涉及国家工作人员的商业贿赂案件，检察机关应当立案侦查。根据刑法第 93 条的规定，所谓国家工作人员，包括下列四类人员：

第一类是国家机关中从事公务的人员。包括在各级国家权力机关、行政机关、审判机关、检察机关、军事机关中从事公务的人员。根据有关立法解释的规定，在依照法律、法规规定行使国家行政管理职权的组织中从事公务的人员，或者在受国家机关委托代表国家机关行使职权的组织中从事公务的

* 中国人民大学法学博士，最高人民检察院监所检察厅副处长。

人员，或者虽未列入国家机关人员编制但在国家机关中从事公务的人员，在代表国家机关行使职权时，视为国家机关工作人员。在乡（镇）以上中国共产党机关、中国人民政治协商会议机关中从事公务的人员，司法实践中也应当视为国家机关工作人员。对此有不同看法，有的学者认为在中国共产党机关、中国人民政治协商会议机关中从事公务的人员不能视为国家机关工作人员，而属于“其他依照法律从事公务的人员”。①

第二类是国有公司、企业、事业单位、人民团体中从事公务的人员。国有公司是指财产属于国家所有的公司，包括国有独资公司、两个以上的国有企业组成的有限责任公司、股份有限公司；国有企业是指财产属于国家所有的从事生产、经营活动的企业；国有事业单位是指国家投资兴办管理的科研、教育、文化、卫生、体育、新闻、广播、出版等单位，如国家兴办的学校、医院、研究机构等；人民团体是指各民主党派、各级工会、共青团、妇联等群众性组织。至于国家控股或者参股的公司能否以国有公司论，理论界有不同意见，笔者认为不应当视为国有公司。

第三类是国家机关、国有公司、企业、事业单位委派到非国有公司、企业、事业单位、社会团体从事公务的人员。所谓委派，即委任、派遣，其形式多种多样，如任命、指派、提名、批准等。不论被委派的人身份如何，只要是接受国家机关、国有公司、企业、事业单位委派，代表国家机关、国有公司、企业、事业单位在非国有公司、企业、事业单位、社会团体中从事组织、领导、监督、管理等工作，都可以认定为国家机关、国有公司、企业、事业单位委派到非国有公司、企业、事业单位、社会团体从事公务的人员。如国家机关、国有公司、企业、事业单位委派在国有控股或者参股的股份有限公司从事组织、领导、监督、管理等工作的人员，应当以国家工作人员论。国有公司、企业改制为股份有限公司后，原国有公司、企业的工作人员和股份有限公司新任命的人员中，除代表国有投资主体行使监督、管理职权的人外，不以国家工作人员论。

第四类是其他依照法律从事公务的人员。这类人员应当具有两个特征：一是在特定条件下行使国家管理职能；二是依照法律规定从事公务。具体包括：（1）依法履行职责的各级人民代表大会代表；（2）依法履行审判职责的人民陪审员；（3）协助乡镇人民政府、街道办事处从事行政管理工作的村民委员会、居民委员会等农村和城市基层组织人员；（4）其他由法律授权从事

① 何秉松主编：《刑法教科书》（下卷），中国法制出版社2000年版，第1120页。

公务的人员。

上述四类人员的一个共同典型特征是“从事公务”。所谓从事公务，是指代表国家机关、国有公司、企业、事业单位、人民团体等履行组织、领导、监督、管理等职责。公务主要表现为与职权相联系的公共事务以及监督、管理国有财产的职务活动。如国家机关工作人员依法履行职责，国有公司的董事、经理、监事、会计、出纳人员等管理、监督国有财产等活动，属于从事公务。那些不具备职权内容的劳务活动、技术服务工作，如售货员、售票员等所从事的工作，一般不认为是公务。需要指出的是，国有公司、企业的人员并不都是国家工作人员，非国有公司、企业人员也并不意味着就不是国家工作人员。

以上只是总体情况，就具体案件而言，有时并不容易区分。如“黑哨”案件，检察机关以企业人员受贿罪起诉，法院以受贿罪判处，而企业人员受贿罪由公安机关立案侦查，受贿罪由检察机关立案侦查，类似问题如果得不到解决，必将影响执法机关对商业贿赂案件的查办。需要指出的是，商业贿赂犯罪已经成为一个全球性的问题，司法实践中有的案件还出现涉外情况。对于外国公司、企业等单位或个人在我国领域内实施的商业贿赂犯罪，依据属地管辖原则，应当依照我国刑法予以追究；对于我国单位或个人在我国领域外实施的商业贿赂犯罪，依据属人管辖原则，也应当依照我国刑法予以追究，但是如果最高刑为3年以下有期徒刑的，可以不予追究，国家工作人员和军人在我国领域外实施商业贿赂犯罪的，则一律依法追究。实践中，对于既不属于国家工作人员，也不属于公司、企业人员的自然人（如非国有医院的医务人员、佛教协会工作人员等）在商业活动中受贿的，根据目前刑法规定，还不能作为犯罪处理。

检察机关在侦查商业贿赂案件过程中，涉及公安机关管辖的案件时，应当将属于公安机关管辖的案件移送公安机关立案侦查。公安机关在侦查商业贿赂案件过程中，涉及检察机关管辖的案件时，应当将属于检察机关管辖的案件移送检察机关。在上述情况中，如果涉嫌主罪属于公安机关管辖，由公安机关为主侦查，检察机关予以配合；如果涉赚主罪属于检察机关管辖，由检察机关为主侦查，公安机关予以配合。

二、关于单位实施的商业贿赂犯罪

公司、企业等单位在现代社会的商业活动中具有重要地位，在许多领域已经成为经济活动的主体。司法实践中，一些单位为了小集体利益，不惜危害国家、集体、其他单位和个人的合法权益，大肆行贿受贿。我国刑法第30

条规定：公司、企业、事业单位、机关、团体实施的危害社会的行为，法律规定为单位犯罪的，应当负刑事责任。商业贿赂案件涉及单位犯罪的有对公司、企业人员行贿罪，单位受贿罪，对单位行贿罪和单位行贿罪四个罪名。检察机关在查办单位实施的商业贿赂犯罪时，应当注意以下几个问题：

一是准确认定国有单位与非国有单位。根据刑法规定，单位受贿罪的犯罪主体和对单位行贿罪的行贿对象限于国有单位，即国家机关、国有公司、企业、事业单位、人民团体，除此之外的其他单位受贿或向其他单位行贿的，不能构成贿赂犯罪。如非国有单位在商业活动中也可能存在受贿行为，数额也可能非常巨大，但由于刑法规定单位受贿罪的主体仅限于国有单位，根据罪刑法定原则，不能认定为单位受贿罪，相应地，对其行贿的个人或单位也不能认定为对单位行贿罪。

二是正确区分单位犯罪和个人犯罪。单位犯罪与个人犯罪的根本区别是，单位犯罪是由单位集体研究决定或者由其负责人决定，由直接责任人员以单位名义实施，违法所得归单位所有，体现的是单位的犯罪意志。区分单位犯罪和个人犯罪不仅关系到此罪与彼罪的界限，而且关系到罪与非罪的界限。如向国家工作人员行贿15万元，如果是单位行贿，按照《关于人民检察院直接受理立案侦查案件立案标准的规定（试行)》，因数额问题而不构成犯罪，如果是个人行贿，则构成犯罪，并且属于大案。需要注意的是，以单位的分支机构或者内设机构、部门的名义实施犯罪，违法所得归分支机构或者内设机构、部门所有的，应当认定为单位犯罪；个人为进行违法犯罪活动而设立的公司、企业等单位实施犯罪的，或者公司、企业等单位设立后，以实施犯罪为主要活动的，不以单位犯罪论处。盗用单位名义实施犯罪，违法所得由实施犯罪的个人私分的，依照刑法有关个人犯罪的规定定罪处罚。需要指出的是，1996年国家工商行政管理局公布的《关于禁止商业贿赂行为的暂行规定》第3条规定：经营者的职工采用商业贿赂手段为经营者销售或者购买商品的行为，应当认定为经营者的行为。笔者认为，依照该规定对经营者进行行政处罚是可以的，但要追究经营者的刑事责任，还应当坚持主客观相一致的原则，即经营者对其职工采取商业贿赂手段为其销售或者购买商品的行为必须具有故意，如果不能证明经营者主观上具有故意，则不能仅因为经营者的职工采用了商业贿赂手段为其销售或者购买商品，就追究经营者的刑事责任，否则就违背了主客观相一致的原则。

三是对于符合我国法人资格条件的外国公司、企业等单位，在我国领域内实施商业贿赂行为，依照我国刑法构成犯罪的，应当依法追究该外国单位的刑事责任。对此，根据属人管辖原则，外国公司、企业等单位的所属国也拥有对该商业贿赂行为的管辖权，但即使该外国司法机关依据其本国法对该行为进行了处理，基于主权独立原则，我国执法机关依然可以追究该外国公司、企业等单位的刑事责任。例如，外国的医疗器械公司为推销医疗器械向我国国有医院的院长行贿，即使其本国司法机关已经对其进行了处罚，根据我国刑法规定，我国仍然应当以单位行贿罪予以追究。

四是对于涉嫌商业贿赂犯罪的单位被撤销、注销、吊销营业执照或者宣告破产的，如果该犯罪行为仍然在追诉时效内，应当根据刑法关于单位犯罪的相关规定，对实施商业贿赂犯罪行为的该单位直接负责的主管人员和其他直接责任人员追究刑事责任，对该单位则不再追诉。

三、谋取利益在商业贿赂犯罪构成中的作用

商业贿赂犯罪与其他贿赂犯罪一样，本质上是权钱交易，行贿方为谋取某种利益付出金钱或财物，受贿方索取或非法收受财物为行贿方谋取利益。虽然行贿方意图谋取的利益与受贿方为其谋取的利益通常是一致的，但就行贿犯罪与受贿犯罪的构成要件来讲，谋取利益在商业贿赂犯罪构成中的作用并不相同。

就行贿犯罪（包括对公司、企业人员行贿罪，行贿罪，对单位行贿罪，单位行贿罪）而言，要求行贿方谋取的是不正当利益，如果行贿方谋取的是正当利益，虽然也是行贿行为，但依法不能认定为行贿犯罪。根据有关司法解释，所谓谋取不正当利益，是指谋取违反法律、法规、国家政策和国务院各部门规章规定的利益，以及谋取违反法律、法规、国家政策和国务院各部门规章规定的帮助或者方便条件。

就受贿犯罪（包括公司、企业人员受贿罪，受贿罪，单位受贿罪）而言，在犯罪构成方面，对于受贿方为行贿方谋取利益的要求并不一致，具体可以分为以下几种情形：一是不要求受贿方为行贿方谋取利益即可成立犯罪。这是指国家工作人员索贿的情形，即国家工作人员利用职务上的便利，主动向他人索要财物，其基本特征是行为人索要财物的主动性和他人交付财物的被动性。至于受贿的国家工作人员是否为行贿方谋取利益，不影响这种情形下受贿罪的成立。二是要求受贿方为行贿方谋取利益才能成立犯罪。这包括公司、企业人员索取或非法收受他人财物的情形，国家工作人员非法收受他人财物的情形，国有单位索取、非法收受他人财物的情形。这几种情形下成立受贿罪必须同时具备为他人谋取利益的要件，所谓为他人谋取利益，包括承诺、实施和实现三个阶段的行为，只要具有其中一个阶段的行为，如国家工作人员收受他人财物时，根据他人提出的具体请托事项，承诺为他人谋取利益的，就具备了为他人谋取利益的要件。明知他人有具体请托事项而收受其财物的，视为承诺为他人谋取利益。谋取的利益既可以是正当的利益，也可以是不正当的利益；既可以是财产性利益，也可以是非财产性利益。三是要求受贿方为行贿方谋取不正当利益才能成立犯罪。这是指刑法第388条规定的国家工作人员斡旋受贿的情形。对于斡旋受贿而言，无论受贿人索取请托人财物还是收受请托人财物，要成立受贿罪还必须具备为请托人谋取利益的要件，并且谋取的是不正当利益，如果为请托人谋取的是正当利益，则不构成斡旋形式的受贿罪。

四、关于商业贿赂犯罪的对象

我国《反不正当竞争法》第8条规定：经营者不得采用财物或者其他手段进行贿赂以销售或者购买商品，由此可以看出，商业贿赂的对象并不限于财物。国家工商行政管理局《关于禁止商业贿赂行为的暂行规定》第2条对财物和其他手段进行了解释。所谓财物，是指现金和实物，包括经营者为销售或者购买商品，假借促销费、宣传费、赞助费、科研费、劳务费、咨询费、佣金等名义，或者以报销各种费用等方式，给付对方单位或者个人的财物。所谓其他手段，是指提供国内外各种名义的旅游、考察等给付财物以外的其他利益的手段。

我们可以把商业贿赂的对象大致分为三类：财物、财产性利益、其他不正当好处。根据我国刑法的规定，财物可以成为贿赂犯罪的对象，但对于财物以外的其他财产性利益（如出国旅游、考察、提供免费汽车、住房等）以及其他不正当好处（如提供就业、升学机会、性服务等）能否成为贿赂犯罪的对象，刑法没有规定，理论界有不同见解。有的国家将这些都作为贿赂犯罪的对象，如日本刑法规定异性间的性交、提供地位等都能成为贿赂，[①]《联合国反腐败公约》规定的贿赂犯罪对象为“不正当好处”。就我国司法实践而言，根据罪刑法定原则，应当严格将贿赂犯罪的对象限定为财物。

财物的表现形式多种多样，在商业贿赂犯罪中，回扣是较为常见的一种形式。我国刑法第385条第2款规定：国家工作人员在经济往来中，违反国家规定，收受各种名义的回扣、手续费，归个人所有的，以受贿论处。其他关于贿赂犯罪的刑法条款也有类似规定。国家工商行政管理局《关于禁止商业贿赂行为的暂行规定》第5条规定：在账外暗中给予对方单位或者个人回

① ［日］大谷实著：《刑法各论》，黎宏译，法律出版社2003年版，第455页。

扣的，以行贿论处；对方单位或者个人在账外暗中收受回扣的，以受贿论处。该《暂行规定》第6条同时指出：经营者销售商品，可以以明示方式给予对方折扣。经营者给予对方折扣的，必须如实入账；经营者或者其他单位接受折扣的，必须如实入账。综上所述，在经济交往中，给予对方折扣是允许的，但给予对方回扣则是不允许的，属于商业贿赂行为。因此，在认定商业贿赂案件时，要正确区分回扣与折扣的界限。所谓回扣，是指经营者销售商品时在账外暗中以现金、实物或者其他方式退给对方单位或者个人的一定比例的商品价款。所谓账外暗中，是指未在依法设立的反映其生产经营活动或者行政事业经费收支的财务账上按照财务会计制度规定明确如实记载，包括不记入财务账、转入其他财务账或者做假账等。所谓折扣，即商品购销中的让利，是指经营者在销售商品时，以明示并如实入账的方式给予对方的价格优惠，包括支付价款时对价款总额按一定比例即时予以扣除和支付价款总额后再按一定比例予以退还两种形式。所谓明示和入账，是指根据合同约定的金额和支付方式，在依法设立的反映其生产经营活动或者行政事业经费收支的财务账上按照财务会计制度规定明确如实记载。

需要特别注意的是，行为人在商业活动中非法收受回扣的行为并不必然构成受贿罪，而有可能构成贪污罪或职务侵占罪。如在政府采购过程中，作为国家工作人员的采购人员与供应商约定按照采购价款的一定比例收取回扣，在支付价款时采购人员直接从采购方应当支付的价款中按照一定比例提取了回扣归自己所有，将提取回扣后的价款支付给供应商，供应商按照实际收取的价款入账，在这种情况下，采购人员收受的虽然也是回扣，但由于收受的时间和方式不同，其收受回扣时价款的所有权还没有转移到供应商，而是属于采购方的钱，应当认定为贪污行为，而不是受贿行为。如果供应商接受采购人员支付的价款后如实入账，然后又从价款中提取一定比例回扣给采购人员，由于价款的所有权已经从采购方转移给了供应商，则采购人员收受的回扣属于供应商的钱，应当认定为受贿行为。

五、影响商业贿赂定罪量刑的情节

查办商业贿赂案件涉及许多政策性、专业性较强的问题，为了保证查办案件经济效果、政治效果、法律效果和社会效果的有机统一，检察机关在查办商业贿赂案件时，应当特别注意影响定罪量刑的情节。刑法总则明确规定了一些影响定罪量刑的情节，如主犯、从犯、胁从犯、教唆犯、累犯、自首和立功等，司法实践中应当结合具体案情依法认定。如在认定商业贿赂犯罪的自首和立功时，应特别注意贿赂犯罪的对向性特征，这一特征会导致贿赂犯罪的自首和立功与其他犯罪相比具有一些特殊性。如甲因涉嫌行贿被传讯，其交代乙非法收受其财物的行为实际上是如实供述自己行贿行为所必需的，因此不属于检举他人犯罪，不能认定为立功；但如果甲交代乙非法收受丙财物的行为，则属于检举他人犯罪，经查证属实，应认定为立功。

刑法分则还针对贿赂犯罪分别规定了一些影响定罪量刑的情节，如第164条第3款规定：行贿人在被追诉前主动交代行贿行为的，可以减轻处罚或者免除处罚；第386条规定：索贿的从重处罚；第389条第3款规定：因被勒索给予国家工作人员以财物，没有获得不正当利益的，不是行贿；第390条第2款规定：行贿人在被追诉前主动交代行贿行为的，可以减轻处罚或者免除处罚；第392条第2款规定：介绍贿赂人在被追诉前主动交代介绍贿赂行为的，可以减轻处罚或者免除处罚。司法实践中，对于行贿人、介绍贿赂人在被追诉前没有主动交代，但在被追诉后如实交代行贿、介绍贿赂行为的，可以酌情从轻处罚；对于触犯多个商业贿赂罪名或者既触犯商业贿赂罪名又触犯其他罪名的，应当适用数罪并罚；对于犯罪不是很严重，认罪态度好，积极退赃，没有现实社会危害性的，可以不采取羁押措施。如对于在某些行业较为普遍的收受回扣现象，根据案件具体情况，可以对犯罪嫌疑人采取取保候审，起诉时可以建议法院判处缓刑，这样做一方面可以避免羁押造成的负面影响，另一方面也可以让其在原岗位上继续工作，以尽量维护该单位正常的生产和工作秩序。

谁在杀“贪官”？谁在反腐败？谁在监督监督者？

——写在郑筱萸被判处死刑之际

李 翔*

一、缘起

北京市第一中级人民法院对国家食品药品监督管理局原局长郑筱萸案（以下简称为郑案）作出了一审判决，以受贿罪判处郑筱萸死刑、剥夺政治权利终身，没收个人全部财产；以玩忽职守罪判处其有期徒刑7年，两罪并罚，决定执行死刑，剥夺政治权利终身，没收个人全部财产。北京市高级人民法院经公开开庭审理于2007年6月22日作出二审裁定，驳回上诉，维持原判，并依法报请最高人民法院核准。最高人民法院经复核，确认一、二审认定的案件事实，并于7月10日依法执行了死刑。郑案的判决在社会上和刑事法理论界引起了不同的看法，其中之一的观点认为，对郑案判决量刑太重。其支撑的理由是有其他官员收受更多的贿赂没有被判处死刑立即执行；与国外法律适用相比较认为判决量刑太重。笔者认为，法院的判决并无不当，适用法律正确。

首先，在适用法律上，绝不可以和国外相比较，因为在法律适用这一点上不具有可比性，更不能主张国外怎么样我们就应该怎么样的价值评判标准。我们国家有我们国家的国情，我们要获得普通民众对法律的忠诚，必须要使老百姓对个案判决有认同感。判决不是给专家看的，而是给全国人民看的。如果老百姓对判决不认同，法律就会失去应有的权威。或许有人要说，老百姓的看法是非理性的，民愤不应该成为判决的因素，但是，笔者仍然主张，

* 法学博士、博士后，华东政法大学副教授、硕士生导师。

忽视民意的判决是没有社会基础的判决，是一种海市蜃楼式的判决。我们为什么要如此关心普通民众的感受？因为在某种意义上说，反腐败是政府主导下的全社会参与的反腐败，而不是学者书斋里的反腐败。从下面的一组数据我们似乎可以看出普通民众参与反腐败的重要性。例如，上海市检察院从2006年6月至今年5月，检察机关反贪部门共立案查处贪污、受贿等腐败犯罪案件419件470人，总案值3.3亿元，其中有1/3的案件来自群众举报。2006年受理的局级干部举报线索上升9%，2007年第一季度又上升16%。①

其次，受贿犯罪虽然属于广义上的经济犯罪，但是我们对于经济犯罪不能唯数额论，更不能简单的横向比较，认为获取的钱财和社会危害性永远成正比。不可否认，经济犯罪中的数额是我们衡量其社会危害性的重要标准，与一般的财产犯罪相比较，财产权问题不是受贿罪的法益。受贿罪所要惩罚的是一种“交易”，这种交易的一边是财物以及财产性利益，另一边是权力。因为权力不能被交易，而在这种“交易”中，不同性质的权力被交易体现的是不同的社会危害性，普通民众对不同职务的期待和宽容也是不同的。因此，不能仅仅用交易的一方——金钱的数额作为评价受贿行为社会危害性的标尺。本案被告人查证的受贿数额是649万元人民币，先不去计算这些数字给我们带来的视觉上的冲击——因为我们见过太多甚至更多这样的数字，但是作为药监局局长，他与其他官员在百姓心中的地位是不一样的，作为药监局局长，他的行为直接与老百姓的生命健康安全相关联。他监督的是“安全”，“安全”不仅是中国人的“安全”，甚至是全世界人的安全。他的“权钱交易”是以牺牲广大民众的生命健康为代价的。② 因此，我们要综合各种因素来看待判决，这里的各种因素就是“情节”。《刑法》第386条规定，对犯受贿罪的，根据受贿所得数额及情节，依照第383条的规定处罚，而第383条第1项规定，个人获取的财产数额在10万元以上，情节特别严重的，处死刑，并处没收财产。当然，我们不能把所有与医药有关的问题都与他相关联，但是，与他有关的问题当然应当由他来负责。

---

① 参见《新闻晨报》2007年6月14日，第8版。

② 郑筱萸在就任药品监督局局长期间，不但收受了大量的贿赂，更为严重的是，他在收取药品企业的贿赂之后，在核发药品批准名号、申请药品经营许可证、办理药品进口许可等方面降低审核标准，造成药品管理混乱，提高了百姓的用药风险，案发后，全国有45家医药企业被查，发现其中137种药品是使用虚假申报资料获得了药品生产文号的换发，而其中6种药品为假药。参见《上海商报》，2007年5月30日A7版；又参见“郑筱萸案：不要用天国的规则来处理人间的罪恶”，载http：//www.tianya.cn/New/PublicForum/Content.asp？flag = 1&idWriter = 0&Key = 0&idArticle = 322292&strItem = no01。

再次，关于宽严相济的刑事政策在该案中的运用。实践证明，宽严相济不是一味从宽，而是对犯罪分子区别对待，当宽则宽，该严则严。实施宽严相济的刑事司法政策，是维护社会稳定、促进社会和谐的题中应有之义。宽严相济刑事政策是要达到法律效果与社会效果的有机统一，如果一个判决并不能获得大多数民众的认可，不能说是达到了刑事政策适用的目标。宽严相济也必须坚持罪刑法定、罪责刑相适应等刑法基本原则。因此，宽严相济刑事司法政策中的宽与严是一个有机统一的整体，二者相辅相成，必须全面理解，全面把握，全面落实。既要防止只讲严而忽视宽，又要防止只讲宽而忽视严，防止一个倾向掩盖另一个倾向。本案中被告人的行为给社会带来的危害是看得见的危害，是事关公共安全的危害，他的行为已经超出了普通民众所能承受的宽容的底线。

最后，在不同的社会背景下，对案件作出不同的判决也是合理的。社会危害性的概念并不是僵化的概念，其内涵会随着社会的发展而变化。在目前中央提出打击商业贿赂犯罪的大政治背景下，医药行业的商业贿赂是人们憎恶的首要现象，因此遏制这种情况，适用死刑判决也是合理的。

郑案教训极为深刻，无论其最终是否会被适用死刑立即执行，国务院对于其中暴露出的许多问题进行了总结并指出了五大问题。① 或许有人认为，权力制约机制的不健全，滋生了腐败，因此不能将所有的罪过都算在贪官身上。上述的观点笔者难以苟同。体制的不健全，不能成为当权者贪污贿赂或者其他腐败行为的理由，更不能成为贪官的“免死牌”！机制的不健全，是客观问题，而行为人受贿是利用这种制度的缺失将权力异化，是行为人的主观支配下的行为，二者绝不能等同。更需要我们的当权者洁身自好，自觉防腐拒变，而不是趁机大捞、特捞，将权力异化为自己攫取利益的工具。同时我们也应该看到，我们杀贪官，然而，我们不能杀尽所有的贪官。从长远的利益上看，我们需要真正的权力制约。绝对权力导致绝对腐败。这是一条亘古不变的道

① 第一，暴露出监管法规制度存在问题。一方面是相关药品监管法规制度不健全、不完善、有漏洞。一些规章规定的程序不严密，解释权和自由裁量权过大。有些规章的立法程序不严格，甚至有的规章可以被个别人从自己的利益出发擅自修改。另一方面是对公共权力监管的法规制度不健全、不完善，特别是缺少对审批等重要行政权力的监督制约办法。第二，暴露出监管工作思想有偏差，对政府部门工作定位不正确，没有处理好政府职能部门与企业的关系、监管与服务的关系、商业利益与公众利益的关系，单纯强调“帮企业办事，促经济发展”，没有把保障公众用药安全这一中心任务落实好。第三，暴露出对行政许可项目的监督管理有缺陷，审批权力配置不科学、制约不合理、运行不公开、监督不到位。第四，暴露出党风廉政建设工作薄弱，干部队伍管理松懈，机关作风建设不得力。第五，暴露出重大决策不民主、不科学，在出台重大监督措施、处理重大问题、选拔任用干部等方面没有落实民主集中制。

理。如果体制没有一个制约权力的机制，或许我们永远都在忙反腐败、忙杀贪官。两千六百多年前，梭伦出任雅典城邦的第一任执政官时，很多人都劝他担当僭主。他们劝他不要"鱼在网中，却让它跑掉了"。但梭伦坚决不为所动。梭伦对他的朋友说，"僭主政治是一个可爱的地位，然而没有一条路可以由那里走下台"。

现有的刑法、刑事诉讼法等法律规范更多的是关注和惩罚已然的腐败犯罪。在某种程度上只是获得一种可得的利益，即满足受害人（国家、社会、个人）泄恨的欲望。但是，"报复心理并非一种理性的感情，因为它只是一种要使那些危害他人的人遭受损害的欲望。它的实际作用仅仅是增加了社会中损害的总量……人们无疑不会制定一个鼓励报复的法律制度……"① 因此，笔者认为，仅仅依靠打击腐败犯罪远非解决腐败犯罪问题之上策。预防腐败犯罪法律规范的制定，积极的措施引导，"打防并举"，"以防为主"，从源头上抑制腐败犯罪，这才是治理腐败犯罪的根本所在。

腐败犯罪已经成为长期困扰国际社会的一个问题。人性的弱点，人类的危机，只有依靠建立良好的制度抑制它们，而良好的制度必须依靠理性思考所制定的法律来创设。世界上很多国家都在积极探索，试图寻找到一条治理腐败犯罪的行之有效的方法和手段。逐步形成了以下两种治理腐败犯罪的价值取向：首先是依靠法律来治理腐败犯罪；其次，通过预防的手段，遏制腐败犯罪于未然状态。目前世界很多国家或者制定了单独预防腐败犯罪的法律，或者是在其他法律规范中规定了预防腐败犯罪的条款，还有些国家通过了一些专门规定政府行为、政治活动或者其公务人员的行为准则的法律规范，以此来有效抑制腐败犯罪。随着我国商业贸易等国际化程度越来越高，特别是我国加入 WTO 之后，我国与国际社会的联系越来越紧密，这就要求我国应当制定相应的预防腐败犯罪的法律并逐步形成一个完备的预防腐败犯罪的法律体系，以期与国际社会接轨。

二、建立预防腐败犯罪法律体系的依据

（一）预防腐败犯罪法制化的政策依据

面对反腐倡廉工作的艰巨性和复杂性，中央确立了"标本兼治、综合治理"，"教育是基础、法制是保证、监督是关键"的预防腐败犯罪方针。党的十五届六中全会通过的《中共中央关于加强和改进党的作风建设的决定》中

① ［美］迈克尔·D. 贝勒斯：《法律的原则：一个规范的分析》，张文显等译，中国大百科全书出版社 1996 年版，第 339 页。

强调："必须围绕为人民掌好权、用好权这个根本问题，坚持标本兼治、综合治理，注重从源头上预防和解决腐败问题。""治标和治本，是反腐败斗争相辅相成、互相促进的两个方面。治标，严惩各种腐败行为，把腐败分子的猖獗活动抑制下去，才能巩固和发展反腐败已经取得的成果，从根本上解决腐败问题。当前，反腐败斗争应该逐步加大治本的工作力度，努力从源头上预防和治理腐败。"此外早在2000年最高人民检察院作出的《关于进一步加强预防腐败犯罪工作的决定》，该决定第15条规定，"积极推动制定预防腐败犯罪法律、法规，推进预防腐败犯罪的法制化建设"。这些重要精神着眼于基础，着重于预防，为制定相应预防腐败犯罪的法律提供政策上的支持。

（二）预防腐败犯罪法制化的法律依据

《中华人民共和国宪法》第24条第1款规定，国家通过普及理想教育、道德教育、文化教育、纪律和法制教育，通过在城乡不同范围的群众中制定和执行各种守则、公约，加强社会主义精神文明建设；第27条第2款规定，一切国家机关和国家工作人员必须依靠人民的支持，经常保持同人民的密切联系，倾听人民的意见和建议，接受人民的监督，努力为人民服务。《中华人民共和国人民检察院组织法》第4条规定："……人民检察院通过检察活动，教育公民忠于社会主义祖国，自觉地遵守宪法和法律，积极同违法行为作斗争。"这些规定为制定预防腐败犯罪的法律提供了宪法依据。此外，《中华人民共和国刑法》、《中华人民共和国刑事诉讼法》等法律及其相关的有权解释，对于腐败犯罪的主体范围、罪名、管辖、追究刑事责任的程序等都作出了详尽的规定，也为预防腐败犯罪立法提供了法律依据。

（三）预防腐败犯罪法制化的实践依据

多年来，在预防和打击腐败犯罪的实践中，我们积累了大量的经验。1999年6月28日通过的《中华人民共和国预防未成年人犯罪法》，以及全国人大常委会制定的《关于加强社会治安综合治理的决议》等，为制定预防腐败犯罪法律提供了借鉴。此外，一些预防腐败犯罪的地方性法规相继出台，例如比较早出台的是《无锡市预防腐败犯罪条例》，该条例于2001年8月1日起就生效实施了；2001年7月湖南省人大常委会通过了《关于加强预防腐败犯罪工作的决议》；2002年初河北省邯郸市人大常委会制定了《邯郸市预防腐败犯罪条例》；2002年10月18日黑龙江省第九届人大常委会通过了《关于加强预防腐败犯罪工作的决定》；2002年11月30日安徽省第九届人大常委会通过了《安徽省预防腐败犯罪的工作条例》。这些地方性预防腐败犯罪的规定，结合本地特点，以地方立法的形式将预防腐败犯罪的有益经验和做法固定下来，这将为制定统一的预防腐败犯罪法律体系积累经验、提供依据。

（四）预防腐败犯罪法制化的价值基础

一部法律的制定在某种程度上还取决于民众对它的合理期待。法律获得民众的信任就在于该法律能够植根于广大民众的意志，也只有这样的法律，民众才能对其施以忠诚的态度。法律就是因为其表达了一种共同价值而被人们所信仰。所以，昂格尔教授指出："法律被遵守的主要原因在于集团的成员从信念上接受并在行为中体现法律表达的价值。人们效忠规则是因为规则能够表达人们参与其中的共同目的，而不是靠强制实施规则所必然伴随的威胁。"① 腐败犯罪已经成为当前我国广大社会成员强烈关注的社会问题。在第九届全国人民代表大会第五次会议上，共有198名人大代表提出要求制定预防腐败犯罪的相关法律，在第十届人民代表大会第一次会议上，又有150多名人大代表提出要求制定预防腐败犯罪的法律。由此观之，面对国民对于廉政要求和腐败如此严重的现实之间的强烈反差，我们必须建立一个完备的预防腐败犯罪的法律体系，从源头上治理腐败犯罪问题，以此作为回应。从而重塑广大民众对政府的信任和对法律的忠诚，这也是一个社会得以和谐健康发展的最终保证。

三、我国应建立一部《预防腐败犯罪法》

（一）当今世界各国关于预防腐败犯罪的立法模式

世界各国关于预防腐败犯罪的立法经验和模式可以供我们借鉴。综观目前世界各国关于预防腐败犯罪的立法模式，大致可分为以下几种：

1. 专门法律和其他行为规范相结合的模式

该种模式以新加坡为代表，韩国和北美洲的伯利兹也采用该种立法模式。该种立法模式的特点在于：以专门法为主导，其他相关行为规范为辅助，惩治和预防并重，从而形成一个相对完备的预防腐败犯罪的法律体系。新加坡关于预防腐败犯罪的法律有《预防腐败法》、《没收贪污所得法》、《公务员惩戒规则》等法律规范；韩国有《反腐败法》、《实名制法》等法律规范；伯利兹有《预防公共生活腐败法》、《信息自由法》等。

新加坡《预防腐败法》于1960年制定，此后经过1963年、1966年、1972年、1981年、1989年、1991年、1993年共七次修改。该法共三十条，没有分章节。该法是新加坡预防腐败犯罪的主要法律。新加坡《预防腐败法》

① ［美］昂格尔：《现代社会中的法律》，吴玉章、周汉华译，中国政法大学出版社1994年版，第27页。

把腐败犯罪的实体和程序方面的规定都纳入进来。其规定非常严密和具体，并且具有很强的可操作性。但是该法有些规定过于苛求。例如其中第8条规定的可推定腐败行为的情况：在根据本法第5条（腐败罪的处罚——笔者注）和第6条（与代理人进行腐败性交易罪的处罚——笔者注）规定的罪名对某人进行审理的诉讼中，如果能够证明某个已经或寻求与政府、政府部门或者公共机构进行交往的人或其代理人或者某个受雇于政府、政府部门或者公共机构的人支付、给予或者得到了某种报酬，除有相反证明者外，该报酬应被视为如前所述的以腐败方式支付或者给予并被收受的诱金或者酬金。笔者认为，这种推定腐败行为的做法与现代法治的要求相去甚远。此外新加坡的《没收贪污所得法》、《公务员惩戒规则》与《预防腐败法》相得益彰，互为补充。新加坡依据这些法律又建立了强大的廉政机构，使这些法律得以实际贯彻实施。韩国的《反腐败法》是预防腐败犯罪法律中比较完备的一个典型。该法共六章五十三条，它与《实名制法》等法律规范构成了韩国预防腐败犯罪的法律体系。

2. 以行政立法为主导的立法模式

该种模式以美国为代表，英国、法国、加拿大、德国等国家也采用这种立法模式。该种立法模式的特点是：法网严密，可操作性和实用性很强，是以预防为主的立法体系。美国的预防腐败犯罪法律有：《政府行为道德法》、《众议院议员和雇员道德准则》、《政府工作人员道德准则》和《情报自由法》等法律规范；英国的《行政公开的最佳实务标准》，法国的《关于政治生活财务透明度的法律》和《关于公务员行为准则的法律》也都是这样的。当然法国刑法典也有关于禁止公务员参与与其身份不相称的营业和贸易的规定，例如法国刑法典第175条规定："一切公务员、公职人员和政府工作人员公开地、隐蔽地或通过代理人在其正在或者曾经管理或监督的经营、拍卖、企业、税收和专卖等方面获取或接收利益者，被判处6个月至2年的监禁，并科处以相当于退赔款数额的十二分之一至四分之一的罚款……"①

3. 单一立法模式

该种立法模式以印度为代表，泰国、博茨瓦纳等国也采用这种立法模式。这种立法模式的特点在于：制定专门统一的反腐败法律，把实体法和程序法集中于一体，打击和预防结合在一起。例如印度的《1988年防止腐败法》共五章三十一条，分别规定了总则、特别法官的任命、违法与惩处、依本法调

① 参见《法国刑法典》，罗结珍译，中国人民公安大学出版社1995年版。

查案件和准予起诉及其他条款。

4. 刑事法与其他法律相结合的模式

当今世界上有很多国家都采用了这种立法模式。该种立法模式的特点就是在本国的刑事法中规定了腐败犯罪的犯罪构成以及侦查、逮捕、起诉的程序，同时在其他的行政法律、法规中又规定了预防腐败犯罪的积极措施。例如澳大利亚《刑法典修正案（贿赂外国公职人员）》70.2规定：“（1）如果个人有以下情形，则为犯罪：（a）此人：（i）向另外一个人提供利益；或（ii）造成利益被提供给另外一个人；或（iii）向另外一个人提出要提供或承诺提供利益；或（iv）造成向另外一个人提出要提供或承诺要提供利益；以及（b）该利益依法不应归于另外那个人……惩罚：10年徒刑。”同时，澳大利亚还有《公共利益公开法》、《1905—1973年秘密佣金法》等其他法律规范与刑法相配合。

（二）建立我国预防腐败犯罪法律体系的应然选择

借鉴世界各国关于预防腐败犯罪的立法经验，结合我国的实际情况，笔者认为，预防腐败犯罪法制化是我国当前预防腐败犯罪应然之选择。预防腐败犯罪法制化的具体途径可以有以下几种：一是由立法机关制定《预防腐败犯罪法》；二是制定《反贪污贿赂法》；三是在现行的刑事诉讼法中增加预防腐败犯罪的内容；四是由全国人大常委会制定一项关于预防腐败犯罪的决定。[①] 由于目前我国刑法、刑事诉讼法对于腐败犯罪已经作了实体性和程序性的规定，而制定《反贪污贿赂法》实际上是对刑法、刑事诉讼法某些内容的重复，导致立法资源上的浪费。此外，预防腐败犯罪不仅仅是惩罚（惩罚是预防的手段之一）腐败犯罪，如果把预防的内容增加规定在刑事诉讼法中，就与刑事诉讼法的任务不相协调。所以笔者认为，由立法机关制定一部专门的《预防腐败犯罪法》不仅符合当前的需要，而且和我国刑法、刑事诉讼法可以互为补充，从而形成一个立体式预防腐败犯罪法律体系。

① 参见《国际预防腐败犯罪法律文件选编》，法律出版社2002年版，第18页。

挪用公款罪中的若干疑难问题探讨

王 琼*

一、挪用公款罪立法简介

我国挪用型的犯罪共三种即挪用公款罪、挪用资金罪、挪用特定款物罪。挪用公款罪属于我国刑法典第八章贪污贿赂类犯罪，是挪用型国家工作人员职务犯罪，其演变于贪污罪。

挪用公款罪这个罪名首次创制于1988年1月21日全国人大常委会颁布通过的《关于惩治贪污罪贿赂罪的补充规定》（以下简称《补充规定》），现行刑法第384条是在《补充规定》第3条的基础上形成的，继承了《补充规定》的成果，对挪用公款罪作了适当的修改与完善，即缩小了挪用公款罪的主体范围，把“国家工作人员、集体经济组织工作人员或其他经手、管理公共财物的人员”改为“国家工作人员”，删除了“挪用不退还的行为”以贪污罪论的规定而是作为挪用公款罪从重处罚量刑情节。本条与《补充规定》相比，最大的变化是将挪用公款不退还的，由以贪污罪论处改为以挪用公款罪的结果加重犯论处。但这一改也带来了新的问题，正如有的学者所说，旧的问题解决了，新的问题又出现了。① 另外，除了刑法第384条对挪用公款罪作了规定之外，刑法第185条第2款（国有金融机构工作人员和国有金融机构委派到非国有金融机构从事公务的人员有利用职务上的便利，挪用本单位或者客户资金行为的）、第272条第2款（国有公司、企业或者其他国有单位中从事公务的人员和国有公司、企业或者其他国有单位委派到非国有公司、企业以及其他单位从事公务的人员有前款行为的）的规定也是对挪用公款罪的立法。

---

* 中国人民大学法学院2005级刑法专业博士研究生。

① 参见陈兴良主编：《刑法疏议》，中国人民公安大学出版社1997年版，第626页。

自首次规定挪用公款罪以来，司法实务界和学术界就如何正确理解、适用挪用公款罪一直争论颇多，为此“两高”及全国人大常委会就挪用公款罪的法律适用问题作出了大量的司法和立法解释，但是由于“两高”及全国人大常委会之间对挪用公款罪的理解也不尽相同，所以每一司法或立法解释出台后，司法实务界和学术界的认识不但未能统一，相反争论更为广泛。下面笔者将一些常见疑难问题作探讨如下。

二、疑难问题探讨

（一）挪用公款罪主体方面存在的问题探讨

1. 如何界定挪用公款罪的自然人主体，挪用公款罪的主体是否与贪污罪的主体范围完全相同?

根据刑法第384条，挪用公款罪的主体是国家工作人员。所谓国家工作人员，1997年刑法第93条对其予以了立法解释，是指国家机关中从事公务的人员、国有公司、企业、事业单位、人民团体中从事公务的人员和国家机关、国有公司、企业、事业单位委派到非国有公司、企业、事业单位、社会团体中从事公务的人员，以及其他依照法律从事公务的人员，以国家工作人员论。1997年刑法将挪用公款罪纳入到贪污贿赂罪章中，因而理论界有人认为，挪用公款罪的主体与贪污罪的主体范围完全相同，[①] 笔者认为，这是错误地理解法律所致。在刑法修订前，贪污罪和挪用公款罪的主体范围是一致的，刑法修订后，受国家机关、国有公司、企业、事业单位、人民团体委托管理、经营国有财产的人员，利用职务上的便利，挪用国有资金归个人使用构成犯罪的，是构成挪用公款罪还是构成挪用资金罪，存在不同的理解。为了统一认识，最高人民法院于2000年2月作出批复规定，“对于受国家机关、国有公司、企业、事业单位、人民团体委托管理、经营国有财产的人员，利用职务上的便利，挪用国有资金归个人使用构成犯罪的，应当依照刑法第272条第1款的规定定罪处罚”。因此，挪用公款罪的主体不包括刑法第382条第2款所规定的国家工作人员。也就是说，贪污罪的主体范围实际上是多出一部分的，挪用公款罪的主体与贪污罪的主体范围并不完全相同。

2. 单位挪用如何处理?

对于以单位名义将公款供其他单位使用，谋取个人利益的，学术界和司法实务界的大多数人士都认为应具体分析：（1）如果为了私利将公款拆借给

① 参见陈兴良主编：《刑法疏议》，中国人民公安大学出版社1997年版，第623页。

私有企业、个人使用的，应以挪用公款罪处罚。这种情况实际上是个人盗用单位名义进行犯罪的一种表现形式，根据最高人民法院《关于审理单位犯罪案件具体应用法律有关问题的解释》（法释［1999］14号）第3条规定“盗用单位名义实施犯罪，违法所得由实施犯罪的个人私分的，依照刑法有关自然人犯罪的规定定罪处罚”。私利可以表现为多种形式例如物质利益、精神利益和私情方面的利益；可以是合法利益，也可以是非法的利益。(2) 如果以单位名义，为单位利益借给私有企业、个人使用的，不应以挪用公款罪处罚。这是单位行为，不是个人行为，而挪用公款罪是自然人犯罪不是单位犯罪。例如，原广西防城港市中级人民法院院长陶世典在任职期间（1995年4月—1996年8月）利用职权先后11次将本单位保管的执行款2364万元借给8个单位和个人，所得利益均归单位。至案件判决时为止，还有716万元未还。最后，法院判决被告人陶世典的行为不构成挪用公款罪。对此案，最高人民法院在（［1999］刑他字第58号）批复中指出：“被告人陶世典是以单位名义将公款非法借给他人使用，其目的是为本单位谋利益，所得利息已全部归单位所有，没有中饱私囊，其行为与挪用公款的本质特征不符，不构成挪用公款罪。”但是国内也有学者以违背罪刑法定原则为由，来否定单位挪用时的自然人主体构成犯罪，认为“这种行为实际上是单位实施的挪用公款行为，然而，刑法并没有单位挪用公款罪的规定，刑法设立挪用公款罪的宗旨，应是惩治国家工作人员个人擅自利用职务上的便利将本单位公款挪作私用的行为，对于经单位集体讨论，为单位利益挪用公款给本单位的职工或外单位人员个人使用的单位行为，并不予以刑罚处罚。如果对单位集体讨论、为单位利益挪用公款的案件追究有关责任人员的刑事责任，势必与罪刑法定原则相悖”。[①] 笔者认为，此理由曲解了刑法中单位犯罪的立法旨趣，以此为理由来否定单位挪用时其直接责任人员的行为构成犯罪并不能让人信服。笔者更为赞同上述大多数学者观点，即具体问题具体分析，看单位挪用直接责任人的挪用行为是为个人利益还是为单位利益。

（二）挪用公款罪犯罪对象方面问题探讨

根据刑法典第384条的规定，挪用公款罪的对象有两类：一是公款；二是用于救灾、抢险、防汛、优抚、扶贫、移民、救济款物，简称特定款物。所谓“公款”，顾名思义，是指公共款项。首先，必须是“公共”款项。结合刑法典第91条的规定，公共款项应是指：其一，国有款项；其二，劳动群

① 参见陈兴良主编：《刑事法判解》（第三卷），法律出版社2001年版，第207页。

众集体所有的款项；其三，用于扶贫和其他公益事业的社会捐助或者专项基金的款项。在国家机关、国有公司、企业、集体企业和人民团体管理、使用、运输中的私人所有的款项，应当以公共款项论。其次，必须是公“款”。典型意义上的公款表现为货币，包括人民币、人民币外汇券和外汇；汇票、本票、支票、股票、债券等有价证券，是公款的特殊形式。因为，有价证券直接代表一定数额的货币，可据以提取或获得一定的货币收益，若挪用之，也是“对货币流通和先进管理的一种破坏”，因此，应当将国家或集体所有的有价证券也视为“公款”。对此，有关司法解释已予以明确肯定。最高人民检察院于1997年10月13日作出的《关于挪用国库券如何定性问题的批复》指出：“国家工作人员利用职务上的便利，挪用公有或本单位的国库券的行为以挪用公款论；符合刑法第384条、第272条第2款规定的情形构成犯罪的，按挪用公款罪追究刑事责任。”

1. 公款是否仅限于纯国有资金

对此理论界有不同的认识，有人认为：挪用公款罪中的公款通常必须含有国有款项的成分，纯粹的集体款项与个人款项一般不能成为挪用公款的犯罪对象。[①] 也有人认为：如果挪用国有与非国有混合的资金，仅把国有资金涉及的部分作为挪用公款罪的对象。[②] 有人认为，这两种观点均割裂了刑法条文之间的联系，未能把握立法者的意图，有失片面。[③] 我国现行刑法用三个条文（即第185条第2款、第272条第2款、第384条）对挪用公款罪加以规定，由于立法规定的错综复杂性，对挪用公款罪的犯罪对象的范围应在全面理解相关条文的基础上加以界定。刑法第272条第2款规定，国有公司、企业或者其他国有单位委派到非国有公司、企业以及其他单位从事公务的人员，利用职务上的便利，挪用本单位资金归个人使用或借贷给他人的，以挪用公款罪论处。刑法第185条第2款亦规定，国有金融机构从事公务的人员，利用职务上的便利，挪用本单位或客户资金的，依照刑法第384条的规定定罪处罚。从这两个条文的规定看，立法者在此所关注的仅是行为人的身份，而不是所挪用的单位资金的性质。之所以如此规定，其立法意图非常明显：既然是国家工作人员，就负有维护职务廉洁性的更高义务，不论挪用的其所在单位的资金性质如何，都应对其较非国家工作人员作更高的要求。据此，笔者认为，上述国家工作人员实施刑法第185条、第272条规定的挪用资金行为，

① 参见孙谦：《国家工作人员职务犯罪研究》，法律出版社1998年版。

② 参见陈兴良主编：《刑事法判解》（第一卷），法律出版社1999年版。

③ 参见王作富：“挪用公款罪司法认定若干问题研究”，载《政法论坛》2001年第4期。

只要同时在数额、资金用途及未归还的期限方面符合挪用公款罪的定罪标准，就应按挪用公款罪论处，至于该单位的资产是否属于国有或国有资产占多大比例，均对挪用公款罪的成立不产生影响。换言之，挪用公款罪的对象不仅限于归国有单位所有的资金，非国有单位所有的资金在一定情况下也能成为挪用公款的对象。[①] 笔者同意后者观点。

2. 公款的具体表现形式有哪些

关于"公款"的具体表现形式包括哪些，学界存在不同意见：有的学者认为，"公款"是指公共财产中呈货币或有价证券形态的那一部分，其中包括人民币、外国货币、支票、股票、国库券、债券等有价证券。[②] 有的学者认为，"公款"是公有货币的代名词，只包括现金、银行存单等，不包括国库券、债券等有价证券。[③] 有学者认为，有价证券能否成为挪用的对象，不能一概而论，可以兑换成现金的有价证券，应当属于"公款"的范围，可以换取物品的有价证券（如提货单），不能成为挪用公款罪的犯罪对象。[④] 从实务来看，最高人民检察院司法解释没有采纳第二种意见，1997 年 10 月 13 日《关于挪用国库券如何定性问题的批复》规定，国家工作人员利用职务上的便利，挪用公有或本单位的国库券的行为以挪用公款论；符合刑法第 384 条、第 272 条第 2 款规定的情形构成犯罪的，按挪用公款罪追究刑事责任。全国法院审理经济犯罪案件工作座谈会的与会代表认为，对于挪用股票、国库券、债券等有价证券以及存折、存单等金融凭证为他人提供担保的，由于同样侵犯了相应款项的使用权，并有可能使被挪用单位遭受经济损失，其后果与直接挪用公款为他人提供担保没有实质的区别，符合刑法关于挪用公款罪规定的，应以挪用公款罪定罪处罚。[⑤] 综上，笔者认为，"公款"的具体表现形式应该包括人民币、外国货币、支票、股票、国库券、债券、存折、存单等。

3. 非特定公物能否成为挪用公款罪的对象

何为特定公物？刑法理论界一般将挪用刑法规定的用于救灾、抢险、防汛、优抚、扶贫、移民、救济款物，简称特定款物，是指专门用于救灾、抢险、防汛、优抚、扶贫、移民、救济的款项和物资。这些款物，既包括由国

---

① 参见吴宁："挪用公款罪若干问题的探讨"，载检察网，2004 年 10 月 9 日。

② 参见高铭暄、马克昌主编：《刑法学》，中国法制出版社 1999 年版，第 1130 页。

③ 参见何秉松主编：《职务犯罪的预防和惩治》，中国方正出版社 1999 年版，第 482 页。

④ 参见王振勇、王为民："办理挪用公款案应注意的问题"，载《刑事司法指南》（2000 年第 2 期），法律出版社 2000 年版。

⑤ 参见最高人民法院刑事审判第一庭、第二庭编：《刑事审判参考》（2002 年第 4 辑），法律出版社 2002 年版，第 223 页。

家预算民政事业为上述用途的拨款和临时调拨的款物，也包括海内外各种组织机构和各方人士为上述用途支援、捐献的特定款物。除特定公物外，一般公物即非特定公物能否成为挪用公款罪的对象？理论界和司法实践部门存在着两种截然不同的观点。一种观点认为，既然刑法和司法解释未将“公物”明确规定为挪用公款罪的对象，那么一般“公物”就不应成为挪用公款罪的犯罪对象，否则，有违罪刑法定主义。另一种观点认为，公款与公物都是公共财产的重要组成部分，只是表现形式不同，并无本质差异，同样的挪用行为，只因其具体对象不同，有的规定为犯罪，有的却不规定为犯罪，无法体现法律的公正性。笔者认为，第一种观点符合立法和司法解释的精神。根据最高人民检察院 2000 年 3 月 15 日发布的《关于国家工作人员挪用非特定公物能否定罪的请示的批复》：“刑法第 384 条规定的挪用公款罪中未包括挪用非特定公物归个人使用的行为，对该行为不依挪用公款罪处罚。”应该说，该批复是符合罪刑法定原则的。但笔者倾向于第二种观点。理由是：第一，从市场经济的观点上来说，无论是公款，还是公物，都是公共财产的表现形式，二者在价值上具有共通性，都应受到法律的同等保护。对于挪用公款和挪用公物的行为，惩前而不惩后，不利于严密刑法法网。第二，从社会危害性程度上看，挪用公物的社会危害性并不比挪用公款小，二者都侵犯了国家工作人员职务行为的廉洁性，都侵犯了公共财产的所有权。如：挪用 10 万元公款存入银行食利与挪用价值 100 万元的建筑机械用于租赁，二者的社会危害性孰大孰小，不言自明。第三，从立法技术上看，不处罚挪用一般公物的行为。那么，规定挪用特定公物“从重处罚”就没有“从重”的必要前提和合理依据，因此，该立法规定缺乏应有的逻辑周延性。鉴于法律目前没有对挪用公物行为作出明确规定。笔者认为，根据罪刑法定原则，除法律明文规定的挪用特定公物外，对挪用其他公物的行为，应当具体情况具体分析，凡挪用公物用于自己日常消费的，可由主管部门按政纪进行处理。凡挪用公物进行商业活动或挪用的公物变卖后又挪用所得款的，则可将公物折价或按所得款，数额较大的，按挪用公款罪定罪处罚。因为在这种情况下，行为人不是追求公物的使用价值，而是追求公物的价值，这实质上是规避法律的变相挪用公款行为。

（三）挪用公款罪客观方面存在的问题探讨

使用用途能否作为挪用公款罪的定罪标准？

根据刑法第 384 条的规定，挪用公款罪在客观方面表现为利用职务上的便利，挪用公款归个人使用，进行非法活动，或者挪用公款数额较大进行营利活动，或者挪用公款数额较大超过三个月未还的行为。刑法把挪用公款罪的使用用途分成三类，即非法用途、营利用途和一般用途，并附设了不同的客观要件。有人认为，挪用公款罪客观要件的这种设定存在诸多瑕疵，认为使用用途不能作为定罪标准。理由有三：①

首先，这一规定违背了犯罪构成的基本理论。刑法理论上有犯罪目的和犯罪动机之分，犯罪目的是行为人通过犯罪行为期望发生危害结果的心理态度，而犯罪动机则是推动行为人实施犯罪行为的内心起因。就犯罪目的和犯罪动机的性质来讲，目的总是违法的，动机不一定违法。就行为对客体的作用来讲，目的行为一定侵害客体，动机行为则不一定侵害客体。因此，在刑事立法中，一般把目的行为而不能把动机行为规定为犯罪的客观要件。可是，刑法第384条对挪用公款罪客观要件的规定却违背了这一刑法原理和立法规则。在挪用公款罪中，“挪用”行为属于目的行为，而挪用公款后对公款的“使用”行为则属于动机行为。而且就行为对犯罪客体的作用来看，侵犯挪用公款犯罪客体——公款的使用权和国家工作人员的廉洁性的行为总是挪用公款中的“挪用”行为，而不是挪用后对公款的“使用”行为。可见，公款“使用”行为对于挪用公款罪的犯罪构成和社会危害性的大小并无影响。因此，刑法在规定挪用公款罪时，只需把“挪用”行为规定为犯罪的客观要件就够了，无须把“使用”行为也规定进来。

其次，刑法把使用用途作为挪用公款罪的构成要件的规定，常常使执法者处于两难境地，主要体现在挪用人和使用人不一致的挪用公款案件中。如甲、乙共谋利用甲的职务便利从其所在单位挪用30万元公款给乙个人购买住房，但乙拿到30万元后，却背着甲将30万元用于和他人进行走私活动。对于甲的行为其结果往往是就低不就高，按“归个人使用”处理了事。而乙却适用“挪用公款进行非法活动”来处罚。如果使用时间不足3个月，就会出现同是挪用的行为者，甲无罪释放、乙被判刑的尴尬结果。

再次，对于挪用公款用于营利活动和用于非营利活动，两者的社会危害性其实没有办法区别。有人认为用于营利活动使公款处于高风险之中，所以危害性更大。笔者认为事实并非如此，用于一般用途的挪用者其本身就没有什么偿还能力，因为此类挪用者在挪用公款后缺乏资本经营运作以尽早还款，因而使公款处于高风险之中。而用于营利活动者则可能通过营利活动赚取利润来归还公款。两者之间的社会危害性孰大孰小，实在难以分清。因此，刑法根本没有必要去区分两者，更没有必要将两者作为定罪

① 参见吴宁：“挪用公款罪若干问题的探讨”，载检察网，2004年10月9日。

的不同客观标准。

笔者同意以上观点。

(四) 挪用公款罪的停止形态问题探讨

“挪而未用”行为是挪用公款罪的既遂还是未遂?

这里的“挪而未用”是指行为人已经利用了职务之便，将公款挪出并占有，但尚未使用的情形。[①] 对挪而未用的处理，理论界和实务部门都感到棘手，有人认为，挪用公款客观上表现为“挪”与“用”的双重实行行为，刑法规定的挪用公款客观方面的三种形式，均表现为既“挪”又“用”。“挪而未用”虽然行使了“挪”的行为，但没有“用”的行为，不符合挪用公款犯罪的客观方面的要求，不能认定为犯罪。[②] 也有人认为，行为人挪用的目的是用，只挪未用的，是挪用公款罪的未遂。[③] 此外，还有人认为，从行为关系来看，“挪”是主行为，“用”是从行为，“挪”是刑法对该罪打击的根本所在。公款自从被挪出起，其占有权、使用权、收益权已被侵犯，危害结果已经出现。所以行为人以个人使用为目的，将公款挪出后，即使没有实际使用，也不影响挪用公款罪既遂的成立。[④] 从法益侵害和犯罪构成理论的角度分析，笔者倾向于“挪而未用”的情形应当认定为挪用公款罪的既遂形态。首先，“挪用”是一个行为整体，不可分割开来评价。另外“挪而未用”也是将公款挪出，公款的使用权、收益权以及国家工作人员对公款管理的职务信赖均已被侵害，因此“挪而未用”同样具备实质的法益侵害，具备犯罪行为的本质，应该构成挪用公款罪。其次，从犯罪构成理论分析来看，我国刑法规定的犯罪未遂是已经着手实行犯罪，由于犯罪分子意志以外的原因而未得逞的情形。其实质内涵是“未得逞”，它是区分犯罪既遂与未遂的根本标志。犯罪“未得逞”是指行为没有具备刑法分则规定的某一犯罪构成，或者说是犯罪行为没有备齐犯罪的全部要件。[⑤] 按照这个标准，挪用公款罪不存在实行终了的未遂，在挪用行为实施终了后，公款被转移，其占有权、使用权以及收益权被

---

① 仅仅从公款被侵害的状态看，挪而未用与贪污行为很难分辨，这里所说的挪而未用，是指在诉讼上有充分证据证明行为人转移公款不是为了永久占有，而只是暂时挪用。

② 参见杨涛:“查处挪用公款犯罪中几个问题的思考”，载《河南政法管理干部学院学报》2001年第6期，第96页。

③ 参见王振勇:“办理挪用公款案应注意的问题”，载《刑事司法指南》2000年第2期，第99页。

④ 参见卢东林、范志勇:“挪而未用是否构成挪用公款罪”，载《人民检察》2000年第1期，第44页。

⑤ 参见高铭暄主编:《中国刑法学》，中国人民大学出版社1989年版，第175页。

侵犯，公款被挪用后应该视公款的三种具体用途来分别确定各自何时构成犯罪。我们认为只有在挪用行为着手之后，例如在转账的过程中，因意志以外的原因而未得逞的才有可能构成犯罪未遂，但这种未遂又因危害行为明显不大，通常被视为无罪。所以就挪用公款罪而言，在行为人利用职务之便将公款转移的行为事实已经发生的情况下，公款被转移之后或进入非法活动领域，或进入营利活动领域或者除此二者以外的超期未还的情形，如果此时的公款尚未进入到非法活动和营利活动的领域，只能理解成超期未还的情形。所以“挪而未用”中的“用”不能只理解为进入流通领域，存置于办公室或其他场所的伺机而用的同样也应该是完全符合挪用公款罪的构成要件，基于以上两点理由，笔者认为“挪而未用”的行为应该是既遂而不是未遂。

第五编　刑法立法

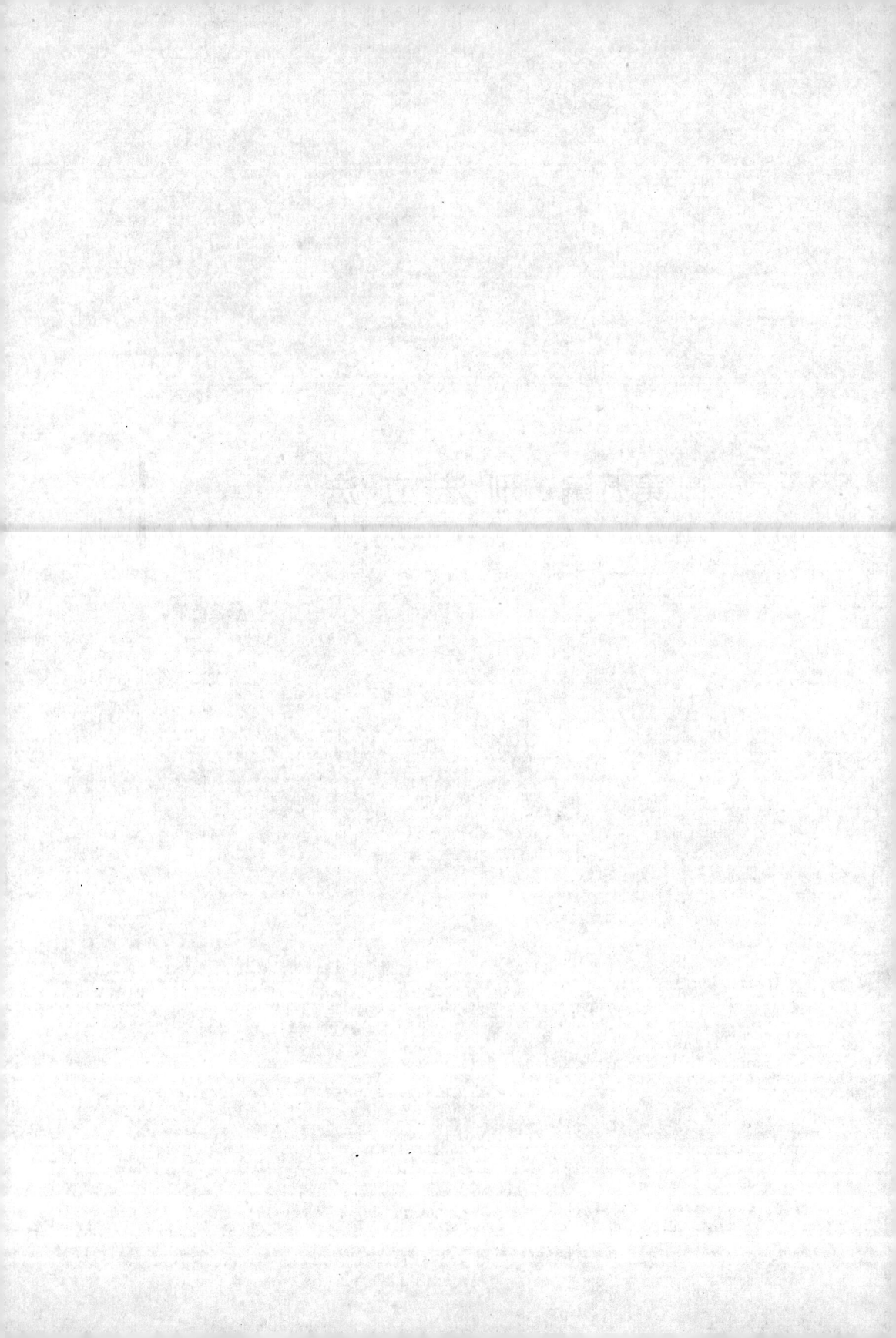

97 刑法之思索与展望

孙　力*

1997 年刑法典颁布施行 10 年来，全国人大常委会相继对刑法进行了七次修正，共颁布了一个单行刑法和六个刑法修正案。本文拟对 1997 年之后我国的刑事立法①及未来走向作些粗浅的探索。

一、刑法现状的分析与评价

较之 1997 年之前的刑事立法，1997 年之后的我国刑事立法具有以下三个方面的鲜明特色：第一，实现刑法典的统一性和完备性。第二，贯彻刑事法治原则和加强刑法保障功能。第三，促进中国刑法的国际化。② 这些都是应当予以充分肯定的。但全面客观地分析 1997 年之后的我国刑事立法，还存在以下不足和需要改进之处。

（一）在立法模式方面，集中性、统一性的单轨立法体制固然有其优越性，但不可避免地存在难以克服的局限性

1997 年之后，我国的刑事立法基本上朝着集中性、统一性方向发展，凡是需要增加犯罪类型与修改法定刑的，不管犯罪的性质及其与其他法律的关系如何，一概以修正案的方式对刑法典进行修改，基本上不再有附属刑法，除了一个单行刑法外，没有再制定单行刑法。③ 实践表明，以修正案模式修正刑法典具有以下几个方面的优越性：第一，有利于保持刑法典结构和内容的完整性；第二，有利于保持刑法典的长期稳定性和社会适应性；第三，有利于公民学习和遵守刑法规范，实现刑法的指引功能；第四，有利于保持刑法

* 法学博士，北京市海淀区人民检察院检察长。

① 本文所指的刑事立法为狭义的，仅限于刑事实体法，不包括刑事程序法和刑事执行法。

② 参见高铭暄："二十年来我国刑事立法的回顾与展望"，载 http：//law. ddvip. com，2006 年 10 月 8 日。

③ 参见张明楷："刑事立法的发展方向"，载《中国法学》2006 年第 4 期。

渊源的集中、统一，便于司法机关适用。但是，这种集中性、统一性的刑事立法模式不可避免地存在难以克服的局限性：其一，不利于贯彻刑事立法的协调性原则。立法要协调，包括内部协调和外部协调两个方面。前者是指立法本身要协调一致；后者是指立法要与其所调整的社会关系相协调。就内部协调而言，相对于变动不均的行政立法与经济立法，刑事立法一般较为稳定。如果在刑法典中规定行政犯罪、经济犯罪，必然会出现以下不当局面：修改了行政法、经济法，但没有修改刑法典，某种并不违反或者轻微违反行政法、经济法的行为，依然违反刑法典而构成犯罪，此为一方面。另一方面，由于没有直接在行政法、经济法中规定罪状与法定刑，导致行政法、经济法修改后，一些需要及时处罚的行政犯罪与经济犯罪因为法无明文规定而得不到及时处罚。就外部协调而言，单轨制立法模式在保持刑法典长期稳定性的同时，势必产生刑事立法滞后现实需要的弊端。而“使一个国家的体制得以巩固而持久的，就在于人们能够因事制宜，使法与自然关系协调一致”，单轨制立法模式由于过分强调刑法典的长期稳定性，排斥单行刑法、附属刑法的存在，这就使得刑事立法总是滞后于司法实践的需要。对于司法实践中出现的新问题，要么因为刑事立法反应不足而难以处理，要么为了处理这些新问题，不得不求之于司法解释。而大量司法解释的出台不仅会导致司法解释权的膨胀，而且有司法解释逾越刑事立法之嫌，导致刑事立法权的旁落。其二，不利于明确刑事处罚之范围。从刑法适用角度来看，将大量的行政犯罪、经济犯罪规定在统一的刑法典中，势必会增加空白罪状，而空白罪状的表述方式是“违反国家规定”、“违反……法规”或者“违反……管理规定”，没有、也不可能指明各种法规的具体条文与国家规定的具体内容，因此常常导致处罚范围不明确。结果是要么不当扩大处罚范围，要么不当缩小处罚范围。如刑法典第235条非法经营罪条款的设置即为适例。该条规定的罪状为空白罪状，司法实践中，由于对何种行为属于“违反国家规定”的非法经营行为理解不一致，导致对于该条第（四）项“其他严重扰乱市场秩序的非法经营行为”在把握上存在很大偏差，实践中对类似的经营行为，有的按非法经营罪定罪处罚，有的只按民事违法或者行政违法处理。这种执法标准的偏差不仅有损刑法适用的统一性，而且有损刑法的权威性。如果将此种“行政犯”设置在行政法规、经济法规中，则可减少理解上的偏差和执法上的混乱，有助于明确罪与非罪之界限。由此可见，以刑法修正案模式取代单行刑法、附属刑法来修正刑法典并非万全之策，更不能将之作为修正刑法典的唯一模式。关于这一点，已经得到了大陆法系许多国家，如日本、德国、法国等刑法典的修正历史事实证明。这些国家对刑法典进行修正，在以刑法修正案为基本模式的同时，并不排斥单行刑法、附属刑法的采用，相反，散布于其他法律中的刑法规范，在数量上大大超过了刑法典中的规定。

（二）在刑法结构方面，重行为刑法，轻行为人刑法，类似于西方刑法中的保安处分措施被排斥在我国刑事立法之外

刑法结构有形式结构和实质结构两层含义，刑法的形式结构是指刑法在形式上的组合状况，刑法的实质结构是指犯罪与刑罚的组合状况。本世纪以前，受刑事古典学派思想的影响，世界各国在刑事立法上均采取一元化刑事制裁模式，即以既往的危害行为及其结果为依据设定刑罚种类和刑罚轻重，人身危险性被排斥在刑事立法体系之外。这种建立在哲学因果论基础上的刑罚制度固然有利于贯彻罪刑法定、罪刑均衡原则，有利于实现刑法的客观公正和刑法的保障功能，但是，其缺陷性也是十分明显的，突出表现为它无视行为人的人格特征，忽视刑法预防再犯的功能。到了19世纪后半期，随着犯罪浪潮的高涨，尤其是青少年犯、累犯的大量增加，刑事古典学派所坚守的（行为）刑法理论显得无能为力。在刑事古典学派宣告失败的同时，刑事实证学派应运而生。实证学派内分两支：一支是以龙布罗梭、菲利（后转为社会学派）、加罗法洛为代表的刑事人类学派；另一支是以菲利、李斯特为代表的刑事社会学派。无论是刑事人类学派，还是刑事社会学派，其共同特点是将刑法研究的重点由行为转向行为人，重视研究犯罪发生的原因以及犯罪人的人格状况，重视保安处分及其他各种所谓的"刑外刑"在预防犯罪和防卫社会中的作用。这就使传统的犯罪观念和刑罚观念发生了重大变化，即犯罪的本质由行为的社会危害性一元论过渡到行为的社会危害性与行为人的人身危险性相结合的二元论，刑罚的目的由对已然之罪的报应之一元论过渡到对已然之罪的报应和对未然之罪的预防之二元论，也使得刑法结构发生了重大变化，即由传统的立足于行为的社会危害性，只关注刑罚的惩治作用的一元化模式演进到行为的社会危害性和行为人的人身危险性双轨并存，刑罚和保安处分功能互补的二元化模式。在我国，人身危险性理论很长一段时期成为被人鄙弃的荒漠，无人问津的盲区，保安处分更是被盲目地加以排斥。受其影响，现行的刑事立法基本上属一元化模式，强调表现于外部的犯罪人的行为及其实害，忽视犯罪人的危险性格。尽管在理论上有学者提出犯罪本质二元论的观点，刑事立法上也明确确立了罪责刑相适应的刑法原则，但是刑法第61条规定的量刑原则和一系列刑罚制度表明，我国刑法上并不存在以行为人的人身危险性为主要依据的保安处分，也不存在以行为人的人身危险性为主要依据的刑罚种类。这种以结果为本位的一元化刑事立法模式固然有利于发挥刑法的两大机能（规制机能和保障机能），有利于实现刑法的两大理念（正

义和法的安定性)，[①] 有利于合理地对待犯罪化与非犯罪化，有利于正确地处理道德与法律、刑事立法与刑事司法的关系，[②] 但却使刑法的结构出现先天性的缺损，既难以完成其预防犯罪和防卫社会的历史使命，也与刑事立法的世界性趋势不相吻合。

（三）在犯罪评价机制方面，强调一元的结果无价值，忽视二元的行为无价值，刑事立法的早期干预和预防功效被弱化

在犯罪评价机制问题上，德日的刑法理论中存在结果无价值论与行为无价值论立场的对立。所谓结果无价值论，是以法益侵害说即认为违法性的本质在于侵害或者威胁法益的观念为基础，以“结果”为中心，考虑违法性问题的理论。其主要论据是：第一，刑法的根本目的在于保护法律所保护的利益即法益；第二，从刑法谦抑的原则出发，可以只把在客观上侵害或者威胁法益的行为认定为违法；第三，在价值多元化的现代社会，将是否违反某种社会伦理规范作为判断行为是否违法的基准，会混淆刑法和伦理道德调整范围，有悖于罪刑法定原则；第四，行为人的主观对法益侵害没有影响，将主观考虑作为“责任”问题，能够将违法性判断和责任判断区分开来，明确其分工，具有合理性。相反地，所谓行为无价值论，是以规范违反说即认为违法性的本质在于违反法秩序的观念为基础，以“行为”为中心，考虑违法性问题的见解。其主要根据是：第一，虽说刑法的目的在于保护法益，但是，从中并不能推导出一定要采取结果无价值论的结论来；第二，刑法是使用刑罚这种制裁手段作为法律后果的法律，和采用损害赔偿或者行政处分等制裁手段保护法益的民事法律和行政法律之间具有极大的不同，因此，不应当将所有侵害法益的行为都作为违法，而应当只将“违反社会伦理规范”的侵害法益行为看做为违法；第三，结果无价值论忽视了刑法具有作为面向社会一般人的命令、禁止的行为规范的一面；第四，在违法性的判断当中，不得不考虑行为人的主观要素，特别是目的犯中的特定主观目的、倾向犯中的一定内心倾向、表现犯中的心理过程等所谓超过的主观要素。“结果无价值论”与“行为无价值论”的对立，涉及甚广，具体而言，集中体现在以下几点上：一是在违法性的判断对象上，是不是要考虑行为人的主观因素？二是在违法性的判断标准上，是以科学的一般人为标准还是以社会一般人为标准？三是在

---

① 刑法有三大机能，即规制机能、保护机能和保障机能；三大理念，即正义、合目的性和法的安定性。

② 参见丁慕英等主编：《刑法实施中的重点难点问题研究》，法律出版社 1998 年版，第 43—49 页。

违法性的判断时间上，是坚持事前判断还是在事后判断？四是关于刑法的任务，到底是保护法益还是坚持社会伦理秩序？[①] 虽然存在上述立场的对立，但在德日，行为无价值论逐渐成为理论的通说和当前学者们的主流观点。改革开放以来，随着德日刑法理论的引入，行为无价值与结果无价值的理论也被介绍到我国，并影响到我国的刑事立法。尽管我国不少学者认同行为无价值论，认为不法永远是行为无价值论和结果无价值论的统一。但从总体上看，我国1997年之后的刑事立法采取了结果无价值论的立场。这种根据结果无价值论确定刑法的处罚范围的做法尽管可以收到限制恣意适用刑罚之效果，但也存在不当缩小刑事处罚范围，弱化刑事立法的早期干预和预防功能之缺陷。具体而言，结果无价值论的局限性在于：其一，无法满足刑事处罚早期化的要求。随着社会生活的复杂化、科学化、高度技术化。人们的生活主要依赖脆弱的技术手段，与此同时，个人行为所具有的潜在危险也飞跃性地增大。许多犯罪行为，如环境犯罪、责任事故犯罪、渎职犯罪，一旦得逞，便会造成不可估量的灾难性侵害结果，所以，不能等到造成侵害结果后再处罚，而必须对法益进行提前保护，结果无价值论无法满足刑事处罚早期化的要求。其二，无法对我国刑法规定的相关犯罪作出合理的解释，也不符合司法实践的要求。如我国刑法规定的赌博罪、聚众淫乱罪、侮辱尸体罪等风俗性犯罪，其违法评价的基点显然是基于行为的伦理违反性，而非法益的侵害性。又如对于偶然防卫、不能犯的未遂，在我国实践中一直是作为犯罪处罚的。即使不作为犯罪处理，也更多是从行为的规范违反性、行为人的主观罪过，以及期待可能性出发的，而不是简单地进行利益的衡量。特别是，我国刑法明确规定对犯罪预备、未遂的行为均应当追究刑事责任，刑法对犯罪未遂与犯罪中止的处罚的规定也相差悬殊，这显然是站在行为无价值论的立场，考虑到行为本身的规范违反性与行为人主观罪过作出的评价。其三，无法对现实中的某些行为作出恰当的解释。如同样是基于被害人的同意（承诺），为了器官移植伤害他人和出于骗取保险金的目的而切断他人手指是完全不一样的；从事疾病研究的危险试验与为了克隆技术的危险试验其社会评价也是不相同的；近年来，有学者主张建立安乐死的出罪机制——事实上的非犯罪化。对这类行为，如果不考虑行为的社会相当性则无法对其作出恰当的评价。综上，对于违法性的评价，结果无价值论与行为无价值论均有其部分的真理，但也都存在明显的局限，我们既不能毫无保留地加以接受，也不能不加分析地全然

① 参见［日］曾根威彦著：《刑法学基础》，黎宏译，法律出版社2005年版，第1—4页。

抛弃，否则，不但是偏颇的，而且与刑事立法、刑事司法和社会通行的价值观念相违背。此外，从规范角度来分析，刑法规范具有二重性，既是一种裁判规范，也是一种行为规范，这就要求对犯罪行为评价必须从裁判规范和行为规范两个不同的角度进行，无论是抛开行为的单纯结果无价值论，还是排斥结果的纯粹行为无价值论均是不足取的。

（四）在刑法调控范围方面，由于行为样态设计较少，附加条件设置较多，刑事法网不严现象依然较为严重

刑法的调控范围，是指刑法介入社会生活的范围。刑法的调控范围可分为刑法的广度调控范围和刑法的深度调控范围。前者是指刑法介入、干预社会生活的合理空间领域，后者是指刑法对可以介入、干预的社会关系、主体行为，应该调控至合理的程度。刑法的调控广度由犯罪的行为样态（定性因素）所决定，刑法的调控深度由犯罪样态中的附加条件（定量因素）所决定。[①] 较之1997年之前的刑事立法，1997年之后的我国刑事立法在罪状设计方面更为科学，刑事法网逐渐趋于严密，刑法介入社会生活的广度和深度进一步加强，但由于行为样态设计较少，附加条件设置较多，我国现行刑事立法基本上仍属于“法网不严”之列，主要表现为：（1）立法上犯罪概念的定量因素造成了我国刑法的结构性缺损。定量因素的载体只能是行为造成的客观危害结果，这就决定了我国刑法奠基于结果本位。重恶果必然轻恶习。而现实生活中存在着恶习深重但行为结果并未达到刑法规定的严重程度因而难以绳之以刑法，然而这类作恶者对社会安宁造成的威胁往往超过恶习不深但行为结果符合刑法规定的犯罪人。[②]（2）行为样态设计较少导致某些危害较大的行为逸脱刑事法网。如我国的“反黑”立法，1997年刑法中设置了三个罪名：组织、领导、参加黑社会性质组织罪，入境发展黑社会组织罪和包庇、纵容黑社会性质组织罪。但还有一些具有相当社会危害程度的黑社会性质犯罪在刑法典中付之阙如，致使司法实务部门面对这些黑社会性质犯罪，因法无明文规定而不能将其纳入刑事打击的视野。（3）罪状设计过多附加目的要件，诸如“以牟利为目的”、“以非法占有为目的”、“以勒索财物为目的”、“以出卖为目的”等达20处之多，数量之大在各国刑事立法中实属少有。立法者的动机是缩小打击面，诚有可取，但考证作为主观因素的目的则徒增公诉机关的证明难度从而导致作恶者逃脱法网概率上升的局面。（4）法网不严，

① 参见储槐植、张永红：“刑法第八个五年计划13条但书与刑法结构——以系统论为视角”，载《法学家》2002年第6期。

② 参见储槐植：“议论刑法现代化”，载《中外法学》2000年第5期。

突出表现在腐蚀公务人员、败坏国家形象、危害甚烈的受贿罪。我国现行刑法关于受贿罪的立法比较粗放和原则，对于“要约受贿”、“事后受贿”、“违背职务的受贿和不违背职务的受贿”等多种受贿形式的界定，以及它们应该受到什么样的处罚，均无明确规定，尤其是将贿赂对象限于“财物”，其外延大大小于“财产性利益”，更不用说“利益”，同时规定贿赂罪的成立须具备“为他人谋取利益”这一要件，这是典型的权钱交易式受贿罪。但社会上存在着大量的同样侵害公务廉洁性的非典型的或称变相的受贿行为，刑法对此没有反应。尽管最高人民法院、最高人民检察院日前发布的《关于办理受贿刑事案件适用法律若干问题的意见》对10种新型受贿行为作出明确界定，在一定程度上弥补了既有立法上的不足。但无论是从受贿罪的行为样态来看，还是从受贿罪的刑罚结构来看，都有进一步改革和完善之必要。

（五）在刑法调控强度方面，由于所有的预备行为被宣告为刑事可罚，且生命刑和自由刑在刑罚结构中所占比例较大，致使刑事责任严厉，刑罚结构苛厉

如果说刑法的调控范围反映的是刑事法网的粗疏与严密，犯罪圈的大与小，则刑法的调控强度表征的是刑事责任的厉与不厉，刑罚结构的苛厉与轻缓。在刑罚结构方面，1997年之后，我国的刑事立法借鉴国际上刑罚改革的经验，顺应刑罚现代化的要求，扩大了开放性刑罚——管制和罚金的适用范围。1979年刑法典中规定可以适用管制的罪种仅有23个，1997年刑法典将其扩大适用于109个罪种。在1979年刑法典中，规定可适用罚金的罪种不很多，只有23个，约占该法典全部罪种的17.7%，其中可以独立适用罚金的只有14个。在1997年刑法典中，情况大有变化，规定可适用罚金的罪种增至180个，约占全部罪种的43.5%，其中可以独立适用罚金的罪种增至84个，为1979年刑法典规定数的6倍。[①] 上述变化在某种意义上反映了我国刑罚改革的价值定向——在趋轻过程中实现刑罚结构合理化。但由于生命刑和自由刑在刑罚体系中所占比例较大，我国的刑罚结构依然十分苛厉。首先，在我国刑法上，保留死刑的罪名多达60个以上，这在当今世界极为罕见。其次，由于死刑多，刑罚整体阶位被提高了，所有的罪均被挂上了徒刑，没有一个罪的法定刑只限于拘役或者罚金。刑法之“苛厉”不仅体现在刑罚结构上，还反映在责任制度上——将惩罚犯罪预备作为普遍原则。由于预备行为对于

① 参见高铭暄：“二十年来我国刑事立法的回顾与展望”，载http://law.ddvip.com，2006年10月8日。

法益的危险是间接的，根据危险递增理论，[①] 它只有在危险达到一定量的时候，也就是说，具有相当危险性的时候，才例外地被宣告为具有刑事可罚性。譬如，在日本刑法中，只有八种特别重要的犯罪预备行为，具有刑事可罚性。它们是内乱、外患、私战、放火、伪造货币、杀人、绑架与抢劫罪。在德国刑法中，出于特殊刑事政策的考虑，对下述三种类型的预备行为“例外地”予以处罚：第一类是将犯罪构成予以扩张而进行处罚的犯罪预备；第二类是鉴于某些预备行为本身所具有的较高的危险性而将这些行为规定为独立的犯罪而予以处罚；第三类是由于行为人的意志联系而具有特殊危险性而宣告予以处罚的共犯的预备。[②] 与西方刑法中“不罚预备是原则，处罚预备是例外”不同，我国的刑事立法将惩罚犯罪预备作为普遍原则，这种“撒大网”式的规范方式，不仅是一种立法与理论上的懒惰，而且，它明显具有国家刑罚权滥用的危险。[③]

二、未来我国刑事立法的走向

立足于我国实际，借鉴域外刑事立法的成功经验，笔者认为，未来我国刑事立法应当朝多元化、刑事政策化和现代化方向发展。

（一）刑法的多元化

刑法的多元化主要有两层含义：一是刑事立法模式的多元化；二是刑事制裁方式的多元化。1997 年之后，我国的刑事立法属于单轨体制，即罪与刑的法律规范只存在于刑事法律（刑法典和单行刑法），刑法以外的行政管理和经济运行等领域的法律都不能有独立的罪刑条款。在当今世界，此种刑事立法体制唯独只有我国（港、澳、台除外）存在。其他国家和地区，刑法立法均采取双轨体制。在双轨体制下，刑事犯规定在刑事法律中，行政犯基本上存在于刑法以外的法律中，且后者数量几乎无例外地绝对超过前者。刑事立法双轨体制的长处有二：在社会实际生活中，刑事犯的法规变异很小，而行政犯的法规变异性大，相应地修改也较简便，这就有利于保持刑法典的稳定，此其一。其二，有关经济运行和行政管理的犯罪被置于相关的经济法律和行政法律中，罪状可以描述得详尽具体，法定刑也与之相贴切，大大便利司法

---

① 所谓危险递增理论是指危险只有递增到一定量的时候，国家刑罚权的介入才是正当与必要的；危险递增判断的基础是，行为可能导致的危险性越大，规范处罚所要求的危险实现的现实性就越小。危险递增理论在立法上最鲜明的体现是预备与中止行为的原则不可罚性和未遂行为的选择可罚性。参见李海东著：《刑法原理入门》，法律出版社 1998 年版，第 138 页。

② 参见李海东著：《刑法原理入门》，法律出版社 1998 年版，第 138—139 页。

③ 参见李海东著：《刑法原理入门》，法律出版社 1998 年版，第 139 页。

操作。而刑事立法单轨体制一方面无法适应社会实际生活需要，另一方面也不便于司法操作。因此，笔者建议，未来我国的刑事立法应回归双轨体制，即根据犯罪的性质、内容、危害程度以及与相关法律的关系，将不同的犯罪分别规定在刑法和刑法之外的其他法律文件中：一是对于高度伦理化的“传统犯罪”，将其规定在刑法典中；二是对于适合单行刑法规定的类罪，由单行刑法规定；三是对于严重违反行政法、经济法规范的行为，在行政法、经济法等非刑事法律中规定罪状与法定刑。在刑事制裁方式上，我国现行立法是以既往行为的危害性为依据设定刑罚种类和刑罚轻重的。这种奠基于结果本位之上的一元化制裁模式的缺点是无视行为人的人格特征，忽视刑法预防再犯的保护功能。但在一元化制裁模式之外，我国司法实践中却长期存在着游离于刑事制裁体系之外，散见于治安法、行政法等法律中，程序化、法治化严重不足的预防性处分措施，如劳动教养、强制医疗、强制戒毒、收容教育等。就其价值取向而言，这些措施类似于西方刑法中的保安处分。由于这些措施具有保安处分的价值取向，笔者建议，应当通过立法使其刑法化。劳动教养等措施刑法化后，我国的刑事制裁就具备了二元机能：刑罚以惩罚已然之罪为本，强调结果无价值，偏重客观行为；劳动教养等措施以预防再犯为主，强调行为无价值，偏重主观恶性。这就使客观与主观、道义责任与社会责任、行为刑法与人格刑法融为一体，从而发挥刑法的整体性功能，弥补刑法的结构性缺损。

（二）刑法的刑事政策化

刑法的刑事政策化，是指刑法应当作为一个子系统纳入刑事政策的大系统之中，用刑事政策的理念指导刑事立法和刑法运行，在刑法子系统与刑事政策大系统的协调统一中实现刑法惩罚和预防犯罪的功能。其核心在于刑法要自觉地接受刑事政策的指导，无论是刑法的制定还是刑法的运行都要纳入刑事政策的框架，在刑事政策的大视野中予以把握。[①] 刑法的刑事政策化，是战后西方国家刑事立法和刑事司法的一个基本趋势，也是我国未来刑法制定和修改应当予以贯彻的指导原则。在刑事立法中，贯彻刑法的刑事政策化，笔者认为，关键要把握两点：一是以“宽严相济”刑事政策为指导，建构合理的刑事法网；二是以“宽严相济”刑事政策为指导，建构科学的刑罚体系。其中，建构合理的刑事法网主要是解决犯罪化与非犯罪化问题，而建构科学的刑罚体系主要是调整刑罚结构，即不同刑种在刑罚体系中的比例配置。笔

① 参见张永红“刑法的刑事政策化论纲”，载《法律科学》2004年第6期。

者认为，未来犯罪化的主要领域是：新技术领域犯罪，有组织犯罪，恐怖主义犯罪，环境犯罪，直接侵害法益、并诱发其他犯罪且容易发现的行为，以及严重侵害、威胁重大法益的行为等；犯罪化的主要途径包括：其一，在刑事立法模式上，由结果本位转向行为与结果双本位；其二，在刑事立法方法上，兼采堵截构成要件、弹性构成要件和推定犯罪构成等方法；其三，在行为形式上，于传统的作为与不作为之外，增加“持有”型犯罪。未来非犯罪化的主要领域是：无被害人犯罪、道德犯罪以及刑法干预无效性犯罪；非犯罪化的主要途径有二：其一，通过立法活动予以实现，即改变现行法律的规定，将特定行为从刑法干预范围中排除出去，称之为“法律上的非犯罪化”；其二，经由司法机关解释立法的途径来实现，即尽管刑罚制度的正式能力没有发生任何变化，但刑事司法制度对特定情况下特定行为减少其反应活动，称之为“事实上的非犯罪化”。而调整刑罚结构应当通过以下途径予以实现：一是进一步限制和减少死刑。在需要保留死刑的国家，死刑的立法与司法情况是其刑法人权保障的一个重要标志。未来的刑事立法应当对现行刑法中的死刑设置进行认真的甄别和考量，进一步限制和削减死刑。二是改变刑罚体系中以“以自由刑为中心”的传统模式，创设新的较轻的刑种，扩大罚金刑和非刑罚方法的适用，提高刑事制裁的有效性。例如，对于危害程度较大的犯罪，规定不剥夺自由的劳动改造、从事被指定的公益劳动的改造；对于妨害社会管理秩序的犯罪，规定限制居住地与从业地的制裁措施；对于利用职务或者业务便利实施犯罪的人，规定禁止或者限制犯罪人担任一定的公职或禁止从事某项职业的刑罚方法；对于并不严重的犯罪，不管其性质如何，不管行为人是否出于贪利动机，规定可以单处罚金。三是对于少年犯，采取特殊的刑罚手段。对少年犯适用传统刑罚，不仅不利于预防其再次犯罪，而且导致其丧失正常的教育机会，成年后实施更为严重的犯罪。所以，对少年犯原则上不应适用一般的刑罚，或者虽然沿用一般的刑罚，但其适用程度要有严格限制。将来的刑事立法，还可以为少年犯建立前科消灭制度，确立不定期刑，设置业余时间监禁、节假日监禁、社区矫正、公益劳动等开放性处遇措施。在刑罚结构总体趋轻的同时，立法上还要充分体现“轻轻重重”的两级化刑事政策，对严重犯罪坚持从严打击，对轻微犯罪坚持从宽处理；充分体现“宽严相济”的政策思想，对严重犯罪中的从宽情节和轻微犯罪中的从严情节依法分别予以宽严体现；充分利用刑罚减免制度，扩大刑法的事前预防与事中预防。

（三）刑法的现代化

刑法现代化可以理解为刑法传统顺应现代潮流的变革过程。它包括刑法观念的现代化、刑法内容的现代化、刑法形式的现代化、刑法实施的现代化等几个方面。未来我国的刑法立法既要立足本国国情，对刑法进行本土化改造，也要顺应时代潮流，逐步实现刑法的现代化。笔者认为，刑法现代化的核心是刑事立法朝着更加科学、理性、文明、人道的方向发展。就刑法内容的现代化而言，应当着重从三个方面进行变革：一是变革刑法立法基础，由传统自然犯的结果本位变为行为与结果双本位。在以公正和报应为价值目标的刑事古典学派占统治地位的影响下，各国刑事立法大多采用结果本位主义。我国亦然，新刑法向客观主义倾斜即为例证。随着市场经济的发展，社会关系多样而复杂，随之而来的就是社会生存、人类生活的方方面面和时时处处都有风险相伴。随着风险社会的到来，新型安全需要的扩展，刑罚在继承了追求报应的同时，更加关注风险控制，与此相适应就出现了法律上的犯罪形态的结构性的变化，也就是说，犯罪形态在数量上由传统的自然犯占绝对优势演变为法定犯占决定比重这样的局面。可以说风险社会的到来，法定犯时代也随之到来。而法定犯时代的到来，除了要求在刑法立法模式上从单轨制转向双轨制之外，还要求刑法立法基础也相应变化，即由传统自然犯的结果本位变为行为与结果双本位。二是改革刑法结构，以“严而不厉”取代“厉而不严”。刑法改革的目标是使刑法现代化，而刑法现代化的核心是刑罚现代化。刑罚现代化作为刑罚改革的价值定向，其实质内涵是刑罚结构的转变，基本点是刑罚结构朝着文明方向发展。刑罚结构演变的历史轨迹表明，刑罚趋轻和刑罚合理化是刑罚变化的必然趋势。根据这一基本轨迹，我国著名刑法学专家储槐植先生主张，以刑罚现代化为目标进行刑法改革的重点是控制死刑、刑事制裁多样化、刑度适中。[①] 笔者认为，先生的观点可以诠释为，未来我国刑法结构的调整实质上是以“严而不厉”的刑法结构取代“厉而不严”的刑法结构。三是严密打击国际犯罪的刑事法网，促进刑法的国际化。刑法的国际化，是指不同国家的刑法在发展过程中，相互吸收、彼此渗透、共同缔结国际刑事公约，从而使各国刑法在人类法律文明进步大道上趋于接近、协调发展、共同前进的趋势。当下，我国刑法正肩负着现代化的使命，实现这一使命的途径之一便是刑法的国际化。较之于1997年之前，1997年之后的我国刑事立法在国际化方面取得了突破性进展。如确立罪刑法定主义，增设普遍管辖原则，规定单位犯罪的刑事责任，限制和减少死刑立法，扩大开放刑罚的适用范围，将许多国际公约规定的犯罪纳入国内刑法，等等。但

① 参见储槐植：《刑事一体化》，法律出版社2004年版，第602页。

是，这并不意味着我国的刑事立法已经完全实现了国际化，相反，今后的刑事立法还需要继续在国际化方面付出努力：（1）抓好刑法典与《公民权利和政治权利国际公约》、《联合国反腐败公约》的衔接，推进人权公约和反腐败公约在我国的贯彻执行及我国死刑立法和反腐败立法的进一步完善；（2）遵守所批准的国际条约，及时将相关条约规定的犯罪转化为国内法上的犯罪，并设置相应的法定刑；（3）对于所批准的国际条约中没有规范性效果的宣言性质的规定，需要在国内法中具体化，以增强直接适用性；（4）尽量采用国际社会通行的表述，适用国际社会协同的需要。

刑法再修改的理念与规则*

——以现今的议论为根据

冯 军**

自1997年以来，我国几乎每年都在进行刑事立法。2006年6月29日，全国人大常委会通过了《中华人民共和国刑法修正案（六）》，对1997年刑法修改颇多。据悉，有关单位正在起草《中华人民共和国刑法修正案（七）》，拟对1997年刑法进行大幅度的修改。同时，报刊杂志上频频出现建议修改1997年刑法的文章。本文以现今关于修改1997年刑法的议论为根据，阐释修改刑法的理念，指明修改刑法的规则。

一、修改刑法的理念

所谓修改刑法的理念，在笔者看来，就是修改刑法时应该具有的符合法治国家要求的基本价值观念。修改刑法，就是贯彻符合法治国家要求的基本价值观念。修改刑法的理念是正确修改刑法的基础，没有修改刑法的理念，就不可能使修改刑法的活动成为完善刑法的途径，相反，修改刑法的活动越多，刑法就可能越是充满破绽、矛盾和非理性，从而不可能在刑法领域实现法治国家的任务。

为了实现法治国家的任务，在修改刑法时，应该具有下述互相支撑、并行不悖的修改刑法理念。

（一）坚定法治原则

修改刑法的第一个理念，就是要坚定法治原则，不能在修改刑法时动摇法治原则，不能使已被修改的刑法与法治原则相对抗。不过，关于什么是法治原则，人们会有不同的理解和诠释。美国法学家富勒提出了八项法治原则，

* 本文为教育部基地重大项目“国际刑法与人权保障”的阶段性成果。

** 中国人民大学刑事法律科学研究中心研究员、中国人民大学法学院教授。

即，法律具有一般性、法律必须公布、法律必须适用于将来而不得溯及既往、法律必须明确、法律中不能存在矛盾、法律不应要求不可能的事情、法律必须稳定、官方行动必须符合法律。[①] 笔者在此所言法治原则，主要是指通过符合正当程序的法律适用来调整人们的生活。所谓坚定法治原则，就是要坚决地把已经超越私人自由空间的行为纳入符合正当程序的法律适用领域之中。

在修改刑法时坚定法治原则，就是要坚决地把相当部分的危害行为规定为犯罪，既不能对所发生的危害行为放任不管，也不能通过不合法的方式来处理所发生的危害行为。只有把相当部分的危害行为规定为犯罪，才可能通过符合正当程序的法律适用来公正地处理所发生的危害行为，才可能既处理了所发生的危害行为，又使得对所发生的危害行为的处理不至于在任意和专横中侵害行为人和被害人的权利。“将各种严重的、轻微的犯罪行为纳入刑法进行规制，由法院依法适用制裁制度不同的刑罚，正是依法治国的要求，也是社会成熟的表现。”[②]

为了在修改刑法时坚定法治原则，一方面要进行犯罪化，设立一些新罪，“刑法典应增设强制罪、暴行罪、胁迫罪、泄露他人秘密罪、公然猥亵罪、背任罪（背信罪）、侵夺不动产罪、非法发行彩票罪、伪造文书罪、使用伪造变造的文书罪等。”[③] 另一方面要在刑法典中明确区分重罪、轻罪和违警罪，不仅应该将相当部分的违反《治安管理处罚法》的行为规定为轻罪或者违警罪，而且要针对轻罪和违警罪规定特别的刑罚和简易的审理程序。例如，《治安管理处罚法》第56条第2款规定：“旅馆业的工作人员明知住宿的旅客是犯罪嫌疑人员或者被公安机关通缉的人员，不向公安机关报告的，处二百元以上五百元以下罚款；情节严重的，处五日以下拘留，可以并处五百元以下罚款。”但是，应该向德国刑法典第138条一样规定针对重罪的“知情不举罪”。[④] 另外，现行的《治安管理处罚法》中规定了很多刑法中已经规定的行为，导致很多严重的犯罪行为可能被当做违反《治安管理处罚法》的行为来处理。再次修改刑法时，要特别注意处理《治安管理处罚法》与刑法的关系，有必要一同修改《治安管理处罚法》，不仅要研究应当将哪些危害行为从《治安管理处罚法》转移到刑法之中，而且应该注意不得在《治安管理处罚法》

---

① 参见沈宗灵：《现代西方法理学》，北京大学出版社1992年版，第58—63页。

② 张明楷：“日本刑法的发展及其启示”，载《当代法学》2006年第1期。

③ 《日本刑法典》，张明楷译，法律出版社2006年版序，第12页。

④ 根据德国刑法典第138条的规定，确实知道重罪的计划或者实施，在犯罪的实施或者犯罪结果仍可避免时，不向官署或者受威胁者告发的，处五年以下自由刑或者罚金。确实知道违法行为的计划或者实施，却因轻率而未告发的，处一年以下自由刑或者罚金。

中规定刑法已经规定的行为。

（二）实现罪刑均衡

现行刑法第5条明确地把罪刑均衡规定为刑法的基本原则，罪刑均衡不仅是刑事司法的重要原则，也是刑事立法的重要原则。如果刑事立法上对犯罪配置的法定刑不合理，则很难在刑事司法中实现罪刑相适应。在刑事立法中，要使各个条文对犯罪配置的法定刑达到统一平衡，既不能给重罪配置轻于轻罪法定刑的法定刑，也不能给具有轻重情节的同一犯罪配置相同的法定刑。

现行刑法在罪刑配置上存在较为严重的问题，有些犯罪的罪刑配置轻重倒置，有些犯罪的罪刑配置轻重失衡。[①] 例如，现行刑法关于受贿罪的罪刑配置就不妥当。刑法把受贿罪主要规定为数额犯，因此，数额的大小理应是受贿罪定罪量刑的基本依据。但是，根据刑法第386条和第383条的规定，个人受贿数额在10万元以上的，处十年以上有期徒刑或者无期徒刑，可以并处没收财产，而个人受贿数额在5万元以上不满10万元，情节特别严重的，则处无期徒刑，并处没收财产；个人受贿数额在5000元以上不满5万元的，处一年以上七年以下有期徒刑，而个人受贿数额不满5000元，情节较重的，则处二年以下有期徒刑或者拘役。这种“法定刑规定违背了罪刑相当原则，轻重失衡，带有很大的主观随意性”。[②]

在修改刑法时，特别要注意实现罪刑均衡。为此，笔者建议将刑法第386条修改为：“对犯受贿罪的，根据受贿所得数额及情节，依照下列规定处罚：（一）个人受贿数额不满五千元，具有枉法行为的，处一年以下有期徒刑、拘役或者单处受贿数额两倍的罚金。个人受贿数额不满五千元，没有枉法行为的，免予刑事处罚，由其所在单位或者上级主管机关依照《国家公务员处罚条例》处理。（二）个人受贿数额在五千元以上不满五万元，具有枉法行为的，处一年以上三年以下有期徒刑，并处受贿数额两倍的罚金；个人受贿数额在五千元以上不满五万元，没有枉法行为的，处一年以上三年以下有期徒刑，并处受贿数额一倍的罚金。（三）个人受贿数额在五万元以上不满十万元，具有枉法行为的，处三年以上七年以下有期徒刑，并处受贿数额两倍的罚金；个人受贿数额在五万元以上不满十万元，没有枉法行为的，处三年以上七年以下有期徒刑，并处受贿数额一倍的罚金。（四）个人受贿数额在十万

① 参见李永和：“浅析有悖罪责刑相适应原则之法定刑”，载《山西省政法管理干部学院学报》2004年第3期。

② 参见赵长青：“受贿罪的刑罚结构亟待改革”，载《检察日报》2007年7月9日第3版。

元以上，具有枉法行为的，处七年以上有期徒刑，并处受贿数额两倍的罚金；个人受贿数额在十万元以上，没有枉法行为的，处七年以上有期徒刑，并处受贿数额一倍的罚金。（五）个人受贿数额在十万元以上，具有枉法行为，给国家和人民利益造成特大损失的，处无期徒刑或者死刑，并处没收财产。索取贿赂的，从重处罚。受贿后有悔罪表现，积极退赃的，可以减轻处罚。因受贿被判处有期徒刑以上刑罚的人，不得再担任国家公务员。”

（三）保持国际视野

尽管还存在战争行为、恐怖行为，但是，今天的国际社会已经基本上是一个文明共同体。特别是在联合国主持下起草和签署的国际条约，基本上表达了人类文明的诉求。关于什么是犯罪，国际社会具有基本一致的看法。因此，在修改刑法时，一定要保持国际视野，要适应国际社会文明进步的潮流。一方面，应尽快将我国参加的国际条约所规定的犯罪转化为国内刑法上的犯罪。另一方面，即使我国由于种种原因没有参加有关的国际条约，我国也仍然可以基于国际视野，基于打击国际犯罪的文明诉求，将有关国际条约所规定的犯罪纳入我国刑法之中。

基于保持国际视野这一理念，在修改刑法时，需要调整刑法分则的体系，将惩治“国际犯罪”作为刑法分则第一章的内容，并在“危害人类和平及安全罪”的章名下，具体规定以下“国际犯罪”的构成要件及其刑罚：灭绝种族罪、种族隔离罪、种族歧视罪、战争罪、侵略罪、反人道罪、酷刑罪、非法获取和使用核材料罪、奴隶制及与奴隶制相关的犯罪、劫持人质罪、侵害应受国际保护人员罪。[①]

（四）加强人权保障

保障人权是现代法治国家最重大的使命。为了加强人权保障，在修改刑法时，首先，要调整刑法分则的体系，将“侵犯公民人身权利、民主权利罪”在刑法分则中的位置提前。如果将犯罪区分为“侵犯个人法益的犯罪”、“侵犯社会法益的犯罪”和“侵犯国家法益的犯罪”的话，那么，为了加强人权保障，就应该在刑法分则中将“侵犯个人法益的犯罪”放在“侵犯社会法益的犯罪”和“侵犯国家法益的犯罪”之前。[②] 1994 年 3 月生效的《法国新刑法典》就将“侵犯人身之重罪与轻罪”放在各罪之前，[③] 2003 年修订的《俄

① 参见卢建平：“国际人权公约视角下的中国刑法改革建议”，载《华东政法学院学报》2006 年第 5 期，第 137 页。

② 参见内藤谦：《刑法讲义总论》（上），有斐阁 2001 年版，第 54 页。

③ 见《法国新刑法典》，罗结珍译，中国法制出版社 2003 年版。

罗斯联邦刑法典》也将“侵犯人身的犯罪”放在分则之首。[①]

其次，要严厉打击国家工作人员实施的侵犯公民人身权利、民主权利的犯罪。一方面，要放松国家工作人员实施的侵犯公民人身权利、民主权利犯罪的构成要件，例如，要取消第248条规定的虐待被监管人罪中的“情节严重”，要将该条中的“情节特别严重”修改为“情节严重”；另一方面，要加重国家工作人员实施的侵犯公民人身权利、民主权利犯罪的法定刑，例如，要将第247条规定的刑讯逼供罪、暴力取证罪的法定刑修改为“三年以上七年以下有期徒刑”。

再次，特别需要在刑法分则中增设“见危不救罪”。总是有人认为“见危不救”只是违反道德的行为，不应被规定为犯罪。[②] 但是，社会的存续奠基于社会成员的基本团结之上，如果某一社会成员处于危难之中，其他社会成员能够救助而不予救助，那么，就表明处于危难之中的该社会成员被其他社会成员排除在社会之外。如果这种排除持续发生，社会就会瓦解。如果社会存在的话，如果处于危难之中的人还是社会的成员的话，就需要其他社会成员在可能的时候救助处于危难之中的社会成员。其他社会成员在可能的时候必须救助处于危难之中的社会成员，这应该被上升为法律义务。因此，应该借鉴德国刑法第323条c的规定，[③] 在我国刑法分则中增设“见危不救罪”。

（五）贯彻平等思想

刑法第4条明确规定：“对任何人犯罪，在适用法律上一律平等。不允许任何人有超越法律的特权。”但是，平等思想不仅是适用法律的原则，而且是刑事立法的指导理念。在修改刑法时，要对所有的法益都同样加以保护，不能因为法益主体具有不同的身份和性别等而在法益保护上区别对待。为了贯彻平等思想，首先，要修改刑法关于某些性犯罪的规定。现行刑法将强奸罪、强制猥亵、侮辱妇女罪的对象限定为妇女，这“有歧视男性的倾向”。[④] 必须平等地保护男性的性权力，实践中也发生了严重侵犯男性性权力的事件。因此，应该借鉴德国刑法第177条和中国台湾地区刑法第221条的规定，将我国刑法第236条修改为：“以暴力、胁迫或者其他手段强制他人实施性行为

---

① 参见《俄罗斯联邦刑法典》，黄道秀译，中国法制出版社2004年版。

② 参见于改之：“我国当前刑事立法中的犯罪化与非犯罪化——严重脱逸社会相当性理论之提倡”，载《法学家》2007年第4期，第60页以下。

③ 德国刑法第323条c规定：“意外事故、公共危险或困境发生时需要急救，根据行为人当时的情况急救有可能，尤其对自己无重大危险且又不违背其他重要义务而不进行急救的，处1年以下自由刑或罚金。”

④ 见肖巧平：“对我国刑法的女性主义思考”，载《女性研究论丛》2004年第2期。

的，处三年以上十年以下有期徒刑。强制不满十四周岁的儿童实施性行为的，从重处罚。强制他人实施性行为，有下列情形之一的，处十年以上有期徒刑、无期徒刑或者死刑：（一）强制他人实施性行为情节恶劣的；（二）强制多人实施性行为的；（三）在公共场所当众强制他人实施性行为的；（四）二人以上共同强制他人实施性行为的；（五）致使被害人重伤、死亡或者造成其他严重后果的。”同样，应该将我国刑法第237条中的“妇女”修改为“他人”。

其次，要修改刑法有关拐卖犯罪的规定。根据刑法第240条和第241条的规定，拐卖妇女、儿童罪和收买被拐卖的妇女、儿童罪的对象只能是妇女和儿童，成年男子不可能成为这两种犯罪的对象。但是，最近在山西等地发现的黑砖窑和黑煤窑事件表明，实际上存在成年男子被拐卖、被收买的现象，而且后果极其严重。因此，在惩治拐卖犯罪上不应区分犯罪对象的性别，有必要将刑法第240条和第241条中的“妇女、儿童”修改为“他人”。

（六）借鉴他国成果

在修改刑法时，一定要大胆借鉴发达国家已经取得的刑事立法经验和成果，虽然不能盲目照搬国外立法，但是，绝不能以骄矜之心拒不吸收他国成果，背离刑事立法的世界趋势。在刑法总则方面，特别需要借鉴他国成果的，有以下三个方面：第一，关于违法性认识问题的解决，要借鉴德国刑法典第17条的规定，根据我国的具体情况，在我国刑法中明确规定：“行为人在实施行为时具有充分的合理根据而不可避免地认为其行为不违法的，不负刑事责任。但是，没有充分的合理根据就轻率地认为其行为不违法的，应当承担过失责任；没有任何合理根据而自认为其行为不违法的，应当承担故意责任。”

第二，关于共犯与身份关系问题的解决，要借鉴德国刑法典第27条和第28条的规定，根据我国的具体情况，在我国刑法中明确规定：“参与以特定的个人要素为构成要件、要素的犯罪时，不具有特定个人要素的人可成立共犯（教唆犯或者帮助犯）；因特定的个人要素致刑罚轻重有别或者免除时，对不具有特定个人要素的共犯人科处通常的刑罚。”①

第三，关于减轻处罚，要借鉴日本刑法典第68条的规定，根据我国的具体情况，在我国刑法中明确规定：“具有一个或者数个减轻处罚事由时，按照下列规定减轻处罚：（一）刑减为无期徒刑或者十年以上的有期徒刑；（二）无期徒刑减为七年以上的有期徒刑；（三）有期徒刑减轻处罚时，将其

① 参见张明楷著：《刑法学》（第三版），法律出版社2007年版，第352页。

最低刑减去四分之一；（四）拘役减轻处罚时，将其最低刑减去三分之一；（五）罚金减轻处罚时，将其最低数额减去二分之一。”

（七）降低司法成本

应该坚定法治原则，要坚决地把已经超越私人自由空间的行为纳入符合正当程序的法律适用领域之中。但是，这并不是说要对所有已经超越私人自由空间的危害行为都定罪判刑。重要的是，一方面保留对所有已经超越私人自由空间的危害行为都定罪判刑的可能性；另一方面要使被害人的意思在定罪判刑上发挥更大的作用，对相当部分的危害行为而言，只要经过严格的程序证明不定罪判刑才是被害人的真实意思，就应该不进行刑事追究，这样，既保护了被害人的利益，也降低了司法成本。

为了降低司法成本，在修改刑法时，首先，要扩大亲告罪的范围。[①] 除了现行刑法已经规定的亲告罪之外，下列犯罪都应当被规定为亲告罪：第 217 条的侵犯著作权罪、第 219 条的侵犯商业秘密罪、第 234 条第 1 款的故意伤害罪、第 235 条的过失致人重伤罪、第 238 条第 1 款的非法拘禁罪、第 245 条的非法搜查罪和非法侵入住宅罪、第 252 条的侵犯通信自由罪、第 254 条的报复陷害罪、第 259 条的破坏军婚罪、第 264 条盗窃亲属间财物的盗窃罪、第 275 条“毁坏私人财物”的故意毁坏财物罪。[②]

其次，要完善刑事和解制度。刑法是公法，刑法不是规定私人之间关系的私法，而是规定作为刑罚权主体的国家和作为刑罚权客体的犯人之间关系的公法。[③] 因此，在多数情况下，只要行为构成犯罪，便不问被害人的意志如何，都要依照刑法追究刑事责任。[④] 但是，现在出现了令人瞩目的刑法私法化倾向。近年来，欧美一些国家在被害人—加害人调解模式（Victim—Offender Mediation）的基础上发展出修复性司法制度，如果被害人、加害人和社区能够就恢复犯罪造成的损害达成一致，加害人就可免予刑事追究。[⑤] 例如，德国刑法典第 46 条 a（犯罪人—被害人和解，损害赔偿）规定：“行为人具备下列情形之一的，法院可依第 49 条第 1 款减轻其刑罚，或者，如果可能科处的刑罚不超过 1 年自由刑或 360 单位日额金之附加刑的，免除其刑罚：1. 努力

① 关于适当扩大亲告罪范围的理由，参见齐文远：“‘亲告罪’的立法价值初探——论修改刑法时应适当扩大‘亲告罪’适用范围”，载《法学研究》1997 年第 1 期。

② 见熊永明：“亲告犯的谦抑价值之解读——兼论‘亲告罪’范围的扩大”，载《中国刑事法杂志》2005 年第 1 期。

③ 参见大冢仁：《刑法概说（总论）》，冯军译，中国人民大学出版社 2003 年版，第 20 页。

④ 参见张明楷著：《刑法学》（第二版），法律出版社 2003 年版，第 25 页。

⑤ 参见陈晓明著：《修复性司法的理论与实践》，法律出版社 2006 年版，全书。

与被害人达成和解（犯罪人—被害人和解），其行为全部或大部分得到补偿，或努力致力于对其行为进行补偿的，或2. 被害人的补偿要求全部或大部分得到实现的。”① 在我国，无论是在理论上还是在实践中，近年来都在倡导“刑事和解”，特别是对因民间纠纷引起的轻伤害案件，如果犯罪嫌疑人有认罪悔改表现，积极赔偿损失，被害人要求不追究行为人刑事责任的，司法机关就会视为已经“刑事和解”，不再追究行为人的刑事责任。不过，不应该让这种刑法私法化倾向无限膨胀。应该限制刑事和解的对象，把因达成“刑事和解”而不追究行为人刑事责任的案件限定为可能被判处三年以下有期徒刑的轻微刑事案件。对于严重的刑事案件，即使加害人与被害人达成了赔偿协议，也应追究行为人的刑事责任。这是因为，“刑事和解”往往是不得已的事后补救措施，事前地看，人们一般不会因为能够达成赔偿协议就接受加害人的严重侵害，并且，严重的犯罪行为并非仅仅侵害了被害人及其社区，而且侵害了整个社会的价值规范，应该通过适用刑罚来证明社会的重要价值规范的不可侵犯性。另外，针对轻微刑事案件进行刑事和解时，要严格进行刑事和解的程序，要通过合理的程序来保障刑事和解实现被害人的真实意思。

二、修改刑法的规则

修改刑法不仅需要理念，而且需要规则。在此所言修改刑法的规则，是指保证修改刑法的理念得以贯彻的应该采用的技术标准。修改刑法的理念决定着刑法修改的内容，修改刑法的规则决定着刑法修改的形式。只有既贯彻了修改刑法的理念，又遵循了修改刑法的规则，才可能使修改后的刑法达到内容和形式的完美统一。在笔者看来，修改刑法时应该遵循以下规则。

（一）逻辑严谨

刑法条文的规定必须逻辑严谨，否则，既不可能有内容的合理，也不可能有形式的完美。一部病句充斥、逻辑混乱的刑法典既影响对刑法典的学习，也影响对刑法典的运用，不可能垂范久远。在逻辑严谨方面，应该说现行刑法尚有需要修改之处。例如，现行刑法第63条规定：“犯罪分子具有本法规定的减轻处罚情节的，应当在法定刑以下判处刑罚。”现行刑法第99条则规定：“本法所称以上、以下、以内，包括本数。”根据现行刑法第63条，结合现行刑法第99条，在具有减轻处罚情节时，就可以判处法定最低刑本身。这样一来，减轻处罚和从轻处罚的界限就模糊了。因此，为了逻辑严谨，应该

① 《德国刑法典》，徐久生、庄敬华译，中国法制出版社2000年版，第57页。

将现行刑法第63条修改为："犯罪分子具有本法规定的减轻处罚情节的，应当低于法定最低刑判处刑罚。"

再如，刑法分则的某些条文往往在第1款规定了故意犯罪之后，紧接着在第2款规定了"过失犯前款罪"的处罚。例如，刑法第119条第1款规定："破坏交通工具、交通设施、电力设备、燃气设备、易燃易爆设备，造成严重后果的，处十年以上有期徒刑、无期徒刑或者死刑。"第2款规定："过失犯前款罪的，处三年以上七年以下有期徒刑；情节较轻的，处三年以下有期徒刑或者拘役。"但是，既然"前款罪"是故意犯罪，就不可能是"过失犯前款罪"。[①] 因此，"过失犯前款罪"明显是一种逻辑不严谨的表述。为了使刑法条文遵循逻辑严谨的规则，应当将刑法分则相关条文中的"过失犯前款罪的"这一规定修改为"过失行为符合前款规定的"。

（二）顺序得当

刑法各规定应该在刑法典中处于适当的位置，否则，会影响刑法典的完美。判断刑法规定在刑法典中的位置是否适当，需要考虑两个重要因素，一是思维的习惯，二是内容的关联。人们在习惯上先考虑的东西，就应该先规定。例如，人们必须先知道某些词语的含义，然后才能理解使用了这些词语的条文。因此，解释某些词语含义的条文，其位置应该在使用了这些词语的条文之前。但是，现行刑法总则第5章"其他规定"中的多数条文是在解释某些词语的含义，其位置却在使用了这些词语的条文之后。这在立法技术上是有疑问的。应该借鉴德国刑法典的做法，在修改刑法时，在总则第一章中设两节，第一节规定"刑法的任务、基本原则和适用范围"，第二节规定"本法的用语"。

就内容的关联而言，应该将具有关联性的内容规定在一起。例如，现行刑法分则第七章的"危害国防利益罪"与第十章的"军人违反职责罪"在内容上具有关联性，有些罪在客观方面是相同的，只是行为主体有所不同，[②] 因此，应该合并为一章，在"危害国防利益罪"之章名下加以规定。

（三）总则抽象

刑法总则主要是关于犯罪的成立要件及其刑事法律后果的一般规定，既然是一般规定，在很多场合都最好能够抽象化。罪刑法定原则所要求的"明

① 参见刘明祥："论我国刑法总则与分则相关规定的协调"，载《河南省政法管理干部学院学报》2007年第5期，第9页。

② 参见陈明："关于完善我国战时犯罪的若干思考"，载《铁道警官高等专科学校学报》2003年第1期。

确性”，主要不是针对刑法总则的规定而言的，而是针对刑法分则的规定而言的。如果刑法总则的规定过于具体，一方面会妨碍刑事司法对具体问题的解决，另一方面会萎缩刑法理论的发展。

例如，关于什么是犯罪故意，在德国至今都有很大的争论，存在意志说、认识说、动机说、盖然性说、回避意志说等种种见解，[①] 实务在犯罪故意的认定上也有不同的做法，其主要原因在于，犯罪故意的形态过于复杂，不是至今的某一种学说所能说明的。“由于故意形态的不同，不可能对故意作出一般的定义。”[②] 因此，德国刑法典第 15 条没有具体规定什么是犯罪故意，而是仅仅规定：“本法只处罚故意行为，但明文规定处罚过失行为的除外。”但是，我国现行刑法第 15 条却明确规定了故意犯罪的定义，从而限制了实务的创见，也束缚了理论的发展。

再如，在德国和日本都有肯定过失共同正犯的学说和判例，[③] “从立法论上来说，主张过失的共同正犯的观点具有合理性”。[④] 但是，由于我国现行刑法第 25 条给共同犯罪下了定义，以至于认为过失不构成共同犯罪的见解成了我国长期以来的通说，这种通说又变成司法人员结合具体案件正确认定共同犯罪的阻碍。

（四）分则具体

刑法分则规定的主要是具体犯罪的成立要件及其法定刑，为了防止司法擅断，也为了公民更能够符合法律地行动，刑法分则的规定应该尽可能具体。

我国现行刑法分则对具体犯罪成立要件的规定采用了三种形式：第一种是定性式，即只规定行为的性质，而不规定行为的方式、方法、手段等具体样态，例如，现行刑法第 170 条仅规定了“伪造货币的”，现行刑法第 232 条仅规定了“故意杀人的”，这种规定方式既容易给司法活动增加困难（例如，不知道伪造实际上并不存在的货币是否属于“伪造货币的”，不知道帮助他人自杀的是否属于“故意杀人”），也容易损害国民的预测可能性（例如，不知道大量伪造实际上并不存在的面额为 300 元的人民币以供出殡时焚烧是否构成“伪造货币罪”）；第二种是列举式，即对行为的方式、方法、手段等具体样态作了完结的列举，例如，现行刑法第 196 条对信用卡诈骗罪的行为样态

① 参见张明楷著：《刑法学》（第三版），法律出版社 2003 年版，第 212 页以下。

② 耶赛克、魏根特：《德国刑法教科书（总论）》，徐久生译，中国法制出版社 2001 年版，第 354 页。

③ 参见大冢仁：《刑法概说（总论）》，冯军译，中国人民大学出版社 2003 年版，第 252 页以下。

④ 参见张明楷著：《刑法学》（第三版），法律出版社 2003 年版，第 324 页以下。

仅仅列举了四种情形，这种规定方式容易挂一漏万，脱离生活实际；第三种是例示式，即虽然对行为的方式、方法、手段等具体样态作了列举，但是，所作列举并非完结的，还用具有兜底性质的“其他方法”来概括可能出现的行为样态，例如，现行刑法第195条列举了信用证诈骗罪的三种行为样态之后，还在第4项中规定“以其他方法进行信用证诈骗活动的”，这种规定方式既具体，又概括，既约束了司法人员的恣意，又保障了刑法的安定性。[①]

从罪刑法定主义的要求出发，为了使刑法分则尽可能地具体，在刑法分则中规定具体犯罪的成立要件时，应该将例示式与定性式结合起来，即在列举了行为的方式、方法、手段等具体样态之后，再使用被定性了的“其他方法”来概括可能出现的行为样态。例如，应该将现行刑法第195条第4项修改为“以其他非正常使用信用证的方法进行诈骗活动的”。

（五）界限分明

为了贯彻修改刑法的理念，应该在修改刑法时做到界限分明。首先，要保持修改刑法活动本身的界限。修改刑法的活动属于刑事立法，不能混淆刑事立法与刑事司法和刑法研究的界限。[②] 不能奢望通过刑事立法解决刑事司法中的一切难题和刑法研究中的一切争论。相反，凡是刑事立法中遇到的难以克服的困难，要用抽象的、概括的语言来表述或者根本就不表述，从而把困难的解决留给刑事司法和刑法研究。面对具体案件，刑事司法人员和刑法研究人员总会找到解决困难的合理途径。

其次，要在修改刑法活动中注意明确界限。无论是关于犯罪成立要件的表述，还是关于法定刑的设置，都要做到界限分明。例如，既不能混淆故意犯罪与过失犯罪的成立要件，也不能混淆故意犯罪与过失犯罪的法定刑。在这个意义上，应该改变现行刑法第397条第1款将滥用职权罪和玩忽职守罪合并规定的方式，也应该改变现行刑法第398条第1款对故意泄露国家秘密罪和过失泄露国家秘密罪规定相同法定刑的方式。[③] 如果在同一条文中既规定故意犯罪又规定过失犯罪，就应该尽可能标明“故意”和“过失”的字样，而且将故意犯罪和过失犯罪分为不同的款来规定，并分别配置轻重有别的法定刑。[④]

---

① 参见《日本刑法典》，张明楷译，法律出版社2006年版序，第17页。

② 参见张明楷：“论修改刑法应妥善处理的几个关系”，载《中外法学》1997年第1期。

③ 参见高铭暄主编：《刑法专论》，高等教育出版社2002年版，第891页。

④ 参见刘明祥：“论我国刑法总则与分则相关规定的协调”，载《河南省政法管理干部学院学报》2007年第5期，第11页。

（六）正反并用

在修改刑法时，如果需要特别把握罪与非罪的界限，以及特别需要防止法益受到更大的损害，就要正反并用，既规定积极的构成要件也规定消极的构成要件，既规定从重处罚或者加重处罚的情节也规定从轻处罚、减轻处罚或者免除处罚的情节。

首先，在需要特别把握罪与非罪的界限时，要既规定积极的构成要件，也规定消极的构成要件。所谓积极的构成要件，是指肯定犯罪成立的要件。在刑法分则的条文中，原则上规定的是积极的构成要件。所谓消极的构成要件，是指否定犯罪成立的要件。在刑法分则的条文中，也例外地规定着消极的构成要件。例如，日本刑法第109条第2项的“但书”中所规定的“未发生公共危险的，不处罚”；[①] 日本刑法第230条第1项规定了毁损名誉罪，即“公然指摘事实，毁损他人名誉的，不问有无该事实，处三年以下惩役、监禁或者五十万日元以下罚金”。[②] 但是，该条第2项则规定了毁损名誉罪的消极的构成要件，即“毁损死者名誉的，如果不是通过指摘虚伪事实进行毁损的，不处罚”；[③] 日本刑法第230条之2，更加详细地规定了毁损名誉罪的消极的构成要件，即“前条第一项的行为，经认定是与公共利害有关的事实，而且其目的纯出于谋求公益的，则应判断事实的真伪，证明其为真实的，不处罚。与尚未提起公诉的人的犯罪行为有关的事实，在适用前项规定时，视为与公共利害有关的事实。前条第一项的行为所指摘的事实，与公务员或者基于公选的公务员候补人有关时，则应判断事实的真伪，证明其为真实的，不处罚”。[④] 在修改刑法时，要注意针对诽谤罪，妨害公务罪，伪证罪，窝藏、包庇罪，行贿罪等，规定否定犯罪成立的要件。

其次，在特别需要防止法益受到更大的损害时，要既规定从重处罚或者加重处罚的情节，也规定从轻处罚、减轻处罚或者免除处罚的情节。例如，针对绑架罪，应设置解放被绑架人的就减轻处罚的规定；针对有组织犯罪，应设置自动退出的就减轻处罚的规定。

（七）体系和谐

实现刑法典体系的内在和谐，是刑事立法的最高规则。

首先，刑法总则是刑法分则的一般指导原理，刑法分则的规定应当与刑

① 参见《日本刑法典》，张明楷译，法律出版社2006年版，第44页。
② 参见《日本刑法典》，张明楷译，法律出版社2006年版，第86页。
③ 参见《日本刑法典》，张明楷译，法律出版社2006年版，第86页。
④ 参见《日本刑法典》，张明楷译，法律出版社2006年版，第86页。

法总则的规定相协调。但是，现行刑法总则与刑法分则的有关规定存在不协调的现象，有必要加以修改完善。例如，刑法总则第 15 条第 2 款规定："过失犯罪，法律有规定的才负刑事责任。"但是，刑法分则第 139 条则没有明文规定消防责任事故罪是过失犯罪。刑法分则第 139 条规定："违反消防管理法规，经消防监督机构通知采取改正措施而拒绝执行，造成严重后果的，对直接责任人员，处三年以下有期徒刑或者拘役；后果特别严重的，处三年以上七年以下有期徒刑。"无论是对行为的描述还是对结果的描述，该条都没有标明"过失"二字，而"违反消防管理法规，经消防监督机构通知采取改正措施而拒绝执行"显然只能是故意为之，"严重后果"则明显既可能由故意造成也可能由过失造成。因为刑法分则第 139 条没有明文规定消防责任事故罪是过失犯罪，所以，根据刑法总则第 15 条第 2 款的规定，应当将消防责任事故罪理解为故意犯罪。但是，从该条规定的法定刑来看，又应当将消防责任事故罪理解为过失犯罪，因为违反消防管理法规所造成的严重后果一般是危害公共安全的火灾事故，如果是故意造成的，其最高法定刑不可能是三年有期徒刑或者七年有期徒刑。这样，就在刑法总则第 15 条第 2 款的规定与刑法分则第 139 条的规定之间出现了不协调。在刑法分则第 397 条的规定中，这种不协调尤为明显。为了克服这种不协调现象，应当在刑法分则条文对过失犯罪的罪状描述中标明"过失"二字。[①] 因此，应当将刑法分则第 139 条的规定修改为："违反消防管理法规，经消防监督机构通知采取改正措施而拒绝执行，过失造成严重后果的，对直接责任人员，处三年以下有期徒刑或者拘役；后果特别严重的，处三年以上七年以下有期徒刑。"

其次，刑法总则的规定与刑法分则的规定应该相互照应，不能失去衔接。但是，现行刑法的有关条文没能很好照应，存在逸脱现象，有必要加以修改完善。例如，刑法总则第 72 条规定："对于被判处拘役、三年以下有期徒刑的犯罪分子，根据犯罪分子的犯罪情节和悔罪表现，适用缓刑确实不致再危害社会的，可以宣告缓刑。"刑法分则第 449 条则规定："在战时，被判处三年以下有期徒刑没有现实危险宣告缓刑的军人，允许其戴罪立功，确有立功表现时，可以撤销原判刑罚，不以犯罪论处。"样，一般缓刑可以适用于被判处拘役的犯罪分子，而战时缓刑则只能适用于被判处三年以下有期徒刑的军人。对根据刑法分则第十章的某些条文（第 425 条、第 426 条、第 427 条、第 430 条、第 432 条、第 436 条、第 437 条、第 438 条、第 440 条、第 441

① 参见刘明祥："论我国刑法总则与分则相关规定的协调"，载《河南省政法管理干部学院学报》2007 年第 5 期，第 10 页。

条、第442条、第443条、第445条）而被判处拘役的军人不适用战时缓刑，既与刑法总则第72条关于一般缓刑的规定相冲突，也不符合刑法分则第449条规定战时缓刑的立法目的。因此，应该扩大战时缓刑的适用对象，应该将刑法分则第449条的规定修改为："在战时，被判处三年有期徒刑以下刑罚没有现实危险宣告缓刑的军人，允许其戴罪立功，确有立功表现时，可以撤销原判刑罚，不以犯罪论处。"

再次，刑法总则的诸规定或者刑法分则的诸规定应该保持一致，不能相互矛盾。但是，现行刑法的有关条文没能保持一致，存在矛盾现象，有必要加以修改完善。例如，我国刑法分则关于处罚牵连犯的规定很不一致，在有的条文（例如，第157条第2款）中规定对牵连犯实行数罪并罚，在有的条文（例如，第253条第2款）中则规定对牵连犯从一重处断，在有的条文（例如，第229条第2款）中又对牵连犯规定了单独的法定刑。为了克服这种矛盾，有学者建议，取消刑法分则中有关牵连犯的规定，代之在刑法总则中统一规定牵连犯的概念及处罚原则。①

① 参见孟庆华："刑法总则与分则规定的矛盾及其协调问题探讨"，载《河南省政法管理干部学院学报》2007年第5期，第30页以下。

对我国刑法立法的简要回顾与未来发展走向的两点期许

周振晓*

到2009年，我们将迎来中华人民共和国成立60周年。与此同时，我国刑法自1979年制定、公布以来，也已经施行了将近30年。俗语云：三十而立。在我国刑法的“而立之年”将要到来之际，对我国刑法进行简要的回顾与展望，应该是有意义的。

一、1979年以来我国刑法立法的简要回顾

1979年以来，作为我国法律体系重要组成部分的刑法，经历了一个从制定刑法典到不断修改完善的过程。刑法的修改完善，既有部分的修改，也有全面性的修订。并且，在未来，刑法改革的步伐还将处于继续行进之中。可谓刑法改革的大潮浩浩荡荡，势不可挡。

1979年以来，我国刑法立法的历史，大体上可以划分为两个阶段：第一阶段是从1979年至1996年，是我国第一部刑法典的制定及对其进行部分修订阶段；第二阶段是从1997年至现在，是对我国第一部刑法典的全面修订及其再次部分修订阶段。它经历了从制定刑法典到对其部分修订，再到（新）刑法典以及对（新）刑法典的再次部分修订的过程。从法律文件上看，表现为出现了两部刑法典（严格地讲，只能是一部刑法典的两个版本：一个是最初制定的版本，另外一个是全面修订后的修订版本）。

特别是1997年之后，对1997年刑法的部分内容又进行了多次再修订。具体表现为国家立法机关又先后通过了一个《决定》、六个《修正案》对1997年刑法进行了多次的修订。从而形成了一个刑法典、数个特别刑法的文

* 中国计量学院法学院教授，法律与公共安全研究所所长，硕士研究生导师。主要研究方向为刑法学。

件并存的刑法格局。①

经过将近三十年不断地修订，我国刑法从总体而言已经相对系统化、定型化、固定化。当然还需要继续完善、修订和改革。

二、对我国刑法未来发展走向的两点期许

（一）保障人权应该成为刑法的目的

1. 保障人权应该载入刑法

在“人权入宪”之后，还应将其规定在刑法中。

根据2004年3月14日第十届全国人民代表大会第二次会议通过的《中华人民共和国宪法修正案》第24条的规定，在宪法第33条增加了一款内容：“国家尊重和保障人权。”这被称为在我国“人权入宪”。“人权入宪”体现了以人为本。随着“人权入宪”，笔者认为，也应该“人权入‘刑’”，即刑法中也应该作出保障人权的规定。

（1）“人权入‘刑’”，首先是由人权的重要性决定的。人权是人的一切权利的总称。人权是人类的最高权，也是人类的最根本的权利。社会的根本出发点是为了人权，最终目的也是为了人权。归根到底，一切为了人权，一切保障人权。由于人权有如此重要的地位，因此理应将其载入刑法。

（2）“人权入‘刑’”也是由刑法内容的特殊性决定的。由于刑法天生是以最严厉的方法来剥夺人权（犯罪人的权利）为己任的，所以，刑法也是剥夺人权（犯罪人的权利）最严重的法律。这就要求刑法时时刻刻牢记保障人权这个根本目的。只能是在必须的、必不可少的情况下，才允许启用刑罚的方法。所以，对于刑法而言，保障人权应该成为它的最高目标、最高纲领。

“人权入‘刑’”对于制定、修订刑法是有重要意义的。它要求制定、修订的刑法必须是文明的、合理的、科学的。“人权入‘刑’”，也将是取消刑法中死刑条款的最重要的前提条件，它能从根本上动摇死刑存在的根基。尽管即使保障人权的内容载入刑法也不会马上取消死刑，但是如果有此规定作为刑法的根本目的，就为刑法从根本上宣判“死刑”奠定了基础。另外，“人权入‘刑’”对于适用刑法也有重要意义。也将更加有利于要求司法机关文明、公正地适用刑法。

2. 人权如何入“刑”

在刑法中如何规定保障人权的内容呢？由于人权在法律中处于至高无上

---

① 从2000年4月以来，全国人大常委会还先后通过了7个有关刑法的立法解释。刑法的立法解释不是法律，不属于对刑法的修订。当然这些立法解释对于准确理解和适用刑法有重要的意义。

的地位，因此，保障人权应该是刑法的最高纲领。纲举才能目张。笔者建议，将保障人权规定为刑法的唯一目的。也就是在刑法第 1 条中，将“为了惩罚犯罪，保护人民”这个制定刑法的目的修改为“为了保障人权”这样一个唯一的刑法的目的。这样的修改内容突出表现为两个方面：其一是将目前的双重目的（惩罚犯罪、保护人民）修改为单一目的（保障人权），这样修改的理由是，“惩罚犯罪”只是手段不是目的。其二是将“保护人民”修改为“保障人权”。“人民”首先是一个政治概念。在法律中应该尽量统一使用法律概念。要保持在法律中法律用语的“纯洁性”。在法律文件中，概念使用的规则应该是：法律的归法律，政治的归政治。尽量避免将政治概念纳入法律体系之中。

（二）为后代留下文明刑法的法律“遗产”

我们应该、我们能够为后代留下什么样的刑法典呢？我们能够为后代留下典范性的刑法典吗？

对我国现行刑法的历史地位的评价应该客观，不能评价过高。否则，将不利于刑法的进步和发展。客观地说，我国现行刑法仍然还是属于一部“发展中”的刑法，刑法中的许多重要内容还需要不断地完善和改革，甚至还需要进行革命性的改革。

从 1979 年刑法制定以来，我国刑法修订的最突出的特点，就是不断地犯罪化和一定程度的重刑化。具体表现为：刑法条文在不断增多，罪名在不断增加，刑罚在不断加重。刑法修订的这种特点，在 1997 年以前表现得尤为明显，在 1997 年以后也表现得非常突出。并且，今后的修订还将仍然具有这个特点。

科学地讲，一个国家的刑法条文并不是越多越好。我们应该冷静地问一问，为了保障人权，是不是真的需要那么多的刑法条文？

加强法制不等于就是加重处罚。需要引起重视的是，要防止刑法的过度调控和干预。不能由于人们目前的认识能力所限，将一些不必规定为犯罪的行为扩大规定为犯罪；也不能将已经没有社会危害性或者社会危害性轻微的行为仍然作为犯罪规定在刑法中；对有些犯罪处罚也不能过重，更加不能过多地采用死刑这种最严厉的方法来惩治犯罪。刑法的过分干预，使人们的行为动辄为罪受罚，不得不时时小心，处处提防，一不小心就可能落入犯罪的“泥潭”，成为犯罪人。过多地将人们的行为规定为犯罪，实际上是不合理地贬低了人类的行为价值。不能让过多的人成为犯罪人，有犯罪记录的人过多也并不是好事。在犯罪化的问题上，应当坚持特别审慎的态度。刑法只能处罚最严重的违法问题，刑法是最后的手段，不能动辄以刑法的大棒“侍候”

社会的民众。

同时，需要特别引起重视的是要避免刑法的有关规定在客观上侵犯了公民民主权利及其他权利的行使，要防止将公民正当的行使权利的行为作为犯罪来看待。这主要涉及保障公民的选举、言论、出版、通信、集会、结社、游行、示威、罢工、宗教信仰自由，对国家事务知情权，个人的隐密权以及批评、建议、申诉、控告、检举权的全面、真正地实现问题。这需要转变观念，提高认识，同时也应该认识到，人们提出的增设各种犯罪的建议，其中有些并非科学，也不尽合理，立法者在取舍时应当认真斟酌。刑法的过分膨胀，不利于构建一个充分自由民主的行动空间，也不利于保障公民各项权利的实现，从而难以形成真正的民主和谐的社会氛围。从保障人权、促进民主的角度考虑，一定范围的“非犯罪化”、“非刑罚化”以及一定程度的轻刑化，同样也是非常需要的。例如，在刑法中的行政犯越来越发达的今天，也需要对其进行反思。行政犯不能太多，行政犯不能过于膨胀。行政违法问题，应该在行政法的框架内，用行政法的方法来解决。对人们的违法行为应当更多的由行政法去解决，去调整。再例如，非法经营罪就存在成为新的“口袋罪”的危险。非法经营罪的定罪面过宽，对于保障经营权是不利的，不能认为未经国家有关主管部门批准，没有明文规定允许经营的行为就是非法经营。必须是违反了明文规定禁止经营的行为，才可以认定为是非法经营。对于公民来说应当坚持法不禁止即允许的原则，不能认为法未授权即违法。

发展、改革刑法，不能仅仅考虑目前的需要，更应该站在历史的高度，具有发展的眼光，进行高瞻远瞩式的改革。这样的刑法才能有永恒、旺盛的生命力。这样的刑法之树才能长青。不能单纯就刑法论刑法，还应该从刑法之外、刑法之上全方位地考量刑法。

现在我们能否制定（修订）出一个可以一劳永逸、以不变应万变的超稳定的刑法典呢？估计是不可能的。首先是社会变化太快，经济在快速发展，社会在不断变化，观念在不断更新，现在我们的认识能力是有限的，我们现在有限的刑事立法智慧还无法达到适应将来巨大变化的社会的需求。这肯定还需要较长时间的努力。新一代有他们自己的刑法立法创造力，他们将会以他们自己的智慧创造出更完美、更经典、更文明、更加辉煌灿烂的刑法典。

尽管我们现在无法制定出类似于法国民法典那样的传世经典的刑法典，我们现在的刑法典也不能达到永恒。但是我们绝对不能放弃对刑法文明精神的追求，我们更要努力向经典的刑法典迈进。我们期待能够留下一部后代还可以继续享用的珍贵的刑法“遗产”。

从《联合国打击跨国有组织犯罪公约》看我国单位犯罪的立法趋势

彭凤莲*

近年来，随着国际刑事法律合作的深入发展，国际刑法规范在国际法中的比重越来越大。有关法人犯罪的内容尽管以前在一些区域性文件中曾出现过，但极少在全球性的国际刑法公约中出现。《联合国打击跨国有组织犯罪公约》首次在国际法律文件中将法人犯罪法定化，把法人犯罪列为公约管辖的范围。这为在世界范围内打击法人犯罪提供了国际法根据。① 我国已于2003年8月27日正式批准该公约，同年9月29日该公约正式生效，其关于法人犯罪的规定也为我国单位犯罪的立法完善提供了国际法根据。

一、《联合国打击跨国有组织犯罪公约》中的法人犯罪

公约第10条规定了“法人责任”：

“一、各缔约国均应采取符合其法律原则的必要措施，确定法人参与涉及有组织犯罪集团的严重犯罪和实施根据本公约第五条、第六条、第八条和第二十三条确立的犯罪时应承担的责任。

二、在不违反缔约国法律原则的情况下，法人责任可包括刑事、民事或行政责任。

三、法人责任不应影响实施此种犯罪的自然人的刑事责任。

四、各缔约国均应特别确保使根据本条负有责任的法人受到有效、适度和劝阻性的刑事或非刑事制裁，包括金钱制裁。”②

---

* 安徽师范大学政法学院教授，北京师范大学刑事法律科学研究博士后。

① 赵永琛：“国际刑法发展新的里程碑——《联合国打击跨国有组织犯罪公约》述评”，载《中国刑事法杂志》2001年第6期。

② The UN Convention Against Transnational Organized Crime.

上述条款规定了法人犯罪的以下问题：

一是法人可以成为哪些犯罪的主体。各国应规定法人可以成为参与涉及有组织犯罪集团的严重犯罪，参与有组织犯罪、洗钱犯罪、腐败犯罪和妨害司法犯罪，以及法定刑不少于4年以上有期徒刑的严重犯罪的犯罪主体。该项内容体现了法人可以构成犯罪的一定程度上的广泛性。

二是法人犯罪应负什么样的法律责任。在不违背缔约国法律原则的情况下，法人责任可以包括刑事责任、民事责任或行政责任。该项内容兼顾了各国对于法人犯罪的立法与司法现状，可称之为法人责任形式的多样性原则。[①]

三是法人责任与自然人刑事责任的关系问题。法人责任不应该影响实施此种犯罪的自然人的刑事责任，即不能因为此种犯罪中追究了法人的责任而减轻或免除自然人的刑事责任。该项规定确立了法人犯罪的双重责任原则或称为双罚制原则，即法人在参与公约所确立的犯罪时，既要追究法人的责任，也要追究该法人组织中实施此种犯罪的自然人的刑事责任。两者在刑事责任上互不替代，互不减轻。

四是法人责任的裁量问题。各缔约国均应特别确保负有责任的法人受到有效、适度和劝阻性的刑事或非刑事制裁，包括金钱制裁。"有效"是指对法人的制裁在防控法人犯罪方面要能起积极作用，在制止法人犯罪的同时能使犯罪的法人"悔过自新"重新融入社会；"适度"是指对法人所适用的刑事或非刑事制裁要与其所犯罪行相适应，即罚当其罪，不能轻重失当；"劝阻性"是指对法人的制裁要能起到劝阻警戒法人犯罪的作用，使其不致再犯。此条规定要求各缔约国对于法人犯罪应做到有罪必罚、罪刑相当和罚有实效，而不是一味地强调惩罚，相反地，应着眼于防控法人犯罪的实效而惩罚。

此外，该公约第3条是关于公约适用范围的规定，即本公约适用于根据公约第5条（参与有组织犯罪）、第6条（洗钱犯罪）、第8条（腐败犯罪）、第23条（妨害司法犯罪），以及公约第2条规定的可以判处4年以上有期徒刑的严重犯罪的预防、侦查和起诉。为了与公约的要求一致，这些犯罪必须在性质上是跨国犯罪并且涉及有组织犯罪。[②] 同样本公约所规定的法人犯罪在性质上也要求是跨国犯罪并且涉及有组织犯罪。

---

① 范红旗："法人国际犯罪主体问题探讨"，载《中国刑事法杂志》2006年第6期。

② Douglas R. Breithaupt：Implementation Issues and Procedures related to the Recovery and Return of Assets under both the UN Convention against Transnational Organized Crime and the UN Convention against Corruption. Materials of Seminar on the Recovery and Return of Assets in Judicial Cooperation, Beijing October 26, 2006.

二、我国刑法中“单位犯罪”与公约中“法人犯罪”的差异

公约的最终达成是各国间妥协的结果。公约的条款不可能与任何一个国家的现行国内法完全一致，冲突在所难免。我国刑法中“单位犯罪”与公约中“法人犯罪”的差异主要体现在：

1. 犯罪主体的名称不同

公约第 10 条采用的是“法人犯罪”的概念，从字面含义看，包括一切具有法人资格的单位实施的犯罪。而我国刑法规定的则是“单位犯罪”的概念，包括公司、企业、事业单位、机关、团体实施的犯罪。比较而言，从犯罪主体的角度来讲，我国“单位犯罪”的外延比公约所讲的“法人犯罪”要广，因为除法人外，我国刑法中的单位犯罪还包括非法人团体、组织以及其他合法实体实施的犯罪。1996 年 6 月 25 日，我国最高人民法院《关于审理单位犯罪案件具体应用法律有关问题的解释》将“公司、企业、事业单位”解释为：既包括国有、集体所有的公司、企业、事业单位，也包括依法设立的合资经营、合作经营企业和具有法人资格的独资、私营等公司、企业、事业单位。

2. 应负刑事责任的犯罪范围不同

尽管从主体范围上说，“单位”要广于“法人”，但是我国“单位犯罪”中单位所能成立的犯罪的范围则要小于公约所讲的“法人犯罪”中法人所能成立的犯罪。因为公约所讲的“法人犯罪”可以是该公约所规定的参加有组织犯罪集团犯罪、洗钱犯罪、腐败犯罪或妨害司法犯罪，以及法定刑不少于 4 年以上有期徒刑的严重犯罪，而我国刑法中的“单位犯罪”根据总则第 30 条的规定，是“法律规定为单位犯罪的，应当负刑事责任”，即只有在刑法分则有特别规定的情况下才可以构成。从分则的设置来看，分则通常有提示性的语言，如“单位犯前款罪的”，或在罪状表述中明示犯罪主体是单位等；罪种主要集中在妨害社会主义市场经济秩序罪中，往往与贪利性相关，至于盗窃、抢劫、杀人、妨害司法等犯罪行为，在构成要件的设置上与“单位犯罪”并不沾边。

3. 刑事责任的实现方式不同

刑事责任的实现方式也就是犯罪主体承担刑事责任的方式。公约中法人责任有刑事责任、民事责任和行政责任三种。从法律制裁角度说，对法人犯罪有刑事制裁与非刑事制裁，包括金钱制裁。我国刑法规定的刑事责任的实现方式，有刑罚处罚措施与非刑罚处罚措施。刑罚处罚措施有管制、拘役、有期徒刑、无期徒刑与死刑五种主刑，以及罚金、剥夺政治权利、没收财产与驱逐出境四种附加刑。非刑罚处罚措施有训诫或者责令具结悔过、赔礼道

款、赔偿损失，或者由主管部门予以行政处罚或者行政处分。但是，上述刑事制裁与非刑事制裁中绝大部分处罚措施对实施犯罪行为应负责任的单位不适用。因为我国刑法对单位犯罪规定所负刑事责任的方式是唯一的，即只有罚金一种，对所有的单位犯罪都是“单位犯罪的，对单位判处罚金”，即采取单位责任唯一说。所以，我国刑法中对单位犯罪的民事责任和行政责任的规定付之阙如。

4. 法人责任是否影响实施此种犯罪的自然人的刑事责任不同

公约规定法人责任不应影响实施此种犯罪的自然人的刑事责任，意即在追究法人责任的同时，对实施此种犯罪的负有责任的自然人也一并依法进行处罚，并且法人责任的追究不应减轻或免除对实施此种犯罪的自然人的刑事责任的追究。我国刑法规定，在对单位判处罚金的同时，对其直接负责的主管人员和其他直接责任人员判处刑罚，至于单位责任是否影响实施此种犯罪的自然人的刑事责任在总则中没有明示性的规定，而是通过分则在具体的单位犯罪个罪的规定中予以揭示的。从分则的规定看，单位责任是否影响实施此种犯罪的自然人的刑事责任在我国不是十分统一，有的犯罪影响，有的犯罪则不影响。例如，单位犯受贿罪，对单位判处罚金，并对其直接负责的主管人员和其他直接责任人员，处 5 年以下有期徒刑或者拘役；而自然人犯受贿罪，情节特别严重的，处死刑，并处没收财产。显然，我国刑法对受贿罪的设置，单位责任对实施此种犯罪的自然人的刑事责任有较大影响。而根据刑法第 178 条，单位犯伪造、变造国家有价证券罪，伪造、变造股票或者公司、企业债券罪的，对单位判处罚金，并对其直接负责的主管人员和其他直接责任人员，依照自然人犯此两罪的处罚进行处罚。显然，这里的单位责任又不影响实施此种犯罪的自然人的刑事责任。可见，单位责任是否影响实施此种犯罪的自然人的刑事责任，在我国刑法中没有一个统一的尺度。

三、我国在“单位犯罪”上与公约的协调与完善

在刑事领域，国际社会为了合作，通常要将事先由国际公约确定的相同的规则纳入国内法。相同的规则的制定，又是各国纷呈的意见相互协调的过程，协调能满足于不同制度之间的“接近”，而并不一定是或能够取消所有的不同点。求同存异，是国际公约的一大特色。在此意义上，它有利于法律上的宽容和规制的多元主义。[①] 中国作为大国，也一直致力于国际社会的“协

① ［法］米海依尔·戴尔玛斯—马蒂：《世界法的三个挑战》，法律出版社 2001 年版，第 88—101 页。

调”，积极参与制定多项国际公约，争取在国际社会中发挥更大的作用。参加公约，还必须履行公约，我国负有在国际社会推进打击跨国有组织犯罪活动的任务。就法人犯罪或单位犯罪而言，公约规定的法人犯罪可能比各缔约国要严格，也可能比各缔约国要宽泛，或者某些方面严格，某些方面宽泛。就我国具体情形而言，就表现为有些方面公约规定的法人犯罪比我国刑法中的单位犯罪要严格，有些方面公约规定的法人犯罪又比我国刑法中的单位犯罪要宽泛。但是，公约是各缔约国的“最低共同规则”，正是由于是最低规则，因此，从入罪角度来说，凡是公约规定的法人犯罪比我国刑法宽泛的方面，我国刑法均应以公约为标准进行修改；凡是公约规定的法人犯罪比我国刑法严格的方面，我国刑法可以修改，也可以不修改，可以根据我国的实践情况来定。总体来说，公约中法人犯罪与我国单位犯罪相比，有的方面宽泛些，有的方面则又严格些。

1. 可以保持原貌的方面

（1）“单位犯罪”的名称不必修改。因为我国使用的“单位犯罪”概念要比“法人犯罪”的概念要广，单位犯罪包括了法人犯罪。从现有的国际刑法公约来看，关于法人犯罪的条款一般并未对“法人”的含义作出解释，本公约也一样。不过，事实上，在国际社会的刑法领域，法人这一术语所指涉的范围也非常广。有的国家或国际公约在规定或解释“法人犯罪”时并未将其仅限定于法人实施的行为，如新加坡刑法典第11条规定，“法人是指公司、协会、团体，且不论其是否组成法人组织”。1998年美洲国家组织通过的《非法获利和跨国贿赂示范立法》指出：公司法人实体与依法不具有法人资格的实体以及可能在境内从事活动的非营利性实体，不管它们是否具有经济或商业目的，都可以成为非法获利和跨国贿赂的主体。所以，如果本公约所指法人包括不具有法人资格的实体，那么与我国犯罪主体的“单位”范围是相一致的；如果本公约所指法人限于法人资格的实体，那么我国犯罪主体的“单位”范围则要广泛些，能够涵括公约中法人犯罪中的“法人”实体。总之，单就主体而言，“单位”主体可以涵括“法人”主体。公约第34条第3款规定，“为预防和打击跨国有组织犯罪，各缔约国均可采取比公约的规定更为严格或严厉的措施”。这表明我们对单位犯罪主体范围的规定与公约不违背。

（2）单位责任的双罚制原则不必修改。我国刑法第31条规定：“单位犯罪的，对单位判处罚金，并对其直接负责的主管人员和其他直接责任人员判处刑罚。本法分则和其他法律另有规定的，依照规定。”这表明，我国刑法对单位犯罪通常的处罚原则是既处罚单位，又处罚对此单位犯罪直接负责的主管人员和其他直接责任人员。这与公约所确立的既要追究法人的责任，也要追究该法人组织中实施此种犯罪的自然人的刑事责任的处罚原则相一致。

(3) 洗钱犯罪与受贿犯罪的主体不必修改。刑法第191条第2款规定："单位犯前款罪的，对单位判处罚金，并对直接负责的主管人员和其他直接责任人员，处5年以下有期徒刑或者拘役。"这表明，我国刑法中的洗钱犯罪，单位可以成为实施主体。公约所说的腐败犯罪相当于我国刑法中的贿赂犯罪，我国刑法第393条规定了单位行贿罪，第387条规定了单位受贿罪。可见，我国洗钱犯罪与受贿犯罪这两类犯罪在主体上与公约大体一致，我国刑法可以保持原貌。

以上三点，我国刑法与公约的规定基本上是协调一致的，可以保持原貌。但是，也不容否认，我国单位犯罪的刑事立法与公约还存在着较大的非趋同化。在可以消弭的非趋同化方面，我们要按照公约的标准进行修改。

2. 要修改完善的方面

(1) 扩充某些犯罪的主体范围为单位。公约中参与有组织犯罪集团犯罪是一个包容甚广的概念，我国刑法中某些相对应的犯罪，单位主体则不能构成。例如，我国刑法中的组织、领导、参加黑社会性质组织罪可以归属于公约所讲的参与有组织犯罪集团的犯罪，但我国刑法中组织、领导、参加黑社会性质组织罪只能由自然人构成。像这一类犯罪，我国刑法应将犯罪主体上没有规定为单位犯罪的要扩充为单位也能够成立的犯罪。我国刑法中的妨害司法罪全部只能由自然人构成，单位不能构成。所以，这类罪在主体上应扩充为单位主体也能够成立的犯罪。这涉及我国对单位犯罪采取的立法模式问题。如果维持现有的立法模式不变，即通过分则的方式明示单位是否构成某具体个罪，那么对照公约进行修订的工作量将非常大，对公约所涵盖的犯罪在我国刑法中都要相应地修改为"单位"犯此罪如何处罚的规定，而且"对应"本身因语言种类的不同、因语词的不同以及仁智互现等原因，而不一定准确，不一定能一一对号入座，难免有遗漏或偏差。因此，不妨大胆改变现有立法模式，修改刑法第30条，关于单位犯罪的范围按照公约的要求重新进行设计，规定单位实施的危害社会的行为只要构成犯罪的，都应负刑事责任，同时删除分则中类似于"单位犯前款罪"的明示性规定。这既能与公约协调一致，又能让刑法条文简约。

(2) 增加规定单位犯罪刑事责任的实现方式。关于法人刑事责任的种类，公约规定的比我国刑法要丰富，除了常规的刑事责任之外，为了更加有效地防控法人犯罪，公约还规定了民事责任与行政责任。尽管我国的单位在违反《民法通则》、《物权法》等法律时要承担民事责任，在违反行政法律法规时要承担行政责任，但是我国刑法没有规定在单位触犯刑律时可能同时要承担刑事责任、民事责任或行政责任。国际实践证明，多种法律责任的综合合理运用，能有效地劝阻单位犯罪，所以这一点我国刑法应以公约为标准进行完善。至于单位犯罪应承担的具体的刑事责任、民事责任、行政责任的种类同样应在刑法总则中予以一般性的规定。在承认法人犯罪的国家，许多国家已确立了法人刑事责任，如荷兰、挪威、冰岛、法国、芬兰、比利时、斯洛伐克、土耳其等，有的国家对法人实施非刑事制裁，如德国、葡萄牙、意大利、波兰、保加利亚等。我国现行刑法第 37 条规定了承担刑事责任的非刑罚措施——训诫、责令具结悔过、赔礼道歉、赔偿损失、行政处罚或者行政处分，这表明我国刑事责任的实现方式除了传统的刑罚之外，也有诸如赔礼道歉、赔偿损失的民事措施与行政处分、行政处罚的行政措施。赔礼道歉、赔偿损失本为我国民事责任的承担方式，行政处分、行政处罚本为我国行政责任的承担方式，刑法把它们都作为可以追究犯罪人的刑事责任的方式。这表明我国刑法对自然人犯罪刑事责任的规定已经实现了多样化原则，也为实现单位刑事责任多样化原则提供了样板或借鉴。尽管上述非刑事制裁目前不适用于单位犯罪，但追究单位犯罪的民事责任、行政责任的法理是与此相通的，所以民事责任或者行政责任也适用于单位犯罪应该不存在理论上的障碍。目前，比较简便的立法协调方式可以考虑将我国刑法第 37 条规定的某些非刑罚处罚措施或类似于此条规定的适用于单位犯罪的非刑罚处罚措施增补规定为适用于单位犯罪。

（3）完善单位责任与实施此种犯罪的自然人的刑事责任制度。根据公约的规定，公约对法人犯罪采取双罚制原则，而且法人责任不应影响自然人犯此种罪的刑事责任。而我国刑法第 31 条关于单位犯罪的处罚原则的规定，尽管采取的也是双罚制，但是正如前述，我国的双罚制在有的单位犯罪中，单位责任影响实施此种犯罪的自然人的刑事责任。但我国学界权威人士的观点是：对单位中直接责任人员刑事责任的标准应与自然人犯该种罪的刑事责任持平。[①] 因此，以公约为视角，吸收学界合理观点，笔者建议对我国双罚制原则进行微调，采用单位责任不影响犯此种罪的自然人的刑事责任的双罚制原则，在总则中对此予以明确，同时删除分则中类似于“单位犯前款罪”的处罚条款的规定。

总体来说，我国单位犯罪与公约中法人犯罪在刑法规范发展上的趋同与

① 高铭暄：“试论我国刑法改革的几个问题”，载《中国法学》1996 年第 5 期。

非趋同的局面可能会继续并存，只要不低于公约的标准就不违背公约的精神，但是明显相冲突且低于公约标准的，则有必要实现与公约的协调，以体现对国际条约的遵守与践行。至于在我国"单位犯罪"的概念下，可以把犯罪的客观方面扩大到多大的范围，这是一个可以根据实际情况而适时进行改革和调整的问题。重要的是，公约第10条恰恰为这种自主性的改革和调整提供了可能，因为该条属于保护性条款，规定有关措施应在符合缔约国法律原则的情况下才可以采取。因此，该条对我国现行法律也并不必然构成即时的压力，但这并不意味着我们可以漠视该公约的相关规定。应当认识到，在我国法律与公约规定存在差异的许多地方，其实就是今后我们的立法以及执法和司法应当努力改进的方向。

关于改革与完善我国环境刑事立法的建议

郭建安* 张桂荣**

环境是人类共同的财富，对国家经济发展、社会进步、生态平衡都具有重要的价值和意义。但是，随着经济发展，人口剧增，城市化、工业化进程的加快，人类对环境的破坏越来越严重，人类的生存环境日益恶化，环境问题已经成为了世界三大公害之一。日益严重的环境问题，引起了全球的极大关注。世界各国纷纷摒弃传统法律上的“环境为无主物”的旧观念，将环境纳入法律调整的领域，又由于仅靠行政性质的环境法律法规及其强制措施，以及承担民事侵权责任的制裁方式不足以预防并阻止环境违法行为的发生和蔓延，因而各国又都选择了刑法手段来加大惩治的力度。近年来，对于环境的刑法保护问题也已成为国际上讨论的重要课题，1978 年 8 月在布达佩斯举行的第十次国际比较法大会，就曾认真讨论了这个课题，1979 年 9 月在汉堡举行的国际刑法协会第八届大会，又讨论了刑法在环境保护方面的作用问题。1990 年联合国第八届预防犯罪和罪犯待遇大会，讨论并通过了《刑法在保护自然和环境中的作用》的决议。联合国国际法委员会分别于 1979 年、1991 年制定通过了《关于国家责任的条款》、《危害人类和平犯罪法典草案》，规定大规模污染大气层或海洋的行为和故意严重危害环境的犯罪，属于侵犯国际社会安全和秩序的国际犯罪，适用或起诉或引渡的原则。1994 年 3 月，在美国亚特兰大召开了运用刑罚手段保护环境的国际专家研讨会，通过了环境犯罪的示范性法律。可以说，加强环境的刑法保护，是当今世界的潮流。

我国运用刑事手段保护环境的时间并不太长。大体可以分为两个时期。第一个时期是从 1979 年第一部刑法颁布至 1997 年刑法修订前。1979 年，新中国颁布了第一部刑法，在这部刑法中，规定了一些关于危害环境的犯罪，

* 司法部司法协助外事司司长，研究员。

** 司法部预防犯罪研究所劳动教养学研究室副主任，副研究员。

如盗伐林木罪、滥伐林木罪、狩猎罪、非法捕捞水产品罪等。但是，这几种犯罪散见于各章，也没有使用“环境犯罪”之类的词语。那个时候危害环境的犯罪行为还不太严重，而且人们保护人类赖以生存和发展的环境意识还很薄弱，因而刑法规定的那些实际上危害环境的犯罪行为并不主要是从保护环境的角度来考虑，而考虑更多的是这类犯罪的传统结果即对人身或财产的损害。即使对这些犯罪行为的规定可能会对环境起到保护的作用，那也是在直接保护人身和财产利益时所间接和客观起到的保护作用，并不是立法的真正意图所在。这种立法的结果，就是强调犯罪构成应以人身、财产利益损害结果为要件，忽视一些行为可能造成危害的危险性，即重视结果犯，忽视危险犯和举动犯，现实中许多破坏环境的行为得不到刑法的调整。此外，这种规定的另一个不足就是将法人排除在刑法调整的范围之外。因此，无论从立法的意图还是保护的对象来说，这时的规定尚不是现今语境下的环境刑事立法。

随着刑法的颁布，国家又出台了一些环境保护的单行法律规范，比如《环境保护法（试行）》、《大气污染防治法》、《海洋环境保护法》、《水污染防治法》、《森林法》、《土地管理法》等。在这些单行的环境保护法律中，也规定了一些刑事条款，即在这些环保法规里设置了一些惩治环境犯罪的条款。尽管这些规定具有灵变、辅助等特点，对于刑法典可以起到修改、补充、创制等功能。但是，这些刑事条款很不完整，没有单独的罪名和相应的明确的刑罚处罚，大多数是采用比照刑法中规定的罪名进行定罪量刑。其中有些规定显得模糊不清，在刑法中找不到相应条款，有的比照规定并不符合危害环境犯罪的现实，不能适应防止危害环境犯罪的需要。此后，我国又颁布了一些单行刑事法律，专门就危害野生动物资源的犯罪行为进行了规定，例如1988年全国人大常委会颁布的《关于惩治捕杀国家重点保护的珍贵、濒危野生动物犯罪的补充规定》等。

从实践中来看，尽管1979年刑法对破坏自然资源罪的规定对于保护自然资源起到了一定的作用，但是由于旧刑法立法体例结构不科学，环境刑事立法保护范围狭窄，对于环境犯罪惩罚力度远远不够，现实中出现的诸多严重危害环境的行为得不到有效的遏制，如严重的破坏土地资源、破坏草原资源、破坏野生动植物以及破坏矿产资源等行为。为了有效地惩治污染和破坏环境的行为，我国必须考虑运用严厉的刑事手段来打击危害环境的犯罪，以保护环境。

我国环境保护刑事立法的第二个阶段就是1997年刑法颁布至今。从1979年刑法颁布至1997年新刑法的出台，近20年的时间，我国的社会经济、政治形势发生了重大变化，同时伴随着经济的发展和人口的增加，环境犯罪问题也日益突出。国家对于通过刑罚手段惩治环境犯罪的必要性认识逐渐提高。于是，在1997年对我国刑法进行修订时，有关环境犯罪的刑事立法有了重大突破和发展。首先，将环境犯罪独立出来，设专节惩治环境犯罪。新刑法在旧刑法的基础上，增加了许多危害环境的罪名，而且将其单独列为一节，规定在第六章妨害社会管理秩序罪一章中。这种按照侵犯的同类客体的集中性规定，显示了国家对保护环境和自然资源的重视，也使运用刑罚手段对环境的保护更加科学化、系统化，提高了环境刑事立法的严密性和针对性，有利于司法机关对该类犯罪的指控和认定。其次，扩大了刑法保护的环境要素的范围，从森林、野生动物、水产资源扩展到大气、水体、土地资源以及珍贵树木等环境要素。使我国的环境刑事立法显得更加科学。再次，增加了单位犯罪的规定，主要表现为规定了单位的刑事责任，实行两罚制和多罚制，有利于促进单位积极采取措施，防治污染和破坏环境。

此后，在新刑法颁布后，我国又陆续出台了一些刑法修正案。这些刑法修正案主要是根据现实的需要，针对刑法中的不完善部分进行修订。而其中许多修正案都涉及环境犯罪，有的修正案完全是关于完善环境犯罪的。如刑法修正案（二）中将非法占用耕地罪修订为非法占用农用土地罪，扩大了对土地资源的刑法保护范围；刑法修正案（四）中对于危害森林资源的犯罪进行了修订，增加了对于危害国家重点保护的植物资源行为的刑事处罚等。这些修正案的出台，对于完善环境刑事立法、严密环境刑事保护网具有重要的意义。

然而，尽管我国现行刑法对于环境资源的刑事保护有了很大的发展和进步，对于环境的刑事保护更加严密、有力，但是与我国环境犯罪的严重性以及国际环境刑事立法趋势相比，我国的环境刑事立法仍然存在着不少问题，需要在未来的立法中加以解决和完善。根据环境刑事立法现有的不足以及笔者的思考，需要作出的完善如下：

一、在刑法典中设立环境犯罪专章

我国现行刑法是将环境犯罪作为一节在“妨害社会管理秩序罪”一章中进行规定的。对环境犯罪在刑法分则中作这样的处理是不恰当的，与环境犯罪实际侵害的客体不符。我国刑法分则的分类标准是按照犯罪行为侵犯的同类客体进行分类，具体些说是依据犯罪的主要客体对复杂客体的犯罪进行归类，然后依据各类犯罪的社会危害程度对类罪进行排列。那么依据刑法分则的这种分类方法，我国刑法典将非法排放、倾倒、处置危险废物罪，擅自进口固体废物罪，非法占用农用土地罪，非法捕捞水产品罪等破坏环境的犯罪集中起来，置于破坏环境资源保护罪一节之中，是认为这些犯罪的同类客体是破坏了环境资源保护。同时，刑法将破坏环境资源保护罪与扰乱公共秩序罪，妨害司法罪，组织、强迫、引诱、容留、介绍卖淫罪等犯罪一起，归入妨害社会管理秩序罪一章中，是认为破坏环境资源保护罪侵犯的同类客体是社会管理秩序。这样考虑和规定是不恰当的。

之所以说这样考虑和规定不恰当，与环境犯罪实际侵害的客体不符，主要是因为妨害社会管理秩序是对国家确立的并由法律所维护的正常的运作状态的破坏，而环境自身可以构成独立的为刑法所保护的法益，而不必寄于社会管理秩序篱下，其构成与状态在很大程度上是自然而非人为的，后工业社会时期的环境刑事立法将环境犯罪在刑法典中独立成章已经成为一种国际趋势，甚至一些国家还通过了专门的单行环境刑法。例如，德国、俄罗斯在刑法典中将环境犯罪作为独立的一章，而巴西、澳大利亚的部分州和美国的部分州则制定了专门的单行环境刑法。尽管在许多情况下环境犯罪侵犯了环境权和环境生态安全的同时也会侵犯有关环境管理的秩序，但是并不意味着环境犯罪首先侵犯的是环境的管理秩序，而是直接危害了环境权和环境生态安全。也就是说，环境犯罪的危害性体现在客体上是环境法益即环境权和环境生态安全，它在本质上是客体类型独特的犯罪。

目前这种立法模式的形成，主要在于我国刑事立法界、刑事司法界和刑事法学界，甚至整个社会对环境特性的认识还比较落后，在很大程度上依然停留在工业化社会的传统环境刑事立法阶段。在工业化社会，传统的环境刑事立法都不把环境视为独立的犯罪对象，而是将其附属于人身或财产之下。只有对环境的侵害伴随着人身的伤害和财产的损失时，才会追究行为人的刑事责任。我国1997年修订的刑法典关于环境犯罪的立法依然强调人身伤害和财产损失的后果，但是对于这类犯罪所侵害的对象，不再像早期的日本立法那样将其归在侵害人身或侵害财产罪之下，而是将其归在妨害社会管理秩序罪之下，使环境摆脱对人身和财产的直接依附关系，但是仍然强调环境对人身和财产的间接依附关系，仍然将其置于为人的正常生活所需要的社会秩序之下。在看待人与自然的关系上，人本位的色彩依然根深蒂固。但是，中国共产党第十六届三中全会决议确立的“科学发展观”特别强调“人与自然的和谐发展”，使我国对人与环境的认识向前迈进了一大步，使环境不再是消极的客体，而在一定意义上也成了主体。因此，刑法关于环境犯罪的规定要充分体现这一点，将环境犯罪作为一个专章加以规定。

二、将环境犯罪专章的名称确定为“危害环境罪”

目前，作为一节，现行刑法确定的名称是“破坏环境资源保护罪”，这也不科学。我们主张，如果将来修订环境刑法，在刑法典中确立专章，将该章的名称确定为“危害环境罪”。其实，即使在刑法典中仅为一节，现在的名称也是不恰当的。环境是一个生态系统，其中资源是环境的一个组成部分，是构成环境的要素之一，环境与资源之间的关系应当是包容关系，而不是并列关系，国内外的学者对环境与资源的关系都是这么界定的。如联合国环境署所编写的标准教科书《环境法教程》对环境定义所作的评述是：“任何一个环境的一般定义最好完整地包括所有的影响地球上的生命的有生命的和无生命的因素以及它们之间的相互作用。它包括有生命的和无生命的两部分。有生命的资源包括动物（其中包括人类）、植物和微生物。无生命的资源由两部分组成。其一是行星的物质生命支持系统如地理、水文、大气、物质和能源。其二是包括人造环境在内的历史的、文化的、社会的和美学的成分。”该教程还列举了加拿大、斯洛文尼亚、埃及、泰国、澳大利亚等国环境法中对环境的定义，无不包括资源在内。[①] 在国际环境保护法学的意义上，环境的概念也是广义的。[②] 因此，在立法中将环境与资源并列起来出现在一节的名称中显然是不科学的，这充分反映了我国刑事立法界和刑事法学界缺乏足够的自然科学、特别是环境科学方面的知识背景。

更为应当引起足够重视的是，我国环境保护法对环境也是从广义的角度进行界定的：“本法所称环境，是指影响人类生存和发展的各种天然的和经过人工改造的自然因素的总体，包括大气、水、海洋、土地、矿藏、森林、草原、野生生物、自然遗迹、人文遗迹、自然保护区、风景名胜区、城市和乡村等。”显然，在这个定义中，环境的概念既包括了自然因素，也包括了社会因素。现行刑法中将环境与资源并列的提法与我国已经颁布的有效法律相冲突。而环境保护法对环境的界定应当优于刑法对环境定义的解读。

三、降低环境犯罪构成要件中对传统结果的要求

我国现行刑法中关于环境犯罪的规定多属于结果犯条款，而且多要求为传统结果，即对人身或财产实际损害的发生是环境犯罪构成的要件。如第338条“重大污染责任事故罪”和第339条“非法处置进口固体废物罪”等。但

① 联合国环境规划署编著：《环境法教程》，王曦等译，法律出版社2002年版，第3—6页。

② 江伟钰、江伟铿编著：《国际环境保护法学》，中国环境科学出版社1993年版，第3页。

是，根据环境刑事立法的国际趋势和环境刑事法学研究的发展趋势，环境犯罪的成立对危害结果的依赖程度越来越低。在最初的传统结果犯时代，环境犯罪的成立必须要有对人身或人所拥有的财产这样的传统法益的有形侵害结果的发生。到了环境结果犯的概念出现之后，环境犯罪的成立仅要求对环境这一非传统法益构成有形损害即可。危险犯的概念引入之后，环境犯罪的成立不再依赖损害结果的发生，而对传统法益或环境法益构成危险就足以了。最后，关于环境行为犯的最新理论探讨和立法实践则表明，行为人针对环境的消极行为在既未导致任何损害结果、又尚未构成危险的情况下，也可能被视为环境犯罪。

我国关于环境犯罪的现行刑事法律规定显然与环境犯罪的特点和国际社会环境刑事立法及环境刑事法学研究的发展趋势不符，也与国家保护环境的目的不符。这种仍将危害结果、特别是传统结果规定为犯罪构成要件的做法，对保护环境也极为不利，是一个重大缺陷，与当今注重环境保护的思想不符。这是因为，环境犯罪是一种特殊的犯罪，破坏环境的犯罪行为一旦实施，就将对环境产生现实的及潜在的危险。如果放任不管，结果必将造成对环境的严重破坏，生态平衡不能恢复或难以恢复。因此，在犯罪结果发生以前，对可能使自然和人的生命、健康和重大公私财产处于危险状态的环境犯罪即危险犯予以处罚，才是对人类和环境的有效保护。就是说，为了保护社会公共利益，无须等危害环境的实害发生，法律就应把这种足以造成环境的污染和破坏的行为定为犯罪。许多国家，考虑到环境犯罪的特点，在规定结果犯的同时，也规定了危险犯和举动犯。如日本 1970 年《公害罪法》（关于危害人体健康的公害犯罪制裁法）第 2 条规定“凡伴随工厂或事业单位的企事业活动而排放有损于人体健康的物质，给公众的生命或身体发生危险者，应处 3 年以下有期徒刑或 300 万日元以下的罚金”。该法将处罚危险犯作为公害罪成立要件之一，在于排放有害物质使公众的生命或身体发生危险，而不以发生灾害为必要。现行俄罗斯刑法典关于生态犯罪也有危险犯的规定，该刑法第 247 条第 1 款规定：“违反现行规则生产被禁止种类的有害废料，运输、保管、埋藏、使用或以其他方式处理各种放射性的、细菌性的、化学的物质和废料，如果这些行为构成严重损害人类的健康或环境的危险的，处数额为最低劳动报酬 200 倍或被判刑人 2—5 个月的工资或其他收入的罚金，或处 3 年以下的限制自由，或处 2 年以下的剥夺自由。”《巴西环境犯罪法》中的绝大多数条款都是将结果作为加重情节规定，而不是作为犯罪构成的要件规定。韩国、德国、奥地利、葡萄牙、瑞典等国也都规定了危险犯或行为犯。①

国际刑法学会1994年在巴西里约热内卢举行的第十五次代表大会通过的《关于危害环境犯罪（总则适用部分）的决议》中，提出了环境犯罪定义应包括的最低限度要求：（1）对环境造成严重损害的作为或不作为；（2）违反已规定的环境标准造成现实的和紧迫危险。该决议也承认了环境犯罪中危险犯存在的合理性。而我国现行的环境刑事立法在犯罪构成上仍持结果本位主义，主张只有客观上造成严重污染、破坏行为才成立犯罪，对许多环境犯罪的行为犯和危险犯不加以刑事处罚。这势必造成一部分可能对环境造成严重危害的行为受不到应有的刑事处罚，从而使刑法在预防环境污染和破坏方面的特殊功能难以发挥。

因此，在立法上应当增加对环境犯罪危险犯的规定，充分发挥刑法惩治危险犯的先期屏障作用。

四、合理确立环境犯罪体系

现行环境犯罪立法保护的范围狭窄，对于环境要素的保护不全。环境是一个系统，任何系统的组成部分出现问题，都会关系到环境整体的质量和生态的平衡。因此，对环境的各个要素和组成部分应同等重视和同等保护。但是，我国现行刑法在这方面存在着几个问题：一是刑法确立的环境犯罪体系不完善，许多在其他国家作为犯罪处理的行为类型没有被包括进来。尽管自1997年修订的刑法颁布以来，全国人大又颁布了一些必要的修正案，但是这一体系依然有很多遗漏，如对危害草原资源的犯罪、破坏重要湿地的犯罪等，以及蕴藏着人类物种和生态系统的自然保护区的犯罪都没有规定。这些缺陷的存在导致我国环境刑事法律体系不严密，对现实中污染环境和破坏草原资源的行为日益严重不无影响。据报道，内蒙古草原因滥搂发菜，1.9亿亩草原遭到严重破坏，600万亩草原完全沙漠化。② 二是刑法中关于环境犯罪的规定在不同危害环境的行为之间比例失调，具体就是说污染环境犯罪和破坏环境犯罪之间比例失调。我国刑法规定的破坏环境资源保护犯罪共14种罪，破坏资源的犯罪多达11种，而污染环境的犯罪只有3种（重大环境污染事故罪、非法处置进口的固体废物罪、擅自进口固体废物罪），显然是仍以传统结果的有无来确立污染犯罪的构成。例如，对多数国家都确立的污染大气的犯罪、

---

① 详见郭建安、张桂荣：《环境犯罪与环境刑法》，群众出版社2006年版，第226页以下，第240页以下。

② “保护草原禁搂发菜”，载《光明日报》1997年10月13日。

污染海洋的犯罪、污染内水的犯罪、污染土地的犯罪、核污染方面的犯罪、噪声污染方面的犯罪等，我国刑法都未加以专门规定。而这些污染环境的犯罪往往对人民生命和健康的侵害最常见、最直接、性质最恶劣，最应当受到刑法严惩。

我们认为，应当根据我国相关法律对环境要素的分类以及发生的危害环境行为的实际状况，并借鉴其他国家环境刑事立法的规定，对环境犯罪可以作如下分类：

（一）侵害动物罪

这类犯罪应当包括针对动物的任何犯罪。与一些环境刑事立法较为超前和发达的国家相比，目前我国环境刑事立法在这方面存在以下几个问题，未来的环境刑事立法应当加以解决：

一是犯罪对象动物的外延较窄，仅包括野生动物资源，而且主要是珍贵、濒危野生动物。在一些国家，非野生动物也已成为刑法保护的对象，侵害养殖的动物也构成环境犯罪。如《巴西环境犯罪法》第32条规定："对本国或外国野生、家养或驯养的动物实施凌辱、虐待、伤害或毁伤，处以3个月到1年的监禁和罚金。"此外，该条还规定："（1）任何人对活动物实施痛苦的或残忍的试验，即使是出于教育或科学目的，但可以通过其他方法来得到同样目的时，都处以相同的刑罚。（2）如果被虐待的动物死亡，刑罚加重1/6至1/3。"①

在我国，依照目前的环境刑事立法，对家庭或集体养殖的动物的侵害，无论达到任何程度，都不构成环境犯罪。仅仅在造成被害人财产损失过大的情况下，有可能构成财产犯罪。但是，对于同样具有生命的动物不能仅仅以其所具有的财产价值来决定其是否应当受到刑法保护。特别是，在我国家庭饲养宠物的现象已经越来越多见，而绝大多数家庭饲养宠物的目的都不是为了追求经济价值，尽管一些宠物自身的身价不菲。在这种情况下，若自己的宠物受到他人故意伤害，以侵害财产罪来论处，无论如何体现不了刑法的初衷，也体现不了现实生活中的现实需要。而主人对自己养殖的宠物或其他非宠物动物实施残忍伤害则不构成任何犯罪。在他人对非宠物养殖动物实施残忍伤害但是造成的经济损失不大的情况下，也难以构成任何犯罪。这种立法的价值取向是非常传统的，依然强调以人为核心的传统法益。这是不符合国际环境刑事立法趋势的，也不符合我国政府近年来特别强调的建立包括"人

① 参见前引郭建安、张桂荣书，第268页以下。

与自然和谐发展”在内的和谐社会建设目标的要求，既然人要与自然和谐发展，那就必须首先和谐共处，就不能总是将作为自然重要组成部分的动物当做人类的附属物。通过这一点可以看出，我国环境刑事立法依然是传统人本主义理念作为立法指导思想的产物。自然本位主义可能有些偏激，但是在环境刑事立法上必须要兼顾自然本位主义的价值取向。①

另外，我国现行刑法在很大程度上将动物幼体、蛋卵排除在保护的对象之外。但是，动物幼体或蛋卵长成之后就是动物，损害动物幼体或蛋卵对野生动物群的毁坏程度实际上比直接伤害野生动物本身还要大得多。基于这样的理由，一些国家将动物幼体、蛋卵以及动物的巢穴等都包括在环境刑法保护的对象之内。如《巴西环境犯罪法》同一条规定：“在下列三种情况下，处以相同的刑罚：任何人在没有适当执照或授权或者不依照所取得的执照或授权的情况下妨害动物生殖；任何人修改、损坏或毁坏野生动物的巢穴、保护区或自然生长区；任何人从非授权饲养区或者在没有负责机关适当许可、执照或授权的情况下交易、出售、出口或获得，在囚禁工具或仓库中保存、使用或运输本国或迁徙路线上的野生动物的蛋卵、幼体或物种的。”②

二是规定的侵害动物的行为类型较少，只有猎捕、杀害两种直接的方式和非法收购、运输、出售珍贵野生动物及其制品三种间接侵害的行为方式。而在环境刑法发达的国家，环境刑法所惩治的侵害动物的手段比这要多得多，如凌辱、虐待、伤害、追赶、毁坏巢穴等。如《巴西环境犯罪法》上述条款的规定。

三是过于强调结果，在许多情况下情节严重的行为才构成犯罪，而在一些环境刑法发达的国家，情节严重通常是加重刑罚所要考虑的因素，犯罪的构成并不总是取决于情节严重。如上述《巴西环境犯罪法》第32条第2款的规定。该法第58条还专门规定了结果加重的情节：“第一，如果犯罪对植物或一般环境造成不可恢复的损害，加重1/6至1/3；第二，如果对他人造成严重身体损害，加重1/3至1/2；第三，如果造成他人死亡的，加重一倍。”③

（二）毁坏植物罪

对于毁坏植物罪，我国现行刑法分别规定了非法采伐、毁坏珍贵树木罪和盗伐、滥伐森林和其他树木罪。与一些环境刑法发达国家的刑事法律相关规定对比，我国刑法在毁坏植物罪方面的规定也显得不够完善，存在与侵害

① 参见王秀梅：《刑事法理论的多维视角》，中国人民公安大学出版社2003年版，第68页以下。

② 参见前引郭建安、张桂荣书，第180页。

③ 参见前引郭建安、张桂荣书，第184页。

动物罪同样的三个问题。

一是刑法保护的植物类对象的范围依然较窄，仅限于树木和国家重点保护的植物。最初，刑法第344条和第345条规定的对象仅仅是森林或林木。2002年1月，全国人大常委会通过的《中华人民共和国刑法修正案（四）》把第344条修改为："违反国家规定，非法采伐、毁坏珍贵树木或者国家重点保护的其他植物的，或者非法收购、运输、加工、出售珍贵树木或者国家重点保护的其他植物及其制品的……"修正案把珍贵树木之外的国家重点保护的其他植物列入了刑法的保护范围。但是，刑法保护的植物的对象依然较窄，与环境刑法发达的国家相比，还有一些应当受到刑法保护的植物没有进入到刑法保护的范畴，如观赏植物和起防风治沙或防止水土流失的植物等。例如，《巴西环境犯罪法》第49条规定："以任何方式和方法毁坏、损坏、伤害或虐待公共场所或者属于他人财产的观赏植物，处以3个月至1年的拘留或罚金，或者二者并处。"第50条规定："毁坏或损坏天然或人工种植的用于固沙和保护红树、尤其是作为保护品种的红树的森林或植物，处以3个月至1年的拘留和罚金。"①

二是立法规定的毁坏植物的行为种类太少。我国刑法第344条和第345条所规定的针对林木的毁坏方式仅为3种：盗伐森林或林木，滥伐森林或林木和故意非法收购盗伐、滥伐的林木。一些国家规定的许多其他行为方式如从森林中提取矿石、矿砂、石灰石或其他矿物质，妨碍森林或植被再生，非法销售砍伐森林工具等。例如，《巴西环境犯罪法》第41条规定了在树林或森林中点火罪；第42条规定了制造、销售、运输或释放能够引起森林和城市地区或任何人居地的植被火灾热气球罪；第44条规定了从森林或树林中提取矿石、矿砂、石灰石或其他矿物质罪；第48条规定了妨碍或危害森林和其他各种植被自然再生罪；第49条规定了毁坏、损坏或虐待观赏植物罪；第51条规定了非法或使用买卖动力锯罪；第52条规定了非法携带狩猎或开采森林产品工具进入保护地罪。②

三是刑法的规定过于强调结果，多数相关罪名都规定了数量方面或情节方面的要求。在我国属于构成要件的情节要素，在巴西等国中都属于加重情节。如前所述《巴西环境犯罪法》第32条第2款的规定即属于结果加重条款。另外，第53条第1款的规定也属于这类条款。第53条规定："在下列情况下，可以加重1/6至1/3的刑罚：第一，犯罪事实的结果导致自然水源减

---

① 参见前引郭建安、张桂荣书，第183页。

② 参见前引郭建安、张桂荣书，第183页。

少、土壤腐蚀或气候改变……”①

（三）污染环境罪

我国现行刑法在环境犯罪专节规定了两个相关的条文、三个罪名，第一个罪名是第338条规定的重大环境污染事故罪，第二个罪名是第339条第一款规定的非法处置进口的固体废物罪，第三个罪名是擅自进口固体废物罪。另外，在第三章“破坏经济秩序罪”中，刑法修正案（四）将第152条增加了第二款，内容为：“逃避海关监管将境外固体废物、液体废物和气体废物运输进境，情节严重的，处五年以下有期徒刑，并处或者单处罚金；情节特别严重的，处五年以上有期徒刑，并处罚金。”这其中隐含了走私这些废物构成污染犯罪的寓意。

从国外的情况看，对于环境污染罪，有的国家是按照污染的对象分别规定罪名的，也有的国家是将不同的对象综合在一起一并规定罪名的。我国采取的是后一种模式，把污染土地、水体、大气一并放在一起加以规定。将我国刑法关于环境犯罪的规定与国外的相应规定加以比较，我国在修订和完善环境刑法时需要考虑的问题包括以下几个：

一是第339条“非法处置进口的固体废物罪”和“擅自进口固体废物罪”应当做适当修改，与新增的第152条第二款相适应，把液体废物和气体废物包括进来。

二是对于许多国家（如德国、奥地利等）都规定了的噪声污染犯罪，②应当考虑在刑法中加以规定。考虑到我国在环境行政法《噪声污染防治法》中已经把噪声污染作为行政违法作了规定，而且人们对生活质量和社会环境的要求越来越高，需要将极为严重且屡教不改的行为规定为犯罪，把刑罚作为一个“杀手锏”，以防止噪声污染行为人长期与管理者玩猫抓老鼠的游戏。

三是对我国刑法在几个不同章节的条文中分别规定的放射性污染类犯罪，加以梳理，在环境犯罪专章集中作出规定。而且，对于近年来新出现的一些与放射性物质污染相关的犯罪，也应当一并加以规定。

最后，还可以考虑对重大环境污染事故罪进行分解，将其分解成为污染大气罪、污染海洋罪、污染内水罪、污染土地罪、核污染犯罪、噪声污染犯罪等，明确定罪标准与量刑尺度，以避免在我国所特有的每年环境污染行政

---

① 参见前引郭建安、张桂荣书，第183页。

② 参见付立忠：《环境刑法学》，中国方正出版社2001年版，第817页、第832页。

处罚10万起左右，而作为犯罪处理的在七八年内仅10起的局面。[①]

（四）破坏土地资源罪

目前，我国关于破坏土地资源罪的规定主要是全国人大常委会通过的刑法第四修正案和刑法第228条。第四修正案规定："违反土地管理法规，非法占用耕地、林地等农用地，改变被占用土地用途，数量较大，造成耕地、林地等农用地大量毁坏的，处五年以下有期徒刑或者拘役，并处或者单处罚金。"刑法第228条规定了"非法转让、倒卖土地使用权罪"。

与其他国家环境刑法中关于毁坏土地资源犯罪的规定相比，我国刑法过于强调结果在犯罪构成所起的作用，特别突出了"造成耕地、林地等农用地大量毁坏"。而在其他国家，结果多被视为加重情节，而不作为犯罪构成的要件，这与在其他类环境犯罪中一样。此外，其他国家多将我国刑法第228条规定的这类间接破坏土地资源的犯罪也放在环境犯罪专章或专门的环境犯罪法中加以规定。

另外，对于湿地资源的保护，一些国家也采用了刑法手段。考虑到湿地对保持生态平衡的重要意义，我国也应对此进行评估，考虑到在刑法中规定破坏湿地资源罪的可行性。

（五）破坏矿产资源罪

我国1997年修订的刑法第343条规定了擅自开矿罪和破坏性采矿罪。其中关于矿产资源罪行为方式的规定对我国破坏矿产资源犯罪的实际状况具有很强的针对性。但是，与其他国家的相关规定相比，语言不够精练，行为类型的外延不够广泛，应当将更多类型的破坏性行为方式包括进来。《巴西环境犯罪法》和1996年《俄罗斯刑法典》都是很好的立法例，[②]可供参考。

（六）损害人文景观罪

对于损害人文景观的行为，有些国家也将其列在环境犯罪的范畴之内，

---

① 参见前引郭建安、张桂荣书，第296页以下。

② 《巴西环境犯罪法》第55条规定："未经适当授权、许可、同意或特许或者不按照批准的授权、许可、同意或执照从事探矿、采矿或提炼矿物资源，处以6个月至1年的拘留和罚金；任何人不按照负责当局授权、允许、许可、执照、同意和决定中的要求，恢复探矿和采矿的区域，处以相同的刑罚。"《俄罗斯联邦刑法典》第255条"违反矿产的保护和使用规则"规定："在采矿企业或与开采有用矿产无关的地下构筑物的设计、布局、建设、投入经营的过程中违反保护和利用矿产的规则，以及擅自建造有用矿产的矿层开采面，如果上述行为造成重大损失的，处以数额最低为劳动报酬200倍至500倍或被判刑人2个月至5个月的工资或其他收入的罚金，或处3年以下剥夺担任一定职务或从事某种活动的权利，或处2年以下的劳动改造。"参见前引郭建安、张桂荣书，第184页；前引付立忠书，第817页、第832页、第826页。

如《巴西环境犯罪法》以一节四个条文规定了违反城市管理和损害文化遗产罪。[①] 而在我国，由于环境犯罪只是危害社会管理秩序罪中的一节，因此难以包容损害人文景观罪，便把这类犯罪作为与环境犯罪同样的一节“妨害文物管理罪”在同一章中作了规定。如果严格按照环境的定义，环境是包括人文景观的。如前所述，广义的环境定义，一般认为除包括自然因素之外，还应包括有关的人文环境，即社会因素。我国环境保护法就是从广义的角度对环境进行界定的。因此，在修订环境犯罪的有关部分时，可以考虑将损害人文景观罪包括进来，并把一些国家如巴西等规定的对非文物人文景观的损害行为也纳入到这一章中来。

（七）*妨碍环境管理罪*

对于妨碍环境管理的行为，可以依照主体从两个方面作一划分。一类是环境违法犯罪的行为人实施的妨碍环境管理的行为；另一类则是环境管理人员实施的妨碍环境管理的行为。对这两类行为，我国现行刑法环境犯罪一节都没有加以规定，在其他章节虽有些间接规定，但都是作为国家工作人员渎职或妨碍公务罪加以规定的。对于当事人不履行相关义务等行为，则没有明确规定，仅作为一般违法行为处理。但是，考虑到环境犯罪多具有持续性的性质，而且常常令行而不能禁止，因此有必要设立妨碍环境管理罪，将其他章节中相关的规定也一并纳入本罪的范畴。其他国家也有类似的立法例，如《巴西环境犯罪法》第5节规定了妨害环境管理罪。[②] 国内一些学者也提出了设定相关犯罪的建议，罪名包括“环保整改抗命罪”等。[③]

---

① 这四个条文分别是：第62条：“致使下列物品毁坏、作废或变质，处以1年至3年的监禁和罚金：第一，受法律、行政法规或司法决定特别保护的物品；第二，受法律、行政法规或司法决定特别保护的档案、记录、博物馆、图书馆、艺术收藏、科学装置等。”第63条：“未经负责当局授权或者不按授权要求，改变由于其风景或生态、旅游、艺术、历史、宗教、考古、民族或纪念价值而受法律、行政法规或司法决定特别保护的建筑或地点的外表结构，处以1年至3年的监禁和罚金。”第64条规定：“未经负责当局授权或者不按授权要求，在由于其风景或生态、旅游、艺术、历史、宗教、考古、民族或纪念价值而不允许在其上面或周围进行建筑的区域内实施建筑，处以6个月至1年的拘留。”第65条规定：“在城市建筑物或纪念碑上涂鸦或以其他方法污染，处以3个月至1年的拘留。如果在因其艺术、考古或历史价值而受保护的纪念碑或其他建筑上实施犯罪，处以3个月至1年的拘留和罚金。”参见前引郭建安、张桂荣书，第185页。

② 该节共有四条，两个条文是规定国家工作人员渎职发放执照、许可或授权的，一个条文是规定具有法定或合同义务的人不履行与环境利益相关的义务的，还有一个条文是规定阻碍或妨碍政府实施环境监管行为的。参见前引郭建安、张桂荣书，第185页。

③ 参见前引付立忠书，第24章。

五、改革与完善对环境犯罪人的处罚体系

我国现行刑法所规定的对环境犯罪的处罚，由于受刑法总则中刑罚体系和种类的限制，不利于实现保护环境的目的。我国现行刑法对于环境犯罪的刑事处罚措施与其他普通刑事犯罪的刑事处罚措施相同，即对自然人采取自由刑和罚金刑，对法人实行责任人与单位双罚制。应当说，这样的规定在一定程度上确实起到了遏制犯罪的威慑作用，但对于环境来说却没能很好地得到补偿，只能由国家投入大量的人力、物力、财力去恢复。目前，我国每年因环境污染和破坏造成的经济损失超过千亿元。这样巨大的损失都由国家来补救，负担沉重。对此，我国已有学者提出在处以罚金刑的同时，对危害性不大的犯罪人，处以缓刑，并责令其恢复环境原状或判处重建被损害环境的劳役刑。国外已有针对环境犯罪适用重建被损害的环境这种刑事措施的规定。我国也曾有过这样的判例：2002 年 12 月初，湖南省临武县法院对滥伐林木的犯罪人王双英判处有期徒刑 3 年，缓刑 4 年。在缓刑期内要植树 3024 株，成活率要求在 95% 以上。因此，对环境犯罪的处罚要充分考虑到犯罪行为人通过破坏环境赚钱，国家通过环境治理投资为其埋单的实际状况。当然，这涉及对现行刑罚体系的改革与完善问题，需要在刑法总则中综合考虑。

此外，由于绝大多数环境犯罪、尤其是环境污染犯罪都是单位实施的，而我国目前对单位实施环境犯罪的刑罚更为单一，仅有罚金一种。这种单一而模糊的刑种在一定程度上纵容了环境犯罪，变相放任实施环境犯罪的单位的破坏、污染行为。在现实中也由于罚金数额没有固定标准，普遍偏低，缺乏威慑力。企业往往会为了谋取更大经济利益而甘愿付出较小的罚金代价。因此，应当采用多元化的处罚原则，增加资格刑。对于单位实施环境犯罪的，应当在明确罚金数额标准和提高罚金数额的同时，对于单位犯罪应当采用多元化的处罚方式。比如，限制生产经营活动、限期整治、吊销营业执照、责令关停、解散法人组织等措施。笔者认为，我国应针对环境犯罪的特点，规定类似责令恢复环境的刑罚手段，使那些因过失导致环境犯罪，主观认罪态度又好的犯罪人能用自己的劳动恢复自己破坏的环境，这样既惩罚了犯罪人，同时又使环境价值得以恢复。

六、对环境犯罪刑事责任的追究应当采用责任推定原则或者责任举证倒置原则

由于环境犯罪自身的特殊性，环境犯罪执法方面存在着很大的困难。环境犯罪作为一类新型的犯罪，与普通犯罪有着很大的不同，其中突出的一点

在于环境犯罪具有较高的科学技术背景，它的犯罪原因复杂、不易查清，其危害后果具有长期性、隐蔽性等不同于其他普通刑事犯罪的特殊性，因果关系认定上十分困难和复杂，运用一般技术手段、知识经验和传统刑法理论难以或不可能查明。尤其是环境污染犯罪的因果关系认定比一般犯罪的因果关系的认定更困难、更复杂。这是由于环境污染具有流动性、交叉性等特征，一种危害后果的形成往往是由多种危害行为造成的，或者某种危害行为可以造成多种危害后果，出现“一果多因”或“一因多果”现象，同时环境污染还具有潜伏性等特征，有些污染物质对生物和人体健康造成的危害是逐步形成的，有一个很长的过程，或者对某污染物质对生物和人体健康造成的危害要进行科学论证和说明需要很长的时间，有的甚至难以论证和说明，因而也难以取得因果关系的直接证据。此外，能够查明这种关系的技术多为作为行为实施者的公司、特别是跨国公司自己所掌握，它们具有明显的技术优势。我国目前现行刑事诉讼制度实行无罪推定原则，除了刑事自诉案件外，举证责任在侦查、起诉机关，被告不自证其罪。这对于一般刑事案件的诉讼程序来讲，无疑是必须坚持的。但是，对于污染环境类环境刑事案件来讲，由于这种取得证据的艰难性，使得诉讼机关由于缺乏充分、确实的证据，因而会导致不起诉或宣告无罪，而以行政手段处罚，这就使环境刑法形同虚设，酿成极为有害的后果。因此，笔者认为，我国可以借鉴一些国外的做法，对环境犯罪，特别是对污染环境的犯罪行为，可以实行责任推定原则。即环境污染行为与环境犯罪后果之间的因果关系的认定，实行推定原则，而不是直接认定。对于此种方法，国外已有采用。如日本《公害罪法》规定，在公害案件中，废止因果关系的直接认定，而采取因果关系的“推定”原则。该法第5条规定：“如果某人由于工厂或企业的业务活动排放了有害人体健康的物质，致使公众的生命和健康受到严重危害，并且认为在发生严重危害的地域内正在发生由于该物质的排放所造成的对公众的生命和健康严重危害，此时便可推定此种危害纯系该排放者所排放的那种有害物质所致。”①

七、对环境犯罪应当采用特殊的追溯时效

我国刑法关于犯罪追溯时效的规定，与环境犯罪特点不符，不利于环境犯罪的执法。根据我国刑法的规定，犯罪的追溯时效一般与该罪的法定最高刑相挂钩，而环境犯罪中规定的最高刑期为10年以上有期徒刑。刑法规定，

① 参见前引郭建安、张桂荣书，第257页。

法定最高刑为10年以上有期徒刑的，经过15年就不再追溯。也就是说环境犯罪的最长追溯期为15年。但是，环境犯罪尤其是环境污染的犯罪危害后果具有长期性、隐蔽性等不同于其他普通刑事犯罪的特点，危害行为与危害后果不易察觉，结果发生的时间常常少则几年，多则十几年甚至几十年。如日本的水俣病，1955年前就发生了让人费解的奇怪病状，7年后有人怀疑是有机汞中毒所致，但直到1968年，政府才最终查明的确是有机汞中毒的后果。由此可见在环境犯罪案件中查明因果关系的复杂程度。现行关于环境犯罪的追溯时效，可能会导致大量环境污染犯罪得不到追究。因此，针对环境犯罪的这种特殊性，对于环境犯罪的追溯时效可以通过特别环境刑事立法适当放宽，以防止放纵环境犯罪的发生。

八、对环境犯罪的罪名与罪状应当进一步明确

现行刑法条文对于环境犯罪的罪状叙述不明确，可操作性差，影响环境犯罪的执法。现行刑法关于环境犯罪中罪与非罪、重罪与轻罪之间的界限不够明确。现有大多数条文中包含了大量的“重大环境污染事故”、“后果特别严重”、“数量较大”及类似的关于情节和后果的表述，但实践中如何具体适用这些条件尚未有明确的解释，以致给司法实践带来困难。因此，立法部门应当区分各种犯罪的不同情况，准确、细致地描述其犯罪构成，改变现行立法笼统、含混和不完全的状况。同时，由最高人民法院在参考环保部门意见的基础上对一些涉及罪与非罪、此罪与彼罪界定的术语上作出明确的司法解释。只有这样，才能使各级司法机关对严重危害环境的行为准确定罪量刑，对犯罪行为加以制裁。

再论我国缓刑制度之立法完善

但未丽*

缓刑制度是为避免短期自由刑弊端而设的。短期自由刑的受刑人一般罪行较轻，主观恶性较小，人身危险性不大。但如果这些人被判处监禁，其社会地位会因为进过监狱而急剧降低，个人名誉也会受到一定的负面影响，监禁的经历使犯罪人从此被贴上罪犯的标签，极易自暴自弃，再犯可能性也因之增大。同时，由于大量犯罪人集中监禁于监狱，客观上可能会形成交叉感染，使不太坏的人变得更坏。而缓刑制度则能有效地避免交叉感染弊端，并以较小的刑罚成本较大限度地实现刑罚目的，尤其是近年来缓刑制度与社区矫正的结合，更能充分发挥其不关而治的优越性，使缓刑呈现出逐步扩大适用的趋势。

我国缓刑制度从1979年刑法颁布之后，适用量逐渐由小到大，但由于还有一些不足之处，适用率仍未实现应有的提高。这些不足之处归纳起来有：缓刑适用的实质要件不够具体，缺乏可操作性；缓刑考验期内的行为规定未能体现个性化，缺乏针对性；缓刑的撤销规定未全面考虑各种情形，撤销机制很不健全等。我国目前正在大规模试点的社区矫正主要来源之一就是缓刑对象，为了配合社区矫正制度的开展，需要尽快完善关于缓刑的相关立法，充分挖掘缓刑制度的潜力与优势，使缓刑制度得以积极稳妥地扩大适用。笔者认为，我国缓刑制度的立法完善应从以下几方面努力：

一、明确缓刑适用的实质条件

根据刑法第72条的规定，缓刑适用的实质条件为：根据犯罪分子的犯罪情节和悔罪表现，适用缓刑确实不致再危害社会。根据该规定，“确实不致再危害社会”是一个最终的标准，然而，这个标准又是如此模糊，十分不便于

* 法学博士，中国人民大学社会与人口学院在站博士后。

司法操作，理由如下：第一，立法者在这里只给出了对判断结果的要求，而没有给出如何到达这个判断结果的具体步骤。换言之，立法者没有告诉执法者具备了怎样的条件和情形就是“确实不致再危害社会”。进一步说，条文中虽然规定了判断“确实不致再危害社会”的依据是“犯罪情节”和“悔罪表现”，但没有具体明确到底哪些“犯罪情节”和“悔罪表现”，可以得出这个判断结果。再者，由于犯罪的原因是多方面的，在判断犯罪人的再犯可能性的时候，只有“犯罪情节”和“悔罪表现”是很不够的，犯罪人的个人情况，如性格、生活环境、有无吸毒或酗酒瘾癖、经济状况、人际关系、情绪控制能力等，也应考虑在内。第二，“确实不致再危害社会”的结论很难得出。对任一犯罪人，即使其犯罪情节再轻微，悔罪表现再突出，但要说对其判处缓刑就是“确实不致再危害社会”，大概任何一位法官，无论他如何火眼金睛，也绝不敢保证，因为人的思想和行为处于不断变化之中，并且，人也是随时受外界各种因素影响的，谁都无法保证明天到底会发生什么事情。因此，要求法官根据一个人的犯罪情节和悔罪表现，推断其将来是否一定会危害社会，或者一定不会危害社会，这不但是强法官所难，也是超过任何人能力范围的事。当然这并不是说，一个人的人身危险性和将来的行为走向不可判断，而是不可能作出立法所要求的“确实不致再危害社会”那么精准的判断。第三，“确实不致再危害社会”给法官带来沉重的顾虑和压力。“确实”的措辞相当严格，容易让人理解成“确保”，词里词外的含义给了法官过多的压力，让其望而却步，不敢轻易适用，或者过于谨慎地从严控制适用，致使符合法定条件的被告人也不能得到缓刑判决。

鉴于以上分析，为该实质条件更加明白清楚、具有可操作性，笔者建议对缓刑的适用条件作以下补救：(1) 将“确实不致再危害社会”的表述修改为“有证据证明不致再危害社会”，并且，除了“犯罪情节”和“悔罪表现”外，增加“犯罪人个人情况”作为“不致再危害社会”的判断依据。(2) 以司法解释细化并列举“犯罪情节”、“悔罪表现”和“犯罪人个人情况”条件，以作为“不致再危害社会”的判断依据，便于司法操作。就笔者的看法，“犯罪情节”，应包括犯罪人犯罪行为的社会危害性大小及通过其犯罪前、犯罪中和犯罪后表现出来的主观恶性，比如是否初犯，是否过失犯，是否防卫过当或者避险过当，是否中止犯，是否胁从犯，犯罪是否因民事纠纷而起等，都是考察“犯罪情节”的内容。“悔罪表现”，则包括犯罪人是否自首，是否如实交代自己的罪行，是否主动检举、揭发他人犯罪事实，是否采取积极措施挽回、避免或者减少犯罪造成的损失，是否积极退赃，是否积极对受害者进行赔偿等情况。“犯罪人个人情况”，则应包括犯罪人是否未成年人，是否有生理缺陷或者精神障碍，犯罪人的性格、犯罪人受教育程度及有无正当职业，犯罪人的人际交往情况，犯罪人的婚姻家庭状况及经济状况等。

此外，还想在这里附带论及的是，我国缓刑适用方式只有裁量缓刑，而没有应当缓刑，这也是缓刑制度不能被广泛应用的一个重要原因。其实，在有的情况下，犯罪人的人身危险性是很容易判断的，比如由于正当防卫超过必要限度的、在犯罪过程中自动中止且未造成实际危害或者危害很小的、所犯罪行最多判处三年以下有期徒刑并在犯罪后自首且有立功表现的，人身危险性就很小，可以预见其不需监禁也可能达到矫正目的。因此，建议在刑法第72条中增加一款应当适用缓刑的规定，规定下列情形的“应当”宣告缓刑：其一，正当防卫或者紧急避险过当，造成不应有的损害的。其二，聋哑人、盲人或者其他丧失危害社会能力的残疾人及重病患者犯三年以下有期徒刑之罪，并有悔罪表现的。其三，犯罪中止并且主动挽回、减少、弥补犯罪损失的。其四，未成年人犯判处三年以下有期徒刑之罪的。其五，成年人犯最多判处三年以下有期徒刑之罪，并于犯罪后自首且有立功表现的。其六，被胁从犯罪，并有悔罪表现的。有这些表现的犯罪分子一般主观恶性和人身危险性较小，缓刑考验期后，特别是现在开展社区矫正后，一般都能达到教育改造目的，没有必要非得进行监禁。

二、完善缓刑考验期内行为规范的规定

刑法第75条规定缓刑犯应遵守的行为规范有：（一）遵守法律、行政法规，服从监督；（二）按照考察机关的规定报告自己的活动情况；（三）遵守考察机关关于会客的规定；（四）离开所居住的市、县或者迁居，应当报经考察机关批准。

该条规定是1997年刑法在1979年刑法上新增加的内容，它弥补了原刑法对缓刑犯考验期义务未作任何限制性规定的重大缺陷，是一个突出进步，但从司法实践中来看，这些行为规范仍有不足之处：一是偏于空泛。作为缓刑人员的行为规范和考察机关对缓刑人员的考察内容，应该尽可能地具体化和明确化，然而该规定却远未达到这个要求，比如，缓刑人员须在哪些方面“服从监督”，多长时间报告一次“自己的活动情况”，哪些活动是必须报告的，“关于会客的规定”和会客的范围是怎样的等，法条上都没有明确具体的内容，也没有相应的司法解释予以说明。二是缺乏针对性。行为规范的目的，在于对缓刑人员的行为进行指示和引导，使他们在从事这些规定行为的过程中反思自己从前的犯罪行为，进而改过迁善。而且，现行刑法规定的这几条规范，不过是对所有缓刑人员行为的统一要求和基本要求，其性质主要是对

他们的监督与管束，有帮助他们保持守法生活的意蕴，但还不足以促使其悔过自新。因为这些规范一方面并未结合每个缓刑人员的具体实际，特别是针对其犯罪原因进行对症下药，另一方面也缺乏能够帮助他们反思与悔过的内容。

针对这两点缺陷，笔者有两点建议：其一，由立法机关给出立法解释或者最高人民法院给出司法解释，对刑法第75条的规定进行具体说明，以便于考察机关对缓刑人员进行考察和评价，也有利于缓刑人员对自己必须遵守的行为规范心中有数，在缓刑期间对自己严格要求。其二，增加关于法官有自由裁量缓刑人员行为规范权力的规定。即法官可以针对每名缓刑人员的实际，要求他们必须遵守哪些事项，这些因人而异提出的缓刑要求（或叫缓刑负担），其性质仍然是刑事义务，缓刑人员必须严格遵守。如德国刑法典第三章第四节第56条c第一款就规定："为防止受审判人重新犯罪需要给予指示。法院可指示其在缓刑考验期间应遵守的事项。"① 我国也可规定这么一个原则，除了要求缓刑人员统一遵守基本的缓刑义务外，还要遵守法官给出的特别义务。这些特别义务由于是根据每名缓刑人员的各自实际提出的，因而可能更有利于他们遵守及保证缓刑考验期间的矫正效果，比如对交通肇事者可以在某个时间段禁止其驾驶车辆，对酗酒者禁止其进入酒吧，对吸毒者要求其进入戒毒场所戒毒或定期接受尿检，对团伙犯罪者严禁其与从前的团伙成员来往和联系，此外，对某些缓刑人员还可以禁止其晚间外出或者进入游乐场所等。

三、完善撤销缓刑的相关规定

现行刑法关于缓刑撤销的规定是第77条，其第一款规定：被宣告缓刑的犯罪分子，在缓刑考验期限内犯新罪或者发现判决宣告以前还有其他罪没有判决的，应当撤销缓刑，对新犯的罪或者新发现的罪作出判决，把前罪和后罪所判处的刑罚，依照本法第69条的规定，决定执行的刑罚。第二款规定：被宣告缓刑的犯罪分子，在缓刑考验期限内，违反法律、行政法规或者国务院公安部门有关缓刑的监督管理规定，情节严重的，应当撤销缓刑，执行原判刑罚。

笔者认为，该撤销缓刑的规定至少存在三个问题：其一，是撤销缓刑的情形规定得不够全面。由刑法的以上规定可知，缓刑撤销的法定事由有三种

① 《德国刑法典》，徐久生、庄敬华译，中国法制出版社2000年版，第61页。

情形，即缓刑考验期内再犯新罪、发现漏罪、实施了情节严重的违反法律或有关监督管理规定的行为，该撤销机制的缺陷在于：当被缓刑人实施一般违法或者违规行为时，是否撤销缓刑缺乏相应规定。在司法实践中，由于对这种情形规定的缺位，导致两种倾向形成，即或者对大错不犯、小错不断的被缓刑人放任自流、不加任何处置，这是失之过宽；或者是不论情节如何，一旦有违法违规行为就立即撤销缓刑，这是失之过严，这两种做法非左即右，都不符合设立缓刑制度的宗旨。其二，撤销缓刑的规定缺乏相对弹性。现行刑法第 77 条只规定了“应当撤销”的三种情形，而没有关于“酌情撤销”的裁量性规定，这使得缓刑撤销规定缺乏必要的张力。目前世界上采取这样单一立法例的国家并不多，大多数国家都是采用的“酌情撤销”和“应当撤销”相结合的制度，如德国、日本、意大利、俄罗斯、瑞士等国都是如此，并且有的国家如俄罗斯将被缓刑人犯“过失犯罪”与“故意的轻罪”也作为“酌情撤销”的条件，充分显示了刑罚的谦抑性和宽容性，同时，类似裁量制度的加入使缓刑制度具有相当的灵活性，有利于专门机关因地制宜地作出最符合被缓刑人具体实际的决定。其三，撤销缓刑之前缺乏一定的缓冲期。缓刑制度是给犯罪人执行自由刑之前的一个宽容期，目的是为救济长期自由刑的弊端而设，通过犯罪人自身的努力及专门机关、社会团体和其他社会成员的监督与帮助，达到对犯人不战而胜的效果，因此，撤销缓刑而将犯罪人收监执行自由刑应该慎重进行，至少，应作为最后手段应用。如果被缓刑人并非发现漏罪、再犯新罪，或者仅仅是初次实施了情节严重的违法违规行为，可以先通过警告、延长考验期等方法进行提醒，再度给其改正错误的机会；或者可以建立缓刑保证金制度，要求被判处缓刑的被告人交纳一定数量的保证金，如果出现违法违规行为，可以没收其保证金，当这些方法都不奏效或者不足以警诫被缓刑人时，才能宣布取消其缓刑资格。这样做是因为，被缓刑人所犯罪行虽然并不严重，人身危险性也还不至于不可救药，但毕竟属于人格出现偏差以致触犯法律的犯罪人，行为有所反复也属正常现象，在确立撤销缓刑的规定时，考虑犯罪人的心理变化和人格改善规律，多给犯罪人一些宽容和机会，有利于他们最终悔过自新，回到正确的人生轨道，如《俄罗斯联邦刑法典》就对考察期间不履行法律义务的犯罪人规定了延长考验期的惩罚方法，其第 74 条第 2 款规定：如果被判缓刑的人逃避履行法院责令他履行的义务，或者又破坏社会秩序并因此受到行政处罚，法院可以根据本条第 1

款所规定机关的报告延长考验期，但延长的部分不超过1年；[①] 德国刑法也规定有延长缓刑期制度，如德国刑法典第三章第四节第56条第2款规定：对于具有撤销缓刑可能的缓刑人员，如果给予进一步的义务或指示，尤其是将被缓刑人置于考验帮助人的监督之下，或延长缓刑考验期或监督期，能达到可能的缓刑目的时，法院可不撤销缓刑。[②]

要解决上述问题，必须要完善我国缓刑撤销的相关规定才行。首先，应增加对被缓刑人一般违法违规行为的处罚规定，但这种处罚应该是比撤销缓刑更为轻微的，比如，当被缓刑人实施"一般违反法律或有关监督管理规定的行为"时，可以给予其警告、延长考验期的处罚，至于延长考验期的时间，可以规定拘役不超过原判刑期，有期徒刑不超过一年。同时，应建立缓刑保证金制度，在被告人被判处缓刑的同时交纳，只要犯罪人实施了一般违法违规以上的行为，就没收其保证金。其次，建议将刑法第77条第2款规定"应当撤销"条件修改为"酌情撤销"条件，具体条文表述为"被宣告缓刑的犯罪分子，在缓刑考验期限内，违反法律、行政法规或者国务院公安部门有关缓刑的监督管理规定，情节严重的，可以撤销缓刑，执行原判刑罚"。这样，既使我国缓刑制度的适用层次之间有了比较合理的梯级关系，也使缓刑建立起了"应当撤销"和"酌情撤销"相结合、先考验后撤销的渐进机制，使缓刑制度更为科学合理、更具有灵活性和合理性而得到更为广泛的适用，并使其在帮助犯罪再社会化方面的优越性得到充分发挥。最后，正如有的学者指出，"随着社会条件的成熟和立法的进步，对考验期内犯新罪或发现漏罪的罪质罪种作出区分而分别列为必撤销和得撤销（即应当撤销和酌情撤销——笔者注）事由，以彻底完善缓刑撤销方式的层次性、过渡性体系，应是将来缓刑制度的立法完善所努力的方向"。[③]

四、增加被缓刑人的刑事义务

被缓刑人员毕竟是犯罪分子，不予关押已是对他们的优待和信任，如果缓刑负担过轻，容易让社会上的守法公民和受害人心理不平衡，从而影响刑罚的一般预防效果，甚至还会引发进一步的矛盾，因为受害人可能会对处罚过轻心生不满而进行私人报复。再者，缓刑对象的犯罪行为虽然相对轻微，仍然给社会秩序和受害者利益带来了损害，因此，让其履行赔偿义务并进行

---

① 参见《俄罗斯联邦刑法典》，黄道秀译，中国法制出版社2004年版，第31页。

② 参见《德国刑法典》，徐久生、庄敬华译，中国法制出版社2000年版，第63页。

③ 于志刚、许成磊："我国缓刑制度的再完善探讨"，载《云南法学》1999年第4期。

公益劳动是弥补其过失和表示悔过的应有之义。同时，正是由于我国刑法规定的缓刑人员所履行的刑事义务与短期自由刑相比显失公平，而导致法院对被告人适用缓刑过于慎重，有的地方法院甚至审判委员会才有权作出决定。所以，要扩大缓刑适用率，要使社会公众和法官接受缓刑制度，必须适当增加缓刑负担，即增加被缓刑人员的刑事义务，比如，对将要被决定缓刑者附加社区服务刑，指令他们在一定的时间范围内到所在社区进行无偿劳动，并对其劳动过程和劳动结果进行监督、考核；对于给被害人造成损失的犯罪人，要求他们对被害人进行赔礼道歉或者必要的经济赔偿、劳动赔偿。并且，社区服务和赔偿工作有利于犯罪人消除其负罪心理，在此过程中，他们必须与其他社区公民和被害人进行一定交流沟通，这有利于他们尽快融入周围环境和正常的社会生活中。

司法职务犯罪的刑法立法缺陷与完善

——以遏制司法职务犯罪为视角

聂立泽*

司法职务犯罪，是指从事司法工作的人员以及司法机关，在司法职务活动中，实施的侵犯公民人身权利、民主权利或者玩忽职守、滥用职权等严重危害社会、应受刑罚处罚的行为。从20世纪90年代开始，我国司法职务犯罪整体呈上升趋势并居高不下。据最高人民检察院工作报告公布的数字，从1993年至1997间，全国各级检察机关共立案侦查涉嫌贪赃枉法、徇私舞弊、刑讯逼供等职务犯罪的司法机关工作人员17214人；1998年至2003年，这一数字增长到24886人。司法职务犯罪严重破坏正义、公平的司法原则，使群众对司法正义产生不信任感，破坏司法公信力，有着比一般刑事犯罪更严重的社会危害性。为使防治司法职务犯罪工作做到有的放矢，首先要剖析司法职务犯罪的成因，而司法职务犯罪是由经济因素、文化传统、司法运行机制、司法人员的素质，以及立法本身等诸多因素分层次综合作用的结果。限于篇幅，本文只对我国现行刑法立法上的缺陷及其完善进行探讨，以期对有效遏制司法职务犯罪有所助益。

一、刑法对司法职务犯罪规定的主要缺陷

1. 个罪归类名不副实与类罪排序过于靠后

首先，司法职务犯罪的部分罪名归类不科学。刑讯逼供罪、暴力取证罪和虐待被监管人罪是典型的只能由司法工作人员单独构成的纯粹的司法职务犯罪，尽管其侵害的客体是复杂客体，既侵害了国家工作人员履行公务的正当性，也侵害了公民的生命健康权。但是相对于其他侵犯公民生命健康权的

* 中山大学法学院副教授、硕士生导师，法学博士、博士后。

犯罪，上述三个罪名具有自己的特殊性，其实施主体是承担国家司法职能的国家工作人员，犯罪行为是在行使司法职能的过程中实施的，因此，上述三个罪名侵犯的主要客体应该是国家工作人员履行公务的正当性，刑法理应把这些犯罪规定在第九章渎职犯罪中，方能体现这三个罪名本质属性。[①] 而我国现行刑法将刑讯逼供罪、暴力取证罪和虐待被监管人罪均规定在第四章侵犯公民人身权利、民主权利罪之中，并没有准确反映出三种犯罪的本质特征，也不利于有针对性地防治该类犯罪。

事实上，我们通过分析现行刑法的规定，也能清楚地看出这一立法缺陷。根据我国刑法第 247 条、第 248 条对以上三个犯罪的规定，“致人伤残、死亡的，依照本法第二百三十四条、第二百三十二条的规定定罪从重处罚”。从以上法条的规定的模式来看，通常被认为是转化犯，问题就出在这里。既然我国刑法分则对犯罪的分类采取同类客体的标准，那么，这三个罪名被规定在侵犯人身权利之中，就应当认为其侵犯的主要客体是人身权利，这样，就不存在转化犯的问题了，只可能存在结果（情节）加重犯的情形。因为，侵犯人身权利的犯罪，出现“致人伤残、死亡的”的严重后果是自然而然的，而如果把刑法的这种规定理解为转化犯，分别按照故意伤害罪、故意杀人罪定性，就会从根本上掩盖这三个罪名的本来面貌与本质属性。同时，对犯罪的分类还应当按照其基本的犯罪构成来划分，如刑法第 292 条规定的聚众斗殴罪，虽然该罪极有可能出现致人重伤或者死亡的后果，但是按照本罪的基本构成，刑法首先把它规定在扰乱公共秩序罪当中而不是规定在侵犯人身权利罪中，然后，对聚众斗殴“致人重伤、死亡的”，规定依照本法第 234 条、第 232 条的规定定罪处罚。所以，笔者主张，应当在立法上还以上三个罪名“庐山真面目”，把它们作为行为犯规定在渎职罪之中，与整个渎职罪应当采用“截短的犯罪构成”[②] 的立法模式相协调，同时，在把它们归为渎职罪之后，现行立法中规定的转化犯的模式就合情合理了。

其次，司法职务犯罪在分则中的排序不当。从司法职务犯罪的类型在刑法犯罪的排序来看，司法职务犯罪大多数属于渎职犯罪，而不管是 1979 年刑

---

① 当然，我们清楚，如果在该类犯罪中造成了“致人伤残、死亡”的严重后果，该类犯罪所侵犯的主要客体就发生了变化，因为犯罪的性质由犯罪的客体（复杂客体的犯罪性质由主要客体）所决定，所以，此时犯罪的性质也由司法职务犯罪转化为侵犯人身权利罪。我们把此类犯罪客体称为“浮动客体”，此问题另文专论。

② 我们理解，所谓截短的犯罪构成是指在刑法立法中，根据刑事政策、刑法的谦抑性和刑法基本原则的要求以及行为的社会危害性的大小，对原有的犯罪构成从一个或者数个构成要件上加以截短而形成的犯罪构成。至于如何根据截短的构成要件来完善其他司法职务犯罪，下文详述。

法还是修改后的新刑法，都将渎职罪置于刑法分则各章类罪之末或者倒数第二的位置，没有反映出这类犯罪在刑法分则中的地位及其严重的社会危害程度，说明国家立法机关对此类犯罪的重视不够。如有的学者曾指出，渎职罪应该排在刑法分则第五章的位置，这样便于与渎职罪的性质和社会危害性程度相适应，可以使分则体系更加科学严谨，有助于群众深刻认识渎职犯罪的社会危害性等。[①]“将两章渎职犯罪紧接着危害国家根本利益和公共安全及其严重的犯罪类型而置于其后，以示立法之重视”。[②] 其实，从世界各国的刑法立法来看，渎职犯罪在其刑法分则当中都占据重要地位。例如日本现行刑法典（制定于1907年）分则总共40章，渎职罪排在第25章，而在1974年9月29日由法制审议会总会决定通过的《日本改正刑法草案》当中，分则部分总共41章，其中“有关职务的犯罪”位居第4章；泰国刑法分则总共12章，其中“渎职罪”和“司法渎职罪”位居第2章和第3章；制定于1953年并经1975年和1988年两次修订的《韩国刑法典》，其犯罪总共42章，而“公务员职务犯罪”一章的位置仅次于内乱罪、外患罪、侵犯国旗罪、妨害国交罪、妨害公共安全罪和关于爆炸物的犯罪之后，位居第7章。相比之下我国1997年刑法把渎职罪规定在共有10章的分则的第9章即倒数第二的位置，这显然与渎职罪的社会危害性以及我国刑法把保护国家法益的犯罪置于分则之首的体系不相协调。借鉴国外刑事立法的一般经验，即按照保护法益的顺序决定各类犯罪在分则中位次，其所遵循的顺序大体上包括国家法益、社会法益、个人法益的顺序或者正好相反的顺序。因此，既然我国刑法典已经把国家法益摆在首位，就应当一以贯之，适当前置渎职罪在分则中的位置。

2. 法定刑偏低与附加刑缺失

首先，司法职务犯罪的法定刑偏低。正如相关调查结果显示，惩治不力是司法人员犯罪屡禁不止的又一个重要原因。[③] 另有研究者指出，职务犯罪增量的基本原因是“机会大”和“成本低”。[④] 笔者认为，这些研究者所表达的基本认识就是刑法分则对渎职罪规定的法定刑过于轻缓，未能达到像费尔巴哈所提出的“心理强制”的程度，从而不利于遏制此类犯罪的发生。的确如此，通观我国刑法对司法职务犯罪的规定，在定罪上大多数需要情节严重或者造成严重后果等构成要件，这本身就不利于有效惩治该类犯罪，同时该类

① 陈兴良：《职务犯罪认定处理实务全书》，中国方正出版社1996年版，第111—112页。

② 赵秉志：“关于完善刑法典分则体系的新思考”，载《法律科学》1996年第1期。

③ 资料来源：http：//www. lotop. com/bbs/dispbbs. asp？boardid =4&id =4322。

④ 资料来源：http：//www. sfyj. org/list. asp？unid =870。

犯罪的法定刑总体上偏低，一般最低量刑幅度在3年以下有期徒刑或者拘役，情节严重的则在3年以上7年以下有期徒刑，或者5年以上有期徒刑，如下表所示，纯粹的司法职务犯罪既无无期徒刑更无死刑之规定。这样，就形成了司法职务犯罪特有的罪刑属性——“入罪难，刑罚轻，罪刑不均衡，附加刑没有用”。众所周知，司法职务犯罪既是典型的职务犯罪又是业务犯罪，其所具有的严重的社会危害性，非普通犯罪所能比拟，对司法职务犯罪的法定刑规定过轻，与其严重危害性不协调，不利于威慑与遏制司法职务犯罪，同时，与我国一向主张的“从严治吏”的刑事政策相悖，也与刑法明文规定的罪责刑相适应的基本原则不符。①

从目前司法实践来看，“法定刑偏低与附加刑缺失”导致的直接后果就是适用缓刑比例偏高。据统计，在某基层检察院向人民法院提起公诉的38名职务犯罪被告人中，被判处缓刑的多达26人，占68.4%。② 另据一项调查表明，山东省某市辖区检察院自2000年到2005年上半年查办的职务犯罪案件被法院作有罪判决的被告人共143人，而其中适用缓刑的有79人，免予刑事处罚的有23人，两者相加共计102人，占有罪判决人数的71%。③ 这表明，当前职务犯罪的缓刑适用率保持了一个偏高的比例。同时，资料显示，渎职犯罪案件量刑较轻。在以上所统计的38件案件中，渎职犯罪案件占4件，其中判缓刑的2件，占50%，免予刑事处分的1件，审判机关和检察机关对是否构成犯罪意见不一致，退回检察机关的1件，判3年以上有期徒刑刑罚的为零。正因为如此，就造成了职务犯罪增量的基本原因是“机会大”和“成本低”的不利局面。

其次，资格刑的缺失，是我国司法职务犯罪在立法上的又一缺陷。我国刑罚有主刑与附加刑之分，附加刑既可以附加适用，又可以独立适用，因此我国刑罚由主附相辅、种类齐全、主刑轻重次递相衔、附加刑灵活配置等特征形成了比较完整的刑罚体系，这样既可贯彻“重罪重判、轻罪轻判”的罪责刑相适应原则，还可做到“对症下药”，多管齐下，实现刑罚的个别化，最有效地惩治与预防犯罪。例如1997年刑法第113条规定，“犯本章

① 尽管西方各国刑法对职务犯罪的规定千差万别，但在立法上始终贯彻了对公务员职务犯罪从严惩处的立法精神，我国刑法中并未完全体现这一精神，在客观上造成了对职务犯罪惩治不力的局面。见张俊霞：“中外刑法惩治职务犯罪立法之比较”，载《河南师范大学学报》（哲学社会科学版）2001年第3期，第58页。

② 资料来源：反腐败明鉴网，http：//opinion. people. com. cn/GB/8213/51460/52413/3721158. html。

③ 资料来源：新京报，http：//www. sszg. com/2005/10—14/15282822940. html。

之罪的，可以并处没收财产”。这样对危害国家安全罪的犯罪分子不仅从人身权利、政治权利上加以剥夺或限制，而且在财产上予以没收，使其在经济上彻底失去再犯能力，可谓多管齐下，罚当其罪。再如1997年刑法对大多数财产犯罪和贪利型犯罪规定了财产刑，同样体现了“对症下药”、罚当其罪的原则。

众所周知，司法职务犯罪的行为人所担任的公职是其犯罪的前提条件，因此要防止司法职务犯罪人重新犯罪，就必须通过刑法上否定其司法公职，消除其犯罪的前提条件。然而，现行刑法对纯粹的司法职务犯罪均未规定包括公职否定在内的任何附加刑，十分遗憾。公职否定是指对司法职务犯罪的人在刑罚处罚时对其公职予以否定，使其永久或在一定时期内丧失担任司法职务的可能性。世界上不少国家的立法中均将公职否定规定在刑法的资格刑中。例如，《法国新刑法典》第131—26条规定的因犯罪而予以禁止的权利中，禁止公民权、民事权或亲权系指“1. 投票表决权；2. 被选举权；3. 履行司法职务或者在法院担任专家的权利以及出庭代理或者协助当事人之权利……”[①]《意大利刑法典》第19条对于重罪和违警罪的附加刑分别作了规定。适用于重罪的附加刑包括“褫夺公职、禁止从事某一职业或技艺……”[②]《俄罗斯刑法典》第47条规定的资格刑中也有剥夺担任一定职务或从事某种活动的权利的规定。[③] 据考证，资格刑在我国也有其历史渊源。早在汉朝，发现贪赃枉法行为，处罚甚重，往往给予弃市之类的严惩，仅次于谋反。就是一般的贪污行为也处以没收家产、夺爵免官，并禁锢终身或锢及三世。[④] 汉之禁锢，都与现代之褫夺公权相仿佛，即为资格刑也。[⑤] 综观古今中外的立法，都有对司法职务犯罪资格刑的规定，而我国现行刑法却对司法职务犯罪的资格刑弃之不用，不能不说是立法缺陷。[⑥]

此外，对于利用司法职权进行的贪利型犯罪、权钱交易的犯罪，并科处罚金能增强刑罚的效果。现行刑法对司法职务犯罪规定的刑罚手段主要是有期徒刑等主刑，没有规定罚金刑，导致刑法不能有效遏制该类犯罪发生。

---

① 罗结珍：《法国新刑法典》，中国法制出版社2003年版，第18—19页。

② 参见《意大利刑法典》，黄风译，中国政法大学出版社1998年版，第10—11页。

③ 参见《俄罗斯联邦刑法典释义》（上册），黄道秀译，中国政法大学出版社2000年版，第122页。

④ 徐晓光：“中国古代反腐惩贪法律制度述要”，载《现代法学》1998年第4期，第116页。

⑤ 陈顾远：《中国法制史概要》，三民书局1977年版，第213—214页。

⑥ 事实上，我国1979年刑法第188条所规定的徇私枉法罪的法定刑中就有选择适用剥夺政治权利的附加刑，1997年刑法对此理应发扬光大，但却一笔勾销，实在令人费解。

在司法实践中，大量该类案件都作了免诉处理，这些人如不适用资格刑，就可能再次担任公职甚至是领导职务，这既会引起群众的不满，也破坏了法律的严肃性和权威性，更不利于打击和预防该类犯罪。因此，刑法中对其应当附加资格刑，以剥夺其一定时间的担任公职及其他领导职务的资格。①

对此，新加坡严惩贪官污吏的立法非常值得借鉴，比如，其法律规定，贪污受贿不限数额，一经发现，起诉到法院，只要判决有罪，除严刑惩治外，终身不得再做公务员。②

纯粹的司法职务犯罪的法定刑

序号	罪名	最低法定刑	最高法定刑	备注
1	刑讯逼供罪③	拘役	有期徒刑3年	无附加刑
2	暴力取证罪	拘役	有期徒刑3年	无附加刑
3	虐待被监管人罪	拘役	有期徒刑10年	无附加刑
4	徇私枉法罪	拘役	有期徒刑15年	无附加刑
5	民事、行政枉法裁判罪	拘役	有期徒刑10年	无附加刑
6	执行判决、裁判失职罪	拘役	有期徒刑10年	无附加刑
7	执行判决、裁判滥用职权罪	拘役	有期徒刑10年	无附加刑
8	私放在押人员罪	拘役	有期徒刑15年	无附加刑
9	失职致使在押人员脱逃罪	拘役	有期徒刑10年	无附加刑
10	徇私舞弊减刑、假释、暂予监外执行罪	拘役	有期徒刑7年	无附加刑

3．单位犯罪规定过于狭窄④

纯正的司法职务犯罪的主体能否由单位构成，这是一个值得思考的问题。分析司法职务犯罪案件的具体案情，由单位领导或者集体决策实施并体现单位意志的犯罪行为并不鲜见。以刑讯逼供罪为例，具体实施犯罪的司法工

---

① 方泉："国家公务人员渎职型犯罪法律问题分析"，载《上海市政法管理干部学院学报》1999年第4期，第62—63页。

② 周密：《新加坡共和国反贪倡廉成文法律》，北京大学出版社2005年版，序言第2页。

③ 对于刑讯逼供罪、暴力取证罪、虐待被监管人罪的转化犯，虽然最高法定刑为死刑，但是，由于罪名已经转化，本表中不包含转化犯的最高法定刑。

④ 目前，根据刑法第396条的规定，司法机关可以成为私分罚没财物罪的主体，根据刑法第387条、第393条的规定，司法机关还可以成为单位受贿罪、单位行贿罪的主体，但是纯正的司法职务犯罪中尚无单位犯罪的规定。

作人员与犯罪嫌疑人并无任何私人恩怨，实施逼供的动机可能纯粹为公，为完成上级单位下达的任务或指标，或者受到上级施加的压力，因此这种情形下的犯罪，与一般的自然人犯罪显然是不同的。若按照一般自然人主体犯罪来处理，不仅对具体实施行为的行为人评价不恰当，而且也有放纵有关责任人员之虞。另一方面，从《国家赔偿法》的规定来看，国家机关承担赔偿责任，正是以国家机关为责任主体为基础的，因此，现行刑法关于司法职务犯罪主体的规定与《国家赔偿法》的规定是不协调的。可见，把有关司法职务犯罪规定为单位犯罪既符合单位犯罪构成要件，又能解决以上法律冲突问题。

从司法实践上来看，根据浙江省公安厅出台的《浙江公安民警刑讯逼供行为的处理办法》的规定：今后公安系统的警务人员在办案过程中，有刑讯逼供者，无论致人重伤或是轻伤，对直接参与民警和指使、授意民警刑讯逼供的领导均予以开除处分；对办案单位的当班领导和负有直接责任的领导以及主要负责人，则分别予以行政降级和行政记大过处分；情节严重的，分别予以撤职和降级处分。[①] 由此可见，办案单位的当班领导和负有直接责任的领导以及主要负责人完全可以成为“单位刑讯逼供犯罪”的责任人员。如同有的人指出，可以仿照刑法中对单位犯罪进行处罚所适用的“双罚制”原则来建立刑讯逼供责任制度，即发生刑讯逼供时，除了处罚直接的责任人员外，还应处罚直接分管的单位负责人。[②] 此外，对于暴力取证罪等也应当设置为单位犯罪。

此外，也有论者针对渎职犯罪指出，单位的渎职行为比较普遍，危害十分严重。刑法第九章所指的犯罪行为，在单位普遍存在。有的司法机关（单位）为了部门利益（收取保证金、罚金或接受赞助等）徇私枉法，放纵犯罪，侵犯国家司法机关的正常活动。司法实践中，由于单位不构成渎职犯罪的主体，导致许多个人打着单位名义进行的渎职犯罪行为无法被查处。不管是侦查机关、公诉机关，还是审判机关，都本着疑罪从无，有利于被告的原则，对这类犯罪行为从宽认识，不予刑罚处罚，这无疑助长了这类犯罪。把单位纳入渎职犯罪的主体，有利于打击此类渎职犯罪，有利于维护国家机关的正常活动秩序。[③]

---

① 资料来源：http：//www. people. com. cn/GB/guandian/8213/8309/28296/2157129. html。

② 资料来源：http：//www. chinaweblaw. com/news/n5972c29. html。

③ 参见兰平、田期富：“应把单位作为渎职犯罪的主体”，载中国法院网，资料来源：http：//www. chinacourt. org/public/detail. php？ id = 140277。

事实上，把单位纳入渎职犯罪的主体，我国的司法机关曾经以司法解释的形式作出过规定。1996年6月4日，最高人民检察院发布了《关于办理徇私舞弊犯罪案件适用法律若干问题的解释》。该《解释》第3条指出："为谋取单位或小集体不当利益而实施第一、二条行为的，依法追究直接负责的主管人员和其他直接责任人员的刑事责任。"该司法解释在司法实践中产生过较好法律效果和社会效果，理应加以借鉴，及时完善刑法立法。

4. 刑法第399条第4款中用语不当与处罚原则不妥

刑法第399条规定："司法工作人员徇私枉法、徇情枉法，对明知是无罪的人而使他受追诉、对明知是有罪的人而故意包庇不使他受追诉，或者在刑事审判活动中故意违背事实和法律作枉法裁判的，处五年以下有期徒刑或者拘役；情节严重的，处五年以上十年以下有期徒刑；情节特别严重的，处十年以上有期徒刑。"

"在民事、行政审判活动中故意违背事实和法律作枉法裁判，情节严重的，处五年以下有期徒刑或者拘役；情节特别严重的，处五年以上十年以下有期徒刑。"

"在执行判决、裁定活动中，严重不负责任或者滥用职权，不依法采取诉讼保全措施、不履行法定执行职责，或者违法采取诉讼保全措施，致使当事人或者其他人的利益遭受重大损失的，处五年以下有期徒刑或者拘役；致使当事人或者其他人的利益遭受特别重大损失的，处五年以上十年以下有期徒刑。"

"司法工作人员收受贿赂，有前三款行为的，同时又构成本法第三百八十五条规定之罪的，依照处罚较重的规定定罪处罚。"

既然本罪的法定主体分别为公安、安全、检察、监管、法院等司法工作人员，而法院的工作人员又包括刑事审判人员和非刑事审判人员。那么，第3款中规定的"有前三款行为的"相应的主体只可能有两种情况：一是先后在公安、安全、检察或监管部门和法院的民事、行政审判部门工作；二是先后在法院内部刑事审判部门和民事、行政审判部门工作。而这种主体在现实社会上本来是不多见的，"而在这极少的人员中可能实施此种犯罪的情况就更微乎其微了。由此可见，这种只对极个别人有约束力而不具有普遍约束力的法律规定将可能形同虚设"。[①] 可见该款规定是不妥当的，也失去了应有的立法价值。

① 张少鹏："关于进一步完善刑法典的几个问题"，载《法学》1997年第8期。

其次，本条中规定，“司法工作人员收受贿赂，有前三款行为的，同时又构成本法第三百八十五条规定之罪的，依照处罚较重的规定定罪处罚”。这样的规定不利于从严治吏的刑事政策的贯彻，应当改为数罪并罚。

二、防治司法职务犯罪的刑法立法完善对策

1. 整合罪名与科学排序

将刑讯逼供罪、暴力取证罪和虐待被监管人罪归入渎职罪类罪中。事实上，以上设想在我国立法史上并不鲜见。新中国刑法的立法过程中将刑讯逼供行为中情节严重构成犯罪的单独规定为犯罪予以惩办是始终一贯的原则。在1957年《刑法（草案)》第二十二稿中，第210条规定，“有侦讯、审判职务的人员在侦讯中使用肉刑的，处五年以下有期徒刑或者拘役”，此罪被列在渎职罪一章中。在1963年修改的《刑法（草案)》第三十三稿中，第203条规定：“司法工作人员对人犯刑讯逼供的，处五年以下有期徒刑或者拘役。”1979年2月修改的《刑法（草案)》（修订第二稿）第228条规定：“司法工作人员对人犯刑讯逼供的，处三年以下有期徒刑、劳役或剥夺政治权利；情节特别严重的，处三年以上十年以下有期徒刑。”这两次修改稿中，刑讯逼供罪同样被列入渎职罪一章中。[①] 同时，建议把整合之后的渎职罪置于刑法分则第五章的位置，实现刑法分则体系的科学严谨，彰显渎职罪的本质属性。

2. 提高法定刑与增设附加刑

首先，适当提高司法职务犯罪的法定刑。具体构想：(1) 对徇私枉法罪、私放在押人员罪两罪增加无期徒刑为最高法定刑；(2) 对民事、行政枉法裁判罪，执行判决、裁判滥用职权罪，徇私舞弊减刑、假释、暂予监外执行罪三罪的最高法定刑提高到15年有期徒刑；(3) 执行判决、裁判失职罪，失职致使在押人员脱逃罪两罪最高法定刑保持不变；[②] (4) 对刑讯逼供罪、暴力取证罪、虐待被监管人罪三罪的最高法定刑不作变动，因为，根据笔者设想，在完善后的法条中仍然保留其转化犯的规定，而转化后不论按故意伤害罪或者按故意杀人罪定罪，其最高法定刑已经是死刑了；(5) 在总体设计上，对所有纯正的司法职务犯罪不设定死刑，一旦出现故意致人伤残、死亡的后果，在法律没有明文规定为转化犯的前提下，可以按照牵连犯或者吸收犯的理论，

① 陈兴良：《职务犯罪认定处理实务全书》，中国方正出版社1996年版，第417页。

② 这样就可以克服执行判决、裁判失职罪（过失犯罪）与执行判决、裁判滥用职权罪（故意犯罪）法定刑完全一样而有悖刑法基本理论的弊端，体现罪责刑相适应原则的要求。

以故意伤害罪或者故意杀人罪等论处。之所以这样考虑，目的在于不轻易增加死刑罪名，一旦出现致人死亡等严重后果该判处死刑时，直接适用故意杀人罪等法条即可，这样也同时遵循了罪责刑相适应原则。

其次，增加附加刑，即对所有司法职务犯罪均增加剥夺政治权利的资格刑，对可能涉及贪利型的司法职务犯罪，如徇私枉法罪，民事、行政枉法裁判罪，执行判决、裁判滥用职权罪，私放在押人员罪，徇私舞弊减刑、假释、暂予监外执行罪等罪，增设财产刑，即罚金或者没收财产。

3. 增设单位司法职务犯罪罪名

对于如何完善单位司法职务犯罪的刑罚有不同看法，有的主张采用“双罚制”的立法模式，如论者指出，对单位渎职犯罪的处罚，可以比照单位行贿罪、单位受贿罪等单位犯罪的规定，依法追究单位直接负责的主管人员和其他直接责任人员的刑事责任，同时还可以对单位处以罚金。[①] 笔者认为，针对渎职犯罪缺乏单位犯罪的立法现状，结合我国单位犯罪在司法实践中的运行情况，建议增设刑讯逼供罪、暴力取证罪等为单位犯罪，并通过“代罚制”的立法模式，明确规定对直接负责的主管人员和其他责任人员进行处罚，但不必对单位科处罚金。为什么要采取“代罚制”的立法模式，主要原因在于，对渎职罪单位犯罪主体实施罚金刑不利于这些单位履行管理职责，如有学者认为对国家机关适用罚金是没有意义的。[②]

4. 完善第399条的相关内容与司法职务犯罪的处罚规则

首先，建议将第399条中“司法工作人员收受贿赂，有前三款行为的……”改为“司法工作人员收受贿赂，有前三款行为之一的……”

其次，完善司法职务犯罪中牵连犯的处罚规定，实行数罪并罚，以体现从严治吏原则。现行刑法第399条第3款规定，司法工作人员贪赃枉法，有徇私枉法行为和民事、行政枉法裁判行为，同时又构成受贿罪的，依照处罚较重的规定定罪处罚。笔者认为应当对贪赃枉法过程中出现的牵连犯按照数罪来处理。事实上，我国刑法对牵连犯按照数罪来处理的法条已有先例，如刑法第157条规定，以暴力、威胁方法抗拒缉私的，以走私罪和本法第277条规定的阻碍国家机关工作人员依法执行职务罪，依照数罪并罚的规定处罚。又如，刑法第198条规定，投保人、被保险人故意造成财产损失的保险事故，或者投保人、受益人故意造成被保险人死亡、伤残或

---

① 参见张明贵、毛劲、曾友谊：“应追究单位渎职的责任”，载《检察日报》，资料来源：http：//www. jcrb. com/zyw/n193/ca222023. htm。

② 高铭暄：《刑法肆言》，法律出版社2004年版，第305—308页。

者疾病，同时构成其他犯罪的，依照数罪并罚的规定处罚。之所以刑法对以上牵连犯规定按照数罪并罚来处理，立法意图在于从重从严处罚此类危害性较大的犯罪行为，同时也是为了体现罪责刑相适应的刑法基本原则的需要。同理，对第399条第3款规定作出修改，对贪赃枉法，既触犯徇私枉法罪或者民事、行政枉法裁判罪，同时又触犯受贿罪的，按照数罪并罚来处理，才是科学合理的选择。

论我国贿赂犯罪罪名体系的完善

——以《联合国反腐败公约》为参照

胡隽*

自《联合国打击跨国有组织犯罪公约》首次在全球性国际公约中对贿赂犯罪作出规定以来，《联合国反腐败公约》（以下简称《反腐败公约》）在第三章“定罪和执法”中再次对贿赂犯罪作出了更加详细的规定，其着墨之重、规定内容之全、调整范围之广前所未有，并且呈现出反行贿与反受贿并重、反贿赂本国官员与反贿赂外国和国际公共组织官员并重、反公共领域的贿赂与反私营部门的贿赂并重、反自然人犯罪与反法人犯罪并重的特点①。而贿赂犯罪也历来是我国反腐败刑事立法的重点之一。从1979年刑法典的颁布到1988年全国人大常委会《关于惩治贪污罪贿赂罪的补充规定》的制定，再到1997年新刑法的实施，我国对于贿赂犯罪的立法规定不断完善。然而，与《反腐败公约》相比，我国1997年刑法典对于贿赂犯罪的规定，仍然存在很多缺陷与不足。本文通过比较我国刑法与《反腐败公约》对贿赂犯罪罪名体系的规定，发现其异同之处，寻求完善我国贿赂犯罪罪名体系的途径。

一、我国刑法与《反腐败公约》对贿赂犯罪罪名体系规定的比较

《反腐败公约》第15、16、18、21条分别规定了四类贿赂犯罪，具体包括贿赂本国公职人员罪、贿赂外国公职人员或者国际公共组织官员罪、影响力交易罪、私营部门内的贿赂罪。而我国1997年刑法典规定的贿赂犯罪，主要体现为：受贿罪、单位受贿罪、行贿罪、对单位行贿罪、介绍贿赂罪、单位行贿罪、公司企业人员受贿罪、对公司企业人员行贿罪。通过比较，不难

---

* 中国人民公安大学讲师，法学博士。

① 参见范红旗、邵沙平：“《联合国反腐败公约》的实施与我国反贿赂犯罪法的完善”，载《法学杂志》2004年第5期，第68页。

发现，两者的异同点主要表现在以下几个方面：

其一，《反腐败公约》第 15 条规定的贿赂本国公职人员罪对应于我国刑法第 389 条规定的行贿罪和第 385 条规定的受贿罪，两者基本吻合，因而不必增设新的罪名。

其二，《反腐败公约》第 21 条规定的私营部门内的贿赂罪部分对应于我国刑法第 163 条规定的公司、企业人员受贿罪，第 164 条规定的对公司、企业人员行贿罪。但由于公约将"为私营部门实体工作的任何人"也规定为私营部门内贿赂罪的主体，据此，公司、企业以外的其他单位的工作人员也可以成为商业受贿罪的主体，扩大了商业受贿罪的主体范围。由此反观我国刑法规定，将公司、企业以外的"其他单位的工作人员"排除在贿赂罪的主体范围之外，无法遏制日益严重的商业受贿行为的发生，加之，在职务侵占罪、挪用资金罪的主体规定中均包括"其他单位的工作人员"，唯独公司、企业人员受贿罪的主体仅限于公司、企业的非国家工作人员，在很大程度上反映出立法本身的不协调。这一问题已经引起我国立法机关的高度重视，《刑法修正案（六）》第 3 条对此作出专门规定：现行刑法第 163 条所规定的公司、企业人员受贿罪，将修改为"公司、企业或者其他单位的工作人员利用职务上的便利，索取他人财物或者非法收受他人财物，为他人谋取利益，数额较大的"。从立法机关对公司、企业人员受贿罪的修改来看，扩大商业受贿罪的主体范围已成大势所趋，公司、企业以外的其他单位的非国家工作人员利用职务便利进行"权钱交易"、危害社会利益的行为，已经纳入刑法调整的视野之中，从而实现与公约的有效衔接，因而也不必增设新的罪名。

其三，《反腐败公约》第 16、18 条规定的贿赂外国公职人员或者国际公共组织官员罪、影响力交易罪，在我国刑法中尚没有相关规定。由于我国刑法将受贿罪的主体、行贿罪的对象限定为国家工作人员，因而，对于外国公职人员或国际公共组织官员受贿以及对外国公职人员或国际公共组织官员行贿的行为，无法有效地追究其刑事责任。同时，就影响力交易罪而言，虽然利用国家工作人员的影响力进行利权交易在我国刑法中已有行贿罪与受贿罪中的斡旋受贿加以规制，但对于利用具有影响力的非国家工作人员的行贿和受贿行为，我国刑法中却没有与之相对应的罪名。

其四，《反腐败公约》第 26 条明确规定，"各缔约国均应当采取符合其法律原则的必要措施，确定法人参与根据本公约确立的犯罪应当承担的责任"。可见，这与我国单位犯罪的刑事责任原则是相适应的。那么，根据我国刑法规定，对于以单位为犯罪主体的贿赂犯罪，可分别以单位受贿罪、对单位行贿罪、单位行贿罪或对公司、企业人员行贿罪等定罪处罚。

由此可见，在罪名体系上，《反腐败公约》比我国刑法的规定要多3个罪名，即外国公职人员或国际公共组织官员的受贿罪、对外国公职人员或国际公共组织官员的行贿罪和影响力交易罪。对此，我国刑法应当作出积极回应，增设相应的罪名，这既是司法实践发展的需要，也是我国刑法与《反腐败公约》相衔接的必然选择。

二、贿赂外国公职人员或者国际公共组织官员罪的增设

（一）贿赂外国公职人员或者国际公共组织官员罪概述

在经济全球化迅猛发展的今天，国家间的经济交往日益频繁，国际经济竞争空前激烈。在跨国性商业交易中，一些跨国公司或组织为了在激烈的国际竞争中取得优势地位，进而谋取暴利，不惜对有关国家的政府官员或者国际公共组织的官员采取贿赂的手段，进行不正当竞争。这种在国际经济交往中贿赂外国公职人员或者国际公共组织官员行为的发生和蔓延，严重扰乱了国际政治、经济秩序，破坏了公平竞争的国际商业环境，因而受到越来越多的国家和地区的关注。

最早在国际法律文件中出现国际贿赂犯罪规定的是1975年7月10日美洲国家间签订的《关于跨国公司行为的决议》，明确规定贿赂外国官员的行为是一种犯罪行为，该决议首次提出了应当将贿赂外国官员行为视为犯罪的原则，从而消除了此前仅把此行为看做是一种商业陋习的错误认识。[①] 随后，联合国及其他一些国际组织均注意到贿赂外国公职人员的行为对国际商业交易活动的严重危害性，陆续通过了一些规范性文件就禁止贿赂外国公职人员的行为作出规定。特别是《联合国反对国际商业交易中的贪污受贿行为宣言》、《禁止在国际商业交易中贿赂外国公职人员公约》、《联合国打击跨国有组织犯罪公约》和《联合国反腐败公约》等一系列国际法律文件的通过，使得对贿赂外国公职人员或者国际公共组织官员行为的法律规制进入新阶段。

1996年12月16日，第51届联合国大会通过的《联合国反对国际商业交易中的贪污受贿行为宣言》要求各会员国承诺切实采取协调一致的行动，将贿赂外国公职官员的这种行为治罪；尚未这样做的国家应禁止一国的任何公、私营公司或个人利用向另一个国家的任何公职官员或民选代表支付的贿金来减税，并以此为目的研究他们分别采取的方法。[②] 由于这一文件是以宣言的形

① 陈雷著：《惩治与预防国际腐败犯罪理论与实务》，中国检察出版社2005年版，第50—51页。

② 参见赵秉志、王志祥、郭理蓉编：《〈联合国反腐败公约〉暨相关重要文献资料》，中国人民公安大学出版社2004年版，第145页。

式作出的，因而并不具有法律强制力。

经济合作与发展组织在 1997 年 12 月 17 日签署的《禁止在国际商业交易中贿赂外国公职人员公约》进一步明确要求各缔约方应当采取必要的措施，将行贿外国公职人员的行为依法定为犯罪行为。该公约第 1 条规定了“行贿外国公职人员罪”，即任何人，无论是直接地还是通过中间方，故意地向外国公职人员或者为外国公职人员或第三方提议给予、承诺给予或事实上给予不当的金钱或其他利益，以期该外国公职人员在履行其职责中采取行动或不行动，进而在国际商业活动中获得或保留其业务或其他不当利益的行为，依法定为犯罪。[①] 但由于该公约只适用于经济合作与发展组织成员国和五个非成员国，因而难以在全球范围内发挥作用。

2000 年通过的《联合国打击跨国有组织犯罪公约》第 8 条要求：“各缔约国均应考虑采取必要的立法和其他措施，以便将本条第 1 款所述涉及外国公职人员或国际公务员的行为规定为刑事犯罪。”该条第 1 款所规定的行为是，直接或间接向公职人员许诺、提议给予或给予该公职人员或其他人员或实体不应有的好处，以使该公职人员在执行公务时作为或不作为；公职人员为其本人或其他人员或实体直接或间接索取或接受不应有的好处，以作为其在执行公务时作为或不作为的条件。可见，该公约将国际贿赂犯罪的主体扩大到国际公务员，而不仅仅局限于外国公职人员。但是，由于本条规定属于授权性规范，意味着缔约国并不负有强制履行的义务，因而不可避免其作用的有限性。

为了加大打击力度，《反腐败公约》第 16 条专门规定了“贿赂外国公职人员或者国际公共组织官员罪”，为各国联合打击并在国内法中规定这种犯罪提供了明确的国际法律依据。具体包括：“1. 各缔约国均应当采取必要的立法和其他措施，将下述故意实施的行为规定为犯罪：直接或间接向外国公职人员或者国际公共组织官员许诺给予、提议给予或者实际给予该公职人员本人或者其他人员或实体不正当好处，以使该公职人员或者该官员在执行公务时作为或者不作为，以便获得或者保留与进行国际商务有关的商业或者其他不正当好处。2. 各缔约国均应当考虑采取必要的立法和其他措施，将下述故意实施的行为规定为犯罪：外国公职人员或者国际公共组织官员直接或间接为其本人或者其他人员或实体索取或者收受不正当好处，以作为其在执行公务时作为或者不作为的条件。”可见，《反腐败公约》规定的“贿赂外国公职

① 参见赵秉志、王志祥、郭理蓉编：《〈联合国反腐败公约〉暨相关重要文献资料》，中国人民公安大学出版社 2004 年版，第 329—330 页。

人员或者国际公共组织官员罪”，实际上包含两个罪名，即对外国公职人员或者国际公共组织官员行贿罪、外国公职人员或者国际公共组织官员受贿罪，其中对于前者，公约规定属于强制性的义务规范，而对于后者，公约则规定属于保护性的弹性条款。

（二）我国增设贿赂外国公职人员或者国际公共组织官员罪的必要性

第一，增设贿赂外国公职人员或者国际公共组织官员罪，是我国切实履行条约义务的客观需要。

如上所述，无论是《联合国打击跨国有组织犯罪公约》还是《联合国反腐败公约》都对贿赂外国公职人员或者国际公共组织官员罪作出了规定，尽管两大公约对缔约国规定此罪的强制性程度不同，但是，毕竟代表了国际社会的普遍立场，为各缔约国改进国内立法指明了方向。我国作为两大公约的缔约国，理应积极履行条约义务，把贿赂外国公职人员和国际公共组织官员的行为规定为国内法上的犯罪，从而使我国刑法与国际公约协调一致，展示我国作为负责任大国的良好形象。

第二，增设贿赂外国公职人员或者国际公共组织官员罪，是适应我国社会经济发展的迫切需要。

随着经济全球化进程的加快，我国与世界各国的经济交往日益频繁。特别是在我国加入世界贸易组织之后，一方面，国内企业必将逐步走向国际市场，越来越多地参与到激烈的国际竞争之中。如果个别企业贿赂外国公职人员或者国际公共组织官员谋取暴利的行为得不到法律制裁，其他的企业就会竞相效仿，最终受损的将是国内企业的信誉乃至我国企业的整体国际形象，不利于我国经济的发展。因此，将向外国公职人员或者国际公共组织官员行贿的行为犯罪化，有利于保持和维护我国企业在国际市场的形象，表明了中国政府反腐败的坚定决心。另一方面，外国公职人员或国际公共组织官员在我国境内接受我国或者第三国贿赂的情况将会越来越多，通过国内立法明确宣布外国公职人员或者国际公共组织官员的受贿行为是一种犯罪，有利于对外国公职人员在中国境内收受贿赂的行为进行制裁，维护中国刑法的尊严和权威，确保国内有一个健康、透明的商业环境，保障国际经济交往的不断扩大和持续发展。

第三，增设贿赂外国公职人员或者国际公共组织官员罪，是开展国际刑事司法协助与合作的现实需要。

将外国公职人员或者国际公共组织官员受贿的行为规定为犯罪，有助于顺利开展国际刑事司法协助与合作，特别是在中国公司、企业向外国公职人员或国际公共组织官员行贿的场合，中国司法机关可更顺利地向受贿的外国公职人员或国际公共组织官员追回赃款。① 尤其值得注意的是，《反腐败公约》在第23条“对犯罪所得的洗钱行为”条款中规定，“上游犯罪应当包括在有关缔约国管辖范围之内和之外实施的犯罪。但是，如果犯罪发生在缔约国管辖权范围之外，则只有当该行为根据其发生地所在国法律为犯罪，而且根据实施或者适用本条的缔约国的法律，该行为若发生在该国也为犯罪时，才构成上游犯罪”。可见，虽然公约在引渡问题上对“双重犯罪原则”有所突破，但在洗钱罪上游犯罪的规定上，仍然坚守“双重犯罪原则”。因此，为了消除“双重犯罪”的障碍，有效地开展打击洗钱犯罪的国际刑事司法合作，有效地追回赃款，我国必须将贿赂外国公职人员或者国际公共组织官员的行为规定为国内法上的犯罪。

（三）贿赂外国公职人员或者国际公共组织官员罪的概念及构成特征

对于贿赂外国公职人员或者国际公共组织官员罪的概念界定问题，存在三种不同观点：

第一种是我国大部分学者都沿用巴西奥尼在其主持起草的《国际刑法典》中对贿赂外国官员罪所下的定义，即“一国之国民、法人或其代理人，意图使另一国家之官员不履行其法定职责而给予该官员钱财或其他报酬者，为贿赂外国官员罪”。②

第二种观点认为，贿赂外国官员罪，是指一国国民或法人，为使外国官员为自己谋取利益而给予其金钱或其他财产性报酬的行为。③

第三种观点认为，贿赂外国官员罪，是指一国国民或法人及其代理人，意图使另一国的官员不履行其法定职责而给予其金钱或其他财产性报酬的行为。④

笔者认为，第二种、第三种观点存在一个共同的缺陷，即将贿赂的范围限定为“金钱或其他财产性报酬”，这与《反腐败公约》界定的贿赂范围“不正当好处”相比，明显过于狭窄，不符合公约的立法宗旨。而第一种观点将贿赂的范围限定为“钱财或其他报酬”，其外延与公约界定的“不正当好处”基本相适应，体现了公约严惩腐败的立法精神。同时，第二种观点将法

---

① 参见张智辉：“论贿赂外国公职人员罪”，载赵秉志主编：《新千年刑法热点问题研究与适用》（上），中国检察出版社2001年版，第566页。

② 参见张智辉：“论贿赂外国公职人员罪”，载赵秉志主编：《新千年刑法热点问题研究与适用》（上），中国检察出版社2001年版，第559—560页。

③ 赵永琛主编：《跨国犯罪对策》，吉林人民出版社2000年版，第123页。

④ 赵秉志、钱毅、赫兴旺著：《跨国跨地区犯罪的惩治与防范》，中国方正出版社1996年版，第148页。

人的代理人排斥在贿赂外国官员罪的主体之外，不符合现实，因为许多跨国公司的贿赂行为往往是通过其在国外的代理人来完成的。此外，上述三种观点都只界定了“对外国公职人员或者国际公共组织官员行贿罪”，但却没有界定“外国公职人员或者国际公共组织官员受贿罪”，因而是不全面的。

有鉴于此，笔者认为，《反腐败公约》第16条对于贿赂外国公职人员或者国际公共组织官员罪的界定，从类型上看既包括了行贿行为，又包括了受贿行为，从行为方式上看既包括了实际给予，又包括了许诺给予、提议给予，因而具有全面性、综合性、创新性，应当为我国刑法所借鉴。

对于贿赂外国公职人员或者国际公共组织官员罪的构成特征问题，主要包括以下几点：

第一，行贿的主体。《反腐败公约》对行贿的主体没有进行任何限制。由于公约规定在国内法上承认法人责任的国家应将法人规定为贿赂犯罪的主体，而我国现行刑法已经对单位作为犯罪主体作出了明确规定，所以就应当追究单位对外国公职人员或者国际公共组织官员行贿的刑事责任。因此，行贿的主体既包括自然人，也包括单位。另外，从实际情况看，贿赂外国公职人员或者国际公共组织官员的主体通常是跨国公司或各国从事对外贸易的国有或私营公司，以及国际商业交易中的中介公司或者经纪人等。

第二，受贿的主体。本罪中受贿的主体就是外国公职人员或者国际公共组织官员。关于外国公职人员的界定，经济合作与发展组织在1997年的《禁止在国际商务交易活动中贿赂外国公职人员公约》中专门规定，“外国公职人员”系指任何因委托或选任而在外国立法、行政或司法机构中任职的人，任何代表外国国家，包括政府机构和国营企业，行使公共职能的人或国际公共组织的任何官员或代理人。可见，该公约将国际公共组织官员也包括在外国公职人员之中，同时，根据该公约的解释，“特殊情况下，政府机构在实际上可以由在形式上未经委任为公职人员的人执掌，如在某些一党制国家中的政党官员。这种人由于事实上行使着公共职能，按照某些国家的法律原则，可以视为外国公职人员”。[①] 而《反腐败公约》第2条第2款的规定，“外国公职人员”系指外国无论是经任命还是经选举而担任立法、行政、行政管理或者司法职务的任何人员，以及为外国，包括为公共机构或者公营企业行使公共职能的任何人员。根据反腐败公约谈判工作特设委员会的说明注释，“外

① 参见赵秉志、王志祥、郭理蓉编：《〈联合国反腐败公约〉暨相关重要文献资料》，中国人民公安大学出版社2004年版，第330页、第344—345页。

国”一词包括从国家到地方的各级政府及其各下属部门。[①] 由此说明，《反腐败公约》明确区分了外国公职人员与国际公共组织官员，使得术语的适用更加规范、严谨。

关于国际公共组织官员的界定。根据《反腐败公约》第 2 条第 3 款的规定，“国际公共组织官员”系指国际公务员或者经此种组织授权代表该组织行事的任何人员。就国际组织而言，可分为政府间组织和非政府组织、全世界范围内的国际组织和区域间国际组织、综合性国际组织和专业性国际组织等，而《反腐败公约》本身并没有明确指出哪些人属于国际公务员或哪些组织的成员可以作为国际公务员。一般认为，非政府组织通常不能进行公共事务的管理，其成员也不属于官员，所以“国际公共组织官员”应当是具有公共职能或提供公共服务的政府间组织，如联合国及其各种机构、世界贸易组织、国际货币基金组织、国际奥委会等。[②] 也就是说，国际公共组织官员，应当是在履行公共职能或者提供公共服务的政府间组织中，按照该组织的章程，执行该组织所指派的任务的人。这些官员虽然来自不同的国家，但并不代表自己的国家，而是代表其所供职的国际组织来开展工作。

此外，需要特别强调的是，本罪的构成必须具有跨国因素或涉外因素，即本罪的行贿主体与受贿主体必须是分属于不同国家的公民或法人。如果行贿方与受贿方同属于一国就不构成本罪，而直接构成国内刑法中的贿赂罪。这种国际性也正是本罪区别于国内刑法中的贿赂犯罪的关键所在。

第三，贿赂的行为。贿赂行为是认定贿赂犯罪的核心要素。一般认为，贿赂行为是指直接或间接地许诺、提议或者实际给予任何不正当的好处。根据《反腐败公约》的规定，贿赂行为不仅包括直接行贿的行为，而且包括间接行贿的行为；不仅包括实际给予贿赂的行为，而且包括许诺或者提议给予贿赂的行为；从贿赂的内容上看，不仅包括财产性利益，而且包括非财产性利益。同时，需要特别说明的是，在本罪中应该排除可能促使公职人员履行合法职责的支付。因为国际刑法的一般观点认为，促使履行合法职责的支付，不能包括在国际刑法的贿赂罪概念之中[③]。

第四，贿赂的主观方面表现为故意。无论是行贿行为还是受贿行为都有

① 参见赵秉志、王志祥、郭理蓉编：《〈联合国反腐败公约〉暨相关重要文献资料》，中国人民公安大学出版社 2004 年版，第 91 页。

② 参见杨宇冠、吴高庆主编：《〈联合国反腐败公约〉解读》，中国人民公安大学出版社 2004 年版，第 29 页。

③ 甘雨沛、高格著：《国际刑法新体系》，北京大学出版社 2000 年版，第 277 页。

其特定的理由或目的。行贿的目的，通常是为了使外国公职人员或者国际公共组织官员在国际商业交易中履行或不履行其职责，以便使行贿主体自己或者任何其他自然人或法律实体获得或保持商业交易或者其他不正当利益；而收受贿赂的理由则是对这种行贿目的的认可、承诺或兑现[①]。

第五，贿赂行为发生的场合。在《反腐败公约》出台之前，《联合国打击跨国有组织犯罪公约》并未将本罪限定在国际商务活动中。而《反腐败公约》在本罪罪状中相对于贿赂本国公职人员罪特别增加了“与进行国际商务有关”的限定语，进一步将贿赂行为界定在国际商务活动中。这就涉及本罪是否只发生在国际商务活动中呢？对此，我国有学者指出：贿赂外国公职人员的行为当然不限于国际商业交易中，但是，如果为了政治目的向外国公职人员行贿，往往是基于国家利益的需要而难以要求所在国追究其刑事责任；如果出于个人目的的行贿，则又因危害性极其有限，难以引起国际社会的共同关注。只有国际商务活动中的贿赂行为，能够破坏国际商业交易中的公平性和竞争性，从而在竞争日益激烈的全球化国际经济环境中构成对国际社会共同利益的危害。并且，在国际商业交易中的贿赂行为，对任何一个进入世界市场的国家来说，都是一种潜在的威胁。因而国际社会联合禁止这种行为，容易得到世界各国的认可和支持。[②] 正因如此，笔者认为将本罪限定在国际商务活动中，具有合理性和可行性。

（四）贿赂外国公职人员或者国际公共组织官员罪在我国刑法典中的设置

关于在我国刑法中增设贿赂外国公职人员或者国际公共组织官员罪的途径，理论界有两种不同观点：第一种观点主张，通过制定单行刑事法律补充修改刑法，即在刑法分则第八章中增设贿赂外国公职人员或者国际公共组织官员罪；第二种观点主张，通过立法解释将我国现行刑法中“国家工作人员”的范围扩大解释为包括外国公职人员、国际公共组织官员，并将其中的国有单位扩大解释为包括国际公共机构。

第二种观点受到学界的普遍质疑，因为在任何国家的国内法中，“国家”一词都是仅指本国而言的，而不可能解释为包括外国，国家工作人员也不可

① 参见张智辉：“论贿赂外国公职人员罪”，载赵秉志主编：《新千年刑法热点问题研究与适用》（上），中国检察出版社 2001 年版，第 564 页。

② 参见张智辉：“论贿赂外国公职人员罪”，载赵秉志主编：《新千年刑法热点问题研究与适用》（上），中国检察出版社 2001 年版，第 560 页。

能扩大解释为包括外国公职人员，否则在法理上难以自圆其说。[①] 参照外国立法例，法国、瑞士等国均将本国公职人员贿赂罪与外国公职人员、国际公共组织官员贿赂罪分别独立规定。尤其是《法国刑法典》在第433、435条中将贿赂罪按照主体的不同，区分为法国本国公职人员、欧洲共同体公务员、欧盟成员国公务员、欧洲共同体机构的公务员以及欧盟成员国之外的其他外国人员或欧洲共同体机构之外的国际公共组织人员来分别予以规定，其分类之细致，值得借鉴。同时，《反腐败公约》在第2条中分别解释了“公职人员”与“外国公职人员”的含义，由此说明《反腐败公约》中的“公职人员”也是仅指缔约国本国的公职人员，而不包括外国公职人员。鉴于此，笔者认为第一种观点较为合理。

在此，又涉及另一个问题：我国刑法是应当增设一个罪名还是两个罪名，是只规定对外国公职人员、国际公共组织官员行贿罪，还是同时规定外国公职人员、国际公共组织官员受贿罪？学界对此也存在争论。有学者认为，考虑到各个国家的刑法都规定了本国官员的受贿罪，该受贿罪的构成已经包含了收受外国公司或者个人的贿赂的情况，因此本罪只涉及行贿方的行贿行为，而不包括受贿方的受贿行为。[②] 但也有学者提出，行贿罪与受贿罪是一种对合性犯罪，把贿赂外国公职人员的行为与外国公职人员的受贿行为同时规定为国际犯罪，能够消除“双重犯罪”的障碍，更有利于预防和打击这类犯罪。[③] 显然，《反腐败公约》的规定肯定了后一种见解。

综上所述，笔者认为，在我国刑法中同时增设对外国公职人员、国际公共组织官员行贿罪与外国公职人员、国际公共组织官员受贿罪，既能够与我国刑法对国内贿赂犯罪的规定模式相协调，又便于国际刑事司法协助的开展，故应予采纳。至于规定的方式，可以先通过刑法修正案的方式分别增设两罪，待刑法典全面修订时再统一纳入法典之中。以《反腐败公约》的规定为参照，结合我国刑法典的条文模式，可将其条文设计为：

第××条　许诺给予、提议给予或者实际给予外国公职人员、国际公共

---

① 参见苏彩霞：《中国刑法国际化研究》，武汉大学博士后研究工作报告2005年刊印，第173页；张智辉：“论贿赂外国公职人员罪”，载赵秉志主编：《新千年刑法热点问题研究与适用》（上），中国检察出版社2001年版，第567页。

② 杜强：“论国际刑法中的贿赂外国官员罪”，载《国家检察官学院学报》2003年第6期，第44页。

③ 参见张智辉：“论贿赂外国公职人员罪”，载赵秉志主编：《新千年刑法热点问题研究与适用》（上），中国检察出版社2001年版，第565页。

组织官员不正当好处，以使其在执行公务时作为或者不作为的，处……

单位犯前款罪的，对单位判处罚金，并对其直接负责的主管人员和其他直接责任人员，依照前款的规定处罚。

第××条　外国公职人员、国际公共组织官员利用职务上的便利，索取或者收受不正当好处的，处……

三、影响力交易罪的增设

（一）影响力交易罪概述

对于影响力交易罪，《反腐败公约》第18条明确规定："直接或间接向公职人员或者其他任何人员许诺给予、提议给予或者实际给予任何不正当好处，以使其滥用本人的实际影响力或者被认为具有的影响力，为该行为的造意人或者其他任何人从缔约国的行政部门或者公共机关获得不正当好处；公职人员或者其他任何人员为其本人或者他人直接或间接索取或者收受任何不正当好处，以作为该公职人员或者该其他人员滥用本人的实际影响力或者被认为具有的影响力，从缔约国的行政部门或者公共机关获得任何不正当好处的条件。"可见，正确理解"影响力"这一概念是合理地界定影响力交易罪的关键。那么，何谓影响力呢？

所谓影响力，是指一个人在与他人交往的过程中，影响或改变他人心理和行为的一种能力。[①] 影响力本身作为一个多因素的综合结构，是一个复杂的系统。根据构成因素的不同，影响力大致可以划分为权力因素和非权力因素两大因素群：权力因素包括传统因素、职位因素、资历因素等；非权力因素包括品格因素、能力因素、知识因素、感情因素等。根据这两大因素群在影响力系统中的作用不同，可以把影响力划分为权力性影响力和非权力性影响力两大类。权力性影响力，又被称为强制性影响力，是指个人在社会组织中担任了一定的职务，并具有与职务相应的法定职权而产生的对其他成员的影响力。其核心是权力，产生于担任一定职务之后，具有强制性和不可抗拒性，造成被影响者的心理和行为的被动服从。而非权力性影响力，也称为自然性影响力，是指个人凭借和依靠自身的品质、人格、知识、能力、作风、业绩以及榜样行为等非权力因素对其他人员产生的支配作用。这种影响力与特定的个人联系在一起，不是仰仗社会所赋予的职务、地位和权力而获得的，而是行为人本身的天赋、主观努力和自主行为所造就的。这种影响力不以强制

① 李德民："非正式组织和非权力性影响力"，载《中国行政管理》1997年第9期，第24页。

为特征，但它又能自然而然地起到影响人们思想与行为的作用。[①]

根据《反腐败公约》的规定，影响力交易罪中的影响力，不仅包括权力性影响力，而且也包括非权力性影响力。权力性影响力，限于公职人员因一定的职务关系所具有的影响他人心理和行为的能力，如上级对下级的纵向影响力，某一职能部门的公职人员对与其有业务往来的另一职能部门公职人员的横向影响力等。而影响力交易罪中的非权力性影响力则泛指权力性影响力之外的所有影响力。非权力性影响力范围非常广泛，从实践中的情形来看，主要表现为以下几个方面[②]：(1) 基于亲属关系所产生的影响力。主要表现为夫妻关系、直系血亲关系、三代以内的旁系血亲以及近姻亲关系等，首当其冲的是夫妻关系。实践中，丈夫或者妻子利用另一方的影响力帮助请托人从行政部门或者公共机关获取不正当好处的案例比比皆是，说明公职人员的职务行为在很大程度上尚不能超越亲缘关系的羁绊。(2) 基于事务关系所产生的影响力。主要表现为同学关系、师生关系、同事关系以及其他的业务关系等。诸如"老师如父母"、"同窗如兄弟"等民谚，表明这种事务关系会在一定程度上影响对方的行为抉择。(3) 基于地缘关系所产生的影响力。主要表现为同乡关系。中国乡土社会的人文特征导致同乡关系具有一定的影响力，也会对他们的行为产生一定的影响。(4) 基于象征性实物产生的影响力。这种更为隐性的影响力在实践中主要表现为利用领导的题字、与领导的合影照片等实物所象征的影响力，以期从行政部门或者公共机关获取不正当好处。

可见，影响力虽然有不同的种类，在社会生活中发挥着一定的积极作用，但是，无论何种影响力，在现代法治社会中，都绝不能成为交易的筹码。《反腐败公约》规定影响力交易罪，就是为了重点打击公职人员或者其他人员滥用影响力的行为。无论是公职人员运用权力性影响力为请托人从行政部门或者公共机关获得不正当好处的行为，还是其他任何人员运用其非权力性影响力为请托人从行政部门或者公共机关获得不正当好处的行为，都会直接或者间接地侵害公职人员职务行为的不可收买性和廉洁性，妨害国家的廉政建设，破坏国家机关的正常活动，败坏政府的声誉。因此，只要是公职人员或者其他有关人员，实施将"本人的实际影响力"或者"被认为具有的影响力"作

① 参见冯超："领导者非权力性影响力研究"，载《吉林大学社会科学学报》1998 年第 4 期，第 74—75 页；谢钟："浅论领导者的影响力"，载《江苏教育学院学报》2000 年第 2 期，第 26 页；陶健、周汝江："论领导者的非权力性影响力及其提高"，载《现代管理科学》2003 年第 1 期，第 60 页。

② 参见高博："影响力交易罪探讨"，载《郑州轻工业学院学报》（社会科学版）2005 年第 2 期，第 57 页。

为交易的筹码或者对价物来换取不正当好处的行为，就属于《反腐败公约》所界定的影响力交易罪，就应当受到法律的制裁。

影响力交易罪作为《反腐败公约》确立的一个崭新的罪名，它既不同于普通的贿赂犯罪，但是又同其他贿赂犯罪一样，通过给予不正当好处而直接或者间接地侵犯到公职人员职务行为的廉洁性。那么，构成影响力交易罪应当具备哪些特征呢?

第一，交易的主体。交易作为一种相向的活动，必然涉及两方当事人，因此，影响力交易罪的主体必然也包括两类主体，即具有影响力的主体和借用影响力获利的主体。前者包括公职人员或者其他任何人员，可称为受托人；而后者包括交易的造意人或者其他任何人，可称为请托人。

对于公职人员的界定，《反腐败公约》在第1章“总则”第2条中专门对“公职人员”的概念作出了明确界定，以便于各缔约国执行。公约对“公职人员”的规定采取列举的方式，其具体内容包括：1. 无论是经任命还是经选举而在缔约国中担任立法、行政、行政管理或者司法职务的任何人员，无论长期或者临时，计酬或者不计酬，也无论该人的资历如何；2. 依照缔约国本国法律的定义和在该缔约国相关法律领域中的适用情况，履行公共职能，包括为公共机构或者公营企业履行公共职能或者提供公共服务的任何其他人员；3. 缔约国本国法律中界定为“公职人员”的任何其他人员。[①] 根据反腐败公约谈判工作特设委员会的说明注释，公约第2条中“行政”一词应当理解为酌情包含军事部门，而“职务”一词应当理解为包括从国家到地方的各级政府及其各下属部门的职务。[②]

对于受托人中的“其他任何人员”，虽然《反腐败公约》本身未作任何限定，但很明显并不是指社会中的任何一员，衡量《公约》的精神将其界定为“在社会组织或社会交往中，能够以其自身影响力对公职人员的行为施加一定影响的人”较为适宜。[③] 对于作为请托人的“造意人或者其他任何人”，不仅应当包括任何一个达到刑事责任年龄、具有刑事责任能力的自然人，而且由于《反腐败公约》明确承认法人责任，因此，还应当包括实施影响力交易行为的单位。

① 参见赵秉志、王志祥、郭理蓉编：《〈联合国反腐败公约〉暨相关重要文献资料》，中国人民公安大学出版社2004年版，第5页。

② 参见赵秉志、王志祥、郭理蓉编：《〈联合国反腐败公约〉暨相关重要文献资料》，中国人民公安大学出版社2004年版，第91页。

③ 参见高博：“影响力交易罪探讨”，载《郑州轻工业学院学报》（社会科学版）2005年第2期，第55页。

第二，交易的行为。根据公约的规定，影响力交易行为一般表现为："造意人或者其他任何人"作为交易的一方当事人，公职人员或与公职人员有关的其他任何人员作为交易的另一方当事人，双方以公职人员或者其他任何人员的实际影响力或者被认为具有的影响力作为交易的对价，以任何不正当好处作为交易的标的，最终实现交易的目的——该交易的造意人或其他任何人员从缔约国的行政部门或者公共机关获得不正当好处。特别需要强调的是，《反腐败公约》只要求交易双方达成"交易协议"即构成犯罪，而不要求交易双方真正实现"协议"的内容。这符合当前各国打击腐败犯罪的现实。因为只要交易双方达成了"交易协议"就足以表明双方行为的社会危害性，所以并不需要等到双方实现了"协议"内容才惩治它。① 同时，公约不仅严厉打击交易的受托方"公职人员或者其他任何人员"，而且更加严厉地制裁交易的请托方"造意人或者其他任何人"，即只要请托方具有许诺给予、提议给予不正当好处要求进行影响力交易的行为就予以制裁，显然，公约将交易行为部分提前，对交易要约的发出方规定了更为严格的适用条件。所有这一切都表明了《反腐败公约》标本兼治、惩防结合、严厉打击影响力交易罪的坚定决心。

第三，交易的主观方面是故意。不论是利用了影响力的"公职人员或任何其他人员"，还是"造意人或者其他任何人"，其主观上都是一种故意。就请托人而言，其犯罪目的就是从缔约国的行政部门或者公共机关获得不正当好处，就受托人而言，其犯罪目的则是以自身具有的影响力与请托人给予的不正当好处相交换，是对请托人犯罪目的的变相承认与认可。

（二）我国刑法相关规定与影响力交易罪的比较

如上所述，影响力交易罪作为一个新的罪名，既具有普通贿赂罪的本质特征，又具有自身的独特之处。同我国现行刑法规定的受贿罪、斡旋受贿罪和行贿罪相比，其中既有相似之处，但是又不完全相同，现逐一分析如下：

首先，我国刑法规定的受贿罪是指国家工作人员利用职务上的便利，索取他人财物，或者非法收受他人财物，为他人谋取利益的行为。根据2003年11月13日最高人民法院的《全国法院审理经济犯罪案件工作座谈会纪要》，"利用职务上的便利"，既包括利用本人职务上主管、负责、承办某项公共事务的职权，也包括利用职务上有隶属、制约关系的其他国家工作人员的职权。担任单位领导职务的国家工作人员通过不属自己主管的下级部门的国家工作

① 参见袁彬："论影响力交易罪"，载《法学论坛》2004年第3期，第79页。

人员的职务为他人谋取利益的，应当认定为“利用职务上的便利”为他人谋取利益。可见，这一会议纪要将“职务上的便利”分为两部分：一是本人的职权；二是基于本人的职权所形成的具有隶属、制约关系的其他国家工作人员的职权。而《反腐败公约》第15条规定的“贿赂本国公职人员罪”将贿赂的交换条件限定为“在执行公务时作为或者不作为”，大大缩小了贿赂罪的存在空间。

与《反腐败公约》相比，我国刑法受贿罪中的“利用职务上的便利”，既包括了“在执行公务时作为或者不作为”这种利用职权的行为，又包括了“利用具有隶属、制约关系的其他国家工作人员的职权”这种利用权力性影响力的行为。因此，我国刑法规定的受贿罪的范围，要远远大于《反腐败公约》限定的本国公职人员受贿罪的范围，其不仅涵盖了“本国公职人员受贿罪”，而且还包括了“影响力交易罪”中的“公职人员为其本人或者他人直接或间接索取或者收受任何不正当好处，以作为其滥用本人的实际影响力，从缔约国的行政部门或者公共机关获得不正当好处的条件”这样一种行为。也就是说，影响力交易罪中“公职人员滥用本人的实际影响力”的行为已经体现在我国刑法的受贿罪之中。

其次，我国刑法规定的斡旋受贿罪是指国家工作人员利用本人职权或者地位形成的便利条件，通过其他国家工作人员职务上的行为，为请托人谋取不正当利益，索取请托人财物或者收受请托人财物的行为。斡旋受贿罪是我国刑法规定的受贿罪的一种特殊类型。根据2003年11月13日最高人民法院的《全国法院审理经济犯罪案件工作座谈会纪要》，“利用本人职权或者地位形成的便利条件”，是指行为人与被其利用的国家工作人员之间在职务上虽然没有隶属、制约关系，但是行为人利用了本人职权或者地位产生的影响和一定的工作联系，如单位内不同部门的国家工作人员之间，上下级单位没有职务上隶属、制约关系的国家工作人员之间，有工作联系的不同单位的国家工作人员之间等。可见，“利用本人职权或者地位所形成的便利条件”不同于《反腐败公约》本国公职人员受贿罪中的“执行公务时作为或者不作为”，其实际上属于影响力交易罪中公职人员滥用非权力性影响力的行为，即“公职人员为其本人或者他人直接或间接索取或者收受任何不正当好处，以作为其滥用本人的被认为具有的影响力，从缔约国的行政部门或者公共机关获得不正当好处的条件”这样一种行为。因此，斡旋受贿罪属于《反腐败公约》中影响力交易罪的行为类型之一。

最后，我国刑法规定的行贿罪是指行为人为谋取不正当利益，给予国家工作人员以财物的行为。行贿人行贿的目的，就是为了让国家工作人员

"利用职务上的便利"或者"利用本人职权或者地位形成的便利条件"为自己谋取不正当利益。与《反腐败公约》相对照，如果国家工作人员利用自己的职权，即利用"执行公务时作为或者不作为"，那么行贿人构成对本国公职人员行贿罪；如果国家工作人员利用具有隶属、制约关系的其他国家工作人员的职权，即利用"本人实际拥有的权力性影响力"，那么行贿人构成影响力交易罪；如果国家工作人员利用本人职权或者地位形成的便利条件，即利用"本人被认为具有的非权力性影响力"，那么，行贿人仍然构成影响力交易罪。由此可见，行贿人针对国家工作人员所实施的上述三类行为，依照《反腐败公约》可能构成"对本国公职人员行贿罪"或者"影响力交易罪"这两个不同的罪名，但是按照我国刑法规定，这三类行为都属于"行贿罪"的应有之义。

综上所述，影响力交易罪中的以"造意人或者其他任何人"为主体实施的针对公职人员的犯罪行为，可以被我国刑法规定的行贿罪所囊括；影响力交易罪中的以"公职人员"为主体实施的犯罪行为，可以被我国刑法规定的受贿罪、斡旋受贿罪所包含。然而，当交易的一方是非公职人员时，无论是以非公职人员为对象实施的影响力交易行为，还是以非公职人员为主体实施的影响力交易行为，虽然构成《反腐败公约》规定的影响力交易罪，但是由于我国刑法缺乏相应的规定，因而只能以无罪论处。例如，与公职人员具有亲属关系、朋友关系、师生关系、同学关系、同乡关系的人，在公职人员不知情的情况下，利用其被认为具有的影响力，索取或者收受了他人的不正当好处，并为请托人从行政部门或者公共机关谋取了不正当好处时，依照我国现行的刑法规定是无法追究其刑事责任的。

（三）影响力交易罪在我国刑法典中的设置

我国现行刑法典中并没有影响力交易罪这一概念，但是，有必要增设影响力交易罪。一是因为在我国已经加入《反腐败公约》的背景下，为了体现公约的精神，有必要增设此罪。公约第18条明确规定，"各缔约国均应当考虑采取必要的立法和其他措施，将下列故意实施的行为规定为犯罪"，可见，增设此罪是我国履行条约义务的需要。二是针对现实生活中大量存在的非国家工作人员的影响力交易行为，我国刑法却无法对其进行有效规制，应当说是现行刑法由于自身疏漏所表现出的无奈。当收受不正当好处的一方是非公职人员时，虽然其交易行为没有直接侵害公务行为的廉洁性，但收受不正当好处的一方往往与公务或公职人员存在一定的联系，能够间接侵害公务行为的廉洁性，并导致腐败的滋生[①]。因此，出于严厉打击腐败犯罪、严密刑事法网的考虑，我国也有必要增设此罪。

那么，具体而言，我国刑法典应当如何设置影响力交易罪呢？笔者以为，我国不能完全盲目照搬公约的规定，而应当根据我国的现实，量体裁衣，设置符合我国国情的影响力交易罪。正如上文所分析的那样，公约所规定的影响力交易罪中当交易一方是公职人员时，其交易行为已分别被我国刑法中的受贿罪、斡旋受贿罪和行贿罪所包含，因此，我国在设置影响力交易罪时应当将关于公职人员的影响力交易部分剔除掉，只增加对非公职人员利用影响力进行权力交易的规定。鉴于此，可以将其条文设计为：

第××条　有下列行为之一的，是影响力交易罪，处……

（一）许诺给予、提议给予或者实际给予非公职人员不正当好处，以使其滥用本人被认为具有的影响力，为该行为的造意人或者其他任何人从国家行政部门或者公共机关获得不正当好处的；

（二）非公职人员索取或者收受不正当好处，以作为其滥用本人被认为具有的影响力，为他人从国家行政部门或者公共机关获得不正当好处的条件的。

单位犯前款第（一）项罪的，对单位判处罚金，并对其直接负责的主管人员和其他直接责任人员，依照前款的规定处罚。

---

① 刘流、沉琪："我国刑法贿赂犯罪若干问题的完善——以《联合国反腐败公约》的要求为标准"，载《中国刑法学年会文集（2004年度）》（第二卷），中国人民公安大学出版社2004年版，第420页。

第六编　刑事政策学、犯罪学和刑事执行法学

刑事政策与自由主义

林东茂*

前　言

国家的反犯罪政策可能牵动刑事法体系者，称为刑事政策。刑事政策应当谨守若干基本原则，例如，最后手段原则、人道原则、罪责原则、法治国原则。依笔者看，这些原则全都为了实践自由主义的理念。自由主义的核心，就是思索如何约束国家的权力运作，倡导以严格的法规来限制政府。

自由主义其实是启蒙运动以来，西方思想家三百多年来不断创发辩证，积极鼓吹的自由思潮。这思潮已经颠覆了无数的政权，成了现代文明国家共同而且至高无上的价值信念。凡不维护自由的政权，终将难见天日！五四运动除鼓吹科学之大用外，更积极推销西方的民主，而民主制度正是自由精神的展现。二十年前的中国台湾地区犹在戒严时期，政治异议需与大祸为邻，这情景已非年少一辈可以体会。中国台湾地区此刻的自由，实拜许多自由主义人物之赐。这些自由主义人物传递西方先哲的理念，以性命血肉做赌注，换得我们这一代的文明。物换星移，不由令人想起德国诗人海涅（Heinrich Heine，1797—1856）两个世纪以前对法国知识精英所发的警语：“不要低估观念的力量。一个穷思想家在其斗室所创发的观念，足以颠覆一代的文明！”此话令人不寒而栗①。

刑事政策不能背离自由主义的精神，否则人民的苦难将随处发生。然而，自由主义的精神确实在国家的反犯罪政策上呈现了吗？即使美国这样的自由

* 台湾东吴大学法学院教授。

① 观念之为物，可使人与神的距离相当接近。自由的观念激发了求自由的愿望，求自由的愿望则推动了个体与集体的行动。再请记住海涅类似的话：“思想志在变为行动，言词力求变为血肉，人，犹如圣经中的上帝，只须将他的思想说出，世界就成形了！”海涅的最后这段话，摘自：“西方近代思想史”，李日章译，载《台北联经》1988 年，第 12 页。

主义模范生，恐怕在某些刑事政策的实践上都违背了自由主义，这可能是功利主义的幽灵在作祟。本文将讨论刑事政策与自由主义的关系，并批评美国几个可能背离自由主义的反犯罪法案。这批评主要是想指出，人会犯错，伟人也会犯错，一个自由主义的模范生同样会犯错。这种错误，回避之不及，岂可仿效？此外，死刑的存废与自由主义有何关系，本文亦将稍事说明。

一、刑事政策的意义

国家为对抗犯罪，有种种措施被决定并且实践。这些措施，可能包括：运用媒体从事反毒宣传、印制预防被害手册、鼓励社区守望相助防止犯罪发生、加强法律教育防止少年犯罪、提供警力保护夜归妇女、提供破案奖金鼓励民众举发犯罪、强化刑事追诉机关的情报交流、加强与外国的刑事司法互助、加强辅导出狱人使不再犯、尽可能对轻微犯罪转向处分、重罚习惯犯用以威吓犯罪人、创设洗钱防制法以切断犯罪人与社会经济管道的联系、制定组织犯罪防制条例以对抗集团犯罪等等。

这些广泛而且没有范围的犯罪抗制或预防措施，称为“广义的刑事政策”，此犯罪防治对策，涉及的政府部门与民间机构相当多。全面并且根本的防制犯罪，需要大家广泛的参与，所以，我们没有理由反对“广义的刑事政策”。不过，作为一门学科，刑事政策应该有其研究上的核心领域。至于刑事政策的实践，也必须有对抗犯罪的主事政府部门（“内政部”与“法务部”），其余的政府部门只不过是协助者，否则，国家设官分职就失去意义。因此，不论学术或实践意义的刑事政策，如果浮泛地谈“广义的刑事政策”，就等于不承认有一个对抗犯罪的核心部门与研究领域。其结果就可能是，犯罪不能侦破，检警部门可以责怪民众缺乏正义感，不愿检举嫌疑犯；犯罪率高升，司法部门可以责怪教育机构没有做好治本的人格培育工作。刑事政策的研究者，会成为无所不能，但也无所能的江湖郎中。理由很简单：一个不知核心研究领域的人，只能泛泛地谈问题，不会有深挖问题的能力[①]（请仔细读这个附注，以免曲解笔者的意思）。

经由前述的简略说明，笔者认为，刑事政策的概念不能放大。在广泛的对抗犯罪的国家措施中，唯有涉及刑法体系者，方可称为刑事政策。所以，

---

① 笔者没说，学术研究者只能紧守自己的专业范畴，事实上，笔者深知通博的重要；不过，通博必须建立在各个专业的精致基础上。笔者更没说，实际的对抗犯罪措施只能运用刑法体系。有效对抗犯罪必须多方动员，广泛运用社会资源，这是一个常识。笔者只说，刑事政策如果算是一个学门，就不可能无所不包；此外，“经济部”、“教育部”、“外交部”、“交通部”，等等所谓政府部门，也都不是刑事政策的主事部门。不管学术研究或政策的实际运作，刑事政策必然有其核心意义。

刑事政策的概念是指："国家运用刑法体系，有效而且合理对抗犯罪的政策。"刑事政策研究刑事法体系的动向，是刑法改革政策的同义语[①]。这种狭义的刑事政策概念，不明就里的人会以为不够宏观。请注意，所谓刑法体系，包括刑事实体法、程序法与矫治法。努力不懈的研究者，穷其一生也难以完全熟悉刑法体系。即使是狭义的刑事政策，所涉范畴也足可耕耘了。更别忘记，既然是研究刑事法的应然，就必须有其他知识领域的支援，因此千万别以为狭义刑事政策的观点格局窄小。

从狭义的刑事政策观点，可以清楚回答前面所提的国家对抗犯罪的措施，何者属于刑事政策的范畴，何者与刑事政策不相干。与刑事政策不相干的是：反毒宣传、被害预防教育、鼓励守望相助、加强法律教育、保护夜归妇女、鼓励民众举发犯罪、强化刑事追诉机关的情报交流、强化与外国的刑事司法互助等。这些都是抗制犯罪的支援措施，无关刑法体系的运作与改革，只和政府部门的行政措施有关。

下列措施，则属于刑事政策的范畴：对于轻微犯罪的转向处分、重罚习惯犯、创设洗钱防制法、制定组织犯罪防制条例等等。这些措施，都与刑法体系的实际运作以及改革有关。至于死刑存废问题、短期自由刑的替代措施、性犯罪宜否改为"非告诉乃论"、轻微财产犯罪应否改为告诉乃论、刑法审判上应否采用参审或陪审制、刑事诉讼可否采行"当事人进行主义（Adversary System）"、普通过失伤害应否除罪化、重大污染环境的行为应否犯罪化，等等，都是刑事政策的范畴。狭义刑事政策如果有其核心，应该就是犯罪化与除罪化的议题。这直接触及刑事法的根源。犯罪化的界限松弛，刑事司法体系就会忙成一团，人民自由受威胁的概率因此上升。

二、刑事政策与其他刑事学

研究犯罪与犯罪人的学科，统称为"刑事学"。刑事学当中，最主要的是犯罪学、刑事法学、刑事政策与犯罪侦查学。这几个学门有研究内涵的相互依赖之处，但对于犯罪问题的观照重心与研究态度则颇有差异。

犯罪学是观察犯罪现象、解释犯罪现象，并提出犯罪控制对策的学门。经由犯罪现象的研究，犯罪学者会提出种种控制犯罪的对策。这些对策当中，有实践可能，也有根本不具实践意义者。这种种对策，例如：加强亲职教育，加强辅导中辍生，加强计程车管理，加强被害预防教育，经由环境设计减少

① 有不少德国刑法学者与犯罪学者持此看法。这里只参考：Kaiser，Stichw. "Kriminalpolitik"，in：Kleines Kriminologisches W（rterbuch（Hrsg. Kaiser，u. a.），3. Aufl.，1993，S. 280。

犯罪，“各级学校提供以白米为主的营养早餐，以防止少年偏差行为[①]”，尽可能对少年犯转向处分，对于轻微犯罪人扩大缓刑的适用，增订性侵害犯罪防治法，增订婚姻暴力防治法等等。犯罪学尽管也提供犯罪抗制对策，但那是极广泛的献策，对于刑法体系的改革也偶有建言，但不能深刻。任何犯罪问题的研究者，包括教育学者、心理学者、人类学者、传播学者、行为医学研究者、经济学者等等，都不能对刑事法的应然提供深刻建言。大多数的学门，必须要付出很多心智，才可能理清系统性的议题。

刑法体系对于犯罪现象应当如何回应，这是刑事政策的重心。刑法体系回应犯罪现象，必须有足够的事实认知做基础，所以，有意义的犯罪学研究结果足供刑事政策参考。例如，犯罪学的研究指出，使用毒品会陷入精神恍惚的状态，许多使用者甚至会出现暴力攻击现象，严重威胁社会安全，这研究使得毒品危害防制法有了正当性的基础。研究指出，饮酒过量而开车，对交通安全的威胁十倍于不喝酒，基于防止灾难发生的理由，把酗酒驾车当成公共危险罪的一种，就应该不是侵害自由的立法。刑事政策在很大的程度上，必须仰赖犯罪学的研究成果。

犯罪学的研究结果，必须经由价值上的选择，才能转化为刑事政策。举例说，经由法意识的实证调查，我们可能发现，民众对于轻微财产犯罪的高黑数，持比较和缓的态度[②]，这也许促成除罪化或转向处分的刑事政策。对于白领犯罪或经济犯罪的高黑数，一般民众可能难以忍受，认为权贵的违法更应被严厉追诉，这也许促成经济犯罪专责追诉机构的设置或立法上“新犯罪化”的刑事政策。同样的犯罪学研究发现（经济犯罪与轻微财产犯罪均有很高的黑数），刑法体系可能作出不同回应。

刑事法学研究刑法体系的“实然”，刑事政策则关心刑事法的“应然”。但实然与应然常有交会，对刑事法稍进一步的研究，必然触及刑事政策问题。经由刑事法学的研究（主要是规范的分析解释），可能发现规范的不足或漏洞；刑事政策必须决定，是否填补此一漏洞，并思索如何填补。以洗钱为例。洗钱无法以赃物罪处罚，也无法以有关犯罪的帮助犯处罚，此规范上的漏洞，一定先经由刑事法学的认识，才能在刑事政策上决定是否回应，以及如何回应。例如，

---

① “提供以米食为主的营养早餐，以减缓少年偏差行为”的这个研究建议，是许春金提出的。参阅：“少年食用早餐习惯与偏差行为及价值关系之调查研究”，载《警政学报》1994年7月第25期，第237—274页。

② 不过，根据1996年11月9日，德国世界日报（Die Welt）第2版的报道，某电视公司委托一研究机构的实证调查，在1200名受访的德国市民当中，有65%不希望政府用单纯的罚锾，对付在商店顺手牵羊的行为。

洗钱的制裁规范究竟安排在普通刑法较妥，或另创特别法？理由是什么？洗钱的规范目的何在？洗钱的构成要件应如何描述，法律效果如何赋予？

刑事法学借由妥当的概念分析，使实证法的内在瑕疵得以去除，合理的刑事政策方得实现。再以轻微犯罪为例。轻微财产犯罪相当多，如商店的顺手牵羊、把公家机关的笔纸带回家使用（公务侵占）。如果一律追诉这些行为，刑事司法体系将无法承受。如何妥当解释刑法规范，即带有刑事政策上的重要任务（指有效而且合理地对抗犯罪）。为处理前述“轻微犯罪”的难题，有关的刑法解释学上的概念因而被创用，如社会相当性、可罚的违法性。这些概念的创用，都为了恰当评价犯罪是否成立，藉以节制刑罚权的发动，释出更多的自由。

犯罪侦查学研究犯罪人的犯罪模式、如何勘查犯罪现场、如何找寻犯罪证据，并研究如何布线与依法逮捕犯罪人。刑法的裁判需依证据，须有嫌犯受审，这些裁判的基础，来自于成功而且合法的犯罪侦查（少部分则为自诉）。没有犯罪侦查，刑法的解释与裁判，难以想象如何进行。刑罚的意义，不论是公正报应，或威吓社会大众，或去除犯罪人的危险性格，共同的前提是，犯罪人被抓到了。比起严刑峻法，破案本身更具一般预防的功能。破案本身就带有正义实现的色彩，是公正报应的起始。没有犯罪侦查，再社会化只是空中楼阁。所以，犯罪侦查是刑事政策在实践上的前提。

三、刑事政策的基本原则

有几个基本原则，是对抗犯罪的所有国家措施，必须共同遵循的：刑罚的最后手段原则、人道原则、法治国原则、罪责原则。这些原则不是经验上的归纳，而是谨慎运用国家最严厉的制裁措施的必然的演绎结果。如本文前言所述，这些原则可以化约成一个基本理念，这就是保护自由。以下先谈刑罚的最后手段原则，其次谈法治国原则，再其次谈人道原则，最后说明罪责原则。

刑罚的最后手段原则是指，刑罚的介入，必须在别无其他制裁手段可用时。这原则不仅要求立法者注意，也提醒司法者应当谨慎地解释与适用刑法。依笔者看，有两种考虑促使这个原则受到注意。其一，现实上的压迫。如果立法与司法不小心谨慎，刑罚介入太多太快，不但社会成本将难以支应，刑事司法体系也必然崩溃。其二，自由思想的维护。刑罚的使用太迅速太频繁，人民动辄得咎，将有无止无尽的灾难。只有反伦理程度较高、社会危险性较严重的行为类型，方能加以犯罪化。只有经过合法程序收集的证据，才能在审判上使用，司法机关的行动才能知所警惕。只有罪证确凿至毋庸怀疑的程度，才能判决有罪，人民的自由方得保障。

法治国原则是指，一切国家措施皆须法律依据，尤其是干涉基本权利的措施。这个法律保留原则，是形式的法治国原则。不过，单纯的法律保留未必可以保障人民自由，纳粹政权的屠杀政治犯，也是依法有据。所以，“依法而治（rule by law）”并不是“法律主治（rule of law）”①。法治国的真义更在于，法律的制订必须有正义的基础，有正当性的根源，笔者称此为“实质的法治国原则”②。国家权力发动的法律依据是否正当，在一个自由开放的社会，必须允许讨论、辩证与严厉的批判。经过辩证，如果觉察国家权力的发动是错误的，此权力必须撤除。这个法治国原则，是自由主义的产物。

人道原则的简单理解是，人人把别人当人。这是现代自由社会的普遍信念。依余英时③：“人的尊严的观念，自孔子以来便巩固地成立了，两千多年来不但很稳固，而且遍及社会各阶层。”与希腊文明对比，特别是对照拥护奴隶制度的柏拉图以及亚里士多德④，中国文化的主流思想传统应当更为优越。人道原则的核心是人性尊严的观念。借用康德伦理哲学的观念，人必须把人当做目的，不是手段。依康德的这个观念出发，功利主义的思想是无从萌芽的。人道原则使得国家刑罚权的发动，受到更深层与更细致的约束。换个角度说，国家刑罚权的运作，更加注意宪法保障基本权利的种种规定。例如，“宪法”保障人民的诉讼权（第16条），但涉讼的人多无诉讼经验，即使法律圈内人也可能因涉讼而彷徨无助，此时国家有义务协助官司缠身的人，在逮捕以及讯问被告时，应告知犯罪嫌疑，告知得选任辩护人、得保持缄默、得请求调查有利的证据（中国台湾地区“刑诉法”第95条）。国家这个诉讼上的照料义务，应当是从人道原则衍生而出。

罪责原则至少有三个主要的意义⑤，不过，本文将从犯罪论体系的第三评

---

① “依法而治（rule by law）”是古代中国法家的法治，这和真正的法治是“法律主治（rule of law）”，有相当差异。可以参阅：林毓生：《思想与人物》，1993年版，第289页。

② 这里参考：Jescheck/Weigend，Strafrecht，AT，5. Aufl.，1996，S. 26 f。形式与实质法治国的区分，应该是一个常识。

③ 在中国文化的价值系统中，人的尊严的观念是遍及一切人的，虽奴隶也不例外……中国的社会思想自始便否认人应该变成奴隶。其主要根据便是“天地之性人为贵”的观念。引自：余英时：“从价值系统看中国文化的现代意义”，载《台北时报文化》1992年，第51页以下。余英时在这本小册举了许多例子，说明中国文化里，有长远的人性尊严思想。

④ 柏拉图在西方思想传统的位置，用怀海德的一句话来形容：“对于西方思想传统最可靠的描述是，它是一连串对于柏拉图的注脚。”尽管如此，波普（Karl Popper，1902—1994）在他的“开放社会及其敌人”，将柏拉图当成开放社会的头号敌人，引经据典，有猛烈辛辣的批判。

⑤ 按照阿亨巴哈（Achenbach）的说法，罪责有三个明显不同的面向。其一，罪责是构成全部刑法的基础（理念的罪责）；其二，罪责是对于个人行为加以非难的必要因素的总体（刑法解释学上的罪责，罪责是犯罪论体系上的第三个评价阶段）；其三，罪责乃法律破坏的程度及不法行为的可非难性（刑罚裁量上的罪责）。Achenbach，Historische und dogmatische Grundlagen der strafrechtssystematischen Schuldlehre，1974. 转引自：Zipf，Kriminalpolitik，S. 59.

价阶段（罪责）去理解。这里的罪责原则是指刑罚的发动，是针对一个能够自由决定并操控自己行为的人。良知上或伦理上不能作自己行为主宰的人，不可以用刑罚对付。所以，心神丧失人、幼儿、严重的老年痴呆、不知行为有错的人、无法被期待合乎规范行事的人（如防卫过当），刑罚不能用，或只能谦卑地用。这个罪责原则涉及一个人的内在自由。法治国原则只保护人的外部自由，绝大情况下，国家不碰触人的内部自由，不关心人要如何度其生命。但是，刑事政策必须关怀内部自由的问题，不自由，刑罚就必须节制。

四、自由主义要论

自由主义是一种关于政治权力的原则，根据这原则，至高的权威也要限制自身，让被统治者得以尊严地生存下来[①]。

从历史发展看，现代意义的自由主义，是西欧中产阶级在经济与政治上得势以后的产物，于17世纪下半叶开始兴起。初期的自由主义在英国和荷兰形成，带有一些明显的特征：维护宗教宽容，崇尚贸易与实业，尊重财产权，支持中产阶级而不拥护贵族与君主。

自由思想当然不是现代才有，只不过古代世界的自由观念与现代的自由概念截然不同。对现代人来说，自由，表示在法治下得到保护而不受干涉；对古代人来说（特别指古希腊），自由意味着享有某种参与集体决策的权利[②]。不过，近现代的自由主义，依照柏林（Isaiah Berlin，1909—1997）的说法，还可以分成古典自由主义与现代自由主义。18世纪与19世纪初期的古典自由主义坚称，国家唯一的角色是保护人民的某种权利，特别是个人的自由与私人的财产。19世纪后期出现的自由主义则主张，纵然付出某些自由权与财产权的代价，国家亦当关怀社会自身，对于贫穷、病困、缺乏教育、缺乏住屋等议题，必须一并关心[③]。

从当前的社会国与福利国思想的得势来看，古典自由主义似遭冷落。不

---

① 这段话摘自并改写自：John Gray 著：《自由主义》，傅铿、姚欣荣合译，第121页。原作者Gray是牛津大学哲学教授，当代著名的自由主义思想家。这本简短的论述，很清楚地介绍了自由主义的历史背景与哲学思考两个部分，相当值得阅读。

② 对于自由概念的这两种分类，是18世纪法国伟大的自由思想家龚斯东（Benjamin Constant）提出的，此处参阅：《自由主义》，傅铿、姚欣荣合译，第7页。自由概念的这两个分类，柏林加以援用，成为中文世界里很多人知道的“消极与积极的自由”。消极自由，是指“免予强制”的自由，积极自由，则指“去做某些事”的自由。关于这两种自由概念的详细说明，可以参阅陈晓林译：“自由四论”，载《台北联经》，第225—295页。

③ 引自：Rawls，A Theory of Justice and its Critics，Stanford University Press，1990，p. 74.

过，波普（Karl Popper，1902—1994）与海耶克（Friedrich August von Hayek，1899—1992）这两位地地道道的古典自由主义大家，却直至20世纪末对于思想界还有很大的魅力。凯因斯（John M. Keynes，1883—1946）的干涉经济是现代自由主义的一个表现，在第二次世界大战结束后，曾是西方经济政策的主流，海耶克则是反对凯因斯最激烈的人之一。依照海耶克，政府无须介入市场，经济与社会相同，会形成一个自动自发的秩序（spontaneous order）。波普在《开放社会及其敌人》一书里，则反复提到，最小限度的国家原理。国家的任务只在防止灾难的发生，不促进人民的幸福。

从以上简略的背景说明，我们知道自由主义没有一成不变的思想内涵，但却有一组鲜明的特征。这组特征是[①]：第一，个人主义（individualism），亦即断定个人相对于任何社会集体的要求，都具有道义上的首要性。第二，平等主义（egalitarianism），一切人皆具有相同的道德地位。第三，普遍主义（universalism），肯定人类种属上的同一性。第四，向善主义（meliorism），肯定所有社会制度和政治安排都可以得到纠正和改善。

依笔者看，真正的自由主义信徒，必然是开放并且允许理性批判的（对于泼妇骂街则不接受）。政治哲学上的态度如此，所以有向善主义的观念；知识的态度亦复如此，所以随时有心理准备，修正自己的知识。人对于种种问题的回答，都可能只是“限定条件的正确”，也可能有错。因此，波普坚称知识的特质是“可证伪性（fallibility）”。请仔细阅读波普的这段话：“可证伪性并非一个理论脆弱的表征，相反的，被否证的可能性保证了它与真实的紧密关联。凡是够资格称为知识的东西，都必须敞开来接受可能是最严格的批评家检验，并承担被反证的风险。”[②]

波普以及其他自由主义思想家，之所以严厉抨击柏拉图，正因为与同时代的希腊哲人相较[③]，柏拉图的思想明显缺乏自由主义的这四组特征。首先，柏拉图反对个人主义，他认为“人是为整体而生，不是整体为人而生”[④]，“个人的目的在维护国家的稳定”[⑤]。我们熟知的自由主义的观念是：“国家与政府是为了保护个人自由，才在人间树立起来”，柏拉图所说，则完全颠倒。

---

① 《自由主义》，傅铿、姚欣荣合译，第2页。

② 这段话摘自：杨德睿译，Frederic Raphael 原著，波柏（Popper），台北麦田，2000年，第23页。

③ 例如，早柏拉图几年出生的柏里克里斯（Pericles）就很有个人主义与平等主义的思想。可见柏拉图的时代未必只有集权思想。参阅庄文瑞、李英明合译：《开放社会及其敌人》，第221页以下。

④ 庄文瑞、李英明合译：《开放社会及其敌人》（上册），第174页。

⑤ 庄文瑞、李英明合译：《开放社会及其敌人》（上册），第225页。

其次，柏拉图拥护奴隶制度，没有平等思想。例如，柏拉图的“理想国”里处处可见这样的话：“粗俗与凡庸之辈，应该充当秀异人士的奴隶”；“真正的统治技巧，在使无知与卑贱的人成为奴隶。”[①] 再次，柏拉图不同意向善主义，他认为，社会制度一旦确立，就无法批评和改善了[②]。柏拉图“反向善主义”的思想，与他的乌托邦式的完美社会蓝图有关。社会制度既然依照完美的蓝图（此即理想国）而建立，岂可更改？所以，波普认为，根本不可能并且也不需要巨大而完美的社会改革方案，逐步渐进的改革（piecemeal social engineering）才切合实际。

谈自由，最可能引起误解的是，自由就是挣脱束缚，不受干涉。事实上，自由只能在秩序当中形成。人必须活在群体中，由于这样，必然要有一些束缚，这些束缚是人类长久以来生活经验的累积。挣脱束缚，意味着获得解放，表示回到了原始状态。解放的原始状态不能带给人自由，只带来更大的危险与惊恐。“九二一”大地震后的连续数天，嘉义以北地区停电。某个夜晚，笔者取道高速公路经过台中，出交流道，一幅世纪末的景象使笔者终身难忘。大停电的关系，台中市区变成无止无尽的幽暗。由于没有红绿灯，各种车辆在马路上恐惧地相互试探，机车最没有试探的本钱，大卡车也显露出胆怯(因为可能与其他大卡车互撞)。没有人可以预期自己的下一步行动是否安全，所有的路人都在危机四伏之中。这景象很接近我们想象中的原始世界。表面上，任何路口都可以自由进出，在这里人人挣脱了束缚；事实上，这里充满了巨大的惊恐与不安，文明社会观念中的交通，彻底瘫痪。自由不是解放，自由必须有束缚，这话必须牢记。

自由是刁诡的。自由如果是毫无限制的话，自由终会毁掉自身[③]。自由主义绝对不是反对国家干预，也不是放任主义（laissez faire）。相反地，除非受到国家的保护，任何自由就都不可能[④]。接下的问题只是，如何限制自由？这

---

① 庄文瑞、李英明合译：《开放社会及其敌人》（上册），第126页。

② 《自由主义》，傅铿、姚欣荣合译，第10页。

③ 这话借自庄文瑞、李英明合译：《开放社会及其敌人》（下册），第793页。假定美国对于机场的安全检查严密如以色列，“9·11”的惨剧就不会发生。那么，美国机场的登机安检松散，给旅客太多的自由，不正毁了后来的许多自由吗？“9·11”惨案发生后，美国境内所有机场与港口封闭一星期之久，美国与加拿大的边境，美国与墨西哥的边境，也全部封锁，境内外的往来自由全遭取消，这是历史上未曾有过的事。机场开放后，不但登机检查严密，而且凡飞往美国的班机，机上的餐具一律改为塑胶制品。由于风险增多，机票一律加征“兵险”。由于恐惧，搭机旅行的人降为三分之一，航空公司为此大举裁员。如果当初多一些限制自由的措施，后来的自由就无须交出太多。波普所说，自由如果是毫无限制的话，自由终将毁掉自身，实在是至理。

④ 庄文瑞、李英明合译：《开放社会及其敌人》，第242页。

是重要而且困难的问题。

如果依照波普的自由观念，国家限制人民的自由，必须局限在“防止灾难发生”。只有这样，才能保障个体性得到最广泛的表现。套用到刑法的规范上，凡不对社会或其他人制造灾难的行为，刑罚不可以适用。如果依照形成于19世纪末期的自由思想，而且似乎在现代西方居于主流地位的自由思想，为了营造一个社会国，为了促进多数人的幸福，就可以限制自由。第一次世界大战后美国的禁酒令，不就是为了防止人民堕落而设的处罚规定吗？中国台湾地区的“少年事件处理法”曾将“深夜在外游荡”当成虞犯（1997年10月删除），现在的中国台湾地区“少年事件处理法”则仍将“经常出入不当的场所”、“经常逃学逃家”规定为虞犯，不也是为了促进少年的幸福吗？少年如果犯告诉乃论之罪，未经告诉或撤回告诉，仍依照虞犯处理，这不就是父权主义（paternalism）的思想吗？

总之，现代意义的自由思想给国家干涉更多的借口。到这里笔者逐渐领会，即使是讲人性尊严口沫横飞、谈刑罚最后手段原则热情洋溢的德国，犯罪化的工程远远大过除罪化。即使是自由主义的模范生如美国，也有令人难以赞同的反犯罪法案，如三振出局法、梅根法案。

依笔者看，现代意义的自由思想还受制于功利主义的幽灵。英美的思想传统向来重视经验。在知识论的领域，他们相信感官经验可以把握的知识、可以被客观验证的知识、可以提供实效的知识，才是真知识。以区辨善恶为主要内容的伦理学，英美的主流意见仍然是诉诸经验，凡可以提供愉快的情感经验的行为，是善的行为；反之，制造不愉快情感经验的行为，即为恶行。这种判断标准不仅用以区别个人行为的善恶，也用以评价国家措施的善恶。这种思想倾向，称之为功利主义（utilitarianism 有人译为效益主义①）。最典型的功利思想的提倡者，当属边沁（Jeremy Bentham，1748—1832）。依边沁，道德行为（善行）是指，能够最大限度地增加绝大多数人快乐的行为②。这个功利主义的政治哲学，为国家干预政策提供了极佳的保证③。

五、对于美国若干犯罪抗制法案的批评

美国在宪政方面精彩实践了自由主义的精神，对于人权的维护很足称道。

---

① 例如，石元康，洛尔斯，台北东大，1989年，第3页。

② 赵敦华：“劳斯的正义论解说”，载《台北远流》1988年，第5页。

③ 针对功利主义，哈佛教授罗尔斯（John B. Rawls）于1972年发表的《正义论》（A Theory of Justice）有深刻的批判，引起极其广泛的重视。英美的政治哲学界沉寂了很长一段时间，罗尔斯的广受重视为英美的思想界打了一剂强心针。

为了呼应宪法增修案对于人权的保护，美国刑事诉讼法的思想与实务近数十年来有很大的转变，以防范刑事司法机关的权力滥用为基石，充分体现自由主义的精神。例如，1961 年联邦最高法院判决指出，证据排除法则应适用于全国各州，用以呼应宪法第四增修条款[①]；此外，正当法律程序应严格遵守，以遵循宪法第五增修条文。刑事司法机关在追诉犯罪时，必须步步为营，小心遵守法律程序，否则辛苦的搜证不但无法在审判中被使用，甚至还可能因违法搜索成了被告。

令人满怀疑惑的是，在宪政上，在刑事诉讼制度的施行上，美国确实发扬了自由主义的精神，可是在若干对抗犯罪的措施上却走了功利主义的路，背逆自由主义的精神。例如，三振出局法（Three Strikes Law）、梅根法案（Megan's Law）以及洗钱防制法的某个规定。

三振出局法是美国近十年来新创的法律，用以对付有两次犯罪前科的人。大致内容是，凡有二次犯罪前科者，再犯重罪，必须受终身监禁，从社会永久隔离。这是扭曲个人自由与个人责任的法律。第三度犯重罪的人固然显出很深的恶性，难被饶恕，但也仅能针对此次的恶行科以重刑，岂可旧账并算？累犯制度，精神上与三振出局法相通，都为了彻底防卫社会，为绝大多数人提供利益。仔细思索，即使累犯制度这种小规模的社会防卫措施，都抵触了自由主义。这种轻易喊出主观主义口号的刑罚手段，很可能为集权主义造桥铺路而不自知。德国在这一点上，有比较谨慎的处理。德国刑法本来有累犯加重处罚的规定，1986 年刑法修正予以废除。此后在德国，犯罪前科只是量刑上的一项参考因素而已[②]。

梅根（Megan）是一名遭到奸杀的九岁女生的名字。梅根居住的社区来了一个强奸的出狱人，社区民众浑然不知强奸前科犯就在周边，无从提防，年幼的梅根因此惨遭奸杀。愤怒的居民向民意代表请托，制定一项法案，要求司法机关将出狱人的资料提供给社区，梅根事件方不至于重演。此法案即以梅根命名。法案的大致内容是，性犯罪的受刑人出狱后，应通报社区，使社区民众得以提高警觉，以免妇女受害。必要时，甚至可以在出狱人的门口插牌警告，让社区居民敬而远之。这法案固然可以有效保护社区安全，但对于个人自由以及隐私却是很大的侵犯。性犯罪人已得到应有的处罚，出狱后如果决心改悔，却要承受社区民众的侧目，甚至排挤，这让性犯罪人及其家属情何以堪。如果彻底实施法案，即使出狱人不断搬迁，通报制度也必然如影

---

① 关于证据排除法则，王兆鹏有极为详细而且清楚的论述，可以参阅。

② Tr・ndle/Fischer, Strafgesetzbuch, 50. Aufl., 2001, §46, Rdnr. 38.

随形。这样，何处是出狱人的安身之地？如果因为性犯罪人有较高的再犯可能性而必须通报社区，其他犯罪的出狱人是否也该通报社区，例如，窃盗犯、烟毒犯、诈欺犯、杀人犯、精神异常的纵火犯。如果要更有效的防卫社区，应该是所有犯罪人的出狱都通报社区。如果这样，不说隐私权被侵害的问题，基本上已经彻底否定犯罪人改变的可能性，当然也彻底否决了监狱的矫治功能。

三振出局法及梅根法案，都建立在功利主义的思想上。情感经验上，此种法案永远可以打动社区民众的心，因为不犯罪的人或犯罪未被追诉的人，永远多过犯罪而被处罚的人。这种诉诸多数人情感经验的评价标准，美学上可能庸俗化[①]，政治或法律哲学上给集权主义合理化，给多数暴力提供借口。以梅根法案为例，一个痛悔前行的性犯罪人将如何在社区立足？防卫一个前科犯，除了通报社区之外，难道别无善策？对于自由主义有关键影响的基督文明[②]，不是教人“爱你的邻居”吗？

至于洗钱防制法固然有存在的必要，但部分规范的不合理，其实已经大大违反了个人责任的原则。例如，抄自美国的中国台湾地区“洗钱防制法”第2条，洗钱是指“掩饰或隐匿因自己或他人重大犯罪所得财物或财产性利

---

① 举例说，人的天性懒惰，常不愿付出心智去理解精致的事物，去亲近传统，所以喜欢热门音乐的人永远超过喜欢古典音乐的人，喜欢言情小说的人也远远超出喜欢古典文学的人，生活于文化传统而根本不知文化传统的人比比皆是。然则，我们可以说，为更多人提供愉快的情感经验的流行歌手以及媒体曝光率很高的作家，其光辉高于贝多芬，高于曹雪芹或钱钟书？

② 关于基督文明与自由主义的紧密关联，张灏在其“幽暗意识与民主传统”有详细的论述，《台北联经》，1992年。以下摘引这本书里的几个段落。18世纪以来，西方自由主义深受启蒙运动的乐观精神的影响，但不可忽略的是，自由主义还有另一个思想层面。自由主义同时也正视人的罪恶性和堕落性，从而对人性的了解有极深刻的幽暗意识（第3—4页）。基督教与西方自由主义的形成和演进有着牢不可分的关系，这已为欧美现代学者所共认。美国政治思想史权威佛德列克（Carl J. Friedrich）就曾著论强调：西方的自由宪政，从头至尾就是以基督教为其主要思想背景（第6页）。以幽暗意识为出发点，基督教不相信人在世界上有体现至善的可能，人永远无法变得完美无缺（第7页）。幽暗意识造成基督教传统重视客观法律制度的倾向（第8页）。自由主义的一个中心观念，“政府分权，相互制衡”的原则，就是反映基督教的幽暗意识（第11页）。欧美知识分子本着这份幽暗意识，对人类的堕落性与罪恶性时时提出警告。我们可以英国19世纪的阿克顿爵士（Lord Acton）为例证，稍作说明。阿克顿曾说：基督教的神示一方面充满慈爱和宽容，另一方面也恶狠狠地亮出人世的真相，基督教的福音使罪恶意识牢系于人心，他看到别人看不见的罪恶，这原罪的理论使基督徒对各种事情都在提防。基督教的幽暗意识，使得阿克顿对人世间的权力有着特别深切的体认。在他看来，要了解人世的黑暗和人类的堕落性，最值得我们重视的因素就是权力。依阿克顿的权力观，地位越高的人，罪恶性也越大。教皇或国王的堕落性实不可与一般老百姓同日而语。所以阿克顿写下了他那句千古不朽的警语：权力容易使人腐化，绝对的权力绝对使人腐化（Power tends to corrupt and absolute power corrupts absolutely）（第16—18页）。

益者"[1]。一个贩卖枪械、伪造货币、伪造有价证券、贩毒的人通常都有犯罪所得，此人不将犯罪所得交出，而将犯罪所得拿去自行花用，除了成立贩卖枪械等重罪外，还成立洗钱罪，另外再科处五年以下有期徒刑（中国台湾地区"洗钱防制法"第9条）。

这样的规定不但不合理，简直荒诞。犯罪人享有自己的犯罪所得，只是持续侵犯前一个法益而已，并未侵害其他人的任何利益，何以要再处罚一次？以刑罚的手段威胁，要求犯罪人主动交出犯罪所得，等于要求犯罪人向司法机关自行承认犯罪，也等于要求犯罪人自证己罪，这不是违反正当法律程序的原则吗？此外，现实上也绝不可能有军火犯等等，为避免受洗钱防制法的处罚，而自行交出犯罪所得，然后接受更重的处罚。这规定显得过度的天真烂漫，除了基本道理不通之外，更明显地背逆自由精神。洗别人的黑钱，之所以该被处罚，是因为帮助犯罪人的资金得以流入正常的经济管道，因为搭建了一座桥梁使犯罪人可以在幽暗世界与光明世界通行。但是，藏匿自己的黑钱，乃天经地义之事，否则犯罪的意义何在？至于那一个犯罪行为，刑事司法机关必须设法侦破，而不是犯罪人要自行交出犯罪所得以配合破案。

六、死刑不抵触自由主义

死刑存废的认真思索，可能始自启蒙运动（18世纪初）。19世纪末起，死刑陆续在各国被废。废死刑的国家集中在两大地区：西北欧及中南美洲。英国与法国废死刑的时间较晚，英国于1969年正式废死刑，法国则于1981年废除。所谓废死刑，有绝对与相对两种。绝对废除是指，无论何人在何时犯何种罪，死刑一概不用。相对废除是指，特定人（如军人）在特定时期犯罪（如战时），或特定犯罪（如叛国），仍可科处死刑。英国采相对废除死刑的制度，对于叛国与残暴的海盗罪，仍可处死。废除死刑的国家，仍不乏恢复死刑的声浪。英国与加拿大的国会，都严肃讨论过恢复死刑的议题。

到目前为止，大约一百个国家还保有死刑。美国大多数的州有死刑。1972年，美国最高法院宣称死刑违宪，1976年最高法院复指出死刑不违宪，维护死刑的基本价值似暂告确定。日本也保留死刑，1991年处决了三个死刑犯。严格说，相对废除死刑的国家如英国与瑞士，以及国会严肃讨论过恢复死刑的国家如加拿大，精神上还是怀念死刑的。

---

① 另一种洗钱行为是"收受、搬运、寄藏、故买或牙保他人因重大犯罪所得财物或财产性利益者"。此与刑法的赃物罪所规定者完全相同。

废除死刑的国家，不能一律赞之为和平进步。巴拿马与哥伦比亚，都是绝对废除死刑的国家，毒贩的猖狂、社会秩序的动荡，稍有常识的人皆甚了然。依最近的媒体报道，哥伦比亚境内每月掳人勒赎的案件逾千，一次监狱的大规模暴动死亡数十人。这样的国家保护了谁的人权与人性尊严，创造了何人的自由？

保留死刑的国家不能称为落伍与野蛮。越是工业化与都市化，犯罪率就越高，日本却是一个反证，日本几乎是世界上控制犯罪最成功的国家。有效地控制犯罪并未使日本形成一个暴虐的政府，日本司法的清明有极佳口碑，第二次世界大战以来未闻迫害人权之事。英美是自由主义的模范生，历史上迫害人权的污点远少于绝对废除死刑的国家（如德国）。日本与美国，或相对废除死刑的英国，谁能指其落伍与野蛮？

死刑、自由刑、罚金刑，是主要的刑罚。国家以刑罚对付犯罪人，对于犯罪人自身以及社会大众，究竟有什么意义与目的？这是对于刑罚的思索。这思索凝聚成三个有长远历史的刑罚理论：报应、一般预防与特别预防理论。

报应理论是古老但不落伍的观念。依报应理论，人有自由意志，可以辨别是非善恶，有弃恶从善的能力，知道与社会为敌的后果；有机会不选择恶行的人，却执意为恶，就必须为此抉择承担伦理上的责难。刑罚的发动，就看为恶的严重程度，罪与罚必须均衡。刑罚是公正的报应，不是漫无节制的复仇。重罪重罚、轻罪轻罚、有罪有罚、无罪无罚；只有这样，社会的正义需求与犯罪人的赎罪才有可能。刑罚自身即为目的，刑罚不是追求目的的手段。这是四平八稳的刑罚思想，不会衍生治乱世用重典的刑事政策。公正报应，杀人者死，这不是乱世用重典，而是刑罚的理性均衡。死刑的废除，得不到报应理论的支持。

一般预防理论与报应理论相同，都假定人是理性的主体。不过，一般预防理论的刑罚态度积极，认为刑罚不应消极回顾过去，必须前瞻未来。刑罚有一个预防犯罪的目的，预防一般人犯罪。对于犯罪人严肃的追诉审判与刑罚的贯彻执行，让社会大众警觉国家实现刑罚的决心，因而不敢心存侥幸，模仿犯罪人。此外，借由明确的刑法规定，让所有理性人在犯罪前可以清楚地评估后果，打消犯罪动机。清楚明确而且严峻的刑罚，最能让社会大众计算犯罪的成本，所以，一般预防理论强调重罪固然要重罚，轻罪也要重罚。杀人者死，也是一般预防理论所不反对的。

特别预防理论的支持者，必然是实证论的信众。实证论者相信，犯罪人与非犯罪人有种种条件的差异。这些差异，可能是遗传的、生理的、精神的、心理的、社会的。受自然科学影响，许多社会科学的研究者深信，找出支配个人行为的关键条件，就可以预测、解释、控制并改变这个人。这个乐观的自信，在刑罚态度上就显得十分亢奋。刑罚要前瞻未来，但不是一般预防，而是预防犯罪人再犯罪。国家动用刑罚，是为了去除犯罪人的恶性。更精确地说，是为了消除或扭转支配犯罪人的条件，改变犯罪人，使犯罪人再社会化。没有再犯罪的可能性，或再犯可能性很低，刑罚都没有发动的必要。如果再犯可能性很高，即使轻罪，刑罚的反应也必须强烈。有无再犯可能性，可能性高低如何，要借重科学判断。如经科学检测发现，犯罪人实无改善可能，只好采取防卫措施，将之永远从社会隔离。最彻底的隔离手段，当然是死刑。再社会化固然是特别预防理论的最高理想，但却不是唯一指标。

从刑罚理论中找不到废死刑的依据。废死刑，只能乞求于形上的理由，如人道原则。人道主义者会追问，谁有权力剥夺他人生命？这形上的发问确实难以回答。的确，生命的价值如果至高无上，人就没有权力去侵犯另一个人的生命。国家剥夺犯罪人的生命，形同以暴易暴，国家又如何塑造一个祥和的生活环境？这些都是合理的质疑，不过，废死刑之后，对受刑人基本价值的侵犯，我们同样难以回答。对付重大犯罪人，如泯灭人性的杀人狂，死刑的替代措施必然是终身监禁或长达百年的自由刑。当受刑人知道毫无出狱希望，人的基本价值，人的尊严，将彻底崩落。重刑犯将如同动物一般的被囚禁，毫无生命品质的苟活，以至于老死。人有什么权力，对待受刑人如同对待动物？

废死刑的国家，都允许堕胎。中国台湾地区允许堕胎的幅度更是惊人，只要愿意，可以轻易简便地在中国台湾地区“优生保健法”找到理由。纯洁的胎儿，对于人世不构成任何威胁的生命，将来可能成为贝多芬、米开朗其罗、托尔斯泰的生命，文明社会允许肆无忌惮的杀戮。但是，文明社会无视于被害家属的椎心泣血，无视于社会群体的无尽恐慌，对于确定还会回来杀戮的前科累累沾满血腥的凶手，我们竟说，这凶手的生命价值高于纯洁的胎儿。这是何等刁诡的思想？高谈阔论人道主义，倡议废除死刑的人，何不先高举反堕胎的旗帜？

人道思想当然重要。没有人道思想，国家权力的发动就失去根本的约束，人民的灾难将随处发生。国家权力的发动不能只求功利或实效，不能只为了满足多数人情感上的快乐。人的自身就是目的，不可把人当成工具，一种追求目的之工具。处罚一个人，甚至处死一个人，不是为了满足社会大众的情感，不是杀鸡儆猴，也不是防卫一个虚拟的集体被害情境。死刑，只为了一个理由，重大犯罪人必须在伦理上终极的自我承担。死刑同时也证实了人的自主性：自己思索、自己做主、自己负责、走自己的路。

生命必须被尊重，所以死刑不是最好的刑罚制度，只能当做最后的手段，在条件很严格的情况下使用。只有杀人，而且是动机卑劣的杀人（英美法所谓一级谋杀），才值得动用死刑。或有重大前科，出狱后再恶意杀人，才能以死对待。对于重大罪犯，我们曾经给过机会，但此人并无诚意与社会言归于好，毫无伦理上的赎罪念头，这样的人无法再给机会。至于被激怒，或有其他值得谅解的原因而杀人（英美法所谓二级谋杀），则不能动用死刑。

没有侵犯生命的犯罪，如贩毒、制造军火、掳人勒赎，都欠缺宣告死刑的前提条件。这类不直接攻击生命的犯罪，中国台湾地区“刑法”有选科死刑的规定，全部要删除。犯杀人罪，但伦理上不自由的人（如精神病患者、少年、不知法律的人），依中国台湾地区“刑法”都必须减刑，没有宣告死刑的余地。伦理上不自由的人，中国台湾地区“刑法”只有一个得宣告死刑的特殊规定，那就是少年杀直系血亲尊亲属。这规定应当修正。

保留死刑，必须诚慎恐惧地面对一个现实弱点，人不是神，人可能犯错，可能形成司法谋杀。但笔者想说的是，十四五世纪文艺复兴以来，西方人逐渐惊喜自身理性能力的同时，人道思想也不断发芽滋长。19世纪中叶起，自然科学突飞猛进，更使西方人对自身的巨大理性充满信心。距离19世纪中叶，人类文明更向前走了百余年，怎么对自己锐利无比的理性害怕起来？事实上，对于重大犯罪，只要精确地实践追诉审判程序，谨守无罪推定的原则，经过层层叠叠的反复过滤，误判的概率将趋近于零。

还有一个缓和死刑的最后管道，那就是缓死制度。中国台湾地区目前并无此一制度。经过严格的审判程序，对于宣告死刑的人，再给一个观察机会。缓死期间约为二至五年，在这期间，如果死刑犯确有悔改迹象，可以改判无期徒刑或长期自由刑。这个缓死制度，当然要有严格公正而且客观的运作机制。

在种种严格条件的限制下，可以被处死的人所剩极少。如经严格过滤，还有不少人可被处死，表示我们的社会秩序濒临崩溃，已是乱世。既是乱世，还谈什么轻重缓急，奢谈什么人性尊严。

结　语

刑事政策是牵动刑事法体系的反犯罪政策。反犯罪政策既然要发动国家最严厉的刑罚手段，就不能背逆自由主义的精神，否则不仅犯罪人可能遭到不合理的对待，受到过度的处罚，未涉案的第三者也可能遭到不公正的侵扰，甚至冤屈。所以从追诉开始，刑事司法机关就必须步步为营，小心自持。可以这么说，刑事诉讼的规矩，刑事政策的基本原则，其实就是在约束国家。

国家的权力必须受约束，正是自由主义的核心观念。

自由主义从近代西方人文思想孕育而出，珍视个人尊严，坚信自由与人权是人类社会不可或缺的价值。自由主义的内涵固然流动，但有其确定的一些要素，这就是个人主义、平等主义、普遍主义、向善主义。自由主义并不反对国家干预，相反地，自由主义的拥护者深信，没有国家干预，自由根本不可得。自由本身必须受到约束，自由如果是毫无限制，自由终将毁掉自身。至于如何约束自由，则是重要而且困难的问题。

笔者认为，古典自由主义的基本思考可以提供合理精准的参考，国家的任务只在防止灾难发生，不促进幸福。所以，只有在为了防止灾难发生的条件下，才有发动国家权力的理由，刑罚权的发动更不在话下。至于社会国与福利国的自由主义思想，带有功利主义色彩，提供国家过度干涉的借口，转化成刑事政策，难免流于极端。美国向来是自由主义的模范生，宪政与刑事诉讼的制度都精彩实践了自由主义的精髓，成为许多文明国家的榜样。可是，美国近年来的若干抗制犯罪法案却有背逆自由主义的倾向。笔者担忧的是，对于西方思想传统的根源掌握不够的人，恐怕全盘照抄美国的反犯罪政策。人会犯错，伟人会犯错，伟大的国家同样会犯错，如果我们自己缺乏洞见的能力，就只能永远跟着犯错，甚至还沾沾自喜。

宽严相济刑事政策的辩证关系

姜 伟[*] 卢宇蓉[**]

宽严相济刑事政策是建立在中国马克思主义哲学基础上的刑事政策，“宽与严”的辩证关系既是报应与功利、惩罚与预防刑罚哲学合乎逻辑的展开，也是理性主义、谦抑主义刑法思想在反犯罪斗争方略中的具体表现。本文侧重从哲学的角度，对宽严相济刑事政策的辩证关系及其司法实践的有关问题加以探讨。

一、宽严相济刑事政策的哲学基础

刑事政策并非只是单纯的刑法问题，而是一个社会公共政策的问题。对刑事政策的研究，也不能局限在法规范的视域内，而是应当进行超法规的考察。[①] 政策是一个有目的的活动过程，这些活动是由一个或一批行动者，为处理某一问题或有关事务而采取的。[②] 任何政策的制定必然要以一定的世界观、认识论和方法论作为其哲学基础。笔者认为，中国马克思主义哲学是宽严相济刑事政策的哲学基础。

（一）宽严相济刑事政策的哲学基础之一：唯物论——存在决定意识

宽严相济刑事政策是我国与犯罪作斗争的一种方略，是“立法国家的智慧”，[③] 属于意识形态的范畴。马克思主义哲学认为，社会存在决定社会意识。换言之，物质决定意识。物质是世界的本质和基础，意识是对物质的能动反应，世界统一于物质；物质决定意识，意识对物质具有反作用；事物是复杂

---

* 黑龙江省人民检察院检察长。

** 最高人民检察院公诉厅干部，法学博士。

① 陈兴良主编：《宽严相济刑事政策研究》，中国人民大学出版社 2007 年版，第 1 页。

② ［美］詹姆斯·E. 安德森著：《公共政策》，唐亮译，华夏出版社 1990 年版，第 5 页。

③ ［法］米海依尔·戴尔玛斯—马蒂著：《刑事政策的主要体系》，卢建平译，法律出版社 2000 年版，第 1 页。

多样的，但它们都有一定的本质和规律，这就要求一切从客观实际出发，把握事物发展规律，按照规律办事。

在刑事政策的视野里，犯罪是研究的对象，一切刑事政策都围绕犯罪现象展开，犯罪的特点和规律决定刑事政策的内容。犯罪作为一种客观存在的社会现象，具有复杂性和多样性。例如，根据犯罪的社会危害性程度大小，可以将犯罪分为轻微犯罪、一般犯罪和严重犯罪；根据犯罪人的人身危险性不同，可以将犯罪人分为初犯、偶犯、累犯、惯犯等。犯罪与刑罚总是联系在一起的。正如有学者指出："虽然犯罪的形式有所不同，被认为是犯罪的行为也不是到处都一样，但是，不论在什么地方和什么时代，总有一些人因其行为使自身受到刑罚的镇压。"① 刑罚最终目的是预防犯罪，但是不加区别地适用重刑从严打击犯罪，并不能从根本上遏制犯罪的发生，也不能真正降低犯罪率，相反却可能导致更多更严重的恶性犯罪发生。理性地对待犯罪，就不能只考虑运用刑罚惩罚犯罪这一个方面，不能只追求刑罚的合理性，而必须把惩罚与预防结合起来，在惩罚犯罪的同时认真思考如何有效地预防犯罪。② 现阶段，我国社会主义建设事业既处在重要战略机遇期，也处在人民内部矛盾凸显、刑事犯罪高发、对敌斗争复杂的时期，尽管近年来社会治安有所好转，但刑事案件的总量仍然很大，恶性大要案时有发生。犯罪率较高是各种社会矛盾和消极因素综合作用的结果。我国随着改革开放和社会主义现代化建设的不断深入，社会经济成分和分配方式多样化，社会利益主体日益多元化，各种社会矛盾不断涌现，但社会的主要矛盾已不是阶级矛盾，而是人民内部的矛盾，一些人民内部的矛盾激化后往往也会以犯罪的形式表现出来。因此，是否能够正确判断这些矛盾的性质，区分敌我矛盾，有效地打击犯罪和预防犯罪，事关经济发展和社会稳定的大局。现实的犯罪态势和犯罪规律决定了我国刑事政策应当宽严相济：一方面基于刑罚预防、教育功能和刑法谦抑主义思想的考量，刑事政策应当宽其所宽，对人民内部矛盾激化引发的犯罪和轻微刑事犯罪适用较为宽松的刑罚或不作为犯罪处理；另一方面基于刑罚报应、惩罚功能的考量，刑事政策也应当严其所严，对那些严重威胁国家安全、社会治安的重大刑事犯罪（如黑社会性质组织犯罪、恶势力犯罪、毒品犯罪、暴力犯罪）适用严厉的刑罚，从而达到减少和预防犯罪的目的。

---

① ［法］E. 迪尔凯姆：《社会学方法的准则》，狄玉明译，商务印书馆 2002 年版，第 83 页。

② 张智辉：《理性地对待犯罪》，法律出版社 2003 年版，第 325 页。

（二）宽严相济刑事政策的哲学基础之二：矛盾论——对立统一规律

宽严相济刑事政策中的“严”与“宽”是一对“矛盾”。马克思主义哲学认为，矛盾，即对立统一。“矛盾论”，即对立统一规律，是指世界上每一事物内部都包含互相对立的两个基本方面，对立的双方一方面互相排斥、互相斗争，另一方面又互相联系、互相依赖，共处于同一个统一体中。任何事物都是作为矛盾统一体存在的，矛盾的双方既对立又统一，只有在这种“自相矛盾”中，事物才能获得作为内在否定性运动的动力。[①]

“矛盾论”之所以是宽严相济刑事政策的哲学基础，一是因为宽严相济刑事政策中的“严”与“宽”是一对矛盾的概念；二是因为“宽”与“严”互相联系、互相依赖，两者的关系是一种对立统一的辩证关系。“宽”与“严”是宽严相济刑事政策的两极。“宽”是指刑罚的轻缓、宽松；“严”是指刑罚的严厉、严格。宽严相济刑事政策中，宽和严不是绝对的，宽和严适用的对象并非分别局限于特定的犯罪，而是普遍适用于各种类型的犯罪。严重犯罪中可能有从宽情节，轻微犯罪中可能也有从严情节；宽严掌握的尺度不仅在实体处理结果上有所反映，在刑事诉讼程序上也有所体现。宽严两者之间关系，既不是说严都严，说宽都宽，也不是非严即宽，非宽即严，而是你中有我，我中有你，互相补充的关系。因此，宽严相济刑事政策的内容既包括对严重犯罪要从严打击，又包括对轻微犯罪要宽缓处理；既有实体方面的要求，又有程序方面的要求；既适用于普通刑事犯罪案件，也适用于职务犯罪案件；既要求对严重犯罪和轻微犯罪宽严相济，也要求对一般犯罪宽严有度、依法惩治。

（三）宽严相济刑事政策的哲学基础之三：认识论——实事求是

马克思主义哲学认为，人的认识、思想都是对客观事物及其规律的反映。这种反映不仅是由不知到知，由知之不多到知之甚多的过程，而且也是由已知去探索和把握未知，从而获得新的知识的过程。“实事求是”是中国马克思主义哲学基本原理的思想精华，它既深刻体现彻底的唯物论和辩证法思想，又体现了辩证唯物主义的认识论和唯物史观。“实事”就是客观存在的一切事物，“是”就是客观事物的内在联系，即规律性，“求”就是我们去研究。[②]综观中国马克思主义哲学的发展史，提出和阐明实事求是思想路线像一根粗大的红线贯穿始终，围绕这根红线的则是以辩证唯物论和历史唯物论为理论

① 孙正聿：《辩证法研究》（下），吉林人民出版社2007年版，第93页。

② 《毛泽东选集》（第3卷），人民出版社1991年版，第759页。

基础的关于思想方法和工作方法、领导方法的方法论思想。[①] 笔者认为，实事求是思想路线也为宽严相济刑事政策的实践提供了认识、分析问题的思想方法和工作方法。

实事求是思想路线为宽严相济刑事政策的实践提供思想方法和工作方法，其主要表现在两个方面：首先宽严相济刑事政策的实践必须坚持一切从实际出发，根据社会治安和犯罪的不同情况，具体情况具体分析，综合考虑犯罪行为的社会危害性（犯罪行为侵害的客体、情节、手段、后果，以及犯罪时间、地点等）和犯罪人的主观恶性（犯罪时行为人的主观方面、犯罪后的认罪态度等），区别对待，对犯罪人处以相应刑罚，做到当宽则宽，该严则严，宽严互补，宽严有度。其次，为了达到宽严相济刑事政策的预期效果，在实践中就得处理好宽严相济刑事政策中所涉及的各种辩证关系，特别是宽与严的辩证关系，做到宽与严“两点论”和“重点论”的辩证统一。“两点论”，是指在司法实践中，宽严相济刑事政策既要强调严，也要强调宽，反对只抓一个方面，而忽视另一方面。“重点论”，是指根据不同的犯罪态势和反犯罪斗争的现实需要，把握现实的主要矛盾，宽严相济刑事政策在一定时期、一定范围内应当有所侧重，反对不分主次，静止地、孤立地看待矛盾，搞平均主义。

二、宽严相济刑事政策的时代背景

宽严相济的思想在我国可谓是源远流长。春秋时期，郑国太叔“兴兵以攻萑符之盗，尽杀之，盗少止”。孔子赞扬说：“善哉！政宽则民慢，慢则纠之以猛；猛则民残，残则施之以宽。宽以济猛，政是以和。”[②] 但是，古代类似“宽猛相济”的思想与宽严相济刑事政策有着本质区别。前者是站在统治阶级的立场上主张“德主刑辅”德化治理社会的政治主张，从根本上说还是一种人治的思想；而后者是建立在中国马克思主义哲学基础上的刑事政策，其是现代社会主义法治理念、谦抑主义刑法思想在反犯罪斗争方略中的具体表现，体现公平正义、以人为本、构建和谐的刑事司法的价值诉求。

宽严相济刑事政策的形成与提出并非偶然，它主要来源于新中国的司法实践，是惩办与宽大相结合的刑事政策和依法从重从快“严打”方针在新的历史条件下的进一步发展与完善，是现代法治对构建社会主义和谐社会这一

① 尚庆飞主编：《中国马克思主义哲学史》（上），江苏人民出版社2007年版，第57页。

② 《孔子家语·政刑》。转引自万江红：《中国历代社会思想》，社会科学文献出版社2005年版，第43页。

政治目标的有力回应。长期以来，惩办与宽大相结合是我们党和国家同犯罪作斗争的主要刑事政策。这一政策是在对敌斗争和同犯罪作斗争的过程中形成的，其经历了一个从政治策略到刑事政策的转变过程。1950 年 6 月，毛泽东同志在党的七届三中全会的报告中指出："必须坚决地肃清一切危害人民的土匪、特务、恶霸及其他反革命分子。在这个问题上，必须实行镇压与宽大相结合的政策，即首恶必办，胁从者不问，立功者受奖的政策，不可偏废。"[①] 1956 年 9 月，公安部部长罗瑞卿同志在党的八大一次会议上提出："党在肃反斗争中的严肃与谨慎相结合的方针，体现在对待反革命分子的政策上，就是惩办与宽大相结合的政策，它的具体内容就是：首恶必办，胁从不问，坦白从宽，抗拒从严，立功折罪，立大功受奖。惩办与宽大，两者是密切结合不可偏废的。"[②] 1979 年刑法第 1 条更是进一步明确规定惩办与宽大相结合的刑事政策是我国刑法制定的根据。我国著名刑法学家高铭暄教授指出：惩办与宽大相结合刑事政策是根据反革命分子和其他刑事犯罪分子中存在着不同情况而制定的，对于争取改造多数，孤立打击少数，分化瓦解敌人，有着重大的作用。[③] 20 世纪 80 年代以后，随着我国经济体制改革启动，社会处于转型期，严重危害社会治安的犯罪有明显增多的趋势。在这种情况下，我国调整了刑事政策，提出了依法从重从快的"严打"方针。[④] 立法层面上，随之而来的则是相对频繁的刑事立法和修改活动，其基本方向也是改轻为重。自 1983 年"严打"开始到 1997 年刑法修订完成，全国人大常委会通过了 24 个《决定》和《补充规定》，增设罪名数十种，死刑罪名从 1979 年刑法的 28 个增至最多时的 74 个，1997 年刑法修订后仍然保留了 68 个死刑罪名，惩办与宽大相结合刑事政策在 1997 年刑法中也不再单独加以规定。应当说，严打方针历经二十余载，对于打击犯罪和维护社会治安起到了重要作用，但严打的实际效果不尽如人意，一味的严打不可能从根本上遏制犯罪的恶性增长。于是，人们开始重新审视严打方针，并逐渐认识到：刑罚并非万能，"刑罚如双刃之剑，用之不得其当，则国家与个人两受其害"[⑤]；严打方针过于强调从重的一面，忽视、抹杀了从轻的一面，加之严打实施过程中的偏颇，既造成了刑罚资源的浪费，也不利于人权的保障。进入 21 世纪以后，我国已进入改革

---

① 《毛泽东选集》（第 5 卷），人民出版社 1991 年版，第 20 页。

② 《人民日报》1967 年 9 月 20 日第 3 版。

③ 高铭暄：《中华人民共和国刑法的孕育和诞生》，法律出版社 1981 年版，第 21 页。

④ 张穹主编：《"严打"政策的理论与实务》，中国检察出版社 2002 年版，第 84 页。

⑤ 转引自林山田：《刑罚学》，台湾商务印书馆 1985 年版，第 127 页。

关键期，经济发展的同时也带来种种社会问题，犯罪率居高不下，重大刑事案件时有发生。与此同时，社会主义法治不断发展，依法治国、执政为民、以人为本的呼声日益高涨，构建和谐社会成为时代的主旋律。2004 年 9 月，党的十六届四中全会首次提出构建和谐社会的政治口号。[①] 2005 年 2 月，胡锦涛同志在省部级主要领导干部提高构建社会主义和谐社会能力专题研讨班上的讲话中指出：社会主义和谐社会是民主法治、公平正义、诚信友爱、充满活力、安定有序、人与自然和谐相处的社会。2006 年，按照党中央部署，为加强政法队伍政治思想建设，以构建和谐社会为目标，全国政法系统开展了社会主义法治理念教育活动。社会主义法治理念是体现社会主义法治内在要求的一系列观念、信念、理想和价值的集合体，主要包括依法治国、执法为民、公平正义、服务大局、党的领导五个方面的内容。2006 年 10 月，党的十六届六中全会通过了《中共中央关于构建社会主义和谐社会若干重大问题的决定》。该决定指出：和谐社会不是没有矛盾的社会，构建社会主义和谐社会是一个不断化解社会矛盾的持续过程。正是在这样的时代背景之下，我们党和国家根据当前犯罪态势和国内外形势的需要，在总结了以往刑事政策的经验教训基础之上提出了宽严相济刑事政策，要求对犯罪区别对待，既要有力打击和震慑犯罪，维护法律的权威和尊严，又要充分重视依法从宽的一面，最大限度地化消极因素为积极因素，从而实现办案的法律效果和社会效果的有机统一。

综上，从“惩办与宽大相结合”到依法从重从快“严打”，再到“宽严相济刑事政策”，是我国刑事政策针对不同时期的犯罪态势所作出的不同反应，反映出我国刑事政策所经历的一个否定之否定与螺旋式上升的发展、演进过程。

三、宽严相济刑事政策的含义辨析

如何辩证地分析理解宽严相济刑事政策是一个值得研究的重要问题。下面，对宽严相济刑事政策的含义加以辨析。

（一）宽严相济之“宽”

宽严相济之“宽”，包含了惩办与宽大相结合政策中的“宽大”之意，其确切含义应当是刑罚的轻缓。刑罚的轻缓，可以分为两种情形：一是该轻而轻，二是该重而轻。该轻而轻，是罪刑均衡原则的应有之义，也合乎刑法

① 转引自人民网：“努力构建社会主义和谐社会”，载《人民日报》2004 年 12 月 26 日。

公正的要求。对于那些较为轻微的犯罪，本来就应当处以较为轻缓的刑罚。至于轻罪及其轻刑如何界定，则应根据犯罪的具体情况加以判断。该重而轻，是指所犯罪行较重，但被告人具有坦白、自首或者立功等法定和酌定情节的，法律上予以宽宥，在本应判处较重之刑的情况下判处较轻之刑。该重而轻，体现了刑法对于犯罪人的感化，对于鼓励犯罪分子悔过自新具有重要意义。[①]

轻缓的刑事政策贯穿于刑事立法、刑事司法和刑事执行的全过程，具有多种表现形式，包括非犯罪化、非司法化、轻刑化和非监禁化，以及法律上其他从宽处理措施。非犯罪化，包括立法上的非犯罪化和司法上的非犯罪化。立法上的非犯罪化是指对于应当作为犯罪处理的行为通过立法方式将其从犯罪圈中剔除。司法上的非犯罪化是指对于刑法虽然规定为犯罪，但由于犯罪情节轻微、危害不大的，在司法过程中基于宽严相济刑事政策的考虑，不作为犯罪处理。非犯罪化体现了刑罚的轻缓，其是宽严相济刑事政策的重要内容。非司法化，是指对于犯罪情节较轻的公诉案件或者刑事自诉案件，可以通过刑事和解的方式解决纠纷、化解矛盾，而不需要通过刑事司法途径解决。非司法化使得轻微犯罪案件在正式刑事诉讼程序之外得以结案，也体现了对轻微刑事犯罪的从轻处理。轻刑化，也包括立法上的轻刑化和司法上的轻刑化。立法上的轻刑化是指刑法规定的刑罚基准向趋轻方向发展，通过立法降低一些犯罪的法定刑幅度，从而达到整个刑事制裁体系的轻缓。司法上的轻刑化是指刑事司法过程中对犯罪人适用刑罚时从轻处罚，可杀可不杀的，不杀；可从重也可不从重的，不从重处罚；可从轻也可不从轻的，从轻处罚；可判监禁刑也可判非监禁刑的，判非监禁刑。非监禁化，是指某一行为虽然构成犯罪，但根据犯罪情节和悔罪表现，判处管制、罚金和剥夺政治权利等非监禁刑或采取缓刑、假释等非监禁化的刑事处置措施。由于非监禁刑对犯罪分子不关押，因此其相对监禁刑而言也是轻刑化的一种具体表现。法律上其他从宽处理措施，主要是指刑事诉讼过程中“依法快速办理轻微刑事案件机制”、“被告人认罪案件简化审”、“附条件不起诉”等贯彻落实宽严相济刑事政策要求的司法举措。

（二）宽严相济之“严”

宽严相济之“严”，既包括惩办与宽大相结合政策中“惩办”之意，也含有严打方针中“严”的内容，其确切含义应当是刑罚的严厉、严格。“严”的出发点主要是通过加大对严重犯罪的惩罚力度迫使犯罪人在利益冲突时放

① 陈兴良：“宽严相济刑事政策研究”（上），载《法学杂志》2006年第1期，第19页。

弃犯罪或者避免严重犯罪，旨在通过特别预防达到一般预防的目的。

刑罚的严厉，既包括立法上严密法网，将具有一定社会危害性的行为划入犯罪圈规定为犯罪、对严重犯罪规定严厉的法定刑，还包括在刑事司法过程中对具有严重社会危害性的严重犯罪保持高压态势，给予严厉打击。刑罚的严格，主要表现为刑罚的必定性和刑罚的及时性。刑罚的必定性，又称"刑罚的确定性"，是指有罪必罚，任何人犯罪都应无一例外受到刑罚的制裁。刑罚及时性，是指要快速打击犯罪，使罪犯受到及时惩处。如果犯罪人能够轻易逃脱法律的制裁或者逍遥法外很长的时间才被绳之以法，那么再严厉的刑罚都会变得软弱无力，其效果必然大打折扣。惩罚应该继犯罪而来；法律应该显得是一种事物的必然性，① 对于犯罪最强有力的约束力量不是刑罚的严酷性，而是刑罚的必定性……即使刑罚是有节制的，它的确定性也比联系着一线不受处罚希望的可怕刑罚所造成的恐惧更令人印象深刻。而惩罚犯罪的刑罚越是迅速和及时，就越是公正和有益。因为犯罪与刑罚之间时间隔得越短，在人们心中，犯罪与刑罚这两个概念的联系就越突出、越持久，因而人们就很自然地把犯罪看做起因，把刑罚看做不可缺少的必然结果。②

（三）宽严相济中"宽"与"严"的关系

宽严相济中"宽"与"严"是对立统一的，两者的区别不是目的，区别的目的在于对社会危害性程度不同的犯罪作出严厉程度不同的刑事制裁，并由此达到预防犯罪的功效。"宽"与"严"除了目的的一致性外，它们之间还存在互相联系、互相交融的动态关系。宽严相济刑事政策中"济"是一个动词，它表明了宽严之间的这种动态关系。

宽严之间的这种动态关系可概括为"有宽有严"、"宽严并用"、"宽严互补"、"宽严有度"四层意思：一是"有宽有严"，即刑事政策有宽的一面，也有严的一面。由于犯罪是复杂的，刑事政策不可能一味地严或者一味地宽，应该是有宽有严。之所以强调宽的同时又强调严，一方面是基于宽严相济刑事政策中宽与严辩证关系的灵活运用，另一方面是基于报应与功利统一的刑罚论以及刑罚经济的考量。片面强调严容易导致刑罚的张扬，片面强调宽容易导致刑罚的乏力，这两种偏向均不利于打击和预防犯罪。从目前执行宽严相济刑事政策的情况看，既有从宽不够的问题，也有从严不够的问题。在处理普通刑事案件中的偶犯、未成年犯、在校学生犯罪等方面，存在落实从宽

① ［法］米歇尔·福柯：《规训与惩罚》，刘北成、杨远婴译，三联书店 1999 年版，第 119 页。

② ［意］贝卡利亚：《论犯罪与刑罚》，黄风译，中国大百科全书出版社 1993 年版，第 56 页以下。

不够的情况；在查处职务犯罪方面，由于有来自各方面的干扰，相对普通犯罪而言往往是查处的少、采取强制措施的少，不起诉的多、定罪免刑的多、判处缓刑的多、适用减刑和假释的多，总体上说存在从严不够的情况。这些问题应当引起注意，在实践中做到有宽有严。二是“宽严并用”，即该宽则宽，当严则严，两者并用，不能用宽或用严的一个方面否定另一个方面。从宏观上说，针对不同类型的犯罪，有的犯罪要从宽处罚，有的犯罪要从严处罚；从微观上说，有的案件可能同时具备从重和从轻情节，对这些情节必须同时予以考虑，依法体现宽严并用。三是“宽严互补”，即宽中有严、严中有宽，以宽济严、以严济宽。宽严有相对性，没有宽就无所谓严，没有严也就没有宽，所以两者必须相互补充。宽严相济并不是只讲究对严重犯罪从严，对轻微犯罪从宽，对一般犯罪无效，而是应当在对任何一种犯罪形态的刑事制裁中都得到充分体现。例如，在严打过程中，虽然以从严从重惩办为主，但是并不意味着要一概不加区别地顶格适用最重的法定刑。某些犯罪分子所犯的罪行虽极其严重应当受到刑罚的严厉制裁，但如果犯罪人具有自首、立功表现的，在从重处罚的同时也还要做到严中有宽，使犯罪人在受到严惩的同时感受到刑罚的体恤与法律的公正，从而认罪服法。四是“宽严有度”，即保持宽与严之间的平衡。宽，不是宽大无边，法外施恩；严，也不是严刑苛罚，滥用极刑。宽严之度应当从宏观和微观两个层面去理解。从宏观上讲，宽和严是宽严相济刑事政策的两极，宽严之度在一定时期应当有所侧重，或是侧重从宽，或是侧重从严。这种侧重是由一定时期的犯罪态势所决定，并且受到国家意志和法治理念的影响。从微观上讲，宽严之度因为案件不同而各有所异，它需要综合犯罪事实和有关影响量刑情节，具体情况具体分析。许多年以来，我国一直以严打方针为主导，在惩治犯罪中较为偏重于严，在社会上形成了严惩犯罪的高压氛围，在许多政法干警中形成了“严打”的惯性思维，但对依法从宽尚未形成真正的共识。严峻的治安形势给司法机关的压力和社会公众对于刑罚在治理犯罪上的过高期望都会对重刑思想的形成产生影响。司法实践中，往往是可捕可不捕的，捕；可诉可不诉的，诉；可判可不判的，判。笔者认为，对轻微犯罪给予宽松的处理不仅有利于犯罪人更好地回归社会，也有利于集中有限的司法资源有力打击社会危害性程度严重的重大刑事犯罪和那些人身危害性极大的累犯、惯犯。因此，根据我国当前的犯罪态势和构建社会主义和谐社会的政治要求，宽严相济刑事政策应当侧重宽的一面，即宽是矛盾的主要方面，是政策的基础和趋势，而严是矛盾的另一个方面，是政策的保证和对宽的必要补充。

四、宽严相济刑事政策的司法实践

刑事司法乃是国家根据犯罪人刑事责任的有无或者大小，决定是否追究行为人的刑事责任、对行为人适用何种类型的刑事处罚、适用何种严厉程度的刑事处罚的过程。正是在刑事司法的过程中，刑事政策具有决定意义。[①] 下面，就司法实践中如何整体把握宽严相济刑事政策、正确处理宽严相济刑事政策中的辩证关系，以及具体适用宽严相济刑事政策时需考虑的诸多因素等问题逐一论述。

（一）适用宽严相济刑事政策的基本要求：衡平原则

适用宽严相济刑事政策必须明确前提，注意方法。衡平原则，是指在宽严相济刑事政策的司法实践当中，应当坚持严格依法、区别对待和注重效果三项基本要求，并且处理好三者之间的关系。

一是严格依法。刑事司法实践中贯彻宽严相济刑事政策首先就是要严格执行法律，要按照“有法可依、有法必依、执法必严、违法必究”的社会主义法治原则，坚持罪刑法定、罪刑相适应、法律面前人人平等的法律原则，使每一起案件的办理都以事实为根据，以法律为准绳。司法人员在刑事诉讼活动中运用宽严相济刑事政策，要防止以偏概全，既要防止只讲严而忽视宽，又要防止只讲宽而忽视严。而且无论是从宽还是从严，都要于法有据，要充分体现法治精神，不能掺杂人为因素。司法不仅要求公开，而且要求公正；不仅要求实体上严格依照法律规定处理，而且要求程序上严格依照法定程序进行。

二是区别对待。宽严相济刑事政策是以区别对待或者差别对待为根本内容的，强调该宽则宽，该严则严。区别对待是任何政策的基础，没有区别也就没有政策。区别对待主要考虑以下四个方面：（1）因时而宜。中国古代就有“刑罚世轻世重”之说，宽严相济刑事政策在一定时期也会有所侧重，而刑罚轻重取决于这一时期的社会治安状况与犯罪态势。社会治安良好，刑罚该宽时就一定要宽；社会治安不好，刑罚该严时就一定要严。（2）因地而宜。犯罪现象具有一定的地域性，宽严之度应当考虑特定地区的治安状况与犯罪规律。刑罚轻重一定程度上应当考虑一个地区犯罪率的高低和当地打击犯罪的客观需要。（3）因案而宜。现实中的案件是复杂多样的，对于严重犯罪，应当以维护社会秩序，保护人民安宁的公共利益的立场，采取严格的处遇方

① 谢望原、卢建平等著：《中国刑事政策研究》，中国人民大学出版社 2006 年版，第 5—6 页。

式防止其罪行；对于社会危害性不大的轻微犯罪，则尽量采取缓和的或者转向的措施，使其早日回归社会；而对于这两者之间的一般犯罪，则应当强调采取正常的法律程序，适用一般的处遇方式。这三者治理犯罪模式的弹性组合与适用，才能充分体现宽严相济刑事政策的整体功能。[①]（4）因人而宜。刑罚轻重还应当考虑犯罪人的主观恶性大小，对惯犯、累犯等，应当从重处罚；对偶犯、初犯，应当从轻发落，尤其是对于未成人犯罪，应当坚持“教育、感化、挽救”的方针，最大限度地予以轻缓处理。

三是注意效果。司法实践中，贯彻落实宽严相济刑事政策既要讲求执法办案的法律效果，维护法律的严肃性，又要讲求执法办案的社会效果，使执法办案活动有利于震慑严重犯罪、维护社会稳定，有利于化解社会矛盾、减少社会对抗，有利于依法保障人权、维护公民权益，实现法律效果与社会效果的有机统一。刑事司法既要防止搞法律虚无主义，用政策代替法律，又要防止搞纯而又纯的“法律至上”，只知其然，不知其所以然；要善于从宽严相济州事政策所体现的政治意义上理解和运用政策指导办案，把刑事司法活动置于构建和谐社会这一总的政治任务之下，努力提高执法水平，积极运用刑事司法职能化解人民内部的矛盾，促进和谐社会建设，使刑事司法工作真正体现党和国家的意志，反映最广大人民的根本要求。

严格依法、区别对待和注重效果三者是辩证统一、有机联系的整体，缺一不可。其中，严格依法是核心，坚持依法办案，才能保证宽严相济刑事政策的正确方向；区别对待是关键，根据具体案情实事求是，才能保证宽严相济刑事政策落实到位；注重效果是标准，定分止争、促进和谐，才能体现宽严相济刑事政策的实际作用。

（二）适用宽严相济刑事政策的具体思路：统一原则

适用宽严相济刑事政策是一个复杂的过程，从不同的角度会有不同的要求，需要统一考虑各种要求。统一原则，是指刑事司法要坚持实事求是思想路线，按照辩证唯物主义和刑法基本原则的要求，正确处理宽严相济刑事政策司法实践中所涉及的各种关系。这些辩证关系主要包括以下几个方面：

一是坚持执行法律和执行政策的统一。法律和政策都体现了党的主张、人民的意志，都是为构建和谐社会服务的重要工具。根据刑事政策办案是为了更好地执行法律，执行法律要认真遵循政策，执行政策要严格依法进行，既不能将法律与政策对立起来，也不能将法律和政策互相代替，两者要有机

① 陈国庆：“贯彻宽严相济：刑事司法的认知与对策”，载《检察日报》2007年4月26日第3版。

结合，相得益彰。罪刑法定原则是刑事政策不可逾越的藩篱。

二是坚持打击犯罪和保障人权的统一。打击犯罪和保障人权是社会主义刑事法治的基本目标和要求。在刑事司法活动中既要坚决打击犯罪，又要充分体现司法的人文关怀，注意对人权的保护。保护人权不仅包括普通公民的人权，同时也包括犯罪嫌疑人、被告人的人权。宽严相济刑事政策在从严掌握时，要注意依法保障犯罪嫌疑人、被告人的合法权益；在从宽掌握时，要注意依法保障被害人的合法权益，维护国家和社会利益。

三是一般预防与特殊预防的统一。刑罚的最终目标是预防犯罪。一般预防的对象是社会中的不稳定分子，即潜在的犯罪人，其根据社会治安情况的好坏判处和执行刑罚。特殊预防的对象是犯罪人，其根据犯罪人改造的难易程度判处和执行刑罚。宽严相济刑事政策的作用体现为对潜在犯罪人的一般预防和对犯罪人的特殊预防，这两者互相补充，相辅相成，共同演绎出刑事政策的社会效果。

四是坚持实体和程序的统一。实体法是刑事司法的依据，而程序法是刑事司法的保障。实践中，不论是从宽还是从严都不能单纯从实体上考虑，仅仅局限于定罪量刑的环节，还要从程序上进行落实。处理实体和程序之间的冲突时，一是不能冤枉无罪的人。如果某个证据能够证明被告人是无罪的，那么即使是非法取得的证据，也应当采用。二是要作出对被告人有利的选择。在刑事诉讼中，较之以强大的国家司法机关，犯罪嫌疑人、被告人处于弱势，作对他有利的选择，能够在最大程度上避免冤假错案，避免一些不可挽回的错误。①

五是坚持公平正义和诉讼效率的统一。公平正义和诉讼效率是统一的整体，公正是目标，效率是保证。司法实践既要注重公平正义的实现，又要注重探索有利于实现公平正义的最佳途径和方式，提高诉讼效率。例如，实行被告人认罪案件简化审、扩大简易程序的适用范围，以及建立依法快速办理轻微刑事案件机制等。刑事司法必须是在保障公正的前提下提高效率，提高诉讼效率不能牺牲司法公正，不能以损害诉讼当事人的权利为代价。

六是坚持惩罚和教育的统一。刑罚的功能，除安抚被害人及其家属的痛苦和仇恨情绪，平息公众义愤，维护稳定、合理、正常的社会秩序以外，还要通过剥夺犯罪人的自由、财产、权利等，使其遭受生理上、精神上的痛苦而不敢再犯罪。惩罚犯罪是实现正义的需要。惩罚犯罪是教育改造的前提，

① 宋英辉："宽严相济：贯穿于刑事诉讼全过程"，载《检察日报》2007年4月27日第3版。

教育改造应是惩罚犯罪的最终目的。实践中，刑事司法既要达到惩罚犯罪人的效果，也要注意实现教育改造犯罪人的目的。

七是坚持法律效果和社会效果的统一。办案的法律效果是社会效果的前提和保障，社会效果是法律效果的体现和归宿，两者统一于依法办案、正确履行职责的司法过程。实践中，必须把案件置于大局之中加以审视和判断，准确地适用法律，在追求法律效果的同时，保证良好的社会效果；要防止和克服孤立办案、就案办案、机械执法；要讲究办案的方式方法，在依法打击各种犯罪的同时，注意化解社会矛盾，实现社会的公平正义。

（三）适用宽严相济刑事政策的诸种因素：全面原则

适用宽严相济刑事政策一定要坚持具体情况具体分析，综合考虑案件的各种因素，绝不能一叶障目，以偏概全。全面原则，是指司法人员具体办案时，应当按照宽严相济刑事政策的总体要求，从犯罪的行为因素、犯罪人的因素、被害人的因素和社会公共利益因素等方面通盘考虑犯罪嫌疑人或者被告人的刑事责任，并依法对其作出从宽或从严的处置（包括非犯罪化处理和刑事制裁），从而实现刑罚一般预防和特殊预防的目的。具体而言，这些因素包括以下四个方面的内容：

一是犯罪的行为因素。犯罪的行为因素是考量行为人刑事责任的首要因素。犯罪的行为因素具有客观性，它能够直接反映出犯罪的社会危害性程度大小，并且在很大程度上决定着犯罪人刑事责任的大小。犯罪的行为因素主要包括：犯罪行为的性质；犯罪情节，如时间、地点、对象、罪过形式、动机、目的、原因、方法、手段等；犯罪完成的程度和造成的实际危害后果；是否预谋犯罪；犯罪后有无悔罪的表现和试图挽回、减小危害的行为；是否有逃跑或隐匿，毁灭、伪造证据的行为等。

二是犯罪人的因素。犯罪人的因素反映犯罪人的人身危险性大小，这些因素往往与犯罪原因有关，它不仅关系到犯罪人应当承担的刑事责任，而且关系到对犯罪人进行教育改造、使其回归社会的难易程度。但是，犯罪人的因素应有所限制，其限于与犯罪行为相关的一些因素。正如有学者指出："行为并非单纯是人格的体现，而是人格与环境的相互作用中产生的东西。从这一点来看，人格全体并不一定总是与行为联系在一起的，而且，国家不应当判断人格本身。既然目的在于以刑罚来防止犯罪，仅仅在与犯罪行为相互联系的限度来考虑个人的人格或性格就足够了。"① 犯罪人的因素主要包括：犯

① ［日］西原春夫主编：《日本刑事法的形成与特点》，李海东等译，中国法律出版社、日本国成文堂1997年联合出版，第143页。

罪人的年龄和性别，包括老年人、未成年人、男性、女性等；犯罪人的特殊身份，如是否在校学生、国家工作人员等；犯罪人的性格和品质，包括是否一贯品行良好、有无违法犯罪前科、有无不良嗜好等；犯罪人的生理、精神状况，包括是否盲、聋、哑等残疾人，是否患有精神疾病等；犯罪人的经历和所处环境，如受教育状况、家庭状况、居住情况、交友情况、经济状况、是否有正当职业、是否经常受到歧视性待遇以及未成年人是否有双亲或者其他监护人等；犯罪人与被害人的关系，如亲戚朋友、邻居、同事、同学、婚恋关系等；犯罪人与司法机关的合作态度等。

三是犯罪被害人的因素。犯罪被害人是指生命、身体、财产等权益受到犯罪侵害的人。从维护正义、稳定社会秩序、尊重和保护人权的角度，国家在惩罚和预防犯罪的同时应考虑被害人的权益。保护犯罪被害人在刑事政策上的意义在于，维持、确保国民对包括刑事司法在内的法秩序的信赖，由此而对预防犯罪和维持社会秩序作出贡献。① 被害人的因素主要是：犯罪对被害人在生理、精神、物质等方面造成的客观损害后果；犯罪人对被害人赔偿和赔偿的落实情况；被害人及其家属对犯罪人的态度，是强烈要求严惩犯罪，还是达成了对犯罪人的谅解，表示同意或要求对犯罪人从轻处罚等。

四是社会公共利益的因素。刑事犯罪不仅侵害了个人利益，而且侵害了社会利益，因此，社会公共利益是刑事政策所需考虑的重要因素之一。例如，英国皇家检察官准则规定，起诉案件时要权衡当地公众的态度和特定的犯罪行为在当地或全国范围内的流行情况。② 社会公共利益因素，又称公众利益，是指司法机关办案必须符合社会公众的整体利益和最大多数人的期待。从性质上说，社会公共利益的因素既包括国家利益、社会利益，也包括被害人利益和被告人利益。一般说来，国家利益、社会利益与个人利益根本上是一致的，但特殊情况下，三者之间可能存在冲突。在刑事诉讼活动中，不能以国家利益、社会利益之名否定或者忽视个人利益，特别是被告人的利益，因为保障人权是维护国家利益与社会利益的基础，侵害被告人人权意味着存在侵害每个公民权利的危险性，最终必将侵害社会公众利益。从内容上说，社会公共利益的因素包括犯罪行为对社会秩序和公众安全感的影响程度、社会公众对这类犯罪的态度、社会公众对案件当事人的关注程度、社会公众对案件处理结果的认同程度、案件处理结果对维护社会秩序和公众安全感的实际作

① ［日］大谷实著：《刑事政策学》，黎宏译，法律出版社2000年版，第309页。

② 樊崇义主编：《刑事诉讼法实施问题与对策研究》，中国人民公安大学出版社2001年版，第388页。

用和预防犯罪的效果、诉讼活动的经济成本，以及犯罪行为是否影响国家安全、涉及商业秘密或者个人隐私等。

综上，宽严相济刑事政策是以中国马克思主义哲学为指导，根据当前我国的犯罪态势和国内外形势需要而制定的与犯罪作斗争的基本指导方针和策略。它是对惩办与宽大相结合刑事政策和严打方针在历史上的一种传承与超越，也是社会主义刑事法治对构建和谐社会这一政治目标的有力回应。司法实践中，应当遵照衡平原则、统一原则和全面原则正确处理宽严相济刑事政策的辩证关系，充分发挥刑法（罚）功效，最大限度地化消极因素为积极因素，不断增加社会的和谐程度。

“宽严相济”刑事政策的时代含义及实现方式

黄京平*

政策，从基本意义上讲，是指政治国家或社会公共组织为管理公共事务而制定的指导方针和行动方案。① 尽管我国学者对于刑事政策的概念、对象、内涵与外延等还有着基本的争论②，但这并不妨碍对刑事政策加以研究。不过，由于本文行文中必然要涉及刑事政策界定的相关问题，因此有必要表明本文是在何种作用范围内讨论刑事政策。自有国家之日起，犯罪以及与之有关的越轨行为就与国家的刑事政策有着千丝万缕的联系。刑事政策的研究衍生于犯罪学的研究，而犯罪学的研究也并不限于单纯法定的犯罪，还包括违法行为与一定的不道德行为，所以刑事政策的作用领域必然不只限于刑法规定的犯罪，与刑法犯罪有关的违法行为以及一定的不道德行为也是其作用的对象。

近来有关司法机构和刑法学者提出了“宽严相济”的刑事政策，对这一说法，学界存在不同看法，大体分为两派观点：一派观点认为，我国刑法曾经确立“惩办与宽大相结合”的刑事政策，“宽严相济”刑事政策与“惩办与宽大相结合”刑事政策二者之间属一脉相承，“宽严相济”本身并非一种新的刑事政策；另一派观点认为，“宽严相济”的刑事政策与“惩办与宽大相结

---

* 中国人民大学刑事法律科学研究中心教授、博士生导师。

① 梁根林：《刑事政策：立场与范畴》，法律出版社2005年版，第1页。

② 例如有的学者则认为我国目前学者对刑事政策的概念的界定仍停留在狭义刑事政策上，应当引入广义甚至最广义的刑事政策观（参见［法］米海依尔·戴尔马斯—马蒂著：《刑事政策的主要体系》，卢建平译，法律出版社2000年版，译者序第1—2页）；有的学者认为法国的刑事政策学不仅是不当扩张，而且是无限扩张，主张重构刑事政策学（参见何秉松主编：《刑事政策学》，群众出版社2002年版，编者序第3页）；还有的学者认为刑事政策概念可以从“一分说”、“二分说”、“三分说”三个层面展开（参见梁根林：《刑事政策：立场与范畴》，法律出版社2005年版，第3—10页）。

合”的刑事政策之间形似而神不似，属于新的刑事政策。[①] 笔者以为，前一派观点只是注意到两种刑事政策的表面相似之处，而对蕴涵于其中且作为其精神支柱的价值取向置之不顾，值得商榷。“宽严相济”刑事政策并非是对“惩办与宽大相结合”刑事政策简单的名词置换，其是我们处在新时期，面对刑事案件数量急剧增加，就刑事法律如何保持社会良好运行状态所作的新思考、提出的新理念，其背后有着积极的时代意义与实务价值。

一、“宽严相济”刑事政策的时代定位与评价

（一）“宽严相济”刑事政策的时代定位

法律是具有相对稳定性的规范，其不能太灵活，否则就难以发挥规范指引的作用，而且也不利于一个民族法律精神的形成。但其又不能过于稳定，否则就难以适应不断发展变化的社会需要。刑事政策虽然从一般的法律与政策的关系上来讲，是一种比法律更为灵活的事物，但是在刑事法领域，一个总的政策也必须是相当稳定的，否则在制定、适用刑事法律上就会出现偏差。我国 1979 年刑法第 1 条开宗明义地将“惩办与宽大相结合”政策作为刑法的立法依据之一，此后这一政策指导刑事立法、司法长达二十多年，而这一政策的历史追溯则可能要到革命根据地时期的刑事政策。可见总的刑事政策的稳定性在一定意义上并不比刑事法律逊色。不过这并不代表总的刑事政策不会因为时代的变化发生质的变化，笔者认为随着我国刑事立法、司法的日趋完善，人权保障观念的潜移默化，虽然 1997 年刑法对刑事政策没有新的表述规定，但是目前“宽严相济”刑事政策的提出，就是对原有“惩办与宽大相结合”刑事政策的变革，这一刑事政策的时代定位与之前“惩办与宽大相结合”刑事政策有着很大的不同，直接体现在表述方式、侧重基点、司法倾向以及关注重点等方面。

1. 表述方式的不同

刑事政策的表述，尤其是一段相当长时期的总的刑事政策的表述，必须是严谨的表述。同时，对于某一时期总的刑事政策的理解也必须恪守其表述的方式。不少学者认为“惩办与宽大相结合”与“宽严相济”两个刑事政策没有实质内容上的变化，可能只是看到了都存在着惩办与宽大、宽与严两方面内容，然而两个刑事政策表述方式的细微区别，已经表明两者之间有所不同。这并非是文字游戏，而是反映了表述的重心所在。位序上的变化在规范

① 在四川绵阳召开的“宽严相济的刑事政策与和谐社会构建”研讨会曾对“宽严相济”刑事政策的地位、作用作了集中的讨论。

学中有着特殊的意义，例如刑法规定故意杀人罪的刑罚是“死刑、无期徒刑或者十年以上有期徒刑”，规定放火罪造成严重结果的刑罚是“十年以上有期徒刑、无期徒刑或者死刑”，就表明在如何适用刑罚问题上，立法者的态度是对于故意杀人的首先考虑适用死刑，而对造成严重结果的放火行为首先考虑的是十年以上有期徒刑。这一原理体现在刑事政策表述上，就是：“惩办与宽大相结合”，“惩办”在前，“宽大”在后，刑事政策的重点体现在“惩办”上；“宽严相济”的重点则体现在“宽”上。

2. 侧重基点不同

表述方式上显示出两种政策不同，只是浅层面的理解。具体到实际内容，“惩办与宽大相结合”政策强调的是犯罪化、重刑化和监禁刑化，而“宽严相济”政策强调的更多是非犯罪化、轻刑化和非监禁化。当然过去在“惩办与宽大相结合”政策指引下，刑事立法也有过非犯罪化的举措，如对流氓罪、投机倒把罪等罪名的部分非犯罪化，但是这与新近所提倡的“宽严相济”刑事政策所指引的非犯罪化，并不完全在一个层面上（这一点在下文中会有展开）。这里所说的非犯罪化，在立法层面上并不见得有多大空间，尤其是在1997年刑法施行之后，很大程度上立法非但不是非犯罪化而是犯罪化。由于新刑法确立了罪刑法定的原则，不再允许类推入罪，新刑法之后的单行刑法和刑法修正案体现的是一个明显的犯罪化过程。此外，非犯罪化主要是西方国家兴起的一种法律运动，由于刑事法律体系上的差异，这一观念对于我国是否适用还是个问题，例如在西方国家一些规定为犯罪的行为在我国主要是治安管理处罚法调整的对象。[①]

3. 司法倾向的不同

以前在“惩办与宽大相结合”刑事政策指导下，刑事司法对案件的处理，有明显的倾向，即“可捕可不捕的捕”、“可诉可不诉的诉”、“可判可不判的判”，这主要是受“惩办”重心的影响，而“宽严相济”刑事政策的提出，从有利于行为人的立场出发，在司法倾向上恰好相反，即“可捕可不捕的不捕”、“可诉可不诉的不诉”、“可判可不判的不判”。另外，原来的“惩办与宽大相结合”政策针对的只是少数犯罪，例如未成年人犯罪等，其适用范围相对较为狭隘，而“宽严相济”刑事政策是针对相当数量的犯罪，其适用的

① 国外的犯罪构成体系中只有质的因素，而鲜有量的考虑（这可能就是为什么有可罚性是构成第四要件观点的原因吧），因此，很多情况下，轻微的危害社会的行为也被认为是犯罪。而我国的构成要件体系不仅有质的规定，而且有量的描述，因此规定在我国刑法中的犯罪都是有着比较严重危害性的行为。

犯罪类型不但包括重罪而且包括轻罪，其适用的对象也不限于从前有限的未成年人犯罪等，还包括社会转型时期利益调整下经济弱势群体的犯罪、进城务工人员实施的犯罪等。

4. 关注重点的不同

“惩办与宽大相结合”刑事政策的提出和实施，在相当长的一段时期内是基于治安环境恶化的现实，希望通过贯彻这一政策来改善治安状况，其关注重点有一定的片面性与偏颇性，当然这一特点与过去政策制定者如何看待犯罪现象和刑法功能有关，那个时期法律工具论的观点占据支配地位，当社会治安显示出恶化的趋势，就习惯运用刑法手段加以严厉打击，以使社会治安回到正轨。而随着政策制定者对犯罪现象认识的科学化、理性化，开始意识到从法律工具论的视角看待刑法作用，并不能很好地实现政策的预期，在这种背景下，“宽严相济”刑事政策的提出，是对刑法工具论的扬弃，其目的不仅在于要通过贯彻这一政策来维持社会治安，还要保持社会的稳定与良性运行，有利于和谐社会的构建，为社会发展进步提供保障。

（二）“宽严相济”刑事政策的时代评价

“宽严相济”刑事政策的提出具有十分重要的时代意义。尽管原来的“惩办与宽大相结合”的刑事政策在表述中也有“宽严相济”的成分，但是由于当时历史大背景的影响，我们对于犯罪现象与国家和社会间关系的认识的偏差，导致了在实际操作中有所偏失。应当说“宽严相济”刑事政策的提出，是一种科学、理性的回归，是我们正视社会稳定与犯罪增长关系后的理性回应。

自20世纪80年代起，我国进入社会主义市场经济建设、社会转型时期，各方面利益冲突比较突出，与此同时犯罪数量也经历了激增的过程，面对刑事案件的急剧增加，社会对犯罪最初和本能的反应是惊恐、不知所措，认为犯罪是社会的恶瘤，必须严厉地加以铲除。但是随着理论的成熟，以及工具主义刑罚措施的收效渐微，我们逐渐认识到在现有社会经济历史条件下，犯罪态势是不可能通过单纯的刑罚作用加以大幅度改变，犯罪本身也遵循着一定的规律，所以当前针对种种犯罪，正确的态度是不要对其加以苛求，只要能够将犯罪限制在不妨碍社会良性运行的程度之内就已经实现了刑法的价值，至于如何从根本上去改变犯罪现状，这并非单纯是刑法的任务，也不单纯是刑事政策的任务，这一点已经为犯罪实证主义与各国打击犯罪的实践不断证明。在对我国犯罪态势进行科学判断的基础上，提出“宽严相济”的刑事政策，可以帮助我们对犯罪进行理性思考与沉着应对，而不是只追求刑法对犯罪抑制所能带来的短期效应。

此外，“宽严相济”的刑事政策在某种意义上是对我国民族和中华文化的复兴，是一个重要的契机。我国民族和中华文化的复兴，既要对传统中优秀的部分加以发扬光大，也包括对世界上先进国家的合理部分适当本土化。在法律层面上表现为必须适当地发展现代法治理念。现代法治理念以人权保障为核心，和谐地调和人权保障与法益保护之间的关系。“宽严相济”刑事政策正是现代法治理念的一部分，其主张重点在宽，以适当有利于行为人为出发点，贯彻“宽严相济”的刑事政策，可以丰富发展民族精神、民族文化，为民族和文化复兴提供法律理念与制度层面的条件。

二、“宽严相济”刑事政策的实现方式

这个问题实际上就是当代我国刑法领域应提倡的非犯罪化、轻刑化、非监禁化实现的途径。这些目标的实现主要分两个层面，一个是立法层面，一个是司法层面，司法层面又分为实体法方面和程序法方面。正如前面所述，1997 年刑法施行以后的修订过程，是一个明显的犯罪化过程，罪刑法定原则的确立要求立法者尽可能考虑现阶段需要动用刑事手段制裁的行为，而且随着我国社会主义市场经济的建设，社会进入重要的转型时期，出现了许多需要用刑法加以保护的重要社会关系。而且，正如前述，我国刑法的构成要件是质与量的结合，与西方国家所倡导的犯罪化的大背景不同，更何况即便是在西方国家刑事法律体系中，也不单纯是非犯罪化一种运动，犯罪化与非犯罪化是一个共存的运动。所以我国在刑法立法层面上的非犯罪化空间不大，甚至就目前我国犯罪圈的划定范围来看，相当长时间内刑法立法的重心不应是非犯罪化而应是犯罪化，因为我国刑法当前的实际保护范围与刑法调控社会的应然需要相比，可能还存在着相当的距离。所以，在当前中国刑事法制的背景下，贯彻“宽严相济”刑事政策更多应该关注的是司法层面的非犯罪化、轻刑化和非监禁化，实现这一目标，笔者以为大致可以从以下几个方面和途径着手。

首先，充分利用现有的刑事立法和司法解释的资源。司法层面的非犯罪化、轻刑化和非监禁化也必须或尽可能以规范性文件为依托，这是罪刑法定原则的必然要求。我国的刑事立法和司法解释资源在很多方面对于罪与非罪、捕与不捕、诉与不诉、判与不判都有所规定。正确认识到这些资源的存在，对于贯彻“宽严相济”的刑事政策有着十分重要的根据意义。举例来说，如 1998 年最高人民法院《关于审理盗窃案件具体应用法律若干问题的解释》第 6 条第 2 项规定：“盗窃公私财物虽然已达到‘数额较大’的起点，但情节轻微，并具有下列情形之一的，可不作为犯罪处理：1. 已满 16 周岁不满 18 周

岁的未成年人作案的；2. 全部退赃、退赔的；……”这样的例子在实体法与程序法中都可以找到很多，这些就是我们在司法上贯彻“宽严相济”刑事政策的规范依据。

此外，不仅刑事立法和司法解释资源，其他相关部门法的资源也必须加以很好利用。例如治安管理处罚法第2条规定：“扰乱公共秩序，妨害公共安全，侵犯人身权利、财产权利，妨害社会管理，具有社会危害性，依照《中华人民共和国刑法》的规定构成犯罪的，依法追究刑事责任；尚不够刑事处罚的，由公安机关依照本法给予治安管理处罚。”但是在该法关于违反治安管理的行为规定中，多处与刑法中的表述区别不大，甚至没有区别，例如关于卖淫嫖娼行为的规定、涉毒行为的规定、破坏计算机信息系统行为的规定等，此外该法还将很多刑法意义上的未遂犯纳入到治安管理处罚法中，对待这些行为，尽管从法律效力等级上来说刑法要高于治安管理处罚法，但是出于贯彻“宽严相济”刑事政策的考虑，从有利于行为人的角度出发，也必须有效地将类似规定加以利用，在“宽严相济”政策指导下适当地宽大处理。

其次，在贯彻“宽严相济”刑事政策的时候要注意到立法与司法的分工，要注意到刑法与刑事政策的侧重不同。应当看到，今后相当一段时间内，由于改革、开放、商品经济的发展，社会发生了巨大变化，刑法法网趋严的势头不会改变，而从刑罚的目的、功利的得失、时代趋势等考虑，“不厉”更具有合理性。[①] 一方面在刑法立法上对相应的犯罪的法定刑应当轻刑化，另一方面在司法层面更多考虑非犯罪化、轻刑化、非监禁化。这一点已经在我国相应司法机关开展的改革举措中有所表现，例如我国目前司法界所进行的暂缓起诉、刑事和解、恢复性司法等方面的尝试。

另外，对刑法与刑事政策的侧重点不同也应该有所认识。我国有的学者认为：“刑事政策有基本的刑事政策和具体的刑事政策之分，刑法也存在立法和司法的分野。就刑事政策与刑法立法来讲，刑事政策是刑法的灵魂，刑事政策高于刑法；就刑事政策与刑法司法来讲，刑法高于刑事政策，刑事政策只能在刑法的框架内运作。指导刑法立法的刑事政策是基本刑事政策；影响刑法司法的是具体刑事政策。”[②] 笔者以为此观点有商榷之处，作为基本刑事政策“宽严相济”显然不是仅仅在立法层面上起指导作用，它在司法层面同样起着不可忽视的作用。应当说基本刑事政策与刑法的基本原则，都是贯穿

① 储槐植：“严而不厉：为刑法修订设计政策思想”，载《北京大学学报》（哲学社会科学版）1989年第6期。

② 周洪波、单民：“论刑事政策与刑法”，载《当代法学》2005年第6期。

于刑法立法与司法始终的，不可能有只对刑事立法而不对刑事司法起作用的基本刑事政策。

最后，要准确确立司法行为政策化的地位和功能。在此有必要对司法行为政策化这个概念加以解释。首先提出这个概念不是要脱离罪刑法定的约束，离开法律另搞一套，而是说在严格执行法律的前提下，在法律资源所赋予的自由裁量权的范围内，“宽严相济”，从宽出发，对刑事案件作科学的、合理的处理。司法行为政策化与从前的法制不健全、定罪可以依据刑事政策的做法有着本质上的不同，是在科学分析司法行为的逻辑过程以及充分重视政策在司法适用中的导向作用的必然结论。司法行为政策化在我国司法不平衡现象比较严重的当前，有着十分重要的意义。将相应的刑事政策贯彻进司法行为中，形成司法人员在处理案件中的统一司法理念，可以尽可能地消减由于司法人员对于法律认识的不同带来的负面作用。笔者以为，在贯彻“宽严相济”刑事政策的具体途径中，司法行为政策化，具有至关重要的意义。前面所陈述的利用立法、司法解释资源只是为司法行为政策化提供法律上的依据，分清立法与司法之间的分工是为了避免司法行为政策化出现僭越立法的负面影响，而司法行为政策化，才是整个问题的关键。

司法行为，尤其是刑事司法行为，我国学者归纳出应该是一个典型的“三段论”过程[①]，其大前提是刑事法律，小前提是案件事实的抽象，结论是司法结果。刑事司法严格遵循这样的形式逻辑，是贯彻和体现“罪刑法定”基本原则的要求使然。然而任何条文都是对现实具体现实的抽象化，在面对具体案件具体情况时，要经历一个具体事实再抽象的过程，相应地自然导致如下的问题，即在确定大前提过程中，其范围的周延存在着符合与不符合的“灰色地带”，这是由人类立法语言的天生缺陷所衍生的现象，立法再完善，也只是对这个地带范围加以缩小，但却永远也无法消除。对于“灰色地带”的范围，不同的司法人员在实际操作中，可能会有不同的看法，而且处于这个范围的自由裁量，无论是偏向罪与非罪、偏重与偏轻、监禁与否都是合法的，这种情况下，贯彻不同的刑事政策就会得出不同的处理结果。可能有的学者认为刑法和司法解释对于量刑情节都有所规定，只要准确适用这些量刑情节，也就无所谓刑事政策的指引，刑事政策在此也就可有可无，这种看法有很大的片面性，主要是没有认识到上述司法领域中的“灰色地带”，以为单凭“准确适用”和“量刑情节”就可以解决问题，这不能不说是对司法行为

① 张明楷：《刑法的基本立场》，中国法制出版社 2002 年版，第 91—92 页。

所报有的一种幻想。同样的案件遭遇“灰色地带”，在“宽严相济”刑事政策的导向下与在“惩办与宽大相结合”的导向下，处理结果可能完全不同。仍以前述1998年最高人民法院《关于审理盗窃案件具体应用法律若干问题的解释》第6条第2项规定为例，解释使用的是“可不作为犯罪处理”，也就是说对所列情形作为犯罪处理也是合法的，那么对“被胁迫参加盗窃活动，没有分赃或者获赃较少的”的“获赃较少”的理解差异就直接关乎罪与非罪。究竟多少的赃物算“较少”，刑法和司法解释都没有规定，在“惩办与宽大相结合”刑事政策指导下，司法人员可能更多倾向将“较少”的基点降得比较低，行为人构成犯罪；在“宽严相济”刑事政策指导下，司法人员可能更多倾向将“较少”的基点提高，行为人不构成犯罪。由此可见司法行为政策化，对贯彻刑事政策的作用必须加以重视。

宽严相济政策的司法适用

张智辉*

实施宽严相济的刑事司法政策，是十六届六中全会在《中共中央关于构建社会主义和谐社会若干重大问题的决定》中，从构建社会主义和谐社会出发，对政法工作提出的明确要求，也是近年来刑事法律学界讨论的一个热点话题。

贯彻落实宽严相济的刑事政策，对于有效打击犯罪和预防犯罪，化解矛盾、维护社会稳定、依法保障人权，实现法律效果与社会效果的有机统一，促进社会和谐，都具有重要意义。但是如果这个政策运用不当，也会导致南辕北辙的结果。因此，贯彻宽严相济的刑事政策，一定要强调和保证它的正确运用。

一、司法实践中如何区分宽与严

一般认为，宽严相济的刑事政策就是对刑事犯罪分清轻重，区别对待，该严则严，当宽则宽，宽中有严，严中有宽。① 宽严相济应该包括三层含义、六个方面：即“该严则严，当宽则宽；严中有宽，宽中有严；宽严并用，宽严有度”。其中，第一层含义讲的是区别对待，要按照刑法的规定，对应当从严的，要严厉打击；对应当从宽的，要从宽处理。严厉打击，包括在侦查时要严肃认真，在认定时要从严掌握，在处理时要从重处罚。但是从重处罚不是严打时强调的那种“顶格判处”，而是要根据案件的具体情况，在刑法规定的法定性幅度内考虑从重。从宽处理，也不是放纵犯罪、一概不予追究，而是在查清案件基本事实的基础上，从宽掌握认定犯罪的标准，从宽适用不起

* 最高人民检察院检察理论研究所所长，博士生导师。

① 参见马克昌：“宽严相济的刑事政策与死刑的完善”，载赵秉志主编：《和谐社会的刑事法治》（上卷：刑事政策与刑罚改革研究），中国人民公安大学出版社2006年版，第707页。

诉，并在被告人认罪的基础上简化案件办理的程序，从轻判处刑罚。第二层含义讲的是合理适用，要根据案件的具体情况，合理地区分行为人的责任，即使是重罪，如果行为人的责任较小或者具有从轻处罚的情节，也要在刑法规定的范围内从宽处理；即使是轻罪，如果行为人的责任较大或者情节比较恶劣，也要在刑法规定的范围内从严处理。第三层含义讲的是平衡执法，在整个司法活动中要保持刑法适用的均衡性，不能顾此失彼，而要兼顾不同的方面；不能说严就严得过分，说宽就宽大无边，而要保证全面正确地执行刑法。

然而，“该严则严，当宽则宽”，说起来很容易，做起来很难。因为，什么情况下“该严”，什么情况下“当宽”，本身需要深入的研究，特别是在具体案件中对具体的行为人究竟该严还是当宽，并没有一个明确的、可以让办案人员直接操作的标尺。

笔者认为，根据刑法的规定及其精神，在司法实践中可以从四个层次来把握该严还是当宽：

（一）从刑法的明示规定上区分宽与严（第一级）

刑法中明确规定从重处罚的，应当从严；明确规定应当或者可以从轻、减轻或者免除处罚的，应当从宽。

刑法总则中规定了应当从轻、减轻或者免除处罚的12种情况：（1）对于尚未完全丧失辨认或者控制自己行为能力的精神病人犯罪的，可以从轻或者减轻处罚；（2）又聋又哑的人或者盲人犯罪，可以从轻、减轻或者免除处罚；（3）预备犯可以比照既遂犯从轻、减轻处罚或者免除处罚；（4）未遂犯可以比照既遂犯从轻或者减轻处罚；（5）中止犯应当免除处罚或者应当减轻处罚；（6）从犯应当从轻、减轻处罚或者免除处罚；（7）胁迫犯应当按照他的犯罪情节减轻处罚或者免除处罚；（8）被教唆的人没有犯被教唆的罪，对于教唆犯可以从轻或者减轻处罚；（9）自首可以从轻或者减轻处罚，其中犯罪较轻的，可以免除处罚；（10）有立功表现的，可以从轻或者减轻处罚；（11）有重大立功表现的，可以减轻或者免除处罚；（12）犯罪后自首又有重大立功表现的，应当减轻或者免除处罚。刑法分则中规定了3种可以从轻或者免除处罚的情况，涉及六个条文七个罪名：第一种情况是贪污罪和受贿罪。按照刑法第383条和第386条的规定，犯贪污罪、受贿罪后有悔改表现、积极退赃的，如果贪污或者受贿数额不大，可以减轻处罚或者免予刑事处罚，由其所在单位或者上级主管机关给予行政处分；如果贪污或者受贿数额较小（但已构成犯罪）并且情节较轻的，由其所在单位或者上级主管机关酌情给予行政处分，即可以不作为犯罪处理。第二种情况是行贿罪。按照刑法第164条、

第 390 条、第 392 条的规定，犯向公司、企业或者其他单位人员行贿罪、行贿罪、介绍贿赂罪的，行为人在被追诉前主动交代行贿行为的，可以减轻处罚或者免除处罚。第三种情况是非法种植毒品原植物罪。按照刑法第 351 条的规定，非法种植罂粟五百株以上不满三千株或者其他毒品原植物数量较大的，即构成犯罪，应处五年以下有期徒刑、拘役或者管制，并处罚金，但是如果行为人在收获前自动铲除的，可以免除处罚。

具体案件中有刑法总则和分则规定的上述情况之一的，就应当考虑对有关犯罪人依照刑法的规定从宽处理。

按照刑法规定，应当从严的情况，总则中有两种：教唆不满十八周岁的人犯罪的，应当从重处罚；累犯应当从重处罚。刑法分则中明确规定从重处罚的，有以下八种情况：一是以特定人员（主要是未成年人）为对象实施的犯罪，如奸淫不满十四周岁的幼女的，以强奸论，从重处罚；二是以受保护物品为对象的犯罪，如盗伐、滥伐国家级自然保护区内的森林或者其他林木的，从重处罚；三是有特殊身份的人实施的或者利用职务便利实施的普通犯罪，如国家机关工作人员犯诬告陷害罪的，从重处罚；四是复合型犯罪[1]，如伪造货币并出售或者运输伪造的货币的，依照本法第一百七十条的规定定罪从重处罚；五是以特定手段实施犯罪的，如武装掩护走私的，依照本法第一百五十一条第一款、第四款的规定从重处罚；六是犯罪中具有特定情节的，如非法拘禁他人或者以其他方法非法剥夺他人人身自由，具有殴打、侮辱情节的，从重处罚；七是特定时期实施犯罪的，如战时破坏武器装备、军事设施、军事通信的，从重处罚；八是与特定对象结合实施的犯罪，如与境外机构、组织、个人相勾结，实施刑法分则第一百零三条、第一百零四条、第一百零五条规定之罪的，依照各该条的规定从重处罚。刑法中规定的应当从重处罚的这八种情况，反映了刑法评价的价值取向，即这些情节，在刑法评价上属于刑法强烈否定的情况，所以在处理上对其要坚持从严的精神。这些规定，都是在对犯罪人适用刑法时必须遵守的。有这些情节之一，就是应当从严处理的案件。

① 在刑法理论上，有吸收犯和牵连犯之说。吸收犯是指实际上是两个以上的行为分别都构成犯罪，但是由于刑法的规定，按一个罪论处；牵连犯是指实际上是一个行为过程，但是其目的行为或者手段行为可以独立构成犯罪，在处理上按一个罪从重处罚。此处所说的复合型犯罪是指分别实施其中任何一个行为就构成犯罪，而实施了相关的两个行为的犯罪。它既包括某些所谓的吸收犯，也包括某些所谓的牵连犯。

（二）从罪种上区分宽与严（第二级）：

从罪种上看，重罪应当从严；轻罪应当从宽；可轻可重的罪应当根据情节来决定从宽还是从严。

1. 轻罪

轻罪是指刑法中规定的法定最高刑为三年以下有期徒刑的犯罪。

以法定最高刑为三年以下有期徒刑为标志来界定轻罪，其主要理由是：第一，我国刑法中规定的有期徒刑最长为十五年有期徒刑（数罪并罚的除外），而三年以下有期徒刑，在有期徒刑中不超过最高有期徒刑的五分之一，应当属于比较轻的；第二，在社会观念上，两三年一般认为不算什么，但是坐五年七年牢谁也不会说无所谓；第三，在法律上，刑法规定应判刑罚在三年以下的，可以适用缓刑，表明在法律评价上，三年有期徒刑属于较轻的犯罪；第四，刑法中规定最低刑为三年以上有期徒刑的犯罪都是比较一直的犯罪，把轻罪界定为法定最高刑为三年以下有期徒刑，可以与法定最低刑为三年以上有期徒刑的犯罪（即重罪）相衔接。

在刑法中①，法定最高刑在三年以下的有 81 个条款，85 个罪名。其中：三年以下的 68 个条款，71 个罪名；二年以下的 11 个条款，12 个罪名；一年以下的 2 个条款，2 个罪名。在这 81 个条款中，58 个条款都是以情节为犯罪构成要件的。这说明在轻罪中，情节的轻重是区分罪与非罪的重要因素。

2. 重罪

刑法规定的法定最低刑为三年以上有期徒刑的犯罪应当属于重罪。

从刑法中的规定看，最低刑在三年以上有期徒刑的犯罪，其最高刑往往是死刑、无期徒刑或者十五年有期徒刑，至少是十年有期徒刑。这本身表明，这些犯罪在刑法评价中属于比较严重的犯罪。

刑法中法定最低刑在三年以上有期徒刑的 33 个条款，37 个罪名。这些犯罪，由于刑法规定的刑罚起刑点很高，所以刑法学界一般都认为它们是重罪。对于这些犯罪，自然应当从严适用刑法。

3. 可轻可重的罪

刑法规定的法定刑最低为管制、拘役或者六个月有期徒刑，而最高在五年有期徒刑以上的，应当属于可轻可重的犯罪。

从刑法中的规定看，除了前述两种情况之外，其他犯罪的法定刑，都是从管制、拘役、6 个月有期徒刑或者剥夺政治权利、罚金起，到五年、七年、

① 本文中有关刑法中相关数据的统计仅限于 1997 年修订后的刑法，没有包括此后对刑法的补充修改和修正案。

十年、十五年有期徒刑或者无期徒刑、死刑。其中，从拘役或者六个月有期徒刑到无期徒刑、死刑的就有50个条款。有的甚至是从不予追究刑事责任一直到可以判处死刑，如贪污罪、受贿罪。这些犯罪，既可以是很轻的罪，也可以是很重的罪。并且这类犯罪在我国刑法中所占的比例很大。也就是说，我国刑法中的大部分犯罪，单纯从罪名上很难说它是重罪还是轻罪，都需要根据犯罪的具体情节来决定从宽还是从严。

（三）从犯罪情节上区分（第三级）

情节重的应当从严；情节轻的应当从宽。

情节是刑法中一个非常重要的范畴。“情节”一词在整部刑法中先后就出现过293次（其中总则10处，分则283处），是使用频率最高的一个词。

在我国刑法分则的350个条文中，有519处使用了不确定的词语作为行为构成犯罪的法定要件或者作为划分法定刑档次的事实根据。其中，刑法分则中使用“情节严重”一词就有137处。在137处情节严重的规定中，有66处是关于提高法定刑档次的规定，有71处是关于犯罪构成要件的规定。这71个“情节严重”，涉及68个条文76个罪名。还有一些地方使用了情节、恶劣情节、情节严重等。另外有41处使用了“数额较大”，46处使用了“数额巨大”，10处使用了“数量较大”，9处使用了“后果严重”，15处使用了“后果特别严重”，59处使用了“造成严重后果”，46处使用了“造成重大损失”。因此，如何正确理解和准确把握情节的含义，是正确贯彻宽严相济司法政策的一个重要方面。

情节对犯罪的认定和处理具有重要的意义，那么如何确定情节的轻重呢？笔者认为，应当从以下几个方面来把握：

“情节”严重与否，通常是就行为的客观表现而言的。由于情节严重与否直接关系到行为对社会的危害程度，所以对于行为是否构成犯罪以及是否应当处以较重的刑罚，具有直接的关系。对一个具体案件，衡量情节是否严重，应当考虑以下一些因素：（1）行为的次数；（2）行为所及产物或物品的数量；（3）行为所造成的结果及其危害程度；（4）行为所引起的后果及其影响程度；（5）是否结伙实施；（6）是否在特定的时间、地点实施；（7）是否以特定的方式或者针对特定的对象实施。这些因素都可能影响到行为对社会的危害程度，因而是衡量情节是否严重的主要参数。在刑法将“情节严重”规定为犯罪构成要件的情况下，这些因素直接决定着行为是否构成犯罪；在刑法对“情节严重”或者“情节特别严重”规定了较重的法定刑档次的情况下，这些因素亦是适用较重的法定刑的事实依据。而在刑法没有明确规定情节的犯罪中，这些因素也可能影响到对行为是否构成犯罪或者是否适用较重的刑罚。因此，这些因素是决定对犯罪人从严还是从宽时应当考虑的因素。

"情节"恶劣与否，通常是就行为人的主观心态而言的。由于它直接关系到行为的性质和行为人的法律容忍度，因而也会在一定程度上影响犯罪的构成，并且直接影响到人们对行为人可改造程度的认识，进而影响对其应当适用的刑罚。衡量"情节"是否恶劣，应当考虑以下一些因素：（1）行为的动机是否卑劣；（2）行为的目的是否恶毒；（3）对行为危害性的认识程度是否清晰；（4）行为方式、手段所反映的心态被社会接受的程度或者接近一般人心态的程度；（5）犯罪的实施是否具有预谋以及预谋的情况；（6）对犯罪的发生是否具有原因力（行为人先前的行为是否具有引起、导致犯罪发生的作用）；（7）在共同犯罪中是否属于策划、组织、指挥者；（8）在行为实施过程中是否表现出不顾一切后果地去实现犯罪目的，或者刻意排除困难地去实施犯罪行为，或者不听劝阻和告诫执意要实施犯罪行为。这些因素都在一定程度上反映了行为人的主观恶性，有的甚至影响到行为的性质和危害程度或者行为人的责任程度。因此在刑法将"情节恶劣"规定为犯罪构成要件的情况下，直接决定着某个具体行为是否构成犯罪；在刑法没有将"情节恶劣"规定为犯罪构成要件的情况下，这些因素也应当成为考虑是否对犯罪人从严还是从宽的因素。

值得注意的是，刑法在关于情节的一般规定中，往往只使用情节严重或者情节恶劣一个用语，这并不意味着立法者在此只规定了客观方面的情节或者只规定了主观方面的情节。这样规定，一是为了法律语言的洁简；二是因为行为本身的特点不同；三是对行为构成犯罪所要求的侧重点不同（使用"情节严重"的，侧重点一般在于行为的危害；使用"情节恶劣"的，侧重点一般在于行为本身的性质和手段）。无论是对于情节严重的认定还是对于情节恶劣的认定，都应该全面考虑行为的主客观方面的表现，进行综合分析。

（四）从犯罪后的表现上区分宽与严（第四级）

饰罪（隐瞒掩饰罪行）的应当从严；悔罪的应当从宽。

关于犯罪人在犯罪后的表现，刑法中明确规定了三种情况：一是犯罪后自首的，可以从轻或者减轻处罚，其中犯罪较轻的可以免除处罚（刑法第67条）；二是犯罪后有立功表现的，可以从轻或者减轻处罚，有重大立功表现的，可以减轻或者免除处罚，犯罪后自首又有重大立功表现的，应当减轻或者免除处罚（刑法第68条）；三是犯罪后有"悔罪表现"，并且被判处拘役、三年以下有期徒刑的，可以宣告缓刑。这些规定表达了刑法的一个基本精神，即对于犯罪分子，如果其犯罪之后有悔改表现，表明其能够真诚悔改，刑法就给予宽大处理。这既是我国刑法一贯坚持的惩办与宽大相结合刑事政策的内在要求，也是刑法目的的必然要求。

其实，悔罪表现对从严从宽的影响远不至于刑法明确规定的这三种情况。比如：犯罪后积极主动地采取补救措施，挽回或减少损失的；真诚向被害人及其亲属道歉，尽力赔偿所造成的损失，取得被害人及其亲属谅解的；主动退还犯罪所得，补偿被害人损失的；犯罪后积极地尽最大努力去消除犯罪影响的，都反映了犯罪人具有悔改表现，其人身危险性较小，因而可以考虑从宽处理。相反，对于那些犯罪后采取种种卑鄙手段为自己开脱罪责的；毁灭证据、破坏现场的；嫁祸他人的；串供、制订攻守同盟的；威胁证人或者被害人及其亲属的；收买办案人员的；用新的犯罪掩饰旧的犯罪的等等，尽管刑法没有明确规定，都应当考虑从严处理。

二、宽严相济与严格执法

贯彻宽严相济的刑事政策并不意味着可以不严格执法。任何以贯彻宽严相济的刑事政策为名，忽视严格执法的倾向和做法都是错误的。

（一）宽严相济与罪刑法定原则的可融性

罪刑法定是现代刑法的一个基本原则。我国刑法在 1997 年修改的时候，明确规定了这个原则。刑法第 3 条规定：“法律明文规定为犯罪行为的，依照法律定罪处刑；法律没有明文规定为犯罪行为的，不得定罪处刑。”司法机关执行和适用刑法必须严格坚持这个基本原则。

问题是，刑法的规定永远是类型化的规定，对于同一类型的不同情况，刑法不可能规定得很具体，严格依法也还存在一个如何具体适用刑法的问题。特别是我们国家的刑法，一方面在大量的犯罪中以情节这种不确定的用语作为决定罪与非罪和适用刑罚的标准；另一方面对犯罪规定的法定刑幅度十分巨大。如果没有必要的政策指导，显然不利于刑法的正确实施。宽严相济的刑事政策正是为了保证刑法的正确适用，更好地实现刑法适用的目的而提出来的，是在严格依法的前提下要求司法机关对该严的严，对该宽的宽。因此，坚持罪刑法定原则需要宽严相济刑事政策的指导，同时，贯彻宽严相济的刑事司法政策，必须严格执法。只有严格执法，才能保障宽严相济的目的的正确实现，才符合社会主义法治理念的基本要求。

贯彻宽严相济必须严格在法律规定的范围内适用刑法，即必须在法律空间内进行。因为法律在规定罪刑法定原则的同时，为执行法律预留下了必要的空间（我们国家的法律所预留的空间十分大）。法律空间，既是宽严相济的樊篱，贯彻宽严相济不得超越法律空间的范围，也是宽严相济合法性的保障，在法律空间范围内按照宽严相济的精神处理案件就不存在违反罪刑法定原则的问题。

我国法律所预留的法律空间，主要有四个方面：

1. 犯罪定义

刑法第13条："一切危害国家主权、领土完整和安全，分裂国家、颠覆人民民主专政的政权和推翻社会主义制度，破坏社会秩序和经济秩序，侵犯国有财产或者劳动群众集体所有的财产，侵犯公民私人所有的财产，侵犯公民的人身权利、民主权利和其他权利，以及其他危害社会的行为，依照法律应当受刑罚处罚的，都是犯罪，但是情节显著轻微危害不大的，不认为是犯罪。"按照刑法的这个规定，一个行为，即使形式上符合每个犯罪的构成要件，但是如果综合全案的情况可以认定为"情节显著轻微危害不大"的，就可以不认为是犯罪。

2. 犯罪情节

刑事诉讼法第15条："有下列情形之一的，不追究刑事责任，已经追究的，应当撤销案件，或者不起诉，或者终止审理，或者宣告无罪：（一）情节显著轻微、危害不大，不认为是犯罪的；（二）犯罪已过追诉时效期限的；（三）经特赦令免除刑罚的；（四）依照刑法告诉才处理的犯罪，没有告诉或者撤回告诉的；（五）犯罪嫌疑人、被告人死亡的；（六）其他法律规定免予追究刑事责任的。"刑事诉讼法的这个规定，从程序法的角度，为司法机关对构成犯罪的行为不追究刑事责任提供了法律依据。一个案件，如果具有刑事诉讼法第十五条规定的情形之一，司法机关就可以不对其进行追究。特别是其中的第一种、第六种情形，给司法机关预留了一定的裁量空间。

3. 免予处罚

刑法第37条："对于犯罪情节轻微不需要判处刑罚的，可以免予刑事处罚，但是可以根据案件的不同情况，予以训诫或者责令具结悔过、赔礼道歉、赔偿损失，或者由主管部门予以行政处罚或者行政处分。"刑事诉讼法第142条："犯罪嫌疑人有本法第十五条规定的情形之一的，人民检察院应当作出不起诉决定。对于犯罪情节轻微，依照刑法规定不需要判处刑罚或者免除刑罚的，人民检察院可以作出不起诉决定。"由于刑法、刑事诉讼法没有明确界定何为"犯罪情节轻微"，所以上述规定就给司法机关贯彻宽严相济的刑事政策留下了空间，为司法机关对犯罪情节轻微的刑事案件不予追究刑事责任，提供了法律依据。

4. 减轻处罚

刑法第63条规定："犯罪分子具有本法规定的减轻处罚情节的，应当在法定刑以下判处刑罚。犯罪分子虽然不具有本法规定的减轻处罚情节，但是根据案件的特殊情况，经最高人民法院核准，也可以在法定刑以下判处刑罚。”这个规定，也为人民法院在对犯罪分子决定应当判处的刑罚时提供了贯彻宽严相济刑事政策的法律依据。人民法院对犯罪分子适用刑罚，可以根据宽严相济刑事政策的要求，按照刑法规定的条件和程序选择相应的刑罚。

（二）司法实践中贯彻宽严相济的基本手段

在司法实践中贯彻宽严相济的刑事司法政策，其基本手段是法律赋予司法机关在办理刑事案件中的裁量权。

1. 在立案环节上的裁量权

在案件线索的初查上，对于影响恶劣或者危害严重以及其他应当从严的犯罪案件线索，要高度重视，认真初查，防止严重犯罪和犯罪人漏网。对于一般的犯罪案件线索，可以量力而查。

在决定犯罪案件是否立案侦查的环节上，对于影响恶劣或者危害严重以及其他应当从严的案件，要严格掌握立案的标准，保证及时查处这类案件。对于应当从宽的案件，在立案的标准掌握上，也应当考虑从宽。

2. 在侦查环节上的裁量权

在犯罪案件的侦查过程中，对于应当从严的，要集中力量，重点侦破。在证据的收集、固定方面要多下功夫，力求确实充分。对于可以从宽的案件，则可以根据本单位司法资源的实际情况，组织力量进行侦破。

在行使批准逮捕权的过程中，对于应当从严的案件和犯罪嫌疑人，要认真审查，及时采取必要的强制措施，防止发生社会危险性或者妨碍侦查工作的进行。对于应当从宽的案件及犯罪嫌疑人，要尽可能地坚持不捕的原则。

3. 在起诉环节上的裁量权

在审查起诉过程中，对于应当从严的案件和犯罪嫌疑人，要严格犯罪构成的标准，正确认定犯罪性质，坚决予以起诉。对于应当从宽的案件和犯罪嫌疑人，要从宽掌握犯罪构成的标准，可以不认为是犯罪的，就不作为犯罪来处理；确实构成犯罪的，如果有被害人，应当积极做好当事人之间的和解工作，可以不起诉的，及时作出不起诉的决定，对于被不起诉人，要予以训诫或者责令具结悔过、赔礼道歉、赔偿损失，做好化解矛盾纠纷的工作。对于必须提起公诉的，也要依法向人民法院提出从宽处理或简化审理的建议。在证据标准上，对于应当从严的案件要坚持严格的标准，确保证据确实充分；对于应当从宽的案件，可以考虑适当降低证据标准，特别是对于被告人认罪的案件，证据标准可以低一些，但是用以证明案件事实的证据也必须满足最低标准的要求，不能在基本的案件事实还没有搞清的情况下就对案件作出处理。

4. 在审判环节上的裁量权

在审判环节上，审判机关在贯彻宽严相济的刑事政策方面具有较大的裁量权。首先，对具体案件适用简易程序还是普通程序进行审理时，可以根据案件的具体情况，对可能判处较轻刑罚的适用简易程序，对应当从严处罚的案件适用普通程序。其次，在定罪与否的选择上，可以根据具体案件的情节，决定从严掌握还是从宽认定。对以情节为构成要件的犯罪，如果具有从宽的情节，可以认定为情节显著轻微的，就应当根据刑法第13条但书的规定，认定不构成犯罪。如果具有从严的情节，即使犯罪结果不十分严重，也不能轻易认定情节显著轻微。再次，在实际判处的刑罚选择上，应当根据案件本身是应该从严还是应该从宽决定实际判处的刑罚。对于应当从宽的案件，应该在法定刑范围内尽量选择比较轻的刑种和刑罚幅度，符合适用缓刑条件的，应当适用缓刑。对于应当从严的案件，应该在法定刑范围内适当选择较重的刑罚，应当避免缓刑的适用。

5. 在诉讼监督环节上的裁量权

在诉讼监督工作中，要高度重视宽严相济刑事司法政策的指导作用。对于应当从严的案件和犯罪嫌疑人或被告人，要坚持从严的精神，对没有立案的要及时提出立案意见，督促公安机关立案侦查，以便于有效地追诉；对于应当逮捕的要及时批准逮捕，对于应当逮捕而公安机关没有提请批准逮捕，要通知公安机关补充提请批准逮捕；对量刑畸轻的要及时提起抗诉；对不该适用缓刑或者不该假释的要及时提出纠正意见。对于应当从宽的案件和犯罪嫌疑人或被告人，如果有关机关在处理时没有予以从宽或者违反法律规定过于从宽，检察机关要提出纠正意见，保证法律的正确实施，但是如果是在法律规定的范围内作出处理的，检察机关就应当尊重有关机关所作出的处理决定，不宜过度运用法律监督权。

（三）宽严相济政策的具体运用

司法机关贯彻宽严相济的刑事司法政策，只能在法律规定的范围内按照从宽或者从严的要求来选择适用法律。也就是说，司法机关贯彻宽严相济的刑事司法政策必须严格地在法律规定的范围内进行。

如上所述，刑法第13条、第37条、第61条，刑事诉讼法第15条、第142条都是贯彻宽严相济的刑事司法政策的基本法律依据。这些法律条文本身就给司法机关留下了裁量的空间。司法机关应当按照这些规定的精神并在这些规定的范围内，对于应当从严的刑事案件和犯罪嫌疑人、被告人从严适用法律，对于应当从宽的刑事案件和犯罪嫌疑人、被告人从宽适用法律。

1. 正确区分罪与非罪的界限

在具体案件的处理中，贯彻宽严相济的刑事政策，首先要严格依照刑法的规定正确区分罪与非罪的界限，既要防止把不构成犯罪的行为作为犯罪来追究，也要防止对已经构成犯罪应当予以追究的行为不予追究。

区分罪与非罪，要严格依照法律的规定。刑法关于罪与非罪的区分，有三个方面的规定，这也是区分罪与非罪必须坚持的三个标准：一是刑法第13条关于犯罪定义的规定；二是刑法分则关于具体犯罪构成要件的规定；三是刑法中关于不负刑事责任或者不是犯罪的规定。

在司法实践中，对于危害社会的行为，是否要作为犯罪来追究刑事责任，重点是把握好两个方面：一是是否存在"依照法律应当受刑罚处罚"的情况；二是是否属于"情节显著轻微危害不大"的情况。

所谓"依照法律应当受刑罚处罚"，是指行为本身符合法律规定的应当处以刑罚的犯罪的构成要件，并且不存在不应当受处罚的情形。在此，需要判断的是具体案件中行为人的行为是否完全符合法律规定的犯罪构成要件。尽管刑法分则对每一个犯罪都规定了明确的犯罪构成要件，但是在司法实践中，具体案件所表现出来的情况与法律规定的类型化的犯罪构成要件之间，总会存在这样那样的差异。如何从这种差异中判断案件中的行为是否属于"依照法律应当受刑罚处罚"的情况，就需要准确地理解和把握法律规定的犯罪构成要件，正确区分罪与非罪的界限。有的办案人员总是习惯于将案件的情形与最相类似的刑法条文进行比照，定这个罪名不合适，就考虑另一个罪名，那个罪名不合适，再考虑相关的其他罪名。其基本的思维模式是想方设法给被告人找一个可以适用刑法的罪名。这种思维模式片面强调打击犯罪的一面，只担心不能有效地追诉犯罪，而缺乏考虑问题的全面性，没有好好想想对不构成犯罪的，首先就不应当进行追究。

在具体案件中，即使行为符合刑法有关条文规定的犯罪构成的全部要件，还要考察案件的具体情节。如果存在着"情节显著轻微危害不大"的情况，就不能作为犯罪来追究。那么，什么样的行为属于"情节显著轻微危害不大"的行为，就需要研究。

"情节显著轻微危害不大"，包含着两个概念，即"情节显著轻微"和"危害不大"。这两个概念是统一的一个要素还是两个独立的要素？在刑法理论上，缺乏明确的解释。但是从一些权威的理解来看，通常都认为是一个要素，即"情节显著轻微"表明"危害不大"。其中，"情节显著轻微"是形式要件，"危害不大"是实质要件。"情节显著轻微危害不大"在刑法中的意义，就是标明行为的社会危害性只有达到一定的程度才能构成犯罪。[①] 按照这种理解，判断“情节显著轻微”是认定“危害不大”的前提，并且只要确认“情节显著轻微”，就可以认为“危害不大”，进而可以作为“不认为是犯罪”来处理。

认定情节是否属于显著轻微，要考虑宽严相济的刑事司法政策，对于应当从严的，要严格掌握标准，对应当从宽的，可以适当从宽掌握标准。

2. 正确理解和把握“犯罪情节轻微，依照刑法规定不需要判处刑罚或者免除刑罚的”的规定

按照刑事诉讼法第 142 条的规定，“对于犯罪情节轻微，依照刑法规定不需要判处刑罚或者免除刑罚的”刑事案件，人民检察院可以作出不起诉的决定。那么，在具体案件中如何理解和判断“犯罪情节轻微，依照刑法规定不需要判处刑罚或者免除刑罚”，就是正确贯彻宽严相济的刑事政策中一个十分重要的问题。

“犯罪情节轻微，依照刑法规定不需要判处刑罚或者免除刑罚”包括两层含义：一是犯罪情节轻微，依照刑法规定不需要判处刑罚；二是犯罪情节轻微，依照刑法规定应当或者可以免除刑罚。

关于免除刑罚，刑法中有明确的规定。刑法中明确规定可以或者应当免除处罚的情况有 12 种情形：又聋又哑的人或者盲人犯罪（第 19 条）；正当防卫明显超过必要限度造成重大损害（第 20 条）；紧急避险超过必要限度造成不应有的损害（第 21 条）；犯罪预备（第 22 条）；没有造成损害的中止犯（第 24 条）；从犯（第 27 条）；被胁迫参加犯罪（第 28 条）；犯罪较轻，犯罪以后自动投案，如实供述自己的罪行的（第 67 条）；有重大立功表现的，或者犯罪后自首又有重大立功表现的（第 68 条）；向公司、企业的工作人员行贿的人在被追诉前主动交代行贿行为的（第 164 条）；非法种植罂粟或者其他毒品原植物，在收获前自动铲除的（第 351 条）；介绍贿赂人在被追诉前主动交代介绍贿赂行为的（第 392 条）。

但是对于犯罪情节轻微，依照刑法规定不需要判处刑罚，刑法却没有任何明确的规定。这就需要根据刑法的精神和案件的具体情况进行分析判断。

刑法第 37 条规定的“犯罪情节轻微不需要判处刑罚的，可以免予刑事处罚”。这里既包括免除处罚的情形，也包括其他不需要判处刑罚的情形。所谓其他不需要判处刑罚的情形，实际上就是司法机关可以酌定的不予追诉的

---

① 参见马克昌著：《刑法理论探索》，法律出版社 1995 年版，第 33 页；高铭暄、马克昌主编：《刑法学》，北京大学出版社、高等教育出版社 2000 年版，第 46—49 页。

情形。

判断哪些情形属于“犯罪情节轻微”，就需要与“情节显著轻微”、“情节严重”或者“情节恶劣”等情形结合起来进行比较分析和评价。治安管理处罚法用了四节54个条文规定了扰乱公共秩序、维护公共安全、侵犯公民人身权利财产权利、妨害社会管理等方面的行为。这些行为，90%以上都与刑法规定的犯罪行为相同。因此，如何区分违反治安管理的行为与犯罪行为的界限，对于贯彻宽严相济的刑事司法政策具有重要的意义。例如，《治安管理处罚法》第40条规定，以暴力、威胁或者其他手段强迫他人劳动的（第二项），非法限制他人人身自由、非法侵入他人住宅或者非法搜查他人身体的（第三项），处十日以上十五日以下拘留，并处五百元以上一千元以下罚款；情节较轻的，处五日以上十日以下拘留，并处二百元以上五百元以下罚款。刑法第238条规定，非法拘禁他人或者以其他方法非法剥夺他人人身自由的，处三年以下有期徒刑、拘役、管制或者剥夺政治权利。刑法第245条规定，非法搜查他人身体、住宅，或者非法侵入他人住宅的，处三年以下有期徒刑或者拘役。刑法第244条规定，用人单位违反劳动管理法规，以限制人身自由方法强迫职工劳动，情节严重的，对直接责任人员，处三年以下有期徒刑或者拘役，并处或者单处罚金。治安管理处罚法和刑法规定的非法限制（剥夺）他人人身自由、非法侵入他人住宅或者非法搜查他人身体的行为，都没有关于情节严重的要求，但是构成犯罪与构成一般违法之间，毕竟还是有区别的。区别的依据只能是情节的轻重。强迫他人劳动的行为，治安管理处罚法没有规定情节，刑法中规定了情节严重。对此，也有一个违反治安管理的行为与犯罪行为的区别和衔接的问题。

在此，值得注意的是：刑法和刑事诉讼法在规定犯罪情节轻微和情节显著轻微时，并没有将其限定在重罪的范围之内。也就是说，无论是轻罪还是重罪，都可能存在着情节轻微或者情节显著轻微的情形。如果在具体案件中存在这种情形，以致依照法律的规定或精神不需要判处刑罚或者不认为是犯罪时，都可以按照刑事诉讼法第142条第1款或者第2款的规定，作出不起诉的决定，或者不予定罪。

3. 从严惩办严重刑事犯罪

在对情节轻微的案件从宽处理的同时，要坚持不懈地严厉打击严重刑事犯罪。一方面，对于刑法中规定的重罪和对危害严重、影响恶劣的“可轻可重”的犯罪，要及时立案，组织力量下工夫查处，依法起诉和审判，使其受到应有的法律制裁；另一方面，对于轻罪中情节恶劣、社会影响很大的犯罪，以及犯罪人主观恶性较深、多次实施犯罪的，要坚决依法追究，不能因为是轻罪就一律从宽。

4. 宽严相济与公正执法

司法机关运用刑法处理具体案件的时候，总是具有一定的自由裁量权。正是这种自由裁量权的存在，使司法机关可以自如地把宽严相济的刑事政策贯彻到具体的司法活动之中。但是，贯彻宽严相济的刑事政策，并不意味着司法机关只要是在刑法规定的范围内就可以任意地对犯罪人从严或者从宽，而是无论从严还是从宽都必须受到法治原则的制约，必须符合刑法的基本原则和基本精神，保障执法的公正性，以免宽严相济的政策成为办关系案、人情案或贪赃枉法案的借口而被滥用或错误利用。

在具体案件中，无论是从宽还是从严，首先都应当满足社会正义的要求，有利于在全社会实现公平正义。如果我们在办理具体案件中，不顾社会正义的理念，不顾法律的基本原理，对有钱有势有关系的人从宽，对无钱无势无关系的人就从严，虽然也可以美其名曰贯彻宽严相济的刑事司法政策，但实际上，这样做，只会增加人们蔑视法律、怨恨法律的社会心理，使有钱有势有关系的人更加瞧不起法律，使无钱无势无关系的人更加怀疑法律，使人们对法律公平正义的企盼成为泡影。如果这样贯彻宽严相济的刑事司法政策，那我们社会的公平正义就黯然失色，执法的宗旨就难以实现。

司法实践中就有违反公平正义基本理念的案例。如赵某弟兄俩到外地打工。弟弟在饭馆，哥哥在工地。一日，赵某弟因与同饭店工作的服务员吴某发生口角，被吴某叫来的男友林某等人在该饭店用啤酒瓶殴打致伤。次日，赵某兄得知弟弟被人打伤后即在商场购买了一把弹簧刀，于当晚到赵某弟工作和住宿的饭馆看望弟弟。兄弟二人得知林某等人要来饭店为吴某领取工资后，便在饭店等候他们以协商对赵某弟的赔偿。当林某和陈某来到饭馆后，赵某兄对其提出了赔偿1500元医药费的要求。林某以没钱拒绝，并要陈某打电话召集另外七人来到该饭店。此后，该九人与赵某兄来到店外商议。林某等人在对赵某兄的赔偿要求提出责问后“先开始殴打赵某兄”。赵某兄被打后随即拔出随身携带的弹簧刀向围在他身边打他的陈某、胡某等人乱捅。陈某、胡某及其他一些人分别持拖把、菜刀、啤酒瓶等与赵某兄对打。“赵某弟见其兄被打”，遂从厨房拿出西瓜刀冲进人群乱砍。“在互殴中，陈某被捅伤倒地，经抢救无效死亡”；另有一人致重伤、三人致轻微伤；“赵某兄头顶部被钝器击伤成4/0.5厘米的创口，右手四处锐器创口，创口累计10厘米；赵某弟左下颌有3厘米锐器创口”。赵某兄弟分别住院治疗12天和5天。除三名轻微伤者证明自己的伤情系赵某兄弟所致外，一死一重伤的结果，无法证明是谁的行为造成的。对于该案，检察机关分别以赵某兄和赵某弟二人为被告人向人民法院提起公诉。某中级法院分别以故意伤害罪判处赵某兄死刑，缓期二年执行；判处赵某弟有期徒刑十五年。赵某兄弟对一审判决不服，以正当防卫为由，提出上诉。二审人民法院经审理作出裁定：撤销原判，发回重审。重审后做出的判决与原判决相同。被告人再次提出上诉。二审法院在不开庭审理的情况下，认为事实清楚，裁定驳回上诉，维持原判。

判决书中写道："对于被告人赵某弟辩称其是看见他哥被打伤，他才到厨房取刀，在被对方先用匕首划伤的情况下，才用刀砍对方的辩护理由……经查，被告人赵某兄、赵某弟的供述与证人证言等证据相互印证，证实在店口被告人赵某兄被人踹了一脚，头部被打（4/0.5厘米的创口），后拔出身上的匕首朝人群乱捅，被告人赵某弟也拿出西瓜刀冲过去乱砍的事实。"

这个案件，起因是林某到赵某弟工作的地方来打伤赵某弟。事件的发生也是林某纠集九个人到赵某弟住的地方去，先打伤赵某兄的头部，然后赵某兄才拔出弹簧刀面对对方的九个人乱捅的，赵某弟更是看到其兄被打后才到厨房拿西瓜刀乱砍的。法医鉴定赵某兄弟多处有锐器伤，证明对方并不是赤手空拳。这样一个两个人与九个人对打的互殴案件，双方都有重大伤情的情况下，我们的司法机关为什么不追究本身就有过错并纠集多人找上门打架的肇事者林某的刑事责任，而只追究被人家追上门来打而被迫还击者的刑事责任，并且一判就是死刑缓期执行和十五年有期徒刑，九个人追上门打两个人的一方却没有一个人承担聚众斗殴的刑事责任。这样的刑法适用，就很难满足人们对公平正义的企盼。

因此，贯彻宽严相济的刑事政策，一定要强调公正执法，要保障公平正义在执法活动中的实现。

公正执法的基本要求是：

第一，要伸张社会正义。在司法实践中贯彻宽严相济的刑事政策，首先要区分是非曲直。对公然违反法律，破坏社会秩序，主动挑衅和伤害他人的，无论其最终表现为加害人还是受害人，都应当依法从严，而不能因为他也受到伤害或者其他原因而放纵。对于共同犯罪中的造意犯，应当坚持从严的原则，而不能以种种理由对其从宽处理。对于互殴事件中被迫还击的一方，或者基于社会正义感而见义勇为的一方，不能因为其行为给对方造成了损害而从严，更不能对有正当性的一方进行追究而对没有正当性的一方不予追究。在基于矛盾纠纷而引起的故意杀人还是故意伤害等案件中，也应当按照社会正义的理念来区分双方的责任，对于引起纠纷或者导致纠纷恶化负有责任的一方，应当从严，对于在纠纷及其恶化的过程中没有责任或者负有次要责任的一方应当从宽（当然，宽严的程度要根据案件的具体情节而定）。这样才能够使执法的结果有利于维护社会的基本的正义理念，有利于发挥法律在维护社会正义中的作用。

第二，对待当事人要公平。在因纠纷引起的案件中或者在有被害人的案件中，对犯罪人从严还是从宽，既要考虑对犯罪人是否公平，也要考虑对被害人是否公平。对犯罪人的处罚和对被害人的赔偿，既要符合社会正义的理念，也要符合公平的原则，不能因为主要责任在被害人一方，就对犯罪人无限地宽大以致罪该追究的不予追究或者罪该重罚的判处很轻的刑罚，也不能因为主要责任在犯罪人一方，就对被害人的任何要求都予以满足而不问是否超出了合理的限度。特别是在共同犯罪的案件中，对共同犯罪人的处理，要坚持公平的原则，根据其所犯罪行的大小决定是否予以追究和如何判处刑罚。如果对罪重的共同犯罪人判处较轻的刑罚，而对罪轻的共同犯罪人判处相对较重的刑罚，同样是有悖公平原则的。这种不公平地对待当事人或者共同犯罪人的做法，如果是在贯彻宽严相济刑事政策的名义下进行的，就更显得执法不公了，就歪曲了宽严相济刑事政策的主旨。

第三，有利于犯罪人的悔过自新。对于犯罪后积极采取措施进行补救，尽力减少犯罪所造成的损失；或者真诚道歉、主动赔偿，取得被害人方面的谅解，或者积极退赃，有悔改表现的，司法机关应当在刑法规定的范围内考虑从宽处理，让其感受到法律对自己悔罪情况的认可和鼓励。这样会有利于促进犯罪人的悔过自新。如果片面强调犯了罪就应当依法受到惩罚，而不考虑犯罪后的悔罪表现，就不利于犯罪的预防，也不利于教育其他的人。

但是，在实践中，有的犯罪人在犯罪之后并没有真诚悔改的意思，而是用钱来堵被害人一方的嘴，或者花钱买通办案人员，通过办案人员来作被害人的工作，甚至花钱收买证人以便让其作出有利于自己的证言。在这种情况下，仅仅从表面现象看，可能会觉得有一些有利于被告人的情形。如果根据这些情况，就对被告人从宽处理，显然是不利于促进被告人的悔过自新，不可能实现预防犯罪的目的，相反会助长被告人蔑视法律的心态。对这类情况中的被告人从宽处理，往往会留下后遗症，导致被害人一方在了解案件处理的真实情况后不断地上访申诉。

宽严相济是以保障法律的遵守和实施为前提的。对于犯罪分子，无论是从宽还是从严，都要有利于维护法律的尊严，有利于教育当事人和其他人尊重和遵守法律。这是法治原则的基本要求。在具体案件的处理过程中，贯彻宽严相济的刑事政策，一定要充分考虑犯罪人在犯罪过程中和犯罪之后对法律的态度。对于明知违法而蓄意为之，或者在犯罪过程中或者犯罪之后想方设法逃避法律制裁的犯罪人，无论罪行轻重，都应当坚持从严的政策。这样才有利于教育其本人并告诫他人尊重和遵守法律。否则，如果仅仅根据其罪行较轻就予以从宽，而没有充分考虑其对法律的蔑视或者敌视的态度，就可能导致这类人更加蔑视法律，法律的尊严也就无从树立。对其从宽处理的结果，也不可能起到教育广大人民尊重和遵守法律的作用。

（四）宽严相济与“疑案”处理

疑案是指据以认定案件事实的证据有疑点的刑事犯罪案件，即案件的证据以及据以认定的案件事实缺乏排他性，其中既包括证据本身模棱两可，难以从中得出确定无疑的结论的案件，也包括证据不够充分，不足以据此认定案件事实或者区分责任的案件。有的学者认为，疑罪应当从无。但是在实践中，司法机关要完全按照疑罪从无的原则，往往很难办理刑事案件，政府和人民有时也难以答应。即使是贯彻宽严相济的刑事司法政策，也不可能简单地对疑罪一律采取“从无”的原则。

那么，疑罪如何处理？笔者认为，还是要按照宽严相济的精神，实行区别对待。对于罪行较轻并且具有从宽情节的，可以“从无”；但是对于罪行较重或者具有从严情节的，就不能“从无”了事，而应当根据疑点的情况并结合情节的轻重予以处理。

疑案包括多种情况。有的是认定犯罪成立的证据有疑点，案件的基本事实难以认定；有的是认定重罪成立的证据有疑点，但是认定轻重成立的证据没有疑点；有的是认定主要罪行的证据没有疑点，但是认定案件中其他罪行的证据有疑点；有的是认定犯罪成立的证据没有疑点，但是影响罪责承担的个别证据不完全具有排他性；有的是在共同犯罪中，认定犯罪成立的证据没有疑点，但是认定主犯、从犯或者区分罪责的证据有疑点；有的是在共同犯罪中，有的案犯尚未追捕归案，已归案的案犯在罪责上否认或者互相推托，主要责任难以划分；有的是犯罪发生的事实有证据证明，并且其中一人犯罪的事实证据确凿，但属于共同犯罪还是单独犯罪证据存疑。因此，不能一提到“疑罪”，就要一律“从无”。

对于这些有“疑点”的刑事案件，第一，要区别不同情况。如果证据中的疑点足以影响对案件基本事实的认定的，应当坚持“从无”的原则，不予追究。但是如果从全案的证据看，案件的基本事实足以认定，只是由于某些情节或者细节上的证据有疑点，而案件本身具有应当从严的情节的，就应当按照“两个基本”的要求，依法予以追究。第二，要遵循宽严相济的精神，对于犯罪和罪责能够认定并且应当从严的，即使个别证据有瑕疵，也要坚决依法予以追究；对于应当从宽的，可以根据犯罪的轻重，作出有利于犯罪嫌疑人或被告人的处理。第三，对于认定重罪的证据有疑点而认定轻罪没有疑点的，或者认定其应当负较重的刑事责任时证据有疑点但认定其应当负较轻的刑事责任没有疑点的，应当依法认定其构成较轻的犯罪或者判处其较轻的刑罚。

与之相关的是“两可”案件。所谓“两可”案件，是指司法实践中经常提到的“可立可不立、可捕可不捕、可诉可不诉、可判可不判”的案件。在这类案件中，司法机关本身具有一定的选择余地。在“严打”期间，对这类案件，一般采取从严掌握的态度。在贯彻宽严相济的刑事司法政策时，有的人就认为对这类案件要一律从宽掌握，即可立可不立的不立，可捕可不捕的不捕，可诉可不诉的不诉，可判可不判的不判。这样理解和贯彻宽严相济的刑事政策，同样是片面的。

正确的做法应当是根据案件的具体情节，区别对待。对于属于“当宽”的案件或者行为人，应当遵循“不”的原则，即可立可不立的不予立案、可捕可不捕的不予逮捕、可诉可不诉的不起诉，可判可不判的不予定罪判刑；但是对于“该严”的案件或者行为人，就不能因为贯彻宽严相济的刑事政策而一律采取“不”的原则，而应当遵循“要”的原则，即可立可不立的案件要立案查处、可捕可不捕的要予以逮捕、可诉可不诉的坚决起诉、可判可不判的依法定罪判刑。这样才能真正体现宽严相济的刑事政策。

刑事和解：价值冲突和制度架构

孙国祥[*]

刑事和解是当下刑法理论界和实务界讨论的热门话题，学术界不少同仁对刑事和解的价值作了充分的肯定，并将其融入构建和谐社会的宏大背景。一些司法机关不仅将刑事和解付诸实践，还为其出台了相关的操作规范。[①] 笔者以为，对刑事和解正面价值的肯定，学者分析的角度虽然有所不同，但大抵都是成立的。不过，在溢美声中，笔者也注意到一些学者对刑事和解质疑甚至持反对的观点。声音相对弱一些，但同样有一定的理论依据。所谓凡事有利就有弊，刑事和解不可避免地形成了对传统的刑事司法理念和刑事司法制度冲击。质疑乃至相互对立的观点，实际上反映了刑事司法中不同利益的诉求，也凸显了刑事和解本身所蕴涵的价值冲突。如何平衡不同的利益诉求，乃是刑事和解制度架构中无法回避的课题。

一、刑事和解的价值冲突及评述

综观刑事和解的理论基础和实践，不难发现与传统刑法和刑事司法所形成的价值冲突，概而言之，主要表现为以下几个方面：

1. 现代刑事法治理念和后法治时代理念的冲突

在实体法的层面上，现代刑事法治是以"罪刑法定"（刑法第3条）、"人人平等"（刑法第4条）和"罪刑相当"（刑法第5条）等原则为基础的，这些原则的确立，是对刑事司法领域中"罪刑擅断"的人治的否定，具有历史进步意义。而刑事和解强调人与人之间的协调，通过协调来避免适用刚性的法律，有些是超规范的措施和处遇，完全可能存在着这种情况，同等罪行

* 南京大学经济刑法研究所所长，南京大学法学院教授，博士生导师。

① 如2006年11月初，湖南省人民检察院出台了《关于检察机关适用刑事和解办理刑事案件的规定（试行）》，对刑事和解的概念、原则以及适用范围、处理办法等作了具体规定。

的犯罪人，因为事后的、外在人为的因素，造成一个被起诉判刑而另一个只需要经过训诫道歉或者一个人因为达成了和解协议而被判轻刑而另一个人却被判重刑的情况，这无疑与刑法基本原则的贯彻存在着一定矛盾。所以有学者指出，刑事和解“在最终实体处分时则作出低于法定刑的处罚或者免予处罚，在一定的程度上，这违反了‘罪刑法定’原则，也有损司法的尊严”。[①]还有学者质疑，刑事和解、恢复性司法，是后法治时代的刑事司法模式，但法治社会还没有形成的情况下，能否普遍推行刑事和解，难免使人怀疑。[②]笔者以为，尽管学界有论者分析，刑事和解制度与刑法基本原则的基本价值是一致的，[③]但相对于刚性的刑法原则而言，刑事和解的柔性具有超规范的性质，某种意义上，刑事和解导致了刑法规制功能的削弱，带有人治的色彩。在我国，刑事法治建设任务远未完成、刑事法治理念尚未深入人心之际，刑事和解理念不免有些超前之嫌，和解方式的开放性、和解结果的多样性，对刑事法治的建设客观上确实存在着一定负面影响是无法回避的。

2. 传统的报应正义与现代恢复正义的冲突

传统的刑法和刑法理论是建立在报应主义的基础上的，当个人在自由意志支配下选择犯罪后，由国家和犯罪人通过刑事诉讼程序按照既定的刑法规范决定其应承担的责任，其责任承担方法主要是作为“报应正义”载体的刑罚。刑罚体现的是一种公正观，已经构成了刑法的公众认同。[④]如前所述，刑事和解处理的结果，使一些犯罪人没有受到刑罚的制裁，这就使传统的刑法公正性受到质疑。所以，有人撰文指责：“刑事和解”往往只是满足了个体和解，是不是达到了社会和解、社会和谐，应该说不是必然的。当事人之间的“和谐”并不代表社会的和谐，而且从本质而言，这种所谓的“和谐”还以牺牲社会的大和谐为前提。[⑤]

报应主义是刑法国家、社会利益本位观的体现。刑事和解的理论基础是恢复正义，把犯罪看成是对个人和人际关系的侵犯。对刑罚作用的认识，也不是以简单的报应或者教育为归趋，而是致力于犯罪人人格和社会角色的复归，致力于社会关系的修复。为有效地处理由犯罪引起的刑事矛盾，恢复和

---

① 马静华、陈斌：“刑事契约一体化：辩诉交易与刑事和解的发展趋势”，载《四川警官高等专科学校学报》2003 年第 8 期。

② 参见“刑事司法改革初探——刑事一体化暨恢复性司法国际研讨会摘要”，载《犯罪与改造研究》2004 年第 3 期。

③ 石磊：“论我国刑事和解制度的刑事实体法依据”，载《法商研究》2006 年第 5 期。

④ 周光权著：《刑法诸问题的新表述》，中国法制出版社 1999 年版，第 10 页。

⑤ 欧阳晨雨：“刑事和解只是一种和谐幻觉”，载《民主与法制》2006 年第 4 期。

谐、合作的社会关系，社会对犯罪的反映，也应该是全面的、系统的，应该通过恢复性司法的手段使受害人、加害者以及他们所处的社区消弭对立，恢复原有的和谐状态。因此，刑罚不是万能之器，应将目的立足于社会秩序的恢复，犯罪人人格的回归。[①] 所体现的是刑法个人主义的本位观。当被害人拥有决定被告人命运的权力，当被告人的社会资源（社会关系网络、财富多寡）也能左右和解进程的情况下，这就自然而然地与传统的刑罚正义形成了冲突，甚至产生对司法公正的怀疑。

3. 被告人的人权保障与被害人保护矛盾

人权保障是当代刑事法律的鲜明主题。罪刑法定、无罪推定、疑罪从无、被告人的沉默权等一系列的制度设计，无不是为了刑事法律人权保障功能的实现和发挥。但这一以被告人为中心地位立法，忽略了被害人在刑事诉讼中所应具有的本体地位。被害人在刑事诉讼中鲜有话语权。1997 年修订后的刑事诉讼法，虽然将被害人定位为当事人，但却没有赋予其相关的实质性权利，即公诉案件中，作为控方当事人所应享有的一些实质性权利，如起诉权、撤诉权、调查取证权、上诉权，法律却没有相应地授予被害人。这使得被害人的当事人地位缺乏保障，导致对被害人权利保护的不力以及判决得不到被害人的认同。刑事和解，提升了被害人的地位，强化了被害人权利的保护。但这一提升又是建立在鼓励被告人认罪与忏悔，并将此作为启动刑事和解的前提，无罪推定等传统的刑法原则就不再适用。为了获得“和解”，犯罪嫌疑人、被告人可能违心认罪，重证据、不轻信口供的证据原则难于贯彻。

此外，和解的平等性基础与事实上不平等的主体地位也存在着一定的矛盾。刑事和解是民事契约自由精神在刑事法领域的发挥，和解过程中要受契约自由原则的约束。但在刑事诉讼中，被害人与被告人以及参与调解的司法机关不是平等的参与人，由此达成的刑事和解是否真正和解，也是大可质疑的。正如有学者所描述的，“在刑事和解过程中，刑法始终是‘在场’的，刑法的明确性是被害人在和解过程中占据有利地位的砝码，刑法的威慑力是犯罪人必须作出让步的前提。”[②] 由于我国特殊的民情与国情，刑事和解侧重于经济赔偿而忽视精神和感情沟通、忏悔和宽恕。特别是案发之初，犯罪嫌疑

① 这在某种程度上得益于对传统刑罚方法的反思。传统的自由刑是将受刑人从他的社会群体中分离，借助于时（刑期）空（监禁场所）要素，通过剥夺受刑人的自由实际上剥夺了其社会生命达到刑罚的目的。但其直接的后果就是罪犯的“监狱化”。即罪犯在监狱中，被迫接受的是只有在惩处环境中才会形成的习惯和规矩，服刑后无法适应社会、融入正常的社区生活。

② 周光权：“论刑事和解制度的价值”，载《华东政法学院学报》2006 年第 5 期。

人、被告人出于对刑罚的恐惧（面临起诉与不起诉的选择），被害人出于报复的目的，双方都难以冷静，达成的和解协议很可能是“被迫”的协议，可能是有损于犯罪人自身或超出其支付能力或超出公正范围的协议，为达成和解，犯罪嫌疑人、被告人因此承担了额外的责任。可见，对被害人权利的保护有可能削弱了加害人的权利保障，形成新的不平衡。

4. 自由裁量的限制与扩大的冲突

古典刑事学派的先哲们基于绝对罪刑法定，主张最大限度限制司法官员的自由裁量权。如贝卡利亚就认为，“只有法律才能为犯罪规定刑罚……任何司法官员都不能自命公正地对该社会的另一成员科处刑罚……他的判决是对具体事实做出单纯的肯定或否定。”所以，在他看来法官唯一可做的是：依据法律之严格规定对公民的行为作出是否符合法律的判断，从而得出这样的结论：有罪或无罪。[①] 立法上，崇尚立法的明确性。我国 1997 年修订后的刑法对有关犯罪概念、犯罪构成要件、犯罪具体罪状、犯罪的轻重情节等作了明确规定，分则条文从原来的 103 条增加到 350 条，各种犯罪构成的具体条件更加明确，防止定罪上的随意性。刑事和解，客观上需要赋予公安机关、检察机关和审判机关及其司法人员更大的自由裁量权，给一些刑事案件的定罪量刑以灵活处理的空间。这样一来，不但“同案同判”的期待落空，而且“明智的立法者知道，再没有比法官更需要立法者进行仔细的监督了，因为权势的自豪感是最容易触发人的弱点的东西”。[②] 技术层面上，容易导致司法权的滥用。如享有侦查权的警察及其机关拥有很大的自由裁量权，增加了“寻租”型的司法腐败机会。所以，在社会对司法权的行使还有诸多疑义、一些部门还在不遗余力推广“电脑量刑”之际，扩大自由裁量权的刑事和解确有一定的风险。

笔者认为，虽然刑事和解与刑事法治存在着一定的矛盾，但任何新的制度都会对原有的价值体系和原则构成挑战，没有十全十美的制度。况且刑事和解虽然有损于罪刑法定等原则，但绝对的罪刑法定本身有难以克服的弊端而逐渐发展为相对罪刑法定所取代；刑事和解虽然削弱了报应正义，但报应正义本身具有的非理性一面也常为人所诟病；刑事和解虽然强化了被害人的权利，但现代刑事法的设计中，被害人的权利本来就被忽视，与其说是强化，不如说是一种复位。因此，一定意义上，刑事和解是对传统刑事法治的修正。简而言之，对刑事和解的不同评价，实际上反映了刑事和解本身蕴涵的价值

① ［意］贝卡利亚著：《论犯罪与刑罚》，黄风译，中国大百科全书出版社 1993 年版，第 11 页。

② ［法］罗伯斯庇尔著：《革命法制与审判》，赵涵舆译，商务印书馆 1965 年版，第 30 页。

冲突。刑事和解或许是后法治时代刑事司法制度的常态，但法治社会中，我们也不能因此与传统刑事法治有矛盾就一概排拒、否定，刑事和解的倡导与实验仍有不可低估的意义。在刑事和解的推进过程中，应对其进行必要的引导、规范。社会的发展包括刑事司法制度的变革都是渐进的，一旦人们普遍认同了“刑法的美德是宽容，正义的目的是和谐”的后现代刑法理念，刑事和解的倡导也就顺理成章了。

二、刑事和解的制度架构

在刑事和解的推进过程中，我们不能对刑事和解可能的消极作用视而不见，放任自流，应对其进行必要的引导、规范，使其逐渐成为我国刑事诉讼中的一项制度，以改进我国的刑事司法制度。

1. 刑事和解的法律支撑

刑事和解是一种理念，更是一种制度。作为一项司法改革，在缺乏法律依据的情况下，个别司法机关作一些“试水性”的探索，应当允许和鼓励。但目前的法律框架内，刑事和解的适用范围有限。如果成为一种普适性的制度，发挥刑事和解的作用，制度的规范是必不可少的。如刑事和解案件的范围、刑事和解的启动、刑事和解调解人的选任、刑事和解的从宽幅度、和解后不作为犯罪处理或者免刑后的后续改造措施以及刑事和解的监督等，都应该作统一的规定。这其中，有实体的，也有程序的，理论界已经有不少具体的立法设计和分析，如实体法扩大自诉案件的范围，程序法中规定刑事和解的原则和操作规范等，其中不乏真知灼见。可借鉴国外成熟的立法，对各地刑事和解试点运作的情况进行实事求是地评估，结合我国的法律体系和法治生态，积极推进我国刑事和解制度的立法建构。

2. 刑事和解的基本条件

（1）适用刑事和解的案件类型。适用刑事和解的案件范围有广义和狭义之主张。狭义的观点认为，能够适用刑事和解的案件限定为轻微刑事案件和未成年人刑事案件。[①] 广义的观点则认为，凡是有具体被害人的案件，即使是重罪案件，被害人与加害人之间同样可以和解，只不过和解后的后果不同。[②] 轻罪的和解导致的后果是不起诉、免刑或者缓刑，而重罪的和解可以得到一

① 如有学者认为，刑事和解的适用范围应严格限定为依法应判处3年以下有期徒刑和情节轻微的刑事案件。参见甄贞、陈静：“建设和谐社会与构建刑事和解制度的思考”，载《法学杂志》2006年第4期。

② 谢鹏程：“刑事和解的理念和程序设计”，载《人民检察》2006年第14期。

定程度的从宽处理。因此，只要有被害人的案件，被害人与加害人之间自愿和解的，都可以启动刑事和解程序。笔者认为，从长远看，广义说的观点是可行的。“如果只有某些案件可以适用和解，就会在这一制度的启动之始便透露出不平等的信息。同时，如果只能适用于部分案型，就会大大降低这一制度的体系地位与运用前景，使其至多成为传统犯罪应对模式的一种补充，丧失普遍意义。”[①] 重罪完全可以借鉴这样的思路，在被害人与加害人达成和解后，获得从宽的处罚。但作为一项新的司法制度，其全面推广恐怕需要有一个循序渐进的进程，推行之初，范围可窄一些，如主要针对未成年人犯罪、轻伤害和交通肇事案件，待观察和实践一段时间后，再拓展到其他财产犯罪、性犯罪和其他有被害人案件。此外，考虑到我国的劳动教养处分类似于西方国家刑法中对违警罪和轻罪的处罚，更应考虑将这类行为中的相当部分转化为和解模式。

（2）客观上，犯罪嫌疑人、被告人的行为已经构成犯罪，给被害人造成了损失。理论上一般主张，刑事和解是建立在事实清楚、证据确实充分的基础上的，以保障犯罪嫌疑人、被告人的权利。有的检察机关在出台的检察机关适用刑事和解办理刑事案件的规定中，明确使用刑事和解的刑事案件是“基本事实清楚、基本证据确实、充分”。[②] 但也有学者在理论上主张，案件性质难以界分的案件[③]和存疑的刑事案件同样可以实行刑事和解。[④] 笔者认为，刑事和解不是辩诉交易，辩诉交易常常建立在减轻控方控诉败诉的风险等方面结合考虑的，刑事和解是加害人与被害人之间的和解，在没有分清是否的情况下，达成的协议也容易反复，反而留下隐患，因此，刑事和解应当建立在事实清楚、证据确实充分的基础上。

（3）主观上，犯罪嫌疑人、被告人有真诚的悔罪。刑事和解的前提之一是犯罪嫌疑人、被告人自愿认罪，刑事和解的初衷之一是为被害人提供疏通情感阻滞的渠道，如果没有加害人有罪答辩的先决条件，根本无法达到预期和解效果。[⑤] 一般情况下，被害人对加害人发出的愿意和解的要约有真诚的回应或者承诺。

（4）有明确的刑事和解的协议。包括自行达成的协议，也包括在司法机

① 杜宇：“‘犯罪人—被害人和解’的制度设计与司法践行”，载《法律科学》2006 年第 5 期。

② 黄建良：“以刑事和解促进社会和谐”，载《检察日报》2006 年 11 月 5 日。

③ 刘守芬、李瑞生：“刑事和解机制建构根据简论”，载《人民检察》2006 年第 15 期。

④ 刘品新：“查明真相：刑事和解的必要前提?”，载《检察日报》2006 年 7 月 26 日。

⑤ 汤火箭：“我国未成年人犯罪刑事和解制度的构建与论证”，载《人民检察》2004 年第 10 期。

关以及民间调解组织主持下达成的协议。和解协议是建立在双方自愿的基础上。有争议的是，犯罪人进行了真诚的努力，被害人对于犯罪人的努力不予接受，也即，如果被害人对于犯罪人的恢复性努力不予接纳，据介绍，德国刑法中，只要被告人“对于再复原严肃地尝试”，就可以获得从宽处罚。我国有学者也认为，“犯罪人—被害人和解”的成立，只需要犯罪人有严肃地尝试性努力即可，并不需要被害人对此种努力的认可与接受。① 笔者认为，被告人单方的和解愿望不能说已经和解，刑事和解既然是被害人和犯罪人之间的一种交易、一种契约，那么和解的主动权就应当掌握在被害人手中，只要被害人不同意进行和解，司法人员不得强行进行刑事和解。② 当然。对犯罪人单方的真诚和解努力，司法机关处理时可作为酌情从宽量刑情节。

（5）刑事和解的适用阶段。在刑事诉讼的什么阶段可以适用刑事和解，理论上主张不一。有人主张，刑事和解应在法院审理阶段，最高人民法院最近就强调，“要加大对刑事自诉案件和其他轻微刑事案件的调解力度，努力实现轻罪刑事案件一审终了。”③ 也有人主张在审查起诉阶段和审判阶段。④ 笔者认为，轻微刑事案件，犯罪嫌疑人和被害人有和解的愿望，公安机关在侦查阶段也可以对犯罪轻微的刑事案件以及拟处劳动教养的案件启动和解。其达成和解协议的，可不采取拘留、逮捕等强制性措施和劳动教养。不过，案发之初，无论是被害人还是加害人，他们的心理都可能呈现出不稳定，和解比较困难，也容易反复。检察机关的审查起诉阶段，也可以启动刑事和解，案件的类型应局限于未成年人犯罪和轻微犯罪。法院审理阶段和服刑阶段，对凡有被害人的案件均可以启动和解程序，因为那时候，案件性质已经清楚，证据也已固定，当事人经过一段时间后，心态已经平和，其协议的真实性能够得到保证。在案件判决之前，没有启动和解或者达成和解协议，在刑罚执行阶段，犯罪人与被害人愿意和解的，同样可以启动刑事和解程序。正如有论者所分析，“此时的罪犯已经被判刑关进了监狱，切身感受到了失去人身自由的痛苦体验，如果此时法律政策规定能够支持调解程序，并能给罪犯以足够的利益驱使（非监禁刑、假释、减刑、记功、离监探亲、分级处遇等）的

① 杜宇：“‘犯罪人—被害人和解’的制度设计与司法践行”，载《法律科学》2006年第5期。

② 周光权：“论刑事和解制度的价值”，载《华东政法学院学报》2006年第5期。

③ 肖扬：“充分发挥刑事审判在构建社会主义和谐社会中的司法保障作用”，载《人民法院报》2006年11月9日。

④ 甄贞、陈静：“建设和谐社会与构建刑事和解制度的思考”，载《法学杂志》2006年第4期。

话，那么罪犯此时对进入调解程序的积极性将是肯定的。”①

3. 规范刑事和解的后果

有学者分析，只要达成了刑事和解，也就达到了国家惩治犯罪的目的，国家实际上已经失去了对犯罪处以刑罚的理由。② 笔者认为，这种观点有失偏颇。“刑事和解”是以刑事惩罚为基础的，和解不能与刑罚说“再见”，没有惩罚为后盾实现不了和解。同时，有了“和解”，犯罪人通过赔偿被害人损失、真诚悔罪，求得被害人谅解，满足了被害人对犯罪处置的要求，也不一定都要免除刑罚，犯罪而形成的“债务”包括了对被害人和国家的之“债”。刑事和解，犯罪人与被害人之间达成的和解协议，充其量只能说其履行了部分刑事之“债”，犯罪人与被害人之间的刑事和解并不必然消灭犯罪人对社会、对国家应负的“刑事债务”，只是在犯罪人与被害人之间达成和解后，社会、国家与犯罪人的紧张关系也得到某种程度的舒缓，其“债务”可以得到适度的减轻，如果是轻微犯罪，则可以免除处罚。

刑事和解导致的后果有四种处理办法：（1）自诉案件可不作为犯罪处理。（2）轻微犯罪可以不起诉或免除刑罚处罚。在公诉案件中，刑事诉讼法第142条规定了微罪不起诉制度。刑法第37条也规定了“对于犯罪情节轻微不需要判处刑罚的，可以免予刑事处罚”。也有的地方司法机关试行暂缓起诉，即在刑事和解的基础上，人民检察院可以作出暂缓起诉的决定，做出决定后，被害人认为和解协议未能得到履行，可以撤销暂缓起诉，启动起诉程序。（3）犯罪较轻，刑事和解作为适用缓刑的重要条件。对较重的犯罪，当事人之间的刑事和解可酌情从轻处罚。（4）在执行期间犯罪人与被害人之间和解的，可以作为执行期间确有悔改表现，作为酌情减刑或者假释一个条件。

---

① 半块砖：“建立‘受害人谅解’相关制度的设想（续）——论恢复性司法的本土化应在执行阶段实现”，载《犯罪与改造研究》2005年第2期。

② 石磊：“论我国刑事和解制度的刑事实体法依据”，载《法商研究》2006年第5期。

试论宽严相济刑事政策的决策与实现

陈　敏*

古往今来，和谐社会是人类的美好追求，《尚书》中就描述了“大同”世界。构建社会主义和谐社会是党和国家在新时期提出的符合社会发展趋势的战略举措，社会主义和谐社会的本质内涵，就是实现法律所追求的社会秩序，就是要形成民主法治、安定有序、公平正义、诚信友爱、充满活力、人与自然和谐相处的社会状态。在构建和谐社会的大背景下，宽严相济的刑事政策显示出蓬勃的生命力，也越来越多地被理论界和实务界认可。如何准确解读这一刑事政策的深刻内涵，并付诸实践，收到应有的效果，是我们面临的重大课题，完成好这一课题对于和谐社会的整体实现具有非常重要的意义。

一、刑事政策的概念、目标与作用

要准确解读宽严相济刑事政策的含义，首先要对刑事政策的概念、目标、作用有正确的认识。

（一）什么是刑事政策

刑事政策是国家处理犯罪与刑罚问题的基本原则。《尚书·吕刑》说：“轻重诸罚有权。刑罚世轻世重”，这可以说是最早的刑事政策。对于刑事政策的概念和范围，学界有各种说法，也是一个不断发展变化的动态过程。在西方，刑事政策最初主要是狭义范围的，18世纪末19世纪初，德国法学家费尔巴哈和弗莱斯罗德提出刑事政策是国家用来和犯罪作斗争的种种方法措施之和。但是各国的实践证明，这些措施并没有收到预期的效果，到19世纪末20世纪初犯罪现象愈演愈烈。由此，德国法学家李斯特对刑事政策进行了复兴，将刑事政策的概念扩大为国家和社会用来预防和打击犯罪的方法措施之和，甚至提出“最好的社会政策是最好的刑事政策”，把刑事政策扩大到最大

* 公安部法制局副处长，北京大学法学博士。

范围。目前，一般认为，狭义的刑事政策是指国家为打击和预防犯罪而运用刑事法律武器与犯罪作斗争的各种手段、方法和对策，它涉及的内容主要是刑事立法、司法和司法机关的刑事惩罚措施；广义的刑事政策是指国家为打击和预防犯罪而与犯罪作斗争的各种手段、方法和对策，它不仅包括以直接防止犯罪为目的的各种刑罚政策，还包括能够间接防止犯罪的有关的各种社会政策。笔者同意通过各种可能的方法预防、减少、打击犯罪，但并不赞同把刑事政策等同于社会政策的观点，那种过于扩大化的观点实际上否定了刑事政策本身的特性，因此，本文探讨的主要是狭义上的刑事政策。

（二）刑事政策的目标与作用

不容否认，刑事政策的目标是预防和惩处犯罪。但是，能够在多大程度上实现这一目标，并不完全取决于刑事政策本身，对此，我们必须有清醒的认识。

一是与人体内存在各种病菌一样，社会中存在犯罪也是一种常态，“我们不能要求犯罪完全不发生，文明并不创造犯罪，但他也没有力量去消灭它。它们先于文明而存在”①，人类只能把犯罪控制在一定的限度内，那种想要彻底消灭犯罪的刑事政策注定是要失败的。

二是犯罪本身有其功用，犯罪率过低并不是一种正常状态，过于追求犯罪率的降低必将影响社会的正常发展，正如法国学者迪尔凯姆所言：“当犯罪率下降到明显低于一般水平时，那不但不是一件值得庆贺的事，而且可以肯定，与这种表面的进步同时出现并密切相关的是某种社会的紊乱。”②

三是刑罚预防犯罪的功能是有限的，刑罚量与犯罪量之间并不是直接的比例关系。例如，马克思就说过：“历史和统计学都非常清楚地证明，从该隐以来，利用刑罚来感化或恫吓世界就从来没有成功过。”③ 我国刑法学家储槐植指出：“只有当刑罚作用足以抵消或制止住促成犯罪的因素的条件下，刑罚才能够预防犯罪。由于刑法作为遏制犯罪的因素本身是单一的，而社会上促成犯罪的因素是复杂多样的，因此，刑罚预防犯罪的功能是有限度的。”④

四是司法资源有限，不可能无限度地投入。任何一个国家的资源都是有限的，有限的资源必须合理配置，使其效益最大化，预防和减少犯罪只是其中一种效益。

---

① 加罗法洛著：《犯罪学》，耿伟、王新译，中国大百科全书出版社1996年版，第162页。

② 迪尔凯姆著：《社会学方法的准则》，狄玉明译，商务印书馆1985年版，第89—90页。

③ 《马克思恩格斯全集》（第8卷），第578页。

④ 储槐植著：《刑事一体化》，法律出版社2004年版，第174页。

刑事政策概念的发展历程也证明了以上问题，人们越来越清楚地认识到犯罪的产生有着多方面的原因，单纯依靠刑罚是不足以预防和减少犯罪的，更不能把消灭犯罪的希望寄于重刑主义的刑事政策。从理性的角度，应当把刑事政策的目标确定为：充分利用有限的资源，将犯罪控制在社会可以承受的程度，使犯罪与刑罚之间达到和谐状态，从而促进社会的整体和谐。

二、中国现阶段刑事政策的决策

正如产生犯罪的原因是多样的，影响刑事政策决策的因素也是多样的。当前，采取宽严相济的刑事政策，主要受以下四个方面的因素影响：

第一是基本国情。必须认识到，虽然这些年国家经济发展迅猛，但中国仍然是一个发展中国家，经济发展水平、国民教育素质及人类发展指数都与发达国家存在差距。在许多方面，我们不能简单地照搬发达国家的做法。强调国情决不是陈词滥调，更不是一些人所理解的“为不适用国外先进经验而制造的借口”。犯罪的产生与发展与国家的经济状况、文化传统、社会结构、人口结构等有着密切的联系，同犯罪作斗争的手段也相应地受到这些因素的制约。在不同经济条件的国家之间，其差异之大经常超出人们的想象。举个简单的例子，在中国，人人皆知流动人口犯罪问题，而在一次国际研讨会上，到会的英国专家对此却知之甚少，因为在他们国家早已完成了城市化过程，除了外国移民，基本上都生活在自己的小镇上，即使换了居住城市，也多数都有稳定的工作，我们要向他们学习控制流动人口犯罪的方法，那就是找错对象了。因此，既不能盲目地照搬国外“轻刑化”思想，也不能不顾经济条件限制要求对所有犯罪一视同仁予以彻底、严厉的打击。

第二是社会发展形势。当前中国社会正在经历着一场几千年未有的深刻变革，从传统社会向现代社会、从农业社会向工业社会和信息社会、从封闭性社会向开放性社会、从计划经济向市场经济整体地、结构性地变迁和发展。制度不完善、社会发展不平衡、社会矛盾相对突出、社会失范的普遍性以及违规、违法行为甚至犯罪行为的普遍性是转型期社会的基本特征。为保证社会的稳定性与有序性，国家权力就需要强化刑罚的运用，并使之在犯罪控制中发挥应有的作用。

第三是犯罪态势。刑事政策必须针对犯罪发展的具体态势作出并随时调整，这就要求我们对近一时期主要是“十五”时期的犯罪活动进行横向、纵向的比较研究。总体来讲，“十五”时期，我国犯罪发案总数仍处于较低水平，犯罪整体发展态势较为平稳，各类犯罪活动有起有伏。1998 年以来，犯罪立案数不断增加，1998 年接近 200 万起，1999 年突破 200 万起，2000 年激增到360万起，2001年持续增长，达到440多万起，2002年达到437.7万起，2003年439.4万起，2004年上升至470多万起，2005年、2006年，刑事立案总数稳中有降，分别立刑事案件468.8万起和465.3万起。从犯罪种类来看，侵财犯罪居高不下；严重暴力犯罪得到一定程度地遏制，放火、爆炸等严重危害公共安全犯罪案件大幅下降，杀人、强奸、拐卖妇女儿童等严重侵犯公民人身权利、民主权利犯罪案件明显减少；经济犯罪上升压力较大；妨害社会管理秩序犯罪增势明显；现代信息通讯领域犯罪活动日益突出。在国家统计局发布的2005年全国公共安全感抽样调查结果中，91.9%的被调查者认为社会治安"安全"或者"基本安全"。这一方面说明，改革开放以来我国始终坚持严打和社会治安综合治理的刑事政策符合我国现阶段社会治安和违法犯罪的发展规律，有效地遏制了犯罪的增长势头；另一方面，从有关经济发展和犯罪增长的轨迹看，我国的犯罪数量仍然存在较大的上升可能，如稍有松懈，犯罪数量仍可能出现较大幅度的增长。从国际经验看，人均GDP1000美元至3000美元，是社会结构剧烈变化，各种社会矛盾凸显的时期，影响社会治安的各种消极因素比较活跃，通常情况下违法犯罪数量会出现较为明显的增长。这就要求采取较为积极的刑事政策，保持对刑事犯罪的高压态势，防止出现更大规模的犯罪浪潮。

第四是民众意愿。刑事政策的制定不可能不考虑民众的意愿，而犯罪的实际发生数量和发展态势与人民群众的实际感受之间还会有一定的差距。例如，在"严打"政策之下，"两抢一盗"案件全面回落，放火、爆炸、投放危险物质等严重危害公共安全犯罪案件进一步走低，杀人、强奸、拐卖妇女儿童等严重侵犯公民人身权利犯罪案件大幅下降，刑事犯罪出现暴力化倾向趋缓的趋势，但是少数特别恶劣的暴力案件，通过越来越发达的传媒的传播，对社会心理造成了强烈的冲击。加之社会正义的报应观念在现代社会里仍然支配着普通公众的心理，民众要求严厉打击犯罪的呼声一直高涨。

当前，我国采取宽严相济的刑事政策是符合上述考虑的，在犯罪态势仍然严峻的形势下，是不能放弃"严打"策略的，只有通过"严打"才能实现刑罚的必然性和及时性，强化震慑犯罪的效果。20世纪60年代以来，由于犯罪形势的不断恶化，西方国家普遍开始采用"轻轻重重"的复合型政策，即在强调对轻刑犯罪甚至中等程度犯罪执行轻缓刑事政策的同时，也强调对严重犯罪实施较为严厉的重罚。所谓"重重"政策的直观表述实际上就是"严打"。如美国20世纪70年代以后刑事政策的一个新动向就是对严重犯罪采取比过去更严厉的制裁措施，英国从2003年秋开始布置"严打"活动，而联合国近年来针对不断上涨的犯罪浪潮制定的《打击跨国有组织犯罪公约》、《反腐败公约》等一系列公约也体现了“严打”的趋势。另一方面，由于刑罚功能和司法资源的有限性，要求对部分犯罪和部分犯罪人采取适当宽松的政策，以促进社会的整体和谐。

三、宽严相济刑事政策的含义

宽严相济是一项重要的刑事政策，宽不是要法外施恩，严也不是无限加重，而是要严格依照刑法、刑事诉讼法以及相关的刑事法律，根据具体的案件情况来惩罚犯罪，该严当严，该宽则宽，宽严相济，罚当其罪，只有这样才能够符合“稳、准、狠”的原则要求，真正做到“有罪则判，无罪放人”。笔者认为，对于宽严相济应当从以下几个方面理解：

1. 宽与严都必须在法律规定的范围内适度裁夺。司法实践绝不能偏离法律规定，违背法律的基本精神，这是维护司法公正的根本前提，而公正是司法的灵魂。那种一提“严”就任意追究，一提“宽”就撒手不管的做法，是非法治社会陈旧思想的延续，必须摒弃。

2. 严而不厉，宽而不纵。“严”，指严密刑事法网，严格执行法律，减少法律漏洞和漏网机会，提高刑罚的不可避免性，增强刑法的威慑功效。如从立法技术来讲，应多使用堵截性构成要件、弹性构成要件和推定构成要件，防止应受惩罚的行为逃漏法网。“不厉”，指降低刑罚的严苛性，尽量适用较为轻缓的刑罚，刑罚有极限而犯罪无极限，在犯罪居高不下的形势下，单纯依靠提高刑法总量起不到预防和消减犯罪的作用，罪与刑的结构性抗衡局面不可能长期僵持下去[①]。“宽”，指对部分客观危害和主观恶性较小的犯罪人宽大处理，主要是初犯、偶犯、未成年犯、过失犯等。“不纵”，指按照罪刑相当的原则适用刑罚，保证惩处犯罪所必需的刑罚量，使刑罚起到应有的震慑作用。

3. 宽与严都各有其针对的对象，不能一概地严，也不能一概地宽。一是各种犯罪产生的原因不同，危害也不相同，犯罪人的主观恶性也各有差异，应当有针对性确定从严和从宽的罪行和犯罪人。二是侦破、起诉、审判犯罪需要花费大量的人力、物力，而国家的司法资源有限，不可能面面俱到，只能根据一定时期的需要确定打击重点。目前，警力不足、经费不足问题大大困扰着各地公安机关，而越是轻微的常见多发犯罪如扒窃、街头诈骗等越是占用大量警力，要侦破一起毫无线索的扒窃案可能需要投入几十、上百名警察，事实上这样大规模的投入是不可能的，因为在一个地区会同时有很多案

① 参见储槐植著：《刑事一体化》，法律出版社2004年版，第304页。

件发生。各种专项行动正是由此而起，实践证明，这种调集优势兵力、重点突破的方式，对于迅速治理人民群众反映强烈的治安突出问题，是卓有成效的。当然，长效的预防犯罪机制和社会治安综合治理也是不容忽视的。

4. 宽与严最终要在个案上实现平衡和平等，不能畸轻畸重。一是任何一个犯罪人都可能既有从重处罚的因素，也有从轻处罚的因素，对此必须全面考虑，不能一味突出从重或者从轻。二是刑法规定的不同罪种之间的刑罚量要整体平衡，不能轻罪重刑，重罪轻刑。三是不同地区、不同阶层、不同背景的犯罪人在相同条件下所受的惩罚应基本相同，确保国家法制的统一和法律面前人人平等。

四、实现宽严相济刑事政策的若干建议

实现宽严相济的刑事政策，是一项系统工程，有多个维度，需要从很多方面做工作，具体有如下建议：

（一）从实体上严密刑事法网

一是要对破坏社会秩序、性质恶劣、危害严重的刑事犯罪严密法网，给予足够的刑罚量。目前，这些重罪至少应包括：放火、爆炸、投毒等严重危害公共安全的犯罪、恐怖犯罪、故意杀人、故意伤害（致人重伤）、绑架、抢劫、拐卖人口、黑社会性质的犯罪、贪污贿赂犯罪等。

二是减少对目的要件的过多要求，降低司法机关证明难度。现行刑法对罪状设计过多附加目的要件，诸如："以牟利为目的"、"以非法占有为目的"、"以勒索财物为目的"、"以出卖为目的"、"泄愤报复目的"、"为谋取不正当利益"等达20处之多，而"明知"则有33处之多，数量之大在各国刑法中实属少见，而这些罪名多数属于多发犯罪，虽然其本意是缩小刑法打击面，出发点是好的，但却在实践中加大了司法机关的证明难度，增加了司法成本。应当重新审视刑法的这些规定，取消这种难以证明的目的要件，代之以客观要件，因为任何目的或者动机都必须通过客观事实来证明。对于主观要件不易证明的多发性犯罪，可以适当引入英美法系广泛采用的推定故意构成要件，即在推定所依据的客观事实与被推定的主观心理之间具有高概率的联系时，可以认定主观故意的存在，如美国联邦刑法第643节规定，"联邦或者任何联邦部门机构的官员、雇员或者代理人收受不许可作为其薪金、报酬或者津贴予以保存的公款，又无法说明其合法性的，则犯有贪污罪"。

三是进一步明确单位犯罪有关规定的含义。刑法上有很多罪名没有规定单位犯罪，如盗窃、诈骗等，而刑法第30条规定："公司、企业、事业单位、机关、团体实施的危害社会的行为，法律规定为单位犯罪的，应当负刑事责

任”，实践中普遍认为既不能追究单位的刑事责任，也不能追究行为人的刑事责任。这样的理解既不符合罪刑相当和刑法面前人人平等原则，也与刑法第30条的立法本意相违背。应当明确该条的含义为：刑法没有规定为单位犯罪的，追究单位主管人员或者直接责任人员的刑事责任。

四是对经济犯罪设置更科学、更有操作性的构成要件。改革开放以来，经济犯罪上升势头很猛，对国家经济运转造成了严重危害，但从实际的处罚结果来看，却普遍存在着对经济犯罪打击不力的问题，表现出“案件实际发生多、查处少，行政处理多、移送追究刑事责任少，查处一般犯罪分子多、追究幕后操纵的主犯少，判处罚金及缓刑多、判处实刑少”的所谓“四多四少”现象。其中，法律规定比较抽象或者不符合经济环境的实际运行情况是一个重要原因，各地司法机关普遍反映刑法有关经济犯罪的规定难以操作，并且法律漏洞多，很多有严重社会危害性的行为没有规定为犯罪。刚刚通过的《刑法修正案（六）》对刑法作出了很大程度的补充，但还有一些危害严重的行为如非法设立地下钱庄等没有充分的处理依据。

五是对与计算机和网络技术有关的犯罪进行规范。当前，网络应用突飞猛进，新生事物层出不穷，利用网络实施犯罪的手段也花样繁多，刑法第185条和第186条的规定已远远满足不了实践需要，如网络游戏中虚拟财产被盗窃、诈骗等问题，得不到有力的保护。从实践来看，虚拟财产的获得往往要通过持有人的劳动和真实财产的付出，具有了商品的价值和使用价值属性，应当作为财产的一种受到现实的法律保护，包括刑法的保护。再如，网上淫秽视频聊天的定性问题、网络淫秽物品的认定问题等都亟须做出规定。

（二）完善刑罚制度，合理配置刑罚资源

一是延长有期徒刑的期限。现行刑法规定有期徒刑最长为15年，数罪并罚不超过20年，在死刑适用相对减少的情况下，这样的刑罚量不足以震慑犯罪，至少应当将有期徒刑的上限提高到20年，数罪并罚最高可到30年。应当注意的是，提高有期徒刑的上限并不意味着刑罚量的水涨船高，而仅适用于特别严重的犯罪。

二是完善罚金刑，减少短期自由刑的适用。对轻微犯罪、财产犯罪和过失犯罪可以更多适用罚金刑。短期自由刑成本高、效果差，应尽量减少适用。

三是对累犯加重处罚，并严格其减刑条件。累犯对社会的危害十分严重，并且反侦查能力较强，导致侦破难度和诉讼成本的成倍增加，而刑法只规定了从重处罚，不适应预防犯罪的需要。为遏制危险累犯，有必要加重处罚，外国刑事立法多采取加重制。如美国，对累犯的判刑，绝大多数州实行加重刑，有些州采取累进加重制，即按照犯重罪的次数按一定比例累加量刑。此外，对累犯的减刑，应从立法上从严掌握，区别于一般犯罪人。

四是更多地引入罪刑系列的立法方法，对同一种犯罪设置多个近似的犯罪构成以及与之相适应的刑罚。通过这种方法，既可以严密法网，又可以对危害程度不同的情形区别对待，更好地做到罚当其罪。我国古代就有适用罪刑系列的立法经验，如唐律中的“六杀”，将杀人罪区别为六种不同的情形，规定了不同的量刑方式，更好地在一种罪名内实现了宽严相济。

五是建立未成年人的前科消灭制度。未成年人身体和心理都不够成熟，分析问题和处理问题的能力比较低，容易受到外界的影响和干扰，实施违法犯罪行为。但正由于未成年人可塑性强，正处于成长的关键时期，如果改造、教育方法得当，则可以得到有效挽救，使其成为社会可用之才。因此，为有利于对未成年人的教育改造，鼓励、促使其顺利回归社会，建议建立未成年人的前科消灭制度。对实施犯罪的未成年人，如果确有悔改之意，认真接受改造，表现良好的，在刑罚执行完毕后，将已实施的犯罪不作为累犯的条件，同时，使其在就学、就业等方面不受歧视。

（三）从程序上便宜诉讼的进行，提高诉讼效率

刑事诉讼的高效运行是司法公正的前提条件，而司法资源稀缺，诉讼效率低是当前刑事诉讼中的主要问题，相当一部分犯罪没有得到应有的惩处。在刑事诉讼程序方面，应当注意保护被害人利益与保护被告人利益的统一，既要防止过分强调保护被害人利益而忽视程序公正，又要防止单纯强调保护被告人利益而人为地增加程序的复杂性，影响诉讼效率。这也是当前国际上对待刑事程序的主流态度。如英国《刑事审判与公共秩序法》（1995 年生效）对沉默权进行了较大限制，2002 年 7 月 17 日公布了关于刑事司法制度的白皮书，一是建立灵便的裁决体系，软化某些硬性司法规则；二是消除公众对司法制度仅有利于被告人的疑虑。[①] 程序上的适当简化将有助于降低诉讼成本，提高诉讼效率，如果一味追求程序的复杂性而影响了诉讼效率，使犯罪得不到应有的惩处，这种程序必将难以维继。

一是扩大简易程序的适用范围。综观各国刑事诉讼法，与普通程序日趋繁复相对应，大多数案件适用的是简易程序，如美国和英国 95% 左右的案件是以辩诉交易方式解决的，无须经过耗时费力的正式审理。目前，我国的简易程序适用还十分有限，大量的警力要投入到盗窃、诈骗等常见多发犯罪的侦破工作中去，这类案件占全部刑事案件的百分之七八十之多，其中多数案

① 参见储槐植著：《刑事一体化》，法律出版社 2004 年版，第 123 页。

件数额小，犯罪次数多，线索少，取证难，如一律要求证据确实充分，所花费的资源量将是国家无法承受的。事实上，正是由于没有足够的警力和经费满足普通程序的证明要求，大量案件半途而废，长此以往将严重损害民警的工作积极性，进而影响群众的安全感。可以在一部分地区开展简易程序包括辩诉交易的试点项目，试点成功后向其他地区推广，进而总结经验，全面采用，以解决不断增长的犯罪与日益紧张的司法资源之间的尖锐矛盾。

二是扩大和完善自诉程序。一是扩大自诉程序的适用范围。更多地适用自诉程序，也是解决司法资源不足的一个途径，如交通肇事、情节轻微的盗窃、诈骗、敲诈勒索、强迫交易等侵犯财产权益的犯罪都可以适用自诉程序。二是完善自诉程序，使之更加便捷，如除不告不理的案件外，其他可自诉可公诉的案件，应允许公安机关受理后进行调解，调解达成协议的，可以结案；案件作为公诉案件在公安机关侦查过程中，允许当事人撤案，并提起自诉。

三是坚持“两个基本”的证明标准。法律真实与事实真实之间总是有差距，再细致入微的侦查也不能做到还原事实，因此，必须坚持“两个基本”的证明标准。所谓基本事实清楚，是指作为犯罪构成要件的事实清楚；基本证据确凿，是指证明犯罪构成要件的证据确实充分，避免以追求“客观真实”为名在其他枝节问题上过分细究。

四是正确处理疑罪的认定问题。不能不分情形一律强调疑罪从无或者对被告人有利的解释原则。疑罪有两类：一类是证据不足，则必须按照疑罪从无的原则处理。另一类是证据确实充分而在对法律的理解方面有分歧，则不能强调疑罪从无或者对被告人有利原则，而应当根据法律解释论的方法作出正确解释，再按照法律推理的方法得出合乎逻辑的正确结论。

（四）增加司法投入，提高预防、侦查犯罪、保障人权的能力

与人民群众不断增长的要求相比，我国司法机关的整体素质和执法水平还不尽人意，违反程序、滥用权力、执法不公的现象时有发生，通过媒体的报道造成了很坏的负面影响。这里面既有司法人员主观意识方面的问题，也有客观上资源不足的问题，从马克思主义关于经济基础决定上层建筑的理论来看，资源不足对于提高执法水平形成了很大的阻力。资源不足的表现有：司法人员文化程度不高，培训体系不健全，工作超负荷，经费不足，等等。对于同一个案件来说，投入两个侦查员和十个侦查员，由办案经费和没有办案经费，有技术手段和没有技术手段，其效果可能是完全不同的，对于保护被告人权益的重视程度也可能有相当差距。在犯罪不断增长和法治要求越来越高的形势下，如果不加大司法资源的投入，单纯依靠严格要求和强化立法，是无法真正贯彻宽严相济的刑事政策的。

对非公有制经济刑法平等保护的思考

李邦友*

非公有制经济，顾名思义不是公有制经济，即除公有制经济以外的经济成分。按照以前的理解，公有制经济是指国家投资或者国有企业投资形成的国有企业与广大群众集体投资形成的集体企业组织的经济形式。公有制经济在过去的半个世纪多一直在我国的经济体制中占据绝对的多数与优势地位，对我国国家的政治、经济以及对国民的生活发挥着重大的影响作用。虽然在过去的二十多年里，国家实行经济体制改革，实行对外开发，吸引外资与技术，非公有制经济取得了很大的发展，但是在刑法全面修订的1997年，国有经济仍然占较大的优势与比重，因而刑法在保护公有制经济与非公有制经济上仍然给予了区别对待。刑法典的这种区别对待，如果在过去国有经济、集体经济占绝对多数与优势地位的年代有其合理性的话，那么，在非公有制经济发展非常迅速且规模巨大，对于我国的政治、经济以及国民的生活产生巨大影响的今天，刑法典的这种区别的合理性就值得怀疑。刑法是以保护公民与单位的法益为其任务的，这种保护是建立在刑法的基本原则之上的。因此，刑法对非公有制经济与公有制经济的保护，就应与今天我国的经济体制相适应，与我国的刑法基本原则相适应。

我国现行刑法中，对非公有制经济没有实现平等保护的内容主要有以下几个方面。

一、刑法第91条、第92条关于财产的解释性规定

刑法第91条规定：本法所称公共财产，是指下列财产：（一）国有财产；（二）劳动群众集体所有的财产；（三）用于扶贫和其他公益事业的社会捐助

* 最高人民法院司法改革办公室干部，西南政法大学兼职教授、博士生导师，法学博士；中国刑法学研究会理事。

或者专项基金的财产等，此外，刑法还规定：在国家机关、国有公司、企业、集体企业和人民团体管理、使用或者运输中的私人财产，以公共财产论。

刑法第91条规定的公共财产与第92条规定的公民私人财产是以财产所有制为属性的概念。按照这样的规定，在今天的我国企业中，占绝对多数的混合所有制（即国有企业、集体企业参股、控股的有限公司、股份有限公司）的企业财产无法包括进来。因为，在这些企业中，如果按照公私所有成分的划分，企业财产的属性既有国有、集体所有的成分，又有个人或者外资的成分，按照刑法第91条、第92条的划分标准，则无法说明国有企业、集体企业参股、控股的有限公司、股份有限公司企业的财产属性。

笔者认为，以财产所有制属性的不同来设立刑法保护的不同层次，从财产被人们所利用的经济价值形态、刑法的基本原理来说，是不妥当的。

首先，财产的经济属性在市场经济体制下具有重要的意义。在市场经济体制下，由于财产具有经济属性，使得各种各样的财产通过价值、价格等形式互相等价交换，实现市场流通，发挥财产的使用价值，为人们所利用。财产的经济属性，在刑法的保护上，往往以其财产所有具有价值或者市场价格的数量大小作为对其侵害行为违法评价的标准之一来进行衡量。例如，司法机关在处理盗窃罪中，对行为人定罪量刑，基本都是以行为人盗窃他人财产的数额标准作为主要标准来确定的。诈骗罪、敲诈勒索罪、侵占罪等不例外。贪污罪在1997年修订前的刑法中是将其作为财产犯罪来规定的。实际上贪污罪主要侵犯的是国家机关、国有单位的财产权利，因而贪污罪也主要是财产犯罪，突出的表现就是刑法对贪污罪的定罪量刑标准都是以贪污罪的对象——公共财产的价值数额大小为标准规定了不同的量刑幅度。财产犯罪是犯罪行为人侵害了他人对财产以所有人的利用属性，即侵害的是财产的经济属性，刑法主要是以财产的价值数额大小来判定行为危害性大小的标准。既然财产犯罪是以财产的经济价值大小这样的属性作为认定其危害性大小为标准的，那么区别财产的所有属性在普通刑法规定的财产犯罪中就违反了财产经济价值属性同等保护的基础。

其次，按照刑法平等原则，刑法规定在财产保护上也不应区别财产所有制形态。在市场经济条件下，财产是以经济属性为不同主体加以利用，按照价值大小进行等价交换。因此，在刑法的保护上，只有按照财产的价值属性来进行保护，不按照财产的所有人是谁进行区别性的保护。只有这样才能实现刑法对不同主体的财产的平等保护。对财产按照所有制的公私属性来实行区别对待是计划经济体制下，个人财产从属于公共财产的情况下的立法产物。因为，在计划经济体制下，个人财产是个人生活、生存的基础，公共财产是社会发展的基础，公共财产的安全直接影响到国家的政治、经济、国计民生等方方面面，与私人的财产相比，公共财产的意义就显得特别的重要，因而在刑法的保护层次上有别于个人财产，是可以理解的。但是在市场经济体制下，区别个人财产、公共财产违背市场经济规律，因为市场经济条件下，这两者的区别是非常困难的，例如，当个人资本投资于国有企业，形成了混合所有制企业财产，这样的混合所有制企业财产既不能说是纯粹的个人财产，又不能说是纯粹的公共财产；况且，个人资本投资于国有企业，都是以平等的民事主体资格参与组成的混合所有制企业，在刑法的保护上如果因为他们的姓公姓私的不同而给予不同的保护，有违背市场经济的规律之嫌，也违反公司法等企业法。混合所有制企业、私营企业、外资企业在不久的将来，将居于主导地位，直接影响我国的政治、经济乃至于国计民生，刑法对这些企业如果不能给予与公有制经济一样的保护，将直接影响我国改革开放的顺利进行与发展。

基于以上分析，刑法保护的财产在市场经济条件下是以其财产的市场经济价值属性为依据的，在刑法上区别公共财产与公民私人所有的财产是不合理的，事实上在市场经济国家的刑法里，没有公共财产与私人财产区别的概念，也没有相应的犯罪条款的规定。为了实现刑法对非公有制的平等保护，建议刑法取消两个解释性的规定，只从财产的经济属性与可支配的意义上规定财产的定义。

二、关于国有公司、企业对其控股、参股的上市公司挪用资金犯罪问题

在对非公有制企业给予刑法的平等保护问题上，应当强化当前对国有公司、企业等大股东大量占有、占用其控股或者参股的上市公司资金的挪用犯罪的刑事打击力度。

一段时间以来，国有公司、企业等大股东大量占有、占用其控股或者参股的上市公司资金的问题成了“中国证券市场的顽疾”。这些大股东或凭借其控股的优势地位，或借资金重组，将上市公司当做“提款机”，挪用大量的资金。根据有关资料报道，全国最多的时候，至少有300家以上的上市公司被其大股东“占用”高达上千亿元人民币，导致许多上市公司无法正常运营，有的几近破产。使得有的上市公司的股票价值暴跌，中小股民对上市公司丧失投资信心，动摇了证券市场基石。由于这样的行为符合挪用资金罪的问题一开始就没有用刑罚制裁，导致这样的恶性犯罪愈演愈烈，以至于无法动用刑罚来制裁这些犯罪。有关文件将这样的挪用犯罪行为说成是“占用上市公司资金”行为，要求各个大股东“清退占用的上市公司资金”。这个现象可以

说是典型的没有平等保护作为中小投资者的非公有制经济成分。产生这个现象的原因，是我国长期以来，无论在刑法理论与实践或者刑法立法中都认为，单位挪用公款是违反财经纪律的行为，不是犯罪行为，当然单位像国有大单位的股东挪用其子公司的企业资金更不会往犯罪方面考虑。实际上，从刑法理论上讲，单位可以实施自然人构成的犯罪，一般只追究单位犯罪的直接责任人员的刑事责任，不追究单位的刑事责任。例如单位盗窃电力的，只追究单位主管人员与直接责任人员的刑事责任，不追究单位的刑事责任。如果将这个理论贯彻到国有大股东的公司、企业占有、占用其控股或者参股的混合所有制股份有限公司的资金，那么也应该追究挪用混合所有制公司的有关董事会的董事长、总经理、董事或者经理等主管人员与直接责任人员的挪用资金罪的刑事责任。

对于参股、控股的国有公司、企业长期占有或者占用其控制的混合所有制公司的资金，损害混合所有制公司与广大中小股票投资者的利益而不追究刑事责任，这样的做法危害相当严重，具体分析如下。

首先，这种行为破坏了证券市场公平、透明的市场机制。国家审批效益比较好的国有参股、控股的公司上市，在社会上公开募集资金；股民购买这些公司的股票，相信这些公司的商业信誉与市场优势，期待这些上市公司的股票价值增长。然而当人们发现这些控股股东滥用其优势地位，大肆从上市公司"提款"而没有受到刑事追究，使得他们持有的股票价值"暴跌"，甚至一文不值，他们欲通过股票投资的预期利益也无法实现，那么他们就不会再投资证券市场，这样就阻碍了证券市场的健康发展。在这样的证券市场环境里，企图将国有企业改革的方向定位为以股份制公司为主要形式的改革将无法取得成功。

其次，破坏了法制原则。法制原则的基本含义就是平等地追究所有犯了罪的人，即"刑法面前人人平等"的原则。在上市公司的资金被大量"占用"的行为主体主要是以被改制的控股、参股的国有公司、企业，由于传统认为国有单位挪用资金行为往往是以行政清退方式来解决已成习惯，在司法解释中，也曾经以挪用资金罪的主体限于"私人公司、企业"，而不包括国有公司、企业，在企业的所有制上，因姓"公"与"私"的不同，在挪用罪的刑法价值评价上截然相反。这样的价值评价，显然不利于市场经济的健康发展。对于国有公司企业的大股东大量"占有"、"占用"上市公司的资金的行为以清欠了之，没有以挪用犯罪追究，可以说是受传统对公有制企业不构成挪用犯罪主体观念的影响。如果是私人或者非公有制企业挪用企业资金，则构成犯罪，司法机关将立即启动司法程序，追究挪用者的刑事责任。显然违反刑法的平等原则。

基于以上分析，在刑法理论与实践方面，应树立非公有制企业与公有制企业在刑法的地位上是平等的观念，对于公有制企业挪用其控制的非公有制企业的资金，应当对有关的直接责任人员按照挪用资金罪追究刑事责任，运用刑法手段保护非公有制企业的合法权益。

三、将涉及国有公司、企业及其工作人员的犯罪扩大到所有的企业及其工作人员

对非公有制经济实行平等保护，不仅包括对其财产及利益给予平等保护，还应对涉及国有公司、企业及其工作人员的犯罪扩大到所有的公司、企业及其工作人员。这主要是指刑法分则第三章关于对国有公司、企业及其董事、监事、经理等人员作为犯罪主体所规定的一系列的犯罪。刑法分则第三章规定的犯罪主要有：刑法第163条规定的公司、企业人员受贿罪与受贿罪（主体限于国有公司、企业中从事公务的人员）；刑法第165条规定的非法经营同类营业罪，刑法第166条规定的为亲友非法牟利罪，刑法第167条规定的签订、履行合同失职被骗罪，刑法第168条规定的国有公司、企业、事业单位人员失职罪，国有公司、企业、事业单位人员滥用职权罪；刑法第183条规定的职务侵占罪与贪污罪（主体限于国有公司、企业工作人员）；刑法第184条规定的公司、企业人员受贿罪与受贿罪（主体限于国有金融机构工作人员和国有金融机构委派到非国有金融机构从事公务的人员）；刑法第185条规定的挪用资金罪（一般金融机构工作人员）与挪用公款罪（国有金融机构工作人员和国有金融机构委派到非国有金融机构从事公务的人员）等。

根据刑法对上述犯罪规定的处罚情况的不同，可以区别为以下两种情况：

（一）规定只有国有公司、企业及其工作人员或者国有公司、企业、国有事业单位工作人员才能构成犯罪主体。即刑法分则条文列举的主体只限于国有公司、企业及其工作人员或者国有公司、企业、国有事业单位工作人员，对于非国有公司、企业及其工作人员或者国有公司、企业、国有事业单位工作人员没有规定相应的犯罪处罚，在这些非国有公司、企业内或者非国有公司、企业、国有事业单位内，不存在构成刑法分则规定的相应的犯罪的问题。这些罪主要是刑法第165条规定的非法经营同类营业罪，刑法第166条规定的为亲友非法牟利罪，刑法第167条规定的签订、履行合同失职被骗罪，刑法第168条规定的国有公司、企业、事业单位人员失职罪，国有公司、企业、事业单位人员滥用职权罪。这些犯罪的主体仅限于国有公司、企业单位及其工作人员，非国有公司、企业单位的工作人员不是上述犯罪的主体。我们认

为，刑法分则规定的上述行为在非国有公司、企业并非不能发生，因为这些犯罪行为的发生往往是因为存在着委托管理、多人管理或者多层次管理，有的人因为这样或者那样的原因违反这些单位的管理制度，国有公司、企业工作人员违反单位的管理制度实施上述行为可以构成刑法规定的相应犯罪，而非国有的公司、企业违反单位的管理制度，实施上述行为则不构成犯罪，以企业的所有制性质的不同，设立处罚与不处罚的规定，违反市场经济平等保护与平等处罚的基本原则。况且，上述规定是以《公司法》的相关规定为基础进行规定的，《公司法》中规范的公司是以注册资本的大小来规范的，不是以企业的所有制形式来进行规范的，刑法依照公司、企业的所有制的不同设立罪与非罪的界限，也违背了公司法的基本原理。因此，刑法应将上述犯罪行为的主体扩大到所有公司、企业，这样在刑法上不以公司、企业的所有制性质的不同设立犯罪主体，有利于市场经济条件下平等保护与平等处罚的刑法平等原则的实现，也有利于《公司法》的基本原理在刑法中得到体现。

（二）区别一般公司、企业与国有公司、企业等单位的工作人员，对于同样的行为，设立了不同的罪名与处罚幅度。这主要是指刑法第 163 条规定的公司、企业人员受贿罪与受贿罪；刑法第 183 条规定的职务侵占罪（保险公司工作人员）与贪污罪（主体限于国有保险公司中从事公务的人员与国有保险公司委派到非国有保险公司中从事公务的工作人员）；刑法第 184 条规定的公司、企业人员受贿罪与受贿罪（主体限于国有金融机构工作人员和国有金融机构委派到非国有金融机构从事公务的人员）；刑法第 185 条规定的挪用资金罪（一般金融机构工作人员）与挪用公款罪等（国有金融机构工作人员和国有金融机构委派到非国有金融机构从事公务的人员）；刑法第 271 条规定的职务侵占罪（一般公司企业或者其他单位）与贪污罪（国有公司、企业或者其他国有单位中从事公务的人员和国有公司、企业或者其他国有单位委派到非国有单位中从事公务的人员）；刑法第 272 条挪用资金罪（一般公司企业或者其他单位）与挪用公款罪（国有公司、企业或者其他国有单位中从事公务的人员和国有公司、企业或者其他国有单位委派到非国有单位中从事公务的人员）等。上述犯罪主体区别了一般公司企业工作人员或者其他单位的工作人员与国有公司、企业单位或者其他国有单位中从事公务的人员或者国有公司、企业或者其他国有单位委派到非国有公司、企业或者其他非国有单位中从事公务的人员。刑法两类不同主体设立了上述对应的不同的罪名，设立了不同的处罚幅度。例如，刑法第 163 条规定的公司企业人员受贿罪的最高法定刑为 15 年有期徒刑，与此相应，受贿罪的法定最高刑为死刑，同样的规定有刑法第 184 条规定的公司、企业人员受贿罪与受贿罪；刑法第 183 条、第

271 条规定的职务侵占罪的法定最高刑也是 15 年有期徒刑，而相应的贪污罪最高刑是死刑；刑法第 185 条、第 272 条规定的挪用资金罪的法定最高刑为 10 年有期徒刑；而相应的挪用公款罪的法定最高刑是无期徒刑。

我们认为，刑法规定公司、企业或者其他单位的所有制性质不同，或者对同一单位中是否来自国有单位的委派而从事公务（这里的从事公务，实际上是对本单位中国有股份财产的监督与管理，而非公共事务的管理活动）的身份不同，处罚差距巨大，这样的规定，在理论实践中，存在着以下问题：

1. 违背市场经济基本原理。按照市场经济，参与市场的主体，不管其财产所有制性质如何，在经济学意义上是平等的，因此，无论国有公司、企业，或者是非国有的公司、企业，其财产的经济学意义（即其经济价值）是相等的，这个道理前面已经叙及，这里不再重复。例如，侵占非国有公司 100 万元财产与国有公司 100 万元财产，在经济学意义上，其损害是一样的。况且，还存在着对于同一公司（如混合所有制公司企业、国有公司中国家工作人员身份与不具有国家工作人员身份的问题），侵占同一公司的同一数额的财产，会因身份不同而被认定为不同的罪名，这样的差异（区别对待），缺乏刑罚加重处罚的根据，应认为，刑法的这样区别对待是不合理的。在市场经济条件下，以所有制的不同性质来设立对其侵害行为予以不同的处罚，违背市场经济平等保护市场参与主体的利益与平等处罚对其犯罪的行为的基本原理。

2. 司法认定与处理带来困难。在国有公司企业参股、控股的混合所有制公司、企业里，受国家机关、国有公司企业的委派到这些混合所有制公司里从事公务的人员，利用职务之便侵吞本单位的财物的，定贪污罪，不具有上述身份的人员，定职务侵占罪。贪污罪与职务侵占罪的处罚差异很大，在司法认定上应区别两罪之间的界限就具有十分重要的意义。但是具体到司法实践，这个区别是十分困难的。例如，混合所有制的工作人员中从事的“公务”如何理解？与劳务的区别何在？在司法上至今是无法界限清楚的。如果不区别国有公司、企业与非国有公司、企业，将公司企业中的所有人员利用工作之便或者管理财物之便侵吞单位财务的，都定职务侵占罪，不存在贪污罪的适用问题，将贪污罪的主体仅仅限于国家机关工作人员范围内，可以在一定程度上解决了司法上的这个困难。

根据以上分析，在刑法上要贯彻对非公有制单位的平等保护原则，应对刑法相关规定作出以下修改：

1. 取消刑法第 91 条、第 92 条关于财产按照公共财产与私有财产的解释性规定，应按照财产的经济学意义来进行规定，对于通常都能理解的财产不作规定，只对是否是财产有争议的情况作出规定。这样的立法例有日本、我国的台湾地区的“刑法”有关规定。如日本刑法第245条规定：“关于本章之罪（指盗窃与强盗一章），电能被视为财物”；中国台湾地区“刑法”第323条规定“电能、热能及其他能量，关于本章之罪，以动产论”。我国刑法在废除第91条、第92条规定的情况下，可以借鉴上述立法例来进行规定。

2. 设立单位犯挪用资金罪的处罚规定。无论是国有公司、企业单位或者非国有公司、企业单位，挪用即使是自己控股或者参股的单位的资金的，一律按照自然人犯挪用单位资金的犯罪所规定的刑罚进行处罚，防止控股股东大肆挪用被控制的上市公司财产。

3. 刑法第93条第2款中规定的国家工作人员的范围应仅限于国家机关工作人员，取消国有公司、企业、事业单位中从事公务的人员与国家机关、国有公司、企业事业单位委派到非国有公司、企业事业单位、社会团体中从事公务的人员以国家工作人员论的规定，同时将刑法第165条规定的非法经营同类营业罪，刑法第166条规定的为亲友非法牟利罪，刑法第167条规定的签订、履行合同失职被骗罪，刑法第168条规定的国有公司、企业、事业单位人员失职罪，国有公司、企业、事业单位人员滥用职权罪的主体扩大非国有公司企业或者非国有的事业单位的工作人员，即对主体取消“国有公司、企业或者事业单位”的限制，直接规定为“公司、企业”或者“公司、企业、事业单位”的工作人员即可；此外，还应取消刑法第163条规定的受贿罪、第271条规定的贪污罪、第272条规定的挪用公款罪、第183条规定的贪污罪、第184条规定的受贿罪、第185条规定的挪用公款罪，将上述贪污罪、挪用公款罪、受贿罪的主体仅限于国家工作人员，不包括国有公司、企业、国有金融机构中从事公务的人员，这样，在职务侵占罪、商业受贿罪、挪用资金罪中不区别国有公司、企业、金融机构，或者其他国有单位与非国有公司、企业、金融机构，或者其他非国有单位，以实现对非公有制企业的平等保护。

论刑法的平等保护

苏惠渔*

2200年前，在中国历史上第一次大规模的农民起义中，一句“王侯将相宁有种乎?”响遏行云①，从此这句豪言壮语就不断地影响着中国的历史，在不同时期以不同的方式体现。在那句朴素的口号中，平等和特权从一开始就成为对立的两极。②

历史进入到现代社会之后，平等演进成为一个具有多种不同含义的法律概念。它所指的对象可以是政治参与权利、收入分配制度，也可以是不同群体的社会地位与法律地位。从刑事法角度来说，其涉及法律待遇的平等，法律机会的平等以及法律基本价值的平等。

法律和平等相依相伴，意味着平等已经成为社会文明和正义信念的核心内容。《公民权利与政治权利国际公约》第3条明确规定：“本公约缔约各国承担保证男子和妇女在享有本公约所载一切公民和政治权利方面有平等的权利。”平等权成为国际公约规定的第一个实质性的法律适用原则。可见，法律的平等保护已经成为国际社会的共识。在国内法的规定中，平等适用、平等保护也已经成为一个普遍的标准。1954年，有关平等的条文被写进新中国的第一部宪法。至今除了宪法之外，平等原则在部门法律中也有所体现。我国

* 华东政法大学功勋教授，中国法学会刑法学研究会顾问，上海市法学会副会长，上海市法学会刑法学研究会会长。

① 《史记·陈涉世家》(卷三十六)。

② 当然反对特权与追求平等并不完全一致，有时反对特权是为了谋求一种新的特权，进而往往表现为一种激烈的斗争。陈胜、吴广起义与其说是追求平等，不如说其中包含着酷刑环境下对于生存的渴望乃至对于新生活的向往。这也反映在那句话中：“壮士不死即已，死即举大名耳，王侯将相宁有种乎。”历史上唐末农民起义军领袖王仙芝自称是天补平均大将军；北宋末年钟相、杨么起义军更直接打出“均贫富”的口号。后来的各种口号不一而足：“均贫富，等贵贱”、“均田免粮”等等。太平天国的《天朝田亩制度》中进一步提出了“有田同耕，有饭同食，有衣同穿，有钱同使，无处不均匀，无人不饱满”，完全是将一种平等的理想转变为制度的外衣，从而均贫富的思想发展到了顶峰。

刑法第 4 条规定："对任何人犯罪，在适用法律上一律平等。不允许任何人有超越法律的特权。"[①] 应该说，这也是宪法"法律面前人人平等"的重要体现。

一、平等适用刑法首先是一个历史意义的概念

在西方，平等的价值可以溯及古希腊，公元前 6 世纪梭伦改革时，对于制定法律的精神进行了阐释："制订法律，无贵无贱，一视同仁，直道而行，人人各得其所。"[②] 公元前 5 世纪，雅典政治家伯里克利在《雅典阵亡将士国葬典礼上的演说》中，说明了法律与平等的关系："这种民主制的特点在于政权是在公民手中，每个人在法律上是平等的，在私人生活中是自由而宽恕的，但在公共事务中则遵守法律"。[③] 当然，古希腊时期的平等观建立在将人归类基础之上，追求平等的一种亚平等，不具有现代意义上平等的普遍性，而且主要是论及人与人的关系，而不是人与权力的关系。而近代的平等观则要求公民于国家权力前或法律上的一律平等。1776 年美国《独立宣言》以及 1789 年《法国人权宣言》等真正将平等思想从政治的主张落实为法律条文，为现代平等观念的落实以及观念的展开提供了范本。平等也成为一种直接与特权或权力相对立的范畴。同时，平等本身已经变得相对委婉，不再是对那种绝对平等的追逐，而是承认底线人权不可科减或剥夺，承认差别的存在，致力于通过各种方式补足满足平等的要求。这种分配正义主张基于基本人权普遍性之上的差别平等。其实质是基于政治结构与社会制度之上的权利与义务分配问题，在公法上则体现为国家权力对社会资源再分配的干预问题。在刑法则是将平等、等价与个别化之间的关系加以协调。

在中国古代，关于平等的问题在法律中也有各种体现。在孔子的言论中，即有相关表述："丘也闻，有国有家者，不患寡而患不均，不患贫而患不安。盖均无贫、和无寡，安无倾"。[④] 同样，在雅典推崇共和与平等的同时，中国则刚好处于春秋战国时代。《史记》记载："商君相秦十年，宗室贵戚多怨望者。"历史上任何一次变法，不仅是一种治国方略的重新选择，而且是一

① 关于刑法规定必要性的问题，笔者以为，刑法所保护的是底线人权，轻则涉及人的自由，重则涉及人的生命，所以在刑法中体现平等保护实际上是平等的重要体现，必要性毋庸置疑。

② ［希腊］亚里士多德：《雅典政制》，转引自《中国大百科全书》（法律卷），中国大百科全书出版社 1998 年版，第 438 页。

③ ［希腊］修斯底德：《伯罗奔尼撒战争史》，转引自《中国大百科全书》（法律卷），中国大百科全书出版社 1998 年版，第 35 页。

④ 《论语·季氏》。

种利益关系的重新调整，是一种对于平等的分配。对于具体变法内容，今天的人们已经不尽知悉，但是商鞅刑太子师傅公子虔、公孙贾的典故不曾忘怀。后世对此的评论是："商君治秦，法令至行，公平无私，罚不讳强大，赏不私亲近，法及太子，黥劓其傅。期年之后，道不拾遗，民不妄取，兵革大强，诸侯畏惧。"[①] 所谓不讳强大，就是一种分配中所体现的平等性的问题。

但是，在传统的体制中，平等建立在身份基础之上，平等总是被归类，平等也保持在圈子之内，更多的时候，平等被身份所代替。"君君，臣臣，父父，子子。"[②] 人无往不在等级和身份的枷锁之中。"贵贱有等，长幼有差，贫富轻重皆有称。"[③]

英国历史法学的集大成者梅因在《古代法》一书中指出："一切形式的身份都起源于古代属于'家族'所有的权力和特权。所有进步运动，到此处为止，是一个从身份到契约的运动"。[④] 将身份和契约作为社会发展分类的表现载体，直接形象而又深刻敏锐，从此，这一理论便非常具有代表性和普遍性。所谓代表性就是：人类的社会演变，最显著的变化就是从一种身份社会逐步演变为一种契约社会。所谓的普遍性就是：梅因的这种归纳可以在社会的各个领域来加以体现，因此其成为一种重要的方法论。从刑法角度来说，从平等保护的角度来说，我们可以看到，在传统的社会实际上就是一种身份社会。身份的差别成为分配权力的依据。君臣、父子、男女等各种社会标签因为身份的不同而具有不平等的关系。

身份在传统刑法最为典型的体现莫过于"八议"[⑤] 制度，因出身和地位的不同而拥有不同的刑事待遇是"八议"制度的实质。和身份契合又决定刑事责任的另外一个著名的制度是"亲亲相隐"制度。从身份影响刑事责任的角度而言，其和"八议"制度具有类似性，但又具有较大的差异。子曰："吾党之直者异于是：父为子隐，子为父隐，直在其中矣。"作为法律制度最早见于汉宣帝四年（公元前66年）诏："父子之亲，夫妇之道，大性也。虽有祸

① 《战国策·秦策》。

② 《论语·颜渊》。

③ 《荀子·礼论》。

④ ［英］亨利·梅因著：《古代法》，沈景一译，商务印书馆1959年版，第97页。

⑤ "八议"制度源于周代的"八辟"，三国时魏新律正式将其入律，沿至明清，存续1600余年，甚至在民国刑法中也有所展现。"八议"包括议亲、议故、议贤、议能、议功、议贵、议勤、议宾。这八种人犯死罪，应将犯罪事实和身份上报朝廷，由负责官员集体决议，报请皇帝裁决。流以下的罪，减一等，"十恶"犯罪除外。

患，犹蒙死而存之。诚爱结于心，仁厚之至也，岂能违之哉！自今子首匿父母，妻匿夫，孙匿大父母，皆勿坐。其父母匿子，夫匿妻，大父母匿孙，罪殊死，皆上请廷尉以闻。”[①] 在维护统治与维护“大性”之间，法律选择了“大性”，从而对平等进行了修改。唐律则扩大了范围，规定：“诸同居，若大功（古代服丧名，旧制五服之一）以上亲及外祖父母、外孙，若孙之妇、夫之兄弟及兄弟妻；部曲、奴婢为主隐，皆勿论。……其小功以下相隐，减凡人三等。”直至国民政府时期，刑法也有规定，亲属（配偶、五亲等内血亲、三亲等内姻亲）间犯藏匿犯人及湮灭证据罪，得减轻或免除其刑。[②]

如果说“八议”制度是平等与权力的冲突，则“相隐”制度表现为平等与人伦的冲突。这种不平等表现为社会关系的不平等，个人依附于权力，主要是依附于君权和族权，权力谋取立法上的特权和适用上的特权。至于自然身份的依附性，因为其不涉及权力，所以不是一种法律特权，而是一种身份差别，只不过被高度强调。

在契约社会，权力和个人之间的关系被解释成一种类似契约的关系。个人之间形成了平等的关系，权力和个人之间获取了均衡的待遇，在刑法的适用上因为权力而形成的特权被取消，因为权力而形成的责任与普通犯罪者的处遇达成了一定程度的平衡。从身份到契约的转变，较为准确地表明了刑法中刑事责任设定的依据，刑法从侧重于对于道德和皇权、族权的保护转向侧重于理性、平等、世俗、科学。从旧有的等级、残忍、合体转变为平等、人道、限权。

二、刑法平等保护的基本特征

1. 刑法意义上的平等是一种补足的平等

平等是一个有魅力的话题，在法学、哲学、政治学、伦理学、经济学等领域，莫不是核心内容。但其又令人困惑。如萨托利说：“平等问题的复杂性——我把它称为迷宫。”[③] 如果我们将其放置于一个具体的领域。则有助于进行理解：

首先，平等不是平均，不是将人的刑法权利和刑事待遇进行等量的分配。平等是建立在差别之上的，如果无视差别只会导致事实上的不平等。卢梭认

---

① 《汉书·宣帝纪》。

② 实际上，身份与平等之间关系复杂，尤其是从自然身份来说，法律牺牲社会秩序维护“大性”未必是坏事，统治和制度首先必须是人性的，只不过有时可能过犹不及。

③ ［美］萨托利：《民主新论》，冯克利、阎克文译，东方出版社1993年版，第159页。

为，不平等可以分为两种："一种，我把它叫做自然的或生理上的不平等，因为它是基于自然，由于年龄、健康、体力以及智慧或心灵的性质不同而产生的；另一种可以称为精神上的不平等，因为它是起因于一种协议，由于人们的同意而设定的，或者是它的存在为大家所认可的。第二种不平等包括某一些人由于损害别人而得以享受的各种特权，比如：比别人更富足，更光荣，更有权势，或者叫别人服从他们。"① 对于第一种不平等，必须给与一定的补足。譬如对于刑法中的未成年人刑事责任的问题。从客观的表现来看，刑法中的许多自然犯意义上的行为既可以由成年人实施，也可以由未成年人实施，许多刑法上犯罪结果可以由未成年人的行为实现，也可以由成年人的行为实现。也就是说，从形式上来看，平等的基本要求是同质同罪，同罪同罚。这是平等的一般概念——实质平等——的基本要求。

但是这种实质平等的结果无疑是残酷的，最终导致的结果是对于弱者的不公，而对于弱者的不公就是对强者的放纵，毕竟丛林法则是自然界的生存法则，在人类社会中，不能被复制。人类社会必须通过另外一种形式的平等要求来加以补足，即分配上的平等，即必须赋予弱势群体以超过常人的待遇或法律权利。在刑法中，本质上的平等常常作为分配上平等的理论基础。法律面前人人平等，是一种实质上的平等，在法律适用中本着实质平等的基本信念，尽量减少差异性。但是在刑事立法和对个案的处理中，也必须考虑到"分配的平等"，寻求个别化的对待。我国刑法中刑事责任的设置是以成年人为标准的，所包含的刑事权利也是以成年人为标志的，则相对于儿童，必须给予区别化的待遇。这也是一种国际社会的普遍态度。《公民权利与政治权利国际公约》第24条就规定："每一儿童应有权享受家庭、社会和国家为其未成年地位给予的必要保护措施，不因种族、肤色、性别、语言、宗教、国籍或社会出身、财产或出生而受任何歧视。"基于这一精神，一些国家创设了特别刑法和独立的审判模式，体现着一种对于弱者的保护，这就是对于平等的补足。

在罗尔斯看来，平等是在无知之幕下签订的原始契约，即在所有个体都无法预知自己在社会中的环境、身份、财产、地位等的无知之幕下达成的一项旨在保护自己不因为可能成为弱者而被淘汰的合意。因为这种不可预知性，所以必须确立一些平等的规则："第一个正义原则：每个人对与所有人所拥有的最广泛平等的基本自由体系相容的自由都应有一种平等的权利（平等自由

① ［法］卢梭：《论人类不平等的起源与基础》，李常山译，商务印书馆1962年版，第45页。

原则)；第二个正义原则：社会的和经济的不平等应该这样安排，使他们：(1) 在于正义的储存原则一致的情况下，适合于最少受惠者的最大利益；(2) 依系于在机会公平平等的条件下的职务和地位向所有人开放（机会的公开平等原则)。"①

因为平等是在无知之幕下形成，追求的是弱小者的平等权，甚至是以弱小者为基础的，所以必然排斥特权，所以刑法中平等有两极，其中一极是对于特权的排斥。平等原则的价值是要实现两个法律目标："保护我们的权利不受政府侵犯以及通过政府保护我们的权利不受其他公民侵犯"。② 作为刑事立法本身，必须建立在反对特权的基础之上。由此，平等在刑法中演化为两个准则：第一，防止被制裁者因受到特权的干涉而被不公平对待；第二，必须防止因为被制裁者拥有特权而逍遥法外或被轻纵，也就是说不能为权力设定超越一般法律准则的标准，就刑事立法的角度，不能优先考虑某些给予身份、地位而形成的利益。就刑事司法而言，裁决者必须做到同罪同罚，忠实履行自己的职责，这些都是民主国家的基本特征。卢梭对民主国家的平等所作的经典性的解释是："平等，这个名词决不是指权力与财富的程度应绝对平等；而是说，就权力而言，则他应该不能成为任何暴力并且只有凭职位与法律才能加以行使；就财富而言，则没有一个公民可以富的足以购买另一人，也没有一个公民穷的不得不出卖自身。③ 诸如《公民权利与政治权利国际公约》第5条规定："本公约中任何部分不得解释为隐示任何国家、团体或个人有权利从事于任何旨在破坏本公约所承认的任何权利和自由或对它们加以较本公约所规定的范围更广的限制的活动或行为。"公约的实质就是通过约定的方式限制各种公共权力被滥用，通过约定对于公共权力作出一定的限制，此为刑法平等保护的一极。

如果说平等一方面是针对权力而言，则另一方面是针对个人的权利而言。《公民权利与政治权利国际公约》第26条规定："所有的人在法律面前平等，并有权受法律的平等保护，无所歧视。在这方面，法律应禁止任何歧视并保证所有的人得到平等地和有效地保护，以免受基于种族、肤色、性别、语言、宗教、政治或其他见解、国籍或社会出身、财产，出生或其他身分等任何理由的歧视。"同时，第27条规定"在那些存在着人种的、宗教的或语言的少

① ［美］约翰·罗尔斯：《正义论》，何怀宏等译，中国社会科学出版社1988年版，第60页。

② ［美］詹姆斯·M. 伯恩斯等：《民治政府》，陆震纶等译，中国社会科学出版社1996年版，第112页。

③ ［法］卢梭：《社会契约论》，何兆武译，商务印书馆1963年版，第12页。

数人的国家中，不得否认这种少数人同他们的集团中的其他成员共同享有自己的文化、信奉和实行自己的宗教或使用自己的语言的权利”。所以平等有的时候不是为了多数人的利益，而是为了少数人的利益。

2. 刑法中的平等强调的是机会平等

所谓机会平等，是指在社会的生存和竞争中，应该具有同样的机会和起点，具有获取同等利益的可能性。机会的平等，必须具有一个同等的基础。每个人基于出生和环境的不同，个人禀赋不同，个人拥有的资源也有很大差别，所以必须赋予一定的保障才可能具有同样的平台。必须防止权力过分占有资源和使用资源，确立机会均等的前提。《公民权利与政治权利国际公约》第4条规定：“所有的人在法庭和裁判所前一律平等。”在刑事责任的追究过程中，作为犯罪嫌疑人或被告人都应该有平等的权利，获得平等的机会，都应该有机会选择一个合格的、独立的和无偏倚的法庭，都有在判决以前被视为无罪的推定，都有资格享受刑事制裁的最低限度的保证，都不得被迫自证有罪，多有机会宽大处理。

刑事法的机会平等，实际上既是针对犯罪嫌疑人、被告人和罪犯而言的，也是针对社会公众而言的，因为机会平等是一种预期，罪刑法定原则为人们的法律责任加以确定，也就增加了平等处遇的机会。法律“深藏于府，则威不可测”的年代，人们所拥有的刑法上的机会是不可预知的，所以就没有平等可言。

3. 刑法的平等保护并不意味结果平等

“结果平等”或称“平等的结果”，其主张对于社会资源对所有人进行平均地分配，强调每个结果之间的无差别。我们知道无差别的平等实际上就是一种平均。而这种平均永远都是一定程度上，绝对的平均只是一种设想中的状态。从经济角度来说，财富和收入的差异是幸福安宁的原因，而不是任何人穷困不幸的起因。对于刑法来说，过度追求结果的平等形似维护了刑法的原则，实际上，却误读了刑法的确定性，甚至可能成为刑法平等缺失的原因。譬如，长久以来，人们已经将数额问题与罪行严重与否划上了等号，尽管盗窃罪的立法有所变化，但是在贪污罪等多数许多财产犯罪中，仍被如此理解。实际上，将数额视为最主要乃至唯一的标准，就是对于结果平等的追求。这种处理方式同样会使得罪刑相适应的原则受到冲击，从而也妨害了真正在司法中贯彻平等原则。曾经引起争议的郑筱萸案表面上是数额问题，是对结果平等的争议问题，实际上是对刑事审判中的法律和审理活动是否赋予了平等机会的问题。对于结果的平等性追求远远不及对于刑事法律机会平等性的追求。

机会平等必须意味着权利补足，在法律中直接表现为区别对待——同等条件同等对待，不同情况则区别对待。区别对待结果是为了地位的平等而不是造成一种对立或“隔离但平等”①。再譬如，在我国刑法中所表现出来的对于国有经济与非国有经济的保护问题，显然采取了区别对待，这种区别对待实际上就是一种机会上的差异，使得相同性质的行为具有不同的刑事待遇，从而妨害了平等的实现。

三、平等原则是以刑罚的人道主义为基础的

刑法的要义在于平等，但是，平等只是一种方法，只是一种道路，如果一部刑法是一部不人道的法律，则平等原则不足以体现其根本价值。

昔日商鞅变法时，指斥“法之不行，自上犯之”，强调“有功者显荣，无功者虽富无所芬华”。其中就包含着一种刑法平等并反对特权的精神，但是，这并不足以保障长治久安。在法网密如凝脂的那个年代，“劓鼻盈蔂，断足盈车，举河以西不足以受天下之徒。”② 用今天的话说就是：对于平等的追求是建立在不人道的法律之上的，法律的作用就会发生很大的变化，平等的价值就会被曲解。

所以法律的平等原则必须建立在对于一种普遍性规则信守的前提下。刑法的平等必须顾及基本的社会伦理——即社会生活本身所必不可少的道德原则——称为“底线伦理”。

人是目的是底线伦理的基本内容。按照康德的观点，义务就是绝对命令，即，人们无法使自己解脱而只能遵从它们的命令。特殊义务是康德称之为“绝对命令”的普遍义务的特殊情况。所谓普遍，是在一种直截了当的意义上讲的，即，它适用于任何时期和每个地方的所有人类。“永远依照可以同时被接受为普遍法则的行为准则行事。”康德对绝对命令做出了另一种陈述：永远把人类（无论是你自身还是他人）当作一种目的而绝不仅仅是一种手段来对待。

---

① 普莱西诉弗格森（Plessey v. Ferguson）案：1890 年，路易斯安那州众议院通过了一项法案，其中规定：“本州所有铁路公司在运送旅客时，都必须为白人和有色人种配备平等但隔离的设施。任何人不得使用不属于自己种族的座位。”1892 年，列车长见普莱西坐在白人车厢，便命令他回到黑人车厢。普莱西认为他享有美国公民享有的民主、自由、平等等权利。基于这种认识，普莱西向法院提起诉讼。该案几经各级法院审判，最后上诉至联邦最高法院。联邦最高法院的判决认为：路易斯安那州“隔离但平等”法案并未违反联邦宪法关于废除奴隶制的第 13 条修正案及第 14 条修正案第 1 款。参见焦洪昌：《宪法学教学案例》，中国政法大学出版社 2001 年版，第 37 页。

② 《盐铁论·圣诏》。

落实的刑法中，这种"绝对命令"就体现为一种刑法的价值。如果离开对于普遍性的，则空具形式的刑法平等只能沦为权力的一种工具。刑权力首先必须接受平等保护这样的道德义务，但坚持人道者亦底线伦理才是权力的合理性依据。在刑权力规制道德的领域，对于底线伦理的维护是权力存在合法性的基础，不仅于此，权力的行使也要符合这些基本的道德信念，由此也铸就了刑法平等的基础。

这些信念也是人类共同体所共同接受的，最重要的莫过于对于人的生命应有的尊重，在刑事法治中表达为生存权。

世界宗教议会（Parliament of the World's Religions）在全球伦理宣言中（Declaration Toward a Global Ethic）对于全球伦理确立的第一个原则就是要求对于生命权的尊重——信仰非暴力文化和尊重生命（Commitment to a culture of non-violence and respect for life）。其中谈道："所有的人都具有生命权和个性自由发展的权利。在这个范围之内不能侵犯他人的权利。没有人具有对其他人在肉体上或精神上实施酷刑、伤害的权力，更何况杀害其他人？没有哪个个人、国家、种族、宗教有权力去憎恨、歧视、'清洗'、驱逐他人，更何况灭绝具有不同行为习惯和不同宗教信仰的外族？"①

现代刑法中的平等精神与传统刑法相比，其平等内涵本就包含了对于生命和权利的尊重。在传统社会，天罚神判、君权神授的宣教为刑罚的权力和刑事责任的合理性提供了一种合法的外衣，其所伴随的必将是一种以复仇、报应、酷刑为核心的刑法体系，人道只能成为一种个人道德层面的要求。但是在契约社会，或者说在人民主权时代，法律褪去了神的痕迹，法律成为人们之间的一种约定，成为一种人民的宪章，这种条件下的平等必将是建立在人道基础之上。废除和限制死刑的步伐就是最为明显和直接的体现。在社会弥漫着轻视生命甚至蔑视生命的时候，对于死刑而言，平等的问题永远无法定论，刑事责任的公平性始终莫衷一是。在社会充分体现对生命的尊重的时候，对于公平的质疑可能会减少许多。

从一定意义上说，刑事制裁以及对个人被确定为犯罪行为人的过程就是不同行动和不同判断相互磨合的过程。最终公正的实现依赖于两个目标的实现。首先是平等，其次是人道。平等与人道、仁慈从来就不是互相排斥的概念，因为不人道的制裁可能是合法的，但很难说完全平等。正如歌德所说，不管应惩罚人、还是关爱人，必定把人当人看。这是公正的前提。这要求

① "Parliament of the World's Religions Declaration Toward a Global Ethic"（1993年9月4日）。

国家刑权力不能专横地包括犯罪行为人在内的个人的合法利益，同时一旦人道主义的措施成为一种规则，其就表现为个人的一项权利，同样不能被剥夺和限制。从一定程度上说，我们通常所说的刑法谦抑原则就是平等和人道相结合的一种体现方式，人道和平等作为现代刑法的最为根本的理念，二者是现代刑法的车轮，刑罚在人道主义精神的感召下走向不断加深对于平等的理解。

促进刑事司法的公平正义，实现社会成员的公正追求

刘德法*　孔德琴**

胡锦涛总书记指出："维护和实现社会公平和正义，涉及最广大人民的根本利益，是我们党坚持立党为公、执政为民的必然要求，也是我国社会主义制度的本质要求。只有切实维护和实现社会公平和正义，人们心情才能舒畅，各方面的社会关系才能和谐，人们的积极性、主动性、创造性才能充分发挥出来"。公平正义是千百年来人类共同的追求，也是社会主义法治的价值追求，是构建社会主义和谐社会的重要目标。作为法治理念的公平正义，就是社会成员能够按照法律规定的方式公平地实现权利和义务，并受到法律的保护。公平正义包含着极为丰富的内容和要求，司法公正则是公平正义的底线，是当前的社会热点。刑事司法关系到犯罪嫌疑人或犯罪分子权利的生杀予夺，寄托着社会成员惩恶扬善的道德欲望，刑事司法在整个司法体系中占有十分重要的地位，它最能够使社会成员直接地感受公平正义的价值理念，社会成员对刑事司法也有着最强烈的公正追求。正是基于此，我想就刑事司法如何体现公平正义这个论题，谈一些个人感受和体会。

一、公平正义是刑事司法的价值取向

公平正义，也被合称为"公正"，有时以"正义"代称，它具有不偏不倚的含义。美国学者罗尔斯指出：正义是社会制度的首要价值，正像真理是思想体系的首要价值一样。一种理论，无论它多么精致和简洁，只要它不真实，就必须加以拒绝或修正；同样，某些法律和制度，不管它们如何有效率

* 郑州大学法学院教授、硕士生导师，中国法学会刑法研究会理事，河南省法学会刑法研究会常务副会长，武汉大学法学院刑法博士生。

** 郑州市金水区人民法院审委会委员、立案庭庭长。

和有条理，只要它们不正义，就必须加以改造或废除。每个人都拥有一种基于正义的不可侵犯性，这种不可侵犯性即使以社会整体利益之名也不能逾越。因此，正义否认为了一些人分享更大利益而剥夺另一些人的自由是正当的，不承认许多人享受的较大利益能绰绰有余补偿强加于少数人的牺牲。所以，在一个正义的社会里，平等的公民自由是确实的，由正义所保障的权利不受制于政治的交易和社会利益的权衡。[①] 刑事司法涉及对公民的生杀予夺，因而公正性就成为刑事司法追求的首要价值目标。

刑事司法，就其内容而言，实际上就是司法机关对犯罪人定罪、求刑、行刑的专业活动，它主要是发挥法律的惩罚功能。法律惩罚有三个基本原则：公正原则、人道原则和功利原则。公正原则是法律惩罚的最基本、最重要的原则。

公正与正义同义，公元533年编写的《查士丁尼法学总论》对正义的解释是："正义是给予每个人他应得的部分的这种坚定而恒久的愿望"，当代伦理学家麦金泰尔也认为："正义是给每个人——包括给予者本人——应得的本分"。由正义的定义可以看出，公正的核心理念是"应得"，得其应得是公正，不能得其应得就是不公正，犯罪应得惩罚，无辜的痛苦应得同情。应得的根据与公正的根据是一致的，他们都与人的行为直接相关。如，假定有个私企老板决定从手下的两个雇员甲和乙中提拔一名。甲多年来一直非常勤奋，任劳任怨，为企业发展做出了贡献。乙的工作则不出色，上班迟到、耍滑，尽可能少干工作。那么，该提拔谁呢？显然要提拔甲，这是他应得的。应得与尚未发生的行为无关。甲得到这个提拔机会不是因为他将来工作出色，而是因为以前干得很好。惩罚一个人是因为他已经作恶，而不是因为他将来要作恶。将来可能作恶或者将来可能工作非常出色，与现在的惩罚或提拔都无关。

亚里士多德说，公正是具有均等、相等、平等、比例性质的那种回报、交换行为；公正就是比例，不公正就是违反了比例，出现多或少。[②] 公正就是一种平等交换，它分为等利交换和等害交换，前者被称为积极公正，后者被称为消极公正。假定甲和乙在一起工作。一天早晨，甲的车坏了，要求搭乘乙的车上班，但被乙毫无理由地拒绝了。甲只好找丙，搭丙的车上班。几天后，乙的车坏了，他找甲欲乘其车上班。那么，甲是否同意呢？从应得看，

---

① 参见［美］约翰·罗尔斯著：《正义论》，何怀宏等译，中国社会科学出版社1988年版，第1—2页。

② 参见《亚里士多德全集》（第八卷），苗力田译，中国人民大学出版社1992年版，第101—103页。

即使甲允许乙搭车，乙搭甲的车不是他应得的，这只能说是甲的仁爱。如果拒绝乙，那是等害交换。假定甲同时接到乙和丙的搭车请求，且甲的车只能再搭乘其中的一人，那么选择丙是比较合理的。这是等利交换。甲的选择体现了公正原则。法律的惩罚，就是要体现等害交换，惩罚性公正就是等害交换。

惩罚性公正为什么是刑事司法所必要的呢？《圣经》讲："若有伤害，就要以命偿命，以眼还眼，以牙还牙，以手还手，以脚还脚，以烙还烙，以伤还伤，以打还打"。[①] 等害交换不仅合乎道德，而且是一种极为重要的道德。在拉法格看来，等害交换是公正思想的起源，"正义思想的起源是人的报复的渴望和平等的感情"。[②] 等害交换是如此重要，以至于人类把应得当作天经地义的理念。等害交换意味着，如果一个人损害社会和他人，他也会受到同等的损害，这样，他便不会轻易再去损害社会和他人了。所以，惩罚性公正能够使人们避免相互损害，赋予社会和人们以安全，有利于社会发展和人际交往，因而是道德的。"放弃和忽视惩罚性公正，这种做法本身就是一种不公正，而且等于是分配上的不公正，因为如果不以正义的暴力去对抗不正义的暴力，不去惩罚各种作恶，就意味着纵容不正义的暴力和帮助作恶，也就等于允许恶人谋取不成比例的利益和伤害好人"。[③] 报应主义惩罚的公正原则，认为罪犯所受惩罚是其犯罪应得。一个罪犯之所以受到惩罚，那是因为他咎由自取。惩罚的公正原则可以细分为以下几个方面：

1. 违法原则，即只有违法者才受到惩罚。对没有犯罪的人施以刑罚，就是不公正的惩罚。所以，马克思说："人民看到惩罚，但是看不到罪行，正因为他在没有罪行的地方看到有惩罚，所以在有惩罚的地方也就看不到罪行了"。[④]

2. 平等对待原则，即相同违法行为者应该受到同样的惩罚。国家在适用法律惩罚时，必须不分种族、性别、宗教信仰等，一律平等地适用于违法者。这是法律面前人人平等原则情景中的体现。在惩罚情景下，考虑的是被惩罚者的行为，是既遂还是未遂，是故意还是过失等，而不考虑他的性别、社会地位和职业等。

3. 比例平等（对等）原则，即惩罚与罪行应当是相当的。康德坚持同害

① 《西方思想宝库》，吉林人民出版社 1988 年版，第 951 页。

② ［法］拉法格：《思想起源论》，王子野译，三联书店 1963 年版，第 67 页。

③ 赵汀阳：《论可能生活》，三联书店 1996 年版，第 130 页。

④ 《马克思恩格斯全集》（第 1 卷），人民出版社 1972 年版，第 138 页。

报复原则，即我们常说的“以其人之道还治其人之身”。侵害人给受害者造成多大的伤害，国家就应当给他施以多重的惩罚。不按照该原则惩罚就会违背正义原则。但是这个原则不是绝对的。在死刑执行方式上或对待强奸犯，就不能以其人之道还治其人之身。罪刑相适应有时是很难确定的，特别是在对具体罪行适用惩罚的时候。但是，对等的理念是非常明确的。严重的违法行为应当受到严厉的惩罚；轻微的违法行为应当受到较轻的惩罚。一个故意杀人犯不能仅仅受到罚金；一个交通肇事的司机也不能给他以死刑的惩罚。

4. 责任原则，也称罪责相当原则，即有正当理由的违法者不应受到惩罚，或者至少违法者所受惩罚应轻于没有正当理由的情形。这种正当理由的情形很多。如，交通事故（一个孩子突然横穿马路而司机无法躲避），强制（银行职员被罪犯用枪逼迫着给罪犯装钱）等。如果司机故意用车撞死孩子，或者职员故意帮助银行抢劫犯，那么其对违法行为就应当承担完全的责任，没有原谅的余地。

任何法律惩罚制度，如果背离了这四个原则，都是不公正的。

在法律惩罚的三大基本原则中，公正原则是第一原则，第二原则是人道原则，第三原则是功利原则。当然，在上述原则之外，还有宽恕原则，因为在很多情况下，必须超越以上原则，对罪犯予以宽恕，放弃惩罚。

与追求惩罚目的的功利主义相比，公正原则具有基础性、底线性。第一，公正是制度的一种消极的品格，是底线伦理。即公正对人的道德行为的要求首先是一种最起码的要求。公正不求某种善的最大化，而只要求最起码。法律惩罚制度之所以健康存在，不是因为这种制度能够防止所有的犯罪，而是因为它具有公正的品格。基于公正的惩罚是人类最基本也最可行的实践，能够为人们普遍接受。同样，公正并不反对人类社会对更高境界的追求，但它强调的是起码的要求，这种起码要求是人类正常道德生活得以存在的基础。一个惩罚实践可以不能预防犯罪，但不能不公正。只有在公正的前提下，惩罚实践才能追求更高的理想，如宽恕。对于一个连起码的公正要求都无法达到的惩罚制度来说，宽恕和功利就无从谈起。第二，公正作为个人美德，属于人类道德情感的基本层次，如果不具有公正德性，也就不会对不义行为产生愤恨，就没有正义感。而这种愤恨情感恰恰是最基本的道德感，只要是正常人就具备的道德情感。在愤恨的基础上正常人不难获得公正品格。公正品格因此具有广泛的道德可行性和可能性。不仅如此，这种个人美德是非常重要的。社会制度的公正固然重要，但离开个人品格的公正是不可想象的，正如麦金泰尔所言，正义的社会制度原则与个人的正义品格或美德是不可分割的。否则，人们有理由怀疑，对于缺乏公正美德的人来说，他是否能够遵循公正的规范？中国的古话“徒法不足以自行”，讲的也是这个道理。

法律惩罚制度可被证明的接受者是违法者、受害者、共同体。(1) 从受害者的角度看，惩罚应当首先是公正的，其次是人道的。他并不关心惩罚的功利性。受害者基于愤恨情感而必然诉求于公正报应，这是由“人之常情”推理出来的，所以公正原则是惩罚的最基本原则。由于愤恨情感中包含尊重自己、尊重他人的意义，因此，人道原则也是惩罚的一个基本原则。(2) 再看违法者。人道原则要求我们不能把违法者仅仅当作实现某种社会目的的手段，即使这个社会目的是一种善。如果从功利主义惩罚理论出发，就不可避免的把违法者仅仅当做预防违法的手段，甚至可以惩罚无辜者，或者给违法者以与其违法行为不相当的惩罚。这样，考虑违法者的应得或公正是合适的。当然，要确定一个合适的应得仍然是个问题。从违法者的角度看，惩罚应当是人道的，也是公正的。违法者并不关心对自己的惩罚能否带来社会功利。(3) 社会公众关心的是安全，即免受违法行为的侵害。惩罚制度在提供安全、防止伤害上是必要的。惩罚制度是一种合适的制度在于它关心每个社会成员，关心每个社会成员的生命、自由、财产。对违法者的惩罚、对受害者的关心就是在关心社会，尊重每个社会成员，这符合社会大众的义愤情感需要。社会还关心在保障安全方面，相比于其他制度，惩罚制度是最有效率的。一个既不尊重受害者，也不尊重违法者的惩罚制度是很奇怪的。因此，从社会的角度看，惩罚应当是公正的，其次是功利的、人道的。

在刑事司法过程中，对犯罪所施加的必要的刑罚，既是一种法律惩罚，也是一种正义的报复。刑罚的本质只能是对道德上不正当的行为的报复，公正的刑罚就是按罪量刑、罚当其罪的对等报复。刑罚在实现报复目的的同时，也附带地吓阻了尚未发生的犯罪，刑罚也就附带地产生了社会防卫的功能。因此，按照罪刑相应的尺度对犯罪给予对等的回报就是正义的刑罚。公平正义必然成为刑事司法最基本、最直接的价值取向。

二、司法公正是社会公众对刑事司法的基本诉求

(一) 对犯罪行为进行惩罚的必要性

一位西方学者指出，我们不能把惩罚看作是对侵犯行为的不证自明的恰当反应，我们最好把惩罚看作是必要却可悲的社会控制形式。探究惩罚的社会必要性，需要从社会共同体、受害人、侵害人三方面说起。从共同体的角度说，惩罚的必要性在于，惩罚可以保障安全，维护社会成员之间的信任；从受害人的角度讲，惩罚的必要性主要在于表达、发泄因为遭受非法侵害而引起的愤恨情感，这种愤恨情感也是社会共同体维系社会共同价值所需要的；

从侵害人角度说，惩罚是一种教育，是自己改过自新、重新做人的机会（当然，侵害人与侵害人不同，有的侵害人有良知，有的侵害人则缺乏良知，因此，有的侵害人能够忏悔、内疚，有的则死不认罪。所以惩罚的这种教育效果就因人而异）。

（二）惩罚犯罪的民众心理基础

如果发生一个故意伤害行为，行为的受害人会作出什么反应呢？不论这个伤害是身体的、经济的还是人格的，如果受害人主观上认为这个伤害不是他应得的，他就认为这个伤害行为是伤害人对他自我价值的贬低。这个伤害行为也表现出了伤害人的势力，导致受害人对世界主观认识结构的不和谐，那么受害人的心理反应就是愤恨。

愤恨之后就是惩罚伤害人的欲望，这种欲望有以下几个目的：试图改变伤害人的信仰结构，使其与受害人的信仰结构相一致；重申受害人被伤害行为势力和道德地位；惩罚有助于受害人在社会共同体成员中的道德地位。

面对一个不当伤害行为，社会共同体的反应：一是对伤害行为进行报应；二是希望这种行为以后不再发生，也就是对这类行为进行控制。

（三）民众对犯罪的愤恨情感是惩罚的原动力

愤恨是受害人对侵害行为的一种自然、合适、恰当的反应，它是受害人的一种反应性态度，是一种道德情感，这种情感具有敌意和愤怒的情绪，是一种道德化的愤怒，是正当的。罗尔斯把愤恨看做是激发正当理念的道德情感，“不满和义愤是道德情感，因而它们以一种诉诸人们承认的正当和正义原则的解释为前提”。[①] 愤恨是个人对非正义行为的唯一合理反应，通过愤恨情感不仅可以说明报应性情感的演化进路，而且，愤恨情感能为惩罚的正当性提供依据。这是因为基于愤恨的报应性情感并非不理性的情感，而是对犯罪的一种道德认识的表达。

因此，愤恨是受害人自尊的表现，基于愤恨的报应是通过施加惩罚而恢复道德平衡的一种欲望，正是这种愤恨情感推动建立了刑事惩罚制度。

（四）公正的报应是民众对刑事司法的基本诉求

刑事司法的目的是要适应公众对犯罪的报应需求，法治社会语境下报应目的的实现，只能是个人把对犯罪人的惩罚权利委托给国家来行使，正直的司法人员则代表国家在法律规定的范围内开展刑事司法活动。刑事司法以“有罪必罚，无罪不罚；重罪重罚，轻罪轻罚；罚当其罪，罪刑相当”为基本

① ［美］约翰·罗尔斯：《正义论》，何怀宏译，中国社会科学文献出版社 1988 年版，第 475 页。

内容的罪刑均衡原则向社会昭示：犯罪人不仅因为其行为与罪过承担刑罚，而且因为行为与罪过的危害程度承担相应的刑罚。只有这样的刑事裁判结果，才是公正的，也才会迎合社会公众内心深处的正义观念，才能获得社会观念的普遍认可、接纳并最终获得尊严和权威。因为，犯罪使社会和公众受到了危害，“受到危害的社会迫使犯罪人承受某种痛苦，以作为对社会本身所受痛苦的补偿。人们对犯罪的愤恨也影响与引导着社会对犯罪作出这种反击。这种愤恨对于社会的正义是不可缺少的，长期以来，社会始终在尽力维护这种健康的愤恨情感。……现今，民众怀有的不安全感所引起的集体心理状态的一种典型表现，便是强烈要求惩办犯罪”。①

无论是刑法对个人的价值，还是对国家的价值，都是在运用刑罚制裁犯罪的司法活动中得到体现和实现的。如果不对犯罪进行制裁，不剥夺犯罪人的一定权益，其对社会的价值就无法实现，而他人、国家和整个社会的利益更无法实现。但是，如果对没有构成犯罪的行为加以惩罚或对犯罪处罚畸重，尽管他人、国家和整个社会的利益得到了保证，但个人和犯罪人则不能完全实现其正当、合法的权益。所以，刑事司法应当公正。

（五）刑事司法不公的现实表现

刑事司法的裁决结果要求在刑罚的适用上，其内容应当体现为罪与刑的相生相伴和相当，刑罚公正观的思想基础是因果报应学说，即根据犯罪行为的危害性分配刑罚。因此，刑罚适用的公正目标包括两层含义：一是刑罚对犯罪的惩罚，体现的是“有恶必报，有罪必罚”；二是罪刑相当，反对重罪轻判，轻罪重判。刑罚适用的价值目标——正义，具体化为刑罚适用的基本原则——罪刑相适应。而在现实的司法实践中，由裁判不公造成的刑事司法不公的情况，主要有以下表现：

1. 错误判刑，即无罪而被判刑，甚至被判重刑或极刑

这种情况虽然不多，但却时有发生。例如，昆明杜培武故意杀人案，一审判处死刑立即执行，二审改为死缓；辽宁营口李化伟杀妻案，一审判处死缓，二审维持原判；甘肃武威杨文礼、杨黎明、张文静抢劫杀人案，一审判处“二杨”死刑立即执行，判处张文静死缓，甘肃高院发现疑点，发回重审。以上案件，最后均因真凶落网，才改判无罪。之所以会出现这些错案、冤案，除了受先入为主、重有罪证据轻合理辩解、有罪推定、一味追求有罪重罪等落后司法理念支配外，最为重要的是因为我们的少数司法人员缺乏诉讼民主、

---

① ［法］卡斯东·斯特法尼：《法国刑法总论讲义》，罗结珍译，中国政法大学出版社 1998 年版，第 28—29 页。

程序公正、人权保障的现代法治思想。这类案件虽然不多，但它对司法公正形象所造成的危害却是十分严重的，不但给当事人的身心带来了难以愈合的巨大伤害，也给我们党的形象造成了恶劣的影响。

2. 重定罪轻量刑，轻重失当

在法院、司法界乃至社会大众的思想观念中，普遍存在这样的认识：只要刑事案件做到了事实清楚，证据确凿，定性准确，程序合法，只要是在法定刑幅度内决定刑罚的种类和刑期，这样的案件就没有问题，就不是错案。当然，准确定罪是做到罪刑相适应的关键和基础。但是，罪与刑要做到均衡，另一关键还在于裁量刑罚。我国刑法的法定刑，不但存有多个刑种的选择，而且个罪的法定刑幅度可以从三年有期徒刑到死刑；有期徒刑的幅度则从三年到数罪并罚时的二十年；罚金的数额有的只作笼统规定，并无上下限。如此大的幅度，如果法官在刑罚适用中奉行的价值观不同，那么，同罪异罚的现象就会大量产生。重定罪轻量刑的结果，就是导致罪与罪之间刑罚的严重失衡、地区与地区之间的严重失衡以及不同时期刑罚的严重失衡，损害了罪与刑均衡的公正性。

3. 宁重勿轻思想严重，效率观念不强

应当指出的是，刑罚适用的公正观不能狭隘地理解为罪与刑简单的报应。人类社会进入市场经济时代，经济的发展、政治的文明进步排除了等量交换等落后观念，而奉行的是与社会发展和民众公平正义观相适应的等价（等值）的报应。罪刑等价体现的公正性的重点已不是刑罚手段的轻与重，而在于罪与刑的必然联系和刑罚适用的统一性。一旦犯罪发生后，刑罚不可避免且同一种犯罪受到同样的刑罚处罚，罪与刑相适应的原则得到施行，刑罚适用价值取向的公正观就得到了实现。在中国历史上，历来奉行乱世用重典的刑罚价值观。这种价值观突出体现为迷信重刑尤其是死刑的威慑力，相信重刑对未然之罪有很好的遏制效果，同时对依然之罪犯也有良好的矫正作用。在这种思想影响下，重刑率已经成为一些地方对审判机关进行评价、考核的主要指标和成绩；在社会治安状况不好时，审判机关更要承受来自各个方面的巨大压力，如果重刑率不高，还要承受来自各个方面的打击不力的指责。法官的价值选择也就倾向于“从重”的选择，即使被告人具有酌定的从轻、可以减轻处罚的量刑情节，也往往强调犯罪者的罪行严重而不予从宽处罚，对犯罪较轻的犯罪人就可能施予较重的刑罚。对轻罪重罚，有时更能得到民众的广泛认同。检察机关的抗诉、人大的监督绝大多数都是针对重罪轻判或适用缓刑不当的情况，而很少针对轻罪重判或未依法从宽的案件的。如此一来，重刑现象的直接后果则是违背了罪刑相适应原则，损害了刑罚的公正性。

效率观念不强，即适用刑罚不考虑成本与社会效益的关系，一是不注重重刑适用对于预防犯罪的实际作用；二是不考虑重刑适用所耗费的经济成本；三是不考虑滥用重刑所造成的深远的消极社会后果。但是，应当将“严打”刑事政策与重刑思想区别开来。重刑思想是不加区别，对所有犯罪一律适用较重的刑罚，与刑法的现代化、文明化和罪刑相适应原则是相悖的。从本质上讲，“严打”就是贯彻了罪重刑重的罪刑相适应原则，将“严打”理解为是重刑主义表现的看法是错误的。

4. 刑事司法受较多非法律因素影响而出现不公正的判决

刑事判决应当基于案件事实、证据，由法官在法律规定的空间内自由裁量。在实践中，影响法官裁量的因素并非仅仅是案件的事实和相关法律，还有诸多非法律的因素，主要包括：

（1）法官自身的修养程度、政治、业务素质。众所周知，世界上很多国家对法官的任职资格等都有极其严格的要求，法官应该是品质高尚、知识渊博的精英群体。由于特殊的历史原因，我国目前的法官队伍现状虽有很大的改观，但不具备法律专业知识的法官仍大量存在。据统计，全国法院现有工作人员33万人，其中法官22万人。现行法官素质的现状是“三多三少”的特点：一是成人教育培养的法官多，正规院校培养的法官少；二是经验型法官多，知识型法官少；三是单一型法官多，复合型法官少。由于我国法官的素质参差不齐，导致在对被告人定罪量刑的过程中，法官以个人的好恶作出非理性裁决的情况时有发生。可以想象一个业务素质低下的法官，在不受任何其他因素影响的情况下，往往会对案件做出极其不公正的判决；一个业务素质高但道德素质低下的法官，在受到人情关系、财色左右时，对案件也更可能做出畸轻畸重的不公正判决。

（2）来自被害人一方的非理性因素。在当今中国，社会稳定是也应该是压倒一切的头等大事，是最大的政治。法官不仅要有法律意识，也要有服务稳定社会大局的责任感。但是，司法判决应当注重法律效果与社会效果的统一，应当严格依法律按程序办案，不能以牺牲公平来换取效率。有的案件根据情节应当从宽轻判，有的甚至应该宣判无罪，但是，由于被害人方上访闹事，往往使法官在一些案件的判决上屈从了。有时公正的裁决结果却带来了影响社会稳定的后果，一旦出现无理缠讼、上访闹事的现象就可能否定已做出的裁决。这样做的后果，一是促使法官做出不公正的判决；二是助长了一些人对法律的不尊重，甚至公开勇敢地向神圣的法律进行挑战。

(3) 来自社会舆论的影响。由于在刑事案件的报道方面，我们国家尚缺乏统一的规范。有些案件在未审判之前，有的舆论机构和新闻媒体就提前对案件进行了报道，甚至对案件的定罪量刑进行不恰当的评判。特别是有的报道本身对案件处理就带有某种主观倾向性，从而给广大受众的情感形成错误的导向。事实上，一篇有影响的报道，往往又成为引起领导机关关注的契机。有的案件由于受到领导的关注，排除了阻力，案件得到了及时公正的处理：有的案件则可能由于舆论的压力，"民愤"的强烈，司法机关无奈对被告人做出了刑罚畸重的不公正判决。在实践中，被舆论左右所杀的被告人是客观存在的。

5. 法律本身规定的不尽合理导致的判决不公

其一，法律规定的刑罚幅度太大，又缺乏量刑的具体适用标准，给一部分法官的恣意裁判提供了方便。如《刑法》规定，对贪污、受贿10万元以上的，处10年以上有期徒刑、无期徒刑或死刑。法律把三个性质完全不同、后果极其悬殊的刑种规定在一个量刑幅度内，跨度和空间太大，极易使量刑结果不协调、不均衡，对实现量刑公正是很不利的。事实正是如此，在不同地区、同一地区不同法院、同一法院的不同法官手中，相同案件的处理结果会有很大不同。甚至在最高法院公布的案例中这种情况也经常能够看到。

其二，法律规定的空白。在现行《刑法》中，存在着大量"数额较大"、"情节严重"等空白规定，这些极为笼统的规定是实质性的，它们直接决定着对被告人行为的定罪量刑；我们的司法解释又不能及时出台，甚至已有的司法解释已经过时。这就为法官留下了一个没有可操作标准且弹性较大的裁量空间，类似案件出现相去甚远的判决结果也就不足为奇了。

三、公平正义在刑事司法中的实现

实现刑事司法的公平正义，除了要有完善的法律体系，还有很多的工作要做，这些工作既包括培育公众的法律信仰和信念，也包括适用刑罚的策略和方法，还包括正确处理相关矛盾的理念和原则。下面择其重要，谈几点个人建议：

(一) 培育公众对法律的崇高信仰意识和法律至上的信念

1. 法律信仰——现代刑事法治的精神意蕴

根据《辞海》的解释，"信仰"是对宗教或对某种主义的极度信服和尊重，并以之为行动的准则。法律信仰就是社会公众对法律的神圣所怀有的一种宗教信仰般的情怀，它是现代法治得以生存、发展的根本前提和保障。"法律必须被信仰，否则它将形同虚设”。[①] 早在古罗马时期，长于法学思维的罗马法学家们顺应城邦自由民从事简单商品经济活动的需要，不仅建立和发展了完备的私法体系，而且把法提升到伦理高度加以褒扬和赞许，认为“法是善良和公正的艺术”，“是最高的理性”，第一次把法与善良、公平、正义等伦理范畴等量齐观。

法律信仰在法治现代化进程中发挥强大力量的原因，不是来自于政府的强力，而是源于公众的内心，源自公众对法律的自我认同。只有公众信仰法律，才会觉得国家的法律是自己的法律，才会对法律产生真诚而热情的拥戴，并主动积极地遵循，法律之上的信念才会内化于个人的情感意识之中，并自觉地以法律的态度理性地评判刑事判决的公正程度。

所以，要实现刑事司法的公平正义，最基础、最根本的工作是要首先培育公众对刑法的信仰，只有培育起信仰，公众对刑法才不会疏远和敬畏，有的只是由这种信仰所产生的归宿感与依恋感，由此才激发了人们对法律的信任、信心和尊重，并愿意为之献身。只有在这种社会普遍的刑法情感氛围中，刑法最终才能找到其自身正当性与合理性的真正基础与根源；也只有在这种基础和根源当中，刑法才能获得真正的、有普遍感召力的神圣性；公众最终由此对司法裁决予以尊重和执行，刑法的至上性和最高权威也才能真正得以确立和存续。

2. 现实的困惑

先看一现实案例：某一位农村男青年甲爱上了另一村庄的女青年乙。一天，男方邀女方约会，女方接受了。在约会期间，男方要求发生性关系，女方拒绝了，但男方以暴力手段奸淫了女方。回家后，女方哭诉了经过，其父母向当地派出所报了案。在警察正式拘传甲之前，男方父母到女方家中请求私了，条件是：男方娶女方为妻，并支付女方人民币3000元，女方则必须撤回控告。女方家人基本同意这些条件，但要求赔偿20000元，后经人撮合，双方达成协议：男方将赔偿额提高到10000元。尽管男女双方均未达到法定结婚年龄，他们还是通过熟人领取了结婚证。后来，这一规避法律的私了行为被政府发现，婚姻被宣告无效，男青年被刑事处罚。

对此案件，一般人都会一言以蔽之：老百姓不懂法。但实际上这种论点是不合逻辑、不能令人信服的。事实是，女方已经报告了当地派出所，男方已来到女方家请求撤回控告。很明显他们双方都知道男青年的行为是违法的，

① ［美］哈罗德·J. 伯尔曼：《法律与宗教》，梁治平译，三联书店1991年版，第16页。

可能会受到法律的惩罚。如果他们真的不具有“政府”会如何处理此事件的任何知识的话，这些活动都不会发生。当然，也许了解的法律并不多，但这里问题的关键并不是对法律了解多少。因此，他们是在知道国家法律会制裁男青年的情况下，做出了一种充满文化底蕴的理性选择——合作规避国家制定法。①

而导致法律规避的根本原因就在于：公民法律信仰的缺失。他们对法律不是心存热爱、敬仰和信任，而是冷漠、厌恶、规避和排斥。法律和公众之间不是血浓于水的亲情，而是如油之于水一样的难以融合，正是法律与公众之间的这种紧张关系，使得中国刑事司法的裁决结果无法得到普遍的尊重和执行。

（二）提升司法机关的侦破能力，提高刑事案件的实际侦破率

刑罚的及时性包括刑罚的不可避免性和及时的判决、及时的执行。制止犯罪发生的一个最有效的手段，并不在于刑罚的残酷，而在于使已发生的每一起刑事案件都能真相大白，任何人都不能逃脱法网。犯罪发生后，只有及时地将犯罪人缉拿归案，并及时地予以刑罚处罚，才会及时地平息社会义愤，由于人们对犯罪记忆犹新，及时地侦破刑事案件能使社会公众受到教育和震动。相反，如果案件久侦不破、久拖不决，刑罚不能及时，社会公众就有可能失去对法律和司法机关的信任。即使犯罪人最后也受到了惩罚，但因为刑罚不及时，其威慑和教育之作用将大大降低。

（三）提高法官的素质，确保判决的公正性

首先要提高法官的政治素质和道德水准，保证依法独立、公正地行使刑事审判权，并能从大局出发，正确认识和把握形势，做到公正适用刑罚。

其次要提高法官的法律水平，只有法官的法律水平提高了，才能正确地理解法律规定，并能够根据其长期培养形成的理性思维，结合法律的规定和个案事实，做出合乎法律精神的刑事判决。

最后要加强从理论上对法官的性格、情绪等自身因素与刑罚适用关系问题的研究，帮助法官克服自身的因素对刑事司法活动产生的影响；加强法官素质修养锻炼，并在适用刑罚时控制自己的情绪、性格，保证刑罚的正确、公正适用。

（四）在追求实体公正的前提下，应当注重刑事司法活动的程序公正

所谓程序的公正，即刑事司法活动过程的合法性。我国刑事诉讼法规定

① 参见苏力：《法治及其本土资源》，中国政法大学出版社1996年版，第43—44页。

严禁刑讯逼供、要重证据重调查研究、不轻信口供；规定了每个刑事诉讼环节都要遵循规定的办案时限、每一种强制措施的使用都必须履行相应的手续；任何人未经法院判决，不得认为其有罪，等等。

在国际公约和各国宪法及法律中，有关程序正义的规定也日益完备，大致内容有：

1. 任何人在未经法庭判决之前应假定其无罪。

2. 不得强迫被告人作不利于自己的证言或强迫其承认犯罪。

3. 非经法定程序，任何人都不得被任意控告、逮捕或拘禁，其身体、住所、文件和财产不受无理搜查和扣押；等待审判的人受监禁不应作为一般原则，但可以规定其应当在司法程序的任何阶段到庭受审；任何因逮捕或拘禁而被剥夺自由的人，均有权向法庭提起诉讼。

4. 被告人有权利接受关于控告事项的性质和理由的通知。

5. 任何人在受到刑事控告后，都有受到独立与公正的法庭迅速、公开地审判的权利。

6. 被告人有自行辩护或随时获得律师帮助的权利。

7. 有权与对方证人对质；应当使对其有利或不利的证人在相同条件下出庭接受询问。

8. 任何人依据同一法律和刑事程序被判决有罪或无罪后，不得就同一罪名再予审判或惩罚。

9. 被判决有罪者，有权申请上级法院复审其有罪判决及判处的刑罚。

10. 受到非法逮捕或拘禁者，有权要求损害赔偿；因错误定罪而受到刑罚者，除应由其本人负责的情形外，有权依法得到赔偿。

11. 自由被剥夺者，应受到合于人道及尊重其天赋人格尊严的待遇。①

（五）适时地对司法解释进行废、改、立，逐渐形成具有中国特色的刑事判例制度

通过司法解释，将一些模糊性的概念、概括性的刑法条款明确化，根据犯罪的新情况及时对刑法规定的"情节严重"、"数额较大"等作出界定，确立定罪量刑的标准，提高刑法的可操作性，避免同罪不同罚的情况。

判例是经人民法院审判且已失效、可作为以后刑事判决参考的刑事裁判。对于案情复杂、带有一定代表性的刑事案件，如果其裁判说理充分、定罪准确、量刑适当，最高法院应不断地通过公开的方式将这些案件公布于众，供

① 参见宋英辉：《刑事诉讼的目的》，中国人民公安大学出版社1995年版，第105页。

全国各级法院在裁判类似或相同的案件时借鉴参考，促进刑事司法裁判的公正程度。

通过以上分析和论证，我们可以看出，刑事司法的公平正义，不但有着科学的理论依据，也有其深厚的民众情感和强烈的社会需求。尽管在刑事司法过程中，全面实现公平正义，仍须长期不懈地努力。但人类追求公正平等、公平正义的欲望，一刻也没有减退，并且必将在现代政治文明、法治民主的发展进程中发出愈来愈强烈的呐喊！

对我国吸毒问题的刑事政策思考

肖　怡*

一、我国处理吸毒行为的立法与司法现状

吸毒，这是一度在新中国绝迹的丑恶现象，近年来又死灰复燃，20 世纪 80 年代以来，我国陆续颁布了一系列涉及戒毒内容的法律、法规。对于吸毒行为，我国并没有纳入"犯罪圈"，作为犯罪处理。

1990 年 12 月 28 日第七届全国人大常委会第 17 次会议通过的《全国人大常委会关于禁毒的决定》（后简称《决定》）是一部重要的法律，它不仅丰富了我国关于毒品犯罪的刑事法律规定，而且规定了对吸毒者处置的原则，并从法律上明确了我国强制戒毒体系的基本结构。《决定》中第 8 条规定："吸食、注射毒品的，由公安机关处 15 日以下拘留，可以单处或者并处 2000 元以下罚款，并没收毒品和吸食、注射器具。吸食、注射毒品成瘾的，除依照前款规定处罚外，予以强制戒除，进行治疗、教育。强制戒除后又吸食、注射毒品的，可以实行劳动教养，并在劳动教养中强制戒除。"

依照《治安管理处罚法》的规定，吸食、注射毒品的，处 10 日以上 15 日以下拘留，可以并处 2000 元以下罚款；情节较轻的，处 5 日以下拘留或者 500 元以下罚款。

对于吸毒成瘾者，我国采用强制戒毒措施。强制戒毒是我国为了控制毒品蔓延，挽救吸毒人员而制定的一项强制性规定，我国目前实行"强制戒毒为主，自愿戒毒和劳教戒毒为辅"的政策。

1995 年 1 月 12 日，国务院根据《决定》制定了《强制戒毒办法》，系统地对强制戒毒加以规范，对医疗部门的戒毒脱毒业务也作了原则规定。该办法规定："对吸食、注射毒品成瘾人员，在一定时期内通过行政措施对其强制

* 首都师范大学政法学院法律系讲师，法学博士。

进行药物治疗、心理治疗和法制教育、道德教育，使其戒除毒瘾”，“期限是三个月至六个月”，“强制戒毒工作由公安机关主管，由县级以上各级卫生和行政部门配合；医疗卫生部门开办戒毒脱毒业务，须经省、自治区、直辖市人民政府卫生部门按照有关规定批准，并报同级公安机关备案，且应当接受公安机关的监督。任何个人不得开办戒毒脱毒治疗业务”，“县级以上公安机关和铁道、交通、民航系统相当于县级以上的公安机关就可以申报设置强制戒毒所”。

对强制戒除后又吸食、注射毒品的，在劳动教养中再强制戒毒。依照2003年由司法部颁布的《劳动教养戒毒工作规定》，对该类人员实施戒毒劳动教养，即在戒毒劳动教养管理所、劳动教养管理所戒毒大（中）队进行管理、治疗和教育工作。

据悉，截至目前，中国登记在册的吸毒人员累计超过105万元，据了解，目前中国共有583个强制戒毒所，劳教戒毒机构165个，自愿戒毒所共有247所。同时，各级公安、卫生、司法行政部门进一步加强了药物滥用监测工作，中国31个省、区、市都建立了药物滥用监测站，基本建成了覆盖全国的药物滥用监测网络。

2005年4月由国家禁毒委部署开展的全国禁毒人民战争，为期三年。禁毒人民战争具体的工作内容主要是：开展对全民、青少年、高危吸毒人群的毒品预防工作，实施对吸毒人员的“大普查”、“大收戒”、“大帮教”活动，打好破案攻坚、歼灭外流贩毒、禁种铲毒、娱乐场所禁毒四场硬仗，开展整治易制毒化学品、精神药物和麻醉药品管理秩序专项治理行动等。

综上，目前我国的戒毒体系包括自愿戒毒和强制戒毒两个部分。强制戒毒机构包括公安机关主管的强制戒毒所和司法行政机关主管的劳教所。另外，在关押因犯罪而被剥夺人身自由罪犯的监狱或拘留所、看守所等刑罚执行机构中，对于吸毒成瘾的罪犯也需要实行强制戒毒。

二、将吸毒行为纳入“犯罪圈”不是我国理性的立法政策

目前，毒品犯罪仍呈上升趋势，吸毒人员仍然有增无减。对此，有学者认为，应当将全部的非法毒品消费行为纳入刑法的调整范畴，也就是说应当在现行刑法规定的基础上，增设吸毒罪。[①] 理由是：吸毒已经不是一个单纯的个人行为，而是一种妨害社会管理秩序的行为。而且，如果刑法不把吸毒认

① 马骊华：“调整策略严厉打击非法毒品消费”，载《云南法学》2000年第3期。

定为犯罪加以打击，而只规定走私、贩卖、运输、制造毒品等毒品犯罪形式，即刑法只对畸形毒品市场的供应方进行控制和打击，对于需求方则宽以待之，刑法对此种供需市场的不平衡打击，势必难以收到刑法打击、预防毒品犯罪的功效。当然，确定吸毒行为的犯罪性质，并不等于对吸毒者要一律追究刑事责任，那些被诱骗、被强迫吸毒，或涉毒不深等情节显著轻微的吸毒人员，应属违法性质，施以管束戒毒的行政措施。[①] 同时，对于构成吸毒罪的，除了依法监禁外，还可以有其他选择，借鉴国外的"责令戒毒以观后效"、"责令戒毒、延期起诉"、"延期判决"等，以戒断康复措施替代刑罚的执行，这样一种除刑不除罪的折中办法，既有利于对吸毒行为的震慑和预防，又不至于对此类无被害人犯罪打击过重。这样将吸毒行为从概念上纳入刑法处理的范围，形成治安管理处罚、强戒、劳教、刑罚惩处吸毒行为的完整体系，从而在总体上增强打击毒品违法犯罪的力度，达到遏制吸毒蔓延，儆戒吸毒者的效果，最大限度地缩小毒品犯罪赖以生存的消费市场，最终有效地控制和减少毒品违法犯罪。

对此，笔者认为，在消费领域，当个人消费行为严重地背离了社会再生产这一方向，而可能危及社会生存时，法律可以予以干涉。吸毒这种个人消费行为，危及人的健康乃至生命，背离了社会再生产的目的，因而为各国法律所禁止，至于刑法是否惩罚这种行为以及怎样惩罚这种行为，还要受到其他一些因素制约。

首先，设立"吸毒罪"与强制戒毒等行政措施相矛盾。依照我国对吸毒人员采用的强制戒毒等行政措施规定，主要是通过一定的限制自由、药物和心理的治疗使其戒除毒品，并不具有惩罚性质。但若把吸毒行为作为犯罪处理，那么，对吸毒者就不再是促使其戒除的问题，而应当给予刑罚制裁；其次，设立"吸毒罪"不利于社会稳定。如果把吸毒行为都当做犯罪，那么，吸毒者就成了应当惩罚和制裁的对象。这样一来，不仅吸毒者本人难以接受，其家属、亲友也很难承受，那将会造成多么大的对立面！它只会造成社会的恐慌，而不利于社会的稳定；最后，诚然我们若单纯以吸食毒品是否具有社会危害性作为是否对其非犯罪化的标准，当然不能使其非犯罪化，但是，能否使其非犯罪化还要权衡利弊再作出理性的选择。吸毒主要是一种自伤自残行为，最大的受害者是吸毒者本人，所以才具有"无被害人犯罪"的特征。虽然，吸毒者可能在特殊状态下对社会造成一定的危害，但是这种危害一方

① 路肃林、方仕樵："对吸毒行为法律责任的思考"，载《甘肃政法学院学报》1995年第4期。

面与制毒、运毒、贩毒行为相比，其社会危害性明显更小；另一方面这种危害可以通过强制戒毒等非刑罚手段予以最大程度的解决。而且，对于吸毒行为和吸毒者，最需要社会做的是制止吸毒行为，帮助吸毒者戒除毒瘾，而采用刑罚手段对其惩罚的效果是极其有限的。并且，将其作为犯罪处理，反倒对帮助吸毒人员戒除毒瘾、回归社会起到负面作用，因为，被贴上“罪犯”的标签后，对吸毒者人格造成损害，更不利于其洗心革面。所以，采用定罪不处刑，用戒断康复措施替代刑罚的执行的做法也是不可取的。另外，从功利角度考虑，采用刑罚手段处理吸毒行为，的确会造成刑法资源的浪费，将这部分资源配置到严厉打击惩处贩毒等重大犯罪行为上，会更为有效和合理。

所以，我国刑法目前没有将吸毒规定为犯罪是有着深层的考虑的。理性的做法是用行政方式办法来解决吸毒问题，而不是动用刑罚手段来消灭毒品问题。

三、“吸毒合法化”也不是我国当前立法政策的正确选择

对服用、持有大麻等软性毒品的行为的非犯罪化，既是世界范围内反毒品战争效果不佳的残酷现实使然，也是刑法干预的行为的公共危害属性的客观限制，更是刑罚谦抑主义与经济理性主义的刑事政策观念影响的结果。一方面，自20世纪60年代始，在谦抑主义的刑事政策的影响下，刑法的补充性原则与便宜原则成为荷兰等欧洲国家刑事司法哲学的基本理念，强调诉讼的公共利益而非仅仅被告有罪还是无辜，才能成为决定是否起诉某一犯罪的决定性因素。另一方面，随着法律经济学的发达而盛行的经济理性主义也要求国家刑罚的投入必须讲究必要性、经济性、有效性、尽力避免不必要、不经济、无差别、无效益的刑罚资源投入，在这种刑罚谦抑主义与经济理性主义的刑事政策思维主导下，“轻轻重重”成为20世纪80年代以后欧美刑事政策的基本走向。“轻轻”，即对服用、持有甚至出售软性毒品实行有限开放、有效管理，使瘾君子可以合法地购买、持有和吸食少量毒副作用不太明显的软性毒品，可以防止瘾君子转入地下寻求毒品来源，阻断瘾君子与毒品犯罪集团的联系，在承认无法禁绝毒品滥用的客观现实的基础上，实现服用、持有软性毒品的恶害最小化和反毒品斗争的效益最大化。另一方面，超出这种“轻轻”政策范围的毒品的个人持有和使用，仍然会受到严惩。我们同样不能忽视对严重毒品犯罪严厉打击的“重重”的一端，否则会妨碍我们对服用、持有毒品非犯罪化的“轻轻”政策的评价。[①] 在一定意义上，可以认为，对

① 梁根林著：《刑事法网扩张与限缩》，法律出版社2004年版，第271—282页。

轻微毒品犯罪行为的非犯罪化和对严重毒品犯罪。非犯罪化共同构成了当今欧盟国家反毒品刑事政策的一体两面。

因此，有学者也提出我国应该借鉴国外经验，对部分软性毒品的限量吸食行为合法化。对此，笔者认为，基于我国的国情，"吸毒合法化"或者"吸食软性毒品合法化"的政策在我国实施都是不可行的。

因为：第一，吸毒现象就像瘟疫一样在我国急剧蔓延，并已成为一个严重的社会问题。据有关资料表明，目前全国吸食海洛因、鸦片等麻醉品的已有近25万人，一些地方吸食大麻、吗啡等精神药物的还有数十万人。[①] 我国吸毒的形势异常严峻，其社会危害性已相当严重，即使是吸食软性毒品，据有关部门调查统计，也成为继淫秽物品、赌博之后，诱发犯罪的第三大因素。因吸毒而诱发的刑事案件在所有刑事案件中所占比例正越来越大。一些吸毒者为了能够获取购买毒品的钱而从事毒品贩卖活动，有的甚至也会走上强迫或诱使他人吸毒的道路。第二，仅仅是吸食大麻等软性毒品的行为人极有可能转化为吸食海洛因等硬性毒品的吸毒者，因此，不在吸食软性毒品阶段就严格控制，甚至承认其合法化，势必造成更大的社会危害性。第三，从我国的历史文化背景以及国民情感来看，由于经历了鸦片战争的屈辱史，毒品（包括鸦片等软性毒品）对中华民族造成灵魂伤害的现实不允许社会承认毒品吸食合法化，即使是软性毒品也是难以被国民情感所接受的。第四，从社会价值取向上分析，我国与西方国家由于历史传统、文化背景的不同，在社会本位、个人本位上存在不同的价值取向，西方社会极度扩张的个人权利观念在我国的国情下是无法被接受和张扬的，至少在目前是如此。第五，从我国经济状况考虑，将吸食软性毒品合法化不利于国民经济的发展，鉴于我国的经济发展水平，国家如果将部分毒品吸食行为合法化势必提高社会管理成本，相应社会经济成本也会提高。第六，当大麻等软性毒品的使用不成瘾时，其对人体的长期影响是否有害，是一个争辩不休的主题，目前，国际上并没有对此做出最终权威性的医学结论，而这是合法化或非法化大麻使用之核心关键。在这种情况下，我国出于对国民的保护，理应将吸食软性毒品的行为也纳入法律规制的范畴。第七，与其他无被害人犯罪的非犯罪化一样，荷兰人在毒品犯罪的非犯罪化方面亦始终引领着世界潮流，荷兰执法当局将持有、服用和出售少量大麻予以事实上的非犯罪化。但是，荷兰作为对毒品犯罪非犯罪化的急先锋，却拥有欧洲最高的犯罪率这一客观事实，充分说明毒品非

① 娄云生著：《刑法新罪名集解》，中国检察出版社1994年版，第189页。

犯罪化或合法化将减少犯罪的说法已经不攻自破。[①]

四、我国目前戒毒体制的弊端

我国自20世纪80年代以来陆续颁布了一系列涉及戒毒内容的法律、法规。逐渐建立起了一个旨在遏制毒害泛滥的戒毒体制。目前，我国戒毒体制主要包括自愿戒毒、公安机关执行的强制戒毒和司法行政机关执行的劳教戒毒三大部分。虽然这一体制对遏制毒品蔓延的趋势，挽救大批身陷毒海的吸毒人员发挥了重大的作用。但目前我国毒瘾戒断平均复吸率保守估计也当在90%以上，这样一个惊人数字摆在我们面前，不能不让我们对这种戒毒体制的合理性产生质疑。国家每年花了很大的财力、人力、物力去做这个工作，然而却没有收到很明显的预期效果。问题到底出现在哪里？我认为我国的戒毒体制存在明显弊端。

（一）自愿戒毒体制的弊端

第一，自愿戒毒的时间和手段的有限性。

尽管对毒品的生理依赖在短时间内戒除，但戒毒者的生理康复和摆脱心理依赖需要较长的时间。自愿戒毒的时间一般很短，仅为15—20天，致使复吸率几乎为100%。同时，目前的戒毒药物仍有很大的局限性，在治疗上一般采用药物递减、替代疗法或维持疗法。因此，在非常短的时间内仅依靠有限的医疗手段不足以取得良好的戒毒效果。

第二，自愿戒毒缺乏严格的管理制度和措施。

一些自愿戒毒所虽然有一定的制度，但由于没有国家强制力的保障，医护人员被殴打、戒毒人员行为严重违反规定的事件屡屡发生。有的戒毒所甚至无法做到控制毒源，出现边戒边吸的情况。由于自愿戒毒所对于戒毒环境、戒毒和戒毒者的行为缺乏有效的手段，最终往往导致戒毒失败。另有一些自愿戒毒所追求经济利益，对于毒瘾没有戒除者也允许出院。

第三，自愿戒毒出现政策真空。

因为强制戒毒在政策上体现了“保”和“扶”。强制戒毒所戒毒在政策上体现了一个“保”字，基本上作为各级政府必须要完成的政治任务。而劳教所戒毒则体现了一个“扶”字，有许多政策从不同的层面上积极支持劳教所戒毒。但自愿戒毒特别是回归社会后续照管阶段则基本处于既没有强有力的措施来保，也没有足够的优惠政策来扶持的局面，相关的政策不多、力度

① Herbert L（Pack, The Limits of the Criminal Sanction, Stanford: Stanford University Press), 1968, p. 333.

不够、针对性不强，明显地表现出了政策的真空。

第四，自愿戒毒机构不健全。

目前，社会上在大中城市开设的只是一些医疗单位开办戒毒脱瘾治疗业务，收治自愿戒毒者戒除毒瘾功能的机构。而且这些机构规模小，分布集中，设备简陋，功能不齐全及以营利为目的。在一些边沿地区、城乡结合处、贫困地区是非常薄弱的，基本上没有。

第五，自愿戒毒的后续照管服务完全空白。

目前在我国没有一家专门为戒毒者回归社会之后，监督、扶持、帮教给予后续照管，以便对戒毒者提供心理、专业或职业辅导以及其他方面的支持和帮助，使他们能作为一个正常人适应并融于正常的社会生活之中的服务机构场所。完全不具备戒毒人员回归社会后的后续制约机制，一般复吸率都很高。有人作过调查，在戒毒医疗机构自愿戒毒成功率不足5%。

第六，自愿戒毒机构缺乏财政保障。

社会上经营自愿戒毒机构需要足够的资金。而许多吸毒人员的家庭支付不起这笔昂贵的费用以及自愿戒毒机构没有足够的财力去更新设备，扩大规模，完善机构。这就造成自愿戒毒资金来源不足，直接影响到自愿戒毒的生存和发展空间。

第七，自愿戒毒者往往动机不纯。

自愿戒毒机构有相当一部分人是为了逃避被抓获而可能受到拘留、罚款、强制戒毒，甚至劳教戒毒，还有一部分是为了缓解缺乏毒资的危机。

（二）*劳教戒毒的弊端*

劳动教养制度自被赋予收容、矫治戒毒劳教人员的历史责任，已有十多年的时间，它对于教育、感化、挽救吸毒者，遏制毒品蔓延，净化社会风气发挥着不可替代的作用。但是随着我国毒品问题的日益严重和戒毒难度的加大，现有的劳教戒毒模式和相关的法律制度已经不能适应我国戒毒工作的发展需要。

第一，将劳教戒毒工作和劳动教养制度性质等同。从我国现有的法律制度可以看出，当前劳动教养制度的性质是治安行政处罚措施。劳教戒毒作为劳动教养制度的一个特别规定，就其性质而言，也应是一种行政处罚措施。但同时，劳教戒毒工作还具有强制戒毒措施的性质。但在实践中，后一种性质往往被忽视，在劳教戒毒工作只注重对劳教戒毒人员的罪错惩罚。而劳教戒毒工作应该强化戒毒功能，弱化行政处罚措施性质。因为把行政处罚作为劳教戒毒的性质不符合劳教戒毒工作的目的。劳教戒毒工作的价值取向应定位为帮助戒毒人员戒除毒瘾，毒瘾的戒断率高低是衡量劳教戒毒工作成败的关键。对戒毒劳教人员虽科以严厉的惩罚，吸毒人员解教以后又复吸，能算是劳教戒毒的成功吗？

第二，劳教戒毒期限定位存在缺陷。《国务院关于劳动教养的补充规定》中规定“劳动教养的期限为一年至三年，必要时得延长一年”。劳教戒毒的期限也是按照此规定执行，2003 年出台的《劳动教养戒毒工作的规定》对此也无特殊的规定。实践中各地对劳教戒毒的期限在 1—3 年的幅度适用不一。而且 1—3 年仅是对劳教戒毒的宣告期限，由于劳动教养的减期和提前解教的幅度较大，执行期限通常仅为宣告期的 1/2 至少 1/4。有关研究认为，摆脱毒瘾包括生理脱毒和心理脱毒两个阶段，急性脱瘾一般为 7—15 天，吸毒者在生理上的迁延性可以在 3—6 个月，但吸毒者在心理上摆脱对毒品的依赖则需要较长的一段时间，国际上公认在 3 年以上。也就是说，要成功戒除毒瘾，最基本的时间保障是 3 年，劳动教养的执行期限无疑是给劳教戒毒的优越性打了一个大大的折扣。时间短，教育改造成果难以巩固，生理和心理上对毒品的强烈依赖，会随着外力强制作用的减弱或消失而发生变化。这种期限的执行加快了吸毒人员向社会流转的速度，戒毒人员出所后很容易与社会上的人员相互影响再次“感染”，再次出现戒了吸，吸了戒，戒了又吸的恶性循环，造成戒毒巩固率低。同时，减期和提前解教的条件是以吸毒人员在劳教过程中的劳动、改造的表现好坏作为标准，而非吸毒人员的戒断情况，这也是很不科学的。

第三，普通劳动教养的管理、教育模式不适应劳教戒毒工作的需要。劳动教养制度存在已有 40 余年，戒毒劳动教养实行不过是近十年的事，劳动教养的工作方针、管理模式、教育方法、劳动形式等都是针对原有收容对象和总结其经验而构建的。但实践工作中，我们渐渐发现，劳教戒毒的收容对象是一个全新的类型，其违法原因、思想表现、年龄结构、文化程度及个性特征都有很大的区别。尤其是心理表现、生理结构和行为特征方面的区别更为明显。原有管理教育模式显然是不能适应劳教戒毒工作的，需要配套的规范性文件对此加以规定。2003 年颁布的《劳动教养戒毒工作规定》，就劳教戒毒的管理、治疗、教育等方面作了一个相对明细的规定，对劳教戒毒工作起到了一定的指导作用，但该规定对原制度并未有一个质的变化，所谓“皮之不存，毛将焉附”，总体来说，仍难以适应目前劳教戒毒工作的需要。

（三）*戒毒所管理模式的弊端*

反观作为戒毒主战场的各级强制戒毒所和劳教戒毒所，虽然在避免吸毒者危害社会等方面发挥了积极的作用，但我们仍然应该期望他们可以做得更好。虽然这里环境整洁，但仍然是监狱式的管理模式。十几位民警管理上百名犯人，看得出来戒毒者对于管教民警都非常畏惧，他们熬过了生理反应关以后，就穿着统一的衣服，每天做操，唱歌，参加劳动，整齐划一，任何不服从都会受到严厉的处罚。

目前体制下戒毒所的管教干部，往往会把把戒毒工作当做一种程序，根据2000年《强制戒毒所管理办法》第三十七条："对强制戒毒期限将满的戒毒人员，强制戒毒所应当对其进行是否已经生理脱毒的检查。"换句话说戒毒人员能否在心理上脱毒，是不在其工作考察范围之内的。但是，吸毒者的"心瘾"是很可怕的，戒除后一放到社会上，很大可能又开始复吸。在毒品面前，人实在太脆弱了。何况一个警察管几十个犯人的强制性监狱管理，多大程度上能够解除吸毒者的心瘾，的确让人持怀疑态度。这就不难理解为什么各个强制戒毒所，都拿不出有说服力的戒断率数字。

强制戒毒系统已经形成了完整的利益链条。无论是强制戒毒所，作为提供戒毒服务的单位，还是劳教戒毒所，他们对服务对象都是有强制性的，换句话说吸毒者必须接收这种服务，也就是说在一个地区是具有垄断性的。另一方面，它在戒毒服务中是有明确利益的，接收强制戒毒者虽然过着和犯人类似的生活，不同的是戒毒者需要为这种生活付费。根据1995年国务院发布的《强制戒毒办法》第十五条规定："戒毒人员在强制戒毒期间的生活费和治疗费由本人或者其家属承担。"目前我国医院存在的隐形腐败已是众所周知，不少公立医院以非营利的名义实则经营着暴利，由于接收强制戒毒者和一般病人的地位不同，不难理解强制戒毒所产生的灰色利益只会比普通医院更加惊人，一些地方甚至出现了借戒毒创收的情况。一系列黑暗的行为暴露出的绝不仅是这里管教干部的个人道德素质问题，而是强制戒毒所管理体制问题。

五、完善我国戒毒体制的建议

针对我国戒毒体制的"瓶颈"，结合我国的具体国情，笔者提出以下解决办法：

（一）做大做强自愿戒毒体系

我国现行的戒毒体制存在一个弱点——自愿戒毒与强制戒毒发展不平衡，存在一手软一手硬的现象。由于国家司法资源的有限性，因此，必须加强自愿戒毒体系的发展。介于上述现行自愿戒毒体制的弊端，笔者建议：

第一，国家政策加大扶持力度。国家需要出台相关的政策来扶持自愿戒毒。加大自愿戒毒的政策力度、丰富和完善政策内容、加强政策的针对性，填补政策的空白。政府应统筹兼顾，加强宏观调控，充分发挥政府的行政职能，通过财政、金融、信贷、用地与基建、劳动和社会保障等政策、措施，调动许多有利的社会资源与市场资源为自愿戒毒发展服务。

第二，健全自愿戒毒的机构建设。目前社会上的一些自愿戒毒机构主要相对集中在大中城市。在一些边沿地区、城乡结合处、贫困地区基本上没有，分布十分不合理。而这些边远地区、城乡结合处、贫困地区往往是毒害比较严重的地区。健全机构首先要在这些地区开设自愿戒毒机构，由大中城市向周边地区辐射，逐渐形成燎原之势。

第三，开设后续照管服务机构。戒毒者经脱毒、康复回归社会后面临一系列的社会问题和实际的生活困难。开设后续照管服务机构主要是建立“监督、扶持、帮教系统”，对戒毒者回归社会之后，给予后续照管，使他们能作为一个正常人适应并融于正常的社会生活之中。开设这个后续照管服务机构可以在强制戒毒的基础上建立第二梯队的机构。专门负责对已脱毒、康复回归社会的戒毒者的后续照管服务。

第四，吸收民间资本进入戒毒体系。充分利用市场经济体制的优势，把权力相对向社会开放。有两种途径可以解决这个资金问题：一是走社会化的路子。采取民间独立经营或政府与民间合作经营的形式，大量吸收民间资本进入戒毒体系；二是如果条件许可，可以采用借贷模式，使自愿戒毒机构在短期内突破资金“瓶颈”，实现规模的大发展。

（二）取消劳教戒毒制度，改革强制戒毒制度

劳教戒毒的弊端在前文中已有论述，鉴于劳动教养制度本身无法弥补的缺陷，笔者建议取消在劳教戒毒的强制戒毒制度，将劳教戒毒改革成一种完全意义上的强制戒毒措施。强制戒毒所和劳教戒毒所收容对象不同，前者的收容对象是首次发现的吸毒成瘾者，后者的收容对象是经公安机关强制戒毒后又复吸的吸毒成瘾者；两者的期限也不同，公安机关强制戒毒的期限为3—6个月，最长可延至1年，劳动教养的期限为1—3年，最长可延长1年。但是，两者的管理和教育模式具有一定相通之处。因此，完全可以考虑将这两种体制合并，只存在公安机关的强制戒毒所。但介于劳教戒毒的收容对象是经公安机关强制戒毒后又复吸者，因此，劳教戒毒的对象是最顽固的吸毒成瘾者。那么，就有必要对强制戒毒所的管理体制以及运行机制做一番改革。

第一，增加收戒容量。把有限的禁毒经费集中使用在强制戒毒所的扩容量上，采取县（市、区）提供劳动康复场地，省投入扩容、扩建康复住房资金的方法，20%为强戒部，80%为康复部。

第二，延长戒毒时间。《强制戒毒办法》规定：“强制戒毒的期限为3—6个月，特殊情况延长连续计算不超过一年。”实际工作中，强制戒毒的期限一般只有3个月，甚至1—2个月。强制戒毒是一个不完整的戒毒过程，在如此

短的时间里是不可能完全戒除毒瘾的，能够做到的只是生理脱瘾。脱毒工作只是戒毒工作的开始，而强制戒毒却以脱毒作为戒毒工作的完成，是戒毒工作的一个误区。所以，建议将强制戒毒时间从3—6个月改为3—5年，且不得低于3年。使吸毒成瘾者在一种封闭的，且期限较长的环境中戒除毒瘾，否则达不到戒毒的目的。

第三，实行农场式管理。戒毒人员在强制戒毒部进行3—6个月的生理脱毒后，再到劳动康复农场进行两年多的心理矫正和劳动康复。就这样，使大量的吸毒人员长时间地离开社会在所内戒毒，减少社会面上的吸毒人员数量，并提高戒毒质量，为以后的戒毒巩固打好基础。

第四，明确强制戒毒所的“戒除”，而非“惩戒”性质。改革强制戒毒所的管理模式和理念，对戒毒工作人员加强培训，改变以前对待戒毒者的态度，对其给予帮助和关怀。强制戒毒所应把管理重心从监管转移到治疗上来，为吸毒者戒除毒瘾提供专门医护人员，

第五，确立符合戒毒工作需要的教育模式。根据戒毒过程的要求和需要改革强制戒毒制度，建立一套完善的包括生理脱毒、心理脱毒和不良行为矫治的治疗、康复体制，强化“向后延伸”工作，注重对回归社会后戒毒人员的善后辅导、监督工作。

犯罪被害人与刑事立法

——犯罪被害人对策的历程

[日] 大谷实*

一、日本被害人学会15年的历程

日本被害人学会自成立以来，到今年已是第15个年头。1990年11月创设学会总会，1992年学会正式开展活动，现在看来，被害人学所关心的问题已经发生很大变化。最初主要是把握被害人学这门学问的理论性质，其后的课题在于如何救济被害人，后来，问题集中于对被害人的心理以及如何对此进行精神医学上的分析、解读，临床医学与针对被害人的精神医学方面的研究日益深入。正如后文还要涉及的那样，以“地铁沙林事件”为契机，警察机关于1996年制定“被害人对策纲要”，通知全国各地的警察机构采取措施减轻犯罪被害人的负担，并予以援助，这样，警察机关的被害人对策也有了飞跃性发展。自此以后，检察机关、律师协会以及民间的援助团体更加踊跃地开展各种活动，力求减轻被害人的负担、维护被害人的权利与利益。

这样一来，犯罪被害人对策也通过立法形式开始影响到裁判所。尤其是被害人问题在刑事程序法上一直处于被遗忘的状态，随着被害人保护法的制定，程序法上开始增设证人陪护制度、录像联络方式、被害人的意见陈述权利，以及旁听优先制度。基于这种措施的实施，尤其是以被害人自助团体的活动等作为原动力，终于在2004年年底，制定了具有划时代意义的《犯罪被害人等基本法》。在规定犯罪被害人对策的基本理念的基础之上，还制定了规定援助被害人的综合性措施的大纲性的《犯罪被害人等基本计划》。尤其是有关援助的相关核心事项，内阁府所设置的三个研究会即①“有关经济援助的

---

* 日本学校法人同志社总长、教授。

研究会”、②“有关援助合作的研究会”、③“有关援助民间团体的研究会”等也积极开展工作。预计各个研究会的研究报告会在明年完成，并有望在五年之内开始具体实施。

另一方面，理论界开始积极研究修复性司法这一观念。随着对被害人的关注程度越来越高，理论发展至刑事程序的目的原本在这一根本问题。不用说，迄今的刑事程序的目的无非在于处罚犯罪人，并在此过程中保护相关人员的人权。与此相比，以修复、弥补、抚平因犯罪所带来的加害人与被害人之间的伤痕、沟壑为核心内容的观念在世界各国影响日趋扩大。可以说，这完全是寻求一种“理念模式的转换”。

然而，从修复性司法不可能适用于所有的被害人这一观点来看，在日本，尽管尚未达到刑事司法的理念模式转换这一程度，但就刑事司法中的“被害人的复权——权利的回复”而言，这也不失为一种颇具魅力的理念。另外，站在被害人的角度而力图对刑法作出修正的活动也开始开展，并且，倡导所谓自由至上主义的被害人救济这一理论也开始出现。可以说，被害人学蕴涵着大幅改变传统刑事司法观念的可能性。在此意义上，自日本被害人学会成立以来，经过十数年的发展，犯罪被害人所处的环境已发生了很大变化。

二、刑事立法的动向

这里主要是谈“犯罪被害人与刑事立法”这一话题，但在此之前，还想谈谈最近的刑事立法动向。不知是谁首先提出了此概念，当代的刑事立法被称为“刑事司法的活性化”时代。

众所周知，1946年制定了《日本国宪法》，正如“从天皇主义、国家主义转化为民主主义、个人主义”所体现的那样，“国家的性质、国家的形式”发生了180度的大转变。具体就刑法典而言，除了删除有违《日本国宪法》精神的相关罪名即“针对皇室之罪”之外，战后基本原样承继了原刑法。但进入20世纪50年代之后，基于应制定合乎新宪法的刑法这一国家方针，法务省于1956年设置了“刑法改正准备会”。其后，法务大臣于1963年就刑法的全面改正向法制审议会提出了咨问，历经长达11年的岁月，终于在1974年公布了《改正刑法草案》。

但遗憾的是，该草案最终未能成为政府案，未见天日便实质上成为废案。记得在三十出头的时候，受东京大学平野龙一先生、京都大学平场安治先生的邀请，我参加了“刑法研究会”，该研究会是为了批判作为《改正刑法草案》原案的法制审议会刑事法部会的草案而成立，这样，我也参与了对部会草案的批判。但现在回过头来看，部会草案的要点在于，①从罪刑法定主义的立场明确构成要件、②为贯彻责任主义的改正、③重新探讨刑罚与刑事处分、④增设保安处分，其实比照当时的社会状况，应该并非是如此时代错误的改正案，想来也是颇多感慨。

刑事法部会草案其后虽历经法制审议会的审议通过成为《改正刑法草案》，但其内容本身过于强调犯罪化、重刑化，尤其是保安处分这一条款以不确定的“反复犯罪的危险性”为根据，为了社会的安全或者保安而规定可将精神障碍人强制收容于保安设施之内，对此，精神科医师以及日本律师协会认为这是侵害人权不可批准，并且，这一批判意见成为关键的否定根据，最终在20世纪80年代实质上沦为废案。但值得关注的是，尽管政府所在的执政党在议会中占有多数席位，但出于“刑法是基本性法律，不顾强大的反对意见而采取表决多数的方式来决定，这并不合适”这一极其慎重的谦抑性态度，并未强行通过法案。这种态度本身属于正确的立法方针，但结果却造成刑事立法大幅停滞，使得刑法典落后于时代，这也是事实。

此后，尽管社会发生了巨大变化，出现了诸如少子高龄化、国际化、信息化等情况，但刑法的全面改正在这十年左右的时间内完全处于胶着状态。前东京大学教授现担任法务省特别顾问的松尾浩也先生评价这段时期为“金字塔的沉默”，即便没有如此夸张，但也至少说明刑事立法尤其是刑法典的改正处于极其困难的状况之下。

但在20世纪末期，情况发生了很大变化。变化的主要原因在于，有必要针对犯罪的增加、犯罪的国际化尤其是有组织犯罪进行立法。为了实现能让国民安全安心生活的社会，刑法改正已经属于燃眉之急的课题。并且，自1999年成立针对有组织犯罪的三部法律之后，刑法改正的胶着状态也一下子土崩瓦解。为了应对国民的安全、安心的要求，法务大臣这几年就刑事法的改正而向法制审议会的咨问就达十数条之多，现在，刑事立法正以过去难以想象的速度快速进行。这样，要给“刑事立法的现状”特征冠以一个关键词的话，正如前面所提到的那样，“刑事立法的活性化时代”再贴切不过。在旧制度之下的刑事法部会中，我曾参与审议针对有组织犯罪的三部法律，在新制度之下的刑事法部会中，特别是有关磁卡犯罪、危险驾驶致人死伤罪、妨害强制执行罪、高科技犯罪、重大犯罪、人身买卖相关犯罪六个刑事法部会中担任部会长一职，有幸抑或是不幸成为了刑事立法活性化的一翼。

值得注意的是，刑事立法的活性化之光芒也照射到了犯罪被害人。从有关保护犯罪被害人的二部法律到制定《犯罪被害人基本法》，以及制定“恢复被害给付金支付法”、“犯罪被害人直接参与刑事裁判的制度”即参加诉讼制度、“就损害赔偿利用刑事程序成果的制度”即附带私诉制度等，毅然进行了一些具有划时代意义的立法。不仅是为了实现犯罪化、重刑化的立法，为保护犯罪被害人的权利利益并减轻其负担的刑法立法也正以惊人的速度趋向活性化。

三、犯罪被害人援助与立法问题

那么，应如何评价这种刑事立法的活性化呢？这里想改变一下顺序，首先看看有关犯罪被害人的刑事立法。犯罪被害人追求的是什么呢？考察一下犯罪被害人的要求，我们会发现，有别于自然灾害的受害者，犯罪被害人遭受了被杀害、被伤害、被盗窃这种生命、身体、财产上的直接侵害，并不限于一次性受害。例如，①因遭遇事件，精神上受到打击，引起身体的不适；②有时会因负担医疗费、失业或换工作而造成经济上的窘迫；③在警察的搜查以及裁判过程中，承受精神上、时间上的负担；④甚者还会因周边人不负责任的传言以及媒体的采访、报道而产生精神上的压力与不快。也就是，犯罪被害人所遭受的次要的、二次性的受害程度也很深刻。其结果就是，犯罪被害人会陷入今天已成为常识的精神性外伤以及PTSD这种精神性障碍。

值得注意的是，至少在日本，直面上述事态，与各种不合理作斗争的是犯罪被害人本身。三十几年前的1970年，我开始致力于创设被害人补偿制度，在当时，政府与舆论几乎并不关心犯罪被害人问题。几乎所有人都认为，遭受诸如杀人、强奸这种凶恶犯罪的被害人并不吉利，被害人只得隐姓埋名地生活。也许现在难以想象，但在当时，以被害人救济会危及好不容易才确定下来的嫌疑人、被告人的人权为理由，对被害人救济抱敌视态度的学者与实务人员不在少数。

当时，劳动灾害保险、汽车责任保险等已经制度化，也已对各种被害人实施救济，而与此形成鲜明对比的是，犯罪被害人被遗忘在补偿的角落。难道这不是有违正义吗？正是因为对这种社会状况感到愤怒，一边主张所有杀人犯均应被处以极刑而开展消灭杀人犯运动，一边作为我所创办的“犯罪人补偿制度促进会”的会长，经营钢材加工业的市濑潮一氏作为一名普通市民开展了向政府尤其是法务省请愿的运动。市濑潮一氏的独子在1966年被某少年杀害，尽管当时他身患青光眼，眼睛不太方便，仍与其夫人一道积极地开展活动，终于在1980年得以制定《犯罪被害人等给付款支出法》。但遗憾的是，法律制定当时，市濑潮一氏已辞别人世，但我以为，制定该法的原动力正是以市濑潮一氏为中心的“犯罪人补偿制度促进会”的各位成员。

尽管难言充分，但经济援助的门终于打开，在此基础上，呼吁真正有效的援助在于对被害人精神上的照顾，从而创造出当今的被害人对策的契机的是大久保惠美。大久保惠美氏是富山市的一名护士，其子死于肇事者的酒后驾车。在1991年召开的“犯罪被害人给付制度创设10周年研讨会”上，与会的大久保惠美氏在台下以激烈的口吻指责我们这些研讨会主持者，并且，极富说服力地提出，“日本根本不存在从精神上救济被害人的途径”。以此研讨会为契机，再加上“地铁沙林事件”中的被害人在精神上的受害程度尤为深刻，于是，以犯罪被害人援助基金为财源，设立了犯罪被害人实际状况调查研究会，并在该调查成果的基础上，警察厅于1996年制定了《被害人对策纲要》。

该纲要包括很多内容，其核心在于，以在搜查过程中考虑被害人的人权这一点为中心，规定了①向被害人提供相关信息、②防止因向被害人调查情况而造成二次受害、③精神性受害的恢复等。并且，在此基础上，1999年尝试改正《犯罪搜查规范》。尽管说当时被害人援助的时机已经成熟，但大久保惠美氏的发言仍产生了显著的波及效果。采取与警察机关的被害人对策相互联动的形式，政府设置了“犯罪被害人对策相关省厅联席会议”，从第二年开始，犯罪被害人对策一举得到发展。

正是历经这种过程，开始了谋求减轻犯罪被害人的负担、保护其权利与利益的刑事立法。正如前面提到的那样，在2000年制定了有关保护犯罪被害人的二部法律，开始采用“陪护”制度、遮蔽制度以及录像联系方式。而且，还制定了被害人的优先旁听制度以及在法庭上的意见陈述制度，可以说是一种根本性的立法。

此后继续开展新的立法运动的是2001年启动的作为自助组织的全国犯罪被害人会即“明日会”。为了实现①旨在维护犯罪被害人权利的刑事司法改革、②让被害人获取参与刑事程序的权利、③要求创设附带私诉制度等目的，该会在街头展开市民签名支持活动，并得到了55万人的签名。并且，将签名结果提交给当时的首相小泉纯一郎，向其提出要求，另外，还在私下游说作为执政党的自由民主党以及公明党的国会议会，这些最终取得成效，终于在2004年12月通过了对犯罪被害人问题而言具有划时代意义的《犯罪被害人等基本法》。并以此为基础，还制定了包含4个基本方针、5个重点课题、258个具体措施的《犯罪被害人等基本计划》，还设了5年的计划期限，现在正大力进行具体研究。这一点在前面也已经谈到。

制定《犯罪被害人等基本法》的成果很快得到具体体现。首先，2006年改正了《有组织犯罪处罚法》，为了更有力地保护犯罪被害人，还创设了没收犯罪人从被害人得到的财产并将其归还给被害人的制度，也就是《被害恢复给付款制度》。并且，根据《犯罪被害人等基本计划》，制定了有关刑事程序的三个制度：

第一，创设了犯罪被害人参加刑事裁判的制度，值得关注。对此后面还会稍作探讨。这有别于前面所提到的意见陈述，具体是指就裁判员裁判的对象事件以及业务过失致人死伤罪，向裁判所申请参与的被害人被称为被害人参加人，与受其委托的律师一道，①出席公开裁判、②询问证人、③自己对被告人提问，且在证据调查结束之后可要求判处具体刑期，也就是，设立的是包括辩论在内的意见陈述制度。

第二，对于性犯罪的被害人的姓名，可以决定不得在公开裁判的法庭上公开，一旦作此决定，在起诉方陈述起诉状等诉讼程序中，应采取不公开被害人姓名的方法进行。

第三，就是创设了所谓附带私诉制度，可以向刑事裁判所提出作出损害赔偿判决的要求，且原则上在四次之内审理完毕，可以“决定”的形式进行民事裁判。

在上述三点中，尤其是对被害人刑事程序参加制度，曾作为法务省的一大课题的予以探讨，也曾有人提出下述根本性疑问：①是否要从根本上颠覆采取当事人主义的现行刑事诉讼结构呢？②难道没有使得被告人难以防御或者使得裁判员制度难以顺利实施的危险吗？日本律师联合会也提出了大致相同的反对意见，说实话，就是在法制审议会刑事法部会，要取得一致意见也并非易事。然而，被害人参与刑事程序这一问题被定位为《犯罪被害人基本计划》的重要课题，可以想见的是，“明日会”对主要国会议员开展的游说活动取得了显著功效。

不管怎么说，姑且不论我国有关被害人的相关立法的是非，但基于被害人等的直接或间接的活动，以将被害人的真实声音反映在立法上这一形式，取得了一定的成果，长期被置于刑事司法制度框架之外的被害人通过自己的努力成功实现了复权。在此意义上，《犯罪被害人等基本法》属于划时代的刑事立法，为了实现能充分保障犯罪被害人权利、利益的社会，仍有必要立足于犯罪被害人的立场长期地、有计划地推进各项措施的落实。也期待实现基本计划，真正保护合乎犯罪被害人之要求的权利、利益。

四、犯罪被害人与重刑化

上面已经谈到，与犯罪被害人直接相关的刑事立法之所以得以实现，被害人以及一般市民所开展的各种运动是其主要原因，不限于此，就是有关犯罪化、重罚化的刑事立法，被害人也实际上发挥了重要作用。

不用说，犯罪被害人的最大心理反应是针对犯罪人的愤怒与报复心。长期以来的刑罚论并未将报复心理纳入社会的、公权力的报应这一理念之中，也并非赋予其独特的含义。但随着被害人问题日益引起关注，被害人本身也开始要求对犯罪人予以处罚以满足其报复心理。

被害人之所以开始正面要求处罚犯罪人，主要是源于交通事故的处理。针对交通事故的刑事处分呈现二个极端，要么原则上对轻罪缓于起诉或者不起诉，要么对重罪严厉处罚，因而引起了不起诉或者缓于起诉的案件的被害人的极大不满。不起诉不仅不能满足处罚要求，也无视被害人迫切想了解事件真相的愿望，因而向检察审查会的申诉越来越多。而且，全国也成立了几个“交通事故受害人会”，可以说，其最大的使命便在于要求严惩犯罪人。

其象征性立法就是2001年增设的危险驾驶致人死伤罪。2000年4月，从事建筑行业的某现场施工人员酒后驾车，为逃避检查，高速逃离，最终闯入人行道，造成2名大学生死亡的惨剧。以此事件为契机，要求严惩性质恶劣的危险驾驶者的呼声越来越高。在该案中，犯罪的驾驶员不仅是酒后驾驶，而且既无驾驶证，也没有定期接受车检，更未加入保险，完全属于性质恶劣者。

在该事件中痛失爱子的造型艺术家S出于“夺去人的生命，却仅被处以比盗窃还要轻的刑罚，这完全不符合性质恶劣的驾驶人员频频造成他人死亡这一现状”这一旨趣，展开了要求改正法律严惩肇事者的运动，2001年10月，将在全国各地募集到的37万人的签名提交给了法务大臣。

法务大臣迅速向法制审议会提出增设危险驾驶致人死伤罪的改正案纲要，并就法律改正进行了咨问。该纲要的核心在于，明知驾驶行为本身危险却仍然驾驶，而造成他人死伤，对此应与伤害、伤害致死作相同处罚。该纲要历经4次审议，国会在2001年11月通过了增设危险驾驶致人死伤罪的刑法改正案，并于同年12月25日开始施行。

自制定危险驾驶致人死伤罪之后，因酒后驾驶而引发的死亡事故急剧减少，根据去年的统计数据，发案数已减少至10年之前的半数，起到了防止犯罪的显著效果。这点姑且不论，危险驾驶致人死伤罪的增设毫无疑问是源于被害人所开展的谋求重罚化的运动。

即便并非这种重罚化运动的直接结果，包括前不久决定提高业务过失致人死伤罪的法定刑，可以说，特别重视犯罪被害人感受的趋向重罚化的刑法改正引人注目。有关《凶恶、重大犯罪处罚的完善》的刑法改正就正是考虑到被害人而力图强化处罚。强化处罚这一问题的背景在于，除杀人犯罪之外，强奸、强制猥亵、伤害等重大恶性案件不断增加，犯罪形势日益恶化，体感治安即国民所感受到的治安状况趋于恶化，与此相反，起诉率却呈下降趋势。

为了建立安心、安全的社会，有必要实现“强势抵御犯罪的社会”（或译为“难以发生犯罪的社会”），也有必要谋求通过《提高凶恶犯罪的法定刑的罚则的完善》。

在法制审议会刑事法部会内部，也有人提出了正统的反对意见，“国家权力是一种恶，作为其代表的刑罚权也是一种恶，应尽量不动用刑罚，采取其他方法抑制犯罪”。当然，必须防止刑罚权的滥用，强化处罚也未必会达到抑制犯罪的效果。但是，让国民意识到抑制犯罪的必要性与重要性，提高国民的不得犯罪这种规范意识，这对于抑制犯罪极其重要，因而对于抑制犯罪，合理的重罚化仍会起到重要作用。

那么，针对恶性、重大犯罪的重罚化又有多少合理根据呢？在确定法定刑的最高刑期之时，一直以来是基于什么根据来确定的呢？又是否经过充分的探讨才决定呢？对此尚存诸多疑问。例如，并未因将有期刑的刑期由最高20年提高至30年这一刑法改正便立即取得了抑制犯罪的显著成效。最近，主张刑法以及刑罚的作用在于一般预防的观点影响越来越大，这本身当然没错，但我倒以为，让国民产生憎恶犯罪，靠大家的力量来防止犯罪这一意识，也就是，通过强化国民的规范意识，以实现强势抵御犯罪的社会这一点更为关键。因而，法定刑具有象征国民对于犯罪的愤怒、憎恶程度的意义，应该以法定刑、量刑为基轴，实际尝试多样化的犯罪抑制措施。

问题在于，在考虑法定刑与量刑之时，应多大程度上考虑被害人本身的报复心理、处罚要求呢？前面曾提到，刑罚论一直以来并未从正面研究被害人的报复心理这一问题。然而，刑罚的目的在于，满足被害人因遭受犯罪所引起的心理上的痛苦所产生的报复心理，平抚社会的报应情感，借此提高国民的规范意识，并确保国民对于法秩序的信赖。因此，完全无视被害人的报复心理或者处罚要求的法定刑、量刑并不恰当。在此意义上看，更应多倾听被害人的处罚要求。但需要指出的是，回应处罚要求这并非意味着要原样满足处罚要求，只是说应该重视将处罚要求纳入了考虑范围之内的程序、量刑评价。

当然，刑罚并非仅仅是为了满足被害人个人的报复情感。作为一种重要的国家制度，更为重要的是，通过让国民产生憎恶犯罪，靠大家的力量来防止犯罪这一意识，也就是，通过强化国民的规范意识，以实现强势抵御犯罪的社会。满足被害人的报复心理当然也只在这一框架之内才具有意义。然而，完全无视被害人的报复心理，不仅得不到被害人本身的理解，甚至会加深其心理创伤，无法指望其顺利回归社会，更是无法确保一般国民对法的信赖，难以强化一般国民的规范意识。只有法定刑与量刑考虑到被害人的处罚要求，刑罚才能通过抚平社会的愤怒、确保国民对法秩序的信赖而利于建立强势抵御犯罪的社会。在此意义上，被害人的愤怒，想通过刑罚来报复的这种愿望，即使是在刑事司法的实际运用之中，也值得充分考虑。

当然，在之前的刑罚的运用之中，也曾一定程度上考虑过被害人的愤怒及其心情。然而，并非采取的是回应被害人自身的处罚要求的形式。现在需要做的是，应基于被害人的处罚要求，立法者决定法定刑，裁判官判断该处罚要求妥当与否，进而实际量刑。

五、几个课题

上文基于被害人的权利利益的保护这一观点以及犯罪化、重罚化的观点，对犯罪被害人与刑事司法这一问题作了一定概述，原本还应涉及人身买卖、少年法的改正等问题，因而难免不有“有头无尾”之憾。最后还想谈谈前面一笔带过的被害人参与刑事程序问题，以及与此相关联的裁判员制度与被害人之间的关系问题。

有关被害人参与刑事程序这一问题，日本律师联合会在今年5月1日发表了《针对被害人参加制度的意见书》。该意见书主要提出了以下四点反对意见：第一，会妨碍发现真实；第二，会妨碍被告人开展防御活动；第三，会从根本上颠覆当事人主义这一刑事诉讼法结构；第四，裁判员制度无法顺利实施。前面二点反对理由的意思无非在于，被告人与被害人在相互提问、回答的过程中难免情绪化带有个人感情色彩，无法进行冷静的判断。这一担心也并非全无道理，但通过裁判长适当的诉讼指挥以及双方律师的协助，应完全可以避免。另外，第三点的意思在于，被害人不仅仅拥有质问权与询问权，在检察官做总结陈词并提出具体量刑建议之后，被害人还可以做总结陈词并就具体量刑提出己见，这与当事人主义这种刑事诉讼法结构难以相容。但正如前面所谈到的那样，若认为满足被害人的报复心理与处罚要求这属于刑罚的重要要素，毋宁说有必要实施被害人参加人制度，即便是作出了不同于检察官的总结陈词与量刑意见，也应该说是出于不得已。以被害人的总结陈词与量刑意见为基础来认定事实，做出量刑判决，这正属于考虑到了被害人的刑事裁判。

从迄今的程序结构与诉讼进程来看，对被害人参加人制度的确会有些不适应，但只要承认考虑到被害人处罚要求的刑事程序，就应该尽力避免所能预想到的弊端，致力于有效活用新制度。

然而，完全可以想见的是，被害人参加人会因为参与诉讼而被强加负担。还可想见的是，被害人还会因参与诉讼而感到负担，针对被害人的质问，被告人也会指责被害人的过错，从而出现难以控制的局面。在此意义上，为了减轻被害人的负担，也许有必要让陪护律师出现在法庭上，因而也有必要引入针对犯罪被害人的公费律师制度。

最后谈谈与裁判员制度的关系。日本律师联合会在意见书中指出，“裁判员是仅限一次，并且是头一次参与刑事裁判，被害人参加人的态度及其质问会强烈作用于裁判员的情绪，会很大程度上影响到对事实的认定。其结果就是，存在裁判员受被害人参加人的诉讼活动的影响，进而造成量刑重罚化的危险”。这一忧虑确实值得考虑。然而，也不能说会一律重罚化，也会出现因具体案件的不同处罚反而更轻的情形。但问题在于，崇尚公平的量刑判断这是否适合于仅限一次参与刑事裁判的裁判员呢？一般来说，既然认可裁判员对量刑的判断，就被害人参加程序，也只能是同样认可。这就是我的观点。

结　语

上面走马观花似地谈论了犯罪被害人对策的历程。既然制定了《犯罪被害人等基本法》，就必须长期地、有计划地推进立足于被害人视点的各种措施。为了实现能充分保护犯罪被害人权利、利益的社会，希望日本被害人学会能承担一翼。

适逢中国人民大学的高铭暄先生、王作富先生八十寿诞，此实乃可喜可贺之幸事，在此谨致诚挚贺意。能为二位先生的祝贺文集提供稿件，亦非常高兴，在此还想对负责编辑工作的刘明祥教授的盛情约稿表示感谢。

（王昭武译）

从犯罪的刑罚学到刑罚的犯罪学

张小虎*

犯罪是刑罚的前提，刑罚是犯罪的反动，这几乎是刑法的公理。然而，对于犯罪，怎样的刑罚才是正当的？这却是人类孜孜以求的刑事惩罚难题。整部刑法史，就是对这一难题的探索史。人类追寻刑罚真理的艰难历程，清晰地展示着这样一条规律：人类对犯罪的认识，引导着刑罚的理性；刑法科学①，已从犯罪的刑罚学迈向刑罚的犯罪学，并且必将日益投身于犯罪学②。

一、前科学时代的犯罪与刑罚

早期，人类受制于外界自然的神奇力量，于是拥有丰富的想象力的人类便创造出蕴藏于自然界深处的主宰着人类幸福与痛苦的万能之神。对犯罪的惩罚也体现着神的意志（神意惩罚）。“在整个欧洲的古代时期，凡是给他人造成重大损害的行为都要受到神的严厉惩罚。在这种情况下，使罪犯受到严重的痛苦是为了安抚受到亵渎的神灵。”③ 中国古代统治者极力宣扬“王权神授”和“代天行罚”的神权法思想。夏启在讨伐有扈氏时宣称：“今予惟恭

* 中国人民大学法学院教授，博士生导师。

① 这里的刑法学，是指研究刑法及其所规定的犯罪与刑事责任的科学，是法律规范学中一门重要的学科。刑法学包括：注释刑法学、理论刑法学、刑法哲学，中国刑法学、外国刑法学、比较刑法学，国际刑法学，沿革刑法学等。

② 犯罪学是揭示犯罪本质，表述犯罪现象，探索犯罪原因，寻求犯罪对策的刑事事实科学。犯罪学研究的核心是犯罪原因，包括微观上研究一个人为什么犯罪和宏观上研究社会为什么存在犯罪。犯罪的刑罚学强调对犯罪行为的刑罚理性惩罚，而刑罚的犯罪学则强调对犯罪人的刑罚替代措施的经验性救治。

③ ［英］J. W. 塞西尔·特纳著：《肯尼刑法原理》，王国庆等译，华夏出版社1989年版，第6页。

行天之罚”（《尚书·甘誓》）。神意惩罚，也使统治者获得了超脱。[①] 水审[②]、火审[③]、卜筮[④]、抽签、用神兽触人等的神意，避免了统治者在作出失之公正的判决时而受到的指责。统治者与神意紧密地联系在一起，神是绝对正确的、万能的，秉承神意的统治者是神的代表，也就拥有至尊的地位。另一方面，在人类社会的早期，由于认识能力的局限，人类只能从最为简单的外在形态上去评价犯罪的损害，这样在古代自然的平等观念（每个人都有权像其他人那样行事）、血缘宗族制度之下，以血族复仇、血亲复仇、同态复仇（复仇习俗）的方式回击犯罪也就是天经地义的了。一个人伤害另一个人是错误的，因为这不符合习惯性行为方式，并且与社会集体的和平和集体的保存相抵触。如果造成伤害，公正和平等要求，被害者或其宗族有权向害人者讨回平等。而在当时，唯一可以设想的权力就是回报以相同的伤害，除了以牙还牙的惩罚之外，没有其他可能的补偿；以眼还眼、以牙还牙，或以其人之道还治其人之身。[⑤] 由此，形成了当时颇为盛行并延续至近代以前的结果责任，团体责任。对犯罪的复仇观念加上神的意志，使得这一时期的刑罚极为残暴（古代酷刑）。始于远古、为了惩罚和诛灭恶人而形成的肉刑、极刑等方式令世人惊骇。例如，巴比伦王国制定的著名的《汉谟拉比法典》就将火刑、溺刑和绞刑并列为三大刑罚。[⑥] 该法典第110条规定：“神妻或神姊不住于修道院中者，倘开设酒馆或进入酒馆饮西克拉，则此自由女应焚死。”[⑦] 古印度《摩奴法典》规定：“如果非再生人恶毒侮辱再生人时，须割掉他的舌头。”“如果非再生人以无理的态度评论再生人的名字和种姓时，须以十指长的铁钉插入他的口中。”“如果非再生人傲慢地教训婆罗门（应尽）的义务时，须以滚开的

---

① 参见宋冰编：《程序、正义与现代化——外国法学家在华演讲录》，中国政法大学出版社1998年版，第393页。

② 水审，就是用水来考验受审人，借以判明其有罪或无罪。其方法是：把受审人投入水中，被淹死的则是罪有应得，能活下来的则证明他是无罪的；有的则相反，认为入水后浮于水面的为有罪，投入水中而下沉者为无罪，其亲友必须立即救捞。还有热水神判，即把某种能够沉底的物品投入沸水锅中，然后责令受审人用手捞取沸水中的物品，根据手是否被烫伤或伤的程度来证明是非；或者经包裹一定日期后打开检验，伤口未愈者即证实其有罪。

③ 火审，是用火来考验受审人的情况，即责令受审人手拿烧红的铁块，看他的手是否被灼伤，或者灼伤后在一定时间内是否痊愈，借此来证明和决断是非。

④ 卜，即用龟甲占卜，筮即用蓍草占卜，合称卜筮。

⑤ 参见［美］约翰·麦·赞恩著：《法律的故事》，刘昕、胡凝译，江苏人民出版社1998年版，第35页。

⑥ 参见［法］马丁·莫内斯蒂埃著：《人类死刑大观》，袁筱一等译，漓江出版社1999年版，第126页。

⑦ 《外国法制史》编写组：《外国法制史资料选编》，北京大学出版社1982年版，第31页。

油灌入他的口和耳中。”[①] 中国古代的刑罚同样极其野蛮残暴。有墨、劓、剕、宫、大辟法定五刑，还有炮烙、剖腹等法外极刑。

欧洲“中世纪的世界观本质上是神学的世界观。……法学、自然科学、哲学，这一切都由其内容是否符合教会的教义来决定。”[②] 在这个灾难深重的时代，神学的梦境、迷信的骗局，成了人类唯一的天才，宗教的不容忍成为了他们唯一的道德。教士暴政和军事专制主义交相煎迫，欧洲在血和泪之中挣扎。[③] 宗教渗透到社会生活的一切领域，犯罪是对神圣上帝的亵渎，对叛变、谋杀、强盗等犯罪的惩罚都是为了平息上帝的震怒，一切都以上帝的名义进行。天主教会的道德信条和权威不容有丝毫的触犯，意大利科学家伽利略因为写书阐释有违教义的日心说，被斥为异端而受到宗教裁判所的严厉审判。神学教义神秘莫测，对神学的阐释也充满着虚幻。由此，“人们仅仅为了一条神秘教义的不同解释就会剑拔弩张。”[④] 征服构成了混乱的无政府状态，人民在其中呻吟于国王、战士领袖和教士们的三重暴政之下。[⑤] 统治者用粗制滥造的法律、以貌似神圣的神学教义来掠获愚弄民众，掩盖其无尽的食欲和骄奢。君权神授意味着统治者出言即法（罪刑擅断）。“黑暗的中世纪摧毁罗马法的殿堂，法律的严明在战乱中丧失，世俗的法律被愚蠢的宗教裁判所代替，秩序井然的诉讼程序被封建割据的领主随意践踏。”[⑥] 中世纪的立法既不一贯又充满着野蛮。法律根据人们的身份来评估人们的生命，罪行并不被看成是对社会的侵犯，而是行刑的威慑就足以防止的。严峻恐怖的刑罚（中世纪峻刑）被视做维护神学教义权威的法宝，使被征服者臣服的有力工具。法律不受约束，因为神学将惩罚本身变成了一种报偿，严刑峻法的结果恰恰就是人们幸福的开始。火可以去除污秽使人净身，所以所有的异端分子都要被处以火刑。为了产生最大的威慑效果、为了让犯罪人赎罪、为了上帝的意愿，统治者们穷极想象力和创造力，创新出锯刑、轮刑、溺刑、磔刑等残忍的肉刑、死刑的行刑方式。刑罚竭力探寻着血腥。罗马的《十二铜表法》所定之

① 陈盛清主编：《外国法制史》，北京大学出版社，第30页。

② 《马克思恩格斯全集》（第21卷），第545页。

③ 参见［法］孔多塞著：《人类精神进步史表纲要》，何兆武、何冰译，生活·读书·新知三联书店1998年版，第78页。

④ ［美］约翰·麦·赞恩著：《法律的故事》，刘昕、胡凝译，江苏人民出版社1998年版，第179页。

⑤ 参见［法］孔多塞著：《人类精神进步史表纲要》，何兆武、何冰译，生活·读书·新知三联书店1998年版，第82页。

⑥ ［美］约翰·麦·赞恩著：《法律的故事》，刘昕、胡凝译，江苏人民出版社1998年版，第176页。

刑名以严酷称，可为此时期之代表，其生命刑有斩、绞、活埋、火焚、投水（以狼皮蒙首裹以皮革投诸江海）、投岩、兽食等方式，还有丧人一肢者亦折其一肢、鞭扑等之类的身体刑。[①]

二、犯罪的刑罚学

结果的报复、神的惩罚、野蛮的刑罚，这是人类对自身的否定。假如说在生产力极其低下的古代和生产力尚不发达的中世纪，它还有其存在的基础，那么文艺复兴带来的科学的高涨，拨开了人类认识上的迷雾，人类看清了自身的价值，这种结果的、神意的、野蛮的刑罚已走到了它历史的尽头。起初，社会就是一切，个人什么也不是。而现在，历史已接近这样的时刻：同一个人类群体的所有成员再也没有任何共同之处，除了他们都是人。在这种情况下，不可避免的是，集体的感情用它的全部力量依附于它所剩下的这个唯一的对象，并且由此赋予这个对象一种无与伦比的价值。[②] 如果我们再把人不当人看，否定这仅存的唯一对象，那么人类还能依靠什么来支撑他的存在呢？历史呼唤着人道，"自从人身被看成而且应该被看成一种神圣的东西、个人和群体都不能任意处置之时起，任何对人身的伤害都应该被禁止。"[③] 残暴刑罚的黑暗必将过去，科学刑法的曙光不可抵挡。在时代的洪流中，贝卡利亚（Cesare Beccaria，1738—1794）脱颖而出，基于当时的学术思潮，对犯罪与刑罚的科学思想[④]进行了系统的论述，构建了刑事古典学派理论的思想精髓，赢得了刑法学之父的誉称。其后边沁（Jeremy Bentham，1748—1832）、康德（Immanuel Kant，1724—1804）、费尔巴哈（Paul Johann Anselm Feuerbach，1775—1833）、黑格尔（George Wilhelm Friedrich Hegel，1770—1831）、宾丁（Karl Binding，1841—1920）等学者共同构建了刑事古典学派的理论大厦。这一学派的思想、理论表现出一个特征：犯罪的刑罚学。以行为为中心（行为中心论），描述、揭示犯罪行为本身一系列特征。其核心是危害社会行为的犯罪构成要件。由于现实中危害社会行为的多样化，标准的犯罪构成要件不能

---

① 参见韩忠谟著：《刑法原理》，国立台湾大学法学院 1981 年版，第 51—52 页。

② 参见［法］埃米尔·迪尔凯姆著：《自杀论——社会学研究》，冯韵文译，商务印书馆 1996 年版，第 316 页。

③ ［法］埃米尔·迪尔凯姆著：《自杀论——社会学研究》，冯韵文译，商务印书馆 1996 年版，第 318 页。

④ 理论的生命在于其思想的蕴涵，没有思想蕴涵的所谓的理论只是没有灵魂的躯壳。贝卡利亚不到 10 万字的《论犯罪与刑罚》之所以成为经典名著，就在于其深刻的思想蕴涵。大师、名著总是与深刻的思想相伴。

将需要施之以刑罚的危害社会的行为概括无遗，于是在标准的犯罪构成要件的基础上出现了修正的犯罪构成要件，以框定未遂犯、预备犯、中止犯、共同犯罪、不典型数罪等需要刑罚惩罚的危害社会行为的犯罪构成。犯罪的刑罚学也关注行为人，但是这里的行为人是作为犯罪行为中的一个成分，其包容于行为之中，是作为对犯罪行为的意识能力（即行为人的责任能力）和意识内容（即罪过，包括对行为意识的心理事实和规范评价）而存在，它的任务是说明当时的行为。犯罪的刑罚学也关注犯罪原因，并且其对犯罪原因的解释突破了刑法前科学时代的一些超自然的虚幻（如原罪论）或不系统的观念，但是犯罪的刑罚学对犯罪原因的解释却囿于其行为中心的思维模式，过于简单化、机械化。其从人的共同理性、人格同一性出发，认为趋利避害是人类所共有的本性，人人均具有意志自由。犯罪是人在趋利避害本性的驱使下自由选择的结果。既然犯罪人在本性上并没有区别，那么能够评价犯罪的则是行为人所引起的外部事实，犯罪行为及其结果皆应成为刑法价值判断之对象[①]；刑罚的轻重依犯罪事实而定，而与行为人内部之意思及性格无关。行为人对法的道义性有认识或认识的可能（是非辨别能力），在能够选择合法行为的情况下（意志自由能力），竟以自己的决意实施了犯罪行为，造成了一定的危害结果（决意能力，即故意或过失的心理状态），则行为人应当受到道义上的谴责与非难（道义责任论）。[②] 恶有恶报、善有善报是人理常情[③]，犯罪是一种恶，对于犯罪之恶，应以刑罚应之。刑罚是犯罪之报应，着眼于已然之罪，犯罪事实不仅为刑罚之条件，而且为刑罚之唯一原因（报应主义）。[④]刑罚针对犯罪行为而发动，在注重描述犯罪行为的前提下，探寻与行为相对称的刑罚的质与量。为了防止司法的擅断、专横，犯罪与刑罚必须由法律明确规定，推行较为严格意义上的罪刑法定。刑罚对犯罪的威慑作用取决于刑法的明确性、确定性、及时性。犯罪的行为中心，也就形成了作为犯罪的刑罚学的归宿的刑罚中心。由于行为是较为客观的，因此刑罚也就相对确定、

① 参见蔡墩铭著：《刑法总论》，三民书局股份有限公司1995年版，第67页。

② 参见［日］木村龟二主编：《刑法学词典》，顾肖荣等译，上海翻译出版公司1991年版，第221页。

③ “以法律之恶害报答犯罪人所为之恶害，使之受苦赎罪，可谓为社会羞恶感之具体表现……应报刑乃报复观念之合法化 legitimized revenge”。韩忠谟著：《刑法原理》，国立台湾大学法学院1981年版，第33页。

④ 报应主义是刑事古典学派的刑罚理论之一。刑事古典学派的刑罚理论可分为两种情况：（1）旧派相对主义，其主张刑罚在惩罚犯罪以外，尚有其积极的目的，即一般预防（立法威吓主义），代表人物为意大利学者贝卡利亚，德国的费尔巴哈、英国的边沁。（2）旧派绝对主义，其主张刑罚绝对地在于报应本身（道德报应、法律报应），而无其他目的，代表人物是德国的康德和黑格尔。

严谨。从而，犯罪与刑罚均是相对确定的，可灵活的幅度较小。刑法运作的依据在于法典或先例的较为明确的文理表述，而不在于蕴涵于法典或先例中的法律的精神和赋予这种精神以生命的社会文化。这是一种由犯罪行为到刑罚的刑法学；以刑罚威慑犯罪、报应犯罪。

三、刑罚的犯罪学

犯罪的刑罚学为什么要走向刑罚的犯罪学呢？人们列出历史的经验性的依据：(1) 随着时代的发展，资产阶级的任务已由反封建专制转为巩固、发展自己的统治；(2) 犯罪的刑罚学在日益严重的犯罪面前显得软弱无力；(3) 自然科学的日益发达，实证主义科学思潮的盛行。其实，这里说明了一种现象：犯罪的刑罚学已不适应发展了的社会环境。那么，从理论上如何来解释这种嬗变的合理性呢？[①] 犯罪的刑罚学是一个有着特定结构类型的系统。一个社会系统在某一种结构下具有一定水平的满足功能性必要条件的能力。如果环境所要求的功能性必要条件靠该系统的能力能够得到满足，结构就可以在现行状态下泰然处之；如果环境所要求的功能性必要条件超出了该系统的能力，结构就难以安处，必然要发生提高系统能力的结构变动。[②] 因此，我们可以说，犯罪的刑罚学之所以走向刑罚的犯罪学，是因为前者的结构类型不能适应于其所处的现代社会条件所要求的功能性需要。那么，这种不适应的原由何在呢？角色分化理论告诉我们，满足功能性必要条件的能力较低是与角色分化程度低的结构相对应的。[③] 犯罪的刑罚学正是一种分化程度较低的结构。就犯罪来讲，其是一种以犯罪行为为经纬的同质结构，犯罪人淹没于行为之中；就刑罚而言，其是一种奠基于犯罪行为的客观危害、以惩罚为重心的同质结构，针对犯罪人的救治措施被排斥于外。低分化结构的犯罪的刑罚学，其满足社会整体的功能性必要条件能力也低。然而，现代社会角色分化程度较高，意识、职业群体、社会阶层等都日益多元化，社会的异质性明显增强。高度分化的社会形成了较高的功能性必要条件的环境，于是犯罪的刑罚学通过改变其结构类型向其新的生命形式——刑罚的犯罪学进化。意大利刑事人类学家、犯罪学之父龙勃罗梭（Cesare Lombrosr，1836—1909）率先

① 学术研究就是要揭示现实，解释现实，引导未来，提炼思想。一句话，使人类社会尽量在理性与明晰中前进。

② 参见［日］富永健一著：《社会学原理》，严立贤等译，社会科学文献出版社 1992 年版，第 167、174 页。

③ 参见［日］富永健一著：《社会学原理》，严立贤等译，社会科学文献出版社 1992 年版，第 169 页。

将犯罪人从犯罪行为中分解出来，提出欲揭示犯罪的原因，必先研究实施犯罪的人。[①] 从此，犯罪不只是以标准的犯罪构成要件为统帅的行为的统一体，而是由犯罪行为与犯罪人两个不同质的要素构成的有机系统。这里的犯罪人不是融于行为之中的犯罪人，而是作为行为这个结果的原因而存在的有其特定的生物、心理、社会化形成过程的犯罪人。这是以犯罪原因为重心的对犯罪的分析。行为的原因有待于从行为人中得到解释，而行为人并非是人人如一的抽象的理性人，而是有着不同的先验基础的或者经历了不同的社会化过程的具体的经验人（行为决定论）。这些经验人的形成有其原因；同时这些经验人也存在着不同的类型。由此，犯罪人构成了研究的中心，对犯罪的分化不再仅仅是行为的类型，而更重要的是表现着不同的犯罪原因的行为人的类型。应受惩罚的不是行为而是行为人（行为人中心论）。刑罚的目的不在于报应，而在于预防再犯防卫社会（特殊预防[②]）。有着不同犯罪原因的犯罪人的分化，决定了预防再犯防卫社会措施的多元化，刑罚不再是唯一的，甚至于也不是主要的。[③] 可见，以揭示犯罪原因为核心，分化各具特殊性的犯罪人，采取有针对性的救治措施，是刑罚的犯罪学的主要特征。刑罚的犯罪学也注重对犯罪刑事处置的行为依据，但是它更为注重的是隐藏于行为背后、独立于行为的、表述行为原因的行为人的生物特征、个性形成及特征；行为只是证明了行为人个性的危险性[④]。犯罪人是对社会实施危害行为具有危险性格的人，社会必须摆脱具有这种危险性格的人的侵害来保护自己（性格责任论[⑤]）。作

---

① 参见马克昌主编：《近代西方刑法学说史略》，中国检察出版社 1996 年版，第 148 页。

② 特殊预防是刑事近代学派所主张的刑罚理论，根据预防方式的不同，特殊预防分为剥夺犯罪能力主义、矫正改善主义。

③ 刑事近代学派的激进代表、意大利刑法学家菲利（Fnrico Ferri，1856——1929）指出："经验使我们确信刑罚几乎完全失去了威慑作用，所以为了社会防卫的目的，我们必须求助于最有效的替代手段。……刑罚的替代措施则应当成为社会防卫机能的主要手段，因此刑罚尽管是永久的但却要成为次要的手段。"［意］恩里科·菲利著：《犯罪社会学》，郭建安译，中国人民公安大学出版社 1990 年版，第 80 页。

④ 人身危险性是刑事近代学派理论中的基石性概念，也是刑事近代学派与刑事古典学派争论的焦点。人身危险性是指行为人将来实施犯罪行为的可能性。其有广义与狭义之分。狭义的人身危险性是指曾经实施过犯罪行为受过刑罚处罚的人，再次实施犯罪行为的可能性。广义的人身危险性则不以行为人曾经犯过罪、受过刑罚为前提，即不仅指再犯可能性，而且指初犯可能性。参见王晨著：《刑事责任的一般理论》，武汉大学出版社 1998 年版，第 232 页。

⑤ 性格责任论与社会责任论同出一辙，是刑事近代学派的刑事责任论，其认为犯罪者实施犯罪行为是由其本人的素质和环境所决定的。犯罪者一般是对社会实施有害行为的具有危险性格的人，社会必须摆脱具有这种危险性格的人的侵害来保护自己。社会基于保卫自己确定刑事责任的依据。构成责任的不是各个具体的行为，而是对社会造成危险的行为者的性格。参见［日］木村龟二主编：《刑法学词典》，顾肖荣、郑树周等译校，上海翻译出版公司 1991 年版，第 222 页。

为折中责任论的人格责任论除了注重行为责任、性格责任之外，还可以向行为人对其人格形成施加非难（人格形成责任）。[①] 刑罚的犯罪学也给予犯罪以刑罚处置，但是对于各种不同类型的具有社会危险性的犯罪人来说，刑罚的效力很有限，于是“对责任处以刑罚，对危险性处以保安处分”，保安处分[②]与刑罚一同步入了刑法典。犯罪人的复杂多样、犯罪原因的深奥，决定了针对行为背后的不同类型的犯罪人和基于不同的犯罪原因而发动的刑罚以及救治措施的灵活。罪刑法定依然是必须遵循的原则，但是这是一种相对的罪刑法定，人权的保障不是生硬的文字，而是流淌于字里行间的法律的精神和深入人心的法律文化。与犯罪人的再社会化相适应，刑罚具有更大的不确定性乃至不定期刑[③]，保安处分也多样化。这是一种以经验的犯罪人为对象的经验的处置。刑罚是次要的，犯罪原因是起点，阻治犯罪是归宿，这是刑罚的犯罪学（以行为为前提，以犯罪人为对象，以刑罚尤其是救治措施为刑事处置）。

四、刑罚的犯罪学的研究趣旨

执行严谨的犯罪与刑罚，是要求法官从事一种机械的劳作。而对经验的犯罪人的经验的处置，则需要法官对犯罪人的犯罪原因、犯罪人类型、人身危险性等进行科学的诊断，并提出合理的处置措施，这胜于医生的诊断、给药，是一种创造性的劳动。这里，科学地确定与犯罪原因的特性相适应的犯罪人类型及其相应的刑事处置措施，是一个颇具技术性的问题。这一问题解决不当，将不可避免地动摇刑罚的犯罪学的思想基底，不仅使阻治犯罪的归宿归于泡影，而且将使无辜者遭受无端的“医治”之苦，流淌于字里行间的法律精神变成了无辜者辛酸的眼泪。由此，提出了一个学术目标和氛围的问题。走向犯罪学的刑法学（刑罚的犯罪学）迫切需要解决的问题是什么？毫

---

① 参见［日］木村龟二主编：《刑法学词典》，顾肖荣、郑树周等译校，上海翻译出版公司1991年版，第222页。

② 保安处分，是指由国家依据法律，对于具有社会危险性的特殊对象，旨在保护社会预防犯罪而采取的，矫治改善或者监禁隔离的安全措施。

③ 不定期刑分为绝对不定期刑与相对不定期刑。所谓相对不定期刑，是指在刑罚宣告时，不确定刑期，但是执行的期限，不得超过法定的限度，因此其期间虽非绝对确定，然而尚属相对确定，仍不失为罪刑法定，现时各国所采者多属此类；所谓绝对不定期刑，是指裁判之刑期与执行之刑期均不确定，其为罪刑法定主义所不许。参见韩忠谟著：《刑法原理》，国立台湾大学法学院1981年版，第63—64页。

无疑问，答案是探寻出一种可操作性的科学地确定与犯罪原因的不同特征①相适应的犯罪人类型（包括类别的划分、各类别的标志以及作为类别确定标准的可操作性指标体系）及其相应的刑事处置措施。我们现在花费着百倍的努力挖掘着或者复写着决定行为社会危害性的犯罪行为的诸事实特征，以满腔的热忱呐喊着它的思想精髓。这固然是必要的。谁也不能否认行为的特征过去是、现在是并且将来依然是刑事处置的必要的、基本的依据。但是，我们对应受处置的犯罪人做了多少？现实更需要我们关切的是犯罪原因基础上的犯罪人（针对犯罪原因的不同情形对犯罪人进行分化，以采取针对性的措施）。"关于预防犯罪措施的改革哪怕只进步一点，也比出版一部完整的刑法典的效力要高一百倍。"② 这是一项更为艰巨复杂的工作。行为的特征是当时的、有形的，而行为人个性则是过程的、无形的。前者是时空横断面的单一事实的机械剖析，后者是时空纵向过程的诸多事实的有机分析。前者寻求的是规范和行为关系（行为是否符合犯罪构成），后者揭示的是类型和事实的关系（行为人的诸生活事实所表现出的行为人的特征是否与某犯罪人类型相合）；规范是一种设置（固然它有经验的基础），而类型则更是经验型的抽象，没有科学、周密的实证难以获得正确的结论。显然，我们的学术研究对于这个决定着刑罚的犯罪学的具体操作、艰难而又复杂的技术问题不能漠视。

对于这一问题，我们的大师们曾有过出色的研究，当然那是一座座历史的丰碑，社会的发展需要我们构建一座座时代的丰碑。刑事人类学家龙勃罗梭（Cesare Lombrosr，1836—1909）将犯罪人分为三类：（1）遗传的犯罪性（Atavis - lutive Criminality），只有少部分人具有，他们先天已有犯罪本性，因而注定要犯罪。这类犯罪人又可复分为三种：天生隔代遗传犯罪人、癫痫病犯罪人、精神病犯罪人。对于这类犯罪人针对不同情况采取诸如保安处分、生理矫治、流放荒岛、终身监禁、处死等剥夺犯罪能力的措施。（2）进化的犯罪性（Evolutive Criminality），是任何无法抵御其周围不良影响的人都可能导致的。这类犯罪人也可复分为三种：假犯罪人、有犯罪倾向者、习惯犯。(3) 在不可抗拒的力量（Irre - sistibe Force）支配下实施犯罪的情感犯。对于第二类、第三类犯罪人，龙勃罗梭极力推崇不定期刑、罚金刑、缓刑等治罪

---

① 依照行为的特性也可以对犯罪分类，例如作为刑事古典派代表人的贝卡利亚、边沁对犯罪进行的分类，但这是对行为的分类，为的是对行为的惩罚，注重行为的危害结果，是犯罪的刑罚学的技术；而下文将介绍的刑事近代学派代表人龙勃罗梭、菲利对犯罪的分类，是依照犯罪原因的不同特征对犯罪人的分类，注重犯罪形成的特征，为的是对犯罪人的处置，是刑罚的犯罪学的技术。

② ［意］恩里科·菲利著：《犯罪社会学》，郭建安译，中国人民公安大学出版社 1990 年版，第94 页。

新方法。[①] 意大利犯罪社会学家菲利（Fnrico Ferri，1856—1929）将犯罪人分为五类：（1）精神病犯。这类犯罪人又可复分为五种：①具有某种遗传性精神错乱（病），特别是癫痫病和类癫痫病的罪犯；②患有常见的临床性精神错乱的罪犯；③精神处于完全错乱和适当状态之间的中间状态的罪犯；④无动机而犯重大罪行和所谓精神高度健全的罪犯；⑤染有性精神变态的恋尸癖的罪犯。（2）天生犯罪人。这些人既残忍蛮横又狡猾懒惰，他们分不清杀人、抢劫或其他犯罪与诚实勤劳的区别。（3）惯犯。他们的犯罪主要是由于污浊的环境引起的道德感淡薄而不是其先天性的主动倾向所致。（4）偶犯。他们由于经受不住其个人状况以及自然和社会环境的诱惑，在青少年时期犯了罪。（5）情感犯。他们一般都是过去表现良好、多血质且易激动并过分敏感的人，在犯罪之前、之时和之后都处于非常激动的状态之下。菲利指出，根据犯罪的基本原因对罪犯所进行的分类，无疑最适合表明对作为犯罪社会学基本对象的犯罪这一疾患现象的社会治疗，各种社会自卫方式都来自罪犯，而且一定要与犯罪的自然原因和主要类型相适应。[②] 德国刑法学家、刑事近代学派的著名代表李斯特（Franz von Liszt，1851—1919）将犯罪人分为机会犯与性格犯。所谓机会犯（Augenblicks - oder Gelegenheitsverbrechen），是指受外在恶劣环境的一时影响而偶然发生犯罪者；所谓性格犯（Zustands - oder Charakter-verbrechen）又称情况犯，是指由于个人内在的不良性格占主要成分，与外在的因素相合因而形成各种性格异常情况，导致犯罪者。在各类犯罪中，又可分为改善可能犯与改善不可能犯两种。刑罚以防治犯罪为任务，应当按照犯罪的不同情况采取适宜的对策。对于机会犯，应以惩罚警戒为目的；对于可能改善的性格犯，应当凭借刑罚（采行不定期制度）施以教育，以达到改善其的目的；对于改善不可能的性格犯，应当施以长期或者终身隔离，以达到排害（Unschadlichmachung）的目的。[③]

从犯罪的刑罚学到刑罚的犯罪学，并且刑法学日益投身于犯罪学，这是刑法学发展的必然。犯罪化与非犯罪化并存、刑罚日趋宽和化、刑法的刑事政策化等 21 世纪刑事法学的发展趋势在一定程度上是其具体的表现。所谓刑事一体化实际上也是以犯罪学为核心并向外辐射的一种刑事法学诸学科的整

---

① 参见刘麒生：《郎伯罗梭氏犯罪学》，商务印书馆 1938 年版，第 362 页以下。转引自马克昌主编：《近代西方刑法学说史略》，中国检察出版社 1996 年版，第 155—156 页。

② 参见［意］恩里科·菲利著：《犯罪社会学》，郭建安译，中国人民公安大学出版社 1990 年版，第 21 页以下。

③ 参见韩忠谟著：《刑法原理》，台湾大学法学院 1981 年版，第 28 页。

合，是刑事法学犯罪学化。这种辐射还架构着刑事法学与人文科学乃至自然科学的共同话语的桥梁，因为犯罪学是犯罪的社会学研究、犯罪的心理学研究、犯罪的生物学研究等，进一步走到抽象处它是一种犯罪哲学，尽管它始发于具体的学科技术，但是它却一方面多维度地从这些技术中挖掘着其中的人类的思想精髓；另一方面则多维度地汲取着人类的思想精髓来精确它的技术。犯罪学是开放的、融合于人文、自然科学生命有机体的科学。

和谐社会的建设与犯罪预防

[日] 西原春夫*著 任继鸿**译

Ⅰ 前 言

我们可以看出中国自前年以来把“和谐社会的建设”作为国家的基本方针，并且所有部门试图普及这个方针并对其方法进行深入研讨。

以邻国日本的立场来看，假如中国没有实行改革开放政策，而是贯彻执行过去的毛泽东主义政策，把控制亚洲作为国家的基本方针的话，与日本交往会有很大距离，甚至外交上的纠纷也是可想而知的。

然而，我们要好好思考与和谐同样的事情、相同的方向。甚至这种和谐的方针不仅仅只是作为中国国内的理念，同时也是以此把其作为国际关系的目标来研究的，作为日本应该也是非常喜欢思考这个问题的。

我是常年致力于促进日中刑事法学术交流的学者。站在学者的角度上看，解释及运用和谐社会的建设的基本方针，或者说是犯罪预防的活动是否会带来与以前不同的变化已成为一个问题。这种意思是说，首先关注中国各个方面的反映；另外，从我们自身的演变来看，想想作为外国人特别是从日本人的立场自己思考这个问题，有两大理由。

第一，随着中国经济的发展，发生很多中国人的犯罪及违法行为。包括涉及日本在内的国际社会越来越多的有直接被害的事件。随之而来的是，被认为形成中国当局的与犯罪预防活动具有利害关系情形。因此，在那里可以看出产生发言的权利并认真思考相关证据的状况。

第二，从历史上看，中国有相当长的一段时间把精力用在解决国内问题上。中国作为对等国家在国际社会的地位时间不算很长。在这点上，日本包

* 早稻田大学原校长、日中刑事法研究会会长、亚洲和平贡献中心理事长。
** 长春理工大学法学院副教授、法学博士。

含损害他国的一段时间在内，在国际社会中处于加害者或被害者地位有相当长的历史。日本关于犯罪预防积累了多种多样的经验和发达的犯罪预防技术。积累的这些东西，我认为可以为把和谐社会的建设为前提的中国，以其作为犯罪预防活动的参考来借鉴。

因此，在这里以“设定和谐社会的建设基本方针对犯罪预防活动有何影响”为题，参考日本的经验，从几个方面谈一下我的观点。

Ⅱ 法律与道德的作用分配

（1）从和谐具有“调和与协调”的意思来看，相反的词汇是“对立与斗争”。对比较不好听的词“对立与斗争”来说，温和的调和与协调实际上是非常好的一种愿望。最早的问题是所谓建设和谐社会，作为结果是实现没有对立和斗争，取得协调社会。达到这种结果的过程就尽可能用政策的方法来否定对立、斗争的手段，把协调的手段作为宗旨。

从这点上看，中国政府采用后者的意图是把建设和谐社会作为国家的基本方针。

从过去来看，经常讨论“为了和平而战”的思想。实现和平作为目标的情况，仅从结果看如果实现那种和平的话，就成为讨厌战争的情形，无论何时战争都不断发生。作为和平目标的话，应该避免战争。解决纷争的方法最好用和平手段才能解决自己的矛盾。这里我完全赞同上述理由。

建设协调社会的大方针，不仅产生这样好的结果，而且在建设的过程中，尽量避免斗争的手段，而应该采用协调的手段。最初的司法手段意思是对立与斗争的内容多些，从这种司法手段来说，作为刑事法研究者立场看，犯罪预防是刑事研究者的责任，基本方针应该会发生怎样的变化成为下面问题。

我稍微有些不切实际地说，法律学家曾经在职业范围内使用所谓“司法手段的犯罪预防”，最初犯罪预防使用什么样的手段、这些手段中思考司法手段有什么必要的意义？

也就是说，国家、地方政府的犯罪预防策略只限定于司法手段。那么，仔细想想到底有什么样的手段呢？在司法手段中，用斗争的内容来说，解释所有犯罪预防不一定都能协调建设和谐社会的方针政策。

（2）在这里我想要强调的是，国家的犯罪预防政策中心是针对道德教育的。司法手段不得不放在例外的位置上。关于法与道德的关系，我是从建国后的中国的变化上看到的。和外国人共同感到惊讶的一件事是，国家从成就最初革命开始直到革命后，立足制定法律制度的革命思想已经普遍，革命后期的中国共产党更是加快了筹备法律的制定。

后来知道的是关于比如刑法的制定实际上制成了30多个草案。在国家的基本法中制定了刑法。1979年，文化大革命终于结束了。中国在没有刑法、刑事诉讼法中度过了30年。这件事也许作为毛泽东思想，我认为国家的秩序是应该以维护原来的社会主义道德为方针作为依据的。如果切实地实行人民裁判的话，确实是理想中的事情。

然而，中国在文化大革命的过程中，的确痛心地感到没有刑法、刑事诉讼法意味着什么？这样的事情在文化大革命结束后马上筹备制定这2个法律。中国在这个时期非常清楚地看到，从道德中心主义出发转变到法律中心主义。

从那以后随着推进改革开放政策，法制主义的制度意识确实进步了。从1988年到现在，我一直参加日中刑事法学术讨论会。这期间的变化就在眼前。从邻国日本虽然不是十分地看清楚，但从动向上看确实是期望这样的。

然而，经济发展到一定阶段时，现在只在法律上是维持不了秩序的，这种倾向是非常明确的。日贪官、不正当的政治活动、企业活动、多种经济犯罪等事情横行后，监督广泛的国家的人手不足，像过去那样马上制止的力量已经不存在了。与完善的法律制定平行来看，考虑到确立具有法律意识的道德的根源不断，这是自然形成的。我感到中国政府要重新开始重视道德的方针，是在20世纪90年代的中期。这个道德方针最早不是指过去的社会主义道德，而是指文化大革命当时激烈地批判以儒学为中心的传统道德。这是根据1995年中国人民大学出版社发行的《中国传统道德 全5卷》国家教育委员会着手编写的书中有明确记载的。

（3）我主张的是犯罪预防政策中心是尽可能做到道德教育。所谓犯罪是指最初的“不适合的欲望的满足”。因此，当控制这种满足的不成熟的力量养成时，是预防犯罪的最好方法。这无疑就是指道德教育。

我虽然是法律学者，但也思考着人生原来的教育不仅是法律，而是道德教育。实际上法律是现实利益与其相对立的争斗中发生的。之后，针对判断哪方面是正确的、哪方面是不正确的，必须做出明确的适当的做法。

虽然作为教育方法的惯例来说，正确的裁判成为结果，但并不是其本质。本质上人生的教育方法是道德上的，法律不是因为出风头而存在的。另外，中国切实地实施改革开放政策，与加入像WTO组的国际社会打成一片；同时另一方面排斥所谓的人治主义、确立法律、法治主义。也就是说虽然人类中有邪恶欲望的人很多，但必须保护尊重道德人的利益。每个人都要必须遵守国家具有强制力量的法律秩序。

这就意味着完善法律制度是必要的。与此同时，要进行的是普及遵纪守法的精神是不可欠缺的。另外，还要教会要遵守法律，实际上就是说法律的作用是什么。想不到没有领会道德的课题的人还是很多的。另外，还要明确从幼小的孩子身上开始反复地教会养成遵纪守法的习惯。

通过这些现象可以看出，究竟用什么犯罪预防手段来加强很好地理解优秀的道德教育。经过思考后觉得虽然这是理所应当的事，但司法手段的犯罪预防是刑事研究者的任务。最终目的是预防犯罪。因此，本人意识到确立优秀的道德教育实际上是本人的课题。司法手段上的犯罪预防是本人想要例外的完善其手段与其确定其地位。

通过以上论述，下面思考一下和谐社会的建设基本方针在哪一方面怎样影响犯罪预防的方法。

Ⅲ　通过协调的方法预防犯罪

(1) 如前所述，所谓和谐社会的建设的基本方针，作为唯一结果的协调社会的实现是最好的，不能够说为其实现通过不间断斗争的手段也是好的，协调社会的实现是一过程，尽量回避斗争的手段，应当通过协调的手段，这应当是和谐社会的宗旨所包含的应有之意。

由此可见，因为对于司法手段原本是对立，斗争内容较多的情形，以此为基本方针，如何协调就成为问题。

我认为，因为是司法手段其对立，斗争的功能就不能被抹杀，以构建和谐社会的基本国策为契机，应当尽量行使司法手段中具有协调功能方法。基于此，谈一下个人想法仅供参考。

(2) 以我所见，所谓和谐绝对不能仅有自己立场和主张就能实现的。“要站在对方的立场审视自己的行为”只有换位思考才有可能实现和谐。我们法学家应当把这个问题作为在学术上进行研讨的情形，并以此为出发点。因为发生事件后的责任由法学家承担的情形格外受到重视，而对加害者与被害人关系的分析思考他们之间对应的计策，今后对“和谐”探讨的方法不仅是一般社会中被议论，基于以上的思考，希望在法学精密的理论体系中应有明确的定位。

以对其情况的思考为线索，最近，说来是20年以前的话题，在刑法学界最近被世界所关注的“修复的司法”的思想。

因为在后文中阐述，这种思想不论在日本还是在其他国家，都尚未得到全面的支持并被制度化，我也认为这种思想现在绝对不能实现。

尽管如此我对这种思想仍怀有兴趣，在犯罪实行终了的情形下，的确被害的事实根本不能恢复，通过怎样的方式对其进行“修复”呢？这要考虑其实现的方法。虽然被害的事实根本无法恢复，同时完全恢复是不可能的，可是尽量接近完全的修复是可能的，既是接近完成和谐社会也是不能恢复的，但是其意义在于这种修复的司法思想为和谐社会的构建提供了参考价值。

Ⅳ 犯罪预防修复司法思想之应用

（1）迄今为止，世界上的刑法学，通说认为要从行为人的行为入手追究其违法性，在明确其责任的基础上，科以适当的刑罚，一般来讲是这样一种思路。在量刑阶段，在考量刑罚意义的情形下，仅限于勉强的顾及被害人及其家属，尤其是在其背后的社会关系的一般性的情感。

在此基础上与民事裁判的情形不同的是，对于刑事判决的情形则是从犯罪者把加害者与被害人的自我的关系中疏远，加害者和国家的关系应当是纯洁的。也就是说，犯罪不仅仅侵犯了作为个体的被害人的利益，同时也可以说是对于国家的正常的法律秩序的侵犯，所以国家要直接地进行干预。

对此，进入20世纪90年代以后刑事司法基本上也把加害者与被害人之间的和解、调节，作为应与思考的情形提到了国际社会的议事日程。作为其背景的是，一方面在欧洲由于社会恢复行刑受到的挫折，拘留所的过度羁押，通过金钱赔偿处理事件的合理性等的客观存在；另一方面，被害人学的出现和普及对于从被害人立场出发，强烈诉求的市民运动的抬头。我认为，对于保护被害人的法规的发展应当予以重视。

可以说从今以后，判决的过程与被害人有密切的关系，加害者在与被害人的关系中应当追究加害人的责任，处以刑罚这是必须的。然而应当努力探索出新的司法模式，也就是说，在这里对加害者的责任科以刑罚，国家也应当考虑从被害人的立场对于刑事判决的基础进行改革，加害者应当树立起从被害人的立场来审视自己责任的自觉性，检讨自己由于损害而由国家进行调节的可行性，这样就可以说是刑事司法在相关利益各方较为理想的兼顾。

基于以上考虑，其结果是被害人的伤痛得以治愈。发生的损害得以修复的目的，通过法律得以平和的恢复的意思，这就可以称其为修复的司法（restorative justice）的理论吧！

（2）似乎这种理论尚未在世界范围内的刑事司法实践中得到根本的变革，在日本最近在审理特殊案件的庭审活动中，程序上对被害人及其家属的出席被确认，对被告人质问，对最后法庭辩论意见的陈述也被确认的刑事诉讼的修正案也已经公布，但是反对意见也较多，仍是一种修改能否实现，前景并不明确的状态。

这里，由于我对这种修复的司法理论的关注，提前进行了描述。在中国，在把构建和谐社会的建设基本方略的作为国策的背景下，对于犯罪预防仅限于一种手段予以考量，这种理论不仅是直接地而且也间接地给予我们一种很好的启示。

现在，不仅直接的使用这一概念，“修复”本来的概念是以犯罪已经发生为前提，而犯罪预防的理论则是没有犯罪的发生，因而没有探讨其理论价值的意义，只不过是单纯地考量其所包含的启示而已。

可是，回过头来考虑，对犯罪预防的讨论似乎是预防策略中必须讲授的内容，必须有相当规模的特定的犯罪现象的存在为前提，能够作为其处理的“修复”这一观点被使用的话，则应当是把犯罪预防作为手段来使用。确切地讲，所谓修复是指更加有效地预防犯罪的发生，可以这样说吧，本来虽然有被害事实的发生，但是要达到一种和谐，则必须有被害人的同意。在此，国家取代被害人的地位而追究加害人的责任，并且对其处以刑罚，其目的是为了平息被害人的不满。对此，凭借修复司法的方式，因为判决和被害人有利害关系，所以，作为调节者的国家应当尽力使已经发生法律效力的判决，能够得到被害人的认可，并且应努力转换到这种立场。这可以说至少在理论上，通过修复司法的方式接近了实现和谐的目的。

(3) 从外国人的视角来看当下中国最大的不安定因素，我认为，主要是差距问题，城市和农村、富裕阶层和贫困阶层的差距，而且这种差距的程度有加大的可能，随着差距加大不满的情绪也在积聚，基层的权力腐败以及企业和权力的媾和的社会现象，造成了广大人民群众疑惑的情绪，并使其广泛传播，正是因为群众的不满情绪所导致的对于政府的抵抗运动应该引起我们足够的注意。

对于这些抵抗运动，因为其大都满足犯罪的构成要件，因此从政府的角度来看的确有将其作为犯罪的对象予以考虑的情形，可是对于这种抵抗运动背后存在的对弱势群体所具有的令人同情的情结，如果用错误的镇压方式处理抵抗运动的话，就可能出现难以想象的对体制根基动摇的大的骚动。因此，通过调节的手段达到预防犯罪的目的，难道不可以说是一种有代表性意义的工作吗?

出现差距的时候，人们之间的怨恨情结就可能加深，所以思考镇压抵抗运动的和预防犯罪的人，必须从实际出发，在抵抗运动构成犯罪的情形下，做出事后司法程序的处理，对于抵抗运动参与人的加害者和政府方面的被害人，对于考量那种抵抗运动的防范情形，我想应当是对于加害者与被害人进行换位思考并以此为切入点，这就是修复司法的理论在预防犯罪的具体应用情形下所具有的特色。

这种情形下差距成为关键词，因其已成为社会问题，城市和农村富裕阶层和贫困阶层不是没有的，不能及时纠正居民间拉大的距离，是地方政府和中央政府所必须正视的问题。

因而对于反对运动和抵抗运动的预防显然是重要的，基于对加害人、被害人关系的反向思考，为了消解抵抗运动的根基，应当出台缓和方案，实践中应当探讨不满情绪的根源并努力把那种根源丢弃。

这本来不是政治，而是一般性的行政课题，这并非作为刑事法学研究者的直接责任，然而作为研究人员对身边理论体系的明了，政治上行政当局也寄予厚望，我想，这仍然是我们课题所应包含的内容。

我们共同追求的理论体系当中，最迫切的需要解决的问题是，要在事态发生前做出预防的超前反应。当然，已经发生的通过镇压行动进行解决的阶段也是必要的。要说在何种场合这种修复的司法思想应当以怎样的形式介入，既发挥镇压行动的效果，又不扩大暴力发生的规模，我认为，单纯地进行镇压不是人们所希望的，所以，尽快出台限制和改善行政一方，并与其成为一体的警务人员的警务活动方案，是人们所期望的，也是必需的。

综上所述，关于犯罪预防修复司法思想的应用仅仅是开始，所谓犯罪现象是专心犯罪的人基于满足个人的欲望所进行的犯罪行为。对犯罪的打击应当是不留余地的。可是作为被害的一方有诱发犯罪的因素，周围环境、地域、对社会好恶的态度成为影响其犯罪的情形。我认为，在这里加害者和被害人之间换位思考的思想，不是在犯罪预防之中发挥作用了吗？

*

现在迎来了敬爱的高铭暄、王作富两位先生的八十大寿。两位先生是现代中国刑事法学代表学者，而且是培养出众多的法律人士的教育家，这自不待言。我站在日本人的立场，但不仅如此，而是要从日中法学交流开创者的意义上对他们进行评价。

确切地说，日中刑事法学交流，发端于1988年的上海“日中刑事法学研讨会”。当时还不知道两位先生的大名，然而，从此以后大约二十年间的不断交往，对两位先生产生出由衷的敬意，尤其是高先生的见识和能力使我不能够忘怀。

我和高铭暄先生的相识，是在1993年9月由德国的马克斯·普朗克国际刑法研究所所长埃沙和我共同主持的，在东京召开的“德国·东亚刑法学术研讨会”之上，高先生作为中方代表团的四人之一参加了会议。事实上当时在我工作的早稻田大学留学的高先生学生李海东博士，向我极力推荐说中国代表团之中一定要有高铭暄先生参加，由此看来我们已经有逾十年的亲切交往了。

说起1993年，中国和韩国是恢复邦交关系之后，尚没有太多交往的时期，这次会议中国台湾地区的学者也有两位参加。会议的召开是第二次世界大战结束后具有划时代意义的事件，对首次访问日本的高先生来讲，可以想象的是通过这次会议，扩大了他对日本乃至世界关注的程度。

第二年的1994年，承蒙高先生的关照，去中国人民大学法学院讲学，接受了名誉教授的称号，欢迎会上总是得到同席的王作富先生的亲切关照。以此次对中国的访问为契机，日中间的刑事法学出版交流活动提到了议事日程，高先生和我共同策划编辑出版了《中国法学全书》(10卷本)，到目前为止大部分已经发行。

1988年，在我迎来70岁古稀之际，学生们给我编纂了祝贺古稀论文集。号召中国学者寄送祝贺稿件，发挥重要作用的就是高先生，先生汇集了14人之多的学术论文并送给了我，这对作为日本刑事法学研究者的我来说是莫大的荣耀，只有感谢！当然从两位先生那里总能获赐非常精美的文章，这自不必多言。

2001年，对1998年开始的日中刑事法学术研讨会来讲，是具有划时代意义的一年。在此前一年举行的会议上，和高先生以及中国刑法研究会会长的赵秉志先生达成协议，由各自国家的刑事法学研究会来组织，力图在共同组织相互协办会议上达成共识。举行会议的城市不固定，轮流组织，内容限定在目前刑法学界争论和研讨的热点问题。两国的主要负责人，目前仍由高先生和我担任。

之后，2001年在北京召开了总计第七届，21世纪第一次研讨会，高先生亲自主持了会议的召开，这种创新方式非常成功，研讨会学术水平之高得到了两国与会代表的一致好评。此后，会议分别在武汉、京都、吉林、东京轮流召开，这种学术研讨会的影响越来越深远。

以上介绍的情况仅是我和两位先生交流的一部分，然而不仅如此，两位先生为日中学术交流所作的贡献有目共睹，至少就刑事法学而论，对日中关系的其他学术领域来讲就具有不可忽视的特殊意义，我想，其影响将越来越大。由此看来，两位先生为事业创建的伟大功绩是无法用语言所能表达的。

仅以拙文一篇献上，对两位先生的八十寿辰表示衷心的祝贺，对两位先生为当今的贡献表示深深的感谢，同时祝愿两位先生在今后的岁月中身体健康，工作愉快！

中国少数民族人权保障与少数民族犯罪问题分析

吴大华*

“少数民族”（national minorities）的规范译名是1950年通过的《欧洲人权公约》第14条。1960年联合国教科文组织通过的《取缔教育歧视公约》中也采用同一译名。① 1992年联合国大会通过《在民族或族裔、宗教和语言上属于少数群体的人的权利宣言》，与《公民权利和政治权利国际盟约》第27条所指的“民族、宗教或语言上的少数人”相比，增加除ethnic、religions、linguistic之外的“national”一词。② 在笔者看来，少数民族是少数人的一个类型，是通过民族特征在民族国家的框架内以“非人民”为前提理念

* 贵州民族学院院长，教授，法学博士、博士后，博士生导师，中国人民大学刑事法律科学研究中心兼职研究员。

① 少数民族一般译为“Minority”。但是，中文里的民族常常与种族（race）相混淆。需要区分的是：民族是一个社会、文化方面的概念，即具有共同社会、文化背景、共同居住地、共同价值观，甚至共同语言和宗教的一群人：而种族是一个人类学的概念，即具有共同祖先，有共同基因特征的一群人。Nation和Nationality，更多地指向国籍、国民，是一个政治概念，而非某个民族。

② 这一定语的增加引起对这一文件适用范围的多种解释。周勇：《少数人权利的法理——民族、宗教和语言上的少数人群体及其成员权利的国际司法保护》，中国社会科学出版社2002年版，第10页。现任联合国负责这一宣言的解释和监督实施的少数人问题工作组主席阿斯比约思·艾德先生认为，这一增加并没有扩展第27条的适用范围。在其向工作小组提交的报告中他解释说：加进“national minority”一词或许在设定不同种类的少数人具有不同的权利这一方面是有意义的，因为我们可以说宗教上的少数人群体成员享有信仰和实践其宗教的权利，语言上的少数人群体成员享有学习和使用其语言的权利，Ethnic少数人群体成员享有广泛的保持和发展其文化的权利，National少数人群体成员享有涉及保持和发展其民族认同（national identity）的权利。但是，他指出这种推理是否成立是值得怀疑的。因为并没有任何共识来说明national minority和ethnic minority有什么区别。

的构想与描述，需要注意民族性、文化认同等要素。①

这样少数民族的权利保护问题，是一国内部的民族关系问题，包含着个人权利和民族权利两个方面。少数民族的个人权利与人权概念中个人基本的权利和自由具有共同的内涵，而民族权利则是与同一国家内多数民族或其他民族相对而言的民族生存权、发展权和平等权。所谓少数民族权利保障，主要是指国家通过国内立法保障相对于多数民族的生存和发展所需要的特殊权利，这是由于国内少数民族人数较少，经济发展水平较低的客观现实，以及历史上多处于受压迫、受歧视，被奴役的不平等地位所决定的，如果与多数民族享有法律上平等权利，则对少数民族而言实际上存在着不平等。② 我国少数民族从新中国成立以来，在共同纲领中就确认民族平等、团结、互助和共同繁荣的原则，民族权利的确认在国家各个制度的具体建设中都有鲜明的体现，少数民族的个人权利在各项制度框架内也得到较高程度的保障。

一、中国少数民族人权状况及其评价

（一）中国少数民族人权状况

中国共产党及其执政的政府提出的民族区域自治制度是历史发展的必然，是党在长期的革命斗争和民族工作中形成的宝贵经验。在中国共产党创建时期，曾经提出民族自决、自治，建立联邦国家的主张，经过历史的发展和实践，历史上形成的各民族大杂居、小聚居的状况，是中国实现民族区域自治的前提。经过新民主义革命、社会主义革命和社会主义建设各个时期的检验，证明民族区域自治是适合中国国情的正确的民族政策和制度：它为多民族的国家，特别是与中国的族情相类似的国家，找到了一条可供选择的民族政策和制度，为妥善解决民族问题，处理民族矛盾与纠纷提供了指引。作为一个单一制国家，中国实行民族区域自治制度，要求各个自治区或自治地方在中央政府统一领导下作为一级地方政府存在，而不是联邦体制下的自由联合体。

---

① 当然目前我国国内法中只有“少数民族”的平等概念，没有“少数人”的概念。前者仅指我国已经被认定的55个民族，其结果是属于没有被认定的少数民族的少数者不能得到法律的保护。实际上，我国少数民族的甄别是以斯大林为民族所下的定义为依据的。根据他的定义，民族应具备四个基本特征：共同语言、共同地域、共同经济生活和共同心理素质。根据这四个特征，我国1953年汇总登记上报的400多个民族名称中，绝大多数没有被认定。这说明没有经过确认的人们生活共同体更为广泛地存在，他们的权利不能被忽视。正是基于此，故有必要引入一个概念保护更多的民族人口（人们共同体），即“少数人”。同时，这一概念也便于我们在人权领域同别的国家进行交流。

② 鲍志才：“国际人权保护与少数民族权利保障问题”，载《西南民族学院学报》1992年第5期。

自治区政府必须服从中央集中统一的领导并保证国家法令在民族自治地方的贯彻执行。所谓的“民族自决权”仅仅是民族分裂主义者打出的分裂祖国、破坏民族团结的旗号。[①] 因此，中国的少数民族自治区或自治地方，不是联邦成员或任何其他自愿组合的联合体成员，民族区域自治制度下的自治地方根据宪法和民族区域自治法（2001 年修正）享有自治权。我国的民族自治地方的自治权内容广泛，且有物质到制度的系列保障：

第一，行政。在宪法第三章第六节中规定了民族自治地方的自治机关的首脑（即自治区、州和县的人大主任或者副主任和自治区人民政府的区主席、州长或县长）由实行区域自治的民族的公民担任（第 112—114 条）。

第二，立法。民族自治地方的人大有权依照当地民族的政治、经济和文化的特点，制定自治条例和单行条例，但是自治区制定的自治条例和单行条例要在报全国人大常委会批准后，才能生效，自治区的下级自治地方制定的自治条例和单行条例要报省或自治区人大常委会批准后才能生效（第 116 条）。

第三，经济、社会、文化。民族自治地方有财政的自治权，可以自主地安排使用属于民族自治地方的财政收入。可以“在国家计划的指导下，自主地安排和管理地方性的经济建设事业”，“管理本地方的教育、科学、文化、卫生、体育事业、保护和管理民族”（第 117—119 条）。

第四，公安。民族自治地方可以组织本地方维护社会治安的公安部队，但要依照国家的军事制度和当地的实际需要，还要经国务院批准（第 120 条）。

第五，语言。民族自治地方的自治机关执行职务时可以使用当地通用的一种或几种语言文字（第 121 条）。各民族公民都有用本民族语言文字进行诉讼的权利。在少数民族聚居或多民族共同居住的地区，法院应用当地通用语言进行审理；起诉书、判决书、布告和其他文书应当根据实际需要使用当地通用的一种或几种文字。

（二）少数民族人权发展的评价

中国政府在 1991 年以来的数个人权白皮书中专设篇幅说明中国少数民族

---

① 一个民族对于自己命运的把握是一个历史的过程，简单地实现独立并不一定能实现自己的民族社会理想。在当代，任何民族都不可能再在孤立的状态中自行发展，相反，对于绝大多数民族，特别是弱小和欠发达的民族来说，要实现自身的发展与人权保护，主体民族，友邻民族的平等相待、支持和帮助是至关重要的外部条件。中国社会科学院法学研究所、爱尔兰人权中心编：《少数人权利保护（Protection of Minority Rights）》，中国与欧盟联合国人权两公约学术交流网络第四次研讨会论文集，2003 年，第 24 页。

人权的保障状况，表明在民族区域自治制度下，少数民族的平等权利和特殊保护权利均获得保障。在历次的人权白皮书中，多次强调：中国是一个统一的多民族国家，有 56 个民族。汉族占全国人口的 92%，其他 55 个民族占 8%。实现各民族平等、团结和共同繁荣，是中国对待民族关系的基本原则。禁止对任何民族的歧视和压迫，禁止破坏民族团结和制造民族分裂的行为。反对大民族主义，主要是大汉族主义，也要反对地方民族主义。人权状况白皮书以充分的数据和事实告诉我们：少数民族的政治权利、经济权利、发展使用本民族语言文字、保存民族风俗习惯的文化权利均获得了充分的保障。2004 年国务院新闻办公室发布的中国人权白皮书进一步申明：少数民族公民平等地享有宪法和法律规定的全部公民权利，并依法享有少数民族特有的各项权利。[①] 对比少数民族的今昔人权状况，已经实现一个翻天覆地的变化。

但是，我们不应当忽视我国现阶段少数民族人权保障存在的若干问题，集中体现在两个方面：

一是国内少数民族人权保障的法律体系不健全。我国虽然已经加入若干人权公约，对于少数民族人权保障也已经形成宪法——民族区域自治法——自治条例等三级，但是保护少数民族的法律尚未形成体系。根据张文山教授的分析，中国民族法律基本构架由四个层次构成：第一，民族区域自治法；第二，专门法律；第三，为实施专门法而制定的行政法规和细则；第四，自治条例、单行条例和地方性法规。但反观我国的民族立法，目前是两头完善中间层次空缺。而就民族区域自治法而言，2001 年已经作出一定的修正，基本适应民族工作发展的需要。即关于民族区域自治的基本原则和基本纲领是纲举目张的。但是在自治条例上，各个地方的自治条例或者应付阙如，或者立法存在问题。总体上讲，民族区域自治立法的规范性和可操作性的专门法律、实施法律的具体措施以及自治条例和地方性法规都很欠缺，由此导致民族区域自治法的实施不能得到很好的贯彻落实。否则，我们的民族自治制度也可能仅留于形式，造成不堪设想的后果。实践中，民族区域自治制度经常流于庸俗化，没有形成规范化、制度化的体系。这种局面亟待纠正，以建立更为完善的民族法律体系。

二是杂居、散居少数民族人权的发展和完善欠缺。从我国现在民族区域自治看，已经建立五个自治区和诸多自治州、自治县等。但是，不应忽视，在我国 1. 0846 亿的少数民族人口中尚有 2700 万的散居少数民族人口（占少

① 国务院新闻办公室：《中国人权白皮书 2004》，2004 年 3 月，北京。

数民族人口的25%）。湖北省的民族自治地方有1州7县，实行区域自治的民族只有土家族、苗族、侗族和瑶族4个，而相比之下，全省散居少数民族的成分多达50个。[①] 如何保障这些少数民族成员的权利，是我国民族立法工作者应该关注的重要问题。应当承认，在民族杂居散居地区，我国已经建立了1500多个民族乡，使杂居散居的少数民族能更好地享受平等的权利。但相关的民族杂居、散居法律体系没有形成。1952年曾经发布过《政务院关于保障一切散居的少数民族成分享有民族平等权利的决定》，1979年也曾发布过《中共中央、国务院批转国家民委关于做好杂居、散居少数民族工作的报告的通知》。根据不完全统计，已经出台的散居少数民族权益保护法的省份如广东省、河北省、湖北省、湖南省、辽宁省、重庆市等。全国人大民族委员会从1986年开始起草《散居少数民族权益保障法》，现已数易其稿，但一直没有出台。杂居、散居民族的权益保障法为那些居住在区域自治地方范围内，不能获得民族区域自治法保护的少数民族成员提供法律的保护，它是保障散居少数民族的合法权益，维护和发展平等、团结、互助的社会主义民族关系，促进各民族的共同繁荣的重要制度保障。我国杂居、散居少数民族权益保护的法律到今天还没有出台，不能不说是民族自治法律体系的一个缺憾。

二、中国少数民族的特别刑事关护

（一）少数民族作为受害者的特别刑法条款

我国1997年刑法中为保护少数民族权益，专门规定相关条款。保护少数民族合法权利的三条具体规定是：

煽动民族仇恨、民族歧视，情节严重的，处三年以下有期徒刑、拘役、管制或者剥夺政治权利；情节特别严重的，处三年以上十年以下有期徒刑。（第249条）

在出版物中刊载歧视、侮辱少数民族的内容，情节恶劣，造成严重后果的，对直接责任人员，处三年以下有期徒刑、拘役或者管制。（第250条）

国家机关工作人员非法剥夺公民的宗教信仰自由和侵犯少数民族风俗习惯，情节严重的，处二年以下有期徒刑或者拘役。（第251条）

从专门规定侵犯少数民族利益的犯罪行为的三个条文来看，共确定了四个罪名：（1）煽动民族仇恨、民族歧视罪；（2）刊载歧视、侮辱少数民族作品罪；（3）非法剥夺宗教信仰自由罪；（4）侵犯少数民族风俗习惯罪。

① 夏骏："谈谈散居少数民族的权益保障问题"，载《黑龙江民族丛刊》1998年第2期。

从犯罪构成和犯罪性质来看，这四种犯罪是属于侵犯同类客体的犯罪，四罪的共同之处为：客体相同，即少数民族的民主自由权利，包括少数民族的平等权利（第249条）、民族荣誉和尊严（第250条）、宗教信仰自由和风俗习惯自由（第251条）。客观方面相同，要求必须实施了侵犯少数民族利益的行为（具体何种行为取决于构成的规定），而且必须达到严重程度。如果侵犯少数民族利益但只是情节一般，尚未达到"情节严重"（第251条）、"情节恶劣"（第250条）或"情节特别严重"（第249条）的程度，则不构成此类犯罪。从这一意义上讲，四罪均为情节犯。

从犯罪的主体来看，四种犯罪的主体都要求为自然人，[①] 即年龄超过16岁且具备刑事责任的自然人。第249条和第250条要求的主体为一般主体，第251条要求的主体具备特别身份，即国家机关工作人员。[②] 主观方面四种犯罪都只能由故意造成，包括直接故意和间接故意。从刑法为四种犯罪配置的刑罚来看，主刑均为短期自由刑，可见社会危害的评价不高。其中的"煽动民族仇恨、民族歧视罪"，最高刑是三年以下有期徒刑，只有"情节特别严重的"才处十年以下有期徒刑。其中的"刊载歧视、侮辱少数民族作品罪"的最高刑是三年以下有期徒刑。"非法剥夺宗教信仰自由罪"和"侵犯少数民族风俗习惯罪"的最高刑都是二年以下有期徒刑。对四种犯罪刑法限制了附加刑的使用，除了对"煽动民族仇恨、民族歧视罪"可以单处剥夺政治权利外，对四种犯罪，均没有并处"附加刑"的规定。

从犯罪的客观来看，四种犯罪在行为方式上存在重大差别：（1）"煽动民族仇恨、民族歧视罪"客观表现为"煽动"。即公开或秘密地以语言、文字、图像等形式，在群众中进行宣传、鼓动、号召，但是煽动内容必须以破坏民族团结为目标，制造不同民族之间的相互敌视和歧视情绪。[③] 严重的煽动性行为，可能造成地区性的民族不和或民族动乱。（2）"刊载歧视、侮辱少数民族作品罪"客观方面有"刊载"的行为和"情节恶劣，造成严重后果"的情

① 某些学者认为"刊载歧视、侮辱少数民族作品罪"的犯罪主体是法人，即书报、刊物及音像制品的编辑、出版、制作、发行单位。但刑法规定的是单罚制，即仅仅"对直接责任人员"追究刑事责任。赵秉志主编：《新刑法全书》，中国人民公安大学出版社1997年版，第907页。在我看来，刊载歧视、侮辱少数民族作品罪并非所谓的纯正单位犯罪，犯罪主体不包括单位，而只能限定在对刊载歧视、侮辱少数民族作品负有直接责任的作者、责任编辑等，出版单位不能成为本罪的主体。

② 国家机关工作人员的范围与刑法第九章规定的渎职罪主体相同，需要参考刑法第93条和全国人民代表大会常务委员会关于《中华人民共和国刑法》第九十三条第二款的解释和全国人民代表大会常务委员会关于《中华人民共和国刑法》第九章渎职罪主体适用问题的解释来进行。

③ 高铭暄、马克昌主编：《刑法学》（下编），中国法制出版社1999年版，第864页。

形。所谓“刊载”即在出版物中刊登、录入歧视、侮辱少数民族的具体内容。(3)“非法剥夺宗教信仰自由罪”的法源是宪法第36条：中华人民共和国公民有宗教信仰自由。这里的宗教信仰自由包括信仰某种宗教的自由和不信仰宗教的自由。以任何手段强迫公民信仰某种宗教，或者禁止公民信仰某种宗教，强迫教徒退教或禁止教徒举行宗教活动等，都是非法剥夺公民宗教信仰自由的行为。我将之所以非法剥夺宗教信仰自由罪列入少数民族作为受害者的特别刑法条款中，是因为少数民族的宗教信仰较为普遍，民族地区的少数民族公民或全民族地或部族性地信仰某种宗教。本罪客观方面的具体表现形式主要有：阻挠公民或教徒参加正常的宗教活动；捣毁或封闭宗教活动场所及有关设施；强迫公民改变自己的宗教信仰等，要求情节严重方能构成。(4)“侵犯少数民族风俗习惯罪”客观方面表现为“非法侵犯”，对象是少数民族风俗习惯。侵犯的主要形式包括：以暴力、胁迫等方法强制少数民族公民改标识及民族的风俗习惯，非法禁止少数民族举行本民族传统的节庆活动，强迫少数民族改变自己的生活习惯（如饮食禁忌、服饰装束等），禁止少数民族自愿改革本民族的陈规陋习等。同样，该罪要求情节严重才能构成。

(二) 少数民族作为加害者的特别关护

少数民族公民作为加害者，既可能侵犯本民族公民，也可能侵犯外民族公民，或者违反国家法律法规的禁令，其侵犯国家利益或社会秩序。针对少数民族的特殊身份，如何对他们实施惩罚，成为少数民族人权保障的重要部分。笔者以为，可以从刑事实体法的各个环节进行分析，包括制刑、量刑、行刑数个部分。

在制刑环节，我国刑法第90条明确规定：民族自治地方不能全部适用本法规定的，可以由自治区或者省的人民代表大会根据当地民族的政治、经济、文化的特点和本法规定的基本原则，制定变通或者补充的规定，报请全国人民代表大会常务委员会批准施行。需要指出的是，各民族自治地方正是在宪法、民族区域自治法和刑法第90条的框架中，制定变通或补充的规定，对部分刑法条文予以变通，以适应民族地区的适用。在这一变通或补充的过程中，既有非犯罪化、非刑罚化的过程，也有犯罪化的过程。对于符合民族地区风俗习惯、文化生活习俗的行为，变通或补充规定采取非罪化的渠道，实现去罪化。对于在汉族地区合法但是在民族地区却属于严重侵犯少数民族群众尊严和习俗的行为，也可以通过民族立法实现入罪化。在量刑环节，主要是一个少数民族刑事责任从宽的把握问题。在探讨两少一宽刑事政策的时候，我已经详细地研究了从宽刑事责任的范围、对象问题。需要重申的是并非一律从宽，从宽是有限制范围、有限定程度的。在行刑环节，对于少数民族公民，也要求相对从宽的管制。比如，监狱法第52条规定：对少数民族罪犯的特殊生活习惯，应当予以照顾。少数民族在押犯的生理、心理与汉族在押犯存在差别，监狱中同样存在民族差别和民族问题。正如鲁加伦先生指出：监狱中存在着各民族间事实上的不平等、民族偏见和民族隔阂的残余，监狱管理工作中必须尊重民族平等、维护民族团结，关注民族问题并化解民族矛盾。[①] 因此，行刑环节对少数民族的因素必须关注，在执行"惩罚和改造相结合、教育与劳动相结合"的原则的同时，更广义地理解并执行"两少一宽"刑事政策，对少数民族在押犯的减刑和假释略微放宽。

（三）少数民族在刑事诉讼中的人权保护

我国刑事诉讼法第9条明确规定：各民族公民都有用本民族语言文字进行诉讼的权利。人民法院、人民检察院和公安机关对于不通晓当地通用的语言文字的诉讼参与人，应当为他们翻译。在少数民族聚居或者多民族杂居的地区，应当用当地通用的语言进行审讯，用当地通用的文字发布判决书、布告和其他文件。这是从诉讼程序角度对少数民族人权的维护，要求在刑事诉讼过程中对少数民族的诉讼参与人尊重其语言文字权利，这也是贯彻宪法和民族区域自治法对少数民族特殊保护的原则。从宏观而抽象的政策层面上看，针对少数民族的"两少一宽"刑事政策中，"两少"所指向的"少捕少杀"便是要求对少数民族罪犯根据少数民族和少数民族地区整体上的特殊性，比照对汉族犯罪分子类似行为的一般处理上，从宽掌握，更为严格地控制逮捕措施和死刑判处。"两少一宽"中的"少捕少杀"与我们一般意义上的"少捕少杀"政策是功能同向的，强调不要多捕多杀，主张可杀可不杀的不杀，可捕可不捕的不捕，杀人和捕人都要少，死刑只适用于罪大恶极者。[②] 但是，不应忽视的是，"两少一宽"中的"少捕少杀"具有更为特别的含义：即相对于汉族犯罪分子，少数民族犯罪分子的民族身份的从宽意义。

① 鲁加伦主编：《中国少数民族罪犯改造研究》，法律出版社2001年版，第41—43页。

② 肖扬主编：《中国刑事政策和策略问题》，法律出版社1996年版，第263页。

职务犯罪生成机理和治理对策研究

陈正云* 钱 舫**

反对和防止腐败，是建立和完善社会主义市场经济体制的重要保证，贯穿于改革开放和现代化建设的全过程，也是保障社会和谐发展的紧迫任务。当前，腐败现象在一些领域依然易发多发，作为腐败极端表现形式的国家工作人员贪污贿赂、渎职侵权等职务犯罪仍处于高发态势，对我国的政治、经济、文化和社会建设造成了极大的损害，反腐败斗争的形势依旧严峻。职务犯罪大案要案数量占有较大比重，新类型职务犯罪不断出现，智能化程度提高，隐蔽性增强，腐蚀性和危害性加大，给新阶段、新形势、新任务下的反腐败工作提出了新的挑战。适应形势需求，加强对职务犯罪成因、特点的研究，探索有效的治理对策已成为理论界和实务部门的当务之急。

中央颁布施行的《建立健全教育、制度、监督并重的惩治和预防腐败体系实施纲要》，进一步明确了“标本兼治、综合治理、惩防并举、注重预防”的反腐败战略方针和建立健全教育、制度、监督并重的惩治和预防腐败体系的战略目标，为实施腐败治理作出科学规划，提出了战略构想。在此基础上进一步提出了以思想道德教育为基础，以正确行使权力为重点，以保证廉洁从政为目标，更加注重治本，更加注重预防，更加注重制度建设，深入开展反腐败斗争，促进社会和谐的新要求。在这一框架和目标范围内，以唯物辩证的视角，从理论和实践相结合的角度，通过深入研究职务犯罪的构成要素和生成机理，揭示职务犯罪存在及发展变化的规律，探索、设计和实施有针对性的治理对策，建立健全防范、预警、隔离、控制、暴露、惩治职务犯罪的机制、措施体系，不失是治理职务犯罪的一条重要路径。

---

* 最高人民检察院职务犯罪预防厅副厅长，高级检察官，法学博士。

** 最高人民检察院办公厅检察长办公室主任，北京大学法学院刑法专业博士研究生。

一、职务犯罪生成要素和机理分析

要素是构成事物的必要因素。按照辩证唯物主义的观点，任何事物都是多种要素相互作用的结果。职务犯罪更是各种因素相互交织发展的产物。职务犯罪的生成要素，是指产生职务犯罪所必须具有的因素、条件。对职务犯罪生成要素的认识是把握职务犯罪产生规律的基础。按照《现代汉语词典》的解释，机理一般指机器的构造和工作原理。职务犯罪的生成机理，就是指产生职务犯罪各内在要素之间相互影响、相互作用、相互制约，形成职务犯罪的客观规律。全面分析把握职务犯罪各生成要素的要义，是准确掌握其生成机理的关键和基础。笔者认为，任何犯罪都是犯罪主体因一定的犯罪动机，利用客观机会和条件，针对或为一定犯罪目标实施的。因此，职务犯罪的生成要素应主要包括职务犯罪的犯罪主体、犯罪动因、犯罪目标、犯罪机会四个方面。

（一）职务犯罪的犯罪主体

职务犯罪的犯罪主体是实施职务犯罪的国家工作人员。职务犯罪是身份犯罪，是具有特殊身份的人，即国家工作人员才能实施而其他人不可能实施的犯罪。其他人即便实施同种行为，也不称之为职务犯罪。这种特殊身份必须是行为人开始实施犯罪行为时就已经具有的特殊资格或已经形成的特殊地位或者状态。且这种特殊身份是建立在对公共权力的支配基础之上的。

无权力则无职务犯罪。没有权力，职务犯罪就失去了存在的依据。根据韦伯对于权力的定义，拥有权力意味着“一个人或一些人在社会行动中甚至不顾他人反对也能贯彻自己意志的任何机会。”而“不管这种机会是建立在什么基础之上。”即权力主体的意志束缚、控制权力对象的意志。权力主体维持权力的基础，在于它拥有一些能够对他人产生影响的资源。美国经济学家加尔布雷斯曾将权力的资源分为独立的三类：即人格、财产和组织。其中，人的身体、思维、言谈、道德信念等方面的状况都可以作为权力的人格来源。强壮的体力是最古老、最原始的权力来源。除人格以外，人们还可以通过财产购买他人的服从，因而财产也可以作为一种权力资源。组织则是现代社会最重要的权力资源，它克服了人格受时间（寿命）限制的弱点，同时又结合了财产力量的优点。可以看出，国家工作人员的权力基础在于他拥有或掌握着对他人产生影响的社会公共资源。拥有、行使公共权力，并具有公职人员身份，是生成职务犯罪最为基本的前提和基础。因此，可以说，任何有权力的人都可能成为潜在的职务犯罪人。

（二）职务犯罪的犯罪动因

职务犯罪的犯罪动因是职务犯罪的犯罪主体实施职务犯罪的心理原因，是指行为人基于何种心理实施职务犯罪，是职务犯罪产生的一般性的内在心理，即产生职务犯罪的欲望和需求。任何职务犯罪的产生必然有其犯罪主体的内在动因，并在这种内在动因的引导驱使下实施。这种内在动因是决定职务犯罪生成的主要因素。职务犯罪的犯罪动因的形成大都是一个逐步发展衍化的过程，是多方面因素交错作用的结果。与普通刑事犯罪相比，临时起意的突发性心理动因较少。且其既有鲜明的个体特色，也有普遍的共性特点。实践证明，不管是贪利型的经济性职务犯罪，还是过失型的渎职性职务犯罪，行为人都不会无缘无故地实施，都会有实施犯罪行为的心理动因，即一般性的内在心理犯罪动因，如贪财、恋色、徇私、攫权等。

（三）职务犯罪的犯罪目标

犯罪目标是行为人实施犯罪行为，在客观上想要获得的外在现实结果，是一种客观存在。任何犯罪都有犯罪目标，没有犯罪目标则不可能产生犯罪。这种目标既可表现为物质性，也可表现为非物质性。

那么，职务犯罪的犯罪目标到底是什么呢？在本文阐述职务犯罪的犯罪主体时，曾谈到权力主体的基础是对他人产生影响的社会公共资源。这种公共资源具有稀缺性。正是由于这种稀缺性的存在，才会导致职务犯罪的发生。根据经济学理论，稀缺性是商品价值形成的一个重要因素。价格首先是由稀缺性而不是劳动成本所决定，只有在稀缺性进入成本以后才有其他成本，包括劳动成本的进入。由于职务犯罪主体的特殊性，其在犯罪目标的选择上也不同于普通刑事犯罪，其犯罪目标呈现出唯一性和特殊性，有时还具有不可替代性。公共资源不是任何人都可以获得或知晓的，大多是具有公权的国家工作人员才能控制或掌握。如果不具备这种特殊身份，其实施的行为就不可能成立职务犯罪。所以，职务犯罪的犯罪目标是客观存在的国家或社会提供或控制的稀缺资源。这种稀缺资源具体表现可为物质性利益，如金钱、财物；也可为非物质性利益，如权力、机会等。具体来说，对贪污贿赂等贪利型职务犯罪就是获取或控制稀缺资源，对于非经济性的渎职型犯罪来说，就是滥用其控制的稀缺资源。

（四）职务犯罪的犯罪机会

职务犯罪的犯罪机会就是使职务犯罪得以实施的客观环境和条件，它是职务犯罪得以发生的重要的条件性因素。

职务犯罪之所以能够由内部动因转化为现实行为，主要原因是存在犯罪机会。英国著名社会理论家和社会学家安东尼·吉登斯指出，权力主体所具有的控制能力并非是一种“量”上的直接延伸，在很大程度上，这种控制能力的强弱程度取决于权力所在的“场所”。在犯罪学上，有学者将其称为“犯罪场”，并将“犯罪场”定义为，存在于潜在犯罪人体验中，促成犯罪原因实现为犯罪行为的特定背景。笔者认为，犯罪场实际上就是犯罪机会。一般认为，这一背景（机会）包括四方面的因素：时间因素、空间因素、侵犯对象因素和社会控制因素。犯罪场是潜在的犯罪人与犯罪背景因素的结合。有犯罪场，但没有犯意也就无所谓犯罪场；没有潜在的犯罪人也就没有犯罪场。犯罪场不以犯罪人意志为转移，其重要性在于促成可能的犯罪原因转变为现实的犯罪行为。在职务犯罪的生成中，犯罪场（犯罪机会）通过削弱或增强犯罪原因，从而抑制或促进职务犯罪行为的发生。

也有学者提出罪前情景的概念，即犯罪个体所面临的直接促使其形成犯罪动机和将这种动机转化为侵害行为的外在形势。这是为了分析激发犯罪动机和促成犯罪行为实施的一系列最直接的情景因素而提出的。其目的在于将犯罪成因的研究从注重解释“人们为什么要犯罪”转移到“人在什么样的情景中最容易犯罪”。笔者认为，罪前情景与犯罪场在实质上是相同的，都是回答人在何种环境下最容易犯罪的问题，即在什么样的机会下犯罪的问题。

对职务犯罪的犯罪机会应从两个方面来理解。一是职务犯罪都是权力犯罪，必需“用权”，拥有现实权力是产生犯罪机会的重要前提；二是控权出现障碍，即制度和管理上的漏洞，使权力失去监督制约，这是犯罪机会产生的外在条件。这两方面相辅相成、缺一不可。

综上，职务犯罪的犯罪主体、犯罪动因、犯罪目标、犯罪机会这四个要素是形成职务犯罪最基本和最必要的要素，具有不可或缺的地位。此外，职务犯罪的形成也有其他一些相关因素的作用，但这不是任何职务犯罪生成的必备要素。犯罪主体是形成职务犯罪的前提，犯罪动因是形成职务犯罪的心理条件，犯罪目标是职务犯罪的对象选择，犯罪机会是职务犯罪的外在条件。正是由于上述四要素之间相互联系，相互作用，形成要素的互动和联动，才得以生成职务犯罪。根据生成要素之间的相互联系和作用，职务犯罪的生成机理存在以下三种基本模式：

1. 犯罪主体因个人心理因素而产生犯罪动因，然后去寻找犯罪目标，利用客观上存在的犯罪机会实施职务犯罪。即：

职务犯罪主体 + 犯罪动因 + 犯罪目标 + 犯罪机会 → 职务犯罪

2. 犯罪主体因个人心理因素而产生犯罪动因，发现已存在的或创造犯罪机会，然后去寻找犯罪目标实施职务犯罪。即：

职务犯罪主体 + 犯罪动因 + 犯罪机会 + 犯罪目标 → 职务犯罪

3. 犯罪主体遇到犯罪目标和犯罪机会，继而产生犯罪动因，进而实施犯罪。即：

犯罪目标

职务犯罪主体 + < > + 犯罪动因 → 职务犯罪

犯罪机会

对职务犯罪生成机理的研究，关键在于揭示和掌握犯罪主体、犯罪动机、犯罪机会和条件之间的互动关系和规律，这对提高防范、预警、控制、揭露职务犯罪的能力和时效，降低职务犯罪的发生率，减少犯罪暗数，缩短犯罪潜伏期，增强惩治和预防职务犯罪的实际效果具有积极的现实意义。

二、治理职务犯罪的层级目标

研究和分析职务犯罪生成机理的目的，是为了消除和减少职务犯罪。通过对职务犯罪生成要素的剖析和生成机理的研究，笔者认为，要针对职务犯罪生成要素和不同的生成机理模式，根据职务犯罪的特点，寻求治理职务犯罪的相关对策和措施。简而言之，在治理措施的设计上，就是以规范公共权力的运行为主线，以制约职务犯罪主体为基础，以抑制职务犯罪动因为前提，以保护职务犯罪目标为根本，以减少和消除职务犯罪机会为重点来研究和探索治理职务犯罪的对策和措施。在治理策略上，既要对单个生成要素进行阻遏限制，实行各个击破，又要防止各生成要素的相互黏合，实行综合防治。

职务犯罪的治理是一项专门性很强的工作，也是一项涉及方方面面的复杂的系统工程。同时，也是一项长期艰巨的任务。对职务犯罪进行治理，不仅要遏制其发展蔓延，还要铲除滋生犯罪的因素；不仅要求得短期成果，更要建立长效机制。因此，在治理职务犯罪的目标选择上，应根据现实情况和长远发展有所区分。具体就是要达到以下层级目标：

第一层级：有效防止职务犯罪的发生。就是通过设立“防火墙”，切断各生成要素之间的相互联系，破坏其机理，从根本上防止职务犯罪的发生。即防止职务犯罪“从无到有”，有效防止行为人着手实施职务犯罪。这是治理职务犯罪的最高层阶和所要达到的最佳效果。

第二层级：及时发现、预警职务犯罪。就是在职务犯罪各生成要素即将发生相互作用，形成职务犯罪过程或正着手实施时，即被发现，阻遏其犯罪行为的形成、持续实施或得逞，降低犯罪成功率和既遂率。这是在无法有效防止职务犯罪发生情况下退而求其次的一种结果。就如在汽车上加装电子防盗器一样，使人能在第一时间发现犯罪，震慑罪犯。

第三层级：有效控制职务犯罪。就是在职务犯罪发生后，通过惩治、限制、约束或调节措施的实施，有效控制职务犯罪的规模、次数、结构和危害程度，防止其任意泛滥蔓延或危害加重，把犯罪控制在一定范围或程度内。就像火灾发生后，在火场筑起的隔离带或壕沟，使火势无法蔓延。

第四层级：及时揭露职务犯罪。就是对客观存在、已实施完成的职务犯罪，结合各生成要素特点，实行有效地暴露机制，增加被发现概率，减少犯罪暗数，缩短犯罪潜伏期。这就如在交通要道上设置的“电子警察”监控系统，虽当时不能制止交通违法行为，但却能对其实施有效监控和违法犯罪现场回放，使其难逃法律的追究。

职务犯罪的层级目标是一个相互联系、相辅相成的有机系统，如果通过加强教育、健全制度、有效监督、强化管理，积极地防止了职务犯罪的发生，就可以节省人力、财力、物力和精力，最大限度地发现、控制和查处已经发生的或正在实施的职务犯罪。反过来，通过对查处的现行职务犯罪的原因、特点的深入分析，举一反三，及时发现、掌握在体制制度机制和管理方面存在的滋生犯罪的土壤和条件，并积极有效地加以解决，又可以从源头上预防职务犯罪的发生。由此可见，防止、预警、控制、揭露之间是良性互动并相互作用的。

三、治理职务犯罪的措施体系

在深入研究和理解职务犯罪的生成要素和机理的基础上，应有效组织和实施针对职务犯罪的反应、管理、制约措施和对策，实现“见理明而不妄取，尚明节而不苟取，畏法律保禄而不敢取”，以防范、遏制和减少职务犯罪的目的。

（一）制约犯罪主体，减少其实施侵害的可能性

职务犯罪的犯罪主体是国家工作人员，而国家工作人员自身拒腐防变的能力也大相径庭。对国家工作人员的工作岗位进行防腐设计，加强对在岗国家工作人员的监督制约，确保其在所处的工作岗位上勤政廉洁，是预防腐败的关键一环。

1. 严格公共岗位主体的从业准入条件。要严把公职人员的录用和任职关，严格准入条件，建立公职人员选拔任用的筛选机制，切实把德才兼备的优秀人才选拔到公职队伍中，任用到适当岗位上。关键要建立公职人员的初任选拔机制、职务选任机制和适格岗位标准，注意把符合公职人员任用资格的人

与特殊岗位要求的人区分开来，努力从人员使用的源头上防范职务犯罪的发生。

2. 加强对权力主体的有效监督，增强发现和纠正职务违法犯罪的能力。对国家公职人员缺乏监督、无法监督、监督不力是导致职务犯罪多发、易发的重要原因。加强对权力主体的监督要重点围绕畅通监督渠道、强化监督措施、突出监督重点，加强专门监督、改革监督方式来实现。在畅通监督渠道上，要注意发挥舆论监督的作用；在强化监督措施上，要建立一套有效促进公众进行民主监督的激励机制和保障机制；在突出监督重点上，要重点加强对领导干部的监督，特别是对“一把手”的监督；在加强专门监督上，要注意发挥纪检、监察、检察和审计机关的作用；在改革监督方式上，要加强事前、事中监督等，真正做到权力行使到哪里，监督就到哪里。

3. 规范职务行为。约束和规范公职人员的行为，为其行事施政提供行为指南，是制约权力主体、规范权力行使的又一重要方面。因此，要高度重视对国家工作人员日常行为的立法，制定规范和约束国家工作人员行为的法律法规，为国家工作人员的行为提供明确的规范。《联合国反腐败公约》要求各缔约国在本国的体制和法律制度范围内适用正确、诚实和妥善履行公务的行为守则或者标准。对国家工作人员日常行为规范的内容最主要是要建立和落实利益冲突制度。一般包括：禁止接受贵重的礼品；限制兼职和取得额外的报酬；不准利用职务的影响谋取私利；不得从事与公共职务不相称的活动；对离职后所从事的业务活动进行限制等。

同时，要加强公职人员的作风建设，建立正派健康的工作圈、生活圈、交友圈，以良好的思想作风、学风、工作作风、生活作风提高公职人员的综合素质，强化自我管理、自我约束的能力，促进职务行为的规范和公共权力的正确行使。

4. 建立法治基础上的责任追究制度，实行责任权力。长期以来，在我国的政治管理理念中存在一个误区，就是公共部门的职责是行使权力，管理社会。而对责任追究、接受监督等则重视不够。“权力—义务—责任”是现代法治社会公共权力的基本内容。法律责任是权力运行中不可缺少的保障机制，是制止违法的重要环节。因此，行使权力并非权力主体唯一的存在方式，权力主体不仅必须承担责任。而且承担责任更是权力主体的第一要义，它既意味着权力主体行使的每一项权力背后都连带一份责任，拒绝应该行使的权力也是一种失职，还意味着违法行使权力必须承担法律责任。笔者认为，公共权力的行使应是一种高风险行为。建立法治保障下的责任追究制度势在必行，实行政治问责、纪律问责、法律问责并重，同体问责和异体问责并行，真正做到有权必有责、用权受监督、违法受追究、侵权要赔偿，增强公职人员的责任意识和风险意识，有效减少职务犯罪的发生。

（二）抑制犯罪动因，降低实施侵害的心理欲望

从理论层面上说，职务犯罪的动因有三种，一是源于基本需要而犯罪；一是源于过度贪婪而犯罪；一是放纵自己而犯罪。因此，要从外部强制和内部调控的角度，通过遏制其贪婪，满足其正当需要，约束其职务行为，通过内化自律内省和外化他律约束，消除和抑制职务犯罪的犯罪动因。

1. 严密法网，加大对职务犯罪的惩治力度，扩大适用财产刑。从理论上说，如果从事腐败或职务犯罪活动的收益比其成本或风险大得多，公职人员就可能从事腐败；而当潜在的收益足够大时，则会“铤而走险”，这是腐败产生的重要诱因。列宁说过，法律的力量不在于给予触犯它的当事人以多么严厉的惩罚，而是在于对任何违反它的人都要使其无一例外地不能逃脱；法律的生命不在于如何残暴，而是在于如何严密。因此，既要做到职务犯罪行为的法定化，防止罪不当罚；又要大幅度提高职务犯罪案件的查处概率，实现“伸手必被捉”。要增加经济惩罚力度，提高犯罪成本，使犯罪行为法律上受惩罚，经济上“破产”，就会有效阻止犯罪动因的产生。此外，要加大职务犯罪案件的信息披露，不仅使犯罪者本人承担名誉损失，而且使利益相关者的名誉也受损，以阻遏潜在的犯罪人，增加犯罪综合成本，实现一般预防和特殊预防的有机结合，发挥威慑效应，遏制犯罪动因的产生和强化。

2. 加快发展，逐步改善国家工作人员的物质条件。就是通过发展经济，促进社会进步，使稀缺的资源数量增多、提高满足正当需要的水平。例如在社会物质财富总量增加的基础上，提高公职人员的薪金或待遇以抑制因基本生活、工作需要而导致的“没有必要的”职务犯罪。如果国家工作人员的工资过低，腐败可能就成为一些公职人员的生存手段。高工资并不足以防止腐败，但却是保证国家工作人员“没有必要”腐败的一个必要条件。随着经济的发展，建立与社会经济条件相适应的国家工作人员福利保障制度，既可以有效提高腐败的机会成本，减少腐败的可能性，又可以使国家工作人员的生活维持在一个比较合理的水平上，充分反映、尊重其劳动的价值、责任和职业荣誉感。再如及时提供培训、教育的机会，提高公职人员勤政廉政自觉性和自律性，提高依法履行公职的水平和能力，以减少和防止因水平、能力所限所导致的“过失性”职务犯罪。

3. 保证机会均等，为国家工作人员提供广阔的发展空间。当个人的物质需求得到满足之后，人的精神需求就变得越来越重要。一旦其精神需求得不到满足时，往往会走向对抗社会的道路。现实中的很多职务犯罪案件的发生

就证明了这一点。因此，要为国家工作人员的成长创造一个公平竞争的舞台，实现机会均等、公平，使人的主观能动性、积极性、创造性充分发挥，真正做到人尽其才，才尽其用，对表现突出的国家工作人员，不仅要优先提拔，还要给予精神奖励，满足他们的个人成就感。

4. 强化教育，实现国家工作人员的自律。自律，即主动消除内心职务犯罪的动机，严格约束自己的行为，不触犯刑法所规定的禁止性规范。自律的实质是主观上对自己行为的一种精神抑制，是建立在个人良好的思想意识或对法律威慑的恐惧基础之上。通过法纪宣传教育，不仅普及法律知识，充分揭露职务犯罪的社会危害性和应受惩罚性，有力提高国家工作人员的法律意识、廉政意识、公仆意识和思想道德觉悟，增强“免疫力”，而且使其对职务犯罪的后果和所付出的个人、家庭方面的代价有完整、清晰的认识，产生恐惧感和威慑感，抑制犯罪念头的产生，进而打消犯罪念头，使自己不屑、不愿、不想或不敢实施犯罪，从而防止职务犯罪的发生。

（三）加强对职务犯罪目标的保护，减少被侵害的概率

职务犯罪的犯罪目标是国家或社会提供和拥有的社会稀缺资源。所谓保护职务犯罪的犯罪目标，就是保护稀缺资源，防止其被滥用或受到侵害。对职务犯罪的犯罪目标的保护方式多种多样，但基本途径有两个：一是通过严厉打击职务犯罪来保护犯罪目标，增加犯罪成本和风险，震慑和阻止非法获取或滥用稀缺资源的犯罪行为；二是要加强防范，给稀缺公共资源装一个“保险箱”，并为合理获取或使用这种资源提供一个廉洁的渠道。

从防范的角度来保护职务犯罪的犯罪目标，可以通过主动式防范和被动式防范来实现。主动式防范就是推动和加强防范制度建设，不仅包括法律制度，还包括管理制度、监督制度、考核制度等和现代科技手段的运用，使得绝大多数职务犯罪案件发生当时或稍后即被发现或被揭露无遗，削弱犯罪分子的侥幸心理。如全国正在推行的“金税”、“金卡”、“金关”等信息化工程，使得监控关口前移，过程监督强化，监控力度加大，内控制度更加完善，任何异常的交易行为或行政行为都可以被及时发现。

被动式防范，就是通过设立一套完整的暴露机制、制度和方法，使得职务犯罪尽管在一定环境、范围、程度内存在，但这些因素一旦改变，犯罪就会被发现。如在全国推行的党政领导干部、国有企业及国有企业控股企业领导人员任期经济责任审计制，对防范职务犯罪，保护犯罪目标起到了独特的作用。

同时，对职务犯罪目标的保护离不开公众的参与。公众的参与使公共权力呈现在“玻璃缸”之中，处于公众的监督之下，能有效避免犯罪目标遭受

侵害。因此，要制定专门保护举报人、鼓励群众参与反腐败的法律和规定，以提高公众反腐败的参与度，强化公众反腐败的责任意识，增强公众的举报水平和能力，提高社会揭露、发现犯罪的能力，使公共权力始终处于公众的保护之下。

（四）消除犯罪机会或途径，减少犯罪实施和结果实现的可能性

职务犯罪是社会综合因素的结果，具有多因性。单独从犯罪动因上来寻求完全解决的方案是最不可靠的，而且事实上很难做到。因为调控一个人的精神世界是很难的，想让一个腐败分子不去贪污渎职很难，但让他无法去贪却是有可能的。这就需要我们从另一方面来考虑解决的途径。即把对“人”的预防转移到对“物”的防范。从社会功利的价值来说，关键在于犯罪场控制，重点在完善人、财、物等管理制度等，使潜在的犯罪人不能实施犯罪。另外，从罪前情景分析，犯罪动因到犯罪行为的实施，并非犯罪人单独主观意思的结果，其间还存在着包括环境在内的不同程度的影响和作用。实质上是犯罪人与所处的微观环境相互作用的结果。因此，推动社会有针对性地组织和实施各类情景预防措施，利用客观条件对犯罪行为进行抑制，最大限度地消除、限制各种诱发职务犯罪或便于实施职务犯罪的外在因素，减少或消除职务犯罪的犯罪机会，迫使职务犯罪人被动放弃实施职务犯罪来实现职务犯罪预防的目的，是防范职务犯罪的重要一环。消除职务犯罪的犯罪机会的关键是建立“不能犯”防线，不给潜在的职务犯罪人以可乘之机，阻遏犯罪机会与犯罪目标的链接、结合的途径，使犯罪成本提高，风险增大，收益减小，概率降低，促使其被迫放弃犯罪，有效防止职务犯罪的发生。

1. 合理配制权力，以权制权。孟德斯鸠在论权力时说过：“一切有权力的人都容易滥用权力，这是万古不易的一条经验。有权力的人们使用权力一直到遇有界限的地方才休止。……从事物的性质来说，要防止滥用权力，就必须以权力约束权力。”应该说，权力本身是中性的，它既可能产生积极的作用，也可能发挥消极的性能。在科学、效能的基础上建立起完善的分权制是实现权力制约的有效形式。它要求在保障效率的基础上，将相关权力加以分离，由不同机构或不同人员掌管或行使，在权力主体之间建立相互制约的机制，从而使权力置于有效的监督制约之下，有利于遏制腐败，有效防止权力过于集中造成的弊端。

2. 规范权力行使，实现权力法治化。通过法律，将权力转化为法律权利，使权力主体必须遵循明确的规范，即如何行使权力，由谁行使权力，行使何种权力，都有系统完善的法律标准。这种标准使权力既得到了强化，又受到了限制，有效减少了权力行使中的漏洞。

3. 以正当程序和程序法定为目标，完善权力行使程序。权力行使程序的缺位或不健全，必然会给国家工作人员腐败犯罪提供可乘之机。正当的程序既可以控制权力的滥用，又可以保障权力的效率。正当程序的关键是程序法定，在确立程序的独立价值的同时，对权力的行使预先设定轨道，从而制约权力主体对权力的行使，防止权力的行使背离法定的目的。这种制约的意义正如美国大法官威廉·道格拉斯所指出的那样："正是程序决定了法治与恣意的人治之间的基本区别。"程序有其独立的价值，所以程序违法应追究程序违法的法律责任，实体违法应追究实体违法的法律责任。在美国，如果行政行为程序违法，不管实体内容是否合法、正确，一般都予以撤销。美国行政程序法就规定行政机关工作人员违反某些法定程序时，可以处以5000美元以下罚款。

4. 健全完善信息公开制度，增加公务行为的透明度。信息公开又称情报公开，是第二次世界大战以后行政发展的一个新趋势。信息对于行政机关作出正确决定具有非常重要的意义，也对保护公民的权利具有同等的价值。"正像行政机关依靠信息运转一样，公民也必不可少地需要从行政机关获得信息。许多司法和行政诉讼中的程序保障是为了使利益相关的当事人能够有公正的机会以发现、呈递并质疑有关的信息而设计的。另外，通过暴露行政机关效率低下及有必要进行改革的领域，政府信息的披露也服务于公众利益且有益于各机关肩负的政治责任。"在我国传统体制下，公权在神秘的氛围中保持权威，政府的许多活动都处于不公开状态。这种神秘产生所谓的权威，但同时"暗箱操作"所带来的腐败，也暴露了神秘政府的最大弊端。WTO法律体系框架所提出的透明度原则，就是对信息公开原则的强调。中国入世使信息公开问题已经由道德自律转变为法律强制。近年来，信息公开的措施不断实施，但这些公开缺乏系统法律制度的保障，显得虚泛和乏力。建立健全信息公开法律制度，除涉及国家安全、商业秘密、个人隐私等事项的信息外，都应该以适当的方式予以公开，从法律制度上保障公民和组织的了解权、知情权和监督权，提高公民的参与度，可以有效防止公共信息资源成为权力"寻租"的手段和腐败犯罪滋生的源头。

解读人性化改造

——以人文主义法学为视角

冯卫国*

当今社会是一个日益人性化的社会，人性化理念正在向社会各个领域渗透。在刑事执行和罪犯改造领域，近年来也出现了“人性化改造”的提法。但对何谓“人性化改造”，目前尚缺乏细致而深入的理论阐释。笔者以为，所谓“人性化改造”，就是在罪犯改造工作中，强调罪犯的主体地位，尊重和保障罪犯的权利和其他正当利益，在坚持法治原则的前提下，以富有建设性的手段和途径，促进罪犯健康、自由地发展，帮助其回归和适应主流社会，实现自我价值。

人性化改造蕴涵着深厚的人文主义精神，是“以人为本”的科学发展观在行刑改造领域的具体展开。这一理念的提出及其实践，对于更好地实现我国监狱工作改造人的宗旨，推进我国的刑事法治文明进程，具有积极意义。本文试图从人文主义法学的视角出发，对人性化改造的基本内涵及其实现途径进行探讨。

一、人性化改造的基本内涵

（一）人文主义法学之要旨

人文主义思潮起源于文艺复兴时期的欧洲大陆，它是一种以肯定人的价值、尊重人的权利、追求人的幸福为核心的理论体系。“二战”后，人文主义思想伴随着人权运动的高涨而蓬勃发展，并对当代法学理论产生了深远影响，以人文主义价值观为导向研究法律问题的人文主义法学方兴未艾。

人文主义法学的要旨可归结为以下几点：1. 在价值论上，认为人的地位

* 西北政法大学刑事法学院教授，法学博士。

是至高无上的，人是目的而不是手段，法律制度应具有人文关怀，应以促进人的自由、人的解放、人的尊严、人的幸福为己任。2. 在人性论上，认为人性是诸多相互矛盾的属性的统一体，包括先天属性和后天属性的统一，善性和恶性的统一，理性和非理性（欲望和情感）的统一，主动性和被动性的统一，坚强和虚弱的统一，竞争和合作的统一。因此，法律应客观地对待人性的局限性，尊重人的需要和利益，防范人的恶性，宽容人的弱点，鼓励人的优点。①

（二）人性化改造的人文主义阐释

基于人文主义法学视角，笔者认为，人性化改造的基本内涵可概括为以下几点：

1. 强调罪犯的主体地位

这是人性化改造的核心内涵所在。人性化改造是以肯定罪犯的主体地位为前提的。罪犯作为一个特殊群体，在古代专制社会中根本不具有法律主体资格，受到非人的折磨和虐待。近代以来，随着人类法治文明的演进，罪犯开始获得人道待遇，并逐步拥有各种法定权利。但时至今日，罪犯的主体地位在现实中并未得到普遍尊重，仍有不少人将罪犯视为行刑改造的客体，把罪犯改造工作简单看成维护社会利益的需要。

人性化改造的理念则认为，改造的实质是促进罪犯的再社会化，协助罪犯实现人格的自我完善；对罪犯的改造不只是为了社会的需要，同时也是为了满足罪犯自身的深层次需要；改造实际上也是一种服务，监狱从某种意义上讲，就是为犯罪的公民提供改造服务的场所，正如医院是为患者提供诊疗服务的场所一样。强调罪犯的主体地位，意味着行刑机构必须切实保障罪犯的法定权利，并尊重罪犯的各种正当利益和需要。根据美国人本主义心理学家马斯洛的需要层次理论，人的基本需要可以分为五个层次，由低到高依次是生理需要、安全需要、归属和爱的需要、自尊需要、自我实现的需要。②罪犯也是人，同样具备这五个层次的基本需要，行刑机构应努力满足罪犯各个层次的正当需要，而通过人格改造矫正其恶习，使其重获心理自尊，重新融入社会，这无疑是最高层次的人文精神的体现。

2. 以促进罪犯的健康、自由发展为主旨

人文主义法学认为，法律的终极目标并不是约束人、压制人的，而在于

① 关于人文主义法学的深入阐述，参见刘国利、吴镝飞：“人文主义法学引论”，载《中国法学》2005 年第 5 期。

② 参见［美］马斯洛：《动机与人格》，华夏出版社 1987 年版，第 41—53 页。

促进社会健康、有序、和谐地发展，促进最大多数人的最大程度的幸福。马克思主义人学也提倡人的全面、自由、充分的发展。对于绝大多数罪犯而言，虽然因其实施犯罪行为而受到刑罚制裁，但其并未因此丧失公民资格而为社会抛弃。因此，对罪犯的改造，应以促进罪犯的再社会化，促进罪犯健康、自由地发展为主旨。

3. 承认和尊重人的本性

如前所述，人性是诸多相互矛盾属性的统一体，人性中既具有向善的倾向，也具有向恶的倾向，同时人性天然存在某些弱点。人性化的改造理念，是建立在对人性的深刻认识基础上的，它要求在罪犯改造活动中，应当承认和尊重人的本性，防范人的恶性，宽容人的弱点，鼓励人的优点。例如，采取各种安全防范措施，防止罪犯脱逃和其他违规行为，这是对于人的恶性的防范；而对各种优良行为如见义勇为进行奖赏，这是对于人的优点的鼓励。要尊重人的求利本性，并善于运用激励机制促进罪犯止恶扬善，如通过减刑、假释等行刑制度，调动罪犯改造的积极性。

4. 改造的手段和途径富有建设性

传统的监狱制度过分注重对罪犯的强制隔离和严格管束，监狱官员同罪犯之间是绝对的权威与服从关系，这容易贬损罪犯自我形象，恶化罪犯人格缺陷，甚至形成所谓的“监狱人格”[①]，从而削弱罪犯释放后的社会适应能力，影响罪犯改造的质量。正如有学者指出，在此种行刑改造模式下，“司法系统禁锢的不仅是罪犯，而且也禁锢了罪犯的认知能力或道德发展，从而形成了恶性循环。”[②] 人性化改造致力于将罪犯改造成为具有健全人格的公民，致力于培养罪犯的社会适应能力，因此，注重采取富有建设性的改造手段和措施，充分发挥罪犯在改造中的积极性、主动性、创造性和合作精神。

5. 以坚持法治原则为前提

罪犯改造是在刑事执行过程中发生的，刑事执行是一种规范性的法律运作，因此改造活动必须在法治的约束下进行，不可逾越法律的界限，例如，适用减刑、假释不仅要考虑改造罪犯的需要，而且必须遵守法定的实体要件和程序要件，如刑法中有关减刑、假释的最低服刑期限的限度、累犯不得假释等规定，都不能随意突破。决不能在改造的名义下破坏法治的权威。

---

① 由于各个罪犯个体情况的差异和对监狱适应状况的不同，“监狱人格”的具体表现有所不同：有的罪犯过度自卑，缺乏自主性和自信心，处处卑微、顺从；有的罪犯对人际关系缺乏信任感，无端猜疑和仇视他人；还有的罪犯善于伪装自己，惯于察言观色、投机取巧，迎合他人。

② 鲁辛、摩林：《论监狱教育》，李引、徐学椝译，黑龙江教育出版社1990年版，第254页。

二、人性化改造的提出与罪犯改造观的变革

（一）树立人本的罪犯改造观

我国监狱以改造人为宗旨，而改造人的逻辑前提就是把罪犯作为人、作为社会一员来对待；改造人的终极目的就是促进人的发展，促进整个社会的幸福。总之，人是目的而不是手段，任何时候都应把人放在第一位，而不能把对罪犯的改造仅仅当成一种预防犯罪和社会整合的手段，或者当成如福柯所讲的规训驯顺的肉体的技术。这就是人本的罪犯改造观。它要求：一方面，对罪犯所施加的刑罚本身必须是公正的、人道的，有道义性的刑罚才可能产生改造罪犯的人文力量；另一方面，监狱行刑中要体现人文关怀，必须把罪犯作为主体，充分尊重和保障罪犯的权利；应当摈弃重刑观念和绝对工具主义的法律价值观，把刑事法律和包括监狱在内的刑事执法机构，当成实现社会正义的“天平”，而不仅仅是镇压犯罪的暴力机器。

（二）树立理性的罪犯改造观

首先，应科学地确定改造的客体。笔者认为，改造的客体应为罪犯的不健全的人格，具体包括罪犯错误的道德观念、不良的行为习性、病态的心理结构等。我国行刑改造实践中，长期以来强调思想改造的重要性。笔者建议以“人格改造”取代“思想改造”这一提法[①]。因为思想一词是一个模糊而宽泛的概念，尤其是长久以来，中国浓厚的“政治社会”的氛围赋予“思想”一词以过多的政治意味，所以，以“人格改造”取代“思想改造”更为妥当。人格改造包括行为矫正、心理矫治等，虽然也会对罪犯的思想施加影响，但具有更为确切的内涵，还可避免一些不必要的误解。

其次，应对罪犯改造的目标和标准进行合理定位。笔者认为，罪犯改造的目标，就是使罪犯接受社会共同生活最基本的道德良知和行为规范，使其成为能够适应社会正常生活的公民。鉴于罪犯群体的特殊性和行刑改造功能的有限性，不应对罪犯改造的目标有过高的预设。例如，采取苛刻的政治标准，企图培养政治觉悟高的人；或套用过高的道德标准，旨在培养道德高尚的先进人物，这些都是不现实的。须注意，道德是有层次之分的，对于罪犯改造而言，应以培养最低限度的道德为基本标准，这种道德也被称为基准道德，它对于社会而言是维持社会正常交往的最基本的必不可少的道德规范，对于个人而言则是做人的最基本且必不可少的道德品质。当然，不排除在管

① 陈士涵教授对人格改造有着深入研究，参见其专著：《人格改造论》，学林出版社2001年版。

教人员和罪犯本人的共同努力下，一些罪犯的道德修养达到了较高层次，甚至超越社会常人，这固然可喜，但以这种高层次的道德标准要求每一个罪犯，视其为罪犯改造的基本标准，并不具有合理性和可行性。

第三，要注意改造可能带来的压抑个性发展的负效应。马克思主义人学极为重视人的个性的发展，认为人既是社会化的，又是个性化的，人类社会的进步过程就是人的自由个性不断发展的过程。但是在强制环境下进行的罪犯改造活动，潜藏着使罪犯再社会化的同时走向模式化、同一化的倾向，而“模式化、同一化，是没有多样性的存在，因而缺少生命力。个体的社会化过程，同时就是个性化的过程，就是个体确立真实自我、寻求自身存在的意义与存在方式，实现自身价值的过程。”①因此，一个良好而有效的罪犯改造制度，应是在促进罪犯接纳社会共同体基本规范的同时，又为其提供一个适当的能够个性化发展的空间，而不至于在纠正罪犯人格缺陷的同时，把其人格中那些积极的、健康的一面毁灭掉。为此，必须讲究改造的艺术，在强制的前提下尽可能创造一定范围内的宽松氛围，做到宽严相济，张弛有道。例如，鼓励罪犯参加书法、绘画等高雅的兴趣活动，组织健康向上的文体活动，等等。此外，应鼓励民间力量参与，对于弱化以权力为基础的机构性改造可能带来的负效应，促进罪犯人格的完善，具有积极作用。

（三）树立引导的罪犯改造观

对罪犯的改造实质上也是一种教育活动，而这种教育具有相当的特殊性，同一般的学校教育、家庭教育等有显著差异②。但在看到其差异的同时，也应看到罪犯教育同一般教育具有的同一性，以使罪犯改造活动符合教育活动的内在规律。

现代教育学将教育界定为一种“引导”活动（upbringing）。③引导性的教育观强调教育者和被教育者之间的平等、沟通和互动，强调对被教育者人格的尊重和民主意识的培养。在充分考虑罪犯的特定身份和所处的特殊环境前提下，可以考虑将这些先进的现代教育理念引入罪犯改造中，使罪犯教育

① 高兆明：《制度公正论》，上海文艺出版社2001年版，第366页。

② 对罪犯的教育改造可以说是一个破旧立新的过程。“改造”一词实际上可以分为“改”和“造”两方面理解，“改”就是破旧，即破除罪犯已有的不良的心理结构、行为模式等；“造”就是立新，即造就具有健全人格的新人。可见，对罪犯这种改造性的教育比一般的单纯培养性的教育难度更大，此外，罪犯因受刑而引起的各种消极心理反应，如对立情绪、焦虑感觉、悲观态度等，更是会加大对罪犯教育改造的难度。

③ 怀特：《教育的新目的》（1982），转引自许章润等编：《法律：理性与历史》，中国法制出版社2000年版，第430页。

更有成效。基于引导性的教育观，应倡导在罪犯改造活动中适度地宽容、协商、合作与对话，淡化压制、灌输色彩。对此，澳大利亚学者鲍博·塞蒙斯指出，在民主社会中，行刑制度中的教育与一般的教育制度一样，是受教育者对于社会的经济、政治、文化和社会生活的负有责任感的平等参与。① 美国社会学家库利也指出："监狱里，诉诸犯人的理性、责任感和荣誉感的管教方法在增加，这些方法旨在提高犯人的人格境界而不是降低它们的人格。"②

罪犯改造所具有的强制性外观似乎同现代教育倡导的引导性理念形成一个悖论。强制性是刑罚的本性，无强制性便无刑罚，而现代行刑活动却在强制的氛围中追求教育改造的效果。一些学者由此而对行刑改造的正当性和有效性提出了质疑。近代英国政治哲学家葛德文明确指出："把改造罪犯作为刑罚的目的是荒谬的，因为刑罚这种强制手段不能说服人，不能安抚人，而相反地，使遭到强制的人离心离德，强制手段跟理性毫无共同之处，所以不能有培养德性的正当效果。"③ 德国学者拉德布鲁赫也指出："就刑罚的性质而言，它是否适合于教育还值得怀疑。刑罚教育是强制教育，而强制就会产生对抗，现代的监狱建筑，防止越狱的堡垒，对犯人处处设防的囚牢，都构成了教育的障碍，而教育只能在信任的气氛中进行"。④

笔者以为，刑罚的强制性同罪犯改造之间虽可能有一定的冲突，但并无不可调和的矛盾，在强制的环境中实现对罪犯的改造并非不可能。从刑罚进化史看，改造并非刑罚的固有功能，改造罪犯的理念是近代以后才出现的。改造并不意味着对罪犯的蛮横和粗暴，相反，恰恰是由于改造的出现，给刑罚注入了人文因素，在一定程度上缓和了刑罚的暴力和强权色彩。惩罚与改造亦即罚与教的关系，是在一定条件下可以共存、互动和互补的关系。一般来说，惩罚通过给罪犯制造一定的痛苦体验，从而产生刑罚的惩戒和威慑的效应，可促使罪犯辨明自己行为的性质，反思因犯罪而付出的代价，进而促其认同守法的价值，强化守法的意识，这无疑是有助于罪犯的人格改造的。另一方面，改造活动本身拥有一种柔性的约束力量，这种力量更多地表现为说理、规劝、诱导、感化等非强制性的形式，这同惩罚所具有的强制力正好

---

① 鲍博·塞蒙斯："矫正教育与社会整合"，载许章润等编：《法律：理性与历史》，中国法制出版社2000年版，第431页。

② 库利：《人类本性与社会秩序》（中译本），华夏出版社1999年版，第300页。

③ 葛德文：《政治正义论》（中译本），第534页。

④ ［德］拉德布鲁赫著：《法学导论》，米健等译，中国大百科全书出版社1997年版，第88—89页。

形成互补。惩罚和改造一刚一柔，刚柔相济，共同促成改造目标的实现，而其中柔性的改造力量起着主要作用，因为这种力量具有惩罚所不及的塑造人类灵魂的作用，惩罚可以使人因惧怕而不敢触犯法律，但仅靠惩罚并不能塑造健康向上的人格。正如库利所言："有机的观点并不主张取消惩罚，因为他对作恶者或那些可能成为作恶者的意志是有影响力的。然而有机的观点认为教育和培养比惩罚更重要。如果我们使得一个人的整个成长过程变得更健康些，那么一切罪恶的病菌就不能侵入健康的肌体。"①

三、人性化改造的实现路径

（一）保障罪犯的权利及其他正当利益的实现

对罪犯的监管改造，应像治水那样，采取加固堤防和疏浚水道相结合的方式。一方面，建立严密的安全防范体系，并制裁罪犯的违法、违规行为，以维护监狱的正常秩序，这种做法相当于加固堤防；另一方面，应切实保障罪犯的各种权利，使罪犯的正当利益通过合法途径得以实现，这种做法相当于疏浚水道。如果罪犯的正当利益不能通过合法途径得到实现，那么，通过非法途径实现利益的非法行为就会增多。例如，符合法定条件的罪犯却长时间得不到减刑、假释等处遇，就有可能滋生越狱逃跑的念头。因此，必须注重保障罪犯的权利和其他正当利益的实现，充分发挥减刑、假释、离监探亲等行刑激励机制的作用。要重视累进处遇制的适用。累进处遇制使呆板的自由刑由于罪犯表现的不同而富有弹性，能够激发罪犯的改造热情，使其有不断奋斗的目标，因而是一项符合人性特点、有利于体现罪犯主体性的行刑制度。

（二）探索开放式的罪犯处遇模式

近代以来的各国行刑实践证明：在传统的高度封闭式的监狱中实现对罪犯的改造宗旨，是极为困难的事情，而且随着社会的开放度不断增加，封闭式行刑模式的改造效果越来越不理想。因此，走行刑社会化之路，探求开放式的罪犯处遇模式，已成为当今各国行刑实践的理性选择。鉴于罪犯罪行性质、人身危险性等各有不同，开放式的罪犯处遇模式应该是一个多元的概念，从广义上讲，凡有利于增进罪犯与社会的联系的行刑改造措施，都可称为开放式处遇。因此，开放式罪犯处遇模式应是一个有多个层级组成的体系。例如，社区矫正将罪犯留在社区中进行教育改造，是最高层次的开放处遇；不

① ［美］库利：《人类本性和社会秩序》（中译本），华夏出版社1999年版，第296页。

设围墙、栅栏和武装警戒，强调罪犯自律的开放式监狱，则是开放处遇的较高层次；而在普通监狱里，亦可设置半开放监区，实行宽松式管理①；即使在高度警戒的监狱中，也可以对符合条件的罪犯实行某些开放式的处遇措施，如离监探亲、狱外参观、监外劳动或学习等。

（三）强调罪犯在改造中的主体性、自觉性

从刑事执法的角度看，罪犯与行刑机构处在对立的位置上，二者的法律地位是不对等的；但在改造活动中，罪犯与行刑机构同处在主体的地位上，改造活动的顺利进行和改造目标的达成，需要罪犯与行刑机构的双边协力。因此，仅就改造的层面看，罪犯与行刑机构具有相对的平等性。为了实现良好的改造效果，必须强调罪犯在改造中的主体性、自觉性，只有这样，外在的道德与法律规范才有可能内化为罪犯内心的心态，真正实现心灵净化和人格转化的目标。

在提高罪犯在改造中的主体性、自觉性方面，我国澳门地区及西方一些国家的做法值得借鉴。例如，根据澳门刑法典的规定，罪犯入监后，监狱当局须让被判刑者知悉其重新适应社会之个人计划，并尽可能与其达成协议；实行假释须经被判刑者同意。此外，西方某些国家的罪犯自治制也有可借鉴之处②。所谓罪犯自治制，就是强调罪犯自尊、自重、自律，将某些不涉及执法性质的服刑罪犯自身的事务，交给罪犯自己进行管理，监狱管理者不予强制干涉，只须指导监督。罪犯自治制在培养罪犯的自制、自律和自我管理能力，培养罪犯的集体主义观念和协作精神等方面，具有积极而独到的作用。尽管西方的罪犯自治制亦有不完善之处，不能盲目照搬，但其中一些做法值得我国行刑实践借鉴，尤其在开放式或半开放式监狱（监区）的建设中，可以考虑尝试一定范围内的罪犯自我管理的做法。如湖北沙洋监狱局在半开放监区的探索中，就借鉴了西方罪犯自治制的某些合理做法，强调罪犯的民主管理和自律管理，起到了较好的效果。

---

① 湖北沙洋监狱局从2002年开始，进行了半开放监区的实践探索。其主要做法是：选择一批罪行较轻、原判刑期和剩余刑期都比较短、改造表现好的罪犯，将其置于专设的半开放监区服刑，半开放监区成立罪犯改造自律委员会，由该委员会负责对罪犯日常活动的组织、管理，委员会成员在干警的监督下由罪犯民主选举产生。半开放监区的劳动不再是强制性劳动，罪犯可以选择劳动项目和决定劳动时间。罪犯劳动实行低工资制，劳动任务完成情况与罪犯工资挂钩。半开放监区强调对罪犯的社会适应性训练，监区组织罪犯外出参观、购物及进行狱外劳动。1930年半开放监区实际上是一种在监狱内模拟社会化环境改造罪犯的措施，它强调罪犯的民主管理和自律管理，对罪犯自由的限制明显减少，提供给罪犯更多的接触社会的机会，缩短了罪犯与正常社会生活的距离。

② 我国罪犯改造实践中，也有罪犯参与帮教协议的拟定和签字的做法，值得肯定。

（四）强化对罪犯的柔性管理

根据管理的内容和方法，可以把对罪犯的管理分为刚性管理和柔性管理。所谓刚性管理，是指监狱机构依据法律及监狱纪律，采用监督、管束、命令、警戒、惩处等强制性手段，迫使罪犯遵守法纪，服从管理。所谓柔性管理，是指监狱机构在把握罪犯的心理及行为规律的基础上，采用说服、启发、劝导、鼓励、指引、感化等非强制性手段，潜移默化地影响罪犯的心理意识，使其自觉地接受社会的基本道德和行为规则。①

对罪犯的刚性管理和柔性管理是相辅相成的关系。刚性管理对于维护监狱的稳定和秩序，创造有利于改造的环境和条件，是必不可少的。但刚性管理对于罪犯人格改造的影响力是有限的，因为它主要依赖威权和强制，而仅靠威权和强制，只会让人屈服、惧服，而不会让人信服、诚服。要真正打动人的内心世界，真正改变罪犯的心灵，必须依靠监狱管教人员的人格力量和管教艺术，包括高尚的道德情操、高度的敬业精神、公正无私的品行、良好的情感沟通与语言表达能力，对罪犯心理及行为规律和教育技术的娴熟把握，等等。

长期以来，我国监狱工作实践中普遍存在重刚性管理、轻柔性管理的倾向，监狱干警更多地依靠命令和强制手段管理罪犯，而忽视了对罪犯的心理和情绪障碍的引导和疏通。例如，有些干警认为自己是代表政府的，有权就有理，容不得罪犯有不同意见，哪怕是合理的意见；对于出了问题的罪犯，不是心平气和地针对问题对罪犯进行启发、诱导，而是凭借其掌握的权力，对罪犯进行粗暴的训斥甚至于打骂。这些做法不仅起不到改造效果，反而会导致罪犯的怨恨与抵触心理。同时，实践证明，过度严格和刻板的管理，高度的命令式说教模式，容易导致罪犯丧失独立思维、行动机械，或者使罪犯产生阳奉阴违的虚伪人格，这都不利于罪犯健全人格的培养。因此，必须把握刚性管理的尺度，同时强化对罪犯的柔性管理，如发展心灵感化、心理矫治、美感教育以及丰富监区文化等，使罪犯管理方式由以刚性为主转向刚柔并济，以实现良好的改造效果。为此，应不断提高监狱管教人员的综合素质，树立以人格的力量来改造人这样的改造理念。

（五）促进改造力量的社会化

“改造是一种不单单凭借国家权力的活动，或者说只能靠刑事法律去推行

---

① 关于刚性管理和柔性管理的具体论述，参见杨仁忠、王志亮：“论罪犯柔性管理”，载《中国监狱学刊》1999年第5期。

的内容，它的优势在于可以利用所有的社会资源，甚至非制度化的方式。”①因此，必须走社会化帮教之路，充分利用社会资源，促进改造力量的社会化。实践证明，社会志愿者以“平民化”的形象参与帮教，比监狱干警更具有亲和力，有助于打消罪犯的对立情绪，更好地同罪犯进行交流并开导罪犯。同时，各类专业人士的介入，还可以弥补监狱干警专业背景单一的缺陷，提高改造的科学化程度。

亲情教育是利用社会资源改造罪犯的重要途径之一。所谓亲情教育，是指通过罪犯家属对罪犯进行的以亲情为载体的情感教育。罪犯身处与社会隔绝的高墙之内，对亲情的渴望尤为强烈，而中华传统文化中对家庭和亲情极为看重，因此，运用亲情力量感化、改造罪犯，是一种有效的、也是人性化的教育改造手段。近年来，我国监狱在发展亲情教育方面进行了探索，总结出不少好的经验。例如，召开联合帮教会，邀请罪犯亲属参观监区、座谈讨论；利用亲情热线电话、亲情共餐、特优会见等形式，教育转化罪犯。对这些社会效果良好的亲情教育措施，应在制度化的基础上进行推广实施。

① 王利荣：《行刑法律机能研究》，法律出版社2001年版，第168页。

21 世纪的监狱行刑：外来资源还是本土资源？

王云海*

一、问题的所在

21 世纪是“全球化”的时代，在这样一个时代，监狱行刑（以下略称为“行刑”）也越来越成为了国际问题，任何一个国家都已很难固持己见，完全维持其原有的行刑制度，如何对待国际社会或其他国的要求已成为各国（尤其是发展中国家）面临的重要课题。

然而，“全球化”一词模糊不清，其涵义因人而异。对于着眼于经济的人员来讲，“全球化”意味着“市场式自由竞争”经济体制在全球范围的展开和普及。这时所说的“全球化”属于制度范畴，是指一种制度的“全球化”，包括“市场式自由竞争”的经济制度及为之服务的政治制度和法律制度，这种“全球化”的中心价值是“效率至上”；对于着眼于政治的人员来讲，“全球化”意味着国家间或区域间的更广泛的结合或结盟，这时所说的“全球化”有时属于制度范畴有时又属于非制度范畴，更多地带有机能性要素，这种“全球化”的中心价值是“国家权力间的同质化和协调化”；对于着眼于法律（本来意义上的法律，非完全服务于市场经济的所谓“法律”）的人来讲，“全球化”意味着欧美式近代市民社会性人权观念及法律原理在全球范围的推广。这时所说的“全球化”属于理念范畴，是指一种理想的“全球化”，其中心价值是“人权至上”。

从各个国家或社会的角度来看，对于作为经济概念或政治概念的“全球化”，由于它往往意味着一种外在的制度，属于“有形可见”的东西，比较好对应。但是，对于作为法律概念的“全球化”，情况却非同一般。首先，法律“全球化”或人权“全球化”往往只是停留在一种极为高尚的理念或理想上，

* 日本一桥大学大学院法学研究科教授。

并没有达到提供出将其现实化的通用的具体制度或社会环境的程度。因此，它本来就包含有如何使理论与实践、理想与现实结合的问题；其次，法律“全球化”或人权“全球化”虽经常是以“人类普遍理念”的形式被提倡，具有作为理念或理想上的“人类普遍性”，但它作为一种结构式概念，实际上以欧美式“市场经济式自由竞争”为基础，以“自律且自治的市民社会”和“同时能够享有权利履行义务的自律且自治的市民个人”为前提。因此，它本来就包含有人权观念或法律原理的权利性与自由竞争的非权利性（换言之，市民社会和市民个人的市场性）的矛盾。这一矛盾即使在今天的欧美也仍然存在；最后，法律“全球化”或人权“全球化”作为理念或理想无疑具有普遍性和绝对性，但这种“普遍性”或“绝对性”是一种“双刃剑”，既可以用它真正主张人权，又可以借它来谋取国益。因此，在它的推广过程中内含着国益问题，人权与国益会发生冲突。

所以，法律的“全球化”或人权的“全球化”是一种更为深刻更为复杂的问题，它一方面要求各国各社会遵守其“普遍性”和“绝对性”，但另一方面又更多地允许各国各社会为达到实现“普遍性”和“绝对性”的目的保留或寻求其“特殊性”和“相对性”，如何解决“普遍性”、“绝对性”和“特殊性”、“相对性”的关系是法律“全球化”或人权“全球化”的最关键课题，换句话来说，如何对待“外来资源”与“本土资源”的关系最为重要。

有关行刑的“全球化”动向正是这种法律“全球化”或人权“全球化”的一部分，如何对待有关行刑的“外来资源”和“本土资源”正是我国行刑所面临的最重要课题。本文试图通过以下方法对此予以研究。首先，作为外来的理论资源，分析欧美行刑理论的到达点及问题点；其次，作为外来的实践资源，剖析美国行刑的经验及教训；再次，作为本土资源，探讨我国原来的“劳动改造”行刑在理论及实践上的“是”与“非”；最后，基于上述分析和探讨提出设计行刑时的基本视点，并解明我国行刑中“外来资源”与“本土资源”的具体关系。

二、西方行刑理论的到达点与问题点

在西方世界中已经存在着众多的行刑理论，这些理论在有关行刑的国际间或区域间的条约、规约或基准中都得到了反映。笔者认为，基于研究的对象或研究的性格，可将西方的各种行刑理论分为有关处遇（矫正、改造或复归社会）的理论和有关行刑法律性格的理论。

（一）有关处遇（矫正、改造或复归社会）的理论

人类长期以来几乎视行刑与“矫正”、“复归社会”或“改造”同义，只

注重了行刑的“处遇面”，形成或发明了众多的处遇理论或方法。其中，具有代表性且长期被付诸实践的处遇理论或方法如下。

1. 基于宗教理念的处遇理论或方法

最为正规的宗教式处遇理论或方法见诸18世纪后期至19世纪后期（大约为18世纪90年代到19世纪70年代）的美国。当时，以基督教教友派教徒（Quaker）为中心展开了轰轰烈烈的改良监狱运动，他们以自己的宗教观为根据发明并推广了一种称作“惩治监”（Penitentiary）的监狱或行刑方式[①]。按照“惩治监”原理，对受刑人首先进行高度的隔离、科以严格的纪律，在此基础上施以宗教教育、促使受刑人自我悔悟，以此达到改造的目的。不过，教友派教徒虽在运用宗教促进受刑人悔悟这一点上相互一致，但在具体应采用什么样的方法促使悔悟问题上意见不一，因而，同样是“惩治监”却又分成了“宾夕法尼亚制”（Pennsylvania System）和“奥本制”（Auburn System）两种体系。前者强调严格隔离和自我反省，不分昼夜都将受刑人关禁于独房中，除圣书外不得接触任何东西；后者则注重纪律训练，允许受刑人白昼在保持沉默的前提下共同劳动。由于后者允许劳动，具有经济性，能减轻监狱的负担，在以后获得了普及。

时至今日，像“惩治监”一样的完全教原理为基础的行刑已不多见，但在很多国家仍把宗教教育作为处遇的一种方法加以运用。

2. 基于文化理念的处遇理论或方法

这种文化式处遇理论或方法见诸日本（尤其是第二次世界大战后的日本）的行刑中[②]。

所谓“基于文化理念的处遇理论或方法”是指以文化作为处遇的基础、手段、内容和目标式的处遇理论或方法。这里所说的“文化”不是指一般意义上的文化，而是指存在于政治领域和法律领域之外的一般社会中的“民间性规矩、习惯和价值”。从社会类型上讲，日本属于“文化性社会”[③]。在那

① David J. Rothman, “The Invention of the Penitentiary”, Criminal Law Bulletin, Vol. 8 (1971), p. 555.

② 一些日本的行刑研究者也意识到了日本行刑所具有的“文化性”。例如，宫本惠生在以下论文中曾指出“文化性”是日本行刑的特色和长处之一（《行刑中的刑务劳动的意义》，载石原一彦、佐佐木史朗、西原春夫、松尾浩也编：《现代刑罚法大系·7》，日本评论社1982年版，第108页）。这种论点在“文化性是日本行刑的特色”这一点上虽与笔者的见解相同，但笔者并不认为这是日本行刑的长处，相反，笔者认为过分强调纪律和秩序，将受刑人训练成了无表情的“机器人”等日本行刑的许多弊端正是来自于这种“文化性”。

③ 笔者曾通过比较研究将日本定性为“文化社会”，美国为“法律社会”，中国为“权力社会”。详见王云海著：《贿赂的刑事规制：中国、美国、日本的比较研究》，日本评论社1998年版。

里，文化构成了社会的基础和最基本的社会力量，政治和法律背靠在文化之上，仅仅是文化的延长和外在化。行刑也不例外，也是以日本社会的文化为基础，利用文化手段进行处遇，将文化上的价值作为行刑的目标。

3. 基于教育理念的处遇理论或方法

这种教育式处遇理论或方法见诸大多数国家的行刑中。

所谓“基于教育理念的处遇理论或方法”是指视教育原理为处遇的基础，以文化教育为处遇的内容，试图通过提高受刑人的文化修养、知识水平、职业技术来实现改造受刑人、使其回归社会的处遇理论或方法。在这种处遇理论或方法下，监狱被认为与普通的学校具有同质性，被视为“特殊学校”；处遇被认为与教育活动相同，文化教育和职业训练构成处遇活动的主要内容。

这种教育式处遇理论或方法无论从人权角度还是从人道角度来看都十分迷人，不仅受到受刑人的欢迎和合作，而且也容易被社会各个方面所接受。然而，监狱虽与学校有着某种同质性但却不可能完全同质；处遇虽与教育活动有着相同的一面但却不可能完全一样。因此，这种处遇理论或方法有其极大的局限性，只能在社会或国家能够承担得起的范围内，以少年犯和少数成年犯为对象进行。试图把所有的监狱都办成学校、把处遇活动完全改为教育活动的想法虽听起来好听，但却并非现实。

4. 基于医学理念的处遇理论或方法

这种医学式处遇理论或方法存在于1870年以后直到20世纪60年代的美国的行刑中，尤其是在第二次世界大战后的美国最为流行。

所谓“基于医学理念的处遇理论或方法”是指以医学理论作为处遇的基础，以医疗方法作为处遇的方法和内容，试图通过医学治疗使受刑人回归社会的处遇理论或方法。按照这种理论或方法①，犯罪被视为疾病的一种，是犯人精神上或人格上的缺陷或异常所致。因此，司法机关对待犯人应像医院医生对待患者一样，应进行早期诊断（判决前调查），决定治疗方法（做出判决），然后进行具体治疗（行刑或处遇）；处遇应像医生对患者进行治疗那样，通过运用医学（精神医学、行为科学等）知识和手段（心理疗法、集团疗法、行为矫正疗法等）进行；像医院的病人治愈后可以出院一样，受刑人通过接受治疗能够理解和认识自己的行为时也应通过“假释”（Parole）等形式允许其“出院”；为了能够得到最好的治疗效果，监狱应尽量接近医院，监狱内的

---

① Donal E. J. MacNamara, “The Medical Model in Correction: Requiescat in Pace”, Criminology, Vol. 14 (1977), p. 439.

环境应尽量与医院内的环境一样。

在本文中笔者将旨在促进受刑人"改造"或"复归社会"的所有行刑活动称为"处遇"，将这些活动的目标称为"复归社会"理念。不仅本文如此，在当今的美国和日本也大都是在这种意义上使用"处遇"和"复归社会"二词。但是，根据美国著名行刑研究家阿莱恩（F. A. Allen）等的研究[①]，这两个词本来都是以上述医学式处遇理论或方法为前提的特殊概念，具有以下特殊含义：①人间的行为是其先行诸原因的结果；②人类可以将这些原因作为自然现象的一部分按照自然规律予以解明；③正确发现和记录这些原因属于科学人员的任务；④人类可以基于对这些原因的认识和知识对人间的行为进行科学性控制；⑤对受刑人所进行的处遇必须具有治疗效果，必须能够矫正受刑人的行为。

由上述可见，基于医学理念的处遇理论或方法看起来深奥，听起来难懂。但就在这"深奥"和"难懂"的背后却存在着一个极为简单明了的问题，这就是"犯罪果真是一种疾病吗?"、"监狱的确应与医院一样吗?"。

（二）有关行刑的法律性格的理论

随着社会的进步，人们不仅只考虑行刑的处遇效果，也开始认识到受刑人仍是人，应拥有一定的法律地位。于是，有关行刑的法律性格的行刑理论开始登场并日益成为主流。这些理论具体如下：

1. 自由刑纯化论

自由刑纯化论的基本内容是，自由刑的本质或内容应完全局限于对受刑人在一般社会中行动的自由的剥夺上，换句话讲，局限于将受刑人的身体拘禁在监狱等设施内中；除此之外，受刑人与其他人一样享有权利，可进行同样的活动；应铲除因剥夺受刑人自由而发生的对其生命、身体、名誉、财产、家族所产生的"多余"的痛苦[②]。

自由刑纯化论虽主张将自由刑的内容纯化为对受刑人自由的剥夺和限制、从自由刑中排除其他要素，但并不否认对受刑人进行处遇或改造的必要性，也不否认维持监狱秩序的必要性，因此，它承认基于处遇和秩序上的必要性而对受刑人进行的自由剥夺或限制。按照自由刑纯化论，对受刑人进行自由

① Francis A. Alien, "Criminal Justice, Legal Values, and the Rehabilitative", in Jeffrie G. Murphy (ed), Punishment and Rehabilitation, second edition (Wadsworth Publishing Company, 1985), p. 180.

② 根据日本学者的研究，"自由刑纯化"论最早由福洛伊登塔尔（1872—1929年）作为确定受刑人的法律地位的理论所提出。当初虽没有受到重视，但第二次世界大战后则成为被广泛引用的理论，据说联合国1957年所通过的《被拘禁者待遇最低标准规则》吸取了这种理论的想法（见柳本正春著：《刑事政策读本·第二版》，日本成文堂2000年版，第197页）。

剥夺或限制的基准或确定自由刑的内容的根据是与社会隔离的必要性、处遇的必要性和维持秩序的必要性。对此，以后的学者提出了批评，指出无条件地承认基于处遇或维持秩序而对受刑人的自由剥夺或限制，往往会为对受刑人自由的无节度的剥夺或限制提供正当理由，达不到纯化自由刑内容的本来目的。

2. 行刑社会化论

自由刑纯化论要求纯化行刑的内容，将自由刑的内容仅仅局限于剥夺或限制受刑人在社会中行动等自由上。可以说，自由刑纯化论是在主张一种“消极行刑”，是在要求国家对受刑人尽量减少干涉，是在为这种干涉设立一种最小限度的基准。然而，受刑人是活生生的人，即使被剥夺或限制了在社会内活动的自由，每天也必须面对24小时、必须生活在监狱中。也就是说，存在着如何对待或安排受刑人被剥夺或限制自由之后所“剩下”的“时间”和“空间”的问题。为回答这一问题而登场的则是行刑社会化论。

按照这行刑社会化论，行刑固然包括剥夺或限制受刑人在社会中活动的自由，但远远不至于此，国家在剥夺或限制受刑人自由的前提下还必须使行刑社会化，使剥夺或限制自由后所“剩下”的“时间”和“空间”与一般社会的生活所差无几。具体地讲，行刑社会化论要求监狱内的物质文化生活水平应与一般社会一样；监狱内的生活样式应与一般社会一样；监狱构造及监禁形态应尽量与一般社会接近；行刑活动应尽量与一般社会挂钩；处遇体制及维持秩序体制应尽量社会化，等等①。

行刑社会化论虽和自由刑纯化论一样从“自由刑”的本来含意去解释行刑内容，但它主张的是一种“积极行刑”，不仅要求国家纯化自由刑，更要求国家对纯化后的行刑和监狱负起责任、设法使其社会化。但这种要求的根据与其说是对行刑的法律式解释，不如说是对处遇或改造效果的理解。对大多数行刑社会化论者来讲，行刑之所以必须社会化，就在于只有这样才能取得最大的处遇或改造的效果。对此，以后的学者批评说，过分将行刑社会化的根据置于处遇或改造效果上对其理由未必充足，剥夺或限制自由与社会化间的界限未必因此而变得多么明确。

---

① “行刑社会化”论的核心主张是，在剥夺受刑人自由（即：严格的拘禁、纪律和管理）的前提下让受刑人学习自由生活的做法是不科学的，要想使受刑人适应社会自由生活就必须首先给予其自由社会生活。

3. 正义模式论[①]

正义模式论（Justice Model）流行于20世纪70年代的美国，至今仍是美国行刑的重要原理之一。

正义模式论的理论重点之一是对"复归社会式行刑"的不信和批判，主张"处遇无用论"，尤其否定处遇的强制性。这种理论认为，人类至今为止还没有掌握任何可以预测人间行为的将来性，并基于这种预测进行人格治疗，从而改造人间的科学技术，至今为止在"复归社会"的美名下所进行的处遇活动及治疗方法只不过是一种"艺术活动"，是一种"高贵名声下的欺骗"，没有任何科学根据，没有任何实证性研究能证明它们是有效的；在"复归社会"的理念下所进行的处遇违反民主主义和近代法原理，过分增大了司法官员的权力和裁量范围，使国家得以介入诸如人格、良心等一些本来不应该介入的领域；由于实行"复归社会"式行刑，行刑机关大量进行减刑或假释，这不仅赋予了行刑官员过大的裁量权，使他们可以肆意行使这些权力，而且，也因此造成了受刑人间的不平等，妨碍了刑罚的公正性；"复归社会"是一个极为容易被恶用的理念，"处遇"可成为单纯处罚或报复的口实。

正义模式论者在彻底批判"复归社会"理念、极力否定行刑的处遇关系后提出了诸如以下的见解，即：监狱所负责的只是判决的执行，而非受刑人的改造。以命令将受刑人拘禁于监狱内为内容的判决仅仅意味着对受刑人在社会内行动的自由的剥夺，除此之外的其他权利，即使受刑人在监狱内也应予以保障。因此，受刑人是有着处理事物的自由意志的存在，应被允许基于自己的意志去选择监狱内的各种处遇活动，只要受刑人不同意，国家无论在任何情况下都不能雇用他人对其进行改造[②]。

与自由刑纯化论和行刑社会化论不同，正义模式论带有极强的"美国色彩"，是基于对当时美国盛行的以行为科学和精神医学为内容的"医学治疗

---

① 笔者在这里把"Justice Model"译成了"正义模式"，但与笔者不同，有的学者把它译为"司法模式"，也有的学者把它译为"法治模式"。笔者认为，译为"司法模式"与译为"正义模式"间差别不大，因为该理论的提倡者的原意是主张行刑只是对法院（司法）判决的执行，且法院判决只是要求对受刑人予以拘禁，并不要求对受刑人进行处遇（矫正、改造或复归社会），因此，行刑只应负责在法院判决所确定的刑期对受刑人予以拘禁，不应负责对其进行处遇，更不应基于处遇上的理由（表现好坏、再犯的可能性的大小）对受刑人通过假释等方法予以区别对待。这种区别对待是违反法院判决的本来意图的，因而也是非正义（Justice）的。"正义模式"论者没有主张比这更多的法理和正义，如译为"法治模式"则扩大了原意，过分美化了他们的主张。

② "正义模式"论的代表性著作如下：David Fogel，We are the Living Proof：The Justice Model for Correction（Anderson Publishing Company，1979）；David Fogel & Joe Hundson（ed），Justice as Fairness：Perspective on the Justice Model（Anderson Publishing Company，1983）。

式”处遇的效果评价而展开的理论。因而，存在着两个问题。首先，对于没有导入美国式“医学治疗式”处遇的其他国家来说，正义模式论的主张未必能够成立，缺乏普遍性；其次，正义模式论者虽也言及法理但基本是运用实证方法进行论证，主要以处遇的直接效果来讨论问题和判断是非，没有能够成为严格的法律性理论。

4. 正当程序论

步正义模式论之后尘，试图从法律或法理角度将正义模式论的主张（尤其是对处遇的强制性的否定）予以正当化而登场的是正当程序论①。

正当程序论者首先从法理角度对行刑的处遇关系、尤其是处遇的强制提出了以下批判，即：应当澄清强制性处遇的目的何在，如是为了防卫社会，那它的法理基础就是“侵害原理”。而按照“侵害原理”，当国家为了防卫自己或其他公民或社会而侵害某一公民的权益（例如，为了防止传染他人强制将患有法定传染病的公民隔离）时，必须能够证明或预见该公民具有“现实的和具体的危险性”，并且，在这种情况下对公民的权益进行强制性处分的根据是由于将来的“危险性”，是在让公民忍受委屈成全社会，因此，国家在进行这种强制处分的同时也负有一种特别义务，最大限度地减少处分的负面影响，尽力补偿和保证该公民的正常权益。相反，如强制性处遇是为了受刑人本人的利益和幸福，那它的法理基础就是“国亲思想原理”。而按照“国亲思想原理”，国家对于尚不具备独立的“自我决定”能力的未成年人或其他人虽可代替其父母或监护人为其自身利益而进行某种强制，但对于具有独立的“自我决定”能力的成年人或正常人即使为了其自身的利益也不能进行强制。

正当程序论者还进一步指出，现实中的强制性处遇无论是为了防卫社会还是为了受刑人的个人利益和幸福，都缺乏法理基础，难于正当化。这是因为：①现实中的行刑或处遇是在“因为过去犯了罪所以将来也要犯罪”的先见性和概括性推论下进行的，并没有“认定再犯危险性”正当法定程序，没有向受刑人提供就自己将来有否再犯危险性进行争议的法定权利，违反宪法保证的正当程序权；②人类还不具有获得判定再犯危险性、改造人间思想及性格、预测人间将来行为的确切的知识和技术，在这种情况下进行强制性处遇缺乏科学根据，法律上难于正当化；③从处遇效果来看，强制性处遇不如自愿

① “正当程序”论虽最早由美国学者所提倡，从20世纪70年代起成为了美国最为流行的法学理论，但将其适用到行刑领域并提出行刑领域的独自的“正当程序”论的则是日本学者福田雅章（见福田雅章：“受刑人的权利”，载宫崎繁树、五十岚二叶、福田雅章编著：《基于国际人权标准的刑事程序读本》，日本青峰社1991年版，第326页以下）。

性处遇效果好，而且，由于刑罚内容是惩罚，处遇属于刑罚内容之外的活动，法理上当然要求承认受刑人在这些活动中的主体性；④即使一些从预防犯罪角度来看极为有用的方法（例如，去势）也需受宪法所规定的“人间尊严”原则的限制，预防犯罪有其严格的界限。

正当程序论者在进行了上述批判后提出了以下建议：①受刑人除被剥夺或限制了在一般社会行动的自由外和其他公民拥有同样的宪法和法律上的权利，和其他公民一样，受刑人与国家、监狱的关系是宪法和法律上的正当程序关系；②在监狱内或行刑过程中，也必须依据正当程序原理对待受刑人，也必须遵守“推定拥有自由原则”、“必要最小限度限制人权原则”和“法定主义原则”；③对于不属于自由刑内容的受刑人的其他权益，国家有义务采取特殊的措施消除因被剥夺或限制自由而产生的不利影响，确实保证它们得以实现。

由上述可见，正当程序论在结论上与正义模式论基本相同，只是着重从宪法和法理上对此加以论述，因此，具有与正义模式论同样的缺陷，两者都是基于对美国 1970 年以前的“医学治疗式”复归社会处遇认识而得出“处遇无用论”，否定处遇强制的正当性。但是，如本文将在以下探讨的那样，处遇并非只有“医学治疗式复归社会”模式一种，人虽是“自然界之物”，但却是有着意识的动物，将处遇完全视为自然科学式的科学主义活动，完全以此评价其是非并不科学。同样，行刑虽应以“法律主义”为基础，但这种“法律主义”有别于自然科学主义，自然科学主义是进行法律判断的根据之一，却绝非其全部。

5. 新自由主义行刑论

与充满理想色彩的所谓正义模式论和正当程序论不同，从 20 世纪 80 年代以来一直悄悄地对西方国家的行刑起着支配作用的是一种可称作“新自由主义行刑论”的理念。新自由主义本来是由经济学者所提出的一种经济理念或原理，它的基本主张就是市场经济竞争原理的至上化和绝对化，认为“自由竞争”、“自我责任”和“效率优先”应成为社会的基本原则，视“适者生存，败者淘汰”为人类不可避免的规律。其实，这种内容的所谓“自由主义”根本不应称作“新自由主义”，而应称作“旧自由主义”，因为，以“弱肉强食”为特征的原始资本主义就是以这种自由主义为前提的社会，所谓“新自由主义”只不过是用现代的时髦语言重复着过去的自由主义的陈腐内容而已。遗憾的是，这种由一部分经济学者所提倡的陈腐原理也逐渐渗透到了法学界，一部分法学家、犯罪学家和行刑学家也开始从新自由主义的原理解释犯罪、刑事司法和行刑等问题，就行刑而言，已经形成了“新自由主义行刑论”。其主要主张如下：

首先，犯罪是犯罪者对社会造成的一种“非效率”，对于这种对社会造成了“非效率”的犯罪者，国家在对其进行刑事审判和执行刑罚时不应再投入过多的财力、物力、人力，尤其不应对犯罪人的矫正改造投入大量的资金和人力，那样实际上是在允许犯罪人给社会造成“第二次非效率”，使社会遭受“第二次被害”，为了避免这种第二次被害，应尽量低成本高效率地进行刑事审判和执行行刑。其次，为了能够低成本高效率地进行刑事审判和执行行刑，应在刑事司法领域尽量导入民间企业经营方式，实现警察、检察、审判和监狱的民营化，行刑尽量由民间进行。最后，应按照自我责任原则对待犯罪人，刑罚完全以报应和惩罚为目的，完全根据所犯罪行大小来决定；犯罪人自己愿意从事改造和复归社会而国家也乐意帮助其进行改造时，国家可以提供一些有助于改造和复归社会的方便，相反，犯罪人不愿意改造和复归社会时或国家不乐意帮其改造时，犯罪人可以不改造，国家不强迫其进行改造和复归社会；犯罪人享有除作为刑罚内容被剥夺之外的权利，但同时犯罪人负有因自己的犯罪给社会造成的“非效率”和被害人造成的被害予以恢复或赔偿的义务，例如，犯罪人从事劳动时有获得工资的权利，但同时负有用这些工资支付在监狱的住宿费、伙食费和衣服费，甚至监狱工作人员的工资的义务，还负有用这些工资赔偿被害人的义务①。

新自由主义行刑论虽在出发点和目的上与正义模式论及正当程序论有所不同，但在内容上却如出一辙，都要求实行“自我责任”原则；都主张“处遇无用论”；都试图把行刑关系简单地归结为单纯的权利义务式法律关系。新自由主义行刑论的倡导者都为右翼分子，而正义模式论及正当程序论的主张者多为左翼分子，本来两者是水火不容的关系，但却通过“自我责任”、“处遇无用”和“法律行刑”主张不约而同地走到了一起，呈现出异工同曲、“异梦同床”的局面。1990年以后，尤其是进入21世纪以来的西方国家的刑事法律和行刑体制，正是在这种左右合一的状况下展开的。

三、美国行刑的经验与教训

美国行刑的历史虽一般可以分为初期时代（独立革命前后）、“惩治监”时代（从18世纪90年代到19世纪60年代）、“复归社会”时代（从19世纪70年代到20世纪60年代）和以“效率性和效果性大量单纯拘禁”为特征的

① 菊田幸一、西村春夫、宫泽节生、王云海等著：《社会中的刑事司法与犯罪人》，日本评论社2007年版，第451页。

新自由主义行刑时代（从20世纪70年代至今）四个阶段[①]，但是，如果以如何理解行刑的法律性格、应否对受刑人进行处遇（矫正）为标准进行划分的话，则只需分为1960年代前和1970年代后两个时代即可。

1960年代以前的美国一贯把矫正作为行刑的最高目标，视行刑首先为一种处遇关系，从处遇的必要性出发构筑行刑的“时间”和“空间”，只是各个时代在所信奉的处遇方法上有所不同。初期时代视报复力量为有效的处遇方法，企图通过严格惩罚受刑人使其“知痛思改”。“惩治监”时代则从宗教理念出发进行行刑，试图通过宗教式的隔离、纪律和反省促使受刑人“改恶归善”。然而，无论是在理论上还是在实践中都将矫正或处遇抬高到了“登峰造极”的地步的则是“复归社会”时代。1870年美国监狱协会发表了辛辛那提宣言，宣布应将行刑的目的完全置于“社会的防卫”和“受刑人的矫正”上；处遇不应针对犯罪行为，而应针对犯罪人，应从各个受刑人的个人性格出发找出各自的犯罪原因，在此基础上实行“个别化了的治疗”，从而对受刑人予以矫正；为达到这一目的应废除定期刑而实行不定期刑，应大量使用“假释”制度，做到“治愈一个释放一个”。

辛辛那提宣言的发表标志着美国行刑走向以“医疗模式”为内容的“复归社会”时代的开始。到了1930年代，辛辛那提宣言所提出的行刑理念被美国社会普遍接受，“对受刑人应进行治疗”的想法变成了美国社会的主流观念[②]。在这种理念和观念的支配下，当时的行刑完全按照“医疗模式”进行，运用医学科学知识对受刑人进行诊断、基于这种诊断对受刑人予以分类、基于这种分类施予治疗构成了行刑的主要内容。行刑的主角已不再是看守而是心理学者、行为科学者、精神科医生等。到了20世纪50年代，“医疗模式”式行刑得到了进一步发展，美国监狱大规模地推广了曾在第二次世界大战中被广泛运用于军队中的“集体处遇法”（Treatment Team Approach），曾在军队服务过的心理医生等退伍人员也被大量地安置到了监狱中任职，美国的监狱因此而变成了名副其实的“特殊医院”，行刑也变质成了“治疗行为”。在这

---

① 一般的学者都同意将20世纪70年代以前的美国行刑划分为三个阶段，但在应如何看待1970年以来的美国行刑的问题上，至今还没有统一看法。笔者认为1970年以来的美国行刑的实质是以“效果性且效率性大量单纯拘禁”为特征的新自由主义行刑。虽在最近出现了所谓“修复司法”论（“Restorative Justice”），但这种理论实际上并非是什么新的司法理论，更多的是心理学或社会福利学的理论，它过去没有成为将来也很难成为美国司法或行刑的主导性理论。关于这一点，详见王云海著：《监狱劳动的比较研究：中国、美国、日本》，日本，信山社2001年版。

② Francis A. Alien, The Decline of the Rehabilitative Ideal: Penal Policy and Social Purpose (Yale University Press, 1981), p. 14.

种情况下，受刑人只需接受治疗无须进行劳动，只有被认为有利于治疗时才作为治疗手段使受刑人从事劳动。因此，受刑人除了接受治疗外无所作为，"无为"（Idleness）成了当时监狱的最大特征①。

那么，这种视"复归社会"为最高目标、将行刑完全变为"处遇关系"、花费大量财力、物力和人力使监狱成为"特殊医院"式的行刑的现实如何呢？行刑人员滥用手中的裁量权、以"治疗"或"为了复归社会"对受刑人施以暴力、进行虐待的行为十分盛行；由于众多的受刑人大部分时间都处在无所事事的状况中，监狱秩序极为混乱、监狱暴动频频发生；"治疗"效果很差、再犯率极高。这些现象的存在可以说是这个时期行刑的特征②。面对上述现实，从20世纪70年代初期起人们开始了对这种"医疗模式"式行刑的反省和批判，其中，社会学者马丁逊（R. Martinson）基于其跟踪调查等研究所发表的结论最受注目。马丁逊指出，除了少数或个别的情况之外，还没能发现至今为止人们为"复归社会"所进行的努力具有任何可视性效果；能够说成功或部分成功的只是少数个别实例，这些实例的存在并不能证明整个处遇活动是有效的③。马丁逊报告发表后，美国社会受到了极大冲击，人们开始彻底抛弃"复归社会"理念，不再信奉旨在"治疗"受刑人的行刑。在这种背景下登场的正是前边已经探讨了的"正义模式"论。

实际上，20世纪70年代中期以后的美国行刑正是在彻底抛弃了"复归社会"理念之后按照"正义模式"论来重新展开的。在这种新的行刑理论下，各个州都变不定期刑为定期刑；行刑被解释为纯粹的法律关系；监狱只负责按法院判决所决定的刑期对受刑人予以拘禁；拘禁以外的"时间"和"空间"属于受刑人的自由和权利；只要有企业愿意雇用犯人可以劳动等。可以说，70年代中期以后的美国行刑在朝着两个方向接近。一是追求"产业监狱"，将行刑活动与经济市场密切挂钩；二是追求"权利监狱"，将适用于社会中一般人的权利义务关系简单地扩展到受刑人身上。

---

① Gordon Hawkins, "Prison Labor and Prison Industry", in Nvorval Morris & Michael Tonry (ed), Crimes and Justice, Vol. 5 (1983), p. 97.

② See, Norman A. Carlsoson, "Correction in the United States Today: A Balance Has Been Struck", American Criminal Law Review, Vol. 13 (1976), p. 621. Also see, Claude Pepper, "Prison in Turmoil", Federal Probation, Vol. 37 (1973), p. 3.

③ Robert Martinson, "What Works - Questions and Answers About Prison Reform", The Public Interest, No. 35 (1974), p. 24. 马丁逊对自己的论文所引起的影响感到吃惊，随后便声明自己的研究结果并非是绝对性的结论。尽管如此，人们仍依旧将其研究结论作为否定"复归社会"式行刑的重要根据。

然而，在“产业监狱”和“权利监狱”的美名之下，监狱的现实却完全是另一种情况，连当年的“正义模式”论的提倡者本人面对面目全非的现实也只能哀叹“怎么会是这样?”[①]。那么，从20世纪70年代中期以来的美国行刑的现实到底怎样呢？可以用一句话来描述，那就是美国行刑实际上进入以“效率性和效果性大量单纯拘禁”为特征新自由主义行刑时代，这个时代的美国行刑呈现着以下三个特征，而这三个特征的形成都与“正义模式”论有关。第一，监狱人口长期以来漫无边际急剧增加，突破了历史最高纪录，政府需每周新建三个能收容500人以上的监狱才能应对监狱人口的剧增[②]。这种情况固然主要起源于美国80年代以来的整体刑事政策，但“正义模式”论主张量刑时无须考虑矫正的可能性，一样的犯罪一样地拘禁，要求废除不定期刑，限制适用“假释”和“保护观察”(Probation)。这些无疑也都是促成这种状况的重要原因[③]。第二，面对监狱人口的增加，政府虽不断增设新监狱，但仍赶不上需求，只得将增加人口拘禁于现存的监狱中，其结果造成了现存监狱的“过剩过密拘禁”现象，挪威的行刑专家曾将此讽刺为“与纳粹时代的集中营所差无几”[④]。由于这样的“过剩过密拘禁”状况的存在，狱内秩序非常混乱，怎样“效果性”地维持秩序成为监狱当局的首要任务，秩序的维持本身变成了行刑的主要目的，受刑人的权利保护等都被置于脑后。这种情况的形成也与“正义模式”论所提出的从行刑中抛弃“复归社会”理念、主张行刑的内容只是单纯拘禁有关。第三，将大量的人员拘禁于监狱内确实有助于防卫社会，但同时也需国家对已有监狱或新建监狱投入大量财力，这无疑会成为国家的负担。为了减少这一负担，美国实行的不仅是“过剩过密拘禁”，而且还是“效率性”的“过剩过密拘禁”。在当今美国追求这种“效率性”的方法有两个。首先，大量设立私营监狱，把行刑委托给私营企业。至今为止，美国已形成了数个私营监狱企业集团，并已经成长为“上市企业”，将自

① 例如，若斯曼教授曾在20世纪70年代作为“正义模式”论的代表人物之一大力提倡废除“复归社会”式行刑，用“正义模式”式行刑取而代之。但到了90年代，面对面目全非的行刑的现实，他只是哀叹，只是辩解“正义模式”论所设想的行刑并非如此。See, David J. Rothman, “More of the Same: American Criminal Justice Policies in the 1990”, in Thomas G. Blomberg & Stanley Cohen (ed), Punishment and Social Control (New York, 1995), p. 29.

② Francis T. Cullen, Patricia Van Voorhis & Hody L. Sundt, Prison in Crisis: The American Experience, in Roger Matthews & Peter Francis (ed), Prisons 2000: An International Perspective on the Current State and Future of Imprisonment (ST. Martin Press, 1996), p. 21.

③ Theodore Caplow & Fonathan Simon, “Understanding Prison Policy and Population Trends”, in Michael Tonry & Joan Petersilia (ed), Prison (The University of Chicago Press, 1999), p. 98.

④ Nils Christie, Crime Control As Industry (New York, 1993), p. 163.

己的股份上市到了纽约证券市场。私营监狱的看守还成立了自己的全国性工会，在首都华盛顿设立有自己的“院外游说团体”，和监狱企业经营组织一起不时地向议员们游说，让他们通过制定法律保证监狱永远满员①。其次，组织受刑人在狱内或狱外从事为了私有企业的劳动，允许他们从企业接受工资，作为代价从受刑人所接受的工资中扣取他们在监狱的住宿费和饭费。通过将受刑人的劳动与经济市场结合，不仅节俭了监狱费用，而且同时也向市场或社会提供着最为廉价的劳动力。在这种追求“效率性”的做法下，在一百年前的美国曾经流行过的对受刑人的榨取现象又在死灰复燃，所不同的是，过去的榨取是通过“国家之手”而今则是通过“社会之手”，受刑人过去是“国家的奴隶”而今则是“社会（企业）的奴隶”。这种结果的出现与“正义模式”论不无关系。“正义模式”论提出行刑止于拘禁、监狱劳动应和社会劳动完全一样、应服从市场规律等，这些主张无疑都在客观上有助于对受刑人的榨取，为追求“效率性”开辟了道路，实际上助长了新自由主义行刑的普及。

四、“劳动改造”的“功”与“过”

从行刑理论的实践来看，什么是我国有关行刑的“本土资源”呢？毫无疑问，我国曾实施过的“劳动改造”行刑是这种“本土资源”。

关于我国实行过的“劳动改造”政策，西方世界无论过去还是现在都了解甚少，包括学术界在内都只是乐意从意识形态论出发对其进行批判，很少有人对其进行学术探讨。这种倾向在美国尤为突出，美国通常把“劳动改造”译为“强制劳动”（Forced Labor）；把“劳动改造”简单地理解为“劳动的强制”②。但是，“劳动改造”绝不只是“劳动的强制”，它具有完整的理论体系，具有理论和实践上的重大意义。

（一）“劳动改造”的理论意义

可以说，“劳动改造”是一种基于政治理念的处遇理论或方法。所谓“基

---

① 日本国营电视台 NHK 于 2001 年 3 月 16 日播放了一个叫做“把监狱作为生意看待”的节目，节目制作人采访美国的私营监狱公司的负责人时，该负责人明确回答说“因为是私营监狱，所以得设法不能使监狱空闲”。该节目还报道了私营监狱公司通过对政治家施加影响，促使他们通过制定法律设法使监狱处于饱和状态的情况。

② 人们只要在美国生活一段时间都会发现，包括学术界在内的美国社会至今仍带有十分强烈的意识形态性，尤其在谈论、报导或研究中国时这种意识形态性更为明显，“红色中国”（Red China）、“共产主义中国”（Communist China）的概念仍超人想象地起着重大作用。这种强烈的意识形态性的存在妨碍着对中国（尤其是“改革开放”以后的中国）的正确认识。

于政治理念的处遇理论或方法”是指以特定的政治原理作为处遇的基础、以此为根据确定处遇的方法和内容、试图通过提高受刑人的政治意识对其进行改造从而使其回归社会的处遇理论或方法。众所周知，我国长期以来一直称行刑为“劳动改造”，而“劳动改造”无疑是一种以马克思主义为政治理论基础、具有十分完备的理论体系的处遇理论或方法。它以唯物论和辩证法作为其哲学基础，从私有制和阶级的观点解释犯罪原因，将行刑（改造罪犯）视为劳动阶级（无产阶级）负有的改造人类和改造社会的政治使命的一部分；从这种原因论和使命论出发，将“劳动”作为改造罪犯的最基本手段和内容，通过劳动使受刑人认识和掌握劳动人民的阶级价值（劳动思想、意识、习惯和能力)，从而将其改造成为劳动人民的一员使其回归社会。

由上述可见，“劳动改造”虽不是一种有关行刑的法律理论，但却是一种有着自己完整的体系的处遇理论，与其他西方国家的处遇理论一样，具有作为处遇理论之一的价值。

(二)“劳动改造”的实践意义

这主要表现在以下几个方面：

第一，“劳动改造”以劳动作为行刑的基本内容，具有合理性。它不仅优越于那种实际上剥夺受刑人的劳动机会、将其完全置于无所作为状态的行刑，也优越于那种视纪律和秩序至上、彻底以培训纪律和维持秩序上的需要对待受刑人劳动的行刑。

第二，“劳动改造”虽将监狱经济与外部社会经济结合，但绝不是无条件地将监狱经济抛向社会经济，它一方面维持与社会经济的同质性、充分利用社会经济的长处，但另一方面又保持自身的特殊性，尽力避免社会经济的短处，为保证受刑人从事劳动的机会和监狱经济的正常发展，国家对监狱经济采取了特殊政策。这种做法能够把理论与实践、理想与现实有机结合为一起。它优于那些完全以市场经济原理对待监狱经济、把受刑人作为社会中的最廉价劳动力推向市场、从受刑人的“工资”中挖去监狱运营费用的所谓“权利行刑”。

第三，“劳动改造”要求惩罚与教育相结合，不仅注重“劳动”这一物质活动，而且也强调“思想”这一精神要素，在受刑人之间及受刑人与管教人员之间存在着思想或精神式交往和交流，尽管这种交往和交流是由管教人员支配、其内容往往也是政治性的，但即使如此，这种活动的存在本身也具有很高的合理性和正当性，它远远优越于那些将受刑人拘禁于物质条件很好的独房中、但却对其不做任何说服、剥夺其所有思想或精神活动的行刑。

第四，“劳动改造”视行刑为统治阶级及全体社会的重要使命之一，主张全社会对行刑的参与和监狱与社会的沟通，从而使行刑具有最为广泛的社会性。这无疑也是符合法律主义、科学主义和人间主义的，它比那种先将受刑人排除到社会之外、闭之于监狱内，然后再大讲特讲“人权”式的行刑要现实得多和诚实得多，具有高度的合理性和正当性。

（三）“劳动改造”的缺陷

但是，无可否认，传统意义上的“劳动改造”也有其重大缺陷。那就是，它以政治理论为基础、以政治结果为目标，把行刑作为了政治活动一部分，从而使监狱活动和行刑关系在很大程度上变成了政治关系。在这种政治关系下，受刑人虽基于人道主义或改造状况被赋予众多的权益，但这种权益却不具有法律上的权利的性格，受刑人难于作为基本人权享受任何带有绝对性的权利；由于改造的目标具有政治性，且把改造视为行刑的最高目标，从而排除了在判断改造成果和决定改造手段时运用法律原理的可能性，过分加大了监管人员的自由裁量能力，缺乏对强制手段和范围的限制；虽为了取得较好的改造成果主张调动受刑人的积极性，但受刑人与行刑的关系并非是法律性质的关系，受刑人对于监管人员的裁量无论赞成与否都很难诉诸法律手段。用一句话来讲，“劳动改造”行刑的最大问题在于它没有以“法治主义”为基础，没有严格依法行刑，只强调了政治，而忽视了法律。这是它作为行刑“本土资源”的最大缺陷。

五、“外来资源”还是“本土资源”？

面对“全球化”这一滚滚潮流人们自然会问，中国行刑应何去何从？是应大取“外来资源”还是固守“本土资源”？但是，这种设问是错误的。因为，人们在议论行刑应该怎样前应首先明白行刑是什么、属于什么性质的活动，只有明白了行刑是什么时才可探讨行刑应该怎样、才可决定取“外来资源”还是“本土资源”。那么，行刑到底是什么呢？依笔者之见，行刑既是一种法律活动，又是一种人间活动，也是一种科学活动；行刑的性质是法治主义、人间主义和科学主义。法治主义要求“行刑法定”，明示权利义务关系，保障基本人权；人间主义要求以人间感觉和信念对待行刑；科学主义要求将科学知识与行刑结合。在这三者中，法治主义是基础，起主导作用。理想的行刑应是能够以法治主义为基础把三者有机地结合为一体的行刑。其具体内容如下。

（一）理想的行刑像

1. 行刑的基本关系

行刑应包括以下关系。

（1）作为拘禁关系的行刑

行刑是对刑法所规定的徒刑等刑罚的执行。当被告人被法院依法宣告有罪、科处刑罚并且该判决已经依法生效时，被告人就会变为受刑人而接受执行刑罚。由此可以看出，行刑首先是一种拘禁关系，是一种惩罚关系。

（2）作为处遇关系的行刑

人们常说，行刑的本质是惩罚。这种说法十分正确，是对行刑的"法律面"予以确切理解后的必然结论。作为实行了犯罪行为的法律后果，受刑人须受到报应（报复）、须接受惩罚，行刑正是实施这种报应和惩罚的机构和过程。这种报应刑主义构成了刑法的基础，也因此决定着行刑的本质。对此在当今世界已很少有人抱有疑问。然而，行刑果真应仅仅停留在惩罚上吗？所有的行刑活动难道都是为了惩罚吗？回答是否定的。在当今的刑法理论中，虽视"报应刑主义"为刑法的基础，却没有完全否定"预防刑主义"的意义，以报应刑为主，在此前提下承认预防刑的"相对性报应刑主义"日益成为主流。除了说"行刑的本质是惩罚"外，人们还主张"行刑的目的是改造"，其理由之一就在这里。从行刑的现实来看，除个别例外外，行刑活动虽包括惩罚却不止于惩罚，有着惩罚之外或之上的其他内容和目的，其中，受刑人的矫正（"改造"、"复归社会"等）最为突出。一般将这些旨在促进受刑人"改造"或"复归社会"的行刑矫正活动称作"处遇"（Treatment）。可以说，行刑又具有"处遇面"，是一种处遇关系。

（3）作为秩序关系的行刑

行刑是一种集团活动，监狱是一种"共同生活体"式的小社会。和一般社会一样，要进行正常的活动，要保持社会的安定，就必须确立规则和纪律，以此维持一种必需的秩序。况且，行刑和监狱还负有惩罚和处遇受刑人、防卫一般社会的特殊使命，这使得确立和维持秩序的必要性极为增大，纪律和秩序往往成为行刑的最基本内容。可以说，行刑又带有"秩序面"，也是一种秩序关系。当然，秩序只是手段，任何情况下都不应将秩序关系目的化。

（4）作为人间关系的行刑

监管人员是以人为工作对象的人，受刑人虽是犯了罪的人但仍是人。因此，监狱是一种人间场所，行刑是一种人间活动。和其他一般社会和一般人类活动一样，监狱和行刑中也必然存在着人间关系，无论是监管人员与受刑人之间还是受刑人相互之间都会有或应该有人间交往关系（语言对话、聚居同一场所、共同劳动等）。承认这种人间关系、在合理程度内维持这种人间关系不仅是作为人间本能的最低需求，而且对维持监狱秩序、促进受刑人改悔也具有重要作用。然而，随着科学技术的进步、随着监狱物质条件的改善，很多国家越来越倾向于从科学或物质角度去理解行刑。其结果是，行刑的"科学性"越来越高，监狱的物质环境越来越好，但监狱和行刑的人间性却越来越少。

（5）作为社会关系的行刑

受刑人是因为违反社会规范（法律）而受到刑罚。行刑是在社会中进行，监狱这个小社会存在于一般的大社会中。行刑不可能与社会隔绝，不可能只是监狱内部或墙里边的事情。实际上，无论人们意识到与否，一般社会的人们对犯罪的认识、对行刑所寄予的期望、对受刑人所抱有的态度，社会形态和社会体制对行刑和监狱的定位，这样一些外在的社会因素对行刑起着本质的决定性作用，构成着行刑和监狱的宏观性前提条件。从这种意义上讲，行刑又具有"社会面"，是一种社会关系。

2. 行刑的基本原则

在研究或设计行刑时还应明确行刑的基本原则应是什么?

如上所述，行刑至少包含五个方面或五种关系，研究或设计行刑也应从这五个方面或关系着手。但是，在这五个方面或五种关系背后是法治主义。法治主义在行刑中也处于指导性地位，是研究或衡量行刑全体或其五个方面或关系的指针和基准。这不仅是因为犯罪和刑罚本来就是属于法律问题、是一种法律上的权利义务关系，更是因为"立宪主义"或"法治主义"构成了现代国家的最基本原则之一。行刑也必须在宪法之下进行，"法治"也必须到达监狱中去。因此，行刑虽不止于法律关系，但首先必须是法律关系。也就是说，即便从处遇方面来看属于改造效果极高的行刑方法，也必须首先从法的角度去探讨对其能否允许；即便从狱内秩序方面来看属于极为有用的行刑方法，也必须从法的角度去判断其是否可取；即便从监狱方面来看属于非常麻烦的人间关系，也必须从法的角度去判断对此可否取消；即便从社会方面来看属于十分必要的行刑方法，也必须首先从法的角度去分辨其是与非。同样，行刑学或监狱学首先必须是法律学；对于行刑或监狱首先必须从法的角度去评判。

这种"法治主义"原则意味着需对行刑关系或活动进行层次划分，并依据层次的不同区别对待、适用不同的法理；首先，应基于"宪法对受刑人仍作为公民或人间予以保护"这一法治原则确立和界定行刑的"最基本关系"。在这种"最基本关系"中，只要受刑人仍活着，就应保证其作为人间的权利，不受是否履行义务或是否改造等其他要素的影响。其次，应基于"受刑人系因犯罪被判处刑罚的人"这一法律事实确立和界定行刑的"基本关系"。在这种"基本关系"中，应通过法律明确规定受刑人的权利和义务，这种义务是强制性的，当受刑人违反其义务时，可以通过对这种关系中的权利的限制或剥夺进行制裁。再次，应基于“行刑的目的是改造受刑人”这一行刑法上的理念和人道主义式理想确立和界定行刑的“一般关系”。在这种“一般关系”中，应通过行政法规等规定受刑人的权利和义务，这种义务可以是强制性的，但强制的手段只限于对这种关系中的权利的赋予或剥夺，不得涉及这种关系之外的权利的限制。最后，应基于“受刑人仍是具有自由意志的社会一员”这一事实确立和界定行刑的“选择性关系”。在这种“选择性关系”中，行刑官员可以基于裁量表明希望受刑人做什么和不希望做什么，这种希望只是一种道德性期待而非法律或法规性义务，即使受刑人违背了这种期待也不产生任何法律上的后果。

但需指出的是，即便进行了上述层次划分，“法治主义”仍是行刑的最基本原理，只要受刑人对行刑活动不服，无论属于哪种关系的活动，都应允许受刑人诉诸法院，所有行刑活动都应接受“司法审查”，只是因所属层次的不同而在进行司法审查时适用不同的法理。

3. 行刑的基本构成

行刑虽是刑事诉讼活动的结果但与刑事诉讼活动有着重大区别。在刑事诉讼中，司法机关与被告人之间虽是一种诉追和被诉追关系，但司法机关无须长期负责或管理被告人的所有吃、穿、住、行。但行刑却不一样，监狱机关首先面对的是受刑人的吃、穿、住、行问题，必须“填满”受刑人一天24小时在监狱生活的“时间”和“空间”。也就是说，必须决定行刑的基本构成。

那么，行刑的基本构成应是什么呢？

首先，劳动应是行刑的基本内容。这不仅因为一般社会的人们都是以劳动为其生活的基本内容，也因为只有劳动才最能够将有关行刑的法治主义、科学主义、人间主义有机地结合为一体。换句话说，行刑所具有的五个方面或五种关系都在要求劳动作为行刑的基本内容。从法律关系上讲，受刑人负有接受刑罚的义务。而这一事实不能成为妨碍受刑人和一般人一样以劳动作为基本生活内容的根据；从处遇关系上讲，劳动对于受刑人维持身心健康、养成良好的生活习惯十分有益；从秩序关系来讲，有意义的劳动是维持监狱秩序的最佳手段；从人间关系来讲，劳动是受刑人体会或体验人间交往的重要过程；从社会关系来讲，劳动是维持受刑人与一般人的同质性、保持监狱与社会的一体性的重要方法。

其次，读书、学习、交流思想、集体讨论等一些精神性活动也应是行刑的基本内容。这是因为这些精神活动对于法治主义、科学主义、人间主义的有机结合来讲也是不可缺少的，行刑所具有的五个方面或五种关系也都要求有这种精神活动的存在。

但是，就劳动与这种精神活动的关系而言，劳动应是最基本的活动，精神活动应在劳动过程或劳动之外进行。另外，文化教育和职业训练也应被视为精神活动或接近于精神活动的活动，只能在劳动过程中或劳动外进行，或以部分年少受刑人为对象进行。试图把所有的监狱都办成“学校”或“职业训练所”，对所有的受刑人都进行文化教育或职业技能训练的做法，既不符合现实又会产生法律上的问题，不利于法治主义、科学主义、人间主义的有机结合。

那么，作为行刑的基本内容的劳动应是什么样的劳动呢？受刑人与这种劳动应是什么关系呢？首先，劳动必须是有意义的、健康性的，对受刑人来讲具有合理性的劳动；保证受刑人获得这种劳动机会属于行刑的“最基本关系”，行刑人不因其他理由被剥夺该项权利。其次，这种劳动虽可与外部的市场经济挂钩，但不能完全受制于市场经济，国家应从保障受刑人劳动机会的义务和对受刑人进行处遇的目的出发，采取特殊的政策确保这种劳动机会的存在。再次，对于参加劳动的受刑人虽应尽量像外部劳动一样发放工资，但在经营状况不佳时可以不给工资或减少工资。获得工资权与获得劳动机会权不同，前者属于行刑的“一般关系”中的事项，因情况可以变动。至今为止的研究中，过分把劳动权与工资权混为一体、视为同一性质的法律问题，无视了劳动机会权与工资权的区别。最后，应鼓励受刑人积极参加劳动、尽量允许自己选择劳动种类。但如受刑人拒绝参加劳动或非合理地选择或变换劳动种类，监狱方面可以基于处遇上的必要性、合理组织劳动上的必要性及维持狱内秩序上的必要性对其予以强制，但强制的方法只限于对属于行刑的“一般关系”中的权利的限制或剥夺。

（二）“外来资源”与“本土资源”的结合：“法治式劳动改造”

按照上述理想的行刑设计去看待行刑的“外来资源”和“本土资源”时会是怎样呢？

像已经探讨的那样，作为外来的理论资源，自由刑纯化论、正义模式论及正当程序论、新自由主义行刑论可以说是法律主义的代表性理论，按照这类理论，行刑仅仅被视为通过限制或剥夺受刑人的自由对其所犯罪行予以惩罚的活动；“医疗模式”式复归社会论可以说是科学主义的代表性理论，按照这类理论，行刑完全被视为和医院的治疗行为无异的活动；基于宗教理念或政治理念或文化理念或教育理念的处遇理论或方法可以说是人间主义的代表性理论，按照这类理论，行刑被理解为无须过分考虑法律或科学的人间直感性活动。然而，这些行刑理论没有任何一个是能够把这三者有机地结合到一起的。

同样，作为外来的实践资源，美国的行刑经验和教训告诉人们：像20世纪60年代以前的美国行刑那样，大力推行“医疗模式”式处遇、试图把监狱办成医院的科学主义式做法，不仅不能够改造作为“人间”的受刑人从而使其不再犯罪，而且还为监管人员滥用职权提供条件，促成了大量的法律问题的发生；同样，像70年代以后的美国行刑那样，唯“正义模式”论或“正当程序”论为是，将行刑完全简化为一种权利义务式的法律关系的做法，不仅抛弃了国家对受刑人所应负有的科学上和人间上的义务，而且由于将监狱劳动无条件地与市场经济挂钩、将行刑完全附属于一般社会活动，实际上把受刑人沦为了市场经济或一般社会的奴隶，其结果是，在最讲究受刑人人权的正义模式论或正当程序论式的行刑之下，盛行的实际上是新自由主义行刑，受刑人实际上不享有真正的人权。

那么，作为“本土资源”的“劳动改造”又怎样呢？如上所述，“劳动改造”虽具有人间主义和科学主义上的合理性和正当性，但它却是一种政治理论和政治实践，没有将法治主义作为基础，缺少法治主义上的合理性和正当性。

因此，无论“外来资源”还是“本土资源”，其自身并不能够将法治主义、人间主义和科学主义有机地结合为一体，不能独自地成为理想的行刑模式。只有在汲取“外来资源”中的法治主义要素的同时，保留作为“本土资源”的“劳动改造”在人间主义和科学主义上的合理性及正当性，按照本文已经描述的那样，将“外来资源”与“本土资源”结合，创造一种可称做“法治式劳动改造”的模式时，法治主义、人间主义和科学主义才能同时得到充分体现，才会出现一种理想的行刑。对我国来讲，现在所需要的不是将“劳动改造”丢掉，而是减少其过分的“政治性”，取而代之以“法治性”，构筑一种“法治式劳动改造”。具体地讲，像本文已经探讨的那样，应首先将“劳动改造”定性为一种十足的法律关系，在此基础上对其进行层次划分，根据层次不同、适用不同的法理，将“劳动改造”完全纳入法治化轨道[①]。

① 王云海：“法治式劳动改造论”，载《中国刑事法》2002年第5期，第101页。

刑罚执行法律监督基本问题研究

周洪波*

刑罚执行处于刑事诉讼的最后阶段，其效果直接关系着国家刑罚权的运行和整个刑事司法的权威性。因此必须构建有效的刑罚执行监督体系，而在这个体系中，由检察机关对刑罚执行进行的法律监督是专门的监督，比其他监督更具有优势。本文以刑罚执行法律监督的几个问题做了探讨，以期有益于刑罚执行和刑罚执行法律监督工作。

一、刑罚执行法律监督的概念与特点

刑罚执行法律监督，是指检察机关依照法律规定对刑罚执行机关执行刑罚的活动是否合法进行的监督。刑罚执行法律监督具有如下特点：

（一）专门性

专门性是指检察机关以法律监督为其专门职责，因此有别于党纪、舆论、媒体监督，而具有专门性。人民检察院是国家法律监督机关，但并不意味着它就是唯一能够监督国家法律实施的机关，除了人民检察院对法律实施进行监督以外，还有党纪、舆论、媒体等也可以对法律的实施进行监督，但是，检察机关却是唯一的以法律监督为其基本职责的专门的国家机关。刑罚执行监督作为检察监督工作的一个重要组成部分，它监督的目标单一，内容、对象明确，监督方式规范，是专门履行对刑罚执行进行监督的职能部门。

（二）规范性

规范性是指检察机关对刑罚执行活动的监督是根据法律的明确授权并按照法律规定的程序所实施，属于规范性而非任意性的法律行为。检察机关对刑罚执行监督的对象、范围、措施与手段、实行监督的条件与程序，都由法律作出明确规定。检察机关在履行刑罚执行监督职能时，必须严格依照法律

* 国家检察官学院副教授、法学博士，中国检察官杂志社总编辑。

的有关规定进行。

（三）非管理性

非管理性监督是指不具有管理权限的国家机关采用特定法律手段对其他国家机关、组织和公民进行的监督，这种监督通常并不导致行为的直接改变，而是引起一个特定的审议性法律程序，由被监督机关及其上级机关根据监督机关提供的情况和提出的建议对被监督事项作出处理。[①] 检察机关与刑罚执行机关之间不存在领导与被领导或管理与被管理的关系，检察机关对刑罚执行机关执行刑罚时的不合法行为，不能直接纠正，只能提出纠正意见或引起一个特定的审议性法律程序。所以，刑罚执行法律监督具有非管理性。

（四）内容特定性

刑罚执行法律监督的内容是特定的，由法律明确规定，即对刑罚执行活动是否合法进行监督。包含两层意思：一是限于刑罚执行活动。对于执行机关的其他活动不进行监督。二是对活动的合法性进行监督。合法性既包括刑罚执行活动程序是否合法，也包括实体处理是否合法。对于执行机关合法性以内的活动，也即法律赋予的自由裁量权以内的活动不进行监督。

二、刑罚执行法律监督的根据

（一）刑罚执行法律监督的法律根据

《中华人民共和国宪法》第 129 条明确规定："中华人民共和国人民检察院是国家法律监督机关"。1996 年 3 月 17 日全国人大八届第四次会议修订的《中华人民共和国刑事诉讼法》第 224 条规定："人民检察院对执行机关执行刑罚的活动是否合法实行监督。"刑诉法第 215 条、第 222 条还分别规定人民检察院有权对罪犯的暂予监外执行、减刑、假释不当的依法提出纠正意见。1990 年 3 月 17 日国务院颁布的《看守所条例》第 8 条规定："看守所的监管活动受人民检察院的法律监督"。1994 年 12 月 29 日第八届人大常委会通过的《监狱法》第 6 条规定："人民检察院对监狱执行刑罚的活动是否合法依法实行监督。"1979 年 7 月 1 日第五届全国人大二次会议通过的《人民检察院组织法》第 5 条第 5 项规定："人民检察院对刑事案件的判决、裁定执行和监狱、看守所、劳动改造机关的活动是否合法，实行监督。"第 19 条规定："人民检察院发现刑事判决、裁定的执行有违法情况时，应通知执行机关予以纠正。人民检察院发现监狱、看守所、劳动改造机关的活动有违法情况时，

① 龙宗智：《检察制度教程》，法律出版社 2002 年版，第 107 页。

应通知主管机关予以纠正。”

（二）刑罚执行法律监督的理论基础

“只要是权力，总有扩张的倾向，有滥用的可能，因此权力扩张到哪里，法律控制就应该跟到哪里。”① 刑罚执行权是用于兑现刑罚的实体权，它所具有的强制性、独立性以及相对的封闭性特点，使其潜藏着更大的社会风险，将其全面置于法律控制之下，道理是不言自明的。“从事物的性质来说，要防止滥用权力，就必须以权力制约权力。”② 以何种权力来制约刑罚执行权？由于我国并没有像西方国家那样采取三权分立的模式，而是采取人民代表大会制，并设置法律监督权，以保障法律的统一实施。所以，在我国是通过检察机关的法律监督，来保证刑罚执行权的合法行使。刑罚执行法律监督的合理性在于权力制约机理。刑罚执行权虽然也存在其他监督，但由于不是专门性的，不足以保证刑罚执行权的合法行使，也不能替代检察权的法律监督。

三、刑罚执行法律监督的价值

刑罚执行法律监督的目的自然是保证刑罚执行的合法，而刑罚执行的目的无非是兑现刑罚权。刑罚的目的就是预防犯罪。预防犯罪则体现社会保护的价值。检察机关行使法律监督权是以国家的名义进行，其必然考虑国家或社会的利益。“检察权在执行监督中更倾向于对惩罚到位的要求，更愿意充当社会安全保卫者的角色，这或许可以解释检察权为什么有时宁愿放弃主动地位，站在行刑权一边。”③ 实际上，法律监督的要义不在于监督民众是否守法，而是监督执法者是否依法。监督执法者是否依法，其根本目的之一还在于避免执法者利用权力侵犯公民的基本人权。可以说，法律监督权的确立实际上是为了保障人权而生。

刑罚执行权的滥用要么损害社会保护价值，要么侵害受刑人的人权。作为保证刑罚执行正确合法的法律监督权，自然要实现社会保护和人权保障这两方面的价值。只不过在不同时期倾向性应有所不同。在目前，检察机关对刑罚执行的法律监督更应凸显人权保障。

保障人权是现代法治社会的标志，也是必须恪守的准则。我国批准加入了《经济、社会和文化权利国际公约》和《公民权利和政治权利国家公约》，2004 年修改《宪法》又明确规定“国家尊重和保障人权”。政法工作尊重和

---

① 胡亚球、陈迎：“论行政自由裁量权的司法控制”，载《法商研究》2001 年第 4 卷。

② ［法］孟德斯鸠：《论法的精神》（上册），张雁深译，商务印书馆 1961 年版，第 154 页。

③ 王利荣：“刑事执行检察监督问题研究”，载《中国检察》2003 年第 1 卷。

保障人权，不仅要为广大人民群众共同和普遍的人权提供完善的司法保障，也要切实尊重和保护行政管理相对人、违法行为人、犯罪嫌疑人、被告人、服刑人员以及被害人的诉讼权利和其他合法权利。刑罚执行和刑罚执行法律监督中都要贯彻人权保障的理念。这里的人权主要是指服刑人员的人权。对于判处刑罚的犯罪分子来说，其人身自由受到限制或剥夺，同普通公民相比，必然丧失某些权利，但是，对未加剥夺的权利，犯罪分子仍然像普通公民那样具有，并不受侵犯。《监狱法》第7条第1款规定："罪犯的人格不受侮辱，其人身安全、合法财产和辩护、申诉、控告、检举以及其他未被依法剥夺或者限制的权利不受侵犯。"2001年最高人民检察院《关于监所检察工作若干问题的规定》第1条第2款规定："监所检察工作的任务是：依法对刑罚执行和监管活动实行监督，查办监管人员的职务犯罪案件，打击在押人员的犯罪活动，维护监管场所的稳定，保护被监管人员的合法权益，保障国家法律的统一正确实施。"所以，对刑罚执行进行法律监督，检察机关不仅要关注刑罚执行的正确运行，更要关注受刑人生存状态与权利状态，防止受刑人遭受刑罚执行权异变造成的伤害。如果不能够保障受刑人的合法权利，检察机关不仅有违现行宪法的设定丧失了作为法律监督者的身份，而且保证刑罚执行的正确实施这一目的也无法达到了。

四、刑罚执行法律监督权的性质与内容

刑罚执行法律监督权是一种什么样的权力？这种权力又包含哪些权项？有的学者认为应把刑罚执行的监督权定位在建议权的行使上；而有的学者认为应将刑罚执行的监督权定位在对被监督者决定和行为的纠正权；有些学者则认为，应将刑罚执行的监督权定位于对法律实施的督促权。还有学者认为，对于刑罚执行监督的法律定位，首先应该包含有对刑罚执行机关执行刑罚活动过程的知情权。其次，刑罚执行监督应在执行机关执行过程中的决定都有依法进行建议、纠正的权力。最后，刑罚执行监督，还应享有对于执行机关违法执行行为享有启动特定程序的权力。

也有同志从实务角度提出要赋予检察机关广泛的一般调查权和要求协助调查权、减刑、假释裁定程序参与权和抗诉权。[①] 还有同志认为，检察机关介入刑罚执行过程的权力应该是完整的检察权。一项完整的检察权，其组织构成必须包括知情权、调查权、审查权、建议权这四个权项（要素）。另外，对

① 张雪妲："刑罚执行法律监督之完善"，载《人民检察》2005年第4期。

刑罚的变更执行，应改由人民检察院行使提请权。从法理上讲，对刑罚执行变更的提请类似于提出追诉犯罪的量刑建议，按照类似于检察机关审查起诉的程序建立刑罚变更执行的提请程序是合理的。①

监督是指查看，或者督促某一机关去做某项事情。作为监督者，不是积极做这个事情的人，是作为第三者，对某一个机关或团体做什么事，在第三者立场上去看，查看，如果对方不做或不正确做的话，去督促对方做或提醒对方改正。这就是监督的基本含义。法律监督权具有非管理性，不是实体处置权，属于程序性权力。首先，监督不是管理领导，不能直接改正对方的错误。法律监督权不包含直接纠正权。其次，监督者不是当事者，不能直接参与当事者活动，全部或部分代替当事者。参与可以，但参与的目的是了解对方工作情况，而不是代替对方工作。参与是通过介入被监督者的权力行使的过程，了解被监督者权力行使的情况。虽然参与本身增加了权力的透明度，有助于防止权力的滥用，但是，对于特定的、专门的监督主体来说，过多地参与、经常地参与或者常规性地参与也可能混淆监督者与被监督者之间的权力范围和责任界限，使监督者与被监督者一体化，容易导致监督失灵。有些同志提出的“对刑罚的变更执行，应改由人民检察院行使提请权”的观点就不妥当，违背了监督理论。

我们认为，法律监督权包含两项权能：一是查看（知情）权；二是督促（建议）权。就刑罚执行法律监督权来说，查看（知情）权应包括对刑罚执行机关执行刑罚活动随时检查权、随时约谈受刑人权、要求执行机关提供相关材料权、一定的调查权等；督促（建议）权包括建议权和启动特定程序的权力。

监所检察部门的有些同志抱怨知情权没有保障，很难发现违法情形。这一方面与法律规定不完善有关；另一方面也与监督部门工作方法有关。实际上，“检察权通常不会受到受罚人的抵制，而依照规则要求，执行机关须与监督部门面对面地执法，监督部门则可以对执行权背对背地实行监督，因此检察部门仍可获悉执行活动的大量信息。”② 在目前立法规定情况下，监督部门应当把了解执行机关违法信息的视角从执行机关移向受刑人。因为，一是监督部门是受刑人合法权益的维护者，受刑人不仅不会抵触，还很欢迎；二是执行机关是否违法，受刑人最清楚。当然，从立法角度看，法律应该明确规

① 赵菊、雷长彬：“刑罚执行监督的结构性缺陷及其完善”，载《人民检察》2006 年第 1 期（下）。

② 王利荣：“刑事执行检察监督问题研究”，载《中国检察》2003 年第 1 卷。

定相关制度以保障知情权的实现，如规定执行机关重大事项备案、报告制度，执行机关协助义务等。

五、刑罚执行法律监督的对象和内容

刑罚执行法律监督的对象是刑罚执行机关。根据我国法律的规定，刑罚执行机关是指人民法院、公安机关和监狱等。刑罚执行法律监督的内容应包括一切刑罚执行的监督，具体分为生命刑（死刑）执行监督、自由刑（管制、拘役、有期徒刑和无期徒刑）执行监督、财产刑（罚金、没收财产）执行监督、资格刑（剥夺政治权利）执行监督以及驱逐出境执行监督。当然，实践中，对于有些刑罚执行并未开展监督活动。

刑罚执行法律监督不同于对执行刑事判决、裁定活动的监督。有些学者把二者混淆，如认为，“刑罚执行监督，是指人民检察院对刑罚执行机关执行人民法院已经发生法律效力的刑事判决、裁定的活动，实行的法律监督。”①虽然刑罚执行的“刑罚”必然是人民法院已经发生法律效力的刑事判决、裁定中所确定的刑罚，但刑事判决、裁定并不仅仅规定刑罚问题，存在无罪判决，也存在有罪但免除刑罚的判决。另外，刑事判决、裁定中也存在非刑罚处理方法。对于这些刑事判决、裁定的执行，并不属于刑罚执行。所以，刑罚执行法律监督也不等同于对执行刑事判决、裁定活动的监督。当然，检察机关有权对刑事案件的判决、裁定执行是否合法实行监督。这是《人民检察院组织法》第5条规定的。

刑罚执行法律监督也不等同于监所检察。根据2001年最高人民检察院《关于监所检察工作若干问题的规定》第2条规定：人民检察院监所检察部门的主要职责是：（1）对监狱（包括未成年犯管教所，下同）、看守所、拘役所执行刑罚活动是否合法实行监督。（2）对监狱、看守所、拘役所、劳动教养机关管理教育罪犯、劳教人员的活动是否合法实行监督，对公安机关管理教育监外罪犯的活动实行监督。（3）对刑罚执行和监管改造中发生的虐待被监管人案、私放在押人员案、失职致使在押人员脱逃案、徇私舞弊减刑、假释、暂予监外执行案（以下称“四种案件”）进行立案侦查。（4）对刑罚执行和监管改造过程中发生的司法人员贪污贿赂、渎职侵权案件进行初查。（5）配合有关部门搞好职务犯罪预防。（6）受理被监管人员及其亲属直接提出的控告和举报。（7）对服刑罪犯又犯罪案件、劳教人员的犯罪案件的侦查

① 龙宗智：《检察制度教程》，法律出版社2002年版，第275页。

活动实行监督。(8) 对看守所超期羁押犯罪嫌疑人、被告人的情况进行监督。(9) 对派出检察院、派驻检察室的工作进行业务指导，对下级检察院监所检察部门的工作进行指导。(10) 负责检察长交办的其他事项。可见，刑罚执行法律监督与监所检察是一种交叉关系。刑罚执行法律监督中的死刑执行的法律监督不属于监所检察的内容，而监所检察中对监狱、看守所、劳动改造机关的活动是否合法进行监督等内容也不属于刑罚执行监督的内容。

当然，对于检察机关监督的范围，相关法律规定是不同的。《监狱法》第6条规定："人民检察院对监狱执行刑罚的活动是否合法依法实行监督。"而《人民检察院组织法》第5条第5项则规定："人民检察院对刑事案件的判决、裁定执行和监狱、看守所、劳动改造机关的活动是否合法，实行监督。"所以，有人甚至认为监所检察监督范围只限于监狱法规定的刑罚执行部分。[①] 这种认识是错误的。因为不仅有人民检察院组织法的法律上的依据，而且是因为监所检察不是单纯的刑罚执行法律监督，它还包含着其他法律监督内容。不仅如此，《监狱法》也仅是规定人民检察院对监狱执行刑罚的活动是否合法依法实行监督，并没有规定对其他活动不能监督。显然，只要属于法律监督的范畴，检察机关就可以监督。

六、刑罚执行法律监督的主体

刑罚执行法律监督主体是检察机关。但这一职责是由检察机关中的具体内设机构承担的。根据《监狱法》、《最高人民检察院关于监所检察工作若干问题的规定》、《最高人民法院、最高人民检察院、公安部、司法部关于依法加强对管制、剥夺政治权利、缓刑、假释和暂予监外执行罪犯监督考察工作的通知》以及最高人民检察院监所检察厅的若干工作实施细则等法律文件的规定，在检察机关内部承担刑罚执行监督任务的有若干部门。

对于死刑的执行的监督，目前的监督主体分为两种主体：死刑立即执行的监督，是由公诉部门承担，即谁起诉谁监督；而死刑缓期两年执行的罪犯或者服刑犯又犯罪而被判处死刑的则由驻监检察部门承担；对于管制、剥夺政治权利、缓刑、假释、暂予监外执行这五种罪犯的执行监督，由监所检察部门承担；对于拘役、判处一年以下有期徒刑或剩余刑期不足一年的拘留所服刑罪犯的刑罚执行监督由各驻所检察室承担；对于判处一年以上有期徒刑、无期徒刑、死缓犯执行刑罚的监督由各驻监检察室承担；对于社区矫正的罪

① 蒋世强、王绍和："监狱检察机关应严格刑罚执行监督权限"，载《中国监狱学刊》2001年第2期。

犯目前也由监所检察机关负责。检察机关内设的监所检察部门，是刑罚执行监督的主要职能机构。

七、刑罚执行法律监督权的介入时间

对于刑罚执行法律监督权的介入时间，法律并没有明确规定。《刑事诉讼法》第 222 条规定，人民检察院认为人民法院减刑、假释的裁定不当，应当在收到裁定书副本后二十日以内，向人民法院提出书面纠正意见。人民法院应当在收到纠正意见后一个月以内重新组成合议庭进行审理，作出最终裁定。从这一规定来看，对减刑、假释的监督显然是一种事后监督。现实中，有些监所检察部门感觉事后监督存在很大弊端，便纷纷开展事前监督和事中监督或同步监督。如事前审查监狱报请的减刑、假释材料，并签署意见；而参加监狱关于减刑、假释、保外就医案件的讨论已成为一种较为普遍的做法。对于这些做法，也有人提出批评，认为没有法律依据。

从理论上讲，监督意味着可以随时介入，只要不影响对方的正常工作。法律也并没有限定在事后监督上。只不过，在事前或同步监督中，必须掌握好参与介入的程度，一是不影响对方的正常工作；二是不影响自身的监督功能。

八、刑罚执行法律监督的手段与效力

检察机关实施法律监督的基本手段有四种：一是侦查手段，二是审查批捕手段，三是公诉手段，四是司法监督手段，包括采用依法采取通知立案、抗诉、要求纠正违法、检察建议等手段，对侦查活动、各种类型的审判活动、刑罚执行活动实施的监督。单纯就刑罚执行法律监督来说，其手段仅限于要求纠正违法、检察建议和抗诉。《刑事诉讼法》第 224 条规定："人民检察院对执行机关执行刑罚的活动是否合法实行监督。如果发现有违法的情况，应当通知执行机关纠正。"《监狱法》第 34 条规定："人民检察院认为人民法院减刑、假释的裁定不当，应当依照刑事诉讼法规定的期间提出抗诉，对于人民检察院抗诉的案件，人民法院应当重新审理。"但《刑事诉讼法》第 222 条却规定："人民检察院认为人民法院减刑、假释的裁定不当，应当在收到裁定书副本后二十日以内，向人民法院提出书面纠正意见。人民法院应当在收到纠正意见后一个月以内重新组成合议庭进行审理，作出最终裁定。"这样，刑罚执行法律监督的手段就不包括了抗诉。

检察机关法律监督行为的效力可分为五种情形：一是程序启动、变更及终结的效力。程序效力本身不具有实体处置的效果，也就是说这些法律行为只能产生一种程序上的影响，它只是达到某一法律目的的手段和措施。二是法律行为准行效力。这是指检察机关相对被动的对提请它审查的法律事项进行审批，这一审批行为具有允许某一法律措施实施或不允许其实施的效力，如检察机关的审查批捕。三是直接强制效力。这是指检察机关行使检察侦查权时所采取的强制措施和强制性侦查手段。四是有限范围内的实体处理效力。这是指检察机关采取不起诉以及撤销案件的手段，对案件的刑事问题，所做出的否定性实体处理，从而产生的一种对实体法律关系进行确认和处理的效力。五是建议影响效力。这是指检察机关对侦查活动、审判活动、刑罚执行活动的合法性实施监督，提出要求有关机关纠正违法行为的意见，以及结合办案对发案单位和有关系统提出要求其整改的检察建议，所产生的影响力。

单纯就刑罚执行法律监督的效力来说，只有两种：一是程序启动效力，如对人民法院的减刑、假释裁定不当的，检察机关提出书面纠正意见，发动人民法院重新组成合议庭再次审理的程序；对批准服刑罪犯暂予监外执行的决定提出书面纠正意见的，引起作为决定机关的重新核查程序。二是建议影响效力。包括提出口头或书面纠正意见、检察建议所产生的效力。

对于刑罚执行法律监督的效力，监所检察部门的同志认为效力太弱，监督效果不好。因此，有同志认为应建立起被监督者的责任体系，对接到口头通知纠正违法、纠正违法通知书或是提请惩戒都应该有相应的违法人员处罚的程序和结果的明确规定，才能把刑罚的执行监督工作切实执行，真正发挥出刑罚执行监督的应有作用。① 甚至有同志认为，如果执行机关不接受监督，检察机关可以直接追究相关人员的责任，也可以直接纠正。

我们认为，监督的本意在于以第三者的立场察看，如果发现监督对象应该做而未做或不应该做而做了，作为监督者，应该提醒、督促它改正或纠正。如果对方不做，你亲自去做，那你就是当事者了，超越了监督的权限。对方不接受你的监督意见，你只能采取其他合法方式，而不能越俎代庖亲自去做。另外，无隶属关系的部门之间的监督和有隶属关系的部门之间的监督以及部门的自我监督不一样。有隶属关系的部门之间的监督由于存在领导和被领导的关系，对于下级部门的违法行为可以直接纠正，并且有权直接追究责任人的行政责任；但对于无隶属关系的部门，存在的只是监督和被监督的关系，你发现监督对象的违法行为，只能是提出建议，无权直接纠正，也无权直接追究责任人的行政责任。因为这是权力配置和制衡的基本原则。如果你作为

① 许海峰主编：《法律监督的理论与实证研究》，法律出版社2004年版，第325页。

监督者还享有决定权、处分权，你就能够决定被监督者的一切，你这个权力就太膨胀，谁来监督你？谁来保证你就永远正确？你这不是单纯的监督者，而是被监督者的上级。监督只是让你启动纠错程序，而不是让你亲自纠错或让你必须把你认为的错误纠正过来。

当然，法律监督应该有效力，否则就没有必要存在。强化法律监督的权威是应该的，但不能违背监督理论、权力制衡理论。纠正意见和检察建议应该具有法律约束力，虽然不应有直接强制力，但应该具有要求被监督机关按期答复的法律约束力。从立法角度讲，法律应明确规定这种效力。

不过，即使在目前情况下，刑罚执行法律监督也大有可为，可以靠整个法律监督权来强化刑罚执行法律监督的权威和效力。因为"检察权是统一的监督权，它具有联动和综合监督的优势。这里强化监督的关键之一，在于检察机关如何利用自身资源，摸索行刑监督的有效方法。"①

对于刑罚执行机关拒不接受监督的，检察机关可以采取以下措施：(1) 构成滥用职权、玩忽职守或徇私舞弊等渎职犯罪或构成受贿犯罪或属于利用职权实施的重大犯罪案件的，可以初查或进行立案侦查；(2) 向上一级机关通报其下属机关在刑罚执行中的违法情况和不接受刑罚执行监督的情况；(3) 刑罚执行主体存在一般违法行为的，向当地纪检监察部门提出检察建议，建议给予执行主体及其直接责任人员党纪政纪处分；(4) 对于屡不接受刑罚执行监督的，向同级人民代表大会或其常委会通报执行主体在刑罚执行中的违法情况和不接受刑罚执行监督的情况。如果这些措施能够很好运用，基本上能够解决刑罚执行机关拒不接受监督的问题。

① 王利荣："刑事执行检察监督问题研究"，载《中国检察》2003 年第 1 卷。

罪犯[*]特许权论

柳忠卫[**]

罪犯因实施犯罪行为而被施以刑罚处罚，刑罚则意味着某种权益的剥夺或限制。人类文明发展到今天，没有人会否认罪犯的公民资格，因而罪犯享有依法未被剥夺或限制的权利就成为一个不证自明的合理命题。但罪犯是犯了罪的公民，其权利的状态与普通公民又有很大的差异。一般认为，正在监禁机构服刑的罪犯的权利大致有四种形态：① 其一，完全被剥夺的状态，包括人身自由权和被附加剥夺政治权利罪犯的政治权利；其二，停止行使的状态，主要指未被附加剥夺政治权利罪犯的政治权利。根据我国相关的法律规定，未被附加剥夺政治权利的罪犯，在服刑期间可以行使选举权，他们可以参加县级以下人民代表大会代表的选举，② 其他政治权利则由于罪犯被监禁的实际

---

* 在英语中，罪犯一词有多种表述，较为常见的有 prisoner，inmate，convict，criminal，offender 等。Prisoner 是英、美、加等国最常用的一个有关罪犯的称谓。根据《英国法律词典》的解释，早期 prisoner 的意思是指那些正在因犯了重罪而受审的人和被监禁在监狱里的人，除了因有罪而被判刑的人以外，还包括因民事债务而被关押以及未决犯，直到英美国家实行了严格的罪刑法定主义以后，prisoner 一词才特指那些因被判有罪而服刑的人。Inmate 也是英美国家最为常用的有关罪犯的称谓。Inmate 原意是指在同一居所里居住但又不是家里成员或者客人、仆人的那些人，后转义为同一监狱中的犯人。但 inmate 也不是专指严格意义上的罪犯，因为美国地方看守所中关押的犯人都可以称为 inmate，而这些人中有半数以上是未决犯。Convict 最早专指那些未经审判发现犯有叛国或重罪的人，这些人在定罪以后，就指被判死刑或重罪的人。Criminal 意指公然违法并被发现有罪的人，更严格的是指那些违反了刑法的人。Offender 是指违反刑法而被判刑的人。在英语中，convict 和 offender 是较为严格和准确的罪犯的概念。参见邵名正等著：《罪犯论》，中国政法大学出版社 1989 年版，第 11—13 页。本文中罪犯的含义与英语中的 prisoner 大致相同，意指因犯罪而正在监禁机构服刑的被判处死刑缓刑二年执行、无期徒刑和有期徒刑的罪犯。

** 山东大学法学院副教授，中国政法大学博士后研究人员，法学博士，刑法学专业硕士研究生导师。

① 参见柳忠卫："试论罪犯的人权保障"，载《中国人民大学学报》2002 年第 5 期。

② 参见 1983 年 3 月 5 日全国人大常委会通过的《关于县级以下人民代表直接选举的若干规定》第五条第（一）项。

情况而应停止行使[①]；其三，限制行使状态，主要包括那些罪犯虽然享有，但在实践中由于受到法律、法规及所处的监禁状态的限制而在行使过程中存在一定障碍的权利，如通信、会见权，婚姻家庭方面的权利等；其四，完全不受限制状态，主要指既没有被剥夺或受到限制，罪犯自身又可以实现的权利，如人格权，健康权，申诉、控告、检举权，辩护权等。从法理和逻辑上分析，罪犯被剥夺和限制的权利不能行使。但司法实践中经常出现监禁机关允许罪犯行使被剥夺或者限制的权利的情形，如允许已婚罪犯在监狱内同居，允许罪犯离开监狱回家处理重大危难之事等。允许罪犯行使被剥夺或限制的权利的正当根据是什么？允许部分罪犯行使这些权利与刑法平等原则是否冲突？要对上述问题做出正确的回答，就有必要对罪犯特许权问题进行具体而深入的分析。

一、罪犯特许权的界定

特许权的称谓是从英文里借来的。英文中"Privilege"的意思是指不同于其他公民所享有的，而由某个人、组织或阶层、阶级所享有的特殊的、特有的利益或好处。[②] 一般意义上的特许权的种类很多，范围也较广，如税收豁免权、行政特许权、新闻特许权等。在西方国家的行刑制度中，特许权结合着其行刑制度及权利观念和实践渗入到行刑过程中。在中国，法律并没有对罪犯的特许权问题作出一个明确的规定，刑事执行法学理论的研究对此也较少涉及，因而目前我国罪犯特许权并没有一个明确的界定。笔者认为，罪犯特许权是监禁刑执行机关基于罪犯的改造表现和再社会化的需要而赋予部分罪犯的特殊性权利。

罪犯特许权具有权力与权利的双重属性。从监狱机关的角度看，行刑中的特许权是一种由行刑机关掌握的行政权力。首先，罪犯特许权是监狱机关的一种行政职权行为，这种权利与义务是监狱机关根据法律或政策单方面设定的，一般不需要经过罪犯本人的同意。罪犯是否享有特许权、享有哪些特许权都由监狱机关决定。监狱机关没有必须授予罪犯特许权的义务，只有保证得到特许权的罪犯实现特许权的义务。其次，从规范性质上看，特许权的

① "停止行使"是一个含义模糊的概念，其依据是1953年4月《中央选举委员会关于选民资格若干问题的解答》中对罪犯选举权问题的解释："一切在关押（包括监狱、劳动改造队及看守所等）中的已决犯……其中未经剥夺政治权利者和未决犯，由于他们在监禁中或关押中，故均应停止其选举权的行使。"笔者认为，该部分罪犯的政治权利的行使呈复杂状态，有些应该停止行使，有些则应允许行使，在监狱司法实践中应具体分析，不能一概而论。

② 参见邵名正等著：《罪犯论》，中国政法大学出版社1989年版，第207页。

最大特点就是其职权界限大、范围较广、灵活性较强、规范性较弱，这也反映了明显的行政权的特征。因而，特许权与刑事政策联系紧密，往往能很好地适应形势的变化。[①] 再次，在西方国家，行刑机关与罪犯之间的关系曾被定性为“公法上的特别权力关系”。特别权力关系是与一般权力关系相对而言的，是指在特定行政领域内，为达行政目的，在人民与国家之间建立的加强人民对国家的从属性的关系。按照行政法的一般观念，国家与普通公民之间存在一般权力关系，在这种关系中国家行使公权力要受到“法治原则”的支配。而在特别权力关系中，双方当事人形成的是一种“紧密型持续关系”。权力主体对个人行使的特别的公权力不受“法治原则”的支配与控制，个人权利要受到更多的限制，因而将这种关系称为特别权力关系。[②] 行刑机关与罪犯的关系既然是一种特别的行政关系，罪犯特许权当然属于行刑机关依职权所应处理的事项，因而是一种行政权力。最后，在不违背法律和现行刑事政策的情况下，罪犯特许权的内容和范围在某种程度上要服从于罪犯复归社会的需要。凡是罪犯复归社会所需要的东西，只要条件许可，监狱机关都可以作为特许权赋予罪犯。从罪犯的角度看，罪犯特许权是一种罪犯基于其改造表现而得到的一种行刑处遇或者待遇。首先，罪犯特许权的基础是公民权利。罪犯是犯了罪的公民，他们享有公民权利，但其权利的内容和范围与普通公民又有很大的不同。普通公民依法享有的公民权利，对罪犯来说则可能受到剥夺或者限制，而罪犯特许权正是这些普通公民正常享有而罪犯则被剥夺或者限制的权利。因而罪犯特许权的基础是公民权利，对于普通公民而言不是权利的东西也不会成为罪犯特许权。其次，罪犯特许权不同于公民的宪法权利。在美国，法院在分析与处理罪犯权利案件时常常运用“权利对特许权”的原则（The“right versus privilege” doctrine）。一旦法院认为某项权利的性质属于特许权（privilege），他们就采取不干涉的态度，由政府自行处理。只有权利（right）才需要宪法保护，法院才加以干涉此类案件。[③] 我国学者认为，罪犯特许权与公民宪法权利的区别表现在两个方面：[④] 其一，权利的性质不同。宪法性权利是广大公民所享有的一般权利，非经法定程序不能剥夺。而

① 参见邵名正等著：《罪犯论》，中国政法大学出版社 1989 年版，第 214 页。

② 参见王成栋、刘雪梅：“特别权力关系理论与中国行政法”，载《行政法论丛》（第 6 卷），法律出版社 2003 年版，第 109—111 页。

③ 参见［美］T. S. 李德：“犯罪与犯罪学”，载《劳动改造法学参考资料》（第六辑），中国政法大学出版社 1985 年版，第 78 页。

④ 参见邵名正主编：《中国劳改法学理论研究综述》，中国政法大学出版社 1992 年版，第 340 页。

特许权则不是一种罪犯普遍享有的权利，它是一种特殊的、非普遍性的权力，是一种在法律程序之外，或与法律程序不同的权利。其二，权利的主体不同。宪法性权利的主体是公民，包括罪犯；罪犯特许权的主体是监狱机关，监狱机关对罪犯特许权具有处分权；罪犯是特许权的实际享有者，但没有最后的决定权和处分权。最后，罪犯特许权的内容和范围还决定于罪犯自身在行刑过程中的表现及其人身危险性程度。罪犯的改造表现越好，人身危险性程度越低，其享有的特许权的内容就越丰富，外延范围就越广。

关于罪犯特许权的内容和范围，各国刑事执行立法和司法状况不一。有的国家在其监狱行刑法中明确规定了罪犯特许权的内容和范围。《英国监狱法规汇编》（二）第 1143 条规定："根据现行规定，所有囚犯，不论关押于何处，均享有如下范围内的特权：阅读图书馆中有关教育方面的书籍和一般读书笔记，保留私人书籍、期刊和报纸；参加教学班的学习，接受与其文化水平相适应的课程教育；在狱内花费自己的劳动所得（包括买烟、糖、食品、卫生用品杂志等）。囚犯第二级范围内的特权由监狱长视其监禁场所设施酌情决定，其中包括：集体进餐和娱乐、看电视、听讲座、看电影、听音乐、下棋及其他监狱内活动，在狱内保存个人物品。第三级范围内的特权包括：在狱内保存如下物品：花、盆景、床单、桌布、地毯。第三级范围内的特权只有至少服刑三年，并且在地方监狱关押的囚犯才可享有。囚犯在受到纪律处分时可以被剥夺其享受的任何权利。"① 但大多数国家并没有直接规定罪犯的特许权，而是与罪犯的一般权利相间规定在一起。根据笔者掌握的资料，目前国外关于罪犯特许权的范围和内容大致如下：（1）探视特许权。国外许多国家的监狱行刑法对来监狱探视罪犯的人员范围、时间、携带物品等都做了明确规定。（2）通信特许权。世界多数国家都规定罪犯的通信要受到监狱的监督和检查，妨碍监狱安全和有碍罪犯改造的信件不得收发。如美国监狱当局始终坚持通邮权属于特权而不是权利。由此出发，监狱当局可以检查犯人的来往信件、邮包，如果认为犯人的来往信件、邮包对监狱安全、犯人的改过自新工作有威胁和妨碍时，可以禁止信件的往来，可将来往的信件、邮包退回。（3）接受媒体采访权。如《丹麦刑事执行法》第 59 条第 1 款规定："囚犯有权在其行刑机构向媒体发表言论和就有关事项让媒体拍照。"② 在美国，虽然宪法规定公民有言论自由的权利，但美国最高法院认为，关于"不

---

① 中华人民共和国司法部编：《外国监狱法规汇编》（二），社会科学文献出版社 1988 年版，第 156 页。

② 谢望原译：《丹麦刑法典与丹麦刑事执行法》，北京大学出版社 2005 年版，第 95 页。

准报界与其他新闻单位采访犯人”的法律规定，没有违反美国宪法，也没有侵犯犯人的言论自由权。[①] 由此决定了美国罪犯接受媒体采访权是一种特许权。(4) 请假离监特许权。如《芬兰共和国刑事监禁法》第53条规定：“正在服监禁刑、刑期在两个月以上的犯人，可以短期离监一次，期限随刑期长短而定。正在服监禁刑，刑期不足两个月的犯人，必须出于重要原因，方可离监一次。”[②] 西方国家大都规定罪犯请假离监的理由包括合理之教育、有关工作、治疗、家庭或其他个人原因，时间一般都规定为7天。西方国家与请假离监制度相类似的还有外役劳动制度和监外学习制度。外役劳动制是一种让罪犯到监狱外劳动的制度。接受这种处遇的罪犯，白天到监狱外面的劳动场所与一般工人共同劳动，除了雇主外无人知道其是犯人。晚上下班后回监狱报到。被允许外役劳动的罪犯，通常收容于开放式监狱中。监外学习制是一种让罪犯到监狱外学习的制度。接受这种处遇的罪犯，白天到监狱外的学校学习，晚上回到监狱。监外学习的目的在于使罪犯逐步接触社会，并通过学习提高技能和增长知识。(5) 其他特许权。除上述四种情形外，西方国家监狱制度中还存在各种各样的特许权，包括关押监狱的警戒等级、监狱内自由活动的范围、程度、衣食住行条件、医疗条件等都有特许权的作用。罪犯特许权与罪犯分类、罪犯处遇等紧密联系在一起。

中国与世界上多数国家一样，没有明确规定哪些权利是罪犯的特许权。笔者认为，概括地说，中国监狱中可以成为罪犯特许权的有以下几类权利：(1) 罪犯依法被剥夺的权利，如人身自由权。(2) 罪犯依法被限制的权利，如通信自由、会见自由等。(3) 没有受到剥夺或者限制，但由于处于监禁状态而无法自己行使的权利。如已婚罪犯的夫妻同居权、未婚罪犯的结婚自由权等。具体而言，罪犯特许权有以下几类：(1) 离监探亲权。离监探亲是指监狱依照法律规定，对符合法定条件的罪犯，根据情况准许其离开监狱回家探亲的制度。根据《监狱法》第57条第2款的规定，被判处有期徒刑的罪犯有第一款所列情形之一，执行原判刑期的二分之一以上，离开监狱不致危害社会的，监狱可根据情况准其离监探亲。离监探亲是《监狱法》明文规定的罪犯特许权。(2) 罪犯会见权。根据《监狱法》第48条的规定，罪犯在服刑期间，可以会见亲属、监护人。司法实践中，罪犯会见时，其亲属或监护人须持有合法有效的身份证明并确系罪犯的亲属或监护人。罪犯会见时间为每

① 参见邵名正等著：《罪犯论》，中国政法大学出版社1989年版，第209页。

② 中华人民共和国司法部编：《外国监狱法规汇编》（四），社会科学文献出版社1988年版，第159页。

月一至两次，每次不超过1小时，特殊情况可适当延长。罪犯会见时监狱人民警察须在场监听，不得有有碍改造的言论。罪犯在被禁闭期间禁止会见亲属或监护人，特殊情况须经监狱主管领导批准。凡不遵守或不符合上述规定的，将被拒绝或禁止会见。（3）罪犯通信权。《监狱法》第47条规定，罪犯在服刑期间可以与他人通信，但是来往信件必须经监狱检查。监狱发现有碍改造内容的信件，可以扣留。罪犯写给监狱的上级机关和司法机关的信件，不受检查。司法实践中，有的监狱允许符合一定条件的罪犯可以与外界通电话，这也属于与通信相关的一种特许权。（4）罪犯夫妻同居权。合法的婚姻产生夫妻间同居的权利和义务，这对于罪犯来说也不例外，罪犯由于受监禁而使得这种权利的行使受到限制，在监狱出于其种原因或者考虑允许罪犯在监狱内夫妻同居的话，这种权利就成为特许权。关于罪犯夫妻同居权问题，目前学界和司法实践都还存在不同的看法，本文拟在第三部分对此展开讨论，故在此不再赘述。与罪犯夫妻同居权相类似，罪犯结婚权也是一种因受监禁而无法行使的权利，因而也是一种特许权。（5）其他被剥夺、限制以及因受监禁而无法行使的权利。关于罪犯特许权的内容和范围，有几点需要特别说明：其一，罪犯完全享有的权利，不是特许权，如生命权、健康权、人格权、财产权、继承权等。罪犯因受监禁不能自己行使但可以通过代理人行使的权利，也不是特许权，如财产处分权等民事权利。其二，减刑、假释权不是罪犯特许权。虽然关于减刑、假释权的性质目前学界有争论，但至少在目前我国减刑、假释是由司法机关决定，因而从实定法的角度说不是一种行政权，这与我们前述对罪犯特许权性质的界定不相符合。其三，关于罪犯的政治权利能否成为特许权的问题。笔者初步认为，被剥夺政治权利罪犯的政治权利不能成为特许权，因为监狱机关无权改变法院的生效判决。没有被剥夺政治权利罪犯从理论上说享有政治权利，但除了选举权外，其他政治权利都处于停止行使状态。因而对于这部分罪犯来说，处于停止行使状态的政治权利都可以成为特许权。

二、罪犯特许权的价值分析

在本文第一部分中，笔者探讨了罪犯特许权的基本问题，包括概念、性质内容和范围。接下来我们需要明确的问题是：罪犯为什么要有特许权？罪犯特许权的正当根据是什么？要对上述问题作出正确的回答，就需要对罪犯特许权的价值进行深入的分析。笔者认为，罪犯特许权的基本价值表现在以下几个方面：

（一）罪犯特许权与宽严相济刑事政策的基本精神相契合

近年来，有关司法机构和学者提出了宽严相济的刑事政策，目前对这一刑事政策的基本蕴涵、地位、功能等还存在争议，但笔者基本同意对宽严相济的刑事政策作如下的界定：宽严相济刑事政策是指对于刑事犯罪的界定和处理，要从预防犯罪和保障人权的基本要求出发，做到该宽的要宽，该严的要严，宽严适当，配合使用。[①] 宽严相济的“宽”包括非犯罪化、非监禁化、非司法化三种情形；宽严相济的“严”是指法网严密，有罪必罚；宽严相济是指宽中有严，严中有宽，宽严结合，恩威并济。[②] 宽严相济刑事政策不仅是刑事立法政策，而且是刑事司法政策；不仅是定罪量刑政策，而且是刑事执行政策。宽严相济刑事政策蕴涵着促进罪犯再社会化的精神，而罪犯特许权的终极目标就是罪犯的再社会化。一般而言，罪犯的再社会化过程应该在特定的机构中通过强制的方式完成，也就是在监狱对罪犯执行自由刑的过程中完成。自由刑的执行过程既是改造罪犯的过程，同时也是罪犯再社会化的过程。但是现代刑罚理论和自由刑执行的实践表明，监禁与罪犯再社会化是矛盾的，有学者将这种矛盾总结为监狱化与再社会化的矛盾、监禁刑措施与刑罚人道化的矛盾、封闭的机构与开放的社会的矛盾，这就是所谓的“监禁刑悖论”。[③] 监禁刑固有的特征和缺陷使得罪犯再社会化的目标难以实现，由此提出了行刑社会化的理念。宽严相济刑事政策中的非监禁化与行刑社会化具有相同的价值蕴涵，目标都是为了罪犯顺利回归社会。而与罪犯特许权相关的大多数行刑制度，也都是为罪犯再社会化创造条件。如通信、探视特许权的目的之一是为了让罪犯了解社会，请假离监则是让罪犯直接接触社会，避免因长期的监禁而导致其出狱后的不适应。而有的国家实行的工作离监制、学习离监制本身就是在为罪犯重返社会做准备。对于正在监狱服刑的罪犯来说，宽严相济刑事政策的趋向是通过让那些人身危险性低的罪犯在社会上改造的方式实现其再社会化，而罪犯特许权则是通过各种制度、措施和方法降低罪犯的人身危险性程度，以使其符合非监禁化的要求。在这个意义上，我们可以说罪犯特许权是宽严相济刑事政策在刑事执行领域的具体体现，国家和监狱基于宽严相济刑事政策的考虑允许罪犯做的事情，都可以成为罪犯的

---

① 参见楼伯坤、金炜亮：“中国宽严相济刑事政策之路径选择”，载赵秉志主编：《和谐社会的刑事法治》，中国人民公安大学出版社 2006 年版，第 332—333 页。

② 参见陈兴良：“宽严相济的刑事政策：一个学者的解读”，载谢望原、张小虎主编：《中国刑事政策报告》（第一辑），中国法制出版社 2007 年版，第 15—17 页。

③ 参见袁登明：《行刑社会化研究》，中国人民公安大学出版社 2005 年版，第 122—139 页。

特许权。

（二）罪犯特许权是行刑个别化原则的制度表现

行刑个别化也即刑罚执行个别化，是指在刑罚执行过程中，刑罚执行机关根据罪犯的个人自然状况、犯罪性质、刑罚轻重、改造表现及复归社会的需要，采取相对应的改造措施和方法。行刑个别化原则是西方国家对罪犯实行累进处遇和中国监狱对罪犯实行分类管理、分级处遇的理论基础和指导原则。从理论渊源上讲，行刑个别化是刑罚个别化原则在行刑领域的具体体现，而刑罚个别化原则作为刑罚的制定、适用和执行的一项基本原则，已得到理论界和立法、司法领域的一致认同。因此，行刑个别化原则应当是刑事执行的一项基本原则。从形式上看，行刑个别化主要表现为在分类的基础上，对不同的罪犯实施不同的处遇，并根据改造表现的变化对处遇模式进行调整。从实质上看，行刑个别化就是要根据犯罪人的人身危险性的程度执行刑罚，行刑个别化的目的就在于教育改造犯罪人，改变其不良和反社会的人格，消除其人身危险性。罪犯特许权形式上表现为罪犯的行刑处遇或者待遇，这种处遇的主要根据是罪犯的服刑表现，服刑表现好的罪犯的特许权的范围大。罪犯特许权的本质根据也是罪犯的人身危险性，罪犯的人身危险性越小，其特许权就越多，行刑待遇就越好。因而不论从形式上看还是从实质上看，罪犯特许权都是行刑个别化的制度表现形式。与此相关的另一个问题是罪犯特许权与适用刑法平等原则的关系问题，也就是说，罪犯特许权是否与适用刑法平等原则相矛盾？笔者认为罪犯特许权与适用刑法平等原则并不矛盾。平等包括形式上的平等和实质上的平等。对所有的罪犯给予同等待遇是一种形式的平等，对不同的罪犯给予差别待遇是一种实质的平等。适用刑法平等原则所要求的平等应当是形式平等与实质平等的结合与统一，即对相同的罪犯给予同样的待遇，给不同的罪犯以差别待遇。给不同的罪犯以相同的待遇是一种形式上的平等，实质上的不平等，并不符合适用刑法平等原则的要求。罪犯特许权是行刑个别化的制度表现形式，是实质平等的体现，并不违背适用刑法人人平等原则。因此，罪犯特许权是世界许多国家行刑领域存在的一种普遍现象。

（三）罪犯特许权是监狱机关对罪犯进行激励管理的有效手段

激励管理是指监狱运用各种手段激发罪犯积极服刑改造的动机，强化罪犯积极服刑改造内驱力的管理方式和管理过程。[①] 激励管理的心理基础是罪犯

① 参见王泰主编：《新编狱政管理学》，中国市场出版社 2005 年版，第 335 页。

因被监禁而产生的一系列的新的心理需要。刑罚的本质是对权利的剥夺或限制，罪犯被监禁改造以后，自由被剥夺，许多其他权利受到限制或者因被监禁而无法行使，这就必然使其产生对自由的向往和对其他被限制权利的渴求，激励管理正是利用了罪犯在新的环境和条件下产生的新的心理要求。在西方国家，激励管理一般与累进处遇制相联系。累进处遇制度是指把自由刑的执行分成几个阶段，按受刑人的成绩，渐次改进其待遇，以达成改过向上目的的制度。西方各国一般把累进处遇制度分成四级即四个阶段，即独居监禁、杂居监禁、半自由监禁、假释。[①] 累进处遇对每个阶段都有不同的刑期和改造表现要求，相对应的则是不同的自由度和其他权利和待遇，级别越高，自由度越大，待遇就越好。累进处遇不同阶段对应的待遇内容，其实就是罪犯的特许权。在中国，对罪犯进行激励管理的制度形式就是分级处遇制度。分级处遇是我国监狱在借鉴西方国家累进处遇制的基础上，结合我国情况而推行的一种新型管理制度。其基本内容是在法律和政策允许的范围内，根据罪犯的服刑时间和罪犯的服刑改造表现等标准，将罪犯划分为不同的级别，并分别施以从宽、普通和从严的待遇。[②] 罪犯分级处遇也是一项基于罪犯需要之上的激励措施：罪犯的改造表现好，就可以获得较好的待遇，而罪犯要改变自己的行刑待遇，就必须积极改造。我国罪犯分级处遇中各级别所对应的待遇内容也就是罪犯的特许权。因此，与罪犯分级处遇相联系的罪犯特许权，是我国监狱对罪犯进行激励管理的重要内容。罪犯特许权将罪犯服刑过程中的静态性权利与权利的动态变化结合起来，将罪犯的改造表现与行刑待遇联系起来，科学地激励罪犯改造。

（四）罪犯特许权的展开——以罪犯夫妻同居为范例的考察

如前所述，罪犯特许权的范围和内容较为广泛和丰富，要对每种罪犯特许权都进行详细的阐述，显然超过了本文所能涵括的容量，因而本文拟以罪犯夫妻同居这一理论和实践都颇有争议的问题为视角，对罪犯特许权问题进行深入的考察分析。罪犯夫妻同居，在司法实践中有各种不同的称谓，[③] 是指监狱允许符合一定条件的罪犯在其配偶来监狱探视时，在特定时间内在一起居住的制度。允许正在服刑的罪犯夫妻在监狱内同居，是西方一些国家的惯常做法，有许多国家如瑞典、美国、荷兰等都有条件地允许罪犯配偶来监会

① 参见杨世云、窦希琨编著：《比较监狱学》，中国人民公安大学出版社 1991 年版，第 155—157 页。

② 参见王泰主编：《新编狱政管理学》，中国市场出版社 2005 年版，第 361 页。

③ 如眷属同居、特优会见、亲情同居等，但具有实际意义的就是罪犯夫妻同居。

见时同居。[①] 中国台湾地区将这种做法称为"眷属同住"制度，即指受刑人在合乎法律规定的条件之下，得准与配偶或直系血亲在指定之住所及期间内同住的制度。中国台湾地区有关部门为此还制定了《监狱受刑人与眷属同住办法》，允许刑期即将期满或表现优良之受刑人得以与眷属（如父母、兄姐及妻儿）同住。中国台湾地区行刑法律还规定了与眷属同住的次数与期限，以每月1次，每次不超过7日为原则。但有特别事由时，每次得申请延长1至3日，是否准许延长，应经监务委员会决议。中国台湾地区学者普遍认为，与眷属同住有助于强化罪犯与家庭的联系，缓和监狱同性恋问题，疏减管理者与受刑人之紧张状态。[②]

中国大陆监狱允许罪犯夫妻同居的实践开始于20世纪80年代末90年代初，当时是作为亲情教育的一种手段在个别监狱试行。1991年10月司法部劳改局《对罪犯实施分押、分管、分教的试行意见（修改稿）》肯定了这种做法，规定宽管罪犯每隔一两年可允许回家探视，有条件的单位，可批准配偶来监同居。这可以认为是关于罪犯夫妻在监同居的最早和最权威的法律根据。由于司法部劳改局在前述行政规章中只是原则规定有条件的单位罪犯夫妻可以同居，而对于罪犯夫妻同居的具体条件并没有相应的规定，因而实践中各地的做法极不统一。大多数地区是由监狱自己制定罪犯夫妻同居的相应办法。如河北省冀东监狱规定的罪犯夫妻同居的条件是：一级、二级、三级处遇，[③]服刑已过半的罪犯，可享受同居式接见待遇。凡符合条件的罪犯可以由本人申请或监狱主动安排同居接见。罪犯配偶（或亲属）携带结婚证、证明信、身份证即可享受同居式会见。接见前，监狱对前来接见的亲属，宣传监狱的方针、政策，介绍罪犯改造过程中的学习、劳动、生活情况，让犯属有针对

---

① 有关这方面的情况，请参见应朝雄："对依法保障罪犯合法权利的几个问题的探讨"，载《中国监狱》1999年第1期；金柱："罪犯配偶来监同居利弊分析"，载《犯罪与改造研究》1997年第4期。

② 有关中国台湾地区监狱眷属同住方面的资料，来源于翟中东主编：《自由刑变革——行刑社会化框架下的思考》，群众出版社2005年版，第154页。

③ 根据1991年司法部劳改局《关于对罪犯试行分押、分管、分教的实施意见》规定，根据罪犯的改造表现和服刑时间，结合考虑犯罪性质和恶习程度，实行从严、一般、从宽管理的制度。在司法实践中，各地一般根据上述原则规定，又把罪犯细分成五级，即特宽级、从宽级、普管级、从严级、特严级，其又被分别对应称为：一级、二级、三级、四级、五级。冀东监狱罪犯夫妻同居的范围是一级、二级、三级的罪犯，也就是普管级以上的罪犯。这个范围应当说是相对较宽泛的，因为根据笔者掌握的资料，山东省绝大多数监狱规定罪犯夫妻同居的条件是：省级改造积极分子、分级管理中属于一级、二级，或具有监狱评定的中级以上专业技术职称的罪犯，经批准可以在亲情公寓24小时以内会见亲属。

性地对其规劝教育。[①] 由于各监狱自己规定罪犯夫妻同居的条件，规范性与权威性不强，并且可能导致同一地区各监狱中罪犯夫妻同居条件的不统一，因而有的省（自治区、直辖市）的监狱管理局便统一制定关于罪犯夫妻同居的规定，以规范和统一执法。如 1999 年 6 月 14 日海南省监狱管理局《关于罪犯与配偶同居的规定》对罪犯夫妻同居问题做出了统一的规定。根据海南省监狱管理局的规定，罪犯与配偶同居必须具备以下条件：（1）必须是按分级处遇划分属宽管级的罪犯；（2 ）必须是依法经过婚姻登记机关办理结婚登记手续的合法夫妻关系；（3）罪犯与配偶双方必须履行监狱机关要求的计划生育措施。有下列情形之一的不能同居：（1）不能提供其为合法夫妻证明的；（2）罪犯有家庭婚姻纠纷及其他思想问题的；（3）配偶有精神或心理障碍的；（4）夫妻双方因家庭琐事感情不和的。罪犯与配偶同居，必须按以下审批程序进行：（1）罪犯提出申请，由监区集体例会讨论，报狱政科审查，监狱分管领导批准；（2）罪犯配偶必须向监狱机关提供有效的身体证明和其他证明；（3）罪犯与配偶同居时间一般为一天即 24 小时，特殊情况的可适当延长同居时间，但一次不能超过一天即 24 小时。对与罪犯同居的配偶，监狱机关应宣布有关纪律，强调其配合做好罪犯的思想改造工作，如有违反纪律劝阻不听的，应终止或取消同居待遇。对与罪犯同居的配偶所携带的物品要严格检查，不允许罪犯将违禁品带进或带出监狱。罪犯与配偶在同居时，配偶随身携带的通讯工具，必须交由监狱指定的部门统一保管，同居结束后归还。港、澳、台和外国籍罪犯与配偶同居或港、澳、台和外国籍配偶与罪犯同居，必须报省局业务部门批准，并应从严掌握。客观地说，绝大多数地区监狱机关推行的罪犯夫妻同居制度效果非常好。例如，自 2001 年起，湖北省监狱系统在条件成熟的监狱里推行柔性化管理，让犯人享受亲情会见、亲情聚餐、亲情帮教和亲情同居，在服刑人员和家属中引起强烈反响，三年来共有 5700 人享受了亲情，挽救了 83 个濒临破灭的家庭，47 对夫妻破镜重圆。[②] 作为对罪犯监管改造实践中的一项新生事物，罪犯夫妻同居制度在获得巨大成功的同时，也产生了一定的负面影响。这种负面影响主要来自三个方面：一是有些学者和干警从根本上对这项制度持反对态度；二是由于是新兴事物，制度设计方面不可避免地存在缺陷；三是在具体执行过程中出现问题。如果说人们的反对态度和制度设计缺陷可以通过实践统一认识和改正缺陷来克服的话，那么该制度执行过程中出现的问题

① 参见高合："浅议同居式接见"，载《上海警苑》1999 年第 5 期。

② 参见袁登明：《行刑社会化研究》，中国人民公安大学出版社 2005 年版，第 303 页。

则完全超出了制度设计者的预料，并把这项制度推向了崩溃的境地。2000年，湖南省某监狱发生罪犯利用管理的漏洞，在亲情会见室嫖娼的恶性事件，在社会上引起轩然大波，更引起了中央最高领导和主管部门的密切关注，并批示严肃处理。这一事件使得本来就饱受争议的罪犯夫妻同居制度雪上加霜，司法部后来明确通知罪犯夫妻同居暂停实施，进行整顿。从全国范围来看，目前绝大多数省、自治区和直辖市的监狱都不再实行罪犯夫妻同居制度。① 至此，正处于萌芽和试行阶段的中国监狱罪犯夫妻同居制度寿终正寝，悄悄退出了人们的视野。

如前所述，中国监狱的罪犯夫妻同居制度在实施之初便引发各方激烈争议，但直到司法部明确通知暂停整顿之前，该制度一直在争议中前行。根据笔者现在掌握的资料，目前对罪犯夫妻同居制度持肯定观点的理由是：(1) 罪犯夫妻同居体现了人道主义，展示了我国现代化文明监狱的形象；(2) 罪犯夫妻同居安定了罪犯的心态，稳定了狱内秩序；(3) 罪犯夫妻同居促进了罪犯积极改造，提高了罪犯改造质量；② 罪犯夫妻同居有利于罪犯家庭的稳定，促进了社会和谐。而对罪犯夫妻同居持反对观点的理由是：(1) 罪犯夫妻同居贬损刑罚的威慑力和监狱的威严。刑罚的本质是惩罚，监狱是监禁罪犯的场所。如果无限度地开放罪犯的权利，使刑罚丧失了其惩罚的属性，监狱不再具有威慑力，成为罪犯不再害怕的场所，法律的强制性则无从谈起。(2) 对罪犯夫妻同居权的剥夺是对罪犯人身自由权剥夺的当然后果。刑罚的本质是惩罚，而惩罚属性集中体现在对罪犯人身自由的剥夺上。公民因犯罪而失去了人身自由以后，与人身自由密切相关的其

① 2004年4月11日，《兰州晨报》发表一则报道，题为《甘肃酒泉监狱“夫妻同居室”开设十年后悄然关门》。报道指出，10年前，在甘肃省17个监狱中，酒泉监狱第一个吃“螃蟹”，在监狱里设立夫妻同居室。当时监狱腾出两间空房子，购置了床具，对入住者条件进行了严格限制：入住者必须具备身份证、户口本，要绝对保证是人犯的配偶。享受“夫妻同居室”的人犯要先提出书面申请，监狱方面根据其表现及评分情况，审核同意后报监狱领导批准。享受“夫妻同居室”的罪犯仅限男性。但酒泉监狱的“夫妻同居室”在开设十年后悄然关门。有关人士指出，酒泉监狱“夫妻同居室”关闭的原因主要有两个：一是由于只限于男犯，女犯则因为怕怀孕而无法适用，这在某种程度上造成男女之间的不平等。再说对于囚犯来说，就是要剥夺他们的人身自由以达到惩治的目的，如果一切都放开了，怕达不到预期的目的。二是具体操作过程中不好掌控。如果安排罪犯在监狱外会见，狱警不好监督；如果安排在狱内会见，我们的监狱由于经费紧张没有资金建设这样的地方，因此条件还不成熟。参见郝冬白、王聪：“酒泉监狱‘夫妻会见室’开设十年后悄然关门”，载《兰州晨报》2004年4月11日。笔者认为，酒泉监狱“夫妻会见室”关闭的原因除了前面所说的两点外，更为关键的还是由于湖南省某监狱的恶性事故导致司法部下令各地暂停罪犯夫妻同居式会见、进行整顿所致。

② 参见高合：“浅议同居式接见”，载《上海警苑》1999年第5期。

他权利自然就无法行使。夫妻同居权就属于与人身自由密切相关的权利，随着罪犯人身自由的被剥夺，其夫妻同居权也自然被搁置。（3）实施罪犯夫妻同居制度会造成罪犯之间的不平等。主要基于三个理由：一是夫妻同居只是适用于部分表现好的罪犯，其他罪犯无权享受；二是夫妻同居只是部分有条件的监狱实行，可能造成罪犯入监时的“择狱”现象；三是由于担心女犯怀孕而不在女犯监狱实行罪犯夫妻同居，造成男女罪犯之间的不平等。（4）罪犯夫妻同居可能增加监狱管理成本。由于罪犯夫妻同居需要建造住所、添置必要的设施，必然加重监狱负担，增加管理成本。在目前监狱经费非常紧张的情况下，使得监狱的经济压力非常大。（5）罪犯夫妻同居会增加监狱管理的难度，出现意外事件。由于罪犯夫妻同居的时间一般都是24小时，在此期间监狱方面无法监控罪犯行迹，易出现意外事件。（6）目前罪犯夫妻同居没有明确的法律依据。

笔者对罪犯夫妻同居制度持肯定态度，理由如下：（1）人道、人性观念是现代刑罚的基本理念。不容否认，刑罚的本质是惩罚，惩罚的内容是使罪犯权利受到剥夺和限制，从而遭受一定的损失和痛苦。否则，刑罚就不成其为刑罚。但由于刑罚目的的不同，现代刑罚中的惩罚的内涵与近代和古代刑罚中惩罚的内涵有着根本的不同。近代以前刑罚的目的是报复和威吓，惩罚的内涵就是给罪犯造成身体和精神的痛苦和财产的损失，以报复犯罪人和警戒其他人不要犯罪，因而其刑罚极其苛厉，可谓无所不用其极。现代刑罚的目的是报应和预防，行刑的目的是促使罪犯复归社会，由此决定了现代刑罚中的惩罚有痛苦的成分，但不是全部，现代刑罚被更多地注入了人道和人性的因子。在现代社会，刑罚轻缓化、行刑人道化是一个世界性的、不可逆转的趋势，由此也决定了刑罚惩罚中痛苦的内容不断减少，人道性的内容不断增加。现代监禁刑的主要内容是剥夺自由，自由的丧失以及由此带来的精神和物质的损失蕴涵了惩罚的基本内容。罪犯夫妻同居作为一项文明化的行刑制度，与刑罚的惩罚的本质并不矛盾，但却使得刑罚变得柔和，闪耀人道和理性的光芒。（2）现代监狱的功能之一是监禁，但正如毛泽东同志曾经指出的那样，我们的监狱不是过去的监狱，我们的监狱其实是学校、农场或工厂。现代监狱的功能不仅仅是监禁，也不是为了使罪犯恐惧，其主要的功能应当是使罪犯重新回归社会。为了使罪犯尽快复归社会，就不能让罪犯完全与世隔绝，而是应当尽一切可能使其接触社会，这既是行刑社会化的要求，也是罪犯改造的客观需要。罪犯夫妻同居既是罪犯与家庭和社会接触和联系的一种方式，也是监狱为促进罪犯改造而采取的措施，这种方式和措施与现代监狱的功能与行刑的目的相契合，具有合理性。（3）罪犯夫妻同居在法律性质上是罪犯的一项特许权。有学者认为，夫妻同居权是属于与人身自由密切相关的一种权利，罪犯因犯罪而失去人身自由以后，夫妻同居权就自然丧失。[①]笔者认为这种观点值得商榷。《监狱法》第7条明确规定罪犯享有一切未被依法剥夺或者限制的权利。罪犯因犯罪而被判处自由刑以后，由于人身自由被剥夺，因而与人身自由密切相关的权利的行使受到妨碍，罪犯的行为能力因而大为减弱。但这些权利并没有因人身自由的丧失而消失，罪犯在法律允许的时候仍然可以行使这些权利。罪犯夫妻同居权就属于未被依法剥夺或限制的权利，换言之，罪犯虽然被剥夺了人身自由，但并没有被剥夺夫妻同居权，离监探亲制度的存在也从侧面表明罪犯享有夫妻同居权。但对于已婚的服刑罪犯来说，在监狱夫妻同居并不是一种普遍的权利，因为监狱并没有义务为罪犯在监狱同居创造条件。让罪犯夫妻在监狱同居只是监狱改造人性化的一种方式、方法，也是对罪犯的一种处遇，只有符合条件的罪犯经监狱批准才能享有，因而这是一种特许权，并不因为没有法律的明文规定而丧失其合法性。(4) 罪犯夫妻同居有利于缓解罪犯的"性饥渴"，有利于监狱秩序安定。现代世界各国监狱一般都对罪犯实行分类管理，而其中的一项主要内容就是把男女罪犯分别关押在不同的监狱里，因此现代监狱大都是单性社会；[②] 同时，由于监禁的客观影响，罪犯的"性饥渴"问题由此产生。罪犯"性饥渴"现象的直接后果就是狱内同性恋和性暴力问题。我国安徽省蜀山监狱的彭和平先生曾研究一所监狱的同性恋现象。这所监狱关押着1300名罪犯，有同性恋行为者65人，占押犯总数的5%。[③] 另据上海市少管所干警胡磅的调查，在一个关押16—18岁的青少年女犯的100余人的分监区内，两年内曾有21人次不同程度地发生过同性恋倾向，占到总人数的20%强。[④]罪犯"性饥渴"引发狱内同性恋这仅仅是问题的一个方面，问题的关键之

---

① 参见李希慧：《服刑人员"夫妻同居"应该缓行》。资料来源：cnhan. com. 2003年11月6日。

② 从安全角度考虑，男女罪犯分别关押本无可指责，但这种关押模式所带来的弊端也已经引起国外学者的强烈关注。美国有学者对男女混押监狱的优点进行了研究，认为男女犯混押有以下好处：(1) 创造了一种正常的环境，减少了囚犯的痛苦；(2) 同性恋和性攻击行为减少了；(3) 罪犯返回社会后遇到的适应社会的困难也不同程度的减少了。另据一项调查表明，在有异性的场合，犯人都比较注意自己的言行，犯人的自尊心也有所满足。参见［美］克莱门斯·巴斯勒：《矫正导论》，孙晓雳等译，中国人民公安大学出版社1991年版，第190—191页。但男女混合关押的最大问题就在于秩序与违法性行为问题。

③ 参见彭和平："罪犯同性恋问题研究"，载《监狱工作研究》1998年第4期。

④ 参见胡磅："正确认识并处理青少年女犯的同性恋倾向"，载《犯罪与改造研究》2000年第3期。

处还在于：通过同性恋解决“性饥渴”问题的仅是少数罪犯，或者说绝大多数罪犯的性压抑问题仍然存在并且较为严重，这就产生了严重的性剥夺现象。剥夺性关系性心理的畸形发展和性格扭曲，也会使得性驱力由于不能得到及时释放而不断积累，最终以破坏性的方式渲泄出来，导致严重暴力事件的发生。[①] 罪犯夫妻同居制度可以使部分罪犯通过正当方式渲泄性欲，释放性压力，缓和其情绪，减少狱内暴力事件的发生，安定监狱秩序。(5) 罪犯夫妻同居有利于罪犯家庭和谐，激励罪犯改造。从目前实施罪犯夫妻同居的情况看，现实影响和效果都非常好。例如，沈阳市东陵监狱自1994年5月同居招待所开办到1997年年底的三年多时间里，共批准安排优级犯人与家属同居1885次，家属反映很好，已婚罪犯没有发生一例夫妻关系破裂、家庭解体的。[②] 河北省冀东监狱罪犯崔某某被判刑7年，服刑一段时间以后，婚姻出现紧张状态。崔妻刘某由于平时与婆婆不和，且难于与丈夫进行感情交流，故提出与崔犯离婚。崔犯从此情绪低落，一筹莫展，不思改造。监狱警察得知后，认为崔犯长期不能与其妻进行感情交流是其妻提出离婚的主要原因。为了挽救这个家庭，监狱安排崔犯与其妻在中秋节这天进行同居接见。在安排同居接见时，监狱干警向刘某介绍了崔犯的改造表现，并希望他们和好。经过同居接见，崔犯与其妻交流了感情，消除了误解，两人和好如初。刘某向崔犯表示，要等到其刑满释放后，两人一起过幸福生活。接见后，崔某的顾虑解除了，从而积极投入到走向新岸的改造征途中。[③]

综上所述，罪犯夫妻同居制度作为监狱改造罪犯的一项新的措施和方法，合情、合理、合法，且收到了极好的改造和社会效果，应当予以肯定和坚持。司法部因为个别监狱在执行中出现问题要求全面整顿是可以理解的，但就此停止该制度的实施则不免给人以因噎废食之感。但鉴于该制度的特殊性和实践中曾经出现的问题，在实施中应特别注意以下问题：(1) 关于男女罪犯之间、监狱与监狱之间的不平等问题。在司法实践中，实行罪犯夫妻同居的大都是男犯监狱，女子监狱由于担心怀孕等问题大都没有实行这项制度，由此有人认为在这个问题男女罪犯之间不平等。如果确实因为女犯特殊的身体情况就不实行这项制度，则这种男女罪犯之间的不平等确实存在。解决的方法

① 参见袁登明：《行刑社会化研究》，中国人民公安大学出版社2005年版，第132页。

② 参见严家浩、孙国泰、刘晶：“服刑人员婚姻问题探讨”，载《中国监狱学刊》1998年第5期。

③ 参见高合：“浅议同居式接见”，载《上海警苑》1999年第5期。

是对女犯一视同仁，有条件的监狱都实行罪犯夫妻同居，但必须严格避孕措施，严防女犯意外怀孕。至于不同监狱由于条件所限没有实行罪犯夫妻同居制度而造成的所谓的"不平等"是不存在的。如前所述，监狱没有义务为罪犯夫妻同居创造条件，罪犯不能享受夫妻生活是自由刑的附随后果。允许罪犯夫妻同居是监狱决定罪犯的一种特许权，其本身就不是一种普遍的罪犯权利，因而不存在是否平等的问题。（2）关于监管不到位的问题。司法实践中罪犯夫妻同居的时间一般都规定为24小时，在此期间监狱干警无法监控罪犯的行动，因而有人担心发生意外事件或串通案情等情况，妨碍监管秩序。这种担心不无道理。但问题在于，被准许夫妻同居的罪犯都要求改造表现好，监狱既然认为罪犯符合夫妻同居的条件，那就应当给予罪犯充分的信任，如果认为罪犯有可能发生危险或意外，那就不应当批准其夫妻同居。即使罪犯在夫妻同居过程中真的出现了问题，那也是一种正常现象，因为许多罪犯在监狱警察的正常监控之下都可能出问题，因而个别罪犯在没有警察监控的情况下发生问题并不值得大惊小怪。（3）对罪犯夫妻同居的收费要合理。对罪犯夫妻同居收取一定的合理费用，以保证该制度的长期健康发展，无可厚非。但不能以营利为目的把罪犯夫妻同居作为经济创收的手段，否则，罪犯夫妻同居必然丧失其本来的面目，出现问题甚至发生重大恶性事件也就在情理之中了。（4）罪犯夫妻同居制度要制定统一的规则。司法实践中的罪犯夫妻同居制度令出多门，有地方由各个监狱自己制定规则，有的是由省、自治区、直辖市的监狱管理局制定统一的规则，因而各地的做法差别很大。为了统一和规范执法，建议先由各省、自治区、直辖市制定统一的《罪犯夫妻同居管理暂行规定》，试行一定时间，基本成熟定型后由司法部以部门规章的形式对该制度做出统一规定，最后将其作为一项重要制度规定在《监狱法实施细则》中。

作为一项人性化的改造罪犯的措施，罪犯夫妻同居制度刚刚萌芽便饱受非议，实施当中又因个别地方的执行问题而被迫停止，可谓命运多舛。但笔者坚信，蕴涵人性与人道理念的罪犯夫妻同居制度在中国不会因此而夭折，历经磨难洗礼的罪犯夫妻同居制度也一定会更加成熟完善，与其他监狱制度一起共同完成改造罪犯的历史使命。值得欣慰的是，在经过一段时间的整顿后，有的地区已经重新开放了罪犯夫妻同居制度。据报道，北京市监狱管理局于2006年出台了《罪犯与亲属、配偶团聚、同居管理规定》（试行），规定将服刑人员享受团聚同居的条件与其每月的计分情况、所属管理级别严格挂钩，并规定服刑人员同居需经本人申请、分监区填表、领导批准、分监区向罪犯配偶发出《同居通知书》等程序。[①] 在为北京市监狱管理局的规定击掌叫好的同时，笔者认为罪犯夫妻同居制度在全国重新开放走上正规化的日子已为期不远。

① 资料来源：www. kulong8. com. 2006 年 1 月 11 日。

对法治背景下监狱职能相关问题的思考

周海洋 *

“关于监狱的职能”已经探讨许久，似乎已比较明确。前几天看一篇文章，上面说：“很多学者强调，在法治的时代背景下，监狱尤其要致力于罪犯人权的尊重与保障”。[①] 读后认为有必要再探讨：在法治的背景下，我国监狱的职能到底应该是什么？是继续坚持监狱法中的规定，还是转变方向“致力于对罪犯人权的尊重与保障”，抑或像有的学者所提出的那样“平等对待罪犯，打造以干警与罪犯平等为理念的监狱?”笔者认为，既然探讨在法治的背景下监狱的职能问题，那就必须弄清以下几个问题：一是什么是法治？二是为什么要实行法治？三是监狱为什么要实行法治？四是监狱实行法治就是要保障罪犯人权吗？在弄清以上几个问题的基础上，我们才能更进一步地明晰：“怎样做才能使监狱职能的行使符合法治的要求”这样一个问题。

一、监狱法治与罪犯人权

（一）法治的含义及价值取向

第一个问题，法治是什么？这个问题的答案几乎众所周知，按照最通常的理解，法治是依据法律而治理，是与法制和人治相对而言的。与法制相比，法治的含义更广，除法律制度外，主要是指一种动态的管理方式。与人治相比，法治是依法治理国家和社会的一种方略，它表明法律在管理国家和社会事务中具有至高无上的地位和权威，在法治的状态下，法律介入国家和社会事务的方方面面，法所代表的国家意志以及蕴涵的秩序、正义、自由等价值在法的运行过程中正当地得以实现。

---

* 中国人民大学刑法专业博士研究生。

① 李丽君：多元视角“监狱与社会关系的重新审视与探讨”学术研讨会综述［J］. 中国监狱学刊，2006，(2)。

第二个问题，为什么实行法治？道理很简单，实行法治是为了去除人治的弊端，实现法所蕴涵的秩序和正义目标。恩格斯指出，社会秩序就是“由社会上一部分人积极地按照自己的意志规定下来并由另一部分人消极地接受下来的秩序”。[①] 在法的创立之初，秩序是立法者所追求的最主要的价值取向，“在阶级社会里，掌握国家政权的统治阶级为了维护本阶级对社会的统治，就必须运用法律的手段来维护一个安定良好的社会秩序”。[②] 现代社会法的种类繁多，但就其整体而言，维护秩序，包括统治秩序、社会生活秩序、经济秩序等仍是法的主要价值取向之一。在阶级关系紧张对立的时期，法追求秩序价值的倾向更为明显。[③] 在经济飞速发展、阶级关系和社会矛盾相比之下较为缓和的现在，法的秩序性取向仍未消减，只是在不同的法中体现强弱不同而已。我国现行刑法比1979年刑法增加了大量条文和罪名，这从一个方面说明了法对社会秩序维护的加强。“我们必须认真地发挥法律的秩序作用，以防有人采用专断和完全不能预见的方法对待人们，因为这些方法必定会对社会生活产生令人不安的影响”。[④] 博登海默这句话的用意虽是在说明法具有可预见性，但也说明正是由于法的秩序和稳定作用才使预见成为可能。

要使法的秩序价值保持持久，法必须有正义的支撑，也就是说，法在实现秩序的同时，必须体现正义的要求，否则，秩序只能是强权高压下的暂时的秩序。“一个法律制度若不能满足正义的要求，那么从长远的角度来看，它就无力为政治实体提供秩序和和平。但在另一个方面，如果没有一个有序的司法执行制度来确保相同情况下获得相同待遇，那么正义也不可能实现。……法律旨在创设一种正义的社会秩序”。[⑤] 不同历史时期虽然对正义的具体内涵理解不完全相同，但就总体而言，正义必须体现社会普遍的利益要求和道德取向。回顾国家和法产生以来的历史就能看出，当一个政权及其法律符合当时社会普遍的正义要求时，这个政权就能得到较快的发展和取得稳固的统治，反之，

---

① 《马克思恩格斯选集》（第2卷），人民出版社1972年版，第515页。

② 高铭暄主编：《刑法学原理》（第1卷），中国人民大学出版社1993年版，第377页。

③ 我国建国之初的一些立法很明显地体现了这一点，1949年9月的《中国人民政治协商会议共同纲领》第7条规定：“中华人民共和国必须镇压一切反革命活动，严厉惩罚一切勾结帝国主义、背叛祖国、反对人民民主事业的国民党反革命战争罪犯和其他怙恶不悛的反革命首要分子”。1950年7月23日实施的《关于镇压反革命活动的指示》，1951年2月20日的《中华人民共和国惩治反革命条例》等法规都有类似的规定。

④ ［美］E. 博登海默著：《法理学　法哲学与法律方法》，邓正来译，中国政法大学出版社1999年版，第251页。

⑤ ［美］E. 博登海默著：《法理学　法哲学与法律方法》，邓正来译，中国政法大学出版社1999年版，第318页。

这个政权就会被推翻而为另一个能够代表当时社会正义的政权所代替。“一个合理的和令人满意的法律制度之所以会得到社会大多数成员的遵守，乃是因为它服务于他们的利益，为他们所尊重，或至少不会在他们心中激起敌视或仇恨的情感”。[①] 通过上面的论述，我们能够很自然地得出结论：我们实行法治就是要实现秩序与正义，二者相辅相成，当不能达成此目标时，我们必须回头审视制定的法律，看它是否体现了正义和秩序的要求并很好地平衡了两者的关系。

（二）监狱法治的意义

第三个问题，监狱为什么要实行法治？很明显，作为国家机器的重要组成部分或者说是社会公共管理机关的一个特殊分子，监狱实行法治就是配合整个国家和社会的法治建设，为实现国家和社会要求的秩序和正义发挥推动力量。具体讲包括两个方面，第一个方面是监狱自身实现秩序和正义，这是监狱发挥作用的前提；第二个方面，为国家的法治建设发挥积极作用，修补因犯罪而对社会正义观念和国家政权造成的破坏，就国家和社会整体而言，第二个方面的作用更重要、更根本。长期以来，我们对监狱维护秩序的作用了解较多，而对其具有的伸张和平衡社会正义的价值知之较浅，主要是因为，阶级斗争的思想在意识形态领域长期占重要地位，“国家是阶级矛盾不可调和的产物”、“军队、法庭、监狱是国家的暴力机器”等观念不断被灌输到人们头脑中，《辞海》对监狱的解释就是，监狱，监禁犯人的场所，阶级专政的工具之一，国家机器的组成部分。[②] 在广大民众看来，甚至在不少监狱工作者眼中，监狱纯粹就是国家的专政工具，是为维护阶级统治秩序而设，为统治阶级服务。

维护秩序固然是监狱设立的重要目的，但监狱所具有的弘扬正义的作用谁也无法否认，任何一个理性的人都不会否认监狱存在的正当性，这种正当性的根基就在于监狱对罪犯的惩罚符合社会大多数人的利益，得到了大多数人的道德赞同，能够恢复被犯罪扭曲和亵渎的正义观念，维护了社会大众普遍认同的“善恶有报”基本伦理规范。一个有趣的现象是，当一个政权因严重背离正义的要求而被颠覆时，颠覆者首先捣毁的是这个政权的监狱等暴力机器，但当新的政权成立时，首先建立和完善的也正是法庭、监狱等暴力机器，这说明，监狱的存在不仅是一个政权维护其统治的需要，也是整个社会

---

① Bronislaw Mailnowski, Crime and Custom in Society (Patwerson, N. J., 1964). pp. 15, 22 - 49.

② 《辞海》，上海辞书出版社 1980 年版，第 1688 页。

的需要，监狱是平衡社会正义的杠杆。传说中的地狱阴森恐怖，它以当时现实生活中的监狱为想象基础，人们为什么创设出了“地狱”的概念？并且“设计”了各种令人不寒而栗的刑具？是出于对监狱非人道的控诉，还是对作恶多端之人应遭报应的诅咒？在一切的文学作品和传说中，进入地狱者哪一个不是道德沦丧、作奸犯科之人？笔者知道，这一例举很不恰当，残酷非人道的刑罚早已成为历史垃圾，但这是否从另一个角度反映出，地狱也体现着人们惩恶扬善的正义诉求？

《韩非子·定法篇》曰：“法者，宪令着于官府，刑罚必于民心，赏存乎慎法，而罚加乎奸令者也。”这说明法令虽出自官府，但也要顺应人心，赏慎罚奸，这也就是说法令要体现正义。对法律有了解的人都知道，犯罪分为自然犯和法定犯，自然犯也称为刑事犯，是实施杀人、盗窃、强奸等行为，侵害人类最基本情感的犯罪，自然犯在所有犯罪中占较大比例，在当前我国监狱的在押犯中，自然犯占绝大部分，监狱对自然犯的惩罚，尤其体现了对人类最基本情感的维护，符合社会正义的要求。“正义有一个底线，这个底线是文明的人类社会所共同具有的，不遵守这些底线的社会不是文明的社会，否则就无法解释为什么所有文明的社会都会对杀人、盗窃、强奸等行为作出否定性评价”。[1] 监狱通过对杀人、盗窃、强奸等犯罪行为的惩罚守护着社会正义的底线，这种守护作用不论是对统治者，还是对普通民众都是必需的。“犯罪，一般来说不仅是违反法律危害国家和人民利益的行为，而且也是违反正义观念的邪恶行为，因此，出于正义的要求，对于恶行应该做出否定评价，对于善行应该给予褒扬，这是基于道义要求所产生的正义观念的应有内涵”。[2]

当前，随着社会经济和民主政治的发展，政治国家与市民社会逐渐分离，开始形成小政府、大社会的格局。不少学者认为，监狱作为社会中机关的一种，是社会事务的公共管理机关，应更多地承担社会职能，作为专政机关的职能应当退后。笔者认为，即便这种观点成立，监狱维护社会秩序和正义的作用与其公共管理机关的性质也是并行不悖的。按照一般的理解，监狱在社会事务中的分工仍然是惩罚和改造罪犯，这种在社会事务中承担的职能正是监狱维护社会秩序和正义的途径。在小政府大社会的格局中，政府作为政治国家的代表将更多的权力和事务交由社会来行使，为保证社会的良性运转，各公共事务管理机关必须充分行使其职能，监狱更应该发挥维护社会秩序和正义的作用，其惩罚和改造罪犯的职能只能加强，不能削弱。

---

① 张文显主编：《法理学》，高等教育出版社 1999 年版，第 411 页。

② 参见张文显：《二十世纪西方法哲学思潮研究》，法律出版社 1997 年版，第 479—480 页。

（三）监狱法治与罪犯人权保障

第四个问题，监狱实行法治就是要保障罪犯人权吗？通过上面的分析我们知道，监狱实行法治就是要实现秩序和正义。那么，还要不要保障罪犯的人权？当然要！并且保障罪犯人权正是监狱法治的应有之义！在现代法治理论中，法具有人权、秩序、正义、自由、效率等价值，“人权是现代法最基本的价值之一，尊重和保障人权乃是人类文明的标志，也是一切进步的法的基本特征，是现代法区别于传统法的基本标志”。[①] 在一些西方国家的法治理论中，人权是法的首要价值，德国法学家拉德布鲁赫宣称：“法律要求对个人自由予以某种承认，而且国家完全否认个人权利的法律是绝对错误的法律”。[②]

然而，一般意义上的人权与罪犯所具有的人权范围是不相同的，对一般意义上人权的尊重与保障并不完全适用于罪犯。罪犯是因触犯刑律而遭受刑罚处罚的人，刑罚的本质是对犯罪的报应和惩罚，剥夺罪犯相应的权利和使其遭受痛苦是刑罚的主要特征。《说文解字》对刑的解释是，刑，刭也，而刭是用刀割头的意思。刑的这种最初含义表明使犯人失去生命，随着社会的发展，失去生命以外的其他重要的东西也包括在刑的含义之内，现在，一切刑法规定范围内的剥夺犯罪人权益的方法都称为刑罚。罪犯因犯罪而失掉生命、自由、财产等权利，未被依法剥夺的权利也可能因为条件的限制而无法行使，如未被剥夺政治权利的罪犯应当享有选举权和被选举权，但是在监狱内服刑的罪犯只能享有选举权，而不能享有被选举权。现代意义上的人权范围广、层次多，但罪犯只享有未被剥夺的最基本的权利，如关于人格权的问题，罪犯所享有的人格权只是最低限度的人格权，是其作为一般意义上的人，即与动物相区别意义上的人所具有的人格权，我们尊重罪犯的人格权只是因为罪犯是人，只是因为法律的规定。和普通人的人格权相比，对罪犯人格权的尊重我们无法做到自觉自愿。再如，我们应尊重罪犯的通信权，但是，罪犯的通信权要服从监管安全的需要，来往信件、包裹等要经过检查，这样做并不是因为罪犯的人权不应受到尊重和保障，而是因为罪犯享有的权利是特定范围内的权利，这种特定范围来源于法律的规定，在法律没有明确规定的情况下，不能任意增加或缩减，这是法治的要求，也与刑罚的剥夺性质相符合。

在当前的人权理论领域流行一种观点，即“法未禁止即自由”，于是有人据此认为，法律没有明确剥夺和限制的权利罪犯都应当享有，笔者认为，“权利”与“自由”是不同的概念，二者不能互换，即便相同，这种观点也是不

① 张文显主编：《法理学》，高等教育出版社 1999 年版，第 380 页。

② Vorsckbvile der Recktsphilosophie（Heidelberg，1947），pp. 27－28.

对的。“法未禁止即自由”是西方人权理论领域的一条原则，该原则的产生有其独特的法文化传统和法治背景，并且该原则仅适用于私权利领域，在实际的运用中还要受到较多的限制。在我国，法律体系虽已较为完善，但仍有不少漏洞和不足，许多公私权（包括公权力和私权利）没有相应的法律规定，如果按照“法未禁止即自由”的原则行事，那么法的稳定性就应该完全被抛弃，任何一部法律都会失去存在的意义，因为没有任何一部法律是没有缺陷和漏洞的。“在私权利领域，法未禁止的行为很多，如果认为这些行为都是自由的，那么无疑同我们的价值取向和社会道德规范相悖，也不符合法治追求的目的”。[①]“个人自治和隐私范围内的事情也要由公权力来调整，由公权力来为保证”。[②]

在我国，普通公民的私权利不适用“法无禁止即自由”的原则，那么在狱内服刑的罪犯——接受刑罚处罚的公民更不能脱离具体的条件来谈“法无禁止即自由”。《监狱法》属于公法范畴，刑罚权是公权力的一种，并且是一种特殊的公权力，这种特殊性体现为对罪犯权利剥夺的严厉性，它不同于国家机关与普通公民的关系，也不同于学校对学生的管理关系。“在特殊权力关系领域，其限制程度得依公务之目的或作用做必要的限制，因而特别权力关系在现代民主法治基于维持公务有效运作，仍有其存在必要性”。[③] 在我国现阶段，绝大多数犯罪虽然是人民内部矛盾的反映，但惩罚与被惩罚主要体现为矛盾的对立，警囚关系体现为监管与被监管，强制服从与限制法未明确授予的权利始终贯穿于罪犯服刑的全过程。在监狱这种特别权力关系领域，依照法治的原则，权力的行使要有法的授权，而罪犯私权利的行使同样也要受主客观条件的制约。我国《监狱法》第7条规定：“罪犯的人格不受侮辱，其人身安全、合法财产和辩护、申诉、控告、检举以及其他未被依法剥夺或者限制的权利不受侵犯。”可见，我国《监狱法》对罪犯权利采用了列举加概括的规定方式，有学者将罪犯应享有的权利总结为十七种。[④] 对法律明确列举的罪犯权利应予保障，而对未被依法剥夺或者限制的概括权利要综合各种因素，慎重给予。比如罪犯的生育权，法律并没有明确剥夺或者限制，但是否允许罪犯在狱内生育？还有其他一些法未剥夺或限制的婚姻家庭权利，是否就允

① 白玉博：“浅议公权力和私权利”，载 http：//www. yfzsgov. cn/gb/info/xsll/2004——09/23/1457360222. html。

② 韩大元：“公私权冲突重在协调”，载 http：www. tecn. cn/data/. detail. php？id = 10917。

③ （台）法治斌、董保诚著：《宪法新论》，台北元照出版有限公司，2004。

④ 参见鲁加仑主编：《中国罪犯人权研究》，法律出版社 1998 年版，第 86—90 页。

许罪犯充分行使？当赋予罪犯法未禁止的权利时，不能逾越法律条文所包含的解释底线，更不能造成民众法情感和法正义感的破坏，“违反国民正义感的刑罚制度会导致社会不安定”。[①] 在我国，普通公民对监狱了解不多，但是，在监狱执行刑罚的过程中，由于需要而赋予罪犯法未禁止的权利时，往往会引起社会较多的关注。如一些监狱制定规定，允许部分罪犯与其配偶同居，就在社会上引起了一定的争论，这一争论现在还没有停息，这说明对犯罪人——实施破坏社会最低限度道德的人赋予法未禁止的权利，触动了社会道德正义中那根最敏感的神经，如果赋予罪犯的权利超出了社会法情感所能承受的范围，就会遭到社会的排斥和民众的反对。普通公民的私权利与公权力发生冲突时，社会的总体态度一般倾向于支持私权利而抑制公权力，但是赋予罪犯法未禁止的权利时，往往会发生相反的情况，支持者少而反对者众。这种现象值得我们认真思考：在法治时代的背景下，怎样做才能充分保障罪犯人权并且得到社会普遍的认同和支持？笔者的答案是，法律明确赋予罪犯的权利应充分予以保障，法律没有禁止的，谨慎给予，逐步引导社会认同，避免过激的排斥和反应。

通过上面的论述我们可以得出这样的结论：对罪犯人权的尊重和保障已包含在监狱法治的实现过程中，监狱依法行使职能、依法执行刑罚，就实现了对罪犯人权的尊重和保障。在我国，法治的实现是一个艰难漫长的过程，监狱法治的实现尤其如此，笔者认为，当前实现监狱法治，使监狱依法充分行使其职能，与行使监狱职能密切相关的几个问题必须解决，这些问题主要有：监狱的安全问题，监狱警察的建设问题，警囚关系的处理问题，解决好这样几个问题，就为监狱法治的实现提供了良好的条件。

二、对与监狱职能相关问题的认识

（一）安全是监狱行使职能的前提

我国监狱巨大成就的取得得益于安全工作的常抓不懈，安全稳定是监狱充分行使职能的前提。当前，个别学者对监狱工作中高度重视安全的做法提出质疑，认为这是“泛政治化”的体现，[②] 还有同志提出，监狱应放弃对绝对安全的追求，追求绝对安全挤压了监狱主要职能的行使，应像其他行业一样，允许安全事故在一定比例内发生。在笔者看来，放宽安全要求的观点是错误的。首先，追求安全是法治的主要价值取向之一。笔者已经论述，秩序

① 周光权：“论刑法的公众认同”，载《中国法学》2003 年第 1 期。

② 参见高文、李珂：“中国监狱若干问题之分析”，载《犯罪与改造研究》2006 年第 8 期。

是法治的最主要目标之一，而秩序的基本含义就是稳定有序，监狱依法治监就是按照法的要求实现秩序和稳定，安全稳定是监狱法治的基本内涵，实现监狱法治，必然包含对安全稳定的追求。

其次，加强安全是执行刑罚的必然要求。刑罚的执行必然给犯罪人带来痛苦和耻辱，“适用刑罚必然会给犯罪分子带来痛苦，不仅使其因丧失某种权益而感受生理上的痛苦，而且使其因受政治上、道义上的否定评价和严厉谴责而在心理上感受到莫大的耻辱”。[①] 逃避刑罚的痛苦和耻辱是任何人都具有的本性，而监狱正是这种逃避与反逃避的矛盾集中对立地，各类安全事故的发生正是这种对立矛盾的爆发，它极大地破坏了监狱代表国家执行刑罚的权威，降低了民众对监狱平衡社会正义的期冀，使监狱的职能无法正常行使。监狱所特有的矛盾尖锐对立性，也使得监狱的安全工作与其他行业截然不同：一是监狱的安全事故破坏性强、后果严重；二是直接影响着整个社会的稳定，有时还会引起国际反映。因此，绝对不能用社会其他行业的安全标准来衡量监狱，特殊矛盾要求我们采取特殊有效的方式解决。

再次，放宽安全要求的观点缺乏对监狱工作的实证考察。当前，黑社会性质罪犯、极端暴力罪犯、累犯等具有极强危险性的罪犯大量进入监狱，狱内改造与反改造的对立尖锐激烈，脱逃、暴狱、闹狱、破坏监管秩序等恶性事件随时可能发生。笔者所在的监狱1991年发生一起罪犯脱逃事故，从罪犯脱逃到被抓捕的近一个月的时间内，监狱正常工作基本被打乱，大量干警被抽调执行抓捕任务，狱内罪犯人心躁动，不安心改造，周围群众、村庄、单位恐慌四起，事故不但对监狱生产造成了较大损失，也对狱内其他罪犯的改造造成了很坏影响。2001年，笔者所在监狱驻地附近的另外一所监狱发生一起罪犯残忍杀害工人的案件，造成极恶劣影响，附近几所监狱都笼罩在恐怖气氛中，一些干警对管理罪犯产生了畏惧，许多罪犯管理上的事务无人过问，给工作造成很大被动。当然，事物总是相对的，要求永远不发生事故是不现实的，但是，正是因为事故不发生的相对性，我们才要高度重视它，想尽一切办法防止它，使其由相对逐渐接近绝对，那种认为追求绝对安全是对监狱工作过高的要求，以及为安全事故定指标的想法是不利于我国监狱事业发展的。

最后，放宽安全要求也是对罪犯人权的忽视。保障罪犯依法赋予的权利是监狱法治的内涵，也是监狱的法定职责，其中最主要的就是保障罪犯的人

① 高铭暄、马克昌主编：《刑法学》，北京大学出版社、高等教育出版社2000年版，第228页。

身安全，各类安全事故，特别是各类生产事故构成对罪犯人身安全的最大威胁，放宽对安全的要求，必然导致安全事故的大量发生，造成罪犯人身安全的侵害，在这方面几乎每个监狱都有血的教训。当前我国监狱在罪犯安全事故的处理、赔偿等方面缺乏统一的规定，一般适用社会通用的标准，由于缺乏针对性，适用过程中往往产生许多问题，一旦处理不当，罪犯或其家属哭闹上告、纠缠不休，其他罪犯想方设法逃避劳动。现在国际社会对各国罪犯权利的保护状况也较为关注，对罪犯人身安全的保护成为一个国家文明法治程度的标志之一，因此，从维护国家形象的角度出发搞好监狱安全工作也是极其必要的。

（二）警察队伍建设是监狱依法行使职能的动力

监狱警察是监狱法治的执行者和推动者，是监狱职能行使的主体。同其他行业的从业人员一样，在当前社会急剧变革的时代，我国监狱警察特别是在基层监狱的警察有自己需要解决的工作生活上的问题，更有思想上的迷茫和困惑，集中表现为：对改革可能触动自身利益的担忧，因社会变革而导致的新的价值理念的被动接受，职业标准的不断提高对自身能力的挑战。毫不夸张地讲，由于监狱工作的特有性质，监狱警察比社会其他行业人员对社会作出了更多的贡献，除了长期与罪犯打交道造成的精神上的高度紧张和压力外，工作时间上的无休止性使得一些人身体疲惫，忙于应付。依笔者所在的监狱为例，干警除白天工作八小时外，晚上还有二个小时左右的下监要求(每天只能一次)，下监次数因人而异，20 世纪 90 年代是每人每月不少于二十次，现在是不少于十八次，对一些领导的要求次数更多，这样平均每人每天工作都在十个小时以上，还不包括星期天、节假日值班及平时的加班加点。由于监狱经济的发展，警察的福利待遇和生活环境比以往有了较大改善，但工作压力和时间的漫长依然如故。有同志撰文说：“为了转移心理的压力，在基层的监狱出现最多的就是对上对下虚以应付，工作态度消极，表现在日常生活中，一是喝酒，二是赌博，再有的就是嫖娼，这种情况不在少数，这实际都是一种物极必反的一种反映”。[1] 笔者认为这话有失偏颇，在庞大的监狱警察队伍中出现个别违规违纪甚至违法现象应该是正常的，只是数量极少，而不是“这种情况不在少数”，请问，哪个行业没有违规违纪违法现象发生？的确，由于工作的巨大压力和环境的单调，一些同志产生了厌倦情绪，工作态度消极，但大部分同志都在兢兢业业的工作，我国监狱事业所取得的不斐

① 高文、李珂：“中国监狱若干问题之分析”，载《犯罪与改造研究》2006 年第 8 期。

成绩充分证明了这一点。

在法治的要求下，基层监狱警察要更好地扮演推动者的角色，充分行使监狱职能，摆脱当前疲劳交瘁的状况，应从以下几个方面入手：一是增强基层广大干警法治理念，尽快实现由经验管理到依法管理、制度管理的转变。思想指导行动，只有依法治监的理念深入到每个干警的脑海中，成为自身思想及世界观的一部分，才能自觉指导具体的工作，那就要求干警们努力学习法律，深刻领会法的精神和实质。现在受社会不良风气的影响，部分干警心浮气躁，不愿看书，厌倦学习。为此，领导们应正确引导，创造条件，加强督促和考核，努力杜绝学习培训中的弄虚作假现象。在监狱的长期发展过程中，广大干警积累了许多宝贵的管理改造经验，应将这些经验及时上升为法律和制度，通过对法律和制度的执行来推动监狱职能的行使，改变管理中过多的人治痕迹，实现由人治型的经验管理向依法管理的转变。二是加强职业化建设，实行专业分类，切实改变广大干警监管生产一肩挑的局面。我国长期形成的监企不分的监狱体制短时期内很难改变，要纯化监狱职能，提高改造罪犯质量，加快依法治监进程，加强专业化建设是良好的选择。应依据《公务员法》关于职位分类的要求，对监狱中各项工作进行合理分类，吸收录用较多的专业人员。生产技术类人员专心致力于监狱生产，法律监管类人员全身心地投入到对罪犯的惩罚与改造之中，只有这样干警们才有时间和精力学习专业知识，钻研本职业务，才能实现改造质量质的飞跃，依法治监的目标才能较快实现。三是吸收年轻人才，改变现有队伍结构。实行公务员制度以来，由于编制名额的限制，监狱吸收的人员数量大减，现在基层监狱中主要警力的年龄都在35—50岁间，35岁以下的警力开始出现断层，特别在监区和分监区中，这种情况更突出。另外一个问题是，由于监狱大多处在偏僻地区，绝大部分干警职工子女就业由本监狱解决，这些子女大部分学历不高，在学校所学专业杂乱，就业后成为监狱巨大的包袱，为了干警职工队伍稳定，监狱不得不背着这样一个包袱，这一包袱开始成为监狱发展的障碍，影响着整体队伍素质的提高。要改变这种状况，一方面加大人才吸引力度，创造条件吸引高层次、高学历人才到监狱特别是基层监狱工作；另一方面注重对干警职工子女的再教育，鼓励其接受监狱需要专业的再教育，使其来则能用，由包袱变为人力财富。

（三）和谐的警囚关系是监狱职能充分行使的关键

要充分行使监狱职能，必须有主客观各种条件的支持，人与人之间关系的和谐至关重要，包括警察之间的团结互助、上级对下级的理解和关怀、下级对上级的尊重与自觉服从，以及警察与罪犯对彼此人格的尊重、和谐关系的建立。其中和谐警囚关系的建立对监狱职能的充分行使至关重要，是监狱和谐关系的主要方面。在现实惩罚改造罪犯的过程中，我们有时过于强调警察的主导作用，忽视罪犯改造主观能动性的发挥，在一定程度上将罪犯看成是不愿自我改造的被动的客体，不承认警囚关系存在和谐统一的一面。和谐的本意是协调，而协调是指不同事物之间安定有序互不排斥的关系和状态，只有不同事物之间才可能存在和谐的问题，才有相反相成的可能性，警囚之间和谐关系的建立同样符合这一规律。事实上，改造罪犯是警囚双方互动的过程。对一部分罪犯来讲，改造是被动非自愿的，而大部分罪犯能够真诚悔罪主动改造，还有一部分罪犯前期改造被动，经过一段时间的教育能够做到自觉改造，就罪犯的整体而言，主动自觉改造是主流。对罪犯要求改造的愿望要适时引导、鼓励、保护，使警囚双方形成良性互动关系，努力促成双方和谐关系的建立，而和谐的关系一旦建立，就为监狱职能的行使创造了良好的条件，改造罪犯过程中的阻力就会自然减少。

对立是警囚关系和谐的主要方面。监狱警察与罪犯之间的对立统一关系由于刑罚的痛苦性而变得异乎寻常，这种寻常体现为对立的主导性和统一的有限性，统一性依附于对立性，只有在对立的基础之上，二者才有统一的可能。警囚关系的对立性体现为：一是双方身份的对立性，警察与罪犯犹如猫与鼠，要消除二者的对立是无法想象的；二是双方利益的对立性，警察代表国家公权力对罪犯实施刑罚，而罪犯总是直接或间接对公权力造成侵害的人，双方代表的利益不仅不同，而且直接对立。对立性贯穿于每名罪犯改造的全过程，忽视对立性只讲统一，对监狱警察来讲，是无视职业宗旨的无原则妥协，对罪犯来讲，是抛弃身份意识的反改造言行。当前，存在着一种错误认识，以为讲和谐就应尽量减少对立，对罪犯的要求尽可能予以满足，减轻对罪犯的惩罚强度，导致实践中对罪犯的反管抗改言行不敢打击，或打击不力，甚至在一些场合不敢义正词严的明确罪犯的身份，这其实是对警囚关系和谐的严重误解。

法治是警囚关系和谐的前提。无论警囚关系体现为对立还是统一，总是以利益和权利的关系表现出来，要做到二者的和谐，其实就是使二者的权利义务关系处于平衡状态，而平衡的支点就是法律。警察依法执行刑罚，依法行使监狱职能，罪犯依法改造，一切以法律为参照，二者的权利义务关系自然就会处于平衡状态，因此说，法治是警囚关系和谐的前提。笔者在前面已经指出，法律明确赋予罪犯的权利监狱必须予以保障。问题是，法律的许多规定内容并不明确，如何做出解释和界定成为当前影响监狱工作的一个大问题，是做出有利于罪犯的解释，还是相反，或者根据工作的需要由各监狱自行确定？如《监狱法》第57条第2款规定："监狱可以根据情况准其离监探亲"，第39条规定："监狱根据罪犯的犯罪类型、刑罚种类、刑期、改造表现等情况，对罪犯实行分别关押，采取不同方式管理。"有同志认为，以上规定就是监狱允许罪犯与其配偶同居的法律根据，为什么这样认为？因为"实施多年，总体效果是好的……是人性化的体现"。[1] 对于监狱工作者来说，出于维护监狱安全和改造罪犯的需要，认为应当包含这样的内容，而普通公民则从社会普遍正义的角度出发，认为不应当包含这样的内容，理由是："作为国家的刑罚执行机关，监狱的一切执法行为必须有法可依，以'人性化'的名义进行改革，打法律的擦边球，实质上是对法治的背离，害莫大焉"。[2] 笔者举出上面的例子并不是想赞同或反对允许罪犯与其配偶同居的做法，而是指出，当前存在着较多的需要进一步明确规定的事项，这是监狱法治建设中的法制缺陷。解决这一问题的做法是，在法律不能频繁修改的情况下，可由司法部对社会较为敏感的事项制定统一规定，而不能由各监狱自行其是，影响法律的统一和权威。

依法保障罪犯权利是警囚关系和谐的保障。和谐体现为警囚双方对彼此人格的尊重，而要使罪犯尊重警察，警察除了具有依法行刑的权威外，还必须具有使罪犯尊重的亲和力和感召力，而这些来源于对罪犯权利的依法保障。"干警要公开、公正、公平、文明执法；关心服刑人员，帮助解决各种具体困难；尊重服刑人员的人格"。[3] 在具体的改造实践中，干警侵犯罪犯权利的现象时有发生，根本的原因在于个别干警对警囚关系的实质缺乏认识，对罪犯在改造中的双重角色理解不够。警囚关系虽然总体上体现为对立，但在某些方面是统一的，比如双方的法律人格是平等的，双方合法的人身、财产权利同样受到法律的保护。干警是代表国家执法，罪犯是因为触犯国家法律而服刑，警囚关系是建立在国家法律调整的基础之上的，法律是理性的法律，执行也需要执法人员的理性，个人情感、好恶、意志必须限制在法的范围之内，服从法的要求，法本身已经对罪犯应该被剥夺的权利予以了剥夺，干警只是在执行而已。要求干警在执法过程中完全摆脱情感的好恶是对干警过高的要求，但是无论如何不能超出法律规定的底线，那就是不能打骂、体罚、侮辱罪犯，法律明确赋予罪犯的权利要保障行使，不能逾越法的规定限制罪犯权

---

① 王明迪："祝贺　期盼与探索"，载《犯罪与改造研究》2006年第8期。

② 曹兵："且慢为女子监狱'同居会见'喝彩"，载 http：//www. gnw. cn/CONTENT/2001—01/15/content_ 360607. htm。

③ 尉迟玉庆："关于建立和谐的改造关系的若干思考"，载《犯罪与改造研究》2006年第8期。

利，更不能对罪犯打击报复。罪犯既是被改造的客体又是自我改造的主体，只有罪犯自觉改造才能收到良好效果，而唯有依法保障罪犯权利，充分调动罪犯改造积极性，罪犯才可能自觉改造。现在打骂体罚罪犯的现象已大大减少，侵犯罪犯权利的现象较多地表现为干警对自身职责的不履行、不作为，例如，不带领罪犯按照规定会见，任意缩短罪犯会见时间，无故扣押、损毁或延迟给予罪犯合法的邮包、信件等物品。这就要求努力加强干警职业道德建设，严格各项管理制度，对不履行或不认真履行职责的干警加强教育，造成严重后果或恶劣影响的依法处理。只要干警真正为罪犯着想，切实从细微处维护罪犯法定权利，就能建立和谐的警囚关系，提高改造质量的目标就易于实现。

第七编　国际刑法、外国刑法、比较刑法和区际刑法

论全球化时代的刑法国际协调

王文华*

前　言

当前，说“全球化”是一个妇孺皆知的词汇似乎并不夸张。它首先是，或者主要是指经济的全球化，构成现代世界共同体的国家和社会之间的经济互动、相互联系和相互依赖比以往加强。经济全球化是一个不争的事实。近年来还出现了“法律全球化”的概念，但是我国学者对法律全球化是否出现以及在何种意义上使用，尚有不同认识。笔者认为，“法律全球化”指的是法律在世界范围内的一种趋势，即各国法律的内容趋同、协调，乃至在某些领域的一致。毋庸讳言，这一趋势是现实存在的。但是这种法律趋同过去主要发生于民商法、国际法领域，如果说刑法的“全球化”似乎还比较牵强或为时尚早，因为刑法带有具有最严厉的国家强制性，带有浓烈的国家主权色彩。然而，如果我们将“全球化”只是作为一种趋同的趋势来理解，那么刑法已经在某些领域以某种特殊形式出现，主要表现在三个方面：一是大量带有刑法内容或刑事性质的国际公约出现；二是具有一体化倾向的区域刑事法出现，这典型反映在欧盟刑事法中；三是许多国家刑法的内容日益趋同协调。笔者姑且称之为“刑法的国际协调”。

一、我国刑法国际协调问题的提出

经过改革开放以来二十多年的发展，我国刑事立法技术水平比以往有了较大提高，立法经验也更为丰富、成熟，但是与以往相比，面临的挑战也更大，任务更为艰巨：

* 高铭暄老师2003—2005年的博士后，北京外国语大学法学院副院长，副教授，法学博士、博士后，蒙特利尔大学法律硕士，北京师范大学刑事法律科学研究院兼职研究员。

1. 国际国内政治、经济、文化的发展变化迅猛。作为根本的决定性的因素，经济全球化同时带动了政治、法律、文化等因素的发展变化和互相影响。例如从经济贸易角度看，我国是世贸组织第143个成员国，而2006年11月，越南成为世贸组织第150个成员国，世界上最后一个共产主义国家"入世"。这从一个侧面充分说明了经济全球化不可阻挡的势头。但是，经济全球化在给人类带来经济发展福音的同时，由于资金、服务、人员、信息流通的便捷，国家之间、人与人之间的交往机会大大增加并且不可避免地发生冲突和矛盾。另一方面，对利益的追逐以及不同主体之间发展的不均衡使得经济犯罪成倍增长，知识与科技的迅猛发展使得国际犯罪和其他犯罪的内容与形式进一步演变。因此，经济全球化带来了副产品——经济犯罪的全球化。自20世纪末开始，犯罪越来越呈现智能化，专业化的特征，网络犯罪危害甚重；由于通讯方式的便捷，跨国有组织犯罪繁衍速度较快。从犯罪种类上看，毒品犯罪由于高额的非法暴利屡禁不止；经济发展给权力寻租带来空间，贪污贿赂犯罪特别是商业贿赂犯罪较以往显著增加；而国家、地区间发展的不平衡、文化、文明的差异与冲突等因素滋生或加剧了恐怖犯罪……这些都迫切要求各国采取有效措施进行惩处和预防。然而，一个国家要想单单依靠传统的本国刑法已经难以有效地抗制严峻的犯罪态势，因为许多犯罪超越了国界，需要国家之间消除制度和观念上的差异，尽快取得共识，在刑事实体法和程序法方面加强合作，形成合力，联手出击，才能奏效；

2. 国际社会与世界绝大多数国家日渐重视对人权的保障。这当然于国于民皆有利，彰显了人类的文明、法治的进步，并且，刑法打击犯罪，保障人权的双面功能共同形成一对矛盾关系，缺一不可——从打击犯罪角度看，刑法是用来主动出击的"矛"，而从人权保障角度看，刑法又是具有守护性质的"盾"。[①] 然而，对以往偏重打击的刑事立法而言，这张"盾"的存在有时会增加刑事立法、司法的难度，尽管国际社会和国家的人权保障与打击犯罪的根本目标一致，但是在惩治具体犯罪时二者并非总是同向的，作为人权保障的"盾"要求刑法在发挥其"矛"的作用时尽量保持其最后手段性或谦抑性，这样在一定程度上会削弱打击犯罪的力度和速度；

3. 不同性质、不同级别和不同效力的法律法规日益增加，这包括民事的、行政的、刑事的，也包括国际的和国内的。因而刑事立法需要"瞻前顾后，左顾右盼"，否则容易发生法律之间的不协调，引发法律冲突，使民众无所适

① ［美］M. 谢里夫·巴西奥尼：《国际刑法导论》，赵秉志、王文华译，法律出版社2006年版，第80页。

从，最终使得刑法和其他法律的执行效力大打折扣。

当然，当今刑事立法遭遇的挑战不止这些，笔者也无意一一列举。这些挑战对刑事立法工作提出了更高的要求。在经济全球化的背景下，刑法如果要完成自己的使命，就不应当也不可能像传统刑法那样，将目光主要放在国内。与刑事立法的国内协调问题（刑法内在机制的协调、刑法与国内相关法律的协调等）相比，我国刑事立法的当务之急是解决刑法与国际公约和其他国家法律的协调问题，笔者称之为“刑法的国际协调”。本文不打算将我国刑法与某一项或几项国际公约作具体比较，而是试图就我国刑法在全球化进程中的国际协调的主要对象和领域作一探析。

二、我国刑法国际协调的主要对象

我国刑法国际协调的主要对象包括两方面：与国际刑事公约、人权公约的协调以及与其他国家刑法的协调。

（一）与国际刑事公约、人权公约的协调

出于打击跨国犯罪、国际犯罪、保障人权的需要，联合国和一些区域性国际组织多年来缔结了一系列有关国际刑法方面的公约，其中我国签署、批准或加入的国际刑事公约涉及的领域有：灭绝种族罪、战争罪、反人道罪、非法使用武器罪、危害国际航空安全犯罪、种族歧视与种族隔离罪、酷刑罪、侵害应受国际保护的人员罪、劫持人质罪、恐怖犯罪、毒品犯罪、腐败犯罪等。此外，我国 1997 年签署、2001 年批准了《经济、社会和文化权利国际公约》，1998 年 10 月 5 日签署了《公民权利与政治权利国际公约》，在等待全国人大常委会批准。我国刑法与国际刑事公约、人权公约的协调主要有两方面内容：一是积极加入，二是已经加入的应当及时协调修改以便适用。

国际刑事公约、人权公约或者是出于打击某一类犯罪的迫切需要而产生，或者是在一些国家和地区经历人权灾难后，国际社会无法继续坐视，基于“人类的共同良知”制定的。它们基本反映了国际刑事法治的需要。我国刑事立法应当在不损害我国利益和基本原则的情况下积极签署、批准或加入国际刑事公约和国际人权公约，这既是我国打击跨国犯罪和国际犯罪的需要，也是我国承担国际义务、提升国际形象，显示大国负责任态度的需要。我国自“二战”以后就是国际刑事审判的参加国，近二十多年来一直积极加入了许多国际刑事公约，在我国的刑事立法和司法实践中也十分重视打击国际犯罪，但是由于中间有过停顿，起步较晚，在国际刑法与国际人权法的学术与实践两方面都有待提高。

另一方面，虽然已经加入或签署了一系列国际刑事公约，但是我国刑法

与之尚存在一些不协调甚至矛盾冲突之处，例如我国刑法对知识产权犯罪的规定与《与贸易有关的知识产权协议》（即 TRIPs 协议）、对贿赂犯罪的规定与《反腐败公约》都还有一定距离。无论是从履行条约义务，促进我国刑事法治与国际接轨还是从促进我国刑法的科学发展，发挥刑法应有功能的角度考虑，我国刑法都应当及时修缮与有关国际公约相抵触的内容。①

（二）与其他国家刑法的协调

与其他国家刑法的协调是指我国应当积极借鉴吸收别国立法经验，采用其先进的刑法制度，并通过国家刑法的协调趋同促进与其他国家的刑事司法合作，加深刑法文化的理解与传播。

刑法作为公法的重要组成部分，是主权国家的产物，具有鲜明的民族性，并且由于它轻则剥夺人之财产、自由，重则危及生命，因此是一种以国家强制力为后盾的最严厉的惩罚措施。这使得刑法较其他法律难以在国家之间互相影响。但是国家间州法的这种趋同、协调的倾向还是不可阻挡地发生了，例如近代日本刑法对法国、德国刑法的吸收移植、中国台湾地区对日本刑法的借鉴吸收等，都属于这种情形。这是因为别国先进的刑事法律制度可以为我所用，少走弯路，使本国的刑事法治更快发展。

经济全球化时代，“地球村”使人们之间的联系更为便利，同样也使国家之间的交往更为频繁密切，其中经济是主要的纽带。因此而产生的跨国犯罪、国际犯罪同样需要国家间通过良好的刑事司法合作进行处罚。各国刑事法惩治犯罪的“联手”出击主要体现在刑事司法领域的合作，虽然合作的内容与深度因国家的刑事司法水平、具体犯罪状况、国家的外交关系等而有所不同，但是有一点自始就表现得很突出，就是国家之间刑法观念与刑事实体法的规定对刑事司法合作的实际效果有很大影响。如果两国刑事立法接近，对同样的行为作同样或近似的犯罪规定，并规定相同——至少是近似的刑罚，则容易在观念上取得一致，并加深国家之间的理解与信任，有利于刑事司法合作的顺利开展，对这些严重的犯罪进行有效打击，将使犯罪人无缘利用国家之间刑事法的差异逃避惩处。

引渡与死刑适用的关系就是最好的说明，长期以来，由于我国刑法的死刑规定，许多外逃贪官因此不能被引渡回国受审，不仅造成国有资产的大量流失，更造成了极坏的社会和国际影响。令人欣喜的是，继与西班牙签订引渡条约之后，我国又于 2007 年 3 月 20 日与法国签署了《中法引渡条约》，前

① 赵秉志：“在国际公约框架内研究我国刑事法治”，载《检察日报》2002 年 5 月 9 日。

提同样是该条约对与死刑有关的案件不适用。我国所采取的这种特殊情况特殊处理的灵活方式是非常值得称道的，通过与对方国家在死刑问题上协调趋同，将大大有利于缉捕以贪官为主的外逃案犯。实体法的刑罚制度对引渡条约的作用，可见一斑。

此外，国家间刑法的协调趋同还具有加深刑法文化理解与传播的功能，反过来它又可以进一步减少国家间的刑法冲突，有利于国家间协调合作地打击犯罪。这不仅在欧盟，而且在美洲国家间、东亚国家间的刑事领域都表现得十分明显。

与加入国际公约不同的是，加入国际公约有时是在国家利益因素之外还有某种外在压力，而国家间刑法的趋同与协调则完全是自觉的。无论其他国家的刑法如何成熟，我国刑法绝不会走向“法国化”、“德国化”或“美国化”，因为我国刑法制定的立足点是我国自身发展的需要，它是在我国政治、经济、文化的特定情形下制定的，是用这种最强烈最严厉的法律手段实现其他法律所不能达到的功能的需要。我国刑法与先进国家的刑法趋同协调的原动力和根本目标，是进一步完善本国刑法。因此，这种协调是为了我国刑法的科学发展而自觉进行的，不是任何其他国家或组织的意志强加的结果。一个有着 13 亿人口的大国，国情之复杂决定了我们不会片面移植任何国家的刑法，或照搬其具体的刑法制度，只能是在比较刑法的前提下，根据需要吸收、借鉴其合理成分。事实证明，我国刑法与其他国家之间的刑法相互吸收、彼此渗透，从而趋于接近、协调并因此得以发展是很有必要的，并且正在逐步成为现实。

三、我国刑法国际协调的主要领域

虽然对是否存在法律的全球化学者们莫衷一是，但是我们不得不承认，在一向被认为国家主权象征的刑事法领域，既有国际刑事公约和人权公约的不断出现，又有国家间刑事司法合作的日益增加，以及国家间刑法的协调趋同。这主要表现在：世界上绝大多数国家废除了死刑或正在限制死刑的适用；两大法系的刑事法相互借鉴——一些英美法系国家不仅有刑法典，还有大量的附属刑法，刑事制定法日益凸显其重要地位，而大陆法系国家也开始重视判例的作用；大陆法系国家对“持有型犯罪”、严格责任、单位犯罪的研究与适用增加。欧盟则将刑法趋同的特点表现到极致，对毒品贩运、人口贩卖、奴役妇女、对儿童的性剥削、恐怖主义犯罪、高科技犯罪和环境犯罪和金融犯罪进行了广泛的刑事干预。欧盟的一些框架法律提出了刑罚指导原则，有些甚至明确了各国法定最高刑的底线，例如 1998 年 5 月 3 日制订的 947/98 号法令就规定，“任何改变和伪造欧元的，无论采取何种方法，都应处以不低于8年的监禁”，对成员国都有约束力。[①]

但是，国家间刑法的协调或趋同并非“全面开花”，例如在政治性的犯罪、家事犯罪、妨害社会管理秩序的犯罪、违反公序良俗的犯罪等方面，各国刑法的差别较大，具有本国特征或民族性特征。相反，国家间刑法的协调或趋同在两大类犯罪——“震撼人类良知”的国际犯罪和经济犯罪中，无论是刑法观念还是具体规定都有很大的协调趋同性。这两类犯罪可以说是自然犯与法定犯的两极，我国刑事立法应当密切关注并尽可能与之协调趋同。

（一）“震撼人类良知”的国际犯罪

这类犯罪危害严重，各国出于人类的共同良知，出于对公平、正义的共同需要，容易达成共识，制定国际刑事公约。我国政府对此一向采取积极的态度，加入了一系列国际刑事公约。但是我国对国际刑法在理论与实践两方面都有待深入。

当然，有国际公约不等于问题都得到解决，例如国际刑事公约适用中的国家的刑事管辖权问题、刑罚执行问题等，都还有许多值得研究落实的地方。我国现行刑法对普遍管辖的原则的规定是一大进步，然而并不是所有的国家都参加了国际条约，未参加的国家对国际条约规定的犯罪就不承担管辖的义务，而且许多国际条约为了防止出现管辖上的“盲区”，规定了多个国家对国际犯罪的管辖权，但又未规定行使刑事管辖权的顺序，以及在刑事管辖权发生纠纷或者冲突时的解决办法。[②] 在出现这一问题时，我国应秉承国家主权和平等互利的原则与其他国家协商解决，以便在不影响与其他国家关系的前提下及时有效地惩处国际犯罪。

（二）经济犯罪

在经济全球化的背景下，由于对资本利益的追逐和经济主体的利益冲突等原因，经济犯罪在20世纪末迅速蔓延。知识产权犯罪、走私犯罪、金融犯罪等无不是这场“没有硝烟的战争”——经济战争的外在征候之一。刑法在经济全球化时代承载了传统刑法从未有过的使命——维护国家、地区、世界的经济安全与经济秩序，因此如果将眼光只局限在一国之内，只介入调整本国的经济秩序是远远不够的。因为经济早已逾越了国界，商事活动更是在许多方面要服从国际规则，各国不可能独善其身，而是互相依存，互相影响的。这种经济生存与发展的相互依赖性不仅需要各国关注市场经济发达国家的民

① 王文华：“欧盟刑事法的最新发展及其启示”，载《河北法学》2006年第5期。

② 王新清：“刑事管辖权的国际冲突与协调”，载京师刑事法治网。

商、经济法律，还需要关注这些国家的经济刑法，因为经济刑法是维护经济健康发展的必要手段，是一国市场经济法律体系不可或缺的极为重要的组成部分之一。

我国在进行经济刑法立法时，既要考虑与我国经济发展状况、经济政策、经济行政、民商法律法规的协调，也要关注其他国家在此方面的规定。由于民商、经济活动的相通性、经济犯罪的共同性，决定了经济刑法有其共通性的一面，借鉴、协调、趋同有一定的基础。例如金融全球化使得金融法律存在趋同的态势，货币刑法也就有了共同的规则，[①] 而我国的货币犯罪刑事立法在章节体系、客体定位、罪名设置、主观目的、外币保护、犯罪形态、刑事责任七个方面与其他国家存在较大差异，应当尽可能地协调完善。

但是，经济刑法与国际公约和其他国家刑法的协调、趋同不同于与“震撼人类良知”的国际犯罪方面的协调趋同。后者是刚性的，具备“强行法”的特征，因为国际犯罪是极端的、违反人性的，为世人所共同谴责的犯罪，在对它的认识上，各国从最基本的人道、公正等角度出发，容易达成共识。而经济犯罪即使是在一国以内，都有其变动不居的一面，这是市场经济发展的固有特征决定的。例如加拿大刑法对竞争犯罪规定就有过反复，[②] 我国现行刑法出台后的6个修正案，其中就有5个涉及或主要是针对刑法第三章“破坏社会主义市场经济秩序罪”的。正是由于经济犯罪的这种相对性，以及各国法律文化或经济发展水平的差异等原因，对经济违法犯罪行为的法律定位比较困难，对经济犯罪的“度”如果掌握不好很可能会影响自由经济的发展。而且，这些行为在不同国家由于经济发展状况等因素而危害性不一，各国对是否采取以及如何采取刑法方法保护经济也有不同的认识（例如同样是操纵证券价格行为，有些国家就未将其犯罪化；英美法系国家刑法规定的“入罪”门槛低，犯罪规定“定性不定量”，经济犯罪许多规定在附属刑法中，属于“准犯罪”性质等），因此我国的经济刑法在作比较借鉴时应给予足够的注意，而不应盲目地去协调趋同。

结　语

如果我们认同法律全球化这种说法，那么刑法全球化则是其中比较难、比较慢的一部分。“法律全球化”本指各国法律趋同协调发展的动态，而“刑

---

① 卢勤忠：“金融全球化视角下我国货币刑法的改革”，载《西北政法学院学报》2004年第2期。

② 王文华：“加拿大市场竞争的刑法保护及其启示”，载《法学评论》2005年第4期。

法全球化”这个概念如果从这个角度看，也（而不是“也许”）正在发生，即在国际刑法和经济领域的犯罪方面，各国刑事立法或趋同协调，或干脆一体化为国际刑事公约。这两个领域中的有些犯罪是交叉重合的，例如有关假币的犯罪、恐怖融资犯罪等。至于在罪与刑的规定上相同或基本相同意义上的“刑法全球化”，则不可能实现。正如虽然国际刑事法院已经诞生，但是不可能产生出所谓的“世界刑法”一样。欧盟刑事一体化的势头即便再强劲，也主要发生在刑事司法领域，而在刑事实体法方面主要是出台一些指令等指导性法律文本。因此，与其他法律的一体化相比，还是比较有限的。刑法的国际协调也并不意味着国家主权的弱化，相反，刑法的开放和包容，通过与能够反映刑事法治的国际公约或他国法律的协调，可以更好地对本国的经济基础起良好的反作用，从而增强国力，更好地维护国家主权。

引渡的司法审查

薛淑兰*

引渡的司法审查，一般而言，是指依法对引渡请求所进行的审查。引渡可分为主动引渡和被动引渡，因此，引渡的司法审查也可分为对主动引渡的审查和对被动引渡的审查。二者在审查程序和审查内容上均存在着较大差异。对主动引渡的司法审查，其内容相对较少，而对于被动引渡的审查，主要是由被请求国来完成，被请求国的审查具有决定的意义，且是当今国际社会在引渡审查这一层面上的主要研究对象。多数引渡规则只适用于被动引渡，多数国家的引渡立法一般也以调整外国向本国提出的引渡请求为主。外国向本国提出引渡的引渡请求，又可以分为为进行刑事追诉而提出的请求和为执行刑罚而提出的请求。

一、我国引渡司法审查的基本内容

对为进行刑事追诉而提出的引渡请求的审查，其主要内容有：审查引渡请求的形式要件，审查是否属于可引渡之罪，审查是否具有引渡例外情形。其中主要是审查是否属于可引渡之罪，即对引渡实质条件的审查，主要是围绕着“双重犯罪条件”和刑期条件而进行的审查；而对为执行刑罚而提出的引渡请求的审查，则要增加对残刑的审查。

（一）被请求引渡人的行为，根据请求国和被请求国的法律是否均构成犯罪。因引渡请求系请求国提出，所以，被请求引渡人的行为，依照请求国的法律应当是构成犯罪的行为，关键是看根据被请求国一方的法律是否也构成犯罪，也就是说假如被请求引渡人的行为实施于被请求国领域内或者属于被请求国的刑事管辖范围内的行为，这种行为是否构成犯罪。

（二）如果请求国和被请求国签订有双边引渡条约，则要审查该请求引渡

* 法学博士，中华人民共和国最高人民法院高级法官、刑二庭涉外合议庭审判长。

的罪行是否属于双边引渡条约中规定的罪行；如果两国没有签订双边引渡条约，则在互惠原则的条件下，根据我国《引渡法》的规定，审查是否属于可引渡的罪行。

（三）对请求国提供的证据材料进行审查，假定这些证据材料属实，依据这些证据材料能否证明被请求引渡人实施了犯罪行为，这种行为构成何种犯罪。

（四）对刑期标准条件的审查。被请求引渡的罪行除了根据请求国和被请求国的法律均构成犯罪以外，该被请求引渡的罪行还需达到一定的刑期标准，这个刑期标准可能是被请求国的引渡法所规定的，也可能是双边引渡条约或者国际引渡公约所规定的。例如我国《引渡法》第 7 条第 2 项规定：为了提起刑事诉讼而请求引渡的，根据中华人民共和国法律和请求国法律，对于引渡请求所指的犯罪均可判处一年以上有期徒刑或者其他更重的刑罚；为了执行刑罚而请求引渡的，在提出引渡请求时，被请求引渡人尚未服完的刑期至少为六个月。

（五）审查是否具有引渡例外情形。即依照双边引渡条约和国内引渡法，是否存在应当拒绝或者可以拒绝引渡的情形。

二、引渡司法审查的标准

（一）国际上通行的三种做法

对外国为进行刑事追诉而向本国提出的引渡请求的审查，怎样认定引渡请求是否符合引渡条件，依据何种标准来认定是否符合引渡条件，目前国际上有三种做法：

1. 审查引渡请求的可引渡性

所谓审查可引渡性，是指审查被请求引渡人的身份和引渡请求中所指控的犯罪是否符合双重犯罪条件和刑期条件，有无应当拒绝引渡或者可以拒绝引渡的情形等。其中关于是否符合双重犯罪条件的审查，是假定引渡请求所指的犯罪是成立的，而不论该行为是否有证据证实。

2. 审查引渡请求所指犯罪的可追诉性

所谓审查可追诉性，是指审查被请求引渡人涉嫌所犯罪行根据请求国和被请求国的法律以及请求国提供的证据，是否构成犯罪，能否对被请求引渡人采取强制措施，是否达到了进行追诉的标准等。

3. 审查引渡请求所指犯罪的可罚性

所谓审查可罚性，是指根据请求国和被请求国的法律，以及请求国提供的证据，被请求引渡人涉嫌所犯罪行，是否构成犯罪，能否予以刑罚处罚。

究竟采取哪一标准，目前世界各国做法不一，特别是两大法律体系之间存在很大差别。大陆法系国家认为引渡是国际司法合作的方式之一，被请求国可以不调查被请求引渡人的可处罚性和可追诉性，仅审查其可引渡性。即审查请求引渡书及所附法律文件的形式要件如身份文件、判决和拘留、逮捕证件及必要的证据等是否出自请求国的司法机关，而对引渡请求书所附法律文件的实质效力不存质疑，即进行所谓的法律审。

英美法系国家则认为，引渡既然在利用被请求国的司法程序，自然应符合被请求国确立的刑事责任的最低标准。因此，英美法系的国家一般要求与被请求国的国内刑事诉讼基本相同，不仅要作形式要件的审查，而且要对拘留、逮捕的原因及有关罪证进行必要的调查，根据所提供的证据看是否属于可引渡之罪。例如，英国《1870年引渡法》第10条规定，为对被请求引渡人实行逮捕，需要得到足够的证据，与将在英国境内实施犯罪的人提交审判时一样，实行“充分证据标准”。美国法律也要求对引渡请求所列举的犯罪提供这样的证据，“依照逃犯或被指控者被发现地的法律，假定犯罪是在那里实施的，这些证据足以作为将其提交审判的合理根据。”因此，被请求国应审查是否具备足资将人犯予以羁押的证据，所以引渡司法审查程序虽不调查犯罪的可处罚性，但至少应调查可追诉性。

（二）双重犯罪条件的证据标准

引渡的司法审查不是刑事审判，因此，对是否属于符合双重犯罪条件的审查，必然采取不同于被请求国国内刑事审判的标准。由于引渡司法审查中采取的标准不同，要求请求国提供的证据标准也相应地存在差别。一般而言，大陆法系国家以“足够嫌疑”为引渡司法审查的证据标准，而英美法系国家则大多坚持以“充分证据”作为引渡司法审查的证据标准。其中，有的规定请求国应提供外观足以认定犯罪的证据；有的规定请求国应提供合理的犯罪证据；有的规定请求国应提供依照被请求国法律规定的充分证据，足以将人犯羁押候审；有的规定请求国应提供依照双边引渡条约规定足以维持控诉的证据。

那么，我国采用何种标准？是“足够嫌疑”标准还是“充分证据”标准？我国《引渡法》中对此未作明确规定。但是在《引渡法》第12条第（二）项中，要求请求国在提出引渡请求时，必须提供“必要的犯罪证据”。那么，这一规定是否意味着我国实行的是“充分证据”标准？且要对引渡请求所指犯罪进行可处罚性的审查？

我认为，虽然我国《引渡法》规定，请求国在提出引渡请求时必须提供必要的犯罪证据，但这并不意味着我国实行的是“充分证据”标准。实际上，我国实行的是“足够嫌疑”标准，我国采取这一标准，是基于请求国将对错误引渡承担法律后果为前提的。那么，为何我国《引渡法》还要求请求国提供必要的犯罪证据或证据材料？我理解，其意义在于：

1. 必要的犯罪证据或证据材料，对于法律审中准确判断是否符合双重犯罪条件具有重要作用。如果被请求引渡人在引渡诉讼中向我国主管机关提供了反对请求方刑事指控的证据或证据材料，审查机关可以利用双方提供的证据或证据材料进行分析判断。如果存在明显的无罪证据，可根据我国《引渡法》第7条第（一）项的规定拒绝引渡。即使被请求引渡人未能提供反对请求方刑事指控的证据材料，但是根据请求国提供的证据材料，分析判断可能存在对被请求引渡人进行诬告、陷害的可能性，也可以以不具备双重犯罪条件的法定理由作出不符合准予引渡条件的决定。可见，要求请求国提供必要的犯罪证据或证据材料，对于保证引渡的准确性，防止引渡错误具有重要意义。

2. 因引渡合作是在国与国之间开展的，在证据标准的问题上，也应贯彻平等原则。在与实行“充分证据”标准的国家开展引渡合作时，我国主管机关可以依照对等原则，援引我国《引渡法》关于提供“必要的犯罪证据或证据材料”的规定，要求请求国提供同等充分程度的证据或证据材料。

我国最高人民法院在审查我国《引渡法》颁布后第一例外国向我国提出引渡的案件，即法国请求引渡的法国公民马尔丹·米歇尔涉嫌犯强奸罪一案时，马尔丹·米歇尔及其委托的中国律师以马尔丹·米歇尔的行为不构成犯罪及未经审判不能定罪处罚为由提出不同意引渡，对此，云南省高级人民法院和最高人民法院未予采纳。否则，如果被请求引渡人或其律师提出上述理由，均可导致引渡流产，这对于开展国际上的引渡合作是非常不利的。

3. 如果允许请求国不提供必要的犯罪证据，实践中可能会出现引渡错误或者引渡强制措施适用上的错误。要求请求国提供必要的犯罪证据，对于保证引渡的准确性具有一定意义。当然，因在我国境内为开展引渡合作而采取的强制措施以及刑事调查手段（羁押、监视居住、搜查、扣押等）都是根据外国的请求而决定实行的，或者说是受委托而实行的。因此，我国的执行机关实际上是代表请求方采取的行动，对于严格按照请求方的请求而采取的行动，如果因请求国撤销、放弃请求或者有关请求出现错误而给被请求引渡人造成损害，应当由请求国承担责任，受害人应当直接向请求国提出赔偿要求[①]。

鉴于有必要让请求国提供必要的犯罪证据，因此，我国《引渡法》就此作了规定，从而为使我国在要求请求国出具请求书的同时提供“必要的犯罪证据或者证据材料”提供了法律依据。

三、我国引渡司法审查的性质

引渡的司法审查不是刑事审判，审查机关不得就被请求引渡人是否有罪予以审理。因此，引渡司法审查程序也不同于我国的刑事审判程序。

黄风老师在其《〈中华人民共和国引渡法〉评注》一书中指出：“在引渡诉讼中我国司法机关对有关犯罪事实的审查属于法律审查”（只审查对行为的法律认定情况，不审查有关事实是否成立）。

我赞同黄风老师的观点，但是需要指出，我国对引渡所指犯罪进行的法律审，不完全等同于刑事诉讼审判程序中的法律审。刑事审判中的法律审是指对某一犯罪或某些犯罪适用的法律是否正确进行审查，而引渡司法审查中的法律审，是根据我国的《引渡法》和现有的双边引渡条约以及共同参加的国际公约中的有关规定，对外国的引渡请求进行是否符合法定条件的审查。在是否构成双重犯罪问题上，只根据请求国提供的关于犯罪事实进行审查，也就是说，在假定引渡请求所指的犯罪是真实的前提下，审查是否符合法律规定的条件。而不能对引渡请求所指犯罪展开全面的调查，认定其是否真的构成犯罪，这正是引渡诉讼区别于一般刑事诉讼的基本特点之一。也正是在这一意义上，我们才可以说，引渡的司法审查不是引渡刑事审判。

四、我国引渡司法审查的特点

（一）最高人民检察院对引渡司法审查的特点

外国提出引渡请求后，外交部经形式审查认为具备形式要件的，转最高人民检察院审查，最高人民检察院审查后，如果认为引渡请求所指的犯罪或者被请求引渡人的其他犯罪，应当由我国司法机关追诉，可以作出由我国司法机关追诉的决定，这一决定一旦作出，立即发生法律效力，无须报最高人民法院审查。但是最高人民检察院应当通知最高人民法院和外交部，由外交部通知请求国。同时，最高人民检察院应当根据“或起诉或引渡”原则，指定有关检察机关对被请求引渡人提起公诉。但最高人民检察院如果做出予以

① 参见黄风：《〈中华人民共和国引渡法〉评注》，第174页。

引渡的建议，则不具有最终法律效力。

（二）人民法院对引渡司法审查的特点

1. 高度集中统一。首先，在审级管辖上，我国《引渡法》规定引渡案件的司法审查，必须由高级人民法院进行；其次，在地域管辖上，采取了指定管辖的方式，即由最高人民法院逐案指定。而世界上其他国家进行一审审查的机关，并不都是相当于我国高级人民法院的机关。

2. “一审自动复核制”。人民法院的司法审查程序是，最高人民法院指定高级人民法院进行审查，高级人民法院经审查作出审查结论后，这个结论并不具有最终效力，不论被请求引渡人是否同意引渡，都需要经过最高人民法院对该结论进行复核，故被称为“一审自动复核制”，这与有些国家实行的“一审终审制”是不同的，同时，也有别于一些国家实行的只有被请求引渡人或者委托律师提出请求方能进入复核程序的“请求复核制”。我国实行的“一审自动复核制”对于充分保障被请求引渡人的合法权益具有重要作用。

3. 最高人民法院对一审作出的引渡司法审查结论进行复核的程序，可以称之为引渡复合程序。而引渡复核程序不同于我国对死刑案件的复核程序。

一是死刑复核程序针对的是一、二审对被告人所犯罪行判处死刑的判决和裁定，而引渡复核程序针对的是一审作出的请求国的引渡请求是否符合法定条件的裁定，这种裁定，既可以是符合准予引渡条件的裁定，也可以是不符合准予引渡条件的裁定。

二是死刑复核程序作出的判决或裁定具有最终的法律效力，而引渡复核后所作的裁定，只有不符合准予引渡条件的裁定才具有最终的法律效力，而符合准予引渡条件的裁定，对国务院不具有约束力。最终能否引渡，决定权在国务院。

（三）我国国务院行政审查的特点

在我国，国务院是最高行政机关，准予引渡的最终决定权在国务院。只有国务院可以作出准予引渡的最终决定。相对于国务院的这种决定，经最高人民法院核准的符合引渡条件的裁定只具有表态性质，不具有最终拘束力。国务院也有权不采纳经最高人民法院核准的关于符合引渡条件的司法裁决，或者作出相反的、不引渡的决定。但这并不意味着行政权高于司法权，而只表明在引渡合作中对国家主权和利益的维护是综合性的，涉及法律制度、司法管辖、国家安全、公共秩序、伦理准则、外交关系等方方面面，国务院在双重审查制的分工中是最后行使否决权的审查机关。

国务院就是否引渡作出的决定具有以下三个特点：

1. 具有终局性。一旦作出就立即发生法律效力，并且可以立即付诸执行，无论是准予引渡的决定还是不予引渡的决定。

2. 具有不可抗辩性。在国务院就是否引渡作出决定后，任何个人和机关均无权对其提出上诉或者申诉，也不再接受任何司法审查。我国《引渡法》没有规定任何针对国务院关于引渡案件决定的抗辩程序。根据我国《行政诉讼法》第12条的规定，人民法院也不受理任何针对“国防、外交等国家行为”提起的诉讼，国务院就引渡问题作出的决定显然属于该条所列举的、涉及外交关系的“国家行为”。

3. 具有严格的时效性。这一特点体现在对国务院作出的准予引渡的决定上，该决定必须在规定的期限内执行，否则将丧失其效力。根据我国《引渡法》第40条的规定，请求国自约定的移交之日起15日内或者在经我国主管机关同意的延长期或新约定的期限内不接收被请求引渡人，将丧失我国所予以的引渡合作，国务院准予引渡决定的效力将自行终止，公安机关应当立即释放被请求引渡人。

但是，由于我国担负司法审查职责的最高检察院和人民法院也享有对外国引渡请求的否决权，因而，国务院的最终审查权也可能因最高人民检察院和人民法院行使自己的否决权而被省略。这正是司法权在引渡审查中具有重要地位的突出表现。

（四）我国引渡司法审查与引渡行政审查的联系与区别

我国采取的双重审查制，即引渡司法审查与引渡行政审查，二者存在着以下区别：

1. 审查的目的不同。引渡司法审查是对引渡请求是否合法所进行的审查，而引渡行政审查则是对该引渡请求是否符合形式要件和被请求国的外交利益和政策而进行的审查。

2. 审查的方式不同。引渡司法审查以类似于“刑事诉讼”的方式进行，需要进行开庭和提讯被请求引渡人，被请求引渡人也可以委托律师帮助其进行引渡诉讼，而且对于第一次的引渡司法审查结论可以提出自己的意见。引渡行政审查一般只是以书面形式进行，不提讯被请求引渡人，也不进行开庭或者听证来听取各方的意见，它仅就请求国提供的证明文件和人民法院关于引渡请求符合我国引渡法规定的准予引渡条件的结论进行审查，行政审查也不像司法审查那样集中实施于某一诉讼阶段，可以说它贯穿于引渡活动的自始至终。

3. 审查的内容不同。引渡司法审查主要围绕着引渡的实体条件进行审查，即审查是否符合准予引渡的实质条件，如双重犯罪条件等，所以引渡司法审查主要是针对引渡请求所指犯罪的可追诉性进行审查，而引渡行政审查是一种综合性的审查，它的审查内容是非常广泛的，既可以包括司法审查的一些内容，也可以对司法审查以外的有关问题进行审查。具体可概括为以下几个方面的内容：（1）审查请求文件是否符合法定要求（即形式要件的审查）；（2）审查犯罪和追诉活动是否具有政治性；（3）基于人道主义理由的审查；（4）在请求竞合情况下的审查；（5）对过境引渡请求的审查；（6）对再引渡、补充引渡和简易引渡的审查等。

4. 审查的效果不同。人民法院在对引渡请求进行审查以后做出审查结论，如果已经生效的审查结论是请求国的引渡请求不符合我国《引渡法》规定的准予引渡的条件，那么，引渡程序即告终止，此时，行政审查受司法审查的制约；如果人民法院做出了请求国的引渡请求符合我国引渡法规定的准予引渡条件的裁定，引渡行政审查可以不受该司法审查结论的制约，既可以作出同意引渡的决定，也可以作出不予引渡的决定，并且该引渡行政审查的意见具有最终效力。可见，司法机关对不准引渡拥有最终决定权，行政机关则对司法机关作出符合准予引渡条件的案件拥有最终决定权。

五、引渡司法审查的地位和作用

引渡的司法审查在引渡活动中具有重要的地位和作用。

1. 引渡的司法审查承担了引渡请求合法性审查的重任。引渡活动是主权国家之间的相互协作，但是引渡请求必须合法与合理，引渡司法审查的合法性审查，不仅要求引渡请求符合本国的引渡法，双边引渡条约和共同参加的引渡国际公约，还要求引渡请求不能违背本国的其他法律制度，例如宪法和刑法等基本法律。

2. 引渡司法审查体现了引渡制度的司法性特征。古代引渡制度是统治者政治交易的工具，谈不上任何的司法性，而现代引渡制度则是司法性和行政性的统一，且其司法性越来越凸显其重要地位，而行政性特征则逐渐地被削弱。现代引渡制度司法性特征的增强，与引渡司法审查地位的提升是不可分离的。

3. 引渡司法审查使得现代引渡制度走上了法制化的道路。现在世界上多数国家都制定了自己的引渡法，并且对引渡的条件和程序进行了严格的规定，国家间还签订了双边引渡条约，国际上还有引渡国际公约和区域性引渡公约等，这就使得引渡制度走上更规范更可行的法制化道路。引渡制度的法制化与引渡司法审查是不可分离的，引渡司法审查是对引渡活动合法性的审查，它可以保证引渡活动按照引渡法规定的条件和程序进行，所以，可以说引渡司法审查制度促进了引渡活动的法制化进程。

六、引渡的基本原则在我国引渡司法审查中的作用

引渡的司法审查，是整个引渡活动的重要组成部分，因此，在引渡的司法审查中必须贯彻引渡的基本原则。

（一）国家主权平等原则和保护国家利益原则。在引渡的司法审查中，对于外国的引渡请求，如果认为有违国家主权或者有损国家利益，即使在我国《引渡法》规定的应当拒绝引渡和可以拒绝引渡的条件中找不到相应规定，也可直接依据我国《引渡法》第 3 条的规定，拒绝请求国的引渡请求。所以，我们有理由认为，我国《引渡法》第 3 条的规定属于兜底性条款，引渡实践中可充分利用，以利于更好地维护我国国家主权、安全和社会公共利益。

（二）依法引渡原则。无论是引渡实体审查，还是引渡的程序审查，都要按照《引渡法》的有关规定进行。

首先，引渡司法审查的主体必须合法；其次，对是否符合引渡条件的司法审查，要依照我国《引渡法》和我国签订的双边引渡条约的规定进行，不能超出法定条件的范围；再次，引渡司法审查必须按照法定的程序进行，参与到引渡司法审查中的各机关，依法行使各自职权，并依法相互协调运作；最后，引渡司法审查的结论必须合法，不能作出超出法定结论之外的结论。

（三）人权保护原则。在引渡司法审查程序中，必须保证被请求引渡人法定权利的实现，如为被请求引渡人提供翻译、帮助其委托律师、安排被请求引渡人与其驻华使领馆官员或亲属会见等。

（四）互惠合作原则。对于请求国的请求，在不违反法律原则的前提下，应在其作出互惠承诺后给予合作。包括实体方面和程序方面，特别是对于可以准予引渡也可以拒绝引渡的，更应考虑是否有互惠的承诺。

七、引渡司法审查的主体

在现代的引渡过程中，司法审查占有重要地位，对是否引渡起着举足轻重的作用。当今世界各国，极少有不进行司法审查即准予引渡的情形。从司法审查在引渡活动中所占有的重要地位而言，将引渡称之为引渡诉讼并不过分。因此，在引渡的理论研究中有“现代意义上的引渡，实质上属于一种诉讼”的流行语。但是，引渡的实质是诉讼，并不意味着引渡等同于引渡诉讼。对此，如果不予以明确，势必会导致将某一事务与某一事务的本质混为一谈，分不清引渡的主体和引渡司法审查程序的主体，不知被请求引渡人是引渡司法审查的对象还是引渡司法审查的主体，而且还会使引渡的司法审查偏离方向，使被请求引渡人的合法权益得不到很好的保护。

(一) 区分引渡主体与引渡诉讼主体的意义

之所以要对引渡与引渡诉讼进行区分，目的在于明确引渡的主体和引渡诉讼程序的主体。那么，引渡诉讼的主体有哪些，引渡的主体与引渡诉讼的主体有何不同，迄今为止，这一问题尚无人问津，只有黄风老师在《〈中华人民共和国引渡法〉评注》一书中首次提出："无论在法律条文中是否出现诉讼二字，在我国《引渡法》中，对外国引渡案件的审查过程都表现为一种诉讼，在这场诉讼中，一方诉讼当事人（原告）是提出引渡请求的国家，另一方诉讼当事人（被告）是被请求引渡人，裁判者是我国负责引渡案件审理的人民法院和国务院主管机关，诉讼请求是将被请求引渡人从被请求国遣返到请求国"①。

对于黄风老师的观点，我不敢苟同。我认为：

1. 不能将引渡的全部活动均称为诉讼，只有引渡的司法审查才能称之为诉讼。如申请引渡过境等活动只是一种协助，就谈不上是诉讼。

2. 在引渡诉讼中，裁判者也只能是人民法院，而不包括国务院及其他主管机关。因为国务院是我国最高行政机关，它虽然对引渡具有最后决定权，但这种权力不是裁判权，因国务院不具有裁判职能，依法不能行使裁判权。如果将我国的国务院视为裁判机关，易使国际社会误认为我国对引渡的司法审查仍然受行政指挥。

3. 当引渡进入到诉讼阶段，参与者的角色发生了转变。一般情况下，请求国此时会退出司法审查程序，被请求引渡人此时已由引渡的对象上升到引渡诉讼程序的主体地位，成为引渡诉讼程序中的重要角色，任何国家的引渡司法审查都不可能在被请求引渡人不出现的情况下进行，如果在引渡的司法审查中，还将被请求引渡人视为客体或者对象，不利于对其合法权益的保护。

4. 在引渡诉讼中，请求国相当于控方，被请求引渡人及其辩护人相当于辩方，被请求国的法院属于裁判者。那么，在我国，引渡诉讼的主体究竟包括哪些机关和个人，根据我国《引渡法》的有关规定，我倾向于界定在：最高人民检察院、最高人民法院、最高人民法院指定的高级人民法院、被请求引渡人及其委托的律师。

其中，被请求引渡人在引渡诉讼中处于主体地位，一切引渡诉讼活动都是围绕其展开的，特别是在人权保护日趋受到重视的今天，首先应确立被请求引渡人的地位，才能有效保护其合法权利。在现代引渡制度中被请求引渡

① 参见黄风：《〈中华人民共和国引渡法〉评注》，第15页。

人不再是不同国家的统治者之间进行交易的筹码，相反他像普通刑事诉讼中的犯罪嫌疑人或被告人一样，享有诉讼主体的权利。

（二）我国引渡司法审查主体的职权

1. 最高人民检察院

对于检察机关是否属于引渡司法审查的主体，世界各国的规定有所不同。有的国家把检察机关列为行政机关，其对引渡请求的审查也就当然属于引渡的行政审查，而不是引渡的司法审查。在我国，检察机关属于司法机关是毋庸置疑的，同时，最高人民检察院是根据我国法律关于刑事管辖权的有关规定对引渡请求所指的犯罪是否应当由我国的司法机关追诉进行审查，因此，最高人民检察院当然属于引渡司法审查的主体。

最高人民检察院对外国的引渡请求所指的犯罪是否应当由我国司法机关追诉进行司法审查后，应当作出审查结论。如果认为引渡请求所指的犯罪或者被请求引渡人的其他犯罪，应当由我国司法机关追诉，应当作出由我国司法机关进行追诉的决定，该决定具有法律效力。但尚未提起刑事诉讼的，有义务指定有关检察机关提起诉讼。如果认为不应由我国的司法机关进行追诉，方能进入下一步司法审查程序。

有的学者认为，我国的最高人民检察院不具有拒绝外国引渡请求的职权，我认为，引渡法规定，最高人民检察院要对外国的引渡请求所指的犯罪以及被请求引渡人是否有其他犯罪需要由我国司法机关追诉进行审查并作出决定，如果针对引渡请求指控的犯罪而作出了应当由我国司法机关进行追诉的决定，实际上等于否定了请求国具有刑事管辖权。引渡法未对最高人民检察院的这种决定规定有复核程序，因此，我国最高检察机关的这一决定应当具有法律效力。所以，我认为最高人民检察院具有拒绝外国引渡请求的职权。

2. 人民法院

（1）最高人民法院

在被动引渡中，被《引渡法》确定为司法审查裁定的最终复核机关。

最高人民法院有权通过《引渡法》规定的复核程序撤销或者变更由高级人民法院就引渡案件做出的司法审查裁定。最高人民法院有权通过核准高级人民法院关于不引渡的裁定拒绝外国的引渡请求，但是，经最高人民法院核准的关于符合引渡条件的司法审查裁定对于国务院不具有约束力。此外，最高人民法院还有权同意，或者不同意对被请求引渡人实行临时引渡。在主动引渡中，最高人民法院有权就限制量刑问题决定是否向被请求国做出承诺。

在我国这种要求以最高人民法院核准作为生效的必要条件的司法审查机制，是一种高度集中统一的机制，它适应了引渡合作的特点。目前，虽然引渡案件的数量不多，但是，可能涉及比较重大的或复杂的法律问题，对这些案件的裁决不仅要求较高的专业知识和良好的业务素质，而且需要各司法或行政机关之间的相互协调和磋商。

（2）最高人民法院指定的高级人民法院

最高人民法院指定的高级人民法院在对外国的引渡请求进行司法审查时有权决定对被请求引渡人实行引渡逮捕或者采取其他引渡强制措施，有权通过外交部要求请求国提供补充材料，有权做出符合准予引渡条件或者不予引渡的裁定，但上述裁定只有经最高人民法院核准后才能发生法律效力。

关于对请求国的引渡请求进行引渡司法审查的人员，我国《引渡法》也有明确规定，即需要由审判员三人组成合议庭进行，不具有审判员资格的人员不能进行引渡的司法审查。这一规定我认为过于严格。也有人认为，对《引渡法》中规定的审判员，不能认为只包括审判员，也应包括代理审判员。如果这种观点不违背立法原意，我认为，助理审判员也可作为引渡司法审查合议庭的成员。

3. 被请求引渡人

被请求引渡人有获得法律帮助权、辩护权、申诉权、损害赔偿权等。同时，根据我国对外国人犯罪案件审理程序的有关规定，被请求引渡人还享有与其国籍国外交或领事机关的联系权、翻译权、控告权等。

但是，不能否认，被请求引渡人对引渡与否没有决定权，这是世界上大多数国家所奉行的原则之一。如意大利和我国，均有此类案例。

4. 被请求引渡人委托的律师

律师参与引渡诉讼，这是我国《引渡法》中明确规定的。怎样有效保护被请求引渡人的合法权利，律师的作用日趋突显。特别是对于外国人，他们对我国的法律制度了解有限，只有充分发挥律师在引渡诉讼中的作用，才能有效保护被请求引渡人的合法权利，提高引渡的准确率，同时，也可以促进引渡程序的日益完善。

德国犯罪原理的发展与现代趋势

[德] 克劳斯·罗克辛 著
王世洲 译

一、导 言

德国刑法是一种有体系的刑法，主要通过以判例为根据，也就是根据过去已经作出判决的真正案件来与其他法律制度加以区别。在刑法的基础中，人们不可以过高地评价这个区别，但也不可以过低地评价这个区别。一方面，德国刑法的发展，在很大程度上，不仅是通过立法和学术，而且是通过司法判决来向前推动的；《联邦最高法院刑事判例集》一套多达50卷的汇编，是每个刑法学工作者，同时也是学生们经常使用的。但是，另一方面，我们的最高法官们不是在自由地创造法律，他们也需要以法律和一般犯罪原理的基本原则为根据。犯罪原理就是在一种所谓的刑法体系中总结出来的。

一个体系，就像我们伟大的哲学家康德所说的那样，是一个“根据各种原则组织起来的知识整体”。[①] 因此，一般犯罪原理的体系，就是试图把可受刑事惩罚的举止行为的条件，在一个逻辑的顺序中，作出适用于所有犯罪的说明。对法定规则的系统化和对学术和司法判决所发现的知识进行系统化的科学，就是刑法信条学。在德国，刑法信条学有着久远的传统。[②] 把一般犯罪的条件加以体系化的优点，在于能够使人看清决定一个案件的原理是什么，同时，能够把这种原理引入一个有意义的合理的关系之中。运用这种方法，

① Metaphysische Anfangsgründe der Naturwissenschaft, Bd. 5, der von Weischedel herausgegebenen Werkausgabe, S. 11.

② 对“刑法信条学和刑法体系”的详细说明，见罗克信：《德国刑法学·总论》（第一卷）第7节中文2005年第3版，德文2006年第4版。

就能创设出一种牢固的、能够在具体案件中经受住考验的刑事可罚性条件的顺序。运用这种顺序，就能保证对各种案件的同样处理，避免遗漏重要的观点。

二、刑法体系中的三个中心范畴

大约一百年以来，在德国和世界的广大地区——除了盎格鲁—美利坚的法律界之外——就已经建立了一种刑法体系。这种体系是在三个中心并且是顺序发展的范畴基础上建立起来的。这就是：行为构成符合性，违法性和罪责。[①] 借助“行为构成”这个概念，可以对具体的犯罪进行描述和标记。这些具体的犯罪由《德国刑法法典》[②] 的“分则”规定：例如，伤害身体，破坏财产，盗窃，诈骗，等等。在每个案件中，都必须首先审查：行为人的举止行为是否符合《刑法典》所描述的一个犯罪。如果案件不是这样，那么，这名行为人就不受刑事惩罚，即使他的举止行为具有令人厌恶的价值并且是有害的。在这里，表现出了德国刑法的一个基本原理。这个基本原理不仅规定在《刑法典》第 1 条，而且也规定在我们的宪法《基本法》第 103 条第 2 款之中：无法不罚！当没有行为构成得到满足时，就不需要对刑事可罚性进行进一步的审查。

但是，如果行为人的行为具有行为构成符合性，那么，接下来就要审查：行为人的这个举止行为是否也是违法的。虽然，对这一点的典型回答是肯定的，但是，在具体案件中，这种“违法性”的确能够被正当化根据所排除。最重要的、在全世界都得到承认的正当化根据，是紧急防卫（《刑法典》第 32 条）：一个把正在进行攻击的抢劫犯打倒的人，实施的就是一种符合行为构成的伤害身体；但是，他通过紧急防卫得到了正当化。在法律制度的各个领域，都存在着大量各种各样的正当化根据。例如，在刑事诉讼法中，就有进行临时逮捕的权利（《刑事诉讼法》第 127 条）：一个在犯罪时或者在犯罪刚刚结束时遇到这名犯罪实行人的人，在不知对方身份和对方有逃跑嫌疑时，就可以对这名犯罪实行人进行临时逮捕，送交警察。这虽然符合剥夺人身自由（《刑法典》第 239 条）的行为构成，但是，通过逮捕权利得到正当化了。

行为构成和违法性能够在“刑法性的不法”这个上位概念下联合起来。一个满足了行为构成的人，在不能得到一种正当化根据的帮助时，他的举止行为就是符合不法的。相反，符合行为构成的举止行为，在存在一种正当化

---

① 详见前注，第 10 节、第 14 节、第 19 节。

② 以下简称《刑法典》。

根据时，就是合法的。

作为犯罪构造的第三级，在德国贯彻的是罪责这个范畴。一个符合行为构成和具有违法性的举止行为（等于刑法性的不法），只有在这名行为人是有罪责的行为时，才能受到刑事惩罚。例如，在无归责能力（《刑法典》第20条）的案件中，就像行为人有精神病这种情况，就是缺乏罪责的。但是，行为人在处于一种对自己举止行为的违法性具有不可避免的认识错误时（《刑法典》第17条），或者在他实施符合行为构成和具有违法性的构成行为，为的是把自己或者与自己关系密切的人从一种严重威胁身体和生命的危险中拯救出来时（《刑法典》第35条），那么，根据法律的文字，这名行为人也是"没有罪责"的。

不法和罪责之间的区别，在盎格鲁法律界中还没有明确地得到划分。这个划分首先具有澄清概念之间所具有的区别这个意义。在一个人是合法的行为，还是（尽管有符合不法的举止行为）仅仅不受惩罚之间，有着很大的区别。但是，这个区别也具有很大的实际意义。因此，人们可以对虽然符合不法但是被免责的举止行为，如精神病人的攻击，实施紧急防卫，但是，对正当化的逮捕却不能。还有，对符合不法但是被免责的举止行为，也不能适用刑罚。但是，无论如何，适用一种所谓的保安处分还是允许的，例如，把一名精神病人安置在一家精神病医院中（《刑法典》第63条）。当然，这种保安处分不是与所实施的构成行为所具有的不法相联系的，而是与行为人在未来所具有的危险性相联系的。

在上面说明的这些体系性基础方面，德国与国际刑法信条学的许多领域都一致。因此，我在下文所要讨论的各种不同的体系性方案，就是在一个共同的基础上发展出来的。一般犯罪原理的所有创新，就仅仅是在一种持续进行的延续性框架中的一些发展阶段。

这些具体的体系性方案之间的区别，就不是存在于基本范畴（行为构成，违法性，罪责）之中，而是存在于对它们的内容所做的安排上。我在这里——以简化的方式和在不考虑各种混合形式的情况下——仅仅列举了两个在过去年代中提出的最重要的体系性建议：古典体系（本文第三部分）和目的主义体系（本文第四部分），作为我将更详细说明的自己方案（本文第五部分）的对立面来讨论。

三、古典犯罪体系

大约在1880年和1930年，在德国，一种今天作为"古典的"来标记的自然主义的犯罪观点，占据着统治地位。这种观点要以精确的自然科学为蓝本，根据因果性的和心理性的因素来建造刑法体系。人们把不法理解为因果性地产生了被禁止的结果。宾丁，一位1880年到1920年期间的著名信条学家，用这样的语言总结了这个理论：[①]“不做禁令所禁止的，去作规定所要求的。”因此，不法就限制在事件的外部因素上了。与此相对，罪责就应当由犯罪行为中所具有的所有主观的、与行为人有关的因素组成。归责能力被看成是罪责的条件；故意和过失被看成是罪责的形式。人们在这里谈论的是一种“心理性罪责概念”。

根据客观的和主观的特征对犯罪因素所作的二分法，今天在德国，已经被放弃了。在其他一些国家中，由于传统的魔力，还在部分地得到坚持。这种二分法的弱点很容易被人们所认识：

第一，在犯罪性行为中，主观和客观经常不能分开。因此，就不存在人们可以作为刑法性不法来标记的“客观的”盗窃（《刑法典》第242条）。一个在主观上没有违法占有目的的拿走，就只能是单纯的使人失去占有，这在刑法上是没有意义的，也不是盗窃的不法。一个性强制（《刑法典》第178条），在行为人没有性动机时，就难以想象可以作为“客观上的性犯罪”。还有，未遂的不法，在不考虑行为人在主观上想要得到的是什么时，在客观上也是不能被评价的。

第二，让不法回到因果关系上去，会创设一个过于广泛的责任范围。当一项谋杀被实施时，在自然科学的意义上，实施谋杀的行为人的父亲和祖父也是有因果关系的。但是，把这项谋杀的不法归咎于他们并没有意义。还有，一辆汽车的生产者对于这辆汽车的买主所造成的所有事故，都是有因果关系的。但是，在汽车的制造上没有缺点时，从理性的观点看来，人们就不能对这名生产者说，他自己就应当承担伤害的或者死亡的不法。

第三，罪责——与第一种现象相对，也不能作为唯一的主观因素来理解。在无意识过失中，例如，一名铁路工人忘记转换信号灯，因而造成了许多人的死亡，主观因素就是无法查明的。还有，一个行为人的归责能力就不是主观性的态度，而是一种客观的、可以通过科学查明的结果。同样，免责性紧急状态的情况也是以客观情况为基础的。行为人没有客观基础的主观想象，就不能被免责。例如，行为人仅仅想象了一种在客观上并不存在的紧急情况状态，对于免责就不够。这种状态必须是真实存在的。对一种紧急情况状态的存在所具有的认识错误，只有在这种错误是不可避免的例外情况下，才可

① Die Normen und ihre übertretung, Bd. 1, 4. Auflage, 1922, S. 123.

以免责（《刑法典》第35条第2句）。

四、目的主义的犯罪体系

所谓目的行为理论的体系，是由汉斯·韦尔策尔（1904—1979年）建立的。[①] 这个体系统治着德国1930年至1970年在刑法体系方面的讨论，在外国也引起了巨大的反响。这个体系不是把刑法性不法置于因果关系之上，而是置于人的行为的目的性之上。目的性这个概念，是从拉丁文“finis”（等于目标）这个词中引导出来的，并且标记着人把因果过程引导到特定目标上去的能力。这个理论的追随者们把人的行为的目的性看成是刑法性不法的核心。因此，一个人造成了另外一个人的死亡，就还没有实施杀人行为，而只有把这个事件引导到这个结果上去的那个人，才实施了（例如，通过一次有目的的开枪或者用刀刺进）。

这种观点引导出来的结论是，故意，这个对于因果性观点来说处于中心位置的罪责因素，现在就成为刑法性不法的核心了。一个心理性罪责概念在这里就成为不可能了。在这里，罪责被目的主义者们依据一种在因果性不法理论时代就已经开始的发展，作为“可谴责性”来理解了。根据这个理论，在人们能够使行为人由于一个构成行为而受谴责时，这个构成行为就是有罪责的。人们在这里谈论的是一种规范性（也就是说：评价性）罪责概念。[②] 可谴责性的实质性基础，大多能够在“能够不这样行为”这个说法中见到，这个说法的意思是：行为人的举止行为是符合不法的，虽然他本来能够合法地行为。

从前面介绍的情况看，很清楚，“因果主义”和“目的主义”虽然都把不法和罪责作为基本的体系性因素，但是，它们都把这两个概念与非常不同的内容联系在一起了。在这里，涉及的不仅仅是概念性的和体系性的问题，而且还涉及会导致不同法律结果的不同方案。当故意，就像目的主义者所说的那样，仅仅存在于对因果性事件的操纵之中时，那些有意杀死胎儿的人，就是在实施一个故意的堕胎（《刑法典》第218条）了。如果行为人，在德国由于堕胎的复杂法律规定一定会遇到这种情况，认为自己的行为绝对是允许

① 他最后的总的说明，见 Hans welzel, Das deutsche Strafrecht. Eine systematische Darstellung, 11. Auflage, 1969。

② 把罪责确定为“可谴责性”，在 Frank, über den Aufbau des Schuldbegriffs, 1907，就已经进行了。对这个发展的完整说明，见我的学生：Achenbach, Historisch und dogmatische Grundlagen der strafrechtssystematischen Schuldlehre, 1974。

的，那么，根据目的主义的理论，也丝毫不会改变他所具有的故意，从而是一个纯粹的罪责问题。但是，只有在认识错误具有不可避免的性质时，才会缺乏那种可谴责性；在通常情况下，行为人尽管有禁止性错误，但还是能够由于故意堕胎而受到刑事惩罚。与此相对，古典的、因果性和心理性的意见，会把违法性意识看成是故意的组成部分（作为主观的罪责因素），并且在这种案件中作出无罪的宣告。德国的司法判决，还有后来的立法者（在《刑法典》第 17 条），在这一点上都同意了目的主义的理论，但是，这个理论绝对不是已经贯彻到它所倡导的所有解决问题的方法之中了。

相对于古典犯罪体系来说，目的主义的理论意味着一个重要的进步，因为它避免了前者的缺陷。构成行为的不法不仅取决于客观的情节，而且也经常取决于行为人的目标设定（故意）。目的主义的理论避免了把不法限制在因果关系上所导致的不法的过度扩张：在我的例子中，那个谋杀者的父亲和汽车生产者因此就没有实现杀人的不法，因为他们的故意并没有指向这个目标。同时，目的主义的理论也认识到，罪责并不能唯一地置于行为人的心理关系之上。

另一方面，目的主义的体系性方案也具有巨大的弱点，我在这里只能强调最重要的几点。[①] 这样，从目的主义的角度出发，对说明过失行为刑事可罚性的所有努力就应当全部失败了。过失的行为人正好不是致力于把因果过程引导向所实现的结果上去的，尽管是应受刑事惩罚的。还有，不作为的构成行为所具有的不法，作为目的性行为也是无法理解的，因为不作为的行为人并不控制着造成结果的因果过程，他仅仅是在一件不依赖于他而自行发展的因果事件中，没有提供救援性的影响罢了。

甚至在故意的实行性犯罪中，目的主义也能够陷入困境：即使在一名汽车生产者预见到，甚至希望，在自己符合规范制造出来的汽车中，会有一辆导致发生死亡的事故，那么，在这种结果出现时，他也并不满足一种杀人犯罪的行为构成。[②] 还有，这种杀人行为构成的内容，在习惯上被称为罪责，就像我将要说明的那样，借助可谴责性和能够不这样行为的标准来理解，也是

---

① 详尽的信息，请见我的两篇论文，其中一篇是我在刚开始研究目的主义时写的，另一篇是我刚刚写就的："Zur Kritik der finalen Handlungslehre", in: Zeitschrift für die gesamte Strafrechtswissenschaft, Bd. 74, 1962, S. 515 ff., sowie: "Vorzüge und Defizite des Finalismus. Eine Bilanz", in Festschrift für Androulakis, Athen, 2003, S. 573 ff。

② 罗克信教授在这里指出：这名汽车生产者对后来发生的车祸被害人，并没有实施符合行为构成的杀人行为，只要他在客观上没有创设不允许的风险，他的主观想象就是无关紧要的。——译者注

不够充分的。[①] 因此，目的主义的理论，在今天的德国，也仅仅拥有很少的追随者。尽管对这个理论的承认还很少被否认，然而，它的一些结论，更多地是作为刑法信条学的一个历史阶段来标记的，而不是作为它在当前和将来的意义来说明的。

五、我的方案：一个以刑事政策为基础的目的理性的（功能性的）刑法体系

"因果主义"和"目的主义"在具体方面虽然有很多不同，但是，在这一点上，它们是一致的：它们都是从实在的现实情况（造成或者对行为的操纵）出发的，并且由这些实在的现实情况引导出体系性构造。与此相反，我所发展出来的犯罪原理体系选择的是一条完全不同的道路：它问的是社会的目的、刑法和刑罚的功能（任务），并且，根据位于这些目的之后的刑事政策的价值决定来建造这个体系。因此，人们谈论的是一种目的理性的或者功能性的体系性构造。它的基本思想是，不法的结构能够从刑法的任务中发展出来，相反，罪责的结构（我在这一点上谈的是"责任"）能够从刑罚的目的上发展出来。这需要进一步说明：

1. 从刑法的目的中引导出不法和由不法奠定基础的客观归责

当人们问刑法的社会功能时，各种回答都是可能的。我的回答是：刑法没有贯彻一种特定的宗教或者意识形态这样的任务，刑法的任务应当是保护公民享有一种有保障的和平的共同生活，享有能够与这个目标相一致的最大限度的人身自由。这个任务的确定有着久远的传统。它来自18世纪欧洲启蒙时期，当时，形成了现代西方国家理论的基础。但是，在全球化的时代，它有希望在世界的广大地区都获得认同，因为安全和自由是每一个现代社会的中心问题。

这种对人们有保障的、和平和自由的共同生活不可或缺的现实情况，在德国刑法中被称为"法益"。这种法益的例子有：人的生命，身体的完整性，性自主权，意志性活动的自由，财产，住宅权，等等。如果它们没有保障，那么，人的和平共同生活就是不可能的。除了我仅仅举了几个例子的个人法益之外，还出现了公众的法益，例如货币和司法，因为它们也是为公民和平与自由的共同存在服务的。假如可以使用假币，假如可以通过在法庭上作不正确的说明或者通过腐败的法官作出不正确的判决，那么，公民和平与自由

① 罗克信教授认为，处理"能够不这样行为"之外，还必须考虑他在下文中讨论的预防性观点。——译者注

的共同存在就是不可能的。

因此，刑法的任务就是法益保护，只有这一点不能通过较轻的手段（例如通过民法或者社会政策性措施）得以实现。对刑法来说，较轻的手段应当永远优先适用，因为它对公民自由的限制轻于一种经常危及生存的刑事惩罚。

我对不法的确定是由刑事政策的基础性理论引导出来的。这个刑事政策的基础性理论所根据的是：刑法以保护其他手段所不能保护的法益为目的。用简洁的口号来表示就是：刑法是为“辅助性法益保护”服务的。[①] 当人们思考如何才能通过刑法来实现对法益的保护时，借助无法反驳的逻辑就可以给出这个答案：为了受保护的法益来禁止不可容忍的风险，并且，把那个通过逾越法定的可允许风险而造成被禁止结果的人，当做一个既遂行为的行为人加以判决。

在这里所说的，就已经是由我发展起来的客观归责理论的基础思想了：当一个人为刑法保护的法益创设了一个不允许的风险，并且，当这个风险在一种被禁止的结果中实现时，只要他不具有正当化根据，那么，他就是刑法性不法的行为人。

这能够通过一些最简单的例子解释清楚。当一名汽车司机以大大超过法律所允许的速度行驶，并且轧死了一名行人时，因为他在这个速度下无法及时停车，所以，他通过这种超速就为人的生命这种法益创设了一种不允许的风险，并且，这种风险还通过一名行人的死亡得以实现了。因此，他就应当由于过失杀人而受到刑事惩罚（《刑法典》第222条)。相反，如果他在符合规定的驾驶中造成了一起事故，轧死了一个人，那么，《刑法典》第222条的行为构成就没有得到满足，因为这个结果不是以创设了一种不允许的风险为基础的。同样，如果这名司机虽然超过了允许的速度，而这种结果在他煞车时仍然出现了，因为这名行人这么突然地跑到这辆汽车前面，即使是一名遵守规定开车的司机也不能刹住车，那么，也缺乏一种过失杀人。在这样一个案件中，虽然创设了一个不允许的风险，但是，这种风险并不是在这种具体事件的过程中实现的。因此，在这里仅仅存在着一种被禁止的超速行为。[②]

在人们把不法理解为通过一种不允许风险的实现来造成对法益的损害时，

---

① 详见 Roxin, “Rechtsgüterschutz als Aufgabe des Strafrechts?”, in: Hefendehl (Herausgeber), Symposium für Bernd Schünemann zum 60. Geburtstag, 2005, S. 135 ff。另外，die 4. Auflage meines Lehrbuchs Strafrecht, Allgemeiner Teil, 2006，在第2节中包含了对我的法益理论的基础性阐述。

② 罗克信教授指出，在德国法中，超速不是犯罪，而是一种“违反秩序行为”。这种违法行为应当根据《德国道路交通条例（Stra? enverkehrsordnung)》第3条和第49条受到罚款（Geldbu? e）的处分。与刑罚相比，这是一种比较轻微的惩罚。——译者注

人们同时也在进行本部分开头已经暗示过的从本体到规范的转变，从实体事实关系到评价性目的设定的转变。因果关系和目的性是实体性范畴，它们从以自己为基础而构建的理论观点出发，仅仅对什么是一个死亡、损害或者伤害这样的问题作出了决定。相反，如果人们从这里发展起来的观点出发，那么，就可以为各种死亡——仅仅以这个例子为例——在一种经验性的基础上（一个已经死亡的人）设定条件。一个死亡的造成是不是一种杀人行为，将规范性地（等于评价性地）根据刹车、超速和实现不允许的风险来加以决定。

我在这里为了解释而举出的道路交通的例子，还能作进一步的引申。这就是：客观归责的思想，使得作为辅助性法益保护方案的基础的安全利益和自由利益之间的权衡，再一次在更高的层次上发挥了作用。当仅仅事关安全这种法益时，人们本来就必须完全禁止汽车的行驶。这样，从统计数据上看，每年就可以拯救数以千计的生命。但是，对于单个公民来说，这同时会意味着一种不堪忍受的丧失自由。人在移动和自我生活塑造方面的可能性，也就是对生存所需要的运输利益，就将以一种威胁生活质量的方式加以限制了。这就出现了一种权衡，一方面是在一种受限制的、通过交通规则加以确定的风险中允许汽车的行驶，但在另一方面，各种超过界限的风险，都将在一种以这种风险为基础而出现的损害案件中，作为杀人行为、伤害行为或者破坏行为而归责于交通的参与人。

我总结如下：在不法的范畴中表现出来的是，存在于辅助性法益保护之中的刑法的刑事政策性目的。从法益保护的思想出发，又能够得出客观归责理论的结论：对于刑法保护的法益来说，禁止的仅仅是不允许的风险，并且，那些通过逾越禁令而产生的损害，将作为符合不法的犯罪行为而归责于这名行为人。其中，在不允许风险的原则中，表现了对各种保护法益的刑法都必不可少的在安全利益和自由利益之间的权衡。所有这些命题都是建立在一个刑事政策的前提之上的，并且，处于一种以目的为导向的引导关系之中。这样，我的体系性建议就在根本上不同于过去以客观的和主观的实在性检验结果来支持的体系化努力了。

2. 客观归责的若干具体问题

目前德国刑法信条学讨论的中心是客观归责理论。这是我在1970年首先发展起来的。[①] 这个理论在外国也引起了强烈的兴趣。2003年，我的同事施

① “Gedanken zur Problematik der Zurechnung im Strafrecht”, in: Festschrift für Richard M. Honig, 1970, S. 133 ff.（auch in: Strafrechtliche Grundlagenprobleme, 1973, S. 123 ff.）.

罗德（雷根斯堡大学）写道：[①] 这个理论“不仅在其基本理论的意义方面，而且在其受到国际的重视方面，都替代了目的行为理论的位置”，亨德里克·施奈德（莱比锡大学）[②] 谈到：它“在刑法文献中，简直就引起了一场范例的变革”。因此，我想对这个理论再作一点详细的说明，虽然这个理论，就像我相信已经表明的那样，从一个更大的体系性关系看来，仅仅表明了一个——但也是非常重要的——片段。

一个更详细解释的重要性，可以这样表现出来：这个理论比较简单的基本思想，就是我至今已经展示的思想，有可能解决大量的具体问题。不过，我在这里只能部分地和以最简短的形式来勾勒这些问题的解决方案。但是，这些形式是这个理论所具有的实践意义的基础，并且，对这个理论能够得到广为接受作出了重要的贡献。

1）风险减小

当行为人没有对受保护的法益创设风险，而是仅仅减少了现有的风险时，归责就立即被排除了。因此，当有人把攻击者刺向胸膛的刀子这样拨开，使之仅仅刺中了被害人的胳膊时，就是不符合行为构成的身体伤害。同样，当有人虽然不能说服行为人放弃自己的犯罪，但是，毕竟还是促使他满足于仅仅拿走一种比较不重要的赃物，这个人就也不是对盗窃或者诈骗发挥了符合不法的共同作用。在这些案件中，这位局外人没有以创设风险的方式，使受保护法益的情形变得更糟，相反，而是加以改善了。

2）缺乏风险创设

当有人在受邀到国外作学术报告或者度假时，在那里遭遇了自然灾害或者成为一场意外事故的受害者，这时，邀请方并没有实施符合行为构成的杀人，虽然他与这个事件有因果关系。这种不寻常事件的风险属于所谓的“一般性生命风险”，在法律上是不重要的，因为它缺乏一种可归责的危险性创设。这一点也适用于：当这名邀请人本来对这样发生的死亡案件应当是有意的时候，因为仅仅这个恶劣的态度并不是应受刑事惩罚的，仅仅这个恶劣的态度，在对受保护的法益没有创设任何有法律意义的危险这一点上，并没有作出任何的改变。这个思想能够扩展适用于一切意外发生的造成损害的事件上去，这些事件通过这个方式，立即就从行为构成中被排除了。这听起来很简单并且是不言自明的。但是，借助一种因果角度，是完全得不出这个结论

① “Die Genesis der Lehre von der objektiven Zurechnung”, in: Festschrift für Androulakis, 2003, S. 651 ff. (668).

② “Kann die Einübung in Normanerkennung die Strafrechtsdogmatik leiten?”, 2004, S. 271.

的；借助目的论，也只能在有限的范围内和在不充分的基础上得出这个结论。

3）允许的和不允许的风险

各种值得注意的风险不是没有，比较常见的例子是这样的：一个举止行为肯定会给受保护的法益带来一种在统计学上具有重要意义的风险，但是，更高的社会利益在确定的界限之内允许了这种风险。因此，对于行为构成的归责，就只有在超越了以可允许风险为根据的结果时，才是可能的。

这一点，在道路交通的案件中就已经说明了。但是，这首先也适用于工业设备的操作上。如果在遵守安全规定的情况下仍然发生了损害结果，那么，这种结果就不能作为杀人行为或者伤害行为来归责于设备的操纵人员。相反，如果逾越了安全规定，也就是超越了允许的风险而造成这个结果的，那么，就存在着一个在刑法上有重要意义的过失行为，或者，在已经考虑了对这名工人会造成损害时，甚至就存在着一个故意的构成行为了。

4）禁止超越风险的保护目的

虽然超越了可允许的风险并在此基础上出现了结果，但是，在这个结果的具体出现形式没有被禁止超越风险的保护目的所包括时，客观归责就总是被排除的。例如，当有人以被禁止的方式超越别人的汽车，被超汽车的司机由于受到惊吓而发生心肌梗塞，那么，这个事件就不应当作为身体伤害而归责于超车司机。虽然，超越可允许的风险会引起心肌梗塞，但是，禁止超车的保护目的在于避免车辆相撞，而不是减少心肌梗塞的发生。

另一个例子：一个医生在全身麻醉的情况下给一名妇女动手术，尽管这名妇女已经告诉这名医生，自己的心脏有点问题。这名医生没有根据要求延请心脏专家会诊，结果，这名妇女在手术时死于心脏出现的问题。尸体检验表明，这种心脏问题，即使在事前进行的检查中，也是不可能发现的。当然，如果由于要进行检查而使手术推迟了，那么，这名妇女本来会多活几天的。可以因为过失杀人而逮捕这名医生吗？回答是否定的，因为：虽然这名医生超越了可允许的风险，并且因此造成了这名妇女过早死亡，但是，延请一名心脏专家进行会诊的义务，不是为了争取检查所需要的时间而延缓病人的死亡，而完全是为了排除这种死亡。如果这是不可能的，那么，这名手术医生的错误行为就没有对这个结果发生作用，归责就必须停止。

我举的这两个例子，都来自德国的司法判决，是从大量类似情况中挑选出来的。它们应当说明，客观归责理论虽然在基本思想上很简单，但是，在具体运用上，还是需要人们进行复杂的思考。对此，这个理论也会产生出各种有合理基础的、符合不同实际情况的成果。

5）被害人有意识地自我损害时的共同作用

排除客观归责的还有，在被害人故意和有责任地自我损害或者自我危险时发生的共同作用。当有人给另一个人海洛因，接受海洛因的这个人——在对这种风险有意识的情况下——自己注射了这种毒品并死亡，这名毒品提供者虽然由于禁止提供毒品本身是应受刑事惩罚的，但是，仍然不应当由于过失的或者甚至是故意的杀人而受刑事惩罚。自从 1984 年以来，德国的司法解释就一直是这样决定的，在这一点上，这种判决与客观归责理论是相联系的。这种排除归责的根据在于，刑法的目的仅仅在于避免对他人的法益造成风险，而不是在于阻止自我损害。

在前面，我仅仅对客观归责理论广阔的运用范围做了部分说明，有点简单并且省略了一些问题。这次报告也不允许我进行全面的阐述。[①] 但是，我希望已经清楚地说明了，未来刑法信条学的发展，在这里有着一个巨大的工作范围。

六、罪责扩展到责任及其从刑罚目的理论的派生

在确定了行为人符合不法地行为之后，他在刑法上的责任，也就是他是否必须受到刑事惩罚的问题，还没有被决定。根据我在开头说明过的德国犯罪行为体系的流行观点，在不法之后，还必须在一个独立的审查过程中确定行为人的罪责。这种罪责存在于主观要素之中还是存在于符合不法的行为所具有的"可谴责性"之中，是一个争论了很长时间的问题。

我自己的立场是，人们应当把"罪责"这个范畴扩展到"责任"的一种理论上去，并且，这应当是从有待施加的刑罚的目的——而不是像不法那样，从刑法的目的中——派生出来的。刑法的目的和具体刑事惩罚的目的决不是相同的，因为刑法不取决于具体犯罪行为的实施，是面向社会的全体成员的，同时，刑法试图通过禁止有风险的对法益的危险来使人们远离犯罪行为，以及保护其他人免受法益的损害。相反，刑罚每次都是在构成行为已经发生之后，才会对具体违法人员适用的，并且，对于整个社会来说，最多只具有间接的意义。但是，刑罚的目的是什么呢？

这是一个已经讨论了 2000 多年的问题。在欧洲的传统中，有三种基本的意见在进行着争论，它们以不同的联合形式出现。第一种观点首先是德国唯心主义哲学家提出来的，今天仍然很有影响。根据这种观点，刑罚不具有社会的目的，而只是通过一种与行为人的罪责相适应的报应来实现正义。第二

① 对客观归责理论的详细介绍，参见前注二中提到的中文版和德文版的专著，第 11 节。

种是特殊预防（即个别预防）的理论。根据这种观点，刑罚追求的仅仅是对已经受到判决的行为人所具有的影响这个目的。社会应当通过这个刑罚来保护自己免受行为人的侵害，而行为人应当通过这个刑事惩罚受到不实施其他犯罪行为的威慑，同时，也尽可能地得到改正（“重新社会化”）。第三种是一般预防的理论（即对公众的预防）。根据这种观点，刑罚的目的在于对社会发生影响，社会成员应当通过对违法者的刑事惩罚来使自己受到不实施犯罪行为的威慑，同时，使自己合法的生活看法得到加强。大多数学者，还有德国司法判决，都把所有这些目的联结在一起，成为一种“综合理论”。

我自己的观点是，[①] 刑法的目的仅仅是预防性的，也就是说，只允许指向防止将来的犯罪行为。因为刑罚是一种社会性操纵和控制的工具，所以，它也只能追求社会的目的。报应与社会的需要性无关，因此不具有社会合理性。这样，刑罚就不仅应当追求特殊预防的目的，而且还应当追求一般预防的目的。刑罚应当这样安排：使受刑罚者尽可能地不再犯罪，这最好是通过一种刑罚的执行来实现，刑罚的执行将努力实现使行为人重新适应社会，就是他的重新社会化。除此之外，刑罚也应当影响公众，在这里，刑罚支持了民众的法律意识，让他们记住应受刑事惩罚的举止行为所得到的后果。

但是，这个在双重含义下的以预防为导向的刑罚方案遇到了一个十分重要的限制。根据我和在德国占绝对统治地位的观点，各种刑罚都在行为人的罪责中找到自己的界限：不允许惩罚无罪责的行为人（例如，因为他是精神病人）；并且，刑罚的程度不允许超越罪责的程度。虽然对谋杀可以使用无期刑罚，但是不允许使用无期刑罚制裁盗窃。[②]

前面提到的“罪责原则”这个公式，属于德国刑法的基础。这个原则可以从我们的司法判决一直追溯到德国宪法规定的对人的尊严的保护（《基本法》第1条）上去。除此之外，罪责原则实现了在不法这个范畴中法益保护理论和客观归责理论所要完成的任务：罪责原则为国家的刑罚权划定了一个界限，为公民在面对国家的安全利益时保存了个人自由的一个适当的区域。根据罪责原则，一个人肯定不会在无罪责时受到刑事惩罚，也不会受到比与他的罪责相适应的刑罚更重的惩罚。

除此之外，因为刑罚仅仅允许在预防必要性的范围内加以适用，所以，

---

① 详细阐述我自己的刑罚目的方案，见前注二中提到的关于刑法总论的教科书，第3节。

② 罗克信教授指出，在德国，对简单盗窃适用死刑的做法是违宪和无效的。目前德国对简单盗窃的惩罚是5年以下有期徒刑，在入室盗窃、携带武器盗窃、共同盗窃（Bandendiebstahl）的情况下是10年以下有期徒刑。——译者注

根据我的理论，一名有罪责的行为人应当在对社会绝对必要的范围内加以刑事惩罚。也就是说，例如，在行为人的罪责被判处五年自由刑是正当的时候，就应当允许法院判处较低的刑罚，只要这对于一种社会性的重新适应是更好的。通过这种方式，罪责和预防就在我的刑罚目的理论中相互限制了：刑罚绝对不可以在没有罪责的情况下适用，并且绝对不可以重于与罪责的程度相适应的范围。但是，在现有罪责中，刑罚也只能在对预防绝对必要的范围内适用。

这里谈的是一种刑事政策性的刑罚目的方案。在进行刑事惩罚时，这个方案也要反复权衡安全利益和自由利益，努力形成一种社会的恰当关系。当我在下面的阐述中把这个理论适用于犯罪行为体系时，我得出了这个结论：这个跟随在不法之后通常决定刑事惩罚的犯罪范畴，应当作为“责任性”来加以标志。在这里，我把责任性理解为“罪责和预防性刑事惩罚的需要性”的上位概念，“罪责和预防性刑事惩罚的需要性”是第一次共同决定着刑事可罚性的。①

一名符合不法地行为的行为人所具有的刑事可罚性，首先是在他没有罪责的时候被取消的，这就是说，根据我对罪责的理解：是当法定的禁止或者要求在心理上不能到达他或者影响他的时候，是当他“在规范上不可对话的”时候。这种情况在精神病人或者无意识的醉酒人中都存在，这些人要么完全不能理解法定的规范命令，要么不能控制自己的举止行为。这些人是否处于这种情况之中，原则上可以借助精神病学的专家来确定，因此，我的罪责概念与那个今天又重新热闹起来的关于人的意志自由的争论也无关。

缺乏罪责也存在于不可避免的禁止性错误之中，就是说，当行为人不能认识自己举止行为具有符合不法的性质时。禁止性错误有许多不同的原因：有关规定可以是如此复杂，以至于普通公民未经特别的训练就不能理解这些条款；行为人可以是得到律师错误的咨询意见；或者，他相信了一个司法判决，而这个司法判决在他行为之后才有了对他不利的改变。在所有这些案件中，行为人都不可能获得正确的法律意见。规范的呼唤是不能到达他的；他的行为没有罪责。在战后时代的早期有一个著名的案件，在那里德国联邦最高法院②第一次承认了不可避免的禁止性错误是排除罪责的根据。德国的立法者后来在刑法典中接受了这个决定（《刑法典》第 17 条）。

---

① 在前注二中提到的关于刑法总论的教科书第五章，在“罪责和责任”这个标题下，在第 19 节至第 22 节中详细阐述了我的方案。

② 《德国联邦最高法院刑事判例集》（第 2 卷），1952 年版，第 194 页以下。

根据德国法，在一些案件中——这是我的理论新适用的领域，刑罚也会被放弃：当行为人虽然在减轻的程度上有罪责地行为了，但是，预防性根据并不绝对地要求一种刑罚。例如，在一次沉船事故中，一名父亲为了保护自己儿子的生命，把另一个人从已经超载的救生艇上推出去，造成了死亡的结果，这是一个符合不法的和故意的杀人，即使这是使这个孩子得救的唯一方法。人们永远不能允许杀人，只要这不是为了防卫一种攻击所需要的。这个构成行为也是有罪责的，因为这名父亲了解禁止杀人的禁令，并且，通常，即使在危险情况中，人也保存着控制能力。尽管如此，德国立法者还是行使了宽容并且放弃了刑罚（《刑法典》第35条）。

在这里，不需要对行为人发挥特殊预防的作用，因为这个人本身是一名守法生活的人，他仅仅是通过一种一次性的，很可能一辈子再也不会发生的危险情况，才实施了自己的构成行为。同时，对公众的一般预防作用也是不需要的，因为这种极端情况非常罕见，并且，因为在那种危险之中，这个人的举止行为反正是不能通过刑罚威胁加以影响的。

在这里，排除行为人的责任，不是由于缺乏罪责，而是由于缺乏刑事惩罚的必要性。因此，刑事性“责任”的缺乏，就是这个尽管符合不法但还是由于这两种形式而被排除刑事惩罚的行为所具有的共同标记。这个构成行为所具有的并且继续存在着的不法，表现在这里：这名受到攻击的乘客不必忍受这名父亲的举止行为，而是对之具有了紧急防卫权。

这种责任由于缺乏预防性刑罚需要性而被取消的另一个案件，是紧急防卫过限（《刑法典》第33条）。根据德国法，一个人“由于惶惑、害怕或者惊吓”而超越紧急防卫界限的，例如，他的打击比防卫攻击本来需要的更猛烈，这个人也不受刑事惩罚。这样一种举止行为是一种符合不法的身体伤害，因为紧急防卫仅仅允许必要范围之内的防卫行为。紧急防卫超越限度也是有罪责的，因为行为人了解紧急防卫法及其界限，并且通常也会加以遵守；否则，紧急防卫的界限就会是没有意义的。

在立法者放弃刑罚时，这里的原因也仍然是缺乏预防性需要。这名行为人不是由于自己的原因，而是仅仅通过被害人的过错和在一种由此产生的非常被迫的状态下，才造成了一种身体伤害的。因此，在特殊预防的观点下，就不需要刑法性惩罚来把这名行为人重新引导回合法的道路上。在公众的眼睛中，刑罚也是不需要的，因为公众是理解违法攻击的被害人的，因此，通过放弃刑罚并不会动摇一般的法意识。还有，公众也不会把一个由于过分害怕而超越法界限的人作为自己的榜样，因此，借助刑罚作为手段的威慑也是不必要的。

这个由我的刑罚目的理论激发出来的刑法性责任的方案，也允许在极端的案件中发展“超法规的”（就是在法律中没有规定的）免除刑罚。我在这里想仅仅用一个例子来加以说明，这就是我们大家都看见的2001年9月11日对纽约世界贸易中心的攻击。① 是否可以允许击落这架飞向这座大楼的飞机，从而造成杀死乘客，但是拯救世贸中心里的人的结果呢？德国议会在这个事件的影响下，于2004年发布了所谓的《航空安全法》，允许国防部长在这种情况下下令开火。我们的宪法法院由于这部法律违背了基本法对人的尊严的保护，在2006年2月，正确地宣告了这部法律无效，因为国家永远没有权利杀那些完全合法地行为的人。

杀死乘客也是有罪责的，因为人们可以毫无困难地不去做这件事。但是，当一名战斗机驾驶员向一架被恐怖分子操纵的飞机射击时，人们应当用刑罚来惩罚他吗？他的目的可是为了拯救尽可能多的人的生命。因为这架飞机的乘客在撞上世贸中心时反正也是要丧失自己生命的，所以，通过击落这架飞机极有可能减少死亡的数量。人们不能作出比极有可能更多的预测，因为人们永远不能肯定地知道，绑架者要做什么，被绑架者是否也许的确不能制伏他们，以及一架被击落的飞机也不会造成巨大的损失。但是，人们必须说，国家面对这样一种恐怖攻击时所处的位置，是一种不允许有真正令人满意的解决方法的状况。这名战斗机驾驶员，在自己的紧急情况下向这架被恐怖分子驾驶的飞机开火，不是通过犯罪性的内心推动力，而是通过当时处于没有其他办法的情形，才实施了自己的构成行为的。他不需要刑罚。在这种案件中，通过对行为人的刑事惩罚对公众产生作用，也是不需要的，因为普通人永远不会进入这种情形。还有，如果在这种案件中实行宽容和放弃刑罚，公众的法意识也会由于这种事件的悲惨状况而加以批准的。因此，这种责任的理论，就使得对行为人的惩罚，不仅可以看成是一个罪责的问题，而且也可以在刑罚需要性的观点下来加以看待了。

七、总结和展望

在这里，我想最后做一个简短的总结，对德国一般犯罪原理的发展和我自己的犯罪行为体系的基础作一个说明。我的体系与过去时代中的体系性发展之间的区别首先在于——请允许我用一句话来概括——这种体系化不是根据本体的标准（因果性或者目的性），而是根据刑事政策性的目标设定（刑法

① 对此详见前注二提到的关于刑法总论的教科书第22章，边码149以下，2006年第4版。

的和刑罚的目的）来进行的，并且，从这个观点看来，关于客观归责理论的不法和通过预防性刑事惩罚需要性补充的罪责，就扩展为一种责任的理论。不管怎样，我已经努力通过举例说明：这里涉及的不是单纯的抽象和理论性的体系结构，而是通过这个理论来对大量解决具体法律问题的方法作出有意义的说明，以及部分地使这种方法才成为可能。

上述体系性方案处在德国信条学总体发展的趋势之中，虽然还有许多争论，虽然这个发展还在进行之中。我认为，倒退回到古典的或者目的性的犯罪体系去是不可能的。但是，我所倡导的功能性的、以目的为导向的体系化方式，可以朝各个方向发展。我向各位所报告的我的理论，是一种“人格功能性的”体系。根据这个体系，国家是为了自己的国民而存在的，不应当处于第一位的是国民为国家服务。这是一个自由的观点，我已经指出，这个观点起源于欧洲的启蒙时期。国家干涉权的界限，在这里与安全的保障具有同等价值的地位。

与此相对，我的波恩同事雅格布斯的“体系功能性的”犯罪理论，在国际上受到了关注。这个理论首先是在保护社会的体系中看待刑法的目的，并且能够在没有有约束力的刑事政策的目标设定下在自身中接受完全不同的内容。[①] 然而，对这个理论的更详细的讨论会超出我的报告的有限的范围。

在最近的将来，德国的刑法信条学大概会通过在目的理性思想的不同思潮之间的辩论而得到确定。参加这场讨论的不仅有欧洲的刑法学者，而且还有世界广大地区的学者。如果我们在刑事政策和刑法信条学基本问题的探讨中，能够争取到中国的刑法学者作为积极的对话伙伴，那么，对我们所有的人来说，就将会是一个重大的收获了。

① 对人格功能性的和体系功能性犯罪行为体系的全面探讨，见前注 12 提到的 H. Schneider 的著作。

荷兰刑法的历史和特色*

张　杰**

荷兰王国（The Kingdom of the Netherlands），一个位于欧洲西部的美丽的世袭君主制立宪王国。它东邻德国，南接比利时，西、北濒临北海，地处莱茵河、马斯河和斯凯尔特河三角洲，面积41528平方公里。

在历史上，现今荷兰地区在16世纪前长期处于封建割据状态，并受西班牙统治。1568年爆发了延续80年的反抗西班牙统治的战争，1581年北部七省成立荷兰共和国（正式名称为尼德兰联合共和国）。至17世纪，荷兰已成为海上殖民强国，然而，18世纪后，荷兰殖民体系逐渐瓦解。甚至一度沦为法国殖民地。1814年，荷兰最终脱离法国，翌年成立荷兰王国（1830年比利时脱离荷兰独立），1848年成为君主立宪国。

荷兰刑法典制定于1881年3月，但是，直至1886年9月才正式生效，随后，虽历经修改，但一直沿用至今。由于荷兰王国独特的历史因素及地理条件，荷兰刑法走过了一条与众不同的发展历程，并且，呈现出一些极具特色的制度、规范，本文试对此作一番介述。

一、荷兰刑法的发展历史

如果从历史的观点来考察荷兰刑法，可以说荷兰刑法的法典化相当晚——比其他欧洲国家都晚很多。1813年以后，荷兰立法机关主要致力于民法与商法的法典化，并在民事诉讼方面，制定了一套非常实用的程序法律。但对于刑法的法典化，却并未倾注太多的关注。此外，荷兰刑法理论发展也相对较晚，独立的刑法与刑事诉讼法直至很晚才成为大学课程中的内容。在

* 本文的写作主要参考了荷兰刑法典英译本 Grat van den Heuvel 的“The Dutch Penal Code of 1886：An Historical Survey”和 Hans Lensing 的序言“The Dutch Penal Code：From a Comparative Perspective”。

** 中国人民大学法学院刑法专业2005级博士研究生。

20 世纪，当时荷兰的四所大学直至 70 年代才正式任命刑法与刑事诉讼法教授。此前，这些课程都是由宪法教授讲授。部分是由于这一原因，荷兰有关刑法理论问题的重要讨论至少比相邻的欧洲其他国家晚了 50 年。本文首先对荷兰刑法典漫长的发展、形成过程进行概括性描述。

1. 近代初期的荷兰刑法

荷兰刑法法典化历史始于 1795 年法国军队入侵荷兰。此前，组成现今荷兰联邦的地区并无制定一部统一刑法典的计划。

在中世纪初期，荷兰、卢森堡和比利时这些低地国家由日耳曼部落居住，并使用以血亲复仇为基本内容的日耳曼法律。在中世纪后期，荷兰刑法开始受到教会法规的影响。犯罪被认为是一种罪孽。刑事案件审判采用教会法规中的纠问式诉讼程序。同时，在这个时期，城市开始出现。城市的管理者基于宪法与公民基本权利的观念制定了许多地方法令（keuren），这些法令明确规定与公共秩序和安宁相冲突的行为将受到处罚，从而强调了这些制裁措施的公法性质。由彦·马西耶森（Jan Mathijssen）起草，著名的 1405 年“登·布芮尔”法案（Regtsboek van Den Briel）即源于这一时期。

就 16 世纪的北欧而言，1532 年的《加洛林那刑法典》（Constitutio Criminalis）与起源于 1570 年西班牙菲利普二世时期的三部刑事法规（Criminele Ordonantieen）非常重要。前者主要是程序性规定，在荷兰一直没有效力。而后三部刑事法规在荷兰具有法定效力，但由于反抗西班牙的八十年战争（1568—1648 年）的爆发，他们基本没有实际发生效力，而且还因《根特和解协定》（1576 年 11 月 8 日）暂停实施。虽然颁布上述法案的当局其合法性存在争议，但从近期研究来看，荷兰的法律制度中，西班牙法律的影响仍不得不承认。

17 世纪，北部七省成立的荷兰共和国开始在经济上出现繁荣的局面；然而在刑事立法方面，这一时期却基本没什么进展。在新的共和国中，法律规则的多样性及其适用的随意性仍然是刑法最典型的特征。对此，哈慈翁科尔·苏宁加（Hazewinkel—Suringa）——荷兰刑法权威注释著作的作者——曾经指出：“刑法仍然类似于残酷的战争法。”

18 世纪，荷兰刑法改革的力度远没有法国、意大利等国家大，因为启蒙思想家的著作为后者的变革提供了强大动力。1764 年，贝卡利亚的《论犯罪与刑罚》一书出版。随后，1768 年，伏尔泰将该书译为法语后不久，该书的荷兰文译本出现。随着启蒙思想家的人道主义思想的传播，以及欧洲其他国家刑法改革运动的展开，一切都表明，荷兰刑法变革的时机逐渐成熟。

2. 拿破仑时期的刑法（1795—1813 年）

1795 年，法国入侵荷兰，荷兰的形势开始发生改变。1798 年荷兰宪法第

28条对刑法以及刑事诉讼法的法典化作出了规定。在历经一系列争论后，1808年，《荷兰王国刑法典》（Crimineel Wetboek veer her Koningrijk Holland）正式颁布，并于1809年2月1日开始生效。路易斯·拿破仑国王将这部法典称为"人类智慧的杰作"。因为在当时，这是一部相对宽和的刑法典。在大多数情况下，刑法的严厉程度取决于法官是否具有适当的自由裁量，而这在以古典学派为理论基础的法国刑法典中是不存在的。与之相反，该法典恰恰呈现出对司法部门的极大的信任，赋予法官极大的自由裁量权。① 除此之外，该法典使用的术语简明而清晰；其中，诸如对青少年的刑事责任等许多术语至今仍未过时。另外，这部法典还具有简洁的特点。例如，它对强迫劳动、矫正性处罚以及监禁没有进行区分，而仅仅规定了监禁刑；并且只区分了两类犯罪：重罪与轻罪。

然而，该刑法典的效力只存在了短暂的一个时期。1811年1月，荷兰王国并入法兰西王国，该刑法典也就被更为严厉的1810年《法国刑法典》所取代。

3. 荷兰对法国刑法典修订时期（1813—1886年）

1813年，在荷兰恢复独立后，短时期内法国刑法典仍然有效。然而，当局还是根据1809年《荷兰王国刑法典》对其进行了一些重要变革。例如，废除了没收全部财产和国家警察监督罪犯的制度。陪审团制度也被取消。尽管仍然保留死刑，但公开执行死刑却被废除。终身强迫劳动也被有确定期限的强迫劳动或在矫正所中至多120年的监禁所取代。一定期限内的强迫劳动被不超过15年的矫正性监禁所取代。不过，有些不怎么"文明"的制裁也被引入或者保留下来。例如，民事死亡就为公共鞭笞刑所取代。在犯人头上烙上剑印以及在绞刑台上示众也被保留下来。烙印刑，这种在进行终身监禁时附加的刑罚，也仍然可以作为严重财产犯罪的附加刑予以适用。

1854年，修订后的《荷兰王国刑法典》发生了一项重要的变革。大部分刑罚都变为死刑、矫正性监禁、禁令、流放、罚金、剥夺某些权利以及没收一定财产。但实践中，禁令与流放再也没有被判处过，而且在1860年以后，再也没有宣判过死刑。根据荷兰1870年9月17日的法案，死刑在一般刑事案件中已被正式废除（但在荷兰殖民地并没有被废除）。此前，在1864年，荷兰刑罚体系中已增加了一种作为替代刑的拘押，适用于那些不能交纳罚金的犯罪人。

---

① 这具体表现在对于某些特定犯罪，甚至没有规定最低的刑罚。并且，这些特征都在1886年《荷兰刑法典》中再次体现出来。

从1870年起，荷兰不再适用强迫劳动、民事死亡、枷刑、烙印刑、鞭打、剥夺民事权利以及没收财物等刑罚。除这些变化之外，在1854年，许多犯罪的最高刑也都降低了，而且可以减轻处罚的情节也得到扩大。这种变革与荷兰法官宽和的刑事司法实践要求是相一致的。这些法官认为以前统治者所制定的刑法过于严厉，因而一直酝酿制定一部全新的荷兰刑法典。

4. 荷兰刑法典：初期探讨以及最终定稿（1827—1886年）

从1813年起，政治家与法学家开始迫切要求制定一部专门适用于荷兰的刑法典（根据1815年维也纳公约，荷兰王国当时还包括比利时）。1827年，国会讨论了这部刑法典的第一个草案。但国会最后不得不撤销这一草案，因为该草案遭到了强烈的批评。这些批评大部分来自于比利时，它们认为这部刑法典与1810年法国刑法典及1809年荷兰王国刑法典太相似。然而，这种批评的根本原因是比利时要求独立。而由于其强硬立场，比利时于三年后最终获得了独立。

1839年，荷兰刑事诉讼法典（Wetboek van Strafvordering）生效。它非常类似于法国1808年刑事诉讼法典（d'lnstruction Criminelle）。一年后，政府就新刑法典总则部分提交了一个草案。然而该草案在国会仍未能通过。究其原因，主要是在采用何种刑罚制度、刑罚措施、监禁模式（Auburn模式还是Pennsylvama模式）以及神职人员是否应当具有特权等问题上，仍然存在极大的分歧。

尽管1839年刑法典草案最终被政府撤销，然而，无论是在政界还是在学术界，制定新的刑法典的工作却没有停止过。其中特别重要的是莫德曼（A. E. J. Modderman）的工作。1863年，莫德曼以《我国刑事立法的改革》（De Hervorming van onze Strafwetgevillg）为标题出版了他的论文集。在这本书中，莫德曼提出了一系列建议，包括反对所有与对人的改造无关的刑罚目的的刑法理论。在其第四条建议中，莫德曼认为，刑罚同时具有客观之恶和主观之恶。他的第五条建议中则提到"一些可以接受的刑罚"。其中，明确排除了死刑。而在其第十条及最后一条建议中，莫德曼认为刑事法官应当具有非常广泛的自由裁量权。莫德曼在书中对新刑法典应当如何起草进行了详尽的描述。他认为新刑法典应简洁而人道。他并不认为缩短刑期会导致犯罪增加。在该书最后一部分，他还建议应当由国家成立一个专门委员会来继续新刑法典的起草工作。他的这一愿望在1870年得到了实现。一个小型委员会成立，其中包括莫德曼教授本人以及其他四位成员：Professor J. de Wal（莱顿大学刑法学教授）；A. A. de Pinto（海牙执业律师、随后的司法部、立法部部长及数本法律著作的作者）；W. F. G. L. Francois（海牙上诉法院院长并且在1873年被同一法院；J. J. Loke 法官接替之前一直是该小型委员会成员）以及 M. S. Pols 教授（乌得勒支大学刑法学教授）。1875 年，该委员会公布了一部刑法典草案。1879 年，在经过些许修改后，该草案由莫德曼提交给国会，其间，莫德曼教授已于 1874 年开始担任司法部长。1881 年，该草案最终公布，但因为与其他相关法令协调的问题，该草案直至 1886 年 9 月才正式生效。

5. 1886 年荷兰刑法典的特色及制定后新的发展

莫德曼认为 1886 年《荷兰刑法典》具有七个典型的特色：简洁、方便查阅、信任司法部门、坚持平等原则、考虑社会影响、平等对待所有宗教团体、认可“法律意识”自治。

该刑法典的简洁性之处主要在于其法典结构、重罪与轻罪的犯罪分类、刑罚制度只有三种主刑以及没有规定最低刑期而允许法官考虑减轻刑罚情节等方面。只有在一个方面《荷兰刑法典》的规定比较详细——保护道德价值方面，特别是有关性道德方面，而这也可视为荷兰刑法另外一个典型的特色。

1886 年刑法典并没规定所有的犯罪行为。该刑法典在适用时，还应当参照其他四十部含有刑法性质的处罚与措施的单行法规。随着时间推移，这些法规的数量还在增加，未法典化的刑法数量越来越多，因此受到人们的抱怨。而在这些单行法案中，特别应当提到的是 1919 年的武器法案、1928 年的药品法案、1935 年的道路交通法案、1950 年的经济犯罪法案（在该法案中，规定了法人的刑事责任问题）以及 1959 年的普通财税法案。另外，不对刑罚措施进行分类——该原创刑法典的另外一个特征——不久就开始弱化。例如，1901 年，一个完全处理青少年犯罪的刑事制度创立（Title VIIIa）。根据该刑事制度，青少年违法犯罪者在其 21 岁以前可以由父母监护或者离开家庭接受处置。但这两种选择都仅仅只是处置措施，而不是刑罚。1921 年和 1929 年，又分别增加了有关监护的规定以及有条件地免除处置的规定。

在过去的一百多年里，荷兰刑法还表现出了其他一些发展趋势，如缓刑与假释范围的扩大；刑罚执行方式的改变。① 此外，在刑法典制定之初，罚金刑的作用很小，罚金数额低，而且不能并科罚金与监禁刑。但是，在 1925 年，这种情况也发生了改变，罚金与缓刑的并用成为可能，并且每类罚金的最高数额也增加了。1983 年 5 月 1 日，刑法作出了一种更为实质性的变革，

① 在 1881 年刑法典中，刑罚执行的方式非常简单。五年以下的刑罚主要是单独监禁；更长的刑罚则在五年单独监禁结束后，集体关押。然而，在 1918 年，这种制度废除了，主要是由于当时许多从荷兰境外战争获益的黑市商人被指控犯罪。此外，监狱能力不足，容纳不下囚犯，因此，短期徒刑犯也可能以集体关押的方式执行。最终，在 1951 年，废弃了单独监禁。

增加了施加罚金的可能性以及罚金的数额，并规定，在判处罚金时，应当考虑个人的财产状况。最后，与世界上其他国家相似，荷兰刑法典制定之初并无法人犯罪的规定，但后来的发展，也将刑法的范围扩充至法人犯罪。

二、荷兰刑法的内容及特色

1886 年的荷兰刑法典极具特色，对此，我们通过以下一些制度进行介绍和说明：

1. 罪刑法定及刑法的解释

荷兰刑法在第 1 条中，即体现出罪刑法定的思想。法典第一条规定，任何行为在其实施时，如果没有被法律（法令或条例）所规定构成刑事犯罪，都不应当具有可罚性。具有特色的是，荷兰刑法的罪刑法定，还出现于宪法第 16 条中。

在规定罪刑法定后，荷兰刑法明确禁止类推解释。但是，理论界许多观点认为，类推解释与对法律术语的扩张解释之间并没有明显的界限。而荷兰最高法院的几个判决就因为被认为进行了类推解释而受到批判。例如，在其中的一个判决中，最高法院认为“电力”可以成为“财产”并涵盖在盗窃罪中，因而如果被告中途截取电力而不付款，可以认为构成盗窃罪。这一判决受到学界的质疑与批评。[①] 但是，除了禁止对法条规定进行类推解释之外，法庭对法典其他的规定具有进行解释的自由裁量权。值得注意的是，荷兰刑法中，特别注意结合新的变化了的社会情况，对一些“陈旧”的术语进行客观解释。

2. 犯罪的客观方面

荷兰刑法中对于犯罪的成立，特别强调，行为必须是行为人基于自主意识所实施的行为，即行为必须具有自主性。由此，无意识或睡眠状态下的反射运动或肢体运动就不能被认为具备这种自主性。此外，一个人如果在身体上受到其他人的强迫，例如，被其他人从窗户推出去，这种行为也被认为是身体上缺乏自主性的行为。但是，当行为人有意识地创造一种非自主的情境来实施犯罪时，荷兰刑法认为其行为不能被认为没有自主性，换言之，原因自由行为（actio libera in causa or culpa in causa）理论在荷兰刑法中也是占有一席之地的。

3. 犯罪主观方面

同许多成文化的刑法典一样，主观因素是荷兰刑法中极为重要的一部分。

① HR 23 May 1921, NJ 1921, p. 564.

在荷兰刑法典中表示主观因素最重要的术语有“蓄意”（intentionally）、“直接针对”（with the object of）、“明知”（knowing）、“疏忽”（by negligence or carelessness）、“能够合理怀疑”（should reasonably suspect）等几种。总体上而言，犯罪主观方面的，可以区分为故意与疏忽两种。

荷兰刑法中的“故意”（intent）含义很广。它包括有目的的行为以及明知。只要行为人意识到自己正在有意识地通过某种行为实现一定的目标或引起犯罪要求的结果，或当行为人意识到、事实上确信存在某一情境，或结果将会发生而仍实施某种行为时，行为人的心态就应当是故意。除此之外，“故意”还包括了这样的情况：行为者有意识地在行为时，放任某种严重危险，即特定结果或某种特定情境（dolux eventltalis）的出现。① 本质上，后者很大程度上与美国模范刑法典中的“轻率”（reckless）相似。

“疏忽”（negligence）作为犯罪的一个要素，与美国模范刑法典中的“疏忽”（negligence）很相似。例如，行为者应当意识到其行为中存在或能够从其行为中推定出存在真实的或不能辩护的危险性要素而仍实施行为时，其主观心态即可认定为疏忽。此外，疏忽也包括这样的情况：行为者意识到存在某种危险，但是在其意识中将这种危险置之一边，认为这种危险并不会真正实现而实施某种行为。与故意相对的是，疏忽意味着行为者对犯罪结果是持排斥、反对的心理态度的。

荷兰刑法同样包括了第二类称为轻罪（overtredingen）的犯罪。对于这一类犯罪，一般情况下不要求主观的要素。但这并不表示荷兰刑法采用了严格责任原则。在这些犯罪中，如果存在刑法典所规定的免责事由或正当化事由时，被告同样必须被宣告无罪。此外，如果被告人的行为明显是由于事实认识错误或法律认识错误引起的，以至缺乏应受谴责性时，那就也不能对其加诸惩罚。这一原则由荷兰最高法院通过1916年的一个案例予以正式认可。②

4. 犯罪未遂

---

① 然而，应当指出的是，在盗窃（第310条）、侵占（第321条）以及欺诈继承（第326条）的定义中，“直接针对”的表达，在大多数案件中严格限制于“故意”，而并不包括轻率。

② 大致案情是：老板被起诉通过其雇员出售掺水的牛奶给消费者。水是被老板所掺的，雇员并没有意识到老板的这一行为。换言之，他实际充当了一个无辜代理人。对于雇员的刑事责任，法庭认为，尽管出售假冒牛奶这样的犯罪中不要求必须具备罪过，但并不能由此推出，如果刑事谴责性（blameworthiness）缺乏，行为人也可以被惩罚。结果是，通过本案，缺乏谴责性被认为是刑法典中所规定的补充一般性辩护事由的一条概括的辩护事由。（HR 14 February 1916，NJ1916，p. 681.）现在，对缺乏刑事谴责性作为概括的免责事由的承认不仅对于轻罪适用，它还同样就严重犯罪具有特别重要的作用。

荷兰刑法第45条对犯罪未遂作出了规定。从该条第二款可以看出，荷兰的立法者并没有采取主观论的观点，认为未遂犯应当与既遂犯受到同样的惩罚。相反，荷兰刑法认为未遂犯对社会造成的危害比既遂犯要小，因此，应当对未遂犯减轻处罚。

对于预备与未遂的区分标准，荷兰刑法第45条并没有对“着手”作出明确的定义。总体上而言，荷兰最高法院的判决体现出了客观主义的观点。认为着手是指“如果能够认为行为开始接近犯罪的目标，并且，就其外在表现而言，能够认为直接导致犯罪的完成，就成立犯罪未遂所需要的着手。”①

荷兰刑法在不能犯的问题上与客观主义的立场非常一致。这种立场反映在对“相对不能”与“绝对不能”进行的区分上。在“绝对不能”的情况下，意图实施的犯罪的可能性或者意图实施的犯罪的目标完全不存在，例如，企图谋杀死亡之人。绝对不能中不存在刑事责任的问题。而在“相对不能”的情况下，不能完成犯罪的原因完全是偶然的，例如，试图盗窃一个钱包，而钱包恰好空空如也。在相对不能的情况下，行为人应当负刑事责任。

5. 法人的责任

荷兰刑法第51条规定了法人犯罪。但是，刑法典并没有清晰地规定哪些犯罪能够被法人所实施。在法人犯罪中，法庭很可能要求法人必须有效地运用权力来决定某一行为是否应该发生以及是否接受其发生。在法人被认为能够实施犯罪的情况下，不仅法人可以被起诉与判刑；而且那些对犯罪行为负有直接责任或者实际控制这些行为发生过程的人也都可能遭到起诉与判刑。

6. 辩护事由

与德国刑法严格区分正当化事由和免责事由不同，荷兰刑法并没有在立法中对正当化事由与免责事由进行区分，而将这一问题留给法官进行自由裁量。然而，实践中，德国刑法理论仍产生了很大的影响，当前流行的观点认为，正当化事由指的是该行为的合法性，而免责事由关注的则是被告的刑事责任问题。以下是荷兰刑法典规定的一些常见的辩护事由：（1）精神错乱（第39条）。法典没有确立依据什么标准来判断精神错乱。最高法院也没有发展形成什么标准。实践中运用的标准是行为人是否存在对自己行为错误的评价或者是否具有按照法律的要求进行行为的能力。当然，也有人赞成应根据

① 例如，如果某人意图抢劫旅行社，并且将脸蒙起来，藏好准备使用的武器，并且开始在办公室门外叫门，那么，就可以认为其是处于武装抢劫的未遂形态。

犯罪是否是由于智力缺陷而引起来决定是否存在精神错乱。（2）紧急避险、恶意选择以及被迫行为（第 40 条）。刑法典第 40 条规定了“紧急避险”、“恶意选择”以及“被迫行为”作为辩护事由。荷兰最高法院解释道，这意味着，概括而言，行为者，在他必须就冲突义务进行选择时，他应当遵守最重要的（zwaarstwegende）义务。[①] 在安乐死未完全合法化之前，由医生实施的安乐死很多情况下就以紧急避险为根据进行正当化辩护。（3）防卫（第 41 条）。刑法第 41 条所规定防卫包括防卫财产权利或其他权利。法典没有详细地解释在何种情况下，使用致命性的暴力将可以因这种防卫而正当化。而只是规定，暴力必须是“防卫他人所必须的”，这意味着，暴力应当是“辅助性的”、“相称”的。此外，法庭还认为，公民在受到袭击时，如果没有特别的情况，还是应当负有躲避的义务。（4）执行法律要求（第 42 条）、执行官方命令（第 43 条）。在实践中，这一辩护事由主要涉及的是公务员。应当构成犯罪的行为将因为它们是执行法律义务或合法命令的必须而正当化。然而，第 43 条第 2 款规定，以忠诚的信念执行非法的命令不是正当化事由，而是免责事由。（5）错误。在荷兰刑法中，不是对法律的每一种错误都能成为免责事由。但是，当行为人合理地认为并没有实施违法行为时，这种错误能够免责。例如，行为人如果是根据具有一定权威性的人或机构的意见而作出自己的行为时，被告人的危害行为能够免责。[②] 除了将法律认识错误作为免责事由之外，一些情况下，法律认识错误有时也能够导致对“故意”的排除（第 282 条）。

结 语

以上我们对荷兰刑法的发展历史与主要内容进行了简要的介绍。但是，这种介绍不能视为是荷兰刑法的全貌。这首先是因为，荷兰刑法的发展，是一个充满了反复、变化的过程，西班牙、法国等许多国家的法律，都对其产生过重大影响，因而，荷兰刑法的发展，呈现出错综复杂的局面。其次，就具体内容而言，荷兰刑法典由于制定时间非常久远，因而，法典本身的内容相对简单，荷兰刑法的实施，必须仰赖于实践中法官精细的解释。从此意义出发，必须从实践中理解“活”的荷兰刑法。另外，荷兰刑法典并不包括所有的犯罪。在刑法典之外，还存在大量单行刑法、行政刑法。例如，交通方

① HR 21 June 1994, NJ 1994, No. 656.

② 例如，在因警察错误地告诉机动车驾驶者其持有所有法律要求的文件时，导致对法律认识错误的情况，被荷兰最高法院视为免责事由（HR 22 November 1949, NJ 1950, No. 180.）。

面的犯罪规定于道路交通法令中，毒品犯罪规定于鸦片法令中，许多公共福利方面的犯罪规定于经济犯罪法令中。囿于篇幅，本文不可能对这些行政性的刑法进行说明。对荷兰刑法更详细具体的研究，有赖于以后更多学者的重视与参与。

苏维埃犯罪客体理论：过程、特点与评析

薛瑞麟*

一

随着苏联的解体，苏维埃犯罪客体理论已经终结，成为昨日的历史。从这一点上看，苏维埃犯罪客体理论具有鲜明的时空性特征。从时间上讲，它始于十月革命胜利后的20年代，终结于苏联解体；从空间上看，它存在于由15个加盟共和国组成的苏联，因此，独立后的俄罗斯的犯罪客体理论虽与苏维埃犯罪客体理论有着承继关系，但前者已不属于后者。

苏维埃犯罪客体理论作为“过程的集合体”经历了生成、发展、终结的变化过程，大体由相互联系但又有明显区别的三个阶段组成：第一阶段，即20世纪20年代至二次“大战”前夕；第二阶段，即卫国战争胜利后至50年代末；第三阶段，即20世纪60年代至苏联解体。这种划分主要出于对苏维埃犯罪客体理论自身发展状况的考虑，因而不同于俄罗斯学者对其刑事立法史的分期划分。①

第一阶段，即苏维埃犯罪客体理论的形成时期。

20世纪20年代至30年代末，是苏维埃犯罪客体理论的形成时期。之所以作出这样的判断，是因为该阶段的客体理论已初步具备了苏维埃犯罪客体理论的基本特征。这首先表现为“社会关系说”的提出。20年代的苏维埃社会是一个完整的阶级社会。A. 皮昂特科夫斯基通过阶级分析的方法对资产阶级犯罪客体理论的考察认为，资产阶级的法益说不能提供反映资本主义社会的犯罪客体的真实概念，用法益作为犯罪客体实际上掩盖了资产阶级刑法的

---

* 中国政法大学教授，博士生导师。

① ［前苏联］H. 库兹涅佐娃等主编：《俄罗斯刑法教程》（总论上卷），中国法制出版社2002年版，第20页。

阶级本质。为此，他在1924年出版的《苏俄刑法总论》教科书中指出，“依照资产阶级刑法，任何犯罪客体都应看做是刑事法律强制机关所保护的资本主义剥削制度的社会关系”。[①] 四年之后，对资产阶级的“法益说”、“规范说”深入批判的基础上，A. 皮昂特科夫斯基提出了一个著名的论断，即“从马克思主义理论观点来看，把犯罪客体看做是某个具体阶级社会的社会关系，是正确的。”[②] 关于犯罪客体是社会关系这一论断为学者们所接受，表明“社会关系说”的确立。

其二，关于犯罪客体是犯罪构成一个必要要件的思想，在20世纪得到确认。应当指出，关于犯罪客体是犯罪构成一个必要要件的思想，是沙皇俄国学者首先提出的。但值得玩味的是，在对资产阶级异己思想采取不宽容和激进批判的历史条件下，这一观点并未被拒之门外。A. 皮昂特科夫斯基在其撰写的《苏俄刑法分论》（1928年）中断言，对任何犯罪的构成进行法律分析时，都必须查明它的客体要件，因为犯罪客体在很大程度上有助于认定犯罪的危害性质和程度。[③] A. 特拉依宁撰写的《苏维埃刑法分则》（1925年）和全苏法学研究所编著的刑法分则教科书（1938年）都认为，犯罪客体是犯罪构成不可缺少的要件。

其三，对犯罪客体实行纵向三分类，即划分一般客体、同类客体、直接客体始于20世纪30年代末。随着1926年《苏俄刑法典》和1939年《苏联刑法典》（草案）[④] 的编纂，在客观上促进了对犯罪客体的分类研究。尽管当时对犯罪的分类，如经济上的犯罪、国事罪等有不同意见，但绝大多数学者反对按照“资产阶级刑法理论的陈规旧套来建立苏维埃刑法分则体系”[⑤]，认为资产阶级刑法理论的特点是把侵犯个人法益的犯罪和侵犯公共法益的犯罪、把个人和社会对立起来，“而社会主义却是要消灭资本主义制度所固有的个人利益与公共利益相互对立的现象”[⑥]。因此，“苏维埃刑法分则应当根据被破坏的社会关系的性质来建立”[⑦] 也是必然的。

将犯罪客体分为一般客体、同类客体和直接客体就始于这一历史时期，其理论根据是马克思主义哲学关于一般、特殊、个别的相互关系原理。由于

---

① ［前苏联］A. 皮昂特科夫斯基著：《苏俄刑法总论》，1924年版，第129页。

② ［前苏联］A. 皮昂特科夫斯基著：《苏俄刑法分论》，1928年版，第16页。

③ ［前苏联］A. 皮昂特科夫斯基著：《苏俄刑法分论》，1928年版，第7页。

④ 《苏联刑法科学史》，北京法律出版社1984年版，第118页。

⑤ 《苏联刑法科学史》，北京法律出版社1984年版，第116—117页。

⑥ 同上注。

⑦ 同上注。

这种纵向分类具有重要的理论与实践价值，因而在后来得以广泛流行。

令人遗憾的是，在1928年以后的十年里，由于“加强理论战线的阶级斗争”，法律虚无主义盛行，从而干扰了包括犯罪客体在内的刑法问题研究。

第二阶段，即苏维埃犯罪客体理论的发展时期。

卫国战争结束后，犯罪客体问题的理论研究进入了一个新的、十分重要的发展阶段，也是研究工作中富有成果的历史时期。这主要表现为：

其一，发表的关于犯罪客体的学术论文显著增多，有关著作关于犯罪客体论述的篇幅大于以往。

如果加以比较，就不难发现，本阶段公开发表的关于研究犯罪客体的论文数量显著多于前阶段，即数倍于前阶段。其中一些具有代表性的论文，如Б·尼基福洛夫著的“论犯罪客体”（载《苏维埃国家与法》1948年第9期）、В·库德里雅夫采夫著的“关于犯罪客体与犯罪对象的相互关系问题”（载《苏维埃国家与法》1951年第8期）、Г·克里格尔著的“论苏维埃刑法中的犯罪客体的概念问题”（载《莫斯科大学学报》1955年第1期）、M. 费多罗夫著的“苏维埃刑法中的犯罪客体”（载《彼尔姆大学学术论丛》1957年）等，已成为苏维埃学者研究犯罪客体问题不可或缺的学术文献，并被反复引用。此外，研究具体犯罪的客体的论文也开始出现。

前面所说的有关著作，一是指犯罪客体专著以外的其他刑法专论，如A. 盖尔青仲著的《犯罪概念》（1954年）、A. 特拉依宁著的《犯罪构成的一般学说》（1957年）等。这些专论研究、探讨的问题虽然不同，但都比较重视犯罪客体问题。二是指刑法总论和分论教科书。在这个阶段，各种版本的刑法教科书明显增多，对犯罪客体论述在广度与深度上也胜于以往。1924年，A. 皮昂特科夫斯基在其《苏俄刑法总论》中关于犯罪客体的论述只有一页多，没有涉及社会关系概念本身，实际上他仅是提出了一个有待论证的新命题。这同20世纪50年代出版的刑法总论教材形成了鲜明的对照。

其二，从内容上看，研究犯罪客体的重点发生变化。主要表现为：一是，本阶段虽然对资产阶级犯罪客体理论继续保持批判的态势，但更多的是研究社会关系概念、具体犯罪的客体、犯罪的纵向分类和横向分类以及犯罪客体与犯罪对象的相互关系。二是，开展了犯罪一般客体与直接客体“现象与本质”还是“一般与个别”关系的讨论。通过讨论，大多数学者认为，既然一般客体是刑法所保护的社会关系，那么，直接客体就应是刑法所保护的具体社会关系，两者是一般与个别的关系。三是，犯罪客体的分类研究取得了长足的进步。在刑法领域内，本阶段最重要的事件是颁布了一批全苏性质的法律，如1958年《刑法立法纲要》、《关于国事罪的刑事责任》、《关于军职罪的刑事责任》的法令以及部分加盟共和国刑法典（乌兹别克和哈萨克加盟共和国刑法典）。《苏俄刑法典》虽是1960年颁布的，但它的草案编纂工作是在本阶段完成的。1960年《苏俄刑法典》将侵犯社会主义所有制的犯罪、侵犯公民的政治权利和劳动权利的犯罪、经济上的犯罪分别独立成章，将侵犯生命、健康、自由和人格的犯罪一章位置前移，是吸收学者们学术建议的结果。这表明苏维埃学者对犯罪客体分类的研究已经相当深入。

第三阶段，从1960年开始至苏联解体，即苏维埃犯罪客体理论的成熟时期。

1960年出版发行的Б. 尼基福洛夫的《苏维埃刑法中的犯罪客体》，不仅结束了苏联没有犯罪客体专著的历史，也使对犯罪客体的研究进入了一个新阶段。Б. 尼基福洛夫研究犯罪客体的最显著特点，就是通过深入地分析社会关系的结构来进行的。他认为，任何事物都是由一定的结构成分（构成要件）组成，都有自己的结构。社会关系作为事物也不例外。社会关系的构成要素有：（1）社会关系的主体，包括国家及其机关、阶级、社会组织、法人和自然人；（2）社会关系主体（参加者）之间的关系，反映在法律上乃是权利与义务的关系；（3）社会关系实现的条件，即社会机构发挥功能的条件。其中，构成要素是社会关系结构存在的基础；社会关系结构是上述三要素组成社会关系的根据。

尽管学者们不同意将关系实现的条件作为社会关系的构成要素，但却一致认为Б. 尼基福洛夫研究犯罪客体所持的方法论是正确的。В. 塔奇指出，"研究具体的社会关系结构，有助于区分它的构成要素，揭示诸要素的相互联系、相互作用，考察给社会关系所致成的损害机制，并在这一基础上，有助于解决犯罪的直接客体、确定客体的种类及其相互关系以及与犯罪客体相关的其他问题。"① 通过分析社会关系的结构来研究犯罪客体始于Б. 尼基福洛夫，也是他的研究特色和闪光亮点。这种研究方法对后来的研究者产生了重大影响。В. 格列斯京、В. 塔奇在各自的犯罪客体专著中就是用前述方法对犯罪客体问题进行探讨的。20世纪80年代中期，在我国翻译出版的唯一一部苏维埃刑法总论教科书也是如此。

应当指点出，苏维埃刑法学者关于社会关系的构成要素和结构的认识经历了一个过程。但至80年代，基本上形成了共识：除了社会关系主体外，社会关系的对象（物）和主体之间的联系（活动）也是社会关系的构成要素，

① ［前苏联］В. 塔奇著：《苏维埃刑法中的犯罪客体与犯罪对象》，哈尔科夫1988年版，第10页。

即组成社会关系的三要素。

第三阶段的另一个特点是在研究犯罪客体方面取得了丰硕的成果，这也是我将其称之为苏维埃犯罪客体理论成熟时期的原因。除了Б. 尼基福洛夫的专著外，本阶段出版的关于犯罪客体的专著还有：A. 弗罗洛夫著的《刑事法律保护的客体及其在组织同侵犯社会主义所有制的犯罪作斗争中的作用》（斯维尔德洛夫斯克，1971 年）；E. 卡伊尔扎诺夫著的《劳动群众的利益与刑事法律》（阿拉木图，1973 年）；H. 科尔扬斯基著的《侵害客体与定罪》（伏尔加格勒，1976 年）；B. 格列斯京著的《社会关系的刑事法律保护问题》（列宁格勒，1979 年）；H. 科尔扬斯基著的《刑事法律保护的客体与对象》（莫斯科，1980 年）；B. 塔奇著的《苏维埃刑法中的犯罪客体与犯罪对象》（哈尔科夫，1988 年）。

二

苏维埃犯罪客体理论的特点是什么？问题的答案只能在与欧洲大陆法系国家的犯罪客体理论的比较中才能找到。苏维埃犯罪客体理论起步较晚，形成于20 世纪 20—30 年代。由此发轫的苏维埃犯罪客体理论，与欧洲主要国家的法益论相比，突出的特点有：

（一）把犯罪客体视为犯罪构成的一个必要要件

依照德国等的主流观点，法益（保护客体）处在构成要件之外，即它不属于构成要件的构成要素，其价值在于违法性评价机能、解释论机能和分类机能等。与此不同，在 19 世纪末至 20 世纪初，俄国就有人主张犯罪客体是犯罪构成的一个要件。这种主张在 20 世纪 20 年代被苏维埃学者所接受并加以发展。苏维埃学者认为，作为犯罪客体的社会关系，是同犯罪的实质概念紧密相关联的。将犯罪客体作为犯罪构成的一个要件，“在很大程度上有助于认定犯罪的危害性质和程度”。

事过 30 年后，当 A. 特拉依宁再次回到犯罪客体的议题时，他的眼界开阔了，对犯罪客体的诠释也更富有创见性。他写道：“必须十分明确地强调指出，社会关系是每一犯罪的客体。但是，社会主义刑法体系中的犯罪客体的问题，决不仅限于上面所讲的这个原理。实际上，它只是从这里开始，因为对于解决审判实践中的极其重要的问题——定罪的问题来说，必须不仅从犯罪方面来研究犯罪客体，而且还把它作为具体犯罪行为的一个构成因素加以研究。这两个概念（客体——‘社会关系’和客体——‘具体犯罪构成的因素'）是彼此有机地联系着的。"[①]

从犯罪方面来研究客体，表明犯罪是一种侵害行为。"每一个犯罪行为，无论它表现为作为或不作为，永远是侵犯一定的客体的行为。不侵犯任何东西的犯罪行为，实际上是不存在的。"[②] 把犯罪客体作为"具体犯罪构成的因素"加以研究，表明它与犯罪构成的其他构成的因素，如犯罪主体、犯罪的客观方面、犯罪的主观方面的不可分割的联系。A. 特拉依宁指出，"任何构成正如它没有其他因素——罪过、作为（不作为）等是不可思议的一样，如果没有表明犯罪客体要件的因素，同样也是不可思议的。"[③]

这里，A. 特拉依宁提出了一个具有十分重要的学术价值的思想，即犯罪客体具有双重品格和双重价值。从犯罪方面看，它是决定犯罪的社会危害性的首要因素；从犯罪构成方面看，它也是不可缺少的，并与罪过、作为（不作为）、主体相互联系、相互作用，共同形成犯罪构成这个总和。

犯罪客体是犯罪构成的必要要件，这已是绝大多数苏维埃学者们的共识。只要翻翻苏维埃政权存续期间出版的各类刑法论著，你就不会怀疑这个判断。当然，也有个别学者持不同意见。例如，依照基辅大学教授 Я. 布拉依宁的观点，犯罪客体处在犯罪构成之外，能列入犯罪构成的只有三个要件：[④] 犯罪的主体（犯罪的活动者）、主观方面和客观方面。犯罪客体是"分则上的决定分类的基础，并且在某种程度上也描述出各类犯罪的政治性质"。[⑤] 一种认识的正确与否，虽不以它的拥护者的多少为转移，但 Я. 布拉依宁的观点在苏联确属另类看法，不仅未被接受，反而成为火力批判的目标。[⑥]

应当指出，最先提出犯罪客体是犯罪构成的一个不可缺少的要件的不是苏维埃学者，但经过他们的演义与精心设计，已成为有别于西方大陆法系"法益说"的客体理论，并构成"四要件对偶式"犯罪构成的重要理论支撑。

（二）主张犯罪客体是刑法所保护的社会主义社会关系

1924 年，A. 皮昂特科夫斯基首次将犯罪客体的内容表述为社会关系时，并没有在社会关系之前加上社会主义的修饰词。这自然有其原因。20 世纪 20 年代，苏维埃社会正处在从资本主义向社会主义的过渡时期。在过渡时期，

① A. 特拉依宁著：《犯罪构成的一般学说》，中国人民大学出版社 1958 年版，第 103 页。

② 同上注，第 101 页。

③ 转引自北京政法学院刑法教研室编：《外国刑法研究资料》（第 2 辑），1982 年版，第 196 页。

④ 原译文中是"三个特征"。

⑤ 北京政法学院刑法教研室编：《外国刑法研究资料》（第 2 辑），1982 年版，第 196—197 页。

⑥ ［前苏联］Г. 克里格尔著："论苏维埃刑法中的犯罪客体的概念问题"，载《莫斯科大学学报》1955 年第 1 期。

无论所有制形式还是社会阶级结构以及社会生活各个领域的情况，都是与社会主义在质上不同的发展阶段。在这样的历史时期，把犯罪客体界定为刑法所保护的社会主义社会关系，不符合社会的实际。20世纪30年代中后期，当"人剥削人的现象已被铲除和消灭，生产工具和生产资料的社会主义所有制已经确立而成为我们苏联社会不可动摇的基础"时[①]，斯大林宣布苏联建成社会主义，即苏维埃社会进入社会主义时期。在这之后，犯罪客体的提法发生变化，即由刑法所保护的社会关系改为刑法所保护的社会主义社会关系。

苏维埃学者研究犯罪客体的一个重要特点在于，注重对刑法所保护的社会关系的结构分析。他们认为，任何社会关系都有其稳定的结构和三个重要的组成部分（关系主体、关系在外部世界的种种表现，主体之间的联系）。这些组成部分是相互依存、相互作用的。通过对社会关系的结构分析，不仅拓宽和深化了犯罪客体的研究思路，而且也有助于正确把握犯罪客体以及它与犯罪对象的相互关系。

把犯罪客体表述为刑法所保护的社会关系，既是为了克服资产阶级法益说等理论掩饰刑法的阶级性的虚伪性，也是为了再现刑法的真实本质，即阶级性。H. 别利亚耶夫指出，"以马克思、列宁关于国家与法的学说为指导思想的苏维埃刑法科学始终认为，只有符合并有利于统治阶级的社会关系才是犯罪客体"。[②] "把社会主义社会关系作为犯罪行为侵犯的客体，这种提法具有政治上的意义。这里强调了苏维埃刑法的阶级性。因为，只有符合并有利于苏联人民的社会关系才能被公开宣布是受到保护的客体。"[③] 20世纪20年代以来，尽管不同历史时期的苏维埃社会的社会性质与情况有别，但学者们关于刑法具有阶级性的认识却始终未变。远的不讲，即使在戈尔巴乔夫鼓吹全人类的利益高于阶级利益的所谓"改革"时期，学者们也未改初衷。例如，1988年出版的莫科斯大学刑法教科书一方面认为，犯罪客体是符合并有利于统治阶级并因此受到法律保护的社会关系；另一方面又对资产阶级的客体理论进行批判。И. 佳日科娃指出，"资产阶级思想家千方百计地掩饰犯罪客体的阶级本质和社会政治内容。他们把犯罪客体宣布为'法益'，这里所说的法益是与阶级、政党的斗争毫无关系的、某种观念上的真正的'共同利益'。因此，所描述的犯罪客体不是阶级范畴，而是某种普适性的抽象概念。这样一

① 《斯大林选集》（下卷），人民出版社1979年版，第393页。

② ［前苏联］H. 别利亚耶夫等主编：《苏维埃刑法总论》，群众出版社1987年版，第92—93页。

③ 同上注。

来，他们就把统治阶级的利益冒充为全社会的利益。"[①] 看来，苏维埃学者把犯罪客体界定为刑法所保护的社会关系，是同刑法的阶级性紧密相联的，并且认为是刑法阶级性的最重要的表现。

（三）对犯罪客体实行纵向分类，即分为一般客体、同类客体和直接客体

犯罪客体的分类是深入认识客体的一种逻辑方法。因此，这种方法为学者们在研究犯罪客体时所广泛采用。在欧洲大陆法系国家，对客体实行多种多样的分类。其中，具有普适性的分类是以主体为标准，将法益分为个人法益（侵犯个人法益的犯罪）和超个人法益（危害国家法益的犯罪、危害公共法益的犯罪）。苏维埃学者反对这种分类，认为它"从属于一般的资产阶级思想体系"。[②]"资产阶级刑法理论的特点是把个人利益与社会利益、把个人与社会对立起来"。[③] 在社会主义国家，个人利益与社会利益、国家利益之间不存在西方国家那样尖锐的对立，它们在总体上是一致的。因此，不能沿用资产阶级的客体二分类或三分类，必须另辟新径，即"根据被破坏的社会关系的性质"来分类。依照这个新标准，苏维埃学者将犯罪客体划分为一般客体、同类客体和直接客体，其哲学基础是一般、特殊、个别的相互关系原理。所谓一般客体是指刑事法律所保护的社会主义的社会关系体系；同类客体，是指一定范围内的相同或同类的社会关系；直接客体是指犯罪行为公开和直接指向的、受到刑事法律保护的某个具体的社会关系。[④]

犯罪客体的纵向三分类的根据、指导思想，是与西方大陆法系国家截然不同的，因而形成了具有苏维埃特色的犯罪客体的分类理论。这种分类对于刑法典分则体系的建构产生了重要影响。在苏维埃政权存续期间，苏俄加盟共和国曾先后颁布了三部刑法典，这些刑法典的分则体系都是依据一定范围内的相同或同类的社会关系而不是按照个人法益、超个人法益的模式建构的。

就理论层面而言，由于实行犯罪客体的纵向三分类，也产生了一些认识分歧。例如，在把犯罪客体定义为刑事法律保护的社会关系的情况下，能否把"社会主义国家的生产力"视为某些犯罪的直接客体；犯罪的一般客体与直接客体是一般与个别的关系还是本质与现象的关系；在侵犯社会主义所有制的犯罪和侵犯个人财产的犯罪中，同类客体与直接客体是重合一致的，如何解释犯罪客体的纵向三分类？围绕这些问题的讨论以及批评与反批评，同

① ［前苏联］Г. 克里格尔等主编：《苏维埃刑法总论》，莫斯科大学出版社 1988 年版，第 79 页。

② 《苏联刑法科学史》，法律出版社 1984 年版，第 116 页。

③ 同上注。

④ ［前苏联］Н. 别利亚耶夫等主编：《苏维埃刑法总论》，群众出版社 1987 年版，第 96—97 页。

犯罪客体纵向三分类直接相关，因而极具苏维埃特色。这也是苏维埃学者在研究犯罪客体过程中认识深化的表现，因为在刑法科学中，极有希望的生长点正是同仁之间产生的意见分歧。

（四）区分犯罪客体与犯罪对象

犯罪对象是苏维埃（或社会主义国家）刑法理论中的一个特有概念。德国等刑法理论中与之相近的是行为客体概念。不过，在各自的语境中，它们的含义及其归属不尽相同。

依照苏维埃刑法学界的通说，犯罪客体与犯罪对象是既有密切联系又有区别的两个概念。前者是犯罪构成的必要要件，后者则为选择要件。犯罪对象的选择性是从刑法总论层面而言的，意指它不是每个犯罪构成必须具备的要件。但在分则条文有明文规定的场合，犯罪对象则是不可缺少的。

苏维埃学者认为，用作犯罪客体的社会关系可以分为物质关系和非物质关系。在物质关系中，犯罪对象是物质性的，即满足社会成员需要的各种物；在非物质关系中，用作犯罪对象是其他社会价值，如国家政权、信仰、人的活动等。

如前所述，苏维埃学者研究犯罪客体的一个重要特点，乃是对社会关系进行结构分析。与此相联系，社会关系的构成要素在受到犯罪直接作用时，可否成为犯罪对象？在我国翻译出版的、列宁格勒大学和斯维尔德洛夫斯克法学院合著的《苏维埃刑法总论》的回答是明确的：社会关系的构成要素就是侵犯对象。① 但是，多数学者不同意此见，他们认为，社会关系的构成要素与犯罪对象不是等同的。社会关系的构成要素在受到犯罪的直接影响时，固然可以成为犯罪对象，但刑法上的犯罪对象决不限于社会关系的构成要素。例如，淫秽物品、伪造的货币是相关犯罪的对象，但却不是刑法所保护的具体社会关系的构成要素。

依照德日两国的刑法理论，行为客体是构成要件的要素，它只能从属于构成要件。而苏维埃的犯罪构成是由主体、客体等四个方面要件组成的有机整体。这样，犯罪对象就有一个归属问题。在苏维埃刑法理论中占统治地位的观点认为，犯罪对象应当属于犯罪客体要件，因为犯罪对象与犯罪客体之间具有最密切的联系，许多犯罪的对象同时又是相应的客体的构成要素便是证明。如果把犯罪对象归属于犯罪的客观方面，就会人为地割裂了它与犯罪客体的密切联系。与此同时，苏维埃学者主张将贿赂归属于犯罪的客观方面，

① ［前苏联］H. 别利亚耶夫等主编：《苏维埃刑法总论》，群众出版社 1987 年版，第 103 页。

因为它是行贿人实施犯罪的手段和工具。

三

在回顾和描述苏维埃犯罪客体理论的发展过程与特点之后，对它作“盖棺论定”式的评析，也是本文的内在要求，即善始善终。但善终却颇为不易，这不仅因为苏维埃犯罪客体理论与我们有亲源关系，涉及客观公正的问题，更重要的是从评析中能引出何种新的思考。

毫无疑问，苏维埃犯罪客体理论是苏联社会主义刑事法制建设的产物。它生于斯，长于斯，伴随苏联的解体而终结。评价这样一种逝去的犯罪客体理论的价值，关键在于它在何种程度上满足于当时社会的需要，是否为人们所接受。从这一点出发，我认为，苏维埃犯罪客体理论基本上满足了苏联社会主义刑事法制建设的需要，并被人们所认同。

这首先体现在对立法的价值上。苏维埃刑法的任务是保护具有重要价值的社会主义社会关系。因此，“不能按照资产阶级刑法理论的陈规旧套”而应按照“被破坏的社会关系性质”来建构刑法分则体系。这不仅是苏维埃学者们的共识，也为立法者所认同。它的依据是：“在社会主义制度下，个人利益与集体利益是一致的，保护国家利益和公共利益对于社会主义社会的每一公民都有利害关系。”①

这个依据虽然含有理想主义的成分，但却对刑事立法分则的结构、体系及走向产生了重大影响。实际上，后来的全苏立法（如《军职罪条例》、《国事罪条例》）以及各加盟共和国刑法典分则体系都是以同类客体为基础构建的。同类客体是某一类犯罪的共同属性，它以具有某种共同属性的具体社会关系的存在为条件。这就需要研究犯罪直接所侵犯的具体社会关系。从反馈的信息看，1959—1961 年各加盟共和国刑法典分则中许多犯罪的归类是充分考虑并采纳了学者们的研究成果的。例如，M. 沙尔戈罗茨基教授在其专著《侵犯生命和健康的犯罪》中，对各有关犯罪的直接客体作了重点研究。在此基础上，他主张将侵犯人身的犯罪辟为专章并突出其在刑法典分则中的位置。这些建议已被立法者所采纳。学者们关于把侵犯公民的政治权利、劳动权利的犯罪归为一章的建议也是如此。

不同于西方大陆法系一些国家的刑事立法，全苏刑事立法以及各加盟共和国刑法典总则分别用专门条文规定了刑法的任务和犯罪概念。前者列举了

① 《苏联刑法科学史》，法律出版社 1984 年版，第 122 页。

刑法保护客体的范围：苏维埃的社会制度和国家制度、社会主义所有制、公民的人身和权、社会主义法律秩序。后者提供了被侵犯的客体的大致名目表，它的范围与前者是一致的。这些规定凝聚着学者们的心血。

其次，体现在对刑事司法的价值上。对于司法工作人员来说，关于犯罪客体是犯罪构成的必要要件以及犯罪客体与犯罪对象是两个不同的法律现象的看法，已经根深蒂固。在审判实践中，他们比较重视犯罪客体在定罪中的作用。苏联最高法院全体会在对各类刑事案件的指导决议中也多次强调，正确认识被犯罪所侵犯的社会关系的重要性，并纠正了各级法院与此有关的定罪方面的错误。[①]

犯罪客体处在犯罪构成之内，即犯罪构成的构成要件，并且作为犯罪客体的社会关系不是具体的实在，而是抽象的东西，这是否导致处罚范围的不当扩大和保障公民权利的缺失？从斯大林去世后的审判实践看，基本没有出现这种消极现象。这说明苏维埃犯罪客体理论适应了审判实践的需要。

最后，苏维埃犯罪客体是苏维埃刑法科学的重要组成部分。在刑法科学这个有机整体中，犯罪客体理论同其他组成部分是紧密联系、相互作用的。这种作用突出地表现为对犯罪概念和犯罪构成理论发展的推动。依照苏维埃刑法，犯罪是危害社会的行为，其"最重要的特征是揭示犯罪内容的社会危害性"。[②] 而社会危害性又是同侵犯苏维埃的社会制度和国家制度、侵犯社会主义所有制、侵犯人身权利、破坏法律秩序直接相关联的。这说明犯罪客体是决定行为的社会危害性的首要因素。深化犯罪客体的研究，有助于揭示"犯罪"的内容，即社会危害性。事实也是如此。著名的刑法学家 H. 库兹涅佐娃在其撰写的《犯罪与犯罪现象》专著中，对犯罪诸特征中的社会危害性描述的篇幅最多，论述也十分深刻。从引文中可以看出她吸收了犯罪客体研究的成果。苏维埃犯罪构成理论的显著特点之一，是将犯罪客体作为它的组成部分留在构成之内。这里，犯罪客体与犯罪构成是部分与整体的关系。犯罪客体理论的枝繁叶茂，对于作为整体大树的犯罪构成来说，其价值是不言而喻的。由于本课题的缘故，我突出了犯罪客体理论对其他理论成分的作用，但并不否认其他理论成分对犯罪客体的作用。既然是一种相互作用，就没有任何绝对的单方面作用力。

苏联的社会主义制度为它的犯罪客体理论提供了生存、发展的空间，作为回报，苏维埃犯罪客体理论也基本上满足了当时社会的法制建设的需要。

---

① 北京政法学院刑法教研室编：《外国刑法研究资料》，1982 年版，第 192 页。

② ［前苏联］H. 库兹涅佐娃著：《犯罪与犯罪对象》，莫斯科大学出版社 1969 年版，第 60 页。

（当然，它还可以做得更好）从这一点看，它是有价值的，也具有较大的合理性。正因如此，苏维埃犯罪客体理论走出国门，在社会主义诸国产生了重大的影响。此外，苏维埃犯罪客体理论的出现，打破了资产阶级犯罪客体理论独霸天下的局面，并以其特有的魅力与资产阶级犯罪客体理论争奇斗艳。

黑格尔曾说过，哲学史是万神庙，而不是停尸场。其实，刑法史也是如此。苏维埃犯罪客体理论作为一种终结的理论有其合理的值得肯定的内容和因素，对待它不能采取激进的否定态度。

另一方面，人类认识史令人信服地表明，一切社会科学理论都包含有这样那样的不足和历史局限性。苏维埃犯罪客体理论也难逃此运。我认为，苏维埃犯罪客体理论的明显不足或历史局限性在于它的浓厚的意识形态属性。我们知道，苏维埃犯罪客体理论形成于20世纪20—30年代，当时的苏维埃社会是一个完整的阶级社会。在阶级社会里，阶级矛盾和阶级斗争是社会的主要矛盾。刑法及保护客体具有阶级性，是不争的客观事实。在这样的历史条件下，犯罪客体理论强调刑法及保护客体的阶级价值取向，从而为现实政治服务，具有相对的合理性。但问题在于，社会主义社会是一个不断发展变化的社会。自20世纪30年代中后期起，苏维埃社会先由阶级社会转变为不以阶级斗争为主要矛盾的有阶级存在，后来又发展为“发达的社会主义社会”。社会阶级结构、社会条件发生了深刻的变化，但苏维埃犯罪客体理论仍保留浓厚的意识形态属性，这不仅是一种思想理论的僵化，也不利于正义与平等的刑法理念的实现。因为意识形态与阶级性相适应，它表达的是某个阶级的意愿和利益，阶级的正义与平等不等于全社会的正义与平等。此外，对资产阶级各种犯罪客体理论缺乏有分析的批判，也是其不足的表现。对资产阶级犯罪客体理论的批判，是苏维埃犯罪客体理论的组成部分。苏维埃学者认为，资产阶级的各种客体理论属于剥削阶级的思想体系，极力掩盖保护客体的阶级性，从而表现出虚伪性和欺骗性。公正地说，苏维埃学者所指陈的西方学者回避保护客体的阶级属性的现象，是客观存在的。但西方的各种犯罪客体理论是不近相同的：有的理论阶级色彩模糊，间接地反映一定阶级和社会集团的利益和需要；有的则阶级色彩鲜明些，对某个阶级或社会集团的利益和需要反映比较直接；也有的远离现实政治，在刑法理论范围内描述犯罪客体。对这些理论不加分析地批判，把其理论的始作俑者一律视为骗子，恐怕难以令人信服。

由于社会主义与资本主义相互关系的历史原因和西方资产阶级对苏联的“神圣围剿”、“和平演变”，苏维埃学者看到更多的是资产阶级犯罪客体理论中虚伪与阴暗的一面。因此，他们不把资产阶级犯罪客体理论作为理论研究的对象，而一般是作为批判的对象，并且所作出的批判往往是先入为主的、单颜色的。出于防范心理，苏维埃学者看不到或不愿看到西方现代资产阶级犯罪客体理论中有价值的东西。就以“法益说”为例，在西方大陆广泛流行的“法益说”的背后，我们虽然能够发现它与某种社会力量在利益上的联系，但它的阶级色彩模糊，研究者们与政治保持一定的距离，客观地对待研究对象，使“法益说”包含一些有价值的东西，如使刑事立法具有合理目的性的机能、使刑法的处罚范围具有合理性机能、使刑法的处罚界限具有明确性的机能等。① 这些理论主张不仅在西方国家得到广泛认同，就是在作为社会主义国家的中国也有一定的市场。这说明了“法益说”的魅力。但A. 皮昂特科夫斯基却认为，“犯罪客体是法益的理论，是以德国法学家耶林在19世纪后半叶所构建的法的反动理论为依托的，该理论是为了证明资产阶级国家采用强制措施的正当性”②，其方法论是庸俗的唯物论。③ 此外，苏维埃犯罪客体理论的一些内容，如犯罪客体是刑法所保护的社会关系等也有历史的局限性和不科学之处。

我国的犯罪客体理论是在吸收、借鉴苏维埃犯罪客体理论的基础上发展起来的。面对时代的呼唤，它需要更新、完善和发展。我国犯罪客体理论的发展应当避免苏维埃犯罪客体理论的浓厚的意识形态倾向。需要说明的是，我并不主张犯罪客体研究可以完全脱离政治，但犯罪客体理论并不是政治，应当严格将两者加以区分。另一方面，我国犯罪客体理论需要接近国外现代犯罪客体理论，注意吸收其中一些合理的、有价值的东西来发展自己，从而使我国的犯罪客体理论成为既具有中国特色又有先进性和科学性的理论。

---

① 张明楷著:《法益初论》，中国大学出版社2000年版，第202页。

② ［前苏联］A. 皮昂特科夫斯基主编:《苏维埃刑法教程》（第2卷），科学出版社1970年版，第129页。

③ ［前苏联］A. 皮昂特科夫斯基著:《苏俄刑法分则》，1928年版，第15页。

日本少年司法制度的基本特征及其最近的动向

金光旭*

内容提要：中国未成年人保护法的修订，有必要借鉴国外少年法的经验与教训。本文回顾了第二次世界大战以后日本少年司法所走过的历程，特别是通过介绍20世纪60年代至70年代围绕修改少年法的争论，描述了少年司法的基本理念与制度在日本得以巩固与扎根的过程。本文还介绍了2001年少年法修改的背景以及修改的具体内容，并分析了这一修改对以往少年司法的基本理念与制度所带来的影响。通过这些分析与考证，本文尝试提出了反思中国未成年人司法保护制度的基本视角。

一、序言

近年来，无论中国还是日本，青少年犯罪问题成为社会普遍关注的焦点，相关法律的修改也成为法律界所关注的对象。在日本，2000年11月国会通过了《关于部分修改少年法的法案》，并于2001年4月1日起开始实施，这是第二次世界大战以后日本第一次对少年法所作的实质性的修改。在中国，对于1991年9月的《未成年人保护法》，2006年8月十届全国人大常委会第23次会议、2006年10月十届全国人大常委会第24次会议已经两次审议修订，其中也涉及了司法保护的领域，即如何在未成年人犯罪的实体处分及诉讼程序方面区别对待未成年人①。可见，对未成年人犯罪应采取怎样的司法制度，这是目前中日两国所面临的共同课题。

日本早于1922年就制定了少年法，第二次世界大战结束后又于1948年

---

* 日本成蹊大学法学部部长、教授、东京大学法学博士。

① "未成年人保护法修订草案有五方面修改"，载 http：//www.npc.gov.cn/was40/search? channelid=20179，最后访问日期：2006年11月25日。

重新制订了新少年法，在历时80多年的司法实践里已经积累了相当的经验。可以说在今天的日本，少年法与刑法及刑事诉讼法一道，共同构成了刑事司法制度的双翼。每年所破刑事案件的犯罪嫌疑人中，少年所占比例高达40%①，仅此一数据就足以说明日本的少年司法在整个刑事司法制度中所发挥的重要作用。

另一方面，如果回顾日本少年法的历史，其走过的历程还是相当坎坷的。少年法的历史也可以说是不断受到各方批判挑战的历史。上述2000年的少年法修改无疑也是为了应对这些批判所作的一个举措。本文希望通过介绍日本少年司法制度所走过的历程，为探讨中国的未成年人司法制度提供一个参考的素材。

二、日本少年法的理念及基本制度设计

（一）基本理念

现行少年法是于1948年制定的。当时日本正处于被美国占领期间，所以现行少年法是以当时的美国少年司法制度作为蓝本来制定的。少年法的基本理念用一句话概括，那就是“促进少年的健全发展”（少年法第1条）。其基本宗旨是，因为少年的人格尚处于未成形阶段，具有很大的伸缩性，所以比起成人具有更大的教育和改善的可能性，因此，对少年的基本刑事政策不应该是科处作为报应的刑罚，而应主要是科处以教育为目的的保护处分。所以，这一理念也被称为“保护主义”理念②。

中国的未成年人保护法也规定了类似的理念，即将“保护未成年人的身心健康”规定为立法目的（未成年人保护法第1条），同时规定了对于违法犯罪的未成年人要坚持“教育为主、惩罚为辅的原则”（未成年人保护法第38条）。但与我国未成年人保护法不同的是，日本的少年法为了实现其保护主义的理念，在实体处分和程序两个方面设计了一套完全区别于成年人的制度。也可以说，

① 日本法务省法务综合研究所编：《2005年犯罪白皮书》，国立印刷局2005年版，第188页。

② 这一理念的源泉来自美国少年司法制度中的所谓“国亲思想”（parens patriae）。根据国亲思想，对少年的惩罚权本来属于父母，但当少年走上犯罪时，说明父母没有能力正当地行使其惩罚权，因此，有必要由国家代替父母来行使亲权。既然少年法院是在行使亲权，那么，法院的处分的性质也就是福利性的，因此，该法院的审判程序也就没有必要采取像刑事程序那样的严格形式，应该赋予法官广泛的裁量权。但是，该“国亲思想”在20世纪60年代以后，受到了美国联邦最高法院基于“正当程序论”的严厉批判。这些判例给日本的理论和实务都带来了深刻的影响。在今天，对少年保护处分的正当化根据，不应再求助于“亲权”，而应该从预防少年犯罪的刑事政策目的来加以正当化。

少年法是刑法与刑事诉讼法的特别法。下面主要针对犯罪少年的处理[①]，通过与成年人制度的比较来探讨一下现行日本少年司法制度的若干特点。

（二）少年司法制度的基本设计

1. 实体处分

（1）保护处分

在日本，所谓少年是指不满20岁的未成年人（少年法第2条）。对实施犯罪的少年，原则上要科处保护处分。保护处分的种类有以下三种：①保护观察；②移送少年院；③移送儿童养护设施或儿童自立援助设施（少年法第24条）。保护观察是将少年放在社会内由保护观察所的保护观察官进行监督教育的一种处分。保护观察并不剥夺少年的自由只是限制其自由而已，所以是一种社会内矫正措施。少年院主要是收容犯罪少年的矫正设施，因为关押期间要剥夺少年的自由，所以是一种设施内矫正措施。在少年院，主要以教育为主，不像在刑事设施（即监狱）要从事劳动。儿童养护设施等是收容因没有父母等原因而有待保护的儿童的机构。保护观察所和少年院属法务省（相当于中国的司法部）管辖；儿童养护设施等因为其福利性很强，所以归厚生劳动省（相当于中国的民政部）管辖。在实践中，对犯罪少年所处保护处分主要是保护观察或移送少年院，而移送儿童养护设施的情况则极少。保护观察和少年院收容的期限，除了在例外场合可以延长外，原则上不能超过20岁。

（2）刑罚

即使是少年，也有被科处刑罚的场合。但少年法对刑罚也作了特殊规定。如对不满18岁的少年，禁止适用死刑；对不满18岁的少年应处无期自由刑时，可以减刑；对少年应处有期自由刑时，应处不定期刑等（少年法第51条、第52条）。中国的刑法典对未成年人的刑罚也作了特殊的规定（刑法第17条、第49条），所以本文对少年的刑罚制度不做过多详述。

2. 司法程序

（1）案件的管辖权

对犯罪少年科处保护处分的权限属于家庭裁判所（相当于中国的法院）；而科处刑罚的权限则属于一般的刑事裁判所。但是，家庭裁判所对于少年犯

---

① 少年法所适用的对象，除了犯罪少年之外，还包括以下两种少年：一是“触法少年”，即虽然实施了符合刑法构成要件的行为，但年龄不满14岁不具有刑事责任能力的少年；二是“虞犯少年”，即虽然还没有犯罪或违法，但将来有犯罪危险的少年。以上三种少年统称“非行少年”。本文论述的重点主要限于“犯罪少年”。

罪案件享有第一次管辖权。即检察官在结束侦查之后，必须将全部案件“送致”① 家庭裁判所，而不能直接向刑事裁判所起诉。而且，即使检察官认为保护处分和刑罚都没有必要时，也不能根据自己的判断，不向家庭裁判所送致案件，这一制度被称为“全案送致主义”。这一点和成年人的刑事程序是有很大的区别的。在日本，对于成年人的刑事案件，检察官具有免予起诉权（日文称“起诉犹豫”），即，即使在犯罪证据充足的情况下，如果检察官从一般预防和特别预防的观点考虑，认为没有必要追究刑事责任时，可以行使其裁量权而不提起公诉。这种免予起诉制度可以说是日本刑事司法制度中的一大特征。但是，在少年程序中，检察官被剥夺了这一裁量权，必须把全部案件送致家庭裁判所。

当家庭裁判所认为刑事处分更为妥当时，要将案件返送检察官（日文称“逆送”）。在这种场合，收到案件返送的检察官必须向刑事裁判所提起公诉，即对返送的少年案件检察官也不享有免予起诉权。可见，在少年司法的领域，检察官在实体处分的选择上是几乎不存在裁量余地的。起诉以后的程序，则和成年人的刑事程序基本相同，都适用刑事诉讼法。其区别主要反映在上述的实体刑罚方面，即刑事裁判所必须适用少年法对刑罚所作的特别规定。

少年法之所以规定“全案送致主义”，其目的就是要在程序上落实“保护优先”的原则。在实践中，家庭裁判所返送检察官的案件是不多的，每年不过数百件而已（但对交通案件的处理另当别论）。比如2004年，家庭裁判所对除去交通案件的所谓一般保护案件，返送检察官的只有400余件，占其终局处理的一般保护案件（约14万3千件）的0.3%。

（2）少年审判的内容

家庭裁判所的审判内容是什么，这是由家庭裁判所科处的保护处分必须具备什么要件来决定的。按照现在的通说，保护处分的要件有两个，一是犯罪事实的存在；二是存在再犯的危险性，换言之，存在国家采取保护处分的必要性。第二个要件被称为“要保护性”。少年审判的内容就是要澄清并认定是否存在这两个要件。当然，刑事审判的任务也包括认定犯罪事实和量刑情节两个部分，但其重点毫无疑问是放在前者的。而在少年审判中，因为保护处分的性质不是根据行为责任的大小来决定惩罚的轻重，而是根据少年的再犯危险来决定与其最相适应的教育保护措施，因此，“要保护性”的认定具有举足轻重的作用。在少年法制定后相当长的时间里，由于将这种理解彻底化，

① “送致”是一个日语词，相当于汉语中“送交”、“移交”、“移送”的意思。在日本，因为检察官不是向法院请求发动刑罚权，所以，在少年法里不使用“起诉”一词。

所以通说曾一度认为少年审判的内容仅仅是“要保护性”，而不包括犯罪事实。但后来，随着在少年审判中也开始强调正当程序的保障，现在的通说转而认为，要保护性的认定固然重要，但再犯的危险性的认定多多少少具有不确定性，而且保护处分即便不是刑罚也不能否认其剥夺或限制少年自由的性质，因此，科处保护处分的前提条件必须存在犯罪事实，犯罪事实和要保护性共同构成少年审判的对象。

（3）审判的模式

少年审判采取的是所谓职权主义的审判模式。在日本，成年人的刑事审判采取的是当事人主义模式，即对犯罪事实的调查主要是通过检察官和被告人及其辩护人双方在法庭中的攻防活动来实现的；法官本身原则上不应积极主动地动用其职权来调查事实，而应采取消极中立的立场，通过双方当事人的法庭活动来形成对犯罪事实的心证。这种审判模式对于保障被告人的诉讼权利强化其防御能力是有其长处的。但是在少年审判中，因为发现少年的“要保护性”具有更重要的意义，如果采取当事人主义的审判模式就有可能造成当事人之间的对峙、对立的紧张场面，从而不利于发现少年问题的真正所在。同时，当事人主义的审判模式往往会造成审判的迟延，这也不利于早期发现问题早期采取教育措施的目的。基于这些理由，少年审判采取了职权主义的审判模式，即由法官积极主动地调查事实，在证据调查的范围、方式、程度等方面也赋予了法官相当大的裁量权。甚至在2000年少年法修改之前，检察官是被禁止参加少年审判的。可见，和欧洲一些国家所采取的职权主义的刑事审判相比，日本的少年审判可以说是高度彻底化的职权主义模式；在这里，可以说法官对解明和认定犯罪事实负有全部责任。此外，少年法还规定了审判要在宽松和蔼的氛围内进行（非形式化原则）、审判不予公开（不公开原则）等（少年法第22条）。

（4）调查制度

为了发现少年的问题所在，家庭裁判所设有专门的调查机构，即家庭法院调查官。该调查官需要运用医学、心理学、教育学、社会学等行为科学的专门知识，对少年的素质、成长经历、家庭环境及学校环境等进行广泛的调查（少年法第9条）。此外，当有必要时，还可以将少年收容在法务省所管辖的“少年鉴别所”，对少年的人格、素质进行专门的调查（少年法第17条）。这些制度在刑事审判中也是不存在的。

（5）终局处分

经过上述的调查和审判，当家庭裁判所认为有必要科处保护处分时，应该作出该决定。当认为刑事处分相当时，则要将案件返送检察官。另外，当家庭裁判所认为不存在犯罪事实或不存在要保护性时，也可以作出“审判不开始”的决定以中止其后的程序，即使在开庭之后也可以作出“不处分的决定”。在实践中，家庭裁判所在调查和审判过程中如果通过说服教育等措施认为“要保护性”已消失，则往往做出这两种决定。2004 年，家庭裁判所对一般保护案件所作终局决定的比例如下：审判不开始的决定占 74.2%；不处分的决定占 9.7%；保护观察处分占 11.9%；移送少年院处分占 3.3%；以刑事处分相当为理由的返送占 0.3%；以年龄超过 20 岁为理由的返送占 0.4%①。

（三）现行少年法和旧少年法的区别

如前所述，日本早在 1922 年就制定了少年法，所以在现行少年法制定以前日本就已经形成了一套具有自己特色的少年司法的运作机制。而新少年法的制定无疑对原有的机制带来了巨大的冲击，这是战后相当长时期少年法的修改争论不休的主要原因所在。所以，为了了解战后日本少年法的修改议论，有必要对现行少年法和旧少年法的不同点略作考察。

第一，旧少年法将保护处分的适用对象限定为不满 18 岁的少年；对此，新少年法将少年的年龄提高到了不满 20 岁。

第二，旧少年法中，保护处分的决定权掌握在“少年审判所”。这是隶属于司法省（现法务省的前身）的机构，虽然带有司法机关的色彩，但法律性质是行政机关，所以，少年审判也是行政审判的一种。但新少年法基于保障少年人权的考虑，将保护处分的决定权交给了作为司法机关的家庭裁判所，并废除了原来的少年审判所。

第三，旧少年法中检察官享有所谓的“先议权”。即先由检察官来判断是否有必要向刑事裁判所提起公诉，当检察官认为没有必要追究刑事责任时，才将案件送交少年审判所。也就是说，将少年案件移送少年审判所，只不过是检察官行使其免予起诉权的一种形式。对此，新少年法规定检察官必须将全部案件送致家庭裁判所，由家庭裁判所首先判断有无必要采取保护处分，当认为必须科处刑罚时才将案件返送检察官；而且，即使这时检察官仍没有起诉裁量权，必须起诉。可见，对选择保护处分还是刑罚的第一次选择权，从检察官转移到了家庭裁判所。

新少年法通过这些修改，大大地扩大了适用保护处分的范围，从而使保护主义的理念得到了彻底的贯彻。但同时这也意味着在日本的刑事政策运作中一直起主导作用的检察官的地位受到了极大的制约。这就是下面将谈到的

① 日本法务省法务综合研究所编：《2005 年犯罪白皮书》，国立印刷局 2005 年版，第 239 页。

60 年代少年法修改议论的深层背景。

三、20 世纪 60 年代至 70 年代的少年法修改议论

新少年法实施不久就出现了修改少年法的呼声。这一要求主要来自检察机关和法务省，其动机主要是出自对少年法提高少年年龄以及将检察官拒于少年程序门外的强烈不满。法务省经过长期的酝酿，终于在 1966 年出台了《关于修改少年法的构想》（以下简称《构想》），从而引发了一场激烈的少年法修改争论。

该《构想》的核心内容是：（1）将少年的年龄降为 18 岁，对不满 18 岁的少年基本维持现行少年法的内容；（2）在少年和成年人之间，另设 18 岁以上不满 23 岁的“青年”层，对这一年龄层原则上适用刑事诉讼法；（3）对该青年层，当检察官认为保护处分更为妥当时，可以不向刑事裁判所提起公诉，而向家庭裁判所请求保护处分；（4）家庭裁判所在审理青年案件时，检察官有权出席审判，参加全部的程序①。可见，该《构想》的主要目的是通过设置青年程序，挽回旧少年法时代所失去的“检察官先议权”。

针对这一《构想》，不仅学术界提出了强烈的反对，而且，最高裁判所和日本律师联合会等实际部门，也以该《构想》将会导致少年法理念的倒退为由分别发表了反对声明。其后不久，美国联邦最高法院出台了一系列宣布正当程序的保障同样适用于少年程序的判例，这些判例在日本也引起了相当的反响②。鉴于此，法务省对其原来的《构想》进行了一定的修正，在强化检察官权限的同时，也在一定程度上强化了少年的程序权利③。但这些修正案仍然未能得到日本律师联合会和多数学者的赞同，其结果，法务省最终也不得不放弃了原来的修改设想。到了 20 世纪 70 年代后半期以后，关于修改少年法的议论基本上平息下来了。

在这背后还存在一个不可忽视的重要事实。即原来法务省主张设置青年程序的重要根据之一是，在 60 年代和 70 年代，18 岁以上的高年龄层少年所犯的恶性刑事案件一直居高不下，所以主张对这些高年龄层的少年有必要强化刑事制裁。但是从 70 年代后期起，这些高年龄层的少年犯罪开始下降，反而是低年龄层的少年犯罪问题开始受到社会的关注。这样一来，就失去了修改少年法的重要依据。

---

① 日本法务省编：《关于修改少年法的构想说明书》，法务省 1966 年版，第 107 页以下。

② ［日］松尾浩也：“少年法修改中的日本与美国”，载宫泽浩一编：《少年法修改》，庆应通信 1972 年版，第 173 页以下。

③ 具体内容规定于《少年法修改纲要》。

从60年代开始的修改少年法的企图，就这样以失败告终了。这场将学界和实际部门全部卷入在内的激烈争论，虽然未能以立法的形式来结局，但对其后的少年司法的理论和实践都产生了深远的影响。通过这一场争论，学界和实际部门对坚持保护主义的理念以及现行基本制度达成了共识，这恐怕是这场“未果”的立法争论的最大的收获。这一共识对限定下述少年法修改的范围也发挥了重要的作用。

四、近年来对少年法的批判

20世纪70年代后期以后基本上销声匿迹的修改少年法的议论，进入90年代后期突然又重新高涨起来了。概言之，这次少年法的修改基本上有以下三个背景：一是对少年审判中的犯罪事实认定程序的批判；二是对少年法实体处分的批判；三是对少年法欠缺对被害人考虑的批判。来自这三方面批判的“合力”，促成了2000年少年法的修改。

（一）少年审判中犯罪事实认定方式的问题所在

这种批判的发源地来自家庭裁判所的内部，可以说是家庭裁判所的法官们的自我批判。引起这一批判的导火线是一系列备受社会关注的少年案件的审判结果。比如，在著名的“草加案件”中，6名少年被送到了家庭裁判所；其犯罪嫌疑是，该6名少年在琦玉县草加市强奸了少女A，其中3名少年怕罪行败露杀害了该少女。在审判中，尽管6名少年都对犯罪事实进行了否认，但家庭裁判所认定存在犯罪事实，并作出了移送少年院的处分。少年的上诉也被高等裁判所驳回。与此同时，被害少女的亲属向琦玉县民事裁判所提起了以少年为被告的请求损害赔偿的民事诉讼，但该裁判所认为无法认定强奸和杀人的事实，从而驳回了被害家属的请求。原告对此不服提起了上诉，这次东京高等裁判所反过来认为可以认定犯罪事实，从而撤销了原判。对此少年方不服再向最高裁判所提起了上诉，最高裁判所认为少年在侦查阶段的坦白口供的可信性值得怀疑，因此将案件驳回高等法院重审。在其他几个案件中，高等裁判所同样对家庭裁判所的事实认定提出了疑义。这一系列的审判结果，引起了社会对家庭裁判所事实认定机制的关注，人们开始对少年审判中的事实认定的信赖性表示怀疑。

在这种背景之下，家庭裁判所的法官们开始反思以往的审判模式，并积极地提出了立法建议。可以说，这次少年法修改的动议，首先是由第一线的家庭裁判所的法官们发起的，所以，和20世纪60年代及70年代所展开的理念之争相比，这次少年法修改的议论带有更多的实务性色彩。这些法官们所提出的问题可以概括为以下几点[①]。

(1) 法官与少年的对峙。在少年承认犯罪事实时，现行审判模式可以非常有效地发挥其作用。但是，一旦遇到少年否认犯罪事实的场合，因为少年审判中没有检察官出席，所以法官不得不亲自质问少年，或向为少年作有利证言的证人进行质疑或询问。这时，就会出现了法官和少年相互对峙的局面，仿佛法官成了与少年对立的当事人一方。即法官既要扮演裁判官的角色，又要充当检察官的角色。这种与少年对峙的结果，使少年对法官的公正性持怀疑态度；即使法官作出了保护处分的决定，也很难使少年对此信服。因此，法官们主张，在一定条件下，应允许检察官参加事实认定程序。

(2) 观护措施期限过严。所谓的"观护措施"类似于刑事诉讼法中的起诉后羁押，但在少年审判中，除了防止少年逃跑或销毁证据的目的之外，为了调查少年的人格、素质，也可以采取这一措施。羁押的场所为少年鉴别所。另外，在刑事审判中，起诉后的羁押期限原则为2个月，但在一定条件下可以延长期限，而且对延长的次数并没有限制。但在少年审判中，观护措施的期限原则上为2个星期，而且只能延长一次，所以最长不能超过4个星期。家庭裁判所的法官们指出，简单案件的审理在4个星期内是可以结束的，但是当遇到少年否认犯罪事实，或案件事实复杂的场合，在4个星期内结案是非常困难的。因此，对观护措施应当予以适当的延长。

(3) 单独审判。在少年审判中，不采取合议制，而是采取独任制。即不论案件多么复杂，也只能由1名法官单独审判。法官们主张，在疑难复杂的案件中，靠单独审判不易准确认定事实，在一定条件下应引进合议制。

总之，以上这些问题都是法官们在司法实践中所遇到的具体困难，有待迅速解决；另外，对法官与少年对立的问题，直接参与少年审判的第一线的律师们也从司法公正性的角度进行了激烈的批判，并提出了积极的立法建议[②]。在这种背景之下，《少年法的部分修改案》于1999年3月被提交国会审议，其主要内容是对现行少年法中的犯罪事实认定程序的修改[③]。但因2000年6月议会被解散，所以这部法案也就作废了（以下简称"旧法案"）。

---

① 日本司法研修所编：《在处理少年案件中的若干实务问题——以否认案件为中心》，法曹会1997年版，第1页以下。

② ［日］多田元："少年审判与非行事实的审理"，载荒木伸怡编：《非行事实的认定》，弘文堂1997年版，第53页以下。

③ "特集：少年法修改——非行事实认定的适正化"，载《法学家》1999年第3期，第8—105页。

（二）对少年法实体处分的批判

这一批判的发源地主要来自媒体及舆论，认为现行少年法的处分过于宽大，对犯罪少年应予严惩。引发这一批判的也是一系列引起社会轰动的少年恶性案件。比如，1997年在神户发生了14岁的中学生连续杀人案件，2000年在佐贺发生了17岁的少年持刀劫持公共汽车的案件。随着媒体对这些案件的大量报道，舆论开始批判现行少年法的处分过轻，主张应该修改少年法。少年的恶性案件在20世纪90年代以前也时有发生，而且每逢这些案件发生，舆论几乎毫无例外地呼吁修改少年法。但在当时，如前面已经介绍的那样，经过60年代少年法修改争论的洗礼，无论是学界还是实际部门都对基于严惩论的少年法修改持消极态度。同时，在当时的议会中少年法修改反对派占有较强的势力，所以媒体的舆论未能成功地将少年法推向议会的论坛。但随着近年来日本的政党布局发生变化，在议会中积极响应严惩论的势力迅速增加了。特别是上述以法官为主导的少年法修改案作废之后，以国会议员为主导的修改少年法的舆论迅速重新燃起了。

（三）基于保护被害人观点的批判

近年来，包括成年人刑事程序在内，保护犯罪被害人的权利变成了整个刑事司法制度中的一个热点问题。以“奥姆真理教”地铁沙林毒气案件为契机，犯罪被害人的日记或学者的被害人调查专著纷纷出版，由此引起了社会对被害人境遇的广泛关注。于2000年5月12日国会通过了以保护犯罪被害人为目的的《关于部分修改刑事诉讼法的法律》和《被害人保护法》。这两部法律通过之后，舆论开始呼吁在少年审判中也应该反映保护被害人的精神。

在上述这些背景之下，由执政党议员主导并起草的《关于部分修改少年法的法案》被提交到了国会，并于2000年11月正式在国会通过。如前所述，该法已于2001年4月1日起实施。从这次少年法修改的背景就可以推知，修改的内容包括以下三个方面：（1）对少年审判中犯罪事实审理方式的修改，这部分修改基本承袭了《旧法案》的内容，主要反映了家庭裁判所法官们的要求；（2）对刑事处分范围的扩大；（3）充实对被害人的保护。后二者是《旧法案》所没有的新内容。以下对这三部分内容作具体介绍①。

---

① “特集：少年法修改——非行事实认定的适正化”，载《法学家》2001年第3期，第2—45页。

五、2000年少年法修改的内容

（一）对犯罪事实审理方式的修改

1. 检察官的参与

修改后的少年法允许在一定条件下检察官出席少年审判（少年法第22条之2）。其目的在于解消法官与少年直接对峙的局面，即对那些在少年看来不利的质问，或对那些为少年作有利证言的证人进行的质疑或询问，交给检察官进行，由此保障法官保持其中立的裁判者的地位。在此意义上，不可否认这次少年法的修改给少年审判带来了一定的当事人对决的色彩。但是，另一方面，鉴于前述的当事人主义的审判结构对少年保护和教育的弊端，对于全面引进当事人主义的审判模式无论是理论界还是实际部门都持消极态度。因此，这次少年法修改对检察官出席的范围进行了严格的界定。

首先，检察官只能在重大犯罪案件的审理中参加审判。即必须符合以下两个条件之一：①以故意犯罪致人死亡的案件，如杀人、伤害致死、强奸致死等；②刑法所规定的法定刑为死刑、无期自由刑或法定刑下限为2年以上的有期自由刑的案件。当然，也有人对此提出异议，认为既然让检察官出席的目的在于解决少年审判中事实认定困难的问题，那么，允许检察官出席的标准就不应是犯罪事实的轻重，而应该是案件事实的复杂性。但是从另一角度讲，当符合以上两个要件时，少年被返送检察官或被科处严厉的保护处分的盖然性更大，所以对这类案件更有必要准确地认定犯罪事实。同时，这次少年法修改的大前提是尽可能维持原有少年审判的基本结构，所以对检察官的参与案件范围作了如上限定。

其次，即使符合了以上形式性要件，只有当家庭裁判所的法官认为有必要让检察官出席时，检察官才能参加少年审判。可见，检察官参加少年审判，并不是检察官的权利，而属于家庭裁判所的裁量权。在立法过程中，检察官方面曾经主张对一定的案件应赋予检察官审判出席权，但法官们坚持主张，少年审判的职权主义的基本框架应该维持，承认检察官的审判出席权将带来少年审判的全盘当事人主义化。最终通过的法律也采纳了法官们的意见。所以，在修改后的少年法中，检察官的程序法地位不是少年审判中的当事人一方，而是应家庭裁判所的要求帮助法官进行事实审理的“审判协助者”。在这一点上，后面将谈到的少年律师的法律地位也是一样的。

最后，检察官即使出席少年审判，也只能参与犯罪事实的审理程序，而不能参与“要保护性”的审理程序。既然少年法修改的宗旨在于解决犯罪事实认定上的困难，那么，对检察官的参与范围作出这一限定是理所当然的。

从这一点可以看出，这次允许检察官出席少年审判的宗旨，和20世纪60年代所讨论的检察官参与的宗旨是有区别的。当时检察官方面力争审判出席权的意图，是要制约家庭裁判所的法官过分向保护处分倾斜，因此有必要参与到实体处分的决定程序中去。但这次少年法的修改，至少其初衷不是为了严罚而是让检察官参与审判，因此，修改后的少年法仍然维持了在实体处分的决定过程中彻底排除检察官的构造。所以，按照修改后的少年法，犯罪事实认定结束之后，检察官应该退庭，而且在审判中只能对犯罪事实本身发表意见，而不能直接对法院应作出的保护处分决定或返送检察官的决定发表意见。

2. 律师的参与

即便在少年法修改以前，当少年委托了律师时，该律师也有权参加少年审判。但是和刑事审判不同，少年法没有规定法定辩护制度以及公费辩护制度。即刑事诉讼法规定，法定刑的上限为3年以上有期自由刑的案件，必须有律师为被告人辩护，如果被告人因经济困难等原因不能委托律师时，法院有义务用公费为被告人选任律师。但在少年法中没有相应的规定。而且在实践中少年委托律师的比例也不高。这次少年法的修改因为对部分案件允许检察官参加审判，所以，在这些案件中有必要加强少年的防御地位，所以，修改后的少年法规定，限于检察官参与的案件，必须有律师为其辩护，少年没有委托律师时，法院应用公费为其选任律师（少年法第22条之3）。在此意义上，以检察官参与为前提，部分性地引进了法定辩护和公费辩护的制度。

3. "观护措施"的延长

如前所述，家庭裁判所的法官们提出，对疑难案件的审理，在少年法所规定的最长4个星期的羁押期限内结案具有相当的难度。加上这次少年法的修改又对部分案件允许检察官和律师同时参加少年审判，可以想象这类案件的审理会更需要时间，所以修改后的少年法规定，为了调查犯罪事实的目的，在一定条件下可以将观护措施的期限最长延长至8个星期（少年法第17条第4款）。

4. 裁量性合议制

原来的少年审判都是由1名法官独任审理的。这次的法律修改允许在一定场合由3名法官构成合议庭来审理案件，从而保证对一些疑难案件的慎重审理[①]。但另一方面考虑到数名法官列席审判，会给少年造成心理上的压迫，所以，没有像刑事诉讼法那样按照法定刑的轻重一律采取合议制，而是允许

① 因为法庭的组织形式是由《裁判所法》规定的，所以，这次修改的《裁判所法》新设了第31条之4。

家庭裁判所根据具体情况来决定是否采取合议形式。

（二）扩大刑事处分的范围

这部分是为了应对严罚论的批判而作的修改。

1. 降低返送年龄

按照修改前的少年法，对不满16岁的少年，家庭裁判所不得将案件返送检察官。尽管刑法规定的刑事责任年龄为14岁，但少年法从程序上完全排除了对14岁和15岁少年科处刑罚的可能性。但以前述的14岁少年连续杀人案件为契机，舆论强烈要求修改少年法的这一规定。因此，这次少年法的修改取消了该年龄限制（少年法第20条第1款），即只要是达到刑事责任年龄的少年，家庭裁判所都可以返送检察官，由检察官向刑事裁判所提起公诉。但考虑到对年幼少年在刑事设施（即监狱）执行刑罚的有害性，所以规定当刑事裁判所对不满16岁的少年判处自由刑时，到16岁为止在少年院执行刑罚，到16岁以后再移送刑事设施（少年法第56条第3款）。

2. 原则性返送

按照修改前的少年法，家庭裁判所采取保护处分优先原则，只有在例外的情况下才将案件返送检察官。修改后的少年法规定，对因故意犯罪而致人死亡，且年龄在16岁以上的少年，应原则上返送检察官。但同时也规定，根据情节认为刑事处分以外的措施更为妥当时，可以不予返送（少年法第20条第2款）。也就是说，通过这次修改，限于符合上述条件的案件，原则与例外的关系被颠倒过来了。

3. 对无期刑的裁量性减刑

按照原来的少年法，不满18岁的少年应判无期自由刑时，必须减刑为10年以上15年以下的有期自由刑，即采取了强制性的减刑方式。修改后的少年法则规定刑事裁判所可以根据裁量予以减刑（少年法第51条第2款）。

（三）对被害人的保护

刑事诉讼法的修改在一定程度上赋予了被害人直接参与诉讼的法律地位，少年审判因为有保护少年身心健康的特殊性，所以这次的少年法修改在保护被害人方面没有刑事诉讼法改得彻底，但在一定程度上也体现了体贴被害人（包括其亲属）的姿态。

1. 听取被害人的意见

修改后的少年法规定，当被害人或其亲属要求陈述被害心情或发表对少年处分的意见时，家庭裁判所的法官可以亲自或命令调查官听取该被害人或亲属的意见（少年法第9条之2）。其宗旨是，一方面通过将被害人的意见反映到少年审判中，从而获得被害人及社会对少年审判的信赖；另一方面，通过让少年了解被害人的处境从而促使其反省罪过。不过，考虑到少年审判的对象是心理状态不稳定的少年，有时还可能是年幼儿童，所以少年法没有像刑事诉讼法那样规定法庭意见陈述权，而允许法官在必要时可以在审判庭外听取被害人的意见，然后将其向少年转达。

2. 被害人对审判记录的阅读及复印

日本的刑事诉讼法里没有附带民事诉讼的制度，在少年审判里更不能允许被害人向少年提起损害赔偿的要求。所以，少年犯罪的被害人或亲属往往在少年审判进行期间，同时向民事裁判所提起损害赔偿的民事诉讼。而在该民事诉讼中，因为被害人作为民事原告要负举证责任，所以往往希望能够利用少年审判中有关证明少年犯罪事实的资料。因此，这次少年法的修改，为了保障被害人顺利行使其损害赔偿请求权，允许被害人在一定的条件下阅读和复印有关少年犯罪事实的审判记录（少年法第5条之2）。

3. 对审判结果的通知

少年审判采取不公开原则，所以，即使是被害人也不能旁听少年审判。因此，被害人既无从知道审判的进程，也没有正当的渠道来获知审判的结果。鉴于此，修改后的少年法规定，被害人提出要求时，家庭裁判所要向被害人通知：（1）少年及其法定代理人的姓名及住址；（2）家庭裁判所作出决定的年月日、决定的内容及其理由（少年法第31条之2）。不过，被害人除了希望了解审判结果，还希望进一步了解审判的内容，因此要求旁听少年审判的呼声仍然很高。这一点有必要关注今后的立法动向。

六、日本少年司法的展望

针对2000年的少年法修改，虽然也有批判性的意见，认为这是少年法理念的根本倒退，但从上述的介绍可以看出，这次的修改总的来说是非常局部性的修改。虽然检察官的参与会使少年审判的模式有所变化，但检察官参与的范围和参与方式都被作了严格的限定。同时，刑事处分范围的扩大也是非常有限的。这一点从少年法修改后的实际运作情况也可以得到证明。据统计，从2001年至2004年的4年期间，检察官出席审判的案件共计84件；对不满16岁少年返送检察官的共计3人；对属于原则性返送的因故意犯罪致人死亡的案件（共有294人）返送检察官的共计178人（返送率为60.5%）。[①] 所以应该说，尽管经历了这次少年法的修改，少年法的基本理念和基本结构并没

① 日本法务省法务综合研究所编：《2005年犯罪白皮书》，国立印刷局2005年版，第248页以下。

有发生根本的变化。

但在另一方面，日本的少年司法在将来能否继续维持现有的结构，还是很难预测的。如果我们从更宏观的文脉中去理解这次少年法修改的话，可以说这次修改是在人权保护论和严惩论的合力之下得以实现的。即正当程序论从保护少年人权的角度强调正确认定犯罪事实在少年审判中的重要性，其结果最终将检察官请进了少年审判厅。另一方面，严惩论也同样要求检察官介入少年审判来牵制法官不要过分向保护主义倾斜。可见，看似两种截然不同的批判，在改变少年审判的形态上是完全有可能形成共振效果的。美国20世纪60年代以后的少年司法的变迁就是一个很好的佐证。60年代以后美国的联邦最高法院出台了一系列判例来强化少年的程序权利，其结果带来了少年审判形式化和律师的全面介入。而律师的介入带来了少年和法官的对峙局面，最终导致了检察官的全面介入。同时，60年以后的高犯罪率促使舆论加强了对少年实体处分的严厉批判。这两种批判合流造成了少年司法制度的全盘刑事化。即少年法院管辖范围的缩小；检察官参与包括实体处分决定程序在内的全过程；赋予少年法院刑罚科处权等。可以说，在今天的美国，少年司法制度和成年人的司法制度的区别已经不像原来那样明显了[①]。这一经验告诉日本，如果今后正当程序论和严惩论共同加大其对现行少年审判的批判力度，很难保证日本不步美国的后尘。

结　语

以上简要介绍了日本少年司法的基本特征和近年来的一些变化。当然，像日本那样彻底化的保护优先制度在中国是否能够取得同样的刑事政策效果，还是有待探讨的。但是通过考察日本的制度，至少可以获得一些观察中国未成年人保护制度的基本视角。在目前正在进行的未成年人保护法的修改过程中，就“司法保护”的领域而言，笔者认为，至少应该讨论以下两点内容：

第一，未成年人保护法第38条规定，对未成年人要“坚持教育为主、惩罚为辅的原则”，然而这一原则在实体法中虽有体现但并不充分。虽然我国的刑法以责任年龄的方式界定了适用刑罚的范围，但对符合责任年龄的未成年人基本都是适用刑罚。[②] 对未成年人有必要考虑设计符合其特点的非刑罚处分

---

① ［日］佐伯仁志：“美国少年司法的动向”，载《法学家》1996年第4期，第76—85页。

② 虽然中国刑法第37条规定：“对于犯罪情节轻微不需要判处刑罚的，可以免予刑事处罚，但是可以根据案件的不同情况，予以训诫或者责令具结悔过、赔礼道歉、赔偿损失，或者由主管部门予以行政处罚或者行政处分。”但在实践中，这一条即使对于犯罪少年，也很少被适用。

形式。当然如何设计这一处分、将其适用范围设定得多宽，应该考虑我国的具体国情。过激的改革会带来对制度的反动，这也是日本少年法的历史所验证的事实。

第二，对未成年人引进非刑罚处分时，应该探讨如何设计该处分的适用程序。目前我国的非刑罚领域的处分程序（如劳动教养处分等）并不完善，特别是对少年的处分因往往冠以“保护、教育”的名称，所以更容易掩盖其剥夺或限制人身自由的性质，所以在适用这些非刑罚处分时也应树立正当程序的观念。但对少年的程序权利保障到何种程度，这要和未成年人保护的目的以及实体处分所具有的自由限制程度相适应。程序的过分诉讼化所具有的危险，同样也是日、美少年司法的历史提示给我们的一个教训。

中外反商业贿赂立法的比较与思考

傅跃建*

一、“天津德普回扣门事件”引起的法律思考

天津德普诊断产品有限公司成立于1991年，是全球最大的诊断设备生产企业，美国Diag-nostic Products Corporation（简称DPC）的子公司，从事免疫药盒的分装、全自动化学发光免疫分析仪销售等业务，年产值达7000万元，销售量占全国市场的1/3。2005年5月20日，华盛顿刑事犯罪分管部门的代理助理总辩护律师John C. Richter发布了关于天津DPC单方犯罪信息的声明。根据美国司法部提供的报告，天津DPC从1991年到2002年期间，向我国国有医院医生行贿162.3万美元的现金，用来换取这些医疗机构购买DPC公司的产品。这些贿赂经天津DPC总经理的授权，通过DPC销售代表亲自送给医疗机构的工作人员。天津DPC在财务账面处理时，将这笔贿赂登记为“销售支出”，这笔支出相当于DPC发案期间3%到10%的销售额，DPC从中获得了200万美元。据了解，为了获得医院的业务订单，DPC在中国的某些医院以现金支付手段向医院的化验员和医师行贿，以此让医院同意使用DPC的产品和服务。美国司法部认为，DPC违反美国《海外反腐败法》有关“禁止美国公司向外国有关人员行贿”的规定，罚其向美国司法部和美国证券交易委员会分别缴纳200万美元和204万美元的罚款，还要缴纳75万美元的预审费等费用。[①] 这就是有名的“天津德普回扣门事件”。

该事件被媒体曝光后，在国内外引起了轩然大波，使我们不由得产生了如下思考：其一，子公司在中国行贿，母公司在美国受罚，天津德普在国内长达11年的非法行为竟然没有被发现，若不是美国司法部首先对其处罚，天津德普诊断有限公司在我国的行贿行为是否将仍然继续下去？暴露出中国在商业贿赂立法上的什么问题？其二，该事件是DPC在美国的母公司主动向美国司法部透露的，为什么美国公司会如此规范的遵守法律？国外对商业贿赂

* 浙江省金华市人民警察学校高级讲师，一级警督，中国犯罪学会常务理事。

① http//www. law-star. com/cac3450. htm .

的立法状况如何？其三，国内的案件国外查，美国帮我们反腐败，这对我国会产生什么样的影响？得出的结论是：美国反商业贿赂的立法体系完备且执法严格规范，对商业贿赂犯罪的处罚也相当严厉，根据其法律规定，DPC公司如果主动交代将会得到从轻或减轻处罚，但如果被查出后被动交代，将会受到加倍重罚，因此才会出现DPC“大义灭亲”之举。德普贿赂案也同样暴露出我国反商业贿赂立法的缺位和执法的不严格规范，以及社会整体意识的严重滞后等问题，以至于使我们陷入被动和尴尬的境地。

商业贿赂在我国医疗、电信、金融、建筑等许多行业都普遍存在，其形式也越来越隐蔽，从请客吃饭、送红包、银行卡，到“技术服务费”、“顾问费”、“咨询费”，再到外出考察、赞助业内研讨会等。贿赂的内容由最初的人民币、美元发展到美色、古玩字画、汽车、房产等。① 当前我国商业贿赂现象已普遍存在且相当严重，已成为某些行业市场的“潜规则”——商业贿赂已成行规，让从业者陷入“谁不给就出局”的“囚徒困境”。② 面对这样的“潜规则”，企业自身往往无力对抗，为了生存只能选择屈从，以避免在市场竞争中失去市场机会和份额。商业贿赂打破了市场的公平竞争和正常的交易秩序，影响了企业生产、技术进步和产品质量的提高，妨害了经济健康有序的发展，也极大地破坏了市场资源的合理配置，为假冒伪劣产品打开方便之门，最终损害了消费者的利益。更令人担忧的是，商业贿赂已成为滋生贪污、贿赂等腐败现象的温床。因此，充分利用法律手段遏制商业贿赂现象，对于消除市场交往中的无序竞争，纠正行业不正之风，促进市场经济的健康发展，具有重要意义。但由于我国对商业贿赂行为的立法起步较晚，很多相关的法律法规很不完善且大多为20世纪所制定，已不能适应目前的现实需要，从而导致在惩治商业贿赂的具体执法中无法可依或出现执法上的混乱。因此，对商业贿赂现有立法进行修改和完善，建立适合中国国情的反商业贿赂犯罪法律体系，无疑已成为当务之急。

二、国外反商业贿赂立法介绍

综观世界各国反商业贿赂的立法，使用的名称尽管不尽相同，内容也各有侧重，但立法宗旨均在于维护正常和公平的经济秩序，保护经营者和消费者的合法利益，促进经济的稳定与繁荣，在许多市场经济发达的国家，都在规定涉及公职人员受贿犯罪以外，另设商业贿赂犯罪。其中以美国、德国、日

① 罗雪峰、牛方礼：“跨国行贿风暴”，载《中国对外贸易》2004年第3期。

② 张梦：“反海外贿赂拷问中国”，载《中国社会导刊》2005年第4期。

本三国的立法最具代表性，且影响最大。

1. 美国反商业贿赂犯罪的立法

在美国，由于商业贿赂对经济活动腐化较深，因此非常重视运用刑罚手段惩治此类犯罪。迄今为止，美国50个州中已有半数以上对商业贿赂罪作了规定，其中纽约州的商业贿赂法最为完善。它对商业贿赂罪的概念这样规定："凡商谈提供、提供或同意提供给雇员、代理人或委托人利益，意图影响这些人实施涉及雇主或委托人利益的行为为犯罪行为。"该法还同时规定，雇主或委托人的雇员、代理人以及受委托索取、期约或同意接受这种利益的行为也构成商业贿赂罪。在联邦方面，专门的竞争法律制度是以《谢尔曼法》（亦称《反托拉斯法》）为基础建立起来的，1914年颁布的《克莱顿法》明确禁止商业贿赂等不正当竞争行为。在该法第3条规定：商业活动者给予回扣或折扣影响到公平竞争的是违法行为。随后又对《克莱顿法》作了大量修改而形成了《罗宾逊·帕特曼法》。在以上两部不正当竞争单行法的基础上，美国《不公平竞争法》又进一步明确禁止商业贿赂行为，即"任何从事商业活动者，在此类经营活动中，如支付、给予或收取、接受任何有价值的物品，作为佣金、经纪费、其他补偿、津贴、折扣的替代物，都属于违法行为。"在一些相关的法律中，如《旅游法》、《邮件诈骗法》等都对商业贿赂的刑事责任做出了相应的规定。依照这些法律，对实施商业贿赂的行为人可判处高额的罚金和剥夺自由刑。此外，由美国法学家编纂的《美国模范刑法典》，该法典规定的商业受贿罪的主体，以及行贿对象是：他人之代理人或被雇人；受委托人、监护人或其他被信托者；律师、医师、会计师、评价人及其他职业的顾问或情报提供者；法人或非法人团体之干部、董事、股东、经理及其他参与其业务之指挥者；仲裁人或其他需要公正之裁决人员或调停人。

在美国，对商业贿赂提起诉讼有着多种依据。例如：根据联邦贸易委员会法第5条，联邦贸易委员会可以将商业贿赂作为不正当竞争而提出指控，也可以根据《罗宾逊·帕特曼法》第2条的规定提出指控，还可能因为违反其他联邦政府机构的规则而被指控。

另外，此次"德普回扣门事件"主要适用的法律——《美国海外反腐败法》，是美国1977年制定的，禁止美国企业通过贿赂获取或保持海外业务，是目前规制美国企业对海外商业贿赂罪主要的法律。

2. 德国反商业贿赂立法

早在1909年，德国就专门制定了《反不正当竞争法》。其后，德国又对该法进行了若干次修改，并围绕该法先后制定了《标准合同条件法》、《折扣法》、《关于附加赠送物品条例》等一系列法规，形成了比较完整的反商业贿赂法律体系。

德国《反对不正当竞争法》第12条规定：“（1）在商业交易中，以竞争为目的，对企业的职员、受任人提供、允诺或授予一定利益，以使其以不正当方法使自己或他人在购买商品或营业上得到优惠的，处1年以上有期徒刑或并处罚金。（2）企业的职员或受任人，在商业交易中以要求、使他人允诺或接受利益为条件，以不正当方法使他人在购买商品或营业上的竞争中受到优惠，应受上述同样的处罚。”很明显，前一条款规定了商业行贿行为，后一条款规定了商业受贿行为。[①]此外，德国刑法典中还规定了多种形式的贿赂罪，工商企业的雇员、代理人向公务员和其他依法从事公务的进行贿赂构成犯罪的，对各方均要按照刑法典的规定给予更严厉的刑事制裁。

德国对商业贿赂等不正当竞争行为的惩治采取的是司法执法模式，即以司法机关为主导，以民事责任的追究为限度，排除行政机关和行政责任的参与。[②] 德国立法机关还在1993年制定了专门的《折扣法》，并且一向从严适用，使德国成为当今世界上唯一一个严格规范折扣行为的国家。

3. 日本反商业贿赂犯罪的立法现状

日本《不当赠品及不当表示防止法》的主要内容之一就是对赠品的限制及禁止。该法所称的“赠品”，是指由公正交易委员会指定的，作为引诱顾客的手段，不管其方法是直接的还是间接的，也不管是采用抽签的形式还是其他形式，经营者在供给商品或劳务的交易中（包括有关不动产的交易），附带向对方提供物品、金钱及其他的经济利益。从这个定义可以看出：赠品的范围极其广泛，包括物品、金钱及其他一切经济利益。赠品的范围也并非一成不变，它由公正交易委员会根据不断变化的经济形势和实际情况来确定。提供赠品的方法可以是直接的也可以是间接的，提供赠品既可以采用抽签形式，又可以采用其他形式。《不当赠品及不当表示防止法》第3条规定，公正交易委员会为了防止不当地引诱顾客，在认为有必要时，可以就赠品价格的最高额、总额、赠品的种类、提供方法或者其他有关事项作出限制，或者禁止提供赠品。[③]

---

① 参见陈有西：《反不正当竞争法律适用概论》，人民法院出版社1994年版，第481—494页。

② 参见刘定华、董岚：“对反不正当竞争执法有关问题的探讨”，载《河北法学》2001年第4期。

③ 参见小野昌延著：《不正当竞争禁止法概说》，有斐阁出版社1974年版，第28页。

三、我国反商业贿赂立法现况

1. 在刑事立法方面。我国1979年刑法第185条把贿赂罪作为一种渎职罪加以规定，没有涉及商业贿赂的内容，也没有专门的商业贿赂犯罪的规定。1997年3月修改后的新刑法，吸收了《关于严惩严重破坏经济的犯罪的决定》、《贪污贿赂罪的补充规定》和《关于惩治违反公司法的犯罪的决定》等单行刑法的相关规定，在分则第八章贪污贿赂罪中规定了普通贿赂罪之外，在刑法分则第三章妨害社会主义市场经济秩序罪第三节妨害对公司、企业的管理秩序罪中，又新增加了第163条的“公司、企业人员受贿罪”和第164条的“对公司、企业人员行贿罪”两个涉及商业贿赂的新罪名。同时也扩大了普通贿赂罪，即国家工作人员贿赂罪的范围。如在刑法第385条受贿罪第2款规定：“国家工作人员在经济往来中，违反国家规定，收受各种名义的回扣、手续费，归个人所有的，以受贿论处。”第387条单位受贿罪第2款：“前款所列单位，在经济往来中，在账外暗中收受各种名义的回扣、手续费的，以受贿论，依照前款规定处罚。”第389条行贿罪第2款：“在经济往来中，违反国家规定，给予国家工作人员以财物，数额较大的，或者违反国家规定，给予国家工作人员以各种名义的回扣、手续费的，以行贿论处。”第391条对单位行贿罪：“为谋取不正当利益，给予国家机关、国有公司、企业、事业单位、人民团体以财物的，或者在经济往来中，违反国家规定，给予各种名义回扣、手续费的，处三年以下有期徒刑或者拘役。”去年年底提请全国人大常委会审议的《刑法修正案（六）》，将商业贿赂犯罪的主体扩大到了公司、企业以外的其他单位的工作人员的范围。这不仅丰富了原刑法的规定，还修补了法律上的漏洞，使得那些原本处于真空地带的逃脱法律惩处的主体，能得以惩处。但美中不足的是，该修正案没有明确区分国家工作人员和私营企业主行为，而这对于正确认定商业贿赂“罪与非罪”，并能否形成有效的证据链条是很重要的。

2. 在经济立法方面。在《反不正当竞争法》、《药品管理法》、《公司法》、《土地管理法》等大量法律中，都有对商业贿赂行为的禁止性、处罚性规定。如在1993年9月颁布的《反不正当竞争法》第22条：“经营者采用财物或其他手段进行贿赂以销售或购买商品，构成犯罪的，依法追究刑事责任；不构成犯罪的，监督检查部门可以根据情节处以一万元以上二十万元以下的罚款，有违法所得的，予以没收。”《药品管理法》第91条规定：“药品的生产企业、经营企业的负责人、采购人员等有关人员在药品购销中收受……利益的，依法给予处分，没收违法所得；构成犯罪的，依法追究刑事责任。医疗机构的负责人、药品采购人员、医师等有关人员收受……利益的，由卫生行政部门或者本单位给予处分，没收违法所得；对违法行为情节严重的执业医师，由卫生行政部门吊销其执业证书；构成犯罪的，依法追究刑事责任。”

3. 在行政立法方面。1996年11月施行的国家工商管理总局《关于禁止商业贿赂行为的暂行规定》，是一个针对商业贿赂行为的专门性行政规章。这个规章明确了商业贿赂的内涵和外延，并依据《反不正当竞争法》，对商业贿赂行为提出了较为详细的，具有一定操作性的行政处罚措施。此外在行政法规、行政规章层面上，对商业贿赂提出禁止性要求，并提出相应处理处罚办法的，还有《国家行政机关工作人员贪污贿赂行政处分暂行规定》、《国家行政机关工作人员贪污贿赂行政处分暂行规定》、《国家行政机关及其工作人员在国内公务活动中不得赠送和接受礼品的规定》等大量规定。另外近年来，中央纪委、监察部、国务院各职能部门也制定了禁止贿赂行为的大量廉政纪律规定。

4. 在国际法方面，我国在2003年签署了《联合国反腐败公约》，其中内容包括“禁止贿赂本国、外国公职人员；禁止部门内的贿赂；禁止影响力交易；禁止私营部门内的侵吞财产”、“采取措施保障公共部门的廉洁，实行公职人员行为守则，加强公共采购和公共财政管理，定期向公众报告，推动社会参与反腐败行动，加强监督私营部门，加强监督财务会计。”①

四、我国反商业贿赂立法缺陷与完善

综观国内外惩治商业贿赂的立法情况，我国在立法数量上并不比国外少，而且立法层次也较丰富，可以说基本上做到了有法可依、有章可循。但为什么商业贿赂行为却愈演愈烈、屡禁不止呢？“德普回扣门事件”暴露出来的问题，除了人们在观念、认识上的原因外，最根本的问题仍在于我国对商业贿赂罪的立法存在的缺陷和不足。其表现主要有：

第一，简，即简约。对商业贿赂的法律规定过于简约和原则，缺乏可操作性。无论是刑法典、单行刑法还是行政法规，对商业贿赂的法律特征规定的都过于抽象和模糊。比如商业贿赂的行为主体都笼统地表述为“经营者”，对商业受贿者缺乏明确规定。此外，商业贿赂的内容除财物外是否还包括“其他利益”？如果包括，“其他利益”都限于哪些利益？对商业贿赂的具体方式规定了“回扣、手续费”，但除了这两种主要方式，是否还包括其他方式？在《关于禁

① 参见张玉瑞：《商业秘密·商业贿赂》，法律出版社2005年版，第255页。

止商业贿赂行为的暂行规定》虽然对商业贿赂中的主要形式回扣、佣金、折扣等进行了细化阐述，但由于其在法律级别上属于行政法规，不能完全满足执法和诉讼的需要。还有在规定对商业贿赂犯罪行为进行处罚时，大多笼统地以“构成犯罪的，依法追究刑事责任”一言以蔽之，缺乏具体可操作性。

第二，散，即分散。综观我国惩治商业贿赂的现有立法，从法律层级上看，由法律、法规（地方法规、行政法规）和规章（地方规章、部门规章）；从立法类别上看，有刑事法、行政法、经济法、国际法等。非常零散，没有形成一个结构合理、衔接得当的反商业贿赂法律体系。

第三，后，即滞后。我国现有反商业贿赂立法大都制定于二十世纪八九十年代，如《反不正当竞争法》和《关于禁止商业贿赂行为的暂行规定》分别颁布于1993年和1996年，1997年刑法修订后也再无对商业贿赂犯罪做出专门修改。从目前形势来看，现有立法已不足以规范现实生活中形形色色的商业贿赂行为，过低的立法层次，陈旧的立法内容已经成为目前制约打击商业贿赂犯罪的严重障碍，无法满足惩治商业贿赂的现实需要。

第四，轻，即轻缓。一是对商业贿赂的行政制裁力度不够，罚款额过低。根据我国法律规定，对商业贿赂的行政罚款最高不超过20万。这个对于商业贿赂可能带来的巨额利润来说实属微不足道，难以达到处罚效果。“德普回扣门事件”主角，美国的DPC公司就为其在天津的子公司的商业贿赂行为承担了高达450万美元的巨额罚款。相比之下，国内对商业贿赂的惩罚太轻。二是对商业贿赂的刑事制裁不够完善。我国刑法第163条、第164条规定的法定刑在附加刑的设置上存在缺陷，都只规定了一种财产刑，不能根据具体情况选择适用罚金刑或者没收财产刑。另外对犯罪单位没有设置相应的资格刑，不利于刑罚功能的充分发挥。

第五，乱。即混乱。一是法律法规的规定之间相互冲突矛盾。如在对“附赠”行为的定性上，同为行政法规的《关于禁止商业贿赂行为的暂行规定》和《禁止有奖销售中不正当行为的规定》却有着不同的规定。前者认为“应视为商业贿赂行为”，后者认为只要不带有欺骗性就属正当竞争行为。明显出现了矛盾和冲突。二是行政执法和刑事司法缺乏有效的衔接机制，导致执法上的混乱，“以罚代刑”现象普遍。虽然商业贿赂在我国经济生活中大量存在，行政执法机关也查处了不少商业贿赂案件，但由于缺乏有效的衔接机制，最终被审判定罪的商业贿赂案件却寥寥无几。

鉴于此，笔者认为，针对上述我国惩治商业贿赂犯罪在立法上的缺陷，应着重从以下几个方面着手予以完善：

首先，应尽快打破目前在惩治商业贿赂立法上的“散”、“乱”局面，制定统一的《反商业贿赂法》。该法在级别上，应定位在法律层面上，即由全国人大或全国人大常委会通过。在类别上，应属行政法范畴。在内容上，应由总论和分论两个部分组成。总论部分，应明确界定商业贿赂的概念、特征、表现形式、种类、处罚原则等基本问题，在分论部分应对发生在各个领域内的商业贿赂行为做出表述。在处罚上，应借鉴国外立法经验，除处以高额罚款外，应着重运用资格罚、连带罚。

第二，构建新的商业贿赂罪名体系。修订现有刑法，对有关商业贿赂的条款进行相应的补充和完善。笔者的设想是：在刑法分则第三章“破坏社会主义市场经济秩序罪”中单设一节“商业贿赂罪”作为第九节，把原有分则第三章第三节中的“公司、企业人员受贿罪”和“对公司、企业人员行贿罪”以及分则第八章有关国家工作人员商业贿赂罪的内容一并纳入到该节中。

新的商业贿赂罪名可包括三大类：普通商业贿赂罪、国家工作人员商业贿赂罪和单位商业贿赂罪。具体行为方式可分为商业行贿、商业受贿、介绍商业贿赂、斡旋商业贿赂。具体罪名可包括以下10个：即商业行贿罪、商业受贿罪、斡旋商业受贿罪、介绍商业贿赂罪、对单位商业行贿罪、单位商业受贿罪、单位商业行贿罪、对国家工作人员商业行贿罪、国家工作人员商业受贿罪、向国家工作人员介绍商业贿赂罪。

第三，填补公司、企业中非国家工作人员间接受贿的立法空白。

公司、企业中非国家工作人员间接受贿，是指公司、企业中非国家工作人员利用本人职权和地位形成的便利条件，通过其他工作人员的职务活动，为请托人谋取利益，从而索取或非法收受他人财物的行为。我国现有刑法规定中，只规定了公司、企业中的非国家工作人员直接利用本人职权的一般商业受贿行为，而没有间接商业受贿的定罪处罚规定。我国目前实行的是社会主义的市场经济体制，市场竞争主体的多元性决定了非国家工作人员在我国各类性质公司、企业中的重要地位，特别是在私营或者外资的公司、企业以及跨国公司、企业中，这类人的间接商业受贿行为同样会给平等竞争的市场经济健康发展带来严重危害。有时还会影响到我国的投资环境。所以，应当在商业贿赂所谓立法中就如何惩治公司、企业中的非国家工作人员间接商业受贿予以规定，以严密法网。①

另外，商业贿赂犯罪作为数额犯，应在立法时确定本罪之数额较大、数额巨大的具体标准，以增强立法的可操作性。

① 张俊霞：“公司、企业人员受贿罪新探”，载《中州学刊》2002年第3期。

论“一国两制”下的移交逃犯机制

赵国强*

香港回归十年来的实践证明，中国政府通过《中华人民共和国香港特别行政区基本法》（以下简称“基本法”）执行的“一国两制”方针政策不仅为实现国家的统一提供了一个最佳模式，而且也为香港的繁荣稳定提供了最根本保障。但是，由于“一国两制”毕竟是前古未有的新生事物，有些问题还需要我们不断地去摸索和实践。比如，在“一国两制”模式下如何积极地开展中国区际刑事司法协助，就是这样一个值得探讨的问题。

十年来，我们很欣喜地看到，在民商事领域，经过中国内地和香港（以下简称“两地”）相关部门的努力，区际司法协助取得了长足的进展，两地签订了关于就民商事案件相互委托送达司法文书和调取证据的安排以及关于相互认可和执行民商事判决的安排等协议。但我们也不能不遗憾地指出，在刑事司法协助领域多年来则无所建树，进展缓慢，至今尚无签订一个有效的协议。当然，相对而言，刑事方面的司法协助因其涉及不少敏感问题，尤其是在移交逃犯方面，难度较大，问题也较多，但笔者认为，这决不能成为一种拖延的理由。只要我们严格按照“一国两制”和基本法办事，本着务实的态度，这个问题一定是可以解决的。有鉴于此，本文旨在就两地间如何建立移交逃犯机制问题，不揣浅陋，略抒己见。

一、坚持“一国”原则，共同维护国家的主权和安全

理念是实践的先行。两地间要建立一种有效的移交逃犯机制，关键的问题是要对“一国两制”在认识上达成一致，只有有了这种共识，协商才会取得结果，机制才能建立。笔者认为，在移交逃犯问题上，关于“一国两制”的理解，最主要的是要处理好“一国”与“两制”之间的辩证关系。

* 澳门大学法学院教授。

（一）"一国"是"两制"的前提

众所周知，中国政府提出"一国两制"的方针政策，其根本目的是为了确保国家的稳定，实现国家的统一。这一根本目的非常清楚地表明，讲"一国两制"不能脱离国家的统一，也就是不能置国家的主权和安全而不顾。没有了"一国"，根本不可能有"两制"；不讲国家的主权和安全，也谈不上什么"高度自治"。中国有句老语，"皮之不存，毛将焉附"，讲的就是这个道理。正是从这一意义上说，"一国"是"两制"的前提，两地间要建立移交逃犯的机制，必须严格遵循这个前提。

有人说，在解释"一国"与"两制"关系时，中国内地学者往往侧重于"一个国家"，强调国家的统一、主权和安全，而香港学者则往往侧重于"两制"，强调高度自治。这种说法是片面的。因为"一国"与"两制"的关系不是侧重不侧重的问题，"一国"是"两制"的前提，这是无法否认而且也根本否认不了的事实，是我们思考、解决问题必须遵循的基本原则。任何将"两制"、"高度自治"凌驾于"一国"、国家主权之上的理念和做法，都是背离了"一国两制"的根本目的，其结果只能是破坏国家的统一和主权，因而是不能接受的。

（二）正确区分国际刑事司法协助和区际刑事司法协助

坚持"一国"是"两制"的前提，对于两地之间建立移交逃犯机制不仅是必要的，而且是非常重要的。因为正是基于这样一种理念，探讨两地移交逃犯的机制问题，才能自觉地将国际刑事司法协助和区际刑事司法协助严格区分开来。

理论上，凡是主权国家之间或一个主权国家中的某个地区与外国之间进行的刑事司法协助，通称为国际刑事司法协助。而一个国家不同地区之间相互进行的刑事司法协助，通称为区际刑事司法协助。国际刑事司法协助与区际刑事司法协助虽然在协助内容方面大同小异，① 但其性质是截然不同的。国际刑事司法协助直接与国家的主权息息相关，其间不可避免地涉及许多政治的或军事的因素。而区际刑事司法协助本身不涉及国家主权问题，相反，作为一个国家内部不同的法域，都承担着共同维护同一国家主权的责任和义务。正是基于这种性质上的不同，基本法也明确规定了两种不同司法协助所应遵循的基本模式，即国际司法协助应当在国家的协助或授权下进行，而区际司

① 比如，两种刑事司法协助都包含了调查取证、移交逃犯、移交已决犯、相互承认和执行刑事判决等内容。

法协助则由两地平等协商解决。[①]

由上可知，坚持“一国”是“两制”的前提，就必须在移交逃犯问题上，严格按照基本法的规定，非常坚决、明确地将国际刑事司法协助同区际刑事司法协助区分开来。具体地说，两地相互移交逃犯在性质上完全属于中国内部不同法域之间的司法协助关系，它既不同于中国内地以“国家名义”同外国进行的司法协助关系，也不同于香港法域以“中国香港”名义同外国进行的司法协助关系。从一定意义上说，这种区际司法协助关系的实质是反映了一个国家内部不同法域之间为解决立法与司法上的冲突而进行的司法合作关系，双方都是中国的地方行政区域，都不具有独立或半独立的“政治实体”身份。

严格区分国际刑事司法协助与区际刑事司法协助，就应当舍弃“借助于国际公约”[②] 这一做法。依据国际公约来调整司法协助关系，这是主权国家之间进行国际刑事司法协助的重要形式，如果允许两地直接借助于在两地适用的国际公约来移交逃犯，无异承认香港在司法协助领域具有了独立的政治实体地位，使区际刑事司法协助转化为国际刑事司法协助，这显然违反了国家主权原则，也违反了基本法关于司法协助的不同规定。此外，“借助于国际公约”的观点本身也是违反基本法关于“对外事务”一章的立法原意的。因为基本法在“对外关系”一章中虽然规定了国际公约在香港的适用，但适用的范围是针对香港与外国的关系，而两地间移交逃犯则属于国家内部事务。不分清“对外”和“对内”关系，想当然地将原本适用于“对外”关系的国际公约搬到“对内”关系中来，有悖于基本法关于“对外关系”的立法原意。因此，根据国家主权原则和基本法，笔者认为，适用于两地的国际公约不能直接成为两地移交逃犯的依据，即使是两地各自制定的与外国之间相互移交逃犯的内部法律，[③] 也不能直接成为两地移交逃犯的依据。如果在这些国际公约或内部法律中，有些规定可以适用于区际刑事司法协助，也必须通过相应的转化或立法程序，使其反映在有关两地进行区际刑事司法协助的协议或内部法律之中。

（三）剔除“政治犯”与“军事犯”概念

“政治犯不引渡”是国际刑事司法协助中的一项通用的国际惯例，中国内

---

① 参见香港基本法第九十五条和第九十六条。

② 参阅黄进、黄风主编：《区际司法协助研究》，中国政法大学出版社 1993 年版，第 5—6 页。

③ 如香港制定的与外国之间相互移交逃犯的《移交逃犯条例》，澳门制定的《刑事司法协助法》。

地的引渡法也明确规定了此项国际惯例。毫无疑问，各国在移交逃犯问题上之所以适用“政治犯不引渡”的国际惯例，皆出于不同的政治理念和社会制度。可以说，“政治犯不引渡”国际惯例的基础是建基在国家主权之上的，它的根本目的是为了维护本国的政治理念，体现本国的国家主权。正因为如此，对“政治犯”的理解是各取所需，根本就不可能有一个统一的共识。比如，中国内地刑法在1997年修订之前将“危害国家安全罪”称之为“反革命罪”，故有的国家将其视为“政治犯”，这对中国来说这当然是不可接受的，因为任何国家刑法中都规定有危害国家安全的犯罪。

然而，如上所述，既然中国内地与香港两地之间移交逃犯属于区际刑事司法协助的范畴，那就不存在“政治犯不引渡”的国家主权基础。因为，无论是中国内地还是香港，尽管它们实行不同的社会制度，但它们同属于中华人民共和国，维护中华人民共和国的主权和安全，是它们共同的义不容辞的责任。基本法之所以要明确规定香港立法机关应当自行立法禁止危害国家安全的行为，其道理就在于此。这种共同承担的统一的责任充分表明，无论是中国内地刑法规定的“危害国家安全罪”，还是将来香港自行立法规定的“危害国家安全罪”，都是危害中华人民共和国国家主权和安全的刑事犯罪，而决不是什么“政治犯”，这些刑事犯罪必须受到法律应有的制裁。由此可见，在两地移交逃犯机制中，不应当也不能容许出现所谓的“政治犯”概念，更不能以此为由拒绝移交，否则，就是将高度自治凌驾于“一国”之上，违反了基本法，侵害了国家的统一、主权和安全。同样的道理，“军事犯”的概念在两地移交逃犯机制中也应当舍弃，因为军事犯侵害的是国家的军事或国防利益，这种利益直接关系到国家的安全，同样不能成为拒绝移交的理由。更何况，根据基本法规定，香港特别行政区法院对国防、外交等国家行为无管辖权，如果采用“军事犯不引渡”的国际惯例，直接违反了基本法。

中国改革开放的奠基者邓小平先生曾经说过，“有些事情，比如1997年后香港有人骂中国共产党，骂中国，我们还是允许他骂，但是如果变成行动，要把香港变成一个在‘民主’的幌子下反对大陆的基地，怎么办？那就非干预不行”。[①] 我们不难设想，如果在两地移交逃犯机制中允许将内地逃往香港的危害国家安全或军事、国防利益的刑事犯罪分子，以“政治犯”或“军事犯”为由而拒绝移交给内地司法机关审判，那就等同于在用实际行动帮助这些刑事犯罪分子企图推翻大陆的政治制度，危害国家的统一和安全。这样的

① 《邓小平论香港问题》，三联书店（香港）有限公司1993年版，第36—37页。

举措，怎么能说承担起共同维护国家的统一、主权和安全的责任呢？因此，笔者认为，要建立两地移交逃犯的机制，首先必须坚持“一国”的原则，两地要切实共同承担起维护国家统一、主权和安全的责任，区际刑事司法协助的开展，决不能以牺牲“一国”原则为代价。

二、恪守“两制”原则，平等协商，相互尊重，互不干涉

所谓“两制”原则，其实质就是在坚持“一国”原则的前提下，依照基本法的规定，充分保障香港特别行政区的高度自治权，这是“一国两制”的应有之义。在移交逃犯问题上，要正确处理好“两制”关系，应当注意以下三个方面：

（一）平等协助，相互尊重，互不干涉

笔者认为，在中国区际司法协助问题上要保障特别行政区的高度自治，首先必须在指导思想上树立起各法域相互平等的理念，即各法域在开展司法协助包括移交逃犯时，其法律地位是平等的。在区际司法协助中，无论中国内地法域多大，香港法域多小，它们都是中央管辖下的地方行政区域，政治地位是平等的，各法域之间不构成中央与地方的关系。中国内地最高人民法院和最高人民检察院在对外司法协助事务方面代表国家，但在对内司法协助事务方面则只代表内地法域，这不涉及国家主权问题，并且符合基本法关于高度自治的规定。基本法第九十五条明确规定香港特别行政区可与全国其他地区的司法机关通过协商依法进行司法方面的联系和相互提供协助，实际上就是在法律上确立了法域之间相互平等的原则，表明这种协商是建立在平等基础上的。没有平等，就无协商可言。

在区际司法协助领域，正因为“两制”是平等的关系，所以就更需要强调相互尊重、互不干涉。一个国家中实行两种不同的社会制度，这是“一国两制”的表面形式，但在“两制”的关系方面，决不是谁吃掉谁、谁压制谁的关系，而是一种和平共存、共同发展的关系。这种关系具体表现在政治领域，就是相互尊重对方的社会制度，互不干涉对方的社会制度；在经济领域，则更是全面合作，互利互惠，共同富裕，携手发展。区际司法协助既然属于政治领域范畴，各法域当然就应当本着相互尊重、互不干涉的态度，务实地解决各类司法协助中产生的问题。

在“一国两制”模式下，“两制”间的相互尊重、互不干涉具有更为重要的现实意义。因为从世界范围来看，区际法律冲突并非中国所独有，有些国家尤其是联邦制国家，如前苏联、美国、英国、瑞士都存在区际法律冲突的问题，但这些国家并非“一国两制”，其不同法域的社会制度本质相同。但

中国的区际司法协助则不一样，它是不同社会制度的法域之间的司法协助，不同法域之间的政治、法律制度差异较大，所以就更需要各法域本着相互尊重、互不干涉的务实态度，理性地解决区际司法协助中产生的各种问题。否则，以制度差异为由而拒绝开展司法协助，这既不符合“一国”原则，也不符合“两制”原则，事实上也根本无法正常进行区际司法协助。

（二）关于国际惯例的适用问题

正是从相互尊重、互不干涉的“两制”关系考察，笔者认为，在两地移交逃犯的机制中，有些国际惯例是不适宜使用的。这些国际惯例主要包括：

关于双重犯罪原则。双重犯罪原则是主权国家之间移交逃犯最常用的一种国际惯例，其意是指只有当被请求移交的逃犯所实施的行为根据请求国和被请求国的法律都构成犯罪时，才可进行移交。在两地移交逃犯的机制中之所以不宜适用这一国际惯例，主要是因为两地实行两种社会制度，两地刑法规定的罪名差异较大，尤其是危害国家安全方面的犯罪及军事方面的犯罪，更不可相提并论，即使是经济领域的犯罪，也是千差万别。在这种情况下，如果适用双重犯罪原则，一方以己方法律不认为是犯罪为由而拒绝移交他方的逃犯，实际上就是在移交逃犯问题上干涉了他方的刑事管辖权，使他方的法律制度形同虚设，使犯罪分子得不到应有的惩罚。对于危害国家安全的犯罪和军事犯罪来说，就更是危害了国家的主权和安全。因此，在两地移交逃犯机制中适用双重犯罪原则，既不符合两地的实际情况，也违反了相互尊重、互不干涉的“两制”原则，同时也会损害“一国”原则。事实上，即使在不是“一国两制”的国家或地区，双重犯罪原则也并非是一定要适用，比如，英国《1967年逃犯法》就规定了英国与英联邦成员国之间移交逃犯，不适用双重犯罪原则。[①]

关于本地居民不移交原则。在国际刑事司法协助中，关于逃犯为本国公民是否可以移交给他国的问题，各国的做法不尽相同。一般来说，英美法系国家赞成或不反对移交本国公民，而大陆法系国家则奉行本国公民不移交原则。导致这一差异的主要原因在于英美法系的国家大多严格奉行属地管辖原则，而大陆法系国家则将属地管辖和属人管辖结合在一起。[②] 不管国际上如何，笔者认为在两地移交逃犯的机制中，本地居民不移交原则是不能适用的。因为一方以逃犯为本地居民为由拒绝移交他方，客观上也是剥夺了他方应有

---

① 参阅何超明、赵秉志主编：《区际刑事司法协助研究》，澳门特别行政区检察院、澳门检察律政学会2002年出版，第167页。

② 参阅黄亚英：“论对本国人的引渡问题”，载《法学研究》1993年第6期。

的刑事管辖权，完全违背了相互尊重、互不干涉的“两制”原则，如果该本地居民实施的是危害国家安全或军事方面的犯罪，就更会破坏“一国”原则。除此之外，这样做还会造成许多恶果，比如，因内地与香港为近邻，进出方便，客观上就会助长本地居民在他方犯罪而逃避他方法律制裁的幻想，为他方的社会治安带来不稳定因素；如两地居民属共同犯罪的话，还可能会发生同一案件的犯罪人由两地分别审理的结果，既影响证据的收集，也会导致判决的不一致；若一方法域的居民在他方法域实施犯罪后逃回己方法域，而己方法域又不认为其行为是犯罪的话，更会放纵犯罪分子，使其得不到应有的法律惩罚。可见，在两地移交逃犯机制中适用本地居民不移交原则，实在是有害无利的不智之举。

关于死刑犯不移交原则。有关死刑存废的问题历来是刑法理论中争论不休的难点，由此导致了在刑事立法中，有的国家废除了死刑，有的国家保留了死刑，甚至有的国家内部如美国都各行其是。这一差异在国际引渡实践中，废除死刑的国家为了宣示本国废除死刑的制度，通常都会对保留死刑的国家采取“死刑犯不引渡”的做法，除非对方承诺对逃犯不判死刑。这一做法已成为废除死刑的国家在签署国际引渡条约或制定本国引渡法时普遍采用的惯例。很显然，在国际刑事司法协助中，死刑犯不移交原则的本意，在于废除死刑的国家强迫保留死刑的国家在引渡个案中接受自己废除死刑的观念，改变他国的死刑制度。

由于中国内地属保留死刑的法域，而香港属废除死刑的法域，因此在两地移交逃犯机制中，如何对待死刑犯①的问题，必须引起重视。笔者认为，死刑存废问题作为一种刑事政策，完全应由各法域自行决定。根据相互尊重、互不干涉的“两制”原则，一方对他方的死刑政策应当尊重，决不能干涉，谁也不能将己方的死刑理念或制度强加给对方，迫使对方接受。正是基于这样一种考虑，在两地移交逃犯机制中，是不能适用死刑犯不移交原则的。否则，如果在两地移交逃犯机制中适用此项原则，客观上就意味着香港法域利用了移交逃犯的机会，强迫内地法域在个案上改变本法域的死刑制度，其实质就是干涉了内地法域的死刑制度，因而严重违反了相互尊重、互不干涉的“两制”原则。值得注意的是，这样做的后果也必然是一种“双输”的后果，即内地法域因犯罪分子得不到应有的法律制裁，其法制的权威就会受到极大的损害，内地居民的合法权益就得不到充足的保护；而香港法域客观上就会

① 这里讲的“死刑犯”，是指逃犯所犯之罪在犯罪地刑法中，其法定刑包括死刑。——笔者注

成为严重犯罪分子的"避风港"，香港社会的稳定和居民的合法权益也会受到威胁。

综上所述，笔者认为，在两地移交逃犯的机制中，为了充分体现相互尊重、互不干涉的"两制"原则，也为了切实维护各法域法制的权威和居民的合法权益，上述三项在国际上通用的移交逃犯国际惯例必须从两地移交逃犯机制中剔除出去。当然，这并不排除各法域在与外国移交逃犯时采用相应的国际惯例，比如，澳门今年通过的《刑事司法协助法》就明确规定了这些国际惯例，但它不能适用于中国内地与澳门的刑事司法协助。

（三）关于"公共秩序保留"的问题

"公共秩序保留"作为国际法的一项原则，为各国所普遍采用。但"公共秩序保留"主要是针对法律冲突而言的，如当一国在本国适用某项国际公约或需要适用外国法时，一旦该项适用引致与本国的基本法律制度或公共利益相抵触，就可予以保留而不再适用。从世界范围来看，在一个国家的区际司法协助中是否适用"公共秩序保留"，其做法也不尽一致。有的国家通过中央统一立法模式开展区际司法协助，实际上是不适用"公共秩序保留"，有的国家即使适用，也作严格限制，如英国采用统一立法模式，要求不同法域之间相互承认对方的诉讼程序效力，但保留一法域按最低条件审查对方诉讼行为的权力。①

笔者认为，在中国区际司法协助过程中，考虑到香港特别行政区的高度自治地位以及法域之间社会制度的差异性，不能全盘否定"公共秩序保留"的适用性，但必须作严格限制。这种限制主要体现在两个方面：

第一，"公共秩序保留"应当服从国家统一、主权和安全的"一国"原则和相互尊重、互不干涉的"两制"原则。凡是在涉及国家主权和安全的问题上，无论哪个法域，都不能以"公共秩序保留"为由，置国家主权和安全而不顾；比如，在上述"政治犯"、"军事犯"问题上，就不能以本法域的政治理念或政治制度不同于他法域而拒绝移交所谓的"政治犯"或"军事犯"。此外，在区际司法协助过程中，也不能以"公共秩序保留"为由，不尊重或干涉他法域的法律制度；比如，在上述双重犯罪、本地居民、死刑犯等逃犯移交问题上，就不能剥夺他法域应有的刑事管辖权，甚至强迫他法域改变已有的法律制度。

第二，"公共秩序保留"只有在造成实质的法律冲突情况下才可以视不同

① 参阅黄进、黄风主编：《区际司法协助研究》，中国政法大学出版社 1993 年版，第 28 页。

情况适用。这里所说的实质的法律冲突，主要是指在区际司法协助过程中，一法域将自己的法律制度请求他法域适用，因而造成与他法域基本法律制度或公共利益造成冲突的情况。比如，在相互承认和执行法院判决时，若一法域执行他法域法院的判决明显与本法域基本法律制度或公共利益抵触时，就应当允许他法域以“公共秩序保留”为由拒绝执行。类似的情况还可能发生在已决犯的移交过程中，比如，澳门没有无期徒刑，中国内地若将一个在内地被判无期徒刑的澳门居民交予澳门执行的话，显然是不合适的。但是，笔者认为，在移交逃犯过程中，是不会发生这样的法律冲突的，因为移交逃犯并非是让对方适用自己的法律制度，而只是让对方尊重、不干涉自己的法律制度。

三、以“属地管辖原则”为基石，以迅速、有效打击刑事犯罪为目的

如上所述，在“一国两制”模式下建立两地移交逃犯机制，必须严格遵守“一国”的主权原则以及相互尊重、互不干涉的“两制”原则。在此基础上，两地应本着平等协商的态度，以迅速、有效地打击刑事犯罪，确保两地社会秩序和居民合法权益为目的，建立起一种公正、合理的移交逃犯机制。

（一）以“属地管辖原则”为基石

在刑事管辖理论与实践中，“属地管辖原则”是一项最基本的管辖原则。究其原因，乃是因为在一国领土范围内犯罪应由该国管辖，无疑反映了国家主权的必然要求。在一个国家内部，不同地方区域能否适用“属地管辖原则”，关键要看各地方区域的自治程度。比如，中国内地虽也划分为不同的地方行政区域，但由于中国内地历来实行的是大一统的立法和司法制度，全国人大制定的法律包括刑法在各地方行政区域统一生效，故当然不存在地域性的“属地管辖”问题，也不存在各地方行政区域之间开展区际司法协助的条件。随着香港和澳门的回归，由于基本法明确规定特别行政区实行高度自治，享有行政管理权、立法权、独立的司法权和终审权，中国国家内部的这种大一统的立法和司法模式就发生了很大的变化，中国内地与特别行政区之间的区际司法协助也就油然而生。在刑事管辖领域，因基本法明确规定中国内地所有的刑事方面的法律不在特别行政区生效，特别行政区适用的是自己的刑事法律，所以，在中国内地和特别行政区之间，按照各自的地域管辖范围，通过“属地管辖原则”划分各自的刑事管辖权，反映了“一国两制”的必然要求，也完全符合基本法的规定。

笔者认为，以“属地管辖原则”为基石建立两地移交逃犯的机制，是完全可行的。根据这一管辖原则，凡是在香港实施的依照香港刑法应受处罚的

行为，不管行为人触犯的是什么罪名，也不管行为人是何身份，只要行为人逃到中国内地，内地有权机关就有责任协助香港警方抓获行为人，并迅速将其移交给香港有权机关依法处置。同样，凡是在中国内地实施的依照内地刑法应受处罚的行为，不管行为人触犯的是什么罪名，也不管行为人是何身份，只要行为人逃到香港，香港有权机关也都有责任协助内地警方抓获行为人，并迅速将其移交给内地有权机关依法处置。这样做不仅有利于维护国家的统一、主权和安全，而且也充分体现了特别行政区的高度自治地位，符合两地相互尊重、互不干涉对方法律制度的“两制”原则。从实践来看，严格遵循“属地管辖原则”，通过两地的密切配合，无形中就会在两地之间编织起一张充满威慑力的法网，使犯罪分子无论在哪一地犯罪，都无空可钻、无路可逃，最终受到应得的法律制裁，从而可以最大限度地维护两地正常的社会秩序，最大限度地保障两地居民的合法权益。

（二）科学划分刑事管辖权

由于两地刑法类似的规定以及犯罪的复杂性，以“属地管辖原则”为基石建立两地移交逃犯的机制，必然会涉及刑事管辖权的划分问题。比如，对预备行为和实行行为不在一地的犯罪，对实行行为和危害结果的发生不在一地的犯罪，根据两地刑法，都会将其纳入自身的刑事管辖范围。又比如，对跨法域的共同犯罪或多次犯罪不在一地的情况，也会产生刑事管辖方面的冲突。因此，在两地之间科学地划分刑事管辖权，对通过“属地管辖原则”来移交逃犯具有一定的现实意义。

笔者认为，科学地划分两地刑事管辖权的范围，要通过平等协商，以务实的态度来解决，根本目的是为了共同迅速、有效地打击形形色色的犯罪活动。所谓务实，也就是要从实际出发。对有些犯罪情况，可以从犯罪的危害性来划分刑事管辖权，比如，预备行为和实行行为不在一地的犯罪，实行行为的危害性明显大于预备行为，故应由实行行为地行使刑事管辖权；当然，如果预备行为根据预备行为地的刑法本身已独立成罪，则两地对预备行为和实行行为可分别行使刑事管辖权。对有些犯罪情况，可以从有利于调查取证来划分，比如，实行行为和犯罪结果不在一地的犯罪，很难说谁危害大谁危害小，从有利于调查取证的角度考虑，应以实行行为地行使刑事管辖权为宜。对有些犯罪，则要从案情的具体情况考虑，比如，由两地不法分子实施的跨法域的共同犯罪情况，通常应由主要犯罪地行使刑事管辖权。总之，两地刑事管辖权的划分，要在相互尊重的基础上，一切从有利于调查取证，有利于迅速结案，有利于依法惩治犯罪分子出发。

值此本文结束之际，笔者深感有必要一提的是，香港回归十年来，中国内地和香港两地之间无论是在经济、贸易、文化等各个领域，关系都越来越密切，两地居民的往来随着内地自由行的开放政策也越来越方便，越来越频繁，这对于两地的社会发展无疑起到了巨大的推动作用。但我们也不得不看到，在犯罪领域，涉及两地的因素也越来越多，为有效打击刑事犯罪造成了诸多不便因素。在这种情况下，中国内地和香港依据“一国两制”的原则，积极开展包括移交逃犯在内的刑事领域的司法协助，不仅是必要的，而且是相当紧迫的。有感于此，笔者撰写此文，衷心希望通过两地的共同努力，尽快建立起一种符合“一国两制”模式的、高效的移交逃犯机制，造福于两地居民。

新修定“刑法总则”之理论基础

陈子平[*]

前　言

中国台湾地区现行“刑法”自民国二十四年（1935年）公布施行至今，虽有多次小幅增修，并经中国台湾地区“立法院”通过，然而全面性之修改，则有1989年“法务部”研拟完成的“中华民国刑法修正草案”。该草案虽于1990年2月13日经“行政院”送请“立法院”审议，唯“立法院”以该草案从研拟完成至提出业已经过十余年而有不合时宜之嫌为由，将该草案另行委托刑法学者重新加以评估，并于1994年、1995年草拟完成“‘立法院’立法咨询中心刑法修正草案”。

然“立法院”司法委员会于1996年10月21日审查前开“刑法修正草案”时，决议由“法务部”重新检讨后，再另提新“修正刑法草案”送请“立法院”审议。2001年3月，“法务部”将研拟完成之“刑法总则修正草案”提交“行政院”，经“行政院”审议后将此草案（“行政院”版草案）送交“立法院”。必须特别一提的是，在“法务部”研拟期间，中国台湾地区刑事法学会有鉴于最近几年刑事立法之粗糙与荒谬，因而主动积极参与“法务部”所进行之重新研拟，并提出刑事法学会之学者们所共同研拟的刑法总则修正草案之对案（刑事法学会草案）以供“法务部”修法之参考，唯大部分并未受到“法务部”采用①。

2004年5月，“法务部”希冀“刑法总则修正草案”在最后立法期限内得以通过立法，以免该草案再度被退回“法务部”而遭到必须重新草拟之命

---

* 台湾东吴大学法律学系教授。

① 当初“法务部”对于业已拟定之草案，原仅预定举办一次公听会而结案，经刑事法学会强烈要求后，共举办七次公听会，刑事法学会学者虽热烈参与检讨，“法务部”却已抱持既定之观点与立场，故嗣后仅只采刑事法学会版本中之一二而已。

运，故积极于“立法院”运作之同时，再度与中国台湾地区刑事法学会诸学者协商，并取得大部分之共识内容。于同年6月“立法院”司法委员会会议上，由立法委员、“法务部”官员与刑事法学会学者共同协商而取得草案之协商版本。2005年1月7日通过的新修定“刑法”之内容，几乎全盘依照协商之版本。至此，中国台湾地区“刑法总则”全面性之修定总算尘埃落定。

而新修定之“刑法总则”，尤其是犯罪论部分（第1条至第31条）之修正，背后蕴藏着多样不同之理论基础，若未能充分加以掌握，将无法正确解读新修定之条文内容。新修定“刑法”通过公布后，中国台湾地区学者陆续提出不少批评，其中既有精确地指摘新修定“刑法总则”问题，亦有不少显示出并未理解甚或完全误解各该理论基础所导致之观点。笔者期能借由本论文之说明与检讨，厘清新修定“刑法总则”第三章“未遂犯”部分之理论基础。由于日本与德国刑法向来对于中国台湾地区刑事立法具有相当深远之影响，于说明与检讨中国台湾地区“刑法”有关未遂犯部分之前，有必要将中国台湾地区、日本、德国之未遂犯规定先加以比较说明。

一、立法例之比较

中国台湾地区“刑法”自清末继受外国法制以来，历经数度大幅修订，即中华民国暂行新刑律（1912—1928年）、旧刑法（1928—1935年）、现行“刑法”（1935—2006年）乃至新修定“刑法总则”部分（2006年以后）。于修法过程中，依然受到日本、德国等大陆法系国家之刑法所影响，此由中国台湾地区绝大部分之“刑法典”条文之规定内容、字句与日本刑法典几无二致可知，中国台湾地区“刑法”实受日本刑法影响尤深。唯亦有某些规定或内容，与日本刑法典显有出入，其中除共犯之规定外，即属不能未遂之规定；易言之，日本刑法典素未规定不能未遂（不能犯）之处罚[①]，而德国刑法典有关不能未遂之规定内容，亦与中国台湾地区“刑法”有所不同。在此情况下，首先应从立法例加以比较，始能正确理解并掌握中国台湾地区此次新修定“刑法”有关未遂犯之规定。

条文内容

1. 中国台湾地区原“刑法”（1935年至2006年6月）

第三章　未遂犯

第二十五条　已着手于犯罪行为之实行而不遂者，为未遂犯。

① 有关中国台湾地区不能未遂规定之立法沿革，请参阅拙著：“中国台湾地区近现代不能未遂之沿革”，载《刑事思潮之奔腾》（韩忠谟教授纪念论文集）2000年，第145页以下。

未遂犯之处罚，以有特别规定者，为限。

第二十六条　未遂犯之处罚，得按既遂犯之刑减轻之。但其行为不能发生犯罪之结果，又无危险者，减轻或免除其刑。

第二十七条　已着手于犯罪行为之实行，而因己意中止或防止其结果之发生者，减轻或免除其刑。

2. 中国台湾地区新修定“刑法”（2006 年 7 月以后）

第三章　未遂犯

第二十五条　已着手于犯罪行为之实行而不遂者，为未遂犯。

未遂犯之处罚，以有特别规定者为限，并得按既遂犯之刑减轻之。

第二十六条　行为不能发生犯罪之结果，又无危险者，不罚。

第二十七条　已着手于犯罪行为之实行，而因己意中止或防止其结果之发生者，减轻或免除其刑。结果之不发生，非防止行为所致，而行为人已尽力为防止行为者，亦同。

前项规定，于正犯或共犯中之一人或数人，因己意防止犯罪结果之发生，或结果之不发生，非防止行为所致，而行为人已尽力为防止行为者，亦适用之。

3. 日本现行刑法（1907 年迄今）

第八章　未遂罪

第四十三条　着手于犯罪之实行而不遂者，得减轻其刑。但因自己之意思而中止犯罪者，减轻或免除其刑。

第四十四条　未遂之处罚，依各本条定之。

4. 德国现行刑法（1975 年至今）

第二节　未遂犯

第二十二条　依据对该犯行之认知而已直接开始构成要件之实现者，为犯罪行为之未遂。

第二十三条　重罪之未遂皆须处罚，轻罪未遂之处罚，则以法律有明文规定者为限。

未遂犯之处罚得较该既遂犯为轻。

其行为遂行之对象或以此为遂行行为之手段性质上，完全不能达于既遂者，行为人因明显无知（重大无知）而有所误认时，法院得免除其刑或依裁量减轻其刑。

第二十四条　行为人自愿放弃继续进行所实施之行为或阻止其完成者，不以未遂犯而受处罚。行为之未遂即便非因中止者之所为时，若中止者自愿且诚挚努力防止行为之完成者，不受处罚。

数人参与行为时，自愿阻止行为之完成者，不以未遂犯而受处罚。行为之未遂非因该中止者之所为，或者行为之既遂与中止者之前所参与之行为无关时，若自愿且诚挚地阻止既遂者，亦不受处罚。

5. 比较说明

对照以上各国现行刑法之未遂犯相关规定之内容，可获得几点初步之认知：

第一，有关未遂犯之着手实行。中国台湾地区“刑法”（第二十五条第一项）与日本刑法（第四十三条前段）之规定内容几乎完全相同，而德国刑法之规定内容则有若干差异，亦即德国现行刑法（第二十二条）将该国旧刑法所规定之“实行之着手”（Anfang der Ausführung)，以主观要素之“依据对于犯行之认知（即依据行为人对于犯行之认识）”与客观要素之“已经直接开始构成要件之实现”加以取代，在解释上与中国台湾地区及日本有落差。

第二，有关不能未遂之规定。日本刑法并无不能未遂之规定，而中国台湾地区原“刑法”与德国刑法虽有规定，内容上却有差异。详言之，中国台湾地区原“刑法”第二十六条后段但书系规定“其行为不能发生犯罪之结果，又无危险者”为不能未遂，而德国刑法第二十三条第三项则规定“其行为遂行之对象或以此为遂行行为之手段性质上，完全不能达于既遂者，行为人因明显无知而误认”者为不能未遂。因此，日本之不能未遂系不构成犯罪而不加以处罚，中国台湾地区与德国之不能未遂，虽皆是构成犯罪而得处罚之，然不仅成立要件上存有差异，处罚亦有所不同；即中国台湾地区原“刑法”规定为“减轻或免除其刑”，系必要之减免，而德国刑法则规定为“得减轻或免除其刑”，系任意之减免。依此，日本、德国有关不能未遂之学说理论是否可毫无修正地适用于中国台湾地区原“刑法”不能未遂之规定，则大有商榷之处。唯中国台湾地区新修定“刑法”第二十六条已修改为“行为不能发生犯罪之结果，又无危险者，不罚”，因而与日本之不能未遂系不构成犯罪而不加以处罚之效果相同。

第三，有关中止未遂之规定。中国台湾地区与德、日之规定内容，皆有差异。中国台湾地区原“刑法”第二十七条规定为“因己意中止或防止其结果之发生者”，德国刑法第二十四条第一项规定为“行为人自愿放弃继续进行所实施之行为或阻止其完成者”，而日本刑法第四十三条后段则规定为“因自己之意思而中止犯罪者”。中国台湾地区与德国之规定内容较为相同，日本则较为简单，唯各国于解释上，对于中止未遂之要件并无太大差异。

第四，有关准中止犯之规定。中国台湾地区原“刑法”与日本刑法并未有明文，而有赖学说见解之解释，德国刑法第二十四条第一项后段则规定：“行为之未遂即便非因中止者之所为时，若中止者自愿且诚挚努力防止行为之完成者，不受处罚"。唯中国台湾地区新修定"刑法"已仿效德国立法例，将准中止犯加以明文化，于第二十七条第一项后段规定："结果之不发生，非防止行为所致，而行为人已尽力为防止行为者，亦同"。

第五，有关共同正犯、共犯之中止。中国台湾地区原"刑法"与日本并未有明文，亦须委之于学说与实务之解释，而德国刑法第二十四条第二项则明文规定："数人参与行为时，自愿阻止行为之完成者，不以未遂犯而受处罚"。唯中国台湾地区新修定"刑法"已仿效德国立法例，将共同正犯与共犯之中止加以明文化，即增定第二十七条第二项："前项规定，于正犯或共犯中之一人或数人，因己意防止犯罪结果之发生，或结果之不发生，非防止行为所致，而行为人已尽力为防止行为者，亦适用之"。

第六，有关未遂犯处罚之原则。中国台湾地区原"刑法"与新修定"刑法"第二十五条第二项皆规定为"以有特别规定者为限"，日本刑法第四十四条规定为"依各本条定之"，而德国刑法第二十三条第一项则规定为"重罪之未遂皆须处罚，轻罪未遂之处罚，则以法律有明文规定者为限"。依此，中国台湾地区与日本对于未遂犯之处罚，不分轻罪、重罪，一律以有特别规定者为限，而例外加以处罚；相对地，德国对于所有重罪皆处罚未遂，仅轻罪之未遂以有特别规定者为限。

第七，有关障碍（普通）未遂、不能未遂、中止未遂之处罚。对于障碍未遂之处罚，中国台湾地区原"刑法"第二十六条前段与新修定"刑法"第二十五条第二项后段、日本刑法第四十三条前段、德国刑法第二十三条第二项，皆采"任意减轻"。对于不能未遂之处罚，中国台湾地区原"刑法"第二十六条后段采"必要之减免"，日本刑法无明文而不构成犯罪，德国刑法第二十三条第三项为"任意之减免"。唯中国台湾地区新修定"刑法"第二十六条已修改为"不罚"。对于中止未遂之处罚，中国台湾地区原"刑法"与新修定"刑法"第二十七条与日本刑法第四十三条后段，系采"必要之减免"，而德国刑法第二十四条则为"不处罚"。

二、未遂犯之处罚根据

关于未遂犯立法上之基本议题，有"预备与未遂界线之'着手实行'"、"不能未遂之可罚性与要件"、"中止未遂之减免理由与要件"、"准中止犯"、"共犯之中止"等，然而最重要者，莫过于必须先确立"未遂犯之处罚根据"，亦即，中国台湾地区"刑法"何以规定未遂犯而加以处罚，其理由安在，必须先加以厘清之后，始有确立未遂犯规定内容之可能。对于未遂犯之处罚根据，向有以主观主义为基础之主观未遂论与以客观主义为基础之客观未遂论之对立，以及近年来从德国引进之主观客观混合之未遂论（又称印象理论）。

（一）主观未遂论

主观未遂论系以主观主义刑法思想为基础，重视犯罪行为所显现之行为人反社会性格（恶性）之侵害意思，认为犯罪行为本身仅具有显像之意义，亦即表征“侵害意思”存在之意义，因此犯罪行为之实行及结果之发生并非重要，犯罪行为之本质系在于侵害之意思（行为人之犯罪意思），从而未遂与既遂之间并无本质之差异，二者应做相同之处罚。换言之，此理论主张“处罚未遂行为的关键点，并不在于未遂行为对于构成要件所保护的行为客体的事实危险，而是行为人以其行为表露其主观心态上对于法律的敌对性，而形成故意的行为不法”①。因而主观未遂论的思想基础，就在于社会伦理价值的强调与防卫社会的强烈要求②。

由于此说仅重视“主观犯意”之表现（法的敌对意思之显现），而完全忽视客观上结果发生或法益侵害之现实危险，因此并不合于未遂犯之本质。目前，无论德国或日本之学界，可谓已无采此立场者。

（二）客观未遂论

客观未遂论思想之基础，在于刑法的法益保护功能以及要求以刑法为最后手段刑法的谦抑性原则③，即以客观主义刑法思想为基础，着眼于行为所惹起的“结果之侵害”或“法益之侵害”，而非行为人之犯罪意思，犯罪行为之本质在于“法益或结果之侵害”，因此，对于现实上所存在的有法益之侵害与无法益之侵害两种情况，势必形成决定性之差异。若贯彻此思想，则犯罪行为之处罚将仅限于既遂之情况，唯由于仅处罚既遂犯，不足以预防或遏止犯罪，为了使法益或客体之保护更加完整，对于较重大之各种犯罪，于行为人之行为现实上纵使尚未侵害到法益，而是惹起“法益侵害之客观危险”或“发生结果之客观危险”时，亦不得不加以处罚。

若将既遂犯视为犯罪类型之基本形态，未遂犯则属于犯罪类型之修正形态、基本构成要件之修正形态或刑罚扩张事由。从而，由于未遂犯实际上并未侵害到法益，其刑罚自应较既遂犯为轻。未遂犯之刑罚，本应属于必要之减轻，唯现实立法例中，无论中国台湾地区、日本或德国现行刑法，皆采任

① 林山田：《刑法通论》（上）（九版），2005 年版，第 443 页。

② 大沼邦弘：“未遂犯の实质处罚根据”，载《法学论集》（上智大学）（18 卷 1），昭和 49 年版（1974 年），第 106 页以下。

③ 大沼邦弘：“未遂犯の实质处罚根据”，前揭文，第 108 页以下。

意之减轻而非必要之减轻，可见于刑罚上带有主观与客观之折中色彩。

在日本，以“发生结果之客观危险”当做未遂犯处罚根据的客观未遂论，对于如何理解“发生结果之客观危险”，有“结果反价值论”与“结果反价值暨行为反价值二元论”之对立①。前者，又称“物的不法论”，将“发生结果之客观危险”理解为“侵害法益之具体（现实）危险”，并以“作为结果的危险”加以掌握，危险之有无，乃是作为“结果”而加以判断，当行为惹起结果发生之紧迫危险性（法益侵害之现实危险）时，始得以未遂犯处罚之。而后者，又称为“人的不法二元论”，则是将“发生结果之客观危险”理解为“行为所具有的法益侵害之一般危险性”，该危险乃行为之属性，即行为本身所具有之危险性，故对于危险之有无，仅就行为加以判断，当实施具有法益侵害之一般危险性行为（实行行为）时，即可以未遂犯处罚之。②

然而，无论日本上述之何种主张，于危险之判断上，主要着眼于“判断对象、判断材料为何”、“判断基准为何”与“判断时点为何”等问题，亦即聚焦于“行为人主观认识之事实是否亦可作为判断之对象?”“判断危险时，系以一般人之认识能力为基准抑或以科学方法之判断为基准?”以及“系以行为当时为判断之时点抑或以行为后裁判时为判断之时点?”之探讨。

（三）主观客观混合之未遂论（印象理论）

此理论“系以主观未遂理论为出发点，并辅以客观未遂理论的见解而成，认为未遂犯的可罚性，乃在于行为人以未遂行为显示其与法律规范相违背的意思，这种客观可见的未遂行为，因为足以震惊社会大众对于法律的信赖，而破坏法律的安定性与法律秩序，故具应刑罚性。依据主观与客观混合的未遂理论的见解，认为并非所有出于主观犯意的未遂行为，均具应刑罚性，而应加以刑罚的制裁，而是表征主观犯意的客观行为，足以令社会大众感到不安，法律若对之不加以制裁，则足以危害法律的安定性与法律秩序者，始有加以刑罚制裁的必要”③。即主张“未遂之处罚根据虽存在于违反行为规范所表现之意思，然犯行之行为当罚性得被肯定者，限于因此而动摇一般人对于

① 结果反价值论（物的不法论）主张以法益之侵害或侵害之危险等结果作为违法性之实质内涵，即仅以“结果反价值”作为违法性之实质内涵；行为反价值、结果反价值二元论（人的不法二元论）认为违法性之本质在于以脱离社会相当性或违反社会伦理规范之手段惹起法益侵害或侵害危险之行为，主张违法性之实质内涵不仅含有“结果反价值”，同时含有“行为反价值”。请参考拙著：《刑法总论》（上），2005 年版，第 214 页以下。

② 二说之间的对立说明，参考曾根威彦：《刑法の重要問題（总论）》（第 2 版），2005 年版，第 252—258、261 页。

③ 林山田：《刑法通论》（上）（九版），2005 年版，第 443 页。

法秩序之妥当性之信赖，而损害法安定性之情感即法的和平之情况（印象理论）"[①]，且认为"对于认真地意图为重大犯罪行为且开始实行者，若放置不加处罚，将全盘动摇一般人对于法秩序妥当性之信赖。即便因行为人忽略重大障碍，以致行为无法达于既遂……"[②]

换言之，此理论系以行为人之行为唤起"法动摇之印象"作为未遂犯之处罚根据，亦即，行为所显现的犯罪意思（法的敌对意思）以及赋予一般大众的法动摇之印象，都成为处罚之因素；因此，处罚之根据乃维持在主观与客观之间，亦即意思不法与危险不法之间。

（四）检讨

无论从现代刑法系以法益之保护作为主要功能之观点，或者依照刑法作为最后手段之谦抑性原则，皆显示出，当法益未受侵害，或未有受侵害之危险，或者有其他救济手段之时，刑法并无发动或介入之理由；再从现行刑法以处罚既遂犯为原则、处罚未遂犯为例外、处罚预备犯与阴谋犯为例外之例外，更可获得佐证[③]。因此，采客观未遂论，自然较为符合现代刑法思潮；主观未遂论或者以主观未遂论为基础之主观客观混合理论（印象理论），则由于过度偏重行为人之犯罪意思或法的敌对意思，而忽略行为在客观上所造成的法益侵害或侵害之危险（结果反价值、结果非价），实有放弃"行为主义"（Tatprinzip）而助长"心态刑法"（Gesinnungsstrafrecht）之虞，再加上其以相当抽象性的"动摇一般人对于法秩序之妥当性之信赖"作为处罚之理由，亦可能造成刑法过度干涉而有违反谦抑性原则之虞，故有商榷之处[④]。

新修定"刑法"第二十六条，将原条文"未遂犯之处罚，得按既遂犯之

---

① 有学者认为，主客观混合理论与印象理论之主张是有差异的。柯耀程：《刑法总论释义——修正法篇》（上），2005年版，第236页。

② イェシェック＝ヴァイゲント：《ドイツ刑法总论》（第5版）（Jescheck/Weigend，AT，5. Aufl.，1996），西原春夫监译，1999年版，第399页。

③ 柯耀程教授虽然认为"客观理论认为未遂之处罚者，系行为对于构成要件所保护对象之危险性，此种见解固然得以说明一般未遂之处罚，但却无法说明当行为根本不具有危险性的不能未遂，是否仍属处罚之列"（前揭书，第237页），却亦认为"对于未遂所以处罚者，主要的考量，应在于法益保护的必要性，亦即对于若干具有更为保护必要性的法益，将其保护之界限从实际侵害结果，提前至未遂阶段……倘行为对于法益之侵害既无危险，也不可能时，则似应将处罚排除。"（前揭书，第239页）

④ 柯耀程教授认为"在印象理论中，虽然同时顾及行为主观与客观的认定，并从应刑罚性之检讨作为分析之基础，但何种行为人发自内在意思所形成之行为，得以被视为足以'撼动法律平和与法律安定'？却是相当之抽象，且在此种抽象认定的基础中，如何得以将既遂与未遂，以及不同型态的处罚差异性，予以表彰，恐仍有问题。"（前揭书，第237、238页）

刑减轻之。但其行为不能发生犯罪之结果，又无危险者，减轻或免除其刑”修改为“行为不能发生犯罪之结果，又无危险者，不罚”，即是从原“刑法”所采之主观未遂论或主观客观混合未遂论之立场，修改为客观未遂论立场，故于修正理由中说明：“基于刑法谦抑原则、法益保护之功能及未遂犯之整体理论，宜改采客观未遂论，亦即行为如不能发生犯罪之结果，又无危险者，不构成刑事犯罪”①。

三、实行之着手

未遂犯之成立，首先以行为人着手于犯罪行为之实行，即开始实行行为之一部分为必要。若未达于着手实行之阶段，仅止于阴谋、预备而已。原则上，“着手实行”系预备与未遂之界线，系区别预备犯与未遂犯之重要基准。

有关着手实行之学说见解，大致可分为主观说、客观说与折中说之对立。

1. 主观说

主观说系以主观未遂论为基础，以行为人之危险性作为处罚之对象，当行为人之危险性得以肯定时，则得以未遂犯加以处罚；而最直接表征行为人之危险性者，不外乎是故意，因此，能确定故意之存在之时点，就是实行之着手时期；故学者称之为“犯意之客观化”、“犯意之飞跃的表动”②。

唯本说过于注重社会防卫，以至于着手时期之认定有过早之倾向，恐严重影响人权之保障③。例如，依此说之见解，当行为人携带凶器以强盗之目的侵入住宅时，由于从该行为已得以确定其强盗之犯意，因此即得以肯定实行之着手。又如，当行为人携带凶器侵入住宅杀人时，被害人并不在客厅，而是在二楼之寝室内，此时由于从该行为已可确定杀人之犯意，因此得肯定实行之着手。

2. 客观说

---

① 唯有学者以为，由新修定“刑法”第二十五条第二项规定可知，“既未如客观未遂理论主张的必减轻其刑，亦未如主观未遂理论主张的原则上与既遂犯同罚，而规定为……由以上种种规定可知，本法对于未遂犯的刑罚理由系采主观与客观混合的未遂理论”（林山田：《刑法通论》（上）九版，2005年，第444页）。然，若采主观与客观混合未遂理论，则不能未遂不可能不构成犯罪而具可罚性，且新修定“刑法”第二十六条有关不能未遂之修正理由亦已经明确说明是采客观未遂理论，至于第二十五条第二项“得按既遂犯之刑减轻之”之规定，系说明在刑罚论上带有主观与客观的折中色彩而已，并非在犯罪论上采主客观折中说立场，因此不能以此认为新修定“刑法”之未遂犯处罚根据系采主观与客观混合未遂理论。

② 牧野英一：《增订日本刑法》，1928年版，第198页；宫本英修：《刑法学粹》（五版），1935年版，第367页。

③ 曾根威彦：《刑法の重要问题（总论）》（第2版），2005年版，第249页。

客观说系以客观未遂论为基础，重视“结果发生之危险性”或“法益侵害之危险性”；易言之，当行为人之行为具有（或惹起）“结果发生之危险性”或“法益侵害之危险性”时，则得肯定实行之着手，并得以未遂犯加以处罚。主观说重视“行为人之危险性”，而客观说则重视“行为之危险性”。问题在于，应如何理解客观说所主张的“结果发生之危险性”或“法益侵害之危险性”？有形式客观说与实质客观说之对立。①

3. 形式客观说

此说系以“构成要件”为基准，从形式观点决定实行之着手时期，而主张当行为人之行为系实现构成要件之一部分时，即为实行之着手②；或从整体而言，在类型上被认为是构成要件内容之行为时，即为实行之着手③；或者实现构成要件之全部或一部分，或实现与构成要件密接之事实者，易言之，实现与构成要件密接之行为者，即为实行之着手④。从而，此说系以形式观点掌握结果发生之危险性或法益侵害之危险性。

“实行之着手”，属于“实行行为何时开始”之构成要件该当性问题，因此，此说采取之基准本身并非不妥，问题在于此说以抽象性之构成要件来解答“实行之着手”，系以问答问，换言之，以类型性（定型性）判断作为基准，将使实行之着手时期变得不明确⑤；况且根据日常生活所了解之用语来解释实行行为（构成要件行为），将导致须于较晚之时点始得肯定着手时期的不当结论，例如小偷刚进入住宅内即被逮捕之情形，由于小偷尚未“动手偷”，因此并无法肯定实行之着手⑥；再者，以所谓“密接行为”作为界限，亦将使预备行为与实行行为之区别暧昧不明。

此说系以“结果发生之现实危险或法益侵害之现实危险”为基准，从实质观点决定实行之着手时期，即着眼于形式的实行行为所涵盖的实质内容，而主张当行为人之行为系属于惹起结果发生之现实危险或惹起法益侵害之现实危险之行为时，即为实行之着手。从而，此说系以实质观点掌握结果发生之现实危险或法益侵害之现实危险。

唯问题在于，此说所谓之“危险”，系指“行为内含之危险”？或指“作

① 曾根威彦，前揭书，第252—258页。

② 小野清一郎：《新订刑法讲义总论》，1952年版，第182页。

③ 团藤重光：《刑法纲要总论》（三版），1990年版，第355页。

④ 植松正：《全订刑法概论Ⅰ总论》，1966年版，第267页。

⑤ 曾根威彦，前揭书，第249页。

⑥ 板昌宏、铃木裕文：“实行の著手”，载《刑法基本讲座》（第4卷）（阿部纯二、板昌宏、川端博、曾根威彦等编），1992年版，第26页。

为结果之危险”？学说上又有不同之理解：1. 行为之危险说认为，开始构成要件内容之行为时，亦即就犯罪之实现上开始含有现实危险之行为时，即为着手之实行[①]；2. 结果之危险说认为，当形成结果发生之紧迫危险时，亦即有既遂之现实危险时，即为实行之着手[②]。

若从“无法益侵害之现实或紧迫危险，或者无结果发生之现实危险，则不得以未遂犯加以处罚”之观点，即客观未遂论之观点，后说之“结果之危险说”应较为正确。但实行之着手乃“实行行为何时开始”之问题，因此，以“实行之着手”概念本身加以理解，而将“实行之着手”理解为“开始实行具有法益侵害一般危险性之行为时”的“行为之危险性说”，反而较为妥适。唯须加以注意者，并非一有实行之着手即得成立未遂犯而加以处罚，详言之，除了须有实行之着手（行为反价值）之外，尚须因此而惹起侵害法益之现实危险（结果反价值）为必要；于通常之犯罪，往往一有实行之着手，即同时惹起侵害法益之现实危险，而得成立未遂犯加以处罚，然某些犯罪，虽有实行之着手，亦未必同时惹起侵害法益之现实危险，因此，尚无法成立未遂犯而加以处罚，仅得成立预备罪而已[③]。

再者，有关危险性之判断，除客观状态之外，是否应同时将行为人之意思内容（故意或计划）作为判断之材料？学说上有不同之理解：1. 纯客观说认为，危险性之判断，纯粹以外在行为与外在情况作为判断材料，而将所有主观要素排除[④]。2. 修正客观说则认为，危险性之判断，除外在行为与外在情况之外，行为人之意图、计划及性格之危险性皆应一并考量[⑤]。3. 纯主观说认为，危险性之判断，仅考量行为人主观之故意或过失[⑥]。

1. 折中说

折中说于判断实行之着手时，系综合考量行为人之主观面与法益侵害危险性之客观面，而主张考量行为人整体计划，当法益侵害之危险性存在时，即为实行之着手。其中，主观的客观说将判断之重点置于主观面，而认为从

---

① 大冢仁：《刑法概说（总论）》（第三版），1997 年版，第 165 页；大谷实：《新版刑法讲义总论》（追补版），2004 年版，第 388 页。

② 平野龙一：《刑法总论Ⅱ》，1975 年版，第 313 页。

③ 曾根威彦，前揭书，第 256 页以下。

④ 内藤谦：《刑法讲义总论》（下）（Ⅱ），2002 年版，第 1226、1227 页；中山研一：《刑法总论》，1982 年版，第 411 页；前田雅英：《刑法总论讲义》（第三版），1998 年版，第 148 页。

⑤ 佐伯千仞：《刑法讲义（总论）》（改订版），1974 年版，第 317 页。

⑥ 平野龙一，前揭书，第 314 页；福田平：《全订刑法总论》（第四版），2004 年版，第 226 页；大冢仁，前揭书，第 165 页；大谷实，前揭书，第 389 页。

对于保护客体有直接危险性之行为，已明显显现出行为人之犯意时，即为实行之着手[①]；个别的客观说则将判断之重点置于客观面，而认为根据行为人之行为计划，已对于该当构成要件之保护客体存有直接性之紧迫或具体危险时，亦即依行为人之犯罪计划，直接开始实现犯罪构成要件时，即为实行之着手[②]。

2. 检讨

笔者以为，无论采上述何种见解，重点皆在于“危险之判断”时，行为人之主观意思是否应作为或者同时作为判断之对象或素材，以及作为判断对象或素材之“行为人之意思”，其内容究竟是什么。

首先，有关“危险之判断时，行为人之主观意思是否应作为或者同时作为判断对象或素材”之问题。实质客观说之“纯客观说”，并不以行为人之意思作为判断对象，实质客观说之“修正客观说”与“纯主观说”以及折中说，则以行为人之意思作为对象。未遂犯之处罚，虽是以惹起法益侵害危险性之行为为对象，并以法益侵害之危险性或结果发生之危险性作为判断之基础，但是在判断危险性之存在与否时，若不同时考量行为人之主观意思，实难以判断具有具体内容之法益侵害危险性之有无（或具有具体内容之结果发生危险性之有无）。以开枪行为为例，姑且不论其持有危险物罪，若以杀人之故意而开枪，则为杀人之实行之着手，若仅是恶作剧而不具有杀意，则不存在杀人之实行行为；再例如虽有开枪行为，然而究竟是属于杀人之实行行为或伤害之实行行为，若不考量行为人之主观意思，亦将无法判定。故有关未遂犯之“危险性”之判断，必须同时考量行为人之主观意思，始为妥适。

其次，有关作为判断对象或素材的“行为人之意思”之内容究竟是什么之问题。有主张，以行为人之“故意”作为危险性判断对象之行为人意思内容，亦即所考量之该行为人之主观意思，应为“故意”[③]（日本通说、实务见解）。另有主张，作为危险性判断对象之行为人意思内容，应为行为人之“计划”，而非“故意”[④]（德国通说）。例如：甲在路上强行拉乙女上车，载至荒

---

① 木村龟二（阿部纯二增补）：《刑法总论》（增补版），1978 年版，第 345 页；林山田：《刑法通论》（上）（九版），2005 年版，第 447、450 页。

② 西原春夫：《刑法总论》（上卷）（改订版），1994 年版，第 326 页；野村稔：《刑法总论》（补订版），1998 年版，第 331—333 页；川端博：《刑法总论讲义》，1995 年版，第 452 页。

③ 平野龙一，前揭书，第 314 页；福田平，前揭书，第 226 页；大冢仁，前揭书，第 165 页；大谷实，前揭书，第 389 页。

④ 西原春夫，前揭书，第 326 页；野村稔，前揭书，第 333 页；川端博，前揭书，第 452 页。

郊野外强奸（强制性交）。若依前见解，由于判断有无侵害性自主（性自由）之危险性是同时考量行为人之故意（性侵害之故意），并不考量行为人之计划，从而当甲强行（施强暴、胁迫）将乙女拉上车时，已然能判定有侵害性自主之现实危险性，即已属于强制性交（强奸）之着手；若依后见解，由于判断有无侵害性自主之危险性是同时考量行为人之计划（性侵害之计划），并非考量行为人之故意，从而当甲强行（施强暴、胁迫）将乙女拉上车时，尚不能算是对于乙之性自主已有现实危险性，必须其依计划载往目的地，将乙女拖下车时，始得认为有侵害性自主之现实危险性，始得为强制性交之实行之着手。

笔者以为，前见解对于实行之着手之判断，虽不能谓之过于提早，然而其认为一旦达于实行之着手即得成立未遂犯而加以处罚，则有商榷之处。易言之，虽然甲将乙女拖入车内之时，已有强制性交之故意，但依甲之计划，尚须到达郊外始进行强制性交，从而将乙女拖进车内时，对性自由之法益尚未有直接、现实侵害之危险性，仅有间接之危险性，亦尚不具备未遂犯成立之实质要件（法益侵害之现实危险性），故不成立未遂犯；至于，后见解主张以行为具有法益侵害之现实危险性时，得肯定实行之着手而以未遂犯处罚之，因此关于未遂犯之处罚时期尚称妥适，唯此见解将“实行之着手问题”与“未遂犯之处罚问题”视为同一问题处理，即认为当发生法益侵害之现实危险性时，肯定实行之着手，并立即成立未遂犯而得加以处罚，此种思考模式，乃是将属于不同层次的“行为之危险性（实行之着手）”与“结果之危险性（法益侵害之现实危险）”问题加以混同，亦非妥适。

详言之，着手于犯罪行为之实行，即“实行之着手”，乃既遂犯或未遂犯之实行行为性之问题，亦即“行为之危险性”问题，此“危险”，乃法益侵害之一般客观的危险，即构成要件行为（实行行为）须具备的、所内含的类型性、定型性之危险，以作为与预备行为区别之基准，属于构成要件该当性之问题。“法益侵害之现实危险”，属于未遂犯不法（违法性）内涵之问题，即“结果之危险性”（结果反价值）之问题，当行为人着手于犯罪行为之实行（开始实行行为）时，已具备未遂犯之构成要件该当性，若因此惹起法益侵害之现实危险，即属于可罚的未遂犯（障碍未遂、中止未遂），然而，若无该现实危险之发生，则尽管已具备未遂犯之构成要件该当性，亦因欠缺未遂犯不法内涵之结果反价值，而成为不可罚之未遂犯（不能未遂）[①]。

① 曾根威彦，前揭书，第256页以下。

四、不能未遂（有关危险之有无）

依未遂犯之处罚根据之立场不同，有关不能未遂与障碍未遂之界线，见解分歧，如下所述。

（一）日本学说见解

1. 以客观未遂论为基础之见解

（1）法律不能说（形式客观说）

此说主张，不能未遂之结果之不发生，系由于欠缺该当于犯罪构成要件之事实，诸如犯罪主体、手段、行为状况等；由于“事实之欠缺”，亦即由于构成要件类型化之本质要素之欠缺，以至于无法肯定构成要件该当性，故又称为“事实欠缺理论”或“构成要件欠缺理论”①。若非由于事实之欠缺，而是由于其他因素所致，则属于狭义未遂犯（普通未遂、障碍未遂）。

详言之，所谓“事实之欠缺”或“构成要件之欠缺”，系指构成要件当中排除有关因果关系要素以外之其他要素（诸如犯罪主体、客体、手段、行为状况等）有所欠缺之情况而言。有关主体事实之欠缺，例如非公务员之人，误以为自己系公务员而收受贿赂之情形；有关客体事实之欠缺，例如误将死者视为活人而对其开枪之情形；有关行为状况事实之欠缺，例如并非火灾之际，误以为有火灾而故意戳破消防车灭火水管之情形；有关手段事实之欠缺，例如欲盗取他人财物而拿添加安眠药之饮料给被害人喝，实则系错将糖块放入饮料之情形。此理论原为德国为解决不能犯问题所提倡。关于事实欠缺之问题，有学者视之为不能犯之一种或类似不能犯之情况②，亦有学者否定“事实欠缺”具有独立存在之意义③。

此说之缺失，在于过度重视形式而忽略实质问题，其以构成要件事实存在与否作为区别基准，虽有形式上之明确性，却忽视了实质上区别未遂犯与不能犯之“危险概念”。

（2）事实不能说（客观危险说）

此说主张，结果之不发生为“绝对不能”者，即是不能犯，结果之不发生为“相对不能”者，则是普通未遂犯。“绝对不能”，系从行为客体及手段

---

① 28年上字第2075号判例：“上诉人向某甲开枪时，某甲已为某乙殴毙，是其所射击者为尸体，而非有生命之自然人，纵令该上诉人意在杀人，因犯罪客体之不存在，仍不负杀人罪责。”此实务见解虽采“事实欠缺理论”，然结论是不成立犯罪，而非成立不能未遂。

② 小野清一郎：《新订刑法讲义总论》（增补版），1950年版，第191页；团藤重光：《刑法纲要总论》（第三版），1990年版，第171页。

③ 平野龙一，前揭书，第332页；福田平，前揭书，第244页；大冢仁，前揭书，第251页。

性质加以考量而根本不会发生结果者；“相对不能”，则因具体场合之特殊情况而不发生结果者[①]。例如，误认尸体为活人而开枪射杀之情形，属于客体不能、绝对不能，成立不能犯；又如，以杀意而扣动扳机，结果枪支当中并未装上子弹之情形，属于手段不能、相对不能，成立普通未遂犯。

唯上述所举之例，真可谓之绝对不能或相对不能乎？不无疑义。为此，日本学者基于结果反价值论之立场，主张以行为当时存在之一切客观情况（包括根据行为后（裁判时）所判明之事实情况）为判断基础而做“事后之判断”，依具有科学知识的一般人之立场，会感到结果发生之危险者，即为相对不能，成立普通未遂犯；反之，不会感到危险者，则为绝对不能，成立不能犯[②]。此见解之特色在于，以“裁判时”（事后）作为“判断之时点”，以“行为当时存在之一切客观情况”（包括根据行为后（裁判时）所判明之事实情况）作为“判断之对象或素材”，以“具有科学知识的一般人”、“具有科学基础之因果法则”作为“判断之基准”。

另有学者基本上采前述立场，唯认为尽管危险判断之基础（对象、素材）必须属于纯粹物理性之事实（即行为时存在之一切客观事实），但未遂犯危险之判断，系以侵害法益之事实可能性作为基础而带有价值性之评价，易言之，既然危险概念原本即含有某程度之价值要素，则危险性之判断亦不得不带有价值的、评价的性质，将危险性判断视为纯粹运用科学法则之物理性判断，并非妥适，因而应以“社会经验”为基准，若一般不会有危险之感觉，则属于绝对不能，成立不能犯；若会有危险之感觉，则为相对不能，成立障碍未遂。此见解又称为“修正的客观危险说”[③]。此外，有认为，即便实际上并不存在该事实，然以通常性的、一般性的观点做事后之判断，若有相当程度之可能性存在该事实，则该事实亦可作为判断之对象（可称之为“假设的事实说”）[④]。

（3）具体危险说（新客观说）（日本通说）

---

① 1970年台上字第7323号判例：“‘刑法’第二十六条但书所谓不能发生犯罪之结果者，即学说上所谓之不能犯，在行为人方面，其恶性之表现虽与普通未遂犯初无异致，但在客观上则有不能与可能发生结果之分，本件原判决对于上诉人丘某抢夺部分，既于事实认定被害人翁某已预先调包，故上诉人抢夺所得为石头一袋而非黄金等情。而理由内亦说明上诉人丘某意欲抢夺黄金，因被害人事先防范换装石头，未达目的，而又无危险，显属不能犯，自应依‘刑法’第二十六条但书减免其刑，乃原判决竟以普通未遂犯处断，自属不合。”1983年台上字第1671号判决：“子弹既未上膛，纵上诉人有杀人之意思，而按扣扳机二次，在客观上显不能发生死伤结果又无危险，应系不能犯。”

② 中山研一，前揭书，第426页；内藤谦，前揭书，第1269页。

③ 曾根威彦，前揭书，第269、270页。

④ 山口厚：《刑法总论》，2001年版，第239页。

此说主张，以行为人行为当时，一般人有认识可能性之事实情况以及行为人特别认识之事实情况为判断基础，以一般人之立场，在该事实情况下，若能具体地感到结果发生之危险，则为普通未遂犯；若无此具体危险之感觉，则为不能犯。关于以一般人之立场之所为之判断，有认为应以“具有科学知识的一般人”为基准①，有认为应以“社会通常的一般人”为基准②。由于不能犯之危险性，并非指科学性的、物理性的危险性，而是社会心理上的危险性（一般人所抱持的危惧感），因此，以社会通常的一般人为基准之后见解应较为妥适。

此说之特色在于，以“行为时”（事前、事中）作为“判断之时点”，以“一般人有认识可能性之事实情况以及行为人特别认识之事实情况”作为“判断之对象或素材”，以“社会通常的一般人”或“具有科学知识的一般人”作为“判断之基准”。此说系依据将刑法视为行为规范之立场，而与以社会通念为基础掌握构成要件之折中的因果关系论立于相同之理论基础，于违法性论亦多采“结果反价值暨行为反价值二元论”（不法二元论）之立场。

2. 以主观未遂论为基础之见解——主观说

主观说主张，当行为人之行为已显现其犯意时，不问该行为有无危险，即成立普通未遂犯。其未遂犯之处罚根据，在于行为人意思危险性（行为人之反社会性格、法的敌对意思）。其问题点与主观未遂论同。

3. 以主观客观混合未遂论为基础之见解——抽象危险说（德国通说）

抽象危险说或称印象理论，主张参考行为人行为当时、行为人所认识之主观的事实情况，若一般人依据行为人之计划进行时，会感到有结果发生之危险（抽象的危险），则为普通未遂犯；若无此感觉，则属于不能犯。

此说之特色在于，以“行为时”（事中、事前）作为“判断之时点”，以“行为人认识之事实情况”作为“判断之对象或素材”，以“社会通常的一般人”作为“判断之基准”。

（二）中国台湾地区学说见解

根据中国台湾地区原“刑法”或新修定“刑法”第二十六条之规定，不能未遂与障碍未遂之区别，即在于“不能发生犯罪之结果，又无危险”。唯何谓“不能发生犯罪结果，又无危险”？如何判断“不能发生犯罪之结果，又无危险”？国内学说见解相当分歧。

① 木村龟二，前揭书，第358页；植松正，前揭书，第347页。

② 团藤重光，前揭书，第171页；福田平，前揭书，第240、241页；大冢仁，前揭书，第255页；大谷实，前揭书，第400、401页。

1. 关于第二十六条之“不能发生犯罪之结果，又无危险”之理解

关于第二十六条之“不能发生犯罪之结果，又无危险”之理解，大多着重于“无危险”之解读，并由“有无危险”导出“不能发生犯罪之结果”。例如，有谓：“未遂与不能犯之区别，虽以行为有无危险性为准，而如何理解危险性之本质，则又不一其说……”[①]；有认为，不能未遂与普通未遂之区别，在不能完成犯罪之行为有无危险[②]；有提问：“不能完成犯罪之事实，有无危险，究竟应依客观之具体事实决定之，抑应依行为人主观认识而决定?”[③] 有认为，“刑法”第二十六条但书规定的无危险，在解读上应认为行为虽有可能发生主观或抽象的危险，倘无可能发生客观或具体之危险时，得成立不能未遂犯[④]；又如谓“行为人主观上危险性之有无”（行为人是否重大无知）或“行为危险性之有无”（发生犯罪结果之危险之有无）[⑤]。

亦有认为，“行为不能发生犯罪之结果”乃任何未遂犯皆有之要件，而不能未遂犯之重心系在于“无危险”[⑥]。

亦有明确区别不能未遂犯之二要件，于“行为不能发生犯罪之结果”上，认为“虽从其行为后所判明之具体的行为客体或具体的手段观察，并无发生结果之可能，然行为人所认识、预见之客观的事实，如抽象的存在，其行为仍有引起本来（抽象的可能性）结果之可能性，虽无具体的可能，但仍有抽象的可能，固不能不罚”，于“无危险”上，认为“无危险云者，系指不能犯之不能发生犯罪之结果，并无如普通未遂犯之实质的危险，非无侵害法益之危险之意”[⑦]；或于“不能发生犯罪之结果”上，认为应以“纯科学的立场”认定客体或手段上绝对不能或相对不能，而于“无危险”上，认为“有无危险之认定，应就客观之具体事实认定之”[⑧]。

2. 关于“行为不能发生犯罪之结果，又无危险”之判断

有认为，行为之能否发生结果，原为客观要素，故行为有无发生结果之危险性，自应依一般之经验法则决定之[⑨]；有认为，行为之有无危险，本系客

---

① 周冶平：《刑法总论》（五版全订版），1972 年版，第 354、355 页。

② 韩忠谟：《刑法原理》，1976 年版，第 254 页。

③ 苏俊雄：《刑法总论Ⅱ》（犯罪总论），1997 年版，第 372 页。

④ 甘添贵、谢庭晃：《捷径刑法总论》，2004 年版，第 234 页。

⑤ 张丽卿：《刑法总则理论与运用》，2003 年版，第 276 页。

⑥ 黄荣坚：《基础刑法学》（下），2003 年版，第 61 页。

⑦ 陈朴生：《刑法专题研究》，1983 年版，第 400、407—408 页。

⑧ 褚剑鸿：《刑法总则论》（增订九版），1992 年版，第 246、247 页。

⑨ 周冶平，前揭书，第 355 页。

观上之事实问题，与行为人主观之认识无涉……故“刑法”第二十六条所指之危险，当然指客观之危险而言，其有无须就行为当时所存在之客观具体事实决定之……若其行为仅具有主观之抽象危险，而在客观事实上并无具体危险，致根本不能完成犯罪者，则为不能未遂[①]。

有认为“不能完成犯罪之事实，有无危险，究竟应依客观之具体事实决定之，抑应依行为人主观认识而决定？……上述个别化的印象理论，即是综合适用的通说。准此，如果不能完成犯罪事实但有客观具体危险性者，即为一般未遂；而若不能完成犯罪之事实，且无客观具体的危险性者，但是仍具有一般抽象危险性者，则属不能未遂。……但是其行为事实并无抽象危险性者，则属绝对不能犯或幻觉犯，而为刑法所不罚”[②]；或认为“……无危险，在解读上应认为行为虽有可能发生主观或抽象的危险，倘无可能发生客观或具体之危险时，得成立不能未遂犯。如有可能发生客观或具体之危险时，则成立障碍未遂犯。至其行为如连主观或抽象之危险均不可能发生时，既无侵害法益之任何可能性，显无应刑罚性，即无认其成立犯罪或未遂犯之必要”，至于“危险之有无”，系以“一般人之立场观察”，即以“一般人之立场”为基准[③]。

有认为“‘刑法’第二十六条所谓‘行为不能发生犯罪之结果’，系就未遂犯的客观情形所做的叙述，因为任何未遂犯在客观上本来就是不可能发生犯罪之结果。至于所谓‘无危险’，就是指一般人主观上的绝对无危险”，即以“一般人之立场”为基准[④]。

亦有认为，手段不能系以“行为人心理状态上是否‘重大无知’，以及手段是否恒常的无效”作为判断，而客体不能则系以“攻击对象‘恒常的、终极的’不存在，而非‘偶然的’不存在”作为判断，并以“一般人之观点”作为基准[⑤]。

有主张，应将危险性分为“行为人主观上危险性之有无”（行为人是否重大无知）或“行为危险性之有无”（发生犯罪结果之危险之有无）而加以判断，并以“一般人之观点”作为基准[⑥]。

---

① 韩忠谟，前揭书，第254、255页；林山田，前揭书（上）（九版），第489、490页。

② 苏俊雄：《刑法总论Ⅱ》（犯罪总论），1997年版，第371、372页。

③ 甘添贵：“不能未遂之‘不能’与‘危险’”，载《月旦法学杂志》第77期，2001年版，第14、15页。

④ 黄荣坚，前揭书（下），第64页。

⑤ 林东茂：《刑法综览》（修订四版），2005年版，第1—218页。

⑥ 张丽卿，前揭书，第276页。

亦有明确区分“不能发生犯罪之结果”与“无危险”之判断，而认为于不能发生犯罪结果上，有属于普通未遂之“具体可能”（依事后判明之具体存在之客体、手段为素材）与不能未遂之“抽象可能”（以行为人认识之事实为素材）（二者皆有法益侵害之危险，仅有程度之高低）；至于如何区分普通未遂与不能未遂之法益侵害危险之程度，则认为应以“实质危险”与“形式危险”为标准，有前者之具体的实害的危险者，属于普通未遂，有后者抽象的可能的危险者，属于不能未遂，判断二者之素材，则以“行为人就其行为当时所认识之事情”为主，并以“一般人之见地”作为判断基准，而似采日本抽象危险说之立场①。

五、检讨

关于第二十六条之“不能发生犯罪之结果，又无危险”之理解，吾人若忠实于条文文义之理解，“不能发生犯罪之结果”与“无危险”，应属于不能未遂犯之不同性质之二要件，因此采明确区别不能未遂犯二要件之见解，应较符合条文文义；唯对于如何区别二者以及如何判断“不能、可能”与“无危险、有危险”，确实令人深感混淆不清，详如后述。

事实上，所谓“不能发生犯罪之结果，又无危险”之规定，应系针对民国十七年旧“刑法”之缺失所做的修正，即当时将旧“刑法”之“绝不能发生犯罪之结果”修改为民国二十四年“刑法”之“不能发生犯罪之结果，又无危险”，在实质上仅系将“绝不能”改为“又无危险”，用以避免以“绝对不能”、“相对不能”区别不能未遂与普通未遂之缺失②。因此，对于中国台湾地区“刑法”第二十六条“不能未遂”规定之实质理解，应将“不能发生犯罪之结果”理解为所有未遂犯皆存在之要件，而将“无危险”理解为区别不能未遂与普通未遂犯之界线；易言之，不能未遂之问题核心，应在于“有无危险”之判断上。

然而，从上述中国台湾地区学说见解可知，关于如何判断不能未遂之“有无危险”问题，有以日本学说见解为蓝本所为之理解者，例如，以“主观之抽象危险”、“客观之具体危险”为内容，或以“主观或抽象之危险”、“客观或具体之危险”为内容，或以“实质（具体的实害的）危险”与“形式（抽象的可能的）危险”为内容；有以德国学说见解为蓝本者，例如，以“行为人之重大无知”为内容，或以“行为人之重大无知以及手段是否恒常的

---

① 陈朴生，前揭书，第396—408页。

② 陈子平：“中国台湾地区近现代不能未遂之沿革”，载《刑事思潮之奔腾》（韩忠谟教授纪念论文集）2000年，第157—160页以下。

无效”、“攻击对象‘恒常的、终极的’不存在，而非‘偶然的’不存在”为内容等。虽然于危险之判断上，多数见解皆以“一般人之观点”作为基准，唯如此分歧之内容，颇令人感到无所适从。

笔者以为，就“有无危险”之判断，主要问题是在于把握“判断对象或判断素材”、“判断基准”与“判断时点”分别是什么，也就是要探讨“行为人主观认识之事实，是否亦可作为判断之对象或素材”、“判断危险时，系以一般人之认识能力为基准，或者以科学方法之判断为基准”以及“系以行为当时为判断之时点（事前判断）或者系以行为后裁判时为判断之时点（事后判断）”等问题。从上述之学说见解可知，客观危险说，系将不能未遂犯之“危险”概念倾向于纯客观之事实概念（科学性的、物理性的危险性），而非客观之规范性概念，因此，将所有之客观事实情况皆作为判断之素材，于裁判时，再以科学性方式为“事后判断”、以定危险之有无；至于具体危险说与抽象危险说，则系将“危险”概念视为规范性概念（社会心理上的危险性、一般人所抱持的危惧感），而非纯事实概念，因此，仅以行为人行为当时，一般人有认识可能性之事实情况以及行为人特别认识之事实情况（具体危险说）或仅以行为人认识之事实情况（抽象危险说）作为判断之素材，而于行为当时以一般人之立场为“事前判断”、以定危险之有无。①

而且，中国台湾地区“刑法”第二十六条不能未遂规定之“无危险”，应属于规范性概念而非单纯之客观事实概念。在此前提之下，具体危险说与抽象危险说应较为可取。唯抽象危险说系以“主观未遂论”或“主观客观混合未遂论”为基础，而此二理论既有违刑法之法益保护原则，同时亦违反刑法作为最后手段之谦抑性原则，尚待商榷之处颇多，已如前述。从而，以“客观未遂论”及“结果反价值暨行为反价值二元论”为基础之具体危险说应较为可采。②

正如新修定“刑法”第二十六条之修正理由所言：“关于未遂犯之规定，学理中有采客观未遂论、主观未遂论或折中之‘印象理论’。参诸不能犯之前提系以法益未受侵害或未有受侵害之危险，如仍对于不能发生法益侵害或危险之行为科处刑罚，无异对于行为人表露其主观心态对法律敌对性之制裁，在现代刑法思潮下，似欠合理性。因此，基于刑法谦抑原则、法益保护之功能及未遂犯之整体理论，宜改采客观未遂论，亦即行为如不能发生犯罪之结果，又无危险者，不构成刑事犯罪。”

---

① 陈子平：“‘刑法’第二十六条不能未遂犯之‘不能发生犯罪之结果，又无危险’”，载《月旦法学》第114期，2004年版，第27、28页。

② 陈子平，前揭书，第28页。

六、中止未遂

（一）中止未遂之法律性质（减免之根据）

普通未遂（障碍未遂、狭义之未遂犯）之处罚为“任意之减轻”（“刑法”第二十五条第二项后段），而中止未遂之处罚则属于“必要之减免”（“刑法”第二十七条第一项），因此，有关中止犯必要减免之理由为何，长久以来存有不同见解之对立。中国台湾地区之学说见解，有以德国学说理论为基础者，有以日本学说理论为基础者，因而更显紊乱。

1. 以德国学说理论为基础之见解

（1）刑事政策理论

刑事政策理论由早期德国刑法学者 von Feuerbach 所提出，认为根据刑法不处罚中止犯罪之行为人之规定，而期待、鼓励已着手于犯罪实行之行为人，即使到最后瞬间为止，都能中止其犯罪，甚至积极防止结果之发生；换言之，中止犯之规定，无疑是为已着手实行之行为人架设一座黄金桥，而使行为人得以自犯罪中迷途知返，Liszt 称此为“为了回头之黄金桥”，刑事政策理论因而又被称为黄金桥理论。简言之，此理论认为中止犯之必要减免，符合刑事政策上防止犯罪之目的。

唯刑事政策理论之问题在于，中国台湾地区中止犯之效果，仅为“必要之减免”，而非如德国之“不罚”，因此并不易达成防止犯罪之目的；其次，从刑事政策之观点难以说明区分“刑罚减轻”与“刑罚免除”之理由根据，亦即仅以政策上之考量，于理论上无法充分说明中止犯必减免之法律效果；再者，为达成防止犯罪之政策目的，有关中止犯之刑的减免，应事前让多数国民知情，始可期待该刑事政策之效果，然而现实中知情的国民仍属有限，现行刑法并不以国民事先知情作为要件，而仅系就中止行为所发生之刑罚之免除或减轻，做事后的、裁量上的选择而已，因此并无法充分期待刑事政策之效果。

（2）奖赏理论

奖赏理论认为，中止犯之减免规定，系奖励已着手于犯罪实行之人能够中止其犯罪，甚至防止结果之发生，纵使无法因中止行为而抹煞未遂之成立，但为了奖励因己意而中止犯罪之人，减免其刑；亦即以立法者对于中止犯所赋予之特别恩典来说明其减免之理由，故又称为“赦免理论”。此理论认为，凡已着手实行之行为人自愿中止（因己意而中止），即可获得减免之奖赏，而无须考量行为人中止之动机为何，即无论行为人是否基于伦理之动机而中止，皆不影响立法者对于中止者减免其刑之奖励。目前奖赏理论为德国之多数说。

唯奖赏理论之问题亦与刑事政策理论大同小异，即中国台湾地区中止犯之效果仅为“必要之减免”，并非如德国“不罚”之恩典，因此奖赏之效果薄弱。

(3) 刑罚目的理论

由德国联邦法院之判例所提出之刑罚目的理论认为，因己意而中止犯罪实行甚至积极防止结果发生之人，其犯罪意志已不及犯罪既遂之人强烈，其反社会之危险性格亦低于一般犯罪人，因而得以侵害法秩序之程度已大为降低，因此无论从一般预防（防止一般人犯罪）或是就特别预防（防止行为人再度陷入犯罪）之观点，均无处罚因己意而中止犯罪者之必要；易言之，此理论系从刑罚目的之观点而赋予中止犯减免其刑之理由。

唯刑罚目的理论问题在于，行为人之中止，往往仅由于偶然之外在情况所促成，行为人之犯意，于着手实行之瞬间已充分具有达成既遂之强度，况且，行为人之中止行为，不必然会减低行为及行为人之危险性。

(4) 中国台湾地区主要见解

① 林山田教授

林山田教授主张：“刑法于普通未遂之外，另设中止未遂减轻或免除其刑的规定，其理由乃基于刑事立法政策的考虑，一方面在刑事立法上，以刑法规定减刑或免刑的承诺，促使行为人迷途知返；另一方面则在刑事司法上以减刑或免刑的判决，奖赏自愿中止犯罪的行为人。由于这种刑事立法政策上的设计，并依据如此立法规定而为的刑事司法，促使尚在未遂阶段的行为人，自愿半途而废，舍弃犯罪的继续实施，或者进而以积极行动有效地阻止犯罪结果的发生，而降低犯罪既遂的可能性，因而大幅度地减轻犯罪的法益破坏性与社会损害性。”[①] 似采刑事政策理论与奖赏理论之折中见解。

② 林东茂教授

林东茂教授明确赞成刑罚目的理论，主张：“刑法除了均衡犯罪的恶害之外，最重要的功能，无非预防犯罪。国家把人假定皆有理性，可以权衡利害，理性人从刑法的制定与刑罚权的实际运作上，知所借鉴，不敢学习犯罪人，不重蹈犯罪人的覆辙，犯罪因此可以预防（一般预防）。犯罪人被假定为可能再犯，有程度不同的社会危险性；刑罚的发动正为了改造犯罪人的危险性格，社会因此可以得到防卫（特别预防）。中止犯的危险性很低，动用刑罚的需要性很小，所以减刑或免刑是合理的。如果免刑会损及刑罚的一般预防功能，可以只考虑减刑，这样，特别预防与一般预防兼顾，很适于解释我们自己的法律制度。”[②]

① 林山田，前揭书（上），第457页。

② 林东茂，前揭书（修订四版），第1—236页。

2. 以日本学说理论为基础之见解

(1) 刑事政策说

此说主张，中止犯刑罚减免之理由，在于以一般预防之观点而期待、奖励已着手于犯罪实行之人，即使到最后瞬间为止都能中止其犯罪；并认为，尽管无法因中止行为而抹煞未遂之成立，但为了奖励因己意而中止犯罪之人，乃减免其刑；简言之，为防止犯罪之刑事政策上目的，立法者赋予中止犯以减免其刑之特别恩典，乃刑罚减免之根据，有如 Liszt 所言，这是一座"为了回头之黄金桥"①。

此说认为，中止犯已完全具备未遂犯之成立要件（违法性、有责性），对于已被评价为违法、有责之行为，于事后予以减轻违法性或有责性，实有困难，因此，应根据事后所形成之其他事由加以减免，始为合理。唯此说之问题点，已如前所述。

(2) 法律说

此说主张，中止犯刑罚必要减轻之根据，系在于中止行为本身之法律性质；由于刑罚乃因犯罪所形成之法律效果，探讨刑罚减免之根据时，首先，应考量与犯罪成立要件之违法性、有责性之关系。详言之，由于中止犯之法律效果，乃刑之减免，并非犯罪之不成立，而刑之减免系以犯罪之成立为前提，故对于中止犯实在难以承认其违法性、有责性之消灭；从而，刑罚减免之程度，系依违法性减轻、责任减轻之程度加以判断。采此说者，又有违法减轻说与责任减轻说之对立。

(3) 违法减轻说

此说根据人的不法二元论（结果反价值暨行为反价值二元论）所主张之"故意乃主观违法要素"，以及一部分物的不法论（结果反价值论）所主张之"未遂犯之故意乃主观违法要素"之立场，而认为在行为人以中止行为而放弃故意之情况，由于主观违法要素（故意）事后之消灭，因此，与障碍未遂相较之下，得以肯定违法性之减轻；亦即认为，行为人放弃反规范的意识（主观违法要素之故意），而将符合规范之意识表现于外在的中止行为上，使结果发生之现实危险以及行为之反社会相当性事后地减轻，因此得以减轻其违法性。②

从而，在着手未遂之情况，依中止行为而放弃故意（主观违法要素）之故，使结果发生之危险消灭（以不作为所为之中止）；在实行未遂之情况，依中止行为而积极除去危险状态，使违法性减少（以作为所为之中止）。

① 木村龟二（阿部纯二增补），前揭书，第 369 页。

② 福田平：《全订刑法总论》（第四版），2004 年版，第 232 页。

尽管有见解认为，对于已成立之未遂行为（实行行为）的违法性、有责性（罪责）加以事后的减轻，系难以想象，而对违法减轻说加以批判，然而，假设吾人将实行行为与中止行为理解为完全独立而彼此并无关联性之个别行为，固然对于已被评价为违法之未遂的违法行为加以事后的变更，确实有其困难，但现实中，二者在内容上却非毫无关联，毕竟中止行为是促使实行行为之实效性丧失之行为，因此，得以根据事后的中止行为而减轻违法性。

不过，以违法之减轻，是否已足以说明中止犯刑罚减免之理由？的确，根据主观违法要素之故意的放弃，得因此减轻该犯罪行为之违法性。然而刑法之中止犯所要求的，不仅是故意的放弃，还要求“因己意”之任意性，易言之，若仅以主观违法要素之故意的放弃所产生的违法性减轻，即可充分说明中止犯之法律性质（刑罚减免之理由），则刑法无须再要求“因己意”之任意性，因此，除违法性减轻之理由外，有必要再从其他观点加以补充之，例如后述之违法、责任减轻说与综合说之主张。

违法减轻说之问题，在于共同正犯、共犯与中止犯之关联上，亦即，既然肯定“违法具有连带性作用，责任具有个别性作用”之命题，则以“使结果不发生”作为理由之违法性减轻之效果，就应及于共同正犯或共犯全体；详言之，若采通说之共犯从属性说中之限制从属形式（限制从属性说）之立场，由于正犯之违法性连带共犯之违法性，因此，当正犯之中止行为发生违法减轻之效果时，亦连带使得共犯发生违法减轻之效果，纵使该共犯并未有中止意思与中止行为，如此一来，明显违反中止犯之“减免其刑”乃中止犯“一身专属效果”之规定。此点确实是违法减轻说不易解决之问题。

(4) 责任减轻说

此说主张，责任之评价，在对于犯行决意之非难可能性，因而犯行决意之事后撤回，系由于行为人规范意识之作用而减轻了行为之非难可能性；亦即认为“将行为人之人格态度显现于中止行为”①，或认为“再度采取合乎已遭破坏的法义务之意欲”②，或认为“根据自发性的‘意思’而阻止犯罪之完成”③，或认为“‘因自己的意思’（实现结果意思之放弃）而使犯罪不完成（仅止于未遂之违法性）”④ 等。

---

① 团藤重光，前揭书，第362页。

② 香川达夫：《刑法讲义》（总论）第3版，1995年，第307页。

③ 内田文昭：《刑法Ⅰ》（总论）改订版，1986年，第257页；其后改采“违法减轻说”，刑法概要中卷〔犯罪论（2）〕，1999年，第391页。

④ 曾根威彦，前揭书，第278页。

若贯彻此说之立场，则中止未遂之成立要件中，将加入伦理动机等要素始可，如此一来，即出现与现行刑法规定不相符之问题；况且，依此说之主张，凡决意之撤回或实施中止行为，即可减轻非难可能性，不问是否未遂或既遂，皆有成立中止犯之可能，但如此之理解，于现行刑法之解释上亦有其困难。

(5) 违法暨责任减轻说

此说主张，故意乃主观违法要素，根据行为人故意之放弃，得以肯定中止行为之违法性的减轻，且基于己意之任意性所为之中止行为亦削弱法的敌对性，从而得同时减轻责任[①]。详言之，以防止结果发生为目标之中止行为，乃是使主观违法要素故意之实效性丧失、而决定性地消除法益侵害现实危险之行为，因此得以减轻违法性；除此之外，中止行为又是基于行为人自发之意思（因己意）而决意实施之行为，由于其再度采取符合法规范之态度，亦明显削弱法的敌对性，因此减轻责任非难之程度，而得以减轻责任。

3. 综合说

采综合说者，乃合并前述各主张之内容，而赋予中止犯刑罚减免之理由。其中，有采刑事政策说与违法减轻说之综合说者[②]，有采刑事政策说与责任减轻说之综合说者[③]，有采刑事政策说与违法减轻说、责任减轻说之综合说者[④]。

4. 中国台湾地区主要见解

(1) 蔡墩铭教授

蔡墩铭教授认为："就中国台湾地区'刑法'所规定之中止犯以观，其所采者似为责任消灭说，盖中止行为之性质异于一般之未遂行为，是以非可仅依刑事政策之理由而减免其刑。……唯中止犯分为着手中止与实行中止二种……所谓实行中止系将防止结果之行为视为中止行为，则即使行为人之规范意识，已生变化，但对于已实施完毕之实行行为，殆无影响可言，从而对于实行中止而为之减免刑罚，似依刑事政策说而奖励其有效之悔悟"[⑤]，而属采刑事政策说与责任减轻说之综合说。

(2) 甘添贵教授

甘添贵教授属采违法减轻说，主张："责任减少说，是随规范责任论的抬头所生的见解，在以前认故意、过失为责任要素时，虽颇占优势，但现在故

---

① 川端博，前揭书，第466、467页。

② 平野龙一，前揭书，第333页；西原春夫，前揭书，第332、333页；大谷实，前揭书，第408页。

③ 植松正：《再订刑法概论Ⅰ总论》，1974年版，第324页；前田雅英，前揭书，第165页。

④ 大冢仁，前揭书，第242页；藤木英雄：《刑法讲义总论》，1975年版，第262页。

⑤ 蔡墩铭：《刑法精义》（二版），2005年版，第296页。

意、过失已逐渐自责任移向构成要件及违法性的领域，故此说已与刑法思潮不合。并用说（综合说），是基于构成要件为违法及有责类型的思考模式而为理解，如认构成要件为违法类型，而非有责类型时，则此项见解亦有其尚待商榷之处。至刑事政策说，虽为德国刑法学界的通说，但德国刑法对于中止犯的法律效果是不罚，而中国台湾地区'刑法'则是减免其刑，所以刑事政策说的主张，亦无法充分说明中国台湾地区'刑法'所规定中止犯的本质。因此，应以违法性减少说的主张，较为妥适。"①

(3) 检讨

尽管林山田教授指出"德国通说认为中止行为并无宽恕罪责的作用，故非属宽恕罪责事由，而是因为行为人的个人情状而解除本已成立的未遂可罚性。因此，中止犯的法律性质应属个人解除刑罚事由，而与本已成立的未遂行为的违法性与罪责无涉"②，然而，中国台湾地区"刑法"有关中止犯之效果，仅止于"刑罚必要之减免"，并非如德国所规定之"不罚"，因此，无论是刑事政策理论、奖赏理论或刑罚目的理论，皆无法充分说明中国台湾地区中止犯减免其刑之根据；易言之，仅仅借由"刑罚必要之减免"，实难以期待行为人因此形成阻止犯罪完成之动机之效果，更何况多数国民并不知中止犯有减免其刑之规定。

与中国台湾地区同样采"减轻或免除其刑"规定之日本，多数见解系采违法减轻说与刑事政策说之综合说，或采责任减轻说与刑事政策说之综合说，甚至是采违法减轻说、责任减轻说与刑事政策说之综合说，以补充法律说之不足。

笔者认为，应以"违法暨责任减轻说"之主张为妥，即根据主观违法要素故意之放弃，得因此减轻该犯罪行为之违法性，且由于中止行为乃"因己意"之任意性而决意实施之行为，此种再度采取符合法规范之态度，明显削弱法的敌对性，因此得以减轻责任。若依此主张，亦可解决违法减轻说之问题，即有关共同正犯、共犯与中止犯关连上之矛盾；易言之，由于违法暨责任减轻说必须同时存在违法减轻与责任减轻，始有中止犯减轻其刑之法律效果，因此即便采限制从属形式（限制从属性说）立场，正犯之中止行为的效果，亦仅及于中止之正犯本身，而不及于其他共同正犯、共犯。

（二）中止未遂之任意性

何谓"因己意而中止"？己意中止，即"中止之任意性"，其认定标准为何？学说上有不同见解之对立。

---

① 甘添贵、谢庭晃：《捷进刑法总论》，2004年版，第236、237页。

② 林山田，前揭书（上），第454页。

1. 学说见解

(1) 主观说

此说主张，除因外在障碍而中止以及因认识外在障碍而中止之情况外，皆属于“因己意而中止”，亦即，以阻碍犯罪完成之外在情势是否对于行为人中止之动机产生影响作为基准①。例如，因警察之逮捕而中止，或因看到警察而中止，或因听到警车到来而中止等情况，皆非属于“因己意而中止”。一般采主观说之立场者，皆以 Frank 公式作为判断之具体基准：“即使能完成，却不欲完成”者，属于“因己意”；“即使想完成，却认为不能完成”者，则非因己意②。此说无论从刑事政策说、违法减轻说、责任减轻说立场皆可说明。

(2) 限定主观说

此说主张，仅以具有悔悟、惭愧、同情等内在障碍而中止之情况，属于“因己意而中止”，即必须是出于伦理动机之中止始可，而将中止之动机加以限定，故成立要件比主观说严格③。限定主观说重视中止之伦理动机，因此较倾向责任减轻说之立场。

(3) 客观说

此说主张，以“社会一般通念”、“一般经验”为基准，亦即，就一般人而言，行为人所认识的外在情势是否具备通常障碍之性质作为基准，若行为人之中止动机之内容，依据一般经验而被认为应该不具有通常障碍之性质，则属于“因己意而中止”。此说从违法减轻说之立场，认为客观违法性论之“客观”，并非判断对象之客观，而是判断基准之客观，因此将此主张加以延伸，而以客观性的“社会一般通念”、“一般经验”作为任意性的判断基准④；又，从责任减轻说立场，认为责任评价上应以一般人为基准，因此，任意性之判断，亦应以“一般人”为基准⑤。

(4) 折中说

折中说主张，从客观上判断行为人现实的意识，即行为人认识外在情况

---

① 团藤重光，前揭书，第 363 页；大冢仁，前揭书，第 244 页；曾根威彦，前揭书，第 281 页；甘添贵、谢庭晃，前揭书，第 237 页。

② 林山田，前揭书（上），第 463 页；张丽卿，前揭书，第 283、284 页。

③ 佐伯千仞，前揭书，第 323 页；中山研一：《刑法总论》，1982 年版，第 435 页；内田文昭，前揭书，第 272 页；林东茂，前揭书，第 1—222、224 页。

④ 木村龟二，前揭书，第 364 页；川端博，前揭书，第 469 页；蔡墩铭，前揭书，第 298 页；蔡教授将上述之“主观说”称为“客观说”，将“限定主观说”称为“主观说”，将“客观说”称为“折中说”。

⑤ 前田雅英，前揭书，第 167、168 页。

（外在障碍）后，行为人认为能完成或认为不能完成之主观意识，从客观上加以判断，若肯定行为人认为能完成却加以中止，则成立中止未遂，反之，则为障碍未遂①。此说主张之“客观上”，指“一般经验上”而言，故结论上可谓与客观说并无不同。②

2. 检讨

笔者认为，限定主观说之问题在于，就中止犯之任意性之成立，要求道德上之悔悟、怜悯等伦理之动机，不仅在任意性之成立上做过度之要求③，亦形成任意性与伦理性之混同④，而且与现行法中止犯之规定不符；再者，于责任之本质上，若采道义责任论立场，或可加以理解，若采法的责任论，则于责任阶段并不以道义责任、伦理责任为必要。

至于，客观说之问题在于，将原本属于主观性之“任意性”问题，以“社会一般通念”之客观基准加以判断，而忽视了行为人“因己意而中止”之主观层面；易言之，中止犯所规定之“因己意”，乃指行为人个人之主观意思而言，若加入条文所未规定之“一般人”、“社会一般通念”等要件以限定中止犯之成立范围，不仅与中止犯规定有违，且所谓“不具有通常障碍之性质”亦未必明确⑤。此等问题，同样存在于折中说。

而主观说之主张，不仅从违法减轻说、责任减轻说、刑事政策说或综合说等立场皆能加以说明，亦较符合中止犯之规定。再者，若采取以法的责任而非以道义责任作为责任之本质之立场（法的责任论），基本上亦应以主观说为妥。

（三）中止行为（着手中止与实行中止）

中止犯要求因己意而“中止或防止结果发生”，即要求“中止行为”；易言之，中止犯之成立，必须因阻止犯罪完成之行为（中止行为）而导致不发生结果。其中，中止行为之形态，可分为“着手中止”与“实行中止”；前者，系指虽已着手于犯罪行为之实行，却在犯罪完成前，中止实行行为本身者而言，通常，着手之中止，以放弃其后之实行之不作为为已足（不作为之

---

① 福田平，前揭书，第233、234页；大谷实，前揭书，第410页。

② 中国台湾地区“最高法院”七十三年度第五次刑事庭会议决定（一）：“杀害（或伤害）特定人之杀人（或伤害）罪行，已着手于杀人（或伤害）行为之实行，于未达可生结果之程度时，因发现对象之人有所错误而停止者，其停止之行为，经验上乃可预期之结果，为通常之现象，就主观之行为人立场论，仍属意外之障碍，非中止未遂。”此实务见解，倾向于客观说或折中说之立场。

③ 曾根威彦：《刑法总论》（第三版），2000年版，第257页。

④ 大谷实，前揭书，第410页。

⑤ 曾根威彦：《前揭刑法总论》，第257页；浅田和茂：《刑法总论》，2005年版，第394页。

中止)；后者，系指虽已着手于犯罪行为之实行且已实行终了，却在犯罪结果发生前，积极防止结果之发生者而言，通常须以积极防止结果发生之作为为必要（作为之中止）。依此，学说上向来将着手中止与实行中止之区别视为中止犯之重要议题。

1. 学说见解

关于着手中止与实行中止之区别，与实行行为之终了时期相关连。未终了时，属于着手中止之问题；终了时，属于实行中止之问题。学说上，有分歧之见解。

(1) 主观说

此说主张，根据行为人之犯罪计划以认定是否已经放弃实行之继续[①]，即"判断行为是否已完成，应依行为人的犯罪计划以及行为人对于整个行为过程的主观想象而作决定"[②]，换言之，以行为人着手实行时之主观意思为基准。

(2) 客观说

此说主张，从客观之观点而言，若已经实行客观上有发生结果可能性之行为，则为实行行为之终了，而成为实行未遂。例如，A 欲杀 B 而以装有五发子弹之手枪向 B 开枪，当 A 击出第一发子弹而未击中 B 时，由于已经实行客观上有发生结果可能性之行为，故成立实行未遂，即便是依行为人之认识，尚有击出第二发子弹之可能，行为人却未射击第二发子弹（不作为），亦不成立中止犯；若击中 B 令负重伤，而行为人积极防止结果之发生（作为），则有肯定中止犯之可能，或类推适用中止犯减免其刑之规定[③]。

(3) 折中说

折中说主张，不是仅纯粹根据外在之事实，而是综合行为当时之客观情况与行为人之主观认识而客观地加以判断；即综合考量主观面与客观面，以决定中止行为之形态[④]。例如，以杀人之意思，用装有两发子弹之手枪向被害人开枪。若第一发击中被害人而发生死亡结果之危险，则属于实行未遂；若第一发并未发生死亡之危险，而行为人却误以为仅有一发子弹而中止，则属于实行未遂；若第一发并未发生死亡之危险，而行为人虽然知晓尚有一发，却中止第二次射击，则属于着手未遂；若两发皆未击中，则属于实行未遂。

---

① 宫本英修：《刑法大纲》，1935 年版，第 185 页；泷川幸辰：《犯罪论序说》（改订版），1947 年版，第 188 页。

② 林山田，前揭书，第 458 页。

③ 植松正：《刑法概论 I 总论》（再订版），1974 年版，第 328 页以下。

④ 平野龙一：《犯罪论诸问题》（上），1981 年版，第 149 页；内藤谦：《刑法讲义总论》（下）（Ⅱ），2002 年版，第 1305 页；前田雅英，前揭书，第 169 页。

(4) 因果关系切断说

此说主张，中止行为系“以不作为为已足”或“以作为为必要”之问题，其重点并非在于实行行为是否终了，而是在于朝向结果发生之因果历程是否已开始进行，亦即在于是否已达到惹起既遂结果之状态，因此，着手中止与实行中止之区别，并非重要；若朝结果发生之因果历程尚未进行，则中止实行行为即成立中止行为，若已开始进行，则必须防止结果发生，始得成立中止行为①。

2. 检讨

例如，A 欲以装有五发子弹之手枪向 B 开五枪，结果击出第一发子弹后，就已命中 B 而使其负重伤。

若依主观说之主张，A 仅消极地中止其实行行为（不作为），而不需积极地防止 B 死亡结果之发生，即可成立中止犯。此主张不仅脱离一般人之法感，亦极不合理。

若依客观说之主张，则即便 A 之第一枪未击中 B，但由于已经实施发生结果危险之行为，实行行为即为终了，而成立障碍未遂。事实上，即便子弹击中 B 而使其负重伤，亦尚有成立中止犯之余地，因此，客观说之主张亦有待商榷②。而折中说亦与客观说存在相同之问题。

笔者以为，中止行为之重点，是在于朝向结果发生之因果历程是否已开始进行，并非在于实行行为是否终了，即着手中止与实行中止之区别并不重要，因此，以因果关系切断说为妥。

(四) 于防止结果发生上“诚挚努力”之必要性

实行中止之成立，除偶然的结果不发生之情形外，须行为人本身具有真心诚意地以防止结果发生为目的之努力（即诚挚努力）。关于中止犯之成立，是否以具有防止结果发生之诚挚努力为必要？学说上有必要说与不要说之对立。

1. 学说见解

(1) 必要说

此说乃日本实务与学界通说所采之立场③，认为仅具有形式上之中止行为，不应承认责任之减轻。换言之，违法行为一旦终了，则行为人是否存在

---

① 西原春夫，前揭书，第 338 页；大谷实，前揭书，第 413 页；曾根威彦，前揭书，第 254 页。

② 曾根威彦，前揭书，第 254 页。

③ 团藤重光，前揭书，第 365 页；大冢仁，前揭书，第 246 页；西原春夫，前揭书，第 339 页；川端博，前揭书，第 470 页；前田雅英，前揭书，第 169 页。

恢复合乎法义务之态度，所应考量之点，在于该行为人内心是否认真防止结果之发生；当诚挚之中止行为存在时，才显现中止行为人“法敌对性”之减弱。至于，以具备何种程度之“诚挚性”为必要？其重点应在于是否真正希望结果不发生而中止之，亦即，行为人将防止结果发生之意思（中止意思）显现于客观上防止结果发生之妥适、必要之行为（中止行为）即可。

有认为，所谓“诚挚”或“尽力”防止结果发生，应该是指以一般理性在价值判断上认为是适当的防果行为，亦即不可靠的防果行为并非此处适格的防果行为[①]。有认为，“诚挚性”之要件，以认识自己之行为系为防止结果发生之中止行为为已足，即所谓“诚挚性”应理解为“自己之行为系为防止结果发生之认识”[②]。有认为，诚挚的努力，系指将防止结果发生之意欲（中止意思）显现在客观上所为防止结果发生之适当且必要之行为（中止行为）而言，因此，诚挚的努力仅以为防止结果所为之必要行为为已足，并不需要求行为人显示已对于法秩序全面顺从之意思，例如告白自己是犯人等[③]。

（2）不要说

此说则认为，诚挚性之要件，非但内容不明确，从中止未遂之条文文义以观，亦无法解读出有此要件；从而，当实行行为尚未开始发生因果过程（结果发生之因果过程）之进行时，仅须放弃该实行行为即可，若因果过程之进行已经开始，则虽是以有积极地防止结果发生之作为为必要，却不以具有防止结果发生之诚挚努力为必要[④]。

2. 检讨

笔者以为，行为人虽已中止了违法行为，但于考量行为人是否再度采取合乎法规范之际，应有以行为人之诚挚努力防止结果发生之要件为必要，至于诚挚性要件之内容，确实有某种程度之抽象性，然此诚挚性要件并不与伦理评价有直接之关连，而系从“是否诚心希望结果不发生而采取行动”之观点加以判断[⑤]，因此以必要说为妥。再者，从笔者所采违法暨责任减轻说之立场，行为人必须采取合乎法规范之态度，始有责任减轻之可能，因此，若行为人不显示其顺从法规范、法秩序之态度，则应不认为已具备诚挚努力之要件。

---

① 黄荣坚，前揭书（下），第99页。

② 内藤谦，前揭书，第1312页。

③ 山中敬一：《刑法总论》（Ⅱ），1999年版，第722页。

④ 大谷实，前揭书，第414页；曾根威彦，前揭书，第255页；野村稔，前揭书，第364页。

⑤ 川端博，前揭书，第470页。

（五）中止行为与结果不发生之关系（准中止犯之问题）

中止犯之成立，是否仅以因己意而为中止行为即可？或者，必须该中止行为与结果不发生之间存有因果关系为必要？当行为人虽实施中止行为或诚挚之中止行为，但结果之不发生却是由其他原因所导致时，是否依然得成立中止犯？此即所谓“准中止犯”之问题。

1. 学说见解

（1）必要说

此说认为，从现行刑法以“因己意中止”作为要件以观，因己意之中止行为而防止结果发生，亦即中止行为与结果不发生之间，以具有因果关系为必要[①]。有从违法减轻说立场认为，由于将结果不发生之原因视为中止行为，故须有因果关系之存在。

唯若采必要说之见解，势必发生刑罚不均衡之现象。例如，行为人用毒药毒杀被害人后，积极防止死亡结果发生而紧急送至医院急救，实际上，行为人所使用之毒药根本不足以致死，此种情况即所谓“缺效未遂”，行为人将无法成立中止犯。

（2）不要说

此说认为，既然行为人基于诚挚之努力而实施中止行为，则应反映在违法性之减轻甚至责任之减轻上，何况于一开始即不可能发生结果之情况，若不承认中止犯之成立，势必形成不合理之现象[②]。另外，有从责任减轻说立场认为，由于对于中止行为本身已可积极评价责任非难之减轻，因此，以行为人有中止行为为已足，不以结果不发生之因果关系为必要[③]。

2. 检讨

笔者以为，行为人根据诚挚之努力而实施中止行为以防止结果之发生，

---

① 植松正，前揭书，第332页；佐伯千仞，前揭书，第365页；大谷实，前揭书，第415页。88台上3261判决：“一是按刑法上之中止犯，指已着手于犯罪之实行，而因己意阻止其结果之发生而言，故其结果之不发生，与行为人所为防止结果发生之行为间，自须具有重要的关连性，但不排除基于行为人之发动，邀获他人之协助，而共同努力获致结果不发生之情形。二是究竟上诉人住宅之免遭烧毁及王〇真之免予死亡之结果，与上诉人发动高呼失火，唤使邻居适时协助灭火及唤醒王〇真及时逃生并为送医急救，两者之间，有无重要之关连性，此与认定上诉人应依中止犯减轻或免除其刑，抑或依一般未遂犯得予减轻其刑，至有关系，原审未注意详究及此，遽以一般未遂犯处断，自嫌速率。”此判决认为，行为人之防止行为与结果不发生之间须有“重要的关连性”，似乎主张中止行为与结果不发生之间须有因果关系之存在，而采必要说立场。

② 团藤重光，前揭书，第366页；平野龙一，前揭书，第337页；福田平，前揭书，第236页；大冢仁，前揭书，第247页；曾根威彦，前揭书，第255、256页；川端博，前揭书，第471页。

③ 内藤谦，前揭书，第1316页；曾根威彦，前揭书，第256页。

无论嗣后结果之不发生与中止行为是否有因果关系存在，应可谓已具备中止犯之主观与客观之要件；换言之，无论与结果之不发生是否有因果关系存在，该基于诚挚努力而实施之中止行为已足以反映违法性之减轻甚至责任之减轻，即可成立中止犯，因此，以不要说为妥。

新修定"刑法"第27条第一项亦已采不要说立场，承认准中止犯之概念，而规定为："已着手于犯罪行为之实行，而因己意中止或防止其结果之发生者，减轻或免除其刑。结果之不发生，非防止行为所致，而行为人已尽力为防止行为者，亦同。"

唯修正理由谓："按行为人已着手于犯罪行为之实行终了后，而于结果发生前，已尽防止结果发生之诚挚努力，唯其结果之不发生，事实上系由于其他原因所致者，因其防止行为与结果不发生之间并无因果关系存在，固与以自己之行为防止结果发生之中止犯不同，唯就行为人衷心悛悔，对结果之发生已尽其防止能事之观点而言，并无二致。为鼓励犯人于结果发生之先尽早改过迁善，中止犯之条件允宜放宽，爰参考德国现行刑法第二十四条（1）之立法例，将现行规定改列为第一项，并增列'结果之不发生，非防止行为所致，而行为人已尽力为防止行为者，亦同。'等字样，使准中止犯亦能适用减免其刑之规定。"可知，新修定"刑法"承认准中止犯之理由，系在于"就行为人衷心悛悔，对结果之发生已尽其防止能事之观点而言，并无二致"，并非基于中止行为本身之违法减轻与责任减轻而加以论据。

另外，纵令行为人以诚挚努力实施中止行为而结果依然发生之情况，是否可准用中止犯规定之问题。有认为，既然结果已发生，仅以客观上之中止行为作为肯定违法减轻之理由，确实有其困难，然而基于主观违法要素故意之放弃所产生的行为反价值之减轻，则尚有肯定违法减轻之余地，又由于行为人再度采取符合法义务之态度而削弱"法的敌对性"，得以肯定责任之减轻，因此考量违法减轻与责任减轻二者，在刑的减轻限度内，肯定类推适用中止犯之规定，亦无不可①。唯由于中止犯属于未遂犯之一种，而结果既然已经发生，则实无适用或准用中止犯之余地。

结　语

关于此次未遂犯规定之修定，内容主要在于将不能未遂（不能犯）改为不罚，以及准中止犯之明文化。其中，有关不能未遂规定之改变，亦即，将

① 川端博，前揭书，第471页。

原刑法所规定“其行为不能发生犯罪之结果，又无危险者，减轻或免除其刑”修正为“其行为不能发生犯罪之结果，又无危险者，不罚”，背后所牵涉到的核心问题，就是刑法处罚未遂犯之理由何在，亦即未遂犯之处罚根据为何。针对此一问题，已如前述，存有日本之“客观未遂论”与德国之“主观客观混合未遂论”之分歧，其所以如此对立，乃由于日本刑法并无不能未遂之规定，不能未遂并不构成犯罪而不处罚，相对地，德国刑法设有不能未遂之规定，不能未遂构成犯罪而具有可罚性。

笔者以为，既然现代刑法思潮是以客观主义为基础，即以保护法益为其主要功能，并讲求作为最后手段之谦抑性原则，则至少必须于法益受到侵害或有受侵害之危险（结果反价值、结果非价之存在）时，刑法始可发动，更何况依据刑法之规定，是以处罚既遂犯为原则，处罚未遂犯为例外，处罚预备犯、阴谋犯更属例外之例外，因此，未遂犯之规定内容，应采以客观主义为基础之客观未遂论立场为妥，正如修正理由所述：“基于刑法谦抑原则、法益保护之功能及未遂犯之整体理论，宜改采客观未遂论，亦即行为如不能发生犯罪之结果，又无危险者，不构成刑事犯罪”。从而，问题之核心，应在“有无危险”之判断上。

对于危险之概念，有认为是属于纯客观事实之概念（客观危险说），有认为是带有规范性质之概念（具体危险说），因此，在判断“有无危险”时，究竟是以“事后判断”或“事中判断”作为判断时点，究竟是以“所有之客观事实情况”或“一般人有认识可能性之事实情况以及行为人特别认识之事实情况”作为判断素材，究竟是以“科学性的方式”或“一般人的感觉”作为判断基准，分别有对立之见解存在，已如前述。笔者以为，应以“事中判断”为判断时点，以“一般人有认识可能性之事实情况以及行为人特别认识之事实情况”作为判断素材，以“一般人的感觉”作为判断基准为妥，即采具体危险说之立场。

至于，有关准中止犯之明文化，则由于多数见解皆已肯定准中止犯之概念，故较无争议，所应加以注意之问题，乃有关中止犯必要减免之理由为何。如前所述，依德国刑法之规定，中止犯属于“不罚”，因而有刑事政策理论、奖赏理论以及刑罚目的理论之对立，然依中国台湾地区、日本刑法之规定，则属于“减轻或免除其刑”，因而有刑事政策说、法律说以及综合说（法律及刑事政策说）之对立。据此，于说明、解读中国台湾地区中止犯规定之际，亦应以法律说或综合说作为理论基础，以解决中止犯之各种问题，例如中止犯之“任意性”、“诚挚性”等。

海峡两岸片面共犯理论比较研究

杨 俊*

一、问题的提出

片面共同犯罪，通称片面共犯，是指共同行为人中的一方有与他人共同实施犯罪的意思，并参与他人的犯罪行为，但他人却不知其参与，因而缺乏彼此间共同故意的情况。从如上片面共犯之定义以观，片面共犯似乎是作为一个用以概括故意单方面地帮助他人犯罪的刑法术语，在片面共犯的场合下，好像只有具有那种单方面共同故意的行为人才构成共同犯罪，不知情的一方行为人因无共同的犯罪故意而仅是在其自身的单独的犯罪故意支配下实施犯罪，所以对其只能以单独犯罪论处。如此一来，似乎片面共犯是有悖于共同犯罪原理的，因为在片面共犯情形下，行为人之间明显欠缺共同的主观故意这一要件，如果对之加以承认，岂不使得传统的共同犯罪概念显得自相矛盾，因此片面共犯的存在合理性便不无置疑。但是随着共同犯罪理论的发展，对片面共犯似乎不能作如此狭隘化和简单化的理解了。因为仅用传统的共同犯罪概念来分析和衡量片面共犯，片面共犯确实无存在之余地，但传统的共同犯罪概念本身是否周延尚待考虑，因为其只是体现了共同犯罪的一般特征，而片面共犯恰好是有别于共同犯罪一般特征的一种特殊情形，这种特殊情形的成立性与否应根据其本身的特征加以考察，不应完全受到传统的共同犯罪概念的束缚而没有任何突破，通过对共同犯罪概念的僵化理解进而来否定片面共犯实在是有欠科学和严谨的。诚如有学者所言，片面共犯不是“片面”和“共犯”的简单相加，而是对客观存在的犯罪现象的一种描述，其内涵比“片面”和“共犯”的简单相加的总和还要丰富。片面共犯是针对全面共同犯罪而言的。司法实践中也出现了许多类似的共同犯罪现象，又与典型的共

* 苏州大学法学院博士研究生，江苏省刑事司法研究中心研究员助理。

同犯罪成立要件不符，但如不加以追究又容易放纵罪犯，不利于打击类似犯罪现象。为此，就需要引入片面共犯这样一种特殊的共同犯罪形式予以应对，片面共犯与典型的共同犯罪形式有某种交叉，但它又不全部属于共同犯罪，是一种“不完全的共同犯罪”，这种“不完全的共同犯罪”理应有它的存在余地，因为刑法中的共同犯罪制度，是共同犯罪现象在法律上的反映，而反映于法律的共同犯罪制度的范围，应当取决于社会上存在的共同犯罪现象以及处理共同犯罪的司法实践的客观要求。共同犯罪理论产生的逻辑基础在于共同犯罪现象的出现及其刑事责任的分担，共同犯罪理论是随着实践的发展而趋于成熟，片面共犯事实的客观存在是片面共犯理论产生的逻辑前提，也是共同犯罪理论发展的契机。[①] 另有学者基于上述片面共犯和典型共同犯罪形式存有矛盾而引发的片面共犯成立性问题，试图提出了解决办法，即认同片面共犯情形是客观存在的，但这类被冠名为片面共犯的情形是否即是指片面共同犯罪，这是值得商榷的，理由在于共同犯罪和共犯的概念有所不同，应当加以区别：共同犯罪，指数人共同实施犯罪的现象；而共犯一词有时指共同犯罪的现象，有时指加功于他人犯罪者，如帮助犯、教唆犯等，是与正犯相对应的概念。如果将片面共犯等同于片面共同犯罪，行为人无论在认识因素和意志因素上均不具有共同犯罪的一般特征，这时如果对之称为共同犯罪，未免名不符实。但是，正是由于存在片面共犯尤其是片面帮助犯的客观情形，如果不从立法上加以解决，会给司法实务带来困难尤其是不能追究帮助犯的刑事责任。为此，对此种片面帮助犯的情形应当在立法上如何作出规定是问题的关键，而不是将所谓的片面共犯归于共同犯罪之列，比较可行的解决办法是应当在刑法中直接对片面共犯这类情形作出专门规定，即规定在实行犯不知情的情况下帮助实行犯完成犯罪的，比照共同犯罪中的从犯定罪处罚。这样既解决了追究片面帮助犯的刑事责任的法律依据问题，又将其与共同犯罪情形区别开来。[②] 诚然，上述观点发现了片面共犯与典型的共同犯罪无法完全匹配，这是准确的，但是否因此就要全盘否定片面共犯，或者说是否定片面共犯的提法，笔者认为不妥，因为很显然，上述观点的产生可以归结为仍然没有摆脱传统的共同犯罪概念的桎梏，其不考虑现行共同犯罪的概念是否科学或者是否有突破之余地就断然否决片面共犯的提法，这是相

① 田鹏辉著：《片面共犯研究》，中国检察出版社 2005 年版，第 43—45 页。

② 马克昌：“共同犯罪理论中若干争议问题”，载《华中科技大学学报》（社会科学版）2004 年第 1 期，第 17 页；阴建峰、周加海主编：《共同犯罪适用中的疑难问题研究》，吉林人民出版社 2001 年版，第 124—125 页。

当草率的。正因为片面共犯具有相当的特殊性，所以才有重新审视现行共同犯罪的概念的必要，而套用现行共同犯罪的概念来否定片面共犯，实际上是本末倒置的。即便要对片面共犯加以否定，也需要从全面考察片面共犯本身的构成内容或者特殊属性出发，发现其确实存有矛盾，并经过理论上的充分论证后方可实行。此外，上述观点中所提出的解决办法笔者也并不认同，专门对片面帮助犯情形增加立法规定，看似符合司法实务之需要，实际上有多余累赘之嫌，试想如果其他相关的实务问题也要通过类似增加专门立法的途径予以解决，那么毫无疑问会增加立法部门之负担，并给司法实务之可操作性带来困难。同时，上述观点之所以提出如上解决办法，是为了追究片面帮助犯的刑事责任，但同时又要否定片面帮助犯为共同犯罪，其目的就是为了否定片面共犯的提法。笔者认为这又属不妥，因为司法实务中不仅存在片面帮助犯，而且还可能存在片面实行犯或片面教唆犯的情形，这些情形是否属于片面共犯的范畴尚难形成定论，这属于片面共犯的成立范围问题，容待下文详述之。以尚未形成定论的结论去否定片面共犯是不科学的，笔者认为，假设片面帮助犯、片面实行犯及片面教唆犯等各种情形在司法实务中有所存在并且在理论上能得到承认的话，不妨归于片面共犯的范畴，当然这还有待于详细分析论证才能得出结论。但笔者始终认为，如果以肯定上述情形的存在作为前提的话，那么承认片面共犯的提法是并无不妥的。

以上所提观点无论是肯定还是否定片面共犯，也不论其理由充分与否，至少给我们提供了这样的启示，即片面共犯问题是十分特殊和复杂的，简而化之地完全肯定或者完全否定片面共犯都是不可取的，实有必要经过对相关立法制度进行全面审视和理论上的分析佐证后才能得出令人信服的结论。近年来，在刑法学界呼之欲出的观点是主张应从理论上及立法上对片面共犯这一共同犯罪之特殊情形予以重新定位，并有逐步倾向于肯定片面共犯存在的趋势，这对传统的共同犯罪概念内涵及范畴界定等都形成了挑战，逐步呈现出突破现有共同犯罪理论定式的趋向，由此也引发了片面共犯成立的肯定说与否定说之争。笔者以为，对片面共犯成立的肯定说与否定说之争论详加探讨并非没有意义，这是进一步正视和厘清片面共犯的本质属性，准确界定其在共同犯罪形态中所处地位的需要。但是仅仅依据我国现行的刑事立法和刑法理论来探讨该争论还是有局限性的，因为虽然我国近年来对片面共犯的研究高度重视，并在理论上也取得一定的进展，但毕竟在我国的共同犯罪制度中还没有明确规定片面共犯的内容，又由于受到现行共同犯罪概念的束缚，所以还是无法做到对片面共犯全面透彻的理解。而反观德国、日本等大陆法系国家，由于对共同犯罪的研究起步较早，对片面共犯的成立与否亦进行了比较深入的探究，并对此形成了相对较为成熟、科学的理论界定，笔者以为，在对待片面共犯问题上，对西方大陆法系国家刑法中较为成熟的共同犯罪理论加以比较、借鉴是较为可取的，而中国台湾地区的共同犯罪理论是直接溯源于德国、日本等大陆法系国家，其立法模式和理论基础与我国大陆虽有不同，在共同犯罪制度规定上存有差异是必然的，但海峡两岸毕竟同根同源，在民族心理、文化积淀、社会传统以及制度设计等方面不可能完全不一致，反映到法律制度和法学理论的建构上，也必定具有一定的共性。因此笔者认为，基于以上原因以及出于概览大陆法系国家有关片面共犯立法和理论之全貌的需要，将我国大陆有关片面共犯问题的研究现状与中国台湾地区法相结合，展开比较研究，相互求同存异、取长补短将是一个很好的切入点。同时，经过考察发现，有关片面共犯成立性的争论其实在我国大陆和中国台湾地区地区的不同理论学说中是尤其体现明显的，中国台湾地区对片面共犯的研究亦是方兴未艾，所以开展这样的比较研究还是很有价值的。以下笔者就试对海峡两岸关于片面共犯问题之争议焦点进行阐述，以期对片面共犯有一更新的认识。

二、中国台湾地区关于片面共犯成立性的争论点

在中国台湾地区，理论上对于片面共犯之成立与否是和共同犯罪之概念内涵的界定密切关联的。就共同犯罪概念内涵的界定而言，中国台湾地区刑法理论中历来有犯罪共同说和行为共同说之争，犯罪共同说和行为共同说是当前支撑中国台湾地区刑法中共同犯罪理论之两大基石性理论，但对共同犯罪本质的理解上两者却是截然相反的。犯罪共同说立足于客观主义立场，认为共同犯罪人基于共同的主观犯罪意思联络，并在此犯罪意思联络支配下协力加功实施犯罪行为，共同实现一个特定犯罪构成要件范畴内的犯罪事实，

因此，所谓的共同犯罪的共同性，是指犯罪之共同性；① 行为共同说则是立足于主观主义的立场，其认为共同犯罪人共同实施犯罪行为，并不强调共同的主观犯罪意思联络，而是各个共同犯罪人主观的反社会恶性的表达，所以，共犯应理解为二人以上基于共同行为而各自实现自己的犯意。只要行为共同，不仅共犯一罪可以成立共犯；即使各自实施不同的犯罪，也不影响共犯的成立，因此，所谓的共同犯罪的共同性，是指行为之共同性。由于此两种观点

---

① 就犯罪共同说而言，诸多著作均认为其所要求的共同犯罪行为必须是共犯一罪，这样理解犯罪共同说似乎显得狭隘，因为近来亦有学者提出了部分犯罪共同说之观点，即特定犯罪事实并非等同于一罪，而是可能包含犯罪具有同质的、互相重合的情形，部分犯罪共同说主要是日本学者所主张。（参见（日）大冢仁著：《犯罪论的基本问题》，冯军译，中国政法大学出版社1993年版，第251页）我国更有学者在受到日本刑法理论的影响下，进一步明确了部分犯罪共同说中认定犯罪构成要件之重合性的标准包括了四种情形：即两个法条间存在竞合之关系时，其所规定的犯罪一般具有重合性质；如两个法条间不存在竞合之关系时，但两种犯罪侵害法益相同，其中一种犯罪之社会危害性重于另一种犯罪，则从规范意义上而言，严重犯罪包含非严重犯罪内容时，也存在重合性质；既不存在法条竞合关系，也不存在侵害完全同类法益之两种犯罪，却在两者之间所侵害法益具有包容关系时，亦具有重合性质；在转化犯情形之下也有存在犯罪重合之可能。（参见张明楷著：《刑法的基本立场》，中国法制出版社2002年版，第273—277页）当然，部分犯罪共同说虽然颇有见地，但其本身是十分复杂的，也是一种较新的、尚未成定论之观点，况且亦非本文需要探讨的重点，不复过多赘述。在此，对部分犯罪共同说有所提及，只是需要强调指出犯罪共同说中认定的实施共同犯罪行为所实现的犯罪事实是具有一定的特定性的，即过于偏离构成要件之犯罪事实不宜认定，但也并非仅限于一罪，这是深受部分犯罪共同说的影响的。据此，可以加深对犯罪共同说的理解，并有助于进一步理解在犯罪共同说立场之下的片面共犯成立性问题。

其实，有关犯罪共同说与行为共同说之争，并非起源于中国台湾地区，早在德国、日本等大陆法系国家刑法理论中即已存在，德国是对共犯研究的肇始，就共同犯罪的性质和存在范围上，长期存在着“客观主义共犯论”和“主观主义共犯论”，此两种对立的观点即为犯罪共同说和行为共同说，此两种观点的提出为德国司法实践认定社会上存在的共同犯罪现象提供了理论依据。日本刑法理论基本上师从于德国，在其共犯理论发展史上，也存在犯罪共同说和行为共同说的争论，但日本刑法理论为了寻求审判实践中存在的共谋共同正犯的理论根据，还从主观主义共犯论的立场出发，提出了“共同意思主体说”，因此，日本刑法中共犯理论的理论基础主要包括三大主张，即犯罪共同说、行为共同说和共同意思主体说。（参见何荣功“论片面共同正犯的理论基础”，载《刑法论丛》（第9卷），法律出版社2005年版，第237—239页）如前文所述，中国台湾地区刑法理论主要是对德国、日本等大陆法系国家刑法理论的承袭，所以受其影响颇深，但中国台湾地区刑法中共犯理论的理论基础与日本有不同之处，即仍然坚持的是犯罪共同说和行为共同说两种主张，至于共同意思主体说，虽然不乏论着对其肯定之，但通说观点却不加承认，理由在于共同意思主体说主张扩大行为分担犯罪事实之基础，故亦含有行为共同说的理论。换言之，实际上是没有走出行为共同说的樊篱，所以不予采用。（参见（台）张灏著：《中国刑法之理论及实用》，台北三民书局1980年版，第206页）需要说明的是，笔者在此对德国、日本共犯理论基础予以提及，只是为了交代中国台湾地区目前共犯理论基础之背景和起源，由于本文侧重于海峡两岸片面共犯理论之比较，自然主要关注和遵循的是目前中国台湾地区有关共犯理论基础的主张，对以下相关问题的探讨也是在此语境中展开的，而对德国、日本共犯理论基础的有关内容将不再作过多阐述。

都意在说明共同犯罪之本质属性，所以任何有关共同犯罪具体问题的探讨都是不可回避地基于此两种观点之争论而展开的，片面共犯亦不例外，在中国台湾地区刑法理论中即有观点认为，认定其是否成立，应取决于在犯罪共同说和行为共同说之间究竟站在何种立场，如“采行为共同说，认为得基于一方共同实施之意思，而构成片面的共同正犯；但采犯罪共同说，则采否定说。”① 上述论断清晰地表明了中国台湾地区刑法学界对片面共犯所持的态度，即在行为共同说理念支配下，由于强调的是行为人之共同实施的犯罪行为对犯罪事实之实现的重要作用，不问行为人之间的主观犯罪意思联络，只须有共同行为即可，如“按共同正犯之成立，除共犯彼此间有行为之分担外，尚须有犯意之联络为必要。唯有片面的共同正犯，认为此意思之联络，即仅一方有共同加工之意思为已足，无须共同者相互间，有意思联络为必要。”② 可见，片面共犯似乎恰好符合行为共同说的特点，因为在片面共犯中，仅有一方行为人有共同实施犯罪之主观故意，但其并未与另一方行为人进行沟通，另一方行为人无从得知其具有共同犯罪之主观意思，但双方的共同行为却促成了犯罪事实的发生，因此，行为共同说是支持片面共犯之成立的；反之，犯罪共同说则否定了片面共犯的成立，理由显而易见，行为人之间缺乏相互沟通、交流相互的犯罪意思，必然没有共同的犯罪意思联络，难以形成主观犯意的一致性和共同性，即便是双方共同行为造成了同一的特定的犯罪事实，也难认定成立共同犯罪，而应对行为人各自以单独犯罪论处为佳。通观中国台湾地区的刑法理论，主要是采用犯罪共同说来解释共同犯罪的，那么在犯罪共同说影响下，主流观点必然是倾向于否定片面共犯的，如有论著即主张“行为共同说，因否定构成要件之定型性，遂朝否定共同正犯与教唆犯、从犯区别之方向发展，与现行法之规定矛盾，自不妥当。犯罪共同说，则认共同正犯乃共同为特定犯罪构成要件为故意。既有共同故意，倘无共同实行特定犯罪之相互认识，实属不可想象。且刑法将共同者之行为，以之为共同正犯而予以特别处遇，其旨趣乃对于各行为者相互为行为之利用及补充，而实现犯罪之结果，为使其负担责任，共同行为者间，自须有相互利用对方行为之意思存在。依此说，片面共同正犯之概念，实无承认之余地。”③ 虽然在中国台湾地区的刑法理论上是通过主张犯罪共同说来进一步否定片面共犯的，但却不难发现，其对片面共犯的否定是限于一定范围的，即主要是否定了片面

① 蔡墩铭著：《刑法总则争议问题研究》，台北五南图书出版公司 1998 年版，第 266 页。
② 谢瑞智著：《刑法总论》，台北文笙书局 2002 年版，第 318 页。
③ 甘添贵著：《刑法总论讲义》，台北一瑞兴图书股份有限公司 1992 年版，第 283 页。

正犯的存在可能性。[①] 而中国台湾地区的刑事立法上却颇有特殊之处，即其刑法第30条规定："帮助他人犯罪者，为从犯。虽他人不知之情者，亦同。" 此显然是有关共犯间须有共同犯罪意思联络的例外规定。亦有学者对此立法规定解释如下，"所谓共同犯意，并不以共同知情为必要，即单方面有帮助他人犯罪之意思，虽他方不知有帮助之情事者，亦成立共犯，例如从犯是。"[②] 很显然，中国台湾地区的刑事立法是肯定片面从犯（帮助犯）的成立的。[③] 笔者以为，中国台湾地区之所以在立法上作出如此规定，显然是考虑到了共同犯罪的特殊情形，并有助于司法实务之开展，因而是较为可取的。同时，中国台湾地区刑法第30条所明确的所谓片面共犯事实上仅限于在从犯（帮助犯）的场合下适用，而否认了正犯和教唆犯之片面共犯的成立，这样就对片面共犯的成立范围作出限制，事实上，其所意指的片面从犯（帮助犯）也更为符合片面共犯的特性，而正犯和教唆犯由于更为强调行为人间的主观犯意的相互联络，并且此种主观犯意的相互联络似乎还是作为正犯和教唆犯得以成立的必不可少的要件之一，所以很难在此两种场合下成立片面共犯。而从犯（帮助犯）似乎并不要求必须具备此一要件方始成立，所以也就决定了片面从犯（帮助犯）成立的可能。无怪乎有学者评价说，在中国台湾地区与其说承认了片面共犯，不如说承认了片面从犯（帮助犯）。[④] 同时，在中国台湾地区还有学者就片面从犯（帮助犯）之理论依据发表看法，即认为："帮助他

---

① 这里需要注意的是，中国台湾地区刑法中所言的正犯，相当于大陆刑法中的实行犯，只是大陆刑法中并无正犯之称谓，而是在共同犯罪中对共同犯罪人以实行犯和非实行犯进行划分，这说明海峡两岸的立法用语之称谓有所不同，但其表达的实质蕴涵可能是相同的。中国台湾地区刑法中将亲自实行构成要件之犯罪行为的人称为正犯，而相应地非实行犯则被指称为共犯。（这里的共犯恰好又同大陆刑法中所谓的共犯意义有别）这无疑是与西方大陆法系国家的立法语境是相一致的。

② 张灏著：《中国刑法之理论及实用》，台北三民书局1980年版，第209页。

③ 在中国台湾地区刑法中在对共同犯罪人的划分上，帮助犯是等同于从犯的，这可见之于中国台湾地区刑法论著中对从犯概念的界定："从犯，系指在正犯实施犯罪前或实施犯罪中，予以助力，而使正犯易于实施，或易于完成其犯罪行为也。从犯又称帮助犯，系共犯形态中之一种，但因其仅帮助他人犯罪，故在共犯中，其可罚性最为轻微，且在共犯之中，若认为不能成立共同正犯或教唆犯，有时亦可认定其成立从犯。所谓帮助者，乃指给予一切便利或援助之行为而言。此等帮助之行为，包括物质的、精神的、积极的、消极的，仅须对于犯罪者予以便利或援助，即构成从犯。"（参见（台）高仰止著：《刑法概要》，台北五南图书出版公司1999年版，第120页）而大陆刑法中的从犯相较中国台湾地区法而言范围界定更宽，是指在共同犯罪中起次要作用或辅助作用的人，帮助犯仅是从犯的一种情形，从犯和帮助犯之间并非如中国台湾地区那样是完全等同的关系，而是一种包含关系，换言之，大陆刑法的从犯除了包括帮助犯外，还包括在共同犯罪活动中起次要作用的犯罪人。这些问题也是需要注意的。

④ 赵秉志主编：《海峡两岸刑法总论比较研究》（下卷），中国人民大学出版社1999年版，第125页。

人犯罪为从犯，仅曰‘帮助’，并无共同实施之用语，在文理上自无须要求帮助者与被帮助者间需有意思联络为必要，因此，纵仅有片面帮助之意思，如已发生帮助他人犯罪之效果，其犯罪性即不应加以否定。”① 当然，如上都属于片面共犯的具体成立范围问题，是否就此即可确定中国台湾地区刑法所认可的片面共犯的范围仅限于片面从犯（帮助犯），还需在下文中详述。在此，笔者有必要说明，就片面共犯本身是否得以成立问题上，中国台湾地区的立法例不容忽视。尽管其主流的理论观点在犯罪共同说理念支配下似乎是完全否定片面共犯的，但是立法却作出了与理论不尽相同的规定，就是对片面共犯并不是完整地予以承认，但也不一概否定，而是在承认的范围上有所限定，仅承认片面共犯中的一种情形即片面从犯（帮助犯）。即便如此，毕竟有限地认可还是不同于完全地否定，该立法例给予了片面共犯或者说片面共犯之某一情形以存在的空间，这是值得正视的。笔者认为，这不妨视为在中国台湾地区刑法上对片面共犯还是采取肯定态度的。② 当然，中国台湾地区刑事立法上承认片面共犯尤其是片面从犯（帮助犯）的确切依据以及其与主流观点不尽相符之处应当如何衡平，都还有待于理论上的认可和佐证。

三、我国大陆关于片面共犯成立性的争论点

我国大陆刑法中并没有如中国台湾地区所谓的犯罪共同说与行为共同说之争，而是以主客观相统一的原则确立共同犯罪的概念内涵的，主要是见之于刑法第 25 条：“共同犯罪是指两人以上共同故意犯罪。两人以上共同过失犯罪，不以共同犯罪论处，应当负刑事责任的，按照他们所犯的罪分别处罚。”这是我国大陆刑法对共同犯罪所下的一个明确的定义。从此定义规定足以表明，共同犯罪是量的规定性和质的规定性的统一，所谓量的规定性是指共同犯罪只能发生在两人以上参加实施犯罪的场合。否则，就不能构成共同犯罪。所谓质的规定性，是主观上的共同犯罪故意和客观上的共同犯罪行为

---

① 甘添贵：“不作为与片面共犯”，载《月旦法学杂志》1995 年 6 月第 2 期，第 45 页。

② 通观中国台湾地区许多刑法论著，都对中国台湾地区刑法第 30 条作出这样的理解，由于其仅规定了片面从犯（帮助犯），而否定了其他共同犯罪形式的片面形态的存在，这不能视为中国台湾地区是承认片面共犯的。因为片面从犯（帮助犯）只是共同犯罪中一种特殊情形，并不当然视为片面共犯，或者说刑事立法中所要规定的片面共犯，应是指代包含所有共同犯罪形式之片面形态的完整的片面共犯，并非仅是片面从犯（帮助犯）这一共同犯罪特殊情形，所以据此认定中国台湾地区对片面共犯是不加承认的。笔者认为这是对中国台湾地区刑法第 30 条的一种曲解，其将片面共犯本身的成立性与否同片面共犯成立范围的问题混为一谈了。

的统一。[①] 应当说，我国大陆刑法就共同犯罪概念的确定上，较之中国台湾地区刑法更为周全严密，也更为科学合理，似乎更能把握共同犯罪的实质，因而是进步可取的。

尽管我国大陆确立了较为明确的共同犯罪概念，但受到此概念的影响，在如何解释片面共犯这一共同犯罪的特殊情形尤其是在认可片面共犯之成立性问题上也同样存在着肯定说与否定说之争论。目前，我国大陆刑事立法虽然没有正式规定片面共犯，但有肯定的观点则认为："各共同犯罪人都有共同犯罪之故意，固然应对各人按共同犯罪论处；另外一方有共同犯罪之故意，该人就处于共同犯罪之地位，具有共同犯罪的主客观特征，如不以共同犯罪论处，对其将失去追究刑事责任的法律依据，势必会放纵这种犯罪分子，这对于开展同犯罪作斗争，切实保障人民的利益是很不利的。"[②] 此观点仅是从打击犯罪的角度提出肯定片面共犯的，还没能清晰地把握片面共犯的实质。笔者认为，如果要肯定片面共犯的成立，还需要从分析片面共犯的实质要件入手来寻找理论根据。首先，在德国刑法理论中对帮助犯之界定就是："对他人故意实施违法行为故意予以帮助的，是帮助犯（德国刑法第 27 条第 1 款）。帮助犯只限制在对他人的行为予以促进；与教唆犯一样，帮助犯在行为支配上同样无足轻重；正犯甚至不需要知道他提供的帮助（所谓的秘密帮助）"。[③] 其秘密帮助行为实际上无异于片面共犯，这说明德国刑法对于共同犯罪行为人之间，尤其是正犯与帮助犯之间并不要求必然要有主观犯意之联络和沟通，显然就认可了片面共犯尤其是片面帮助犯的成立，这对于我们肯定片面共犯也是颇具启示的。在我国大陆，近年来肯定片面共犯的观点不在少数，如有的学者从共同犯罪可以区分全面共犯和片面共犯为由，以片面共犯与全面共犯相对照而作出了肯定，"片面共犯确实只有单方面的意思联络，因而缺乏彼此共同的意志。也正因此，它不可能是全面共犯，而只能是片面共犯，暗中故意帮助他人实施故意犯罪，被帮助者虽不知情，但帮助者既与他人有共同犯罪的故意，又有共同犯罪的行为，按主客观相一致的原则，按片面共犯论处，是比较适宜的。"[④] 又如"片面共犯本身并不背离共同犯罪的理论基点即所谓共同主观罪过与共同的行为。既然片面共犯的一方有共同犯罪的意思，

① 冯英菊著：《共同犯罪的定罪与量刑》，人民法院出版社 2002 年版，第 6 页。

② 王作富主编：《中国刑法适用》，中国人民公安大学出版社 1987 年版，第 241 页。

③ ［德］汉斯·海因里希·耶赛克、托马斯·魏根特著：《德国刑法教科书（总论）》，徐久生译，中国法制出版社 2001 年版，第 837 页。

④ 马克昌主编：《犯罪通论》，武汉大学出版社 2003 年版，第 516 页。

又有与他人的共同犯罪行为。作为犯罪人，他认识到‘自己不是孤独地犯罪，而是在与他人一起犯罪’，并且他的行为实际上处于与共犯人相互联系之中，为什么不具备共犯的构成要件呢?”[①]另有观点从对共同犯罪所要求的主观故意的意思进行新的理解来肯定片面共犯的成立，如“与单独犯罪一样，共同犯罪的主观故意同样包括认识因素和意志因素。对于共同犯罪人的认识因素而言，各共同犯罪人首先要对自己的行为和结果以及二者之间的因果关系有所认识，其次，各共同犯罪人之间还需要有互相的思想认识，但这种思想认识既存在共同行为人互相彼此一起共同实施某种犯罪的情形，也存在一方行为人知道另一方行为人在实施犯罪并暗中协助其完成犯罪的情形，也就是说，这种思想认识既存在各共同犯罪人之间具有意思联络的双面认识，也存在一方行为人具有共犯意思的单面认识，在此情况下，相对共同犯罪人的意志而言，各共同犯罪人才可能决意共同完成犯罪或者促成犯罪的完成。因此，在刑法理论上，片面共犯是应该成立的。”[②] 与此相类似的观点还有承认片面共犯中行为人之间的犯罪意思联络是一种单向的、片面的意思联络，这种单向的、片面的意思联络具有一定的合理性，如：“辩证唯物主义认为，事物是普遍联系着的，而且事物间的联系是极其复杂的、多种多样的，共同犯罪这种社会现象同世界上其他事物一样，在其发生发展过程中，呈现出多样性和复杂性。在错综复杂的共同犯罪中，行为人之间的主观联系也必然表现为复杂多样的形式，其中就包括了片面共犯中行为人之间单向的、片面的主观联系，事实上，从我国现行刑法关于共同犯罪的表述中，并未要求各共犯人对相互的行为及其后果都有认识，而且从理论上分析，这种共同故意中的认识因素的相互性和对向性并非共同故意所刻意要求的，并不以相互之间都具有认识为必要条件。”[③] 更有学者从主客观相一致的角度全面完整地论证了片面共犯的成立性，此观点显得更具说服力，如“片面共同正犯，即使在主观上存在片面故意，客观上仍然处于能够较充分地利用他方实行行为，并使其成为片面共犯者实行行为不可分割的一部分。因而，在客观上，要求片面共犯对来源于他方但归属于自己的实行行为承担刑事责任，是合理的；在主观上，片面共同正犯中，不知情的一方对片面共同正犯方的实行行为不存在认识，这是无可争议的，但是，片面共同正犯对他方的实行行为却有认识，并且，正是在这种认识的基础上，将对他方的认识纳入到自己的犯罪故意中，从而表

① 林亚刚、赵慧：“论片面共犯的理论基础”，载《法学评论》2001 年第 5 期，第 135 页。

② 李恩慈著：“犯罪形态与刑罚适用原理”，中国人民公安大学出版社 2003 年版，第 65 页。

③ 田鹏辉著：“片面共犯研究”，中国检察出版社 2005 年版，第 87 页。

现出更大的主观恶性。”[①]诸如此类的肯定性观点还有很多，不再一一赘述。但与此同时，对片面共犯之成立提出异议的观点亦是存在的，其还是以共同犯罪中行为人间主观意思联络的不可或缺作为否定理由的，如：“共同犯罪的严重危害性来源于其整体性；整体性来自于各共犯人的行为相互配合、相互协调、相互补充；而行为的相互配合、相互补充取决于各共犯人主观上的相互沟通，彼此联络。因此，片面共犯不符合共同犯罪的实质特征。”[②]又如有学者从我国刑法关于共同犯罪的概念规定得出片面共犯难以成立的结论，“所谓的‘片面共犯’不是真正的共犯，因为他的故意和行为都是单方面的，而不是行为人相互之间的共同故意和相互利用对方的行为，与我国刑法规定的共同犯罪的概念不符合，片面共犯这个概念自身在逻辑上就是矛盾的。”[③] 更有观点甚至从共同犯罪之主体要求去否定片面共犯，如“成立共同犯罪要求符合同一犯罪构成的行为人之人数必须在两人以上。而在片面共犯的场合，所谓片面的共同犯罪人可以是一人。显然，‘一人的共同犯罪’是不可思议的。”[④] 通过综合比较片面共犯成立之肯定说与否定说之观点，笔者较为倾向于肯定说，因为否定说所主张的片面共犯难以成立的理由归根结底还在于认为行为人之间缺乏共同故意犯罪的意思联络，但究其实质而言，在片面共犯场合下，行为人之间并非没有共同犯罪故意的意思联络，只是这种意思联络的形式是一种单方的意思联络，较之一般共犯（或称全面共犯，与片面共犯相对应）的双方意思联络，这种单方意思联络的形式的确比较特殊，但不能因其特殊而妄加否定之。或许又如有学者所言，单方意思联络和双方意思联络在反映共同犯罪故意的内容上只有量的差别，而没有质的差别。[⑤] 事实上，在司法实践中，许多犯罪的最终实现正是有赖于在这种单方的共同犯罪故意的意思联络支配下所产生的协力加功行为所起的作用，简言之，单方共同犯罪故意的意思联络确实是许多犯罪得以实现的原因力所在。笔者考虑到，这种具有单方共同犯罪故意的意思联络的片面共犯，其社会危害性实际上并不亚于具有双方共同犯罪故意的意思联络的全面共犯，甚至在许多情形下，由

① 何荣功：“论片面共同正犯的理论基础”，载《刑法论丛》（第9卷），法律出版社2005年版，第250—251页。

② 张明楷著：《刑法学》（第二版），法律出版社2003年版，第326页。

③ 何秉松主编：《刑法教科书》（2000年修订版）（上卷），中国法制出版社2000年版，第440页。

④ 龚培华、肖中华著：《刑法疑难争议问题与司法对策》，中国检察出版社2002年版，第116页。

⑤ 陈兴良著：《刑法适用总论》（上卷），法律出版社1999年版，第509页。

于片面共犯的一方行为人的暗中协助行为具有相当的隐蔽性，协助性程度也更高，使得对犯罪行为的顺利实行助力更大，所以有时片面共犯的社会危害性反而更为严重。试想对社会危害性基本相若的犯罪行为却在刑法上予以不同的认定处理，甚至对危害性严重的犯罪行为由于法律规定的缺位而不加追究，这实在是于理不符的。虽然我国大陆刑法对片面共犯尚未作出规定，但不可否认在司法实践中片面共犯的现象并不鲜见，如不适时加以应对，确实将使某些犯罪分子容易逃脱刑事追究，由此也很难有效打击相关犯罪。目前，有关片面共犯的理论尤其是肯定说的观点在我国大陆已日臻成熟的趋势下，应当意识到，共同犯罪是一种复杂的犯罪现象，对共同犯罪的研究虽然应当依据现行刑事立法，但决不能完全受现行刑事立法的束缚而不作出任何改进，尤其不能固守现行的共同犯罪概念而一成不变，对片面共犯这样的共同犯罪中所出现的特殊情形不予重视。笔者认为，对片面共犯的理解应当对现行刑法规定有所超越和突破，通过考察司法实践中出现的特殊情形亦可弥补刑法规定之不足，概而言之，承认片面共犯对完善我国的共同犯罪制度及理论是不无裨益的，希望今后我国刑事立法能够正式确立和认可片面共犯。

四、海峡两岸关于片面共犯成立范围的争论点

假定在肯定片面共犯可以成立的前提下，亦非意味着所有的共同犯罪形式都可成立片面共犯，这样就存在一个片面共犯成立范围的问题。此问题在海峡两岸各自的刑法理论中也是颇富争议的。

就中国台湾地区而言，已如前文所述，其刑法第30条明确界定了片面共犯的成立范围，即片面从犯（帮助犯）。但由于在中国台湾地区有部分学者仍主张行为共同说，主张片面共同正犯亦是成立的，如认为共同正犯是指数人各自依据“行为之共同”而实现各自本身之犯罪而言，因此各共同者间仅需有片面“共同实施（实行）之意思”为已足，而不须各共同者间皆有“共同实施”之认识。[①] 但此一观点甫一出现，立刻遭至了批驳，主要是由于如前文所述，中国台湾地区的主流刑法理论是倾向于犯罪共同说的，所以极其强调行为人之间的犯罪意思联络对共同犯罪成立的重要性，尤其是在共同正犯的场合，犯罪意思的联络对于行为人相互间传递共同实施犯罪行为的意图，达成行为人之间相互补充利用、相互密切配合的行动一致性，并最终促成犯罪的实施方面显得不可或缺。行为人在各自的犯罪意思支配下所实施的犯罪行

① 陈子平著：《共同正犯与共犯论》，台北五南图书出版公司2000年版，第230页。

为即便碰巧都实现了同一的特定的犯罪事实，但由于行为人彼此缺乏相互的共同犯罪意思联络，这种情形充其量在刑法理论上也只能被视为是同时犯，而无法认定为共同正犯，因为其毫无共同性可言，对行为人也只能以单独犯罪论处为宜。对于行为人之间的犯罪意思联络在成立共同正犯中的重要性，中国台湾地区的许多学者都表达了相同的看法，如“按共同正犯的性质，必须行为者之间有共同犯罪之认识，并有相互利用他方之行为以遂行犯罪目的之意思始能成立，若仅一方有联络利用之意思，而他方并不知共同之情，即不得认为意思之共同，一部学者及过去少数之立法例认片面之意思即足成立共同关系，立论未免牵强，故我‘刑法’不采此说，要言之，共同正犯之间须有相互之意思联络，但此相互之联络，不以明示的通谋为必要，若有默示的意思交换即足成立。”[①] 又如“共犯之成立，除共同实施犯罪行为者外，其就他人之行为负共犯之责者，以有意思联络为要件，若事前并未合谋，实施犯罪行为之际，又系出于行为者独立之意思，即不负共犯之责。”[②] 再如“共同正犯之实质处罚根据，系在于各共同正犯者透过部分实行行为所具有之相互补充机能与心理促进机能而惹起法益侵害之结果者，因此各共同者间若无共同实施之认识，如何具有相互补充机能与心理强化机能？故应以否定片面之共同正犯为妥。”[③] 基于上述否定片面共同正犯的观点，究其实质，是中国台湾地区刑法理论向来坚持以犯罪共同说的立场来解释共同犯罪问题的，自然没有承认片面共同正犯之余地，尽管近年来以行为共同说立场支持片面共同正犯成立的观点亦有出现，但其毕竟属于少数而终未成为主流理论，况且其往往是以以往的少数立法例规定（如作为中国台湾地区刑法前身的暂行新刑律之规定，已被径行删除而不再适用）作为立论基础，不受到现行立法的支持，所以在论证上难免显得苍白无力。至于教唆犯能否成立片面共犯的问题，曾有少数观点表示赞同，认为片面教唆犯的形态虽然比较少见，但却不能否定其存在，如“盖教唆犯及从犯均为加担犯，法文上仅有教唆或帮助之规定，并无共同实施之用语，未表明须有相互意思联络之必要性。共同正犯之‘部分行为之全体责任’之法理，在此应无适用余地。我刑法对于从犯，已明文规定有片面从犯之存在；对于教唆犯，既采共犯独立性说，为求理论之贯彻，解释上应无疑义，唯其片面形态，甚为罕见而已。”[④] 笔者以为，在

① 韩忠谟著：《刑法原理》，中国政法大学出版社 2002 年版，第 200 页。

② 蔡墩铭著：《刑法总则争议问题研究》，台北五南图书出版公司 1998 年版，第 267 页。

③ 陈子平著：《共同正犯与共犯论》，台北五南图书出版公司 2000 年版，第 230 页。

④ 甘添贵著：《刑法总论讲义》，台北一瑞兴图书股份有限公司 1992 年版，第 284 页。

中国台湾地区刑法理论及立法以犯罪共同说主导之下，片面教唆犯更不可能成立，因为教唆犯的特征在于教唆人通过教唆行为支配被教唆人实施犯罪行为，教唆人的教唆行为主要是指通过犯罪意思的联络这一过程将其犯罪意图传递给被教唆人，使之实施犯罪行为。假如没有通过教唆人与被教唆人之间的犯罪意思联络，被教唆人又如何能够领会和认知教唆人使其实施犯罪的意图呢，被教唆人所实施的犯罪行为又怎能视为是在教唆人的教唆行为所支配之下呢，这样的话，作为共同犯罪形态的教唆犯恐怕都很难成立。甚至可以说，在教唆犯场合，行为人间的犯罪意思联络比之共同正犯显得更为重要，如上所述，共同正犯在欠缺行为人间的犯罪意思联络的情形下尚难形成片面形态，那么更为强调犯罪意思联络为必备要件的教唆犯之片面形态的成立则是更不可想象的。综上所述，中国台湾地区始终将片面共犯的成立范围限定于片面从犯（帮助犯），不仅是其立法的明确规定作为依据，最主要的是在其刑法理论上以犯罪共同说作为主导理念，在共同犯罪认定中是不能缺少行为人之间的犯罪意思联络的，由此也导致了在其片面共犯的范围中并不承认片面共同正犯和片面教唆犯的存在。除非中国台湾地区的刑法理论对犯罪共同说的既定框架有所突破并在其立法上有所体现，片面共犯的成立范围方能得以重新界定。

反观我国大陆，由于并没有如中国台湾地区那样在刑事立法上明确规定片面共犯，也没有所谓的犯罪共同说理念的束缚，而是在对待共同犯罪问题上坚持主客观相统一的原则，这也就使得我国大陆在对片面共犯成立范围的界定上有更多的理论探讨空间，对该问题的争议也较之中国台湾地区更趋激烈和复杂。

最初，亦有学者肯定所有类型的共同犯罪形式均可成立片面共犯，即组织犯、教唆犯、帮助犯、实行犯都可以在实行犯不知情的情况下，利用实行犯的故意犯罪行为达到自己的犯罪目的，故都可以构成片面共犯。① 这显然是对片面共犯的成立范围作了不适当的扩大，抹杀了片面共犯本应具有的同典型的共同犯罪相区分的特性。首先就组织犯而言，在现实生活中不可能存在片面的组织犯，因为所谓的组织犯，通常是出现在共同犯罪的特殊形式即集团犯罪中的。在集团犯罪的情况下，实行犯听命于组织犯，组织犯施令于实行犯，两者之间存在互相的犯罪意思联系，不发生片面组织犯的问题。② 笔者对此表示赞同，的确，组织犯是在集团犯罪中起组织、策划、指挥作用的犯

① 姜伟著：《犯罪形态通论》，法律出版社 1994 年版，第 246 页。

② 冯英菊著：《共同犯罪的定罪与量刑》，人民法院出版社 2002 年版，第 300 页。

罪分子。实行犯只有在组织犯的组织、策划、指挥下才能实施犯罪，如果实行犯并不知道组织犯的组织、策划、指挥，就无从按组织犯的组织、策划、指挥来实施犯罪。所以，组织犯和实行犯之间必然有全面的犯罪意思联系，故而片面组织犯不可能存在，这一点毋须置疑。[①] 次就实行犯来看，似乎争议就比较大了，否定的观点认为，对于一方行为人基于共同实施犯罪的故意，暗中参与犯罪的实行，而另一方实行犯并不知情的情形，没有必要按片面共犯处理，完全可以作为单独犯罪，按其行为性质，依照刑法分则的有关条文直接定罪量刑即可。这就是说，对片面的实行犯不宜认定为共同犯罪，而是以单独犯罪论处。但肯定的观点却对片面实行犯的成立性进行了有力的论证，其认为，共同犯罪是一种复杂的犯罪形态，共同犯罪的实行行为可呈现多元的模式。实行行为可以划分为单一实行行为和复合实行行为。在复合行为的犯罪构成中，对行为要求的必须是自然意义上的数个行为，而这数个行为分离开来均无独立意义，只有结合起来作为一个构成行为，才能进入角色。从整体上来讲，复合行为在罪数的判断上只具有一个行为的意义，虽然片面实行犯只参与复合行为的一部分，却要对整个犯罪负共同责任。此外，根据主客观相统一的犯罪构成，片面实行犯具有共同犯罪的构成特征，在片面实行犯的场合，知情的一方行为人不仅对自己行为的状况有认识，而且对不知情的另一方实行犯行为的性质及危害结果也存在清楚的认识，正是在这种认识的基础上，将对不知情的另一方实行犯的认识纳入到自己的犯罪故意中，并希望或放任危害结果的发生。此时，知情的一方行为人和不知情的另一方实行犯的个人犯罪故意已结成一体，对知情的一方行为人而言，形成了共同犯罪故意；而从客观上看，片面实行犯在共同犯罪故意支配指导之下，积极利用不知情的一方实行犯的实行行为，将自己的实行行为融入不知情的一方实行犯的实行行为之中，进而将不知情的一方实行犯的实行行为作为自己实行行为不可分割的一部分，并以此实现了自己的犯罪意图。在此情形下，不知情的一方实行犯的实行行为不仅是自身实现犯罪，承担刑事责任的根据，也

---

① 在此需要说明的是，由于本文的主题是海峡两岸片面共犯理论的比较研究，所以必须对海峡两岸都存在的争议问题作重点探讨。而组织犯仅是我国大陆刑法中存在的概念，并且是我国大陆刑法中是以分工分类法和作用分类法相结合对共同犯罪人分类的，组织犯恰好是按照分工分类法进行分类后所形成的一种共同犯罪人形式，而在中国台湾地区对共同犯罪人的分类是仅按照作用分类法的，并没有有关组织犯的内容，况且组织犯通常是在集团性共同犯罪中存在的，但中国台湾地区却无犯罪集团的规定，更无从谈起组织犯。所以说，海峡两岸就组织犯问题而言，似乎无从比较，或者说进行比较研究无太多理论意义或实际意义。

是片面实行犯承担刑事责任的根据。[①] 笔者对片面实行犯肯定说也是深为赞同的，的确，片面实行犯暗中参与犯罪的实行行为，与另一方并不知情的实行犯之实行行为所起的作用是相同的，双方的行为相互补充，形成整体性，与犯罪行为最终所实现的危害结果具有直接的因果关系，其社会危害性丝毫不亚于行为人的单独犯罪。就片面实行犯一方而言，其共同犯罪的主观故意明显是存在的，并且与一般共同犯罪之行为人的共同犯罪故意是没有明显差别的，即便没有与另一方实行犯进行双方的犯罪意思联络，但已如前文所言，我国大陆刑法理论并没有如中国台湾地区中犯罪共同说那样，强调的是行为人间的双方犯罪意思联络的重要性，而是认可了片面实行犯所具有的单方的、片面的共同犯罪故意本身即是其主观恶性的表征，这样对片面实行犯基于单方的、片面的共同犯罪故意所实行的犯罪行为，也应当以共同犯罪论处，这也符合了在我国大陆"部分行为全体责任"的共同犯罪的处罚原则。为此，笔者主张在我国大陆片面实行犯在理论上应当是能够成立的。可是，目前我国大陆立法却尚未对其认可，这是值得考虑的。至于片面教唆犯及片面帮助犯是否可以成立，争议也是颇大的。就教唆犯而言，否定其存在片面形态的观点主张：暗中教唆他人犯罪，而被教唆者并不知道有人在教唆自己进行犯罪，这与被教唆者没有犯被教唆的罪的情况是相同的。因为所谓被教唆者根本不知道有人在教唆自己犯罪，也就谈不上自己实行犯罪之意图系由他人引起的问题；即使被教唆者实行了教唆者在暗中所教唆的罪，但由于他不知道有人在教唆自己，其犯意也就不能说是由暗中教唆的人引起的，所以这种情况仍然不构成共同犯罪，这里所谓被教唆的实行犯应对自己的行为独立负责，暗中教唆者依刑法第 29 条第 2 款追究刑事责任。[②] 此观点与中国台湾地区否定片面教唆犯的观点如出一辙，都是强调教唆人与被教唆人之间犯罪意思联络对于促成教唆犯成立的必不可少。但是应当注意的是，中国台湾地区刑法理论之所以没有承认片面教唆犯之余地，如同其否定片面共同正犯一样，是受到犯罪共同说之影响的。而我国大陆亦无所谓犯罪共同说之限制，自然片面教唆犯肯定说的观点有逐渐占据主流之势，如有学者即认为，在帮助犯和教唆犯了解实行犯，实行犯并不了解帮助犯和教唆犯的情况下才能成立片面共犯。片面共犯的成立之所以以帮助犯和教唆犯对于实行犯的了解为条件，就在于帮助行为和教唆行为不是我国刑法分则所规定的犯罪构成客观方面的行为，它们在一定程度上从属于实行犯的实行行为。在这种情况下，如果否

① 田鹏辉著：《片面共犯研究》，中国检察出版社 2005 年版，第 116—117 页。

② 冯英菊著：《共同犯罪的定罪与量刑》，人民法院出版社 2002 年版，第 301 页。

认在我国刑法中存在片面共犯，把帮助行为、教唆行为和实行行为割裂开来，对这些帮助犯和教唆犯就失去了定罪量刑的法律依据。① 的确，该观点颇有见地，其不仅仅是简单地认可了片面教唆犯的成立，而且明确了片面教唆犯成立的前提情形，即必须是教唆人对被教唆人（即实行犯）所要实行的犯罪行为是受其教唆这一事实是明知的，在此情形下方可认定片面教唆犯，否则，假如实行犯仅是受到他人偶然的、无意间的言行的影响而实施了一定的犯罪行为，在此种情形下，由于他人对实行犯将要实行犯罪行为的事实一无所知，且又根本没有教唆犯罪的意图，所以是不能成立片面教唆犯的。同时，该观点还肯定了片面教唆犯在司法实践中所具有的现实意义，这也是颇为可取的。此外，还有学者对片面教唆犯提出了进一步肯定性的观点，片面教唆犯是用暗地教唆的方法使他人产生犯意，在教唆过程中，被教唆人并没有认识到某人在教唆自己实施某一犯罪行为，而是在教唆下自觉或不自觉地产生犯罪心理，在尚未觉察到教唆时就成为片面教唆犯的牺牲品。片面教唆他人犯罪是一种客观存在的事实，是不以被教唆人是否觉察为转移的。因此，对于被教唆人应以单独犯罪认定，而对片面教唆人以片面教唆犯认定。② 更有学者从教唆犯的本质特征出发，表明了片面教唆犯应予肯定，即认为教唆犯的本质特征就是使那些本无犯意或者犯意不够坚定的人具有犯意或者坚定其犯意，进而使其基于此种犯意实施犯罪行为。教唆犯的目的就是要通过他人实施犯罪来实现自己的犯罪意图。据此可以推论，只要被教唆人接受了教唆，并实施了所教唆的犯罪，二者之间就成立共犯关系，教唆人当然构成教唆犯。但需要注意的是，被教唆人认识到他人教唆和接受他人教唆是两个不同的问题。认识到教唆不是接受教唆的必经途径，更不是成立教唆犯的必备要件。即根据我国大陆刑事立法对教唆犯的规定，从主客观相统一的立场出发，在我国大陆教唆犯的成立，只需要行为人主观上具有教唆的故意和客观上具有教唆的行为即可，也就是说，被教唆人是否意识到教唆人的教唆行为，和是否实施被教唆之罪的实行行为，对于教唆犯的成立意义不大。同时，该观点还反驳了片面教唆犯否定论者所主张的对暗中教唆者应按刑法第 29 条第 2 款追究刑事责任的观点，认为刑法第 29 条第 2 款规定的是教唆未遂。片面教唆犯虽然是在被教唆人不知情的情况下暗中教唆，但教唆行为实际上引起了被教唆人实行犯罪，与教唆未遂存在显著差别。当然，如果被教唆人没有接受教唆人的暗中教唆，或没有犯被暗中教唆的罪，则成立独立的片面教唆犯，属于

① 陈兴良著：《刑法适用总论》（上卷），法律出版社 1999 年版，第 511 页。

② 许立颖："片面共犯问题的思考"，载《泉州师院学报》2000 年第 5 期，第 143 页。

片面教唆未遂。[①] 相较而言，该观点在解释片面教唆犯成立性问题上显得更有说服力。笔者以为，综合上述诸多肯定片面教唆犯的观点，不妨得出这样的结论，在我国大陆认可片面教唆犯是十分必要的，尽管片面教唆犯在司法实践中出现的频率不高，但毕竟还是在客观上存在片面教唆犯的情形的，一定的刑法理论总是为司法实践服务的，并且，司法实践是检验刑法理论的唯一标准。必须在理论上对片面教唆犯予以正视，同时在刑事立法上也需要作出对片面教唆犯的规定。我国大陆刑法目前没有对包括片面教唆犯在内的片面共犯加以规定，确实是有所不足，不利于有效打击相关的犯罪行为，并有放纵教唆犯之嫌。最后是有关帮助犯，就中国台湾地区而言，已如前文所述，其片面形态已为刑事立法所正式确认，尽管理论上可能不予赞同，但在中国台湾地区毕竟有正式的立法作为依据，所以目前片面从犯（帮助犯）在中国台湾地区得以存在当无过多争议。而我国大陆，由于立法未对任何形式的片面共犯加以规定，所以是否能够容纳片面帮助犯还存在着不同的理论纷争。[②] 片面帮助犯是比较典型的片面共犯，也是引发片面共犯理论的事实根源。[③] 最初即有观点对片面帮助犯肯定之，认为暗中给实行犯实施犯罪以帮助，事实上是可能的。这种行为，就帮助者一方来说，完全具备共同犯罪的要件，应以片面的共犯论处为宜。这与共同犯罪的概念并不矛盾，因为所谓的共同故意，并非必须是相互疏通的，只要行为人认识到自己是同他人一起共同实施同一犯罪，那么，就应当认为该行为人具有共同故意。[④] 但该观点毕竟失之于简略，还是没有充分论证为何片面帮助犯能够成立以及片面帮助犯成立的要件，为此，有学者进一步强调指出，片面帮助犯如果要被承认，必须符合如下要件：首先是从主观方面看，片面帮助犯必须具有帮助的故意，该种帮助故意在认识因素和意志因素上均具有双重性，即在认识因素上，帮助人对他人所实行的是犯罪行为并且其犯罪行为能够导致危害结果发生这一事实是明知的，同时还须认识到自己的暗中帮助行为只是对他人犯罪行为的实施或完成提供便利条件，并非自己亲自去实施犯罪行为。而在意志因素上，帮助人是希望或放任自己的暗中帮助行为能为他人犯罪行为的实施或完成提供便利

---

① 田鹏辉著：《片面共犯研究》，中国检察出版社 2005 年版，第 130—131 页。

② 如前文所述，帮助犯在我国大陆是属于从犯中的一种情形，从犯其实还包括在共同犯罪中起次要作用的犯罪人。但在此为了方便本文比较研究起见，对起次要作用的从犯将不再关注其片面形态，而只选择海峡两岸具有共性的帮助犯情形的片面形态展开讨论。但亦须注意，严格地讲我国大陆并无帮助犯的概念。在此仍采用帮助犯的提法是出于行文方便之需要。

③ 姜伟著：《犯罪形态通论》，法律出版社 1994 年版，第 248 页。

④ 李光灿、马克昌、罗平著：《论共同犯罪》，中国政法大学出版社 1987 年版，第 38 页。

条件，同时希望或放任通过自己的暗中帮助能够使实行犯所实施的犯罪行为造成危害后果；从客观方面看，片面帮助行为是非实行的行为，即指对实行行为起制约、补充和从属作用的危害行为，并且片面帮助行为对于犯罪的实施或完成必须具有实际的影响力。此外，更为重要的是，与片面教唆犯同理，片面帮助犯必须是在被帮助人不知道帮助人的帮助行为的情形下方可成立，如果被帮助人对帮助人的帮助行为已经有所了解，那么就无片面性可言，只是双方达成一种互动的犯罪合意，应以一般共同犯罪论处为宜。[①] 笔者认为这是对片面帮助犯的构成特征的高度概括，中国台湾地区虽然以明文立法形式规定了片面从犯（帮助犯），但在理论论证上显然不如我国大陆那样详尽和严密。但不容否认的是，至今我国大陆未对片面帮助犯立法，在这一点上又的确不如中国台湾地区，需要加以借鉴和改进。也正是因为没有片面帮助犯方面的立法，所以我国大陆即有反对片面帮助犯的观点存在，认为暗中帮助人在单方面实行帮助而被帮助人全然不知的情况下，更突出地表现出个人行为的特征，而不具有共同犯罪的特征。笔者以为，此观点是失之偏颇的，事实上，暗中给他人以帮助的行为，完全具备共同犯罪的要件，况且与片面实行犯和片面教唆犯相比，片面帮助犯在现实生活中已更多出现，逐步成为不容忽视、客观存在的社会现象，如不及时加以应对，结合刑法总则中共同犯罪的规定及刑法分则中相应单独犯罪的条文对其惩罚，就难免使得追究类似犯罪行为刑事责任的法律根据缺位，势必导致放纵犯罪发生。[②] 因此，片面帮助犯是能够被接受的一种理论观点，该理论在我国大陆既有其存在的理论依据，也有其存在的实践基础，以其来指导司法实践更是大有裨益的。

五、比较研究结论

综上所述，海峡两岸刑事立法和刑法理论上就片面共犯问题，可以说各有所长，又互有所短。中国台湾地区以正式立法形式确立片面共犯，并将片面共犯的范围作出限制，即仅限于片面从犯（帮助犯），做到了片面共犯的法定性和明确性，为司法实务的开展提供了法定依据，这是优于我国大陆之处，但其对片面共犯之理论阐述还不够深入完善，或者说还没有形成成熟的片面共犯理论，甚至主流理论观点受犯罪共同说影响，还是倾向于否定片面共犯的，这显然与其立法存在矛盾之处，同时，理论上的局限使得中国台湾地区的片面共犯成立范围至今无从突破；我国大陆虽然在刑事立法上还没有正式

① 韩广道："论片面帮助犯的成立要件"，载《中国刑事法杂志》2002 年第 1 期，第 39—41 页。
② 许立颖："片面共犯问题的思考"，载《泉州师院学报》2000 年第 5 期，第 144 页。

确立片面共犯，但对于片面共犯之理论尤其是肯定说的理论已取得较大的进展，并能够以之指导司法实践，这亦是中国台湾地区法不可比拟的，同时，在我国大陆刑法理论中，从主客观相一致的角度出发，主张片面共犯的成立范围应有所扩大，理当包含片面实行犯、片面教唆犯及片面帮助犯三种形态，并在论证上更为周延，科学合理地体现了片面共犯的本质特征，从而使得在司法实践中能够更为有效地惩治类似片面共犯这种具有相当社会危害性的共同犯罪现象，对于充实、完善我国的共同犯罪制度和理论也是不无裨益的。只是我国大陆刑法中对片面共犯的正式接受和认可还有待时日，使得在惩治片面共犯方面不免显得法律依据不足。所以说，笔者认为海峡两岸在片面共犯问题上应当相互取长补短，互为借鉴方是上上之选。